NOUVELLE COLLECTION

DES

MÉMOIRES

POUR SERVIR

A L'HISTOIRE DE FRANCE.

PREMIÈRE SÉRIE.

I

NOUVELLE COLLECTION

DES

MÉMOIRES

POUR SERVIR

A L'HISTOIRE DE FRANCE,

DEPUIS LE XIIIe SIÈCLE JUSQU'A LA FIN DU XVIIIe;

Précédés

DE NOTICES POUR CARACTÉRISER CHAQUE AUTEUR DES MÉMOIRES ET SON ÉPOQUE;

Suivis de l'analyse des documents historiques qui s'y rapportent;

PAR MM. MICHAUD DE L'ACADÉMIE FRANÇAISE ET POUJOULAT.

TOME PREMIER.

GEOFFROY DE VILLE-HARDOUIN, HENRI DE VALENCIENNES, JOINVILLE,
PIERRE SARRASIN, DUGUESCLIN, CHRISTINE DE PISAN.

A PARIS,

CHEZ L'ÉDITEUR DU COMMENTAIRE ANALYTIQUE DU CODE CIVIL,
RUE DES PETITS-AUGUSTINS, N° 24;

IMPRIMERIE D'EDOUARD PROUX, RUE NEUVE-DES-BONS-ENFANTS, N° 3.

1836

LISTE DES PRINCIPAUX AUTEURS

DONT LES MÉMOIRES ENTRERONT DANS LA NOUVELLE COLLECTION.

VILLE-HARDOUIN.
Henri DE VALENCIENNES.
JOINVILLE.
Pierre SARRASIN.
Mémoires sur DUGUESCLIN.
Christine DE PISAN.
BOUCICAUT.
Olivier DE LA MARCHE.
DU CLERCQ.
COMINES.
FLEURANGE.
Louise DE SAVOIE.
DU BELLAY.
MONTLUC.
Gaspard DE TAVANNES.
VIELLEVILLE.
DU VILLARS.
François DE RABUTIN.
DE SOLIGNAC.
DE COLIGNY.
LA CHASTRE.
ROCHECHOUART.
Michel DE CASTELNAU.
Jean DE MERGEY.
François DE LA NOUE.
Achille GAMON.
Jean PHILIPPI.

Henri DE LA TOUR-D'AUVERGNE.
Guillaume DE TAVANNES.
CHEVERNY.
Philippe HURAULT.
Marguerite DE VALOIS.
Jacques-Auguste DE THOU.
Jean CHOISNIN.
Mathieu MERLE.
Palma CAYET.
VILLEROY.
Charles DE VALOIS, duc d'Angou-
DE L'ESTOILE.   (lême.
FONTENAY-MAREUIL.
SULLY.
JEANNIN.
D'ESTRÉES.
PONTCHARTRAIN.
ROHAN.
BASSOMPIERRE.
RICHELIEU.
GASTON, duc d'Orléans.
PONTIS.
Arnauld D'ANDILLY.
L'abbé ARNAULD.
La duchesse DE NEMOURS.
Le comte DE BRIENNE.
Madame DE MOTTEVILLE.

Mademoiselle DE MONTPENSIER.
Le cardinal DE RETZ.
Guy JOLY.
Claude JOLY.
MONTGLAT.
LA CHATRE.
LA ROCHEFOUCAULT.
GOURVILLE.
Pierre LENET.
MONTRÉSOR.
FONTRAILLES.
Duc DE GUISE.
Maréchal DE GRAMMONT.
Maréchal DU PLESSIS.
DE LA PORTE.
Omer TALON.
L'abbé DE CHOISY.
Chevalier TEMPLE.
Madame DE LAFAYETTE.
Le marquis DE LA FARE.
Maréchal DE BERWICK.
Madame DE CAYLUS.
Le marquis DE TORCY.
Le maréchal DE VILLARS.
Le duc DE NOAILLES.
DUCLOS.
Etc., etc., etc.

Cette collection donnera en 25 volumes environ, grand in-8° de quarante feuilles chacun, tous les Mémoires renfermés dans les cent trente-trois volumes de M. Petitot ; de plus, on y trouvera plusieurs auteurs qui ne sont point dans la précédente collection. Une notice placée en tête de chacun des Mémoires caractérisera l'auteur et l'époque ; des notes distribuées au bas du texte éclairciront les points obscurs, les choses douteuses. A la suite du texte de chacun des Mémoires, les nouveaux Editeurs donneront une analyse critique et philosophique des principaux documents qui correspondent aux époques dont il est question dans les Mémoires ; ils ont pensé qu'il ne fallait point prendre le rôle d'historien à côté des vieux annalistes ; que leur devoir était de laisser parler tous ces témoins du passé, et de compléter leur narration par l'examen raisonné des documents qui peuvent répandre quelque lumière ; ce n'est point une histoire de France qu'ils veulent faire, ce sont les matériaux de cette histoire qu'ils veulent réunir et apprécier, de manière à offrir une lecture aussi agréable qu'instructive. La collection nouvelle sera donc une véritable bibliothèque d'histoire de France pour une période de six siècles.

MÉMOIRES

DE

GEOFFROY DE VILLE-HARDOUIN.

NOTICE

SUR

GEOFFROY DE VILLE-HARDOUIN,

MARÉCHAL DE CHAMPAGNE ET DE ROMANIE.

La notice qui va suivre ne sera point une histoire de l'expédition d'outre-mer des Français et des Vénitiens dans les premières années du xiiie siècle ; nous nous proposons de tracer ici la biographie de Geoffroy de Ville-Hardouin, et non point le récit des événements lointains auxquels il prit souvent une noble part : l'histoire est une œuvre trop importante, trop élevée, pour qu'on l'enferme dans le cadre étroit d'une notice ; d'ailleurs, le meilleur moyen de mettre en relief un personnage, ce n'est point d'accumuler autour de lui une foule d'événements qui peuvent le faire oublier. Les notices qu'on lira en tête des Mémoires de cette collection nouvelle seront la pure et simple expression de la physionomie de ceux qui les ont écrits ou qui les ont inspirés ; on les comparera, si l'on veut, à ces portraits d'auteurs placés en tête des livres. En suivant dans sa vie le personnage à qui nous devons tels ou tels mémoires, il est bien évident qu'il nous sera impossible de ne pas indiquer les faits auxquels son nom se mêle ; ces sortes d'indications appartiennent tout naturellement au biographe. Notre tâche n'est pas de faire de l'histoire à côté des vieux narrateurs que nous publions, mais de faire en sorte que tous ces témoins du passé soient bien compris par le public. Les observations précédentes demandaient rigoureusement à trouver place au commencement de notre travail.

On sait que la famille des Ville-Hardouin était champenoise. Le château où naquit notre maréchal était situé à une lieue de la rivière de l'Aube, sur la rive gauche, à une lieue à l'est du bourg de Piney, à six lieues à l'est de Troyes ; à la place du château se voit aujourd'hui un village du nom de Ville-Hardouin ; au bas de ce village on reconnaît encore d'anciens fossés. Le hameau qui a hérité de l'emplacement et sans doute aussi des pierres du vieux castel, se trouve au penchant méridional d'une hauteur appartenant à une légère chaîne de collines. Nous ne ferons point l'historique de la maison de Ville-Hardouin, une des plus illustres maisons de France ; nous ne dirons rien ici de Geoffroy de Ville-Hardouin, neveu du maréchal, de Guillaume de Ville-Hardouin, son autre neveu, tous deux conquérants et princes du Péloponèse, et dont l'empire se soutint mieux que les empires français de Bysance et de Thessalonique ; il ne sera question ici que de Ville-Hardouin, l'auteur des Mémoires.

On ignore à quelle époque précise Geoffroy fut revêtu de la dignité de maréchal de Champagne, et quel âge il avait lorsqu'il prit la croix ; les érudits croient pouvoir assigner l'année 1191 (1) comme étant l'époque probable où Geoffroy remplaça Guillaume son père dans la charge de maréchal, et conjecturent qu'il avait quarante-cinq ans au moins quand la trompette évangélique appelait les peuples à la croisade. Geoffroy eut deux frères et trois sœurs ; ses deux frères furent *Jean* de Ville-Hardouin et *Guy* de Ville-Hardouin, que l'enthousiasme des saintes expéditions ne put arracher aux douceurs de leur région natale ; ses trois sœurs furent *Emmeline*, qui embrassa la vie monastique dans l'abbaye de Froissy (2) ; *Haye*, qui se voua aussi à la religion dans l'abbaye de Notre-Dame de Troyes ; sa troisième sœur, dont le nom ne nous est point parvenu, avait épousé *Anseau de Courcelles* ; elle avait eu un fils qui suivit l'expédition de Constantinople et reçut sa part des dépouilles de l'empire grec. Notre maréchal champenois avait une femme nommée *Jeanne*, deux enfans, dont l'un s'appelait *Erard*, l'autre *Geoffroy*, et trois filles, *Alix*, *Dameroncs* et *Marie* ; à l'exemple des barons pèlerins, Geoffroy se prépara à la croisade par des prières et de pieuses donations ; il offrit à l'église de Quincy (3) une terre qu'il possédait près le Puy de Chasseray (4), et donna toute la dîme qui lui revenait de ses domaines de Longueville (5) à la cha-

---

(1) M. Petitot indique l'année 1180 ; le témoignage du savant Ducange nous autorise à adopter un avis contraire ; les titres qu'il a vus ne commencent à faire paraître Geoffroy sous la qualité de maréchal qu'en 1191, sous le comte Henri II.

(2) Froissy, bourg situé à 4 lieues nord-est de Beauvais (Oise).

(3) Le village de Quincy est situé à 2 lieues et demie de Provins (Seine-et-Marne). Il existe un autre endroit du nom de Quincy, à 1 lieue et demie de Meaux, mais ce n'est pas de cet endroit qu'il s'agit ici.

(4) Il existe encore un village de Chasseray à 8 lieues de Troyes.

(5) Deux villages du nom de Longueville se trouvent

pelle de Saint-Nicolas de Brandonvilliers (1). Les princes et les chevaliers de la croix pouvaient espérer que Jésus-Christ leur rendrait dans les pays d'outre-mer le centuple de leurs aumônes; tel baron qui, en partant, avait doté de quelques revenus une église de sa province, recevait en échange en Orient un duché ou un royaume.

Geoffroy de Ville-Hardouin était renommé pour la sagesse de ses conseils et sa parole éloquente; il fut un des six députés qui allèrent demander à la république de Venise des navires et des secours pour la sainte expédition. Il fut choisi pour porter la parole dans l'église de Saint-Marc en présence du doge et du peuple assemblé; le maréchal supplia les seigneurs de la république de prendre en pitié Jérusalem, qui était *en servage de Turs*, et d'accompagner les croisés de France au pays d'outre-mer afin de venger la *honte* de Jésus-Christ; il leur disait que nulles gens n'avaient *si grant povoir qui sur mer soient comme eux*; l'orateur ajoutait que les puissants barons de France qui l'avaient envoyé lui et ses compagnons, leur avaient ordonné de se prosterner à leurs pieds et de ne point se relever avant que les seigneurs vénitiens n'eussent *otroyé* qu'ils auraient *pitié de la Terre-Sainte d'outremer*. En même temps les *six messagers s'agenoillent mult plorant*, et le doge et le peuple s'écrièrent tous d'une voix : *Nos l'otrions, nos l'otroions*. Cette résolution unanime avait été l'œuvre soudaine de l'éloquence de Ville-Hardouin; le lendemain, tous les traités furent signés et les chartes et patentes dressées. Geoffroy revenait en Champagne avec de bonnes nouvelles; mais la joie de son retour fit bientôt place au deuil. Le maréchal fut un de ceux que toucha le plus vivement la mort du seigneur Thibaut, à peine âgé de vingt-deux ans, qui avait pris la croix deux ans auparavant, au milieu des fêtes d'un tournoi, et qui expira avec le regret de n'avoir pu combattre les ennemis de Jésus-Christ. La comtesse Blanche, veuve de Thibaut, trouva en Ville-Hardouin un bon conseiller et un ferme défenseur dans ses négociations politiques avec Philippe-Auguste. Après la mort du jeune chef de la croisade, le duc de Bourgogne et le comte de Bar-le-Duc ayant refusé de le remplacer, ce fut Geoffroy qui engagea les barons champenois à proposer le commandement de l'armée à Boniface, marquis de Montferrat. Les avis du maréchal étaient accueillis comme autant d'inspirations salutaires; Geoffroy avait des rapports d'amitié ou de considération avec les principaux personnages du royaume, et la droiture de ses jugements, jointe à une connaissance complète des affaires, lui donnait une puissante autorité; il était l'homme des négociations difficiles, le messager des remontrances délicates; c'est ainsi qu'on l'envoya auprès de Louis, comte de Blois, qui, marchant avec sa troupe, avait pris un autre chemin que Venise pour aller outremer. Le maréchal parvint à ramener le comte de Blois, et ce ne fut point là un médiocre service qu'il rendit à l'armée chrétienne.

Geoffroy avait pris à cœur cette grande entreprise; combien il est navré quand il raconte les divisions, les déplorables querelles qui éclatèrent parmi les pèlerins à Venise, à Zara et à Corfou! Il se plaint surtout avec amertume des croisés qui *voloient l'ost dépécier*, qui *queroient mal à* l'armée. Aussi, lorsqu'après les discussions les plus malheureuses, la flotte chrétienne part enfin de Corfou pour faire voile vers Constantinople, on se sent ému en voyant la joie vive et l'enthousiasme du maréchal; c'est alors que Geoffroy se nomme comme l'auteur de cette histoire; et bien TESMOIGNE JOFFROIS LI MARESCHAUS DE CHAMPAIGNE, QUI CETTE OEUVRE DICTA. Frappé du spectacle de tant de navires chrétiens courant la vaste étendue des eaux, il s'écrie que *onc si bèle chose ne fu veüe, et que li cuer des homes s'en esjoissoient mult*.

Uniquement préoccupé des grandes choses qu'il raconte, Ville-Hardouin, marchant droit à son but comme un bon croisé des premiers temps, ne songe point à la géographie des régions qu'il parcourt; il ne faut point chercher dans son récit la description d'une côte ou d'une île, les souvenirs que les âges antiques y ont laissés. Ainsi Ville-Hardouin, après un séjour de trois semaines dans l'île de Corfou, se contente de dire que cette île *mult ère riche et plentureuse*; le maréchal ne s'arrête guère qu'aux détails qui intéressent l'expédition dont il est l'historien; voilà pourquoi, dans le trajet sur mer, il ne néglige pas de nous apprendre si les journées sont belles, si les vents sont propices. Quand la flotte quitte Corfou, il ne s'inquiète point de savoir quelles sont les terres qu'il laisse au loin à l'horizon; peu lui importe si ces terres se nomment Leucade, Céphalonie, Itaque ou Zante; ce qu'il demande, c'est une heureuse et rapide traversée: aussi s'écrie-t-il que *li jors fu bels et clers et li vents dols* (doux) *et soés* (bons). C'était en effet au mois de mai que les vaisseaux francs cinglaient vers Constantinople; ils avaient vent arrière sous le nord-ouest, qui est le vent du printemps dans ces parages: c'est ce vent du nord-ouest qui soufflait dans nos voiles, lorsqu'au mois de juin 1830, entraînés sur les mêmes mers, nous cherchions les rivages de la Grèce. La flotte chrétienne laissa à gauche, à l'est, Navarin et Modon que nous avons visités; Navarin, entouré aujourd'hui de ruines récentes sur un rivage désert; Modon, qui a relevé ses murailles avec une garnison française; les petits îlots stériles de *Sapience*, qui n'ont point connu les demeures de l'homme. Ville-Hardouin n'indique ni Coron, ni Calamata, mais seulement le cap Malée, que les marins ne regardent point

---

aux environs de Troyes, l'un à 3 lieues d'Arcis, à 7 lieues de Troyes; l'autre à 3 lieues et demie d'Ervy, à 4 petites lieues de Troyes.

(1) Brandonvilliers, à 10 lieues de Châlons-sur-Marne.

sans effroi. La flotte, après avoir dépassé Cérigo, Napoli de Malvoisie, Idra, le cap de Sunium et le golfe d'Athènes, va jeter l'ancre à Négrepont pour y tenir conseil; puis, se remettant en mer, elle traverse les eaux de Chio, de Lesbos, de Ténédos, entre dans l'Hellespont et prend terre à Abydos; l'expédition s'arrête là huit jours pour attendre le marquis de Montferrat et le comte de Flandre, qui s'étaient détournés vers l'île d'Imbros pour y faire reconnaître le jeune prince Alexis. De tous les lieux célèbres que nous venons de nommer, Négrepont, Imbros et Abydos sont les seuls mentionnés par le maréchal. Nous qui avons passé par tous ces chemins, qui avons sillonné tous ces flots, parcouru toutes ces terres, combien nous aimerions à retrouver dans les descriptions de Ville-Hardouin une image de ce que nous avons vu! mais Ville-Hardouin ne s'est pas plus occupé des localités que tous nos vieux chroniqueurs pèlerins; sa grande affaire était Constantinople, comme la grande affaire des anciens croisés était Jérusalem; et le bon maréchal n'aura pas eu à se reprocher d'avoir *regardé à droite et à gauche*. Nous n'avons pas besoin d'ajouter que dans le trajet d'Abydos à Saint-Etienne, Ville-Hardouin a également négligé les lieux : que lui faisaient les campagnes de Troie avec leurs fleuves homériques, Lampsaque avec ses riches coteaux, Cisyque et le mont Dindyme, qui ne lui eussent rappelé ni les Argonautes, ni la déesse Cybèle? Pour des gens qui se faisaient gloire de ne pas connaître Homère, de mépriser les arts profanes de la Grèce, ces sortes de lieux ne pouvaient avoir qu'un médiocre intérêt.

Au siége de Constantinople, Ville-Hardouin faisait partie de la légion commandée par Mathieu de Montmorency et Eudes de Champlite; nul doute que le brave maréchal n'ait pris une part glorieuse au siége et à la conquête de la ville impériale; mais ce narrateur fidèle, qui s'est plu à consigner dans ses Mémoires les actions d'éclat de chaque chevalier, se tait sur ses propres actes. On peut dire que les Mémoires de Ville-Hardouin sont moins ses propres mémoires que ceux de tous ses compagnons d'armes; cette humble réserve, cet oubli de soi-même, qu'on ne trouve point chez les guerriers de l'antiquité, est un des caractères de notre chevalerie chrétienne.

Après la fuite de l'usurpateur Alexis, lorsqu'Isaac remonta sur le trône de Bysance, Ville-Hardouin fut un des quatre ambassadeurs qui allèrent demander à l'empereur l'accomplissement des traités; il porta la parole à l'empereur, et l'invita à ratifier ces différentes conventions que le prince son fils s'était engagé à remplir : Isaac les ratifia par serment et bulles d'or, et les traités ainsi reconnus furent délivrés aux ambassadeurs. Plus tard, le prince Alexis oubliant ses promesses et ses traités avec les Francs, une autre ambassade, où se trouvait aussi Ville-Hardouin, somma fièrement le jeune empereur de satisfaire aux conditions jurées. On sait comment les refus ingrats d'Alexis amenèrent la guerre, et comment le vieil empire d'Orient devint un empire français.

Si Ville-Hardouin, dans sa modestie héroïque et chrétienne, n'avait point gardé le silence pour tout ce qui le touche particulièrement, nous pourrions le suivre avec intérêt prêtant l'appui de son épée à l'empereur Beaudoin, en différentes courses guerrières; mais en vain cherchons-nous le maréchal dans ces premières expéditions de l'empereur français; nous le retrouvons, en 1204, opérant la réconciliation de Beaudoin et de Boniface, marquis de Montferrat. Cette réconciliation, qui fit plus de bien au nouvel empire que des victoires remportées sur l'ennemi, est une gloire dans la vie de Ville-Hardouin. Boniface, à qui l'empereur avait concédé Thessalonique et ses dépendances, demandait à prendre possession de sa principauté, et voulait détourner l'empereur de se rendre à Thessalonique avec sa troupe. « Sire, lui avait-il dit, je te proi (je te prie) dès » que je puis ma terre conquerre sans toi, que tu » ni entres, et se tu i entres, ne me semble mie » que tu le faces por mon bien. » Le marquis ajoutait que si, malgré sa prière, l'empereur entrait dans ses terres, il se séparerait de lui. Beaudoin se montra sourd aux remontrances du marquis de Montferrat. On vit alors Boniface et l'empereur tourner les armes l'un contre l'autre, et donner aux Latins le scandale d'une violente division. On verra dans les Mémoires qui vont suivre comment, à la sollicitation des barons chrétiens, Ville-Hardouin parvint à ramener Boniface *de qui il ère mult améz*, et comment, par son intercession puissante, les deux princes rivaux conclurent la paix. La noble conduite du maréchal de Champagne pour amener cette réconciliation capitale, nous rappelle les habiles efforts de Nestor ou d'Ulysse, dans l'*Iliade*, pour apaiser les querelles d'Achille et d'Agamemnon. Après la sagesse de Ville-Hardouin et l'autorité influente de sa parole, ce qui nous frappe dans le récit de ces négociations, c'est l'audacieuse confiance avec laquelle les barons s'adressent au chef de l'empire, et la soumission facile du souverain. En ce temps-là, sur la terre d'outre-mer, les seigneurs et les chevaliers choisissaient leurs rois parmi des compagnons d'armes; un sentiment de fraternité inviolable liait les guerriers au prince couronné; et quand il s'agissait du salut de l'armée, toute majesté s'effaçait devant la nécessité des remontrances.

L'événement militaire où Ville-Hardouin déploya le plus de valeur et de capacité, fut la retraite des Français après la funeste bataille d'Andrinople, qui se livra le jeudi des *foires* (féries) de Pâques en 1205. Après avoir recueilli tous les débris de l'armée vaincue, il fallait les dérober aux poursuites du roi de Bulgarie; Rodosto était le point qu'il fallait atteindre pour échapper au péril, et d'Andrinople à Rodosto la troupe fugitive avait un espace de vingt-cinq lieues à franchir. On lève le camp au milieu des ténèbres de la nuit, et avant que le jour n'arrive, la malheureuse troupe est déjà assez loin de son ennemi; mais l'ennemi se met à suivre ses traces. Geoffroy défendait l'arrière-garde et dirigeait lui-même la marche des pauvres fugitifs; on marchait au petit pas pour ne pas laisser sur le chemin, à la merci de l'ennemi, les blessés, les malades, tous ceux qui n'eussent pu résister à une course rapide. Deux nuits et un jour se passent en fatigues et en vives alarmes, et enfin les murs de Rodosto s'offrent à leurs yeux. Il y a quatre ans, lorsque, dans un caïque grec, nous suivions les côtes de Rodosto, de Sclyvria et d'Héraclée, nous relisions les Mémoires de Ville-Hardouin pour jeter les souvenirs héroïques de la vieille France sur tous ces rivages de la Thrace, jaunes, escarpés et déserts; nous songions à cette glorieuse retraite de notre Xénophon du moyen-âge, à son génie et à son dévouement courageux qui sauvèrent alors tant de chrétiens du fer des barbares.

En face de l'ennemi comme dans le conseil des princes, rien d'important ne se passait sans Geoffroy. En l'année 1206, lorsque Henri, régent de l'empire, marcha contre le roi des Bulgares qui assiégeait Didymotique, le maréchal commandait l'avant-garde; 400 chevaliers francs allaient offrir la bataille à une armée de 40,000 cavaliers et d'un grand nombre de fantassins. Ville-Hardouin, s'avançant à la tête des chrétiens, dut faire preuve de sagesse et de bravoure; mais le maréchal ne nous apprend rien là-dessus; il se borne à dire que *onques plus perillosement genz n'allèrent querre* (chercher) *bataille*; à l'approche des croisés, l'ennemi brûla ses machines de siége et abandonna Didymotique. Quelque temps après, dans la même année 1206, une mission, qui fut pour le maréchal un délassement agréable, l'appela sur les rivages de l'Hellespont, dans la cité d'Abydos, nommée *Avies* par nos chevaliers francs; la fille du marquis de Montferrat, Agnès, fiancée à l'empereur Henri, avait été embarquée dans une galère pour Abydos, et Geoffroy de Ville-Hardouin fut chargé d'aller *querre la dame qui mult ère* (était) *bonne et belle*. Il est probable que le maréchal ne songeait point aux poétiques amours de Héro et de Léandre, en recevant sur ce rivage la noble fiancée de son souverain. Abydos était encore à cette époque une cité importante; elle a suivi la destinée de beaucoup d'autres villes de l'Hellespont, et sa destruction a été des plus complètes. L'emplacement de la cité est un terrain de forme triangulaire, qui n'a conservé de l'antique Abydos et de l'Avies du moyen-âge, qu'un pan de mur en brique debout sur la rive du mouillage de Nagara; à l'extrémité occidentale du terrain, au bord du détroit, nous avons vu une forteresse turque nommée Nagara-Bourum, semblable aux châteaux des Dardanelles situés à une lieue de là, au sud.

En 1207, Geoffroy fut un des barons qui accompagnèrent l'empereur Henri dans une petite expédition contre les Grecs, à Civitot, appelé *Chivetot* dans les Mémoires. On peut voir dans notre *Correspondance d'Orient* (1) quelques détails touchant Civitot, place située sur la rive asiatique de la Propontide, au fond du golfe Moundania, à peu de distance à l'ouest du lac Ascanius; Civitot, dont le nom est une corruption du mot latin *civitas* (cité), existe encore aujourd'hui sous le nom turc de *Ghio* ou *Ghemlek*. Dans le courant de la même année (1207), Geoffroy, avec sa compagnie, monta une des quatorze galères destinées à combattre la flotte de Théodore Lascaris qui menaçait les domaines francs de l'Hellespont et de la Propontide; la flotte grecque n'attendit point le combat; les chrétiens lui donnèrent la chasse deux jours et deux nuits, et la repoussèrent jusqu'à quarante milles au-delà d'Abydos. Ce fut aussi en 1207 que Geoffroy reçut du marquis de Montferrat la cité de Messinople et toutes ses dépendances; la dignité de maréchal de Romanie, que Beaudoin Ier lui avait conférée, donnait déjà à Ville-Hardouin un rang élevé parmi les barons; la possession de plusieurs places dans la Macédoine, récompensa honorablement les services du maréchal. En gagnant de la puissance territoriale, Ville-Hardouin devenait d'autant mieux en état de servir la cause chrétienne, et l'histoire doit le compter au nombre de ceux qui ont le plus fait pour l'empire français d'Orient. A cette année 1207, finissent les Mémoires de Ville-Hardouin: la mort du marquis de Montferrat est le dernier trait raconté par le maréchal; il était l'homme-lige et l'ami de Boniface, il déplore sa perte avec une amère douleur, et vous diriez qu'il a tout-à-coup cessé d'écrire après avoir raconté la fin malheureuse de celui qui était un des plus fermes soutiens de l'empire, un de ses compagnons d'armes qu'il aimait le plus. Il n'existe rien qui puisse nous aider à marquer l'époque précise de la mort de Geoffroy; les érudits sont convenus de la placer en l'année 1213. Geoffroy ne trouva point la mort sur le champ de bataille; il finit dans son lit une carrière toute remplie d'actes glorieux; il devait être alors âgé de cinquante-huit ans. Dans cet Orient si plein de grands tombeaux antiques, le moyen-âge a laissé beaucoup d'illustres tombeaux français; parmi les tombes des vieux martyrs de l'héroïsme, c'est celle de Ville-Hardouin que j'aurais surtout aimé à découvrir; mais je ne suis point allé à Messinople, et d'ailleurs le temps et les barbares ont probablement effacé jusqu'au dernier vestige de la tombe du maréchal. Aucune chronique, aucun témoignage ne nous parle des derniers jours de Ville-Hardouin; sans doute qu'à l'approche de sa fin suprême, au milieu d'une région étrangère et ennemie, le maréchal de Champagne songeait au pays qu'il avait quitté, à ses filles des monastères de Froissy et de Troyes, à son château des bords de l'Aube, à ses terres de Longueville et de Chasseray.

(1) Tome III, p. 168.

Le lecteur qui nous aura suivis dans cette notice, comprendra le plaisir que nous avons éprouvé en entendant l'éloge de notre maréchal sortir de la bouche d'un chroniqueur du XIII° siècle; l'auteur de la chronique de Romanie (1) parle de Geoffroy de Ville-Hardouin comme étant *l'homme le plus distingué du conseil des barons chrétiens et le plus sage de l'armée*; il laisse entendre que, sans Geoffroy de Ville-Hardouin, la mort du jeune Thibaut, comte de Champagne, eût fait abandonner le projet de croisade dont le résultat fut la conquête de Bysance et la fondation d'un empire français en Orient; après avoir rapporté la mort du comte de Champagne et l'effet qu'elle produisit sur les pèlerins de la nouvelle croisade, la chronique de Romanie s'exprime ainsi : « Parmi » les croisés se trouvait un habile chevalier, noble » et sage au-dessus de tous les autres; son nom » était messire Geoffroy de Ville-Hardouin; il » était grand-maréchal de Champagne, de plus » grand-chancelier et premier conseiller du feu » comte de Champagne; il avait été des plus actifs » à conseiller cette expédition, et lorsqu'il apprit » la mort du comte, il prit sur lui tout l'embarras » du passage d'outre-mer; il calcula, en homme » sage, que ce serait un grand malheur que de » voir manquer, par la mort d'un seul homme, une » expédition qui devait être le salut des chré- » tiens; il comprit que ce serait un mal de re- » noncer à ce projet. Il emmena avec lui deux » chevaliers de son conseil, partit de Champagne » et se dirigea sur la Flandre; il trouva le comte » Beaudoin extrêmement affligé de la mort du » comte de Champagne. Après s'être affligé avec » lui, il entreprit avec prudence de le consoler; il » possédait si bien le don de la parole et savait si » habilement insinuer ses conseils, qu'il parvint à » réorganiser l'expédition. » Nous avons cité avec empressement ce passage de la chronique de Romanie, parce qu'il renferme à la fois un fait historique fort intéressant et un hommage rendu à Geoffroy de Ville-Hardouin.

Dans le XI° livre de l'*Histoire des Croisades*, en terminant son récit de l'expédition contre Bysance, M. Michaud a caractérisé la relation du maréchal de Champagne de manière à m'obliger à le copier; il a retracé également la physionomie des deux autres chroniqueurs qui ont raconté les mêmes événements, le Grec Nicétas et Gunther, moine de l'ordre de Citeaux : il est piquant de rapporter ces trois figures qui expriment chacune un caractère particulier. « Le Grec Nicétas, dit M. Michaud, fait de longues lamentations sur le génie des vaincus; il déplore avec amertume la perte des monuments, des statues, des richesses qui entretenaient le luxe de ses compatriotes. Ses récits, remplis d'exagérations et d'hyperboles, semés partout de passages tirés de l'Écriture et des auteurs profanes, s'éloignent presque toujours de la noble simplicité de l'histoire et ne montrent

(1) Cette chronique, composée en vers franco-grecs, a été publiée pour la première fois par M. Buchon.

qu'une vaine affectation de savoir. Nicétas, dans l'excès de sa vanité, hésite à prononcer le nom des Francs, et croit les punir en gardant le silence sur leurs exploits; lorsqu'il décrit les malheurs de l'empire, il ne fait que pleurer et gémir; mais en gémissant, il veut encore plaire, et paraît plus occupé de son livre que de sa patrie.

» Le maréchal de Champagne ne se pique point d'érudition et paraît fier de son ignorance. On a dit qu'il ne savait point écrire; il avoue lui-même qu'il a dicté son histoire : sa narration, dépouillée de tout esprit de recherche, mais vive et animée, rappelle partout le langage et la noble franchise d'un preux chevalier. Ville-Hardouin excelle surtout à faire parler les héros, et se plaît à louer la bravoure de ses compagnons : s'il ne nomme jamais les guerriers de la Grèce, c'est parce qu'il ne les connaît pas et qu'il ne veut point les connaître. Le maréchal de Champagne ne s'attendrit point sur les maux de la guerre, et ne trouve des phrases que pour peindre des traits d'héroïsme; l'enthousiasme de la victoire peut seul lui arracher des larmes. Quand les Latins ont éprouvé de grands revers, il ne sait point pleurer; il se tait, et l'on voit qu'il ne quitte son livre que pour aller combattre.

» Il est une autre histoire contemporaine dont le caractère peut aussi nous faire juger le siècle où il a vécu et les événements qu'il raconte. Gunther, moine de l'ordre de Cîteaux, qui écrivait sous la dictée de Martin-Litz, s'étend beaucoup sur la prédication de la croisade et sur les vertus de son abbé, qui se mit à la tête des croisés du diocèse de Bâle. Lorsque la république de Venise entraîne les croisés au siège de Zara, il se rappelle les ordres du pape et garde le silence. Les prières et les infortunes du fils d'Isaac, la conquête de l'empire d'Orient, ne le touchent point. Toujours préoccupé de la Terre-Sainte, il ne sait point comment des chevaliers chrétiens peuvent avoir d'autre pensée et faire d'autre promesse que celle de délivrer le tombeau de Jésus-Christ. Mettant peu de prix à des victoires profanes, il ne s'arrête pas long-temps à décrire le siège de Constantinople; et lorsque la ville est prise, il ne voit plus dans la foule des conquérants d'un grand empire que l'abbé de son monastère chargé des pieuses dépouilles de la Grèce.

» En lisant les trois histoires contemporaines de l'expédition de Constantinople, on voit que la première appartient à un Grec élevé à la cour de Bysance; la seconde, à un chevalier français; la troisième, à un moine. Si les deux premiers historiens, par leur manière d'écrire et les sentiments qu'ils expriment, nous donnent une idée juste de la nation grecque et des héros de l'Occident, le dernier peut aussi nous expliquer les opinions et le caractère de la plupart de ces croisés, qui parlaient sans cesse de quitter l'armée partie de Venise; que les menaces de la cour de Rome remplissaient de crainte, et qu'une ardente dévotion, bien plus que l'amour des conquêtes, conduisait en Orient. »

Beaucoup de savants ont pensé que Ville-Hardouin ne savait pas écrire, se fondant sur ce que le maréchal nous dit qu'il a *dicté* son œuvre; mais cette preuve n'en est pas une. Ne sait-on pas que rarement un seigneur du moyen-âge écrivait lui-même, mais qu'il avait coutume de dicter à des clercs? Joinville ne dit-il pas qu'il a dicté ses récits? Croit-on que tous les anciens Mémoires relatifs à l'histoire de France aient été écrits par les hauts personnages dont ils portent le nom? C'est par la plume des secrétaires qu'ont dû passer presque toutes les vieilles pages historiques arrivées jusqu'à nous. A côté de ce raisonnement, nous pouvons citer des faits qui prouvent que Ville-Hardouin savait écrire; Ducange parle d'un *titre original de lui,* conservé dans l'abbaye de Notre-Dame de Troyes, par lequel Ville-Hardouin « fait don de la moitié de la dîme de Vez à » l'église de Notre-Dame de Foissy, et de l'autre » moitié à l'église de Notre-Dame de Troyes, à » condition que sa fille Alix et sa sœur Emme- » line jouiraient de ladite moitié leur vie durant, » et son autre fille Damerones et sa sœur Haye » de l'autre moitié, pareillement leur vie durant, » pour le tout retourner en propriété auxdites » églises. » Ce titre porte la date de 1207. Une autre pièce en faveur de notre opinion, c'est une lettre écrite par Geoffroy à la comtesse Blanche, qui l'avait consulté sur le nombre de fiefs qui relevaient du comté de Champagne; rien n'indique que cette lettre n'ait pas été écrite par Ville-Hardouin. Dans les pays d'outre-mer, où les batailles succédaient aux batailles comme les jours succédaient aux jours, un chevalier tenait sans cesse sa main sur la garde de son épée, et le repos lui manquait pour retracer avec la plume une longue histoire; si Ville-Hardouin fût revenu en France, peut-être, au milieu de ses loisirs, eût-il écrit lui-même la relation des grandes choses qu'il avait vues; mais là-bas, à Bysance ou à Messinople, en face de Théodore Lascaris ou du Bulgare Johannice, le brave maréchal ne pouvait quitter son épée, et c'est à peine si, dans l'intervalle des combats, il avait le temps de dicter à quelque scribe champenois.

Nous voudrions dire un mot de la vieille langue dans laquelle sont écrits les Mémoires de Ville-Hardouin : les époques se peignent dans le langage; le style, c'est l'homme, a-t-on dit; le style, c'est quelquefois une nation, ajouterons-nous. Nous ne connaissons rien qui représente mieux la nation française du XIIIe siècle, que le langage de Ville-Hardouin. Lisez le récit du maréchal : mœurs guerrières, mœurs politiques, mœurs de la famille, tout s'y retrouve, et leur caractère y est retracé par la noble simplicité de l'expression. Ville-Hardouin est bref dans ses narrations; il emploie peu de mots pour dire beaucoup de choses : c'est que le XIIIe siècle était un siècle d'action, et que les époques qui font beaucoup parlent peu. Combien j'aime ce vieux langage qui ressuscite pour nous une société entière, comme un bas-relief ou un tableau où serait représenté tout un siècle avec ses principales figures, avec ses sentiments, ses préoccupations et ses œuvres encore vivantes! On ne doit point, par un zèle mal entendu, porter la plume sur les mots de cette vieille langue, sous prétexte de la rendre plus intelligible au vulgaire des lecteurs : changer un mot de Ville-Hardouin pour le rajeunir, ce serait presque changer le sens primitif du mot, ce serait mutiler l'histoire, car les mots ont ici leur physionomie, et cette physionomie ne se remplace point par des mots nouveaux; autant vaudrait-il porter le marteau sur une vieille figure de bas-relief et lui faire subir une forme nouvelle, sous prétexte de la rendre plus nette et plus compréhensible aux regards des amateurs. Nous savons que le plus grand nombre des lecteurs ne peut pas comprendre le langage de Ville-Hardouin; c'est pourquoi nous avons mis au-dessous du vieux texte la traduction de Ducange; mais les amateurs du vieux langage trouveront le texte primitif religieusement conservé. En comparant la version de Ducange avec le récit original, nous avons regretté que le traducteur ait négligé de rendre la simplicité naïve de Ville-Hardouin, la piquante tournure de ses phrases, la brièveté pittoresque de ses expressions, tout ce qui donne à son langage tant de charme et une aussi attrayante physionomie : Ducange s'est borné à mettre sous les yeux des lecteurs le sens de Ville-Hardouin, et voilà tout. Nous prenons au hasard dans les Mémoires du maréchal pour donner un exemple qui appuie ce que nous avançons; Geoffroy raconte qu'à son retour de Venise à Troyes, il eut à déplorer la mort du jeune comte Thibaut : *Tant chevaucha Joffroi li mareschaus per ses jornees, que il vint à Troies en Champaigne, et trova son seingnor le conte Thibaut malades et deshaitiés, et si fu mult liez de sa venue. Et quant cil li ot contée la novele comment il avoient esploitié, si fu si liez qu'il dist qu'il chevaucheroit, ce qu'il n'avoit pieça fait, et leva sus et chevalcha. Et laz! com grant domages, car unques puis ne chevaucha que cele foiz. Sa maladie crût et s'efforça, tant que il fist sa devise et son lais, et departi son avoir que il devoit porter à ses homes et à ses compaignons, dont il n'avoit mult de bons, nus hom à cel jor n'en avoit plus... ensi morut li cuens, et fu uns des homes del munde qui feist plus belle fin. Enki ot mult grant peuple assemblé de son lignage, et de ses homes; del duel ne convient mie à parler qui illuec fu faiz, que onques plus grant ne fu faiz por home. Et il le dût bien estre, car onques home de son aage ne fu plus amés de ses homes, ne de l'autre gent. Enterré fu delés son père au mostier de monseignor Sainct-Estiene à Troyes.*

Le passage qu'on vient de lire a été ainsi traduit par Ducange : « Le mareschal étant arrivé à Troyes en Champagne, il y trouva le comte Thibaut, son seigneur, malade, et en mauvaise disposition de sa personne, lequel fut si joyeux de son arrivée, et encore plus d'apprendre par sa bouche le bon succès de son message, qu'il dit qu'il vouloit prendre l'air et monter à cheval, ce qu'il n'avoit fait il y avoit long-temps : là-dessus il se leva du lict et monta à cheval : mais, hélas ! ce fut là son dernier effort, car sa maladie commença à rengreger; en sorte que se voyant en cet estat, il fit son testament, et distribua l'argent qu'il devoit emporter en son voyage à ses vassaux et compagnons, qui estoient tous vaillans hommes et en si grant nombre, qu'aucun seigneur en ce temps-là n'en avoit davantage... Ainsi le comte mourut, et fu l'homme du monde qui fit la plus belle fin. Aprés sa mort grant nombre de seigneurs de sa parenté et de ses vassaux vinrent honorer ses obsèques et ses funérailles, qui furent faites avec tout l'appareil possible et convenable à sa qualité; en sorte qu'on put dire qu'il ne s'en fit jamais de plus magnifiques. Aussi aucun prince de son aage ne fut plus chery de ses vassaux ni plus universellement de tous. Il fut enterré près de son père en l'église de Saint-Estienne de Troyes. »

Il nous semble que la traduction suivante du même passage se rapprocherait mieux du style de Ville-Hardouin :

« Tant chevaucha Geoffroy le maréchal pendant plusieurs journées, qu'il revint à Troyes en Champagne, et trouva son seigneur le comte Thibaut malade et indisposé; celui-ci fut très joyeux de sa venue. Quand Geoffroy lui eut conté la nouvelle comme quoi il avait si heureusement travaillé, Thibaut fut si joyeux qu'il dit qu'il chevaucherait, ce qu'il ne faisait plus, et Thibaut se leva du lit et chevaucha; mais, hélas ! il sentit une grande souffrance, et ce fut la dernière fois qu'il chevaucha. Sa maladie augmenta et empira, au point qu'il fit son testament, et départit les fonds qu'il destinait au pélerinage, à ses hommes, à ses compagnons, dont plusieurs étaient vaillans, et personne alors n'avait plus d'hommes vaillans que lui... Ainsi mourut le comte, et ce fut un des hommes de ce monde qui fit la plus belle fin ; il y eut là grande foule assemblée, composée de son lignage et de ses vassaux ; il ne sera point parlé du deuil qui se fit là ; il ne s'en fit jamais de plus grand pour un homme ; cela devait bien être, car jamais homme de son âge ne fut plus aimé de ses vassaux et du reste du monde. Il fut enterré à côté de son père, dans l'église de monseigneur Saint-Etienne à Troyes. »

Ce que nous venons de faire pour une courte citation des Mémoires de Ville-Hardouin, nous aurions aimé à le faire pour les Mémoires tout entiers ; nous avons osé penser que, traduite de la sorte, la relation du maréchal de Champagne aurait gardé peut-être de son charme pour les gens du monde à qui le vieux langage est peu familier ; le temps nous manque pour exécuter ce travail qui sans doute ne nous eût pas rapporté beaucoup de gloire, mais qui aurait pu présenter de l'utilité et de l'agrément.

SUR LES DIFFÉRENTS MANUSCRITS ET ÉDITIONS DE VILLE-HARDOUIN.

LES manuscrits et les éditions ont leur histoire ; cette histoire n'est pas une des choses les moins intéressantes dans un travail comme celui que nous entreprenons. Blaise de Vigenère, qui publia en 1585 les Mémoires de Geoffroy de Ville-Hardouin, dans une épître dédicatoire à la *sérénissime seigneurie* de Venise, parle d'un *premier cahier* de ces Mémoires, imprimé douze ans auparavant par l'*ordonnance* de la république ; le préambule de ce *cahier* invitait tous ceux qui auraient quelque exemplaire de Ville-Hardouin, à le communiquer à Venise afin qu'on pût *mettre plus correctement en lumière* la relation du maréchal de Champagne et de Romanie ; voilà pourquoi Vigenère, ayant eu en main un manuscrit de ces Mémoires, s'empressa de dédier son édition à la noble ville de Henri Dandolo. Nous n'avons pu découvrir aucun renseignement précis sur le *premier cahier* de Ville-Hardouin imprimé à Venise en 1573 ; il est probable que cette impression des Mémoires du maréchal laissait beaucoup à désirer. Aussi doit-on regarder Vigenère comme le premier qui ait donné une édition proprement dite de l'histoire de Ville-Hardouin ; il fut encouragé dans son œuvre par Ludovic de Gonzague, duc de Nevers, dont il était gentilhomme. Le texte publié par Vigenère, divisé en neuf livres, offre le récit complet de Ville-Hardouin, mais la vieille langue du maréchal y est bien souvent estropiée. L'éditeur gentilhomme voulant *sarcler* la relation originale de *plusieurs superfluités et redites* capables d'offenser les lecteurs de son temps, crut devoir placer en regard du vieux texte une traduction qui rajeunît et purifiât Ville-Hardouin. Nous devons dire que malgré ses *sarclures*, la version de Vigenère se rapproche bien plus du ton de Ville-Hardouin que celle de Ducange ; ajoutons aussi qu'on reconnaît dans la traduction de ce dernier de fréquents emprunts faits à la première traduction ; malheureusement Ducange n'a pas emprunté ce qu'il y avait de plus simple et de plus fidèlement naïf.

En 1601, les Mémoires de Ville-Hardouin furent publiés à Lyon avec un texte plus correct et plus pur ; le manuscrit qui servit aux éditeurs de Lyon provenait des Pays-Bas ; François Contarini, procurateur de Saint-Marc, l'avait apporté à Venise, à son retour d'une ambassade auprès de l'empereur Charles V, en 1551, et le même ambassadeur l'avait apporté en France, où il était venu traiter d'une ligue contre les Turcs. Ici se présente une petite question. Ceux qui, en 1573, ont imprimé à Venise le premier *cahier* de Ville-Hardouin dont il a été question ci-dessus, pouvaient bien avoir connaissance du manuscrit de Contarini, puisque ce manuscrit fut apporté à Venise en 1551 ; s'il est vrai que ce cahier de Ville-Hardouin était incorrect et incomplet, cela prouve que les éditeurs ignoraient le texte de Contarini : comment donc se fait-il qu'ils l'aient ignoré ?

En 1634, Paolo Ramusio, fils de Giovanni Battista Ramusio, secrétaire du conseil des Dix, petit-fils de Paolo Ramusio, célèbre jurisconsulte, écrivit en latin, par ordre de la république de Venise, une histoire de la conquête de Constantinople, intitulée : *De Bello Constantinopolitano, et imperatoribus Comnenis, per Gallos et Venetos, restitutis*; Paolo Ramusio suivit le récit de Ville-Hardouin, se bornant à le paraphraser et à l'accompagner de faits tirés des chroniqueurs grecs; il s'arrête où finit Ville-Hardouin. L'auteur vénitien n'a pas toujours bien compris le texte de son guide; les nombreuses erreurs qu'on trouve dans son histoire n'annoncent qu'une connaissance fort incomplète des événements et de l'époque à laquelle ils appartiennent. Paolo Ramusio se servit d'un manuscrit de Ville-Hardouin que son père possédait; ce manuscrit pouvait être une copie de celui de Contarini. Neuf ans plus tard, le P. d'Outreman, dans son ouvrage intitulé : *Constantinopolis Belgica*, remettait aussi au jour les vieux récits du maréchal de Champagne; le savant jésuite flamand, après avoir mis à contribution Ville-Hardouin pour toute la période de ses Mémoires, poursuit son travail jusqu'à la prise de Constantinople par les Turcs. La vaste et intelligente érudition du P. d'Outreman n'a pu le défendre de beaucoup d'erreurs et d'omissions. En 1657, une édition nouvelle de Ville-Hardouin sortit de l'imprimerie royale de Paris, enrichie de notes et d'observations historiques qui en ont fait un monument à jamais recommandable; l'édition de Ville-Hardouin, par Ducange, est un des plus importants travaux de ce savant célèbre qui a poussé l'érudition jusqu'au prodige. Nous avons vu à la Bibliothèque du Roi le manuscrit dont s'est servi Ducange; il porte le numéro 9644, et appartient au milieu du XIV° siècle. Une addition latine, d'ailleurs peu importante, qui paraît être l'œuvre d'un Vénitien, se voit à la suite du manuscrit; nous croyons que c'est là le texte apporté par Contarini, le texte qui servit aux éditeurs de Lyon en 1601; Ducange, en le réimprimant, a fait disparaître plusieurs incorrections. M. Petitot, dans le premier volume de sa collection, publié en 1819, a adopté purement et simplement l'édition de Ducange, nous voulons dire le texte et la traduction. En 1823, le 18° volume du *Recueil des historiens des Gaules* reproduisit le texte de Ville-Hardouin; Dom Brial, auteur de cette édition, suivit un manuscrit que Ducange n'avait point connu; ce manuscrit, marqué du numéro 207 supplément, dont l'écriture semble être du XV° siècle, n'a rien qui nous le rende plus précieux que celui du numéro 9644; la seule chose qu'il ait de remarquable, c'est une continuation de Ville-Hardouin par Henri de Valenciennes : nous donnons cette continuation à la suite des Mémoires du maréchal de Champagne. On sait que M. Buchon, dans sa *Collection des Chroniques nationales françaises*, a réimprimé Ville-Hardouin; cette réimpression n'offre aucun trait particulier.

Après ces différentes éditions, on a découvert à la Bibliothèque du Roi un manuscrit de Ville-Hardouin, plus beau, plus pur et plus ancien que tous les manuscrits déjà connus; nous l'avons lu soigneusement, en le comparant aux autres textes; ce manuscrit ne présente rien de nouveau sous le rapport historique; il ne s'y rencontre aucun événement, aucun fait que nous ignorions; mais sous le rapport grammatical et orthographique, ce texte offre de nombreuses différences. L'écriture en est de la fin du XIII° siècle; cette date autorise à penser que le texte dont il s'agit est celui qui doit faire foi parmi les savants pour ce qui concerne le style primitif de Ville-Hardouin. M. Paulin Pàris, l'érudit, plein de critique et de goût, à qui on doit la découverte de ce manuscrit, achève en ce moment là-dessus un travail philologique, qui ne pourra manquer de vivement intéresser. Dans le même manuscrit, les Mémoires de Ville-Hardouin sont immédiatement suivis de la continuation de Henri de Valenciennes, sans que le copiste ait pris soin de l'annoncer; seulement nous avons remarqué sur la page où commence le continuateur un grand trait à la manière des copistes du moyen-âge, qui semble indiquer la fin des Mémoires de Ville-Hardouin. On a vu que le récit du maréchal se termine à la mort du marquis de Montferrat; le manuscrit nouveau donne sur la mort du marquis les lignes suivantes, qui ne se trouvent point dans les autres textes : Ainsi *fu mors li marchis come vos avès oï, et quant li emperer et li autre baron le sovent, ci en furent mult dolent et moult corouciez et ce ne fut por de merveille* (cela ne fut pas étonnant); puis vient sans alinéa la narration de Henri de Valenciennes. Ce manuscrit porte le n° 687 supplément. Comme ce texte n'offre rien de nouveau sous le rapport historique, nous avons cru pouvoir nous épargner la peine de le copier; nous nous sommes contenté du texte de Ducange, en le purgeant de nombreuses incorrections. Nous ajouterons un mot sur l'impression suivante des Mémoires de Ville-Hardouin: la première moitié de la page donne le texte; la seconde moitié, la traduction; viennent ensuite les notes; cette manière nous a paru la meilleure pour éviter toute espèce de confusion et faciliter l'intelligence du texte.

GEOFFROY DE VILLE-HARDOUIN,

DE LA CONQUESTE

DE CONSTANTINOPLE.

Sachiéz que mille cent quatre-vinz et dix huit ans après l'Incarnation nostre Seingnor Jesus-Christ, al tens Innocent III, apostoille de Rome, et Philippe roy de France, et Richart roy d'Engleterre, ot un saint home en France, qui ot nom Folques de Nuillis. Cil Nuillis siest entre Lagny sor Marne et Paris; et il ere prestre, et tenoit la parroiche de la ville : Et cil Folques dont je vous di, comença à parler de Dieu par France, et par les autres terres entor, et nostre sires fist maint miracles por luy. Sachiez que la renomée de cil saint home alla tant, qu'elle vint à l'apostoille de Rome Innocent; et l'apostoille envoya en France, et manda al prod'om (1) que il empreschast des croiz par s'autorité : et après i envoya un suen chardonal maistre Perron de Chappes (2) croisié; et manda par luy le pardon tel come vos dirai. Tuit cil qui se croiseroient et feroient le service Dieu un an en l'ost, seroient quittes de toz les pechiez que il avoient faiz, dont il seroient confés. Porce que cil pardons fu issi granz, si s'en esmeurent mult li cuers des genz, et mult s'en croisierent, porce que li pardons ere si grans.

2. En l'autre an après que cil prod'om Folques parla ensi de Dieu, ot un tornoy en la Champaigne à un chastel qui ot nom Aicris (3); et par la grace de Dieu, si avint que Thibauz quens de Champaigne et de Brie prit la croix, et li quens Loeys de Blois et de Chartein. Et ce fu à l'entrée des avenz. Or sachiéz que cil quens Thibauz ere jones hom, et n'avoit pas plus de xxij ans, ne li quens Loeys n'avoit pas plus de xxvij ans. Cil dui conte erent nevou le roy de France, et si cousin germain, et nevou le roy d'Angleterre de l'autre part.

TRADUCTION.

L'an de l'incarnation de nostre Seigneur mil cent quatre-vingt-dix-huict, au temps du pape Innocent III, de Philippes Auguste roy de France, et de Richard roy d'Angleterre, il y eut un saint homme en France appelé Foulques, et surnommé de Nueilly, parce qu'il estoit curé de ce lieu, qui est un village entre Lagny sur Marne et Paris. Ce Foulques se mit à annoncer la parole de Dieu par la France et les pays circonvoisins, nostre Seigneur opérant par lui grand nombre de miracles, tant que la renommée s'en épandit par tout, et vint jusques à la connoissance du Pape, lequel envoya en France vers ce saint homme pour luy enjoindre de prescher la croisade soûs son authorité. Quelque temps après il y deputa le cardinal Pierre de Capoüe preud'om qui avoit pris la croix à dessein de s'acheminer en la Terre saincte, pour y inviter les autres à son exemple de faire le mesme, avec charge de publier de la part de Sa Sainteté, les pardons et indulgences qu'elle octroyoit à ceux qui se croiseroient, et procureroient le service de Dieu dans l'armée d'outremer par l'espace d'un an : telles, qu'ils auroient plenière absolution des peschés qu'ils auroient commis, et dont ils se seroient deuëment confessez. Et dautant que ces indulgences estoient grandes, plusieurs se sentirent touchez dans leurs cœurs, et poussez de devotion à prendre la croix.

2. L'année d'après que Foulques eut ainsi publié la croisade, il y eut un tournoy en Champagne à un chasteau nommé Escriz, où Thibaut comte de Champagne et de Brie prit la croix , ensemble Louys comte de Blois et de Chartres ; et ce fut à l'entrée des Advents. Or le comte Thibaut estoit un jeune seigneur, qui à peine avoit atteint l'âge de vingt-deux ans, et le comte Louys n'en avoit pas plus de vingt-sept. Ces deux comtes étoient neveux, et cousins germains du roy de France d'une part *, et neveux du roy d'Angleterre d'autre part.

---

(1) La lettre d'Innocent III à Foulques, datée de 1198, fait partie des lettres de ce pape imprimées dans le recueil de Baronius.

(2) Pierre de Capoüe, cardinal-légat du pape Innocent III, est appelé dans les manuscrits de Ville-Hardouin *Perron de Chappes*, *Pierre de Chappes*, et dans les chroniques latines et les lettres d'Innocent, *Petrus de Capua*, *Petrus Capuensis*.

(3) Escry, sur la rivière d'Aisne, près du Château-Porcien ou Forcien.

* Il y a ici un contresens que Ducange a commis par inadvertance et que les derniers éditeurs n'ont point relevé. Puisque le comte Thibaut et le comte de Blois étaient neveux du roi de France, ils ne pouvaient pas être ses cousins-germains. Il faut dire : « Ces deux comtes étaient neveux du roi de France, ainsi donc cousins-germains, etc. »

3. Avec ces deux contes se croisserent deux mult halt baron de France, Symon de Montfort, et Renauz de Mommirail. Mult fu gran la renomée par les terres, quant cil dui halt homes s'encroisierent.

4. En la terre le conte Thibauz de Champaigne, se croisa Garniers li evesques de Troies, li quens Gautiers de Briene, Joffroy de Joenville qui ere seneschaus de la terre, Robert ses freres (1), Gautiers de Gaignonru (2), Gautiers de Montbeliart, Eustaices de Chovelans (3), Guis de Plaissié, ses freres, Henris d'Ardillieres, Ogiers de Saincheron, Villains de Nuilly, Joffroy de Ville-Hardoin li mareschaus de Champaigne, Joffroy ses niers, Guillemes de Nuilly, Gautiers de Juillimes, Evraz de Monteigny, Manasiers de Lisle, Machaires de Saincte-Menehalt, Miles li Braibans, Guy de Chapes, Clerembauz, ses niers, Reignarz de Dampierre, Johans Foisnons, et maint d'autres bones gens dont li livres ne fait mie mention.

◇◇◇

3. Avec ces deux comtes se croisérent deux grands barons de France, Simon de Montfort, et Renaud de Montmirail : en sorte que la renommée en fut grande par tout, quand ces deux seigneurs furent croisez.

4. En la terre du comte de Champagne se croiserent pareillement Regnier evesque de Troyes, Gauthier comte de Brienne, Geoffroy de Joinville seneschal de Champagne, Robert son frere, Gautier de Vignorry, Gautier de Montbeliard, Eustache de Conflans, Guy du Plessié son frere, Henry d'Ardilliers, Oger de Saintcheron, Villain de Nuilly, Geoffroy de Ville-Hardouin mareschal de Champagne, Geoffroy son neveu, Guillaume de Nuilly, Gauthier de Juillimes, Everard de Montigny, Manassés de l'Isle, Machaire de Saincte-Menchould, Miles de Brabans de Provins, Guy de Chappes, Clerembaud son neveu, Renaud de Dampierre, Jean Foisnons, et plusieurs autres personnes de consideration.

5. Avec le comte de Blois se croiserent Gervais

5. Avec le conte Loeys se croisa Gervais del Chastel (4), Hervils ses fils, Johans de Virsim, Oliviers de Rochefort, Henris de Monstruel (5), Paiens d'Orliens, Pierres de Braiequel (6), Hues ses freres, Guillelmes de Sains, Johan de Friaise, Gauthiers de Gandonville, Hues de Cormeroy (7), Joffrois ses freres, Hervils de Belveoir (8), Robert de Froieville (9), Pierres ses freres, Oris de Lisle, Robert del Quartier, et maint autre dont li livre ne fait mie mention.

6. En France se croisa Novelon li evesques de Soissons, Mahé de Montmorensi, Guis li chastelains de Coucy ses niers : Robert Malvoisins, Drues de Cressonessart (10), Bernarz de Monsteruel, Engenraz de Bove (11), Robert ses freres, et maint autre prod'ome, dont li livre ore se taist.

7. A l'entrée de la quaresme aprés, le jour que on prent cendres, se croisa li quens Baudoins de Flandres et de Haisnaut, à Bruges, et

◇◇◇

de Castel, Hervé son fils, Jean de Virsin, Olivier de Rochefort, Henry de Moustrueil, Payen d'Orleans, Pierre de Braiequel, Hugues son frere, Guillaume de Sains, Jean de Friaise, Gautier de Gandonville, Hugues de Cormery, Geoffroy son frere, Hervé de Beauvoir, Robert de Froieville, Pierre son frere, Oris de l'Isle, Robert du Quartier et plusieurs autres, dont les noms sont cy obmis.

6. En France, prirent la croix Nevelon evesque de Soissons, Matthieu de Montmorency, Guy chastellain de Coucy son neven, Robert de Mauvoisin, Dreux de Cressonessart, Bernard de Moreuil, Enguerrand de Boves, Robert son frere, et grand nombre d'autres personnes de condition qui ne sont icy nommées.

7. A l'entrée du caresme ensuivant, le propre jour des Cendres, Beaudoüin comte de Flandres et de Hainault, et la comtesse Marie sa femme, qui estoit sœur de Thibaut comte de Champagne, prirent la croix en la ville de Bruges. Et à leur

---

(1) Geoffroi et Robert de Joinville étaient oncles du sire de Joinville, l'ami, le compagnon et l'historien de saint Louis.

(2) Gaignoru, aujourd'hui bourg de Vignory, sur la rivière de Marne, à 4 lieues S. de Joinville, à 4 lieues N. de Chaumont (Haute-Marne).

(3) Chovelans. C'est Conflans, ainsi nommé parce que ce château était assis sur le confluent de deux petites rivières qui se jettent dans la Moselle entre Metz et Thionville.

(4) Chastel : Châteauneuf-en-Thimerais (Eure-et-Loir), à 5 lieues un quart N. O. de Chartres.

(5) Ou Monsterocl : Montreuil-Bellay (Maine-et-Loire), sur la rivière de Thouet, à 3 lieues et demie S.-O. de Saumur.

(6) Braiequel : ce nom se trouve défiguré dans les différens manuscrits de Ville-Hardouin et dans les lettres des papes ; il s'agit ici de Pierre de Breteuil. La cité de Breteuil est située dans l'arrondissement d'Evreux (Eure).

(7) Cormeroy : Dom Brial croit que c'est Cormery en Touraine ; nous croyons plutôt que c'est Cormeray, à 3 lieues de Blois, puisque le seigneur Hugues s'était croisé avec le comte de Blois.

(8) Belveoir : on trouve en France douze ou treize cités du nom de Beauvoir ; la cité dont il est ici question était probablement Beauvoir, à 3 lieues de Bourges (Cher).

(9) Froieville : Villeneuve-Frouville, à 5 lieues de Blois.

(10) Cressonessart : Cressonsacq, à 7 lieues de Beauvais (Oise).

(11) Bove ou Bouc : Boves, à une lieue et demie d'Amiens (Somme).

DE LA CONQUESTE DE ONSTANTINOPLE. (1200)

la contesse Marie sa feme, qui ere suers le conte Thiebaut de Champaigne. Aprés se croisa Henris ses freres, Thierris ses niers, qui fu fils le conte Philippe de Flandres, Guiliermes l'avoez de Bethune, Coenes ses freres, Johan de Neele, chastelain de Bruges, Reniers de Trit (1), Reniers ses fils, Mahius de Valencort, Jakes d'Avesnes, Baudoins de Belveoir, Hues de Belmez, Girart de Machicort, Oedes de Ham, Guillelmes de Gomeignies (2), Druis de Belraim (3), Rogiers de Marche (4), Eustaices de Sambruic (5), François de Coleigni (6), Gautiers de Bousiers (7), Reniers de Monz, Gautiers de Stombe (8), Bernarz de Soubrengheiem (9), et maint plusor prod'ome, dont li livre ne parle mie.

8. Aprés se croisa li quens Hues de Saint Pol, avec luy se croisa Pierres d'Amiens ses niers, Eustaices de Canteleu (10), Nicole de Mailli, Ansiaus de Cahieu, Guis de Hosdeng (11), Gautier de Neelle, Pierre ses freres, et maint autre gent que nous ne connoissons pas.

9. Enqui aprés, s'encroisia li quens Jofrois del Perche, Estenes ses freres, Rotres de Montfort (12), Ives de Lavalle (13), Atimeris de Vileroy (14), Joffrois de Belmont, et maint altre, dont je ne sai pas le nons.

10. Aprés pristrent li baron un parlement à Soissons, por savoir quant il voldroient movoir, et quel part il voldroient torner. A celle foiz ne se porent accorder, porce que il lor sembla que il n'avoient mie encore assez gens croisié. En tot cel an ne passa onques deux mois, que il n'assemblassent à parlement à Compiegne. Enqui furent tuit li conte, et li baron qui croisié estoient. Maint conseil i ot pris, et doné. Mais la fin si fu tels, que il envoieroient messages meillors que il poroient trover, et donroient plain pooir de faire toutes choses autretant com li seignor.

11. De ces messages envoya Thiebauz li quens de Champaigne et de Brie deux. Et Baudoins li quens de Flandres et Hennaut, deux. Et Loys li quens de Blois, deux. Li mes-

exemple Henry son frere, Thierry son neveu, qui fut fils du comte Philippes de Flandres, Guillaume Advoüé de Bethune, Conon son frere, Jean de Neelle chastelain de Bruges, Renier de Trit, Renier, son fils, Matthieu de Vaslincourt, Jacques d'Avesnes, Baudoüin de Beauvoir, Hugues de Belines, Girard de Machicourt, Eudes de Ham, Guillaume de Comegnies, Dreux de Beaurain, Roger de Marche, Eustache de Sambruit, François de Colemy, Gautier de Bousiers, Renier de Monts, Gautier de Stombe, Bernard de Somerghen, et nombre d'autres seigneurs dont nous nous taisons.

8. Hugues comte de Saint-Paul se croisa ensuitte, et avec luy Pierre d'Amiens son neveu, Eustache de Canteleu, Nicolas de Mailli, Anseau de Kaieu, Guy de Hosdeng, Gaulthier de Neelle, Pierre son frere, et autres dont les noms ne sont venus à nostre connoissance.

9. D'autre part Geoffroy comte du Perche, Estienne son frere, Rotrou du Montfort, Ives de la Valle, Aimery de Villercy, Geoffroy de Beaumont, et plusieurs autres firent le mesme.

10. Ensuite les seigneurs et barons Croisez arresterent un parlement ou assemblée à Soissons, pour resoudre du temps qu'ils devroient partir, et du chemin qu'ils devroient prendre : mais ils ne peurent s'accorder ni convenir ensemble pour cette fois, ayans trouvé qu'ils n'avoient encore nombre suffisant de Croisez pour faire aucune entreprise qui put réüssir. Toutesfois à peine deux mois furent escoulez qu'ils se rassemblerent derechef en la ville de Compiegne, où tous les comtes et barons qui avoient pris la croix se trouverent. Plusieurs choses y furent proposées et débatuës, dont la resolution fut, qu'ils depecheroient des deputez les plus capables qu'ils pourroient choisir, ausquels ils donneroient plein pouvoir de traitter et conclure en leur nom tout ce qu'ils jugeroient necessaire pour l'exécution de leur dessein.

11. De ces deputez, deux furent nommez par Thibaut comte de Champagne, deux par Baudoüin comte de Flandres, et deux par Louys comte de Blois. Les deputez du comte Thibaut furent Geoffroy de Ville-Hardoüin mareschal de Champa-

(1) Il existe encore un village du nom de Trit, près Valenciennes.
(2) Gomeignies : bourg de Gommeignies, à 10 lieues de Douai.
(3) Belrain. On trouve une ville de Belrain à 3 lieues et demie de Bar-sur-Ornain (Meuse).
(4) Marche. Village de Marque en Ostrevent, à 3 lieues et demie de Douai.
(5) Sambruic. Nous ne retrouvons point ce lieu dans la géographie actuelle de la France. Sambruic ne devait pas être éloigné de Douai.
(6) Coleigni : Coligny, à 2 lieues et demie de Metz (Moselle).
(7) Bousiers. Bousies, à 10 lieues de Douai.

(8) Stombe. La position de cette place nous est inconnue.
(9) Soubrengheiem. Somerghem est une ville à 3 lieues de Gand (Escaut).
(10) Canteleu. Il existe en France cinq petites cités du nom de Canteleu ; le lieu dont il est ici question doit être le Grand-Canteleu, à 8 lieues d'Amiens.
(11) Hosdeng. Houdaing, à 11 lieues de Douai.
(12) Montfort-le-Rotrou, à 3 lieues et demie du Mans (Sarthe).
(13) Laval (Mayenne), à 16 lieues du Mans.
(14) Probablement Villercau (Nord), à 9 lieues et demie de Douai.

sage li conte Thiebaut furent Joffroy de Ville-Hardoin, li mareschaus de Champaigne, et Miles li Braibanz. Et li message le conte Baudoin, furent Coenes de Betune, et Alars Maqueriaus. Et li message li conte Loys, Iohan de Friaise, et Gautiers de Gandonville. Sur ces six si mistrent lor affaire entierement, en tel maniere que il lor bailleroient bones cartres pendans, que il tiendroient ferme ce que cil six feroient par toz les ports de mer, en quelque lieu que il allassent, de toutes convenances que il feroient. Ensi mûrent li six messages com voz avez oï, et pristrent conseil entr'aux ; et fu tels lor conseil entr'aux accordé, que en Venise cuidoient trover plus grant plenté de vaissiaus que à nul autre port. Et chevauchierent par les jornées tant que il vindroient la premiere semaine de quaresme.

12. Li dux de Venise, qui ot à nom HENRIS DANDOLE, et ere mult sages et mult prouz, si les honora mult, et il et les autres gens ; et les virent mult volentiers. Et quant ils bailleront les lettres lor seignors, si se merveillerent mult por quel affaire il erent venuz en la terre. Les lettres erent de créance ; et distrent li contes que autant les creist en come lor cors, et tenroient fait ce que cis six feroient. Et li Dux lor respont : Seignors, je ai veüs vos letres. Bien avons queneu que vostres seignors sont li plus hauts homes que soient sans corone ; et il nos mandent que nos creons ce que vos nos direz, et tenons ferme ce que vos ferez. Or dites ce que vos plaira. » Et li messages respondirent : « Sire, nos volons que vos aiez vostre conseil : et devant vostre conseil nos vos dirons ce que nostre seingnor vos mandent, demain se il vos plaist. » Et li Dux lor respont que il lor requeroit respit al quart jor, et adonc aroit son conseil ensemble, et porroient dire ce que il requeroient.

13. Ils attendirent tresci quart jor que il lor ot mis. Il entrerent el palais qui mult ere riches et biax, et troverent le Duc et son conseil en une chambre, et distrent lor messages en tel maniere : « Sire, nos somes à toi venu de par les hals barons de France qui ont pris le signe de la croiz por la honte JESU-CHRIST vengier, et por Jerusalem conquere se Diex le veut soffrir : et porce que il savent que nulle genz n'ont si grant pooir come vos et la vostre gent, vos prient por Diex que vos aiez pitié de la terre d'oltre-mer, et de la honte JESU-CHRIST vengier, comment ils puissent avoir navie et estoire. — En

◇◇◇

gne, et Miles de Brabant ; ceux du comte Baudoüin furent Conon de Bethune, et Alard Macquereau : et ceux du comte de Blois, Jean de Friaise, et Gautier de Gandonville. Sur ces six les barons se remirent entierement de leurs affaires, et fut convenu qu'ils leur expedieroient chartes et patentes scellées de leurs sceaux, avec plein pouvoir d'agir en leurs noms, et promesse de tenir tout ce qui seroit par eux fait, ensemble d'agréer tous les traittez qu'ils feroient aux ports de mer, et autres lieux où ils s'addresseroient. Ainsi ces six deputez partirent, lesquels après avoir concerté ensemble, et jugé à propos de s'acheminer à Venise, à cause que là, plus qu'en nul autre port, ils pourroient rencontrer grand nombre de vaisseaux, firent si grande diligence, qu'ils y arriverent la première semaine de caresme.

12. HENRY DANDOLE estoit lors duc de Venise, homme sage, et vaillant de sa personne, qui les receut trés-courtoisement, et leur rendit tous les honneurs convenables à leur qualité ; les principaux citoyens et le reste du peuple leur firent aussi grand accueil, et témoignerent beaucoup de satisfaction de leur arrivée. Mais quand ils présenterent les lettres de leurs seigneurs, ils demeurerent étonnez sur le sujet de l'affaire qui les pouvoit avoir amenez. Les lettres estoient de creance, et portoient en substance, que les comtes prioient d'ajouster foy aux porteurs d'icelles, comme on feroit à leurs personnes, et qu'ils tiendroient pour bien fait tout ce que ces six feroient en leurs noms. A cela le Duc fit response : « Seigneurs, » nous avons veu vos lettres, et en mesme temps » reconneu que vos seigneurs sont les plus grands » et plus puissans princes d'entre ceux qui ne » portent point de couronne. Ils nous mandent » que nous ayons à ajouster foy à tout ce que » vous nous direz de leur part, et que nous tenions » pour ferme et stable tout ce que vous traitterez » avec nous : dites donc ce qu'il vous plaira. » A quoi les deputez respondirent : « Sire, nous ne » pouvons exposer nostre legation qu'en présence » de vostre conseil, devant lequel nous dirons ce » dont nous sommes chargez de la part de nos » seigneurs, mesme demain, si vous l'avez agrea» ble. » Mais le Duc leur demanda terme jusqu'à quatre jours, et que lors il feroit assembler son conseil, où ils pourroient faire entendre ce qu'ils demandoient.

13. Le jour venu, ils entrerent dans le palais, qui estoit beau et magnifique, et trouverent le Duc avec le conseil en une chambre, où ils firent entendre le sujet de leur arrivée en cette maniere : « Sire, nous sommes venus devers vous, » deputez par les plus grands barons de France, » qui ont pris le signe de la croix pour vanger » l'injure faite à Jesus-Christ, et pour conquérir » Hierusalem, si Dieu le veut permettre : et dau» tant qu'ils sçavent, qu'il n'y a personne au » monde qui les puisse mieux aider que vous, et » vos sujets, ils vous requierent au nom de Dieu

quel manière ? fait li Dux.—En totes les manieres, font li messages, que vos lor saurez loer ne conseiller que il faire ne soffrir puissent.—Certes, fait li Dux, grant chose nos ont requise, et bien semble que il beent à haut affaire. Et nos vos en respondrons dui à huit jorz, et ne vos merveillez mie, se li termes est lons, car il convient mult penser à si grant chose. »

14. Al termes que li Dux lor mist, il revinrent el palais. Totes les paroles qui là furent dites et retraites ne vos puis mie reconter, mes la fin de la parole fu tels : « Seignors, fait li Dux, nos vos dirons ce que nos avons pris à conseil, se nos i poons metre nostre grant conseil, et le commun de la terre que il ottroit, et vos vos conseillerois se vos le pourrois faire ne soffrir. Nos ferons vuissiers à passer quatre mil cinq cens chevaux, et nuef mille escuyers, et es nés quatre mil et cinq cens chevaliers, et ving mille serjans à pié ; et à toz ces chevaux, et ces gens iert telz la convenance que il porteront viande à nuef mois. Tant vos ferons al mains, en tel forme que on donra por le cheval quatre mars, et por li home deux ; et totes ces convenances que nos devisons, nos tendrons por un

<><><>

» que vous preniez compassion de la Terre saincte,
» et que vous entriez avec eux dans la resolution
» de vanger la honte de nostre commun redemp-
» teur, en leur fournissant par vous des vaisseaux,
» et autres commoditez pour leur passage d'outre-
» mer. En quelle maniere, et à quelle condition ?
» fait le Duc. En toutes les manieres et condi-
» tions, dirent-ils, que vous leur voudrez propo-
» ser ou conseiller, pourveu qu'ils y puissent sa-
» tisfaire. Certes, dit le Duc aux siens, la de-
» mande que nous font ces deputez est de haute
» consequence, et paroit bien à leurs discours
» que leur entreprise est grande. » Puis se tournant vers eux, leur dit : « Nous vous ferons sça-
» voir nostre resolution dans huit jours, et ne vous
» étonnez pas si nous prenons un si long terme,
» car l'affaire que vous nous proposez merite bien
» que l'on y pense à loisir. »

14. Le jour que le Duc leur avoit designé venu, ils retournerent au palais, où aprés plusieurs discours que je ne vous puis raconter, le Duc finalement leur tint ce langage : « Seigneurs, nous vous
» dirons ce qui a été arresté entre nous au sujet
» de vostre affaire, pourveu toutesfois que nous y
» puissions faire condescendre nostre grand con-
» seil, et le reste de la republique, aprés quoy
» vous adviserez ensemble si vous le desirez ac-
» cepter. Nous vous fournirons de palandries et
» vaisseaux plats pour passer quatre mil cinq
» cens chevaux, et neuf mil escuyers, et de na-
» vires pour quatre mil cinq cens chevaliers, et
» vingt mil hommes de pied. Et à tous les che-
» vaux et hommes nous promettons de fournir et

an dès le jor que nos vos departirons del port de Venise à faire le service Dieu et la chrestienté, en quelque lieu que ce soit. La somme de cest avoir qui icy est devant nommé, si monte quatre-ving cinq mil mars. Et tant feromes al mains, que nos metteromes cinquante galées por l'amour de Dieu, par tels convenance que tant com nostre compaignie durera, de totes conquestes que nos feromes par mer, ou par terre, la moitié en aurons, et vos l'autre. Or si vos conseilliez, se voz porroiz faire ne soffrir. »

15. Li messages s'en vont, et distrent que il parleroient ensemble, et lor en respondront lendemain. Conseillerent soi et parlerent ensemble celle nuit, et si s'accorderent al faire, et lendemain vindrent devant le Duc et distrent : « Sire, nos sommes prest d'asseurer ceste convenance. » Et li dux dist, qu'il en parleroit à la soe gent, et ce qu'il troveroit, il le lor feroit savoir. Lendemain al tiers jors, manda li Dux, qui mult ere sage et proz, son grant conseil, et li conseilx ere de quarante hommes, des plus sages de la terre. Par son sen et engin, que il avoit mult cler, et mult bon, les mist en ce que il loèrent et

<><><>

» porter vivres pour neuf mois entiers, à condi-
» tion de nous payer quatre marcs d'argent pour
» chaque cheval, et pour l'homme deux. Toutes
» lesquelles conventions nous vous tiendrons et
» accomplirons l'espace d'un an, à conter du jour
» que nous partirons du port de Venise, pour al-
» ler faire le service de Dieu et de la chrestienté,
» en quelque lieu que ce puisse estre. La somme
» de ce que dessus monte à quatre-vingt-cinq
» mille marcs. Nous promettans en outre d'équi-
» per au moins cinquante galéres pour contribuer
» de nostre part à l'avancement d'un si glorieux
» dessein, avec cette condition que tant que nos-
» tre association durera, nous partagerons égale-
» ment toutes les conquestes que nous ferons,
» soit par terre, soit par mer ; c'est à vous à ad-
» viser si vous voulez accepter les propositions. »

15. Les deputez dirent qu'ils en concerteroient ensemble, et que le lendemain ils leur feroient sçavoir leur resolution ; et là dessus ils se retirerent. La nuit suivante ils tinrent conseil, et resolurent de passer par les propositions qui leur avoient esté faites. A cet effet ils furent trouver le Duc dés le lendemain matin, et luy dirent, qu'ils estoient prests de les accepter et conclure. Surquoy le Duc leur témoigna, qu'il en communiqueroit aux siens et qu'il ne manqueroit de leur faire sçavoir ce qu'ils en arresteroient. Le lendemain, qui fut le troisiéme jour, le Duc assembla son grand conseil, composé de quarante hommes, des plus habiles, et des plus sages de toute la republique ; et fit tant par ses remonstrances, comme personnage de bon sens et de grand esprit qu'il estoit, qu'il

voltrent. Ensi les mist, puis cent, puis deux cent, puis mil, tant que tuit le creanterent et loèrent. puis en assembla ensemble bien dix mil en la chapelle de Saint Marc, la plus belle qui soit, et si lor dist, que il oïssent messe del Saint Esperit et priassent Dieu que il les conseillast de la requeste as messages que il lor avoient faite ; et il si firent mult volentiers.

16. Quant la messe fu dite, li Dux manda par les messages, et que il requissent à tot le pueple humblement que ils volsissent que celle convenance fust faite. Li messages vindrent el Mostier. Mult furent esgardé de mainte gent qu'il n'és avoient ains mais veuz. Joffroy de Ville-Hardouin li mareschaus de Champaigne monstra la parole por l'accort, et par la volenté as autres messages, lor dist : « Seignor, li baron de France li plus halt, et plus poestez nos ont à vos envoiez, si vos crient mercy, que il vos preigne pitié de Hierusalem, qui est en servage de Turs, que nos por Dieu voilliez lor compaigner à la honte Jesu-Christ vengier ; et porce vos y ont eslis que il sévent que nulles genz n'ont si grant pooir qui sor mer soient, comme vos et la vostre genz ; et nos commandérent que nos vos anchaissiens as piez, et que nos n'en léveissiens dés que vos ariez otroyé que vos ariez pitié de la Terre sainte d'outremer. »

◇◇◇

leur persuada l'entreprise proposée De là il y en appella jusqu'à cent, puis deux cens, et puis mil, tant que tous l'approuverent et y consentirent. Finalement il en assembla bien dix mil en la chapelle de Sainct Marc, qui est l'une des plus belles et magnifiques qui se puisse voir, où il leur fit oüir la messe du Sainct Esprit : les exhortant à prier Dieu de les inspirer touchant la requeste des deputez, à quoy ils se porterent avec grand zele et demonstration de bonne volonté.

16. La messe achevée, le Duc envoya vers les deputez, et leur fit dire, qu'il estoit à propos qu'ils requissent, et priassent humblement tout le pueple de vouloir agréer les traitez. Les deputez vinrent en suite à l'eglise, où ils furent regardez d'un chacun, et particulièrement de ceux qui ne les avoient encore veus. Alors Geoffroy de Ville-Hardoüin mareschal de Champagne prenant la parole pour ses compagnons, et de leur consentement, leur dit : « Seigneurs, les plus » grands et plus puissans barons de France nous » ont envoyé vers vous, pour vous prier au nom » de Dieu d'avoir compassion de Hierusalem qui » gemit sous l'esclavage des Turcs, et de vouloir » les accompagner en cette occasion, et les assis- » ter de vos forces et de vos moyens pour vanger » unanimement l'injure faite à nostre seigneur » Jésus-Christ ; ayans jetté les yeux sur vous, » comme ceux qu'ils sçavent estre les plus puis-

17. Maintenant li six messages s'agenoillent à lor piez mult plorant ; et li Dux et tuit li autre s'escrierent tuit à une voiz, et tendent lor mains en halt et distrent : nos l'otrions, nos l'otrions. Enki ot si grant bruit, et si grant noise que il sembla que terre fondist. Et quant cele grant noise remest, et cele grant pitié, que onques plus grant ne vit nus home, li bon dux de Venise, qui mult ere sages et proz, monta el leteri, et parla au pueple, et lor dist : « Seignor, veez l'onor que Diex vos a fait, que la meillors genz del monde, ont guerpi tote l'autre genz, et ont requis vostre compaignie de si halte chose ensemble faire comme de la rescosse nostre seignor. » Des paroles que li Dux dist bones et belles ne vos puis tout raconter. Ensi fina la chose, et de faire les chartes pristrent lendemain jor ; et furent faites et devisées : quant elles furent faites, si fu la cose seuë, que on iroit en Babyloine (1), porce que par Babyloine poroient mielz les Turs destruire, que par nul autre terre. En oïant ce, fu devisé que de Saint-Jan en un an qui fu M. CC. ans et deux après l'incarnation Jesu-Christ, devoient li baron et li pelerin estre en Venise, et les vassials apareilliez contre als. Quant elles furent faites et scellées, si furent aportées devant le Duc el gran palais, ou li grant conseil ere, et li petiz. Et quant li Duc lor livra

◇◇◇

» sans sur la mer : Et nous ont chargé de nous » prosterner à vos pieds, sans nous relever que » vous ne leur ayez donné la satisfaction de leur » octroyer leur requeste, et promis de les assis- » ter au recouvrement de la Terre sainte. »

17. Là-dessus les six deputez s'estans prosternez en terre, et pleurans à chaudes larmes, le Duc, et tout le peuple s'écrièrent tous d'une voix, en levant les mains en haut : « Nous l'accordons, » nous l'accordons. » Puis s'éleva un bruit et un tintamarre si grand, qu'il sembloit que la terre deût abismer. Cette joyeuse et pitoyable acclamation appaisée, le Duc, qui estoit homme de grand jugement et de bon sens, monta au pupitre, et parla au peuple en cette sorte : « Sei- » gneurs, voyez l'honneur que Dieu vous a fait, » en ce que les plus vaillans hommes de la terre » ont délaissé tous les autres peuples et poten- » tats, pour chercher vostre compagnie à l'exe- » cution d'une si louable et sainte entreprise, » comme de retirer l'heritage de nostre Sauveur » des mains des Infidelles. » Je ne pretens point vous raconter tout le discours du Duc en cette occasion, me contentant de dire que la finale résolution fut de passer les traitez dés le lendemain, et de dresser les chartes et patentes nécessaires à cet effet. Ce qu'ayant esté executé, chacun

(1) Le Caire.

les soes chartres, si s'agenoilla mult plorant, et jora sor sains à bone foy, à bien tenir les convens qui érent és chartres, et toz ses conseils ainsi, qui ere de xlvj. Et li messages jurerent les lor chartres à tenir, et les sermens à lor seignor, et les lor que il les tenroient à bone foi. Sachiez que la ot mainte lerme plorée de pitié. Et maintenant envoiérent lor messages l'une partie, et l'autre à Rome à l'apostoille Innocent, pour conferrer ceste convenance et il le fist mult volentiers; alors empruntérent deux mil mars d'argent en la ville, et si le baillérent le Duc por commencer le navile. Ensi pristrent congié por r'aler en lor païs. Et chevauchérent por lor jornees tant, que il vindrent à Plaisance en Lombardie. Enki se partirent Joffroy le mareschal de Champaigne, Alarz Makeriaus ; si s'en allérent droit en France, et li autre s'en allérent à Genes, et à Pise por savoir quele aie il fairoient a la terre d'outremer.

18. Quant Joffroy li mareschaus de Champaigne passa Mont-Cenis, si encontra li conte Gautier de Brene qui s'en alloit en Puille conquerre la terre sa fame, que il avoit espousée,

puis que il ot la croiz, et qui ére flle le roy Tancred ; et avec lui en aloit Gautier de Montbeliard, et Eustaices de Covelans, Robert de Joenville, et grant partie de la bonne gent de Champaigne qui croisié estoient. Et quant il lor conta les nouvelles coment il avoient esploitié, en firent mult grant joie, et mult prisiérent l'affaire, et li distrent : Nos somes ja meu : et quant vos viendroiz, vos nos troveroiz toz prest. Més les aventures aviénent ensi com Dieu plaist. Ne n'orent nul pooir, que plus assemblassent en l'ost. Ce fut grant domaiges, que moult estoient preu et vaillant. Et ensi se partirent, si tint chascuns sa voie.

19. Tant chevaucha Joffroy li mareschaus per ses jornees, que il vint à Troies en Champaigne, et trova son seingnor le conte Thibaut malades et déshaitiés, et si fu mult liez de sa venue. Et quant cil li ot contée la novele comment il avoient esploitié, si fu si liez qu'il dist qu'il chevaucheroit, ce qu'il n'avoit pieça fait, et leva sus et chevalcha. Et laz ! com grant domages, car onques puis ne chevaucha que cele foiz. Sa maladie crût et efforça, tant que il fist

◇◇◇

scoût que l'on iroit à Babylone et en Egypte, parce qu'on pourroit par cet endroit, mieux que par nul autre, deffaire et détruire les Turcs. Cependant il fut aresté que le jour de la feste de sainct Jean prochain en un an, qui seroit l'an M. CCII. les barons et les pelerins se devroient trouver à Venise, où l'on leur tiendroit les vaisseaux tous prests. Quand les lettres furent scellées, on les apporta au grand palais, où le grand conseil estoit assemblé avec le petit en la présence du Duc, lequel en les délivrant aux deputez, se mit à genoux pleurant abondamment, et jura sur les saints Evangiles; ensemble le conseil qui estoit de quarante-six, que de bonne foy ils entretiendroient de leur part tous les traitez y contenus. Les deputez firent pareil serment aux noms de leurs maistres, et promirent de leur part d'observer le tout de bonne foy. Il y eut là mainte larme épanduē de pitié, entremeslée de joye. Ce fait ils depeschérent de part et d'autre à Rome vers le pape Innocent, pour confirmer les traitez, ce qu'il fit tres volontiers. Alors les François empruntérent de quelques particuliers de la ville de Venise deux mil marcs d'argent, qu'ils deliverent au Duc par avance, et pour fournir à la premiere dépense des vaisseaux : et ensuite prirent congé pour retourner en leur pays. Estans arrivez à Plaisance, ville de Lombardie, ils se separérent les uns des autres : Geoffroy mareschal de Champagne, et Alard Macquereau, prenans le droit chemin de France, et les autres tirans vers Pise, et vers Gennes, pour sçavoir quel secours ils voudroient donner pour cette entreprise.

18. Comme le mareschal passoit le Mont Cenis,

il y rencontra Gautier comte de Brienne, lequel s'acheminoit en la Poüille pour conquerir le pays qui appartenoit à sa femme, fille du roy Tancred, qu'il avoit épousée depuis avoir receu la croix. Il avoit en sa compagnie Gautier de Montbeliard, Eustache de Conflans, et Robert de Joinville, avec une bonne partie des Champenois qui s'estoient croisez. Quand le mareschal leur eut fait entendre comme toutes choses s'estoient passées en leur legation, ils en tesmoignérent beaucoup de joie, et le congratulérent du bon succés de cette negotiation, ajoustans : « Vous voiez comme nous nous » sommes desja mis en chemin pour gaigner les » devans ; Quand vous serez arrivez à Venise, » vous nous trouverez tous prests pour vous ac- » compagner. » Mais il avient des adventures comme il plaist à Dieu; dautant qu'il ne fut en leur pouvoir de rejoindre par aprés l'armée, et ce fut un grand dommage, parce qu'ils estoient braves et vaillans. Ainsi ils se departirent les uns des autres tirans autre chacun son chemin.

19. Le mareschal estant arrivé à Troyes en Champagne, il y trouva le comte Thibaut son seigneur malade et en mauvaise disposition de sa personne ; lequel fut si joyeux de son arrivée et encore plus d'apprendre par sa bouche le bon succés de son voyage : qu'il dit, qu'il vouloit prendre l'air et monter à cheval, ce qu'il n'avoit fait il y avoit long-temps : là dessus il se leva du lict et monta à cheval : mais hélas ! ce fut là son dernier effort, car sa maladie commença à rengreger, en sorte que se voyant en cét estat, il fit son testament, et distribua l'argent qu'il devoit porter en son voyage à ses vassaux et compa-

sa devise et son lais, et departi son avoir que il devoit porter à ses homes et à ses compaignons dont il n'avoit mult de bons, nus hom à cel jor n'en avoit plus. Et si commanda si com chascuns recevroit son avoir, que il jureroit sor sains l'ost de Venise à tenir, ensi com il l'avoit promis. Mult y ot de cels qui malvaisement le tindrent, et mult en furent blasmés.

20. Une autre partie commanda li Cuens de son avoir à retenir et pour porter en l'ost et pour departir là ou en verroit que il seroit employé. Ensi morut li Cuens, et fu un des homes del munde qui feist plus belle fin. Enki ot mult grant pueple assemblé de son lignage, et de ses homes; del duel ne convient mie à parler qui illuec fu faiz, que onques plus grant ne fu faiz por home; et il le dût bien estre, car onques hom de son aage ne fu plus amés de ses homes ne de l'autre gent. Enterré fu de lés son pere au mostier de monseignor Sainct-Estiene a Troyes. La Comtesse remest sa femme qui Blanche avoit nom, mult belle, mult bone, qui ère fille le roy de Navarre, qui avoit de lui une filliete et ère grosse d'un filz. Quant li Cuens fu enterré Mahieu de Mommorenci, Symon de Montfort, Joffroy de Joenville qui ère seneschaus, et Joffroy li mareschaus allérent al duc Oedon de Bourgoigne, et si li distrent : « Sire, vostre cousin est mort; tu voiz le domage qui a la terre d'outremer est avenuz. Por Dieu te volons proier, que tu preigne la croiz et secor la terre d'outremer en leu cestui. Et nos te ferons tot son avoir baillier, et te jurerons sor sains, et le te ferons aus autres jurer, que nos te servirons à bone foi, alsis com nos fassiens lui. » Tel fu sa volenté que il refusa. Sachiéz que il peust bien mielz faire. Joffroy de Joinville cargierent li message que altre tel offre feist au conte Bar-le-Duc Thibaut, qui ère cousins al Conte qui mort estoit, et refusa le autre si. Mult fu granz desconforz as pelerins et à tos cels que devoient aler le service Dieu, de la mort le conte Thibaut de Champaigne; et pristrent un parlement al chief del mois à Soissons, por savoir que il porroient faire. En qui furent li cuens Balduin de Flandres et de Hennaut, et li cuens Loeys de Blois et de Chartein, li cuens Joffroy del Perche, li cuens Hues de Saint-Pol, et maint autre preud'ome.

21. Joffroy li mareschaus lor mostra la parole et l'offre que il avoient faite le duc de Bourgoingne et le conte de Bar-le-Duc, et comment

◇◈◇

gnons, qui estoient tous vaillans hommes, et en si grand nombre, qu'aucun seigneur en ce temps-là n'en avoit davantage : enjoignant à châcun d'eux, en recevant ce qu'il leur avoit laissé, de jurer sur les saints évangiles de se rendre à l'armée de Venise comme ils y estoient obligez. Mais il y en eut de ceux-là qui tinrent peu leur serment et accomplirent mal leurs promesses, dont ils furent justement blasmez.

20. Il reserva en outre une partie de cét argent pour porter en l'armée, et l'employer où on verroit qu'il seroit necessaire. Ainsi le comte mourut, et fut l'homme du monde qui fit la plus belle fin. Aprés sa mort grand nombre de seigneurs de sa parenté et de ses vassaux vinrent honorer ses obseques et funerailles, qui furent faites avec tout l'appareil possible et convenable à sa qualité; en sorte qu'on peut dire qu'il ne s'en fit jamais de plus magnifiques. Aussi aucun prince de son aage ne fut plus chery de ses vassaux ny plus universellement de tous. Il fut enterré prés de son pere en l'eglise de Saint-Estienne de Troyes, laissant la comtesse son espouse, nommée Blanche, fille du roy de Navarre, tres-belle et sage princesse, qui avoit eu de luy une fille, grosse d'un posthume. Quand le comte fut enterré, Mathieu de Montmorency, Simon de Montfort, Geoffroy de Joinville qui estoit seneschal, et le mareschal Geoffroy allerent trouver le duc de Bourgogne, auquel ils tinrent ce discours : « Sire, vous voyez le dommage avenu à l'entreprise d'outremer par le decés de nostre maistre; c'est pourquoy nous venons icy à dessein de vous prier au nom de Dieu de prendre la croix, et de vouloir secourir la Terre sainte; nous vous promettons de vous faire delivrer tout l'argent qu'il avoit amassé pour cette entreprise, et vous jurerons, et le ferons ainsi jurer aux autres sur les saincts evangiles, de vous obeïr, et servir de bonne foy, comme nous aurions fait sa personne. » Mais il le refusa nettement; et peut-être qu'il eust peu mieux faire. Ensuitte Geoffroy de Joinville eut chárge des autres deputez d'aller vers Thibaut comte de Bar-le-Duc, cousin du defunt comte de Champagne, lequel pareillement s'en excusa. Ce qui redoubla l'affliction des pelerins, et de ceux qui avoient pris la croix pour le service de Dieu, mais particulierement leur augmenta le regret qu'ils avoient de la perte du comte Thibaut leur seigneur. Sur quoy ils deliberérent de s'assembler à la fin du mois en la ville de Soissons, pour aviser à ce qu'ils auroient à faire. Ceux qui s'y trouverent furent Baudoüin comte de Flandres, Louys comte de Blois, Hugues comte de Saint-Paul, Geoffroy comte du Perche, et grand nombre d'autres seigneurs.

21. Là le mareschal prit la parole, et leur fit entendre l'offre qu'ils avoient faite au duc de Bourgongne, et au comte de Bar-le-Duc, et comme ils les en avoient refusez; puis leur dit : « Seigneurs, je serois d'avis d'une chose si vous

il avoient refusé : « Seignors (fait-il) escoltez ; je vos lorroie une chose, si vos i accordez. Li marchis Boniface de Montferrat, est mult prodom, et un dés plus proisié que hui cest jor vive. Se vos le mandiez que il venist ça, et prist le signe de la croiz, et se meist el leu le conte de Champaigne, et li donisiez la seignorie de l'ost, assez tost la prendroit. » Assez i ot paroles dittes avant et arriere, mais le fin de la parole fu telx, que tuit se accordérent li grant et li petit : et furent les lettres escrites, et li messaige eslit, et fu envoié querre, et il vint al jor que il li orent mis, par Champaigne et parmi France, où il fu mult honorez, et par le roy de France, cui cusin il ère. Ensi vint à un parlement à Soissons qui només fu, et illuec fu grant foisons des contes et des Croisiez : com il oïrent que li Marchis venoit, si alérent encontre lui, si l'honorèrent mult.

22. Al matin si fu le parlement en un vergier à l'abbaïe madame Sainte Marie de Soissons. Enqui requistrent le Marchis que il avoient mandé, et li prient por Dieu, que il preigne la croiz, et reçoive la seignorie de l'ost, et soit el leu le conte Thibaut de Champaigne, et preigne son avoir, et ses homes, et l'enchaïrent as piez mult

plorant, et il lor rechiet as piez, et dit que il le fera mult volentiers. Ensi fist li Marchis lor proière, et reçeut la seignorie de l'ost. Maintenant li evesques de Soissons, et messire Folques li bon hom, et dui blanc abbé que il avoit amené de son païs, l'emmainent à l'église Nostre-Dame, et li atachent la croiz à l'espaule. En si fina cis parlement. Et lendemain si prist congié por r'aller en son païs, et por atorner son affaire, et dist que chascun atornast la suen, que il seroit contre als en Venise.

Ensi s'en alla li Marchis al capitre à Cistials, qui est à la Saincte Crois en septembre. Enqui trova mult grant plenté de abbé, et des barons et des autres genz, et messire Folques i alla por parler des croiz. Enqui se croisa Oedes li champenois de Chanlite et Guillealmes ses freres, Richart de Dampierre, Oedes ses freres, Gui de Pesmes, Haimmes ses freres, Guis de Covelans, et maintes bones gens de Borgoingne, dont li nom ne sont mie en escrit. Après se croisa li evesques d'Ostun, Guignes li cuens de Forois, Hughes de Coleini, aval en Provence Pierres Bromons, et autres gens assez, dont nos ne savons pas le noms.

23. Ensi s'atornerent parmi totes les terres

◇◇◇

» le trouvez bon : le marquis Boniface de Mont-
» ferrat est comme châcun sçait un prince fort ge-
» nereux, et des plus experimentez au faict de la
» guerre qui soit pour le jourd'huy vivant ; si
» vous lui mandiez de venir par deçà, et qu'il
» prit la croix, et lui offrissiez la charge et la
» conduite de l'armée au lieu du defunt comte de
» Champagne, je croy qu'il l'accepteroit. » Toutes choses concertées de part et d'autre, il fut resolu et accordé qu'on députeroit vers luy. A cét effet on fit expedier des dépêches, et on choisit des deputez pour l'aller trouver. En suitte dequoy il ne manqua de venir au jour assigné, prenant son chemin par la Champagne et par la France, où il fut bien receu, et particulierement du roy de France, duquel il estoit cousin ; ainsi il vint à Soissons, où l'on avoit assigné l'assemblée, et où plusieurs comtes et barons estoient desja arrivez avec grand nombre de pelerins, lesquels quand ils sceurent qu'il approchoit, luy allérent au devant, et luy firent tout l'honneur qu'ils purent.

22. Le lendemain matin l'assemblée se tint en un verger de l'Abbaye de Nostre-Dame de Soissons, où ils requirent tous unanimement le marquis qu'ils avoient mandé, et le priérent au nom de Dieu, se prosternants à ses pieds et pleurants à chaudes larmes, de vouloir prendre la croix, et d'accepter la conduite de l'armée au lieu du feu comte Thibaut de Champagne, et de recevoir ses troupes et l'argent qu'il avoit destiné pour cette entreprise ; ce que le marquis voyant, mit pareillement les genoux en terre, et leur dit qu'il

◇◇◇

le feroit volontiers. Ainsi deferant à leurs prieres il se chargea de la conduite de l'armée : et à l'instant l'evesque de Soissons, et messire Foulques, le bon sainct homme duquel nous avons parlé cy-dessus, et deux abbez de l'ordre de Cisteaux, que le marquis avoit amenez de son pays, le conduisirent à l'église de Nostre-Dame, et lui attachèrent la croix sur l'épaule. L'assemblée finie, le lendemain il prit congé pour retourner au Montferrat, pour donner ordre à ses affaires, avertissant un châcun de se tenir prest, et qu'il ne manqueroit de les aller trouver à Venise.

En son chemin il passa par Cisteaux, et fut au chapitre qui se tient à la saincte Croix en septembre, où il trouva grand nombre d'abbez, de barons, et autres gens assemblez : messire Foulques y alla aussi prêcher la Croisade, ensuite dequoy plusieurs se croisérent, et entre autres Eudes le champenois de Champlite, et Guillaume son frere, Richard de Dampierre, Eudes son frere, Guy de Pesmes, Aymon son frere, Guy de Conflans, et plusieurs autres gentilshommes de la Bourgogne : l'evesque d'Authun y prit aussi la croix, comme encore Guignes comte de Forest, Hugues de Coligny, aval* en Provence Pierre Bromons, et nombre d'autres dont nous ignorons les noms.

23. En cette sorte les pelerins se preparoient de tous costez ; mais, helas ! il leur arriva un grand

* Nous avons rectifié ici une erreur de Ducange, qui avait pris *aval* pour un nom propre. *Aval* signifie *en bas*.

li pelerin. Ha las ! con grant domages lor avint el quaresme après, devant ce que il durent movoir, que li cuens Joffrois del Perche s'acocha de maladie, et fist sa devise en tel maniere, que il commanda que Estene ses freres aust son avoir, et menast ses homes en l'ost. De cest escange se soffrissent mult bien li pelerin se Diex volsist. Ensi fina li Cuens, et morut, dont grant domages fu ; et bien fu droiz, car mult ére halt ber et honorez et bons chevaliers. Mult fu grant dielx par tote sa terre.

24. Après la Pasque entor la Pentecoste, encommenciérent à movoir li pelerin de lor païs. Et sachiez que mainte lerme i fu plorée de pitié al departir de lor pais, de lor genz, et de lor amis. Ensi chevauchiérent parmi Borgoigne, et parmi les monz de Mongeu, et par Moncenis, et par Lombardie. Et ensi commenciérent à assembler en Venise, et se logiérent en une isle que on appelle Sainct Nicolas ens el port.

25. En cel termine, mût uns estoires de Flandres par mer, con mult grant plenté de bones gent armée. De cele estoire si fu chevetaigne Johan de Neele chastelain de Bruges, et Thierris qui fu filz le conte Philippe de Flandres, et Nicholes de Maili. Et cil promistrent le conte Baudoins, et jurérent sor sains que il iroient par le destroiz de Marroc, et assembleroient à l'ost de Venise, et à lui, en quelque leu que il oroient dire que il torneroit. Et porce s'en envoiérent li cuens et Henris ses freres de lor nés chargiés de dras et de viandes, et d'autres choses. Mult fu belle céle estoire et riche, et mult i avoit grant fiance li cuens de Flandres et li pelerin ; porce que la plus granz plentez de lor bons serjans s'en alérent en céle estoire. Mais malvaisement tindrent convent à lor seignor, et tuit li autre, porce que cist, et maint autre douterent le grand peril que cil de Venise avoient enpris.

26. Ensi lor failli li evesques d'Ostun, Guighes li cuens de Forois, et Pierre Bromons, et autre genz assez qui en furent blasmez, et petit esploit firent, là où il alérent ; et des François lor refailli Bernarz de Moruel, Hues de Chaumont, Henris d'Araines, Johan de Villers, Gautiers de Saint Denise, Hues ses freres, et maint autres qui eschivérent le passage de Venise, por le grant peril qui i ére, è s'en alérent à Marseille ; dont il receurent grant honte, et mult en furent blasmé, et dont grant mesaventure lor en avint puis.

27. Or vos lairons de cels, et dirons des pelerins dont grant partie ére ja venu en Venise. Li cuens Baudoins de Flandres i ére jà venuz,

---

malheur le caresme ensuivant : car comme ils estoient sur le terme de partir, Geoffroy comte du Perche devint malade, et fit son testament, par lequel il legua à Estienne son frere tout ce qu'il avoit amassé pour le voyage, à la charge de conduire ses gens en l'armée d'outre-mer : duquel échange les Croisez se fussent bien passez, s'il eust pleu à Dieu. Le comte termina ainsi ses jours au grand déplaisir d'un chacun, et avec sujet : car c'estoit un seigneur puissant et riche, et en grande reputation, et au reste bon chevalier : aussi fut-il fort regretté des siens.

24. Après Pasques, et vers la Pentecoste les pelerins commencérent à partir de leur pays : ce qui ne se fit point sans larmes lors qu'ils vinrent à prendre congé de leurs parens et de leurs amis. Ils prirent leur chemin par la Bourgongne, par le Mont-jou, par le mont Cenis, et par la Lombardie ; et finalement arrivérent à Venise, où ils se logerent en une isle prés du port, appelée Sainct Nicolas.

25. En ce mesme temps une flotte de vaisseaux partit de Flandres avec grand nombre de gens d'armes et de soldats, dont Jean de Néelle chastelain de Bruges, et Thierry qui fut fils du comte Philippes de Flandres, et Nicolas de Mailly estoient chefs et conducteurs ; lesquels avoient promis au comte Baudoüin, et ainsi le lui avoient juré sur les saincts Evangiles, d'aller par le détroit de Gibraltar se rendre en l'armée de Venise, et par tout ailleurs où ils apprendroient qu'il seroit : Pour cette occasion le Comte, et Henry son frere leur avoient envoyé de leurs navires chargez de vivres et autres commoditez. Cette armée navale fut véritablement magnifique et richement équippée, aussi le comte de Flandres, et le reste des pelerins y avoient mis leurs esperances, parce que la pluspart de leurs meilleurs hommes s'y estoient embarquez : mais ils tinrent mal ce qu'ils avoient promis à leur seigneur, aussi bien que les autres, dans l'apprehension qu'ils eurent du danger auquel ceux de l'armée de Venise sembloient s'exposer.

26. L'evesque d'Authun, Guignes comte de Forest, Pierre Bromons, et plusieurs autres leur manquérent pareillement de promesses, dont ils furent blâmez, et firent peu d'exploit où ils s'adressérent. Entre les François leur manquérent pareillement Bernard de Morveil, Hugues de Chaumont, Henry d'Araines, Jean de Villers, Gauthier de Saint-Denys, Hugues son frere, et nombre d'autres qui esquivérent le passage de Venise, pour les difficultez qu'ils y connoissoient, et s'en allérent à Marseille, dont ils receurent pareillement grand blâme ; et plusieurs mesaventures et infortunes leur en avinrent depuis.

27. Quant aux pelerins, il y en avoit desja grand nombre d'arrivez à Venise, et particulierement Baudoüin comte de Flandres, et plusieurs autres. Là les nouvelles leur vinrent que la plus grand part des Croisez s'en alloient par d'autres

et maint des autres. Là lor vint novelle que mult des pelerins s'en aloient par autres chemins à autres porz, et furent mult esmaié, porce que il ne porroient la convenance tenir, ne l'avoir paier que il devoient ás Venisiens, et pristrent conseil entr'als que il envoiérent bons messages encontre les pelerins, et encontre Loeys de Blois et de Chartein, qui n'ére mie encore venuz, por conforter et por crier merci, qu'il aussent pitié de la Terre sainte d'oltremer, et que autres passages ne pooit nul preu que cil de Venise.

28. A cel message fu esliz li cuens Hues de Saint Pol, et Joffrois li mareschaus de Champaigne, et chevauchérent tresci à Pavie en Lombardie. Enqui trovérent le conte Loeys à grant plenté de bons chevaliers, et de bones genz. Par lor confort et par lor proiere guenchiérent genz assez en Venise, qui s'en allassent ás autres porz par autres chemins. Ne por quant de Plaisance se partirent unes mult bones genz, qui s'en alérent par autres chemins en Puille. Là fu Villains de Nuilli, qui ére un des bons chevaliers del monde, Henris d'Ardilliéres, Reinarz de Dampierre, Henris de Lonc-champ, Gilles de Triseignies, qui ére hom lige au conte Baudoins de Flandres, et de Hennaut, et li avoit doné del suen cinq cens livres, por aller avec lui el voiaje. Avec cels s'en alla mult grant planté de chevaliers et de serjans, dont li nom ne sont mie en escrit. Mult fu granz descroissement a cels de l'ost qui en Venise aloient, et els en avint grant mesaventure, si com vos porroiz oïr avant.

29. Ensi s'en alla li cuens Loeys, et li autre baron en Venise; et furent receu à grant feste et à grant joie, et se logiérent en l'isle Saint Nicholes, avec les autres. Mult fu l'ost belle et de bones genz. Onques de tant de gent nus hom plus belle ne vit. Et li Venissiens lor firent marchié si plenteuréz com il couvint de totes les choses que il convient à chavaus et à cors d'omes. Et li navies que il orent appareillé, fu si riches et si bels, que onques nus hom chrestiens plus bel ne plus riche ne vit; si com de nés et de galies et de vissiers bien à trois tanz que il n'aust en l'ost de gens. Ha! cum grant domages fu quant li autre qui allérent ás autres pors, ne vindrent illuec! Bien fust la chrestienté halcie, et la terre des Turs abassie! Mult orent bien attendues totes lors convenances li Venissiens, et plus assez; et il semonstrent les contes et les barons les lor convenances à tenir, et que li avoirs lor fust rendus, que il estoient prest de movoir.

◇◇◇

chemins, et s'embarquoient à d'autres ports; ce qui les mit en grande peine et merveilleuse perplexité, parce qu'ils croyoient bien qu'ils ne pourroient tenir ny accomplir les traitez qu'ils avoient faits avec les Vénitiens, et qu'il leur seroit impossible d'acquitter les sommes pour lesquelles ils s'estoient obligez. C'est pourquoi ils avisérent entre eux d'envoyer de costé et d'autre vers les pelerins, et notamment vers le comte de Blois qui n'estoit encore arrivé, pour l'exhorter à poursuivre leur entreprise, et les prier d'avoir compassion de la terre d'outre-mer, et sur tout de ne chercher autre passage que celuy de Venise comme ils ne devoient, ny ne pouvoient suivant leurs promesses.

28. Hugues comte de Sainct-Paul et Geoffroy mareschal de Champagne furent deputez à cét effet, lesquels estans arrivez à Pavie, ville de Lombardie, ils y trouvérent le comte Louys avec nombre de bons chevaliers et soldats, et firent tant par la force de leurs remonstrances et leurs prieres, que plusieurs prirent le chemin de Venise, qui avoient proposé de s'embarquer à d'autres ports : ce qui n'empécha pas toutesfois qu'aucuns ne prissent le chemin de la Poüille, entre lesquels fut Villain de Nuilly l'un des bons chevaliers de son temps, Henry d'Ardilliéres, Regnard de Dampierre, Henry de Longchamp, Gilles de Trasegnies, homme lige de Baudoüin comte de Flandres, qui luy avoit donné cinq cens livres du sien pour le suivre en ce voyage, et avec eux grand nombre de chevaliers et de gens de pied, dont nous taisons les noms. Ce qui fut autant de diminution à l'armée qui s'assembloit à Venise, et causa depuis de grands inconvéniens, comme la suitte fera voir.

29. Ainsi le comte Louys et les autres barons prirent le chemin de Venise, où ils furent tres-bien receus, et se logérent en l'isle de Sainct Nicolas avec les autres. Jamais il ne se vit une plus belle armée, ny plus nombreuse, ny composée de plus vaillans hommes. Les Venitiens leur firent livrer abondamment toutes choses necessaires tant pour les hommes que pour les chevaux. Les vaisseaux au reste qu'ils leur avoient appresté, estoient si bien équippez et fournis, qu'il n'y manquoit rien, et en si grand nombre, qu'il y en avoit trois fois plus qu'il ne convenoit pour les Croisez qui s'estoient là rendus. Hà! que ce fut un grand malheur, de ce que ceux qui allérent chercher d'autres ports, ne vinrent joindre cette armée. Sans doute l'honneur de la chrestienté en eust esté relevé, et la force des Sarrazins abattuë. Quant aux Venitiens, ils accomplirent fort bien leurs conventions, mesme au delà de ce qu'ils estoient obligez : et sommérent les comtes et barons de vouloir reciproquement s'aquitter des leurs, et qu'ils eussent à leur faire délivrer l'argent dont on estoit convenu, de leur part estans prests de faire voile.

30. Porchaciez fu li passage par l'ost, et avoit assez de cels qui disoit que il ne pooient mie paier son passage, et li baron en prenoient ce qu'il pooient avoir. Ensi paièrent ce que il en porent avoir le passage. Quant il l'orent requis et porchacié, et quant il orent paié, si ne furent ne en mi ne à sum ; et lor parlèrent li baron ensemble, et distrent : « Seignor, li Venissiens nos ont mult bien attendues nos convenances, et plus assez. Més nos ne somes mie tant de gent, que par nos passages paier poons le leur attendre, et ce est par la defaute de cels qui allèrent às autres porz : por Dieu si mette chascun de son avoir, tant que nos poissons paier nos convenances, que en tot est il mielx que nos mettons toz nos avoir ci, que ce que il defaillist, et que nos perdissiens ce que nos i avons mis, et que nos deffaillissiens de nos convenances, que se cest ost remaint, la rescosse d'outremer est faillie. » Là ot grant descorde de la graindre partie des barons, et de l'autre gent, et distrent : « Nos avons paié nos passages, s'il nos en volent mener, nos en iromes volentiers. Et se il ne vuellent, nos nos porchaçerons, et irons à altres passages. » Porce le disoient que il volsissent que li ost se departissent. Et l'autre partie dist : « Mielx volons nos tot nostre avoir mettre, et aller povre en l'ost, que ce que elle se departist ne faillist ; quar Diex le nos rendra bien quant lui plaira. »

31. Lors commence li cuens de Flandres à bailler quanque il ot, et quanque il pot emprunter, et li cuens Loeys, et li Marchis, et li cuens Hues de Saint Pol, et cil qui à la leur partie se tenoient. Lors peussiez veoir tante belle vaissellement d'or et d'argent porter à l'ostel le Duc por faire paiement. Et quant ils orent paié, si failli de la convenance trente quatre mille mars d'argent. Et de ce furent mult lie, cil qui lor avoir avoient mis arriere, ne n'y voldrent riens mettre, que lors cuiderent il bien que li ost fust faillie, et depeçast. Més Diex qui les desconsiliez conseille, ne le vost mie ensi soffrir.

32. Lors parla li Dux à sa gent, et lor dist : « Seignor, ceste gent ne nos puent plus paier, et quanque le nos ont paié, nos l'avons tot gaingnié por la convenance que il ne nos puent mie tenir. Més nostre droit ne seroit mie par toz contenz ; si en recevriens grant blasme et nostre terre. Or lor querons un plait : Li roys de Ungrie si nos tolt Jadres (1) en Esclavonie, qui est une des plus forz citez del monde, ne jà par

⋄⋄⋄

30. Sur cela la queste s'estant faite au camp pour le nolleage, il s'en trouva plusieurs qui alleguérent l'impuissance de payer, en sorte que les barons se trouvérent réduits à tirer d'eux ce qu'ils peurent, et quand ils eurent payé ce qu'ils avoient ramassé, ils trouvérent qu'ils estoient bien éloignez de leur compte ; ce qui obligea les barons de s'assembler pour aviser à ce qu'ils auroient à faire en cette conjoncture, aucuns desquels tinrent ce discours : « Seigneurs, les Veni- » tiens nous ont fort bien accomply leurs traitez, » mesmes au delà de ce qu'ils estoient tenus ; mais » nous ne sommes pas nombre suffisant pour payer » le passage, et nous est impossible de l'acquitter, » et ce par le deffaut de ceux qui sont allez aux » autres ports. C'est pourquoy il est absolument » necessaire que châcun contribuë du sien, tant » que nous puissions payer tout ce que nous de- » vons. Car il vaut mieux que nous employons » tout le reste icy, et que nous perdions ce que » nous y avons mis, que de manquer à nostre » parole. D'ailleurs, si cette armée se rompt, nous » perdrons l'occasion et les moyens de recouvrer » la terre d'outre-mer pour jamais. » Ce rencontre engendra de grandes divisions entre la plus grande partie des barons, et des autres pelerins ; les uns disoient : « Puisque nous avons payé nostre » passage, qu'on nous embarque, et qu'on nous » emmeine, et nous nous en irons volontiers, si- » non nous nous pourvoirons d'ailleurs. » Ce qu'ils disoient malicieusement afin que le camp se rompît, ce qu'ils desiroient. Les autres alleguoient au contraire qu'ils aimoient mieux employer tout le reste de leurs biens, et aller pauvres en l'armée, que par leur deffaut elle vint à se deffaire : et que Dieu estoit tout-puissant pour le leur rendre au double quand il luy plairoit.

31. Alors le comte de Flandres commença à bailler tout ce qu'il avoit, et ce qu'il pût emprunter ; ensemble le comte Louys, le marquis de Montferrat, le comte de Saint-Paul, et tous les autres de leur party. Lors vous eussiez veu porter tant de belles et riches vaisselles d'or et d'argent à l'hostel du Duc pour achever le payement : et nonobstant cela il ne laissa pas de leur manquer du prix convenu, trente-quatre mil marcs d'argent : dont ceux qui avoient mis le leur à couvert, et n'avoient voulu rien contribuer, furent fort joyeux ; estimans bien que par ce moyen le camp se romperoit et que l'entreprise seroit faillie.

32. En cette conjoncture le duc de Venise assembla les siens, et leur tint ce discours : « Seigneurs, » ces gens-cy ne peuvent nous satisfaire entiere- » ment de ce qu'ils nous ont promis : c'est pour- » quoy tout ce qu'ils nous ont payé jusques icy, » nous demeure acquis et gagné, suivant leurs » propres traitez, qu'il leur est impossible d'ac- » complir. Mais il ne nous seroit pas honorable » d'user de cette rigueur, et nous en pourrions » encourir un trop grand blâme : requerons-les

(1) Jadres. Zara. Le mot *Jadres*, dont Ville-Hardouin se sert pour désigner Zara, dérive évidemment de *Jadera*, qui est le nom ancien de cette ville de Dalmatie.

pooir que nos aions, recovrée ne sera, se par ceste gent non. Querons lor qu'il le nos aient à conquerre, et nos lor respirerons le trente mille mars d'argent que il nos doivent, trosque a donc que Diex les nos laira conquerre ensemble nos et els. » Ensi fu cis plais requis. Mult fu contrariez de cil qui volsissent que l'ost se departist, més totes voies fu faiz li plaiz et otroiez.

33. Lors furent assemblé à un dimanche à l'iglise Saint Marc. Si ère une mult feste, et i fu li pueple de la terre, et li plus des barons et des pelerins ; devant ce que la grant messe commençast et li dux de Venise qui avoit nom Henris Dandole monta el leteril, et parla al pueple, et lor dist : « Seignor, acompagnié estes al la meillor gent dou monde, et por le plus halt affaire que onques genz entrepreissent : et je sui vialz hom et febles, et auroie mestier de repos, et maaigniez sui de mon cors. Més je voi que nus ne vos sauroit si gouverner et si maistrer com ge qui vostre Sire sui. Se vos voliez otroier que je preisse le signe de la croiz por vos garder, et por vos enseingnier, et mes fils remansist en mon leu, et gardast la terre, je

iroie vivre ou morir avec vos et avec les pelerins. » Et quant cil oïrent, si s'escrierent tuit à une voiz : « Nos vos proions por Dieu que vos l'otroiez, et que vos le façois, et que vos en veignez avec nos. »

34. Mult ot illuec grant pitié del pueple de la terre et des pelerins, et mainte lerme plorée, porce que cil prodom aust si grant ochoison de remanoir, car viels hom ère, et si avoit les yaulx en la teste biaus, et si n'en veoit gote, que perduë avoit la veuë per une plaie qu'il ot el chief (1) ; mult parere de grant cuer. Ha ! com mal le sembloient cil qui à autres pors estoient allé por eschiver le peril ! Ensi avala li leteril, et alla devant l'autel, et se mist à genoilz mult plorant, et il li cousièrent la croiz en un grant chapel de coton, porce que il voloit que la gent la veissent. Et Venisien si commencent à croiser à mult grant foison et à grant plenté en icel jor, encor en i ot mult poi de croisiez. Nostre pelerin orent mult grant joie et mult grant pitié de celle croiz, por le sens et por la proesce que il avoit en lui. Ensi fut croisiez li Dux, com vos avez oï. Lors commença à livrer

◇◇◇

» plûstost d'une chose : vous sçavez que le roy » de Hongrie nous a osté Zara en Esclavonie, l'une » des plus fortes villes du monde, laquelle, quel- » ques forces que nous ayons, nous ne pourrons » jamais recouvrer sans leur assistance. Propo- » sons-leur s'ils nous veulent aider à reprendre » cette place, que nous leur donnerons temps pour » le payement des trente mil mares d'argent qu'ils » nous doivent, jusqu'à ce que Dieu par nos con- » questes communes leur ait donné le moyen de » s'en acquitter. » Cette ouverture ayant esté faite aux barons, elle fut grandement contredite par ceux qui desiroient que l'armée se rompit : mais nonobstant toutes leurs repugnances, la condition fut receuë.

33. Ensuitte se fit une assemblée en un jour de dimanche en l'église de Saint Marc, où la plus grande partie des Venitiens et des barons et pelerins de l'armée se trouvérent : et là, devant que l'on commençât la grande messe, le duc Henry Dandole monta au pupitre, et parla en cette sorte : « Seigneurs, vous pouvez dire asseuré- » ment que vous vous estes associez aux meilleurs » et plus vaillans hommes du monde, et pour la » plus haute affaire que jamais on ait entrepris. » Je suis vieil comme vous voyez, foible et debile, » et mal disposé de mon corps, et aurois besoin » de repos, neantmoins je reconnois bien qu'il n'y » a personne qui vous puisse mieux conduire en » ce voyage et entreprise que moy qui ay l'hon-

◇◇◇

» neur d'estre vostre seigneur et Duc : c'est pour- » quoy si vous voulez me permettre de prendre » la croix pour vous conduire, et que mon fils » demeure icy en ma place pour la conservation » de cét Estat, j'irois volontiers vivre et mourir » avec vous et les pelerins. » Ce qu'ayant entendu, ils s'écriérent tous d'une voix : « Nous vous con- » jurons au nom de Dieu de le vouloir faire, et » de venir avec nous. »

34. A la vérité tout le peuple et les pelerins furent attendris de compassion, et ne se pûrent empêcher de pleurer à chaudes larmes, quand ils virent ce bon vieillard qui avoit tant de raison de demeurer au logis en repos, tant pour son grand âge, que pour ce qu'il avoit perdu la veuë (*les yeux pourtant lui étaient restés beaux*) par une playe qu'il avoit receu en la teste, d'estre encore d'une telle vigueur, et faire paroistre tant de courage. Hà ! que peu luy ressembloient ceux qui, pour échapper à un peu de peril et de mesaise, s'estoient adressez aux autres ports. Cela fait, il descendit du pupitre, et s'en alla devant l'autel où il se mit à genoux tout pleurant, et là on lui attacha la croix sur un grand chappeau de cotton, pour estre plus éminente, parce qu'il vouloit que tous la vissent. A son exemple les Venitiens commencérent à se croiser à l'envy les uns des autres, encore bien que le nombre n'en fut pas grand. D'autre part les François furent fort réjoüis de la resolution de ce Duc, et de le voir croisé comme eux,

---

(1) Les historiens ne sont pas d'accord sur la manière dont Henri Dandole aurait perdu la vue ; les uns disent que ce fut par une blessure dans un combat, les autres prétendent qu'il devint aveugle par une atroce perfidie de l'empereur grec Manuel, auprès de qui il avait été envoyé en ambassade.

les nés, et les galies, et les vissiers às barons por movoir; et del termine ot jà tant alé, que li septembre aproça.

35. Or oiez une des plus grant merveilles, et des greignors aventures que vos onques oïssiez. A cel tens ot un empereor en Constantinople, qui avoit à nom Sursac, et si avoit un frere qui avoit à nom Alexis, que il avoit rachaté de prison de Turs. Icil Alexis si prist son frere l'Empereor, si li traist les yaulz de la teste, et se fist Empereor en tel traïson com vos avez oï. En si le tint longuement en prison, et un suen fil qui avoit nom Alexis. Ici filz si eschapa de la prison, et si s'enfui en un vassel trosque à une cité sor mer qui a nom Ancone. Enki s'en alla al roi Phelippe d'Alemaigne qui avoit sa seror à fame. Si vint à Verone en Lombardie, et herberja en la ville ; et trova des pelerins assez qui s'en alloient en l'ost. Et cil qui l'avoient aidié à eschaper, qui estoient avec luy li distrent : « Sire, véez ci un ost en Venise prés de nos, de la meillor gent et des meillors chevaliers del monde, qui vont oltremer ; quar lor criez merci, que il aient de toy pitié, et de ton pere, qui a tel tort i estes descrité ; et se il te voloient aidier, tu feras quanque il deviseront. Je donque espooir que lor en prendra pitiez. » Et il dist

que il le fera mult volentiers, et que cist conseil est bons.

36. Ensi pristrent ses messages ; si envoia al marchis Boniface de Montferrat qui sires ere de l'ost, et as autres barons. Et quant li baron les virent, si s'en merveillièrent mult, et respondirent as messages : « Nos entendons bien que vos dites. Nos envoirons al roy Philippe avec lui, où il s'en va. Se cist nos vielt aidier la terre d'oltremer à recovrer, nos li aiderons la soe terre à conquerre, que nos savons que le est tolue lui et son pere à tort. » Ensi furent envoié li message en Alemaigne al valet de Constantinople, et al roy Philippe d'Alemaigne.

37. Devant ce que nos vos avons ici conté, si vint une novelle en l'ost, dont il furent mult dolent li baron et les autres genz, que messire Folques li bons hom, qui parla premierement des croiz, fina et mori.

38. Et aprés cette aventure, lor vint une compaignie de mult bone gent de l'empire d'Alemaigne, dont il furent mult lie. Là vint li evesques de Havestat, et li cuens Beltous de Chassenele et de Boghe, Garniers de Borlande, Tierris de Los, Henris d'Orme, Tierris de Diés, Rogiers de Suicre, Alixandres de Villers, Olris de Tone. Adonc furent departies les nés et les

⸺⸻⸺

à cause de son grand sens et valeur : et deslors on commença à équipper les vaisseaux, et les departir aux barons pour se mettre en mer le mois de septembre approchant.

35. Dans ces entrefaites voicy arriver une grande merveille et une aventure inesperée et la plus étrange dont on ait oüy parler. En ce temps il y avoit un Empereur à Constantinople nommé Isaac, qui avoit un frere appellé Alexis, lequel il avoit retiré de prison et de la captivité des Turcs. Cét Alexis se saisit de l'Empereur son frere, luy fit crever les yeux ; et aprés cette insigne trahison se fit proclamer Empereur. Il le tint ainsi long-temps en prison, et un sien fils qui s'appelloit Alexis. Ce fils trouva moyen d'échapper, et s'enfuit sur un vaisseau jusques à Ancone, ville assise sur la mer, d'où il passa en Allemagne vers Philippes roy d'Allemagne, qui avoit espousé sa sœur : puis vint à Verone en Lombardie, où il séjourna, et trouva nombre de pelerins qui alloient se rendre en l'armée. Sur quoy ceux qui l'avoient aydé à s'évader prirent occasion de luy dire : « Sire, voicy une armée prés de nous à Venise,
» composée des plus nobles et valeureux cheva-
» liers du monde, qui vont outre-mer, allez les
» prier qu'ils ayent pitié de la misere de l'Empe-
» reur vostre pere, et de la vostre, et de consi-
» dérer l'injustice qu'on vous a faite de vous avoir
» ainsi dépoüillé de vos Estats à tort : et leur pro-
» mettez que s'ils vous veulent ayder à vous réta-

» blir de faire tout ce qu'ils desireront de vous :
» peut estre que vostre malheur les touchera, et
» qu'ils en auront compassion. » A quoy il fit réponse, que le conseil luy sembloit bon, et qu'il en useroit.

36. De fait, il envoya ses deputez vers le marquis Boniface de Montferrat general de l'armée, et les autres barons, qui d'abord furent surpris de cette ambassade, et leur répondirent en ces termes : « Suivant ce que vous nous proposez, nous
» envoyerons aucuns des nostres avec vostre
» maistre vers le roy Philippes, vers lequel il
» s'en va : et s'il nous veut secourir en nostre en-
» treprise de la conqueste d'outre-mer, nous luy
» aiderons reciproquement à reprendre ses Es-
» tats, que nous sçavons luy avoir été usurpez
» et à son père. » Ainsi furent envoyé des ambassadeurs en Alemagne vers le prince de Constantinople, et le roy Philippes d'Allemagne.

37. Peu auparavant ce que nous venons de raconter, vint une novelle en l'armée, qui affligea sensiblement les barons et les autres, que messire Fouques, ce saint homme qui avoit premierement prêché la croisade, estoit decedé.

38. Qu'incontinent aprés cette aventure un renfort leur arriva de fort braves gens d'Allemagne, dont ils furent fort réjoüis. Entre autres s'y trouvérent l'evesque d'Halberstat, Berthold comte de Catzenelbogen, Garnier de Borlande, Thierry de Los, Henry d'Orme, Thierry de Diest, Roger

vissiers par les barons. Hà Diex! tant bon destriers i ot mis! Et quand les nés furent chargiés d'armes, et de viandes, et de chevaliers, et de serjanz, et li escu furent portendu environ de borz et des chaldeals des nés, et les banieres dont il avoit tant de belles. Et sachiez que il portérent es nés de perrieres et de mangoniaux plus de ccc, et toz les engins qui ont mestiers à vile prendre, à grant planté. Ne onques plus belles estoires ne parti de nul port; et ce fu as octave de la feste Saint Remi, en l'an de l'incarnation Jesu Ch.ist, m. cc anz et ii. Ensi partirent del port de Venise, com vos avez oï.

39. La veille de la Saint Martin vindrent devant Jadres en Esclavonie, et virent la cité fermie de halz murs et de haltes tors, et por noiant demandesiez plus béle, ne plus fort, ne plus riche. Et quant li pelerin la virent, il se mervellerent mult, et distrent li uns às autres : Coment porroit estre prise tel ville par force, se Diex meismes nel fait! Les premiers nés vindrent devant la ville et ci ancrérent, et attendirent les autres, et al maitin fist mult bel jor et mult cler, et vinrent les galies totes et li vissiers et les autres nés qui estoient arriéres, et pristrent le port par force, et rompirent la

caaine, qui mult ere forz, et bien atornée, et descendirent à terre, si que li porz fu entr'aus et la ville. Lor veisiez maint chevalier et maint serjanz issir des nés, et maint bon destrier traire des vissiers, et maint riche tref et maint paveillon. Ensi se loja l'ost, et fu Jadres assegié le jor de la Saint Martin. A cele foiz ne furent mie venu tuit li baron, car encore n'ere mie venu li marchis de Montferrat qui ere remés arriere por afaire que il avoit. Esténes del Perche fu remés malade en Venise, et Mahius de Mommorenci et quant il furent gari, si s'en vint Mahius de Mommorenci aprés l'ost à Jadres. Més Esténes del Perche ne le fist mie si bien, quar il guerpi l'ost, et s'en alla en Puille sejorner. Avec lui s'en alla Rotre de Monfort, et Ive de la Valle, et maint autre qui mult en furent blasmé, et passérent au passage de marz en Surie.

40. Lendemain de la Saint Martin issirent de cels de Jadres, et vindrent parler al duc de Venise qui ére en son paveillon, et li distrent que il li randroient la cité et totes les lor choses, sals lors cors, en sa merci. Et li Dux dist, qu'il n'en prendroit mie cestui plait, ne autre, se par le conseil non as contes et as barons; et qu'il en iroit à els parler. Endementiers que il alla par-

◇◇◇

Desnitre, Alexandre de Villers, Ulric de Tone, et autres. On départit ensuite les navires et les palandries aux barons, qui furent chargés d'armes, et de toute sorte de provisions, et de pelerins tant de cheval que de pied; dont les escuz furent rangez le long des bords des navires, et les bannieres, qui estoient en grand nombre, placées aux hunes et chasteaux de pouppe. On les chargea en outre de plusieurs perrieres et mangoneaux jusques à trois cens, de quantité d'autres machines dont on se sert ordinairement aux attaques des villes. En sorte que jamais il ne partit d'aucun port plus belle armée navale. Et ce fut aux octaves de la sainct Remy l'an de l'incarnation de nostre Seigneur mil deux cens et deux qu'ils partirent ainsi du port de Venise.

39. La veille de la Saint Martin ils arrivérent devant Zara en Esclavonie, ville close et fermée de si hautes murailles et de si hautes tours, que mal-aisément on pourroit se figurer une place plus belle, ny d'ailleurs plus forte ou plus riche. Quand les pelerins l'eurent apperceuë ils se trouvérent merveilleusement surpris, demandans les uns aux autres comment on pourroit venir à bout d'une telle place, à moins que Dieu n'y mit la main. Les vaisseaux qui estoient partis les premiers vinrent surgir devant la ville, et y ancrérent attendans les autres; et le lendemain matin, le jour estant clair et beau, toutes les galéres, les palandries, et les autres navires qui estoient demeurés derriere, y arrivérent pareillement, où

◇◇◇

d'abord ils se saisirent du port par force, rompans la chaisne qui le tenoit fermé : puis prirent terre de l'autre costé, et mirent par ce moyen le port entre eux et la ville. Vous eussiez veu là plusieurs braves chevaliers et gens de pied descendre des navires, et les beaux chevaux de batailles en sortir pour gagner terre ferme, comme encore dresser les tentes et les pavillons. L'armée prit de la sorte ses logemens és environs de Zara, qu'elle commença à assieger le jour de la Saint Martin, quoy que tous les barons ne fussent encore arrivez. Car le marquis de Montferrat estoit demeuré derriere pour quelques affaires particulieres qu'il avoit. Estienne du Perche et Mathieu de Montmorency estoient malades à Venise; lesquels estans guéris, Mathieu de Montmorency vint trouver l'armée à Zara : mais Estienne du Perche n'en usa pas si bien, car il passa dans la Poüille, et avec lui Rotrou de Montfort, Yves de la Valle, et plusieurs autres qui en furent depuis fort blâmez, et d'où ils tirérent sur le renouveau vers la Syrie.

40. Le lendemain de la Saint Martin sortirent ceux de Zara, et vinrent trouver le duc de Venise en son pavillon, pour luy dire qu'ils estoient prests de luy rendre la place et tous leurs biens à discrétion, sauf leurs personnes : à quoi le Duc fit réponse, qu'il ne pouvoit entendre à ce traité ny autre quelconque sans en communiquer aux comtes et barons de l'armée, et qu'il leur en parleroit. Pendant que le Duc conferoit avec eux,

ler as contes et as barons, icele partie dont vos avez oï arrieres, qui voloit l'ost depecier, parlérent as messages, et distrent lor : « Porquoy volez vos rendre vostre cité? Li pelerin vos asliront mie, ne d'aus n'avez vos garde ; se vos vos poez defendre des Venisiens, dont estes vos quittes. » Et ensi pristrent un d'aus meismes qui avoit nom Robert de Bove, qui alla às murs de la ville, et lor dist ce meismes. Ensi r'entrérent li message en la ville, et fu li plais remés.

41. Li dux de Venise com il vint às contes et às barons, si lor dist : « Seignor, ensi voelent cil de la dedenz rendre la cité, sals lor cors, à ma merci, ne je nes prendroie plait cestuy ne autre, se per voz conseil non. » Et li baron li respondirent : « Sire, nos vos loons que vos le preigniez, et si le vos prion. » Et il dist que il le feroit. Et il s'en tornérent tuit ensemble al paveillon le dux, por le plait prendre : et trovérent que li message s'en furent allé par li conseil à cels qui voloient l'ost depecier. Et donc se dreça un abbés de vals, de l'ordre de Cistials, et lor dist : « Seignor, je vos deffent de par l'apostoille de Rome, que vos ne assailliez cette cité, car elle est de chrestiens, et vos i estes pelerins. » Et

quant ce oy li Dux, si fu mult iriez et destruiz, et dist às contes et às barons : « Seignor, je avole de ceste ville plait à ma volonté, et vostre gent le m'ont tolu, et vos m'aviez convent que vos le m'aideriez à conquerre, et je vos semon que vos le façois. »

42. Maintenant li conte et li baron parlérent ensemble, et cil qui à la lor partie se tenoient, et distrent : « Mult ont fait grant oltrage cil qui ont ceste plait deffait, et il ne fu onques jorz que il ne meissent peine à ceste ost depecier. Or somes nos honi se nos ne l'aidons à prendre. » Et il vienent al Dux et li dient : « Sire, nos le vos aiderons à prendre por mal de cels qui destorné l'ont. » Ensi fu li consels pris. Et al matin alérent logier devant les portes de la ville, et si dreciérent lors perrieres et lor mangonialz, et lor autres engins dont il avoient assez. Et devers la mer dreciérent les eschieles sor les nés. Lor commenciérent à la ville à jetter les pierres às murs et às tors. Ensi dura cil asals bien por cinq jorz, et lor si mistrent lors trencheors à une tour, et cil commenciérent à trenchier le mur. Et quant cil de dedanz virent ce, si quistrent plait, to taltre-tel com il avoient refusé par

◇◇◇

ceux que vous avez oüy cy-devant travailler à rompre le camp, vinrent aborder les deputez de Zara, et leur tinrent ce discours : « Pourquoy
» voulez vous rendre ainsi vostre ville? Soyez cer-
» tains de la part des pelerins qu'ils n'ont aucun
» dessein de vous attaquer, tenez-vous seurs
» de ce costé-là. Si vous pouvez vous defendre
» des Venitiens, vous estes sauvez. » Et là-dessus envoiérent un d'entre eux appellé Robert de Boves sous les murs de la ville pour leur tenir le mesme langage, en suitte dequoy les deputez s'en retournérent, et la capitulation demeura sans effet.

41. Cependant le duc de Venise vint trouver les comtes et les barons, et leur dit : « Seigneurs,
» ceux de dedans veulent se rendre à ma mercy
» sauf leurs vies, mais je ne veux entendre à
» aucune proposition qu'aprés vous en avoir com-
» muniqué, et pris sur icelle vostre conseil. » A quoy les barons répondirent qu'ils estoient d'avis qu'il devoit accepter cette condition, mesmes qu'ils l'en prioient; ce qu'il promit de faire. Et comme ils alloient de compagnie au pavillon du Duc pour arrester les articles, ils trouvérent que les deputez estoient partis, à l'instigation de ceux qui vouloient que l'armée se rompit. Sur quoi l'abbé de Vaux-de-Cernay de l'ordre de Cisteaux, se leva et dit : « Seigneurs, je vous fais deffense,
» de par le Pape, d'attaquer cette ville, parce
» qu'elle est aux Chrestiens, et vous estes pele-
» rins et croisez pour autre dessein. » Ce que le Duc ayant entendu, il en fut fort irrité, et dit aux

◇◇◇

comtes et barons : « Seigneurs, j'avois cette ville
» en mes mains et à ma discrétion, et vos gens
» me l'ont ostée : vous sçavez que vous estes
» obligez par le traité que vous avez avec nous de
» nous ayder à la conquerir, maintenant je vous
» somme de le faire. »

42. Alors les comtes et barons, et ceux qui se tenoient à leur party, s'assemblérent et dirent, que veritablement ceux-là avoient grand tort qui avoient détourné cette reddition, et que c'estoient gens qui ne laissoient échapper aucun jour sans travailler à la dissipation et à la rupture de l'armée : mais que quant à eux ils seroient blâmez pour jamais, s'ils n'aidoient les Venitiens à prendre cette place. Et de ce pas vinrent trouver le Duc auquel ils dirent : « Sire, nous vous aiderons
» à prendre cette ville, malgré et en dépit de
» ceux qui ont été cause que vous ne l'avez en
» vostre possession. » Et sur cette resolution, dés le lendemain matin, ils allérent loger devant les portes de la ville, et y plantérent leurs perrieres et mangoneaux, et autres machines, dont ils avoient grand nombre : Et du costé de la mer, ils dressérent leurs échelles dessus le tillac des vaisseaux, puis commencérent à lancer et jetter des pierres contre les murs et les tours. Cét assaut dura bien cinq jours, au bout desquels ayans trouvé le moyen d'approcher le pied d'une tour, ils y attachérent leurs mineurs, et commencérent à en sapper les fondemens. Ce que voyans ceux de la ville, ils demanderent derechef à parlementer, et requirent la mesme composition qu'ils

le conseil à cels qui l'ost voloient depecier.

43. Ensi fu la ville rendue en la merci le dux de Venise, sals lor cors. Et lor vint li Dux às contes, et às barons, et lor dist : « Seignor, nos avons ceste ville conquise par la Dieu grace, et par la vostre. Il est yvers entrez, et nos ne poons mais mouvoir de ci tresque à la Pasque, car nos troverions mie merchié en autre leu. Et ceste ville si est mult riche et mult bien garnie de toz biens ; si la partirons parmi, si en prendromes la moitié, et vos l'autre. » Ensi com il fu devisé, si fu fait. Li Venisien si orent la partie devers le port ou les nés estoient, et li François orent l'autre.

44. Lors furent li ostel departi à chascun endroit soi tel com il afferi. Si se desloja, et vindrent herbergier en la ville. Et com il furent herbergiez al tierz jor après, si avint une mult grant mesaventure en l'ost endroit hore de vespres, que une meslée comença des Venissiens et des François mult grant et mult fiere, et corrurent às armes de totes pars. Et fu si gran la meslée, que poi y ot des ruës ou il n'eust grant estors d'espées, et de lances, et d'arbalestes, et de darz, et mult i ot genz navrez et morz. Mais li Venissiens ne porent mie l'estor endurer, si

⋄⋄⋄

avoient refusée par le conseil de ceux qui vouloient rompre le camp.

43. Ainsi la ville fut renduë à discretion au duc de Venise, vies sauves néantmoins aux habitans : en suitte le Duc vint trouver les comtes et barons, et leur dit : « Seigneurs, nous avons con-
» quis cette place, par la grace de Dieu et par
» vostre ayde, mais voicy l'hyver qui commence,
» et nous sera hors de puissance de partir d'icy
» avant Pasques : car nous ne trouverions aucu-
» nes commoditez ny vivres en autre lieu ; cette
» ville est fort riche, et fournie de toutes choses,
» partageons-la entre nous, vous en prendrez la
» moitié et nous l'autre. » Ce qui fut executé ; et eurent les Vénitiens le quartier de devers le port où estoient les vaisseaux à l'ancre, et les François l'autre.

44. Cette resolution prise, les logemens furent faits et departis à un chacun selon son rang et condition, et l'armée se renferma dans la ville ; mais comme tous furent logez, le troisiéme jour survint un grand desastre et un insigne malheur par une querelle qui commença sur le soir entre les Venitiens et les François. On courut de part et d'autre aux armes, et la meslée fut si sanglante, qu'il n'y eut rue ny carrefour, où l'on ne vint aux mains à coups d'espées et de lances, d'arbalestes et de dards ; en sorte que plusieurs y furent navrez et mis à mort. Mais les Venitiens ne peurent endurer le faix du combat, et commençoient à avoir du pire et perdre nombre des leurs : ce qui

comencierent mult à perdre. Et li prudome qui ne voloient mie le mal, vindrent tot armés à la meslée, et comenciérent à desservrer. Et cum il avoient desservré en un lieu, lors recomençoit en un autre. Assi dura trosque à grant piece de nuit, et à grant travail et grant martire le departirent tote voye. Et sachiez que ce fu la plus grant dolors qui onques avenist en l'ost, et par poi que li ost ne fu tote perdue. Mais Diex nel vot mie soffrir. Mult y ot grant dommage d'ambedeux parz. Là si fu morz un haulz hom de Flandres qui avoit nom Gilles de Landas, et fu feruz par mi l'uel, et de ce cop fu morz à la mellée, et maint autre dont il ne fu mie si grant parole. Lors orent li dux de Venise, et li baron grant travail tote céle semaine de faire pais de céle mellée, et tant i travailliérent que pais en fu, Dieu mercy.

45. Aprés céle quinsaine vint li marchis Boniface de Monferrat qui n'ére mie encores venuz, et Mahius de Mommorenci, et Pierres de Braiecuel, et maint autre prodome. Et aprés une autre quinzaine revindrent li messages d'Alemaigne qui estoient al roy Phelippe, et al valet de Constantinople, et assemblérent li baron, et li dux de Venise en un palais ou li Dux ére à

⋄⋄⋄

obligea les barons, qui ne vouloient pas que ce mal passast plus outre, de se jetter à la traverse, venans tous armez au milieu de la meslée, à dessein de l'appaiser : toutesfois à peine avoient-ils separé les mutinez en un lieu, que le combat recommençoit en un autre : lequel dura jusques bien avant dans la nuit, qui les obligea de se separer, bien qu'à grande peine. Certes ce fut là le plus grand malheur qui soit arrivé depuis en l'armée, s'en estant peu fallu qu'elle n'eust esté entierement ruinée et perduë ; et l'eust esté si Dieu n'y eust mis la main. La perte fut grande des deux costez : un seigneur flamand nommé Gilles de Landas y receut un coup en l'œil, dont il mourut sur le champ, comme firent plusieurs autres dont les noms ne sont point remarquez : cependant le duc de Venise et les barons travaillérent puissamment toute cette semaine à pacifier cette querelle, et firent tant qu'enfin Dieu mercy la paix et la reconciliation fut faite.

45. Quinze jours après, Boniface marquis de Montferrat, lequel estoit demeuré derriere, arriva au camp avec Mathieu de Montmorency, Pierre de Brajequel, et plusieurs autres vaillans hommes. Une autre quinzaine après, les ambassadeurs du roy Philippes et du prince de Constantinople, estans retournez d'Allemagne, les barons et le Duc s'assemblérent dans le palais, auquel le Duc avoit pris son logement ; où les ambassadeurs estans arrivez parlérent en cette sorte : « Seigneurs, le roy Philippes, et le prince

ostel. Et lors parlérent li message et distrent : « Seignors, le roy Phelippe nos envoie à vos et li fils l'emperor de Constantinople qui frere sa fame est.

46. » Seignor, fait le Rois, je vos envoierai le frere ma fame; si le mets en la Dieu main qui le gart de mort, et en la vostre. Porce que vos allez por Dieu, et por droit, et por justice, si devez à ce qui sont desherité à tort rendre lor heritages, se vos poez. Et si vos fera la plus haute convenance qui onques fust faite à gent, et la plus riche aie à la terre d'oltremer conquerre. Tot premiérement se Diex done que vos le remetez en son heritage, il metra tot l'Empire de Romanie à la obedience de Rome, dont elle ére partie pieça. Aprés, il set que vos avez mis le vostre, et que vos i estes povre, si vos donra deux cent mil mars d'argent, et viande à toz cels de l'ost, à petit et à grant. Et il ses cors ira avec vos en la terre de Babiloine, ou envoiera, se vos cuidiez que mielz sera, à toz dix mille homes à sa despense. Et ces service vos fera par un an, et à toz le jor de sa vie, tendra cinq cens chevaliers en la terre d'oltremer, qui garderont la terre d'oltremer, si les tenra al suen.—Seignor,

❖❖❖

» de Constantinople, lequel est frère de sa fem-
» me, nous ont deputez vers vous, de la part du
» Roy.

46. » Nous avons charge de vous dire qu'il
» consignera le jeune prince son beau-frère en la
» main de Dieu (qui le veüille garder de mort et
» peril) et les vostres : et de vous représenter,
» que comme vous entreprenez les longs et fâ-
» cheux voyages pour l'amour de Dieu, et pour
» maintenir le droit et la justice, vous devez reïn-
» tegrer en leurs biens, entant qu'en vous est,
» et que vous le pouvez, ceux qu'on a desherité
» à tort. Que si vous secourez ce prince il vous
» fera le plus avantageux traité qui jamais ait esté
» accordé à pas un autre, et vous promet un se-
» cours tres considerable pour la conqueste de
» la Terre sainte. Premierement, si Dieu permet
» que vous le restablissiez dans ses Estats, et
» dans son heritage, il remettra tout l'Empire
» d'Orient à l'obeïssance de l'Eglise Romaine,
» dont il est separé dés long-temps. En second
» lieu, pource qu'il sçait que vous avez jusques
» icy beaucoup employé du vostre en cette entre-
» prise, et que vous estes incommodez, il promet
» vous donner deux cens mille marcs d'argent,
» et des vivres pour tous ceux de vostre camp,
» tant grands que petits : luy-même vous accom-
» pagnera en personne et ira avec vous dans l'E-
» gypte : ou si vous croyez qu'il vous soit plus
» utile, il y envoyra dix mille hommes à sa solde
» qu'il entretiendra l'espace d'un an : et tant qu'il
» vivra, il y aura cinq cens chevaliers pour la

de ce avons nos plain pooir, font li message, d'asseurer ceste convenance, se vos le volez asseurer devers vos. Et sachiez que si halte convenance ne fu onques més offerte à gent. He! n'a mie grant talant de conquerre, qui cesti refusera. » Et il dient que il en parleront. Et fu pris un parlement à lendemain : et quant il furent ensemble, si lor fu ceste parole mostrée.

47. Là ot parlé en maint endroit, et parla l'abés de Vaulx de l'ordre de Cistiaus, et celle partie qui voloit l'ost depecier, et distrent qu'il ne s'y accorderoient mie, que ce ére trésor chrestiens, et il n'estoient mie porce meu; ainz voloient aller en Surie. Et l'autre partie lor respondit : « Bel seignor, en Surie ne poez vos rien faire, et si le verroiz bien à cels meïsmes qui nos ont deguerpis et sont allé às autre porz. Et sachiez que par la terre de Babiloine ou par Grece i ert recovrée la terre d'oltremer, s'elle jammais est recovrée. Et se nos refusons ceste convenance, nos somes honi à toz jorz. »

48. Ensi ére en discorde l'ost, et ne vos merveilliez mie, si la laie genz ére en discorde, que li blanc moine de l'ordre de Cistiaus, érent altressi en discorde en l'ost. Li abbes de Loces, qui

❖❖❖

» garde de la terre d'outremer, qu'il entretien-
» dra pareillement à ses dépens. De tout cela,
» Seigneurs, nous avons plein pouvoir de vous
» passer traité, si vous l'avez agreable, et voulez
» bien vous y obliger. Au reste, jamais condition
» si avantageuse n'a esté offerte à personne ; de
» façon que nous pouvons dire véritablement, que
» ceux-là n'ont pas grande envie de conquerir,
» qui refuseroient celles-cy. » Ils firent response
qu'ils en aviseroient ensemble ; pourquoy ils prirent jour au lendemain, et quand ils furent assemblez on fit ouverture de ces propositions.

47. Elles furent fort discutées de part et d'autre, tant que l'abbé de Vaux-de-Cernay de l'ordre de Citeaux, et le party qui desiroit la rupture de l'armée, declarérent qu'ils n'y pouvoient consentir, d'autant que c'estoit pour faire la guerre aux Chrestiens, et qu'ils n'estoient partis de leur pays pour cela, mais qu'ils vouloient passer en Syrie. A quoy l'autre party repliqua : « Seigneurs, vous
» n'ignorez pas que vous ne pourriez rien faire à
» present en Syrie, par l'exemple mesme de ceux
» qui nous ont quittez, et se sont embarquez aux
» autres ports. Mais bien vous devez sçavoir, que
» si jamais la Terre sainte est recouvrée, ce ne
» peut estre que par l'Egypte ou par la Grece ;
» de façon que si nous refusons ces traitez, nous
» en serons blâmez pour jamais. »

48. Ainsi les esprits estoient divisez dans le camp : et ne faut pas s'estonner si la discorde estoit entre les laïs, veu que les moines mesmes de l'ordre de Citeaux leur en monstroient le che-

mult ére sainz home, et prodom, et li altre abbé qui à lui se tenoient, preçoient, et crioient mercy à la gent que il por Dieu tenissent l'ost ensamble, et que il receussent ceste convenance : Car ce est la chose par quoy on puet mielz recovrer la terre d'oltremer. Et l'abbes de Vaulx, et cil qui à lui se tenoient, reprechoient mult sovent, et disoient que tot c'ére mals : Mais allassent en la terre de Surie, et feissent ce que il porroient.

49. Lors vint le marchis Bonifaces de Montferrat, et Baudoins li cuens de Flandre et Hennault, et li cuens Loeys, et li cuens Hues de Sain Pol, et cil qui à els se tenoient, et distrent que il feroient ceste convenance, que il seroient honi, se il la refusoient. Ensi s'en allérent à l'ostel le Dux, et furent mandé li messages, et asseurérent la convenance si com vo l'avez oï arriére, par sairement, et par chartres pendanz. Et tant vos retrait li livres que il ne furent que douze qui les sairemens jurérent de la partie des François, ne plus n'en pooient avoir.

50. De cels si fu li uns li marchis de Montferrat, li cuens Baudoins de Flandres, li cuens Loeys de Blois et de Chartein, et li cuens Hue de Saint Pol, et huict altres qui à elx se tenoient. Ensi fu la convenance faite, et les chartres baillies, et mis le termes quant li vallet viendroit, et ce fu à la quinzaine de Pasques après.

Ensi sejorna l'ost des François à Jadres toz cel yver, contre le roy de Hongrie. Et sachez que li cuer des genz ne furent mie en païs, que l'une des partie se travailla à ce que li ost se departist, et li autre, à ce que elle se tenist ensemble. Maint s'en emblérent des menues genz, és nés des marcheans. En une nef s'en emblérent bien cinq cens; si noiérent tuit, et furent perdu. Une altre compaignie s'en embla par terre, et si s'en cuida aller par Esclavonie : et li paisant de la terre les assaillièrent, et en occistrent assez. Et li altre s'en rapariérent fuiant arriére en l'ost, et ensi en alloient forment en amenuissant chascun jour.

51. En cel termine se travailla tant un halz hom de l'ost qui ére d'Alemaigne Garniers de Borlande, que il s'en alla en une nef de mercheans, et guerpit l'ost, dont il receut grant blasme. Aprés ne tarda gaires que un haut ber de France qui ot a nom Renaus de Mommirail pria tant, par l'aïe le conte Loeys que il fu envoiez en Surie en message en une des nés de l'estoire. Et si jura sor sainz de son poing destre, et il, et tuit li chevaliers qui avec lui alé-

⬦⬦⬦ ⬦⬦⬦

min : car l'abbé de Los qui estoit un sainct personnage et homme de bien, et les autres abbez qui tenoient son party, alloient par le camp, prians à mains jointes, que pour l'amour de Dieu ils ne se separassent les uns des autres, et ne se divisassent, mais qu'ils acceptassent les avantages qui leur estoient offerts; estant l'unique moyen pour recouvrer la Terre sainte. L'abbé de Vaux au contraire, et ceux qui estoient de sa faction, y contredisoient formellement, alleguans que le tout ne pouvoit que succeder mal, et qu'il estoit bien plus à propos d'aller droit en Syrie, et que là ils y feroient ce qu'ils pourroient.

49. Le marquis de Montferrat, et les comtes de Flandres, de Blois, et de Saint Paul, avec ceux qui estoient de leur party vinrent alors, et dirent qu'ils estoient resolus d'accepter ces conventions, et qu'ils ne les pouvoient refuser sans encourir du blâme. Et de ce pas s'en allérent trouver le Duc, où les ambassadeurs furent mandez, lesquels arrestérent les articles, tels qu'ils ont esté rapportez cy-dessus, et les confirmérent par sermens aux noms de leurs maistres, et par patentes scellées de leurs sceaux. Mais de la part des François, il n'y en eut que douze qui les jurérent, sans qu'il s'en peut trouver davantage.

50. Entre ceux-là furent le marquis de Montferrat, le comte Baudoüin de Flandres, le comte Louys de Blois, et le comte Hugues de Saint Paul, avec huict des principaux de leur party. Ainsi les traitez furent passez, les patentes expediées, et le jour pris que le prince de Constantinople les viendroit trouver, qui fut à la quinzaine d'aprés Pasques.

Cependant l'armée françoise sejourna tout cét hyver à Zara contre le roy de Hongrie. Durant lequel temps les esprits des Croisez ne furent pas pour cela en paix, aucuns se travaillans pour faire rompre le camp, les autres faisans leur possible pour le tenir ensemble. Dans toutes ces divisions, il y en eut plusieurs de moindre condition qui se deroberent et s'embarquérent dans des navires de marchands, et mesmes il y en eut bien cinq cens qui se mirent en un seul vaisseau qui coula à fond, et furent touz noyez et perdus. Une autre trouppe ayant pris son chemin par terre, pensoit se sauver par l'Esclavonie, mais les paysans lui ayant couru sus, elle fut presque toute devalisée ou mise à mort; le reste qui se peut sauver prit la fuitte, et regagna le camp. Et ainsi l'armée alloit tous les jours en diminuant.

51. D'autre part un grand seigneur d'Allemagne, appellé Garnier de Borlande, s'embarqua dans un navire marchand et laissa l'armée, dont il fut fort blâmé. Peu aprés un autre grand baron de France, nommé Regnaud de Montmirail, fit tant par l'entremise du comte de Blois, qu'il fut deputé et envoyé en embassade en Syrie sur l'un des vaisseaux de la flotte : ayant juré et promis sur les saincts Evangiles que quinze jours aprés que luy et les chevaliers qui l'accompagnoient seroient arrivez, et auroient achevé leurs affaires, ils se rembarqueroient pour retourner au camp.

rent, que dedenz la quinzaine que il seroient en Surie, et auroient fait lor message, que il repareroient arriéres en l'ost. Por ceste convenance se departi de l'ost, et avec luy Henris de Castel ses niers, Guillielmes li visdame de Chartres, Geoffroy de Belmont, Johan de Froeville, Pierres ses freres, et maint altre. Et li sairemenz que il firent ne furent mie bien tenu, que il ne reparérent pas en l'ost.

52. Lors revint une novelle en l'ost qui fu volentiers oïe, que li estoire de Flandres dont vos avez oï arriéres, ére arrivez à Marseille : et Johans de Néele chastellains de Bruges qui ére chevetaines de cel ost, et Tierris qui fu filz le conte Phelippe de Flandres, et Nichole de Mailli, mandérent le conte de Flandres lor seignor que il iverneroient à Marseille, et que il lor mandast sa volenté, que il feroient ce que il lor manderoit. Et il lor manda per le conseil le dux de Venise et des autres barons, que il meússent à l'issuë de Marz, et veinssent encontre lui au port de Modon en Romanie (1). Hà las! il l'atendirent si malvaisement que onques convenz ne lor tindrent, ainz s'en alérent en Surie, où il savoient que il ne feroient rien nul esploit.

◇◇◇

53. Or poez savoir, seignor, que se Diez ne amast ceste ost, qu'elle ne peust mie tenir ensemble à ce que tant de gent li queroient mal. Lors parlérent li barons ensemble ; si distrent qu'il envoiroient à Rome à l'Apostoille, porce que il lor savoit mal gré de la prise de Jadres; et eslistrent messages deux chevaliers et deux clers, tels qu'il savoient qui bon fussent à cest message. Des deux clers fu li uns Nevelons li evesques de Soissons, et maistre Johan de Noyon qui ére canceliers le conte Baudoins de Flandres et Robert de Bove. Et cil jurerent sor sains loialement que il feroient li message en bone foi, et que il repareroient à l'ost.

54. Mult le tindrent bien li troi, et li quarz malvaisement : Et ce fu Robert de Bove : quar il fist le message al pis qu'il pot, et s'en parjura, et s'en alla en Surie après les autres, et li autres troi le firent mult bien, et distrent lor message ensi commandérent li baron, et distrent à l'Apostoille : « Li baron vos merci crient de la prise de Jadres, que il la fistrent com cil qui mielz non pooient faire por le defaute de cels qui estoient allé aus autres porz, et que autrement ne poient tenir ensemble, et sor ce

◇◇◇

Et sur cette promesse il en partit, et avec luy Henry de Castel son neveu, Guillaume vidame de Chartres, Geoffroy de Beaumont, Jean de Froieville, Pierre son frere, et plusieurs autres. Ils tinrent neantmoins mal leurs sermens, et ne retournérent plus en l'armée.

52. Au mesme temps vint une agreable nouvelle au camp, que la flotte de Flandres, dont nous avons parlé ci-dessus, estoit arrivée à Marseille, et Jean de Néelle chastelain de Bruges, chef de cette armée de mer, Thierry qui fut fils du comte Philippes de Flandres, et Nicolas de Mailly, mandoient au comte de Flandres leur seigneur, qu'ils hyverneroient à Marseille, et que là ils attendroient ses ordres, presls à executer ce qu'il leur enjoindroit. Le Comte aprés avoir pris là dessus les avis du duc de Venise et des barons, leur manda qu'ils eussent à faire voile sur la fin de mars, et qu'ils le vinssent trouver au port de Modon en Romanie. Mais las! ils obeïrent mal à ces ordres, et tinrent peu ce qu'ils avoient promis, s'en estans allez en Syrie, où ils sçavoient bien qu'ils ne feroient aucun exploit considerable.

53. D'où l'on peut recueillir, que si Dieu n'eust assisté et favorisé cette armée d'une grace particuliére, elle n'eust pû jamais se maintenir, veu que tant de personnes ne cherchoient que ses desavantages et sa rupture. Alors les barons consultérent ensemble, et resolurent d'envoyer à Rome vers le Pape, qui témoignoit leur sçavoir mauvais gré de la prise de Zara. Ils élurent deux chevaliers et deux ecclesiastiques les plus capables qu'ils crûrent se pouvoir acquitter dignement de cette ambassade; les deux ecclesiastiques furent Nevelon evesque de Soissons, et maistre Jean de Noyon chancelier de Baudoüin comte de Flandres. L'un des chevaliers fut Jean de Friaise, l'autre Robert de Boves, lesquels promirent et jurérent sur les saincts Evangiles de bien et fidellement executer leurs commissions, et de retourner au camp.

54. Les trois s'acquittérent de leur parole, mais non pas le quatriéme, qui fut Robert de Boves, lequel fit du pis qu'il pût, et au prejudice du serment qu'il avoit fait s'en alla en Syrie rejoindre les autres de sa faction. Les trois autres firent fort bien leur legation, et ce dont ils estoient chargez de la part des barons, et dirent au Pape : « Les barons vous demandent tres humblement
» pardon de la prise de Zara, l'ayans fait par
» contrainte, et ne pouvans mieux par le deffaut
» de ceux qui se sont embarquez aux autres ports;
» et sans quoy ils eussent esté necessitez de rom-
» pre le camp, et de s'en retourner sans rien
» faire : vous assurans au surplus qu'ils sont
» prests de recevoir vos commandemens, et de
» vous obeïr en tout comme à leur bon pasteur et
» pere. » Le Pape fit réponse aux deputez, que il sçavoit bien que par la faute de leurs compagnons

(1) Ville-Hardouin emploie le mot Romanie pour désigner l'Orient. Modon, l'ancienne Methone, est une place maritime de Morée, à 2 lieues au sud-ouest de Navarin.

mandent à vos, come à lor bon pere, que vos alor commandoiz vostre commandemenz que il sont prest de faire. » Et li Apostoille dist aus messages, qu'il savoit bien que par la defaute des autres, lor convint il grant meschief à faire, si en ot grant pitié, et lor manda às barons et às pelerins saluz, et qui les assolt come ses filz; et lor commandoit, et prioit que il tenissent l'ost ensemble, car il savoit bien que sanz cel ost ne pooit li services Diex estre fais : et dona plain pooir à Nevelon l'evesque de Soissons, et à maistre Jean de Noion, de lier, et deslier les pelerins trosqu'adonc que li cardonax vendroit en l'ost.

55. Ensi fu jà del tens passé que li quaresme fu, et atornérent lor navile por movoir à la Pasque. Quant les nés furent chargiés, lendemain de la Pasque, si logiérent li pelerins for de la ville sur le port : Et li Veniseins firent abatre la ville, et les tors, et les murs. Et dont avint une aventure dont mult pesa à cels de l'ost, que uns des halz barons de l'ost, qui avoit nom Simon de Montfort, ot fait son plait al roy de Ungrie qui anemis estoit a cels de l'ost, qu'il s'en alla à lui, et guerpi l'ost. Avec lui alla Guis de Montfort ses freres, Simons de Neafle, et Robert Malvoisins, et Druis de Cressonessart, et l'abbés de Vals qui ére moine de l'ordre de Cistiaus, et

maint autre. Et ne torda guaires après, que s'en alla une autre halz hom de l'ost, qui Engelranz de Bove ére appellez, et Hues ses freres, et les genz de lor païs ce que il en porroient mener. Ensi partirent cil de l'ost com vos avez oï. Mult fu granz domages à l'ost, et honte à cels qui esirent.

56. Lors commenciérent à movoir les nés et les vissiers, et fu devisé que il prendroient port à Corfol (1), une ysle en Romanie, et li premiers attendroient les darraiens, tant que il seroient ensemble, et il si fistrent. Ainz que li Dux ne li Marchis partissent del porz de Jadres, ne les galies, vint Alexis le fils l'empereor Sursac de Constantinople, et li envoia li roys Phelippe d'Alemaigne, et fu receus à mult grant joie, et à mult grant honor. Et ensi bailla li Dux les galies, et les vassiaus tant com lui convint. Et ensi partirent del port de Jadres, et orent bon vent et allérent tant que il pristrent porz à Duraz (2); enqui rendirent cil de la ville à lor seignor quant il le virent, mult volentiers et li firent fealté. Et d'enqui s'en partirent, et vindrent à Corfol, et trovérent l'ost qui ére logié devant la ville, et tenduz trez et paveillons, et les chevaus traiz des vissiers por rafraichir. Et cùm il oïrent que le fils l'empereor de Constantinople

---

ils avoient esté obligez de faire ce qu'ils avoient fait, et qu'il en avoit grand déplaisir. Et là dessus escrivit aux barons et leur manda qu'il les absolvoit comme ses bons enfans ; et qu'il leur ordonnoit et prioit de faire en sorte que l'armée ne se rompit point : parce qu'il sçavoit bien, que sans elle on ne pourroit rien entreprendre en la Terre sainte. Il donna en mesme temps plein pouvoir à Nevelon evesque de Soissons, et à maistre Jean de Noyon de lier et délier les pelerins, jusqu'à ce que le cardinal legast fust arrivé en l'armée.

55. Le caresme venu ils commencérent à apprêter leurs vaisseaux, pour partir vers Pasques ; et après les avoir chargez et équippez ils se logérent le lendemain de la feste hors la ville sur le port : cependant les Venitiens firent démanteler les tours et les murailles. Sur ces entrefaites arriva une chose qui fut fâcheuse pour ceux de l'armée, de ce qu'un des plus grands seigneurs d'entre eux, appellé Simon de Montfort, ayant fait traité avec le roy de Hongrie, lequel estoit ennemi de ceux de l'armée, quitta le camp pour s'aller rendre vers luy : et fut suivy de Guy de Montfort son frere, Simon de Neaufle, Robert de Mauvoisin, Dreux de Cressonessart, l'abbé de Vaux qui estoit moine de l'ordre de Cisteaux, et de plusieurs autres. Incontinent après un autre grand seigneur, nommé Enguerrand de Boves, et Hugues son frere se retirérent pareillement du camp avec tous ceux

de leur pays qu'ils pûrent débaucher. Ce qui affoiblit autant l'armée, qu'il causa de honte à ceux qui l'abandonnérent.

56. On commença à faire voile, et fut arresté qu'on iroit prendre port à Corfou, qui est une isle de l'empire d'Orient ; et que là les premiers venus attendroient les autres, tant qu'ils seroient tous ensemble ; ce qui fut executé. Mais avant que le Duc et le Marquis partissent de Zara, et les galéres, le prince Alexis fils de l'empereur Isaac de Constantinople, que Philippes roy d'Allemagne leur avoit envoyé, arriva, et fut receu avec grande réjoüissance et beaucoup d'honneur. Le Duc luy donna des galéres et vaisseaux ronds autant qu'il luy en falloit : et estans tous délogez du port de Zara avec bon vent, cinglérent tant qu'ils arrivérent à Duraz, dont les habitans se rendirent sans aucune resistance à la veuë de leur Seigneur, et luy firent serment de fidelité. De là ils passérent à Corfou, où ils trouvérent l'armée desja logée devant la ville, les tentes et pavillons dressez, et les chevaux tirez hors des palandries pour les rafraischir. D'abord qu'ils apprirent que le fils de l'empereur de Constantinople estoit arrivé, les chevaliers et les soldats lui allérent au devant, y faisant conduire les chevaux de bataille, et le receurent avec grand honneur. Le prince fit tendre

(1) Corfou, la plus importante des îles Ioniennes.
(2) Durazzo, sur le golfe Adriatique.

ére arrivez al port, si veissiez maint bon chevalier et maint bon serjanz aller encontre, et mener maint bel destrier. Ensi le reçurent à mult grant joie et à mult grant honor. Et i fist son tré tendre enmi l'ost. Et li marchis de Monferrat le suen de lez, en cui garde le roy Phelippe l'avoit commandé, qui sua seror avoit à fame.

57. Ensi sejornérent en cele ysle trois semaines, qui mult ére riche et plentéuroise. Et dedanz cel sejor lor avint une mesaventure qui fu pésme et dure, que une grant partie de cels qui voloient l'ost depecier, et qui avoient autre foiz esté encontre l'ost, parlérent ensemble et distrent que céle chose lor sembloit estre mult longue, et mult perillose, et que il remanroient en l'isle, et lairoient l'ost aller. Et par le conduit à cels, et quant l'ost en seroit alée, renvoiérent au comte Gautier de Breine, qui adonc tenoit Brandiz (1), qui lor envoiast vaissiaus por aller à Brandiz. Je ne vos puis mie toz cels nomer qui à ceste ouvre faire furent, més je vos en nomerai une partie des plus maistre chevetains.

58. De cels fu li uns Odes le champenois de Chamlite, Jaques d'Avennes, Pierres d'Amiens, Gui li chastelains de Coci, Ogiers de Saint-Cheron, Guis de Cappes, et Clarasbauz de Mez, Guillelmes d'Aunoy, Pierres Coiseaus, Guis de Pesmes et Haimes ses freres, Gui de Couvelans, Richart de Dampierres, Odes ses freres, et maint autre qui lor avoient créancé par derriere qu'il se tendroient à lor partie, qui ne l'osoient mostrer par devant por la honte.

59. Si que li livre testimoigne bien que plus de la moitié de l'ost se tenoit à lor accort. Et quant ce oït li marchis de Montferrat, et li cuens Baudoins de Flandres, et li cuens Loeys, et li cuens de Saint Pol et li baron qui se tenoient à lor accort, si furent mult esmaié, et distrent : « Seignor, nos sommes mal bailli, se ceste gent se partent de nos, avec cels qui s'en sunt parti par maintes foiz. Nostre ost sera faillie, et nos ne porons nulle conqueste faire. Mais alons à els et lor crions merci, que il aient por Dieu pitié d'els et de nos, et que il ne se honissent, et que il ne toillent la rescosse d'oltremer. »

60. Ensi fu li conseil accordez, et alérent toz ensemble en une vallée ou cil tenoient lor parlement, et menérent avec als le fils l'empereor de Constantinople, et toz les evesques et toz les abbez de l'ost. Et cùm il vindrent là, si descendirent à pié. Et cùm il les virent, si descendirent de lor chevaus, et allérent encontre, et li baron lor cheïrent as piez mult plorant, et distrent que il ne se moveroient tresque cil

---

son pavillon au milieu du camp, et le marquis de Montferrat fit dresser le sien tout joignant, parce que le roy Philippes, qui avoit espousé la sœur du prince, le luy avoit fort recommandé et l'avoit mis en sa garde.

57. Ils sejournérent en cette isle l'espace de trois semaines, dautant qu'elle estoit riche et abondante en toutes sortes de commoditez : durant lequel temps survint une fâcheuse disgrace ; car une partie de ceux qui butoient à rompre le camp, et qui avoient toujours esté contraires aux bons sentimens du reste de l'armée, consultérent ensemble et dirent, que cette entreprise leur sembloit trop longue et dangereuse, et qu'il valoit mieux demeurer en cette isle, et laisser partir les trouppes sous la conduite des autres, pour ensuitte depêcher vers le comte Gautier de Brienne qui tenoit alors Brandis, à ce qu'il leur envoyast des vaisseaux pour le pouvoir aller trouver. Je ne vous nommeray pas tous ceux de ce complot, mais seulement les principaux qui furent :

58. Eudes le champenois de Champlitte, Jacques d'Avennes, Pierre d'Amiens, Guy chastelain de Coucy, Oger de Saint Cheron, Guy de Chappes, Clerembault son neveu, Guillaume d'Ainoy, Pierre Coiseaux, Guy de Pesmes, Haimon son frere, Guy de Conflans, Richard de Dampierre, Eudes son frere, et plusieurs autres qui leur avoient promis en cachette de se tenir à leur party, ne l'osans faire paroistre publiquement, de crainte de blâme.

59. Si bien que l'on peut dire que plus de la moitié du camp estoit de leur faction. Quand le marquis de Montferrat, le comte Baudoüin de Flandres, le comte Louys, le comte de Saint Paul, et les barons qui estoient de leur party eurent advis de cela, ils furent bien étonnez, et dirent : « Seigneurs, nous serons en fort mauvais termes
» et mal-traitez, si ces gens-cy se retirent, outre
» ceux qui nous ont abandonnez par diverses fois;
» car nostre armée demeurera inutile et défec-
» tueuse, et ne pourrons faire aucun exploit ni
» conqueste. Allons à eux, et les conjurons au
» nom de Dieu qu'ils aient pitié d'eux et de nous ;
» et qu'ils évitent le reproche qu'on leur pourroit
» faire, d'avoir empêché le recouvrement de la
» Terre sainte. »

60. Ce qu'ayant esté resolu de la sorte, ils s'en allérent tous ensemble en une vallée où les autres estoient assemblez, et menérent avec eux le fils de l'empereur de Constantinople, et tous les evesques et abbez de l'armée. Estans là arrivez, ils mirent pied à terre : et comme les autres les aperceurent, ils descendirent pareillement de leurs chevaux, et leur allérent à la rencontre. D'abord les barons se prosternérent à leurs pieds pleurans à chaudes larmes, protestans de ne se lever qu'ils n'eussent obtenu d'eux qu'ils ne les abandonneroient point. Quand les autres virent cela, ils

---

(1) Brindes, place maritime appartenant au royaume de Naples.

aroient creance que il ne se moveroient d'els. Et quant cil virent ce, si orent mult grant pitié, et plorérent mult durement.

61. Quant il virent lor seignors, et lor parenz, et lor amis chaoir à lor piez, si distrent que il en parleroient. Et se traistrent à une part, et parlérent ensemble, et la summe de lor conseils fu tels, que il seroient encor avec els, tresqu'à la Saint Michel, por tel convent, que il lor jureroient sor sainz loialment que des enqui en avant à quele eure que il les semonroient dedenz les quinze jors, que il lor donroient navie à bone foi, sanz mal engin, dont il porroient aller en Surie.

62. Ensi fu otroié et juré. Et lors ot grant joie par tot l'ost. Et se recueillérent es nés, et li chevaus furent mis es vissiers. Ensi se partirent del port de Corfol, la veille de Pentecoste qui fu M. et CC. ans et trois aprés l'incarnation nostre Seignor Jesu Christ. En enqui furent totes les nés ensemble et tuit li vissier, et totes les galies de l'ost, et assez d'autres nés de marcheans, qui avec s'erent aroutées. Et li jors fu bels, et clers, et li venz dols et soés : Et il laissent aller les voiles al vent. Et bien TESMOIGNE JOFFROIS LI MARESCHAUS DE CHAMPAIGNE, qui ceste œuvre dicta, que ainc ni ment de mot à son escient, si com cil qui a toz les conseils fu, que onc si béle chose ne fu veuë. Et bien sembloit estoire qui terre deust conquerre, que tant que on pooit veoir à oil, ne poit on veoir se voiles non de nés et des vaissiaus, si que li cuer des homes s'en esjoissoient mult.

63. Ensi coururent per mer tant que il vindrent à Cademelée (1) à un trespas qui sor mer siet. Et lors encontrérent deux nés de pelerins et de chevaliers et de serjanz qui repairoient de Surie. Et ce estoient de cels qui estoient allez al port de Marseille passer. Et quant ils virent l'estoire si béle et si riche, si orent tel honte, que ne il s'ousérent mostrer. Et li cuens Baudoins de Flandres et de Hennaut envoia la barge de sa nef, por savoir quel genz ce estoient, et il distrent qu'il estoient, et un serjant se lait correr contre val de la nef en la barge, et dist à cels de la nef : « Je vos claim tuite ce qui remaint en la nef dou mien, car je m'en iray avec cez, car il semble bien que il doivent terre conquerre. »

<><><>

furent vivement touchez, et le cœur leur attendrit de façon qu'ils ne peurent contenir leurs larmes.

61. Et particuliérement lors qu'ils virent leurs seigneurs, leurs plus proches parens et amis tomber à leurs pieds, ils témoignérent plus de ressentiment et dirent qu'ils en aviseroient ensemble. Là dessus ils se retirérent, et conférérent entre eux ; le resultat de leur conseil fut qu'ils demeureroient encore avec eux jusqu'à la Saint Michel, à condition qu'on leur promettroit, et qu'on leur jureroit sur les saints Evangiles, que de là en avant, à toute heure qu'ils les en voudroient requerir, dedans la quinzaine ensuivant, ils leur fourniroient de bonne foy, sans aucune fraude, des vaisseaux pour passer en Syrie.

62. Ces conditions leur furent accordées, et jurées solemnellement : en suitte tous se rembarquérent dans les vaisseaux, et les chevaux furent passez dans les palandries : et ainsi firent voile du port de Corfou la veille de la Pentecoste, l'an de l'incarnation de nostre Seigneur mil deux cens trois, avec tous les vaisseaux tant palandries que galéres, et autres de l'armée navale, que nefs marchandes * qui s'estoient associées de conserve avec cette flotte. Le jour estoit clair et serain, la mer bonace **, et le vent propre et doux, lors qu'ils se mirent en mer et lâchérent les voiles au vent. Et moi GEOFFROY MARESCHAL DE CHAMPAGNE autheur de cét œuvre, assure n'y avoir rien mis qui ne soit de la verité, comme ayant assisté à tous les conseils, et que jamais on ne vit armée navale ny si belle, ny en si grand nombre de vaisseaux ; en sorte qu'il n'y avoit personne qui ne jugeast en la voyant, qu'elle ne deust conquerir tout le monde ; la mer tant que la veuë se pouvoit étendre, estant couverte de voiles et de navires: en sorte que cela faisoit plaisir à voir.

63. Ils cinglérent de la sorte en plaine mer, tant qu'ils vinrent au cap de Malée, qui est un détroit vers la Morée, où ils rencontrérent deux navires chargez de pelerins, de chevaliers et de gens de pied, qui retournoient de Syrie, et estoient de ceux qui s'estoient allez embarquer au port de Marseille : lesquels quand ils apperceurent cette belle et magnifique flotte, en eurent une telle honte qu'ils ne s'ozérent monstrer. Le comte de Flandres envoya l'esquif de son vaisseau pour les reconnoistre, et savoir quelles gens c'estoient, ce qu'ils déclarérent. Et à l'instant un soldat se laissa couler du navire où il estoit dans l'esquif, et dit à ceux de sa compagnie : « Je re-
» clame tout ce que vous avez du mien dans ce
» vaisseau, car je m'en veux aller avec ceux-cy
» qui me semblent bien estre en estat de conque-
» rir. » On luy en sceut fort bon gré et le reçut-on dans l'armée de bon œil. C'est pourquoy avec raison on dit en commun proverbe : Que de mil

---

* Vaisseaux marchands.

** La *mer bonace* forme ici une espèce de contresens ; une mer *bonace* est une mer immobile ; d'ailleurs il n'y a rien de semblable dans le texte de Ville-Hardouin.

(1) Le cap Malé, appelé aussi cap Matapan (*assommeur d'hommes*), appartient au rivage des Maniotes ; il fait face à l'île de Cérigo (l'ancienne Cythère).

A grant bien fu atornez a serjanz, et mult fu volentiers en l'ost veuz. Et porce dit on que de mil males voies puet on retorner.

64. Ensi corut l'ost trosque à Nigre. Si est une mult bone ysle, et une mult bone citez, que on appelle Nigrepont (1). Enqui si pristrent conseil li baron. Si s'en alla li marchis Boniface de Monferrat, et li cuens Baudoins de Flandres et de Hennaut à grant parties de vissiers et de galies avec le fil l'empereor Sursac de Constantinople, en une ysle que on appelle Andre (2), et descendirent à terre. Si s'armérent li chevaliers, et corurent en la terre; et la genz del païs vindrent à merci al fil l'empereor de Constantinople; et li donérent tant dou lor, que pais firent à lui, et r'entrérent en lor vaissiaus, et corurent par mer. Lors lor avint un grant domaiges, que uns halt home de l'ost, qui avoit nom Guis li chastellains de Coci morut, et fu gitez en la mer.

65. Les autres nés qui n'erent mie céle part guenchies, furent entrées en boque d'Avie (3). et ce est là ou li braz Saint Jorge (4) chiét en la grant mer, et corurent contre mont le braz tresque a une cité que on appelle Avie, qui siet sor le braz Saint Jorge devers la Turquie mult béle et mult bien assise. Et enqui pristrent port, et descendirent à terre, et cil de la cité vindrent encontre els, et lor rendirent la ville, si com cil qui ne l'osoient defendre. Et il la firent mult bien garder, si que cil de la ville n'i perdirent vaillant un denier. Ensi sejornérent enki huict jorz por attendre les nés, et les galies et les vissiers qui estoient encor à venir. Et dedanz cel sejor pristrent des blez en la terre que il ére moissons, et il en avoient grant mestier, car il en avoient pou. Et dedanz ces huict jors, furent venu tit li vaissel et li baron, et Diex lor dona bon tens.

66. Lors se partirent del port d'Avie tuit ensemble. Si peussiez veoir flori le braz Saint Jorge contre mont de nés et de galies et de vissiers, et mult grant mervoille ére la bialtez à regarder. Et ensi corrurent contre mont le braz Saint Jorge, tant que il vindrent à Saint Estienne (5), à une abbaie qui ére à trois lieues de Constantinople, et lors virent tout à plain Constantinople. Cil des nés et des galies et des vissiers pristrent port, et

⸻ ◇◇◇ ⸻

mauvais chemins, on peut se remettre au bon, quand l'on veut.

64. Ils passérent de là jusques en Negrepont, qui est une isle, où il y a une bonne ville de mesme nom. Là les barons tinrent conseil : et en suitte le marquis Boniface de Montferrat, et le comte de Flandres avec une partie des navires et galéres, et le prince de Constantinople tirérent à la volte d'Andros, où ils descendirent en terre; les gens de cheval firent une course dans l'isle, laquelle vint incontinent à l'obeïssance du fils de l'Empereur, et les habitans donnérent tant du leur qu'ils obtinrent de luy la paix : puis ils rentrérent dans leurs vaisseaux, et coururent en mer ; auquel temps il leur arriva un grand malheur, par la mort de Guy chastelain de Coucy, l'un des principaux barons de l'armée, dont le corps fut jetté dans la mer.

65. Les autres vaisseaux qui ne s'estoient pas détournez de ce costé-là, poursuivans le droit chemin, entrérent dans le détroit de l'Hellespont, qu'on appelle le bras de Sainct George, lequel vient se rendre dans la mer Egée : et cinglérent tant contremont qu'ils abordérent à Abyde, ville forte et située du costé de la Natolie, à l'entrée de ce détroit, où ils allérent donner fonds, et

⸻ ◇◇◇ ⸻

descendirent en terre. Les habitans sortirent au devant, et leur apportérent les clefs, n'ayans eu la hardiesse de se deffendre. Aussi on donna si bon ordre, qu'ils n'y perdirent la valeur d'un denier. Ils y sejournérent huict jours entiers pour attendre les vaisseaux qui estoient demeurez derriére. Et cependant ils se fournirent de bleds autour, tant pource que c'estoit le temps de la moisson, que pource qu'ils en avoient grand besoin. Et dans les huit jours tous les vaisseaux et les barons arrivérent, Dieu leur ayant donné temps favorable.

66. Puis ils partirent tous de conserve du port d'Abyde, en sorte que vous eussiez veu le canal comme tapissé et parsemé de galéres et de palandries, qui rendoient de loin un merveilleux éclat à l'œil : et à force d'avirons et de voiles surmontans le courant du bras arrivérent à Saint Estienne, qui est une abbaye à trois lieuës de Constantinople : d'où ils commencérent à découvrir et voir à plein cette ville. Et ceux des vaisseaux et galéres qui vinrent à prendre port ayant jetté l'ancre, ceux qui ne l'avoient encor veuë, se mirent à contempler cette magnifique cité, ne pouvans se persuader qu'en tout le monde, il y en eust une si belle et si riche : particulierement quand ils

(1) Négrepont, l'ancienne Eubée, appelée par les Turcs Egriboz.

(2) L'île d'Andros, appelée *Andra* par les Turcs, fournit aujourd'hui des serviteurs fidèles aux Francs qui habitent Smyrne et Constantinople.

(3) L'ancienne Abydos, maintenant entièrement détruite, à peu de distance des Dardanelles.

(4) L'Hellespont et même la Propontide sont appelés par les auteurs du moyen-âge *Bras-de-Saint-George*, à cause d'un monastère de ce nom que fit bâtir Constantin Monomaque, à l'endroit où se voit aujourd'hui le sérail des sultans de Constantinople.

(5) Aujourd'hui le village de San-Stéphano.

aancrérent lor vaissials. Or poez savoir que mult esgardérent Constantinople cil qui onques mais ne l'avoient véue, que il ne pooient mie cuidier que si riche vile peust estre en tot le monde. Cum il virent ces hals murs, et ces riches tours dont ére close tot entor a la reonde, et ces riches palais, et ces haltes yglises dont il i avoit tant que nuls n'el poist croire, se il ne le veist à l'oil et le lonc, et le lé de la ville que de totes les autres ére souveraine. Et sachiez que il n'i ot si hardi, cui le cuer ne fremist; et ce ne fu mie merveille, que onques si grant affaires ne fu empris de tant de gent puis que li monz fu estorez.

67. Lors descendirent à terre li conte et li baron, et li dux de Venise, et fu li parlemenz ou moustier (1) Saint Estiene. La ot maint conseil pris, et doné. Totes les paroles qui la furent dites ne vos contera mie li livres; més la summe del conseil si fu tielx, que li dux de Venise se dreça en estant, et lor dist. Seignor, je sai plus del convine de cest païs que vos ne faites, car altre foiz i ai esté (2). Vos avez le plus grant affaire et le plus perillous entrepris, que onques genz entreprissent. Porce si convendroit, que on ouvrast sagement. Sachiez se nos alons à la terre ferme, la terre est granz et large, et nostre genz sont povre et diseteus de la viande, si s'espandront par la terre por quérre la viande. Et il y a mult grant plenté de gent al païs : si ne porriens tot garder, que nos ne perdissiens, et nos n'avons mestier de perdre, que mult avons poi de gent a ce que nos volons faire. Il a isles (3) ci prés que vos poez veoir deci, qui sont habitées de genz, et laborées de blez et de viandes et d'autres biens. Alons i la prendre port, et recueillons les blés et les viandes del païs. Et quant nos aurons mis les viandes recueillies, alomes devant la ville, et ferons ce que nostre sires nos aura porveu. Quar plus seurement guerroie cil qui a la viande, que cil qui n'en a point. A cel conseil s'acordérent, li conte et li baron, et s'en r'alérent tuit a lor nés chascuns et à sez vaissiaus. Ensi reposérent cele nuit. Et al matin fu le jor de la feste mon seignor sainz Johan Baptiste en juing, furent drecies les banieres et li confanon és chastials des nés, et les hosches des escuz, et portenduz les borz des nés.

◇◇◇

appercurent ses hautes murailles, et ses belles tours, dont elle estoit revestuë et fermée tout à l'entour, et ses riches et superbes palais, et ses magnifiques eglises qui estoient en si grand nombre, qu'à peine on se le pourroit imaginer, si on ne les voyoit de ses yeux, ensemble la belle assiette tant en longueur que largeur de cette capitale de l'Empire. Certes il n'y eut là cœur si asseuré, ny si hardy qui ne fremit : et non sans raison, veu que depuis la creation du monde jamais une si haute entreprise ne fut faite par un si petit nombre de gens.

67. Les comtes et barons, comme aussi le duc de Venise, descendirent en terre, et tinrent conseil en l'église de Saint Estienne, où plusieurs choses furent alleguées et debatuës, que je passe sous silence; aprés quoy le duc de Venise se leva de son siege, et parla en cette maniere : « Sei- » gneurs, je connois un peu mieux que vous l'es- » tat et les façons d'agir de ce pays, y ayant esté » autrefois; vous avez entrepris la plus grande » affaire et la plus perilleuse que jamais on aye » entrepris : c'est pourquoy j'estime qu'il y faut » aller sagement et avec conduite : car si nous » nous abandonnons en la terre ferme, le pays » estant large et spatieux, et nos gens ayans be- » soin de vivres, ils se répandront çà et là pour » en recouvrer : et comme il y a grand nombre » de peuple dans le plat pays, nous ne sçaurions » si bien faire que nous ne perdions beaucoup de » nos hommes, dont nous n'avons pas de besoin » à présent, veu le peu de gens qui nous reste » pour ce que nous avons entrepris. Au surplus, » il y a des isles icy prés, que vous pouvez ap- » percevoir, qui sont habitées et abondantes en » bled, et autres biens et commoditez; allons y » prendre terre, et enlevons les bleds et les vi- » vres du pays. Et quand nous aurons fait nos » provisions, et que nous les aurons mises dans » nos vaisseaux, alors nous irons camper devant » la ville, et ferons ce que Dieu nous inspirera. » Car sans doute ceux qui sont ainsi pourveus de » vivres font la guerre plus seurement que ceux » qui n'en ont point. » Tous les comtes et barons applaudirent à ce conseil, se remirent tous dans leurs vaisseaux, et y reposérent celle nuit : le lendemain matin, qui fut le jour de saint Jean Baptiste en juin, les banniéres et gonfanons furent arborez és chasteaux de pouppe, et aux hauts des masts et des hunes; et les escuz des chevaliers furent rangez le long de la pallemente pour servir comme de pavesade representans les creneaux des murailles des villes, chacun jettant la veuë sur ses armes comme prevoyant bien que le temps approchoit qu'il les leur faudroit employer.

---

(1) Un kiosque appartenant au sultan Mahmoud, a remplacé l'église où le *moustier* dont parle ici Ville-Hardouin. Du rivage de Saint-Etienne on découvre Constantinople.

(2) Henri Dandole était allé à Constantinople à l'époque de son ambassade auprès de l'empereur Manuel, comme nous l'avons dit plus haut.

(3) Ce sont les îles des Princes, au nombre de neuf; la plus importante de ces îles se nomme Prinkipos.

Chascuns regardoit ses armes tels com à lui convint que defisensscent, que par tens en aront mestier.

68. Li marinier traistrent les anchres, et laissent les voiles al vent aler, et Diex lor dona bon vent tel com a els convint, si s'en passent tres par devant Constantinople, si prés des murs et des tours, que à maintes de lor nés traist on. Si i avoit tant de gent sor les murs et sor les tours, que il sembloit que il n'aust se l'a non. Ensi lor destorna Diex sires le conseil qui fu pris le soir, de torner es ysles, ausi com se chascuns n'aust onques oy parler. Et maintenant traient à la ferme terre plus droit que il onques puent, et pristrent port devant un palais l'empereor Alexis, dont li leus estoit apellez Calchidoines (1), et fu endroit Constantinople d'autre part del braz devers la Turchie. Cil palais fu un des plus biaux et des plus delitables que onques oël peussent esgarder de toz les deliz que il convient à cors d'home, que en maison de prince doit avoir.

69. Et li conte et li baron descendirent à la terre, et se hebergiérent el palais, et en la ville entor, et li plusor tendirent lor paveillons. Lors furent li cheval trait fors des vissiers, et li chevaliers et li serjans descendu à la terre a totes lor armes, si que il ne remest és vaissiaus que li marinier. La contrée fu belle et riche, et plenteurose de toz biens, et les moies des blez qui estoient moissoné parmi les champs ; tant que chascuns en volt prendre, si en prinst, con cil qui grant mestier en avoient. Ensi séjournérent en cel palais lendemain. Et al tierz jor lor dona Diex bon vent, et cil marinier resachent lor anchres, et drecent lor voiles al vent. Ensi s'en vont contre val le braz, bien une lieuë desor Constantinople à un palais qui ére l'empereor Alexis, qui ére appellez le Scutaire. Enki se ancrécrent les nés, et les vissiers, et totes les galies.

70. Et la chevalerie qui ere hebergie el palais de Calcedoine alla costoiant Constantinople par terre. Ensi se hebergiérent sor le braz Sain Jorge à la Scutaire (2), et contre mont l'ost des François. Et quant ce vit l'emperére Alexis, si fist la soe ost issir de Constantinople, si le herberja sor l'autre rive d'autre part endroit als : si fist tendre ses paveillons, porce que cil ne peussent prendre terre par force sor lui. Ensi séjorna l'ost des François par nuef jorz ; et se porcaca de viande cil que mestier en ot, et ce furent tuit cil de l'ost.

71. Dedanz cel sejor issi une compagnie de mult bone gent por garder l'ost que on ne li

⸎

68. Cependant les mattelots levérent les ancres, et mirent les voiles au vent, lequel frappant dedans à souhait, ils passérent le long et vis-à-vis de Constantinople, si prés des tours et des murailles, que les traits et coups de pierre donnérent en plusieurs de leurs vaisseaux, la courtine estans garnie et bordée de si grand nombre de soldats, qu'il sembloit qu'il n'y eut rien autre chose. Ainsi Dieu détourna la resolution qui avoit esté prise le soir precedent de descendre dans les isles, comme si jamais ils n'en eussent oüy parler ; et s'en allérent à pleines voiles, le plus droit chemin qu'ils peurent, aborder en la terre ferme, où ils prirent port devant un palais de l'empereur Alexis au lieu appellé Chalcedon, vis-à-vis de Constantinople, au delà du détroit du costé de l'Asie. Ce palais estoit l'un des plus beaux et des plus agreables que jamais on ait veu, estant accompagné de toutes les delices et plaisirs que l'homme auroit peu souhaitter, et qui sont bien seans à un grand prince.

69. Les comtes et les barons descendirent en terre, et prirent leur logement dans ce palais, dans la ville, et aux environs, où la pluspart firent tendre leurs pavillons. Les chevaux à mesmes temps furent tirez hors des palandries, et toute la cavalerie et infanterie prit terre, chacun ayant ses armes, en sorte qu'il ne demeura dans les vaisseaux que les mariniers. La contrée estoit belle, riche, plantureuse et abondante en tous biens : et les grands tas de bled desja moissonné gisoient à l'abandon emmy les champs, chacun en pouvoit prendre sans contredit, ce qu'ils firent, en ayans grand besoin. Ils sejournérent en ce palais tout le lendemain : et au troisiéme jour, Dieu leur ayant donné bon vent, les mariniers reserrérent leurs ancres, et dressans les voiles descendirent le courant du détroit une bonne lieuë au dessus de Constantinople, à un palais de l'empereur Alexis, appellé Scutari, où allérent surgir en la plage tant les vaisseaux ronds que les palandries et les galéres.

70. Cependant la cavalerie qui estoit logée au palais de Chalcedon, en partit, et alla costoyant Constantinople par terre se loger sur la rive du bras de Saint George à Scutari, au dessus de l'armée françoise. Ce que l'empereur Alexis ayant apperçeut fit sortir ses gens de Constantinople, et s'en vint loger sur l'autre bord vis-à-vis d'eux, et y fit tendre ses pavillons, à dessein de les empécher de prendre terre par force sur luy. Et ainsi l'armée françoise sejourna l'espace de neuf jours,

---

(1) L'ancienne Chalcédoine a fait place à un village turc nommé Kadi-Keui (village des juges).

(2) Scutari, sur la rive Asiatique de la Propontide, renferme plus de 30,000 habitans musulmans et chrétiens. Les croisés campérent dans la plaine où s'étend aujourd'hui le cimetière de Scutari.

feist mal, et les forriers cherchiérent la contrée. En cele compaignie fu Odes li champenois de Chanlite, et Guillelmes ses freres, et Ogiers de Saint Cheron, et Manassiers de Lisle, et li cuens Giraz uns cuens de Lombardie qui ére de la maisnie del marchis de Montferrat; et orent bien avec als quatres vingts chevaliers de mult bone gent. Et choisiérent al pie de la montaigne paveillous bien à trois liuës de l'ost. Et ce estoit li megedux l'empereor de Constantinople, qui bien avoit cinq cens chevaliers de Grieu. Quant nostre gent les vit, si ordenérent lor gent en quatre batailles. Et fu lor conselx tielx que iroint combatre à els. Et quant li Grieu les virent, si ordenérent lors gens et lor batailles, et se rangiérent par devant lor paveillons et les attendirent, et nostre gent les alérent ferir mult vigueroisement. A l'aie de Dieu nostre Seingnor petiz dura cil estorz. Et li Grieu lor tornent les dos, si furent desconfiz à la premiere assemblée. Et li nostres les enchaucent bien une liuë grant. Là guaignérent assez chevaus, et roncins, et palefroiz, et muls, et tentes, et paveillons, et tel gaing com à tel besoigne aferoit. Ensi se revindrent en l'ost,

◇◇◇

durant lesquels ceux qui eurent besoin de vivres en firent provision, et l'on peut dire que ce fut toute l'armée.

71. En ce même temps une compagnie de fort braves gens sortit en campagne pour aller faire la découverte et empécher les surprises : et les fourrageurs par mesme moyen allérent sous leur escorte fourrager et piller la contrée. De laquelle trouppe, entre autres estoient Eudes le champenois de Champlite, Guillaume son frere, Oger de Saint-Cheron, Manassés de l'Isle, et un seigneur nommé le Comte Gras, qui estoit de Lombardie, et de la suitte du marquis de Montferrat, et avoient avec eux environ quatre-vingt chevaliers, tous vaillans hommes : d'abord ils découvrirent de loin au pied d'un costau plusieurs tentes et pavillons à trois lieuës du camp : c'estoit le Grand Duc ou chef des armées de mer de l'empereur de Constantinople, qui avoit bien jusques à cinq cens chevaliers grecs. Quand ils les eurent reconnus ils se partagérent en quatre escadrons, avec resolution de les attaquer. Les Grecs d'autres parts se rangérent aussi en bataille devant leurs tentes, et les attendirent de pied ferme : mais nos gens sans marchander davantage, les allérent charger ; la meslée ne dura gueres, car les Grecs d'abord et au premier choc tournérent le dos, se rompant d'eux-mesmes, et les nostres leur donnérent la chasse une bonne lieuë. Ils gagnérent en cette rencontre nombre de chevaux, roucins, palefroiz et mulets; ensemble les tentes et pavillons, et generalement ce qui est de l'attirail des trouppes. Et ainsi retournérent

ou il furent mult volentiers veuz, et departirent lor gaing si com il durent.

72. A l'autre jor aprés, envoia l'emperéro Alexis uns messages ás Contes et às barons, et ses lettres. Cil messages avoit nom Nicholas Rous, et ére nez de Lombardie, et trova les barons el riches palais del Scutaire, où il estoient à un conseil. Et les salua de par l'empereor Alexis de Constantinople. Et tendi ses lettres le marchis Bonifaces de Monferrat, et cil les reçut. Et furent lueus devant toz les barons. Et paroles i ot de maintes maniéres és lettres, que li livres ne raconte mie. Et aprés les autres paroles qui furent, si furent de creance, que l'om creist celui qui les avoit aportées, qui Nicholas Rous avoit nom. « Biels sire, font il, nos avons veues voz lettres, et nos dient que nos vos creons. Et nos vos creons bien. Or dites ce que vos plaira. » Et li message estoit devant les barons en estant, et parla : « Seignor, fait il, l'empereor Alexis vcs mande que bien sèt que vos estes la meillor gent qui soient sans corone, et de la meillor terre qui soit. Et mult se merveille por quoi, ne a quoi vos i estes venuz en son regne, que vos estes

◇◇◇

au camp, où ils furent bien accueillis, et partagérent le butin comme ils devoient.

72. Le jour ensuivant l'empereur Alexis envoya un ambassadeur aux comtes et barons de l'armée, avec lettres de creance : cét ambassadeur s'appelloit Nicolas Roux, et estoit natif de Lombardie. Il les trouva assemblez au conseil dans le palais de Scutari, et les saluä de la part de l'Empereur son maistre, puis presenta ses lettres au marquis Boniface de Montferrat qui les reçeut, et furent leuës en presence de tous les barons : elles contenoient plusieurs choses, et particuliérement que l'on eust à ajouster toute croiance au porteur, dont le nom estoit Nicolas Roux. Surquoy les barons luy dirent : « Beau Sire , » nous avons veu vos lettres, qui portent que » nous ayons à ajouster foy à ce que vous nous » direz, exposez donc vostre charge, et dites ce » qu'il vous plaira. » L'ambassadeur qui estoit debout devant eux leur parla en ces termes : « Seigneurs, l'Empereur m'a comandé de vous » faire entendre qu'il n'ignore pas que vous » ne soyez les plus grands et les plus puis- » sans princes d'entre ceux qui ne portent point » de couronne, et des plus valeureux pays qui » soient en tout le reste du monde : mais il » s'étonne pourquoy, et à quelle occasion, vous » estes ainsi venus dans ses terres, vous estans » chrestiens, et luy pareillement chrestien. Il » sçait assez que le principal dessein de vostre » voyage est pour recouvrer la Terre-Sainte et le » saint sepulchre de nostre Seigneur : si vous » avez besoin de vivres ou de toute autre chose

3.

chrestiens, et il est chrestiens. Et bien sèt que vos i estes meu por la Sainte Terre d'oltremer, et por la Sainte Croiz, et por le sepulcre rescorre. Se vos i estes povre, ne disetels, il vos donra volentiers de ses viandes et de son avoir, et vos li vuidiez sa terre. Ne vos voldroit autre mal faire, et-ne-por-quant s'en a il le pooir. Car se vos estiez vint tant de gent, que vos n'estes ne vos en porroiz voz aler, se il mal vos voloit faire, que vos ne fussiez morz et desconfiz. »

73. Par l'accort et par le conseil as autres barons et le duc de Venise, se leva empiéz Coenes de Bethune, qui ére bons chevalier et sages, et bien eloquens (1), et respont al messages. « Bel sire, vos nos avez dit que vostre sires se merveille mult porquoi notre seignor et nostre baron sont entrés en son regne. En sa terre il ne sont mie entré, quar il le tint à tort, et a pechié contre Dieu et contre raison. Ainz est son nevou qui çi siet entre nos sor une chaiere, qui est fil de son frere l'empereor Sursac. Més s'il voloit à la merci son nevou venir, et li rendoit la corone et l'Empire, nos li proieriens que il li pardonast, et li donast tant que il peust vivre richement. Et se vos por cestui message venez, n'y revenez altre foiz, ne soiez si hardiz

⬦⬦⬦

» pour l'execution de cette entreprise, il vous
» donnera tres-volentiers du sien. Vuidez seu-
» lement de ses terres, car il luy déplairoit de
» vous courir sus, ou vous porter dommage, en-
» core qu'il n'en ait que trop de pouvoir. Et quand
» vous seriez vingt fois plus de gens que vous
» n'estes, vous ne pourriez toutesfois vous retirer
» ny empêcher que vous ne fussiez tous mis à
» mort ou faits prisonniers, s'il avoit le dessein
» de vous mal faire. »

73. En suitte de cette harangue, Conon de Bethune, qui estoit un sage chevalier, eloquent et bien disant, de l'avis et du consentement des autres barons et du duc de Venise se leva, et repliqua en ces termes : Beau Sire, vous nous venez
» alleguer que vostre maistre s'étonne pourquoy
» nos seigneurs et nos barons sont ainsi entrez
» dans son empire et dans ses terres : vous sçavez
» trop bien qu'ils ne sont pas entrez sur le sien,
» puis qu'il occupe à tort et contre Dieu et contre
» raison ce qui doit appartenir à son neveu que
» vous pouvez voir icy assis avec nous, fils de son
» frere l'empereur Isaac : mais s'il luy vouloit
» demander pardon et luy restituer la couronne
» et l'Empire, nous employerions nos prieres vers
» luy, à ce qu'il luy pardonnast et luy donnast
» dequoy vivre honorablement et selon sa con-
» dition. Au reste, à l'avenir ne soyez si teme-
» raire ny si hardy que de venir icy pour de

(1) Nous devons aux savantes investigations de M. Paulin Pâris, plusieurs chansons très remarquable de Conon

que vos plus y revegniez. » Ensi se parti li message, et s'en rala arriere en Constantinople à l'empereor Alexis.

74. Li Baron parlérent ensemble, et distrent lendemain qu'il mostreroient Alexis le fil l'empereor de Constantinople al pueple de la cité. Adonc firent armer les galies totes. Le dux de Venise et li marchis de Monferrat entrérent en une, et mistrent avec als Alexis le filz l'empereor Sursac, et és autres galies entrérent li chevalier et li baron qui volt. Ensi s'en alérent rés à rés des murs de Constantinople, et mostrerent al pueple des Grez li valet, et distrent : « Véez ici vostre seignor naturel, et sachiez nos ne venimes por vos mal faire, ains venimes por vos garder, et por vos defendre, se vos faites ce que vos devez. Car cil cui vos obeïssiez a seignor, vos tient à tort et à pechié, contre Dieu et contre raison. Et bien savez com il a disloiaument ovré vers son seignor, et vers son frere, que il li a les els traiz, et tolu son Empire à pechié ; et véez ci le droit hoir. Se vos vos tenez à lui, vos feroiz ce que vos devroiz : et se vos nel faites, nos vos ferons le pis que nos porrons. » Onques nuls de la terre ei del païs ne fist semblant que il se tenist à

⬦⬦⬦

» semblables messages. » L'ambassadeur s'en retourna de la sorte à Constantinople vers l'empereur Alexis.

74. D'autre part les barons concertérent ensemble et avisérent, que le lendemain ils feraient voir le jeune Alexis fils du legitime Empereur au peuple ; et à cét effet firent equipper toutes les galéres : en l'une desquelles le duc de Venise et le marquis de Montferrat entrérent, et mirent avec eux le jeune prince fils de l'empereur Isaac : es autres entrérent les barons et les chevaliers comme ils voulurent. Et ainsi s'en allérent voguans le long des murailles de Constantinople, et le firent voir aux Grecs, leurs disans : « Voicy vostre sei-
» gneur naturel ; sçachez que nous ne sommes pas
» icy venus pour vous mal faire, mais pour vous
» garder et defendre, si vous faites ce que vous
» devez : vous sçavez que celuy auquel vous obéis-
» sez maintenant, s'est méchamment et à tort em-
» paré de l'Estat : et vous n'ignorez pas de quelle
» déloyauté il a usé vers son Seigneur et frere,
» auquel il a fait crever les yeux, et enlevé l'Em-
» pire, dont vous voyez icy parmy nous le legi-
» time heritier. Si vous vous rangez de son party
» vous ferez ce que vous devez ; si vous faites au
» contraire ne doutez pas que nous ne vous fas-
» sions du pis que nous pourrons. » Mais il n'y eut pas un seul, ny de la ville ni du plat pays qui témoigna vouloir le suivre ny prendre son party,

de Bethune, publiées dans le curieux recueil qui a pour titre : *Romancero françois*.

lui, por la tremor et por la dotance de l'empereor Alexis. Ensi s'en revindrent en l'ost arriere, et alérent chascuns à son heberge.

75. Lendemain quant il orent la messe oïe, s'assemblérent en parlement : et fu li parlemenz à cheval en-mi le champ. Là peussiez veoir maint bel destrier, et maint chevalier dessus, et fu li conseils des bataille deviser quantes et quel il en auroient. Bestance y ot assez d'unes choses et d'autres. Més la fin del conseil fu tels, que al conte Baudoin de Flandres fu otroié l'avant-garde, porce que il avait mult grant plenté de bone gent, et d'archiers et d'arbalestiers plus que nuls qui en l'ost fust.

76. Et aprés fu devisé, que l'autre bataille feroit Henri ses frères, Mahius de Vaslaincort, et Balduins de Belveoir, et maint autre bon chevalier de lor terres et de lor païs qui avec els estoient.

77. La tierce bataille fist li cuens Hues de Sain Pol, Pierres d'Amiens ses niers, Eustaices de Cantheleu, Ansiaus de Kaieu, et maint bon chevalier de lor terre et de lor païs.

78. La quarte bataille fist li cuens Loeys de Blois et de Chartein. qui mult fu granz, et riche, et redotez, que il i avoit mult grant plenté de bons chevaliers et de bone gent.

79. La quinte bataille fist Mahius de Mommorenci et li champenois Odes de Chanlite, Joffrois, li mareschaus de Champaigne. Fu en cele : Ogiers de Saint Cheron, Manassiers de Lisle, Miles li Braibanz, Machaire de Sainte Menehalt, Johans Foisnons, Guis de Capes, Clarembaus ses niers, Robert de Ronçoi ; totes ces genz fisent la quinte bataille. Sachiez que il y ot maint bon chevalier.

80. La sixte bataille fist li marchis Bonifaces de Monferrat, qui mult fu granz. Là y furent li Lombart et li Toschain et li Aleman, et totes les genz qui furent de lez mont de Moncenis, trosque à Lion sor le Rône. Tuit cil furent en la bataille li Marchis, et fu devisé que il feroit l'arriere-garde.

81. Li jorz fu devisé quant il se recueildroient es nés et vaissiaus, por prendre terre, ou por vivre ou por morir.

82. Et sachiez que ce fu une des plus dotoses choses à faire qui onques fust. Lors parlérent li evesques et li clergiez al pueple, et lors mostrérent que ils fussent confés, et feïst chascuns sa devise, que il ne savoient quant Diex feroit son commandement d'els. Et il si firent mult volontiers par tote l'ost, et mult pitosement. Li termes vint si com devisés fu. Et

◇◇◇ ◇◇◇

pour la crainte qu'ils avoient de l'empereur Alexis. Et ainsi châcun s'en retourna au camp et dans ses logemens.

75. Le lendemain après avoir ouy la messe, ils s'assemblérent derechef, et tinrent conseil tous à cheval au milieu de la campagne, où vous eussiez peu voir plusieurs beaux chevaux de bataille harnachez richement, et montez par de braves chevaliers. Le sujet de cette assemblée, fut sur l'ordonnance de leurs batailles, et de la manière de combattre : sur quoy, après que toutes choses eussent esté debatuës de part et d'autre, il fut enfin arresté que le comte Baudoüin de Flandres conduiroit l'avant-garde, pource qu'il avait plus grand nombre de braves hommes, et mesmes plus d'archers et d'arbalestriers que pas un autre baron de l'armée.

76. Il fut encor arresté que Henry son frere conduiroit la seconde bataille, accompagné de Mathieu de Valincourt, Baudoüin de Beauvoir, et autres bons chevaliers de leurs terres et de leurs pays, qui estaient venus avec eux.

77. La troisiéme seroit conduite par Hugues comte de Saint Paul, Pierre d'Amiens son neveu, Eustache de Canteleu, Anseau de Cahieu, et plusieurs bons chevaliers de leurs terres et pays.

78. Que Louys comte de Blois qui estoit un riche, puissant, et redouté Seigneur, et qui avoit à sa suitte grand nombre de bons chevaliers et de braves gens, feroit la quatriéme.

79. La cinquiéme bataille seroit de Mathieu de Montmorency, et du champenois Eudes de Champlite : Geoffroy mareschal de Champagne fut en celle-là, avec Oger de Saint-Cheron, Manassés de l'Isle, Miles de Brabans, Machaire de Sainte-Menehoult, Jean Foisnons, Guy de Chappes, Clerembaut son neveu, et Robert de Ronçoy. Tous ceux-cy firent la cinquiesme bataille, en laquelle il y eut nombre de bons chevaliers.

80. La sixiéme fut du marquis Boniface de Montferrat, qui fut bien fournie et nombreuse ; parce que les Lombards, les Toscans, les Alemans, et generalement tous ceux qui estoient du pays enclavé depuis le Mont-Cenis jusqu'à Lyon sur le Rhosne, s'y rangérent, et fut convenu que le marquis feroit l'arriere-garde.

81. Le jour fut aussi arresté auquel ils se devoient retirer dans leurs vaisseaux, pour ensuitte prendre terre, resolus de vaincre ou de mourir.

82. Et veritablement ce fut là la plus perilleuse entreprise qui se fit jamais. Alors les evesques et les ecclesiastiques qui estoient pour lors en l'armée, firent leurs remonstrances à tous ceux du camp, les exhortans à se confesser et à faire leurs testamens : d'autant qu'ils ne sçavoient l'heure qu'il plairoit à Dieu les appeler et faire sa volonté d'eux : ce qu'ils firent de grand zele et devotion. Le jour pris estant arrivé, les chevaliers s'embarquérent avec leurs chevaux de batailles dans les

li chevaliers furent és vissiers tuit avec lors destriers, et furent tuit armé, les helmes laciez, et li cheval covert et enselé, et les autres genz qui n'avoient mie si grant mestier en bataille furent es grans nés tuit, et les galées furent armées et atornées totes : et li matins fu biels apres le soleil un poi levant. Et l'emperéres Alexis les attendoit à granz batailles et à granz conroiz de l'autre part. Et on sone les bosines. Et chascune galie fu à un vissiers liée por passer oltre plu delivréement. Il ne demandent mie chascuns qui doit aller devant, mais qui ainçois puet, ainçois arive. Et li chevalier issirent des vissiers, et saillent en la mer trosque a la çainture, tuit armé, les hielmes laciez, et les glaives és mains, et li bon archier et li bon serjanz, et li bon arbalestrier, chascune compaignie où endroit éle ariva. Et li Greu firent mul grant semblant del retenir. Et quant ce vint as lances baissier, et li Greu lor tornérent les dos, si s'en vont fuiant, et lor laissent le rivage. Et sachiez que onques plus orgueilleusement nuls pors ne fu pris (1). Adonc commencent li marinier à ovrir les portes des vissiers, et à giter

les ponz fors. Et on commence les chevax à traire. Et li chevalier comencent à monter sor lor chevaus, et les batailles se commencent à rengier si com il devoient.

83. Li cuens Baudoins de Flandres et de Hennaut chevaucha, qui l'avant-garde faisoit. Et les autres batailles aprés, chascune si cum éle chevauchier devoiet. Et alérent trosque là où l'emperére Alexis avoit esté logiez, et il s'en fu tornez vers Constantinople, et laissa tenduz trés et paveillons. Et la gaingnérent nostre gent assez. De nostre baron fu tels li conseils, que il se hebergeroient sor le port devant la tor de Galathas (2), où la chaeine fermoit, qui movoit de Constantinople. Et sachiez de voir, que par céle chaiene covenait entrer, qui al port de Constantinople voloit entrer (3). Et bien virent nostre baron se il ne prenoient cele tor, et rompoient cele chaiene que il estoienz mort, et mal bailli. Ensi se hebergiérent la nuit devant la tor, et en la Juerie (4) que l'en appelle le Stanor, ou il avoit mult bone ville et mult riche. Bien se fissent la nuit eschaugaitier. Et lendemain quant fu hore de tierce, si firent une as-

◇◇◇ ◇◇◇

palandries, armez de pied en cap, leurs heaumes lacez, les chevaux sellez et couverts de leurs grandes couvertures; les autres qui estoient de moindre consideration pour le combat, se reduisirent dans les gros et pesans vaisseaux; toutes les galéres furent pareillement armées et équippées. Ce qui se fit en un beau matin peu aprés le soleil levé. Cependant l'empereur Alexis les attendoit de l'autre costé avec grand nombre d'escadrons, et force trouppes en bon ordre, les trompettes sonnans desja de toutes parts. A châque galére fut attaché un vaisseau rond pour le remorquer, et passer outre plus legerement. On ne demandoit pas qui devoit aller le premier, qui aprés, châcun s'efforçant à l'envi de gagner les devants. Et les chevaliers se lançoient de leurs palandries dans la mer jusqu'à la ceinture, le heaume lacé en teste, et la lance au poing; les archers pareillement, les arbalestriers, ensemble tous les gens de pied, châcun à l'endroit où leurs vaisseaux abordérent. Les Grecs firent contenance de leur vouloir contester la descente, mais quand ce vint aux coups, ils tournérent soudain le dos, et leur quittérent le rivage. Et sans doute on peut dire que jamais on ne prit terre avec tant de hardiesse et

de braverie. Lors les mariniers commencérent de tous costez à ouvrir les portes des palandries, et à jetter les ponts dehors: on en tira les chevaux, les chevaliers montérent dessus, et les batailles se rangérent selon l'ordre qui avoit esté arresté.

83. Le comte de Flandres et de Hainaut, qui conduisoit l'avant-garde marcha devant, et les autres trouppes aprés en leur rang, jusques où l'empereur Alexis s'estoit campé: mais il avoit desja rebroussé chemin vers Constantinople, laissant ses pavillons et tentes à l'abandon, où nos gens gagnèrent beaucoup. Cependant nos barons resolurent de se loger sur le port devant la tour de Galatha, où la chaisne qui le fermait estoit tenduë d'un bord à l'autre, en sorte qu'il falloit passer par cette chaisne à quiconque eust voulu entrer dans le port; de façon que nos barons virent bien que s'ils ne prenoient cette tour, et ne rompoient la chaisne, ils estoient en fort mauvais termes, et en danger d'estre mal traitez. Cela fut cause qu'ils se logérent cette nuict devant la tour, et en la Juifverie, que l'on appelle le Stenon, qui est une fort bonne habitation et tres-riche, où ils firent bon guet durant la nuict. Le

(1) Le débarquement s'opéra sur la rive qui s'étend entre le faubourg de Bechiktach et la pointe de Tophana. Voyez notre *Correspondance d'Orient*, tome 3, lettre LVIII.

(2) La tour de Galata qui servait aux Turcs de lieu d'observation pour les incendies, a été brûlée dans un incendie en 1830.

(3) Pierre Gilles a reconnu l'endroit où aboutissait la

chaine qui fermait le port de Constantinople; cet endroit s'appelait de son temps *porta Catena*; la porte de la ville à laquelle cette chaine était attachée, existe encore sous le nom de *Bab-ouk-Bazar, porte du marché aux poissons*.

(4) Le quartier des Juifs est encore voisin du faubourg de Galata.

DE LA CONQUESTE DE CONSTANTINOPLE. (1203)

saillie cil de la tor de Galathas, et cil qui de Constantinople lor venoient aidier en barges. Et nostre gent corent as armes. Là assembla Jaches d'Avenes, et la soe maisnie à pié. Et sachiez que il fu mult chargiez, et fu ferùz parmi le vis d'un glaive en aventure de mort. Et un suen chevalier fu montez à cheval qui avoit nom Nicholes de Jaulain, et secourut mult bien son seignor : et le fist mult bien, si que il en ot grant pris. Et li cris fu levez en l'ost, et nostre gent vienent de totes parz, et li remistrent ens mult laidement, si que assez en y ot de morz et de pris, si que des tels y ot qui ne guenchirent mie à la tor, ainz allèrent as barges dunt il ére venu, et là en y ot assez de noïcz; et alquant en eschapérent, et cels qui guenchirent à la tor, cil de l'ost les tindrent si prés, que il ne porent la porte fermer. Enqui refu granz li estorz à la porte, et la lor tollirent par force, et les pristrent laienz. Là en y ot assez de mors et de pris.

84. Ensi fu li chastiaux de Galathas pris, et li porz gaigniez de Constantinople per force. Mult en furent conforté cil de l'ost, et mult en loerent dame-Dieu, et cil de la ville desconforté. Et lendemain furent enz traites les nés et les vaissiels, et les galies, et li vissier. Et donc pristrent cil de l'ost conseil ensemble, por savoir quel chose il porroient faire : si asauroient la ville par mer, ou par terre. Mult s'acordérent li Venisien que les eschiéles fussient drecies es nés, et que toz li assaus fust par devers la mer. Li Francois disoient que il ne savoient mie si bien aider sor mer, com il savoient; mais quant il aroient lor chevaus et lors armes, il se sauroient mielx aider par terre. Ensi fu la fin del conseil, que li Venisien assauroient per mer, et li baron et cil de l'ost par terre. Ensi sejornérent per quatre jorz.

85. Al cinquiesme jorz apres s'arma tote l'oz. Et chevauchiérent les batailles si com éles érent ordenées, tot pardesor le port, trosque endroit le palais de Blaquerne. Et li naviles vint par devant le port des-ci-que endroit els, et ce fu pres del chief del port, et la si a un flum qui fiert en la mer, que on ni puet passer, se par un pont de pierre non. Li Grieu avoient le pont colpé, et li baron firent tote jor l'ost laborer, et tote la nuit por le pont affaitier. Ensi fu li ponz afaitiez, et les batailles armées au maitin. Et chevauche li uns apres l'autre, si com éles érent ordinées. Et vont devant la ville, et nus de la cité n'issi fors

⋄⋄⋄

lendemain environ heure de Tierce, ceux de la tour de Galatha, et les autres qui leur venoient à la file de Constantinople au secours dans des barques, firent une sortie; et nos gens coururent soudain aux armes : Le premier qui arriva à la mêlée, fut Jacques d'Avennes avec ses gens à pied, qui y eut beaucoup à souffrir, mêmes il y reçeut un coup de lance dans le visage, et eût esté en grand hazard de mort, si un de ses chevaliers appelé Nicolas de Laulain ne fut venu à son secours, ayant monté à cheval pour le deffendre; et s'y comporta si vaillamment qu'il en remporta grand honneur. Cependant l'alarme s'estant épanduë au camp, nos gens y arrivèrent de toutes parts, et recoignèrent si vivement les autres, qu'il y en demeura grand nombre de morts et de pris : si bien que la pluspart ne peurent regagner le chemin de la tour, ains se détournèrent et se mirent dans les barques dans lesquelles ils estaient venus, et y en eut beaucoup de noyez; les autres evadérent au mieux qu'ils peurent : ceux qui pensérent se sauver à la tour, furent talonnez de si prés, qu'ils n'eurent le moyen ny le loisir de fermer les portes sur eux : ce fut là où fut le plus fort du combat, dont à la fin les nostres demeurérent les maistres, les enfonçans avec un grand carnage et prise des Grecs.

84. Ainsi fut le chasteau de Galatha emporté, et le port de Constantinople gagné de vive force, dont toute l'armée fut fort réjoüye, et tous en

⋄⋄⋄

rendirent graces à Dieu; au contraire ceux de la ville furent tres-déconfortez de cette perte, et non sans raison : car le lendemain les vaisseaux, les galéres, et les palandries y allérent surgir sans aucune resistance. Cela fait, ils tinrent conseil pour aviser à ce qui restoit à faire, et si l'on devoit attaquer la ville ou par terre ou par mer. Les Venitiens estoient d'avis de dresser les échelles sur les vaisseaux, et que tous les assauts se fissent par mer. Mais les François alleguoient qu'ils n'estoient pas si bien duits ny si adroits sur mer comme eux : où quand ils seroient montez sur leurs chevaux, et armez de leurs armes, ils s'en acquitteroient beaucoup mieux sur terre. Enfin il fut resolu que les Venitiens livreroient l'assaut par mer, et que les barons avec l'armée attaqueroient par terre. Et ainsi sejornèrent là l'espace de quatre jours.

85. Au cinquième, toute l'armée prit les armes, et marcha en bataille suivant l'ordre arresté au dessus du port, jusques au palais de Blaquerne; et les vaisseaux les costoyans tant qu'ils furent vers le fonds du port, où il y a une riviere qui entre dedans, laquelle on ne peut passer que par un pont de pierre, que les Grecs avoient rompu : mais les nostres y firent travailler le long du jour et la nuict suivante pour le refaire : estant remis en estat, ils passèrent tous sur le matin sous les armes en bonne ordonnance, et vinrent les uns aprés les autres dans l'ordre prescrit jusques devant les murailles, sans que per-

encontre als. Et fu mult grant merveille, que por un qu'il estoient en l'ost estoient il deux cens en la ville.

86. Lors fu le conseils des barons tels, que il se hebergeroient entre le palais de Blaquerne et le chastel Buimont (1), qui ére une abbaie close de murs. Et lors furent tendu li tref et li paveillon : et bien fu flére chose à regarder, que de Constantinople, qui tenoit trois lieus de front par devers la terre, ne pot tote l'ost assegier que l'une des portes. Et li Venisiens furent en la mer, ès nés et ès vaissiaus ; et dreciérent les eschiéles, et les mangoniaus, et les perieres, et ordonnérent lor assaut mult bien. Et li baron ratornérent le lor par devers la terre, et de perrieres et des mangoniaus. Et sachiez que il n'estoient mie en pais, que il n'ére hore de nuit ne de jor, que l'une des batailles ne fust armée par devant la porte por garder les engins et les assaillies. Et por tot ce, ne remannoit mie, que il ne feissent assez par cele porte et par autres, si que il les tenoient si corz, que six foiz ou sept les convenoit armer par tote l'ost, ne n'avoient pooir que il porcaçassent viande quatre arbalestées loing de l'ost. Et il en avoient mult poi, se de farine non : et de bacons et de sel avoient poi ; et de char fresche nulle chose, se il ne l'avoient des chevaus, que en lor occioit. Et sachiez, que il n'avoient viande communalment à tote l'ost par trois semaines, et mult estoient perillosement, que onques par tant poi de gent ne furent assegiez tant de gent en nule ville.

87. Lors se porpensérent de un mult bon engins, que il fermérent tote l'ost de bones lices, et de bons merriens, et de bones barres, et si en furent mult plus fort et plus seur. Li Grieu lor fesoient si souvent assaillies, que il nes laissoient repouser. Et cil de l'ost le resmetoient arrieres mult durement. Et totes foiz que il issoient, i perdoient li Grieu.

88. Un jor feisoient li Borgueignon la gait, et li Grieu lor firent un assaillie, et issirent de lor meillor gens une partie fors, et cil lor recorrurent sus : si les remistrent enz mult durement, et les menérent si prés de la porte (2), que granz fés de pierres lor getoit un sor als.

◇◇◇

sonne sortit sur eux ; quoy que pour un qu'ils estoient en l'armée, il y en eût plus de deux cens dans la ville.

86. Là dessus les barons avisérent de se loger entre le palais de Blaquerne et le chasteau de Boemond, qui est une abbaye close de murs, où ils tendirent leurs pavillons. Ce fut une chose étonnante et bien hardie, de voir qu'une si petite poignée de gens entreprit d'assieger Constantinople qui avoit trois lieuës de front du costé de terre, quoy qu'elle n'eût des forces que pour s'attacher à l'une de ses portes : quant aux Venitiens ils estaient en mer dans leurs vaisseaux, où ils dressèrent force échelles, avec grand nombre de mangoneaux, et autres machines propres à lancer pierres, et ordonnèrent fort bien leurs assauts : comme firent aussi les barons du costé de terre, avec leurs perieres et mangoneaux, où à peine ils avoient le temps de reposer ; n'y ayant heure de jour ny de nuit qu'il n'y eut l'une des batailles toute armée en garde devant la porte, pour garder les machines, et veiller aux sorties : nonobstant quoy ceux de la ville ne laissoient d'en faire souvent par cette mesme porte, et les autres : ce qui les tenoit si serrez, que plus de six fois en un jour, tout le camp estoit obligé de prendre les armes ; et qu'ils n'avoient la liberté d'aller fourrager et chercher des vivres quatre jets d'arc au delà du camp, en ayans fort peu et estant mal pourveus, horsmis de quelques farines dont ils avoient fait provision, ayant pareillement peu de chair salée et de sel, et point du tout de chair fraische, hors celle des chevaux qu'on leur tuait. Bref, tout le camp n'avoit pas des vivres pour trois semaines : et d'ailleurs ils estoient en grand peril, veu que jamais tant de gens ne furent assegiez en une ville par un si petit nombre.

87. Alors ils s'avisérent d'une chose bien utile, qui estoit de fermer le camp de bonnes barriéres et pallissades : au moyen de quoy il se fortifiérent, et furent à l'avenir en plus grande asseurance. Toutefois cela n'empécha pas que les Grecs ne continuassent leurs sorties, et ne vinssent souvent attaquer le camp, sans leur donner le temps de se reposer : mais les nostres les repoussoient vertement, les Grecs y perdans toujours quelques-uns des leurs.

88. Un jour les Bourguignons estans de garde, les Grecs firent une sortie avec une partie de leurs meilleurs hommes ; mais ils furent fort bien receus, et rechassez si prés de la porte, que les pierres que l'on lançoit de la ville tomboient sur ceux qui les poursuivoient. Là un des plus grands seigneurs grecs, appelé Constantin Lascaris, fut pris tout à cheval qu'il estoit par Gautier de Nuilly : Guillaume de Champlite y eut le bras brisé d'une pierre, dont ce fut dommage, dautant qu'il

---

(1) D'après le récit de Nicetas, le château de Bohémond était le monastère de Saint-Côme et Saint-Damien (le *cosmidium*) ; l'historien grec appelle *gerosle-mur* le lieu où étaient campés les assiegeans. Il paraît certain, d'après l'inspection des lieux, que le camp des croisés occupait l'espace occupé aujourd'hui par le faubourg d'*Eyoub*, à l'extrémité méridionale du port.

(2) La porte dont il est ici question, c'est la porte oblique ou la porte *Karsia poli*, appelée par les Turcs *Egri Capou*.

Là ot pris uns des meillors Grex de laienz qui ot nom Constantin Liascres, et le prist Gautiers de Nuilli toz montez sor le cheval, et enqui ot Guillelme de Chanlite brisié le braz d'une pierre, dont grant domages fu, que il ére mult preux, et mult vaillant. Toz les corps, et toz les blleciez, et toz les morz, ne vous pui mie raconter. Maiz ainz que li estorz parfinast, vint un chevalier de la masnie Henris, le frere le conte Baudoin de Flandres et de Hennaut, qui ot nom Eusthaices le Marchis, et ne fu arméz que d'un gamboison et d'un chapel de fer, son escu à son col, et le fist mult bien à l'enz metre, si que grant pris l'en dona l'on. Poi ere jorz que on ne feist assaillies. Mès ne vos puis totes retraire. Tant les tenoient prés, que ne pooient dormir, ne reposser, ne mangier, s'armé non. Une autre assaillie firent per une porte de-fors, ou le Grieu reperdirent assez. Més là si fu morz uns chevaliers qui ot a nom Guillelme Delgi, et là le fist mult bien Mahius de Valencor, et perdi son cheval al pont de la porte qui li fu morz et maint le firent mult bien qui à celle mellée furent.

89. A céle porte desus le palais de Blakerne, où il issoient plus sovenles fois, en ot Pierres de Braiecuel sel plus le pris que nus, porce qu'il ére plus prés logiez, et plus souvent i avint. Ensi lor dura cil perils et cil travaus prés de dix jorz, tant que un joesdi maintin fu lor assauls atornez et les eschiéles. Et li Venisien orent le lor appareillé per mer. Ensi fu devisiés li assaus, que les trois batailles des sept garderoient l'ost par defors. Et les quatre iroient à l'assaut. Li marchis Bonifaces de Monferrat garda l'ost par devers les champs, et la bataille des Champenois et des Borgoignons, et Mahius de Mommorenci : et li cuens Baudoin de Flandres et de Hennaut alla assaillir et la soe gent, et Henri ses freres, et li cuens Loeys de Blois et de Chartein, et li cuens Hues de Sain Pol, et cil qui à els se tenoient, alérent à l'assaut, et dreciérent à une barbacane deux eschiéles empré la mer. Et li murs fu mult garnis d'Anglois et de Danois, et li assaux forz et bons, et durs, et par vive force montérent les chevalier sor les eschiéles et des serjanz, et conquistrent le mur sor als : et montérent sor le mur bien quinze, et se combatoient main à main às haches et às espées, et cels dedenz se reconfortérent,

<><><>   <><><>

estoit tres-vaillant et courageux. Il y en eut encore plusieurs de blessez et de tuez de part et d'autre, que je ne puis raconter. Avant que le combat finit, arriva un chevalier de la suitte de Henry frere du comte Baudoüin de Flandres, appelé Eustache le Markis, lequel n'estant armé que d'un gamboison*, et d'un chapeau de fer, l'escu au col, les ayda beaucoup à les recoigner dans la ville; en sorte qu'il en acquit beaucoup d'honneur. Depuis il ne se passa presque point de jour qu'on ne fit nombre de sorties, les ennemis nous pressans de si prés, qu'il nous estoit impossible de reposer, ny prendre nos repas, sinon armez de pied en cap. Entre autres, ils en firent une par l'une de leurs portes en laquelle ils perdirent beaucoup : mais en recompense un de nos chevaliers nommez Guillaume Delgi y demeura sur la place. Mathieu de Valincourt y fit fort bien, et eut son cheval tué sous luy sur le pont-levis de la porte : et generalement tous ceux qui se trouvérent à cette meslée s'y comportérent en gens de cœur.

89. A cette porte au dessus du palais de Blaquerne, par où les Grecs faisoient le plus ordinairement leurs sorties, Pierre de Graiel y fit mieux que pas un autre, parce qu'il estoit en un poste plus avancé et ainsi estoit plus souvent dans les occasions. Ce peril et travail dura prés de dix jours, tant qu'un jeudy matin toutes choses furent disposées pour donner l'assaut, et les échelles dressées. Les Venitiens s'aprétérent pareillement du costé de la mer : et fut arresté que des sept batailles les trois demeureroient à la garde du camp par dehors pendant que les quatre autres iroient à l'assaut. Le marquis de Montferrat eut la charge de garder le camp du costé de la campagne, avec la bataille des Champenois, et des Bourguignons, et Mathieu de Montmorency : et le comte Baudoüin de Flandres avec ses gens, Henry son frere, le comte Louys de Blois, le comte de Saint Paul et leurs troupes allérent à l'assaut, et dressérent leurs échelles à un avant-mur, qui estoit fortement garny d'Anglois et de Danois**, où ils donnérent une rude attaque, quelques chevaliers montans sur les échelles avec deux hommes de pied gagnérent le mur jusques au nombre de quinze, et y combatirent quelque temps main à main, à coup de hâche et d'espées; mais ceux de dedans reprenans vigueur les rechassérent vigoureusement, et prirent deux prisonniers, qu'ils conduisirent sur le champ à l'empereur Alexis, lequel en témoigna beaucoup de joye. Ainsi cét assaut demeura sans effet, y ayant eu nombre de blessez et de navrez de la part des barons, ce qui leur causa un extrême déplaisir. D'autre costé le duc de Venise, et les Venitiens ne s'endormoient point : car tous leurs

---

* *Gamboison*, pourpoint garni en piqué, qui se mettait sur la chair, et sur lequel on posait la cotte de mailles : c'étoit un plastron de linge et d'étoupes qui empêchait que l'armure ne blessât.

** C'étaient les troupes appelées Varangues, à la solde des empereurs grecs.

si les metent fors mult laidement, si que il en retindrent deux. Et cil qui furent retenu de la nostre gent, si furent menez devant l'empereor Alexis, s'en fu mult liez. Ensi remest li assauz devers les François et en y ot assez de bleciez, et de quassez, s'en furent mult irié li baron. Et li dux de Venise ne se fu mie obliez. Ainz ot ses nés, et ses vissiers, et ses vaissiaus ordenéz d'un front. Et cil front duroit bien trois arbalestrées, et començe la rive à aprochier qui desus les murs, et desoz les tors estoit. Lors veissiez mangoniaus giter des nés et des vissiers, et quarriaus d'arbalestre traire, et ces ars traire mult delivrément, et cels dedenz defendre des murs et des tours mult durement que en plusors leus ; et les eschiéles des nés aprochier si durement que en plusors leus s'entreferoient d'espées et de lances, et li huz ére si granz que il sembloit que terre et mer fundist. Et sachiez que les galies n'osoient terre prendre.

90. Or porroiz oïr estrange proesce, que li dux de Venise qui vialz hom ére et gote ne veoit, fu toz armez el chief de la soe galie, et ot le gonfanon Sain Marc pardevant lui, et escrient as suens que il les meissent a terre, ou se

<><><>

vaisseaux rangez en tres-belle ordonnance d'un front, qui contenoit plus de trois jets d'arc, commencérent courageusement bord à bord à approcher la muraille et les tours qui estoient le long du rivage. Vous eussiez veu les mangoneaux, et autres machines de guerre, affustées dessus le tillac des navires et des palandries jetter de grandes pierres contre la ville ; et les traits d'arbalétes et de fléches voler en grand nombre, tandis que ceux de dedans se deffendoient genereusement : d'autre part les échelles qui estoient sur les vaisseaux approcher si prés des murs, qu'en plusieurs lieux les soldats estoient aux prises, et combattoient à coups de lances et d'espées. Les crys estans si grands, qu'il sembloit que la terre et la mer deussent fondre. Mais les galéres ne sçavoient où, ny comment prendre terre.

90. A la verité c'estoit une chose presque incroyable, de voir le grand courage et la proüesse du duc de Venise en cette occasion. Car quoy qu'il fust vieil et caduc, et ne vit goutte, il ne laissa neantmoins de se présenter tout armé sur la prouë de sa galére, avec l'estendart de Saint Marc devant soy, s'écriant à ses gens qu'ils le missent à bord, sinon qu'il en feroit justice et les puniroit. Ce qui les obligea de faire tant que la galére vint au bord ; et soudain saillirent dehors portans devant luy la maistresse banniére de la seigneurie : que les autres n'eurent pas plutost apperceu, et comme la galére de leur Duc avoit pris terre la premiere,

ce non, il feroit justice de lor cors. Et il si firent que la galie prent terre, et il saillent fors, si portent le gonfanon Sain Marc par devant lui à la terre. Et quant li Venisien voient le gonfanon Sain Marc à la terre, et la galie lor seignor, qui ot terre prise devant als, si se tint chascuns à honni, et vont à la terre tuit. Et cil de vissiers saillent fors, et vont à la terre, qui ainz ainz, qui mielz mielz. Lors veissiez assault merveillox, ET CE TESMOIGNE JOFFROIS DE VILLE-HARDOUIN, LI MARESCHAUS DE CHAMPAIGNE, QUI CESTE OVRE TRACTA, de ce que plus de quarante li distrent por vérité, que il virent li gonfanon Sain Marc de Venise en une des tors, et mie ne sorent qui li porta. Or oïez estrange miracle ; et cil dedenz s'enfuirent, si guerpissent les murs. Et cil entrent enz, qui ainz ainz, qui mielz mielz : si que il saisissent vingt cinq des tors, et garnissent de lor gent. Et li Dux prent un batel, si mande messages às barons de l'ost, et lor fait assavoir que il avoient vingt cinq tors et seussent por voir que il nel pooent reperdre.

91. Li baron sont si lié, que il nel pooient croire que ce soit voirs. Et li Venisien comencent à envoier chevaus et palefroiz à l'ost en

<><><>

que se tenans perdus d'honneur et de reputation s'ils ne le suivoient, s'approchérent du bord nonobstant tous périls et empéchemens, et saillirent hors des palandries à qui mieux mieux, et donnérent un furieux assaut : durant lequel arriva un cas merveilleux, qui fut attesté à GEOFFROY DE HARDOUIN MARESCHAL DE CHAMPAGNE par plus de quarante, qui lui asseurérent avoir apperceu le gonfalon de Saint Marc arboré au haut d'une tour, sans qu'on sçeust qui l'y avoit porté : ce que veu par ceux de dedans, ils quittérent la muraille, et les autres entrérent en foulle, et s'emparérent de vingt-cinq tours, qu'ils garnirent de leurs soldats. En mesme temps le Duc depécha un bateau aux barons de l'armée, pour leur faire entendre comme ils s'estoient rendus maistres de ces vingt-cinq tours, et qu'il n'estoit pas bien aisé de les en déloger.

91. Les barons furent tellement surpris de joye de cette nouvelle, qu'à peine la pouvoient-ils croire : mais les Venitiens pour la leur confirmer, leur envoyérent en des batteaux nombre de chevaux et de palefroiz de ceux qu'ils avoient desja gaguez dans la ville. Quand l'empereur Alexis les vit ainsi entrez dans Constantinople, et s'estre emparez des tours, il y envoya une bonne partie de ses trouppes pour les en déloger. Lors les Venitiens, voyans qu'ils ne les pourroient souffrir à la longue, mirent le feu aux prochains édifices d'entre eux et les Grecs, qui estoient au dessous du vent, qui chassoit d'une telle impetuo-

batiaus, de cels que il avoient gaaigniez dedenz la ville. Et quant l'emperéres Alexis vit que il furent ensi entré dedenz la ville, si comence ses genz à envoier à si grant foison vers els. Et quant cil virent que il nes porroient soffrir, mistrent le feu entre els et les Grex. Et li vens venoit devers nos genz. Et li feus si comence si grant à naistre, que li Grex ne pooient veoir noz genz. Ensi se retraistrent à lors tors que il avoient laissies et conquises.

92. Adonc issi l'emperére Alexis de Constantinople à tote sa force fors de la cité par autres portes (1), bien loin de une lieu de l'ost. Et comence si grant genz à issir que il sembloit que ce fust toz li monz. Lors fist ses batailles ordener parmi la campaigne, et chevauchent vers l'ost. Et quant nos François les voient, si saillent as armes de totes pars. Cel jor faisoit Henri le frere le conte Baudoin de Flandres et de Hennaut la gait, et Mahius de Vaslencort, et Baudoins de Belvoeir, et lor genz, qui a els se tenoient. Endroit aus avoit l'emperéres Alexis atorné granz genz, qui saldroient par trois portes fors (2), com il se feroient en l'ost par d'autre part. Et lors issirent les six batailles qui furent ordenées, et se rengent par devant lor lices, et lor serjans, et lor escuiers a pié par derriere les cropes de lor chevaus, et les archiers, et les arbalestiers pardevant als, et firent bataille de lor chevalié à pié, dont il avoient bien deux cens qui n'avoient mais nul cheval. Et ensi se tindrent quoi devant lor lices. Et fu mult granz sens, que se il alassent à la campaigne assembler à els, cil avoient si grant foison de gent, que tuit feissiens noié ent'raus.

93. Il sembloit que tote la campaigne fust coverte de batailles, et venoient lit petit pas tuit ordené. Bien sembloit perilose chose, que cil n'avoient que six batailles, et li Grieu en avoient bien soixante, que il ni avoit celi qui ne fust graindre que une des lor. Mais li nostre estoient ordené en tel maniere, que on ne pooit à els venir se par devant non. Et tant chevaucha l'empereor Alexis, quil fu si prés que on traoit des uns aus autres. Et quant ce oï li dux de Venise, si fist ses gens retraire, et guerpir les tors que il avoient conquises, et dist que il voloit vivre ou morir avec les pelerins. Ensi s'en vint devers l'ost, et descendi il meismes toz premiers à la terre, et ce que il y en pot traire de la soe gent fors. Ensi furent longuement les batailles des pelerins et des grieus vis à vis, que

---

sité vers eux, qu'ils ne pouvoient plus rien voir au devant ; et ainsi les Venitiens retournérent à leurs tours qu'ils avoient conquises , et puis abandonnées.

92. Incontinent après l'empereur Alexis sortit de Constantinople avec toutes ses forces par les autres portes éloignées environ d'une lieue du camp des François, et en si grand nombre qu'il sembloit que tout le monde y fust : et là dessus les rangea en ordonnance, et dressa ses batailles pour marcher contre nos gens; lesquels d'abord qu'ils les aperçeurent, coururent aux armes de toutes parts. Or ce jour-là Henry frere du comte Baudoüin de Flandres estoit de garde, avec Mathieu de Valincourt, et Baudoüin de Beauvoir, et leurs trouppes. A l'endroit où ils estoient campez, l'empereur Alexis avoit ordonné force gens pour sortir par trois portes, et les attaquer, pendant que d'un autre costé il donneroit de tout son effort, et viendroit fondre sur eux. Cependant les six batailles qui avoient esté ordonnées, ainsi qu'il a esté dit cy-devant, se rangérent au devant de leurs pallissades, ayans leurs sergeans et leurs escuyers à pied joignant la crouppe de leurs chevaux; et devant eux les archers et les arbalestriers. Ils dressérent encore un autre petit bataillon de bien deux cens de leurs chevaliers qui avoient perdu leurs chevaux : et ainsi les attendirent de pied ferme devant leurs lices sans avancer : ce qui fut sagement avisé car s'ils se fussent abandonnez à la plaine pour charger les autres, ils estoient en si grand nombre que de leur foulle il les eussent accablez.

93. De fait, il sembloit que toute la campagne fût couverte d'esquadrons, et venoient le petit pas en bonne ordonnance. De maniere qu'il sembloit estre chose bien perilleuse que six batailles, et encore foibles, en voulussent attendre plus de soixante, dont la moindre estoit plus grosse et renforcée d'hommes que pas une des leur; mais elles estoient ordonnées et rangées de sorte, qu'on ne les pouvoit aborder ny charger que par devant. Enfin, l'empereur Alexis avança avec son armée, et se trouva si prés d'eux que l'on tiroit des uns aux autres. La nouvelle en étant venuë au duc de Venise, il fit à l'instant retirer ses gens, et abandonner les tours qu'ils avoient conquises, disant qu'il vouloit vivre ou mourir avec les pelerins. Et ainsi s'en vint droit au camp, et descendit luy-mesme des premiers en terre, avec ce qu'il peût tirer hors de ses gens. Cependant les batailles des pelerins et des Grecs furent assez long-temps vis-à-vis les unes des autres, ceux-cy n'ozans venir à la charge, et les autres ne voulans s'éloigner de

---

(1) Ces portes étaient : la porte *Dorée*, la porte *Sélivrée*, la porte *Bouchée*.

(2) Ces trois portes, dont l'une était la porte *Sainte*, l'autre celle de *Petrion*, la troisième la porte *Imperiale*, existent encore sous les noms : 1e de Aïa-Kapoussi ; 2e Petri-Kapoussi ; 3e Bab-Balart.

li Grieu ne s'osérent venir ferir en lor estal. Et cil ne voltrent eslongnier les lices. Et quant l'emperéres Alexis vit ce, si comença ses genz à retraire. Et quant il ot ses genz raliéz, si s'en retorna arriére. Et quant ce vit li ost des pelerins, si comença à chevaucher li petit pas vers lui, et les batailles des Grès comencent à aller en voie, et se traistrent arriéres à un palais qui ére appellez au Philopaz (1). Et sachiez que onques Diex ne traist des plus grant perilz nuls genz com il fist cel de l'ost cel jor. Et sachiez qu'il n'i ot si hardi qui n'aust grant joie. Ensi se remest cele bataille cel jor, que plus ni ot fait si com Diex le volt. L'empéres Alexis s'en rentra en la ville, et cil de l'ost allérent à lor herberges, si se desarmérent, qui ére mult las et travaillié, et poi mangiérent, et poi burent, car poi avoient de viande.

94. Or oiez les miracles nostre Seignor, com eles sont beles tot par tot là où li plaist. Céle nuit domagement l'empéres Alexis de Constantinople prist de son tresor ce quil en pot porter, et mena de ses gens avec lui qui aller s'en voldrent, si s'enfui (2), et laissa la cité, et cil de la ville remestrent mult esbais, et traistrent

à la prison où l'emperére Sursac estoit, qui avoit les ialz traiz. Si le vestent imperialment, si l'emportérent al halt palais de Blasquerne, et l'assistrent en la halte chaiere, et li obeirent come lor seignor. Et dont pristrent messages per le conseil l'empereor Sursac, et envoiérent en l'ost, et mandérent le fil l'empereor Sursac et les barons, que l'emperéres Alexis s'en ére fuiz, et si avoient relevé à Empereor l'empereor Sursac. Quant le valet le sot, si manda li marchis Boniface de Monferat, et li Marchis manda li barons par l'ost. Et quant il furent assemblé al paveillon le fil l'empereor Sursac, si lor conte ceste novelle. Et quant il oïrent, de la joie ne convint mie à parler, que onques plus grant joie ne fu faite el munde, et mult fu nostre sire loez pitousement per as toz, de ce que en si petit de terme le secoruz, et de si bas com il estoient, les ot mis al desore. Et porce puet on bien dire, qui Diex vielt aidier, nuls hom ne li puet nuire.

95. Lors comença à ajorner, et l'ost se comença à armer ; si s'armérent tuit par l'ost, porce que il ne creoient mie bien des Grex. Et messaiges comencent à issir un, deux ensemble, et content ces novelles meismes. Li conseils as

◇◇◇

leurs barriéres et palissades : ce que voyant l'empereur Alexis, il commença à faire sonner la retraite ; et après avoir rallié les siens, il rebroussa chemin en arriére. D'autre part l'armée des pelerins commença à le suivre le petit pas, et les Grecs à se retirer, tant qu'ils vinrent à un palais appellé le Philopas. Pour dire le vray, jamais Dieu ne délivra personne de plus grand peril, comme il fit les nostres en ce jour ; n'y ayant eu aucun si asseuré ny si hardy, qui n'eût esté bien aise de cette retraite. Les choses donc demeurérent en cét estat, et la bataille différée par la permission de Dieu. L'empereur Alexis rentra dans la ville, et les nostres dans leur camp, où ils se desarmérent lassez et fatiguez de cette journée ; ayans d'ailleurs beaucoup souffert par la disette : car effectivement ils mangérent et beurent peu, estans mal fournis de vivres.

94. Mais voicy un rencontre où nostre Seigneur fit éclater sa toute-puissance : car cette nuit mesme l'empereur Alexis sans aucune autre occasion prit de son tresor ce qu'il peut, et avec ceux qui le voulurent suivre, s'enfuit en cachette et abandonna la ville. Dequoy les habitans demeurérent d'abord merveilleusement étonnez et surpris : et à l'instant s'en allérent à la prison où l'empereur Isaac, qui avoit eu les yeux crevez, estoit détenu ; d'où, après l'avoir revestu de ses ornemens et ha-

◇◇◇

bits imperiaux, ils l'emmenérent au palais de Blaquerne, et le firent seoir dans le throsne, luy prestans de nouveau obeïssance comme à leur naturel seigneur. Après cela, de l'avis de l'empereur Isaac, ils envoiérent des deputez au camp, pour avertir le prince son fils, et faire entendre aux barons comme le tyran s'en estoit fuy et comme Isaac avoit esté derechef reconnu Empereur. Sur cette nouvelle le prince manda le marquis de Montferrat, et le marquis les barons par toute l'armée : lesquels s'estans assemblez au pavillon du prince, il leur fit part de cette nouvelle, de laquelle ils témoignérent la réjoüyssance, telle qu'on peut assez se la persuader en cette occasion, remercians et loüans Dieu tres-devotement, de ce qu'en si peu de temps il les avoit secourus, et que d'un estat si deploré où estoient leurs affaires, il les avoit mis au dessus. Ce qui fait voir que ce n'est pas sans raison qu'on dit vulgairement, qu'à celuy à qui Dieu veut ayder, nul ne peut nuire.

95. Cependant le jour ayant commencé à paroistre, tous ceux de l'armée prirent les armes et se mirent en estat de deffense, parce qu'ils ne se fioient pas entierement aux Grecs. Mais d'ailleurs diverses personnes arrivérent au camp, qui un, qui deux, qui racontérent et asseurérent les mesmes nouvelles : sur quoy les barons et les comtes, et le

---

(1) Philopas ou *Philopatrium*, était un palais impérial bâti hors de la ville, près de la porte Sélivrée ; le palais n'existe plus ; les Grecs ont eu long-temps en ce lieu une chapelle qu'ils appelaient *Bala-Kli*, église des poissons.

(2) D'après quelques auteurs, l'empereur Alexis, en s'enfuyant de Constantinople, chercha un refuge dans une place de Bulgarie appelée Zagora.

barons et as contes fu tels, et celui al duc de Venise, que il envoièrent messaiges laienz savoir coment li affaires i estoit. Et se ce estoit voirs que on lor avoit dit, que on requeroit le pere que il asseurast al telx convenances com li filz avoit faites, où il ne lairoient mie entrer le fil en la ville. Eslit furent li message : si en fu li uns Mahius de Mommorenci, et Joffroi, li mareschaus de Champaigne, fu li autres, et dui Venitien de par le duc de Venise. Ensi furent li message conduit trosque la porte, et on lor ovri la porte, et descendirent a pié, et li Griffon orent mis d'Englois et de Danois à totes les haches à la porte, tresci que al palais de Blaquerne. Là trovérent l'empereor Sursac si richement vestu que por noient demandast on home plus richement vestu. Et l'Empererix sa fame de coste lui qui ére mult belle dame, suer le roy de Ongrie : des autres hauz homes, et des haltes dames i avoit tant, que on ni pooit son pié torner, si richement atornées que éle ne pooient plus, et tuit cil qui avoient esté le jor devant contre lui, estoient cel jor tost à sa volenté.

96. Li message vindrent devant l'empereor Sursac, et l'Empereris et tuit li autre les honorérent mult, et distrent li message, que il voloient parler à lui privéement de par son fil, et de par les barons de l'ost. Et il se dreça si s'en entra en une chambre, et n'en mena avec lui que l'Empereris, et son chambrier, et son dragomenz et les quatre messages. Par l'accort as autres messages Joffroy de Ville-Hardoin, li mareschaus de Champaigne, parla à l'empereor Sursac : « Sire, tu vois le service que nos avons fait à ton fil, et combien nos li avons sa convenance tenue. Ne il ne puet çaiens entrer trosque adonc quil ara fait nostre creant des convenz quil nos ha. Et à vos mande comme vos filz, que vos asseurez la convenance en tel forme, et en tel maniere com il nos a fait. »

97. « Quelx est la convenance, (fait l'Emperéres).—Tele com je vos dirai, » respont li messagiers. Tot el premier chief, metre tot l'empire de Romanie à l'obedience de Rome, dont il est partie pieça. Aprés adonc deux cens mille mars d'argent à celx de l'ost, et viande à un an, à petiz et à granz. Et mener dix mille homes en ses vaisseaus, et à sa despense tenir par un an. Et en la terre d'oltremer à tenir cinq cens chevalier à sa despence tote sa vie, qui garderont la

⟨⟩⟨⟩⟨⟩ ⟨⟩⟨⟩⟨⟩

duc de Venise avisérent d'envoyer dans la ville pour voir comme les choses s'y passoient : et en cas que la nouvelle qui leur avoit esté debitée, fût veritable, requerir l'empereur Isaac qu'il eût à ratifier les traitez et promesses faites par le prince son fils, à faute dequoy ils ne le laisseroient retourner dans la ville. Pour cette ambassade furent éleus de la part des François Mathieu de Montmorency et Geoffroy mareschal de Champagne : et de la part du duc de Venise deux Venitiens. Ils furent conduits jusqu'à la porte, laquelle leur fut ouverte; et y estans descendus de leurs chevaux, ils furent menez jusqu'au palais de Blaquerne : toutes les ruës par où ils passerent depuis la porte de la ville, jusques à l'entrée de ce palais, estans bordées d'Anglois et de Danois, armez de leurs hallebardes que les Grecs y avoient rangez. Là ils trouvérent l'empereur Isaac si richement vestu, que malaisément on se pourroit persuader un prince plus superbement couvert : il avoit prés de luy l'Impératrice sa femme, qui estoit une très-belle et vertueuse princesse, sœur du roy de Hongrie : accompagné au reste d'un si grand nombre de seigneurs et de dames magnifiquement vestus, qu'à peine on pouvait s'y tourner : car tous ceux qui le jour precedent avoient esté contre luy, estoient ce jour là sous son obeïssance.

96. Les ambassadeurs vinrent saluer l'Empereur et l'Imperatrice, qui les receurent avec grand honneur, comme firent encore tous les autres grands seigneurs de leur suitte : et dirent à l'Empereur qu'ils avoient à luy parler en particulier de la part du prince son fils et des barons de l'armée : sur quoy s'estant levé de son siege, il entra dans une chambre prochaine, où il n'emmena avec luy que l'Imperatrice, son chambellan et son interprete, et les quatre ambassadeurs, l'un desquels, sçavoir Geoffroy de Ville-Hardoüin, mareschal de Champagne, du consentement des autres porta la parole, et tint ce discours à l'Empereur : « Sire, vous » voyez et reconnoissez assez le service que nous » avons rendu au prince vostre fils, et comme » nous avons accomply a son égard de point en » point les traitez : or par ses propres conventions » il ne peut pas retourner dans Constantinople » qu'il ne se soit au prealable acquitté de ce dont il » est obligé vers nous. C'est pourquoy il vous prie » comme votre fils de vouloir ratifier les traitez » en la mesme forme et maniere qu'il les a fait avec » nous. »

97. » Quels sont les traitez? dit l'Empereur : » Tels que je vous les vais dire, répond l'ambassa- » deur : En premier lieu, de remettre tout l'em- » pire d'Orient sous l'obéissance du saint Siége de » Rome, duquel il s'est distrait il y a desja long- » temps. En second lieu, de nous payer la somme » de deux cens mille marcs d'argent, et fournir » nostre armée de vivres l'espace d'un an, et d'en- » voyer avec nous sur ses vaisseaux jusqu'à dix » mille hommes de guerre, et les deffrayer pour » un an, et d'entretenir cinq cens chevaliers à ses » dépens en la terre d'outremer tant qu'il vivra. » Tels sont les traitez dont le prince vostre fils est » convenu avec nous, et qu'il s'est obligé d'obser-

terre. Telx est la convenance que vostre filx nos a; se le vos asseure par sairemenz, et par les chartres pendanz, et par le roi Phelippe d'Alemaigne, qui vostre file a. Icestui convenant volons nos, que vos asseurez alsi. »

98. « Certes (fait l'Emperéres) la convenance est mult grant, ne je ne voi coment elle puisse estre ferme; et ne pour quant, vos l'avez tant servi, et moi, et lui, que se on vos donoit trestot l'Empire, se l'ariez vos bien deservi. » En maintes maniéres i ot paroles dites et retraites, mais la fins si fu telx, que li peres asseura les convenances si com li fils les avoit asseurée, par sairemenz, et par chartres pendanz bullées d'or. La chartre fu delivrée às messages. Ensi pristrent congié à l'empereor Sursac, et tornérent en l'ost arriére, et distrent às barons qu'ils avoient la besoigne faite.

99. Lors montérent li baron à cheval, et amenérent le valet à mult grant joie en la cité à son pere, et li Grè li ovrirent la porte, et le reçurent à mult grant joie, et à mult grant feste. La joie del pere et del fil fu mult grant, que il ne s'estoient pieça veu: et que de si grant poverté, et de si grant essil furent torné à si grant haltesce, par Dieu avant et par les pelerins aprés. Ensi fu la joie mult grant dedenz Constantinople, et en l'ost de-fors des pelerins, et de l'honor, et de la victoire que Diex lor ot donnée : et lendemain proia l'Emperéres às contes et às barons, et ses fils meismes, que il por Dieu s'allassent herbergier d'autre part del port, devers le Stanor, que se il se herberjoient en la ville, il doteroient la mellée d'als et des Grieus : et bien en porroit la cité estre destruite. Et li dient que il l'avoient tant servi en mainte maniere, que il ne refuseroient ia choses qui lor proiassent. Ensi s'en allérent herbergier d'altre part. Ensi sejornérent en pais et en repos, en grant plenté de bones viandes.

100. Or poez savoir que mult de cels de l'ost allérent à veoir Constantinople, et les riches palais et les y glises altes, dont il avoit tant, et les granz richesses que onques en nulle villes tant n'en ot. Des santuaires ne covient mie à parler, que autant en avoit il à ice jor en la ville, com il remanant dou monde. Ensi furent mult communel li Grieu et li François de totes choses, et de merchandises, et d'autres biens. Par le communs conseil des François et des Grex fu devisé, que li noviaus Emperére seroit encorenez à la feste monseignor Sain Pierre

<><><>   <><><>

» ver tant par serment, que par ses patentes deuë-
» ment scellées de son sceau, et de celuy du roy
» Philippes d'Allemagne vostre gendre : nous de-
» sirons pareillement que vous ayez à ratifier et
» confirmer ces conventions.

98. » Certes, répond l'Empereur, ces traitez sont
» de haute consequence, et ne vois pas comme on
» les puisse accomplir, toutefois vous avez tant fait
» et pour moy et pour luy, que quand on vous don-
» neroit tout l'Empire, vous l'avez bien mérité. »
Il y eut encor d'autres propos tenus de part et d'autre, dont la fin fut, que le prince ratifieroit les conventions de son fils, en la propre forme qu'il les avoit faites, par serment et par ses bulles d'or, lesquelles furent délivrées à l'instant aux ambassadeurs. Et là dessus ils prirent congé de l'empereur Isaac, et s'en retournérent au camp, où ils firent entendre aux barons ce qu'ils avoient négotié.

99. Aprés quoy ils montérent tous à cheval, et amenérent le Prince avec grand cortége dans la ville à l'Empereur son pére. Les Grecs leur ouvrirent la porte, et reçurent d'une merveilleuse allegresse leur jeune seigneur : la joye que le pere et le fils témoignérent, et l'accueil qu'ils s'entrefirent en cét abord, ne se peut exprimer, veu le temps qu'il y avoit qu'ils ne s'estoient veus, et d'une telle pauvreté et misere de l'un, et d'un si long exil de l'autre, ils estoient derechef contre toute esperance, rentrez en la dignité imperiale, par la grace de Dieu, et par l'ayde et secours des pelerins; ainsi la réjouyssance fut grande, tant en la ville, pour le recouvrement de leur legitime Prince, que dehors au camp, pour l'honneur de la belle victoire qu'il avoit pleû à Dieu octroyer aux pelerins. Le jour ensuivant l'Empereur pria les comtes et les barons, et son fils mesme, de vouloir aller prendre leurs logemens au delà du port, vers le Stenon : apprehendant que s'ils logeoient en la ville, il ne survint quelque different et ne s'élevast quelque contraste entre eux et les Grecs, ce qui pourroit causer la ruine de la ville; à quoy ils repartirent, qu'ils l'avoient si bien servy en tant de façons, qu'ils ne luy refuseroient chose aucune dont il leur priast. Et ainsi s'en allérent loger de l'autre costé, où ils sejournérent en paix et repos, et avec abondance de toute sorte de vivres.

100. Il est aisé de se persuader que la pluspart de ceux de l'armée eurent la curiosité d'aller voir cette belle et grande ville de Constantinople : les riches palais et les superbes églises et monastéres qu'elle a dans son enceinte, et toutes les richesses qu'elle possede, dont le nombre est si grand, que l'on peut dire asseurement qu'il n'y a ville au monde qui en aye tant. Je ne parle point des reliques, y en ayant pour lors dans la ville autant qu'en tout le reste du monde. Les Grecs et les François demeurérent fort unis, s'entrecommuniquans par le commerce de marchandises et autres choses. En suitte de quoy, et de l'avis et du consentement des uns et des autres, fut arresté que le nouveau Empereur seroit couronné le jour de saint Pierre sur la fin du mois de juin.

entrant August. Ensi fu devisé, et ensi fu fait.

101. Coronez fu si haltement et si honoréement com l'en faisoit les Emperéres grex al tens. Aprés comença à paier l'avoir que il devoit à cels de l'ost, et il le departirent per l'ost, et rendirent à chascun son passage tel com il l'avoient paié en Venise. Li novials Emperéres alla sovent veoir les barons en l'ost, et mult les honora tant com il pot plus faire. Et il le dût bien faire, quar il l'avoient mult bien servi. Un jor vint as barons privéement en l'ostel le comte Baudoin de Flandres et de Hennaut. Enqui fu mandé li dux de Venise, et li halt baron privéement. Et il lor mostra une parole, et dist : « Seignor, je suis Emperére par Dieu et par vos : et fait m'avez plus halte service que onques gens feissent mais à nul home chrestien. Sachiez que assez genz me mostrent bel semblant qui ne m'aiment mie. Et mult ont li Grieu grant despit, quant je, par vos forces fû entréz en mon heritage : vostre terme est prés, que vos vos en devez r'aler. Et la compaignie de vos, et de Venisiens ne dure que trosque à la feste Sain Michel. Dedenz si cort terme, ne puis vostre convent assovir. Sachiez se vos me laissiez, li Grieu me héent por vos, je reperdrai la terre, et si m'occiront. Mais façois une chose qué je vos dirai, demoressiez trosque al mars, et je vos alongeroie vostre estoire de la feste Sain Michel en un an, et paieroie le costement as Venisiens, et vos donroie ce que mestier vos seroit trosque à la Pasque. Et dedenz cel termine aroie ma terre si mise à point, que je ne la poroie reperdre. Et vostre convenance si seroit attendue que je auroie l'avoir paié, qui me vendroit de par totes mes terres : et je seroie atornez de naville de aller avec vos, ou d'envoier, si com je le vos ai convent. Et lor ariez l'esté de lonc en lonc por ostoier. »

102. Li baron distrent que il en parleroient sanz lui. Ils connurent bien que c'ére voirs que il disoit. Et que c'ére mielz por l'Empereor et por als. Et il respondirent que il nel pooient faire se par le commun de l'ost non. Et cil en parleroient à cels de l'ost, et l'en respondroient ce que il poroient trover. Ensi s'en parti l'emperéres Alexis d'els, et s'en r'alla en Constantinople ariéres. Et ils remestrent en l'ost, et pristrent lendemain un parlement, et furent mandé tuit li baron, et li chevetaigne de l'ost, et des chevaliers la graindre pertie. Et lors fu à toz ceste parole retraite, si com l'Empereor lor ot requise.

103. Lors ot mult grant discorde en l'ost, si

◇◇◇

101. Cela fut executé avec toute la solemnité et magnificence qu'on avoit coûtume d'observer pour les empereurs Grecs. On commença aprés à payer ce qu'on devoit à ceux de l'armée, et on remboursa un châcun de ce qu'il avoit avancé pour son embarquement à Venise ; le nouveau Empereur visitant souvent les princes et barons au camp, ausquels il rendit autant d'honneur qu'il pût : à quoy veritablement il estoit obligé, veu les grands services qu'ils luy avoient rendus. Or un jour il vint vers eux privéement au logis du comte de Flandres, où le duc de Venise et les principaux de l'armée furent mandez, et là leur tint ce discours : « Sei-
» gneurs, je puis dire qu'aprés Dieu, je vous ay
» l'obligation entiére d'estre Empereur, et que vous
» m'avez rendu le plus signalé service, qui fut ja-
» mais fait à aucun prince chrestien. Mais il faut
» que vous sçachiez que plusieurs me font bon vi-
» sage, qui dans leur intérieur ne m'ayment point ;
» les Grecs ayans un grand dépit de ce que je suis
» rétabli dans mes biens par vostre moyen : au
» reste, le terme approche que vous vous en devez
» retourner, et l'association d'entre vous et les Ve-
» nitiens ne dure que jusques à la Saint Michel :
» et comme le terme est court, il me seroit du tout
» impossible d'accomplir les traitez que j'ai faits
» avec vous : d'ailleurs si vous m'abandonnez, je
» suis en danger de perdre et ma terre, et la vie ;
» car les Grecs ont conceu une haine contre moy
» à cause de vous. Mais si vous le trouvez bon,
» faisons une chose que je vous vay dire : si vous
» voulez demeurer jusqu'au mois de mars, je ferois
» en sorte de prolonger vostre association jusqu'à
» la Saint Michel qui vient en un an, et payerois le
» deffray aux Venitiens : et cependant je vous fe-
» rois fournir ce qui vous seroit nécessaire jusques
» aux Pasques suivantes, esperant dans ce terme
» là avoir donné si bon ordre à mes affaires, que je
» n'aurois aucun sujet de craindre. Et cependant
» j'accomplirois ce à quoy je suis tenu, au
» moyen du revenu de toutes mes terres. J'aurois
» aussi le temps de m'équipper de vaisseaux pour
» m'en aller avec vous, ou y envoyer suivant le
» traité, et lors vous auriez tout l'esté pour cam-
» per à vostre loisir. »

102. Les barons luy firent réponse qu'ils en aviseroient ensemble, quoy qu'ils connussent bien qu'il disoit la verité, et que c'estoit effectivement le meilleur tant pour l'Empereur que pour eux : mais qu'ils ne le pouvoient faire qu'en communiquer à toute l'armée : et que lors qu'ils l'auroient fait, ils luy feroient entendre ce qui auroit esté resolu. Sur cela l'empereur Alexis se departit des barons, et retourna à Constantinople. Le conseil fut assigné au lendemain, où tous les barons et les capitaines de l'armée, et la plus grande partie des chevaliers furent appellez, ausquels on proposa l'ouverture qui leur avoit esté faite par l'Empereur.

103. Sur quoy il y eut diversité d'avis qui pas-

com il avoit eu maintes foiz de cels qui volsissent que li ost se departist, que il lor sembloit que elle durast trop. Et céle partie qui à Corfol avoit eu la discorde semonstrent les autres de lor sairemenz, et distrent : « Baillez nos li vaissiaus, si com vos le nos avez juré, car nos en volons aller en Surie. » Et li autre lor crioient merci, et distrent : « Seignor, por Dieu ne perissons l'honor que Dieus nos a faite. Se nos allons en Surie, l'entrée de l'iver est, et quant nos y vendrons ne nos ne porons ostoier. Ensique ért la besoigne nostre Seignor perdue. Mais se nos attendons trosque al marz, nos lairons cest Empereor en bon estat, et nos en irons riche d'avoir et de viandes, et puis nos en irons en Surie, et corrons en la terre de Babilloine, et nostre estoires nos dura trosque à la Sain Michel, et de la Sain Michel trosque à la Pasque. Porce que il ne se porront partir de nos por l'iver. Et ensi porra estre la terre d'oltremer aquise. »

104. Il ne chaloit à cels qui l'ost voloit depeçier de meillor ne de pejor, mais que il l'ost se departist. Et cil qui l'ost voloient tenir ensemble, travaillèrent tant à l'aie de Dieu que li afaires fu mis à fin, en tel manière, que li Venisiens rejurérent un an de la feste Sain Michel à retenir l'estoire. Et l'emperéres Alexis lor dona tant que fait fu. Et li pelerin lor rejurérent la compaignie à tenir, si com il l'avoient fait autre foiz, à cel termine meismes. Et ensi fu la concorde et la pais mise en l'ost. Lors lor avint une mult grant mesaventure en l'ost, que Mahius de Mommorenci que ére uns des meillor chevalier del roiaume de France, et des plus prisiez, et des plus amez, fū mors. Et ce fū grant diels et grant domages, uns des greignors qui avenist en l'ost d'un sol home ; et fu enterrez en une yglise de monseignor Sain Johan de l'hospital de Jerusalem.

105. Aprés, par li conseil des Grius et des François, issi l'emperéres Alexis à mult grant compaignie de Constantinople, por l'Empire aquirer, et metre à sa volunté. Avec lui en alla grant partie des barons, et l'autre remest por l'ost garder. Li marchis Bonifaces de Monferrat alla avec lui, et li cuens Hues de Sain Pol, et Henris le frere le comte Baudoins de Flandres et de Hennaut, et Jaques d'Avesnes, Guillelmes de Chanlite, et Hues de Colemi, et altres genz assez dont li livre ore se taist.

106. En l'ost remaint li cuens Baudoins de Flandres et de Hennaut, et li cuens Loeys de

⸻

sérent jusques aux discordes, comme il y avoit eu plusieurs fois, de la part de ceux qui vouloient que l'armée se deffit : parce qu'il leur sembloit que ce voyage alloit trop en longueur. Ceux du party qui avoient monopolé à Corfou, sommoient les autres de leurs sermens, et de leur fournir des vaisseaux, ainsi qu'il leur avoit esté promis, pour passer en la Terre sainte. Les autres au contraire les prioient à mains jointes, de vouloir demeurer, et leur disoient : « Seigneurs, au nom de Dieu ne ternissons
» et ne perdons par l'honneur que Dieu nous a fait :
» considérez que si nous allons en Syrie, nous
» ne pouvons y arriver que sur l'entrée de l'hy-
» ver, en sorte qu'il nous sera impossible de
» camper ; et par ce moyen l'occasion du service
» de Dieu s'évanoüira et se perdra entièrement.
» Ou si nous attendons jusqu'au renouveau nous
» laisserons cét Empereur paisible de ses Estats,
» et lors nous partirons d'icy, riches de tous biens,
» et équippez de vivres et autres commoditez, et
» passerons en Syrie, et en Egypte, et en
» Babylone, et par ce moyen nostre association du-
» rera jusqu'à la saint Michel ; et de la saint Mi-
» chel jusqu'à Pasques : dautant que les Venitiens
» ne pourront se departir d'avec nous à cause de
» l'hyver et du mauvais temps : ce qui facilitera le
» progrés de la conqueste d'outremer. »

104. Il n'importoit à ceux qui vouloient rompre l'armée ny du meillor ny du pire, de commodité ny d'incommodité, pourveu qu'ils arrivassent à leur fin. Mais ceux qui s'estoient proposé le bien public et travailloient à retenir l'armée ensemble, firent tant avec l'ayde de Dieu que leur bonne intention prevalut, en sorte que les Venitiens accordérent derechef la prolongation de leur flotte de la Saint Michel prochaine à un an, au moyen de ce que l'empereur Alexis leur donna tant qu'ils y consentirent. Et les Pelerins ayans réciproquement renouvellé l'association qu'ils avoient avec eux pour le mesme terme, la concorde et la paix fut parfaitement rétablie en l'armée. Environ ce mesme temps leur arriva un grand malheur, par la mort de Mathieu de Montmorency, qui estoit l'un des meilleurs chevaliers du royaume de France, et des plus estimez et cheris ; cette perte fut très-sensible et dommageable à l'armée, quoy que causée par la mort d'un seul homme. Il fut enterré en l'église de Saint Jean de l'Hospital de Hierusalem.

105. Ensuitte l'empereur Alexis par le conseil des Grecs et des François partit de Constantinople avec une puissante armée, pour reduire le reste de l'Empire soûs son obeïssance, et fut accompagné en cette expédition d'une grande partie des barons, tandis que l'autre demeura à la garde du camp. Ceux qui l'accompagnérent, furent entre autres, le marquis de Montferrat, Hugues comte de Saint Paul, Henry frere du comte de Flandres, Jacques d'Avesnes, Guillaume de Champlite, Hugues de Colemy, et nombre d'autres.

106. Ceux qui demeurérent au camp furent Baudoüin comte de Flandres et de Haynault, Louys comte de Bloys et de Chartres, et la meilleure

Blois et de Chartein, et la graindre partie des pelerins. Et sachiez que en céle ost ou l'Empereres alla, che tuit li Grieu de l'une part et del l'autre des Braz vindrent à lui, et à son comandement, et à sa volonté. Et li firent feauté et homage com à lor seignor, fors solement Johanis qui ére roi de Blakie et de Bougrie. Et cil Johanis si ére uns Blaqui qui ére revelez contre son pere et contre son oncle, et les avoit guerroiéz vingt ans ; et avoit tant de la terre conquis sor als, que rois s'en ére fait riches. Et sachiez que de céle partie del Braz Sain George devers occident, poi en fallait que il ne l'en avoit tolu pres de la moitié. Icil ne vint pas à sa volonté, ne à sa merci.

107. Endementiers que l'empereres Alexis fu en cele ost, si r'avint une mult grant mesaventure en Constantinople, que une melée comença de Grieus et des Latins qui erent en Constantinople estagier, dont il en i avoit mult et ne sai quex genz por mal mistrent li feu en la ville. Et cil feu fu si granz et si orribles que nul hom nel pot estaindre ni abaissier. Et quant ce vinrent li baron de l'ost qui estoient herbergié d'autre part del port, si furent mult dolent, et mult en orent grant pitié, cum il virent ces haltes yglises, et ces palais riches, fondre et

<><><>

partie des pelerins. Par tout où l'Empereur conduisit son armée, les Grecs d'une part et d'autre du Bras de Saint-George se soûmirent à son obéissance, et luy firent serment de fidélité comme à leur légitime Seigneur ; à la reserve de Jean roy de Valachie. Ce Prince estoit un Valache, qui s'estoit revolté contre son pere et contre son oncle, et leur avoit fait la guerre par l'espace de vingt ans, et avoit tant conquis sur eux qu'il s'estoit fait un fort riche et puissant Estat ; ayant étendu ses limites bien avant dans cette partie du Bras de Saint-George qui est vers l'Occident ; et mesmes peu s'en falloit qu'il n'en occupast la moitié. Ce prince donc ne voulut reconnoistre l'Empereur.

107. Pendant qu'Alexis estoit avec son armée en campagne, il survint un insigne malheur et un grand desastre à Constantinople, par une querelle qui s'alluma entre les Grecs et les Latins qui y estoient habituez en grand nombre ; durant laquelle je ne sçai quelles gens mirent malicieusement le feu dans la ville, qui fut si grand et si horrible, qu'on ne le pût éteindre, ny appaiser. Ce que les barons de l'armée qui estoient logez au delà du port ayant apperceu, ils en furent fort fâchez, et eurent grande compassion de voir ces hautes églises et ces beaux palais tomber et se consumer en cendres : et les grandes ruës marchandes avec des richesses inestimables toutes en feu et en flammes, sans qu'ils pûssent y apporter remede. Ce feu prit depuis le quartier qui avoisine le port, et gagnant

abaissier. Et ces granz rues marcheandes ardoir en feu, et il n'en pooient plus faire. Ensi porprist le feu desus le port à travers tresci que parmi le plus espés de la ville, trosque en la mer d'autre part, rez à rez del mostier Sainte Sophie, et dura huit jorz, que onque ne pot estre estainz par home, et tenoit bien li frons del feu, si com il aloit ardant, bien de une lieuë de terre.

108. Del domage, ne de l'avoir, ne de la richesse, qui la fu perduz ne vos porroit nus conter (1), et des homes, et des fames, et des enfanz dont il ot mult ars. Tuit li Latin qui estoient herbergié dedenz Constantinople, de quelque terre que il fussent, n'i osérent plus demorer, ainz pristrent lor fames, et lor enfanz, et que il en porent traire del feu, ne escamper. Et entrérent en barges, et en vaissiaus, et passérent le port devers les pelerins, et ne furent mie pou, que il furent bien quinze mil que petiz que granz. Et puis orent il grant mestier às pelerins, que il fussent oltre passé. Ensi furent desacointié li Franc et li Grec, que il ne fusrent mie si communel com il avoient esté devant. Si ne s'en sorent à cui plaindre qu'il lor pesa d'une part et d'autre.

109. En cel termine lor avint une chose,

<><><>

le plus épais de la ville, brûla tout ce qui se rencontra jusques à l'autre part qui regarde la mer de la Propontide, le long de l'église Sainte Sophie : et dura huit jours sans qu'il pût estre éteint, tenant bien une lieuë de frot.

108. Quant au dommage que causa le feu, et les richesses que cét embrasement consomma, c'est chose qui ne se peut estimer, non plus que le nombre des hommes, femmes et enfans qui y finirent leurs jours par les flammes ; à cause dequoy tous les Latins qui estoient habituez dans Constantinople, de quelque contrée qu'ils fussent, n'y ozérent plus demeurer, et furent obligez de se retirer avec leurs femmes et enfans, et tout ce qu'ils pûrent sauver du feu, dans des barques et autres vaisseaux au mieux qu'ils pûrent vers les pelerins : en si grand nombre qu'ils se trouvérent bien quinze mil, tant grands que petits. Il vint aussi bien à propos aux pelerins, de ce qu'ils passérent ainsi vers eux. De là en avant il n'y eut plus si bonne intelligence entre les François et les Grecs comme auparavant ; ne sçachans neantmoins et les uns et les autres à qui s'en plaindre, ny à qui en attribuer la cause, leur restant le seul déplaisir de cét accident.

109. Vers ce mesme temps arriva un autre malheur, qui causa bien de la tristesse aux barons et

(1) Il faut voir dans l'histoire de Nicetas le récit des ravages de cet incendie ; la description des chefs-d'œuvre dévorés par les flammes a été plusieurs fois traduite.

dont li baron et cil del l'ost furent mult iré, que li abbés de Loçes, qui ére saint hom et prodom, fu morz, et qui avoit volu li bien de l'ost, et ére moines de l'ordre de Cistials. Ensi demora l'emperéres Alexis mult longuement en l'ost où il fu issus trosque à la Sain Martin. Et lors revint en Constantinople arriére. Mult fu grant joie de lor venue, que li Grieu et les dame de Constantinople allérent encontre lor amis à granz chevauchies. Et li pelerin r'alérent encontre les lor, dont il orent mult grant joie. Ensi s'en rentra l'emperéres en Constantinople, el palais de Blaquerne. Et li marchis de Monferrat, et li autre baron s'en reparierent avec les pelerins.

110. L'Emperéres qui mult ot bien fait son afaire, et mul cuida estre d'elx desseuré, s'en orgueilli vers li baron, et vers cels que tant de bien li avoient fait. Ne les alla mie veoir si com il soloit faire en l'ost. Et il envoient à lui. Et prioient que il lor feist paiement de lor avoir, si com il lor avoit convent. Et il les mena de respit en respit. Et lor faisoit dotes en altres petit paiemenz et povres. Et en la fin devint noienz li paiemenz. Li marchis Bonifaces de Monferrat qui plus l'avoit des autres servi, et mielz ére de lui, i alla mult sovent : et li blasmoit le tort que

à ceux de l'armée, qui fut la mort de l'abbé de Los, de l'ordre de Cisteaux, qui estoit un sainct homme, et de bonne vie, et qui avoit toûjours travaillé au bien commun de l'armée. L'empereur Alexis demeura de la sorte en campagne fort long-temps, et jusques à la Saint Martin qu'il retourna à Constantinople où on le reçeut avec grand témoignage de réjoüyssance. Les principaux Grecs, hommes et dames de la ville, allérent à grand cortége et suitte au devant de leurs parens et amis, comme firent aussi les pelerins, au devant des leurs. Ainsi l'empereur Alexis rentra en la ville et se logea au palais de Blaquerne, et le marquis de Montferrat avec les autres barons se retirérent au camp.

110. Cependant le jeune Empereur estimant avoir de tous points rétably ses affaires, et estre independant de qui que ce fût, vint tout à coup à s'en orgueillir, et à se méconnoistre vers les barons ausquels il avoit tant d'obligation, et qui l'avoient si utilement servi : commençant à les visiter moins souvent qu'il avoit coûtume de faire ; eux d'autre part envoyoient à toute heure vers luy pour avoir raison de l'execution de leur traité, sans qu'ils en pûssent tirer aucune satisfaction, les menant de delay, et faisant de petits et chétifs payemens de fois à autre, tant que le tout fut reduit à neant. Lé marquis de Monferrat, qui luy avoit rendu de grands services, et qui estoit bien venu de luy, l'alla voir souvent pour luy reprocher le tort qu'il avoit de se comporter ainsi vers eux, aprés en

il avoit vers els, et reprovoit le grant service que il li avoient fait, que onques si granz ne fu fait à nul home. Et il le menoit par respit, ne chose qu'il lor creançast ne tenoit. Tant que il virent, et conurent clérement, que il ne queroit se mal non. Et pristrent li baron de l'ost un parlement, et li dux de Venise, et distrent qu'il conoissoient que cil ne lor attendroit nul convent ; et si ne lor disoit onques voir, et qu'il envoiassent bons messages por requérre lor convenance, et por reprover lou service que il li avoient fait, et se il le voloit faire prinssent le : et s'il nel voloit faire, deffiassent le de par als.

111. A cel message fu esliz Coenes de Betune, et Geoffroy de Ville-Hardoin li mareschaus de Champaigne, et Miles le Braibanz de Provinz. Et li dux de Venise envoia trois hals homes de son conseil. Ensi montérent li message sor lor chevax, les espées çaintes, et chevauchérent ensemble trosque al palais de Blaquerne. Et sachiez que il allérent en grant peril et en grant aventure selonc la traïson às Grex. Ensi descendirent à la porte, et entrérent és palais, et trovérent l'empereor Alexis, et l'empereor Sursac son pere seans en deux chaieres, lez à lez. Et delez aus seoit l'Empereris, qui ére fame al

avoir tiré un ayde et un secours si considérable en ses plus urgentes necessitez, et tel que jamais ne fut fait à aucun prince : et qu'au lieu de reconnoissance, il les amusoit par des fuittes, et ne tenoit chose aucune de ce à quoy il s'estoit obligé par les traitez qu'ils avoient ensemble. Mais à la fin ils s'apperçeurent et connurent clairement sa mauvaise volonté, et qu'il ne cherchoit que les occasions de leur faire un mauvais tour. Ce qui obligea les barons et le duc de Venise de s'assembler pour aviser à ce qu'il estoit à faire en cette occurrence : et furent d'avis, attendu que il leur estoient trop notoire que ce prince n'avoit aucune intention d'accomplir les conventions, et que jamais il ne leur disoit verité, usant toûjours de dissimulation, d'envoyer vers luy une fois pour toutes, le sommer d'effectuer ses promesses, et luy reprocher le service qu'ils lui avoient rendu : que s'il avoit dessein de les accomplir, ils l'acceptassent sa parole : sinon, qu'ils le deffiassent de par eux, et luy declarassent la guerre.

111. Pour cette ambassade furent choisis Conon de Bethune, Geoffroy de Ville-Hardoüin mareschal de Champagne, et Miles de Brabans de Provins ; et de la part du duc de Venise, trois principaux de son conseil : lesquels montez sur leurs chevaux, l'espée çeinte, allérent de compagnie jusqu'au palais de Blaquerne : non toutefois sans danger de leurs personnes, à cause de la trahison qui est ordinaire aux Grecs. Estans descendus à la porte, ils entrérent au palais, où ils trouvérent l'empereur

pere, et marastre al fil, et ére suer al roi de Hungrie, belle dame et bone. Et furent à grant plenté de halt genz, et mult sembla bien cort al riche prince.

112. Par le conseil às autres messages, mostra la parole Coenes de Betune, qui mult ére sages et bien emparléz. Sire, nos sommes à toi venu de par le baron de l'ost, et de par le duc de Venise : et sachies tu que il te reprovent que il t'ont fait, com la gent sevent, et cum il est apparissant. Vos lor avez juré vos et vostre pere la convenance à tenir, que vos lor avez convent, et vos chartres en ont. Vos ne lor avez mie si bien tenuë, com vos deussiez. Semont vos en ont maintes foiz, et nos vos en semmonons voiant toz vos barons, de par als, que vos lor taignoiz la convenance que est entre vos et als. Se vos la faites, mult lor ert bel. Et se vos nel faites, sachiez que dés hore en avant il ne vos tiegnent ne por Seignor, ne por ami : ainz porchaçeront que il auront le leur en totes les manieres que il porront, et bien vos mandent il, que il ne feroient ne à vos, ne à altrui mal, tant que il l'aussent deffié, que il ne feront onques traïson, ne en lor terre n'est il mie acostumé que il le façent. Vos avez bien oï que nos vos avons dit, et vos vos conseilleroiz si com vos plaira. Mult tindrent li Greu à gran mervoille, et à grant oltrage ceste defflance, et distrent que onques mais nus n'avoit esté si hardiz, qui ossast l'empereor de Constantinople deffier en sa chambre. Mult fist às messages malvais semblant l'empereres Alexis, et tuit li autres qui maintes fois lor avoient fait mult bel.

113. Li bruis fu mult granz par la dedenz, et li message s'en tornent, et vienent à la porte, et montent sor les chevaus. Quant il furent de fors la porte, ni ot celui ne fust mult liez, et ne fu mie granz mervoille, que il érent mult de grant peril escampé : que mult se tint à pou, que il ne furent tuit mort, et pris. Ensi s'en revindrent à l'ost, et contérent às barons, si com il avoient esploitié. Ensi comença la guerre et forfist qui forfaire pot, et par terre et par mer. En main lieu assemblérent estre li Franc et li Grieu. Onques (Dieu merci) n'asemblérent ensemble, que plus n'y perdissent li Grieu que li Franc. Ensi dura la guerre grant piece, trosque enz el cuer de l'yver. Et lors se porpensérent li Grieu d'un mult grant enging, qu'il pristrent dix sept

~~~

Alexis, et l'empereur Isaac son père, assis en leurs chaires imperiales, à costé l'un de l'autre; et prés d'eux, l'imperatrice belle-mere d'Alexis, laquelle estoit sœur du roy de Hongrie, une fort belle et bonne dame; avec si grand nombre de seigneurs de condition, que cette suitte ressentoit bien la cour d'un puissant et riche prince.

112. Conon de Bethune, comme sage et eloquent, porta la parole du consentement des autres, et tint ce discours au jeune Empereur : « Sire,
» nous sommes icy envoyez vers vous de la part
» des barons françois et du duc de Venise, pour
» vous remettre devant les yeux les grands services qu'ils vous ont rendus, comme châcun
» sçait, et que vous ne pouvez dénier : vous leur
» aviez juré, et vostre pere, de tenir les traitez
» que vous avez fait avec eux, ainsi qu'il paroist
» par vos patentes qu'ils ont, scellées de vostre
» grand seau ; ce que vous n'avez fait toutefois,
» quoy que vous en soyez tenus. Ils vous ont
» sommé plusieurs fois, et nous vous sommons
» encore derechef de leur part en présence de vos
» barons, que vous ayez à satisfaire aux articles
» arrestez entre vous et eux : si vous le faites, à la
» bonne heure, ils auront occasion de se contenter;
» si au contraire, sçachez que d'ores en avant ils
» ne vous tiennent ny pour seigneur ny pour amy;
» mais vous declarent qu'ils se pourvoieront en
» toutes les maniéres qu'ils aviseront, et veulent
» bien vous faire sçavoir, qu'ils ne voudroient vous
» avoir couru sus, ny sur aucun autre sans deffy ;
» n'estant pas la coûtume de leur pays d'en user
» autrement, ny de surprendre aucun, ou faire
» trahison. C'est donc là le sujet de nostre ambassade, sur quoy vous prendrez telle resolution
» qu'il vous plaira. » Les Grecs furent merveilleusement surpris de ce deffy, et le tinrent à grand outrage, disans que jamais aucun n'avoit esté si hardy de deffier l'empereur de Constantinople en sa chambre et en personne. Aussi l'empereur Alexis témoigna aux ambassadeurs estre tres-mal satisfait, et leur fit mauvais visage, aussi bien que tous autres qui auparavant leur avoient esté amis.

113. Là dessus le bruit se leva fort grand au palais, les deputez cependant sortirent et remontérent promptement sur leurs chevaux : lors qu'ils furent hors la porte il n'y eut aucun d'eux qui ne se tint tres-heureux, et non sans raison, de se voir échappé d'un si grand peril, peu s'en estant fallu qu'ils ne fussent tous pris ou tuez. Et ainsi retournérent au camp, et raconterent aux barons comme le tout s'estoit passé. Dès ce jour là la guerre commença entre les Grecs et les François, châcun faisant le pis qu'il pouvoit tant sur mer que sur terre. Il y eut en plusieurs lieux diverses rencontres et divers combats entre eux, mais Dieu mercy les Grecs y eurent toûjours du pire. Cette guerre dura long-temps, et jusques au cœur de l'hyver, que les Grecs s'avisérent de ce stratageme ; ils prirent dix-sept grands navires, et les emplirent de fassines et autre bois sec, gros et menu, avec force poix et éttouppes en des tonneaux, et attendirent qu'un vent se leva à propos, qui donna sur l'armée navale des pelerins : puis en plein minuit attaché

nés granz, les emplirent toutes de gran merriens, et d'esprises, et d'estoppes, et de poiz, et des toniaus, et attendirent tant que li vent venta devers aus mult durement. Et une nuit, à mie nuit mistrent le feu és nés : et laissent les voiles aller al vent, et li feu allumer mult halt : si que il sembloit que tote la terre arsist. Et ensi s'en vienent vers les navires des pelerins, et li criz liéve en l'ost, et saillent ás armes de totes parz.

114. Li Venisiens corrent à lor vaissiaus, et tuit li autres qui vaissiaus i avoient, et les començent à rescore mult vigeurosement. ET BIEN TESMOIGNE JOFFROIS LI MARESCHAUS DE CHAMPAIGNE, QUI CESTE OVRE DICTA, QUE ONQUES SOR MER NO S'AIDERENT GENZ MIELZ QUE LI VENISSIENS FIRENT, qu'ils saillirent es galies, et barges des nés, et prenoient les nés à cros, et les tiroient par vive force devant lor annemis fors del port, et les metoient el corrant del braz, et les laissoient aller ardant contre val le braz. Des Grex i avoit tant sur la rive venuz, que ce n'ére fins ne mesure. Et ére li criz si granz, que il il sembloit que terre et mer fundist. Et entroient és barges, et en salvations, et traioient à noz qui rescooient le feu, et en i ot de bleciez.

⸻

115. La chevalerie de l'osterramment qu'ele ot oï le cri, ci s'armérent tuit, et issirent les batailles ás camps chascun endroit soi, si cum elle ére ordenée. Et il doutérent que li Grieu ne les venissent assaillir par devers les champs. Ensi soffrirent cel travail et celle angoisse trosque al cler jor. Mais par l'aie de Dieu ne perdirent noient les nos, fors que une nef de Puissiens, qui ére plaine de marchandise. Icele si fu arse del feu. Mult orent esté en grant peril celle nuit, que lor naviles ne fust ars : car il aussent tot pardu, que il ne s'en peussent aller par terre ne par mer.

116. Et lors vindrent li Gré, qui érent issi mellé ás Frans, qu'il n'i avoit mais point de la pais, si pristrent conseil privéement por luy traïr. Il i avoit un Gré qui ére mielz de lui que tuit li autre, et plus li avoit fait faire la mellée ás Frans plus que nus. Cil Grieu avoit à nom Morchuflex (1). Par le conseil, et par le consentiment as autres, un soir à la mienuit, que l'emperéres Alexis dormoit en sa chambre, cil qui garder le devoient, Morcufles demainement, et li autres qui avec lui estoient, le pristrent en son lit, et le gitterent en une chartre en prison. Et Morchuflex chauça les huéses vermoilles par

⸻

rent le feu aux vaisseaux, et les laissérent aller au vent, les voiles tendües, et tous brûlans, en sorte qu'il sembloit que toute la terre fût en flammes; et ainsi furent chassez droit contre ceux des pelerins. Cependant l'alarme se met au camp, et châcun prend les armes de toutes parts.

114. Les Venitiens coururent promptement à leurs vaisseaux, et tous les autres qui en avoient, et se mirent à les secourir d'une telle diligence et devoir, que jamais personne ne s'ayda et fît mieux sur mer en semblables inconveniens, comme firent les Venitiens en ceux-cy, comme peuvent témoigner ceux qui s'y trouvérent : car à l'instant ils sautérent dans les futes et galliotes, et dans les esquifs des navires, agrafans avec de longs crocs celles qui estoient allumées, et à force de rames les remorquans, les tiroient à vive force du port, puis les envoyoient contre-bas le courant du canal, et les laissoient aller ainsi brûlantes à l'impetuosité du vent et des vagues. Au reste une si grande multitude de Grecs s'estoit épandüe à ce spectacle dessus le rivage, pour voir le succés de ce stratagéme, qu'il ne se peut dire davantage, jettans des cris et hurlemens si grands qu'il sembloit que la terre et la mer deussent abysmer : la pluspart entrans dans des barques et nacelles pour tirer aux nostres occupez à se ga-

rentir et à se demêler de ce feu, en sorte qu'il y en eut nombre de blessez.

115. Si tost que la cavalerie de l'armée eut oüy le bruit et le tintamarre, elle s'arma à l'instant et sortit en campagne, châcun rangé en bataille comme de coûtume, craignant que les Grecs ne les vinssent attaquer par devers la plaine, et se tinrent ainsi en ordonnance de combattre jusques au point du jour avec beaucoup de peine et de travail. Mais Dieu mercy les nostres ne perdirent qu'un vaisseau d'un marchan de Pise, plein de marchandises, qui fut entiérement brûlé : le surplus ayant couru grand risque de pareil accident toute cette nuit là ; ce qui eut causé la ruine entiére de l'armée, et l'eût reduite à l'extremité, et en estat de ne pouvoir plus aller avant ny arriére, soit par terre, soit par mer.

116. Sur ces entrefaites les Grecs voyans que l'Empereur avoit de tout point rompu avec les François sans aucune esperance d'accommodement, resolurent de luy joüer mauvais tour, et machinérent contre luy une insigne trahison. Il y avoit un Seigneur grec à la cour de l'Empereur, nommé Murtzuphle, qui estoit son principal favory, et l'avoit porté plus qu'aucun autre à rompre avec les François. Celuy-là par le conseil et du consentement de quelques autres, prit son temps qu'un

---

(1) Murtzuphle était de la famille des Ducas; il remplissait alors les fonctions de protovestiaire auprès de l'empereur ; Nicetas nous apprend que ce prince grec avait été surnommé Murtzuphle (Μούρζουφλος) parce que ses sourcils trop rapprochés se touchaient presque l'un l'autre.

l'aie et par le conseil des autres Grex, si se fist Empereor. Aprés le coronérent à Sainte Sofie. Or oiez, si onques si orrible traïson fu faite par nulle genz.

117. Quant ce oï l'emperére Sursac que ses fils fu pris, et cil fu coronez, si ot grant paor, et li prist une maladie, ne dura mie longuement, si moru. Et cil emperére Morchuflex si fist le fil que il avoit en prison deux foiz ou troiz empoisonner, et ne plot Dieu que il morust. Aprés alla, si l'estrangla en murtre. Et quant it ot estranglé, si fist dire par tot que il ére morz de sa morz, et le fist ensepelir comme Empereor honorablement, et metre en terre : et fist grant semblant que lui pesoit. Mais murtres ne puet estre celez. Clerement fu seu prochainement des Grieus et des Franczois, que li murtres ére si faix com vos avez oï retraires. Lor pristrent li baron de l'ost et li dux de Venise un parlement, et si i furent li evesque, et toz li clergiez, et cil qui avoient le commandement de l'Apostoille : et mostrérent ás barons et ás pelerins, que cil

qui tel murtre faisoit, n'avoit droit en terre tenir : et tuit cil qui estoient consentant, estoient parçonier del murtres. Et oltre tot, ce que il s'estoient sotraitz de l'obedience de Rome. Porquoi nos vos disons (fait li clergiez) que la bataille est droite et juste. Et se vos avez droite entention de conquerre la terre, et metre à la obedience de Rome, vos arez le pardon tel com l'Apostoille le vos a otroié, tuit cil qui confés i morront. Sachiez que ceste chose fu granz confors às barons et às pelerins. Grant fu la guerre entre les Frans et les Grex, car ele n'apaisa mie : ainz elle crût adès, et effforça, et poi ére jorz que on n'i assemblast ou par terre, ou par mer.

118. Lors fist une chevauchie Henris le frere le conte Baudoin de Flandres, et mena grant partie de la bone gent de l'ost. Avec lui alla Jaques d'Avesnes, et Baldoins de Belvoir, et Odes li champenois de Chanlite, Guillelmes ses freres, et les genz de lor païs, et chevauchérent toute nuict. Et lendemain de halte hore si vindrint à une bone ville qui la Filée avoit nom, et

<><><>

soir sur la minuit que l'Empereur dormoit en sa chambre, par complot pris avec ceux de sa garde, et les autres qui estoient de sa faction, entrérent dedans en cachette, le prirent, l'enlevérent et le jettérent dans une prison. Cela fait, Murtzuphle chaussa les brodequins de couleur de pourpre, l'une des principales marques de la dignité imperiale, et à l'ayde et par le conseil de ses adhérens se fit proclamer empereur, et en suitte fut couronné en cette qualité en l'église Sainte Sophie. Mais entendez le surplus de la trahison et de la déloyauté, et si jamais il s'en fit de plus étrange ny de plus horrible.

117. Quand l'empereur Isaac eût appris que son fils estoit arresté prisonnier, et que Murtzuphle avoit esté couronné Empereur, il en conçeut une si grande frayeur qu'il en devint malade, et mourut peu de temps aprés. Cependant Murtzuphle fit deux ou trois fois empoisonner le fils qu'il tenoit en prison, sans que Dieu eût permis qu'il en mourût : et voyant que le poison ne luy avoit succédé, il le fit étrangler malheureusement, et traistreusement, faisant courir le bruit qu'il estoit decedé de sa mort naturelle; puis luy fit faire de magnifiques obseques, et le fit inhumer avec les ceremonies observées pour les Empereurs, feignant avoir grand déplaisir de sa mort. Mais un meurtre ne se peut cacher long-temps : les Grecs et les François ayans conneu incontinent aprés la vérité de l'affaire, et qu'elle s'estoit passée de la façon que vous l'avez oüy raconter. Là dessus les princes et barons de l'armée, et le duc de Venise s'assemblérent à un conseil, où les évesques et prelats et tout le clergé furent appellez; ensemble ceux qui y estoient de la part du Pape, lesquels remonstrérent aux barons et aux pelerins par vives raisons, que

celuy qui avoit commis un tel attentat contre son Seigneur, n'avoit droit de posseder terre ny seigneurie. Et que tous ceux qui luy adheroient estoient participans du meurtre, et par consequent coupables ; outre qu'ils estoient vrayement schismatiques, d'autant qu'ils s'estoient separez de l'union de l'Eglise, et soustraits de l'obeïssance du saint Siege de Rome. « C'est pourquoy, disoit le
» clergé, nous vous assurons que la guerre que
» vous entreprenez est juste et legitime. Et davan-
» tage, si vous avez bonne intention de conquerir
» la terre, et la ranger à l'obéissance de Rome,
» vous joüyrez des indulgences et pardons, tels
» que le Pape les a octroyez de pleniere remission
» à tous ceux qui mourront confessez et repentans
» de leurs fautes. » Ce discours servit d'un grand encouragement et de confort aux barons et pelerins. Cependant la guerre se ralluma entre les François et les Grecs, et alloit croissant de jour en jour, ne s'en passant presque aucun qu'il n'y eût quelque rencontre ou écarmouche, soit par mer, soit par terre.

118. Durant ce temps-là, Henry frere de Baudoüin comte de Flandres, fit une course et cavalcade où il mena une bonne partie des meilleurs hommes de l'armée. Entre autres Jacques d'Avesnes, Baudoüin de Beauvoir, et Eudes le Champenois de Champlite, et Guillaume son frere se trouvérent à cette expédition avec les gens de leur pays. Ils cheminérent le long de la nuit : et le lendemain de l'jour estant desja avancé, ils arrivérent à une bonne ville, dite Philée, assise sur la mer Majour, qu'ils prirent de force, où ils firent grand butin, et riches meubles, vivres, et de prisoniers qu'ils envoiérent contre bas dans des barques droit

la pristrent, et firent grant gaieng, de proies, de prison, de robes, de viandes qu'il envoiérent és barges à l'ost contreval le braz, que la ville seoit sor la mer de Rossie (1). Ensi sejornérent deux jorz en cele ville, à mult grant plenté de viandes, dont il en i avoit à grant plenté.

119. Li tiers jorz s'en partirent à tot lor proies, et à toz lor gaienz, et chevauchiérent arriéres vers l'ost. L'emperéres Morchuflex oï dire les novelles que cil estoient issuz de l'ost. Et parti par nuit de Constantinople à grant partie de sa gent. Et lors se mist en un agait ou cil devoient revenir ; et les vit passer à totes lor proies, et à toz lor guains, et les batailles l'une aprés l'autre, tant que l'ariere garde vint. L'ariere faisoit Henris le frere le conte Baudoin de Flandres, et la soe gent. Et l'emperéres Morchuflex lor corrut sore à l'entrée d'un bois. Et cil tornent encontre lui : si assemblérent mult durement. A l'aïe de Dieu fu desconfiz l'empereor Morchuflex, et dût estre pris ses chars d'armes, et pardi son gonfanon imperial, et une ancone, qu'il faisoit porter devant lui, ou il se floit mult, il et li autre Grè. En céle ANCONE ére NOSTRE-DAME formée. Et pardi bien trosqu'à vingt chevalier de la meillor gent que il avoit. Ensi fu desconfiz l'emperéres Morchuflex com vos ovez oï, et fu grant la guerre entre lui et les Frans : et fu ja de l'iver grant partie passé, et entor la Candelor fu, et approcha le quaresme.

120. Or nos lairons de cels qui devant Constantinople furent, si parlerons de cels qui alérent às autres porz, et de le estoire de Flandres, qui avoit l'iver sejorné à Marseille, et furent passé en l'esté en la terre de Surie tuit. Et furent si granz genz, que il estoient assez plus que cil qui estoient devant Constantinople. Or oïez quex domages fu, quant il ne furent avec cele oste, qu'à toz jorz-mais fust la chrestientez alcie. Mais Diex ne volt por lor pechiéz. Li un furent mort de l'enfirmité de la terre : li autre tornérent en lor païs ariére : ne onques nul esploit ne firent, ne nul bien, là où il alérent en la terre. Et une compaignie des mult bone gent s'esmut por r'aller en Antioche al prince Buimont qui ére prince d'Antioche et cuens de Triple : et avoit guerre al roy Lion, qui ére sires des Hermins. Et celle compaignie alloit al prince en soldées. Et li Tur del païs le sorent, et lor firent un agait par là où il devoient passer, et vindrent à els, si se combatirent, et furent desconfit li Franc, que onques nus ne n'eschampa qui ne fust ou morz ou prix.

121. Là si fu morz Villains de Nuilli qui ert uns des bons chevaliers del munde, et Giles de Traisignes, et maint autre. Et fu pris Bernarz

⋄⋄⋄

au camp : ils y séjournérent deux jours pour se rafraischir, estant pourveuë abondamment de toutes choses necessaires.

119. Le troisiéme jour ils en partirent avec le reste du butin pour s'en retourner au camp. L'empereur Murtzuphle ayant eu avis qu'ils estoient en campagne, partit de nuit de Constantinople avec une grande partie de son armée, et s'alla mettre en une embuscade par où ils devoient retourner, et les laissa passer avec le butin, et les escadrons les uns aprés les autres, tant que l'arriére-garde arriva, que Henry frere du comte de Flandres conduisoit avec ses gens : lors Murtzuphle leur courut sus, et les chargea à l'entrée d'un bois; mais les nostres tournans bravement visage vinrent à la rencontre, et combatirent vaillamment, tant que l'empereur Murtzuphle fut deffait, et son chariot d'armes, et l'estendard imperial pris, avec une banniére ou image qu'il faisoit porter devant luy, en laquelle il avoit grande confiance, comme aussi tous les autres Grecs, et où l'image de Notre-Dame estoit representée. Il perdit au reste jusques à vingt des meilleurs chevaliers qu'il eust. Ainsi l'empereur Murtzuphle fut déconfit, la guerre s'aigrissant de jour à autre entre luy et les François : cependant la plus grande partie de l'hyver se passa, et arriva le temps de la Chandeleur et du caresme.

120. Tandis que les nostres estoient devant Constantinople, ceux de la flotte de Flandres qui avoient sejourné tout l'hyver au port de Marseille, firent de là voile vers l'esté, et passérent tous en la Terre sainte, en plus grand nombre que n'estoient ceux qui estoient devant Constantinople. Ce fut un grand malheur de ce qu'ils ne se joignirent avec cette armée, estant certain que les affaires de la chrestienté en eussent de beaucoup mieux reüssi : mais Dieu ne le voulut point permettre pour leurs pechez : et de fait, les uns moururent de maladie pour l'intemperance de l'air ; les autres rebroussérent chemin en leur pays au mieux qu'ils pûrent, sans avoir fait aucun exploit ny bien és lieux où ils allérent. Une compagnie des meilleurs hommes d'entre eux vint à Antioche, et prit party dans les trouppes de Boemund prince d'Antioche et comte de Tripoly, lequel pour lors estoit en guerre avec Leon roy d'Armenie, et se mit à sa solde. Mais les Turcs du pays ayans eu avis de leur marche, leur dressérent une embuscade à un passage, et leur livrérent combat, où enfin les François eurent du pire, et y demeurérent tous ou morts ou pris, sans qu'il en échappast aucun.

121. Entre les morts furent Villain de Nuilly l'un des meilleurs chevaliers du monde, Gilles de Trasegnies, et plusieurs autres. Bernard de Montmirail, Regnard de Dampierre, et Jean de Vil-

(1) La mer Noire.

de Mommirail, et Renaus de Dampierre, et Johans de Villiers, et Guillelme de Nuilli qui colpes n'i avoit. Et sachiez que de quatre-vingts chevaliers que il avoit en la rote, onques n'en remaint uns, qu'il ne fussent ou morz ou pris. Et bien tesmoigne li livres que onques nus n'eschiva l'ost de Venise, que mal ou hontes ne lor venist. Et porce si fait que sage qui se tient devers le mielx.

122. Or nos lairons de cels, si parlerons de cels qui devant Constantinople remestrent, qui mult bien firent lor engins atorner, et lor perrieres, et les mangonials drecier par les nés et par les vissiers, et toz engins qui ont mestier à ville prandre, et les eschieles des antaines des nés qui estoient si haltes que n'ere se merveille non. Et quant ce virent li Grieu, si recomencièrent la ville à reborder endroit als, qui mult ère fermé de halt murs, et de haltes torz. Ne n'i avoit si halte tor, ou il ne feissent deux estages ou trois de fust por plus halcier : ne onques nulle ville ne fu si bien hordée. Ensi laborèrent d'une part et d'autre li Grieu et li Franc grant partie del quaresme.

123. Lors parlèrent cil de l'ost ensemble, et pristrent conseil coment il se contendroient. Assez i ot parlé et avant et arriére. Mais la summe del conseil fu tel, que se Diex donoit qu'il entrassent en la ville à force, que toz li guainz qu'il issiroit fait, seroit aportez ensemble, et departiz communelment si com il devroit. Et se il estoient poestei de la cité, six homes seroient de François, et six de Venissiens, et cil jureroient sor sains, que il esliroient à Empereor celui cui il cuideroient que fust plus à profit de la terre. Et cil qui Empereres seroit par l'eslections de cels, si aroit lo quart de tote la conqueste, et dedenz la cité, et de fors, et aroit le palais de Bouchelion, et celui de Blaquerne. Et les trois pars seroient parties parmi la moitié as Venissiens, et la moitié à cels de l'ost. Et lors seroient pris douze des plus sages de l'ost des pelerins, et douze des Venissiens, et cil departiroient les fiez et les honors par les homes, et deviseroient quel service il en feroient à l'Empereor. Ensi fu ceste convenance asseurée, et jurée d'une part et d'autre des François et des Venissiens, qu'à l'issué de marz en un an, s'en porroit aler qui voldroit, et cil qui demoreroient en la terre, seroient tenu de servise à l'Empereor, tel com ordené seroit. Ensi fu faite la convenance, et asseurée, et escommenié tuit cil qui ne le tendroient.

124. Mult fu bien li navies atornez et hor-

◇◇◇

lers y demeurèrent prisonniers, avec Guillaume de Nuilly qui n'en pouvoit mais. Si bien que de quatre-vingts chevaliers qui se trouvèrent en cette trouppe, il n'y en eut un seul qui ne fût pris, ou mis à mort. Estant à remarquer, que nul n'esquiva l'armée de Venise, qu'il ne luy arrivast honte ou malheur : ce qui fait voir, que c'est sagement fait de se tenir toûjours au mieux.

122. Pour retourner à ceux qui estoient demeurez devant Constantinople, ils commencèrent à apprester leurs machines, et à dresser leurs perriéres et leurs mangoneaux sur leurs navires et leurs palandries, et generalement toutes les machines dont on se sert pour battre et prendre les villes : et eslever les eschelles le long des antennes des vaisseaux, qui estoient extrémement hautes. Ce que voyans les Grecs, ils se preparèrent à la deffense, et fortifièrent les murailles à l'endroit où les nostres faisoient leurs efforts : car quoy qu'elles fussent hautes et garnies de fortes tours, il n'y en eût une seule de ce costé-là, où ils ne fissent encor deux ou trois estages de charpenterie pour les exhausser davantage : en sorte qu'on peut dire que jamais place ne fut mieux remparée. Ainsi les Grecs et les François travaillèrent une bonne partie du caresme, les uns pour la deffense, les autres pour l'attaque.

123. La-dessus ceux de l'armée s'assemblèrent, et tinrent conseil pour aviser à ce qui estoit à faire. Les opinions debatuës, fut enfin resolu, que si Dieu leur octroyoit d'entrer de force dans Constantinople, tout le butin qu'on y feroit seroit apporté et partagé en commun : et qu'on nommeroit six personnes de la part des François, et autant des Venitiens qui jureroient sur les saints Evangiles, d'eslire Empereur celuy qu'ils jugeroient en leurs consciences le plus capable et le plus propre à regir l'estat : qu'il auroit le quart de tout ce qui seroit conquis tant dedans la ville que dehors, avec le palais de Blaquerne et celuy de Bucoleon : que le surplus seroit partagé en deux parts, dont l'une seroit aux François et l'autre aux Venitiens. Après quoy on choisiroit douze des plus sages de l'armée des Pelerins, et douze des Venitiens, qui feroient le departement des fiefs, et des honneurs, pour estre distribuez à ceux que l'on jugeroit à propos : et arresteroient le service qui seroit deu à l'Empereur pour châcun d'iceux. Ce qui fut arresté, et les conditions jurées de part et d'autre sous peine d'excommunication à quiconque y contreviendroit, avec liberté à un châcun, de la fin du mois de mars en un an, de s'en pouvoir retourner en son pays. A la charge pareillement que ceux qui demeureroient seroient tenus de servir l'Empereur suivant et conformément à ce qui seroit ordonné.

124. Ce fait, on prepara les vaisseaux, qu'on fournit de vivres et de ce qui estoit necessaire pour l'armée. Et le jeudy d'après la my-caresme ils s'embarquèrent tous dans les navires, et firent

dées, et recueillies les viandes totes às pelerins. Joesdi apres mi-quaresme, entrérent tuit es nés, et traistrent les chevaus és vissiers. Et chascune bataille si ot son naville par soi, et furent tuit coste à coste arengiés. Et furent departies les nés d'entre les galies et les vissiers, et fu grant mervoille à regarder. Et bien tesmoigne li livres, que bien duroit demie liuë Françoise li assals, si cum il ére ordenéz. Et le vendresdi matin si traistrent les nés et les galies, et les autres vassiaus vers la ville, si com ordené ére, et comance li assals mult fors, et mult durs. En mains lieus descendirent à terre, et allérent trosque às murs, et en main lieus refurent les eschiéles des nés si aprochies, que cil des tors et des murs, et cil des eschiéles s'entreferoient det des glaives de mantenant.

125. Ensi dura cel assals mult durs et mult fors, et mult fiers trosque vers hore de none en plus de cent lieus. Mais par nos pechiez furent li pelerin resorti de l'assault. Et cil qui estoient descendu à terre des galies, et des vissiers, furent remis entre à force. Et bien sachiez que plus pardirent cil de l'ost cel jour, que li Grieu. Et furent li Grieu resbaudi. Tels i ot qui se traistrent ariére de l'assault, et les vassials en quoi il estoient. Et tels i ot qui remestrent à

◇◇◇

entrer les chevaux dans les palandries. Puis à chàque bataille fut departie une petite flotte à part soy, dont les vaisseaux estoient rangez à costé l'un de l'autre : les navires ou vaisseaux ronds separez neantmoins des galéres et des palandries. Chose veritablement magnifique et belle à voir ; celte ordonnance ainsi rangée pour donner l'assaut, contenant bien de front une demie lieuë françoise d'étenduë. Le vendredy ensuivant au matin ils levérent les ancres, et à force de rames et de voiles firent approcher leurs navires, galéres, et autres vaisseaux vers la ville, rangez comme il a esté dit : où ils commencèrent une rude et cruelle attaque, prenans terre en plusieurs endroits, et venans jusqu'au pied des murailles : et en divers lieux les eschelles des navires furent approchées si prés, que tant ceux qui estoient sur la courtine, et dans les tours, que ceux qui estoient sur les eschelles combattoient à coup de lances.

125. Ainsi celte rude attaque continua en plus de cent lieux jusqu'à heure de None, que nostre malheur, ou plûtòst nos pechez, voulurent que nous en fussions repoussez; en sorte que tous ceux qui estoient descendus à terre furent recoignez à vive force, et contraints de regagner les vaisseaux et palandries. Les nostres perdirent en cet assaut sans comparaison plus que les Grecs, qui furent fort réjoüys d'avoir remporté cet avantage. Il y en eut au reste de nostre costé qui se

ancre si prés de la ville, que il getoient à perriéres et à mangonials li uns às autres.

126. Lors pristrent à la vesprée un parlement cil de l'ost et li dux de Venise, et assemblérent en une yglise d'autre part de céle part où il avoient esté logié. Là ot maint conseil doné et pris, et furent mult esmaié cil de l'ost, porce que il lor fu le jor mescheu. Assez i ot de cels qui loérent que on allast d'autre part de la ville, de céle part où ele n'ére mie hordée. Et li Venitien qui plus savoient de la mer, distrent, que se il i haloient, li corrans de l'aigue les enmenroit contré val le braz, si ne porroient lor vaistiaus arrester. Et sachiez que il avoit de cels qui volsissent que li corranz les enmenast les vaissials contre val le braz, ou li venz à cels ne cassist ne mais qu'il partissent de la terre, et allassent en voie. Et il n'ére mie mervoille, que mult érent en grant peril. Assez i ot parlé, et avant et arriére. Mais la somme del conseil si fu telx, que il ratorneroient lor afaire lendemain qui semadi ére, et le dimenche tote jor, et le lunedi iroient à l'assaut, et lieroient les nés, où les eschiéles estoient, deux et deux. Ensi assauroient deux nés une tor. Porce qu'il orent veu que à cel jour n'avoit assailli que une nés, à une tor, si estoit trop grevée chascune per soi, que cil de

◇◇◇

tinrent un peu au large après la retraite, et leurs vaisseaux éloignez : et d'ailleurs il y en eût qui ancrérent si prés des murailles, qu'ils se pouvoient s'entroffenser les uns les autres à coups de perriéres et de mangoneaux.

126. Sur le soir ceux de l'armée et le duc de Venise se rassemblérent de rechef, et tinrent conseil dans une église, au delà du lieu où ils estoient campez. Il y eut divers avis proposez et debatus sur le malheur qui leur estoit arrivé ce jour là, et qui les tenoit tous en grand émoy. Aucuns furent de sentiment qu'on devoit passer à l'autre costé de la ville, et se camper à l'endroit où elle n'estoit pas si bien fortifiée. Mais les Venitiens, qui estoient plus versez au fait de la mer, remonstrérent que s'ils y alloient, le cours de l'eau les emporteroit au courant du détroit malgré eux, sans qu'ils pùssent arréter leurs vaisseaux. Et veritablement il y en avoit qui eussent volontiers desiré que les vents et la mer eussent de la sorte entraisné toute la flotte, tout leur estant indifferent, pourveu qu'ils partissent de là, et s'en retournassent dans leurs maisons, dont toutefois il ne faut pas trop s'étonner, veu le grand péril où ils estoient. Enfin ils arretérent que le lendemain, qui estoit le samedy, et le dimanche tout le jour, ils disperoient derechef leurs affaires à un nouvel assaut, qu'ils tenteroient le lundy ensuivant : et que les navires où estoient les eschelles seroient accouplés ensemble, afin que deux de compagnie pùssent assaillir

la tor estoient plus que cil des eschiéles. Et porce si fu bon proposement que plus grevereoit deux eschiéles à une tor, que une. Ensi com il fu devisé si fu fait. Et ensi attendirent le semadi et dimenche.

127. L'emperéres Morchufles s'ére venuz herbergier devant l'assaut à une place à tot son pooir : et ot tendues ses vermeilles tentes. Ensi dura cil afaires trosque à lundi matin : et lors furent armé cil des nés et des vissiers, et cil des galies. Et cil de la ville les dotérent plus que il ne firent à premiers. Si furent si eshaudi, que sor les murs et sors les tors ne paroient se genz non. Et lors comença li assaus fiers et merveilleus. Et chascuns vaissiaus assailloit endroit lui. Li huz de la noise fu si granz, que il sembla que terre fondist. Ensi dura li assauls longuement, tant que nostre Sires lor fist lever un vent, que on appelle Boire. Et bota les nés et les vaissiaus sor la rive plus qu'il n'estoient devant. Et deux nés qui estoient liées ensemble, dont l'une avoit nom la Pelerine, et li autre li Paravis, aprochiérent à la tor l'une d'une part, et l'altre d'autre, si com Diex et li venz li mena, que l'eschiéle de la Pelerine se joint à la tor, et maintenant uns Venitiens et un chevalier de France qui avoit nom André d'Urboise, entrérent en la tor, et autre genz commence à entrer après als, et cil de la tor se desconfissent, et s'en vont.

128. Quant ce virent li chevalier qui estoient és vissiers, si s'en issent à la terre, et dreçent eschiéle à plain del mur, et montent contremont le mur par force. Et conquistrent bien quatre des tors : et il comencent assaillir des nés et des vissiers et des galies, qui ainz ainz, qui mielz mielz, et depecent bien trois des portes et entrent enz, et commencent à monter. Et chevauchent droit à la herberge l'empereor Morchuflex. Et il avoit ses batailles rengies devant ses tentes. Et cùm il virent venir les chevaliers à cheval, si se disconfissent. Et s'en va l'Empereres fuiant par les rues à chastel de Boukelion (1). Lors veissiez Griffons abatre, et chevaus gaignier, et palefroi, muls, et mules, et autres avoirs. Là ot tant des morz et des navrez, qu'il n'ére ne fins ne mesure. Grant partie des halz homes de Grece guenchirent às la porte de Blaquerne, et vespres i ére jà bas, et furent cil de l'ost laissé de la bataille et de l'ocision, et

———

une tour ; parce que l'experience leur avoit appris qu'y estans allez une à une, ils avoient esté trop grevez, ceux de châque tour estans en plus grand nombre que ceux des nostres, qui montoient aux eschelles ; lesquelles estans redoublées feroient beaucoup plus d'effet à une tour qu'une seule. Ce qu'estant ainsi conclu, ils attendirent le lundy qui avoit esté pris pour donner cet assaut.

127. Cependant l'empereur Murtzuphle s'estoit venu loger en une grande place près de là avec toutes ses forces, et y avoit fait dresser ses tentes et pavillons d'écarlate. D'autre part, le lundy arrivé, les nostres qui estoient dans les navires, les palandries, et les galéres, prirent tous les armes, et se mirent en estat de faire une nouvelle attaque ; ce que voyans ceux de la ville, ils commencérent à les craindre plus que devant : mais d'ailleurs les nostres furent étonnez de voir les murailles et les tours remplies d'un si grand nombre de soldats, qu'il n'y paroissoit que des hommes. Alors l'assaut commença rude et furieux, châque vaisseau faisant son effort à l'endroit où il estoit : et les cris s'élevérent si grands, qu'il sembloit que la terre dust abismer. Cet assaut dura long-temps, et jusques à ce que nostre Seigneur leur fit lever une forte bize, qui poussa les navires plus près de terre qu'elles n'estoient auparavant : en sorte que deux d'entre elles qui estoient liées ensemble, l'une appellée la Pelerine et l'autre le Paradis, furent portées si prés d'une tour, l'une d'un costé, l'autre de l'autre, que, comme Dieu, et le vent les conduisit là, l'eschelle de la Pelerine s'alla joindre contre la tour. Et à l'instant un Venitien et un chevalier françois, appellé André d'Urboise, y entrérent, suivis incontinent après de nombre d'autres, qui tournérent en fuitte ceux qui la gardoient, et les obligérent à l'abandonner.

128. Les chevaliers qui estoient dans les palandries ayans veu que leurs compagnons avoient gagné la tour, sautérent à l'instant sur le rivage ; et ayans planté leurs eschelles au pied du mur, montérent contremont à vive force, et conquirent encore quatre autres tours. Les autres animez de leur exemple commencérent de leurs navires, palandries et galéres, à redoubler l'attaque à qui mieux mieux, enfoncérent trois des portes de la ville, entrérent dedans, et ayans tiré leurs chevaux hors des palandries, montérent dessus et allérent à toute bride au lieu où l'empereur Murtzuphle estoit campé. Il avoit rangé ses gens en bataille devant ses tentes et pavillons ; lesquels comme ils virent les chevaliers montez sur leurs chevaux de combat venir droit à eux, se mirent en fuite, et l'Empereur mesme, s'en alla courant dans les ruës, et fuyant au chasteau ou palais de Bucoleon. Lors vous eussiez veu abatre Grecs de tous costez, les nostres gagner chevaux, palefrois, mulets, et autre butin : et tant de morts et de

———

(1) Le palais de Bucoléon, bâti au bord de la mer, à peu de distance, à l'ouest, de Constantinople, était ainsi appelé parce qu'on y voyait une sculpture sur marbre blanc, représentant le combat d'un bœuf contre un lion.

si comencent à assembler en une place granz qui estoit dedenz Constantinople. Et pristrent conseil, que il se herbergeroient prés des murs et des tors, que il avoient conquises, que il ne cuidoient mie que il eussent la ville vaincue en un mois; les forz yglises, ne les forz palais, et le pueple qui ére dedenz. Ensi com il fu devisé si fu fait.

129. Ensi se herbergiérent devant les murs et devant les tors prés de lor vaissials. Li cueus Baudoins de Flandres et de Hennaut se herberja és vermeilles tentes l'empereor Morchuflex, qu'il avoit laissées tendues, et Henris ses fréres devant le palais de Blaquerne. Bonifaces li marchis de Monferrat, il et la soe gent, devers l'espès de la ville. Ensi fu l'oz herbergié com vos avez oï, et Constantinople prise le lundi de Pasque florie, et li cuens Loeys de Bloys et de Chartain avoit langui tot l'iver d'une fiévre quartaine, et ne se pot armer. Sachiez que mult ére grant domages à cels de l'ost, que mult i avoit bon chevalier de cors, et gisoit en un vissiers. Ensi se reposérent cil de l'ost céle nuit, qui mult érent lassé. Mais l'emperéres Morchuflex ne reposa mie: ainz assembla totes ses genz, et dist que il iroit les Frans assaillir: mais il nel fist mie com il dist, ainz chevauça vers autres rues plus loing qu'il pout de cels de l'ost. Et vint a une porte que on apelle porte Oirée, par enqui fui, et guerpi la cité. Et aprés lui s'enfui qui fuit en pot: et de tot ce ne sorent noient cil de l'ost.

130. En céle nuit devers la herberge Boniface le marchis de Monferrat, ne sai quel genz qui cremoient les Grex qui nes assaillissent, mistrent le feu entr'aus et les Grex. Et la ville comence à esprendre, et à alumer mult durement: et ardi tote céle nuit, et lendemain trosque al vespre. Et ce fu li tiers feu en Constantinople dés que li Franc li vindrent el païs: et plus ot ars maison qu'il n'ait és trois plus granz citez del roialme de France. Céle nuit trespassa, et vint li jors qui fu al mardi maitin, et lors s'armérent tuit par l'ost, et chevalier et serjant, et traist chascun à sa bataille: et issirent des herberges, et cuidérent plus grant bataille trover que il n'avoient fait, qu'il ne savoient mot que l'Emperéres s'en fust fuist. Le jor si ne trovérent onques qui fu encontre als.

131. Li marchis Bonifaces de Monferrat chevaucha tote la matinée droit vers Bochedelion. Et quand il vint là, se li fu rendu salves les vies à cels qui dedenz estoient. Là fu trové li plus des haltes dames del munde, qui estoient fuies el chastel, que là fu trovée la suer le roy

⋄⋄⋄

blessez qu'ils ne se pouvoient nombrer. La pluspart des principaux Seigneurs grecs se retirérent vers la porte de Blaquerne. Comme le soir approchoit desja, et que nos gens estoient las et fatiguez du combat et du carnage, ils sonnérent la retraite, se rallians en une grande place, qui estoit dans l'enceinte de Constantinople, puis avisérent de se loger cette nuit prés des murailles et des tours qu'ils avoient gagnées: n'estimans point que d'un mois entier ils pussent conquerir le reste de la ville, tant il y avoit d'églises fortes, et de palais, et autres lieux où l'on se pouvoit deffendre, outre le grand nombre de peuple qu'il y avoit dans la ville.

129. Suivant cette resolution, ils se logérent devant les murs et les tours prés de leurs vaisseaux. Le comte Baudoüin de Flandres s'alla loger dans les tentes d'écarlate de l'empereur Murtzuphle, qu'il avoit laissées toutes tendues: Henry son frere devant le palais de Blaquerne, et le marquis de Montferrat avec ses gens dans le quartier plus avancé de la ville. Ainsi l'armée prit ses logemens, et Constantinople fut prise d'assaut le lundy de Pasques fleuries. Le comte Louys de Blois avoit esté detenu en langueur tout le long de l'hyver d'une fiévre quarte, qui l'avoit empesché de prendre les armes en cette occasion, et le tenoit encore lors malade dans un vaisseau, ce qui fut un grand dommage pour l'armée, dautant qu'il estoit fort brave et vaillant de sa personne. Cette nuit les nostres reposérent estant fatiguez du combat du jour precedent: ce que l'empereur Murtzuphle ne fit pas, mais ayant assemblé tous ses gens feignit de vouloir aller donner une camisade aux François: et au lieu de le faire comme il avoit avancé, il se détourna par d'autres rues, le plus loing qu'il pût de nos gens, tant qu'il gagna la porte Dorée, par où il s'enfuit, et abandonna la ville. Et aprés luy s'évadérent tous ceux qui le peurent, sans que ceux de l'armée s'en apperçussent.

130. Cette nuit à l'endroit où le marquis de Montferrat avoit pris ses logemens, quelques gens qui craignoient que les Grecs ne les vinssent attaquer, mirent le feu au quartier qui les separoit: lequel à l'instant s'alluma et prit de sorte, qu'il dura toute nuit et le lendemain jusques au soir. Ce fut le troisiéme embrasement avenu à Constantinople depuis que les François vinrent en ce pays là, et qui consomma plus de maisons qu'il n'y en a en trois des plus grandes villes de France. Le lendemain au matin qui fut le mardy, si tost qu'il commença à faire jour tous les chevaliers et gens de pied de l'armée prirent les armes, et sortans de leurs logemens se rangérent chacun en sa bataille, estimans qu'ils auroient encores plus à combattre qu'ils n'avoient fait, ne sachans pas que l'Empereur eut pris la fuitte; mais ils ne trouvérent personne qui leur fit résistance.

131. Le marquis Boniface de Montferrat fit marcher ses trouppes toute la matinée droit vers le palais de Bucoleon, qui luy fut rendu par ceux de

de France qui avoit esté Empererix, et la suer le roy de Hongrie qui avoit esté Empererix : et des haltes dames mult; del tresor qui ére en cel palais ne convint mie à parler, quar tant en avoit, que ne fins ne mesure. Autressi cum cil palais fu renduz le marchis Bonifaces de Monferrat; fu rendux cil de Blaquerne à Henris frere le comte Baudoin de Flandres, sals les cors à celz qui estoient dedenz. La refu li tresor si tres granz trovez, que il n'en n'i ot mie mains qu'en celui de Bokedelion.

132. Chascuns garni le chastel qui li fu renduz de sa gent, et fist le tresor garder. Et les autres genz qui furent espandu parmi la ville, gaaigniérent assez, et fu si granz la gaaiez fait, que nus ne vos en sauroit dire la fin d'or et d'argent, et de vasselement, et de pierres precieuses, et de samiz, et de dras de soie, et de robes vaires, et grises, et hermines, et toz les chiers avoirs qui onques furent trové en terre. Et bien TESMOIGNE JOFFROI DE VILLE-HARDOIN LI MARESCHAUS DE CHAMPAIGNE à son escient por verté, que puis que li siecles fu estorez, ne fu tant gaaignié en une ville.

133. Chascuns prist ostel tel cum lui plot, et il en i avoit assez. Ensi se herberja l'ost des pelerins et des Venitiens, et fu granz la joie de l'onor et de la victoire que Diex lor ot donée, que cil qui avoient esté en poverté estoient en richeçe et en delit. Ensi firent la Pasque florie, et la grant Pasque aprez, en cele honor, et en cele joie que Diex lor ot donée. Et bien en dûrent nostre Seignor loer, que il n'avoient mie plus de vingt mil homes armez entre uns et altres, et par l'aie de Dieu si avoient pris de quatre cens mil homes ou plus : et en plus fort ville qui fust en tot le munde, qui grant ville fust, et la mielz fermée. Lors fu crié par tote l'ost, de par li marchis Bonifaces de Montferrat qui sires ére de l'ost, et de par les barons, et de par le duc de Venise, que toz li avoirs fust aportez et assemblez, si com il ére asseuré et juré, et fais escomuniemenz : et furent nomé li leu en trois yglises et la mist on gardes de François et des Venitiens, des plus loiaus que on pot trover. Et lors comença chascuns à aporter le gaieng, et à metre ensemble.

134. Li uns aporta bien, et li autres mauvaisement, que convoitise qui est racines de toz mals ne laissa, ainz comenciérent d'enqui en avant li covotous à retenir les choses. Et nostre Sires les comença mains à amer. Ha ? Diex com s'estoient leialment demené trosque à cel point. Et damle Diex lor avoit bien mos-

---

dedans, leurs vies sauves : les plus grandes princesses du monde qui s'y estoient retirées, y furent trouvées, sçavoir la sœur du roy de France, laquelle avoit esté Imperatrice; et la sœur du roy de Hongrie, qui l'avoit esté pareillement, avec plusieurs autres dames de haute condition. Je ne parle point des inestimables richesses qui estoient en ce palais, lequel au mesme temps qu'il fut rendu au marquis de Montferrat, celuy de Blaquerne vint aussi en la joüyssance de Henry frere du comte de Flandres, sous les mesmes conditions, et y fut trouvé un trésor non moindre qu'en celuy de Bucoléon.

132. Châcun d'eux garnit de ses gens le château qui luy fut rendu, et fit soigneusement garder les richesses qui y estoient : mais les autres qui s'estoient épandus par la ville, y firent un notable butin, qui fut tel, qu'on ne peut exprimer combien ils gaguérent d'or et d'argent, de vaisselles, pierres précieuses, de velours et autres draps de soye, et fourrures exquises, de martes, de vairs, de gris, et d'hermines, et autres semblables precieux meubles : en sorte qu'on peut dire veritablement, que depuis la creation du monde, jamais ne fut fait si grand butin en ville conquise.

133. Toute l'armée se logea comme il luy plût, y ayant suffisamment dequoy, tant les pelerins que les Venitiens, parmy lesquels la réjoüyssance fut grande pour cette signalée victoire que Dieu leur avoit donnée : au moyen de laquelle ceux qui auparavant estoient reduits à une extréme pauvreté et misère, se trouvérent en un instant dans une abondance de tous biens et de delices. Et ainsi passérent le jour des Rameaux et la feste de Pasques ensuivant dans des sentimens d'une joye extraordinaire; ayans tous les sujets imaginables de rendre graces à Dieu, de ce que n'ayans en tout en leur armée que vingt mil hommes de guerre, ils s'estoient rendus maistres de plus de quatre cens mil hommes dans la plus forte ville, la plus grande, et la mieux fermée qui fût au monde. Alors fut fait un ban et cry public en tout le camp de par le marquis de Montferrat comme general de l'armée, des barons, et du duc de Venise, que tout le butin fût apporté en commun, comme on y estoient obligé par serment et sous peine d'excommunication. Pour le rassembler trois églises furent choisies, dont on donna la garde à certain nombre de François et de Venitiens, des plus gens de bien et des plus loyaux qu'on pût choisir : ensuitte dequoy châcun commença à apporter le butin qu'il avoit fait au pillage de la ville, pour le mettre en commun.

134. Aucuns en usérent bien et fidellement, les autres non; car ceux-cy portez de convoitise, qui est la source et la racine de tous maux, commencérent de là en avant à faire leur cas à part, et à retenir ce qu'ils avoient pris : ce qui fut cause que nostre Seigneur commença à les aimer moins. Hà bon Dieu! qu'ils s'estoient jusques là bien com-

tré, que de toz lor affaires les avoit honorez, et essauciez sor tote l'autre genz. Et maintes foiz ont domages li bon por les malvais. Assemblez fu li avoirs, et li gains. Et sachiez que il ne fu mie aporté tot avant, assemblez fu et despartiz des Frans et des Venitiens par moitié si com la compaignie ére jurée. Et sachiez quant il orent parti, que il paièrent de la lor partie cinquante mil mars d'argent as Venitiens, et bien departirent cent mil entr'als ensemble par lor gent. Et savez coment? deux serjanz à pié contre un à cheval, et deux serjanz à cheval contre un chevalier. Et sachiez que onques on ne ot plus altesces que il eust, si ensi non com il fu devisé et fais, se emblez ne fu. Et de l'embler cels qui en fu revoiz sachiez que il en fu fais granz justice. Et assez en i ot de penduz.

135. Li cuens de Sain Pol en pendi un suen chevalier l'escu al col, qui en avoit retenu. Et mult i ot de cels qui en le retindrent des petiz et des granz : mès ne fu mie seu. Bien poez savoir que granz fu li avoirs, que sanz celui qui fu emblez, et sanz la partie des Venitiens, en vint bien avant cinq cens mil mars d'argent, et bien dix mil chevaucheures que unes que autres.

◇◇◇

portez, et avec beaucoup de loyauté ; aussi Dieu leur avoit bien monstré qu'il les avoit pris en sa protection, et leurs affaires, et qu'il les avoit honoré et élevé par-dessus tous autres : mais le plus souvent les bons patissent pour les mauvais. Le butin donc fut ramassé et mis ensemble au mieux qu'on pût, et ce qui se trouva (le tout n'ayant pas esté rapporté) fut partagé sur le champ entre les François et les Venitiens par moitié, suivant qu'il avoit esté arresté. Ce partage estant fait, les nostres prirent sur leur part cinquante mille marcs d'argent, pour achever le payement qu'ils devoient faire aux Venitiens, et le surplus montant à cent mil fut partagé entre eux de la sorte ; sçavoir, deux pietons eurent autant comme un homme de cheval, et deux hommes de cheval autant qu'un chevalier. Jamais il n'y eût eu rien de plus glorieux, si ce qu'on avoit arresté eût esté executé fidellement, et que le butin n'eût esté détourné : on fit toutefois rigoureuse justice de ceux que l'on pût convaincre d'en avoir retenu quelque chose, dont il y eût plusieurs de pendus.

135. Le comte de Saint Paul fit mesme pendre un de ses chevaliers l'escu au col, accusé et convaincu d'en avoir retenu. Il y en eût nombre d'autres tant de haute que de basse condition qui ne le rapportèrent pareillement, quoy qu'il ne leur appartint point avec justice. Il est aisé de juger de là combien fut grand le butin qui se fit dans Constantinople, veu que sans celuy qui fut caché et recellé, et sans la part des Venitiens, les nostres eurent bien quatre cent mil marcs d'argent, et

Ainsi fu departiz li gaienz de Constantinople, com vos avez oï.

136. Lors assemblèrent à un parlement, et requirrent li communs de l'ost ce que il voloient faire, si com devisé ére. Et tant parlèrent que il pristrent un autre jor. Et à cel jor seroient eslit li douze, sus qui seroit l'eslection. Et ne pooit estre que à si grant honor, com de l'empire de Constantinople, n'en n'i aust mult des habaans et des envious. Mais la grant discorde i fu del conte Baudoin de Flandres et de Hennaut, et del marchis Boniface de Monferrat. Et de ces deux disoient tote la gent, que li uns le seroit. Et quant ce virent li preudome de l'ost, qui taignoient à l'un et à l'autre, si parlèrent ensemble, et distrent. Seignor, se on eslit l'un de ces deux hals homes, li autres aura tel envie qu'il emmenra tote la gent. et ensi se puet pardre la terre, quar altressi dût estre perduë céle de Jerusalem, quant il eslistrent Godefroi del del Buillon, quant la terre fu conquise. Et li cuens de Sain Gille en ot si grant envie, qu'il porchacier as autres barons, et à toz cels qu'il se partissent de l'ost. Et s'en alla assez de la gent, que cil remestrent si poi, que se

◇◇◇

plus de dix mil montures, tant chevaux de service, que bestes de somme. Tel donc fut le partage de tout le butin fait dans Constantinople.

136. Après cela ils s'assemblèrent et tinrent conseil pour aviser avec le corps de l'armée de ce qui estoit à faire touchant ce qui avoit esté arresté entre eux : où il fut resolu aprés plusieurs avis, qu'on prendroit un autre jour, auquel on esliroit douze personnes pour creer un Empereur. Il ne faut pas doûter qu'il n'y eût beaucoup d'abbayans aprés un honneur et une dignité si relevée, telle que de l'empire de Constantinople. Mais les principaux contendans furent Baudoüin, comte de Flandres et de Hainault, et Boniface marquis de Montferrat : chácun jugeant bien que l'un de ces deux ne manqueroit de l'emporter. Ce que voyans les gens de bien qui tenoient le party de l'un et de l'autre, parlèrent ensemble et dirent : « Seigneurs,
» si l'on vient à eslire l'un de ces grands et puis-
» sans princes, il est à craindre que l'autre n'en
» conçoive une telle envie, qu'il n'emmene quant
» et soy une grande partie de l'armée ; et ainsi
» toutes nos conquestes se pourront perdre, de la
» mesme façon qu'il pensa arriver à la Terre sain-
» te, lorsqu'aprés qu'elle fut conquise on eslut
» Godefroy de Bouillon pour roy, le comte de Saint
» Gilles en ayant eu une telle jalousie, qu'il sol-
» licita les seigneurs et barons, et autres de s'en
» retourner : en sorte que plusieurs se retirérent,
» et en demeura si peu, que si Dieu ne les eût as-
» sistez particulierement on eût esté en danger de
» perdre toute la Terre d'outremer. C'est pourquoy

Diex nes aust sostenuz, que pardue fust la terre. Et porce se devons garder que altressi ne nos aviegne Ne mais porchaçons coment nos les reteignons ambedeus, que celui cui Diex donra qui soit esliz d'aus à Empereor, que li autres en soit liéz. Et cil doint à l'autre tote la terre d'autre part del braz deveis la Turkie, et l'isle de Crete, et cil en sera ses hom. Ensi les porrons ambedeus retenir. Ensi com il fu devisé si fu fait. Et l'otroièrent andui mult debonnairement. Et vint li jorz del parlement, que li parlemenz assembla, et furent eslit li douze, six d'une part, et six d'autre. Et cil jurèrent sor Sainz, que il esliroient à bien et à bone foi celui qui plus grant mestier i auroit, et qui mieldres seroit à governer l'Empire. Ensi furent eslit li douze. Et un jor pris assemblèrent à un riche palais ou li dux de Venise ère à ostel, un des plus bials del munde.

137. Là ot si grant assemblée de gent, que ce n'ére si grant mervoille non, chascuns voloir veoir qui seroit esliz. Appellé furent li douze qui devoient faire l'eslections. Et furent mis en une mult riche chappelle, qui dedenz le palais ére. Et dura li conseils tant que il furent à un accort, et cargièrent lor parole par le creant de toz les autres a Nevelon li evesque de Soissons, qui ére

◇◇◇

» prenons garde à ce que le semblable ne nous
» arrive, et faisons si bien que nous les retenions
» tous deux ; et que Dieu ayant octroyé à l'un
» d'estre Empereur, l'autre en soit satisfait et
» content. Et pour y parvenir, il faut que celuy
» qui aura l'empire donne à l'autre toutes les ter-
» res de delà le canal vers la Turquie, avec l'isle
» de Candie, dont il luy fasse foy et hommage,
» et en soit son homme lige, et par ce moyen
» nous les pourrons retenir l'un et l'autre. » Ce qui fut accordé, et mesmes arresté par tous le deux. Cependant vint le jour pris pour l'assemblée, auquel furent esleus les douze, six d'une part et six d'autre, qui jurèrent sur les saints Evangiles, de bien et fidelement eslire celuy, qu'en leurs consciences ils jugeroient le plus capable à tenir l'Empire, et estre le plus utile au bien commun des affaires. Après quoy fut assigné un autre jour, pour proceder à l'eslection : lequel escheu, ils s'assemblèrent à l'hostel du duc de Venise, qui estoit l'un des beaux palais du monde.

137. Là se trouva une grande multitude de gens ; et non sans raison, châcun estant attiré par la curiosité, et porté du desir de sçavoir qui seroit esleu. Les douze qui devoient faire l'élection y furent mandez, et mis en une fort riche chappelle qui estoit dans le palais, où ils tinrent conseil, tant qu'ils furent tous tombez dans un mesme sentiment, et chargèrent Nevelon evesque de Soissons, qui estoit l'un des douze, de porter la pa-

un des douze, et vindrent fors là où li baron furent tuit, et li dux de Venise. Or poez savoir qu'il fu de maint hom esgardé, et por savoir quels li eslections seroit. Et li evesque lor mostra la parole et lor dist. Seignor nos somes accordé, la Dieu merci, de faire Empereor : et vous avez tuit juré, que celui cui nous eslirons à Empereor, vous los tendrez por Empereor. Et se nus en voloit être encontre, que vous le seriez aidant, et vous le nommerons en l'eure que Diex fu nés, le conte Baudoin de Flandres et de Hennaut. Et li criz fu levez de joie al palais. Si l'emportèrent del mostier. Et li marchis Bonifaces de Montferrat l'emporte tute avant d'une part enz el mostier et li fait tote l'onor que il pot. Ensi fu esliz li cuens Baudoins de Flandres et de Hennaut à Empereor, et li jors pris de son coronement à trois semaines de Pasques. Or poez savoir que mainte riche robbe i ot faites por le coronement, et il orent bien de quoi.

138. Dedenz le terme del coronement, espousa li marchis Boniface de Monferrat l'Empereris, qui fu fame l'empereor Sursac, qui ére suer le roi d'Hungrie. Et en cel termine, si morut un halz barons de l'ost, qui avoit nom Oedes li champenois de Chanlite. Et fu mult

◇◇◇

role pour les autres : puis sortirent et vinrent dehors où estoient tous les barons, et le duc de Venise. Vous pouvez assez presumer qu'ils furent regardez de plusieurs, ausquels il tardoit de sçavoir qui auroit esté esleu. Lors l'evesque leur dit : « Seigneurs, nous sommes Dieu mercy tombez
» d'accord de faire un Empereur ; vous avez tous
» juré et promis de tenir et reconnoistre celui qui
» sera par nous esleu ; et que si aucun vouloit y
» contredire, vous luy ayderez de tout vostre pou-
» voir, nous vous le nommerons donc à l'heure
» que Jesus-Christ fut né : c'est Baudoüin comte
» de Flandres et de Hainault. » A l'instant se leva un grand cry d'allegresse par tout le palais ; et de ce pas les barons l'emportèrent droit à l'eglise ; mesmes le marquis de Montferrat, avant tous les autres, qui lui rendit tous les honneurs dont il pût s'aviser : ainsi Baudoüin comte de Flandres fut eslu empereur, et le jour pris de son couronnement à trois semaines après Pasques. Cependant châcun fit ses preparatifs pour s'équipper le plus richement qu'il pourroit, ayans tous dequoy pour cela.

138. Dans le temps du couronnement, Boniface marquis de Montferrat espousa l'Impératrice veuve de l'empereur Isaac, et sœur du roy de Hongrie. En ces mesmes jours mourut un grand seigneur de l'armée qui se nommoit Eudes le champenois de Champlite, qui fut fort plaint et regretté par Guillaume son frere et ses autres amis, et fut en-

plainz, et ploré de Guillelme son freres, et de sus autres amis. Et fu enterrez al mostier des Apostres à grant honor

139. Li termes del coronement aproiça, et fu coronéz à grant joie et à grant honor l'emperéres Baudoins al mostier Sainte Sophie, en l'an de l'incarnation Jesu Christ M. CC. ans et IV. De la joie, ne de la feste, ne convient mie à parler, que tant en fissent li baron et li chevalier cum ils plus porent. Et li marchis Bonifaces de Monferrat (1), et li cuens Loeys l'honorérent cum lor Seignor. Aprés la grant joie del coronement, en fu menez à grant feste et à grant procession el riche palais de Bokelion, que onques plus riches ne fu veuz. Et quant la feste fu passée, si parla de ses affaires.

140. Bonifaces li marchis de Monferrat li requist ses convenances que il li attendist, si com il li devoit donner la terre d'oltre le braz devers la Turchie, et l'isle de Crete. Et l'Emperéres le conùt bien que il li devoit faire, et que il le li feroit mult volentiers. Et quant ce vit li marchis de Monferrat, que l'Emperéres li voloit attendre ses convenances si debonairement, si le requist que en eschange de céle

terre, li donnast le roialme de Salonique (2), porce que il ére devers le roy de Hungrie, cui seror il avoit à fame. Assez en fu parlé en maintes manieres : més totes voies fu la chose menée à tant que li Emperéres li otroia. Et cil en fist homage, et fut mult grant joie por to l'ost. Porce que li Marchis ére un des plus proissiez chevaliers dou monde, et des plus amez chevaliers, que nus plus largement ne lor donoit. Ensi fu remés en la terre li marchis de Monferrat com vos avez oi.

141. Li emperéres Morchuflex n'ére mie eslongniez encor de Constantinople quatres jornées. Et si en avoit amenée avec lui l'Empererix qui ére fame l'empereor Alexis, qui devant s'en ére fuis, et sa fille. Et cil emperéres Alexis ert à une cité, que on apele Messinople, à tote lo soe gent, et tenoit encore grant partie de la terre. Et lors se departirent li halt home de Grece, et grant partie en passa oltre le Braz par devers la Turchie, et chascun faisit de la terre endroit soi tant com lui plot, et par les contrées de l'Empire autres chascuns vers son païs. Et l'emperéres Morchuflex ne tarda gaires quil prist une cité qui ére à la merci de monseignor l'empereor Baudoin venue, que on appelle le

⟨⟩⟨⟩

139. Le jour du couronnement arrivé, l'empereur Baudoüin fut couronné avec grande réjoüyssance et magnificence en l'église de Sainte Sophie, l'an de l'Incarnation de nostre Seigneur mil deux cens et quatre ; où le marquis Boniface de Montferrat, et le comte Louys de Blois se trouvérent, et luy rendirent leurs devoirs comme à leur souverain Seigneur ; comme firent encore tous les autres barons et chevaliers. De là il fut mené à grande pompe et suitte de gens au riche et superbe palais de Bucoleon : et quand la ceremonie fut passée il commença à vacquer à ses affaires.

140. Le marquis de Montferrat d'abord luy fit instance, que suivant ce qui avoit esté convenu, il fust investy des terres d'outre le canal vers la Natolie, ensemble de l'isle de Candie. Ce que l'Empereur, connoissant la justice de sa demande, luy accorda volontiers. Et comme le Marquis eût veu la bonne volonté de l'Empereur, qui se portoit si franchement luy garder parole, il s'avisa de luy demander, qu'en eschange de ce pays-là, il luy donnàt le royaume de Thessalonique, parce qu'il confinoit aux terres du roy de Hongrie, dont il avoit espousé la sœur. Cela fut debatu quelque

terré avec grande ceremonie en l'église des Saincts Apostres.

temps, mais enfin accordé par l'Empereur, auquel le Marquis en fit hommage. Et la réjoüyssance en fut grande au camp, dautant que le marquis estoit l'un des plus vaillans et des meilleurs chevaliers du monde, chery et aimé de tous les chevaliers et soldats à cause des largesses et liberalitez qu'il leur faisoit au delà de tous les autres. Par ce moyen le marquis de Montferrat demeura dans les terres nouvellement conquises.

141. L'empereur Murtzuphle cependant ne s'estoit pas éloigné de Constantinople plus de quatre journées, et avoit emmené quant et soy la femme et la fille de l'empereur Alexis, qui avoit auparavant usurpé l'Empire sur son frere Isaac, et s'en estoit fuy. Cét Alexis estoit lors à une ville nommée Messynople avec ses trouppes, et tenoit une grande partie des provinces circonvoisines. D'autre part les plus grands seigneurs grecs s'écartérent çà et là, tant dans la Natolie outre le détroit, qu'és autres endroits de l'Empire, où chăcun d'eux se rendit maistres des provinces et places qui estoient en leur bien seance. Murtzuphle pareillement prit vers ce mesme temps une ville qui estoit venuë à l'obéïssance de l'empereur Baudoüin, appelée Tzurulum, qu'il saccagea entierement, et enleva tout ce qu'il y pût rencontrer.

---

(1) La chronique grecque de Romanie, nous apprend qu'à la suite du couronnement de Beaudoin, les Lombards se plaignirent hautement de ce qu'on n'avait point choisi le marquis de Montferrat ; la sagesse de Henri Dandolo apaisa les mécontens.

(2) Salonique ou Thessalonique, appelée par les Turcs *Selaniki*, est, après Constantinople, la cité la plus commerçante de la Turquie d'Europe ; on compte dans Salonique 70,000 habitans, Turcs, Juifs et Grecs.

142. Quant la novelle vint à l'empereor Baudoin, si prist conseil às barons et al duc de Venise. Li conseil si fu tels, qu'il s'accordérent quil issist fors à tote s'ost et por conquerre la terre, et laissast Constantinople garnie, qui ére novellement conquise, et ére poplée de Grex, qu'elle fu seure. Ensi fu li conseils acordé, et li ost semuncé, et devisé cil qui demoroient en Constantinople. Remest li cuens Loeys de Bloys et de Chartayn qui malades ére, et n'ére mie encor gariz; et li dux de Venise, et Coenes de Betune remest el palais de Blaquerne et de Bochelion por garder la ville : et Joffroi li mareschaus de Champaigne, et Miles le Braibanz, et Manassiers de l'Isle à totes lor gens, et tuit tuit li autre s'atornérent por aller en l'ost avec l'Empereor.

143.Ançois que l'emperéres Baudoin partist de Constantinople, s'en parti Henris ses freres par son commandement bien à tot cent de mult bone gent, et chevaucha de cité en cité, et de chascune ville là où il venoit, les genz faisoient le fealté l'Empereor. Ensi alla trosque à Andrenople (1), qui ére mult bone citez et riche. Et cil de la cité le reçurent encontre volentiers, et firent fealté l'Empereor. Lors se herberja en la ville, il et sa gent, et enqui sejorna tant que l'emperéres Baudoin vint. L'emperéres Morchuflex com il oï qu'il venoient, issi, si nes osa attendre, ainz fui toz jorz deux jornées ou trois devant. Et ensi s'en alla trosque Messinople, ò l'empererère Alexit ére, et l'envoia ses messages, et li manda que il aideroit, et feroit tot son commandement. Et l'emperéres Alexis respondi, que bien fust il venuz come ses fil, que il voloit que il avoit sa file à fame, et feroit de lui son fil. Ensi se herberja l'emperéres Morchuflex devant Messinople. Et tandi ses trés et ses paveillons, et cil fu herbergié dedenz la cité. Et lors parlérent ensemble, et distrent que il seroient tuit une chose. Ensi sejornérent ne sai quanz jorz, cil en l'ost, et cil en la ville. Et lors semont l'emperére Alexis l'empereor Morchuflex, que il venist à lui mengier, et iroient ensemble al bainz. Ensi com il fu devisé si fu fait.

144. L'emperéres Morchuflex com il fu dedenz sa maison, l'emperéres Alexis l'appella en une chambre, et le fist jetter à terre, et traire les cels de la teste, en tel traïson com vos avez oï. Or oiez se cest genz devroient terre tenir,

⬦⬦⬦

142. La nouvelle de cette prise ayant estée portée à l'empereur Baudoüin, il prit conseil des barons et du duc de Venise, qui furent d'avis que sans differer davantage il eût à se mettre promptement en campagne avec son armée pour conquerir les terres de l'Empire, et laissât Constantinople (qui avoit esté nouvellement prise, et estoit peuplée de Grecs) garnie d'un nombre suffisant de trouppes pour la garder. Suivant le conseil, fut arresté, que l'armée marcheroit; et ceux qui devoient demeurer pour la garde de la ville furent choisis; sçavoir le comte Louys de Blois et de Chartres, qui estoit encore indisposé, et n'estoit pas entierement guery de sa maladie, le duc de Venise, et Conon de Bethune, qui demeurérent és palais de Blaquerne et de Bucoleon; Geoffroy mareschal de Champagne, Miles de Brabans, et Manasses de l'Isle, avec leurs gens de guerre, et tous les autres se préparérent pour accompagner l'Empereur en son voyage.

143. Mais avant que l'Empereur partist de Constantinople, Henry son frere alla devant avec cent bons hommes d'armes de ville en ville; et à chacune d'icelle où il arrivoit, les habitans venoient soûs l'obeïssance de l'Empereur, et lui faisoient serment de fidelité. Et ainsi donna jusques à Andrinople, ville tres-bonne et riche, où il fut bien reçeu des habitans, qui firent le mesme serment et hommage; puis s'y logea avec ses trouppes attendant son frere, qui y arriva quelques jours après. D'abord que l'empereur Murtzuphle eût avis de la marche de l'armée françoise, il n'oza l'attendre, et s'en alla tousjours fuyant devant elle deux ou trois journées, tant qu'il arriva vers Messynople, où estoit l'empereur Alexis, auquel il envoya ses ambassadeurs, pour luy faire entendre qu'il estoit prest de luy donner son secours, et de luy obeïr en ce qu'il desireroit. A quoy l'empereur Alexis fit response, qu'il seroit le bien venu et le receveroit comme son fils, et vouloit luy donner sa fille en mariage. Cependant Murtzuphle campa, et prit ses logemens devant Messynople, où il fit dresser ses pavillons, tandis qu'Alexis estoit en la ville. Et l'un et l'autre s'estaus abouchez, ils se donnérent la foy de s'ayder reciproquement, et de n'avoir plus là en avant que des interests communs. En suitte de ce traité ils sejournérent quelques jours, l'un en son camp, l'autre en la ville; tant qu'Alexis voyant Murtzuphle hors de soupçon, il l'invita à disner chez luy, pour en suitte aller prendre les les bains ensemble. Ce qui fut fait comme il avoit esté proposé.

144. Mais à l'instant que l'empereur Murtzuphle fut entré dans la maison d'Alexis, il le fit entrer en une chambre, où l'ayant fait jetter par terre, on luy arracha les yeux de la teste. On peut juger par cét exemple si des personnes si perfides devoient

---

(1) Andrinople, capitale de la Romélie, appelée par les Turcs *Ederneh*, bâtie sur les bords de la rivière Tundja, renferme environ 100,000 habitans musulmans ou chrétiens.

ne perdre, qui si grant crualtez faisoient li un des autres. Et quant ce oïrent cil de l'ost l'empereor Morchuflex, si se desconfissent, et tornent en fuies, li uns çà, et li altres la, et de tels i ot qui allérent à l'empereor Alexis, et li obeïrent comme à seignor, et ramestrent entor lui.

145. Lors s'esmut l'emperéres Baudoins à tote s'ost de Constantinople, et chevauça tant que il vint à Andrenople. Qui trova Henri ses frere, et les autres genz qui avec lui furent. Totes les genz parmi là où il passa, vindrent à lui à sa merci et à son commandement. Et lors vint la novelle que l'emperéres Alexis avoit traiz les œils à l'emperére Morchuflex. Mult en fu grant parole entr'aus, et bien distrent, que il n'avoient droit en terre tenir, que si desloialment traitoient li uns l'autre. Lors fu li conseils l'empereor Baudoins qu'il chevaucheroit droit à Messinople ou l'emperéres Alexis ére, et li Grex d'Andrenople le requistrent cum à Seignor qu'il lor laissast la ville garnie por Johan le roi de Blakie et de Bougrie, qui guerre lor faisoit sovent. Et l'emperéres Baudoins i laissa Eude Salebruit qui ére uns chevalier de Flandres mult preuz et mult vaillant, à tot quarante chevalier de mult bone gent, et cent serjanz à cheval.

146. Ensi s'en parti l'empereor Baudoins d'Andrenople, et chevauça vers Messinople, où il cuida l'empereor Alexis trover. Totes les terres par là où il passa, vindrent à son commandement et à sa merci. Et quant ce vit l'emperéres Alexis, si vuide Messinople, et s'enfui. Et l'emperéres Baudoins chevaucha tant que il vint devant Messinople. Et cil de la ville vont encontre lui, et li rendent la ville à son commandement. Et lors dist l'emperéres Baudoins que il sejorneroit por attendre Boniface li marchis de Monferrat, qui n'ére mie encor venuz en l'ost, porce que il ne pot mie si tost venir com l'Empereor, qu'il en amenoit avec lui l'Empererix sa fame, et chevaucha tant que il vint vers Messinoples sor le flum, et enchi se herberja, et fit tendre ses tres, et ses paveillons, et lendemain alla parler à l'empereor Baudoin, et lui veoir, et li requist sa convenance.

147. Sire (fait-il) novelles me sunt venues de Salenike, que la gent del païs me mandent, que il me recevront volentiers à Seignor, et je en sui vostre hom, et la tieng de vos, si vos vuel proier que vos me laissiez aller, et quant je serai saisiz de ma terre et de ma cité, je vos amenerai les viandes encontre vos, et venrai appareilliez de faire vostre commandement, et ne me destruiez mie ma terre, et allomes, si vostre plaisirs est, sor Johans qui est rois de Blakie et de Bogrie,

◇◇◇

tenir ou posseder aucune seigneurie, qui à tous moments commettoient de si énormes cruautez les uns vers les autres. Ceux de l'armée de l'empereur Murtzuphle ayans appris cette nouvelle se desbandérent et prirent la fuitte qui çà qui là : aucuns d'eux s'estans retirez vers Alexis, qu'ils reconnurent pour Empereur, et servirent depuis dans ses trouppes.

145. Vers ce mesme temps l'empereur Baudoüin partit de Constantinople, et sortit en campagne avec toute son armée. Il vint droit à Audrinople, où il trouva son frere Henry, avec ceux qu'il avoit menez avec luy : tous les lieux par où il passa, s'estans reduits à son obeïssance. Lors luy vinrent nouvelles comme l'empereur Alexis avoit fait crever les yeux à Murtzuphle; ce qui leur donna matière d'entretien, et de dire que ceux-là estoient indignes de posseder l'Empire qui se traitoient les uns les autres avec tant d'inhumanité et de déloyauté. L'empereur Baudoüin prit resolution d'aller droit à Messynople, où estoit l'empereur Alexis : mais les Grecs d'Andrinople, le pricrent comme leur Seigneur de leur laisser garnison dans la ville, à cause de Jean roy de Valachie et de Bulgarie qui leur couroit sus souvent. Sur cette requeste, l'Empereur leur laissa Eustache de Salebruit chevalier flamen, preux et vaillant, avec quarante chevaliers d'élite, et leurs chevaux-légers.

146. Cét ordre donné il partit d'Andrinople, et tira avec son armée vers Messynople, où il croyoit trouver encore l'empereur Alexis : tous les lieux par où il passa s'estans pareillement rangez à sa devotion. Mais Alexis qui avoit desja appris la marche de l'Empereur, estoit délogé, et avoit pris la fuitte. Baudoüin estant arrivé vers Messynople, ceux de la ville vinrent au devant de luy, et luy présentérent les clefs. Estant entré dedans il resolut d'y attendre le marquis de Monferrat, qui n'estoit encores arrivé à l'armée; par ce qu'il n'avoit pû faire de si grandes traittes que l'Empereur, à cause qu'il amenoit l'Imperatrice sa femme avec luy. Il y arriva incontinent aprés, et prit ses logemens sur la rivière, où il fit tendre ses pavillons : puis le lendemain alla trouver l'empereur Baudoüin pour le prier de vouloir executer les traitez.

147. « Sire, dit-il, j'ay eu nouvelles de Thes-
» salonique, et ceux du pays me mandent qu'ils
» me recevront volontiers, et me recognoistront
» pour seigneur : je tiens cette terre de vous, et
» en suis vostre homme lige, souffrez que je m'y
» achemine, et lors que j'auray pris possession
» tant de la ville que du Royaume, je retourneray
» vers vous prest de faire vos commandemens, et
» vous ameneray des vivres et provisions. Cepen-
» dant ne ruinez pas ainsi mes terres avec vostre
» armée : mais plûtost allons, si vous l'avez agrea-
» ble, contre Jean roy de Valachie et de Bulgarie
» qui usurpe injustement une grande partie de

qui tient grant partie de la terre à tort. Ne sai par cui conseil l'Emperéres voloit aller totes voies vers Salenike, et feroit ses autres afaires en la terre. Sire (fait Bonifaces li marchis de Monferrat) je te proi desque je puis ma terre conquerre sanz toi, que tu ni entre; et se tu i entres, ne me semble mie que tu le faces por mon bien, et sachiez vos de voir je n'irai mie avec vos, ainz ne partirai de vos. Et l'emperéres Baudoins respondi que il ne lairoit mie porce que il ni allast tote voie. Ha las! com malvais conseil orent, et li uns et li autres, et com firent grant pechié, cil qui ceste mellée fissent. Quar se Diex n'en preist pitiez, com aussent pardue tote la conqueste que il avoient faite, et la chrestientez mise en aventure de perir. Ensi partirent par mal l'emperéres Baudoins de Constantinople, et Bonifaces li marchis de Monferrat, et par malvais conseil.

148. L'emperéres Baudoins chevaucha vers Salenique, si com il ot enpris, à totes ses genz et à tote sa force. Et Boniface le marchis de Monferrat retorna arriére, qui i ot une grant partie de bone gent avec lui. Avec lui s'en torna Jaques d'Avennes, Guillelmes de Chanlite, Hues de Colemi, li cuens Selite de Chassenelle en Bouche, et la grande partie de toz cels de l'empire d'Alemaigne, qui se tenoient au Marchis. Ensi chevaucha li Marchis arriére trosque à un chastel qui li Dimot (1) ére appellé, mult bel, et mult fort, et mult riche, et cil li fu renduz per un Greu de la ville. Et cum il fu dedenz, si le garni, et lors comencent li Grieu à torner par le commandement de l'Empereris et de tote la terre de là entor à une jornée ou à deus venir à sa merci.

149. L'emperéres Baudoins chevaucha adés droit à Selenique, et vint à un chastel qui à nom Christopole (2), qui ére un des plus fors del munde, et li fu renduz, et li firent fealté cil de la ville; et après vint à un altre que l'on appelloit la Blache (3), qui ére mult fors et mult riche, et li fu renduz altressi, et li firent fealté. Et d'enqui chevaucha à la Setre (4), qui ére une citez fort et riche, et vint à son commandement et à sa volenté, et li firent fealté, et se herberja devant la ville, et li fu par trois jors, et cil rendirent la ville, qui ére une des meillors et des plus riche de la chrestienté à cel jor, par tel convent que il les tendroit às us et às cos-

» vostre Empire. » Je ne sçai ce qui porta l'Empereur, nonobstant cette remonstrance, de vouloir à toute force prendre le chemin de Thessalonique, remettant à une autre fois le reste de ses affaires, et à conquérir le surplus de ses terres. Ce qui obligea le Marquis à lui representer derechef, et luy dire : Sire, puisque je puis sans vous venir » à bout des terres qui m'ont esté laissées, faites » moy la grace de n'y vouloir entrer : que si au » prejudice de cette priere vous y entrez, j'auray » sujet de croire que vous n'y venez pas pour mon » bien. C'est pourquoy tenez pour constant que je » ne vous y accompagneray pas, et que je vous » abandonneray. » L'Empereur répondit qu'il ne laisseroit pas d'y aller. Hà! bon Dieu, que l'un et l'autre deferérent à de mauvais conseils, et que ceux qui furent cause de cette querelle se rendirent coupables d'un grand crime. Cette division estant de telle consequence, que si Dieu n'eût eu pitié et compassion d'eux, ils estoient en peril de reperdre tout ce qu'ils avoient conquis jusques alors, et tous les Chrestiens de par delà en danger de perir. Ainsi l'empereur Baudoüin et le marquis de Montferrat se separérent en mauvaise intelligence, à la suscitation de leur mauvais conseil.

148. L'Empereur tira droit à Thessalonique suivant sa premiere resolution avec son armée et toutes ses forces : et le Marquis rebroussa chemin en arriére, accompagné d'un bon nombre de braves gens : Jacques d'Avesnes, Guillaume de Champlite, Hugues de Colemy, et le comte Berthold de Catznenelbogen s'en estans allez avec luy. Ensemble la plus grande partie des Allemans qui tenoient son party. Estant arrivé au chasteau de Didymothique, qui est beau et fort riche, il luy fut rendu par un Seigneur grec y habitué, et y mit garnison : en suitte dequoy les Grecs d'alentour, à une ou deux journées, commencérent à se rendre à luy, invitez et poussez à cela par les persuasions et la consideration de l'Imperatrice sa femme.

149. Cependant l'empereur Baudoüin poursuivit son chemin droit vers Thessalonique, et arriva à un chasteau, dit Christople, place tres-forte, qui luy fut renduë par les habitans, desquels il receut le serment de fidelité. De là il vint à une autre ville appellée la Blache, aussi tres-forte et tres riche, laquelle se rendit, et dont les habitans luy jurérent pareillement obeïssance : puis il tira à Cetre, non moins riche et forte que les precedentes, se campa devant, et y sejourna l'espace de trois jours ; et enfin les habitans rendirent leur ville, l'une des plus abondantes en biens et en richesses qui fût lors en toute la Chrestienté, à condition qu'il les maintiendroit en leurs privileges, libertez et franchises, telles qu'ils souloient avoir sous les empereurs grecs.

---

(1) Didymotique, appelée par les Turcs *Demotica*, renferme près de 15,000 habitans.
(2) Place maritime sur la rive européenne de la Propontide, vis-à-vis l'île de Tasso.

(3) La Blache; nous ignorons la position précise et le nom moderne de cette cité.
(4) Setre, en grec *Citros*, ville de la Macédoine, ne devait pas être éloignée de Salonique.

tumes que li empereor grieu les avoit tenuz.

150. Endementiers que l'emperéres Baudoins ére vers Salenike, et la terre venoit à son plaisir et à son commandement, li marchis Bonifaces de Monferrat à tote la soe gent, et la grant plenté des Grex qui à lui se tenoient, chevaucha devant Andrenople, et lassist, et tendit ses trés et ses paveillons entor. Et Eustaices de Saubruit fu dedenz, et les genz que l'Emperéres i avoit laissié, et montérent ás murs, et ás tors, et s'atornérent d'els defendre. Et lors preist Eustaices de Saubruit deux messaiges, et les envoia, et par jor et par nuict en Constantinople, et vindrent al duc de Venise, et al conte Loeys, et à cels qui estoient dedenz la ville remés de par l'empereor Baudoin, et lor disrent que Eutaices de Saubruit lor mandoit que l'Emperéres et le Marchis estoient mellé ensemble, et li Marchis ére saisiz del Dimot, qui ére un des plus fors chastiaus de Romanie, et uns des plus riches, et els avoit assiz Andrenople. Et quant il oïrent, s'en furent mult irié, que lors cuidérent il bien que tote la conqueste que il avoient faite fust pardue.

151. Lors assemblérent el palais de Blakerne li dux de Venise, et li cuens Loeys de Bloys et de Chartein, et li autre baron qui estoient en Constantinople. Et furent mult destroit, et mult irié, et mult se plaistrent de cels qui avoient faite la mellée entre l'Empereor et le Marchis ; par la proiere le duc de Venise et del conte Loeys fu requis Joffrois de Ville-Hardoins li mareschaus de Champaigne, qu'il allast al siege d'Andrenople, et que il meist conseil de ceste guerre se il pooit, porce qu'il ére bien del Marchis, et cuidérent qui aust plus grant pooir que nus autres hom ; et cil por lor proiere dist, qu'il ieroit mult volentiers, et mena avec lui Manassiers de L'isle, qui ére uns des bons chevaliers de l'ost, et des plus honorez. Ensi compartirent de Constantinople, et chevauchérent par lor jornées, et vindrent à Andrenople, où li sieges ére. Et quant li Marchis le oït, ci issi de l'ost, et alla encontre als. Avec lui en alla Jaques d'Avesnes, et Guillelmes de Chanlite, et Hues de Colemi, et Otthes de la Roche, qui plus halz estoient del conseil del Marchis, et quant il vit les messaiges, si les honora mult, et fist mult bel semblant.

152. Joffrois li mareschaus qui mult ére bien de lui, li coisonna mult durement, coment, ne en quel guise il avoit prise la terre l'Empereor, ne assigie sa gent dedenz Andrenople, tant que il l'eust fait assavoir à cels de Constantinople, qui bien li feissent a drecier, se li Emperéres li eust nul tort fait. Et li Marchis se descolpa mult, et dist que por le tort que l'Emperéres li avoit fait, avoit il issi esploitié. Tant travailla Joffrois li mareschaus de Champaigne à l'aie de

◇◇◇

150. Tandis que l'empereur Baudoüin s'acheminoit ainsi vers Thessalonique, et que tout le pays se rendoit à sa devotion, le marquis de Montferrat avec ses troupes, et grand nombre de Grecs qui tenoient et avoient pris son party, s'en alla droit devant Andrinople, qu'il assiegea, faisant dresser ses tentes et pavillons à l'entour. Eustache de Sambruit et les gens de guerre que l'Empereur avoit laissé dans la ville pour la garder, montérent soudain sur les remparts, et dans les tours, et se preparérent pour se deffendre. Cependant Eustache de Sambruit depêcha deux courriers en diligence jour et nuit à Constantinople vers le duc de Venise, le comte de Blois, et ceux qni avoient esté laissez dans la ville par l'Empereur, pour leur donner avis, comme luy et le Marquis estoient en mauvaise intelligence, et que le Marquis s'estoit saisy de Didymotique, l'un des plus forts et des plus riches chasteaux de l'Empire d'Orient, et que de là il les estoit venu investir dans Andrinople. Ce qu'ayans appris ils en eurent grand déplaisir, prevoyant bien qu'au moyen de cette querelle toutes les conquestes qu'ils avoient faites seroient perduës.

151. Là-dessus le duc de Venise, le comte de Blois, et les autres barons qui estoient à Constantinople, s'assemblérent au palais de Blaquerne, fort irritez contre ceux qui avoient ainsi broüillé l'Empereur et le Marquis : et priérent Geoffroy de Ville-Hardoüin mareschal de Champagne, parce qu'il estoit bien venu du Marquis, d'aller au siege d'Andrinople pour trouver moyen d'appaiser ce differend s'il pouvoit ; estimans qu'il y auroit plus de facilité qu'aucun autre : il accepta cette charge sur leur priere, et mena avec lui Manassés de l'Isle l'un des vaillans chevaliers de l'armée, et des plus aymez. Ils partirent ainsi de Constantinople, et firent tant qu'ils arrivérent à Andrinople, où le siege estoit. Le marquis ayant eu avis de leur arrivée, alla au devant pour les recevoir, accompagné de Jacques d'Avesnes, Guillaume de Champlite, Hugues de Colemy, et Othon de la Roche, qui estoient les principaux de son conseil, et les receut avec grand accueil, leur faisant tout l'honneur possible.

152. Geoffroy mareschal de Champagne, qui estoit fort bien auprés de lui, et avoit part en sa confidence, le reprit aigrement de ce qu'il avoit entrepris si legerement de se jetter sur les terres de l'Empereur, et d'assieger ses gens dans Andrinople, sans s'en estre plaint auparavant à ceux qui estoient demeurez à Constantinople, qui luy eussent bien fait reparer le tort que l'Empereur luy pouvoit avoir fait. Le Marquis s'en excusa fort, alleguant que l'injustice dont l'Empereur avoit usé en son endroit, l'avoit obligé à entreprendre ce

Dieu et des barons qui estoient del conseil le Marchis, de cui il ére mult amez, que il Marchis li asseura que il se metroit el duc de Venise, et el conte Loeys de Blois et de Chartein, et en Coenes de Betune, et en Joffroi de Ville-Hardoin li mareschal, qui bien savoient la convenance d'aus deus. Ensi fu la trive prise de cels de l'ost et de cels de la cité. Et sachiez que mult fu volentiers veuz Joffrois li mareschaus au retorner, et Manassiers de Lisle de cels de l'ost, et de cels de la cité qui voloient la paix d'ambedeus part. Et ausi lie cum li Franc, en furent li Grieu dolent, qui volsissent mult volentiers la guerre et la mellée. Ensi fu dessiegie Andrenople, et tornassent li Marchis arriére al Dimot à tote sa gent, là où l'Empereris sa fame ére.

153. Li message s'en revindrent de Constantinople, et contérent les novelles si com il l'avoient esploitié. Mult orent grant joie li dux de Venise, et li cuens Loeys et tuit li autre de ce qu'il se remis sor als de la pais. Lors pristrent bons messages, et escristrent les lettres, et envoiérent à l'empereor Baudoins, et li mandérent que li Marchis se remis sor als, et bien l'avoit asseuré, et il si devoit encor mielz metre, si le prioient qu'il le feist, que il ne souffri-

roient mie la guerre en nulle fin, et qu'il asseurast ce que il diroient, alsi com li Marchis avoit fait. Endementiers que ce fu, l'emperéres Baudoins ot fait ses affaires vers Salenike, si s'en parti, et la laissa garnie de sa gent, et il laissa chevetaine Reignier de Monz, qui ére mult preux et vaillant, et les novelles si furent venues que li Marchis avoit pris le Dimot, et que il ére dedenz, et chelli avoit grant partie de la terre entor, et assise sa gen dedenz Andrenople.

154. Mult fu iriez l'emperéres Baudoins, quant la novelle li fu venue, et mult s'en hasti, que il iroit dessegier Andrenople, et feroit tot le mal qu'il porroit al Marchis. Hà Diex! quel domage dût estre par céle discorde, que se Diex n'i eust mis conseil, destruite fust la Chrestientez. Ensi s'en repaira l'emperéres Baudoins par ses jornées. Et une mesaventure lor fu avenue devant Salenike mult grant, que d'enfermeté furent acolchie multe de sa gent, assez en remanoit par les chastials ou l'Emperéres passoit qui ne pooient mais venir. Et assez en aportoit en littieres qui a grant mesaise venoient.

155. Lors fu mors maistre Johan de Noion

qu'il avoit fait jusques là. Neantmoins le mareschal de Champagne fît si bien, que moyennant l'ayde de Dieu, et des barons qui estoient du conseil du Marquis, lequel d'ailleurs luy portoit beaucoup d'affection, luy promit de s'en remettre au duc de Venise, au comte de Blois, à Conon de Bethune, et à luy-mesme, qui tous sçavoient bien les conventions. Par ce moyen il y eût trêve et suspension d'armes entre ceux de l'armée du Marquis, et ceux de la ville; ce qui tourna au contentement des uns et des autres, qui ne desiroient que la paix entre ces deux princes, et en témoignérent grande obligation au Mareschal, et à Manassés de l'Isle, qui l'avoient mise en bon chemin. Mais autant que les François furent rejoüys de cét accommodement, autant les Grecs en eurent de dépit et de creve-cœur, desirans avec passion que cette querelle et cette guerre durât long-temps. De cette façon le siege d'Andrinople fut levé, et le Marquis s'en retourna avec son armée à Didymotique, où il avoit laissé l'Imperatrice sa femme.

153. Les deputez retournérent à Constantinople, et racontérent ce qu'ils avoient negotié, dont le duc de Venise, et le comte Louys de Blois, et tous les autres eurent grande satisfaction, particuliérement quand ils apprirent que le Marquis s'estoit remis entiérement sur eux pour l'accommodement. Ils depéchérent à l'instant un courrier vers l'empereur Baudoüin, pour luy faire entendre le tout, et comme le Marquis se remettait sur eux de leur differend, ce qu'il devoit faire de sa part, et l'en

supplioient instamment, ne pouvans souffrir en aucune façon qu'ils vinssent aux armes l'un contre l'autre; et aussi de vouloir leur donner parole, et les assûrer de tenir ce qu'ils feroient, comme le Marquis avoit fait de son costé. Durant ces negotiations l'Empereur avoit achevé ses affaires vers Thessalonique, et en estoit party, et ayant laissé garnisons, et pour gouverneur Renier de Monts, fort sage et vaillant chevalier. Dans son chemin luy vinrent nouvelle que le Marquis s'estoit emparé de Didymotique, et du pays circonvoisin, et qu'en outre il avoit assiegé ses gens dans Andrinople.

154. L'Empereur irrité de cette entreprise fit haster le pas à son armée, disant hautement qu'il vouloit aller faire lever le siège d'Andrinople, et qu'il feroit du pis qu'il pourroit au Marquis. Ha! bon Dieu, quel malheur eût causé cette discorde, si Dieu n'y eût mis la main; car sans doute, la chrestienté couroit risque de recevoir un grand eschec. La pluspart au reste des gens de l'Empereur estoient devenus malades vers Thessalonique, en sorte que plusieurs estoient contraints de demeurer par les chemins, villes, et les bourgades où l'armée passoit: les autres se faisoient porter en littieres et en des brancars avec des grandes incommoditez.

155. De ce nombre mourut en la ville de Serres * maistre Jean de Noyon, qui estoit chancelier de l'Empereur, homme sage, vertueux et bon ec-

* Ville de la province de Rhodope.

à la Setre, qui ére chanceliers l'empereor Baudoins, et mult bons cliers, et mult sages, et mult avoit conforté l'ost per la parole de Dieu, qu'il savoit mult bien dire, et sachiez que mult en furent li prodome de l'ost desconforté. Ne tarda gaires aprés que il lor avint une mult grant mesaventure, que mort fu Pierre d'Amiens, qui mult ére riches et halz hom, et bon chevaliers et proz : et s'en fist mult grant dueil li cuens Hues de Saīn Pol, cui cousins germains il ére, et mult en pesa à toz cels de l'ost. Lors fu aprés Girar de Manchicort mort. Et mult en pesa à toz cels de l'ost, qui il ére mult proisiez chevaliers, et Gilles d'Ainnoy, et mult de bone gent. En céle voie morut quarante chevaliers, dont l'ost fu mult afeblie. Tant chevaucha l'emperéres Baudoins par ses jornées, qu'il encontra les messages qui venoient encontre lui, que cil de Constantinople, li envoient. Li messages fu un chevaliers de la terre le comte Loeys de Blois, et ses hom liges, et fu appellez Beghes de Fransures sages, et emparlès, et dist li messages son Seignor, et les autres barons mult vivement, et dist : « Sire, li dux de Venise, et li cuens Loeys mi Sires, et li autre baron qui sunt dedenz Constantinople, vos mandent saluz, comme à lor Seignor, et se plaignent à Dieu, et à vos, de celle qui ont mise la mellée entre vos et le marchis de Montferrat, que par poi qu'il n'ont destruite la Chrestienté : et vos feistes mult mal, quant vos les en crestes. Or si vos mandent, que li Marchis s'est mis sor als del contenz qui est entre vos et lui. Si vos proient comme a Seignor que vos vos i metez alsi, et que vos l'asseurez à tenir ; et sachiez que il vos mandent que il ne souffriroient la guerre en nulle fin. »

156. L'emperéres Baudoins ala, si prist son conseil, et dist qu'il lor en respondroit. Mult i ot de cels del conseil de l'Empereor, qui avoient aidié la mellée à faire, qui tindrent à grant oltrage le mandement qui cil de Constantinople li avoient fait, et li distrent : « Sire, vos oez que il vos mandent, que il ne souffriroient mie que vos vos vengiez de vostre anemi. Il est avis, que se vos ne faisiez ce qu'il vos mandent, que il seroient encontre vos. » Assez i ot grosses paroles dites. Mais la fins del conseil si fu tels, que l'Emperéres ne voloient mie pardre le duc de Venise, ne le comte Loeys, ne les autres qui érent dedenz Constantinople, et respondi al message. Je n'asseureray, que je me mete sor als, mais je m'en irai en Constantinople sanz forfaire al Mar-

---

clesiastique, et qui avoit consolé toute l'armée par ses predications, estant fort eloquent et bien disant, aussi fut-il regretté de tous les gens de biens de l'armée. Peu aprés arriva un autre insigne malheur par la mort de Pierre d'Amiens, riche et puissant seigneur, et vaillant chevalier : de laquelle le comte Hugues de Sainct Paul qui estoit son cousin germain, et generalement tous ceux du camp, témoignérent grand dueil : comme encore de la mort de Girard de Machicourt, qui estoit un brave chevalier, de Gilles d'Aunoy, et de plusieurs autres personnes de marque, jusqu'au nombre de quarante chevaliers, qui demeurérent en ce voyage, dont l'armée fut fort affoiblie. Cependant comme l'Empereur Baudoüin poursuivoit son chemin, il rencontra les deputez que ceux de Constantinople luy envoyoient ; dont l'un estoit un chevalier du comte de Blois, et son vassal, appelé Bégues de Fransures, gentilhomme fort sage et discret, lequel de la part de son maistre et des autres barons, exposa genereusement sa charge en cette manière : « Sire, le duc de Venise, le comte Louys mon sei- » gneur, et les autres barons, qui sont demeurez à » Constantinople vous saluent comme leur prince » souverain, et se plaignent à Dieu premierement, » puis à vous, de ceux qui par leur malice ou mau- » vais conseil ont allumé cette querelle entre vous » et le marquis de Montferrat, de laquelle peu s'est » fallu que la ruine totale de la chrestienté ne se » soit ensuivie : nous pouvons vous dire avec vé- » rité que vous fîtes tres-mal, quand vous leur pré- » tastes l'oreille, maintenant il vous prient que » comme le Marquis s'est remis à eux du different » qui est entre vous et luy, vous fassiez le mesme » de vostre part, et que vous leur donniez asseu- » rance de tenir ce qu'ils en feront : ayant au sur- » plus charge de vous dire, qu'ils ne sont resolus » en aucune façon de souffrir une plus longue suitte » et continuation de cette guerre. »

156. L'empereur Baudoüin leur dit, qu'il se conseilleroit là dessus, et leur feroit sçavoir ses intentions. Plusieurs de ceux de son conseil, qui l'avoient porté à cette guerre, tenoient que c'estoit une grande presomption, et un grand outrage de la part de ceux de Constantinople de luy envoyer tenir tels discours, et luy dirent : « Sire, vous en- » tendez bien comme ils vous mandent qu'ils ne » souffriront point que vous vous vengiez de vos- » tre ennemy : et il semble par telles paroles qu'ils » vous donnent assez à entendre, que si vous ne » faites ce qu'ils vous mandent, ils se declareront » contre vous. » Plusieurs autres propos furent tenus sur ce sujet, dont la conclusion fut, que l'Empereur ne voulant pas desobliger le duc de Venise, ny le comte de Blois, ny les autres qui estoient dans Constantinople, respondit aux deputez : « Je ne veux pas promettre absolument, que je me « remettray sur eux de nos differens : mais bien » je retourneray à Constantinople sans meffaire » davantage au Marquis. » Et sur cela l'Empereur poursuivit son chemin, tant qu'il arriva à Constantinople ; au devant duquel sortirent les barons et

chis noient. Ensi s'en vint l'emperéres Baudoins en Constantinople, et li baron et le autres gens allérent encontre lui, et le reçûrent à grant honor come lor Seignor.

157. Dedenz lo quar jor conût l'Emperéres clérement que il avoit esté mal conseilliez de mesler soi al Marchis. Et lors parla à lui le duc de Venise, et li cuens Loeys, et distrent : « Sire, nos vos volons proier que vos vos metez sor nos alsi com li Marchis si est mis. » Et l'Emperéres dist, que il feroient mult volentiers. Et lors furent eslit li messages qui iroient por le Marchis, et le conduiroient. De ces messages fu uns Gervaises del Chastel, et Reniers de Trit li autres, et Joffrois li mareschaus de Champaigne li tierz, et li dux de Venise i envoia deux des suens. Ensi chevauchiérent li messages par lor jornées, tant que il vindrent al Dimot, et trovérent li Marchis, et l'Empereris sa fame à grant plenté de bone gent, et li distrent, si cùm il estoient venu querre. Lors requist Joffrois li mareschaus, si com il li avoit asseuré, que il venist en Constantinople, por tenir la pais, tel com il deviseront, sor cui il est mis, et il le conduiroient salvement, et tuit cil qui avec lui iroient.

158. Conseil prist li Marchis à ses homes. Si i ot de cels qui li ottroiérent qu'il li allast, et de cels qui li loerent qu'il ni allast mie. Mais

la fin del conseil si fu tels, qu'il alla avec als en Constantinople, et mena bien cent chevaliers avec lui, et chevauchiérent tant par lor jornées, que il vindrent en Constantinople. Mult fu volentiers veuz en la ville, et allérent encontre lui li cuens Loeys de Blois et de Chartein et li dux de Venise, et mult d'autre bone gent, de qui il ére mult amez en l'ost. Et lors assemblérent à un parlement, et la convenance fu retraite de l'empereor Baudoin, et del marchis Bonifaces, et li fu Salenikes renduë, et la terre en tel maniére, que il mist en la main Joffroi li mareschaus de Champaigne le Dimot, dont il ére saisiz et cil li creança que il le garderoit en sa main, trosque adonc que il aroit creant messages, ou ses letres pendanz, que il ert saisiz de Salenike : et adonc le rendroit à l'Empereor, et à son commandement. Et ensi fu fait la pais de l'Empereor et de le Marchis, com vos avez oi. Et mult en orent grant joie par l'ost, que ce ert la chose dont grant domages pooit avenir.

159. Lors prist le Marchis congié, et s'en alla vers Salenique, à totes ses genz, et à totes sa fame, et avec lui chevauchiérent li message l'Empereor, et si com il venoit de chastel en chastel, se li furent rendu de par l'Empereor, et la seigneurie tote, et vint à Salenique. Cil qui la gardoient la rendirent de par l'Empereor. Et

autres, et le receurent avec grand honneur comme leur Seigneur souverain.

157. Dans le quatriéme jour l'Empereur conneût clairement, qu'on luy avoit donné mauvais conseil de se broüiller avec le Marquis. Sur quoy le duc de Venise, et le comte de Blois prirent occasion de luy tenir ce discours : « Sire, nous » voulons vous prier de vouloir vous remettre sur » nous de vos differends, comme a fait le Marquis. » Ce que l'Empereur leur accorda librement. Et en suitte furent choisis des députez pour aller trouver le Marquis, et l'amener : l'un fut Gervais de Castel, l'autre Renier de Trit, et le troisiesme Geoffroy mareschal de Champagne : le duc de Venise y envoya aussi de sa part deux des siens. Les deputez partirent à l'instant, et arrivérent à Didymotique, où ils trouvérent le Marquis et l'Imperatrice sa femme, accompagnez d'un grand nombre de braves hommes, et luy firent entendre comme ils estoient envoyez vers luy pour le prier de vouloir venir à Constantinople, et particuliérement le mareschal de Champagne, auquel il avoit donné sa parole d'y venir, le pria de la vouloir executer, et de tenir le traité d'accord et de paix qui seroit arresté par ceux sur qui il s'en estoient remis, s'offrans de le conduire en toute seureté, ensemble ceux qu'il voudroit mener avec luy.

158. Le Marquis prit conseil là dessus des siens, aucuns estans de sentiment qu'il y allast, d'autres estans d'avis contraire. Mais à la fin il prit resolution d'y aller, et mena avec luy environ cent chevaliers. Estant arrivé à Constantinople, il y fut fort bien veu tant du duc de Venise, et du comte de Blois, que de nombre de personnes de condition, desquels il estoit aimé, et qui luy allérent à la rencontre. Alors le conseil fut assemblé, où les conventions d'entre l'Empereur et le Marquis furent renouvellées, et Thessalonique renduë au Marquis avec ses appartenances et dependances, à la charge qu'il mettroit la ville de Didymotique, de laquelle il s'étoit emparé, és mains de Geoffroy mareschal de Champagne, qui s'obligea par serment de la garder sans s'en dessaisir, jusques à ce qu'il eust de luy messagers exprés avec bon pouvoir, ou ses lettres bien scellées, comme il serait maistre de Thessalonique ; aprés quoy il la remettroit és mains de l'Empereur. Toute l'armée témoigna beaucoup de rejoüyssance de la conclusion de la paix entre les deux princes, et dautant plus que de cette querelle pouvoient survenir de grands inconveniens.

159. Le Marquis ayant pris congé, s'en alla vers Thessalonique, avec sa femme et ses trouppes ; ensemble les deputez de l'Empereur : lesquels à mesure qu'il arrivoit de chasteaux en chasteaux, les luy faisoient restituer ; tant que finalement il arriva à Thessalonique, qui luy fut mise entre les mains par ceux qui l'avoient en garde : auquel temps Renier de Monts, que l'Empereur y avoit

li Chevetaines, qui ère appellez Reniers de Mons, si fu morz, qui mult ère prodom, dont grant domages fu de sa mort.

160. Lors si commença la terre, et li païs à rendre al Marchis, et grant partie à venir à son commandement, fors que uns Grex halt hom, qui ère appellez Leosgur, et cil ne volt mie venir à son commandement, que il ère saisiz de Corinthe et de Naples, deux citez qui sor mer sient, des plus forz de soz ciel. Et cil ne volt mie venir à la merci del Marchis, ainz le commença à guerroier, et granz pars se tindrent à lui. Et uns autres Grieux qui ère appellez Michalis, et ère venuz avec le Marchis de Constantinople, et cuidoit estre mult bien de lui. Mais il se departi de lui, qu'il nen sot mot. Et s'en alla à une cité que on appelloit et prist la fille à un riche Grieu, qui tenoit la terre de par l'Empereor, et se saisi de la terre, et commença le Marchis à guerroier. Et la terre de Constantinople trosque Salonique ère en si bone païs, que li chemins ère si seurs, que li pooient bien aller, qui aller i voloient. Et si avoit d'une cité à autre, bien douze jornées granz. Et fu jà tant del tens passé, que il ère à l'issue de septembre, et l'emperéres Baudoins fu en Constantinople, et la terre fu en pais et à sa volenté.

◇◇◇

laissé pour gouverneur, estoit mort; et comme il estoit en reputation de brave homme il fut fort regretté.

160. Alors tout le pays commença à se rendre au Marquis, et à venir sous son obéissance, à la reserve d'un riche et puissant seigneur grec, nommé Leon Sgure, qui s'estoit saisy de Corinthe et de Naples de Romanie, deux bonnes villes assises sur la mer, et des plus fortes qui soient sous le ciel. Cettuy-cy ne se voulut pas soumettre au Marquis, ains commença à luy faire la guerre assisté de la plus grand part de ceux du pays qui suivoient son party : et à la reserve aussi d'un autre seigneur grec, appelé Michel, qui estoit venu de Constantinople avec le Marquis, qui le croyoit bien affectionné à son service : mais il se desroba de luy sans qu'il en eût advis; et s'en alla à une ville qu'on appelloit Duraz, où il espousa la fille d'un riche Grec, auquel l'Empereur en avoit confié le gouvernement ; et s'empara en suitte tant de la ville, que de toute la contrée. Ainsi le Marquis commença à faire la guerre de ce costé là : tout le païs au reste depuis Thessalonique jusques à Constantinople estant paisible, et les chemins si seurs, qu'on y pouvoit aller et venir sans escorte, bien qu'il y eût douze grandes journées de l'une à l'autre. Il estoit lors la fin de septembre; et l'empe-

161. Lors furent deux bons chevaliers mort en Constantinople, Eustaices de Canteleu, et Haimeris de Villeroy, dont grant domages fu à lor amis. Lors commença l'en les terres departir. Li Venisien orent la lor part, et l'ost des pelerins l'autre. Et quant chascuns fot asseuré à sa terre, la convoitise del monde qui tant aura mal fait, nes laissa estre en païs, ainz commença chascuns à faire mal en sa terre, li uns plus, et li autre moins, et li Grieu les commenciérent à haïr et à porter malvais cuer.

162. Lors dona l'emperéres Baudoins au conte Loeys la duché de Nike, qui ère une des plus haltes honors de la terre de Romenie, et seoit d'autre part del Braz, de la Turchie, devers la Turchie. Et tote la terre d'autre part del Braz, n'ère mie venue à la merci l'Empereor, ainz ère contre lui. Lors aprés dona la duchée de Finepople (1) à Renier de Trict. Et envoia li cuens Loeys de ses hommes por sa terre conquerre bien six vingt chevaliers; de cels si furent chevetaines Pierres de Braiecuel et Paiens d'Orleans. Et cil s'en partirent à la feste Tossainz de Constantinople, et passèrent le braz Sain George à Avie, et vindrent à Lespigal (2) une cité qui sor mer siet, et ère poplée de Latins : et lors commenciérent la guerre contre les Grex.

◇◇◇

reur Bandoüin demeuroit à Constantinople, tout le pays estant en paix et reduit sous son obeyssance.

161. Durant ce temps deux vaillans chevaliers, Eustache de Canteleu, et Aimery de Villerey decedérent à Constantinople, et furent regrettez de leurs amis. On se mit en suitte à travailler au departement et distribution des terres : dont les Venitiens eurent leur part, et l'armée des pelerins l'autre. Mais après que chacun fut establý en ce qui luy estoit escheu, la convoitise qui de tout temps a esté cause de tant de maux, ne les laissa pas long-temps en repos. Se mettans à faire de grandes levées et pilleries en leurs terres, les uns plus, les autres moins : ce qui fut cause que les Grecs commencérent à les haïr, et leur vouloir mal.

162. L'empereur Baudoüin donna lors au comte de Blois le duché de Nicée, l'une des meilleures pieces et des plus honorables de tout l'Empire d'Orient, située au delà du détroit, du costé de la Natolie, quoy que la terre d'outre le détroit ne fût venüe à l'obeïssance de l'Empereur, et tint encore contre luy. Il fit don au mesme temps à Renier de Trit du duché de Philippopole. En suitte de quoy le comte de Blois envoya sous la conduite de Pierre de Braiccuel, et de Payen d'Orleans environ six-vingt chevaliers de ses gens, lesquels partirent à la Toussaints de Constantinople, et ayans passé le

---

(1) Philippopolis.
(2) Piga, appelé Biga par les Turcs, est un bourg situé sur les bords de l'OEsepus, à 3 lieues de la Propontide. Il y a eu, dans le XIIIe siècle, des seigneurs de Piga ou de Las-Pigas.

163. En cel termine si avint que l'emperéres Morchuflex qui avoit les œls traiz, cil qui avoit murtri son Seignor l'empereor Alexis, le fil l'empereor Sursac, celui que li pelerin avoient amené en la terre s'enfuioit oltre le Braz coiement, et à poi de gent. Et Tierris de Los le sot, cui il fu enseigniez, si le prist, et l'amena à l'empereor Baudoin en Constantinople. Et l'empereor Baudoin en fu mult liez, et emprist conseil à ses homes qu'il en feroit d'home qui tel murtre avoit fait de son Seignor. A ce fu accordez li conseil, que il avoit une colonne (1) en Constantinople enmi la ville auques, qui ére une des plus haltes, et des mielz ovrées de marbre, qui onques fust vêue d'oil : et enqui le feist mener, et lo feist saillir aval, voiant tote la gent, que si halte justise devoit bien toz li monz veoir. Ensi fu menez à la colonne l'empereor Morchuflex, et fu menez sus, et toz li pueples de la citez acorrut por veoir la merveille. Lor fu botez à val, et chaï

(1) Voici ce que dit le moine Gunther touchant cette colonne : « Elle est construite avec de grandes pierres étroitement unies ensemble par des cercles de fer; elle est très épaisse par le bas et va en diminuant peu à peu jusqu'à une hauteur extraordinaire. On dit qu'un solitaire avait établi sa demeure au sommet de cette colonne; ne voulant pas habiter la terre, mais ne pouvant encore atteindre au ciel, il s'était placé entre les deux. On dit aussi qu'il y avait sur la base de ce monument diverses figures antiques sculptées, dont quelques-unes représentaient des oracles de la Sybille et la destinée future de l'empire ; on y voyait des vaisseaux et des échelles où montaient des hommes armés comme pour attaquer et prendre une ville sculptée sur la colonne; les Grecs avaient jusques-là méprisé ces images, ne pensant pas

de si halt, que quant il vint à terre, que il fu toz esmiez. Or oïez une grant merveille, que en céle colonne dont il chaï à val, avoit images de maintes maniéres ovrées el marbre. Et entre céles imaiges si en avoit une qui ére laborée en forme d'Empereor, et céle si chaït outre val, car de long temps ére profeiticié, qui auroit un Empereor en Constantinople qui devoit estre gitez à val céle colonne. Et ensi fu céle semblance, et céle prophetie averée.

164. En icel termine r'avint altressi, que li marchis Bonifaces de Monferrat qui ére vers Salenique, prist l'empereor Alexis celui qui avoit à l'empereor Sursac traiz les iaulz, et l'Empereris sa fame avec, et envoia les huesces vermeilles et les dras imperials l'empereor Baudoin son Seignor en Constantinople, qui mult bon gré l'en sot, et il envoia puis après l'empereor Alexis en prison en Monferrat.

165. A la feste Sain Martin après, s'en issi

solution l'empereur Murtzuphle fut conduit à cette colonne, et monté en haut, tout le peuple estant accouru à ce spectacle, puis jetté en bas, en sorte qu'il fut tout fracassé et rompu. Or par une espece de merveille il se trouva qu'en cette colonne de laquelle il fut précipité, il y avoit plusieurs figures taillées dans le marbre, et entre autres une d'un Empereur, lequel tomboit à bas d'une colonne; ayant esté predit il y avoit long-temps qu'un Empereur de Constantinople, seroit jetté à bas de celle-cy. Et ainsi cette figure fut représentée en effect, et la prophetie accomplie.

164. Vers le mesme temps arriva pareillement que le marquis de Montferrat, qui estoit vers Thessalonique, prit l'empereur Alexis qui avoit fait crever les yeux à l'empereur Isaac, avec l'Imperatrice sa femme, et envoya les brodequins de pourpre, et les robes imperiales à l'empereur Baudoüin à Constantinople, lequel luy en sceut bon gré : il le fit puis après conduire prisonnier au Montferrat.

165. Environ la feste de sainct Martin ensuivant Henry frere de l'Empereur sortit de Constan-

bras de Sainct-George et Abyde, arrivérent à Piga, ville assise sur la mer, et qui estoit pour lors peuplée de Latins; d'où ils commencérent la guerre contre les Grecs.

163. En ce mesme temps arriva que Murtzuphle qui avoit eû les yeux crevez, et qui par une insigne trahison avoit malheureusement fait mourir l'empereur Alexis, fils de l'empereur Isaac, que les pelerins avoient ramené et rétably en ses Estats, fut arresté et pris comme il s'enfuyoit en cachette au delà du détroit avec peu de gens, par Thierry de Los qui en eut advis : et fut par luy conduit à Constantinople, et présenté à l'empereur Baudoüin, qui témoigna beaucoup de joye de cette prise : et en suitte avisa avec les barons de ce qu'il devoit faire d'un homme qui avoit ainsi meurtry et assasiné son Seigneur. Tous s'accordérent d'en faire une punition rigoureuse, et dirent qu'il y avoit une colonne de marbre dans Constantinople, des plus hautes et des mieux travaillées qui fut jamais, qu'on le devoit conduire là, et le précipiter du haut en bas, afin qu'une si signalée justice et si exemplaire, fût veuë de tout le monde. Suivant cette re-

qu'il fût possible que leur ville éprouvât un pareil sort; mais quand ils virent des échelles dressées sur nos vaisseaux, ils se souvinrent de ces figures et commencèrent à craindre ce qu'ils avaient méprisé. Alors ils se mirent à les mutiler à coups de pierres et de marteau, croyant détourner ainsi sur les nôtres un funeste présage ; leur espérance fut trompée et l'événement prouva que ces prophétiques images avaient annoncé la vérité. »

La colonne dont il est ici question, pourrait bien être celle qui était appelée autrefois colonne *Purpurine*, appelée aujourd'hui colonne *Brûlée*, située non loin de l'At-Meïdam, sur la troisième colline de Constantinople; elle est formée de pièces de porphyre noircies par le feu des incendies, et garnie de cercles de cuivre en bosse, qui cachent les jointures des pierres.

Henris li freres l'empereor Baudoin de Constantinople, et s'en alla contre val le Braz, trosque à boche d'Avie, et mena bien six vingt chevaliers avec lui de mult bone gent, et passà le Braz à la cité que l'en appelle Avie, et la trova mult bien garnie de toz biens, de blés, et de viandes, et de totes choses que mestier ont à cors d'home, et il se saisist de la cité, et se herberja dedenz. Et lors comença la guerre contre les Grex endroit lui, et li Hemin de la terre, dont il en i avoit mult, se comenciérent à torner devers lui, qui haoient mult les Grex.

166. A cel termine se parti Reniers de Trit de Constantinople, et s'en alla vers Finepople, que l'emperéres Baudoins li avoit donée, et emmena bien avec lui six vingt chevaliers de mult bone gent, et chevaucha tant par ses jornées, et trepassa Andrenople, et vint à Finepople, et la gent de la terre le reçurent, et li obeïrent à Seignor, qui le virent mult volentiers. Et il avoit mult grant mestiers de secors, che Johans le roi de Blaquie les avoit mult oppressez de guerre. Et il lor aida mult bien, et tint grant partie de la terre, et la grande partie qui s'ére retenue devers Johans, se torna devers lui; enqui endroit refu la guerre grant entr'als.

167. L'Emperéres ot bien envoié cent cheva-

◇⊃◇

tinople, et descendit le Braz de Sainct George jusques au détroit d'Abyde, ayant avec luy cent ou six vingt chevaliers, tous braves hommes, et prit terre à la ville d'Abyde, qu'il trouva garnie de tous biens, de vivres, de viandes, et autres commoditez requises pour l'usage de l'homme, s'empara de la ville et se logea dedans : commençant de là à faire la guerre aux Grecs d'alentour, assisté des Armeniens, qui s'estoient habituez en ces contrées, lesquels pour la haine qu'ils portoient aux Grecs, se mirent incontinent de son party.

166. Renier de Trit partit en ce mesme temps de Constantinople, et s'en alla vers Philippopole, que l'empereur Baudoüin luy avoit donnée; emmenant quant et luy environ six vingt bons chevaliers : et fit tant qu'il passa à Andrinople, et vint à Philippopole, où ceux du pays le receurent, et luy prestérent serment de fidelité comme à leur Seigneur, et furent dautant plus aises de son arrivée, qu'ils avoient grand besoin d'estre secourus : parce que Jean roy de Walachie leur faisoit fortement la guerre, et les tenoit oppressez, c'est pourquoy il leur vint bien à propos, leur aydant de si bonne sorte, que la plus grande partie de la contrée, mesmes ceux qui avoient pris le party de Jean, se tournérent de son costé. Et de là en avant la guerre fut grande entre eux dans ces quartiers là.

167. Bien-tost aprés l'Empereur fit passer cent chevaliers au delà du Braz de Sainct George vis-à-lier passer le Braz Sain George endroit Constantinople ; de cels si fu chevetaines Machaires de Sainte Manehalt, avec lui alla Mahius de Vaslaincort, et Robert del Ronchoi, et chevauchiérent à une cité, qui ére appellez Nichomie, et si sist sor un goffre de mer : et ére bien deux jornées loing de Constantinople. Et quant li Grieu les oïrent venir, si vuidiérent la cité, si s'en allérent, et il se herbergiérent dedenz, si la garnirent, et refermérent, et recomenciérent à guerroier de céle marche endroit als la terre d'autre part del Braz ; si avoit Seigneur un Grieu que on appelloit Toldre Lascre, et avoit la fille l'Empereor à fame, dont il clamoit la terre, celui cui li Franc avoient chacié de Constantinople, et qui avoit à son frere traiz les ialz. Icil se tenoit la guerre contre les Franz outre les Braz, per tot là où il estoient. Et l'empéres Baudoins fu remés en Constantinople, et li cuens Loeys, à poi de gent, et li cuens Hues de Sain Pol qui malade ére d'un grant maladie de gote qui le tenoit és genols et és piez.

168. En cel termine aprés vint un granz passages de cels de la terre de Surie, et de cels qui l'ost avoient laissié, et estoient allé passer ás autres passages. A cels passages vint Esténe del Perche, et Reignaut de Mommirail qui cosin es-

◇⊃◇

vis de Constantinople, sous la conduite de Machaire de Saincte Menehoult, accompagné de Mathieu de Valincourt, et de Robert de Ronçoy. Ils tirérent droit à Nicomedie, qui est une ville assise sur un golfe de mer, à deux journées de Constantinople. Les Grecs ayant eu le vent de leur arrivée, abandonnérent incontinent la ville, et s'enfuirent : et les nostres la trouvans vuide, s'y logérent, la fermérent et y mirent garnison ; et de là commencérent à faire la guerre dans la Natolie. Il y avoit en ce temps-là un Seigneur grec, appellé Theodore Lascaris, qui avoit espousé la fille de l'Empereur, celuy que les François avoient chassé de Constantinople, et qui avoit fait crever les yeux à son frere, au nom de laquelle il possedoit en ces quartiers là quelques terres et seigneuries. Cettuy-cy faisoit la guerre aux François, qui avoient passé le détroit, en tous les lieux qu'ils occuppoient. Cependant l'empereur Baudoüin estoit demeuré à Constantinople avec le comte Louys de Blois et peu de trouppes, et le comte Hugues de Sainct Paul, qui estoit travaillé et detenu de la goutte, qui le tenoit aux genoux et aux pieds.

168. Vers ce mesme temps arriva une grande flotte de la Terre saincte, de ceux qui avoient abandonné nostre armée pendant qu'elle s'assembloit à Venise, pour s'embarquer aux autres ports, du nombre desquels furent Estienne du Perche, et Regnaud de Montmirail, cousin du comte de Blois, qui leur fit grand accueil, et fut infiniment réjoüy

toient le conte Loeys, qui mult les honora, et fu mult liez de lor venue. Et l'emperéres Baudoins, et les autres genz les virent mult volentiers, qu'il estoient mult halt home, et mult riche, et amenérent grant plenté de bone gent. De la terre de Surie vint Huë de Tabarie, et Raols ses freres, et Tierris de Tendre-monde, et grant plenté de la gent del païs, de chevaliers de Turchoples, et de serjanz, et lors aprés si dona l'emperéres Baudoins à Estène del Perche la duchée de Phanadelphie (1).

169. Entre les autres fu venuës une novelle à l'empereor Baudoins, dont il fu mult dolenz, que la contesse Marie sa fame qu'il avoit laissié en Flandres enceinte porce qu'elle ne pot avec lui movoir, qui adonc ére Cuens. La dame si aiut d'une file. Et aprés quant elle fu relevée si s'esmut, et alla oltremer aprés son Seignor, et passa al port de Marseille, et quant elle vint à Acre, si ni ot gaires esté, que la novelle li vint, que Constantinople ére conqüise, et ses sires ére Empereres, dont grant joie fû à la chrestientez. Aprés céle novelle, ot la dame en proposement de venir à lui, si li prist une maladie, si fina et mori, dont granz duel fu à tote la chrestienté, car ére mult bone dame, et mult honorée, et cil

de leur arrivée. L'empereur Baudoüin, et les autres barons françois furent pareillement ravis de les voir, parce qu'ils estoient grands seigneurs, puissans, et riches; ils amenérent quant et eux plusieurs braves hommes : parmy lesquels arriva de la Palestine Hugues de Tabarie, Raoul son frere, et Thierry de Tenremonde, avec grand nombre de gens du pays, de chevaliers, de Turcoples, et de geus de pied. Et lors l'empereur Baudoüin donna à Estienne du Perche le duché de Philadelphie.

169. Mais d'ailleurs survint une mauvaise nouvelle à l'Empereur, qui l'affligea et l'attrista fort, de la comtesse Marie se femme, laquelle s'estant croisée avec son mary estoit demeurée grosse en Flandres, lors qu'il en partit, et ne l'avoit pû accompagner en son voyage. Cette Princesse accoucha depuis d'une fille; et après qu'elle fut relevée, elle s'en alla au port de Marseille, pour de là faire voile en la Terre saincte, et tâcher d'y joindre son mary. A peine fut-elle arrivée en la ville d'Acre, que la nouvelle lui fut apportée de la prise de Constantinople, et comme son mary avoit esté esleu Empereur, au contentement de toute la Chrestienté. Mais comme elle faisoit ses preparatifs pour l'aller trouver, elle fut surprise d'une maladie dont elle mourut; ce qui convertit cette precedente joye en tristesse : estant une tres-bonne

qui vindrent à cel passage, en apportérent les nouvelles, dont grant diels fu à l'empereor Baudoin, et à toz les barons de la terre, car il la desiroit mult à veoir à dame.

170. En cel termine, cil qui estoient allé à la cité del Spigal, dont Pierres des Braiecuel et Paien d'Orléans érent chevetaine, fermérent un chastel que on appelle Palorme (2) : si le garnirent de lor gent, et puis chevauchiérent oltre por conquerre la terre. Toldres Lascre se fu porchaciez de tote la gent que il pot avoir, le jor de la feste monseignor Sain Nicholas qui est devant la Nativité, si s'entrecontrérent es plains d'un chastel que on appelle Pumenienor (3), et si en fu bataille à mult grant meschiés à la nostre gent, que cil avoient tant de gent, que n'ére se merveille non, et li nostre n'avoient mie plus de sept vingt chevalier sanz les serjanz à cheval. Et nostre sire done les aventure ensi come lui plaist par soe grace, et par la soe volonté. Li Franc vanquirent les Grejois, et les desconfirent, et cil i recurent grant domage, dedenz la semaine lor rendi on de la terre grant part. On lor rendi le Pumenienor, qui ére mult fort chastiaus, et le Lupaire, qui ére une des meillors citez de la terre, et lo Pulmach qui seoit sor un lac

et vertueuse dame, et aymée d'un chacun. Ceux que nous avons dit estre arrivez de la Terre saincte, en apportérent la nouvelle à l'Empereur, qui en eut un extréme dueil et regret; comme aussi tous les barons de l'Empire, qui souhaittoient avec passion de l'avoir pour Princesse.

170. En ces mesmes jours ceux qui estoient allez à la ville de Piga, dont Pierre de Braiecuel et Payen d'Orleans estoient capitaines, fortifiérent un chasteau appellé Palorme, et après y avoir laissé garnison de leurs gens, passérent outre pour faire de nouvelles conquestes. Cependant Theodore Lascaris ayant ramassé ce qu'il pût avoir de trouppes, ils se rencontrérent en une plaine, qui est au dessous du chasteau de Poemaninum, le jour de Sainct Nicolas d'hyver, où les nostres eurent fort à faire, veu le grand nombre des ennemis, et le peu de gens qu'ils avoient, n'ayans pas en tout plus de sept vingt chevaliers, sans les chevauxlegers : toutesfois à l'ayde de nostre Seigneur, qui dispose des choses par des rencontres et des evenemens inopinez, comme il luy plaist, les François defirent les Grecs qui y receurent une grande perte : en sorte qu'en dedans la semaine la plus grande partie du pays se rendit à eux; mesmes le chasteau de Poemaninum, qui estoit une tres-forte place, et Lopadion l'une des meilleures villes de la contrée : ensemble le chasteau de Po-

---

(1) Philadelphie, ville de Lydie.
(2) La position de ce lieu nous est inconnue.

(3) Il y a dans ce paragraphe l'indication de plusieurs châteaux dont la position géographique est difficile à préciser.

d'aigue dolce, uns des plus fort chastiaus, et des meillors, que il eust quérre. Et sachiez que mult fust bien pris à céle gent, et fisent bien en la terre lor volenté par l'aie de Dieu.

171. En cel termine aprés, par le conseil des Hermins, Henris le frere l'empereor Baudoin de Constantinople parti de la cité d'Avie, et la laissa garnie de sa gent, et chevalcha à une cité que l'en appelle l'Andremite (1), qui siet sor mer a deux jornées (2) de la cité d'Avie, et elle li fu rendue, et il se herbeja dedenz : et lors se rendi grant partie de la terre à lui, car la citez ére mult bien garnie de blez, et de viandes, et d'autres biens. Et lors si tint la guerre iqui envers les Griés. Toldres Lascres qui ot esté desconfiz vers le Pumenienor porchaça de gent quanque il en pot avoir, et ot mult grant ost ensemble, et le charja Costentin son frere, qui ére uns des meillors Griex de Romanie, et chevalcha vers l'Andremite droit. Et Henri le frere l'empereor Baudoin le sot par les Hermines, que mult grant ost venoist sor lui, si atorna son afaire, et ordena ses batailles, et il avoit avec lui de mult bone gent.

172. Avec lui estoit Baudoins de Belveoir, Nicholes de Mailli, Ansials de Kaieu, et Tieris de Los, et Tieris de Tendremonde. Et ensi avint que le semadi devant miquaresme vint Costentins Liascres à sa grant ost devant l'Andremite. Et Henris, comme il sot sa venue, si prist conseil, et dist que il ne se lairoit jà laienz enfermer, ainz dist que il isroit fors : et cil vint à tote s'ost, et à granz batailles à pié et à cheval, et cil s'en issirent, et comencent la bataille, et i ot grant estor et grant mellée. Més par l'aie de Dieu, les venquirent li Franc, et desconfirent, et en i ot mult de morz, et de pris, et de navrez, et mult fu granz la gaienz, et lors furent mult a aise et mult riche, que les gens del païs se tornérent à aus, et commenciérent à apporter lor rentes.

173. Or vos lairons de cels devers Constantinople, et revendrons al marchis Bonifaces de Monferrat, qui ert vers Salenique, et s'en fu allez sor Leon Sgur qui tenoit Naples et Corinthe, deux des plus fort citez dou monde. Si les asseja ambedeux ensemble. Jacques d'Avennes remest devant Corinthe, et autre bone gent assez, et li autre allérent devant Naples si l'asitrent. Lors avint une aventure el païs, que Joffrois de Ville-Hardoin qui ére niers Joffrois li mareschaus de Romanie et de Champaigne, fil son frere, fu

◇◇◇

lychna assis sur un lac d'eau douce, l'un des plus forts et des meilleurs qu'on sçauroit trouver. De manière que cette victoire vint bien à propos à nos gens qui s'en sceurent bien prevaloir, s'estans rendus maistres, à l'ayde de Dieu, de tout le pays qui se rangea à leur obeïssance.

171. Cependant d'un autre costé, Henry frere de l'Empereur, par le conseil des Armeniens partit d'Abyde aprés avoir pourveu à sa seureté : et passa outre à une ville appellée Atramittium, assise sur la mer à deux journées de la ville d'Abyde, qui luy fut renduë, et se logea dedans, à cause qu'elle estoit fort bien garnie de bleds, de vivres, et autres commoditez; au moyen dequoy la plus grande partie de la contrée se rendit à luy; et là se commença la guerre contre les Grecs. D'autre part Theodore Lascaris qui avoit esté deffait vers Poemaninum, rassembla tout ce qu'il pût recouvrer de gens; et en peu de jours il eut une grosse et puissante armée, dont il bailla la conduitte à Constantin son frere, l'un des meilleurs hommes de guerre de l'empire d'Orient; lequel s'achemina droit vers Atramittium. Le prince Henry ayant eu avis de leur marche par le moyen des Armeniens qui l'en avertirent, se prepara pour les recevoir, et mit ses trouppes en bataille, ayant avec luy nombre de braves gens.

◇◇◇

172. Entre autres Baudoüin de Beauvoir, Nicolas de Mailly, Anseau de Cahieu, Thierry de Los, et Thierry de Tenremonde : Constantin arriva devant Atramittium avec sa puissante armée le samedy devant la my-caresme : ce que Henry n'eût si tost plustôt appris, qu'il assembla son conseil, et dit qu'il n'estoit pas resolu de se laisser enfermer dans la place : mais plustôt qu'il sortiroit et se mettroit en campagne. Ce qu'il executa; et comme Constantin approchoit avec un grand nombre de gens de pied et de cheval, les nostres sortirent, et leur allans à la rencontre, leur livrérent combat, qui fut fort opiniâtré : à la fin toutefois à l'ayde de Dieu ils obtinrent la victoire sur les Grecs, qu'ils deffirent entiérement, y ayans laissé nombre de morts et de prisonniers, et grand butin. Ce qui leur vint bien à propos tant pour les commoditez qu'ils en eurent, que pour ce qu'en suitte de cette deffaitte ceux du pays se tournérent de leur costé, et commencérent à payer leurs contributions.

173. Tandis que les choses succedoient de la sorte à ceux de Constantinople, Boniface marquis de Montferrat qui estoit allé vers Thessalonique, qui luy avoit esté restituée par l'Empereur, entreprit d'aller faire la guerre à Leon Sgure qui tenoit Naples et Corinthe, deux des plus fortes places du monde, lesquelles il assiegea en mesme temps. Jacques d'Avesnes demeura devant Corinthe avec nombre de bonnes trouppes : et les autres allérent mettre le siège devant Na-

(1) Adramytti, l'ancienne Antandros, située au fond d'un golfe sur la rive asiatique.

(2) On compte trois journées d'Abydos à Adramytti.

meuz de la terre de Surie avec celui passage qui ére venuz en Constantinople, si l'emmena venz et aventure au port de Modon : et enqui fu sa nef empirie, et par estovoir le convint sejorner l'iver el païs, et uns Griex qui mult ére Sire del païs, le sot, si vint à lui, et li fist mult grant honor, et li dist, biax Sire, li Franc ont conquis Constantinople, et fait Empereor. Se tu te volois à moi accompaignier, je te porteroie mult bone foi, et conqueriens assez de ceste terre. Ensi se jurérent ensemble, et conquistrent ensemble grant part de la terre. Et trova Joffrois de Ville-Hardoin en ce Grieu mult bone foi. Ensi com les aventures vienent, si cum Diex volt, si prist al Grieu maladie, si fina et mori. Et li fil al Grieu se revella contre Joffroi de Ville-Hardoin, et le trait : et se tornérent li chastel qu'il avoient garnis contre lui, et il oït dire que li Marchis seoit devant Naples, à tant de gent com il pot avoir : si s'en vait contre lui, et chevauchent par mult grant peril, bien six jornées parmi la terre, et vint à l'ost, où il fu mult volentiers veuz, et fu mult honorez del Marchis, et des autres qui i estoient : et il ére bien droiz, quar il ére mult preux, et mult vaillanz, et bons chevaliers.

174. Li Marchis li volt assez doner terre, et assez d'avoir, porce qu'il remansist avec lui, il n'en volt point prandre, ainz parla à Guillielme de Chanlite, qui mult ére ses amis, et li dist, Sire, je vieng d'une terre qui mult est riche, que on appelle la Morée. Prenez de gent, ce que voz m'en porroiz avoir. Et partez de ceste ost, et allons par l'aie de Dieu, et conquerons, et ce que vos m'en volroiz doner de la conqueste, je le tendrai de vos, si en seray vos hom liges. Et celui que mult le crût et ama, ala al Marchis, si li dist ceste chose, et li Marchis li abandona qu'il i alast. Ensi se partirent de l'ost Guillelme de Chanlite, et Joffroi de Ville-Hardoin, et emmenérent bien cent chevaliers avec als, et serjanz à cheval grant part, et entrérent en la terre de la Morée, et chevauchiérent trosque à la cité de Modon.

175. Michalis oï qu'il estoient à si pou de gent en la terre, si ammassa grant gent, et ce fu une merveille de gent, et chevaucha aprés als, si com cil qui les cuidoit avoir toz pris, et avoir en sa main. Et quant cil oïrent dire que il venoit,

〰〰〰

ples. Sur ces entrefaites arriva que Geoffroy de Ville-Hardoüin, qui estoit neveu de Geoffroy mareschal de Romanie et de Champagne, estant party de la Terre saincte avec la flotte de ceux qui estoient venus à Constantinople, fut jetté par la violence des vents et de la tempeste au port de Modon, où son vaisseau à l'aborder ayant esté fort endommagé, il fut obligé de sejourner tout l'hyver, et qu'un seigneur grec qui tenoit plusieurs places et terres en ces quartiers-là, ayant entendu, le vint trouver, et luy fit beaucoup d'honneur et de caresses, luy disant : « Seigneur, » je ne sçay si vous sçavez que les François » ont conquis Constantinople et fait un des leurs » Empereur. Que si vous vouliez vous associer » avec moy, je vous garderois la foy toute en- » tière, et conquerrions ensemblement une bonne » partie de cette contrée. » De cette sorte il s'entrejurérent compagnie, se donnans la foy reciproquement l'un à l'autre : et s'emparérent en suitte de plusieurs lieux. Geoffroy de Ville-Hardoüin trouvant toute la bonne foy imaginable en ce Grec. Mais comme Dieu dispose des choses ainsi qu'il luy plaist, le Grec fut surpris d'une maladie, dont il mourut ; laissant un fils qui s'aliena incontinent de Geoffroy, et le trahit ; en sorte que les chasteaux qu'il avoit gaignez, se revoltérent contre luy. Et comme il eut appris que le Marchis estoit devant Naples, qu'il siegeoit avec une puissante armée, il se resolut de l'aller trouver : et aprés avoir cheminé par l'espace de six jours dans les terres des ennemis avec grand peril de sa personne, arriva enfin au camp, où il fut fort bien accueilly du Marquis et de tous les autres qui y estoient : et non sans raison, veu qu'il estoit brave et vaillant chevalier.

174. Le Marquis luy offrit assez de terres, de seigneuries, et autres biens pour l'obliger à demeurer avec luy : mais l'en ayant remercié, il vint trouver Guillaume de Champlite qui estoit son amy, auquel il dit : « Seigneur, je viens d'une » province tres-riche, qu'on appelle la Morée, si » vous voulez prendre ce que vous pourrez re- » couvrer de trouppes, et quitter ce camp, nous » irons ensemble à l'ayde de Dieu y faire quel- » que conqueste : et la part qu'il vous plaira me » faire, je la tiendray de vous en qualité de vassal » et d'homme lige. » L'autre qui avoit grande creance en luy, et l'affectionnoit beaucoup, le crût ; et à l'instant alla trouver le Marquis, auquel il fit entendre cétte entreprise, à laquelle le Marquis s'accorda : et en suitte Guillaume de Champlite et Geoffroy de Ville-Hardoüin partirent du camp, emmenans quant et eux environ cent chevaliers, avec grand nombre de gens de pied et de cheval dassérent dans la Morée, et vinrent jusques à la ville de Modon.

175. Michel ayant eu advis qu'ils estoient entrez dans le pays avec si peu de gens, amassa soudain une grosse armée, et se mit à les suivre, croyant les avoir desja tous dans ses filets. Mais si tost qu'ils eurent le vent de sa marche, ils commencérent promptement à refermer et fortifier Modon, qui avoit esté demantelée il y avoit long-temps, et y laissans leur bagage avec les inutiles au combat, sortirent en campagne et se

si hordérent Modon, qui de de lonc tens orent abatue, et il laisiérent lor hernois, et lor menue gent, et chevauchiérent par un jor, et ordenérent lor bataille de tant de gent cùm il avoient, et fu de trop grant meschief, que il n'avoient mie plus de cinq cens homes à cheval, et cil en avoient bien plus de cinq mil. Ensi cùm les aventures avient, si còm Dieu plaist, se combatirent às Grieux, et les desconfirent, et vainquirent, et i perdirent mult li Grieu. Et cil gaaigniérent assez chevaus, et armes, et autres avoirs à mult grant planté. Et lors s'en tornérent mult lié, et mult joiaus à la cité de Modon.

176. Aprés chevauchiérent à une cité, que on appelle Corone, qui sor mer estoit, si l'asistrent. Ni sistrent gaires longuement, quant la cité lor fu rendue, et Guilliélme le dona Joffroi de Ville-Hardoin, et en devint ses hom, et la garni de sa gent. Aprés allérent à un chastel che on appelle Chalemate (1), qui mult ére forz et bials, si l'asistrent. Ici chastials les travailla tant, et mult longuement, et tan i sistrent, que renduz lor fu : et dont se rendirent les plus des Grex à als del païs, plus que ils n'avoient fait devant.

177. Li marchis Bonifaces sist à Naples, ou il ne puet rien faire, quar trop ére forz, et il i greva mult sa gent. Jacques d'Avesne retenoit le siege devant Corinthe, si cùm li Marchis li avoit laissé. Leon Sgur qui ére dedenz Corinthe, et ére mult sage et ongigneus, vit que Jaqes n'avoit mie granz genz, et que il ne se gaitoit mie bien, à un maitin à une jornée fit une saillie mult grant, et trosques enz és paveillons, et ainz que il peussent estre armé, en occistrent assez. Là si fu morz Drues de Sain Truyen, qui mult fu preuz et vaillant, dont grant dials fu : et Jaques d'Avesnes qui ére chevetaines fu navrez en la jambe mult durement. Et bien si portérent cil qui là furent, qui por son bien faire, furent rescols. Et sachiez bien que mult furent prés d'estre tuit perdu, et par l'aie de Dieu, les remistrent el chastel à force. Mais li Grieu n'orent mie la felonie fors de lor cuers, qui mult estoient desloial. Icel tens si virent que li Francs si estoient si espandu par les terres, et chascun avoit afaire endroit lui, si se pensérent que ores les pooient il traïr. Et pristrent lor message privéement de totes les cités de la terre, et les envoiérent à Johan, qui ére roi de Blaquie et de Bogrie, qui les avoit guerroiez, et guerroit tot adés, et li

⟨✕⟩

rangérent en ordonnance pour attendre leur ennemy : ce qui ne se fit pas sans quelque temerité, d'autant qu'ils n'avoient pas plus de cinq cens chevaux, et les autres en avoient plus de six mil. Mais comme Dieu donne des issuës contraires aux desseins des hommes, les nostres attaquérent vivement les Grecs et les deffirent entiérement, en sorte que les Grecs y firent une notable perte ; et les nostres y gagnérent force chevaux, armes, et autre butin, avec lequel ils s'en retournérent tous gays et joyeux à Modon.

176. De là poursuivans leur victoire, ils allérent assieger Coron, qui est une place assise sur la mer, laquelle leur fut renduë peu de temps aprés. Guillaume de Champlite en fit don à Geoffroy de Ville-Hardoüin qui luy en fit hommage, et y mit garnison de ses gens. Aprés la prise de Coron ils tirérent outre à un chasteau appellé Chalemate, beau et fort au possible, qu'ils assiegérent pareillement : ce chasteau les travailla beaucoup, et tint long-temps ; mais à la fin il leur fut rendu, et les Grecs du pays ébranlez de cette prise commencérent à se rendre aux nostres en plus grand nombre qu'ils n'avoient fait par cy-devant.

177. Cependant le marquis Boniface estoit tousjours devant Naples, sans qu'il y avançât beaucoup, la ville estant extraordinairement forte, et son armée y souffrant beaucoup d'incommoditez. D'autre part le siege de Corinthe, où il avoit laissé Jacques d'Avesnes, alloit en longueur ; Leon Sgure qui estoit dedans la place, la deffendant vigoureusement : et comme il estoit homme prudent et subtil, s'estant apperceu que les François, qui estoient en petit nombre, se tenoient mal sur leurs gardes, dans un matin il fit une sortie et donna dans leur camp jusques dans leurs tentes, et en tua un grand nombre avant qu'ils pûssent prendre les armes : entre autres Dreux de Struen, vaillant chevalier, dont la mort causa grand dueil dans l'armée. Le chef mesme Jacques d'Avesne y fut fort blessé en la jambe ; mais à la fin ceux qui se trouvérent en cette occasion se comportérent avec tant de cœur, qu'ils eschappérent d'un péril si évident, et par l'ayde de Dieu recoignérent les ennemis à vive force dans la place. Les Grecs ne relachérent rien pour cela de l'animosité qu'ils avoient conceuë en ce temps-là contre les nostres, n'oublians aucune sorte de déloyauté pour en venir à bout. De façon que voyans les François épandus en divers endroits, chacun empesché à se deffendre en son particulier, ils s'avisérent d'une nouvelle trahison contre eux. Ils prirent en cachette des deputez de chaque ville, qu'ils envoyérent à Jean roy de Valachie et de Bulgarie, lequel les avoit travaillé de tout temps, et leur faisoit encore la guerre : offrans de le faire Empereur, et de se rendre à luy, et mesme de mettre à mort

(1) Calamata située à un petit quart d'heure de la mer, au fond du golfe de Messénie.

mandérent que il le feroient Empereor, et qu'il se rendroient tuit à lui, et que il occiroient toz les Franz, et si li jureroient que il li obeiroient comme à Seignor, et li lor jurast que il les maintiendroit comme les suens. Ensi fu faiz le sairmenz d'une part et d'autre.

178. En cel termine si avint un grant domage en Constantinople, que li cuens Hues de Sain Pol, qui avoit longuement geu d'une maladie de gote, fina et morut, dont il fu mult grant diels, et mult grant domages, et mult plorez de ses homes, et de ses amis. Et fu enterrez à mult grant honor au mostier monseignor Sain George de la Mange. Et li cuens Hues si tenoit un chastel en sa vie, qui avoit nom li Dimos, et ére mult forz et mult riche, si i avoit de ses chevaliers et de ses serjanz dedenz. Li Grieu qui avoient les sairemenz faiz al roi de Blaquie par les Franz occire et traïr, si les traïrent en cel chastel, si en occistrent, et pristrent grant par, et escapérent pou, et cil qui escapérent s'en allérent fuiant à une cité, que on appelle Andrenople, que li Venitien tenoient à cel jor. Ne tarda gaires après cum cil Andrenople se revelléirent, et cil qui estoient dedenz, et la gardoient, s'en issirent à grant peril, et guerpirent la cité. Et les novelles vindrent à l'empereor Baudoin de Constantinople qui mult ére à pou de gent, il et li cuens de Blois.

179. De ces novelles furent mul troblé, et mult esmaié, et ensi lor comenciérent novelles à venir de jor en jor malvaises, que par tot se revelloient li Grieu, et là où ils trouvoient les Frans, qui estoient bailli des terres, si les ocioient. Et cil qui avoient Andrenople guerpie, li Venitien, et li autre qui avec érent, s'en vindrent à une cité que on appelloit le Churlot, qui érent l'empereor Baudoin. Enqui trovérent Guillelmes de Blanuel qui de par l'Empereor le gardoit. Par le confort que il lor fist, et par ce que il alla avec als à tant de gent com il pot, se tornérent arriéres à un cité bien à douze lieuës prés, qui Archadiople ére appellée, qui ére as Venissiens, et la trovérent vuide, si entrérent enz, si la garnirent dedenz. Li tiers jor li Grieu del païs s'assemblérent, si vindrent à une jornée devant Archadiople, si commenciérent l'assaut grant et merveillos tot entor, et ils se defendirent mult bien, si ovrirent lor portes, si fistrent une assaillie mult grant. Si com Diex volt, si se disconfisent li Grieu, et les comenciérent à batre, et à occire. Ensi les chaciérent une liuë, et en occistrent mult, et gaaignérent assez chevax, et autres avoirs mult. Ensi s'en revindrent à grant joie. Et céle victoire si man-

◇◇◇

à Constantinople avec le comte de Blois et peu de gens.

179. Cét accident les troubla fort, et mit en grand émoy : joint d'ailleurs que de jour à autre leur venoient nouveaux avis de la rebellion des Grecs, et que partout où ils trouvoient des François en possession des terres et places de nouvelle conquête, il les mettoient à mort. Ceux qui avoient quitté Andrinople, Venitiens et autres qui estoient avec eux, vinrent à Tzurulum, qui estoit une ville des appartenances de l'empereur Baudoüin, où ils trouvérent Guillaume de Blanuel, qui y avoit esté par luy establi gouverneur; et sous la faveur de l'escorte qu'il leur donna, y allant mesme en personne avec le plus de gens qu'il pût, rebroussérent chemin en arriére à douze lieuës loin de là, et arrivérent à une ville nommée Arcadiople, et qui estoit aux Venitiens, qu'ils trouvérent vuide, et la fortifiérent. Le troisiéme jour ensuivant les Grecs du pays s'estans assemblez et mis en armes, y vinrent donner un rude assaut, que ceux de dedans soustinrent fort vaillamment; et estans sortis sur eux par l'une des portes, en mirent non seulement à mort un grand nombre, mais aussi poursuivans les autres plus d'une lieuë, en luérent encore plusieurs, et gagnérent force chevaux et autre butin, retournans à la ville glorieux d'avoir rem-

---

tous les François : qu'ils luy presteroient en outre serment de fidélité, et luy rendroient toute obeïssance comme à leur légitime Seigneur : à condition qu'il promettroit de les maintenir et garder comme ses sujets. Ce qui fut ainsi arresté, et les sermens faits de part et d'autre.

178. Au mesme temps arriva un grand malheur à Constantinople, par la mort de Hugues comte de Sainct Paul, qui avoit esté long-temps travaillé de la goutte ; laquelle causa un sensible dueil tant aux siens qu'à ses amis qui le regretérent fort, et fut une grande perte pour les nostres. Il fut enterré tres honorablement dans l'église de Saint George de Mangana. Il avoit possédé durant sa vie le chasteau de Didymotique, place forte et riche, où il avoit mis quelques-uns de ses chevaliers, et gens de pied pour la garder : mais les Grecs qui avoient lors presté le serment au roy de Bulgarie, et comploté avec luy de les trahir et mettre à mort, exécutérent leur perfidie en ce chasteau, en en tuérent la plus grande part, en estans eschappez, qui s'enfuirent à Andrinople, que les Venitiens tenoient lors. Peu de temps après les Grecs d'Andrinople mesme se revoltérent ; et ceux des nostres qui estoient dedans pour la garder furent contraints de l'abandonner, et d'en sortir avec grand danger. Les nouvelles en vinrent aussi-tost à l'empereur Baudoüin qui estoit

dérent l'empereor Baudoin en Constantinople, qui mult en fu liez, et ne port quant n'osérent retenir la cité d'Archadiople, ainz s'en issirent lendemain, et la guerpirent, et s'en revindrent en la cité del Curlot. Enqui s'arrestérent à grant doute, que il doutoient autant cels de la ville, cùm il faisoient cels de hors, que il estoient de sairemenz devers le roi de Blakie, qui les devoient traïr. Et maint en i ot, qui n'osérent arrester, ainz s'en vindrent en Constantinople.

180. Lors pristrent l'empereres Baudoins conseil, et li dux de Venise, et li cuens Loeys, et virent que il perdoient tote la terre. Et fu tels lors conseils, que l'Empereres manda Henri son frére qui ére à l'Andremite que il guerpist quanque il i avoit conquis, et le venist secorre. Li cuens Loyeis en renvoia à Payen d'Orliens, et à Perron de Braiecuel, qui érent à Lupaire, et à totes les gens que il avoient avec els, et guerpissent tote la conqueste, fors seulement le Spigal, qui seoit sor mer, et la garnissent à mains que il porroient de gent, et li autre le venissent secourre. L'empereres manda Machaire de Sainte Manehault, et Mahui de Vaslencort, et Robert del Ronçoi, qui bien avoient cent chevaliers avec als, et estoient à Nichomie, et la guerpissent, et le venissent secoure.

181. Par le commandement l'empereor Baudoin, issi Joffroy de Ville-Hardouin li mareschaux de Romanie et de Champaigne de Constantinople et Manassiers de l'Isle, à tant de gent com il porent avoir, et ce fu mult poi, car la terre se perdoit tote. Et chevauchiérent trosque à la cité del Curlot, qui ére à trois jornées de Constantinople. Illuec trovérent Guillelme de Braiecuel, et cels qui avec luy estoient, qui mult érent à grant paor, et lors furent mult asseuré. Enqui sejornérent par quatre jors. L'empereres Baudoins renvoia aprés Joffrois li mareschaus, quanque il pooit avoir de gent, et tant, que il vint al quart jor que il orent quatres vingt chevaliers al Churlot. Adont s'esmut Joffrois li mareschaus, et Manassiers de l'Isle, et lor jenz, et chevauchiérent avant, et vindrent à la cité d'Archadiople : si se hebergiérent enz. Enqui sejornérent un jor, et d'enqui mûrent, si s'en allérent à une altre cité, appellée Burgarofle. Et li Grieu l'orent vuidié si se hebergierent dedenz. Lendemain chevauchiérent à une cité, que on appelle Nequise, qui ére mult belle et mult ferme, et mult bien garnie de toz bienz, et trovérent que li Grieu l'orent guerpie, et s'en érent tuit allé à Andrenople, et céle citez ére à neuf liuës françoises prés d'Andrenople, et tote la grant plentez

◇◇◇

porté ces avantages sur leurs ennemis. Ils donnérent avis à l'instant de cette victoire à l'empereur Baudoüin qui estoit à Constantinople, lequel en fut fort réjoüy. Neantmoins n'ozans pas tenir plus long-temps Arcadiople, ils en sortirent dès le lendemain, et l'abandonnérent pour se retirer à Tzurulum, où encores ils ne se tinrent pas bien assûrez, pour la crainte qu'ils avoient autant de ceux de la ville que de ceux de dehors, qui tous avoient juré et promis au roy des Bulgares de les luy livrer : de manière que plusieurs n'ozérent s'y arrêter, et s'en retournérent droit à Constantinople.

180. Alors l'empereur Baudoüin voyant que tout le pays se revoltoit, prit conseil du duc de Venise et du comte de Blois, qui furent d'avis qu'il devoit rappeller son frere qui estoit à Atramyttium, qu'il ne devoit faire difficulté d'abandonner pour venir en toute diligence à son secours avec ce qu'il pourroit avoir de troupes. Le comte de Blois d'autre costé envoya ordre à Payen d'Orleans et à Pierre de Braiecuel qui estoient à Lopadium, et aux gens de guerre qu'ils avoient avec eux, de delaisser toutes leurs conquestes, à la reserve de Piga, qui estoit une place assise sur la mer, et mesmes qu'ils y laissassent le moins de gens qu'ils pourraient, à ce que le reste en plus grand nombre vint le secourir. L'Empereur manda en outre à Machaire de Saincte Menehoud, à Mathieu de Valincourt, et à Robert de Ronçoy, qui estoient à Nicomedie avec environ cent chevaliers, de la quitter et se rendre au plustost devers luy.

181. D'autre part Geoffroy de Ville-Hardoüin mareschal de Romanie et de Champagne, et Manassés de l'Isle partirent de Constantinople du commandement de l'empereur Baudoüin, avec ce qu'ils pûrent recouvrer, de gens, lesquels se trouvérent en petit nombre, dautant que tout le pays s'en alloit perdant. Ils donuérent jusques à Tzurulum qui estoit à trois journées de Constantinople, où ils trouvérent Guillaume de Blanuel et ceux qu estoient avec luy, tous effrayez, qui furent rassûrez par leur arrivée. Ils sejournérent là quatre jour, pendant lesquels l'Empereur envoya au mareschal de Ville-Hardoüin tout ce qu'il pût ramasser de gens ; de sorte que dedans le quatrième ensuivant ils se trouvérent à Tzurulum avec quatre-vingt chevaliers. Lors le mareschal et Manassés de l'Isle et leurs trouppes se mirent aux champs et vinrent jusques à la ville d'Arcadiople, où ils logérent et séjournérent un jour : de là ils passérent à une autre ville nommée Bulgarofle, que les Grecs avoient depuis peu abandonnée. Ils y demeurérent une nuit, et le lendemain arrivérent à Neguise, belle et forte place, et tres-bien

des Grex ére à Andrenople. Et fu tels lor conseils, qu'il attendroient iqui l'empereor Baudoin.

182. Or Conte li livres une grant merveille, que Reniers de Trit qui ére à Finepople bien neuf jornées loing de Constantinople, et avoit bien six vingt chevalier avec luy, que Reniers ses fils le guerpi, et Gilles ses freres, et Jaqes de Bondine qui ére ses niers, et Chars de Verdun qui avoit sa fille, et li tolirent bien trente de ses chevalier, et s'en cuidoient venir en Constantinople, et l'avoient laissié en si grant peril com vos oez. Si trovérent la terre revellée encontre els, et furent desconfit. Si le pristrent li Grieu qui puis les rendirent le roi de Blachie, qui puis aprés lor fist les testes trencier. Et sachiez que mult furent petit plaint de la gent, porce qu'il avoient si mespris vers celuy, qui ne deussent mie faire. Et quant li autre chevalier Renier de Trit virent ce, que si prés ne li estoient mie, com cil qui en dotérent mains la honte, si le guerpirent bien quatre vingts chevaliers tuit ensemble, et s'en allérent par une autre voie. Et Reniers de Trit remet entre les Griex à pou de gent, que il n'avoit mie plus de vingt cinq chevaliers à Phinepople et à Stanemac, qui ére uns chastiaux mult fort qui il tenoit, où il fut puis longuement assis.

183. Or lairons de Reniers de Trit, si reviendrons à l'empereor Baudoin, qui est en Constantinople à mult pou de gent, mult iriez, et mult destroiz, et attendoit Henri son frere, et totes les autres gens, qui érent oltre le Braz. Et li premier qui vindrent à luy d'oltre le Braz, ce furent cil de Nichomie. Machaires de Sainte Manehalt, et Mahius de Vaslencort, et Robert de Ronçoi, et vindrent bien en céle route cent chevaliers. Et quant l'Emperéres les vit, si en fut mult liez, et parla al comte Loeis qui Cuens ére de Blois et de Chartain. Et fu tels lors conseil que il distrent que il s'en isroient à tant de gent com il avoient, et suivroient Joffroy li mareschaus de Champaigne qui devant s'en estoit allez.

184. Ha las! quel domage qu'il n'attendirent tant que tuit li autre fussient venu, qui d'autre part del Braz estoient, que poi avoient gent an si perilleus lius où il alloient. Ensi issirent de Constantinople bien à sept vingt chevalier, et chevauchiérent de jornée en jornée, tant que il vindrent al chastel de Nequise, où Joffrois le mareschaus estoient herbergiez. La nuit pristrent conseil ensemble. La summe de lor con-

———

garnie de toute chose, distante d'Andrinople de neuf lieuës françoises, et trouvérent que les habitans l'avoient pareillement quittée, s'estans retirez à Andrinople, où estoient la pluspart des Grecs : et resolurent d'attendre là l'empereur Baudoüin.

182. En ce mesme temps arriva une chose estrange : Renier de Trit estant à Philippople, à neuf journées de Constantinople, avec environ six vingt chevaliers, Renier son fils, Gilles son frere, Jacques de Bondine son neveu, et Charles de Vercli qui avoit espousé sa fille, l'abandonnérent, et emmenérent quant et eux trente de ses chevaliers, à dessein de retourner à Constantinople, et le laissérent en grand péril au milieu de ses ennemis et sans espérance de secours : mais ils trouvérent tout le pays révolté contre eux, et furent deffaits et pris par les Grecs, et en suitte livrez au roy de Bulgarie, qui leur fit à tous trancher la teste. Et veritablement ils ne furent ny plaints ny regrettez des François, pour s'estre portez avec tant d'infidélité et de déloyauté vers celuy qu'ils ne devoient pas ainsi abandonner. Les autres chevaliers de Renier de Trit, qui ne luy appartenoient pas de si prés, comme ceux qui n'avoient point appréhendé le blâme de cette lâcheté, ayans aussi moins de honte de les imiter, s'en allérent bien quatre-vingt chevaliers ensemble par un autre chemin ; en sorte que Renier de Trit demeura au milieu des Grecs avec fort peu de gens, n'ayant en tout que vingt-cinq chevaliers tant à Philippople qu'à Stenimac, qui estoit un fort chasteau qu'il tenoit, et où il fut depuis long-temps enfermé.

183. Cependant l'empereur Baudoüin estoit à Constantinople mal accompagné, et avec peu de monde, fort affligé de tant de mauvais succés, ne sçachant à quoy se resoudre dans ces conjonctures, et attendant tousjours son frere Henry et les troupes qui estoient au-delà du détroit. Les premiers qui vinrent à luy de ce pays-là, furent ceux de Nicomedie, en nombre de cent chevaliers, soûs la conduite de Machaire de Saincte Manchoud, Mathieu de Valincourt, et Robert de Ronçoy. L'Empereur fut fort joyeux de leur arrivée, et là dessus resolut avec le comte de Blois de se mettre en campagne avec toutes les forces qu'ils pourroient assembler, pour s'aller joindre à Geoffroy mareschal de Champagne, qui avoit gagné les devants.

184. Mais las ! quel malheur de ce qu'ils n'attendirent pas les autres qui estoient encores au delà du Bras : veu que leurs trouppes estoient trop foibles pour s'engager dans des lieux si dangereux par où ils estoient nécessairement obligez de passer. Ainsi donc ils partirent de Constantinople avec environ sept vingt chevaliers, et arrivérent à Nequise, où le mareschal Geoffroy avoit pris ses logemens. La nuit mesme ils tinrent conseil, qui fut en somme, de déloger dés le matin

seil fu telx, que il iroient al maitin devant Andrenople, et que il l'aserroient. Et ordenérent lor batailles, et devisérent mult bien de tant de gens cum il avoient. Et quant vint al maitin à cler jor, il chevauchérent si com devisé ére, et vindrent devant Andrenople, et la trovérent mult bien garnie, et virent les confanons Jaenisse le roi de Blaquie et de Bougrie sor les murs et sor les tors, et la ville fu mult fors, et mult riche, et mult plaine de gent devant les portes : et ce fu li mardi de Pasque florie. Ensi furent par trois jorz devant la ville à grant mesaise et à pou de gent.

185. Lors vint Henry Dandole qui ére dux de Venise, mais vielz hom ére, et gote ne veoit. Et amena de tel gent cum il oit, et bien altant com l'emperéres Baudoins, et li cuens Loeys en avoient amené, et se loja devant une des portes. Lendemain recovrérent d'une rote de serjans à cheval, mais bien fust mestiers que il valsissent plus que il ne valoient : et si avoient pou de viande que marchie nes pooint seure, ne il ne pooient aller forer : que tant avoit de Griex par le país, que il ni pooient mie aller. Johannis li rois de Blaquie venoit secoure cel d'Andrenople à mult grant ost, que il amenoit,

Blas et Bogres, et bien quatorze mil Cumains, qui ne estoient mie baptizié.

186. Por la destréce de la viande alla forre li cuens Loeys de Blois et de Chartein le jor de la Pasque florie. Avec luy alla Esténes del Perche le frere le conte del Perche, et Rainaut de Mommirail, qui ére frere le conte Hues de Nevers, et Gervaises del Chastel, et plus de la moitié de tote l'ost, si allérent à un chastel que on appelle Peutaces, et le trovérent mult bien garnie de Grex et i assailliérent mult grant assalt, et mult fort. Ne ni porent rien faire, ains s'en revindrent arriers sans nulle conqueste. Ensi furent la semaine des deux Pasques, et fisent engins chapuisier de mainte maniére, et mistrent mineors qu'il avoient par desor terre, por le mur trenchier. Et ensi fissent la Pasque devant Andrenople à pou de gent, et à pou de viande.

187. Sors vint novelle Johans li rois de Blaquie venoit sor als por secorre la ville. Si ordenérent lor affaire, et fu devisé que Joffrois li marescals et Manassiers de l'Isle garderoient l'ost, et l'emperéres Baudoins et tuit li autres isteroient fors, se Johannis venoit à bataile. Ensi demorérent trosque al maicredi des foiries

pour aller droit à Andrinople et l'assieger, ordonnans la forme en laquelle ils marcheroient et camperoient, le tout fort bien et prudemment suivant le petit nombre de gens qu'ils avoient. Le jour venu ils se mirent en chemin en l'ordre qu'ils avoient arresté, et vinrent devant Andrinople, qu'ils trouvérent fort bien munie de soldats, et y virent les estendars de Jean roy de Valachie et de Bulgarie arborez de toutes parts sur les murailles et dans les tours, avec grand nombre d'hommes de guerre espandus à la garde des portes. Cela fut le mardy devant Pasques fleuries : et ainsi demeurérent devant la ville l'espace de trois jours avec de grandes incommoditez et peu de gens.

185. Incontinent aprés arriva Henry Dandole duc de Venise, qui estoit homme vieil et ne voyoit goute, avec qu'il avoit de forces, qui estoient bien en aussi grand nombre que celles que l'Empereur et le comte de Blois avoient amené; et se campa devant l'une des portes. Le lendemain leur vint pour renfort une compagnie de chevauxlegers; mais il eust esté à souhaiter qu'ils eussent esté plus vaillans qu'ils n'estoient. Cependant l'armée estoit fort incommodée de vivres, et d'ailleurs il n'y avoit aucune seureté pour en aller recouvrer, à cause du grand nombre des Grecs qui tenoient toute la campagne : joint aussi que le roy de Bulgarie venoit au secours d'Andrinople avec une puissante armée composée de Valaches, Bul-

gares, et d'environ quatorze mil Comains, qui est une nation infidele.

186. Le comte de Blois à cause de la grande disette qui estoit au camp alla en personne faire une course pour chercher et amener des vivres, le jour de Pasques fleuries : et avec luy Estienne du Perche frere du feu comte du Perche, Renaud de Montmirail frere du comte de Nevers, et Gervais de Castel, avec plus de la moitié de l'armée. Ils furent jusques à un chasteau appellé Pentace, qu'ils trouvérent fort bien garny de Grecs, et y donnérent un rude assaut : mais ils furent repoussez et contraints de s'en retourner sans rien faire : employans toute la Semaine sainte à fabriquer des machines de toutes façons, et à faire des mines par dessous terre jusqu'au pied du mur pour la sapper, et y faire bréche. Et passérent de la sorte la feste de Pasques devant Andrinople avec peu de gens, et mal fournis de vivres.

187. Sur ces entrefaites leur vint nouvelle que Jean roy de Bulgarie s'acheminoit vers eux avec de grandes forces pour secourir la ville. Aussitost ils donnérent ordre à leurs affaires; et fut arresté que le mareschal Geoffroy et Manassés de l'Isle demeureroient à la garde du camp ; pendant que l'empereur Baudoüin avec le surplus de l'armée sortiroit hors, et se mettroit en campagne, pour attendre le Bulgare, en cas qu'il voulust venir à combat. Ce qu'estant ainsi arresté,

de Pasques, et Johannis fu jà si aprochiez, qu'il fo logiez bien à cinq lieues d'als, et envoia corre devant lor ost ses Comains. Et li criz lievé en l'ost et s'en issent à desroy, et chaciérent les Comaines une mult bone lieuë mult folement. Et quant il s'en voldrent venir, li Comain commenciérent à traire sor als mult durement, si lor navrérent de lor chevals assez. Ensi s'en revindrent en l'ost, et furent mandé l'empereor Baudoins, et pristrent conseil, et distrent que mult avoient fait grant folie, qu'il avoient tant chacié tel gent, qui estoient si legiérement armé.

188. La somme del conseil fu tels, que se Johannis venoit mais, que il istroient fors et se rengeroient devant lor ost, et que enqui l'atendroient, et d'enqui ne se moveroient, et y fissent crier par tote l'ost, que nus ne fust si hardiz qu'il passast cel ordenement por cri ne por noise que il oïst. Et fu devisé que Joffrois li mareschaus garderoit devers la cité, et Manassiers de l'Isle. Ensi trespassèrent céle nuit trosque al joesdy matin des foires de Pasques; et oïrent la messe et mangiérent al disner, et li Comain corrent trosque a lor paveillons; et li criez lieve, et ils corrent as armes, et s'en issent de l'ost totes lor batailles ordenées, si com il avoient devisé devant.

189. Li cuens Loeys s'en issi des premiers à la soe bataille. Et commence li Comains à porsevre, et mande l'empereor Baudoins que il le porseust. Ha-las! com malement il tindrent ce qu'il avoient devant devisé le soir, que ensi porsuivrent les Comains bien prés de deux lieuës loing, et assemblérent à als, et les chassent granz piece; et li Comain recueroient sor als, et commencent à huer et à traire. Et il orent bataille d'autre gent que de chevalier qui ne savoient mie assez d'armes. Si se comencent à effréer et à desconfire. Et li cuens Loeys qui fu assemblez premiers, fu navré en deux lieux mult durement. Et li Cuens ot esté chaus, et un suen chevalier, qui ot nom Johan de Friaise fu descenduz, si lo mist sor son cheval. Assez fu de la gent li cuens Loeys qui li distrent : « Sire, allez vos en, quar trop malement navrez estes en deux lieux. » Et il dist : « Ne plaise dam le Dieu que jamés me soit reprové que je fuye de camp, et laisse l'Empereor. »

190. L'Empéréres qui mult ére chargiez endroit luy, rappelloit sa gent, si lor disoit que il ne fuiroit jà, et que il ne le laissent mie : et tesmoingnent cil qui là furent, que onques més cors de chevaliers mielz ne se defendi de lui. Ensi

◇◇◇

ils demeurérent jusqu'au mercredy d'aprés Pasques, que le roy de Bulgarie s'approcha et se campa à cinq lieuës prés d'eux, d'où il envoya ses Comains faire des courses jusques dans leur camp. L'alarme s'y estant levée, soudain les nostres sortirent en desordre, et leur donnérent la chasse une bonne lieuë tres-indiscretement. Car comme ils pensérent se retirer, les Comains tournérent visage tirans sur eux et leur blessans nombre de chevaux. Estans de retour au camp, ils furent mandez au conseil l'Empereur present, où il leur fut reproché qu'ils avoient fait une notable faute, d'avoir poursuivy ainsi tumultuairement et au loing une cavalerie si legerement armée.

188. Pour remedier à semblables inconveniens pour l'avenir, ils prirent resolution, que si le Bulgare venoit, ils sortiroient hors de leur camp et se rangeroient en bataille devant leurs barriéres; que là ils l'attendroient de pied ferme, sans avancer; faisans crier par toute l'armée à son de trompe, que nul ne fust si temeraire ny si hardy d'enfraindre cette ordonnance, pour quelque bruit ou alarme qui pût survenir. Il fut encores arresté que Geoffroy de Ville-Hardoüin, mareschal de Romanie, et Manassés de l'Isle demeureroient en garde du costé de la ville; ainsi se passa cette nuit jusqu'au jeudy matin des feries de Pasques, qu'aprés avoir oüy messe, et pris leurs repas, les Comains vinrent derechef attaquer le camp, et donnérent jusques aux tentes et pavillons. Le cry s'estant levé chacun courut aux armes, et toutes les batailles sortirent hors des barriéres dans l'ordre qui avoit esté prescrit.

189. Le comte de Blois fut le premier de tous qui s'avança avec sa trouppe : et commença à charger les Comains, mandant à l'empereur Baudoüin de le suivre pour le soûtenir. Mais hélas! qu'ils observérent mal ce qu'ils avoient arresté le soir precedent; car ils poursuivirent à toute bride les ennemis, les menans battans prés de deux lieuës loing, jusqu'à ce que les autres voyans leur avantage, tournérent bride tout à coup, crians et tirans sur les nostres, lesquels, comme ils n'estoient pas tous également experimentez au faict des armes, commencérent à prendre l'épouvante et à se deffaire d'eux-mesmes. Le comte de Blois, qui avoit esté des premiers au combat, ayant esté griévement blessé en deux endroits, et porté par terre; l'un de ses chevaliers, nommé Jean de Friaise, descendit à l'instant de son cheval, et le remonta dessus. Plusieurs de ses gens luy ayans voulu persuader de se retirer, à cause de ses blessures, il leur fit cette response genereuse : A Dieu ne plaise, que jamais il me soit reproché que j'aye fuy du combat, ny que j'aye abandonné l'Empereur.

190. D'autre part l'Empereur qui se trouvoit pressé par les ennemis, tàchoit de rallier ses gens, en leur protestant, que quant à luy il n'estoit pas resolu de fuir, les conjurant de ne l'abandonner en

dura cil estors longuement, tels y ot qui le guerpirent. A la parfin si com Diex sueffre les mesaventures, si furent desconfit. Iqui remest el champ l'emperéres Baudoin qui onques ne volt fuir, et li cuens Loeys. L'emperéres Baudoin fu pris vifs, et li cuens Loeys fu occis.

191. La fu perduz li evesques Pierre de Bethleem, et Esténes del Perche le frere le conte Joffroi, et Renalt de Mommirail le frere le conte de Nevers, et Mahius de Vaslencort, et Robert de Ronçoi, Johans de Friaise, Gautiers de Nuilli, Theris de Aire, Johans ses freres, Euthaices de Chaumont, Johans ses freres, Baudoins de Nueville, et mult des autres dont li livres ne parole mie ci. Et li autre qui porent scamper, s'en vindrent fuiant à l'ost. Et quant ce veit Joffrois li mareschaus de Champaigne qui gardoit devant une des portes de la cité, si s'en issit plus tost que il pot à la gent que il ot : et manda Manassiers de l'Isle qui gardoit l'autre porte, que il le suyst isnellement. Et chevaucha à tote sa bataille encontre les fuiant grant alehure, et li fuiant se recueillirent tuit à lui. Et Manassiers de l'Isle qui vint au plus tost que il pot à la soe gent, si se joint a lui,

et lors orent plus grant bataille, et tuit cil qui vindrent en la chaçe, qu'il porent retenir, si les mistrent en lor bataille. Et ceste chaçe si fu entre none et vespres ensinques retenues.

192. Li plusor furent si effreé, que il fuient par devant als trosque enz éz paveillons et enz és hostiels. Et ensi céle chaçe fu recovrée, com vos avez oï. Et li Comain s'arrestérent, et li Blac et li Grieu qui chaçoient, et hardierent à céle bataille às ars et às sajetes : et cil de la bataille se tindrent quoi devers als. Ensi furent trosque à vespre bas. Et li Comain et li Blac se recommenciérent à retraire.

193. Lors manda Joffroi de Ville-Hardoin, le mareschal de Champaigne et de Romenie, le duc de Venise en l'ost, qui viels hom ére et gote ne veoit, mais mult ére sages, et preuz, et vigueros, et li manda que il venist à lui en sa bataille où il tenoit el camp, et il si fist. Et quant li mareschaus le vit, si l'appelle à conseil d'une part tot seul, et si li dist : « Sire, vos veez la mesaventure qui nos est avenue : perdu avons l'empereor Baudoins et le comte Loeys, et lo plus de nostre gent, et de la meillor. Or pensons del remanant garir, que se Dieu n'en prent pi-

---

une necessité si pressante. Ceux qui se trouvérent prés de luy assûrérent que jamais chevalier ne se deffendit mieux, ni plus vaillamment qu'il fit en ce combat, qui dura long-temps, et où aucuns prirent la fuite. Enfin, comme Dieu permet par les ressorts de sa Providence que les malheurs arrivent, les nostres furent entiérement deffaits. L'Empereur et le comte de Blois n'ayans pû se resoudre à prendre la fuite, l'Empereur fut pris prisonnier, et le comte demeura tué sur la place.

191. Pierre evesque de Bethleem, Estienne du Perche frere du comte Geoffroy, Regnaud de Montmirail frere du comte de Nevers, Mathieu de Valincourt, Robert de Ronçoy, Jean de Friaise, Gautier de Nuilly, Ferry de Herre, Jean son frere, Eustache de Heumont, Jean son frere, Baudoüin de Neuville, et plusieurs autres personnes de condition y furent encor tuez. Les autres qui pûrent evader, regagnérent à toute bride le camp : quand le mareschal de Champagne, qui estoit en garde devant l'une des portes de la ville, eut appris des fuyars la nouvelle de cette deffaite, il sortit promptement du camp avec ce qu'il avoit de trouppes; et manda à Manassés de l'Isle qui estoit à l'autre porte, qu'il eût à le suivre en diligence. Cependant il s'avança avec ses gens au grand galop au devant de ceux qui fuyoient, et fit en sorte qu'ils se ralliérent autour de luy : Manassés de l'Isle vint incontinent aprés avec sa trouppe, et se joignit pareillement au mareschal : en sorte que leur petit corps d'armée commença à grossir, et s'augmenta encore depuis, au moyen

de ce que tous les fuyars qu'ils pûrent retenir s'y rangérent. Cette fuitte fut ainsi arrêtée entre none et vespres.

192. Neantmoins la pluspart estoient si épouventez, qu'ils s'enfuioient devant eux jusques dans leurs loges et leurs pavillons, sans qu'il fût possible de les retenir. Enfin la fuitte cessa, et les nostres se rasseurérent aucunement. Les Comains de leur part arrestérent leurs courses, comme aussi les Valaches et les Grecs qui leur avoient ainsi donné la chasse avec tant de vigueur, et les avoient tant travaillez par leurs arcs et leurs fléches. Les nostres demeurérent fermes en ordonnance de bataille sans avancer ny reculer, et furent en cette contenance jusques au soir, que les Comains et les Valaches commencérent à se retirer.

193. Lors Geoffroy mareschal de Champagne et de Romenie, envoya au duc de Venise, qui estoit un personnage de grand vigueur, et orné d'une prudence singuliére, mais qui estoit privé de l'usage de la veuë, et lui manda qu'il se rendit promptement en l'armée, et se joignit à luy : ce qu'il fit. Le mareschal le tirant à part, luy tint ce discours : « Sire, vous voyez le malheur qui nous
» est arrivé, nous avons perdu l'empereur Bau-
» doüin et le comte de Blois, et la pluspart nos
» gens et des meilleurs. Il nous faut désormais
» aviser à sauver le reste de ce debris, estant in-
» dubitable que si Dieu ne nous favorise d'une
» grace particuliere, nous sommes tous perdus. »
Là dessus ils resolurent que l'on reprendroit le

tiez, nos sommes pardu. » Ensi fu la fins de lor conseil, que s'en r'roit en l'ost, et conforteront la gent; et chascuns fust armez de ses armes, et se tenist coi en sa herberge et en son paveillons. Et Joffrois li mareschaus remanoit en sa bataille, et de fors l'ost tuit ordené, tant que il seroit nuit, si se moveront devant la ville.

194. Li dux de Venise s'en iroit devant, et Joffrois li mareschaus feroit l'arriere garde, et cil qui avec lui estoient. Ensi que attendirent trosque la nuit, et quant il fu nuiz, li dux de Venise se parti de l'ost, si com devisé ére, et Joffrois li mareschaus fist l'arriere garde, et s'en partirent le petit pas, et emmenérent totes lor gent à pied et à cheval, et navrez et altres, que onques ne laissiérent nulli. Et chevauchiérent vers une cité qui siet sor mer, que l'on appelle Rodestoch (1), qui bien ére trois jornées loing de qui. Ensi se partirent, com vos avez oï. Et ceste aventure si avint l'an de l'Incarnation Jesu Christ m. cc. v anz, et céle nuit que l'ost se parti d'Andrenople, il y en ot qui alerent plus droit, et plus tot, dont il en recorrent grant blasme. En céle compaignie fu un cuens de Lombardie, qui avoit nom li cuens Cras, de la terre del Marchis, et Oedes de Ham qui sires ert d'un chastel que on appelle Ham en Ver-

mandois, et bien autres trosque à vingt-cinq chevaliers que li livres ne raconte mies. Ensi en vindrent puis la desconfiture qui ot esté le joesdi à soir, si vindrent en Constantinople le samedi à soir, si y avoit cinq jornées granz, et contérent ceste novelle le chardonal Perron de Chappes qui ére de par l'Apostoille de Rome Innocent, et Cuenon de Betune qui gardoit Constantinople, et Milon de Braibanz, et les autres bones genz. Et sachiez qu'il en furent mult effreé, et cuidérent bien que li remananz fuz toz perduz, que il avoient devant Andrenople laissié, que il n'en savoient novelle.

195. Or lairons de cels de Constantinople, qui en grant dolors sont, si revenrons al dux de Venise, et à Joffrois li mareschaus qui chevauchiérent tote la nuit, que il repairérent d'Andrenople trosque à la jornée. Et lors vindrent à une cité que on appelle Panfile. Or oiez des aventures queles ele sont si com Diex volt, qu'en céle cité avoit geu Pierre de Braiecuel et Paien d'Orliens, et totes les genz le conte Loeys, et estoient bien cent chevaliers de mult bone gent, et sept vingt serjanz à cheval qui venoient d'oltre le Braz, et aloient à l'ost à Andrenople. Et quant il virent la route venir, si corurent às armes mult isnellement, que il cui-

⸎

chemin du camp pour rasseurer les esprits des soldats esbranlez par cette deffaite; que chacun seroit soûs les armes dans les tentes et les loges : et que Geoffroy mareschal de Champagne se tiendroit hors des barriéres avec ses trouppes en ordonnance de bataille, jusques à ce que la nuit arriveroit, puis quitteroient la ville, et trousseroient bagage pour s'en retourner.

194. Cependant que le duc de Venise marcheroit devant, et le mareschal feroit l'arriére-garde, avec ceux qui estoient avec luy. Cela ainsi aresté, ils attendirent jusques à la nuict; laquelle estant venuë, le Duc partit le premier du camp, suivy du Mareschal qui faisoit l'arriére-garde, et s'en allérent le petit pas, emmenans tous leurs gens, tant de pied que de cheval, blessez et autres, sans en laisser un seul, et tirérent droit à Rodosto, qui est une ville assise sur le bord de la mer, à trois lieuës de là *. Au reste cette deffaite arriva l'an de l'Incarnation de nostre Seigneur Jesus-Christ mil deux cens et cinq. La nuit que les nostres firent la retraitte, et partirent d'Andrinople, il y en eût aucuns qui prirent un plus droit et plus court chemin, et se hastérent plus que les autres, dont ils furent fort blasmez : du nombre desquels furent un comte de Lombardie, nommé le comte Gras, des terres du Marquis : et Hugues de Ham, seigneur d'un chasteau de

mesme nom en Vermandois, avec vingt-cinq autres chevaliers dont l'histoire se taist par honneur : car la deffaite ayant esté le jeudy au soir, ils arrivérent à Constantinople le samedy sur le soir, quoy qu'il y eût cinq grandes journées, et y contérent les mauvaises nouvelles, dont le cardinal Pierre de Capouë legat du pape Innocent, Couon de Bethune qui estoit demeuré pour garder Constantinople, Miles de Brabant, et autres barons furent fort effrayez, se persuadans que le reste des nostres que ceux-cy avoient laissez devant Andrinople, fussent perdus, n'en ayans encore rien pû apprendre.

195. Cependant le duc de Venise et Geoffroy mareschal de Champagne cheminérent toute la nuit qu'ils délogérent d'Andrinople, jusqu'au point du jour, qu'ils se trouvérent prés d'une ville nommée Pamphyle, où avoient campé la mesme nuit Pierre de Braiecuel et Payen d'Orleans, avec bien cent chevaliers, et sept vingt chevaux-legers qui venoient de la Natolie, et s'alloient rendre au camp devant Andrinople. Quand ils virent approcher cette trouppe, ils coururent promptement aux armes, pensans que ce fussent Grecs : et les ayans envoyé recognoistre, pour sçavoir qui ils estoient; ils trouvérent que c'estoient ceux qui retournoient de la deffaite; desquels ils apprirent la perte de l'empereur Baudoüin et du

---

(1) Rodosto est à 18 lieues ouest de Constantinople.

* Il faut lire : *à trois journées de là.*

6.

doient que ce fussent li Grieu. Si s'armérent, et envoiérent savoir que genz estoient ce, et cil trovérent que ce estoient cil qui retornoient de la desconfiture : si retornérent à als, et lor distrent que perduz ert li emperéres Baudoins et lor sires Loeys de cui terre et de cui païs il estoient, et de cui maisnie ; plus dolorose novelle ne lor peust on conter.

196. Là veissiez mainte lerme plorer, et mainte palme batre de duel et de pitié, et allérent encontre als tuit armé, si com il estoient ; et tant que il vindrent à Joffrois le mareschals de Champaigne, qui l'arrière garde faisoit à mult grant mesaise, que Johannis le roi de Blaquie, et de Bougrie ére venuz à l'enjornée à Andrenople à tote s'ost : et trova que cil s'en furent allé, et chevalcha aprés lor rote, et ce fu joie que il nés y trova, que perduz fussent sanz nul recovrer, se il leseusttrovez : « Sire, font il à Joffrois le mareschal, que volez que nos faciens. Nos ferons quanque il vos plaira. » Et cil lor respont : « Vos véez bien coment il nos est ci. Vous y estes frois, et vostre cheval. Si ferez l'arrière garde, et je m'en irai devant tenir nostre gent, qui sont mult effrée, qui grant mestier en ont. » Ensi com il le devisa il le firent mult volentiers :

si firent l'arrière garde mult bien, et mult biel, come cil qui bien le sorent faire, car il estoient bon chevalier, et honoré.

197. Joffrois li mareschaus de Champaigne chevaucha devant, et les conduist, et chevaucha trosques à une cité qui Cariople ert appelée. Si vit que lor chevals estoient lasse, de ce que il avoient tote nuit chevauchié, et entra en la cité, et les fist herbergier bien endroit hore de midi, et donérent lor chevals à mengier, et il meismes mengiérent ce qu'il porent trover, et ce fu pou. Ensique furent tot le jor trosque à la nuit en cele cité. Et Johannis le roi de Blaquie les ot tote jor suiz tote lor route, et se herbergea bien à deux lieuës d'als. Et quant il fu nuiz, cil qui estoient en la cité, si s'armérent tuit, et s'en issirent fors. Joffrois li mareschaus fist l'avant-garde, qui le jor l'avoit faite. Ensi chevauchiérent tote nuit, et lendemain à grant dote et à grant paine, tant que il vindrent à la cité de Rodestoc, qui ére poplée de Grex, mult riche, et mult forz : et cil ne s'osérent deffendre, si entrérent enz, et si herbergiérent, et lors furent asseur. Et ensi s'eschampérent cil de l'ost d'Andrenople, com vos avez oï.

198. Lors pristrent conseil en la cité de Ro-

⸻

comte de Blois, des terres et de la maison duquel ils estoient, et ses vassaux ; en sorte que l'on ne leur eust pû dire de plus tristes nouvelles.

196. Aussi vous les eussiez veu pleurer à chaudes larmes et se battre la poitrine de deüil et de compassion : ils passérent dans cette profonde tristesse, tous armez qu'ils estoient jusques au mareschal Geoffroy, qui conduisoit l'arrière-garde avec grand peril. (Car le lendemain de la nuit qu'ils partirent d'Andrinople, Jean roy de Bulgarie y estoit arrivé avec toute son armée ; où voyant que les nostres en estoient desja délogez, s'estoit mis à les suivre. Et ce fut un grand bonheur de ce qu'il ne les y trouva pas ; parce que sans doute il eût achevé de les deffaire, sans qu'il en fust eschappé un seul.) Ces chevaliers ayant joint le mareschal, luy dirent : « Sire, que voulez-vous » que nous fassions ? nous sommes prests de faire » tout ce qu'il vous plaira, et de suivre entière— » ment vos ordres. » A quoy il fit response : « Vous voyez bien en quel estat nous sommes, » vous estes fraiz et peu fatigueuz, et vos chevaux » de mesme ; c'est pourquoy il me semble que » vous devez faire l'arrière-garde, et moi je » passeray devant afin de retenir nos gens qui » sont effrayez, et qui ont grand besoin d'estre » soulagez. » Ce qu'ils acceptérent volontiers, et firent l'arrière-garde avec toute sorte de bonne conduite, comme gens qui sçavoient fort bien ce mestier, estans tous bons hommes de guerre et braves chevaliers.

197. Le mareschal passa outre à la premiére trouppe dont il prit la conduite, et arrivérent à une ville appellée Charyople sur le midy : et parce que leurs chevaux estoient las et recrûs, pour avoir travaillé toute la nuit, ils s'y logérent, et les firent repaistre : eux-mesmes y mangérent ce qu'ils y pûrent trouver, qui fut peu ; s'y reposans le reste du jour jusques à la nuit. Cependant le roy de Bulgarie les suivoit toûjours à la trace, et mesmes avoit tant avancé qu'il s'estoit campé à deux lieuës d'eux. La nuit estant arrivée, les nostres qui s'estoient logez dans la ville, prirent les armes, et en sortirent, le mareschal faisant tousjours l'avant-garde, comme il avoit fait le jour, et ainsi cheminérent toute la nuit, tant qu'au matin ils arrivérent avec de grandes incommoditez et beaucoup de peril à la ville de Rodosto qui estoit peuplée de Grecs, place au reste opulente et tres forte : mais ils n'eurent pas le cœur de la deffendre ; en sorte que les nostres entrérent dedans et s'y logérent, et de là en avant ils furent plus asseurez.

198. Telle fut la retraite de l'armée qui estoit devant Andrinople, qui eschappa de à la sorte la fureur des Bulgares. Estant donc à Rodosto, ils y tinrent conseil, et sur ce qu'ils n'estoient pas moins en peine de ceux de Constantinople que d'eux-mesmes, ils resolurent de depêcher homme exprés qui allast par mer jor et nuit les avertir de ne s' stonner de rien, et que la plus grande partie de l'armée estoit eschappée de la

destoc, et distrent que il avoient plus grant paor de Constantinople, que d'als meismes : si pristrent bons messages par mer, et par jor et par nuit, et mandérent à cels de la ville, que il ne s'esmaissent mie, que il estoient escampé, et que il repareroient à els, au plus tost que il poroient. En cel point que li message vindrent en Constantinople, estoient cinq nés chargiez de pelerins, et de chevaliers, et de serjanz en Constantinople, et de Venitiens mult gran et mult béles, qui voidoient la terre, et s'en aloient en lor païs. Et avoit bien ez cinq nés sept mille homes à armes. Et i ére Guillelmes li Avoez de Betune li uns, et Baudoins d'Ambeigni, et Johan de Virsin qui ére de la terre le comte Loeys, et ses hom liges, et bien cent autre chevalier que li livre ne raconte mie.

199. Maistre Pierre de Chappes qui ére cardonials de par l'Apostoille de Rome Innocent, et Cuenes de Betune, qui gardoit Constantinople, et Miles de Braibanz, et des autres bones genz grant part, allérent as cinq nés, et lors prioient à plaintes et à plors, que il aussent merci et pitié de la Chrestienté, et de lors seignors liges qui estoient perdu en la bataille, et que il demorassent por Dieu. N'en vorrent oïr nulle parole, ainz s'en partirent del port : si collérent lor voiles, et s'en allérent, si com

Diex volt, si que uns venz le mena el port de Rodestoc, et ce fu lendemain que cil furent venu de la desconfiture. A tel proiere com cil avoient de Constantinople à lermes et à plors lors fist Joffrois li mareschaus, et cil qui avec lui estoient, que il aussent merci et pitié de la terre, et que il remansissent, que jamais à si grant besoing ne porroient secorre nulle terre. I cil respondirent que il s'en conseilleroient, et qu'il lor respondroient lendemain.

200. Or oiez l'aventure que la nuit avint en celle ville. Il i avoit un chevalier de la terre le comte Loeys, qui Pierre de Frœville avoit nom, qui ére prisiés et de grant nom, et s'en embla la nuit, et laissa tot son hernois, et se mist en la nef Johan de Virsin, qui est en la terre le conte Loeys de Blois et de Chartein, et cil qui de cinq nés, qui respondre devoient au maitin à Joffrois li mareschal, et al dux de Venise, si tost com il virent le jour, si colérent lor voiles, et s'en allérent sans parler à nullui. Mult en reçurent grant blasme en cel païs où il allérent, et en celui dont il partirent, et Pierre de Frœville plus grant que tuit li autre. Et porce dit-hom que mult fait mal, qui por paor de mort fait chose qui li est reprovée à toz jorz.

201. Or vos lairons de cels, si dirons de Henri le frere l'empereor Baudoins de Constan-

⸻

deffaite qu'ils pouvoient avoir entenduë, et seroient à eux le plustôt qu'ils pourroient. Au mesme instant que ce messager arriva, il y avoit cinq navires venitiens à Constantinople, tous beaux et grands vaisseaux, chargés de pellerins, tant chevaliers qu'autres de moindre condition, jusques au nombre de sept mil hommes de guerre, prests à lever l'ancre pour retourner en leur pays. Entre autres y estoient Guillaume Advoüé de Bethune, Baudoüin d'Aubigny, Jean de Virsin qui estoit des terres du feu comte de Blois son vassal, et bien cent autres chevaliers, dont les noms sont omis.

199. Le cardinal Pierre de Capoue legat du Pape, Conon de Bethune qui avoit la garde de la ville, Miles de Brabans, et la plus grande partie des personnes de condition, vinrent à ces cinq navires, prians à chaudes larmes ceux qui s'y estoient embarquez, de vouloir avoir compassion de la chrestienté, et de leurs Princes et Seigneurs qui estoient demeurez en la bataille : et que pour l'honneur de Dieu ils voulussent demeurer. Mais ils firent la sourde oreille, et ne voulurent defferer à leurs remontrances. Ils partirent donc du port, et faisans voile cinglérent en pleine mer, tant que le vent et la fortune les fit aborder au port de Rodosto, le lendemain que les nostres y furent arrivez. Le mareschal de Ville-Hardoüin, et ceux qui estoient avec luy, leur firent les mes-

mes instances et prieres qu'on leur avoit fait à Constantinople, accompagnées de larmes et de pleurs, qu'ils eussent pitié et compassion du pays, et qu'ils voulussent demeurer encore pour quelque temps, et que jamais ils ne pourroient secourir aucune terre plus à propos, ny en plus grand besoin. Ils respondirent qu'ils en aviseroient, et leur en feroient sçavoir leur resolution le lendemain.

200. Mais il arriva que la mesme nuit un chevalier de la terre du comte de Blois vaillant et de grande reputation, se déroba secretement, et laissant tout son bagage s'alla mettre dans le navire de Jean de Virsin, qui estoit pareillement des terres du comte de Blois. D'autre part ceux des cinq vaisseaux qui devoient rendre responce le lendemain au mareschal et au duc de Venise, si tost qu'ils virent le jour desancrérent et mirent les voiles au vent sans parler à personne, dont ils furent fort blâmez tant au pays où ils allérent qu'en celuy dont ils partirent, et particulièrement Pierre de Froiville. C'est pourquoy l'on dit ordinairement en commun proverbe : Que celuy-là fait tres-mal, qui par la crainte de la mort fait chose qui puisse luy estre reprochée à tousjours.

201. Cependant le prince Henry ayant quitté Attramittium, venoit à grandes journées vers Andrinople au secours de l'empereur Baudoüin son

tinople qui avoit l'Andremite guerpie, et s'en venoit vers Andrenople par l'empereor Baudoins son frere secorre, et avec lui s'en estoient passé li Hermins qui lui avoient aidié vers les Grieux bien vingt mil, à totes lor fames, et à toz lor enfanz, qui n'osoient remanoir el païs. Et lor si vint la novelle des Grex qui estoient eschappé de la desconfiture que ses freres l'empereres Baudoins ére perdus, et li cuens Loeys, et li autre baron : et puis revint novelle de cels de Rodestoc qui estoient eschappé, et li mandoient que il se hastast plus tost de venir à als. Et porce que il se volt haster por venir, si laissa les Hermins, qui estoient genz à pié, et avoient lor char, et lor fames, et lor enfanz. Et porce que il ne porent si tost venir, et que il cuida que il venissent bien seurement, et que n'eussent garde, si se herberja à un casal qui Cortacople (1) ert appellez. En cel jor meismes Ansials de Corceles li niers Joffrois li mareschaus, cui il avoit envoié es parties de Macre, et de Traïnople, et de l'abbeie de Veroisne, terre qui li estoit octroiée à avoir, et les genz qui estoient parti de Finepople, et Renier de Trit estoient ensemble à lui. En céle compaignie avoit bien

◇◇◇

frere, accompagné des Armeniens qui s'estoient declarez pour les François dans la Natolie contre les Grecs, en nombre de bien vingt mil, et avoient passé le canal en mesme temps que luy avec leurs femmes et enfans, n'ayans ozé demeurer au pays. Lors la nouvelle luy vint en chemin par les Grecs mesmes qui estoient eschappez de la deffaite, que l'empereur Baudoüin, le comte de Blois, et autres personnes de marque y estoient demeurez prisonniers ou tuez. Ce qui luy fut confirmé incontinent après par les nostres qui s'estoient sauvez de cette déconfiture, estoient arrivez à Rodosto, et luy mandoient qu'il se hastast, et les vint joindre le plus promptement qu'il pourroit. A quoy satisfaisant, il se mit à l'instant en campagne; et pour aller plus viste, il fut contraint de laisser derriére les Armeniens qui estoient gens de pied, et avoient un grand attirail de chariots chargez de femmes et d'enfans, ne pouvans pas faire grande diligence; et d'ailleurs faisant son conte qu'ils viendroient après seurement. Et passant outre il vint loger à un bourg nommé Cortacople. En ce mesme temps Anseau de Courcelles neveu du mareschal de Champagne, qui l'avoit envoyé és quartiers de Macre, de Traianople, et de l'abbaye de Vera, terres qui luy avoient esté assignées pour son partage de la conqueste, venoit au camp d'Andrinople au se-

(1) Il est fort difficile de dire la position précise et les dénominations modernes des différentes cités de Macédoine mentionnées par Ville-Hardouin dans la suite de

cent chevalier de mult bone gent, et bien cinq cens serjanz à cheval, qui tuit s'en alloient à Andrenople por l'empereor Baudoins secorre.

202. Or lor vint une novelle autresi com à l'autre gent, que l'empereres ére desconfis, et sa compaignie, et tornérent altresi com por vers Rodestoc, et vindrent por herbergier à Cortacople un casal où Henris le frere l'empereor Baudoin ére herbergiez. Et quant cil les virent venir, si corurent à lor armes, que il cuidérent que cil fuissient Grieu : et cil recuidérent altresi d'aus. Et approcha tant la chose que il s'entreconurent, si virent mult volentiers li uns li autre, et furent plus seur, et herbergiérent la nuict el casal, trosque à lendemain. Et lendemain mûrent, et chevauchiérent droit vers Rodestoc, et vinrent le soir en la ville, et trovérent le dux de Venise, et Joffrois li mareschal, et les autres qui de la desconfiture ére escappez, qui mult volentiers les virent, et y ot maint lerme plorée de pitié de lor amis. Ha Diex! quex domage fu, que ceste assemblée de ceste force qui estoit iqui, ne fu avec les autres à Andrenople, quant l'empereres Baudoins y fu, quar il ni aussent riens perdu : mais ne plot à

◇◇◇

cours de l'Empereur, avec ceux qui estoient partis de Philippople envoyez par Renier de Trit, en nombre de bien cent chevaliers, et d'environ cinq cens chevaux-legers.

202. Ils apprirent en chemin comme les autres la deffaite de l'Empereur et de ceux qui estoient avec luy : et tenans la route de Rodosto, vinrent loger au bourg de Cortacople, où le prince Henry estoit desja arrivé. D'abord les uns et les autres croyans reciproquement que ce fussent Grecs, courent aux armes; mais s'estans approchez de plus prés, ils s'entre reconnurent, et se firent grand accueil, ravis de se voir joints, et par ainsi plus asseurez qu'ils n'estoient. Ils couchérent cette nuit en ce bourg, et le lendemain en partirent prenans le chemin de Rodosto, où ils arrivérent sur le soir, et trouvérent le duc de Venise, le Mareschal, et les autres qui estoient eschappez du combat, qui furent bien aises de les voir. Il y eut dans cét abord beaucoup de larmes versées pour la perte de leurs amis arrivée en la derniere bataille. Ce fut un grand malheur pour la chrestienté de ce que toutes ces trouppes ne se trouvérent avec celles de l'Empereur au siege d'Andrinople, sans doute cette deffaite n'auroit esté; mais Dieu ne le permit pas. Ils sejournérent là le lendemain et le jour ensuivant, pour donner ordre à leurs affaires. Et fut lors arresté

cette histoire; la géographie de la Turquie-d'Europe au moyen-âge, est encore à faire; nous avons regretté de ne pouvoir visiter ces contrées dans notre voyage en Orient.

Dieu. Ensi sejornérent lendemain, et l'autre jor aprés, et atornérent lor afaire, et fu retenz Henris le frere l'empereor Baudoins en la seigneurie come baus de l'Empire en lieu de son frere. Et lors avint une mesaventure des Hermins qui venoient aprés Henri le frere l'empereor Baudoins, que les genz del païs s'assemblérent, si desconfirent les Hermins, et furent pris et mort et perdu tuit.

203. Johans li rois de Blakie et de Bougrie fu à tote ses hoz, et ot tote porprise la terre; et li païs, et les citez, et li chastel se tenoient à lui, et li Comain orent coru trosque devant Constantinople. Henris li baus de l'Empire, et li dux de Venise, et Joffrois li mareschaus érent encore en Rodestoc, qui érent loing de Constantinople, et pristrent lor conseil, et garni li dux de Venise Rodestoc de Venitiens, qu'il ére leur. Et lendemain ordenérent lor batailles, et chevauchiérent vers Constantinople par jornées. Et quant ils vindrent à Salembrie (1), une cité qui ére à deux jornées de Constantinople, qui ére l'empereor Baudoins de Constantinople, Henri ses freres la garni de sa gent, et chevauchiérent al remanant trosque en Constantinople, où il furent mult volentiers veu, que la gent del païs ére mult effrée. Et n'ére mie de mervoille, que il avoient la terre si tote perdue, que il ne

◇⋅◇

que Henry frere de l'empereur Baudoüin, gouverneroit l'Estat comme Bail et Regent de l'Empire. Pendant qu'ils estoient à Rodosto, il arriva un grand desastre aux Armeniens qui avoient suivy le frere de l'Empereur, ayant esté tous mis à mort, ou faits prisonniers par les Grecs du pays, qui estoient assemblez pour leur courre sus.

203. Cependant le roy de Bulgarie avec son armée s'estoit rendu maistre de tout le pays; toutes les villes et chasteaux se declaroient pour luy. Les Comains d'autre part continuoient leurs courses jusques devant Constantinople : Henry regent de l'Empire, le duc de Venise, et Geoffroy mareschal de Champagne, estans encor à Rodosto, qui estoit esloignée de Constantinople, avisérent d'en partir, et que le duc de Venise y laisseroit garnison de Venitiens, ausquels elle appartenoit. Le lendemain ils prirent le chemin de Constantinople, marchans tousjours en corps d'armée, et vinrent à la ville de Selyvrée, qui en est à deux journées, et appartenoit à l'empereur Baudoüin, et où le prince son frere laissa quelques trouppes pour la garder; de là ils s'acheminérent avec le reste jusques à Constantinople, et y furent bien receus, tout le peuple estant merveilleusement effrayé : et non sans raison, veu

tenoient fors Constantinople, fors que Rodestoc et Salembrie. Et tote la terre si tenoit Johans li rois de Blakie et de Bougrie. D'autre part le bras de Saint George ne tenoient que le cors depigal : et tote la terre si tenoit Toldres Lascres.

204. Lors pristrent li baron un conseil que il envoieront à l'Apostoille de Rome Innocent, et en France, et en Flandres, et par les autres terres pour conquerre secors. Por ce secors fu envoiez Novelons de Soissons, et Nicholes de Mailli, Johans de Bliaus, et li autres remestrent en Constantinople à grant mesaise com cil qui cremoient pardre la terre. Ensi furent trosque à la Pentecoste. Dedenz cel sejor avint un mult grant damages en l'ost, que Henris Dandole prist une maladie, si fina, et moru, et fu enterré à grant honor al Mostier Sainte Sophie. Et quant vint à la Pentecoste, Johan li rois de Blakie et de Bougrie ot fait mult de sa volenté en la terre, si ne pot plus ses Comains tenir en la terre, que il ne poent plus hostier por l'esté, ainz reparierent en lor païs : et il à toz ses Boghres, et Grifons s'en ala sor le Marchis vers Salenike, et le Marchis ot oï la desconfiture l'empereor Baudoins, guerpi le siege de Naples, si s'en ala à Salenique à tant com il pot avoir de gent, si la garni.

◇⋅◇

que de toutes leurs conquestes, il ne leur restoit hors Constantinople que Rodosto et Selyvrée; le roy des Bulgares occupant tout le reste : et du costé de la Natolie au delà du détroit ils ne tenoient que le chasteau de Piga; le surplus estant soûs l'obeïssance de Theodore Lascaris.

204. Se voyans reduits à cette extrémité, ils tinrent conseil, et resolurent d'envoyer à Rome vers le pape Innocent, en France, en Flandres et ailleurs pour avoir du secours. Nevelon evesque de Soissons, Nicolas de Mailly, et Jean de Bliaut furent choisis et envoyez pour cét effet : les autres demeurérent à Constantinople avec de grandes incommoditez et dans l'apprehension continuelle de perdre ce qu'ils avoient conquis : et furent en cét estat jusques à la Pentecoste. Durant lequel temps arriva un nouveau malheur à l'armée par la maladie suivie de la mort d'Henry Dandole duc de Venise. Il fut enterré honorablement en l'eglise de Saincte Sophie. Quand se vint à la Pentecoste le roy de Bulgarie, qui avoit poussé ses conquestes dans les terres de l'Empire, sans que personne luy resistast, ne peut plus retenir ses Comains, à cause de la chaleur de l'esté, durant lequel ils n'ont point accoutumé de camper, ni empescher qu'ils ne s'en retournassent dans leur païs. Et luy avec ses Bulgares, et les Grecs qui tenoient son party, resolut de marcher vers Thessalonique, où lors estoit le Marquis; lequel ayant eu nouvelles de la deffaite de l'empe-

---

(1) Selyvrée ou Salymbrya, au bord de la Propontide, à 10 lieues ouest de Constantinople.

205. Henris le frere l'empereor Baudoins issi de Constantinople, à tant de gent com il pot mener, chevaucha sor les Griex trosque à une terre que on appelle le Churlot, qui est à trois journées de Constantinople, céle li fu renduc : et li jurérent li Grieu la fealté, qui malvaisement ére tenue à céle tens. Et chevaucha à la cité d'Archadiople, si la trova vuoide, que li Grieu ne li osérent attendre : et d'iqui chevaucha à la cité de Visoï, qui mult ére forz, et bien garnie de Griex, si li fu rendue. Et d'iqui chevaucha à la cité de Naples, qui mult restoit bien garnie de Griex, com il les voltrent assaillir, quisent plait quil se rendroient; endementiers que il queroient plait d'une part, cil de l'ost entroient de l'autre part, si que Henris li balz de l'Empire, et cil qui parloient de plait n'en sorent mot, ainz lor en pesa mult. Et li Franc comencent à occire les Griex, et à gaignier les avoirs de la ville, et à prendre tot; si en y ot mult de morz et de pris. Et en ceste manière fu prince Naples, et enqui séjorna l'ost par trois jors. Et li Grieu furent si effrée de ceste occision, que il vuidérent totes les citez et les chastiaux de la terre, et fuirent tuit dedenz Andrenople, et dedenz le Dimot, qui mult érent forz citez et bones.

206. En icel termine avint que Johannis le roy de Blakie et de Bougrie chevaucha sor le Marchis à totes ses hoz à une cité que on appele la Serre (1), et li Marchis l'avoit mult bien garnie de sa gent, qu'il avoit mis dedenz, Hugon de Colemi, qui mult ére bon chevaliers, et halz bom, et Guilleme d'Arle qui ére ses mareschaus, et grant part de sa bone gent, et Johannis li rois de Blakie les assist. Ni ot gaires sis, quant il ot pris le borc par force. Et al borc prendre lor avint mult grant domages, que Hugues de Colemi i fu morz, si fu feruz parmi l'œil, et quant cil fu morz qui fu li mialdres d'aus toz, si furent li autre mult effreé, si le traistrent el chastel qui mult ére forz, et Johannis les assist, et dreça ses perrieres; ni sist mie longuement, quant cil dedenz parlérent de plait faire, dont il furent blasmé, et reprochié l'or fu. Et li plais fu tels, que il rendirent le chastel à Johannis, et Johannis lor fist jurer à vingt-cinq des plus halz home que il avoit, que il le conduiroit salvement à toz lor chevaus et à totes lor armes à Salenique, ou en Constantinople, ou

◇◇◇

reur Baudoüin, avoit quitté le siege de Naples, et s'y en estoit retourné avec ce qui luy restoit de trouppes, et l'avoit munie de tout ce qui estoit necessaire.

205. D'autre part le frere de l'Empereur assembla ce qu'il pût de forces, et s'en alla contre les Grecs, jusques à une ville que l'on appelle Tzurulum, qui est à trois journées de Constantinople, laquelle luy fut renduë ; les Grecs luy ayans presté serment de fidélité, qui estoit mal observé en ce temps-là. De là il passa jusqu'à la ville d'Arcadiople qu'il trouva vuide, les habitans n'ayans osé l'y attendre; et en suitte vint à Visoï, place forte et tres-bien garnie, qui luy fut renduë. De Visoï il s'achemina à la ville d'Apre, où il y avoit nombre de Grecs; lesquels d'abord qu'ils virent les nostres se mettre en posture de les attaquer, demandérent à parlementer : mais tandis que d'un costé on travailloit à arrester la capitulation, ceux de l'armée y entrérent de l'autre, sans que le Regent, ny ceux qui estoient employez à dresser les articles en sceussent rien ; dont ils furent fort irritez. Cependant les François commencérent à faire un grand carnage des Grecs, et à saccager la ville, et enlever tout ce qu'il s'y trouva; le nombre des morts et des prisonniers y fut grand. Apre ayant esté ainsi emporté d'assaut, l'armée y sejourna trois jours; et les autres Grecs furent tellement intimidez de l'exemple de cette execution si cruelle, qu'ils abandonnérent toutes les villes et les chasteaux du pays, et se retirérent dans Andrinople et Didymotique, qui estoient bonnes places et tres-fortes.

206. Le roy de Bulgarie d'ailleurs continuoit tousjours son entreprise, et s'acheminoit avec toutes les trouppes dans les terres du Marquis : il vint d'abord à la ville de Serres, qu'il avoit fortifiée, et en laquelle il avoit jetté nombre de braves gens, et entre autres Hugues de Colemy, vaillant chevalier et grand seigneur, Guillaume d'Arles son mareschal d'armée, et une bonne partie de ses forces. A peine le Bulgare l'eust assiegée, qu'il s'empara du bourg par force, où arriva par malheur que Hugues de Colemy qui estoit le meilleur d'entre eux, receut une blessure en l'œil et fut tué. De la mort duquel les autres espouventez, se retirérent dans le chasteau qui estoit tres-fort. Le Bulgare y planta le siege et dressa ses machines pour le battre ; mais ceux de dedans n'eurent le cœur de le sousteni, et demandérent peu aprés à parlementer, dont ils encoururent et blâme et reproche. La capitulation fut qu'ils rendroient la place au roy de Bulgarie, moyennant qu'il leur promit, et le fit ainsi jurer par vingt-cinq des principaux de son camp, de les faire conduire sains et saufs, avec leurs chevaux, armes et bagages, jusques à Thessalonique ou à Constantinople, ou en Hongrie, là où ils aimeroient le mieux des trois. La ville de Serres estant ainsi renduë, le Bulgare fit loger ceux qui en estoient sortis prés de luy dans son camp; où il leur fit trois jours durant bon visage et grand accueil.

(1) Sètre ou Citros.

en Hongrie, lequel que il voldroient des trois. En ceste maniére fu rendue la Serre, et Johannis les fist ensir forz, et logier lez lui ás champs, et lor fit mult bel semblant, et lor envoia ses presens ; et si les tint par trois jorz, puis lor menti de quanque il lor ot convent : ainz les fit prendre, et tolir tot lor avoir, et mener en Blakie, nus et deschaus, et à pié. Les povres, et les menuz qui ne valoient gaires, fit mener en Hongrie, et les autres qui auques valoient fist les testes coper. Ensi mortel traïson fist li rois de Blakie com vos oëz. Ici reçut l'ost unes des plus doloreuse pertes que onques feist. Et Johannis fit abbatre le chastel et la cité, et s'en r'alla vers le Marchis.

207. Henris li balz de l'Empire à tote la soe gent chevaucha vers Andrenople, si l'asist à mult grant peril, que il y avoit mult grant gent dedenz, et de forz, qui les tenoient si prés que il ne pooient nul marchié por avoir, ne forer se pou non. Et lor se closent par de forz de lices et de barres, et devisérent une partie de lor gent, porce que il gardassent par de forz lor lices et lor barres, et li autre assaudroient devers la ville ; et firent engins de maintes maniéres, et eschieles, et mains autres engins, et mistrent grant paine à la ville prandre. Mais ne poet estre, que la ville ére mult fort, et mult bien gar-

nie : ainz lor mesavint, que de lor gent y ot bleciez assez. Et un de lor bon chevalier qui ot nom Pierre de Braiecuel, qui fu feruz d'une pierre de mangonel al front, et dût ére morz, mais il gari par la volenté de Dieu, et en fu portez en litiere. Et quant il virent que il ne poroient rien faire à la vile, si s'en parti Henris li balz de l'Empire, et l'ost de François, et furent mult hardoié de la gent de la terre, et des Griex : et chevauchiérent par lor journées trosque à une cité que on appelle la Pamphile, et se herbergiérent dedenz, et sejornérent par deux mois iqui, et firent chevauchiés vers le Dimot : et tindrent l'ost en incele partie trosque à l'entrée de l'iver, et lor venoit marchandise de Rodestoc, et de la marine.

208. Or lairons de Henris le bals de l'Empire ici, si dirons de Johannis le roi de Blakie et de Bougrie, cui la Serre fu rendue, si com vos l'avez oï retraire arriére, et qui ot occis cels en traïson qui s'érent rendu à lui ; et chevauchié vers Salenike, et y ot sejorné longuement, et gasté grant partie de la terre. Le marchis Boniface fu à Salenike mult iriez, et mult dolent de son seignor l'empereor Baudoins qui parduz ére, et des autres barons, et de son chastel de la Serre, qu'il ot perdu, et de ses homes. Et quant Johannis vit qu'il ni porroit plus faire, si retorna

◇◇◇

leur envoyant force presens : mais il changea bien-tost aprés, et leur faussa la parole qu'il leur avoit jurée si solemnellement : car aprés leur avoir osté tout ce qu'ils avoient, il les fit enferrer à guise d'esclaves, et mener liez et garottez nuz et déchaus en Valachie, où les plus apparens furent decapitez, et les pauvres et chetifs soldats qui n'estoient d'aucune consideration, transportez en Hongrie. Voilà le traitement qu'ils receurent de ce faux et déloyal barbare, qui fut l'une des plus grandes playes que les nostres ayent receu en ces quartiers là. Il fit en suitte demanteler le chasteau et la ville, et de là poursuivit son chemin contre le Marquis.

207. Cependant le Regent avec son armée tira vers Andrenople et l'assiegea, quoy qu'avec beaucoup de peril, dautant qu'il y avoit grand nombre de gens de guerre tant dedans que dehors, qui les tenoient si serrez qu'ils ne pouvoient recouvrer aucuns vivres, ny à peine s'escarter pour en aller chercher. Ce qui les obligea de se retrancher et de fermer leur camp de bonnes barriéres et palissades ; establissans certain nombre des leurs pour en garder les dehors, pendant que les autres attaqueroient la ville. Pour cet effet ils firent dresser des machines de toutes façons, avec un grand nombre d'eschelles, faisans tous leurs efforts pour la prendre : mais comme c'estoit une bonne place et bien munie de gens de guerre,

ils y travaillérent inutilement, y ayans perdu beaucoup de braves hommes, sans les blessez ; entre lesquels Pierre de Braiecuel, l'un des meilleurs chevaliers de l'armée, y fut frappé d'une pierre de mangonneau au front ; duquel coup il fut en grand peril de sa vie ; mais Dieu voulut qu'il en eschappa, et fut porté en littiere. De sorte que le prince Henry voyant qu'il n'estoit pas en estat d'emporter la ville, il leva le siege et en partit avec son armée : à la retraite ils furent fort molestez de ceux du pays et autres Grecs, tant qu'enfin ils arrivérent à une ville nommée Pamphile, où ils sejournérent l'espace de deux mois entiers, faisans des courses de fois à autres du costé de Didymotique, et autres lieux, d'où ils ramenoient de grands butins. L'armée demeura là jusques à l'hyver, tirant ses vivres et commoditez de Rodosto, et par la mer.

208. Jean roy de Bulgarie d'autre part, aprés avoir pris Serres en la maniere qui a esté dit, et fait malheureusement massacrer ceux qui s'estoient rendus sous sa foy et sa parole, tira vers Thessalonique, où il sejourna quelque temps, saccageant et ruinant le pays : tandis que le marquis de Montferrat estoit dans la place, crevant de dépit, tant pour voir ainsi devant ses yeux ruiner ses terres, sans y pouvoir donner remede, que pour la perte de son chasteau de Serres, mais particulierement de celle de son seigneur

arriéres vers son païs à totes sa gens. Et cil de Phinepople, qui ére de Renier de Trit, cui l'empereres Baudoins l'ot donée, orent oï que l'empereres Baudoins ere parduz, et mult des barons, et li marchis la Serre avoit pardue, et virent que li parent Renier de Trit, et ses fils, et ses niers l'avoient guerpi, et que il érent à pou de gent, et cuidérent que jamais li Franc n'aussent force, une partie des genz qui estoient Poplicane, s'en allérent à Johannis, et se rendirent à lui, et li distrent : « Sire, chevauche devant Phinepople, ou envoie l'ost, nos te rendrons la ville tote. »

209. Quant Renier de Trit le sot en la ville, si dota que il ne le rendissent à Johannis. Ensique s'en issi à tant de gent com il ot, et s'esmut à une jornée, et vint par un des bors de la ville, où li Poplicane érent à estage, qui érent rendu à Johannis, si mist le feuec au bors, et en art grant part, et s'en alla au chastel de Stanemac qui ére à trois lieues d'iqui, et ére garniz de sa gent, et entra dedenz, et y fu pois longuement enserrez bien treize mois, à grant mesaise et à grant poverté, et mangea ses chevaux par destresce, et ére neuf jornée de Constantinople loing, que nus ne pooient novelles oïr les uns des autres. Lors envoia Jo-

hannis s'ost devant Phinepople : ni sist mie longuement, quant cil de la ville se rendirent à lui, et les assura. Et quant il les ot asseurez, si fist occire tot avant l'arcivesque de la ville, et les halz homes fist escorchier toz vis, et à tels y ot les testes colpez, et tot le remanant en fist mener en chaiene, et la ville fist tote fondre, et les tors, et les murs, et les halz palais, et les riches maisons ardoir, et fondre. Ensi fu destruite la noble citez de Phinepople, qui ére des trois meillors de Constantinople.

210. Or lairons de Phinepople, et de Renier de Trit, qui este enserrez en chastel de Stanemac, si revenrons à Henri le frere l'empereor Baudoins, qui a sejorné à Pamphile trosque à l'entrée de l'iver. Et lors prist conseil à ses homes et à ses barons. Et li conseil si fu telx, que il garniroit une cité que on appelle la Rousse, qui ére en un mult plentereus emmi la terre. Et de céle garnison fu chevetaine Tierris de Los qui ére seneschaus, et Tierris de Tendremonde qui ére conestables. Et lor charja bien Henris li bail de l'Empire sept vingt chevaliers, et grant part de serjanz à cheval; et comanda que il tenissent la guerre contre les Grex, et la marche. Et il s'en alla al remanant trosque à la cité de Visoï, et la garni, et mist

⟨◊⟩

l'empereur Baudoüin, et des autres barons qui estoient demeurez avec luy. A la fin le Bulgare voyant qu'il ne pouvoit plus rien entreprendre en ces pays-là, rebroussa chemin, et retourna avec son armée dans son pays. Ceux de la ville de Philippople, qui appartenoit à Renier de Trit, auquel l'Empereur l'avoit donnée, ayans appris la deffaite de Baudoüin et des barons, et comme le Marquis avoit perdu la ville de Serres, et voyans que les parens de Renier Trit, son fils mesme et son neveu, l'avoient abandonné, et le peu de gens qui restoient dans la place, sans esperance que les François se deussent jamais remettre; une partie d'iceux qui estoient Manicheans, vinrent se rendre au Bulgare, et luy dirent que s'il vouloit tirer vers Philippople, ou y envoyer son armée, ils l'en rendroient maistre.

209. Ce qu'ayant esté sceu par Renier de Trit, qui estoit en la ville, et dans la crainte qu'il eut qu'on ne le voulût livrer entre les mains du Bulgare, il prit resolution de sortir avec ce qui luy restoit de gens : et certain jour vint par l'un des fauxbourgs de la ville où les Manicheans, qui s'estoient rendus au roy de Bulgarie, estoient logez, et y mit le feu, qui en consuma une grande partie, puis s'alla jetter dans le chasteau de Stenimac à trois lieuës de là, où il avoit garnison de ses gens; et depuis y fut long-temps enfermé et siegé par l'espace de treize mois, avec tant d'incommodité et de disette, qu'il avoit esté obligé de

manger jusqu'à ses chevaux, sans avoir receu secours ny nouvelles de Constantinople, dont il estoit éloigné de neuf journées. Le roy de Bulgarie cependant fit tourner son armée du costé de Philippople, laquelle ne tarda gueres à se rendre, sous l'asseurance qu'il luy donna d'un bon traitement; nonobstant laquelle il fit premieremeut mettre à mort l'archevesque du lieu; et quant aux principaux habitans, il en fit escorcher les uns tous vifs, et fit decapiter les autres, tout le reste ayant esté mis à la chaîne; la ville fut abbatuë et desmolie, les murs et les tours razés, les palais et les belles maisons reduits en cendre. Telle fut la fin de l'ancienne ville de Philippople, l'une des trois meilleures de tout l'empire d'Orient.

210. Tandis que ces choses se passent en ces quartiers là, et que Renier de Trit est renfermé dans Stenimac, Henry frere de l'empereur Baudoüin ayant sejourné à Pamphyle jusqu'à l'entrée de l'hyver, se resolut, aprés avoir pris sur ce conseil de ses barons, de fortifier et de munir la ville de Rusium, située en l'un des meilleurs et plus fertiles endroits de cette contrée; et d'y envoyer une garnison, de laquelle il donna la charge à Thierry de Los seneschal, et à Thierry de Tenremonde connestable de Romanie, avec environ sept vingt chevaliers, et un bon nombre de chevaux-legers, leur enjoignant de faire la guerre aux Grecs, et au pays d'alentour; et luy avec le

chevetaine Anser de Kaeu, et li charja bien six vinz chevaliers, et de serjanz à cheval grant partie. Et une autre cité qui Archadiople ert appellée, garnirent li Venitien, et la cité de Naples ot rendu li frere l'empereor Baudoins al Vernas, qui avoit la serror al roi de France à fame, et ére uns Grieux qui se tenoit à als. Et nuls des Grieux ne se tenoit à als que cil, et cil de ces citez, se tindrent la guerre contre les Griex, et firent mainte chevauchie : et on en fist maint envers als. Henri se traist en Constantinople al remanant de sa gent. Et Johannis le roi de Blakie et de Bougrie ne s'oblia mie, qui mult fu riches et poesteis d'avoir, porchaça grant gent de Comains et de Blas ; et quant vint à trois semaines après Noel, si les envoia en la terre de Romenie por aider cels d'Andrenople et cels del Dimot. Et quant cel furent plus creu, si s'esbaudirent et chevauchiérent plus seurement.

211. Tierris de Tendremonde qui chevetaines ére et connestable, fist une chevauchie, al quart jor devant la feste Sainte Marie Chandellor, et chevaucha tote nuit bien à six vinz chevalier, et la Rousse laissa garnie à pou de gent. Et quant vint à l'enjourner, si vint à un casal où Comains et Blas estoient herbergié, et sopristrent, si que cil n'en sorent mot qui estoient el casal : s'en occistrent assez, et gaaignérent bien unze de lor chevaus. Et quant il orent fait cel forfait, si tornérent arriére vers la Rousse. Et céle nuit meismes li Comains et li Blac orent chevauchié por forfaire, et furent bien sept mil, et vindrent à la matinée devant la Rousse, et y furent grant piece, et la ville ére garnie de pou de gent, si fermérent lor portes, et montérent sor le mur, et cil s'en tornérent arriére. N'orent mie eslongié la ville une lieuë et demie, quant il encontrérent la chevauchie des François, dont Tierris de Tendremonde ére chevetaine.

212. Quant les François les virent, si s'ordenérent en quatre batailles, et fu lor conseil telx, que il se trairoient à la Rousse tot le petit pas, et se Diex lor donoit que il y peussent venir, il seroient là à sauveté. Et li Comain, et li Blac, et li Grieu de la terre, chevauchiérent vers als, quar il avoient mult grant gent, et vienent à l'arriére-garde, si les comencent à hardoier mult durement. L'arriére-garde faisoit la masnie Tierris de Los qui ére seneschaus, et estoit repariez en Constantinople. Et de celle genz ére chevetaine Vilains ses freres : et li Comain, et li Blac, et li Grieu la tindrent mult

<><><>

reste de son armée s'en alla jusques à la ville de Visoï, qu'il garnit pareillement de gens de guerre, et y laissa pour capitaine Anseau de Caïeu, avec six vingt chevaliers, et quelques chevaux-legers. Les Venitiens mirent une garnison de leur part dans Arcadiople : et le Regent rendit la ville d'Apre à Branas, qui avoit espousé la sœur du roy de France, et estoit un grand seigneur, qui seul d'entre tous les Grecs tenoit le party des François. Tous ceux qui furent laissez dans ces villes firent fortement la guerre aux Grecs, et plusieurs courses sur eux, comme de leur costé les Grecs en firent sur les nostres. Cela fait, Henry s'en retourna à Constantinople avec le surplus de ses trouppes. Jean roy de Valachie et de Bulgarie ne s'endormit pas aussi, et se voyant riche et puissant, leva un grand nombre de Comains et de Valaches ; et environ trois semaines devant Noël, les envoya dans les terres de l'Empire, pour secourir ceux d'Andrinople et de Didymotique, lesquels quand ils se virent ainsi renforcez, se mirent plus hardiment en campagne.

211. D'autre part Thierry de Tenremonde connestable de Romanie, qui commandoit dans Rusium, fit une course dans le pays, avec environ six vingt chevaliers, laissant sa place mal garnie; et chemina toute la nuit, tant qu'au point du jour il se trouva à une bourgade, où les Comains et les Valaches estoient logez; il les surprit, et en tua bon nombre, mesme emmena onze de leurs chevaux, sans que ceux du bourg en eussent avis; puis rebroussa chemin d'où il estoit venu. Il arriva que cette nuit mesme les Comains et les Valaches s'estoient mis en campagne au nombre d'environ sept mil chevaux, pour faire quelque ravage dans les terres de leurs ennemis, et se trouvérent sur le matin devant Rusium, où ils se tinrent quelque temps. Et comme ceux de la ville virent qu'ils avoient peu de monde pour la deffendre, ils fermérent les portes, et montérent sur la muraille : ce que les autres ayans apperceu, ils deslogérent. Mais à peine ils eurent fait une lieue et demie, qu'ils firent rencontre des François que Thierry de Tenremonde conduisoit.

212. Si tost que les nostres les descouvrirent, ils se rangérent en quatre escadrons, avec dessein de se retirer à Rusium le petit pas, pour avec l'ayde de Dieu se mettre en seureté. Mais les Comains, les Valaches et les Grecs du pays, qui estoient en grand nombre, vinrent charger à toute bride l'arriére-garde, que la trouppe de Thierry de Los seneschal de Romanie, qui s'en estoit retourné à Constantinople, faisoit lors sous la conduite de Villain son frere. Ils les pressérent si rudement, leur blessans plusieurs de leurs chevaux, que de vive force ils les renversérent avec cris et clameurs sur la trouppe d'André d'Urboise, et de Jean de Choisy, qui les soustinrent neantmoins quelque temps, bien qu'avec peine ; mais les autres se renforçans les contraiguirent de ga-

prés, et navrérent mult de lor chevaus, et fu li uz et la noise granz; si que par vive force et par destresce les fisent hurter sor la bataille Andruis d'Urboise, et Johan de Choisy, et si que allérent soffrant grant pièce, et puis se reforciérent, si que il les fisent hurter sor la bataille Tierris de Tendremonde li connestable, et ne tarda gaire grantment aprés, qui les fisent hurter sor les batailles que Charles de Fraisnes faisoit, et orent tant allé soffrant, que il virent la Rousse, et a mains de demie lieuë. Et cil aidez les tindrent plus prés. Et fu la noise granz sor als, et mult y ot de bleciez d'alx de lor chevaus, et si com Diex volt soffrir les aventures, cil ne les porent sostenir, ainz furent desconfit, et furent pesament armé, et cil legiérement lor anemi, et les commencent à occire.

213. Halas! com dolorous jor ci ot à la chrestienté, que de toz les six vingts chevaliers n'en escampérent mie plus de dix, que tuit ne fussent mort ou pris, et cil qui en escampérent s'en vindrent fuiant à la Rousse, et se recoillirent avec lor genz, qui là dedenz estoient. Là fu mort Tierris de Tendremonde, Oris de l'Isle, qui mult ére bon chevalier et prosiez, et Johan de Sompone, Andruis d'Urboise, Johans de Choisi, Guis de Schonlans, Charles de Fraisne, Villains frere de Tierris le seneschal, de toz çaus qui là furent mort ou pris, ne vos puet toz les noms raconter le livres. Une des graignors dolors, et des graignors domages avint

à cel jor, et des graignors pitiez qui onques avenist à la chrestienté de la terre de Romenie.

214. Li Commains, et li Grieu, et li Blac retornérent arriére, qui mult orent fait lor volenté en la terrre, et mult gaignié de bons chevals, et de bons haubers, et ceste mesaventure si avint le jor devant la veille madame Sainte Marie Chandellor. Et li remananz qui fu eschapez de la desconfiture, et cil qui estoient à la Rousse, si tost com il fu nuiz, si guerpirent la ville, et s'en allérent tote nuit fuiant, et vindrent al maitin à la cité de Rodestoc. Iceste dolorouse novelle si vint à Henri le bals de l'Empire, si com il alloit à la procession à Nostre-Dame de Blaquerne, le jor de la feste madame Sainte Marie Chandellor. Sachiez que mult furent effreé en Constantinople, et cuidérent por voir quil aussent la terre perdue.

215. Lors prist conseil Henris li bals de l'Empire que il garniroit Salembrie, qui ére à deux jornées de Constantinople, et envoia Machaire de Sainte Manehalt, à tot cinquante chevalier pour garder la ville. Et lors quant la novelle vint à Johannis le roi de Blaquie, que ce ére à sa gent avenu, si ot mult grant joie, que ce ére une des granz parties de la bone gent que li François aussent, que il avoient morz, et pris. Lors manda par tote sa terre quanque il pot avoir de gent, et porchaça grant ost de Commains, et de Griex, et de Blas, et entra en

gner le bataillon de Thierry de Tenremonde connestable, et tost aprés les poussérent dans celuy que Charles de Fresne conduisoit. Aprés avoir esté ainsi travaillez ils arrivérent à demie lieuë de Rusium, où les ennemis qui les poursuivoient sans relâche, les pressérent plus que devant, et donnérent plus fortement sur eux, leur blessans nombre d'hommes et de chevaux : et enfin, comme Dieu souffre quelquefois de semblables aventures, les enfoncérent et achevérent de deffaire, ayans cét avantage d'estre legerement armez et montez, où les nostres l'estoient pesamment.

213. Helas! que cette journée fut funeste à la chrestienté, des six vingt chevaliers n'en estans eschappez que dix au plus, tous les autres ayans esté tuez ou faits prisonniers. Ceux qui se sauvérent vinrent à Rusium, et se ralliérent avec ceux qui y estoient demeurez. Thierry de Tenremonde, Olis de l'Isle brave chevalier et vaillant, Jean de Sompone, André d'Urboise, Jean de Choisy, Guy de Conflans, Charles de Fresne, Villain frere de Thierry de Los seneschal, furent tuez, avec plusieurs autres, dont nous obmettons les noms en cette deffaite, qui fut l'une des plus sensibles et douloureuses pertes, que la chres-

tienté, et les nostres, ayent souffertes en toute cette expedition.

214. Les Comains, les Grecs, et les Valaches s'en retournérent chargez des despoüilles des François, de bons chevaux, et harnois qu'ils gagnérent en cette rencontre avenuë la surveille de la Chandeleur. Le surplus qui eschappa de la deffaite, et ceux qui estoient restez à Rusium, d'abord que la nuit arriva, quittérent la place, et s'en allérent droit à Rodosto, où ils arrivérent sur le matin. Cette triste nouvelle vint au Regent de l'Empire, comme il estoit allé à la procession à Nostre-Dame de Blaquerne le jour de la Purification; de laquelle ils furent merveilleusement effrayez à Constantinople, croyans bien que tout fût desormais perdu pour eux.

215. Le Regent fut d'avis de fortifier et de munir de gens de guerre la ville de Selyvrée, à deux journées de Constantinople, et y envoyer Machaire de Saincte Manehoult avec cinquante chevaliers pour garder la place. Le Bulgare d'autre costé ayant appris le bon succés arrivé à ses gens en fut fort réjoüy, sçachant bien que les François qui estoient morts ou pris en cette deffaite, faisoient la plus grande partie des meilleurs com-

Romenie : et le plus de citez se tindrent à lui, et tuit li chastel, et ot si grant gent, que se ne fu se merveille non. Quant li Venissiens oïrent dire que il venoit, si guerpirent Archadiople. Et Johannis se chevaucha tant qu'il vint à la cité de Naples, qui ére garnie de Griex et de Latins, et ére le Vernas qui l'Empererix la seror le roi de France avoit à fame : et des Latins ére chevetaines Beghes de Fransures, un chevalier de la terre de Belveisis. Et Johannis le roi de Blaquie fit assaillir la cité par force.

216. Là ot si grant mortalité de gent, qui furent occis, que ce ne fu se merveille non. Et Beghes de Fransures fu amenés devant Johannis, et il le fist occire maintenant ; et toz les autres qui noient valurent des Grex et des Latins, et totes les menues gens, fames et enfanz, en fist mener en Blaquie en prison. Lors fist tote la cité fondre, et abatre, qui ére mult bone, et mult riche, et bon païs. Ensi fu destruite la cité de Naples, com vos avez oï. D'iqui aprés à douze lieuës seoit la cité de Rodestoc sor mer, qui mult ére riche, et forz, et granz, et garnie de Venissiens mult bien. Et avec tot ce, ére venue une rote de serganz à cheval, et estoient bien deux mil, et érent venu altresi à la cité pour garnir.

217. Quant il oïrent dire, que Naples estoit prise par force, et que Johannis avoit fait occire les genz qui estoient dedenz, si se mist uns si granz effroiz en als, que il se desconfissent par als meismes, si com Diex sueffre les mesaventures avenir às genz. Li Venissiens se ferirent és vaissials, qui ainz ainz, qui mielx mielx, si que por poi que li uns ne veoit l'autre. Et li serganz à cheval qui estoient de France et de Flandre, et des autre terre s'enfuioient par terre. Or oiez que les mesaventures qui ne lor ére mestier, quar la cité ére si forz, et si close de bons murs, et de bones tors, que il ne trovassent jà qui les assaillist, ne Johannis tornast jà celle part. Et quant Johannis oï que il s'en estoient fui, qui ére bien à demie jornée loing dequi, chevaucha celle part.

218. Li Griex qui estoient en la cité remés, se rendirent à lui, et il maintenant les fist prendre, et petiz et granz, fors cels qui en eschapérent, et les fist mener en Blaquie, et fist la cité abatre. Ha! com ce fu grant domage, car çe ére une des meillors citez de Romenie, et des mielz seanz. Aprés dequi en avoit une altre, qui Panedor ert appellée, qui se rendi à lui, et il le fist abatre, et fondre, et les fist mener en Blaquie, ausi com de celi, et aprés chevaucha à la cité d'Arecloie, qui seoit sor un bon port de mer, et ére as Venissiens qui l'avoient feblement garnie. Si l'asailli, et la prist par force, enchi y ot grant occision de gent, et le rema-

◇◇◇

battans qu'ils eussent ; et sur cela il amassa dans ses terres une puissante armée, composée de Comains, de Grecs, et de Valaches, avec laquelle il fit une irruption dans les terres de l'Empire, la pluspart des villes et chasteaux se rendans à luy. Les Venitiens estans avertis de son arrivée, abandonnérent incontinent Arcadiople ; et le Bulgare passant outre, vint à Apre, dans laquelle il y avoit garnison de Grecs et de Latins ; Branas, qui avoit espousé la sœur du roy de France, en estoit seigneur ; et Begues de Fransures chevalier de Beauvoisis y commandoit les Latins.

216. Le Bulgare y ayant mis le siege l'emporta d'assaut avec un cruel carnage. Begues de Fransures ayant esté amené devant luy, il le fit mettre à mort sur le champ en sa présence, faisant conduire en Valachie tous les autres de moindre condition, Grecs et Latins, avec leurs femmes et enfans. Puis fit abattre et ruiner de fond en comble, tant les murailles que les edifices de la ville, qui estoit forte, riche, et située en bon pays : à douze lieuës de là estoit la ville de Rodosto sur la mer, pareillement riche, forte, et spatieuse, et tres-bien garnie de Venitiens ; où peu auparavant une troupe de chevaux-legers de renfort, en nombre de bien deux mil, y estoit arrivée.

217. Quand ceux de dedans eurent entendu la prise d'Apre, et que le Bulgare avoit fait inhumainement passer par le fil de l'espée tous ceux qui s'estoient trouvez dedans, ils entrérent en telle frayeur, qu'ils se deffirent d'eux-mêmes, Dieu permettant ainsi les malheurs. Les Venitiens se jettérent soudain à foule dans les vaisseaux, et les chevaux-legers qui estoient de France et de Flandres, et des autres endroits, s'enfuirent par terre. Ce qu'ils ne devoient toutefois faire, la ville estant bien fortifiée et fermée de si bonnes murailles qu'aucun n'eust ozé entreprendre de les y attaquer ; ny le Bulgare, pas tourner de ce costé là. Mais quand il eut appris qu'ils s'en estoient fuis, quoy qu'il fust encores à douze journées de là, il y fit marcher son armée.

218. Les Grecs qui estoient restez dans la place luy ayans ouvert les portes, s'estans rendus, il les fit tous prendre, grands et petits, à la réserve de ceux qui évadérent, et les fit conduire en Valachie, puis fit abatre les murailles et razer la ville. Ce qui fut un grand dommage ; cette place estant l'une des meilleures et des mieux situées de tout l'Empire. Il passa en suitte à Panium, qui se rendit pareillement, et dont les habitans furent traitez comme ceux d'Apre, et transportez en Valachie. De là il vint à Heraclée, qui est une ville assise sur un bon port de mer, et appartenoit aux Venitiens qui l'avoient tres-bien munie.

nant le fist mener en Blaquie, et fist fondre la cité comme les autres. Et dequi chevaucha à la cité de Daïn qui ére mult fort et belle, et la gent ne l'osérent tenir. Si lor fut rendue, et il la fist fondre et abatre.

219. Aprés chevaucha à la cité del Churlot qui s'ére à lui rendue, et il la fist fondre et abatre, et mener les homes et les fames en prison. Et nulle convenance que il lor fist, ne lor tenoit. Lors corrurent li Commain et li Blac devant les portes de Constantinople, où Henris li bals de l'Empire ére à tant de gent com il avoit, mult dolenz et iriez, porçe que il ne pooit avoir tant de gent qu'il peust sa terre deffendre. Et en pristrent li Commain les proies de la terre, et homes et fames, et enfanz, et abatirent les citez et les chastiaux, et fisent si grant essil, que onques nus hom n'oï parler de si grant.

220. Lors vindrent à une cité à douze lieuës de Constantinople, qui Nature ert appellée ; et Henris li frere l'Empereor l'avoit donée à Paiens d'Orliens : celle si avoit mult grant pueple de gens, et s'en estoient tuit fui cels del païs, et il l'assaillirent, si la pristrent par force. Là y ot si grant occision de gent, que il n'avoit ensi grant en nulle ville où il eussent esté. Et sachiez que tuit li chastels, et totes les citez qui s'érent rendues à Johannis, et cui il avoit asseurez, érent tuit fondu et destruit, et menés les gens en Blaquie, en tel maniére com vos avez oï. Sachiez que dedenz cinq jornées de Constantinople ne remest nulle riens à essillier, fors solement la cité de Versoï, et cele de Salembrie, qui estoient garnies de François. Et en celle de Versoï ére Ansiau de Kaeu, bien à tot six vingt chevalier. Et en celle de Salembrie ére Machaires de Saint Manehalt à tot cinquante. Et Henris le frere l'empereor Baudoins ére remés en Constantinople al remanant. Et sachiez que mult érent al desor, que defors le tors de Constantinople, n'avoient retenu que ces deux citez.

221. Quant ce virent li Grieu qui érent en l'ost avec Johannis qui s'érent à lui rendu et revellé contre les Frans, et il lor abatoit lor chastiaux, et lor citez, et nul convent ne lor tenoit ; si se tindrent à mort et à traï, et parlérent ensemble, et distrent que aussi feroit il d'Andrenople et del Dimot quant il reparieroient. Et se il ces deux abatoit, dont estoit Romenie perdue à toz jorz. Et pristrent lor message privément, si les envoiérent en Constantinople al Vernas, et li prioient, que il criast merçi à Henri le frere l'empereor Baudoins et ás Venissiens, que il feissent paix à als, et que il li

◇◇◇

Il la fit attaquer, et l'emporta d'assaut, auquel la pluspart de ceux de dedans furent tuez, et le reste mené comme les autres en Valachie, et la ville ruinée. Il traita de mesme ceux de la ville de Daonium, qui estoit tres forte et belle, les habitans n'ayans ozé se deffendre.

219. Puis il fit marcher son armée vers Tzurulum, qui s'estoit cy devant renduë à luy, et l'ayant fait razer, il en fit mener les hommes et les femmes prisonniers, ne tenant aucune capitulation. Les Comains et les Valaches firent de là des courses jusques prés des portes de Constantinople, où le regent Henry estoit avec le peu de gens de guerre qu'il avoit, fort triste et affligé de ce qu'il n'estoit assez puissant pour empescher le saccagement de ses terres, et se deffendre de ses ennemis, et particuliérement des Comains, qui enlevérent tout le butin, hommes, femmes, et enfans, qui se rencontrérent dans le plat pays, et mirent par terre toutes les villes et chasteaux, faisans tous les degasts imaginables, et les plus grands dont on ait jamais ouy parler.

220. Ils vinrent un aprés à une autre ville nommée Athyre, qui est à douze lieuës de Constantinople, qu'Henry frere de l'Empereur avoit donnée à Payen d'Orleans. Il y avoit lors grand nombre de gens, la pluspart de ceux du plat pays s'y estans refugiez ; l'ayans attaquée, ils la prirent par force, et y commirent plus grand carnage qu'en pas une autre des villes où ils avoient esté. C'est ainsi que le Bulgare traitoit toutes les villes et les chasteaux qui se rendoient à luy, les faisant razer, et entrainant les habitans prisonniers en Valachie, sans leur tenir aucun traité. En sorte que cinq journées aux environs de Constantinople, il ne restoit aucune place, qui n'eust couru la mesme fortune, sauf Bizye et Selyvrée, qui avoient garnison françoise. Anseau de Cahieu estoit en celle de Bizye avec environ six vingt chevaliers ; et Machaire de Saincte Manehoud en celle de Selyvrée avec cinquante : Henry frere de l'Empereur estant demeuré avec le surplus des trouppes à Constantinople, où il se trouvoit fort à l'estroit, et hors de laquelle il n'avoit que ces deux places.

221. Quand les Grecs qui estoient à la suitte du Bulgare, qui s'estoient revoltez contre les François pour se rendre à luy, virent qu'il leur abbattoit et razoit ainsi leurs chasteaux, et leurs villes, sans leur tenir aucune parole ny capitulation, ils jugérent bien qu'ils estoient perdus, et qu'il feroit la mesme chose d'Andrinople, et de Didymotique, si tôt qu'il y arriveroit ; et que s'il abbattoit et ruinoit ces deux places, la Romanie estoit perduë pour jamais, sans esperance ne resource ; de maniére qu'ils depechérent secretement des deputez d'entre eux, qu'ils envoyérent à Constantinople vers Branas, pour le prier de vou-

donassent Andrenople et le Dimot, et li Grieu se torneroient tuit à lui, et ensi porroient estre li Grieu et li Franc ensemble. Conseil en fu pris, où y ot paroles de maintes maniéres. Mais la fin del conseil fu telx, que à Vernas, et à l'Empererix sa fame, qui ére suer le roy Phelippe de France, fu octroié Andrenople et le Dimot, et totes lor apertenances, et il en feroit le servise à l'Empereor, et à l'Empire. Ensi fu la convenance faite et assovie, et la pais faite des Grex et des Frans.

222. Johannis li rois de Blaquie et de Bougrie, qui ot sejorné longuement en Romenie, et lou païs gasté trestote la quaresme et aprés la Pasque à grant piéce, si s'en retraist arriéres vers Andrenople, et vers le Dimot; et ot en pensée que il en feroit tot autre tel, com il avoit fait des autres. Et quant li Grieu virent ce, qui estoient avec lui, qu'il torneroit vers Andrenople, si se comencent à embler de lui, et par nuit, et par jor vingt, trente, quarante, cent. Et quant il vint là, si lor requist que il le laissassent alsi entrer dedenz, com il avoient fait dedenz les autres : et il li distrent, que il ne feroient, et distrent : « Sire,

quant nos nos rendismes à toi, et nos nos revelames contre les Frans, tu nos juras que tu nos garderois en bone foi, et salveroies. Tu ne l'as pas fait, ainz, as destruite Romenie, et alsi savons nous bien que tu nos feroies alsi com tu as fait des autres. » Et quant Johannis oït ce, si assist le Dimot, et dreça entor seize perieres granz, et comença engins à faire de mainte maniére, et gaster tot le païs entor.

223. Lors pristrent cil d'Andrenople et cil del Dimot lor messages, si les envoiérent en Constantinople à Henri qui ére bals de l'Empire, et al Vernas, que il secorrussent por Dieu le Dimot qui ert assis; et quant cil de Constantinople oïrent la novelle, si pristrent conseil del Dimot secorre. Mult y ot de cels qui n'osérent mie y loer, que on isist de Constantinople, ne que si pou que on avoit de la chrestienté, se meist en aventure. Totes-voies fu lor consels telx, que il isroient fors, et que il iroient trosque à Salembrie. Li Cardonaus qui ére de par l'Apostoille de Rome en prescha, et en fist pardon à toz cels qui iroient, et qui moroient en la bataille. Lors s'en issi Henris de Constantinople à tant de gent, com il avoit pot, et chevaucha trosque à

⋄⋄⋄

loir interposer son credit, et d'obtenir pardon du regent Henry et des Venitiens, et tâcher de refaire leur paix avec eux, proposans que s'ils vouloient luy laisser Andrinople et Didymotique, ils se rangeroient tous à luy, et par ce moyen les Grecs et les Latins seroient à l'advenir en bonne intelligence et concorde ensemble. On tint conseil sur ces propositions qui furent fort agitées, et dont la conclusion fut, qu'on accorda à Branas et à l'Imperatrice sa femme, qui estoit sœur de Philippe roy de France, les villes d'Andrinople et de Didymotique, avec leurs appartenances et dependances, à la charge d'en faire hommage à l'Empereur, et de le servir dans ses armées suivant l'usage des fiefs. Ainsi le traité fut fait et achevé, et la paix entre les Grecs et les François renouvellée.

222. D'autre part Jean roy de Valachie et de Bulgarie aprés avoir sejourné long-temps dans les terres de l'Empire, et ruiné tout le pays durant le caresme, et encores un bon espace de temps aprés Pasques, rebroussa chemin, et vint vers Andrinople et Didymotique, proposant et ayant dessein de les traiter comme il avoit fait les autres. Mais quand les Grecs qui estoient avec luy s'apperçûrent qu'il prenoit cette route, ils commencérent à se desrober secrettement jour et nuit au nombre de vingt ensemble, trente, quarante, et cent. A son arrivée il fit sommer les habitans de le recevoir, et de le laisser entrer en leurs villes comme il avoit fait és autres; ce qu'ils refusérent absolument, luy disant : « Sire,

⋄⋄⋄

» quand nous nous rendismes à vous, et nous nous » revoltâmes contre les François, vous nous pro- » mites et jurastes de nous conserver de bonne » foy et garder sains et sauves, ce que vous n'a- » vez fait; mais au contraire, vous avez ruiné et » destruit toutes les terres de l'Empire, et ne » doutons pas que vostre dessein ne soit de nous » traiter de la mesme façon que vous avez fait les » autres. » Sur ce refus et cette response, le Bulgare mit le siege devant Didymotique, et y fit dresser à l'entour seize grandes perriéres pour la battre, faisant fabriquer de toutes sortes d'autres machines de guerre pour la prendre, et cependant il ruina et gasta tout le pays d'alentour.

223. Les Grecs de dedans et ceux d'Andrinople voyans la resolution du Bulgare, envoiérent promptement à Constantinople pour donner avis à Henry regent de l'Empire, et à Branas, du siege de Didymotique, et pour les prier au nom de Dieu de les vouloir secourir. Sur cette nouvelle ceux de Constantinople prirent resolution de secourir Didymotique, combien qu'il y en eust assez de contraire avis, lesquels ne pouvoient approuver que l'on abandonnast la ville de Constantinople, ny qu'on hazardast ainsi temerairement le peu d'hommes qui leur restoient : toutefois, nonobstant toutes leurs raisons et leurs remonstrances, il fut arresté qu'on se mettroit en campagne, et que l'on iroit jusques à Selyvrée. Sur quoy le cardinal Legat fit une belle exhortation, donnant pleniére absolution et indulgence à tous ceux qui iroient et mourroient au combat en une si louable

la cité de Salembrie, et enqui fu logiez devant la ville, bien par huit jorz. Et de jor en jor li venoit message d'Andrenople, et li mandoient, que aust merci d'als, et que il le secorust, que se il nes secorut, il estoient perduz enfin.

224. Lors prist conseil Henris à ses barons, et li consels si fu telx, que il allassent à la cité de Virsoï, qui mult ère bone et forz. Ensi com il dissent, si le fissent, et vindrent à la cité de Virsoï, si se logiérent devant la ville, le jour de la veille de la feste monseignor Saint Johans Baptiste en juing, et le jor cum il furent logié, vindrent li message d'Andrenople, et distrent à Henri le frere de l'empereor Baudoins : « Sire, sachiez que se tu ne secors la cité del Dimot, qu'elle ne se puet tenir plus de huict jorz, car les periéres Johannis ont abatu le mur en quatre leus, et ont esté ses genz deux fois sor les murs. »

225. Lors demanda conseil que il feroit. Assez y ot parlé avant et arriére : mais la fins del conseil si fu tels, que il distrent : « Seignor, nos somes jà tant venu avant, que nos somes honi, se nos ne secorons le Dimot : mais soit chascuns confés et commenié. Et ordenons noz batailles. » Et aesmérent que il avoient bien quatre cent chevalier, et que il n'en avoient mie plus, et mandérent les messages qui érent venu d'Andrenople, et demandérent le convine combien Johannis avoit de gent : et il respondirent, que il avoit bien quarante mil homes à armes, sanz cels à piés dont il ne savoient le conte. Ha Diex ! com perillose bataille de si pou de gent encontre tant ! Al matin le jour de la feste monseignor Saint Johans Baptiste furent confés et commeniés, et lendemain si murent. L'avant-garde si fu commandée Joffrois le mareschal de Romenie et de Champaigne, et Machaires de Sainte Manehalt fu avec. La second bataille fist Coenes de Betune ; Miles de Braibanz la tierce ; Paiens d'Orliens et Pierre de Braiecuel la quarte ; Ansials de Kaeu la quinte ; Baudoins de Belveoir la siste ; Hues de Belines la septiesme ; Henris le frere l'empereor Baudoins la huictiesme ; Gautier de Escornai, et li Flamens Thierris de Los qui ére seneschaus, fist l'arriére garde.

226. Lors chevauchiérent tot ordenéement par trois jorz, ne onques plus perillosement genz n'allérent querre bataille, car il avoit deux perils, de ce que il estoient pou, et cil estoient assez à cui il aloient combatre. D'autre part, il ne creioient pas les Griex à cui il avoient

◇◇◇

entreprise. Henry estant party de Constantinople avec les trouppes qu'il pût recouvrer, vint jusqu'à Selyvrée, et campa devant la ville l'espace de huit jours. Durant lequel temps luy survenoit de jour en jour nouveaux courriers de la part de ceux d'Andrinople, qui le prioient de vouloir avoir pitié d'eux, et leur envoyer du secours, sans lequel ils estoient perdus.

224. Henry prit là dessus conseil de ses barons, qui furent d'avis d'aller à Bizye, qui estoit une bonne place, ce qu'ils firent, et se logérent hors l'enceinte des murailles la veille de la feste de sainct Jean Baptiste en juin ; le mesme jour qu'ils prirent leurs logemens, d'autres courriers d'Andrinople arrivérent pour avertir le Regent, que s'il ne secouroit promptement Didymotique, elle estoit perduë, ne pouvant encore tenir huit jours, parce que les perriéres du Bulgare avoient fait bréche en quatre endroits, et les ennemis y avoient desja fait deux assauts, et avoient monté sur les murailles.

225. Le Regent assembla son conseil pour sçavoir ce qu'il avoit à faire en cette occasion : le tout examiné et debatu, fut enfin resolu, que l'on iroit la secourir : estans desja venus si avant, que sans encourir la perte de leur reputation, ils ne pouvoient s'exempter de donner jusques là : qu'il falloit donc que chácun avisast à sa conscience, et se mit en bon estat, et qu'en suitte on reglast l'ordre des batailles. Ayans fait une reveuë de leurs forces, ils trouvérent qu'ils avoient environ quatre cens chevaliers au plus. Surquoy ils firent venir les deputez d'Andrinople, auxquels ils demandérent l'estat de l'armée de Jean roy de Bulgarie, et de quel nombre de gens de guerre elle estoit composée. Ils respondirent qu'il avoit bien quarante mille chevaux sans les gens de pied, dont ils ne sçavoient le compte. D'où l'on peut juger combien cette entreprise estoit perilleuse, estans si peu de gens contre une armée si puissante. Le lendemain matin jour de sainct Jean Baptiste, ils se confessérent et communiérent, et le jour suivant se mirent en campagne en cét ordre. Geoffroy mareschal de Romanie et de Champagne, et Machaire de Saincte Manehoud commandérent l'avant-garde ; Conon de Bethune conduisit la seconde bataille ; Miles de Brabant la troisiéme ; Payen d'Orleans et Pierre de Braiecuel la quatriéme ; Anseau de Cahieu la cinquiéme ; Baudoüin de Beauvoir la sixiéme ; Hugues de Belines la septiéme ; Henry frere de l'empereur Baudoüin la derniére : Gautier d'Escornay, et le flamen Thierry de Los qui estoit seneschal, eurent la charge de l'arriére-garde.

226. L'armée marcha en cét ordre l'espace de trois jours avec beaucoup de danger : car d'un costé ils estoient en petit nombre, et les ennemis qu'ils alloient combattre estoient tres puissans : d'autre part ils doutoient de la fidelité des Grecs

païs faite, que il lor deussent aidier de cuer; ainz avoient paor, que quant veroit au besoing, que il ne se tornassent devers Johannis, qui avoit le Dimot si approchié de prendre com vos avez oï arriére. Quant Johannis oï que li Frans venoient, si n'es osa attendre, ainz arst ses engins et se desloja. Et ensi se desloja del Dimot. Et sachiez que tot li monz le tint à grant miracle. Et Henris li baus de l'Empire vint al quart jor devant Andrenople, et se loja sor les plus bels prés del monde sor la riviere.

227. Quant cil d'Andrenople les virent venir, si issirent fors à totes lor croiz et à la procession, et fisent la graignor joie qui onques fust veue. Et il le durent bien faire, que il n'estoient mie à aise. Et lors vint la novelle en l'ost des Frans, que Johannis ére logiez à un chastel qui a nom Rodestine (1). Et al matin mut l'ost des Frans, et chevaucha vers celle part por la bataille querre, et Johannis se desloja, si chevaucha arriére vers son païs. Ensi le suirent par cinq jornées, et il adés s'en alla devant als. Lors se herbergiérent al cinquiesme jor sor un bel leu à un chastel que on appelle le Fraim, enqui sejornérent par trois jorz, et lors s'en parti une compaignie de la bone gent de l'ost, par descorde qu'il orent à Henry le frere l'empereor Baudoins. De celle compaignie fu chevetaines Baudoins de Belveoir, et Hues de Belines fu avec lui, Guillelmes de Gomeignies, et Drues de Belraim. Et allérent bien ensemble en celle route cinquante chevaliers, et cuidérent que li remananz n'osast remanoir el païs contre lor anemis.

228. Lors pristrent conseil Henris li baus de l'Empire et li baron qui avec lui estoient, et fu telx lor conseil, que il chevaucheroient par deux jorz, et herbergiérent en une mult béle valée prés d'un chastel que on appelle Moniac, et cil chastiaus lor fu renduz, et y sejornérent bien par cinq jorz, et distrent que il iroient Renier de Trit secorre, qui ére dedenz le Stanemac assis: et y avoit esté bien treize mois enserrez dedenz. Ensi remest Henri li baus de l'Empire en l'ost et grant partie de sa gent. Li remananz alla secorre Renier de Trit à le Stanemac. Et sachiez que mult alérent perilleusement cil qui alérent, que on a pou veu de si perilloses rescouses, et chevauchiérent trois jorz parmi la terre à lor anemis. En celle rescolse ala Coenes de Betune, et JOFFROIS DE VILLE-HARDOIN li mareschaus de Romenie

---

qui s'estoient declarez pour eux depuis peu, ny qu'ils les voulussent aider à bon escient: mais craignoient que quand ce viendroit au besoin, ils ne les abandonnassent, et se missent derechef du costé du Bulgare, lequel pressoit si fort Didymotique, qu'il estoit à la veille de la prendre. Quand le Bulgare eut le vent de la marche des François, qui s'avançoient vers luy avec resolution de le combattre, il n'oza les attendre; et aprés avoir mis le feu à ses machines leva le siege de Didymotique, et se retira; ce que tout le monde tint à grande merveille. Le Regent cependant arriva le quatriéme jour devant Andrinople; et se campa en une fort belle prairie sur la riviere.

227. D'abord que ceux de la ville les virent approcher, ils sortirent au devant en procession avec leurs croix, et leur firent la meilleure reception qu'on puisse s'imaginer. Et veritablement ils la devoient bien faire, d'autant que sans ce secours, ils couroient danger d'estre mal traitez. Lors la nouvelle estant venuë en l'armée françoise que Jean roy de Bulgarie s'estoit campé à un chasteau appellé Rodosto, ils se mirent en campagne dés le lendemain matin pour l'aller chercher, et lui presenter la bataille: mais l'autre deslogea promptement, et reprit le chemin de ses terres, les nostres l'ayans suivy cinq jours entiers sans le pouvoir attraper, parce qu'il avoit pris les devans. Au cinquiesme ils se logérent en une agreable campagne prés d'un chasteau appellé le Frain, et y sejournérent trois jours. Auquel endroit une trouppe de braves hommes se retira de l'armée pour quelque different qu'ils eurent avec Henry frere de l'Empereur: Baudoüin de Beauvoir en fut le chef et conducteur, et fut suivy entre autres de Hugues de Belines et Guillaume de Gomegnies, Dreux de Baurain, avec environ cinquante chevaliers, estimans que le reste n'ozeroit demeurer en ce pays-là pour la crainte des ennemis.

228. Henry Regent de l'Empire et les barons qui estoient avec luy resolurent de passer plus outre; ayans cheminé deux jours, ils allérent camper en une belle vallée, prés d'un chasteau appellé Moniac, qui leur fut rendu sur le champ, et où ils sejournérent l'espace de cinq jours, en resolution d'aller secourir Renier de Trit qui estoit enfermé dans la forteresse de Stenimac, depuis treize mois. Le Regent demeura au camp avec la meilleure partie de son armée, et envoya les autres qui restoient au secours de Renier de Trit à Stenimac, où ils s'acheminérent avec si grand peril, qu'on n'en a jamais veu de plus grand, ayans esté obligez de traverser durant

---

(1) Ce château de Rodestine n'est point la cité de Rodosto située au bord de la Propontide; Rodestine était un château des environs d'Andrinople; Ducange, en le traduisant par Rodosto, semble avoir été induit en erreur.

et de Champaigne, et Machaires de Saint Manehalt, et Miles de Braibanz, et Pierre de Braiecuel, et Paiens d'Orliens, et Ansials de Kaeu, et Tyerris de Los, et Guilleme del Perçoy, et une bataille de Venissiens, dont Andruis Valéres ére chevetaine, et ensi chevauchiérent trosque au chastel de Stanemac, et approchiérent tant que il virent le Stanemac.

229. Reniers de Trit ére as bailles des murs, et choisist l'avantgarde que Joffrois li mareschaus faisoit, et les autres batailles qui venoient aprés mult ordenéement, et lors ne sot quex genz ce estoient. Et ce ne fu mie merveille se il dota, que grant tens avoit que il n'avoit oï novelles d'als, en cuida que ce fussent li Grieu qui les venissent asseoir. Joffrois li mareschaus de Romenie et de Champaigne prinst Turcoples et arbalestriers à cheval, si les envoia avant por savoir le convine del chastel, que il ne savoient si il estoient mort ou vif, que grant tens avoit que il n'en avoient oï novelles. Et quant cil vindrent devant le chastel, Reniers de Trit et sa mesniée les conurent. Bien le poez savoir que il orent grant joie. Lors s'en issirent et alérent contre lor amis, si firent grant joie li uns à l'autre, et lors se herbergiérent li baron en une mult bone ville, qui estoit al pié del chastel, et qui tenoit adés assiegé le chastel.

230. Lors distrent li baron que il avoient maintes fois oï dire, que l'emperéres Baudoins ére morz en la prison Johannis, mès il n'el creoient mie; et Reniers de Trit dist que por voir ére morz, et il le crúrent. Mult y ot de cels qui en furent dolent, se il le peussent amender. Et ensi vindrent en la ville; et al matin s'en partirent, et guerpirent le Stanemac; et chevauchiérent par deux jorz. Et al tierz jorz vindrent à l'ost, où Henri le frere l'Empereor les attendoit sor le chastel de Moniac qui siet sor le flum d'Arze, où il estoit herbergiez. Mult fu granz joie à cels de l'ost de Reniers de Trit, qui ére rescous de prison, et à bien fu atornez à cels qui l'emenérent : car il y alérent mult perilleusement.

231. Lors pristrent conseil li baron, que il iroient en Constantinople, et que il coroneroient Henri le frere l'empereor Baudoins, et laissiérent le Vernas à toz les Grex de la terre, et à tot quarante chevaliers que Henris li bals de l'Empire, li laissa. Et s'en alla Henris li bauls de l'Empire, et li autre baron en Constantinople, et chevauchiérent par lor jornées tant que il vindrent en Constantinople, où il furent vo-

◇◇◇

trois jours les terres des ennemis. Ceux qui allérent à cette récousse furent Conon de Bethune, GEOFFROY DE VILLE-HARDOUIN mareschal de Romanie et de Champagne, Machaire de Sainte-Manehoud, Miles de Brabans, Pierre de Braicceuel, Payen d'Orleans, Auseau de Cahieu, Thierry de Los, Guillaume de Perçoy, et une trouppe de Venitiens dont André Valier estoit capitaine, lesquels enfin arrivérent à Stenimac.

229. Renier de Trit, qui estoit sur les remparts, apperçeut l'avant-garde que le mareschal Geoffroy conduisoit, et les autres bataillons qui venoient en suitte en belle ordonnance. D'abord il ne pût discerner quels gens c'estoient, dont il ne faut pas s'estonner, d'autant qu'il y avoit long temps qu'il n'avoit eu de leurs nouvelles, et croyoit que ce fussent Grecs qui le venoient assieger. Le mareschal envoya devant des Turcoples et des arbalestriers à cheval pour descouvrir l'estat de la place, ne sçachans si ceux de dedans estoient morts ou vifs, s'estant passé un tres-long temps sans avoir appris ce qu'ils estoient devenus. Estans approchez prés du chasteau, Renier de Trit, et ses gens les reconnurent, et sortirent à l'instant de la place allans à la rencontre de eurs amis, et s'entre-saluans avec tous les témoignages de réjoüyssance que l'on peut assez concevoir. Les barons prirent leurs logemens dans la ville qui estoit au pied du chastel, d'où on l'avoit tenu assiegé.

230. Ce fut là que les barons demandérent des nouvelles de l'empereur Baudoüin, disans qu'ils avoient plusieurs fois oüy dire qu'il estoit mort en la prison de Jean roy de Bulgarie : mais comme ils ne pouvoient croire : mais Renier de Trit les ayant asseuré que veritablement il estoit mort, ils n'en doutérent plus. Plusieurs sur cette certitude renouvellérent leũrs plaintes et leur douleur qui estoit neantmoins sans remede. Le lendemain matin ils partirent, abandonnans le chasteau de Stenimac, et le troisiéme jour arrivérent au camp, où le prince Henry les attendoit prés du chasteau de Moniac, qui est assis sur la riviére d'Arte, et où il estoit logé. Il n'y eut personne de l'armée qui ne temoignast beaucoup de joye de la delivrance de Renier de Trit aprés une si longue prison : et ceux qui l'allérent tirer dehors en receurent la loüange que meritoit une si belle et si perilleuse entreprise.

231. Là dessus les barons s'assemblérent et resolurent de retourner à Constantinople, pour y faire couronner Empereur le prince Henry : et laissérent en ces quartiers-là Branas avec tous les Grecs du pays, et quarante chevaliers que le Regent luy laissa par forme de renfort. Cependant Henry et les autres barons se mirent en chemin et arrivérent à Constantinople, où ils furent tres-bien venus : puis ils couronnérent Empereur Henry frere de l'empereur Baudoüin avec toute la magnificence et réjoüyssance ima-

luntiers veuz. Lors coronérent à Empereor Henri le frere l'empereor Baudoins, le dimanche aprés la feste madame Sainte Marie en aost, à grant joie et à grant honor, à l'iglise sainte Sophye. Et ce fu en l'an de l'incarnation nostre seignor Jesu Christ mil et deuz cens ans et six. Et ensi l'Empereor fù coronez en Constantinople, si com vous avez oï, et li Vernas fu remest en la terre d'Andrenople et del Dimot. Johannis roy de Blakie et de Bougric quant il le sot, si amassa de gent quanque il pot. Et le Vernas n'ot mie refermé del Dimot, ce que Johannis ot abatu à ses periéres et à ses mangonials, et l'ot povrement garni. Et Johannis chevalcha al Dimot, si lo prist, et l'abati, et fondi les murs trosque en terre, et cort par tot le païs, et prent homes, et fames, et enfanz, et proies, et fist grant destruiment.

232. Lors mandérent cil d'Andrenople l'empereor Henri que il le secourust, que le Dimot ére perduz en tel maniére. Lors semonst l'empereor Henri quanque il pot avoir de gent, et issi de Constantinople, et chevalcha vers Andrenople par ses jornées. Et Johannis li roi de Blakie qui ére en la terre com il oït que il venoit, si se traist arriéres vers la soe terre. Et l'emperéres Henri chevalcha tant que il vint à Andrenople, et se logia defors en la praërie. Et lors vindrent li Grieu del païs, si li distrent que Johannis li roy de Blaquie emmenoit les homes, et les fames, et les proies, et avoit le Dimot destruit, et tot le païs entor, et que il ére encore à une jornée d'iqui. Et li consel l'Empereor fu telx que il seroit à lui combatre, se il l'atendoit, por secorre les chaitis et les chaitives que il emmenoit, et chevaucha aprés lui, et cil s'en ala devant adés, et ensi le suyt par quatre jorz. Lors vint à une cité que on appelloit Veroï. Com cil de la cité virent l'ost de l'empereor Henri venir, si s'enfuirent és montaignes, et guerpirent la cité, et l'Emperéres vint à tote s'ost, et se loja devant la ville : et la trouva garnie de blez, et de viandes, et d'autres biens. Ensi séjorna iqui par deux jorz, et fist ses gens corre par le païs entor : et gaaingniérent assés proies de bues et de vaches, et de bufles mult grant plenté, lors se parti de celle cité à toz ses gaaiens, et chevaucha à une altre cité loing de qui à une jornée, que on apelle Blisme : et ensi com li autre Gré avoient laissié l'autre cité, r'avoient cil laissié ceste, et il la trova garnie de toz biens, et se herbergia devant.

233. Lors lor vint une novelle, que à une vallée à trois lieuës de l'ost, estoient li chaitif, et les chaitives que Johannis emmenoit à tot lor proies, et à toz lor chars. Lors atorna l'emperéres Henris que li Grieu d'Andrenople, et cil del Dimot les iroient querre, et leur chargeroit

⋄⋄⋄ ⋄⋄⋄

ginable, en l'eglise de Saincte Sophie, le dimanche d'aprés la Nostre-Dame de la my-aoust, l'an de l'Incarnation de nostre Seigneur mil deux cens et six. Vers ce mesme temps, et incontinent aprés ce couronnement, le Bulgare ayant eu avis que Branas avoit pris possession d'Andrinople et de Didymotique, amassa en diligence le plus grand nombre de gens qu'il pût, et marcha droit à Didymotique, qu'il emporta d'emblée, Branas n'ayant encore fait reparer les bréches qui y avoient esté faites par le Bulgare, ny d'ailleurs muny la place comme il falloit. L'ayant ainsi prise, il acheva de la razer rez-pied, rez-terre. De là il fit des courses dans le pays, et enleva hommes, femmes, et enfans, et un grand butin, y commettant des dommages et ruines estranges.

232. Ceux d'Andrinople depechérent à l'empereur Henry pour avoir du secours, et luy donner avis de la prise de Didymotique. Sur cette nouvelle l'Empereur fit convoquer tout ce qu'il pût avoir de trouppes, et s'achemina droit vers Andrinople. Le Bulgare, sur l'avis qu'il eut de sa marche, quitta incontinent le pays et se retira dans ses terres. L'Empereur, continuant son chemin, arriva devant Andrinople, et campa en une prairie hors la ville, où les Grecs du pays le vinrent trouver, et luy dirent que le Bulgare, aprés avoir pris et ruiné de fond en comble Didymotique, et tous les environs, s'en retournoit chargé de butin, emmenant hommes et femmes prisonniers, et qu'il n'estoit qu'à une journée de là. L'Empereur fut d'avis de l'aller combatre, s'il l'attendoit, pour tâcher de recourre les pauvres misérables captifs qu'il emmenoit. Il alla aprés, et le suivit par quatre jours, l'autre gaignant tousjours les devans, tant qu'il arriva à Veroï (Béroë). Comme les habitans du lieu apperçurent l'armée de l'Empereur, ils abandonnérent la ville et s'enfuirent dans les montagnes. L'Empereur cependant y arriva avec ses trouppes, et l'ayant trouvée garnie de bleds, de vivres, et autres commoditez, il y sejourna deux jours. De là il fit faire des courses dans le pays, d'où ses gens ramenérent nombre de bœufs, vaches, bufles, et autre butin. Cela fait il partit de cette place, et vint à une autre, appellée Blisne, à une journée de celle-là, que les Grecs avoient pareillement abandonnée, laquelle il trouva garnie de tous biens, et se campa devant.

233. Cependant nouvelles arrivérent que les pauvres captifs et captives que le Bulgare emmenoit avec leurs dépouilles et leurs chariots, estoient arrestez en une vallée à trois lieuës de l'armée. Sur quoy l'Empereur commanda que les Grecs d'Andrinople et de Didymotique, accom-

7.

deux batailles de chevalier. Ensi com il fu devisé, si fu fait à lendemain. De l'une des batailles fu chevetaine Euthaices le frere l'empereor Henry de Constantinople, et de l'autre Machaire de Saint Manehalt. Et chevauchiérent entr'aus et les Grieu trosque en la vallée que on lor ot enseignie, et trovérent la gent ensi com l'en lor ot dist. Et la gent Johannis assembla à la gent l'empereor Henri, si y ot navré et morz homes, et fames, et chevaus de l'une part et de l'autre. Mais par la vertu de Dieu orent li Frans la force, et tournérent les chaitis, et emmenérent devant als arriére. Et sachiez que cele rescousse ne fu mie petite, que bien y ot vingt mil que homes que fames, que enfanz; et bien trois mil chars cargiez de lor robes, et de lor hernois, sans les autres proies dont il avoit assez : Et bien duroit la route, si com il venoient à l'ost deux lieuës granz. Et ensi vindrent à l'ost la nuit, et en fu mult liez l'empereres Henris et tuit li autre baron; et les fist herbergier d'une part, si que une nuit ne perdirent vaillant un denier de rien qu'il aussent.

234. Lendemain sejorna l'emperéres Henris por le pueple que il ot rescous. A l'autre jor se parti del païs, et chevaucha tant par ses jornées que il vint à Andrenople. Lors dona congié as homes et as fames que il ot rescous, et chascuns s'en alla là où il vot en la terre dont il ére nez, o d'autre part. Et les autres proies, dont il avoit mult grant plenté, furent departi à cels de l'ost, si com il deut. Lors sejorna l'empereres Henri par cinq jorz, et puis chevaucha trosque à la cité del Dimot, por savoir coment elle ére abatue, et se on le porroit refermer, et se logia devant la ville, et vit et il et li baron que il n'estoit mie leus de fermer en tel point.

235. Lors vint en l'ost uns bers le marchis Boniface de Monferrat en messages, qui Othes de la Roche avoit nom, et parla d'un mariage qui devant avoit esté porparlé, de la file Boniface le marchis de Monferrat et de l'empereor Henri, et apporta les novelles que la dame ére venue de Lombardie, et que ses peres y avoit envoié querre : et qu'elle ert à Salenique. Et fu asseurez le mariage d'une part et d'autre. Ensi s'en r'alla li message à Salenique Othes de la Roche. Et l'Empereres y ot assemblée ses genz qui orent à garison menez lor gaanz de Visoi qu'il avoient fait en l'ost. Et chevauca par devant Andrenople par ses jornées, tant que il vint en la terre Johannis le roy de Blaquie et de Bougrie, et vindrent à une cité que on appelloit la Ferme, et la pristrent, et entrérent enz, et y firent mult grant gaain. Et sejornérent par trois jorz, et corrurent per tot le païs, et gaai-

◇◇◇

pagnez de deux escadrons de chevaliers, les allassent délivrer; ce qui fut exécuté le lendemain : l'un des deux escadrons fut conduit par Eustache frere de l'Empereur, et l'autre par Machaire de Sainte Manehoud; et ainsi les François et les Grecs marchérent jusques en la vallée qui leur avoit esté désignée, où ils trouvérent ces miserables, comme on leur avoit rapporté. Il y eut d'abord une grosse escarmouche entre les gens du Bulgare et les nostres, où il y en eut plusieurs de tuez et de blessez, tant hommes, femmes, que chevaux. Mais à la fin, moyennant la grace de Dieu, les François y demeurérent victorieux, et ramenérent quant et eux tous les prisonniers, en nombre de bien vingt mil ames, et trois mil chariots chargez de hardes et bagage, et autre butin tres-considerable; ils retournérent ainsi au camp tenans en file deux grandes lieuës, et y arrivérent dans la nuit; l'Empereur, comme aussi tous les barons de l'armée témoignérent beaucoup de réjoüyssance de cette delivrance; il les fit loger de l'autre costé du camp; en sorte qu'ils ne perdirent aucune chose.

234. L'empereur ayant sejourné en ce lieu encore le lendemain en consideration de ce pauvre peuple, qu'il avoit sauvé, et pour luy donner quelque temps de repos, desloga le jour d'aprés, et vint à Andrinople, où il donna congé aux captifs, tant hommes que femmes, de se retirer chacun au pays de leur naissance, et en telle autre part qu'ils aviseroient avec leurs biens; le surplus du butin, qui estoit grand, ayant esté departi aux gens de guerre ainsi qu'il falloit. L'empereur après avoir sejourné en suitte cinq jours à Andrinople, s'en alla à Didymotique, pour y voir les ruines que le Bulgare y avoit faites, et s'il y avoit moyen de la refermer : s'estant campé devant la ville, il ne trouva pas lieu ny les barons de la pouvoir restablir, veu l'estat auquel elle avoit esté mise.

235. En ce mesme temps Othon de la Roche ambassadeur de Boniface marquis de Montferrat arriva au camp, pour parler d'un mariage qui avoit esté autrefois proposé, de la fille du Marquis avec l'empereur Henry : et luy apporta nouvelle comme cette princesse estoit arrivée de Lombardie d'où son pere l'avoit fait venir pour cette occasion à Thessalonique. Le mariage ayant esté aresté d'une part et d'autre, Othon s'en retourna vers son maistre. Et l'Empereur ayant de nouveau rassemblé ses gens, aprés qu'ils eurent amené au camp en seureté le butin qu'ils avoient fait à Visoï, ils se mirent derechef en campagne, passérent devant Andrinople, et estans entrez dans les terres de Jean roy de Valachie et de Bulgarie, arrivérent à une ville appellée la Ferme, qu'ils emportérent d'emblée, et y firent grand butin. Ils y sejournérent trois jours, durant lesquels

gnièrent granz gaaienz, et destruirent une cité que avoit nom l'Aquile. Al quars jorz, se partirent de la Ferme qui mult ére belle et bien seant, et y sourdoiant li baing chault li plus bel de tot le monde, et la fist l'Empereres détruire et ardoir : et emmenérent les gaaiens mult granz de proies, et d'autres avoirs, et chevauchiérent par lor jornées tant que vindrent à la cité d'Andrenople, et sejornérent el païs trosque à la feste Tot Sainz, que il ne porroient plus guerroier por l'yver. Et lors s'en retourna l'empereres Henris, et tuit li baron vers Constantinople, qui mult furent lassé d'ostoier : et ot laissié à Andrenople entre les Grex un suen home, qui ot nom Pierre de Radingeam, à tot vingt chevaliers.

236. En icel termine, Toldres Lascres qui tenoit la terre d'autre part del Braz, avoit trives à l'empereor Henri, et ne li ot mie bien tenues, ainz li ot faussées et brisies. Et lors prist conseil l'Empereor, et envoia oltre le Braz à la cité de l'Espigal Pierre de Braiecuel, cui sa terre ére devisée en iceles parties, et Païens d'Orliens, et Anseau de Chaeu, et Euthaices ses freres, et grant part de ses bones genz, trosque a sept vingt chevaliers. Et cil comenciérent la guerre contre Toldre Lascre mult grant et mult fiére, et fisent grant domaige en sa terre, et chevauchiérent trosque à une terre qui Equise est appellée, que la mer clooit tote, fors que une part : et à l'entrée par où en entroit, avoit eu anciennement forteresce de murs, de tors, de fossez : et estoient auques decheu, et enqui dedenz entra l'ost des François, et Pierre de Braiecuel, cui la terre ére devisée, les comença à refermer, et à faire deux chastiaux en deux entrées : et dequi comenciérent à corre en la terre Lascré, et gaaigniérent grans gaaing, et grans proies, et amenérent dedenz lor isle les gaaiens et les proies : et Toldres Lascres revenoit sovent en Equise. Et y ot maintes foiz assemblées, et y perdroient li un et li autre. Et iqui ére la guerre granz et perillose.

237. Or lairons de cés, si dirons de Tyerri de Loz qui seneschaus ére, cui Nichomie devoit estre, et ére à une jornée de Nique la grant, qui ére li chiés de la terre Toldres Lascres, et s'y s'en r'alla à grant partie de la gent l'empereor Henri, et trova que le chastel ére abatus, et ferma et borda le mostier Sainte Sophie, qui mult ére hals et biels, et retint iqui en droit la guerre.

238. En icel termine li marchis Boniface de Monferrat remût de Salenique, si s'en alla à la Serre que Johannis li avoit abatue, si la referma ; et ferma après une autre qui a nom Dramine el val de Phelippe. Et tote la terre entor se rendi à lui et obéi, et yverna el païs.

<><><>

ils firent des courses dans le pays, et en ramenèrent beaucoup de biens, et ruinèrent une ville appellée Aquilo. Au quatrième ils partirent de la Ferme, qui estoit une belle place et bien située, et où il y avoit des plus beaux bains d'eau chaude, qui fussent en tout le monde : mais l'Empereur la fit démollir jusqu'aux fondemens, et y fit mettre le feu après en avoir enlevé tout ce qu'on y pût trouver. Ils arrivèrent enfin à Andrinople, et s'arrestèrent dans ces contrées jusqu'à la feste de Toussaints ; ne pouvans continuer la guerre à cause de l'hyver, et du mauvais temps. Après quoy l'Empereur et tous les barons retournérent à Constantinople, harassez et fatiguez d'une si longue campagne ; laissans Andrinople en la garde des Grecs, et d'un de ses gens, nommé Pierre de Radingean, avec vingt chevaliers.

236. Cependant Theodore Lascaris qui tenoit les terres d'au delà du détroit, avoit rompu la tréve qu'il avoit avec l'Empereur qui delibera d'envoyer en la Natolie à la ville de Piga Pierre de Braiecuel, auquel on avoit assigné son partage en ces pays-là, avec Payen d'Orleans, Anseau de Cahieu, Eustache son frere, et la meilleure partie de ses trouppes, jusques à sept vingt chevaliers. Ceux-cy y estans arrivez commencérent une forte guerre contre Lascaris, et firent de grands ravages en ses terres. Ils allèrent jusques à Squise, qui est une place forte, enfermée et close de la mer de tous costez, fors d'une avenuë ; à l'entrée de laquelle il y avoit eu autrefois une forteresse fermée de murs, de tours, et de fossez, et qui lors estoit tombée en ruine. L'armée françoise estant entrée dedans, Pierre de Braiecuel auquel ce quartier appartenoit, se mit à la refermer de nouveau, et fit un chasteau à chacune des deux entrées. Ils commencèrent de là à faire des courses dans les terres de Lascaris, enlevans de grands butins, qu'ils firent conduire dans cette petite peninsule. D'autre part Lascaris y venant souvent avec ses forces, il s'y faisoit plusieurs escarmouches et rencontres, avec perte de la part des uns et des autres ; ainsi la guerre estoit forte et perilleuse en ces provinces là.

237. D'autre costé Thierry de Los seneschal de l'Empire, auquel Nicomedie devoit appartenir, et qui estoit à une journée seulement de la ville de Nicée, dite la Grande, capitale de toutes les terres que tenoit lors Lascaris, s'y en alla avec un bon nombre des gens de l'Empereur ; et ayant trouvé le chasteau abbattu, il le restablit, et fortifia en outre Sainte Sophie, qui estoit une haute, belle et magnifique église, d'où il fit la guerre aux ennemis.

238. Vers ce mesme temps le marquis de Montferrat partit de Thessalonique, et vint à Serres que le Bulgare luy avoit ruinée, laquelle il referma de nouveau : ensemble une autre place ap-

239. Endementiers fu tant del tens passé, que li Noel fu passé. Lors vindrent li message le Marchis à l'Empereor en Constantinople, et li distrent de par le Marchis, que il avoit envoié sa file en galies à la cité d'Avies. Et lors envoia l'empererés Henri Joffrois li mareschaus de Romenie et de Champaigne, et Milon de Braibanz, por querre la dame, et chevauchièrent par lor jornées tant, que il vindrent à la cité d'Avies, et trovérent la dame qui mult ére et bone et belle, et la saluérent de par lor Seignor : et la menérent de par lor Seignor à grant honor en Constantinople, et l'esposa l'empererés Henri au mostier Sainte Sophie, le dimanche après la feste madame Sainte Marie Chandellor, à grant joie et à grant honor ; et portérent corone ambedux, et furent les noçes haites et planieres el palais de Boquelion. Ensi fu fait le mariage de l'Empereor et de la file le marchis Boniface, qui Agnès l'empereris avoit nom, com vos avez oï.

240. Toldres Lascres qui guerroia l'empereor Henri prist ses messages, si les envoia à Johannis le roi de Blaquie et de Bougrie. Si li manda que totes les genz l'empereor Henri estoient devers lui, qui le guerroient d'autre part del Braz devers la Turchie : et que l'Em-

peréres ére en Constantinople à pou de gent : et or se porroit vengier, que il seroit d'une part, et il venist d'autre. Et que l'Empererés avoit si pou de gent, que il ne se porroit d'audeus defendre. Johannis ére porchaciez de grant host de Blas et de Bougres, si grant com il onques pot. Et del tems fu ja tant passé, que li quaresmes entra. Machaire de Saint Manehalt avoit comencié à fermer un chastel al Caracàs, qui siet sor un goffre de mer à six lieües de Nichomie devers Constantinople. Et Guillelmes de Sains en commença un autres à fermer li Chivetot, qui siet sor le goffre de Nichomie d'autre part, devers Nike. Et sachiez que mult ot afaires l'empererés Henris endroit Constantinople, et li baron qui érent el païs. Et bien TESMOIGNE JOFFROIS DE VILLE-HARDOIN li mareschaus de Romenie et de Champaigne que onc en nul termine ne furent genz si chargié de guerre, porce que il estoient espars en tant de lieus.

241. Lors ensi Johannis de Blaquie à totes ses hoz, et à grant ost de Commains qui venu li érent, et entra en la Romenie, et courrurent li Commain, trosque as portes de Constantinople, et il assist Andrenople. Et y dreça trente trois periéres granz, qui getoient às murs et às tors. Et dedenz Andrenople n'avoit se les Grex non,

◇◇◇

pellée Drame, en la vallée de Philippi : au moyen dequoy tout le pays d'alentour se rendit à luy, et vint à obeïssance ; il y passa l'hiver [*].

239. Après la feste de Noël les ambassadeurs du Marquis arrivérent à Constantinople ; et firent sçavoir à l'Empereur de la part de leur maistre, qu'il avoit fait embarquer sa fille en une galére pour Abyde. Aussi-tost l'Empereur y envoya Geoffroy mareschal de Romanie et de Champagne, avec Miles de Brabans ; pour l'y recevoir : et l'y ayant trouvée, ils la saluérent de la part de l'Empereur leur maistre, et la conduisirent avec tout l'honneur possible jusques dans Constantinople ; où l'Empereur incontinent après l'espousa avec grande magnificence en l'église de Sainte Sophie, le dimanche d'après la Chandeleur : et tous deux portérent ce jour là couronne. Les nôces furent ensuite celebrées au palais de Bucoleon avec tout l'appareil accoûtumé en ces occasions. De cette façon le mariage de l'Empereur et de la fille du Marquis, laquelle s'appelloit Agnès, fut accomply.

240. Lascaris voyant que l'Empereur avoit envoyé la pluspart de ses forces outre le Bras, en donna avis à Jean roy de Bulgarie, et luy fit entendre, que toutes ses trouppes estans occupées dans la Natolie, et luy-mesme estant à Constan-

◇◇◇

tinople avec peu de gens, l'occasion se presentoit de se venger de luy ; n'ayant dequoy se deffendre, s'il luy venoit courre sus d'un costé, pendant que de l'autre il amuseroit ses gens dans ses terres. Le Bulgare embrassa cette ouverture, et assembla à l'instant le plus grand nombre de Valaches et de Bulgares qu'il pût, pour passer dans le pays de l'Empereur. Durant ce temps-là, qui estoit vers le caresme, Machaire de Sainte-Manehoud avoit commencé à fortifier le chasteau de Charàx, qui est assis sur un golfe de mer à six lieües de Nicomedie, tirant vers Constantinople : Guillaume de Sains faisoit le mesme de Cibotos, place assise sur le golfe de Nicomedie du costé de Nicée. En sorte que l'Empereur se trouva embarrassé tout à la fois, et pour la garde de Constantinople, et pour le secours des barons qui estoient espandus dans les terres de l'Empire, ses forces estans ainsi divisées ; et d'ailleurs se trouvant chargé de guerres, et attaqué de tous costez.

241. Car Jean roy de Bulgarie avec ses trouppes, et une puissante armée de Comains, qui luy estoient arrivez, entra dans la Thrace, les Comains faisans des courses jusques à Constantinople, pendant qu'avec le reste il alla mettre le siege devant Andrinople, où il assit en batterie trente-trois grandes perriéres pour battre les tours et les murailles. Il n'y avoit lors dans la place que les Grecs, et Pierre de Radingean qui

[*] Nous rectifions ici une erreur de Ducange qui avait lu dans le texte ruina, au lieu de yverna.

et Pierron de Radingheam, qui de par l'Empereor avoit dix chevaliers. Et lors mandérent li Grieu et li Latin ensemble, l'empereor Henri que ensi les avoit Johannis assist, et que il le secorust. Mult fu destroiz l'Emperéres quant il oï que ses genz estoient departies d'oltre le Braz en tant de leus : et l'Emperéres ére en Constantinople à pou de gent, et fu tels ses conseils, qu'il emprit à issir de Constantinople à tant de gent com il poroit avoir à la quinzaine de Pasque. Et manda en Equise, où li plus de sa gent ére, que il s'en venissent à lui. Et il s'en comenciérent à venir par mer, Euthaices le frere l'empereor Henri, et Ansials de Kaeu, et de lor gent le plus et dont remest Pierre de Braiecuel à poi de gent en Equise.

242. Quant Toldres Lascres oï la novelle que Andrenople ére assise, et que l'emperéres Henris par estovoir mandoit ses genz, et que il ne savoit auquel corre, ou deçà ou delà, si ére chargiez de la guerre. Lors si manda puis esforciement quanque il pot de gent : et fist tendre ses trés et ses paveillons devant les portes d'Equise. Et y ot assemblé maintesfois, pardu et gaaignié. Et quant Toldres Lascres veoit que il avoient pou de gent laienz si prist une grant partie de s'ost, et de vaissials ce que il

en pot avoir par mer, si les envoia al chastel de Chivetot que Guillelme de Sainz fermoit, si l'assistrent par mer et par terre le semadi de mi quaresme. Laienz avoit quarante chevaliers de mult bone gent; et Machaires de Sainte Manehalt en ére chevetaine; et lor chastials estoit encore pou fermez, si que cil pooient avenir à els, às espées et às lances : et les assaillirent par mer et par terre mult durement; et cil assaus si dura le semadi tote jor, et cil se defandirent mult bien. Et bien tesmoigne li livres que onques à plus grant meschief ne se deffendirent quarante chevaliers à tant de gent, et bien y parùt que il n'y en ot mie cinq qui ne fussent navré de toz les chevaliers qui y estoient, et s'en y ot un mort qui niers ére Milon le Braibant, qui avoit nom Gilles.

243. Ençois que cil assaut commençast, le semadi matin s'en vint un més batant en Constantinople, et trova l'emperéres Henri el palais de Blakerne, seant al mengier, et li dist : « Sire, sachiez que cil de Chivetot sunt assis par mer et par terre, et se vos ne les secorez hastivement, ils sunt pris et mors. » Avec l'Emperéres ére Coenes de Betune, et Joffrois li mareschaus de Champaigne, et Miles de Braibanz, et pou de gens. Et li conseils si fu cors, que l'Emperéres s'en vient al rivage, et s'en entre en un galion,

⬦⬦⬦

y avoit esté laissé avec dix chevaliers seulement, lesquels envoyérent en diligence donner avis à l'Empereur du siege de la place, luy mandant qu'il eust à leur donner promptement du secours. Sur cette nouvelle l'Empereur se trouva merveilleusement empesché, voyant d'un costé tous ses gens divisés dans la Natolie en tant de lieux ; et de l'autre se trouvant si mal accompagné dans Constantinople. Enfin il resolut de se mettre en campagne avec ce qu'il pourroit ramasser de trouppes, la quinzaine d'aprés Pasques. Et là dessus depêcha à Squise, où le plus grand nombre de ses gens s'estoient rendus, à ce que toutes choses cessantes ils eussent à le venir trouver. Sur ces ordres ils commencérent à s'embarquer, particuliérement Eustache frere de l'empereur Henry, et Anseau de Cahieu avec la pluspart de leurs meilleurs hommes, laissans par tout moyen Pierre de Braiecuel avec peu de gens dans Squise.

242. Si tôt que Theodore Lascaris eut nouvelles qu'Andrenople estoit assiegée, et que l'Empereur par necessité redemandoit ses gens, ne sçachant auquel aller, ou deçà ou delà, en tant il estoit chargé d'affaires ; il assembla les plus grandes forces qu'il pût, et s'en vint tendre ses pavillons devant les portes de Squise, où il eut plusieurs saillies et escarmouches, avec perte de part et d'autre. Puis voyant le peu de gens qui estoient dans la place, prit une partie de son armée, avec

⬦⬦⬦

ce qu'il pût promptement recouvrer de vaisseaux, qu'il envoya au chasteau de Cibotos, que Guillaume de Sains avoit commencé de fortifier, lequel ils assiegérent par mer et par terre le samedy de la my-caresme. Il y avoit dedans quarante chevaliers tous vaillans et hardis, dont Machaire de Sainte Manchoud estoit capitaine. Mais la place n'estoit encores achevée d'estre fermée, en sorte que l'on pouvoit venir de plein abord aux mains à coups de lances et d'espées. Les ennemis y donnérent l'assaut par mer et par terre, qui dura tout le samedy le long du jour, ceux de dedans s'estans deffendus courageusement, quoy qu'ils ne fussent que quarante chevaliers contre un si grand nombre d'assaillans ; aussi il n'y en eut que cinq, qui ne furent blessez : un d'entre eux nommé Gilles, et neveu de Miles de Brabans, ayant esté tué.

243. Avant que l'on eût commencé cét assaut, le samedy matin arriva un courrier à Constantinople à l'empereur Henry qui estoit à table au palais de Blaquerne, et auquel il tint ces paroles : « Sire, ceux de Cibotos sont étroitement assiegez » par mer et par terre ; et si vous ne les secourez » promptement, ils sont en termes d'estre tous » pris ou tuez. » Conon de Bethune, Geoffroy mareschal de Champagne, et Miles de Brabans estoient lors à Constantinople avec l'Empereur, et fort peu de trouppes. Sans differer davantage,

et chascuns en tel vaissel com il pot avoir. Et lors fait crier par tote la ville, que il le sievent à tel besoing com par secore ses homes, que il les a parduz, se il ne le secort. Lors veissiez la cité de Constantinople mult efformier des Venissiens, et des Pisans, et d'autres genz qui de mer savoient : et corent as vaiaux, qui ainz ainz, qui mielx mielx. Avec als entroient li chevaliers à tote lor armes ; et qui ançois pooit, ançois se partoit del port, pour suyvre l'Empereor. Ensi alérent à force de rames tote la vesprée, tant com jor lor dura, et tote la nuit trosque à lendemain al jor. Et quant vint à une piéce après le soleil levant, si ot tant esploitié l'emperéres Henris, que il vit li Chivetot, et l'ost qui ére entor et par mer et par terre : et cil dedenz n'orent mie dormi la nuit, ainz se furent tote nuit hordé, si malade et si navré com il estoient, et com cil qui n'atendoient se la mort non. Et quant l'Emperéres vit que il estoient si prés, que il voloient assaillir, et il n'avoit encor de sa gent se pou non, car avec lui n'ére fors que Joffrois le mareschal en un autre vaissel, et Miles le Braibanz, et un Pisan, et un autre chevalier, et tant que il avoient entre granz et petit de vaissials dix-sept, et cil en avoient bien soixante ; et virent que se il attendoient lor genz, et soffroient que cil assaillissent cels de Chivetot, que il seroient morz, ou pris. Si fu tels lor conseils que il iroient combatre à els de la mer ; et voguérent celle part tuit d'un front, et furent tuit armé as vaissials, les hialmes laciez. Et quant cil les virent venir qui estoient appareillié d'assaillir, si conurent bien que ce ére secours, si se partirent del chastel, et vindrent encontre als, et tote lor ost se logia sor le rivage de grant genz que il avoient à pié et à cheval. Et quant il virent que l'Empereor et la soe gent venroient totes voies sor als, si refor lor genz qui estoient sor le rivage, si que cil lor pooient aidier de traire et de lancier : ensi les tint l'Emperéres assis à ses diz-sept vaissiaus, tant que li cris vint qui érent meuz de Constantinople, et ançois que la nuit venist, on y ot tant venu, que il orent la force en la mer par tot, et furent tote nuit armé, et aancrez lor vaissiaus. Et fu lor conseils telx, que sitost que il verroient le jor, que il s'iroient combatre à els el rivage, et pour tollir lor vaissials. Et quant vint endroit la mienuit, si traistrent li Grieu toz lor vaissials à terre, si bottérent le feu dedenz, et les ardrent toz, et se deslogiérent, et s'en alérent fuiant.

244. L'emperéres Henri et sa gent, furent mult lié de la victoire que Diex lor ot donée, et

⟨⟩⟨⟩

l'Empereur vint au rivage où il monta sur un galion, et châcun en tel vaisseau qu'il pût recouvrer à la haste ; faisant faire ban et cry public par la ville qu'on eust à le suivre en cette urgente necessité, pour secourir ses gens qu'il estoit en danger de perdre s'il n'alloit promptement à eux. Lors vous eussiez veu de tous costez les Venitiens, les Pisans, et autres gens de marine, courir à qui mieux mieux aux vaisseaux : et quant et eux les chevaliers françois avec leurs armes, lesquels à mesure qu'ils s'y embarquoient, partoient du port sans attendre leurs compagnons, pour suivre l'Empereur. Ils voguérent ainsi à force de rames, tant que le reste du jour dura, et la nuit suivant jusqu'au lendemain matin ; peu après le soleil levé, que l'Empereur fit telle diligence qu'il découvrit Cibotos, et l'armée qui la siegeoit par mer et par terre. Ceux de dedans n'ayans reposé cette nuit, et estans toujours demeurez soûs les armes, s'estoient remparez et fortifiez tous malades et blessez qu'ils estoient, comme personnes qui n'attendoient plus que la mort. Quand l'Empereur apperçeût que ses gens qui se voyoient prés des ennemis, vouloient à toute reste les attaquer, quoy qu'il n'eust encore toutes ses trouppes, n'ayant avec luy que le mareschal Geoffroy en un autre vaisseau, avec Miles de Brabans, quelques Pisans, et autres chevaliers ; en sorte qu'il n'avoit en tout que dix-sept vaisseaux tant grands que petits, où les ennemis en avoient bien soixante : et consideran d'ailleurs, que s'il attendoit le reste de ses forces, et souffrit que l'on donnât l'assaut à Cibotos, ceux de dedans seroient sans doute ou tuez, ou faits prisonniers ; il resolut d'aller combattre l'armée de mer, et commanda de voguer droit à eux tout d'un front, châcun armé de ses armes, le casque en teste. Les ennemis qui estoient sur le point de donner l'assaut, les ayans découverts et reconnu que c'estoit du secours, quittérent le chasteau, et s'en vinrent droit à eux tant gens de pied que de cheval sur le rivage. Mais comme ils virent que l'Empereur ne laissoit d'avancer, ils recueillirent dans leurs vaisseaux tous ceux qui estoient sur la greve pour en estre secourus par leurs fléches et leurs dards dans le combat. L'Empereur avec seulement dix-sept vaisseaux, les tint quelque temps acculez, tant que les cris furent entendus de ceux qui estoient partis de Constantinople pour le joindre. Et avant que le jour finit, il en arriva tant, qu'ils demeurérent maistres de la mer. Toute la nuit ils se tinrent en armes à l'ancre, en resolution si tôt que le jour commenceroit à poindre, de les aller combattre sur le rivage, et de leur enlever, s'ils pouvoient, leurs vaisseaux : mais quand ce vint vers la minuit, les Grecs les retirérent tous en terre, et y mirent le feu, et les ayans brûlez, delogérent et s'enfuirent.

de ce qu'il orent secouru lor genz. Et quant vint al matin, l'Emperéres et tuit li autres s'en vont al chastel del Chivetot, et trovérent lor genz mult malades et mult navrés les plusorz. Et le chastel esgarda l'Emperéres et sa gent, et virent que il ére si febles, que il ne faisoit à tenir. Si recueillérent toz lor genz es vaissials, et guerpirent li chastel, et laissiérent. Johannis li roy de Blaquie ne repousa mie, qu'il avoit Andrenople assise, ainz gitérent ses periéres as murs, et aus tors dont il avoit assez, et empiriérent mult les murs et les tors, et mist ses trencheors as murs, et firent maintes foiz assaillies, et mult se contindrent bien cil qui dedenz estoient li Grieu et li Latin. Et mandérent mult sovent l'empereor Henri que il le secourust; et seust, que se il ne secourcit, que il estoient pardu sanz nulle fin. Et l'Emperéres ére mult destroit, que quant il voloit ses genz secorre d'une part, Toldres Lascres li tenoit si destroiz d'autre part : si que par estovoir le convenoit à retorner. Et issi fu Johannis le mois d'avril devant Andrenople, et l'approcha si de prendre, qu'il approcha, et abati des murs et des tors en deux leux trosque en terre, et si que il pooient venir main à main às espées et à lances à cels de-

denz. Ensinques y fist de mult granz assaus : et cil se defendirent bien : et y ot mult des mors et des navrez d'une part et d'autre. Ensi com Diex vielt les aventures avenir, li Commain qu'il y ot envoié par la terre orent gaaigné, et furent revenu à veuë de Constantinople à l'ost à Andrenople à toz lor gaaienz; et distrent que il ni remanroient plus à Johannis, ainz s'en voloient aller en lor terre. Issi se partirent li Commain de Johannis. Et com il vit ce, si n'osa remanoir sanz als devant Andrenople. Ensiques s'en parti de devant la ville, et la guerpi. Et sachiez que on le tint à grant miracle, de ville qui ére approchie de prendre, com ére ceste, que il le laissa, qui hom si poeteis ére. Ensi com Diex vielt les choses, si les convient avenir. Cil d'Andrenople ne tardérent mie de mander l'Empereor, que il venist tost por Dieu, que seust de voir que se Johannis le roy de Blaquie retornoit, que il estoient mors ou pris.

245. L'Emperéres à tant de gent com il avoit fu atornez d'aller à Andrenople : et lors li vint une novele que mult fu grief, que Esturions, qui ére amirals des galies Toldres Lascres, ére entrez à dix sept galies en boche d'Avies et

◇◇◇

244. L'empereur Henry et tous les siens, joyeux de cette victoire que Dieu leur avoit donnée, et d'avoir secouru les leurs, vinrent sur le matin au chasteau de Cibotos, où ils les trouvérent pour la pluspart malades et blessez. Ils y considerérent pareillement l'estat de la place, et ayans reconnu qu'elle estoit trop foible pour la pouvoir conserver, ils l'abandonnérent, et recueillirent tous leurs gens dans leurs vaisseaux. D'autre costé le roy de Bulgarie qui siegeoit Andrinople, ne chomoit pas, continuant tousjours à battre la place avec ses machines, qu'il avoit en grand nombre, et avec lesquelles il avoit desja fort endommagé les tours et les remparts. Il avoit encore fait attacher ses mineurs au pied des murailles pour les sapper, y donnant plusieurs assauts, où ceux de dedans, tant les Grecs que les Latins, se comportérent genereusement, et avec beaucoup de vigueur : envoyans souvent vers l'Empereur pour avoir du secours, et luy faisans entendre que s'il ne leur en envoyoit promptement ils estoient tous perdus. Mais l'Empereur estoit tellement accablé qu'il ne sçavoit à quoy se resoudre, Theodore Lascaris l'occupant au delà du Bras dans la Natolie, en sorte qu'il ne pouvoit quitter ce pays-là et passer dans la Thrace, sans laisser ses gens en grand peril, et qu'il se trouvoit obligé, lorsqu'il pensoit aller vers ceux d'Andrinople, de rebrousser chemin en arriére pour assister ceux-cy. Cependant le Bulgare avoit esté devant Andrinople jusques au mois d'avril : et estoit à la veille de

la prendre, y ayant fait bréche en deux endroits, et renversé de grands pans de murailles et de tours; de façon qu'on pouvoit desormais venir aux mains à coups d'espées et de lances avec ceux de dedans. Il y donna aussi de grands assauts, que les assiegez soûtinrent bravement, repoussans les ennemis; y ayant eu grand nombre de morts et de blessez de part et d'autre. Mais il arriva par la providence de Dieu, qui dispose de toutes les choses de ce monde comme il luy plaist, que les Comains qui avoient couru jusques prés de Constantinople, et y avoient fait de grands butins, estans retournez au camp prirent resolution de quitter le Bulgare et de se retirer dans leur pays. Ce qu'ayans executé, il n'oza demeurer sans eux devant Andrinople, et leva le camp bientôt aprés, abandonnant et la ville, et son entreprise. Ce que veritablement on tint à espece de miracle, de ce qu'ayant une si puissante armée, et reduit cette place à cette extremité, telle que d'estre en estat d'estre prise, il l'ait ainsi abandonnée : mais il faut que les volontez de Dieu s'accomplissent. Les assiegez envoyérent aussitôt donner avis à l'Empereur de la levée du siege, et pour le prier de vouloir s'acheminer vers eux, de crainte que s'il prenoit envie au Bulgare de retourner, ils ne pûssent se deffendre, et ne courussent risque de leurs vies.

245. Comme l'Empereur faisoit ses preparatifs pour, avec ce qu'il avoit de trouppes, prendre la route d'Andrinople, luy arrivérent de tres-facheu-

Braz Saint George, et fu venu en Equise, où Pierre de Braiecuel estoit, et Paiens d'Orliens, et les assist par devers mer, et Lascres par devers terre. Et la gent de la terre d'Equise furent revellé contre Perron de Braiecuel, et cil de Marmora qui suens estoient, et li orent fait omages, et morz de ses hommes assez. Et quant ceste novele vint en Constantinople, si furent mult effreé.

246. Lors prist conseil l'empereres Henris à ses homes, et à ses barons, et às Venissiens ensemble, et distrent que se il ne secorroient Perron de Braiecuel et Paiens d'Orliens, que il estoient mort, et que il avoient la terre parduc. Si armérent mult isnellement quatorze galies, et les garnirent, et des plus haltes genz des Venissiens, et de tot les barons l'Empereor. En une entra Coenes de Betune et sa gent. Et en l'autre Joffrois de Ville-Hardoin li mareschaus et sa soe gent. Et en la tierce Machaires de Sainte Manehalt et la soe gent. En la quarte Miles de Braibanz. En la quinte, Ansials de Kaeu. Et en la sixte Tyerris de Los qui ére seneschaus. Et en la septiesme Guillelme del Perchoi. Et en la huitiesme Euthaices le frere l'Emperéres. Et ensi mist per totes les galies sa meillor gent l'empereres Henris. Quant elles

◇◇◇

ses nouvelles, que Escurion admiral et général des armées de mer de Theodore Lascaris, estoit entré avec dix-sept galéres par le détroit d'Abyde dans le Bras de Saint George, et monté le long du canal jusques à Squise, où estoient Pierre de Braiecuel et Payen d'Orleans, et qu'il les y avoit assiezez du costé de la mer, et Lascaris du costé de terre : mesmes que les habitans s'estoient revoltez contre Pierre de Braiecuel ; ensemble ceux de Marmora, qui luy appartenoit, et dont les habitans luy avoient fait hommage, et luy avoient tué nombre d'hommes. Cette nouvelle mit l'effroy dans Constantinople.

246. Sur quoy l'Empereur, aprés avoir pris conseil de ses barons et des Venitiens, voyant bien que s'il ne secouroit en diligence Pierre de Braiecuel et Payen d'Orleans, toutes les conquestes des terres d'outre le Bras estoient perduës, fit armer promptement quatorze galéres, qu'il fit garnir des plus signalez des Venitiens et de ses barons. Conon de Bethune entra dans l'une avec les siens : en une autre le mareschal Geoffroy de Ville-Hardoüin et ceux de sa compagnie : en une autre Machaire de Saincte Manehoud : en la quatriéme Miles de Brabans : en la cinquiéme Anseau de Cahieu : en la sixiéme Thierry de Los seneschal de Romanie : en la septiéme Guillaume de Perchoy : et en la huitiéme Eustache frere de l'Empereur. Il departit de cette sorte dans les galéres les meilleurs hommes qu'il eût.

partirent del port de Constantinople, bien distrent totes les gens qui les virent, que onques mais galies ne furent mielz armées, ne de meillor genz, et ensi fu respoitiez li allers d'Andrenople à céle foiz, et cil des galies s'en alérent contre val le Braz vers Equise droit. Ne sçay comment Esturions le sot li ammiraus des galies de Toldres Lascres si s'en parti d'Equise, et s'en alla, et s'enfui contre val le Braz, et cil le chaciérent deux jorz et deux nuiz, trosque fors de boche d'Avies bien quarante miles. Et quant il virent que il ne porroient atteindre, si tornérent arriére, et revindrent en Equise, et trovérent Perron de Braiecuel et Paiens d'Orlleans. Et Toldres Lascres se fu deslogiez de devant, et fu repairiez arriére en sa terre. Ensi fu secorue Equise, com vos oez. Et cil des galies s'en tornérent arriére en Constantinople, et ratornérent lor oirre vers Andrenople.

247. Toldres Lascres envoia le plus de sa gent à tote sa force en la terre de Nichomie. Et la gent Tyerris de Lor qui avoient fermé le mostier Sainte Sophie, et cil qui estoient dedenz mandérent à lor seignor et l'Empereor que il le secorust, que se il n'avoient secors, il ne se porroient tenir, et en sor que tot, si n'avoient point

◇◇◇

Il n'y eut personne qui les voyant partir du port de Constantinople, ne trouvàt en mesme temps que jamais galéres ne furent mieux armées, ny pourveuës de meilleurs combattans. Ainsi le voyage d'Andrinople fut differé et remis à une autre fois. Cependant ceux des galéres voguérent contre-bas la Propontide, et tirérent droit à Squise. Mais Escurions admiral de Lascaris en ayant eu le vent, je ne sçay comment, partit de Squise, et s'enfuit contre val le Bras ; les nostres luy donnérent la chasse deux jours et deux nuits, et le poussérent au delà du détroit d'Abyde, bien quarante milles. Et comme ils virent qu'ils ne pouvoient attraper, ils retournérent arriére, et vinrent à Squise, où ils trouvérent Pierre de Braiecuel et Payen d'Orleans : Lascaris ayant pareillement levé siege, et s'en estant retourné dans ses terres. Squise ayant esté secouruë, ceux des galéres reprirent le chemin de Constantinople, pour se preparer au voyage d'Andrinople.

247. D'autre part Theodore Lascaris envoya la pluspart de ses forces en la contrée de Nicomedie, où les gens de Thierry de Los faisoient fortifier l'église de Sainte Sophie : ceux de dedans envoyérent vers l'Empereur pour luy demander du secours, sans lequel il leur estoit impossible de conserver la place, et luy donner avis qu'ils n'avoient aucuns vivres. De façon que l'Empereur fut contraint derechef de rompre le voyage d'Andrinople, et de passer le détroit du costé de

de viande. Par fine destresce convint l'empereor Henri, et sa gent, que il laissa la voie d'aller à Andrenople, et que il passast le Braz Saint George devers la Turquie à tant de gent com il pot avoir por secorre Nichomie. Et quant la gent Toldres Lascres l'oïrent que il venoit, si revuiderent la terre, si se traistrent arriére vers Nike la grant. Et quant l'Emperéres le sot, si prist son conseil, et fu li conseil tels, que Tyerris de Los li seneschaus de Romenie remanroit à Nichomie, à toz ses chevaliers et à toz ses serjanz por garder la terre, et Machaires de Sainte Manehalt al Caracas, et Guillelme del Perchoi en Esquille, et cil defendroient la terre endroit als.

248. Lors s'en r'alla l'emperéres Henri en Constantinople al remainant de sa gent, et ot empris de rechief d'aller à movoir por r'aller vers Andrenople, et endementiers qu'il atorna son oirre, Tyerris de Los le seneschaus qui ére à Nichomie, et Guillelme del Perchoi à totes lor genz alérent forer un jor. Et la gent Toldres Lascres le sorent, si les sorpristrent et lor corurent sus. Si furent mult grant gent, et cil furent pou. Si comença li estors et la mellée : ne demora mie longuement que li pou ne porent endurer le trop. Mult le fist bien Tyerris de Los et sa gent, et fu abatuz deux foiz, et par force le remontérent sa gent. Et Guillelmes del Perchoi fu abatuz, et remontez, et fu rescous. Ne porent céle fo le soffrir, si furent desconfiz li Frans. Là fu pris Tyerris de Los, et navrez parmi le vis en aventure de mort. Là fu pris de soa gent avec lui que pou en eschapa, et Guillelme del Perchoi en eschapa sor un roncin, navrez en la main, et ensi se recueillérent el mostier Sainte Sophie, cil qui en eschapérent de la desconfiture. Cil qui ceste histoire traita, ne sçeut s'il fu à torz à droit, més il en oï un chevalier blasmer qui avoit à nom Ansols de Remy, qui ére hom lige Tyerris de Los le seneschal, et chevetaine de sa gent, et le guerpi. Et lors pristrent un message cil qui furent à Nichomie au mostier Sainte Sophie retorné, Guillelmes del Perchoi et Ansols de Remi, et l'en envoiérent batant en Constantinople à l'empereor Henri, et li mandérent, qu'ensi ére avenu que pris ére le seneschaus et sa gent : et il estoient assis au mostier Sainte Sophie à Nichomie, et n'avoient mie viande à plus de cinq jorz, et seust de voir que se il ne secoroit, que il estoient et morz et pris.

249. L'Emperéres autre com acri passe le Braz Saint George il et sa gent, qui ainz ainz, qui mielz mielz, et pour secore cels de Nichomie. Et ensi fu remesse la voie d'Andrenople à

◇◇◇

la Natolie avec ce qu'il pût amasser de trouppes pour aller au secours de Nicomedie : ce qu'estant venu à la connoissance des gens de Lascaris, ils levérent le siege et se retirérent devers Nicée la grande. L'Empereur en ayant esté averty, assembla là dessus son conseil, où fut resolu que Thierry de Los seneschal de l'Empire demeureroit à Nicomedie avec les forces qu'il pouvoit avoir, tant de cheval que de pied, pour garder la ville et le pays d'alentour; Machaire de Sainte Manehoud à Carax, et Guillaume de Perchoy à Esquilly ; et que chacun deffendroit sa contrée.

248. Cela ainsi ordonné, l'Empereur avec le reste de ses trouppes retourna à Constantinople, et se disposa encores une fois pour le voyage d'Andrinople. Pendant qu'il estoit ainsi occupé à se preparer à ce secours le seneschal Thierry de Los, qui estoit demeuré à Nicomedie, et Guillaume de Perchoy avec leurs gens, entreprirent de faire des courses dans le pays enuemy : les gens de Lascaris en ayans eu avis, se mirent en embuscade, et leur coururent sus, en beaucoup plus grand nombre que n'estoient les nostres. Le combat ne fut pas opiniastré, ceux qui estoient plus forts l'ayans emporté sur le petit nombre. Thierry de Los s'y comporta en homme de cœur, et fut abatu deux fois soûs son cheval, et remonté par les siens malgré l'effort des ennemis. Et Guillaume de Perchoy fut abbatu et recous des siens, fut aussi-tost remonté; ainsi les François ne pûrent cette fois soûtenir l'effort, et furent déconfits. Et en ce conflit fut pris Thierry de Los qui fut trouvé parmy les blessez, en danger de mort, et furent pris avec luy grand nombre des siens, et peu en eschappérent. Guillaume de Perchoy eschappa sur un roncin de la mellée blessé en la main, et avec les autres qui s'estoient sauvez de la deffaite, regagnérent l'église de Sainte Sophie. Un chevalier nommé Anseau de Remy, vassal de Thierry de Los, et qui conduisoit ses trouppes, fut fort blâmé (je ne sçay si à tort ou avec raison) de l'avoir abandonné assez laschement au besoin. Guillaume de Perchoy et cét Anseau estans de retour en l'église de Sainte Sophie, depechérent un courrier à Constantinople vers l'empereur Henry, pour luy donner avis de ce qui leur estoit arrivé, et comme le seneschal estoit pris avec la pluspart de ses gens; et eux assiegez dans cette église, où ils n'avoient pas des vivres pour quatre ou cinq jours : et que s'ils n'estoient secourus promptement, ils estoient en danger d'estre tous tuez ou pris.

249. L'Empereur repassa le detroit sur le champ avec ses forces, au mieux qu'il pût, pour aller au secours de Nicomedie : tellement que le voyage d'Andrinople fut encore rompu, et ce pour la quatriéme fois. Estant arrivé dans la Natolie, il marcha en ordonnance de bataille droit vers Ni-

cele foiz. Et quant l'Emperéres ot passé le Braz Saint George, si ordena ses batailles, et chevaucha par ses jornées tant que il vint à Nichomie. Quant la gent Toldres Lascres et si frere l'oïrent qui tenoient l'ost, si se traistrent arriére, et passérent la montaigne d'autre part devers Nike, et l'Emperéres se logia d'autre part devers Nichomie, en une mult béle praerie, sor un flum par davers la montaigne, et fist tendre ses trés et ses paveillons, et fist corre sa gent par le païs, quar il se revelérent quant Tyerris de Los le seneschaus de Romenie ére pris, et pristrent proies assez et prisons. Et ensi sejorna l'empereres Henris par cinq jorz en la praerie, et dedenz cel sejor Toldres Lascres prist ses messages, si les envoia à lui, et si le requist qu'il prendroit trive à deux ans, par tel convent que il li laissast abatre Equise, et la forteresse del mostier Sainte Sophie, et il le rendroit toz ses prisons, qui avoient esté pris à celle desconfiture, et als autres leus, dont il avoit assez en sa terre.

250. Or prist l'Emperéres conseil à ses homes, et distrent, que il ne pooient les deux guerres soffrir ensemble, et que mielz valoit cil domaiges à soffrir, que la parte d'Andrenople, ne de l'autre terre, et si auroient parti lor anemis, Johannis le roy de Blaquie et de Bougrie, et Toldres Lascres, qui estoient amis, qui s'entre-aidoient de la guerre. Ensi fu la chose creantée, et otroiée. Et lors manda l'empereres Henris Pierron de Braiecuel en Equise, et il vint, et fist tant l'empereres Henris vers lui, que il delivra Equise à Toldres Lascres por abatre, et le mostier de Nichomie. Ensi fu ceste trieve asseurée, et ces forteresces abatues. Tyerris de Los fu delivrés, et les autres prisons tuit.

251. Lors s'en repaira l'empereres Henris en Constantinople, et emprist à aller vers Andrenople à tant com il porroit de gent avoir. Et assembla s'ost à Salembrie : et fu jà tant del tens passé, que il fu aprés la feste Saint Johan en juing. Et chevaucha tant que il vint à Andrenople, et se herberja és prées devant la ville. Et cil de la cité qui mult l'avoient desiré, issirent fors à procession, si le virent mult volentiers, et tuit li Grieu de la terre furent venu. Il ne sejorna que un jor devant la ville, tant qu'il ot veu li domaige que Johannis y avoit fait à ses trencheors et à ses perières ès murs, et ès tors, qui mult avoit la ville empirié. Et lendemain si mût, et chevaucha vers la terre Johannis, et chevaucha par quatre jorz. Et al cinquiesme jor, si vint al pié de la montaigne de Blaquie, à une cité qui avoit nom Eului, que Johannis avoit novellement repoplée de gent. Et quant la

⬦⬦⬦ . ⬦⬦⬦

comedie : mais les gens de Lascaris, et son frere qui leur commandoit, en ayans eu le vent, levérent le siege, et repassérent en grand haste le mont Olympe vers Nicée. Cependant l'empereur se campa de l'autre costé de Nicomédie, en une fort belle prairie, sur une riviére du costé de la montagne, où il fit tendre ses pavillons, et envoya faire des courses dans le pays circonvoisin, qui s'estoit revolté lors de la prise du seneschal, où ils firent grand butin, et prirent nombre de prisonniers. Et ainsi sejourna en celle prairie l'espace de cinq jours, durant lesquels Theodore Lascaris lui envoya offrir tréves pour deux ans, à la charge de luy abandonner les forts de Squise et de Sainte Sophie pour estre razez; et qu'en se faisant il rendroit tous les prisonniers qui avoient esté pris en la derniére deffaite et autres rencontres, dont il avoit grand nombre en toutes ses terres.

250. L'Empereur prit conseil de ses barons sur cette ouverture; et sur ce qu'il fut représenté, que malaisément ils pourroient supporter deux si grandes guerres à la fois, il fut resolu qu'il valoit mieux consentir à la ruine de ces deux places, que de laisser perdre Andrinople, et le surplus de leurs conquêtes. Outre que par ce moyen ils diviseroient leurs ennemis, Jean roy de Bulgarie, et Theodore Lascaris, lesquels dans une mutuelle correspondance s'entr'aidoient, et leur faisoient fortement la guerre, l'un d'un costé, l'autre de l'autre. De façon que les conditions proposées par Lascaris furent acceptées, et la tréve jurée. En suitte dequoy l'Empereur manda à Pierre de Braiecuel qui estoit à Squise, de le venir trouver, et fit tant qu'il accorda de rendre les deux forts de Squise et de Sainte Sophie à Lascaris pour les démollir. La tréve fut ainsi concluë, ces places razées, et Thierry de Los et autres prisonniers renvoyez.

251. Ce fait, l'empereur Henry retourna à Constantinople, et à l'instant reprit le dessein de s'acheminer vers Andrenople avec le plus de trouppes qu'il pourroit. Ayant assemblé son armée à Selyvrée, il la fit marcher sur la fin du mois de juin vers Andrinople, où estant arrivé il se campa dans les prairies devant la ville : ceux de dedans qui avoient singuliérement souhaitté son arrivée, estans sortis au devant de luy en procession, et l'ayans receu avec toutes les demonstrations de bonne volonté. Il ne s'y arresta qu'un jour, pour voir le dommage que le Bulgare avoit fait par ses mines et batteries aux tours et aux murailles, et qui avoit beaucoup affoibly la place. Le lendemain il en partit, et tira du costé des terres du roy de Bulgarie l'espace de quatre jours. Le cinquième il arriva au pied du mont Hemus, à une ville appellée Euloï, que ce roy avoit peuplée depuis peu; dont les habitans, d'a-

gent de la terre virent l'ost venir, si guerpirent la cité, et fuirent és montaignes.

252. L'emperéres Henri se loja devant la ville ; et li courreor corrurent parmi la terre, et gaaingniérent bûes et vaches, et bufles à grant plenté, et autres bestes. Et cil d'Andrenople qui avoient lor chars mené avec aus, et érent povres et diseteux de la viande, le cargiérent de forment et d'altre blé, et il trovérent grant plenté de la viande. Et les autres chars qu'il avoient gaaingnié chargiérent à mult grant plenté. Ensi sejorna l'ost par trois jorz : et chascun jor alloient gaaingnier li courreor parmi la terre. Et la terre si ére de montaignes et de fors destroiz. Si y perdoient cil de l'ost de lor courreors qui alloient folement.

253. Au darraien envoia l'emperéres Henris Ansials de Kaeu por garder les courreors, Euthaices son frere, et Tierris de Flandres son nepveu, et Gautier de Escornai, et Johan de Bliant. Ices quatre batailles alérent garder les courreors : et entrérent dedenz mult forz montaignes. Et quant lor gent orent coru par la terre, et il s'en vourent revenir, si trovérent les destroiz mult forz. Et li Blac del païs se furent

assemblé, et assemblérent às aus. Et lor firent mult grant domaige, et d'hommes et de chevaus, et furent mult prés d'estre desconflz, si que par vive force convint les chevaliers descendre à pié, et par l'aide de Dieu s'en revindrent tote voie à l'ost. Mais grant domaige orent receu ; et lendemain s'en parti l'emperéres Henri et l'ost des François : et chevauchiérent par lor jornées arriere, tant que il vindrent à la cité d'Andrenople, et y mistrent la garnison qu'il amenérent de blez et d'autre viande. Et séjorna l'Emperéres en la praerie de forz la ville bien quinze jorz.

254. En cel termine Boniface li marchis de Monferrat qui ére à la Serre (1) que il avoit refermée, fu chevauchiez trosque à Messinople, et la terre se rendi à son commendement. Lors prist ses messages, si les envoia à l'empereor Henri, et li manda que il parleroit à lui sor le flum qui cort soz la Capesale (2), et il n'avoient mais eu pooir de parler ensemble trosque la terre fu conquise, que il avoit tant de lor anemis intre als, que il ne pooient venir às autres. Et quant l'Emperéres et son conseil oï que li marchis Boniface ére à Messinople, si en furent mult lié, et li manda par ses messages arriers,

◇◇◇

bord qu'ils apperceurent les nostres, s'enfuirent dans les montagnes, et abandonnérent leur ville.

352. L'Empereur campa devant cette place, et envoya une partie de ses gens pour faire des courses dans le pays, d'où ils enlevérent grand nombre de bœufs, vaches, bufles, et autre bestail : et ceux d'Andrenople, qui avoient amené quant et eux leurs chariots à vuide, et qui avoient grande disette de vivres, les chargérent de bled et autres grains ; ensemble tout le charroy qu'ils pûrent enlever de côté et d'autre. L'armée sejourna là par trois jours, durant lesquels chăcun alloit à discretion fourrager et courir le pays : lequel estant aspre et montueux, et plein de mauvais passages, il arrivoit souvent que les coureurs qui s'écartoient trop indiscretement, estoient mal-traittez.

253. Sur la fin l'Empercur s'avisa d'envoyer pour garder les coureurs Anseau de Cahieu, Eustache son frere, Thierry de Flandres son neveu, Gautier d'Escornay, et Jean de Bliant, avec d'autres cavaliers, divisez en quatre escadrons ; soûs l'escorte desquels ces avanturiers se mirent à entrer plus avant dans les montagnes : mais quand ce fut au retour, ceux du pays qui avoient eu avis de leur temerité se saisirent des passages et détroits, où ils se fortifiérent, et là donnérent sur les nostres vigoureusement, leur tuans nombre

d'hommes et de chevaux : et eussent esté entiérement deffaits, si la cavalerie ayant mis pied à terre, ne les fût venu secourir, et ne les eût tirez de ce danger ; d'où enfin avec l'ayde de Dieu ils retournérent au camp, non toutefois sans grande perte. Le lendemain l'empereur Henry partit avec son armée, et retourna à Andrinople, qu'il pourveut et garnit de bleds et autres vivres : et sejourna l'espace de quinze jours en la prairie hors la ville.

254. En ce mesme temps Boniface marquis de Montferrat partant de la ville de Serres, qu'il avoit nouvellement refermée, entreprit de faire une course dans le pays, et donna jusques à Messynople, qui se rendit avec toute la contrée d'alentour ; d'où il depêcha ses ambassadeurs vers l'empereur Henry, pour luy faire sçavoir qu'il desiroit conférer avec luy sur la riviére qui court au dessous de Cypsella : n'ayans encore eu le moyen de s'aboucher, depuis que le pays avoit esté conquis, à cause de tant d'ennemis qui estoient entre eux, et qui ne leur permettoient de pouvoir aller ny venir les uns vers les autres. L'empereur ayant appris que le Marquis s'estoit approché de Messynople, en fut fort réjouy : et luy fit response par ses ambassadeurs mesmes, qu'il ne manqueroit de l'aller trouver au jour qu'il luy avoit mandé. Mais avant que de déloger

---

(1) Il faut lire *Sètre*; c'est la même cité de Macédoine dont il a été déjà question.

(2) Cypsella, sur les bords de la riviére Marizza, du côté d'Andrinople.

que il iroit parler à lui, al jor que il y avoit mis. Ensi s'en alla l'Empereres vers céle part, et laissa Coenon de Betune pour garder la terre d'Andrenople à tot cent chevaliers : et vindrent là où li jorz fu pris en une mult béle praerie prés de la cité de la Capesale, et vint l'Empereres d'une part, et li Marchis d'autre, et s'asemblérent à mult grant joie, et ne fu mie merveille, que il ne s'érent mie pieça veu. Et li Marchis demanda novelles de sa fîle l'empereris Agnès : et on li dist, que éle ére grosse d'enfant, et il en fu mult liez et joiant.

255. Lors devint li Marchis hom de l'empereor Henri, et tint de lui sa terre, ensi com il avoit esté l'empereor Baudoins son frere. Lors dona li marchis Boniface à Geoffroi de Ville-Hardoin le mareschal de Romenie et de Champaigne la cité de Messinople à totes ses apartenances, ou celi de la Serre, laquelle que il ameroit mielz, et cil en fu ses hom liges, sauve la fealté l'empereor de Constantinople. Et ensi sejornérent par deux jorz en céle praerie à mult grant joie, et distrent depuis que Diex lor avoit doné que il pooient venir ensemble, que encor porroient il grever lor anemis. Et en pristrent un parlement, que il seroient à l'insue del mois d'octobre à tot lor pooir en la praerie de la cité d'Andrenople, pour hostoier sor le roi de Blaquie. Et ensi departirent mult lié et mult haitié. Li Marchis s'en alla à Messinople, et l'empereres Henris vers Constantinople.

256. Quant li Marchis fu à Messinople, ne tarda mie plus de cinq jorz que il fist une chevauchie par le conseil as Greu de la terre, en la montagne de Messinople, plus d'une grant jornée loing, et com il ot esté en la terre, et vint al partir, li Bougres de la terre se furent assemblés, et virent que li Marchis furent à pou de gent, et viennent de totes parz, si s'asemblérent as l'arriére-garde. Et quand li Marchis oï li cri, si sailli en un cheval tot desarmez, un glaive en sa main. Et com il vint là où il estoient assemblé às l'arriére-garde, si lor corrut sus, et les chaça une grant piéce arriére. Là fu feruz le marchis Boniface de Monferrat parmi le gros del braz desoz l'espaules mortelement, si que il començat à espandre del sanc. Et quant sa gent virent ce, si ce comenciérent à esmaier et à desconforter, et à mavaisement maintenir. Et cil qui furent entor le Marchis le sostindrent, et y perdi mult del sanc, si se comença à spasmeir. Et quant ses genz virent que il n'auroient nulle aie de lui, si se comenciérent à esmaier, et le comencent à laissier. Ensi si furent desconfiz par mesaventure. Et cil qui remestrent avec lui furent morz, et li

◇◇◇

d'Andrinople, il y laissa Conon de Bethune pour commander, avec cent chevaliers ; puis avec le reste de ses forces prit le chemin de Cypsella, où en une belle prairie qui est auprés, ils se rendirent au jour assigné, lui venant d'un costé, et le Marquis de l'autre. Il y eut à leur arrivée de grandes caresses et embrassemens ; et non sans cause, attendu le long temps qu'ils ne s'estoient veus. Le Marquis ayant demandé des nouvelles de l'imperatrice Agnès sa fille, on luy dist qu'elle estoit enceinte, dont il temoigna beaucoup de réjoüissance.

255. Il fit lors hommage de sa terre à l'Empereur, et la releva de luy, comme il avoit fait auparavant de l'empereur Baudoüin son frere : au mesme temps il donna la ville de Messynople avec toutes ses appartenances, ou celle de Serres à son choix, à Geoffroy mareschal de Champagne et de Romanie ; lequel en devint son homme lige, sauf l'hommage et fidelité qu'il devoit à l'empereur de Constantinople. Ayans ainsi sejourné l'espace de deux jours en cette prairie avec beaucoup de satisfaction, ils dirent que puisque Dieu leur avoit octroyé de se pouvoir trouver ensemble, qu'encores pourroient-ils faire quelque entreprise sur leurs ennemis communs. Sur cela ils prirent jour de se rassembler avec toutes leurs forces sur la fin du mois d'octobre en la prairie d'Andrinople, pour s'en aller de compagnie attaquer le roy de Bulgarie ; et là dessus se departirent fort contens, le Marquis prenant le chemin de Messynople, et l'Empereur celuy de Constantinople.

256. Le Marquis eut à peine sejourné cinq jours à Messynople, qu'il s'engagea à la persuasion des Grecs du pays, de faire une course en la montagne de Rhodope, éloignée de cette ville plus d'une grande journée. Mais comme il pensoit s'en retourner, les Bulgares de ces quartiers là s'assemblérent de toutes parts, et prirent les armes : et voyans que le Marquis avoit peu de gens, vinrent fondre sur son arriére-garde. Si tôt que le Marquis eut oüy le bruit, il sauta promptement sur son cheval tout desarmé, la lance au poing, et vint en diligence à son arriére-garde où les ennemis s'estoient desja attachez ; et leur courut sus, leur donnant la chasse bien avant. Mais le malheur voulut qu'il reçut à un coup mortel dans le gros du bras sous l'espaule, en sorte qu'il commença à jetter du sang en quantité. Ce que ses gens appercevans, furent ébranlez et prirent l'épouvente, ne faisans plus leur devoir comme de coustume. Alors ceux qui estoient le plus prés de luy, le soustinrent, commençarent à tomber en pasmoison de la perte de son sang. Enfin ses gens voyans bien qu'ils ne devoient plus esperer aucun secours de luy, tous esperdus et effrayez le quittérent là, et prirent la fuitte. Ainsi cette in-

marchis Boniface de Monferrat ot la teste colpée. Et la gent de la terre envoiérent à Johannis la teste : et ce fu une des grant joies que il aust onques.

257. Ha las! com dolorous domaige ci ot à l'empereor Henri, et à toz les Latins de la terre

de Romenie, de tel home pardre par tel mesaventure, un des meillors barons et des plus larges, et des meillors chevaliers qui fust el remanant du monde! Et cette mesaventure avint en l'an de l'incarnation de JESUS-CHRIST mil deux cens et sept ans.

signe infortune causa cette deffaite*. Ceux qui ne voulurent l'abandonner, furent tuez sur la place : quant au Marquis, les Bulgares luy coupérent la teste, laquelle ils envoyérent au roy de Bulgarie; et ce fut le coup le plus important et le plus avantageux qui luy arriva jamais.

257. Mais d'autre part, ce fut un triste et dom-

mageable accident pour l'empereur Henry, et tous les Latins de l'empire d'Orient, d'avoir par un tel malheur perdu un des meilleurs princes, et des plus accomplis et vaillans chevaliers qui fût en tout le reste du monde. Ce qui arriva l'an de l'Incarnation de nostre Seigneur mil deux cens et sept.

---

* Cette phrase rend mal le sens du texte ; il était plus simple de suivre la phrase originale et de dire : « C'est » ainsi qu'ils furent déconfis par mesaventure. » Plus d'une fois dans le cours de cette version, le lecteur aura pu s'apercevoir que Ducange n'a reproduit que très imparfaitement les formes du récit de Ville-Hardouin. Comme déjà il a été dit dans la Notice, nous regrettons que le temps ne nous ait point permis d'essayer une traduction meilleure.

FIN DES MÉMOIRES DE GEOFFROY DE VILLE-HARDOUIN.

SUR LA FONDATION DE L'EMPIRE LATIN DE CONSTANTINOPLE.

INDICATION ANALYTIQUE DES SOURCES ET DES DOCUMENTS.

MÉMOIRES DE HENRI DE VALENCIENNES.

Dans le monde ancien et dans le monde du moyen-âge, dans les époques les plus fécondes en grandes œuvres, vous ne trouverez rien de plus attachant, de plus magnifique, que la conquête de Constantinople par les Français et les Vénitiens. Un prêtre de Neuilly prêche la croisade ; toute la fleur des guerriers de France se lève, et Venise, alors reine des mers comme aujourd'hui l'Angleterre, couvre les eaux de l'Adriatique de la plus belle et la plus nombreuse flotte qu'elle armât jamais. En ce temps-là, un jeune empereur proscrit s'en allait redemandant son trône ; la croisade contre les Turcs usurpateurs du saint tombeau, devient une croisade contre un prince usurpateur d'une couronne. Mais que d'événemens imprévus, que de révolutions rapidement accomplies ! Comme la destruction va vite quand elle se prend à de vieux empires corrompus ! Dans un court intervalle, cinq empereurs passent du trône au cercueil, ou du trône à l'exil ; Bysance, malgré ses bonnes murailles et ses quatre cent mille habitans, est deux fois conquise par nos chevaliers, et des gens qui croyaient ne se détourner que pour un moment du chemin du pélerinage, fondent un empire et se distribuent l'antique héritage de cent rois de l'Orient. Quels hommes que Beaudoin de Flandres et son frère Henri, le doge Dandolo, Boniface de Montferrat, Ville-Hardouin, Conon de Bethune ! Quand on suit toute cette grande histoire, on croit lire des récits fabuleux, et si nous voulions mettre en parallèle les héros de ces narrations épiques avec les hommes de notre âge, nous dirions d'eux ce qu'Homère dit des héros de l'*Iliade* comparés aux hommes de son temps, moins forts et moins habiles aux grandes choses. L'empire français d'Orient tomba après une courte durée, faute d'hommes, faute d'habitans. On sait quelle multitude de pélerins suivait les armées de la première croisade ; si les compagnons de Godefroi avaient pris Constantinople, le nouvel empire eût pu se peupler de trois ou quatre cent mille Européens ; cette France d'Orient eût été pleine d'avenir, et sans doute que les destinées de l'Asie auraient par là complétement changé. Mais les guerriers francs qui soumirent Bysance n'avaient point de peuple à leur suite, et à cette époque l'enthousiasme des croisades était déjà singulièrement affaibli. Cet empire français, fondé avec tant d'éclat par des mains de géant, finit vite et finit sans gloire ; ses premières pages sont de l'épopée, ses dernières, de la mauvaise chronique ; c'est le Rhin qui se perd dans les sables, selon la belle image de Montesquieu ; c'est le Granique plein de gloire qui disparaît tout-à-coup dans un marais sans nom.

Il est impossible de ne pas suivre avec intérêt le spectacle de ces rapides conquêtes de nos chevaliers, aujourd'hui surtout que des révolutions parties d'Europe, menacent de faire et d'accomplir contre l'empire musulman ce que notre XIIIe siècle fit contre l'empire grec. Nous ne rapporterons point ici tous les récits, tous les témoignages historiques relatifs à cette époque ; la narration de Henri de Valenciennes, dont il sera question plus tard, est la seule que nous ayons cru devoir donner textuellement, parce qu'elle renferme beaucoup de faits et qu'elle est fort peu connue ; quant aux autres narrateurs, nous nous contenterons de les caractériser et d'en donner une idée suffisante, sauf à en extraire parfois quelques passages des plus curieux.

Commençons par le moine Gunther[*], dont nous avons eu déjà occasion de parler dans notre notice sur Ville-Hardouin. Gunther, témoin oculaire, a vu ou entendu tout ce qu'il raconte ; ses jugemens et ses récits doivent être précieusement recueillis par l'histoire. En lisant Ville-Hardouin, on sait quelles étaient les pensées des princes et des chevaliers ; en lisant le moine chroniqueur, on connaît l'opinion du clergé de la croisade et de la foule des pélerins. Lorsque Gunther expose les raisons qui amenèrent les armes des Français contre l'empire grec, il insiste surtout sur les *secrets desseins de la bonté divine qui préparait le retour des Grecs à la sainte Église universelle* ; il trouve juste que cette nation *soit punie par la perte de tous ses biens,* afin que les pélerins s'enrichissent *des dépouilles des superbes.* Après avoir parlé du premier siége de Constantinople et de la fuite de l'usurpateur, Gunther donne un récit très étendu des événements qui suivirent ; il s'arrête à peindre : 1° les embarras du jeune Alexis pressé d'un côté par les Latins, ses alliés, qu'il fallait satisfaire au nom de la foi jurée, de l'autre, par la nation grecque qui lui reprochait de la dépouiller et de la vendre au profit des étrangers ; 2° la situation critique de l'armée française qui, après la mort du jeune empereur qu'elle a fait, se voit réduite à la disette et au désespoir, à la nécessité de tenter à tout prix la conquête d'une capitale défendue par de bonnes murailles et par quatre cent mille habitans ; puis viennent quelques détails militaires qu'on ne trouve ni dans Ville-Hardouin,

---
[*] Recueil de Canisius, tome III.

ni dans Nicétas, et des traits de mœurs qu'on doit regarder comme l'expression des idées contemporaines. Il est un récit de Gunther que nous ne craindrons point de mettre en entier sous les yeux du lecteur, c'est celui où le moine pèlerin nous montre l'abbé Martin, le héros de sa chronique, pillant les saintes reliques de Bysance pour prendre aussi sa part des dépouilles de l'empire grec. Voici la traduction de ce récit :

« Pendant que les vainqueurs pillaient la ville dont le droit de la guerre les avait rendus maîtres, l'abbé Martin pensa aussi à faire son butin, et pour ne pas rester les poches vides tandis que tous les autres s'enrichissaient, il résolut de porter ses mains sacrées à la rapine. Mais comme il jugeait indigne de lui d'enlever des choses profanes, il songea à s'approprier des reliques des saints dont il savait que le nombre était considérable à Constantinople. Il prit donc avec lui un chapelain, et, poussé par je ne sais quel grand pressentiment, il alla dans une église qui était en vénération, parce que la mère du fameux empereur Manuel y avait été ensevelie. On y gardait de grands trésors et des reliques précieuses qu'on y avait apportés des églises et des monastères voisins, dans le vain espoir qu'ils y seraient plus en sûreté. Les nôtres avaient appris cette circonstance avant l'attaque de la ville par ceux que les Grecs en avaient chassés. Pendant que les croisés se précipitaient en foule dans cette église et enlevaient de tous côtés l'or, l'argent et les effets précieux qu'ils trouvaient, l'abbé Martin jugeant indigne de commettre un sacrilége, si ce n'était pour des choses sacrées, gagna un lieu secret où la religion semblait lui promettre ce qu'il désirait le plus. Il y trouva un vieillard d'une belle figure, portant une barbe longue et blanche; c'était un prêtre, mais un prêtre fort différent des nôtres par son habillement. L'abbé le prenant pour un laïc, lui dit d'un air calme, mais d'une voix terrible : *Perfide vieillard, montre-moi les précieuses reliques que tu conserves, ou attends-toi à la mort*. Le vieillard, plus effrayé du ton que des paroles, car il ne les comprenait point, essaya d'adoucir l'abbé en lui adressant d'un air suppliant quelques mots latins. L'abbé lui fit alors entendre dans la même langue ce qu'il exigeait de lui. Le vieillard, jugeant à l'air et à l'habillement de l'abbé qu'un religieux aurait plus de crainte et de respect pour les saintes reliques que des laïcs qui les souilleraient peut-être avec des mains ensanglantées, ouvrit un coffre de fer et lui montra le trésor que l'abbé Martin estimait plus que toutes les richesses de la Grèce. A cette vue, l'abbé plongea aussitôt avec avidité ses mains dans le coffre, et remplit de son larcin sacré les pans de sa robe et de celle du chapelain qui l'accompagnait. Tous deux cachant avec adresse ces précieuses reliques, sortirent promptement de l'église et se rendirent près de leurs navires. Ceux qui connaissaient et aimaient l'abbé lui demandèrent, en le voyant, quel était le butin qu'il venait d'enlever. Martin leur répondit d'un air joyeux : *Tout va bien pour nous*; à quoi ceux-ci répliquèrent : *Deo gratias*. Mais l'abbé ne pouvant souffrir aucun retard, monta précipitamment sur son vaisseau et cacha dans sa petite chambre les dépouilles votives de son expédition, attendant que le tumulte et le bruit qui remplissaient la ville fussent apaisés. Il resta trois jours dans cette chambre, se livrant à toute l'ardeur de sa dévotion : personne ne connaissait le secret, excepté le chapelain et le vieillard qui lui avait livré les reliques. Celui-ci avait reconnu dans Martin un homme bienveillant et généreux, et s'était attaché à lui d'une manière assez intime. Il fit préparer à l'abbé une maison décente et commode, située auprès d'une église de la ville et qui convenait beaucoup à son état. Après que le tumulte eut cessé dans Constantinople, l'abbé, chargé de ses précieuses dépouilles, se rendit avec le chapelain dans la demeure qui lui était destinée; il y passa la saison de l'été, baisant sans cesse ses reliques sacrées; il les vénérait avec une affection secrète, mais bien vive, et la ferveur de sa dévotion intérieure suppléait à ce qui lui manquait à l'extérieur. Plusieurs motifs engagèrent l'abbé à prolonger son séjour dans la cité. Il avait appris que la trève violée par les Sarrazins avait été renouvelée; la navigation n'était pas d'ailleurs assez sûre au milieu d'un si grand changement dans les affaires; il était, en outre, retenu par l'amour qu'il portait à ses compagnons de pèlerinage; il attendait enfin que le sort de la ville et de l'empire fût fixé, afin de pouvoir en instruire ceux qui l'avaient envoyé. »

L'abbé Guénée, répondant à Voltaire, voulait laver les Latins du reproche d'avoir pillé les pieux trésors des églises de Constantinople; cela prouve que l'auteur des *Lettres de quelques Juifs* n'avait pas eu connaissance de la chronique de Gunther. Il est bon de remarquer que la dévotion des chrétiens pour les reliques n'était pas tout-à-fait désintéressée; les saintes dépouilles d'un apôtre ou d'un martyr étaient pour une église la source de bons revenus, et l'histoire peut dire que, parmi les conquérants de la ville impériale, l'abbé Martin, chargé de reliques, ne fut pas des plus mal partagés.

Nous pourrions nous dispenser de parler de Nicétas, parce qu'il est bien connu; mais notre tâche ici est d'indiquer toutes les sources où pourra puiser l'écrivain qui voudra retracer l'histoire de cette époque. Nicétas est le complément naturel de Ville-Hardouin; il faut lire Nicétas pour savoir tout ce qui s'est passé au milieu de la capitale grecque envahie, pour être à même de juger la conduite des vainqueurs et connaître l'opinion qu'avait de ses nouveaux maîtres le peuple conquis. Les faits abondent dans les annales de Nicétas Choniate; les deux sièges de Constantinople sont racontés avec des détails qui éclaircissent le récit du maréchal de Champagne; les trois incendies de la capitale, les excès dont les Latins souillèrent leur victoire, le caractère des empereurs grecs et la physionomie de leur cour, la lâcheté honteuse et l'esprit séditieux de la nation grecque, tout ce qui aide à connaître les événements et les sentiments intimes des peuples mis en scène, est peint avec des traits quelquefois fort piquants. Un sentiment général d'impartialité distingue la narration de Nicétas; son esprit a pu parfois se laisser aigrir par le souvenir des malheurs de l'empire et de ses propres malheurs, mais on doit dire que l'amour de la vérité ne cesse jamais d'animer l'historien. Voici quelques traits curieux du récit de Nicétas : « Le jeune Alexis, dit-il, passait des jours et des nuits entières à jouer dans le camp des Italiens. Ce qui le faisait surtout mépriser des Grecs, c'étaient les insolentes familiarités que prenaient avec lui les croisés : souvent les Vénitiens avaient l'audace de lui arracher le diadème enrichi d'or et de pierreries, qui couvrait son front, pour le mettre sur leur tête, tandis qu'ils coiffaient Alexis d'un bonnet de laine à la mode de leur nation. » En parlant du vieil empereur Isaac, le chroniqueur grec s'exprime ainsi : « Isaac s'était flatté qu'il recouvrerait l'usage de la vue, qu'il guérirait de la goutte, et que, semblable au serpent qui se revêt d'une nouvelle peau, il reprendrait une vie nouvelle, pleine de force et de santé; d'exécrables moines avec leur longue barbe, qui, à leur propre confusion, se couvraient d'un habit que Dieu chérit, se pressaient à sa table, et après s'être remplis des plus gros poissons et des vins les plus exquis, ils le repaissaient de promesses imaginaires; en baisant ses mains presque paralysées par les douleurs de la goutte, ils l'assuraient qu'il jouirait un jour d'une santé miraculeuse. » Rien de plus caractéristique que les divertissements et les joyeuses mascarades des Latins après leur victoire : « Les croisés, dit Nicétas, se revêtaient non par besoin, mais pour en montrer le ridicule, de robes peintes, vêtement ordinaire des Grecs; ils mettaient nos coiffures de toile sur la tête de leurs chevaux, et leur attachaient au cou les cordons qui, d'après notre coutume, doivent pendre par derrière; quelques-unes tenaient dans leurs mains du papier, de l'encre et des écritoires pour nous railler, comme si nous n'étions que de mauvais scribes ou de simples copistes. Ils passaient des jours entiers à table; les uns savouraient des mets délicats, et les autres ne mangeaient, suivant la coutume de leur pays, que du bœuf bouilli et du lard salé, de l'ail, de la farine, des fèves, et une sauce très-forte. » On connaît le *discours de Nicétas Choniate sur les monuments détruits ou mutilés par les croisés* [*]; ce discours, si précieux pour l'histoire des arts, a été traduit et réimprimé plusieurs fois, et nous pourrons nous dispenser de nous y arrêter.

[*] *Narratio Nicetæ Choniate de Statuis*, c. p. etc. *Imperium orientale*, tom. I, pars tert., p. 107 et suiv.

Parmi les autres chroniqueurs grecs, Acropolite, Pachymère et Nicéphore Grégoras peuvent être utilement consultés pour connaître les événements accomplis depuis la fondation de l'empire français, jusqu'à sa dernière ruine; les Latins nous offrent, pour les mêmes époques, Albéric des Trois-Fontaines, Richard de Saint-Germain, Mathieu Pàris, Godefroi-le-Moine; il ne faut pas oublier les lettres des papes Innocent III, Honorius III, Grégoire IX, véritables monuments historiques, précieuses archives où nous trouvons des faits qu'on chercherait vainement ailleurs. Philippe de Mouskes, évêque de Tournay, a composé une histoire en vers français, qui commence à l'enlèvement d'Hélène par Pàris, et s'étend jusqu'à l'année 1240; Ducange a extrait de ce vieux poème tout ce qui a quelque rapport à l'empire français de Constantinople. La chronique de Philippe de Mouskes n'a aucune importance comme œuvre historique; c'est un des premiers ouvrages écrits en vers français, ce qui en fait une curiosité littéraire, et rien de plus. Aussi avons-nous pensé qu'il serait inutile de donner Philippe de Mouskes à la suite de Ville-Hardouin. Un poème bien autrement intéressant, bien autrement historique, c'est la chronique de Morée en vers grecs, traduite et publiée pour la première fois par M. Buchon; l'auteur anonyme de cette chronique est le meilleur guide pour tout ce qui touche à l'établissement des Français dans la Morée. Les matériaux ne manqueraient point à celui qui voudrait retracer l'histoire de l'empire français d'Orient, et cette histoire serait héroïque et merveilleuse; en attendant que les documents nombreux indiqués ci-dessus viennent se réunir et se fondre en corps de récit sous la plume d'un écrivain digne d'une aussi noble tâche, il faudra s'en tenir à l'ouvrage de Ducange; l'*Histoire de l'empire de Constantinople sous les empereurs français*, œuvre de critique et d'érudition laborieuse, sera toujours citée avec éloge, quoiqu'on puisse lui reprocher un manque de méthode et beaucoup de sécheresse.

Il nous reste à dire quelques mots de Henri de Valenciennes, dont les Mémoires vont suivre; on ne sait pas pourquoi dom Brial a pu dire que ces Mémoires ne paraissent pas être d'un auteur contemporain; Henri de Valenciennes y parle souvent comme témoin oculaire, et lui-même nous dit dans son prologue qu'il a vu *oel à oel* (œil à œil) *tos les fais qui là furent et sot* (sut) *tos les consaus* (conseils) *des haus homes et des barons*. Les mœurs, les passions, les pratiques pieuses, toutes les idées contemporaines se retrouvent dans ce récit, et les impressions et les sentiments de l'auteur sont évidemment ceux d'un témoin oculaire. Il est probable que cet Henri était un chevalier de la suite de l'empereur Henri, né comme lui à Valenciennes; pourtant il ne parle jamais de ses propres actes, et son silence modeste nous a caché la part qu'il avait prise à la guerre. On remarquera la manière vive et ori-

8.

ginale du chroniqueur Henri; sa narration a de la netteté et de la couleur; il y a dans les descriptions et les peintures du chevalier plus d'habileté littéraire qu'on a coutume d'en trouver chez les bons chevaliers de ce temps-là. Le récit de la victoire remportée par l'empereur français contre Burille ou Borylas, roi des Bulgares, est un morceau dont le lecteur sera surtout frappé. L'importance et la nouveauté des faits, de nombreux traits de mœurs rendent très-attachante la lecture des Mémoires de Henri de Valenciennes. C'est toujours avec des paroles d'amour que le chroniqueur parle de l'empereur Henri; tout, jusqu'à sa noble contenance, jusqu'à son armure, excite l'admiration de l'historien; on sent qu'il n'a point vu sans orgueil un prince de son pays à la tête de ce nouvel empire; c'est le patriotisme qui lui a fait prendre la plume, et le chroniqueur semble dire à chaque page: réjouis-toi, Valenciennes, car tes enfants ont accompli de grandes choses! Le chroniqueur Henri peut être regardé comme le continuateur de Geoffroy de Ville-Hardouin; plusieurs fois il parle du maréchal, et ce qu'il nous en dit complète ce que nous savons sur l'illustre champenois. Le nom de Conon de Béthune est aussi un des noms qui figurent dans les Mémoires de Henri de Valenciennes; là, comme dans les autres récits contemporains, Conon est l'homme éloquent de l'armée française; il porte la parole dans les grandes négociations, et presque toujours son noble et beau langage triomphe des esprits les plus rebelles, comme Ulysse et Nestor dans l'armée des Grecs. La fin des Mémoires de Henri nous manque; on peut croire que son récit s'étendait jusqu'à la mort de l'empereur Henri (1216).

Nous ne nous arrêterons point à comparer entre eux Henri de Valenciennes et Geoffroy de Ville-Hardouin; leur manière de raconter est si différente, leur physionomie se ressemble si peu, que le lecteur le plus vulgaire peut le sentir. Naïve simplicité, noble bonhomie, brièveté, précision, tel est le caractère de Ville-Hardouin; Henri de Valenciennes n'a rien de tout cela. L'historien, ou plutôt le panégyriste de l'empereur Henri, écrit avec enthousiasme, s'arrête avec complaisance sur les plus petits faits, et se délecte au récit des victoires de ses compatriotes; il parle de religion comme un dévot pèlerin, et de guerre comme un chevalier: on trouve une certaine imagination dans ses descriptions et ses peintures. L'œuvre dictée par Ville-Hardouin est une œuvre toute militaire, toute chevaleresque; la narration de Henri de Valenciennes, tout en demeurant fidèle à l'exactitude historique, se montre avec la libre et poétique allure d'un roman du moyen-âge. Nous avons cru devoir traduire ce récit, parce qu'il n'aurait pas été intelligible pour tout le monde. Toutefois nous avons cherché à conserver, autant que nous avons pu, les vieilles tournures de l'original. Les Mémoires de Henri de Valenciennes ne se trouvent point dans les collections de nos prédécesseurs.

CONTINUATION
DE L'HISTOIRE DE VILLE-HARDOUIN,

D'APRÈS

LES MÉMOIRES DE HENRI DE VALENCIENNES.

C'EST DE HENRI, LE FRÈRE L'EMPEREOUR BAUDUIN, COMMENT IL FU EMPEREOUR DE CONSTANTINOBLE APRÈS SON FRÈRE BAUDUIN QUI DEMEURA DEVANT ANDRINOPLE.

1. HENRI DE VALENCIENNES dist que, puisque li hom s'entremet de biel dire et de traitier, et il en est gracyés de tous discrés et autorisiés, bien se doit à çou travailler que il en sierche le vou de sa grace par traitement de plaine vérité; et pour ce voelt-il dire et traitier chelle chose dont il ait garant et tiesmoing de vérité, od les prudommes ki furent à la desconfiture de Henri l'empereour de Constantinoble, et de Burile, et voet que li hounours que nostre sire fist à l'empereour illoec et à chiaus de l'empire, soit seue communaument; car Henris vit oël à oël tous les fais ki là furent, et sot tous les consaus des haus homes et des barons; si dist en son premerain commencement: Quant nostre sire voit que li hom et la feme sont en péchié et il tournent à repentanche, et puis vont à lavement de confiession, plourant en vraie repentanche de coer et soupirant, donkes esteut-il

◇×◇

TOUCHANT HENRI, FRÈRE DE L'EMPEREUR BAUDOUIN, QUAND IL FUT EMPEREUR DE CONSTANTINOPLE, APRÈS QUE LEDIT BAUDOUIN EUT SUCCOMBÉ DEVANT ANDRINOPLE.

1. Moi, Henri de Valenciennes, suis d'avis que lorsque quelqu'un s'entremet de bien dire et de raconter, et qu'il a pour cela les talents et qualités nécessaires, doit travailler à rechercher sur toutes choses la pleine vérité. Aussi veux-je dire et traiter ce dont j'ai été témoin, et que je peux garantir, touchant les prud'hommes qui se trouvèrent à la déconfiture, que Henri, l'empereur de Constantinople, fit de Burile. Je veux aussi que les honneurs, que notre Seigneur y fit à l'empereur et aux grands de l'empire, soient connus du public. Car moi Henri, je vis de mes propres yeux tous les faits qui eurent lieu là, et sus tous les conseils des hauts hommes et barons. Je dirai d'abord en commençant, que quand notre Seigneur voit que l'homme et la femme sont en péché et tournent à repentance, puis vont se purifier par la confession, pleurant et soupirant en vrai repentir de cœur, il leur accorde en conséquence les largesses de sa grace et

sour iaus la largheche de sa grace et de sa majesté; et quant il voit k'il s'atournent à malisse en persévérant cascun jour plus et plus en lor mauvaise errour, dont en prent il si cruel venganche comme nous trouvons en la divine page de sainte escripture. Non pour quant, au juer, ne ou rire, ne ou solacyer ne gist mie tous li maus; ne tous li biens ne regist mie d'autre part ou plourer, ne ou simple abyt porter, anchois se gist au coer de chascun. Et Diex, ki set et voit apertement les reputailles des coers, rend à chascun sa déserte selonc le divin jugement. Mais pour çou que je ne voel mie que il à aucun tort ou anui soit de tant traitier sor mon prologue, est-il mestier que jou retourne à traitier ceste oevre, dont Diex me prest par son plaisir, sens, forche et discresion dou parfournir.

2. Il avint, çou dist Henris, à une Pentecouste, que li emperes estoit à séjour en Constantinoble, tant que nouvelles li vinrent que Comain estoient entré en sa terre, et Blacois, et mult mau-menoient sa gent. Dont fist erraument li emperes semonre ses os; et quant elles furent

◇×◇

de sa majesté. Quand, au contraire, il voit qu'ils se tournent à malice, en persévérant chaque jour de plus en plus dans leur mauvaise erreur, il en prend une cruelle vengeance, comme nous le trouvons dans les divines pages des saintes Écritures. Le mal ne gist pas dans le jeu, ni dans le rire, ni dans les ébats qu'on peut prendre; et d'autre part, le bien ne gist pas dans les pleurs ni dans les habits simples qu'on peut porter; mais bien au cœur de chacun, et Dieu qui sait et voit apertement les replis des cœurs, rend à chacun ce qu'il mérite selon son divin jugement; mais comme je ne veux causer ni tort ni ennui à personne par un trop long prologue, il faut que je revienne à cette œuvre que Dieu veut bien que j'exécute, en me prêtant le sens, la force et la discrétion qu'elle exige.

2. Or il advint, dis-je, qu'à une Pentecôte, l'empereur étant à Constantinople, nouvelles arrivèrent que les Comans et les Bulgares étoient entrés sur ses terres et maltraitoient fort ses peuples. Aussitôt l'empereur donne ordre de réunir ses armées, et quand elles furent assemblées, il commanda que tous les guerriers sortissent après lui et exécu-

assamblées, il commanda que tout s'en ississent aprés lui, et il fisent son commandement. Puis fist tant li empereres que il vint à toute l'ost en un prés (1) ki sont par delà Salembrie ; si commanda s'ost à logier, et tant atendi iloec que tout furent assamblé, poi s'en faloit. Adont se mut de Salembrie, et chevaucha li empereres tout adies avant contre Comans et Blas ; et tout adies croissoit li os de jour en jour. Que vaut che ? Tant erra que il vint en uns prés par delà Andrenople. Et dont primes fut toute sa gent parvenue, si se logièrent. Lors prisent conseil que il iroient vers Blaque pour requerre la force et le aide d'un haut homme, qui avoit nom Esclas, et estoit en guerre contre Burille qui ses cousins germains estoit, pour çou que cil Burille? li avoit tolue sa terre en traïson ; et s'il pooient avoir l'aide de celui, il envaïroient Burille seurement. Lors commanda li empereres que li os chevauchast, come cil ki avoit mult grant désirier de trouver Burille son anemit ; car Johannis ses oncles li avoit ochis son frère l'empereour Bauduin, dont il fut moult très-grant damages à la gent de Flandres et de Heinau. Que vous diroie-je ? Li empereres vint Berna ; là dormirent la nuit ; et quant ce vint à lendemain que li solaus fu levés, Burille lor vint en larechin et lor fist une envaïe ; car de toute nostre gent n'avoit plus de armés fors que l'avant-garde et l'ariére-garde. Qui dont fust là, mult péust voir asprement paleter les uns contre les autres et bierser. Et pour çou que nostres gens n'estoient encore confiessés, s'il auques en furent espoenté, chou ne fu mie trop grant merveille; car se tout cil ki sont en Roménie fuissent encontre Burille, et il eust tout son pooir, et l'empereour eust en s'aide tous cheux qui furent en che païs de France, de Flandres et de Normendie, n'y porroient-ils rien conquerre, si Diex ne lor aidoit proprement.

3. Uns chevaliers de Helemes, ki avoit à nom Liénars, preudom durement, et de mult très-grant pooir, pierchut tous premiers l'oergoel et le beubant ki estoit en iaus, et comment il bersoient cruelment la nostre gent. Si mist arrie-dos toute couardise, et se féri en iaus l'espée traite ; mais non pourquant, pour çou qu'il assambla sans commandement, li preudome de l'ost disent k'il avoit fait un fol hardement, et que nus hom ne l'en devoit plaindre, se il li meschéoit de cheste emprise. Que vaut çou ? Il n'ot point de sieute ; si eust esté pris et retenu sans faille, si l'empereres ne fust ; car par la grant courtoisie de son coer et par son grant hardement en prist la rescousse de son home.

4. Quant li empereres vit que Liénars ne pooit

---

tassent ses ordres; ensuite l'empereur fit si bien, qu'il arriva avec toute son armée dans des prés qui sont par delà la Sélyvrée ; il commanda alors qu'on logeât l'armée, et il attendit tant que tous furent réunis, peu s'en falloit. L'empereur partit donc de Sélyvrée et chevaucha tout droit contre les Comans et les Bulgares et l'armée s'augmentant de jour en jour, enfin ! il marcha tant qu'il vint en une plaine par delà Andrinople. Dès que toute l'armée y fut arrivée, elle s'y logea ; lors on prit conseil qu'on iroit vers les Bulgares pour requérir la force et l'aide d'un haut personnage nommé Esclas (Asan, roi des Bulgares), lequel étoit en guerre contre Burille, un de ses cousins germains, parce que ce Burille lui avoit enlevé sa terre par trahison ; et si l'on pouvoit avoir aide de cet Esclas, on envahiroit Burille plus sûrement. Alors l'empereur commanda que l'armée se mît en marche, parce qu'il avoit un très-grand désir de trouver Burille son ennemi ; Johannice, oncle du dit Burille, ayant occis son frère Baudouin ; ce qui fut un très-grand dommage pour la gent de Flandre et de Hainault. Que vous dirai-je ? L'empereur vint à Berna. On y dormit la nuit, et quand vint le lendemain que le soleil fut levé, Burille vint secrètement et fit une irruption. De tous nos gens, il n'y avoit plus d'armés que l'avant-garde et l'arriére-garde. Qui fut là put voir les uns se battre contre les autres : comme nos gens ne s'étoient pas encore confessés, ils furent épouvantés ; et ce ne fut en merveille; car si tous ceux qui sont en Romanie eussent été contre Burille, et s'il eût eu toutes ses forces, l'empereur, quand même il auroit à son secours tous ceux de France, de Flandre et de Normandie qui sont dans ce pays, n'auroit rien pu y conquérir, si Dieu ne l'eût aidé visiblement.

3. Un chevalier de Hélèmes qui avoit nom Liénars, prud'homme courageux et de très grand pouvoir, aperçut le premier l'orgueil et la fierté qui étoient en eux et comment ils battoient cruellement les nôtres, à coups de traits. Mettant de côté toute couardise, il tomba l'épée nue sur eux ; mais parce qu'il fit cela sans commandement, les prud'hommes de l'armée disoient qu'il avoit fait une folle entreprise, et que personne ne l'en devoit plaindre s'il lui en mésarrivoit. Quoi de plus? il n'avoit point de suite ; il eût été pris et retenu sans doute, si l'empereur ne fût arrivé ; car ayant égard à la grande courtoisie de son cœur et à sa grande hardiesse, il entreprit de secourir son homme.

4. Quand l'empereur vit que Liénars ne pouvoit échapper à la mort ou à la captivité, il monta sur un sien cheval noir ; puis le piqua de l'éperon et s'avança vers un Bulgare ; et venant à l'approcher,

---

(1) Nous avons vu ces prairies au nord-ouest de Sélyvrée ; elles sont traversées par une rivière qu'on passe sur un pont de trente-deux arches. (Voyez la *Correspondance d'Orient*, tome II.)

escaper sans mort ou sans prison, il monta sur un sien cheval morel, puis le hurta des espourons, et s'adrecha vers uns Blas. Si com il vint à l'approchier, il le fiert parmi le costé de la lanche, si que li fers en parut d'autre part; et cil ki le cop ne pooit soustenir, chiet à terre, com cil ki ne pot mais. Moriaus fu navrés en deus lieus. Et quant cil qui Liénars tenoient virent venir l'empereour tout embrasé de ire et de mautalent, il ne l'ont cure de attendre, anchois li ont guerpi Liénars, et s'en sont parti li uns çà et li autres là. Non pourquant Liénars fu navrés en la main, ne sai de sajete ou d'espée. Et lors li dist li empereres iréement : « Liénars ! Liénars ! se Diex me saut! ki-c'onques » vous tient pour sage, je vous tieng pour un » fol; et bien sai que jou meismes serai blasmés » pour vostre afaire. » Ensi com vous avez oï fu Liénars rescous par la main l'empereour; et li empereres meismes y alla auques folement armés; car il n'avoit de garnison pour son corps à celui point, fors que un tout seul gasigan; non pourquant il desconréa tous les Blas que il à ce point consievi. Et pour çou que il ot paour et doute que ses chevaus ne fust u mors u mehaigniés, il s'en est tourné le petit pas, le pignon el puing tout ensanglenté; et à son cheval reparoit auques k'il estoit esperounés par besoing, car li sanc li raioit par audeus les costes, et ossi estoit-il navrés en deus lieus. Mais à peine savoient encore cil de la compagnie l'empereour où il estoit alés, si en furent mult dolant et mult desconforté; et pour iaus donner reconfort, lor dist-il k'il fuissent tout à seur.

5. Mais quant Pieres de Douai le vit, il s'en vint tout droit à lui, et se li dist : « Sire, sire, teus » hom com vous iestes, et qui tans preudomes » avez à garder et à gouverner come vous avez, » ne se doit mie si folement partir de ses gens » com vous en iestes partis à ceste fois. Or, sire, » regardez donkes que se vous y fuissiez, par » aucune mesaventure, ou mort ou pris, ne fuis-» siens-nous pas tout mort u tout déshounouré ? » Oïl, se Diex me saut. Nous n'avons chi autre » fermeté ne autre estandart fors tant seulement » Dieu et vous. Or vos dirai bien une chose que » jou voel bien que vous sachiez. Se vos une » autre fois vous vous enbatiez en autre tel » point, dont Diex vous gart et nous aussi ! » nous vous rendomes chi endroit tout çou que » nous tenons de vous. »

6. Quant li empereres entent comment Pieres de Douay le va reprimandant pour son hounour, si li respondi mult de-bon-airment : « Pieres, » Pieres, bien sai que jou i alai trop folement. » Si vous pri que vous le me pardonez, et je » m'en garderai une autre fois. Mais çou me » fist faire Liénars, ki trop se enbati folement ; » si l'en ai plus laidengiet et dit de honte que » je ne deusse ; et non pourquant, se il i fust

◇◇◇

il le frappa de sa lance au flanc, de manière que le fer sortit de l'autre côté. Le Bulgare, qui ne put soutenir le coup, tomba à terre comme quelqu'un qui n'en peut plus. Le cheval noir fut blessé en deux endroits, et quand ceux qui tenoient Liénars virent venir l'empereur embrasé de colère et de fureur, ils n'eurent garde de l'attendre, et laissant Liénars, ils s'en allèrent les uns d'un côté, les autres d'un autre. Liénars fut pourtant blessé à la main, mais ne sais ce fut d'une flèche ou d'un coup d'épée. Et l'empereur lui dit alors en courroux : « Liénars ! » Liénars ! Dieu me sauve ! Si quelqu'un vous tient » pour sage, moi je vous tiens pour fou; et bien, sais » que moi-même serai blâmé pour votre affaire. » Ainsi, comme vous avez ouï, Liénars fut secouru par la main de l'empereur, et l'empereur lui-même y alla aussi folement armé, car il n'avoit pour se garantir le corps qu'un seul gasigan. Néaumoins, il mal mena tous les Bulgares qui étoient là; et comme il eut crainte et doute que son cheval ne mourût ou ne fût estropié, il revint au petit pas, la lance à la poignée étoit ensanglantée. On voyoit que son cheval avoit été vivement éperonné, car le sang lui couloit sur les côtes et il étoit aussi blessé en deux endroits. Mais ceux de la suite de l'empereur ne savoient encore où il étoit allé, et ils en étoient fort dolents et fort déconcertés. Pour leur donner du reconfort, il leur dit qu'ils fussent rassurés.

5. Mais quand Pierre de Douai le vit, il s'en vint tout droit à lui et lui dit : « Sire, sire, un homme » comme vous, et qui avez tant de prud'hommes à » garder et à gouverner, ne se doit point si fol-» lement séparer de ses gens, comme vous avez » fait cette fois. Or, sire, voyez donc que si par » malheur, vous eussiez été pris ou tué, nous n'eus-» sions pas nous-mêmes été tous tués, ou tous dés-» honorés? Oui, Dieu me sauve ! nous n'avons » d'autre force et d'autre étendart que Dieu et » vous. Or je vous dirai une chose que je veux bien » que vous sachiez. Si une autre fois vous vous » exposiez à un pareil danger, dont Dieu vous » garde et nous aussi, nous vous remettrions aus-» sitôt tout ce que nous tenons de vous. »

6. L'empereur entendant comment Pierre de Douai le réprimandoit pour son honneur, lui répondit débonnairement : « Pierre, Pierre, bien sais que » j'y suis allé trop follement, aussi je vous prie de » me le pardonner, et je m'en garderai une autre » fois. Mais ce Liénars qui s'étoit follement avancé » en est la cause. Aussi je l'en ai blâmé et je lui » en ai fait plus de honte que je ne devois. Cepen-» dant s'il y fût resté, c'eût été pour nous trop vi-» laine chose; car la perte d'un tel prud'homme » que lui, eût été un dommage sans ressource, et

» demourés, trop fust vilaine chose pour nous ;
» car ki pert un si preud'omme com il est, çou
» est domage sans restorer, et mains en serie-
» mes nous cremu. Mais ralés en vostre conroi,
» et laissons les Blas à tant, et tournons vers
» Finepople. »

7. Puis que li empereres commande, n'y ot nul qui y mezist contredict. Il vienent à Phinepople et se logent hastéement. Et quant li trés l'empereour fu tendus, si s'est fait dés-harnier, et puis s'est un poi desjeûnés de pain beschuit et de vin, et ausi fisent li autre ki l'orent ; et ki ne l'ot, si s'en convint à consireir ; car bien sachiez que en douze grans journées ne croist ne blés, ne orges, ne vins, ne avaine. Et quant nostre gent virent que en tel terre s'estoient embatu, si en furent mult effrée et desconforté. Pieres de Douay et Renier de Trit, et Ansiaus de Chaeu, et pluseur autre chevalier, s'en vinrent devant Phinepople en fuerre pour les fouriers garder. Dont gardent devant iaus. Si ont les Blas coisis, ki tout ierent entalenté de lor fère anui et pesanche, s'il faire le peussent. Nonpourquant il ont nos fouriers arrestés pardevant Phinepople et fourclos de lor gens meismes. Ensi com il estoient en tel point, si vint uns messages à l'empereour ki li dist k'il montast errant, et que il venist secourre ses fouriers ; car li Comain et li Blac les ont assalis. Et quant li empereres l'oï, si se fist tout

maintenant armer, et aussi tous ses homes, et lors dist k'il pensaissent dou bien faire chascuns endroit soi, et ne quidaissent pas que cil Sires ki les avoit fais à sa propre samblanche et à sa propre image, les eust oubliés por tel chienaille. « Se vous, fait-il dont, metés toute vostre » fianche del tout en Dieu et vostre espéranche, » ne ayés jà doutanche ne paour qu'il contre » vous puissent avoir durée. » Que vous diroiejou ? tant ala li empereres préechier de Nostre Signor, et mis avant de bonnes paroles et amonestées de beles préeches, que il n'i a si couart qui maintenant ne soit garnis de hardement, et désirans de faire proeche, s'il venir pooit en point. Ensi préeche li empereres et amoneste ses homes de bien faire, tant que tous les a resvigourés.

8. Pieres de Douay et Ansiaus de Chaeu et Reniers de Trit sont devant Phinepople, ensi com vous avéz oït pour lor fourries ; et quoi k'il entendoient al fourer, comme cil qui soing en avoient, atant esvous venir sor aus Blas et Comains, et faisoient lor archiers venir pardevant iaus huant et glatisant, et une si grant noise menant que il sambloit que tout li chemins en tramblast. Li jours estoit biaus, et li champaigne si plains, k'il n'y avoit ne fossé, ne mont, ne val ; et se ore ne remanoit la bataille de la partie des Blas et des Comains, bien croi que de la nostre partie ne remanroit-elle pas : car li

◇◇◇

» nous en serions tous affoiblis. Mais ralliez-vous
» à vos corps, laissons les Bulgares, quant à pré-
» sent et tournons vers Philippopolis. »

7. Quand l'empereur commande, il n'y a personne qui le contredise ; ils arrivent à Philippopolis, et s'y logent à la hâte. Lorsque la tente de l'empereur fut dressée, il se fit désarmer et se fit servir à déjeûner du pain bis cuit et du vin ; ceux qui en avoient en firent de même, ceux qui n'en avoient point se résignèrent, et jeûnèrent ; car sachez que, sur une étendue de douze grandes journées de chemin, il ne croît ni blé, ni orge, ni vin, ni avoine, et, quand nos gens virent qu'ils s'étoient hasardés dans un tel pays, ils en furent très-effrayés et déconcertés. Pierre de Douai et Reniers de Trit, et Anseau de Cahieu, et plusieurs autres chevaliers s'en vinrent en troupes devant Philippopolis pour protéger les fourrageurs qui précédoient l'armée ; car les Bulgares avoient des gens d'élite préparés à les inquiéter et à les harceler autant qu'ils pourroient ; ils avoient arrêté nos fourrageurs devant Philippopolis, et les avoient même séparés de leurs gens ; et, comme ils étoient dans cet état, un message vint à l'empereur pour lui dire de monter à cheval et de venir au secours de ses fourrageurs, car les Comans et les Bulga-

res les avoient assaillis ; à cette nouvelle l'empereur se fit armer tout aussitôt, et aussi tous ses hommes. Il leur dit ensuite qu'ils pensassent chacun à se bien conduire, et qu'ils ne crussent pas que le Seigneur, qui les avoit faits à sa propre ressemblance et à sa propre image, les eût oubliés pour une telle canaille. « Si vous mettez, leur dit-il, » toute votre confiance et votre espérance en » Dieu, n'ayez ni doute ni peur qu'ils puissent » vous résister. » Que vous dirai-je ? L'empereur parla tant de notre Seigneur, il mit en avant tant de bonnes paroles, et prêcha si bien qu'il n'y eut si couard, qui maintenant ne fût muni de hardiesse, et ne désirât faire prouesse s'il y pouvoit venir à point. L'empereur ayant ainsi prêché et admonesté ses hommes de bien faire, tant fut que tous se sentirent revigorés.

8. Pierre de Douai et Anseau de Cahieu, et Reniers de Trit étoient devant Philippopolis, comme vous l'avez ouï pour les fourrageurs ; et pendant qu'ils étoient occupés aux fourrages, comme ceux qui en avoient le soin, ils virent venir sur eux les Bulgares et les Comans, dont les archers qui les précédoient hurloient, crioient et faisoient un si grand bruit qu'il sembloit que tous les chemins en tremblioent. Le jour étoit beau, et la

empereres est armés et montés sour un cheval baiart, pour chou que ses autres chevaus moriaus estoit navrés, ensi com vous avés oï ; et quant il est armés, et si apparilliés et si montés ensi que à lui convient, bien samble prinches ki terre ait à garder et à gouverner. « Signours, fait-il, » vous véés ore bien que il est mestiers que » cascuns soit preudomme et loial en droit de » soi. Or soit chascuns faucons, et nostre aver- » saire soient tout bruhier ; si prengne chas- » cuns confort en soi-meismes, car desconfors » n'i vaut riens. Nous les desconfirons trestous. » Et se nous avons mains de gens que il n'ont, » nous avons Dieu pardeviers nous en la » nostre aide. » Atant se metent à la voie ; si chevauchièrent contre Blas et Comains. Mais tantost k'il perçurent l'oriflame, l'empereor et lés autres enseignes ki venoient en sa compai- gnie, et toute nostre gent ki bien estoient de deux mile, li Blac et Comain s'en retournérent sans plus faire à celle fois, et nostre gent se sont retrait arrière sans en chauchier ; et non- pour-quant, se il ne fuissent si travilliet com il estoient, volentiers fuissent asamblé. Lor gens s'en ala par devers la montaigne, et la nostre retourna vers l'ost.

9. Celle nuit devisérent lor batailles, et or- denérent liquels poinderoit premerains, se chou venoit à l'assambler. Si esgardérent Pieres de Braiescuel et Nicolon de Mailli, et à ches deus fu la choze commandée. Puis lors commença uns capelains de l'ost, qui Phelippes estoit ape- lés, à monstrer la parole Nostre-Signour, et dist : « Biau signours, dist-il, qui chi iestes as- » samblé pour le serviche de Nostre Signour » faire, pour Dieu gardés que la paine et li tra- » vail que vous avés eu ne soient perdu. Vous » iestes ichi assamblé en estrange contrée, ne » n'i avés chastel ne recet ù vous ayés espé- » rance de garant avoir, fors les escus, vos lan- » ces, vos espées et vos chevaus, et l'aide de Dieu » tout avant, laquelle vous sera preste par tant » que vous soyés confiés à nostre pooir. Car » confessions oevre compunction de coer et est » lavement de tous vices ; et pour ce comman- » dons-nous à tous que chascuns soit confiés » selonc son pooir. » Et tout ainsi lor annonça li chapelains Phelippes la parole Nostre-Signour. Et quant on vint à lendemain par matin, si se desloja et s'arma, et li chapelain ki estoient par l'ost ont célébré le serviche Nostre-Signor en le honour du Saint-Esperit, pour çou que Diex lor donast hounour et victoire contre lor ane- mis. Aprés çou se confessérent li preudome de l'ost, et puis rechurent *corpus Domini* cas- cuns endroit de soi, au plus dévotement k'il

campagne étoit si unie qu'il n'y avoit ni fossé, ni mont, ni vallée, et si la bataille n'eût été commencée par les Bulgares et des Comans, je crois bien qu'elle l'auroit été par nous. L'em- pereur étoit armé et monté sur un cheval bai, car son autre cheval more étoit blessé, comme vous avez vu. Et quand il est armé et appareillé, et monté comme il lui convient, il a bien l'air d'un prince qui a terre à garder et à gouverner. « Sei- » gneurs, dit-il, vous voyez maintenant qu'il faut » que chacun soit prud'homme et loyal à son en- » droit ; or, que chacun soit faucon, et que nos » adversaires soient tous *bruhiers*. Que chacun » prenne confiance en soi-même ; car le décora- » gement ne vaut rien. Nous les déconfirons tous. » Si nous avons moins de monde qu'eux, nous » avons Dieu par devers nous, pour nous secou- » rir. » Soudain ils se mirent en marche et che- vauchèrent contre les Bulgares et les Comans ; mais, dès que ceux-ci aperçurent l'oriflamme de l'empereur et les autres enseignes qui venoient en sa compagnie, et tous nos gens qui étoient bien au nombre de deux mille, ils s'en retournèrent sans rien faire cette fois, et nos troupes se retirè- rent sans les poursuivre ; et, néanmoins, s'ils n'eussent été travaillés comme ils étoient, ils se seroient volontiers ralliés pour attaquer. L'ennemi s'en alla par devers la montagne, et les nôtres revinrent au camp.

9. Pendant la nuit on partagea les troupes, et on désigna ceux qui marcheroient les premiers si l'ennemi venoit à s'assembler ; Pierre de Braiescu- cuel et Nicolas de Mailli furent chargés de ce soin. Alors un chapelain de l'armée, appelé Philippe, commença à faire entendre la parole de notre Sei- gneur, et dit : « Biaux seigneurs qui êtes ici as- » semblés pour faire le service de notre Seigneur, » gardez, pour Dieu, que la peine et le travail que » vous avez eus ne soient perdus. Vous êtes ici » réunis dans une contrée étrangère, vous n'y » avez ni château ni refuge où vous ayez espé- » rance de sûreté ; vous n'avez que vos écus, vos » lances, vos épées et vos chevaux, et avant tout » l'aide de Dieu, laquelle vous sera octroyée, tout » autant que vous vous serez confiés à notre pou- » voir ; car la confession opère la componction du » cœur et lave de tout péché. C'est pour cela que » nous recommandons à tous que chacun se con- » fesse selon son pouvoir. » Et tout ainsi le cha- pelain Philippe leur annonça la parole du Seigneur. Et quand ce vint le lendemain matin, on délogea et on s'arma, et les chapelains qui étoient dans l'armée célébrèrent le service de notre Seigneur, en l'honneur du Saint-Esprit, afin que Dieu nous accordât honneur et victoire contre nos ennemis. Après cela les prud'hommes de l'armée se confes- sèrent, et puis reçurent chacun le corps du Seigneur, le plus dévotement que oncques ils

onques porent. Puis fu prise la sainte crois de nostre rédemption, et fu commandée au capelain Phelippe pour çou que il le portast. Aprés ce se murent les batailles mult ordenéement, cascuns garnis et aparillés de soi défendre u de autrui assalir, se faire le convenist; et fu droit une nuit saint Pieres, le premerain jour d'aoust.

10. Qui donkes fust là à cel point adonques peust voir maintes banières et escus de diverses conisanches, et sour tous l'enseigne empéréal; et meismes l'emperéour ki vait ses batailles ordenant et destraingnant de l'une partie, et Pieres de Braiescuel de l'autre part, entre lui et Nicolon de Mailli. Li jours estoit biaus et seris, et li plains tant ingaus k'il n'y avoit mal pas, ne chose qui destourner les peuist. Or ne porent-il veoir qui mais peuist remaindre sans bataille à çou que lor anemis sont si prés d'eus sur une bruière.

11. Burille, qui d'autre par estoit, ot ordenées ses batailles et mises en conrois; et commencent tant à aprochier li uns des autres que auques s'entreconeurent. La noise y estoit si grande de toutes pars, et la tumulte et li haniscemens des chevaus, k'on n'eust pas oï tonner. Et li empereres Henris vait sa gent sermonant desciéle en esciéle, et disant : « Signours, je vous pri à tous communaument que » vous soyés au jour de hui ausi comme tout » fréres li uns à l'autre ; et s'il i a entre vous » courous ou haine, que tout soit pardonné. Et » ne vous esmayés point, mais soyés tout hardi » et tout seur; car nous les vaincrons hui, se » Diex plest. » Et il respondirent que de çou estoit consaus pris, car jà de couardie n'i aroit parole ne pensé. Que vous diroie-jou? Par la prédication du bon empereour Henri, et poce ke chascuns estoit confiés selon son poir et acomeniés, chascuns estoit désirans de conquerre sor anemis.

12. Endementiers k'il parloient ensi, li mariscal de nostre ost regarde par-devers un cottal ; si perçut la gent Burille qui vonoient huant et glatissant, et menant mult grant tempeste ; car bien cuidoient contrester à nos fourriers. Jofrois, ki mariscaus estoit de nostre ost, si manda à l'empereour k'il aroit la bataille contre Burille le traitour, ki emperetes se faisoit contre Diex et contre raison, et qu'il chevauchast. Et quant li emperetes l'oï, si li plot mult durement cil mandemens, car il estoit mult désirans de avoir la bataille. « Biaus Sire Diex, » dist-il, plaise vous que nous hui nous puissons » vengier de Blas et de Comains, s'il vous vient » à plaisir. » Adont apela Pieron de Douay, et li dist que mult se fioit en lui, et que il pour Diex ne s'eslongnast point que il ne fust tout adiés près de lui en c'est besoing, pour son corps garder. « Car jou ai, dist-il, grant joie de ce » que jou voi que il atendent ; car se il féissent » sanlant de fuir, et Burilles vausist après lui ar-

---

avoient pu. Ensuite on prit la croix de notre rédemption, et elle fut donnée au chapelain Philippe pour qu'il la portât. Après quoi les troupes se rangèrent en bon ordre, chacun bien pourvu, et tout préparé à se défendre ou à attaquer, s'il convenoit de le faire ; c'étoit alors le jour de saint Pierre, premier jour du mois d'août.

10. Celui qui étoit là put donc voir maintes bannières et écus de diverses couleurs, et surtout l'enseigne impériale et même l'empereur qui, d'un côté, alloit ordonnant et rangeant ses batailles ; et de l'autre, Pierre de Braiescuel entre le prince et Nicolas de Mailli. Le jour étoit beau et serein et la plaine si unie qu'il n'y avoit ni mauvais pas, ni aucune chose qui pût détourner les bataillons. Or, ils purent voir qu'ils ne resteroient point sans combattre, parce que leurs ennemis étoient très-près d'eux sur une bruyère.

11. Burille, qui étoit de l'autre côté, avoit ordonné et rangé ses bataillons, et on commença à s'approcher tant les uns des autres qu'on s'entreconnoissoit. Le bruit étoit si grand de toutes parts, et le tumulte et le hénissement des chevaux étoient tels, qu'on n'eût pas entendu tonner. Et l'Empereur alloit haranguant ses troupes l'une après l'autre, en leur disant : « Seigneurs, je » vous prie tous d'être aujourd'hui comme des » frères les uns pour les autres ; et s'il y a entre » vous haine ou courroux, que tout soit pardonné; » ne vous intimidez pas, mais soyez hardis et » fermes, car nous les vaincrons aujourd'hui s'il » plaît à Dieu. » Et ils répondirent que sur cela la résolution étoit prise, car déjà il n'y avoit plus ni parole ni pensée de couardise. Que vous dirois-je ? Par la prédication du bon empereur Henri, et parce que chacun s'étoit confessé selon son pouvoir et avoit communié, chacun désiroit de se mesurer avec l'ennemi.

12. Pendant qu'il parloit ainsi, le maréchal de notre armée regarde devers un cottal et aperçoit les gens de Burille qui venoient hurlant et criant et faisant un très-grand bruit, car ils croyoient s'attaquer à nos fourrageurs. Geoffroy, qui étoit maréchal de notre armée (*Geoffroy de Ville-Hardouin, l'auteur des Mémoires*), manda à l'empereur qu'il auroit bataille contre Burille le traître, qui se disoit empereur contre Dieu et contre raison, et qu'il eût à chevaucher. L'empereur ayant ouï cet avis, en fut fort content ; car il désiroit grandement livrer bataille. « Biau Sire Dieu, dit-il, qu'il vous plaise

» doir sa terre, sachiés bien que je n'eusse nule
» fianche en nostre retour, ains fust cascuns de
» nous perdus par droite famine et par soufraité
» de viande. » Adont apiela Gosiel le Moigne,
Nicolon de Bitra, Gadoul et Alart, et ne sais
quans autres, et lor dist : « Signour, gardés-
» vous bien que nus ne se desrenge duskes adont
» que je le commanderai. Vous véés bien que
» ce n'est mie jeu d'enfant ne de solaes; anchois
» est avis de si cruel bataille et si morteus, que
» se li uns de nous tenoit l'autre, je ne quit mie
» k'il le rendist pour cent mil besans d'or que
» il ne l'ochesist. — Sire, fait Pieres de Douay,
» que alés-vous chi plaidant? Alès avant hardie-
» ment ; et bien sachiés, se mors ne m'en des-
» tourne, vous ne serés ui quatre piés devant. »
Et quant li emperres oï çou, si se teut, et ne
dist plus à celle fois; ains chevaucha ver la gent
Burille, dont il avoit mult desiré la bataille. Et
sachiés que à celui matin, pour la douchour dou
tans, li oisillon chantoient mult douchement,
chascuns selonc sa manière et envoisièrent. Dont
Henris de Valenchiennes dist bien et aferme
que onkes mais à nul jour de sa vie n'avoit veut
plus bel jour de celui.

13. Que vaut alongemens? Les eschiéles s'entre-
aprochent par grant orguel et par grant ire. Or

◇◇◇

» que nous puissions nous venger aujourd'hui des
» Bulgares et des Comans, si c'est votre bon plai-
» sir. » Il appelle donc Pierre de Douai, et lui
dit qu'il se fioit beaucoup en lui ; et que, pour
Dieu, il ne s'éloignât point ; mais qu'il fût toujours près de lui pour le garder en cas de besoin.
« Car j'ai grande joie, dit-il, de ce que je vois
» qu'ils attendent ; s'ils eussent fait semblant de
» fuir, et si Burille eût voulu brûler son pays
» après lui, sachez que je n'eusse eu aucune
» confiance dans notre retour et que chacun de
» nous eût été perdu par famine et par manque de
» provision. » Alors il appela Gosiel-le-Moigne,
Nicolon de Biare, Gadoul et Alart et ne sais
combien d'autres, et leur dit : « Seigneurs, gardez-
» vous bien que nul ne se dérange jusqu'à ce
» que je l'ordonne ; vous voyez bien que ce n'est
» ni jeu d'enfant, ni divertissement, mais c'est
» une bataille si cruelle et si mortelle que si
» quelqu'un de nous tenoit un ennemi, je ne
» crois point qu'il le rendît pour cent mille be-
» sans d'or plutôt que de l'occire. — Sire, reprit
» Pierre de Douai, que nous recommandez-vous
» là? Allez en avant hardiment, et sachez bien,
» à moins que la mort ne m'en détourne, que
» vous ne serez pas quatre pieds en avant de
» nous. » Quand l'empereur ouï cela, il se tut
et ne dit plus rien, mais chevaucha vers les gens
de Burille contre lesquels il avoit moult désiré
de se battre. Et vous saurez que ce matin-là, à

en soit al couvenir li sires pour ki nostre gent
se metent en abandon. Atant es-vous Burille
vengnant à tout trente-trois mile homes dont il
avoit fait trente-six batailles; et portoient uns
glaves vers à fers lons et trenchans de Habaige ;
et venoient par grant orguel come cil qui point
ne prisoient nostre empereour, ne son pooir,
ains quidoient prendre as mains l'empereour et
tous ceus qui avoec lui estoien. Et li empereres fist chevauchier sa gent, et lor dist que or
se contenist cascuns come preudomes; car il
voient bien que li besoins en est venus. Dont
lor commanda que on tenist Baiart près de lui;
et puis laça son hiaume, et fist devant lui porter l'enseigne emperial ; et lors s'aprochent les
batailles ; et Pieres de Braiescuel et Nicoles de
Mailli se sont mis en l'avant-garde avoec Jo-
froi le mariscal, et li disent k'il poinderoient
avant entre lui et Nicolon de Mailli ; et après
Miles li Brabant, et puis Guillaumes du Perchoi, et Liénars de Helemes ; et li empereour
garderoit les poigneors : « Signors, pour Dieu,
» fait Joffrois, or gardés donkes que chils poin-
» dres soit si bien furnis et si adroit que nous
» n'en soions blasmé de nos anemis ne gabé ;
» car ki fera mauvais semblant, doit bien
» estre banni de la gloire de Paradis. Pour Dieu,

◇◇◇

cause de la douceur du temps, les oisillons chantoient moult douceureusement et s'égayoient chacun à sa façon. Aussi, moi, Henri de Valenciennes dis et affirme bien que jamais de ma vie
ne vis un plus beau jour que celui-là.

13. A quoi bon tant allonger? Les bataillons s'approchent avec orgueil et à grande ire. Les seigneurs pour qui nos gens se dévouent, se réunissent
tous à l'instant. Voyez-vous Burille accourant avec
trente-trois mille hommes dont il a formé trente-
six bataillons, les uns portant des lances variées à
fers longs et tranchans et s'avançant avec un
grand orgueil, comme s'ils ne faisoient aucun cas
de notre empereur et de son pouvoir ; mais croyant,
à tout le moins, le prendre ainsi que ceux qui
étoient avec lui ! L'empereur fait chevaucher ses
gens et leur dit de se conduire maintenant chacun
comme des prud'hommes, car ils voyoient bien
que le moment en étoit venu. Il leur commanda
qu'on tînt son cheval bai près de lui. Puis il attacha son heaume, et fit porter devant lui l'enseigne
impériale. Alors les bataillons s'approchent, et
Pierre de Braiescuel et Nicolas de Mailli se mettent à l'avant-garde avec Geoffroy le maréchal ; ils
disent qu'ils marcheront en avant, entre lui et Nicolas de Mailli et qu'ensuite viendront Miles de
Brabant, Guillaume du Perchoi et Liénars de Hélèmes ; et que l'empereur gardera les batailles.
« Seigneurs, pour Dieu, dit Geoffroy, gardez donc
» maintenant que ceux qui marcheront les pre-

» souviegne-vous des preudomes ancyens ki de-
» vant vous ont esté, et ki encore sont ramenteu
» ens el ystores des livres. Et bien sachiés que
» ki pour Dieu en cestui besoing morra, s'ame
» s'en ira toute florie en paradis ; et cil ki vis
» en escarpera, sera tous les jours de sa vie
» hounourés et ramenteus en bien après sa
» mort. Se nos créons bien en Dieu, li chans
» demoura nostres. S'il ont plus grant gent ke
» nous n'avons, que nous chaut ? Tant arons
» plus grant hounour, et il ne valent riens. Mais
» pour çou que il nous ont hier et hui fort tra-
» veillés à çou que nous somes pesantement ar-
» mé que il ne sont, tant somes-nous plus seur
» pour oes atendre. Or donques, signour, pour
» Dieu n'atendés pas tant qu'il premierement
» nous requièrent ; car tant sai-jou bien de
» gherre, que quiconques requiert ses anemis
» de coer au comancier et rudement, plus en
» sont légier à desconfire, et plus en sont es-
» poenté. Et qui ore à che besoing se faindra,
» jà Diex de glore ne li donist honnour ne joie. »
Atant ont guerpi les palefrois, si sont ès destriers monté ; et se dès ore en avant ne remaint
en la gent Burille, hui mais iert li estours fel et
crueus, si com vous porés oïr.

14. Atant s'aprochent les batailles des ambes-
deus par, et s'entrevièneut de si prés que il
s'entrevoient tout de plain. Li jours estoit si
biaus com vos avés oy, et li Blac font lor trompes soner ; et li capelains Phelippes, ki tient en
sa main la crois de nostre rédemption, lor commença à sermonner, et dist : « Signour, pour
» Dieu soyés preudome cascuns en soi-meismes,
» et ayés fianche en Nostre-Signour, ki pour
» vous soufri paine et torment, et ki pour le
» péchié de Evain et de Adam soufri martire
» pour l'occoison des mors qui morent en la
» pume, pour lequel nous estiemes tout ens ès
» paines del tenebrous infier, et par la propre
» mort Jhésu-Christ en fumes-nous rachaté ; et
» ki ci mora pour lui, il ira ou sain Saint Abra-
» ham pardevant lui. Toutes les gens que vous
» véés chi ne croient Dieu ne sa poisanche ; et
» vous ki iestes bon crestyen et dou preudome,
» se Dieu plaist, ki de maint païs iestes chi
» asamblé par le commandement de l'apostole,
» vous iestes tout confiessé et mondé de toutes
» ordures de péchié et de vilounie ; vous iestes
» li grain, et véés là de la paille ; et pour Dieu
» gardés-vous que chascuns vaille un chastelain
» à cestui besoing, et que li coers de chascun
» soit plus gros d'un hiaume. Que vaut çou ? Je
» vous commant à tous, en nom de pénitenche,
» que vous poigniés encontre les anemis Jhésu-
» Christ, et je vous asoeil, de par Dieu, de tous

» miers, soient si bien fournis et si adroits que
» nous n'en soyons blâmés ni moqués de nos en-
» nemis ; car celui qui fera mauvais semblant doit
» être banni de la gloire du paradis. Pour Dieu,
» souvenez-vous des prud'hommes anciens qui ont
» été avant vous, et dont les noms sont encore rap-
» pelés dans les histoires. Et sachez bien que
» celui qui mourra pour Dieu dans cette occasion,
» son âme s'en ira toute glorieuse en paradis ; et
» que celui qui échappera vivant sera honoré tous
» les jours de sa vie et bien famé après sa mort.
» Si nous avons bien confiance en Dieu, le champ
» de bataille nous restera. Si les ennemis sont en
» plus grand nombre que nous, que nous importe ?
» nous en aurons plus d'honneur, et eux ne valent
» rien. Mais parce qu'ils nous ont fort travaillés
» hier et aujourd'hui, et que nous sommes plus
» pesamment armés qu'eux, nous sommes plus
» sûrs pour les attendre à notre aise. Or donc,
» seigneur, pour Dieu, n'attendez pas qu'ils nous
» attaquent les premiers, car je sais assez en fait
» de guerre que celui qui attaque le premier ses
» ennemis avec cœur et hardiesse a plus de facilité
» pour les déconfire, et qu'eux sont plus épou-
» vantés. Et celui qui dans cette occasion se
» montrera foible, n'aura jamais d'honneur ni
» de joie du Dieu de gloire. » A l'instant les
palefrois s'avancent, on monte sur les destriers, et si l'armée de Burille résiste, le choc
sera dur et cruel, comme vous pourrez voir.

14. Les deux armées ennemies s'approchent de
si près que les combattans s'entrevoient tout à
plein. Le jour étoit beau, comme vous avez ouï,
et les Bulgares firent sonner leurs trompettes, et
le chapelain Philippe, qui tenoit en sa main la
croix de la rédemption, commença à sermonner et
dit : « Seigneurs, pour Dieu, soyez prud'hommes,
» chacun en soi-même ; ayez confiance en notre
» Seigneur qui pour vous souffrit peine et tour-
» ment, et qui, pour le péché d'Eve et d'Adam,
» souffrit martyre, à cause des mortels qui mor-
» dent comme eux à la pomme ; pour lequel péché
» nous étions condamnés aux peines du ténébreux
» enfer, d'où la mort de Jésus-Christ nous a ra-
» chetés. Celui qui mourra ici pour lui s'en ira
» dans le sein d'Abraham. Tous les gens que vous
» voyez ici ne croient ni à Dieu ni à sa puissance,
» et vous qui êtes bons chrétiens et des pru-
» d'hommes s'il plaît à Dieu, qui êtes ici assem-
» blés de plusieurs pays par le commandement
» du pape, qui vous êtes tous confessés et purgés
» de toutes ordures de péché et de vilainie, vous
» êtes le bon grain, et là est la paille ; et pour
» Dieu, que chacun de vous vaille en cette occa-
» sion un châtelain ; que le cœur de chacun soit
» plus gros qu'un heaume. Or çà, je vous com-
» mande à tous, au nom de la pénitence, d'atta-
» quer les ennemis de Jésus-Christ, et de par

» les péchiés que vous onques feistes dusques au jour de hui. »

15. Quant li capelain ot son serviche définé, et il ot moustré la crois où Nostre Sire rechut, pour son povre puple racater, mort et passion, cil ki poindre devoient devant par son commandement, quant il virent lieu et tans, chascuns endroit soi, lanche baissie, fiert chevael des espourons en escriant : *Saint-Sépulcre !* molt humblement, et assemblent as Blas et as Comains. Si porte cascun le sien par terre mult felonessement. Et sachiés que mult en i ot à celle pointe de mors et de navrés ; et de chiaus ki chaient, c'est niens qu'il aient jamais pooir d'iaus relever ; car tout à fait que li un les abatoient, sont aparillié li autre ki les ochient. Mais sitos que Blac et Comain conurent la desconfiture qui sour aus tournoit si cruelment et si mortelment, il se mettent al fuir sans plus atendre, et s'espargent li uns chà, li autres là, tout aussi comme font les aloés devant les espriviers. Et les autres batailles ki ordenées estoient repoingnent aussi comme Nicoles de Mailli et Pierres de Braiescuel, et s'abandonnèrent vers la bataille de Burille ki seize cens hommes avoit en la soie eschièle ; et li nostre de chà ne furent que vingt-cinq, et si assamblèrent as seize cens. Jofrois et Miles li Braibans repoignent cascuns à la soie. Que vous diroie-jou ? Il se misent à la fuite, et li nostre les ochioient en fuiant ; et pour çou que il venissent plus tost à garison, cascuns jetoit jus teles armures comme il portoit. Et li empereres chevaucha toutevoies avant, armé de ses armes si richement comme à lui convenoit ; et pour sa reconisanche il ot vestu une cotte de vermeil samit semé de petites croisettes d'or, et tout d'autretel manière estoit paint li hiaumes qu'il avoit ou chief. Que vaut çou ? Pour noient quesist-on plus bel chevalier de lui, ne qui miex sanlast iestre preu as armes, et pour voir si estoit-il. Quant il fu montés sour Baiart, il fait devant lui porter s'oriflambe de teles conisanches com vous avez oï ; et si compaignon chevauchièrent environ lui, mult désirant et ardant de assambler as anemis ; et sievoient à espouron brochant chiaus ki aloient chaçant lor anemis par-devant iaus. Pour noient en blameroit-on un tout seul ; car tout i furent bien vaillant et preudomes, et plain de grant chevalerie ; et chil à qui il fu commandé de premier asambler se prouvèrent comme vaillant, et les autres les gardèrent noblement.

16. Ceste desconfiture fu faite de là Phinepople sur un joedi ; et bien avoient à celui point la nostre gent mestier de celui secours et de celle victoire que Nostre Sires lor fist iloec : car bien sachiés qu'il n'avoient mie viande, seulement à demi jour passer. Que vaut çou ? La bataille

◇◇◇

» Dieu, je vous absous de tous les péchés que vous avez jamais faits jusque aujourd'hui. »

15. Quant le chapelain eut fini son service et eut montré la croix où notre Seigneur reçut, pour racheter son pauvre peuple, mort et passion, ceux qui devoient attaquer les premiers, voyant le temps et le lieu favorables, chacun, endroit soi, la lance baissée et piquant des deux, s'écrie : *Saint Sépulcre !* fort humblement, et attaquent en même temps les Bulgares et les Comans. Chacun porte son ennemi par terre fort rudement ; et sachez que moult y en eut dans ce choc de tués et de blessés. De ceux qui tombèrent, il n'en est aucun qui ait jamais eu le pouvoir de se relever ; car à mesure que les uns les abattoient, les autres étoient là tout prêts pour les achever. Mais sitôt que les Bulgares et les Comans conurent la déconfiture qui tournoit sur eux si cruellement et si mortellement, ils se mirent tous à fuir sans plus attendre, et se dispersèrent les uns d'un côté les autres d'un autre, comme font les alouettes devant les éperviers. Les autres bataillons qui étoient ordonnés, s'avancent, comme aussi Nicolas de Mailli et Pierre de Braiescuel, et se portent sur la bataille de Burillo qui avoit bien seize cents hommes autour de lui ; et quoique les nôtres ne fussent que vingt-cinq, ils attaquèrent les seize cents. Geoffroy et Miles de Brabant marchent cha- cun de son côté. Que vous dirai-je ? les ennemis se mirent à fuir et les nôtres les tuoient dans la fuite, et pour arriver plus tôt à leurs garnisons, chacun jetoit les armes qu'il portoit. Toutefois l'empereur chevaucha en avant, armé de ses armes aussi riches qu'il lui convenoit, et pour être reconnu, il étoit couvert d'une cotte de satin vermeil semée de petites croisettes d'or, le heaume qu'il avoit au chef étoit peint de la même manière. On chercheroit en vain un plus beau chevalier que lui et qui parût plus propre aux armes, comme il étoit à voir. Quand il fut monté sur son cheval bai, il fit porter devant lui son oriflamme aux couleurs que vous savez ; et ceux qui l'accompagnoient chevauchèrent autour de lui, moult désirant et brûlant d'attaquer les ennemis, et suivoient, en piquant des deux, ceux qui alloient chassant les ennemis devant eux. En vain en blâmeroit-on un seul, car tous y furent bien vaillans et prud'hommes, et pleins de grande chevalerie. Ceux à qui il fut commandé d'attaquer les premiers, se montrèrent valeureux et les autres les soutinrent noblement.

16. Cette défaite de Philippopolis eut lieu un jeudi. Notre armée avoit grand besoin de ce secours et de cette victoire que notre Seigneur lui donna là. Car vous saurez qu'elle n'avoit plus de vivres que pour une demi-journée. En un mot, l'armée

fu vaincue; as nostres fu la victoire; et no gens enchauchièrent les anemis si efforchiement, que Burille et ses gens furent desconfit; et y ot grant plenté de mors et de pris en la chache ki dura bien cinq eures. En la parfin il retournérent à grant joie et à grant hounour, et regracient mult dévotement Nostre-Signour de la grant hounour et très-grant-miracle que il avoit fait à nostre gent, que il desconfirent Burille, qui les avoit requis à tout trente-trois mille hommes, dont il avoit fais et ordenés trente-six batailles, et nostre gent n'en avoit que quinze, et trois de purs Griffons ; mais moult y ot grant devise des uns as autres, car en cascune de nos batailles n'avoit que vingt chevaliers, fors que en la bataille à l'empereor ù il en avoit cinquante, et en toute la menour de Burille en avoit neuf cens (1). Ceste choze n'estoit mie bien partie, se Diex n'y eust mis conseil ; mais li nostre gent estoient comme li innocent, et la gent Burille ensi comme li dyable. Que vous diroie-jou ? Quant il furent tout desconfit, Nostre Sires envoia si grant plenté de tous biens en nostre ost, que tout furent de joie raempli de toutes provanches k'il gaaignèrent sur lor anemies, que tout furent de joie raempli, si que en celle nuit n'orent en l'ost fors que grant joie et grant solas. Or oyés, mes signours, ques grans miracles Diex lor fist et monstra, et quel acroissement il fist à l'empire de Constinoble, et si grant essauchement à l'église de Roume fist Nostre-Signour et as chrestiens à celui termine.

17. Ensi comme vous avés oï fu Burille desconfis et matés. Après, no gent se partirent dou champ et vinrent à Crucemont, et si asseurérent la vile et le chastiel. Esclas, un haus hom qui Burille guerrioit, et si estoit ses cousins germains, car cil Burille disoit que la terre que Esclas tenoit devoit iestre sienne, mais esclas disoit que non devoit; et pour ce s'entre-guerrioient-il, si que Esclas couroit souvent sur lui, et l'affoiblioit mult de gent et de amis et chastiaus; et cil Esclas, pour ce que il voloit avoir la force et l'aide de l'empereour Henri, il envoia à lui pour faire pais, et tout ainsi fu que je vous di. Après tout ce vint Esclas, ki mult estoit sages, à l'empereour, et le trouva séant en sa tente, en la compaignie de ses plus haus barons. Esclas vint en la tente devant tous les barons ki là estoient; si se laist caïr as piés, puis li baise, et puis li baise la main ossi. Que vous diroie-je ? la pais ont faite et confremée, et Esclas devint tantost hom liges à l'empereour Henri, et li jura à porter foi et loyauté de ore en-avant comme à son droit signour. Et lors li dist li mariseaus privéement k'il demandast à

◇◇◇

ennemie fut vaincue; aux nôtres fut la victoire, et ils chargèrent les ennemis avec tant d'ardeur que Burille et ses gens furent déconfits, et il y eut grande quantité de morts et de prisonniers dans la poursuite qui dura bien cinq heures. A la fin les nôtres revinrent avec beaucoup de joie et d'honneur, et rendirent grâce très-dévotement à notre Seigneur du grand honneur et du grand miracle qu'il avoit fait en notre faveur par la défaite de Burille, qui avoit réuni contre nous trente-trois mille hommes partagés et ordonnés en trente-six batailles, tandis que nous n'en avions que quinze et trois de purs Grecs. Mais il y eut grande différence des uns aux autres ; car en chacune de nos batailles il n'y avoit que vingt chevaliers, excepté qu'en la bataille de l'empereur il y en avoit cinquante ; dans celle de Burille, au contraire, il y en avoit au moins neuf cents. La partie n'étoit pas égale, si Dieu n'y eût mis ordre. Mais nos gens étoient comme les innocens, et les gens de Burille comme les diables. Que vous dirai-je ? quand ils furent tous défaits, notre Seigneur envoya dans notre armée une si grande abondance de tous biens que tous furent remplis de joie pour toutes les provisions qu'ils gagnèrent sur leurs ennemis, si bien que la nuit il n'y eut dans le camp que grande fête et grands divertissemens. Apprenez maintenant, mes seigneurs, quels grands miracles Dieu leur fit et leur montra, quel agrandissement il procura à l'empire de Constantinople, et la grande élévation qu'il donna à l'église de Rome et aux chrétiens.

17. Ainsi, comme vous venez de l'entendre, fut Burille défait et dompté. Après quoi nos gens levèrent le camp et vinrent à Crucemont et s'assurèrent de la ville et du château. Esclas, prince qui faisoit la guerre à Burille, son cousin-germain, parce que ce Burille disoit que le pays qu'Esclas occupoit devoit être le sien, ce qu'Esclas disoit ne devoir être, si bien qu'ils s'entre-treguerroyoient et qu'Esclas couroit souvent sur Burille et l'affoiblissoit beaucoup de gens, d'amis et de châteaux ; cet Esclas, donc, voulant avoir force et secours de l'empereur Henri, lui envoya demander la paix, et cela fut ainsi que je vous le dis. Esclas, qui étoit prince très-sage, vint ensuite trouver l'empereur qui étoit assis dans sa tente en compagnie de ses plus hauts barons. Esclas vint dans la tente devant tous les barons qui y étoient; il se jeta aux pieds de l'empereur, les lui baisa, et puis lui baisa la main aussi. Que vous dirai-je ? la paix fut faite et confirmée; Esclas devint aussitôt homme-lige de l'empereur Henri ; il jura de lui porter dorénavant foi et loyauté

---

(1) Henri de Valenciennes n'est pas ici d'accord avec lui-même ; il a compté plus haut 1,600 hommes dans la *bataille* ou le corps d'armée de Burille.

l'empereour une soie fille k'il avoit; et Esclas s'est ragenoilliés derechef pardevant l'empereour, et li dist : « Sire, on me fait entendant » que vous avés une fille, laquelle je vous pri, » s'il vous plaist, que vous me donnez à moul- » lier. Jou suis assez riches hom de terre et de » trésor d'argent et d'or, et assez me tient-on » en mon païs pour gentil hom. Si vous pri, » s'il vous plaist, que vous me la donnez. » Et li haut home ki iloec estoient en présent li loent k'il li donist, pour ce que il de milleur coer le sierve et plus volentiers. Li empereres dist : « Signour, puisque vous le me loés et conseilliés, » je l'otroi. » Puis commencha à sousrire. Si appela Esclas, et li dist : « Esclas, je vous doins » ma fille par tel manière que Diex vous en laist » joïr, et vous otroi toute la conqueste de terre » que nous avons faite ichi, par tel manière que » vous en serés mes hom, et m'en servirés; et » si vous otroi avoec Blaquie-la-Grant, dont je » vous ferai signour, se Dieu plaist. » De ce li vait Esclas au pié; si l'en gracie mult durement. Atant s'entorna Esclas, et nostre gent s'en vinrent à un chastel que on appelle Estanemac; et là revint Esclas à nostre gent. Donques vont entre iaus et les barons devisant là où on espouseroit la damoizelle, et quant : et li empereres li présenta son cheval que il amoit merveillousement, et se li charge Wistasse son frère atout

⬦⬦⬦

deus batailles de sa gent; mais tant y ot que l'une fu de Griffons d'Andrenople, et li autres de nos Franchois.

18. Dont ne demourèrent plus nostre gent illoec, ançois s'en repairièrent à Andrenople sans nul destourbier, et de illoec s'en vinrent à la Pamphile; la fit tendre ses très, et regarda le castel ki tous estoit fondus et degastés. Dont jura li empereres que jà ne s'en partira nus dusques adont que li mur seront refait et rehauchiet; et li marischaus dist k'il s'accorde bien à che. Dont a mandé les ouvriers par tous lieus où il en pot avoir, et fit à tous porter le chauc et le mortier, que nus n'en fut onques espargniés. Là fu li empereres une grant pièche, tant que on li dist nouvéles que Liascres estoit courus sus David, et, s'il ne'l secourt hastivemeut, David et sa terre est perdue. Et quant li empereres oï çou, pour çou que ce David s'estoit tousjours maintenus envers lui loyaument, si en fu moult dolans. Dont appela le mareschal, et li dist qu'il de là ne se meust dusques adonc que li castiaus fust refremés ensi comme il soloit, et li marischaus le commanda à nostre Signour, et dist k'il feroit son commandement.

19. Adont s'en ala li empereres vers Constantinoble pour çou que il ne voloit mie que David fache nul mauvais plet à Liascre, ains passera le Bras Saint-Jorge pous assembler à lui, et ki

⬦⬦⬦

comme à son vrai seigneur. Le maréchal lui dit alors en particulier qu'il devroit demander à l'empereur une fille qu'il avoit. Esclas s'agenouilla derechef devant l'empereur et lui dit : « Sire, on m'a fait entendre que vous avez une » fille; je vous prie, s'il vous plaît, de me la don- » ner en mariage, je suis assez riche en terres et » en trésors; dans mon pays me tient-on assez » pour gentilhomme. Ainsi, je vous prie, s'il vous » plaît, de me la donner. » Et les hauts hommes qui étoient là présens, conseilloient à l'empereur de la lui donner, parce qu'il le serviroit de meilleur cœur et plus volontiers. L'empereur dit : « Seigneurs, puisque vous l'approuvez et me le » conseillez, je l'octroie. » Puis il commença à sourire; il appela Esclas et lui dit : « Esclas, je » vous donne ma fille pour que Dieu vous en laisse » jouir et vous octroye toute la conquête de terre » que nous avons faite ici, pour que vous en soyez » mon homme et m'en serviez, et aussi vous oc- » troie Blaquie-la-Grande, dont je vous ferai sei- » gneur, s'il plaît à Dieu. » Sur cela, Esclas se jette à ses pieds et le remercie moult vivement. Alors Esclas s'en alla, et nos gens s'en vinrent à un château qu'on appelle Estanemac. Là, Esclas revint à notre camp. Les barons et lui s'en allèrent devisant sur le lieu et le temps où il épouseroit la demoiselle. L'empereur lui présenta son cheval qu'il aimoit merveilleusement, et donna à son frère Wistase deux batailles de son armée; mais tant y eut que l'une étoit composée de Grecs d'Andrinople, et l'autre de nos François.

18. Notre armée ne resta pas long-temps là ; elle retourna à Andrinople sans aucun obstacle ; de là elle vint à Pamphile. L'empereur y fit dresser ses tentes. Il examina le château, qui étoit tout endommagé, et il jura qu'il ne partiroit de là que quand les murs seroient refaits et relevés. Le maréchal dit qu'il s'accordoit bien à cela. On manda les ouvriers par tous les lieux où l'on pouvoit en avoir; on leur fit à tous porter de la chaux et du mortier, et il n'en fut point épargné. L'empereur fut là assez long-temps, jusqu'à ce qu'on vint lui dire que Lascaris couroit sur David, et que s'il ne le secouroit en toute hâte, David et sa terre étoient perdus. L'empereur fut fort affligé de cette nouvelle, parce que David s'étoit toujours conduit loyalement envers lui. Il appela le maréchal et lui dit de ne pas quitter de là que le château ne fût reconstruit comme auparavant. Le maréchal recommanda le prince à notre Seigneur, et dit qu'il exécuteroit ses ordres.

19. L'empereur s'en alla donc à Constantinople, parce qu'il ne vouloit pas que David eût un mauvais débat avec Lascaris, dans l'intention de passer le bras de Saint-Georges pour marcher contre

dont en pot avoir, si en ait. Tout ensi com il le devisa fu fait; si fit passer le Brach, et commanda que nus ne demourast darriére, que il ne fut od lui à chartelenne. Quant Liascres sot que li empereres venoit sor lui, s'il fut esmayés, chou ne fet pas à demander. Dont laissa le siege k'il avoit mis par devant l'Areclée, si s'enfui ; et bien sachiés k'il en noyerent ès fluns duskes à mil u plus; ne onques Liascres ne tira son frain, si vint à Nike-la-Grant. Dont descendi et rendi graces à nostre Signor de ce que il ensi estoit escapés. Et se Diex eust consenti que nostre gent fussent plus tost venu là quatre jours, tout chil qui manoient de-là le Bras eussent esté pris, et meismes Liascres. Mais il remest qu'il ne plot mie à nostre Signour. Dont fu li empereres trop dolans et trop courouchiés de ce qu'il ne pot pas ataindre Liascre, car ossi il ne le pot plus sievir pour les grans aigues, et pour les grans pluies, et pour la grant froidour dou tans d'iver ki dont estoit mervelleusement frois et fors : ains s'en tourna à Constantinoble à toute sa gent et son harnois. Là séjourna li empereres une grant piéche en son país tout à pais ; et li marescaus Jofrois ot refremé le chastel de la Pamphile, et fait regarnir de nos Franchois, et puis s'en retourna à Constantinoble.

20. Si com li mariscaus repairoit de là Pamphile, il rencontra Esclas, et li demanda où il aloit, et il li dist k'il aloit à l'empereour pour faire ses noches, comme chil qui de son sairement se voloit aquitter : « Certes, Sire, fait li mariscaus, » de çou sui-je mult liés; et bien sachiés que » mult arés bon père à mon signour l'empe- » reour, se vous de retenir s'amour vous penés. » Et tant di-jou de ma damoisele vostre femme, » qu'elle est biéle, sage, courtoise et de-bon-aire, » et entechie de toutes bones teches; et si m'a- » t-on dit qu'elle est à Salembrie. » Et quant Esclas oï çou, adonques en ot grant joie. Que vaut autre alongement ? Esclas s'en vint droit à Salembrie pour sa feme. Dont l'a prise par la main, et li dist qu'il voet qu'elle viengne en Constantinoble ; et elle respont qu'elle est preste d'aler. Esclas, qui est tous embrasés de l'amour à la damoiséle, lorsk'il pot, fist tant qu'il la mena en Constantinoble ; et mult desiroit le jour k'il l'eust espousée , car il li sanloit bien que uns tous seuls jours en durast quarante.

21. Quant li empereres oï la nouvéle que Esclas venoit, si vint contre lui, et vinrent ensamble en Constantinoble, si li fitsa feme espouser ; et s'il y ot assés et joie et solas, chou ne fait mie à demander, car aussi grant plenté y ot-il de tous biens que se on les puisast en une fontaine.

◇◇◇

Lascaris et ceux qui pourroient suivre son parti s'il y en avoit. Tout ainsi fit qu'il avoit résolu ; il passa le bras et commanda que nul ne restât derrière qui ne fût près de lui. Quand Lascaris sut que l'empereur venoit à lui, s'il fut troublé, c'est ce qu'il ne faut pas demander. Aussi leva-t-il le siége qu'il avoit mis devant Héraclée, et s'enfuit ; et vous saurez qu'il s'en noya dans le fleuve jusqu'à mille. Lascaris ne cessa de fuir qu'il ne fût arrivé à Nice-la-Grande (Nicée). Il y descendit et rendit grâce à notre Seigneur de ce qu'il étoit ainsi échappé. Et si Dieu eût permis que notre armée fût arrivée quatre jours plus tôt, tout ce qui étoit au-delà du bras eût été pris, et même Lascaris. Mais il paroît que cela ne plut pas à notre Seigneur. L'empereur fut en même temps dolent et courroucé de n'avoir pu atteindre Lascaris, car aussi bien ne le put-il suivre à cause des grandes eaux et des grandes pluies, et de la grande froidure de l'hiver qui fut merveilleusement fort et froid, et ainsi s'en retourna à Constantinople avec tout son monde et son équipage. L'empereur séjourna un assez long temps dans son pays tout pacifié, et quand le maréchal Geoffroy eut réparé le château de Pamphile et y eut mis une garnison françoise, il s'en retourna à Constantinople.

20. Pendant que le maréchal réparoit Pamphile, il rencontra Esclas et lui demanda où il alloit. Esclas lui dit qu'il alloit trouver l'empereur pour faire ses noces, comme quelqu'un qui vouloit s'acquitter de son serment. « Certes , Sire , lui » répondit le maréchal, j'en suis très-content ; » et sachez bien que vous aurez dans monseigneur » l'empereur un bon père, si vous savez vous » en faire aimer. Autant en dis de ma damoiselle » votre femme qui est belle, sage, courtoise, de » bon air et douée de toutes bonnes qualités ; » elle est, m'a-t-on dit, à Sélyvrée. » Esclas, en entendant cela, eut une grande joie. Pourquoi tant différer? Esclas s'en va droit à Sélyvrée trouver sa femme. L'ayant prise par la main, il lui dit qu'il vouloit qu'elle vînt à Constantinople ; elle répondit qu'elle étoit prête à y aller. Esclas, tout embrasé d'amour pour la demoiselle, fit tant qu'il put pour la conduire à Constantinople ; il aspiroit fort après le jour où il l'épouseroit, car il lui sembloit bien qu'un seul jour en durât quarante.

21. Quand l'empereur ouït la nouvelle qu'Esclas venoit, il alla à sa rencontre, et tous deux vinrent à Constantinople, où il fit épouser sa fille à Esclas ; et s'il y eut assez de fête et de joie, c'est ce qui n'est pas à demander, car il y eut aussi grande abondance de tous biens que si on les eût puisés en une fontaine.

22. Ensi demoura Esclas en Constantinoble toute celle semaine, et puis se parti de l'empereour a toute sa feme. Li emperores li fist tout l'hounour que fere li pot, et le convoia une grant pièche à toute sa gent; etançois k'il se partist, parla à sa fille tot privéement, et li dist : « Bèle » fille, vous avés chi pris un homme avec lequel » vous vous en alés; il est auques sauvages ; » car vous n'entendés pas son langage, ne il ne » set se poi non del vostre : mais, pour Dieu, » gardés que vous jà pour çou ne soyés um- » brage vers lui ne vilaine ; car mult est grans » hontes à gentil feme quant elle desdaingne » son mari, et si en est trop blasmée de Dieu et » dou siècle. Sour toutes cosés, gardés, pour » Dieu, que vous ne laisciés vostre bon usage » pour l'autrui mauvais, et soyés douce, et de » bon-aire, et soufrans tant et ossi avant comme » vostre mari vaura, et si hounourés toute sa » gent pour lui. Mais sor tout vous gardés que » jà, pour amour que vous ayée à iaus, ne k'il » aient à vous, ne retrayés vostre coer de nos- » tre gent dont vous iestes estrait. — Sire, fait- » elle, or sachiés pour voir que jà de moi, se » Dieu plest, n'arés mauvaises nouvèles. Mais, » biaus dous pères, nous somes au départir, ce » moi samble. Se voel prier à Dieu k'il vous » doinst forche de sermonter vos anemis, et

◇◇◇

22. Esclas demeura ainsi toute la semaine à Constantinople, et puis quitta l'empereur, emmenant sa femme. L'empereur lui fit tous les honneurs qu'il put et l'accompagna un grand bout de chemin avec tous ses gens. Quand il se sépara de lui, il parla à sa fille tout privément et lui dit : « Belle fille, vous avez pris ici un homme avec » lequel vous vous en allez; il est pour vous » comme un sauvage, car vous n'entendez pas » son langage, ni lui n'entend le vôtre; mais, » pour Dieu, gardez-vous, pour cela, de prendre » ombrage ni mauvaise façon envers lui, c'est » moult grande honte à femme gentille, quand » elle dédaigne son mari; aussi en est-elle fort » blâmée de Dieu et du siècle. Sur toutes choses, » gardez-vous, pour Dieu, de quitter vos bonnes » manières pour prendre les mauvaises des au- » tres ; soyez douce et de bon air, et souffrez » tout autant que votre mari voudra. Hono- » rez aussi tous ses gens à cause de lui, mais » gardez-vous bien, par amour que vous aurez » pour eux et par celui qu'ils auront pour vous, » de retirer votre cœur de notre nation, d'où » vous êtes sortie. — Sire, répondit-elle, sachez » que s'il plait à Dieu, vous n'aurez jamais de » mauvaises nouvelles de moi; mais, biau doux » père, nous allons nous séparer, ce semble, et » je veux prier Dieu qu'il vous donne la force » de surmonter vos ennemis et l'accroissement

» acroisance de vostre hounour. » Atant s'entrebaisent, et puis se départirent li uns de l'autre.

23. Li emperores retourna en Constantinoble, et manda tous ses barons, et lor pria qu'il li doinsent conseil se il sejournera ou erra tout cel yver. Que vous diroie-jou ? Li baron li consillierent qu'il alast à Salenique pour conseillier la terre et pour secourre, et pour çou que Lombart, ki en estoient gardeour, li feiscent homage et feuté par le fil dou marchis, pour ce qu'il ne peust iestre mis arière de son droit par defaute de signour, et pour ce que li baron qui sévent les atyrances de la terre, et comment elle doit aler, rengent à l'empereour son droit et à l'enfant ossi. Et quant li emperores oï ce, si dist k'il l'otroie bien : « Mais il convient, fait-il, » que nous gardous liquels de nos barons de- » mouront chi pour la terre garder, car toute- » voies jou en voel remanoir sans soupeçon. » Dont ordenérent que li mariscaus remanroit, et Payens d'Orliens, et Miles li Braibant; et laiscièrent avoec iaus chevaliers et sergeans, pour ce que, se aucuns lor vouloit meffaire par aventure, il se peussent deffendre. Après a fait garnir Salembrie de chevaliers et de sergeans, et tous les autres chastiaus ossi, mès k'il envoia aussi Lyenart à Verisse, et Herbert à Visoie.

24. Atant est li emperores partis de Constanti-

◇◇◇

» de votre honneur. » Alors ils s'entrebaisent et puis se séparent l'un de l'autre.

23. L'empereur retourna à Constantinople et manda tous ses barons ; il les pria de lui donner conseil pour savoir s'il séjourneroit ou s'il voyageroit cet hiver. Que vous dirai-je ? Les barons lui conseillèrent d'aller à Salonique pour assister et secourir le pays, et pour que les Lombards qui le gardoient lui fissent hommage et fidélité pour le fils du marquis, vu qu'il ne pouvoit être privé de son droit par défaut de seigneur, et pour que les barons qui savent les usages du pays et comment il doit être régi, assurassent à l'empereur et à l'enfant leur droit respectif. L'empereur, les ayant entendus, dit qu'il adoptoit leur avis. « Mais il convient, ajouta-t-il, que » nous désignions ceux de nos barons qui reste- » ront ici, car je veux qu'il en reste pour gar- » der ce pays, afin que je sois sans inquiétude. » Il fut donc ordonné que le maréchal resteroit avec Payen d'Orléans et Miles de Brabant, et qu'on laisseroit avec eux des chevaliers et des sergents afin que si par aventure quelqu'un vouloit leur faire du mal, ils se pussent défendre. On fit ensuite garnir Sélyvrée de chevaliers et sergents de même que les autres châteaux. Liénars fut renvoyé à Verisse et Herbert à Visoie.

24. L'empereur partit donc de Constantinople pour aller à Salonique, afin de savoir si les Lombards

noble pour aler à Salenike, pour savoir se Lombart voloient envers lui çou qu'il doivent. Mais il ne les trouvera mie ensi k'il cuide ; car il dient k'il ont la terre conquise, et qu'il le voelent garder avoec l'enfant au marchis. Mais se il en cest espoir le féiscent, ce fust auques près de raison ; mais à ce ne tendoient-ils pas dou droit, anchois le voloient-ils tenir à lor oes tout proprement, ensi que vous orés ci-après.

25. Li emperres vint à Rodestoc, et assambla là grant gent ; et sachiés qu'il gieloit et negeoit à celui point qu'il issi de la vile tant asprement, que pour poi que la langue ne engieloit en la bouche de chascun ; à l'un engieloit li piet, à l'autre les mains, al tiers li doit, li nés au quart, et au quint crevoit la bouche par destrèche. Que vaut çou ? assez en y ot de mors. Mais or veulle Diex consentir que lor paine de l'empereour et de ses gens soit employée si com il set que mestier lor est, et que li empereres en soit hounourés ensi com il doit : mais il ara ançois enduré maint grant travail, et si home avec lui, car li flumaire (1) estoient si roit, si grant, si parfont et si anieus, que se par la miracle de Dieu n'y passoit-on, nus hom n'en pourroit venir à chief ; si que tout li mondes ki l'empereres véoit errer par tel tans avoit grant merveille u

⧫⧫⧫

vouloient lui rendre ce qu'ils lui devoient ; mais il ne les trouva pas dans les dispositions qu'il croyoit ; car ils lui dirent qu'ils avoient conquis le pays et qu'ils le vouloient garder pour l'enfant du marquis. Mais ce n'étoit pas par raison qu'ils agissoient ainsi ; ce n'étoit pas pour maintenir un droit, ils vouloient tenir le pays à leur volonté, comme on le verra ci-après.

25. L'empereur vint à Rodosto, où il assembla beaucoup de monde ; vous saurez qu'il geloit et neigeoit à tel point, qu'il s'en falloit peu que la langue ne gelât dans la bouche de chacun ; à l'un le pied geloit, à l'autre les mains ; à celui-ci le doigt, à celui-là le nez ; à un autre la bouche crevoit par gerçures. Que vous dirois-je ? Il y en eut assez qui moururent. Mais Dieu veuille que la peine de l'empereur et de ses gens soit récompensée comme il sait qu'ils le méritent, et que l'empereur en soit honoré comme il doit. En effet, il a enduré maint grand travail et ses hommes avec lui, car le fleuve étoit si roide, si profond, si incommode, que si on n'y passoit, par le miracle de Dieu, nul homme n'en pourroit venir à bout. Aussi tout le monde voyant marcher l'empereur par un tel temps avoit grande surprise et se demandoit où il alloit, ce qu'il cherchoit et quelle

(1) Nous ne savons de quel fleuve l'auteur veut ici parler ; peut-être est-ce de la rivière Ainadjik qu'il est ici question.

il aloit et qu'il queroit, et quel choze il pensoit à faire : car bien sachiez que nul n'el savoit, se chil non qui de son conseil estoient. Que vaut ce ? ki vous raconteroit toutes les gistes duskes à Salenique, che seroit uns grans anuis. Mais cele nuit que il fist si grant froit, comme je vous di, il jut à Naples ; et lendemain par matin se mut de Naples ; et cil qui les osteus devoient prendre se murent devant, fors que ne sai quant escuyer ki se levèrent plus matin, si chevauchierent tout désarmé, si com cil ki ne se doutoient que nus encombriers lor deust avenir. Atant gardent outre en une vielge charée ; si voient à leur encontre venir jusques à trois cens Blas, qui de toutes parts les forcloent. Si prisent de no gens un, et un autre ochisent, mais ne sai quant s'en rafuirent à l'empereour, et li content ces nouveles ; et li empereres en fu mult courrechiés, et dist qu'il l'amenderoit s'il peut. Dont s'arma et monta sor un cheval, et les prist à enchauchier ; mais cil kil cure n'avoient de lui attendre s'en prendre à fuir de grand ravine ; et quant li empereres vit qu'il n'en pooit nul ataindre, pour ce ne demoura mie qu'il ne les face sivir par traces dusques au soir, mès toutes voies en la fin ne pot il nul ataindre.

26. Celle nuit se hierberja à la Rouse, et y se-

⧫⧫⧫

choze il pensoit faire ; car vous saurez que nul ne le savoit, si ce n'est ceux qui étoient de son conseil. Que dire ? Vous raconter tous les logements jusqu'à Salonique, ce seroit vous donner un grand ennui. Mais cette nuit qu'il fit si grand froid, comme je vous ai dit, il coucha à *Napoli*, et le lendemain matin il partit de *Napoli* ; ceux qui devoient prendre les logements partirent devant, hors ne sais combien d'écuyers qui se levèrent plus matin et chevauchèrent tout désarmés, comme des gens qui ne croyoient pas qu'il leur dût advenir aucun encombre. Pendant qu'ils regardent, ils voient venir contre eux jusqu'à trois cents Bulgares qui les enveloppent de tous côtés. Ils prennent un de nos gens et en tuent un autre ; mais ne sais combien s'enfuient vers l'empereur et lui content cette nouvelle. L'empereur en fut moult courroucé, et dit qu'il se vengeroit s'il pouvoit : il s'arma donc et monta sur un cheval, et se mit à les poursuivre ; mais eux qui n'avoient garde de l'attendre, se prirent à fuir dans un grand ravin ; et l'empereur voyant qu'il n'en pouvoit atteindre un seul, il se décida à les faire suivre à la trace jusqu'au soir ; mais toutefois, à la fin, pas un seul ne fut attrapé.

26. Cette nuit on logea à la *Rouse* et on y séjourna le lendemain tout le jour pour attendre ceux qui venoient derrière. Au troisième jour, l'empereur partit de la Rouse et vint à Quipesale, et y fit camper son monde. De là il envoya savoir s'il

journa lendemain toute jour pour atendre ciaus ki venoient derriére. Au tiers jour s'est li empereres meus de la Rouse, et vint à la Quipesale (1); si y fist logier sa gent. Dont manda savoir à un flum ki là estoit, s'il y porroit passer sans encombrier; et nostre Sire démonstra bien que il voloit aidier à la nostre gent; car on trouva l'aigue si engelée ke on pooit bien caroyer sus. Dont passèrent tout outre sans damage recevoir. Mais de ce furent moult dolant aucun Griffon, car il avoient sorti que cil ki passeroit chil flum sans mouiller seroit trente-deus ans signour de la terre, ne il ne quidoient mie que che peust iestre se vérités non; et d'autre part il n'avoient onques oï dire que cil grans fluns (2) eust esté engelés au montant de l'espèse d'un seul denier. Car à merveilles estoit grans et parfons, et couroit radement, et si avoit bien une grant archie de large. Et pour ce disoient Grifon entre iaus que nostre Sires par-aime tant cel empereour que ce ne seroit pas légière chose à fère de lui chacier hors de la terre, ainçois le doivent servir ensi k'il dient, car il ne lor fait chose ki lor anoit.

27. Toutes voies erra tant li empereres qu'il vint à Machre (3) et puis à Traïnople, et de là vint à Messinople; et de là fist tant par ses journées k'il vint à Christople. Dont quida entrer ou castel à sa volonté, com cil ki nul mal n'y pensoit;

◇◇◇

pourroit passer sans encombre un fleuve qui étoit près de là. Et notre Seigneur fit bien voir qu'il vouloit aider nos gens; car on trouva l'eau si gelée, qu'on pouvoit bien charroyer dessus. On le traversa donc sans recevoir aucun dommage; mais plusieurs Grecs furent moult dolents de ce passage, car ils avoient un oracle qui disoit que, qui passeroit ce fleuve sans se mouiller seroit trente-deux ans seigneur du pays. Et ils ne doutoient pas que cela ne fût une vérité. D'autre part, ils n'avoient oncques ouï dire que ce grand fleuve eût jamais été gelé au plus de l'épaisseur d'un denier; car il étoit merveilleusement grand et profond et couloit rapidement. Il avoit bien une grande portée d'arc de large; et pour cela, les Grecs disoient entre eux que notre Seigneur aime tant cet empereur, que ce ne seroit pas chose aisée que de le chasser du pays, et qu'au contraire ils le devoient servir comme il disoit; car il ne leur faisoit rien qui leur fût nuisible.

27. L'empereur marcha tant, qu'il vint à Macri, puis à Trajanople, de là à Messinople; et il fit tant par ses journées qu'il alla à Cristople. Il songea à rentrer au château, à sa volonté,

mais li chastelains dist bien k'il n'i metcroit le pié; ains fist comander à ses homes que nus ne portast en l'ost cose dont bieste ne home peust vivre. Or poés vous oïr le commençaille de la traïson. Et quant li empereres vit k'il sostenoient contre lui son castel, s'il fu dolans et courrouchiés, ce ne fait pas à demander; et non pourquant il fait deffendre que on n'asaille pas le chastel, car il s'en vengera bien. Cele nuit jut li empereres à mult grant meschief dehors Cristople; et sachiés que il ne demoura mie au chastelain, ne en ciaus dou chastel, que il ne morut celle nuit de froit et de fain et de toute malaise; et il demenèrent toute la nuit dedens le castel grant joie et grant solaes. Au matin se parti li empereres de devant Cristople; et chevaucha vers Salenike parmi le Val de Phelippe droitement; et là sist Machédoine dont Phelipes fu rois; et là fu nés Alixandres, si com on treuve; et li rois Phelippes ses pères fist appeler le Val après lui le Val de Phelippe, et la chité de Machidone sist desus; et en cel val se combati Pompéus de Rome contre Jules César, et i fu Jules César desconfis. Que vous diroie-jou? Li empereres ki estoit mus pour aler vers Saleniqne, que on devoit de li tenir, et toute la terre que le marchis soloit tenir, quidoit sans contredit entrer ès viles et forteresses que li

◇◇◇

comme quelqu'un qui mal n'y pensoit. Mais le châtelain dit bien qu'il n'y mettroit le pied; aussi fit-il commander à ses hommes que nul ne portât à l'armée aucune chose dont bête ni homme pût vivre. Vous pouvez ouïr déjà le commencement de la trahison. Quand l'empereur vit qu'on défendoit contre lui le château, s'il fut dolent et courroucé, cela n'est pas à demander, et néanmoins il fit défendre qu'on attaquât le château, parce qu'il sauroit bien se venger. Cette nuit, l'empereur coucha à grand meschief, hors de Cristople, et sachez qu'il ne tint pas au châtelain, ni à ceux du château qu'il ne mourût cette nuit de froid, de faim et de tout malaise. Et dans le château, ils passèrent toute la nuit en grande joie et en grands ébats. Au matin, l'empereur s'en alla de devant Cristople et chevaucha vers Salonique tout droit, à travers le val de Philippe. Là est située Macédoine dont Philippe fut roi; là naquit Alexandre, comme on le voit dans l'histoire : et le roi Philippe, son père, fit appeler après sa naissance le val, val de Philippe; la cité de Macédoine est située dessus. Dans ce val combattit Pompée de Rome contre Jules-César,

---

(1) Quipesale, appelé aujourd'hui Ipsala, est sur les bords de l'Hèbre.
(2) C'est de l'Hèbre qu'il s'agit ici.
(3) Il y a ici une inexactitude géographique; après avoir

traversé l'Hèbre, l'armée française dut passer par Trajanople, appelé aujourd'hui Orikkova, avant d'arriver à Macri ou Mérée, situé beaucoup plus loin près de la mer.

Lombart tenoient de son propre droit sans nul contredit; mais li quens de Blans-dras l'a fait garnir contre lui. Li emperères li manda qu'il viegne parler à lui; et il respondi qu'il n'y venroit pas, car li Lombart se atissent bien que il ne doit de riens partir à la terre, ne jà n'y partira, si com ils dient. Et quant l'emperères oï cou, si en fu mult dolans. Dont vint la feste de la Nativité; si séjourna li emperères à Vigneri, et là vint Guillaumes de Blendel à lui comme cil ki mie ne se voloit tenir par devers les Lombars, ains voet obéir del tout à l'empereour comme à son droit signour; car *hom*, ce dist, *qui son signour faut à son besoing, ne doit avoir respons en cort*. Witasses, li frères à l'empereour, vint à Dragines un soir encontre son frère à tout vingt chevaliers que li emperères avoit fait aler avoec Esclas.

28. Droit à Vigneri, ensi comme je vous ai dit, tint li emperères sa cort al Noël. Trois jours y séjourna, et quant ce vint al quart, il s'en ala à la Gige, et puis s'en tourna. Dont il encontra celle matinée Aubertin ki tout cel mauvais plait avoit basti; et lors, quant li emperères le vit, si le salua, et Aubertins lui, et puis s'inclina; mais çou ne fu mie de coer. Poi l'ot convoyé, quant il retourna et vint à la Serre, et fist le chastiel garnir pour çou que nus des gens l'empereour ne peust entrer : et après vint à Salenique; si y basti un tel plait, dont Lombart se repentirent en la fin.

29. Li emperères chevaucha et passa un flum qui estoit dessous la Gige, et lendemain en passa un autre plus grant; et jut la nuit en un bois, et lendemain jut à Corthiac; c'est une riche abéye de moines gris. Si fust alés dusques à Salenike s'il peust; mais on li dist que li quens de Blans-dras l'avoit fait fremer contre lui, contre droit et contre raison : et Aubertins ot tant fait as Lombarts k'il orent mis hors de la vile tous les Franchois qui en garnison y estoient : et li emperères manda mon signour Cuenon de Bethune, qu'il avoit tousjours trouvé preudome et sage chevalier et loiael, et Pieron de Douay, et Nicolon de Mailli, et lor dist k'il alassent en Salenique parler au comte de Blans-dras : « Et lor monstrés toute le amisté » que vous porois de par nous; et lor dites bien » que il ne me resoignent de nule riens; car je » n'ai talent que jou mal lor face tant que je » puisse en avant, anchois lor voelle faire bien » et hounour, s'il ne remaint en iaus. » Dont se partirent de lui et s'en vienent à Salenique, droit devant le comte. Mais je trespasse le grant anui

---

et Jules-César fut déconfit. Que vous dirois-je ? L'empereur, qui étoit parti pour aller vers Salonique, qu'on devoit tenir de lui, avec tout le pays que le marquis avoit tenu, croyoit entrer sans contradiction dans les villes et forteresses que les Lombards tenoient de son propre droit sans nul contredit; mais le comte de Blandras les avoit fait garnir contre lui. L'empereur lui demanda qu'il vînt lui parler; il répondit qu'il n'y iroit pas, car les Lombards soutiennent qu'il n'y a rien à faire dans leur pays et qu'il n'y fera rien, comme ils le disent. Quand l'empereur ouit cela, il en fut moult dolent. Vint alors la fête de la Nativité. L'empereur séjourna à Vigneri : et là Guillaume de Blendel vint à lui comme quelqu'un qui ne vouloit plus tenir aux Lombards, mais obéir en tout à l'empereur comme à son vrai seigneur. *Car*, disoit-il, *homme qui manque à son seigneur dans le péril, ne doit avoir accès en cour*. Witasses, frère de l'empereur, vint à Dragines, un soir, trouver son frère avec vingt chevaliers que l'empereur avoit fait aller avec Esclas.

28. Droit à Vigneri, ainsi que je vous l'ai dit, l'empereur tint sa cour à Noël; il y séjourna trois jours, et quand vint le quatrième, il s'en alla à *la Gige* et puis s'en retourna. Dans cette matinée, il rencontra Aubertin qui avoit ourdi tout ce mauvais projet; quand l'empereur le vit il le salua, et Aubertin fit de même et puis s'inclina, mais ce ne fut pas de cœur. Après qu'il l'eut accompagné, il s'en retourna et vint à la Serre, et fit garnir le château, pour que nul des gens de l'Empereur n'y pussent entrer. Il vint ensuite à Salonique, où il ourdit un complot dont les Lombards se repentirent à la fin.

29. L'empereur chevaucha et passa un fleuve qui étoit dessous la Gige; le lendemain il en passa un autre plus grand et coucha la nuit en un bois, la nuit suivante à Corthiac, riche abbaye de moines gris; il seroit allé jusqu'à Salonique s'il eût pu, mais on lui dit que le comte de Blandras l'avoit fait fermer, contre lui, contre droit et raison; et Aubertin avoit tant fait auprès des Lombards, qu'ils avoient mis hors de la ville tous les François qui y étoient en garnison. L'empereur manda monseigneur Conon de Béthune, qu'il avoit toujours trouvé prud'homme et chevalier, sage et loyal, et Pierre de Douai et Nicolas de Mailli, et leur dit qu'ils alassent à Salonique parler au comte de Blandras. « Montrez-lui toute l'amitié que » vous pourrez de notre part, et dites-lui bien » qu'il ne me refuse rien; car je n'ai pas l'inten- » tion de lui faire plus de mal que je ne lui en ai » fait auparavant, je veux au contraire lui faire » bien et honneur, s'il veut le mériter. » Ils partirent et s'en allèrent droit à Salonique devant le comte. Mais je passe le grand ennui qu'ils eurent avant qu'ils y fussent arrivés : car il geloit et neigeoit fort, et avec tout cela il étoit nuit et il pouvoit bien y avoir deux grandes lieues avant qu'ils fussent entrés dans la ville.

k'il orent ançois k'il fuiscent entret ens : car il estoit mult durement gielé et negié; et avoec tout çou il estoit nuis, si que on peust bien avoir alet deus grans liues ançois k'il fuscent entré dedens.

30. Quant il vinrent laiens, si se couchiérent et reposérent dusques à lendemain après la messe, que il alérent ou chastel ù li quens estoit. Cuenes de Biéthune a la parole monstrée de la part l'empereour tout ensi com il estoit commandé, et dist : « Signor, fait-il, li empereres » nos sires vous salue, et vous fait à savoir, et » je de par lui le vous di, k'il est chi venus » pour faire droit, et pour droit prendre si avant » com il doit. Il n'a, che dist-il, encore de vous » recheus homages ne sairemens, et si avés vous » jà tous les profits de la terre recheus. Li » marchis fu ses hom, si com vous meismes sa- » vés et com il le reconust. Or est ensi k'il est » trespassés de chest siècle, Dex li pardoinst » ses meffais, et nous les nostres! De çou que » vous iestes acreu, est-il mult bel à monsi- » gnour. Or soyés, pour Dieu, sage et courtois » entre vous, et prendés tel conseil k'il tourt à » le hounour de l'empereour no signour et à la » vostre, et que vous n'en soyés pas décheut. » —Quens de Blans-dras, quens de Blans- » dras, fait dont Cuenes de Biéthune, te deust » ore avoir aucun besoing tenu vous ne fuissiés » alé encontre ton droiturier signor, et que tu » chaiens ne l'eusces pas recoellié et herbregié ?

⸻

30. Quand ils vinrent là, ils se couchèrent et reposèrent jusqu'au lendemain après la messe, qu'ils allèrent au château où étoit le comte. Conon de Béthune parla de la part de l'empereur tout ainsi qu'il lui étoit commandé, et dit : « Seigneur, » l'empereur notre sire vous salue et vous fait » à savoir, et moi je vous le dis de sa part, qu'il » est venu ici pour faire droit et pour prendre » droit autant qu'il doit. Il n'a, dit-il, encore » reçu de vous hommages ni serments, et vous » avez déjà reçu tous les profits de la terre. Le mar- » quis fut son homme, comme vous savez-vous » même, et comme il le reconnut... Maintenant » qu'il est trépassé de ce siècle, que Dieu lui » pardonne ses méfaits et à nous les nôtres! Mon- » seigneur trouve très-bien que vous vous soyez » agrandi; mais pour Dieu, soyez sage et courtois, » prenez tel conseil qu'il tourne à l'honneur de » l'empereur notre seigneur et au vôtre, afin que » vous ne soyez pas déchu. Comte de Blandras! » comte de Blandras! ajouta le comte de Béthune, » qu'est-ce qui l'obligeoit d'aller encontre ton » droiturier seigneur, et de ne le pas accueillir et » héberger ici? avois-tu peur qu'il ne fût traître en- » vers toi? mais je te dirai ce que tu dois faire. » Fais apporter la chartre que le marquis obtint de » l'empereur Baudouin, laquelle fut faite par le

» Avoies tu paour que il ne fust envers toi » traitres ? Or te dirai que tu feras; fais avant » aporter la chartre que li marchis ot de l'empe- » reour Baudouin, qui fut faite par le commun » assentement des haus barons qui pour cest » atirment furent esleu; et quant on aura pour- » veu le droit de l'enfant, tout ensi com li mar- » chis ses pères ot tenu le roialme, nostre sires » li empereres i vaura si très bien garder le » droit de l'enfant, qu'il n'en sera jà de nule » riens blamés, ne li enfes adamagiés.

» —Sire, fait li quens, nous avons très bien » oï chou que vous avés dit; mais, se Dieu » plaist, nous ne somes mie encore à ce venut, » ne à chou mené que nos voellons si tost per- » dre chou que nos avons conquesté. Que quiert » chi li empereres? nous avons grant pièce esté » ichi, et combattu souventes fois contre nos » anemis. Par Dieu, sire Cuenes, ki nous vau- » roit jà la terre tolir, après si grans travaus » que vous savés que nous y avons eus, trop » vous en devroit peser. Sace bien li empereres » que çaiens ne metra-il jà le pié, ne sor nous » ne ara-il jà signourie ne commandement. » Quant Cuenes de Biéthune oï ceste response, si en fu mult dolans, et ne respondi mie son pensé selon le grant orgoel qu'il oï. Et se Cuenes de Biéthune fu dolans, Nicoles de Mailli et Pieres de Douay n'en furent mie mains; et bien voient, se il par sens ou par engien, ou par treuvage

⸻

» commun consentement des hauts barons qui » furent élus pour cet acte, et quand on aura » pourvu au droit de l'enfant, en la même manière » que le marquis son père a tenu le royaume, » notre sire l'empereur défendra ce droit de l'en- » fant de telle façon, qu'il ne sera blâmé en rien, » ni l'enfant en rien endommagé.

» —Seigneur, répondit le comte, nous avons très- » bien ouï ce que vous avez dit; mais, s'il plaît à » Dieu, nous ne sommes pas encore venu à ce » point, ni à cela forcés que nous voulions sitôt » perdre ce que nous avons acquis. Que cherche » ici l'empereur ? Nous sommes ici depuis long- » temps; nous avons souventes fois combattu » contre nos ennemis. Pardieu, sire Conon, il » en coûteroit trop à qui nous voudroit enlever ce » pays, après les grands travaux que vous savez » que nous avons supportés. Que l'empereur » sache bien que jamais il ne mettra le pied ici et » n'aura jamais sur nous seigneurie ni comman- » dement... » Quand Conon de Béthune eut ouï cette réponse, il en fut moult dolent, et ne répondit point selon sa pensée à ce grand orgueil qu'il entendoit; et si Conon de Béthune fut dolent, Nicolas de Mailli et Pierre de Douai ne le furent pas moins. Ils virent bien que s'ils n'entroient dans la cité, par raison, ou par adresse, ou par

donnant, n'entrent en la cité, tout les converra par fine forche morir de faim et de froit et de toutes malaises, à çou que li flum sont grant, et li pluvaise et les gielées ; et pour et lor consentent à dire tous lor boins. Dont offrirent doubles drois de par l'empereour, et lor devisèrent trois manières de pais; mais onques à offre c'on lor fesist de par l'empereour ne respondirent, anchois se escondirent tout adiés de plus en plus. Dont lor dist encore me sire Cuenes, et proia pour Dieu que il se consillaiscent, et pour Dieu que il ne feissent chose par coi li hounours de Constantinoble fust abaissié. « Nous
» vous partirons, fait-il, trois pais, si verrons
» laquelle vous vaurez prendre des trois. Ore
» eslisiés deus preudomes, sages homes et de
» bonne renommée entre vous, et nous, d'autre
» part, eslirons aussi deus, et chil quatre en-
» quiercnt toutes les vérités; et quant il l'au-
» ront enquis, si en disent chascun son droit,
» et chascune partie se tiegne à ce que il en
» diront ; et se vous çou ne volés faire, se nous
» en metons sor ledit de la cour de Rome, ou
» sor celle de France, ou sor la cour de l'em-
» pereor de Rome, u sour la chartre meisme.
» Ensi iert faite le atiranche entre nous, et de-
» mourommes tout bon amis. Pour Dieu, Si-
» gnour, or vous hastés de tost respondre, car
» li empereres est là hors à Corthiac, où il n'a
» pas quanques il vauroit. Et bien sachiés, se

« » Diex me saut, que mult est grans hontes
» quant il là fors s'est herbergiés par vostre
» défaute; et s'il de male-aises moroit par
» aucune défaute, sire quens, sur vous en se-
» roit li pechiés, et si en seriés au mains restés
» de traïson. Ne pour choze dont vous vous doutés
» de lui ne destraingiés auques de plait; mais
» pour Dieu, sestraingiés vostre coer entre vous,
» et faites tant que li hounours soit sauvée de
» l'empereour, et que vous n'i soyés perdant. »
31. Adont estraint li quens son conseil entre lui et ses Lombars. Là fu Aubertins et Reniers de Travas, et Pieres Vens; et si ot autres Lombars que je ne vous sai ore mie nommer. Chist parlérent ensaule et discnt : « Signour, il est
» ensi que nous avomes là fors l'empereour ;
» veschi tot le conseil ; gardés que nous ne fa-
» çons nule pais, se nous n'en avons toute nos-
» tre demande entièrement, et à ce nous tenons
» toujours; » et il s'acordent tout à ce conseil ; si s'en sont départi. Atant furent apelé nostre message, et li quens meismes lor respondi çou qu'il avoit trové à son conseil. « Sire, fait li
» quens à monsignor Quenon de Bietune, nos-
» tre consaus si nous aporte que nous volons
» avoir toute la terre de Duras, et tout jusques
» à la Maigne, et toute la terre Largut, et quan-
» ques il y apent, et toute l'isle de Griesse ; si
» volons avoir Chorinte, et ke Michalis et tout
» si baron nous facent homage; si volons avoir

⌬

trève, tout les conduiroit par la force à mourir de faim et de froid et de tout malaise, car les fleuves étoient gros, les pluies abondantes et les gelées fortes, et pour cela ils se décidèrent à parler avec douceur. Ils offrirent donc de la part de l'empereur double droit, et proposèrent trois manières de paix. Mais on ne répondit oncques aux offres qu'ils firent; on les éconduisit toujours de plus en plus. Messire Conon dit encore et pria, pour Dieu, qu'ils se conciliassent et qu'ils ne fissent pas chose par quoi Constantinople fût abaissée. « Nous vous pro-
» poserons, dit-il, trois sortes de paix, et nous ver-
» rons laquelle vous voudrez accepter. Maintenant,
» choisissez entre vous, deux prud'hommes sages et
» de bonne renommée, et nous, de notre côté,
» en élirons deux : ces quatre s'informeront de tou-
» tes les vérités, et quand ils s'en seront enquis, cha-
» cun d'eux en dira son avis et chaque partis'en tien-
» dra à ce qu'ils diront. Si vous ne voulez le faire,
» nous nous en rapporterons ou à la cour de Rome,
» ou à celle de France, ou à la cour de l'empereur
» de Rome, ou à la chartre même. Ainsi fait le traité
» entre nous, nous demeurerons tous bons amis.
» pour Dieu, Seigneur, hâtez-vous de répondre au
» plus tôt, car l'empereur est là dehors à Corthiac,
» où il n'a pas tout ce qu'il voudroit. Et bien sa-
» chez, que Dieu me sauve ! que c'est grande

⌬

» honte que par votre défaut il soit là hébergé
» dehors, et s'il mouroit de malaise par suite de cet
» abandon, sire comte, le péché en seroit à vous,
» et vous seriez au moins, accusé de trahison.
» Ne vous refusez point à traiter, pour aucune
» chose dont vous vous défiez de lui ; mais pour
» Dieu, rapprochez votre cœur de lui, et faites
» tant que le respect dû à l'empereur soit sauvé,
» et que vous n'y perdiez rien. »
31. Le comte assembla donc son conseil et ses Lombards. Là fut Aubertin et Reniers de Travas, et Pierre Vens; et il y eut d'autres Lombards que je ne puis maintenant vous nommer ; ils parlèrent ensemble, et dirent : « Seigneur, il est vrai que nous
» avons là l'empereur dehors. Voici le conseil
» que nous donnons : Gardez de faire aucune paix,
» si nous n'avons entièrement ce que nous de-
» mandons; nous tenons toujours à cela. » Tous s'accordent à ce conseil et se séparent. Alors on appèle notre message, et le comte répond lui-même d'après l'avis de son conseil. « Sire, dit-il,
» à monseigneur Conon de Bethune, notre conseil
» a décidé que nous voulons avoir toute la terre
» de Duras, et tout jusques au Magne, et toute la
» terre de Léon Sgurre, et tout ce qui en dépend,
» et toutes les îles de la Grèce; nous voulons avoir
» Corinthe et ce qu'a Michel, et que tous ses ba-

» la Verre et la Ferme, et toute la terre dus-
» ques à Phinepople; et se li emperere le nous
» otrie ensi, bien le volommes chaiens requel-
» lir, ne autrement n'i entrera il jà, si m'ait
» Dieus. »

32. Quant Cuenes de Bietune oï ceste response, mult li tourna à grant anoi, et ne se pot mie tenir que il à çou ne desist : « Comment, sire quens, v'i devons donc nule riens avoir ? n'i
» venimes nous mie ensamble comme compai-
» gnon, et i avommes ausi bien enduré les pai-
» nes et les travaus pour nostre Signor com
» vous avés ? par Dieu, sire cuens, il ne m'est
» pas avis que il ait en vostre requeste nule
» raison, ne que vos teus choses deusciés mie
» requerre abregiers, que vous ayés les cités et
» les chastiaus, et toute la signourie de la terre,
» sauf çou que nous n'i partirons de riens, et
» si avons esté en toutes les plus grans besoin-
» gnes de la conqueste tout adiés. Par moi don-
» ques, n'i sai-jou autre chose mais que nous
» nous aparillons pour labourir ensi comme vi-
» lain. Sire quens, sire quens, dit Quenes de
» Biétune, se nous demenons ensi li un les au-
» tres et aloumes rancunant, bien voi que nous
» perdrons toute la terre, et nous-meismes se-
» rons perdu, se nous ensi faisons, et en ce mo-
» rons, car nos moriemes en haine mortel li uns
» envers l'autre. Et se nous nous entre-guer-

» rons nous fassent hommage ; nous voulons avoir
» Béroë et Thermel, et toute la terre jusques à Phi-
» lippopolis; et si l'empereur nous l'octroie ainsi,
» nous voulons bien le recevoir ici, autrement il
» n'y entrera jamais, si Dieu m'aide. »

32. Quand Conon de Béthune ouït cette réponse, il éprouva à grand déplaisir, et ne put s'empêcher de dire : « Comment, sire comte, nous ne devons
» donc rien avoir ici ? N'y sommes-nous pas ve-
» nus ensemble comme compagnons, n'y avons-
» nous pas comme vous bien enduré des peines et
» des travaux pour notre Seigneur ? Pardieu, sire
» comte, il ne m'est pas avis qu'il y ait nulle rai-
» son dans votre demande, ni que vous soyez en
» droit de requérir les cités et les châteaux, et
» toute la seigneurie de la terre, sauf que nous
» n'y partagerons rien, nous qui avons toujours
» été dans toutes les plus grandes besognes de la
» conquête ; pour moi je ne sais plus autre chose
» que de nous comparer à des vilains qui travail-
» lent pour le profit des autres. Sire comte, ajouta
» Conon de Béthune, si nous nous conduisons
» ainsi les uns les autres, et si nous allons rancu-
» nant, bien vois que nous perdrons tout le pays,
» et nous-mêmes serons perdus, si nous fai-
» sons ainsi ; et nous mourrons, car nous
» mourrons en haine mortelle les uns des
» autres ; et, si nous nous entreguerroyons,

» roions, donques primes seront Grifons lie et
» joiant. Pour Dieu, quens, çou n'a mestier.
» Nous vous prions merchi de par no signour
» l'empereour, que vous pour Dieu li sachiés
» raison. Et si retenés assez de la soie, ciertes
» mout est laide chose et vilaine, quant il est
» de chaïens fors-clos ; et mult en est grans li
» mesproisons sour vous, et li desraisons de çou
» que la hors le laisiés. Que vaut chou ? Je voi
» bien que nous ne faisons riens chi. Sire cuens,
» or vous dirai encore que vous ferés, s'il vous
» plaist. Parlés encore à vostre conseil, et faites
» si pour Dieu, s'il i estre peut ne doit, que
» ceste païs viengne entre nous et vous. Metons
» arrière dos le paour de nostre Signour, en tel
» manière que nous de mal faire ne le cremons ;
» et se nous commençons guerre li uns contre
» l'autre, jou vous di et fai à savoir que toute la
» terre en sera destruite, et nous perderons tout
» ce que nous avoumes pieçhà conquesté à si
» grant paine. Et s'il est ainsi toutes voies que
» nous nous entre-ochions en tel manieres, dont
» n'y a il plus mais que nous tout avant re-
» noions nostre Signour ; et mal que mal, en-
» core vauroit-il miex que nous en fuisçons hors
» dou païs. Pour Dieu, sire cuens de Blans-
» dras, ne souffrés jà que nous nous destruisons
» en tel manière par la vostre coupe ; mais preu-
» dés les biaus offres que nous vous faisons ichi.

» les Grecs en seront les premiers joyeux
» et contents. Pour Dieu, comte, cela n'est pas
» raisonnable, nous vous prions, de la part de
» notre seigneur l'empereur, que, pour Dieu, vous
» lui fassiez raison. Certes, c'est chose moult
» laide et vilaine que vous lui reteniez assez du
» sien, et que vous le teniez éloigné d'ici ; c'est une
» grande honte pour vous ; c'est contre toute rai-
» son que vous le laissez là dehors. Qu'est-ce à
» dire ? Je vois bien que nous ne faisons rien ici.
» Sire comte, je vous dirai : Essayez encore ; par-
» lez encore à votre conseil, et pour Dieu, faites
» en sorte que la paix s'établisse entre nous et
» vous. Mettons arrière dos la peur de notre
» Seigneur, de telle manière que nous ne crai-
» gnions que de mal faire. Si nous commençons
» la guerre les uns contre les autres, je vous dis et
» fais à savoir que tout le pays en sera détruit, et
» nous perdrons tout ce que nous avons déjà con-
» quis avec tant de peine. Et toutefois, s'il est
» ainsi que nous nous entretuions de cette ma-
» nière, autant vaut auparavant que nous renions
» notre Seigneur, et, mal pour mal, mieux vaudroit
» que nous fussions hors de ce pays. Pour Dieu,
» sire comte de Blandras, ne souffrez pas que nous
» nous détruisions ainsi par votre faute. Mais ac-
» ceptez les belles offres que nous vous faisons ici.
» Et pour Dieu, si vous savez les grandes peines

» Et pour Dieu, pour çou, se vous savés les
» grans hascies et les grans malaises que nous
» souffrons là fors, pour çou ne nous destraingiés
» mie à çou que nous façons chose qui nous
» tourt à honte ne al descroisement de l'em-
» pire, ne de le hounour l'empereour.
» — Sire Cuenes, fait Aubertins, or sachiés
» bien que nous ne nous assentiriesmes point à
» nul consel que nous vous laisomes point de
» la nostre terre, ne de toute la demande que
» nous vous avons faite; et se vous ensi ne le
» fetes, assés poés là fors séjourner pour nous;
» car chaiens ne meterés-vous les piés. — Biau
» signor, fait dont Pieres de Douay, et se nous
» n'avons très ne aucube, girons-nous donc as
» chans autresi comme chiens mastins ? —
» Vous girés, fait Aubertins, au miex que vous
» porés, et que vous sarés : car s'il ne fait ensi
» com vous avés oï, çaiens ne sera-il jà herbre-
» giés. — A chou nous assentons-nous, dist li
» quens, ne de nous n'enporterés-vous autre
» chose ? — Signour, fait mesire Cuenes, et
» nous retournerons donques arière pour dire à
» no signeu l'empereour tout chou que nous
» avons trouvé ; et ce qu'il respondera nous le
» vous lairons à savoir chaiens par nous u par
» autrui. »

33. Dont sont tourné arriére; si montent sor lor
chevaus et reviénent à lor signor l'empereour;

◇◇◇

» et les grands malaises que nous souffrons là de-
» hors, ne nous forcez pas à faire chose qui nous
» tourneroit à honte ou au décroissement de l'em-
» pire, et de l'honneur de l'empereur.
» — Sire Conon, dit Aubertin, sachez bien
» que nous ne consentirions à rien autre, que
» nous ne vous donnerons rien de notre terre,
» et que nous ne relâcherons rien de la demande
» que nous vous avons faite ; et si vous ne le faites
» ainsi, vous pouvez long-temps séjourner là de-
» hors pour nous, car ici ne mettrez pas le pied.
» — Beau seigneur, reprit Pierre de Douai, et si
» nous n'avons ni tentes ni lits, resterons-nous
» donc aux champs comme chiens mâtins ? —
» Vous vous tournerez, répondit Aubertin, au
» mieux que vous pourrez et que vous sau-
» rez ; car s'il ne fait ainsi que vous avez ouï,
» il ne sera jamais hébergé ici. — A cela,
» nous accordons-nous, dit le comte, et de nous
» n'emporterez autre chose. — Seigneur, dit
» messire Conon, et nous retournerons donc pour
» dire à notre seigneur l'empereur tout ce que
» nous avons trouvé, et ce qu'il répondra nous
» vous le ferons savoir ici, par nous ou par d'au-
» tres. »

33. Ils se retirèrent donc, et, montant sur leurs
chevaux, revinrent à leur seigneur l'empereur;
ils lui dirent et contèrent toutes les réponses et

si li ont dit et conté tous les respons et toutes
les demandes que li Lombart lor ont faites. Et
quant li empereres oï çou, s'il fu dolans chou
ne fait mie à demander. Donques a dit as messages : « Chiertes, signour, il me requièrent si
» très-grant tort comme vous-meismes le savés
» très-bien, et que jà, se Dieu plaist, ce ne fe-
» rons. Or ensi qu'il sont laiens en grant solaes
» et en grant déduit ; et pour çou que il sèvent
» que je sui à si très-grant meschief me re-
» quièrent que jou me déporte de toute ceste
» terre. Pour Dieu, comment feroie-jou çou, ne
» comment poroie-jou m'i à ce accorder ?
» — Sire, si ferés, font donques si home, u
» autrement nous sommes tout morts et honni ;
» car il fet si fort tans et si cruel, come vous-
» meismes le poée savoir et sentir ; et d'autre
» part nous ne ravommes que mangier, ne n'a-
» tendoumes nul secours qui nous doie venir de
» nulle part. Or, se nous sommes ichi plus cinq
» jours sans viande ne sans autre secours, grans
» merveille sera se nous ne soumes chi tout
» mort de fain et de meschief : car nous n'ave-
» rons nul confort d'iaus par nule manière : il
» nous ont chi aussi com en prison. Et d'autre
» part, s'il nous font par forche faire chose que
» nous ne devons faire par raison ne otryer, en
» nom Dieu la forche paist le pré, et on doit
» mult faire pour issir hors de prison et pour sa

◇◇◇

toutes les demandes que les Lombards leur avoient
faites ; et quand l'empereur les eut ouïs, s'il fût
dolent c'est ce qu'il ne faut pas demander. Il dit
donc aux messagers : « Certes, seigneurs, ils me
» demandent des choses très-injustes, comme vous
» savez très-bien, et jamais, s'il plaît à Dieu, nous
» ne les accorderons. Ils sont maintenant là en
» grands divertissements et en grande joie ; et
» parce qu'ils savent que je suis ici à très-grand
» méchief, ils me demandent que je me départe
» de toute cette terre. Pour Dieu ! comment fe-
» rois-je cela, ou comment pourrois-je m'y accor-
» der ?
» — Sire, si ferez, lui disent ses hommes, ou
» autrement nous sommes tous morts et honnis,
» car il fait un temps si fort et si cruel, comme
» vous-même le pouvez savoir et sentir, et d'au-
» tre part nous n'avons rien à manger, et nous
» n'attendons nul secours qui nous doive venir
» de nulle part. Or, si nous sommes ici plus de
» cinq jours sans viande ni sans autre secours,
» ce sera grande merveille si nous ne sommes tous
» morts de faim et de méchief, car nous n'aurons
» d'eux nul confort d'aucune manière. Ils nous
» tiennent ici comme en prison ; et d'autre part,
» s'ils nous font faire, par force, chose que nous ne
» devons faire par raison ni octroyer, au nom de
» Dieu, la force paît le pré, et on doit tout faire

» vie sauver. Et pour çou ne ferons nous pas
» desloiauté, dou requerre nostre droiture hui
» ou demain, se nous en poons venir en point
» et en lieu ; mais athirés messages hastive-
» ment, qui bien sachent cest message fur-
» nir. »

34. Après tout çou respondi li empereres, ki trop merveilleusement estoit dolans et courochiés, et dist tout en plourant. « Biau signeur, fait-il,
» par foi jou puis avoir en moi-meismes très-
» grant doel et mult très-grant despit ; car Lom-
» bart m'ont emprisonné, si comme vous poez
» veoir, et sour tout çou me requiérent que jou
» leur laisse quitement Estines, Négrepont et
» toute la terre ki est de Duras dusques à
» Macre. Bien tient çou k'il demandent vingt
» grans journées u plus ; et pour çou k'il m'ont
» ore en lor destroit, si me converra par forche
» faire, et par la destreche que il me font, que
» jou lor otroie toute lor volenté. Que vaut çou ?
» Je leur otroie, et pour tant sans plus que jou
» sui en lor prison. Mais jà pour çou, se Dieu le
» consent, ne le tenront-il longuement. —
» Sire, font li archevesque et li évesque de
» l'ost, nous vous en asaudrons de tout le
» meffait, et en prenderons tous les péchiés sur
» nous. »

35. Adont apiela li empereres Quenon de Bie-

tune pour cest message furnir et Ansiel de Caheu, et lor enchargea le message tout ensi com
il vouloit qu'il fust dit, et lor dist : « Signor,
» jou jurerai tous premiers, et puis jureront tout
» li baron après moy que toutes les convences,
» tout ensi com il les ont devisées, que nous le
» tenrons sans nule défaute, sauf chou que çou
» soit li greis de l'empereis. » Et véés le point
par coi li Lombart furent tout engignié et dé-
cheu. Dont s'en allèrent li message à l'empereour tout droit à Salenique, et fisent tant au
conte de Blans-dras que il l'en amenérent avoec
iaus al Corthiac. Dont le baisa l'empereour et
li pardona illuec toute sa male amour et tout
son mautalent, et si jurérent à maintenir le
droit de la dame, et le droit de l'enfant tout
autresi à garder ; et quant ce vint après mangier, li quens s'en rala à Salenike ; mais li empereres demoura celle nuit al Corthiac. Et quant
ce vint à lendemain par matin, li empereres
commanda à quarante chevaliers k'il fuissent
aparillié pour aler avoeques lui, et bien autres
soixante ki entrérent avoec tous les quarante,
maugré tous chiaus ki les portes gardoient. Que
vous diroie-jou ? que cil ki conter les devoient
en perdirent le conte. Or fu li empereous entrés
par dedens Salenike et li quens de Blans-dras
descendi à terre et mena à pié l'empereour par

⋙⋘

⋙⋘

» pour sortir de prison et pour sauver sa vie, et
» pour cela nous ne ferons pas déloyauté de re-
» quérir notre droit aujourd'hui ou demain, si
» nous pouvons en venir à point et lieu. Envoyez
» donc des messagers hâtivement, lesquels sa-
» chent bien remplir leur message. »

34. Après tout cela, l'empereur, qui étoit trop merveilleusement dolent et courroucé, répondit en pleurant : « Beaux seigneurs, j'ai bien sujet d'être
» en grand deuil et en très-grand dépit, car les
» Lombards m'ont emprisonné, comme vous pou-
» vez voir, et ils me demandent que je leur laisse
» entièrement Estines, Négrepont, et toute la terre
» de Duras jusqu'à Macri. Tout ce qu'ils deman-
» dent tient bien vingt grandes journées ou plus de
» chemin, et parce qu'ils m'ont en leur discrétion,
» et par la détresse où ils me laissent, force me
» sera que je leur octroie toute leur volonté. Après
» tout, je leur octroie parce que je suis en leur
» prison ; mais, si Dieu y consent, à cause de cela
» ils ne tiendront pas long-temps. — Sire, dirent
» les archevêques et les évêques de l'armée, nous
» vous absoudrons de tout le méfait et en pren-
» drons sur nous tous les péchés. »

35. L'empereur appela donc Conon de Béthune et Anseau de Cahieu, et les chargea du message tout ainsi qu'il vouloit qu'il fût fait : « Seigneurs, je
» jurerai tout le premier, et puis tous les barons
» jureront après moi, que nous tiendrons, sans

» nul défaut, toutes les convenances tout ainsi
» qu'ils les ont réglées, sauf que ce soit le gré de
» l'impératrice. » Et voyez comment les Lombards furent tous trompés et déçus. Les députés de l'empereur allèrent tout droit à Salonique, et firent tant auprès du comte de Blandras, qu'ils l'amenèrent avec eux à Corthiac. L'empereur le baisa et lui pardonna toute sa malveillance et toutes ses mauvaises dispositions. Ils jurèrent de maintenir le droit de la dame et de garder pareillement celui de l'enfant. Et quand ce vint après le manger, le comte s'en retourna à Salonique ; mais l'empereur demeura cette nuit à Corthiac ; et quand on fut au lendemain matin, l'empereur commanda à quarante chevaliers de se tenir prêts pour aller avec lui ; il y en eut bien soixante autres qui entrèrent avec les quarante, malgré tous ceux qui gardoient les portes. Que vous dirai-je ? Ceux qui devoient les compter en perdirent le nombre. Dès que l'empereur fut entré dans Salonique, le comte de Blandras descendit à terre et mena l'empereur, en tenant les rênes de son cheval, jusqu'au couvent de Saint-Démétrius. Quand on vint à l'entrée de la porte, il y eut une si grande presse que là on frappoit et battoit chacun de la verge ou du bâton sur la tête. Nos gens juroient Dieu et tout son pouvoir qu'ils entreroient tous, malgré les Lombards. Ceux-ci ne les purent arrêter, et les laissèrent tous entrer ; au troisième

le règne dusques au moustier St. Demitre; et quant çou vint à l'entrée de la porte, il i ot si très-grant presse, que là u on féroit et batoit cascun de verge ou de baston sour la tieste, si juroient il Dieu et tout son pooir qu'il i entreroient tout maugré les Lombart. Que vau çou? Li Lombart ne le porent amender et laisièrent tout entrer, et al tiers jour entra toute li os l'empereour qui fu demouré al Corthiach dedans la cité de Salenike; et quant il vinrent as aises et as solaes, si orent tantos oubliés toutes les grans paines et les grans travaus qu'ils orent eus.

36. Li Lombart disoient k'il demandoient la terre avoec l'empereis et avoec l'enfant, mais tout y avoit el. Mais ils le voloient garder avoec le marchis Guillaume de Monferrat, que il avoient mandé par tant de messages que pour poi que il ne dervoient pour sa demeure; et puisque il envers l'empereis et enviers son fil ouvroient si vilainement, che ne seroit ore mie mult grant merveille, se Diex voloit consentir que il en eusent lor gueredon. Et après çou que li empereres ot esté trois jours ou quatre en Salenike, li mandérent cascun jour li Lombart que il lor tenist ce que il lor avoit en convent par son sairement. Et tant li ont-il mandé que il laisièrent le mander, et li disent par bouche; et li empereres lor respondi que il en estoit tout apareilliés; et dist au conte que il recordast tout çou que il demandoit, et en la présence de tous :

« Sire, fait li quens, et je le vous recorderai,
» puisqu'il vous plaist. Premièrement je vous
» requier pour l'enfant del marchis toute la
» terre qui est de Mothon dusques à Macre, et
» toutes les apertenanches ki sont chi en de-
» dens, et qui i estre doivent. Sire, ce vous re-
» quier-jou et de la partie de l'enfant. »

37. Dont apiela li empereres les prinches et les barons ki laiens estoient cascun par son nom; premiérement l'archevesque de Salenique, qui dalès lui séoit, le comte Bertoul, et le signour del Cytre; et après tous les autres barons ki laiens estoient, puis lor demanda s'il s'asentoient à la demande que li quens avoit faite sour lui.

38. De tous chiaus ki laiens estoient n'en i ot nul ki à ceste chose se vousist asentir, fors que Aubertins, ki sires estoit des Estines, et li chanseliers et Pieres Vens. Cil troi traitor sans plus furent par-devers le conte. Dont dist li empereres al conte : « Sire cuens, or m'entendés un
» poi, s'il vous plaist. Jou ne voel mie que vous
» ne autres puiessiés à droit dire que je vous
» faille de convenenches. Voirs fu que jou vous
» euch en convent que toute la terre que vous
» avés chi recordée, que jou le vous otriai, se li
» empereis s'i accordoit, et jou encor le vous
» reconnois bien, et le vous tenrai s'ele s'i ac-
» corde. Mais je voel bien que tout li mons sa-
» che que onques mais à nul signor ne fut faite
» teus demande qu'ils donnast la soie hounour

---

jour, toute l'armée de l'empereur, qui étoit demeurée à Corthiac, entra dans la cité de Salonique. Quand ils eurent leurs aises et leurs ébats, ils eurent bientôt oublié toutes les grandes peines et les grands travaux qu'ils avoient eus.

36. Les Lombards disoient qu'ils demandoient le pays pour l'impératrice et pour l'enfant, mais c'étoit tout autrement. Ils le vouloient garder pour le marquis Guillaume de Montferrat qu'ils avoient mandé par tant de messages qu'il s'en falloit peu qu'ils ne perdissent le sens, parce qu'il différoit de venir, et comme ils travailloient si vilainement en faveur de l'impératrice et de son fils, ce ne seroit pas maintenant grande merveille, si Dieu vouloit qu'ils en fussent récompensés. Après que l'empereur eut été trois ou quatre jours à Salonique, les Lombards lui mandèrent chaque jour qu'il leur tint ce dont il étoit convenu par son serment. Ils le lui mandèrent tant qu'ils s'en lassèrent et le lui dirent de bouche. L'empereur leur répondit qu'il étoit tout disposé à le faire, et il dit au comte de rappeler tout ce qu'il demandoit en présence de tous. « Sire, dit le comte, je vous le
» recorderai, puisqu'il vous plaît. Premièrement,
» je vous requiers pour l'enfant du marquis toute
» la terre qui est depuis Modon jusqu'à Macri,
» et toutes les dépendances qui y sont dedans et
» qui y doivent être. Sire, je vous requiers, et de
» la part de l'enfant. »

37. Là dessus l'empereur appela les princes et les barons qui étoient là, chacun par son nom; d'abord l'archevêque de Salonique qui étoit près de lui, le comte de Bertoul et le seigneur du Cytre, et après tous les autres barons qui étoient là, puis leur demanda s'ils consentoient à la demande que le comte lui avoit faite?

38. De tous ceux qui étoient là, il n'y eut nul qui voulût consentir à cette chose, excepté Aubertin, qui étoit sire des Estines, et le chancelier, et Pierre Vens; ces trois traîtres, sans plus, se rangèrent du côté du comte. Là dessus, l'empereur dit au comte : « Sire comte, entendez-moi un peu
» s'il vous plaît. Je ne veux pas que vous ni
» autres puissiez dire avec droit que je vous
» faille de convenances. Vous savez que j'ai con-
» senti à vous accorder tout le pays que vous venez
» de mentionner si l'impératrice s'y accordoit; j'y
» consens encore, et je vous tiendrai parole si
» elle s'y accorde. Mais je veux bien que tout le
» monde sache que onques telle demande ne fut

» par forche; et bien sai que cil qui tel re-
» queste me fait n'est mie desirans de la moie
» hounour acroistre, ne de mon preu mettre
» avant, et petit me aime plus que Blas ou
» Comain. »

39. Dont apela l'empereres Cuenon de Bietune;
si li dist k'il alast à le empereis, et li demandast se cou estoit de par li, que li cuens de
Blans-Dras li faisoit tel demande. Adont ala
Cuenes de Bietune à le empereis et li demanda
se ce estoit de par li, et se looit la requeste que
li cuens avoit fait à l'empereour ; et elle dist
que elle s'en conseilleroit, et lor en responderoit
à lendemain : et Cuenes li otria. Si s'en vint à
son signour l'empereour; si li conta chou qu'il
avoit trouvé. Li empereres meismes ala parler
à la dame, et li dist : « Dame, pour Dieu, ne
» soyés mie contre mon droit; car donques fe-
» riés-vous grant desloiauté viers moi et viers
» vous. Ne onques de moi ne vous cremés, car
» jà, si m'ait Diex ! envers vous ne ferai vilounie,
» se vous tout avant ne le fetes envers moi. —
» Sire, fait donques la dame, se jou m'osoie fier
» en vous, jou vous diroie bien pour coi je obéi-
» soie dou tout à iaus, car il m'avoient jà si
» durement levé le pié que jou n'osoie à iaus
» parler. Il avoient fait sairemens envers moi
» pour mon fil ; mais pour çou n'est-il mie re-
» més qu'il n'aient mandé deus fois ou trois le

<><><>

» marchis Guillaume de Montferras k'il venist
» à iaus, pour çou que il voloient moi et mon
» enfant de tout nostre terre deshireter pour le
» marchis metre ens. Et puisque jou sai ensi le
» malisce tout apertement en iaus, et k'il ensi
» tachent mon deshiretement, joue voel rema-
» noir dou tout à vostre volenté, ne jamais,
» pour chose qu'il me sachent dire, ne faire, ne
» promettre, ne me ascntirai à iaus, ne à lor
» consaus. »

40. Ensi ordenérent lor afaire entre l'empereour et l'empereis; et quant Lombart sorent le
defflement de la dame, si en furent mult esbahi et
dolant. Donc se ravisérent d'un autre barat; car
il dient que se la pais ne poet en tele manière
venir, qu'il prenderont deus homes, et li empereres deus, et chil quatre prenderont le cinquisme;
et tout çou que cil cinq en diront communaument, si soit pour loial jugement tenut. Mais ce
ne disoient-il fors que pour detryer. Et quant li
empereres oï chou, si dist qu'il s'y accordoit
bien, sauf chou qu'il voloit savoir qui li cinquisme seroit; et li Lombart disent k'il nel
sauroit jà ; mais les deus li noumèrent il mult
volentiers, car li uns estoit li connestables et li
autres li sires de Nigrepont. Ensi remest adonques ceste cose en estrif; et la dame vint à
l'empereour; si li proia pour Dieu, s'il lui plaisoit qu'il couronnast son fil, et il dist qu'il le

<><><>

» faite à nul seigneur, par quoi il donnât son hon-
» neur par force, et je sais bien que celui qui me
» fait telle requête n'est pas désireux d'accroître
» le mien ou d'augmenter mon profit, et ne
» m'aime guère plus que Bulgare ou Coman ne
» fait. »

39. Alors l'empereur appela Conon de Béthune,
et lui dit d'aller trouver l'impératrice et de lui demander si c'étoit de sa part que le comte de Blandras lui faisoit telle demande. Conon de Béthune
alla donc trouver l'impératrice et lui demanda si
c'étoit de sa part, et si elle approuvoit la requête
que le comte avoit faite à l'empereur. Elle dit
qu'elle s'en consulteroit et qu'elle répondroit le
lendemain. Conon y consentit et s'en revint à son
seigneur l'empereur, et lui raconta ce qu'il avoit
trouvé. L'empereur alla lui-même parler à la
dame et lui dit : « Dame, pour Dieu ne soyez point
» contre mon droit; car vous feriez grande dé-
» loyauté envers moi et envers vous. N'ayez
» de moi aucune crainte; car si Dieu m'aide,
» jamais ne vous ferai vilainie si vous ne
» m'en faites auparavant. — Sire, répondit la
» dame, si je m'osois fier à vous, je vous di-
» rois pourquoi j'obéis en tout à eux; car
» ils m'ont déjà si durement traitée que je n'osois
» leur parler. Ils avoient fait serment pour mon
» fils envers moi; mais pour cela n'ont-ils cessé

» de mander deux ou trois fois au marquis Guil-
» laume de Montferrat de venir les trouver,
» parce qu'ils vouloient déshériter moi et mon
» enfant de toute notre terre pour y mettre le mar-
» quis. Et puisque je sais ainsi toute la malice qui
» est en eux, et qu'ils tâchent ainsi de me déshé-
» riter, je veux rester pour tout à votre volonté, ni
» jamais, pour chose qu'ils me puissent dire,
» rien faire ou promettre, céder à eux ou à leurs
» conseils. »

40. Ainsi l'empereur et la dame réglèrent entre
eux leur affaire, et quand les Lombards surent la défiance que la dame avoit d'eux, ils en furent moult
ébahis et dolent. Ils s'avisèrent d'une autre ruse,
et dirent que si la paix ne pouvoit se faire de cette
manière, ils choisiroient deux hommes et l'empereur deux, et que ces quatre prendroient un cinquième, et tout ce que ces cinq feroient en commun seroit tenu pour jugement loyal. Mais ils ne
disoient ainsi que pour retarder. Quand l'empereur
ouït cela, il dit qu'il s'y accorderoit bien, sauf
qu'il vouloit savoir qui seroit le cinquième; et les
Lombards dirent qu'il ne le sauroit pas. Mais ils
lui nommèrent volontiers les deux; l'un étoit le
connétable et l'autre le sire de Négrepont. La
chose resta ainsi en contestation. La dame vint
trouver l'empereur et le pria, pour Dieu, qu'il lui
plût de couronner son fils. L'empereur dit qu'il

couronneroit mult volentiers. Dont fist le jour de la Tiephane li emperères l'enfant chevalier à mult grant hounour, et puis le couronna voiant tous ; et si demoura encore li quens en sa baillie, et fu ravestis du royal confanon, et refist nouvians homages et nouvieles seuretés dusques à la volenté de le empereis, et non plus.

41. Or quidoit notre gent avoir ferme pais et bone accorde : mais primes recommence la guerre ; car li quens garni Cristople et la Serre, et de teles gens ki n'avoient mie mult grant volenté de accroistre l'hounour de l'enfant, si com il fut puis seu par droite pourvéanche. Il avint puis un jour que li quens vint à parlement ou chastiel à Salenique. Si i estoit li emperères, Cuenes de Béthune, et autre baron assés. Dont commencha à parler li cuens, et parla auques folement ; et Cuenes de Biétune li dist qu'il se consillast, s'il voloit parler devant un si preudome comme pardevant l'empereour ; et il dit ke si feroit-il volentiers, mais non fist ; car puis dit il tel choze dont li empereis le tint en parole, si com vous porés oïr : « Sire quens, dist » li empereis, or m'entendés un poi, s'il vous » plaist. On m'a fet entendre que vous avés » garni mes chastiaus, si comme Cristople et la » Serre ; et de teus gens les avés-vous garnis » qui mult n'aiment mie nostre hounour, ne on- » ques ne fisent seurtés à moi, ne sairemens de » par mon fil ; ains l'ont fait à vous par tel ma- » niére que, se li marchis Guillames de Mont- » ferras, que vous et li vostre ont mandé grant » tans a, estoit passé chà outre, que vous pour » moi et pour mon enfant deshireter, li devés » vous rendre mes deus chastiaus. Et pour çou » que on m'a fait entendant ceste cose pour » voire, je voel que vous mes deus castiaus me » rendés. » Et li cuens dist que çou feroit il mult volentiers. La dame dist qu'elle en voloit avoir seuretés ; et li quens dist k'il li donroit bones. Mais de çou dit-il folie pour soi, car toute la cour jugea communaument que li quens devoit demourer pardevers l'empereis jusques à dont que il ses chastias li eust délivrés, et que elle eust mise ses garnimens dedens. Et li cuens dist à le empereis, que tout ensi comme il avoient jugié, le voloit il bien. « Et jou pric, fait elle, à » monsignor l'empereour, comme à mon droit » avoué, qu'il me tiengne à droit. — Dame, fait » li cuens, jou voel volentiers que il à droit » vous tiengne, car le vostre baillie poés vous » ravoir à moi pour assez petit. — Et jou, fait » li empereis, le reprendrai volentiers se vous » volés. » Et li cuens, coms fol et mal ensigniés, traist un anelet de son doigt, et rent à le empereis la baillie de tout le royaume de Salenike, dont il estoit saisi par cel anelet, et puis est demourés en prison pardevers li pour faire ce que vous avés oït.

◇◇◇

le couronneroit très-volentiers. Le jour de l'Epiphanie, l'empereur fit l'enfant chevalier, avec grand honneur, et puis le couronna en présence de tous. Le comte demeura encore dans son administration et fut investi du gonfanon royal ; il refit nouveaux hommages et nouvelles sûretés à la volonté de l'impératrice, et non plus.

41. Les nôtres croyoient alors avoir une paix ferme et un bon accord. Mais la guerre recommença tout de suite ; car le comte garnit Christople et la Serre de gens qui n'avoient nulle volonté d'accroître l'honneur de l'enfant, comme on le sut depuis par juste prévoyance. Puis il advint un jour que le comte vint parlementer au château de Salonique. Là étoient l'empereur, Conon de Béthune et assez d'autres barons. Le comte commença à parler et parla alors follement; Conon de Béthune lui dist de se consulter s'il vouloit parler devant un si prud'homme tel que l'empereur ; il répondit que si feroit-il volentiers, mais n'en fit rien ; puis il dit telles choses que l'impératrice l'arrêta, comme vous pourrez ouïr : « Sire comte, dit-elle, écoutez- » moi un peu, s'il vous plait. On m'a fait entendre » que vous avez garnis mes châteaux, tels que Chris- » tople et la Serre ; et de telles gens les avez-vous » garnis qui n'aiment pas notre honneur, ni onc- » ques ne me firent sûreté ni serment pour mon » fils ; mais ils l'ont fait à vous de telle manière » que si le marquis Guillaume de Montferrat, que » vous et les vôtres avez mandé y a grand temps, » étoit venu, vous auriez déshérité moi et mon » enfant, et vous deviez lui rendre mes deux châ- » teaux. Et parce qu'on m'a fait entendre cette » chose pour vraie, je veux que vous me rendiez » mes deux châteaux. » Et le comte dit que le feroit-il moult volentiers. La dame dist qu'elle en vouloit avoir sûretés, et le comte répondit qu'il en donneroit de bonnes. Mais sur cela il dit tant de folies pour soi, que toute la cour jugea d'un commun avis que le comte devoit demeurer auprès de l'impératrice jusqu'à ce qu'il lui eût délivré ses châteaux et qu'elle y eût mis ses garnisons. Et le comte dit à l'impératrice qu'il le vouloit bien tout ainsi qu'ils l'avoient jugé. « Et je vous pric, comme » mon seigneur avoué, dit la dame à l'empereur, » qu'il me fasse droit. — Dame, reprit le comte, » je veux volentiers que l'empereur vous tienne » à droit, car vous pouvez r'avoir votre régence » de moi pour assez peu. — Et je la reprendrai » volentiers, dit l'impératrice, si vous voulez » Et le comte, comme fou et mal appris, tire de son doigt un petit anneau et rendit à l'impératrice la régence de tout le royaume de Salonique, dont il étoit saisi par cet anneau, et puis demeu-

42. Donques fist tant li empereis que elle ot chevaliers aparelliés dont cascuns estoit ses hom liges et fievés de son fil, et lor commanda ke il alaissent prendre les saisines des chastiaus ; et avec iaus ala, de par l'empereour, Guillames de Sains qui dont estoit mariscal de nostre ost, et Guillames de Blenduel, et Hervins de Garet, et Guis de Dantruel, et plusor autre chevalier. Tout cil se sont mis en chemin pour aler à la Serre ; et li quens apela endementiers. Vivyen, ki castelains estoit de Salenike, et Rube, un traitor, et Engelier un autre. «Alés moi, dit li
» cuens, bientost à la Serre, et dites au chaste-
» lain de par moi que pour enseigne nule que je
» li mande, ne pour lettre nule, que il ne rende
» jà le castel. » Atant se mettent li traitor à la voie après nos chevaliers ; si font tant k'il les ont ataint : « Signor, font li trois traitor à nos
» chevaliers, or nous atendés un poi chi et nous
» irons laiens au chastelain dire pour laquelle
» chose vous i estes chi venus. » Donques entrérent ens et disent lor message au chastelain; et li chastelain Hues lor dit que onques de ce fuiscent en doutanche, que jà n'i meteroient le pié. Et lors li disent cil que li cuens estoit en prison. Tout ensi fu la traïsons ordenée comme vous oés.

⟨⟩⟨⟩⟨⟩

ra prisonnier pour faire ce que vous avez ouï.
42. L'impératrice fit donc tant qu'elle eut chevaliers tout préparés, chacun desquels étoit hommelige et fieffé de son fils, et leur commanda d'aller prendre les saisines des châteaux; et avec eux allèrent, de la part de l'empereur, Guillaume de Sains, qui étoit maréchal de notre armée, et Guillaume de Blenduel, et Hervins de Garet, et Guis de Dantruel, et plusieurs autres chevaliers. Tous se mirent en chemin pour aller à la Serre, et pendant ce temps le comte appela Vivyen, qui étoit châtelain de Salonique, et Rube, un traître, et Eugelier un autre. « Allez-moi, dit le comte, bien
» vite à la Serre, et dites de ma part au châte-
» lain que pour nulle chose que je lui mande, ni
» pour nulle lettre que je lui envoie, il ne rende
» jamais le château. » Les trois traîtres se mettent aussitôt à la poursuite de nos chevaliers. Si firent tant qu'ils les atteignirent. « Seigneurs, disent les
» trois traîtres à nos chevaliers, attendez un peu
» que nous allions là, au château, dire pourquoi
» vous êtes ici venus. » Ils entrèrent donc dedans, et dirent leur message au châtelain ; et le châtelain Hue leur dit que onques de cela ne fussent en doutance, que jamais les chevaliers n'y mettroient le pied. Et alors les traîtres lui disent que le comte étoit en prison. Tout ainsi fut, comme vous l'entendez, la trahison ordonnée.
43. Les trois traîtres montèrent donc à la tour et dirent à nos messagers qu'ils allassent à Christople,

43. Donques montérent amont en la tour li troi traitor, et disent à nos messages qu'il voisent à Cristople, et se on lor rent le chastel de Cristople, on lor rendra la Serre, et autrement non. Nostre message dient que il iront mult volentiers. Dont vinrent à la Gyge; si prisent là un message qu'il envoyérent à l'empereour. Si li ont mandé toute l'afaire, et comment li trois sont demouré au castel.
44. Quant li empereres oï ces nouvèles, merveilles en fu dolans et courouchiés. Donques dist à le empereis que elle fust tout à seur, car il les iroit par tant revider, et que jà ne les boiseroient. « Dame, fait li empereres, et vous meis-
» mes y venrés ; et se il ne vous laisent ens, il
» me samble que il mesprendent trop. — Sire,
» fait la dame, je ferai tout vostre commande-
» ment ; et jou vous pri pour Dieu que vous
» m'aidiés de mon droit, car jou sai bien par
» vérité qu'il feront tout leur pooirs de moi
» honnir. »
45. Li cuens qui ces paroles oï, en est mult joiaus en son coer ; car bien se quide toutes voies délivrer, et faire tant que li chastiel li remaingnent. Quant li empereres vit çou k'il ne pooit les chastiaus avoir pour nul message qu'il i envoit, se li anoia durement. Dont a dit que il meismes il

⟨⟩⟨⟩⟨⟩

et que si on leur rendoit le château de Christople, on leur rendroit la Serre, autrement non. Nos messagers dirent qu'ils iroient moult volontiers. De là ils revinrent à la Gige et ils y prirent un messager qu'ils envoyèrent à l'empereur. Ils lui mandèrent toute l'affaire, et comment les trois traîtres étoient restés au château.
44. Quand l'empereur ouït ces nouvelles, il fut merveilleusement dolent et courroucé ; il dit à l'impératrice d'être rassurée, car il les iroit tous retrouver, ajoutant qu'ils ne le pourroient tromper. « Et vous-même, dame, vous y vien-
« drez, et il me semble qu'ils se méprennent
« trop, s'ils ne vous y laissent entrer.—Sire, dit
« la dame, je ferai tout votre commandement ; et
« je vous prie, pour Dieu, que vous m'aidiez de
« mon droit ; car je sais bien par vérité qu'ils fe-
« ront tout leur pouvoir pour me honnir. »
45. Le comte qui ces paroles ouït, en est moult joyeux en son cœur ; car il pense bien toutefois qu'il se délivrera, et qu'il fera tant, que les châteaux lui resteront. Quand l'empereur vit qu'il ne pouvoit avoir les châteaux par aucun messager qu'il y envoyoit, il en conçut un grand dépit ; il dit qu'il iroit lui-même savoir ce qui en étoit, et qu'il meneroit aussi avec lui la reine pour savoir si on la laisseroit entrer dans son château, et qu'il y conduiroit tant de gens que si on ne le laissoit entrer de gré, il y entreroit de force. « Sire, dit le comte, je
» ne vous trompe pas, maintenant, ni madame non

ira pour savoir que chou est, et se menra ausi od lui la royne, pour savoir se on la lairoit en son castel entrer; et tant i menra de gent, que se on ne le li laist entrer par amours, il dist qu'il y entrera par forche : « Sire, fait li cuens, » or ne vous caut. Jamar pour ce vous mouve-» rois, ne madame autresi ; car jou irai là, se » vous volés, et sarai pourcoi il ont chou fait ; » et se il vous plaisoit que jou reusce ma terre » et me pardonnisciés la vostre ire et vostre » mautalent, jou vous renderoie les deux chas-» tiaus sans faille, car jou i menrai Pieron Vens, » par qui jou les bée bien à ravoir. Dame, or » ne vous esmayés mie, fait li quens, que vous » ne rayés vos deux chastiaus. Or m'i laissiés » aler, et entre vous et monsignor l'empereour » i envoyés teuls gens pour moi garder, par coi » vous en soyés sans nule soupechon, mais que » jou raie ma terre, et vous me pardonnés le » vostre mautalent. — Et jou voel bien, fait li » empereres, que vous et tout li autre rayés tout » çou que vous avoir devés, par si que vous à » le empereis rendés ses chastiaus. »

46. Dont fu li afaires ensi ordenés : que li quens meismes devoit aler à la Serre pour çou faire que vous avés oï. Si fu commandé à Cuenon de Biétune, et à Anseel de Caheu, et à Baudoin de Soriel, et à Mahieu Bliaut, que il alaissent avoec le conte pour lui garder, et il y alérent ; si menèrent tant aveuques iaus de chevaliers k'il furent jusques à trente.

◇◇◇

» plus, car j'irai là si vous voulez, et je saurai » pourquoi ils ont ainsi fait. S'il vous plaisoit que » je reçusse ma terre et que vous me pardonnassiez » en mettant de côté votre ressentiment, je vous » rendrois, sans faillir, les deux châteaux, car j'y » ménerois Pierre Vens par qui j'espère bien les » avoir. Dame, ne vous troublez point, ajouta-t-il, » de la crainte de ne ravoir vos deux châteaux, » laissez-moi y aller, et vous et monseigneur » l'empereur envoyez tels gens que vous voudrez » pour me garder, afin que vous ne soyez en aucun » soupçon ; mais que je recouvre ma terre, et vous, » pardonnez-moi, en oubliant votre ressentiment. » » — Je veux bien, dit l'empereur, que vous et » tout autre, recouvrerez tout ce que vous devez » avoir, pourvu que vous rendiez ses châteaux à » l'impératrice. »

46. L'affaire fut donc ainsi réglée : que le comte même devoit aller à la Serre pour faire ce que vous avez ouï. On commanda à Conon de Béthune, à Anseau de Caheu, à Baudoin de Soriel, et à Mathieu Bliaut, d'aller avec le comte pour le garder, et ils y allèrent, et ils menèrent avec eux tant de chevaliers qu'ils furent jusqu'à trente.

47. Sur ces entrefaites, arriva à l'empereur un

47. Entre ces adevales, atant es-vous venir un message à l'empereour qui le salua de par les messages que il premiérement avoit envoyé à la Serre, et lor dist que li chastiaus fu contre iaus tous si bien tenus, k'il n'i porent onques entrer, et pour ce s'en alèrent il à la Gyge, et là se herbegérent et reposérent au miex qu'il onques porent ; et cil dou chastiel avoient envoyés messages au bailliu Burille, qui mult estoit outrageus ; si manoit à Menelit ; et disent au bailliu Burille, que se il amenoit forche de gent, que li chastiaus li seroit délivrés et rendus : « Car li » chastelains si voet miex que vous l'ayés que » li empereres l'ait. Or, oyés, sire, comme li » afaires vint à point. Ensi com il devoit entrer » ou chastel, et toute sa gent avoecques lui, et » que il commençoient à approcher durement » dou chastiel, li Griphon avoient mandé de » plain jour, par le commun asentement de tous, » à vos messages ki estoient à la Gyge, que il » venissent à la Serre tantost comme il seroit » anuitié, et il les meteroient par dedens le » bourc. Que vous diroie-jou ? nostre message i » vinrent, et li Griphon les misent dedens le » bourc sans autre noise faire. Là ot assés pris » de Lombars et de chevaus gaaignés. Si com-» mença la noise adont. Lombart ki estoient » au chastiel amont, et li nostre message les » aségièrent là sus ; si arsent la maistre porte. » Sire, fait chil, là furent li nostre trois jours ; et » quant ce vint au quart, si se rendirent li Lom-

◇◇◇

messager qui le salua de la part de ceux qu'il avoit d'abord envoyés à la Serre, et lui dit que le château étoit si bien gardé contre eux tous, qu'ils n'avoient pu y entrer, et pour cela s'en étoient allés à la Gige et là s'étoient logés et reposés du mieux qu'ils avoient pu ; que ceux du château avoient envoyé des messagers au gouverneur Burille qui étoit moult outrageux, et qui restoit à *Menelit* ; et ils dirent à Burille, que s'il amenoit force gens, le château lui seroit délivré et rendu : « car le châ-» telain aime mieux que vous l'ayez que l'em-» pereur. Or, écoutez, sire, comment l'affaire a » tourné. Comme ainsi Burille devoit entrer au » château et tous ses gens avec lui et qu'il » commençoit à approcher du château, les Grif-» fons avoient mandé de plein jour, par le com-» mun consentement de tous, à vos messagers qui » étoient à la Gige, qu'ils vinssent à la Serre, » lorsqu'il seroit presque nuit, et qu'ils les feroient » entrer dedans le bourg. Que vous dirai-je ? nos » messagers y allèrent, et les Griffons les mirent » dedans le bourg sans autre bruit faire. La y » eut assez de Lombards pris et de chevaux ga-» gnés. Alors commence la noise, nos messagers » assiégèrent les Lombards qui étoient en haut

» bart, sauves lor vies et lor membres et lor
» avoirs. Sire, ensi se rendirent, puis lor fisent
» li nostre jurer sour sains que jamais encontre
» vous ne se meteroient en chastel ne aillours.
» Sire, tout ensi est il avenut come je vous ai
» dit. »

48. De ceste nouvelle fu li empereres mult liés et mult joians ; mais pour ce ne remaint-il mie que Cuenes de Biétune et li autre qui avoec lui furent nommé, ne voisent avec le conte à Cristople, et puis revinrent à la Serre. Si y sont herbregié celle nuit, et mult furent hounouré de tous chiaus de laiens. Au matin se remisent à la voie pour aler à Cristople, et vinrent dusques à Dragines. Et ensi con li cuens dut mander ou chastiel que on li envoiast les clés, si apiela Pieron Vens, un fort traitour, et se li conseilla que fil deist au chastelain de par lui, que pour chose que il seust dire, ne faire, ne commander, que il le chastiel ne rendist jà, car il quidoit bien délivrés y estre sans le chastel rendre. Et Pieres Vens dit que bien seroit fait, et bien requidoit faire par son engien et par son mauvais barat qu'il seroit délivrés. Mais on dist pieça que teus quide autrui engignier ki de tel meismes barat u de samblant est engigniés. Pieres Vens s'en ala en Cristople, et dit au chastelain le mandement du conte, si comme il li mandoit. Li chastelain et tout li Lombart s'i acordent bien ; puis prisent unes triéves à nostre gent, et les créantérent de ambes-deus pars tant que ceste chose fust parasoumée. Lombart avoient une grant traïson pourparlée sur nostre gent ; et nostre gent, qui de nule riens ne se doutoient, ains quidoient iestre tout à seure si se esparsent çà et là par les casiaus ; et Lombart avoient envoyés lor espie un poi devant la mie-nuit en un lieu ou quatre de nos barons estoient herbergiés. Que vaut çou ? Il lor courrurent sus ; si les ont pris tout quatre, et uns de lor sergeans escapa et s'en vint à Dragines, et conta à monsignour Cuenon de Biétune la soie aventure, dont il ne fu mie joiaus. De ches quatre ki là furent pris, ensi come vous avés oït, en fu li uns Anciaumes de Biaumont, et li autre Hervins de Garet, mais les autres deus ne sai-jou mie noumer.

49. Quant Cuenes de Biétune sot ceste traïson, il monta entre lui et Ansiel de Chaeu pour aler vers Salenike ; si enmainent avoec lui le conte de Blans-dras. Dont laisièrent Baudouin à Dragines à tout trente chevaliers, et Cuenes de Biétune et Ansiaus de Chaeu vinrent en Salenique à tout le conte ; si le rendirent à l'empereour, et puis li contérent tout l'afaire. De chou fu li empereres durement iriés ; mais li cuens

li cria merci, et li pria pour Dieu k'il eust pité de lui. « Vous avés, dist li empereres, vostre convenence faussée envers moi, et çou que vous en avés deservi, si en avés. Mais sans faille par moi ne serés vous ja vergondés. » Donques l'a envoyés li empereres à le empereis, et li empereis le délivra au conte Bertoul, et li quens Biertous l'en amène au chastiel de la Serre ; si l'a fait maintenant enchartrer. Mais à tant laisce li contes à parler de lui, et retourne à Baudouin de Soriel, et as autre trente chevaliers qui furent demouré à Dragines.

50. Si come nostre chevalier séjournoient à Dragines, et il visoient pour le païs garder, si lor avint un jour que nouveles lor vinrent que li Lombart qui estoient à Cristople, venoient pour les proies prendre, et pour les casiaus gaster et destruire, et pour nos gens faire anui. Dont se corurent armer ; si montérent et les forcloent en un destroit ; et quant Lombart virent çou, si vorent retourner, mais ils ne porent ; car nostre gent se travilloient de iaus aprochier le plus qu'il pooient, et d'eus forclore. Et quant Lombart virent çou, si furent mult effréé ; car il savoient bien que nostre Franchois ne les amoient de riens. Il ne désiroient mie mult lor assambler, anchois le resoignoient. Non pour quant il savoient bien qu'il estoient assés plus de gent que li nostre Franchois. Mais de çou toutes voies qu'il estoient si priés d'eus, ne se tenoient il mie pour sage, mais pour fols. Et pour ce que nostre Franchois véoient qu'il se penoient de lor proyes mener vers Cristople, les fesoit auques felons vers Lombars et Engriès; et mult se tenront à decheu, che dient, se Lombart enmainent lor proie. Adont abaissent les lances et poignent les chevaus en escriant : Lombars ? baniéres desployées ! Mais quant Lombart virent çou, si se metent au fuir ver Cristople au plus efforchiement qu'il onques porent ; et nostre gent les sievent de si très près, que poi s'en faut qu'il ne les ataignent. Et non pourquant il i ot de teus Lombars ki orent honte de che que il fuioient ; si rendirent estal, mais trop le firent à enuis. Et pour çou que il véoient bien que combattre les convient, par fine forche, s'ariestérent-il ou val de Phelippe ; car autrement cremoient il qu'il ne fuissent ochis en fuiant.

51. Franchois lor coururent sus, lanches baissies ; si fiert cascuns le sien pour lui aterrer s'il peust. Bauduins de Sorel s'est adrechiés à Pieron Vent, et Pieres vers lui. Si ont brisies lor lanches li uns sor les autres ; mais nul autre mal il ne se fisent, ne des seles ne se misent hors, ains s'en passent outre pour lor poindre parfunir. Et quant Bauduins de Sorel a son poindre parfait, si met main à espée, et puis cort sus à Pieron Vens, et Pieres à lui.

⸻

pria, pour Dieu, d'avoir pitié de lui. « Vous avez, » dit l'empereur, faussé votre convenance envers » moi; vous aurez ce que vous avez mérité; mais ce » ne sera pas par moi que vous en serez honteuse- » ment puni. » Il l'envoya donc à l'impératrice ; l'impératrice le livra au comte Bertoul, et le comte Bertoul l'emmena au château de la Serre, où il le fit enfermer, laissant alors le comte se plaindre à son aise ; il retourna à Baudouin de Soreil, et aux trente autres chevaliers qui étoient demeurés à Dragines.

50. Pendant que nos chevaliers séjournoient à Dragines et prenoient des mesures pour garder le pays, il advint un jour nouvelles leur arrivèrent que les Lombards qui étoient à Christople venoient enlever le bétail, et pour gâter et détruire les métairies et pour tourmenter nos gens. Nos chevaliers courent donc aux armes, montent à cheval et enveloppent les ennemis dans un défilé. Les Lombards voyant cela voulurent s'en retourner, mais ils ne le purent ; car nos gens s'attachoient à les approcher le plus qu'ils pouvoient et à les renfermer. Les Lombards, qui voyoient cela, furent moult effrayés, car ils savoient bien que nos François les aimoient comme rien. Ils ne désiroient pas les attaquer, ils les craignoient au contraire. Ils savoient pourtant bien qu'ils étoient assez plus de monde que les nôtres. Mais toutefois parce qu'ils étoient si près d'eux, ne se tenoient-ils pas pour sages, mais pour fous. Et comme nos François voyoient qu'ils s'efforçoient d'emmener le bétail à Christople, ils se regardèrent comme vaincus, si ces félons en venoient à bout ; ils baissèrent donc leurs lances et piquèrent leurs chevaux en s'écriant : Lombards ! bannières déployées ! Mais les Lombards se mirent à fuir vers Christople de toutes leurs forces, et nos gens les poursuivirent de si près, que peu s'en fallut qu'ils ne les atteignissent. Néanmoins, il y eut de ces Lombards qui eurent honte de ce qu'ils fuyoient ; ils s'arrêtèrent donc, mais ce fut trop tard ; et parce qu'ils voyoient bien qu'il falloit combattre à toute force, ils s'arrêtèrent au val de Philippe ; car autrement craignoient-ils d'être occis en fuyant.

51. Alors les François coururent sur eux lances baissées ; chacun frappe le sien pour le terrasser s'il peut. Baudouin de Sorel s'est adressé à Pierre Vens, et Pierre est venu vers lui. Ils ont brisé leurs lances l'un sur l'autre, mais nul autre mal ne se sont fait, ni de leur selle ne se sont mis dehors ; ainsi ils passent outre pour parachever

52. Ensi commencha la bataille de iaus deus. Il s'entrefiérent tant des espées parmi les hiaumes, que tout li laies en sont detrenchiet, et que li uns l'a à l'autre errachié hors de la tieste. S'il eust en Pieron Vens autant de loyauté comme il avoit de traïson, merveilles fesist à proisier d'armes. Bauduins de Soriel ne le va de riens esparengant, ains le fiert de l'espée parmi le coife de fer, si que li espée coula jusques au ties, en tel maniére que se il ne se fust sousployet de sous le cop, il eust esté mors sans doute. Non pourquant li cops li coula sor le diestre bras, si que poi s'en failli qu'il ne li destacha, et que ne'l trébucha jus del cheval. Et quant Pieres Vens vit k'il l'aloit si appressant, si li rent s'espée et fianche prison à tenir. Et nostre gent ront tant fait, par la divine souffranche de nostre Signour, que bien ont retenu la moitié de lor anemis; et Mahieus Bliaus a pris Raoul le chastelain de Cristople; si l'a fait loyer sour un povre ronchin, les piés loyés par desous le ventre au plus vielment k'il onques pooit; et dist que bien estoit drois et raisons que gueredons li soit rendus de la grant honte et de la grand vilounie, qu'il avoit faite à son seignour, quant il son chastel avoit fremet contre lui. Que vaut chou? Il le mainent en prison tout playet et tout ensanglenté, et mult durement esbahi de la grant honte k'il atent, dont jamais ne se verra deschargiet. Mout s'i prouvérent bien nostre gent à celle desconfiture, et mout fisent grand hounour à lor contrée, et à tous chiaus dont il estoient estrait. Que vaut chou? Lombart i furent desconfit, pris et loyé, ensi come vous avés oï. Jehans de Geulaing ki fut freres Symon de Geulaing, Jakemes Bliaus, qui fu nés pardevers Blavegnies, et tout li autre i fisent bien lor hounour come aparant fu, car cascun y fu ou lieu de Olivier et de Roelant. Mult i ot de pris à celle fois; et chil qui fuir s'en pot, si s'en fuirent deviers les montaignes por lor vies garandir. Mais Griffon lor salirent illoec qui tous les ont pris et ochis.

53. Quant li cuens Biertous sot que tous li Lombart estoient ensi pris et desconfit, si en fu mult liés et mout joians pour çou que il quide ore mout bien que pour iaus arendre et délivrer li doie on rendre Cristople. Dont s'en vint à Dragines; si mena le conte o lui, et là parlérent ensemble. Aprés vinrent devant Cristople atout lor prisons, et disent à chiaus de laiens que se il lor voloient rendre Cristople tout entierement, salves lor vies, lor membres et lor avoirs, li quens et tout li autre seroient délivré. Et cil qui laiens estoient ne lor daignoient onques respondre, fors tant que il se traient en sus d'iaus;

et devisérent entr'jaus que il les tréroient, ne que jà ne rendroient le chastiel pour cose que il faire peuscent ne seussent, ne que il prisent l'empereour le montanche de un tout seul denier ; et se on les assaut, il se défendront, chou dient-il, mult bien et cortoisement.

54. Quant li nostre Franchois oïrent ceste response, il s'en tournérent arriére, et prisent lor chemin pour aler à Salenique à tout lor prisons. Là venu li emperères apela Raoul ; si li dist : « Raoul, Raoul ! n'est il ore mie bien drois
» que nous nous vengions chiérement de la
» honte et de la dolereuse souffraité, et de la
» maelhaise que vous nous fesistes soufrir par
» devant Cristople, et chou que vous nous feis-
» tes jesir as chans sour la gielée et sour la noif
» sans loge et sans paveillon. Et la gent ki avoec
» moi estoient venue orent encore plus grant mal
» aise de moi ; car jou noets se bien non envers
» iaus, et vous estiez en vostre solas et en grant
» joie en vostre chastel. Par mon chief, sire
» chastelains, chil qui telle chose fait à son si-
» gnour ne li monstre mie que il l'aime par
» amours. Or sachiés que celle félounie n'ai-jou
» pas encore oubliée, que vous la me feistes. Si
» vous di qu'il ne peut remanoir que vous n'en
» ayés gueredon tel come vous l'avés déservi. »

55. Ensi manache li emperères li chastelain, et Pieron Vens et Vivyen. Que vous diroie-jou

plus ? Li emperères s'atourne et garnist le chastiel et la tour del vesque del Sablat. Et en chou qu'il faisoit sa garnison et ordenoit atant esvous un message de par Roelant Pice, qui donne à l'empereour unes lettres ens lesquelles il li mandoit que il li envoyast trente chevaliers, pour chou que Lombart s'estoient haati de venir sour lui, si com il faisoit à entendre en son escrit, et que il voloient dou sien : et li emperères dist que, puisqu'il est ses hom, il n'est mie droit que il li faille à cest besoing. Dont apiela nostre emperères Ansiel de Chaeu, et Guillame de Sains, et lor dist qu'il li convenoit aler en celui voiage, et si y fut avoec iaus Guillame de Blenduel. Que vous conteroie-jou ? Trente en y ot qui disent que mult volentiers feroient le commandement lor signour, et moult volentiers iroient. Donques se sont mis en chemin ; et li traistres, en la qui aide il aloient s'iert aloyés as Lombart, parmi deniers donans et bons pourpres d'or que il en avoit rechus, en itele maniére que il nous devoit destraindre par son chastel et guerroyer ; et ensi avoit fait li traistres son marché as Lombart.

56. Ansiaus de Chaeu s'en va à tout ses compaignons à Placemont, en la aide de celui qui les traist en son pooir, et les decevera s'il onques poet, se Diex proprement n'y met son bon conseil. Il ont tant chevauchié qu'il sont venu jus-

---

non qu'ils tireroient sur eux, et ils décidèrent entre eux qu'ils tireroient, et que jamais ils ne rendroient le château pour chose que les nôtres pussent ou sussent faire, et qu'ils ne prisoient pas l'empereur plus que le montant d'un seul denier, et que si on les assailloit, ils se défendroient moult bien et courtoisement, se disoient-ils.

54. Quand nos François ouïrent cette réponse, ils se retirèrent et prirent leur chemin pour aller à Salonique avec leurs prisonniers. Arrivé là, l'empereur appela Raoul et lui dit : « Raoul ! Raoul !
» N'est-il pas bien juste à présent que nous nous
» vengions chèrement de la honte, de la doulou-
» reuse souffrance et du malaise que vous nous
» fîtes endurer devant Christople, et de ce que
» vous nous fîtes coucher aux champs sur la gelée
» et la neige, sans logement et sans pavillon ?
» Et la gent qui étoit venue avec moi eut en-
» core plus de malaise que moi ; car je ne la crois
» jamais bien si je ne suis avec elle ; et vous,
» vous étiez dans votre château en grands ébats et
» en grande joie. Par mon chief, sire châtelain,
» celui qui telle chose fait à son seigneur, ne lui
» montre pas qu'il l'aime par affection. Or, sachez
» que je n'ai pas encore oublié cette félonie que
» vous me fîtes ; aussi vous dis-je qu'il ne peut
» se faire que vous n'en ayez la récompense que
» vous avez méritée. »

55. Ainsi, l'empereur menaça le châtelain et Pierre Vens et Vivyen. Que vous dirai-je plus ? L'empereur s'en va et garnit le château et la tour de l'évêque de Sablat ; et, pendant qu'il faisoit et régloit sa garnison, il lui arriva de la part de Rolland Pice un messager, qui donna à l'empereur une lettre, dans laquelle il lui mandoit qu'il lui envoyât trente chevaliers, parce que les Lombards s'étoient hâtés de venir sur lui, comme il faisoit entendre dans son écrit, et qu'ils vouloient lui enlever de ses terres. Et l'empereur dit que, puisqu'il étoit son homme, il n'étoit pas juste qu'il lui manquât dans ce besoin. Notre empereur appela donc Anseau de Caheu et Guillaume de Sains, et leur dit qu'il leur convenoit d'aller en ce voyage, et y fut avec eux Guillaume de Blenduel. Il y eut trente qui dirent que moult volontiers ils feroient le commandement de leur seigneur, et moult volontiers iroient. Ils se mirent donc en chemin ; et le traître au secours duquel ils alloient, s'étoit lié avec les Lombards, au moyen des deniers comptants et des pièces d'or qu'il en avoit reçus, de manière qu'il devoit nous attaquer de son château et nous guerroyer. Le traître avoit ainsi fait son marché avec les Lombards.

56. Anseau de Caheu s'en va avec tous ses compagnons à *Placemont*, au secours de celui qui veut les attirer en son pouvoir et les tromper s'il le

ques à Placemont, mais n'entrérent mie dedans la vile, ains envoia mesire Ansiaus de Chaeu à Rollant Pice. Si n'estoit pas à cel point el chastel, ains estoit alés pour Lombart, pour faire prendre nostre gent quant il seroit enserit. Tel traïson avoit enpris Roelant Pice envers nostre gent; mais nostre Sires ne le vaut mie consentir : car il donna volenté et talent à un sergeant ki lor fist à savoir, et lor dist pour Dieu qu'il se retournassent erraument arriére; car se Roelant pooit iestre de nus d'iaus en saisine, il aront acreut sor lor piaus. Et quant nostre gent sorent la traïson, si retournérent arriére à la Gyge, et mandérent à l'empereour tout ensi com vous avés oï.

57. Quant li emperères oï çou, si en fu mult dolans, et dist que bien li quidoiet li traistres avoir enignié; mais bien sache qu'il a enignié lui tout avant, et tout son lignage aprés lui. Et non pourquant li emperères ne s'esmaia de nule riens, ains atourne son afaire à Salenique, et fait tant que tout si saudoyer se tiennent à bien payet de lui. Dont a pris congié à le empereis, et elle le gracie mout de le hounour qu'il li avoit faite. Dont se part de la vile, et atant fait entre lui et ses homes, li un par mer, li autre par terre, li un à pié, li autre à cheval, k'il s'en sont venu au Cytre, et il meismes vint lui dixiéme de chevaliers sans plus par mer, et plus n'en y laissa-il avoec lui entrer ; car il avoit pleu et négié tant durement que li flum estoient si creu et parfongié que li pré et la terre en estoient tout couviert; si que pour poi que li soumier ne noioient pas dedens. Et li home y estoient si baignié que tous estoient ensi comme mort, que de le aigue, que dou froit. En ceste chevauchie estoit Cuenes de Biétune, ki mult maudissoit durement chiaus qui là l'avoient menet, et disoit que chil ki si trés-grande penanche souffroit pour nostre Signour, à chou que chascuns fu trenchiés de froidure et de dolour, avoit bien déservit son paradys : « et » s'il ont auques grandes saldées, bien les ont, » che dit, déservis. » Que vous diroie-jou? Une nuit se herbergiérent devant la Verre; de là s'en sont alé au Cytre.

58. Or sont nostre gent au Cytre venut; si y ont trouvé lor signour l'empereour et toute son ost ki illoec séjournoient : si lor fist mesire Ouris dou Cytre trestoute la hounour qu'il onques lor pot faire; et tant lor a fait que li emperères tout avant et tout chil de l'os aprés lui s'en loérent mout durement. Donques devisa li emperères toute sa choze, et s'en ala une viesprée en Salenique entre lui et Cuenon de Biétune; car on li dist que toute sa gent dut y estre toute revelée contre lui : puis a atourné sa garnison de la tour ki estoit sour la mer. Si laissa Hûon Bliaus et autres chevaliers que je ne sai mie noumer; et aprés çou retourna al Cytre; si apela Wistase

⬦⬦⬦

peut, à moins que Dieu n'y mette bon ordre. Tant chevauchèrent qu'ils vinrent jusqu'à Placemont ; mais ils n'entrèrent pas dans la ville. Messire Anseau de Caheu envoya un message à Rolland Pice; celui-ci n'étoit pas alors au château, il étoit allé vers les Lombards pour faire prendre notre gent à la tombée de la nuit. Rolland Pice avoit entrepris cette trahison envers les nôtres, mais notre Seigneur ne la voulut pas favoriser ; car il donna volenté et moyen à un sergent, qui leur fit à savoir et leur dit que, pour Dieu, ils s'en retournassent promptement en arrière, car, si Rolland pouvoit se saisir d'eux, ils auroient encore sur leur peau ; et, quand nos gens surent la trahison, ils retournèrent à la Gyge et mandèrent à l'empereur tout ce que vous avez ouï.

57. Quand l'empereur sut cela, il en fut moult dolent, et dit que le traître croyoit bien l'avoir trompé ; mais qu'il sut bien que lui-même l'avoit trompé tout auparavant, et tout son lignage après lui. Et cependant l'empereur ne se troubla de rien, mais retourna à son affaire de Salonique, et fit en sorte que tous ses soldats fussent bien payés. Il prit alors congé de l'impératrice, et elle lui rendit grâce de l'honneur qu'il lui avoit fait. Il partit de la ville, et ses hommes partirent aussi, les uns par mer, les autres par terre ; les uns à pied, les autres à cheval ; ils arrivèrent à Cytre, et lui-même vint, lui dixième de chevaliers, par mer, et n'en laissa pas plus entrer avec lui ; car il avoit plu et neigé si fort que les fleuves étoient tant grossis et débordés que les champs et la terre en étoient tout couverts, et peu s'en fallut que les bêtes de somme ne se noyassent ; les hommes étoient si mouillés que tous étoient ainsi comme morts, tant de l'eau que du froid. Conon de Béthune étoit en cette chevauchée, qui moult maudissoit ceux qui l'avoient amené là ; et disoit que celui qui si très-grande peine souffroit pour notre Seigneur, dans laquelle chacun étoit miné de froid et de douleur, avoit bien mérité son paradis ; et s'ils y ont grandes récompenses, bien les ont, dit-il, achetées. Que vous dirai-je ? Une nuit ils logèrent devant Béroë, et de là s'en allèrent à Cytre.

58. Toute notre gent, étant alors venue à Cytre, y trouva son seigneur empereur et toute sa troupe qui y séjournoit. Messire Ouris de Cytre leur fit tous les honneurs qu'il pouvoit leur faire, et tant leur en fit que l'empereur, tout le premier, et tous ceux de l'armée, après lui, s'en louèrent moult vivement. L'empereur, après s'être consulté, s'en alla le soir à Salonique, ayant avec lui Conon de Béthune, car

son frère et Anséel de Chaeu, si lor dist : « Si-
» gnour, vous eslirés dusques à trente homes
» des plus preudomes que vous porrés trouver
» en toute ceste ost, puis vous irés ou val de la
» Verisse, et passerés la Closure. » Et endementiers mandérent Lombart à l'empereour une pais
tele com je vous dirai.

59. Si en fut Robert de Manchicourt messages
à l'empereour, et il dist que il le conte de Blans-
dras délivrast, et le remeist en possession dou
royaume de Salenique dont il l'avoit dessaisi,
et puis si s'en voist al Corthiac, et il iront illoec à lui pour lui droit faire. « Or, biaus amis,
» fait li empereres, vous meismes poés ore bien
» savoir se celle demande est raisonnable, et s'il
» y a raison. Or me doint Diex tant vivre, se lui
» plest, que jou puisse mon coer de iaus escla-
» rier. »

60. Chis mandemens fu fais à l'empereour, ensi
com vous avés oï par un joedi absolu; et le jour
de la Paeske, après mangier, départi li empereres don Cytre à tout son ost, et dist bien que
jamais ne retourneroit arrière, si aroit auques
sa volenté de Lombart ki tant anui li ont fait.
Dont passa li empereres la Closure tot série-
ment, et vint dusques à la Verisse, où il
trouva sa gent en grant joie et en grant solaes;
et là renvoyérent Lombart chargiet de tele

parole à l'empereour come devant avés oï.

61. L'emperères voit bien que Lombart ne le
gaitent fors pour dechevoir. Lors s'en vait vers
le pont de l'Arse, et se logent à douze milles
prés, car toutes voies oroit-il volentiers re-
nonchement : car il avoit envoyé un évesque et
un nouvel chevalier par lesquels il lor avoit
mandé que il feroit volentiers pais à iaus, s'il
offroient chose où il y eust raison : si qu'il de-
mouraiscent en la terre, et il lor donroit encore
de la soie pour acroistre la lor, mais que il soient
si home, et qu'il li fachent homage et feuté. Et
Lombart disent qu'il jà il n'en feroient riens;
car il ont lor conestables à qui il ont toute lor
espérance.

62. Li messages que li empereres y avoit envoyés
revinrent à l'empereour, et li disent : « Sire, se
» vos volés avoir pais as Lombart, il convient
» tout avant que vous délivrés le conte de Blans-
» dras, et que vous après le metés en possession
» de sa baillie, et puis vous en alés al Corthiac;
» et là vous venront-il faire droit, ossi avant
» come il deveront; et se il vous desplaist à sé-
» journer al Corthiac, retrayés arrière en Con-
» stantinoble, et là vous feront-il ce meismes
» par le los de Lombart et de François; et vous
» mandent bien par nous qu'il ne vous en feront
» autre chose. »

on lui avoit dit que tous ses gens y étoient
soulevés contre lui, puis il disposa sa garnison de
la tour qui étoit sur la mer. Il y laissa Hue Bliaut
et autres chevaliers que je ne sais nommer, et
après cela retourna à Cytre. Il appela Vitace
son frère et Anseau de Caheu, et leur dit : « Sei-
» gneurs, vous choisirez jusqu'à trente hommes des
» plus prud'hommes que vous pourrez trouver en
» toute cette armée, puis vous irez au val de
» Verisse, et passerez la Closure. » Et pendant ce
temps, les Lombards demandérent à l'empereur
une paix telle que je vous dirai tout à l'heure.

59. Robert de Manchicourt fut envoyé à l'empereur, et lui dit qu'il délivrât le comte de Blandras
et le remît en possession du royaume de Salonique,
dont il l'avoit dessaisi, et puis s'en allât à Corthiac, et qu'ils iroient l'y trouver pour lui faire
droit. « Mes biaux amis, répondit l'empereur, vous
» pouvez bien vous-mêmes savoir si maintenant
» cette demande est raisonnable. Que Dieu me
» donne assez de vie, s'il lui plaît, pour que je
» puisse faire connaître mon cœur. »

60. Cette demande fut faite à l'empereur, telle
que vous l'avez ouïe, un jeudi-saint. Le jour de Pâques, après avoir mangé, l'empereur partit de Cytre avec toute sa troupe, et dit bien que jamais il
ne retourneroit en arrière, et qu'il ne changeroit
point de volonté envers les Lombards qui lui
avoient tant fait de mal. Et l'empereur passa tout

tranquillement la Closure, et vint jusqu'à Verisse, où il trouva ses gens en grande joie et en
grands ébats. Là les Lombards renvoyèrent des
députés chargés, pour l'empereur, de paroles
telles que vous les avez déjà ouïes.

61. L'empereur vit bien que les Lombards ne le
guettoient que pour le tromper. Alors il s'en va
vers le pont de l'Arse, et se loge à douze milles environ, car il auroit assez volontiers consenti à leur
retraite; il leur avoit envoyé un évêque et un nouveau chevalier, par lesquels il leur avoit mandé
qu'il feroit volentiers paix avec eux, s'ils offroient
chose où il y eût raison; qu'ils demeureroient dans
le pays, et qu'il leur donneroit encore du sien
pour accroître le leur, pourvu qu'ils fussent ses
hommes et qu'ils lui fissent hommage et fidélité.
Les Lombards dirent qu'ils n'en feroient jamais
rien, car ils avoient leur connétable, en qui ils
avoient tout leur espoir.

62. Les députés que l'empereur avoit envoyés revinrent à l'empereur, et lui dirent : « Sire, si vous
» voulez avoir la paix avec les Lombards, il con-
» vient avant tout que vous délivriez le comte de
» Blandras, et qu'après vous le mettiez en pos-
» session de sa régence, et puis vous vous en irez
» à Corthiac, et là vous feront-ils droit autant
» comme ils le devront; et, s'il vous déplaît de
» séjourner à Corthiac, retournez à Constanti-
» nople, et là vous feront-ils la même chose, pour

63. Quant li empereres oï le mandement des Lombart, et le grant orguel qui fu en oes, fu si esmeus d'ire et de rage, qu'il ne desist un tout seul mot qui li donnaest grant chose. Il séoit adont al mangier; mais il s'en leva par si trés-grant air, qu'il trébucha par terre le maistre dois où il séoit, et puis jura que, puisque Lombart ne voloient envers lui faire pais ne acorde, il sara s'il aront pooir contre lui. Adonques comanda li empereres que si tret fuscent destendut; car il vaura, çou dist, jésir au pont; et a fait adonques crier par toute l'ost ke chascuns fust armés et apareilliés; puis chevauchiérent droit vers le pont de l'Arse, et li empereres a fait ses batailles rengier et ordener, si se plainst mult des Lombart à tous ses chevaliers. Et lors envoia li empereres chevaliers avant pour savoir se Lombart avoient le pont desfait, ou se il estoit encore tous entiers. Si fu envoyés Guillaume de Sains et Guillame de Belines, Gossians li Moines, Ernous de Vilers, Gautiers de la Riviére, Robert de Boves; et chou fu chil que tous premiers passa outre le pont. Si y fu avoec Alars de Kieri, Guillame d'Arondiel et Raoul ses compains, et un chevaliers qui Pieres estoit apiélés, si estoit de la meisnie Guillaume de Belines. Si y fut Cadous de Kieri et Gilles de Brebiére et Girous de Lemicourt.

64. Lors vinrent nostre gent et chevaliers au pont; et avoient arbalestriers avoec iaus que li empereres y avoit envoyés. Si lor aida tant nostre Sires que il trouvérent le pont tout entier. Robert de Boves s'est mis desus tout premiérement, et tout li autre s'aroutérent aprés lui. Dont gardent par-devant iaus, si ont veu Lombart descendre qui lor venoient à l'encontre; et li nostre, come preu et hardi, les ont recoellies à lor glaves mout fiérement. Là ne fu mie Gossians li Moines come laniers, ains s'y prouva comme chevaliers preu et vaillans et poisans d'armes; et souvent recouvroient entour lui si compaignon. Et sachiés que mult y ot des autres ki mult furent preudome de lor cors à celui besoing, si comme Guillame de Sains, Rrnous de Vilers, Gautiers de la Riviére et Alars de Kieri. Et tant fisent par lor proéches que li pons fu détenus dusque adont que chil qui estoient arriére furent venu là. Nostre gent passérent le pont com chil qui bien en conquisent l'entrée par lor proéches; et si y ot un petit sergeant que on apieloit Capitiel, et, comme disent tout li nostre, çou fu un de ciaus qui là fussent, qui tout le miex le fist. Nostre gent coitièrent Lombart de si trés-prés, que il les fisent par droite fine forche rentrer ou chastel, et conquisent terre sor oes dusques à la maistre porte; et si abatirent mult de lor chevaliers, et retinrent. Mout part y ot trés-grant hustin à

⸻ ⧫ ⸻

» l'honneur des Lombards et des François; et ils
» vous mandent bien par nous qu'ils ne feront autre chose. »

65. Quand l'empereur ouït la réponse des Lombards et le grand orgueil qui étoit en eux, il fut si ému de colère et de rage qu'il ne prononça pas un seul mot; il étoit assis à table; mais il se leva si brusquement qu'il renversa par terre le siége où il étoit, et puis jura que, puisque les Lombards ne vouloient faire avec lui paix ni accord, il sauroit s'ils avoient pouvoir contre lui. Alors l'empereur commanda qu'on détendît ses pavillons, car il vouloit, ce dit-il, aller coucher au pont; il fit aussitôt crier par toute l'armée que chacun fût armé et préparé, puis on chevaucha droit vers le pont, et l'empereur fit ranger et ordonner ses batailles, et se plaignit moult des Lombards à tous ses chevaliers; et alors l'empereur envoya des chevaliers en avant pour savoir si les Lombards avoient défait le pont, ou s'il étoit encore tout entier. Si furent envoyés Guillaume de Sains et Guillaume de Belines, Gossians-le-Moine, Ernous de Vilers, Gautiers de la Riviére, Robert de Boves, et ce furent eux qui tous les premiers passèrent au-delà du pont; aussi y allèrent Alars de Kieri, Guillaume d'Arondiel et Raoul ses compagnons, et un chevalier appelé Pierre, qui étoit de la maison de Guillaume de Bélines. Aussi y furent Cadous de Kieri, et Gilles de Brebière, et Girous de Lemicourt.

64. Lors vinrent nos gens et chevaliers au pont; avec eux étoient des arbalêtriers que l'empereur y avoit envoyés. Notre Seigneur tant les aida qu'ils trouvérent le pont tout entier. Robert de Boves s'élança le premier sur le pont, et tous les autres s'y acheminèrent après lui. Ils examinoient devant eux, et virent des Lombards descendre et venir à leur rencontre. Les nôtres comme preux et hardis les accueillirent moult fièrement avec leurs épées. Là, Gossians-le-Moine ne fut point comme un poltron, mais au contraire se montra comme chevalier preux et vaillant et puissant d'armes, et souvent ses compagnons se rallioient autour de lui. Et sachez qu'il y en eut plusieurs autres qui, dans cette occasion, furent moult prud'hommes de leur corps; tels Guillaume de Sains, Ernous de Vilers, Gautiers de la Riviére et Alars de Kieri. Et tant firent, par leurs prouesses, que le pont fut occupé jusqu'à ce que ceux qui étoient derrière y fussent arrivés. Les nôtres passèrent le pont, comme des gens qui en avoient conquis le passage par leurs prouesses; il y eut un petit sergent qu'on appeloit Capitiel, et qui, comme le dirent tous les nôtres, fut un de ceux qui firent le mieux. Nos gens poursuivirent les Lombards de si prés qu'ils les firent par belle force rentrer au châ

prendre le pont. Là se prouvérent bien Gossians li Moines, Ernous de Armentiéres, et Gautiers de Alloes; ne onques ne s'arestérent; et vinrent droit par-devant la porte, et là lor coururent sus. Gautiers y abati un Lombart et y conquist le cheval, et Ernous de Armentiéres prist le Lombart sans nule autre défense, et le fist garder comme prison. Anuis seroit de raconter ce que chascuns y gaaingna; mais tant vous di-jou pour voir, que tout s'y monstrérent comme preudome et bon chevalier, ne onques mais si poi de gent ne se continrent si bien ne si bief.

65. Donques lor vinrent deus batailles de nos gens ki les secorurent; et se il un poi se fuissent plus hasté de venir au pont, bien eussent retenu la plus grant partie de lor gent; mais il ne savoient mie que nostre gent se fuissent as Lombart mellé. Atant vint Cuenes au pont, et trouva que nostre gent s'estoient tant combatu as Lombart, que il lor avoient fait guerpir la plache; mais puisque Cuenes ot passé le pont, Lombart s'enfuirent tout en lor forteresce. Si laissiérent tentes et paveillons tout en mi-plain, et tout quanques il y avoit d'autres harnois. Dont primes vinrent nouveles à l'empereour que li pont estoit, dont il ot si grant joie que à paine le pooit-il-croire. « Sire, fait Pieres de Douay, » hastés vous un poi plus tost de sivir nos deus » batailles, car en nulle maniére je ne voroie » que nostre gent fuiscent descreut par Lom-» bart. »

66. Après la bataille Cuenon de Biétune passa Ansiel de Chaeu; et lorsque Lombart les apperchurent tout li plus isniaus ne quida jà iestre à tans rentré ou chastiel. Or ne lor prent il mais nule volenté de asambler as nostres. Et nostre empereres, ki mult estoit liés et joiaus de ceste chose, s'en vint au pont. Ki geaigner voloit, illoec faire le pooit, si come muls et mules, palefrois et chevaus, reubes et couvertoirs, or et argent et autre choses assés. Que vaut çou? Bien furent Lombart adamagiet à cele fie par lor folie et par lor orgueil de mil et cinq cent mars de fin argent, et de plus.

67. Li empereres s'arma, et passa le pont qui fais estoit de plances lons et estrois; mais li aigue estoit si parfonde desous et si rudement courans, que nus n'est sur le pont ki ne soit tout esbahis de regarder aval en l'aigue. Et quant li empereres fu outre, si monta sur un sien cheval ferrant; aprés fist lachier son hiaume, et puis prist son escus tel come li quens de Flandres le soloit porter. Et quant Lombart l'ont aperchu, si le manacent entr'iaus mout durement; et dient, que bien li sera mestiers que li

◇◇◇

teau, et conquirent terre sur eux jusqu'à la maîtresse porte, et aussi abattirent moult de leurs chevaliers et firent des prisonniers. Il y eut là un très-grand choc pour occuper le pont. Là se montrèrent bien Gossians-le-Moine, Ernous de Armentières et Gautier de Alloes; ils ne s'arrêtèrent point qu'ils ne fussent venus droit par devant la porte, et là leur coururent sus. Gautier y abattit un Lombard et prit son cheval; Ernous de Armentières se saisit du Lombard sans nulle résistance et le fit garder comme prisonnier. Il seroit ennuyeux de raconter ce que chacun y gagna; mais je vous dis cela pour vous faire voir que tous s'y montrèrent comme prud'hommes et bons chevaliers, et que oncques si peu de gens ne se conduisirent si bel et si bien.

65. Deux corps de troupes de notre gent vinrent à leur secours; s'ils se fussent un peu plus hâtés de venir au pont, bien eussent fait prisonniers la plus grande partie des Lombards. Mais ils ne savoient pas que notre gent se fût mêlée avec eux. Quand Conon vint au pont, il trouva que les nôtres avoient si bien battu les Lombards, qu'ils les avoient fait déguerpir de la place, et quand il eut passé le pont, les Lombards s'enfuirent tous à la forteresse, laissant dans la plaine tentes et pavillons et tout ce qu'il y avoit d'autres harnois. Aux premières nouvelles qui vinrent à l'empereur de la prise du pont, il en eut si

◇◇◇

grande joie qu'à peine pouvoit-il le croire. « Sire, » dit Pierre de Douai, hâtez-vous un peu plus de sui-» vre nos deux corps; car en nulle manière je » ne voudrois que nos gens fussent défaits par les » Lombards. »

66. Après le corps de Conon de Béthune, vint celui de Anseau de Caheu, et quand les Lombards les aperçurent, les plus lestes d'entre eux désespérèrent de pouvoir rentrer au château. Aussi ne leur prend-il plus volonté d'attaquer les nôtres, et notre empereur qui étoit moult joyeux et content de cette chose s'en vint au pont. Qui vouloit gagner pouvoit le faire, comme des mulets et des mules, des palefrois et des chevaux, des robes et des couvertures, de l'or et de l'argent, et assez d'autres choses. Que vous dirai-je? Les Lombards perdirent bien cette fois, par leur folie et leur orgueil, mille et cinq cents marcs d'argent fin et plus.

67. L'empereur s'arma et passa le pont, qui étoit fait de planches longues et étroites; mais l'eau étoit si profonde et si rapide que nul n'est sur le pont qui ne soit tout ébahi en regardant en bas dans l'eau. Et quand l'empereur fut au-delà, il monta sur un sien cheval gris; ensuite il fit attacher son heaume, et puis prit son écu, comme le comte de Flandre avoit coutume de le porter. Quand les Lombards l'eurent aperçu, ils le menacèrent entre eux moult vivement, et dirent qu'il faudra que

escus que il porte soit fors; car il ne les trouvera mie vrais amis ne loïaus.

68. Or est passé li empereres, et est venus par devant la porte. Ensi a les Lombart aségiés qui mie n'en sont joyant; ains vaulsist bien iestre tous les plus hardis aillours que là. Et dont vint Robers de Manchicourt à l'empereour entre lui et Guillame de l'Arse, et li proyérent pour Dieu qu'il laist aller les Lombart, sauves lor vies et lor cors, et lor avoir et lor amis; car bien sévent que il n'ont mie force contre lui. Et de chou li prient tout li preudome de le ost que il, pour Dieu et pour pitié, les en laist aler quitement. Ils sont laiens sept cens qui assés estoient fol et anieus, se il en eussent bien le pooir; et si manoit laiens le frére dou marchis, qui au rivage estoit alés entre lui et le conestable Aubertin, pour savoir s'il s'en poroient fuir par l'aigue, se besoing en avoient. Que vous diroie-jou? Par la pryére des preudomes ki là furent et des barons, li empereres les en laisce aler tous quites, et Lombart s'en vont vers la Flagre tant comme ils porent, comme chil qui n'ont cure de là faire lonc séjour. Tout en tel maniére avint-il as Lombart come vous avés oït. Et quant nostre gent aprochiérent le pont au matin, Robers de Manchicourt s'enfuï à Placemont. Mais qui vausist regarder selonc ses oevres, et ore et autre fie, il avoit bien déservit

que on le pendist plus haut que nul autre laron, ne il n'osa mie venir à son signour, anchois s'enfuit et repunst. Que vaut chou? Robers ne vaut mie tant que je vous doie conter plus de lui.

69. Li empereres s'en vait al Amiro, lui et sa gent; et Grieu li vont encontre, come cil qui miervellousement désiroient sa venue, et aportent les ancrones, et li font polucrone. Ensi se tiennent nostre gent dedens la vile, sans cou que à nului ne meffont riens, tant que Griffon dient que il ont bon restor de signour, et ne plache à Diex que Lombart aient jamais sour iaus signourie ne pooir; car or primes se gariront-il à hounour, ensi qu'il dient, mais que Diex lor gart tant seulement lor signour l'empereour.

70. Ensi se tinrent nostre gent laiens une grant pièche, tant que il avint que les galies Roelant de Négrepont s'asamblérent entour une grant nef laquelle il enmenroient mout volentiers s'il pooient. Li empereres oï la noise; si demanda que chou estoit qui tel noise faisoit là hors; et on li a conté que çou estoient robéour de vaisiaus qui assaloient une grant nef el port. Et quant li empereres oï la nouvele, il saut sus en grant haste, et coite mout durement de lever sa gent, et dist qu'il n'enmenront mie la nef, se Diex plaist.

71. Adont s'armérent li chevalier, et puis en-

◇◇◇

son écu soit bien fort, car il ne les trouvera ni vrais amis, ni loyaux.

68. Maintenant l'empereur est passé et s'en vient devant la porte; il assiége les Lombards qui n'en sont pas joyeux; bien voudroient tous les plus hardis être ailleurs que là. Et alors vint Robert de Manchicourt avec Guillaume de l'Arse trouver l'empereur; ils le priérent, pour Dieu, qu'il laissât aller les Lombards, leurs vies, leurs corps, leurs biens et leurs amis saufs; car ils savent bien qu'ils n'ont pas force contre lui. Tous les prud'hommes de l'armée le prient, pour Dieu et par pitié, qu'il les laisse et les tienne quittes. Ils étoient là sept cents qui étoient assez fous pour résister s'ils en eussent eu le pouvoir. Là étoit le frère du marquis, qui étoit allé au rivage du fleuve avec le connétable Aubertin, pour savoir s'ils pourroient s'enfuir par eau, s'ils en avoient besoin. Que vous dirai-je? Par la priére des prud'hommes et des barons, l'empereur les laissa en aller tous quittes, et les Lombards s'en allérent vers la Flagre, tant comme ils purent, comme des gens qui n'ont pas dessein d'y faire un long séjour. Tout ainsi advint-il aux Lombards comme vous avez ouï. Quand nos gens approchérent du pont, au matin, Robert de Manchicourt s'enfuit à Placemont; mais qui voudroit examiner ses œuvres avant et maintenant verroit qu'il méritoit bien qu'on le pendît plus haut que nul autre

larron; aussi n'osa-t-il venir à son seigneur, mais s'enfuit furtivement; mais Robert ne vaut tant que je vous doive plus entretenir de lui.

69. L'empereur s'en alla à Amiro, lui et sa gent, et les Grecs vinrent à sa rencontre, comme gens qui désiroient merveilleusement sa venue, et lui apportérent les banniéres, et lui firent des acclamations. Les nôtres restérent ainsi dans la ville sans que personne leur nuisît, tant que les Grecs disoient qu'ils avoient bon secours de leur seigneur, et qu'il plût à Dieu que jamais les Lombards n'eussent sur eux seigneurie ni pouvoir. Car désormais les Grecs se garderont-ils avec honneur, disent-ils, pourvu que Dieu leur garde tant seulement leur seigneur empereur.

70. Ainsi se tint notre gent pendant assez longtemps, jusqu'à ce que les galéres de Roland de Négrepont attaquérent une grande nef qu'elles auroient volontiers emmenée si elles avoient pu. L'empereur ouït le bruit et demanda ce que c'étoit. On lui conta que c'étoient des vaisseaux pirates qui attaquoient une grande nef dans le port. Et quand l'empereur ouït la nouvelle, il se lève en grande hâte et se presse de faire lever sa gent, disant qu'ils n'emménéront pas la nef, s'il plaît à Dieu.

71. Les chevaliers s'armérent donc et entrérent dans les barges dont il y avoit assez sur la riviére.

trérent en barges dont il avoit assés sur la riviére ; et si y avoit capieles ki mout durement aidiérent à nostre gent. Il alérent secourre la grant nef, qui bien eust esté traie, se li nostre François n'euscent mis conseil au secoure. Et non pourquant chil qui estoient dedens la grant nef se deffendoient mout aigrement bien ; mais des vaissiaus lor jetoient une caut en lor iouls, qui mult lor grevoit durement. Que vaut çou ? Il ont guerpie la grant nef ; si ne l'en enmenérent mie ; mais il enmenérent une autre petite ù il n'i avoit nule riens.

72. Ensi qu'il estoient illoec, atant es-vous là venu Henri de Blois qui venoit devers Salenique ; si estoit venus par aigue ; et quant il voit l'empereour, se li dist : « Sire, messire Pointes » vous salue et vous mande que il a mult bien » faite vostre besoingne ; car il amaine tous vos » deniers et vostre marcheandise ; mais tant y » a que il a eut un poi de destourbier ; car la » mers a esté grosse et la tempeste chaça nos » vaissiaus sour la terre ; si furent tou brisié. » Or vous fait à savoir que par moi que vous li en- » voyés gens et chevaliers par lesqueles il vous » puist conduire vostre avoir. » Quant li emperères oï çou, si y envoya Ansiel de Chaeu, et avoec lui autres chevaliers ; et ont tant fet que il ont amené tout l'avoir l'empereour dusques al Amiro. Si le fist là li emperères recevoir, et de chel avoir fist payer tous ses saudoiers.

◇◇◇

Il y avoit aussi des capitaines qui moult vivement aidérent les nôtres. Ils allèrent secourir la grande nef qui bien eût été tirée si nos François n'eussent mis bon conseil au secours. Néanmoins ceux qui étoient dans la grande nef se défendoient très-bien. Mais les vaisseaux leur jetoient d'une chaux dans les yeux qui les incommodoit fort. Quoi de plus ? Ils abandonnèrent la grande nef et ne l'emmenèrent point ; mais ils en emmenérent une autre petite où il n'y avoit rien.

72. Pendant qu'ils étoient là, arriva Henri de Blois qui venoit du côté de Salonique ; il étoit venu par eau, et quand il vit l'empereur il lui dit : « Sire, » messire Pointes vous salue et vous mande qu'il a » moult bien fait votre besogne, car il apporte tous » vos deniers et vos marchandises ; mais tant y a » qu'il a eu un peu de contrariété ; car la mer a été » grosse et la tempête a chassé nos vaisseaux sur » la terre, et ils sont tous brisés. Or il vous fait à » savoir par moi que vous lui envoyiez gens et » chevaliers par lesquels il vous puisse rapporter » votre avoir. » Quand l'empereur eut ouï cela, il y envoya Anseau Caheu et avec lui d'autres chevaliers, et ils firent tant qu'ils amenèrent tout l'avoir de l'empereur jusqu'à Amiro. L'empereur le reçut là et s'en servit pour payer ses soldats.

73. Conon de Béthune et Anseau de Caheu avisè-

73. Or avoit Cuenes de Biétune et Ansiaus de Chaeu devisé entre iaus que bon seroit, se il le peussent faire par hounour, que celle guerre fut apaisie. Si mandérent al conestables que il venist à iaus parler, et il y vint. Si parlérent tant ensamble que li conestables s'amolia auques ; et si tailliérent entre iaus une pais tele que les deux parties s'en voisent arriére à Ravenique, et là le desponderont communement ; et se Guis et Aubertins et Ravans ne voellent otryer à celle pais, bien sachent, chou dist li conestables, que pour iaus ne demourra. « Car puis, dist-il, » qu'il voront aler contre raison, il n'aront ja- » mais confort ne aide de lui. »

74. Donques ont entre iaus une trive flanchie, tant que ceste chose soit faite à savoir à Jofrois et à Othon de la Roche, et as autres barons qui vinrent au parlement, si bien et si biel que li emperéres les en merchia mult durement. Et chi en dedens manda Ravans Cuenon de Biétune et Ansiel de Chaeu, que il venissent à lui parler, et il y sont alé. Mais Ravans issi à mout grant doute dou vaissiel. Dont il ne se devoit point douter. Que vous diroie-jou ? Assés parlérent ensamble ; mais chou fu tout pour noiant, ç'à itele pais come il devisoient, et li une partie et li autre, il ne se porent nulement accorder ne asentir, ains retournérent cascuns arriére là dont il estoient venut.

75. Ensi comme jou devant vous dys, fu li par-

◇◇◇

rent entre eux qu'il seroit bon, s'ils le pouvoient faire avec honneur, que cette guerre fût apaisée. Ainsi ils mandèrent au connétable qu'il vînt leur parler, et il vint ; et ils parlèrent tant ensemble que le connétable s'amollit enfin, et ils arrangèrent entre eux une paix telle que les deux parties se retirèrent à Ravenique, et là devoient la ratifier en commun. Et si Guis, et Aubertin, et Ravans ne vouloient accéder à cette paix, qu'ils sachent bien, dit le connétable, que pour eux il ne restera, « car, » dit-il, puisqu'ils veulent aller contre raison, ils » n'auront jamais de moi confort ni secours. »

74. La paix fut donc si bien arrêtée entre eux, qu'on décida de la faire connoître à Geoffroy et à Othon de la Roche, et aux autres barons qui vinrent au parlement, si bien et si bel que l'empereur les en remercia vivement. Dans ce même temps, Ravans manda à Conon de Béthune et à Anseau de Caheu qu'ils vinssent lui parler, et ils y allèrent. Mais Ravans sortit avec grande défiance de son vaisseau, et il ne devoit point en avoir. Que vous dirai-je ? Assez parlèrent-ils ensemble, mais ce fut pour rien ; ils vouloient la paix l'un d'une façon, l'autre d'une autre, en sorte qu'ils ne se purent nullement accorder, et s'en retournèrent ainsi chacun là d'où il étoit venu.

75. Ainsi, comme je vous ai dit devant, fut le par-

lement ou val de Ravenique. Là vint li empereres Henris, li quens Biertous, et Ourris li sires dou Chitre, et autre chevalier assés. Li conestables vint à l'empereour; si mist pié à terre tout ausitost comme il le vit; et quand il vint par-devant lui, si s'agenoelle à ses piés; mais li empereres l'en a mout tost levé; puis l'a baisié; si li pardonne tout son mautalent et quanques il avoit méfait envers lui.

76. Lendemain après vint Jofrois de Vilehardin et Othes de la Roche, et Gautiers de Tombes, bien à soixante chevaliers bien armés et bien montés, comme cil qui avoient grant piéce sis pardevant Chorinte. Et pour oïr la pais et en quel fourme et en quel maniére elle estoit ordenée, estoient-il venut là. Que vous diroie-jou? Li Lombart défalirent dou parlement qu'il n'y vinrent point. Si en empiriérent trop durement lor plait; car li empereres s'afinca mout bien de iaus destruire et de mettre au-dessous selonc son pooir. Et là devint Jofrois hom à l'empereour Henri, et il l'y acrut son fief de la senescaudie de Roumenie, et en baisa l'empereour en foi, et Aimes Buffois refu conestables en fief.

77. Quant li empereres voit que Lombart ne voellent assentir à l'amour, et que il au parlement qui estoit pris à Ravenique ne volrent venir, il s'en parti à tant, et fit garnir pour lui le chastiel as Lombart pour ce que il ne seit quel chose il poroit avenir. Li empereres vint jesir à la Bondeice, un merkedi au soir. Dont passent la Closure, et Griffon les vinrent encliner.

78. Li empereres chevaucha tant queil est à Thebes venus; et Lombart font le chastiel tenir contre lui; et li empereres se atist bien que, se il a forcho les poet prendre, k'il les fera tous destruire et honnir de lor cors. Mais lors, quant il entra en Thebes, donques peusciés oïr un si grand polucrone de Palpas et d'Alcontes, et de homes et de femes, et si grand tumulte de tymbres et de tabours et de trompes, que toute la terre en tombist. Que vaut chou? Tous vinrent encontre lui pour obéir à son commandement.

79. Li empereres est entrés en Thebes; mais anchois qu'il entraest en la vile, il descendi à piet de son cheval, si que li archevesques et li clergiés l'enmenérent jusques au moustier de Nostre Dame. Et là rendi li empereres graces à nostre Signour de le hounour qu'il li avoit consentie à avoir en chestui siécle. Puis issi del moustier, et fist asseoir le chastiel, et dist que il le asauzza, se il ne li rendent par pais. Mais Lombart ki dedens sont dient qu'il n'en rendront mie. Adont a fait drechier mangoniaus, et si a fait arengier les arbalestriers entour les fossés, puis font traire et jeter à la maistre foreresche. Mais çou

◇◇◇

lement au val de Ravenique. Là vinrent l'empereur Henri, le comte Bertout, Ouri sire de Cytre, et assez d'autres chevaliers. Le connétable vint trouver l'empereur et mit pied à terre aussitôt qu'il le vit; et quand il fut près de lui il s'agenouilla à ses pieds; mais l'empereur le releva tout aussitôt, puis le baisa et lui pardonna toute sa malveillance et tout ce qu'il avoit méfait envers lui.

76. Le lendemain, Geoffroy de Ville-Hardouin, et Othon de la Roche, et Gautier de Tombes, avec bien soixante chevaliers bien armés et bien montés, arrivèrent comme gens qui étoient depuis long-temps devant Corinthe. Ils venoient là pour connoître la paix et savoir en quelle forme et de quelle manière elle étoit réglée. Que vous dirai-je? Les Lombards manquèrent l'entrevue et n'y vinrent point. Ils empirèrent par là leur situation; car l'empereur s'attacha à les détruire et à les mettre sous son pouvoir. Là Geoffroy devint homme de l'empereur Henri qui lui accrut son fief de la sénéchaussée de Romanie; il baisa l'empereur en signe de sa foi, et Aimé Buffois fut de nouveau connétable en fief.

77. Quand l'empereur vit que les Lombards ne vouloient consentir à la paix ni venir aux entrevues qui avoient lieu à Ravenique, il se mit en marche, et fit garnir pour lui le château qu'avoient occupé les Lombards, parce qu'il ne savoit quelle chose pourroit advenir. L'empereur vint coucher à Bondeice, un mercredi soir; de là il passa la Closure, et les Grecs le vinrent saluer.

78. L'empereur chevaucha tant qu'il vint à Thèbes, et les Lombards firent tenir le château contre lui, et l'empereur se promit bien que s'il les pouvoit prendre par force, il les feroit tous détruire et maltraiter de leurs corps. Mais lorsqu'il entra dans Thèbes, vous eussiez pu ouïr un si grand bruit de battements de main et d'acclamations, et d'hommes et de femmes, et un si grand tumulte de cloches, de tambours, et de trompettes, que toute la terre en trembloit. Quoi de plus? Tous vinrent à sa rencontre pour obéir à son commandement.

79. Aussitôt que l'empereur fut entré dans la ville, il descendit de cheval et marcha à pied; l'archevêque et le clergé l'emmenèrent jusqu'à l'église de Notre-Dame, et là l'empereur rendit grâce à notre Seigneur de l'honneur qu'il avoit consenti qu'il eût dans ce monde. Puis il sortit de l'église et fit assiéger le château, et dit qu'il y fera assaut s'ils ne lui rendent en manière de paix. Mais les Lombards qui sont dedans disent qu'ils ne le rendront point. L'empereur fait alors dresser mangonneaux et fait ranger les arbalétriers autour des

est tout pour nient; car trop est li chastiaus fors. Dont fist Hues d'Aire faire un chat, si le fist bien curyer et acemmer; et quant il fu tou fais, si le fisent mener par desus le fossé; et fu cele viesprée si mauvaisement gardés, que cil qui estoient ou chastiel l'arsent, en tele manière que onques ne pot y estre rescous pour home qui fust chà de defors.

80. Lendemain les assalirent melléement sergeant et chevaliers tout ensemble; et chil dedens se deffendirent mult asprement. Si gietoient pierres et traioient carriaus mult espessement, et mult blechoient les nostres. Guillame dou Chaisnoit estoit entrés ou fosset. Si faisoit passieres pour monter amont à s'espée; mais quant chil de laiens le perchurent, si li jetérent pierres, et tant fisent que il le navrérent ou chief et en la main. Mais onques pour chou ne laissa l'asaut; ains l'en donnérent le pris au départir tout chil qui à l'asaut estoient. Mais je vous di tout sans faille que il est vérités que on ne poet mie faire de légier grant hardement que il n'y ait folie. Mais li troi qui plus se abandonnérent à cel assaut furent net de Valenchiennes; si ot non li uns Romondins, li autres Soyers li Panetiers et li autres Franques de Chaumes; mais chil Franques y fu navrés mortelement en la teste.

◇◇◇

fossés, puis ceux-ci lancent et jettent leurs traits à la maîtresse forteresse. Mais c'est tout comme rien, car le château est trop fort. Hues d'Aire fit alors faire un chat et le fit bien polir et orner, et quand il fut tout fait, il le fit placer par-dessus le fossé; mais ce soir-là il fut si mal gardé, que ceux qui étoient dans le château le brûlèrent, de telle sorte que onques ne put être sauvé par aucun de ceux qui étoient là dehors.

80. Le lendemain, sergents et chevaliers tous ensemble et pêle-mêle assaillirent le château. Ceux qui étoient dedans se défendirent moult âprement; ils jetoient pierres et lançoient des carreaux moult abondamment, et blessoient beaucoup des nôtres. Guillaume du Chaisnoit étoit entré au fossé et se faisoit passage pour monter, l'épée à la main; mais ceux qui étoient là, le voyant, lui lancèrent des pierres et firent tant qu'ils le blessèrent à la tête et à la main. Mais pour cela il n'abandonna pas l'assaut; aussi, quand l'assaut fut fini, tous ceux qui y étoient, lui rapportèrent-ils toute la gloire. Mais je vous dis, tout sans mentir, qu'il est vérité qu'on ne pouvoit facilement montrer grande hardiesse qu'il n'y eût folie. Les trois qui plus se dévouèrent à cet assaut étoient nés à Valenciennes. L'un s'appeloit Romondin, l'autre Soyers le Pannetiers, et le troisième Franques de Chaumes; mais ce Franques y fut mortellement blessé à la tête.

81. Dont fut grans li assaus que li eschuyer rendirent au chastiel à celle journée; et mult se traveillérent de drechier les eschielles au mur; mais chil qui là dedens estoient se défendoient cascuns si come pour soi meismes. Guillame dou Chesnoit faisoit passiéres à s'espée ou fosset, ensi come je vous ai dit, et cil dou chastiel li gietoient mult grandes pierres pour lui acravanter s'il le peussent faire; et nostre archier et nostre arbalestrier traioient à ciaus par dedens quarriaus et sajetes: mais ne lor valoit nule riens, car trop se défendoient apiertement et jetoient tant de pieres et peus agus; et si avoit dedens vilains ki as nostres jetoient as fondes les grans pierres poingnans ki mult miervillousement grevoient as nostres. Mout y estoit grans li hus et la noise. Que vous diroie-jou? Si chil de fors assalissent ossi apertement que chil dedens se deffendoient li chastiaus oest esté pris, mais asaloient lentement et pérescheusement.

82. Quant li emperéres vit que par le assaut ne porroit le chastiel avoir, si a fait sonner la retraite, et puis fait querre carpentiers partout pour faire eschieles, et beffrois, et grans clyers; et chil de là dedens se deffendirent cascuns de trestout son pooir. Mais nule riens ne lor vaut la deffense, si come jou croi; car les eschieles sont faites hautes et bien grans et bien che-

◇◇◇

81. Les assauts que les écuyers dirigèrent contre le château dans cette journée furent grands; ils se donnèrent moult travail pour dresser les échelles contre le mur; mais ceux qui étoient dedans se défendoient chacun pour soi-même. Guillaume du Chesnoit se faisoit passage à l'épée au fossé, ainsi que je vous ai dit, et ceux du château lui jetoient moult grandes pierres pour l'écraser, s'ils l'eussent pu faire; et nos archers et nos arbalétriers lançoient à ceux du dedans carreaux et flèches; mais cela ne servit à rien, car les assiégés se défendoient trop vaillamment et jetoient trop de pierres et de pieux aigus; et y avoit aussi dedans des vilains qui jetoient aux nôtres, avec des frondes, de grandes pierres pointues qui moult merveilleusement les grévoient. Le bruit et les cris étoient grands. Que vous dirai-je? Si ceux du dehors eussent assailli aussi vigoureusement que ceux du dedans se défendoient, le château eût été pris; mais ils assailloient lentement et négligemment.

82. Quand l'empereur vit que par assaut il ne pourroit avoir le château, il fait sonner la retraite et puis fait chercher partout des charpentiers pour faire des échelles, des tours et des claies; et ceux qui étoient dedans se défendirent chacun de tout son pouvoir. Mais de rien ne leur servit la défense, comme je crois; car les échelles étoient hautes et

villies. Et quant Lombart les virent, , s'il en furent esbahi çou ne fut mie merveille. Que vous diroie-jou? Il fisent parler de la pais, et Aubertins et Ravans mandérent les triéves dusques à un tierme, et chil en dedens abandonnérent il à l'empereour tous lor fiés et toutes lor terres; si li donnérent grans dons, et li rendirent li chastiel, et li empereres en rechut les clés.

83. Ensi furent acordé d'une part et d'autre, et si fu le quens de Blans-dras délivrés; mais puis fist-il tant de males oevres, que jamais ne poroit iestre amendé à son hounour. Li quens de Blans-dras fu délivrés, et si fu envoyés Poins de Lyon pour lui délivrer. Si le trouva en Salenique, et dist qu'il l'enmenra droit à l'empereour pour oïr le droit de le cour. Dont se mist li quens en chemin, et laisça par mauvais conseil chelui de Thebes pour eschiver l'empereour; si s'en tourna pour aler à Négrepont; et Poins de Lyon revint à l'empereour. Si li conta comment li quens s'en aloit à Négrepont par mauvais conseil qu'il avoit creut. Et quant li empereres oït ce, se li anoia mout : « Et comment, fait donques » li empereres, ne venra-il mie chà? — Sire, » non, fait Poins de Lyon, ains dist bien qu'il » se vengera de vous. » Que vous diroie-jou? Li chastiaus fu rendus, et la chose remest ensi, que tout fisent lor pais à l'empereour, fors tant

seulement li quens de Blans-dras; mais cil en exploita si folement, come li contes devisera chi-après, s'il est qui le vous die.

84. Li empereres ala à la maistre église de Thebes en orisons, chou est à une église que on dist de Nostre Dame, et Othes de la Roche qui sires en estoit; car li marchis li avoit donnée. Si y hounoura l'empereour de tout son pooir. Là sejourna li empereres deus jours, et au tiers s'en ala vers Négrepont. La nuit jut à un casal, et s'i reposa jusques à lendemain que Bauduins de Pas li dist que li quens de Blans-dras estoit à Négrepont. « Et sachiés, sire, que jou y geut » à nuit, et là ai-jou entendut que se vous y » aléz, qu'il vous prendra. »

85. Et quant li empereres oït çou, si en fut mout dolans; mais toutes voies dist bien que jà pour çou ne remanra que il n'i voist. Dont apela Ravant et le conestable qui avoec lui estoit, et Othon de la Roche et Ansiel de Chaeu, et lor dist que ensi s'estoit li quens ahatis, et si va à Négrepont, que il le fera prendre. Mais Ravans li dist : « Sires, fet-il, onques n'en soyés en ef- » froi; car vous savés bien que la cités est moie, » et jou vous preng en conduit sor ma tieste. » — Jou ne sais, fait li empereres, que il en » avenra, ne coi non; mais jou irai. » Dont se mist lendemain à la voie en une galie entre lui

◇◇◇

grandes et bien chevillées. Et quand les Lombards les virent, s'ils en furent ébahis, ce ne fut pas merveille. Que vous dirai-je? Ils firent parler de paix, et Aubertin et Ravans demandérent une trêve de trois jours, et ceux du dedans abandonnèrent à l'empereur tous leurs fiefs et toutes leurs terres; ils lui firent de grands dons et lui rendirent le château, et l'empereur en reçut les clés.

83. Telles furent les conventions de part et d'autre, et le comte Blandras fut délivré; mais il fit depuis tant de mauvaises œuvres, que jamais ne pourra être amendé à son honneur. Poins de Lyon fut envoyé pour le délivrer; il le trouva à Salonique, et lui dit qu'il l'emmeneroit droit à l'empereur pour ouïr le droit de la cour. Le comte se mit en chemin, et, par mauvais conseil, laissa celui de Thèbes pour éviter l'empereur. Il s'en retourna pour aller à Négrepont; et Poins de Lyon retourna à l'empereur; il lui conta comment le comte s'en alloit à Négrepont par mauvais conseil qu'il avoit cru. L'empereur, entendant cela, en fut moult offensé. « Et comment, dit-il, il ne » viendra pas ici? — Non, Sire, répondit Poins » de Lyon, bien au contraire, il dit qu'il se ven- » gera de vous. » Que vous dirai-je? Les châteaux furent rendus, et les choses furent ainsi que tous firent leur paix avec l'empereur, fors tant seulement le comte de Blandras; mais il se con-

◇◇◇

duisit si follement, comme il sera conté ci-après, s'il est quelqu'un qui vous le dise[*].

84. L'empereur alla à la grande église de Thèbes faire ses prières; c'est une église qu'on dit de Notre-Dame. Othon de la Roche en étoit seigneur, car le marquis la lui avoit donnée. Il fit honneur à l'empereur autant qu'il put. L'empereur séjourna là deux jours, et le troisième s'en alla vers Négrepont; il coucha la nuit dans une chaumière et s'y reposa jusqu'au lendemain, que Baudouin de Pas lui dit que le comte de Blandras étoit à Négrepont. « Et sachez, Sire, que j'ai passé la » nuit, et là j'ai entendu que si vous y allez il » vous prendra. »

85. Et quand l'empereur ouïrt cela, il en fut moult dolent, mais toutefois il dit bien qu'il n'en iroit pas moins : il appela Ravans, et le connétable qui étoit avec lui, et Othon de la Roche, et Anseau de Caheu, et leur dit que le comte s'étoit vanté que si l'empereur va à Négrepont, il le fera prendre. « Sire, lui répondit Ravans, n'en soyez onques en » effroi, car vous savez que la cité est mienne, et » je garantis sur ma tête que je vous y conduirai. » — Je ne sais, reprit l'empereur, ce qui en a- » viendra, mais j'irai. » Le lendemain, il se mit

[*] Ces derniers mots prouvent que Henri de Valenciennes ne savait pas s'il pourrait continuer son récit jusqu'à la fin; l'œuvre est en effet restée inachevée.

et Ravans pour aller à Négrepont; mais de quel eure qu'il y sera entrés, je quitte qu'il ara toute paour ançois qu'il en puisse issir; car la traïsons estoit toute pourparlée et ordenée.

86. Li empereres Henri entra en Négrepont à grant joie; et mout le rechurent joieusement li Griffon de la vile et de toute la contrée; car il vinrent encontre lui à grans taburs et de trompes et d'autres enstrumens, et le menèrent à une église de Nostre Dame pour ourer. Et quant il ot ouré tant comme li plot, il s'en parti et ioci de l'église. Li quens de Blans-dras avoit jà ordené comment li empereres devoit iestre ochis, et avoit bien entendut que il estoit simplement venus et a poi de gent; car il n'avoit avoec lui amené que trente chevaliers : « Si le » prenderont, çou dient, quant il dormira en » son lit, et ensement s'en vengeront ensi qu'il » ont enpensé. »

87. Trois jours remest ensi li empereres entre iaus; et nouveles vinrent à Thebes que li empereres estoit pris à Négrepont. Dont veissiés ches chevaliers esbahis et courouchiés estrangement et desconsillés. Si en espandi la nouvele par tout le païs.

88. Ensi fu li empereres trois jours à Négrepont, que onques ne trouva qui li feist ne deist chose qui li despleust. Tant fist Ravans que il sot toute la traïson comment elle estoit pourparlée.

⋄⋄⋄

Dont s'en vint au conte, et puis li dist : « Quens » de Blans-dras, Quens de Blans-dras, que chou » est que tu voels faire? Comment, pour Dieu, se » poroit tes coers assentir à si très-grande des-» loiauté faire come de ochire l'empereour ? » Tu n'en peus départir que tu n'en soies à la fin » viergondés et hounis de ton cors. Et d'autre » part, tu sés pour voir qu'il est en Négrepont » venu sur ma fianche, et je sui ses home liges. » Comment quides-tu que jou peusce consentir » que on li feist nul mal ne nul destourbier? » Quens de Blan-dras! Quens de Blan-dras! Si » m'ait Diex, que vous n'en ferés riens ; car » jou ne le poroie souffrir ne endurer, ne jà » ne le consentirai. »

89. Que vaut chou? Se Ravans ne fust, jà li empereres ne fust issus hors de Négrepont sans grant anui et sans damage à rechevoir de son cors. Dont dist li empereres qu'il voloit à Thebes retourner pour veoir ses homes qui de li estoient en effroi, si come on li avoit conté. Si s'en mut de Négrepont pour venir à Thebes, et si home li vinrent à l'encontre; et se il li fisent grant joie, chou ne fait mie à demander; car il li fisent tele comme à lor signour. Mais atant se taist ores li contes de ceste matière, si retourne à Burille, qui se aparillioit mout durement d'entrer à tout mout très grant gent en la terre l'empereour Henri.

⋄⋄⋄

90. Quant li empereres oï ches nouveles, si li anoiérent mout durement; et non-pour-quant dist il bien que il li iroit au-devant. Lors a fait venir chevaliers, siergeans et arbalestriers, et a fait tout son pooir semonre et amonester. Et li traistres mauvais qui quens estoit de Blans-dras, manda à l'empereour que il estoit tout aparilliés de jurer sor les sains que jamais ne seroit contraires à lui. Que vous diroie-jou? Tant a fait que li empereres a rechut son sairement. Et ensi fist li quens de Blans-dras sa pais; si remest à l'empereour comme baillius.

91. Or est li quens de Blans-dras acordés à l'empereour, ensi com vous avés oï. Mout se abatist que il Blas et Comains li aidera à desconfire; mais la félonie de son coer pensoit tout autre chose. Non pourquant de lui ne vous diroie-jou ore plus chi endroit. Ains vous dirai de Michalis, le signour de Chorynte, ki prist un parlement à l'empereour Henri pour faire pais à li et bone concorde.

92. Michalis prist un parlement à l'empereour pour pais faire. Si fu li jours de chelui parlement noumés par-desous Salenique. Li emperere y vint; si se loja par-desous les oliviers; puis apiela Cuenon de Biétune et Pieron de Douay, et lor dist : « Signour, on m'a fait en-
» tendant que Michalis, encontre qui nous som-
» mes chi venut à parlement, est trop mervil-
» lousement traistres et faus, et agus de parler

» mout trenchaumont. Jou ne doi mie ses dons
» convoitier, ne nul jou n'en convoite; car nul
» preudome ne doit mie dons convoitier qui li
» puissent tourner à honte ne à deshounour. Or
» si vous dirai que vous ferés : Vous vous en
» irés à lui et vous dirés de la moie partie que,
» se il mes home voelt iestre, en tele manière
» que il toute sa terre voelle tenir de moi, et
» tous ses tenemens, jou li ferai autre tant de
» hounour come je feroie à mon frere giermain
» proprement; et se il chou ne voelt faire, sache
» bien tout chertainement pour vérité que jou
» m'en irai sor lui à tout mon pooir efforchie-
» ment. Or alés à lui, et se li dites chou que je
» vous ai dit; car ausi vous a-t-il tous deus man-
» dés. »

93. Dont sont monté li message; si ont tant erré que il ont trouvé Michalis où il estoit herbergiés à une abeie. Dont sont descendu; si saluérent Michalis de par l'empereour; puis li baillent unes lettres, si come il lor estoit commandé. Et disoient les lettres que li doi message fuscent créu de quanques il diroient de par l'empereour.

94. Michalis fist lire les lettres; et quant elles furent leues, si dist as messages qu'il deiscent lor voleneté. Et Cuenes de Biétune et Pieres de Douay se prisent au parler et à dire uns biaus mos polis, et à mettre avant la parole de lor signour par si grant mesure, et à deffendre lor

---

conçut très-grand déplaisir, et néanmoins dit bien qu'il iroit au-devant. Lors fait venir chevaliers, sergents et arbalêtriers, et les fait admonester de tout son pouvoir. Et le mauvais traître, comte de Blandras, manda à l'empereur qu'il étoit tout disposé à jurer sur les saints que jamais il ne lui seroit contraire. Que vous dirai-je? Tant fit-il que l'empereur reçut son serment; et ainsi le comte de Blandras fit sa paix et resta vis-à-vis de l'empereur comme à bail avec lui.

91. Maintenant le comte de Blandras est accordé avec l'empereur ainsi que vous l'avez ouï. Il se vanta fort qu'il l'aideroit à déconfire les Blaques et les Comans; mais la félonie de son coeur pensoit toute autre chose. Néanmoins je ne vous dirai plus rien de lui; mais je vous parlerai de Michel, seigneur de Corinthe, qui eut une entrevue avec l'empereur pour faire avec lui paix et bon accord.

92. Michel eut une entrevue avec l'empereur pour faire sa paix. Le lieu de cette entrevue fut au-dessous de Salonique. L'empereur y vint et se logea au-dessous des Oliviers; puis il appela le comte de Béthune et Pierre de Douai, et leur dit : « Sei-
» gneurs, on m'a fait entendre que Michel, avec
» qui nous sommes venus ici parlementer, est
» trop merveilleusement traître et faux. Je ne
» dois point convoiter ses dons; car nul pru-
» d'homme ne doit convoiter des dons qui puis-
» sent tourner à honte ou à déshonneur. Or, je
» vous dirai ce que vous avez à faire : vous vous
» en irez vers lui et vous lui direz de ma part
» que s'il veut être mon homme, de telle manière
» qu'il veuille tenir de moi toute sa terre et tout
» ce qui en dépend, je lui ferai autant d'hon-
» neur que je ferois à mon frère germain pro-
» pre; et s'il ne le veut faire, qu'il sache bien
» tout certainement, pour vérité, que je tomberai
» sur lui avec toutes mes forces. Allez mainte-
» nant à lui, et dites-lui ce que je vous ai dit;
» car aussi vous a-t-il tous deux mandés. »

93. Les députés sont montés à cheval, et ils ont tant marché qu'ils ont trouvé Michel où il étoit logé dans une abbaye. Etant descendus de cheval, ils saluèrent Michel de la part de l'empereur, puis lui donnèrent une lettre, comme il leur étoit commandé; la lettre portoit que les députés devoient être crus dans tout ce qu'ils diroient de la part de l'empereur.

94. Michel fit lire la lettre, et quand elle fut lue, il dit aux députés de dire leurs volontés; et Conon de Béthune et Pierre de Douai se mirent à par-

partie en respondant si tempréement que mestiers lor estoit, et que chil qui contre iaus estoient en furent abaubi ; et non mie pour çou que de riens mespresiscent envers iaus ; ains lor monstroient tantes beles paroles et tantes beles raisons traities de droit, que tout chil de la partie de Michalis, et Michalis meismes, estoient tout désirant de venir à lor amor. Que vaut çou ? Ils ont tant courtoisement dit le maut l'empereour et despondu, que auques ont fet Michalis le coer amolyer et qu'il lor dist ausi com en sourriant : « Signour, jou ai une moie » fille, et li empereres a un sien frere qui a nom » Wistasses ; et se nous ches doi poiiemes en- » samble joindre par mariage, dont primes se- » roit nostre païs légiére à faire ; et jou donroie » Wistasse, avoec ma fille, la tierche partie de » toute ma terre. Et bien voel que vous sachiés » que jou puis miex l'empereour servir par mer » et par terre que nus home ki soit en toute Rou- » ménie. »

95. Quant Cuenes de Biétune entent ceste parole, si voit lors et pense que grans biens en poroit venir. Dont dist à Michalis que il fera savoir à l'empereour ceste chose, et li fera bien acorder, et puis li relaira savoir le plus tost qu'il pora.

96. Atant se partent li message de Michalis ; puis viennent à l'empereour. Se li dient tout çou qu'il avoient trouvet, et comment il avoit mis avant le mariage de Wistasse et de sa fille : « Et donra, font-il, à Wistasse vostre frere, la » tierche partie de toute sa terre avoec sa fille » en fief, et de ore-en-avant il vaura de vous tenir » tout son tenement. »

◇◇◇

ler et à s'exprimer en beaux termes polis, et à mettre en avant la parole de leur seigneur avec si grande mesure, et à défendre leur cause en répondant si modérément, que ceux qui étoient contre eux en furent ébaubis ; non que pour cela ils eussent du mépris pour eux ; mais les députés dirent tant de belles paroles et tant de belles raisons tirées du droit, que tous ceux du parti de Michel, et Michel lui-même, étoient tous désireux d'en venir à la paix. Que vous dirai-je ? Les députés parlèrent au nom de l'empereur et repondirent tant courtoisement, qu'ils amollirent le cœur de Michel, et qu'il leur dit aussi comme en souriant : « Seigneurs, j'ai une fille et l'em- » pereur a un sien frère qui a nom Vitace ; si » nous les pouvions unir ensemble par mariage , » notre paix seroit tout d'abord facile à faire, et » je donnerois à Vitace, avec ma fille, le tiers » de toute ma terre, et bien veux que vous sa- » chiez que je puis mieux servir l'empereur par » mer et par terre que nul homme qui soit dans » la Romanie. »

95. Quand Conon de Béthune eut entendu cette parole, il vit lors et pensa que grands biens en pourroient advenir. Il dit donc à Michel qu'il feroit savoir cela à l'empereur, et qu'il l'y feroit bien consentir, et puis qu'il lui rendroit réponse le plus tôt qu'il pourroit.

96. Les députés quittent alors Michel, puis viennent à l'empereur. Ils lui disent tout ce qu'ils ont trouvé, et comment il avoit mis en avant le mariage de Vitace et de sa fille, « et il donnera, » disent-ils, à Vitace, votre frère, la tierce » partie de toute sa terre avec sa fille, en fief, et » dorénavant il voudra tenir de vous tous ses do- » maines. »

FIN DES MÉMOIRES DE HENRI DE VALENCIENNES.

MÉMOIRES
DU SIRE DE JOINVILLE.

HISTOIRE DE SAINT LOUIS.

NOTICE SUR JOINVILLE.

On a remarqué que les deux premiers Mémoires historiques que nous ayons dans notre langue sont l'ouvrage de deux gentilshommes champenois qui ont vécu à peu près dans le même temps ; tous les deux avaient pris part aux événements qu'ils nous ont racontés ; tous les deux ont choisi la langue nationale, la langue des chevaliers et des barons, sans doute parce qu'ils ne connaissaient que celle-là. Dans les XII° et XIII° siècles, l'Occident et l'Orient avaient vu de grandes révolutions, et personne ne s'occupait de les raconter ; seulement quelques cénobites tenaient registre des faits les plus remarquables, mais la plupart du temps, ces cénobites n'avaient point vu, ou ne savaient qu'imparfaitement ce qu'ils rapportaient dans leurs récits ; ils écrivaient d'ailleurs dans une langue qu'on ne parlait ni dans les camps, ni à la cour, ni parmi le peuple, ni dans les assemblées politiques de la nation : l'histoire, faite ainsi, se trouvait reléguée et restait comme ensevelie dans l'obscurité des cloîtres. Alors dut venir la pensée à ceux qui se trouvaient mêlés aux grands événements de la politique et de la guerre, de sauver de l'oubli les hauts faits d'armes, les grands exemples de la vertu, les circonstances mémorables dont ils avaient été témoins ; de là les Mémoires du maréchal de Champagne et du sire de Joinville ; de là tous ces Mémoires historiques, composés et publiés jusqu'à l'époque présente, tous ces témoignages si précieux, toutes ces narrations si variées, si originales, si instructives, dont le genre et la forme semblent ignorés des autres peuples, chez les anciens comme chez les modernes, et qui forment un des caractères particuliers de notre littérature et de nos annales.

Jean, sire de Joinville, naquit au château de Joinville, dans le diocèse de Châlons-sur-Marne ; il était allié aux comtes de Châlons et de Bourgogne, aux dauphins du Viennois ; sa mère était la cousine-germaine de l'empereur d'Allemagne Frédéric II. Si l'on en croit certains auteurs, les seigneurs de Joinville auraient eu quelque parenté avec les comtes de Boulogne, et par conséquent avec l'illustre Godefroi de Bouillon. Les sires de Joinville s'étaient presque tous distingués dans les guerres saintes ; Geoffroi I°, sénéchal de Champagne, avait suivi Louis VII à la croisade ; deux autres sires de Joinville, du nom de Geoffroi, partirent pour l'Orient ; le premier y mourut, le second combattit glorieusement à côté du roi Richard. Un Simon de Joinville se signala au siége de Damiette en 1218 ; un autre Simon, qui fut le père de Joinville, ne s'enrôla point sous les bannières de la croix, et ne déploya son courage que pour la défense de son pays : ce fut lui qui défendit et sauva la capitale de la Champagne, assiégée par les grands vassaux de France. Jean, sire de Joinville, avait deux sœurs et trois frères, Geoffroi de Vaucouleurs, dont il parle dans ses Mémoires ; Simon, seigneur de Gex et de Marnay ; Guillaume, archidiacre de Salins et doyen de Besançon. Il était très-jeune encore lorsque son père mourut ; il fut élevé à la cour de Provins et de Troyes, alors le séjour des maîtres de la *science gaie* : c'est là sans doute que le jeune Joinville prit cet enjoûment, ces manières élégantes et polies qu'admirèrent en lui ses contemporains et qui le firent rechercher à la cour des rois de France.

Le comte Thibault IV était parti pour la croisade dans l'année 1238 ; Joinville n'avait pu le suivre, parce qu'il avait à peine atteint sa quinzième année : il ne tarda pas néanmoins à être reçu chevalier, et peu de temps après, il épousa Alix de Granpré, cousine du comte de Soissons ; au retour de la Terre-Sainte, Thibault lui donna la charge de sénéchal de Champagne que son père avait occupée.

Comme les rapports de Joinville avec Louis IX sont ce qu'il y a de plus intéressant dans sa vie, nous avons voulu d'abord savoir à quelle époque ces rapports avaient pu commencer ; le sénéchal nous dit dans son histoire qu'il assista à une *grande cour* tenue par le roi Louis à Saumur ; à cette fête, il *tranchoit* devant le roi de Navarre, son seigneur, mais alors il n'avait point encore pris le *haubert*, et n'avait pu être distingué par Louis IX. On doit croire que Joinville accompagna plusieurs fois Thibault à la cour de France : il fut sans doute aussi chargé de quelques messages auprès de Louis, qui put apprécier son caractère et son esprit ; il est fâcheux que les Mémoires se taisent là-dessus, et qu'ils ne disent rien sur l'origine de cette noble amitié, que le temps n'altéra point, et qui semble durer encore pour la postérité ; car, pour nous, les noms du bon sénéchal et du saint roi sont inséparables, et jamais nous ne nous ressouvenons de saint Louis sans nous ressouvenir aussi du sire de Joinville.

Lorsque Louis IX, après avoir pris la croix, fit un appel à la noblesse française, la chevalerie de la Champagne et de la Bourgogne ne devait pas manquer d'accourir sous ses drapeaux ; il y avait alors une grande émulation pour les expéditions d'outre-mer parmi la noblesse de ces deux provinces ; la Grèce, la Morée et plusieurs provinces de l'empire grec étaient alors gouvernées par des seigneurs bourguignons et champenois. Quoique Joinville fût marié depuis quatre ou cinq ans, et qu'il ne jouît pas encore de l'héritage paternel resté entre les mains de sa mère, il n'hésita pas à prendre les armes ; la modicité de ses domaines ne l'arrêta point, et peut-être y trouvat-il un motif de plus, car l'espoir de s'enrichir était quelquefois pour les chevaliers une raison de s'enrôler sous les bannières de la croix. Joinville engagea tous ses biens pour se mettre en état de partir, et lui-même nous dit qu'il ne lui restait que douze cents livres de rente; il emmenait avec lui dix chevaliers, dont trois portaient bannières; ces dépenses étaient au-dessus de ses facultés; mais, comme je viens de le dire, l'Orient passait alors pour une terre couverte de trésors qui attendaient de nouveaux maîtres. Dans toutes ces guerres lointaines, l'usage était que, dans le partage du butin et des terres conquises, chaque chef obtenait une part proportionnée au nombre des soldats et des chevaliers qu'il avait emmenés avec lui; ainsi le sire de Joinville, comme tant d'autres, se ruinait afin d'obtenir quelque bonne principauté au-delà des mers; il faut ajouter que le brave sénéchal, en agissant ainsi, pensait qu'il faisait une chose agréable au roi de France, et que le pieux monarque deviendrait dans les misères d'une croisade une seconde providence pour tous ceux qui le suivraient, et qui se seraient dévoués, corps et biens, à son service et au service de Jésus-Christ.

Rien n'est plus attachant que la manière dont le sire de Joinville nous parle des préparatifs de son départ; il venait de lui naître un fils qu'il appela Jean; tous ses vassaux vinrent le féliciter vers Pâques fleuries; il resta plusieurs jours en fêtes et en banquets avec son frère *Vauquelour* et *tous les riches hommes du pays*. Ils chantèrent tous les uns après les autres des chansons joyeuses, et sans doute que les conquêtes qu'on allait faire en Orient ne furent pas oubliées dans ces chansons. Ces réjouissances avaient commencé le lundi de Pâques; quand on vint au vendredi, Joinville parla de son départ, et dit à tous ceux qui *là estoient*, que si on avait souffert quelque dommage qui vînt de lui, on n'avait qu'à parler, parce qu'il ne voulait point partir *emportant un seul denier à tort*: il n'est probable que personne ne se présenta pour demander justice, car on n'a pas d'ordinaire de grandes réparations à demander à ceux qui vont ainsi au devant de toutes les plaintes, et qui se mettent dans un tel souci pour les dommages qu'ils ont pu causer. Quelques jours après, le sire de Joinville se confessa à l'abbé de Chéminon, qui lui ceignit l'écharpe et lui donna le bourdon de pèlerin; il alla ensuite en pèlerinage, pieds nus et en chemise, à Blécourt, à Saint-Urban et autres saints lieux du voisinage; quand il repassa devant le château de Joinville, où étaient restés sa femme et ses enfans, il *n'osa tourner sa face de peur que le cœur ne lui attendrît de ce qu'il laissoit ses enfans et son chastel*.

Joinville ne partit point avec saint Louis; il se rendit par Lyon à Marseille, où il avait loué une *nef* pour lui et ses chevaliers; l'aspect de la mer orageuse, la pensée de tous les périls qui l'attendaient sur les flots, durent lui causer quelque émotion; en entrant dans le navire étroit qui devait lui servir de demeure, en voyant se refermer sur lui la porte de sa cabine, il ne pouvait dissimuler son effroi, et ne concevait pas qu'on pût s'exposer sur une frêle nacelle à l'inconstance de la mer et des vents, surtout *lorsqu'on estoit en estat de péché mortel.* Quand on eut chanté le *Veni Creator*, et qu'on eut levé l'ancre, ses réflexions ne durent pas être moins tristes; car il se trouva en proie à toutes les souffrances de ce qu'on appelle le *mal de mer*. Les vents poussèrent d'abord le vaisseau vers les côtes de Barbarie, et la première terre qu'on aperçut fut une grosse montagne (sans doute l'île de Pantheleric); ce qui étonna le plus les chevaliers en cette circonstance, c'est qu'ils restaient à la même place, et qu'après avoir navigué le jour et la nuit, ils se retrouvaient toujours en vue de cette grosse montagne; ils avaient grand'peur que les Sarrasins d'Afrique ne vinssent les surprendre: cette impossibilité de continuer leur route leur paraissait tenir du sortilège. Un prud'homme, le doyen de Marhu, pour obtenir la protection de Dieu, proposa de faire une procession sur le pont du navire; le pauvre Joinville, tout malade qu'il était, assista à la cérémonie, et se fit tenir par les bras pour suivre la procession; la procession fut faite, le navire put enfin s'éloigner de la montagne maudite; on arriva en Chypre le 20 septembre 1249: voilà tout ce que Joinville nous dit de sa traversée.

Le roi de France était arrivé depuis plusieurs semaines avec l'armée de la croisade: le sénéchal alla le rejoindre à Nicosie, capitale de l'île; après un mois de séjour, il ne lui restait plus que *douze vingt livres tournois*; ses chevaliers qu'il ne payait plus, menaçaient de le quitter; il nous dit lui-même qu'il était sur le point de perdre courage, lorsque Louis IX vint à son secours, et lui donna huit cents livres, somme qui surpassait ses besoins, et dont il remercia Dieu et le roi de toute son âme: le sénéchal passa en Chypre l'hiver de 1249 à 1250. On doit regretter qu'il n'ait point parcouru l'île de Chypre, et qu'il n'ait rien dit des impressions qu'il dut éprouver à l'aspect d'un pays si rempli de souvenirs; mais telle était l'ignorance ou la pieuse préoccupation des croisés, que les plus belles contrées de l'Orient attiraient à peine leur attention, et que fidèles en ce point aux conseils des papes, ils allaient à Jérusalem sans *jamais regarder ni à droite ni à gauche*. Quand le printemps arriva, et que la mer devint plus navigable, l'armée chrétienne s'embarqua sur une flotte composée de plus de quinze cents voiles; après avoir éprouvé une violente tempête, on arriva, le lundi de Pâques, au rivage de Damiette, où les croisés trouvèrent *grande compagnie à les attendre*, et virent assembler sur la plage toute la *puissance du soudan qui estoit très-belles gens à regarder*. Le sire de Joinville fut un des premiers à débarquer; accompagné de ses chevaliers, du comte de Jaffa et de Baudouin de Reims, il s'arrêta devant une troupe nombreuse de Sarrasins; ils plantèrent leurs lances dans le sable, présentant la pointe aux ennemis qui n'osèrent approcher. J'ai visité le lieu de débarquement, situé à une petite lieue de l'embouchure du Nil, à cinq quarts d'heure de l'ancienne Damiette, à quatre ou cinq lieues du lac Bourlos. J'ai parcouru la plaine sablonneuse où campa d'abord saint Louis, où se rangèrent en bataille Joinville et ses compagnons ; l'aspect de cette rive m'a fait juger que la descente devait être facile, surtout par un temps calme ; mais si les vents du nord avaient soufflé, toute la flotte pouvait se briser sur la côte. On sait que saint Louis convoqua un conseil pour savoir si l'on devait descendre à terre, avant l'arrivée des vaisseaux que les vents avaient séparés de la flotte ; l'histoire rapporte plusieurs des raisons qui furent alléguées pour ne point perdre de temps. La raison véritable, celle qui réunit tous les avis, fut sans doute la crainte que le vent ne changeât et ne devînt contraire. Le sable est si mouvant en cette partie de la côte, que la cavalerie devait avoir quelque peine à y faire ses évolutions, et tout l'avantage était aux gens de pieds qui conservaient leurs rangs et se couvraient de leurs armes ; il faut ajouter que l'armée du soudan resta long-temps sans recevoir aucun ordre, et que le découragement s'était emparé des soldats et des chefs. Par une suite du désordre qui régnait dans l'armée des Sarrasins, toute la plaine, Damiette elle-même fut abandonnée, et le sire de Joinville ne pouvait assez s'étonner de la grâce que le Seigneur Dieu fit alors aux croisés en leur livrant une grande cité *sans danger de leurs corps*.

L'armée des croisés passa plusieurs mois à Damiette, et pendant tout ce temps, Joinville ne quitta guère le roi saint Louis ; campé sur la rive gauche du Nil, il n'eut qu'à se défendre, comme les autres chevaliers, des surprises fréquentes et des attaques nombreuses des Arabes bédouins ; ces Arabes bédouins venaient jusque dans les tentes chrétiennes, tuaient tout ce qu'ils rencontraient, et s'enfuyaient ensuite vers le soudan auquel ils allaient présenter les têtes qu'ils avaient coupées. On doit croire que pendant son séjour, le bon sénéchal, comme il l'avait fait en Chypre, ne s'occupa guère des monuments et des souvenirs de la vieille Egypte ; la seule merveille du pays qui l'ait véritablement occupé, et qui lui ait paru digne de toute son attention, c'est le Nil ; son opinion était que ce fleuve merveilleux vient du paradis terrestre, et que sur ses rives croissent la canelle et les autres épiceries que l'on vent abat des arbres, et qui sont emportées par le courant. Cette opinion de Joinville était celle des barons et des chevaliers, et même des évêques et des clercs qui suivaient les drapeaux de la croix ; le sénéchal a mieux connu les mœurs et le caractère des bédouins, dont il nous parle avec assez de vérité dans ses Mémoires, et que nous avons retrouvés en plusieurs points tout-à-fait semblables à ce qu'il nous en dit.

Lorsque plus tard, l'armée chrétienne alla camper sur les bords du canal *Aschmoun*, appelé par les croisés le fleuve *Rixi* ou *Tanis*, Joinville se trouva dans plusieurs combats ; un jour entre autres, c'était le jour de Noël, les Turcs ayant passé le canal, vinrent attaquer le camp des chrétiens ; beaucoup de pèlerins s'étaient répandus dans les campagnes ; le sénéchal était à dîner avec ses gens, il fallut tout à coup *piquer des deux et courir sus aux Sarrasins*. Après une attaque qui fut repoussée, le comte d'Anjou et Louis IX se chargèrent de garder le camp du côté de Mansourah ; la garde du camp du côté de Damiette fut confiée au comte de Poitiers et au brave sénéchal ; les Turcs revinrent plusieurs fois à la charge, mais soyez bien certains, nous dit le naïf historien de la croisade, *qu'ils furent bien reçus et servis de même*.

L'Aschmoun, ou le fleuve *Rixi* des croisés, devant lequel fut arrêtée l'armée chrétienne, n'est guère plus large que la Marne ; mais son lit est très profond, et ses bords très escarpés. Tout ce qu'imaginèrent les ingénieurs de Louis IX pour franchir cet obstacle, fut de construire une chaussée, qui, à mesure que l'ouvrage avançait, était emportée par le courant ; comme les travailleurs se trouvaient en butte aux pierres et aux javelots lancés par les Turcs qui occupaient la rive opposée, on avait construit, pour les protéger, des retranchements ou chastels en bois. Joinville fut un de ceux qui gardèrent les *chastels*, et Dieu sait quelles terreurs lui inspirait la vue du feu grégeois que lançaient jour et nuit les Sarrasins ; il trouve à peine des expressions pour nous peindre ce feu grégeois, qui était *gros comme un tonneau*, long d'une demi-aune, qui ressemblait à la *foudre venue du ciel*, à un *dragon volant dans l'air*. Sitôt qu'on voyait arriver le feu, Joinville et les chevaliers se jetaient à genoux, et les coudes appuyés sur la terre, en criant *merci à notre Seigneur en qui est toute puissance*. Leur situation était d'autant plus cruelle, que s'ils quittaient leur poste, ils étaient *ahontés* ou déshonorés, et que s'ils restaient dans les chastels, ils pouvaient être tous *ars et brûlés*.

Quand on eut découvert un gué, on ne s'occupa plus que de traverser le canal ; pour suivre ici les récits de Joinville, il n'est pas inutile de faire une description des lieux, tels que nous les avons vus. Le canal d'Aschmoun ou de *Rixi*, son confluent à peu de distance de Mansourah ; il coule du sud-ouest au nord-est ; la ville de Mansourah est bâtie sur la rive orientale du Nil et domine une plaine qui s'étend à perte de vue ; le lieu où les croisés trouvèrent un gué est à un mille et demi de la ville ; l'espace où campait l'armée musulmane, et qui devint le théâtre de tant de combats sanglants, présente de toutes parts une surface plane, un terrain uni et coupé en plusieurs endroits par de petits canaux. J'ai parcouru cette plaine dans la saison même où les croisés y arrivèrent, c'est-à-dire dans le temps où le Nil est bas ; par conséquent, les lieux y présentaient le même aspect ; j'ai pu facilement reconnaître l'endroit où l'armée

11.

passa le canal, et la position occupée par les Sarrasins en avant de Mansourah; j'ai pu suivre la marche aventureuse du comte d'Artois, les exploits héroïques de saint Louis; je me suis arrêté dans la partie de la plaine où Joinville, retranché parmi des masures, frappait les Sarrasins à grands coups d'épée, et, dans le fort de la mêlée s'adressait quelquefois à *monseigneur saint Jacques pour qu'il vînt à son secours;* j'ai reconnu le petit pont ou le poncel que le brave sénéchal défendit toute la journée contre une multitude d'ennemis, et je me suis ressouvenu, en voyant ce *poncel,* que le bon comte de Soissons, cousin de Joinville, lui disait à la même place: *Laissons braire cette quenaille, et, par la coeffe Dieu, nous parlerons encore de cette journée en chambre devant les dames.*

Maîtres de la rive droite du *Rixi,* les chrétiens eurent encore beaucoup de combats à livrer; la victoire couronna toujours leurs armes; mais d'autres malheurs, d'autres périls que ceux des batailles, les attendaient dans ces belles plaines qu'ils venaient de conquérir; on était alors en carême, et les croisés ne mangeaient que des *burbotes, poisson glouton, se nourrissant de corps morts; de plus, en ce pays ne pleuvoit nulle fois une goutte d'eau;* c'est à ces deux causes que Joinville attribue les maladies dont l'armée chrétienne fut désolée. La plus grande de ces maladies était telle que la chair des jambes se desséchait jusqu'à l'os, et le cuir devenait couleur de terre, semblable à *une vieille botte long-temps cachée derrière les coffres;* en outre la chair des gencives pourrissait; à la fin, peu de gens échappaient à ce terrible fléau, et le signe de mort *étoit quant on se prenoit à saigner du nez.* Pour mieux nous guérir, ajoute le sire de Joinville, *les vilains Turcs,* qui savaient bien notre maladie, prirent le moyen de nous affamer; leur flotte était au-dessus de Mansourah, près du bourg de Semanour; ils transportèrent leurs navires, moitié par terre, moitié par les canaux qui arrosent le Delta, et vinrent se placer en embuscade sur le Nil, en face du bourg de Baramoun, au-dessous de l'armée chrétienne. Les barques qui apportaient des vivres au camp des croisés, tombèrent ainsi au pouvoir de l'ennemi, et toute communication se trouva interrompue entre Damiette et l'armée des chrétiens; une affreuse disette acheva de désoler le camp. Quant au pauvre sénéchal, il *n'avoit ni pis ni mieux que les austres;* il n'était pas encore guéri des blessures qu'il avait reçues dans la première bataille; il avait en outre le mal de jambes et de gencives dont tout le monde souffrait; de plus, le *ruyme en la tête qui lui filoit à merveille par la bouche et par les narines,* et avec tout cela une fièvre quarte *dont Dieu nous garde.* Si le sire de Joinville était ainsi malade, *pareillement l'estoit son pauvre prestre.* « Comme celui-ci chantoit
» messe devant moi (je laisse parler le sénéchal)
» quand il fut à l'endroit de son sacrement, je le
» veois pasmer, et quant je vis qu'il vouloit se
» laisser tomber à terre, je me jettai hors de
» mon lit, tout malade comme j'estois, et l'allai embrasser par derrriere, et lui dis qu'il fist tout à
» son aise et en pès, et qu'il prensist courage et
» fiance en celui qu'il tenoit en ses mains; à donc
» s'en revint un peu, et je ne le laissai jusqu'à ce
» qu'il eût achevé de chanter sa messe, ce qu'il
» fist, et oncques puis ne chanta et en mourut. »

Toutes ces calamités ne permettaient plus aux croisés d'aller en avant; le signal de la retraite fut donné. Comme le roi avait pris la route de terre avec son armée, Joinville, toujours malade, ne put le suivre, et s'embarqua sur le Nil. Il s'était élevé un grand vent qui empêchait les barques de descendre; le navire que montait le sénéchal, qui était parti à la tombée du jour, n'avait pu faire qu'une lieue pendant la nuit; au lever du soleil, il se trouva à l'endroit où les Sarrasins avaient tendu leur embuscade et rassemblé leur flotte. Dès que les ennemis eurent aperçu sa *galée,* on tira une si grande quantité de flèches avec le feu grégeois, qu'il semblait que *les étoiles chussent du ciel;* d'autres navires chrétiens étaient déjà tombés au pouvoir des Musulmans, qui massacraient les prisonniers ou les jetaient à l'eau; les mariniers ne sachant quel parti prendre, jetèrent l'ancre au milieu du fleuve. Bientôt arrivèrent quatre navires du soudan; le sénéchal, couvert de son haubert et l'épée à la main, tint conseil avec ses chevaliers; on proposa de se rendre à une des *galées* des Sarrasins, et tous furent de cet avis, à l'exception d'un clerc qui disait qu'il fallait se faire tuer afin d'aller en paradis, ce qu'ils ne voulurent croire, *car la peur de la mort les pressoit trop fort.* Joinville prit alors un petit coffret où étaient ses joyaux et ses reliques, et le jeta dans le fleuve; un Sarrasin qui prit compassion de lui, vint l'aider en si grand péril, et le conduisit dans un des vaisseaux du soudan; là était une multitude de gens furieux qui menaçaient de le tuer, et le bon Sarrasin qui l'accompagnait ne le quittait point et criait à ses compagnons: *C'est le cousin du roi! c'est le cousin du roi!* Joinville fut mené devant des officiers qui lui ôtèrent son haubert, et qui, le voyant malade, jetèrent sur lui une sienne couverture d'écarlate fourrée vert, *que lui avoit donnée madame sa mère à son départ pour la croisade;* on lui donna en même temps une ceinture blanche dont il se lia le corps, et un *chaperonet* qu'il mit sur sa tête. Alors il commença à *trembler des dents, tant de la grant peur qu'il avoit, comme aussi de sa maladie.* Il demanda à boire, et sitôt qu'il eut mis l'eau à sa bouche, *cuidant l'envoyer aval,* cette eau lui sortit par les narines; ses gens voyant cela commencèrent à *plorer* et à mener grand deuil, et dirent que leur maître était presque mort, et qu'il avait un *apostume* à la gorge qui allait l'étouffer: cependant un Sarrasin fit prendre à Joinville un remède, et son apostume fut guéri en deux jours avec l'aide de Dieu. Après quelques jours de captivité, le sénéchal, monté sur un palefroi, suivit un des émirs, qui le fit passer sur un pont et le conduisit dans un lieu où était saint Louis. Là un écrivain prenait le nom de tous les chrétiens qu'on avait faits captifs; Joinville donna son nom comme les autres, et lorsqu'il entra dans le pavillon où se trouvaient les barons de France et beaucoup d'autres prisonniers, tout le monde *mena une si grande joie de le voir* qu'on ne pouvait rien ouïr; on le transféra ensuite dans un autre pavillon, où moult chevaliers et autres gens étaient enfermés dans une cour entourée de murailles de terre; les Sarrasins faisaient tirer de là les prisonniers l'un après l'autre, et demandaient à chacun s'il voulait renier sa foi; ceux qui disaient oui, étaient mis à part; ceux qui disaient non, étaient tués et jetés dans le Nil.

Joinville ne nomme point le lieu où se passaient des scènes si tragiques; nous jugeons, d'après le récit des auteurs arabes, que saint Louis et ses compagnons d'infortune furent conduits à Mansourah; en passant par cette ville, en 1831, nous avons vu la maison où, selon les traditions du pays, le roi de France fut enfermé, et celle qui servit de prison aux barons et aux autres captifs chrétiens. Il est fâcheux que Joinville nous ait laissé trop peu de détails sur sa captivité et sur les misères que les croisés eurent alors à souffrir; il se contente de nous dire que la *chère qu'on faisoit aux prisonniers estoit piteuse*, et nous n'avons point de peine à le croire. Après quelques semaines passées au milieu des plus cruelles angoisses, on en vint à des pourparlers pour la rançon du roi et de son armée; on était d'accord sur tous les points, et le roi de France et ses barons étaient déjà dans les navires qui devaient les reconduire à Damiette, lorsque le soudan du Caire fut tué par ses mamelucks; les meurtriers de ce prince l'attaquèrent dans un pavillon qu'il s'était fait bâtir sur la rive du Nil; poursuivi jusque dans le fleuve, il vint mourir près de la galère où était Joinville. Alors recommencèrent pour les croisés les jours de désolation; les malheureux prisonniers virent à plusieurs fois les émirs sarrasins se précipiter dans les navires qui leur servaient de prison; couverts du sang de leur sultan, et le glaive à la main, ils menaçaient de tuer le roi et tous ses compagnons de captivité. Un jour que ces émirs se présentèrent avec un appareil plus menaçant, Joinville vit un grand nombre de barons et de chevaliers qui se confessaient à un père de la Trinité, de la maison du comte de Flandre; quant à moi, ajoute-t-il, je ne me souvenais *alors de mal ne peschié que oncques j'eusse fait*. Le pauvre sénéchal ne pensait qu'à recevoir le coup de la mort, et il s'agenouilla devant un Sarrasin, en lui tendant la gorge; en même temps, le connétable de Chypre, Gui d'Ibelin, tombant aussi à genoux, se confessait à Joinville qui lui donna l'absolution, *selon le pouvoir qu'il en avoit de Dieu*. Le bon sénéchal ajoute qu'il ne se ressouvint jamais de *chose que lui eust dite alors le connétable*.

Les prisonniers restèrent long-temps en proie aux plus vives alarmes; chaque jour on menaçait de les tuer; cependant, après beaucoup de vicissitudes, après beaucoup d'alternatives d'espérance et de désespoir, on en vint à un accommodement, et le roi avec ses barons fut délivré, en payant une rançon et en rendant Damiette. Comme il manquait trente mille livres tournois pour compléter la somme promise aux Sarrasins, Joinville proposa à Louis IX de les demander aux Templiers qui refusèrent; le sénéchal s'offrit alors d'aller les prendre de force dans le coffre du grand-maître; il y alla en effet, ce que les Templiers ne lui pardonnèrent pas, car, dans la suite, ayant déposé une somme de quatre cents livres entre les mains du trésorier du Temple, il eut toutes les peines du monde à r'avoir son dépôt; aussi jura-t-il dès lors de ne plus *oncques* confier de l'argent aux Templiers.

Joinville accompagna le roi en Syrie. Tous les deux se racontèrent longuement leurs misères, leurs périls, et bénirent ensemble le Dieu qui les avait sauvés tant de fois du trépas. Arrivé en Syrie, le sénéchal ne fut pas au terme de ses malheurs et de ses tribulations; il nous raconte quelques-unes de ses misères, mais il ne parle de lui en cette occasion que pour engager ceux qui l'entendront à avoir *parfaite fiance en Dieu et patience en leurs adversités*. Le sénéchal est si naturel, si naïf; les sentiments qui l'animent sont si nobles et si purs, qu'on ne se lasse point de l'entendre, lorsqu'il nous entretient de ce qu'il a senti et de ce qui lui est arrivé. Je dois faire remarquer ici un des grands mérites de Joinville, c'est de savoir toujours parler de lui convenablement; d'abord, il en parle très-rarement, et lorsqu'il en parle, on voit que c'est bien plus une obligation à laquelle il se soumet qu'une satisfaction qu'il se donne; du reste, cet art si difficile de parler de soi présentait peut-être moins de difficultés dans la langue simple et naïve que parlait le bon sénéchal.

En débarquant à Saint-Jean-d'Acre, le sénéchal était si faible qu'il avait peine à se tenir sur un des palefrois qu'on avait amenés pour le roi et sa suite; quand Louis IX l'envoya chercher pour manger à sa table, il s'y rendit avec l'équipage de sa prison, n'ayant pour vêtement que la couverture d'écarlate que madame sa mère lui avait donnée, et que lui avaient laissée les Sarrasins. L'évêque d'Acre, qui était de Provins, lui fit donner, pour son logement, la maison du curé de Saint-Michel; sa maladie l'obligea pendant plusieurs jours de garder le lit, et comme tous ses gens étaient malades, il n'avait personne pour le soigner et le lever; la mort était sans cesse présente à ses yeux, car à toute heure du jour, on apportait des corps morts au moutiers; il n'entendait que ces tristes paroles : *Libera me Domine*, et chaque fois qu'il les entendait, il se mettait à pleurer et priait Dieu de le délivrer ainsi que *toute sa gent*.

Peu de temps après son arrivée en Syrie,

Louis IX convoqua les barons qui lui restaient pour savoir s'il retournerait en France ou s'il demeurerait outre mer; Joinville fut un de ceux qui lui conseillèrent de prolonger son séjour en Orient, et la raison qu'il donna, fut que jamais les pauvres prisonniers qu'on avait laissés en Egypte, *ne seroient délivrés si le roi s'en alloit.* Ces paroles touchèrent les barons qui se mirent *à plorer;* cependant tel était leur désir de revenir en France, qu'ils surent très mauvais gré au sire de Joinville du conseil qu'il avait donné au monarque, et qu'ils l'appellèrent *Poulain*, nom injurieux qu'on donnait aux chrétiens nés d'un Franc et d'une femme syrienne.

On aimera sans doute à suivre ici le sire de Joinville dans la vie qu'il menait outre mer; il avait deux chapelains qui disaient ses heures : l'un chantait la messe à l'aube, l'autre attendait, pour dire la sienne, que tous les chevaliers fussent levés; quand le sénéchal avait ouï la messe, il se rendait auprès du roi, et lui faisait compagnie lorsqu'il voulait *chevaucher.* Comme la corruption des mœurs avait été grande pendant que les croisés étaient à Damiette, et qu'on attribuait les revers de l'armée chrétienne aux énormes péchés des pèlerins, saint Louis punissait avec sévérité les moindres désordres. Le sénéchal voulut donner l'exemple, et se mettre à l'abri de tout soupçon; son lit était placé de telle manière, qu'on ne pouvait entrer dans son pavillon sans le voir, *et ce faisoit-il pour oster toute mescréance de femmes.* Vers la Saint-Remi, le sire de Joinville faisait ses provisions d'hiver, car dans la mauvaise saison, les vivres étaient plus chers, parce *que* la mer devenait plus difficile et plus *felonesce.* Ses provisions d'hiver consistaient en grains, en porcs, moutons et *galines.* Il achetait cent tonneaux de vin, *et faisoit toujours boire le meilleur avant;* le vin était mêlé de beaucoup d'eau pour les valets, un peu moins pour les écuyers; chaque chevalier avait devant lui, à table, une carafe d'eau et une carafe de vin, et chacun trempait son vin comme il voulait. Le sénéchal avait cinquante chevaliers que le roi lui avait donnés à commander; à chaque repas, il avait dix de ces chevaliers à sa table, sans compter les siens; tous ces chevaliers mangeaient deux à deux et l'un devant l'autre, selon la coutume du pays; ils étaient assis sur des nattes étendues à terre. Lorsque les cinquante chevaliers du roi prenaient les armes pour quelque expédition, le sire de Joinville les ramenait à son hôtel où ils étaient hébergés; le sénéchal donnait en outre des *galas aux riches hommes de l'ost,* toutes les grandes fêtes. Tout le temps que saint Louis demeura dans la ville d'Acre, le sire de Joinville resta auprès de lui; il servit le roi à Césarée, à Jaffa, à Tyr et à Sidon; il ne le quitta que pour un pèlerinage à Notre-Dame-de-Tortose et pour une expédition que firent les croisés du côté de Belinas, vers les sources du Jourdain, dans laquelle il courut un grand danger pour sa vie.

Quand on partit d'Acre, Joinville s'embarqua sur la *galée* qui portait Louis IX et la reine Marguerite; on aime à suivre dans les Mémoires du sénéchal, les tristes restes de la croisade, revenant au royaume de France; le navire fut poussé sur la côte de Chypre, et le plus faible des vents de la mer, pour nous servir de l'expression du roi, faillit abîmer un grand monarque avec toute sa famille; le sénéchal, en nous parlant du grand péril où tout le monde était d'aller au fond de la mer, nous raconte la naïveté d'un sien écuyer qui lui jeta un manteau sur les épaules, dans la crainte qu'il ne prît froid et ne s'enrhumât. Après ce premier danger, on se remit en mer, et bientôt s'éleva une furieuse tempête pendant laquelle on adressa de ferventes prières au patron des marins et des naufragés; la reine Marguerite promit à saint Nicolas de Verangeville une *nef d'argent*, et Joinville s'engagea à porter lui-même cette offrande dans l'église du Saint au diocèse de Châlons. Après quoi les vents s'apaisèrent, le ciel reprit sa sérénité, et la mer referma ses abîmes. Il faut revoir dans le récit original les merveilles et les pieuses aventures de cette navigation de saint Louis, ou de cette odyssée chrétienne. Débarqué en France, le sire de Joinville se sépara de Louis IX, et revint en Champagne; il éprouva sans doute une bien vive joie, lorsqu'il rentra dans son *chastel*, et qu'il revit sa femme Alix, ainsi que son fils Jean qui lui était né avant son départ, et qui était déjà dans sa cinquième année; tous ses parents, ses amis, ses vassaux étaient d'autant plus aises de le revoir, qu'on leur avait souvent parlé des malheurs de la croisade, et qu'ils avaient quelquefois pleuré sa mort. Le peuple de Joinville et des environs avait beaucoup souffert de l'absence de son seigneur, et tous avaient été ruinés par d'énormes exactions : ils venaient adresser leurs plaintes au bon sénéchal, et le conjuraient de ne plus les abandonner; le sire de Joinville, parti avec bon nombre de soldats et de chevaliers, revenait presque seul de la guerre sainte; ce qui l'affligeait le plus, c'était sans doute de voir des familles en deuil qui venaient lui redemander leurs enfants. Lorsque Joinville fut resté quelque temps au milieu de sa famille et de ses vassaux, il ne manqua pas de visiter Louis IX, et il fit plusieurs fois le voyage de Paris. Toutes les fois que le pieux monarque voyait arriver son compagnon d'armes, le fidèle compagnon de son pèlerinage outre mer, *il lui faisoit si grande joie que tout le monde s'en émerveilloit.* Les souvenirs de la croisade avaient resserré les liens de leur touchante amitié; on aime à voir ensemble deux hommes que le malheur et l'amour de la vertu, encore plus que les goûts et le caractère, avaient si étroitement unis; on aime à reconnaître aussi que tous deux gagnèrent à se rapprocher l'un de l'autre, la gravité pieuse du monarque s'adoucissait par l'enjouement du sénéchal, et ce dernier avait sans cesse sous les yeux des exemples qui devaient le rendre meilleur. Combien de fois, le sire de Joinville ne fut-il pas témoin des œuvres de charité du saint roi! que de fois, il dut suivre Louis IX dans les visites qu'il faisait aux hôpitaux qu'il avait fondés, à l'hospice des Quinze-Vingts, aux léproesries, etc.! Que de fois, il le vit soignant de ses propres mains les infirmes, les malades, et coupant lui-même le pain aux pauvres! la plus belle des vertus de saint Louis, fut cet esprit de sagesse et d'équité qui lui fit donner par ses contemporains le nom si glorieux de *monarque justicier*. Le sire de Joinville assista souvent aux jugements que le saint roi rendait sous les arbres de Vincennes, et souvent, dans les beaux jours d'été, il allait ouïr les *plaids de la porte* et les *requêtes du palais au jardin de Paris*. Pour ne pas négliger les moindres détails, surtout ceux qui nous font connaître les mœurs du temps, je dirai ici que Louis IX enseigna au sénéchal à mettre de l'eau dans son vin, malgré les avis des médecins qui disaient que le sénéchal avait une *grosse tête* et une *froide fourcèle* (un estomac froid), ce qui l'empêchait de supporter l'eau; il lui apprit aussi à ne jamais jurer par le diable, à ne jamais prononcer le nom du démon, ce qu'au déplaisir de Dieu et de ses saints, on ne faisait que trop dans tout le royaume de France; les Mémoires nous apprennent que dans le château de Joinville, il y avait des peines sévères pour ceux qui employaient ce mauvais langage.

Je n'oserais pas dire que le sire de Joinville ait été tout-à-fait désintéressé dans son attachement à saint Louis, car les libéralités du roi envers le sénéchal avaient excité la jalousie des barons dans la campagne d'outre-mer; nous savons en outre qu'après la croisade, Louis IX fit don à Joinville de la terre de Gernzai, à la charge de l'hommage lige. Il faut remarquer, toutefois, que le sire de Joinville ne dut rien à la flatterie, et que son attachement survécut bien long-temps à celui qui en était l'objet, ce qui n'arrive guère aux courtisans de la fortune. Le sénéchal remplissait les devoirs d'un bon chrétien; mais pour plaire au religieux monarque, il ne se faisait point, comme tant d'autres, plus dévot qu'il ne l'était. Il ne craignit pas de dire un jour, en présence du roi et de plusieurs clercs, qu'il aurait mieux aimé commettre trente péchés mortels que d'être *ladre et meseau*. Louis le reprit doucement de cette opinion, et le pria, pour l'amour de Dieu d'abord, pour l'amour de lui ensuite, qu'il regardât le *pechié mortel* comme un plus grand mal que la *mesèterie* ou la lèpre. Comme le saint monarque lui demandait s'il lavait les pieds des pauvres le jeudi-saint, il répondit que *oncques il ne laveroit mie les pieds de ces vilains*; cette réponse scandalisa beaucoup le roi, qui, pour le ramener à cette pratique de la charité, lui cita l'exemple de notre Seigneur qui avait lavé les pieds des apôtres, et celui du roi d'Angleterre qui lavait les pieds des lépreux. Joinville tenait tête quelquefois aux plus savants clercs, et surtout au célèbre Sorbon, chapelain de Louis et fondateur de la célèbre école de Sorbonne. Souvent le monarque était pris pour juge, et il donnait raison tantôt aux clercs, tantôt au sénéchal. Comme l'abbaye de Saint-Urban se trouvait sans abbé, parce qu'on en avait nommé plusieurs, et qu'aucun n'avait prévalu, le sire de Joinville prit en sa garde l'abbaye enclavée dans ses terres, ce qui le fit excommunier par l'évêque de Châlons; il y eut à ce sujet grand *tribouille* au parlement qui se tint à Paris, et Louis IX eut beaucoup de peine à calmer les évêques, qui lui reprochaient de défendre les spoliateurs des églises.

Saint Louis et Joinville avaient souvent des entretiens sur des matières sérieuses, sur la religion, sur la morale, etc. « Sénéchal, lui dit un jour le roi, » quelle chose est-ce que Dieu? — Sire, c'est *si* » *souveraine et bonne chose que meilleure ne peust* » *être.* » Louis IX se montra très satisfait de cette réponse, et lui dit qu'elle était ainsi dans un livret qu'il tenait en sa main. Lorsque Joinville exprimait quelques opinions irréfléchies, le roi l'exhortait, par de bonnes paroles, à revenir de son erreur; parmi les graves enseignements qu'il lui donna, il lui apprit à tenir sa promesse avant toute chose, et à ne pas se croire acquitté de ses dettes, même en donnant son bien à l'église; il lui apprit à ne jamais médire de son prochain, et à ne donner à personne, sans une évidente nécessité, des démentis d'où sortent *trop souvent des paroles dures et rudes*.

Joinville n'était jamais si bien reçu du roi que lorsqu'il lui donnait quelques bons avis et qu'il l'avertissait de ses fautes. Un jour que Louis avait reçu de l'abbé de Cluni deux superbes palefrois, et qu'il écouta longuement l'abbé à cause de ce beau présent, le sénéchal le fit convenir du tort qu'il avait eu, et, dès ce moment, le roi défendit à tous ses officiers de ne jamais rien recevoir des gens qui viendraient leur demander justice. Gloire aux princes auxquels on ne fait la cour qu'en leur rappelant les maximes de la vertu! Honneur aux favoris des rois, qui sont des amis véritables, et qui ne se maintiennent en crédit que par leur franchise et l'amour du bien public!

Tout le temps que Joinville ne passait pas à la cour de Thibault, et à la cour de saint Louis, il le passait parmi ses vassaux, dont il réparait, autant qu'il était en lui, les malheurs occasionnés par sa longue absence. Comme le saint monarque, il consolait les affligés, il visitait les malades, secourait les pauvres; il bâtissait ou réparait les demeures de Dieu; au milieu de ces pieux travaux, les souvenirs d'outre-mer n'étaient point oubliés, et, par ses soins, plusieurs scènes de la croisade, plusieurs merveilles qu'il avait vues au saint voyage, furent peintes aux vitraux de sa chapelle de Joinville et de l'église de *Blécourt*.

Vingt ans s'étaient écoulés depuis qu'il était revenu d'Orient; saint Louis manda ses barons à

Paris, en un carême, et le fidèle Joinville fut mandé aussi. Le bon sénéchal, quoique malade de la fièvre quarte, se rendit aux instances réitérées du saint monarque; lorsqu'il fut arrivé à Paris, il advint qu'il s'endormit un jour à matines, et lui fut advis en dormant qu'il voyait le roi agenouillé devant un autel, et plusieurs prélats le revêtaient d'une chasuble rouge de serge de Reims. Quand il se réveilla, il fit appeler son prêtre Guillaume, et lui demanda l'explication du songe qu'il venait d'avoir. Vous verrez, lui dit le prêtre, que le roi se croisera demain; car la chasuble rouge signifie la croix, laquelle fut rougie du sang de Jésus-Christ; le chapelain Guillaume ajouta que la sarge de Reims annonçait aussi que la *croisade seroit de petit exploit*. Or, il arriva que le roi se croisa le lendemain avec ses trois fils et plusieurs de ses barons. Le roi Louis et Thibault pressèrent beaucoup et à plusieurs reprises le sire de Joinville de suivre leur exemple; mais il s'y refusa, alléguant que son pauvre peuple avait beaucoup souffert pendant son voyage outre mer, et qu'il devait rester pour le défendre et le soulager; ce n'était pas là sans doute la seule raison qu'eût le sénéchal; il avait appris à ses dépens combien il en coûtait pour aller combattre les infidèles, et la cruelle expérience qu'il avait faite avait beaucoup affaibli son enthousiasme pour la guerre sainte. Après avoir perdu Alix, sa première femme, il venait d'en épouser une seconde de la famille des comtes de Joigny. Il s'occupait de l'éducation et de la fortune de ses enfants, et ces motifs étaient bien suffisants pour le retenir en Champagne; il faut ajouter que sa vision expliquée par son chapelain lui revenait souvent à la pensée, et que la sarge de Reims qui annonçait une *croisade de petit exploit*, devait le fortifier dans sa détermination de ne point quitter son chastel. Cette circonstance d'un songe qui empêche Joinville d'accompagner saint Louis à la croisade, nous donne une idée des mœurs et des opinions du temps où il vivait. C'est un songe qui avait entraîné Louis IX dans sa première expédition contre les infidèles; combien de croisés étaient partis de même, parce qu'ils avaient cru reconnaître la volonté divine dans les visions du sommeil! Joinville raconte le songe de son chapelain comme on parlerait aujourd'hui des raisons les plus graves que puisse alléguer la politique des cabinets, et rien ne doit nous paraître plus étrange dans le siècle présent.

Toutefois, il n'est point de lecteur qui ne regrette vivement que le sire de Joinville n'ait point accompagné Louis IX à Tunis; car il nous aurait raconté la mort du saint roi, comme il nous a raconté sa vie. Ce fut sans doute pour le bon sénéchal un bien grand chagrin que la fin malheureuse du monarque qu'il avait suivi si long-temps: Aussi nous dit-il que ceux qui conseillèrent au roi de partir, péchèrent mortellement. On sait quelle douleur répandit en France la nouvelle de la mort de saint Louis; tout le peuple bénissait les bienfaits de son règne, et le priait de veiller du haut du ciel sur ses sujets abandonnés.

Pendant long-temps le nom de saint Louis fut mêlé aux prières de tous ceux qui souffraient; ses vertus, ses malheurs étaient dans tous les souvenirs; il se faisait chaque jour, en son nom, une quantité de beaux miracles dont on parlait en tous lieux; enfin une enquête fut ordonnée par le chef de l'Eglise; le royaume de France offrit alors un de ces spectacles qu'on n'avait vus que dans l'antique Egypte, lorsque le peuple égyptien et les pontifes de Memphis jugeaient un Pharaon après sa mort. La religion chrétienne présidait avec toutes ses pompes à cette justice solennelle qu'on rendait à la mémoire d'un grand roi. On interrogea tous ceux qui avaient été témoins des saintes actions du monarque, tous ceux qui avaient été les confidents de ses pensées, tous ceux qui avaient été les compagnons de ses travaux et de ses adversités dans les guerres saintes. Le sire de Joinville parut devant les évêques et les cardinaux réunis à Saint-Denis. Voici ce qui nous reste de son témoignage recueilli par le confesseur de la reine Marguerite: « Monseigneur » Jean de Joinville, chevalier, home de meeur » âage et moult riche, qui fu avec le benoist roy » par trente-quatre ans et plus, assez privement » et de sa *mesniée* (de sa maison), par son ser- » ment afferma qu'il ne vist onequos ne n'oy que » li benoist roy deist à aucun d'autrui parole » de détraction en mauvaise manière ou en blasme » de lui; ne onequos, ne le vit home plus *attempé* » (modéré) ne de greigneur (plus grande) per- » fection de tout ce qui pouvoit être vu sur home » qui li benoist roy fu, et que il croit que il soit » en paradis pour plusieurs biens qu'il fist, et » croit que il fu de si grant mérite que il croit » que nostre sires Dieu doit bien fere miracles » pour lui. »

Ce n'était pas alors un titre médiocre à la considération et à l'estime des rois et des peuples, que d'avoir été le témoin des vertus de saint Louis, et de témoigner pour lui devant Dieu et devant les hommes. Philippe-le-Hardi, qui succéda à Louis IX, montra à Joinville la même confiance que son père; comme ce prince avait la tutelle de Jeanne, reine de Navarre, il chargea Joinville de gouverner le comté de Champagne. Jeanne, devenue reine de France, le conserva dans ce gouvernement; il arriva alors que la politique ambitieuse et tracassière de Philippe-le-Bel, les innovations qu'il introduisit en beaucoup de choses, ses vexations fiscales, et surtout les fréquentes altérations des monnaies, soulevèrent plusieurs provinces du royaume, et le sire de Joinville qui en sa qualité de sénéchal de Champagne, était le gardien des anciennes coutumes, refusa d'obéir au roi de France. L'iniquité et la tyrannie devaient surtout déplaire à ceux qui avaient vécu sous le *roi justicier*, et l'historien de saint Louis ne peut s'empêcher, en cette occasion, d'exprimer son mécontentement par des paroles amères et dures qui nous sont restées; après avoir parlé dans ses Mémoires de la colère de Dieu qui poursuit les mauvais princes; *que le roi qui régne à présent, s'écrie-t-il, y prenne garde; car s'il ne s'amende de ses méfaits, Dieu ne manquera pas de le frapper cruellement dans sa personne ou dans les intérêts de sa couronne.* Philippe-le-Bel mourut au milieu de l'insurrection générale qu'il avait provoquée; Louis-le-Hutin, qui lui succéda, s'empressa d'accueillir les plaintes de ses sujets, et s'occupa de réparer les désordres du règne précédent; le sénéchal de Champagne ne tarda pas à reconnaître l'autorité du nouveau roi, et lorsque les barons furent convoqués à Arras par Louis-le-Hutin, qui se préparait à la guerre contre les Flamands, le sénéchal, quoiqu'il eût alors quatre-vingt-douze ans, n'hésita point à prendre les armes. Ducange nous a conservé la lettre qu'il écrivit alors au roi; cette lettre est un monument précieux, en ce qu'elle nous fait connaître les rapports des grands vassaux avec les rois de France, et qu'elle peut nous donner une idée juste de la langue dans laquelle Joinville avait écrit ses Mémoires. Nous croyons devoir donner ici cette pièce historique :

« A son bon amey seigneur le roy de France et
» de Navarre.
» A son bon seigneur Loys par la grace de Dieu
» roy de France et de Navarre, Jehans sires de
» Joinville, ses senechaux de Champaigne, salut
» et son service apareilié. Chiers Sire, il est bien
» voirs ainsis comes mandey le m'avez que on di-
» soit que vous estiés appaisiés as Flamans, et
» par ce, Sire, que nous cuidiens que voirs fust,
» nous n'aviens fait point d'aparoyl pour aleir à
» vostre mendement, et de ce, Sire, que vous m'a-
» vez mandey que vous serez à Arras pour vous
» edrecier des tors que li Flamanc vous font, il
» moy semble, Sire, que vous faites bien, et Dex
» vous en soit en aiide, et de ce que vous m'avez
» mendey que ge et ma gent fussiens à Othie à la
» moiennetey dou moys de joing, Sire, savoir vous
» fez que ce ne puet estre bonnement. Quar vos
» lettres me vinrent le secont dimange de joing,
» et vinrent huit jours devant la recepte de vos
» lettres, et plus tost que je pourray ma gent se-
» ront apparilié pour aleir où il vous plaira. Sire,
» ne vous desplaise de ce que je au premier par-
» leir ne vous ay apalley que bon signor, quar au-

---

* « *A son bon amé seigneur le roi de France
et de Navarre.*
» A son bon seigneur Louis, par la grâce de Dieu roi de France et de Navarre, Jean, sire de Joinville, son sénéchal de Champagne, salut et toujours prêt à servir. Cher Sire, il est bien vrai, comme vous me l'avez mandé, qu'on disait que vous aviez fait la paix avec les Flamands; c'est parce que, Sire, nous croyions cela vrai, que nous n'avions fait aucun préparatif pour aller où il vous aurait plu de nous envoyer. Vous me mandez, Sire, que vous serez à Arras pour vous venger des torts que vous causent les Flamands; il me semble, Sire, que vous faites bien, et je souhaite que Dieu vous soit en

» trement ne l'ai-je fait à mes signeurs les autres
» roys qui ont estey devant vous, cuy Dex absoyle,
» nostre Sires soit garde de vous. Donney le se-
» cont dimange dou mois de joing que vostre let-
» tre me fut apourtée l'an 1315 *. »

On ne sait plus rien de la vie de Joinville; tout annonce qu'il avait renoncé aux affaires de ce monde, et que ses derniers jours s'écoulèrent paisiblement dans son chastel. Les souvenirs de saint Louis venaient souvent charmer sa retraite; il le vit une fois en songe, et il lui sembla que le monarque lui demandait d'être *hébergé en sa chapelle*; ce qui fit qu'il lui éleva un autel et qu'il fonda une messe perpétuelle en l'honneur de Dieu et du roi qu'il avait tant aimé et honoré. Toutes les fois que le sire de Joinville venait à la cour de France, et lorsqu'on allait le voir dans sa retraite de Champagne, on ne manquait pas de lui faire raconter les choses merveilleuses qu'il savait de la vie publique et privée de saint Louis; il était comme un témoignage vivant qu'on interrogeait sans cesse, et Dieu voulut qu'un témoignage si pur et si touchant pût se faire entendre de plusieurs générations; enfin la reine Jeanne de Navarre le pria de mettre par écrit ce qu'il avait raconté tant de fois, car ses récits, si pleins d'intérêt et de charmes, ses souvenirs accompagnés de si hautes leçons, ne devaient pas mourir avec lui. Le vieux sénéchal obéit; il passa les dernières années de sa vie à écrire ses Mémoires, qu'il dédia à Louis-le-Hutin.

Le sire de Joinville mourut à l'âge de 95 ans; il avait vu cinq règnes, depuis Louis VIII jusqu'à Louis-le-Hutin; son fils Jean, qui lui était né lorsqu'il partait pour la croisade, mourut long-temps avant lui; le second de ses fils, Anselme, lui succéda comme sénéchal de Champagne; un fils unique d'Anselme, nommé Henri, n'eut point d'enfant mâle; une des filles de ce dernier, Marguerite, épousa Feri Ier, prince de Lorraine. Ainsi s'éteignit la race des sires de Joinville, et la seigneurie de Joinville passa à la famillle des Guise, plus tard à celle d'Orléans.

Le sire de Joinville fut enseveli dans l'église de Saint-Laurent, attenante au château. Au-dessus du caveau qui renfermait ses dernières dépouilles, on lui avait élevé près du maître-autel et dans le chœur un simple mausolée en pierre grise; le sénéchal y était représenté dans sa vieillesse, vêtu

aide. Quant à l'ordre que vous me donnez de me rendre avec mes gens à Othie, au milieu du mois de juin, je vous fais savoir, Sire, que cela ne saurait être, car vos lettres me sont arrivées le second dimanche de juin, et je ne les ai reçues qu'après huit jours; au plus tôt que je le pourrai, mes gens seront prêts à aller où il vous plaira. Sire, ne vous déplaise que je ne vous aie appelé, en commençant cette lettre, que du nom de bon seigneur, car je n'ai pas fait autrement avec mes seigneurs les autres rois qui ont été avant vous, Dieu les absolve! Que notre Seigneur vous prenne en sa garde. Donné le second dimanche du mois de juin où votre lettre m'a été apportée l'an 1315. »

d'une cotte de maille qui lui tombait jusqu'aux genoux; on ajouta plus tard au monument une épitaphe latine que nous ne citerons point ici, parce qu'elle est pleine d'emphase et qu'elle s'éloigne trop du style lapidaire. On y remarque toutefois deux dates importantes, l'année où naquit Jean, sire de Joinville, 1224, et l'année où il mourut, l'an 1319. Les princes de Lorraine qui avaient succédé aux sires de Joinville furent aussi ensevelis dans les caveaux de l'église de Saint-Laurent; ces tombeaux furent respectés jusqu'à l'époque de la révolution; le fanatisme révolutionnaire les profana comme les tombes royales de Saint-Denis, et tandis qu'on jetait au vent la cendre de saint Louis, ce qui restait de son fidèle ami le sénéchal éprouvait le même sort. Cependant le peuple de la cité se souleva à la vue de cette profanation, et força les autorités du lieu à faire ensevelir avec une certaine pompe les restes des sires de Joinville et des princes de Lorraine; ces restes furent placés dans le cimetière de la ville, où ils sont encore sans aucun monument ni aucun signe qui les fasse reconnaître. L'église de Saint-Laurent n'existe plus, et les monumens qu'elle renfermait sont détruits ou dispersés. Dès l'année 1790, le duc d'Orléans, prince de Joinville, avait vendu les bâtimens du château; il les avait vendus à la condition qu'on les démolirait, et cette condition n'a été que trop bien remplie, car des peupliers et des sapins couvrent maintenant la colline où s'élevait le *biau chastel* que le sire de Joinville, partant pour la guerre sainte, n'osait regarder, de peur que le cœur ne lui faillît d'attendrissement [*].

Il ne nous reste de Joinville que ses Mémoires, et c'est à ce précieux monument historique que nous devons maintenant nous arrêter. Nous avons peu de chose à ajouter pour faire connaître cette production si originale et si intéressante. On a dit du sire de Joinville ce qu'on a dit de Ville-Hardouin, qu'il ne savait pas écrire; nous ne partageons point cette opinion. Après avoir lu attentivement les Mémoires du sénéchal, tout ce qu'on peut penser raisonnablement, c'est qu'un sien clerc a tenu la plume lorsqu'il les rédigeait. On peut croire qu'il avait peu l'habitude d'écrire, et qu'il n'avait pas surtout la prétention de faire un livre. Mais il y a loin de là à l'ignorance qu'on lui suppose; si le sire de Joinville n'écrivait pas, c'est qu'il ne voulait pas s'en donner la peine; il a fait faire *son livret* pour obéir à la reine de Navarre, et peu importe qu'un autre y ait mis la main, si c'est lui qui l'a dicté, si son esprit, ses sentimens, son génie y respirent à chaque page. Il est aisé de reconnaître dans l'ouvrage de Joinville le ton d'un noble chevalier ou d'un grand seigneur, et le ton des chevaliers ou des grands seigneurs n'était pas celui des clercs et des savants de la même époque. Si un clerc, si un savant du XIIIe ou du XIVe siècle avait travaillé aux Mémoires du sénéchal, il est probable qu'il n'aurait pas épargné les citations de l'antiquité grecque ou latine; il n'aurait pas manqué, à propos de la croisade de saint Louis, de rappeler, comme les chroniqueurs contemporains, les conquêtes d'Alexandre ou le siége de Troie, et de mêler parfois les dieux d'Homère aux saints du paradis. L'auteur des Mémoires connaît peu l'histoire des Grecs et des Romains; il cite dans son ouvrage une ou deux expressions latines, mais c'est le latin des prières les plus communes de l'Eglise; on peut juger par cela même que le sénéchal était peu familier avec la langue de Cicéron et de Virgile. L'antiquité est citée une fois ou deux dans son livre; il lui arrive même de comparer saint Louis à Titus; mais on doit croire qu'il emprunta cette comparaison à quelques savans docteurs de la suite du roi. On voit partout dans les Mémoires du sénéchal un homme qui se met à son aise, qui ne songe point au public, qui ne s'est point imposé de règle; l'historien de Louis IX rapporte les événements à mesure qu'il s'en souvient et sans aucune préparation; il ne s'occupe pas même des transitions, car il change souvent de sujet, et lorsqu'il passe d'un sujet à un autre, il se contente de répéter : *Nous reprenons notre matière, et nous dirons ainsi.* Il répète même quelquefois ce qu'il a dit, sans prendre soin d'en avertir son lecteur; il a divisé, il est vrai, son livre en deux parties, ce qui sentirait un peu la méthode; mais il y a bien quelque chose à redire à cette division qui n'éclaircit rien et qui est à peu près inutile.

Si les Mémoires de Joinville avaient été rédigés par un autre que lui, il est probable qu'on aurait parlé de la vie et des actions du sénéchal avec moins de simplicité et de réserve qu'il ne le fait lui-même. Lorsqu'il nous raconte les périls qu'il a courus, les grands combats auxquels il a pris part, il rend toujours grâce à Dieu et à *monseigneur saint Jacques* de l'avoir sauvé; dans son récit de la grande bataille de Mansourah, il nous dit seulement qu'il a reçu cinq blessures, et que son cheval en a reçu dix-sept; le bon sénéchal, qui avait fait tant de prodiges de bravoure, avoue qu'en plusieurs occasions il a eu *grand'peur*, ce qu'il n'aurait pas laissé dire à un autre. Lorsqu'on lit Joinville, il semble qu'on l'écoute et qu'on soit rangé en cercle autour de lui pour l'entendre; la bonne foi respire dans tout ce qu'il nous dit; cette bonne foi est chez lui comme une espèce de verve, comme une inspiration poétique qui anime ses paroles et lui fait presque toujours rencontrer l'expression la plus vraie et la plus pittoresque. Lors même qu'il n'aurait pas appris de saint Louis à haïr le mensonge, on voit que son bon naturel l'aurait empêché de mentir; tous ses lecteurs sont bien persuadés qu'il ne mentirait pas, même pour justifier et pour faire valoir le héros qu'il aime et qu'il veut nous faire aimer.

---

[*] On peut voir d'autres détails dans des *notes historiques* sur Joinville, publiées par M. Jules Fériel. 1 vol. in-8°.

La franchise n'est pas la seule qualité de l'historien ; on retrouve partout, dans son livre, les manières polies et le caractère d'un homme aimable et bon ; l'amour de soi, la haine d'autrui, l'esprit de jalousie qui ont inspiré tant d'auteurs de Mémoires, ne se montrent point dans Joinville ; sans cesser d'être véridique, il dit rarement du mal de ceux avec qui il a vécu: il a quelque légère rancune contre les Templiers, qui lui avaient nié un dépôt, mais c'est un tort qu'il paraît avoir oublié en le racontant ; il avait vu à Mansourah beaucoup de gens du bel-air qui fuyaient comme des *bobans*, mais il ne les nomme point, parce qu'ils sont morts et qu'il respecte la mémoire des trépassés. Ses récits ne laissent jamais voir cette humeur chagrine qui n'est que trop commune à ceux qui, dans un âge avancé, racontent l'histoire des temps qu'ils ont vus. Il ne se reporte au temps de sa jeunesse que pour prendre les couleurs vives et la naïve simplicité du premier âge de la vie ; on peut dire qu'il n'y a rien de si animé, de si vif, de si jeune en un mot, que le style et la manière de raconter du sire de Joinville. Le langage naïf de son temps donne sans doute beaucoup d'intérêt à sa narration ; mais ce langage même reçoit aussi quelque charme de la tournure de son esprit et de son caractère enjoué. Pour moi, sa lecture me plaît tellement, qu'en écrivant cette notice les expressions du sénéchal se présentent à tout moment sous ma plume, et que je ne puis m'empêcher de les copier. Il y a vingt ans, lorsque je publiai l'*Histoire des Croisades*, où je racontais la captivité et les revers héroïques de saint Louis, la critique me reprocha d'avoir trop cité Joinville ; j'aime à penser qu'on ne me ferait pas le même reproche aujourd'hui ; peut-être même me saura-t-on quelque gré d'avoir souvent pris le langage du sénéchal, et d'avoir en quelque sorte emprunté sa voix pour parler de lui et de son livre.

Les Mémoires de Joinville ne sont pas seulement un précieux monument pour l'histoire nationale ; mais ils se rattachent aussi à l'histoire de notre littérature ; la langue que parlait le sénéchal est mieux connue qu'elle ne l'était il y a un siècle ; je regrette néanmoins qu'elle soit moins étudiée sous le rapport littéraire que sous le rapport historique ; je regrette que les études des derniers temps ne se soient pas portées sur le génie et le caractère de cette langue, qui a aussi ses finesses et ses beautés qu'il faut connaître ; ses règles, sa logique, sa poésie qu'il faudrait montrer à la jeunesse. Nous avons des cours pour toutes les langues mortes, pour toutes les langues vivantes, et la langue que parlaient nos aïeux, personne n'est chargée de l'enseigner. L'Italie a une chaire spécialement consacrée à expliquer le Dante ; pourquoi n'en aurions-nous pas une pour expliquer nos vieux poètes et nos vieux historiens !

On doit croire que jamais ouvrage français n'avait excité tant de curiosité et trouvé autant de lecteurs que les Mémoires de Joinville ; beaucoup de princes, beaucoup de riches abbayes voulurent avoir l'histoire de saint Louis dans leurs archives ; on dut en faire d'abord un grand nombre de copies ; et c'est à ce grand nombre de copies qu'il faut attribuer la quantité de variantes, de changements, d'altérations qui ont dû embarrasser les érudits. Estienne Pasquier remarquait que de son temps, et avant lui, lorsqu'un bon livre avait paru en vieux français, les copistes le transcrivaient, *non selon la naïve langue de l'auteur, ains selon la leur*; la langue française, au XIV⁰ siècle, perdait chaque jour quelques mots, quelques tournures, quelques vieilles locutions, et, pour rendre l'histoire de Joinville plus facile à lire, on en corrigeait ce qu'elle avait de suranné dans l'expression et dans le style. Ce qui était arrivé pour les copistes, ne manqua pas d'arriver aussi pour les éditeurs, lorsque les manuscrits commencèrent à se répandre par la voie de l'impression. Ce fut en 1547 qu'on imprima pour la première fois les Mémoires de Joinville ; Antoine de Rieux en trouva une copie à Beaufort en Valée, au pays d'Anjou, parmi de vieux registres et papiers qui avaient appartenu au roi René de Sicile ; l'ouvrage fut imprimé à Poitiers et dédié au roi de France, François Iᵉʳ. Dans sa dédicace, l'éditeur déclare que cette histoire était *un peu mal ordonnée et mise en langage assés rude*, qu'en conséquence, il l'*a polie et mise en meilleur ordre*. Ce qu'il y a de curieux, c'est qu'un ami de Pierre de Rieux vante, dans une préface, le service que l'éditeur de Joinville a rendu aux lettres, le loue beaucoup des changements qu'il a faits à cette histoire, et demande pour lui le prix de son œuvre tant soit peu sacrilège, en nous disant qu'il y *a autant de mérite à polir un diamant qu'à le tirer de la mine*.

En 1668, Claude Mesnard, lieutenant en la prévôté d'Angers, publia une nouvelle édition des Mémoires de Joinville, d'après un manuscrit trouvé parmi les papiers d'un monastère de Laval. L'auteur, dans sa préface, ne manque pas de relever les altérations qu'on a fait subir à l'histoire de saint Louis dans l'édition de Poitiers ; il reproche au premier éditeur d'avoir *poli* ou plutôt gâté le langage de l'auteur, et plaint le pauvre Joinville d'avoir été traité *comme le malheureux Hippolyte dans Ovide* ; on devrait croire, d'après cela, que Claude Mesnard aura plus de respect pour le texte original de son auteur, et qu'il lui rendra, pour me servir de ses propres expressions, *son premier embonpoint*, qu'il lui rendra toutes les qualités qui le distinguent, la grâce et le naturel qui lui appartiennent, qu'il lui fera surtout parler sa langue, la langue du XIV⁰ siècle. Malheureusement le nouvel éditeur ne remplit aucune de ses promesses ; l'histoire de saint Louis est presque aussi méconnaissable, au moins pour la langue, dans l'édition de Claude Mesnard que dans celle de Pierre de Rieux. Il y a quelquefois dans l'esprit d'un siècle éclairé des contradictions dont on ne saurait se rendre compte, et des entraînements qu'on ne peut expliquer :

il y avait alors dans les opinions littéraires quelque chose qui faisait prendre des auteurs comme Joinville pour des diamants, et quelque chose qui portait les gens instruits à dédaigner la manière et le style de ces auteurs, au point de vouloir les refaire et les changer en tout point. La langue française tendait alors plus que jamais à perdre cette naïveté, cette vivacité naturelle qu'elle avait eue dans son enfance; cette simplicité de style qui fait le charme des récits de Joinville était chaque jour moins sentie, moins appréciée par une génération qui ne parlait plus que grec et latin, et pour qui la langue des chevaliers et des barons n'était plus qu'un dialecte grossier, un idiôme *gaulois*, une langue qu'il fallait laisser à des barbares. C'est sous l'influence de ces préjugés et de cet esprit de dédain pour ce qu'on avait écrit dans notre langue du moyen-âge, que le savant Ducange donna une nouvelle édition de Joinville; cet érudit, qui avait poussé si loin l'étude de nos antiquités, et qui connaissait si bien les époques reculées de notre histoire, n'avait pu trouver de manuscrits qui eussent pu lui faire connaître le texte original; il ne put consulter pour son travail que les éditions précédentes dont nous venons de parler; il avait peut-être aussi moins de goût littéraire que de profond savoir; ce qu'il admirait le plus dans Joinville, ce n'était peut-être ni son élégante simplicité, ni la tournure piquante de son esprit, ni le naturel exquis qui en fait le charme à nos yeux. Ainsi manquant de bons manuscrits, et n'ayant pas tout ce qu'il fallait pour apprécier les qualités de Joinville, il ne put corriger les fautes de ses prédécesseurs, et son édition, comme celles qui avaient paru avant lui, ne fut qu'une imitation très imparfaite de l'original qui restait toujours inconnu pour le public.

Cependant, il faut le dire, ces versions de Joinville n'étaient pas restées sans lecteurs; si on n'y retrouvait plus la langue du sénéchal, on y retrouvait du moins un air de vétusté, quelque chose d'ancien qui n'était pas sans charmes pour les gens éclairés.

Vers le milieu du siècle dernier, on fit la découverte d'un nouveau manuscrit de Joinville; ce nouveau manuscrit fut trouvé, dit-on, dans les archives du gouvernement de Bruxelles, et apporté à Paris par le maréchal de Saxe; il était beaucoup plus complet que tous ceux qu'on avait trouvés jusque-là : le texte du récit s'y rapproche bien plus du langage qu'on parlait au temps de Joinville; ce manuscrit renfermait en outre beaucoup de traits de mœurs, de particularités piquantes, de faits historiques qui ne sont point dans Ducange et dans les éditions précédentes; cette précieuse copie fut imprimée au Louvre par les soins de MM. Caperonier, Millot et Sallier. On doit louer les éditeurs pour les notes savantes qu'ils ont ajoutées à l'ouvrage; mais ce qu'il faut louer surtout, dans leur édition, c'est le respect religieux qu'ils ont montré, comme je viens de le dire, pour le texte présumé de Joinville; il est facile de juger au premier coup d'œil que cette édition l'emporte de beaucoup sur toutes les autres, non seulement par l'exécution, mais par la fidélité et l'exactitude, ce qui nous l'a fait préférer pour cette collection des Mémoires*.

Les lecteurs à qui le vieux langage est familier, nous en sauront gré; ils comprendront mieux le récit de Joinville, car la véritable physionomie d'un auteur nous aide quelquefois à entendre ses paroles, de même que la physionomie animée d'un homme qui parle devant nous, nous fait mieux comprendre ses discours et donne souvent une expression plus vive à ses pensées. Cependant, la langue du XIVe siècle est encore ignorée d'un grand nombre de lecteurs, et le texte de Joinville serait pour eux un livre fermé, si l'on n'y joignait une traduction; il nous eût été facile de traduire l'histoire du sénéchal dans la langue d'aujourd'hui, mais cette langue s'éloigne encore plus de la naïveté de Joinville que celle des traducteurs ou des éditeurs du XVIe et du XVIIe siècle. Nous avons donc pris le parti d'en donner une version, qui fût moins inintelligible que Joinville, et qui cependant ne parût pas une nouveauté; nous avons quelquefois emprunté à Pierre de Rieux, à Mesnard et à Ducange, ce que chacun avait de bien. Ainsi cette version nous montrera Joinville, non dans la langue que parlait le sénéchal, non dans la langue du XIXe siècle, mais au moins dans celle d'Amyot, de Froissard et de Comines.

---

* Voici quelles sont les principales éditions de Joinville :
1° *Histoire de saint Louis*, par Joinville, in-4°; imprimée à Poitiers en 1547; éditeur, Antoine-Pierre de Rieux, dédiée à François Ier.
2° *Idem*, in-4°; publiée en 1617 par Claude Mesnard, lieutenant en la prévôté d'Angers.
3° *Idem*, in-folio; publiée en 1668, par Charles Dufresne, sieur Ducange, aidé des lumières de M. d'Herouval, qui lui communiqua les trésors historiques de la Chambre des comptes.
4° Il y a à la Bibliothèque du Roi un manuscrit de Joinville, trouvé chez un particulier à Lucques; mais il est prouvé que ce manuscrit ne remonte pas au-delà du XVIIe siècle. La Bibliothèque du Roi possède aussi le manuscrit qui servit à l'édition du Louvre. Il a été fait une réimpression en 1822, par un sieur Paul Gervais.

MÉMOIRES DU SIRE DE JOINVILLE.

HISTOIRE DE SAINT LOUIS.

PREMIÈRE PARTIE.

1. A son bon Seigneur Looys, filz du roy de France, par la grace de Dieu roy de Navarre, de Champaigne et de Brie conte Palatin, JEHAN sire DE JOINVILLE, son Seneschal de Champaigne, salut et amour et honneur et son servise appareillé. Chier Sire, je vous foiz à savoir que ma dame la Royne vostre mere qui moult m'amoit, à cui Dieu bonne merci face, me pria si a certes comme elle pot que je li feisse faire un livre des saintes paroles et des bons faiz nostre Roy Saint Looys, et je les y oi en convenant et à l'aide de Dieu le livre est assouvi en deux parties.

2. La premiere partie si devise comment il se gouverna tout son temps selonc Dieu et selonc l'Eglise, et au profit de son regne. La seconde partie du livre si parle de ses granz chevaleries et de ses grans faiz d'armes. Sire, pour ce qu'il est escript : fai premier ce qu'il afiert à Dieu, et il te adrescera toutes tes autres besoignes, ai je fait escrire ce qui afiert aus troiz choses desus dites; c'est à savoir, ce qui afiert au profit des ames et des cors, et ce qui afiert au gouvernement du peuple.

3. Et ces autres choses ai je fait escrire aussi à l'onneur du vrai cors Saint, pour ce que par ces choses desus dites en pourra veoir tout cler, que onques homme lay de nostre temps ne vesqui si saintement de tout son temps, dès le commencement de son regne jusques à la fin de sa vie. A la fin de sa vie ne fus je mie; maiz le conte Pierre d'Alançon son filz y fu, qui moult m'aima, qui me recorda la belle fin que il fist, que vous trouverez escripte en la fin de cest livre; et de ce me semble il que en ne li fist mie assez quant en ne le mist ou nombre des martirs, pour les grans peinnes que il souffrit ou pelerinage de la Croiz, par l'espace de six ans que je fu en sa compaignie; et pource meismement que il ensuit Nostre Seigneur ou fait de la Croiz. Car ce Diex morut en la Croiz; aussi

PREMIÈRE PARTIE.

1. A son bon seigneur Louis, fils du roi de France, par la grâce de Dieu, roi de Navarre, comte palatin de Champagne et de Brie; Jean, sire de Joinville, son sénéchal de Champagne, salut et amour et honneur, et à son service tout préparé. Cher sire, je vous fais savoir que madame la reine, votre mère, qui moult m'aimoit et à qui Dieu fasse miséricorde, me pria, autant qu'elle put, de lui faire faire un livre des saintes paroles et bonnes actions de notre roi saint Louis, et je le lui promis, et, avec l'aide de Dieu, le livre est achevé en deux parties*.

2. La première partie dit comment il se gouverna, toute sa vie, selon Dieu et selon l'Eglise, et à l'avantage de son royaume. La seconde partie parle de ses grandes chevaleries et de ses grands faits d'armes. [Sire, parce qu'il est écrit : fais d'abord ce qui appartient à Dieu et il t'assistera dans tout ce que tu voudras faire ; j'ai fait écrire ce qui appartient aux trois choses susdites : savoir ce qui concerne le salut des ames, le bien de l'Eglise et le gouvernement du peuple **.]

3. Et ces choses, je les ai fait écrire aussi à l'honneur de sa personne vraiment sainte, pour qu'on voie clairement par elles que nul de notre âge ne vécut onques si saintement tout son temps, dès le commencement de son règne jusqu'à la fin de sa vie. [Je n'étois point présent quand il trépassa; mais le comte Pierre d'Alençon, son fils, y étoit qui moult m'aima et qui me rappela la belle fin qu'il fit, laquelle vous trouverez écrite à la fin de ce livre.] Et il me semble qu'on ne l'en a point assez loué, puisqu'on ne l'a pas mis au nombre des martyrs, pour les grandes peines qu'il souffrit au pèlerinage de la croix, par l'espace de six ans que je fus en sa compagnie, et parce qu'il suivit même l'exemple de notre Seigneur Jésus-Christ jusqu'à la croix ; car Dieu mourut sur la croix : aussi fit-il, puisqu'il étoit croisé quand il mourut à Tunis.

---

* Cette préface ne ressemble point à celle de l'édition de Mesnard que Ducange a copiée ou imitée.

** Note générale : tout ce qui est entre des crochets dans le cours de cette version, ne se trouve ni dans Mesnard, ni dans Ducange, ni dans de Rieux.

fist il, car croisiez estoit il quant il fut à Thunes.

4. Le second livre nous parlera de ses granz chevaleries et de ses granz hardemens, lesquiez sont tiex que je li vi quatre foiz mettre son cors en avanture de mort, aussi comme vous orrez ci après, pour espargnier le doumage de son peuple.

5. Le premier fait là où il mist son cors en avanture de mort, ce fu à l'ariver que nous feimes devant Damiete, là où tout son conseil li loa, ainsi comme je l'entendi, que il demourast en sa neif, tant que il veist que sa chevalerie feroit, qui alloit à terre. La reson pourquoy èn li loa ces choses si estoit tele, que se il arrivoit avec eulz, et sa gent estoient occis et il avec, la besoigne seroit perdue; et se il demouroit en sa neif, par son cors peust-il recouvrer a reconquerre la terre de Egypte, et il ne voult nullui croire, ains sailli en la mer tout armé, l'escu au col, le glaive ou poing, et fu des premiers à terre.

6. La seconde foiz qu'il mist son cors en avanture de mort, si fu tele, que au partir qu'il fist de la Masourre pour venir à Damicte son conseil li loa, si comme l'en me donna à entendre, que il s'en venist à Damiete en galies; et ce conseil li fu donné si comme l'en dit pource que se il li mescheoit de sa gent, par son cors les peust delivrer de prison. Et specialement ce conseil li fu donné pour le meschief de son cors où il estoit par plusieurs maladies qui estoient teles : car il avoit double tierceinne et menoison moult fort, et la maladie de l'ost en la bouche et ès jambes. Il ne voult onques nullui croire; ainçois dist que son peuple ne lairoit il ja, mez feroit tele fin comme il feroient. Si li en avint ainsi, que par la menoison qu'il avoit, que il li convint le couper le fonz de ses braiez, et par la force de la maladie de l'ost es pena il le soir par plusieurs foiz, aussi comme vous orrez ci-après.

7. La tierce foiz qu'il mist son cors en avanture de mort, ce fu quant il demoura un an en la sainte terre, après ce que ses freres en furent venuz. En grant avanture de mort fumes lors; car quant le Roy fu demouré en Acre, pour un home à armes que il avoit en sa compaignie, ceulz d'Acre en avoient bien trente, quant la ville fut prise. Car je ne sai autre reson pourquoy les Turz ne nous vindrent prenre en la ville, fors que pour l'amour que Dieu avoit au Roy, qui la poour metoit ou cuer à nos ennemis, pourquoy il ne nous osassent venir courre sus. Et de ce est escript : Se tu creins Dieu, si te creindront toutes les riens qui te

⟡

4. Le second livre nous parlera de ses grandes chevaleries et de ses grandes hardiesses qui sont telles, que je le vis quatre fois mettre sa personne en avanture de mort, comme vous l'ouïrez ci-après, pour empêcher le dommage de son peuple.

5. La première fois où il mit sa personne en avanture de mort, fut au débarquement que nous fîmes devant Damiette; là, où tout son conseil l'engagea, ainsi que je l'entendis, à demeurer en sa nef jusqu'à ce qu'il vît ce que feroient ses chevaliers qui alloient à terre; la raison pourquoi on lui conseilla cette chose, étoit que s'il arrivoit avec eux et que ses gens fussent occis et lui avec, l'expédition seroit perdue; et que s'il demeuroit en sa nef, il pourroit par lui-même recouvrer et reconquérir la terre d'Egypte; et il ne voulut croire personne : mais il sauta dans la mer, l'escu au col, le glaive au poing, et fut des premiers à terre.

6. La seconde fois qu'il mit sa personne en avanture de mort, fut au départ de la Massoure pour venir à Damiette; on lui conseilla, comme on me le donna à entendre, de s'en venir à Damiette en galée; et ce conseil lui fut donné, ainsi qu'on le rapporte, pour que s'il arrivoit quelque méchief à ses gens, il pût les délivrer de prison; et ce conseil lui fut spécialement donné à cause du mauvais état où il étoit par plusieurs maladies; car il avoit la fièvre double tierce, la dyssenterie moult fort et le mal de l'armée qui se portoit à la bouche et aux jambes. Il ne voulut croire personne, et dit ainsi qu'il ne laisseroit point son peuple, mais qu'il feroit telle fin que sa gent feroit. Aussi advint-il que par la dyssenterie qu'il avoit, il lui fallut, le soir, couper le fond de son haut-de-chausses, et que le même soir, par la maladie de l'armée, il s'évanouit plusieurs fois comme vous ouïrez ci-après.

7. La troisième fois qu'il mit sa personne en avanture de mort, fut quand il demeura un an dans la Terre-Sainte, après que ses frères en furent partis. En grande avanture de mort fûmes-nous alors; car quand le roi fut resté à Acre, pour un homme d'armes qu'il avoit avec lui, ceux d'Acre en avoient bien trente, *lorque la ville fut prise* *, et je ne sais d'autres raisons, pourquoi les Turcs ne vinrent pas nous prendre, sinon que Dieu, pour l'amour qu'il avoit au roi, mit la peur au cœur de nos ennemis, afin qu'ils n'osassent nous courir sus. En effet, il est écrit : Si tu crains Dieu, ainsi te craindront toutes les choses qui te verront. En ce séjour, le roi fit tout contre son conseil, comme vous ouïrez ci-après. Il mit

* Joinville parle ici de la prise d'Acre par les Egyptiens en 1290, événement qui eut lieu peu d'années avant qu'il écrivît ses Mémoires.

verront. Et ceste demourée fist il tout contre son Conseil, si comme vous orrez ci-après. Son cors mist il en avanture pour le peuple de la terre garantir, qui eust esté perdu deslors, se il ne se feust lors reniez.

8. Le quart fait là où il mist son cors en avanture de mort; ce fu quant nous revenismes d'outremer et venismes devant l'ille de Cypre, là où nostre neif hurta si malement que la terre là où elle hurta, enporta trois toises du tyson sur quoy nostre neif estoit fondée. Après ce le Roi envoia querre quatorze mestres nothonniers, que de celle neif, que d'autres qui estoient en sa compaignie, pour li conseiller que il feroit; et touz li loerent, si comme vous orrez ci-après, que il entrast en une autre neif; car ils ne veoient pas comment la neif peust souffrir les copz des ondes, pource que les clous de quoy les planches de la nef estoient attachiez, estoient touz escloschez. Et moustrerent au Roy l'exemplaire du peril de la nef, pource que à l'aler que nous feismes outremer, une nef en semblable fait avoit esté perie et je vi la femme et l'enfant chiez le conte de Joyngny, qui seulz de ceste nef eschaperent.

9. A ce respondi le Roy : « Seigneurs, je voi » que se je descens de ceste nef, que elle sera » de refus, et voy que il a céans huit cens personnes et plus; et pource que chascun aime » autretant sa vie comme je faiz la moie, n'ose- » roit nulz demourer en ceste nef, ainçois de- » mourroient en Cypre; parquoy, se Dieu plait, » je ne mettrai ja tant de gent comme il a céans » en peril de mort; ainçois demourrai céans » pour mon peuple sauver. » Et Dieu à cui il s'attendoit, nous saulva en peril de mer bien dix semaines, et venimes à bon port, si comme vous orrez ci-après. Or avint ainsi que Olivier de Termes, qui bien et vigoureusement c'estoit maintenu outremer, lessa le Roy et demoura en Cypre, lequel nous ne veismes puis, d'an et demi après. Aussi destourna le Roy le doumage de huit cens personnes qui estoient en la nef.

10. En la dareniere partie de cest livre parlerons de sa fin, comment il trespassa saintement.

11. Or diz je à vous, mon Seigneur le roy de Navarre, que je promis à ma dame la Royne vostre mere, à cui Diex bone merci face, que je feroie cest livre; et pour moy aquitier de ma promesse, l'ai je fait. Et pource que ne voi nullui qui si bien le doie avoir comme vous qui estes ses hoirs, le vous envoie je, pource que vous et vostre frere et les autres qui l'orront, y puissent prendre bon exemple, et les

---

sa personne en aventure de mort pour garantir le peuple du pays, qui eût été perdu dès lors, s'il ne se fût renié.

8. La quatrième fois où il mit sa personne en aventure de mort, ce fut quand nous revînmes d'outre-mer et vînmes devant l'île de Chypre; là notre nef heurta si rudement que trois toises de la quille sur laquelle elle étoit appuyée furent emportées. Le roi envoya chercher quatorze maîtres nautonniers tant de cette nef que des autres nefs qui étoient en sa compagnie, pour savoir ce qu'il devoit faire, et tous lui conseillèrent, comme vous ouïrez ci-après, d'entrer dans une autre nef, car ils ne voyoient pas comment la sienne pourroit souffrir les coups de la mer, parce que les clous qui attachoient les planches de la nef étoient tous déplacés. Ils rappelèrent au roi, pour exemple du péril qu'il couroit, que lors de notre passage d'outre-mer, une nef, en semblable cas, avoit été perdue; et je vis chez le comte de Joigny, la femme et l'enfant qui seuls échappèrent de cette nef *.

9. A cela le roi répondit : « Seigneurs, je vois » que si je descends de cette nef, elle sera de » rebut, et qu'il y a dedans huit cents personnes » et plus, et comme chacun aime autant sa vie » comme j'aime la mienne, nul n'oseroit demeu- » rer en cette nef, mais tous resteroient en Chy- » pre; c'est pourquoi, s'il plaît à Dieu, je ne » mettrai pas tant de gens qu'il y a céans, en » péril de mort; je demeurerai donc céans pour » sauver mon peuple. » Et Dieu, en qui il espéroit, nous sauva du péril où nous fûmes en mer bien dix semaines, et nous vînmes à bon port, comme vous ouïrez ci-après. Or, il advint que Olivier de Termes, qui s'étoit bien et vigoureusement maintenu outre-mer, laissa le roi et demeura en Chypre, lequel depuis nous ne vîmes qu'un an et demi après. Ainsi le roi détourna la perte de huit cents personnes qui étoient dans la nef.

10. Dans la dernière partie de ce livre, nous parlerons de sa fin et dirons comment il trépassa saintement.

11. Or, dis-je à vous, monseigneur le roi de Navarre, que je promis à madame la reine **, votre mère, à qui Dieu fasse miséricorde, que je ferois ce livre; aussi, pour acquitter ma promesse, l'ai-je fait, et comme je ne vois personne qui le doive avoir si bien que vous, qui êtes son héritier ***, je vous

---

* Joinville vit cette femme et cet enfant chez le comte de Joigny à Paphos, pendant son premier séjour en Chypre.

** Jeanne de Navarre, femme de Philippe-le-Bel, mère de Louis X.

*** Louis-le-Hutin.

exemples mettre à œuvre, par quoy Dieu leur en sache gré.

12. En nom de Dieu le tout puissant, je Jehan sire de Joyngville, seneschal de Champaigne, faiz escrire la vie nostre Saint Looys, ce que je vi et oy par l'espace de six anz, que je fu en sa compaignie ou pelerinage d'outremer, et puis que nous revenimes. Et avant que je vous conte de ses grans faiz et de sa chevalerie, vous conterai je que je vi et oy de ses saintes paroles et de ses bons enseignemens, pour ce qu'ils soient trouvez l'un après l'autre, pour edefier ceulz qui les orront. Ce saint home ama Dieu de tout son cuer et ensuivi ses œuvres; et y apparut en ce que, aussi comme Dieu morut pour l'amour que il avoit en son peuple, mist il son cors en avanture par plusieurs foiz pour l'amour que il avoit à son peuple, et s'en feust bien soufers se il vousist, si comme vous orrez ci-après. L'amour qu'il avoit à son peuple parut à ce qu'il dit à son ainsné filz en une moult grant maladie que il ot a Fontenne Bliaut : « Biau filz, fist il, je te pri que
» tu te faces amer au peuple de ton Royaume ;
» car vraiement je ameraie miex que un Escot
» venist d'Escosse et gouvernast le peuple du
» Royaume bien et loialment, que tu le gou-
» vernasse mal apertement. » Le saint ama tant

◇◇◇

l'envoie, pour que vous et votre frère, et ceux qui le liront, y puissiez prendre bons exemples et les mettre en œuvre; ce dont Dieu et Notre-Dame vous sachent gré.

12. Au nom de Dieu tout-puissant, moi, Jean, sire de Joinville, sénéchal de Champagne, fais écrire la vie de notre saint roi Louis, et ce que je vis et ouïs par l'espace de six ans que je fus en sa compagnie, au voyage d'outre-mer et depuis que nous fûmes revenus. Et avant que je vous raconte ses grands faits et sa chevalerie, je vous conterai ce que j'ai vu et ouï de ses saintes paroles et de ses bons enseignements pour qu'ils se trouvent ici dans un ordre convenable, afin d'édifier ceux qui les entendront. Ce saint homme aima Dieu de tout son cœur et agit en conformité de cet amour. Il y parut bien en ce que de même que Dieu mourut pour l'amour qu'il avoit pour son peuple, de même le roi mit son corps en aventure de mort, et qu'il eût bien évité s'il eût voulu, comme on verra ci-après. L'amour qu'il avoit pour son peuple parut dans ce qu'il dit à son fils aîné, en une grande maladie qu'il eut à Fontainebleau : « Beau fils, lui dit-il,
» je te prie que tu te fasses aimer du peuple de ton
» royaume, car vraiment j'aimerois mieux qu'un
» Ecossois vînt d'Ecosse et gouvernât le peuple du
» royaume bien et loyalment, que tu le gouver-

verité que neis aux Sarrazins ne voult il pas mentir de ce que il leur avoit en convenant, si comme vous orrez ci-après. De la bouche fu il si sobre, que onques jour de ma vie je ne ly oi deviser nulles viandes, aussi comme maint richez homes font; ançois manjoit paciemment ce que ses queus li appareilloient devant li. En ses paroles fu il attrempez ; car onques jour de ma vie je ne li oy mal dire de nullui, ne onques ne li oy nommer le dyable, lequel nous est bien espandu par le royaume, ce que je croy qui ne plait mie à Dieu. Son vin trempoit par mesure, selonc ce qu'il véoit que le vin le pooit soufrir. Il me demanda en Cypre pourquoi je ne metoie de l'yaue en mon vin, et je li diz que ce me fesoient les phisiciens qui me disoient que j'avoie une grosse teste et une froide fourcelle, et que je n'en avoie pooir de enyvrer. Et il me dist que il me décevoient; car se je ne l'apprenoie en ma joenesce, et je le vouloie temprer en ma vieillesse, les goutes et les maladies de fourcelle me prenroient, que jamez n'auroie santé; et se je bevoie le vin tout pur en ma vieillesse, je m'enyvreroie touz les soirs ; et ce estoit trop laide chose de vaillant home de soy enyvrer.

13. Il me demanda, se je vouloie estre honorez en ce siecle et avoir paradis à la mort, et

◇◇◇

» nasses mal à point. » Il aima tant la vérité qu'il ne voulut pas refuser même aux Sarrasins ce qu'il leur avoit promis, comme vous le verrez plus loin. Il fut si sobre sur sa bouche, que onques de ma vie je ne l'entendis ordonner de lui servir nulles viandes comme font maints riches hommes ; mais il mangeoit patiemment ce que se cuisiniers apportoient devant lui. Il fut modéré dans ses paroles, car oncques de ma vie je ne l'ouïs dire mal de personne, ni oncques l'entendis nommer le diable dont le nom est si répandu dans le royaume, ce qui, je crois, ne plaît point à Dieu. Il trempoit son vin en proportion de ce qu'il voyoit que le vin pouvoit lui faire mal ; il me demanda un jour dans l'île de Chypre pourquoi je ne mettois pas de l'eau dans mon vin, et je lui dis que les médecins me l'ordonnoient, en me disant que j'avois une grosse tête et un estomac froid, et que je ne pouvois m'enivrer ; et le roi me dit qu'ils me trompoient, car si je ne le trempois dans ma jeunesse et que je le voulusse faire en ma vieillesse, la goutte et les maux d'estomac me prendroient, que jamais je n'aurois de santé, et que si je buvois le vin tout pur en ma vieillesse, je m'enivrerois tous les jours, et que c'étoit une trop vilaine chose pour un vaillant homme de s'enivrer.

13. Il me demanda si je voulois être honoré

HISTOIRE DE SAINT LOUIS.

je li diz : oyl, et il me dit : « Donques gar- » dez que vous ne faistes ne ne dites à vostre » escient nulle riens, que se tout le monde le » savoit, que vous ne peussiez congnoistre, je » ai ce fait, je ai ce dit. »

14. Il me dit que je me gardasse que je ne desmentisse, ne ne desdeisse nullui de ce que il diroit devant moi, puis que je n'y auroie ne pechié ne doumage ou souffrir, pource que des dures paroles meuvent les mellées dont mil homes sont mors.

15. Il disoit que l'en devoit son cors vestir et armer en tele maniere, que les preudeshomes de cest siecle ne deissent que il en feist trop, ne que les joenes homes ne deissent que il feist pou. Et ceste chose me ramenti le pere le Roy qui or rendroit est, pour les cottes brodéez à armer que en fait hui et le jour, et li disoie que onques en la voie d'outremer là où je fuz, je n'i vi cottes brodées, ne les Roy ne les autrui. Et il me dit qu'il avoit tiex atours brodez de ses armes, qui li avoient cousté huit cens livres de Parisis. Et je li diz que il les eust miex employez se il les eust donnez pour Dieu, et eust fait ses atours de bon cendal enforcié de ses armes, si comme son pere faisoit.

16. Il m'apela une foiz et me dist : « Je n'ose » parler à vous pour le soutil sens dont vous » estes, de chose qui touche à Dieu ; et pour ce

» ai je apelé ces freres qui ci sont, que je vous » veil faire une demande. » La demande fu tele : « Seneschal, fist il, quel chose est Dieu ? et je li diz : « Sire, ce est si bone chose que meilleur » ne peut estre. Vraiement, fist il, c'est bien » respondu ; que ceste response que vous avez » faite, est escripte en cest livre que je tieng en » ma main. Or vous demande je, fist il, lequel » vous ameries miex, ou que vous feussiés me- » siaus, ou que vous eussiés fait un pechié mor- » tel ? » Et je qui onques ne li menti, li respondi que je en ameraie miex avoir fait trente, que estre mesiaus. Et quant les freres s'en furent partis, il m'apela tout seul et me fist seoir à ses piez, et me dit : « Comment me deistes vous » hier ce ? » Et je li diz que encore li disoie je, et il me dit : « Vous deistes comme hastis mu- » sarz ; car nulle si laide mezelerie n'est comme » d'estre en pechié mortel, pource que l'ame » qui est en pechié mortel, est semblable au » dyable ; parquoy nulle si laide meselerie ne » peut estre. Et bien est voir que quant l'omme » meurt, il est guerie de la meselerie du cors ; » mès quant l'omme qui a fait le pechié mortel » meurt, il ne sceit pas, ne n'est certeins que il » ait eu tele repentance que Dieu li ait par- » donné ; parquoy grant poour doit avoir que » celle mezelerie li dure tant comme Diex yert » en paradis. Ci vous pri, fist il, tant comme

dans ce siècle et avoir le paradis après ma mort. je lui dis : Oui ; et il reprit : « Gardez-vous donc » de ne faire, de ne dire, à votre escient, aucune » chose que vous ne pussiez avouer, si tout le » monde la savoit, et ne pussiez dire : j'ai fait » cela, j'ai dit cela. »

14. Il me dit pareillement de ne jamais démentir ni dédire aucun de ce qu'il diroit devant moi, à moins que je n'eusse péché ou dommage à en souffrir ; vu que des dures paroles naissent des mêlées dont mille hommes sont morts.

15. Il me disoit que l'on devoit vêtir et armer son corps de telle manière, que les prud'hommes de ce siècle ne pussent dire qu'on en fît trop et les jeunes gens qu'on n'en fît pas assez. Et cela me rappelle le père du roi qui règne à présent ; devant moi, à l'occasion des cottes brodées qu'on fait aujourd'hui pour les armes, je lui disois que onques en la voie d'outre-mer où j'étois, je ne vis cottes brodées ni au roi ni à d'autres, et il me dit qu'il avoit à ses armes tels atours brodés qui lui avoient coûté cent livres parisis. Et je lui dis qu'il auroit mieux fait s'il les eût employées au service de Dieu, et s'il eût fait ses atours de bonne étoffe de soie battue à ses armes, comme faisoit son père.

16. Il m'appela une fois et me dit : « Je n'ose » parler à vous, à cause de l'esprit subtil[*] dont vous » êtes doué, de chose qui touche à Dieu ; et pour » cela j'ai appelé ces frères qui sont ici ; car je vous » veux faire une demande. » La demande fut celle-ci : « Sénéchal, dit-il, qu'est-ce que Dieu ? Et je ré- » pondis : Sire, c'est si bonne chose que meilleure » ne peut être. — Vraiment ? reprit le roi ; c'est » bien répondu ; car cette réponse que vous avez » faite est écrite en ce livre que je tiens en main. » Or, je vous demande, dit-il, lequel vous aime- » riez mieux ou d'être lépreux, ou d'avoir fait un » péché mortel ? » Et moi qui onques ne lui mentis, je répondis que j'aimerois mieux en avoir fait trente que d'être lépreux. Et quand les frères furent partis, il m'appela tout seul, me fit asseoir à ses pieds, et me dit : « Comment m'avez-vous » dit cela ? » Et je lui dis qu'encore je le disois, et il reprit : « Vous parlez sans réflexion comme un » étourdi ; car il n'y a si vilaine lèpre comme » celle d'être en péché mortel, parce que l'âme » qui y est, est semblable au diable d'enfer. C'est » pourquoi nulle lèpre ne peut être si laide. Et » bien est vrai que quand l'homme meurt il est » guéri de la lèpre du corps ; mais quand l'homme

[*] Dans l'édition de Ducange, ce passage offre un sens différent.

» je puis, que vous metés votre cuer à ce pour
» l'amour de Dieu et de moi, que vous amissiez
» miex que tout meschief avenit au cors, de
» mezelerie et de toute maladie, que ce que le
» pechié mortel venist à l'ame de vous. »

17. Il me demanda se je lavoie les piez aus
poures le jour du grant jeudi. « Sire, diz je, en
» maleur, les piez de ces vilains ne laverai je
» ja. — Vraiment, fist il, ce fu mal dit ; car vous
» ne devez mie avoir en desdaing ce que Dieu
» fist pour nostre enseignement. Si vous pri je
» pour l'amour de Dieu premier et pour l'a-
» mour de moi, que vous les accoustumez à la-
» ver. »

18. Il ama tant toutes manieres de gens qui
Dieu créoient et amoient, que il donna la connestablie de France à monseigneur Gilles le
Brun qui n'estoit pas du royaume de France,
pource qu'il estoit de grant renommée de croire
Dieu et amer. Et je croy vraiement que tel
fu il.

19. Maistre Robert de Cerbone pour la grant
renommée que il avoit d'estre preudomme, il le
faisoit manger à sa table. Un jour avint que il
manjoit de lez moy l'un à l'autre ; et nous reprist et dit : « Parlés haut, fist il, car voz com-
» paignons cuident que vous mesdisiés d'eulz.

» Se vous parlés au manger de chose qui vous
» doie plaire , si dites haut ; ou se ce non , si
» vous taisiés. » Quant le Roy estoit en joie, si
me disoit : « Seneschal, or me dites les raisons
» pourquoy preudomme vaut miex que beguin. »
Lors si encommençoit la tençon de moy et de
maistre Robert. Quant nous avions grant piesce
desputé, si rendoit sa sentence et disoit ainsi :
« Maistre Robert, je vourroie avoir le nom de
» preudomme, mès que je le feusse, et tout le re-
» menant vous demourast ; car preudomme est si
» grant chose et si bonne chose, que neis au
» nommer emplist il la bouche. Au contraire,
» disoit-il, que male chose estoit de prendre de
» l'autrui ; car le rendre estoit si grief, que neis
» au nommer le rendre escorchoit la gorge par
» les erres qui y sont, lesquiex senefient les
» rataius au diable, qui touz jours tire ariere
» vers li ceulz qui l'autrui chastel veulent ren-
» dre. Et si soutilment le fait le dyable, car aus
» grans usuriers et aus granz robeurs, les at-
» tice il si que leur fait donner pour Dieu ce
» que il devroient rendre. » Il me dist que je
deisse au roi Tibault de par li, que il se preist
garde à la meson des Preescheurs de Provins
que il faisoit, que il n'encombrast l'ame de li
pour les granz deniers que il y metoit. Car les

◇◇◇

» qui a fait le péché mortel meurt , il ne sait pas
» ni n'est certain qu'il ait eu tel repentir que Dieu
» lui ait pardonné. Aussi grande peur doit-il avoir
» que cette lèpre lui dure autant que Dieu sera
» en paradis. Ainsi, je vous prie, ajouta-t-il, tant
» que je puis, que vous ayiez à cœur, pour l'a-
» mour de Dieu et de moi, d'aimer mieux que tout
» mal de lèpre et toute autre maladie advienne à
» votre corps, plutôt que le péché mortel advienne
» à votre âme. »

17. Il me demanda si je lavois les pieds aux
pauvres le jour du grand jeudi (jeudi-saint).
« Sire, lui dis-je, fy, fy en malheur, jamais les
» pieds de ces vilains ne laverai-je. — Vraiment ?
» reprit-il ; c'est mal parlé. Car vous ne devez pas
» avoir en dédain ce que Dieu a fait pour notre
» enseignement. Aussi je vous prie, pour l'amour
» de Dieu et pour l'amour de moi, que vous vous
» accoutumiez à laver les pieds des pauvres. »

18. Le roi aima tant toutes manières de gens
qui croient en Dieu et qui l'aiment, qu'il donna la
connétablie de France à monseigneur Gilles Lebrun qui n'étoit pas du royaume de France, parce
qu'il avoit grande renommée de croire en Dieu et
de l'aimer. Et je crois vraiment que tel fut-il.

19. Le roi faisoit manger à sa table maître Robert de Cerbone (Sorbon), à cause du grand renom qu'il avoit d'être prud'homme. Un jour il arriva qu'il mangeoit près de moi, et que nous
devisions l'un à l'autre. « Parlez haut, nous dit le

◇◇◇

» roi, car vos compagnons croient que vous médi-
» tes d'eux. Si vous parlez, en mangeant, de choses
» qui doivent plaire, parlez haut ; sinon , taisez-
» vous. » Quand le roi étoit en gaîté, il me disoit :
» Sénéchal, dites-moi les raisons pourquoi pru-
» d'homme vaut mieux que dévot *? » Alors commençoit la dispute entre moi et maître Robert, et
quand nous avions bien disputé , le roi rendoit sa
sentence et disoit : « Maître Robert, je voudrois avoir
» le nom de prud'homme, mais que je le fusse vrai-
» ment et que tout le reste vous demeurât ; car pru-
» d'homme est si grande et si bonne chose, que
» même le nom emplit la bouche. Il disoit, au con-
» traire, que mauvaise chose étoit de prendre le
» bien d'autrui ; car le mot *rendre* étoit si rude que,
» même à le prononcer, il écorchoit la gorge à cause
» des *rr* qui y sont, lesquels *rr* signifient *rentes au*
» *diable*, qui toujours tire vers lui en arrière ceux
» qui veulent rendre les biens d'autrui. Et le diable
» le fait bien subtilement, car il séduit tellement
» les grands usuriers et les grands larrons, qu'il
» leur fait donner à l'Église ce qu'ils devroient ren-
» dre à qui il appartient. » Là-dessus il me dit de
dire de sa part au roi Thibault, son fils, qu'il prît
garde à ce qu'il faisoit, et qu'il n'encombrât pas son
âme, croyant être quitte par les grands deniers qu'il

* Le texte porte *béguin*, qui veut dire dévot ou religieux : Mesnard et Ducange ont mis *jeune homme* ; ce
qui ne répond point au sens des paroles du roi.

sages homes tandis que il vivent, doivent faire du leur aussi comme executeurz en devroient faire, c'est à savoir que les bons executeurz desfont premierement les tors faiz au mort, et rendent l'autrui chatel, et du remenant de l'avoir au mort sont aumosnes.

20. Le saint Roy fu à Corbeil à une Penthecouste, là où il ot quatrevins chevaliers. Le Roy descendi après manger ou prael desouz la chapelle, et parloit à l'uys de la porte au conte de Bretaigne, le pere au duc qui ore est, que Dieu gart. Là me vint querre mestre Robert de Cerbon, et me prist par le cor de mon mantel et me mena au Roy, et tuit li autre chevalier vindrent après nous. Lors demandai je à mestre Robert : « Mestre Robert, que me voulez-vous ? » Et me dist : Je vous veil demander se le Roy » se séoit en cest prael, et vous vous aliez seoir » sur son banc plus haut que li, se en vous en » devroit bien blasmer. Et je li diz que oïl. Et » il me dit : Dont faites vous bien à blasmer, » quant vous estes plus noblement vestu que le » Roy ; car vous vous vestez de vair et de vert, » ce que li Roy ne fait pas. Et je li diz : Mestre » Robert, salve votre grace, je ne foiz mie à » blasmer se je me vest de vert et de vair, car » cest abit me lessa mon pere et ma mere ; » mès vous faitez à blasmer, car vous estes filz » de vilain et de vilaine, et avez lessié l'abit » vostre pere et vostre mere, et estes vestu de » plus riche camelin que le Roy n'est. « Et lors je pris le pan de son seurcot et du seurcot le Roy, et li diz : « Or esgardez se je diz voir. » Et lors le Roy entreprist à deffendre mestre Robert de paroles, de tout son pooir.

21. Après ces choses mon seigneur ly Roys appella mon seigneur Phelippe son filz, le pere au Roy qui ore est, et le roy Tybaut, et s'assist à luys de son oratoire et mist la main à terre, et dist : « Séez vous ci bien près de moy, pour- » ce que en ne nous oie.—Ha Sire, firent il, nous » ne nous oserions asseoir si près de vous. » Et il me dist : « Seneschal, séez vous ci. » Et si fiz je si prés de li, que ma robe touchoit à la seue; et il les fit asseoir après moy et leur dit : « Grant » mal apert avez fait, quant vous estes mes filz, » et n'avez fait au premier coup tout ce que je » vous ai commandé, et gardés que il ne vous » avieingne jamais ; » et il dirent que non feroient il. Et lors me dit que il nous appelez pour li confesser à moy de ce que à tort avoit deffendu à mestre Robert et contre moy. « Mès, » fist il, je le vi si esbahi, que il avoit bien » mestier que je li aidasse. Et toutes voix ne

<><><>

donnoit et laissoit à la maison des frères prêcheurs de Provins. Car les hommes sages, pendant qu'ils vivent, doivent faire comme les bons exécuteurs de testament qui d'abord réparent les torts faits par le défunt et rendent le bien d'autrui, et du reste du bien du mort font des aumônes.

20. Le roi fut à Corbeil un jour de Pentecôte ; il y avoit bien là trois cents chevaliers. Le roi descendit après avoir mangé au pré qui est au bas de la chapelle, et il parloit à l'entrée de la porte au comte de Bretagne, père du duc d'aujourd'hui, que Dieu garde ! Là, maître Robert de Sorbon vint me trouver et me prit par mon manteau, et me mena au roi ; tous les autres chevaliers vinrent après nous. Alors je demandai à maître Robert ce qu'il me vouloit ; et il me dit : « Je veux vous demander : si le roi s'asseyoit dans » ce pré, et si vous, vous alliez vous asseoir sur son » banc plus haut que lui, ne devroit-on pas vous en » blâmer ? Et je lui dis que oui ; et il reprit : Vous » êtes donc bien à blâmer, quand vous êtes plus no- » blement vêtu que le roi ; car vous vous vêtez de » vert et de vair, ce que le roi ne fait pas. Et je lui » dis : Maître Robert, sauf votre grâce, je ne suis » pas à blâmer si je me vêtis de vert et de vair, car » mon père et ma mère m'ont laissé cet habit ; mais » c'est vous qui êtes à blâmer, car vous êtes fils » de vilain et de vilaine, et vous avez laissé l'habit » de votre père et de votre mère, et vous êtes » vêtu de plus riche camelin que n'est le roi. » Et lors je pris le pan de son manteau et le pan du manteau du roi, et lui dis : « Or, regardez si je » dis vrai. » Et lors le roi entreprist de défendre de paroles maître Robert de tout son pouvoir.

21. Après ces choses, monseigneur le roi appela monseigneur Philippe, son fils, le père du roi d'aujourd'hui* et le roi Thibault, et s'assit à la porte de son oratoire, et mit la main à terre, et dit : « — Asseyez-vous ici bien près de moi, pour qu'on » ne nous entende pas **.—Ha ! sire, répondirent- » ils, nous n'oserions nous asseoir si près de vous. » Et il me dit : « Sénéchal, asseyez-vous ici. » Et je m'assis si près de lui que ma robe touchoit à la sienne ; et il les fit asseoir auprès de moi, et leur dit : « Grand mal y a fait, quand vous qui êtes » mes fils, n'avez pas fait du premier coup ce que » je vous ai commandé ; gardez-vous que cela vous » arrive jamais. » Et ils dirent que plus ne le feroient. Et alors le roi me dit qu'il nous avoit appelés pour me confesser qu'à tort il avoit défendu maître Robert contre moi. « Mais, ajouta-t-il, je » le vis si ébahi, qu'il avoit bien besoin que je

---

* Philippe-le-Bel, fils de Philippe-le-Hardi. Joinville écrivit ses Mémoires dans les dernières années de Philippe-le-Bel.

** Mesnard et Ducange ont mis : *qu'on ne nous voye pas* ; l'édition du Louvre porte : *ne nous oïe*, subjonctif du verbe *ouïr*.

» vous tenez pas à chose que je en deisse pour
» mestre Robert deffendre; car, aussi comme le
» Seneschal dit, vous vous devez bien vestir et
» nettement, pource que vos femmes vous en
» ameront miex, et vostre gent vous en prise-
» ront plus. Car, se dit le sage, en se doit asse-
» mer en robes et en armes en tel maniere, que
» les preudeshommes de cest siecle ne dient que
» on en face trop, ne les joenes gens de cest
» siecle ne dient que en en face pou. »

22. Ci-après orrez un enseignement que il me fist en la mer, quant nous revenions d'outremer. Il avint que nostre nef hurta devant l'ille de Cypre par un vent qui a non guerbin, qui n'est mie des quatre mestres venz. Et de ce coup que nostre nef prist, furent li notonnier si desperez que il dessiroient leur robes et leur barbes. Le Roi sailli de son lit tout deschaus, car nuit estoit, une coste sans plus vestue, et se ala mettre en croiz devant le cors nostre Seigneur, comme cil qui n'atendoit que la mort. Lendemain que ce nous fut avenu, m'apela le Roi tout seul, et me dit : « Seneschal, ore nous
» a moustré Dieu une partie de son pooir; car
» un de ses petiz venz, que a peinne le sceit on
» nommer, deut avoir le roy de France, ses en-
» fans et sa femme et ses gens noiés. Or, dit
» saint Anciaumes que ce sont des menaces
» nostre Seigneur, aussi comme se Diex vousist
» dire : or vous eusse je bien mors se je vou-
» sisse, Sire Dieu, fait li Sains, pourquoy nous
» menaces tu? car és menaces que tu nous faiz,
» ce n'est pour ton preu ne pour ton avantage;
» car se tu nous avoie touz perduz, si ne seroies
» tu ja plus poure, ne plus riche. Donc n'est ce
» pas pour ton preu la menace que tu nous a
» faite, mès pour nostre profit, se nous le savons
» mettre à œuvre. A œuvre devons nous mettre
» ceste menace que Dieu nous a faite, en tele
» maniere que, se nous sentons que nous aions
» en nos cuers et en nos cors chose qui desplèse
» à Dieu, oster le devons hastivement; et quan-
» que nous cuiderons qui li plèse, nous nous de-
» vons efforcier hastivement du prenre; et se
» nous le faisons ainsinc, nostre Sire nous donra
» plus de bien en cest siecle et en l'autre, que
» nous ne saurions deviser. Et se nous ne le
» faison ainsi, il fera aussi comme le bon sei-
» gneur doit faire à son mauvais serjant; car
» après la menace, quant le mauvais serjant ne
» se veut amender, le seigneur fiert ou de
» mort ou de autres greingneurs meschéances

» l'aidasse. Et toutefois ne vous en tenez pas à ce
» que j'ai dit pour défendre maître Robert; car,
» comme dit le sénéchal, vous vous devez vêtir
» bien et proprement, pour que vos femmes vous
» en aiment mieux et vos gens vous prisent da-
» vantage. Et le sage dit aussi qu'on doit se pa-
» rer dans ses robes et dans ses armes de manière
» que les prud'hommes du siècle ne puissent dire
» qu'on en fait trop, ni les jeunes gens qu'on n'en
» fait pas assez. »

22. Vous apprendrez ci-après un enseignement qu'il me fit en mer quand nous revînmes de la Terre-Sainte. Il advint que notre nef heurta devant l'île de Chypre par un vent qui a nom guerbin*, et qui n'est pas un des quatre vents principaux. Le choc fut si violent que les nautonniers désespérés déchiroient leurs robes, et arrachoient leur barbe. Le roi sauta de son lit sans chaussure, car il étoit nuit; il n'avoit sur lui qu'une robe, et il s'alla mettre en croix devant le corps de notre Seigneur, comme quelqu'un qui n'attendoit que la mort. Le lendemain que cela nous fut arrivé, le roi m'appela tout seul et me dit : « Séné-
» chal, Dieu nous a montré une partie de son pou-
» voir, car un de ces petits vents qu'à peine sait-on
» nommer, devoit noyer le roi de France, ses en-
» fants, sa femme et ses gens. Or, dit saint An-
» selme, ce sont des menaces de notre Seigneur;
» c'est comme si Dieu vouloit dire : je vous eusse
» bien fait mourir, si j'eusse voulu. Sire Dieu, dit
» le saint**, pourquoi nous menaces-tu? Car ces
» menaces que tu nous fais, ce n'est pour ton pro-
» fit ni pour ton avantage, car si tu nous avois
» tous perdus, tu n'en serois plus pauvre ni plus
» riche. Donc, ce n'est pas pour ton profit la me-
» nace que tu nous as faite, mais pour le nôtre, si
» nous savons le mettre en œuvre. Nous devons
» donc, reprit le roi, mettre en œuvre cette me-
» nace que Dieu nous a faite, de telle sorte que
» si nous sentons dans nos cœurs et dans nos corps
» quelque chose qui déplaise à Dieu, nous devons
» nous hâter de l'ôter, et nous devons nous effor-
» cer de même de faire tout ce que nous croirons
» qui lui plaise; et si nous agissons ainsi, notre
» Seigneur nous donnera plus de bien en ce siècle
» et en l'autre que nous ne saurions dire. Et si
» nous ne le faisons ainsi, il fera aussi comme le
» bon seigneur doit faire à son mauvais serviteur;
» car après la menace, si le mauvais serviteur ne
» se veut amender, le seigneur frappe ou de mort
» ou d'autres grièves peines qui pires sont que la
» mort. » [Que le roi qui règne aujourd'hui y prenne garde, car il est échappé à péril aussi grand ou même plus grand que nous ne fûmes;

---

* Vent du sud-ouest.

** Mesnard et Ducange mettent ici : *et le bon roi répond.* Ce n'est pas le roi qui répond, mais le saint dont le roi cite les paroles, lequel s'entretient avec Dieu. Aussi l'édition du Louvre porte-t-elle ces mots : *fait li sains, dit le saint.*

» qui piz valent que mort. » Si y preingne garde li Roys qui ore est, car il est eschapé de aussi grant peril ou de plus que nous ne feimes : si s'amende de ses mesfaits en tel maniere que Dieu ne fiere en li ne en ses choses cruelment.

23. Le saint Roy se esforça de tout son pooir, par ses paroles, de moy faire croire fermement en la loy crestienne que Dieu nous a donnée, aussi comme vous orrez ci après. Il disoit que nous devions croire si fermement les articles de la foy, que pour mort ne pour meschief qui avenist au cors, que nous n'aiens nulle volenté d'aler encontre par parole ne par fait. Et disoit que l'ennemi est si soutilz, que quant les gens se meurent, il se travaille tant comme il peut, que il les puisse faire mourir en aucune doutance des poins de la foy; car il voit que les bones œuvres que l'homme a faites, ne li peut il tollir, et voit que il l'a perdu, se il meurt en vraie foy. Et pour ce se doit on garder et en tele maniere deffendre de cest agait, qui en die à l'ennemi quant il envoie tele temptacion, va t'en, doit on dire à l'ennemi tu ne me tempteras ja à ce que je ne croie fermement tous les articles de la foy; mès se tu me fesoies touz les membres tranchier, si veil je vivre et morir en

cesti point : et qui ainsi le fait, il vaint l'ennemi de son baston et de ses espées dont l'ennemi le vouloit occire.

24. Il disoit que foy et créance estoient une chose où nous devions bien croire fermement, encore n'en feussiens nous certeins mez que par oir dire. Sus ce point il me fist une demande, comment mon pere avoit non; et je li diz que il avoit non Symon. Et il me dit comment je le savoie; et je li diz que je en cuidoie estre certein et le créoie fermement, pource que ma mere l'avoit tesmoingné. « Donc devez vous croire » fermement touz les articles de la foy, lesquiex » les Apostres tesmoingnent, aussi comme vous » oez chanter au dymanche en la credo. »

25. Il me dist que l'evesque Guillaume de Paris li avoit conté, que un grant mestre de divinité estoit venu à li et li avoit dit que il vouloit parler à li; et il li dist : « Mestre, dites vostre » volenté; » et quant le mestre cuidoit parler à l'Evesque, et commença à plorer trop fort. Et l'Evesque li dit : « Mestre, dites, ne vous des- » confortés pas; car nulz ne peut tant pechier » que Dieu ne peut plus pardonner.—Et je vous » di, sire, dit li mestre, je n'en puis mais se je » pleure; car je cuide estre mescréant, pource » que je ne puis mon cuer ahurter à ce que je

---

et qu'il s'amende de ses méfaits de manière que Dieu ne le frappe cruellement ni dans lui, ni dans ce qui lui appartient*.]

23. Le roi s'efforça de tout son pouvoir, par ses paroles, de me faire croire fermement à la loi chrétienne que Dieu nous a donnée, comme vous le verrez ci-après. Il disoit que nous devons croire si fermement les articles de foi que pour mort ni pour mal qui arrive au corps, nous n'ayons nulle volonté d'aller à l'encontre par parole ni par action; et il disoit que l'ennemi du genre humain, est si subtil que quand les gens se meurent, il se travaille tant qu'il peut pour les faire mourir en quelque doute des points de la foi; car il voit qu'il ne peut enlever à l'homme les bonnes œuvres qu'il a faites, et que s'il meurt dans la vraie foi, c'est une âme perdue pour lui; et pour cela doit-on se garder et se défendre de cette embûche, de manière que quand l'ennemi envoie pareille tentation, on lui dise : va-t'en; tu ne me tenteras pas au point que je ne croie fermement tous les articles de la foi; et quand tu me ferois trancher tous les membres, je veux vivre et mourir dans cette croyance.

Et celui qui agit ainsi, triomphe de l'ennemi avec le bâton et les épées dont son ennemi même le vouloit occire.

24. Le roi disoit que foi et croyance étoient une chose où nous devons être fermes, encore que nous n'en fussions certains que par ouï dire. Là-dessus, il me demanda comment mon père avoit nom, et je lui dis qu'il avoit nom Simon, et il me dit comment le savez-vous? et je lui répondis que je croyois en être certain et le croyois fermement, parce que ma mère me l'avoit témoigné. « Donc, reprit-il, devez-vous croire fermement » tous les articles de la foi, desquels nous témoi- » gnent les apôtres, ainsi que vous l'entendez » chanter le dimanche au Credo. »

25. Il me dit que l'évêque Guillaume de Paris lui avoit conté qu'un grand maître de divinité étoit venu le trouver et lui avoit dit qu'il vouloit lui parler, et l'évêque lui dit : « Maître, dites ce que » vous voulez; » et quand le maître, se disposoit à parler à l'évêque, il commença à pleurer très-fort, et l'évêque lui dit : « Maître, dites, ne vous » déconfortez pas, car nul ne peut tant pécher que » Dieu ne puisse lui pardonner.—Et je vous dis,

---

* Cette phrase n'est ni dans Mesnard, ni dans Ducange. Elle a probablement rapport au danger que courut Philippe-le-Bel, en 1304, à la bataille de Mons-en-Puelle, d'être fait prisonnier. Elle s'applique assez bien à ce prince qui était vindicatif, dur, impitoyable, et qu'on appelait faux-monnoyeur. Il faut voir dans cette phrase de Joinville l'expression des ressentiments qui lui firent prendre les armes contre Philippe-le-Bel, comme il a été dit dans la notice.

» croie ou sacrement de l'autel, ainsi comme
» sainte esglise l'enseigne, et si sai bien que ce
» est des temptacions l'ennemi.—Mestre, fist li
» Evesque, or me dites, quant l'ennemi vous
» envoie ceste temptacion se elle vous plet. Et
» le mestre dit : Sire, mès m'ennuie tant comme
» il me peut ennuier.—Or vous demande je, fist
» l'Evesque, se vous prenriés ne or ne argent
» par quoy vous regeissiez de votre bouche nulle
» riens qui feust contre le sacrement de l'autel,
» ne contre les autres sains sacremens de l'Es-
» glise.—Je, sire, fist li mestre, sachiez que il
» n'est nulle riens ou monde que j'en preisse,
» ainçois ameroie miex que en m'arachast touz
» les membres du cors, que je le regeisse.—Or
» vous dirai je autre chose, fist l'Evesque; vous
» savez que le roi de France guerroie au roy
» d'Engleterre, et savez que le chastiau qui est
» plus en la marche de eulz deux, c'est la Ro-
» chelle en Poitou. Or vous veil faire une de-
» mande, que se li Roys vous avoit baillé la Ro-
» chelle à garder qui est en la marche, et il
» m'eust baillé le chastel de Monlaon (Mont-
» lhéry) à garder, qui est ou cuer de France et
» en terre de paix; auquel li Roys devroit savoir
» meilleur gré en la fin de sa guerre, ou à vous
» qui auriés gardé la Rochelle sanz perdre, ou
» à moi qui li auroie gardé le chastel de Mon-
» laon sanz perdre.—En non Dieu, sire, fist le
» mestre, à moy qui auroie gardé la Rochelle
» sanz perdre.—Mestre, dit l'Evesque, je vous di
» que mon cuer est semblable au chastel de
» Montleheri; car nulle temptacion ne nulle
» doute je n'ai du sacrement de l'autel : pour la-
» quel chose je vous di que pour un gré que
» Dieu me scet de ce que je le croy fermement
» et en paix, vous en scet Dieu quatre, pource
» que vous li gardez vostre cuer en la guerre de
» tribulacion, et avés si bonne volenté envers li,
» que vous pour nulle riens terriene, ne pour
» meschief que on feist du cors, ne le relinqui-
» riés, dont je vous di que soiés tout aese, que
» vostre estat plet miex à nostre Seigneur en ce
» cas, que ne fait le mien. » Quant le mestre oy
ce, il s'agenoilla devant l'Evesque et se tint bien
pour poiez.

26. Le saint Roy me conta que plusieurs gent des Aubigois vindrent au conte de Montfort, qui lors gardoit la terre de Aubijois pour le Roy, et li distrent que il venist veoir le cors nostre Seigneur, qui estoit devenuz en sanc et en char entre les mains au prestre. Et il leur dist : « Alez
» le veoir vous qui le créez ; car je le croy ferme-
» ment, aussi comme sainte Esglise nous raconte
» le sacrement de l'autel. Et savez vous que je
» y gaignerai, fist le Conte, de ce que je le croy
» en ceste mortel vie, aussi comme sainte Es-
» glise le nous enseigne ; je en aurai une co-

» sire, reprit le maître, je n'en puis mais, si je
» pleure ; car je pense être mécréant, parce que je
» ne puis décider mon cœur à croire au sacrement
» de l'autel, comme l'enseigne le sainte Église, et
» je sais bien que cela vient des tentations de l'en-
» nemi.—Maître, reprit l'évêque, dites-moi; quand
» l'ennemi vous envoye cette tentation, vous plaît-
» elle? Et le maître répondit : Sire, elle m'ennuie
» tant, qu'elle ne peut m'ennuyer davantage.—Or
» je vous demande, dit l'évêque, si vous prendriez
» or ou argent pour confesser de votre bouche quel-
» que chose qui fût contre le sacrement de l'autel
» ou contre les autres saints sacrements de l'Église.
» —Moi, sire, repartit le même, sachez qu'il n'est
» chose au monde que je prisse ; j'aimerois mieux
» au contraire qu'on m'arrachât tous les membres
» du corps plutôt que de les rejeter. — Mainte-
» nant je vous dirai, reprit l'évêque ; vous savez
» que le roi de France est en guerre avec le roi
» d'Angleterre, et que le château qui est le plus
» sur les frontières, c'est la Rochelle en Poitou.
» Or je veux vous faire une demande : Si le roi
» vous avoit baillé la Rochelle à garder, et qu'il
» m'eût donné à moi le château de Monthléry qui
» est au cœur de la France et en pays de paix ; au-
» quel le roi devroit-il savoir plus de gré à la fin
» de la guerre, ou à vous qui auriez gardé la Ro-
» chelle sans rien perdre, ou à moi qui lui au-
» rois gardé le château de Monthelléry de même ?
» — Au nom de Dieu, sire, dit le maître, à moi,
» qui aurais gardé la Rochelle sans rien perdre.
» — Maître, dit l'évêque, je vous dis que mon
» cœur est semblable au château de Monthléry; car
» je n'ai sur le sacrement de l'autel nulle tentation,
» ni nul doute; aussi vous dis-je, que pour un gré
» que Dieu me sait de ce que je le crois fermement
» et en paix, Dieu vous en sait quatre, parce que
» vous lui gardez votre cœur dans la guerre de
» tribulation, et que vous avez si bonne volonté
» envers lui que pour aucun bien terrestre ni pour
» mal qui vous arrivât au corps, vous ne l'abandon-
» neriez. Je vous dis donc : soyez à votre aise,
» votre état plaît mieux à notre Seigneur dans ce
» cas, que ne fait le mien. » Quand le maître
eut ouï cela, il s'agenouilla devant l'évêque, et
se tint pour bien content.

26. Le saint roi me conta que plusieurs gens des Albigeois vinrent trouver le comte de Montfort qui pour lors gardoit leur pays pour le roi, et le prièrent de venir voir le corps de notre Seigneur qui étoit devenu chair et sang entre les mains du prêtre ; et il leur dit : « Allez le voir vous
» qui le croyez, car je le crois fermement comme
» la sainte Église nous enseigne au sacrement de
» l'autel ; et savez-vous, ajouta le comte, ce que je
» gagnerai à le croire en cette vie mortelle, comme

» ronne es ciex plus que les angres qui le voient
» face à face, par quoy il convient que il le
» croient. »

27. Il me conta que il ot une grande desputaison de clers et de juis ou moustier de Clygni. Là ot un Chevalier à qui l'Abbé avoit donné le pain léens pour Dieu, et requist à l'Abbé que il li lessast dire la premiere parole et en li otria à peinne. Et lors il se leva et s'apuia sur sa croce, et dit que l'en li feist venir le plus grant clerc et le plus grant mestre des juis, et si firent il ; et li fist une demande qui fu tele : « Mestre, » fist le Chevalier, je vous demande se vous créez » que la Vierge Marie qui Dieu porta en ses » flans et en ses bras, enfantast vierge, et que » elle soit mere de Dieu. » Et le juif respondi que de tout ce ne croit il riens. Et le Chevalier li respondi, que moult avoit fait que fol, quant il ne la créoit, ne ne l'amoit, et estoit entré en son moustier et en sa meson. Et vraiement, fist le Chevalier, vous le comparrez, et lors il hauça sa potence et feri le juif lés l'oye et le porta par terre. Et les juis tournerent en fuie, et enporterent leur mestre tout blecié ; et ainsi demoura la desputaison. Lors vint l'Abbé au Chevalier, et li dist que il avoit fait grant folie. Et le Chevalier dit que encore avoit il fait greingneur folie d'assembler tele desputaison ; car avant que la desputaison feust menée à fin, avoit il séans grant foison de bons crestiens, qui s'en feussent parti tous mescréanz, parce que il n'eussent mie bien entendu les juis.

« Aussi vous di je, fist li Roys, que nulz, se » il n'est tres bon clerc, ne doit desputer à eulz; » mès l'omme lay, quant il oy mesdire de la loy » crestienne, ne doit pas deffendre la loy cres- » tienne; ne mais de l'espée de quoy il doit don- » ner parmi le ventre dedens, tant comme elle » y peu entrer. »

28. Le gouvernement de sa terre fu tele, que touz les jours il ooit à note ses heures, et une messe de *requiem* sans note ; et puis la messe du jour ou du saint, se il y cheoit, à note.

29. Touz les jours il se reposoit, après manger, en son lit ; et quant il avoit dormi et reposé, si disoit en sa chambre premierement des mors entre li et un de ses chapelains, avant que il oïst ses vespres. Le soir ooit ses complies.

30. Un Cordelier vint à li au chastel de Yeres, là où nous descendimes de mer ; et pour enseigner le Roi, dit en son sermon, que il avoit leu la bible et les livres qui parlent des princes mescréans ; et disoit que il ne trouvoit ne és créans ne és mescréans, que onques réaume se perdist, ne chanjast de seigneurie à autre, mes que par defaute de droit. « Or se preingne garde,

◇◇◇

» la sainte Église nous l'enseigne ? J'en aurai une » couronne au ciel de plus que les anges qui le » voient face à face, par quoi il faut bien qu'ils » le croient. »

27. Encore me conta le bon saint roi qu'une fois il y eut une grande dispute de clercs et de juifs au monastère de Cluny : il y avoit là un vieux chevalier (à qui l'abbé donnoit le pain par charité), et il requit à l'abbé de lui laisser dire la première parole, ce qu'on lui octroya avec peine. Alors il se leva, s'appuya sur sa crosse et dit qu'on lui fît venir le plus grand clerc et le plus grand docteur des juifs ; ce que l'on fît, et le chevalier fit au juif cette demande : « Maître, je vous demande si » vous croyez que la Vierge Marie qui porta Dieu » dans ses flancs et dans ses bras, enfanta vierge, » et qu'elle soit mère de Dieu. » Et le juif répondit que de tout cela il ne croyoit rien ; et le chevalier reprit que moult avoit-il agi en fou hardi, puisque ne croyant ni n'aimant la sainte Vierge, il étoit entré dans son moustier et dans sa maison. Et vraiment, ajouta le chevalier, vous le payerez ; et alors il leva sa crosse et frappa le juif près de l'oreille et le renversa par terre, et les juifs s'enfuirent et emportèrent leur docteur tout blessé, et ainsi finit la dispute. Lors l'abbé vint au chevalier et lui dit qu'il avoit fait grande folie, et le chevalier dit que lui avoit fait une plus grande folie d'établir une pareille dispute.

car avant qu'elle eût été amenée à fin, il y avoit céans grand nombre de chrétiens qui s'en seroient allés tous mécréants, parce qu'ils n'auroient pas bien compris les juifs. « Aussi vous dis-je, ajouta » le roi, que nul, s'il n'est très-bon clerc, ne doit » disputer avec eux ; et le laïc, quand il entend » médire de la loi chrétienne, ne doit la défendre » que de l'épée, de laquelle il doit donner » dans le ventre tant qu'elle y peut entrer. »

28. Le gouvernement du roi fut tel que tous les jours il entendoit ses heures chantées, et une messe basse de *requiem*, et puis la messe du jour ou des saints chantée, si elle se chantoit.

29. Tous les jours il se reposoit sur son lit, après son dîner. Et quand il avoit dormi et reposé, il prioit dans sa chambre pour les morts avec un de ses chapelains, avant d'entendre les vêpres. Le soir, il entendoit complies.

30. Un cordelier vint à lui au château d'Yères, là où nous descendîmes, lorsque nous étions en mer ; et pour enseigner le roi, il dit qu'il avoit lu la Bible et des livres qui parlent des princes mécréants, et qu'il avoit trouvé, que soit parmi les créants, soit parmi les mécréants, oncques royaume ne se perdit, ni ne changea de maître, que par défaut de justice. « Or, ajouta-t-il, que le roi qui » s'en va en France prenne garde à faire bonne et » prompte justice à son peuple, car c'est par là que » notre Seigneur lui laissera tenir son royaume en

» fist-il, le Roy qui s'en va en France, que il » face bon droit et hastif à son peuple, par quoi » nostre Sire li seuffre son royaume à tenir en » paix tout le cours de sa vie. » En dit que ce enseignoit le Roy, gist à Marseille là où nostre Seigneur fait pour li maint bel miracle ; et ne voult onques demourer avec le Roy, pour priere que il li sceut faire, que une seule journée.

31. Le Roy n'oublia pas cest enseignement, ainçois gouverna sa terre bien et loialement et selonc Dieu, si comme vous orrez ci après. Il avoit sa besoingne atirée en tele maniere, que monseigneur de Néelle et le bon conte de Soissons et nous autres qui estions entour li, qui avions oies nos messes, alions oir les plez de la porte, que en appelle maintenant les requestes. Et quant il revenoit du moustier, il nous envoioit querre, et s'asséoit au pié de son lit, et nous fesoit touz asséoir entour li, et nous demandoit se il y avoit nulz à délivrer que en ne peust délivrer sanz li ; et nous li nommiens, et il les faisoit envoier querre, et il leur demandoit : « Pourquoy ne prenez vous ce que nos gens » vous offrent ? Et il disoient : Sire, que il nous » offrent pou. Et il leur disoit en tel maniere : » Vous devriez bien ce prenre qui le vous vou- » droit faire. » Et se travailloit ainsi le saint home à son pooir, comment il les metroit en droite voie et en resonnable.

◇◇◇

32. Maintes foiz avint que en esté il aloit seoir au bois de Vinciennes après sa messe, et se acostoioit à un chesne et nous fesoit seoir entour li ; et touz ceulx qui avoient à faire venoient parler à li, sanz destourbier de huissier ne d'autre. Et lors il leur demandoit de sa bouche : « A y l ci nullui qui ait partie ? » Et cil se levoient qui partie avoient, et lors il disoit : « Taisiez » vous touz et en vous deliverra l'un apres l'au- » tre. » Et lors il appeloit monseigneur Pierre de Fonteinnes et monseigneur Geffroy de Villette, et disoit à l'un d'eulz : « Delivrez moi ceste partie. » Et quant il véoit aucune chose à amender en la parole de ceulz qui parloient pour autrui, il meismes l'amendoit de sa bouche. Je le vi aucune foiz en esté, que pour délivrer sa gent, il venoit ou jardin de Paris, une cote de chamelot vestue, un seurcot de tyreteinne sanz manches, un mantel de cendal noir entour son col, moult bien pigné et sanz coife, et un chapel de paon blanc sur sa teste, et faisoit estendre tapis pour nous séoir entour li. Et tout le peuple qui avoit à faire par devant li, estoit entour li en estant, et lors il les faisoit délivrer, en la maniere que je vous ai dit devant du bois de Vinciennes.

33. Je le revi un autre foiz à Paris, là où touz les prelaz de France le manderent que il vouloient parler à li, et le Roy ala ou palaiz

◇◇◇

» paix tout le cours de sa vie. » On dit que celui qui enseignoit ainsi le roi gît à Marseille où notre Seigneur fait pour lui maints beaux miracles ; il ne voulut onques rester avec le roi qu'un seul jour, quelque prière qui lui fût faite.

31. Le roi n'oublia pas cet enseignement ; mais il gouverna son pays bien et loyalement et selon Dieu, comme vous verrez ci-après ; il avoit son affaire arrangée de telle manière que monseigneur de Nesle et le bon comte de Soissons, et nous autres qui étions autour de lui, quand nous avions entendu la messe, nous allions entendre les *plaids* de la porte qu'on appelle maintenant les requêtes, et quand il revenoit du moustier, il nous envoyoit chercher et s'asseyoit au pied de son lit, et nous faisoit asseoir autour de lui, et nous demandoit s'il y avoit quelqu'un à expédier qu'on ne pût expédier sans lui ; et nous les lui nommions, et il les envoyoit chercher et leur demandoit : « Pourquoi » ne prenez-vous ce que nos gens vous offrent ? » Et ils disoient : « Sire, ils nous offrent trop peu. » Et le roi répondit : « Vous devriez bien prendre » ce que l'on voudra faire pour vous. » Et ainsi le saint homme travailloit de tout son pouvoir à les mettre en droite voie et en raison*.

* Ceci est différemment raconté dans Mesnard et Ducange ; il manque à leurs récits quelques détails.

32. Maintes fois il advint qu'en été il alloit s'asseoir au bois de Vinciennes après la messe, et s'appuyoit à un chêne, et nous faisoit asseoir autour de lui ; et tous ceux qui avoient à faire venoient lui parler, sans empêchement d'huissier ni d'autres. Alors il leur demandoit lui-même : « Y a-t-il » ici quelqu'un qui ait partie ? » Et ceux qui avoient partie se levoient et lors il disoit : « Taisez-vous tous » et on vous expédiera l'un après l'autre. » Et lors il appeloit monseigneur Pierre de Fontaines et monseigneur Geoffroy de Villette, et disoit à l'un d'eux : « Expédiez-moi cette partie. » Et quand il voyoit quelque chose à amender de ceux qui parloient pour autrui, lui-même il l'amendoit. Je le vis aucune fois en été venir pour expédier ses gens au jardin de Paris, vêtu d'une cotte de camelot, d'un surtout de tyreteinne (laine) sans manches, d'un manteau de taffetas noir autour du cou, moult bien peigné et sans coiffe, et un chapel de plume de paon blanc sur sa tête : il faisoit étendre un tapis pour nous faire asseoir autour de lui ; et tous ceux qui avoient affaire à lui se tenoient debout devant lui, et alors il les faisoit expédier de la manière que je vous ai dit qu'il faisoit au bois de Vincennes.

33. Je le revis une autre fois à Paris, là où tous les prélats lui manderent qu'ils vouloient lui parler, et le roi alla au palais pour les entendre ;

pour eulz oir. Et là estoit l'evesque Gui d'Ausserre, qui fu fuiz monseigneur Guillaume de Mello, et dit au Roy pour touz les prelaz en tel maniere : « Sire, ces seigneurs qui ci sont, » arcevesques, evesques, m'ont dit que je vous » deisse que la crestienté se périt entre vos » mains. » Le Roy se seigna et dist : « Or me dites » comment ce est ? — Sire, fist-il, c'est pour ce » que en prise si pou les excommeniemens hui » et le jour, que avant se lessent les gens mou- » rir excommeniés, que il se facent absodre, et » ne veulent faire satisfaccion à l'Esglise. Si vous » requierent, Sire, pour Dieu et pour ce que » faire le devez, que vous commandez à vos » prevoz et à vos baillifz, que tous ceulz qui se » soufferront escommeniez an et jour, que en » les contreingne par la prise de leurs biens à ce » que ils se facent absodre. » A ce respondi le Roys, que il leur commanderoit volentiers de touz ceulz dont en le feroit certain que il eussent tort. Et l'Evesque dit que il ne le feroient à nul feur, queil il de veissient la court de leur cause. Et le Roy li dist que il ne le feroit autrement; car se seroit contre Dieu et contre raison, se il contreignoit la gent à eulz absoudre, quant les clers leur feroient tort. « Et de ce, fist le » Roy, vous en doins je un exemple du conte » de Bretaingne, qui a plaidé sept ans aus pre- » laz de Bretaingne tout excommenié ; et tant a

» exploitié que l'apostole es la condemnez » touz. Dont se je eusse contraint le conte de » Bretaigne la premiere année de li faire ab- » soudre, je me feusse meffait envers Dieu et » vers li. » Et lors se soufrirent les prelaz ; ne onques puis n'en oy parler, que demande feust faites des choses desus dites.

34. La paix qu'il fist au Roy d'Angleterre, fist il contre la volenté de son conseil, lequel li disoit : « Sire, il nous semble que vous perdés la » terre que vous donnez au Roy d'Angleterre, » pource que il n'y a droit, car son pere la perdi » par jugement. » Et à ce respondi le Roy, que il savoit bien que le Roy d'Angleterre n'y avoit droit; mès il y avoit reson par quoy il li devoit bien donner. « Car nous avons deux seurs à » femmes, et sont nos enfans cousins germains ; » par quoy il affiert bien que paiz y soit. Il » m'est moult grant honneur en la paix que je » foiz au Roy d'Angleterre, pource que il » est mon home, ce que il n'estoit pas de- » vant. »

35. La léaulté du Roy peut l'en veoir ou fait de monseigneur de Trie qui au saint unes lettres, lesquiex disoient que le Roy avoit donné aus hoirs la contesce de Bouloingne, qui morte estoit novellement, la conté de Danmartin en gouere. Le seau de la lettre estoit brisié, si que il n'y avoit de remenant fors que la moitié des

---

là étoit l'évêque Guy d'Auxerre qui fut fils de monseigneur Guillaume de Mello, et il parla au roi pour tous les prélats de cette manière : « Sire, » ces seigneurs qui sont ici, archevêques et évê- » ques, m'ont chargé de vous dire que la chré- » tienté périt entre vos mains. » Le roi se signa de la croix et dit : « Or, dites-moi, comment cela? » — Sire, reprit l'évêque, c'est qu'on fait si peu de » cas aujourd'hui et tous les jours des excommu- » nications, que les gens se laissent * mourir excom- » muniés avant de se faire absoudre, et ne veulent » faire satisfaction à l'Église. Ils vous requièrent, » Sire, pour l'amour de Dieu et parce que vous le » devez faire, que vous commandiez à vos prevôts » et à vos baillifs, que tous ceux qui resteront ex- » communiés un an et un jour, soient contraints » par la prise de leurs biens à se faire absoudre. » A cela le roi répondit qu'il le leur commanderoit volentiers pour tous ceux dont on le feroit certain qu'ils eussent tort ; et l'évêque dit qu'il ne lui appartenoit de connoître de leurs causes. Et le roi lui répondit qu'il ne l'ordonneroit autrement ; car ce seroit contre Dieu et contre toute raison qu'il contraignit les gens à se faire absoudre, quand les clercs leur feroient tort. « Et de cela, ajouta le roi,

» je vous donnerois pour exemple le comte de Bre- » tagne qui a plaidé sept ans, tout excommunié, » contre les prélats de Bretagne, et a tant exploité, » que le pape les a condamnés tous. Donc, si j'eusse » contraint le comte de Bretagne, la première an- » née, de se faire absoudre, j'eusse méfait envers » Dieu et envers lui. » Les prélats cessèrent dès lors leurs poursuites, et onques depuis n'ai ouï parler que demande ait été faite des choses susdites.

34. La paix qu'il fit avec le roi d'Angleterre, il la fit contre la volonté de son conseil qui lui disoit : « Sire, il nous semble que vous perdez la terre que » vous donnez au roi d'Angleterre, parce qu'il n'y » a droit, car son père la perdit par jugement. » A quoi le roi répondit qu'il savoit bien que le roi d'Angleterre n'y avoit droit; mais il y avoit raison pour la lui donner. « Car, ajoutoit-il, nos » femmes sont sœurs et nos enfants sont cousins » germains, pourquoi il convient bien que paix y » soit ; il m'est moult grand honneur dans la paix » que je fais avec le roi d'Angleterre, parce qu'il » est mon homme, ce qu'il n'étoit pas auparavant.»

35. La loyauté du roi parut bien au fait de monseigneur de Trie, qui remit au saint roi des lettres, lesquelles disoient que le roi avoit donné aux

---

* Dans Mesnard et Ducange il est dit : *car aujourd'hui un homme aimeroit mieux mourir excommunié que de se faire absoudre.* Ce qui présente un contresens.

jambes de l'ymage du seel le Roy, et l'eschamel sur quoy li Roys tenoit ses piez; et il nous moustra à touz qui estions de son conseil, et que nous li aidissons à conseiller. Nous deismes trestuit sanz nul descort, que il n'estoit de riens tenu à la lettre mettre à execution. Et lors il dit à Jehan Sarrazin son chamberlain, que il li baillast la lettre que il li avoit commandée. Quant il tint la lettre, il nous dit : « Seigneurs, » veez ci seel de quoi je usoy avant que je » alasse Outremer, et voit on cler par ce seel, » que l'empreinte du seel brisée est semblable » au seel entier ; par quoy je n'oseroie en bone » conscience ladite contée retenir. » Et lors il appela monseigneur Renaut de Trie, et li dist : » Je vous rent la contée. »

DEUXIÈME PARTIE.

36. En non de Dieu le tout-puissant, avons ci arieres escriptes partie de bones paroles et de bons enseignemens nostre saint Roy Looys, pource que cil qui les orront les truissent les unes après les autres, que cil qui les orront en puissent miex faire profiz que ce que elles feussent escriptes entre ces faiz. Et ci après commencerons de ces faiz en non de Dieu et en non de li.

---

héritiers de la comtesse de Boulogne, nouvellement morte, le comté de Dammartin. Le sceau des lettres étoit brisé, il ne restoit que la moitié des jambes de la figure du sceau du roi et le marche-pied sur lequel le roi tenoit ses pieds, et il le montra à nous tous qui étions de son conseil, et nous demanda que nous l'aidassions de notre avis. Nous dîmes tous unanimement qu'il n'étoit point tenu à mettre les lettres à exécution; et alors il dit à Jean Sarrasin, son chambellan, qu'il lui baillât la lettre qu'il lui avoit commandée. Quand il tint cette lettre, « Seigneurs, nous dit-» il, voici le sceau dont je me servois avant que j'al-» lasse outre-mer, et on voit clair par ce sceau que » l'empreinte du sceau brisé est semblable au sceau » entier ; c'est pourquoi je n'oserois en bonne » conscience retenir la dite comté. Et lors il » appela monseigneur Renaut de Trie, et lui dit : » Je vous rends la comté*. »

DEUXIÈME PARTIE.

36. Au nom de Dieu tout-puissant, nous avons ci-dessus écrit partie des bonnes paroles et des bons enseignements de notre saint roi Louis pour que ceux qui les liront les trouvent les uns après les autres et en puissent mieux faire leur profit

---

* De Rieux a placé à la fin de sa version de Joinville, la plupart des faits et des souvenirs qui composent cette première partie des Mémoires de Joinville.

---

37. Aussi comme je li oy dire, il fut né le jour saint Marc evangeliste après Pasques. Celi jour porte l'en croix au processions en moult de liex, et en France les appelle l'en les croiz noires; dont ce fu aussi comme une prophecie de la grant foison de gens qui moururent en ce douz croisement, c'est à savoir, en celi de Egypte et en l'autre là où il mourut en Carthage; que maint grant deul en furent en cest monde, et maintes grans joies en sont en paradis, de ceulz qui en ce douz pelerinage mourrent vrais croisiez.

38. Il fu coroné le premier dymanche des advens. Le commencement de celi dymanche de la messe si est : *Ad te levavi animam meam*, et ce qui s'en suit après ; et ainsi biaus Sire Deix, je leverai m'amme à toy, je me fie en toy. En Dieu ot moult grant fiance jusques à la mort ; car là où il mouroit, en ses darrenieres paroles reclamoit il Dieu et ses sains, et especialement mon seigneur saint Jaque et ma dame sainte Genevieve.

39. Dieu en qui il mist sa fiance, le gardoit touz jours dès s'enfance jusques à la fin ; et especialement en s'enfance le garda il là où il fu bien mestier, si comme vous orrez ci-après. Comme à l'ame de li le garda Dieu par les bons

---

que s'ils étoient mêlés à notre narration. Et ci-après vont commencer ses gestes, au nom de Dieu et au nom de lui.

37. Ainsi que je l'ai ouï dire, le roi naquit le jour de saint Marc évangéliste, après Pâques. Dans ce jour, on porte la croix aux processions qui se font en plusieurs lieux ; en France, on les appelle les croix noires. Ce fut aussi comme une prophétie de la grande quantité de gens qui moururent en ces deux croisades, c'est-à-dire en celle d'Égypte et en l'autre, là où il mourut à Carthage, car maint grand deuil en fut dans ce monde et maintes grandes joies en sont au paradis pour ceux qui, dans ces deux pèlerinages, moururent vrais croisés.

38. Il fut couronné le premier dimanche des avents. Le commencement de la messe de ce dimanche est ainsi : *Ad te levavi animam meam*, et ce qui s'ensuit : *Biau sire Dieu, j'ai élevé mon ame vers toi; je me fie en toi.* [Il eut en Dieu moult grande confiance jusqu'à la mort, car là où il mourut, il réclamoit en ses dernières paroles Dieu et ses saints, et spécialement monseigneur saint Jacques et madame sainte Geneviève.]

39. Dieu en qui il mit sa confiance le garda tous les jours depuis son enfance jusqu'à la fin, et spécialement, le garda-t-il dans son enfance, où il en eut si grand besoin, comme vous verrez ci-après. Quant à son âme, Dieu la garda par les bons enseignements de sa mère qui l'instruisit à

enseignemens de sa mere, qui l'enseigna à Dieu croire et à amer, et li attrait entour li toutes gens de religion; et li faisoit si enfant comme il estoit, toutes ses heures et les sermons faire et oir aus festes. Il recordoit que sa mere li avoit fait aucune foiz à entendre que elle ameroit miex que il feust mort, que ce que il feist un pechié mortel.

40. Bien li fu mestier que il eust en sa joenesce l'aide de Dieu; car sa mere qui estoit venue de Espaigne, n'avoit ne parens ne amis en tout le royaume de France. Et pource que les barons de France virent le Roy enfant et la Royne sa mère femme estrange, firent il du conte de Bouloingne, qui estoit oncle le Roy, leur chievetain, et le tenoient aussi comme pour seigneur. Après ce que le Roy fu couronné, il en y ot des barons qui requistrent à la Royne granz terres que ele leur donast, et pource que elle n'en voult riens faire, si s'assemblerent touz les barons à Corbeil. Et me conta le saint Roy que il ne sa mere qui estoient à Montleheri, ne oscrent revenir à Paris, jusques à tant que ceulz de Paris les vindrent querre à armes. Et me conta que dès Montleheri estoit le chemin plein de gens à armes et sanz armes jusques à Paris, et que touz crioient

◇◇◇

à nostre Seigneur que il li donnast bone vie et longue, et le deffendit et gardast de ses ennemis. Et Dieu si fist, si comme vous orrez ci après.

41. A ce parlement que les barons firent à Corbeil, si comme l'en dit, establirent les barons qui là furent, que le bon chevalier le conte Pierre de Bretaigne se reveleroit contre le Roy; et acorderent encore que leurs cors iroient au mandement que le Roy feroit contre le Conte, et chascun n'auroit avec li que deux chevaliers; et ce firent il pour veoir se le conte de Bretaigne pourroit fouler la Royne qui estrange femme estoit, si comme vous avez oy. Et moult de gent dient que le Conte eust foulé la Royne et le Roy, se Dieu n'eust aidié au Roy à cel besoing, qui onques ne li failli. L'aide que Dieu li fist, fu tele, que le conte Tybaut de Champaigne, qui puis fu roy de Navarre, vint servir le Roy à tout trois cens chevaliers, et par l'aide que le Conte fist au Roy, couvint venir le conte de Bretaigne à la merci le Roy dont il lessa au Roy par paix faisant, la contée de Ango, si comme l'en dit, et la contée du Perche.

42. Pour ce que il affiert à ramentevoir aucunes choses que vous orrez ci-après, me cou-

◇◇◇

croire en Dieu, à l'aimer, et mit auprès de lui toutes sortes de gens de religion, et lui faisoit entendre, tout enfant qu'il étoit, toutes les heures et les sermons aux fêtes. Il se rappeloit que sa mère lui avoit fait aucunes fois connoître qu'elle aimeroit mieux qu'il fût mort, que s'il faisoit un péché mortel.

40. Bien lui fut besoin qu'il eût en sa jeunesse l'aide de Dieu, car sa mère, qui étoit venue d'Espagne, n'avoit en tout le royaume de France ni parents ni amis; et comme les barons de France virent le roi enfant, et la reine sa mère femme étrangère, ils firent du comte de Boulogne, oncle du roi, leur capitaine, et le tinrent ainsi pour leur seigneur. Après que le roi fut couronné, il y eut des barons qui requirent de la reine qu'elle leur donnât de grandes terres, et, parce qu'elle n'en voulut rien faire, tous les barons s'assemblèrent à Corbeil; et le saint roi me conta que lui ni sa mère, qui étoient à Monthléry, n'osèrent revenir à Paris jusqu'à ce que ceux de cette ville les vinssent chercher en armes; et il me conta que depuis Monthléry, le chemin étoit plein de gens en armes et sans armes jusqu'à Paris, et que tous

crioient à notre Seigneur de lui donner bonne et longue vie, et de le défendre et garder de ses ennemis : et Dieu fit ainsi comme vous verrez ci-après [*].

41. A ce parlement que les barons tinrent à Corbeil, il fut, suivant que l'on dit, décidé que le bon chevalier le comte Pierre de Bretagne se rebelleroit contre le roi, et les barons convinrent encore qu'ils iroient au mandement que le roi feroit contre le comte, mais que chacun n'auroit avec lui que deux chevaliers; et cela firent-ils pour que le comte de Bretagne pût vaincre le bon roi et la reine qui étoit de pays étranger, comme vous l'avez ouï. Et bien des gens disent que le comte auroit battu la reine et le roi, si Dieu n'eût aidé le roi en ce besoin, ce qui onques ne lui faillit. L'aide que Dieu lui donna, fut que le comte Thibault de Champagne qui, depuis, fut roi de Navarre, vint le servir avec trois cents chevaliers; et, par le secours que le comte amena au roi, couvint que le comte de Bretagne se rendît à la merci du roi, auquel il laissa, par la paix qu'il fit, la comté d'Anjou, comme on dit, et la comté du Perche [**].

42. Comme il est nécessaire de rappeler au-

---

[*] Ce paragraphe manque dans de Rieux.

[**] Mesnard et Ducange qui le copie presque toujours, ne parlent point de l'abandon que le comte de Bretagne fit au roi du comté d'Anjou. Pierre de Rieux ne parle de cette révolte du comte de Bretagne qu'après avoir ra-

conté les entreprises des comtes de Toulouse et du comte de Boulogne. Voici le récit de ces entreprises :

« Incontinent après son couronnement, la reine Blan-
» che fut avertie que le comte Raymond de Toulouse
» (qui avoit été déclaré hérétique par le pape, étoit venu

vint laissier un pou de ma matiere. Si dirons aussi que le bon conte Henri le Large ot de la contesce Marie, qui fu seur au Roy de France et seur au Roy Richart d'Angleterre, deux filz, dont l'ainsné ot non Henry et l'autre Thybaut. Ce Henry l'ainsné en ala croisié en la sainte terre en pelerinage, quant le Roy Phelippe et le Roy Richart assiegerent Acre et la pristrent. Sitost comme Acre fu prise, le roi Phelippe s'en revint en France, dont il en fu moult blasmé, et le roy Richart demoura en la sainte terre et fist tant de grans faiz, que les Sarrazins le doutoient trop, si comme il est escript ou livre de la terre sainte, que quant les enfans aux Sar-

<><>

cunes choses que vous ouïrez ci-après, il convient que je laisse un peu mon sujet. Ainsi dirons-nous que le bon comte Henri-le-Large eut de la comtesse Marie, qui fut sœur du roi de France et du roi Richard d'Angleterre, deux fils, dont l'aîné eut nom Henri et l'autre Thibault. Ce Henri l'aîné alla comme croisé en pélerinage à la Terre-Sainte, quand le roi Philippe et le roi Richard assiégèrent Acre et la prirent. Sitôt qu'Acre fut prise, le roi Philippe s'en revint en France, dont il fut moult blâmé, et le roi Richard demoura en la Terre-Sainte, et fit tant de belles actions que les Sarrasins le redoutoient fort; car, comme il est écrit au livre de l'histoire de la Terre-Sainte,

» avec une grosse troupe de gens assiéger Château-Sar-
» rasin (Castel-Sarrasin) qui est auprès de la ville de
» Toulouse, et l'avoit pris à composition, en chassant les
» François qui étoient dedans en garnison pour la dé-
» fense du lieu. A l'occasion de quoi elle délibéra et prit
» avis de donner ordre avec toute diligence, à cette nou-
» velle et soudaine guerre, et châtier la téméraire en-
» treprise dudit comte de Toulouse; et pour ce faire,
» aussitôt envoya contre ledit comte, Umbert, lieutenant
» du roi, et bien expérimenté au fait de la guerre, ac-
» compagné de grand nombre de gens de guerre; lequel
» Umbert étant arrivé à Toulouse, mit le siége à la
» ville et l'assaillit de tous côtés, si vivement que les en-
» nemis n'avoient loisir de se fortifier, ni de pourvoir à
» leur infortune. Il commença à gâter et détruire tout le
» pays aux environs, en sorte qu'il mit en peu de temps
» les villes qui étoient à l'entour de Toulouse en l'obéis-
» sance du roi. Les Toulousains voyant telle diligence,
» et prenant exemple de leurs voisins, furent contraints
» de se rendre et recevoir en leur ville ledit Umbert. Et
» le comte considérant que la fortune n'étoit pas des
» siennes et que par la conduite d'une seule femme il
» avoit été vaincu, lui qui toujours avoit été trouvé in-
» vincible, fut contraint de faire la paix (qui étoit son
» dernier espoir) avec la reine Blanche, et accepter le
» parti et conditions que la reine lui offroit. Il avoit une
» fille unique, nommée Jeanne, de l'âge de neuf ans, la-
» quelle fut fiancée à Alphonse frère du roi, qui étoit
» aussi en bas âge; et fut convenu que le comte, sa vie
» durant, demeureroit possesseur du comté de Toulouse,
» et après sa mort lui succéderoit ledit Alphonse son
» gendre. Ainsi fut donné fin à cette guerre, par le bon
» conseil de la reine Blanche, le roi Louis étant encore
» sans aucune administration. » Le traité dont parle Pierre de Rieux fut conclu à Paris le 12 avril 1229.

Chap. IV. « Ces choses ainsi apaisées, fortune qui
» défavorisoit le roi, lui procura nouvelle haine et à la
» reine sa mère. Philippe, comte de Boulogne et oncle
» du roi, se tenoit grandement outragé, que la régence
» du royaume ne lui avoit été baillée et qu'une femme
» d'Espagne et de pays étranger, comme étoit la reine,
» lui étoit préférée; parquoi il résolut en soi de chasser
» la reine et de prendre la régence du royaume, au
» moyen de quoi il commença à faire grandes bri-
» gues et factions à la cour, et attira à son parti plusieurs
» princes et gros seigneurs, auxquels il fit entendre l'in-
» jure qui leur étoit faite, tant à lui qu'à eux; c'est
» d'être conduits et gouvernés par le moyen d'une femme
» étrangère. Ceci entendu par les princes et seigneurs,
» ils promirent de lui aider et secourir en tout ce en

» quoi il les voudroit employer, et dès l'heure le firent
» leur seigneur et maître.

» Voyant donc, le comte de Boulogne, la reine être
» sans aucun ami au royaume de France, et le roi être
» encore en son jeune âge, il délibéra d'exécuter ce qu'il
» avoit entrepris. Et pour ce faire (ayant une partie des
» trésors du roi Philippe-Auguste, son père, et du roi
» Louis, son frère, dernier décédé) fit fortifier Calais et
» environner de murailles : parce qu'il voyoit bien telle
» ville être convenable pour mener la guerre, et même
» sur la mer, et que de là il pouvoit bien aisément et
» en peu de temps passer en Angleterre, si la nécessité
» l'y contraignoit. La reine Blanche étant avertie de la
» fortification que le comte de Boulogne faisoit, eut
» crainte qu'il ne se fût avisé de quelque mauvais con-
» seil; toutefois il conduisoit si secrètement son affaire
» qu'on ne pouvoit trouver moyen de l'accuser envers
» le roi; et d'autre part il avoit la plus grande partie de
» la noblesse de France qui du tout (comme il a été dit)
» le favorisoit. Par quoi la reine prit avis de lui mettre
» au-devant un prince voisin, puissant en biens et re-
» nommée. Au moyen de quoi elle fit amitié avec le roi
» Ferdinand d'Espagne, lequel nouvellement avoit été
» racheté par la reine sa femme; et par cette amitié
» commença l'autorité du comte de Boulogne à diminuer
» envers les François. Davantage, elle s'avisa (pour aug-
» menter et renforcer sa puissance) d'attirer à soi par
» prières le comte Thibault de Champagne, lequel des-
» cendoit de la maison de France par ligne paternelle,
» et descendoit d'Espagne par sa mère; lequel comte de
» Champagne (comme l'on vouloit dire) favorisoit le
» comte de Boulogne. D'autre part étoient le duc Pierre
» de Bretagne et son frère Robert, comte de Dreux, les-
» quels avoient tant d'ennui, qu'ils ne pouvoient trouver
» repos en leur esprit, de se voir du tout privés de l'ad-
» ministration du royaume. Au moyen de quoi ils con-
» jurèrent à l'encontre du roi, avec propos délibéré, de
» lui ôter de toute leur puissance. La cause qui les in-
» duisit à faire telle trahison, furent aucuns des barons
» de France, lesquels, après le couronnement du roi,
» avoient demandé à la reine qu'elle leur voulût donner
» certaine quantité de terres qui étoient du domaine du
» roi, et pour ce que la reine leur avoit refusé de ce
» faire, ils délibérèrent d'en prendre urgence. Et un jour
» s'assemblèrent à Corbeil, etc. »

Nous avons cru devoir copier ce dernier récit parce qu'il se lie à celui de l'édition du Louvre, et qu'il en est en même temps le commencement et l'éclaircissement. Les événements dont il y est question se passaient en 1227 et 28, avant le traité conclu avec le comte de Toulouse, en 1229.

razins braioient, les femmes les escrioient et leur disoient : taisiez-vous, vezci le roy Richart; et pour eulz faire taire. Et quant les chevaus aus Sarrazins et aus Beduins avoient poour d'un bysson, il disoient à leur chevaus : cuides tu que ce soit le roy Richart?

43. Ce roy Richart pourchassa tant que il donna au conte Henry de Champaingne qui estoit demouré avec li, la royne de Jerusalem, qui estoit droite her du royaume. De ladite Royne ot le conte Henry deux filles, dont la premiere fut royne de Cypre, et l'autre ot messire Herart de Prienne, dont grant ligaage ost issu, si comme il appert en France et en Champaingne. De la femme mon seigneur Erart de Brienne ne vous dirai je ore riens; ainçois vous parlerai de royne de Cypre, qui affiert maintenant à ma matiere, et dirons ainsi.

44. Après ce que le Roy eust foulé le conte Perron de Bretaingne, tuit li Barons de France furent si troublez envers le conte Tybaut de Champaingne, que il orent conseil de envoier querre la royne de Cypre, qui estoit fille de l'ainsné filz de Champaingne, pour desheriter le conte Tybaut qui estoit filz du secont filz de Champaingne. Aucun d'eulz s'entremistrent d'apaisier le conte Ferron audit conte Tybaut, et

<><>

fu la chose pourparlée en tele maniere, que le conte Tybaut promist que il prenroit à femme la fille le conte Perron de Bretaingne. La journé fu prise que le conte de Champaingne dut la demoiselle espouser, et il dut en amener pour espouser à une abbaie de Premoustré qui est de lez Chastel Thierri, que en appelle Val-Secre, si comme j'entent. Les barons de France qui estoient auques toz parens le conte Perron se pénerent de faire amener la damoiselle à Val-Secre pour espouser, et manderent le conte de Champaingne qui estoit à Chastel Thierri; et en dementieres que le conte de Champaingne venoit pour espouser, mon seigneur Geffroy de la Chapelle vint à li de par le Roy, à tout une lettre de créance, et dit ainsinc : « Sire conte
» de Champaingne, le Roy a entendu que vous
» avez couvenances au conte Perron de Bretain-
» gne, que vous prenrez sa fille par mariage, si
» vous mande le Roy que se vous ne voulez per-
» dre quanque vous avez ou royaume de France,
» que vous ne le faites; car vous savez que le
» conte de Bretaingne a pis fait au Roi que nul
» home qui vive. » Le conte de Champaingne, par le conseil que li avoit avec li, s'en retourna à Chastel Thierri.

45. Quant le conte Pierres et les barons de

<><>

quand les enfants des Sarrasins braioient, les femmes, pour les faire taire, leur disoient: Taisez-vous, voici le roi Richard; et quand les chevaux des Sarrasins et des Bédouins avoient peur d'un buisson, le cavalier disoit à son cheval : Crois-tu que ce soit le roi Richard?

43. Ce roi Richard fit tant qu'il donna pour femme au comte Henri de Champagne, qui étoit demeuré avec lui, la reine de Jérusalem, héritière directe du royaume. Le comte Henri eut de ladite reine deux filles, dont la première fut reine de Chypre, et l'autre épousa messire Erard de Brienne dont est issu grand lignage, comme on le voit en France et en Champagne. Je ne vous dirai rien pour le présent de la femme de monseigneur Erard de Brienne; mais je vous parlerai de la reine de Chypre qui appartient maintenant à mon sujet et nous dirai ainsi [*] :

44. Après que le roi eut vaincu le comte Pierre de Bretagne, tous les barons de France furent si courroucés contre le comte Thibault de Champagne qu'ils eurent dessein d'envoyer quérir la reine de Chypre, qui étoit fille du fils aîné de Champagne, pour dépouiller le comte Thibault, qui étoit fils du second fils de Champagne. Aucuns d'eux s'entremirent pour apaiser le comte Pierre,

[*] Ces détails sur le comte Henri-le-Large se trouvent dans Pierre de Rieux, au chap. VIII de sa chronique et vie du roi saint Louis, c'est-à-dire après les récits qu'on

à l'égard du comte Thibault, et la chose fut traitée de telle manière que le comte Thibault promit qu'il prendroit pour femme la fille de Pierre, comte de Bretagne. Le jour fut pris pour que le comte épousât la demoiselle, et on devoit la lui amener à une abbaye de Prémontré qui est près de Château-Thierry, laquelle on appelle, je crois, Valserre. Les barons de France, qui étoient presque tous parents du comte Pierre, eurent peine à faire amener la demoiselle à Valserre pour épouser, et ils mandèrent le comte de Champagne, qui étoit à Château-Thierry. Et pendant que le comte de Champagne venoit pour épouser, monseigneur Geoffroy de la Chapelle vint à lui de la part du roi, avec une lettre de créance, et lui dit : « Sire comte de Champagne, le roi a appris que
» vous avez promis au comte Pierre de Bretagne
» que vous prendriez sa fille en mariage; et le roi
» vous mande que si vous ne voulez perdre tout ce
» que vous avez au royaume de France, vous ne le
» fassiez, car vous savez que le comte de Bretagne
» a fait pis au roi que nul homme qui vive. » Le comte de Champagne, après s'être consulté avec Geoffroy, s'en retourna à Château-Thierry.

45. Quand le comte Pierre et les barons de France, qui l'attendoient a Valserre, apprirent

va lire, récits semblables dans Mesnard, Ducange et dans l'édition du Louvre, à la forme près.

France oïrent ce, qui l'attendoient à Val-Secre, il furent touz aussi comme desvez du despit de ce que il leur avoit fait, et maintenant envoïerent querre la royne de Cypre; et si tost comme elle fut venue, ils pristrent un commun acort qui fu tel, que il manderoient ce que il pourroient avoir de gent à armes, et enterroient en Brie et en Champaingne par devers France; et que le duc de Bourgoingne, qui avoit la fille au conte Robert de Dreus, ranterroit en la conté de Champaingne par devers Bourgoingne, pour la cité de Troyes prenre se il pooient. Le duc manda quanque il pot avoir de gent; les barons manderent aussi ce que il en porent avoir. Les barons vindrent ardant et destruyant d'une part, le duc de Bourgoingne d'autre; et le roy de France d'autre part, pour venir combattre à eulz. Le descort fut tel au conte de Champaingne que il meismes ardoit ses villes, devant la venue des barons, pource que il ne les trouvassent garnies. Avec les autres villes que le conte de Champaingne ardoit, ardi il Espargnay et Vertuz et Sezenne.

46. Les bourgois de Troies, quant il virent que il avoient perdu le secours de leur seigneur, il manderent à Symon seigneur de Joingville, le pere au seigneur de Joinville qui ore est, qui les venist secourre. Et il qui avoit mandé toute sa gent à armes, mut de Joingville à l'anuitier, si tost comme ces nouvelles li vindrent, et vint à Troies ainçois que il feust jour, et par ce faillirent les barons à leur esme, que il avoient de prenre la dite cité; et pour ce les barons passerent par devant Troies et se alerent logier en la praerie de Lés, là où le duc de Bourgoingne estoit.

47. Le roy de France qui sot que il estoient là, il s'adreça tout droit là pour combattre à eulz; et les barons li manderent et prierent que il son cors se vousist traire arieres, et il se iroient combattre au conte de Champaigne et au duc de Lorreinne, et à tout le remenant de sa gent, a trois cens chevaliers de moins que le Conte n'auroie ne le Duc. Et le Roy leur manda, que à sa gent ne se combatroient il ja, que son cors ne feust avec. Et il revindrent à li et li manderent que il feroient volentiers entendre la royne de Cypre à paiz, ce il li plaisoit. Et le roi leur manda que à nulle paiz il n'entendroit ne ne souferroit que le conte de Champaingne y entendit, tant que il eussent vidié la contée de Champaingne; et il la vidierent en tel maniere que dés Ylles là où il estoient, il alerent logier dessous Juylli; et le Roy se loja à Ylles, dont il les avoit chaciés. Et quant il seurent que le Roy fu alé là, il s'alerent logier à

⋄⋄⋄

cela, ils furent tous comme enragés de dépit de ce qu'il leur avoit fait, et incontinent ils envoyèrent quérir la reine de Chypre, et sitôt qu'elle fut venue ils prirent une résolution qui fut telle: Ils devoient appeler tout ce qu'ils pourroient avoir de gens armés, et entrer en Brie et en Champagne, du côté de France; et le duc de Bourgogne, qui avoit pour femme la fille du comte Robert de Dreux, devoit rentrer dans la comté de Champagne, par la Bourgogne, et ils prirent jour pour s'assembler tous devant la ville de Troyes, afin de la prendre s'ils pouvoient. Le duc réunit tout ce qu'il pût avoir de gens; les barons réunirent aussi ce qu'ils en pouvoient avoir. Les barons vinrent brûlant et détruisant d'une part, le duc de Bourgogne de l'autre, et d'autre part le roi de France venoit pour les combattre. Le déconfort fut tel pour le comte de Champagne que lui-même brûloit ses villes avant l'arrivée des barons, pour qu'ils ne les trouvassent point garnies. Entre autres villes, le comte de Champagne brûla Épernai, et Vertus, et Sésanne.

46. Les bourgeois de Troyes, quand ils virent qu'ils avoient perdu le secours de leur seigneur, mandèrent à Simon, seigneur de Joinville, père du seigneur de Joinville d'aujourd'hui, de venir à leur secours; et lui qui avoit appelé tous ses gens d'armes partit de Joinville à l'entrée de la nuit, sitôt que ces nouvelles lui furent arrivées, et vint

⋄⋄⋄

à Troyes avant qu'il fût jour; et par là les barons manquèrent le dessein qu'ils avoient de prendre la ville; et ils passèrent devant Troyes et s'allèrent loger en la prairie d'Isles, là où le duc de Bourgogne étoit.

47. Le roi de France, qui sut qu'ils étoient là, alla droit à eux pour les combattre, et les barons lui mandèrent et le prièrent qu'il voulût bien se retirer de sa personne, qu'ils iroient combattre le comte de Champagne et le duc de Lorraine, et tout le reste de ses gens, avec trois cents chevaliers de moins que n'auroient le comte et le duc; et le roi leur répondit qu'ils ne se combattroient point à sa gent, s'il n'y étoit en personne. Les barons revinrent à lui et lui dirent que volontiers ils feroient entendre à la reine de Chypre qu'elle fît sa paix, s'il lui plaisoit. Et le roi leur répondit qu'il n'entendroit à aucune paix et ne souffriroit que le comte de Champagne y entendit, tant qu'ils n'auroient pas évacué la comté de Champagne; et ils l'évacuèrent de telle manière que de l'Isles là où ils étoient, ils s'allèrent loger au-dessous de July; et le roi se logea à Isles d'où il les avoit chassés. Quand ils surent que le roi étoit allé là, ils s'allèrent loger à Chaource, et n'osant attendre le roi, ils s'allèrent loger à Laignes, qui appartenoit au comte de Nevers, lequel comte étoit de leur parti. Ainsi le roi accorda le comte de Champagne avec la reine de Chypre, et la paix fut faite

Chaorse et noserent le Roy attendre, et s'alerent logier à Laingnes qui estoit au conte de Nevers, qui estoit de leur partie. Et ainsi le Roy accorda le conte de Champaingne à la royne de Chypre, et fu la paiz faite en tel maniere, que ledit conte de Champaingne donna à la royne de Cypre entour deux mille livrées de terre (environ deux mille livres de rentes en fonds de terres), et quarante mille livres que le Roy paia pour le conte de Champaingne. Et le conte de Champaingne vendi au Roy, parmi les quarante mille livres, les fiez ci-après nommés ; c'est à savoir, le fié de la contée de Bloiz, le fié de la contée de Chartres, le fié de la contée de Senserre, le fié de la vicontée de Chasteldun ; et aucunes gens si disoient que le Roy ne tenoit ces devant diz fiez que en gaje, més ce n'est mie voir, car je le demandai nostre saint Roi Looys Outremer.

48. La terre que le conte Tybaut donna à la royne de Cypre, tint le conte de Brienne qui ore est et le conte de Joigny, pource que l'aïole le conte de Brienne fu fille à la royne de Cypre, et femme le grant conte Gautier de Brienne.

49. Pource que vous sachiez dont ces fiez que le Sire de Champaingne vendi au Roy, vindrent, vous foiz je à savoir que le grant conte Tybaut qui gist à Laingny, ot trois filz ; le premier ot non Henri, le secont ot non Tybaut, le tiers ot non Estienne. Ce Henry desus dit fust conte de Champaingne et de Brie, et fu appelé le conte Henri le Large ; et dut bien ainsi estre appelé, car il fu large à Dieu et au siecle ; large à Dieu, si comme il appiert à l'esglise saint Estienne de Troies, et aus autres esglises que il fonda en Champaingne ; large au siecle, si comme il apparut ou fait de Ertaut de Nogent et en moult d'autres liex que je conteroie bien, se je ne doutoie à enpeeschier ma matiere. Ertaut de Nogent fu le bourgois du monde que le conte créoit plus, et fu si riche que il fist le chastel de Nogent l'Ertaut de ses deniers. Or avint chose que le conte Henri descendi de ses sales de Troie pour aller oïr messe à saint Estienne le jour d'une Penthecouste ; aus piez des degrez s'agenoilla un poure chevalier, et li dit ainsi : « Sire, je vous pri pour Dieu que » vous me donnés du vostre, par quoy je puisse » marier mes deux filles que vous veez ci. » Ertaut qui aloit dariere li, dist au poure chevalier : « Sire chevalier, vous ne faites pas que » courtois, de demander à mon seigneur ; car il a » tan donné que il n'a mez que donner. » Le Large Conte se tourna devers Ertaut, et li dist : « Sire vilain, vous ne dites mie voir, de ce que » vous dites que je n'ai mez que donner ; si ai » vous meismes : et tenez, sire chevalier, car je

---

de cette manière : ledit comte de Champagne donna à la reine de Chypre environ deux mille livres de rente en fonds de terre et quarante mille livres que le roi paya au comte de Champagne ; et pour le prix de ces quarante mille livres, le comte de Champagne vendit au roi les fiefs ci-après nommés, savoir : le fief de la comté de Blois, le fief de la comté de Chartres, le fief de la comté de Sancerre, le fief de la vicomté de Châteaudun. Aucuns disoient que le roi ne tenoit ces fiefs qu'à titre d'engagement ; mais cela n'est mie vrai ; car je le demandai à notre bon roi Louis, étant outremer.

48. Les terres que le comte Thibault donna à la reine de Chypre sont maintenant au comte de Brienne d'aujourd'hui et au comte de Joigny, parce que l'aïeule du comte de Brienne étoit fille de la reine de Chypre et femme du grand comte Gauthier de Brienne.

49. Pour que vous sachiez d'où venoient ces fiefs que le sire de Champagne vendit au roi, je vous dirai que le grand comte Thibault, qui gît à Laigny, eut trois fils ; le premier eut nom Henri, le second eut nom Thibault, et le troisième eut nom Etienne. Henri fut comte de Champagne et de Brie, et fut appelé le comte Henri-le-Large (le Généreux), et il mérita bien d'être ainsi appelé, car il fut large envers Dieu et envers le siècle. Large envers Dieu, comme il paroît par l'église de Saint-Etienne de Troyes et autres églises qu'il fonda en Champagne ; large envers le siècle, comme il parut au fait d'Arthault de Nogent et de moult autres lieux que je vous citerois bien si je ne craignois d'embarrasser mon sujet. Arthault de Nogent fut le bourgeois du monde en qui le comte eut le plus de confiance ; il fut si riche qu'il bâtit de ses deniers le château de Nogent. Or il advint que le comte Henri descendit de ses salles de Troyes pour aller ouïr la messe à Saint-Etienne un jour de Pentecôte. Au pied des degrés, un pauvre chevalier s'agenouilla et lui dit : « Sire, je vous prie, pour » Dieu, que vous me donniez du vôtre pour que je » puisse marier mes deux filles que voici. » Arthault qui alloit derrière, dit au pauvre chevalier : « Sire » chevalier, vous n'agissez pas en homme courtois, » de demander à monseigneur, car il a tant donné » qu'il n'a plus de quoi donner. » Le large comte se tourna vers Arthault et lui dit : « Sire vilain, » vous ne dites pas vrai en disant que je n'ai plus » de quoi donner ; car j'ai vous-même ; et tenez, » sire chevalier, je vous le donne et vous le garan- « tis. » Le chevalier ne fut pas ébahi, il prit au contraire Arthault par son manteau et lui dit

» le vous donne, et si le vous garantirai. » Le chevalier ne fu pas esbahi, ainçois le prist par la chape, et li dist que il ne le lairoit jusques à tant que il auroit finé à li; et avant que il li eschapast, ot Ertaut finé à li de cinq cens livres.

50. Le secont frere le conte Henri ot non Thibaut et fu conte de Blois; le tiers frere ot non Estienne et fu conte de Sancerre. Et ces deux freres tindrent du conte Henri touz leurs héritages et leur deux contées et leur apartenances; et les tindrent après des hoirs le conte Henri qui tindrent Champaigne, jusques alors que le roy Tybaut les vendi au roy de France, aussi comme il est devant dit.

51. Et revinrons à nostre matière et disons ainsi, que après ces choses tint le Roy une grant court à Saumur en Anjo, et là fu je, et vous tesmoing que ce fu la miex arée que je veisse

◇◇◇

qu'il ne le laisseroit pas jusqu'à ce qu'il eût terminé avec lui; et avant qu'Arthault lui échappât, il convint de donner cinq cents livres au chevalier.

50. Le second frère du comte Henri eut nom Thibault, et fut comte de Blois; le troisième frère eut nom Etienne, et fut comte de Sancerre, et ces deux frères tinrent du comte Henri tous leurs héritages et leurs deux comtés et leurs appartenances, et les tinrent ensuite des héritiers du comte Henri, qui eurent la Champagne jusqu'à ce que le roi Thibault les vendit au roi de France, comme il est devant dit.

51. Or revenons à notre sujet, et disons qu'après ces choses * le roi tint une grande cour à Saumur en Anjou, là où je fus; je vous assure que ce fut la mieux ordonnée que je visse onques; car à la table du roi mangeoit auprès de lui le comte de Poitiers, qu'il avoit nouvellement

onques; car à la table le Roy mangoit, emprès li, le conte de Poitiers que il avoit fait chevalier nouvel à une saint Jehan; et après le conte de Poitiers, mangoit le conte Jehan de Dreuez que il avoit fait chevalier nouvel aussi; après le conte de Dreuez, mangoit le conte de la Marche; après le conte de la Marche, le bon conte Pierre de Bretaingne: et devant la table le Roy, endroit le conte de Dreuez, mangoit mon seigneur le roy de Navarre, en cote et en mantel de samit, bien paré de courroie de fermail et de chapel d'or; et je tranchoie devant li. Devant le Roy, servoit du mangier le conte d'Artoiz son frere; devant le Roy, tranchoit du coutel le bon conte Jehan de Soissons. Pour la table garder, estoit monseigneur Ymbert de Biaugeu, qui puis fu Connestable de France; et mon seigneur Engerrand de Coucy, et monseigneur Herchanbaut de Bourbon. Dariere ces trois

◇◇◇

fait chevalier à une Saint-Jean; et après le comte de Poitiers mangeoit le comte Jean de Dreux qu'il avoit aussi nouvellement fait chevalier; après le comte de Dreux mangeoit le comte de la Marche; après le comte de la Marche le bon comte Pierre de Bretagne; et devant la table du roi, vis-à-vis le comte de Dreux, mangeoit monseigneur le roi de Navarre, en robe et en manteau de samit, bien paré d'une ceinture à agrafe et de chapel d'or, et je tranchois devant lui. Devant le roi, le comte d'Artois, son frère, servoit du manger, le bon comte Jean tranchoit du coutel. Pour garder la table étoient monseigneur Imbert de Beaujeu, qui depuis fut connétable de France, et monseigneur Enguerrand de Coucy, et monseigneur Archambault de Bourbon. Derrière ces trois barons il y avoit bien trente de leurs chevaliers, en cotte de drap de soie, pour les garder, et derrière ces chevaliers il y avoit

---

* Il y a ici une lacune dans les éditions de Mesnard et de Ducange et même dans celle du Louvre. Cette lacune se trouve remplie dans la version de Pierre de Rieux; voici ce passage :

« Et se voyant le roi être en paix et au-dessus de tous
» ses ennemis, il lui prit avis et vouloir de visiter son
» royaume; et en le visitant érigea plusieurs comtés et
» duchés, et par spécial, il érigea le comté de Poitou en
» duché et le donna à Alphonse son frère, et commanda
» à tous les seigneurs de Poitou de faire foi et hommage
» de leurs terres et seigneuries au nouveau duc; par ce
» moyen étoit requis Hugues comte de la Marche (qui
» étoit enclose au duché de Poitou) de reconnoître pour
» seigneur le duc Alphonse; mais sa femme le dissuadoit
» toujours de le faire, et remontroit que ce n'étoit point
» chose raisonnable qu'un père de roi (comme étoit le
» comte de la Marche) devînt homme-lige du duc Al-
» phonse; davantage qu'elle étoit mère de roi et avoit
» été femme de roi (*mère de Henri III, roi d'Angle-*
» *terre, et veuve de Jean-Sans-Terre*), car elle avoit été
» mariée au roi d'Angleterre, et qu'encore elle portoit le

» nom et étoit appelée reine; parquoi, disoit-elle, je ne
» vois aucun droit parquoi le duc Alphonse doive avoir
» seigneurie aucune sur nous, ni que je sois tenue de faire
» révérence à Jeanne sa femme. Toutes ces remontran-
» ces faisoit-elle au comte de la Marche son mari; et en-
» core davantage, elle sollicita le comte Geoffroy de Lu-
» signan, de ne point obéir au duc Alphonse, lui rappe-
» lant qu'il avoit eu deux frères qui avoient été l'un roi
» de Jérusalem, l'autre roi de Chypre; au moyen de
» quoi seroit indigne et mal-séant à la maison de Lusi-
» gnan qui étoit de lignée royale de recevoir pour sei-
» gneur le duc Alphonse. Par ces persuasions, le comte
» de Lusignan délaissa la foi et amitié du roi, délibérant
» de ne reconnoître aucun droit de subjection au duc de
» Poitou : parquoi secrètement il commença à favoriser
» le comte de la Marche, lequel déjà, sans que personne
» s'en aperçût, donnoit ordre de faire assemblée de gens
» pour se défendre, si le roi le vouloit contraindre à faire
» hommage au duc de Poitou. Or il advint un jour ce
» temps, pendant que le roi étant en la ville de Saumur,
» qu'il tint une grande cour et maison ouverte, etc. »

barons avoit bien trente de leurs chevaliers, en cottes de drap de soie, pour eulz garder; et darieres ces chevaliers avoit grant plenté de sergans vestus des armes au conte de Poytiers, batues sur cendal. Le Roy avoit vestu une cotte de samit ynde, et seurcot et mantel de samit vermeil fourré d'ermines, et un chapel de coton en sa teste qui moult mal si seoit, pource que il estoit lors jœnne homme. Le Roy tint cele feste és hales de Saumur; et disoit l'en que le grand roy Henri d'Angleterre les avoit faites pour ces grans festes tenir. Et les hales sont faites à la guise des cloistres de ces moinnes blans; mès je croi que de trop il n'en soit nul si grant. Et vous dirai pourquoy il le me semble; car à la paroy du cloistre où le Roy mangoit, qui estoit environné de chevaliers et de serjans qui tenoient grant espace, mangoient à une table vingt que évesques que arcevesques, et encore après les évesques et les arcevesques mangoit encoste cele table la Royne Blanche sa mere, au chief du cloistre, de cele par là où le Roy ne mangoit pas. Et si servoit à la Royne le conte de Bouloingne qui puis fu Roy de Portingal, et le bon conte de Saint Pol, et un Alemant de l'aage de dix-huit ans, que l'en disoit que il avoit esté filz saint Hélizabeth de Thuringe; dont l'en disoit que la Royne Blanche le besoit ou front par devocion, pource que ele

entendoit que sa mere li avoit maintes foiz besié.

52. Au chief du cloistre d'autre part estoient les cuisines, les bouteilleries, les paneteries et les despenses; de celi cloistre servoient devant le Roy et devant la Royne, de char, de vin et de pain. Et en toutes les autres elez et ou prael d'en milieu mangoient de chevaliers si grant foison, que je ne scé le nombre; et dient moult de gent que il n'avoient onques veu autant de seurcoz ne d'autres garnemens de drap d'or à une feste, comme il ot là, et dient que il y ot bien trois mille chevaliers.

53. Après cele feste mena le Roy le conte de Poytiers à Poytiers, pour reprendre ses fiez; et quant le Roy vint à Poytiers, il vousist bien estre arieres à Paris; car il trouva que le conte de la Marche qui ot mangié à sa table le jour de la Saint Jehan, ot assemblé tant de gent à armes ilec Joingnant de lez Poytiers. A Poytiers fu le Roy près de quinzeinne, que onques ne s'osa partir tant que il fu accordé au conte de la Marche. Ne ne scé comment plusieurs foiz vi venir le conte de la Marche parler au Roy à Poytiers de les Joingnant (de Lusignan), et touz jours amenoit avec li la royne d'Angleterre sa femme, qui estoit mere au roy d'Angleterre. Et disoient moult de gent que le Roy et le conte de Poytiers avoient fait mauvèse paiz au conte de la Marche.

◇◇◇

grand nombre de sergents vêtus des armes du comte de Poitiers brodées sur cendal (taffetas). [Le roi étoit revêtu d'une cotte de samit bleu et d'un surtout et manteau de samit vermeil fourré d'hermine, et un chapel de coton étoit sur sa tête, lequel moult mal lui séioit, parce qu'alors il étoit jeune. Le roi tint cette fête aux halles de Saumur. On disoit que le grand roi Henri d'Angleterre les avoit fait construire pour tenir ses grandes fêtes; et ces halles sont faites à la façon des cloîtres des moines blancs (religieux de l'ordre de Cîteaux); mais je crois que bien loin il n'y a nuls cloîtres si grands. Et je vous dirai pourquoi il me le semble; car à la paroy du cloître où mangeoit le roi, qui étoit environné de chevaliers et de sergents, lesquels tenoient grand espace, mangeoient à une table vingt tant évêques qu'archevêques, et encore après les évêques et les archevêques mangeoit à côté de cette table la reine Blanche sa mère, au haut du cloître, du côté là où le roi ne mangeoit pas. Et servoient la reine, le comte de Boulogne (de Loignie), qui depuis fut roi de Portugal, et le bon comte de Saint-Pol, et un Allemand de l'âge de dix-huit ans, qu'on disoit être fils de sainte Elisabeth de Thuringe; duquel disoit-on aussi que la reine Blanche le baisoit au front par dévotion, parce qu'elle avoit ouï dire que sa mère l'y avoit maintes fois baisé.]

52. Au haut du cloître, de l'autre côté, étoient les cuisines, les bouteilleries, les paneteries et les dépenses d'où l'on apportoit, devant le roi et la reine, la viande, le vin et le pain; et dans toutes les autres ailes et au préau du milieu, mangeoient si grande quantité de chevaliers que je n'en sais le nombre. Bien des gens disoient qu'ils n'avoient onques vu autant de surtouts, et autres vêtements de drap d'or, à une fête comme il y en eut là, et disoient qu'il y avoit bien trois mille chevaliers.

53. Après cette fête le roi mena le comte de Poitiers à Poitiers, pour reprendre ses fiefs, et quand le roi fut arrivé dans cette ville, il eût bien voulu être de retour à Paris : car il trouva que le comte de la Marche, qui avoit mangé à sa table le jour de la Saint-Jean, avoit assemblé grand nombre de gens d'armes de les Joignant (Lusignan) près de Poitiers. Le roi fut près de quinze jours à Poitiers sans oser partir, avant d'avoir traité avec le comte de la Marche; je ne sais combien de fois je vis venir ce comte parler au roi. Tous les jours il amenoit de Lusignan avec lui, la reine d'Angleterre, sa femme, qui étoit mère du roi d'Angleterre; et bien des gens disoient que le roi et le comte de Poitiers avoient fait mauvaise paix avec le comte de la Marche *.

* Les éditions de Mesnard et Ducange ne parlent point de ces allées et venues du comte de la Marche, ni de la

54. Après ce que le Roy fu revenu de Poytiers, ne tarja pas grandement après ce, que le roy d'Angleterre vint en Gascoingne pour guerroier le roy de France. Nostre saint Roy, à quanque il pot avoir de gent, chevaucha pour combattre à li. Là vint le roy d'Angleterre et le conte de la Marche, pour combattre devant un chastel que en appele Taillebourc, qui siet sus une male riviere que l'en appele Tarente, là où en ne peut passer que à un pont de pierre moult estroit. Si tost comme le Roy vint à Taillebourc, et les hos virent l'un l'autre, nostre gent qui avoient le chastel devers eulz, se esforcierent à grant meschief, et passerent perilleusement par nez et par pons et coururent sur les Anglois, et commença le poingnayz fort et grant. Quant le Roy vit ce, il se mist ou péril avec les autres; car pour un homme que le Roy avoit quant il fu passé devers les Anglois, les Anglois en avoient mil. Toute voiz avint il, si comme Dieu voult, que quant les Anglois virent le Roi passer, ils se desconfirent et mistrent dedans la cité de Saintes, et plusieurs de nos gens entrerent en la cité mellez, et furent pris.

◇◇◇

54. Après que le roi fut revenu de Poitiers, il ne tarda guères que le roi d'Angleterre vînt en Gascogne pour guerroyer contre le roi de France. Notre saint roi chevaucha avec tout ce qu'il put avoir de gens pour le combattre. Le roi d'Angleterre et le comte de la Marche vinrent pour livrer combat devant un château qu'on appelle Taillebourg, lequel est sis sur une mauvaise rivière qu'on appelle Charente, là où on ne peut passer que sur un pont de pierre moult étroit. Sitôt que le roi vint à Taillebourg et que les armées se virent l'une l'autre, nos gens qui avoient le château devant eux, s'efforçant avec grand peine et travail, passèrent périlleusement sur des bateaux et vaisseaux et coururent sur les Anglois. Alors commença grande mêlée : quand le roi vit cela, il se mit au péril avec les autres ; car pour un homme que le roi avoit, quand il fut passé vers les Anglois, ceux-ci en avoient bien mille. Toutefois, il advint, ainsi que Dieu voulut ; quand les Anglois virent le roi passer, ils se mirent en désordre et s'enfuirent dans la cité de Saintes, et plusieurs de nos gens y entrèrent avec eux et furent pris.

mauvaise paix que le roi et le comte de Poitiers avaient faite avec lui. Mais Pierre de Rieux donne, sur la comtesse de la Marche, de curieux détails qui ne sont point dans les trois autres éditions. Nous les transcrivons :

« Après cet accord, le roi partit incontinent de Poi» tiers pour retourner en France : mais le comte de la » Marche avec ses alliés, refusoit toujours l'obéissance au » comte de Poitiers ; pourquoi le roi fit dresser grosse ar» mée et tira droit en la Marche, à sa venue, assiégea » Montreuil et Benne et les prit d'assaut, et y mettant » garnison, vint assiéger Fonçay où étoit Geoffroy comte » de Lusignan, et après y avoir tenu le siége quelques » jours, il le prit à forces d'armes et entra dedans. Du» rant ces siéges et que le roi mettoit victorieusement à » fin toutes ses entreprises, il fut assailli d'un autre côté » dont il ne prenoit point garde. La comtesse de la Mar» che, usant de la malice des femmes, songea de faire » mourir le roi par poison. Pour cela elle trouva aucuns » familiers, auxquels elle fit faire dons, qui lui pro» mirent d'empoisonner le roi ; et ayant reçu le poison » des mains de la comtesse, s'en vinrent là où étoit le roi ; » et voulant exécuter leur damnable malice, furent trou» vés et pris sur le fait, en jettant les poudres vénéneuses » sur les viandes du roi : la vérité confessée, ils furent » pendus et étranglés. La comtesse connoissant que sa » méchanceté étoit découverte, entra en si grande rage » de dépit, qu'elle-même se voulut tuer n'eût été qu'au» cuns de ses domestiques l'en gardèrent. Néanmoins » elle demeura toujours en son mauvais cœur. En sorte » que le bruit courut jusqu'à la connoissance du roi » qu'elle avoit attiré aucuns pour le tuer. Au moyen de » quoi le roi avoit toujours à l'entour de sa personne grand » nombre de gens armés ; et ne paroit à lui aucun hom» me inconnu qu'il ne fût premièrement bien visité, s'il » portoit aucun arnois. En ce même temps la comtesse » envoya en Angleterre certain nombre de gens, lesquels, » sous ombre de prêcher la parole de Dieu, incitoient les » Anglois à prendre les armes à l'encontre des François,

» disant que le roi saint Louis molestoit par guerre toute » la noblesse et même celle qui descendoit du roi d'An» gleterre et avoit délibéré de l'abolir et perdre du tout ; » davantage, disoient-ils, il a chassé à tort les Anglois » du pays de Normandie, et s'efforce encore d'occuper » sur eux le duché d'Aquitaine ; il a spolié le comte de » Lusignan de tous ses biens, et non content de ce, veut » à présent chasser le comte de la Marche de ses pays et » priver ses enfans qui sont frères de roi, de leur vrai hé» ritage, sans être mu de pitié pour leurs jeunes ans, et » sans avoir égard à la noblesse dont ils descendent. » Parquoi entreprendre la guerre contre le roi de France » seroit plus juste et raisonnable qu'aller guerroyer con» tre les Sarrasins et infidèles.

» Ces preschemens faisoit-on aux Anglois par le moyen » de la comtesse. A cette cause le roi d'Angleterre prit » haine pour le roi saint Louis, et levant une grosse ar» mée, après l'avoir défié, passa en France où il connut » depuis qu'il avoit affaire à un sage et puissant roi. » Avant que l'Anglois fût descendu en France, le roi alla » mettre le siége à Fontenai ; lequel fut très bien défendu » par ceux qui étoient dedans, et ne pouvoit le roi les » dommager grandement ; parquoi commanda de faire » une haute tour de bois, par laquelle on pouvoit aisé» ment voir dans la ville et y jetter pierres et dards ; mais » ne tarda guères que ceux de la ville jettèrent le feu dans » ladite tour et la brûlèrent. En ce conflit le comte de » Poitiers fut blessé au pied, de quoi le roi grandement » irrité fit donner l'assaut plus dur que devant, en sorte » qu'en peu de temps la ville fut prise et mise à sac et » ne demeura que les églises, que tout ne fût rasé. Le fils » du comte de la Marche fut trouvé dedans et pris pri» sonnier. Après, le roi prit et abattit Villiers apparte» nant à Guy de Rochefort qui tenoit le parti de l'An» glois.

» Le roi d'Angleterre s'avançoit toujours pour venir » joindre le comte de la Marche et les armées assemblées » se vinrent camper auprès de Taillebourg, etc. »

55. Ceulz de nostre gent qui furent pris à Saintes, recorderent que il oirent un grant descort naistre entre le roy d'Angleterre et le conte de la Marche; et disoit le Roy que le conte de la Marche l'avoit envoié querre, car il disoit que il trouveroit grant aide en France. Celi soir meismes le roy d'Angleterre meust de Saintes et s'en ala en Gascoingne.

56. Le conte de la Marche, comme celi qui ne le pot amender s'en vint en la prison le Roy, et li amena en sa prison sa femme et ses enfans, dont le Roy ot, par la pez fesant, grant coup de la terre le Conte; mez je ne scé pas combien, car je ne fu pas à celi fait, car je n'avoie onques lors hauberc vestu, mez j'oy dire que avec la terre, le Roy emporta dix mil livres de parisis que il avoit en ses cofres, et chascun an autant.

57. Quant nous fumes à Poytiers, je vi un chevalier qui avoit non mon seigneur Gyeffroy de Rancon; que pour un grant outrage que le conte de la Marche li avoit fait, si comme l'en disoit, et avoit juré sur Sains que il ne seroit ja-mez roingnez en guise de chevalier, moz porteroit grève, aussi comme les femmes fesoient, jusques à tant que il se verroit vengié du conte de la Marche, ou par lui ou par autrui. Et quant mon seigneur Geffroy vit le conte de la Marche, sa femme et ses enfans, agenoillez devant le Roy, qui li crioient merci, il fist aporter un tretel et fist oster sa greve, et se fist roingner en la présence du Roy, du conte de la Marche et de ceulz qui là estoient. Et en cel ost contre le roy d'Angleterre et contre les barons, le Roy en donna de grans dons, si comme je l'oy dire à ceulz qui en vindrent. Ne pour dons ne pour despens que l'en feist en cel host, ne autres de çà mere ne de là, le Roy ne requist ne ne prist onques aide des siens barons, n'à ses chevaliers, n'à ses hommes, ne à ses bones villes, dont on se plainsist. Et ce n'estoit pas de merveille; car ce fesoit il par le conseil de la bone mere qui estoit avec li, de qui conseil il ouvroit, et des preudeshomes qui li estoient demouré du tens son pere et du temps son ayoul.

58. Après ces choses desus dites avint, ainsi

<><>

55. Ceux des nôtres qui furent pris à Saintes, rapportèrent qu'ils avoient ouï naître un grand discord entre le roi d'Angleterre et le comte de la Marche, et le roi disoit que le comte de la Marche l'avoit envoyé quérir, assurant qu'il trouveroit grande aide en France; ce soir même le roi d'Angleterre partit de Saintes et s'en alla en Gascogne.

56. Le comte de la Marche, comme quelqu'un qui ne peut réparer ses pertes, vint se rendre prisonnier du roi, et lui amena sa femme et ses enfants. Le roi, par la paix qu'il fit, eut grande quantité de terres du comte, mais je ne sais combien; car je ne fus pas là : je n'avois encore haubert vêtu. Mais j'ouïs dire qu'avec la terre que le roi acquit, le comte de la Marche lui donna dix mille livres parisis, et convint de lui en donner autant tous les ans.

57. Quand nous fûmes à Poitiers, je vis un chevalier qui avoit nom monseigneur Geoffroy de Rancon, lequel pour un grand outrage que le comte de la Marche lui avoit fait, comme l'on disoit, avoit juré sur les saints qu'il ne se feroit jamais couper les cheveux comme les chevaliers, mais les porteroit longs comme faisoient les femmes, jusqu'à ce qu'il se vît vengé du comte de la Marche ou par lui ou par autrui ; et quand monseigneur Geoffroy vit le comte de la Marche, sa femme et ses enfants agenouillés devant le roi et lui criant merci, il fit apporter un banc et se fit couper les cheveux en présence du roi, du comte de la Marche et de ceux qui étoient là. En cette armée, conduite contre le roi d'Angleterre et contre les barons, le roi fit de grands dons, comme je l'ouïs dire, à ceux qui en revinrent; et pour les dons, ni pour les dépenses qu'on fit en cette armée, non plus que pour les autres faites deçà ni delà la mer, le roi ne requit ni ne prit oncques aide de ses barons, ni de ses chevaliers, ni de ses hommes, ni de ses bonnes villes, ce dont on se plaignit; et ce n'étoit pas de merveille : car il faisoit cela de l'avis de la bonne mère qui étoit avec lui, par le conseil de laquelle il agissoit, et par celui des prud'hommes qui lui étoient demeurés du temps de son père et du temps de son aïeul*.

58. Après les choses dessus dites, il advint, ainsi que Dieu voulut, qu'une grande maladie

---

* On lit ici dans la version de Pierre de Rieux, trois chapitres qui ne se trouvent point dans les trois autres éditions. Les voici :

« Etant donc la paix ainsi faite entre le roi et le comte
» de la Marche, le roi d'Angleterre, qui étoit déjà retiré
» à Bordeaux, ordonna ses ambassadeurs vers le roi pour
» avoir trèves avec lui, lesquelles lui furent accordées
» par le moyen de la reine Blanche, qui étoit sa tante.
» Le comte de Toulouse étant marri d'avoir perdu la
» domination de son comté (comme ci-dessus a été
» récité), devoit tenir le parti du comte de la Marche et
» du roi d'Angleterre, et se fût trouvé en la bataille
» précédente. Mais la fortune l'appela en autres affaires.
» Les Provençaux maltraités de leur comte Raymond
» par plusieurs fois lui remontrèrent le mauvais traite-
» ment qu'il leur faisoit et parce qu'il ne voulut enten-
» dre à s'amender, ils le chassèrent hors de la ville de
» Marseille, étant résolus de le mettre hors de toute la
» Provence : parquoi envoyèrent quérir le comte de
» Toulouse qui étoit le plus prochain parent du comte

comme Dieu voult, que une grant maladie prist le Roy à Paris, dont il fu à tel meschief, si comme il le disoit, que l'une des dames qui le gardoient, li vouloit traire le drap sus le visage, et disoit que il estoit mort. Et une autre dame qui

surprit le roi à Paris. Il en fut si mal, comme il le disoit lui-même, que l'une des dames qui le gardoient voulut lui tirer le drap sur le visage, croyant qu'il étoit mort ; et une autre dame, qui étoit de l'autre

» de Provence, pour le faire leur seigneur. Et cette guerre
» s'émut entre le comte de Provence et le comte de Tou-
» louse qui les empêcha tous deux qu'ils ne se trouvè-
» rent point en la journée des Anglois. Par la paix qui
» se fit entre le roi saint Louis et le roi d'Angleterre,
» icelui comte de Provence fit alliance avec les deux
» rois. Il avoit quatre filles, c'est à savoir : Marguerite,
» qu'il donna pour femme au roi saint Louis; Aliénor,
» la seconde, que le roi d'Angleterre épousa; la troi-
» sième, que Richard, roi d'Angleterre, eut pour femme,
» et Béatrix, la dernière qu'il ne voulut encore marier.
» Et par le moyen de ces mariages, le comte mit en son
» obéissance la ville de Marseille ; mais pour l'injure
» qu'il en avoit reçue d'en avoir été expulsé, il n'y vou-
» lut oncques plus entrer : mais usa le demeurant de sa
» vie avec le comte de Savoie qui avoit épousé sa sœur ;
» parquoi ne restoit plus des ennemis au roi qui fussent
» en armes que le comte de Beriers, lequel étoit venu
» assiéger Carcassonne et avoit déjà pris les faubourgs,
» dont il battoit la ville, quand le roi vint pour faire le-
» ver le siège. Le comte de Beriers ayant peu de force
» pour se défendre, vint vers le roi pour obtenir pardon.
» Le roi, qui n'eut oncques pareil en clémence et dou-
» ceur, le reçut et lui pardonna son offense ; et ainsi de-
» meura le roi paisible en son royaume, sans avoir aucun
» ennemi.
» Vous avez entendu par le chapitre précédent, que le
» comte de Provence avoit encore une fille à marier. Le
» comte de Toulouse la vouloit avoir pour femme, et le
» père de la fille y donnoit son consentement ; mais parce
» qu'ils étoient prochains parens, fut besoin première-
» ment d'envoyer à Rome, pour avoir dispense ; mais le
» pape favorisant le roi et Alphonse son frère, qui devoit
» succéder au comte de Toulouse, ne voulut accorder
» icelui mariage ; et cependant que l'affaire se demenoit
» à Rome, le comte de Provence décéda. Parquoi, du con-
» sentement du comte de Savoie, Béatrix fut mariée à
» Charles, frère du roi saint Louis. Ainsi furent mariées
» les quatre filles du comte de Provence, les deux à rois,
» et les autres qui seront appelées reines, comme verrez
» par le discours de notre histoire. Les Provençaux
» par la mort de leur comte, avoient repris leur liberté
» de laquelle ils abusoient, et les villes de Provence
» étoient en discord l'une contre l'autre : parquoi Char-
» les, à la faveur du roi, alla en Provence, laquelle il
» réduisit du tout en son obéissance, et parce qu'il avoit
» épousé la dernière fille du comte de Provence, comme
» nous avons dit, par le vouloir du roi, les Provençaux
» le reçurent pour leur comte et seigneur ; et davantage
» le roi lui bailla les comtés d'Anjou et du Maine ; et à
» Robert son plus jeune frère, donna le comté d'Arras.
» Ces choses ainsi ordonnées, le roi se voyant en
» meilleur repos et tranquillité qu'il n'avoit encore été
» depuis le commencement de son règne, délibéra du
» tout s'appliquer au bien public de son royaume et

estoit à l'autre part du lit, ne li souffri mie ; ainçois disoit que il avoit encore l'ame ou cors. Comment que il oist le descord de ces deux dames, nostre Seigneur ouvra en li et li envoia santé tantost, car il estoit esmuys et ne pouoit

côté du lit, ne le souffrit point : elle disoit qu'il avoit encore l'âme au corps. Il étoit muet et ne pouvoit parler ; mais ayant ouï le discours de ces deux dames, notre Seigneur opéra en lui, et

» donner police de bien vivre à ses sujets. A cette cause,
» il se dédia entièrement au service de l'Eglise, et fit
» plusieurs belles et saintes lois par lesquelles il abolit
» grand nombre d'abus qui étoient en France ; et entre
» autres choses il chassa de son royaume tous baste-
» leurs et autres joueurs de passe-passe par lesquels ve-
» noient au peuple plusieurs lascivetés ; et en ce temps
» comme un mal accumule l'autre, le royaume de
» France fut grièvement opprimé de peste et famine ;
» et quoique le roi, pour faire céder tant de maux, cher-
» chât tous les moyens entre les hommes dont il se pou-
» voit aviser, voulut aussi requérir l'aide de Dieu au
» moyen de quoi, après avoir fait plusieurs processions,
» lui-même se mit à faire jeûnes et abstinences, et char-
» gea sur sa chair la haire, et se battoit secrètement
» avec des verges, ainsi qu'il fut manifestement connu
» par ceux qui vivoient près de lui ; qui est une chose
» digne de grande admiration ! qu'un roi, pour la santé
» de son peuple, voulût endurer tant de peine comme
» faisoit le roi saint Louis! si bien et justement se
» montroit en toutes choses équitable qu'il étoit de tous
» réputé et tenu pour saint homme ; en sorte que le po-
» pulaire l'appeloit vrai père ; la noblesse, juste prince
» et conservateur des lois ; la France, roi véritable, et
» l'Eglise, tuteur et défenseur de son oppression. Il
» étoit aux étrangers paisible et grandement débonnaire,
» et à ses siens se montroit libéral par tous moyens. Et
» ne doit-on prendre ébahissement, s'il vivoit si sainte-
» ment, vu qu'au commencement de ses jeunes ans, il
» avoit été tant bien instruit par la reine Blanche, sa
» mère ; et aussi que l'on tenoit pour certain que le roi
» Louis, son père, qui régnoit en un temps de tout
» plaisir et volupté, avoit vécu si chastement qu'il n'a-
» voit eu oncques accointance d'autre femme que de la
» sienne ; au moyen de quoi, et par juste raison, tels
» parens de bonne vie, devoient avoir un tel fils.
» comme le roi saint Louis. Tous ceux qui avoient porté
» armes à l'encontre de lui, comme par une manière
» de grande repentance, tournèrent leurs forces à l'en-
» contre des ennemis de la foi chrétienne. Le comte de
» Champagne et le duc de Bretagne naviguèrent en Asie.
» Le roi d'Angleterre, avec grand nombre de Fran-
» çois, alla en Afrique, pour dompter ceux du pays qui
» ne cessoient de courir en Espagne et la pilloient tous
» les jours. Et joignant le roi d'Arragon, son armée
» avec le roi d'Angleterre et les François, donna la ba-
» taille à ceux qui étoient passés d'Afrique pour venir
» en Espagne et demeura victorieux de ses ennemis ; et
» reprit sur eux Valence qu'ils avoient occupée. En cette
» bataille les François eurent le loz (la gloire) et prix
» de toute prouesse ; parquoi le roi d'Arragon les loua
» grandement et leur fit plusieurs dons, avec lesquels
» ensemble les dépouilles qu'ils avoient gagnées sur
» les ennemis, les François s'en revinrent à grand hon-
» neur en France. »

parler. Il requist que en li donnast la croix, et si fist on. Lor la Royne sa mere oy dire que la parole li estoit revenue, et elle en fist si grant joie comme elle pot plus. Et quant elle sot que il fu croisié, ainsi comme il meismes le contoit, elle mena aussi grant deul comme se elle le veist mort.

59. Après ce que il fu croisié, se croisierent Robert le conte d'Artois, Auphons conte de Poytiers, Charles conte d'Anjou, qui puis fu roy de Cezile, touz troiz freres le Roy; et se croisa Hugue duc de Bourgoingne, Guillaume conte de Flandres, frere le conte Guion de Flandres nouvellement mort; le bon Huc conte de Saint Pol, mon seigneur Gauchier son neveu, qui moult bien se maintint Outremer et moult eust valu se il eust vescu. Si i furent le conte de la Marche et mon seigneur Hugue le Brun son filz; le conte de Salebruche; mon seigneur Gobert d'Apremont son frere, en qui compaingnie je Jehan seigneur de Joinville passames la mer en une nef que nous louames, pource que nous estions cousins; et passames de là à tout vingt chevaliers, dont il estoit li disiesme et je moy disiesme.

60. A Pasques, en l'an de grace qui li milliaire couroit par mil deux cenz quarante et huit, mandé je mes homes et mes fievez à Joinville; et la vegile de ladite Pasque, que toute cele gent que je avoie mandé estoient venu, fu nez Jehan mon filz sire de Acerville, de ma premiere femme, qui fu seur le conte de Grantpré. Toute cele semaine fumes en festes et en quarolles, que mon frere le sire de Vauquelour et les autres riches homes qui là estoient, donnerent à manger chascun l'un après l'autre, le lundi, le mardi, le mecredi.

61. Je leur diz le vendredi : « Seigneurs, je » m'en voiz Outremer, et je ne scé se je revendré. » Or venez avant ; se je vous ai de riens mesfait, » je le vous desferai l'un par l'autre, si comme je » ai acoustumé à touz ceulz qui vourront riens de- » mander ne à moy ne à ma gent. » Je leur desfiz par l'esgart de tout le commun de ma terre ; et pource que je n'eusse point d'emport, je me levoie du conseil, et en ting quanque il rapporterent, sanz débat.

62. Pource que je n'en vouloie porter nulz deniers à tort, je alé lessier à Mèz en Lorreinne grant foison de ma terre en gage, et sachiez que au jour que je parti de nostre païz pour aler en la Terre Sainte, je ne tenoie pas mil livrées de terre ; car ma dame ma mere vivoit encore ; et si y alai moy disiesme de chevaliers et moy tiers de banieres. Et ces choses voos ramentevoiz je, pource que se Diex ne m'eust aidié, qui onques

<>

aussitôt lui envoya la santé. Le roi demanda soudain qu'on lui donnât la croix et cela fit-on. Lorsque la reine, sa mère, ouït dire que la parole lui étoit revenue, elle en fit si grande joie, qu'elle ne pouvoit faire plus ; et quand elle sut qu'il étoit croisé, ainsi que lui-même le contoit, elle eut aussi grand deuil que si elle l'eût vu mort.

59. Après qu'il se fut croisé, se croisèrent Robert, comte d'Artois ; Alphonse, comte de Poitiers ; Charles, comte d'Anjou, qui depuis fut roi de Sicile ; tous trois frères du roi : et se croisèrent aussi, Hugues, duc de Bourgogne ; Guillaume, comte de Flandres, frère du comte Guion de Flandres nouvellement mort ; le bon Hue, comte de Saint-Pol ; monseigneur Gauchier son neveu, qui se conduisit moult bien outre-mer et qui moult eût valu s'il eût vécu. Aussi firent le comte de la Marche et monseigneur Hugues Lebrun, son fils ; le comte de Sarrebruck, monseigneur Gobert d'Apremont, son frère, en compagnie duquel moi, Jean seigneur de Joinville, je passai la mer sur une nef que nous louâmes ; car nous étions cousins ; et en tout, nous passâmes vingt chevaliers dont il étoit lui dixième et moi disiniêr.

60. A Pâques, en l'an de grâce mille deux cent quarante-huit, je mandai mes hommes et mes vassaux à Joinville ; et la veille de la dite Pâques que tous ces gens que j'avois mandés furent venus, naquit Jean mon fils, sire d'Ancerville, de ma première femme, qui étoit sœur du comte de Grautpré. Toute cette semaine, nous fûmes en fêtes et en banquets, car mon frère le sire de Vaucouleurs et les autres riches hommes qui là étoient, donnèrent à manger chacun l'un après l'autre, le lundi, le mardi, le mercredi et le jeudi.

61. Je leur dis le vendredi : « Seigneurs, je » m'en vais outre-mer, et je ne sais si je revien- » drai. Or, adressez-vous à moi ; si je vous ai fait » tort en quelque chose, je le réparerai en tout » point, comme j'ai accoutumé de le faire, envers » tous ceux qui viennent pour demander quelque » chose à moi ou à mes gens. » Ce que je fis par le jugement de tous ceux de ma terre, et pour ne rien avoir à eux, je me tins à l'écart pendant le conseil et exécutai sans débat tout ce qu'ils décidèrent.

26. Et comme je ne voulois point emporter d'argent plus que de raison, j'allai à Metz en Lorraine mettre en gage une grande partie de ma terre, et sachez qu'au jour où je partis de notre pays pour aller à la Terre Sainte, je ne tenois pas mille livres de rente en fonds de terre, car madame ma mère vivoit encore, et ainsi j'allai moi dixième de chevaliers avec trois bannières, et je vous rappelle ces choses parce que si Dieu, qui onques ne me faillit, ne m'eût aidé, j'eusse eu peine à rester si long-temps, par l'espace de

ne me failli, je l'eusse souffert à peinne par si lonc temps, comme par l'espace de six ans que je demourai en la Terre Sainte.

63. En ce point que je appareilloie pour mouvoir, Jehan sire d'Apremont et conte de Salebruche de par sa femme, envoia à moy et me manda que il avoit sa besoigne arée pour aler Outremer li disiesme de chevaliers ; et me manda que se je vousisse que nous loissons une nef entre li et moy, et je li otroia : sa gent et la moie louerent une nef à Marseille.

64. Le Roy manda ses barons à Paris et leur fist faire serement que foy et loiauté porteroient à ses enfans, se aucune chose avenoit de li en la voie. Il le me demanda, mez je ne voz faire point de serement, car je n'estoie pas son home. En dementres que je venoie, je trouvé trois homes mors sur une charrette, que un clerc avoit tuez ; et me dist en que en les menoit au Roy. Quant je oy ce, je envoié un mien escuier après, pour savoir comment ce avoit esté. Et conta mon escuier que je y envoyé, que le Roy quant il issi de sa chapelle, ala au perron pour veoir les mors, et demanda au prevost de Paris comment ce avoit esté. Et le prevost li conta que les mors estoient trois de ses serjans du chastelet, et li conta que il aloient par les rues forainnes pour desrober la gent ; et dist au Roy « que il trouverent se clerc que vous veez » ci, et li tollirent toute sa robe. Le clerc s'en » ala en pure sa chemise en son hostel, et prist » s'arbalestre et fist aporter à un enfant son fau- » chon. Quant il les vit, il les escria et leur dit » que il y mourroient. Le clerc tendi s'arbaleste » et trait et en feri l'un parmi le cuer, et les » deux toucherent à fuie, et le clerc prist le » fauchon que l'enfant tenoit, et les ensui à la » lune qui estoit belle et clere. L'un en cuida » passer parmi une soif en un courtil, et le » clerc fiert du fauchon, fist le prevost, et li » trucha toute la jambe, en tele maniere que » elle ne tint que à l'estivall, si comme vous » veez. Le clerc r'ensui l'autre, lequel cuida » descendre en une estrange meson là où gent » veilloient encore, et le clerc feri du fauchon » parmi la teste, si que il le fendi jusques ès » dans, si comme vous poez veoir, fist le pre- » vost au Roy. Sire, fist il, le clerc moustra son » fait aus voisins de la rue, et puis si s'en vint » mettre en vostre prison, Sire, et je le vous » ameinne, si en ferez vostre volenté, et veez le » ci. — Sire clerc, fist le Roy, vous avez perdu à » estre prestre par vostre proesce, et pour vos- » tre proesce je vous retieng à mes gages, et » en venrez avec moy Outremer. Et ceste chose » vous foiz je encore, pource que je veil bien » que ma gent voient que je ne les soustendrai » en nulles de leurs mauvestiés. » Quant le peuple, qui là estoit assemblé, oy ce, il se escrierent à nostre Seigneur et li prierent que Dieu

◇◇◇

six ans, que je demourai en la Terre Sainte.

63. Pendant que je me préparois à partir, Jean, sire d'Apremont et comte de Sarrebruck par sa femme, m'envoya dire qu'il étoit tout prêt pour aller outre-mer, lui dixième de chevaliers, et me manda si je voulois que nous louassions une nef à nous deux ; et j'y consentis : ses gens et les miens louèrent une nef à Marseille.

64. Le roi manda ses barons à Paris, et leur fit faire serment que foi et loyauté porteroient-ils à ses enfants, si aucune chose fâcheuse lui advenoit dans le voyage. Il me le demanda aussi, mais je ne voulus point faire de serment car je n'étois pas son homme. [Tandis que je m'en venois, je trouvai trois hommes morts sur une charrette, qu'un clerc avoit tués ; on me dit qu'on les menoit au roi. Quand j'ouïs cela, j'envoyai après un mien écuyer, pour savoir comment cela avoit été fait, et mon écuyer que j'envoyai, conta que le roi, quand il sortit de sa chapelle, alla au perron pour voir les morts, et demanda au prevôt de Paris comment cela avoit été fait ; et le prevôt lui conta que les morts étoient trois de ses sergents du Châtelet, et qu'ils alloient par les rues écartées pour dérober les gens ; et il dit au roi « qu'ils trou- » vèrent ce clerc que voici et lui enlevèrent tous » ses vêtements. Le clerc s'en alla à son hôtel avec » sa chemise seule, et prit son arbalète, et fit porter » à un enfant son fauchon (couteau de chasse). » Quand il les vit, il leur cria qu'ils alloient être » occis. Et le clerc tendit son arbalète, la tira et en » frappa un au cœur, les deux autres se mirent à » fuir ; et le clerc prit le fauchon que l'enfant te- » noit, et les poursuivit au clair de la lune qui étoit » belle et brillante ; l'un d'eux voulut passer à tra- » vers une haie dans un jardin, et le clerc le frappa » de son fauchon, et lui trancha la jambe de telle » manière qu'elle ne tenoit qu'à la peau, comme vous » voyez, ajouta le prevôt. Le clerc se mit à poursui- » vre l'autre, lequel s'imagina de descendre dans » une maison là où les gens veilloient encore ; et le » clerc le frappa de son fauchon à la tête, si bien » qu'il la fendit jusqu'aux dents, comme vous pou- » vez voir. Sire, dit le prevôt, le clerc a montré » son fait aux voisins de la rue, et puis s'est venu » mettre en prison ; je vous l'amène et vous en fe- » rez, Sire, à votre volonté, et le voici. — Sire clerc, » dit le roi, vous avez perdu à être prêtre par votre » prouesse, et pour votre prouesse, je vous retiens » à mes gages, et vous viendrez avec moi outre- » mer, et je vous fais encore à savoir, que je veux » que mes gens voient que je ne les soutiendrai » dans aucune de leurs méchancetés. » Quand le peuple qui étoit là assemblé ouït cela, tous s'écriè-

li donnast bone vie et longue, et le ramenast à joie et à santé.

65. Après ces choses je reving en nostre pays, et attirames le conte de Salebruche et moy, que nous envoierions nostre harnois à charettes à Ausonne, pour mettre ilec en la riviere de Saonne jusques au Rone.

66. Le jour que je me parti de Joinville, j'envoié querre l'abbé de Cheminon, que on tesmoignoit au plus preudhomme de l'Ordre blanche. Un tesmoignage li oy porter à Clerevaus, le jour de feste nostre Dame que le saint Roy i estoit, à un moinne qui le moustra, et me demanda se je le cognoissoie. Et je li diz pourquoy il me le demandoit? Et il me respondi : « Car je entent que c'est le plus preudhomme qui » soit en toute l'Ordre blanche. Encore, sachez, » fist il, que j'ai oy conter à un preudomme qui » gisoit ou dortouer là où l'abbé de Cheminon » dormoit, et avoit l'abbé descouvert sa poi- » trine pour la chaleur que il avoit; et vit ce » preudomme, qui gisoit ou dotouer où l'abbé » de Cheminon dormoit, la Mere Dieu qui ala » au lit l'abbé, et li retira sa robe sur son » piz (sa poitrine), pource que le vent ne li fest » mal. »

67. Cel abbé de Cheminon si me donna m'escharpe et mon bourdon; et lors je me parti de Joinville sanz rentrer ou chastel jusques à ma revenue, à pié deschaus et en langes, et ainsi alé à Blechicourt et à Saint Urbain, et autres cors sains qui là sont; et en dementieres que je aloie à Blechicourt et à Saint Urbain, je ne voz onques retourner mes yex vers Joinville, pource que le cuer ne me attendrisist du biau chastel que je lessoie et de mes deux enfans.

68. Moy et mes compaignons mangames à la Fonteinne l'Arcevesque devant Dongieuz; et illecques l'abbé Adam de Saint Urbain, que Diex absoille, donna grant foison de biaus juiaus à moy et à mes chevaliers que j'avoie. Dès là nous alames à Nansone et en alames à tout nostre hernoiz que nous avions fait mestre els nez, dès Ansone jusques à Lyon contreval la Sone; et en coste les nés menoit on les grans destriers.

69. A Lyon entrames ou Rone pour aler à Alles le Blanc; et dedens le Rone trouvames un chastel que l'en appelle Roche de Gluy que le Roy avoit fait abbattre, pource que Roger le sire du chastel estoit criez de desrober les pelerins et les marchans.

70. Au mois d'août entrames en nos nez à la Roche de Marseille; à celle journée que nous entrames en nos nez, fist l'en ouvrir la porte de la nef, et mist l'en touz nos chevaus ens, que

◇◇◇

.rent à Dieu, et le prièrent qu'il donnât au roi vie bonne et longue, et le ramenât en joie et en santé.

65. Après ces choses, je revins en notre pays, et nous convînmes, le comte de Sarrebruck et moi, que nous enverrions notre bagage sur des charrettes à Auxonne, pour le mettre là sur la rivière de Saône, jusqu'au Rhône.]

66. Le jour que je partis de Joinville, j'envoyai quérir l'abbé de Cheminon, qu'on disoit le plus prud'homme de l'ordre de Citeaux. [C'est le témoignage que j'en ai ouï porter à Clairevaux, un jour de fête de Notre-Dame, que le saint roi y étoit, par un moine qui me le montra et me demanda si je le connaissois; et je lui dis pourquoi il me le demandoit; il me répondit : « C'est que je soutiens que c'est le plus pru- » d'homme qui soit en tout l'ordre. Sachez encore, » ajouta-t-il, que j'ai ouï conter à un prud'homme » qui étoit couché au dortoir, là où l'abbé de Che- » minon dormoit, que l'abbé avoit découvert sa » poitrine à cause de la chaleur qu'il avoit; et ce » prud'homme qui étoit couché au dortoir où » l'abbé de Cheminon dormoit, vit la mère de » Dieu qui alla au lit de l'abbé, et lui étendit sa » robe sur la poitrine pour que les rayons du so- » leil ne lui fissent mal.] »

67. Cet abbé de Cheminon me donna l'écharpe et le bourdon, et alors je partis de Joinville sans rentrer au château, jusqu'à mon retour, pieds nus et en chemise, et j'allai ainsi à Blécourt et à Saint-Urbain et à d'autres saints qui sont là, et, pendant que j'allois à Blécourt et à Saint-Urbain, je ne voulus oncques retourner les yeux vers Joinville, de peur que je ne m'attendrisse trop, à la vue du beau château que je laissois, et au penser de mes deux enfants.

68. Moi et mes compagnons, nous dînâmes à la *Fontaine-l'Archevêque*, devant Donieux; et là, l'abbé Adam de Saint-Urbain, que Dieu absolve! donna grande quantité de beaux joyaux à moi et aux chevaliers que j'avois. De là, nous allâmes à Auxonne et en partîmes avec tout notre bagage que nous avions fait mettre sur nefs depuis Auxonne jusqu'à Lyon, en descendant la Saône; et, à côté des nefs, sur la rive, on menoit les destriers ou chevaux de bataille.

69. A Lyon, nous nous embarquâmes sur le Rhône pour aller à Arles, et sur le Rhône, nous trouvâmes un château qu'on appelle Roche-de-Gluy que le roi avoit fait abatre parce que Roger, seigneur de ce château, avoit la réputation de dérober les pèlerins et les marchands.

70. Au mois d'août, nous entrâmes dans nos nefs, à la Roche-de-Marseille; dans cette journée que nous entrâmes dans nos nefs, on fit ouvrir la porte de la nef, et on y mit tous les chevaux que nous devions mener outre-mer, et puis on en ferma la porte et on la boucha comme on

nous devions mener Outremer; et puis reclost l'en la porte et l'en boucha l'en bien, aussi comme l'en naye un tonnel, pource que quant la nef est en la mer, toute la porte est en l'yaue. Quant les chevaus furent ens, nostre mestre notonnier escria à ses notonniers qui estoient ou bec de la nef et leur dit : « Est arée vostre besoi- » gne? sire, vieingnent avant les clers et les pro- » veres. » Maintenant que il furent venus, il leur escria : « Chantez de par Dieu; » et ils s'escrierent touz à une voix : *Veni Creator Spiritus*. Et il escria à ses notonniers : « Faites voille de par » Dieu; » et il si firent. Et en brief tens le vent se feri ou voille et nous ot tolu la veue de la terre, que nous ne veismes que le ciel et yeaue; et chascun jour nous esloigna le vent des païs où nous avions esté nez. Et ces choses vous moustré je que celi est bien fol hardi, qui se ose mettre en' tel péril, à tout autrui chatel ou en péchié mortel; car l'en se dort le soir là où en ne scet se l'en se trouvera ou fons de la mer.

71. En la mer nous avint une fiere merveille, que nous trouvames une montaigne toute ronde qui estoit devant Barbarie. Nous la trouvames entour l'eure de vespres et najames tout le soir, et cuidames bien avoir fait plus de cinquante lieues, et le lendemain nous trouvames devant icelle meismes montaigne ; et ainsi nous avint par deux foiz ou par trois. Quant les marinniers virent ce, il furent touz esbahiz, et nous distrent que nos nefz estoient en grant péril ; car nous estions devant la terre aus Sarrazins de Barbarie. Lors nous dit un preudomme prestre que on appelloit doyen de Malrut, car il n'ot onques persécucion en paroisse, ne par défaut d'yaue, ne de trop pluie, ne d'autre persécucion, que aussi tost comme il avoit fait trois processions par trois samedis, que Dieu et sa mere ne delivrassent. Samedi estoit; nous feismes la premiere procession entour les deux maz de la nef : je meismes m'i fiz porter par les braz, pource que je estoie grief malade. Onques puis nous ne veismes la montaigne, et venimes en Cypre le tiers samedi.

72. Quant nous venimes en Cypre, le Roy estoit ja en Cypre, et trouvames grant foison de la pourvéance le Roy ; c'est à savoir, les celiers le Roy et les deniers et les garniers. Les celiers le Roy estoient tiex, que sa gent avoient fait en mi les champs sur la rive de la mer, gran moyes de tonniaus de vin, que il avoient acheté de deux ans devant que le Roy venist, et les avoient mis les uns sur les autres, que quant l'en les véoit devant, il sembloit que ce

⋄⋄⋄

bouche la bonde d'un tonneau qu'on met à l'eau, parce que, quand la nef est à la mer, toute la porte se trouve dans l'eau. Quand les chevaux furent entrés, notre pilote cria aux nautonniers qui étoient au bord de la nef ou à la proue : « *Votre* » *besogne est-elle prête?—Oui,* répondirent-ils.— » *Que les clercs et les prêtres viennent donc en* » *avant,* » reprit le pilote; et, dès qu'ils furent venus, il leur cria : « *Chantez, de par Dieu;* » et ils se mirent à chanter de bout en bout le *Veni Creator Spiritus*, et le pilote cria à ses nautonniers : « *Faites* » *voile, de par Dieu.* » Et ainsi firent ; et en bref temps, le vent enfla les voiles, et nous enleva si bien la vue de la terre, que nous ne vîmes que le ciel et l'eau ; et, chaque jour, le vent nous éloigna des pays où nous étions nés, et par là vous fais-je voir que celui-là est bien fou hardi qui s'ose mettre en tel péril avec le bien d'autrui, ou en péché mortel, car on s'endort le soir là, et l'on ne sait si l'on ne se trouvera pas au fond de la mer au matin.

71. Sur mer il nous advint une fière merveille ; nous trouvâmes une montagne toute ronde * qui étoit devant Barbarie ; nous la trouvâmes environ l'heure de vêpres, et nous naviguâmes tout le soir. Nous pensions bien avoir fait plus de cinquante lieues ; mais le lendemain, nous nous trouvâmes devant cette même montagne, et cela nous advint par deux ou par trois fois. Quand les mariniers virent ce, ils furent tous ébahis, et nous dirent que nos nefs étoient en grand péril, car nous étions devant la terre des Sarrasins de Barbarie. Lors un prêtre prud'homme, qu'on appeloit doyen de Malrut, dit qu'il n'eut oncques persécution dans sa paroisse, soit par défaut d'eau, soit par trop de pluie, soit par autre mal, qu'aussitôt qu'il avoit fait trois processions par trois samedis, Dieu et sa mère ne les en délivrassent. C'étoit un samedi ; nous fîmes la première procession autour des deux mâts de la nef; moi-même, je m'y fis porter par les bras, parce que j'étois grièvement malade. Oncques depuis nous ne revîmes la montagne, et nous vînmes en Chypre le troisième samedi.

72. Quand nous vînmes en Chypre, le roi y étoit déjà ; nous trouvâmes grande abondance de provisions pour le roi ; c'est à savoir, les celliers, les deniers et les greniers. Les celliers du roi étoient attachés les uns aux autres ; c'étoient de grands amas de tonneaux de vin que les gens du roi avoient achetés deux ans avant que le roi vînt ; ils les avoient mis au milieu des champs, près du rivage de la mer, et les avoient placés les uns sur les autres, de manière que, vus de face, il sembloit que ce fussent des granges. Ils avoient mis aussi, par monceaux, au milieu des champs,

---

* L'île de Pentellerie.

feussent granches. Les fourmens et les orges il les r'avoient mis par monciaus en mi les champs; et quant en les véoit il sembloit que ce feussent montaignes; car la pluie qui avoit batu les blez de lonc temps, les avoit fait germer par desus, si que il n'i paroit que l'erbe vert.

73. Or avint ainsi que quant en les vot mener en Égypte, l'en abati les crotes de desus à tout l'erbe vert, et trouva l'en le fourment et l'orge aussi frez comme l'en l'eust maintenant batu.

74. Le Roy feust moult volentiers alé avant, sans arester, en Egypte si comme je li oi dire, se ne feussent ses barons qui li loerent à attendre sa gent qui n'estoient pas encore touz venuz.

75. En ce point que le Roy séjournoit en Cypre, envoia le grant Roy des Tartarins ses messages à li, et li manda moult débonnairement paroles. Entre les autres, li manda que il étoit prest de li aidier à conquerre la Terre Sainte, et de délivrer Jherusalem de la main aus Sarrazins. Le Roy reçut moult débonnairement ses messages, et li renvoya les siens qui demourerent deux ans avant que il revenissent a li. Et par les messages, envoia le Roy au Roy des Tartarins une tente faite en la guise d'une chapelle, qui moult cousta; car elle fu toute faite de bone escarlate finne. Et le Roy, pour veoir se il les pourroit atraire à nostre créance, fist entailler en ladite chapelle, par ymages, l'Anonciation nostre Dame et touz les autres poins de la foy. Et ces choses leur envoia il par deux freres prééscheurs qui savoient le sarrasinnois, pour eulz moustrer et enseigner comment il devoient croire. Il revindrent au Roy les deux freres, en ce point que les freres au Roy revindrent en France; et trouverent le Roy qui estoit parti d'Acre, là où ses freres l'avoient lessié, et estoit venu à Sézaire là où il la fermoit, ne n'avoit ne pèz ne trèves aus Sarrazins. Comment les messages le Roy de France furent re-

◇◇◇

les fromens et les orges, et, quand on les voyoit, il sembloit que ce fussent des montagnes; car, la pluie qui avoit battu les blés depuis long-temps, les avoit fait germer dessus, si bien qu'il n'y paroissoit que de l'herbe verte.

73. Or, il advint que quand on voulut les transporter en Egypte, on abattit les croûtes de dessus avec l'herbe verte, et l'on trouva le froment et l'orge aussi frais que si on les eût récemment battus.

74. Le roi fût volentiers allé devant en Egypte, comme je lui ai ouï dire, n'eût été que les barons lui conseillèrent d'attendre ses gens qui n'étoient pas encore tous venus.

75. Pendant que le roi séjournoit en Chypre, le grand roi des Tartares * lui envoya ses ambassadeurs et lui fit entendre moult paroles débonnaires. Entre autres, il lui manda qu'il étoit prêt à l'aider à conquérir la Terre Sainte et à délivrer Jérusalem de la main des Sarrasins. Le roi reçut très-bien ses ambassadeurs, et lui envoya les siens qui demeurèrent deux ans avant de revenir à lui;

◇◇◇

et, par ces ambassadeurs, le roi envoya au roi des Tartares une tente faite en forme de chapelle, qui moult coûta, car elle étoit de fine écarlate; et le roi, pour voir s'il pourroit les attirer à notre croyance, fit entailler, par images, dans ladite tente, l'Annonciation de Notre-Dame et tous les autres points de la foi; et il leur envoya ces choses par deux frères prêcheurs qui savoient le sarrasinois, pour qu'ils leur montrassent et leur enseignassent comment et ce qu'ils devoient croire. Ces deux frères revinrent au roi, lorsque les princes ses frères retournoient en France, et ils trouvèrent qu'il étoit parti d'Acre, là où ses frères l'avoient laissé, et étoit venu à Césarée qu'il faisoit fortifier, et n'avoit ni paix ni trève avec les Sarrasins. Je pourrois vous dire comment les messagers du roi furent reçus, comment ils se contèrent eux-mêmes au roi; et de ce qu'ils rapportèrent, vous pourriez ouïr moult de nouvelles, lesquelles je ne veux pas conter, parce qu'il me faudroit interrompre le sujet que j'ai commencé, et qui est tel **. Moi qui n'avois pas mille livres de rente

---

* Voyez sur cette ambassade, le 19ᵉ livre de l'*Histoire des Croisades*.

** Voici ce qu'on trouve sur cette ambassade des Tartares dans l'édition de de Rieux; après avoir parlé des ambassadeurs que saint Louis envoya, en retour, au kan des Tartares, l'édition porte : « Le pape Inno- » cent VII envoya de Lyon grand nombre de gens » religieux pour prêcher, lesquels firent très-bien » leur devoir et attirèrent le peuple de Tartarie à » croire l'Evangile; et comme tous les jours ils prê- » choient, disant que le pape étoit vicaire de Dieu en » terre, le roi des Tartares délibéra d'envoyer au pape » ses ambassadeurs pour entendre si ce que » ces gens de religion lui avoient prêché étoit véritable; » mais les prêcheurs empêchèrent le voyage. Connois-

» sant que si les ambassadeurs venoient en France, qu'ils » verroient tout autrement vivre le peuple, qu'ils ne » leur auroient dit et prêché, qui pourroit être cause de » reprendre leur erreur païenne. » Et plus bas il est dit : « Je crois qu'il fut véritable ce qu'aucunes gens de bien » avoient dit quand ils virent arriver les ambassadeurs » (tartares) devers le roi. C'est que leur venue porteroit » plus de dommage à leur nouvelle foi, que de bien aux » chrétiens, attendu qu'ils pouvoient voir tout vice » abonder entre nous; qui leur donneroit occasion de » faire mauvais rapport de nous, chrétiens, à leur prince » le roi des Tartares. »

A la suite de ce passage on trouve le fait qu'on va lire :

« Le roi séjournant encore en Chypre, reçut des let-

ceus vous diré-je, aussi comme il meismes le conterent au Roy; et en ce que il raporterent au Roy, pourrez oir moult de nouvelles, lesqueles je ne veil pas conter, pource que il me conviendroit de rompre matiere que j'ai commenciée et qui est tele. Je qui n'avoie pas mil livrées de terre me charjai, quant j'alé Outremer, de moy diziesme de chevaliers et de deux chevaliers banieres portans; et m'avint ainsi, que quant je arivai en Cypre, il ne me fu demouré de remenant que douze vins livres de tournois, ma nef païée; dont aucun de mes chevaliers me manderent que se je ne me pourvoie de deniers, que il me lèroient. Et Dieu qui onques ne me failli, me pourvut en tel maniere que le Roy, qui estoit à Nichocie m'envoia querre et me retint, et me mist huit cenlz livres en mes cofres; et lors oz je plus de deniers que il ne me couvenoit.

76. En ce point que nous séjournames en Cypre, me manda l'empereris de Constantinnoble que elle estoit arivée à Baphe une cité de Cypre, et que je l'alasse querre et mon seigneur Erart de Brienne. Quant nous venimes là, nous trouvames un fort vent et rompues les cordes des ancres de sa nef et en ot mené la nef en Acre, et ne li fu demourer de tout son harnois que sa

chape que elle ot vestue, et un seurcot à manger. Nous l'amenames à la meson, là où le Roy et la Royne et touz les barons la reçurent moult honorablement. Lendemain je li envoiai drap et cendal pour fourrer la robe. Monseigneur Phelippe de Nanteil le bon chevalier qui estoit encore le Roy, trouva mon escuier qui aloit à l'Empereris. Quant le preudomme vit ce, il ala au Roy et li dist que grant honte avoit fait à li et aus autres barons, de ses robes que je li avoie envoié, quant il ne s'en estoient avisez avant. L'Empereris vint querre secours au Roy pour son Seigneur qui estoit en Constantinnoble demourez, et pourchassa tant que elle emporta cent paire de lettres et plus que de moy que des autres amis qui là estoient; ès quiex lettres nous estions tenus par nos seremens, que se le Roy ou les legaz vouloient envoier trois cens chevaliers en Constantinnoble, après ce que le Roy seroit parti d'Outremer, que nous y estions tenu d'aler par nos sermens. Et je pour mon serement aquiter, requis le Roy au départir que nous feismes, par devant le Conte dont j'é la lettre, que se il y vouloit envoier troiz cens chevaliers, que je iroie pour mon serement acquiter. Et le Roy me respondi que il n'avoit de quoy, et que il n'avoit si

◊◊◊

en fonds de terre, je me chargeai, quand j'allai outre-mer, de moi dixième de chevaliers et de deux chevaliers portant bannière; il m'advint, ainsi que quand j'arrivai en Chypre, il ne me resta que douze vingts livres tournois, ma nef payée; aussi, aucuns de mes chevaliers me mandèrent-ils que si je ne me pourvoyois de deniers, ils me laisseroient; et Dieu, qui oncques ne me failli, me pourvut de telle manière, que le roi, qui étoit à Nicosie*, m'envoya quérir, et me retint et me mit huit cents livres en mes coffres, et lors j'eus plus de deniers qu'il ne m'en falloit.

76. [Pendant que nous séjournions en Chypre, l'impératrice de Constantinople me manda qu'elle étoit arrivée à Baphe (Paphos), ville de l'île, et que je l'alasse quérir, et monseigneur Erard de Brienne avec elle. Quand nous y arrivâmes, nous vîmes qu'un vent très-fort avoit rompu les cordes des ancres de sa nef et avoit emporté ladite nef à Acre; et de tout son bagage, il ne lui étoit resté que la chape dont elle étoit vêtue et un surtout pour la table. Nous l'emmenâmes à Limisso où

◊◊◊

étoit le roi; le lendemain, je lui envoyai du drap pour faire une robe et la pane de vert avec, ainsi qu'une tirctaine et le taffetas pour fourrer la robe. Messire Jean de Nanteuil, qui étoit auprès du roi, rencontra mon écuyer qui alloit à l'impératrice; le bon gentilhomme, voyant cela, alla au roi, et lui dit que grande honte avoit faite à lui et aux autres barons de ces robes que j'avois envoyées à la princesse, avant qu'ils ne s'en fussent avisés. L'impératrice venoit demander au roi secours pour son seigneur qui étoit demeuré à Constantinople; elle fit tant qu'elle emporta bien deux cents lettres et plus, tant de moi que des autres amis qui étoient là : par lesquelles lettres nous étions tous tenus par serment d'aller à Constantinople, si le roi ou les légats vouloient y envoyer trois cents chevaliers, après que le roi seroit parti d'outre-mer; et moi, pour mon serment acquitter, je requis le roi, à notre départ, en présence du comte d'Eu dont j'ai la lettre, que, s'il y vouloit envoyer trois cents chevaliers, je fusse du nombre, et le roi me répondit qu'il n'avoit de

» tres que le maître des Templiers lui écrivoit de Syrie,
» par lesquelles lui mandoit que le soudan d'Egypte
» avoit envoyé par devers lui un de ses amiraux (émirs)
» pour parler de la paix, si le roi y vouloit entendre.
» Et comme le roi tenoit son conseil pour délibérer de
» la réponse qu'il devoit faire, le roi de Chypre, qui
» étoit tant sage et connoissant la finesse des Templiers,
» dit au roi saint Louis qu'il étoit bien assuré que le
» maître des Templiers avoit envoyé premièrement de-

» vers le soudan, et qu'il avoit attiré à soi celui amiral
» qui étoit arrivé vers lui; laquelle chose étoit grandement à blâmer, attendu que par ce moyen le soudan
» se tiendroit plus fier, quand il entendroit que le roi
» demanderoit la paix, pour s'en retourner en France.
» A cette cause, le roi défendit au maître des Templiers
» de ne recevoir aucune ambassade du soudan, ni de
» parler à eux, en quelque manière que ce fut, etc. »
* Capitale de l'île de Chypre.

bon trésor dont il ne feust à la lie. Après ce que nous feumes arivez en Egypte, l'Empereris s'en ala en France et enmena avec li mon seigneur Jehan d'Acre son frere, lequel elle maria à la contesce de Montfort.

77. En ce point que nous venimes en Cypre, le soudanc de Coyne estoit le plus riche Roy de toute la Paennime, et avoit faite une merveille; car il avoit fait fondre grant parti de son or en poz de terre, et fit briser les poz ; et les masses d'or estoient demourées à découvert en mi un sien chastel, que chascun qui entroit au chastel y pooit toucher et veoir ; et en y avoit bien six ou sept. Sa grant richesce apparut en un paveillon que le Roy d'Ermenie envoia au Roy de France, qui valoit bein cinq cenz livres ; et li manda le Roy d'Ermenie que un ferrais au soudanc de Coyne li avoit donné. Ferrais est cil qui tient les paveillons au soudanc et qui li nettoie ses mesons.

78. Le roy d'Ermenie, pour li délivrer du servage au soudanc de Coyne, en ala au roy des Tartarins, et se mist en leur servage pour avoir leur aide ; et amena si grant foison de gens d'armes que il ot pooir de combattre au soudanc de Coyne, et dura grant piece la bataille, et li tuerent les Tartarins tant de sa gent, que l'en n'oy puis nouvelles de li. Pour la renom-

quoi, et qu'il n'avoit si bon trésor qui ne fût presque à sec. Après que nous fûmes arrivés en Egypte, l'impératrice s'en alla en France et emmena avec elle monseigneur Jean d'Acre, son frere, qu'elle maria à la comtesse de Montfort.]

77. Au temps où nous arrivâmes en Chypre, le soudan d'Icone étoit le plus riche roi de toute la païennie, et il avoit fait faire une chose merveilleuse, car il avoit fait fondre grande partie de son or dans des pots de terre, lesquels tiennent bien trois muids ou quatre, et avoit fait briser les pots, et les masses d'or étoient demeurées à découvert au milieu d'un château qui lui appartenoit ; chacun qui entroit audit château y pouvoit toucher et les voir, et il y en avoit bien six ou sept. Sa grande richesse parut dans un pavillon que le roi d'Arménie envoya au roi de France, lequel valoit bien cinq cents livres, et le roi d'Arménie lui manda qu'un ferrais du soudan d'Icone le lui avoit donné. Un ferrais est celui qui a soin des pavillons du soudan et qui nettoie ses maisons.

78. Le roi d'Arménie, pour se délivrer du servage du soudan d'Icone, s'en alla trouver le roi des Tartares et se mit à son service pour avoir son aide, et il amena tant de gens d'armes qu'il eut pouvoir de combattre le soudan d'Icone, et la bataille dura long-temps ; les Tartares tuèrent tant de ses gens que depuis on n'eut point de nouvelles du soudan. Au bruit qui étoit grand en Chypre de

mée qui estoit grant en Cypre de la bataille qui devoit estre, passerent de nos gens serjans en Ermenie pour gaaingner et pour estre en la bataille, ne onques nulz d'eulz n'en revint.

79. Le soudanc de Babyloinne qui attendoit le roy qu'il venist en Egypte au nouvel temps, s'apensa que il iroit confondre le soudanc de Hamant qui estoit son ennemi, et l'ala assieger devant la cité de Hamant. Le soudanc de Hamant ne se sot comment chevir du soudanc de Babiloinne, car il véoit bien qui se il vivoit longuement, que il le confondroit. Et fist tant bagingner au ferrais le soudanc de Babiloinne, que les ferrais l'empoisonnerent. Et la maniere de l'empoisonnement fu tele, que le ferrais s'avisa que le soudanc venoit touz jours jouer aus eschez après relevée sus les nates qui estoient au piez de son lit ; laquelle nate sur quoy il sot que le soudanc s'asséoit tous les jours, il l'envenima. Or avint ainsi que le soudanc qui estoit deschaus, se tourna sus une escorcheure que il avoit en la jambe, tout maintenant le venin se feri ou vif, et li tolli tout le pooir de celle par vers le cuer. Il fu bien deux jours que il ne but, ne ne manja, ne ne parla. Le soudanc de Hamant laissierent en paiz et le menerent sa gent en Egypte.

80. Maintenant que mars entra, par le com-

la bataille qui devoit avoir lieu, plusieurs de nos sergents passèrent en Arménie pour y assister et pour faire du gain, mais nul d'eux onequès n'en revint.

79. Le soudan de Babilone (Caire), qui s'attendoit que le roi viendroit en Égypte au printemps, forma le dessein d'aller confondre le soudan de Hama, qui étoit son ennemi, et il alla l'assiéger devant la cité de Hama. Le soudan de Hama ne sut comment se débarrasser du soudan de Babilone, car il voyoit bien que, s'il vivoit long-temps, il le confondroit. Il sut si bien négocier avec les ferrais du soudan de Babilone que ce ferrais l'empoisonna ; et la manière de l'empoisonnement fut telle : ce ferrais pensa que le soudan venoit tous les jours jouer aux échecs après dîner, sur les nattes qui étoient au pied de son lit. Il empoisonna les nattes sur lesquelles il sut que le soudan s'asseyoit tous les jours. Or il advint que le soudan, qui étoit nues jambes, s'appuya sur une écorchure qu'il avoit à la jambe. Aussitôt le venin se porta au vif et lui ôta tout pouvoir de la moitié du corps du côté où est le cœur ; et quand le venin le poignit vers le cœur, il étoit bien deux jours qu'il ne buvoit, ni ne mangeoit, ni ne parloit. L'armée du soudan d'Égypte laissa alors le soudan de Hama en paix, et ramena le soudan de Babilone en Égypte.

80. Dès le premier jour de mars, par le com-

mandement le Roy, le Roy et les barons, et les autres pelerins commanderent que les nez refeussent chargiée de vins et de viandes, pour mouvoir quant le Roy le commenderoit. Dont il advint ainsi que quant la chose fu bien arée, le Roy et la Royne se requeillirent en leur nez le vendredi devant Penthecouste; et dist le Roy à ses barons que ils alassent après li en leur nez droit vers Egypte. Le samedi fist le Roi voille et tous les autres vessiaus aussi; qui moult fu belle chose à veoir; car il sembloit que toute la mer, tant comme l'en pooit veoir à l'œil, feust couverte de touailles des voiles des vessiaus, qui furent nombrez à dix-huit cens vessiaus que granz que petiz. Le Roy encra au bout d'une terre que l'en appelle la pointe de Limeson, et touz les autres vessiaus entour li. Le Roy descendit à terre le jour de la Penthecouste. Quant nous eumes oy la messe, un vent grief et fort qui venoit devers Egypte, leva en tel maniere que de deux mille et huit cenz chevaliers que le Roi mena en Egypte, ne l'en demoura que sept cenz que le vent ne les eust desseurés de la compaignie le Roy, et menez en Acre et en autres terres estranges, qui puis ne revindrent au Roy de grant piece.

◇◇◇

81. Lendemain de la Penthecouste le vent fu cheu; le Roy et nous qui estions avec li demourez, si comme Dieu voult, feismes voille derechief; et encontrames le prince de la Morée et le duc de Bourgoingne qui avoient séjourné en la Morée. Le jeudi après Penthecouste ariva le Roy devant Damiete, et trouvames là tout le poeir du soudanc sur la rive de la mer, moult beles gent à regarder; car le soudanc porte les armes d'or, là où le soleil feroit, qui fesoit les armes resplendir. La noise que il menoient de leur nacaires et de leurs cors Sarrazinnoiz estoit espouvantable à escouter.

82. Le Roy manda ses barons pour avoir conseil que il feroit. Moult de gens li loerent que il attendit tant que ses gens feussent revenus, pource que il ne li estoit pas demouré la tierce partie de ses gens, et il ne les en voult onques croire. La raison pourquoy, que il dit que il en douroit cuer à ses ennemis; et meismement que en la mer devant Damiete n'a point de port là où il peut sa gent attendre, pource que un fort vent nes preist, et les menast en autres terres aussi comme les autres avoient le jour de Penthecouste.

83. Accordé fu que le Roy descendroit à terre le vendredi devant la Trinité, et iroit

◇◇◇

mandement du roi, les barons et les autres pèlerins ordonnèrent que les nefs fussent rechargées de vin et de viandes pour partir, quand le roi le commanderoit. Il advint donc que quand tout fut préparé, le roi et la reine se retirèrent dans leur nef, le vendredi d'avant la Pentecôte, et le roi dit à ses barons d'aller, après lui, dans leurs nefs, droit vers l'Égypte. Le samedi, le roi fit voile et tous les autres vaisseaux aussi; ce qui fut moult belle chose à voir, car il sembloit que toute la mer, tant que la vue pouvoit s'étendre, fût couverte de toile des voiles des vaisseaux, qui furent comptés au nombre de dix-huit cents vaisseaux tant grands que petits. Le roi ancra au bout d'un tertre qu'on appelle la pointe de Limisso *, et tous les autres vaisseaux autour de lui. Le roi descendit à terre le jour de la Pentecôte. Quand nous eûmes ouï la messe, un vent fort, qui venoit de vers l'Égypte, se leva de telle manière que de deux mille huit cents chevaliers que le roi menoit en Égypte, il n'en resta que sept cents que le vent ne sépara point de la compagnie du roi; il emporta les autres à Acre et en d'autres terres étrangères, lesquels ne revinrent au roi que long-temps après **.

81. Le lendemain de la Pentecôte le vent tomba; le roi et nous qui étions avec lui demeurés comme Dieu voulut, fîmes voile derechef et rencontrâmes le prince de la Morée et le duc de Bourgogne, qui avoient séjourné en la Morée. Le jeudi après la Pentecôte, le roi arriva devant Damiette; et nous trouvâmes là toute l'armée du soudan sur le rivage de la mer; c'étoient moult belles gens à regarder; car le soudan portoit des armes d'or sur lesquelles le soleil frappoit et qu'il faisoit resplendir. Le bruit que les Sarrasins faisoient avec leurs nacaires (tymbales) et leurs cors étoit épouvantable à entendre.

82. Le roi appela ses barons pour avoir conseil sur ce qu'il feroit; moult de gens lui conseillèrent d'attendre que ses chevaliers fussent revenus, car il ne lui en étoit pas demouré la tierce partie, et il ne voulut onques les en croire. La raison pourquoi, c'est, disoit-il, qu'il donneroit cœur aux ennemis, et aussi qu'il n'y a point dans la mer devant Damiette de port où il pût attendre ses gens; et qu'un vent fort pouvoit de même nous prendre et nous mener en terres étrangères, comme l'avoient été les autres, le jour de la Pentecôte.

83. Il fut convenu que le roi descendroit à terre le vendredi devant la Trinité, et iroit com-

---

* Voyez la *Correspondance d'Orient*, 4e et 7e vol.

** Mesnard et Ducange, d'après lui, ajoutent ici cette phrase: « dont il (le roi) et sa compagnie furent toute cette journée moult doulens et ébahiz; car on les croyoit tous morts ou en grant péril. »

combattre aus Sarrazins, se en eulz ne demouroit. Le roi commanda à monseigneur Jehan de Biaumont, que il feist bâiller une galie à monseigneur Erast de Brienne et à moy, pour nous descendre et nos chevaliers, pource que les grans nefs n'avoient pooir de venir jusques à terre. Aussi comme Diex voult, quant je reving à ma nef, je trouvai une petite nef que madame de Baruch, qui estoit cousinne germainne le conte de Monbeliart et la nostre, m'avoit donnée, là où il avoit huit de mes chevaus. Quant vint au vendredi, entre moy et monseigneur Erart touz armés alames au Roy pour la galie demander, dont monseigneur Jehan de Biaumont nous respondit que nous n'en arions point.

84. Quant nos gens virent que nous n'ariens point de galie, il se lesserent cheoir de la grant nef en la barge de cantiers qui plus plus, qui mieux mieux. Quant les marinniers virent que la barge de cantiers se esfondroit pou à pou, il s'enfuirent en la grant nef et lesserent mes chevaliers en la barge de cantiers. Je demandai au mestre combien il li avoit trop de gens; et si li demandai se il menroit bien nostre gent à terre, se je le deschargoie de tant gent; et il

⧼⧽

me respondit, oyl; et je le deschargai en tel maniere que par troiz foiz il les mena en ma nef où mes chevaus estoient. En dementres que je menoie ses gens, un chevalier qui estoit à monseigneur Erart de Brene, qui avoit a non Plonquet, cuida descendre de la grant nef en la barge de cantiers, et la barge essoigna et chei en la mer et fu noyé.

85. Quant je reving à ma nef, je mis en ma petite barge un escuier que je fiz chevalier, qui ot a non monseigneur Hue de Wanquelour, et deux moult vaillans bachelers, dont l'un avoit non monseigneur Villain de Versey, et l'autre monseigneur Guillaume de Danmartin, qui estient en grief courine l'un vers l'autre, ne nulz n'en pooit faire la pez, car il s'estoient entrepris par les cheveux à la Morée : et leur fiz pardonner leur mal talent et besier l'un l'autre, parce que leur jurai sur Sains, que nous n'iriens pas à terre à tout leur mal talent. Lors nous esmeumes pour aller à terre, et venimes par de les la barge de cantiers de la grant nef le Roy, là où le Roy estoit; et sa gent me commencerent à escrier, pource que nous alions plustost que il ne fesoient, que je arivasse à l'enseigne saint Denis qui en aloit en un autre

⧼⧽

battre les Sarrasins, s'ils restoient dans leur position. Le roi commanda à monseigneur Jean de Beaumont qu'il fît bâiller une galée (barque) à monseigneur Érard de Brienne et à moi, pour nous descendre ainsi que nos chevaliers, parce que les grandes nefs ne pouvoient venir jusqu'à terre. Aussi, comme Dieu voulut, quand je revins à ma nef, je trouvai une petite nef que madame de Baruch, qui étoit cousine germaine du comte de Montbéliard et la nôtre, m'avoit donnée; il y avoit huit de mes chevaux. Quand vint le vendredi, moi et monseigneur Érard, tous armés, nous allâmes au roi pour demander la galée; mais monseigneur Jean de Beaumont nous répondit que nous n'en aurions point*.

84. Quand nos gens virent que nous n'aurions point de galée, ils se laissèrent cheoir de la grande nef dans la chaloupe à qui plus plus, à qui mieux mieux. Les mariniers voyant que la chaloupe s'enfonçoit peu à peu, s'enfuirent en la grande nef et laissèrent mes chevaliers dans la chaloupe. Je demandai au maître combien il y avoit trop de gens, et il me dit vingt hommes

d'armes; et je lui demandai s'il mèneroit bien le reste à terre, et que je le déchargerois du surplus, et il me répondit : oui. Et je le déchargeai de telle manière qu'en trois fois, je les menai en ma petite nef où étoient mes chevaux. Et pendant que je les menois, un chevalier, qui étoit à monseigneur Érard de Brienne et qui avoit nom Plouquet, voulut descendre de la grande nef dans la chaloupe, et la chaloupe s'éloigna, et il tomba dans la mer et fut noyé.

85. Quand je revins à ma nef, je mis en ma petite chaloupe un écuyer que je fis chevalier, et qui avoit nom monseigneur Hugues de Vauqueleur, deux bacheliers moult vaillants dont l'un avoit nom monseigneur Villain de Versey, et l'autre monseigneur Guillaume de Dammartin, lesquels étoient en grand discord l'un vers l'autre; nul ne pouvoit les apaiser. Ils s'étoient pris aux cheveux à la Morée. Je fis cesser leur rancune et les fis baiser l'un l'autre, parce que leur jurai sur les saints que nous n'irions pas à terre avec leur rancune**. Lors nous nous disposâmes à aller à terre et vînmes près de la chaloupe de la grande

---

* On lit ici dans de Rieux les phrases suivantes : « Mais monseigneur Jean de Briemont nous respondit, présent le roi, que nous n'aurions point de galée; si n'en fiz le roi à l'heure aultre semblant, car je vous assure qu'il avoit beaucoup plus de peine d'entretenir ses gens en paix et amitié qu'il n'avoit à supporter ses ennemis et infortunes. » Dans Mesnard et Ducange on lit : « Mais messire Jean de Belmont nous répondit, présent

le roi, que nous n'aurions jà point. Par quoi pouvez connoistre que le bon roi avoit autant à faire à entretenir sa gent en paix, comme il avoit à supporter ses fortunes et pertes. »

** Ce fait est omis dans Mesnard et Ducange ; dans de Rieux, il est autrement raconté, et Joinville y semble étranger à la réconciliation.

vaissel devant le Roy, mais je ne les en cru pas : ainçois nous flz ariver devant une grosse bataille de Turs, là où il avoit bien six mille homes à cheval. Sitost comme il nous virent à terre, il vindrent ferant des esperons vers nous. Quant nous les veismes venir, nous fichames les pointes de nos escus ou sablon, et le fust de nos lances ou sablon et les pointes vers eulz. Maintenant que il virent ainsi comme pour aller parmi les ventres, il tournerent ce devant darieres et s'enfouirent.

86. Monseigneur Baudouin de Reins un preudomme qui estoit descendu à terre, me manda par son escuier que je l'attendisse; et je li mandai que si ferois je moult volentiers, que tel preudomme comme il estoit, devoit bien estre attendu à un tel besoing; dont il me sot bon gré toute sa vie. Avec li nous vindrent mille chevaliers; et soiés certain que quand je arivé, je n'oz ne escuier, ne chevalier, ne varlet que je eusse amené avec moy de mon pays, et si ne m'en lessa pas Dieu à aidier.

87. A nostre main senestre ariva le comte de Japhe, qui estoit cousin germain le comte de Monbeliart, et du lignage de Joinville. Ce fu celi qui plus noblement ariva : car sa galie ariva toute peinte dedans mer et dehors, à escussiaus de ses armes, lesqueles armes sont d'or, à une croiz de gueules patée : il avoit bien trois cenz nageurs en sa galie, et à chascun de ses nageurs avoit une targe de ses armes, et à chascune targe avoit un pennoncel de ses armes batu à or. En dementieres que il venoient, il sembloit que la galie volast, par les nageurs qui la contreingnoient aus avirons et sembloit que foudre cheist des ciex, au bruit que les pennonciaus menoient, et que les *nacaires*, les tabours et les cors Sarrasinnois menoient, qui estoient en sa galie. Sitost comme la galie fu ferue ou sablon si avant comme l'en li pot mener, il et ses chevaliers saillirent de la galie moult bien armés et moult bien atirez, et se vindrent arranger de coste nous.

88. Je vous avoie oublié à dire que quant le conte de Japhe fust descendu, il fist tendre ses pavellons, et sitost comme les Sarrazins les virent tendus, il se vindrent touz assembler devant nous, et revindrent ferant des esperons pour nous courre sus; et quant il virent que nous ne fuirions pas, il s'en r'alerent tantost arieres.

89. A nostre main destre, bien le tret à une grant arbalestrée, ariva la galie là où l'enseigne saint Denis estoit; et ot un Sarrazin quant il furent arivez, qui se vint ferir entre eulz, où pource que il ne pot son cheval tenir, ou pource

<><>

nef du roi là où le roi étoit. Et ses gens commencèrent à nous crier, parce que nous allions plus vite qu'eux, d'aller à l'enseigne saint Denis que portoit un autre vaisseau qui marchoit devant le roi; mais je ne les en crus pas, et nous arrivâmes devant un gros corps de Turcs là où il y avoit bien six mille hommes à cheval. Sitôt qu'ils nous virent, ils s'en vinrent à nous en donnant des éperons. Quand nous les vîmes venir, nous fichames les pointes de nos écus dans le sable, ainsi que les fûts de nos lances, les pointes tournées vers eux. En nous voyant ainsi préparés à leur donner de nos piques dans le ventre, ils tournèrent le dos et s'enfuirent.

86. Un prud'homme, monseigneur Baudouin de Reims, qui étoit descendu à terre, me manda par son écuyer que je l'attendisse, et je lui mandai que moult volontiers le ferois-je, car tel prud'homme, comme il étoit, devoit bien être attendu dans un pareil besoin. Et de cela il me sut bon gré toute sa vie. Avec lui nous vinrent mille chevaliers, et soyez certain que quand j'arrivai, je n'avois ni écuyer, ni chevalier, ni valet, que j'eusse amené avec moi de mon pays, et pourtant Dieu ne m'en laissa pas manquer.

87. A notre gauche arriva le comte de Japha, qui étoit cousin germain du comte de Montbéliard et du lignage de Joinville. Ce fut celui qui arriva le plus noblement; car sa galée étoit toute peinte au dedans et au dehors, avec écussons de ses armes, lesquelles armes sont d'or à une croix de gueules pâtée. Il avoit bien trois cents rameurs en sa galée, et chacun de ses rameurs avoit un écu de ses armes, et chaque écu un pennoncel de ses armes brodé en or. Pendant qu'ils venoient, il sembloit que la galée volât, tant les marins faisoient force de rames; il sembloit que la foudre tombât des cieux, au bruit que faisoient les penonceaux et les nacaires et les tambours et les cors sarrasinois qui étoient dans la galée. Sitôt que la galée eut touché le sable, aussi avant qu'on put l'amener, le comte et ses chevaliers sautèrent sur le rivage moult bien armés et moult bien préparés, et vinrent se ranger à côté de nous.

88. J'avois oublié de vous dire que quand le comte de Japha fut descendu, il fit tendre ses pavillons, et sitôt que les Sarrasins les virent tendus, ils se vinrent tous assembler devant nous et revinrent, frappant des éperons, pour nous courir sus, et quand ils virent que nous ne fuirions pas, ils s'en allèrent tôt en arrière.

89. A notre droite, à une grande portée d'arbalète, arriva la galée où étoit l'enseigne de saint Denis, et il y eut un Sarrasin, quand ils furent arrivés, qui vint se jeter entre eux, ou parce qu'il ne pouvoit tenir son cheval, ou parce qu'il croyoit que les autres le dussent suivre, mais il fut mis en pièces.

que il cuidoit que les autres le dussent suivre ; mais il fu tout décopé.

90. Quant le Roy oy dire que l'enseigne saint Denis estoit à terre, il en ala grant pas parmi son vaissel, ne onques pour le Légat qui estoit avec li, ne le voult lessier et sailli en la mer, dont il fu en yaue jusques aus esseles ; et ala l'escu au col et le heaume en la teste et le glaive en la main, jusques à sa gent qui estoient sur la rive de la mer. Quant il vint à terre et il choisist les Sarrazins, il demanda quelle gent c'estoient ; et en li di que c'estoient Sarrazins ; et il mist le glaive dessous s'esselle et l'escu devant là, et eust couru sus aus Sarrazins, se ses preudomes qui estoient avec li, li eussent souffert.

91. Les Sarrazins envoierent au soudanc par coulons messagiers par trois foiz, que le Roy estoit arrivé ; que onques messages n'en orent, pource que le soudanc estoit en sa maladie ; et quant il virent ce, il cuidierent que le soudanc feust mort et lessierent Damiete. Le Roy y envoia savoir par un messager chevalier. Le chevalier s'en vint au Roy et dit que il avoit esté dedans les mesons au soudanc, et que c'estoit voir. Lors envoia querre le Roy le Legat et touz les Prelas de l'ost, et chanta l'en hautement :

◇◇◇

Te Deum laudamus. Lors monta le Roy et nous tous, et nous alames loger devant Damiete. Mal apertement se partirent les Turs de Damiete, quant il ne firent coper le pont qui estoit de nez, qui grant destourbier nous eust fait : et grant doumage nous firent au partir, de ce que il bouterent le feu en la fonde là où toutes les marcheandises estoient et tout l'avoir de poiz ; aussi avint de cette chose comme qui auroit demain bouté le feu, dont Dieu le gart, à Petit-pont.

92. Or disons donc que grant grace nous fist Dieu le tout puissant, quant il nous deffendi de mort et de peril à l'ariver là où nous arivames à pié, et courumes sus à nos ennemis qui estoient à cheval.

CI DEVISE COMMENT DAMIETE FUT PRINSE.

93. Grant grace nous fist Notre Seigneur de Damiete que il nous delivra, laquelle nous ne deussions pas avoir prise sanz affamer ; et ce poons nous veoir tout cler, pource que par affamer le prist le roy Jehan au tens de nos peres.

94. Autant peut dire Notre Seigneur de nous, comme il dit des filz d'Israël, là où il dit : *Et pro nihilo habuerunt terram deside-*

◇◇◇

90. Quand le roi ouït dire que l'enseigne saint Denis étoit à terre, il sortit de son vaisseau qui étoit déjà près de la rive, et n'eut pas loisir que le vaisseau où il étoit fût à terre, ains se jette outre le gré du légat, qui étoit avec lui, en la mer et fut en eau jusqu'aux épaules. Il alla l'écu au cou, le heaume en tête et le glaive en main, jusqu'à ses gens qui étoient sur le rivage. Quand il fut à terre et qu'il vit les Sarrasins, il demanda quelles gens c'étoient, et on lui dit que c'étoient Sarrasins, et il mist son épée sous son aisselle et son écu devant lui, et il eût couru sus aux Sarrasins, si ses prud'hommes qui étoient avec lui, l'eussent laissé faire*.

91. Les Sarrasins envoyèrent au soudan, par trois fois, par des pigeons porteurs de lettres, annoncer que le roi étoit arrivé ; mais oncques message n'en reçurent, parce que le soudan étoit en sa maladie ; et quand ils virent cela, ils crurent que le soudan étoit mort, et ils abandonnèrent Damiette. Le roi envoya savoir ce qui en étoit par un messager chevalier. Le chevalier revint au roi et dit qu'il avoit été dans les maisons du soudan et que c'étoit vrai. Lors le roi envoya quérir le légat et tous les prélats de l'armée, et l'on chanta tout haut : *Te Deum laudamus*. Lors le roi monta à cheval, ainsi que nous tous, et nous allâmes loger devant Damiette ; les Turcs s'en allèrent maladroitement de Damiette, puisqu'ils ne firent pas couper le pont de bateaux, ce qui nous eût causé un grand embarras ; mais grand dommage nous firent-ils en partant parce qu'ils mirent le feu au lieu où étoient toutes les marchandises et ce qui se vend au poids. Aussi il advint de cette chose ce qui arriveroit si l'on mettoit demain le feu au petit pont à Paris : ce que Dieu garde.

92. Or, disons donc que grande grâce nous fit le Dieu tout-puissant, quand il nous défendit de mort et de périls, au débarquement où nous arivâmes à pied et courûmes sus à nos ennemis qui étoient à cheval.

COMMENT DAMIETTE FUT PRISE.

93. Grande grâce nous fit notre Seigneur de nous avoir livré Damiette, que nous ne devions prendre que par la famine, comme cela se peut voir clairement, puisque ce fut par famine que le roi Jean la prit du temps de nos pères **.

94. Notre Seigneur peut dire de nous, comme il dit des enfants d'Israël : *Et pro nihilo habuerunt*

---

* Le point de la côte où se fit le débarquement, se trouve à trois quarts de lieue de l'embouchure du Nil. L'ancienne Damiette était à près de cinq quarts d'heure de là, sur la rive orientale du fleuve. On sait que cette ville fut détruite peu de temps après la seconde croisade de saint Louis, et qu'elle fut rebâtie à deux lieues de l'embouchure du Nil. (Voyez la *Correspondance d'Orient*, t. VI, p. 88, 92, et la *Bibliothèque des Croisades*, t. IV.

** Voyez la *Correspondance d'Orient*, t. VI, p. 94.

rabilem. Et que dit après ? il dist que oublierent Dieu qui sauvez les avoit; et comment nous l'oubliames vous diré je ci après.

95. Je vous prenré premierement au Roy qui manda querre ses barons, les clers et les laiz, et leur requist que il li aidassent à conseiller comment l'en departiroit ce que l'en avoit gaaingné en la ville. Le patriarche fu le premier qui parla, et dist ainsi : « Sire, il me » semble que il iert bon que vous retenez les » formens et les orges et les ris, et tout ce de » quoy en peut vivre, pour la ville garnir; et » face l'en crier en l'ost, que touz les autres » meubles fussent apportez en l'ostel au Legat, » sur peinne de escommeniement. » A ce conseil s'accorderent tous les autres barons. Or avint ainsi, que tout le mueble que l'en apporta à l'ostel le Legat, ne monterent que à six mille livres.

96. Quant ce fu fait, le Roy et les barons manderent querre monseigneur Jehan de Waleri le preudomme, et li distrent ainsi : « Sire » de Waleri, dit le Roy, nous avons accordé » que le Legat vous baillera les six mille livres, » à departir là où vous cuiderés que il soit miex. » —Sire, fist le preudome, vous me faites grant » honneur, la vostre merci; mèz ceste honeur et » ceste offre que vous me faites, ne prenré je » pas, se Dieu plet; car je desferoie les bones » coustumes de la Sainte Terre, qui sont teles, » car quant l'en prent les cités des ennemis, » des biens que l'en treuve dedans, le Roy en » doit avoir le tiers, et les pelerins en doivent » avoir les deux pars; et ceste coutume tint » bien le roy Jehan quant il prist Damiete; » et ainsi comme les anciens dient les roys de » Jerusalem qui furent devant le roy Jehan, » tindrent bien cette coustume; et se il vous » plet que vous me veillez bailler les deux pars » de fourmens et des orges, des ris et des autres » vivres, je me entremetrai volentiers pour de- » partir aus pelerins. » Le Roy n'ot pas conseil du faire, et ainsi demoura la besoigne, dont mainte gent se tindrent mal apayé, de ce que le Roy deffit les bonnes coustumes anciennes.

97. Les gens le Roy qui deussent debonnairement retenir, leur loérent les estaus pour vendre leurs danrées aussi chiers, si comme l'en disoit, comme il porent; et pource la renommée couru en étranges terres, dont maint marcheant lessierent à venir en l'ost.

98. Les barons qui deussent garder de leur pour bien employer en lieu et en tens, se pris-

◇◇◇

terram desiderabilem. Et que dit-il après? Il dit qu'ils oublièrent Dieu qui les avoit sauvés; et vous dirai plus tard comment nous l'oubliâmes.

95. Je vous parlerai d'abord du roi qui appela ses barons, les clercs et les laïcs, et leur demanda qu'ils l'aidassent de leurs conseils sur le partage à faire de ce qu'on avoit gagné dans la ville. Le patriarche de Jérusalem fut le premier qui parla, et dit ainsi : « Sire, il me semble qu'il » seroit bon que vous retinssiez les froments, les » orges et les riz, et tout ce dont on peut vivre, » pour approvisionner la ville, et que l'on fît » crier dans l'armée que tous les autres meubles » soient apportés dans l'hôtel du légat, sur peine » d'excommunication. » A ce conseil tous les autres barons s'accordèrent. Or, advint ainsi que tous les meubles qu'on apporta à l'hôtel du légat ne montèrent qu'à six mille livres.

96. Quand ce fut fait, le roi et les barons envoyèrent quérir monseigneur Jean de Valery le prud'homme, et lui parlèrent ainsi : «Sire de » Valéry, dit le roi, nous avons décidé que le lé- » gat vous baillera les six mille livres pour les » répartir où vous jugerez qu'elles soient le mieux » employées.—Sire, répondit le prud'homme, vous » me faites grand honneur et je vous en remercie; » mais cet honneur et cette offre que vous me faites » je ne les accepterai pas, s'il plaît à Dieu; car je » déferois les bonnes coutumes de la Terre Sainte » qui sont telles que quand on prend les cités des » ennemis, des biens qu'on y trouve, le roi en » doit avoir le tiers, et les pèlerins en doivent » avoir les deux autres parts; et le roi Jean de » Brienne tint bien cette coutume quand il prit » Damiette; et, comme le disent les anciens, les » rois de Jérusalem qui furent avant le roi Jean, » la tinrent bien aussi; et s'il vous plaît de me » vouloir bailler les deux parts de froments et » d'orge, de riz et des autres vivres, je m'entre- » mettrai volontiers pour les départir aux péle- » rins. » Le roi n'eut pas conseil de le faire et la chose en demeura là ; dont maintes gens se tinrent mal satisfaits, de ce que le roi défit les bonnes coutumes anciennes [*].

97. Les gens du roi, quand ils furent bien logés, au lieu de traiter débonnairement les marchands, leur louèrent, aussi cher qu'ils purent, les étaux et les boutiques, où ils vendoient leurs denrées. Et de cela la renommée se répandit tellement en pays étrangers, que bien des marchands ne voulurent venir au camp.

98. Les barons, qui auroient dû garder le leur

---

[*] L'édition de de Rieux ajoute ici cette réflexion :« Ainsi le roi commença à devenir oublieux de la grâce que notre Seigneur lui avoit faite de lui donner victoire sur ses ennemis. » Il est douteux que cette réflexion critique soit de Joinville.

trent à donner les grans mangers et les outrageuses viandes.

99. Le commun peuple se prist aux foles femmes, dont il avint que le Roi donna congié à tout plein de ses gens, quant nous revenimes de prison ; et je li demandé pourquoy il avoit ce fait ; et il me dit que il avoit trouvé de certein, que au giet d'une pierre menue, entour son paveillon tenoient cil leur bordiaus à qui il avoit donné congié, et ou temps du plus grant meschief que l'ost eust onques esté.

100. Or revenons à nostre matiere et disons ainsi, que un pou après ce que nous eussions pris Damiete, vindrent devant l'ost toute la chevalerie au soudanc, et assistrent nostre ost par devers la terre. Le Roy et toute la chevalerie s'armerent. Je tout armé alai parler au Roy, et le trouvé tout armé séant sus une forme, et des preudhommes chevaliers qui estoient de sa bataille, avec li touz armés. Je li requis que je et ma gent alissiens jusques hors de l'ost, pource que les Sarrazins ne se ferissent en nos heberges. Quant monseigneur Jehan de Biaumont oy ma requeste, il m'escria moult fort, et me commanda de par le Roy que je ne me partisse de ma herberge jusques à tant que le Roy le me commenderoit. Les preudeshomes chevaliers qui estoient avec le Roy, vous ai-je ramentu, pource que il en y avoit avec li huit, touz bons chevaliers qui avoient eu pris d'armes desà mer et de là ; et tiex chevaliers seloit l'en appeler chevalier. Le non de ceulz qui estoient chevaliers entour le Roy, sont tiex : monseigneur Geffroy de Sargines, monseigneur Mahi de Marley, monseigneur Phelippe de Nanteul, monseigneur Ymbert de Biaujeu connestable de France, qui n'estoit pas là ; ainçois estoit au dehors de l'ost, entre li et le mestre des arbalestriers à tout le plus des serjans à armes le Roy, à garder nostre ost que les Turs n'i feissent doumage.

101. Or avint que monseigneur Gauchier d'Autreche se fist armer en son paveillon de touz poins ; et quant il fu monté sus son cheval, l'escu au col, le hyaume en la teste, il fist lever les pans de son paveillon et feri des esperons pour aller aus Turs ; et au partir que il fist de son paveillon tout seul, toute sa mesnie escria : Chasteillon. Or avint ainsi que avant que il venist aus Turs, il chaï et son cheval li vola parmi le cors, et s'en ala le cheval couvert de ses armes à nos ennemis, pource que le plus des Sarrazins estoient montez sur jumens, et pour ce traït le cheval aus Sarrazins. Et nous conterent ceulz qui le virent, que quatre Turs vindrent par le seigneur Gauchier qui

⸺⋄⋄⋄⸺

pour le bien employer en temps et lieu, se mirent à donner de grands repas, où les viandes étoient servies en quantité excessive.

99. Le commun peuple de l'armée se livra aux folles femmes, d'où il arriva que le roi donna congé à tout plein de ses gens quand nous revînmes de prison, et je lui demandai pourquoi il avoit fait cela, et il me dit qu'il avoit trouvé pour certain, qu'à une portée de petite pierre tout autour de son pavillon, ceux à qui il avoit donné congé, tenoient leur bordeau, et cela au temps de la plus grande misère où l'armée se fût oncques trouvée.

100. Or, revenons à notre sujet, et disons qu'un peu après que nous eûmes pris Damiette, toute la cavalerie du soudan vint devant le camp et l'assaillit par terre. Le roi et tous les chevaliers s'armèrent. Moi, tout armé, j'allai parler au roi et le trouvai aussi tout armé monté sur son cheval de bataille*; les chevaliers prud'hommes qui étoient de sa bataille étoient avec lui, tout armés et montés comme lui. Je lui demandai que moi et mes gens allassions jusque hors du camp, pour que les Sarrasins ne vinssent pas nous attaquer dans nos tentes. Quand monseigneur Jean de Beaumont ouït ma requête, il me cria moult fort, et me commanda de par le roi que je ne sortisse pas de ma tente jusqu'à ce que le roi me le commandât. Les prud'hommes chevaliers qui étoient avec le roi étoient au nombre de huit, tous bons chevaliers qui avoient gagné le prix des armes tant deçà que delà la mer, et pour cela avoit-on coutume de les appeler *bons chevaliers*. Les noms de ceux qui entouroient le roi étoient : monseigneur Geoffroy de Sargines, monseigneur Mathieu de Marli, monseigneur Philippe de Nanteuil, monseigneur Imbert de Beaujeu, connétable de France, qui n'étoit pas là, mais hors du camp. Lui et le maître des arbalétriers, avec la plus grande partie des sergents d'armes du roi, étoient à garder le camp, pour que les Turcs ne lui fissent dommage.

101. Or, il advint que monseigneur Gaucher d'Autrèche se fit armer de pied en cap dans son pavillon, et quand il fut monté sur son cheval, l'écu au cou, le heaume en tête, il fit lever les pans de son pavillon et donna des éperons pour aller aux Turcs ; comme il partoit de sa tente tout seul, tous ses gens crièrent : Chatillon. Mais avant qu'il arrivât aux Turcs, son cheval tomba et se releva, et lui passa par dessus le corps ; et le cheval s'en alla aux ennemis tout couvert de ses armes, parce que la plupart des Sarrasins étoient montés sur des juments, et pour cela le cheval se retira vers les Sarrasins. Et nous contèrent ceux qui le virent, que quatre Turcs vinrent au sei-

---

* Ou assis sur une selle.

se gisoit par terre, et au passer que il fesoient par devant li, li donnoient grant cops de leur maces là où il gisoit. Là le rescourent le Connestable de France et pluseurs des sergans le Roy avec li qui le ramenerent par les bras jusques à son paveillon. Quant il vint là il ne pot parler : pluseurs des cyrurgiens et des phisiciens de l'ost alerent à li ; et pource que il leur sembloit que il n'i avoit point de peril de mort, il le firent seigner de deux bras. Le soir tout tart me dit monseigneur Aubert de Narcy que nous l'alissons veoir, pource que nous ne l'avions encore veu, il estoit home de grant non et de grant valeur. Nous entrames en son paveillon, et son chamberlanc nous vint à l'encontre pource que nous alissiens belement, et pource que nous ne esveillissiens son mestre. Nous le trouvames gisant sus couvertoers de menu vert, et nous traîmes tout souef vers li et le trouvames mort. Quant en le dit au Roy, il respondi que il n'en vourroit mie avoir tiex mil, puis que il ne voussissent ouvrer de son commandement aussi comme il avoit fait.

102. Les Sarrazins à pié entroient toutes les nuiz en l'ost, et occioient les gens là où il les trouvoient dormans ; dont il avint que il occistrent la gaite au seigneur de Courcenay,

et le lesserent gisant sur une table et li coperent la teste et l'emporterent ; et ce firent il pource que le soudane donnoit de chascune teste des chrestiens un besant d'or. Et ceste persécution avenoit pource que les batailles guetoient chascun à son soir l'ost, à cheval ; et quant les Sarrazins vouloient entrer en l'ost, il attendoient tant que les frains des chevaus et des batailles estoient passées ; si se metoient en l'ost par darieres les dos des chevaus, et r'issoient avant que jours feust. Et pource ordena le Roy que les batailles qui soloient guietier à cheval, guietoient à pié ; si que tout l'ost estoit asseur de nos gens qui guietoient, pource que il estoient espandu en tele maniere que l'un touchoit à l'autre.

103. Après ce que ce fu fait, le Roy ot conseil que il ne partiroit de Damiete, jusques à tant que son frere le conte de Poitiers seroit venu, qui amenoit l'ariereban de France ; et pource que les Sarrazins ne se ferissent parmi l'ost à cheval, le Roy fist clorre tout l'ost de grans fossés, et sus les fossés gaitoient arbalestriers touz les soirs, et serjans, et aus entrées de l'ost aussi.

104. Quant la saint Remy fu passée que en n'oy nulles nouvelles du conte de Poitiers, dont

⋄⋄⋄

gneur Gaucher, là où il gisoit par terre, et, en passant par devant lui, ils lui donnoient de grands coups de leurs masses. Le connétable de France et plusieurs des sergents du roi avec lui vinrent à son secours, et le ramenèrent par les bras jusqu'à son pavillon. Quand il y arriva, il ne pouvoit parler ; plusieurs des chirurgiens et des médecins de l'armée allèrent à lui, et, parce qu'il leur sembloit qu'il n'y avoit point de péril de mort, ils le firent saigner des deux bras. Le soir tout tard, monseigneur Aubert de Narcy me dit que nous l'allassions voir parce que nous ne l'avions encore vu, et qu'il étoit homme de grand nom et de grande valeur. Nous entrâmes dans son pavillon, et son chambellan vint au devant de nous, pour que nous allassions doucement et pour ne pas éveiller son maître. Nous le trouvâmes sur des couvertures de menu vair, et nous nous approchâmes tout doucement de son lit et le trouvâmes mort. Quand on le dit au roi, il répondit qu'il ne voudroit pas en avoir mille comme lui parce qu'ils ne voudroient agir suivant son commandement, comme il avoit fait.

102. Les Sarrasins à pied entroient toutes les nuits dans le camp, et tuoient les gens là où ils les trouvoient dormant ; d'où il advint qu'ils occirent la sentinelle du seigneur de Courcenay

⋄⋄⋄

et la laissèrent gisant sur une table et lui coupèrent la tête et l'emportèrent ; et ce firent-ils parce que le soudan donnoit un besan d'or pour chacune tête des chrétiens qu'on lui apportoit ; et cette persécution venoit de ce que les batailles veilloient, chacune à son tour, le soir autour du camp, à cheval, et quand les Sarrasins vouloient entrer au camp, ils attendoient que le bruit des chevaux et des batailles fût passé ; ils se glissoient dans le camp par derrière les chevaux, et en ressortoient avant qu'il fût jour. Et pour cela le roi ordonna que les batailles qui avoient coutume de veiller à cheval veilleroient à pied : de sorte que le camp fut assuré par nos gens qui veilloient ; car ils étoient disposés de manière qu'ils se touchoient les uns les autres.

103. Après cela le roi résolut de ne partir de Damiette que quand son frère, le comte de Poitiers, seroit venu, lequel amenoit l'arrière-ban de France ; et pour que les Sarrasins ne se portassent dans le camp à cheval, le roi fit clore tout le camp de grands fossés, et sur les fossés veilloient des arbalétriers et des sergents tous les soirs ; et aux entrées du camp il en étoit de même.

104. Quand la Saint-Denis[*] fut passée sans

---

[*] Dans l'édition du Louvre on lit : *la Saint-Remi*, et dans la variante : *la Saint-René*. Les chroniques confondent souvent les époques de saint Remi et de saint Denis, parce qu'elles sont tellement rapprochées qu'elles

le Roy et touz ceulz de l'ost furent à grant messaise; car il doutoient que aucun meschief ne li feust avenu : lors je ramentu le Legat comment le dien de Malrut nous avoit fait trois processions en la mer par trois samedis, et devant le tiers samedi nous arivames en Cypre. Le Legat me crut et fist crier les trois processions en l'ost par trois samedis. La premiere procession commença en l'ostel du Legat, et alerent au moustier Nostre Dame en la ville; lequel moustier étoit fait le en la mahommerie des Sarrazins, et l'avoit le Legat dedié en l'onneur de la mere Dieu. Le Legat fist le sermon par deux samedis. Là fu le Roy et les riches homes de l'ost, ausquieux le Legat donna grant pardon.

105. Dedans le tiers samedi vint le conte de Poitiers, et ne fu pas mestier que il feust avant venu; car dedans les trois samedis fu si grant baquenas en la mer devant Damiete, que il y ot bien douze vins vessiaus, que grans que petiz, brisiez et perdus à tout les gens qui estoient dedans noyez et perdus; dont se le conte de Poitiers feust avant venu, et il et sa gent eussent esté touz confoundus.

106. Quant le conte de Poitiers fu venu, le Roy manda touz ses barons de l'ost, pour savoir quel voie il tendroit, ou en Alixandre, ou en Babiloine; dont il avint ainsi que le bon conte Pierre de Bretaigne et le plus des barons de l'ost s'accorderent que le Roy alast assieger Alixandre; que devant la ville avoit bon port, là où les nez arrivent, qui apportent les viandes en l'ost. A ce fu le conte d'Artois contraire, et dit ainsi : que il ne s'accorderoit ja que en l'alast, mais que en Babiloine, pource que c'estoit le chief de tout le royaume d'Egypte ; et dit ainsi que qui vouloit tuer premier la serpent, il li devoit esquacher le chief. Le Roy lessa touz les autres conseulz de ses barons, et se tint au conseil de son frere.

107. En l'entrée des advens se esmut le Roy et l'ost pour aller vers Babiloine, ainsi comme le conte d'Artois l'avoit loé. Assez près de Damiete trouvames un flum qui issoit de la grant riviere; et fu ainsi accordé que l'ost sejournast un jour pour boucher ledit braz, parquoy en peust passer. La chose fu faite assez legierement, car l'en boucha ledit bras rez à rez de la grant riviere. A ce flum passer envoia le soudanc cinq cens de ses chevaliers, les mieux montez que il pot trouver en tout son ost, pour aidier l'ost le Roy, pour delaier nostre alée.

---

qu'on ouït aucune nouvelle du comte de Poitiers, le roi et tous ceux de l'armée furent en grande inquiétude, parce qu'ils craignoient qu'il ne lui fût arrivé quelqu'accident. Lors je rappelai au légat comment le doyen de Malrut nous avoit fait faire trois processions sur mer par trois samedis, et qu'avant le troisième nous arrivâmes en Chypre. Le légat me crut et fit crier trois processions dans l'armée pour trois samedis. La première procession commença dans l'hôtel du légat, et alla au couvent de Notre-Dame, dans la ville. Ledit couvent avoit été fait dans la mosquée des Sarrasins, et le légat l'avoit dédié à la Mère de Dieu : le légat fit le sermon par deux samedis. Là furent le roi et les riches hommes de l'armée auxquels le légat donna le grand pardon.

105. Le troisième samedi le comte de Poitiers arriva, et il n'eût pasété bon qu'il arrivât auparavant ; car pendant les trois samedis, il y eut si grande tempête sur mer, devant Damiette, qu'il eut bien douze vingts vaisseaux, tant grands que petits, brisés et perdus avec tous les gens qui étoient dedans, lesquels furent noyés. Si le comte de Poitiers fût venu avant, lui et ses gens eussent été tous confondus.

106. Quand le comte de Poitiers fut venu, le roi appela tous les barons de l'armée pour savoir quel chemin il tiendroit, soit vers Alexandrie, soit vers Babylone. Le bon comte Pierre de Bretagne et la plupart des barons de l'armée furent d'avis que le roi allât assiéger Alexandrie, parce que devant la ville il y avoit un bon port là où les nefs arriveroient, lesquelles apporteroient les provisions à l'armée. Le comte d'Artois fut contraire à cet avis, et dit qu'il ne consentiroit qu'on n'allât qu'à Babylone, parce que c'étoit la capitale de tout le royaume, et il ajouta que qui vouloit d'abord tuer le serpent devoit en écraser la tête. Le roi laissa tous les autres conseils de ses barons et se tint à celui de son frère.

107. A l'entrée des avents, le roi et l'armée partirent pour aller vers Babylone, comme le comte d'Artois l'avoit conseillé. Assez près de Damiette nous trouvâmes un fleuve ou canal qui sortoit de la grande rivière, et il fut convenu que l'armée séjourneroit un jour pour boucher ledit canal, afin qu'on pût passer. La chose fut faite assez facilement, car on boucha le canal rez-à-rez (au niveau) de la grande rivière. Le soudan envoya au passage du canal, cinq cents de ses cavaliers les mieux montés qu'il pût trouver dans son armée pour harceler l'armée du roi, afin de retarder notre passage*.

---

ne font à proprement parler qu'une époque, qui était celle du second passage des pèlerins. Quant à la

Saint-René, c'est évidemment une faute de copiste.
* Il y a ici entre le texte de l'édition du Louvre et ce

108. Le jour de la saint Nicholas commenda le Roy que il s'atirassent pour chevaucher, et deffendi que nulz ne feust si hardi que il poinsit à ces Sarrazins qui venus estoient. Or avint que quant l'ost s'esmut pour chevaucher, et les Turs virent que l'en ne poindrent pas à eulz, et sorent par leur espies que le Roy l'avoit deffendu, il s'enhardirent et assemblerent aus Templiers, qui avoient la premiere bataille, et l'un des Turs porta un chevalier du Temple à terre, tout devant les piez du cheval frere Renaut de Bichiers qui estoit lors marechal du Temple. Quant il vit ce, il escria à ses freres : « or à eulz de par Dieu, car ce ne pourroie je plus souffrir. » Il feri des esperons et tout l'ost aussi : les chevaus à nos gens estoient frez, et les chevaus aus Turs estoient ja foulez; dont je oy recorder que nul n'en y avoit eschapé, que touz ne fussent mort; et pluseurs d'eulz en estoient entré ou flum etu frent noyez.

109. Il nous convient premierement parler du flum qui vient de Egypte et de Paradis terrestre; et ces choses vous ramentoif je pour vous fere entendant aucunes qui afflerent à ma matiere. Ce fleuve est divers de toutes autres rivieres; car quant viennent les autres rivieres aval, et plus y chieent de petites rivieres et de petitz ruissiaus, et en ce flum n'en chiet nulles : ainçois avient ainsi que il vient tout en un chanel jusques en Egypte, et lors gete de li ses branches qui s'espendent parmi Egypte. Et quant ce vient après la saint Remy, les sept rivieres s'espandent par le païs et cuevrent les terres pleinnes; et quant elles se retraient, les gaungneurs vont chascun labourer en sa terre à une charue sanz rouelles; dequoy il treuvent dedens la terre les fourmens, les orges, les comminz, le ris, et vivent si bien que nulz n'i sauroit quamender, ne se scet l'en dont celle treuve vient mez que de la volenté Dieu; et se ce n'estoit, nulz biens ne vinroient ou païs pour la grant chaleur du solleil qui ardroit tout, pource que il ne pluet nulle foiz ou pays. Le flum est touzjours trouble, dont ceulz du païs qui boire en welent, vers le soir le prennent et esquachent quatre amendes ou quatre fèves; et lendemain est si bone à boire que riens n'i faut. Avant que le flum entre en Egypte, les gens qui ont acoustumé à ce faire, getent leur roys desliées parmi le flum au soir; et quant ce vient au matin, si treuvent en leur royz cel avoir de poiz que l'en aporte en ceste terre, c'est à sa-

◇◇◇

108. Le jour de la Saint Nicolas, le roi commanda qu'on se préparât à chevaucher et défendit que nul ne fût si hardi que de piquer aux Sarrasins qui étoient venus. Or, il advint que quand l'armée se mit en mouvement pour chevaucher, et que les Turcs virent qu'on ne piqueroit point vers eux, et surent par leurs espions que le roi l'avoit défendu, ils s'enhardirent et se portèrent sur les Templiers qui avoient la première bataille. L'un des Turcs porta à terre un chevalier du temple tout devant les pieds du cheval du frere Renaut de Bichiers qui lors étoit maréchal du Temple. Quand le maréchal vit cela, il cria à ses frères : « Or à eux, de par Dieu, car ce ne puis-je plus » souffrir. » En même temps il donne de l'éperon et toute la troupe aussi; les chevaux de nos gens étoient frais et les chevaux des Turcs étoient déjà fatigués. J'ai ouï raconter que nul n'en avoit échappé, que tous en étoient morts, et que plusieurs s'étoient jetés dans le fleuve où ils furent noyés.

109. Il convient de parler d'abord du fleuve qui vient d'Égypte et de Paradis Terrestre; et ces choses vous rappellerai-je pour vous faire entendre ce qui appartient à mon sujet. Ce fleuve est différent de toutes autres rivières, car plus les autres rivières descendent, plus il y tombe de petites rivières et de petits ruisseaux. Mais dans ce fleuve il n'en tombe aucune; et il vient ainsi tout en un canal jusques en Égypte, et alors il jette de ses branches qui se répandent parmi ce pays, et quand ce vient après la Saint-Remy, sept rivières s'épandent par les terres et couvrent les plaines, et quand elles se retirent, les laboureurs vont, chacun dans sa terre, labourer avec une charrue sans roue, et ils y sèment froment, orge, comminz et riz qui viennent si bien que nul n'y sauroit rien faire plus; et ne sait-on d'où vient cette crue, sinon que de la volonté de Dieu, car sans elle nuls biens ne viendroient dans ce pays, à cause de la grande chaleur du soleil qui brûleroit tout, parce qu'il n'y pleut aucune fois. Le fleuve est toujours trouble, et ceux du pays qui veulent en boire l'eau, la prennent vers le soir, et y écrasent quatre amendes ou fèves*, et le lendemain elle est si bonne à boire que rien n'y manque. Avant que le fleuve entre en Égypte, il y a des gens accoutumés à ce faire, qui jettent le soir leurs filets dans le fleuve, et quand ce vient au matin, ils trouvent dans leur filets ces épiceries qu'on vend au poids et qu'on apporte dans ce pays, savoir gingembre, rhubarbe, ligualoës et canelle, On dit que ces choses viennent de Paradis Terrestre où le vent les abat

lui des éditions précédentes, une différence essentielle. Suivant ces éditions, le soudan envoya par ruse cinq cents de ses chevaliers qui dirent au roi qu'ils venaient pour le secourir et qui lui conseillèrent de ne pas aller vers Babylone où étaient toutes les forces du soudan. Mais la suite du récit nous porte à croire que le texte de l'édition du Louvre est préférable.

* Cette pratique est encore aujourd'hui en usage.

voir gingimbre, rubarbe, lignaloecy et canele, et dit l'en que ces choses viennent de paradis terrestre, que le vent abat des arbres qui sont en paradis, aussi comme le vent abat en la forest en cest païs le bois sec; et ce qui chiet du bois sec ou flum, nous vous vendent les marcheans en ce païz. L'yaue du flum est de telle nature, que quant nous la pendion en poz de terre blans que l'en fet au païs, aus cordes de nos paveillons, l'yaune devenoit ou chaut du jour aussi froide comme de fonteinne. Il disoient ou païs que le soudanc de Babiloine avoit mainte foiz essaié dont le flum venoit, et y envoioit gens qui portoient une maniere de pains que l'en appele béquis, pource que il sont cuis par deux foiz, et de ce pain vivoient tant que il revenoient arieres au Soudane; et raportoient que il avoient cherchié le flum et que il estoient venus à un grant tertre de roches tailléees, là où nulz n'avoit pooir de monter; de ce tertre cheoit le flum, et leur sembloit que il y eust grant foison d'arbres en la montaigne en haut; et disoient que il avoient trouvé merveilles de diverses bestes sauvages et de diverses façons, lyon, serpens, oliphans qui les venoient regarder dessus la riviere de lyaue, aussi comme il aloient à mont.

110. Or, revenons à nostre première matière et disons ainsi, que quant le flum vient en Egypte, il gete ses branches aussi comme je ja dit devant. L'une de ses branches va en Damiete, l'autre en Alixandre, la tierce à Athenes, la quarte à Raxi; et à celle branche qui va à Rexi vint le roi de France à tout son ost, et si se logea entre le fleuve de Damiete et celui de Rexi; et toute la puissance du soudan se logèrent sur le fleuve de Rixi; d'autre part, devant nostre ost, pour nous defendre le passage; laquelle chose leur estoit legiere, car nulz ne pooit passer ladite yaue par devers eulz se nous ne la passions à nou.

111. Le Roy ot conseil que il feroit faire une chauciée parmi la riviere pour passer vers les Sarrazin. Pour garder ceulz qui ouvroient à la chauciée, et fist faire le Roy deux beffrois que l'en appelle chaschastiau; car il avoit deux chastiaus devant les chas et deux massons darieres les chastiaus, pour couvrir ceulz qui guieteroient, pour les copz des engins aux Sarrazins, lesquiex avoient seize engins touz drois. Quand nous venimes là, le Roy fist faire dix-huit engins, dont Jocelin de Cornaut estoit mestre engingneur. Nos engins getoient au leur, et les leurs aus nostres; mais onques n'oy dire que les nostres feissent

⋄⋄⋄   ⋄⋄⋄

des arbres qui y sont, tout comme le vent abat dans la forêt, dans nos pays, le bois sec; et ce qui tombe de bois sec dans le fleuve, les marchands nous le vendent ici. [L'eau du fleuve est de telle nature, que quand nous la pendions dans des pots de terre blanche qu'on fait au pays, aux cordes de nos pavillons, elle devenoit à la chaleur du jour aussi froide que celle de fontaine*.] On disoit au pays, que maintes fois le soudan de Babylone avoit essayé de savoir d'où venoit le fleuve, et avoit envoyé des gens qui portoient avec eux une espèce de pain qu'on appelle biscuit, parce-qu'il est cuit deux fois, et ils vivoient de ce pain jusqu'à leur retour auprès du soudan. Ils rapportèrent qu'ils avoient cherché le fleuve et qu'ils étoient venus à un grand tertre de roches taillées là où nul ne pouvoit monter. De ce tertre tomboit le fleuve, et il leur sembloit qu'il y eût grande quantité d'arbres au haut de la montagne, et ils disoient qu'ils avoient trouvé diverses bêtes sauvages, merveilleuses et de diverses espèces, lions, serpents, éléphants qui les venoient regarder dessus la rive, à mesure qu'ils montoient le fleuve **.

110. Or revenons à notre premier sujet, et disons que quand le fleuve vient en Egypte, il jette ses branches comme j'ai déjà dit devant. Une de ces branches va à Damiette, l'autre à Alexandrie, la troisième à Thanis, la quatrième à Rexi ***. A cette branche qui va à Rexi, le roi de France vint avec toute son armée, et se logea entre le fleuve de Damiette et celui de Rexi, et toutes les troupes du soudan se logèrent sur le fleuve de Rexi de l'autre part, en face de notre armée, pour nous empêcher le passage; ce qui leur étoit facile, car nul ne pouvoit passer l'eau vers eux, à moins de la passer à la nage.

111. Le roi résolut de faire faire une chaussée sur la rivière pour passer du côté des Sarrasins; et pour garder ceux qui travailloient à la chaussée, il fit faire deux beffrois qu'on appelle *chaz-chastels* (galeries couvertes flanquées de tours; le tout en bois de charpente et roulant). Il y avoit deux châteaux devant les chaz et deux maisons derrière les châteaux, pour garantir ceux qui veilleroient, des coups des engins des Sarrasins qui en avoient seize tout dressés. Quand nous vînmes là, le roi fit faire dix-huit engins dont Josselin de Cornaut**** étoit maître ingénieur. Nos engins lançoient aux leurs, et les leurs aux nôtres; mais onques n'ouïs dire que les nôtres fissent beaucoup d'effet. Les frères du roi veilloient le jour, et nous autres chevaliers veillions la nuit auprès

---

* Ceci se pratique encore aujourd'hui.
** L'édition de Ducange ajoute : « Et tantôt les gens du soudan s'en retournèrent et n'osèrent passer ni aller plus avant. »
*** Le canal d'Achmoun près de Mansoura; ce canal va se jeter dans le lac Menzalé.
**** Ou mieux *Courvant*.

biaucop. Les freres le Roy guitoient de jours, et nous li autre chevalier guietion de nuit les chaz : nous venimes la semaine devant nouel. Maintenant que lez chaz furent faiz, l'en emprist à fere la chauciée, et pource que il Roy ne vouloit que les Sarrazins blessassent ceulz qui portoient la terre, lesquiex traoient à nous de visée parmi le flum. A celle chauciée faire furent aveuglez le Roy et touz les barons de l'ost; car pource que il avoit bouché l'un des bras du flum, aussi comme je vous ai dit devant (lequel firent legierement, pource que il pristrent à boucher là où il partoit du grand flum); et par cesti fait cuidierent il boucher le flum de Raxi qui estoient jà parti du grand fleuve bien demi lieu aval. Et pour destourber la chauciée que le Roy fesoit, les Sarrazins fesoient fere caves en terre par devers leur oste; et sitost comme le flum venoit aus caves, le flum se flatissoit ès caves dedens, et refaisoit une grant fosse ; dont il avenoit ainsi que tout ce que nous avions fait en trois semaines il nous deffesoient tout en un jour, pource que tout ce que nous bouchions du flum devers nous, il r'élargissoient devers eulz pour les caves que il fesoient.

112. Pour le Soudanc qui estoient mort et de la maladie que il prist devant Hamant la cité, il avoient fait chevetain d'un Sarrazin qui avoit à non Scecedine le filz au Seic. L'en disoit que l'em periere Ferris l'avoit fait chevalier. Celi manda à une partie de sa gent que il venissent assaillir nostre ost par devers Damiete, et il si firent; car il alerent passer à une ville qui est sur le flum de Rixi, qui a non Sormesac, le jour Noel. Moy et mes chevaliers mangions avec monseigneur Pierre d'Avalon tandis que nous mangion, il vindrent ferant des esperons jusques à nostre ost, et occistrent plusieurs poures gens qui estoient alez aus chans à pié. Nous nous alames armer. Nous ne sceumes onques sitost revenir que nous trouvames monseigneur Perron nostre oste qui estoit au dehors de l'ost, qui en fu alé après les Sarrazins : nous ferimes des esperons après, et les rescousisimes aus Sarrazins qui l'avoient tiré à terre; et li et son frere le seigneur du Val arieres en remenames en l'ost. Les Templiers qui estoient venus au cri, firent l'arriere garde bien et hardiement. Les Turs nous vindrent hardoiant jusques en nostre ost, pour ce commanda le roy que l'en coussit nostre ost de fossés par devers Damiette jusques au flum de Rexi.

113. Scecedins que je vous ai devant nommé le chievetain des Turs, se estoit le plus prisié de toute la paennime. En ses bannières portoit les armes l'Empereur qui l'avoit fait chevalier; sa baniere estoient bandée, et une des bandes estoient les armes l'Empereur qui l'avoit fait che-

⸺

des chaz. On arriva ainsi à la semaine de devant Noël. Dès que les chaz furent faits, on se mit à travailler à la chaussée et non avant, parce que le roi ne vouloit pas que les Sarrasins blessassent ceux qui portoient la terre; car ils tiroient droit sur nous au travers du fleuve. [Le roi et tous les barons de l'armée agirent en aveugle à cette œuvre de la chaussée; car quand ils eurent bouché l'un des bras du fleuve comme je vous ai ci-devant (ce qu'ils firent facilement, parce qu'ils se mirent à boucher à l'endroit d'où il partoit du grand fleuve); ils crurent qu'ils boucheroient ensuite le fleuve de Rexi, qui étoit déjà parti du grand fleuve à près d'une demi-lieue en aval]. Mais les Sarrasins, pour empêcher la construction de la chaussée, firent creuser des caves le long de leur camp, et dès que les caves venoient au fleuve, l'eau se jetoit dedans et faisoit une grande fosse. Il arrivoit ainsi que ce que nous avions fait en trois semaines, ils nous le défaisoient en un jour, parce que tout ce que nous bouchions du fleuve de notre côté, ils l'élargissoient du leur par les grandes caves qu'ils faisoient.

112. A la place du soudan, qui étoit mort de la maladie qu'il avoit prise devant la ville de Hamah, les Sarrasins avoient fait leur chef d'un Sarrasin qui avoit nom Scecedin (Fachr-Eddin), fils du Seic. On disoit que l'empereur Frédéric II l'avoit fait chevalier. Scecedin manda à une par tie de ses gens de venir assaillir notre armée du côté de Damiette, ce qu'ils firent. Car ils allèrent passer à une ville qui est sur le fleuve de Rexi, et qui a nom Sormesac, le jour de Noël. Moi et mes chevaliers nous mangions avec monseigneur Pierre d'Avalon ; et tandis que nous mangions, ils vinrent donnant des éperons jusqu'à notre camp, et occirent plusieurs pauvres gens qui étoient allés aux champs à pied. Nous allâmes nous armer. Nous ne pûmes onques revenir sitôt que nous trouvâmes monseigneur Perron, notre hôte, qui étoit hors du camp et qui étoit allé après les Sarrasins. Nous donnâmes des éperons et nous le dégageâmes des mains des Sarrasins qui l'avoient jeté à terre, et nous ramenâmes au camp lui et son frère le seigneur du Val. Les Templiers, qui étoient venus au cri, firent l'arrière-garde bien et hardiment. Les Turcs vinrent nous harcelant jusqu'à notre camp; et pour cela, le roi commanda qu'on enfermât notre camp de fossés, du côté de Damiette jusqu'au fleuve de Rexi.

113. Scecedin, que je vous ai nommé devant, chef des Turcs, étoit le plus prisé de toute la païennie. Il portoit dans ses bannières les armes de l'empereur qui l'avoit fait chevalier. Sa bannière étoit à trois bandes; sur une des bandes étoient les armes de cet empereur, sur l'autre étoient celles du soudan d'Alep, et sur la troi-

valier; en l'autre estoient les armes le soudanc de Haraphe; en l'autre bande estoient les au soudanc de Babiloine. Son nom estoit Secedin le filz Seic; ce vaut autant à dire comme le veel le filz au veel. Son non tenoient il à moult grant chose en la Paiennime; car ce sont les gens ou monde qui plus honneurent gens anciennes, puis que il est ainsi que Dieu les a gardés de vilain reproche jusques en leur vieillesce. Secedin ce vilein Turc, aussi comme les espies le Roy le rapporterent, se vanta que il mangeroit le jour de la feste saint Sebastien ès paveillonz le Roy.

114. Le roy qui sot ces choses, atira son host en telle maniere que le conte d'Artois son frere garderoit les chaz et les engins; le Roy et le conte d'Anjou qui puis fu roy de Cecile, furent establiz à garder l'ost pardevers Babiloine; et le conte de Poitiers et nous de Champaingne garderions l'ost par devers Damiete. Or avint ainsi que le prince des Turs devant nommé, fist passer sa gent en l'ille qui est entre le flum de Damiete et le flum de Rexi, là où nostre ost estoit logié; et fist ranger ses batailles dès l'un des fleuves jusques à l'autre. A celle gent assembla le roy de Sezile et les deconfist. Moult en y ot de noiez en l'un fleuve et en l'autre; et toutes voies en demoura il grant partie ausquiex en n'osa assembler, pource que les engeins des Sarrazins getoient parmi les deux fleuves. A l'assembler que le roy de Cezile fist aus Turs, le conte Gui de Forez tresperça l'ost des Turs à cheval, et assembla li et ses chevaliers à une bataille de Sarrazins serjens qui le portèrent à terre, et ot la jambe brisiée; et deux de ses chevaliers le ramenerent par les bras. A grant peinne firent traire le roy de Sezil du peril là où il estoit, et moult fut prisié de celle journée.

115. Les Turs vindrent au conte de Poitiers et à nous, et nous leur courumes sus et les chassames grant piesce; de leur gens y ot occis, et revenimes sanz perdre. Un soir avint là où nous guietions les chas-chastiaus de nuit, que il nous avierent un engein que l'en appelle perriere, ce que il n'avoient encore fait, et mistrent le feu gregoiz en la fonde de l'engin. Quant monseigneur Gautier de Cureil le bon chevalier qui estoit avec moy, vice, il nous dit ainsi : « Seigneurs nous
» sommes ou plus grand peril que nous feussions
» onques mais; car se il ardent nos chastiaus et
» nos demeures, nous sommes perdus et ars; et se
» nous lessons nos deffenses que l'en nous a baillées à garder, nous sommes honnis; dont nulz
» de cest peril ne nous peut deffendre fors que
» Dieu. Si vous loe et conseille que toutes les foiz
» que il nous jeteront le feu, que nous nous me-

---

sième celles du soudan de Babylone. Son nom étoit Sceecedin le fils du Seic *, ce qui vaut autant à dire *le fils du vieux*. [Ce nom tient-on en grande estime parmi les païens; car ce sont les gens du monde qui plus honorent les vieilles gens, lorsqu'il arrive que Dieu les a gardés de vilains reproches jusque dans leur vieillesse.] Sceecedin, ce vaillant turc, se vanta, comme les espions du roi le rapportèrent, qu'il mangeroit le jour de la fête de saint Sébastien, dans le pavillon du roi.

114. Le roi qui sut ces choses, disposa son camp de telle manière que le comte d'Artois son frère garderoit les chaz et les engins; le roi et le comte d'Anjou, qui depuis fut roi de Sicile, furent établis pour garder le camp du côté de Babylone; le comte de Poitiers et nous de Champagne, le gardions du côté de Damiette. Or advint que le prince des Turcs nommé ci-dessus fit passer ses gens dans l'île ** qui est entre le fleuve de Damiette et le fleuve de Rexi où notre armée étoit logée; et fit ranger ses batailles depuis l'un des fleuves jusqu'à l'autre. Le roi de Sicile se porta sur eux et les déconfit; tant y en eut de noyés dans l'un et l'autre fleuve qu'on n'en savoit le compte; et toutefois en demeura-t-il grande partie qu'on n'osa attaquer, parce que les engins des Sarrasins tiroient à travers les deux fleuves. Au combat que le roi de Sicile livra aux Turcs, le comte Guy de Forez traversa l'armée des Turcs à cheval, et lui et ses chevaliers se portèrent sur une bataille de Sarrasins qui le renversèrent à terre; Guy en eut la jambe brisée, et deux de ses chevaliers le ramenèrent par les bras. A grande peine tira-t-on le roi de Sicile du péril où il étoit, et il fut moult prisé de cette journée.

115. Les Turcs vinrent au comte de Poitiers et à nous, et nous leur courûmes sus, et les chassâmes long-temps; y eut de leurs gens occis, et nous revînmes sans perdre des nôtres. Advint un soir comme nous veillions de nuit auprès des chazchastels, que les Turcs amenèrent un engin qu'on appelle perrière, ce qu'ils n'avoient encore fait, et mirent le feu grégeois dans la fronde de la baliste. Quand monseigneur Gautier de Cureil, le bon chevalier qui étoit avec moi, vit cela, il nous dit : « Seigneurs, nous sommes au plus grand pé-
» ril que nous fussions onques mais, car s'ils
» brûlent nos chastels, et que nous restions, nous
» sommes perdus et brûlés, et si nous laissons
» nos défenses que l'on nous a baillées à garder,
» nous sommes honnis. Donc nul ne nous peut

---

* Le mot *seic* est une corruption du mot arabe *cheik* qui veut dire l'ancien ou chef.

** L'île dont parle ici Joinville, est l'espace compris entre la branche de Damiette et le canal d'Achmoun.

» tons à coutes et à genoulz, et prions Nostre Sei-
» gneur que il nous gete de ce péril. » Sitost
comme il geterent le premier cop, nous nous
meismes à coutes et à genoulz, ainsi comme il
nous avoit enseigné. Le premier cop que il geterent vint entre nos deux chas-chastelz, et chaï
en la place devant nous que l'ost avoit fait pour
boucher le fleuve. Nos esteingneurs furent appareillé pour estraindre le feu ; et pource que les
Sarrazins ne pooient trère à eulz, pour les deux
eles des pavellons que le Roy y avoit fait faire,
il troioient tout droit vers les nues, si que li pulet
leur cheoient tout droit vers eulz. La maniere du
feu gregois estoit tele, que il venoit bien devant
aussi gros comme un tonnel de verjus, et la queue
du feu qui partoit de li, estoit bien aussi grant
comme un grant glaive ; il fesoit tele noise au
venir, que il sembloit que ce feust la foudre du
ciel ; il sembloit un dragon qui volast par l'air,
tant getoit grant clarté, que l'on veoit parmi l'ost
comme se il feust jour, pour la grant foison du
feu qui getoit la grant clarté. Trois fois nous geterent le feu gregois celi soir, et le nous lancerent
quatre foiz à l'arbalestre à tour. Toutes les foiz
que nostre saint Roy ooit que il nous getoient le
feu gregois, il se vestoit en son lit et tendoit ses
mains vers Nostre Seigneur, et disoit en plourant : « Biau sire Diex, gardez moy ma gent ; »
et je crois vraiement que ses prieres nous orent

<><><>

bien mestier au besoing. Le soir toutes les foiz
que le feu estoit cheu, il nous envoioit un de ses
chamberlans pour savoir en quel point nous estions, et se le feu nous avoit fait point de doumage. L'une des foiz que il nous geterent, si
chei encoste le chat-chastel que les gens monseigneur de Courcenay gardoient, et feri en
la rive du flum. A tant ès vaus un chevalier qui
avoit non Laubigoiz : « Sire, fist il à moy, se vous
» ne nous aidiés, nous sommes touz ars, car les
» Sarrazins ont tant trait de leur pyles, que il a
» aussi comme une grant haye qui vient ardent
» vers nostre chastel. » Nous saillimes sus et
alames là, et trouvames que il disoit voir.
Nous esteingnimes le feu, et avant que nous
l'eussions estaint, nous chargeres les Sarrazins touz de pyles que il traioient au travers du
flum.

116. Les freres le Roy gaitoient les chas-chastiaus en haut, pour traire aus Sarrazins, des arbalestres de quarriaus qui aloient parmi l'ost aus
Sarrazins. Or avoit le Roy ainsi atiré que quant
le roy de Sezile guietoit de jour les chas-chastiaus,
et nous les devions guieter de nuit. Celle journée
que le Roy guieta de jour, et nous devions guieter
la nuit et nous estions en grant messaise de cuer,
pource que les Sarrazins avoient tout confroissié
nos chas-chastiaus ; les Sarrazins amenerent la
perriere de grant jour, ce qui il n'avoient encore

<><><>

» garantir de ce péril, fors Dieu. Ainsi, je vous
» conseille que toutes les fois qu'ils nous jetteront
» le feu, que nous nous mettions sur nos coudes et à
» genoux, et priions notre Seigneur qu'il nous tire
» de ce péril. » Sitôt qu'ils jetèrent le premier coup,
nous nous mîmes sur nos coudes et à genoux
comme il nous l'avoit enseigné. Le premier feu
qu'ils jetèrent vint entre nos deux chaz-chastels,
et tomba devant nous dans la place que l'armée
avoit faite pour boucher le fleuve, et nos étei-
gneurs se mirent en œuvre pour éteindre le feu.
Et, comme les Sarrasins ne pouvoient tirer sur
eux à cause des deux ailes des pavillons que le
roi y avoit fait faire, ils tiroient tout droit vers
les nues, de sorte que le javelot leur tomboit tout
droit dessus. La manière du feu grégeois étoit
telle, qu'il venoit devant nous bien aussi gros
qu'un tonneau de verjus, et la queue du feu qui
en partoit étoit bien aussi grande qu'un grand
glaive ; il faisoit en venant un tel bruit, qu'il sembloit que ce fût la foudre du ciel ; il sembloit un
dragon qui volât par l'air ; il jetoit tant grande
clarté, qu'on voyoit dans le camp comme s'il eût
fait jour ; à cause de la quantité de feu qui répandoit si grande clarté ce soir-là, ils nous jetèrent trois fois le feu grégeois, et nous le lancèrent quatre fois avec l'arbalète à tour. Toutes
les fois que notre saint roi oyoit qu'ils nous jetoient le feu grégeois, il se mettoit en son lit *
et tendoit ses mains vers notre Seigneur, et disoit en pleurant : « Biau sire Dieu, gardez-moi et
» ma gent. » Et je crois vraiment que ses prières
nous servirent bien au besoin. Le soir, toutes les
fois que le feu étoit tombé, il nous envoioit un de
ses chambellans pour savoir en quel point nous
étions, et si le feu ne nous avoit fait point de dommage. Une des fois qu'ils nous le jetèrent, il tomba à côté du chaz-chastel que les gens de monseigneur de Courcenai gardoient, et frappa la rive
du fleuve. Alors voilà qu'un chevalier qui avoit
nom Laubigoiz, me dit à moi : « Sire, si vous ne
» nous aidez, nous sommes tous brûlés, car les
» Sarrasins ont tant tiré de leurs dards, qu'il y a
» comme une grande haie qui vient toute brûlante
» vers notre chastel. » Nous sautâmes sus et allâmes là, et nous trouvâmes qu'il disoit vrai. Nous
éteignîmes le feu, et, avant que nous l'eussions
éteint, les Sarrasins nous chargèrent tous de dards
qu'ils tiroient au travers du fleuve.

116. Le frère du roi veilloit de jour aux chaz-
chastels et montoit au haut pour tirer des traits
d'arbalète qui portoient à travers le camp des
Sarrasins. Or, le roi avoit ainsi arrêté que quand

---

* Ou bien, *il se jettoit à terre*, comme portent les autres éditions.

fet que de nuit, et geterent le feu gregois en nos chas-chastiaus. Leur engins avoient si accouplez aus chauciées que l'ost avoit fait pour boucher le flum, que nulz n'osoit aler aus chas-chastiaus, pour les engins qui getoient les grans pierres, et cheoient en la voie ; dont il avint ainsi que nos deux chastiaus furent ars, dont le roy de Sezile estoit si hors du sens, que il se vouloit aler ferir ou feu pour estaindre ; et ce il en fu courroucié, je et mes chevaliers en loames Dieu ; car se nous eussiens guietié le soir, nous eussions esté tous ars.

117. Quant le Roy uit ce, il envoia querre touz les barons, et leur pria que chascun li donnast du merrien de ses nez, pour faire un chat pour boucher le flum ; et leur moustra que il veoient bien que il n'i avoit boiz dont en le peut faire, se ce n'estoit du merriens des nez qui avoient amené nos harnois à mont. Il en donnerent ce que chascun voult ; et quant ce chat fut fait, le merrien fu prisé à dix mille livres et plus.

118. Le Roy vit aussi que l'en ne bouteroit le chat avant en la chauciée jusques à tant que le jour venroit que le roy de Sezile devoit guieter, pour restaurer la meschéance des autres chas-chastiaus qui furent ars à son guiet. Ainsi comme l'en l'ot atiré, ainsi fu fait ; car sitost comme le roy de Sezile fu venu à son guit, il fist bouter le chat jusques au lieu là où les deux autres chas-chastiaus avoient esté ars. Quant les Sarrazins virent ce, il atirerent que touz leur seize engins geteroient sur la chauciée là où le chat estoit venu. Et quant il virent que nostre gent redoutoient à aler au chat, pour les pierres des engins qui cheoient sur la chauciée par où le chat estoit venu, il amenerent la perriere, et geterent le feu gregois ou chat et l'ardirent tout. Ceste grant courtoisie fist Dieu à moy et à mes chevaliers ; car nous eussions le soir guieté en grand peril, aussi comme nous eussiens fait à l'autre guiet dont je vous ai parlé devant.

119. Quant le Roy vist ce, il manda touz ses barons pour avoir conseil. Or acorderent entre eulz que il n'auroient pooir de faire chauciée, par quoy il peussent passer par devers les Sarrazins ; pource que nostre gent ne savoient tant boucher d'une part, comme il en desbouchoient d'autre. Lors dit le Connestable monseigneur Hymbert de Biaujeu au Roy, que un Beduyn estoit venu, qui li avoit dit que il enseigneroit un bon gué, mès que l'en li donnast cinq cens besans. Le Roy dit que il s'acordoit que en li donnast, mès que il tenist verité de ce

※

le roi de Sicile veilloit de jour aux chastels, nous devions y veiller de nuit. Un jour que le roi de Sicile veilloit, et que nous devions veiller la nuit, nous étions en grand malaise de cœur, parce que les Sarrasins avoient tout fracassé nos chaz-chastels. Ce même jour, les Sarrasins amenèrent la perrière, ce qu'ils n'avoient encore fait que la nuit, et ils jetèrent le feu grégeois sur nos chaz-chastels. Ils avoient avancé leurs engins si près de la chaussée que l'armée avoit faite pour boucher le fleuve, que nul n'osoit aller aux chaz-chastels, à cause des grandes pierres que lançoient ces engins, et qui tomboient dans le chemin ; d'où il advint que nos deux chastels furent brûlés. Le roi de Sicile en étoit si hors de lui, qu'il vouloit se porter au feu pour l'éteindre : s'il en fut courroucé, moi et mes chevaliers en louâmes Dieu, car si nous eussions veillé le soir, nous eussions tous été brûlés.

117. Quand le roi vit cela, il envoya quérir tous les barons, et les pria que chacun lui donnât du merain (bois de charpente) de ses nefs, pour faire un nouveau chaz, afin de boucher le fleuve, et leur montra qu'ils voyoient bien qu'il n'y avoit bois dont on en pût faire, si ce n'étoit du merain des nefs qui avoient amené nos bagages à Mont. Les barons en donnèrent ce que chacun voulut, et, quand ce chaz fut fait, on estima qu'il y avoit du merain pour dix mille livres et plus.

118. Le roi ordonna aussi que l'on ne placeroit le char en avant de la chaussée que le jour où le roi de Sicile devoit veiller, afin de réparer le malheur des autres chaz-chastels qui avoient été brûlés, lors de son guez. Ainsi qu'il avoit été arrêté, ainsi fut fait : car sitôt que le roi de Sicile fut venu pour veiller, il fit placer le chaz jusqu'au lieu où les deux chaz-chastels avoient été brûlés. Quand les Sarrasins virent cela, ils ordonnèrent que tous leurs seize engins tireroient sur la chaussée où le chaz étoit venu. Et quand ils virent que nos gens craignoient d'aller au chaz, à cause des pierres des engins qui tomboient sur la chaussée par où le chaz étoit venu, ils amenèrent la perrière et jetèrent le feu grégeois sur le chaz et le brûlèrent tout. Ce fut pour moi et mes chevaliers une grande courtoisie que Dieu nous fit ; car nous eussions le soir veillé en grand péril, comme nous eussions fait à l'autre gué, dont je vous ai parlé devant.

119. Quand le roi vit cela, il manda tous ses barons pour avoir conseil. Or les barons s'accordèrent à dire qu'ils n'auroient pouvoir de faire une chaussée par laquelle ils pussent passer du côté des Sarrasins, parce que nos gens ne savoient tant boucher d'une part que les ennemis débouchoient de l'autre. Lors le connétable monseigneur Imbert de Beaujeu, dit au roi qu'un Bédouin étoit venu le trouver et lui avoit dit qu'il enseigneroit un bon gué, pourvu qu'on lui donnât cinq cents besans. Le roi répondit qu'il con-

que il prometoit. Le Connestable en parla au Beduyn, et il dit que il n'en enseigneroit ja gué, se l'en ne li donnoit les deniers avant. Acordé fu que l'en li bailleroit, et donnés li furent.

120. Le Roy atira que le duc de Bourgoingne et les riches homes d'outremer qui estoient en l'ost, guieteroient l'ost, pource que l'en n'i feist doumage ; et que le Roy et ses trois freres passeroient au gué là où le Beduyn devoit enseigner. Ceste emprise fu atirée à passer le jour de quaresme prenant, à laquelle journée nous venimes au gué le Beduyn. Aussi comme l'aube du jour aparoit nous nous atirames de touz poins ; et quant nous feusmes atirés, nous en alames ou flum, et furent nos chevaus à nou. Quant nous feusmes alés jusques en mi le flum, si trouvames terre, là où nos chevaus pristrent pié ; et sur la rive du flum trouvames bien trois cens Sarrazins touz montés sur leur chevaus. Lors diz-je à ma gent : « Seigneurs, ne regar- » dez qu'à main senestre ; pource que chascun y » tire, les rives sont moillées, et les chevaus leur » chéent sur les cors et les noient. » Et il estoit bien voir que il en y ot des noiés au passer, et entre les autres fu noié monseigneur Jehan d'Or-

liens, qui portoit baniere à la voivre. Nous acordames en tel maniere que nous tournames encontremont l'yaue et trouvames la voie essuyée, et passames en tel maniere, la merci Dieu, que oncques nul de nous n'y chei ; et maintenant que nous feusmes passez, les Turs s'enfouirent.

121. L'en avoit ordonné que le Temple feroit l'avant-garde, et le conte d'Artois auroit la seconde bataille après le Temple. Or avint ainsi que sitost comme le conte d'Artois ot passé le flum, il et toute sa gent ferirent aus Turs qui s'enfuioient devant eulz. Le Temple li manda que il leur fesoit grant vileinnie, quant il devoit aler après eulz et il aloit devant ; et li prioient que il les lessast aler devant, aussi comme il avoit acordé par le Roy. Or avint ainsi que le conte d'Artois ne leur osa responre, pour monseigneur Fourcaut du Merle qui le tenoit par le frain ; et ce Fourcaut du Merle qui moult estoit bon chevalier, n'oioit choses que les Templiers deissent au conte, pource que il estoit seurs, et escrioit : « Or à eulz, or à eulz. » Quant les Templiers virent ce, il se penserent que il seroient honniz se il lessoient le conte

---

sentoit qu'on lui donnât cinq cents besans, mais qu'il assurât la vérité de ce qu'il promettoit. Le connétable en parla au Bédouin, et le Bédouin dit qu'il n'enseigneroit le gué, si on ne lui donnoit les deniers avant. Il fut accordé qu'on les lui bailleroit et baillés lui furent.

120. Le roi arrêta que le duc de Bourgogne et les riches hommes d'outre-mer qui étoient dans l'armée, veilleroient au camp pour qu'on n'y fît dommage, et que lui et ses trois frères passeroient au gué que le Bédouin devoit enseigner. Cette entreprise fut préparée pour être exécutée le jour de carême-prenant, auquel jour nous vînmes au gué du Bédouin. Dès que l'aube apparut, nous nous préparâmes de tout point, et quand nous fûmes préparés, nous nous en allâmes au fleuve, et nos chevaux furent à la nage. Quand nous fûmes arrivés au milieu du fleuve, nous trouvâmes terre, où nos chevaux prirent pied, et sur la rive du fleuve nous trouvâmes bien trois cents Sarrasins tous montés sur leurs chevaux. Lors je dis à mes gens : « *Seigneurs, regardez à gauche*; car chacun » y tire, les rives sont mouillées et les chevaux » tombent sur les hommes et les noient *. » Et il étoit bien vrai qu'il y en eut de noyés au passage,

et entre autres fut noyé monseigneur Jean d'Orléans qui portoit bannière *à la vivre* **. Nous nous accordâmes à tourner en remontant le Nil, et nous trouvâmes la voie sûre et passâmes de telle manière que, Dieu merci, nul de nous oncques n'y tomba, et dès que nous fûmes passés les Turcs s'enfuirent.

121. On avoit ordonné que les Templiers formeroient l'avant-garde et que le comte d'Artois auroit la seconde bataille après eux. Or, il advint que sitôt que le comte d'Artois eut passé le fleuve, lui et ses gens se portèrent sur les Turcs qui s'enfuyoient devant eux ; les Templiers crièrent qu'il leur faisoit grande vilainie d'aller devant, quand il devoit aller après eux ; et ils le prièrent de les laisser aller devant, ainsi qu'il avoit été ordonné par le roi. Or, il advint que le comte d'Artois ne leur osa *** répondre, à cause de monseigneur Fourcault du Merle qui le tenoit par le frein de son cheval ; et ce Fourcault du Merle, qui moult étoit bon chevalier, n'oyoit rien de ce que les Templiers disoient au comte, parce qu'il étoit sourd et crioit : « Or à eux, or à » eux ! » Quand les Templiers virent cela, ils s'imaginèrent qu'ils seroient honnis, s'ils laissoient le

---

* Mesnard et Ducange offrent ici une version différente : « Et en chevauchant, dit Mesnard, aucuns se tiroient près de la rive du fleuve, et la terre y étoit coulante et mouillée, et ils chéoient (tombaient) eux et leurs chevaux dedans le fleuve et se noyoient. Et le roi qui l'apperçut, le montra aux autres, afin qu'ils se donnassent garde de n'y tumber (tomber). »

** Terme de blason.

*** On comprend peu l'emploi du mot osa dans cette circonstance. Pour le passage du fleuve et les événements qui le suivirent, il est nécessaire de consulter Mathieu Paris. (Voyez la *Bibliothèque des Croisades*, t. II.)

d'Artois aler devant eulz; si ferirent des esperons qui plus plus et qui miex miex, et chasserent les Turs, qui s'enfuioient devant eulz tout parmi la ville de la Massourre jusques aus chans par devers Babiloine. Quant il cuiderent retourner arieres, les Turs leur lancerent trefz et merrien parmi les rues qui estoient estroites. Là fu mort le conte d'Artois, le sire de Couci que l'en apeloit Raoul, et tant des autres chevaliers que il furent esmé à trois cens. Le Temple, ainsi comme l'en me dit, y perdit quatorze-vingt homes armés et touz à cheval.

122. Moy et mes chevaliers acordames que nous irions sus courre à plusieurs Turs qui chargeoient leur harnois à main senestre en leur ost, et leur courumes sus. Endementres que nous les chacions parmi l'ost, je resgardai un Sarrazin qui montoit sur son cheval, un sien chevalier li tenoit le frain; là où il tenoit ses deux mains à sa selle pour monter, je li donné de mon glaive par desous les esseles et le getai mort; et quant son chevalier vit ce, il lessa son seigneur et son cheval, et m'apoia au passer que je fis, de

son glaive entre les deux espaules et me coucha sur le col de mon cheval, et me tint si pressé que je ne pouoie traie m'espée que j'avoie ceinte; si me couvint traire l'espée qui estoit à mon cheval: et quant il vit que j'oz m'espée traite, si tira son glaive à li et me lessa.

123. Quant moy et mes chevaliers venimes hors de l'ost aus Sarrazins, nous trouvames bien six mille Turs par esme, qui avoient lessiées leur herberges et se estoient trait aus chans; quant il nous virent, il nous vindrent sus courre et occistrent monseigneur Hugue de Trichastel seigneur de Conflans, qui estoit avec moy à baniere. Moy et mes chevaliers ferimes des esperons et alames rescourre monseigneur Raoul de Wanon qui estoit avec moy, que il avoient tiré à terre. Endementieres que je en revenoie, les Turs m'apuierent de leur glaives; mon cheval s'agenoilla pour le fez que il senti, et je en allé outre parmi les oreilles du cheval, et resdreçai mon escu à mon col et m'espée en ma main; et monseigneur Erart de Severey, que Dieu absoille, qui estoit entour moy, vint

◇◇◇

comte d'Artois aller devant eux; ainsi ils donnèrent des éperons qui plus plus, qui mieux mieux, et chassèrent les Turcs qui s'enfuyoient devant eux, tout à travers la ville de la Massoure, jusques aux champs du côté de Babylone. Quand ils songèrent à retourner en arrière, les Turcs leur lancèrent, par les rues qui étoient étroites, des traits et des pièces de bois. Là fut tué le comte d'Artois, le sire de Couci qu'on appeloit Raoul, et tant d'autres chevaliers, qu'on estima qu'il y en avoit trois cents. Les Templiers, ainsi que le maître me l'a dit depuis, y perdirent deux cent quatre-vingts hommes armés et tous à cheval.

122. Moi et mes chevaliers décidâmes de nous porter sur plusieurs Turcs qui charioient leurs harnois à main gauche, dans leur camp, et nous leur courûmes sus. Pendant que nous les chassions, je vis un Sarrasin qui montoit sur son cheval; un sien écuyer lui tenoit le frein. Au moment où le cavalier tenoit ses deux mains à sa selle pour monter, je lui donnai de mon glaive par dessous les aisselles et le jetai mort à terre *. Quand son écuyer vit cela, il laissa son maître et son cheval, et m'épiant au retourné, il m'ap-

puya de son glaive entre les deux épaules et me coucha sur le dos ** de mon cheval, et me pressa tellement que je ne pouvois tirer mon épée que j'avois ceinte; alors je tirai l'épée qui étoit à la selle de mon cheval; et quand il vit que j'avois mon épée tirée, il retira son glaive à lui et me laissa.

123. Quand moi et mes chevaliers vînmes hors du camp des Sarrasins, nous trouvâmes bien six mille Turcs qui avoient laissé leurs tentes et s'étoient répandus dans la campagne. Quand ils nous virent ils accoururent sur nous et occirent monseigneur Hugues de Trischastel, seigneur de Conflans, bannière de ma compagnie. Moi et mes chevaliers donnâmes des éperons et allâmes pour secourir monseigneur Raoul de Vernon ***, aussi de ma compagnie, et qu'ils avoient abattu à terre ****. En m'en revenant, les Turcs me frappèrent de leurs glaives; mon cheval s'agenouilla sous le poids qu'il sentit, et je m'en allai par dessus ses oreilles; je me redressai le plus tôt que je pus, mon écu au cou et mon épée en main. Monseigneur Erard de Siveray *****, que Dieu absolve, qui étoit autour de moi, vint nous dire de nous retirer auprès d'une maison en ruines, et que là nous attendrions le

---

* Dans l'édition de Ducange, la phrase est ici plus vive et plus pittoresque : « Je lui donné de l'épée par-dessouls les esselles, tant comme je peu le mettre avant, et le tué tout mort d'un coup. »

** Dans l'édition de Ducange, il est dit : « Il me gitta sur le coul de mon cheval. »

*** Dans l'édition de Ducange, on lit *Wenon*.

**** L'édition de Ducange ajoute : « Comme ils l'emmenoient, mes chevaliers et moi le congneusmes, et le

allasmes hardiment rescourre, et le délivrer de leurs mains. »

***** Suivant l'édition de Pierre de Rieux, ce fut Arnauld de Commenge, vicomte de Couzerans, qui secourut deux fois Joinville dans cette occasion. Ce vicomte de Couzerans était commandant des arbalétriers et attaché au camp du duc de Bourgogne qu'il avait laissé pour suivre le comte de Poitiers. Dans l'édition de Ducange il est appelé Erard d'*Esmeray*.

à moy et nous dit que nous nous treissions emprès une meson deffaite, et illec attenderions le Roy qui venoit. Ainsi comme nous en alions à pié et à cheval, une grant route de Turs vint hurter à nous, et me porterent à terre et alerent par desus moy, et volerent mon escu de mon col; et quant il furent outrepassez, monseigneur Erart de Syverey revint sur moy et m'emmena, et en alames jusques aus murs de la meson deffete; et illec revindrent à nous monseigneur Hugues d'Escoz, monseigneur Ferri de Loupey, monseigneur Renaut de Menoncourt. Illec les Turs nous assailloient de toutes pars; une partie d'eulz entrerent en la meson deffete, et nous piquoient de leur glaives par desus. Lors me dirent mes chevaliers que je les preisse par les frains, et je si fis pource que les chevaus ne s'enfouissent; et il se deffendoient des Turs si viguereusement, car il furent loez de touz les preudommes de l'ost, et de ceulz qui virent le fait et de ceulz qui l'oirent dire. Là fu navré monseigneur Hugues d'Escoz de trois glaives ou visage, et monseigneur Raoul et monseigneur Ferri de Loupey d'un glaive parmi les espaules; et fut la plaie si large que le sanc li venoit du cors aussi comme le bondon d'un tonnel. Monsseigneur Erart de Syverey fut feru d'une espée parmi le visage, si que le nez li cheoit sus le levre; et lors il me souvint de monseigneur saint Jaque : « Biau sire saint Jaque, que j'ai » requis, aidiés moy et secourez à ce besoing. » Maintenant que j'oi faite ma priere, monseigneur Erart de Syverey me dit : « Sire, se vous » cuidiés que moy ne mes hers n'eussions reprou- » vier, je vous iroie querre secours au conte d'An- » jou que je voi là enmi les chans. » Et je li dis : « Messire Erart, il me semble que vous feriés vos- » tre grant honeur, se vous nous aliés querre aide » pour nos vies sauver, car la vostre est bien en » avanture; » et je disoie bien voir, car il fu mort de celle blecure. Il demanda conseil à touz nos chevaliers qui là estoient, et touz li louerent ce que je li avoie loé; et quant il oy ce, il me pria que je le lessasse aler son cheval que je li tenoie par le frain avec les autres, et je si fiz. Au conte d'Anjou vint et li requist que il me venist secourre moy et mes chevaliers. Un riche homme qui estoit avec li li desloa; et le conte d'Anjou li dit que il feroit ce que mon chevalier li requeroit : son frain tourna pour nous venir aidier, et pluseurs de ses sergans ferirent des esperons. Quant les Sarrazins les virent, si nous lessierent. Devant ces sergans vint monseigneur Pierre de Alberive l'espée ou poing; et quant il virent que les Sarrazins nous eurent lessiés, il courut sur tout plein de Sarrazins qui tenoient

<><><>

roi qui venoit. Mais comme nous nous en allions à pied et à cheval, une grande troupe de Turcs vint nous attaquer; ils me portèrent à terre et passèrent par dessus moi et firent voler mon écu de mon cou, et, quand ils furent passés, monseigneur Erard de Siveray revint à moi et m'emmena et nous allâmes jusqu'aux murs de la maison ruinée; et là revinrent à nous, monseigneur Hugues d'Escoz, monseigneur Ferry de Loupey, monseigneur Renaut de Menoncourt. Là les Turcs nous assaillirent de toutes parts; une partie d'eux entrèrent dans la maison ruinée et nous piquoient de leurs glaives par en haut. Lors mes chevaliers me dirent de tenir les freins de leurs chevaux, ce que fis-je, pour que les chevaux ne s'enfuissent. Les chevaliers se défendoient si vigoureusement, qu'ils en furent loués de tous les prud'hommes de l'armée et de ceux qui virent le fait, et de ceux qui l'ouïrent raconter. Là furent blessés monseigneur Hugues d'Escoz, de trois coups d'épée au visage, et monseigneur Raoul et monseigneur Ferri de Louppey, d'un coup d'épée dans les épaules; et la plaie fut si large que le sang lui sortoit du corps comme le vin d'une bonde de tonneau. Monseigneur Erard de Siveray fut frappé d'une épée au visage de telle manière que le nez lui tomboit sur la lèvre. Adonc en cette détresse me souvint de monseigneur saint Jacques : « Beau sire saint Jacques, lui dis-je, je vous » en requiers, aidez-moi et me secourez en ce » besoin. » Et sitôt que j'eus fais ma prière, monseigneur Erard de Siveray me dit : « Sire, » si vous pensiez que moi ni mes héritiers n'eus- » sions point de reproche à essuyer, je vous » irois quérir secours au comte d'Anjou, que je » vois là bas dans les champs. » Et je lui dis : « Messire Erard, il me semble que vous vous » feriez grand honneur, si vous nous alliez quérir » aide pour nos vies sauver, car la vôtre est bien » en aventure. » Et je disois vrai, car il mourut de cette blessure. Il demanda conseil à tous nos chevaliers qui là étoient, et tous lui conseillèrent ce que je lui avois conseillé; et quand il ouït cela, il me pria que je laissasse aller son cheval que je tenois par le frein avec les autres : ainsi fis-je. Il alla au comte d'Anjou et le requit qu'il vînt secourir moi et mes chevaliers. Un riche homme qui étoit avec le comte l'eu déconseilla; mais le bon seigneur n'en voulut rien croire, et lui dit qu'il feroit ce dont mon chevalier le requéroit, et il tourna son frein pour nous venir aider, et plusieurs de ses sergents donnèrent des éperons. Quand les Sarrasins les virent, ils nous laissèrent devant ces sergents; vint monseigneur Pierre de Alberive, l'épée au poing, et quand ils virent que les Sarrasins nous laissoient, ils coururent sur tout plein d'autres qui tenoient monseigneur Raoul de Vernon et le dégagè-

monseigneur Raoul de Vaunou et le rescoy moult bleciè.

124. Là où je estoie à pié et mes chevaliers, aussi bleciè comme il est devant dit; vint le Roy à toute sa bataille à grant noyse et à grant bruit de trompes et nacaires, et se aresta sur un chemin levé : mès onques si bel armé ne vi, car il paroit desur toute sa gent dès les espaules en amon, un heaume doré en son chief, une espée d'Alemaingne en sa main. Quant il fu là aresté, ses bons chevaliers que il avoit en sa bataille, que je vous ai avant nommez, se lancerent entre les Turs, et pluseur des vaillans chevaliers qui estoient en la bataille le Roy. Et sachiés que ce fu un très biau fait d'armes; car nulz n'y traioit ne d'arc ne d'arbalestre, ainçois estoit le fereis de maces et d'espées des Turs et de nostre gent, qui touz estoient mellez. Un mien escuier qui s'en estoit fuï à tout ma baniere et estoit revenu à moy, me bailla un mien roncin sur quoy je monté, et me traïs vers le Roy tout coste à coste. Endementres que nous estiens ainsi, monseigneur Jehan de Waleri le preudome vint au Roy, et li dit que il looit que il se traisist à main dextre sur le flum, pour avoir l'aide du duc de Bourgoingne et des autres qui gardoient l'ost que nous avions lessié, et pource que ses serjans eussent à boire; car le chaut estoit jà grant levé. Le Roy commanda à

ses serjans que il li alassent querre ses bons chevaliers que il avoit entour li de son Conseil, et les nomma touz par leur non. Les serjans les alerent querre en la bataille, où le hutin estoit grant d'eulz et des Turs. Il vindrent au Roy, et leur demanda conseil; et il distrent que monseigneur Jehan de Waleri le conseilloit moult bien; et lors commanda le Roy au Gonfanon saint Denis et à ses banieres, qu'il se traisissent à main dextre vers le flum. A l'esmouvoir l'ost le Roy, r'ot grant noise de trompes et de cors Sarrazinnois. Il n'ot guieres alé, quant il ot pluseurs messages du conte de Poitiers son frere, du conte de Flandres et de pluseurs autres riches hommes qui illec avoient leur batailles, qui touz li prioient que il ne se meust; car il estoit si pressé des Turs que il ne le poot suivre. Le Roy rapella touz ses preudommes chevaliers de son Conseil, et touz li loerent que il attendit; et un pou après monseigneur Jehan de Waleri revint, qui blasma le Roy et son Conseil de ce que il estoient en demeure. Après tout son Conseil li loa que il se traisist sur le flum, aussi comme le sire de Waleri li avoit loé. Et maintenant le Connestable monseigneur Hymbert de Biaujeu vint à li, et li dit que le conte d'Artois son frere se deffendoit en une meson à la Massourre, et que il l'alast secourre. Et le Roy li dit : « Connestable, alés devant et je vous

rent moult blessé et en bien piteux point.

124. Là, où j'étois à pied et mes chevaliers blessés comme je l'ai devant dit, le roi vint avec toute sa bataille, à grands cris et à grand bruit de trompes et de timbales, et s'arrêta sur un chemin élevé. Oncques ne vis jamais si bel homme armé; car il paraissoit au-dessus de tous ses gens depuis les épaules jusqu'à la tête, un heaume doré sur son chef, une épée d'Allemagne à la main. Quand il fut là arrêté, ses bons chevaliers qu'il avoit en sa bataille, lesquels je vous ai nommés ci-dessus, se lancèrent au milieu des Turcs, ainsi que plusieurs des vaillants chevaliers qui étoient en la bataille du roi. Et sachez que ce fut un très beau fait d'armes; car nul n'y tiroit d'arc ni d'arbalète ; mais c'étoit le choc de masses et d'épées des Turcs et de nos gens qui étoient tous mêlés. Un mien écuyer qui s'étoit enfui avec toute ma bannière et étoit revenu à moi, me bailla un mien ronsin sur lequel je montai et me retirai vers le roi, tout côte à côte. Tandis que nous étions ainsi, monseigneur Jean de Valery le prud'homme vint au roi, et lui dit : que il lui conseilloit de se retirer à main droite sur le fleuve, pour avoir l'aide du duc de Bourgogne et des autres qui gardoient le camp que nous avions laissé, et pour que ses sergents eussent à boire, car la chaleur étoit déjà grande. Le roi commanda à ses

sergents d'aller quérir ses bons chevaliers qu'il avoit autour de lui, dans son conseil, et il les nomma tous par leur nom. Les sergents les allèrent quérir à la bataille, où le bruit du choc d'eux et des Turcs étoit grand. Ils vinrent au roi, et il leur demanda conseil, et ils dirent que monseigneur Jean de Valery le conseilloit moult bien. [Lors le roi commanda au gonfanon saint Denis [*] et à ses bannières de se retirer à main droite vers le fleuve. Au départ du roi, il y eut de nouveau grand bruit de trompes et de cors de Sarrasins. Le roi n'avoit pas fait grand chemin que plusieurs messages du comte de Poitiers, son frère, du comte de Flandre et de plusieurs autres riches hommes qui avoient leurs batailles, le prièrent tous de ne pas aller plus loin, car ils étoient si pressés par les Turcs qu'ils ne pouvoient le suivre. Le roi rappela tous ses prud'hommes chevaliers de son conseil, et tous lui conseillèrent d'attendre; et un peu après monseigneur Jean de Valery revint qui blâma le roi et son conseil de ce qu'ils étoient restés : et après cela tous conseillèrent au roi de se retirer sur le fleuve, comme le sire de Valery l'avoit conseillé.] Alors le connétable monseigneur Imbert de Beaujeu vint à lui, et lui dit que le comte d'Artois, son

[*] Au porte-oriflamme.

» suivré. » Et je dis au Connestable que je seroie son chevalier, et il m'en mercia moult. Nous nous meismes à la voie pour aler à la Massoure. Lors vint un serjant à mace au Connestable, tout effrné, et li dit que le Roy estoit arresté, et les Turs s'estoient mis entre li et nous. Nous nous tornames, et veismes que il en y avoit bien mil et plus entre li et nous, et nous n'estions que six. Lors dis-je au Connestable : « Sire, » nous n'avons pooir d'aler au Roy parmi ceste » gent, maiz alons amont et metons ceste fosse » que vous veez devant vous, entre nous et » eulz, et ainsi pourrons revenir au Roy. » Ainsi comme je le louai le Connestable le fist ; et sachiez que se il se feussent pris garde de nous, il nous eussent touz mors, mès il entendoient au Roy et aus autres grosses batailles, parquoy il cuidoient que nous feusson des leur.

125. Tandis que nous revenions aval pardessus le flum, entre le ru et le flum, nous veimes que le Roy estoit venu sur le flum, et que les Turs en amenoient les autres batailles le Roy, ferant et batant de maces et d'espées, et firent flatir toutes les autres batailles avec les batailles le Roy sur le flum. Là fu la desconfiture si grant, que pluseurs de nos gens reculerent passer à nou par devers le duc de Bourgoingne, ce que il ne porent faire ; car les chevaus estoient lassez et le jour estoit eschaufé ; si que nous voiens, en dementieres que nous venion aval, que le flum estoit couvert de lances et de escus, et de chevaus et de gens qui se noioient et perissoient. Nous venimes à un poncel qui estoit parmi le ru, et je dis au Connestable que nous demourissons pour garder ce poncel ; « car se nous le lesson, il ferront sus le Roy » par deça ; et se nostre gent sont assaillis de » deux pars, il pourront bien perdre ; » et nous le feismes ainsinc. Et dit l'en que nous estions trestous perdus dès celle journée, ce le cors le Roy ne feust, car le sire de Courcenay et monseigneur Jehan de Saillenay me conterent que six Turs estoient venus au frain le Roy et l'emmenoient pris ; et il tout seul s'en delivra aus grans cops que il leur donna de l'espée ; et quant sa gent virent que le Roy metoit deffense en li, il pristrent cuer et lesserent le passage du flum et se trestrent vers le Roy pour li aidier.

126. A nous tout droit vint le conte Pierre de Bretaingne, qui venoit tout droit devers la Massoure, et estoit navré d'une espée parmi le visage, si que le sanc li cheoit en la bouche. Sus un bas cheval bien fourni séoit ; ses renes avoit getées sur l'arçon de sa selle et les tenoit

◇◇◇

frère, se défendoit en une maison à la Massoure, et qu'il l'allât secourir. Et le roi lui dit : « Connétable, allez devant et je vous suivrai ; » et je dis au connétable que je serois son chevalier, et il m'en remercia moult. Nous nous mîmes en route pour la Massoure. Alors vint un sergent, portant masse, tout effaré, qui dit au connétable que le roi étoit arrêté, et que les Turs s'étoient mis entre lui et nous. Qui fut ébahi ? ce fut nous, et, à grand effroi. Nous nous retournâmes et vîmes qu'il y en avoit bien mille et plus entre lui et nous, et nous n'étions que six ; lors je dis au connétable : « Sire, nous ne pouvons aller au roi » à travers ces gens, mais allons par en haut et » mettons ce fossé que vous voyez devant nous, » entre eux et nous, et ainsi nous pourrons retour- » ner au roi. » Le connétable fit ainsi que je lui conseillai : et sachez que s'ils eussent pris garde à nous, ils nous eussent tous occis ; mais ils donnoient toute leur attention au roi et aux autres grosses batailles, et nous crurent apparemment des leurs.

125. Pendant que nous redescendions entre le fossé et le fleuve, nous vîmes que le roi étoit venu au fleuve, et que les Turcs y poussoient les autres batailles du roi, en frappant et battant à coups de masses et d'épées ; et ils poussèrent de même toutes les autres batailles avec celles du roi sur le fleuve. Là fut la déconfiture si grande que plusieurs de nos gens songèrent à passer à la nage du côté du duc de Bourgogne, ce qu'ils ne purent faire, car les chevaux étoient fatigués et la chaleur du jour étoit grande ; et nous qui vîmes, pendant que nous descendions, le fleuve couvert de lances et d'écus et de chevaux et de gens qui se noyoient et périssoient, nous allâmes à un petit pont qui étoit sur le fossé, et je dis au connétable que nous devions demeurer pour garder ce petit pont ; car, si nous le laissons, les ennemis attaqueront le roi par deça, et si nos gens sont assaillis des deux côtés, ils pourront bien nous perdre. Et nous le fîmes ainsi ; et l'on dit que nous étions tous perdus dans cette journée, si le roi n'y eût été en personne ; car le sire de Courcenay et monseigneur Jean de Saillenay me contèrent que six Turcs étoient venus au frein du cheval au roi et l'emmenoient prisonnier ; et le roi tout seul s'en délivra par les grands coups qu'il leur donna de son épée ; et quand ses gens virent que le roi mettoit en lui-même sa défense, ils prirent courage, renoncèrent à passer le fleuve et se retirèrent auprès du roi pour l'aider.

126. Le comte Pierre de Bretagne vint droit à nous : il revenoit de la Massoure et étoit blessé d'un coup d'épée au visage, tellement que le sang lui tomboit dans la bouche. Il étoit sur un beau cheval bien fourni ; ses rênes avoient été jetées sur l'arçon de sa selle, et il le tenoit de ses deux mains pour que ceux qui étoient derrière

à ses deux mains, pource que sa gent qui estoient darieres, qui moult le pressoient, ne le getassent du pas. Bien sembloit que il les prisast pou, car quant il crachoit le sanc de sa bouche, il disoit : « Voi pour le chief Dieu, avez » veu de ces ribeus. » En la fin de sa bataille venoit le conte de Soissons et monseigneur Pierre de Nouille, que l'en appeloit Caier, qui assez avoient souffers de cops celle journée. Quant il furent passez, et les Turs virent que nous gardions le pont, il les lesserent quant il virent que nous avions tourné les visages vers eulz. Je ving au conte de Soissons, cui cousine germainne j'avoie épousée, et li dis : « Sire, je » crois que vous feriés bien se vous demouriés à ce » poncel garder ; car se nous lessons le poncel, » ces Turs que vous veez ci devant vous, se ferront jà parmi, et ainsi iert le Roy assailli » par deriere et par devant. » Et il demanda, se il demouroit, se je demourroie ; et je li respondi : oïl, moult volentiers. Quant le Connestable oy ce, il me dit que je ne partisse de là tant que il revenist, et il nous iroit querre secours.

127. Là où je demourai ainsi sus mon roncin, me demoura le conte de Soissons à destre, et monseigneur Pierre de Nouille à senestre. A tant et

◇◇◇

et qui moult le pressoient, ne le jetassent pas à terre. Bien sembloit qu'il fît peu de cas d'eux, car quand il crachoit le sang de sa bouche, il disoit : « Vous, par le chef Dieu, avez vu de ces » ribaux. » A la fin de sa bataille venoit le comte de Soissons avec monseigneur Pierre de Nouille, qu'on appeloit Caier : ils avoient assez souffert de coups dans cette journée. Quand ils furent passés et quand les Turcs virent que nous gardions le pont et que nous avions tourné le visage vers eux, ils les laissèrent. J'allai au comte de Soissons, dont j'avois épousé la cousine germaine, et je lui dis : « Sire, je crois que vous fe» riez bien si vous restiez à garder ce petit pont ; » car, si nous le laissons, ces Turcs que vous » voyez devant nous, le traverseront, et ainsi le » roi sera assailli par derrière et par devant. » Et il me demanda si je demeurerois avec lui, et je lui répondis oui : moult volontiers. Quand le connétable ouït cela, il me dit de ne pas partir de là qu'il ne fût revenu, et qu'il nous iroit quérir secours.

127. Là où je demeurai sur mon ronsin, le comte de Soissons me demeura à droite et monsegneur Pierre de Nouille à gauche ; et voici qu'un Turc arrivant du côté de la bataille du roy, qui étoit derrière nous, frappa dans le dos monseigneur Pierre de Nouille d'un coup de masse et le coucha sur le cou de son cheval, et puis se porta au-delà du pont et se lança parmi ses gens. Quand

vous un Turc qui vint de vers la bataille le roy dariere nous estoit, et feri par darieres monseigneur Pierre de Nouille d'une mace, et le coucha sur le col de son cheval du cop que il li donna, et puis se feri outre le pont et se lansa entre sa gent. Quant les Turs virent que nous ne lèrions pas le poncel, il passerent le ruissel et se mistrent entre le ruissel et le flum, ainsi comme nous estions venu aval ; et nous nous traisimes entre eulz en tel maniere que nous estions touz apareillés à eulz sus courre, se il voussissent passer vers le Roy et se il voussissent passer le poncel.

128. Devant nous avoit deux serjans le Roy, dont l'un avoit non Guillaume de Boon et l'autre Jehan de Gamaches, à cui les Turs qui s'estoient mis entre le flum et le ru, amenerent tout plein de vileins à pié qui leur getoient motes de terres : onques ne les peurent mettre sur nous. Au darrien il amenerent un vilain à pié, qui leur geta trois fois feu gregois, l'une des foiz requeilli Guillaume de Boon le pot de feu gregois à sa roelle, car se il se feust pris à riens sur li, il eust esté ars. Nous estions touz couvers de pyles qui eschapoient des sergens. Or avint ainsi que je trouvai un gamboison d'estoupes à un Sarrazin ; je tournai le fendu devers moy, et fis escu du gamboison qui m'ot grant mestier ; car je ne

◇◇◇

les Turcs virent que nous ne laisserions pas le pont, ils passèrent le fossé ou ruisseau et se mirent entre le fossé et le fleuve, comme nous avions fait en descendant, et nous nous postâmes entre eux de manière que nous étions tout préparés à courir sur eux, soit qu'ils voulussent passer du côté du roi, soit qu'ils voulussent passer le pont.

128. Devant nous il y avoit deux sergents du roi, dont l'un avoit nom Guillaume de Boon[*] et l'autre Jean de Gamaches, sur lesquels les Turcs qui s'étoient placés entre le fleuve et le fossé dirigèrent tout plein de paysans à pied qui leur jetoient des mottes de terre. Ils ne purent oncques les faire avancer sur nous. A la fin ils amenèrent un paysan à pied qui leur jeta trois fois du feu grégeois ; une de ces fois Guillaume de Boon para le pot de feu avec son bouclier ; car si le feu grégeois eût pris à quelque chose sur lui, il eût été brûlé. Nous étions tout couverts des traits que les Turcs lançoient contre les deux hérauts du roi. Or advint que je trouvai un gamboison d'étoupes[**] qui avoit appartenu à un Sarrasin. Je tournai le côté ouvert devant moi et je m'en fis un escu qui me faisoit grand besoin ; et je ne fus blessé de leurs traits qu'en cinq endroits et mon ronsin en quinze. Or advint encore qu'un mien

---

[*] Dans l'édition de Ducange on lit : *Bron*.
[**] Veste piquée et rembourrée d'étoupes, qui se mettait sous le hautbert et sous la cotte de mailles.

fu pas blecié de leur pyles que en cinq lieus, et mon roncin en quinze lieus. Or avint encore ainsi que un mien bourjois de Joinville m'aporta une baniere, à un fer de glaive ; et toutes les foiz que nous voions que il pressoient les serjans, nous leur courions sus et il s'enfuioient.

129. Le bon conte de Soissons en ce point là où nous estions, se moquoit à moy et me disoit : « Seneschal, lessons huer ceste chiennaille, que » par la quoife Dieu, ainsi comme il juroit, en- » core en parlerons nous de ceste journée ès » chambres des dames. »

130. Le soir au solleil couchant nous amena le Connestable les arbalestriers le Roy à pié, et s'arrangerent devant nous ; et quant les Sarrazins nous virent mettre pié en estrier des arbalestriers, il s'enfuirent ; et lors me dit le Connestable : « Seneschal, c'est biens fait, or vous » en alez vers le Roy, si ne le lessiés huimez » jusques à tant que il iert descendu en son pa- » veillon. » Si tost comme je ving au Roy, monseigneur Jehan de Walery vint à li et li dit : » Sire, monseigneur de Chasteillon vous prie » que vous li donnez l'arriere garde ; » et le Roy si fist moult volentiers, et puis si se mist au chemin. En dementires que nous en venions, je li fis oster son hyaume et li baillé mon chapel de fer pour avoir le vent. Et lors vint frere Henri de Ronnay à li, qui avoit passé la riviere, et li besa la main toute armée, et il li demanda se il savoit nulles nouvelles du conte d'Artois son frere, et il li dit que il en savoit bien nouvelles, car estoit certein que son frere le comte d'Artois estoit en paradis : « Hé, Sire, vous en » ayés bon reconfort, car si grant honneur n'a- » vint onques au Roy de France comme il vous » est avenu, car pour combatre à vos ennemis » avez passé une riviere à nou, et les avez des- » confiz et chaciez du champ, et gaingnés leur » engins et leur heberges là où vous gerrés en- » core ennuit. » Et le Roy respondi que Dieu en feust aouré de ce que il li donnoit et lors li cheoient les lermes des yex moult grosses.

131. Quant nous venimes à la heberge, nous trouvames que les Sarrazins à pié tenoient une tente que il avoient estendue, d'une part, et nostre menue gent d'autre. Nous leur courumes sus le mestre du Temple et moy et il s'enfuirent, et la tente demoura à nostre gent.

132. En celle bataille ot moult de gent de grant bobant, qui s'en vindrent moult honteusement fuiant parmi le poncel dont je vous ai

◇◇◇

bourgeois de Joinville m'apporta une bannière avec un fer de glaive. Toutes les fois que nous voyions que les ennemis pressoient les sergents, nous leur courions sus et ils s'enfuyoient.

129. Le bon comte de Soissons, dans cette extrémité où nous étions, se moquoit avec moi et me disoit : « Sénéchal, laissons crier et braire » cette chiennaille, par la coiffe Dieu! (c'était » son juron) encore parlerons-nous vous et moi » de cette journée, en chambre devant les dames. »

130. Le soir, au soleil couchant, le connétable nous amena les arbalétriers du roi à pied et ils se rangèrent devant nous ; et quand les Sarrasins nous virent mettre pied à terre en l'ombre des arbalètes, ils s'enfuirent ; et lors me dit le connétable : « Sénéchal, c'est bien fait, or allez vous- » en vers le roi et ne le quittez d'aujourd'hui, jus- » qu'à ce qu'il soit descendu dans son pavillon. » Sitôt que je fus venu au roi, monseigneur Jean de Valery vint à lui et lui dit : « Sire, monsei- » gneur de Chastillon vous prie que vous lui don- » niez l'arrière-garde. » Et le roi le fit moult volentiers et puis se mit en chemin. Pendant que nous marchions, je lui fis ôter son heaume et lui baillai mon chapel de fer pour qu'il eût de l'air ; et ainsi que nous cheminions* ensemble, à lui vint frère Henri, prieur de l'hospital de Rounay, qui avoit passé la rivière, et lui vint baiser la main toute armée : et lui demanda s'il savoit aucunes nouvelles de son frère le comte d'Artois ? et le roi lui respondit que oui bien ; c'est à savoir qu'il savoit bien qu'il estoit en paradis ; et le prieur frère Henri, en le cuidant resconforter de la mort de son dit frère le comte d'Artois, lui dit : « Hé, Sire, ayez- » en bon reconfort, car si grand honneur n'ad- » vint onques au roi de France comme il vous » est advenu ; pour combattre vos ennemis, vous » avez passé une rivière à la nage, vous les avez » déconfits et chassés du camp, vous avez gagné » leurs engins et leurs logements où vous couche- » rez encore cette nuit. » Et le roi répondit que Dieu fût adoré de ce qu'il lui donnoit, et lors les larmes lui tomboient des yeux moult grosses.

131. Quand nous vînmes au camp, nous trouvâmes les Sarrasins à pied qui tenoient d'un côté une tente qu'ils avoient détendue, et nos menues gens qui la tenoient de l'autre. Nous leur courûmes sus, le maître du Temple et moi, et ils s'enfuirent et la tente resta à nos gens.

132. En celte bataille il y eut bien des gens du

---

* Nous avons préféré dans la traduction de ce passage le sens de l'édition de Ducange à celui de l'édition du Louvre, parce qu'il nous parait plus conforme à la vérité. D'après le texte du Louvre, c'est le roi qui demande au prieur de Ronnay des nouvelles du comte d'Artois. Le prieur de Ronnay, qui *avoit passé la rivière,* venait du côté opposé au lieu où avait péri le comte d'Artois, et n'était pas en mesure d'avoir des nouvelles du comte d'Artois avant le roi lui-même.

avant parlé, et s'enfuirent effréément; ne onques n'en peumes nul arester delez nous, dont je en nommeroie bien, desquiez je ne fouferrai, car mort sont.

133. Mès de monseigneur Guion Malvoisin ne me fouferrai-je mie, car il en vint de la Massourre honorablement; et bien toute la voie que le Connestable et moy en alames à mont, il revenoit aval; et en la manière que les Turs amenèrent le conte de Bretaigne et sa bataille, en ramenèrent il monseigneur Guion Malvoisin et sa bataille, qui ot grant los il et sa gent de celle journée. Et ce ne fu pas de merveille se il et sa gent se prouverent bien celle journée; car l'en me dit, cil qui bien le savoient, son couvine, que toute sa bataille, n'en failloit gueres, estoit toute de chevaliers de son linnage et de chevaliers qui estoient ses hommes liges.

134. Quant nous eumes desconfit les Turs et chaciés de leur herbeges, et que nulz de nos gens ne furent demourez en l'ost, les Beduyns se ferirent en l'ost des Sarrazins, qui moult estoient grant gent. Nulle chose du monde il ne lessoient en l'ost des Sarrazins, que il n'emportassent tout ce que les Sarrazins avoient lessié; ne je n'oy onques dire que les Beduyns qui estoient sousjez aux Sarrazins, en vausissent pis; de chose que il leur eussent tolue ne robée, pource que

◇◇◇

leur coustume est tele et leur usage, que il courent toujours sus aus plus febles.

135. Pource que il affiert à la matere, vous dirai-je quel gent sont les Beduyns. Les Beduyns ne croient point en Mahommet, ainçois croient en la loy Haali, qui fu oncle Mahommet; et ainsi il croient le Veil de la montaigne, cil qui nourrit les Assacis, et croient que quant l'omme meurt pour son seigneur, ou en aucune bone entencion, que l'ame d'eulz en va en meilleur cours et en plus asié que devant; et pour ce ne font force li Assacis se l'en les occist, quant il font le commandement du Veil de la montaigne. Du Veil de la montaigne nous tairons or endroit, si dirons des Beduyns.

136. Les Beduyns ne demeurent en villes, ne en cités, n'en chastiaus, mèz gisent adès aus champs; et leur mesnies, leur femmes, leur enfans fichent le soir de nuit, ou de jours quant il fait mal tens, en unes manieres de herberges que il font de cercles de tonniaus loiés à perches, aussi comme les chers à ces dames sont; et sur ces cercles getent piaus de moutons que l'en appele piaus de Damas, conrées en alun : les Beduyns meismes en on grans pelices qui leur cuevrent tout le cors, leur jambes et leur piés. Quant il pleut le soir et fait mal tens de nuit, il s'encloent dedens leur pelices, et ostent les frains à

◇◇◇

d'eux pour les choses qu'ils leur prenoient ou déroboient, parce que leur coutume et leur usage sont tels qu'ils courent toujours sus au plus faible.

135. Comme cela appartient à mon sujet, je vous dirai quelles gens sont les Bédouins. Les Bédouins ne croient point à Mahomet, mais ils croient à la loi d'Aali, qui fut oncle de Mahomet; et ainsi ils croient au Vieux de la Montagne, celui qui nourrit les *Assacis*; ils croient que quand l'homme meurt pour son seigneur ou pour aucune bonne intention, son âme s'en va en un meilleur corps et en meilleure vie que devant, et pour cela les Assacis ne tiennent compte si on les occit, quand ils exécutent les ordres du Vieux de la Montagne. Quant à présent, nous nous tairons sur ce Vieux de la Montagne, et nous parlerons des Bédouins.

136. Les Bédouins ne demeurent ni dans des villes, ni dans des cités, ni dans des châteaux, mais sont toujours aux champs. Leurs ménages, leurs femmes et leurs enfants logent le soir de nuit, ou de jour quand il fait mauvais temps, dans des manières de pavellons qu'ils soutiennent avec des cercles de tonneaux liés à des perches, comme sont les chars des dames, et sur ces cercles ils jettent des peaux de mouton qu'on appelle peaux de Damas, corroyées dans de l'alun. Les Bédouins eux-mêmes s'en font de grandes pelisses qui leur

grand air qui s'en vinrent moult honteusement fuyant à travers le petit pont dont je vous ai parlé et qui s'en allèrent tout effrayés. Nous n'en pûmes oncques retenir un seul auprès de nous. Je les nommerois bien, mais je m'en tairai parce qu'ils sont morts.

133. Mais je ne me tairai pas de monseigneur Guyon de Malvoisin, car il revint de la Massoure honorablement. Pendant tout le temps que nous remontions le connétable et moi, il descendoit, et de la même manière que les Turcs avoient repoussé le comte de Bretagne et sa bataille, ils repoussèrent monseigneur Guyon de Malvoisin et sa bataille qui acquit grande gloire lui et ses gens en cette journée. Et ce ne fut pas merveille si lui et ses gens se signalèrent ce jour-là, car ceux qui connaissoient bien l'état de sa troupe m'ont dit qu'il ne s'en falloit guère qu'elle ne fût toute composée de chevaliers de son lignage et de chevaliers qui étoient ses hommes-liges.

134. Quand nous eûmes déconfi les Turcs et les eûmes chassés de leurs logements, et que nuls de nos gens ne furent demeurés dans le camp, les Bédouins qui moult étoient en grand nombre, se portèrent dans le camp des Sarrasins; ils n'y laissèrent nulle chose du monde et emportèrent tout ce que les Sarrasins y avoient laissé. Je n'ai oncques ouï dire que les Bédouins qui étoient sujets des Sarrasins, en valussent pis auprès

leur chevaus et les lessent pestre delez eulz. Quant ce vient lendemain, il r'estendent leur pelices au solleil et les conroient, ne jà n'i perra chose que eles aient esté moillées le soir. Leur creance est tele que nul ne peut morir que à son jour, et pour ce ne se veulent il armer ; et quant il maudient leur enfans, si leur dient : « Ainsi » soies tu maudit, comme le Franc qui s'arme pour » poour de mort. » En bataille il ne portent riens que l'espée et le glaive. Presque touz sont vestus de seurpeliz, aussi comme les prestres ; de touailles sont entorteillées leur testes, qui leur vont par desous le menton, dont ledes gent et hydeuses sont à regarder ; car les cheveus des testes et des barbes sont touz noirs. Il vivent du let de leur bestes, et achetent les pasturages ès berries aus riches hommes, de quoy leur bestes vivent. Le nombre d'eulz ne sauroit nulz nommer ; car il en a ou réaume de Egypte, ou réaume de Jerusalem et en toutes les autres terres des Sarrazins et des meserèans, à qui il rendent grant trèus chascun an.

137. J'ai veu en cest païs, puis que je revins d'outremer, aucuns desloiaus crestiens qui tenoient la loy des Beduyns, et disoient que nulz ne pouoit morir qu'à son jour ; et leur creance est si desloiaus, qu'il vaut autant à dire comme Dieu n'ait pouoir de nous aidier : car il seroient folz ceulz qui serviroient Dieu, se nous ne cuidiens que il eust pooir de nous eslongier nos vies et de nous garder de mal et de meschéance ; et en li devons nous croire que il est poissant de toutes choses fere.

138. Or disons ainsi, que à l'anuitier revenimes de la perilleuse bataille desus dite, le Roy et nous, et nous lojames ou lieu dont nous avions chacié nos ennemis. Ma gent qui estoient demourez en nostre ost dont nous estions parti, m'aporterent une tente que les Templiers m'avoient donnée, et là metendirent devant les engins que nous avions gaingnés aus Sarrazins ; et le Roy fist establir serjans pour garder les engins. Quant je fus couchié en mon lit, là où je eusse bien mestier de reposer pour les bleceures que j'avoie eu le jour devant, il ne m'avint pas ainsi, car avant que il feust bien jour l'en escria en nostre ost : aus armes, aus armes. Je fiz lever mon chamberlain qui gisoit devant moy, et li diz que il alast veoir que c'estoit. Et il revint tout effraé, et me dit : « Sire, or sus, or sus, que » vezci les Sarrazins qui sont venus à pié et à » cheval, et ont déconfit les serjans le Roy qui » gardoient les engins, et les ont mis dedans les » cordes de nos paveillons. » Je me levai et getai

◇◇◇

couvrent tout le corps, les jambes et les pieds. Quand il pleut le soir et fait mauvais temps la nuit, ils s'enveloppent dans leurs pelisses et ôtent les freins à leurs chevaux et les laissent paître près d'eux. Quand ce vient le lendemain, ils étendent leurs pelisses au soleil et les frottent et corroient, et bientôt il ne paroît plus qu'elles aient été mouillées le soir. Leur croyance est que nul ne peut mourir qu'à son jour, et pour cela ils ne se veulent armer ; et quand ils maudissent leurs enfants, ils leur disent : « Ainsi sois-tu maudit » comme le Franc qui s'arme par peur de mort. » Dans les batailles, ils ne portent rien que l'épée et le glaive. Presque tous sont vêtus de surplis, comme nos prêtres. Leurs têtes sont entortillées de longues toiles qui leur vont par dessous le menton, aussi sont-ils laides et hideuses gens à regarder, car les cheveux de leurs têtes et leurs barbes sont tout noirs. Ils vivent du lait de leurs bêtes, et achètent les pâturages des prairies qui appartiennent aux riches, desquels pâturages leurs bêtes vivent. Nul ne sauroit dire le nombre des Bédouins, car il y en a au royaume d'Égypte, au royaume de Jérusalem et en toutes les autres terres des Sarrasins et des mécréants, auxquels ils paient chacun an de grands tributs.

137. J'ai vu en ce pays (en France), depuis que je suis revenu d'outre-mer, aucuns chrétiens déloyaux qui tenoient à la loi des Bédouins, et disoient que nul ne peut mourir qu'à son jour ; et leur croyance est si déloyale qu'il vaut autant dire que Dieu n'a pouvoir de nous aider ; car ils seroient fous ceux qui serviroient Dieu, s'ils pensoient qu'il n'a pouvoir de prolonger nos vies et de nous garder de mal et de méchéance ; et devons-nous croire qu'il est puissant pour toute chose faire.

138. Or disons maintenant qu'à l'entrée de la nuit, nous revînmes de la périlleuse bataille dessus dite, le roi et nous ; et nous logeâmes au lieu d'où nous avions chassé nos ennemis. Mes gens, qui étoient demeurés au camp d'où nous étions partis, m'apportèrent une tente que les Templiers m'avoient donnée, et ils me la tendirent devant les engins que nous avions gagnés sur les Sarrasins ; et le roi fit établir des sergents pour garder les engins. Quand je fus couché sur mon lit, là où j'avois bien besoin de reposer à cause des blessures que j'avois reçues le jour de devant, il ne m'en advint pas ainsi ; car avant qu'il fût bien jour, on cria dans notre camp : aux armes ! aux armes ! Je fis lever mon chambellan, qui étoit couché devant moi, et je lui dis qu'il allât voir ce que c'étoit ; et il revint tout effrayé et me dit : « Sire, or sus, » or sus, voici que les Sarrasins sont venus à pied » et à cheval et ont déconfit les sergents du roi qui » gardoient les engins, et les ont poussés jusque » dans nos pavillons. » Je me levai et jetai un gamboison sur mon dos et un chappel de fer sur ma tête, et criai à nos sergents : « Par saint Nicolas,

un gamboison en mon dos et un chapel de fer en ma teste, et escriai à nos serjans : « Par saint » Nicholas, ci ne demourront il pas. » Mes chevaliers me virent si blecié comme il estoient, et reboutames les serjans aux Sarrazins hors des engins, jusques devant une grosse bataille de Turs à cheval qui estoient tous rez à rez des engins que nous avions gaaingnés. Je mendai au Roy que il nous secourust ; car moy ne mes chevaliers n'avions pouoir de vestir haubers, pour les plaies que nous avions eues ; et le Roy nous envoya monseigneur Gaucher de Chasteillon, lequel se loga entre nous et les Turs, devant nous.

139. Quant le sire de Chasteillon ot rebouté ariere les serjans aus Sarrazins à pié, ils se retraïrent sur une grosse bataille de Turs à cheval, qui estoit rangiée devant nostre ost pour garder que nous ne seurpressions l'ost aus Sarrazins qui estoit logié dariere eulx. De celle bataille de Turs à cheval qui estoient descendus à pié, huit de leur chievetains moult bien armés, qui avoient fait un hourdeis de pierres taillées pource que nos arbalestriers ne les bleçassent ; ces huit Sarrazins traioient à la volée parmi nostre ost, et blecerent pluseurs de nos gens et de nos chevaux. Moy et nos chevaliers nous meismes ensemble et accordames, quant il seroit anuité, que nous enporterions les pierres dont il

<hr />

» ici ne demeureront-ils pas. » Mes chevaliers vinrent à moi tout blessés qu'ils étoient, et nous reboutâmes les sergents des Sarrasins hors des engins jusque devant un gros corps de Turcs à cheval, qui étoit tout près des engins que nous avions gagnés. Je mandai au roi qu'il nous secourût : car moi ni mes chevaliers ne pouvions mettre de hauberts, à cause des plaies que nous avions eues, et le roi nous envoya monseigneur Gaucher de Chatillon, lequel se logea devant nous, entre nous et les Turcs.

139. Quand le sire de Chatillon eut rebouté en arrière les sergents des Sarrasins à pied, ils se retirèrent sur un gros corps de Turcs à cheval qui étoit rangé devant notre camp pour garder de surprise le camp des Sarrasins qui étoit derrière eux. De ce corps de Turcs à cheval étoient descendus à pied huit de leurs chefs moult bien armés, qui avoient fait un retranchement de pierres taillées pour que nos arbalétriers ne les blessassent point. Ces huit Sarrasins tiroient à la volée sur notre camp et blessèrent plusieurs de nos gens et de nos chevaux. Moi et mes chevaliers nous résolûmes ensemble que quand la nuit seroit venue, nous emporterions les pierres qui leur servoient de retranchement. Un mien prêtre qui avoit nom monseigneur Jean de Vassey étoit à ce conseil, et il n'attendit pas tant, mais

se hourdoient. Un mien prestre, qui avoit à non monseigneur Jehan de Voyssci, fu à son conseil et n'atendi pas tant ; ainçois se parti de nostre ost tout seul et s'adreça vers les Sarrazins, son gamboison vestu, son chapel de fer en sa teste, son glaive, trainant le fer, desouz l'esselle, pource que les Sarrazins ne l'avisassent. Quant il vint près des Sarrazins, qui riens ne le prisoient pource que il voyoient tout seul, il lança son glaive dessouz s'esselle et leur courut sus : il n'i ot nul des huit qui y meist deffense, ainçois tournerent touz en fuie. Quant ceulz à cheval virent que leur seigneurs s'en venoient fuiant, il ferirent des esperons pour eulz rescourre, et il saillirent bien de nostre ost jusques à cinquante serjans ; et ceulz à cheval vintrent ferant des esperons et n'oserent assembler à nostre gent à pié, ainçois gauchirent par devers eulx. Quant il orent ce fait ou deux foiz ou trois, un de nos serjans tint son glaive parmi le milieu et le lança à un des Turs à cheval, et li en donna parmi les costes. Quant les Turs virent ce, il n'i oserent puis aler ne venir, et nos serjans emporterent les pierres. Dès illec en avant fu mon prestre bien cogneu en l'ost, et le moustroient l'un à l'autre, et disoient : « Vezci le » prestre monseigneur de Joinville, qui a les huit » Sarrazins desconfiz. »

140. Ces choses avindrent le premier jour de

<hr />

il partit de notre camp tout seul et s'avança vers les Sarrasins, son gamboison sur le dos, son chappel de fer en tête, son glaive sous l'aisselle, pour que les Sarrasins ne le remarquassent point. Quand il vint près d'eux qui n'en faisoient grand cas parce qu'ils le voyoient seul, il tira son glaive de dessous l'aisselle et leur courut sus. Il n'y eut aucuns des huit chefs qui se mirent en défense, mais tous tournèrent en fuite. Quand les Sarrasins à cheval virent que leurs seigneurs revenoient à eux en fuyant, ils donnèrent des éperons pour les secourir, et coururent sus à mon prêtre ; il sortit bien de notre camp cinquante sergents ; les Sarrasins à cheval venoient donnant des éperons et n'osèrent pourtant attaquer nos gens à pied, mais caracolèrent devant eux. Quand ils eurent fait cela deux ou trois fois, un de nos sergents, prenant son glaive par le milieu, le lança à un des Turcs à cheval et l'enfonça dans son côté, et le Turc emporta le glaive trainant dont il avoit le fer dans les côtes. Quand les Turcs virent cela, ils n'osèrent plus aller ni venir, et nos sergents emportèrent les pierres. Depuis ce moment mon prêtre fut bien connu dans notre armée ; on se le montroit l'un à l'autre et l'on disoit : « Voici le prêtre de monseigneur de » Joinville qui a déconfi les huit Sarrasins. »

140. Ces choses advinrent le premier jour de

quaresme. Ce jour meismes un vaillant Sarrazin, que nos ennemis avoient fet chievetain pour Secedic le filz au Seic, que il avoient perdu en la bataille le jour de quaresme pernant, prist la cote le conte d'Artois qui avoit esté mort en celle bataille, et la moustra à tout le peuple des Sarrazins, et leur dit que c'étoit la cote le Roy à armer, qui mort estoit. « Et ces choses vous » moustré je, pource que cors sans chief ne vaut » riens à redouter, ne gent sans Roy ; dont, se il » vous plet, nous les assaurons samedi, ven- » dredi, et vous y devez accorder, si comme il » me semble ; car nous ne devrons pas faillir que » nous ne les prenons touz, pource que il ont » perdu leur chievetein ; » et touz s'accordèrent que il nous venroient assaillir vendredi.

141. Les espies le Roy qui estoient en l'ost des Sarrazins, vindrent dire au Roy ces nouvelles, et lors commanda le Roy à touz les chieveteins des batailles que il feissent leur gent armer dès la mienuit, et se traississent hors des paveillons jusques à la lice qui estoit tele il y avoit lons merriens, pource que les Sarrazins ne se ferissent parmi l'ost ; et estoient atachiés en terre en telle maniere, que l'en pooit passer parmi le merrien à pié. Et ainsi comme le Roy l'ot commandé il fu fait.

142. A solleil levant tout droit les Sarrazins devant nommez de quoy il avoient fait leur chievetein, nous amena bien quatre mille Turs à cheval, et les fist ranger touz entour nostre ost et il, dès le flum qui vient de Babiloine jusques au flum qui se partoit ne nostre ost, et en aloit vers une ville que l'en appele Risil. Quant il orent ce fait, il nous ramenerent si grant foison de Sarrazins à pié, que il nous r'environnerent tout nostre ost, aussi comme il avoient des gens à cheval. Après ces deux batailles que je vous conte, firent rangier tout le pooir au soudanc de Babiloine pour eulz aidier, se mestier leur feust. Quant il orent ce fait, le chievetain vint veoir le couvine de nostre ost sur un petit roncin ; et selonc ce que il veoit que nos batailles estoient plus grosses en un lieu que en un autre, il r'aloit querre de sa gent et renforçoit ses batailles contre les nostre. Après ce fist il passer les Beduyns, qui bien estoient trois mille, par devers les deux rivieres ; et ce fist il pource que il cuidoit que le Roy eust envoié au Duc de sa gent pour li aidier contre les Beduyns, par quoy l'ost le Roy en feust plus feble.

◇◇◇

carême. Ce jour même, un vaillant Sarrasin que nos ennemis avoient fait chef à la place de Scecedin, fils du Sceic qu'ils avoient perdu dans la bataille le jour de carême prenant, prit la cotte d'armes du comte d'Artois qui avoit été tué dans cette bataille * et la montra à tout le peuple des Sarrasins, et leur dit que c'étoit la cotte d'armes du roi qui étoit mort : « Et ces choses vous mon- » tré-je, ajouta-t-il, parce que corps sans chef, ni » gent sans roi ne sont à redouter; donc, s'il vous » plait, nous les assaillerons samedi, vendredi, et » vous y devez bien accorder, comme il me semble, » car nous ne devons pas faillir de les prendre tous, » puisqu'ils ont perdu leur chef. » Et tous s'accordèrent pour nous venir assaillir le vendredi.

141. Les espies du roi qui étoient dans l'armée des Sarrasins vinrent lui dire ces nouvelles, et lors le roi commanda à tous les chefs des batailles qu'ils fissent armer leurs gens dès minuit, et qu'ils sortissent des pavillons jusqu'à la lice où il y avoit de longs merrains pour empêcher les Sarrasins de se porter dans le camp. Et ces merrains étoient plantés de telle manière qu'on pouvoit passer entre à pied. Et ainsi que le roi l'avoit commandé il fut fait.

◇◇◇

142. Droit au soleil levant, le Sarrasin ci-dessus nommé, dont les ennemis avoient fait leur chef, nous amena bien quatre mille Turcs à cheval, et les fit tous ranger entre notre camp et lui, depuis le fleuve qui vient de Babylone jusqu'à celui qui partoit de notre camp, et s'en alloit vers une ville qu'on appelle Rexi. Quand cela fut fait, il amena encore un si grand nombre de Sarrasins à pied qu'il en environna de nouveau tout notre camp, comme il avoit fait des gens à cheval. Après ces deux batailles, il fit ranger toutes les forces du soudan de Babylone pour les secourir, si besoin leur étoit. Quand tout cela fut fait, le cheftain vint sur un petit ronsin examiner la disposition de notre armée, et selon qu'il voyoit que nos batailles étoient plus grosses en un lieu qu'en un autre, il alloit quérir de ses gens et renforçoit ses batailles opposées aux nôtres. Après quoi il fit passer les Bédouins, qui étoient bien trois mille, du côté du camp que gardoit le duc de Bourgogne, entre les deux rivières ; et ce fit-il parce qu'il pensoit que le roi enverroit de ses gens au duc pour le secourir contre les Bédouins, ce qui affaibliroit l'armée du roi **.

---

* Pierre de Rieux et Mesnard disent que entre. les morts *fut trouvé le corps du comte d'Artois qui étoit richement habillé comme appartenoit à un prince.*

** Le sens des autres éditions est ici différent : « Et ce » fit-il, disent-elles, croyant que le roi avoit partie de ses » gens d'armes dans le camp du duc et que l'armée du roi » en seroit plus faible, d'autant que les Bédouins garde- » roient que nous eussions secours du duc de Bourgo- » gne. »

143. En ces choses arer mist il jusques à midi, et lors il fist sonner ses tabours que l'en appele nacaires, et lors nous cururent sus et à pié et à cheval. Tout premier je vous dirai du roy de Sezile, qui lors estoit conte d'Anjou, pource que c'estoit le premier par de vers Babiloine. Il vindrent à li en la maniere que l'en jeue aus eschez; car il li firent courre sus à leur gent à pié, en tel maniere que ceulz à pié li getoient le feu grejois, et les pressoient tant ceulz à cheval et ceulz à pié, que il desconfirent le roy de Sezile qui estoit entre ses chevaliers à pié; et l'en vint au Roy et li dit l'en le meschief où son frere estoit. Quant il oy ce, il feri des esperons parmi les batailles son frere l'espée ou poing, et se feri entre les Turs si avant que il li empristrent la coliere de son cheval de feu grejois; et par celle pointe que le Roy fist, il secouri le roy de Sezile et sa gent, et en chacerent les Turs de leur ost.

144. Après la bataille au roy de Sezile, estoit la bataille des barons d'Outremer, dont mesire Gui Guibelin et mesire Baudouin son frere estoient chievetein. Après leur bataille estoit la bataille monseigneur Gautier de Chateillon, pleine de preudommes et de bone chevalerie. Ces deux batailles se defendirent si vigoureusement, que onques les Turs ne les porent ne percier ne rebouter.

145. Après la bataille monseigneur Gautier estoit frere Guillaume de Sonnac, mestre du Temple, à tout ce pou de freres qui li estoient demourez de la bataille du mardi : il ot fait faire deffense endroit li des engins aus Sarrazins que nous avions gaaingnés. Quant les Sarrazins le vindrent assaillir, il jeterent le feu grejois ou hourdis que il y avoient fait faire, et le feu s'i prist de legier, car les Templiers y avoient fait mettre grans planches de sapin; et sachez que les Turs n'attendirent pas que le feu feust tout ars, ains alerent sus courre aus Templiers parmi le feu ardant. Et à celle bataille frere Guillaume le mestre du Temple perdi l'un des yex, et l'autre avoit il perdu le jour de quaresme pernant, et en fu mort ledit seigneur, que Diex absoille. Et sachez que il avoit bien un journel de terre dariere les Templiers, qui estoit si chargié de pyles que les Sarrazins leur avoient lanciées, que il n'i paroit point de terre pour la grant foison de pyles.

146. Après la bataille du Temple estoit la bataille monseigneur Guion Malvoisin, laquelle bataille les Turs ne porent onques vaincre; et toute vois avint ainsi que les Turs couvrirent

---

143. Il en eut pour jusqu'à midi à faire toutes ces dispositions, et alors il fit sonner ses tambours que l'on appelle nacaires, et aussitôt nous courûmes sus à pied et à cheval. Tout d'abord je vous parlerai du roi de Sicile qui lors étoit comte d'Anjou, parce qu'il étoit le premier du côté de Babylone. Les ennemis vinrent à lui en façon de jeu d'échecs; car ils lui firent courir sus avec leurs gens à pied, de telle manière que ceux-ci lui jetoient le feu grégeois, et le pressèrent tant ceux à cheval et ceux à pied qu'ils déconfirent le roi de Sicile, qui étoit à pied entre ses chevaliers. Un sergent vint au roi et lui dit le méchief où son frère étoit. Quand il ouït cela, il donna des éperons parmi les batailles de son frère, l'épée au poing, et se porta si avant entre les Turcs qu'ils lui brûlèrent la croupière de son cheval avec leur feu grégeois; et par cette pointe que le roi fit, il secourut le roi de Sicile et ses gens, et ils chassèrent les Turcs de leur bataille.

144. Après cette bataille du roi de Sicile venoit celle des barons d'outre-mer, dont messire Guy d'Ibelin et messire Baudouin son frère étoient chefs. Après leur bataille venoit celle de monseigneur Gauthier de Chatillon, pleine de prudhommes et de bons chevaliers; ces deux batailles se défendirent si vigoureusement que les Turcs ne purent onques ni les percer ni les repousser.

145. Après la bataille de monseigneur Gauthier étoit frère Guillaume de Sonnac, maître du Temple, avec le peu de frères qui lui étoient restés de la bataille du mardi; il avoit fait faire une défense devant les engins que nous avions gagnés sur les Sarrasins. Quand ceux-ci le vinrent assaillir, ils jetèrent le feu grégeois sur ce retranchement qu'il avoit fait faire; et le feu y prit facilement, car les Templiers y avoient fait mettre de grandes planches de sapin; et sachez que les Turcs n'attendirent pas que le feu eût tout brûlé, mais ils coururent sus aux Templiers parmi le feu ardent; et dans ce combat, frère Guillaume maître du Temple perdit un œil; il avoit perdu l'autre le jour de carême-prenant, et ledit seigneur en mourut[*], que Dieu l'absolve. Et sachez qu'il y avoit bien un journeau de terre derrière les Templiers lequel étoit si couvert de traits que les Sarrasins leur avoient lancés, qu'il n'y paraissoit pas un pouce de terrain.

146. Après la bataille du Temple venoit celle de monseigneur Guy de Malvoisin, laquelle les Turcs ne purent onques vaincre; et toutefois ils couvrirent monseigneur Guy de Malvoisin de tant de feu grégeois qu'à grand'peine ses gens le purent éteindre.

---

[*] Les autres éditions portent qu'il perdit l'autre œil, parce qu'il fut tué et occis. Ce qui a l'air d'une triste plaisanterie, hors de saison.

monseigneur Guion Malvoisin de feu grejois, que à grant peinne le porent esteindre sa gent.

147. De la bataille monseigneur Guion Malvoisin descendoit la lice qui clooit nostre ost, et venoit vers le flum bien le giet d'une pierre poingnant. Dès illec si s'adreçoit la lice pardevant l'ost le comte Guillaume, et s'estendoit jusques au flum qui s'estendoit vers la mer. Endroit celi qui venoit devers monseigneur Guion Malvoisin, estoit la nostre bataille; et pource que la bataille le conte Guillaume de Flandres leur estoit encontre leur visages, il n'oscrent venir à nous, dont Dieu nous fist grant courtoisie, car moy ne mes chevaliers n'avions ne haubers ne escus, pource que nous estions touz bleciés de la bataille du jour de quaresme prenant.

148. Le conte de Flandres et sa gent coururent sus moult aigrement et viguereusement, et à pié et à cheval. Quand je vi ce, je commandé à nos arbalestriers que il traisissent à ceulz à cheval. Quant ceulz à cheval virent que en les bleçoit par devers nous, ceulz à cheval toucherent à la fuie; et quant les gens le Conte virent ce, il lessierent l'ost et se ficherent par dessus la lice, et coururent sus aus Sarrazins à pié et les desconfirent : pluseurs en y ot de mors et pluseurs de leur targes gaaingnées. Là se prouva viguereusement Gautier de la Horgne, qui portoit la banniere monseigneur d'Apremont.

149. Après la bataille le conte de Flandres, estoit la bataille au conte de Poitiers le frere le Roy; laquele bataille du conte de Poitiers estoit à pié, et il tout seul estoit à cheval : laquele bataille du Conte les Turs desconfirent tout à net, et enmenoient le conte de Poitiers pris. Quand les bouchiers et les autres hommes de l'ost et les femmes qui vandoient les danrées oirent ce, il leverent le cri en l'ost, et à l'aide de Dieu il secoururent le Conte et chacierent de l'ost les Turs.

150. Après la bataille le conte de Poitiers, estoit la bataille monseigneur Jocerant de Brançon, qui estoit venu avec le Conte en Egypte, l'un des meilleurs chevalier qui feust en l'ost. Sa gent avoit si afrée que touz ces chevaliers estoient à pié, et il estoit à cheval; et son filz monseigneur Henri et le filz monseigneur Jocerant de Nantum, et ceulz retint à cheval, pource que il estoient enfant. Par plusieurs fois

◇◇◇

147. De la bataille de monseigneur Guy de Malvoisin descendoit la lice (ou limite) qui enfermoit notre camp et venoit vers le fleuve* jusque bien à un jet de pierre de plein poing; de l'autre côté, la lice se resserroit devant la troupe du comte Guillaume de Flandres et s'étendoit jusqu'au fleuve** qui s'en alloit vers la mer. Près de ce fleuve, qui venoit du côté de monseigneur Guy de Malvoisin, étoit notre bataille, et comme celle du comte de Flandres étoit tout en face des ennemis, ils n'osèrent venir à nous, ce dont Dieu nous fit grande courtoisie, car moi et mes chevaliers n'avions point vêtu de hauberts (cottes de mailles) parce que nous étions tous blessés de la bataille du jour de carême-prenant.

148. Le comte de Flandres et ses gens coururent sus aux ennemis moult aigrement et vigoureusement et à pied et à cheval. Quand je vis cela, je commandai à nos arbalétriers qu'ils tirassent sur les Turcs qui étoient à cheval, et quand ceux-ci virent qu'on les blessoit de notre côté, ils se mirent à fuir, et quand les gens du comte virent cela, ils quittèrent le camp et sautèrent par dessus la lice et coururent sus aux Sarrasins à pied et les déconfirent. Plusieurs y en eut de tués, et plusieurs de leurs boucliers gagnés. Là se montra vigoureusement Gauthier de la Horgne, qui portoit la bannière de monseigneur d'Apremont.

149. Après la bataille du comte de Flandres étoit celle du comte de Poitiers, frère du roi; laquelle bataille du comte de Poitiers étoit à pied, et lui tout seul étoit à cheval. Les Turcs déconfirent cette bataille tout à net, et emmenèrent le comte de Poitiers prisonnier. Quand les bouchers et les autres hommes du camp et les femmes qui vendoient les denrées ouïrent cela, ils jetèrent des cris, et, à l'aide de Dieu, ils secoururent le comte et chassèrent les Turcs du camp***.

150. Après la bataille du comte de Poitiers étoit la bataille de monseigneur Jocerant de Brancion qui étoit venu avec le comte en Egypte; c'étoit l'un des meilleurs chevaliers qui fût dans l'armée. Ses gens étoient tous chevaliers à pied et lui étoit à cheval, et son fils, monseigneur Henri, et le fils de monseigneur Jocerant de Nanton, qui étoient encore enfants, étoient aussi à cheval. Par plusieurs

---

* Canal d'Achmoun.

** Nil ou branche de Damiette. Cette partie du récit est très difficile à suivre; pour nous, ce n'est qu'après avoir parcouru les lieux, Joinville à la main, que nous avons pu comprendre la position des différents corps de bataille de l'armée chrétienne.

*** L'édition de Pierre de Rieux ajoute ici : « Et en » cette bataille se montra vertueux et hardi messire Ar- » naul de Commenge, vicomte de Couzerans, dont j'ai » ci-devant parlé, pour cuider secourir le comte, et por- » toit icelui de Commenge une bannière; et ses armes » étoient d'or à un bord de gueles, lesquelles (comme de- » puis il m'a conté) avoient été données à ses prédéces- » seurs qui portoient le surnom d'Espagne anciennement » par le roi Charlemagne, pour les grands services qu'i- » ceux vicomtes de Couzerans lui avoient faits, lui étant » en Espagne contre les infidèles : et aussi qu'ils avoient » chassé du bors pays de Commenge, les Sarrasins qui » le tenoient occupé, et l'avoient remis en l'obéissance » du roi Charlemagne. »

li desconfirent les Turs sa gent. Toutes les foiz que il veolt sa gent desconfirent, il feroit des esperons et prenoit les Turs par deriere; et ainsi lessoient les Turs sa gent par pluseurs foiz pour li courre sus. Toute voiz ne leur eust riens valu que les Turs ne les eussent touz mors ou champ, se ne feust monseigneur Henri de Coonne qui estoit en l'ost le duc de Bourgoingne, sage chevalier, et preus et apensé; et toutes les foiz que il véoit que les Turs venoient courre sus à monseigneur de Brancion du meschief de celle journée, que de vingt chevaliers que il avoit entour li, il fesoit traire les arbalestriers le Roy aus Turs parmi la rivière; et toute voiz eschapa le sire de Crancion. En perdi douze sanz l'autre gent d'armes; et il meimes fu si malement ajourné, que oncques puis sus ses piez n'aresta et fu mort de celle bleceure ou servise Dieu.

151. Du seigneur de Brancion vous dirai : il avoit esté, quant il mourut, en trente-six batailles et poingneis, dont il avoit porté pris d'armes. Je le vi en un ost le conte de Chalon, cui cousin il estoit, et vint à moy et à mon frere, et nous dit le jour d'un grand vendredi : « Mes neveus venés à moy aidier et vous et vostre gent, car les Alemans brisent le moustier. » Nous alames avec li et leur courumes sur les espées traites, et à grant peinne et à grant hutin les chassames du moustier. Quant ce fu fait, le preudomme s'agenouilla devant l'autel, et cria à Nostre Seigneur à haute voiz, et dit : « Sire, je » te prie que il te preingne pitié de moy et m'oste » de ces guerres entre crestiens, là où j'ai » vescu grant piesce, et m'otroie que je puisse » mourir en ton servise, par quoy je puisse avoir » ton regne de paradis. » Et ces choces vous ai-je ramenteu, pource que je croi que Dieu lui otroia, si comme vous pouez avoir veu ci devant.

152. Après la bataille le premier vendredi de quaresme, manda le Roy tous ses barons devant li, et leur dit : « Grant grace, fist-il, devons à » Nostre Seigneur, de ce que il nous a fait tiex » deux honneurs en ceste semaine, que mardi » le jour de quaresme prenant nous les chassames » de leur herberges là où nous sommes logés; ce » vendredi prochain, qui passé est, nous nous » sommes deffendus à eulz, nous à pié et il à » cheval; » et moult d'autres beles paroles pour eulz reconforter. Pource que il nous convient poursuivre nostre matiere, laquele il nous con-

◇◇◇

fois les Turcs lui déconfirent ses gens, et toutes les fois qu'il voyoit ses gens déconfis, il donnoit des éperons et prenoit les Turcs par derrière; et ainsi les Turcs par plusieurs fois laissèrent ses gens pour courir sus à lui. Toutefois cela ne leur eût guère valu, et les Turcs les auroient tous tués, n'eût été monseigneur Henri de Coonne qui étoit en la bataille du duc de Bourgogne, sage chevalier, preux et hardi; car toutes les fois qu'il voyoit que les Turcs venoient courir sus à monseigneur de Brancion, il faisoit tirer les arbalétriers du roi, sur les Turcs à travers la rivière *. Et ainsi échappa le sire de Brancion au méchief de cette journée, mais de vingt chevaliers qu'il avoit avec lui, il en perdit douze, sans ses autres gendarmes. Et lui-même fut si maltraité que oncques depuis il ne se remit sur ses pieds et mourut de cette blessure reçue au service de Dieu, qui bien l'en a récompensé, ce devons croire.

151. Du seigneur de Brancion, je vous dirai que, quand il mourut, il avoit été à trente-six batailles et combats dont il avoit remporté le prix d'armes. Je le vis dans une armée que commandoit le comte de Châlons **, qui étoit son cousin; il vint à moi et à mon frère, et nous dit le jour d'un vendredi-saint : « Mes neveux, venez avec » moi pour m'aider vous et vos gens, car les Alle- » mands abattent et rompent le moustier de Mâ- » con. » Nous allâmes avec lui et courûmes sus aux Allemands, les épées nues, et, à grand'peine et grand travail, les chassâmes du moustier. Quand ce fut fait, le prud'homme s'agenouilla devant l'autel, et cria à notre Seigneur à haute voix, et dit : « Sire, je te prie de prendre pitié de » moi et de m'ôter de ces guerres entre chrétiens, là » où j'ai trop long-temps vécu, et de m'octroyer que » je puisse mourir à ton service, pour que je puisse » avoir ton royaume de paradis. » Et je vous rappelle ces choses, parce que je crois que Dieu le lui octroya, tout comme vous pouvez avoir vu ci-dessus.

152. Après la bataille du premier vendredi de carême, le roi appela tous ses barons et leur dit : « Grandes grâces nous devons à notre Seigneur » de ce qu'il nous a fait cette semaine deux hon- » neurs, tels que mardi, jour de carême prenant, » nous avons chassé les ennemis de leurs héberge- » ments où nous sommes logés, et vendredi qui » vient de passer, nous nous sommes défendus con- » tre eux à pied et à cheval. » Moult d'autres belles paroles leur disoit et remontroit tout doucement le bon roi; et ce faisoit-il pour les réconforter et donner toujours bon courage et confiance en Dieu. Poursuivons notre matière à laquelle il nous convient d'entremêler aucunes choses et les réduire à la mémoire pour faire entendre comment

---

* Ces mots : *à travers la rivière*, sont nécessaires pour l'intelligence du récit; on ne les lit pas dans les autres éditions.

** Dans l'édition de Ducange il est nommé comte de Mâcon; mais ce seigneur était comte de Châlons et de Mâcon.

vient un pou entrelacier, pour faire entendre comment le Soudanc tenoient leur gent ordenéement et aréement; et est voir que le plus de leur chevalerie il avoient fet de gens estranges, que marcheans prenoient en estranges terres pour vendre, et il les achetoient moult volentiers et chierement; et ces gens que il menoient en Egypte prenoient en Orient, parce que quant l'un des roys d'Orient avoit desconfit l'autre, si prenoit les poures gens, que il avoit conquis et les vendoit aus marcheans, et les marcheans les revenoient vendre en Egypte.

153. La chose estoient si ordenée, que les enfans jusques à tant que barbe leur venoit, le Soudanc les nourrissoit en sa meson en tele maniere, que selonc ce que il estoient, le Soudanc leurs fesoit faire arcz à leur point; et sitost comme il enforçoient, il getoient leurs arcs en l'artillerie au Soudanc, et le mestre artillier leur baillet ars si fors comme il les pooit teser. Les armes au Soudanc estoient d'or; et tiex armes comme le Soudanc portoit, portoient celle joene gent, et estoient appelez Bahariz.

154. Maintenant que les barbes leur venoient, le Soudanc les fesoit chevaliers, et portoient les armes au Soudanc; fors que tant que il y avoit difference, c'est à savoir ensignes vermeille, roses, ou bendes vermeilles, ou oisiaus, ou autres ensignes que il metoient sus armes d'or, teles comme il leur plesoit : et ceste gent que je vous nomme, appeloit l'en de la Haulequa; car les Beharis gesoient dedans les tentes au Soudanc. Quant le Soudanc estoit en l'ost, ceulz de la Haulequa estoient logie entour les heberges le Soudanc, et establiz pour le cors le Soudanc garder. A la porte de la heberge le Soudanc estoient logiez en une petite tente les portiers le Soudanc, et ses menestriers qui avoient cors sarrazinnois et tabours et nacaires; et fesoient tel noise au point du jour et à l'anuitier, que ceulz qui estoient delez eulz ne pooient entendre l'un l'autre; et clèrement les oioit l'en parmi l'ost : ne les menestriers ne feussent ja si hardis que il sonnassent leur instrumens de jours, ne mais que par le mestre de Haulequa; don il estoit ainsi, que quand le Soudanc vouloit charger, il envoioit querre le mestre de Haulequa et li fesoit son commandement; et lors le mestre fesoit sonner les instrumens au Soudanc, et lors tout l'ost venoit pour oir le commandement au Soudanc; le mestre de la Haulequa le disoit, et tout l'ost le fesoit.

155. Quand le Soudanc se combatoit, les chevaliers de la Haulequa, selonc ce que il se prouvoient bien en la bataille, le Soudanc en fesoit amiraux, et leur bailloit en leur compaignie deux cens chevaliers ou trois cens; et comme

◇◇◇

les soudans entretenoient et exerçoient leurs gardes; il est vrai que la plus grande partie de leur chevalerie étoit composée d'étrangers que des marchands achetoient en terres étrangères pour les vendre, et les soudans les achetoient moult volontiers et chèrement. Ces gens qu'on amenoit en Egypte venoient d'Orient, car lorsqu'un des rois d'Orient avoit déconfi un autre roi, il prenoit les pauvres gens qu'il avoit faits prisonniers et les vendoit à des marchands, et ces marchands les amenoient en Egypte pour les vendre, comme j'ai dit devant.

153. Or, la chose étoit ainsi ordonnée : le soudan nourrissoit les enfants de ces gens, dans sa maison, jusqu'à ce que la barbe leur vînt, et le soudan leur faisoit faire des arcs proportionnés à leur âge et à leur force, et sitôt que ces enfants pouvoient tirer leurs arcs dans l'artillerie du soudan, le maître artilleur leur bailloit un arc aussi fort qu'ils le pussent bander. Les armes du soudan étoient d'or, et ces jeunes gens portoient des armes semblables, et on appeloit leur troupe baharis.

154. Quand la barbe leur venoit, le soudan les faisoit chevaliers, et ils portoient les armes du soudan; mais ces armes avoient des différences, elles étoient ou vermeilles ou roses, ou à bandes vermeilles, ou bien c'étoient des oiseaux ou telles autres enseignes qu'il leur plaisoit mettre sur armes d'or; et cette troupe que je vous nomme, appeloit-on aussi de la haulequa (les gardes-du-corps du soudan), car les baharis couchoient sous les tentes du soudan. Quand le soudan étoit à l'armée, ceux de la hauleqUa étoient logés autour de son pavillon, et établis pour garder sa personne. A la porte du pavillon du soudan étoient logés, sous une petite tente, les portiers du soudan et ses ménétriers, qui avoient cors, tambours et nacaires; ceux-ci, au point du jour et à l'entrée de la nuit, faisoient tel bruit, que ceux qui étoient près d'eux ne pouvoient s'entendre les uns les autres; clairement les oyoit-on dans le camp. Les ménétriers n'auroient été si hardis que de sonner de jour de leurs instruments, sinon par l'ordre du maître de la hauleqUa. Quand le soudan vouloit donner des ordres, il envoyoit quérir le maître de la hauleqUa et lui faisoit son commandement; le maître faisoit sonner les instruments, et lors toute l'armée venoit pour ouïr le commandement du soudan; le maître de la hauleqUa le disoit et toute l'armée le faisoit.

155. Quand le soudan combattoit, les chevaliers de la hauleqUa se signaloient autant qu'ils pouvoient dans les combats, et le soudan, suivant leurs pronesses, les faisoit émirs ou leur bailloit une compagnie de deux cents ou trois cents chevaliers, et mieux ils faisoient, plus le soudan leur donnoit.

mieux le fesoient et plus leur donnoit le Soudanc.

156. Le pris qui est en leur chevalerie si est tel, que quant il sont si preus et si riches que il n'y ait que dire, et le Soudanc a poour que il ne le tuent ou que il ne le deshéritent, si les fait prendre et mourir en sa prison, et à leur femme tolt ce que elles ont. Et ceste chose fist le Soudanc de ceulz qui pristrent le conte de Monfort et le conte de Bar : et autel fist Boudendart de ceulz qui avoit desconfit le roy de Hermenie; car pource que il cuidoient avoir bien, il descendirent à pié et l'alerent saluer là où il chaçoit aus bêtes sauvages; et il leur respondi : « Je ne vous » salue pas; » car il li avoient destourbé sa chace, et leur fist les testes coper.

157. Or revenons à nostre matiere et disons ainsi, que le Soudanc qui mort estoit, avoit un sien filz de l'aage de vingt-cinq ans, sage et apert et malicieus; et pource que il doutoit que il ne le desheritast, il li donna un réaume que il avoit en Orient. Maintenant que le Soudanc fu mort, les Amirauls l'envoyerent querre, et sitost comme il vint en Egypte, il osta et tolli au Seneschal son pere, et au Connestable et au Mareschal les verges d'or, et les donna à ceulz qui estoient venus avec li d'Orient. Quant il virent ce, il en orent si grant despit, et touz les autres aussi qui estoient du conseil le père, pour le despit que il leur avoit fait, et pource que il doutoient que il ne feist autel d'eulx comme son aïeul avoit fait à ceulz qui avoient pris le conte de Bar et le conte de Monfort, ainsi comme il est devant dit, il pourchacerent tant à ceulz de la Halequa, qui sont devant nommez, que le cors du Soudanc devoient garder, que il leur orent couvent que à leur requeste il leur occiroient le Soudanc.

158. Après les deux batailles devant dites, commencierent à venir les grans meschiez en l'ost; car au chief de neuf jours les cors de nos gens que il avoient tuez vindrent au dessus de l'yaue, (et dit l'en que c'estoit pource que les fielz en estoient pourriz) vindrent flottant jusques au pont qui estoit entre nos deux os, et ne porent passer, pource que le pont joingnoit à l'yaue : grant foison en y avoit, que tout le flum estoit plein de mors dès l'une rive jusques à l'autres, et de lonc bien le giet d'une pierre menue. Le roy avoit loé cent ribaus qui bien y furent huit jours. Les cors aus Sarrazins qui estoient retailliés, getoient d'autre par du pont et lessierent aler d'autre part l'yaue; et les crestiens fesoient mettre en grant fosses l'un avec

◇◇◇

156. Le pis qui est en leur chevalerie, c'est que, quand ils sont si preux et si riches qu'il n'y a rien à ajouter, si le soudan a peur qu'ils ne le tuent ou le dépouillent, il les fait prendre et mourir dans ses prisons, et ôte à leurs femmes ce qu'elles ont. C'est ce que fit le soudan à ceux qui firent prisonniers le comte de Montfort et le comte de Bar. Autant fit Bandocdar * de ceux qui avoient déconfi le roi d'Arménie; car, comme ils s'attendoient à une récompense, ils descendirent à pied et l'allèrent saluer là où il chassoit aux bêtes sauvages, et il leur répondit malicieusement qu'il ne les saluoit mie, et qu'ils lui avoient fait perdre sa chasse, et de fait leur fit couper la tête.

157. Or, revenons à notre sujet, et disons que le soudan qui étoit mort avoit un fils de l'âge de vingt-cinq ans, sage, preux, hardi et jà malicieux, et parce qu'il craignoit qu'il ne le détrônât, il lui avoit donné un royaume qu'il avoit en Orient. Quand le soudan fut mort, les émirs envoyèrent quérir ce fils, et sitôt qu'il fut venu en Egypte, il ôta et enleva au sénéchal, au connétable et au maréchal de son père, les verges d'or **, et les donna à ceux qui étoient venus avec lui d'Orient. Quand ces seigneurs virent cela, ils en eurent un grand dépit, ainsi que tous les autres qui avoient été du conseil du père, à cause du déshonneur qu'il leur avoit fait; et comme ils craignoient qu'il ne leur fît ce que son aïeul avoit fait à ceux qui avoient pris le comte de Montfort et le comte de Bar, ainsi qu'il vient d'être dit, ils négocièrent si bien avec ceux de la haulequa qui devoient garder la personne du soudan, que ceux-ci leur promirent qu'à leur requête ils occiroient le soudan.

158. Après les deux batailles dont nous avons parlé, commencèrent à venir les grands malheurs ; car, au bout de neuf jours, les cadavres de nos gens qu'ils avoient tués vinrent au-dessus de l'eau (et l'on dit que c'étoit parce que les fiels en étoient pourris), en flottant jusques au pont qui étoit entre les deux camps du roi et du duc de Bourgogne : et ils ne purent passer parce que le pont touchoit à l'eau. Il y avoit tant de corps morts que tout le fleuve en étoit couvert d'une rive à l'autre, sur la longueur d'un jet de petite pierre. Le roi avoit loué cent ribauds ou aventuriers pour débarrasser le fleuve : ils y furent bien huit jours occupés. Ils jetoient les corps des Sarrasins qui étoient circoncis de l'autre côté du pont dans l'eau, et les laissoient emporter au courant. Ils faisoient mettre les corps des chrétiens dans de grandes fosses. Dieu sache quelle puanteur et quelle pitié de connoître les grands personnages et tant de gens de bien qui y étoient ! Je vis là le chambellan du comte d'Artois qui

---

* Dans la variante on lit *Bandolodas*.
** Insignes de leur rang.

l'autre. Je y vis les chamberlans au conte d'Artois et moult d'autres, qui queroient leurs amis entre les mors; ne onques n'oye dire que nulz y feust retrouvez.

159. Nous ne mangions nulz poissons en l'ost tout le quaresme, mès que bourbetes; et les bourbetes mangoient les gens mors, pource que ce sont glous poissons; et pour ce meschief et pour l'enfermeté du pays, là où il ne pleut nulle fois goute d'yaue, nous vint la maladie de l'ost, qui étoit tel que la char de nos jambes sechoit toute, et le cuir de nos jambes devenoit tavelés de noir et de terre, aussi comme une vielz heuse; et à nous qui avions tele maladie venoit char pourrie ès gencives, et nulz ne eschapoit de celle maladie que mourir ne l'en couvenist. Le signe de la mort estoit tel, que là où le nez seignoit il couvenoit mourir. A la quinzeinne après, les Turs pour nous affamer, dont moult de gent se mervellerent, prirent pluseurs de leur galies desus nostre ost, et les firent treinner par terre et mettre au flum qui venoit de Damiete, bien une lieue desous nostre ost; et ces galies nous donnerent famine, que nus ne nous osoit venir de Damiete pour aporter garnison contremont l'yaue pour leur galies. Nous ne sçeumes onques nouvelles de ces choses jusques à tant que un vaisselet en conte de Flandres, qui eschapa d'eulz par force, le nous dit, que les galies du Soudanc avoient bien gaaingné quatre vingt de nos galies qui estoient venus vers Damiete, et tuez les gens qui estoient dedans.

160. Par ce avint si grant chierté en l'ost, que tantost que la Pasque fu venue, un beuf valoit en l'ost quatrevins livres, et un mouton trente livres, et un porc trente livres et un œf douze deniers, et un mui de vin dix livres.

161. Quant le Roy et les barons virent ce, il s'acorderent que le Roy feist passer son ost pardevers Babiloine en l'ost le duc de Bourgoingne, qui estoit sur le flum qui aloit à Damiete. Pour requerre sa gent plus sauvement, fist le Roy faire une barbacane devant le pont qui estoit entre nos deux os, en tel manière que l'en pooit entrer de deux pars en la barbacane à cheval. Quant la barbacane fu arée, si s'arma tout l'ost le Roy, et y ot grant assaut de Turs à l'ost le Roy. Toute voiz ne se mut l'ost ne la gent, jusques à tant que tout le harnois fu porté

◇◇◇

cherchoit le corps de son maître, et moult d'autres quérant leurs amis entre les morts. Mais onques n'ai ouï dire qu'aucuns aient été retrouvés *.

159. Pendant tout le carême, nous ne mangeâmes, dans le camp, d'autres poissons que des barbottes **. Ces barbottes mangeoient les gens morts parce que ce sont des poissons gloutons : et pour cela et pour le mauvais air du pays, là où il ne tombe une seule goutte d'eau, il nous vint, dans le camp, une maladie telle que la chair de nos jambes se desséchoit, et la peau devenoit tavelée de noir et de terre, à la ressemblance d'une vieille botte qui a été long-temps cachée derrière les coffres. En outre, à nous autres qui avions cette maladie en la bouche, de ce que nous avions mangé de ces poissons, il nous pourrissoit la chair d'entre les gencives dont chacun étoit horriblement puant de la bouche. Et en la fin guère n'en échappoient de cette maladie, que tous ne mourussent; et le signe de mort qu'on y connaissoit continuellement étoit quand on se prenoit à saigner du nez; et tantôt on étoit bien assuré d'être mort de brief. Et pour mieux nous guérir, à bien quinze jours de là, les Turcs qui bien savoient notre maladie, pour nous affamer, prirent plusieurs de leurs galères au-dessus de notre camp et les traînerent par terre, puis les remirent sur le fleuve *** qui couloit vers Damiette, bien une lieue au-dessus de notre camp, ce dont moult de gens se merveillèrent; et ces galères nous donnèrent famine, parce que nul n'osoit venir à Damiette nous apporter provision en remontant le fleuve. Nous n'eûmes nouvelles de cela que quand un petit vaisseau du comte de Flandres, qui échappa par force aux galères des Turcs, nous dit qu'elles avoient bien gagné quatre-vingts des nôtres qui venoient de Damiette et tué les gens qui étoient dedans.

160. Par là advint si grande cherté dans le camp, que sitôt que la Pâques fut venue, un bœuf y valoit quatre-vingts livres, et un mouton trente livres et un porc trente livres, et un œuf douze deniers, et un muid de vin dix livres.

161. Quand le Roi et les barons virent cela, ils convinrent qu'on feroit passer l'armée de la plaine qui s'étendoit du côté de Babylone dans le camp du duc de Bourgogne, qui étoit sur le fleuve qui alloit à Damiette. Pour retirer ses gens avec plus de sûreté, le Roi fit faire une barbacane devant le pont qui étoit entre nos deux camps, de manière qu'on pouvoit entrer des deux côtés dans cette barbacane à cheval. Quand elle fut faite, toute l'armée du roi prit les armes, et il y eut un grand assaut des Turcs au camp du roi. Toutefois ni le camp ni les gens du camp ne se murent jusqu'à ce que tous les bagages furent

---

* On lit dans les autres éditions que la puanteur était si grande qu'il n'était possible de l'endurer, et « que de
» tous ceux qui étoient là regardans et endurans l'infec-
» tion, il n'en échappa pas un. »

** Ce poisson est appelé en Égypte *Karmont*. (Voyez le 6ᵉ volume de la *Correspondance d'Orient*.)

*** D'après les auteurs orientaux, ce transport se fit moitié par terre, moitié par des canaux.

outre; et lors passa li Roys et sa bataille après li, et touz les autres barons après; fors que monseigneur Gautier de Chasteillon qui fist l'arriere garde, et à l'entrer en la barbacane rescout monseigneur Erart de Walery, monseigneur Jehan son frere, que les Turs enmenoient pris.

162. Quant tout l'ost fu entrée dedans, ceulz qui demourerent en la barbacane furent à grant meschief; car la barbacane n'étoit pas haute, si que les Turs leur traioient devisée à cheval, et les Sarrazins à pié leur getoient les motes de terre enmi les visages. Touz estoient perdus se ce ne feust le conte d'Anjou, qui puis fu roy de Sezile, qui les ala rescours et les enmena sauvement. De celle journée enporta le pris monseigneur Geoffroy de Mussanbourg, le pris de touz ceulz qui estoient en la barbacane.

163. La Vegile de quaresme penant vi une merveilles que je vous veil raconter; car ce jour meismes fu mis en terre monseigneur Hue de Landricourt, qui estoit avec moy à baniere. Là où il estoit en biere en ma chapelle, six de mes chevaliers estoient appuiez sur pluseurs saz pleins d'orge; et pource que il parloient haut en ma chapelle et que il faisoient noise au prestre, je leur alai dire que il se teussent, et leur dis que

<><>

passés outre; et alors le roi passa et sa bataille après lui, et tous les autres barons ensuite, hors monseigneur Gauthier de Châtillon qui faisoit l'arrière-garde, et qui, à l'entrée de la barbacane, secourut monseigneur Erard de Valery et monseigneur Jean, son frère, que les Turcs emmenoient prisonniers.

162. Quand toute l'armée fut passée, ceux qui demeurèrent dans la barbacane furent bien mal à l'aise, car la barbacane n'étoit pas haute; de sorte que les Turcs à cheval tiroient à eux de visée, et les Sarrasins à pied leur jetoient des mottes de terre au visage. Tous étoient perdus, n'eût été le comte d'Anjou qui depuis fut roi de Sicile, lequel alla les secourir, et les emmena à sauveté. Monseigneur Geoffroy de Mussenbourg emporta le prix de cette journée sur tous ceux qui étoient en la barbacane.

163. La veille de carême-prenant je vis une merveille que je vous veux raconter. Car ce même jour fut mis en terre monseigneur Hue de Landricourt, qui avoit bannière dans ma compagnie. Lorsqu'il étoit dans sa bière en ma chapelle, six de mes chevaliers étoient appuyés sur des sacs pleins d'orge; comme ils parloient haut dans ma chapelle, et, par leur bruit, interrompoient le prêtre, je leur allai dire de se taire, et que c'étoit vilaine chose à des chevaliers et à des gentilshommes de parler tandis qu'on chantoit la messe; et ils commencèrent à me rire, et me di-

vileinne chose estoit de chevaliers et de gentilzhomes qui parloient tandis que l'en chantoient la messe. Et il me commencierent à rire, et me distrent en riant, que il li remarieroit sa femme; et je les enchoisonai et leur dis que tiex paroles n'estoient ne bones ne beles, et que tost avoient oublié leur compaingnon : et Dieu en fist tel vengance que lendemain fu la grant bataille du quaresme prenant, dont il furent mort ou navrez à mort, parquoy il couvint leur femmes remarier toutes six.

164. Pour les blecures que j'oie le jour de quaresme prenant, me prist la maladie de l'ost, de la bouche et des jambes, et une double tierceinne, et une reume si grant en la teste que la reume me filoit de la teste parmi les nariles; et pour lesdites maladies acouchai au lit malade en la mi-quaresme : dont il avint ainsi que mon prestre me chantoit la messe devant mon lit en mon paveillon, et avoit la maladie que j'avoie. Or avint ainsi, que en son sacrement il se pasma. Quant je vi que il vouloit cheoir, je, qui avoie ma cote vestue, sailli de mon lit tout deschaus et l'embraçai, et li deis que il feist tout à trait et tout belement son sacrement, que je ne le leroie tant que il l'auroit tout fait. Il revint à soi, et fist son sacrement et parchanta sa messe

<><>

rent en riant qu'ils parloient de remarier la femme d'icelui-ci, messire Hue, qui étoit dans la bière, et je les blâmai et leur dis que telles paroles n'étoient ni bonnes ni belles; qu'ils avoient trop tôt oublié leur compagnon. Et Dieu en fit telle vengeance que le lendemain fut la grande bataille de carême-prenant où ils furent blessés à mort. Par quoi il convint de remarier leurs femmes à tous six.

164. A cause des blessures que j'avois reçues le jour de carême-prenant, la maladie de l'armée me prit à la bouche et aux jambes, et une fièvre double-tierce et un rhume si grand au cerveau que l'humeur me couloit de la tête par les narines; et à cause de ces maladies, je me mis au lit à la mi-carême; d'où il advint que mon prêtre me chantoit la messe devant mon lit, dans mon pavillon; il avoit la maladie que j'avois. Or pendant qu'il disoit la messe, il se pâma. Quand je vis qu'il alloit tomber, moi qui avois vêtu ma cotte, je sautai de mon lit nu-pieds et le reçus dans mes bras, et lui dis de faire tout à loisir et tout bellement son sacrement, et que je ne le laisserois pas jusqu'à ce qu'il eût fini. Il revint à soi et fit son sacrement, et acheva de chanter sa messe, et oncques depuis ne la chanta *.

---

* Les autres éditions portent qu'il mourut incontinent. On verra plus loin qu'il ne mourut pas ce jour-là, et qu'il fut tué par les Sarrasins.

toute entièrement, ne onques puis ne chanta.

165. Après ces choses prist le Conseil le Roy et le Conseil le Soudanc journée d'eulz accorder. Le traitié de l'acorder fu tel, que l'en devoit rendre au Soudanc Damiete, et le Soudanc devoit rendre au roy le réaume de Jérusalem; et li dut garder le Soudanc les malades qui estoient à Damiete et les chars salées, pource que il ne mangoient point de porc; et les engins le Roy, jusques à tant que le Roy pourroit r'envoier querre toutes ces choses. Il demanderent au Conseil le Roy quel seurté il donroient par quoy il r'eussent Damiete, ou le conte d'Anjou, ou le conte de Poitiers. Les Sarrazins distrent que il n'en feroient riens se en ne leur lessoit le cors le Roy en gage; dont monseigneur Geffroy de Sergines, le bon chevalier, dit que il ameroit meix que les Sarrazins les eussent touz mors et pris, que ce que il leur feust reprouvé que il eussent lessié le Roy en gage. La maladie commença à engregier en l'ost en tel maniere, que il venoit tant de char morte ès gencives à nostre gent, que il convenoit que barbiers ostassent la char morte, pource que il peussent la viande mascher et avaler aval. Grant pitié estoit d'oir brere les gens parmi l'ost, auxquiex l'en copoit la char morte; car il bréoient aussi comme femmes qui traveillent d'enfant.

166. Quant le Roy vit que il n'avoit pooir d'ilec demourer que mourir ne le convenist li et sa gent, il ordena et atira que il mouvroit le mardi au soir à la nuitier, après les octaves de Pasques, pour revenir à Damiete. Le Roy commanda à Josselin de Cornaut, et à ses freres et aus autres engingneurs, que il copassent les cordes qui tenoient les pons entre nous et les Sarrazins; et riens n'en firent. Nous nous requeillimes le mardi après diner de relevée, et deux de mes chevaliers que je avoie de remenant de ma mesniée. Quant ce vint que il commença à anuitier, je dis à mes mariniers que il tirassent leur ancre et que nous en alissions aval; et il distrent que il n'oseroient, pource que les galies au Soudanc, qui estoient entre nous et Damiete, nous occiroient. Les mariniers avoient fait grans feus pour requeillir les malades dedans leur galies, et les malades s'estoient trait sur la rive du flum. Tandis que je prioie le marinier que nous en alissions, les Sarrazins entrerent en l'ost; et vi à la clarté du feu que il occioient les malades sur la rive. Endementres que il tiroient leur ancre, les mariniers qui devoient mener les malades couperent les cordes de leur ancres et de leur galies, accourrerent en nos petiz vessiaus, et nous enclorrent l'un d'une part et l'autre d'autre part, que à pou se ala que il ne nous afondrerent en l'yaue. Quant nous fumes eschapés de ce péril et nous en alions contreval le

<><><>

165. Après ces choses, le conseil du roi et le conseil du soudan prirent jour pour s'accorder. Le traité d'accord fut tel : on devoit rendre Damiette au soudan, et le soudan devoit rendre au roi le royaume de Jérusalem. Il devoit garder les malades qui étoient à Damiette et les viandes salées, parce que les Sarrasins ne mangeoient point de porc, et les engins du roi, jusqu'à ce que le roi pût renvoyer quérir toutes ces choses. Les ennemis demandèrent au conseil du roi quelle sûreté il donneroit pour la reddition de Damiette. Le conseil du roi leur offrit pour otage un des frères du roi jusqu'à ce qu'ils eussent Damiette, ou le comte d'Anjou, ou le comte de Poitiers. Les Sarrasins dirent qu'ils n'en feroient rien, si on ne leur laissoit la personne du roi en gage; à quoi monseigneur Geoffroy de Sargines, le bon chevalier, répondit qu'il aimeroit mieux que les Sarrasins les eussent tous tués et pris que de s'entendre reprocher d'avoir laissé le roi en gage. La maladie commença à augmenter dans le camp de telle manière qu'il venoit à nos gens tant de chairs mortes aux gencives qu'il fallut que les chirurgiens les ôtassent pour qu'ils pussent mâcher la viande et l'avaler; c'étoit grand'pitié d'ouïr crier dans le camp les gens auxquels on coupoit les chairs mortes; car ils crioient comme des femmes qui sont en travail d'enfant.

166. Quand le roi vit qu'il ne pouvoit demeurer là, sans que lui et ses gens mourussent, il ordonna et régla qu'il décamperoit le mardi au soir, à l'entrée de la nuit, après l'octave de Pâques, pour retourner à Damiette. Le roi commanda à Josselin de Cornaut et à ses frères et autres ingénieurs, de couper les cordes qui tenoient les ponts entre nous et les Sarrasins; et rien n'en firent. Nous nous retirâmes dans nos vaisseaux le mardi après relevée, moi et deux de mes chevaliers que j'avois de reste de ma compagnie. Quand il vint à faire nuit, je dis à mes mariniers de lever l'ancre et de nous descendre aval; et ils me dirent qu'ils n'oseroient, parce que les galères du soudan, qui étoient entre nous et Damiette, nous occiroient. Les mariniers avoient fait de grands feux entre nous et Damiette pour recevoir les malades dans leurs galères, et les malades s'étoient retirés sur la rive du fleuve. Tandis que je priois le marinier de nous faire partir, les Sarrasins entrèrent dans le camp, et je vis à la clarté du feu qu'ils tuoient les malades sur la rive. Pendant qu'ils tiroient leurs ancres, les mariniers qui devoient emmener les malades, coupèrent les cordes de leurs ancres et de leurs galères, et accoururent sur nos petits vaisseaux et nous pressèrent l'un d'un côté l'autre de l'autre, de manière qu'il s'en fallut peu qu'ils ne nous coulassent à fond.

flum, le Roy, qui avoit la maladie de l'ost et menoison moult fort, se feust bien garanti ès galies se il vousist; mès il dit que, se Dieu plest, il ne leroit jà son peuple. Le soir se pasma par plusieurs foiz; et pour la fort menuison que il avoit, li convint coper le fons de ses braies toutes les foiz que il descendoit pour aler à chambre. L'on escrioit à nous qui nagions par l'yaue, que nous attendissions le Roy; et quant nous ne le voulions attendre, l'en traioit à nous de quarriaus; par quoy il nous couvenoit à rester tant que il nous donnoient congé de nager.

167. Or vous dirai comment le Roy fut pris, ainsi comme il meismes le me conta. Il me dit que il avoit lessié la seue bataille et s'estoit mis entre li et monseigneur Geffroy de Sargines et en la bataille monseigneur Gautier de Chasteillon, qui fesoit l'ariere garde; et me conta le Roy que il estoit monté sur un petit roncin, une houce de soye vestue, et dit que dariere li ne demoura de touz chevaliers ne de touz serjans, que monseigneur Geffroy de Sergines, lequel amena le Roy jusques à Quazel, là où le Roy fut pris; en tel maniere que li Roys me conta que monseigneur Geffroy de Sergines le deffendoit des Sarrazins, aussi comme le bon vallet deffent le hanap son seigneur des mouches; car toutes les foiz que les Sarrazins l'aprochoient, il prenoit son espie, que il avoit mis entre li et l'arçon de sa selle, et le metoit desous s'essele et leur recouroit sus et les chassoit ensus du Roy, et ainsi mena le Roy jusques à Kasel, et le descendirent en une meson, et le coucherent ou giron d'une bourjoise de Paris aussi comme tout mort, et cuidoient que il ne deust jà veoir le soir. Illec vint monseigneur Phelippe de Montfort, et dit au Roy que il véoit l'Amiral à qui il avoit traitié de la treve; que se il vouloit il iroit à li pour la treuve refaire en la maniere que les Sarrazins vouloient. Le Roy li' pria que il y alast et que il le vouloit bien. Il ala au Sarrazin, et le Sarrazin avoit ostée sa touaille de sa teste, et osta son anel de son doy pour asseurer que il tenroit la treve. Dedans ce avint une si grant meschéance à nostre gent, que un traistre serjant, qui avoit à non Marcel, commença à crier à nostre gent : « Seigneurs chevaliers, ren- » dés vous, que li Roys le vous mande, et ne » faites pas occirre le Roy. » Touz cuiderent que le Roy leur eust mandé, et rendirent leur espées aus Sarrazins. L'Amiraut vit que les Sarrazins amenoient nostre gens prins. L'Amiraut

⬦⬦⬦

Quand nous fûmes échappés à ce péril et que nous suivions le cours du fleuve, le roi, qui avoit moult fort la maladie de l'armée, (le scorbut et la dyssenterie)*, se fût bien garanti dans les galères s'il eût voulu; mais il dit que s'il plaisoit à Dieu, il n'abandonneroit pas son peuple. Le soir, il se pâma plusieurs fois, et à cause de la forte dyssenterie qu'il avoit, il fallut souvent couper le fond de ses braies. On nous crioit, à nous qui naviguions, d'attendre le roi, et quand nous le voulions attendre, on nous jetoit des traits d'arbalète, et il nous falloit rester jusqu'à ce qu'on nous donnât liberté de naviguer.

167. Or vous dirai comment le roi fut pris, ainsi que lui-même me le conta. Il me dit qu'il avoit laissé sa bataille et s'étoit mis, lui et monseigneur Geoffroy de Sargines, en la bataille de monseigneur Gauthier de Chatillon qui faisoit l'arrière-garde. Et me conta le roi qu'il étoit monté sur un petit ronsin, couvert d'une housse de soie, et dit que derrière lui il ne resta de tous les chevaliers et sergents que monseigneur Geoffroy de Sargines, lequel amena le roi jusqu'à Casel**, là où le roi fut pris. Le roi me conta que monseigneur Geoffroy de Sargines le défendoit des Sarrasins, comme le bon serviteur défend des mouches la coupe *** de son seigneur, car toutes les fois que les Sarrasins l'approchoient, il prenoit son épée qu'il avoit mis entre lui et l'arçon de sa selle, et la mettoit sous son aisselle et leur couroit sus, et les écartoit de la personne du roi; et ainsi mena le roi jusqu'à Casel où on le descendit dans une maison et où on le coucha au giron d'une bourgeoise de Paris, comme tout mort, et on croyoit qu'il ne devoit pas voir le soir. Là, vint monseigneur Philippe de Montfort qui dit au roi qu'il avoit vu l'émir avec qui il avoit traité de la trêve; que si le roi le vouloit, il retourneroit à lui pour la refaire en la manière que les Sarrasins voudroient. Le roi le pria d'y aller, et lui dit qu'il le vouloit bien. Philippe de Montfort alla au Sarrasin; le Sarrasin avoit ôté son turban de sa tête; Montfort ôta l'anneau de son doigt pour s'assurer qu'il tiendroit la trêve. Pendant ce temps advint un grand malheur à nos gens. Un traître sergent, qui avoit nom Marcel, commença à crier : « Seigneurs chevaliers, ren- » dez-vous, le roi vous le mande, ne faites pas » occire le roi. » Tous crurent que le roi l'avoit mandé, et ils rendirent leurs épées aux Sarrasins. L'émir voyant que les Sarrasins amenoient

---

* Dans cet endroit le récit de Pierre de Rieux, de Mesnard et de Ducange n'est pas intelligible, les phrases qu'on lit ici ne s'y trouvent point.

** Casel est le nom générique que les croisés donnaient à des villages. Le casel dont il est ici question, ne peut être que Baramoun bâti sur la rive droite du Nil, à trois ou quatre lieues de Mansoura.

*** Cette comparaison est prise dans les mœurs égyptiennes. Les mouches sont un des fléaux de l'Egypte en été. Il y a dans chaque maison riche des serviteurs dont l'unique fonction est d'écarter les mouches de la table ou du divan du maître.

dit à monseigneur Phelippe que il n'aferoit pas que il donnast à notre gent treves, car il véoit bien que il estoient pris. Or avint ainsi que monseigneur Phelippe, que toute nostre gent estoient pris, et il ne le fu pas, pource que il estoit message. Or a une autre mauvese maniere ou païs en la paiennie, que quant le Roy envoie ses messages au Soudanc, ou le Soudanc au Roy, et le Roy meurt ou le Soudanc avant que les messages reviengnent, les messages sont prisons et esclaves, de quelque part que il soient, ou Crestiens ou Sarrazins.

168. Quant celle meschéance avint à nos gens que il furent pris à terre, aussi avint à nous qui fumes prins en l'yaue, ainsi comme vous orrez ci après; car le vent nous vint devers Damiete, qui nous toli le courant de l'yaue, et les chevaliers que le Roy avoit mis en ces courciers pour nos malades deffendre, s'enfouirent. Nos mariniers perdirent le cours du flum et se mistrent en une noe; dont il nous couvint retourner arieres vers les Sarrazins.

169. Nous qui alions par yaue, venimes un pou devant ce que l'aube crevast, au pessage là où les galies au Soudanc estoient, qui nous avoient tolu à venir les viandes de Damiete. Là ot grant hutin; car il traioient à nous et à nostre gent qui

◇◇◇

estoient sur la rive de l'yaue à cheval, si grant foison de pyles à tout le feu grejois, que il sembloit que les estoiles du ciel chéissent.

170. Quant nos mariniers nous eurent ramenez du bras du flum là où il nous orent enbatus, nous trouvames les courciers le Roy que le Roy nous avoit establiz pour nos malades deffendre, qui s'en venoient fuiant vers Damiete. Lors leva un vent qui venoit devers Damiete si fort, que il nous toli le cours de l'yaue. A l'une des rives du flum et à l'autre, avoit si grant foison de vaisseles à nostre gent qui ne pooient aler aval, que les Sarrazins avoient pris et arrestez, et tuoient les gens et les getoient en l'yaue, et traioient les coffres et les harnois des nefs que il avoient gaaingnées à nostre gent. Les Sarrazins qui estoient à cheval sus la rive traioient à nous de pyles, pource que nous ne voulions aler à eulz. Ma gent m'orent vestu un haubert à tourner, lequel j'avoie vestu, pour les pyles qui chéoient en notre vessel ne me blecassent. En ce point ma gent, qui estoient en la pointe du vessel aval, m'escrierent : « Sire, sire, vos mariniers, pource » que les Sarrazins vous menacent, vous velent » mener à terre. » Je me fiz lever par les bras, si féble comme je estoie, et trais m'espée sur eulz, et leur diz que je les occiroie se il me menoient

◇◇◇

nos gens prisonniers, dit à monseigneur Philippe qu'il ne convenoit pas qu'il donnât trève à notre armée, car il voyoit bien que nos gens étoient pris. Or il advint ainsi que, nos gens étant pris, monseigneur Philippe *ne le fut pas, parce qu'il étoit messager* [*]. Il y a une mauvaise coutume au pays de la païennie, c'est que quand le roi envoie ses messagers au soudan ou le soudan au roi, si le roi ou le soudan meurt, avant que les messagers reviennent, les messagers sont prisonniers et esclaves, de quelque part qu'ils soient, ou chrétiens ou Sarrasins.

168. Quand ce malheur d'être faits prisonniers advint à nos gens qui étoient à terre, il nous arriva de l'être aussi à nous qui étions sur l'eau, comme vous allez l'apprendre, car le vent nous vint de Damiette, lequel nous enleva le courant de l'eau, et les chevaliers que le roi avoit mis dans ses vaisseaux pour défendre nos malades, s'enfuirent. Nos mariniers, perdant le cours du fleuve, se mirent dans une anse, et il nous fallut ainsi retourner en arrière vers les Sarrasins.

169. Nous qui allions par eau, nous vînmes un peu avant que l'aube parût au passage où étoient les galères du soudan qui nous avoient enlevé les vivres qui venoient de Damiette ; il y eut là un grand combat, car ils tiroient à nous et à nos gens qui étoient à cheval sur la rive, si grande quantité de traits avec le feu grégeois, qu'il sembloit que les étoiles tombassent du ciel.

170. Quand les mariniers nous eurent ramenés du bras du fleuve où ils nous avoient engagés, nous trouvâmes les vaisseaux du roi qui avoient été établis pour défendre nos malades, lesquels s'en venoient en fuyant vers Damiette. Lors, il s'éleva de ce côté un vent si fort, qu'il nous ôta le cours de l'eau. A l'une des rives du fleuve et à l'autre, il y avoit grand nombre de vaisseaux à nos gens, qui ne pouvoient descendre, et que les Sarrasins avoient pris et arrêtés. Ils tuoient nos gens et les jetoient dans l'eau, et ils tiroient des nefs qu'ils avoient gagnées sur nous, les coffres et les bagages. Les Sarrasins à cheval qui étoient sur la rive, nous lançoient des traits, parce que nous ne voulions aler à eux. Mes gens m'avoient donné une cotte de mailles qui servoit dans les tournois ; je m'en étois vêtu, pour que les traits qui tomboient dans ma nef ne me blessassent. Dans ce moment, mes gens, qui étoient à la pointe du vaisseau, en avant, me crièrent : « Sire, sire,

---

[*] Il y a dans les autres éditions une phrase qui nous paraît ici nécessaire au sens de ce qui suit : « Et voyant » messire Philippe que tous les gens du roi étoient pris, » il fut bien ébahi ; car il savoit bien que nonobstant qu'il » fût messager de la trève, tantôt il seroit aussi pris et ne » savoit à qui avoir recours. Or, en Payennie y a une » très mauvaise coutume, etc. »

à terre; et il me respondirent que je preisse lequel que je vourroie, ou il me menroient à terre, ou il me ancreroient enmi le flum jusques à tant que le vent feust choit; et je leur dis que j'amoie miex que il m'encrassent enmi le flum, que ce que il me menacent à terre là où je veoie nostre occision: et il m'ancrerent.

171. Ne tarda guères que nous vemes venir quatre galies du Soudanc, là où il avoit bien mil homes. Lors j'appelai mes chevaliers et ma gent, et leur demandai que il vouloient que nous feissions, ou de nous rendre aus galies le Soudanc, ou de nous rendre à ceulz qui estoient à terre. Nous accordames touz que nous amions miex que nous nous randissions aus galies le Soudanc, pource que il nous tendroient ensemble; que ce que nous nous randissions à ceulx qui sont à terre, pource que il nous esparpilleroient et vendroient aus Béduyns. Lors dit un mien scélerier qui estoit né de Doulevens: « Sire, je ne m'acorde » pas à ceste conseil. » Je li demandai auquel il s'acordoit, et il me dit : « Je m'acorde que nous » nous lessions touz tuer, et si nous en irons touz » en paradis. » Mès nous ne le creumes pas.

172. Quant vi que prenre nous escouvenoit, je prins mon escrin et mes joiaus et les getai ou flum, et mes reliques aussi. Lors me dit un de mes mariniers : « Sire, se vous ne me lessiés dire que vous soiés cousins au Roy, l'en vous occirra touz, et nous avec. » Et je diz que je vouloie bien que il deist ce que il vourroit. Quant la première galie, qui venoit vers nous pour nous hurter nostre vessel en travers, oyrent ce, il geterent leur ancres près de nostre vessel. Lors envoya Diex un Sarrazin qui estoit de la terre l'empereour, et en vint noant jusques à nostre vessel, et m'embraça par les flancs et me dit : « Sire, » vous estes perdu se vous ne metés conseil en » vous; car il vous couvient saillir de vostre ves- » sel sur le bec qui est teson de celle galie; et se » vous saillés, il ne vous regarderont ja, car il » entendent au gaaing de vostre vessel. » Il me jeterent une corde de la galie, et je sailli sur l'estoc ainsi comme Dieu volt. Et sachiez que je chancelai; que se il ne fu sailli après moy pour moy soutenir, je feusse cheu en l'yaue.

173. Il me mistrent en la galie, là où il avoit bien quatre-vingts homes de leur gens, et il me tint touzjours embracié, et lors il me porterent à terre, et me saillirent sur le corps pour moy coper la gorge; car cilz qui m'eust occis cuidast estre honoré. Et ce Sarrazin me tenoit touzjours embracié, et crioit : « Cousin le Roy. » En tele maniere me porterent deux foiz par terre, et une

————

» vos mariniers vous veulent mener à terre, parce » que les Sarrasins vous menacent. » Je me fis lever par les bras, si faible que j'étois, et tirai mon épée sur eux, et leur dis que je les occirois s'ils me menoient à terre, et ils me répondirent que je prisse le parti que je voudrois, ou d'être mené à terre, ou d'être ancré au milieu du fleuve jusqu'à tant que le vent fût tombé; et je leur dis que j'aimois mieux qu'ils m'ancrassent au milieu du fleuve, que d'être mené à terre, là où je voyois notre occision; et ils m'ancrèrent.

171. Il ne tarda guère que nous vîmes venir quatre galères du soudan, où il y avoit bien mille hommes ; lors j'appelai mes chevaliers et mes gens, et leur demandai ce qu'ils vouloient que nous fissions, ou de nous rendre aux galères du soudan ou à ceux qui étoient à terre. Nous nous accordâmes à préférer nous rendre aux galères du soudan, parce qu'on nous retiendroit ensemble, plutôt que de nous rendre à ceux qui étoient à terre, parce qu'ils nous éparpilleroient et nous vendroient aux Bédouins. Lors, un mien clerc, qui étoit né de Dourlens, me dit : « Sire, je ne m'ac- » corde pas à ce conseil. » Et je lui demandai à quel conseil il s'accordoit, et il me répondit : « Je m'ac- » corde à ce que nous nous laissions tous tuer, et » nous irons ainsi tous en paradis. » Mais nous ne le crûmes pas, car la peur de la mort nous pressoit trop fort.

172. Quand je vis qu'il convenoit de nous rendre, je pris mon écrin et mes joyaux et les jetai dans le fleuve, et mes reliques aussi. Lors, un de mes mariniers me dit : « Sire, si vous ne me lais- » sez dire que vous êtes cousin du roi, l'on vous » occira tous et nous avec vous. » Et je lui répondis que je voulois bien qu'il dît ce qu'il voudroit. Quand les gens de la première galère qui venoit vers nous pour heurter notre vaisseau en travers, ouïrent cela, ils jetèrent leurs ancres près de nous. Lors, Dieu envoya un Sarrasin qui étoit de la terre de l'empereur, et s'en vint nageant jusqu'à notre vaisseau, et me prit par les flancs et me dit : « Sire, vous êtes perdu si vous ne mettez conseil » en vous, car il vous convient de sauter de votre » vaisseau sur l'avant de cette galère *, et si vous » sautez, ils ne prendront pas garde à vous, car » ils ne sont occupés que du gain de votre vais- » seau. » On me jeta une corde de la galère, et je sautai sur l'avant comme Dieu voulut. Et sachez que je chancelai, et que si le Sarrasin n'eût sauté après moi pour me soutenir, je fusse tombé dans l'eau.

173. Ils me mirent dans la galère où il y avoit bien quatre-vingts hommes des leurs, et le Sarrasin me tenoit toujours embrassé, et lors, ils me portèrent à terre et me sautèrent sur le corps pour me couper la gorge, car celui qui m'eût oc-

———

* Les autres éditions portent que ce Sarrasin conseilla à Joinville de se jeter dans l'eau, et que Joinville se rendit à ce conseil; ce qui n'est pas vraisemblable.

à genoillons; et lors je senti le coutel à la gorge. En ceste persécucion me salva Diex par l'aide du Sarrazin, lequel me mena jusques ou chastel là où les chevaliers Sarrazins estoient. Quant je ving entre eulz, il m'osterent mon haubert; et pour la pitié qu'il orent de moy, il jeterent sur moy un mien couvertouer de escarlate fourré de menu ver, que madame ma mère m'avoit donné; et l'autre m'aporta une courroie blanche; et je me ceignis sur mon couvertouer, ouquel je avoie fait un pertuis et l'avoie vestu; et l'autre m'aporta un chaperon, que je mis en ma teste. Et lors, pour la peour que je avoie, je commençai à trembler bien fort, et pour la maladie aussi. Et lors je demandai à boire, et l'en m'aporta de l'yaue en un pot; et sistost comme je la mis à ma bouche pour envoier aval, elle me sailli hors par les narilles. Quant je vi ce, je envoiai querre ma gent et leur dis que je estoie mort, que j'avoie l'apostume en la gorge; et il me demanderent comment je le savoie; et tanstot il virent que l'yaue li sailloit par la gorge et par les narilles, il pristrent à plorer. Quant les chevaliers Sarrazins qui là estoient, virent ma gent plorer, il demanderent au Sarrazin qui sauvez nous avoit, pourquoy il ploroient; et il respondi que il entendoit que j'avoie l'apostume en la gorge, parquoy je ne pouvoie eschaper. Et lors un des chevaliers Sarrazins dit à celi qui nous avoit garantiz, que il nous reconfortast, car il me donroit tele chose à boivre, de quoy je seroie guéri dedans deux jours; et si fist il.

174. Monseigneur Raoul de Wanou qui estoit entour moi, avoit esté esjareté à la grant bataille du caresme prenant, et ne pooit ester sur ses piez; et sachiez que un vieil Sarrazin chevalier qui estoit en la galie, le portoit aus chambres privées à son col.

175. Le grant Amiral des galies m'envoia querre, et me demanda si je estoie cousin le Roy; et je li dis que nanin, et li contai comment et pourquoy le marinier avoit dit que je estoie cousin le Roy. Et il dit que j'avoie fait que sage, car autrement eussions nous esté touz mors. Et il me demanda si je tenoie riens de lignage à l'empereur Ferri d'Alemaingne qui lors vivoit; et je li respondi que je entendoie que madame ma mere estoit sa cousine germainne; et il me dit que tant m'amoit-il miex. Tandis que nous mangions, il fist venir un bourgois de Paris devant nous. Quant le bourgois fu venu, il me dit : « Sire, que faites vous? » — Que faiz-je donc, feiz-je? — En non Dieu, » fist-il, vous mangez char au vendredi. » Quant

<hr />

cis, auroit cru être honoré; et le Sarrasin me tenoit toujours embrassé et crioit: « Cousin du roi. » Ils me portèrent ainsi deux fois à terre, et une fois me firent tomber sur mes genoux, et lors je sentis le coutel à la gorge. Dans cette persécution, Dieu me sauva par le secours du Sarrasin, lequel me mena jusqu'au château où étoient les chevaliers sarrasins. Quand j'arrivai parmi eux, ils m'ôtèrent mon haubert, et, par pitié qu'ils eurent de moi, ils jetèrent sur mon corps une micnne couverture d'écarlate fourrée de menu vair que madame ma mère m'avoit donnée. Un autre m'apporta une courroie (ceinture) blanche, et je me ceignis par-dessus ma couverture à laquelle j'avois fait un trou pour m'en vêtir, et un autre m'apporta un chaperon que je mis sur ma tête. Et lors, pour la peur que j'avois, et aussi pour la maladie, je commençai à trembler bien fort; et je demandai à boire, et l'on m'apporta de l'eau dans un pot, et sitôt que je la mis dans ma bouche pour l'avaler, elle me sortit par les narines. Quand je vis cela, j'envoyai quérir mes gens et leur dis que j'étois mort, que j'avois un apostume dans la gorge; et ils me demandèrent comment je le savois; et quand ils virent que l'eau me sortoit par la gorge et par les narines, ils se prirent à pleurer. Les chevaliers sarrasins qui étoient là, voyant mes gens pleurer, demandèrent au Sarrasin qui nous avoit sauvés*, pourquoi mes gens pleuroient, et répondit qu'il entendoit que j'avois un apostume dans la gorge, pourquoi je ne pouvois échapper; et lors, un des chevaliers sarrasins dit à celui qui nous avoit garantis, de nous reconforter, car il me donneroit telle chose à boire, par quoi dans deux jours je serois guéri; et ainsi fit-il.

174. Monseigneur Raoul de Vernon, qui étoit auprès de moi, avoit eu le jarret coupé à la grande bataille de carême-prenant, et ne pouvoit se tenir debout sur ses pieds; et sachez qu'un vieux chevalier sarrasin, qui étoit dans la galère, le portoit sur son cou aux chambres privées **.

175. Le grand amiral des galères m'envoya quérir, et me demanda si j'étois cousin du roi, et je lui dis que non, et je lui contai comment et pourquoi le marinier avoit dit que j'étois cousin du roi; et il me dit que j'avois agi en homme sage, car autrement eussions-nous été tous tués; et il me demanda si je ne tenois en rien au lignage de l'empereur Frédéric d'Allemagne, qui vivoit alors; je lui répondis que je savois bien que madame ma mère étoit sa cousine germaine, et il me dit qu'il m'en aimoit d'autant mieux. Pendant que nous mangions, il fit venir un bour-

<hr />

* Les autres éditions mettent cette question dans la bouche du Sarrasin qui avait sauvé Joinville, et la réponse dans la bouche des gens de Joinville.
** Cet alinéa manque dans les autres éditions.

j'oï ce, je bouté m'escuele arieres; et il demanda à mon Sarrazin pourquoy je avoie ce fait, et il li dit; et l'Amiraut li respondi que ja Dieu ne m'en sauroit mal gré, puisque je ne l'avoie fait à escient. Et sachez que ceste reponse me fist le Legat quant nous fumes hors de prison; et pour ce ne lessé-je pas que je ne jeunasse touz les vendredis de quaresme après en pain et en yaue; dont le Legat se courrouça moult forment à moy, pource que il n'avoit demouré avec le Roy de riches homes que moy. Le dymanche après, l'Amiraut me fit descendre et tous les autres prisonniers qui avoient esté pris en l'yaue, sur la rive du flum. Endementieres en trehoit monseigneur Jehan mon bon prestre hors de la soute de la galie, il se pausma, et en le tua et le geta l'en ou flum. Son clerc, qui se pasma aussi pour la maladie de l'ost que il avoit, l'en li geta un mortier sus la teste et fu mort, et le geta l'en ou flum. Tandis que l'en descendoit les autres malades des galies où il avoient esté en prison, il y avoit gens Sarrazins apparcillés, les espés toutes nues, que ceulz qui chéoient, il les occioient et getoient touz ou flum. Je leur fis dire à mon Sarrazin, que il me sembloit que ce n'estoit pas bien fait; car c'estoit contre les enseignemens

◇◇◇

geois de Paris devant nous. Quand le bourgeois fut venu, il me dit : « Sire, que faites-vous ? — » Ce que je fais, repris-je ? — Dieu me pardonne, » dit-il, vous mangez de la viande le vendredi? » Quand j'ouïs cela, je mis mon écuelle derrière moi, et il demanda à mon Sarrasin pourquoi j'avois fait cela, et il le lui dit, et l'amiral lui répondit que Dieu ne m'en sauroit mauvais gré, puisque je ne l'avois fait à escient. [Et sachez que le légat me fit cette même réponse, quand nous fûmes hors de prison; et pour cela, ne laissai-je pas de jeûner tous les vendredis de carême ensuite au pain et à l'eau, ce dont le légat se courrouça moult fortement, parce qu'il n'étoit resté auprès du roi de riches hommes que moi*.] Le dimanche après, l'amiral me fit descendre sur la rive du fleuve, de même que tous les autres prisonniers qui avoient été pris sur l'eau. Pendant qu'on tiroit monseigneur Jean, mon bon prêtre, hors du fond de cale, il se pâma, et on le tua, et on le jeta dans le fleuve. Son clerc se pâma aussi à cause de la maladie du camp qu'il avoit; on lui jeta un mortier sur la tête, et il fut tué, et on le jeta dans le fleuve. Pendant que l'on descendoit les autres malades des galères où ils étoient en prison, il y avoit des Sarrasins tout préparés, l'épée nue à la main, qui, lorsque les malades tomboient, les tuoient et les jetoient tous dans le fleuve. Je leur fis dire

* Ces phrases manquent dans Pierre de Rieux.

Salehadin, qui dit que l'en ne doit nul homme occire, puis que en ne li avoit donné à manger de son pain et de son sel. Et il me respondi que ce n'estoient pas homes qui vausissent riens, pource que il ne se pooient aldier pour les maladies que il avoient. Il me fist amener mes mariniers devant moy, et me dit que il estoient touz renoiés, et je li dis que il n'eust ja fiance en eulz; car aussitost comme il nous avoient lessiez, aussitost les leroient il se il véoient ne leur point ne leur lieu. Et l'Amiraut me fist reponse tele, que il s'accordoit à moy; que Salehadin disoit que en ne vit onques de bon Crestien bon Sarrazin, ne de bon Sarrazin bon Crestien. Et après ces choses il me fist monter sus un palefroy et me menoit encoste de li, et passames un pont de nez, et alames à la Massoure là où le Roy et sa gent estoient pris; et venimes à l'entrée d'un grant pavellon là où les escrivains le Soudanc estoient, et firent illec escrire mon non. Lors me dit mon Sarrazin : « Sire, je ne vous suivré plus, car je ne » puis; mez je vous pri, sire, que cest enfant » que vous avez avec vous, que vous le tenez » tousjour par le poing, que les Sarrazins ne » le vous toillent. » Et cel enfant avoit non Berthelemin, et estoit filz au seigneur de Mon-

◇◇◇

par mon Sarrasin qu'il me sembloit que ce n'étoit pas bien fait, car c'étoit contre les enseignements de Saladin, qui disoit que nul homme ne doit-on occire quand on lui a donné à manger de son pain et de son sel; et il me répondit que ce n'étoit pas des hommes qui valussent rien, puisqu'ils ne se pouvoient aider, à cause des maladies qu'ils avoient. Il me fit amener mes mariniers devant moi et me dit qu'ils étoient tous renégats, et je lui dis qu'il n'eût pas trop confiance en eux, car tout de même qu'ils nous avoient laissés, tout de même les laisseroient-ils s'ils y voyoient leur avantage et profit, et l'amiral me fit cette réponse qu'il s'accordoit avec moi, et que Saladin disoit qu'on ne vit onques bon chrétien devenir bon Sarrasin, ni bon Sarrasin devenir bon chrétien. Et après ces choses, il me fit monter sur un palefroi et me mena à côté de lui, et nous passâmes un pont de bâteaux et allâmes à la Massoure, là où le roi et ses gens étoient prisonniers. Nous vînmes à l'entrée d'un grand pavillon où étoient les écrivains du soudan, et là ils me firent écrire mon nom. Lors, mou Sarrasin me dit : « Sire, je ne vous suivrai plus, car je ne » puis; mais je vous prie, Sire, que vous teniez » toujours par le poing cet enfant que vous avez » avec vous, afin que les Sarrazins ne vous » l'ôtent. » Et cet enfant avoit nom Berthelemin, et étoit fils du seigneur de Montfaucon de Bar. Quand mon nom fut mis en écrit, l'amiral me

faucon de Baat. Quand mon non fu mis en escrit, si me mena l'Amiraut dedans le paveillon là où les barons estoient, et plus de dix mille personnes avec eux. Quant je entrai léans, les barons firent touz si grant joie que en ne pooit goute oïr, et en louoient Nostre Seigneur, et disoient que il me cuidoient avoir perdu.

176. Nous n'eumes gueres demouré illec, quant en fist lever l'un des plus riches homes qui là feust, et nous mena en un autre paveillon. Moult de chevaliers et d'autres gens tenoient les Sarrazins pris en une court qui estoit close de mur de terre. De ce clos où il les avoient mis les fesoient traire l'un après l'autre, et leur demandoient : « Te veulz tu renoier. » Ceulz qui ne se vouloient renoier, en les fesoit mettre d'une part et coper les testes ; et ceux qui se renoioient, d'autre part. En ce point nous envoia le Soudanc son conseil pour parler à nous ; et demanderent à cui il diroient ce que le Soudanc nous mandoit : et nous leur deismes que il le deissent au bon de Perron de Bretaingne. Il avoit gens illec qui savoient le sarrazinnois et le françois, que l'en appele Drugemens, qui enromançoient le sarrazinnois au conte Perron. Et furent les paroles teles : « Sire, le Soudanc nous en-
» voie à vous pour savoir se vous vourriés estre
» delivrés ? » Le conte respondi : « Oïl. — Et que
» nous dourriés au Soudanc pour vostre deli-
» vrance ? — Ce que nous pourrions faire et
» soufrir par reson, fist le Conte. — Et donriés
» vous, firent-il, pour vostre delivrance, nulz
» des chastias aus barons d'outremer ? — Le
» Conte respondi que il n'i avoit pooir ; car en
» les tenoit de l'empereor d'Alemaingne qui lor
» vivoit. Il demanderent se nous renderions
» nulz des chastiaus du Temple ou de l'Ospital
» pour nostre delivrance. Et le Conte respondi
» que ce ne pooit estre ; que quant l'en y métoit
» les chastelains, en leur fesoit jurer sur Sains,
» que pour délivrance de cors de homme, il ne
» renderoient nulz des chastiaus. Et il nous
» respondirent que il leur sembloit que nous
» n'avions talent d'estre delivrez, et que il s'en
» iroient et nous envoieroient ceulz qui joue-
» roient à nous des espées, aussi comme il
» avoient fait aus autres. » Et s'en alerent.

177. Maintenant que il s'en furent alez, se feri en nostre paveillon une grant tourbe de joenes Sarrazins, les espées ceintes, et amenoient avec eulz un home, de grant vieillesce tout chanu, lequel nous fist demander se c'estoit voir que nous créions en un Dieu qui avoit esté pris pour nous, navré et mort pour nous, et au tiers jour resuscité. Et nous respondimes, oyl. Et lors nous dit que nous ne nous devions pas desconforter se nous avions souffertes ces persecucions pour li : « Car encore, dit il, n'estes

---

mena dans le pavillon où étoient les barons, et plus de dix mille personnes avec eux. Quand j'entrai dedans, les barons eurent tous si grande joie, qu'on ne pouvoit rien entendre, et ils louoient notre Seigneur, et disoient qu'ils croyoient m'avoir perdu.

176. Nous n'avions guère demeuré là, quand on fit lever deux des plus riches hommes qui y fussent, et l'on nous mena dans un autre pavillon. Moult de chevaliers et d'autres gens étoient retenus prisonniers dans une cour qui étoit close d'un mur de terre. De ces enclos où on les avoit mis, on les tiroit l'un après l'autre, et on leur demandoit : « Veux-tu te renier ? » Ceux qui ne se vouloient renier, on les faisoit mettre d'un côté et on leur coupoit la tête, et ceux qui se renioient, on les mettoit d'un autre côté. Pendant ce temps, le soudan nous envoya son conseil pour nous parler ; ils nous demandèrent à qui ils s'adresseroient pour dire ce que le soudan nous mandoit, et nous leur dîmes de s'adresser au bon comte Pierre de Bretagne. Il y avoit là des gens qui savoient le sarrasinois et le françois ; on les appelle truchemens ; ils enromançoient * le sarrasinois au comte Pierre. Leurs paroles furent telles : « Sire, le soudan nous envoie à vous pour
» savoir si vous voudriez être délivrés ? » Le comte répondit : « Oui. — Et que lui voudriez-vous don-
» ner pour votre délivrance ? — Ce que nous pour-
» rons faire et souffrir, par raison, dit le comte. —
» Et donneriez-vous, reprirent-ils, pour votre dé-
» livrance, quelques-uns des châteaux qui sont aux
» barons d'Outremer ? — Le comte répondit qu'il
» n'y avoit pas moyen, parce qu'on les tenoit de
» l'empereur d'Allemagne qui lors vivoit. Ils nous
» demandèrent si nous rendrions pour notre déli-
» vrance quelques-uns des châteaux du Temple
» ou de l'Hôpital ? Et le comte répondit que cela
» ne se pouvoit ; que quand on y mettoit les châte-
» lains, on leur faisoit jurer sur les saints que, pour
» délivrance de personnes, ils ne rendroient nuls
» des châteaux. Et ils nous dirent qu'il leur sem-
» bloit que nous n'avions volonté d'être délivrés,
» et qu'ils s'en iroient et nous enverroient ceux
» qui jouoient des épées, et qui nous traiteroient
» comme ils avoient traité les autres. » Et ils s'en allèrent.

Sitôt qu'ils s'en furent allés, une grande troupe de jeunes Sarrazins, l'épée au côté, se porta dans notre pavillon ; ils amenoient avec eux un homme tout blanc de grande vieillesse, lequel nous fit demander si c'étoit vrai que nous crussions en un Dieu qui avoit été pris pour nous, maltraité et mis à mort pour nous, et au tiers

---

* *Enromançoient*, mettre en langue romane.

» vous pas mort pour li, ainsi comme il fu mort » pour vous ; et se il ot pooir de li resusciter, » soiés certein que il vous délivrera quant li » pléra. » Lors s'en ala et touz les autres joenes gens après li, dont je fu moult lie; car je cuidoie certeinnement que il nous feussent venu les testes trancher. Et ne tarja gueres après quant les gens le Soudanc vinrent, qui nous distrent que le Roy avoit pourchacié notre delivrance.

178. Après que le vieil home s'en fu alé, qui nous ot reconfortez, revint le conseil le Soudanc à nous, et nous dirent que le Roy nous avoit pourchacié nostre delivrance, et que nous envoison quatre de nos gens à li pour oyr comment il avoit fait. Nous y envoiames monseigneur Jehan de Walery le preudomme, monseigneur Phelippe de Montfort, monseigneur Baudouyn dit Belin seneschal de Cypre, et monseigneur Guiou dit Belin connestable de Cypre, l'un des miex entechez chevaliers que je veisse onques, et qui plus amoit les gens de cest pays. Ces quatre nous raporterent la maniere comment le Roy nous avoit pourchacié nostre delivrance; et elle fu tele.

179. Le conseil au Soudanc essaierent le Roy en la maniere que il nous avoient essaiés, pour veoir se li Roys leur vourroit promettre à delivrer nulz des chastiaus du Temple ne de l'Ospital, ne nulz des chastiaus aus barons du païs, et ainsi comme Dieu voult, le Roy leur respondit tout en la maniere que nous avions respondu ; et il le menacerent et li distrent que puisque il ne le vouloit faire, que il le feroient mettre ès bernicles. Bernicles est le plus grief tourment que l'en puisse soufrir ; et sont deux tisons ploians, endentés au chief, et entre l'un en l'autre, et sont liés à fors corroies de beuf au chief; et quant il veulent mettre les gens dedans, si les couchent sus leur cotez et leur mettent les jambes parmi les chevilles dedans; et puis si font asseoir un home sus les tisons, dont il ne demourra ja demi pié entier des os qu'il ne soit tout debrisiés, et pour faire au pis que il peuent, au chief de trois jours que les jambes sont enflées, si remettent les jambes enflées dedans les bernicles et rebrisent tout derechief. A ces menaces leur respondi le Roy, que il estoit leur prisonnier et que il pouoient fère de li leur volenté.

180. Quant il virent que il ne pourroient vaincre le bon Roy par menaces, se revindrent à li et li demanderent combien il voudroit donner au Soudanc d'argent, et avec ce leur rendît Damiete. Et le Roy leur respondi que se le

---

jour ressuscité ; et nous répondîmes : Oui ; et lors nous dit que nous ne devions pas nous déconforter, si nous avions souffert ces persécutions pour lui : « Car encore, dit-il, n'êtes-vous pas morts pour » lui, ainsi qu'il est mort pour vous, et, s'il eut » pouvoir de soi ressusciter, soyez certains qu'il » vous délivrera, quand il lui plaira. » Lors, il s'en alla, et tous les autres jeunes gens après lui, dont je fus moult joyeux, car je croyois bien certainement qu'ils étoient venus pour nous trancher la tête. Et ne tarda guère après que les gens du soudan vinrent, qui nous dirent que le roi avoit traité de notre délivrance.

178. Après que le vieillard s'en fut allé, lequel nous avoit réconfortés, le conseil du soudan revint à nous, et nous dit que le roi nous avoit procuré notre délivrance, et que nous envoyassions vers lui pour ouïr comment il avoit fait. Nous y envoyâmes monseigneur Jean de Valery, le prud'homme, monseigneur Philippe de Montfort, monseigneur Baudouin d'Ibelin, sénéchal de Chypre, et monseigneur Guy d'Ibelin, connétable de Chypre, l'un des chevaliers les plus accomplis que je visse onques, et qui, le plus, aimoit les gens de ce pays. Ces quatre nous rapportèrent comment le roi avoit traité de notre délivrance; et la manière fut telle.

179. Le conseil du soudan essaya auprès du roi comme il avoit essayé auprès de nous, de voir s'il ne voudroit promettre de livrer quelques-uns des châteaux du Temple et de l'Hôpital, ou des châteaux appartenant aux barons du pays ; et ainsi que Dieu voulut, le roi leur répondit tout de la même manière que nous avions répondu; et ils le menacèrent, et lui dirent que puisqu'il ne le vouloit faire, ils le feroient mettre aux bernicles. Les bernicles sont le plus grief tourment que l'on puisse souffrir ; ce sont deux pièces de bois pliantes, édentées au chef et entrant l'une dans l'autre ; elles sont liées à de fortes courroies de bœuf, et, quand ils veulent mettre quelqu'un dedans, ils le couchent sur le côté et lui font passer les jambes entre des chevilles, et puis font asseoir un homme sur les pièces de bois; d'où il advient qu'il n'y a pas un demi-pied des os de celui qui est couché qui ne soit tout brisé; et, pour faire au pis qu'ils peuvent, au bout de trois jours que les jambes sont enflées, ils les remettent dans les bernicles et les brisent tout de nouveau. A ces menaces, le roi leur répondit qu'il étoit leur prisonnier et qu'ils pouvoient faire de lui à leur volonté.

180. Quand ils virent qu'ils ne pouvoient vaincre le bon roi par menaces, ils revinrent à lui et lui demandèrent combien il voudroit donner d'argent au soudan, en outre de la reddition de Damiette; et le roi leur répondit que si le soudan vouloit prendre de lui somme raisonnable de deniers, il manderoit à la reine de la payer pour leur délivrance; et ils dirent : « Comment, est-ce

Soudanc vouloit prenre resonnable somme de deniers de li, que il manderoit à la Royne que elle les paiast pour leur delivrance. Et il distrent : « Comment, est ce que vous ne nous voulez dire que vous ferez ces choses ? » Et le Roy respondi que il ne savoit se la Royne le vourroit faire, pource que elle estoit sa dame. Et lors le conseil s'en r'ala parler au Soudanc, et raporterent au Roy que se la Royne vouloit paier dix cent mil besans d'or, qui valoient cinq cens mile livres, que il delivreroient le Roy. Et le Roy leur demanda par leur seremens se le Soudanc les delivreroit pour tant, se la Royne le vouloit faire. Et il r'alerent parler au Soudanc ; et au revenir firent le serement au Roy, que il le delivreroient ainsi. Et maintenant que il orent juré, le Roy dit et promist aus Amiraus que il paieroit volentiers les cinq cens mile livres pour la delivrance de sa gent, et Damiete pour la delivrance de son cors ; car il n'estoit pas tel que il se deust desraimbre à deniers. Quant le Soudanc oy ce, il dit : « Par » ma foy, larges est le Frans quant il n'a pas » bargigné sur si grant somme de deniers : or » li alés dire, fist le Soudanc, que je li donne » cent mil livres pour la réançon paier. »

181. Lors fist estre le Soudanc les riches homes en quatre galies, pour mener vers Damiete. En la galie là où je fu mis, fu le bon conte Pierre de Bretaingne, le conte Guillaume de Flandres, le bon conte Jehan de Soissons, monseigneur Hymbert de Biaugeu connestable de France ; le bon chevalier monseigneur Jehan d'Ybelin et monseigneur Gui son frere y furent mis. Cil qui nous conduisoient en la galie, nous ariverent devant une herberge que le Soudanc avoit fet tendre sur le flum, de tel maniere comme vous orrez. Devant celle herberge avoit une tour de parches de sapin et close entour de telle tainte, et la porte estoit de la heberge ; et dedans celle porte estoit un pavellon tendu, là où les Amiraus, quant il aloient parler au Soudanc, lessoient leur espées et leur harnois. Après ce paveillon r'avoit une porte comme la premiere, et par celle porte entroit l'en en un grant paveillon qui estoit la sale au Soudanc. Après la sale avoit une tel tour comme devant, par laquelle l'en entroit en la chambre le Soudanc. Après la chambre le Soudanc avoit un prael, et enmi le prael avoit une tour plus haute que toutes les autres, là où le Soudanc aloit veoir tout le pays et tout l'ost. Du prael movoit une alée qui aloit au flum, là où le Soudanc avoit fait tendre en l'yaue un paveillon pour aler baigner. Toutes ses herberges estoient closes de treillis de fust et par dehors estoient les treillis couvers de toiles yndes, pour ce que ceulz qui estoient dehors ne peussent veoir dedans, et les tours toutes quatre estoient couvertes de telle.

» que vous ne voulez pas nous dire que vous ferez » ces choses? » Et le roi répondit qu'il ne savoit si la reine le voudroit faire, car elle étoit sa dame. Et lors le conseil s'en retourna parler au soudan, et ils rapportèrent au roi que si la reine vouloit payer dix cent mille besans d'or, qui valoient cinq cent mille livres, il délivreroit le roi. Et le roi leur demanda par serment si le soudan les délivreroit pour cette somme, si la reine le vouloit faire. Et ils retournèrent parler au soudan, et au retour firent serment au roi qu'ils le délivreroient ainsi. Et lorsqu'ils eurent juré, le roi dit et promit aux émirs qu'il paieroit volontiers les cinq cent mille francs pour la délivrance de ses gens, et donneroit Damiette pour la délivrance de sa personne ; car il n'étoit pas tel qu'il dût se racheter à prix d'argent. Quand le soudan ouït cela, il dit : « Par ma foi, large » (magnifique) est le Franc, car il n'a pas bar- » guigné sur si grande somme de deniers ; or al- » lez lui dire que je lui remets cent mille livres » sur sa rançon. »

181. Lors le soudan fit mettre les riches hommes sur quatre galères pour les mener à Damiette. En la galère où je fus mis étoient le bon comte Pierre de Bretagne, le comte Guillaume de Flandres, le bon comte Jean de Soissons, monseigneur Imbert de Beaujeu, connétable de France ; le bon chevalier monseigneur Jean d'Ibelin et monseigneur Guy, son frère. Ceux qui nous conduisoient dans la galère nous firent aborder devant une tente que le soudan avoit fait dresser sur le fleuve de la manière que vous aller ouïr : devant cette tente il y avoit une tour formée de pieux de sapin et recouverte tout autour d'une toile peinte. C'étoit la porte de la tente, et à l'entrée de la tente étoit un pavillon là où les émirs, quand ils alloient parler au soudan, laissoient leurs épées et leurs harnois. Après ce pavillon étoit une autre porte comme la première, et par cette porte on entroit dans un grand pavillon qui étoit la salle du soudan. Après la salle étoit une seconde tour comme devant, par laquelle on entroit dans la chambre du soudan. Après la chambre du soudan étoit une enceinte au milieu de laquelle il y avoit une tour plus haute que toutes les autres, là où le soudan alloit voir tout le pays et tout le camp. De l'enceinte partoit un petit chemin qui menoit au fleuve. Le soudan avoit fait tendre dans l'eau un pavillon pour s'y baigner. Toutes ces tentes étoient closes de treillis de bois, et par dehors ces treillis étoient couverts de toiles d'Inde, pour que ceux qui étoient dehors ne pussent voir dedans ; et toutes ces quatre tours étoient couvertes de toile.

182. Nous venimes le jeudi devant l'Ascencion en ce lieu là où ces herberges estoient tendues. Les quatre galies là où entré nous estions en prison, entra ou devant de la herberge le Soudanc. En un paveillon qui estoit assez près des herberges le Soudanc, descendi on le Roy. Le Soudanc avoit ainsi atiré, que le samedi devant l'Ascencion en li rendroit Damiete, et il rendroit le Roy.

183. Li Amiraut que le Soudanc avoit osté de son conseil pour mettre les siens que il ot amenez d'estranges terres, pristrent conseil entre eulz, et dit un sage home Sarrazin en tel maniere : « Seigneur, vous véez la honte et la » deshonneur que le Soudanc nous fait, que il » nous oste de l'honneur là où son pere nous » avoit mis. Pour laquele chose nous devons » estre certeins que s'il se treuve dedans la for- » teresce de Damiete, il nous fera prenre et » mourir en sa prison, aussi comme son aieul » fist aus Amiraus qui pristrent le conte de » Bar, le conte de Montfort; et pour ce vaut il » miex, si comme il me semble, que nous » le façons occire avant qu'il nous parte des » mains. »

184. Il alerent à ceulz de la Halequa, et leur requirrent que il occeissent le Soudanc sitost comme il auroient mangé avec le Soudanc qui les en avoit semons. Or avint ainsi que après ce qu'il orent mangié, et le Soudanc s'en aloit en sa chambre et ot pris congé de ses Amiraus, un des chevaliers de la Halequa qui portoit l'espée au Soudanc, feri le Soudanc, de s'espée meismes parmi la main entre les quatre dois, et li fendi la main jusques au bras. Lors le Soudanc se retourna à ses Amiraus qui ce li avoient fait faire, et leur dit : « Seigneurs, je me pleing à vous de » ceulz de la Hauleca qui me vouloient occire, si » comme vous le pouez veoir. » Lors respondirent les chevaliers de la Hauleqa à une voiz au Soudanc, et distrent ainsi : « Puisque tu diz que » nous te voulons occire, il nous vaut miex que » nous t'occions que tu nous occies. »

185. Lors firent sonner les nacaires, et tout l'ost vint demander que le Soudanc vouloit. Et il leur respondirent que Damiete estoit prise et que le Soudanc aloit à Damiete, et que il leur mandoit que il alassent après li. Tuit s'armerent et ferirent des esperons vers Damiete. Et quant nous veismes que il en aloient vers Damiete, nous fumes à grant meschief de cuer, pour ce que nous cuidions que Damiete feust perdue. Le Soudanc qui estoit joenes et legiers, s'enfui en la tour que il avoit fet faire, avec trois de ses evesques qui avoient mangé avec li ; et estoit la tour dariere sa chambre, aussi comme vous avés oy ci devant. Cil de la Haleca qui estoient cinq cens à cheval, abatirent les paveillons au Soudanc et l'assiégerent entour et environ dedans la tour qu'il avoient fet faire, avec trois de ses evesques

◇◇◇

182. Nous vîmes le jeudi devant l'Ascension, dans ce lieu là où ces tentes étoient dressées. On ancra les quatre galères où nous étions en prison, devant la tente du soudan. On descendit le roi dans un pavillon qui étoit assez près des tentes du soudan. Le soudan avoit ainsi disposé que le samedi d'avant l'Ascension, on lui rendroit Damiette et qu'il rendroit le roi.

183. Les émirs que le soudan avoit ôtés de son conseil pour y mettre les siens qu'il avoit amenés des terres étrangères, prirent conseil entre eux, et un sage homme Sarrasin parla de cette manière : « Seigneurs, vous voyez la honte et le » déshonneur que le soudan nous fait, puisqu'il » nous ôte les honneurs où son père nous avoit » mis. Parquoi nous devons être certains que » s'il rentre dans la forteresse de Damiette, il » nous fera prendre et mourir en sa prison, » comme fit son aïeul aux émirs qui prirent le » comte de Bar, le comte de Montfort ; et pour » cela vaut-il mieux, comme il me semble, que » nous le fassions occire avant qu'il nous échappe » des mains. »

184. Ils allèrent à ceux de la hauleqa et les requirent de tuer le soudan sitôt qu'ils auroient mangé avec lui, comme il les y avoit invités. Or advint qu'après qu'ils eurent mangé et que le soudan s'en alloit dans sa chambre et eut pris congé de ses émirs, un des chevaliers de la hauleqa qui portoit l'épée du soudan le frappa de cette même épée entre les quatre doigts, et lui fendit la main jusqu'au bras. Lors le soudan se tourna vers les émirs qui avoient fait faire ce coup, et leur dit : « Seigneurs, je me plains à vous de ceux » de la hauleqa qui me vouloient occire, comme » vous pouvez le voir. » Lors les chevaliers de la haulequa répondirent tous d'une voix au soudan, et dirent ainsi : « Puisque tu dis que nous te vou- » lons occire, il nous vaut mieux que nous t'oc- » cions que tu nous occies. »

185. Lors ils firent sonner les nacaires, et tout le camp vint demander ce que vouloit le soudan ; et ils répondirent que Damiette étoit prise, et que le soudan alloit à Damiette et qu'il leur mandoit d'aller après lui. Tous s'armèrent et donnèrent des éperons vers Damiette. Et quand nous vîmes qu'ils s'en alloient vers Damiette, nous fûmes dans un grand abattement de cœur, parce que nous croyions que Damiette étoit perdue. Le soudan, qui étoit jeune et léger, s'enfuit en la tour qu'il avoit fait faire, avec trois de ses imans qui avoient mangé avec lui ; et la tour étoit derrière sa chambre comme vous l'avez ouï ci-dessus. Ceux de la hauleqa qui étoient cinq cents à che-

qui avoient mangé avec li, et li escrirent qu'il descendist. Et lors dit que si feroit il, mès que il l'asseurassent. Et il distrent que il le feroient descendre à force, et que il n'estoit mie dedans Damiete. Il li lancerent le feu grejois qui se prist en la tour, qui estoit faite de planches de sapin et de telle de coton. La tour s'esprit hastivement que onques si biau feu ne vi, ne si droit. Quant le Soudanc vi ce, il descendi hastivement et s'en vint fuiant vers le flum, toute la voie dont je vous ai avant parlé. Ceulz de la Halequa avoient toute la voie rompue à leur espées; et au passer que le Soudanc fist pour aler vers le flum, l'un d'eulz li donna d'un glaive parmi les costes, et le Soudanc s'enfui ou flum le glaive trainnant; et il descendirent là jusques à nou et le vinrent occire ou flum, assez près de nostre galie là où nous estions. L'un des chevaliers, qui avoit à non Faraquataye, le fendi de s'espée et li osta le cuer du ventre; et lors il en vint au Roy, sa main toute ensanglantée, et li dit: « Que » me donras tu, que je t'ai occis ton ennemi, qui » t'eust mort se il eust vescu. » Et le Roy ne li respondi onques riens.

186. Il en vindrent bien trente les espées toutes nues ès mains à nostre galie, et les haches danoises. Je demandois à monseigneur Baudouyn d'Ibelin, qui savoit bien le sarrazinnois, que celle gent disoient; et il me respondi que il disoient que il nous venoient les testes trancher. Il y avoit tout plein de gens qui se confessoient à un Frere de la Trinité qui estoit au conte Guillaume de Flandres. Mès endroit de moy ne me souvint onques de pechié que j'eusse fait; ainçois m'apensai que quant plus me deffenderoie et plus me ganchiroie, et pis me vauroit. Et lors me seignai et m'agenouillai au pié de l'un d'eulz, tenoit une hache danoise à charpentier, et dis : « Ainsi mourut sainte Agnès. » Messire Gui d'Ybelin, connestable de Chypre, s'agenoilla encoste moy et se confessa à moy; et je li dis : « Je » vous asolz de tel pooir comme Dieu m'a donné. » Mez quant je me levai d'ilec, il ne me souvint onques de chose que il m'eust dite ne racontée.

187. Il nous firent lever de là où nous estions et nous mistrent en prison en la sente de la galie, et cuiderent moult de nostre gent que il l'eussent fait pource que il ne voudroient pas assaillir touz ensemble, mès que nous tuer l'un après l'autre. Léans fumes à tel meschief le soir tout soir que nous gisions si à estroit que mes piez estoient en droit le bon conte Perron de Bretaingne, et les siens estoient endroit le mien visage. Lendemain nous firent traire les Amiraus de là prison la où nous estions, et nous dirent ainsi leur message, que nous alissions par-

◇◇◇

val abattirent les pavillons du soudan et l'assiégèrent de toutes parts et de près dans la tour qu'il avoit fait faire, ainsi que les trois imans qui avoient mangé avec lui, et ils lui crièrent de descendre, et le soudan dit qu'ainsi le feroit, mais qu'ils lui donnassent sûreté; et ils dirent qu'ils le feroient descendre de force, et qu'il n'étoit pas encore dans Damiette. Ils lui lancèrent le feu grégeois qui prit à la tour qui étoit en planches de sapin et en toile de coton. La tour s'enflamma si vite que onques ne vis si beau feu ni si droit. Quand le soudan vit cela, il descendit à la hâte, et s'en vint fuyant vers le fleuve, par le petit chemin dont je vous ai parlé. Ceux de la haulequa avoient rompu tout le chemin avec leurs épées, et quand le soudan passa pour aller au fleuve, l'un d'eux lui donna d'un glaive dans les côtes, et le soudan s'enfuit au fleuve traînant le glaive, et ils y descendirent jusqu'à la nage et le vinrent occire, assez près de la galère où nous étions. L'un des chevaliers, qui avoit nom Faraquataye, le fendit de son épée et lui ôta le cœur du ventre; et lors celui-ci s'en vint au roi, sa main toute ensanglantée, et lui dit : « Que me donneras-tu, car » je t'ai occis ton ennemi qui t'eût tué, s'il eût » vécu? » Et le roi ne lui répondit onques rien.

186. Ils s'en vinrent bien trente à notre galère, les épées toutes nues et les haches danoises aux mains. Je demandai à monseigneur Baudouin d'Ibelin, qui savoit bien le sarrasinois, ce que ces gens disoient, et il me répondit qu'ils disoient qu'ils nous venoient trancher les têtes. Il y avoit tout plein de gens qui se confessoient à un frère de la Trinité, qui étoit au comte Guillaume de Flandres. Mais à part moi ne me souvins onques de péché que j'eusse fait, et puis je fis réflexion que plus je me défendrois et ferois d'efforts, et pis m'en viendroit, et alors je me signai et m'agenouillai aux pieds de l'un d'eux, qui tenoit une hache danoise à charpentier, et dis : « Ainsi mou- » rut sainte Agnès. » Messire Guy d'Ibelin, connétable de Chypre, s'agenouilla auprès de moi et se confessa à moi ; et je lui dis : « Je vous absous » de tout le pouvoir que Dieu m'a donné. » Mais quand je me levai de là, il ne me souvint onques de chose qu'il m'eût dite ne racontée.

187. Ils nous firent lever de là où nous étions et nous mirent en prison au fond de la cale de la galère, et moult de nos gens crurent qu'ils faisoient cela parce qu'ils ne nous voudroient pas assaillir tous ensemble, mais pour nous tuer les uns après les autres. Nous fûmes là dedans toute la nuit couchés si mal à l'aise et si à l'étroit que mes pieds étoient auprès du visage du bon comte Pierre de Bretagne, et les siens étoient auprès de ma face. Le lendemain les émirs nous firent retirer de cette prison, et leurs messagers nous dirent d'aller parler aux émirs pour renouveler les

ler aus Amiraus, pour renouveler les convenances que le Soudanc avoit avec nous, et nous dirent que nous feussions certein que se le Soudanc eust vécu, il eust fait coper la teste au Roy et à nous touz. Aussi cil qui y porent aler y alerent; le conte de Bretaingne, et le connestable et je, qui estions griefs malades, demourames. Le conte de Flandres, le conte Jehan de Soissons, les deux frères d'Ibelin, et les autres qui se porent aidier, y alerent.

188. Il acorderent aus Amiraus en tel maniere, que sitost comme en leur auroit delivré Damiete, il delivreroient le Roy et les autres riches homes qui là estoient, car le menu peuple en avoit fait mener le Soudanc vers Babiloine: fors que ceulz que il avoit fait tuer; et ceste chose avoit il fete contre les couvenances que il avoient au Roy : par quoy il semble bien que il nous eust fait tuer aussi, sitost comme il eust eu Damiete. Et le Roy leur devoit jurer aussi à leur faire gré de deux cens mille livres avant que il partisist du flum, et deux cens mille livres en Acre. Les Sarrazins, par les couvenances qu'il avoient au Roy, devoient garder les malades qui estoient en Damiete, les arbalestriers, les armeuriers, les chars salées, jusques à tant que le Roy les envoieroit querre.

189. Les seremens que les Amiraus devoient fére au Roy furent devisez et furent tiex, que se il ne tenoient au Roy les couvenances, que il feussent aussi honni comme cil qui par son péchié aloit en pélerinage à Mahommet à maques sa teste descouverte; et feussent aussi honni comme cil qui lessoient leur femmes et les reprenoient après. De ce cas ne peuent leissier leur femmes à la loi de Mahommet, que jamez la puissent r'avoir, se il ne voit un autre homme gesir à li avant que il la puisse r'avoir. Le tiers serement fu tel, que se il ne tenoient les couvenances au Roy, que il feussent aussi honnis comme le Sarrazin qui manjue la char de porc. Le Roy pris les seremens desus diz des Amiraus, parce que mestre Nichole d'Acre, qui savoit le sarrazinnois, dit que il ne pooit plus forz faire selone leur lai.

190. Quant les Amiraus orent juré, il firent mettre en escrit le serement que il vouloient avoir du Roy, fu tel, par le conseil des prouveres qu'il s'estoit renoié devers culz; et disoit l'escript ainsi : que se le Roy ne tenoit les couvenances aus Amiraus, que il feust aussi honni comme le Crestien qui renie Dieu et sa mère, et de la compaingnie de ses douze compaingnons, de touz les Sains et de toutes les Saintes. A ce

conventions que le soudan avoit faites avec nous, et ils ajoutèrent que nous fussions certains que si le soudan eût vécu, il eût fait couper la tête au roi et à nous tous. Ceux qui y purent aller y allèrent; le comte de Bretagne, le connétable et moi, qui étions grièvement malades, demourâmes. Le comte de Flandres, le comte Jean de Soissons, les deux frères d'Ibelin et les autres qui se purent aider, y allèrent.

188. Il fut convenu avec les émirs que, sitôt que nous aurions livré Damiette, les émirs délivreroient le roi et les autres riches hommes qui étoient là. Car le soudan avoit fait mener du menu peuple vers Babylone, hors ceux qu'il avoit fait tuer, et il avoit fait cela contre les conventions conclues avec le roi. Parquoi il semble bien qu'il nous eût fait tuer aussi dès qu'il auroit eu Damiette. Et le roi devoit jurer aussi aux émirs de leur payer deux cent mille livres, avant qu'il quittât le fleuve, et deux cent mille lorsqu'il seroit à Acre. Les Sarrasins, par les conventions qu'ils avoient faites avec le roi, devoient garder les malades qui étoient à Damiette, ainsi que les arbalétriers, les armuriers, les viandes salées, jusqu'à tant que le roi les enverroit quérir.

189. Les serments que les émirs devoient faire au roi furent réglés de telle manière : que s'ils ne tenoient au roi les conventions ils fussent aussi honnis que celui qui pour ses péchés alloit en pélerinage à la Mecque la tête découverte, et que ceux qui laissoient leurs femmes et les reprenoient après. Dans ce second cas, ils ne peuvent, suivant la loi de Mahomet, laisser leurs femmes et puis les reprendre, s'ils n'ont vu un autre homme couché avec elles*. Le troisième serment fut tel que s'ils ne tenoient au roi les conventions, ils fussent aussi honnis que le Sarrasin qui mange de la chair de porc. Le roi reçut les serments dessus dits des émirs, parce que maître Nicole d'Acre, qui savoit le sarrasinois, dit qu'ils ne les pouvoient faire plus forts, suivant leur loi.

190. Quand les émirs eurent juré, ils firent mettre par écrit le serment qu'ils vouloient avoir du roi, qui fut tel, d'après le conseil de prêtres renégats qu'ils avoient auprès d'eux : que si le roi ne tenoit aux émirs les conventions, il fût aussi honni que le chrétien qui renie Dieu et sa mère, et fût exclu de la compagnie de ses douze apôtres, de tous les saints et de toutes les saintes. Le roi s'accordoit bien à cela, mais le dernier point du serment fut tel : que s'il ne tenoit aux émirs les conventions, il fût aussi honni que le chrétien qui renie Dieu et sa loi, et qui en mépris de Dieu crache sur la croix et marche dessus. Quand le roi ouït cela, il dit que s'il plaît à Dieu, jamais

---

* Cette coutume existe encore aujourd'hui parmi les Musulmans.

s'acordoit bien le Roy. Le darenier point du serement fu tel : que se il ne tenoit les couvenances aus Amiraus, que il feust aussi honni comme le Crestien qui renoie Dieu et sa loy, et qui est despit de Dieu crache sur la croiz et marche desus. Quant li Roy oy ce, il dit se Dieu plet cesti serement ne feroit il ja. Les Amiraus envoierent mestre Nichole, qui savoit le sarrazinnois, au Roy, qui dit au Roy tiex paroles : « Sire, les Amiraus ont grand despit de ce » que il ont juré quanque vous requeistes, et » vous ne voulez jurer ce que il vous requierent; et soiés certein que se vous ne le jurez » il vous feront la teste coper, et à toute vostre » gent. » Le Roy respondi que il en pooient faire leur volenté; car il amoit miex mourir bon crestien, que ce que il vesquit ou courous Dieu et sa mère.

191. Le patriarche de Jérusalem, vieil home et ancien de l'age de quatre vingts ans, avoit pourchacié asseurement des Sarrazins, et estoit venu vers le Roy pour li aidier à pourchacier sa délivrance. Or est tele la coustume entre les Crestiens et les Sarrazins, que quant le Roy ou le Soudanc meurt, cil qui sont en messagerie, soit en paennime ou en crestienté, sont prison et esclave ; et pource que le Soudanc qui avoit donné la seureté au Patriarche fu mort, fu prisonnier aussi comme nous fumes. Quant le Roy ot fait sa response, l'un des Amiraus dit que ce conseil li avoit donné le Patriarche, et dit aus paiens : « Se vous me voulés croire, je ferai le » Roy jurer; car je li ferai la teste du Patriar- » che voler en son geron. » Il ne le vorent pas croire, ainçois pristrent le Patriarche et le leverent de delez le Roy et le lierent à une perche d'un paveillon les mains darieres le dos, si estroitement que les mains li furent ausi enflées et aussi grosses comme sa teste, et que le sanc li sailloit parmi les mains. Le patriarche crioit au Roy : « Sire, jurez seurement, car je prens le » pechié sur l'ame de moy, du serement que » vous ferez, puisque vous le beez bien à tenir. » Je ne sai pas comment le serement fu atiré, mèz l'Amiral se tindrent bien apaié du serement le Roy et des autres riches homes qui là estoient.

192. Dès que le Soudanc fu occis, en fist venir les estrumens au Soudanc devant la tente le Roy, et dit en au Roy que les Amiraus avoient eu grant conseil de li faire Soudanc de Babiloine. Et il me demanda se je cuidoie que il eust pris le royaume de Babiloine, se il li eussent presenté; et je li dis que il eust moult fait que fol, à ce que il avoient leur seigneur occis : et il me dit que vraiement il ne l'eust mie refusé. Et sachiez que il ne demoura pour autre chose, que pource que il disoient que le Roy estoit le plus ferme Crestien que en peust trouver ; et cest exemple en moustroient, à ce que quant il se partoient de la herberge, il prenoit sa croiz à

◇◇◇

ce serment ne feroit-il. Les émirs envoyèrent maître Nicole qui savoit le sarrasinois, et qui dit au roi telles paroles : « Sire, les émirs ont grand » dépit de ce qu'ils ont juré tout ce que vous avez » requis et que vous ne voulez jurer ce qu'ils re- » quièrent; et soyez certain que si vous ne le jurez, » ils vous feront couper la tête et à tous vos gens. » Le roi répondit qu'ils en pouvoient faire à leur volonté; car il aimoit mieux mourir bon chrétien que de vivre dans le courroux de Dieu et de sa mère.

191. Le patriarche de Jérusalem, vieillard de l'âge de quatre-vingts ans, avoit traité de la sûreté des Sarrasins pour le roi, et étoit venu vers le roi pour l'aider à traiter de sa délivrance. Or, c'est la coutume entre les Chrétiens et les Sarrasins que quand le roi ou le soudan meurt, ceux qui sont en message, soit en payennie, soit en chrétienté, sont prisonniers et esclaves; et comme le soudan, qui avoit donné sûreté au patriarche, étoit mort, le patriarche fut prisonnier comme nous étions. Quand le roi eut fait sa réponse, un des émirs dit que le patriarche conseilloit le roi et il ajouta : « Si vous me voulez croire, je ferai jurer le roi, » car je lui ferai voler dans son giron la tête du » patriarche. » Les émirs ne le voulurent pas croire; mais ils prirent le patriarche, l'enlevèrent d'auprès du roi et le lièrent à la perche d'un pavillon, les mains derrière le dos, et si étroitement que les mains lui furent aussi enflées et aussi grosses que la tête, et que le sang en sortoit. Le patriarche crioit au roi : « Sire, jurez en sûreté, » car je prends le péché sur mon âme, du serment » que vous ferez, puisque vous avez l'intention de » le bien tenir. » Je ne sais pas comment le serment fut conçu, mais les émirs se tinrent satisfaits du serment du roi et des autres riches hommes qui étoient là.

192. Quand le soudan avoit été occis, on avoit fait venir ses instruments de musique devant la tente du roi, et on dit au roi que les émirs avoient eu grand dessein de le faire soudan de Babylone, et il me demanda un jour si je pensois qu'il eût pris le royaume de Babylone s'ils le lui eussent offert, et je lui dis qu'il eût fait une folie, puisqu'ils avoient occis leur seigneur; et il me dit que vraiment il ne l'eût pas refusé; et sachez que cela ne tint à autre chose qu'à ce qu'ils disoient que le roi étoit le plus ferme chrétien qu'on pût trouver; et ils en donnoient pour exemple que quand des Sarrasins sortoient de sa tente[*], il prenoit son cru-

---

[*] Il y a dans l'édition de Mesnard et de Pierre de Rieux, *quand il sortoit de son logement*.

terre et seignoit tout son cors, et disoient que se Mahommet leur eust tant de meschief soufert à faire, il ne le creussent jamez; et disoient que se celle gent fesoient Soudanc de li, il les occiroit touz, ou ils devendroient crestiens.

193. Après ce que les convenances furent accordées du Roy et des Amiraus et jurées, fu acordé qu'il nous deliverroient de l'Ascension, et que sitost comme Damiete seroit délivrée aus Amiraus, en deliverroit le cors le Roy et les riches homes qui avec li estoient, aussi comme il est devant dit. Le jeudi au soir ceulz qui menoient nos quatre galies vindrent ancrer nos quatre galies enmi le flum, devant le pont de Damiete, et firent tendre un paveillon devant le pont, là où le Roy descendi.

194. Au solleil levant, monseigneur Geoffroy de Sargines ala en la ville, et fist rendre la ville aus Amiraus. Sur les tours de la ville mistrent les enseignes au Soudanc. Les chevaliers Sarrazins se mistrent en la ville et commencerent à boivre des vins, et furent maintenant touz ivres, dont l'un d'eulz vint à notre galie et trait s'espée toute ensanglantée, et dit que endroit de li avoit tué six de nos gens. Avant que Damiete feust rendue, avoit l'en recueilli la Royne en nos nez et toute nostre gens qui estoient en Damiete, fors que les malades qui estoient en Damiete. Les Sarrazins les devoient garder par leur serement : ils les tuerent touz. Les engins le Roy, que il devoient garder aussi, il les decoperent par pieces; et les pors salés que il devoient garder, pource que il ne manjuent point de porc, il ne les garderent pas; ainçois firent un lit de bacons et un autre de gens mors, et mistrent le feu dedans; et y ot si grant feu qu'il dura le vendredi, le samedi et le dymanche.

195. Le Roy et nous que il durent délivrer dès le solleil levant, il nous tindrent jusques à solleil couchant; ne onques n'i mangasmes, ne les Amiraus aussi; ainçois furent en desputoison tout le jour; et disoit un Amiraut pour ceulz qui estoient de sa partie : « Seigneurs, se vous » me voulez croire, moy et ceulz qui sont ci de » ma partie, nous occirrons le Roy et ces riches » homes qui ci sont; car desa quarante ans n'a- » vons mès garde, car leurs enfans sont petitz et » nous avons Damiete devers nous, par quoy » nous le poons faire plus seurement. » Un autre Sarrazin qui avoit non Sebreci, qui estoit nez de Mortaig, disoit encontre et disoit ainsi : « Se nous occions le Roy, après ce que nous » avons occis le Soudanc, on dira que les Egyp- » ciens sont les plus mauveses gens et les plus » desloiaus qui soient ou monde. » Et cil qui vouloit que en nous occeist, disoit encontre : » Il est bien voir que nous sommes trop male- » ment defait de nostre Soudane que nous avons

» tué; car nous sommes alés contre le com-
» mandement Mahommet, qui nous commande
» que nous gardons le nostre seigneur aussi
» comme la prunelle de nostre œil; et vesci en
» cest livre le commandement tout escript. Or
» escoutez, fait-il, l'autre commandement Ma-
» hommet qui vient après. » Il leur tournoit un
foillet ou livre que il tenoit, et leur moustroit
l'autre commandement Mahommet, qui estoit
tel : « En l'asseurement de la foy occi l'ennemi
» de la loy. » Or gardez comment nous avons mes-
» fait contre les commandemens Mahommet, de
» ce que nous avons tué nostre seigneur, et en-
» core ferons nous pis se nous ne tuons le Roy,
» quelque asseurement que nous li aions donné;
» car c'est le plus fort ennemi que la loy paien-
» nime est. » Nostre mort fu presque acordée;
dont il avint ainsi, que un Amiraut qui estoit
nostre adversaire, cuida que en nous deust touz
occirre, et vint sur le flum, et commença à crier
en sarrazinnois à ceulz qui les galies menoient,
et osta sa touaille de sa teste et leur fist un signe de sa touaille; et maintenant il nous de-
sancrerent et nous remenerent bien une grant
lieue arieres vers Babiloine. Lors cuidames
nous estre touz perdus, et y ot maint lermes
plorées.

196. Aussi comme Dieu voult, qui n'oublie
pas les siens, il fu acordé entour solleil couchant que nous serions delivrez. Lors nous ramena l'en, et mist l'en nos quatre galies à terre.
Nous requeismes que en nous lessast aler. Il
nous dirent que non feroient juesques à ce que
nous eussions mangé; car ce seroit honte aus
Amiraus se vous partiés de nos prisons à jeun.
Et nous requeismes que en nous donnast la
viande et nous mangerions; et il nous distrent
que en l'estoit alé querre en l'ost. Les viandes
que il nous donnerent, ce furent begues de
fourmages qui estoient roties au solleil, pource
que les vers n'i venissent, et œfs durs cuis de
quatre jours ou de cinq; et pour honneur de nous
en les avoit fait peindre par dehors de diverses
couleurs.

197. En nous mist à terre et en alames vers
le Roy, qu'il amenoient du paveillon là où il
l'avoient tenu vers le flum, et venoient bien
vingt mille Sarrazins les espées ceintes; touz
après li à pié. Ou flum devant le Roy avoit une
galie de Genevois, là où il ne paroit que un seul
home desur. Maintenant que il vit le Roy sur le
flum, il sonna un siblet, et au son du siblet
saillirent bien de la sente de la galie quatre
vingts arbalestriers bien appareillés, les arbalestres montés, et mistrent maintenant les carriaus en coche. Tantost comme les Sarrazins le
virent, il toucherent en fuie aussi comme ber-
bis, que onques n'en demoura avec le Roy, fors

◇◇◇

» notre soudan, car nous sommes allés contre le
» commandement de Mahomet qui nous ordonne
» que nous gardions notre seigneur comme la pru-
» nelle de notre œil; et voici en ce livre ce com-
» mandement tout écrit. Or, écoutez, ajouta-t-il,
» l'autre commandement de Mahomet qui vient
» après. » Et il leur tournoit un feuillet du livre
qu'il tenoit, et leur montroit l'autre commandement de Mahomet qui étoit tel : « Pour la sûreté
» de la foi, tue l'ennemi de la loi. » Or, voyez
» comme nous avons méfait contre les commande-
» ments de Mahomet, puisque nous avons tué
» notre seigneur, et encore ferons-nous pis, si
» nous ne tuons le roi, quelque sûreté que nous
» lui ayions donnée; car c'est le plus fort ennemi
» qu'ait la loi païenne. » Notre mort fut presque
décidée; et il en advint ainsi : Un émir qui étoit
notre adversaire, croyant qu'on nous devoit tous
occire, vint sur le fleuve et commença à crier en
sarrasinois à ceux qui menoient les galères, et ôta
sa toile (turban) de sa tête, et leur fit signe de sa
toile, et sur le champ ils nous désancrèrent et nous
ramenèrent bien une grande lieue en arrière vers
Babylone. Lors crûmes-nous être tous perdus et il
y eut maintes larmes plorées.

196. Mais comme Dieu voulut, lui qui n'oublie
pas les siens, il fut convenu vers le soleil couchant que nous serions délivrés. Lors on nous ramena et l'on mit nos quatre galères à terre. Nous re-
quîmes qu'on nous laissât aller. Les Sarrasins nous
dirent qu'ils ne le feroient que nous n'eussions mangé, car ce seroit, ajoutoient-ils, honte aux émirs que
vous partiez à jeûn de nos prisons. Et nous re-
quîmes qu'on nous donnât les vivres et que nous
mangerions. Et ils nous dirent qu'on en étoit allé
quérir au camp. Les vivres qu'ils nous donnèrent
étoient des beignets de fromage rôtis au soleil afin
que les vers ne s'y missent et des œufs durs cuits
depuis quatre ou cinq jours; et par honneur pour
nous, on les avoit fait peindre en dehors de diverses
couleurs.

197. On nous mit à terre et nous allâmes vers
le roi qu'on amenoit du pavillon là où on l'avoit
tenu vers le fleuve, et venoient tout après lui
à pied bien vingt mille Sarrazins, les épées ceintes. Il y avoit sur le fleuve, devant le roi, une
galère de Génois là où il ne paroissoit qu'un seul
homme * dessus. Quand il vit le roi sur le fleuve,
il sonna un sifflet, et au son du sifflet, il sortit
du fond de cale de la galère bien quatre-vingts arbalétriers bien appareillés, les arbalètes montées
et le trait dessus. Dès que les Sarrasins les virent,
ils prirent la fuite comme des brebis, de sorte

* Dans l'édition de Ducange on lit : *il n'apparoissoit qu'ung foul.*

que deux ou trois. Il geterent une planche à terre pour requeillir le Roy et le conte d'Anjou son frere, et monseigneur Geoffroy de Sergines, et monseigneur Phelippe de Annemos, et le mareschal de France que en appeloit Don Meis, et le Mestre de la Trinité et moy. Le conte de Poitiers il retindrent en prison jusques à tant que le Roy leur eust fait paier les deux cens mille livres que il leur devoit faire paier, avant que il partisit du flum, pour leur rançon.

198. Le samedi devant l'Ascension, lequel samedi est lendemain que nous feumes délivrés, vindrent prendre congié du Roy le conte de Flandres et le conte de Soissons, et pluseurs des autres riches homes qui furent pris ès galies. Le Roy leur dit ainsi, que il li sembloit que il feroient bien se il attendoient jusques à ce que le conte de Poitiers son frere feust délivrés. Et il distrent que il n'avoient pooir, car les galies estoient toutes appareillées. En leurs galies monterent et s'en vindrent en France, et en amenerent avec eulx le bon conte Perron de Bretaingne, qui estoit si malade que il ne vesqui puis que trois semainnes et mourut sur mer. L'en commença à fere le paiement le samedi au matin, et y mist l'en au paiement faire le samedi et le dymanche toute jour jusques à la nuit, que on les paioit à la balance, et valoit chascune balance dix mille livres. Quant ce vint le dymanche au vespre, les gens le Roy qui fesoient le paiement, manderent au Roy que il leur falloit bien trente mille livres; que avec le Roy n'avoit que le roy de Sezille et le Mareschal de France, le Ministre de la Trinité et moy, et touz les autres estoient au paiement fere. Lors dis-je au Roy que il seroit bon que il envoiast querre le Commandeur et le Mareschal du Temple, car le mestre estoit mort; et que il leur requiest que il li prestassent trente mille livres pour délivrer son frere. Le Roy les envoia querre, et me dit le Roy que je leur deisse. Quant je leur oy dit, frere Estienne d'Otricourt, qui estoit Commandeur du Temple, me dit aussi : « Sire de Joinville, ce conseil que » vous donnés n'est ne bon, ne rèsonnable; car » vous savés que nous recevons les commandes » en tel maniere, que par nos seremens nous ne » les poons délivrer mès que à ceulz qui les nous » baillent. » Assés y ot de dures paroles et de felonnesces entre moy et li. Et lors parla frere Renaut de Vichiers, qui estoit Mareschal du Temple, et dit ainsi : « Sire, lessiés ester la » tençon du seigneur de Joinville et de nostre » Commandeur; car aussi comme nostre Com- » mandeur dit, nous ne pourrions riens bailler » que nous ne feussions parjures; et de ce que » le Seneschal vous loe que, se nous ne vous en » voulon prester, que vous en preignés, ne dit-

qu'il n'en demeura que deux ou trois avec le roi. Des Génois jetèrent une planche à terre pour recueillir le roi et le comte d'Anjou, son frère, et monseigneur Geoffroy de Sargines, et monseigneur Philippe de Nemours, et le maréchal de France qu'on appeloit don Meis, et le maître de la Trinité et moi. Le comte de Poitiers fut retenu en prison jusqu'à tant que le roi eût fait payer les deux cent mille livres qu'il devoit payer pour leur rançon, avant de partir du fleuve.

198. Le samedi d'après l'Ascension, qui étoit le lendemain que nous fûmes délivrés, le comte de Flandres et le comte de Soissons, et plusieurs des autres riches hommes qui furent pris aux galères, vinrent prendre congé du roi; et le roi leur dit qu'il lui sembloit qu'ils feroient bien s'ils attendoient jusqu'à ce que le comte de Poitiers, son frère, fût délivré. Et ils dirent qu'ils ne le pouvoient, parce que les galères étoient toutes appareillées. Ils montèrent en leurs galères et s'en vinrent en France, et emmenèrent avec eux le bon comte Pierre de Bretagne, qui étoit si malade qu'il ne vécut depuis que trois semaines et mourut sur mer. On commença à faire le paiement le samedi au matin, et on mit à le faire le samedi, le dimanche tout le jour jusqu'à la nuit, qu'on payoit à la balance, et chaque balance valoit dix mille livres. Quand vint le dimanche au soir, les gens du roi, qui faisoient le paiement, mandèrent au roi qu'il leur manquoit bien trente mille livres; il n'y avoit alors avec le roi que le roi de Sicile et le maréchal de France, le maître de la Trinité et moi, et tous les autres étoient à faire le paiement. Lors je dis au roi qu'il seroit bon qu'il envoyât quérir le commandeur et le maréchal du Temple, car le maître étoit mort, et qu'il les requît de lui prêter trente mille livres pour délivrer son frère. Le roi les envoya quérir, et il me chargea de le leur dire. Quand je leur eus parlé, frère Étienne d'Otricourt, qui étoit commandeur du Temple, me répondit ainsi : « Sire de Joinville, ce conseil que vous donnez » n'est ni bon, ni raisonnable; car vous savez que » nous recevons les commandes de telle manière » que, par nos serments, nous ne les pouvons dé- » livrer qu'à ceux pour qui on nous les baille. » Assez il y eut des paroles dures et injurieuses entre moi et lui. Et lors parla frère Renault de Vichiers, qui étoit maréchal du Temple, et dit : « Sire, ne faites nulle attention à la dispute qui » est entre le seigneur de Joinville et notre com- » mandeur, car, ainsi que dit notre commandeur, » nous ne pourrions rien bailler que nous ne fus- » sions parjures; et sachez que le sénéchal vous » dit mal de vous conseiller que si nous ne vous en » baillons vous en preniez, nonobstant que vous

» il pas moult grans merveilles, et vous en ferés » volenté, et se vous prenez du nostre, nous » avons bien tant du vostre en Acre, que vous » nous desdomagerés bien. » Je dis au Roy que je iroie se il vouloit; et il le me commenda. Je m'en alé en une des galies du Temple, en la mestre galie; et quant je voulz descendre en la sente de la galie là où le trésor estoit, je demandé au Commandeur du Temple que il venist veoir ce que je prenroie; et il n'i deigna onques venir. Le Maréchal dit que il venroit veoir la force que je li feroie. Si tost comme je fu avalé là où le tresor estoit, je demandé au Tresorier du Temple, qui là estoit, que il me baillast les clefz d'une huche qui estoit devant moy; et il qui me vit megre et descharné de la maladie, et en l'abit que je avoie esté en prison, dit que il ne m'en bailleroit nulles. Et je regardé une coignée qui gisoit illec, si la levai et dis que je feroie la clef le Roy. Quant le Maréchal vit ce, si me prist par le poing et me dit : « Sire, nous » véons bien que c'est force que vous nous fêtes, » et nous vous ferons bailler les clez. » Lors commanda au Trésorier que en les me baillast. Et quant le Maréchal ot dit au Trésorier qui je estoie, et il en fu moult esbahi. Je trouvai que celle huche que je ouvri, estoit à Nichole de Choisi, un serjant le Roy. Je getai hors ce d'argnet que je y trouvai, et me lessoient ou chief de nostre vessel qui m'avoit amené. Et pris le Maréchal de France et le lessai avec l'argent, et sur la galie mis le Menistre de la Trinité. Le Maréchal tendoit l'argent au Menistre, et le Menistre le me bailloit ou vessel là où je estoie. Quant nous venimes vers la galie le Roy, et je commençai à hucher au Roy : « Sire, sire, » esgardés comment je suis garni. » Et le saint home me vit moult volentiers et moult liement. Nous baillames à ceulz qui fesoient le paiement, ce que j'avoie aporté. Quant le paiement fu fait, le Conseil le Roy qui le paiement avoit fait, vint à li, et li distrent que les Sarrazins ne vouloient délivrer son frere jusques à tant que il eussent l'argent par devers eulz. Aucuns du Conseil y ot qui ne louoient mie le Roy, que il leur delivrast les deniers jusques à tant que il r'eust son frere. Et le Roy respondit que il leur delivreroit, car il leur avoit couvent; et il li retenissent les seues couvenances se il cuidoient bien faire. Lors dit monseigneur Philippe de Damoes au Roy, que on avoit forconté aus Sarrazins une balance de dix mile livres. Et le Roy se courrouça trop fort, et dit que il vouloit que en leur rendist les dix mille livres, pource que il leur avoit couvent à paier les deux cens mile livres avant que il partisist du flum. Et lors je passé monseigneur Phelippe sur le pié, et dis au Roy qu'il ne le creust pas,

---

» en ferez à votre volonté; et si vous prenez du » nôtre, nous avons assez du vôtre à Acre pour » nous en dédommager. » [Je dis au roi que j'irois en quérir s'il le vouloit, et il me le commanda; je m'en allai en une des galères du Temple dans la maître-galère; et quand je voulus descendre au fond de cale là où étoit le trésor, je demandai au commandeur du Temple qu'il vînt voir ce que je prendrois, et il ne daigna oncques venir. Le maréchal dit qu'il viendroit voir la force que j'y ferois. Sitôt que je fus descendu là où étoit le trésor, je demandai au trésorier du Temple qui étoit là qu'il me baillât les clefs d'un coffre qui étoit devant moi; et lui, qui me vit maigre et décharné de la maladie et avec l'habit que j'avois à la prison, dit qu'il ne m'en bailleroit aucune; et je vis une coignée qui étoit là, je la levai et dis que je ferois la clé du roi (que j'enfoncerois le coffre). Quand le maréchal vit cela, il me prit par le poing et me dit : « Sire, nous » voyons bien que vous voulez nous faire vio- » lence; nous vous ferons bailler les clefs. » Lors il commanda au trésorier qu'on me les baillât. Et quand le maréchal eût dit au trésorier qui j'étois, il en fut moult ébahi. Je trouvai que ce coffre étoit à Nicole de Choisi, sergent du roi. J'en tirai l'argent qui étoit dedans, et je regagnai la proue du vaisseau qui m'avoit amené. J'avois avec moi le maréchal de France et je le laissai avec l'argent; je me fis suivre sur ma galère du maître de la Trinité. Le maréchal tendoit l'argent au maître, et celui-ci me le bailloit. Ainsi fîmes-nous. Quand nous vînmes vers la galère du roi, je commençai à crier au roi : « Sire, sire, regardez com- » ment je suis garni? » Et le saint homme me vit moult volontiers et avec joie. Nous baillâmes à ceux qui faisoient le paiement ce que j'avois apporté. Quand le paiement fut fait, le conseil du roi qui l'avoit fait vint à lui, et ils lui dirent que les Sarrasins ne vouloient délivrer son frère que quand ils auroient l'argent par devers eux. Il y en eut aucuns qui ne conseilloient pas au roi qu'il leur délivrât les deniers jusqu'à ce qu'il eût son frère. Et le roi répondit qu'il le leur délivreroit, car il leur avoit promis. Quant aux Sarrasins, ils n'avoient qu'à suivre leur convention, s'ils vouloient bien faire. Lors, monseigneur Philippe de Montfort dit au roi qu'on avoit trompé les émirs d'une balance de dix mille livres. Et le roi se courrouça très-fort et dit qu'il vouloit qu'on leur rendît les dix mille livres, parce qu'il étoit convenu de leur payer les deux cent mille livres avant qu'il quittât le fleuve. Et lors je passai devant monseigneur Philippe et dis au roi qu'il ne

car il ne disoit pas voir ; car les Sarrazins estoient les plus forconteurs qui feussent au monde : et monseigneur Phelippe dit que je disoie voir, car il ne le disoit que par moquerie. Et le Roy dit que male encontre eust tele moquerie : « Et vous commant, dit le Roy à » monseigneur Phelippe, sur la foy que me » devez comme mon home que vous estes, que » se les dix mile livres ne sont paiés, que vous » les facez paier. »

199. Moult de gens avoient loué au Roy que il se traisist en sa nef qui l'attendoit en mer, pour li oster des mains aus Sarrazins. Onques le Roy ne volt nullui croire, ainçois disoit que il ne partiroit du flum aussi comme il l'avoit couvent, tant que il leur eust paié deux cens mille livres. Si tost comme le paiement fu fait, le Roy, sans ce que nulz ne l'en prioit, nous dit que desoremez estoit son serement quitez, et que nous nous partissions de là et alissons en la nef qui estoit en la mer. Lors s'esmut nostre galé, et alames bien une grant lieue avant que l'un ne parla à l'autre, pour la méseaise que nous avions du conte de Poitiers. Lors vint monseigneur Phelippe de Montfort en un galion, et escria au Roy : « Sire, sire, » parlés à vostre frere le conte de Poitiers, qui

» est en cel autre vessel. » Lors escria le Roy : « Alume, alume ; » et si fist l'en. Lors fu la joie si grant comme elle pot estre plus entre nous.

200. Le Roy entra en sa nef, et nous aussi. Un poure pecherre ala dire à la contesse de Poitiers qu'il avoit veu le conte de Poitiers délivré, et elle li fist donner vingt livres de parisis.

201. Je ne veil pas oublier aucunes besoignes qui advindrent en Egypte tandis que nous y étions. Tout premier je vous dirai de monseigneur Gaucher de Chasteillon que un chevalier qui avoit non monseigneur Jehan de Monson, me conta que il vit monseigneur de Chasteillon en une rue qui estoit ou kasel là où le Roy fu pris, et passoit celle rue toute droite parmi le kasel, si que en véoit les champs d'une part et d'autre. En celle rue estoit monseigneur Gaucher de Chasteillon, l'espée au poing toute nue : quant il véoit que les Turs se metoient parmi celle rue, il leur couroit sus l'espée ou poing et les flatoit hors du kasel ; et au fuir que les Turs fesoient devant li, il qui traioient aussi bien devant comme dariere, le couvrirent tous de pylez. Quant il les avoit chaciés hors du kasel, il se desflichoit de ces pylez qu'il

◇◇◇

le crût pas, car il ne disoit pas vrai, parce que les Sarrasins étoient les plus grands trompeurs, en fait de compte, qu'il y eût au monde, et monseigneur Philippe dit que je disois vrai, car il ne le disoit que par moquerie ; et le roi dit que telle moquerie étoit de mauvaise saison. « Et je » vous ordonne, ajouta-t-il, en s'adressant à mon- » seigneur Philippe, sur la foi que vous me de- » vez comme mon homme que vous êtes, que si » les dix mille livres ne sont payées, vous les » fassiez payer. »]

199. Moult de gens avoient conseillé au roi qu'il se retirât dans sa nef qui l'attendoit en mer pour l'ôter des mains des Sarrasins ; oncques le roi n'avoit voulu croire personne, mais il disoit qu'il ne quitteroit le fleuve, comme il en étoit convenu, tant qu'ils n'auroient pas payé les deux cent mille livres*. Sitôt que le paiement fut fait, le roi, sans que nul l'en priât, nous dit que désormais, son serment étant accompli, nous partissions de là, et que nous allassions dans la nef qui étoit en la mer. Lors, notre galère partit, et nous allâmes bien une grande lieue avant que l'un ne parlât à l'autre, à cause du regret que nous avions du comte de Poitiers. Lors, vint monseigneur le comte Philippe de Montfort dans un ga-

◇◇◇

lion, et cria au roi : « Sire, sire, parlez à monsei- » gneur votre frère, le comte de Poitiers, qui est » dans cet autre vaisseau. » Lors le roi s'écria : « Allume ! allume ! *» ce que l'on fit ; lors, la joie fut aussi grande parmi nous qu'elle pouvoit être.

200. Le roi entra dans sa nef et nous aussi. Un pauvre pêcheur alla dire à la comtesse de Poitiers qu'il avoit vu le comte délivré, et elle lui fit donner vingt livres parisis.

201. Je ne veux pas oublier aucunes choses qui advinrent en Egypte, tandis que nous y étions. Tout d'abord, je vous dirai de monseigneur Gaucher de Châtillon, qu'un chevalier qui avoit nom Jean de Monson, me conta qu'il vit ledit monseigneur de Châtillon dans une rue de Casel où le roi fut pris, laquelle rue traversoit tout droit le Casel, de manière qu'on voyoit les champs par un bout et par l'autre. Dans cette rue étoit monseigneur Gaucher de Châtillon, l'épée au poing et toute nue. Quand il voyoit que les Turcs se mettoient dans cette rue, il leur couroit sus l'épée au poing, et les chassoit hors de Casel, et, pendant la fuite que faisoient les Turcs devant lui, eux, qui tiroient aussi bien devant que derrière, le couvrirent tout de traits. Quand

---

* Tous ces détails sont incomplets dans les autres éditions.

** On allumoit des feux dans le vaisseau du roi pour donner aux autres vaisseaux qui l'accompagnoient le signal du départ.

avoit sur li et remetoit sa cote à armes dessus li, et se dressoit sur ses estriers et estendoit les bras à tout l'espée, et crioit : « Chasteillon, » chevalier ! où sont mi preudhommes ? » Quant il se retournoit et il véoit que les Turs estoient entrés par l'autre chief, il leur recouroit sus l'espée ou poing et les en chasçoit; et ainsi fist par trois foiz en la maniere desus dite. Quant l'Amiraut des galies m'ot amené devers ceulz qui furent pris à terre, je enquis à ceulz qui estoient entour li ; ne onques ne trouvai qui me deist comment il fut pris, fors que tant que monseigneur Jehan Foninons le bon chevalier, me dit que quant en l'amenoit pris vers la Massourre, il trouva un Turc qui estoit monté sur le cheval de monseigneur Gauchier de Chasteillon, et estoit la culière toute sanglante du cheval; et il li demanda que il avoit fait de celi à qui le cheval estoit, et li respondi que il li avoit coupé la gorge tout à cheval, si comme il apparut à la culiere qui en estoit ensanglantée du sanc.

202. Il avoit un moult vaillant home en l'ost, qui avoit à non monseigneur Jaque de Castel, evesque de Soissons. Quant il vit que nos gens s'en revenoit devers Damiete, il qui avoit grant desirrier de aler à Dieu, ne s'en voult pas revenir en la terre dont il estoit né; ainçois se hasta d'aler avec Dieu, et feri des esperons et assembla aus Turs tout seul, qui à leur espées l'occistrent et le mistrent en la compaignie Dieu ou nombre des martirs.

203. Endementres que le Roy attendoit le paiement que sa gent fesoient aux Turs pour la délivrance de son frere le conte de Poitiers, un Sarrazin moult bien atiré et moult léal home de cors, vint au Roy et li presenta lait pris en pos et fleurs de diverses manieres, de par les enfans le Nasac qui avoit esté Soudanc de Babiloine, et li fist le présent en françois ; et le Roy li demanda où il avoit apris françois, et il dit que il avoit été crestian; et le Roy li dit : « Alez- » vous-en, que à vous ne parlerai-je plus. » Je le traïs d'une part et li demandai son couvine; et il me dit qu'il avoit esté né de Provins, et que il estoit venu en Egypte avec le Roi Jehan, et que il estoit marié en Egypte et grant riche home. Et je li diz : « Ne savez-vous pas bien que » vous mouriés en ce point, que vous iriez en en- » fer; » et il dit : « Oyl, » car il estoit certein que nulle n'estoit si bone comme la crestienne. « Mès je doute se je aloie vers vous, la poureté

il les avoit chassés de Casel, il se défléchoit (se débarrassoit) de ces traits qu'il avoit sur lui, et remettoit sa cotte d'armes, se dressoit sur ses étriers et étendoit les bras avec l'épée, et crioit : « Châtillon, chevalier ! où sont mes prud'hom- » mes ? » Quand il se retournoit, il voyoit que les Turcs étoient entrés par l'autre bout de la rue, et il leur recouroit sus l'épée au poing et les en chassoit. Ainsi, fit-il par trois fois de la manière dessus dite. Quand l'amiral des galères m'eut amené devers ceux qui furent pris à terre, je m'enquis de messire Gaucher à ceux qui l'avoient accompagné*, et ne trouvai oncques qui me dit comment il avoit été pris, si ce n'est monseigneur Jean Fonimons, le bon chevalier, qui me dit que quand on l'amenoit prisonnier à la Massoure, il trouva un Turc qui étoit monté sur le cheval de mon- seigneur Gaucher de Châtillon ; la croupière du cheval étoit toute sanglante, et il demanda au Turc ce qu'il avoit fait de celui à qui étoit le cheval, et le Turc lui répondit qu'il lui avoit coupé la gorge, tout à cheval, comme il paraissoit à la croupière qui étoit toute couverte de sang.

202. Il y avoit un moult vaillant homme dans l'armée, qui avoit nom monseigneur Jacques de Castel, évêque de Soissons. Quand il vit que nos gens s'en revenoient vers Damiette, lui, qui avoit grand désir d'aller à Dieu, ne s'en voulut pas revenir au pays où il étoit né, mais se hâta d'aller à Dieu et donna des éperons et attaqua les Turcs tout seul, et eux, avec leurs épées, l'occirent et le mirent en la compagnie de Dieu, au nombre des martyrs.

203. Pendant que le roi attendoit que ses gens fissent aux Turcs le paiement pour la délivrance de son frère le comte de Poitiers, un Sarrasin moult bien mis et moult bel homme, vint au roi et lui présenta du lait en pot et des fleurs de di- verses manières de la part des enfants de Nasac, qui avoit été soudan de Babylone, et il lui fit son présent en françois, et le roi lui demanda où il avoit appris le françois, et le Sarrasin lui dit qu'il avoit été chrétien ; et le roi lui dit : « Allez-vous- » en, car à vous ne parlerai-je plus. » Je le tirai à part, et le questionnai sur son état; il me dit qu'il étoit né à Provins, et qu'il étoit venu en Egypte avec le roi Jean (de Brienne), et qu'il s'y étoit marié et étoit grand riche homme; et je lui dis : « Ne savez-vous pas bien que si vous mou- » riez en cet état, vous iriez tout droit en enfer; » et il dit : « Oui, » car il étoit certain que nulle loi n'étoit si bonne que la loi chrétienne. « Mais je » crains, ajouta-t-il, si j'allois avec vous, la pau-

---

* Les autres éditions portent : *je m'enquis de ses gendarmes*; ce n'est pas aux gendarmes de l'amiral des galères que Joinville s'enquit, mais aux prisonniers qui avaient accompagné Châtillon. La phrase dans ces éditions est tout au moins louche.

» là où je seroie et le reproche; toute jour me
» diroit l'en : véez-ci le renoié; si aime miex
» vivre riche et aise, que je me meisse en tel
» point comme je vois. » Et je li dis que le reproche seroit plus grant au jour du jugement là
où chascun verroit son mesfait, que ne seroit ce
que il me contoit. Moult de bones paroles li diz,
qui guerez ne valurent : ainsi se departi de moy,
n'onques puis ne le vi.

204. Or avez oy ci-devant les grans persecucions que le Roy et nous souffrimes, lesquiex persecucions la Royne n'en eschapa pas, si comme
vous orrez ci-après. Car trois jours devant ce
que elle accouchast, li vindrent les nouvelles que
le Roy estoit pris; desquiex nouvelles elle fu si
effréé, que toutes les foiz qu'elle se dormoit en
son lit, il li sembloit que toute sa chambre feust
pleinne de Sarrazins, et s'escrioit : « Aidiés, ai-
» diés; » et pource que l'enfant ne feust periz,
dont elle estoit grosse, elle fesoit gesir devant
son lit un chevalier ancien de l'aage de quatre-
vingts ans, qui la tenoit par la main; toutes les
foiz que la Royne s'escrioit, il disoit : « Dame,
» n'aiés garde, car je sui ci. » Avant qu'elle feust
accouchiée elle fist vuidier hors toute sa chambre,
fors que le chevalier, et s'agenoilla devant
li et li requist un don; et le chevalier li otria
par son serement; et elle li dit : « Je vous de-
» mande, fist-elle, par la foy que vous m'avez
» baillée, que se les Sarrazins prennent ceste
» ville, que vous me copez la teste avant qu'il
» me preignent. » Et le chevalier respondi : « Soiés
» certeinne que je le ferai volentiers, car je l'a-
» voie jà bien enpensé que vous occiroie avant
» qu'ils nous eussent pris. »

205. La Royne accoucha d'un filz, qui ot à
non Jehan; et l'appelloit l'en Tritant, pour la
grant douleur là où il fu né. Le jour meismes
que elle fu acouchée, li dit l'en que ceulz de Pise
et de Genes s'en vouloient fuir, et les autres
communes. Lendemain que elle fu acouchiée
elle les manda touz devant son lit, si que la
chambre fu toute pleinne : « Seigneurs, pour
» Dieu merci ne lessiés pas ceste ville, car vous
» véez que monseigneur le Roy seroit perdu et
» touz ceulz qui sont pris, se elle estoit perdue,
» et si ne vous plet, si vous preingne pitié de
» ceste chiétive qui ci gist, que vous attendés
» tant que je soie relevée. » Et il respondirent :
« Dame, comment ferons nous ce, que nous
» mourons faim en ceste ville? » Et elle leur dit
que jà par famine ne s'en iroient; « car je ferai
» acheter toutes les viandes en ceste ville, et
» vous reticing touz desorendroit aux dépens
» du Roy. » Il se conseillerent et revindrent à li,
et li troierent que il demourroient volentiers;

» vreté où je serois et les grands reproches qu'on
» me feroit tout le long de ma vie, en m'appelant
» renégat! renégat! Ainsi, j'aime mieux vivre riche
» et aisé que de me mettre en tel point que je me
» figure. » Et je lui répondis que le reproche seroit
plus grand au jour du jugement, là où chacun
verroit ses méfaits, que ne le seroit celui qu'il
redoutoit. Je lui dis moult bonnes paroles qui
guère ne valurent. Ainsi, il s'éloigna de moi,
et onques depuis ne le vis.

204. Vous avez ouï les grandes persécutions
que le roi et nous souffrîmes, auxquelles persécutions la reine n'échappa pas, comme vous ouïrez ci-après. Trois jours devant qu'elle accou-
chât, nouvelles lui vinrent que le roi étoit pris;
elle en fut si effrayée, que toutes les fois qu'elle
dormoit dans son lit, il lui sembloit que toute sa
chambre étoit pleine de Sarrasins, et elle s'écrioit :
« Au secours! au secours! » et, pour que l'enfant
dont elle étoit grosse ne pérît point, elle faisoit
coucher devant son lit un vieux chevalier de l'âge
de quatre-vingts ans qui la tenoit par la main;
toutes les fois que la reine crioit, il disoit :
« Dame, n'ayez peur, car je suis ici. » Avant
qu'elle fût accouchée, elle fit sortir de sa chambre tous ses domestiques, hors le chevalier, et
s'agenouilla devant lui, et lui requit un don, et le
chevalier le lui promit par serment, et elle lui
dit : « Je vous demande, par la foi que vous m'a-
» vez baillée, que si les Sarrasins prennent cette
» ville, vous me coupiez la tête avant qu'ils
» prennent. » Et le chevalier répondit : « Soyez
» certaine que je le ferai volontiers, car je l'avois
» déjà en pensée que je vous occirois avant qu'ils
» nous eussent pris. »

205. La reine accoucha d'un fils qui eut nom
Jean, et on l'appela aussi Tristan à cause de
la grande douleur où il étoit né. Le jour même
qu'elle fut accouchée, on lui dit que ceux de
Pise, de Gènes et autres villes, vouloient s'enfuir. Le lendemain elle les manda tous devant
son lit, toute la chambre en étoit pleine. « Sei-
» gneurs, leur dit-elle, pour l'amour de Dieu, ne
» laissez pas cette ville, car vous voyez que mon-
» seigneur le roi seroit perdu et tous ceux qui
» sont prisonniers, si elle étoit perdue; et s'il ne
» vous plaît prenez du moins pitié de cette chétive
» créature qui est couchée ici, et attendez que je sois
» relevée [*]. » Et ils répondirent : « Dame, com-
» ment le ferons-nous, nous mourrons de faim
» en cette ville ? » Et elle leur dit qu'ils ne s'en
iroient pas pour cause de famine. « Car je ferai
» acheter, ajouta-t-elle, toutes les provisions en

[*] *Et en ce disant grosses larmes lui venoient aux yeux.* (Édition de Pierre de Rieux.)

et la Royne, que Diex absoille, fist acheter toutes les viandes de la ville, qui li cousterent trois cens et soixante mille livres et plus. Avant son terme la couvint relever, pour la cité que il convenoit rendre aus Sarrazins. En Acre s'en vint la Royne, pour attendre le Roy.

206. Tandis que le Roy attendoit la délivrance son frere, envoia le Roy frere Raoul le Frere Preescheur à un Amiral qui avoit à non Faracataie, l'un des plus loiaus Sarrazins que je veisse onques ; et li demanda que il se merveilloit moult comment li et les autres Amiraus soufrirent comment en li avoit ses treves si villeinnement rompues ; car en li avoit tué les malades que il devoient garder aussi ; et du merrien de ses engins, avoient ars les malades et les chars salées de porc que il devoient garder aussi. Faracataie respondi à frere Raoul et dit : « Frere
» Raoul, dites au Roy que par ma loy je n'i puis
» mettre conseil, et ce poise moy ; et li dites de
» par moy que il ne face nul semblant que il li
» anuie, tandis que il est en nostre main, car
» mort seroit ; » et il loa que sitost comme il venroit en Acre, que il li en souvieingne.

207. Quant le Roy vint en sa nef, il ne trouva onques que sa gent li eussent riens appareillé,

◇◇◇

» cette ville ; et, dès à présent, je vous retiens
» tous aux dépens du roi. » Ils se consultèrent et revinrent à elle, et lui octroyèrent qu'ils demeureroient volontiers : et la reine, que Dieu absolve, fit acheter toutes les provisions de la ville, qui lui coutèrent trois cent soixante mille livres et plus. Il lui fallut se relever avant le temps, parce qu'il fallut rendre Damiette aux Sarrasins. La reine s'en vint à Acre pour attendre le roi.

206. [Tandis que le roi attendoit la délivrance de son frère, il envoya le frère Raoul, frère prêcheur, à un émir qui avoit nom Faracataie, l'un des plus loyaux Sarrasins que je visse oncques ; et lui manda qu'il s'émerveilloit moult, comment lui et les autres émirs souffroient qu'on lui eût si vilainement rompu les trèves, car on lui avoit tué les malades qu'ils devoient garder, et, du merrain de ses engins, on avoit brûlé les malades et les viandes salées qu'ils devoient garder aussi. Faracataie répondit à frère Raoul, et dit : « Frère Raoul, dites au roi que, par ma loi,
» je n'y puis mettre obstacle, mais que cela me
» pèse. Dites-lui, de ma part, qu'il ne fasse nul
» semblant que cela lui fait de la peine, tant qu'il
» est en notre main, car il seroit mort ; » et il lui conseilla que sitôt qu'il seroit venu à Acre, il s'en souvînt *.]

207. Quand le roi vint en sa nef, il ne trouva rien que ses gens eussent préparé, ni lit ni

ne lit, ne robes ; ainçois li couvint gesir, tant que nous fumes en Acre, sur les materas que le Soudanc li avoit baillez ; et vesti les robes que le Soudanc li avoit fet bailler et tailler, qui estoit de samet noir, forré de vair et de griz, et y avoit grant foison de noiaus touz d'or.

208. Tandis que nous fumes par six jours, je qui estoie malade me seoie touzjours de coste le Roy ; et lors me conta il comment il avoit esté pris, et comment il avoit pourchacié sa réançon et la nostre par l'aide de Dieu ; et me fist conter comment je avoie esté pris en l'yaue. Et après il me dit que je devoie grant gré savoir à Nostre-Seigneur, quant il m'avoit délivré de si grans perilz. Moult regretoit la mort du comte d'Artois son frere, et disoit que moult enuis se fu souffert de li venir veoir, comme le conte de Poitiers, que il ne le feust venu veoir ès galies.

209. Du conte d'Anjou qui estoit en sa nef, se pleingnoit aussi à moy, qui nulle compaingnie ne li tenoit. Un jour demanda que le conte d'Anjou faisoit, et on li dit que il jouoit aus tables à monseigneur Gautier d'Anemoes ; et il ala là tout chancelant pour la feblesce de sa maladie, et prist les dez et les tables et les geta en la

◇◇◇

robes. Il lui fallut coucher, jusqu'à ce que nous fussions à Acre, sur les matelas que le soudan lui avoit baillés, et vêtir les robes qu'il lui avoit fait bailler et tailler, lesquelles étoient de samit noir **, fourré de vair et de gris, avec quantité de boutons d'or.

208. Pendant six jours que nous fûmes en mer, moi qui étois malade, je me tins toujours assis à côté du roi. Et lors il me conta comment il avoit été pris et comment il avoit négocié pour sa rançon et la nôtre, par l'aide de Dieu, et il me fit raconter comment j'avois été pris sur l'eau. Et après, il me dit que je devois savoir grand gré à notre Seigneur, pour m'avoir délivré de si grands périls. Il regrettoit moult la mort du comte d'Artois, son frère, et disoit qu'il avoit moult éprouvé d'ennuis de ne le point voir venir, de même qu'il en avoit eu aussi de ce que le comte de Poitiers ne l'étoit venu voir aux galères.

209. Il se plaignoit encore du comte d'Anjou qui étoit dans sa nef, et qui ne lui tenoit nulle compagnie. Un jour, il demanda ce que faisoit le comte d'Anjou, et on lui dit qu'il jouoit aux dés avec monseigneur Gautier de Nemours, et il alla tout chancelant à cause de la faiblesse que lui causoit sa maladie, et prit les dés et les tables et les jeta dans la mer, et se courrouça moult fort contre son frère de ce qu'il s'étoit sitôt pris à jouer aux dés. Mais monseigneur Gautier en fut le

---

* Ce récit manque dans les autres éditions.

** Etoffe de soie.

mer, et se courouça moult fort à son frere de ce que il s'estoit sitost pris à jouer aus deiz : mais monseigneur Gautier en fu le miex paié, car il geta touz les deniers qui estoient sus le tablier, dont il y avoit grant foison, en son geron, et les emporta.

210. Ci après orrez de plusieurs persecucions et tribulacions que j'oy en Acre, desquiex Dieu, à qui je m'atendoie et à qui je m'attens, me délivra : Et ces choses ferai-je escrire, pour ce que cil qui les orront, aient fiance en Dieu en leur persecutions et tribulacions; et Dieu leur aidera aussi comme il fist à moy.

211. Or disons donc que quant le Roy vint en Acre, toutes les processions d'Acre li vindrent à l'encontre recevoir jusques à la mer à moult grant joie. L'en amena un palefroi, sitost comme je fu monté sus, le cuer me failli; et je dis à celi qui le palefroy m'avoit amené, que il me tenist que je ne cheisse : à grant peinne me monta l'en les degrez de la sale le Roy. Je me assis à une fenestre, et un enfant delez moy, et avoit entour dix ans de aage, qui avoit à nom Berthelemin, et estoit filz bertart à monseigneur Ami de Monbeliart seigneur de Monfaucon. Endementres que je scoie illec là où nul ne se prenoit garde de moy, là me vint un vallet en une cote vermeille à deux roies jaunes, et me salua et me demanda se je le cognoissai, et je li dis : nanin; et il me dit que il estoit d'Oiselair le chastel mon oncle; et je li demandai à qui il estoit, et il me dit que il n'estoit à nullui et que il demourroit avec moy se je vouloie, et je dis que je le vouloie moult bien : il m'ala maintenant querre coifes blanches et me pingna moult bien. Et lors m'envoia querre le Roy pour manger avec li; et je y alai à tout le corcet que l'en m'avoit fait en prison des rongneures de mon couvertouer; et mon couvertouer lessai à Berthelemin l'enfant, et quatre aunes de camelin que l'en m'avoit donné pour Dieu en la prison. Guillemin, mon nouviau varlet, vint trancher devant moy, et pourchassa de la viande à l'enfant tant comme nous mangames.

212. Mon vallet novel me dit que il m'avoit pourchacié un hostel tout delez les bains, pour moy laver de l'ordure et de la sueur que j'avoie aportée de la prison. Quant ce vint le soir que je fus ou baing, le cuer me failli et me pasmai, et à grant peinne m'en trait l'en hors du baing jusques à mon lit. Lendemain un viel chevalier qui avoit non monseigneur Pierre de Bourbonne, me vint veoir; et je le reting entour moy; il m'apleja en la ville ce qu'il me failli pour vestir et pour moy atourner. Quant je me fu harée, bien quatre jours après ce que nous fumes venuz,

◇◇◇

mieux payé, car le roi jeta dans son giron tous les deniers qui étoient sur le tapis, et il y en avoit grande foison et Gautier les emporta [*].

210. Vous allez ouïr plusieurs persécutions et tribulations que j'eus à Acre, desquelles Dieu, en qui j'espérois et en qui j'espère, me délivra; et ces choses ferai-je écrire pour que ceux qui les ouïront ayent confiance en Dieu, dans leurs persécutions et tribulations; et Dieu les aidera aussi comme il fit à moi.

211. Or, disons donc que quand le roi vint à Acre, toutes les processions d'Acre vinrent à sa rencontre le recevoir jusqu'à la mer avec moult grande joie [**]. L'on m'amena un palefroi; sitôt que je fus monté dessus, le cœur me faillit, et je dis à celui qui m'avoit amené le palefroi qu'il me tint pour que je ne tombasse; et à grand'peine me monta-t-on sur les degrés de la salle du roi. Je m'assis à une fenêtre et un enfant près de moi : il avoit environ dix ans, se nommoit Berthélemin, et étoit bâtard de monseigneur ami de Montbéliard, seigneur de Montfaucon. Pendant que j'étois là assis, sans que nul prît garde à moi, il me vint un valet en cotte vermeille à deux raies jaunes; il me salua et me demanda si je le connaissois, et je lui dis : nenni; et il me dit qu'il étoit d'Oiselair, château de mon oncle; et je lui demandai à qui il étoit, et il me dit qu'il n'étoit à personne, et qu'il demeureroit avec moi, si je le voulois; et je lui répondis que je le voulois moult bien. Il m'alla sur-le-champ quérir des coifes blanches et me peigna très bien. Lors le roi m'envoya quérir pour manger avec lui; et j'y allai avec le corset qu'on m'avoit fait en prison des rognures de ma couverture, et je laissai ma couverture à l'enfant Berthélemin, et quatre aunes de camelin qu'on m'avoit données en prison, pour Dieu. Guillemin, mon nouveau valet, vint trancher devant moi, et procura des vivres à l'enfant tant que nous mangeâmes.

212. Mon nouveau valet me dit qu'il m'avoit procuré un hôtel tout près des bains, pour me laver de l'ordure et de la sueur que j'avois apportées de prison. Quand ce vint le soir que je fus au bain, le cœur me manqua; je me pâmai et à grand'peine me retira-t-on du bain jusqu'à mon lit. Le lendemain, un vieux chevalier qui avoit nom monseigneur Pierre de Bourbonne me vint voir, et je le retins auprès de moi. Il me cautionna dans la ville pour les choses qu'il me falloit

---

[*] Suivant la version des autres éditions, on ne voit pas comment le seigneur Gautier auroit été le mieux payé, si le roi avoit jeté dans la mer tous les deniers qui étaient sur les tapis, après les dés et les tables.

[**] Les détails qui suivent sont tout différemment racontés dans les autres éditions.

je alai veoir le Roy, et m'enchoisonna et me dit que je n'avoie pas bien fet quant je avoie tant tardé à li veoir, et me commenda si chier comme j'avoie s'amour, que mangasse avec li ades et au soir et au matin, jusques à tant qu'il eust arée que nous ferions, ou d'aler en France ou de demourer. Je dis au Roy que monseigneur Pierre de Courcenay me devoit quatre cens livres de mes gajes, lesquiex il ne me vouloit paier. Et le Roy me respondi que il me feroit bien paier des deniers que il devoit au seigneur de Courcenay; et si fist-il par le conseil monsegneur Pierre de Bourbone. Nous preisme quarante livres pour nos despens, et le remanent commandames à garder au Commandeur du palais du Temple. Quant ce vint que j'oi despendu les quarante livres, je envoiai le père Jehan Caym de Sainte-Manehost, que j'avoie retenu outremer, pour querre autres quarante livres. Le Commandeur li respondi que il n'avoit denier du mien, et que il ne me congnoissoit. Je alai à frère Renaut de Vichiers, qui estoit mestre du Temple par l'aide du Roy, pour la courtoisie que il avoit faite en la prison, dont je vous ai parlé, et me plainz à li du Commandeur du palais qui mes deniers ne me vouloit rendre, que je li avoie commandez. Quant il oy ce, il s'esfréa fort, et me dit : « Sire de Joinville, je vous aime moult, » mès soiés certein, que se vous ne vous voulez

◇◇◇

» soufrir de ceste demande, je ne vous aimeré » jamez ; car vous voulés fere entendant aus gens » que nos freres sont larrons. » Et je li dis que je ne me soufferroie ja, se Dieu plet. En ceste mesaise de cuer je fus quatre jours, comme cil qui n'avoit plus de touz deniers pour despendre. Après ces quatre jours, le Mestre vint vers moy tout riant, et me dit que il avoit retrouvé mes deniers. La maniere comment ils furent trouvés, ce fu pource que il avoit changé le Commandeur du palais et l'avoit envoié à un cazel que en appelle le Saffran ; et cil me rendi mes deniers.

213. L'evesque d'Acre qui lors estoit, qui avoit esté né de Provins, me fist prester la meson au Curé de Saint Michiel. Je avoie retenu Caym de Sainte-Manehost, qui moult bien me servi deux ans miex que home que j'eusse oncques entour moy. Or estoit ainsi, que il avoit une logete à mon chevés ; par où l'en entroit ou moustier. Or avint ainsi que une contenue me prist, par quoy j'alai au lit, et toute ma mesnie aussi ; ne onques un jour toute jour je n'oy onques qui me peust aidier ne lever, ne je n'attendoie que la mort, par un signe qui m'estoit delez l'oreille ; car il n'estoit nul jour que l'en n'aportast bien vingt mors ou plus au moustier ; et de mon lit toutes les foiz que on les apportoit, je ouaie chanter : *Libera me, Domine*. Lors je

◇◇◇

pour me vêtir et m'équiper. Et quand je me fus équipé, quatre jours après notre arrivée, j'allai voir le Roi qui me fit des reproches, et me dit que je n'avois pas bien fait d'avoir tant tardé à le venir voir, et me commanda, pour autant que j'avois son amour à cœur, de manger toujours avec lui, le matin et le soir, jusqu'à ce qu'il eût décidé ce que nous ferions, ou d'aller en France ou de demeurer. Je dis au Roi que monseigneur Pierre de Courcenay me devoit quatre cents livres de mes gages, lesquelles il ne me vouloit payer ; et le Roi me répondit qu'il me feroit bien payer sur les deniers qu'il devoit au seigneur de Courcenay, et ce fit-il par le conseil de monseigneur Pierre de Bourbonne. Nous prîmes quarante livres pour nos dépenses, et donnâmes le reste à garder au commandeur du palais du Temple. Quand j'eus dépensé les quarante livres, j'envoyai le père Jean Caym de Sainte-Menehould, que j'avois retenu outre-mer, pour quérir quarante autres livres. Le commandeur lui répondit qu'il n'avoit deniers du mien, et qu'il ne me connaissoit. J'allai à frère Renaud de Vichiers qui étoit maître du Temple, par la protection du Roi, en reconnaissance de la courtoisie qu'il lui avoit faite, dans la prison, et dont je vous ai parlé : et me plaignis à lui du commandeur du palais qui ne me vouloit rendre les deniers que je lui avois confiés. Quand il ouït cela, il s'effraya fort et me dit : « Sire de Joinville, je » vous aime moult, mais soyez certain que si » vous ne vous voulez désister de cette demande, » je ne vous aimerai jamais, car vous voulez » faire entendre aux gens que nos frères sont » larrons. » Et je lui dis que je ne me désisterois pas, s'il plaisoit à Dieu. Je fus quatre jours dans ce malaise de cœur, comme quelqu'un qui n'a plus du tout de deniers à dépenser. Après quatre jours, le maître vint vers moi, tout riant, et me dit qu'il avoit retrouvé mes deniers. La manière dont ils furent retrouvés, fut qu'il avoit changé le commandeur du palais, et l'avoit envoyé à un casel qu'on appelle le Saffran ; et l'autre me rendit mes deniers.

213. L'évêque d'Acre qui étoit alors, et qui étoit né à Provins, me fit prêter la maison du curé de Saint-Michel. J'avois retenu Caym de Sainte-Menehould qui me servit bien deux ans, mieux que homme que j'eusse oncques auprès de moi. Or, ma chambre étoit disposée ainsi qu'il y avoit à mon chevet une logette, par où l'on entroit à l'église : il advint qu'une fièvre continue me prit ; je me mis au lit, il en fut de même de toute ma maison. Il n'y advint âme qui pût m'aider ni me réconforter, si bien que je n'attendois que la mort ; car il n'y avoit pas de jour qu'on n'appor-

plorai et rendi graces à Dieu, et li dis ainsi : « Sire, aouré soies tu de ceste souffraite que tu me fez ; car mains bobans ai eulz à moy chaucier et à moy lever : Et te pri, Sire, que tu m'aides et me délivre de ceste maladie, moy et ma gent. »

214. Après ces choses je requis à Guillemin mon nouvel escuier, et si fist-il ; et trouvai que il m'avoit bien doumagé de dix livres de tournois et de plus ; et me dit, quant je li demandai, que il les me rendroit quant il pourroit. Je li donné congié, et li dis que je li donnoie ce que il me devoit, car il l'avoit bien deservi. Je trouvai par les chevaliers de Bourgoingne, quant il revindrent de prison, que il l'avoient amené en leur compaignie, que c'estoit le plus courtois lierres qui onques feust ; car quant il failloit à aucun chevalier coutel ou courroie, gans ou esperons, ou autre chose, il l'aloit enbler et puis si li donnoit.

215. En ce point que le Roy estoit en Acre, se prirent les freres le Roy à jouer aus deiz ; et jouoit le conte de Poitiers si courtoisement, que quant il avoit gaaingné, il fesoit ouvrir la sale et fesoit appeler les gentilzhomes et les gentilzfemmes, se nulz en y avoit, et donnoit à pointât gnées aussi bien les siens deniers comme il fesoit ceulz que il avoit gaingnés ; et quand il avoit perdu, il achetoit par esme les deniers à ceulz à qui il avoit joué, et à son frere le conte d'Anjou et aus autres ; et donnoit tout et le sien et l'autrui.

216. En ce point que nous estions en Acre, envoia le Roy querre ses freres et le conte de Flandres et les autres riches homes, à un dymanche, et leur dit ainsi : « Seigneurs, Madame » la Royne ma mere m'a mandé et prié tant » comme elle peut, que je m'envoise en France, » car mon royaume est en grant peril ; car je » n'ai ne pèz ne trèves au roy d'Angleterre. Cil » de ceste terre à qui j'ai parlé m'ont dit, se je » m'envois, ceste terre est perdue ; car il s'en » venront touz en Acre après moy, pource que » nulz n'i osera demourer à si pou de gent. Si » vous pri, fist-il, que vous y pensez ; et pource » que la besoingne est grosse, je vous donne res- » pit de moy respondre ce que bon vous semble- » ra, jusques à d'ui en huit jours. » Et me dit ainsi, que il n'entendoit mi comment li Roys eust pooir de demourer, et me proia moult acertes que je m'en vousisse venir en sa nef. Et je li respondi que je n'en avoie pooir ; car je n'avoie

⋄⋄⋄

tât à l'église vingt mors ou plus, et toutes les fois qu'on les apportoit, j'entendois chanter : *Libera me, Domine*. Alors je pleurois et rendois grâce à Dieu, et lui disois ainsi : « Sire, que tu sois béni de » cette souffrance que tu m'envoies à moi qui » avois autrefois grand nombre de serviteurs pour » me chausser et me lever ; et je te prie, Sire, » qu'aujourd'hui que tu m'aides et me délivres de » cette maladie moi et ma gent. »

214. [Après ces choses je requis Guillemin qu'il me rendît l'argent que je lui avois confié, et ce fit-il. Mais je trouvai qu'il m'avoit fait tort de dix livres tournois et plus. Et il me dit, quand je les lui demandai, qu'il me les rendroit quand il pourroit. Je lui donnai congé, et lui dis que je lui donnois ce qu'il me devoit, car il l'avoit bien mérité. J'appris, par les chevaliers de Bourgogne, quand ils revinrent de prison, qu'ils l'avoient amené dans leur compagnie, et c'étoit le plus courtois filou qui fut onques : car quand il manquoit à quelque chevalier, un couteau ou une courroie, ou des gants ou des éperons, ou autre chose, il l'alloit dérober et puis le lui donnoit.]

215. Pendant que le roi étoit à Acre, ses frères se prirent à jouer aux dés, et le comte de Poitiers jouoit si courtoisement, que quand il avoit gagné, il faisoit ouvrir la salle et faisoit appeler les gentilshommes et les gentillesfemmes ; s'il y en avoit, il donnoit à poignées aussi bien ses deniers que ceux qu'il avoit gagnés, et quand il avoit perdu,

⋄⋄⋄

il achetoit par estimation les deniers de ceux avec qui il avoit joué, de son frère le comte d'Anjou et des autres, et donnoit tout et le sien et celui d'autrui [*].

216. Un dimanche, le roi envoya quérir ses frères et le comte de Flandres et les autres riches hommes, et leur dit ainsi : « Seigneurs, madame » la reine, ma mère, m'a mandé et prié autant » qu'elle peut, que je m'en aille en France, car » mon royaume est en grand péril, vu que je n'ai » ni paix, ni trève avec le roi d'Angleterre ; ceux » de ce pays à qui j'en ai parlé, m'ont dit que si » je m'en vais, cette terre est perdue, car tous » ceux qui sont à Acre s'en iront après moi, » parce que nul n'y osera demeurer avec si peu » de gens. Ainsi, je vous prie, ajouta-t-il, que » vous y pensiez, et, comme l'affaire est im- » portante, je vous donne répit pour me répondre » ce que bon vous semblera, jusqu'à aujour- » d'hui en huit. » [Le légat me dit qu'il ne savoit pas comment le roi pouvoit demeurer, et me pria moult fort que je voulusse venir dans sa nef, et je lui répondis que je n'en avois le pouvoir, car n'avois rien, ainsi qu'il le savoit, parce que j'avois tout perdu sur l'eau où j'avois été pris ; et cette réponse ne lui fis-je pas, pour ce que je ne m'en fusse moult volontiers allé avec lui, mais pour un mot que monseigneur de Bouvaincourt,

[*] Tous les détails qu'on vient de lire sont omis dans les éditions de Ducange et de Mesnard.

17.

riens ainsi comme il le savoit, pource que j'avoie tout perdu en l'yaue là où j'avoie esté pris. Et ceste response ne li fis-je pas pour ce que je ne feusse moult volentiers alé avec li, mèz que pour une parole que monseigneur de Bollainmont mon cousin germain, que Diex absoille, me dit quant je m'en alai outremer : « Vous en alez » outremer, fist-il, or vous prenés garde au re- » venir; car nulz chevaliers, ne poures ne ri- » chez, ne peut revenir que il ne scet honni, se » il laisse en la main des Sarrazins le peuple » menu Notre-Seigneur, en laquelle compain- » gnie il est alé. » Le Lega se courouça à moy, et me dit que je ne le deusse pas avoir refusé.

217. Le dymanche après revenimes devant le Roy; et lors demanda le Roy à ses freres et aus autres Barons et au conte de Flandres, quel conseil il li donroient, ou de s'aléé ou de sa demourée. Il respondirent touz que il avoient chargié à monseigneur Guion Malvoisin le conseil que il vouloient donner au Roy. Le Roy li commanda que il deist ce que il li avoient chargié; et il dit ainsi : « Sire, vos freres et les ri- » ches hommes qui ci sont, ont regardé à vostre » estat; et ont veu que vous n'avez pooir de de- » mourer en ceste pais à l'onneur de vous ne de » vostre regne; que de touz les chevaliers qui » vindrent en vostre compaignie, dont vous en » amenates en Cypre deux mille et huit cens, il

» n'en a pas en ceste ville cent de remenant. Si » vous loent-il, Sire, que vous en alez en France » et pourchaciés gens et deniers, par quoy vous » puissés hastivement revenir en cest pais vous » venger des ennemis de Dieu, qui vous ont tenu » en leur prison. » Le Roy ne se voult pas tenir à ce que monseigneur Gui Malvoisin avoit dit; ains demanda au conte d'Anjou, au conte de Poitiers et au conte de Flandres, et à pluseurs autres riches homes qui séoient emprès eulz; et tuit s'acorderent à monseigneur Gui Malvoisin. Le Legat demanda au conte Jehan de Japhe, qui séoit emprès eux, que il li sembloit de ces choses. Le conte de Japhe li proia qu'il se soufrist de celle demande : « Pource, fist-il, que mes » chastiaux sont en marche, et se je loe au Roy » la demourée, l'en cuideroit que ce feust pour » mon proufit. » Lors li demanda le Roy, si acertes comme il pot, que il deist ce que il li en sembloit. Et il li dit que se il pooit tant faire, que il pooit herberge tenir aus chans dedans un an, que il feroit sa grant honneur se il demouroit. Lors demanda le Legat à ceulz qui séoient après le conte de Japhe, et touz s'acorderent à monseigneur Gui Malvoisin. Je estoie bien le quatorzieme assis encontre le Légat. Il me demanda que il m'en sembloit; et je li respondi que je m'acordoie bien au conte de Japhe. Et le Legat me dit tout courroucié, comment ce pourroit estre que le Roy peüt tenir heberges à si pou de gent

mon cousin germain, que Dieu absolve ! me dit quand je m'en allai outre-mer: « Vous vous en » allez outre-mer, me dit-il, or, prenez garde au » retour, car nuls chevaliers ni pauvres, ni ri- » ches, ne peuvent revenir sans être honnis, s'ils » laissent dans les mains des Sarrasins le menu » peuple de notre Seigneur, en la compagnie du- » quel ils sont allés. » Le légat se courouça contre moi et me dit que je n'aurois pas dû le refuser.]

217. Le dimanche suivant, nous revînmes auprès du roi, et lors, le roi demanda à ses frères et aux autres barons et au comte de Flandres quel conseil ils lui donnoient, ou de s'en retourner en France ou de rester à Acre; ils répondirent tous qu'ils avoient chargé monseigneur Gui de Malvoisin du conseil qu'ils vouloient donner au roi. Le roi lui commanda de dire ce dont il avoit été chargé, et il dit ainsi: « Sire, vos » frères et les riches hommes qui sont ici ont re- » gardé à votre état, et ont vu que vous ne pou- » vez demeurer dans ce pays sans compromettre » votre honneur et celui de votre royaume; que, » de tous les chevaliers qui sont venus avec vous, » dont vous amenâtes deux mille huit cents en » Chypre, il n'en reste pas cent dans cette ville.

» Ainsi vous conseillent-ils, Sire, que vous vous » en alliez en France, et que vous vous y pro- » curiez des gens et des deniers pour revenir » au plus tôt dans ce pays vous venger des enne- » mis de Dieu, qui vous ont tenu en prison. » Le roi ne voulut pas s'en tenir à ce que monseigneur Gui de Malvoisin avoit dit; mais il interrogea le comte d'Anjou, le comte de Poitiers et le comte de Flandres et plusieurs autres riches hommes qui siégeoient auprès d'eux, et tous s'accordèrent avec monseigneur Gui de Malvoisin. Le légat demanda au comte de Jaffa qui étoit près d'eux, ce qu'il lui sembloit de ces choses; le comte de Jaffa le pria de se désister de cette demande, « parce que, dit-il, mes châteaux sont dans ce » pays, et si je conseille au roi de demeurer, on » croira que c'est pour mon profit. » Lors, le roi lui commanda de dire ce qu'il lui sembloit, et il dit que si le roi pouvoit tant faire que de tenir la campagne pendant un an, il se feroit grand honneur de demeurer. Le légat interrogea alors ceux qui siégeoient après le comte de Jaffa, et tous s'accordèrent avec monseigneur Gui de Malvoisin. J'étois bien le quatorzième assis contre le légat; il me demanda ce qu'il m'en sembloit, et je lui répondis que je m'accordois bien avec le

comme il avoit. Et je li respondi aussi comme courroucié, pource que il me sembloit que il le disoit pour moy atteinner : « Sire, et je vous le dirai, puisqu'il vous plest. L'en dit, Sire, je ne sai se c'est voir, que le Roi n'a encore despendu nulz de ses deniers, ne mès que des deniers aus Clers; si mette le Roy ses deniers en despense, et envoit le Roy querre chevaliers en la Morée et outre mer; et quant l'en orra nouvelles que le Roy donne bien largement, chevaliers li venront de toutes pars, parquoy il pourra tenir heberges dedans un an, se Dieu plet ; et par sa demourée seront delivrez les poures prisonniers qui ont esté pris ou servise Dieu et ou sien, qui jamès n'en istront se li Roy s'en va. » Il n'avoit nul illec qui n'eust de ses prochains amis en la prison, parquoy nulz ne me reprist; ainçois se pristrent touz à plorer. Après moy demanda le Legat à monseigneur Guillaume de Biaumont qui lors estoit maréchal de France ; et il dit que j'avoie moult bien dit ; « et vous dirai rèson parquoy. » Monseigneur Jehan de Biaumont le bon chevalier, qui estoit son oncle et avoit grant talent de retourner en France, l'escria moult felonnessement et li dit : « Orde longaingne, que voulez-vous dire? rasséez-vous tout quoy. » Le Roy li dit : « Mesire

comte de Jaffa, et le légat me dit, tout courroucé, comment pourroit-il se faire que le roi tînt la campagne avec si peu de gens qu'il avoit; et je lui répondis aussi, comme courroucé, parce qu'il me sembloit qu'il le disoit pour me piquer : « Sire, et je vous le dirai, puisqu'il vous plaît, on dit, Sire, je ne Sais si c'est vrai, que le roi n'a encore dépensé aucun de ses deniers, et rien que des deniers aux clercs ; mais que le roi mette les siens en dépense, et qu'il envoie quérir des chevaliers en Morée et outre-mer ; quand on ouïra nouvelles que le roi donne bien largement, chevaliers lui viendront de toutes parts, et il pourra tenir campagne pendant un an, s'il plaît à Dieu ; et, par son séjour ici, seront délivrés les pauvres prisonniers qui ont été pris au service de Dieu et au sien, lesquels n'en sortiront jamais si le roi s'en va. » Il n'y avoit personne là qui n'eût de ses amis ou de ses proches en prison, c'est pourquoi personne ne me reprit ; mais tous se mirent à pleurer. Après moi, le légat interrogea monseigneur Guillaume de Beaumont, qui lors étoit maréchal de France, et il répondit que j'avois moult bien dit ; et je vous dirai la raison pourquoi monseigneur Jean de Beaumont, le bon chevalier, qui étoit son oncle, et avoit grande envie de retourner en France, le reprit en termes injurieux et lui dit : « Sale excrément, que voulez-vous dire? rasseyez-vous tout coi, sans parler davantage. » Le roi dit :

» Jehan, vous fètes mal, lessiés li dire.—Certes, » Sire, non ferai : » il le couvint taire. Ne nulz ne s'accorda onques puis à moy, ne mès que le sire de Chatenai.

218. Lors nous dit le Roy : « Seigneurs, je » vous ai bien oys, et je vous respondré de ce que » il me plèra à fère, de hui en huit jours. » Quant nous fumes partis d'illec, et l'assaut me commence de toutes pars : « Or est fol, sire de Join- » ville, li Roys, se il ne vous croit contre tout le » Conseil du royaume de France. » Quant les tables furent mises, le Roy delez li au manger, là où il me fesoit touzjours séoir, se ses frères n'i estoient. Onques ne parla à moy tant comme le manger dura ; ce que il n'avoit pas accoustumé, que il ne gardât touzjours à moy en mangant ; et je cuidoie vraiement que il feust courroucé à moy, pource que je dis que il n'avoit encore despendu nulz de ses deniers, et que il despendoit largement. Tandis que le Roy oy ses graces, je alay à une fenestre ferrée qui estoit en une reculée devers le chevet du lit le Roy ; et tenoie mes bras parmi les fers de la fenestre, et pensoie que se le Roy s'en venoit en France, que je m'en iroie vers le prince d'Antioche, qui me tenoit pour parent et qui m'avoit envoié querre, jusques à tant que une autre ale me venist ou pays par

« Messire Jean, vous faites mal, laissez-le dire.— » Certes, Sire, non ferai. » Guillaume de Beaumont fut forcé de se taire. Après cela, nul ne s'accorda à mon avis, sinon le sire de Chastenai.

218. Lors, le roi nous dit : « Seigneurs, je vous » ai bien ouï, et je vous répondrai ce qu'il me » plaira de faire d'aujourd'hui en huit. » Quand nous fûmes sortis de là, on commença à m'attaquer de toutes parts. « Or, sire de Joinville, me » disoit-on, le roi, selon vous, seroit donc fou » s'il ne vous écoutoit pas contre tout le conseil » du royaume de France. » Quand les tables furent mises, le roi me fit asseoir pour manger, là où il me faisoit toujours mettre quand ses frères n'y étoient pas. Onques ne me parla tant que le repas dura, ce qu'il n'avoit accoutumé de faire, quand je mangeois avec lui. Je croyois vraiment qu'il étoit courroucé contre moi, parce que j'avois dit qu'il n'avoit encore dépensé aucun de ses deniers, et qu'il devoit dépenser largement. Tandis que le roi disoit ses grâces, j'allai à une fenêtre grillée qui étoit dans une embrasure du côté du chevet du lit du roi, et je tenois mes bras aux barreaux de la fenêtre et pensois que si le roi s'en venoit en France, je m'en irois vers le prince d'Antioche * qui me tenoit pour parent, et qui m'avoit envoyé quérir, jusqu'à ce qu'une autre

* L'édition de Pierre de Rieux porte le *prince d'Autriche*. Ce qui est une faute de copiste probablement.

quoy les prisonniers feussent delivré, selonc le conseil que le sire de Boulaincourt m'avoit donné. En ce point que je estoie illec, le Roy se vint apuier à mes espaules, et me tint ses deux mains sur la teste ; et je cuidai que ce feust monseigneur Phelippe d'Anemos, qui trop d'ennui m'avoit fait le jour pour le conseil que je lui avoie donné ; et dis ainsi : « Lessiés moy en pez, mon- » seigneur Phelippe. » Par mal avanture, au tourner que je fiz ma teste, la main le Roy me cheï parmi le visage, et cognu que c'estoit le Roy, à une esmeraude que il avoit en son doy ; et il me dit : « Tenez-vous tout quoy, car je vous » veil demander comment vous feustes si hardi » que vous, qui estes un joennes hons, m'osastes » loer ma demourée, encontre touz les grans » hommes et les sages de France qui me looient » m'alée.—Sire, fis-je, avoie la mauvestié en mon » cuer, si ne vous loeroie je à nul fuer que vous » la feissiés. Dites-vous, fist-il, que je feroie que » mauvaiz se je m'en aloie ? Si m'aist Diex, Sire, » fis-je, oyl. Et il me dit : Se je demeure, demou- » rez-vous ? Et je li dis que oyl, se je puis ne du » mien ne de l'autrui. Or soiés tout aise, dit-il, » car je vous sai moult bon gré de ce que vous » m'avez loé ; mès ne le dite à nullui toute celle » semainne. » Je fus plus aise de celle parole, et me deffendoie plus hardiment contre ceulz qui m'assailloient. En appelle les paisans du païs, poulains. Si me manda monseigneur Pierre d'Avalon, que je me deffendisse vers ceulz qui m'apeloient poulain, et leur deïsse que j'amoie miex estre poulain que roncin recreu, aussi comme il estoient.

219. A l'autre dymanche revenimes touz devant le Roy ; et quant le Roy vit que nous feusmes touz venus, si seigna sa bouche et nous dit ainsi (après ce que il ot appelé l'aide du Saint-Esprit, si comme je l'en tent : car madame ma mere me dit que toute foiz que je voudroie dire aucune chose, que je appelasse l'aide du Saint-Esprit et que seignasse ma bouche). La parole le Roy fu telle : « Seigneurs, fist-il, je vous merci » moult à touz ceux qui m'ont loé m'alée en » France, et si rens graces aussi à ceulz qui » m'ont loé ma demourée ; mès je me suis avisé » que se je demeure, je n'i voy point de péril » que mon royaume se perde, car madame la » Royne a bien gent pour le deffendre ; et ai re- » gardé aussi que les Barons de cest païs pais » se je m'en voiz, que le royaume de Jerusalem » est perdu, que nulz n'i osera demourer après

armée de croisés vint au pays pour délivrer les prisonniers, suivant en cela le conseil que le sire de Boulaincourt m'avoit donné. Pendant que j'étois là, le roi se vint appuyer sur mes épaules et me tint ses deux mains sur la tête ; je crus que c'étoit monseigneur Philippe de Nemours, qui trop d'ennui m'avoit fait dans le jour, pour le conseil que je lui avois donné, et je dis : « Laissez- » moi en paix, monseigneur Philippe. » Par malaventure, en tournant la tête, la main du roi me tomba sur le visage, et je connus que c'étoit le roi, à une émeraude qu'il avoit à son doigt, et il me dit : « Tenez-vous tout coi, car je vous veux » demander comment avez été si hardi, » vous qui êtes un jeune homme, que d'oser me » conseiller de demeurer, contre l'avis de tous » les grands personnages et les sages de France » qui me conseillent de m'en aller. — Sire, ré- » pondis-je, je tenois en moi-même ce départ pour » mauvais, ainsi, je ne vous en conseillerois en au- » cune manière.—Dites-vous, reprit le roi, que je » ferois mal, si je m'en allois ?—St Dieu m'as- » siste, Sire, répartis-je, oui ; et il me dit : —Si je » demeure, demeurerez-vous ? — Et je lui dis que » oui, fût-ce à mes dépens ou aux dépens d'au- » trui.—Or, soyez tout aise, dit-il, car je vous sais » moult bon gré de ce que vous m'avez conseillé ; » mais ne le dites à personne de toute la semaine.» Je fus plus aise de cette parole, et me défendis plus hardiment contre ceux qui m'assailloient. On appeloit poulains les gens du pays. Messire Pierre d'Avallon, qui demeuroit à Sur, ayant ouï dire qu'on m'appeloit poulain, parce que j'avois conseillé au roi de rester avec les poulains, me manda que je me défendisse contre ceux qui m'appeloient poulain, et que je leur disse que j'aimois mieux être poulain que ronsin recru*, comme ils l'étoient.

219. A l'autre dimanche, nous revînmes tous devant le roi, et quand le roi vit que nous étions tous venus, il fit le signe de la croix sur sa bouche, et nous dit ainsi (après qu'il eut appelé l'aide du Saint-Esprit, car madame sa mère lui avoit recommandé que toutes les fois qu'il voudroit dire aucunes choses en conseil, il appelât l'aide du Saint-Esprit et se signât la bouche) : « Sei- » gneurs, je remercie tous ceux qui m'ont » conseillé d'aller en France, et je rends grâ- » ces aussi à ceux qui m'ont conseillé de demeu- » rer. Mais je me suis avisé que si je demeure » je n'y vois point de péril que mon royaume ne » perde, car madame la reine a bien gens pour » le défendre. J'ai aussi considéré que les barons » de ce pays disent que si je m'en vais le royaume » de Jérusalem est perdu, que nul n'y osera de- » meurer après moi. Ainsi j'ai pensé que je ne » devois en aucune manière laisser le royaume de » Jérusalem que je suis venu pour garder et con- » quérir ; telle est ma résolution que je demeure- » rai comme je fais à présent. Ainsi, vous dis-je, » à vous riches hommes qui êtes ici, et à vous tous

* Cheval vaincu ou chevalier qui s'avoue vaincu.

HISTOIRE DE SAINT LOUIS.

« moy. Si ai regardé que à nul feur je ne lèroie
» le royaume de Jerusalem perdre, lequel je sui
» venu pour garder et pour conquerre; si est
» mon conseil tel que je sui demouré comme à
» orendroit. Si dis-je à vous, riches hommes que
» ci estes, et à touz autres chevaliers qui vour-
» ront demeurer avec moy, que vous veignez
» parler à moi hardiement; et je vous donrai
» tant, que la coulpe n'iert pas moie, mès vostre,
» se vous ne voulez demourer. » Moult en y ot
qui oirent ceste parole, qui furent esbahiz; et
moult en y ot qui plorerent.

220. Le Roy ordena, si comme l'en di, que
ses freres retournerent en France. Je ne sai se
ce fu à leur requeste, ou par la volenté du Roy.
Ceste parole que le Roy dit de sa demourée, ce
fu entour la saint Jehan. Or avint ainsi que le
jour de la saint Jaque, quel pelerin je estoie et
qui maint biens m'avoit fait, le Roy fu revenu
en sa chambre de la messe, et appela son Conseil, qui estoit demouré avec li; c'est à savoir,
monseigneur Pierre le Chamberlain qui fut le
plus loial homme et le plus droiturier que je
veisse onques en hostel de Roy; monseigneur
Geffroy de Sergines le bon chevalier et le preudomme, monseigneur Giles le Brun, et bon che-

valier et preudomme, cui li Roys avoit donné la
connestablie de France après la mort monseigneur Hymbert de Biaujeu le preudomme. A
ceulz parla le Roy en tel maniere tout haut,
aussi comme en couroussant : « Seigneurs, il a
» jà un an que l'en seet ma demourée, ne je
» n'ai encore oy nouvelles que vous m'aiés re-
» tenu nulz chevaliers. Sire, firent-il, nous n'en
» poons mais, car chascun se fait si chier, pour-
» ce que ils s'en velent aler en leur païs, que nous
» ne leur oserions donner ce que il demandent.
» Et qui, fist li Roys, trouverrés à meilleur mar-
» ché? Certes, Sire, firent-il, le Seneschal de
» Champaigne; mès nous ne li oserions donner
» ce qu'il demande. » Je estoie enmi la chambre
le Roy, et oy ces paroles. Lors dit le Roy :
« Appelez-moy le Seneschal. » Je alai à li et
m'agenoillé devant li; et il me fist séoir, et me
dit ainsi : « Seneschal, vous savés que je vous
» ai moult amé, et ma gent me dient que il vous
» treuvent dur; comment est-ce? Sire, fiz-je, je
» n'en puis maiz; car vous savez que je fu pris
» en l'yaue, et ne me demoura onques riens que
» je ne perdisse tout ce que j'avoie. » Et il me
demanda que je demandoie; et je dis que je demandoie deux mille livres jusques à Pasques,

◇◇◇

» autres chevaliers qui voudrez demeurer avec
» moi, que vous me veniez parler hardiment, et
» je vous donnerai tant que la faute ne sera pas
» la mienne, mais la vôtre, si vous ne voulez
» demeurer; et je vous dis que tout ce que j'aurai
» n'est pas mien, mais vôtre tant que je vivrai,
» et ceux qui ne voudront demeurer en fassent à
» leur volonté. » Moult y en eut de ceux qui
ouïrent ces paroles, qui furent ébahis, et moult
y en eut qui pleurèrent.

220. Le roi ordonna, à ce que l'on dit, que ses
frères retourneroient en France. Je ne sais si ce
fut à leur requête ou par la volonté du roi. Ce
discours, que le roi tint sur son séjour, fut vers
la saint Jean. Or, il advint que le jour de la saint
Jacques, dont j'étois pélerin, et qui m'avoit fait
beaucoup de bien, le roi étant revenu de la messe
dans sa chambre, appela son conseil de ceux qui
étoient demeurés avec lui. C'est à savoir monseigneur Pierre le chambellan, qui fut le plus
loyal homme et le plus droiturier que je visse
onques en l'hôtel du roi; monseigneur Geoffroy
de Sargines, le bon chevalier et prud'homme; monseigneur Gilles-le-Brun, et bon chevalier et pru-
d'homme, à qui le roi avoit donné la connétablie
de France après la mort de monseigneur Imbert

◇◇◇

de Beaujeu, le prud'homme. Le roi leur parla tout
haut et comme en courroux de telle manière :
« Seigneurs, il y a déjà un mois que l'on sait que
» je reste ici, et je n'ai encore ouï nouvelles que
» vous m'ayez retenu aucuns chevaliers. — Sire,
» répondirent-ils, nous n'en pouvons mais, car cha-
» cun se fait si cher, parce qu'ils s'en veulent aler
» dans leur pays, que nous ne leur oserions donner
» ce qu'ils demandent.—Et qui, reprit le roi, trou-
» verez-vous à meilleur marché*?—Certes, Sire,
» dirent-ils, le sénéchal de Champagne; mais
» nous ne lui oserions donner ce qu'il demande. »
J'étois dans la chambre du roi, et j'ouïs ces paroles. Lors dit le roi : « Appelez-moi le sénéchal. »
J'allai à lui et m'agenouillai devant lui, et il me
fit asseoir et me parla ainsi : « Sénéchal, vous
» savez que je vous ai moult aimé, et mes gens
» me disent qu'ils vous trouvent dur. Pourquoi
» cela?—Sire, repris-je, je n'en puis mais; car vous
» savez que je fus pris sur l'eau, et il ne me de-
» meura onques rien; je perdis tout ce que j'a-
» vois. » Et le roi me demanda ce que je voulois,
et je dis que je demandois deux mille livres jusqu'à Pâques, pour les deux parts de l'année. « Or,
» dites-moi, reprit-il, avez-vous engagé quelques
» chevaliers? et je dis : oui; monseigneur Pierre de

---

* Pierre de Rieux, Mesnard et Ducange racontent différemment cette conversation, dans laquelle les conseillers du roi semblent accuser Joinville d'être trop exigeant, et cela parce qu'il avait conseillé au roi de rester en Palestine. Dans l'édition du Louvre, au contraire,
Joinville est présenté comme le moins exigeant, mais
comme demandant encore trop, pour qu'on pût le satisfaire.

pour les deux pars de l'année. « Or me dites, » fist-il, avez-vous barguigné nulz chevaliers? » Et je dis, oyl; monseigneur Pierre de Pont- » molain li tiers à baniere, qui coustent quatre » cens livres jusques à Pasque. » Et il conta par ses doiz. « Ce sont, fist-il, douze cens livres que » vos nouviaus chevaliers cousteront. Or regar- » dez, Sire, fiz-je, se il me couvendra bien huit » cens livres pour moy monter et pour moy ar- » mer, et pour mes chevaliers donner à manger; » car vous ne voulés pas que nous mangiens en » vostre ostel. Lors dit à sa gent : Vraiment, » fist-il, je ne voi ci point d'outrage ; et je vous » retiens, fist-il à moy. »

221. Après ces choses atirerent les freres au Roy leur navie, et les autres riches homes qui estoient en Acre. Au partir que il firent d'Acre, le conte de Poitiers empronta joiaus à ceulz qui r'alerent en France ; et à nous qui demourames en donna bien et largement. Moult me prierent l'un frere et l'autre que je me preisse garde du Roy, et me disoient que il n'i demouroit nulli en qui il s'attendissent tant. Quant le conte d'Anjou vit que requeillir le couvendroit en la nef, il mena tel deul que touz s'en mer- veillerent ; et toute voiz s'en vint-il en France.

222. Il ne tarda pas grandement après ce que les freres le Roy furent partis d'Acre, que les messages l'empereur Ferri vindrent au Roy et li aporterent lettre de créance, et dirent au Roy que l'empereur les avoit envoiés pour nostre dé- livrance. Au Roy moustrerent lettres que l'Em- pereur envoioit au Soudanc qui mort estoit ; ce que l'Empereur ne cuidoit pas; et li mandoit l'Empereur que il creust ses messages de la dé- livrance le Roy. Moult de gens distrent que il ne nous feust pas mestier que les messages nous eussent trouvez en la prison ; car l'en cuidoit que l'Empereur eust envoié ses messages, plus pour nous encombrer que pour délivrer. Les messages nous trouverent delivrés ; si s'en alerent.

223. Tandis que le Roy étoit en Acre, en- voia le Soudanc de Damas ses messages au Roy, et se plaint moult à li des Amiraus de Egypte, qui avoient son cousin le Soudanc tué ; et pro- mist au Roy que se il li vouloit aidier, que il li deliverroit le royaume de Jerusalem qui es- toit en sa main. Le Roy ot conseil que il feroit response au Soudanc de Damas par ses messages propres, lesquiex il envoya au Soudanc. Avec les messages qui là alerent, ala freres Yvès le Breton de l'ordre des Freres preescheurs, qui savoit le sarrazinnois. Tandis que il aloient de leur hostel à l'ostel du Soudanc, frere Yvès vit une femme vieille qui traversoit parmi la rue,

◇◇◇

» Pommolain, lui troisième à bannières, qui coûtent » quatre cents livres jusques à Pâques. » Et le roi compta par ses doigts. « Ce sont, dit-il, douze cents » livres que vos nouveaux chevaliers coûteront. —Or, regardez, Sire, repris-je, s'il ne me faudra » pas bien huit cents livres pour me monter et m'ar- » mer, et pour donner à manger à mes chevaliers; » car vous ne voulez pas que nous mangions en vo- » tre hôtel.—Lors il dit à ses gens : vraiment je ne » vois rien d'outré, et je vous retiens, me dit-il. »

221. [Après ces choses, les frères du roi prépa- rèrent leur flotte ainsi que les autres riches hom- mes qui étoient à Acre. A leur départ, le comte de Poitiers emprunta des joyaux à ceux qui s'en re- tournoient en France, et nous en donna à nous qui demourâmes, bien et largement. L'un et l'autre frères me prièrent fort que je prisse garde au roi, et ils me disoient qu'il ne restoit personne en qui ils eussent tant de confiance. Quand le comte d'Anjou vit qu'il falloit s'embarquer, il en eut un tel deuil que tous s'en émerveillèrent, et toute- fois s'en vint-il en France.]

222. Il ne tarda guère après le départ des frè- res du roi, que des messagers de l'empereur Fré- déric vinssent trouver le roi, lui apportant des lettres de créance. Ils dirent au roi que l'empe- reur les avoit envoyés pour notre délivrance; ils lui montrèrent des lettres que l'empereur écrivoit au soudan qui étoit mort, ce que l'empereur ne savoit pas, et l'empereur lui mandoit qu'il prît confiance en ses messagers, touchant la délivrance du roi. Moult de gens dirent qu'il ne nous eût pas été bon que les messagers nous eussent trouvés en prison, car on croyoit que l'empereur les avoit en- voyés plus pour multiplier les obstacles que pour nous délivrer. Les messagers nous trouvant libres, s'en allèrent.

223. Tandis que le roi étoit à Acre, le soudan de Damas lui envoya des messagers ; il se plaignit moult à lui des émirs d'Egypte qui avoient tué son cousin le soudan, et promit au roi que s'il vouloit l'aider il lui livreroit le royaume de Jéru- salem, qui étoit en sa main. Le roi décida qu'il feroit réponse au soudan de Damas par ses pro- pres messagers. Avec ces messagers alla frère Ives le Breton de l'ordre des frères prêcheurs, qui sa- voit le sarrasinois. Pendant leur séjour à Damas, comme ils alloient de leur hôtel à l'hôtel du soudan, frère Ives vit une vieille femme qui traversoit la rue, et portoit en sa main droite un vase rempli de feu, et en la gauche une fiole pleine d'eau. Frère Ives lui demanda : « Que veux-tu faire de cela ? » Elle lui répondit qu'elle vouloit avec le feu brûler le paradis et avec l'eau éteindre l'enfer, pour que jamais il n'en fût point, et il lui demanda : « Pour- » quoi veux-tu faire ainsi ? — Parce que je veux, » reprit-elle, que nul ne fasse jamais le bien pour » avoir récompense du paradis, ni par la peur de

et portoit en sa main destre une escuellée pleinne de feu, et en la senestre une phiole pleinne d'yaue. Frere Yves lui demanda : « Que veus-tu » de ce faire? » Elle li respondi qu'elle vouloit du feu ardoir paradis, et de l'yaue esteindre enfer, que jamèz n'en feust point. Et il li demanda : « Pourquoy veus-tu ce faire? —Pource » que je ne veil que nulz face jamès bien pour » la guerredon de paradis avoir, ne pour la » poour d'enfer; mèz proprement pour l'amour » de Dieu avoir qui tant vaut et qui tout le bien » nous peut faire. »

224. Jehan li Ermin, qui estoit artillier le Roy, ala lors à Damas pour acheter cornes et glus pour faire arbalestres, et vit un vieil home moult ancien séoir sur les estaus de Damas. Ce viel home l'appela et li demanda se il estoit crestien; et il li dit, oyl. Et il li dit : « Moult » vous devez haïr entre vous crestiens, que j'ai » veu tele foiz que le Roy Baudoin de Jérusalem, » qui fu mézéaus, desconfit Salehadin et n'avoit » que trois cens homes à armes, et Salehadin » trois milliers : or estes tel mené par vos » péchiés, que nous vous prenons aval les chans » comme bestes. » Lors li dit Jehan l'Ermin que il se devoit bien taire des pechiez aus Crestiens, pour les pechiez que les Sarrazins fesoient, qui moult sont plus grant. Et le Sarrazin respondi

que folement avoit respondu. Et Jehan li demanda pourquoi. Et il li dit que il li diroit; mès il li feroit avant une demande, et li demanda se il avoit nul enfant : et il li dit, oyl, un fils. Et il li demanda duquel il lui anuieroit plus, se en li donnoit une bufe ou à son filz : et il li dit que il seroit plus courocié de son filz se il le feroit, que de li. « Or te faiz, dit le Sarrazin, ma » response en tele maniere : que entre vous cres- » tiens estes filz de Dieu, et de son nom de » Crist estes appelez Crestians ; et tele courtoisie » vous fet que il vous a baillez enseigneur, par- » quoy vous congnoissiés quant vous faites le » bien et quant vous faites le mal : dont Dieu » vous sceit pire gré d'un petit péché, quant vous » le faites, que il ne fait à nous d'un grant, qui » n'en cognoissons point, et qui sommes aveugles » que nous cuidons estre ouite de touz nos pe- » chiez, se nous nous poons laver en yaue avant » ne mourriens, pource que Mahommet » nous dit à la mort que par yaue serions sauf. »

225. Jehan l'Ermin estoit en ma compaignie, puis que je reving d'outremer que je m'en aloie à Paris. Aussi comme nous mangions ou pavillon, une grande tourbe de poures gens nous demandoient pour Dieu et fesoient grant noise. Un de nos gens qui là estoit, commanda et dit à un de nos vallés : « Lieu sus et chace hors ses poures.

◇◇◇

» l'enfer, mais proprement pour l'amour de Dieu, » qui tant vaut et qui peut nous faire tout le bien. »

224. [Jean l'Ermin, qui étoit artillier du roi, alla lors à Damas pour acheter de la corne et de la colle pour faire des arbalètes, et vit un vieil homme moult ancien assis sur les étaux de Damas. Ce vieil homme l'appela et lui demanda s'il étoit chrétien, et il lui dit : oui ; et le vieillard lui dit : « Moult vous devez vous haïr entre chrétiens, car » j'ai vu une fois que le roi Baudouin de Jérusa- » lem, qui fut lépreux, déconfit Saladin, et il » n'avoit que trois cents hommes d'armes, et Sa- » ladin trois mille. Maintenant vous êtes telle- » ment menés par vos péchés que nous vous pre- » nons en descendant les champs comme des bê- » tes. » Lors Jean l'Ermin lui dit qu'il devoit bien se taire sur les péchés des chrétiens, à cause des péchés que faisoient les Sarrasins, qui moult sont plus grands. Et le Sarrasin répondit qu'il avoit follement répondu, et Jean lui demanda pourquoi, et le Sarrasin dit qu'il le lui diroit, mais qu'il lui feroit avant une demande, et il lui demanda s'il n'avoit point d'enfants, et Jean lui dit : oui, un fils. Et, il lui demanda de quoi il souffriroit plus si on lui donnoit un soufflet ou à son fils, et Jean lui dit qu'il seroit plus courroucé si on frappoit son fils que lui. « Or tu fais, dit le Sarrazin, » ma réponse de cette manière : entre vous chré- » tiens vous êtes fils de Dieu, et de son nom de

◇◇◇

» Christ, vous êtes appelés chrétiens; et telle » courtoisie vous fait qu'il vous a baillé des doc- » teurs par lesquels vous connoissez quand vous » faites le bien et quand vous faites le mal, et » pour cela Dieu vous sait pire gré d'un petit pé- » ché, quand vous le faites, qu'il ne nous sait à » nous d'un grand, qui sommes ignorants et qui » sommes si aveuglés que nous croyons être » quittes de toutes nos fautes si nous nous pouvons » laver dans l'eau avant de mourir, parce que » Mahomet nous dit qu'à la mort, par l'eau nous » serions sauvés *. »]

225. [Jean l'Ermin étoit en ma compagnie lorsque je revins d'outre-mer et que je m'en allois à Paris. Comme nous maugions au pavillon, une grande troupe de pauvres vinrent nous demander pour l'amour de Dieu et faisoient grand bruit. Un chevalier qui étoit là dit à un de nos valets : « Chasse dehors ces pauvres. —Ah ! dit Jean » l'Ermin, vous avez mal parlé ; car si le roi de » France nous envoyoit maintenant par ses mes- » sagers, à chacun cent marcs d'argent, nous ne » les chasserions pas dehors, et vous chassez ces » envoyés qui vous offrent de vous donner tout ce » que l'on peut donner ; c'est à savoir qu'ils vous » demandent que vous leur donniez pour Dieu,

---

* Ce fait et le suivant sont omis dans les autres édi- tions.

» A! fist Jehan l'Ermin, vous avez trop mal dit ; car se le Roy de France nous envoioit maintenant par ses messages à chascun cent mars d'argent, nous ne les chacerions pas hors et vous chassiés ceulz envoié qui vous offrent qui vous dourront quanque l'en vous peut donner ; c'est à savoir que il vous demandent que vous leur donnez pour Dieu ; c'est à entendre que vous leur donnez du vostre et ils vous dourront Dieu : et Dieu le dit de sa bouche, que il ot pouoir de li donner à nous ; et dient les Sainz, que les poures nous peuvent acorder à li, en tel maniere que ainsi comme l'yaue esteint le feu, l'aumosne esteint le péché. Si ne vous avieigne jamès, dist Jehan, que vous chaciés les poures ensus ; mès donnés leur, et Dieu vous donra. »

226. Tandis que le Roy demouroit en Acre, vindrent les messages au Vieil de la Montaingne à li. Quant le Roy revint de sa messe, il les fist venir devant li. Le Roy les fist asseoir en tel maniere, que il y avoit un Amiral devant, bien vestu et bien atourné, et darieres son Amiral avoit un Bacheler bien atourné, qui tenoit trois coutiaus en son poing, dont l'un entroit ou manche de l'autre ; pource que se l'amiral eust été refusé, il eust présenté au Roy ces trois coutiaus pour li deffier. Dariere celi qui tenoit les trois coutiaus, avoit un autre qui tenoit un bouqueran entortcillé entour son bras, que il eust aussi présenté au Roy pour li ensevelir, se il eust refusée la requeste au Vieil de la Montaigne.

227. Le Roy dit à l'Amiral que il li deist sa volenté ; et l'Amiral li bailla unes lettres de créance, et dit ainsi : « Mes Sire envoie à vous » demander se vous le cognoissiés. » Et le Roy respondit que il ne le congnoissoit point, car il ne l'avoit onques veu ; mès il avoit bien oy parler de li. « Et quant vous avez oy parler de » mon Seigneur, je me merveille moult que » vous ne li avez envoié tant du vostre, que » vous l'eussiez retenu à ami, aussi comme » l'empereur d'Almaingne, le roy de Honguerie, » le soudane de Babiloinne et les autres li font » touz les ans, pource que il sont certeins que » ils ne peuent vivre mès que tant comme il » plèra à mon Seigneur ; et se ce ne vous plèt à » faire, si le faites acquiter du treu que il doit » à l'Ospital et au Temple, et il se tendra apaié » de vous. » Au Temple et à l'Ospital il rendoit lors treu, pource que il ne doutoient riens les Assacis, pource que le Vieil de la Montaingne n'i peût riens gaaigner si il fesoit tuer le Mestre du Temple ou de l'Ospital ; car il savoit bien que se il en feist un tuer, l'en y remeist tantost un autre aussi bon ; et pour ce ne vouloit-il pas perdre les Assacis en lieu là où il ne peut riens gaaingner. Le Roy respondi à l'Amiral, que il venist à la relevée.

⋄⋄⋄

» c'est-à-dire que vous leur donniez du vôtre et ils » vous donneront Dieu. Et Dieu a dit de sa bou- » che que lui-même peut nous être donné par la » main des pauvres ; et les saints disent encore que » les pauvres nous peuvent accorder avec lui, car » de la même manière que l'eau éteint le feu, » l'aumône éteint le péché. Ainsi qu'il ne vous » arrive jamais, dit Jean, de chasser les pauvres ; » mais donnez-leur, et Dieu vous donnera. »]

226. Tandis que le roi demouroit à Acre, les messagers du Vieux de la Montagne vinrent à lui. Quand le roi revint de sa messe il les fit venir devant lui ; il les fit asseoir de manière qu'il y avoit un émir devant, bien vêtu et bien paré, et derrière l'émir il y avoit un bachelier aussi bien paré qui tenoit trois couteaux à son poing, dont l'un entroit au manche de l'autre, pour que, si l'émir eût été refusé, il eût présenté au roi ces trois couteaux pour le défier. Derrière celui qui tenoit les trois couteaux, il y en avoit un autre qui tenoit une pièce de toile de coton très-fine, entortillée autour de son bras, qu'il eût aussi présentée au roi pour l'ensevelir, s'il eût refusé la requête du Vieux de la Montagne.

227. Le roi dit à l'émir qu'il dit ce qu'il vouloit, et l'émir lui bailla une lettre de créance, et dit ainsi : « Mon Seigneur envoie vous demander » si vous le connoissez. Et le Roi répondit qu'il » ne le connoissoit point, car il ne l'avoit oncques » vu, mais qu'il avoit bien ouï parler de lui. « Et » puisque vous avez ouï parler de lui, reprit l'é- » mir, je m'étonne moult que vous ne lui ayez » envoyé tant du vôtre que vous l'eussiez eu pour » ami, comme l'empereur d'Allemagne, le roi de » Hongrie, le soudan de Babylone et les autres lui » font tous les ans, parce qu'ils sont certains qu'ils » ne peuvent vivre qu'autant qu'il plaira à mon » Seigneur. Et s'il ne vous plaît ainsi faire, » faites-le acquitter du tribut qu'il doit à l'Hô- » pital et au Temple, et il se tiendra payé de » vous. » Le Vieux de la Montagne payoit alors tribut au Temple et à l'Hôpital, parce qu'ils ne redoutoient point les *Hassassis*, vu que le Vieux de la Montagne ne pouvoit rien gagner s'il faisoit tuer le maître du Temple ou de l'Hôpital ; car il savoit bien que s'il en faisoit tuer un on en remettroit un autre aussi bon, et pour cela ne vouloit-il pas perdre les Hassassis là où il ne pouvoit rien gagner. Le roi répondit à l'émir qu'il vînt dans l'après-dîné [*].

[*] Voyez dans l'*Histoire des Croisades*, t. II, pièces justificatives, une lettre de M. Jourdain sur le Vieux de la Montagne.

228. Quant l'Amiral fu revenu, il trouva que le Roy séoit en tele maniere, que le Mestre de l'Ospital li estoit d'une part, et le Mestre du Temple d'autre. Lors li dit le Roy, que il li redeist ce que il li avoit dit au matin; et li dit que il n'avoit pas conseil du redire, mèz que devant ceulz qui estoient au matin avec le Roy. Lors li ditrent les deux Mestres : « Nous vous » commandons que vous le dites. » Et il leur dit que il leur diroit puisque il le commandoient. Lors firent dire les deux Mestres, en sarrazinnois, que il venist lendemain parler à eulz en l'Ospital; et il si fist.

229. Lors li firent dire les deux mestres, que moult estoit hardi leur seigneur, quant il avoit osé mander au Roy si dures paroles; et li firent dire, que ce ne feust pour l'amour du Roy en quel message il estoient venus, que ils les feissent noier en l'orde mer d'Acre, en despit de leur Seigneur : « Et vous comman- » dons que vous en r'alez vers vostre Seigneur, » et dedens quinzainne vous soiés ci-arriere, » et apportez au Roy tiex lettres et tiex joiaus » de par vostre Seigneur, dont le Roy se » tieingne apaiez et que il vous en sache bon » gré. »

230. Dedans la quinzeinne revindrent les messages le Vieil en Acre, et apporterent au Roy la chemise du Vieil, et distrent au Roy de par le Roy que c'estoit sénefiance que aussi comme la chemise est plus près du cors que nul autre vestement, aussi veult le Viex tenir le Roy plus près à amour que nul autre roy. Et il li envoia son anel, qui estoit de moult fin or, là où son nom estoit escript, et li manda que par son anel respousoit-il le Roy; que il vouloit que dès lors en avant feussent tout un. Entre les autres joiaus que il envoia au Roy, li envoi un oliphant de cristal moult bien fait, et une beste que l'en appelle orafle de cristal, aussi pomes de diverses manieres de cristal, et jeuz de tables et de eschez; et toutes ces choses estoient fleuretées de ambre, et estoient l'ambre lié sur le cristal à beles vignetes de bon or fin. Et sachiez que sitost comme les messages ouvrirent leur escrins là où ces choses estoient, il sembla que toute la chambre feust embausmée, si souef fleroient.

231. Le Roy renvoia ces messages au Vieil, et li renvoia grant foison de joiaus, escarlates, coupes d'or et frains d'argent; et avec les messages y envoia frere Yves le Breton, qui savoit le sarrazinnois; et trouva que le Vieil de la Montaingne ne créoit pas en Mahommet, ain-

◇◇◇

228. Quand l'émir fut revenu il trouva que le roi siégeoit de telle manière que le maître de l'Hôpital étoit à un de ses côtés et le maître du Temple à l'autre. Lors le roi lui dit de répéter ce qu'il avoit dit au matin, et l'émir répondit qu'il n'avoit intention de le redire que devant ceux qui étoient au matin avec le roi. Lors les deux maîtres parlèrent ainsi : « Nous vous commandons de le dire. » Et l'émir répondit qu'il le leur diroit puisqu'ils le commandoient. Les deux maîtres lui firent dire alors en sarrasinois qu'il vînt le lendemain parler à l'Hôpital, et ainsi fit-il.

229. Lors les deux maîtres lui dirent que leur seigneur étoit moult hardi, quand il avoit osé mander au roi si dures paroles et, que n'étoit par amour du roi auprès duquel ils étoient venus en qualité d'envoyés, ils le feroient noyer dans la sale mer d'Acre, en dépit de leur seigneur. « Et » vous commandons, ajoutèrent-ils, que vous re- » tourniez vers votre seigneur et reveniez dans la » quinzaine et apportiez au roi, de la part de votre » seigneur, telles lettres et tels joyaux qu'il se » tienne apaisé et vous en sache bon gré. »

230. Dans la quinzaine les messagers du Vieux de la Montagne revinrent à Acre et apportèrent la chemise de leur seigneur au roi, et lui dirent, de la part de leur sire, que c'étoit pour signifier que de même que la chemise est plus près du corps que nul autre vêtement, de même le Vieux de la Montagne vouloit tenir le roi plus près de son amour que nul autre roi; et il lui envoyoit en même temps son anneau qui étoit d'or moult fin, là où son nom étoit écrit, et lui mandaque, par son anneau, épousoit-il le roi, et vouloit que dès-lors en avant ils fussent tout un. Entre les autres présents qu'il faisoit au roi, il lui envoyoit un éléphant de cristal moult bien fait et une bête que l'on appelle girafe aussi de cristal, et fruits [*] de diverses espèces en cristal, jeux de table et échecs [**], et toutes ces choses étoient fleuretées d'ambre, et l'ambre étoit appliqué sur le cristal avec belles vignettes de bon or fin. Et sachez que, sitôt que les messagers ouvrirent leurs écrins où étoient ces choses, il sembla que toute la chambre fut embaumée, tant l'odeur en étoit suave.

231. Le roi renvoya ces messagers au Vieux de la Montagne, et lui envoya grand'foison de joyaux, écarlates, coupes d'or et freins d'argent; et avec les messagers envoya frère Yves le Breton qui savoit le sarrasinois; et frère Ives trouva

---

[*] Nous avons vu de ces fruits en cristal chez les émirs et les grands personnages du Liban.

[**] L'échiquier dont il est ici question s'est conservé jusqu'au temps présent; les amateurs peuvent le voir aujourd'hui dans le magnifique cabinet de M. de Sommerard. Nous en avons parlé dans notre *Correspondance d'Orient*, tom. VII.

çois créoit en la loy de Haali, qui fu oncle Mahommet. Ce Haali mist Mahommet en l'onneur là où il fu; et quant Mahommet se fu mis en la seigneurie du peuple, si desputa son oncle et l'esloingna de li; et Haali, quant il vit ce, si traït à li du peuple ce que il pot avoir, et leur aprist une autre créance que à Mahommet n'avoit enseignée : dont encore il est ainsi, que touz ceulz qui croient en la loy Haali, dient que ceux qui croient en la loy Mahommet, sont mescréant; et aussi touz ceulz qui croient en la loy Mahommet, disent que touz ceulz qui croient en la loy Haali sont mescréant.

232. L'un des poins de la loy Haali est, que quant un homme se fait tuer pour faire le commandement son seigneur, que l'ame de li en va en plus aisié cors qu'elle n'estoit devant; et pour ce ne font force li Assacis d'eulz fère tuer, quant le seigneur leur commande, pource que il croient que il seront assez plus aise quant il seront mors, que il n'estoient devant.

233. L'autre point si est tel, que il ne croient que nulz ne peut mourir que jeusques au jour que il li est jugé; et ce ne doit nulz croire, car Dieu a pooir d'alongier nos vies et d'acourcir. Et en cesti point croient les Beduyns, et pour ce ne se veulent armer quant il vount ès batailles, car il cuideroient faire contre le commandement de leur loy ; et quant il maudient leur enfans, si leur dient ainsi : « Maudit » soies-tu comme le Franc, qui s'arme pour » paour de mort. »

234. Frere Yves trouva un livre au chevès du lit au Vieil, là où il avoit escript pluseurs paroles que Nostre Seigneur dit à Saint Père, quant il aloit par terre. Et frere Yves li dit : « Ha pour Dieu, sire, lisiés souvent ce livre, » car ce sont trop bones paroles. » Et il dit que si fesoit-il : « car j'ai moult chier monseigneur » Saint Père; car en l'encommencement du » monde l'ame de Abel, quant il fu tué, vint » ou cors de Noë; et quant Noë fu mort, si » revint ou cors de Habraham, et du cors Ha- » braham, quant il morut, vint au cors Saint » Pierre quant Dieu vint en terre. » Quant frere Yves oy ce, il li monstra que sa créance n'estoit pas bonne, et li enseigna moult de bones paroles : mès il ne le volt croire; et ces choses moustra frere Yves au Roy, quant il fu revenu à nous. Quant le Viex chevauchoit, il avoit un crieur devant li qui portoit une hache danoise à lonc manche tout couvert d'argent, à tout plein de coutiaus ferus ou manche, et crioit : « Tournez-vous de devant » celi qui porte la mort des Roys entre ses » mains. »

235. Je vous avoie oublié de dire la responsse

◇◇◇

que le Vieux de la Montagne ne croyoit point en Mahomet, mais en la loi d'Ali qui fut oncle de Mahomet. Cet Ali mit Mahomet en honneur là où il fut, et quand Mahomet se fut mis en la seigneurie du peuple, il méprisa son oncle et l'éloigna de lui, et Ali, quand il vit cela, attira à lui ce qu'il put avoir du peuple, et lui enseigna une autre croyance que Mahomet n'avoit point enseignée. D'où il est advenu que tous ceux qui croient en la loi d'Ali, disent que ceux qui croient en la loi de Mahomet sont mécréants, et tous ceux qui croient en la loi de Mahomet, disent que tous ceux qui croient en la loi d'Ali sont mécréants.

232. L'un des points de la loi d'Ali est que, quand un homme se fait tuer pour faire le commandement de son seigneur, son âme s'en va dans un corps plus heureux qu'elle n'étoit avant, et pour cela, les *Hassassis* n'hésitent point à se faire tuer, quand leur seigneur leur commande, parce qu'ils croient qu'ils seront plus heureux, quand ils seront morts, qu'ils n'étoient devant.

233. L'autre point est tel qu'ils croient que nul ne peut mourir qu'au jour qui lui est déterminé ; et cela, nul ne doit croire, car Dieu a pouvoir d'allonger ou d'accourcir nos vies. Les Bédouins croient en ce point, et c'est pour cela qu'ils ne se veulent armer quand ils vont aux batailles, car ils croiroient faire contre le commandement de leur loi ; et quand ils maudissent leurs enfants, ils leur disent ainsi : Maudis sois-tu comme le Franc qui s'arme par peur de mort.

234. Frère Ives trouva au chevet du lit du Vieux de la Montagne un livre là où il y avoit écrit plusieurs paroles que notre Seigneur dit à saint Pierre, quand il étoit sur terre; et frère Ives lui dit : « Ha, pour Dieu, sire, lisez souvent » ce livre, car ce sont trop bonnes paroles. » Et le Vieux dit qu'ainsi faisoit-il, « car, dit-il, j'aime moult » monseigneur saint Pierre. Dès le commencement » du monde, l'âme d'Abel, quand il fut tué, vint au » corps de Noë, et quand Noë fut mort, elle vint au » corps d'Abraham, et du corps d'Abraham, quand » il mourut, vint au corps de saint Pierre, au temps » où Dieu vint en terre. » Quand frère Ives eut entendu cela, il lui montra que sa croyance n'étoit pas bonne, et lui enseigna moult de bonnes paroles ; mais le Vieux ne le voulut croire ; et frère Ives raconta ces choses au roi, quand il fut revenu à nous. Quand le Vieux chevauchoit, il avoit devant lui un crieur qui portoit une hache danoise à long manche tout couvert d'argent et tout plein de couteaux qui y étoient fichés, et il crioit : « Dé- » tournez-vous de celui qui porte la mort des rois » entre ses mains. »

que le Roy fist au soudanc de Damas, qui fu tele : que il n'avoit conseil d'aler à li, jusques à tant que il sceust se les Amiraus de Egypte li acorderoient sa trève que il avoient rompue, et que il envoieroit à eulz ; et se il ne vouloient adrecier la trève que il li avoient rompue, il li aideroit à venger volentiers de son cousin le soudane de Babiloine, que il li avoient tué.

236. Tandis que le Roy estoit en Acre, il envoia monseigneur Jehan de Valenciennes en Egypte, lequel requist aus Amiraus, que les outrages que il avoient faiz au Roy et les doumages, que il les rendissent. Et il li distrent que si feroient-il moult volentiers, mès que le Roy se vousist alier à eulz contre le Soudane de Damas. Monseigneur Jehan de Valenciennes les blasma moult des grans outrages que il avoient faiz au Roy, qui sont devant nommez ; et leur loa que bon seroit que pour le cuer du Roy adebonnairir devers eulz, que il li envoiassent touz les chevaliers que il tenoient en prison. Et il si firent ; et d'aboundant li envoierent touz les os le conte Gautier de Brienne, pour mettre en terre benoite. Quant monseigneur Jehan de Valenciennes fu revenu en Acre à tout deux cens chevaliers que il ramena de prison, sanz l'autre peuple, madame de Soiete qui estoit cousine le conte Gautier et seur monseigneur Gautier seigneur de Rinel, cui fille Jehan sire de Joinville prist puis à femme que il revint d'Outremer; laquelle dame de Soiette prist les os au conte Gautier et les fist ensevelir à l'Ospital en Acre, et fist faire le servise en tele maniere, que chascun chevalier offri un cierge et un denier d'argent, et le Roy offri un cierge et un besant, tout des deniers madame de Soiete ; dont l'en se merveilla moult quant le Roy fist ce, car l'en avoit onques veu offrir que de ses deniers ; mès il le fist par sa courtoise.

237. Entre les chevaliers que monseigneur Jehan de Valenciennes ramena, je en y trouvai bien quarante de la cort de Champaigne : je leur fiz tailler cotes et hargaus de vert, et les menai devant le Roy, et li priai que il vousist tant fère que il demourassent avec li. Le Roy oy que il demandoient, et il se tut. Et un chevalier de son Conseil dit que je ne fesoie pas bien quant je aportoie tiex nouvelles au Roy, là où il avoit bien sept mille livrées d'outrage. Et je li dis que par male avanture en peust-il parler, et que entre nous de Champaigne avions bien perdu trente-cinq chevaliers touz baniere portans, de la cort de Champaigne, et je dis : « Le Roy ne fera pas bien se il vous en croit, » au besoing que il a de chevaliers. » Après celle

◇◇◇

235. J'avois oublié de vous dire la réponse que le roi fit au soudan de Damas, qui fut telle : il n'avoit dessein d'aller à lui jusqu'à tant qu'il sût si les émirs d'Egypte lui tiendroient la trève qu'ils avoient rompue ; il enverroit à eux pour cela, et s'ils ne vouloient tenir la trève qu'ils avoient rompue, il l'aideroit volontiers à venger la mort de son cousin, le soudan de Babylone, qu'ils avoient tué.

236. Tandis que le roi étoit à Acre, il envoya monseigneur Jean de Valenciennes en Egypte, lequel requit des émirs qu'ils réparassent les outrages et les dommages qu'ils avoient faits au roi, et ils lui dirent qu'ainsi feroient-ils moult volontiers, mais que le roi voulût bien se lier à eux contre le soudan de Damas. Monseigneur Jean de Valenciennes les blâma moult des grands outrages qu'ils avoient faits au roi, lesquels ont été ci-dessus rapportés, et leur conseilla que, pour amollir le cœur du roi envers eux, ils lui envoyassent tous les chevaliers qu'ils tenoient en prison, et ainsi firent-ils ; et de plus, lui envoyèrent tous les os du comte Gautier de Brienne, pour les mettre en terre bénite. Quand monseigneur Jean de Valenciennes fut revenu à Acre avec deux cents chevaliers qu'il ramena de prison, sans compter d'autre menu peuple, madame de Saïete (Sidon), qui étoit cousine du comte Gautier et sœur de monseigneur de Rinel, de laquelle Jean, sire de Joinville, épousa depuis la fille, quand il fut revenu d'outre-mer ; ladite dame prit les os du comte de Gautier et les fit ensevelir à l'Hôpital, à Acre, et fit faire un service de telle manière, que chaque chevalier offrit un cierge et un denier d'argent, et le roi offrit un cierge et un besant, tout des deniers de madame de Saïete, dont on s'émerveilla moult, car on n'avoit jamais vu le roi offrir que de ses deniers, mais il le fit par grande courtoisie.

237. Entre les chevaliers que monseigneur Jean de Valenciennes ramena, j'en trouvai bien quarante de la cour de Champagne ; je leur fis faire cottes et surtouts de vair, et les menai devant le roi, et je le priai qu'il voulût tant faire que de les garder avec lui. Le roi ouït ce qu'ils demandoient, et il se tut ; et un chevalier de son conseil dit que je ne faisois pas bien quand j'apportois telles nouvelles charges au roi, puisqu'en son état de dépense, il y avoit sept mille livres de trop ; et je lui dis que par malaventure en pouvoit-il parler, et qu'entre nous de la cour de Champagne, nous avions bien perdu trente-cinq chevaliers, tous portant bannière, et j'ajoutai : « Le roi ne fera » pas bien s'il vous en croit, par le besoin qu'il » a de chevaliers. » Après cette parole, je commençai moult fortement à pleurer, et le roi me dit que je me tusse, et qu'il leur donneroit tout ce que j'avois demandé. Le roi les retint tous ainsi que je voulois, et les mit en ma bataille.

parole je commensai moult forment à plorer; et le Roy me dit que je me teusse, et il leur donroit quant que je li avoie demandé. Le Roy les receut tout aussi comme je voz, et les mist en ma bataille.

238. Le Roy respondi que il ne feroit nulle trèves à eulz, se il ne li envoioit toutes les testes des crestiens qui pendoient entour les murs d'Acre dès le tens que le conte de Bar et le conte de Montfort furent pris; et se il ne li envoioient touz les enfans qui avoient esté pris petits et estoient renoiés, et se il ne li quitoient les deux cens mille livres que il leur devoit encore. Avec les messages aus amiraus d'Egypte, envoia le Roy monseigneur Jehan de Valenciennes, vaillant home et sage.

239. A l'entrée de quaresme s'atira le Roy à tout ce que il ot de gent pour aler fermer Cesaire que les Sarrazins avoient abatue, qui estoit à douze lieues pardevers Jérusalem. Monseigneur Raoul de Soissons, qui estoit demouré en Acre malade, fu avec le Roy fermer Cesaire. Je ne sai comment ce fu, ne mèz que par la volenté Dieu, que onques ne nous firent nul doumage toute l'année. Tandis que le Roy fermoit Cesaire, nous revindrent les messagiers des Tartarins, et les nouvelles que il nous aporterent vous dirons-nous.

240. Aussi comme je vous diz devant, tandis que le Roy sejornoit en Cypre vindrent les messages des Tartarins à li et li firent entendant qui il li aideroient à conquerre le royaume de Jérusalem sur les Sarrazins. Le Roy leur renvoia ses messages, et par ses messages que il leur envoia, leur envoia une chapelle que il leur fist faire d'escarlate; et pour eulz atraire à nostre créance, il leur fit entailler en la chapelle toute nostre créance, l'annonciation de l'angre, la nativité, le baupteme dont Dieu fu baptizié, et toute la passion et l'ascension, et l'avenement du Saint-Esperit; calices, livres, et tout ce que il couvint à messe chanter, et deux freres Preescheurs pour chanter les messes devant eulz. Les messagers le Roy ariverent au port d'Anthioche; et dès Anthioche jusques à leur grant Roy trouverent bien un an d'aleure à chevaucher dix lieues le jour. Toute la terre trouverent subjette à eulz, et pluseurs citez que il avoient destruites, et grans monciaus d'os de gens mors. Il enquistrent comment il estoient venus en telle auctorité, parquoy il avoient tant de gens mors et confondus, et la maniere fu telle

◇◇◇

238. Le roi répondit aux messagers d'Egypte qu'il ne feroit nulles trèves avec eux s'ils ne lui envoyoient toutes les têtes des chrétiens qui étoient attachées autour des murs du Caire, depuis que le comte de Bar et le comte de Montfort avoient été pris; et s'ils ne lui envoyoient tous les enfants qui avoient été pris petits et avoient changé de foi, et s'ils ne le rendoient quitte des deux cent mille livres qu'il leur devoit encore. Avec les messagers des émirs d'Egypte, le roi envoya monseigneur Jean de Valenciennes, vaillant homme et sage.

239. A l'entrée du carême, le roi s'appareilla avec tout ce qu'il avoit de gens pour aller fortifier Césarée*, dont les Sarrasins avoient abattu les fortifications, laquelle ville étoit à douze lieues d'Acre, par devers Jérusalem. Monseigneur Raoul de Soissons, qui étoit resté à Acre, malade, alla avec le roi fortifier Césarée. Je ne sais comment il se fit, sinon par la volonté de Dieu, que les Sarrasins oncques ne nous firent nul dommage, toute l'année. Pendant que le roi fortifioit Césarée, les messagers des Tartares nous revinrent, et nous vous dirons les nouvelles qu'ils nous apportèrent.

240. Ainsi que je vous ai dit devant, pendant que le roi séjournoit en Chypre, des messagers des Tartares vinrent à lui et lui firent entendre qu'ils l'aideroient à conquérir le royaume de Jérusalem sur les Sarrasins. Le roi leur envoya ses messagers, et par eux leur envoya une chapelle, qu'il leur fit faire d'écarlate, et, pour les attirer à notre croyance, il fit graver sur cette chapelle tous les mystères de notre foi : l'Annonciation de l'ange, la Nativité, le Baptême dont Dieu fut baptisé, toute la Passion et l'Ascension et l'avènement du Saint-Esprit; il envoya des calices, des livres et tout ce qu'il faut pour chanter la messe, et deux frères prêcheurs pour la chanter devant eux. Les messagers du roi arrivèrent au port d'Antioche **, et, depuis Antioche jusqu'au roi des Tartares, ils mirent bien un an, à chevaucher dix lieues le jour; ils trouvèrent toute la terre sujette à eux et plusieurs cités qu'ils avoient détruites, et de grands monceaux d'os de morts. Ils s'enquirent comment les Tartares étoient parvenus à une telle puissance, et pourquoi ils avoient tant de gens tués et détruits; et la réponse des Tartares fut telle, qu'ils la rapportèrent au roi. Ceux-ci disoient qu'ils étoient venus, nés et concréés dans une vaste plaine de sablon, là où il ne croissoit nul bien. Cette plaine commençoit à de très-

---

* On voit encore les ruines de Césarée à douze lieues d'Acre et à quinze lieues de Jaffa; une grande partie des murailles subsiste encore, mais il n'y a point d'habitants. (Voyez la *Correspondance d'Orient*, t. IV.)

** Appelé le port Saint-Siméon, dans les Chroniques des croisades, et aujourd'hui le port de Souëdié. (Voyez *Correspondance d'Orient*, t. VII.)

aussi comme il le raporterent au Roi : Que il estoient venu et concrée d'une grant berrie de sablon, là où il ne croissoit nul bien : celle berrie commensoit à unes très grans roches merveilleuses, qui sont en la fin du monde devers Orient; lesquiex roches nulz hons ne passa onques, si comme les Tartarins le tesmoingnent; et disoient que léans estoit enclos le peuple Got et Margoth, qui doivent venir en la fin du monde quant Antecrist vendra pour touz destruire. En celle berrie estoit le peuple des Tartarins, et estoient subject à Prestre Jehan et à l'empereour de Perce, cui terre venoit après la seue, et à plusieurs autres roys mescréans, à qui il rendoient treu et servage chascun an pour rèson du pasturage de leur bestes ; car il ne vivoient d'autre chose. Ce Prestre Jehan et l'empereur de Perce et les autres roys, tenoient en tel despit les Tartarins, que quant il leur aportoient, leur rentes il ne les vouloient recevoir devant eulz; ains leur tournoient les dos. Entre eulz out un sage home, qui cercha toutes les berries et parla aus sages homes des berries et des liex, et leur moustra le servage là où il estoient, et leur pria à touz que il meissent conseil comment il ississent du servage là où il les tenoit. Tant fist que il les assembla trestous au chief de la berrie, endroit la terre Prestre Jehan, et leur moustra ces choses ; et il li respondirent que il devisast, et il feroient. Et il dit ainsi ; que il n'avoient pooir de esploitier se il n'avoient un roy et un seigneur sur eulz ; et il leur enseigna la maniere comment il auroient roy, et il le creurent. Et la maniere fu tele, que de cinquante-deux généracions que il y avoit, chascune généracion li aportast une saïète qui feussent seignées de leur nons; et par l'acort de tout le peuple fu ainsi acordé, que l'en metroit ces cinquante-deux devant un enfant de cinq ans ; et celle que l'enfant prenroit premier, de celle génération feroit l'en roy. Quant l'enfant ot levée une des seètes, le sage hons fist traire arieres toutes les autres généracions ; et fu establi en tel maniere, que la généracion dont l'en devoit faire roy, esliroient entre leur cinquante-deux des plus sages homes et des meilleurs que il auroient. Quant il furent esleus, chascun y porta une saïète seignée de son non : lors fu acordé que la saïète que l'enfant leveroit, de celle feroit l'en roy ; et l'enfant en leva une ; et le peuple en furent si lié que chascun en fist grant joie. Il les fist taire, et leur dit : « Seigneurs, » se vous voulez que je soie vostre roy, vous me » jurerez par celi qui a fait le ciel et la terre, » que vous tendrés mes commandemens ; » et il le jurèrent.

◇◇◇

grandes roches merveilleuses qui sont à l'extrémité du monde vers l'orient, lesquelles roches nul homme ne passa oncques, comme le témoignoient les Tartares [*]; et ils disoient que là étoient enfermés les peuples *Gog* et *Magog* qui doivent venir à la fin du monde quand Ante-Christ viendra pour tout détruire. Dans cette plaine étoit le peuple des Tartares, lesquels étoient sujets du Prêtre-Jean et de l'empereur de Perse, dont la terre étoit voisine, et de plusieurs autres rois mécréants auxquels ils payoient tribut et redevance, chacun an, pour raison du pâturage de leurs bêtes, car ils ne vivoient d'autre chose. Ce Prêtre-Jean et l'empereur de Perse et les autres rois, tenoient les Tartares en tel mépris, que quand ils leur apportoient leurs tributs, ils ne les vouloient recevoir devant eux, mais leur tournoient le dos. Il y eut parmi eux un homme sage qui parcourut toutes les plaines, et parla aux hommes sages des plaines et des lieux hauts, et leur montra la servitude où ils étoient, et les pria tous d'aviser au moyen de sortir du servage où ils étoient tenus. Tant fit qu'il les assembla tous à l'extrémité de la plaine, vis-à-vis la terre de Prêtre-Jean, et leur montra ces choses, et ils lui répondirent qu'il ordonnât, et qu'ainsi feroient-ils, et il dit qu'ils n'avoient pouvoir de réussir s'ils n'avoient un roi et un seigneur sur eux, et il leur enseigna comment ils auroient un roi, et ils le crurent; et la manière fut telle, que de cinquante-deux tribus qu'il y avoit, chacune tribu lui apporta une flèche, sur laquelle fut gravé son nom; et, par l'accord de tout le peuple, il fut décidé qu'on mettroit ces cinquante-deux flèches devant un enfant de cinq ans, et celle que l'enfant prendroit d'abord désigneroit la tribu dont on feroit un roi [**]. Quand l'enfant eut levé une des flèches, le sage homme fit retirer toutes les autres tribus, et il fut établi que la tribu dont on devoit faire un roi éliroit cinquante-deux des plus sages hommes et des meilleurs qu'elle auroit. Quand ils furent élus, chacun apporta une flèche où son nom étoit gravé; lors, il fut décidé que la flèche que l'enfant lèveroit, seroit celle qui désigneroit le roi ; et l'enfant en leva une, et le peuple en fut si aise, que chacun en fit grande joie ; et l'élu les fit taire et leur dit : « Seigneurs, » si vous voulez que je sois votre roi, vous me

---

[*] On peut lire sur les mœurs des Tartares des détails plus précis et plus vrais dans le tome IV de l'*Histoire des Croisades*.

[**] Le même fait est rapporté dans la chronique de Guillaume de Tyr.

241. Les establissemens que il leur donna, ce fu pour tenir le peuple en paix; et furent tel, que nul n'i ravist autrui chose, ne que l'un ne ferist l'autre, se il ne vouloit le poing perdre, ne que nulz n'eust compaingnie à autrui femme ne à autrui fille, se il ne vouloit perdre le poing ou la vie. Moult d'autres bons establissemens leur donna pour pèz avoir.

242. Après ce que il les ot ordenez et aréez, il leur dit : « Seigneurs, le plus fort ennemi que » nous aions, c'est Prestre Jehan; et je vous » commant que vous soiés demain touz appa- » reillez pour li courre sus; et se il est ainsi que » il nous desconfise, dont Dieu nous gart, face » chascun le miex que il porra; et se nous les » desconfisons, je commant que la chose dure » trois jours et trois nuis; et que nulz ne soit si » hardi que il mette main à nul gaaing, mès » que à gens occire; car après ce que nous au- » rons eu victoire, je vous départirai le gaing » si bien et si loialement, que chascun s'en » tendra apaié. » A ceste chose il s'acorderent touz.

243. Lendemain coururent sus leur ennemis, et ainsi comme Dieu vout, les desconfirent. Touz ceulz que il trouverent en armes deffen- dables, occistrent touz; et ceulz que il trouve- rent en abit de religions, les Prestres et les au- tres religieus, n'occistrent pas. L'autre peuple de la terre Prestre Jehan, qui ne furent pas en la bataille, se mistrent touz en leur subjection.

244. L'un des peuples de l'un des princes devant nommé, fu bien perdu trois moys que onques l'en n'en sot nouvelles; et quant il re- vint il n'ot ne fain ne soif, que il ne cuidoit avoir demouré que un soir au plus. Les nouvelles que il en raporterent furent teles, que il avoit trouvé un trop haut tertre, et là sus avoient trouvé les plus beles gens que il eussent onques veues, les miex vestus, les miex parés; et ou bout du tertre vit séoir un roy plus bel des au- tres, miex vestu et miex paré, en un throne d'or : à sa dextre séoient six roys couronnez, bien parez à pierres précieuses; et à senestre autant. Près de li, à sa destre main avoit une royne agenoillée, qui li disoit et prioit que il pensast de son peuple. A sa senestre avoit un moult bel home, qui avoit deux èles resplendis- sans aussi comme le solleil; et autour le roy avoit grant foison de beles gens à èlez. Le roy appela ce li prince, et li dit : « Tu es venu de » l'ost des Tartarins; » et il respondi : « Sire, se » sui mon. Tu en iras à li, et li diras que tu » m'as veu, qui suis sire du ciel et de la terre, » et li diras que il me rende graces de la vic- » toire que je li ai donnée sus Prestre Jehan et

» jurerez, par celui qui a fait le ciel et la terre, » que vous tiendrez mes commandements; » et ils le jurèrent.

241. Les établissements qu'il leur donna furent pour tenir le peuple en paix, et ils furent tels que nul ne raviroit aucune chose à autrui, ni que l'un ne frapperoit l'autre s'il ne vouloit per- dre le poing, ni que nul n'auroit commerce avec femme ou fille d'autrui s'il ne vouloit perdre le poing ou la vie. Moult d'autres bons établisse- ments il leur donna pour paix avoir.

242. Après qu'il les eut enseignés et ordonnés, il leur dit : « Seigneurs, le plus fort ennemi que » nous ayions, c'est Prêtre-Jean, et je vous com- » mande que vous soyez demain tous appareillés » pour lui courir sus, et s'il advient qu'il nous » déconfise, dont Dieu nous garde, que chacun » fasse le mieux qu'il pourra. Et si nous les dé- » confisons, je commande que la chose dure trois » jours et trois nuits, et que nul ne soit si hardi » que de mettre la main au gain, mais qu'il ne » songe qu'à gens occire; car après que nous au- » rons eu victoire, je vous départirai le gain si » bien et si loyalement que chacun s'en tiendra » content. » A cette chose ils s'accordèrent tous.

243. Le lendemain ils coururent sus aux enne- mis, et, ainsi comme Dieu voulut, ils les décon- firent. Tous ceux qu'ils trouvèrent en armes défensives, ils les occirent tous; et ceux qu'ils trouvèrent en habit de religion, les prêtres et au- tres religieux, ils ne les occirent pas. L'autre peuple de la terre de Prêtre-Jean, qui ne fut pas en la bataille, se mit tout en la subjection des Tartares.

244. L'une des tribu, ci-devant nommées*, fut perdue bien trois mois sans qu'on en sût des nou- velles, et quand elle revint ils n'avoient tous ni faim ni soif, en sorte qu'ils ne croyoient avoir de- meuré qu'un soir au plus. Les nouvelles qu'ils rapportèrent furent telles qu'ils avoient trouvé un très-haut tertre et là-dessus les plus belles gens que onques ils eussent vues, les mieux vê- tues, les mieux parées, et au bout du tertre ils avoient vu un roi, plus beau que les autres, mieux vêtu et mieux paré, assis sur un trône d'or. A sa droite étoient assis six rois couronnés, bien parés de pierres précieuses, et à sa gauche autant. Près de lui, à sa droite, il y avoit une reine agenouillée qui lui disoit et le prioit qu'il pensât à son peuple. A sa gauche, il y avoit un moult bel homme qui avoit deux ailes resplen- dissantes comme le soleil, et autour du roi il y avoit grande foison de belles gens avec des ailes. Le roi appela le chef de cette tribu et lui dit : « Tu » es venu de l'armée des Tartares; » et il répon-

---

* Les autres éditions portent : *l'un des maîtres de l'une des tribus devant nommées.*

» sur sa gent; et li diras encore de par moy, » que je li donne poissance de mettre en sa sub- » jection toute la terre. Sire, fist le prince, » comment me croira-t-il? Tu li diras que il te » croie, à teles enseignes que tu iras combat- » tre à l'empereur de Perse à tout trois cens » homes, sanz plus de ta gent : et pource que » vostre grant roy croit que je sui poissant » de faire toutes choses, je te donrai victoire de » desconfire l'empereur de Perse, qui se com- » battra à toi à tout trois cens mile hommes et » plus à armes. »

245. » Avant que tu voises combattre à li, tu » requerras à vostre roy que il te doint les » prouaires, et les gens de religion que il a pris » en la bataille, et ce que ceulz te tesmoigneront, » tu croiras fermement et tout ton peuple. Sire, » fist-il, je m'en saurai aler, se tu ne me faiz » conduire. » Et le roy se tourna devers grant foi- son de chevaliers, si bien armez que c'estoit mer- veille du regarder; et appela et dit : « George, » viens çà. » Et cil y vint et s'agenoilla. Et le roy li dit : « Lieve sus, et me meinne cesti à la her- » berje sauvement; » et si fist-il en un point du jour. Si tost comme son peuple le virent, il firent moult grant joie et tout l'ost aussi, que nulz ne pourroit raconter. Il demanda les prouaires au

dit : « Sire, j'en suis venu en effet. — Tu t'en » iras au roi des Tartares et lui diras que tu m'as » vu, que je suis seigneur du ciel et de la terre; » et tu lui diras qu'il me rende grâce de la vic- » toire que je lui ai donnée sur Prêtre-Jean et » les siens; et tu lui diras encore de ma part que » je lui donne puissance de mettre en sa subjec- » tion toute la terre. — Sire, dit le prince, com- » ment me croira-t-il? — Tu lui diras qu'il te » croie à telles enseignes que tu iras combattre » l'empereur de Perse avec trois cents hommes » sans plus de gens; et pour que votre grand roi » croie que j'ai pouvoir de faire toutes choses, je » te donnerai moyen de déconfire l'empereur de » Perse qui te combattra avec trois cent mille » hommes et plus en armes.

245. » Avant que tu l'ailles combattre, tu re- » querras de votre roi qu'il te donne les prêtres » et autres gens de religion qu'il a pris en la ba- » taille, et tu croiras fermement, toi et tes gens, » ce qu'ils vous enseigneront. — Sire, dit le » prince, je m'en saurois aler, si tu ne me fais » conduire. » Et le roi se tourna vers grand'foi- son de chevaliers si bien armés que c'étoit mer- veille de les regarder, et il appela et dit : « Geor- » ges, viens çà; » et Georges vint et s'agenouilla, et le roi lui dit : « Lève-toi et conduis celui-ci en » sûreté à sa tente. » Et Georges ainsi fit-il en un instant. Aussitôt que les Tartares le virent de re- tour, ils firent moult grande réjouissance et toute

grant roy, et il les y donna; et ce prince et tout son peuple reçurent leur enseignement si débon- nairement, que il furent tous baptiziés. Après ces choses il prist trois cens homes à armes, et les fist confesser et appareiller, et s'en ala combatre à l'empereur de Perse, et le desconfist et chassa de son royaume lequel s'en vint fuiant jusques au royaume de Jérusalem : et ce fu cel empereur qui desconfist nostre gent et prist le conte Gautier de Brienne, si comme vous orrez après.

246. Le peuple à ce prince crestien estoit si grant, que les messagiers le Roy nous conterent que il avoient en leur ost huit cens chapelles sus chers (sur des chars).

247. La maniere de leur vivre estoit tele; car il ne mangoient point de pain, et vivoient de char et de let. La meilleur char que il aient c'est de cheval et la mettent gesir en souciz et sechier après, tant que il la trenchent aussi comme pain noir. Le meilleur bevrage que il aient et le plus fort, c'est de lait de jugment confist en herbes. L'en présenta au grant roy des Tartarins un che- val chargé de farine, qui estoit venu de trois moys d'aleure loing, et il la donna aus messagiers le Roy.

248. Il ont moult de peuple crestien, qui

l'armée aussi; la joie fut telle qu'on ne le pourroit raconter. Il demanda les prêtres au grand roi, et le grand roi les lui donna. Et ce prince et tous ses gens reçurent les enseignements de ces prêtres, si débonnairement, qu'ils furent tous baptisés. Après ces choses, il prit trois cents hommes ar- més et les fit confesser et appareiller, et s'en alla combattre l'empereur de Perse, et le déconfit et chassa de son royaume, lequel s'en vint en fuyant jusqu'au royaume de Jérusalem. Et ce fut cet empereur qui déconfit les nôtres et prit le comte Gautier de Brienne, comme vous ouïrez ci-après.

246. Le peuple de ce prince chrétien étoit si grand que les messagers du roi nous contèrent qu'ils avoient dans leur camp huit cents chapelles sur des chars.

247. [Leur manière de vivre étoit telle : ils ne mangeoient point de pain et vivoient de chair et de lait. La meilleure chair qu'ils aient est celle de cheval; ils la mettent sous eux, la font sécher en- suite, puis la coupent par tranches comme du pain noir. Le meilleur et plus fort breuvage qu'ils aient est le lait de jument, qui a fermenté dans des herbes. On présenta au grand roi des Tarta- res un cheval chargé de farine qui venoit de trois mois de chemin, et celui-ci la donna aux messa- gers du roi.

248. Ils ont moult de peuple chrétien qui croient à la loi des Grecs, tant ceux dont nous

croient en la loy des Griez; et ceulz dont nous avons parlé, et d'autres. Ceulz envoient sur les Sarrazins quant il veulent guerroier à eulz; et les Sarrazins envoient sus les Crestiens, quant il ont à faire à eulz. Toutes manieres de femmes qui n'ont enfans, vont en la bataille avec eulz; aussi bien donnent-il soudées aus femmes comme aus hommes, selonc ce que elles sont plus viguereuses. Et conterent les messagers le Roy, que les soudaiers et les soudaières manjuent ensemble ès hostiex des riches homes à qui il estoient; et n'osoient les homes toucher aus femmes en nulle maniere, pour la loy que leur premier roy leur avoit donnée. Toutes manieres de chars il menerent en leur ost; il manjuent tout. Les femmes qui ont leur enfans les conroient, les gardent, et atournent la viande à ceulz qui vont en la bataille. Les chars crues il metent entre leur celles et leur paniaus, quant le sanc en est bien hors, si la manjuent toute crue; ce que il ne peuvent manger jetent en un sac de cuir, et quant il ont fain si œvrent le sac, et manguent touzjours le plus viex devant; dont je vi un Coremyn qui fu des gens l'empereour de Perse, qui nous gardoit en la prison, que quant il ouvroit son sac nous nous bouchions que nous ne pouions durer, pour la puneisie qui issoit du sac.

◇◇◇

avons parlé que d'autres. Ils envoient ces chrétiens contre les Sarrasins quand ils veulent guerroyer contre eux, et ils envoient des Sarrasins contre les chrétiens, quand ils ont affaire à ceuxci. Toutes manières de femmes qui n'ont point d'enfants vont au combat avec eux. Aussi donnent-ils une solde aux femmes comme aux hommes, suivant qu'elles sont plus vigoureuses. Et les messagers du roi contèrent que les soldats mâles et femelles mangeoient ensemble aux hôtels des riches hommes auxquels ils appartenoient, et les hommes n'osoient en nulle manière toucher aux femmes, à cause de la loi que leur premier roi leur avoit donnée. On voit dans leur armée des chairs de toutes sortes d'animaux; ils mangent tout. Les femmes qui ont des enfants les conduisent, les gardent et apprêtent les vivres pour ceux qui vont au combat. Ils mettent les chairs crues entre leurs selles et leurs housses, et quand le sang en est bien sorti, ils les mangent toutes crues; ce qu'ils ne peuvent manger, ils le jettent dans un sac de cuir, et quand ils ont faim ils ouvrent le sac et mangent toujours la plus vieille la première. Je vis un Coremyn, qui étoit des gens de l'empereur de Perse et qui nous gardoit dans la prison, ouvrir ainsi son sac, et quand il l'ouvroit nous nous bouchions le nez, car nous ne pouvions endurer la mauvaise odeur qui sortoit du sac *.

* Cet usage subsiste encore parmi les Tartares.

249. Or revenons à nostre matiere et disons ainsi, que quant le grant roy des Tartarins ot receu les messages et les présens, il envoia querre par asseurement pluseurs roys qui n'estoient pas encore venus à sa merci, et leur fist tendre la chapelle, et leur dit en tel maniere: « Seigneurs, le roy de France est venu en nostre » sujetion, et vezci le treu que il nous envoie; » et se vous ne venez en nostre merci, nous l'en- » voierons querre pour vous confondre. » Assés en y ot de ceulz qui pour la poour du roy de France, se mistrent en la merci de celi roy.

250. Avec les messages le Roy vindrent; si leur aporterent lettres de leur grant roy au roy de France, qui disoient ainsi: « Bone chose est » de pèz: quar en terre de pèz manguent cil qui » vont à quatre piez l'erbe pèsiblement; cil qui » vont à deus, labourent la terre dont les biens » viennent passiblement; et ceste chose te man- » dons-nous pour toy aviser: car tu ne peus » avoir pèz se tu ne l'as à nous, et tel roy et tel » (et moult en nommoient) et touz les avons mis » à l'espée. Si te mandons que tu nous envoies » tant de ton or et de ton argent chascun an, que » tu nous retieignes à amis; et se tu ne le fais, » nous destruirons toy et ta gent aussi comme » nous avons fait ceulz que nous avons devant

◇◇◇

249. Or revenons à notre sujet et disons que quand le grand roi des Tartares eut reçu les messagers et les présents, il envoya quérir, en leur donnant sûreté, plusieurs rois qui n'étoient pas encore venus à sa merci, et leur fit tendre la chapelle et leur dit: « Seigneurs, le roi de France » est venu en notre subjection, et voici le tribut » qu'il nous envoie, et si vous ne venez à notre » merci, nous l'enverrons quérir pour vous con- » fondre. » Assez il y en eut de ceux qui, par peur du roi de France, se mirent en la merci du roi des Tartares.

250. Avec les messagers du roi vinrent ceux des Tartares qui apportèrent lettres de leur grand roi au roi de France, lesquelles disoient: « Bonne » chose est la paix, car en terre de paix ceux » qui vont à quatre pattes mangent l'herbe pai- » siblement, ceux qui vont à deux labourent la » terre dont les biens viennent paisiblement, et » cette chose te mandons-nous pour t'aviser; car » tu ne peux avoir paix si tu ne l'as avec nous, » et tel et tel roi (et moult en nommoient), et » tous les avons-nous mis à l'épée. Ainsi nous » mandons que tu nous envoies tant de ton or et » de ton argent, chacun an, pour que tu nous » tiennes pour amis; et si tu ne le fais nous dé- » truirons toi et ta gent, comme nous avons fait » de ceux que nous avons nommés devant. » Et sachez que le roi saint Louis se repentit fort d'avoir envoyé chez les Tartares.]

» nommez. » Et sachiez qu'il se repenti fort quant il y envoia.

251. Or revenons à nostre matiere, et disons ainsi, que tandis que le Roy fermoit Cezaire vint en l'ost monseigneur Alenars de Senaingan, qui nous conta que il avoit fait sa nef au réaume de Nozoe, qui est en la fin du monde devers Occident; et au venir que il fist vers le Roy, environna toute Espaingne, et le couvint passer par les destroitz de Marroch : en grant péril passa avant qu'il venist à nous. Le Roy le retint li dixieme de chevaliers, et nous conta en la terre de Nozoe que les nuiz estoient si courtes en l'esté, que il n'estoit nulle nuit que l'en ne veist la clarté du jour à l'annuitier, et la clarté de la journée. Il se prist il et sa gent à chacier aus lyons, et pluseurs empristrent moult périlleusement; car il aloient traire aus lyons en ferant des esperons tant comme il pooint; et quant il avoient trait, le lyon mouvoit a eulz, et maintenant les eussent attains et devorez, ce ne feust ce que il lassoient cheoir aucune piesce de drap mauvaiz, et le lyons s'arestoit desus et dessiroit le drap et devoroit; que il cuidoit tenir un home : tandis que il dessiroit ce drap, et l'autre r'aloit traire à li, et le lyon lessoit le drap et li aloit courre sus; et sitost comme cil laissoit cheoir une piesce de drap, le lyon r'entendoit au drap; et en ce faisant il occioient les lyons de leur saietes.

252. Tandis que le roi fermoit Cezaire, vint à li monseigneur Nargoe de Toci, et disoit le Roy que il estoit son cousin : car il estoit descendu d'une des seurs le roy Phelippe, que l'Empereur meismes ot à femme. Le Roy le retint li dixieme de chevaliers un an; et lors s'en parti, si s'en r'ala en Constantinnoble dont il estoit revenus. Il conta au Roy que l'empereur de Constantinnoble, il et les autres riches homes qui estoient en Constantinnoble, lors estoient alié à un peuple que l'en appeloit Comains, pource que il eussent leur aide encontre Vatache, qui lors estoit empereur des Griex; et pource que l'un aidast l'autre de foy, couvint que l'Empereur et les autres riches homes qui estoient avec li se seingnissient et meissent de leur sanc en un grant hanap d'argent; et le roy des Commains et les autres riches homes qui estoient avec li, refirent ainsi et mellerent leur sanc avec le sanc de nostre gent, et tremperent en vin et en yaue, et en burent et nostre gent aussi; et lors si distrent que il estoient frere de sanc.

253. Encore firent passer un chien entre nos gens et la leur, et descoperent le chien de leur espées, et notre gent aussi, et distrent que ainsi feussent il décopé se il failloient l'un à l'autre.

◇◇◇

251. Or revenons à notre sujet et disons que tandis que le roi fortifioit Césarée, monseigneur Alenars de Senaingan arriva à l'armée. Il nous conta qu'il avoit équipé sa nef au royaume de Norwége qui est à la fin du monde vers l'Occident, et en venant vers le roi, il tourna toute l'Espagne et passa par le détroit de Maroc; il courut de grands dangers avant de venir à nous. Le roi le retint, lui dixième de chevaliers; et il nous conta qu'en la terre de Norwége les nuits étoient si courtes en été, qu'on ne cessoit pas de voir le jour presque tout le temps de la nuit. Il se prit, lui et ses gens, à chasser aux lions[*], et plusieurs s'y prirent moult périlleusement. Car ils alloient tirer aux lions en frappant des éperons tant qu'ils pouvoient, et quand ils avoient tiré, le lion se portoit sur eux et bientôt les eût atteints et dévorés, n'eût été qu'ils laissoient cheoir une pièce de mauvais drap, et le lion s'arrêtoit sur le drap, le déchiroit et le dévoroit, car il croyoit que c'étoit un homme. Tandis qu'il déchiroit le drap, un autre chasseur venoit tirer dessus, et le lion laissoit le drap et alloit lui courir sus, et sitôt que celui-ci laissoit cheoir une pièce de drap, le lion se rejetoit encore dessus, et, en faisant ce manége, les chasseurs tuoient les lions de leurs flèches.

252. Tandis que le roi fortifioit Césarée, monseigneur Narjot de Toucy vint à lui, et le roi disoit qu'il étoit son cousin, car il étoit descendu d'une des sœurs du roi Philippe-Auguste, que l'empereur Andronic avoit épousée. Le roi le retint un an, lui dixième de chevaliers, et alors il partit et s'en retourna à Constantinople d'où il étoit venu. Il conta au roi que l'empereur de Constantinople, lui et les autres riches hommes qui étoient dans cette ville, s'étoient lors alliés à un peuple qu'on appeloit Comans, pour qu'ils les aidassent contre Vatace, qui lors étoit empereur des Grecs; et pour que l'un aidât l'autre de toute sa puissance, il fut convenu que l'empereur et les autres riches hommes qui étoient avec lui se tireroient du sang et le mettroient dans une grande coupe d'argent, et le roi des Comans et les autres riches hommes qui étoient avec lui firent de même, et mêlèrent leur sang avec le sang des nôtres, et on y trempa du vin et de l'eau et on en but d'un côté comme de l'autre, et alors ils dirent qu'ils étoient frères de sang.

253. Ils firent, en outre, passer un chien entre nos gens et les leurs, et découpèrent le chien avec leurs épées; nos gens en firent de même, et ils

---

[*] On ne trouve plus de lions aujourd'hui dans la Palestine. On rencontre seulement dans les forêts voisines de Césarée et dans les montagnes de la Judée quelques tigres, des hyènes et des sangliers.

254. Encore nous conta une grant merveille, tandis que il estoit en leur ost, que un riche chevalier estoit mort, et li avoit l'en fet une grant fosse large en terre, et l'avoit l'en moult noblement et paré en une chaere; et li mist l'en avec li le meilleur cheval que il eust et le meilleur sergent tout vif. Le serjant avant que il feust mis en la fosse avec son seigneur, avec le roy des Commains et aus autres riches seigneurs, et au prenre congié que il fesoit à eulz, il li mettoient en escharpe grant foison d'or et d'argent, et li disoient : « Quant je venré en » l'autre siecle, si me rendras ce que je te baille. Et il disoit : « Si ferai-je bien volentiers. » Le grand roy des Commains l'y bailla unes lettres qui aloient à leur premier roy; que il li mandoit que preudomme avoit moult bien vescu et que il l'avoit moult bien servi, et que il li guerredonnast son servise. Quant ce fu fait, il le mistrent en la fosse avec son seigneur et avec le cheval tout vif; et puis lancerent sur la fosse planches bien chevillées, et tout l'ost courut à pierres et à terre, et avant que il dormissent orent il fet, en remembrance de ceulz que il avoient enterré, une grant montaingne sur eulz.

255. Tandis que le Roy fermoit Cezaire, j'alai en sa heberge pour le veoir. Maintenant que il me vit entrer en sa chambre, là où il parloit au Légat, il se leva et me trait d'une part, et me dit : « Vous savez, fist le Roy, que je ne vous re- » ting que jusques à Pasques; si vous pri que » vous me dites que je vous donra de Pasques » en un an. » Et je li dis que je ne vouloie que li me donnast plus de ses deniers, que ce que il m'avoit donné; mès je vouloie fère un autre marché à li : « Pource, fis-je, que vous vous » courouciés quant l'en vous requiert aucune » chose; si veil-je que vous m'aiés couvenant » que se je vous requiert aucune chose toute » ceste année, que vous ne vous courouciés pas ; » et se vous me refusés, je ne me courroucerai » pas. » Quant il oy ce, si commença à rire moult clèrement, et me dit que il me retenoit par tel couvenant; et me prist par tel couvenant et me mena pardevers le Légat et vers son Conseil, et leur recorda le marché que nous avions fait; et en furent moult lié, pource que je estoie le plus riche qui feust en l'ost.

256. Ci-après vous dirai comment je ordenai et atirai mon affère en quatre ans que je y demourai, puis que les freres le Roy en furent venus. Je avoie deux chapelains avec moy qui me disoient mes hores ; l'un me chantoit ma messe sitost comme l'aube du jour apparoît, et l'autre attendoit tant que mes chevaliers et les cheva-

◇◆◇

dirent : qu'ainsi fussent-ils découpés s'ils manquoient l'un à l'autre.

254. Il nous conta encore une autre grande merveille : tandis qu'il étoit avec les Comans, un riche chevalier d'entre eux mourut. On lui fit une grande fosse large en terre, et on l'y assit moult noblement et paré sur un siége, et on mit avec lui le meilleur cheval qu'il eût et le meilleur sergent tout vifs ; le sergent, avant qu'il fût mis dans la fosse avec son seigneur, vint avec le roi des Comans et autres riches seigneurs, et quand ils prirent congé d'eux tous, ils lui mirent, dans son écharpe , grand'foison d'or et d'argent, et lui dirent : « Quand je viendrai dans l'autre » monde , tu me rendras ce que je te baille. » Et il disoit : « Ainsi ferai-je moult bien volontiers. » Le grand roi des Comans lui bailla une lettre qui étoit adressée à leur premier roi, par laquelle il lui mandoit que prud'homme avoit bien vécu, et qu'il le récompensât de ses services. Quand cela fut fait, on le mit tout vif dans la fosse avec son seigneur et le cheval, et puis on plaça sur la fosse des planches bien chevillées, et toute la troupe courut, apportant des pierres et de la terre, et, avant la nuit, ils élevèrent au-dessus de la fosse, et en mémoire de ceux qu'ils avoient enterrés, une grande montagne.

255. Tandis que le roi fortifioit Césarée, j'allai en sa tente pour le voir; lorsqu'il me vit entrer

◇◆◇

dans sa chambre , là où il parloit au légat, il se leva et, me tirant à part, il me dit : « Vous savez » que je ne vous ai retenu que jusqu'à Pâques; ainsi » je vous prie, dites-moi, ce que je vous donnerai » de Pâques à un an. » Et je lui dis que je ne voulois qu'il ne me donnât de ses deniers, plus que ce qu'il m'en avoit donné ; mais que je voulois faire un autre marché avec lui, «parce que, » dis-je, vous vous courroucez quand on vous re- » quiert aucune chose. Ainsi je veux que vous me » promettiez que, si je vous requiers aucune chose, » toute cette année, vous ne vous courrouciez pas ; » et si vous me refusez je ne me courroucerai pas. » Quant le roi ouït cela , il commença à rire moult haut, et me dit qu'il me retenoit à cette condition, et me prit par la main et me mena vers le légat et son conseil ; il leur rappela le marché que nous avions fait, et ils en furent moult contents , parce que j'étois le plus riche homme de l'armée.

[256. Ci-après je vous dirai comment j'ordonnai et arrangeai mes affaires , en quatre ans que j'y demurai depuis que les frères du roi en furent partis. J'avois deux chapelains avec moi qui me disoient mes heures ; l'un me chantoit la messe sitôt que l'aube du jour paroissoit, et l'autre attendoit que mes chevaliers et les chevaliers de ma bataille fussent levés. Quand j'avois ouï la messe , je m'en allois avec le roi. Quand le roi

liers de ma bataille estoient levés. Quant je avoie oy ma messe, je m'en aloie avec le Roy. Quant le Roy vouloit chevauchier, je li fesoie compaingnie. Aucune foiz estoient que les messages venoient à li, parquoy il nous couvenoit besoigner à la matinée.

257. Mon lit estoit fait en mon paveillon en tel maniere, que nul ne pooit entrer ens, que il ne me veist gésir en mon lit; et ce fesoie-je pour oster toutes mescréances de femmes. Quant ce vint contre la saint Remy, je fesoie acheter ma porcherie de pors et ma bergerie de mes chastris, et farine et vin pour la garnison de l'ostel tout yver; et ce fesoie-je pource que les danrées enchiérissent en yver, pour la mer qui est plus felonesce en yver que en esté; et achetoie bien cent tonniaus de vin et fesoie touzjours boire le meilleur avant; et fesoi tremprer le vin au vallés d'yaue, et ou vin des escuiers moin d'yaue. A ma table servoit l'en devant mes chevaliers, d'une grant phiole de vin et d'une grant phiole d'yaue; si le tremproient si comme il vouloient.

258. Ly Roys m'avoit baillé en ma bataille cinquante chevaliers: toutes les foiz que je mangoie, je avoie dix chevaliers à ma table avec les miens dix; et mangoient l'un devant l'autre, selonc la coutume du pays, et séoient sur nates à terre. Toutes les foiz que l'en crioit aus armes, je y envoioie cinquante-quatre chevaliers que en appeloit diseniers, pource que il estoient leur disiesme toutes les foiz que nous chevauchions armé : tuit li cinquante chevaliers manjoient en mon ostel au revenir. Toutes les festes année je semonnoie tous les riches hommes de l'ost; dont il couvenoit que le Roy empruntast aucune foiz de ceulz que j'avoie semons.

259. Ci-après orrez les justices et les jugemens que je vis faire à Cezaire tandis que le Roy y séjournoit.

260. Tout premier vous dirons d'un chevalier qui fut pris au bordel, auquel l'en parti un jeu selonc les usages du pays. Le jeu parti fu tel, ou que la ribaude le menroit par l'ost en chemise, une corde liée aus genetaires; ou il perdroit son cheval et s'armeure, et le chaceroit l'en de l'ost. Le chevalier lessa son cheval au Roy et s'armeure, et s'en ala de l'ost. Je alai prier au Roy que il me donnast le cheval pour un poure gentilhomme qui estoit en l'ost. Et le Roy me respondi que ceste preire n'estoit pas rèsonnable, que le cheval valoit encore quatre-vingt livres. « Comment m'avés-vous les couvenances rom- » pues, quant vous vous courouciés de ce que » vous ai requis? » Et il me dit tout en riant : « Dites quant que vous vourrez, je ne me cou- » rouce pas. » Et toutevoies n'oi-je pas le cheval pour le pour gentilhomme.

---

vouloit chevaucher, je lui faisois compagnie. Aucunes fois, les messagers venoient à lui, et alors il nous falloit travailler la matinée.

257. Mon lit étoit, dans mon pavillon, de telle manière que nul ne pouvoit entrer qu'il ne me vît couché au lit; ce que je faisois pour ôter toute mécréance de femmes. Quand la Saint-Remi approchoit, je faisois acheter pour la provision de l'hôtel en hiver, vin, farine, un troupeau de porcs et un troupeau de moutons; et ce faisois-je parce que les denrées enchérissent en hiver, et que, dans cette saison, la mer est plus mauvaise qu'en été : j'achetois bien cent tonneaux de vin, et faisois toujours boire le meilleur le premier; je faisois tremper d'eau le vin destiné aux valets, et de moins d'eau le vin destiné aux écuyers. A ma table, on servoit devant mes chevaliers une grande bouteille de vin et une grande bouteille d'eau, et ils trempoient leur vin comme ils vouloient.

258. Le roi m'avoit baillé en ma bataille cinquante chevaliers. Toutes les fois que je mangeois, j'avois à ma table dix de ces chevaliers, avec dix des miens, et ils mangeoient l'un devant l'autre, selon la coutume du pays et étoient assis sur des nattes à terre. Toutes les fois qu'on crioit aux armes, j'envoyois cinquante-quatre chevaliers qu'on appeloit dizainiers, parce qu'ils étoient divisés par dix toutes les fois que nous chevauchions armés. Tous les cinquante chevaliers mangeoient à mon hôtel au retour. Toutes les fêtes annuelles, j'invitois tous les riches hommes de l'armée, et aucunes fois il falloit que le roi eût à sa table quelques-uns de ceux que j'avois invités.]

259. Ci-après ouïrez les justices et les jugemens que je vis faire à Césarée tandis que le roi y séjournoit.

260. Tout d'abord je vous parlerai d'un chevalier qui fut pris au bordeau, auquel on donna l'option, selon les usages du pays. L'option étoit telle que la ribaude le mèneroit par le camp en chemise, une corde attachée aux génitoires; ou il perdroit son cheval et son armure, et il seroit chassé de l'armée. Le chevalier laissa son cheval et son armure au roi et s'en alla de l'armée. J'allai prier le roi qu'il me donnât le cheval pour un pauvre gentilhomme qui étoit dans l'ost, et le roi me répondit que cette prière n'étoit pas raisonnable, que le cheval valoit encore quatre-vingts livres, et je lui dis : « Sire, vous avez rompu nos » conventions, puisque vous vous courroucez de » ce que je vous ai requis. » Et il me dit tout en riant : « Dites tout ce que vous voudrez, je ne me » courrouce pas, » et pourtant n'eus-je pas le cheval pour le pauvre gentilhomme.

261. La seconde justice fut telle, que les chevaliers de nostre bataille chassoient une beste sauvage que l'en appelle gazel, qui est aussi comme un chevrel. Les freres de l'Ospital s'en batirent sur eulz et bouterent, chacerent nos chevaliers. Et je me pleing au Mestre de l'Ospital; et le Mestre de l'Ospital me respondi que il m'en feroit le droit et l'usage de la Terre Sainte, qui estoit tele que il feroit les freres qui l'outrage avoient faite, manger sur leurs mantiaus, tant que cil les en leveroient à qui l'outrage avoit esté faite. Le Mestre leur en tint bien couvenant; et quant nous veismes que il orent mangé une piesce sur leur mantiaus, je alai au Mestre et le trouvai manjant, et li priai que il feist lever les freres qui manjoient sur leur mantiaus devant li; et les chevaliers aussi ausquiex l'outrage avoit esté feste, l'en prierent. Et il me respondi que il n'en feroit nient; car il ne vouloit pas que les freres feissent vileinnie à ceulz qui vinroient en pelerinage à la Terre Sainte. Quant je oy ce, je m'assis avec les freres et commençai à manger avec eulz, et li dis que je ne me leveroie tant que les freres se leveroient. Et me dit que c'estoit force et m'otroia ma requeste; et me fist moy et mes chevaliers qui estoient avec moy, manger avec li, et les freres alerent manger avec les autres à haute table.

262. Le tiers jugement que je vi rendre à Cezaire, si fu tel, que un serjant le Roy qui avoit à non le Goulu, mist main à un chevalier de ma bataille. Je m'en alai pleindre au Roy. Le Roy me dist que je m'en pooie bien souffrir se li sembloit, que il ne l'avoit fait que bouter. Et je li dis que je ne m'en soufferroie jà; et se il ne m'en fesoit droit, je leroie son servise, puisque ses serjans batteroient les chevaliers. Il me fist fère droit, et li droit fu tel selonc les usages du pais, que le serjant vint en ma herberje deschaus et en braies, sanz plus; une espée toute nue en sa main, et s'agenoilla devant le chevalier, et li dit : « Sire, je vous amende ce que » je mis main à vous; et vous ai aportée ceste » espée pource que vous me copez le poing, se il » vous plet. » Et je priai au chevalier que il li pardonnast son maltalent, et si fist-il.

263. La quarte amende fu telle; que frere Hugue de Joy, qui estoit maréchal du Temple, fu envoié au soudanc de Damas de par le Mestre du Temple, pour pourchacier comment le soudanc de Damas s'acordat que une grant terre que le Temple soloit tenir, que le soudanc vousist que le Temple en eust la moitié et il l'autre. Ces couvenances furent faites en tel maniere, se li Roy si acordoit. Et amena frere Hugue un Amiral de par le soudanc de Damas, et aporta les couvenances en escript, que en

◇◇◇

261. La seconde justice fut telle : les chevaliers de notre bataille chassoient une bête sauvage qu'on appelle gazelle, qui est comme un chevreuil. Les frères de l'Hôpital coururent sur eux, poussèrent et chassèrent nos chevaliers. Je me plaignis au maître de l'Hôpital, et le maître de l'Hôpital me répondit qu'il m'en feroit rendre raison, selon le droit et l'usage de la Terre-Sainte, qui étoit tel qu'il feroit manger sur leurs manteaux les frères qui avoient fait l'outrage, jusqu'à ce que ceux à qui l'outrage avoit été fait les en fissent lever. Le maître leur tint parole, et quand nous vîmes qu'ils eurent mangé quelque temps sur leurs manteaux, j'allai au maître et le trouvai mangeant, et le priai qu'il fît lever les frères qui mangeoient sur leurs manteaux devant lui ; et les chevaliers aussi auxquels l'outrage avoit été fait l'en prièrent. Il me répondit qu'il n'en feroit rien, car il ne vouloit pas que les frères fissent vilainie à ceux qui viendroient en pélerinage à la Terre-Sainte. Quand j'ouïs cela, je m'assis avec les frères et commençai à manger avec eux, et lui dis que je ne me leverois tant que les frères ne se leveroient pas. Il me dit que c'étoit lui faire violence, et m'octroya ma requête, et me fit moi et les chevaliers qui étoient avec moi, manger avec lui, et les frères allèrent manger avec les autres à une table haute.

262. Le troisième jugement que je vis rendre à Césarée fut tel : un sergent du roi qui avoit nom Le Goulu, porta la main sur un chevalier de ma bataille. Je m'en allai plaindre au roi. Le roi me dit que je m'en pouvois bien désister, ce lui sembloit, car le sergent n'avoit fait que pousser mon chevalier. Et je lui dis que je ne m'en désisterois pas, et que s'il ne me faisoit droit je laisserois son service, puisque ses sergents battroient mes chevaliers. Il me fit faire droit, et ce droit fut tel, selon les usages du pays, que le sergent vint à ma tente, nu-pieds et en braies, sans autre vêtement, une épée toute nue à la main, et s'agenouilla devant le chevalier, et lui dit : «Sire, » je vous crie merci, de ce que j'ai porté la main » sur vous, et vous ai apporté cette épée, pour » que vous me coupiez le poing, s'il vous plaît. » Je priai le chevalier qu'il lui pardonnât sa mauvaise action, et le chevalier ainsi fit.

263. La quatrième satisfaction fut telle : frère Hugues de Joy, qui étoit maréchal du Temple, fut envoyé au soudan de Damas, de la part du maître du Temple, pour faire en sorte que le soudan consentît à ce qu'une grande terre que le Temple avoit possédée fût partagée par moitié entre le soudan et le Temple. La convention en fut faite ainsi, à la condition que le roi y accorderoit. Et frère Hugues amena un émir de la part du soudan

appeloit montefoy. Le Mestre dit ces choses au Roy, dont le Roy fu forment effraé, et li dit que moult estoit hardi quant il avoit tenu nulles couvenances ne paroles au soudanc, sanz parler à li; et vouloit le Roy que il li feust adrecié. Et l'adrecemen fu tel, que le Roy fist lever les pans de trois de ses pavellons, et la fu tout le commun de l'ost qui venir y volt; et là vint le Mestre du Temple et tout le couvent, tout deschaus parmi l'ost, pource que leur heberge estoit dehors l'ost. Le Roy fist asseoir le Mestre du Temple devant li et le message au soudanc, et dit le Roy au Mestre tout haut : « Mestre, vous direz au message le soudanc, » que ce vous poise que vous avez fait nulles » trèves à li sans parler à moi; et pource que » vous n'en aviés parler à moy, vous le quités » de quanque il vous ot couvent et li rendés » toutes ses couvenances. » Le Mestre prist les couvenances et les bailla à l'Amiral. Et lors dit le Roy au Mestre que il se levast et que il feist lever touz ses freres; et si fist-il. « Or vous » agenouillés et m'amendés ce que vous y estes » alés contre ma volenté. » Le Mestre s'agenoilla et tendit le chief de son mantel au Roy, et abandonna au Roy quanque il avoient à prenre pour s'amende, tele comme il la voudroit deviser : « Et je dis, fist le Roy, tout

de Damas, et apporta la convention par écrit, qu'on appelle *Montefoy*. Le maître dit ces choses au roi, et le roi en fut moult courroucé, et lui dit que il étoit bien hardi de tenir avec le soudan aucune convenances ou paroles sans en parler à lui; et le roi vouloit qu'il lui en fût fait réparation; et la réparation fut telle : le roi fit lever les pans de trois de ses pavillons, et là se trouva tout le commun de l'armée qui y voulut venir; et là vint le maître du Temple et tout le couvent, tous pieds nus, à travers le camp, parce que leur logement étoit hors du camp. Le roi fit asseoir le maître du Temple devant lui, et le messager du soudan, et le roi dit tout haut au maître : « Maître, vous direz au messager du soudan que » vous êtes fâché d'avoir fait nulles trèves avec » lui, sans en parler à moi; et parce que vous » n'en aviez parlé à moi, vous le tenez quitte de » tout ce que vous êtes convenu et lui rendez » toutes ses promesses. » Le maître prit la convention et la bailla à l'émir. Et lors le roi dit au maître de se lever et de faire lever tous ses frères, et le maître ainsi fit. « Or, agenouillez- » vous, reprit le roi, faites-moi satisfaction de ce » que vous êtes allé contre ma volonté. » Le

» premier, que frere Hugue qui a faites les » couvenances, soit banni de tout le royaume » de Jérusalem. « Le Mestre et frere Hugue, compere le Roy du conte d'Alençon qui fu né à Chastel-Pélerin, ne onques la Royne, ne autres, ne porent aidier frere Hue, que il ne li couvenist aidier la Terre-Sainte et du royaume de Jérusalem.

264. Tandis que le Roy fermoit la cité de Cezaire, revindrent les messages d'Egypte à li, et li aporterent la trève tout ainsi comme il est devant dit, que le Roy l'avoit devisée; et furent les couvenances teles du Roy et d'eulz : que le Roy dut aler à une journée qui fu nommée à Japhe; et à celle journée que le Roy dut aler à Japhe, les amiraus d'Egypte devoient estre à Gadre par leur seremens, pour délivrer le royaume de Jérusalem. La trève, tele comme les messages l'avoient aportée, jura le Roy et les riches homes de l'ost, et que par nos saremens nous leur devions aidier encontre le soudan de Damas.

265. Quant le soudanc de Damas sot que nous nous estions aliez à ceulz d'Egypte, il envoia bien quatre mille Turs bien atirés à Gadres, là où ceulz d'Egypte devoient venir; pource que il sot bien que se il pooit venir jusques à nous, que il y pourroient bien perdre. Toutevoiz ne lessa pas le Roy que il ne se must

maître s'agenouilla et tendit le haut de son manteau au roi, et lui abandonna tout ce qu'il avoit pour faire satisfaction, et pour que le roi en ordonnât à sa volonté. « Et je dis, ajouta » le Roi tout d'abord, que frère Hugues, qui » a fait les convenances, soit banni de tout » le royaume de Jérusalem. » Le maître ni frère Hugues, compère du roi, parce qu'il avoit tenu sur les fonts le comte d'Alençon, fils du roi, né au château des Pèlerins, ni onques la reine, ni autres, ne purent obtenir qu'il ne quittât pas la Terre-Sainte, ni le royaume de Jérusalem*.]

264. Tandis que le roi fortifioit la cité de Césarée, les messagers d'Egypte revinrent à lui et lui apportèrent la trève, tout ainsi qu'il a été dit que le roi l'avoit réglée; et les convenances entre le roi et les émirs furent telles, que le roi devoit aller à Jaffa et les émirs à Gadara**, pour lui livrer le royaume de Jérusalem, suivant leurs serments. Le roi et les riches hommes de l'armée jurèrent la trève telle que les messagers l'avoient apportée; et nous devions, par nos serments, aider les émirs contre le soudan de Damas.

265. Quand le soudan de Damas sut que nous nous étions alliés avec ceux d'Egypte, il envoya

---

* Cet acte de justice n'est pas rapporté dans les autres éditions.

** Les autres éditions ne disent point que les émirs dussent venir à Gadara; elles indiquent Jaffa comme rendez-vous commun.

pour aler à Jaffe. Quant le conte Japhe vit que le Roy venoit, il atira son chastel en tel manière que ce sembloit bien estre ville deffendable; car à chascun des carniaus, dont il avoit bien cinq cens, avoit une targe de ses armes et un panoncel; laquelle chose fu bele à regarder, car ses armes estoient d'or à une croiz de gueles patée. Nous nous lojames entour le chastel, aus chans, et environnames le chastel qui siet sur la mer dès l'une mer jusques à l'autre. Maintenant se prist le Roy à fermer un neuf bourc tout entour le viex chastiau, dès l'une mer jusques à l'autre : le Roy meismes y vis-je mainte foiz porter la hote aus fossés, pour avoir le pardon.

266. Les amiraus d'Egypte nous faillirent de couvenances que il nous avoient promises; car ils n'oserent venir à Gadres, pour les gens au soudanc de Damas qui y estoient : toutevoiz nous tindrent il couvenant, en tant que il envoierent au Roy toutes les testes aus crestiens, que il avoient pendues aus murs du chastel de Chaare dès que le conte de Bar et le conte de Monfort furent pris; lesquiex le Roy fist mettre en terre benoite. Et li envoierent aussi les en-

fans qui avoient esté pris quant le Roy fu pris; laquel chose il firent enuis car il s'estoient jà renoiés : et avec ces choses envoierent au Roy un oliphant, que le Roy envoya en France.

267. Tandis que nous sejournions à Jephe, un Amiraut qui estoit de la partie au soudanc de Damas, vint faucillier blez à un kasel à trois lieues de l'ost. Il fu acordé que nous li courrions sus. Quant il nous senti venans, il toucha en fuie. Endementres que il s'en fuoit, un joenne vallet gentilhome se mist à li chacer, et porta deux de ses chevaliers à terre sanz la lance brisier; et l'Amiral feri en tel maniere, que il li brisa le glaive ou cors.

268. Ce message aus amiraus d'Egypte, prièrent le Roy que il leur donnast une journée par quoy il peussent venir vers le Roy, et il y envoyerent sans faute. Le Roy ot conseil que il ne le refuseroit pas, et leur donna journée; et il li orent couvent par leur serement, que il à celle journée seroient à Gadres.

269. Tandis que nous attendions celle journée que le Roy ot donnée aus amiraus d'Egypte, le conte d'Eu qui estoit chevalier vint en l'ost, et amena avec li monseigneur Ernoul

◇×◇ ◇×◇

bien quatre mille Turcs bien montés à Gadara, là où ceux d'Egypte devoient venir, car il savoit bien que s'ils y pouvoient venir, lui pourroit bien y perdre. Toutefois, le roi ne laissa pas que de se mettre en marche pour aller à Jaffa. Quand le comte de Jaffa vit que le roi venoit, il prépara son château de telle manière, qu'il sembloit être une ville en état de défense, car à chacun des créneaux dont il y avoit bien cinq cents, étoit un bouclier à ses armes * et un pannonceau; chose fort belle à voir, ses armes étant d'or à une croix de gueules patée. Nous nous logeâmes autour du château dans les champs, et nous environnâmes le château, nous avançant des deux côtés jusqu'au rivage. Le roi se prit alors à faire autour du vieux château ** un retranchement qui, à droite et à gauche, aboutissoit à la mer. Je vis maintes fois le roi lui-même porter la hotte aux fossés pour gagner le pardon ***.

266. Les émirs d'Egypte manquèrent aux convenances qu'ils nous avoient promises, car ils n'osèrent venir à Gadara, à cause des gens du soudan de Damas qui y étoient; toutefois, ils nous tinrent la convention en tant qu'ils envoyèrent au roi toutes les têtes des chrétiens qu'ils avoient exposées sur les murs du château du Caire,

depuis que le comte de Bar et le comte de Montfort avoient été pris, lesquelles le roi fit mettre en terre bénite. Ils lui envoyèrent aussi les enfants qui avoient été pris quand le roi le fut; ce qu'ils firent bien malgré ces enfants, car ces enfants avoient déjà renié leur foi; et, en outre, ils envoyèrent au roi un éléphant que le roi envoya en France.

267. Tandis que nous séjournions à Jaffa, un émir du soudan de Damas vint faucher les blés d'un bourg, à trois lieues de notre camp. Il fut convenu qu'on lui courroit sus. Quand il nous sentit venir, il se mit en fuite; pendant qu'il s'enfuyoit, un jeune gentilhomme se mit à le poursuivre et porta deux de ses chevaliers à terre sans sa lance briser, puis il frappa l'émir de telle manière, qu'il lui brisa son glaive dans le corps.

268. Des messagers des émirs d'Egypte firent dire au roi qu'il leur assignât un jour où ils pussent venir vers lui, et qu'ils y envoyeroient sans faute. Le roi se décida à ne pas les refuser, et il leur assigna un jour, et ils lui promirent par serment qu'à ce jour ils seroient à Gadara.

269. Tandis que nous attendions le jour que le roi avoit donné aux émirs d'Egypte, le comte d'Eu, qui étoit chevalier, vint au camp et amena

---

* L'édition de Pierre de Rieux et celle de Mesnard, au lieu d'un *bouclier*, portent cinq cents hommes, ce qui est évidemment une erreur.

** Pierre de Rieux met ici un *bourg*, et Mesnard une *bourge*, qui veut dire *redoute*.

*** A la place de cette phrase, les éditions de Pierre de Rieux et de Mesnard portent celle-ci : « Et disoit le roi à ses ouvriers pour leur donner courage, j'ai maintes fois porté la hotte pour gagner le pardon. »

de Guminée le bon chevalier et ses deux freres, li dixieme. Il demoura ou servise le Roy, et au sien le Roy le fist chevalier.

270. En ce point revint le prince d'Anthyoche en l'ost et la princesse sa mere, auquel li Roy fist grant honneur, et le fist chevalier moult honorablement : son aage n'estoit pas de plus que seize ans ; mès onques si sage enfant ne vi. Il requiest au Roy que il loist parler devant sa mere ; le Roy li otroia.

271. Les paroles que il dit au Roy devant sa mere, furent teles : « Sire, il est bien voir que » ma mere me doit encore tenir quatre ans en sa » mainbournie ; mès pour ce n'est-il pas drois » que elle doie lessier ma terre perdre ne décheoir ; et ces choses, Sire, dis-je, pour ce » que la cité d'Anthyoche se perd entre ses » main. Si vous pri, Sire, que vous li priez que » elle me baille de l'argent, parquoy je puisse » aler secourre ma gent qui là sont, et aidier. » Et, Sire, elle le doit bien faire ; car se je de» meure en la cité de Tyrple avec li ce n'iert » pas sans grant despens, et les grans des» pens que je ferai si yert pour nyent faite. »

272. Le Roy l'oy moult volentiers ; et pourchassa de tout son pooir à sa mere comment elle li baillast tant comme le Roy pot traire de li.

Sitost comme il parti du Roy, il s'en ala en Anthyoche, là où il fist moult son avenant. Par le gré du Roy il escartela ses armes, qui sont vermeilles, aus armes de France, pource que li Roys l'avoit fait chevalier.

273. Avec le Prince vindrent trois ménestriers de la grande Hyermenie, et estoient freres ; et en aloient en Jérusalem en pélerinage, et avoient trois cors, dont les voiz des cors leur venoient parmi les visages. Quant il encommençoient à corner, vous deissiez que ce sont les voiz des cynes qui se partent de l'estanc ; et fesoient les plus douces mélodies et les plus gracieuses, que c'estoit merveilles de l'oyr. Il fesoient trois merveilleus saus ; car en leur metoit une touaille desous les piez et tournoient tout en estant, si que leur piez revenoient tout en estant sur la touaille ; les deux tournoient les testes arieres, et l'ainsné aussi ; et quant en li fesoit tourner la teste devant, il se seignoit, car il avoit paour que il ne se brisast le col au tourner.

274. Pour ce que bone chose est que la maniere du conte de Brienne, qui fu conte de Jaffe par pluseurs années, et par sa vigour il la deffendi grant temps, et vivoit grant partie de ce que il gaaingnoit sur les Sarrazins et sur les

───

avec lui monseigneur Arnoul de Guminée, le bon chevalier, et ses deux frères, lui dixième ; il demeura au service du roi et le roi le fit chevalier.

270. En ce temps, le prince d'Antioche vint au camp avec la princesse sa mère ; le roi lui fit grand honneur et le fit chevalier moult honorablement. Il n'étoit pas âgé de plus de seize ans ; mais je ne vis oncques enfant si sage ; il demanda au roi de l'entendre devant sa mère, le roi le lui octroya.

271. Les paroles qu'il dit au roi devant sa mère furent telles : « Sire, il est bien vrai que » ma mère me doit encore tenir quatre ans en sa » tutelle, mais pour cela, n'est-il pas juste qu'elle » doive laisser perdre ni déchoir ma terre, et je » dis ces choses, Sire, parce que la cité d'Antioche » se perd entre ses mains. Ainsi, je vous prie, Sire, » que vous la priiez qu'elle me baille de l'argent, » avec quoi je puisse aller secourir et aider mes » gens qui y sont ; et, Sire, elle le doit bien faire, » car si je demeure en la cité de Tripoli avec » elle, ce ne sera pas sans grandes dépenses, et » les grandes dépenses que je ferai seront faites » pour rien. »

272. Le roi l'ouït moult volentiers et fit tant auprès de sa mère, qu'elle bailla ce qu'on lui demandoit. En quittant le roi, le jeune prince s'en alla à Antioche, là où il fit moult son avenant. Du gré du roi, il écartela ses armes qui sont vermeilles, aux armes de France, parce que le roi l'avoit fait chevalier.

273. [Avec le prince, vinrent trois ménétriers de la grande Arménie, tous trois frères, et ils alloient à Jérusalem en pélerinage ; ils avoient trois cors dont les voix * leur venoient dans le visage. Quand ils commençoient à corner, vous eussiez dit que c'étoient les voix de cygnes qui partent d'un étang ; ils faisoient des mélodies si douces et si gracieuses, que c'étoit merveille de les ouïr. Tous trois faisoient sauts merveilleux, car on leur mettoit une toile sous les pieds, et ils tournoient tout debout, si bien que leurs pieds revenoient tout debout sur la toile ; deux tournoient la tête en arrière, et l'aîné aussi ; et quand on lui faisoit tourner la tête devant, il se signoit, car il avoit peur de se briser le cou en tournant **.]

274. Nous dirons comme bonne chose à raconter, que le comte de Brienne, qui fut comte de Jaffa pendant plusieurs années, et défendit cette ville par sa vigueur pendant long-temps, vivoit en grande partie de ce qu'il gagnoit sur les Sarrasins et sur les ennemis de la foi. Or, il advint une fois qu'il déconfit une grande quantité de Sarrasins qui menoient grande foison de draps d'or et de soie qu'il gagna tous, et quand il les eut gagnés, il les distribua à Jaffa à ses cheva-

* Espèce de cors de chasse.
** Ces détails ne se lisent point dans les autres éditions.

ennemis de la Foy; dont il avin une foiz que il desconfit une grant quantité de Sarrazins qui menoient grant foison de dras d'or et de soie, lesquiex il gaaingna touz; et quant il les ot gaaingnés, à Jaffe il départi tout à ses chevaliers, que onques riens ne li en demoura. Sa maniere estoit tele, que quant il estoit parti de ses chevaliers il s'enclooit en sa chapelle, et estoit longuement en oroisons avant que il alast le soir gésir avec sa femme, qui moult fu bone dame et sage, et seur au roy de Cypre.

275. L'Empereur de Perse qui avoit non Barbaquan, que l'un des princes avoit desconfit, si comme j'ai dit devant, s'en vint à tout ost, ou royaume de Jérusalem, et prist le chastel de Tabarie, que monseigneur Huedes de Monbeliart le connestable avoit fermé, qui estoit seigneur de Tabarie de par sa femme. Moult grant doumage firent à nostre gent; car il destruit quantque il trouvoit hors chastel pélerin; et dehors Acre, et dehors le Saffar et dehors Jaffe aussi; et quant il ot fait ces doumages il se traït à Gadres, encontre le soudanc de Babiloine qui là devoit venir, pour grever et nuire à nostre gent. Les barons du pays orent conseil et le Patriarche, que il se iroient à li, avant que le soudanc de Babiloine deust venir. Et pour eulz aidier, il envoierent querre le soudanc de la Chamelle, l'un des meilleurs chevaliers qui feust en toute paiennime, auquel il firent si grant honneur en Acre, que il li estendoient les dras d'or et de soie par où il devoit aler. Il en vindrent jusques à Jaffe, nos gens et le Soudanc avec eulz. Le Patriarche tenoit escommunié le conte Gautier, pource que il ne li vouloit rendre une tour que il avoit en Jaffe, que l'en appeloit la tour le Patriarche. Nostre gent prierent le conte Gautier que il alast avec eulz pour combattre à l'empereur de Perse; et il dit que si feroit-il volentiers, mèz que le Patriarche l'absousist jusques à leur revenir. Onques le Patriarche n'en voult riens faire; toutevoiz s'esmut le conte Gautier et en ala avec eulz. Nostre gent firent trois batnilles, dont le conte Gautier en ot une, le soudanc de la Chamelle l'autre, et le Patriarche et ceulz de la terre l'autre; en la bataille au conte de Brienne furent les Hospitaliers. Ils chevaucherent tant que il virent leur ennemis aus yex. Maintenant que nostre gent les virent ils s'aresterent, et cil et les ennemis firent trois batailles aussi. Endementres que les Coruins arréoient leur batailles, le conte Gautier vint à nostre gent, et leur escria : « Seigneur, pour » Dieu alons à eulz; que nous leur donnons sens, » pource que nous nous sommes arestés. » Ne onques n'i ot nul qui me vousist croire. Quant le conte Gautier vist ce, il vint au Patriarche et li requist absolucion en la maniere desus-dite;

liers, de sorte que rien oncques ne lui resta. Sa manière étoit telle, que, lorsqu'il quittoit ses chevaliers, il s'enfermoit dans sa chapelle et étoit longuement en oraison avant qu'il allât le soir coucher avec sa femme, qui moult fut bonne dame et sage, et sœur du roi de Chypre.

275. L'empereur de Perse, qui avoit nom Barbacan, que l'un des princes tartares avoit déconfi, comme j'ai devant dit, s'en vint avec toute son armée au royaume de Jérusalem, et prit le château de Tabarie * que monseigneur Eudes de Montbéliard, le connétable, avoit fortifié, lequel étoit seigneur de Tabarie par sa femme. Barbacan fit à nos gens moult de dommages, car il détruisit tout ce qu'il trouva, hors le château des pélerins, Acre, Saphat et Jaffa; et quand il eut fait ces dommages, il se retira de Gadara, vers le soudan de Babylone qui y devoit venir pour grever notre gent et lui nuire. Les barons du pays et le patriarche décidèrent qu'ils iroient à lui, avant que le soudan de Babylone fût venu; et, pour les aider, ils envoyèrent quérir le soudan de la Chamelle (Emesse), l'un des meilleurs chevaliers qui fût dans toute la paiennie; ils lui firent si grand honneur à Acre, qu'ils étendirent des draps d'or et de soie par où il devoit passer Ils s'en vinrent jusqu'à Jaffa, et le soudan avec eux; le patriarche tenoit pour excommunié le comte Gautier, parce que celui-ci ne lui vouloit rendre une tour qu'il avoit à Jaffa, et qu'on appeloit la tour du Patriarche. Nos gens prièrent le comte Gautier qu'il allât avec eux pour combattre l'empereur de Perse, et le comte dit que le feroit-il volontiers, mais que le patriarche le tînt pour absous jusqu'au retour. Le patriarche n'en voulut oncques rien faire; toutefois, le comte Gautier partit et s'en alla avec eux. Nos gens firent trois batailles dont le comte Gautier en eut une, le soudan de la Chamelle, l'autre, et le patriarche et ceux du pays, la troisième. En la bataille du comte de Brienne étoient les Hospitaliers; ils chevauchèrent jusqu'à ce qu'ils vissent les ennemis, et, sitôt que nos gens les virent, ils s'arrêtèrent, et les ennemis firent aussi trois batailles. Pendant que les Coremins (Carismiens) disposoient leurs batailles, le comte Gautier vint à nos gens et leur cria : « Seigneurs, » pour Dieu, allons à eux, car nous leur donnons » courage pendant que nous sommes arrêtés; » et nul ne le voulut croire. Quand le comte Gautier vit cela, il vint au patriarche et lui demanda l'absolution en la manière susdite; oncques le pa-

* Tibériade.

onques le Patriarche n'en voult riens faire. Avec le conte de Brienne avoit un vaillant clerc qui estoit évesques de Rames, qui maintes beles chevalerie avoit faites, en la compaignie le Conte; et dit au Conte : « Ne troublés pas vostre » conscience quant le Patriarche ne vous ab- » soult, car il a tort et vous avés droit, et je » vous absoil en non du Père et du Fils et du » Saint-Esperit : alons à eulz. » Lors ferirent des esperons et assemblerent à la bataille l'empereour de Perse, qui estoit la dareniere. Là ot trop grant foison de gens mors d'une part et d'autre, et là fu pris le conte Gautier, car toute nostre gent s'enfuirent si laidement que il y en ot pluseurs qui de desesperance se noièrent en la mer.

276. Cette desesperance leur vint pource que une des batailles l'empereour de Perse assembla au soudanc de la Chamelle, lequel se deffendi tant à eulz, que de deux mille Turs que il y mena, il ne l'en demoura que quatorze-vingts quant il se parti du champ.

277. L'Empereur prist conseil que il iroit assiéger le Soudanc dedans le chastel de Chamelle, pource que il leur sembloit que il ne se deust pas longuement tenir à sa gent que il avoit perdue. Quand le Soudanc vit ce, il vint à sa gent et leur dit que il se iroit combatre à eulz; car se il se lessoit asségier, il seroit perdu. Sa besoigne atira en tel maniere, que toute sa gent qui estoient mal armée, il les envoia par une valée mal couverte, et sitost comme il oirent ferir les tabours le Soudanc, il se ferirent en l'ost l'Empereur par darieres, et se pristrent à occire les femmes et les enfans. Et sitost comme l'Empereur, qui estoit issu aus chans pour combatre au Soudanc que il véoit aus yex, oy le cri de sa gent, il retourna en son ost pour secourir leur femmes et leur enfans; et le Soudanc leur courut sus, il et sa gent; dont il avint si bien, que de vingt-cinq mille que il estoient, il ne leur demoura homme ne femme.

278. Avant que l'empereur de Perse alast devant la Chamelle, il amena le conte Gautier devant Jaffe; et le pendirent par les bras à unes fourches, et li dirent que il ne le despenderoient point, jusques à tant que il auroient le chastel de Jaffe. Tandis que il pendoit par les bras, il escria à ceulz du chastel que pour mal que il li feissent, que il ne rendissent la ville, et que se il la rendoient, il meismes les occiroit.

279. Quant l'Empereur vit ce, il envoia le conte Gautier en Babiloine et en fist présent au Soudanc, et du Mestre de l'Ospital, et de plu-

---

triarche n'en voulut rien faire. Avec le comte de Brienne étoit un vaillant clerc qui étoit évêque de Ramla, qui avoit fait maintes belles chevaleries dans la compagnie du comte; il lui dit : « Ne troublez pas votre conscience, de ce que le » patriarche ne vous absout, car il a tort et vous » avez droit, et je vous absous au nom du Père et » du Fils et du Saint-Esprit; allons à eux. » Lors, ils donnèrent des éperons et attaquèrent la bataille de l'empereur de Perse qui étoit la dernière. Là, il y eut trop grande foison de gens tués de part et d'autre, et là fut pris le comte Gautier, car toute notre gent s'enfuit si laidement, qu'il y en eut plusieurs qui, de désespoir, se noyèrent en la mer *.

276. Ce désespoir leur vint, parce qu'une des batailles de l'empereur de Perse attaqua le soudan de la Chamelle, lequel se défendit tant contre eux, que de deux mille Turcs qu'il y mena, il ne lui en resta que quatre-vingts quand il quitta le champ de bataille.

277. L'empereur se décida à aller assiéger le soudan dans le château de la Chamelle, parce qu'il lui sembloit qu'il ne dût pas long-temps tenir avec les troupes qui lui restoient. Quand le soudan vit cela, il vint à ses gens et leur dit qu'il iroit combattre l'empereur, car s'il se laissoit assiéger, il seroit perdu. Il disposa tellement son affaire, qu'il envoya tous ses gens, qui étoient mal armés, par une vallée couverte, et sitôt qu'ils ouïrent battre les tambours du soudan, ils se portèrent sur les derrières de l'armée de l'empereur, et se mirent à occire les femmes et les enfants; et, dès que l'empereur, qui étoit sorti aux champs pour combattre le soudan qu'il voyoit, entendit les cris de sa gent, il retourna pour secourir les femmes et les enfants, et le soudan lui courut sus lui et ses gens; et il en advint si bien, que de vingt-cinq mille Coremins qu'ils étoient, il ne leur demeura hommes ni femmes.

278. Avant que l'empereur de Perse fût allé devant la Chamelle, il avoit mené le comte Gautier devant Jaffa; il le fit suspendre par les bras à une fourche, et fit dire aux habitants qu'il ne le dépendroit que lorsqu'il auroit Jaffa. Tandis que le comte étoit suspendu par les bras, il crioit à ceux du château, que, quelque mal qu'on lui fît, ils ne rendissent la ville, et que, s'ils la rendoient, eux-mêmes seroient occis.

279. Quand l'empereur vit cela, il envoya le comte Gautier à Babylone, et en fit présent au soudan, ainsi que du maître de l'Hôpital et de plusieurs prisonniers qu'il avoit pris. Ceux qui menèrent le comte à Babylone étoient bien trois cents; et ceux-là ne furent pas occis, quand l'empereur fut tué devant la Chamelle. [Et ces Co-

---

* Voyez l'*Histoire des Croisades*, t. IV.

seurs prisonniers que il avoit pris. Ceulz qui menerent le conte en Babiloinne estoient bien trois cens, et ne furent pas occis quant l'Empereur fu mort devant la Chamelle. Et ces Coremins assemblerent à nous le vendredi que il nous vindrent assaillir à pié. Leur banieres estoient vermeilles et estoient endoncées juesques vers les lances, et sur leur lances avoient testes faites de cheveus qui sembloient testes de dyables.

280. Pluseurs des marcheans de Babiloinne crioient après le Soudanc, que il leur feist droit du conte Gautier, des grans doumages que il leur avoit faiz ; et le Soudanc leur abandonna que il s'alassent venger de li. Et il l'alerent occire en la prison et martyrer, dont nous devons croire que il est ès cielx ou nombre des martirs.

281. Le soudanc de Damas prist sa gent qui estoient à Gadres, et entra en Egypte. Les Amiraus se vindrent combatre à li. La bataille du Soudanc desconfist les Amiraus, à qui il assembla ; et l'autre bataille des Amiraus d'Egypte desconfist l'arriere bataille du Soudanc de Damas. Aussi s'en vint le Soudanc de Damas arriere à Gadres, navré en la teste et en la main. Ainsi avant que il se partirent de Gadres, envoierent les Amiraus d'Egypte leur messages et firent paiz à li, et nous faillirent de toutes nos couvenances, et feumes de lors en avant que nous n'eumes ne trèves ne pèz ne à ceulz de Damas ne à ceulz de Babiloine. Et sachez que quant nous estions le plus de gens à armes, nous n'estions nullefoiz plus de quatorze cens.

282. Tandis que le Roy estoit en l'ost devant Jaffe, le Mestre de saint Ladre ot espié de lez Rames à trois grans lieues, bestes et autres choses, là où il cuidoit fère un grant gaaing, et il qui ne tenoit nul conroy en l'ost, aincois fesoit sa volenté en l'ost, sanz parler au Roy ala là. Quant il ot aqueilli sa praie, les Sarrazins li coururent sus et le desconfirent en tel maniere, que de toute sa gent que il avoit avec li en sa bataille, il n'en eschapa que quatre. Sitost comme il entra en l'ost, il commença à crier aus armes. Je m'alai armer et prié au Roy que il me lessast aler là ; et il m'en donna congé, et me commanda que je menasse avec moy le Temple et l'Ospital. Quant nous venimes là, nous trouvames que autres Sarrazins estranges estoient embatus en la valée là où le Mestre de saint Ladre avoit esté desconfit. Ainsi comme ces Sarrazins estranges regardoient ces mors, les Mestre des arbalestriers le Roy leur coururent sus, et avant que nous venissiens là, nostre gent les orent desconfiz et pluseurs en occirent.

⋄⋈⋄

remus, qui avoient ainsi survécu, s'assemblèrent contre les nôtres un vendredi, et les vinrent assaillir à pied. Leurs bannières étoient vermeilles et étoient édentées jusqu'aux lances, et sur leurs lances étoient des têtes de chevaux qui sembloient têtes de diable [*].

280. Plusieurs des marchands de Babylone crièrent au soudan de leur faire justice du comte Gautier, pour les grands dommages qu'il leur avoit faits : et le soudan le leur abandonna pour qu'ils se vengeassent de lui, et ils allèrent l'occire et martyriser dans sa prison : d'où nous devons croire qu'il est aux cieux au nombre des martyrs.

281. Mais revenons à notre sujet. Le soudan de Damas prit ses gens qui étoient à Gadara, et entra en Egypte. Les émirs vinrent le combattre ; la bataille du soudan déconfit les émirs qu'il attaqua ; et l'autre bataille des émirs d'Egypte déconfit l'arrière-bataille du soudan de Damas. Aussi le soudan de Damas s'en revint à Gadara, blessé à la tête et à la main. Avant de se retirer, les émirs lui envoyèrent des messagers et firent la paix avec lui, et ne tinrent aucune des promesses qu'ils nous avoient faites, de telle sorte que nous n'eûmes ni paix ni trève, ni avec ceux de Damas, ni avec ceux de Babylone, et sachez que quand nous étions le plus de gens en armes, nous n'étions pas plus de quatorze cents.

282. [Tandis que le roi étoit à l'armée devant Jaffa, le maître de Saint-Lazare avoit surpris près de Ramla, à trois grandes lieues du camp, des bêtes et autres choses, là où il croyoit faire un grand gain ; et lui qui ne gardoit aucun ordre dans l'armée, mais y faisoit sa volonté, y alla sans parler au roi. Comme il ramenoit son butin, les Sarrasins lui coururent sus et le déconfirent de telle manière, que de tous les gens qu'il avoit avec lui, il n'en échappa que quatre. Sitôt qu'il entra au camp, il commença à crier aux armes. J'allai m'armer et priai le roi qu'il me laissât aller là ; il m'en donna congé, et me commanda de mener avec moi les Templiers et les Hospitaliers. Quand nous vînmes là, nous trouvâmes d'autres Sarrasins étrangers qui étoient entrés dans la vallée où le maître de Saint-Lazare avoit été déconfi. Comme ces Sarrasins étrangers regardoient ces morts, le maître des arbalétriers du roi leur courut sus ; et avant que nous vinssions là, nos gens les eurent déconfis et en occirent plusieurs.

283. Un sergent du roi et un des Sarrasins se portèrent à terre l'un l'autre d'un coup de lance. Un autre sergent du roi voyant cela, prit les deux

---

[*] Ce passage de Joinville, d'ailleurs très-obscur, ne se trouve point dans les autres éditions.

283. Un serjant le Roy et un des Sarrazins s'i porterent à terre l'un l'autre de cop de lance. Un serjans le Roy quant il vit ce, il prist les deux chevaus et les emmenoit pour embler; et pource que l'en ne le veist, il se mist parmi les miralcs de la cité de Rames. Tandis que il les enmenoit, une vielz citerne sur quoi il passa, li fondi desous, li trois cheval et il alerent au fons, et en le me dit; je y alai véoir, et vi que la citerne fondoit encore sous eulz et que il ne failloit guères que il ne feussent touz couvers. Ainsi en revenimes sanz riens perdre, mès que ce que le Mestre de saint Ladre y avoit perdu.

284. Sitost comme le soudanc de Damas fu apaisiés à ceulz d'Egypte, il manda sa gent qui estoient à Gadres, que il en revenissent vers li; et si firent-il, et passerent par-devant nostre ost à moys de deux lieues; ne onques ne nous oserent courre sus, et si estoient bien vingt mille Sarrazins et dix mille Béduyns. Avant que il venissent endroit nostre ost, les garderent le Mestre des arbalestriers le Roy et sa bataille trois jours et trois nuits, pource que il ne se ferissent en nostre ost despourveument.

285. Le jour de la saint Jehan qui estoient après Pasques, oy le Roy son sermon. Tandis que l'en sermonoit, un serjans du Mestre des arbalestriers entra en la chapelle le Roy tout armé, et li dit que les Sarrazins avoient enclos le Mestre arbalestrier. Je requis au Roy que il m'y lessast aler, et il m'otria, et me dit que je menasse avec moy jusques à quatre cens ou cinq cens homes d'armes, et les me nomma ceulz que il voult que je menasse. Sitost comme nous issimes de l'ost, les Sarrazins qui estoient mis entre le Mestre des arbalestriers et de l'ost, s'en alerent à un Amiral qui estoit en un tertre devant la Mestre des arbalestriers à tout bien mil homes à armes. Lors commença le hutin entre les Sarrazins et les serjans au Mestre des arbalestriers, dont il y avoit bien quatorzevingts; car à l'une des foiz que l'Amiraut véoit que sa gent estoient prise, il leu renvoioit secours et tant de gent, que il metoient nos serjans jusques en la bataille au Mestre : quant le Mestre véoit que sa gent estoient prisée, il leur envoioit cent ou six vingts homes d'armes qui les remettoient jusques en la bataille l'Amiral.

286. Tandis que nous estions là, les Légas et les barons du pays, qui estoient demourez avec le Roy, disent ou Roy que il fesoit grant folie quant il me metoit en aventure, et par leur conseil le Roy me renvoia querre, et

⋄⋄⋄

chevaux et les emmena pour les dérober ; et afin qu'on ne le vît, il se mit parmi les murailles de Ramla. Tandis qu'il les emmenoit, une vieille citerne sur laquelle il passoit s'écroula sous lui, et lui et ses trois chevaux allèrent au fond. On me le dit ; j'y allai voir, et je vis que la citerne s'écrouloit encore sous eux, et qu'il ne s'en falloit guère qu'ils ne fussent tout couverts. Ainsi nous nous en revînmes sans rien perdre, sinon ce que le maître de Saint-Lazare avoit perdu*.]

284. Sitôt que le soudan de Damas eut fait sa paix avec ceux d'Egypte, il manda ses gens qui étoient à Gadara pour qu'ils revinssent à lui, et ainsi firent-ils, et ils passèrent devant notre camp à moins de deux lieues, et onques ne nous osèrent courir sus ; ils étoient bien vingt mille Sarrasins et dix mille Bédouins. Avant qu'ils vinssent vis-à-vis notre camp, le maître des arbalétriers et sa bataille veillèrent trois jours et trois nuits pour qu'ils ne se portassent pas sur notre camp au dépourvu.

285. Le jour de la Saint-Jean, qui est après Pâques, le roi entendit son sermon. Tandis qu'on prêchoit, un sergent du maître des arbalétriers entra dans la chapelle du roi tout armé, et lui dit que les Sarrasins avoient enveloppé le maître

⋄⋄⋄

arbalétrier. Je demandai au roi qu'il m'y laissât aller, et il me l'octroya, et me dit de mener avec moi jusqu'à quatre ou cinq cents hommes d'armes, et me nomma ceux qu'il vouloit que j'emmenasse. Sitôt que nous fûmes sortis du camp, les Sarrasins qui s'étoient mis entre le maître des arbalétriers et le camp, s'en allèrent à un émir qui étoit sur un tertre devant le maître des arbalétriers avec bien mille hommes d'armes. Lors commença le choc entre les Sarrasins et les sergents du maître des arbalétriers dont il y avoit bien quatorze vingts ; car à chaque fois que l'émir voyoit que ses gens étoient pressés, il leur envoyoit du secours et tant de gens qu'ils repoussoient nos sergents jusques à la bataille du maître ; et quand le maître voyoit que ses gens étoient pressés, il leur envoyoit cent ou six vingts hommes qui les repoussoient jusqu'à la bataille de l'émir.

286. Tandis que nous étions là, les légats et les barons du pays, qui étoient demeurés avec le roi, dirent au roi qu'il faisoit grande folie de me mettre en aventure, et par leur conseil le roi me renvoya quérir, et le maître des arbalétriers aussi. Les Turcs s'éloignèrent de là et nous revînmes au camp.

287. Moult de gens s'émerveillèrent de ce que les ennemis ne fussent venus nous combattre, et aucuns dirent qu'ils ne l'avoient fait que parce

* Ce faits manquent dans les autres éditions.

le Mestre des arbalestriers aussi. Les Turs se départirent de là, et nous revenimes en l'ost.

287. Moult de gens se merveillerent quant il ne se vindrent combatre à nous, et aucune gens distrent que il ne le lesserent fors que pour tant que il et leur chevaus estoient touz affamés à Gadres, là où il avoit sejourné près d'un an.

288. Quant ces Sarrazins furent partis de devant Jaffe, il vindrent devant Acre et manderent le seigneur de Larsur, qui estoit connestable du royaume de Jérusalem, que il destruiroient les jardins de la ville se il ne leur envoioit cinquante bezans; et il leur manda que il ne leur en envoieroit nulz. Lors firent leur batailles ranger et s'en vindrent tout le sablon d'Acre si près de la ville, que l'en y traisist bien d'un arbalestre à tour. Le sire d'Arsur issi de la ville et se mist ou Mont Saint, là où le cymetere saint Nicholas est, pour deffendre les jardins.

289. Nos serjans à pié issirent d'Acre, et commencierent à hardier à eulz et d'arcz et d'arbalestres.

290. Le sire d'Arsur appela un chevalier qui avoit à non monseigneur Jehan le Grant, et li commanda que il alast retraire la menue gent qui estoient issus de la ville d'Acre, pource que il ne se meissent en péril.

◇◇◇

qu'eux et leurs chevaux étoient tous affamés à Gadara, là où ils avoient séjourné un an.

288. Quand ces Sarrasins furent partis de devant Jaffa, ils vinrent devant Acre et mandèrent au seigneur d'Arsur, qui étoit connétable du royaume de Jérusalem, qu'ils détruiroient les jardins de la ville s'il ne leur envoyoit cinquante mille besants. Celui-ci leur répondit qu'il ne leur en enverroit aucun. Lors les Sarrasins rangèrent leurs batailles et s'en vinrent le long du rivage de la mer, si près d'Acre qu'on y auroit bien tiré une arbalète du haut des tours. Le seigneur d'Arsur sortit de la ville et se mit au mont Saint-Jean, là où est le cimetière Saint-Nicolas *, pour défendre les jardins.

289. Nos sergents à pied sortirent d'Acre et commencèrent à harceler les ennemis d'arcs et d'arbalètes.

290. Le seigneur d'Arsur appela un chevalier génois, qui avoit nom monseigneur Jean Le Grant, et lui commanda d'aller retirer le menu peuple qui étoit sorti de la ville d'Acre, pour qu'il ne se mît en péril.

291. Tandis que le chevalier les ramenoit, un Sarrasin lui commença à crier en sarrasinois qu'il joûteroit avec lui s'il vouloit, et le chevalier lui dit qu'ainsi feroit-il volontiers. Pendant qu'il al-

291. Tandis que il les ramenoit arieres, un Sarrazins li commença à escrier en sarrazinnois, que il jousteroit à li se il vouloit; et celi li dit que si feroit-il volentiers. Tandis que monseigneur Jehan aloit vers le Sarrazin pour jouster, il regarda sus sa main senestre; si vit un tropiau de Turs, là où il y en avoit bien huit, qui c'estoient arrestez pour veoir la jouste. Il lessa la jouste du Sarrazin à qui il devoit jouster, et ala au tropel de Turs qui se tenoient tout quoi pour la jouste regarder, et en feri un parmi le cors de sa lance et le geta mort. Quant les autres virent ce, il li coururent sus endementre que il revenoit vers nostre gent, et l'un le fiert grant cop d'une mace sur le chapel de fer; et au passer que il fist, monseigneur Jehan li donna de s'epée sur une touaille dont il y avoit sa teste entorteillée, et li fist la touaille voler enmi les champs. Il portoient lors les touailles quant il se vouloient combatre, pource que elles recoivent un grant coup d'espée. L'un des autres Turs feri des esperons à li, et li vouloit donner de son glaive parmi les espaules; et monseigneur Jehan vit le glaive venir, si guenchi: au passer que le Sarrazin fist, mon seigneur Jehan li donna arieres main d'une espée parmi les bras, si que li il fist son glaive voler enmi les chans. Et ainsi s'en revint et ramena sa gent à pié; et ces trois biaus cops fist-il devant le seigneur d'Arsur et les riches

◇◇◇

loit au Sarrasin pour joûter, il regarda sur sa gauche et vit une troupe de Turcs qui étoient bien huit, et qui s'étoient arrêtés pour voir la joûte; il laissa le Sarrasin avec lequel il devoit joûter et alla au troupeau de Turcs qui se tenoient tout coi pour la joûte regarder, et il en frappa un au milieu du corps avec sa lance et le jeta mort. Quand les autres virent cela, ils lui coururent sus pendant qu'il revenoit vers nos gens, et l'un le frappa d'un grand coup de masse sur son chapel de fer, et comme celui-ci se détournoit, monseigneur Jean lui donna de son épée sur une toile ** dont il avoit la tête entortillée, et fit voler sa toile dans les champs. Les Sarrasins portoient alors des toiles quand ils vouloient combattre, parce qu'elles servent à parer les coups d'épée. L'un des autres Turcs piqua des éperons contre le chevalier et lui voulut donner de son glaive dans les épaules. Monseigneur Jean vit le glaive venir et l'esquiva, et quand le Sarrasin passa, il lui donna d'un revers de main un coup d'épée sur le bras, tellement qu'il fit voler son glaive dans les champs, et ainsi s'en revint et ramena ses gens à pied; et ces trois

---

* Ce cimetière existe encore. Voir les descriptions d'Acre et des alentours, dans la *Correspondance d'Orient*.
** Turban.

homes qui estoient en Acre, et devant toutes les femmes qui estoient sus les murs pour veoir celle gent.

292. Quant celle grant foyson de gent Sarrazins qui furent devant Acre et n'oserent combatre à nous, aussi comme vous avez oy, ne à ceulz d'Acre, il oirent dire, et vérité estoit, que le Roy fesoit fermer la cité de Sayete et à pou de bones gens, se traïtrent en celle part. Quant monseigneur Symon de Monceliart, qui estoit mestre des arbalestriers le Roy et chevetain de la gent le Roy à Saiete, oy dire que ceste gent venoient, se retraït ou chastel de Saiete, qui est moult fort et enclos est de la mer en touz senz; et ce fist-il, pource que il véoit bien que il n'avoit pooir à eulz. Avec li rèceta ce que il pot de gent; mais pou en y ot, car le chastel estoit trop estroit. Les Sarrazins se ferirent en la ville, là où il ne trouverent nulle deffense, car elle n'estoit pas toute close. Plus de deux mille personnes occirent de nostre gent; a tout le gaaing que il firent là, s'en alerent en Damas.

293. Quant le Roy oy ces nouvelles, moult en fu courroucié se amender le peust; et aus barons du pays en fu moult bel, pource que le Roy vouloit aler fermer un tertre là où il y ot jadis un ancien chastel au tens des Machabiex. Ce chastel siet ainsi comme l'en va de Jaffe en Jérusalem. Les barons d'Outremer se descordèrent du chastel refermer, pource que c'estoit loing de la mer à cinq lieues; parquoy nulle viande ne nous peut venir de la mer que les Sarrazins ne nous tollissent, qui estoient plus fort que nous n'estions. Quant ces nouvelles vindrent en l'ost de Sayette que le bourc qui estoit destruis, et vindrent les barons du pays au Roy, et li distrent que il li seroit plus grant honneur de refermer le bourc de Sajette que les Sarrazins avoient abatu, que de faire une frteresse nouvelle; et le Roy s'accorda à eulz.

294. Tandis que le Roy estoit à Jaffe, l'en li dit que le soudanc de Damas li soufferroit bien à aler en Jérusalem par bon asseurement. Le Roy en ot grant Conseil; et la fin du Conseil fu tel que nulz ne loa le Roy que il y alast, puisque il couvenist que il lessast la cité en la main des Sarrazins.

<hr />

beaux coups fit-il devant le seigneur d'Arsur et les riches hommes qui étoient à Acre, et devant toutes les femmes qui étoient sur les murs pour voir ces troupes.

292. Quand cette grande foison de Sarrasins qui étoient devant Acre sans oser nous combattre ni nous ni ceux de la ville, comme vous l'avez ouï, eurent appris, et c'étoit la vérité, que le roi faisoit fortifier la cité de Sayette (Sidon), avec peu de bonnes troupes, ils se dirigèrent de ce côté. Monseigneur Symon de Montceliard, maître des arbalétriers du roi* et commandant de la gent du roi à Sayette, ayant ouï dire que les Sarrasins approchoient, se retira au château de Sayette qui est moult fort et enfermé de la mer de tous côtés, et ce fit-il parce qu'il voyoit bien qu'il n'avoit pouvoir de leur résister; avec lui, il retira ce qu'il put de gens; mais il y en eut peu, car le château étoit trop étroit. Les Sarrasins se portèrent dans la ville, là où ils ne trouvèrent nulle défense, car elle n'étoit pas close. Ils y occirent plus de deux mille personnes. Avec tout le butin qu'ils firent, ils s'en allèrent à Damas.

293. Quand le roi ouït ces nouvelles, il en fut moult courroucé, parce qu'il ne pouvoit réparer cette perte**. Mais les barons du pays en furent moult joyeux, parce que le roi vouloit aller fortifier un tertre là où il y eut jadis un ancien château, du temps des Machabées***. Ce tertre est sur le chemin de Jaffa à Jérusalem. Les barons d'outre-mer ne furent pas d'avis de le fortifier de nouveau, parce qu'il étoit à cinq lieues**** de la mer; et parce que nulle provision ne nous pouvoit venir de la mer que les Sarrasins ne l'enlevassent, car ils étoient plus forts que nous n'étions. Quand ces nouvelles de Sayette arrivèrent à l'armée et qu'on sut que le bourg étoit détruit, les barons du pays vinrent trouver le roi et lui dirent qu'il se feroit plus grand honneur de fortifier de nouveau le bourg de Sayette que les Sarrasins avoient abattu, que de faire une forteresse nouvelle, et le roi s'accorda à cela avec eux.

294. Tandis que le roi étoit à Jaffa, on lui dit que le soudan de Damas souffriroit bien qu'il allât à Jérusalem et avec sûreté. Le roi tint à ce sujet grand conseil, et la fin du conseil fut telle que nul ne conseilla au roi d'y aller, parce qu'il lui faudroit laisser la cité dans les mains des Sarrasins.

<hr />

* Les autres éditions ne nomment point ce commandant de Sayette, et disent que ce fut le roi lui-même et le maître de l'artillerie qui se retirèrent au château. Mais c'est une erreur, le roi était encore à Jaffa, comme on le voit plus bas dans les mêmes éditions.
** Voyez le tome V de la *Correspondance d'Orient.*
*** Pierre de Rieux nomme cet endroit *Tala*, ou plutôt *Kala*, qui, dans la langue arabe, veut dire château.

**** C'est l'ancien château de Modin souvent cité dans la Bible. Il est situé au sud de la vallée et du village de Jérémie, sur une haute montagne, à trois lieues de Jérusalem. On n'en voit plus que les ruines. (Voyez *Correspondance d'Orient*, t. V.
***** Il y a ici erreur. Il y a pour neuf heures de chemin à la mer.

292. L'en en moustra au Roy un exemple qui fu tel, que quant le grant roy Phelippe se parti de devant Acre pour alar en France, il lessa toute sa gent demourer en l'ost avec le duc Hugon de Bourgoingue, l'aieul cesti duc qui est mort nouvellement. Tandis que le Duc séjournoit à Acre, et le roy Richart d'Angleterre aussi, nouvelles leur vindrent que il pooient prenre lendemain Jérusalem se il vouloient, pource que touje la force de la chevalerie le soudanc de Damas s'en estoit alée vers li pour une guerre que il avoit à un autre soudan. Il atirèrent leur gent, et fist le roy d'Angleterre la première bataille, et le duc de Bourgoingne l'autre après, à tout les gens le roy de France. Tandis que il estoient à esme de prenre la ville, en li manda de l'ost le Duc que il n'allast avant; car le duc de Bourgoingne s'en retournoit arière, pource sanz plus que l'en ne deist que les Anglois n'eussent pris Jérusalem. Tandis que il estoient en ces paroles, un sien chevalier li escria : « Sire, » sire, venez juesques ci, et je vous mousterrai » Jérusalem ». Et quant il oy ce, il geta sa cote à armer de ses yex tout en plorant, et dit à Nostre-Seigneur : « biau sire Diex, je te pri que » tu ne seuffres que je voie ta sainte cité, puisque » je ne la puis délivrer des mains de tes en- » nemis ».

293. Ceste exemple moustra l'en au Roy, pource que se il, qui estoit le plus grant Roy des chrestiens, fesoit son pélerinage sanz délivrer la cité des ennemis Dieu, tuit li autre Roy et li autre pélerin qui après li venroient, se tenroient touz apaiés de faire leur pelerinage aussi comme le roy de France auroient fet, ne feroient force de la déllvrance de Jérusalem.

294. Le roy Richart fist tant d'armes Outremer à celle foys que il y fu, que quant les chevaus aus Sarrazins avoient poour d'aucun bisson, leur mestre leur disoient : « cuides tu, fesoient- » il à leur chevaus, que ce soit le roy Richart » d'Angleterre ? » Et quant les enfans aus Sarrazinnes bréoient, elles leur disoient : « tai-toy, » tai-toy, ou je irai querre le roy Richart qui » te tuera. »

295. Le duc de Bourgoingne, de quoy je vous ai parlé, fu moult bon chevaller ; mès il fu onques tenu pour sage ne à Dieu ne au siècle ; et il y parut bien en ce fet devant dit. Et de ce dit le grand roy Phelippe, quant l'en li dit que le conte Jehan de Chalons ayoit un filz et avoit

---

295. On en donna au roi un exemple qui fut tel : quand le grand roi Philippe partit de devant Acre pour aller en France, il laissa toute sa gent demeurer à l'armée avec le duc Hugues de Bourgogne, l'aïeul du duc qui est mort récemment. Tandis que le duc séjournoit à Acre et le roi Richard d'Angleterre aussi, nouvelles leur vinrent qu'ils pouvoient prendre le lendemain Jérusalem, s'ils vouloient, parce que toute la chevalerie du soudan de Damas étoit retournée vers lui pour une guerre qu'il avoit avec un autre soudan. Ils disposèrent ainsi leurs troupes : le roi d'Angleterre avoit la première bataille, le duc de Bourgogne avoit l'autre avec tous les gens du roi de France. Tandis qu'ils étoient dans l'espérance de prendre la ville, on manda de la bataille du duc de Bourgogne au roi d'Angleterre de ne pas aller en avant, car le duc de Bourgogne s'en retournoit, sans autre raison qu'il ne vouloit pas qu'on dît que les Anglois eussent pris Jérusalem. Pendant qu'on discouroit là-dessus, un chevalier cria au roi : « Sire, sire, venez jusqu'ici et je vous mon- » trerai Jérusalem. » Et quand le roi ouït cela, il mit sa cotte d'armes devant ses yeux tout en pleurant, et dit à notre Seigneur[*] : « Biau sire Dieu, » ne souffre pas que je voie ta sainte cité, puis- » que je ne la puis délivrer des mains de tes en- » nemis. »

296. On montra cet exemple au roi, parce que si lui, qui étoit le plus grand roi des chrétiens, faisoit son pélerinage sans délivrer la cité des ennemis de Dieu, tous les autres rois et les autres pélerins qui viendroient après lui se contenteroient de faire leur pélerinage comme le roi de France auroit fait, et ne feroient aucun effort pour délivrer Jérusalem[**].

297. Le roi Richard fit tant de prouesses outremer du temps qu'il y fut, que quand les chevaux des Sarrasins avoient peur d'aucun buisson, leur maître leur disoit : « Crois-tu que c'est le roi Ri- » chard ? » Et quand les enfants des Sarrasines crioient, elles leur disoient : « Tais-toi, tais-toi, » ou j'irai quérir le roi Richard qui te tuera. »

298. [Le duc de Bourgogne, dont je vous ai parlé, fut moult bon chevalier, mais ne fut onques tenu pour sage ni à Dieu ni au siècle, et il y parut bien dans ce fait rapporté ci-dessus. Et sur ce le grand roi Philippe, quand on lui eut dit que le comte Jean de Châlons avoit un fils qui avoit nom Hugues, comme le duc de Bourgogne,

---

[*] Le roi Richard, quand il aperçut Jérusalem, était sur les hauteurs de Modin ; nous avons pu voir nous-même Jérusalem du même lieu, et nous nous sommes rappelé ce passage de Joinville. (Voyez *Correspondance d'Orient*, t. V.)

[**] Dans l'édition de Pierre de Rieux, au lieu de cette phrase, on lit celle-ci : « Et pour ce, disoient-ils, Sire, vous ne devez visiter Jérusalem sans la délivser, ainsi que fit le roi Richard d'Angleterre. »

à non Hugue pour le duc de Bourgoingne, il dit que Dieu le feist aussi preuhomme comme le Duc pour qui il avoit non Hugue. Et en li demanda pourquoy il n'avoit dit aussi preudomme : » Pource, fist-il, que il a grant différence entre » preuhomme et preudomme; car il a maint » preuhomme chevalier en la terre des Crestiens » et des Sarrazins, qui onques ne crurent Dieu » ne sa mere; dont je vous di, fist-il, que Dieu » donne grant don et grant grace au chevalier » crestien que il seuffre estre vaillant de cors, » et que il seuffre en son servise. en li gardant » de péchié mortel; et celi qui ainsi se déméinne » doit l'en appeler preudomme, pource que ceste » proesse li vint du don Dieu : et ceux de qui » j'ai avant parlé peut l'en appeler preuzhommes, » pource que li sont preus de leur cors et ne » doutent Dieu ne péchié. »

299. Les grans deniers que le Roy mist à fermer Jaffe ne couvient-il pas parler que c'est sanz nombre, car il ferma le bourc dès l'une des mers jusques à l'autre, là où il ot bien vingt-quatre tous, et furent les fossés curez de lun dehors et dedans. Trois portes y avoit dont le Légat en fist l'une et un pan du mur. Et pour vous moustrer le coustage que le Roy y mist, vous

foiz-je à savoir que je demandai au Légat combien celle porte et ce pan du mur li avoit cousté, et il me demanda combien je cuidoie qu'elle eust cousté, et je esmai que la porte que il avoit fet faire li avoit bien cousté cinq cens livres, et le pan du mur trois cens livres. Et il me dit que, se Dieu li aidast, que la porte que le pan li avoit bien cousté trente mille livres. Quant le Roy ot assouvie la forteresce du bourc de Jaffe, il prist conseil que il iroit refermer la cité de Sayette, que les Sarrazins avoient abatue. Il s'esmut pour aler là le jour de la feste des apostres saint Pierre et saint Pol, et just le Roy et son ost devant le chastel d'Arsur, qui moult estoit fort. Celi soir appela le Roy sa gent, et leur dit que se il s'accordoient, que il iroit prenre une cité des Sarrazins que en appèle Naples, laquel cité les anciennes escriptures appèle Samarie. Le Temple et l'Ospital li respondirent d'un acort, que il estoit bon que l'en y essaiast à prenre la cité; mès il ne s'accorderoient ja que son cors y alast, pource que ce aucune chose avenoit de li, toute la terre seroit perdue. Et il dit que il ne les y leroit jà aler se son cors n'i aloit avec. Et pour ce demoura celle emprise que les seigneur terrier ne s'y voudrent acorder

---

dit : « Que Dieu le fasse aussi preuhomme que le » duc dont il porte le nom. » Et on lui demanda pourquoi il n'avoit pas dit aussi prud'homme : « Parce que, reprit-il, il y a grande différence » entre preuhomme et prud'homme; car il y a » maint preuhomme chevalier en la terre des » chrétiens et des Sarrasins qui onques ne crurent à Dieu ni à sa mère. Aussi Dieu fait-il grand » don et grande grâce au chevalier chrétien qu'il » souffre être vaillant de corps et qu'il souffre à » son service en le gardant de péché mortel; et » celui qui se gouverne ainsi, on doit l'appeler » prudhomme, parce que cette prouesse lui vient » de Dieu; et ceux dont j'ai parlé avant, on peut » les appeler preuzhommes, parce qu'ils sont » preux de leur corps, mais ne craignent ni Dieu » ni le péché*. »]

299. Des grands deniers que le roi mit à fortifier Jaffa ne couvient-il pas de parler ? car ils sont sans nombre. Il ferma le bourg d'un côté de la mer à l'autre, et il y eut bien vingt-quatre tours. Et les fossés furent curés de boue dehors et dedans. Il y avoit trois portes dont le légat en fit une ainsi qu'un pan de mur. Et pour vous montrer la dépense qu'y fit le roi, je vous fais à savoir que je demandai au légat combien cette porte et ce pan de mur qu'il avoit faits lui avoient coûté; il me demanda combien je croyois qu'elle eût coûté, et j'estimai que la porte qu'il avoit fait faire lui avoit bien coûté cinq cents livres et le pan de mur trois cents livres. Et il me dit que, Dieu lui aidant, tant la porte que le pan de mur lui avoient coûté bien trente mille livres **. Quand le roi eut achevé la fortification du bourg de Jaffa, il résolut d'aller fortifier la cité de Sayette que les Sarrasins avoient abattue. Il partit, pour y aller, le jour de la fête des apôtres saint Pierre et saint Paul; et le roi son armée passèrent la nuit devant le château d'Arsur qui moult étoit fort. Ce soir-là le roi appela son conseil et lui dit que, s'ils s'y accordoient, il iroit prendre une cité des Sarrasins qu'on appelle Naplouse, laquelle cité les anciennes écritures appellent Samarie. Les Templiers, les Hospitaliers et les barons du pays lui répondirent qu'il étoit bon qu'on essayât de prendre cette cité, mais ils ne s'accordèrent pas qu'il y allât en personne, parce que, si aucune chose lui advenoit, toute la terre seroit perdue; et il dit qu'il ne les laisseroit aller si lui-même n'alloit avec eux. Et l'entreprise en resta là [parce que les seigneurs terriers ne voulurent accorder qu'il y allât***.] Après quelques journées de marche,

---

* Cet article manque dans Pierre de Rieux, et dans Mesnard il est dit que Philippe souhaita que le nouveau né fût preuhomme et prud'homme, et qu'il expliqua aussitôt la différence de ces deux mots.

** Dans la ville actuelle de Jaffa, nous n'avons pu découvrir aucune trace des fortifications faites par saint Louis.

*** Ces derniers mots manquent dans les autres éditions.

que il y alast. Par nos journées venimes ou sablon d'Acre, là où le Roy et l'ost nous lojames illec. An lieu vint à moy un grant peuple de la grant Hermenie qui aloit en pélerinage en Jérusalem, par grant treu rendant aus Sarrazins qui les conduisoient, et un latimier qui savoit leur languaige et le nostre. Il me firent prier que je leur moustrasse le saint Roy. Je alai au Roy là où il se séoit en un paveillon, apuié à l'estache du paveillon, et séoit ou sablons sanz tapiz et sanz nulle autre chose desouz li. Je le dis : « Sire, il a là hors un grant peuple de la grant » Hermenie qui vont en Jérusalem, et me » proient, Sire, que je leur face mouster le saint » Roy; mès je ne bée jà à baisier vos os. » Et il rist moult clèrement, et me dit que je les alasse querre; et si fi-je. Et quant il orent veu le Roy il le commanderent à Dieu; et le Roy eulx. Lendemain just l'ost en un lieu que en appèle Passe-Poulain, là où il a de moult beles caves de quoy l'en arrose ce dont le sucre vient. Là où nous estions logié illec, l'un de mes chevaliers me dit : « Sire, fist-il, or vous ai-je logié en » plus beau lieu que vous ne feust hier. » L'autre chevalier qui m'avoit prise la place devant, sailli sus tout effraez, et li dit tout haut : « Vous » estes trop hardi quant vous parlés de chose que » je face; » et il sailli sus et le prist par les cheveus. Et le sailli sus et le feri du poing entre les deux épaules, et il le lessa; et je li dis : « Or » hors de mon hostel; car, si maist Dieu, avec » moy ne serez-vous jamès. » Le chevalier s'en ala si grant deuls demenant, et m'amena monseigneur Gilles le Brun le connestable de France; et pour la grant repentance que il véoit que le chevalier avoit de la folie que il avoit faite, me pria si acertes comme il pot, que je le ramenasse en mon hostel. Et je respondi que je ne li remenroie pas, se le Légat ne m'absoloit de mon serement. Au légat en alerent et li conterent le fait, et le Légat leur respondi que il n'avoit pooir d'eulz absoudre, pource que le serement estoit resonnable; car le chevalier l'avoit moult bien deservi. « Et ces choses vous moustré-je, » pour ce que vous vous gardés de fère serement » que il ne couviengne faire par rèson; car, ce » dit le Sage, qui volentiers jure, volentiers se » parjure. »

300. Lendemain s'ala loger le Roy devant la cité d'Arsur, que l'en appèle Tyri en la Bible.

<hr>

nous vînmes au rivage d'Acre où le roi et l'armée flogèrent. En ce lieu vint à moi un grand nombre de gens de la grande Arménie qui alloient en pélerinage à Jérusalem*, en payant un grand tribut aux Sarrasins qui les conduisoient; ils avoient un trucheman qui savoit leur langage et le nôtre. Ils me firent prier que je leur montrasse le saint roi. J'allai au roi là où il étoit assis en un pavillon, appuyé à la colonne du pavillon, et il étoit assis sur le sable sans tapis et sans nulle autre chose sous lui. [Je lui dis : « Sire, il y a là dehors un » grand peuple de la grande Arménie qui vont en » Jérusalem*, et ils me prient, Sire, que je leur » fasse voir le saint roi; cependant, je ne désire » pas encore baiser vos os. » Et le roi rit moult clairement et me dit de les aller quérir; et ainsi fis-je**.] Et quand ils eurent vu le roi, ils le recommandèrent à Dieu, et le roi fit de même d'eux. Le lendemain l'armée passa la nuit dans un lieu qu'on appelle Passe-Poulin, là où il y a de moult belles eaux avec lesquelles on arrose les cannes dont vient le sucre. Pendant que nous étions logés là, un de mes chevaliers me dit : « Sire, je vous ai logé en un plus beau lieu que » vous ne fûtes hier. » L'autre chevalier, qui m'avoit choisi mon logement la veille, sauta sur lui tout courroucé et lui dit tout haut : « Vous êtes trop » hardi quand vous parlez des choses que je fais.» Et il le prit par les cheveux, et je sautai sur lui et le frappai du poing entre les deux épaules, et il le laissa, et je lui dis : « Hors de mon hôtel, car, » si Dieu m'assiste, avec moi ne serez-vous jamais. » Le chevalier s'en alla en grande tristesse et m'amena monseigneur Giles Lebrun, le connétable de France, et à cause de la grande repentance qu'il voyoit que le chevalier avoit de la folie qu'il avoit faite, me pria autant qu'il put que je le remenasse en mon hôtel. Et je répondis que je ne l'y remenerois pas, si le légat ne m'absolvoit de mon serment. Ils s'en allèrent au légat et lui contèrent le fait, et le légat leur répondit qu'il n'avoit pouvoir de m'absoudre, parce que le serment étoit raisonnable, car le chevalier l'avoit moult bien mérité. Et ces choses vous montrai-je, pour que vous vous gardiez de faire serment qu'il ne convienne faire par raison; car, comme dit le sage : « Qui volentiers jure, volentiers se par- » jure. »

300. Le roi s'alla loger le lendemain devant la cité de Sur *** qu'on appelle Tyr dans la Bible.

<hr>

* Ces pélerinages des Arméniens n'ont jamais cessé jusqu'à présent. Nous trouvant à Acre, comme Joinville, nous avons vu des troupes nombreuses de pélerins d'Arménie, et nous avons fait route avec eux jusqu'à Jérusalem. (Voyez *Correspondance d'Orient*, t. IV.)

** Cette conversation est omise, ainsi que la plaisanterie, dans les autres éditions.

*** Il y a ici erreur de copiste dans le texte, il faut lire *Sur*. L'ancienne ville de Tyr porte aujourd'hui le nom de *Sur*. Elle était encore florissante au temps des croisades. Ce n'est plus qu'un petit bourg à peine peuplé de 2,000 habitants.

Illec appela le Roy des riches homes de l'ost, et leur demanda conseil se il seroit bon que il alast prenre la cité de Belinas avant que il alast à Sayette. Nous loames tuit que il estoit bon que le Roy y envoiast de sa gent; mèz nulz ne li loa que son cors y alast : à grant peinne l'en destourba l'en. Acordé fu ainsi, que le conte d'Eu iroit et monseigneur Phelippe de Montfort, le sire de Sur, monseigneur Giles le Brun connestable de France, monseigneur Pierre le Chamberlin, le Mestre du Temple et son couvent, le Mestre de l'Ospital et son couvent, et son frere aussi. Nous nous armames à l'anuitier, et venimes un pou après le point du jour en une pleinne qui est devant la cité qui en appèle Belinas, et l'appèle l'Escripture ancienne Cézaire-Phelippe. En celle cité sourt une fonteinne que l'en appèle Jour; et enmi les plainnes qui sont devant la cité, sourt une autre très-bele fonteinne qui est appelée Dan. Or est ainsi, que quant ces deux ruz de ces deux fonteinnes viennent ensemble, ce appèle l'en le fleuve de Jourdain là où Dieu fut baptizié.

301. Par l'acort du Temple et du conte d'Eu, de l'Ospital et des barons du païs qui là estoient, fu accordé que la bataille le Roy (en laquelle bataille je estoie lors, pource que le Roy avoit retenu les quarante chevaliers qui estoient en ma bataille avec li) et monseigneur Joffroy de Sergines le preudomme aussi, iroient entre le chastel et la cité ; et li terrier enterroient en la cité à main senestre, et l'Ospital à main destre, et le Temple enterroit en la cité la droite voie que nous estions venu. Nous nous esmeumes lors tant que nous venimes delez la cité, et trouvames que les Sarrazins qui estoient en la ville, orent desconfit les serjans le Roy et chaciés de la ville. Quant je vis ce, ving aus preudeshomes qui estoient avec le conte d'Eu, et leur dis : « Seigneurs, se vous n'alés là où en » nous a commandé, entre la ville et le chastel, » les Sarrazins nous occiront nos gens qui sont » entrés en la ville. » L'alée y estoit si périlleuse, car le lieu là où nous devions aler estoit le perilleus; car il y avoit trois paire de murs sès à passer, et la coste estoit si roite que à peinne s'i pooit tenir chevaus; et le tertre là où nous devions aler, estoit garni de Turs à grant foison à cheval. Tandis que je parloie à eulz, je vi que nos serjans à pié deffesoient les murs. Quant je vis ce, je dis à ceulz à qui je parloie, que l'en avoit ordené que la bataille le

◇◇◇

Là, le roi appela ses riches hommes de l'armée et leur demanda s'il seroit bon qu'il allât prendre la cité de Bélinas, avant que d'aller à Sayette. Nous conseillâmes tous qu'il lui étoit bon qu'il y envoyât de ses gens; mais nul ne lui conseilla d'y aller en personne. A grand'peine l'en détourna-t-on. Ainsi fut convenu que le comte s'en iroit et monseigneur Philippe de Montfort, le seigneur de Sur, monseigneur Giles Lebrun, connétable de France; monseigneur Pierre le Chambellan, le maître du Temple et son couvent, le maître de l'Hôpital et son couvent et son frère aussi. Nous nous armâmes à l'entrée de la nuit et vînmes un peu après le point du jour en une plaine qui est devant la cité qu'on appelle Bélinas *, et que l'écriture ancienne nomme Césarée de Philippe. En cette cité sort une fontaine qu'on appelle Jor, et parmi les plaines qui sont devant la cité, sort une très belle fontaine qui est appelée Dan. Or, il advient que quand ces deux ruisseaux viennent ensemble, ils forment le fleuve qu'on appelle Jourdain, là où Dieu fut baptisé.

301. Il fut convenu entre les Templiers, le comte d'Eu, les Hospitaliers et les barons du pays qui étoient là, que la bataille du roi en laquelle j'étois alors, parce que le roi avoit retenu avec lui les quarante chevaliers qui étoient en

◇◇◇

ma bataille, et monseigneur Geoffroy de Sargines le prud'homme aussi, iroient entre le château et la cité ; que les barons du pays entreroient en la cité à main gauche et l'Hôpital à main droite, et que le Temple entreroit par la droite voie que nous avions tenue. Nous nous mîmes lors en marche et nous vînmes près de la cité, et trouvâmes que les Sarrasins qui étoient dans la cité avoient déconfi les sergents du roi et les avoient chassés de la ville. Quand je vis cela, je vins aux prud'hommes qui étoient avec le comte d'Eu et leur dis : « Seigneurs, » si vous n'allez là où l'on nous a commandé en- » tre la ville et le château, les Sarrasins nous occi- » ront nos gens qui sont entrés en ville. » Le chemin pour y aller étoit périlleux, car il y avoit trois enceintes de murs secs à passer, et la côte étoit si roide qu'à peine trois chevaux s'y pouvoient tenir, et le tertre, là où nous devions aller, étoit garni de Turcs à cheval, à grande foison. Tandis que je leur parlois, je vis que nos sergents à pied défaisoient les murs. Quand je vis cela, je dis à ceux à qui je parlois qu'on avoit ordonné que la bataille du roi iroit là où les Turcs étoient, et que puisqu'on l'avoit commandé j'irois. Je marchai moi et mes deux chevaliers à ceux qui défaisoient les murs, et vis qu'un sergent à cheval croyoit passer le mur et

---

* Cette ville est située à la source visible du Jourdain, au pied du mont Panion, à une journée de Tyr. Aujourd'hui ce n'est plus qu'un village où l'on voit encore les ruines de la forteresse des Templiers. Voyez pour plus de détails la lettre de M. Gillot dans le t. VII de la *Correspondance d'Orient*.

19.

Roy iroit là où les Turs estoient; et puisque en l'avoit commandé, je iroie. Je mesdreçai moy et mes deux chevaliers à ceulz qui deffesoient les murs, et vi que un serjant à cheval cuidoit passer le mur, et li chei son cheval sus le cors. Quant je vi ce, je descendi à pié et pris mon cheval par le frain. Quant les Turs nous virent venir, ainsi comme Dieu voult, ils nous lesserent la place là où nous devions aler. De celle place là où les Turs estoient, descendoit une roche taillée en la cité. Quant nous feumes là et les Turs s'en furent partis, les Sarrazins qui estoient en la cité, se desconfirent et lesserent la ville à nostre gent sanz débat. Tandis que je estoie là, le Maréchal du Temple oy dire que je estoie en péril; si s'en vint là à mont vers moy. Tandis que je estoie là à mont, les Alemans qui estoient en la bataille au conte d'Eu vindrent après moy; et quant ils virent les Turs à cheval qui s'enfuioient vers le chastel, ils s'esmurent pour aler après eulz; et je leur dis : « Seigneurs, vous ne faites » pas bien; car nous sommes là où en nous a » commandé, et vous alez outre commandement. »

302. Le chastiau qui siet desus la cité, a non Subeibe, et siet bien demi-lieue haut ès montaignes de Libans; et le tertre qui monte au chastel est peuplé de grosses roches aussi comme li huges. Quant les Alemans virent que il chassoient à folie, il s'en revindrent arieres. Quant les Sarrazins virent ce, il leur coururent sus à pié, et leur donnoient de sus les roches grans cops de leur maces, et leur arrachoient les couvertures de leur chevaus. Quant nos serjans virent le meschief qui estoient avec nous, il se commencierent à effréer; et je leur dis que se il s'en aloient que je les feroit geter hors des gages le Roy à touzjours mès. Et il me distrent : « Sire, le jeu nous est mal » parti, car vous estes à cheval, si vous en- » fuirés; et nous sommes à pié, si nous occi- » ront les Sarrazins. » Et je leur dis : « Sei- » gneur, je vous assure que je ne m'enfuirai » pas, car je demourrai à pié avec vous. » Je descendi et envoiai mon cheval avec les Templiers, qui estoient bien une arbalestrée darieres. Au revenir que les Alemans fesoient, les Sarrazins ferirent un mien chevalier qui avoit non monseigneur Jehan de Bussey, d'un carrel parmi la gorge, et chei tout devant moy. Monseigneur Hugues d'Escoz, cui niez il estoit, qui moult bien se prouva en la Sainte-Terre, me dit : « Sire, venés nous aidier pour reporter » mon neveu l'aval. Mal dehait ait, fiz-je, qui » vous y aidera, car vous estes alez là sus sanz mon » commandement; se il vous en est meschéu, » ce est à bon droit; reportés-le l'aval en la » longaingne, car je ne partirai de ci jus-

il tomba son cheval sur le corps. Quand je vis cela, je descendis à pied et pris mon cheval par le frein. Quand les Turcs nous virent venir, ainsi Dieu le voulut, ils nous laissèrent la place là où nous devions aller. De cette place là où étoient les Turcs, descendoit dans la cité une roche taillée. Pendant que nous étions là et lorsque les Turcs en furent partis, les Sarrasins qui étoient dans la cité se débandèrent et laissèrent la ville à nos gens sans débat. Pendant que j'étois là, le maréchal du Temple ouït dire que j'étois en péril; et il s'en vint amont vers moi pendant que j'étois là amont; les Allemands qui étoient en la bataille du comte d'Eu vinrent après moi, et quand ils virent les Turcs à cheval qui s'enfuyoient vers le château*, ils s'émurent pour aller après eux et je leur dis : « Seigneurs, vous ne » faites pas bien; car nous sommes là où on nous » a commandés, et vous allez contre commande- » ment. »

302. Le château qui est au-dessus de la cité a nom Subeibe**; il est bien à demi-lieue sur la montagne du Liban; et le tertre qui monte au château est rempli de roches aussi grosses que des huches. Quand les Allemands virent qu'ils s'étoient follement engagés à la poursuite de l'ennemi, ils s'en revinrent en arrière. Les Sarrasins voyant cela, leur coururent sus à pied, et de dessus les roches leur donnoient de grands coups de leurs masses et leur arrachoient les couvertures de leurs chevaux. Quand nos sergens qui étoient avec moi virent ce méchief, ils commencèrent à s'effrayer, et je leur dis que s'ils s'en alloient, je les ferois jeter à tout jamais hors des gages du roi. Et ils me dirent : « Sire, la partie n'est pas égale, car » vous êtes à cheval et vous vous enfuirez; et nous » sommes à pied, et les Sarrasins nous occiront. » Et je leur dis : « Seigneurs, je vous assure que je » ne m'enfuirai pas, car je demeurerai à pied » avec vous. » Je descendis et j'envoyai mon cheval aux Templiers qui étoient bien à une portée d'arbalète derrière nous. Au retour que les Allemands faisoient, les Sarrasins frappèrent un mien chevalier qui avoit nom monseigneur Jean de Bussey, d'un trait d'arbalète à travers la gorge et il chut tout devant moi. Monseigneur Hugues d'Escoz dont il étoit le neveu et qui moult se montra bien en la Terre-Sainte, me dit : « [Sire, venez nous aider à reporter mon neveu » en bas. — Malheur à celui qui vous y aidera, ré-

---

* Ce château était au haut du mont Panion, et dominait la ville dont il était distant d'un quart-d'heure.

** Ce château que Joinville appelle *Subeibe*, se nomme aujourd'hui *Subéia*.

» ques à tant que l'en me revenrra querre. »

303. Quant monseigneur Jehan de Valenciennes oy le meschief là où nous estions, il vint à monseigneur Oliviers de Termes et à ses autres chiéveteins de la corte Laingue, et leur dit : « Seigneurs, je vous pri et comment de par » le Roy, que vous m'aidiés à querre le Senes-» chal. » Tandis que il se pourchassa ainsinc, monseigneur Guillaume de Biaumont vint à li et li dit : « Vous vous traveillés pour nient; car le » Seneschal est mort. » Et il respondi : « ou de » la mort ou de la vie diré-je nouvelles au Roy. » Lors il s'esmut et vint vers nous, là où nous estions montés en la montaingne; et maintenant qu'il vint à nous, il me manda que je venisse à li ; et si fis-je.

304. Lors me dit Olivier de Termes, que nous estions illec en grant péril; car se nous descendions par où nous estions montés, nous ne le pourrions faire sanz grant péril, pource que la coste estoit trop male, et les Sarrazins nous descendroient sur les cors : « Mès se vous » me voulés croire, je vous délivrerai sanz » perdre. » Et je li diz que il devisat ce que il vourroit, et je feraie. « Je vous dirai, fist-

» pondis-je, car vous êtes allés là sus, sans » mon commandement ; s'il vous en est mal arrivé, » c'est à bon droit. Portez-le là bas dans la voirie, » car je ne partirai d'ici que quand on m'enverra » quérir ».]

303. Quand monseigneur Jean de Valenciennes ouït le méchief où nous étions, il alla trouver monseigneur Olivier de Thermes et ses autres chevetains de Languedoc, et leur dit : « Seigneurs, je vous » prie et commande de par le roi que vous m'aidiez » à aller quérir le Sénéchal. » Pendant qu'il parloit ainsi, monseigneur Guillaume de Beaumont vint à lui et lui dit : «Vous vous tourmentez pour rien ; car » le Sénéchal est mort ; » et il répondit : « Ou de sa » mort ou de sa vie, je veux dire nouvelles au roi. » Lors il partit et vint vers nous là où nous étions sur la montagne ; et quand il fut venu à nous, il me manda de le suivre et ainsi fis-je.

304. Lors me dit Olivier de Thermes que nous étions là en grand péril, car si nous descendions par où nous étions montés, nous ne le pourrions faire sans grande perte, parce que la côte étoit trop mauvaise et les Sarrasins nous descendroient sur le corps ; « mais, si vous voulez me croire, ajouta-t-il, » je vous délivrerai sans perte. » Et je lui dis qu'il ordonnât ce qu'il voudroit, que je le ferois. « Je

» il, comment nous eschaperons : nous en » irons, fist-il, tout ce pendant, ainsi comme » nous devion aler vers Damas; et les Sarrazins » qui là sont, cuideront que nous les veillons » prenre par darieres; et quant nous serons en » ces plainnes, nous ferrons des esperons entour » la cité, et aurons passé le ru que il puissent » venir vers nous ; et si leur ferons grant dou-» mage, car nous leur metrons le feu en ses » formens batus qui sont enmi ces chans. » Nous feimes aussi comme il nous devisa ; et il fist prenre canes dequoy l'en fèt ces fleutes, et fist mettre charbons dedans et ficher dedans les formens batus. Et ainsi nous ramena Dieu à sauveté, par le conseil Olivier de Termes. Et sachiez quant nous venimes à la heberge là où nostre gent estoient, nous les trouvâmes touz desarmés; car il n'i ot onques nul qui s'en preist garde. Ainsi revenimes lendemain à Sayete, là où le Roy estoit.

305. Nous trouvames que le Roy son cors avoit fait enfouir les crestiens que les crestiens avoient occis, aussi comme il est desus dit ; et il meismes son cors portoit les cors pourris et touz puanz pour mettre en terre ès fosses, que

» vous dirai, reprit-il, comment nous échapperons ; » nous nous en irons comme si nous devions aller » vers Damas, et les Sarrasins qui sont là, croi-» ront que nous les voulons prendre par derrière ; » et, quand nous serons en ces plaines, nous don-» nerons des éperons autour de la cité, et nous au-» rons passé le ruisseau avant qu'ils puissent venir » à nous ; et aussi, leur ferons-nous grand dom-» mage, car nous leur mettrons le feu à ces fro-» ments battus qui sont dans ces champs. » Nous fîmes ainsi qu'il ordonna, et il fit prendre des roseaux avec quoi l'on fait des flûtes, et fit mettre des charbons dedans et les fit planter dans les froments battus. Et ainsi, Dieu nous ramena à sauveté par le conseil d'Olivier de Thermes. Et sachez que, quand nous vînmes au logement là où étoient nos gens, nous les trouvâmes tous désarmés, car il n'y eut oncques nul qui fût sur ses gardes. Le lendemain, nous revînmes à Sayette où le roi étoit [**].]

305. Nous trouvâmes que le roi en personne avoit fait enfouir les chrétiens que les Sarrasins avoient occis, comme il est dit ci-dessus ; lui-même portoit les corps pourris et tout puans pour les mettre en terre, sans que jamais il se bouchât les narines, comme faisoient les autres [***].

---

[*] Dans les autres éditions ce colloque est brièvement rendu par un simple récit.

[**] Ce récit, le même pour le fond, dans les autres éditions, est différent par la forme et bien plus court.

[***] Guillaume de Nangis donne ici des détails que nous croyons devoir copier : « Quand le roi fut près de Sayette,

» sur le rivage de la mer, il trouva les corps des chré-» tiens que les Sarrasins avoient tranchés et occis et qui » étoient encore sur terre et puoient merveilleusement. » Le bon roi doux et débonnaire, quand il vit cela eut » grande pitié en son cœur et fit aussitôt laisser tous les » autres travaux et fit creuser des fosses dans les champs

ja ne se estoupast, et les autres se estoupoient. Il fist venir ouvriers de toutes pars, et se remist à fermer la cité de haus murs et de grans tours; et quant nous venimes en l'ost, nous trouvames que il nous ot nos places mesurées il son cors là où nous logerions. La moy place il prist delez la place le conte d'Eu, pour ce que il savoit que le conte d'Eu amoit ma compaignie.

306. Je vous conterai des jeus que le conte d'Eu nous fesoit. Je avoie fait une meson, là où je mangoie moy et mes chevaliers à la clareté de l'uis : or estoit l'uis au conte d'Eu; et il qui moult estoit soutilz, fist une petite bible que il getoit ens; et fesoit espier quant nous estions assis au manger, et dressoit sa bible du long de nostre table, et nous brisoit nos pos et nos voueres.

307. Je m'estoie garni de gelines et de chapons ; et je ne sai qui li avoit donné une joene oue, laquele il lessoit aler à mes gelines, et en avoit plustôt tué une douzaine que l'en ne venist illec, et la femme qui les gardoit batoie l'oue de sa gounelle.

◇◇◇

308. Tandis que le Roy fermoit Sayete, vindrent marchéans en l'ost, qui nous distrent et conterent que le roy des Tartarins avoit prise la cité de Baudas, et l'Apostole des Sarrazins qui estoit sire de la ville, lequel en appeloit le Califre de Baudas. La maniere comment il pristrent la cité de Baudas et du Calife, nous conterent les marchéans, et la maniere fu tele.

309. Car quant il orent la cité du Calife assiégée, il manda au Calife que il feroit volentiers mariage de ses enfans et des siens; et le conseil leur luerent que il s'accordassent au mariage. Et le roy des Tartarins li manda que il li envoiast jusques à quarante personnes de son conseil et des plus grans gens, pour jurer le mariage ; et le Califfe si fist. Encore li manda le roy des Tartarins, que il li envoiast quarante des plus riches et des meilleurs homes que il eust ; et le Califfe si fist. A la tierce foiz li manda que il li envoiast quarante des meilleurs que il eust, et il si fist. Quant le roy des Tartarins vit que il ot touz les chevetains de la ville, il s'apensa que le menu peuple de la ville ne

◇◇◇

[Il fit venir des ouvriers de toutes parts et se remit à fortifier la cité de hauts murs et de grandes tours ; et quand nous vînmes au camp, nous trouvâmes qu'il avoit mesuré lui-même les places là où nous logerions. Il avoit marqué la mienne près de la place du comte d'Eu, parce qu'il savoit que le comte d'Eu aimoit ma compagnie *.]

306. Je vous conterai les tours que le comte d'Eu nous faisoit. Je m'étois arrangé une maison là où je mangeois moi et mes chevaliers, à la clarté du jour qui venoit par la porte ; or, ma porte donnoit sur le logement du comte d'Eu ; lui qui étoit moult adroit, fit une petite balliste avec laquelle il tiroit dans ma maison ; il faisoit épier quand nous étions à manger, et dressoit la balliste le long de notre table et nous brisoit nos pots et nos verres **.

307. Je m'étois approvisionné de poules et de chapons, et je ne sais qui lui avoit donné un petit oursin ***, qu'il lâchoit sur mes poules ; il en avoit plutôt tué une douzaine qu'on n'eût été pour en prendre une, et la femme qui les gardoit battoit l'oursin avec son tablier.

308. Pendant que le roi fortifioit Sayette, il vint au camp des marchands qui nous dirent et contèrent que le roi des Tartares avoit pris la cité de Bagdad et le pape des Sarrasins qui étoit seigneur de la ville et qu'on appeloit le calife de Bagdad. Les marchands nous contèrent comment ils prirent la cité de Bagdad et le calife, et la manière fut telle.

309. Car, quand ils eurent assiégé la cité, le roi des Tartares manda au calife qu'il feroit volontiers le mariage de ses enfants et des siens, et le conseil du calife fut d'avis qu'il se devoit accorder au mariage ; et le roi des Tartares lui manda qu'il lui envoyât jusqu'à quarante personnes de son conseil et des plus grands person-

---

» et dédier là un cimetière par le légat et par les évê-
» ques, pour enterrer les morts qui gisoient sur le ri-
» vage de la mer. Le roi Louis y aida de ses propres
» mains à enterrer les morts. Il prenoit les pieds et les
» mains, les bras et les jambes des corps occis et tran-
» chés qui puoient fortement et les mettoit en tas et les
» faisoit porter aux fosses moult dévotement. Aucunes
» fois il arrivoit que les morceaux des corps tranchés
» étoient si pourris que quand on les prenoit pour les
» mettre en tas, ils tomboient à terre et rendoient une
» si grande puanteur qu'à peine trouvoit-on quel-
» qu'un qui voulût y mettre la main. Le roi fit louer
» des paysans et des ânes qui portoient tous les tas aux
» fosses, et pendant les cinq jours qu'on mit à enterrer
» les morts, il venoit tous les matins après sa messe au
» lieu, et disoit à ses gens : « Allons ensevelir les mar-

» tyrs qui ont souffert la mort pour notre Seigneur, et ne
» vous lassez pas de le faire, car ils ont plus souffert que
» nous n'avons fait. » Là étoient présents, en habits de
» cérémonie, l'archevêque de Tyr et l'évêque de Da-
» miette, et leur clergé qui disoit le service des morts;
» mais ils bouchoient leur nez à cause de la puanteur,
» mais oncques ne fut vu le bon roi Louis boucher le
» sien, tant le faisoit courageusement et dévotement. »

* Ces détails sont ou omis ou seulement indiqués dans les autres éditions.

** Pierre de Rieux ni Mesnard ne parlent de ces tours du comte d'Eu.

*** Quelques éditeurs ont expliqué les mots du texte par *jeune oie*; nous n'avons pas besoin de relever l'absurdité de cette explication.

sauroit pooir de deffendre sanz gouverneur. Il fist a touz les six-vingts homes coper les testes, et puis li fist assaillir la ville et la prist et le Calife aussi.

310. Pour couvrir sa desloiauté, et pour geter le blasme sur le Calife de la prise de la ville que il avoit fète, il fist prenre le Calife et le fît mettre en une cage de fer, et le fist jeunner tant comme l'en peust faire homme sanz mourir et puis il manda se il avoit fain. Et le Calife dit que oyl; car ce n'estoit pas merveille. Lors li fist aporter le roy des Tartarins un grant taillouer d'or chargé de joiaus à pierres précieuses, et li dit : « Cognois-tu ces joiaus ! » Et le Calife respondi que oyl : « Il furent miens. » Et il li demanda se il les amoit bien; et il respondi que oyl. « Puisque tu les amoies tant fist le roy des » Tartarins, or pren de celle part que tu vourras » et manju. » Le Calife li respondi que l'en ne pourroit, car ce n'estoie pas viande que l'en peust manger. Lors li dit le roy des Tartarins : « Or peus veoir au calice ta deffense; car se tu » eusses donné ton trésor d'or, tu te feusses bien » deffendu à nous par ton trésor se tu l'eusses » despendu, qui au plus grant besoing te faut » que tu eusses onques. »

311. Tandis que le Roy fermoit Sayete, je alai à la messe au point du jour, et il me dit que je l'attendisse, que il vouloit chevaucher; et je si fis. Quant nous fumes aus chans, nous venimes pardevant un petit moustier, et veismes tout à cheval un prestre qui chantoit la messe. Le Roy me dit que ce moustier estoit fait en l'onneur du miracle que Dieu fist du dyable que il geta hors du cors de la fille à la veuve femme; et il me dit que se je vouloie, que il orroit léans la messe que le prestre avoit commenciée; et je li dis que il me sembloit bon à fère. Quant ce vint à la pèz donner, je vis que le clerc qui aidoit la messe à chanter, estoit grant, noir, mègre et hériciés, et doutai que se il portoit au Roy la pèz, que espoir c'estoit un assacis, un mauvèz homme, et pourroit occire le Roi. Je alai prenre la pèz au clerc et la portai au Roy. Quant la messe fut chantée et nous fumes montez sur nos chevaux, nous trouvames le Légat aux champs, et le Roy s'approcha de li et m'appela, et dit au Légat : « Je me pleing à vous dou » Seneschal, qui m'apporta la pèz et ne voult » que le poure clerc la m'aporta. » Et je dis au Legat la rèson pourquoy je l'avoie fait; et le

◇◇◇ ◇◇◇

nages pour jurer le mariage, et le calife ainsi fit. Le roi des Tartares lui manda encore qu'il lui envoyât quarante des plus riches et des meilleurs hommes qu'il eût, et le calife ainsi fit. A la troisième fois, il lui manda qu'il lui envoyât quarante des meilleurs qu'il eût, et le calife ainsi fit. Quand le roi des Tartares vit qu'il avoit tous les principaux de la ville, il s'imagina que le menu peuple n'auroit pouvoir de se défendre sans gouverneur; il fit couper la tête à tous les six-vingts hommes, et puis fit assaillir la ville, et la prit et le calife aussi[*].

310. Pour couvrir sa déloyauté et pour jeter le blâme de la prise de la ville sur le calife, il le fit prendre et le fit mettre en une cage de fer, et le fit jeûner tant qu'on peut faire jeûner un homme sans le faire mourir; et puis, il lui demanda s'il avoit faim, et le calife dit que oui; et ce n'étoit pas merveille. Lors, le roi des Tartares fit apporter un grand bassin d'or rempli de joyaux et de pierres précieuses, et lui dit : « Connais-tu ces » joyaux ? » Et le calife répondit que oui, ils furent miens. Et le roi lui demanda s'il les aimoit bien, et le calife répondit que oui. « Puisque tu les » aimes tant, reprit le roi des Tartares, prends-» en tant que tu voudras et mange. » Le calife

lui répondit qu'il ne pourroit manger, car ce n'étoit pas viande qu'on pût manger. Lors, lui dit le roi des Tartares : « Tu peux voir maintenant ta » faute, car si tu eusses donné ton trésor pour te » défendre, tu te fusses bien défendu contre nous, » et voilà qu'il te manque au plus grand besoin » que tu eusses onques. »

311. [Tandis que le roi fortifioit Sayette, j'allai un jour à la messe, au point du jour, et il me dit de l'attendre, qu'il vouloit chevaucher; ce que je fis. Quand nous fûmes aux champs, nous vînmes devant une petite église, et vîmes, étant à cheval, un prêtre qui chantoit la messe. Le roi me dit que cette église étoit faite en l'honneur du miracle que Dieu fit quand il chassa le diable du corps de la fille à la femme veuve, et il me dit que si je voulois, il entendroit là la messe que le prêtre avoit commencée, et je lui répondis que cela me sembloit bon à faire. Quand ce vint à donner la paix, je vis le clerc qui aidoit à chanter la messe étoit grand, noir, maigre et hérissé; je craignis qu'il ne fût un assassin, un mauvais homme, et que s'il portoit la paix au roi, il ne vînt à l'occire. J'allai prendre la paix au clerc, et la portai au roi. Quand la messe fut chantée, et que nous fûmes montés sur nos chevaux, nous trouvâmes le légat aux champs, et le roi s'approcha de lui et m'appela, et dit au légat : « Je me » plains à vous du sénéchal qui m'a apporté la » paix, et n'a pas voulu que le pauvre clerc me » l'apportât. » Et je dis au légat la raison pourquoi je l'avois fait, et le légat dit que j'avois moult

---

[*] Ce récit de la prise de Bagdad et du traitement fait au calife se retrouve dans les historiens persans; seulement Joinville commet ici un anachronisme, car la prise de Bagdad n'eut lieu que vers l'année 1258, après le retour de Louis IX en France.

Légat dit que j'avoie moult bien fèt. Et le Roy respondi : « Vraiement non fist, grant descort » y ot d'eulz deuz, et je en demourai en pez. » Et ces nouvelles vous ai-je contées, pource que vous véez la grant humilité de li.

312. Ce miracle que Dieu fist à la fille de la femme par l'Evangile qui dit que Dieu estoit, quant il fist le miracle, IN PARTE TYRI ET SYNDONIS ; car lors estoit la cité de Sur que je vous ai appelée Tyri, et la cité de Sayette, que je vous devant nommée Sidoine.

313. Tandis que le Roy fermoit Sayete, vindrent à li les messages à un grant seigneur de la parfonde Grèce, lequel se faisoit appeler le grant Commenie et sire de Trafentesi. Au Roy aporterent divers joiaus à présent : entre les autres li apporterent ars de cor, dont les coches entroient à vis dedans les ars ; et quant en les sachoit hors, si trouvoit l'en que il estoient dehors moult bien tranchant et moult bien faiz. Au Roy requistrent que il li envoiast une pucelle de son palais, et il la prenroit à femme. Et le Roy respondi que il n'en avoit nulles amenées d'Outremer ; et leur loa que il alassent en Constantinnoble à l'Empereour, qui estoit cousin le Roy, et li requeissent que il leur baillast une femme pour leur seigneur, tele qui feust du lignage le Roy et du sien. Et ce fist-il,

pource que l'Empereur eust aliance à son grant riche homme contre Vatache, qui lors estoit empereur des Griex.

314. La Royne qui nouvelement estoit relevée de dame Blanche dont elle avoit geu à Jaffe, arriva à Sayette ; car elle estoit venue par mer. Quant j'oy dire qu'ele estoit venue, je me levai de devant le Roy et alai encontre li, et l'amenai jusques ou chastel. Et quant je reving au Roy, qui estoit en sa chapelle, il me demanda se la Royne et les enfans estoient haitiés, et je li diz oyl. Et il me dit : « Je soy bien quant vous » vous levates de devant moy, que vous aliés » encontre la Royne, et pour ce je vous ai fèt » attendre au sermon. » Et ces choses vous ramentois-je, pource que j'avoie jà esté cinq ans entour li, que encore ne m'avoit-il parlé de la Royne ne des enfans, que je oisse, ne à autrui ; et ce n'estoit pas bone manière, si comme il me semble, d'estre estrange de sa femme et de ses enfans.

315. Le jour de la Touz-sains, je semons touz les riches homes de l'ost en mon hostel, qui estoit sur la mer ; et lors un poure chevalier arriva en une barge, et sa femme et quatre filz que il avoient. Je les fis venir manger en mon hostel. Quand nous eumes mangé, je appelai les riches homes qui léans estoient, et leur diz :

<><>

bien fait, et le roi répondit : « Vraiment mal a- » t-il fait, car pendant son débat avec le clerc, je » n'étois pas en paix*. » Et ces nouvelles vous ai-je racontées pour que vous voyiez la grande humilité du roi.

312. L'Evangile, qui parle de ce miracle que Dieu fit pour la fille de la veuve, dit que Dieu, lorsqu'il le fit, étoit *in parte Tyri et Sidonis*, car alors la cité de Sur étoit celle que je vous ai nommée Tyr, et la cité de Sayette étoit celle qu'on nomme Sidoine.]

313. Tandis que le roi fortifioit Sayette, il lui vint des messagers d'un grand seigneur de la Grèce, lequel se faisoit appeler le grand Commène, seigneur de Trébizonde. Ils apportèrent au roi divers joyaux en présents, entre autres, des arcs de cuir dont les coches entroient à vis dans les arcs, et, quand on les tiroit hors, on trouvoit qu'elles étoient tranchantes et bien faites. Ils demandèrent au roi qu'il lui envoyât une pucelle de son palais, et qu'il la prendroit pour femme ; et le roi répondit qu'il n'en avoit amené aucune d'outre-mer, et leur conseilla qu'ils allassent à l'empereur de Constantinople, qui étoit cousin du roi, et lui requissent qu'il leur baillât une femme pour leur seigneur, telle qu'elle fût du lignage

du roi et du sien ; et ce fit-il pour que l'empereur eût alliance avec ce grand riche homme, contre Vatace qui lors étoit empereur des Grecs.

314. La reine, qui étoit nouvellement relevée de dame Blanche dont elle étoit accouchée à Jaffa, arriva à Sayette, car elle étoit venue par mer. Quand j'ouïs dire qu'elle étoit venue, je me levai de devant le roi et allai au-devant d'elle, et je l'amenai jusqu'au château ; et quand je revins au roi qui étoit en sa chapelle, il me demanda si la reine et ses enfants étoient en bonne santé, et je lui dis : Oui ; et il me dit : « Je sais bien quand » vous vous levâtes de devant moi, que vous al- » liez au-devant de la reine, et pour cela, je vous » ai fait attendre au sermon. » Je vous rapporte ces choses, parce que, depuis cinq ans que j'étois auprès du roi, il ne m'avoit encore parlé de la reine ni de ses enfants, que je sache, ni à moi ni à personne ; et ce n'étoit pas bonne manière, comme il me sembla, d'être étranger à sa femme et à ses enfants.

315. Le jour de la Toussaint, j'invitai tous les riches hommes du camp à mon hôtel, qui étoit sur la mer ; et lors, un pauvre chevalier arriva en une barge, et sa femme et quatre fils qu'il avoit ; je les fis venir manger en mon hôtel. Quand nous eûmes mangé, j'appelai les riches hommes qui étoient là et leur dis : « Faisons une grande au-

---

* Pierre de Rieux ni Mesnard ne rapportent cette anecdote.

« Feson une grant aumosne et deschargons cest
» poure d'omme de ces enfans, et preingue
» chascun le sien, et je en prenrai un. » Chascun
en prist un, et se combatoient de l'avoir.
Quant le poure chevalier vit ce, il et sa femme
il commencierent à plorer de joie. Or avint
ainsi, que quand le conte d'Eu revint de manger
de l'ostel le Roy, il vint voir les riches homes
qui estoient en mon hostel, et me tolli le mien
enfant, qui estoit de l'aage de douze ans, lequel
servi le Conte si bien et si loialement, que quant
nous revenimes en France le Conte le maria et
le fist chevalier; et toutes les foiz que je estoie
là où le Conte estoit, à peine se pooit departir
de moy, et me disoit : « Sire, Dieu vous le rende;
» car à c'est honneur m'avez-vous mis. » De
ces autres trois freres ne sai-je que il devinrent.

316. Je priè au Roy que il me lessast aler en
pélerinage à Nostre-Dame de Tortouze, là où il
avoit moult grant pelerinage, pource que c'est
le premier autel qui onques feust fait en l'onneur
de la mere Dieu sur terre; et y fesoit
Nostre-Dame moult grant miracles, dont entre
les autres i avoit un hors du senz qui avoit le
diable ou cors. Là où ses amis, qu'il l'avoient
léans amené, prioient la Mere Dieu qu'elle li
donnast santé ; l'ennemi qui estoit dedans, leur
respondi : « Nostre-Dame n'est pas ci, ainçois
» est en Egypte, pour aidier au roy de France
» et aus Crestiens qui aujourd'hui ariveront en
» la terre, il à pié, contre la paennime à cheval. »
Le jour fu mis en escript et fu aporté au Légat,
que monseigneur le Légat me dit de sa bouche.
Et soiés certein qu'elle nous aida ; et nous
eust plus aidé se nous ne l'eussions couroucié, et
li et son filz, si comme j'ai dit devant.

317. Le Roy me donna congié d'aler là, et
me dit à grant conseil que je li achetasse cent
camelins de diverses couleurs, pour donner
aus Cordeliers quant nous vendrions en France.
Lors m'assouaga le cuer ; car je pensai bien que
il n'i demouroit gueres. Quant nous venimes en
Cypre à triple, mes chevaliers me demanderent
que je vouloie faire des camelins, et que je leur
deisse : « Espoir, fesoie-je, si les robée pour
» gaaingner. »

318. Le prince de Tripoli, que Dieu absoille,
nous fist si grant joie et si grant honeur comme
il pot onques, et eust donné à moy et à mes
chevaliers grans dons se nous les voussissons
avoir pris : nous ne vousimes rien prenre,
ne mès que de ses reliques, desquelles je aportai
au Roy, avec les camelins que je li avoie
achetez.

319. Derechief je envoiai à madame la Royne

» môme et déchargeons ce pauvre homme de ses
» enfants ; que chacun en prenne un et j'en pren-
» drai un. » Chacun en prit un et se disputoit
pour l'avoir. Quand le pauvre chevalier vit cela,
lui et sa femme se prirent à pleurer de joie. Or,
advint ainsi, que quand le comte d'Eu revint de
manger de l'hôtel du roi, il vint voir les riches
hommes qui étoient en mon hôtel, et m'ôta le mien
enfant qui étoit de l'âge de douze ans, lequel servit
le comte si bien et si loyalement, que quand
nous revînmes en France, le comte le maria et le
fit chevalier : et, toutes les fois que j'étois là où
le comte étoit, à peine ce chevalier se pouvoit
séparer de moi, et me disoit : « Sire, Dieu vous le
» rende, car à cet honneur m'avez-vous mis. » Je
ne sais que devinrent ses trois autres frères *.]

316. Je priai le roi qu'il me laissât aller en pélerinage à Notre-Dame de Tortose **, là où il y
avoit moult grand pélerinage, parce que c'est le
premier autel qui onques fut dressé en l'honneur
de la mère de Dieu, sur terre ; et Notre-
Dame y faisoit moult grands miracles, dont entre
autres, il y avoit un homme hors de sens et qui
avoit le diable au corps. Lorsque ses amis qui
l'avoient amené là , prioient la mère de Dieu
qu'elle lui donnât la santé, l'ennemi qui étoit en
lui répondit : « Notre-Dame n'est pas ici, mais en
» Egypte, pour aider au roi de France et aux chré-
» tiens qui arriveront aujourd'hui au pays à pied,
» contre la païennie à cheval. » Le jour fut mis
en écrit, et l'écrit fut apporté au légat qui me le
dit lui-même ; et soyez certain qu'elle nous aida,
et nous eût aidés davantage si nous ne l'eussions
courroucée, elle et son fils, comme j'ai dit devant.

317. Le roi me donna permission d'y aller, et
me chargea de lui acheter cent pièces de camelot
de diverses couleurs pour donner aux cordeliers,
quand nous viendrions en France. Cela me sou-
lagea le cœur, car je pensai que le roi ne demeureroit guère. Quand nous vînmes à Tripoli, mes
chevaliers me demandèrent ce que je voulois faire
de ces camelots, et je leur dis que je voulois les
revendre pour gagner.

318. Le prince de Tripoli, que Dieu absolve,
nous fit aussi grande fête et aussi grand honneur
qu'il pût onques, et il eût donné à moi et à mes
chevaliers de grands dons, si nous eussions voulu
les prendre ; mais nous ne voulûmes rien prendre, sinon ses reliques que j'apportai au roi
avec les camelots que je lui avois achetés.

319. De plus, j'envoyai à madame la reine

---

* Tous ces faits manquent dans de Rieux, dans Mesnard et dans Ducange.

** Voyez sur Tortose et sur Notre-Dame de Tortose, la *Correspondance d'Orient*, t. VI.

quatre camelins. Le chevalier qui les porta, les porta entorteillés en une touaille blanche. Quant la Royne le vit entrer en la chambre où elle estoit, si s'agenoilla contre li, et le chevalier se r'agenoilla contre li aussi ; et la Royne li dit : « Levez sus, sire chevalier, vous ne vous devez » pas agenoiller qui portés les reliques. » Mès le chevalier dit : « Dame, ce ne sont pas reli- » ques, ains sont camelins que mon Seigneur » vous envoie. » Quant la Royne oy ce, et ses damoiselles, si commencierent à rire; et la Royne dit à mon chevalier : « Dites à vostre » Seigneur que mal jour li soit donné, quant il » ma fèt agenoiller contre ses camelins. »

320. Tandis que le Roy estoit à Sayette, li apporta l'en une pierre qui se levoit par escales, la plus merveilleuse du monde; car quant l'en levoit une escale, l'en trouvoit entre les deux pierres la forme d'un poisson de mer. De pierre estoit le poisson; mais il ne falloit riens en sa fourme, ne yex, ne areste, ne couleur, ne autre chose que il ne feust autre tel comme s'il feust vif. Le Roy manda une pierre, et trouva une tanche dedans, de brune couleur et de tele façon comme tanche doit estre.

◇◇◇

321. A Sayette vindrent les nouvelles au Roy que sa mere estoit morte. Si grant deul en mena, que de deux jours en ne pot onques par- ler à li. Après ce m'envoia querre par un vallet de sa chambre. Quant je ving devant li en sa chambre, là où il estoit tout seul, et il me vit et estandi ses bras et me dit : « A ! Seneschal, j'ai » pardue ma mère. Sire, je ne m'en merveille » pas, fis-je, que à mourir avoit-elle; mès je » me merveille que vous qui estes un sage home, » avez mené si grant deul; car vous savez que » le sage dit, que mésaise que l'omme ait ou » cuer, ne li doit parer ou visage; car cil qui le » fèt, en fèt liez ses ennemis et en mésaise ses » amis. » Moult de biaus servises en fit faire Outremer; et après il envoia en France un sommier chargé de lettres de prieres aus égli- ses, pource que il priassent pour li.

322. Madame Marie de Vertus, moult bone dame et moult sainte femme, me vint dire que la Royne menoit moult grant deulz, et me pria que j'alasse vers li pour la reconforter. Et quant je ving là, je trouai que elle plouroit ; et je li dis que voir dit celi qui dit, que l'en ne doit femme croire : « Car ce estoit la femme

◇◇◇

quatre camelots ; le chevalier qui les porta, les avoit enveloppés dans une toile blanche. Quand la reine le vit entrer dans la chambre où elle était, elle s'agenouilla devant lui, et le chevalier s'a- genouilla aussi devant elle ; et la reine lui dit : « Levez-vous, sire chevalier, vous ne vous devez » pas agenouiller, vous qui portez les reliques. » Mais le chevalier dit : « Dame, ce ne sont pas » reliques, mais camelots que monseigneur vous » envoie. » Quand la reine ouït cela, ainsi que ses damoiselles, elles se prirent à rire, et la reine dit à mon chevalier : « Dites à votre seigneur que » mauvais jour lui soit donné pour m'avoir fait » agenouiller devant ses camelots. »

320. Tandis que le roi étoit à Sayette, on lui apporta une pierre qui se levoit par écailles, la plus merveilleuse chose du monde, car quand on levoit une écaille, on trouvoit entre les deux pierres la forme d'un poisson de mer; le poisson étoit de pierre, mais il ne manquoit rien à sa forme, ni yeux, ni arête, ni couleur, ni autre chose, en sorte qu'il étoit tel que s'il eût été vi- vant *. Le roi m'envoya une pierre semblable, et je trouvai dedans une tanche de couleur brune, et de telle façon que tanche doit être **.]

321. A Sayette vinrent au roi les nouvelles que sa mère étoit morte. Il en mena si grand deuil, que de deux jours on ne put onques lui parler. Après cela, le roi m'envoya quérir par un valet de sa chambre. Quand je vins devant lui dans sa chambre où il étoit tout seul, et qu'il me vit, il me tendit ses bras et me dit : « Ah ! sénéchal, » j'ai perdu ma mère.—Sire, je ne m'en émerveille » pas, répondis-je, car elle devoit mourir. Mais » je m'émerveille que vous, qui êtes un sage » homme, ayez mené si grand deuil ; car vous » savez que le sage dit que tristesse que l'homme » a au cœur ne lui doit paroître au visage; et ce- » lui qui le fait donne joie à ses ennemis et tris- » tesse à ses amis. » Moult beaux services on fit faire outre-mer; et après, le roi envoya en France une grande charge de pierres précieuses et de joyaux destinés aux églises avec lettres et missives, demandant qu'on priât Dieu pour lui et pour ladite dame sa mère.

322. Madame Marie de Vertus, moult bonne dame et moult sainte femme, me vint dire que la reine menoit moult grand deuil, et me pria que je l'alasse réconforter. Et quand je vins là, je trouvai qu'elle pleuroit, et je lui dis que bien vrai dit celui qui dit qu'on ne doit croire femme ; « car c'étoit la femme que plus vous haïssiez et

---

* Fait omis dans les autres éditions.

** On trouve encore aujourd'hui dans le Liban de ces poissons pétrifiés, tels que nous les a décrits le sire de Joinville ; nous en avons vu nous-mêmes dans plusieurs maisons de Sidon et de Beyrut, précieusement conservés comme des reliques, et nous en avons apporté de curieux échantillons. Ces poissons pétrifiés sont un témoignage de cet immense bouleversement des eaux dont tous les peuples ont gardé la tradition.

» que vous plus haïes, et vous en menez tel » deul. » Et elle me dit que ce n'estoit pas pour li que elle ploroit, mès pour la mésaise que le Roy avoit du deul que il menoit; et pour sa fille qui puis fu royne de Navarre, qui estoit demourée en la garde des homes.

323. Les durtez que la royne Blanche fist à la royne Marguerite furent tiex, que la royne Blanche ne vouloit souffrir à son pooir que son filz feust en la compaingnie sa femme, ne mèz que le soir quant il aloit coucher avec li. Les hostiex là où il plèsoit miex à demourer, c'estoit à Pontoise, entre le Roy et la Royne, pource que la chambre le Roy estoit desus et la chambre la Royne estoit desous; et avoient ainsi acordé leur besoigne, que il tenoient leur parlement en une viz qui descendoit de l'une chambre en l'autre ; et avoient leur besoignes si attirées, que quant les huissiers véoient venir la Royne en la chambre le Roy son filz, il batoient les huis de leur verges, et le Roy s'en venoit courant en sa chambre, pource que sa mere l'i trouvast; et ainsi refesoient les huissiers de la chambre la royne Marguerite quant la royne Blanche y venoit, pource qu'elle y trouvast la royne Marguerite. Une foiz estoit le Roy de coste la Royne sa femme, et estoit en trop grant péril de mort, pource qu'elle estoit bléciée d'un enfant qu'elle avoit eu. Là vint la royne Blanche, et prist son filz par la main et li dist : « Venés vous-en, vous ne faites riens ci. » Quant la royne Marguerite vit que la mere enmenoit le Roy, elle s'escria : « Hélas ! vous ne me lai- » rés véoir mon seigneur ne morte ne vive ; » et lors elle se pasma, et cuida l'en qu'elle feust morte ; et le Roy, qui cuida qu'elle se mourut, retourna, et à grant peinne la remist l'en a point.

324. En ce point que la cité de Sayette estoit jà presque toute fermée, le Roy fist fère plusieurs processions en l'ost, et en la fin des processions fesoit prier le Légat que Dieu ordenast la besoigne le Roy à sa volenté, par quoy le Roy en feist le meilleur au gré Dieu, ou de r'aler en France, ou de demourer là.

325. Après ce que les processions furent faites, le Roy m'apela là où je me séoie avec les riches homes du pays, de là en un prael, et me fit le dos tourner vers eulz. Lors me dit le Légat : « Seneschal, le Roy se loe moult de » vostre servise, et moult volentiers vous pour- » chaceroit vostre profit et vostre honneur ; et » pour vostre cuer, me dit-il, mettre aise me dit- » il que je vous deisse que il a atirée sa besoin- » gne pour aler en France à ceste Pasque qui » vient ; et je li respondi : Dieu l'en lait fère sa » volenté. »

326. Lors me dit le Légat, que je le con-

» dont vous menez tel deuil ; » et elle me dit que ce n'étoit pas elle qu'elle pleuroit, mais qu'elle pleuroit pour le roi, à cause du deuil qu'il menoit, et pour sa fille qui depuis fut reine de Navarre, qui étoit demeurée en la garde des hommes.

323. Les duretés que la reine Blanche fit à la reine Marguerite furent telles, que la reine Blanche ne vouloit souffrir que son fils fût en la compagnie de sa femme, sinon le soir, quand il alloit coucher avec elle. Les logis où il plaisoit mieux à demeurer au roi et à la reine , c'étoit à Pontoise , parce que la chambre du roi étoit dessous et la chambre de la reine étoit dessus ; et ils avoient ainsi arrangé leur affaire, qu'ils s'entretenoient dans un escalier qui descendoit d'une chambre dans l'autre, et le cas étoit si bien ordonné, que quand les huissiers voyoient venir la reine dans la chambre du roi son fils, ils frappoient à la porte avec leurs verges, et le roi s'en venoit courant dans sa chambre pour que sa mère l'y trouvât , et les huissiers de la chambre de la reine Marguerite faisoient de même quand la reine Blanche y venoit, pour qu'elle y trouvât la reine Marguerite. Une fois le roi étoit auprès de la reine sa femme, qui étoit en grand péril de mort , parce qu'elle étoit blessée d'un enfant qu'elle avoit eu. La reine Blanche vint là , et prit son fils par la main et lui dit : « Venez-vous-en , vous ne faites rien ici. » Quand la reine Marguerite vit que la mère emmenoit le roi, elle s'écria : « Hélas ! vous ne me » laisserez voir mon seigneur ni morte ni vive , » et lors elle se pâma , et l'on crut qu'elle étoit morte ; et le roi qui crut qu'elle se mouroit , retourna , et à grand'peine fit-on revenir la reine [*].]

324. Comme la cité de Sayette étoit déjà presque toute fortifiée , le roi fit faire dans le camp plusieurs processions , et à la fin des processions, le légat faisoit prier Dieu pour qu'il fît connaître au roi sa volonté, soit pour son retour en France, soit pour son séjour là.

325. Après que les processions furent faites , le roi m'appela là où j'étois assis avec les riches hommes du pays, dans une place, et me fit tourner le dos vers eux. Lors me dit le légat : « Séné- » chal , le roi se loue moult de votre service , et » moult volontiers rechercheroit votre honneur et » votre profit ; et pour mettre votre cœur à l'aise, » il me charge de vous dire qu'il a toutes choses » disposées pour aller en France à la Pâque qui » vient , et je lui répondis : Dieu lui en laisse » faire sa volonté ! »

326. Lors me dit le légat que je l'accompagnasse à son hôtel, ce que je fis ; alors il s'enferma dans sa garde-robe, lui et moi seulement, et il me

[*] Ces détails se lisent dans Pierre de Rieux seulement.

voiasse jusques à son hostel. Lors s'enclost en sa garderobe entre li et moy sanz plus, et me mist mes deux mains entre les seues et commensa à plorer moult durement; et quant il pot parler, si me dit : « Seneschal, je suis moult lie, si en » rent graces à Dieu, de ce que le Roy et les au- » tres pelerins eschapent du grant péril là où » vous avez esté en celle terre; et moult sui à » mésaise de cuer de ce que il me couvendra » lessier vos saintes compaigngnies, et aler à la » Court de Rome, entre celle desloial gent qui y » sont; mès je vous dirai ce que je pense à fère : » je pense encore à fère tant que je demeure un » an après vous, et bée à despendre touz mes » deniers à fermer le fort bourc d'Acre; si que » je leur mousterrai tout clèr que je n'enporte » point d'argent; si ne me courront mie à la » main. »

327. Je recordoie une foiz au Légat deux péchiez que un mien prestre m'avoit recordez ; et il me respondi en tel maniere : « Nulz ne scet » tant de desloiaus péchiez que l'en fait en Acre, » comme je faiz; dont il couvient que Dieu les » venge, en tel maniere que la cité d'Acre soit » lavée du sanc aus habiteurs, et que il y vieig- » ne après autre gent qui y habiteront : la » prophécie du preudomme est avertie, ou par- » tie ; car la cité est bien lavée du sanc aus ha- » biteurs : mès encore n'i sont pas venus cil qui » y doivent habiter, et Dieu les y envoit bons à » sa volenté. »

328. Après ces choses, me manda le Roy que je m'alasse armer et mes chevaliers. Je li demandai pourquoy ; et il me dit pour mener la Royne et ses enfans jeusques à Sur, là où il avoit sept lieues. Je ne li repris onques la parole, et si estoit le commandement si périlleus, que nous n'avions lors ne trèves ne pès, ne à ceulz d'Egypte ne à ceulz de Damas. La merci Dieu nous y venimes tout en pèz sans nul empeschement et à l'anuitier, quant que il nous couvint deux foiz descendre en la terre de nos ennemis pour fère feu et cuire viande, pour les enfans repestre et alaitier.

329. Quant que le Roy se partist à la cité de Sayete, que il avoit fermée de grans murs et de grans tours, et de grans fossés curez dehors et dedans, le Patriarche et les Barons du païs vindrent à li et li distrent en tel maniere : « Sire, » vous avez fermée la cité de Sayete, et celle » de Césaire, et le bourc de Jaffe, qui moult est » grant profit à la Sainte Terre; et la cité d'A- » cre avés moult enforciée des murs et des tours » que vous y avez fet. Sire, nous nous sommes » regardez entre nous, que nous véons que vos- » tre demourée puisse tenir point de proufit au » royaume de Jérusalem; pour laquel chose nous » vous loons et conseillons que vous alez en

⋄⋄⋄

mit mes deux mains dans les siennes et commença à pleurer moult abondamment, et quand il put parler, il me dit : « Sénéchal, je suis moult joyeux » et j'en rends grâces à Dieu, de ce que le Roi et » les autres pèlerins échappent du grand péril là » où vous avez été en cette terre; mais je suis » moult affligé de ce qu'il me faudra laisser » votre sainte compagnie et aller à la cour de » Rome, au milieu de ces déloyales gens qui y » sont. Mais je vous dirai ce que je pense faire : » je veux demeurer ici encore un an après vous, » et dépenser tous mes deniers à fermer la forte » place d'Acre ; et par là je montrerai tout clair » que je n'emporte point d'argent; ainsi ils ne me » courront point sus. »

327. Je rappelois une fois au légat deux péchés qu'un mien prêtre m'avoit rappelés, et il me répondit en cette manière : « Nul ne fait tant de » déloyaux péchés qu'on en fait à Acre, comme » je sais; il faut que Dieu les punisse en telle » manière que la cité d'Acre soit lavée du sang » de ses habitants, et qu'il y vienne après d'au- » tres gens qui l'habiteront. » La prophétie du prud'homme est avérée en partie ; car la cité est bien lavée du sang des habitants; mais ceux qui y doivent habiter n'y sont pas encore venus; et Dieu les y envoie bons à sa volonté[*].

328. Après ces choses, le roi me manda que je

⋄⋄⋄

m'allasse armer moi et mes chevaliers. Je lui demandai pourquoi, et il me dit : pour mener la reine et ses enfants jusqu'à Sur, à sept lieues de là. Je ne lui repris onques la parole ; et cependant le commandement étoit périlleux, car nous n'avions lors ni trêve ni paix , ni avec ceux d'Égypte ni avec ceux de Damas. Grâces à Dieu, nous y vînmes tout en paix sans nul empêchement, et à l'entrée de la nuit, quoiqu'il nous fallût deux fois descendre dans la terre de nos ennemis, pour faire du feu et cuire nos vivres, et pour repaître et allaiter les enfants.

329. Quand le roi partit de la cité de Sayette qu'il avoit fortifiée de grands murs et de grandes tours, et de grands fossés curés dehors et dedans, le patriarche et les barons du pays vinrent à lui, et lui dirent : « Sire, vous avez fortifié la cité de » Sayette, et celle de Césarée, et le bourg de » Jaffa; ce qui moult est grand profit pour la » Terre-Sainte; et vous avez moult renforcé la » cité d'Acre, des murs et des tours que vous » y avez faits. Sire, nous avons délibéré entre » nous, et nous avons vu que désormais votre sé- » jour ici ne peut profiter en rien au royaume de

---

[*] Cette anecdote ne se lit point dans les autres éditions. Elle fait allusion à la dernière prise d'Acre par le sultan d'Égypte en 1291.

HISTOIRE DE SAINT LOUIS.

» Acre à ce quaresme qui vient et atirez vostre
» passage, par quoy vous en puissiés aler en
» France après ceste Pasque. » Par le conseil
du Patriarche et des Barons, le Roy se parti
de Sayette et vint à Assur là où la Royne estoit, et des illec venimes à Acre à l'entrée de
quaresme.

330. Tout le quaresme fist arréer le Roy ses
nefz pour revenir en France, dont il y ot treize
que nefz que galies. Les nefz et les galies furent
atirées en tel maniere, que le Roy et la Royne
se requeillirent en leur nefz la végile de saint
Marc, après Pasques, et eumes bon vent au
partir. Le jour de la saint Marc, me dit le Roy
que à celi jour il avoit esté né; et je li diz que
encore pooit-il bien dire que il estoit re-
nez, quant il de celle périlleuse terre eschapoit.

331. Le samedy veimes l'ille de Cypre, et
une montaingne qui est en Cypre que on apèle
la montaingne de la Croiz. Celi samedi leva une
bruine et descendi de la terre sur la mer, et
pour ce cuiderent nos mariniers que nous feus-
sion plus long de l'ille de Cypre que nous n'estions, pource que il véoient la montaigne pardesus la bruine, et pour ce firent nager habandonnéement, dont il avint ainsi que nostre nef
hurta à une queue de sablon qui estoit en la
mer. Or avint ainsi, que se nous n'eussions
trouvé ce pou de sablon là où nous hurtames,
nous eussions hurté à tout plein de roches qui
estoient couvertes, là où nostre nef eust esté
toute esmiée, et nous touz périllez et noiez.
Maintenant le cri leva en la nef si grant, que
chascun crioit hélas ! et les mariniers et les autres batoient leur paumes, pource que chascun
avoit poour de noier. Quand je oy ce, je me
levai de mon lit là ou je gisoie, et alai ou chastel avec les mariniers. Quant je ving là frere
Hamon, qui estoit Templier et mestre desus les
mariniers, dit à un de ses vallez : « Giète ta
» plomme; » et si fist-il. Et maintenant que il
l'ot getée, il s'escria et dit : « Halas ! nous som-
» mes à terre. » Quant frere Remon oy ce, il se
desirra jusques à la courroie et prist à arracher
sa barbe, et crier : « Et mi, ai mi. » En ce point
me fist un mien chevalier qui avoit non monseigneur Jehan de Monson, pere l'abbé Guillaume
de Saint-Michiel, une grant debonnaireté, qui fu
tele ; car il m'aporta sanz dire un mien seurcot forré et le me geta ou dos, pource que je
n'avoie que ma cote. Et ge li escriai et li diz :
« Que ai-je à fère de vostre seurcot, que vous
» m'aportez quant nous nous noyons. » Et il me
dit : « Par m'ame, Sire, je aurai plus chier que
» nous feussions touz naiez, que ce que une ma-

◊◊◊

» Jérusalem ; c'est pourquoi nous vous conseillons
» d'aller à Acre au carême qui vient et de prépa-
» rer votre passage, pour que vous puissiez aller
» en France après Pâques. » Par le conseil du
patriarche et des barons, le roi partit de Sayette
et vint à Sur*, là où la reine étoit ; et de là nous
vinmes à Acre, à l'entrée de carême.

330. Tout le carême, le roi fit préparer ses
nefs pour revenir en France : il y en avoit bien
treize tant vaisseaux que galères. Les nefs et les
galères furent préparées de manière que le roi
et la reine se retirèrent dans leurs vaisseaux, la
veille de Saint-Marc après Pâques, et nous eûmes
bon vent au départ le jour de Saint-Marc; le roi
me dit qu'il étoit né ce jour-là, et je lui répondis
que encore pouvoit-il bien dire qu'il naissoit une
seconde fois, puisqu'il échappoit à cette terre tant
périlleuse.

331. Le samedi nous vinmes devant l'île de
Chypre et devant une montagne qui est dans l'île,
et qu'on nomme la montagne de la Croix**. Ce samedi se leva une brume qui descendit de la terre
sur la mer, et pour cela nos mariniers crurent
que nous étions plus loin de l'île que nous n'en
étions, parce qu'ils voyoient la montagne pardessus la brume ; et pour cela ils firent naviguer à
force de rames ; donc il advint que notre nef heurta
un banc de sable qui étoit en mer. Si nous n'eussions trouvé ce banc de sable, là où nous heurtâ-
mes, nous eussions heurté contre tout plein de
roches qui étoient couvertes, et notre nef eût été
toute brisée et nous eussions été perdus et noyés.
Aussitôt le cri se leva si grand dans la nef que
chacun crioit hélas ! et les mariniers et les autres
se frappoient les mains, car chacun avoit peur
d'être noyé. Quand j'ouïs cela, je me levai de mon
lit là où je gisois et j'allai sur le pont avec les
mariniers. Quand je vins là, frère Rémond, qui
étoit Templier et maître des mariniers, dit à un
de ses valets : jette ta sonde ; ainsi fit-il. Et lorsqu'il l'eut jetée, il s'écria et dit : « Hélas ! nous
» sommes à terre. » Quand frère Rémond ouït
cela, il déchira sa robe jusqu'à la ceinture, et se
prit à arracher sa barbe et à crier : « Seigneur,
» aide-moi! » En ce moment, un mien chevalier
qui avoit nom monseigneur Jean de Monson, père
de l'abbé Guillaume de Saint-Michel, me fit une
grande débonnaireté : il m'apporta, sans dire mot,
un mien surtout fourré et me le jeta sur le dos,
parce que je n'avois que ma cotte. Et je lui criai et
lui dis : « Qu'ai-je à faire de ce surtout que vous
» m'apportez au moment où nous allons nous

---

* C'est encore ici une faute de copiste, lisez *Sur*.
** La montagne de Sainte-Croix qui est encore au-jourd'hui un point de reconnaissance pour les marins. (Voyez la *Correspondance d'Orient*, t. IV.)

» ladie vous preit de froit dont vous eussiez la
» mort. »

332. Les mariniers escrierent : « Sà la galie,
» pour le Roy requeillir; » mais de quatre galies
que le Roy avoit là, il n'i ot onques galie qui de
là s'aprochast, dont il firent moult que sage ; car
il avoit bien huit cens persones en la nef qui touz
feussent sailli ès galies pour leur cors garantir,
et ainsi les eussent effondées.

333. Cil qui avoit la plommée, geta la seconde
foiz, et revint à frere Remon, et li dit que la
nef n'estoit mès à terre ; et lors frere Remon
ala dire au Roy qui estoit en croiz sur le pont
de la nef, tous deschaus, en pure cote et tout
deschevelé devant le cors Nostre-Seigneur qui
estoit en la nef, comme cil qui bien cuidoit
noier.

334. Si-tost comme il fu jour nous veimes
la roche devant nous, là où nous feussions
hurté se la nef ne feust adhurtée à la queue du
sablon.

335. Lendemain envoia le Roy querre le
mestre Notonnier des nefs, lesquiex envoyerent
quatre plungeurs en la mer aval, et plungerent
en la mer; et quant il revenoient, le Roy et le
mestre Notonnier les oyoient l'un après l'autre,
en tel maniere que l'un des plungeurs ne savoit
que l'autre avoit dit : toute-voiz trouva l'en par
les quatre plungeurs; que au froter que nostre

◇◇◇

» noyer ? » Et mon serviteur me répondit :
« Sur mon âme, Sire, j'aimerois mieux que
» nous fussions tous noyés qu'un mal vous prît de
» froid, lequel vous causât la mort. »

332. Les mariniers s'écrièrent : « Une galère
» pour recueillir le roi. » Mais de quatre galères
que le roi avoit là, il n'y eut oncques galère qui
s'avançât; ce qu'on fit moult sagement, car il y
avoit bien huit cents personnes dans la nef, lesquelles eussent toutes sauté dans la galère pour
se sauver et l'eussent coulée à fond.

333. Celui qui avoit la sonde la jeta une seconde
fois et revint à frère Rémond et lui dit que la nef
n'étoit plus à terre; et lors frère Rémond alla le
dire au roi qui étoit sur le pont de la nef, les bras
en croix, les pieds nus, en simple cotte et tout
échevelé devant un crucifix, comme quelqu'un
qui croyoit bien être noyé.

334. Sitôt qu'il fut jour, nous vîmes devant
nous la roche où nous aurions heurté, si la nef
n'eût été arrêtée par le banc de sable [1].

335. Le lendemain, le roi envoya quérir les
maîtres nautonniers des nefs, lesquels envoyèrent
quatre plongeurs au fond de la mer et ils plongèrent;
quand ils revenoient, le roi et les maîtres nautonniers les entendoient l'un après l'autre de telle

[1] Tout ce récit est fort abrégé dans les autres éditions.

nef avoit fait ou sablon, en avoit bien osté
quatre taises du tyson sur quoy la nef estoit
fondée.

336. Lors appèle le Roy les mestres Notonniers devant nous, et leur demanda quel conseil
il donroient du cop que sa nef avoit receu. Il se
conseillerent ensemble, et loerent au Roy que il
se descendist de la nef là où il estoit et entrast
en une autre : « Et ce conseil vous loons-nous,
» car nous entendons de certein que touz les ès
» de vostre nef sont touz eslochez, pourquoy
» nous doutons que quant vostre nef venra en la
» haute mer, que elle ne puisse soufrir les cops
» des ondes, qu'elle ne se despiesce ; car autel
» avint-il quant vous venistes de France, que une
» nef hurta aussi ; et quant elle vint en la haute
» mer, elle ne pot soufrir les cops des ondes,
» ainçois se desrompi, et furent touz peris
» quantque il estoient en la nef, fors que une
» femme et son enfant qui en eschaperent sur
» une piesce de la nef. » Et je vous témoing que
il disoient voir ; car je vi la femme et l'enfant en
l'ostel au conte de Joingny en la cité de Baffe,
que le conte norrissoit.

337. Lors demanda le Roy à monseigneur
Pierre le Chamberlain, et à monseigneur Gile le
Brun connestable de France, et à monseigneur
Gervais Desorainnes qui estoit mestre queu le
Roy, et à l'arcédyacre de Nicocye qui portoit son

◇◇◇

manière que l'un des plongeurs ne savoit ce que
l'autre avoit dit. Toutefois on sut par le rapport
des plongeurs que notre nef, en se frottant au banc
de sable, avoit bien perdu quatre toises de sa
quille.

336. Lors le roi appela devant nous les maîtres
nautonniers des nefs et leur demanda quel conseil ils donnoient sur le coup que la nef avoit reçue. Tous
ensemble conseillèrent au roi de descendre de la
nef où il étoit et d'entrer dans une autre. « Et ce
» conseil, dirent-ils, nous vous le donnons parce
» que nous sommes sûrs que toutes les planches
» de votre nef sont ébranlées. C'est pourquoi nous
» craignons que quand votre nef viendra dans la
» haute mer, elle ne puisse supporter les coups des
» vagues et qu'elle ne se dépèce, car pareille
» chose advint quand vous veniez de France, une
» nef heurta aussi, et quant elle fut dans la haute
» mer, elle ne put supporter les coups des ondes,
» mais se brisa, et tous ceux qui étoient dans la
» nef périrent, fors une femme et son enfant qui
» échappèrent sur une pièce de la nef. » Et je
vous assure qu'ils disoient vrai ; je vis la
femme et l'enfant dans l'hôtel du comte de Joigny, dans la cité de Baffa (Paphos), et le comte
les nourrissoit par charité.

337. [Lors le roi demanda à monseigneur Pierre
le chambellan et à monseigneur Giles Lebrun,

scel, qui puis fu Cardonnal, et à moy, que nous li loions de ces choses; et nous li respondimes que de toutes choses terriennes l'en devoit croire ceulz qui plus en savoient : « dont nous vous » loons devers nous que vous faciez ce que les » notonniers vous loent. »

338. Lors dit le Roy aus notonniers : « Je vous » demant sur voz loialtés, se la nef feust vostre » et elle feust chargée de vos marchandises, se » vous en descendriés; » et il respondirent tous ensemble que nanin; car il ameroient miex mettre leur cors en aventure de noier, que ce que il achetassent une nef quatre mille livres et plus. « Et pourquoy me loe-vous douc que je » descende? pource, firent-il, ce n'est pas geu » parti, car or ne argent ne peut esprisier le cors » de vous, de vostre femme et de vos enfans qui » sont céans, et pour ce ne vous loons-nous » pas que vous metez ne vous, ne eulz, en » aventure. »

339. Lors dit le Roy : « Seigneurs, j'ai oy » vostre avis et l'avis de ma gent; or vous re-» dirai-je le mien, qui est tel, que se je descent » de la nef, que il a céans tiex cinq cens per-» sones et plus, qui demorront en l'ille de Cypre » pour la poour du péril de leurs cors, car il n'i » a celi qui autant n'ait en sa vie comme j'ai, » et qui jamèz par aventure en leur paiz ne

» r'enterront, dont jaimme miex mon cors et ma » femme et mes enfans mettre en la main Dieu, » que je feisse tel doumage à si grant peuple » comme il a céans. »

340. Le grant doumage que le Roy eut fait au peuple qui estoit en sa nef, peut l'en véoir à Olivier de Termes qui estoit en la nef le Roy, lequel estoit un des plus hardis hommes que je onques veisse et qui miex s'estoit prouvé en la Terre-Sainte, et n'osa demourer avec nous pour poour de naier; ainçois demoura en Cypre, et fu avant un an et demi que il revedist au Roy, et si estoit grant home et riche home, et bien pooit paier son passage : or regardez que petites gens eussent fèt qui n'eussent eu de quoy paier, quant tel homme ot si grant destourbier.

341. De ce péril dont Dieu nous ot eschapez, entrames en un autre; car le vent qui nous avoit flatis sus Chypre là où nous deumes estre noiés, leva si fort et si orrible, car il nous batoit à force sus l'ille de Cypre; car les mariniers geterent leur ancres encontre le vent, ne onques la nef ne porent arester tant que il en y orent aportés cinq. Les parois de la chambre le Roy couvient abatre, ne il n'avoit nulli léans qui y osast de-mourer, pource que le vent ne les emportast en la mer. En ce point le Connestable de France monseigneur Giles le Brun estiens couchié en la

⟨⟨⟩⟩

connétable de France, et à monseigneur Gervais Desoraignes, qui étoit maître queux* du roi, et à l'archidiacre de Nicosie, qui portoit son scel et qui depuis fut cardinal, ce que nous lui conseillions sur cela; nous lui répondîmes que de toutes choses terriennes on devoit croire ceux qui en savoient le plus. « Nous vous conseillons » donc de faire ce que les nautonniers vous con-» seillent **. »]

338. Lors le roi dit aux nautonniers : « Je vous » demande sur votre loyauté, si la nef étoit vôtre » et qu'elle fût chargée de vos marchandises, en » descendriez-vous? » Et ils répondirent tous en-semble que nenni, car ils aimeroient mieux mettre leur personne en aventure d'être noyée que d'a-cheter une nef quatre mille livres et plus. « Et » pourquoi me conseillez-vous donc de descen-» dre? — Parce que, dirent-ils, la partie n'est » pas égale, car ni or ni argent ne peut valoir » vous, votre femme et vos enfants qui sont » céans, et c'est pour cela que nous ne vous conseil-» lons pas de mettre en aventure ni vous ni eux. »

339. Lors le roi dit : « Seigneurs, j'ai ouï votre » avis et l'avis de mes gens; maintenant je vais » vous dire le mien qui est tel que si je descends

* Intendant de la bouche.
** Cette réponse de Joinville est omise dans les autres éditions.

» de la nef, il y a céans telles personnes au nom-» bre de cinq cents et plus qui demeureront en l'île » de Chypre, par la peur du péril de leurs corps; » car il n'y en a aucune qui n'aime autant sa vie » comme je fais la mienne, et qui jamais peut-» être ne rentreront dans leur pays. J'aime donc » mieux mettre mon corps, et ma femme, et mes » enfants en la main de Dieu, que de faire si » grand dommage à tant de gens qu'il y a céans. »

340. Le grand dommage que le roi eût fait au peuple qui étoit en sa nef, parut bien en messire Olivier de Thermes, qui étoit sur cette nef, lequel étoit un des plus hardis hommes que je vis onques et qui mieux s'étoit montré en la Terre-Sainte; il n'osa demourer avec nous par peur d'être noyé, et resta en Chypre; il fut un an et demi avant de revenir au roi; et pourtant c'étoit un grand et riche homme, et pouvoit bien payer son passage; or, voyez ce qu'eussent fait de petites gens qui n'eussent eu de quoi payer, quand un tel homme eut si grand empêchement.

341. De ce péril dont Dieu nous sauva, nous entrâmes dans un autre; car le vent qui nous avoit jetés sur Chypre, là où nous devions être noyés, se leva si fort et si horrible, qu'il nous poussa sur l'île; les mariniers jetèrent leurs an-cres contre le vent, et onques ne purent bien ar-rêter la nef qu'avec cinq ancres. Il fallut abattre les parois de la chambre du roi; et il n'y eut per-

chambre le Roy, et en ce point la Royne ouvri l'uis de la chambre et cuida trouver le Roy et la seue; et je li demandai qu'elle estoit venu querre; elle dit qu'elle estoit venue parler au Roy pource que il promeist à Dieu aucun pélerinage, ou à ses Sains, parquoy Dieu nous délivrast de ce péril là où nous estions ; car les mariniers avoient dit que nous estions en péril de naier. Et je li diz : « Dame, prométés la voie à » monseigneur saint Nicholas de Warangeville, » et je vous suis plège pour li que Dieu vous re- » menra en France, et le Roy et vos enfans. — Sé- » neschal, fist-elle, vraiment je le feroie volen- » tiers, mès le Roy est si divers, que se il le sa- » voit que je l'eusse promis sanz li, il ne m'i lè- » roit jamès aler. Vous ferez une chose, que se » Dieu vous rameinne en France, que vous li » promettrés une nef d'argent de cinq mars, » pour le Roy, pour vous et pour vos trois en- » fans, et je vous sui plège que Dieu nous ra- » menrra en France ; car je promis à saint Ni- » cholas que se il nous reschapoit de ce péril là » où nous avions la nuit esté, que je l'iroie re- » querre de Joinville à pié et deschaus. » Et elle me dit que la nef d'argent de cinq mars que elle la promettoit à Saint Nicholas, et me dit que je l'en feusse plège; et je li dis que si seroie-je moult volentiers. Elle se parti de illec, et ne tarda que

◇◇◇

sonne là qui osât y demeurer, de peur que le vent ne les emportât en mer. Dans ce moment, le connétable de France, monseigneur Giles Lebrun et moi, étions couchés dans la chambre, du roi. La reine ouvrit la porte de la chambre croyant y trouver le roi, et je lui demandai ce qu'elle étoit venue quérir; elle dit qu'elle étoit venue parler au roi, pour qu'il promît à Dieu ou à ses saints aucun pèlerinage pour que Dieu nous délivrât du péril où nous étions; car les mariniers avoient dit que nous étions en péril d'être noyés. Et je lui dis : » Dame, promettez le pèlerinage à » monseigneur saint Nicolas de Warangeville, et » je vous fais caution pour lui que Dieu vous ra- » mènera en France, et le roi et vos enfants. — Sé- » néchal, reprit-elle, vraiment je le ferois volon- » tiers ; mais le roi est si contrariant, que s'il sa- » voit que je vous l'eusse promis sans lui, il ne » me laisseroit jamais aller. — Eh bien! faites une » chose, promettez, si Dieu vous ramène en » France, une nef d'argent de cinq marcs pour le » roi, pour vous et pour vos trois enfants, et je » vous fais garant que Dieu nous ramènera en » France; car j'ai promis à saint Nicolas que s'il » nous réchappoit de ce péril là où nous avons été » la nuit, j'irois lui faire ma prière de Joinville à » pied et deschaus (déchaussé). » Et elle me dit qu'elle promettoit à saint Nicolas la nef d'argent de cinq marcs; et me demanda que j'en fusse ga-

un petit ; si revint à nous et me dit : « Saint Ni- » cholas nous a garantis de cest péril, car le vent » est cheu. »

342. Quant le Royne, que Dieu absoille, feu revenue en France, elle fist fère la nef d'argent à Paris ; et estoit en la nef, le Roy, la Royne et les trois enfans, touz d'argent; le marinier, le mât, le gouvernail et les cordes, tout d'argent, et le voile tout d'argent; et me dit la Royne, que la façon avoit cousté cent livres. Quant la nef fut faite, la Royne la m'envoya à Joinville pour fère conduire jusques à saint Nicholas, et je si fis; et encore la vis-je à saint Nicholas quant nous menames la sereur le Roy à Haguenoe, au roy d'Allemaingne.

343. Or revenons à nostre matiere et disons ainsi, que après ce que nous fumes eschapé de ces deux périlz, le Roy s'asist sur le ban de la nef et me fist asseoir à ses piez, et me dit ainsi : « Seneschal, nous a bien moustré nostre Dieu » son grant pouoir, que un de ces petits vens, » non pas le mestre des quatre vens, dut avoir » naié le roy de France, sa femme et ses enfans, » et toute sa compaingnie ; or li devons gré et » grace rendre du péril dont il nous a déli- » vrez. »

344. « Seneschal, fist le Roy, de teles tribula- » cions quant elles avienent aus gens, ou de grans

◇◇◇

rant. Et je lui dis qu'ainsi serois-je moult volontiers. Elle nous quitta et il ne tarda guère qu'elle ne revînt à nous et me dit : « Saint Nicolas nous a « garantis de ce péril, car le vent est tombé. »

342. Quand la reine, que Dieu absolve, fut revenue en France, elle fit faire la nef d'argent à Paris ; et il y avoit dans la nef le roi, la reine et les trois enfants, tous d'argent; le marinier, le mât, le gouvernail et les cordes tout d'argent; la voile tout d'argent ; et la reine me dit que la façon avoit coûté cent livres. Quand la nef fut faite, la reine me l'envoya à Joinville pour la faire porter jusqu'à Saint-Nicolas, ce que je fis. Et encore la vis-je à Saint-Nicolas quand nous menâmes la sœur du roi[*] à Haguenau, au roi d'Allemagne.

343. Or revenons à notre sujet et disons qu'après que nous eûmes échappé à ces deux périls, le roi s'assit sur le bord de la nef et me fit asseoir à ses pieds, et me dit : « Sénéchal, notre » Dieu nous a bien montré son grand pouvoir, » car un de ses petits vents, non pas le maître des » quatre vents, devoit noyer le roi de France, sa » femme et ses enfants, et toute sa compagnie; or » lui devons rendre grâce du péril dont il nous a » délivrés. »

344. « Sénéchal, de telles tribulations, quand

---

[*] Blanche, petite-fille de saint Louis, sœur de Philippe-le-Bel, mariée à Rodolphe, duc d'Autriche, depuis roi de Bohême, fils de l'empereur Albert I.

» maladies, ou d'autres persécucions, dient les
» Sains que ce sont les menaces Nostre-Seigneur ;
» car aussi comme Dieu dit à ceulz qui escha-
» pent de grans maladies : or véez-vous bien que
» je vous eusse bien mors se je vousisse ; et ainsi
» peut-il dire à nous : vous véez bien que je vous
» eusse noiez se je vousisse. Or devons, fist le
» Roy, regarder à nous, que il n'i ait chose qui
» li desplaise que nous n'ostons hors ; car se nous
» le fesions autrement après ceste menace que il
» nous a faite, il ferra sus nous ou par mort, ou
» par autre grant meschéance, au doumage des
» cors et des ames. »

345. Le Roy dit : « Seneschal, le Saint dit :
» sire Dieu, pourquoy nous menaces-tu ; car se
» tu nous avoies touz perdus, tu n'en seroies ja
» pour ce plus poure ; et se tu nous avoies touz
» gaaingnez, tu n'en seroies ja plus riche pour
» ce : dont nous poons véoir, fait le Saint, que
» ces menaces que Dieu nous fèt ne sont pas pour
» son preu avancier, ne pour son doumage des-
» tourber, mès seulement pour la grant amour
» que il a en nous, nous esveille par ses menaces
» pource que nous voions cler en nos défautes,
» et que nous ostions ce qui li desplèt : or le fè-
» sons ainsi, fist le Roy, si ferons que sages. »

〰

» elles adviennent aux gens, ou de grandes ma-
» ladies ou d'autres persécutions, sont, comme
» disent les saints, des menaces de notre Sei-
» gneur. Car c'est comme si Dieu disoit à ceux qui
» échappent à de grandes maladies : « Vous voyez
» bien que je vous eusse bien fait mourir si j'eusse
» voulu. » Ainsi peut-il nous dire : « Vous voyez
» bien que je vous eusse noyés si c'eût été ma vo-
» lonté. » Maintenant, ajouta le roi, nous devons
» prendre garde qu'il n'y ait en nous chose qui dé-
» plaise à Dieu et que nous ne mettions pas
» dehors ; car si nous faisons autrement après
» cette menace qu'il nous a faite, il frappera sur
» nous ou par mort ou autre grand malheur,
» au dommage de nos corps et de nos âmes. »

345. « Sénéchal, reprit encore le roi, le saint*
» dit : « Sire Dieu, pourquoi nous menaces-tu ?
» car si tu nous avois perdus, tu n'en serois pour
» cela plus pauvre, et si tu nous avois tous ga-
» gnés, tu n'en serois pour cela plus riche ; d'où
» nous pouvons voir, ajoute le saint, que ces me-
» naces que Dieu nous fait ne sont pas pour ac-
» croître son profit, ni pour détourner son dom-
» mage, mais seulement pour le grand amour
» qu'il a pour nous ; il nous éveille par ces mena-
» ces, pour que nous voyions clair en nos fautes
» et que nous ôtions ce qui lui déplaît en nous ;

346. De l'Ille de Cypre nous partimes, puis
que nous eumes pris en l'ille de l'yaue fresche et
autres choses qui besoing nous estoient. A une
ille venimes que en appelle la Lempiouse, là où
nous preimes tout plein de connins, et trouvames un hermitage ancien dedans les roches, et
trouvames les courtilz que les hermites qui y
dormirent anciennement avoient fait, olivier,
figuiers, seps de vingne et autres arbres y avoit.
Le ru de la fonteinne couroit parmi le courtil ; le
Roy et nous alames jusques au chief du courtil,
et trouvames un oratoire en la premiere voûte,
blanchi de chaus, et une croiz vermeille de
terre. En la seconde voûte entrames, et trouvames deux cors de gens mors, dont la char estoit
toute pourrie ; les costes se tenoient encore toutes
ensemble ; et les os des mains estoient sur leur
piz ; et estoient couchez contre Orient, en la
maniere que l'en met les cors en terre. Au requeillir que nous feismes en nostre nef, il nous
failli un de nos mariniers, dont le mestre de la
nef cuida que il feust là demouré pour estre her-
mite ; et pour ce Nicholas de Soisi, qui estoit
mestre serjant le Roy, lessa trois sacz de bécuiz
sur la rive, pource que cil les trouvast et en véquist.

347. Quant nous fumes partis de là nous veis-

〰

» or faisons ainsi, dit le roi, et nous ferons sage-
» ment**. »

346. Nous partimes de l'île de Chypre après
que nous y eûmes pris de l'eau fraîche et autres
choses dont nous avions besoin. Nous vînmes à
une île qu'on appelle Lampadouse***, là où nous
prîmes tout plein de connins (lapins) ; nous
trouvâmes un ermitage ancien dedans les roches
et le jardin qu'avoit fait l'ermite qui y demeuroit
anciennement : il y avoit des oliviers, des figuiers,
des ceps de vigne et autres arbres. L'eau de la
fontaine couroit dans le jardin ; le roi et nous allâmes jusqu'au bout du jardin, et nous trouvâmes
un oratoire dans la première voûte blanchie de
chaux et une croix de terre vermeille. Dans la
seconde voûte nous entrâmes et trouvâmes deux
corps morts, dont la chair étoit toute pourrie ; les
côtes se tenoient toutes ensemble, et les os des
mains étoient sur leur poitrine. Ils étoient couchés vers l'Orient de la manière qu'on met les
corps en terre. En retournant dans notre nef, il
nous manqua un de nos mariniers que le maître
de la nef crut être resté là pour se faire ermite ;
et pour cela Nicolas de Soisi, qui étoit maître sergent du roi, laissa trois sacs de biscuit sur la rive
pour qu'il les trouvât et en vécut.

347. Quand nous fûmes partis de là, nous vi-

---

* Saint Anselme, comme on l'a vu dans la première partie. Mesnard met ici le *saint homme Job*, et Ducange l'a copié.

** Ce discours du roi n'est qu'indiqué par Pierre de Rieux.

*** A cent milles de l'île de Malte.

mes une grant ylle en la mer, qui avoit à non Pantennelée, et estoit peuple de Sarrazins qui estoient en la subjection du roy de Sezile et du roy de Thunes. La Royne pria le Roy que il y envoyast trois galies pour prenre du fruit pour ses enfans; et le Roy li otria, et commanda aus galies que quant la nef le Roy passeroit par-devant l'île, que il feussent touz appareillés de venir à moy. Les galies entrerent en l'ille par un port qui y estoit; et avint que quant la nef le Roy passa par-devant le port, nous n'oymes onques nouvelles de nos galies. Lors commencierent les mariniers à murmurer l'un à l'autre. Le Roy les fist appeler, et leur demanda que li sembloit de cest heure, et les mariniers li distrent que les Sarrazins avoient pris sa gent et les galies : « Mès nous vous loons et conseillons, » Sire, que vous ne les attendés pas; car vous » estes entre le royaume de Sezile et le royaume » de Thunes, qui ne vous aimment guères, ne l'un » ne l'autre; et se vous nous lessiez nager nous » aurons encore ennuit délivré du péril, car nous » vous aurons passé ce destroit. Vraiement, fist » le Roy, je ne vous en croirai ja que je lesse ma » gent entre les mains des Sarrazins, que je ne n'en » face au moins mon pouer d'eulz délivrer; et

» vous commant que vous tournez vos vouèles, » et leur alons courre sus. » Et quant la Royne oy ce, elle commença à mener moult grant deul, et dit : « Hé lasse! ce ai-je tout fet. »

348. Tandis que l'en tournoit les voiles de la nef le Roy et des autres, nous veismes les galies issir l'ylle. Quant elle vindrent au Roy, le Roy demanda aus mariniers pourquoy il avoient ce fet; et il respondirent que il n'en pooient mès, que ce firent les filz de bourjois de Paris, dont il y avoit six qui mangoient les fruiz des jardins, parquoy il ne les pooient avoir, et il ne les vouloient lessier. Lors commanda le Roy que en les meist en la barje de cautier, et lors il commencerent à crier et à brere : « Sire, pour Dieu, raimbez-» nous de quant que nous avons, mès que vous » ne nous métiez là où en met les murtriers et les » larrons; car touzjours mès nous seroit reprou-» vé. » La Royne et nous touz feismes nos poirs comment le Roy se vousist souffrir; mès onques le Roy ne voult escouter nullui; ainçois y furent mis et y demourerent tant que nous feumes à terre. A tel meschief y furent, que quant la mer grossoioit, les ondes leur voloient pardesus la teste, et les couvenoit asseoir que le vent ne les emportast en la mer. Et ce fu à bon droit; que

◇◇◇

mes une grande île en la mer qui avoit nom Pantalaric* et étoit peuplée de Sarrasins, qui étoient en la sujétion du roi de Sicile et du roi de Tunis. La reine pria le roi qu'il y envoyât trois galères pour prendre du fruit pour ses enfants; et le roi le lui octroya et commanda aux galères que quand la nef du roi passeroit par devant l'île, ils fussent tous prêts à le joindre. Les galères entrèrent dans l'île par un port qui y étoit; et il advint que quand la nef du roi passa par devant le port, nous n'ouïmes onques nouvelles de nos galères. Lors commencèrent les mariniers à murmurer l'un à l'autre. Le roi les fit appeler et leur demanda ce qu'il leur sembloit de cette aventure, et les mariniers lui dirent que les Sarrasins avoient pris ses gens et les galères : « Mais nous » vous conseillons, Sire, que vous ne les atten-» diez pas; car vous êtes entre le royaume de Si-» cile et le royaume de Tunis, qui ne vous ai-» ment guère ni l'un ni l'autre, et si vous nous » laissez naviguer, nous vous délivrerons encore » cette nuit de péril, car nous vous aurons » passé ce détroit. — Vraiment, dit le roi, je » ne vous en croirai pas de laisser mes gens » entre les mains des Sarrasins, sans faire au » moins mon possible pour les délivrer, et je » vous commande de tourner vos voiles, et » leur courons sus. » Et quand la reine ouït cela, elle commença à mener moult grand deuil

et dit : « Hélas! c'est moi qui ai fait tout cela. »

348. Pendant qu'on tournoit les voiles de la nef du roi et des autres, nous vîmes les galères sortir de l'Ile. Quand elles vinrent au roi, le roi demanda aux mariniers pourquoi ils avoient fait cela, et ils répondirent qu'ils n'en pouvoient mais, que c'étoit des fils de bourgeois de Paris à qui il falloit s'en prendre; car il y en avoit six qui mangeoient les fruits des jardins; ils ne pouvoient pas les faire revenir et ne vouloient pas les laisser. Lors le roi commanda qu'on mît ces six dans la chaloupe; et ils commencèrent à crier : Sire, pour Dieu, dé-» pouillez-nous de toute ce que nous avons, mais ne » nous mettez pas là où sont les meurtriers et » les larrons; car cela nous seroit à jamais repro-» ché. » La reine et nous tous fîmes notre possible auprès du roi pour qu'il voulût s'apaiser. Mais onques le roi ne voulut écouter personne. Ainsi ils furent mis dans la chaloupe et y demeurèrent jusqu'à ce que nous fûmes à terre. Ils y furent à tel meschief que quand la mer étoit grosse, les ondes leur voloient par-dessus la tête, et il leur falloit s'asseoir pour que le vent ne les emportât pas en la mer. Et ce fut à bon droit qu'ils furent ainsi punis, car leur gloutonnerie nous fit tel dommage que nous en fûmes retardés huit bonnes journées, parce que le roi fit tourner les nefs sens-devant-derrière **.

---

* Entre la Sicile et l'Afrique.

** Ce récit est abrégé dans Pierre de Rieux; il est omis dans Mesnard et Ducange.

leur gloutonnie nous fist tel doumage que nous en fumes délaiés huit bones journées, parce que le Roy fist tourner les nefs ce devant deriere.

349. Un autre avanture nous avint en la mer, avant que nous venissions à terre, qui fu tele; que une des béguines la Royne quant elle ot la Royne chaucée, si ne se prist garde, si jeta sa touaille dequoy elle avoit sa teste entorteillée, au chief de la paielle de fer là où la soigne la Royne ardoit; et quant elle fu alée coucher en la chambre desous la chambre la Royne, là où les femmes gisoient, la chandelle ardi tant que le feu se prist en la touaille, et de la touaille se prist à telles dont les dras la Royne estoient couvers. Quant la Royne se esveilla, elle vit la chambre toute embrasée de feu, et sailli sus toute nue, et prist la touaille et la jeta en la mer, et prist les touailles et les estaint. Cil qui estoient en la barge de cautiers, crièrent : Basset, le feu! le feu! Je levai ma teste, et vi que la touaille ardoit encore à clère flambe sur la mer, qui estoit moult quoye. Je vesti ma coste au plustost que je poi, et alai seoir avec les mariniers. Tandis que je séoie là, mon escuier qui gisoit devant moy, vint à moy et me dit que le Roy estoit esveillé, et que il avoit demandé là où je estoie, et je li avoie dit que vous estiés aus chambres; et le Roy me dit : « Tu mens. »

◇◇◇

349. [Une autre aventure nous advint en mer, avant que nous vinssions à terre; elle fut telle : une des béguines de la reine, quand elle l'eut couchée, sans y prendre garde, jeta la toile dont elle avoit la tête enveloppée sur le bassin de fer où la chandelle de nuit de la reine brûloit. Quand elle fut allée se coucher dans la chambre au-dessous de celle de la reine, là où les femmes couchoient, la chandelle brûla tant que le feu prit à la toile, et de la toile se communiqua aux draps dont le lit de la reine étoit couvert. Quand la reine s'éveilla, elle vit la chambre toute en feu et sauta toute nue de son lit et prit la toile et la jeta dans la mer, et prit les autres toiles et les éteignit. Ceux qui étoient dans la chaloupe crièrent *au feu! au feu!* Je levai la tête et vis que la toile brûloit encore à flamme claire sur la mer qui étoit moult calme. Je vêtis ma cotte au plus vite que je pus, et m'allai asseoir avec les mariniers. Tandis que j'étois assis là, mon écuyer qui couchoit devant moi, vint à moi et me dit que le roi étoit éveillé et qu'il avoit demandé là où j'étois, et qu'il lui avoit dit que j'étois aux chambres; et le roi lui avoit répondu : tu mens. Tandis que nous parlions, voici maître Geffroy, le clerc de la reine, qui me dit : « Ne vous effrayez pas, car il est ainsi avenu. » Et je lui dis: « Maître Geffroy, allez dire à la reine » que le roi est éveillé et qu'elle aille vers lui pour » l'apaiser. » Le lendemain le connétable de

Tandis que nous parlions illec, à tant ès vous mestre Geffroy le clerc la Royne, qui me dit : « Ne vous effréez pas; car il est ainsi avenu. » Et je li diz : « Mestre Geffroy, alez dire à la Royne » que le Roy est esveillé, et qu'elle voise vers li » pour li apaisier. » Lendemain le Connestable de France et monseigneur Pierre le chamberlanc, et monseigneur Gervaise, distrent au Roy, que à ce anuit esté, que nous oïmes parler de feu? et je ne dit mot. Et lors dit le Roy : « Ce » soit par mal avanture là où le Seneschal est » plus celant que je ne sui; et je vous conterai, » dist le Roy, que ce est, que nous deumes estre » ennuit touz ars; » et leur conta comment ce fu, et me dit : « Seneschal, je vous comment que » vous ne vous couchiez dès or en avant, tant » que vous aiés touz les feuz de céans estains, ne » mèz que le grant feu qui est en la soute de la » nef; et sachiez que je ne me coucherai jeusques » à tant que vous reveignez à moy. » Et ainsi le fiz-je tant comme nous feumes en mer; et quant je revenoie, si se couchoit le Roy.

350. Une autre aventure nous avint en mer; car monseigneur Dragones, un riche home de Provence, dormoit la matinée en la nef qui bien estoit une lieue devant la nostre, et appela un sien escuyer et li dit : « Va estouper ce per- » tuis, car le solleil me flert ou visage. » Celi vit

◇◇◇

France et monseigneur Pierre le Chambellan et monseigneur Gervais le Pannetier dirent au roi : « Qu'est-il arrivé cette nuit? nous avons ouï » parler de feu? » et je ne dis mot. Et lors le roi dit : « C'est par mal aventure que le Sénéchal est » plus discret que je ne suis; car je vous conterai » ce que c'est : nous devions être tous brûlés cette » nuit. » Et il leur conta comment la chose étoit arrivée, et puis me dit : « Sénéchal, je vous com- » mande que vous ne vous couchiez dorénavant » que vous n'ayez éteint tous les feux de céans, » excepté le grand feu qui est dans le bas de l'ar- » rière du vaisseau, et sachez que je ne me cou- » cherai jusques à tant que vous reveniez à moi. » Et ainsi le fis-je tant que nous fûmes en mer; et quand je revenois, le roi se couchoit*.]

350. [Une autre aventure nous advint en mer, car monseigneur Dragones, riche homme de Provence, dormoit la matinée dans une nef qui étoit bien une lieue devant la nôtre, et il appela un sien écuyer, et lui dit : « Va boucher ce trou, car » le soleil me frappe sur le visage. » L'écuyer vit qu'il ne pouvoit boucher le trou s'il ne sortoit de la nef, et il en sortit. Tandis qu'il alloit pour boucher le trou, le pied lui faillit et il tomba dans l'eau : or cette nef n'avoit point de chaloupe, car elle étoit petite; la nef fut bientôt loin. Nous qui

---

* Ce récit manque dans les autres éditions.

que il pooit estouper le pertuis, se il n'issoit de la nef, de la nef issi. Tandis que il aloit le pertuis estouper, le pié li failli et chei en l'yaue; et celle n'avoit point de barge de cautiers, car la nef estoit petite; maintenant fu esloingnée celle nef. Nous qui estions en la nef le Roy, cuidions que ce feust une somme ou une bouticle, pource que celi qui estoit cheu en l'yaue, ne metoit nul conseil en li. Une des galies le Roy le queilli et l'aporta en nostre nef, là où il nous comment ce li estoit avenu. Je li demandai comment ce estoit que il ne metoit conseil en li garantir, ne par noer ne par autre maniere. Il me respondi que il n'estoit nul mestier ne besoing que il meist conseil en li; car sitost comme il commença à chéoir, il se commenda à Nostre-Dame, et elle le soustint par les espaules dès que il chéi, jusques à tant que la galie le Roy le requeilli. En l'onneur de ce miracle je l'ait fait peindre à Joinville en ma chapelle, et ès verrieres de Blehecourt.

351. Après ce que nous eumes esté dix semainnes en la mer, arrivames à un port qui estoit à deux lieues dou chastel que en appeloit Yeres, qui estoit au conte de Provence qui puis fu roy de Sezile. La Royne et tout le Conseil s'acorderent que le Roy descendeist illec, pource que la terre estoit son frere. Le Roy nous respondi que il ne descendroit jà de sa nef jeusques à tant que il venroit à Aiguemorte, qui estoit en sa terre. En ce point nous tint le Roy, le mecredi, le jeudi, que nous peumes onques vaincre. En ces nefz de Marseille a deux gouvernaus qui sont attachiez à deux tizons si merveilleusement, que sitost comme l'en auroit tourné un roncin, l'en peut tourner la nef à destre et à senestre. Sur l'un des tisons des gouvernaus se séoit le Roy le vendredi, et m'appela et me dit : « Seneschal, que vous semble de cest » œuvre? » et je li diz : « Sire, il seroit à bon » droit que il vous en avenist aussi comme il fist à » madame de Bourbon, qui ne voult descendre » en ceste port ainss se remist en mer à Aguemorte, » et demoura puis sept semaines sur mer. » Lor appela le Roy son Conseil, et leur dit ce que li avoie dit, et leur demanda que il looient à fère; et li loerent touz que il descendeist; car il ne feroit pas que sage se il métoit son cors, sa femme et ses enfans en avanture de mer, puisque il estoit hors. Au conseil que nous li donnames s'acorda le Roy, dont la Royne fu moult liée.

352. Ou chastel de Yères descehdi le Roy de la mer, et la Royne et ses enfans. Tandis que le Roy sejournoit à Yères pour pourchacier chevaus à venir en France, l'abbé de Clyngny, qui puis fu évesque de l'Olive, lui présenta deux palefrois

---

étions dans la nef du roi, croyions que ce qui étoit dans l'eau étoit un paquet ou une futaille, parce que celui qui y étoit tombé ne s'aidoit nullement. Une des galères du roi le recueillit et l'aporta en notre nef, là où il nous conta ce qui lui étoit advenu. Je lui demandai pourquoi il n'avoit pas essayé de se sauver ou en nageant ou par tout autre moyen. Il me répondit qu'il n'étoit nul besoin pour lui de le faire, car sitôt qu'il avoit commencé à cheoir, il se recommanda à Notre-Dame, et elle l'avoit soutenu par les épaules, dès qu'il étoit tombé, jusqu'à ce que la galère du roi l'eût recueilli. En l'honneur de ce miracle, je l'ai fait peindre à Joinville dans ma chapelle et aux vitraux de Blécourt.

351. Après que nous eûmes été dix semaines en mer, nous arrivâmes à un port qui étoit à deux lieues du château qu'on appelle Yères, lequel étoit au comte de Provence qui depuis fut roi de Sicile. La reine et tout son conseil s'accordèrent pour que le roi y descendît, parce que c'étoit la terre de son frère. Le roi nous répondit qu'il ne descendroit de sa nef que quand il seroit venu à Aigues-Mortes, qui étoit dans sa terre. Le roi nous tint en ce point le mercredi et le jeudi, sans que nous pussions lui faire changer de sentiment. Dans ces nefs de Marseille il y a deux gouvernails qui sont si merveilleusement attachés à deux pièces de bois, qu'on peut faire tourner la nef à droite et à gauche, aussi facilement qu'on fait tourner un cheval avec la bride. Le roi étoit assis le vendredi sur une des pièces des gouvernails; il m'appela et me dit : « Sénéchal, que » vous semble de cette œuvre? » Et je lui dis : « Sire, ce seroit à bon droit qu'il vous advînt, » comme à madame de Bourbon qui ne voulut » descendre en ce port, mais se remit en mer » pour aller à Aigues-Mortes, et demeura sept » semaines en mer. » Lors le roi appela son conseil et leur dit ce que je lui avois dit, et leur demanda ce qu'il y avoit à faire; et ils lui conseillèrent tous de descendre, car il ne feroit pas sagement s'il mettoit sa personne, sa femme et ses enfants en aventure de mer, puisqu'ils en étoient hors. Le roi s'accorda au conseil que nous lui donnâmes, dont la reine fut moult joyeuse.

352. Le roi et la reine et ses enfants descendirent de la mer au château d'Yères. Pendant que le roi y séjournoit pour se procurer des chevaux afin de revenir en France, l'abbé de Cluni, qui depuis fut évêque d'Andréville* lui présenta deux palefrois qui vaudroient bien cinq cents livres, un pour lui et un pour la reine. Quand il les eut présentés, il dit au roi : « Sire, je viendrai de- » main vous parler de mes affaires. » Quand ce vint le lendemain, l'abbé revint. Le roi l'ouït

---

* Evêché dans la Morée.

qui vauroient bien aujourhui cinq cens livres, un pour li, et l'autre pour la Royne. Quant il li ot présenté, si dit au Roy : « Sire, je venrai de- » main parler à vous de mes besoignes. » Quant ce vint lendemain, l'Abbé revint; le Roy l'oy moult diligenment et moult longuement. Quant l'Abbé s'en fu parti, je vinz au Roy et li diz : « Je vous veil demander, se il vous plet, se vous » avez oy plus debonnerement l'Abbé de Clygny, » pource il vous donna hyer ces deux pale- » frois. » Le Roy pensa longuement, et me dit : « Vraiment oyl. Sire, fiz-je, savez pourquoy je » vous ai fète ceste demande? Pourquoy? fist-il. » Pource, Sire, fiz-je, que je vous loe et con- » seille que vous deffendés à tout vostre Conseil » juré, quant vous venrez en France, que il ne » preingnent de ceulz qui auront à besoigner par- » devant vous, car soiés certein, se il prennent » il en escouteront plus volentiers et plus dili- » gentement ceulz qui leur donront, ainsi comme » vous avez fet l'abbé de Clyngni. »

353. Lors appela le Roy tout son conseil, et leur recorda errant ce que je li avoie dit; et il li dirent que je li avoit loé bon conseil.

354. Le Roy oy parler d'un Cordelier qui avoit non frere Hugue; et pour la grant renommée dont il estoit, le Roy envoya querre celi Corde- lier pour li oyr parler. Le jour que nous venimes à Ieure, nous regardames ou chemin par où il venoit, et veismes que trop grant peuple le sui- voit de homes et de femmes. Le Roy le fist ser- monner. Le commencement du sermon fu sur les gens de religion, et dit ainsi : « Seigneurs, » fist-il, je vois plus de gent de religion en la » Court le Roy, en sa compaignie; sur ces paroles » je tout premier, fist-il, et dit ainsi, que il ne » sont pas en estat d'eulz sauver ou les saintes » Escriptures nous mentent, que il ne peut estre; » car les saintes Escriptures nous dient que le » moinne ne peut vivre hors de son cloistre sanz » péché mortel, ne que le poisson peut vivre sanz » yaue. Et se les Religieus qui sont avez le Roy, » dient que ce soit cloistre, et je leur diz que » c'est le plus large que je veisse onques; car il » dure deçà mer et delà : se il dient que en cesti » cloistre l'en peut mener aspre vie pour l'ame » sauver, de ce ne les croi-je pas; mès quant j'ai » mangé avec eulz grant foison de divers mès de » char et de bons vins fors; dequoy je sui cer- » tein que se il eussent esté en leur cloistre, il ne » fussent pas si aisié comme il sont avec le » Roy. »

355. Au Roy enseigna en son sermon com- ment il se devoit maintenir au gré de son peuple; et en la fin de son sermon dit ainsi, que il avoit leue la Bible et les livres qui vont encoste la Bible, ne onques n'avoit veu ne ou livres des créans, ne ou livres des mescréans, que nul

---

moult attentivement et moult longuement. Quand l'abbé fut parti, je vins au roi et lui dis : « Je » veux vous demander, s'il vous plaît, si vous » avez ouï plus débonnairement l'abbé de Cluni, » parce qu'il vous donna hier ces deux palefrois. » Le roi pensa longuement, et me dit : « Vraiment » oui. — Sire, repris-je, savez-vous pourquoi je » vous ai fait cette demande? — Pourquoi? — » Parce que, Sire, je vous conseille de défendre » à tout votre conseil juré, quand vous serez en » France, de ne rien prendre de ceux qui auront » des affaires à traiter devant vous; car soyez » certain que s'ils prennent, ils écouteront plus » volontiers et plus diligemment ceux qui leur don- » neront comme vous avez fait à l'abbé de Cluni. »

353. Lors le roi appela tout son conseil et leur raconta sur-le-champ ce que je lui avois dit, et ils lui dirent que je lui avois donné bon con- seil.

354. Le roi ouït parler d'un cordelier qui avoit nom frère Hugues, et, à cause de la grande re- nommée qu'il avoit, le roi envoya quérir ce cor- delier pour l'ouïr parler. Le jour que nous vîn- mes à Yères, nous regardâmes au chemin par où il venoit, et nous vîmes qu'il étoit suivi de grand nombre d'hommes et de femmes. Le roi le fit prê- cher; le commencement de son sermon fut sur les gens de religion. « Seigneurs, dit-il, je vois » plus de gens de religion à la cour du roi et en » sa compagnie qu'on ne devroit en voir; moi tout » le premier je dis qu'ils ne sont pas en état de se » sauver, ou bien les saintes Ecritures nous men- » tent, ce qui ne peut être, car les saintes Ecri- » tures nous disent que le moine ne peut vivre » hors de son cloître, sans péché mortel, non plus » que le poisson ne peut vivre hors de l'eau; et » si les religieux qui sont avec le roi disent que » sa cour est un cloître, je leur dirai que c'est le » plus grand que je visse oncques, car il est en- » deçà et au-delà de la mer. Et si ils disent » qu'en ce cloître on peut mener vie austère pour » sauver son âme, de cela ne les crois-je pas, car » je vous dis que j'ai mangé avec eux grande foison » de divers mets de viande, et bu de divers vins » forts. C'est pourquoi je suis certain que, s'ils » eussent été en leur cloitre, ils ne seroient pas » si heureux qu'ils sont avec le roi. »

355. Il enseigna au roi en son sermon comment il se devoit gouverner au gré de son peuple, et à la fin de son sermon, il dit qu'il avoit lu la Bible et les livres qui commentent la Bible, et que oncques n'avoit vu ni ouï livre de croyans ou de mécréans qui dît que nul royaume ou nulle sei- gneurie eût été perdue ou eût changé de sei- gneur pour un autre, ou de roi pour un autre, sinon par défaut de droit. « Or, se garde le roi,

royaume ne nulle seigneurie feust onques perdue, ne changée de seigneurie en autre, ne de roy en autre, fors que par défaut de droit : « Or » se gart, fist-il, le Roy, puisque il en va en » France, que il face tel droiture à son peuple » que en retiengne l'amour de Dieu, en tel ma- » niere que Dieu ne li toille le royaume de France » à sa vie. »

356. Je dis au Roy que il ne le lessast pas partir de sa compaignie, tant comme il pot : mès il n'en vouloit rien fère pour li. Lors me prist le Roy par la main, et me dit : « Alons li encore » prier. » Nous venimes à li, et je li dis : « Sire, faites ce que mon seigneur vous proie, de demourer avec li tant comme il yert en Provence. » Et il me respondi moult iréement : « Certes, Sire, » non ferai, ains irai en tel lieu là où Dieu m'a- » mera miex que il ne feroit en la compaignie le » Roy. » Un jour demoura avec nous, et lendemain s'en ala. Ore m'a l'en puis dit que il gist en la cité de Marseille, là où il fet moult bèles miracles.

357. Le jour que le Roy se parti de Mirres, il descendi à pié du chastel pource que la coste estoit trop roite, et ala tant à pié que, pource que il ne pot avoir son palefroi, que il le couvient monter sur le mien. Et quant ses palefrois furent venus, il courut sus moult aigrement à Poince l'escuier ; et quant il l'ot bien mésamé, je li dis : « Sire, vous devez moult soufrir à Poince

» l'escuier ; car il a servi vostre aieul et vostre » pere, et vous. Senescal, fist-il, il ne nous a » pas servi, mès nous l'avons servi quant nous » l'avons soufert entour nous, aus mauvès » taches que il a ; car le roy Philippe mon aieul » me dit que l'en devoit guerre donner à sa meis- » nie, à l'un plus, à l'autre moins, selonc ce » que il servent ; et disoit encore que nul ne » pooit estre bon gouverneur de terre, se il ne » savoit aussi hardiement escondire comme il » sauroit donner. Et ces choses, fist le Roy, » vous apren-je, pource que le siecle est si engrès » de demander, que pou sont de gent qui res- » gardent au sauvement de leur ames ne à l'on- » neur de leur cors, que il puisse traire l'au- » trui chose par devers eulz, soit à tort, soit à » droit. »

358. Le Roy s'en vint par la contée de Provence jusques à une cité que en appèle Ays en Provence, là où l'en disoit que le cors à Magdeleinne gisoit ; et fumes en une voûte de roche moult haut, là où l'en disoit que la Magdeleinne avoit esté en hermitage dix-sept ans. Quant le Roy vint à Biaukaire, et je le vi en sa terre et en son pooir, je pris congé de li et m'en ving par la Daufine de Viennois ma nièce, et par le conte de Chalon mon oncle, et par le conte de Bourgoigne son fils, et quant j'oi une piesce demouré à Joinville et je oy fètes mes besoignes, je me muz vers le Roy, lequel je trouvai à Sois-

» ajouta-t-il, puisqu'il s'en va en France, qu'il » fasse tel bon droit à son peuple qu'il en retienne » l'amour de Dieu, de telle manière que Dieu ne » lui ôte le royaume de France durant sa vie. »

356. Je dis au roi qu'il ne laissât pas partir ce moine de sa compagnie, et il me répondit qu'il l'en avoit prié, mais qu'il n'en vouloit rien faire pour lui. Lors, le roi me prit par la main et me dit : « Allons le prier encore. » Nous allâmes à lui, et je lui dis : « Sire, faites ce que monsei- » gneur vous demande et demeurez avec lui tant » qu'il sera en Provence ; » et il me répondit fort en colère : « Certes, Sire, non ferai-je, mais j'irai en » tel lieu là où Dieu m'aimera mieux qu'il ne » feroit si j'étois en la compagnie du roi. » Il demeura avec nous un jour, et le lendemain, il s'en alla. On m'a dit depuis qu'il gît en la cité de Marseille, là où il fait moult beaux miracles.

357. [Le jour que le roi partit d'Yères, il descendit à pied du château, parce que la côte étoit trop roide ; il chemina quelque temps à pied, puis, n'ayant pas son palefroi, il monta sur le mien. Quand ses palefrois furent venus, il courut sus moult aigrement à Ponce, son écuyer, et quand il l'eut bien tancé, je lui dis : « Sire,

* Cet article manque dans les autres éditions.

» vous devez moult supporter Ponce, l'écuyer, » car il a servi votre aïeul, votre père et vous. — » Sénéchal, reprit le roi, il ne nous a pas servi, » mais nous l'avons servi quand nous l'avons souf- » fert auprès de nous avec les mauvaises qualités » qu'il a ; car le roi Philippe, mon aïeul, me dit » que l'on devoit donner aux gens de sa maison, à » l'un plus, à l'autre moins, selon qu'ils méritent, » et il disoit encore que nul ne pouvoit être bon » gouverneur de terre s'il ne savoit aussi hardi- » ment refuser qu'il sauroit donner. Et je vous » apprends ces choses, ajouta-t-il, parce que le » siècle est si avide de demander, qu'il y a peu de » gens qui regardent au salut de leurs âmes, ni à » l'honneur de leurs personnes, pourvu qu'elles » puissent attirer le bien des autres à elles, soit » à tort, soit à raison *. »]

358. Le roi s'en vint par le comté de Provence jusqu'à une cité qu'on appelle Aix, en Provence, là où l'on disoit que le corps de Magdeleine gisoit ; et nous allâmes en une voûte de rocher moult haut **, là où l'on disoit que la Magdeleine avoit été en ermitage dix-sept ans. Quand le roi vint à Beaucaire, et que je le vis dans sa terre et dans son royaume, je pris congé de lui, et m'en

** La Sainte-Beaume.

sons; et me fist si grant joie, que touz ceulz qui la estoient s'en merveillerent. Illec trouvai le conte Jehan de Bretaigne, et sa femme la fille le roy Tybaut, qui offri ses mains au Roy, de tele droiture comme elle devoit avoir en Champaingne; et le Roy l'ajourna au Parlement à Paris, et le roy Thybaut de Navarre le secont, qui là estoit pour oyr et pour droit faire aus parties.

359. Au Parlement vint le roy de Navarre et son Conseil, et le conte de Bretaingne aussi. A ce Parlement demanda le roy Thybaut madame Ysabel la fille le Roy pour avoir à femme, qui estoit fille le Roy, et les paroles que nos gens de Champaigne menoient par-dariere moy, pour l'amour que il orent veue que le Roy m'avoit moustrée à Soissons, je ne laissai pas pour ce, que je ne venisse au roy de France pour parler dudit mariage. « Alez, dit le Roy, si vous apai- » siés au conte de Bretaingne, et puis si ferons » nostre mariage. » Et je li dis que pour ce ne devoit-il pas lessier. Et il me respondi que à nul feur il ne feroit le mariage, jeusques à tant que la pèz fust faite, pource que l'en ne deist que il mariast ses enfans ou desheritement de ses barons.

360. Je raportai ces paroles à la royne Marguerite de Navarre et au Roy son filz, et à leur autre Conseil; et quant il oyrent ce, il se hasterent de fère la pèz. Et après ce que la pèz fu faite, le roy de France donna au roy Thybaut sa fille; et furent les noces fètes à Meleun grans et plenières; et de là l'amena le roy Thybaut à Provins, là où la venue fu faite à grant foison de barons.

361. Après ce que le Roy fut revenu d'Outremer, il se maintint si dévotement que onques puis ne porta ne vair, ne gris, ne escarlatte, ne estriers, ne esperons dorez : ses robes estoient de camelin ou de pers; ses pennes de ses couvertoers et de ses robes estoient de gamites, ou de jambes de lievres.

362. Quant les menestriers aus riches homes venoient léans et il apportoient leur vielles après manger, il attendoit à oir ses graces tant que le menestrier eust fait sa lesse; lors se levoit, et les prestres estoient devant li, qui disoient ses graces. Quant nous estions privéement léans, il s'asséoit aus piés de son lit; et quant les Préescheurs et les Cordeliers qui là estoient, li ramentevoient aucun livre qu'il oyst volentiers, il leur disoit : « Vous ne me lirez point, car il

<><>

vins par le dauphiné de Viennois, qui appartenoit à ma nièce*, et par la comté de Châlons qui appartenoit à mon oncle, et par le comté de Bourgogne, qui appartenoit à son fils. Et quand j'eus un peu demeuré à Joinville, et que j'eusse arrangé mes affaires, je retournai vers le roi que je trouvai à Soissons; il me fit si grande fête, que tous ceux qui étoient là s'en émerveillèrent. J'y trouvai le comte Jean de Bretagne et sa femme, fille du roi Thibault, laquelle offrit son hommage au roi pour ses droits en Champagne**; le roi l'ajourna au parlement de Paris, ainsi que le roi Thibault II, roi de Navarre, qui étoit là pour ouïr et faire droit aux parties.

359. Le roi de Navarre et son conseil, et le comte de Bretagne aussi, vinrent au parlement; le roi Thibault y demanda madame Isabelle, fille du roi, pour femme; et, aux prières que firent nos gens de Champagne qui m'avoient amené, à cause de l'amour qu'ils avoient vu que le roi m'avoit montré à Soissons, je ne laissai pas d'ajouter les miennes pour ledit mariage. Le roi répondit : « Allez faire la paix avec le comte de Bre- » tagne, et puis nous ferons le mariage. » Et je lui dis que, pour cela, ne devoit-il pas laisser de le faire; et il reprit qu'en nulle manière, il ne fe-

roit le mariage jusqu'à ce que la paix fût faite, pour qu'on ne dît pas qu'il mariât ses enfants au préjudice de ses barons.

360. Je rapportai ces paroles à la reine Marguerite de Navarre, au roi son fils et à leur conseil; et, quand ils les eurent ouïes, ils se hâtèrent de faire la paix. Après que la paix fut faite, le roi de France donna sa fille au roi Thibault, et les noces furent faites à Melun, grandes et plénières; de là, le roi Thibault amena sa femme à Provins, où elle fut reçue par grand nombre de barons.

361. Après que le roi fut revenu d'outre-mer, il se maintint si dévotement que, oncques depuis il ne porta ni vair, ni gris, ni écarlate, ni étriers, ni éperons dorés; ses robes étoient de camelot ou de pers (bleu tirant sur le noir); les fourrures de ses couvertures et de ses robes étoient de peaux de garnutes et de pattes de lièvres.

362. [Quand les ménétriers des riches hommes venoient à la cour, et qu'ils apportoient leurs vielles après les repas, il attendoit, pour ouïr ses grâces, que le ménétrier eût achevé son lay; alors il se levoit et les prêtres se tenoient debout devant lui et disoient ses grâces. Quand nous étions privément avec lui, il s'asseyoit aux pieds de son

---

* Béatrix de Savoie, femme du dauphin Guignes V. Les détails qui sont ici sont omis par Pierre de Rieux.

** Il y avait entre le roi de Navarre et Blanche de Champagne, fille de Thibault VI et d'Agnès de Beau-

jeu sa première femme, quelques dissensions pour des droits que le roi de Navarre prétendait avoir au pays de Champagne.

» n'est si bon livre après manger, comme quoli-
» bez; » c'est-à-dire, que chascun die ce que il
veut. Quant aucunz riches homes mangoient
avec li, il leur estoit de bone compaingnie.

363. De sa compaingnie vous dirai-je. Il fu
tel foiz que l'en tesmoingnoit qu'il n'avoit si
sage à son Conseil comme il estoit ; et parut à
ce que tout senz son conseil, tout de venue dont
je ai oï, il respondi à touz les prélas du royaume
de France, d'une requeste que il li firent, qui
fu tele.

364. L'évesque Gui d'Aucerre li dit pour eulz
touz : « Sire, fist-il, ces arcevesques et ces évesques
» qui ci sont, m'ont chargé que je vous die que
» la Crétienté déchiet et font entre vos mains, et
» décherra encore plus se vous n'i metés conseil,
» pource que nulz ne doute hui et le jour escom-
» meniement : si vous requerons, Sire, que vous
» commandez à vos baillifz et à vos serjans que
» il contreingnent les escommeniés an et jour,
» parquoy il facent satisfaccion à l'Eglise. » Et
le Roy leur respondi touz sanz conseil, que il
commanderoit volentiers à ses bailliz et à ses
serjans que il constreignissent les escommeniés
ainsi comme il le requeroient, mès que en li donnast la congnoissance se la sentence estoit droi-
turiere ou non. Et il se conseillerent et respondirent au Roy, que de ce que il afféroit à la
Crestienté ne li donroient-il la congnoissance.
Et le Roy leur respondi aussi que de ce que il
afferoit à li, ne leur dourroit-il jà la congnoissance, ne ne commanderoit jà à ses serjans que
il constreinsissent les escommeniés à eulz fère
absoudre, fu tort, fu droit : « Car se je le fesoie,
» je feroie contre Dieu et contre droit. Et si vous
» en mousterrai un exemple qui est tel ; que les
» évesques de Bretaingne ont tenu le conte de Bre-
» taingne bien sept ans en escommeniement, et
» puis a eu absolucion par la Court de Rome ; et
» se je l'eusse contreint dès la première année,
» je l'eusse contreint à tort. »

365. Il avint que nous fumes revenu d'Outre-
mer que les moinnes de Saint-Urbain esleurent
deux abbés ; l'évesque Pierre de Chaalons, que
Diex absoille, les chassa touz deuz et beney en
abbé monseigneur Jehan de Mymeri, et li donna
la croce. Je ne voil recevoir, pource qu'il avoit
fèt tort à l'abbé Geffroy, qui avoit appelé contre
li et estoit alé à Rome. Je ting tant l'abbaie en
ma main, que ledit Geffroy emporta la croce, et
celi là, perdi à qui l'évesque l'avoit donnée ; et
tandis que le contens en dura, l'évesque me fit
escommenier : dont il ot à un parlement qui fu
à Paris, grant tribouil de moy et de l'évesque
Pierre de Flandres, et de la contesse Marguerite
de Flandres et de l'arcevesque de Reins qu'elle

lit ; quand les prêcheurs et les cordeliers qui
étoient là, lui rappeloient aucun livre qu'il eût ouï
lire volontiers, il leur disoit : « Vous ne me lirez
» point, car il n'est si bon livre après le manger,
» comme quolibez, c'est-à-dire que chacun dise ce
» qu'il veut. » Quant aucuns riches hommes étrangers mangeoient avec lui, il leur étoit de bonne
compagnie.

363. De sa sapience, vous dirai-je qu'elle fut
telle, que on témoignoit qu'il n'y avoit en son
conseil si sage homme que lui ; et il y paroissoit
bien, car, quand on lui parloit d'aucunes choses,
il ne disoit pas : je m'en conseillerai ; mais quand il
voyoit le droit tout clair et apparent, il répondoit
sans hésiter, comme ce que j'ouïs qu'il répondit à tous les prélats du royaume de France à
une requête qu'ils lui firent, et qui fut telle :

364. L'évêque Guy d'Auxerre, lui dit pour eux
tous : « Sire, ces archevêques et évêques qui sont
» ici m'ont chargé de vous dire que la chrétienté
» déchoit et fond entre vos mains, et décherra si
» vous n'y mettez ordre, parce que nul aujour-
» d'hui ne craint les excommunications ; ainsi
» vous requérons, Sire, que vous commandiez à
» vos baillifs et à vos sergents qu'ils contraignent
» les excommuniés d'un an et un jour, à faire sa-
» tisfaction à l'Eglise. » Et le roi leur répondit sans
prendre aucun conseil, qu'il commanderoit volontiers à ses baillifs et à ses sergents qu'ils contraignissent les excommuniés, comme ils le requéroient, pourvu qu'on lui donnât la connoissance de
la sentence, afin qu'il vît si elle étoit juste ou non.
Les évêques se conseillèrent, et répondirent au roi
qu'ils ne lui donneroient pas connoissance de ce qui
concernoit la religion ; et le roi leur répondit aussi
que de ce qui le concernoit, il ne leur donneroit pas
non plus connoissance et ne commanderoit pas à
ses sergents qu'ils contraignissent les excommuniés à se faire absoudre, soit à tort, soit à raison :
« Car si je le faisois, je ferois contre Dieu et con-
» tre droit ; je vous en citerai un exemple qui est
» tel : les évêques de Bretagne ont tenu le comte
» de Bretagne bien sept ans en excommunication,
» et puis il a eu absolution de la cour de Rome ;
» si je l'eusse contraint, dès la première année, je
» l'eusse contraint à tort. »

365. Il advint quand nous fûmes revenus
d'outre-mer que les moines de saint Urbain élurent deux abbés : l'évêque Pierre de Châlons,
que Dieu absolve, les chassa tous deux et bénit
pour abbé monseigneur Jean de Mymeri, et lui
donna la crosse. Je ne le voulus recevoir, parce
qu'il avoit fait tort à l'abbé Geffroy, qui avoit
appelé contre lui et étoit allé à Rome. Je tins
l'abbaye en ma main jusqu'à ce que ledit Geffroy
emporta la crosse, et que celui à qui l'évêque
l'avoit donnée la perdit. Tant que le procès dura,
l'évêque me fit excommunier ; il y eut pour cela

desmanti. A l'autre Parlement qui vint après, prierent touz les prélas au Roy que il venist parler à eulz tout seul. Quant il revint de parler aus prélas, il vint à nous qui l'attendions en la chambre ou palais, et nous dit tout en riant, le tourment que il avoit eu aus prélas, dont le premier fu tel, que, l'arcevesque de Reins avoit dit au Roy : « Sire, que me ferez-vous de la garde » saint Remi de Reins que vous me tollez ? car » je ne vouroie avoir un tel péchié comme vous » avez, pour le royaume de France. Par les » Sains de céans, fist le Roy, si feriés pour Com- » picigne, par la convoitise qui est en vous ; or » en y a un parjure. L'évesque de Chartres me » requist, fist le Roy, que je li feisse recroire ce » que je tenoie du sien ; et je li diz que non fe- » roie, jeusques à tant que mon chastel seroit » paiés ; et li dis que il estoit mon home de ses » mains, et que il ne se menoit ne bien ne loial- » ment vers moy, quant il me vouloit deshériter. » L'évesque de Chalons me dist, fist le Roy : » Sire, que me ferez-vous du seigneur de Join- » ville, que tolt à ce povre moine l'abbaïe de » saint Urbain ? Sire évesque, fist le Roy, entre » vous avez establi que l'en ne doit oyr nul es- » commenié en Court laie, et j'ai veues lettres » seelées de trente-deux séaux, que vous estes » escommenié : dont je ne vous escouterai jeus- » ques à tant que vous soiés absoulz. » Et ces choses vous moustréje, pource que il se délivra tout seul par son senz, de ce qu'il avoit à fère.

366. L'abbé Geffroy de saint Urbain, après ce que je li oz faite sa besoigne, si me rendi mal pour bien, et appela contre moy. A nostre saint Roy fist entendant que il estoit en sa garde. Je requis au Roy que il feist savoir la vérité, se la garde estoit seue ou moye. « Sire, fist l'Ab- » bé, ce ne ferez-vous jà, se Dieu plèt ; mèz nous » tenez en plèt ordené entre nous et le seigneur » de Joinville que nous amons miex avoir nostre » abbaie en vostre garde, que nous à celi qui » l'éritage est. Lors me dit le Roy : Dient-il voir » que la garde de l'abbaie est moye ? Certes, » Sire, fiz-je, non est, ains est moye. Lors dit le » Roy : il peut bien estre que l'éritage est vostre ; » mèz en la garde de vostre abbaie n'avés-vous » riens ; ains couvient se vous voulés et selonc » ce que vous dites et selonc ce que le Seneschal » dit, qu'elle demeure ou à moy ou à li ; ne je ne » lèrai jà pour choses que vous en dites, que je » n'en face savoir la vérité ; car se je le métoie » en plèt ordené, je m'esprenroie vers li est mon » home, se je li métoie son droit en plèt, dou-

---

à un parlement qui se tint à Paris, grand trouble entre moi et l'évêque Pierre de Flandres et la comtesse Marguerite de Flandres, et l'archevêque de Reims qu'elle démentit. A l'autre parlement qui vint après, tous les prélats prièrent le roi de leur venir parler tout seul. Quand il revint de parler aux prélats, il vint à nous qui l'attendions dans la chambre aux plaids, et nous dit tout en riant les tourments qu'il avoit eus avec les prélats. L'archevêque de Reims avoit dit d'abord au roi : « Sire, quelle justice me ferez-vous de la garde » de Saint-Remi de Reims que vous m'ôtez, car » je ne voudrois avoir un péché tel que celui » que vous avez, pour le royaume de France. — » Par les saints de céans, reprit le roi, vous le » feriez bien pour Compiègne, par la convoitise » qui est en vous. Or il y en a un parjure. L'évêque » de Chartres me requit, ajouta le roi, que je le » remisse en possession de ce que je retenois du » sien, et je lui dis que non ferai-je jusqu'à tant » que mon château fût payé ; qu'il étoit mon » homme, et qu'il ne se conduisoit ni bien ni » loyalement envers moi, quand il me vouloit dé- » pouiller. L'évêque de Châlons me dit : « Sire, » quelle justice me ferez-vous du seigneur de » Joinville qui enlève à ce pauvre moine l'abbaye » de Saint-Urbain ? — Sire évêque, repartit le » roi, vous avez établi entre vous que l'on ne doit » ouïr nul excommunié en cour laïque, et j'ai vu » lettres scellées de trente-deux sceaux par les- » quelles vous êtes excommunié : donc je ne vous » écouterai jusqu'à tant que vous soyez absous. » Et ces choses vous rapportai-je pour que vous voyiez comment il se délivra tout seul par son sens de ce qu'il avoit à faire.

366. L'abbé Geffroy de Saint-Urbain, après ce que j'avois fait pour lui, me rendit le mal pour le bien et appela contre moi. Il fit entendre à notre saint roi qu'il étoit en sa garde. Je requis du roi qu'il fît savoir la vérité *, si la garde étoit sienne ou mienne. « Sire, dit l'abbé, cela vous ne ferez, » s'il plaît à Dieu. Mais vous tiendrez en justice » réglée ** entre nous et le seigneur de Joinville » que nul ne peut avoir notre abbaye en garde » que vous à qui est l'héritage. « Lors le roi me dit : « Dit-il vrai que la garde de l'abbaye est mienne ? » —Certes, Sire, répondis-je, non elle n'est vôtre, » mais elle est mienne. » Alors le roi dit : « Il peut » bien être que l'héritage soit vôtre. » Puis, s'a- dressant à l'abbé : « Vous n'avez rien pour la garde » de votre abbaye ; il convient donc, si vous vou- » lez, et selon ce que vous dites et selon ce que » le sénéchal dit, qu'elle demeure ou à moi ou à » lui ; malgré les choses que vous dites, je ne lais-

---

* C'est-à-dire qu'il fit vérifier le droit de possession ou d'héritage du sieur de Joinville.

** C'est-à-dire vous ferez déclarer en principe ou en droit.

» quel droit il me offre à fère savoir la vérité
» clèrement. » Il fist savoir la vérité ; et la vérité
seue il me délivra la garde de l'abbaie et me
bailla ses lettres.

367. Il avint que le saint Roy pourchassa
tant, que le roy d'Angleterre, sa femme et ses
enfans vindrent en France pour traitier de la
pèz de li et d'eulz. De ladite pèz furent moult
contraire ceulz de son Conseil, et li disoient
ainsi : « Sire, nous nous merveillons moult que
» vostre volenté est tele, que vous voulés donner
» au roy d'Angleterre si grant partie de vostre
» terre que vous et vostre devancier avez con-
» quise sus li et par leur meffait ; dont il nous
» semble que se vous entendez que vous n'i aiés
» droit, que vous ne fètes pas bon rendage au
» roy d'Angleterre, se vous ne li rendez toute la
» conqueste que vous et vostre devancier avez
» faite ; et se vous entendez que vous y aiés
» droit, il nous semble que vous perdez quant-
» que vous li rendez. » A ce respondi le saint
Roy en tele maniere : « Seigneurs, je sui les de-
» vanciers au roy d'Angleterre ont perdu tout
» par droit la conqueste que je tieing ; et la terre
» que je li donne, ne li donnè-je pas pour chose
» que je soie tenu à li ne à ses hoirs, mès pour
» mettre amour entre mes enfans et les siens

qui sont cousins germains ; et me semble que
» ce que je li donne emploiè-je bien, pource que
» il n'estoit pas mon home, si en entre en mon
» houmage. » Ce fu l'omme du monde qui plus
se traveilla de paiz entre ses sousgis et especialement entre les riches homes voisins et les Princes du royaume ; si comme entre le conte de
Chalon oncle au seigneur de Joinville, et son filz
le conte de Bourgoingne, qui avoit grant guerre
quant nous revenimes d'Outremer ; et pour la
pèz du pere et du fil, il envoia de son Conseil
en Bourgoingne et à ses despens ; et par son
pourchas fu fète la pèz du père et du filz.

368. Puis ot grant guerre entre le secont roy
Tibaut de Champaigne et le conte Jehan de
Chalon, et le conte de Bourgoingne son filz,
pour l'abbaie de Lizeu ; pour laquelle guerre
appaisier monseigneur le Roy y envoia monseigneur Gervaise Descrangnes, qui lors estoit
mestre Queu de France ; et par son pourchas il
les apaisa.

369. Après ceste guerre que le Roy appaisa,
revint une autre grant guerre entre le comte
Thybaut de Bar et le conte Henri de Lucembourc, qui avoit sa sereur à femme ; et avint
ainsi, que il se combatirent l'un à l'autre desouz Priney, et prist le conte Thybaut de Bar

<hr/>

» serai pas d'en faire savoir la vérité ; car si je le
» mettois en justice réglée, je ferois tort à lui qui
» est mon homme ; ainsi je ferai examiner son
» droit* duquel il m'offre de faire savoir la vérité
» clairement. » Il fit savoir la vérité, et la vérité
sue, il me délivra la garde de l'abbaye et me bailla
ses lettres**.]

367. Il advint que le saint roi fit tant que le roi
d'Angleterre, sa femme et ses enfants vinrent en
France pour traiter de la paix entre lui et eux. A
cette paix ceux de son conseil furent moult contraires ; ils disoient ainsi : « Sire, nous nous émer-
» veillons moult que votre volonté soit telle que
» vous voulez donner au roi d'Angleterre si
» grande partie de votre terre que vous et votre
» devancier avez conquise sur lui, et par leur mé-
» fait ; il nous semble que si vous entendez que
» vous n'y avez droit, vous ne ferez pas bonne
» restitution au roi d'Angleterre, en ne lui ren-
» dant pas toute la conquête que vous et votre de-
» vancier avez faite ; et si vous entendez que vous
» y avez droit, il nous semble que vous perdez
» tout ce que vous lui rendez. » A cela répondit le
roi : « Seigneurs, je suis certain que les devan-
» ciers du roi d'Angleterre ont perdu par droit
» toute la conquête que je tiens ; et la terre que

» je lui donne, je ne la lui donne pas parce que
» j'y suis tenu en rien envers lui ni envers ses
» hoirs, mais pour mettre amour entre mes en-
» fants et les siens qui sont cousins-germains, et
» il me semble que ce que je lui donne, je l'em-
» ploie bien, car il n'étoit pas mon homme, et il
» entre en mon hommage. » Ce fut l'homme du
monde qui plus s'occupa de mettre la paix entre
ses sujets, spécialement entre les riches hommes
voisins et les princes du royaume ; comme entre
le comte de Châlons, oncle du seigneur de Joinville, et son fils le comte de Bourgogne, qui avoient
grande guerre quand nous revînmes d'outre-mer ;
et pour la paix du père et du fils, le roi envoya
quelques-uns de son conseil en Bourgogne, à ses
dépens ; et par ses soins la paix fut faite entre le
père et le fils.

368. Puis il y eut grande guerre entre Thibault II, roi de Champagne, et le comte Jean de
Châlons et le comte de Bourgogne, son fils, pour
l'abbaye de Luxeu ; pour laquelle guerre apaiser
monseigneur le roi y envoya monseigneur Gervais Descrangnes, qui lors étoit maître-queux de
France, et par ses soins il les apaisa.

369. Après cette guerre que le roi apaisa, revint une autre grande guerre entre le comte Thibault de Bar et le comte Henri de Luxembourg,
qui avoit la sœur de Thibault pour femme ; il advint qu'ils se combattirent l'un l'autre sous Piney ; le comte Thibault de Bar fit prisonnier le

<hr/>

* Il y a sans doute ici, dans le texte, une erreur de copiste.

** Tous ces détails manquent dans les autres éditions.

et le conte Henri de Lucembourc, et prist le chastel de Liney qui estoit au conte de Lucembourc de par sa femme. Pour celle guerre appaisier, envoia le Roy monseigneur Peron le Chamberlain, l'omme du monde que il créoit plus, et aus despens le Roy; et tant fist le Roy que il furent apaisié.

370. De ces gens étranges que le Roy avoit apaisié, li disoient aucuns de son Conseil que il ne fesoit pas bien, quant il ne les lessoit guerroier; car se il les lessast bien apovrir, il ne li courroient pas sus sitost, comme se il estoient bien riche. Et à ce respondoit le Roy, et disoit que il ne disoient pas bien : « car se les Princes » voisins véoient que je les lessasse guerroier, il » se pourroient aviser entre eulz, et dire : le » roy, par son malice nous lesse guerroier; si » en avenroit ainsi que par la hainne que il au- » roient à moy, il me venroient courre sus, » dont je pourroie bien perdre en la hainne de » Dieu que je conquerroie, qui dit : Benoit » soient tuit li apaiseur. » Dont il avint ainsi, que les Bourgoignons et les Looreins que il avoit apaisiés, l'amoient tant et obéissoient, que je les vi venir plaider par devant le Roy des descors que il avoient entre eulz, à la Court le Roy à Reins, à Paris et à Orliens.

371. Le Roy ama tant Dieu et sa douce Mère,

◇◇◇

comte Henri de Luxembourg, et s'empara du château de Liney qui appartenoit au comte de Luxembourg, par sa femme. Pour apaiser cette guerre le roi envoya à ses dépens monseigneur Peron (Pierre), le chambellan, l'homme du monde en qui il avoit le plus de confiance, et le roi fit tant que la paix fut faite.

370. Aucuns de son conseil disoient au roi qu'il ne faisoit pas bien de ne pas laisser guerroyer ces seigneurs étrangers; car s'il les laissoit s'appauvrir, ils ne lui courroient pas sus aussitôt, comme s'ils étoient bien riches. A cela le roi répondoit à ses conseillers qu'ils ne parloient pas bien : « Car » si les princes voisins voyoient que je les lais- » sasse guerroyer, ils se pourroient aviser entre » eux et dire : Le roi par sa malice nous laisse » guerroyer, et il adviendroit que par la haine » qu'ils auroient contre moi, ils me viendroient » courir sus, et j'y pourrois bien perdre, sans » compter que je m'attirerois la haine de Dieu » qui dit : Bénis soient tous ceux qui aiment la » paix. » Il advint ainsi que les Bourguignons et les Lorrains qu'il avoit apaisés, l'aimoient tant et lui obéissoient si bien que je les vis venir plaider par devant le roi, sur les différends qu'ils avoient eus entre eux, à la cour du roi à Reims, à Paris, à Orléans.

371. Le roi aima tant Dieu et sa douce mère, que tous ceux qu'il pouvoit convaincre qu'ils di-

que touz ceulz que il pooit atteindre qui disoient de Dieu ne de sa mere chose deshoneste ne vilein sèrement, que il les fesoit punir grietment; dont je vi que il fist mettre un Orfèvre en l'eschièle à Cezaire, en braie et en chemise, les boiaus et la fressure d'un porc entour le col, et si grant foison que elles li avenoient jusques au nez. Je oy dire que puis que je reving d'Outremer, que il en fist cuire le nez et le baleure à un bourjois de Paris; mès je ne le vi pas. Et dist le saint Roy : « Je vourroie estre seigné d'un » fer chaut, par tel couvenant que touz vi- » leins sèremens feussent ostez de mon royau- » me. »

372. Je fu bien vingt-deux ans en sa compaingnie que onques Dieu ne li oy jurer, ne sa Mère, ne ses Sains; et quant il vouloit aucune chose affermer, il disoit : « Vraiment il fu ainsi; » ou, vraiement il yert ainsi. »

373. Onques ne li oy nommer le diable, se ce ne fu en aucun livre là où il afferoit à nommer, ou en la vie des Sains dequoy le livre parloit. Et c'est grant honte au royaume de France, et au Roy quant il le seuffre, que à peinne peut l'en parler que en ne die que dyable y ait part; et c'est grant faute de language, quant l'en approprie au dyable l'omme ou la femme qui est donné à Dieu dès que il fu baptiziés. En l'ostel

◇◇◇

soient de Dieu ou de sa mère chose déshonnète et blasphème, il les faisoit punir grièvement. De ceux-là je vis qu'il fit mettre un orfèvre au pilori à Césarée, en braies et en chemise, les boyaux et la fressure d'un porc autour du cou, et en si grande quantité qu'ils lui venoient jusqu'au nez. J'ai ouï dire, depuis que je suis revenu d'outremer, qu'il fit brûler avec un fer chaud le nez et la lèvre inférieure à un bourgeois de Paris; mais je ne l'ai pas vu. Et le saint roi dit : « Je voudrois » être marqué d'un fer chaud, à condition que » tous blasphèmes fussent ôtés de mon royaume. »

372. Je fus bien vingt-deux ans dans sa compagnie que onques ne l'entendis jurer Dieu, ni sa mère ni ses saints ; et quand il vouloit affirmer aucune chose, il disoit : « Vraiment il est ainsi, » ou vraiment il n'est pas ainsi. »

373. Onques ne lui entendis nommer le diable, si ce n'est dans aucun livre où il falloit le nommer, ou en la vie des saints duquel le livre parloit ; et c'est une grande honte au royaume de France et au roi quand il le souffre, qu'à tout ce qu'on dit on mêle le nom du diable. Et c'est une grande faute de langage quand on donne au diable l'homme ou la femme qui sont donnés à Dieu dès qu'ils sont baptisés. En l'hôtel de Joinville, qui dit telle parole reçoit un soufflet ou une claque, et ce mauvais langage y est presque aboli.

de Joinville, qui dit tel parole, il doit la bufe ou la paumelle, et y est ce mauvèz language presque tout abatu.

374. Il me demanda se je l'avoie les piés aus poures le jeudy absolu; et je li respondi que nanin, que il ne me sembloit pas bien; et il me dit que je ne le devoie pas avoir en despit, car Dieu l'avoit fait : « Car moult envis feriés ce » que le roy d'Angleterre fet, qui lave les piez » aus mézeaus et bèze. »

375. Avant que il se couchast en son lit, il fesoit venir ses enfans devant li, et leur recordoit les fèz des bons Roys et des Empereurs, et leur disoit que à tiex gens devoient-il prenre exemple; et leur recordoit aussi les fèz des mauvés riches homes, qui par luxure, et par leur rapines et par leur avarice avoient perdu leur royaumes. « Et ces choses, fesoit-il, vous ramentoif- » je, pource que vous vous en gardez, pourquoy « Dieu ne se courrousse à vous. » Leur heures de Notre Dame ne fesoient apprenre, et fesoit dire leurs heures du jour, pour eulz acoustumer à oyr leur heures quant il tenroient leur terres.

376. Le Roy fu si large aumosnier, que partout là où il aloit en son royaume, il fesoit donner aus poures esglises, à maladeries, à mèsons-Dieu, à hospitaulz, et à poures gentilzhommes et gentilzfemmes. Touz les jours il donnoit à manger à grant foison de poures, sanz ceulz qui mangoient en sa chambre; et maintesfoiz vi que il leur tailloit leur pain et donnoit à boiure.

377. De son tens furent édefiées pluseurs abbaies; c'est à savoir, Royaumont, l'abbaie de saint Antoinne delez Paris, l'abbaie du Liz, l'abbaie de Mal-Bisson, et plusieurs autres religions de Préescheurs et de Cordeliers. Il fist la mèson-Dieu de Pontoise, la mèson-Dieu de Brinon, la mèson des aveugles de Paris, l'abbaie des Cordelieres de Saint-Clou, que sa sœur madame Isabiau fonda par son otroi.

378. Quant aucuns bénéfices de sainte Esglise eschéoit au Roy, avant que il le donnast il se conseilloit à bones persones de religion et d'autres, avant que il le donnât; et quant il s'estoit conseillé, il leur donnoit les bénéfices de sainte Esglise en bone foy, loialment et selonc Dieu. Ne il ne vouloit nulz bénéfices donner à nulz Clers, se il ne renonçoit aus autres bénéfices des esglises que il avoit. En toutes les villes de son roiaume là où il n'avoit onques esté, il aloit aus Préescheurs et aus Cordeliers, se il en y avoit nulz, pour requerir leur oroisons.

379. Comment le Roi corriga ses Bailliz, ses Prevos, ses Maieurs; et comment il establi nouviaus establissemens; et comment Estienne Boisliaue fu son Prevost de Paris. Après ce que le

⬦⬦⬦

374. Le roi me demanda si je lavois les pieds aux pauvres le jeudi-saint, et je répondis que nenni, parce qu'il ne me sembloit pas bien. Et il me dit que je ne le devois pas avoir en répugnance, car Dieu l'avoit fait. « Vous ne feriez donc pas » ce que fait le roi d'Angleterre qui lave les pieds » des lépreux, et puis les baise. »

375. Avant que le roi se couchât en son lit, il faisoit venir ses enfants devant lui et leur rappeloit les actions des bons rois et des bons empereurs, et leur disoit que de telles gens devoient-ils prendre exemple ; et il leur rappeloit aussi les actions des mauvais riches hommes qui, par luxure et par leurs rapines et par leur avarice, avoient perdu leurs royaumes. « Et ces choses, disoit-il, vous » rappelé-je, pour que vous vous en gardiez, afin » que Dieu ne se courrouce pas contre vous. » Il leur faisoit apprendre leurs heures de Notre-Dame, et leur faisoit dire devant lui les heures du jour, pour les accoutumer à ouïr leurs heures, quand ils tiendroient leurs terres *.

376. Le roi fut si grand aumônier, que partout où il alloit en son royaume, il faisoit donner aux pauvres églises, aux maladreries, aux maisons-dieu, aux hôpitaux et aux pauvres gentilshommes et gentillesfemmes. Tous les jours il donnoit à manger à grand nombre de pauvres, sans ceux qui mangeoient en sa chambre, et maintes fois je l'ai vu qui coupoit leur pain et leur donnoit à boire.

377. De son temps furent édifiées plusieurs abbayes, savoir Royaumont, l'abbaye de Saint-Antoine près de Paris, l'abbaye du Liz, l'abbaye du Mal-Bisson, plusieurs autres religions de prêcheurs et cordeliers. Il fit la Maison-Dieu de Pontoise, la Maison-Dieu de Vernon, la Maison des aveugles de Paris, l'abbaye des Cordeliers de Saint-Cloud, que sa sœur madame Isabeau fonda par sa permission.

378. Quand aucun bénéfice de sainte Eglise venoit au roi, avant qu'il le donnât, il prenoit conseil de bonnes personnes de religion et autres , et quand il s'étoit couseillé, il leur donnoit les bénéfices de sainte Eglise en bonne foi, loyalement et selon Dieu. Il ne vouloit donner nul bénéfice à aucun clerc, s'il ne renonçoit aux autres bénéfices des églises qu'il avoit. En toutes les villes de son royaume, là où il n'avoit oncques été, il alloit aux prêcheurs et aux cordeliers, s'il y en avoit aucuns, pour requérir leurs prières.

379. Maintenant nous dirons comment le roi corrigea ses baillifs, ses prévôts, ses juges, et comment il fit de nouveaux établissements, et comment Etienne Boileau fut son prévôt de Paris. Après que le roi Louis fut revenu d'outre-mer en France, il se conduisit si dévotement envers Notre-Seigneur et si justement envers ses sujets, qu'il

---

* Pierre de Rieux a omis une partie de ces détails.

roy Loys fu revenu d'Outremer en France, il se contint si doucement envers Nostre-Seigneur, et si droiturierement envers ses subjez, si regarda et apensa que moult estoit belle chose d'amender le royaume de France. Premierement establi un général establissement sur les subjez par-tout le royaume de France, en la maniere qui s'ensuit : « Nous Looys, par la grace » de Dieu roy de France, establissons que touz » nos Baillifz, Vicontes, Prevoz, Maires et touz » autres, en quelque afère que ce soit, ne que il » soient, face serement que tant comme il soient » en offices ou en bailliez, il feront droit à chas- » cun sanz excepcion de persones, aussi aus » poures comme aus riches, et à l'estrange com- » me au privé, et garderont les us et les cous- » tumes qui sont bones et esprouvées. Et se il » avient chose que les Bailliz ou les Vicontes ou » autres, si comme Serjant ou Forestiers, facent » contre leur sèremens et il en soient attains, » nous voulons que il en soient puniz en leur » biens et en leur persones, se le mesfait le re- » quiert; et seront les Baillifz puniz par nous, » et les autres par les Baillifz. Derechief, les » autres privez, les Baillifz et les Serjans jure- » ront que il garderont loialment nos rentes et » nos droiz, ne ne soufferront nos droiz que il

◇◇◇

pensa que moult étoit belle chose d'amender le royaume de France. Premièrement il fit un établissement général sur ses sujets partout le royaume de France en la manière qui suit : « Nous, Louis, par le grâce de Dieu, Roi » de France, établissons que tous nos baillifs, » vicomtes, prevôts, maires, et tous autres » en quelqu'office qu'ils soient, fassent serment » que tant qu'ils seront en offices ou en baillies, » ils feront droit à chacun, sans exception de » personnes, pauvres comme riches, étrangers » comme particuliers, et garderont les us et coutu- » mes qui sont bonnes et éprouvées; et s'il ad- » vient chose que les baillifs, ou les vicomtes ou » autres, de même que sergents et forestiers, fas- » sent contre leur serment et qu'ils en soient con- » vaincus, nous voulons qu'ils en soient punis en » leurs biens et en leurs personnes, si le méfait » le requiert; et seront les baillifs punis par nous, » et les autres par les baillifs. Derechef, les » autres baillifs, prevôts et sergents jureront » qu'ils garderont loyalement nos rentes et nos » droits, et ne souffriront qu'il soit soustrait, ôté » ou diminué de nos droits; et avec ce, ils jure- » ront qu'ils ne prendront ni recevront pour eux, » ni pour autres, ni or ni argent, ni bénéfices in- » directement, ni autre chose, si ce n'est fruit, » ou pain ou vin, ou autre présent jusqu'à la » somme de dix sols, et que la dite somme ne » soit surmontée (dépassée), et avec ce, ils ju-

» soustrait, ne osté, ne amenuisié ; et avec ceci » jureront que il ne prenront, ne ne recevront » par eulz ne par autres, ne or, ne argent, ne » bénéfices par decosté, ne autres choses, se ce » n'est fruit, ou pain, ou vin, ou autre présent, » jeusques à la somme de dix sols, et que ladite » somme ne soit pas seurmontée; et avec ce il » jureront que il ne feront ne ne prenront nul » don quel que il soit, à leur femmes, ne à leur » enfans, ne à leur freres, ne à leur seurs, ne à » autre persone tant soit privée d'eulz ; et sitost » comme il sauront que tiex dons seront receus, » il les feront rendre au plustost que il pourront ; » et avec ce il jureront que il retenront don nul, » quel que il soit, de home qui soit de leur bail- » lie. Derechief, il jureront que il ne donront ne » n'envoieront nul don à home qui soit de nostre » Conseil, ne aus femmes, ne aus enfans, ne à » ame qui leur apartieingne, ne à ceulz qui leurs » contes retenront de par Nous, ne à nulz en- » questeurs que nous envoions en leur baillies » ne en leur presvostés, pour leur fèz enquerre. « Et avec ce il jureront que il ne partiront à » rente nulle de nos rentes ou de nostre mon- » noie, ne à autres choses qui nous appartiein- » gnent. Et jureront et promettront que se il » seuent sour eulz nul Official, Serjant ou Pre-

◇◇◇

» reront qu'ils ne prendront ni laisseront pren- » dre nul don quel qu'il soit à leurs femmes ni à » leurs enfants, ni à leurs frères, ni à leurs sœurs, » ni à autre personne qui leur appartienne ; et » sitôt qu'ils sauront que tels dons seront re- » çus, ils les feront rendre au plus tôt qu'ils pour- » ront ; et avec ce, ils jureront qu'ils ne recevront » présent d'homme qui soit en leur bailliage ni » d'autres qui aient cause ni qui plaident par » devant eux. Derechef, ils jureront qu'ils ne » donneront ni n'enverront nul don à homme qui » soit de notre conseil, ni aux femmes, ni aux » enfants, ni à âme qui leur appartienne, ni à » ceux qui recevront leurs comptes de notre part, » ni à nul que nous enverrons en leurs baillies » ou en leurs prevôtés pour leur faire enquête. » Et avec ce, ils jureront qu'ils ne prendront » part à nulle vente qu'on fera de nos rentes ou » de notre monnaie, ni à autres choses qui nous » appartiennent ; et jureront et promettront que » s'ils savent sous eux nul official, sergent ou pre- » vôt qui soient déloyaux, rapineurs , usuriers ou » pleins d'autres vices, pourquoi ils doivent per- » dre notre service, qu'ils ne les soutiendront ni » par don, ni par promesse, ni par amour, ni par » autre chose ; mais les puniront et jugeront en » bonne foi. [Derechef, nos prevôts, nos vicom- » tes, nos maires, nos forestiers et nos autres ser- » gents, à pied et à cheval, jureront qu'ils ne » donneront nuls dons à leurs supérieurs, ni à

» vost qui soient desloiaus, rapineurs, usurier ou
» plein d'autres vices, parquoy il doivent perdre
» nostre servise, que il ne les soustieingnent par
» don, ne par promesse, ne par amour, ne par
» autres choses; ainçois les puniront et jugeront
» en bone foy. Derechief nos Prevos, nos Vicon-
» tes, nos Maires, nos Forestiers, et nos autres
» Serjans à pié ou à cheval, jureront que il ne
» donront nulz dons à leur souverains, ne à
» femmes, ne à enfans. Et pource que nous vou-
» lons que ces seremens soient fermement esta-
» bliz, nous voulons que il soient pris en pleinne
» assise, devant touz, et clers et lais, chevaliers
» et serjans, jà soit ce que il ait juré devant
» nous; à ce que il doutoient encore le vice de
» parjurer, non pas tant seulement pour la paour
» de Dieu et de Nous, mèz pour la bonté de
» Dieu et du monde. Nous voulons et establis-
» sons que touz nos Prevos et nos Baillifz se
» tieingnent de jurer parole qui tieingne au des-
» pit de Dieu, ne de Nostre-Dame et de touz
» Sains, et se gardent de geu de dez, de ta-
» verne. Nous voulons que la forge de deiz soit
» deffendue par tout nostre royaume, et que les
» foles femmes soient boutées hors des mésons ;
» et quiconques louera mèson à fole femme, il

rendra au Prevost ou au Baillif le loier de la
» mèson d'un an. Après, nous deffendons que nos
» Baillifz outréement n'achatent ne ne facent
» acheter par eulz ne par autres, possessions ne
» terres qui soient en leur baillies, ne en autre,
» tant comme il soient en nostre servise ; ne ne
» marient filz ne fille que il aient, ne autres per-
» sones qui leur apartieingnent, à nulle autre
» persone de leur baillie, sanz nostre espécial
» congié; et avec ce que il ne les mettent en
» religion du leur, ne que il leur acquiere béné-
» fice de sainte Esglise, ne possession nulle ; et
» avec ce, que il ne preingnent œuvre ne procu-
» racions en mèson de religion, ne près d'eulz,
» aus despens des religieux. Ceste deffense des
» mariages et des possessions acquerre, si comme
» nous avons dit, ne voulons-nous pas qu'elle se
» esconde aus Prevos, ne aus Maires, ne aus au-
» tres de meneur office. Nous commandons que
» Baillifz, ne Prevos, ne autres, ne tieingnent
» trop grant plenté de serjans ne de bediaus,
» pource que le peuple ne soit grevé ; et voulons
» que les bediaus soient nommez en pleinne as-
» sise, ou autrement ne soient pas tenu pour
» bediau. Ou nos serjans soient envoiés en au-
» cun lieu loing, ou en estrange pays, nous vou-

» leurs femmes ni à leurs enfants *.] Et, comme
» nous voulons que ces serments soient ferme-
» ment établis, nous voulons qu'ils soient pris en
» pleine assise, devant tous clercs et laïcs, che-
» valiers et sergents, quoiqu'ils aient été déjà
» jurés devant nous ; afin qu'ils craignent d'en-
» courir le vice de parjure, non pas tant seule-
» ment par la peur de Dieu et de nous, mais pour
» la honte du monde. Nous voulons et établissons
» que tous nos prevôts et nos baillifs s'abstien-
» nent de jurer parole qui tienne au mépris de
» Dieu, ni de Notre Dame et de tous les saints,
» et se gardent du jeu de dés et des tavernes.
» [Nous voulons qu'il soit défendu de fabriquer des
» dés dans tout notre royaume **.] Et que les
» folles femmes *** soient chassées des maisons;
» [et quiconque louera maison à folle femme,
» paiera au prevôt ou au baillif le loyer d'un an
» de la maison ****.] En outre, nous défendons
» que nos baillifs achètent ou fassent acheter par
» eux ni par autres, sans notre congé, possessions ni
» terres qui soient en leurs baillies, ni en autre,
» tant qu'ils seront à notre service ; et si tels achats
» se font, nous voulons qu'ils soient et demeurent
» sous notre main. Nous défendons à nos baillifs,
» que tant qu'ils seront à notre service, ils ne
» marient fils ni fille qu'ils aient, ni autre per-

sonne qui leur appartienne à nulle autre personne
» de leurs baillies, sans notre permission spéciale.
» [Et en outre qu'ils ne les mettent en religion
» de leur baillie, ni qu'ils leur acquièrent béné-
» fice de sainte Eglise, ni possession aucune, et de
» plus qu'ils n'exigent corvées, vivres, ni droit
» de gîte, en maison de religion, ni auprès,
» aux dépens des religieux *****.] Cette défense
» des mariages et d'acquêts de possessions, com-
» me nous avons dit, ne voulons pas qu'elle s'é-
» tende aux prevôts ni aux maires, ni aux autres
» de moindres offices. Nous commandons que bail-
» lifs ni prevôts, ni autres ne tiennent trop grand
» nombre de sergents ni de bedeaux, pour que le
» peuple ne soit grevé, et voulons que les be-
» deaux soient nommés en pleine assise, ou au-
» trement ne soient pas tenus pour bedeaux. [Et
» s'il advient que nos bedeaux ou nos sergents
» soient envoyés en aucun lieu loin, ou en pays
» étranger, nous voulons qu'ils ne soient pas crus
» sans lettres de leurs supérieurs ******.] Nous com-
» mandons que bailif ni prevôt qui sont en notre
» office ne grève les bonnes gens de leur justice
» contre droiture, ni que nul de ceux qui nous sont
» sujets soit mis en prison pour dette autre que
» pour la nôtre seulement. [Nous établissons que
» nuls de nos baillifs ne lève amende pour dette

* Cette disposition manque dans les autres éditions.
** Cet article manque dans les autres éditions.
*** Femmes publiques.

**** Article omis dans les autres éditions.
***** Autres articles omis dans les autres éditions.
****** Articles omis dans les autres éditions.

» lons que il ne soient pas creu sanz lettre de
» leur souverain. Nous commandons que Baillif
» ne Prevost qui soit en nostre office, ne greve
» les bones gens de leur justice outre droiture,
» ne que nulz de ceulz qui soient desous nous,
» soient mis en prison pour debte que il doivent,
» se ce n'est pour la nostre seulement. Nous es-
» tablissons que nulz de nos Baillifz ne lièvc
» amande pour debte que nos subjez doivent, ne
» pour malefaçon, se ce n'est en plein plet où
» elle soit jugée et estimée, et par conseil de bones
» genz, jà soit ce que elle est esté jugée par-
» devant eulz. Et se il avient que cil qui sera
» d'aucun blasme ne veille pas attendre le juge-
» ment de la Court qui offert li est, ainçois offre
» certeinne somme de deniers pour l'amende, si
» comme l'en a communément receu; nous vou-
» lons que la Court reçoive la somme des deniers
» se elle est resonnable et convenable, ou se ce
» non, nous voulons que l'amende soit jugée se-
» lonc ce que il est desus dit, jà soit ce que le
» coupable se mette en la volenté de la Court.
» Nous deffendons que le Baillif, ou le Mere, ou
» le Prevost, ne contreingnent par menaces, ou
» par poour aucune cavellacion nos subjez à
» paier amende en repost; et establissons que cil
» qui tendront les prevostez, viconté ou autre
» baillif, que il ne les puissent à autrui vendre
» sanz nostre congé; et se plusieurs achatent en-
» semble les offices desus nommez, nous vou-

» lons que l'un des acheteurs face l'office pour
» touz les autres, et use de la franchise qui ap-
» partienent aus chevauchées, aus tailles et aus
» communes charges, si comme il est acoustumé,
» et deffendons que lesdiz offices il ne vendent
» à freres, à nevcus et à cousins, puis que il les
» auront achetés de Nous; ne que il ne requie-
» rent debte que n'en leur doie par eulz. Se ce
» n'est des debtes qui apartienent à leur office;
» mèz leur propre debte requierent par l'aucto-
» rité du Baillif, tout aussi comme se il ne fus-
» sent pas en nostre servise. Nous deffendons
» que Baillifz ne Prevoz ne travaillent nos sub-
» jez en causes que il ont pardevant eulz menées,
» par muement de lieu en autre; ainçois oiez les
» besoingnez que il ont par-devant eulz, ou lieu
» là où il ont esté acoustumez à oyr, si que il ne
» lèssent pas à poursuivre leur droit pour travail
» ne pour despens. Derechief, nous commandons
» que il ne dessaisissent home de sèsinne que
» il tieingne, sanz cognoissance de cause, ou sanz
» commandement espécial de Nous; ne que il
» ne grevent nostre gent de nouvelles exactions,
» de tailles et de coustumes nouvelles, ne si ne
» semoingnent que l'en face chevauchée pour
» avoir de leur argent; d'aler en ost sanz cause
» nécessaire; et ceulz qui voudront aler en ost
» en propres persones, ne soient pas contraint à
» racheter leur voie par argent. Après, nous
» deffendons que Bailliz ne Prevos ne facent

◇◇◇

» que nos sujets doivent, ni pour malfaçon, si ce
» n'est en plein pliad où elle soit jugée et estimée,
» et par conseil de bonnes gens quoiqu'elle ait été
» déjà gagnée par avant; et s'il advient que celui
» qui sera repris d'aucun blâme ne veuille pas
» attendre le jugement de la cour qu'il lui est
» offert, mais offre certaine somme de deniers pour
» l'amende, ainsi qu'on a communément reçu, nous
» voulons que la cour reçoive la somme des deniers
» si elle est raisonnable et convenable, ou sinon,
» nous voulons que l'amende soit jugée, selon ce
» qui est dit ci-dessus, quoique le coupable se
» soit déjà mis en la volonté de la cour. Nous dé-
» fendons que le baillif ou le maire, ou le prevôt,
» contraigne par menaces, par pouvoir ou par
» aucune peur, nos sujets à payer amende se-
» crète ou publique, et les accuse sans cause rai-
» sonnable *.] En outre, nous établissons que
» ceux qui tiendront nos prevôtés, vicomtés ou
» bailliages ne les puissent vendre à autrui sans
» notre permission, et si plusieurs achètent en-
» semble les offices dessus nommés, nous voulons
» que l'un des acheteurs fasse l'office pour tous
» les autres et use de la franchise qui appartient

◇◇◇

» aux chevauchées, aux tailles et aux communes
» charges, ainsi qu'il est accoutumé; et défendons
» qu'ils vendent lesdits offices à frères, à neveux
» et à cousins, puisqu'ils les auront achetés
» de nous, ni qu'ils requièrent dette qu'on leur
» doive à eux en particulier, si ce n'est des dettes
» qui appartiennent à leur office; mais qu'ils re-
» quièrent leur propre dette par l'autorité du
» baillif, tout comme s'ils n'étoient pas à notre
» service. Nous défendons que baillifs ni prevôts
» travaillent nos sujets en causes qu'ils ont ame-
» nées par devers eux, par changement de lieu ,
» mais qu'ils entendent les affaires qu'ils ont de-
» vant eux au lieu là où ils ont été accoutumés à
» les entendre, de manière que les plaideurs ne
» laissent pas de poursuivre leur droit à cause du
» travail ni des dépens **. [Derechef, nous com-
» mandons qu'ils ne dessaisissent pas homme de
» saisine, sans connoissance de cause ou sans com-
» mandement spécial de nous; ni qu'ils grèvent
» nos gens de nouvelles exactions, de tailles et
» de coutumes nouvelles; ni aussi qu'ils ne com-
» mandent que l'on fasse chevauchée pour avoir
» de leur argent; car nous voulons que nul qui

* Articles altérés ou omis dans les autres éditions.

** Même observation.

» deffendre de porter blé, ne vin, ne autres mar-
» cheandises hors de nostre royaume, sanz cause
» nécessaire ; et quant il couvendra que deffense
» en soit fête, nous voulons qu'elle soit faite
» communément en conseil de preudoumes, sauz
» souspeçon de fraude ne de boidie. Item, nous
» voulons que touz Bailliz viés, Vicontes, Pre-
» vos et Maires soient, après ce que il seront
» hors de leur offices, par l'espace de quarante
» jours ou pays où il ont tenu leur offices, en
» leur propres persones ou par procureur, pour
» ce que il auroient mesfèt contre ceulz qui se
» vourroient pleindre d'eulz. »

380. Par cest establissement amenda moult le royaume. La prevosté de Paris estoit lors vendue aus bourjois de Paris, ou à aucuns ; et quant il avenoit que aucuns l'avoit achetée, si sostenoient leur enfans et leur neveus en leur outrages ; car les jouvenciaus avoient fiance en leur parens et en leur amis qui les tenoient. Pour ceste chose estoit trop le menu peuple défoulé, ne ne pouoient avoir droit des riches homes, pour les grans présens et dons que il fesoient aus Prevoz. Qui à ce temps disoit voir devant le Prevost, ou qui vouloit son serement garder qui ne feust parjure, d'aucune debte ou d'aucune chose ou feust tenu de respondre, le Prevost en

levoit amende, et estoit puni. Par les grans jures et par les grans rapines qui estoient faites en la prevosté, le menu peuple n'osoit demourer en la terre le Roy, ains aloient demourer en autres prevostés et en autres seigneuries ; et estoit la terre le Roy si vague, que quant il tenoit ses plèz il n'y venoit pas plus de dix personnes ou de douze. Avec ce il avoit tant de maulfèteurs et de larrons à Paris et dehors, que tout le païs en estoit plein. Le Roy, qui mètoit grant diligence comment le menu peuple feust gardé, sot toute la vérité ; si ne voult plus que la prevosté de Paris feust vendue ; ains donna gages bons et grans à ceulz qui dès or en avant la garderoient ; et toutes les mauvèses coustumes dont le peuple pooit estre grevé, il abatit ; et fist enquerre par tout le royaume et par tout le pays, où l'en feist bone justise et roide, et qui n'espargnast plus le riche home que le poure. Si li fu enditié Estienne Boilyaue, lequel maintint et garda si la prevosté, que nul malfaiteur, ne liarre, ne murtrier n'osa demourer à Paris, qui tantoste ne feust pendu ou destruit ; ne parent, ne lignage, ne or, ne argent ne le pot garantir. La terre le Roy commença à amender, et le peuple y vint pour le bon droit que en y fèsoit. Si moulteplia tant et amenda, que les ventes, les

» doit chevauchée ne soit commandé d'aller à l'ar-
» mée sans cause nécessaire ; et ceux qui voudront
» y aller en personne ne seront pas contraints de
» racheter leur voyage par argent. Après, nous
» défendons que baillifs ni prevôts fassent dé-
» fendre de porter blé, ni vin, ni autres mar-
» chandises hors de notre royaume, sans cause
» nécessaire ; et quand il conviendra que dé-
» fense en soit faite, nous voulons qu'elle soit
» faite communément en conseil de prud'hommes,
» sans soupçons de fraude ni de tromperie *]
» Item, nous voulons que nos baillifs, hors de
» charge, vicomtes, prevôts et maires, soient,
» après qu'ils seront hors de leur office, par l'es-
» pace de quarante jours, au pays où ils l'au-
» ront tenu, ou en personne ou par procureur,
» afin qu'ils puissent répondre à ceux qui auroient
» à se plaindre de leur méfait **. »

380 Par cet établissement le roi moult amenda le royaume. La prevôté de Paris étoit alors vendue aux bourgeois de Paris ou à aucuns ; et quand il advenoit que aucuns l'avoient achetée, ils soutenoient leurs enfants et leurs neveux dans leurs excès, car les jouvenceaux se fioient en leurs parents ou en leurs amis qui tenoient la prevôté. Pour cela le menu peuple étoit foulé et ne pouvoit avoir droit contre les riches hommes, à cause des

grands présens et dons qu'ils faisoient au prevôt. Dans ce temps, celui qui disoit la vérité devant le prevôt, ou qui vouloit garder son serment pour n'être pas parjure touchant aucune dette ou autre chose dont il fût tenu de répondre, le prevôt levoit amende sur lui et le punissoit à cause des grandes injustices et des grandes rapines qui étoient faites en la prevôté ; le menu peuple n'osoit demeurer en la terre du roi, et alloit demeurer en autres prevôtés et en autres seigneuries, et la terre du roi étoit si déserte, que quand le prevôt tenoit ses plaids, il n'y venoit pas plus de dix personnes ou de douze. Avec cela, il y avoit tant de malfaiteurs et de larrons à Paris et dehors que tout le pays en étoit plein. Le roi qui mettoit grande diligence à savoir comment le menu peuple étoit gardé, sut toute la vérité ; aussi il ne voulut pas que la prevôté de Paris fût vendue ; mais donna bons et grands gages à ceux qui dorénavant la garderoient, et il abattit toutes les mauvaises coutumes dont le peuple pouvoit être grevé. Il fit enquérir par tout le royaume et par tout le pays où il pourroit trouver homme qui fît bonne et roide justice, et qui n'épargnât pas plus le riche 'homme que le pauvre ; on lui indiqua Etienne Boileau, lequel maintint et garda si bien la prevôté, que nul malfaiteur, ni larron, ni meurtrier

---

* Articles altérés ou omis dans les autres éditions.

** Cette ordonnance, la même, quant au fond, dans les éditions précédentes, offre de grandes différences pour la forme, et manque de plusieurs dispositions, comme nous l'avons indiqué.

saisinnes, les achas et les autres choses valoient à double, que quant li Roys y prenoit devant. « En toutes ces choses que nous avons ordenées » pour le proufit de nos subjèz à nostre royaume, » nous recevons à nostre Majesté pooir d'esclar- » cir, d'amender, d'ajouster et d'amenuisier, se- » lonc ce que nous aurons conseil. » Par cest establissement amenda moult le royaume de France, si comme pluseurs Sages et Anciens tesmoignent.

381. Dès le tens de s'enfance fu le Roy piteus des poures et des souffraiteus; et accoustumé estoit, que le Roy par-tout où il aloit, que six vingt poures feussent tout adès repeu en sa mèson, de pain, de vin, de char ou de poisson chascun jour. En quaresme et ès auvens croissoit le nombre des poures; et pluseurs foiz avint que le Roy les servoit et leur metoit la viande devant eulz, et leur tranchoit la viande devant eulz, et leur donnoit au départir, de sa propre main des deniers. Meismement aus hautes vegiles des festes sollempnielx, il servoit ces poures de toutes ces choses desusdites, avant que il mangast ne ne beust. Avec toutes ces choses avoit-il chascun jour au disner et au souper près de li, anciens homes et débrisiés, et leur fèsoit donner tel viande comme il mangoit; et quant il

avoient mangé, il emportoient certeinne somme d'argent. Pardesus toutes ces choses; le Roy donnoit chascun jour si grans et si larges aumosnes aus poures de religion, aus poures hospitaus, aus poures malades, et aus autres poures collèges, et aus poures gentilzhomes et fames et damoiselles, à femmes décheues, à poures femmes veuves et à celles qui gisoient d'enfant, et à poures qui par vieillesce ou par maladie ne pooient labourer ne maintenir leur mestier, que à peinne porroit l'en raconter le nombre; dont nous poon bien dire que il fu plus bieuaeureus que Titus l'empereur de Rome, dont les anciennes escriptures racontent que trop se dolut et fu desconforté, d'un jour que il n'avoit donné nul bénéfice. Dès le commencement que il vint à son royaume tenir et il se sot apercevoir, il commença à édefier moustier et pluseurs maisons de religion; entre lesquiex l'abbaye de Royaumont porte l'onneur et la hautesce. Il fist édefier pluseurs mèson-Dieu, la mèson-Dieu de Paris, celle de Pontoise, celle de Compieingne et de Vernon, et leur donna grans rentes. Il fonda l'abbaye de saint Mathe de Roan, où il mist femmes de l'ordre des Frères Preescheurs, et fonda celle de Lonc-champ, où il mist femmes de l'ordre des Frères Meneurs,

⋄⋄⋄

n'osa demeurer à Paris, craignant d'être aussitôt pendu ou détruit; car il n'y avoit ni parent, ni lignage, ni or, ni argent qui le pût garantir. Aussi la terre du roi commença à amender, et le peuple y vint à cause du bon droit qu'on y faisoit. Il s'y multiplia tant et tout amenda si bien que les ventes, les saisies, les achats et les autres levées valoient le double de ce que le roi y prenoit par avant. « En toutes ces choses que nous avons » ordonnées, disoit le roi, pour le profit de nos » sujets et de notre royaume, nous nous réser- » vous le pouvoir d'éclaircir, d'amender, d'ajou- » ter et de diminuer, selon ce que nous aurons con- » seil *. » Par cette ordonnance l'état du royaume de France devint meilleur, comme le témoignent plusieurs sages et anciens.

381. Dès le temps de son enfance, le roi fut compatissant pour les pauvres et pour tous ceux qui souffroient. C'étoit la coutume que partout où le roi alloit, six vingt pauvres fussent toujours nourris, en sa maison, de pain, de vin, de viande ou de poisson, chaque jour. En carême et pendant l'avent, le nombre des pauvres croissoit; et plusieurs fois il advint que le roi les servoit et leur mettoit le pain devant eux et le leur coupoit; à leur départ, il leur donnoit des deniers de sa propre main. Même aux grandes vi-

⋄⋄⋄

giles des fêtes solennelles, il servoit ces pauvres de toutes ces choses susdites avant qu'il mangeât ni ne bût. En outre, il avoit chaque jour à dîner et à souper près de lui des vieillards et des estropiés auxquels il faisoit donner des viandes qu'il mangeoit, et quand ils avoient mangé, ils emportoient certaine somme d'argent. Par dessus tout cela, le roi donnoit chaque jour grandes et larges aumônes aux pauvres de religion, aux pauvres hôpitaux, aux pauvres malades et aux pauvres colléges et aux pauvres gentilshommes et femmes et demoiselles, aux pauvres femmes veuves et à celles qui étoient en couche, et aux pauvres ménétriers qui, par vieillesse ou par maladie ne pouvoient travailler ni faire leur métier; à peine pourroit-on compter le nombre de ses charités. Et nous pouvons bien dire qu'il fut plus heureux que l'empereur Titus de Rome, dont les anciennes histoires racontent qu'il se plaignit et se lamenta pour un jour qu'il avoit passé sans faire de bien à personne. Dès le commencement qu'il vint à tenir son royaume, et qu'il sut se connoître, il fit bâtir couvents et plusieurs maisons de religion, entre lesquels l'abbaye de Royaumont est la plus distinguée. Il fit édifier plusieurs Maisons-Dieu, la Maison-Dieu de Paris, celle de Pontoise, celles de Compiègne et de Vernon et leur

---

* Voyez le *Recueil des Ordonnances* de nos rois de la troisième race, t. I, p. 78. Tout ce qu'on vient de lire

sur la prévôté de Paris est fort abrégé dans les autres éditions.

et leur donna grans rentes ; et otroia à sa mère à fonder l'abbaie du Liz delez Meleun-sur-Seinne, et celle delez Pontoise que l'en nomme Malbisson ; et fist fère la mèson des aveugles delez Paris, pour mettre les aveugles de la citié de Paris ; il leur fist fère une chapelle pour oyr leur servise Dieu, et fist fère le bon Roy la mèson des Chartriers au dehors de Paris, qui fu appelée la mèson aus Filles-Dieu, et fist mettre grant multitude de femmes en l'ostel, qui par poureté estoient mises en péchié de luxure, et leur donna quatre cens livrées de rente pour elles soustenir ; et fist en pluseurs liex de son royaume mèsons de Beguines, et leur donna rentes pour elles vivre, et commanda l'en que en y receust celles qui vourroient fère contenance à vivre chastement. Aucun de ses familéz groussoit de ce que il fèsoit si larges aumosnes et que il y despendoit moult ; et il disoit : « Je » aimme miez que l'outrage de grans despens » que je faiz, soit fait en aumosne pour l'amour » Dieu, que en boban ne en vainne gloire de ce » monde. » Jà pour les grans despens que le Roy fèsoit en aumosne, ne lèssoit-il pas à fère grans despens en son hostel, chascun jour. Largement et libéralement se contenoit le Roy aus parlemens et aus assemblées des barons et des chevaliers, et fesoit servir si courtoisement à sa Court,

〇〇〇

donna grandes rentes. Il fonda l'abbaye de Saint-Mathieu de Rouen, où il mit des femmes de l'ordre des frères prêcheurs, et fonda celle de Long-Champs, où il mit des femmes de l'ordre des frères mineurs et leur donna grandes rentes ; il octroya à sa mère de fonder l'abbaye du Liz, près de Melun-sur-Seine, et celle près de Pontoise que l'on nomme Maubuisson ; il fit bâtir la maison des aveugles, près Paris, et leur fit faire une chapelle pour ouïr le service de Dieu ; et le bon roi fit faire la maison des Chartreux au dehors de Paris, et assigna rentes suffisantes aux moines qui y étoient et servoient Notre-Seigneur. Aussitôt après, il fit construire une autre maison en dehors Paris, au chemin de Saint-Denis, qui fut appelée la maison aux Filles-Dieu, et fit mettre grande multitude de femmes en l'hôtel, lesquelles s'étoient mises en péché de luxure par pauvreté, et leur donna quatre cents livres de rente pour se soutenir. Il fit en plusieurs lieux de son royaume maisons de béguines et leur donna rentes pour vivre, et commanda qu'on y reçut celles qui voudroient faire un vœu de continence. Aucun de ses familiers murmurèrent de ce qu'il faisoit si grandes aumônes et qu'il y dépensoit moult : « J'aime mieux, » répondoit-il, que l'excès des grandes dépenses » que je fais soit fait en aumônes pour l'amour » de Dieu qu'en luxe ni en vaine gloire de ce » monde. » Malgré les grandes dépenses que le

et largement et habandonnéement, et plus que il n'y avoit eu lonc temps passé à la Court de sesi devanciers. Le Roy amoit toutes gens qui se metoient à Dieu servir et qui portoient habit de religion ; ne nulz ne venoit à li qui faillist à avoir chevance de vivre. Il pourveut les Frères du Carme et leur acheta une place sur Seinne devers Charenton, et fist fère une leur mèson, et leur acheta vestemens, calices, et tiex choses comme il appartient à fère le servise Nostre-Seigneur. Et après il pourveut les Frères de saint Augustin, et leur acheta la granche à un bourjois de Paris et toutes les apartenances, et leur fist fère un moustier dehors la porte de Monmartre. Les Frères des Saz il les pourveut, et leur donne place sur Seinne par devers Saint-Germein-des-prez, où il se hébergèrent ; mèz il n'y demourèrent guères, car il furent abatus assez tost. Après ce que les Frères des Saz furent herbergiés, revint un autre manière de Frères que l'en appèle l'ordre des Blansmantiaus, et requistrent au Roy que il leur aidast que il peussent demourer à Paris : le Roy leur acheta une mèson et vieilz places entour pour eulz herberger, delez la viez porte du Temple à Paris, assez près des Tissarans. Iceulx Blancs furent abatus au Concile de Lyon que Grégoire le dixième tint. Après revint une autre ma-

〇〇〇

roi faisoit en aumônes, il ne laissoit pas d'en faire de grandes en son hôtel chaque jour. Largement et libéralement se conduisoit le roi aux parlemens et aux assemblées des barons et des chevaliers ; il faisoit servir à sa cour aussi courtoisement, et largement, et abondamment et plus qu'il n'avoit été fait depuis long-temps à la cour de ses devanciers. Le roi aimoit toutes gens qui se mettoient au service de Dieu et qui portoient habit de religion ; et nul d'eux ne venoit à lui qu'il manquât de secours pour vivre. Il pourvut les frères Carmes et leur acheta une place sur Seine devers Charenton ; il fit faire leur maison et leur acheta vêtemens, calices, et toutes choses qui appartiennent au service de Dieu ; et après il pourvut les frères de Saint-Augustin, et leur acheta la grange d'un bourgeois de Paris et toutes les appartenances, et leur fit faire un couvent dehors de la porte de Montmartre. Il pourvut les frères des Saz et leur donna place sur Seine par devers Saint-Germain-des-Prez, où ils se logèrent ; mais ils n'y demeurèrent guère, car ils furent abattus assez tôt. Après que les frères des Saz furent pourvus, il vint une autre manière de frères qu'on appelle l'ordre des Blanc-Manteaux, qui requirent du roi qu'il les aidât pour qu'ils pussent demeurer à Paris. Le roi leur acheta une maison et de vieilles masures autour pour les loger, près la vieille porte du Temple, à Paris, assez près des Tisserands. Ces

nière de Frères, qui se fèsoient appeler Frères de Sainte-Croiz, et portant la croiz devant leur piz, et requistrent au Roy que il leur aidast. Le Roy le fist volentiers, et les herberga en une rue qui est appelée le quarrefour du Temple, qui ore est appelée la rue Sainte-Croix. Einsi avironna le bon Roy de gens de religion de la ville de Paris.

382. Après ces choses desus dites, avint que le Roy manda touz ses barons à Paris en un quaresme. Je me excusai vers li pour une quartaine que j'avoie lors, et li priai que il me vousist souffrir; et il me manda que il vouloit outréement que je y alasse; car il avoit illée bons Phisiciens qui bien savoient guérir de la quarteinne. A Paris m'en alai. Quant je ving le soir de la végile Nostre-Dame en Mars, je ne trouvai ne Roy, n'autre qui me sceut à dire pourquoy le roi m'avoit mandé. Or avint ainsi comme Dieu voult, que je me dormi à matines, et me fu avis en dormant que je véoie le Roy devant un autel à genoillons, et m'estoit avis que pluseurs prélas revestus le vestoient d'une chesuble vermeille de sarge de Reins. Je appelai après ceste vision monseigneur Guillaume mon prestre, qui moult estoit sage, et li contai la vision. Et il me dit ainsi : « Sire, vous verrés que le Roy se croisera demain. » Je li demandai pourquoy il le cuidoit; et il me dit que il le cuidoit, par le songe que j'avoie songé; car le chasible de sarge vermeille senefioit la croiz, laquelle fu merveille du sanc que Dieu y espandi de son costé, et de ses mains et de ses piez : « Ce que le chasuble estoit » de sarge de Reins, senefie que la croiserie » sera de petit esploit, aussi comme vous verrés » se Dieu vous donne vie. »

383. Quant je oi oye la messe à la Magdeleinne à Paris, je alai en la chapelle le Roy et trouvai le Roy qui estoit monté en l'eschaufaut aus reliques, et fèsoit aporter la vraie Croiz aval. Endementres que le Roy venoit aval, deux chevaliers qui estoient de son conseil, commencèrent à parler l'un à l'autre, et dit l'un : « Jamès » ne me créez, se le Roy ne se croise illec; » et l'autre respondi que se le Roy se croise, ce yert une des délivreuses journées qui oncques feust en France : « Car se nous ne nous croisons, » nous perdrons le Roy; et se nous nous croi- » sons, nous perdrons Dieu, que nous ne nous » croiserons pas pour li. »

384. Or avint ainsi, que le Roy se croisa lendemain et ses trois filz avec li; et puis est avenu que la croiserie fu de petit esploit, selonc la prophecie de mon prestre. Je fu moult pressé du roy de France et du roy de Navarre de moy croisier. A ce respondis-je, que tandis comme

⋄⋄⋄

Blancs-Manteaux furent supprimés au concile de Lyon, que tint Grégoire le dixième. Après revint une autre manière de frères qui se faisoient appeler frères de Sainte-Croix, et portant la croix sur leur poitrine; ils requirent du roi qu'il les aidât. Le roi le fit volontiers et les hébergea en une rue qui est appelée le carrefours-du-Temple, et qui maintenant a nom rue Sainte-Croix. Ainsi le bon roi environna de gens de religion la ville de Paris*.

382. Après ces choses susdites, advint que le roi manda tous ses barons à Paris, en un carême. Je m'excusai auprès de lui pour une fièvre quarte que j'avais alors, et le priai qu'il me voulut laisser; et il me manda qu'il vouloit absolument que j'y allasse, car il y avait là bons médecins qui savoient guérir de la fièvre quarte. Je m'en allai donc à Paris. Quand je vins le soir de la Vigile-Notre-Dame en mars, je ne trouvai ni le roi ni autre qui me sût dire pourquoi le roi m'avoit mandé. Or, advint ainsi, comme Dieu veut que je m'endormis à Matines et me fut avis en dormant que je voyois le roi devant un autel, à genoux, et que plusieurs prélats revêtus de leurs ornemens, le couvroient d'une chasuble vermeille de serge de Reims. J'appelai après cette vision mon-

seigneur Guillaume mon prêtre qui moult étoit sage et lui contai la vision. Et il me dit ainsi : « Sire, vous verrez que le roi se croisera demain. » Je lui demandai pourquoi il le croyait il me dit qu'il le croyait par le songe que j'avois eu, car la chasuble de serge vermeille signifioit la croix, laquelle fut vermeille du sang que Dieu y répandit de son côté et de ses mains et de ses pieds; et la chasuble de serge de Reims, ajouta-t-il, signifie que la croisade sera de petit exploit, comme vous verrez si Dieu vous donne vie.

383. Quand j'eus ouï la messe à la Madeleine, à Paris, j'allai en la chapelle du roi et trouvai le roi qui étoit monté sur l'échafaud aux reliques, et faisoit descendre la vraie croix. Pendant que le roi descendoit, deux chevaliers qui étoient de son conseil commencèrent à parler l'un à l'autre, et l'un dit : « Jamais ne me croyez si le roi ne se » croise là. » et l'autre répondit que si le roi se croisoit ce seroit une des douloureuses journées qui oncques fût en France; « car, disoit-il, si nous ne » nous croisons nous perdrons le roi, et si nous » nous croisons, nous perdrons Dieu, parce que » nous ne nous croiserons pas pour lui. »

384. Or, advint ainsi que le roi se croisa le lendemain et ses trois fils avec lui; et puis est ad-

---

* Une partie de ces détails manque dans les autres éditions; et le reste est ou indiqué ou abrégé, mais on trouve dans Pierre de Rieux une addition par laquelle on voit comment le comte d'Anjou devint roi de Sicile.

je avoie esté au service Dieu et le Roy outremer, et puis que je en reving, les serjans au roy de France et le roy de Navarre m'avoient destruite ma gent et apouroiez, si que il ne seroit jamès heure que moy et eulz n'en vausissent piz; et leur disoie ainsi, que se je en vouloie ouvrer au gré Dieu, que je demourroi ci pour mon peuple aidier et deffendre; car se je métoie mon cor en l'aven du pélérinage de la Croiz, là où je verroie tout clèr que ce seroit au mal et au doumage de ma gent qui mist son cors pour son peuple sauver.

385. Je entendi que touz ceulz firent péché mortel, qui li loèrent l'alée, pource que ou point que il estoit en France, tout le royaume estoit en bone pèz en li meismes et à touz ses voisins; ne onques puis que il en parti, l'estat du royaume ne fist que empirer. Grant péché firent cil qui li loèrent l'alée, à la grant flébesce là où son cors estoit; car il ne pooit souffrir ne le charrier, ne le chevaucher. La flébesce de li étoit si grant, que il souffri que je le portasse dès l'ostel au conte d'Ausserre, là où je pris congé de li, jeusques aus Cordeliers entre mes bras; et si fèble comme il estoit, se il feust demouré en France, peust-il encore avoir vousc assez et fait moult de biens.

386. De la voie que il fist à Thunes ne veil-je riens conter ne dire, pource que je n'i fu pas, la merci Dieu; ne je ne veil chose dire ne mettre en mon livre, dequoy je ne soie certein. Si parlerons de nostre saint Roy sanz plus, et dirons ainsi, que après ce que il fu arrivé à Thunes, devant le chastel de Carthage, une maladie le prist du flux du ventre, dont il acoucha au lit, et senti bien que il devoit par tens trespasser de cest siècle à l'autre. Lors appela monseigneur Phelippe son filz, et li commanda à garder aussi comme par testament, touz les enseignemens que il li lèssa, qui sont ci-après escript en françois; lesquiex enseignemens le Roy escript de sa sainte main, si comme l'en dit :

387. « Biau filz, la première chose que je t'en-
» seigne, si est que tu mettes ton cuer en amer
» Dieu; car sanz ce nulz ne peut estre sauvé.
» Garde-toy de fère chose qui à Dieu desplèse ;
» c'est à savoir péchié mortel, ainçois devroies
» souffrir toutes manières de vileinnies, tormens,
» que faire mortel péché. Se Dieu t'envoie
» perversité, si le recoif en patience, et en
» rent graces à Nostre-Seigneur, et pense que

<><><>

venu que la croisade a été de petit exploit, selon la prophétie de mon prêtre. Je fus moult pressé du roi de France et du roi de Navarre de me croiser. A cela je répondis que tandis que j'avois été outremer au service de Dieu et du roi, et depuis que j'en étois revenu, les sergens du roi de France et et du roi de Navarre m'avoient détruit et appauvri ma gent, tellement qu'eux et moi nous en sentirions toujours. Je leur disois que si je voulois en faire au gré de Dieu, je demourerois ici pour aider et défendre mon peuple; car si je mettois ma personne à l'aventure du pélérinage de la croix, là où je voyois tout clair que ce seroit au dommage de mes pauvres gens, je m'attirerois le courroux de Dieu qui se sacrifia pour sauver son peuple.

385. J'ai entendu dire depuis que tous ceux qui conseillèrent au roi le départ, firent péché mortel, parce qu'au point où en étoit la France, tout le royaume étoit en bonne paix au dedans et avec tous ses voisins, et que, depuis le départ, l'état du royaume ne fit qu'empirer. Grand péché firent ceux qui lui conseillèrent le voyage, à cause de la grande faiblesse où il étoit; car il ne pouvoit souffrir ni la voiture ni le cheval. Sa foiblesse étoit si grande qu'il souffrit que je le portasse entre mes bras depuis l'hôtel du comte d'Auxerre, là où je pris congé de lui, jusqu'aux Cordeliers. Et tout faible qu'il étoit, s'il fût demeuré en France, il eût pu encore vivre assez et faire moult de bien *.

386. Du voyage que le roi fit à Tunis, je ne veux rien raconter ni dire, parce que je n'en fus pas, Dieu merci ; et je ne veux dire ni mettre en mon livre chose dont je ne sois certain. Mais je dirai seulement qu'après qu'il fut arrivé à Tunis devant le château de Carthage, un flux de ventre le prit; le roi se mit au lit et sentit qu'il devoit bientôt passer de ce siècle à l'autre. Lors le roi appela monseigneur Philippe son fils, et lui commanda de garder, comme par testament, tous les enseignemens qu'il lui laissa, qui sont ci après écrits en françois ; lesquels enseignemens le roi avoit écrits de sa main, ainsi que l'on dit :

387. « Biau fils, la première chose que je t'en-
» seigne, c'est que tu mettes ton cœur à aimer Dieu,
» car sans cela nul ne peut être sauvé. Garde-toi
» de faire chose qui déplaise à Dieu; c'est à savoir
» péché mortel ; mais plutôt souffrir toutes maniè-
» res de vilainie et de tourmens que de faire péché
» mortel. Si Dieu t'envoye adversité, reçois la en
» bonne patience et en rends grâce à notre sei-
» gneur, et pense que tu l'as mérité, et que tout
» te tournera à profit. S'il te donne prospérité,

---

* Ce fait est tout autrement raconté dans Pierre de Rieux, dans Mesnard et Ducange, du moins quant à l'époque. Se trouvent dans de Rieux quelques détails sur la croisade qui sont évidemment ajoutés par lui au récit de Joinville.

» tu l'as deservi, et que il te tournera tout à
» preu. Se il te donne propriété, si l'en mercie
» humblement, si que tu ne soies pas pire ou
» par orgueil ou par autres manieres, dont tu
» doies miex valoir ; car l'en ne doit pas Dieu
» de ses dons guerroier. Confesse-toy souvent,
» et esli confesseur preudomme qui te sache en-
» seigner que tu doies faire et dequoy tu te
» doies garder; et te doiz avoir et porter en tel
» manière, que ton confesseur et tes amis te
» osient reprenre de tes mèsfaiz. Le servise de
» sainte Esglise escoute dévotement et de cuer
» et de bouche, espécialement en la messe, que
» la consécration est faite. Le cuer aies douz et
» piteus aus poures, aus chiétis et aus mésaisiés,
» et les conforte et aide selonc ce que tu pour-
» ras. Maintiens les bones coustumes de ton
» royaume et les mauvèses abèsse. Ne convoite
» pas sus ton peuple, ne te charge par de toute
» ne de taille. Se tu as aucune mésaise de cuer
» di le tantost à ton confesseur, ou à aucun preu-
» domme qui ne soit pas plein de vainnes paro-
» les ; si la porteras plus légièrement. Garde que
» tu aies en ta compaignie preudommes et loiaus
» qui ne soient pas plein de convoitise, soient
» religieux, soient séculiers, et souvent parle à
» à eulz ; et fui et eschiève la compaingnie des

» mauvèz. Escoute volentiers la parole Dieu et
» la retien en ton cuer, et pourchace volentiers
» proières et pardon. Aimme ton preu et ton
» bien, et hai touz maus où que il soient. Nulz
» ne soit si hardi devant toy, que il die parole
» qui atraie et émeuve péché, ne qui mesdie
» d'autrui par dèrières en détractions; ne ne
» seuffre que nulle vileinnie de Dieu soit dite
» devant toy. Ren graces à Dieu souvent de touz
» les biens que il t'a faiz, si que tu soies dignes
» de plus avoir. A justices tenir et à droitures
» sois loiaus et roide, et à tes subjèz, sans tour-
» ner à destre ne à senestre ; mèz aides au
» droit, et soustien la querelle du poure jeusques
» à tant que la vérité soit desclairiée. Et se au-
» cun a action encontre toy, ne le croi pas jeus-
» ques à tant que tu en saches la vérité ; car
» ainsi le jugeront tes conseillers plus hardiment
» selonc vérité, pour toy ou contre toy. Se tu
» tins riens de l'autrui, ou par toy ou par tes
» devanciers, se c'est chose certeinne, rent le
» sanz demourer ; et se c'est chose douteuse, fai
» le enquerre par sages gens isnellement et dili-
» gemment. A ce dois mettre l'entente comment
» tes gens et tes sougez vivent en pèz et en
» droiture desouz toy. Meismement les bones
» villes et les coustumes de ton royaume garde

◇◇◇

» remercies-l'en humblement, afin que tu ne sois
» pas pire ou par orgueil ou par autre manière
» que tu ne puisses mieux valoir. Car ou ne doit
» pas guerroyer Dieu de ses dons. Confesse-toi
» souvent, et que ton confesseur soit prudhomme
» qui te sache enseigner ce que tu dois faire et ce
» que tu dois éviter. Tu dois être tel que ton con-
» fesseur et tes amis osent te reprendre de tes mé-
» faits. Ecoute dévotement et de cœur et de bou-
» che, le service de sainte église, spécialement
» en la messe au moment où la consécration est
» faite. Aie le cœur doux et pitoyable pour les
» pauvres, les chétifs, les mal-aisés, et les con-
» forte et aide selon ce que tu pourras. Maintiens
» les bonnes coutumes du royaume et détruis les
» mauvaises. Ne convoite pas le bien de ton peu-
» ple et ne le surcharge d'impôts ni de taille. Si
» tu as aucun malaise de cœur, dis-le aussitôt à
» ton confesseur ou à aucun prudhomme qui ne
» soit pas plein de vaines paroles, et tu le sup-
» porteras plus légèrement. Aie soin d'avoir en
» ta compagnie des gens prud'hommes et loyaux,
» soit religieux, soit séculiers, qui ne soient pas
» pleins de convoitise, et parle souvent à eux ;
» fuis et évite la compagnie des mauvais. Ecoute
» volontiers la parole de Dieu et la retiens en ton
» cœur, et recherche volontiers prières et pardons.
» Aime ton honneur et ton bien et hais tout mal
» quelque part qu'il soit. Que nul ne soit si hardi
» devant toi que de dire parole qui attire et émeuve

» au péché, ni qui médise d'autrui en arrière, dans
» l'esprit de nuire. Ne souffre pas non plus que vi-
» lainie sur Dieu soit dite devant toi. Rends souvent
» grâces à Dieu de tous les biens qu'il t'a faits afin
» que tu sois digne d'avoir plus. Sois loyal et roide
» pour tenir justice et droit à tes sujets, sans tour-
» ner à droite ni à gauche ; mais aide au droit et
» soutiens la querelle du pauvre jusqu'à ce que la
» vérité soit éclaircie. Et si quelqu'un vient te dé-
» férer une plainte, ne le crois pas jusqu'à ce que
» tu en saches la vérité ; car ainsi tes conseillers
» jugeront plus librement et selon leur conscience
» pour ou contre toi. Si tu tiens quelque chose à au-
» trui ou par toi ou par tes devanciers, et si c'est
» chose certaine, abandonne-le sans tarder, et si
» c'est chose douteuse, fais aussitôt et diligemment
» faire enquête par des gens sages. Tu dois mettre
» ton application à savoir comment tes gens et tes
» sujets vivent en paix et en droiture sous ta loi. De
» même, garde les bonnes villes et les coutumes de
» ton royaume en l'état et en la franchise où tes
» devanciers les ont gardées ; et s'il y a aucune
» chose à amender, amende-le et le corrige ; et tiens
» les bonnes villes en faveur et amour; car la force
» et les richesses des grandes villes empêcheront
» les particuliers, les étrangers de se compromettre
» avec toi, surtout tes barons et tes pairs. Honore
» et aime toutes les personnes de sainte église, et
» prends garde qu'on ne leur soustraie ni diminue
» leurs dons et leurs aumônes que tes devanciers

» en l'estat et en la franchise où tes devanciers
» les ont gardées ; et se il y a aucune chose à
» amender, si l'amende et adresce, et les tien
» en faveur et en amour; car par la force et par
» les richesces des grosses villes, douteront les
» privez les estranges de mesprendre vers toy,
» espécialment tes pèrs et tes barons. Honneure
» aime toutes les persones de sainte Esglise, et
» garde que en ne leur soustrai ne apetise leur
» dons et leurs aumones que tes devanciers leur
» auront donné. L'en raconte d'un roy Phelippe
» mon aieul, que une foiz li dit un de ses conseil-
» lers, que moult de torfaiz li fèsoient ceulz de
» sainte Esglise, en ce que il li tolloient ses droic-
» tures et apetissoient ses justices ; et estoit
» moult grant mcrveille comment il le souffroit.
» Et le bon Roy respondi que il le créoit bien ;
» mès il regardoit les bontés et les courtoisies
» que Dieu li avoit faites, si vouloit miex lèsser
» aler de son droit, que avoir contens à la gent
» de sainte Esglise. A ton père et à ta mère
» porte honneur et révérence, et garde leur
» commandement. Les bénéfices de sainte Es-
» glise donne à bones persones et de nette vie,
» et si le fai par conseil de preudommes et de
» nettes gens. Garde-toy de esmouvoir guerre
» sans grant conseil, contre home crestien, et
» se il le te convient fère, si garde sainte Esglise
» et ceulz qui riens n'i ont mèsfait. Se guerres
» et contens meuvent entre tes sousgis, apaise-
» les au plustot que tu pourras. Soies diligens
» d'avoir bons Prevos et bons Baillis, et enquier
» souvent d'eulz et de ceulz de son hostel, comme
» il se maintiennent, et se il a en eulz aucun vice
» de trop grant convoitise, ou de fausseté, ou
» de tricherie. Travaille que touz vileins pé-
» chiez soient osté de ta terre; espécialement
» vileins seremens et hérésie fai abatre à ton
» pooir. Pren te garde que les despens de ton
« hostel soient rèsonnable. Et en la fin, très douz
» fil, que tu faces messes chanter pour m'ame
» et oroisons dire par tout ton royaume ; et que
» tu m'otroies espécial part et planière en touz
» les biens que tu feras. Biau chier filz, je te
» donne toutes les bénéissons que bon père
» peut donner à fil ; et la benoite Trinité et tuit
» li Saint te gardent et deffendent de toulz
» maulz ; et Diex te doint grace de fère sa vo-
» lenté touziours, si que il soit honoré par toy,
» et que tu et Nous puissions après ceste mor-
» tel vie estre ensemble avec li et li loer sanz
» fin. *Amen.* »

388. Quant le bon Roy ot enseignié son filz
monseigneur Phelippe, l'enfermeté que il avoit
commença à croistre forment, et demanda les
sacremens de sainte Esglise, et les ot en sainne
pensée et en droit entendement, ainsi comme il
apparut; car quant l'en l'enhuilioit et en disoit les
sept pseaumes, il disoit les vers d'une part. Et
oy conter monseigneur le conte d'Alençon son

» leur auront donnés. On raconte du roi Philippe,
» mon aïeul, qu'une fois un de ses conseillers lui dit
» que moult de torts lui faisoient ceux de sainte
» église en ce qu'ils lui enlevoient ses droits et
» diminuoient sa justice, et que c'étoit moult
» grande merveille qu'il le souffrît, et le bon roi
» répondit qu'il le croyoit bien ; mais il considé-
» roit les bontés et les courtoisies que Dieu lui
» avoit faites, et qu'il aimoit mieux laisser aller
» de son droit que d'avoir procès avec les gens d'é-
» glise. Porte honneur et révérence à ton père et
» à ta mère, et garde leur commandement. Donne
» les bénéfices de sainte église à de bonnes per-
» sonnes et de vie sans tâche, et fais-le par le
» conseil de prud'hommes et de gens probes.
» Garde-toi d'émouvoir guerre, sans grande né-
» cessité, contre homme chrétien; et s'il te con-
» vient de le faire, préserve sainte église et ceux
» qui n'ont rien méfait. Si guerres et contentions
» s'élèvent entre les sujets, apaise-les au plus tôt
» que tu pourras. Sois diligent d'avoir bons pre-
» vots et bons baillifs, et enquière-toi souvent
» d'eux et de ceux de ton hôtel, comment ils se
» conduisent et s'il y a en eux aucun vice de trop
» grande convoitise, ou de fausseté ou de trom-
» perie. Travaille à ce que tous vilains péchés
» soient ôtés de la terre, et spécialement fais tout
» ton possible pour abattre blasphèmes et héré-
» sie. Prends garde que les dépenses de ton hôtel
» soient raisonnables ; et enfin, très-cher fils, fais
» chanter messes pour mon âme et dire prières
» pour ton royaume, et donne-moi une part spé-
» ciale et plénière dans tous les biens que tu fe-
» ras. Biau cher fils, je te donne toutes les béné-
» dictions qu'un bon père peut donner à son fils,
» et que la benoite Trinité et tous les saints te
» gardent et défendent de tous maux, et que Dieu
» te donne la grâce de faire toujours sa volonté
» pour qu'il soit honoré par toi, et que toi et nous
» puissions après cette vie mortelle être ensemble
» avec lui et le louer sans fin. *Amen*[*]. »

388. Quand le bon roi eut enseigné son fils
monseigneur Philippe, la maladie qu'il avoit commença à croître fortement, et il demanda les sacrements de sainte église, et il les eut en pensée
saine et en droit entendement, ainsi qu'il apparut, car, quand on lui donnoit les saintes huiles,
et qu'on disoit les sept pseaumes, il récitoit les

---

[*] Il existe plusieurs éditions de ces *enseignemens* du saint roi à son fils Philippe-le-Hardi ; elles sont toutes conformes quant au sens, quoique différentes quelquefois quant aux termes.

filz, que quant il aprochoit de la mort, il appela les Sains pour li aidier et secourre, et meismement monseigneur saint Jaque, en disant s'oroison qui commence : *Esto domine*; c'est-à-dire, Dieu soit saintefièur et garde de nostre peuple. Monseigneur saint Denis de France appela lors en s'aide, en disant s'oroison, qui vaut autant à dire : « sire Dieu, donne nous que nous puissions despire l'aspreté de ce monde, si que nous ne » doutiens nulle adversité. » Et oy dire lors à monseigneur d'Alençon, que son père reclamoit sainte Geneviève. Après se fist le saint Roy coucher en un lit couvert de cendre, et mist ses mains sur sa poitrine, et en regardant vers le Ciel rendi à nostre Créateur son esperit, en celle hore meismes que le Filz Dieu morut en la croiz.

389. Précieuse chose et digne est de plorer le trespassement de ce saint Prince, qui si saintement et loialement garda son royaume, et qui tant de bèles aumosnes y fist, et qui tant de biaus establissemens y mist. Et ainsi comme l'escrivain qui a fait son livre, qui l'enlumine d'or et d'azur, enlumina ledit Roy son royaume de belles abbaïes que il y fist, des mansions-Dieu, des Préescheurs, des Cordeliers, et des autres religions qui sont ci-devant nommées.

390. Lendemain de feste saint Berthemi l'Apostre, trespassa de cest siècle bon Roy Loys, en l'an de l'incarnacion Nostre-Seigneur l'an de grace mil CC et X, et furent ses os gardés en un escrin et enfouis à Saint Denis en France, là où il avoit elleü sa sépulture, ouquel lieu il fu enterré, là où Dieu a fait main biau miracle pour li par ses desertes.

391. Après ce, par le pourchas du roy de France et par le commandement l'Apostelle, vint l'ercevesque de Roan et frère Jehan de Samoys, qui puis fu evesque, vindrent à Saint-Denis en France, et là démourèrent lonc temps pour enquerre la vie, des œuvres et de miracles; et en me manda que je alasse à culz; et me tindrent deux jours. Et après ce que il orent enquis à moy et autrui, ce que il orent trouvé fu porté à la Court de Rome, et diligemment virent l'Apostelle et les Cardonnaulx ce que en leur porta; et selonc ce que il virent, il li firent droit et le mistrent au nombre des Confesseurs; dont grant joie fu et doit estre à tout le royaume de France, et grant honneur à toute sa lignée qui à li vourront retraire de bien faire, et grant honneur à touz ceulz de son lignage, qui par bones œuvres le vourront ensuivre; grant deshonneur à son lignage qui mal voudront fère, car en les mousterra au doi, et dira l'en que le saint Roy dont il sont estrait, feist envis une tele mauvestié.

392. Après ce que ces bones nouvelles furent

◇◇◇

versets de son côté ; et j'ai ouï conter à monseigneur le comte d'Alençon, son fils, que quand il approchoit de la mort, il appela les saints pour l'aider et secourir, et même monseigneur saint Jacques, en disant son oraison, qui commence : *Esto Domine*, c'est-à-dire : *Dieu, sois sanctificateur et gardien de notre peuple* ; il appela ensuite à son aide monseigneur saint Denis de France, en disant son oraison qui vaut autant à dire : « Sire » Dieu, fais que nous puissions mépriser l'âpreté » de ce monde, et que nous ne craignions nulle » adversité ; » et j'ai ouï dire à monseigneur d'Alençon, que son père réclamoit alors sainte Geneviève. Après ce, le saint roi se fit coucher sur un lit couvert de cendre, et mit ses mains sur sa poitrine, et, en regardant vers le ciel, rendit son esprit à son Créateur, à l'heure même que le fils de Dieu mourut sur la croix.

389. C'est une digne et noble chose que de pleurer le trépas de ce saint prince, qui garda si saintement et loyalement son royaume, et qui y fit tant de belles aumônes et y mit tant de beaux établissements. Et ainsi que l'écrivain enlumine d'or et d'azur le livre qu'il a fait, ledit roi enlumina son royaume de belles abbayes qu'il y fit, des Maisons-Dieu, des Prêcheurs, des Cordeliers, et des autres religions qui sont ci-devant nommées.

390. Le lendemain de la fête de saint Barthélémi, l'apôtre, le bon roi Louis trépassa de ce siècle en l'an de l'incarnation de notre Seigneur, l'an de grâce 1270, et ses os furent gardés dans un écrin et enterrés à Saint-Denis, en France, là où il avoit élu sa sépulture, et où Dieu a fait maints beaux miracles pour lui, par ses mérites.

391. Après cela, à la sollicitation du roi de France (Philippe-le-Bel), et par le commandement du Pape, l'archevêque de Rouen, et frère Jean de Samoys, qui, depuis, fut évêque, vinrent à Saint-Denis en France et y demeurèrent long-temps, pour s'enquérir de la vie et des œuvres du saint roi, et on me manda que j'allasse à eux, et ils me tinrent deux jours; et après ce qu'ils eurent enquis de moi et d'autrui, et ce qu'ils eurent trouvé, ils le portèrent le tout à la cour de Rome, et le Pape et les cardinaux examinèrent avec soin ce qu'on leur avoit apporté. Et, suivant ce qu'ils virent, ils firent droit et mirent le bon roi Louis au nombre des confesseurs; dont fut et doit être grande joie à tout le royaume de France, et grand honneur à ceux de sa lignée qui le voudront imiter à bien faire, et grand déshonneur à ceux qui voudront mal faire, car on les montrera au doigt, et l'on dira que le saint roi dont ils sont sortis n'eût jamais fait tel mal.

392. Après que ces bonnes nouvelles furent

venues de Rome, le Roy donna journée lendemain de la saint Berthélemi; à laquelle journée le saint cors fu levé. Quant le saint cors fu levé, l'archevesque de Reins qui lort estoit, que Dieu absoille, et monseigneur Henri de Villers mon neveu, qui lors estoit archevesque de Lyon, le portèrent devant, et pluseurs que arcevesques, que évesques, que je ne sai nommer, ou chafaut que l'en ot establi fu porté.

393. Illec sermona frère Jehan de Samois; et entre les autres grans fez que nostre saint Roy avoit faiz, ramentut l'en des grans fais que je leur avoie tesmoingnez par mon serement et que javoie veus; et dit ainsi : « Pource que vous » puissiés véoir que c'estoit le plus loiaus homme » qui onques feust en son temps, vous veil-je » dire que il fu si loiaus; car envers les Sarra- » zins vot il tenir couvenant aus Sarrazins de ce » que il leur avoit promis par sa simple parole ; » et se il fust ainsi que il leur eust tenu, il eust » perdu dix mille livres et plus ; » et leur recorda tout le fait si comme il est ci-devant escript. Et quant il leur ot le fait recordé, si dit ainsi : « Ne » cuidés pas que je vous mente, que je voi tel » home ci, qui ceste chose m'a tesmoingé par son » serement. »

394. Après ce que le sermon fu failli ; le Roy et ses frères en reportèrent le saint cors en l'esglise par l'aide de leur lignage; que il durent fère honneur : car grant honneur leur est faite, se en eulz ne demeure, ainsi comme je vous ai dit devant. Prions a li que il weille prier à Dieu que il nous doint ce que besoing nous yert aus ames et aus cors. Amen.

395. Encore weil-je dire de nostre saint Roy aucunes choses qui seront à l'onneur de li ; c'est à savoir que il me sembloit en mon songe que je le véoie devant ma chapelle à Joinville, et estoit, si comme il me sembloit merveilleusement lié et aise de cuer ; et je meisme estoie moult aise, pource que je le véoie en mon chastel, et li disoie : « Sire, quant vous partirés de ci, je » vous herbergerai à une moie mèson qui siet en » une moie ville qui a non Chevillon. » Et il me respondi en riant et me dit : « Sire de Joinville, » foi que doi vous, je ne bée mie si-tost à partir » de ci. »

396. Quand je me esveillai, si m'apensai et me sembloit que il plésoit à Dieu et à li, que je le herberjasse en ma chapelle, et je si ai fèt ; car je li ai establi un autel en l'onneur de Dieu et de li ; et y a rente perpétuelment establie pour ce faire. Et ces choses ai-je ramentues à monseigneur le roy Looys, qui est héritier de son nom; et me semble que il fera le gré Dieu et le gré nostre saint roy Looys, s'il pourchassoit des re-

⬦⬦⬦

venues de Rome, le roi fixa journée le lendemain de la saint Barthelemi pour lever le saint corps, et quand le saint corps fut levé, l'archevêque de Reims qui étoit alors, que Dieu absolve, et monseigneur Henri de Villars, mon neveu, qui lors étoit archevêque de Lyon, le portèrent devant et plusieurs archevêques et évêques que je ne saurois nommer le portèrent derrière à l'échafaud qu'on avoit dressé.

393. Le frère Jean de Samoys prêcha, et entre les autres grandes actions que notre saint roi avoit faites, il en rappela une que j'avois témoignée par serment, et que j'avais vue. « Pour que vous puis- » siez voir, dit-il, que le bon roi étoit l'homme le » plus loyal qui fut oncques en son temps, je veux » vous dire qu'il le fut tant envers les Sarrasins » qu'il voulut leur tenir les conventions qu'il leur » avoit promises par sa simple parole; s'il ne les » eût tenues, il eût gagné dix mille livres et plus. » Et il leur raconta tout le fait ainsi qu'il est cidevant écrit, et quand il leur eut rappelé le fait, il dit ainsi : « Ne croyez pas que je vous mente, car » je vois ici tel homme qui m'a témoigné cette » chose par son serment*. »

394. Après que le sermon fut fini, le roi et ses frères reportèrent le saint corps en l'église avec l'aide de leur lignage, parce qu'ils lui durent faire honneur; car, ainsi que j'ai dit, grand honneur leur est fait s'ils savent en rester dignes. Demandons-lui qu'il veuille prier Dieu qu'il nous donne ce qui sera besoin à nos ames et à nos corps.

395. Je veux encore dire de notre saint roi aucunes choses qui seront en honneur de lui; c'est à savoir qu'il me sembla en un songe le voir devant ma chapelle à Joinville; il étoit, comme il me paroissoit, merveilleusement joyeux et aise de cœur; et j'étois moi-même moult aise de le voir en mon château, et lui disais : « Sire, quand » vous partirez d'ici je vous hébergerai dans une » mienne maison qui sied en une mienne ville qui » a nom Chavillon », et il me répondit en riant et me dit : « Sire de Joinville, par la foi que je vous » dois, je ne désire point partir sitôt d'ici. »

396. Quand je m'éveillai je réfléchis, et il me sembla qu'il plaisoit à Dieu que j'hébergeasse le saint roi en ma chapelle, et ainsi ai-je fait; car j'y ai établi un autel à l'honneur de Dieu et de lui, et il y a rente perpétuellement établie pour ce faire ; ces choses ai-je rappelées à monseigneur le roi Louis, qui est héritier de son nom**, et me semble qu'il feroit au gré de Dieu et au gré de notre saint roi Louis, s'il envoyoit des reliques de son

---

* Ce fait ne se lit pas dans Pierre de Rieux.

** Et non *son fils*, comme portent l'édition de Mesnard et celle de Ducange. Ce dernier récit n'est qu'indiqué dans celle de Pierre de Rieux.

liques le vrai cors saint et les envoyoit à ladite chapelle de saint-Lorans à Joinville ; parquoy cil qui venront à son autel, que il y eussent plus grant dévotion.

397. Je faiz à savoir à touz, que j'ai céans mis grant partie des faiz nostre saint Roy devant dit, que je ai veu et oy, et grant partie de ses faiz que j'ai trouvez qui sont en un romant, lesquiez j'ai fêt escrire en cest livre. Et ces choses vous ramentoif-je, pource que cil qui orront ce livre croient fermement en ce que le livre dit, que j'ai vraiement veus et oyes.

Ce fu escript en l'an de grace mil CCC *et* IX, *ou moys d'octobre.*

vrai saint corps à ladite chapelle de saint Laurent à Joinville, afin que ceux qui viendront à son autel y aient plus grande dévotion.

397. Je fais savoir à tous que j'ai mis dans ce livre grande partie des faits de notre saint roi, que j'ai vus et ouis ; une autre partie de ces faits, je l'ai trouvée dans une histoire en langue romane, et je l'ai fait écrire en ce livre ; et ces choses rappelé-je pour que ceux qui entendront ce livret croient fermement à ce que je dis avoir vu et ouï.

Ce fut écrit en l'an de grâce MIL CCC ET IX *au mois d'octobre.*

FIN DES MÉMOIRES DU SIRE DE JOINVILLE.

INDICATION ANALYTIQUE DES DOCUMENTS

POUR

LE RÈGNE DE SAINT LOUIS.

Nous n'avons point réimprimé, comme on l'a fait dans la précédente édition des mémoires, les savantes dissertations de Ducange. Plusieurs motifs nous ont déterminé à les omettre, pour les remplacer par des documents qui nous ont paru plus instructifs. D'abord ces dissertations n'ont le plus souvent aucun rapport direct avec le récit de Joinville; elles roulent presque toutes sur quelques coutumes, sur quelques faits et traditions de la monarchie française sous les premières races; l'auteur y parle trop rarement du règne de saint Louis, et tout ce qu'il nous apprend sur les croisades du pieux monarque, se réduit à deux dissertations : l'une sur le supplice des *bernicles*, que les émirs voulaient faire subir à leur auguste prisonnier, l'autre, sur la monnaie avec laquelle le roi captif paya sa rançon et celle de son armée. Jamais l'érudition historique ne fut portée plus loin que dans les œuvres de Ducange, mais on doit dire aussi que jamais l'érudition ne fut accompagnée de plus de sécheresse; il y a des esprits qui agrandissent, qui exagèrent même les objets dont ils s'occupent; ce défaut n'est pas celui de Ducange, comme on a pu en juger par son Histoire de l'empire Latin de Bisance; je sais bien que l'érudition consiste principalement à rechercher, à rassembler, à vérifier des faits; mais quand elle s'applique à l'histoire des sociétés, il me semble qu'elle doit emprunter quelquefois le flambeau de la philosophie, et qu'elle ne doit pas être tout à fait dépourvue d'idées politiques. En parlant de la sorte, je crois être au moins l'interprète du siècle dans lequel j'écris.

M. Petitot, en publiant les mémoires de Joinville, les a fait précéder d'un tableau historique du règne de saint Louis; quoique son travail soit très-digne d'éloges, nous croyons devoir nous dispenser de suivre son exemple; nous pourrions recueillir aussi dans un tableau rapide les principaux faits de l'une des plus fécondes époques de nos annales; mais ces faits, tels qu'ils ont été racontés jusqu'ici, qui ne les connaît aussi bien que nous! on n'a qu'à ouvrir Mèzerai, Velly, Daniel, Anquetil et tant d'autres. On sait d'ailleurs que l'histoire n'est pas seulement une nomenclature de faits; que sa tâche n'est pas seulement de recueillir, comme on le fait dans les procès, tous les témoignages et toutes les pièces qui ont pu être produites; mais elle doit rechercher les causes des grands événements, en étudier les résultats immédiats ou éloignés, remonter à l'origine des institutions, nous montrer ce que ces institutions ont ajouté à la marche générale des idées, ce qu'elles en ont elles-mêmes reçu, suivre leur progrès ou leur décadence à travers des siècles différents entre eux, et nous faire voir, s'il se peut, ce qui nous reste des révolutions anciennes en présence de nos révolutions nouvelles. Un pareil travail ne peut être que l'ouvrage de plusieurs générations éclairées; il pourrait se faire que les temps ne fussent pas encore venus, et que nous eussions encore beaucoup de choses à savoir, au moins sur certaines époques. En attendant que les lumières suffisantes nous arrivent, et que la France puisse avoir des annales dignes d'elle, nous devons nous borner à faire connaître les manuscrits historiques qui nous sont restés, et les principaux documents qu'on a pu dérober à l'oubli.

Tout le monde connaît les guerres, les intrigues qui troublèrent la minorité de saint Louis, quels obstacles les grands vassaux opposèrent à la couronne, quelles querelles s'élevèrent entre la royauté qui tendait à se raffermir, et la féodalité luttant contre sa propre décadence. Qui ne sait que Louis IX fut révéré de son temps pour son amour de la justice, qu'il fut l'arbitre de ses sujets, l'arbitre de ses voisins; que sa politique était de concilier et non de diviser; que sa modération alla jusqu'à lui faire abandonner des provinces françaises; qu'il défendit l'église de France contre certaines prétentions excessives de la cour de Rome, qu'il défendit ses sujets contre le pouvoir des barons; qu'il établit dans le royaume une administration judiciaire, et qu'il jeta les fondements d'un ordre public dans un pays livré à la force et à la violence? Tous ces faits ont été racontés mille fois et sont devenus comme les lieux communs de notre histoire nationale; mais dans ces faits connus de tout le monde, combien de questions importantes restent à décider! On n'est pas encore d'accord sur le résultat des expéditions de saint Louis outre mer, et l'histoire n'a pas dit encore si ceux qui avaient conseillé au monarque la croisade de Tunis, n'avaient pas, comme le dit Joinville, *péché mortellement*. On sait à peine quelles furent les suites de la modération qu'on a tour à tour blâmée et louée dans le saint monarque, modération qui rendit son nom très populaire, qui le fit bénir des petits et des grands, mais qui donna la paix, souvent la puissance aux ennemis naturels de la monarchie. Lorsque Louis IX réforma la société française, et donna à son royaume de sages institutions, qu'emprunta-t-il aux âges précédents, qu'a-t-il légué aux âges qui ont suivi? Les plus grands écrivains ne s'accordent pas sur les *établissements de saint Louis*, sur l'époque et l'authenticité de leur publication, sur le mérite réel et sur la portée de cette jurisprudence; on ignore jusqu'à quel point la *pragmatique sanction* influa sur les libertés de l'église gallicane, et quelle fut véritablement la raison politique et religieuse qui dicta cet acte si souvent invoqué; quelques savants ont été jusqu'à nier que la pragmatique sanction ait jamais été une des lois rendues par le monarque justicier. Toutes ces questions et mille autres n'ont-elles pas besoin d'être éclaircies avant que nous puissions avoir une histoire ou seulement un tableau historique complet du règne de saint Louis.

Ce qui fait que nous n'avons point de bonnes annales du passé, c'est que nous ne savons pas encore tout ce que le passé a produit et tout ce qu'il a pu produire pour l'avenir : on a dit que le temps faisait les institutions, mais tout en faisant les institutions, il nous donne les moyens de les juger; chaque jour arrive avec ses préoccupations, avec ses découvertes, avec ses vérités; les époques les plus éloignées correspondent entre elles, et s'expliquent quelquefois les unes par les autres; combien les temps que nous avons vus ne nous ont-ils pas servi à mieux connaître, à mieux apprécier les temps qui sont loin de nous !

Il y a dans notre monde politique une foule de choses commencées, qui n'ont point encore reçu leur accomplissement : la société en France marche depuis plusieurs siècles de révolutions en révolutions, sans qu'on sache complétement et clairement d'où elle est partie et où elle doit aller; il est arrivé souvent qu'une génération a préparé à son insu des institutions qui se sont développées ensuite, et dont les auteurs contemporains n'avaient point parlé. Il est bien certain qu'au temps de saint Louis, si nous en jugeons par ceux qui nous ont laissé des documents historiques, personne ne savait la portée de cette époque et l'influence qu'elle devait avoir sur la civilisation; quoique le nom de saint Louis ne soit jamais sorti de la mémoire des peuples, et n'ait jamais cessé d'être célébré par nos poëtes, nos orateurs et nos publicistes, on doit dire toutefois que la génération actuelle apprécie son règne tout autrement et mieux peut-être que ne l'ont fait les générations précédentes : cela seul ne prouve-t-il pas que l'expérience des temps nous a montré des choses qu'on ne voyait pas d'abord, et que chaque âge apporte à l'histoire de nouvelles lumières, des faits et des résultats nouveaux. Si donc nous n'avons point d'histoire nationale, ce n'est pas faute de génie et de talent, mais faute de vérités reconnues, faute de choses finies et arrivées à leur dernier terme.

Je pense d'après cela qu'il est fort inutile de multiplier les tableaux historiques et de répéter ce qu'on a dit cent fois et toujours à peu près de la même manière; il y a aujourd'hui une grande émulation pour les recherches, et c'est la seule chose utile qu'on puisse faire : le temps viendra où ces recherches seront mises à profit; l'âge présent est peut-être pour l'histoire ce que le seizième siècle fut pour notre littérature; on ramassait partout les trésors littéraires de l'antiquité, et ces trésors devaient être la source où le génie des modernes devait puiser; nous n'avons donc rien de mieux à faire, comme nous l'avons déjà dit, que de réunir les matériaux pour l'histoire, en attendant qu'on la fasse, et c'est en cela que des collections comme celle-ci ont une véritable utilité : ce ne sont pas des annales qu'il faut rédiger, mais des archives qu'il faut ouvrir à tous ceux qui s'occupent d'études historiques.

Quelque instructive toutefois que soit la collection des présents Mémoires, elle est loin de suffire à faire connaître toutes les époques de l'histoire de France; la monarchie française compte quelques règnes où il ne s'est rencontré aucun écrivain contemporain qui ait pris la plume pour les caractériser et même pour les raconter; les Mémoires que nous publions ne renferment pas toujours des notions suffisantes, et passent quelquefois sous silence des événements très-importants; quoique l'histoire de Louis IX, par le sire de Joinville, soit remplie d'intérêt, et que les récits du Sénéchal méritent toute notre confiance, cette histoire ne peut être considérée comme un tableau complet, et ne nous apprend point tout ce que nous devons savoir sur une époque si mémorable. On peut en dire autant des Mémoires de Ville-Hardouin, de ceux de Christine de Pisan et de plusieurs autres, pour les événements et les temps qu'ils ont décrits. Nous avons eu un moment la pensée de joindre à ces Mémoires toutes les chroniques, tous les documents authentiques où l'histoire peut puiser des lumières; mais la crainte de faire une collection trop volumineuse nous a retenus ; nos principales chroniques ont été d'ailleurs publiées plusieurs fois et se trouvent entre les mains des lecteurs; le mérite de ce recueil est d'être composé d'un petit nombre de volumes, et nous mettons un grand prix à ce que ce mérite ne soit pas perdu, car nous sentons qu'il faut faire place dans les bibliothèques publiques et particulières, non seulement aux œuvres historiques des temps passés, mais à celles que l'avenir nous prépare. Ainsi nous nous bornerons à donner une revue, un examen général des chroniques, pièces ou documents qui peuvent servir à l'histoire de chaque règne, à donner une indication analytique des principales sources où les historiens et tous ceux qui veulent s'instruire, pourront prendre des renseignements positifs, des notions exactes sur les différents règnes et sur les diverses époques de la monarchie.

GESTES DE LOUIS IX,

PAR GUILLAUME DE NANGIS.

Nous allons commencer par les chroniques et les monuments historiques du règne de saint Louis. La première chronique qui se présente à nous, est celle de Guillaume de Nangis. Cette histoire fut d'abord écrite en latin, puis mise en français par le même auteur. Dans la préface que Guillaume de Nangis a mise à la tête de son Histoire latine, il nous apprend, qu'à l'exemple des historiens que l'abbaye de Saint-Denis entretenait pour retracer les annales des différents règnes, il a recueilli ce qu'il avait pu trouver de documents historiques sur l'histoire de saint Louis, et que pour la rendre plus agréable à lire, il y avait ajouté les divers événements arrivés dans les différentes parties du monde ; Guillaume de Nangis vivait dans la moitié du XIII° siècle, et vers le commencement du XIV° : il écrivit son Histoire avant la canonisation de Louis IX, et la présenta à Philippe-le-Bel. La chronique latine a pour titre : *Gesta Ludovici IX* (*Les gestes de Louis IX*). Guillaume de Nangis commence son histoire au couronnement de saint Louis, et son dernier chapitre a pour titre : *Comment li bon Loys trespassa outremer*. Il raconte d'abord les guerres que saint Louis eut à soutenir contre les barons et les grands vassaux de son royaume, qui se liguèrent plusieurs fois contre lui. A ce récit se mêlent beaucoup de circonstances et d'événements de la même époque : tels que la translation du bois de la Vraie-Croix à Paris, les démêlés du pape et de Frédérick II, la croisade du comte de Bretagne et du comte de Champagne, l'invasion des Karismiens dans la Terre-Sainte ; vient ensuite la croisade de saint Louis ; le récit de Guillaume est beaucoup moins étendu que dans les Mémoires de Joinville, il renferme cependant quelques détails que le sénéchal n'a point donnés : l'annaliste, après avoir raconté le retour de Louis IX dans ses états, nous dit tout ce que le saint roi fit alors pour Dieu et pour son peuple. Il se conduisit si dévotement, ce sont les expressions de Guillaume de Nangis, envers notre Seigneur, et si doucement, si piteusement pour ceux qui estoient en tribulations; il profita tellement en toutes sortes de vertus que ceux qui le *connoissoient lui et sa conscience*, disoient que « de même que l'or est chose plus précieuse que l'argent, ainsi la vie du bon roi étoit plus sainte et plus pure qu'elle ne l'avoit été auparavant. » L'historien nous rapporte quelques actes de l'administration de Louis IX, qui ont été cités par Joinville ; la plus grande partie de son récit est consacrée à retracer les vertus religieuses du monarque ; vers la fin de son livre, il nous raconte comment le duc d'Anjou, frère de Louis, devint roi de Sicile, et comment le saint roi se croisa une seconde fois, et mourut à Tunis. Le récit de la dernière croisade de saint Louis renferme beaucoup de détails qu'on ne trouve point ailleurs, et sous ce rapport il est précieux pour l'histoire des guerres saintes. Il ne faut pas s'attendre à trouver dans Guillaume de Nangis aucune des qualités que nous avons admirées dans le sire de Joinville : la narration du cénobite est froide, aride et sans couleurs ; nous en citerons seulement trois chapitres qui suffiront sans doute pour faire connaître et juger à la fois l'esprit de l'historien et l'esprit du siècle où il écrivait ; nous transcrirons ici quelques chapitres *des gestes de Louis IX*, en y changeant seulement quelques mots pour en faciliter la lecture.

Des grandes dissensions qui s'élevèrent à Paris entre les clercs et les bourgeois. — « Les bour-
» geois, dit Guillaume de Nangis, occirent au-
» cun des clercs, par suite de quoi l'université
» se dispersa, et les clercs sortirent de Paris
» et allèrent en diverses provinces. Quand le
» roi Louis vit que l'étude des lettres et de la phi-
» losophie cessoit dans Paris, étude par laquelle
» le trésor de sens et de sapience est acquis et
» qui vaut et surpasse tous autres trésors, s'étoit
» ainsi éloignée de Paris, laquelle étoit venue
» de Grèce à Rome et de Rome en France,
» avec le titre de chevalerie ; le roi doux et dé-
» bonnaire craignit fort et eut grand'peur que
» si grands et si riches trésors ne s'éloignas-
» sent de son royaume, parce que richesses de
» salut sont pleines de sens et de savoir, et parce
» qu'il pourroit lui être dit et reproché par notre
» Seigneur : *Puisque tu as jeté et éloigné science
» de ton royaume, sache que je t'éloignerai de
» moi.* Aussi, ne tarda-t-il guère qu'il ne manda
» les clercs et les bourgeois, et fit tant que les
» bourgeois firent satisfaction aux clercs de ce
» qu'il leur avoit méfait ; et le roi fit cela spécia-
» lement, parce que si joyaux aussi précieux,
» comme sont sapience et l'étude des lettres et
» de la philosophie, qui vint primitivement de
» Grèce à Rome et de Rome en France avec le
» titre de chevalerie, en suivant saint Denis qui
» prêcha la foi en France, nous étoient enlevés ;
» la bannière du roi de France et les armes qui
» sont peintes de la fleur de lis, par trois feuilles,
» seroient merveilleusement enlaidies ; car, puis-
» que notre Seigneur Jésus-Christ veut spéciale-
» ment enluminer le royaume de France, plus que
» les autres royaumes, de foi, de sapience et de
» chevalerie, les rois de France ont accoutumé
» de porter en leurs armes la fleur de lis peinte
» par trois feuilles, comme s'ils disoient par là à
» tout le monde : Foi, sapience et chevalerie, sont
» par la provision et par la grâce de Dieu plus
» abondamment en notre royaume qu'en ces au-
» tres. Les deux feuilles de la fleur de lis, qui sont
» comme ses ailes, signifient sens et chevalerie
» qui gardent et défendent la troisième feuille
» qui est au milieu d'elles, plus longue et plus
» haute', laquelle signifie foi, car elle est et doit

» être gouvernée par sapience et défendue par
» chevalerie. Tant que ces trois grâces de Dieu
» seront fermement et ordonnément jointes en
» France au royaume de France, le royaume sera
» fort et ferme, et si il advient qu'elles en soient
» ôtées ou séparées, le royaume tombera en déso-
» lation et en destruction. »

Désolation pour la perte du saint clou qui avait servi à crucifier notre Seigneur. — « En 1232
» (nous suivons le récit de Guillaume de Nan-
» gis), il advint en l'église de Saint-Denis que
» le très-saint clou, un de ceux dont notre
» Seigneur fut crucifié, lequel y fut apporté dès le
» temps de Charles-le-Chauve le roi de France
» et empereur de Rome qui le donna à ladite
» église, tomba du vase où il étoit gardé, pendant
» qu'on le donnoit à baiser aux pèlerins, et fut
» perdu entre la multitude de gens qui le bai-
» soient, le troisième jour des calendes de mars ;
» mais après cela fut trouvé par grands miracles
» visibles, et rapporté à ladite église, à grande
» joie et à grande liesse, le premier jour d'avril
» suivant. La douleur et la compassion que le
» saint roi Louis et sa noble mère, la reine Blan-
» che, eurent de si grande perte, ne doit pas être
» passée sous silence. Le roi Louis et la reine sa
» mère, quand ils ouïrent la perte de si haut tré-
» sor qui étoit advenue du saint clou, en leur
» règne, s'affligèrent moult, et dirent que nulles
» nouvelles plus cruelles ne leur pouvoient être
» apportées, ni dont ils pussent se douloir plus
» cruellement. Le très-bon et très-noble roi Louis,
» pour la grande douleur qu'il eut, ne se put con-
» tenir; mais commença à crier hautement, et dit
» qu'il eût mieux aimé que la meilleure cité de
» son royaume fût fondue en terre et périe. Lors-
» qu'il sut la douleur et les pleurs que l'abbé et
» le couvent de Saint-Denis menoient jour et nuit,
» sans confort, il leur envoya hommes sages et
» bien parlants pour les conforter, et il vouloit y
» aller en propre personne, si le conseil de ses
» gens ne l'en eût détourné. Il fit commander et
» crier dans Paris, par rues et places, que si au-
» cun savoit rien du saint clou, et si quelqu'un
» l'avoit trouvé ou retiré chez lui, qu'il le rendît
» aussitôt, et fût certain qu'il avoit cent livres en
» la bourse du roi. Que dirai-je plus ? l'angoisse et
» la tristesse de la perte du saint clou fut si
» grande par tous lieux, qu'on auroit peine à le
» raconter. Quand ceux de Paris entendirent le
» cri du roi, et ouïrent la nouvelle du saint clou
» qui étoit perdu, ils furent moult tourmentés, et
» plusieurs hommes et femmes, enfants, clercs,
» écoliers, commencèrent à braire et à crier très-
» cordialement ; ils coururent en pleurs et en
» larmes aux églises pour prier notre Seigneur
» qu'il voulût démontrer la perte qui avoit été
» faite, et chacun pleuroit de cette perte, comme
» si c'eût été sa chose propre. Paris ne pleuroit
» pas seulement, mais toutes gens pleuroient dans
» le royaume de France, lorsqu'ils surent la perte
» du saint et précieux clou. Aucuns hommes sages
» craignoient que, parce que cette cruelle perte
» étoit arrivée au commencement du règne, il
» n'advînt quelques plus grands malheurs ou
» peste à tout le corps du royaume de France
» dont notre Seigneur le défende. »

De la justice que le roi Loys rendit contre le seigneur Enguerrand de Coucy qui avait fait pendre trois étudiants de l'abbaye de Saint-Nicolas.
— « Il advint en ce temps, qu'en l'abbaye de
» Saint-Nicolas-aux-Bois, qui est près de Laon,
» étoient demeurant trois nobles enfants qui
» étoient nés en Flandre, pour apprendre le
» langage de France. Ces enfants allèrent jouer
» un jour par le bois de l'abbaye avec des arcs et
» des flèches ferrées pour tirer et tuer des lapins.
» Comme ils suivoient leur proie qu'ils avoient
» fait lever au bois de l'abbaye, dans le bois d'En-
» guerrand, seigneur de Coucy, ils furent pris et
» retenus par des sergents qui gardoient le bois.
» Quand Enguerrand sut le fait des enfants par
» ces gardes forestiers, lui, qui étoit cruel et sans
» pitié, fit aussitôt, sans jugement, pendre les en-
» fants. Mais quand l'abbé de Saint-Nicolas, qui
» en avoit la garde, et messire Gilles Lebrun,
» connétable de France, dont ils étoient parents,
» le surent, ils vinrent trouver le roi Louis et le
» requirent qu'il leur fît droit du seigneur de Cou-
» cy. Le bon roi droiturier, aussitôt qu'il sut et
» ouït la cruauté du seigneur de Coucy, le fit ap-
» peler, et ordonna qu'il vînt à sa cour pour ré-
» pondre de ce fait et de vilain cas. Quand le sire
» de Coucy entendit et ouït le commandement du
» roi, il vint à la cour et dit qu'il ne devoit pas
» être contraint de répondre sans conseil; mais
» vouloit, s'il pouvoit, être jugé par les pairs de
» France, selon la coutume de baronie. Mais il
» advint qu'il fut prouvé contre le seigneur de
» Coucy, par le registre de la cour de France,
» que le sire de Coucy ne tenoit pas sa terre en
» baronie, car la terre de Bave et la terre de
» Gournai qui emportoient la seigneurie et la di-
» gnité de baronie, avoient été séparées et dé-
» membrées de la terre de Coucy par partage en-
» tre frères; et pour cela fut dit au seigneur de
» Coucy qu'il ne tenoit pas sa terre en baronie.
» Lorsque ces choses furent de cette manière al-
» léguées devant le roi Louis, il fit prendre et sai-
» sir le seigneur de Coucy, non pas par ses ba-
» rons ni par ses chevaliers, mais par ses ser-
» gents d'armes, et le fit mettre en prison en la
» tour du Louvre, mais auparavant lui donna
» jour de répondre à la venue des barons. Au
» jour qui fut assigné, vinrent les barons de
» France au palais du roi; et, quand ils furent
» assemblés, le roi fit venir le seigneur de Cou-
» cy et le contraignit à répondre sur le cas sus-
» dit. Le sire de Coucy, par la volonté du roi,
» appela alors tous les barons qui étoient de son
» lignage à son conseil, et ils y allèrent bien pres-
» que tous; en sorte que le roi demeura comme

» tout seul, excepté un petit nombre de prud'hom-
» mes qui étoient de son conseil; et, quoique le
» roi eût affinité avec partie de ceux qui appar-
» tenoient au seigneur de Coucy, son intention
» étoit de faire droit de lui et de le punir de pa-
» reille mort, comme il avoit fait des enfants, sans
» se laisser fléchir. Quand les barons surent et
» aperçurent la volonté du roi, ils le prièrent et
» requirent moult doucement qu'il eût pitié du
» seigneur de Coucy, et qu'il prît amende de lui
» telle qu'il lui plairoit et qu'il voudroit. Le roi,
» qui étoit moult échauffé de faire justice, répon-
» dit et dit devant tous les barons que s'il pensoit
» que Notre-Seigneur lui sût aussi bon gré du
» pendre comme du lessier, il pendroit, et qu'il
» n'auroit égard à nul baron qui lui appartînt. A
» la fin, quand le roi vit les humbles prières que
» les barons lui faisoient, il se fléchit et voulut que
» le sire de Coucy rachetât sa vie de dix mille
» livres de deniers, et établît deux chapelles pour
» les âmes des trois enfants, où l'on chanteroit
» chaque jour. Et, quoique le bon roi droiturier
» prît les deniers, il ne les mit pas en ses trésors,
» mais les convertit en bonnes œuvres, car il en
» fit faire la maison Dieu de Pontoise et l'accrut
» en rentes et terre; de plus, les écoles et le dor-
» toir des frères prêcheurs de Paris et tout le cou-
» vent des frères mineurs. Cette chose fut et doit
» être un grand exemple à tous ceux qui main-
» tiennent justice, qu'un homme si noble et de si
» haut lignage, qui n'étoit accusé que par de
» pauvres gens, trouve à peine remède de sa vie
» devant celui qui tenoit et gardoit droite jus-
» tice.

» Après ce fait, il advint que les barons et les
» chevaliers, et tous les autres grands et petits du
» royaume de France qui virent, surent et enten-
» dirent le grand sens de Notre-Seigneur qui étoit
» et régnoit dans ces faits, et dans les œuvres du
» roi Louis, en faisant droite justice, le craigni-
» rent et honorèrent plus de jour en jour, parce
» qu'ils voyoient et savoient qu'il étoit saint
» homme et preud'homme; et depuis, ne fut onc-
» ques personne qui osât aller contre lui en son
» royaume, et si aucun fut rebelle, il fut aussitôt
» humilié; et l'on peut bien dire du roi Louis ce
» qui est écrit de Salomon, car tout ainsi qu'il tint
» paisiblement son royaume, comme le témoigne
» l'Ecriture, tout ainsi fut le roi Louis après son
» retour d'outre-mer, tout le cours de sa vie en
» repos et en paix, laquelle paix dura au royaume
» de France longuement, après son décès, par les
» saints mérites de lui; de sorte que Philippe, son
» fils, qui tint et eut le royaume de France après
» sa mort, régna paisiblement et eut paix par les
» mérites de son père, comme moult de bonnes
» gens le croient. »

Comment mourut le bon roi Loys à Tunis.

» Après un peu de jours le bon roi Louis tomba
» en une fièvre continue avec le flux de ventre,
» et se mit au lit, et il sentit bien qu'il devoit
» bientôt mourir. Alors il appela Philippe, son
» fils aîné, et lui commanda de garder comme en
» testament les enseignements qui suivent et qu'il
» avoit, en ses heures, écrites en françois de sa
» main. (Voir les *Mémoires de Joinville*.)

» Après que le très-bon roi chrétien Louis eut
» ainsi enseigné Philippe son fils, la maladie qu'il
» avoit commença moult angoiseusement à croître,
» et pour cela le saint homme voulut recevoir les
» sacrements de la sainte église, pendant qu'il
» avoit encore bonne pensée et son entendement
» encore sain et entier. Ainsi, comme on l'oignoit
» et qu'on disoit les sept pseaumes, lui même di-
» soit les versets d'une part et appeloit les suffra-
» ges des saints, en nommant chaque saint, lors-
» qu'on disoit les litanies devant lui. Quant le bon
» roi aperçut que c'étoit chose certaine qu'il
» mourroit prochainement, il ne fut soigneux
» d'autre chose que de ce qui appartenoit à Dieu
» et à l'exhaussement de la sainte église; et à
» l'heure qu'il ne pouvoit plus parler, lui, très-
» bon chrétien, disoit très-bas et à grand'peine à
» ceux qui écoutoient ses paroles : Pour Dieu,
» étudions comment la foi chrétienne peut être
» preschée à Tunis. Eh! Dieu, qui sera-t-il con-
» venable d'envoyer prescher? Alors il nommoit
» un frère de l'ordre des Prescheurs, qui autrefois
» y avoit été, et étoit bien connu du roi de Tunis.
» Ainsi le vrai champion de Notre-Seigneur con-
» suma sa benoîte vie en confession de la vraie
» foi. Lorsque la vertu du corps et la parole al-
» loient lui défaillant, il ne cessoit d'appeler les
» suffrages des saints à qui il avoit dévotion, spé-
» cialement de saint Denis, en France, le glorieux
» martyr; puis on l'entendoit dire souventes fois
» la fin de l'oraison qui est chantée le jour de
» saint Denis; c'est à savoir : *Tribue nobis, Do-
» mine, quæsumus prospera mundi despicere, et
» nulla ejus adversa formidare,* qui est autant à
» dire : Sire Dieu, donnez-nous de mépriser la
» prospérité de ce monde et de ne craindre nulle
» adversité. Il fut aussi entendu souventes fois
» dire le commencement de l'oraison de monsei-
» gneur saint Jacques : *Esto Domine plebis tuæ
» sanctificator et custos,* c'est-à-dire : Soyez sanc-
» tificateur et gardien de votre peuple. Et quand
» ce vint à l'heure de la mort, le très-bon chrétien
» Louis, roi de France, se coucha en forme de
» croix sur un lit tout couvert de cendres, et y
» rendit l'esprit à Notre-Seigneur à l'heure que
» le fils de Dieu se laissa tourmenter et voulut
» mourir sur la sainte croix pour le salut du
» monde. Sur laquelle mort si chrétienne piteuse
» chose est de pleurer, et pieuse chose est de se
» réjouir, piteuse chose et digne de pleurer le tré-
» pas du bon roi Louis, à cause de la perte de
» toute sainte église qu'il aimoit moult dévote-
» ment et qu'il gardoit et défendoit de son pou-
» voir. Spécialement tout le royaume de France
» se doit plaindre, pleurer et douloir de sa mort,
» lequel étoit en repos et en joie par si bon prince.
» Et si la force de la douleur reçoit raison, il vaut

» mieux que la France se réjouisse que de pleu-
» rer; car son trépas fut si chrétien et sa vie si
» glorieuse, et ses faits si bons et si saints, qu'es-
» pérance certaine est à tous ceux qui le connu-
» rent qu'il est trépassé du soin du royaume tem-
» porel à la joyeuse cour du royaume céleste, où
» il est en repos sans fin et règnera perpétuelle-
» ment avec les saints du Paradis. Le bon roi
» Louis trépassa le lendemain de la fête de saint
» Barthélemy, c'est à savoir l'an de grâce de notre
» Seigneur mil deux cent soixante-douze. Et ses
» os furent gardés et mis en un écrin, pour être
» enfouis dans l'église de Saint-Denis, en France,
» où il avoit élu sa sépulture, auquel lieu, quand
» ils furent enterrés, Notre Seigneur fit moult de
» miracles pour les mérites du bon roi. »

Cette histoire de Guillaume de Nangis a été imprimée pour la première fois en français, à la suite de l'histoire de Joinville, édition du Louvre; l'histoire latine a été imprimée dans la collection de Duchêne. Guillaume de Nangis avait fait aussi une histoire de Philippe-le-Hardi : *Fragmentum de vitâ Philippi III, apud Duchêne*; le même Duchêne a publié dans sa collection un éloge historique de Philippe-le-Hardi par Guillaume : *Gesta Philippi III descripta per fratrem Guillelmum de Nangiaco*. Cette histoire est écrite dans un style ampoulé et peu intelligible ; nous avons encore de Guillaume de Nangis une chronique en forme d'annales, *Chronicon Nangii*, dans le *spicilège*, tome III. Cette chronique en forme d'annales est une simple nomenclature de faits placés par dates; on y a trouvé de graves erreurs.

LA GRANDE CHRONIQUE
DE SAINT DENIS.

Ce grand monument national nous offre l'histoire de notre pays, faite d'après les récits contemporains; les différentes chroniques écrites par les religieux de Saint-Denis s'y trouvent fondues. La partie du règne de saint Louis dans la Grande Chronique est une copie des annales du règne de saint Louis, de Guillaume de Nangis; les variantes qu'on y rencontre ne roulent que sur des phrases et n'offrent aucune importance historique. Guillaume de Nangis n'est point cité par le compilateur; celui-ci se borne à ouvrir des chapitres de la manière suivante : « Cy commencent les
» rubriches et chaspitres de la table du livre des
» croniques du roy saint Loys. » Remarquons seulement que la Grande Chronique nous donne un premier chapitre de Guillaume de Nangis qui ne se trouve point dans l'édition du Louvre. Ce chapitre a pour titre : « Comment le père mon-
» seigneur saint Loys alla en Albigeois. » On y parle du voyage du père de *monseigneur saint Loys* à Avignon, du siége et de la reddition de cette ville qui appartenait aux *mescreans*. « Quant
» le Roy, dit la Chronique, eut ainsi restabli la
» foy crestienne en Albigeois, il s'en retourna vers
» France. Si comme il vint près d'ung chastel que
» l'on appelle Montpencier; il convint que la
» prophezie Merlin fust accomplie qui dist : « *In
» monte ventris morietur leo pacificus;* » c'est-à-
» dire : « à Montpencier mourra le lyon paisible
» et débonnaire, car une maladie le prinst le jour
» qu'il vint dont il mourut. Apporté fut à Saint-
» Denys en France et mis en sepulcre emprès le
» roy Philippe son père l'an 1246. »

La Grande Chronique de Saint-Denis commence à notre prétendue descendance des Troyens, d'après l'opinion de nos vieux chroniqueurs, et s'étend jusqu'en 1456. Depuis quelque temps, la pensée est venue à quelques savants de donner une édition de la Grande Chronique de Saint-Denis; cette œuvre a été entreprise, dit-on, par M. Terrebasse de Lyon, que d'intéressantes publications historiques ont déjà fait connaître. Il n'a rien paru encore du travail de M. Terrebasse, et nous ne pouvons porter là-dessus aucun jugement. Mais un autre savant, M. Paulin Pâris, s'occupe d'une édition de ce vieux monument historique. Au moment où nous mettons sous presse, un premier volume de cette édition paraît. M. Paulin Pâris a laissé complètement de côté les éditions du XVe et du XVIe siècles, où se trouvent beaucoup de fautes grossières, contre la langue et le sens. L'édition publiée dans le Recueil des Historiens de France, préférable à toutes les précédentes, ne pouvait pas être d'un très-grand secours pour M. Paulin Pâris, car les éditeurs, n'ayant qu'une imparfaite connaissance des règles grammaticales de l'ancien langage, ont confondu la langue du XIIIe siècle et celle du XVe; ils avoient négligé d'éclaircir les passages obscurs, de relever les contresens; ils n'avoient pu donner à leur texte une orthographe régulière, basée d'un côté sur l'usage le plus ordinaire d'une époque, de l'autre sur la concordance de tous les manuscrits de cette époque. Si nous en jugeons par le premier volume que nous avons sous les yeux, M. Paulin Pâris a fait tout ce que n'avaient pu faire les précédents éditeurs. Il a adopté une langue et une orthographe uniformes, celles du règne de Charles V; pour arriver à mettre une parfaite régularité dans la langue et l'orthographe, il lui a fallu étudier et comparer tous les manuscrits du temps; de plus, le nouvel éditeur accompagne le texte de bonnes notes et d'utiles commentaires. Cette édition de la Grande Chronique de Saint-Denis formera six volumes grand in-12. Nul doute que le public n'encourage cette publication d'un écrivain dont les travaux sur le moyen-âge portent un rare caractère de conscience et d'exactitude.

Dans notre indication analytique des documents pour les règnes de Charles V et Charles VI, nous aurons à revenir sur la Grande Chronique de Saint-Denis.

VIE DE SAINT LOUIS,

PAR LE CONFESSEUR DE LA REINE MARGUERITE.

L'auteur de la *Vie de saint Louis* fut, pendant dix-huit ans, confesseur de la reine Marguerite, femme du saint roi. Mesnard le premier mit au jour cet ouvrage à la suite de son édition des Mémoires du sire de Joinville; les auteurs du Recueil des actes des saints en donnèrent une traduction latine. Un nouveau manuscrit de la *Vie de saint Louis* fut trouvé par Caperonnier : ce manuscrit diffère de celui de Mesnard et paraît offrir le texte le plus vrai, le plus primitif du confesseur. Les éditeurs du Louvre l'ont publié à la suite des Mémoires de Joinville et des Annales de Guillaume de Nangis. Cet ouvrage n'est au fond qu'un panégyrique du prince que l'église catholique a placé parmi ses élus; ce n'est pas d'un grand de la terre, d'un guerrier qui se distingua dans les combats, d'un législateur qui fit de sages lois, que le pieux narrateur a voulu nous parler : c'est de *Saint Louis*, de ce *très excellent saint*, qu'il s'est proposé de tracer la *très digne vie*; en entreprenant cette œuvre d'édification, le confesseur céda au *fervent desir de noble dame Madame Blanche*, fille de saint Louis : on lui donna copie de l'enquête faite sur la vie du roi, par ordre de la cour de Rome, et cette communication le mit à même de connaître les faits dont il avait besoin pour son récit.

Avant d'entrer en matière, le confesseur de la reine Marguerite nous donne les noms des trente-neuf témoins qui furent interrogés pour l'enquête, et qui appuyèrent leurs dépositions par des serments. Au nombre des témoins nous trouvons le sire de Joinville, du *dyocèse de Chaalons, homme d'avisé aage et moult riche, séneschal de Champaigne, de cinquante ans ou environ*. L'auteur a divisé son histoire en vingt chapitres, et le titre seul de ces chapitres caractérise parfaitement l'esprit dans lequel cet ouvrage est entrepris. « Le premier chapitre est de la sainte norreture
» (éducation) du beneoit saint Loys en s'enfance;
» li second, de sa merveilleuse conversacion en
» croissance; li tierz, de sa ferme créance; li quarz,
» de sa droite espérance ; li quinz, de s'amor ar-
» dant; li sisièmes, de sa fervent dévocion ; li
» septièmes, des saintes écritures étudier; li hui-
» tièmes, de dévotement Dieu prier; li noviènes,
» d'amour à ses proismes (à son prochain) fer-
» vant; li disièmes, de compassion à eus (au pro-
» chain) décourant ; li onzièmes, de ses œuvres
» de pitié ; li douzièmes, de sa parfonde humilité ;
» li trézièmes, de sa vigueur, de sa patience; li
» quatorzièmes, de la roideur de sa pénitence; li
» quinzièmes, de la biauté (de la beauté) de sa
» conscience; li sézièmes, de la saintée (de la
» sainteté) de sa continence; li disesptièmes,
» de sa droite justise; li disenovième, de sa dé-
» bonnère clémence; li vintième, de sa longue
» persévérance, et du trépas beneureus, dont il
» ala de ci (d'ici) ès cieus. »

C. D. M., T. I.

Il n'entre point dans notre plan de suivre pas à pas le confesseur de la reine Marguerite : nous nous bornerons à prendre la fleur de son récit, à indiquer ou citer les traits piquants qui peuvent aider à connaître le caractère et l'âme de saint Louis.

Dès les premiers jours de son enfance, ce prince avait été formé à la pratique de toutes les vertus par la reine Blanche, *dame vraiement moult honeste en paroles et en fez, et avecques tout ce, droiturière et bénigne* ; l'auteur exprime les sentiments de l'admiration la plus profonde pour la mère de saint Louis, *laquelle prist courage d'omme en cuer de femme, et amenistra (gouverna) vigueureusement, sagement, puissamment et droiturièrement, et garda les droits du royaume*. Saint Louis passa pieusement le temps de sa jeunesse. Quand il allait se promener dans les bois, ou au bord des eaux, il avait toujours avec lui son maître qui interrompait ses jeux par d'utiles leçons. Si nous en croyons notre auteur, le maître battait quelquefois le prince *pour li enseigner cause de décepline*. Le jeune roi avait des chapelains qui lui chantaient, le jour et la nuit, la messe, les matines et les autres offices de l'église. Il ne chantait pas les chansons du monde, et ne souffrait pas que personne de sa maison en chantât. Un de ses écuyers, habile dans ces chants profanes, reçut l'ordre de ne plus faire entendre de pareils airs; le jeune roi lui fit apprendre *aucunes antiennes de Nostre-Dame* et l'hymne *Ave maris stella*, et le prince lui-même chantait *aucunes fois* ces antiennes et cette hymne avec l'écuyer. Dans le chapitre de la *ferme créance* du bon roi, l'auteur parle d'une juive que le prince convertit et fit baptiser avec ses quatre enfants au château de Beaumont-sur-Oise; il parle des Sarrasins à qui saint Louis avait fait donner le baptême en Egypte; la plupart de ces Sarrasins convertis épousaient des femmes chrétiennes, et le saint roi les comblait de ses dons. Dans ce même chapitre, il est question de la croisade de saint Louis qui fut œuvre de *créance*; mais les détails qu'il donne n'apprennent rien. Le chapitre qui traite de la dévotion du roi roule tout entier sur les pieuses pratiques du monarque; la plupart des faits rapportés par le confesseur se trouvent dans les Mémoires du sire de Joinville. Voici des particularités que le sire de Joinville ne raconte point.

« Souvent, pendant la nuit, dit le confesseur,
» (nous traduisons ses paroles) le roi sortait dou-
» cement de son lit, s'habillait, se chaussait, et
» allait si vite à sa chapelle que ceux qui cou-
» chaient dans sa chambre, n'ayant pas le temps
» de se chausser, couraient nu-pieds après lui.
» Quand les matines étaient dites, le roi de-
» meurait long-temps en oraison, ou dans sa
» chapelle ou dans son oratoire. Lorsqu'après
» son oraison, il n'était pas encore jour, le roi
» ôtait sa chape et entrait dans son lit; quel-
» quefois il se couchait avec sa chape et dor-
» mait. Parfois il donnait à ceux qui étaient dans
» sa chambre une certaine mesure de cierge,

» leur enjoignant de ne pas le laisser dormir plus
» long-temps que brûlerait ce flambeau ; il arri-
» vait ainsi que quand on éveillait le roi, le roi
» disait en se levant qu'il ne s'était pas encore
» réchauffé. Dès que le prince était réveillé, d'a-
» près les ordres qu'il en donnait, il se levait
» aussi promptement qu'il pouvait et allait à l'é-
» glise ou à la chapelle..... Le bienheureux roi
» entendait très volontiers et très souvent la pa-
» role de Dieu. Chaque dimanche et chaque jour
» de fête, lorsqu'il pouvait avoir des religieux
» ou autres qui sussent prêcher la parole de
» Dieu, il les faisait prêcher en sa présence,
» et les écoutait très dévotement : il s'asseyait sur
» la paille quand on prêchait devant lui. Dans ses
» différentes promenades, dès qu'il pouvait se dé-
» tourner pour entrer dans quelque abbaye ou
» dans quelque autre sainte demeure d'hommes ou
» de femmes, il faisait volontiers prêcher devant
» lui. Lorsque le roi entendait des sermons dans
» des chapitres de religieux, sa coutume ordinaire
» était de s'asseoir au milieu du chapitre sur la
» paille, même au temps du plus grand froid,
» et les moines restaient dans leurs stalles. Pour
» que les sergents d'armes allassent plus volon-
» tiers aux sermons, il ordonna qu'on les fît man-
» ger dans la salle ; lorsque les sergents ne vou-
» laient pas y manger, ils mangeaient dehors, et
» le roi payait leurs dépenses ; ce qui n'empê-
» chait pas le roi de leur donner leur paye entière
» auparavant, et néanmoins ils mangeaient à la
» cour. Il arriva souvent au roi de cheminer à
» pied deux fois par jour, l'espace d'un quart de
» lieue, pour entendre des sermons qu'il faisait
» faire au peuple. Lorsqu'on faisait du bruit au-
» tour du prêcheur, il l'apaisait. Quelquefois il
» écoutait les leçons aux écoles des frères Prê-
» cheurs, à Compiègne, et quand la leçon étoit
» finie, il ordonnait qu'on fît un sermon pour les
» laïcs qui s'étaient rendus là avec lui... Le bien-
» heureux roi brûlait de l'ardente dévotion qu'il
» avait pour le sacrement du vrai corps de notre
» Seigneur Jésus-Christ ; il communiait à tout le
» moins six fois par an, savoir : à Pâques, à la
» Pentecôte, à l'Assomption de la bienheureuse
» Vierge Marie, à la Toussaint, à Noël et à la
» Purification ; il recevait alors son Sauveur avec
» une très grande dévotion. Auparavant il se la-
» vait les mains et la bouche, il ôtait son chape-
» ron et sa coiffe ; arrivé dans le chœur de l'église,
» il ne s'avançait point sur ses pieds jusqu'à l'au-
» tel, mais il s'y rendait en s'avançant sur ses
» genoux ; quand il était devant l'autel, il disait
» son *confiteor* tout bas, les mains jointes, et
» avec beaucoup de soupirs et des gémissements ;
» puis il recevait le vrai corps de Jésus-Christ,
» de la main de l'évêque ou du prêtre..... Le ven-
» dredi-saint, le jour où la croix est adorée, le
» bienheureux roi se rendait aux églises voisines
» des lieux où il se trouvait ; il était nu-pieds ;
» il portait des chausses sans semelles qui ne per-
» mettaient pas de voir la chair, mais la plante
» de ses pieds posait toute nue sur la terre. Il dé-
» posait d'abondantes offrandes sur les autels des
» églises qu'il visitait ; ensuite il assistait aux
» offices, toujours nu-pieds, jusqu'au moment de
» l'adoration de la croix ; alors le bienheureux
» roi ôtait sa chape et ne gardoit que sa tunique ;
» ainsi nu-pieds et tête nue, il se mettait à ge-
» noux et adorait dévotement la sainte-croix ;
» puis il s'éloignait sur un certain espace et
» revenait auprès de la croix en s'avançant sur
» ses genoux ; il y revenait jusqu'à trois fois de la
» même manière : alors il baisait la croix ; ensuite
» il s'étendait en forme de croix sur la terre nue
» qu'il baisait, et versait, dit-on, pendant ce
» temps, beaucoup de larmes. » Suivent d'assez
longs détails sur la dévotion du roi pour les saintes
reliques.

Le chapitre sixième nous montre le bienheureux roi dans son amour pour les Saintes-Écritures
qu'il se faisait lire souvent ; nous voyons dans
les chapitres suivants le roi long-temps en
prière, si long-temps qu'il *ennuyoit moult à la
mesnié de sa chambre* (les gens de sa chambre) ;
indépendamment de ses oraisons ordinaires, le
saint roi faisait cinquante génuflexions par jour ;
il se levait tout debout et se ragenouillait ensuite en récitant lentement un *Ave maria*. Le bon
roi se plaignait à son confesseur que les larmes
lui manquassent dans ses ardentes oraisons ; lorsque dans les litanies on disait ces mots : « Beau
» sire Dieu, nous te prions de nous donner une
» fontaine de larmes, » le saint roi ajoutait dévotement : « O sire Dieu, je n'ose te demander
» une fontaine de larmes ; mais je me contente-
» rais de petites gouttes de pluie pour arroser la
» sécheresse de mon âme ! » Dieu quelquefois lui
accorda des larmes dans ses oraisons, et le bon
roi disait à son confesseur que, quand ces larmes
coulant sur son visage entraient dans sa bouche,
il les trouvait douces et savoureuses, non seulement au cœur mais même au goût. Le chapitre
sur les bonnes œuvres renferme une foule d'actions touchantes qui révèlent tout ce qu'il y avait
de bonté et de dévouement dans l'âme du saint
roi. Citons un des traits les plus remarquables.
Un dimanche que le roi se trouvait dans l'abbaye
de Royaumont, il voulut aller à l'infirmerie du
monastère pour y visiter un religieux malade de
la lèpre ; le roi dit à l'abbé de Royaumont qu'il
désirait visiter ce malade et le pria de l'accompagner ; on entre dans la chambre du malade ;
celui-ci mangeait en ce moment de la chair de
porc sur une petite table. Le saint roi salue le
malade, lui demande comment il va, et s'age-
nouille devant lui ; ainsi à genoux devant le malade, il prend un couteau, découpe la viande
par morceaux, et met lui-même les morceaux dans
la bouche du lépreux qui les reçoit et les mange.
L'abbé du monastère, par respect pour le roi,
s'était aussi agenouillé devant le malade, mais
de laquelle chose, dit le confesseur, *ledit abbé
avait beaucoup d'horreur*. Quant au bon roi,

toujours dans la même attitude, il demande au lépreux s'il veut manger des poules et des perdrix, et le lépreux répond : oui. Alors le saint roi fait appeler un de ses huissiers par le moine garde-malade, et lui ordonne d'apporter au lépreux des poules et des perdrix de sa cuisine qui était assez loin de là. Pendant tout le temps qui s'écoula entre le départ de l'huissier et son retour avec deux poules et trois perdrix rôties, le roi resta à genoux devant le malade, et l'abbé aussi. « Que voulez-vous manger? dit ensuite le » roi au malade; voulez-vous manger des poules » ou des perdrix? — Des perdrix, répondit le » malade. — Comment voulez-vous qu'on vous » les apprête? reprit le roi. — Au sel, répondit le » malade. » Et le roi découpa les ailes d'une perdrix; puis il sala lui-même les morceaux et se mit à les mettre dans la bouche du malade. Mais celui-ci avait les lèvres en mauvais état et le sel irritait son mal; le roi, après avoir préparé et assaisonné les morceaux, avait soin de les essuyer, de manière à ce qu'aucun grain de sel ne fît souffrir le malade. Le roi demanda au malade s'il voulait boire : « Oui, » répondit celui-ci; et le roi lui demanda si le vin qu'il avait était bon; « mon vin est bon, » répondit le malade. Et le roi mit du vin dans la coupe du lépreux et lui-même le fit boire. Pendant que le roi servait ainsi le lépreux, il l'engageait à prendre son mal en patience; il lui disait que sa maladie était son purgatoire en ce monde et qu'il valait mieux souffrir ici-bas que dans la vie à venir. Après le repas, le roi demanda au malade s'il voulait bien prier pour lui, et le roi et l'abbé se retirèrent; des traits semblables portent avec eux leur propre caractère, et nous n'avons rien à ajouter pour faire comprendre leur sublimité.

Nous bornerons ici cet extrait de la *Vie de saint Louis, par le confesseur de la reine Marguerite*; il nous reste à dire un mot des miracles du saint roi, que le même narrateur a consignés en détail à la suite de son récit. Les miracles attribués à ce monarque appartiennent au domaine de l'histoire, en ce sens qu'ils sont comme une expression des sentiments et des mœurs de toute une époque. Le confesseur de la reine Marguerite a fait un prologue qui sert comme d'introduction à ces pieux prodiges. « Dieu le fils, dit l'auteur, qui » avoit aimé le bienheureux roi de tout cœur, » voulut que sa sainteté fût manifestée au monde; » il voulut que sa sainteté resplendît par des » miracles, de même qu'elle avoit déjà resplendi » par ses vertus, afin que le bienheureux roi, » qui est déjà logé au palais du Ciel, avec le fils » de Dieu, fût convenablement révéré en terre. » Voilà pourquoi le roi a rendu l'usage de leurs » membres à ceux qui étoient perclus; il a redressé ceux dont le corps étoit courbé sur la » terre; il a délivré les bossus, les goutteux, » ceux qui avoient la fistule, ceux dont les membres étoient desséchés, ceux qui avoient perdu » la mémoire, ceux qui avoient la fièvre carte » ou continue..... Il a rendu aux aveugles la vue, » aux sourds l'ouïe, aux boiteux le pouvoir de » marcher, aux morts la vie; et par ces miracles » glorieux et par beaucoup d'autres a resplendi » le bienheureux Louis. » L'auteur ajoute qu'une enquête solennelle a été faite sur tous ces miracles dans l'abbaye de *Monseigneur* Saint-Denis, par l'ordre du pape Martin IV. Le prologue qu'on vient de lire présente comme une récapitulation des miracles, et indique suffisamment de quelle nature ils sont. Nous pourrons donc nous dispenser de nous y arrêter davantage. Le nombre des miracles rapportés est de soixante-cinq.

VIE ET CONVERSATION SAINTE DE LOUIS IX,
Roi des Français, de pieuse mémoire,

PAR FRÈRE GEOFFROI DE BEAULIEU, de l'ordre des Prêcheurs, confesseur du roi[*].

Nous trouvons, dans le cinquième volume de la collection de Duchesne, la chronique de Geoffroy de Beaulieu, de vingt pages in-folio, divisée en petits chapitres, dont le but a été de recueillir les pieux discours et les saints actes de Louis IX. En sa qualité de confesseur du roi, Geoffroy de Beaulieu avait pu voir tout ce que son âme renfermait de bon et de pur, et le frère prêcheur voulut laisser, lui aussi, un témoignage de la sainteté du monarque. Nous ne pouvons qu'indiquer ici cette chronique qui n'ajoute rien aux faits historiques; nous nous bornerons à donner le portrait qu'il a tracé de saint Louis, ce qu'il dit de son pèlerinage d'Acre à Nazareth, et ce qu'il dit de la mort du roi à laquelle lui-même il assista.

« Le saint roi étoit très-spirituel, et ses paroles » pleines de grâce; il étoit en garde contre les » libertins, les méchants et les calomniateurs; jamais il n'insultoit personne; il reprenoit doucement ceux qui commettoient quelques fautes, à » moins qu'elles ne fussent très-graves; il s'abstenoit de toute espèce de jurements, tels que » ceux qu'on a coutume de laisser échapper dans » la conversation; pour éviter tous les autres jurements, il se servoit habituellement de celui-ci : *In nomine mei* (au nom de moi); et même, » sur la représentation d'un homme pieux, il s'en » abstint absolument, et se contenta de dire, selon l'Évangile, *oui* et *non*. Dans les affaires » difficiles personne n'avoit le coup d'œil aussi » sûr que ce pieux monarque; et ce qu'il comprenoit bien, il l'exécutoit avec habileté et prudence; la douceur étoit répandue sur ses lèvres, » et il savoit rendre aimable tout ce qu'il disoit. »

Le pèlerinage d'Acre à Nazareth, que Geoffroi de Beaulieu donne comme exemple de l'humilité vraiment chrétienne du roi Louis, est ainsi raconté :

---

[*] Vita et sancta conversatio piæ memoriæ Ludovici noni regis Francorum, per fratrem Gaufridum de Bello-loco, ordinis Prædicatorum, ejus confessorem. (Duchesne, *Historiæ Francorum scriptores*, t. V.)

« La veille de l'Annonciation, le roi, revêtu
» d'un cilice, se dirigea vers Nazareth; lorsqu'il
» aperçut de loin les lieux saints, il descendit de
» cheval, et, après avoir fléchi le genou, il s'a-
» vança à pied vers la cité sacrée; il jeûna ce jour
» au pain et à l'eau, quoiqu'il eût fait une marche
» fatigante. Ceux qui étoient avec lui peuvent dire
» avec quelle solennité les vêpres, les matines,
» la messe furent chantées; depuis que le fils de
» Dieu s'étoit incarné, jamais Nazareth n'avoit
» vu une telle dévotion. »

Voici comment Geoffroi de Beaulieu raconte les derniers moments du saint roi dont il fut lui-même témoin :

« Après que le roi eut reçu tous les sacrements
» de l'église, il se mit à réciter les litanies et à
» invoquer la protection des saints. Entouré de
» tous les signes avant-coureurs de la mort, Louis
» n'étoit préoccupé que d'une seule pensée : la
» gloire de Dieu et le triomphe de sa religion. Ce
» pieux prince prononça à voix basse ces paroles
» qui ne furent entendues que par ceux qui
» étoient penchés vers son lit et qui prêtoient
» une oreille attentive : « *Efforçons-nous de pré-*
» *cher la foi et de planter l'étendard de la religion*
» *à Tunis; envoyez ici quelqu'un qui soit propre à*
» *remplir cette sainte mission.* » Il nomma alors,
» pour remplir ce devoir apostolique, un frère de
» l'ordre de Saint-Jacques, bien connu du roi de
» Tunis. Quoique les forces de son corps l'aban-
» donnassent peu à peu, et que la parole semblât
» expirer sur ses lèvres, le monarque ne cessa
» cependant de réciter, à voix entrecoupée, les
» louanges des saints, et particulièrement de
» saint Denis. Quelques personnes placées au che-
» vet de son lit l'entendirent prononcer cette
» dernière oraison : « *O mon Dieu, fais que nous*
» *méprisions les biens d'ici-bas, et donne-nous as-*
» *sez de forces contre l'adversité*; » et quelques
» instants après : « *Seigneur, sois le gardien sacré*
» *de ton peuple.* » Arrivé à sa dernière heure, il
» expira sur la cendre où il étoit étendu, à la
» même heure que le fils de Dieu mourut pour
» les hommes. »

DE LA VIE ET DES ACTES DE LOUIS IX,
Roi des Français, de glorieuse mémoire,

Et des Miracles qui ont servi à la proclamation de sa sainteté,

PAR FRÈRE GUILLAUME DE CHARTRES,
De l'ordre des Prêcheurs, chapelain du roi [*].

Dans le même volume de la collection de Duchêne, à la suite de la chronique de Geoffroi de Beaulieu se trouve la chronique de Guillaume de Chartres. Comme le précédent chroniqueur, Guillaume suivit saint Louis dans les deux expéditions d'outre-mer. Il commence son récit en disant qu'un nouveau soleil a paru dans le monde, qu'il s'est levé en Occident et s'est couché en Orient; puis, expliquant sa métaphore, il dit qu'il entend par ce soleil le glorieux roi Louis, qui éclaira le monde chrétien par les rayons de sa lumineuse vie et qui alla mourir en Orient. Quoique les actions de ce roi, ajoute-t-il, soient connues de tout le monde, et que le frère Geoffroi de Beaulieu les ait écrites par l'ordre du pape, cependant plusieurs choses curieuses ont été omises; et ce sont précisément ces choses que je me suis proposé de recueillir et de décrire brièvement. Après cette espèce d'introduction, Guillaume entre en matière; mais son récit, comme celui du chroniqueur Geoffroi, ne roule guère que sur la piété et les vertus chrétiennes du roi Louis. En parlant de la fermeté du roi dans le malheur, fermeté qui faisait l'admiration des infidèles, Guillaume cite un trait relatif à la captivité du monarque en Egypte. Des émirs étant venus faire au roi captif des propositions très-onéreuses pour sa rançon, le monarque répondit aux émirs avec tant de fierté que ceux-ci ne purent s'empêcher de lui dire : « Nous sommes extrêmement étonnés que
» vous, que nous regardons comme notre prison-
» nier et notre esclave, vous puissiez être tel
» dans les fers, et que vous nous considériez
» comme si nous étions nous-mêmes vos prison-
» niers. » Guillaume raconte qu'à la suite d'une révolte dans laquelle fut tué le sultan avec qui saint Louis avait traité de sa rançon, les émirs révoltés, après avoir éloigné les gardes qui veillaient sur le royal prisonnier, se précipitèrent les armes à la main dans sa tente. On n'attendait rien autre que sa mort, dit notre chroniqueur; mais, à l'aspect du roi, toute leur fureur s'anéantit; ils se jettent à ses pieds et lui prennent la main qu'ils couvrent de leurs baisers, en disant : « *Ne crai-*
» *gnez rien, seigneur; rassurez-vous*; « *remplissez*
» *les conditions du traité que vous avez juré, et*
» *vous serez libre.* » Cette promesse fut en effet exécutée.

Guillaume de Chartres s'est arrêté avec beaucoup plus d'attention que les autres chroniqueurs sur les actes d'administration politique et civile de saint Louis : le roi abolit toutes les mauvaises coutumes dans les cités et les campagnes; il réprima les usures des juifs, veilla à l'exacte administration de la justice; tout le monde était étonné qu'un seul homme, faible de corps, humble dans ses manières, pût gouverner un si grand royaume, et comprimer l'ambition de tant et de si puissants barons. Guillaume de Chartres fut, comme Geoffroi de Beaulieu, témoin de la dernière heure du roi à Tunis; il met dans la bouche du roi mourant des paroles à peu près semblables à celles que rapporte Geoffroi; seulement il ajouta que, la

---

[*] De vita et actibus inclitæ recordationis regis Francorum Ludovici noni, et de miraculis quæ ad ejus sanctitatis declarationem contigerunt, auctore fratre Guillelmo Carnotensi, ordinis Prædicatorum, ejusdem regis capellano. (*Duchesne*, t. V.)

veille de sa mort, le roi prononça à haute voix et en français, ces mots : *Nous irons à Jérusalem.* Quelques instants avant de mourir, il tomba dans une léthargie qui dura près d'une heure ; après qu'il fut revenu, il dit, avec un visage serein, ces paroles du psalmiste : *J'entrerai dans ta maison et je confesserai ton nom.* Guillaume ajoute que le visage du monarque conserva, après sa mort, la même douceur, le même agrément et le même sourire qu'il avait eu pendant sa vie. Le chapelain termine sa courte chronique par le récit de la plupart des miracles qui s'opérèrent sur le tombeau du saint roi.

CHRONIQUE
DE MATHIEU PARIS.

Parmi les documents qui peuvent servir à l'histoire du règne de saint Louis, nous ne pouvons passer sous silence la chronique de Mathieu Pâris, moine de Saint-Alban. Le chroniqueur anglais vivait dans le XIIIe siècle ; il fut admis à la cour, et même à l'intimité d'Henri III, ce qui le mit à même de connaître les principaux événements de son siècle. Quelques jugements hardis sur certaines prétentions des papes, ont attiré à Mathieu Pâris les éloges de plusieurs écrivains modernes, en même temps qu'ils ont fait quelquefois suspecter sa véracité par les amis de la cour de Rome. Le moine de Saint-Alban, chargé d'aller en Norwège pour y rétablir la discipline monastique, vit saint Louis en passant par la France ; le monarque français, qui avait pris la croix, lui donna des lettres pour le roi de Norwège qui avait fait aussi le serment de combattre les infidèles.

L'historien anglais nous a laissé sur la croisade de saint Louis des détails intéressants ; plusieurs des faits qu'il raconte ont besoin d'être soumis à l'examen d'une sévère critique, d'autant plus qu'ils sont omis ou rapportés autrement par le sire de Joinville et d'autres témoins oculaires. Il s'était élevé entre les croisés français et anglais de vives querelles que Mathieu Pâris nous raconte longuement ; mais son récit porte en plusieurs endroits le caractère de la partialité. On doit lire avec une certaine défiance tout ce qu'il nous dit sur la bataille de Mansourah, sur la bravoure impétueuse et sur la mort du comte d'Artois, frère de Louis IX. Mathieu Pâris ne décrit point les combats qui eurent lieu après la bataille de Mansourah, ni la disette et les maladies qui désolèrent l'armée chrétienne ; il se contente de dire que tous les vaisseaux des chrétiens qui remontaient le Nil furent pris par les Sarrasins, ce qui plongea l'armée dans une grande désolation. Dans un discours qu'il adressa à ses soldats, le sultan du Caire comparait les croisés à des hermaphrodites et à des femmes ; il s'étonnait de voir de pareils hommes tenter la conquête d'une contrée que fécondait le fleuve *sorti du paradis* ; les soldats chrétiens, s'étant mis en marche, rencontrèrent partout les cadavres de leurs frères, auxquels on avait enlevé la tête, les mains et les pieds, pour en obtenir un salaire. A ce spectacle, les Francs s'arrachaient les cheveux, se déchiraient les vêtements, poussaient des cris de douleur, de telle sorte que leurs ennemis auraient pu en prendre pitié : bientôt on voit accourir les Sarrasins ; on donne le signal du combat : les soldats chrétiens, accablés par le désespoir, par la faim, manquant de chevaux, succombèrent au premier choc ; le roi de France lui-même, avec ses deux frères et quelques seigneurs qui combattaient à ses côtés, tombe entre les mains des infidèles, à l'opprobre éternel du nom français et à la honte de toute l'église chrétienne. « On ne voit point, dit à ce sujet
» Mathieu Pâris, dans les annales de l'histoire,
» qu'un roi de France ait été pris ou vaincu,
» tout par les infidèles, excepté celui-ci ; si du
» moins le roi avait pu échapper à la défaite géné-
» rale, il aurait fourni aux chrétiens un motif de
» consolation et leur aurait épargné un sujet de
» honte. C'est pour cela que David prie Dieu dans
» ses psaumes de sauver la personne du Roi
» (*Domine salvum fac regem*), parce que le salut
» du peuple dépend du salut du prince. »

Le moine de Saint-Alban rend compte de plusieurs circonstances qui accompagnèrent la captivité et la délivrance de saint Louis. Parmi les tableaux qu'il met sous nos yeux, nous avons remarqué surtout une entrevue du monarque captif avec le sultan d'Egypte ; nous le donnons ici, en faisant remarquer qu'on ne trouve rien de semblable ni dans Joinville ni dans les auteurs orientaux. Cette scène, qui est d'un touchant intérêt, nous montre assez bien le prosélytisme plein de charité que le pieux monarque portait dans les Croisades.

Entrevue du roi de France et du soudan. — « Un jour après la confirmation de la trêve,
» tandis que le roi de France et le soudan du Caire
» jouissoient d'une entrevue long-temps désirée,
» et qu'au moyen d'un interprète fidèle ils se
» communiquoient leurs volontés mutuelles, le
» soudan, d'un air gai et serein, dit : « Comment
» vous trouvez-vous, seigneur roi ? » Le roi, le vi-
» sage triste et baissé, lui répondit : « C'est selon.
» — Mais, reprit le soudan, pourquoi ne répon-
» dez-vous pas bien ? Quelle est la cause de votre
» tristesse ? » Le roi repartit : « C'est que je n'ai pas
» obtenu le bien que je désire sur toutes choses, le
» bien pour lequel j'ai quitté le doux pays de Fran-
» ce, pour lequel j'ai quitté ma mère chérie qui sou-
» pire après moi, et me suis exposé aux dangers de
» la mer et de la guerre. » Le soudan étonné et
» voulant savoir ce qui lui étoit si désirable, dit :
» Et quel est donc, ô seigneur roi, ce que tant
» vous désirez ? — Votre âme, reprit le roi, que
» le démon se flatte de livrer au gouffre de l'enfer.
» Mais avec le secours de Jésus-Christ, qui veut
» que toutes les âmes soient sauvées, il n'arrivera
» pas que Satan se glorifie d'un si grand butin.
» Le Très-Haut qui n'ignore rien, ajouta-t-il, sait

» que si tout ce monde visible étoit à moi, je le
» donnerois tout entier pour le salut des âmes. —
» C'est donc là, répondit le soudan, le motif, ô
» bon roi, de votre grand pèlerinage. Nous
» croyions, nous autres orientaux, que par am-
» bition et avidité, et non pour le salut des
» âmes, vous tous chrétiens, vous vouliez conqué-
» rir nos terres et nous dépouiller de nos biens. »
» Le roi reprit : « J'en prends à témoin le Tout-
» Puissant, jamais je ne songerois à retourner
» dans mon royaume, si je pouvois espérer gagner
» à Dieu votre âme et celles des infidèles. »
» Le soudan, après avoir entendu ces paroles,
» répondit : « Nous espérons, par les préceptes
» du très-bénigne Mahomet, arriver aux délices
» suprêmes dans la vie future. » Le pieux monar-
» que repartit : « C'est ce que je ne puis assez ad-
» mirer, que vous, hommes sages et circons-
» pects, vous ayez tant de foi en ce Mahomet sé-
» duisant qui vous ordonne et vous permet tant
» de choses déshonnêtes. Car je regarde son alco-
» ran comme honteux et impur, puisque, suivant
» tous les sages de l'antiquité et même les païens,
» l'honnêteté est le souverain bien dans cette vie. »
» A ces mots, des larmes abondantes coulèrent sur
» la barbe naissante du soudan, et il ne répondit
» plus rien à ce que le roi lui objectoit : car des
» sanglots, accompagnés de profonds gémisse-
» ments, entrecoupoient ses paroles. Mais après
» cette entrevue salutaire, il ne fut plus comme
» auparavant aussi dévoué à la religion ou plutôt
» à la superstition de Mahomet. On espéra même
» qu'il se convertiroit à la religion et à la foi
» chrétienne. »

Ce qu'il y a de plus intéressant pour cette époque dans Mathieu Pàris, c'est le tableau de la douleur publique qui éclata en France et dans toute l'Europe, lorsque la renommée y apporta la nouvelle du grand désastre des croisés. Nous allons copier l'historien anglais.

« La reine Blanche et les grands du royaume,
» ne pouvant et ne voulant pas croire le rapport
» de ceux qui arrivoient d'Orient, les firent pen-
» dre. » (Et Mathieu Pàris assure que ce furent là autant de martyrs.) « Enfin, lorsque le nombre
» de ceux qui rapportoient ces nouvelles fut si
» grand et que les lettres furent si authentiques
» qu'il ne fut plus possible de douter, toute la
» France fut plongée dans la douleur et la confu-
» sion. Les ecclésiastiques et les guerriers mon-
» trèrent une égale tristesse, et ne vouloient rece-
» voir aucune consolation. Partout des pères et
» des mères déploroient la perte de leurs enfants;
» des pupilles et des orphelins, celle de leurs pa-
» rents; des frères, celle de leurs frères; des
» amis, celle de leurs amis. Les femmes négligè-
» rent leurs parures; elles rejetèrent les guirlan-
» des de fleurs : on renonça aux chansons; les
» instruments de musique restèrent suspendus.
» Toute espèce de joie fut convertie en deuil et
» en lamentations. Ce qu'il y eut de pis, c'est
» qu'on accusa le Seigneur d'injustice, et que
» l'excès de la douleur se manifesta par des blas-
» phèmes. La foi de plusieurs chancela. Venise
» et plusieurs villes de l'Italie où habitent des
» demi-chrétiens, seroient tombées dans l'aposta-
» sie si elles n'avoient été fortifiées par les con-
» solations des évêques et des hommes religieux.
» Ceux-ci affirmoient que les croisés tués en
» Orient régnoient dans le ciel comme des mar-
» tyrs, et qu'ils ne voudroient pas, pour l'or de
» tout le monde, être encore dans cette vallée de
» larmes. Ces discours consolèrent quelques es-
» prits, mais non pas tous. »

Peu de temps après on envoya à Louis IX une assez grande quantité d'argent; mais le vaisseau qui le portait périt dans une tempête; quand Louis l'eut appris, il se contenta de dire : « *Ni ce malheur ni toute disgrâce ne me sépareront point de la charité du Christ.* » Mathieu Pàris compare ici la résignation du roi à celle de Job; il ajoute que les infidèles, pleins de compassion, ne pouvaient se lasser d'admirer la constance du roi très-chrétien. L'historien anglais est le seul qui rapporte ce qu'on vient de lire; il est aussi le seul qui nous fasse connaître une circonstance très-singulière et très-remarquable de cette époque. Nous le laisserons parler lui-même en abrégeant un peu son récit.

« En ce temps, 1252, le nom du roi des Fran-
» çais commençoit à perdre son éclat et à tomber
» dans le mépris des grands et du peuple, *sordere
» et intra nobiles et vulgares exosum vilescere.*
» Louis IX perdoit ainsi quelque chose de sa re-
» nommée, 1° parce qu'il avoit été honteusement
« vaincu en Egypte par les infidèles, et qu'il avoit
» fait partager à toute la noblesse française la
« honte de sa défaite; 2° parce que, sans le con-
» sentement de son peuple, *sine francorum as-
» sensu*, il avoit offert au roi d'Angleterre, si ce-
» lui-ci prenoit la croix et venoit le secourir en
» Orient, de lui céder la Normandie et toutes les
» provinces en deçà de la mer, reprises sur les
» Anglais. La proposition de restituer la Nor-
» mandie et les autres provinces, fut faite dans
» un conseil auquel assistoit la reine Blanche.
» A Dieu ne plaise, répondirent les grands du
» royaume, que la France malheureuse s'avilisse
» à ce point, quoiqu'elle soit déjà bien dégradée
» *per regulum nostrum ignavum et victum.* Oui,
» cette France est assez foulée, assez diffamée,
» assez ruinée; et si la reine Blanche, poussée
» par la tendresse maternelle, et cédant à une
» faiblesse naturelle à son sexe, consentoit à un
» pareil traité, pour adoucir le sort de son fils
» et le délivrer, le peuple de France, *francorum
» universitas*, n'y consentiroit pas..... Alors de
» violents murmures et de grandes plaintes (*mur-
» mur horribile et grunitus*) se firent entendre
» dans l'assemblée; les comtes et les barons ne
» comprenoient pas comment le roi pouvoit avoir
» eu un pareil dessein, sans consulter son ba-
» ronnage; les deux frères du monarque, les
» comtes de Poitiers et de Provence, commen-
» cèrent à le mépriser et à le prendre en haine.

» (*Ipsum spernere et odio habere, cum contemptu*).
» De plus, ils refusèrent de secourir Louis IX,
» comme ils l'avoient promis. La seule reine
» Blanche resta fidèle à la cause de son fils; car
» sa tendresse de mère et sa douce piété ne
» lui permettoient pas de faire autrement. Le roi
» d'Angleterre, ayant su ce qui s'étoit dit et ce
» qui avoit été décidé dans le conseil, renonça à
» l'espérance qu'il avoit de recouvrer la Nor-
» mandie et les autres provinces d'au-delà de la
» mer. On lui rapporta que les barons de France
» avoient déclaré, avec un horrible jurement,
» que s'il vouloit rentrer dans les domaines qu'il
» réclamoit, il lui faudroit passer à travers les
» pointes et les débris de mille lances, à travers
» mille glaives ensanglantés, *per mille lancearum
» mucrones, et post earum fragmenta, per totidem
» gladios cruentandos, transitum facere mili-
» tarem*. En apprenant tout cela, le roi d'Angle-
» terre fut saisi d'effroi, et la chose est facile à
» concevoir; *non mirandum!* »

Tous ces faits, rapportés par Mathieu Pàris, n'ont été répétés ni indiqués par aucun de nos historiens français qui les ont sans doute regardés comme invraisemblables; pour juger ce qu'un pareil récit peut avoir de vrai, pour croire à ce langage si plein d'amertume des barons français, il faudrait savoir tout ce que pouvait inspirer aux peuples de France le désespoir où les avaient jetés les calamités de la croisade; il faudrait savoir tout ce que dût leur inspirer l'impatience de revoir le monarque au milieu de son royaume désolé. Au reste nous ne trouvons rien dans nos documents nationaux qui nous permette de penser que Louis IX ait pu alors proposer à Henri III la cession de la Normandie; Mathieu Pàris nous a conservé les lettres adressées par Henri III à la reine Blanche et aux frères de Louis IX pour cette négociation; mais ce même auteur ne cite aucune lettre ni aucun message de Louis IX, ce qui nous feroit croire que le roi de France n'avait point fait de proposition formelle au monarque anglais.

ETABLISSEMENTS DE SAINT LOUIS.

La plupart des chroniqueurs ou des annalistes, comme on a pu le voir, se sont attachés surtout à nous montrer dans saint Louis le modèle de la piété et des vertus religieuses; personne ne s'est rencontré pour nous montrer le caractère et le génie du législateur. Nous devons regretter que des hommes, comme Pierre de Fontaine, le sire de Villette et Beaumanoir, n'aient pas pris la plume pour nous retracer en détail la vie du monarque *justicier*; avec quel intérêt ne suivrions-nous pas le saint roi dans tous les lieux où il rendait la justice? quel recueil intéressant que celui de tous les jugements rendus par Louis IX sous les arbres de Vincennes et dans son jardin de la sainte chapelle à Paris! On doit croire que Louis IX lui-même ne connaissait pas toute la portée de ses institutions, et que les savants légistes qu'il avait associés à ses projets de réforme, n'en savaient pas davantage. Toutefois le livre des *Etablissements* suffirait, au besoin, pour nous donner une idée complète du règne de saint Louis, sous le rapport de la législation.

En quel temps furent promulgués les Etablissements? — Si on en croit Ducange, qui nous a donné les Etablissements de saint Louis à la suite de l'histoire de Joinville, ils furent promulgués dans l'année 1270, avant ou après le départ du roi pour la croisade de Tunis. Montesquieu pense que la publication des Etablissements de saint Louis n'a pu se faire à cette époque : « Comment, dit-il, saint Louis aurait-il pris le » temps de son absence pour faire une chose » qui aurait été une semence de troubles, et » qui eût pu produire, non pas des changements, » mais des révolutions? » La raison que donne ici Montesquieu nous paraît plus spécieuse que solide. Il faut considérer que plusieurs des dispositions qui forment les Etablissements avaient été déjà promulguées comme des lois du royaume, et ne pouvaient être regardées comme des nouveautés. Louis IX ne donnait guère des lois qu'à ceux qui vouloient les accepter; les peuples couraient de toutes parts au-devant de sa justice, et sa législation n'excita jamais beaucoup de mécontentement, même parmi les barons qui la laissaient faire, parce que personne alors ne sentait les conséquences de ce qui se faisait. Non seulement, il n'est pas probable que les Etablissements de saint Louis pussent être un sujet de trouble pendant son absence, mais on doit croire au contraire que ces lois durent contribuer au maintien de la tranquillité publique; pour peu qu'on connaisse l'esprit de l'Europe chrétienne au temps des croisades, on sait qu'un prince, parti pour la délivrance des saints lieux, n'était pas tout-à-fait absent de son royaume et que ses périls outre-mer rendaient quelquefois son nom plus cher à ses sujets; ce fut du moins une vérité pour Louis IX. Les lois qu'il avait données se trouvaient en quelque sorte placées sous la sauve-garde de la foi chrétienne pour laquelle il avait pris les armes. Je pense donc, malgré l'autorité de Montesquieu, que les Etablissements de saint Louis furent promulgués dans l'année 1270.

Comment se firent les établissements et quels jugements on en a porté? — Montesquieu ne voit dans les Etablissements qu'une compilation indigeste. « Qu'est-ce que ce code obscur, confus, ambigu, » où l'on mêle sans cesse la jurisprudence fran- » çaise avec la loi romaine, où l'on parle comme un » législateur et où l'on voit un jurisconsulte, où » l'on trouve un corps entier de jurisprudence sur » tous les cas, sur tous les points? » On pourrait s'étonner de ce jugement de Montesquieu; ce grand publiciste ne pouvait ignorer qu'en fait de législation, on ne débute guère par des chefs-d'œuvre; il ne faut rien moins que tous les âges de la vie d'un peuple, pour arriver à la perfection d'un code civil et d'un code criminel. Dans un Mémoire couronné par l'institut de France en 1821, un jeune écrivain* juge les Etablissements de saint Louis avec moins de sévérité. « Il sera évident, nous répétons les expressions mêmes du Mémoire, il sera évident pour quiconque voudra seulement parcourir ce recueil, que saint Louis n'a rien négligé pour le mettre de niveau avec les lumières répandues de son temps; toutes les branches de la législation y sont traitées avec un soin égal: droit civil, droit féodal, droit criminel, procédure, ancienne et nouvelle administration, tout y trouve sa place. Nous conviendrons, ajoute l'auteur du Mémoire, que les Etablissements n'offrent pas la méthode qu'on peut exiger d'un traité complet, qu'il y a même de la confusion dans la distribution des matières; l'ordre dans les ouvrages d'esprit n'est pas le talent des siècles où la civilisation commence; il faut le demander aux époques qui ne peuvent produire autre chose. »

Tous ces jugements contradictoires sont loin de nous apprendre comment se sont formés les *Etablissements* de saint Louis et quels en ont été les auteurs; ce que nous savons, c'est que les lois que le saint roi voulait donner à ses peuples, furent le travail et la pensée de tout son règne, surtout depuis son retour de la Terre-Sainte. Quelques années avant son départ pour Tunis, il avait fait faire une enquête sur les coutumes de toutes les provinces du royaume, et son but était sans doute de composer un code général; il rassembla plusieurs fois *grand conseil ou parlements de sages hommes et de bons clers*; il s'entoura en tout temps de légistes savants et probes auxquels il donnait le nom d'*amis et de fidèles*. Il avait vu en Orient les assises de Jérusalem; revenu dans ses états, il voulut que la France eût aussi un code complet et uniforme; voilà comment se formèrent les *Etablissements*.

Il est probable que beaucoup de gens travaillèrent à la rédaction de ce recueil, ce qui explique le défaut d'ordre et même certaines contradictions qu'on y a remarquées; le manque de méthode d'ailleurs qu'on lui reproche avec plus ou moins de vérité et de justice, n'ôte rien à l'esprit de la législation; seulement, la confusion des matières devait offrir quelques difficultés à ceux qui voulaient étudier les lois; les légistes de ces temps reculés, ceux même qui ont rédigé les *Etablissements* ne se souciaient peut-être pas trop que l'étude des lois fût si facile, fût à la portée de tout le monde; car ils se réservaient le privilége de les expliquer et d'en faire l'application.

De quoi se composent les Etablissements de saint Louis. — Les principes du droit romain, les décrétales des papes, les canons de quelques conciles, les dispositions les plus sages des coutumes,

* M. Arthur Beugnot. Mémoire couronné par l'Académie des inscriptions et belles-lettres en 1821.

dont le nombre était alors infini, servirent à former le recueil des *Etablissements*. Lorsqu'on relit avec attention ce recueil, on est moins frappé des disparates qui s'y trouvent et de l'esprit de certaines lois, qu'on ne l'est, en quelques chapitres, du langage naïf du législateur. Chez les modernes, la loi parle toujours avec le ton de la souveraineté, avec le laconisme du commandement; dans les *Etablissements*, c'est une loi qui se commente elle-même et qui nous dit pourquoi elle a été faite; elle nous donne ses motifs, elle cite ses autorités, elle s'appuie quelquefois sur des exemples et des maximes; elle paraît craindre de rencontrer des contradicteurs et des incrédules; elle veut persuader et convaincre pour être obéie. N'est-ce pas là le caractère d'une législation qui en est à ses premiers essais, et qui arrive dans un siècle qui la comprend à peine?

La partie civile des *Etablissements* nous laisse voir partout cette extrême inégalité des conditions qu'avait établie le système féodal, et qui formait le principal caractère des sociétés de ce temps-là. La législation ne s'occupait guère que des gentilshommes et des nobles, fort peu des bourgeois ou des roturiers; le mot de vilain ne se rencontre pas une seule fois dans les deux cent dix chapitres des *Etablissements*; un seul chapitre est consacré aux serfs, et ce chapitre est intitulé : *Comment on peut requérir un serf qui s'est enfui*. Nous n'entrerons dans aucun détail sur ces lois civiles, parce qu'il n'existe plus rien de l'ordre de choses dont elles étaient l'expression; nous parlerons seulement des lois criminelles, car la tâche de celles-ci est de réprimer les mauvaises passions de l'homme, et les mauvaises passions sont à peu près toujours les mêmes, quelque soit la forme des sociétés. Nous citerons ici quelques dispositions pénales des *Etablissements* :

« Celui qui vole un cheval, ou qui, pendant la » nuit, met le feu à une maison, mérite d'être pen- » du; on crèvera les yeux à celui qui aura volé dans » une église ou fait de la fausse monnaie; celui » qui dérobera le soc d'une charrue, ou quelque » instrument semblable, ou qui volera, soit ha- » bit, soit argent, ou autre chose de peu de con- » séquence, doit perdre l'oreille la première » fois; le pied, la seconde, et à la troisième, il » sera pendu, *car on ne vient pas du grand au » petit, mais du petit au grand*.

» Celui qui vole le maître qui le nourrit, doit » être pendu, car c'est une espèce de trahison, et » le maître doit le faire pendre lui-même, s'il a » justice en sa terre.

» Tous ceux et celles qui font société avec les » voleurs et les meurtriers, seront condamnés au » feu; tous compagnons et recéleurs des voleurs » seront traités comme eux, lors même qu'ils » n'auroient rien volé.

» S'il arrive à une femme de tuer ou d'étouffer » son enfant, par cas fortuit, soit de jour, soit de » nuit, elle ne sera pas condamnée, la première » fois, à la peine du feu, mais renvoyée par-de-

» vant la sainte église ; à la seconde, elle sera
» condamnée au feu, parce qu'en elle, ce seroit
» une habitude criminelle. »

D'après les *Etablissements*, on livrait les hérétiques et les incrédules à l'évêque ; les coupables étaient condamnés au feu ; on renvoyait aussi devant l'église les usuriers, qu'on punissait par l'amende et le bannissement ; on confisquait les biens du suicide et de celui qui, volontairement, était mort sans confession ; on pouvait faire vendre les meubles d'un mauvais débiteur, mais la loi ne condamnait à la prison que pour les dettes envers le roi ; celui qui *brisait* sa prison était, par cela même, regardé comme coupable du crime dont on l'accusait, et condamné comme tel ; si quelqu'un avait une bête vicieuse qui tuait un homme ou une femme, il devait payer le *relief*[*] d'un homme, et s'il était assez insensé, ajoute la loi, pour dire qu'il savait que sa bête était vicieuse, il devait être pendu ; si quelqu'un avait dit injure à un autre, la justice l'admettait à déclarer par serment qu'aucune injure n'était sortie de sa bouche ; s'il faisait serment, il était renvoyé ; s'il refusait, il payait cinq sous d'amende à la justice et cinq sous un denier au plaignant.

Il n'existait point de partie publique ; l'accusation appartenait à l'offensé ; celui dont on découvrait l'attentat, sans que personne se présentât pour l'accuser, n'était ni jugé ni puni ; il en était de même de celui qui était arrêté au moment d'exécuter le crime[**] ; lorsque la poursuite était entamée, on donnait à l'accusé toutes sortes de garanties ; l'accusateur était averti que, si son accusation se trouvait fausse, il devait lui-même encourir la peine du crime déféré à la justice ; toutefois, il ne pouvait être entendu comme témoin ; les enquêtes étaient communiquées à l'accusé ; celui-ci pouvait avoir un conseil ; la défense était illimitée ; à égalité de preuves, on le renvoyait absous. Le crime était prescrit au bout de dix ans, l'injure au bout d'un an, la contravention au bout d'un mois.

Beaucoup de savants et d'habiles légistes ont caractérisé les diverses parties de cette législation ; nous renvoyons nos lecteurs à leurs judicieux commentaires ; l'obligation que nous nous sommes faite d'être courts, ne nous permet pas de parler de ce qui se trouve dans les *Etablissements* sur la police et l'administration.

Quelle fut l'influence qu'eurent certaines dispositions des Etablissements sur la législation et l'ordre judiciaire du royaume ? — Ce que les *Etablissements* nous offrent de plus curieux et de plus instructif, ce sont les lois ou règlements qui ont amené et préparé les grandes réformes dans l'administration de la justice, et j'ajouterai, dans presque tout le système social de l'Europe moderne ; ces lois ou règlements par lesquels tout a commencé, doivent être regardés comme de précieux documents historiques, et c'est pour cela que nous nous y arrêtons un moment. Lorsqu'on se reporte au temps de saint Louis, on voit au premier abord combien il était difficile d'établir une justice régulière, de fonder un ordre de choses tant soit peu raisonnable, avec la coutume que nous combats judiciaires ; aussi, dès les premiers chapitres des *établissements*, cet usage barbare est-il formellement supprimé. *Nous déffendons les batailles*, dit le roi *législateur, par tout notre domaine ; et à la place des batailles, nous mettons les preuves des témoins ou des chartres*. Cette justice du glaive ne pouvait être facilement abandonnée par une noblesse toute belliqueuse, et la législation royale fut obligée d'autoriser le combat judiciaire en certains cas exceptionnels ; mais on y mit de telles conditions, on l'environna de tant de formalités dificiles à remplir, qu'à la fin les barons y renoncèrent d'eux-mêmes.

L'usage consacré des *guerres entre particuliers* n'était pas un moindre obstacle à l'amélioration des lois et au triomphe de la justice ; Louis IX employa tous les moyens en son pouvoir pour abolir tout-à-fait le funeste privilège qu'avaient les seigneurs féodaux, de venger leurs outrages par l'effusion du sang, et d'invoquer, pour la défense de leurs droits, toutes les fureurs de la guerre civile. Plusieurs chapitres des *Etablissements*, tendent évidemment à ce but ; dans un chapitre du code royal, il est défendu de faire, sous aucun prétexte, *invasion à main armée dans le domaine d'autrui*. Dans un autre chapitre, la loi, en parlant de *l'assurement* ou de la trève promise en justice, déclare que celui qui, dans ce cas, se permet la moindre violence ou même une simple menace envers sa partie adverse, *doit être pendu* ; ces dispositions sévères, jointes à la fameuse ordonnance qu'on appelait *la quarantaine du roi*, et qui défendait à toute personne offensée de poursuivre la réparation de ses griefs avant le délai expiré des quarante jours, devaient mettre un terme aux désordres les plus révoltants de ces âges reculés. Après avoir désarmé les passions féodales qui avaient pris la place de la justice, il restait encore au législateur une grande chose à faire : il fallait affaiblir ou détruire l'autorité de toutes ces juridictions seigneuriales qui couvraient le sol du royaume. Louis IX favorisa autant qu'il put les appels de la cour des barons à la cour du roi ; ce fut comme un signal de délivrance auquel la France entière répondit ; on ne tarda pas à voir s'accréditer cet axiôme de l'ancienne monarchie, *que toute justice vient du roi*, et dès lors notre ordre judiciaire put arriver à cet état glorieux ou les temps modernes l'ont vu. En examinant sous ce rapport les *Etablissements* de saint Louis, on peut dire qu'ils marquèrent véritablement le passage d'un état de barbarie à un état de civilisation, et qu'ils furent pour la justice en France ce que les chartres anglaises de la même époque furent pour la liberté en Angleterre.

---

[*] Une amende de cent sols et un denier.
[**] Mignet, Mémoire couronné par l'Académie des Inscriptions et Belles-Lettres.

Quelle fut la politique de saint Louis dans les Etablissements? —Les vertus du saint roi lui donnèrent une sorte de dictature sur tout son siècle, et il n'en profita que pour faire régner les lois; il ne put achever sa glorieuse entreprise; mais le monde social commençait à sortir du cahos, et ce fut un miracle de sa politique. Si le moyen-âge avait eu plusieurs monarques comme saint Louis, il est probable que notre civilisation serait venue deux siècles plus tôt, et la corruption qui l'a suivie, deux siècles plus tard. Louis IX croyait avoir reçu de Dieu lui-même la mission de législateur, et ses réformes furent comme des inspirations du ciel. On a souvent dit que le christianisme avait civilisé les sociétés modernes, et cette vérité est surtout facile à constater dans l'histoire du règne de saint Louis; les nobles sentiments du pieux monarque, son amour inflexible de l'équité, son respect pour la liberté et pour la vie des hommes lui furent inspirés par la religion; les institutions qu'il fonda, les réglements sur lesquels il établit la paix du royaume, tout cela lui était en quelque sorte dicté par l'envie de plaire à Dieu et d'obéir aux commandements de l'Eglise; ce que nous admirons dans ses lois comme l'œuvre d'une sagesse royale, venait d'un esprit profondément religieux; la religion bien entendue fut la véritable et seule politique de saint Louis, et cette politique, toute simple qu'elle était, a surpassé celle des rois dont l'histoire a le plus célébré l'habileté et le génie. Par un concours de circonstances heureuses pour l'avenir de la France, il arriva que cette religion, qui avait inspiré à saint Louis les meilleures lois qu'on pût faire de son temps, leur donna une sanction toute divine, et que l'église, en plaçant le roi législateur parmi les saints, recommanda au respect des générations sa législation et son exemple.

Nous ne voyons pas cependant que les *Etablissements* de saint Louis aient eu force de loi sous le règne de ses successeurs; mais le principe qui les avait dictés subsista, et l'effet salutaire qu'ils produisirent, fut d'entretenir les rois et les peuples dans la pensée de corriger les abus et de perfectionner les lois; cet esprit d'ordre et de justice dont les inspirations ne furent jamais tout-à-fait perdues, devint comme une providence dans les mauvais jours; et s'il ne put prévenir les grands désordres qui vinrent dans la suite, il contribua du moins à sauver ce qui restait de la monarchie et des libertés publiques sous la branche des Valois.

Les Etablissements de saint Louis ont été d'abord publiés et commentés par Ducange, ensuite par Laurière, par l'abbé de Saint-Martin, et par beaucoup d'autres érudits.

LETTRES ÉCRITES D'ORIENT
PENDANT LES DEUX CROISADES DE SAINT LOUIS.

Parmi les documents historiques qui nous sont restés, nous ne devons pas oublier les lettres écrites par des contemporains, surtout celles qui furent écrites pendant les deux croisades de saint Louis. On trouvera ici en entier la lettre que Louis IX, écrivit de Césarée *à ses chers et fidèles prélats, barons, guerriers, citoyens, bourgeois, à tous les habitants de son royaume.* Il est probable que cette lettre fut d'abord écrite en français; mais l'original s'est perdu : on n'en a conservé qu'une version latine dont voici une traduction fidèle :

« Louis, par la grâce de Dieu, roi de France,
» à ceux qui ces présentes verront, salut.

» Désirant de toute notre âme, pour l'honneur et
» la gloire du nom de Dieu, poursuivre l'entre-
» prise de la croisade, nous avons jugé convena-
» ble de vous informer tous qu'après la prise de
» Damiette, que notre Seigneur Jésus-Christ, par
» sa miséricorde ineffable, avoit, comme par mi-
» racle, livrée au pouvoir des chrétiens, ainsi que
» vous l'avez sans doute appris, de l'avis de notre
» conseil, nous partîmes de cette ville le vingt
» du mois de novembre dernier. Nos armées de
» terre et de mer étant réunies, nous marchâmes
» contre celle des Sarrasins qui étoit rassemblée
» et campée dans un lieu nommé vulgairement *Mas-
» soure.* Pendant notre marche, nous soutînmes les
» attaques des ennemis qui éprouvèrent constam-
» ment quelque perte assez considérable. Un jour,
» entre autres, plusieurs de l'armée d'Egypte ve-
» nant attaquer les nôtres, furent tous tués. Nous
» apprîmes en chemin que le soudan du Caire
» venoit de terminer sa vie malheureuse, et qu'a-
» vant de mourir, il avoit envoyé chercher son
» fils qui restoit dans les provinces de l'Orient,
» avoit fait prêter à tous les principaux officiers
» de son armée serment de fidélité à ce prince,
» et avoit laissé le commandement de toutes ses
» troupes à un de ses émirs nommé Fakardin. En
» arrivant au lieu dont nous venons de parler,
» nous trouvâmes ces nouvelles vraies. Nous
» étions alors au mardi d'avant la fête de Noël.
» Nous ne pûmes nous approcher des Sarrasins à
» cause d'un courant d'eau qui se trouvoit entre
» eux et nous. Ce courant qui se sépare en cet
» endroit du grand fleuve du Nil s'appelle le
» fleuve Thanis. Nous plaçâmes notre camp entre
» les deux, nous étendant depuis le grand jus-
» qu'au petit fleuve. Il y eut là quelques engage-
» ments; plusieurs des ennemis furent tués par
» l'épée des nôtres; mais un plus grand nombre
» fut noyé dans les eaux. Comme le Thanis n'é-
» toit pas guéable à cause de la profondeur de
» ses eaux et de la hauteur de ses rives, nous
» commençâmes à jeter une chaussée pour ouvrir
» un passage à l'armée chrétienne; on y travailla
» pendant plusieurs jours avec des peines, des
» dépenses et des dangers infinis. Les Sarrasins
» s'opposèrent de tous leurs efforts à nos travaux ;
» ils élevèrent des machines contre nos machi-
» nes ; ils brisèrent avec des pierres et brû-
» lèrent avec leurs feux grégeois les tours en

» bois que nous dressions sur la chaussée. Nous
» avions perdu presque tout espoir de passer
» sur cette chaussée, lorsqu'un transfuge Sarra-
» sin nous fit connoître un gué par où l'armée
» chrétienne pourroit traverser le fleuve. Nos
» barons et les principaux de notre armée furent
» rassemblés le lundi d'avant les Cendres, et il
» fut convenu que le lendemain, c'est-à-dire le
» jour de *carême-prenant*, on se rendroit, de grand
» matin, au lieu indiqué pour passer le fleuve,
» et qu'une petite partie de l'armée resteroit à
» la garde du camp. Le lendemain nous rangeâ-
» mes nos troupes en bataille et nous nous ren-
» dîmes au gué. Nous traversâmes le fleuve non
» sans courir de grands dangers, car le gué étoit
» plus profond et plus périlleux qu'on ne l'avoit
» annoncé. Nos chevaux furent obligés de passer
» à la nage; il n'étoit pas aisé non plus de sortir
» du fleuve, à cause de l'élévation de la rive qui
» étoit toute limoneuse. Après avoir traversé,
» nous arrivâmes au lieu où étoient dressées les
» machines des Sarrasins, en face de notre
» chaussée. Notre avant-garde attaqua l'ennemi,
» lui tua du monde, n'épargna ni le sexe ni l'âge.
» Les Sarrasins perdirent un chef et quelques
» émirs. Nos troupes s'étant ensuite dispersées,
» quelques-unes des nôtres traversèrent le camp
» ennemi et arrivèrent au village nommé *Mas-
» soure*, tuant tout ce qu'ils rencontroient de Sar-
» rasins. Mais ceux-ci s'étant aperçu de l'impru-
» dence de nos soldats reprirent courage, fon-
» dirent sur eux, les enveloppèrent et les acca-
» blèrent. Il se fit là un grand carnage de nos ba-
» rons et de nos guerriers tant religieux que au-
» tres. Nous avons, avec raison, déploré leur
» perte et nous la déplorons encore. Là, nous
» avons aussi perdu notre brave et illustre frère,
» le comte d'Artois, digne d'éternelle mémoire.
» C'est dans l'amertume de notre cœur que nous
» rappelons cette perte douloureuse, quoique nous
» dussions plutôt nous en réjouir ; car nous
» croyons et nous espérons qu'ayant reçu la cou-
» ronne du martyre, il est allé dans la céleste pa-
» trie, et qu'il y jouit de la récompense accordée
» aux saints martyrs. Ce jour-là les Sarrasins
» fondirent sur nous de toutes parts, et nous ac-
» cablèrent d'une grêle de flèches; nous soutîn-
» mes leurs rudes assauts jusqu'à la neuvième
» heure, où le secours de nos ballistes nous man-
» qua tout-à-fait. Enfin, après avoir eu un grand
» nombre de nos guerriers et de nos chevaux
» blessés ou tués, nous conservâmes notre po-
» sition avec le secours de Dieu, et, nous y
» étant ralliés, nous allâmes, le même jour, pla-
» cer notre camp tout près des machines des Sarra-
» sins. Nous y restâmes avec un petit nombre des
» nôtres et nous y fîmes un pont de bateaux pour
» que ceux qui étoient au-delà du fleuve pussent
» venir à nous. Le lendemain, il en passa plu-
» sieurs qui campèrent auprès de nous. Les ma-
» chines des Sarrasins furent alors détruites, et
» nos soldats purent aller et venir librement et

» en sûreté d'une armée à l'autre, en passant le
» pont de bateaux. Le vendredi suivant, les en-
» fants de perdition réunissant leurs forces de
» toutes parts, dans le dessein d'exterminer l'ar-
» mée chrétienne, vinrent avec audace et en nom-
» bre infini attaquer nos lignes. Le choc fut si
» terrible de part et d'autre qu'il ne s'en étoit ja-
» mais vu, disoit-on, de pareil dans ces parages.
» Avec le secours de Dieu, nous résistâmes de
» tous côtés ; nous repoussâmes les ennemis et
» nous en fîmes tomber un grand nombre sous
» nos coups. Quelques jours après, le fils du sou-
» dan, venu des provinces orientales, arriva à
» *Massoure*. Les Egyptiens le reçurent comme
» leur maître et avec des transports de joie. Sa
» présence redoubla leur courage ; et, depuis ce
» moment, nous ne savons par quel jugement de
» Dieu, tout alla de notre côté contre nos desirs.
» Une maladie contagieuse se mit dans notre ar-
» mée ; elle enleva les hommes et les animaux,
» et il y en eut très-peu qui n'eussent des compa-
» gnons à regretter ou des malades à soigner. En
» peu de temps l'armée chrétienne fut très-dimi-
» nuée. La disette devint si grande que plusieurs
» tomboient de besoin et de faim ; car les bateaux
» de Damiette ne pouvoient apporter à l'armée
» les provisions qu'on y avoit embarquées sur le
» fleuve, les bâtiments et les pirates ennemis
» leur coupant le passage. Plusieurs même furent
» pris : deux caravanes qui nous apportoient des
» vivres et des provisions le furent aussi l'une
» après l'autre, et grand nombre de marins et
» autres qui en faisoient partie furent tués. La di-
» sette absolue de vivres et de fourrages jeta la
» désolation et l'effroi dans l'armée ; elle nous
» força, ainsi que les pertes que nous venions de
» faire, à quitter notre position et à retourner à
» Damiette, s'il plaisoit à Dieu. Mais *comme les
» voies de la Providence ne sont pas dans l'homme,
» mais dans celui qui dirige ses pas et dispose tout
» selon sa volonté*, pendant que nous étions en
» chemin, c'est-à-dire le cinq du mois d'avril, les
» Sarrasins, avec toutes leurs forces réunies, at-
» taquèrent l'armée chrétienne, et par la per-
» mission de Dieu et à cause de nos péchés, nous
» tombâmes au pouvoir de l'ennemi. Nous, nos
» chers frères les comtes de Poitiers et d'Anjou,
» et ceux qui revenoient avec nous par terre,
» nous fûmes tous faits prisonniers, non sans un
» grand carnage et sans une grande effusion de
» sang chrétien. La plupart de ceux qui s'en re-
» tournoient par le fleuve furent de même faits
» prisonniers ou tués. Les bâtiments que les por-
» toient furent en grande partie brûlés avec les
» malades qui s'y trouvoient. Quelques jours
» après notre captivité, le soudan nous fit propo-
» ser une trêve. Il demandoit avec instance, mais
» aussi avec menaces, qu'on lui rendît, sans re-
» tard, Damiette et tout ce qu'on y avoit trouvé ;
» il vouloit qu'on le dédommageât de toutes les
» pertes et de toutes les dépenses qu'il avoit fai-
» tes jusqu'à ce jour, depuis le moment où les

» chrétiens étoient entrés à Damiette. Après plu-
» sieurs conférences, nous conclûmes une trêve
» pour dix ans aux conditions suivantes :
 » Le soudan délivreroit de prison et laisseroit
» aller où ils voudroient, nous et tous ceux qui
» avoient été faits prisonniers par les Sarrasins
» depuis notre arrivée en Egypte ; il délivreroit
» de même tous les autres chrétiens, de quelque
» pays qu'ils fussent, qui avoient été faits prison-
» niers depuis que le soudan Kamel, aïeul du
» soudan actuel, avoit conclu une trêve avec l'em-
» pereur ; les chrétiens conserveroient en paix
» toutes les terres qu'ils possédoient dans le
» royaume de Jérusalem au moment de notre
» arrivée. Nous nous obligions à rendre Da-
» miette, et à donner huit cent mille bezants sar-
» rasins pour la liberté des prisonniers et pour les
» pertes et dépenses dont il vient d'être parlé
» (nous en avons déjà payé quatre cents), et à
» délivrer tous les prisonniers sarrasins que les
» chrétiens avoient faits en Egypte, depuis que
» nous y étions venus, ainsi que ceux qui avoient
» été faits captifs dans le royaume de Jérusalem
» depuis la trêve conclue entre le même empe-
» pereur et le même soudan. Tous nos biens-meu-
» bles et ceux de tous les autres qui étoient à Da-
» miette seroient, après notre départ, sous la
» garde et la défense du soudan, et transportés
» dans le pays des chrétiens, lorsque l'occasion
» s'en présenteroit. Tous les chrétiens malades et
» ceux qui resteroient à Damiette pour vendre ce
» qu'ils y possédoient auroient une égale sûreté,
» et se retireroient par mer ou par terre, quand
» ils voudroient, sans éprouver aucun obstacle
» ou contradiction. Le soudan étoit tenu de don-
» ner un sauf-conduit jusqu'au pays des chré-
» tiens, à tous ceux qui voudroient se retirer par
» terre. »
 » Cette trêve conclue avec le soudan venoit
» d'être jurée de part et d'autre, et déjà le soudan
» s'étoit mis en marche avec son armée pour se
» rendre à Damiette et remplir les conditions
» stipulées, quand, par un jugement de Dieu,
» quelques guerriers sarrasins, sans doute de
» connivence avec la majeure partie de l'armée,
» se précipitèrent sur le soudan au moment où il
» se levoit de table et le blessèrent cruellement.
» Néanmoins le soudan sortit de sa tente dans
» l'espoir de se sauver par la fuite ; mais il fut
» tué à coups d'épée en présence de presque tous
» les émirs et de la multitude des autres Sarra-
» sins. Plusieurs d'entre eux, dans le premier
» moment de leur fureur, vinrent ensuite les
» armes à la main dans notre tente, comme s'ils
» eussent voulu, et comme plusieurs des nôtres
» le craignirent, nous égorger nous et les autres
» chrétiens ; mais la clémence divine ayant calmé
» leur furie, ils nous pressèrent d'exécuter les
» conditions de la trêve. Leurs paroles et leurs
» instances furent toutefois mêlées de menaces
» terribles. Enfin, par la volonté de Dieu qui est
» le père des miséricordes, le consolateur des af-
» fligés, et qui écoute les gémissements de ses
» serviteurs, nous confirmâmes par un nouveau
» serment la trêve que nous venions de faire avec
» le soudan. Nous reçûmes de tous, et de chacun
» d'eux en particulier, un serment semblable
» prêté sur leur loi, d'observer les conditions de
» la trêve. On fixa le temps où les prisonniers et
» la ville de Damiette seroient rendus. Ce n'étoit
» pas sans difficulté que nous étions convenus
» avec le soudan de la reddition de cette place ;
» ce ne fut pas non plus sans d'autres difficultés
» que nous en convînmes de nouveau avec les
» émirs. Comme nous n'avions aucun espoir de la
» retenir, d'après ce que nous rapportèrent ceux
» qui étoient revenus de Damiette et qui connois-
» soient le véritable état des choses, nous jugeâ-
» mes, de l'avis des barons de France et de plu-
» sieurs autres, qu'il valoit mieux pour la chré-
» tienté que nous et les autres prisonniers fussions
» délivrés au moyen d'une trêve, que de retenir
» cette ville avec le reste des chrétiens qui s'y
» trouvoient, en demeurant, nous et les autres
» prisonniers, exposés à tous les dangers d'une pa-
» reille captivité ; c'est pourquoi, au jour fixé, les
» émirs reçurent la ville de Damiette, après quoi
» ils nous mirent en liberté, nous, nos frères et
» les comtes de Flandres, de Bretagne et de
» Soissons, ainsi que plusieurs autres barons et
» guerriers des royaumes de France, de Jérusa-
» lem et de Chypre. Nous eûmes alors une ferme
» espérance qu'ils rendroient et délivreroient
» tous les autres chrétiens, et que, suivant la
» teneur du traité, ils tiendroient leur serment.
 » Cela fait, nous quittâmes l'Egypte, laissant
» des personnes chargées de recevoir les prison-
» niers des mains des Sarrasins et de garder les
» choses que nous ne pouvions emporter faute de
» bâtiments de transport. Arrivés ici, nous avons
» envoyé en Egypte des vaisseaux et des com-
» missaires pour en ramener les prisonniers ; car
» leur délivrance fait toute notre sollicitude ; nous
» y avons laissé en outre des machines, des armes,
» des tentes, une certaine quantité de chevaux et
» plusieurs autres objets. Les émirs ont retenu
» très-long-temps nos commissaires, et ils ne leur
» ont enfin remis que quatre cents prisonniers de
» douze mille qu'il y a en Egypte. Quelques-uns
» encore ne sont sortis de prison qu'en donnant
» de l'argent. Quant aux objets ci-dessus men-
» tionnés, les émirs n'ont rien voulu rendre. Mais
» ce qui est plus odieux, après la trêve conclue
» et jurée, c'est qu'au rapport de nos commis-
» saires et de captifs dignes de foi qui sont reve-
» de ce pays, ils ont choisi parmi leurs prison-
» niers des jeunes gens qu'ils ont forcés, l'épée
» levée sur leur tête, d'abjurer la foi catholique
» et d'embrasser la loi de Mahomet. Plusieurs
» ont eu la foiblesse de le faire ; mais les autres,
» comme des athlètes courageux, enracinés dans
» leur foi et persistant constamment dans leur
» ferme résolution, n'ont pu être ébranlés ni par
» les menaces ni par les coups, et ont reçu la

» couronne du martyre. Leur sang, nous n'en
» doutons pas, crie au Seigneur pour le peuple
» chrétien; ils seront dans la cour céleste nos
» avocats devant le souverain juge; ils nous se-
» ront plus utiles dans cette patrie que si nous les
» eussions conservés sur terre. Les musulmans
» ont aussi égorgé plusieurs chrétiens qui étoient
» restés malades à Damiette; quoique nous eus-
» sions observé les conditions du traité que nous
» avions fait avec eux, et que nous fussions tou-
» jours prêts à les observer encore, nous n'avions
» pourtant aucune certitude que les prisonniers
» chrétiens seroient délivrés et que ce qui nous
» appartenoit nous seroit restitué. Lorsque après
» la trêve conclue et notre délivrance, nous avions
» la ferme confiance que le pays d'outre-mer oc-
» cupé par les chrétiens resteroit en paix jusqu'à
» l'expiration de la trêve, nous avions la volonté
» et le projet de retourner en France. Déjà nous
» nous disposions aux préparatifs de notre pas-
» sage; mais quand nous vîmes clairement par ce
» que nous venons de raconter que les émirs vio-
» loient ouvertement la trêve, et qu'au mépris de
» leur serment ils ne craignoient point de se jouer
» de nous et de la chrétienté, nous assemblâmes
» les barons de France, les prélats, les chevaliers
» du Temple, de l'Hôpital, de l'ordre Teutonique
» et les barons du royaume de Jérusalem; nous
» les consultâmes sur ce qu'il y avoit à faire. Le
» plus grand nombre jugea que si nous nous re-
» tirions dans ce moment, et si nous abandonnions
» ce pays que nous étions sur le point de perdre,
» ce seroit l'exposer entièrement aux Sarrasins,
» surtout dans l'état de misère et de faiblesse où
» il étoit réduit, et nous pouvions regarder
» comme perdus et sans espoir de délivrance les
» prisonniers chrétiens qui étoient au pouvoir
» des ennemis. Si, au contraire, nous restions,
» nous avions l'espoir que le temps amèneroit
» quelque chose de bon, comme la délivrance des
» captifs, la conservation des châteaux et forte-
» resses du royaume de Jérusalem et d'autres
» avantages pour la chrétienté, surtout depuis
» que la discorde s'est élevée entre le soudan
» d'Alep et ceux qui gouvernent au Caire. Déjà
» ce soudan, après avoir réuni ses armées, s'est
» emparé de Damas et de quelques châteaux ap-
» partenant au souverain du Caire. On dit qu'il
» doit aller en Egypte pour venger la mort du
» soudan que les émirs ont tué et se rendre maî-
» tre, s'il le peut, de tout le pays. D'après ces
» considérations et compatissant aux misères et
» aux tourments de la Terre-Sainte, au secours
» de laquelle nous étions venus, plaignant aussi
» la captivité et les douleurs de nos prisonniers,
» et quoique plusieurs nous dissuadassent de
» rester plus long-temps outre-mer, nous avons
» mieux aimé différer notre passage et rester en-
» core quelque temps en Syrie, que d'abandonner
» entièrement la cause du Christ et de laisser nos
» prisonniers exposés à de si grands dangers.
» Mais nous avons décidé de renvoyer en France

» nos chers frères les comtes de Poitiers et d'An-
» jou pour la consolation de notre très-chère dame
» et mère et de tout le royaume. Comme tous
» ceux qui portent le nom de chrétien doivent
» être pleins de zèle pour l'entreprise que nous
» avons formée, et vous en particulier qui des-
» cendez du sang de ceux que le Seigneur choisit
» comme peuple privilégié pour la conquête de
» la Terre-Sainte que vous devez regarder comme
» votre propriété, nous vous invitons tous à ser-
» vir celui qui vous servit sur la croix en répan-
» dant son sang pour votre salut; car cette nation
» criminelle, outre les blasphèmes qu'elle vomis-
» soit en présence du peuple chrétien contre le
» créateur, battoit de verges la croix, crachoit
» dessus et la fouloit au pied en haine de la foi
» chrétienne. Courage donc, soldats du Christ!
» armez-vous et soyez prêts à venger ces outrages
» et ces affronts; prenez exemple sur vos devan-
» ciers, qui se distinguèrent entre les autres na-
» tions par leur dévotion, par la sincérité de leur
» foi, et remplirent l'univers du bruit de leurs
» belles actions. Nous vous avons précédés dans
» le service de Dieu, venez vous joindre à nous;
» quoique vous arriviez plus tard, vous recevrez
» du Seigneur la récompense que le père de fa-
» mille de l'Evangile accorda indistinctement aux
» ouvriers qui vinrent travailler à sa vigne à la
» fin du jour, comme aux ouvriers qui étoient
» venus au commencement. Ceux qui viendront
» ou qui enverront du secours pendant que nous
» serons ici, obtiendront, outre les indulgences
» promises aux croisés, la faveur de Dieu et celle
» des hommes. Faites-donc vos préparatifs, et que
» ceux à qui la vertu du Très-Haut inspirera de
» venir ou d'envoyer du secours, soient prêts
» pour le mois d'avril ou de mai prochain. Quant
» à ceux qui ne pourront être prêts pour ce pre-
» mier passage, qu'ils soient du moins en état de
» faire celui qui aura lieu à la Saint-Jean. La
» nature de l'entreprise exige de la célérité; tout
» retard deviendroit funeste: pour vous, prélats et
» autres fidèles du Christ, aidez-nous près du
» Très-Haut par la ferveur de vos prières; or-
» donnez qu'on en fasse dans tous les lieux qui
» vous sont soumis, afin qu'elles obtiennent pour
» nous de la clémence divine, les biens dont nos
» péchés nous rendent indignes.

» Fait à Acre, l'an du Seigneur 1250, au mois
» d'août. »

Nous trouvons dans le spécilége de d'Achery
deux autres lettres sur la première croisade de
saint Louis; la première est adressée à la reine
Blanche, par le comte d'Artois, frère de Louis IX,
qui fut tué malheureusement dans Mansourah;
elle paraît avoir été écrite peu de jours après la
prise de Damiette; elle donne peu de détails sur
l'expédition; la seconde lettre est d'un jeune pèlerin, appelé Guy, qui était attaché à la maison
du vicomte de Melun, et qui écrivait à son frère,
étudiant à Paris. Le jeune Guy raconte l'arrivée
des croisés en Egypte; quelques-unes des cir-

constances qu'il nous rapporte, ne se trouvent pas dans Joinville ni dans les autres historiens; voici cette lettre, traduite du latin :

« Je sais que vous êtes inquiet de l'état de la » Terre-Sainte et du roi de France, et que vous » vous intéressez autant à la prospérité univer- » selle de l'église qu'au sort du grand nombre de » parents et d'amis qui combattent pour le Christ, » sous les ordres du roi; c'est pourquoi j'ai cru » devoir vous donner des nouvelles certaines tou- » chant les événements dont la renommée vous a » sans doute déjà entretenu. A la suite d'un con- » seil tenu exprès pour cela, nous sommes par- » tis de Chypre pour l'Orient; on avoit le projet » d'attaquer Alexandrie; mais, au bout de quel- » ques jours, une tempête subite nous a fait par- » courir une vaste étendue de mer ; plusieurs de » nos vaisseaux ont été séparés et dispersés. Le » soudan du Caire et autres princes sarrasins, » informés par des espions que nous voulions at- » taquer Alexandrie, avoient rassemblé une mul- » titude infinie de gens armés, tant du Caire que » de Damiette et d'Alexandrie, et nous atten- » doient pour nous passer au fil de l'épée. Une » nuit, nous étions portés sur la vague par un » vent violent, lorsque, vers le matin, le ciel s'a- » doucit, la tempête se calma et nos vaisseaux » dispersés se réunirent heureusement. On fit » monter au haut d'un mât un pilote expérimenté, » qui connaissoit toute la côte, et qu'on regar- » doit comme un guide fidèle.

» Après qu'il eut bien examiné tous les lieux » environnants, il s'écria : « Dieu nous aide! » Dieu nous aide! nous sommes en présence de » Damiette. » Déjà nous pouvions tous voir la » terre ; d'autres pilotes avoient fait la même re- » connaissance sur d'autres vaisseaux. Le roi, as- » suré de notre position, chercha à ranimer et à » consoler les siens. « Mes fidèles amis, leur dit- » il, nous serons invincibles, si nous sommes in- » séparables dans notre charité. Ce n'est pas sans » une permission divine que nous sommes trans- » portés ici pour aborder dans un pays si puis- » samment occupé; je ne suis ni le roi de France, » ni la sainte église, c'est vous qui êtes l'un et » l'autre; je ne suis qu'un homme dont la vie » s'éteindra, comme celle des autres hommes, » quand il plaira à Dieu; tout est pour nous, » quelque chose qui nous arrive: si nous sommes » vaincus, nous serons martyrs; si nous triom- » phons, la gloire du Seigneur en sera exaltée; » celle de toute la France et même de la chré- » tienté s'en augmentera. Certes, il seroit in- » sensé de croire que Dieu m'a suscité en vain, » lui qui prévoit tout; c'est ici sa cause: nous » vaincrons pour le Christ, il triomphera en » nous, il donnera la gloire, l'honneur et la bé- » nédiction, non pas à nous mais à son nom.

» Cependant, nos vaisseaux réunis appro- » choient du rivage; les habitants de Damiette et » ceux des rives voisines pouvoient considérer » notre flotte, forte de mille cinq cents bâti- » ments, sans compter ceux qui étoient encore » loin de nous et au nombre de cent cinquante. » De nos jours, on n'avoit point vu une réunion si » nombreuse de vaisseaux. Les habitants de Da- » miette, étonnés et effrayés au-delà de ce qu'on » peut dire, envoyèrent quatre bonnes galères » avec des pirates très-exercés, pour examiner et » reconnaître qui nous étions et ce que nous de- » mandions. Ceux-ci s'étant approchés assez près » pour distinguer nos bâtiments, hésitèrent, ra- » lentirent leur marche, et, comme s'ils eussent » été sûrs de ce qu'ils avoient à rapporter, se dis- » posèrent à retourner vers les leurs; mais nos » galères, les serrant de près, les forcèrent à » amener; les nôtres, voyant la constance du roi » et son immuable résolution, se préparèrent, » d'après ses ordres, à un combat naval. Le roi » commanda de se saisir de ces pirates et de tous » ceux qui surviendroient, puis il ordonna d'a- » border pour prendre terre de force. Nous nous » mîmes donc à lancer sur eux des traits enflam- » més et des pierres, au moyen de nos mangon- » naux, qui envoyoient de loin et à la fois cinq » ou six pierres et des vases remplis de chaux. » Les traits perçoient les pirates et leurs vais- » seaux ; les pierres les accabloient; la chaux » brûloit tout ce qu'elle touchoit; aussi, trois ga- » lères ennemies furent-elles tout à coup submer- » gées; nous sauvâmes cependant quelques pirates; » la quatrième galère s'éloigna fort endommagée. » Au moyen des tourments, nous arrachâmes la » vérité des pirates tombés vivants dans nos » mains, et nous sûmes que les citoyens de Da- » miette avoient quitté cette ville et qu'on nous » attendoit à Alexandrie. Les pirates, qui étoient » parvenus à s'échapper, et quelques-uns qui » étoient mortellement blessés, allèrent dire, en » poussant des cris lamentables, à la multitude » des Sarrasins qui les attendoient sur le rivage, » que la mer étoit couverte d'une flotte qui arri- » voit; que le roi de France venoit en ennemi » avec un nombre infini de gentilshommes, que » les chrétiens étoient dix mille contre un, et » qu'ils faisoient pleuvoir le feu, les pierres et » des nuages de poussière. Toutefois, ajoutèrent- » ils, pendant qu'ils sont encore fatigués des tra- » vaux de la mer, si vos vies et vos demeures » vous sont chères, hâtez-vous de les extermi- » ner, ou du moins repoussez-les avec vigueur » jusqu'à ce que les nôtres soient rappelés. Nous » avons échappés seul et avec beaucoup de peine » pour venir vous avertir; nous avons reconnu les » enseignes des ennemis : les voilà qui se préci- » pitent sur nous avec fureur, tout prêts à com- » battre sur terre et sur mer.

» La crainte et la défiance s'emparèrent des » ennemis; tous les nôtres, assurés de la vérité, » conçurent les meilleures espérances; ils sau- » tèrent à l'envi les uns des autres, de leurs vais- » seaux dans les barques; car la mer étoit peu » profonde le long du rivage ; les barques et les » petits bâtiments ne pouvaient atteindre la

» terre; plusieurs guerriers se jetèrent dans la
» mer, selon l'ordre exprès du roi; ils avoient
» de l'eau jusqu'à la ceinture. Aussitôt il s'en-
» gea un combat très-cruel. Ces premiers croisés
» furent promptement suivis par d'autres, et
» toute la force des infidèles fut dissipée. Nous
» n'avons perdu qu'un seul des nôtres par le
» fer ennemi; deux ou trois autres qu'un violent
» désir de combattre porta trop vite à se jeter
» dans l'eau, y ont péri. Les Sarrasins, lâchant
» pied, se retirèrent dans leur ville en fuyant
» honteusement, et avec une grande perte de
» monde; plusieurs d'entre eux ont été mortelle-
» ment blessés ou mutilés.

» Nous les poursuivions de près; mais les chefs,
» craignant quelque embûche, nous retenoient.
» Pendant que nous combattions, des esclaves et
» des captifs rompirent leurs chaînes, car les
» geoliers étoient aussi sortis contre nous. Il n'é-
» toit resté dans la ville, que des femmes, des
» enfants et des valétudinaires. Ces esclaves et
» ces captifs accoururent pleins de joie au-devant
» de nous en s'écriant : *Benedictus qui venit in
» nomine Dei*. Ces événements étant arrivés un ven-
» dredi, jour de la passion de Notre Seigneur, on
» en tira un augure favorable; le roi débarqua
» avec joie et sûreté, ainsi que le reste de l'armée
» chrétienne. On se reposa jusqu'au lendemain,
» où l'on s'empara de ce qui restoit de terre et de
» rivage à prendre, à l'aide et sous la conduite
» des esclaves qui connoissoient le pays et les
» chemins. Mais pendant la nuit, les Sarrasins,
» qui avoient découvert que des captifs s'étoient
» échappés, avoient fait mourir ceux qui étoient
» restés; ils en ont fait ainsi de glorieux martyrs
» du Christ, à leur propre damnation. La nuit
» suivante et le matin du dimanche, comme s'ils
» eussent manqué d'armes et de force, les Sar-
» rasins, voyant la multitude des chrétiens qui
» arrivoient, leur courage et leur constance, et
» la désolation soudaine de leur ville, sortirent
» avec leurs chefs, emmenant leurs femmes et
» leurs enfants, et emportant tout ce qui étoit
» transportable. Ils s'enfuirent de l'autre côté de
» la ville, par de petites portes qu'ils avoient pra-
» tiquées long-temps d'avance. Les uns se sau-
» vèrent par terre, les autres par mer, abandon-
» nant la ville pleine de toutes choses. Ce même
» jour, à trois heures, deux captifs échappés par
» hasard aux mains des Sarrasins, vinrent nous
» annoncer ce qui s'étoit passé. Le roi, ne crai-
» gnant plus d'embûche, entra à neuf heures dans
» la ville, sans obstacle et sans effusion de sang.
» De tous ceux qui y sont entrés, il n'y eut de
» blessé grièvement que Hugues Brun, comte de
» Lamarche, qui perdit trop de sang par ses bles-
» sures pour survivre. Je ne dois pas oublier de dire
» que les Sarrasins, après avoir résolu de fuir,
» lancèrent contre nous beaucoup de feu grégeois
» qui nous étoit très-nuisible, parce qu'il étoit
» poussé par un vent qui souffloit de la ville;
» mais ce vent ayant changé tout à coup, re-

» porta le feu sur Damiette, où il brûla plusieurs
» personnes; il y auroit consumé plus de choses,
» si les esclaves qui étoient restés ne fussent venus
» l'éteindre par le procédé qu'ils connoissoient et
» aussi par la volonté de Dieu; le roi étant donc
» entré dans la ville au milieu des acclamations
» de joie, alla aussitôt, dans le temple des Sarra-
» sins, prier et remercier Dieu qu'il regardoit
» comme l'auteur de ce qui venoit d'arriver. On y
» chanta le *Te Deum*, et après qu'il eut été pu-
» rifié, on y célébra la messe. Nous avons trouvé
» dans la ville une quantité infinie de vivres,
» d'armes, de machines, de vêtements précieux,
» de vases, d'ustensiles d'or, d'argent et autres
» choses. Nous avons fait, en outre, apporter nos
» provisions des vaisseaux et d'autres objets qui
» nous étoient nécessaires. Par un effet de la ma-
» gnificence divine, l'armée chrétienne, tel qu'un
» étang que des torrents qui viennent s'y jeter
» grossissent considérablement, s'est augmentée
» chaque jour de l'ordre teutonique, de l'ordre du
» temple et des hospitaliers, sans parler des pè-
» lerins qui arrivoient à tout moment. Les Tem-
» pliers et les Hospitaliers ne vouloient pas croire
» d'abord à un pareil triomphe; en effet, rien de
» ce qui étoit arrivé n'étoit croyable; tout cela
» tient du miracle, ce feu grégeois surtout que le
» vent a reporté sur la tête de ceux qui l'avoient
» lancé contre nous. Pareil miracle eut lieu jadis
» à Antioche. Quelques infidèles se sont convertis
» à Jésus-Christ, et jusqu'ici ils nous restent at-
» tachés. Pour nous, que le passé a instruits,
» nous mettrons dans la suite beaucoup de pru-
» dence et de circonspection dans nos actions.
» Nous avons avec nous de fidèles orientaux sur
» lesquels nous pouvons compter; ils connoissent
» tout le pays et les dangers qu'il présente; ils
» ont reçu le baptême avec une véritable dévo-
» tion. Pendant que je vous écris, nos chefs tien-
» nent conseil sur ce qu'il faut faire. Il s'agit de
» savoir si l'on se portera sur Alexandrie ou sur
» le Caire. Je ne sais encore ce qui sera décidé;
» je vous informerai de ce qui arrivera. Le sou-
» dan du Caire, instruit de ce qui s'est passé,
» nous a proposé une bataille générale pour le jour
» de saint Jean-Baptiste, et dans le lieu que les
» deux armées choisiront, afin, dit-il, que la
» fortune se décide entre les orientaux et les oc-
» cidentaux, et que celui à qui le sort accordera
» la victoire, s'en glorifie, et que le vaincu lui
» cède humblement. Le roi a répondu qu'il ne
» défioit point l'ennemi du Christ, un jour plu-
» tôt qu'un autre, et qu'il n'assignoit point de
» terme, de repos; mais qu'il le défioit demain et
» tous les jours de sa vie, jusqu'à ce qu'il eût pitié
» lui-même de son âme, et qu'il se convertît au
» Seigneur, qui veut sauver tout le monde, et
» qui ouvre le sein de sa miséricorde à tous ceux
» qui se convertissent à lui.

» Nous n'avons rien appris de certain ni qui soit
» digne d'être rapporté touchant les Tartares.
» Nous n'avons à espérer ni bonne foi de gens

» perfides, ni humanité de gens inhumains, ni
» charité de gens qui n'en ont point (le texte dit
» de *chiens, caninis*) à moins que Dieu, à qui
» rien n'est impossible, n'opère cette nouveauté.
» C'est lui qui a purgé la Terre-Sainte des crimi-
» nels Karismiens; il les a détruits et fait dispa-
» raître entièrement de dessous le Ciel. Lorsque
» je saurai quelque chose de certain ou de re-
» marquable des Tartares ou autres, je vous en
» instruirai par lettre ou par Roger de Montfagon,
» qui doit aller au printemps en France, chez le
» seigneur notre vicomte, pour nous procurer de
» l'argent. »

Guy promet, comme on voit, à son frère de lui faire part des événements qui se préparent; mais on doit croire qu'il eut le sort du plus grand nombre des croisés, et qu'il ne put continuer sa correspondance, car il ne reste de lui d'autre lettre que celle qu'on vient de lire.

On vient de voir ce qu'il y a de plus intéressant dans les lettres écrites pendant la première croisade de saint Louis. Les lettres écrites pendant l'expédition de Tunis ont peut-être plus d'importance pour l'histoire de cette époque; car elles nous apprennent des faits très-imparfaitement racontés par les chroniques contemporaines. Nous trouvons dans le Spécilége, tome III, une lettre écrite par saint Louis à Mathieu, abbé de Saint-Denis, qui était resté l'un des régents du royaume. Le monarque dit dans cette lettre qu'il a débarqué à Carthage avec son frère, Alphonse, duc de Poitiers et de Toulouse; ses enfants, Philippe, Jean et Pierre; son neveu, Robert, comte d'Artois, et ses autres barons : « Après avoir pourvu,
» ajoute-t-il, à tout ce qui étoit nécessaire pour le
» moment, nous avons, avec le secours de Dieu,
» emporté d'assaut le château de Carthage où plu-
» sieurs Sarrasins ont été passés au fil de l'épée.
» Pour vous.... » Le reste n'a pas été respecté par le temps; quoique cette lettre n'annonce que des succès, on éprouve une sorte de tristesse en la lisant; c'est une voix qui proclame encore des triomphes, et qui va s'éteindre au milieu des plus grands revers.

Il nous reste sur cette croisade malheureuse, quatre lettres écrites par Pierre de Condet, chapelain du roi. Elles ont été imprimées dans le *Spécilége*; comme la lettre précédente, elles sont en latin; en voici la traduction. La première et la quatrième sont adressées au prieur d'Argenteuil; la seconde au trésorier de Saint-Francbour de Senlis; la troisième, à l'abbé de Saint-Denis.

Première lettre. — « Désirant faire part à vo-
» tre révérence de ce qui me concerne et des
» détails de notre voyage, je vous dirai qu'après
» que le seigneur roi eut mis à la voile et qu'après
» avoir beaucoup souffert sur mer, il entra, le
» mardi d'après son embarquement, dans le port
» de Cagliari, en Sardaigne. Il envoya l'amiral
» au gouverneur du phare, et à quelques autres
» personnages du pays. L'amiral les trouva d'a-
» bord durs et récalcitrants, parce qu'ils crai-
» gnoient beaucoup pour eux-mêmes. Ils ne vou-
» lurent pas lui permettre d'entrer dans le fort,
» et il ne rapporta qu'un peu d'eau douce, de lé-
» gumes et de pain. Le mercredi suivant, le roi
» leur renvoya le matin l'amiral, le chambellan
» et des sénéchaux, pour les rassurer. Ces dépu-
» tés les ayant adoucis, leur demandèrent la per-
» mission, pour nos malades qui étoient assez
» nombreux, de descendre à terre afin de se réta-
» blir. Ils répondirent enfin qu'ils vouloient bien
» que le roi et quelques-uns des siens entrassent
» dans le fort, pourvu qu'il les garantît de la vio-
» lence des Génois qui étoient les seuls qu'ils
» craignissent. Les Pisans, à qui le fort appar-
» tient, sont en effet très-odieux aux Génois.
» Sur cette réponse, le roi fit mettre à terre les
» malades dont plusieurs moururent; savoir : le
» seigneur Maréchal, chevalier; le seigneur S.,
» et beaucoup d'autres. Mais plusieurs restèrent
» avec le roi, tels que Philippe, frère du comte de
» Vendôme; Jean de Corbeil, chapelain, et cent
» autres de moindre condition. Le roi envoya,
» pour garder les malades débarqués, Guillaume
» Breton, huissier de la porte, et Jean d'Auber-
» genville, garde de la porte. Il resta huit jours
» dans le port, sans sortir de ses vaisseaux. Les
» barons ne se firent pas long-temps attendre; il
» en arrivoit tous les jours, tels que le roi de
» Navarre, le comte de Flandre, le comte de
» Saint-Paul, le seigneur légat, Jean de Breta-
» gne, et plusieurs autres. Le samedi et le diman-
» che suivant, ils vinrent trouver le roi et il se
» tint un grand conseil.....

» Le mardi suivant, veille de saint Arnould,
» tous partirent ensemble du port, et, le jeudi,
» entrèrent, vers la neuvième heure, dans la
» rade de Tunis. A notre aspect plusieurs naturels
» s'enfuirent dans les montagnes, pleins d'éton-
» nement. Ils ignoroient sans doute entièrement
» que nous dussions arriver. Ce même jour, le
» roi fit descendre l'amiral dans les galères pour
» aller au port et voir à qui appartenoient des
» vaisseaux qui y mouilloient. L'amiral en trouva
» quelques-uns qui appartenoient aux Sarrasins,
» il s'en saisit; mais, comme ils étoient vides, il
» les relâcha. Il y avoit aussi des vaisseaux mar-
» chands qu'il laissa libres. En s'avançant tou-
» jours, il débarqua sans aucun obstacle, fit sa-
» voir au roi qu'il avoit pris terre, et le pria de lui
» envoyer des secours. Le roi fut un peu troublé
» à cette nouvelle. Il dit qu'il n'avoit point en-
» voyé l'amiral pour prendre terre; et, appelant
» son chambellan, il lui commanda d'assembler les
» barons pour les consulter là-dessus. Parmi ceux
» qui se trouvoient le plus près, les uns furent
» d'avis qu'on envoyât des secours, les autres
» soutenoient au contraire que cette manière de
» prendre terre n'étoit pas bonne. Le seigneur
» de Pressigny dit au roi : « Si vous voulez, sire,
» que chacun fasse du mieux qu'il pourra, lais-
» sez chacun descendre et prendre terre où il
» pourra. » Après plusieurs débats, il fut arrêté

» que Philippe d'Evreux et le maître des Ballis-
» taires iroient trouver l'amiral, et que, suivant
» ce qu'ils verroient, ou ils le ramèneroient ou
» enverroient demander des secours pour débar-
» quer pendant toute la nuit; les envoyés ramenè-
» rent l'amiral. Plusieurs ne savoient s'ils devoient
» blâmer ce retour, car le vendredi matin un
» grand nombre de Sarrasins arrivèrent de tous
» côtés sur le port. Mais le roi ayant convoqué
» de nouveau son conseil, il fut décidé qu'on dé-
» barqueroit, ce qui s'exécuta, au nom du Sei-
» gneur, la galère du roi précédant un peu les au-
» tres. On prit terre, grâce à Dieu, mais avec
» si peu d'ordre, que, suivant l'opinion commune,
« une centaine de braves guerriers auroient em-
» pêché, ou du moins rendu fort difficile le dé-
» barquement tel qu'il s'opéra. Cependant les nô-
» tres, ne trouvant point de résistance, campèrent
» dans une île qui leur offrit deux issues. Elle a
» plus d'une lieue de longueur, et de largeur plus
» de trois portées de balliste. L'eau de la mer
» l'entoure de deux côtés; on jugea qu'on n'y
» trouveroit point d'eau douce. Aussi éprouvâmes-
» nous plus de mal sur terre que sur mer. Quel-
» ques-uns des nôtres s'avancèrent le samedi,
» jusqu'à une tour qui étoit voisine et où il y
» avoit de l'eau douce dans les citernes. Mais ils
» rencontrèrent des Sarrasins qui tuèrent plu-
» sieurs d'entre eux. Cependant quelques soldats
» servants s'emparèrent de la tour. D'autres Sar-
» rasins qui survinrent les enveloppèrent et les
» auroient enfermés dans la tour, si le roi n'eût
» envoyé à leur secours le seigneur Lancelot,
» Radulphe de Trapani et plusieurs autres. Ceux-
» ci auroient été suivis d'un plus grand nombre, si
» tous les chevaux eussent été débarqués, et si
» ceux qui l'étoient déjà n'avoient pas été telle-
» ment fatigués et harassés qu'à peine pouvoient-
» ils se soutenir. Il y eut, ce jour-là, un grand
» combat entre les Sarrasins et les nôtres; on se
» battit, non de près, mais de loin; car les Sar-
» rasins n'osoient approcher de nous. Ils sont ar-
» més de lances dont ils frappent en fuyant ou en
» passant; ils tuent les chevaux et non les cava-
» liers; ils tuent aussi tous ceux qui sont à pied
» et errants. Cependant il y eut dans ce combat
» peu de morts de part et d'autre. On délivra enfin
» ceux qui étoient dans la tour et on les fit re-
» venir.

» Nous restâmes le dimanche dans l'île, mais
» le défaut d'eau douce nous força d'en sortir. Le
» lundi, veille de la Madeleine, l'armée s'avança
» vers le château de Carthage, distant de cette
» île d'environ une lieue. Dans sa marche, elle
» reprit la tour que nous gardons encore; grand
» nombre de Sarrasins, qui étoient aux environs,
» prirent la fuite. On campa dans une vallée où il
» y a une infinité de puits qui servent à l'arro-
» ser, et de là, on avoit accès au port, ou aux
» vaisseaux ou au château. Le mardi, des mari-
» niers vinrent camper auprès du roi, et lui dirent
» qu'ils se faisoient forts de lui livrer le château de
» Carthage, s'il vouloit leur donner quelques trou-
» pes de secours. On délibéra sur cette proposi-
» tion, et il fut décidé qu'ils se tiendroient prêts,
» eux et leurs machines. Le jeudi suivant, ils
» vinrent tous préparés. Le roi leur donna quatre
» bataillons; savoir : ceux de Carcassonne, de
» Châlons, de Périgord et de Beaucaire, et d'au-
» tres gens de pied. Le roi et les autres barons,
» formant jusqu'à dix-sept bataillons, s'avancèrent
» contre les Sarrasins pour garantir la troupe
» qui alloit assiéger le château, et pour empê-
» cher les ennemis qui étoient en grand nombre,
» soit de fondre sur elle, soit d'approcher du
» fort. Que vous dirai-je de plus? Les mariniers,
» secondés par les quatre bataillons, escaladè-
» rent le château, à la vue des Sarrasins qui res-
» tèrent immobiles; ils mirent en fuite ou tuèrent
» deux cents hommes de la garnison et autres ha-
» bitants du château dont plusieurs se cachèrent.
» Aucun des nôtres ne fut blessé. Il n'y eut
» qu'un pauvre marinier de tué. Après la prise
» du château de Carthage, ceux qui purent sortir
» par des souterrains emmenèrent des vaches et
» d'autres animaux, à la vue des nôtres qui ne
» voulurent pas les poursuivre, parce qu'ils n'a-
» voient point encore reçu d'ordre. Dans ce châ-
» teau, plusieurs Sarrasins se cachent encore dans
» des retraites ou des caves souterraines, et tous
» les jours on tue ceux qu'on peut trouver. D'au-
» tres ont été étouffés par le feu dans des caver-
» nes, et ceux qui y restent périront de quelque
» autre genre de mort. Sans la mauvaise odeur
» qu'exhalent les cadavres, le roi auroit logé dans
» le château; pour le moment, il a envoyé l'ordre
» d'enlever ces cadavres. On dit ici que celui qui
» est maître de Carthage l'est bientôt de tout le
» pays, mais nous ne croyons point à ce dicton
» populaire, parce qu'il arrive tant de Sarrasins,
» et de tant de côtés, et ils inquiètent tellement
» les nôtres, que quelquefois on crie aux armes
» deux fois dans le jour. Mais les Sarrasins n'o-
» sent approcher du gros de notre armée; ils se
» contentent de tuer ceux qu'ils trouvent seuls
» ou errants ou qui les attaquent. Cependant on
» croit qu'ils ont plus perdu des leurs que nous
» des nôtres. Quand nous les poursuivons, ils
» fuient; quand nous nous retirons, ils nous at-
» taquent avec leurs lances. On attend, pour les
» poursuivre tout-à-fait, que le roi de Sicile, qui
» doit venir de jour en jour, soit arrivé. Notre roi
» lui avoit envoyé de Sardaigne, pour le presser de
» partir; le frere Amauri des Roches est déjà
» venu et nous a annoncé que le prince doit bien-
» tôt arriver. Le roi lui a envoyé de nouveaux
» députés, et l'on espère que d'ici à six jours il
» sera ici. Du reste, sachez que je me porte bien.
» Je souhaite apprendre qu'il en est de même de
» vous et de mes autres amis. Le roi, ses enfants
» et les princes jouissent d'une bonne santé.

» Fait au camp sous Carthage, le dimanche d'a-
» près la fête de l'apôtre saint Jacques. »

Seconde lettre. — « Je ne vous dirai rien de l'é-

» tat présent de la cour ; ceux qui s'en retournent » avec le corps de notre roi d'heureuse mé- » moire, vous en diront assez. Lorsque j'étois » occupé à vous écrire, et que j'étois sur le point » de terminer ma lettre, on m'a annoncé que le » vaisseau qui devoit transporter les corps de cet » illustre roi et de son fils le comte de Nevers, et » mettre à la voile le vendredi matin, ne partira » que dimanche. J'ai appris aussi que le neveu » de Thibauld, maître des ballistaires, qui sera » chargé de la présente, doit partir sur un vais- » seau qui fera voile vendredi. Je me suis donc » levé de grand matin, et, comme j'avois de » la chandelle, j'ai ajouté ce qui suit à ma let- » tre. Apprenez que notre roi Louis, de très-fi- » dèle mémoire, est mort lundi matin, jour de la » saint Barthélemi, vers la neuvième heure. Le » roi de Sicile est arrivé à la même heure, et n'a » pu parler à son frère qui avoit déjà rendu l'âme » lorsqu'il est venu dans son camp. Le trouvant » mort, il s'est jeté, en pleurant amèrement, à » ses pieds. Après avoir fait une prière, comme » l'attestent ceux qui étoient présents, il s'est » écrié en versant un torrent de larmes : « *Mon* » *seigneur! mon frère!* » Et il lui a baisé les pieds. » Notre roi a choisi Saint-Denis pour le lieu de sa » sépulture et l'église de Royaumont pour celle de » son fils, le comte de Nevers ; car il ne vouloit » pas que son fils fût enseveli dans l'église de Saint- » Denis où il n'y a que les rois de déposés. Il vou- » loit aussi qu'on fît à ce prince un grand service. » Vous aurez bientôt, comme je le pense, de » plus amples détails sur cela et sur d'autres » choses.

» Apprenez aussi que jeudi, le roi de Sicile a » fait mettre dans un petit lac qui s'étend jusque » près de Tunis, quelques vaisseaux légers et ba- » teaux plats qui devoient, disoit-on, servir à une » expédition. Pendant qu'on les tiroit sur le ri- » vage pour les lancer dans le lac, une foule de » Sarrasins se sont rassemblés pour défendre le » lac et s'opposer à l'opération. Ils étoient en » plus grande force et en meilleur ordre que de » coutume. A cette vue, le roi de Sicile fit armer » ses gens. Il envoya secrètement l'ordre aux ba- » rons de s'armer aussi, et chacun d'eux sortit » avec sa troupe. Le comte d'Artois parut le pre- » mier ; il fut suivi du roi de Sicile et de son fils, » Philippe de Montfort ; tous trois se précipitèrent » sur les Sarrasins, et en renversèrent un si » grand nombre qu'ils en couvrirent la terre jus- » qu'à une demi-lieue. Les autres Sarrasins furent » mis en fuite dans un moment. Cependant plu- » sieurs d'entre eux, espérant se rallier dans » leurs barges, se jetèrent dans le lac et s'y noyè- » rent, parce que leurs mariniers avoient retiré les » barges par crainte. Il y en a qui estiment jusqu'à » cinq cent mille (*quingenta millia**) le nombre » des ennemis tant tués que noyés. Dans cette

* Nous croyons qu'il faut lire : *quinquaginta millia* (cinquante mille).

» affaire, nous avons perdu notre cher Arnolphe » de la Cour-Ferrand, l'amiral et d'autres dont » vous apprendrez bientôt les noms. Quant à » notre roi Philippe, vous saurez qu'il a eu un » second accès de fièvre, et qu'on craignoit beau- » coup pour ses jours. Mais il a eu une sueur qui » a été de bon augure pour sa convalescence. Plu- » sieurs pensent que personne ne peut conserver sa » santé dans le pays de Tunis, parce que le petit » nombre d'hommes forts et robustes qui y sont » tombés malades, reviennent avec peine à leur » premier état de santé. Ils languissent plutôt » qu'ils ne vivent sur cette terre maudite, et cela » n'est pas étonnant. L'ardeur du soleil est si » grande, la poussière si incommode, le vent si » impétueux, l'air si corrompu, l'odeur des cada- » vres si infecte, il y a tant d'autres inconvé- » nients trop longs à détailler, que les personnes » en santé y éprouvent quelquefois l'ennui de la » vie. Aussi croit-on que notre roi Philippe re- » tournera bientôt dans ses états. »

» Mandez à l'abbé de Saint-Denis ce que vous » jugerez convenable des choses que je vous écris. » Excusez-moi auprès de lui de ce que le prompt » départ du messager ne m'a pas permis de lui » écrire non plus qu'aux autres. Portez-vous bien » et long-temps dans le Seigneur.

» Fait au camp près de Carthage, le jeudi avant » la nativité de la Vierge. »

Troisième lettre. — « Quoi que vous soyiez ins- » truit, je pense, de l'état de notre roi et de toute » l'armée chrétienne, je veux cependant vous » écrire ce qui est venu à ma connoissance, pour » que vous ne m'accusiez pas de négligence ou de » désobéissance. Vous saurez d'abord que le roi » et la reine, et le seigneur Pierre, frère du roi, » sont maintenant bien portants, et que je puis aus- » si, grâce à Dieu, me mettre au nombre de ceux » qui sont en bonne santé ; j'aurai un grand plai- » sir d'apprendre que vous y êtes de même. Vous » avez peut-être entendu parler de la paix qui a » été conclue entre le roi de Tunis et nos rois et » barons ; je crois donc devoir vous en entretenir. » Je vous ai déjà écrit, si je m'en souviens bien, » qu'au commencement de la guerre le roi de Si- » cile avoit prié nos barons de ne rien entrepren- » dre contre le roi de Tunis, jusqu'à ce qu'ils » eussent de ses nouvelles. C'étoit, sans doute, » parce qu'il étoit déjà question de paix entre ces » deux rois et du rétablissement du tribut dû par » le roi de Tunis. J'en ai depuis acquis la certi- » tude par un chevalier du roi de Sicile qui a été » deux fois envoyé au roi de Tunis pour ce sujet. » La négociation en étoit venue au point que le » roi de Tunis consentoit à payer tribut au roi de » Sicile, pour le temps de son règne ; mais le roi » de Sicile demandoit les arrérages dus depuis le » temps de Mainfroi et de Frédéric. La négocia- » tion duroit encore quand notre armée entra » dans le royaume de Tunis. C'est pour cela que » le roi de Sicile écrivit à nos barons, comme je » viens de vous le dire. Lorsqu'il fut arrivé à

» notre armée et qu'il eut trouvé son frère mort, il conçut le projet, comme je crois, d'obtenir par la force ce qu'il n'avoit pu encore gagner par la voie de la négociation. Bientôt après, le roi de Tunis lui envoya faire des propositions de paix qui ont été long-temps ignorées de l'armée. Enfin, après bien des pourparlers, le jeudi d'avant la Toussaint, nos rois et barons et les envoyés du roi de Tunis sont unanimement convenus des conditions de la paix, laquelle a été confirmée comme vous le verrez :

» Le samedi d'avant la Toussaint, Geoffroy de Beaumont et autres furent envoyés au roi de Tunis, qui jura devant eux qu'il permettroit aux chrétiens d'habiter dans les bonnes villes de son royaume et d'y posséder librement et paisiblement des propriétés et autres biens quelconques sans exaction ou servitude, à la réserve d'un cens qu'ils paieroient au roi pour leurs possessions, comme le font les chrétiens libres. Il sera permis aussi aux chrétiens de ces villes de construire des églises et d'y prêcher publiquement. Ledit roi de Tunis a promis en outre de donner au roi de France et à ses barons, « pour les frais de son expédition, deux cent dix mille onces d'or, chaque once valant cinquante sous tournois. Il a déjà payé la moitié de cette somme ; il a promis de payer l'autre moitié dans deux ans, à la fête de tous les Saints. De plus plus il s'est engagé à payer au roi de Sicile un tribut pendant quinze ans, savoir : Vingt-quatre onces d'or tous les ans au lieu de douze onces qu'il devoit auparavant ; ce tribut doit commencer à la Toussaint prochaine. Le roi a déjà payé cinq ans d'arrérages, c'est-à-dire soixante onces. D'après ce traité, le roi de Tunis a rendu tous les chrétiens qu'il tenoit prisonniers, et nos chrétiens ont rendu tous les Sarrasins qu'ils avoient.

» La paix ainsi faite, nos rois ont ramené leurs gens sur les vaisseaux le mardi après la Saint-Martin d'hiver. Le roi de Sicile est resté pour attendre les pauvres et les traîneurs. On a décidé que tous aborderoient aux ports de Trapani et de Palerme. Je ne sais pas bien ce qui sera résolu quand on y sera arrivé. Mais il y en a qui pensent que quelques-uns de l'armée iront dans la Terre-Sainte : Tels peut-être que le comte de Poitiers et le seigneur Pierre Chambellan avec plusieurs troupes soldées, et que d'autres iront en Grèce contre Paléologue ; on compte dans le nombre le roi de Sicile et plusieurs barons accompagnés aussi d'une troupe soldée. Quant au roi de France, il se rendra directement dans son royaume. Cependant quelques-uns disent qu'il ira à Rome et qu'il aura toujours avec lui ou près de lui le corps de son « père. Mais je ne sais rien de positif sur tout cela. Lorsque j'en serai mieux informé, je vous l'écrirai. Portez-vous bien et long-temps dans le Seigneur. Comme je n'ai pas le temps d'écrire à tous mes supérieurs parce que j'écris le jour même où presque tous les chrétiens quittent le pays des Sarrasins, je vous prie d'informer le prieur d'Argenteuil et le trésorier de saint Frambour de ce que vous jugerez digne de leur communiquer de ma lettre.

» Fait au port de Tunis, le mardi de la Saint-Martin. »

Quatrième lettre. — « Vous savez sans doute par nos chefs en quel état se trouvent le roi et toute l'armée chrétienne. Cependant pour que vous ne m'accusiez ni d'oubli ni de négligence, je crois devoir vous écrire le peu que j'ai appris par les bruits populaires. Vous saurez d'abord que le roi et son frère, le seigneur Pierre, jouissent d'une parfaite santé. La mienne est aussi bonne, et c'est toujours un nouveau plaisir pour moi d'apprendre que la vôtre est pareille. Vous avez su, je pense, par plus d'une voie, que la paix a été conclue entre nos rois et barons et le roi de Tunis. Vous l'avez su du moins par l'abbé de Saint-Denis, à qui j'en ai écrit à la hâte la forme et les conditions le jour même où je la connus. L'embarras des affaires qui m'occupoient au moment où je remontois sur les vaisseaux, m'empêcha de vous en faire part. Je ne vous dirai rien aujourd'hui, mais je vous informerai de ce qui est arrivé depuis, quoique je ne doute point que vous ne le sachiez déjà.

» Le mardi de l'octave de Saint-Martin d'hiver, vers la neuvième heure, notre roi et les autres barons s'éloignèrent du port de Carthage. Un grand nombre de personnes de toute condition restèrent toute la nuit à terre, sous la garde du connétable, du maréchal de France et du chambellan. Le lendemain mercredi, tous, depuis le plus grand jusqu'au plus petit, montèrent à bord avec leurs bagages. Le roi de Tunis se conduisit assez bien et avec fidélité envers les chrétiens ; car il avoit envoyé une troupe de chrétiens et de Sarrasins armés pour protéger le départ de l'armée, et les croisés n'eurent rien à en souffrir. Le jeudi matin, notre roi fit mettre à la voile, et tout le monde partit. Le vendredi, une partie de la flotte, secondée par un vent favorable, entra heureusement dans le port de Drapano. Le roi de Sicile y arriva sur une galère, vers le milieu de la nuit. Notre roi et la reine, portés sur une autre galère, n'y vinrent que le samedi. Vers la neuvième heure, tous les autres les y suivirent le même jour. Mais Dieu qui avoit accordé une navigation heureuse aux siens, permit que, dans la nuit du samedi, la mer fût troublée par un vent si violent que, le dimanche matin, on put à peine monter de terre sur les vaisseaux, ou descendre des vaisseaux à terre. La tempête fut si grande tout le jour, que ceux qui restoient à terre ne purent débarquer d'aucune manière. Que vous dirai-je ? La violence du vent fut telle toute la nuit du dimanche, tout le lundi et la nuit qui le suivit, que des marins assurèrent n'avoir jamais vu sur mer une pareille tempête. Les mâts étoient brisés, les ancres étoient rompues, les vaisseaux, même les plus grands, fu-

» rent engloutis dans la mer comme une pierre. Ce
» n'est pas seulement la perte des effets qu'on doit
» regretter, c'est encore celle des personnes de
» toute condition, de tout âge et des deux sexes,
» que les témoins de ce désastre évaluent au nom-
» bre de quatre mille. Plusieurs de ceux qui ont
» survécu à ce malheur sont morts ensuite de dou-
» leur et d'angoisse ; on en porte le nombre à mille.
» L'évêque de Langres s'échappa de son vaisseau
» avec un seul écuyer, et descendit sur sa petite
» barge, le corps ceint de sa tunique et préparé à
» nager ou résigné au naufrage, si c'étoit la volonté
» de Dieu. On assure qu'il périt sur son vaisseau
» près de mille personnes ; ce qui est assez vrai-
» semblable ; car le vaisseau étoit grand, et il en
» étoit sorti très-peu de monde. Dans cette tem-
» pête, on a perdu 18 vaisseaux, grands, forts et
» neufs, avec tout leur équipage et leur charge,
» sans compter de moindres vaisseaux dont je ne
» parle point.

» La tempête ayant cessé le mardi, jour de Sainte-
» Catherine, nos rois et barons tinrent conseil, tant
» sur ce qui étoit passé que sur ce qui pouvoit
» arriver et sur leurs projets futurs. Je dis leurs
» projets futurs : car, peu après, nos rois et ba-
» rons jurèrent qu'ils se réuniroient, dans trois
» ans, le jour de Sainte-Madeleine, dans un port
» qui seroit désigné pour passer dans la Terre-
» Sainte. Chacun en fit le serment, et s'engagea
» tout autant que le roi de France n'auroit pas de
» motif de se dispenser de son vœu. Le roi resta
» ensuite quinze jours à Trapani. Il en seroit
» parti plutôt, sans la maladie du roi de Navarre
» qui avoit été pris de la fièvre, au port de Car-
» thage. Le mal augmentant, ce bon roi, qui s'é-
» toit si honorablement conduit dans l'armée, mou-
» rut à Trapani, le jeudi d'avant la Saint-Nicolas.
» Plusieurs des nôtres y moururent aussi, d'au-
» tres y restèrent malades. Notre roi, après avoir
» passé le phare de Messine, arriva à Cosance,
» ville de la Calabre, le dimanche d'après l'Épi-
» phanie. La douleur et les fatigues du voyage y
» firent accoucher la reine de Navarre avant ter-
» me. Son enfant passa presque aussitôt du sein
» de sa mère au tombeau, la laissant dans les lar-
» mes et dans l'affliction. Mais Dieu permit dans sa
» clémence que cette princesse mourût de l'excès
» de ses douleurs, au milieu de la nuit du mer-
» credi d'avant la Chandeleur. Notre roi est fort
» affecté de cette mort, et l'on craint pour lui-
» même, s'il persévère long-temps dans son déses-
» poir. De Cosance il doit partir pour Rome, et
» de là se rendre en France, Dieu aidant ; car,
» comme il meurt tant de monde de l'armée,
» soit auprès, soit autour de lui, et qu'il y a tant
» de malades, il n'est presque personne qui puisse
» se promettre d'échapper à la contagion. Priez donc
» Dieu pour moi. J'estime que ceux qui pourront
» échapper au mal et suivre le roi, arriveront en
» France, s'il plaît au Seigneur, vers la Pente-
» côte ou un peu avant. Faites part de ma lettre, si
» vous le jugez convenable, au doyen d'Argenteuil.

» Fait à Cosance en Calabre, le vendredi d'a-
» vant la fête de la Purification. »

Nous devons vivement regretter que les lettres dans lesquelles Pierre de Condet a dû raconter les derniers moments de saint Louis ne soient pas parvenues jusqu'à nous ; le *Spicilège* nous a conservé une lettre qui raconte, avec une touchante naïveté, la mort du saint roi ; cette lettre, d'après la suscription, aurait été écrite par l'évêque de Tunis au roi de Navarre ; mais le roi de Navarre était présent, et n'avait pas besoin qu'on lui écrivît pour lui raconter ce qu'il avait vu. Quel était d'ailleurs cet évêque de Tunis ? quoi qu'il en soit, la lecture de la lettre ne permet pas de douter qu'elle n'ait été écrite par un témoin oculaire. La voici :

A Thibaud, roi de Navarre, par la grâce de Dieu, comte de Champagne et de Brie, queux palatin, l'evesque de Thunes, salut et lui tout. —
« Sire, j'ai reçu vostre lettre, en laquelle vous
» priés que je vous fasse à savoir l'estat de la
» fin de mon chier Seigneur Loys, jadis roy de
» France. Sire, du commencement et du milieu
» savez-vous plus que nous ne fasons, mais de la
» fin vous pourrions nous témoigner la veue des
» yeulx que en toute nostre vie nous ne veismes
» ne ne sceumes si sainte ne si dévote en homme
» du siècle ne de religion, et aussi avons-nous oy
» témoigner à tous ceulx qui le virent. Et saichés,
» Sire, que dès le dimanche à l'heure de none,
» jusqu'au lundy à l'heure de tierce, sa bouche ne
» cessa, de jour ne de nuit, de loer Notre Seigneur,
» et de prier pour le peuple qu'il avoit là amené ;
» et là où il avoit jà perdu une partie de la parole,
» si crioit-il aucunes fois en haut : *Fac nos, Do-
» mine, prospera mundi despicere et nulla ejus ad-
» versa formidare.* Et moult de fois crioit-il en
» haut : *Esto Domine plebis tuæ sanctificator et
» custos.* Après heure de tierce il perdit aussi
» comme du tout la parole ; mais il regardoit les
» gens débonnairement et faisoit moult de fois le
» signe de la croix, et entre heure de tierce et de
» midi fist aussi comme semblant de dormir, et
» fust bien les yeulx clos l'espace de demi-heure
» et plus. Après il ouvrit les yeulx et regarda vers
» le ciel, dit ces vers : *Introibo in domum tuam,
» adorabo ad templum sanctum ;* et oncques puis il
» ne dit mot ne ne parla. Entour l'heure de none
» il trespassa. Jusques à lendemain que on le
» fendit, il estoit aussi bel et aussi vermeil ce
» nous sembloit, comme il estoit en sa pleine
» santé et sembloit à moult de gens qu'il vouloit
» se rire. Après, Sire, les entrailles furent portées
» à Montréal, en une église près de Salerne[*], là où
» nostre Sire a jà commencé à faire moult de
» beaux miracles pour lui, si comme nous avons
» entendu, par l'archidiacre de Salerne, qui man-
» da par sa lettre au roi de Sécile. Mais le cueur
» de lui et le corps demourèrent en l'ost ; car le
» peuple ne voult souffrir en nulle manière que il
» en fust portés. »

[*] Il faut lire ici : Palerme.

On peut juger par les lettres qu'on vient de lire, combien ces sortes de pièces peuvent servir à remplir les lacunes de l'histoire. On sentira d'ailleurs combien une pareille correspondance ressemble pour la forme et le style à la plupart des mémoires de cette collection, surtout lorsqu'elles sont écrites par des témoins oculaires, par des hommes qui ont pris part aux événements, et qui nous donnent leur jugement et leur opinion sur ce qui s'est passé de leur temps et sous leurs yeux. Nous allons donner la lettre la plus importante qui ait été écrite d'Egypte à l'époque de la croisade ; cette lettre, qui n'a jamais été imprimée, se trouve dans les manuscrits de Rothelin à la bibliothèque du roi, fond Berthereau, n° 9, tome II, depuis la page 49 jusqu'à la page 84 *. Cette relation de la première croisade de saint Louis, n'a été connue d'aucun des éditeurs de Joinville, pas même de Ducange et des éditeurs du Louvre ; nous avons fait des recherches pour savoir quel en est l'auteur ; tout ce que nous avons pu découvrir, c'est qu'elle a été écrite par Jean Pierre Sarrasins **, chambellan de saint Louis; lui-même se nomme dans le commencement de sa relation, mais il ne parle plus de lui dans le reste de son récit. Jean Pierre Sarrasins est mentionné dans les mémoires de Joinville ; ce qu'en dit le sénéchal de Champagne ne nous apprend rien de plus que ce que nous savons. La relation du chambellan de saint Louis roule tout entière sur la prise de Damiette et la bataille de Mansourah; elle n'ajoute presque rien à ce que nous lisons dans Joinville sur l'ensemble général des événements; ce qui la distingue, ce sont plusieurs faits particuliers qui ne se trouvent que là, c'est une foule de traits de mœurs qui font revivre la physionomie de l'armée chrétienne dans sa plus complète vérité. La manière de Jean Pierre Sarrasins diffère de celle de Joinville ; c'est à peu près la même naïveté, parce que cette naïveté tient pour ainsi dire au vieux langage même ; mais l'esprit des deux narrateurs est différent ; il y a dans Jean Pierre Sarrasins plus d'enthousiasme, plus de dévotion que dans Joinville; les impressions de Joinville sont celles d'un chevalier; les impressions de Jean Pierre Sarrasins sont celles d'un pèlerin plein d'un ardent enthousiasme. Le chambellan du saint roi parle des Musulmans qu'on égorge, tout comme un chroniqueur de la première croisade ; on rencontre dans sa relation de ces traits d'inhumanité naïve, comme on en rencontre dans Raymond d'Agiles ou Robert-le-Moine. Il y a un mérite réel de narration dans Jean Pierre Sarrasins ; la phrase est vive, claire, précise; le récit de Jean Pierre Sarrasins n'a point l'aimable abandon du récit de Joinville; on sent que le chambellan s'occupe de faire une narration, et Joinville a fait un livre sans y penser.

On trouvera à la suite de la lettre de Jean Pierre Sarrasins les *Extraits des historiens arabes sur les deux croisades de saint Louis*; ces extraits renferment une foule de documents que les éditeurs du Louvre n'ont pas connus.

---

* Il y a une erreur dans les observations en forme de table des matières, placées en tête du premier cahier ou volume des Manuscrits de l'abbé Rothelin ; on y dit que la Relation sur la première croisade de saint Louis, écrite par un témoin oculaire, est *adressée au seigneur Nicolas Arrode Jehans Sarrasins chanbretens le roy de France* ; ceci est une faute grossière; le sens de la suscription de la lettre est bien évident : c'est Jean Sarrasins, chambellan de saint Louis et son compagnon en Egypte, qui écrit ce qu'il a vu au seigneur Nicolas Arrode, resté en France. Dans toutes les lettres de cette époque, le nom de celui à qui on écrit précède de cette manière le nom de celui qui écrit.

** Nous avons vu dans plusieurs documents contemporains que le chambellan de saint Louis s'appelait aussi Pierre ; c'est ce qui nous a déterminés à appeler l'auteur de cette Relation Jean Pierre Sarrasins.

LETTRE DE JEAN PIERRE SARRASINS,

CHAMBELLAN DU ROI DE FRANCE,

A NICOLAS ARRODE,

SUR LA PREMIÈRE CROISADE DE SAINT LOUIS.

A seigneur Nicolas Arrode, Jehans Sarrasins, chambrelens le roy de France, salus et bonne amour. Je vous fais à savoir que li Roys et la Roine, et li quens d'Artois, et li quens d'Anjou et sa femme, et je somes haitie dedans la cité de Damiete, que Dieus par son miracle, par sa miséricorde et par sa pitié rendi à la crestienté le dimanche de la quinzaine de Pentecoste. Après ce je vous fais à savoir en quele manière ce fu. Il avint quant li Roys et li os de la crestienté furent entrés es nel à Aigue-Morte, que nous feismes voile le jour de feste de Saint Augustin, qui est en la fin d'aoust, et arrivames en l'isle de Cipre quinze jours devant la feste de Saint Remy, c'est à savoir le jour de la feste de Saint Lambert. Li quens d'Angiers descendi à la cité de Lymeçon, et li Roys et nous qui avec lui estions en sa nef que on apeloit la Monnoie, descendimes bon matin, et quens d'Artois entor tierce à ce port meismes. Nous feismes en cette isle amont pou de gent et ses journaismes illuec jusques à l'Ascension pour atendre l'histoire qui nestoit m'e venue.

◇◇◇

Au seigneur Nicolas Arrode, Jean Sarrasins chambellan du roi de France, salut et bonne amitié : je vous fais à savoir que le roi et la reine, et le comte d'Artois et le comte d'Anjou et sa femme, et moi sommes heureusement arrivés dans la cité de Damiette que Dieu, par son miracle, par sa miséricorde et par sa pitié, rendit à la chrétienté le dimanche de la quinzaine de la Pentecôte. Après cela, je vous ferai à savoir de quelle manière cela se fit. Il advint que quand le roi et l'armée de la chrétienté furent embarqués à Aigues-Mortes, nous fîmes voile le jour de la fête de saint Augustin qui est à la fin d'août, et nous arrivâmes dans l'île de Chypre quinze jours avant la fête de saint Remi, c'est-à-dire le jour de la fête de saint Lambert. Le comte d'Anjou descendit à la cité de Limisso, et le roi et nous qui étions avec lui sur son vaisseau appelé la *Monnoie*, descendîmes de bon matin et le comte d'Artois vers la troisième heure, à ce même port. Nous étions peu de gens qui débarquâmes dans cette île, et nous y séjournâmes jusqu'à l'Ascension pour attendre la flotte qui n'étoit pas encore arrivée.

Des messages que li Tartarins envoierent au roy de France.

Il avint que au Noël devant que li uns des grans princes des Tartarins que on apeloit Elteltay et crestiens estoit envoia au roy de France en Nycoisie en Cypre ses messages. Li Roy envoia à ces messages frère Andrieu, de l'ordre de Saint Jaque, et li message qui vien ne savoient que on y deuse envoyer le connurent aussi bien et frère Andrieus eulz con nous connoistrions li uns l'autre. Li Roys fit venir ces messages devant lui et parlèrent assés en lor langages, et frère Andrieus disoit le françois au Roy que li plus grans princes des Tartarins avoit esté crestiens le jour de la Thiphaigne et grant plenté de Tartarins avecques lui meismement des plus grans seigneurs. Encore disoient-ils que Etheltay à tout son ost de Tartarins seroit en l'aide au roy de France et de la crestienté encontre le caliphe de Baudas, et encontre les Sarrasins; car il entendroit venger les grans hontes et les grans damages que li Choramins et li autres Sarrasins avoient faites à Notre Sei-

◇◇◇

Des ambassadeurs que les Tartares envoyèrent au roi de France.

Il advint que dans l'Avent de Noël, un des grands princes tartares qu'on appelle Etheltay et qui est chrétien, envoya ses ambassadeurs au roi de France à Nicosie, en Chypre. Le roi envoya à ces ambassadeurs, frère Andrieux de l'ordre de Saint-Jacques, et les ambassadeurs sans avoir été prévenus, reconnurent le frère Andrieux, et celui-ci les reconnut aussi comme nous nous reconnaîtrions les uns les autres. Le roi fit venir ces ambassadeurs devant lui, et ils parlèrent assés en leur langage, et frère Andrieux disoit en françois au roi que le plus grand prince des tartares s'étoit fait chrétien le jour de l'Epiphanie et grande quantité de Tartares avec lui, même des plus grands seigneurs. Ils disoient aussi qu'Etheltay et toute son armée de Tartares viendroient au secours du roi de France et de la chrétienté, contre le calife de Bagdad et contre les Sarrasins; car il consentiroit à venger les grandes hontes et les grands dommages que les Karismiens et les autres Sarrasins avoient faits à notre Seigneur Jésus-Christ et

gneur Jésus-Christ et à la crestienté. Ils disoient que leur Sires mandoit encore au Roy que il passast en Egypte au nouviau temps pour guerroier le soudan de Babiloine, et li Tartarins en ce point meisme enterroient pour guerroier en la terre le caliphe de Baudas. Car en telle manière ne pourroient-ils aider li uns aux autres. Li roys de France ot conseil denvoyer ses messages avec euls à Etheltay leur seigneur et au souverin seigneur des Tartarins, que on apeloit Quio-Quan. Pour savoir la vérité de ces choses, ils disoient que jusques là où Quio-Quan manoit des Tartarins avoit bien demi an derrure. Mais Etheltay lor Sires et li os des Tartarins n'estoit mie moult loins; car il estoient en Perse que il avoient toute détruite et mise en la subjection des Tartarins. Bien disoient encore que li Tartarins estoient mout à la volenté le Roy et de la crestienté. Quant ce vint à la quinsaine de la Chandelor li message les Tartarins et li message le Roy s'en alèrent tous ensemble, ce est à savoir frère Andrieus de Saint Jaques, et un sien frère et maistre Jehans Goderiche et uns autres clercs de Poissy, et Rerbers li sommeliers, et Gerbers de Sens. Et quant ce vint à la mi-quaresmes li Roy oi nouvelles d'euls que il sen aloient la banière desploye au maistre des Tartarins, parmi la terre des mescréans et que il avoient ce que il voloient par la doutance des messages au maistre des Tartarins. Après ces choses li Roy et toute lestoire que il esmoit bien à deuxième et cinquième chevaliers et cinquième mil arbalestriers, et grant plenté d'autre gent à pié et à cheval entrèrent es nes et montèrent sus mer à Lymeçon et aus autres pors de Cypre le jour de l'Ascension, qui a donques fu le tresième jour murent pour aler en la cité de Damiete, où il navoit pas de Cypre plus de trois journées. Nous fumes sus mer vingt-deux jours, et moult eumes de contrantes et de travaux en la mer.

Comment li crestien prisent terre.

Le vendredi après la Trinité entor tierce venismes devant Damiete, et grant partie de nostre estoire avecques nous, mais ele ni estoit mie toute dassés et bien avoit trois lieues jusques à terre. Li Roys fist l'estoire à ancrer, et manda tantost tous les barons qui la estoient. Il s'asamblèrent tous dedens Monnoie la nef le Roy et s'accordèrent que il iroient prendre terre lendemain bien matin et malgré les ennemis si il lor osoient deffendre. Commandé fu que on apareillast toutes les galères et tous les meismes vaissiaux de lestoire, et que lendemain bien matin y entraissent tout cil qui entrer y porroient. Bien fu dit que chascun se confessast et apareillast, et feist son testament et atornast bien son affaire, comme por morir se il plust à Nostre

⬥⬥⬥

à la chrétienté. Ils disoient que leur seigneur mandoit encore au roi de passer en Egypte au printemps pour guerroyer le soudan du Caire, et que les Tartares entreroient en même temps sur les terres du calife de Bagdad pour guerroyer, et qu'ainsi ces deux princes musulmans ne pourroient se secourir l'un l'autre. Le roi de France décida d'envoyer ses ambassadeurs avec eux à Etheltay, leur seigneur, et au souverain seigneur des Tartares qu'on appeloit Kio-Kan pour savoir la vérité de ces choses. Ils disoient que jusqu'au lieu où demeuroit Kio-Kan, il y avoit bien pour une demi-année de chemin; mais qu'Etheltay leur seigneur et l'armée des Tartares n'étoient moult loin; car ils étoient en Perse qu'ils avoient toute détruite et mise en la sujétion des Tartares. Bien disoient encore que les Tartares étoient tous à la volonté du roi et de la chrétienté. Quand ce vint à la quinzaine de la Chandeleur, les ambassadeurs des Tartares et ceux du roi s'en allèrent tous ensemble; c'est à savoir frère Andrieux de Saint-Jacques et un sien frère, et maître Jean Goderiche, et un autre clerc de Poissy, et Rebers, sommelier, et Gerbers de Sens. Et quand ce vint à la mi-carême, le roi apprit d'eux qu'ils s'en alloient, bannière déployée, au maître des Tartares, à travers la terre des mécréans et qu'ils avoient ce qu'ils vouloient par la crainte qu'inspiroient les messagers du maître des Tartares. Après ces choses le roi et toute la flotte qui portoit bien 1,600 chevaliers et 5,000 arbalêtriers, et grande quantité d'autres gens à pied et à cheval, entrèrent sur les nefs et montèrent sur mer à Limisso et autres ports de Chypre. Le jour de l'Ascension, qui fut alors le treizième jour, ils partirent pour aller à la cité de Damiette où il n'y avoit pas plus de trois journées de l'île de Chypre. Nous fûmes sur mer vingt-deux jours, et nous eûmes en mer moult contrariétés et travaux.

Comment les chrétiens débarquèrent.

Le vendredi d'après la Trinité, vers la troisième heure, nous arrivâmes devant Damiette et grande partie de la flotte avec nous. Mais la cité n'étoit pas assez près et bien y avoit trois lieues jusqu'à terre. Le roi fit la flotte à l'ancre et manda tantôt tous les barons qui étoient là. Ils s'assemblèrent tous dedans la *Monnoie*, vaisseau du roi, et s'accordèrent pour aller prendre terre le lendemain bien matin, et malgré les ennemis s'ils osoient les en empêcher. Il fut commandé qu'on appareillât toutes les galères et même tous les vaisseaux de la flotte, et que le lendemain bien matin tous ceux qui pourroient entrer y entrassent. Chacun fut invité à se confesser, à faire son testament, à mettre en ordre ses affaires comme pour mourir, s'il plaisoit à Notre-Seigneur Jésus-Christ. Quand ce vint le lendemain bien

Seigneur Jésus-Christ. Quant ce vint le lendemain bien matin le Roy oit le service Nostre Seigneur, et tel messe que on fait en mer, et s'arma et commanda que tout s'armaissent et entraissent en petit vaissiaux. Li Roy entra en un coche de Normandie, et nous et nostre compaignon avec lui et li Légas ausi. Si que il tenoit la vraie crois et seignoit les gens armées qui estoient entre les menus vaissiaux pour aler prendre terre. Li Roy fist entrer en la barge de Gautier monseigneur Jehans de Biaumont, Maihieu de Marh et Geofroy de Sargines, et fist metre le confanon monseigneur Saint Denis avec euls. Cele barge aloit devant, et tout li autre vaissel alèrent après et suirent le confanon. La coche où li Roy estoit et li Legas deleis lui qui tenoit la sainte vraie crois, et nous estions tousjours alans derrières. Quand nous aprochames de la rive à une arbalestrée, mout grant plenté de Turcs à pié et à cheval et bien armés qui estoient devant nous sus la rive, traissent à nous mout espessement et nous à euls, et quant nous aprochames de terre bien deux mil Turcs qui là estoient à cheval se ferirent en la mer bien avant encontre nos gens et assés de euls à pié. Quant nos gens qui estoient bien armé et vaissiaux meismement, li chevalier virent et n'entendirent pas à suir le confanon monseigneur Saint Denis. Ains alèrent en la mer à pié tout armé, li uns jusques as aisselles, li autres jusques as mamelet, li uns plus en parfont et li autres mains, selon ce que la mer estoit plus parfonde en un lieu que en un autre. Assés y ot de nos gens qui traissent leurs chevaux par grant péril, par grant travaux et par grant prouesses hors des vaissiaux où il estoient. Adonques s'efforcièrent nostres arbalestriers et traissent si durement et si espessement que c'estoit merveilles à veoir. Lors vinrent nos gens à terre et la guaignièrent. Quant li Turcs virent ce, si se ralièrent ensamble et parlèrent en leur lagage, et vinrent sur nos gens si durement et si fièrement, que il sembloit que il les deussent tous occirre et découper. Mais nos gens ne se murent de sus le rivage, ainsi se combatirent si vigoureusement que il sambloit que il neussent onques souffert ne prisons, ne travaux, ne angoisses de la mer. Par la vertu de Jésus-Christ et de la sainte vraie crois que li Legas tenoit en haut desus son chief encontre les mescréans. Quant li Roys vit les autres saillir et deffendre en la mer, il voult deffendre avec euls; mais on ne li vouloit laissier et toutes voies descendi il outre leur gré et entra en la mer jusques la chainture, et nous tous avec avec lui, et puis que li Roys fu descendu en la mer, dura la bataille grant piece. Quant li Roys fu descendu en la mer, dura la bataille par mer et par terre dès la matinée jusques à midi. Lors tous se traissent li Turcs arrières et s'en alèrent et entrèrent dedens la

matin, le roi ouït le service de notre Seigneur et telle messe qu'on dit en mer, et il s'arma et commanda que tous s'armassent et entrassent dans les petits vaisseaux; le roi entra dans un coche de Normandie, et nous et notre compagnon avec lui, et le légat aussi. Le légat tenoit la vraie croix et la montroit à tous les gens armés qui étoient dans les menus vaisseaux pour aller prendre terre, en les bénissant. Le roi fit entrer dans la barge de Gautier, monseigneur Jean de Beaumont, Mathieu de Marh et Geoffroy de Sargines, et fit mettre le gonfanon Saint-Denis avec eux. Cette barge alloit devant et tous les autres vaisseaux allèrent après et suivirent le gonfanon. Le coche où étoit le roi et le légat qui tenoit la sainte vraie croix, et nous, étions toujours derrière. Quand nous approchâmes de la rive à une portée d'arbalète, une grande multitude de Turcs à pied et à cheval et bien armés, qui étoient devant nous sur la rive, tirèrent sur nous vigoureusement et nous sur eux. Et quand nous approchâmes de terre, deux mille Turcs qui étoient là à cheval, se jetèrent dans la mer bien avant contre nos gens, et le nombre des Turcs qui étoient là à pied étoit grand. Quand nos gens qui étoient bien armés sur les vaisseaux, même les chevaliers, virent cela, ils ne songèrent pas à suivre le gonfanon de monseigneur Saint-Denis, mais allèrent dans la mer à pied tout armés, les uns jusqu'aux aisselles, les autres jusqu'aux mamelles, les uns plus à fond, les autres moins, selon que la mer étoit plus profonde en un lieu qu'en un autre. Il y eut assez de nos gens qui tiroient leurs chevaux avec grand péril, grands travaux et grandes prouesses hors des vaisseaux où ils étoient. Alors nos arbalètriers employèrent toutes leurs forces et tirèrent si durement, que c'étoit merveille à voir. Nos gens vinrent enfin à terre et la gagnèrent. Quand les Turcs virent cela, ils se rallièrent ensemble, parlèrent en leur langage, puis vinrent sur nos gens si rudement et si fièrement qu'il sembloit qu'ils les dussent tous occire et découper. Mais nos gens restèrent sur le rivage, et combattirent si vigoureusement qu'il sembloit qu'ils n'eussent onques souffert ni prisons, ni travaux, ni angoisses de la mer; et cela par la vertu de Jésus-Christ et de la sainte vraie croix que le légat tenoit au-dessus de sa tête contre les mécréants. Dès que le roi vit les autres sauter et descendre dans la mer, il voulut y descendre avec eux; mais on ne l'y vouloit laisser descendre, et toutefois descendit-il contre leur gré et entra dans

cité de Damiete. Li Roy demoura sur la rive et tout l'ost de la chrétienté. Il ot en cele bataille ou peu ou nul perdu des cretiens, des Turcs y ot occis bien jusqu'à cinquième et moult de leurs chevaux. Il y ot occis quatre amirauls. Li Roy qui avoit été chevetains en la bataille où li quens de Bar et de Montfort avoient esté déconfits de lers Gadres fu occis en cele bataille. Ce estoit, disoit-on, li plus grans Sires de toute la terre d'Egypte, apres le Soudan et bon chevaliers, et hardis et sages de guerre. Landemain ce est à savoir le dimanche devant les octaves de la Pentecouste au matin vint un Sarrasin au Roy et dist que tout li Sarrasins s'en estoient alé de la cité de Damiete, et que on le pendit se ce n'estoit voirs. Li Roy le fist garder et envoya gens pour savoir la certaineté. Avant que il fut nonne, certaines nouvelles vindrent au Roy que grant plenté de nos gens estoient ja dedens la cité de Damiete, et la baniere le Roy seur une haute tour.

De la grant garnison et de la grant force de la cité de Damiete.

Quant nos gens oirent ce moult durement loerent Nostre Seigneur, et mercierent de la grant debonnaireté que il avoit faite aux crestiens. Car la cité de Damiete estoit si fors de murs, et de fossés, et de grant plenté de tours fors et hautes, et de hordeis, et de barbacanes, et de grant plenté de gens d'armes, et de viandes, et de quanque mestiers estoit pour ville deffendre que à peine peust nuls nous cuider que ele peust estre prise se par trop grant painne non et par trop travaux, par force de gens moult se trouverent nos gens bien garnie de quanque mestier estoit. On trouva dedens en prison cinquante-trois esclaves de crestiens qui avoient esté laiens ce disoient vingt-deux ans. Il furent délivrés et amenés au Roy, et disoient que li Sarrasins sen estoient fui dès le samedi par nuit, et que li Sarrasins disoient li un à lautre que li pourcel estoient venu. On y trouva ausi ne sai quans suriens crestiens qui manoient laiens en subjection des Sarrasins. Quant cil virent les crestiens entrer dans la ville, il prirent crois et les portoient, et par ce norent garde. On leur laissa leur maisons et ce quil avoient dedens, après ce que il orrent parlé au Roy et au Legat. Li Roy et li os se deslogea et sen alerent logier devant la cité de Damiete lendemain de la feste Saint Barnabé lapostre. Li Roy entra premier dedens Damiete et fist despechier le maistre mahomerie de la ville et toutes les autres, et en fist faire eglises ediscs en lhon-

⋄⋄⋄

la mer jusqu'à la ceinture, et nous tous avec lui; et puis quand le roi fut descendu en la mer, le combat dura long-temps. La bataille avoit duré par mer et par terre depuis la matinée jusqu'à midi; alors les Turcs se tirèrent en arrière et s'en allèrent et entrèrent dans la cité de Damiette. Le roi demeura sur la rive et l'armée de la chrétienté avec lui. Peu ou point de chrétiens ne périrent dans cette bataille; des Turcs y en eut bien d'occis jusqu'à cinq cents, et moult de leurs chevaux. Il y eut quatre émirs d'occis. Le prince musulman qui avoit été chieftain dans la bataille où les contes de Bar et de Montfort avoient été déconfits près de Gaza, fut tué dans ce combat. C'étoit, disoit-on, le plus grand seigneur de toute la terre d'Egypte, après le soudan, et bon chevalier et hardi et habile dans la guerre. Le lendemain, c'est-à-dire le dimanche, octave de la Pentecôte, au matin, un Sarrasin vint trouver le roi et dit que tous les Sarrasins s'en étoient allés de la cité de Damiette; il consentoit qu'on le pendit s'il ne disoit pas la vérité. Le roi le fit garder et envoya des gens pour savoir la vérité. Avant nones, nouvelles certaines vinrent au roi que grande quantité de nos gens étoient déjà dans la cité de Damiette, et que la bannière du roi flottoit déjà sur une haute tour.

De la grande garnison et de la grande force de la cité de Damiette.

Quant les nôtres ouïrent cela, ils louèrent moult vivement notre seigneur, et le remercièrent de la grande débonnaireté qu'il avoit eue pour les chrétiens. Car la cité de Damiette étoit si fte de murs et de fossés et d'un grand nombre de tours fortes et hautes, et de palissades et rbacanes et de grande quantité de gens art de provisions, et de tout ce qui étoit nécessaire pour défendre une ville, qu'à peine quelqu'un eut-il pu penser qu'elle pût être prise, si ar trop grande peine et par trop de travaux force gens. Les nôtres la trouvèrent moult ournie de toutes choses nécessaires. On y en prison cinquante-trois esclaves chrétiens qui étoient là, disoient-ils, depuis vingt-ans. Ils furent délivrés et conduits au Roi; dirent que les Sarrasins s'étoient enfuis samedi, dans la nuit, et que les Sarrasins oient l'un à l'autre que les porcs étoient us. On y trouva aussi, ne sais combien de tiens Syriens qui demeuroient là en la sujétion Sarrasins. Quand les fidèles Syriens virent chrétiens entrer dans la ville, ils prirent des croix et les portèrent, et par ce moyen ils n'eurent rien à craindre: on leur laissa leurs maisons et ce qu'ils avoient dedans, après qu'ils eurent parlé au Roi et au légat. Le Roi et l'armée décampèrent et s'en allèrent loger devant la cité de Damiette. Le lendemain de la fête de saint Barnabé l'apôtre, le roi entra le premier dans Damiette, et fit vuider la grande mosquée de la

neur de Jésu-Christ. Nous cuidons bien que nous ne nous mouvons de la cité jusqua la feste Toussaints, par la croissance dou flun de Paradis que on apele le Nil. Car on puet en Alexandrie, ne en Babiloine, ne au Chaaire quand il sest espandu par la terre dEgypte ne il ne doist descroistre, ce dist-on, devant. Adonques sachiez que nous ne savons mie du soudan de Babiloine. Mais on fait entendre au Roy que autre Soudant le guerroient. Et sachiez bien que onques puis que Diex nous ot rendu la cité on ne vit près de nostre ost fors Beduins Sarrasins qui viennent aucunes fois a onze lieues près de l'ost. Et quant nostre arbalestriers vont traire à euls si senfuient. Cil meismes viennent par nuit dehors l'ost pour embler chevaux et testes de gens, et dist-on que li Soudan donne dix besans por chascune teste de crestien que on li aporte. Et coupoient en tele maniere li Sarrasins Beduins les testes des pendus et defflouoient les cors qui estoient enfouis en terre pour porter au Soudan, si que on dist uns Beduins Sarrasins qui y venoient tous seuls y fut pris; pour ce le garde on encore ces larrecins pooient il faire legierement; car faloit ce que li Roy ait dedens la cité de Damiete la Royne sa femme et une partie de son harnois dedens le palais, et les fremetes le Soudan de Babiloine et li Legas dedens les sales et les fremetes le

Roy qui fu occis en la bataille quant nous arrivames, et chascuns des Barons ait ausi son grant ostel et bel dedens la cité de Damiete, selon ce que li couvient. Ne que dent li os de la crestienté et li Roy et li Legas son logiés dehors la ville. Pour ces larrecins que li Sarrasins Beduins faisoient ont li crestiens commencié à faire entre l'ost bons fossés profons et larges, mais il n'est mie encore parfait. Ains rendi nostre Sire Jésu-Christ par sa miséricorde la noble cité et la très fort de Damiete à la crestienté quant l'an de l'Incarnation estoit mil CC XLIX ans, le dimanche après les octaves de Pentecoustes. Cest à savoir le sisieme jour du mois de juin qui adonques fu en dimanche.

Qans ans il ot entre les deux prises de Damiete.

Ce fut trente ans après ce que li chretiens lorent conquis par grans travaux et par grans labours encontre les Sarrazins et la repardirent dedans l'an meismes, quant il alerent pour asseoir le chaaire et li flum crut et sespendit entour eulz que il ne porent avant ne arriere. Pour cele chose cuidons nous que li os ne se voisu mouvoir de Damiete, devant que li flum sera descrus et revenus arriere dedans ses chaneus. Faites savoir ces lettres à tous nos amis. Ces lettres furent faites en la cité de Damiete, la

<><>

ville et toutes les autres. Il en fit faire des églises consacrées à Jésus-Christ. Nous pensons bien que nous ne quitterons la cité qu'à la fête de la Toussaint, à cause de la croissance du fleuve paradis qu'on appelle le Nil, car on ne peut aller à Alexandrie ni à Babylone, ni au Caire, quand il est répandu par la terre d'Egypte; et il ne doit décroître, ce dit-on, avant ce temps. Apprenez maintenant que nous ne savons rien du soudan de Babylone; mais on fait entendre au roi qu'un autre soudan le guerroye, et sachez bien que depuis que Dieu nous a rendu la cité, on ne voit près de notre camp que Bédouins-Sarrasins qui viennent aucunes fois à deux lieues près. Et quand nos arbalètriers vont tirer sur eux, ils s'enfuient. Il y en a même qui viennent la nuit, autour du camp, pour enlever chevaux et couper des têtes; et on dit que le soudan donne dix besans pour chaque tête de chrétien qu'on lui apporte. De sorte que les Sarrasins-Bédouins coupent les têtes des pendus, et déterrent les corps qui étoient enfouis en terre, pour en porter les têtes au soudan. On dit qu'un de ces Bédouins-Sarrasins qui étoit venu tout seul a été pris, et pour ce le garde-t-on encore. Ils pouvoient faire ses larcins facilement, car le roi avoit dans la cité de Damiette, la reine sa femme, et une partie de ses équipages au palais

<><>

et au château du soudan de Babylone; le légat occupait les salles et le château du prince qui fut occis dans la bataille quand nous arrivâmes; et chacun des barons avoit aussi un grand et bel hôtel, dans la cité, suivant son rang. L'armée de la chrétienté, le roi et le légat étoient logés hors la ville. Pour empêcher les larcins des Sarrasins-Bédouins, les chrétiens avoient commencé à creuser autour du camp de bons fossés, profonds et larges, mais ces fossés ne sont pas encore achevés. Ainsi notre Seigneur Jésus-Christ a rendu, par sa miséricorde, la noble cité et le fort de Damiette à la chrétienté, l'an de l'incarnation 1249; le dimanche de l'octave de la Pentecôte, c'est à savoir le sixième jour du mois de juin qui étoit alors un dimanche.

Combien d'années se sont écoulées entre les deux prises de Damiette.

Trente ans après que les chrétiens eurent conquis Damiette par grands travaux et par grands labeurs sur les Sarrasins, ils la reperdirent dans l'année même où ils allèrent assiéger le Caire: le Nil avoit cru et avait tout inondé autour d'eux, et pour cela ne pouvoient-ils marcher en avant ni revenir en arrière. Aussi nous pensons que l'armée ne se doit mouvoir de Da-

vegile de la nativité monseigneur Saint Jehan-Baptiste qui fu ce mois meismes.

Comment li Roys fist aourner richement les églises de Damiete, et comment il os de la chrestienté se parti de Damiete.

Quant Damiete fut prise ainsi comme nous avons dit devant, li cardonnaux et li Roys de France firent ordenner archevesque en la maistre église de la vile qui avoit été faites de sa maistre mahommerie. Il y establirent chanoines pour faire le service Nostre Seigneur. Bonnes rentes et riches leur assena le Roy et à l'archevesque et aus Chanoines, as Templiers, as Hospitaliers, aus freres des Alemans, aus frères Meneurs, aus frères de Saint Jacques, aus frères de la Trinité et as autres que nous ne poons mie nommer. As barons, as princes de la terre d'Outre-Mer, assena li Roys bele manandises et riches selon ce qui convenoit à chascun dedans Damiete. Les églises qui avoient esté établies des mahommeries et les autres fist le Roy richement aourner de galises, d'encensiers, de candelabres, de seaus, de crois, de crucifis, de livres, de casuves, d'aubes, d'estoles, de fanons, de dras d'autel, de dras de soie, d'ymages de Nostre-Dame; de capes de mer, de tuniques, de dalmatiques, de reliquaires, de philateres d'or et d'argent, de crystal et de toutes autres choses que il couvenoit prouvoires aus chapelins, clers et personnes de sainte église, faisoit li Roys mettre par tous les lieus ou mestier estoit en rentes leur assenoit et livroit desqueles il pooient belement et honnestement vivre selon ce qu'il convenoit à chascun. Grand painne, grant entente, grant estude et grans cous mettoit li Roys à ces choses et as autres, par lesqueles li services Nostre Seigneur Jhesu-Christ fust maintenu en la cité de Damiette et au pays et la foi crestienne tenue et honnourée. La fremetés meismes de Damiete qui estoit très fort à grant merveilles faisoit-il encore renforcies, les fossés reparer, barbacannes en tel lieu ou eles n'estoient mie, lices, fossés, conduis et autres choses que nous ne savons mie toutes nommer. Li Roys metoit teuls painnes et teuls cous à ces choses que nous avons devant nommées qu'il avoit asses de teuls en l'ost des chretiens qui disoient que ce estoit grant folie et grans outrages et que bien s'en peust on faire à mains. La Royne, la contesse d'Artois, la contesse de Poitiers et une partie des crestiens estoient dedans Damiete par les maisons. Li Roys, li cardonnaux et la plus grant partie et la plus forte de l'ost estoient logiés devant la cité, outre le pont qui estoient seur le flun du Nil, en cele isle meis-

⟨⟩⟨⟩

miette avant que le fleuve soit décru et rentré dans son lit. Faites connoître cette lettre à nos amis. Cette lettre fut faite en la cité de Damiette, la veille de la nativité de monseigneur saint Jean-Baptiste qui étoit ce même mois.

Comment le roi fit orner richement les églises de Damiette, et comment l'armée de la chrétienté partit de Damiette.

Quand Damiette eut été prise, ainsi que nous l'avons devant dit, le cardinal et le roi de France firent ordonner un archevêque dans la principale église de la ville, auparavant la grande mosquée. Ils y établirent de schanoines pour faire le service de Notre-Seigneur. Le roi leur assura de bonnes et riches rentes et à l'archevêque et aux chanoines, aux Templiers, aux Hospitaliers, aux frères Teutoniques, aux frères Mineurs, aux frères de saint Jacques, aux frères de la Trinité, et à d'autres que nous ne pouvons nommer. Le roi assura de belles et riches possessions aux barons, aux princes de la terre d'outre-mer, selon ce qu'il convenoit à chacun dans la ville de Damiette. Le roi enrichit les églises qui étoient auparavant des mosquées, et tous les autres sanctuaires chrétiens, de calices, d'encensoirs, de candelabres, de seaux, de croix, de crucifix, de livres, de chasubles, d'aubes, d'étoles, de bannières, de nappes d'autel, de draps de soie, d'images de Notre-Dame, de chappes de chœur, de tuniques, de dalmatiques, de reliquaires d'or et d'argent, de cristal, et de toutes autres choses dont il convenoit de pourvoir chapelains, clercs et personnes de sainte église; le roi en faisoit mettre par tous lieux ou besoin étoit, et assuroit aux desservants des rentes dont ils pouvoient bellement et honnêtement vivre selon ce qui convenoit à chacun. Grande peine, grand soin, grande étude et grandes dépenses mettoit le roi à ces choses et à d'autres, par lesquelles le service de Notre-Seigneur Jésus-Christ fut entretenu dans la cité de Damiette et dans le pays, et fut la foi chrétienne soutenue et honorée. Il fit meme encore renforcer la forteresse de Damiette qui étoit merveilleusement forte, réparer les fossés, établir des barbacanes aux endroits où il n'y en avoit point, des barrières, des fossés, des conduits et autres choses que nous ne savons toutes nommer. Le roi mettoit telles peines et telles dépenses à ces choses, que nous avons devant nommées, qu'il y avoit assez de gens de l'armée des chrétiens qui disoient que c'étoit grande folie et grands excès, et que bien auroit-on pu faire à moins. La reine, la comtesse d'Artois, la comtesse de Poitiers, et une partie des chrétiens étoient à Damiette, dans les maisons. Le roi, le cardinal et la plus grande et la plus forte partie de l'armée étoient logés devant la cité au-delà du pont qui étoit sur le fleuve du Nil, en cette île

mes de Maalot, là où il estoient arivé; il estoient logié seur la rive du flun, si que il flun estoit entre l'ost et Damiete. Cele isle de Maalot, qui est devant Damiete; d'autre part le flun qui est plentive de mout de bien. Li Roys et li crestiens estoient la endroit logié ou sablon. Grans ennuis et grans angoisses souffroient de la grant chaleur, de la grant planté de mousches et de puces grans et grosses qui estoient en l'ost. Li Bedouins et li Sarrazins qui aloient epians entour l'ost, quant il trouvoient qui avoient écarté l'ost, il leur couroient sus et li nostres à eus. Aucunes fois en avoient li Sarrasins le meilleur, mais plus souvent li nostres. Ainsi avenoit que on trouvoit assés de crestiens qui estoient mors par les chans entour l'ost. Entour la mi-aoust avint que li Turcs vinrent leurs batailles rangiées et ordonées pour combattre cele part où li crestiens estoient logiés. Li Roys fist crier partout l'ost et deffendre que nus ne fust tant que issit des licés, par quoi nus crestiens ne s'osa mouvoir. Li Sarrasins se tindrent en tel maniere une grant piece en sus des lices, et quant ne sai quans des Sarrasins virent que nus des crestiens n'issoient, il se departirent des autres et s'en vindrent vers les lices des crestiens pour ambler. Messire Gauchiers d'Autreche ne pot ce souffrir, et sailli sur un cheval tout armé et se feri hors les lices contre le commandement le Roy. Mais nulz ne le sui; vigoureusement couru sus ces Sarrasins qui estoient si approchiés. Grant bataille ot entreulz si vigoureusement, et si bien se maintint messires Gauchiers tous seuls, que il en occis trois et que li autres s'enfuirent vers les batailles des Sarrasins qui estoient bien rangiées et se regardoient, mais il ne se mouvoient. Messires Gauchiers feri cheval des esperons après ceuls qui s'enfuioient, mais ses chevaus qui estoient lassés chay et messires Gauchiers desous. Quant li Sarrasins qui s'enfuioient virent monseigneur Gauchier cheu, il retournerent isnelement vers lui et descendirent pour lui occire. Mais messire Ymbers de Biau Geu s'enperçut et sailli isnelement sur un cheval et autres chevaliers après lui, et ferirent chevaux des esperons grant train aleure cele part. Quant li Turcs les perburent, norent mie loisir d'occire monseigneur Gauchier, ainçois resaillirent isnelement sur leurs chevaus et s'enfuirent aus autres. Messire Gauchiers fut raportés en l'ost et fu mors dedans le tiers jour de cele cheure. Li Sarrasins s'en retournerent arriere leur bataille ran-

◇◇◇

de Maalot (le Delta), là où ils étoient arrivés. Ils étoient campés sur la rive du fleuve, en sorte que le fleuve étoit entre l'armée et Damiette. Cette île de Maalot est en face de Damiette, de l'autre côté du fleuve : elle est abondante en tous biens. Le roi et les chrétiens étoient là sur le sable. Grandes incommodités et grandes angoisses souffroient-ils de la grande chaleur, de la grande quantité de mouches et de puces fortes et grosses qui étoient dans l'armée. Les Bédouins et les Sarrasins qui alloient épiant autour du camp, lorsqu'ils trouvoient quelques chrétiens écartés de l'armée, leur couroient sus, et les nôtres couroient sur eux. Aucunes fois les Sarrasins avoient le dessus, mais les nôtres plus souvent. Ainsi il arrivoit qu'on trouvoit assez de chrétiens morts dans les champs autour du camp. Vers la mi-août, il advint que les Turcs arrivèrent avec leurs batailles rangées et ordonnées pour combattre dans cette partie où les chrétiens étoient logés. Le roi fit crier partout dans le camp, et défendre que nul ne fît tant que de sortir des lignes; pourquoi nuls chrétiens n'osèrent se mouvoir. Les Sarrasins se tinrent de cette manière un grand temps en dessus des lignes, et quand ne sais combien de Sarrasins virent que nul des chrétiens ne sortoit, ils se séparèrent des autres, et s'en vinrent autour des retranchements des chrétiens pour piller. Messire Gauchier d'Antrache ne put souffrir cela, et monta sur un cheval tout armé, et se porta hors des lignes contre le commandement du roi; mais personne ne le suivit. Il courut vigoureusement sur ces Sarrasins qui s'étoient tant approchés. Grand combat y eut entre eux si vivement, et messire Gauchier se maintint si bien tout seul qu'il en occit trois, et que les autres s'enfuirent vers les batailles des Sarrasins qui étoient bien rangées et regardoient le combat mais ne se mouvoient pas. Messire Gauchier piqua des deux son cheval après ceux qui s'enfuyoient, mais son cheval qui étoit las tomba, et messire Gauchier dessous lui. Quand les Sarrasins qui s'enfuyoient virent monseigneur Gauchier tombé, incontinent retournèrent-ils vers lui, et mirent pied à terre pour l'occir. Mais messire Imbert de Beaujeu s'en aperçut et sauta aussitôt sur un cheval, et d'autres chevaliers après lui, et piquèrent leurs chevaux et s'en allèrent en grande hâte de ce côté. Quand les Turcs les aperçurent, ils n'eurent pas le loisir de tuer monseigneur Gauchier; ils remontèrent au contraire bien promptement sur leurs chevaux et s'enfuirent vers les autres. Messire Gauchier fut rapporté au camp; le troisième jour de sa chute, il étoit mort. Les Sarrasins s'en retournèrent à leurs batailles rangées, quand ils virent que les chrétiens ne vouloient plus se battre avec eux de cette manière. Après il advint, aux approches de la fête de saint Luc l'évangéliste, une tempête si grande et si générale sur mer et dans tous ces

giés; quant il virent que li chrestiens ne se combatteroient mie à euls on endroit. Après avint entour la feste Saint Luc l'évangeliste que si grans et generaus tempeste fît en la mer et en ces parties, que si grans plenté des nes furent perillées es ports de la matinée et moult grant plenté de gens noiés et grant plenté de viandes furent perdues en la mer. Cele grant tempeste fu presque partout les ports d'outre mer. Au port de Lymaçon, en l'isle de Chypre, ne courut mie cele grant tempeste. A ce port arriva li Quens de Poitiers a toute lestoire. Et quant il et ses gens se furent rafreschis en cele isle un pou de temps, il remonta sur mer et arriva à Damiete sains et saus à toute lestoire. Mout ot li Roys grant joie et toute li os de la venue le conte de Poitiers et de ses gens. Et quant ce vint entour la feste Sainte Cecile, li Roys fist appareiller ses nes. Tant y avoit de barges, de galies, de grans nes et de petites chargiées de viandes, d'armes, d'engiens, de harnas et de toutes manieres, de choses que mestier avoient à hommes et à chevaus, que ce estoit une grant merveille à veoir. Tant y avoit de vaissiaus et petits et grans que tout li fluns et en étoit couvert cele part. Li ost se delogea et issirent de l'isle de Maalot et passerent en l'autre isle

◇◇◇

d'autre part là où Damiete siet. Il ordonnerent leur batailles et s'en alerent tout contre mout le flun si que li os qui estoit es nes estoit à des encontre l'autre ost qui aloit par terre. Cil qui aloient par terre avoient le flun et la navie à destre. Tout s'en alloient ensemble tout contre mont le flun vers midi. Damiete avoient à destre et le chastel de Thanis à senestre contre le grant ost des Turs qui estoient assemblés outre le flun de Thanis ou lieu que on apele la Massorre. Là endroit se part li flun de Thanis du grant flun du Nil à senestre et s'en queurt en la mer par proche de les le chastel. Li Sarrasins savoient bien que l'intencion du Roy et des barons estoit d'asseger la noble cité de Babiloine et le chaaire et de prendre toute la terre d'Egypte, se nostre sire Dieu leur voloit donner l'aide, et que là endroit leur couvenoit il passer le flun de Thanis pour leur navie qu'il ne pooient laissier sans grans damage, et là endroit sejournoient ces deux ols à mout petites journées et très lentement s'en aloient contre mont le flun. Car li vent estoit si fors et si roides qui ventoit entre euls que les nes ni li autre vaissel ne pooient estre mené contre mont se par trop grant travail non et trop grant painne et il ne pooient mie laissier leur navie. Li Roys et cil

◇◇◇

parages, que grande quantité de nefs furent en péril dans les ports, et moult grand nombre de gens furent noyés, et grande quantité de provisions furent perdues dans la mer. Cette grande tempête fut presque partout dans les ports d'outremer. Cette grande tempête ne se fit point sentir au port de Limisso, dans l'île de Chypre. Le comte de Poitiers arriva à ce port avec toutes les provisions. Quand lui et ses gens se furent reposés en cette île un peu de temps, ils remontèrent sur mer et arrivèrent à Damiette sains et saufs avec toutes les provisions. Le roi et toute l'armée eurent moult grande joie de la venue du comte de Poitiers et de ses gens. Et quand vint vers la fête de sainte Cécile, le roi fit appareiller ses nefs; il y avoit tant de barges, de galères, de grandes et petites nefs chargées de provisions, d'armes, de machines, de harnois, et de toutes sortes de choses dont avoient besoin les hommes et les chevaux, que c'étoit une grande merveille à voir. Il y avoit tant de vaisseaux petits et grands que tout le fleuve en étoit couvert dans cette partie. L'armée délogea et sortit de l'île de Maalot et passa en l'autre île là où Damiette est située. On ordonna les batailles et on marcha tout contre mont le fleuve, tellement que l'armée qui étoit sur les nefs s'avançoit comme de concert avec l'autre armée qui alloit par terre : celle-ci avoit le fleuve et la flotte à droite. Tous s'en alloient ensemble tout contre mont le fleuve au midi et avoient

à droite Damiette, et le château de Thanis à gauche, en face la grande armée des Turcs qui étoient assemblés au-delà du fleuve Thanis au lieu qu'on appelle la Massore. En cet endroit le fleuve de Thanis se sépare du grand fleuve du Nil à gauche, et va se jeter dans la mer tout près du château. Les Sarrasins savoient bien que l'intention du roi et des barons étoit d'assiéger la noble cité de Babylone et le Caire, et de s'emparer de toute la terre d'Egypte, si notre Seigneur leur vouloit donner assistance, et qu'en cet endroit leur convenoit-il de passer le fleuve de Thanis pour leur flotte qu'ils ne pouvoient laisser sans grand dommage. Dans cet endroit séjournoient les deux armées. Elles s'en alloient à moult petites journées et très lentement contre mont le fleuve, car le vent qui souffloit contre elles étoit si fort et si rude que les nefs ni les autres vaisseanx ne pouvoient être menés contre mont, sinon par trop grand travail et par trop grande peine, et cependant ils ne pouvoient laisser leur flotte. Le roi et ceux qui alloient par terre n'avançoient pas sans grand péril et grand dommage ; car, pour aller de Damiette à la Massore où il n'y a pas plus de dix-huit lieues, ils mirent trente et un jours et plus encore : car ils partirent tout droit de Damiette, le vingtième jour du mois de novembre, et ne vinrent là que la veille du jour de la fête de saint Thomas, l'apôtre, qui est cinq jours avant la Nativité de

qui aloient par terre sans grant peril et grant damage mout, car il mirent à aler de Damiete jusques à la Massoure où il ne mie plus de dix-huit lieues trente-un jours et plus encore; car il murent tout droit de Damiete le vingtieme jour du mois de novembre, et ne vindrent là devant le jour de la feste de Saint Thomas l'apostre, qui est cinq jours devant la nativité Nostre Seigneur Jhesu-Crist, il avint tout droit ainsi que il s'en aloient par leur petites journées et le lendemain la feste Saint Nicolas, au point du jour que li Turcs firent un embuschement et envoierent cinq cents Turs des plus preus et des plus hardis, des miex armés et des miex montés de toute leur ost qui se ferirent en l'avant garde de nostre ost si vigoureusement, si aspre-ment, et si hardiment qu'il sembloit qu'il deussent toute nostre ost desconfire. Mais li Templiers ne li autre de nostre ost qui estoient l'avant-garde ne furent oncques esbahis; hardiement les reçurent aus tranchans des espées, fier poignies (choc) et aspre y ot tant comme il dura. Mais ne demoura mie que li Turs le desconfirent et s'enfuirent grant aleure vers l'embuschement, de là s'enfuirent ensamble à lor ost. En ce poignies trouva on des Turs trois occis, des crestiens n'en trouva on que deux tant seulement. Puis lors en avant ne trouverent mie nos gens grans contens jusques à tant que il vindrent au coron (coin) de celle isle, là où les deux iaues s'enforcent. Et pour ce qu'il ne porrent mie passer contre l'ost aus Sarrasins qui estoient logiés outre liau, car li flun du Nil estoit à nos gens à destre, et li flun de Thanis à senestre, par quoi il ne porrent aler de nule part se il ne retournerent arriere; pour ces choses il se logierent illecques desle le flun du Nil jusques au flun de Thanis. Celui jour meismes que il furent logié passerent li Sarrasins le flun de Thanis et se ferirent en nostre gent à pié. Mais li chevalier, et cil à cheval de nostre ost s'enperçurent et coururent cele part à grant aleure et ferirent entre les Sarrasins. Mais li Sarrasins ne se tinrent mie longuement, ains se desconfirent moult laidement. Assés en y ot d'occis et de pris li remenans s'enfuit et par grant mescheance d'euls meismes. Il ne porrent fuir vers le flun de Thanis, ains s'enfuirent vers le grant flun du Nil, là où nostre navie estoit ancrée nostre crestien les chaçoient occiant et abatant, mais li Sarrasins vindrent au flun, il se ferirent eus à pié et à cheval pour achiver la mort; mais peu lor valut, car nostre gent qui estoient esnes, quant il virent ce coururent aus armes, et quant il veoient les Sarrasins qui nooient à pié ou à cheval, il les feroient d'espées ou de haces et d'autres armes, et de grans perces longues et pesans et ains les occioient en liaue en tele maniere furent presque tout perdu li Sarrasins qui furent à cele assaut. Lendemain

◇◇◇

notre Seigneur Jésus-Christ. Il advint tout juste ainsi qu'ils s'en aloient par leurs petites journées, et le lendemain de la fête de saint Nicolas, au point du jour, que les Turcs dressèrent une embuscade, et envoyèrent cinq cents des leurs des plus preux, des plus hardis, des mieux armés et des mieux montés de toute leur armée, lesquels se portèrent à notre avant-garde si vigoureusement, si âprement et si hardiment qu'il sembloit qu'il dussent déconfire toute notre armée. Mais les Templiers ne les autres de nos gens qui étoient à l'avant-garde ne furent oncques ébahis et les reçurent hardiment avec le tranchant de leurs épées. Le choc fut vif et cruel tant qu'il dura; mais il ne fut pas long: les Turcs furent défaits et s'enfuirent en grande hâte vers le lieu de l'embuscade; de là, ils s'en allèrent ensemble à leur armée. Dans ce combat il y eut trois Turcs occis; des chrétiens ou en trouva que deux seulement: dans la suite nos gens n'eurent pas grands assauts à soutenir jusqu'au moment où ils vinrent à l'angle de cette ile là où les deux canaux se joignent, et parce qu'ils ne purent passer devant l'armée des Sarrasins qui étoient logés au-delà de l'eau. Car le fleuve du Nil étoit à droite de nos gens, et le fleuve de Thanis à gauche. Pour cela ils ne pouvoient se porter nulle part, s'ils ne retournoient en arrière; ils se logèrent donc là, depuis le fleuve du Nil jusqu'au fleuve de Thanis. Ce jour même qu'ils furent tous campés, les Sarrasins passèrent le fleuve Thanis, et se portèrent sur nos gens de pied. Mais les chevaliers et ceux de notre armée qui étoient à cheval s'en aperçurent, et coururent de côté en grande hâte et se portèrent contre les Sarrasins; ceux-ci ne tinrent pas long-temps et se débandèrent au contraire moult laidement: y en eut assez d'occis et de pris. Le reste s'enfuit; et, par grand malheur pour eux, ne pouvant fuir vers le fleuve Thanis, s'en allèrent vers le grand fleuve du Nil, là où étoit notre flotte à l'ancre; nos chrétiens les chassoient en tuant et abattant. Mais les Sarrasins vinrent au fleuve et s'y portèrent à pied et à cheval pour échapper à la mort. Mais cela leur servit peu, car nos gens qui étoient dans les nefs coururent aux armes, et quand ils virent les Sarrasins qui venoient à pied et à cheval, ils les frappèrent de l'épée ou de la hache ou autres armes, et de grandes et longues perches pesantes, et les tuoient ainsi dans l'eau de telle manière que presque tous les Sarrasins qui furent à cet assaut furent perdus. Le lendemain, les Turcs repassèrent le

repasserent li Turs le flun à plus grant plenté de gent qu'il n'avoient fait le jour devant, moult estoient en grant d'euls revangier, il se ferirent en nostre ost. Nos gens les reçurent cruelement aus espées et aus lances ; grant bataile y ot li Turs ne porrent endurer plus. Il furent desconfits en tele maniere et ausi malement ou plus comme il avoient esté le jour devant. En ces deux assaus ot bien occis et noiés deux cents Turcs ou plus, des crestiens ou peu ou nuls. Quant li Turs virent qu'il avoient ainsi perdu à ces deux assaillies que il avoient faites, il se tindrent tout coi et tout serré outre le flun de Thanis, seur la rive, là où il estoient logiés et durement separeillierent pour deffendre aus nos que il ne passaissent le flun. Assés y ot de Turs qui disoient que se notre gent povoient passer le flun avant qu'il ne fuissent mout damagié et ameuuisié, de lor gens que il avoient povoir de conquerre Babiloinne et le chaaire et toute la terre d'Egypte maugré les Turs. Puis ces deux batailles devant dites, furent nos gens auques en pais des saillies des Turcs jusques à la feste Saint Bastien.

Comment li Roy et li crestiens s'en alerent droit à la Massorre.

Nouveles qui estoient courues par nostre ost

⋄⋄⋄

des ce que il murent de Damiete furent adonques seues et noncries tout certainement : car li soudan de Babiloine qui avoit esté malade près d'un an estoit nouvellement mors. Il avoit envoié ains qui fust mors bons messages à son fils qui adonques demouroit es parties d'orient que il venist hastivement en Égypte pour estre sires de la terre et pour estre contre les crestiens qui la voloient conquerre; car il avoit fait jurer a tous les amiraus et a tous les grans hommes du pays seur le livre de la loi Mahomet que en apele alchoran, sairement de feauté et d'ommage que il le recevroient a seigneur et a soudans quant il seroit venus, il avoit fait chevetaine et garde de toute sa terre et du très grant ost que il avoit assemblé encontre les crestiens un grant amiraut riche et puissant prudhomme chevalier et grant guerriers jusques à tant que ses fils fust venus. Cil amiraus avoit non Fachardin, quant li Roys et li os et cil de la crestienté virent que il ne povoient passer le flun pour lost des Sarrasins qui estoient logiés par l'autre part seur la rive, par le conseil des barons li Roys commanda que on fist une chauciée fort et haute et large de terre et de mairien parmi le flun de Thanis en tel maniere que tout li flun de Thanis sencourist par le chanel du flun du Nil dont il se partoit là endroit, car a donc porroit passer

⋄⋄⋄

fleuve en plus grand nombre qu'ils n'avoient fait le jour de devant. Ils étoient moult en désir de se venger ; ils se portèrent sur notre camp. Nos gens les reçurent vigoureusement aux épées et aux lames; il y eut grand combat : les Turcs ne purent endurer plus. Ils furent ainsi déconfits, et aussi malement ou plus qu'ils avoient été le jour d'avant. Il y eut bien dans ces deux assauts deux cents Turcs ou plus d'occis et de noyés; des chrétiens y en eut ou peu ou point. Quand les Turcs virent cette perte qu'ils avoient faite dans les deux combats, ils se tinrent tout cois et tout serrés au-delà du fleuve de Thanis sur la rive où ils étoient logés, et vivement s'appareillèrent pour défendre aux nôtres de passer le fleuve. Y eut assez de Turcs qui disoient que si nos gens gens povoient passer le fleuve, avant qu'ils fussent moult endommagés et diminués, ils auroient dès lors pouvoir de conquérir Babylone et le Caire et toute la terre d'Egypte, malgré les Turcs. Depuis ces deux batailles ci-devant racontées nos gens furent tranquilles du côté des Turcs, jusqu'à la fête de saint Sébastien.

Comment le roi et les chrétiens s'en allèrent droit à la Massoure.

Les nouvelles qui avoient couru dans notre armée, dès qu'elle s'étoit mise en mouvement de Damiette, furent alors sues et annoncées avec toute certitude; savoir, que le soudan de Babylone, qui avoit été malade pendant près d'un an, venoit de mourir. Il avoit envoyé, avant sa mort, bons messagers à son fils qui demeuroit alors dans les contrées de l'Orient, pour qu'il vînt en toute hâte en Egypte pour être seigneur du pays et pour être contre les chrétiens qui la vouloient conquérir; car il avoit fait jurer à tous les émirs et à tous les grands personnages du pays, sur le livre de la loi de Mahomet qu'on appelle Alcoran, serment de fidélité et d'hommage, qu'ils le recevroient comme seigneur et soudan quand il seroit venu. Il avoit fait Chieftain et gardien de toute la terre et de la très-grande armée qu'il avoit rassemblée contre les chrétiens, un grand émir riche et puissant, prud'homme, chevalier et grand guerrier, jusqu'à tant que son fils fût venu. Cet émir avoit nom Fakr-Eddin. Quand le roi et l'armée et ceux de la chrétienté, virent qu'ils ne pouvoient passer le fleuve à cause de l'armée des Sarrasins qui étoit logée de l'autre côté sur la rive, le roi, de l'avis des barons, commanda qu'on fît une chaussée forte, haute et large, de terre et de mairain, sur le fleuve Thanis, en telle manière que le fleuve Thanis s'écoulât par le canal du fleuve du Nil, d'où il se séparoit en cet endroit ; car alors l'armée de la chrétienté pourroit passer par le canal du fleuve de Thanis quand il seroit vide d'eau, ou que l'eau seroit diminuée; et si on

li os de la crestienté par le chanel du flun de Thanis quant elle seroit vuidie de liaue ou ele seroit petisie et se on ne pooit mie ce faire que cil flun de Thanis s'encourust par le chanel du flun du Nil au mains quant la chaucie seroit faite bien avant dedans le flun de Thanis et liaue seroit bien estrechie on feroit plus legierement pont de mairien de chaucié seur la rive qui estoit par devers les Sarrasins. Ainsi le devisoient il; mais ce nestoit une legiere chose à faire. Si Roys fist faire deus chas moult bons et moult fors et fist drecier ses engiens perrieres; mangonniaux trebuches et autres choses pour geter contre les Sarrasins qui le passage deffendoient. Quant ces choses furent ainsi attirees, li nostre boutcrent avant le chas sur le pas cil qui aportoient le mairien et la terre et cil qui faisoient la chaucié se tapissoient desous. Quant li Sarrasins se perçurent de ces choses, il firent drecier grant plenté d'engiens encontre les nos, et pour despechier les chas et la chaucié si grant plenté faisoient geter de pierres grosses et petites que tous s'en merveilloient; il fraudilloient alançoient il traioient quarriaux d'arbalestre a tour. Il traioient dars turcois; il lançoient et getoient feu grégois; en toutes manières assailloient nos engiens et ceuls qui cele chaucié faisoient que ce estoit une grant laideur a veoir et a ce oir. Pierres, dars, sajetas, quarriaux d'arbalestre et feu grégois aussi espersement com pluie. Quant cele chaucié fu faite par très grans travaux, grans paines, grant cous, grans frés plus assés que moult de gens ne creroient mie légierement jusque le milieu du flun, li Sarrasins s'enforcierent si durement a relais de gens et par nuit et par jour que il sembloit que il commençaissent toujours a des cele besoigne tout de nouvel. Pour trois raisons ne pourent onques li crestiens faire cele chaucié tout outre; car quant li flun fit si estrechié; l'iaue s'en couroit aval si radment par cel lieu estrechié et de si grant ravine trebuchoit contre en bas val que nule chose que on y getaste ne pooit arrester que ele ne s'en alaste aval; ce fut la première raison. La seconde raison fu que li Sarrasins getoient tant de grosses pierres et pesans encontre nos engiens que il les dépeçoient presque tous; la tierce raison fu que li Sarrasins lancierent et geterent tant de dars et de sajetes et de quarriau d'arbalestre alumés et embrasés de feu grégois avecques les grosses pierres que li engiens getoient sur nos deux chas dessous lesquels cil se tapissoient qui la chaucié faisoient que les grosses pierres les brisoient tous, et li feu grégois et les torches esprises que il getoient les firent embraser esprendre en tele maniere furent tous ars et mis en cendre.

Endementiers que nostre crestien entendoient

<><><>

ne pouvoit faire que le fleuve de Thanis s'écoulât par le canal du fleuve du Nil, au moins quand la chaussée seroit faite bien avant sur le Thanis, et que le courant seroit bien rétréci, on feroit plus aisément un pont de mairain de chaussée sur la rive qui étoit devers les Sarrasins; ainsi concluoient-ils. Mais ce n'étoit pas chose aisée à faire. Ce roi fit faire deux chaz-chastels, moult bons et moult forts, et fit dresser ses engins, pierriers, mangonnaux, bascules et autres choses pour jeter contre les Sarrasins qui défendoient le passage. Quand ces choses furent ajustées, les nôtres boutèrent en avant le chaz sur le passage. Ceux qui apportoient le mairain et la terre, et ceux qui faisoient la chaussée, se tapissoient dessous. Quand les Sarrasins s'aperçurent de cela, ils firent dresser grande quantité d'engins contre les nôtres, et, pour détruire les chaz et la chaussée, ils faisoient jeter si grande quantité de pierres grosses et petites, que tous s'en émerveilloient. Ils faisoient tour à tour jouer la fronde, et lançoient et tiroient carreaux d'arbalète; ils tiroient dards turcois; ils lançoient et jetoient feu grégois; ils assailloient de tant de manières nos engins et ceux qui travailloient à la chaussée, que c'étoit chose grandement horrible à voir et à entendre. Pierres, dards, flèches, carreaux d'arbalète et feu grégois tomboient aussi dru que pluie. Quand cette chaussée fut faite par très grands travaux, grandes peines, grandes dépenses et grands frais, plus que moult gens ne le croiroient facilement, jusqu'au milieu du fleuve, les Sarrasins tant s'efforcèrent, en se relevant de nuit et de jour, qu'il sembloit qu'ils commençassent toujours tout de nouveau à s'opposer à notre ouvrage. Les chrétiens ne purent, pour trois raisons, faire cette chaussée tout en travers; car, quand ce fleuve fut rétréci, l'eau couloit au bas si rapidement par ce lieu rétréci, et se précipitoit avec tant de force, que, quelque chose qu'on y jetât, on ne pouvoit empêcher qu'il ne s'en allât. Ce fut la première raison; la seconde raison fut que les Sarrasins jetoient tant de grosses pierres pesantes contre nos engins, qu'ils les dépeçoient presque tous; la troisième raison fut que les Sarrasins lancèrent et jetèrent quantité de dards, de flèches et de carreaux d'arbalète allumés et embrasés par le feu grégois; en outre leurs engins lançoient de grosses pierres contre nos deux chaz, sous lesquels se tapissoient ceux qui faisoient la chaussée; ces grosses pierres les brisoient tous, et le feu grégois et les torches qu'on jetoit incendièrent toutes nos machines et les mirent en cendres.

Pendant que nos chrétiens s'occupoient à faire cette chaussée, les Sarrasins passèrent soudaine-

à faire cele chaucié, li Sarrasins passerent à moult grans effors le flun soudainement. Il se férirent en l'ost des crestiens de deux pars, en l'une des parties de l'ost ou il se ferirent estoient es hospitaliers et li frere de Nostre Dame des Alemans. Des deux parties furent-il moult crueusement reçue. Grant bataille y ot et pleniere tant comme elle dura ; assés y ot fait de grans prouesses et de biaux cops et de grans hardemens et d'une part et d'autre. En la fin li Turcs furent desconfits et de ça et de là, grant plenté en y ot d'occis. Li nostre les chacierent occiant et abatant jusques au grant flun du Nil, pour la grant paour que il avoient de la mort, il se férirent en l'iaue. Grant plenté y en ot ce jour d'occis et de noiés des Sarrasins en divers manières. Grant damage recurent se jour si meserent de leur gent. Moult de gens disent par l'ost de la crestienté que ce cil de nostre ost qui estoient par devers la chaucié eussent vigureusement et isuelement en dementres que la bataille fu et la chase assailli au pas que li crestien eussent le flun passé maugré les Sarrasins et le passage conquis. En cele bataille perdirent les hospitaliers onze de leurs frere ; de Nostre Dame des Alemans en y perdirent quatre des leurs, mais moult furent ce jour loe et prisie par l'ost.

Ceste bataille fu tout drois le jour de la feste de saint Bastien le martir qui est le mois de ganvier. Après avint le samedi devant le chandelier que moult grans veus et moult fors venoit devers l'ost es Sarrasins tout contre val le flun du Nil là ou notre navie estoit à encrée ; il prisent quatre barges si les enchainerent ensemble de chainnes de fer, il les emplirent destoupes de paille fuerre, de buche seche, de pois, de sain et d'autres nourrissemens de feu, il les eprisent de feu gregois evil les espainsent en liaue tout contreval le flun pour ce qu'il cuiderent notre navie ardoir en tele manière ; mais nostre matelot maronnier qui furent isuel et aspre et tournant coururent grand aleure a cros et la perches et mangée le vent et la flambe qui s'en tendoient contreval et le feu qui durement croissoit et estinceloit contre eulz, les bouteroit arriere en sus de nostre navie si quel not garde.

Comment li Roys et li crestiens passerent le flun de Thanis.

Quant li Roys de France et li baron de l'ost de la crestienté virent que la chaucié ne pooit estre parfaite par les raisons que nous avons devant dites, il parlerent ensemble comment il porroient passer le flun et combattre aus Sar-

◇◇◇

·ment le fleuve avec moult grand effort, et se portèrent de deux côtés sur le camp des chrétiens. Sur l'un des côtés où ils se portèrent, étoient les Hospitaliers et les frères Teutoniques de Notre-Dame. Des deux côtés, ils furnt moult cruelleement reçus. Il y eut grande bataille et la bataille générale tant qu'elle dura ; il se fit assez de grandes prouesses et de beaux coups grands et hardis de part et d'autre. A la fin, les Turcs furent déconfis deçà et de là ; il y en eut grand nombre d'occis ; les nôtres les chassoient, tuant et abattant jusqu'au grand fleuve du Nil. A cause de la grand'-peur qu'ils avoient de la mort, ils se jetèrent dans l'eau ; il y eut en ce jour grande quantité de Sarrasins occis et noyés de diverses manières. Ces mécréants éprouvèrent ce jour-là une grande perte de leurs gens. Moult de gens dirent dans l'armée de la chrétienté, que si ceux de notre camp, qui étoient par devers la chaussée, eussent vigoureusement et promptement assailli au passage pendant que la bataille et la chasse se faisoient, les chrétiens eussent passé le fleuve malgré les Sarrasins, et conquis le passage. Les Hospitaliers perdirent dix de leurs frères dans cette action ; les frères Teutoniques de Notre-Dame y perdirent quatre des leurs, mais ils fureut moult loués et prisés ce jour-là par l'armée. Cette bataille fut livrée tout juste le jour de la fête de saint Sébastien martyr, qui tombe au mois de janvier. Il advint après, le samedi devant la

Chandeleur, un grand vent moult fort souffloit devers l'armée des Sarrasins, tout contre val le fleuve du Nil, là où notre flotte étoit à l'ancre. Les ennemis prirent quatre barges et les attachèrent ensemble avec des chaînes de fer; ils les emplirent d'étoupes de paille, de bois secs, de poix, de graisse et autres combustibles ; ils les allumèrent avec du feu grégeois et les jetèrent dans l'eau tout contre val le fleuve, croyant de cette manière brûler notre flotte; mais nos matelots, qui furent prompts et alertes, coururent en grande hâte s'emparer de crocs et de perches, et, malgré le vent et la flamme qui s'étendoient contre val, et le feu qui augmentoit grandement et étinceloit contre eux, ils reboutèrent ces combustibles en arrière, au-dessus de notre flotte qui fut ainsi préservée.

Comment le roi et les chrétiens passèrent le fleuve Thanis.

Quand le roi de France et les barons de l'armée de la chrétienté virent que la chaussée ne pouvoit être achevée par les raisons que nous avons devant dites, ils conférèrent ensemble comment ils pourroient passer le fleuve et combattre les Sarrasins qui étoient là logés et qui leur défendoient le passage. Ils firent venir les Sarrasins traîtres qui étoient arrivés du camp des mécréants dans notre camp, et leur demandèrent s'ils savoient un gué dans le fleuve de Thanis. Il

rasins qui la estoient logie et qui le passage leur déffendoient. Il manderent Sarrasins traiteurs qui estoient venus en nostre ost de l'ost as mescréans et leur demanderent se il savoient en ce flun de Thanis un gué. Il y en ot un qui dist au Roy que il avoit bien aval au flun de Thanis un gué, mais il estoit bien parfons. Il cuidoit bien, se disoit-il que li Roys peusce bien par là passer. Li Roys et li baron qui là estoient à ce conseil virent que il ne pooient passer en nule manière par autre lieu que il seussent et disent que il ensaieroient a passer par le gué que ci Sarrasins leur disoit. Lendemain qu'il fu li jour de quaresme prenant, devant laube du jour, li Rois et li trois frere et le plus grant partie de la chevalerie et des autres gens à cheval furent armé et monté et issirent de l'ost leur batailles rengiées et ordenées. Li Roys laissa bonnes gardes en lost pour garder leur harnois et les gens qui demouroient a pié et à cheval. Quant li Roys et li autres qui monté estoient por passer le flun, furent aus chans fors de lost, li Roys commanda a trestous communement aus haus et au bas que nus ne fust tant hardis que il se desroutast, ains se tenist chascuns en sa bataille et que les batailles se tenissent près les unes des autres et alaissent tout ce pas et tout ordonesment et quant li premiers seroient passé le flun que il attendissent sur lautre rive dautre part tant que li Roys et tout li autre fussent passé.

Quant li Roys eust ainsi commandé et ordenées ses batailles, li Sarrasins les y mena et il alerent tout après jusques au gué que li Sarrasins leur montra. Quant il vinrent là endroit il trouverent le gué assés plus perilleus que il ne cvidoient ; car les rives estoient durement hautes et dune part et dautre pleines de boier et de betumes et de lymon, et liaue assés plus parfonde et plus perilleuse que li Sarrasins ne leur avoit dit. Car il convenoit le endroit par force leur chevaus nager en teuls lieus y avoit. Quant il furent là venus et li Sarrasins leur ot monstré le gué, li Roys le fist conduire arriere en nostre ost et li fist donner grant avoir. Li quens d'Artois et li autre qui faisoient lavant garde se ferirent en liaue par grant hardement et par grans prouesces, passerent et par grans perils de leur cors et de leur chevaus. En tele manière passa li Roys et tout li autres après. Ni ot celui deuls tout tant fust bien monté qui nust paour de noier. Ains que il fussent outre. Quant cil qui estoient en l'avant garde orrent passé le flun et il furent seur la rive dautre part encontre le commandement et lordeurment que li Roys y avoit fait, il san alerent isuelement grant aleure tout contremont de la rive du flun jusques a tant que il vindrent au lieu ou li engien aus Sarrasins estoient drecié encontre la devant dite chaucié. Mout matin soudainement se ferirent en lost des Sarrasins qui là endroit estoient

◇◇◇

y en eut un qui dit au roi qu'il y avoit bien en descendant le fleuve un gué, mais qu'il étoit bien profond. Il pensoit, se disoit-il, que le roi pourroit bien passer par là. Le roi et les barons qui étoient là à ce conseil, virent qu'ils ne pouvoient passer en nulle manière par autre endroit qu'ils sussent, et dirent qu'ils essaieroient à passer par le gué que le Sarrasin leur disoit. Le lendemain qui fut le jour de carême-prenant, avant l'aube du jour, le roi et ses trois frères, et la plus grande partie des chevaliers et des autres gens à cheval, furent armés et montés, et ils sortirent du camp, leurs batailles rangées et ordonnées. Le roi laissa bonne garde au camp pour protéger leurs harnois et les gens à pied et à cheval qui restoient. Quand le roi et les autres qui étoient montés pour passer le fleuve, furent aux champs hors du camp, le roi commanda à tous, tant hauts que moindres personnages, que nul ne fût si hardi que de s'écarter, et au contraire que chacun se tînt en sa bataille, et que les batailles se tinssent près les unes des autres et allassent au pas et tout en ordre, et quand les premiers auroient franchi le fleuve, qu'ils attendissent le passage du roi et des autres.

Quand le roi eut ainsi donné ses ordres et ar-

◇◇◇

rangé ses batailles, le Sarrasin les conduisit et ils allèrent tous après lui jusqu'au gué que le Sarrasin leur montra. Quand ils vinrent à l'endroit, ils trouvèrent le gué plus périlleux qu'ils ne croyoient, car les rives étoient très-hautes et de part et d'autre pleines de boue, de bitume et de limon, et l'eau plus profonde et plus dangereuse que le Sarrasin ne leur avoit dit. Car il falloit par force que leurs chevaux y nageassent. Lorsqu'ils furent venus là et que le Sarrasin leur eut montré le gué, le roi le fit reconduire au camp et lui fit donner une grande somme. Le comte d'Artois et les autres qui formoient l'avant-garde se portèrent dans l'eau avec beaucoup de hardiesse et par grandes prouesses, et passèrent avec grand péril pour eux et pour leurs chevaux ; de cette manière passa le roi et tous les autres ensuite. Il n'y eut pas un de tous, tant bien fût-il monté, qui n'eut peur de se noyer, avant d'avoir passé outre. Quand ceux qui étoient à l'avant-garde eurent traversé le fleuve et qu'ils furent sur l'autre rive, contre le commandement et l'ordre que le roi avoit fait ils s'en allèrent incontinent en grande hâte, tout en remontant la rive du fleuve jusqu'à ce qu'ils vinrent au lieu où les engins des Sarrasins étoient dressés contre la chaussée devant dite : c'é-

24.

logié et qui de ce ne se prenoient garde et de tels y avoit qui estoient encore tout endormi et de tels qui se gisoient en leur lis. Cil qui eschargaitoient l'ost des Sarrasins furent premierement tout desconfis et presque tous mis a l'espée. Nos gens se feroient par les herberges des Turcs ; tout occioient a fait sans espargner nulus hommes, femmes, enfans viels et jones, grans et petits, haus et bas, riches et poures ; tout découpoient et detranchoient et metoient a l'espée ; se il trouvoient pucelles, viels gens et enfans qui se fussent repus pour eschiver la mort. Quant il les trouvoient ni avoit mestier criers ne braires ne crier merci que tout ne fussent mis a la mort. Là fu occis Fachardin li chieutains de l'ost aus Sarrasins et ne sai quant autres amiráus haus hommes et puissans avecques les autres. Grans pitiez estoit a veoir de tant de cors gens mors et de si grant effucion de san, se ce ne fust des anemis de la foi crestienne. Quant li nostre virent que il faisoient ainsi leur volenté des Sarrasins et que tout senfuyoient devant eust, il les commencierent a chacier trop folement sans conseil et sans apensement. Quant frere Gilles li grant commanderres du Temple boins chevalier preus et hardis et sage de guerre et clerveaus dist au conte d'Artois que il faits ses

◇◇◇

toit encore très-matin; ils se portèrent soudainement sur le camp des Sarrasins qui étoient logés là et qui ne se doutoient de rien; il y en avoit qui étoient encore tout endormis et d'autres qui étoient couchés dans leurs lits. Ceux qui faisoient le gué devant le camp furent tout des premiers déconfits et presque tous passés au fil de l'épée. Nos gens se portoient dans les demeures des Turcs, tuant tout sans épargner ni hommes, ni femmes, ni enfants, ni vieux ni jeunes, ni grands ni petits, ni hauts ni bas, ni riches ni pauvres ; ils les coupoient et les tranchoient tous, et les passoient au fil de l'épée; s'ils trouvoient filles, vieillards et enfants qui se fussent cachés pour éviter la mort, quand ils les trouvoient, il n'y avoit ni cris, ni gémissements, ni prières qui arrêtassent ; tous étoient mis à mort; là fut occis Fakr-eddin, chef de l'armée des Sarrasins, et ne sais combien d'émirs, hauts et puissants personnages, avec d'autres. C'eût été grande pitié de voir tant de corps de gens morts et si grande effusion de sang, si ce n'eût été des ennemis de la foi chrétienne. Quand les nôtres virent qu'ils faisoient des Sarrasins ce qu'ils vouloient et que tous s'enfuyoient devant eux, ils commencèrent à les poursuivre trop imprudemment, sans conseils et sans réflexion. Alors frère Gilles, grand commandeur du Temple, bon chevalier, preux et hardi, sage dans la guerre et

gens arester et ralier tous ensamble et que on attendist le Roy. Et les autresba tailles qui n'avoient mie encore passé le flun ; bien disoit encore frère Giles que li quens d'Artois et cil qui estoient aveques lui avoient fait un des grans hardemens et une des plus grans chevaleries qui fust faite grant temps avoit en la terre d'outre mer. Ce looit encore que on se traisit vers les engiens des Sarrasins qui estoient drecié delés la chaucié, car se il chacoient ainsi esparpeillé comme il estoient et devisé, li Sarrasins se rassembleroient tous ensamble. Car il sen prendroient garde et retourneroient et leur courroient sus et legierement les desconfiront, car il n'estoient que un pou de gens au regard de la grant plenté des Sarrasins qui la estoient assamblé. Uns chevalier que nous ne savons mie nommer qui estoit avecques le conte d'Artois, repondi en tele maniere : « Ades y arail du poil du leu, se li Templiers et li Ospitalier vousissent et li autre de cest pays la terre fust ore toute conquise. » Cil meismes qui là estoient parloient au conte d'Artois en tele maniere : « Sire et ne veez vous que li Turc sont desconfits et que il senfuient grant alcure ne sera ce mie grant mauvaistiez et grant couardise se nous ne chaçons nos anemis. » Li quens d'Artois qui estoit chevetaine de l'avant garde saccordoit bien

◇◇◇

clairvoyant, dit au comte d'Artois qu'il fit arrêter ses gens, qu'il les ralliât tous ensemble, et qu'on attendît le roi et les autres batailles qui n'avoient pas encore passé le fleuve. Bien disoit aussi frère Gilles que le comte d'Artois et ceux qui étoient avec lui avoient fait la plus grande et la plus hardie prouesse de chevalerie qui eût été faite depuis long-temps dans la terre d'outremer. Il lui conseilloit encore de rester dans le camp des Sarrasins et parmi les engins de ces derniers encore dressés près de la chaussée. Si les chrétiens poursuivoient ainsi éparpillés et divisés comme ils étoient, les Sarrasins se rassembleroient tous ensemble, se mettroient sur leurs gardes, retourneroient et leur courroient si facilement les déconfiroient, car les nôtres étoient en petit nombre en comparaison de la multitude des Sarrasins qui étoient là assemblés. Un chevalier, que nous ne savons nommer et qui étoit avec le comte d'Artois, répondit de cette manière : « Y aura-t-il toujours du poil de loup ? Si les Templiers et les Hospitaliers eussent voulu, la terre de ce pays seroit maintenant toute conquise. » Ceux même qui étoient là parloient ainsi au comte d'Artois : « Seigneur, et ne voyez-vous pas que les Turcs sont déconfits et qu'ils s'enfuient en grande hâte ? Ne sera-ce pas grande mauvaiseté et grande couardise si nous ne chassons nos ennemis ? » Le comte d'Artois, qui

a chacier et dist a frere Giles que s'il avoit poour que il demourast. Frere Giles repondi en tele maniere : « Sire, je ni mi frere n'avons pas paour, nous ne demourons pas ains yrons avecques vous ; mais sachiez que nous doutons que nous ne vous n'en reveignons ja. »

En dementres que il parloient ainsi, dix chevaliers vindrent là tous acourant au conte d'Artois et li disant de par le Roy que il ne se remust et que il atendist tant que li Roy fust venus. Il respondi que li Sarrasins estoient desconfits et que il ne demouroit mie ains les chaceroit. Tantost coururent après les Sarrasins parmi les herberges ; les chaicerent tout devisé et tout departi sans route terrier jusques là que il viendrent a une vilete que on appele la Massorre. Tantost se ferirent dedens li uns après lautre tous ceuls occioient que il pooient ataindre. Li Sarrasins pooient a paines croire que li nostre chachaissent si fislement ne que il se fussent embatu si perilleusement et espandus par ces rues de ce cassel, bien virent que il en feroient avecques leur volenté, il firent sonner tamburs, cors et buisines, isulement se rassamblerent et avironnerent nos gens de toutes part cruelement leur coururent sus ; car il avoient les mers mout angoisseux de la grant occision de leur gent que il avoient veue et seue, mout trouverent nos gens à grans mechief, car il nestoient mie ensamble ; il et leur cheval estoient si las que il défailloient tout, tant avoient couru et racouru par les herberges des Turs que il ne se peoient aidier. Li Sarrasins les trouverent espandus par tropiaus ; legierement en firent leur volenté. Tous les détrenchierent et decouperent et prisent et loierent et trainerent en prison. Aucun en y ot qui se misent au fuir vers le flun qui cuidoient eschiever la mort, mais li Sarrasins les suivoient de si près occiant et abatant de haces danoises, de maches de lances et despées. Quand cil vindrent au flun qui estoit grans et rades et parfons, il se ferirent ens desrois et furent tous noiés. En cele bataille furent ou mors ou pris, on ne se mie bien lequel, Robers li quens d'Artois frere le Roy Loys de France Raouls li sires de Couci, Rogiers li sires de Rosoi en-Tieraisse, Jehan, sires de Chevisi, Erars sire de Braine en Champaigne, Guillaumes longue espée, quens de Salesbieres en Engleterre ; tout li Templier furent perdu, et en demoura que quatre ou que cinq. Mout grant planté de nos barons, de chevaliers, d'arbalestriers et de sergeans à cheval des plus preus, des plus hardis et des plus esleus

◊◊◊

étoit chef de l'avant-garde, étoit bien d'avis de les chasser; il dit à frère Gilles que, s'il avoit peur, il demeurât. Frère Gilles répondit : « Seigneur, ni moi, ni mes frères n'avons peur ; nous ne demeurerons pas ; nous irons au contraire avec vous ; mais sachez que nous doutons que nous en revenions jamais. »

Pendant qu'ils parloient ainsi, dix chevaliers vinrent là tout accourant au comte d'Artois, et lui dirent de la part du roi qu'il ne se remuât et qu'il attendît que le roi fût venu. Le comte répondit que les Sarrasins étoient déconfits, et qu'il ne demeureroit pas, mais les chasseroit. Aussitôt lui et les siens coururent après les Sarrasins et les chassèrent parmi leurs pavillons, tout divisés, tout débandés, sans tenir compagnie, jusqu'à ce qu'ils vinrent à une villette qu'on appelle la Massoure. Ils se portèrent soudain dedans les uns après les autres ; ils tuoient tous ceux qu'ils pouvoient atteindre. Les Sarrasins avoient peine à croire que les nôtres les poursuivissent avec tant de confiance et qu'ils se fussent avancés si périlleusement et répandus par les rues de ce bourg. Voyant bien qu'ils en feroient alors à leur volonté, ils firent battre les tambours et sonner les cors et les buccines, se rassemblèrent incontinent, environnèrent nos gens de toutes parts et cruellement leur coururent sus ; car ils avoient à cœur la grande occision des leurs qu'ils avoient vue et sue. Ils trouvèrent par grand malheur beaucoup de nos gens qui n'étoient point rassemblés. Eux et leurs chevaux étoient si fatigués qu'ils défailloient tous, tant avoient couru et recouru par les maisons des Turcs, qu'ils ne pouvoient plus se soutenir. Les Sarrasins les trouvèrent par petites troupes, et en firent aisément ce qu'ils vouloient. Tous furent tranchés, découpés, ou pris, liés et traînés en prison. Aucuns y eut des nôtres qui se mirent à fuir vers le fleuve, pensant échapper à la mort. Mais les Sarrasins les suivoient de si près qu'ils les tuoient et abattoient à coups de haches, de masses, de lances et d'épées. Quand les nôtres furent arrivés au fleuve, qui étoit grand, rapide et profond, ils se jetèrent dedans en désordre et furent tous noyés. Dans cette bataille périrent ou furent pris, on ne le sait pas précisément, Robert, comte d'Artois, frère du roi Louis de France ; Raoul, sire de Couci ; Rogiers, sire de Rosoi, en Tiérarche ; Jean, sire de Chevisi ; Erard, sire de Braine en Champagne ; Guillaume Longue-Epée, comte de Salisbury en Angleterre. Tous les Templiers furent perdus, il n'en resta que quatre ou cinq. Moult grand nombre de nos barons, de chevaliers, d'arbalètriers et de sergents à cheval des plus preux, des plus hardis, et de l'élite de toute notre armée, furent tous perdus. Oneques n'en a-t-on su rien de certain. Quand le roi et les autres batailles qui étoient avec lui eurent passé le fleuve, ils vinrent en ordre et tout rangés là où étoient les Sarrasins. Mais ceux-

de toute nostre ost furent tout perdu. Nonques nen sot on certaineté. Li Roys quant il ot passé le flun, et les autres batailles qui estoient avecques lui, vindrent tout ordoneement, et tout rengié cele part ou li Sarrasins estoient. Mais li Sarrasins qui les nostres orrent si laidement desconfits, furent monté en si grant orgueil, que il ne prisoient mie le Roy ni tout le remanant de notre ost un boton. Tantost comme il perçurent le Roy, par grant orgueil, par grant beuban et par grand desroi vindrent hardiment et fierement encontre euls. Quant li Roy vit ce bien, se pensa que cil qui devant alé estoient, avoient mise la crestienté qui là estoit en mauvais point. Il commanda à tous ceus qui avec lui estoient que il se tenissent tout serré. Mout les admonestoit et disoit que il ne devoient point douter cele grant plenté de mescreans qui venoient contre euls, car notre sire Diex Jhesu-Crist, par qui il estoient là alé, estoit plus fors et plus puissant que tous li mondes. Quant li Sarrasins s'aprocierent de nostre gent, la noise y fu si grans de cors et de buisines, de tambours, de cris de gens et de chevaus, que ce estoit grans hideurs à oïr. Il achanissent tour en tour et traisent si grant plenté de sajetes et de quarriaux, que pluie ne gresil ne feissent mie plus grant obscurté, si que mout y ot navré de nos gens et de leur chevaus. Quant les premieres routes des Turs orrent vydié tout leur carcoit et tout trait, il se traissent arriere. Mais les secondes routes vindrent tantost après, ou il avoit encore plus, cil traissent encore plus espessement assés que n'avoient fait li autres. Li Roys et nostre gent n'avoient nul arbalestriers là endroit; cil qui avoient passé le flun avecques le Roys, avoient esté tous occis avecques l'avant garde, car li Sarrasins occirent sens espargnier tres tous les arbalestriers que il prenoient. Quant li Roys et nostre gent virent que il perdoient ainsi leur chevaus et euls meïsmes, il ferirent des esperons tout ensemble contre les Turs pour eschiver les sajettes; assés en abatirent et occistrent en lor venue aus glaives et aus espées. Mais la plenté des Turs y estoit si grant que peu ou ment y paroit. Quant il y avoit aucun Tur ou occis ou abatus, tantost ravenoient autres en lor liens tout fres et tout nouvel. Li Turs virent que nostre gent et li cheval estoient moult blecié et à grant meschief se pendirent iselement leurs ars aus senestres bras desous les rouelles et lor coururent sus moult cruelment. Aus marches et aus espées si durement tenoient nos gens à destroit de toutes pars que ce estoient une merveille à veoir.

◇◇◇

ci, qui les nôtres avoient si vilainement déconfits, étoient montés à un si grand orgueil qu'ils ne *prisoient pas plus qu'un boton* * le roi ni tout le reste de l'armée. Alors qu'ils aperçurent le roi, ils vinrent par grand orgueil, par grande arrogance et par grand désarroi, hardiment et fièrement à l'encontre des nôtres. Le roi voyant cela, jugea bien que ceux qui étoient allés devant, avoient mis la chrétienté qui étoit là, en mauvais point. Il commanda à tous ceux qui étoient avec lui de se tenir tous serrés. Moult les admonesta et leur dit qu'ils ne devoient point redouter cette grande multitude de mécréants qui venoit contre eux, car Notre Seigneur Dieu Jésus-Christ par qui ils étoient là, étoit plus fort et plus puissant que tout le monde. Quand les Sarrasins s'approchèrent des nôtres, il y eut si grand bruit de cors et de buccines, de tambours, de cris d'hommes et de chevaux, que c'étoit grande horreur à ouïr. Ils attaquèrent tour à tour et tirèrent une si grande quantité de flèches et de traits d'arbalètes, que pluie ni grésil ne firent jamais plus grande obscurité, de sorte qu'il y eut de nos gens et de leurs chevaux moult navrés. Quand les premières compagnies des Turcs eurent vidé tous leurs carquois et tout lancé, elles se retirèrent en arrière. Les secondes compagnies vinrent aussitôt après et même en plus grand nombre, et tirèrent encore plus épais que n'avoient fait les autres. Le roi et nos gens n'avoient la aucuns arbalètriers, car ceux qui avoient passé le fleuve avec le roi, avoient été tous occis avec l'avant-garde; les Sarrasins tuoient tous les arbalètriers qu'ils prenoient. Quand le roi et nos gens virent qu'ils perdoient ainsi leurs chevaux et eux-mêmes, ils piquèrent des éperons tous ensemble contre les Turcs pour éviter les traits; ils en abattirent et tuèrent un assez grand nombre, au premier choc, à coups de glaives et d'épées. Mais la multitude des Turcs étoit si grande qu'il y paroissoit peu ou point; quand il y avoit aucuns Turcs ou tués ou abattus, il en revenoit incontinent d'autres à leur place tout frais et tout nouveaux. Les Turcs voyant que nos gens et les chevaux étoient moult blessés et à grand meschief, mirent aussitôt leurs arcs sous le bras gauche, et, saisississant leurs armes blanches, leur coururent sus moult cruellement; avec leurs masses et leurs épées ils tenoient les nôtres si à l'étroit de toutes parts que c'étoit merveille à voir. Assez de nos gens qui furent à cette bataille ont dit depuis et ont affirmé que si le roi ne se fût maintenu si hardiment et si vigoureusement, ils eussent été tous tués ou tous pris. Oncques le roi ne détourna le visage et ne s'écarta des Turcs. Il en-

---

* Fruit de l'églantier.

Assés y ot de nos gens qui furent à cele bataille, qui puis dirent et affermerent certainement que se li Roys ne se fust maintenus si hardiment et si vigoureusement qu'il eussent esté et tout mort et tout pris. Onques li Roys ne tres tourna son viaire, ne mestuia son cors des Turs. Il confortoit et admonestoit nostre gent de bien faire, si que il on estoient tout rafresci. Moult se defendoient vigoureusement, si au desous comme il estoient et souffroient cele grant plenté de Sarrasins qui dechevoient euls les unes routes après les autres. Ainsi dura cele bataille jusques en tour Nonne. Li chevaliers et les autres gens qui estoient à nos herberges qui bien veoient que les choses ne les povoient secorre pour le flun qui estoit entre deus, tout et petits et grans braioient et ploroient à haute vois, batoient lor pis et lor testes, tordoient lor poins, enrachoient lor cheveus, esgratinoient lor visage, et disoient : las! las! las! Li Roys, et ses freres et toute leur compagnie sont tout perdu! Adonc coururent les gens à pié et li communs pueples de l'ost hardiment et tres hastivement au mairien, aus engiens et aus autres estrumens de l'ost et commencierent à essaier se il porroient faire aucune voie dessus ce pas par laquelle il peussent passer outre pour aidier le Roy. Par grans paines, par grans travaus firent une voie de mairien assés perilleuse par dessus le pas, car l'iaue estoit par desous si rade et si parfonde et si perilleuse pour le lieu qui estoit estrechiés par la chauciée qui là estoit faite, que nuls ni cheist qui tantost ne fust perdus. Tantost passerent perilleusement, plus isulement que il porrent pour aidier le Roy. Mais quant li Sarrasins les virent venir et passer le flun, il se traissent arriere et se partirent de la endroit et s'en alerent à leur berberges. En cele bataille perdirent li Sarrasins assés de leur gens qui furent occis, des nostres ni ot il gueres de mors; mais assés en y ot de navrés, et assés perdirent de lor chevaus qui furent tous occis et navrés en diverses manieres. Li nostres quant il orent retenu et gaaignée le champ à l'aide de Dieux, s'en retournerent jusque deles le pas. Là firent tendre lor pavellons et leur tentes et se logerent deles les engiens des Sarsins, dont il y en avoit vingt-quatre. Assés trouverent nos gens illecques endroit mairien, tentes, pavellons et autres harnois que li Sarrasins avoient laissiés quant il furent souspris de l'avant garde. Cele nuit demoura li Roys là endroit à peu de gent. Mais li pons qui estoit fait desus le flun fu avant bien atirés et bien parfais de grans fus et de mairien, si que on povoit aler seurement par dessus de l'un ost à l'autre. Le jour des cen-

<><>

courageoit et admonestoit nos gens à bien faire, de manière qu'ils en étoient tout rafraîchis. Ils se défendoient moult vigoureusement, quoiqu'ils fussent en si petit nombre, et ils supportoient cette grande multitude de Sarrasins qui démontoient leurs compagnies l'une après l'autre. Cette bataille dura ainsi jusque vers nones. Les chevaliers et les autres gens qui étoient sous nos tentes et qui voyoient bien qu'ils ne les pouvoient secourir à cause du fleuve qui étoit entre deux, tous petits et grands crioient à haute voix et pleuroient, frappoient leur poitrine et leur tête, tordoient leurs poings, arrachoient leurs cheveux, égratignoient leur visage et disoient : « Hélas! hélas! le roi et ses frères et toute leur compagnie sont tous perdus! » Alors les gens de pied et le menu peuple de l'armée coururent hardiment et en grande hâte au mairain, aux engins et aux autres machines de l'armée et commencèrent à essayer, s'ils pourroient faire un chemin qui pût les conduire à aider le roi. Ils firent avec grand'peine et avec grands travaux un chemin de mairain assez périlleux par-dessus le passage. Car l'eau qui couloit dessous étoit si rapide et si profonde et si dangereuse à cause du lieu qui étoit rétréci par la chaussée qui avoit rétréci, que nul n'y tomboit qui ne fût aussitôt perdu. Ils passèrent périlleusement le plus vite qu'ils purent pour aider le roi. Mais quand les Sarrasins les virent venir et passer le fleuve, ils se retirèrent en arrière et quittèrent cet endroit, et s'en allèrent dans leurs demeures. Dans cette bataille les Sarrasins perdirent assez de leurs gens qui furent occis; des nôtres il n'y en eut guère de morts, mais il y en eut assez de blessés et assez perdirent de leurs chevaux qui furent tous tués et blessés de diverses manières. Quand les nôtres eurent gagné le champ de bataille avec l'aide de Dieu, ils s'en retournèrent jusqu'au delà du passage; ils y firent dresser leurs tentes et leurs pavillons, et se logèrent près des engins des Sarrasins dont il y avoit vingt-quatre. Nos gens trouvèrent là assez de mairain, de tentes, de pavillons et autres harnois que les Sarrasins avoient laissés lorsqu'ils avoient été surpris par l'avant-garde. Le roi demeura cette nuit dans cet endroit avec peu de gens. Mais le pont, qui étoit sur le fleuve, fut bien ajusté et bien achevé avec de grands bois et du mairain, de manière qu'on pouvoit aller en sûreté par-dessus d'un camp à l'autre. Le jour des Cendres, qui fut le lendemain, le roi commanda que les vingt-quatre engins que les chrétiens avoient gagnés, fussent dépecés et qu'on en fît de bons retranchements tout autour de notre camp. Quand ce vint le vendredi après les Cendres, les Sarrasins se rassemblèrent de toutes parts et s'approchèrent de nos gens; ils tirèrent, comme

dres, qui fu le lendemain, commanda li Roys que les vingt quatre engiens que il avoient gaaignés fussent depeschiés et que on y feist bonnes lices tout entour nostre ost. Quant ce vint le vendredi après la cendre, li Sarrasins se rassemblerent de toutes pars. Quant il aprocierent de nos gens, si come est lor coustume, si grans plenté traisent de sajettes, de quarriaus lancierent, frandillerent et geterent pierres que aucuns de ceuls qui là estoient disent que il n'avoient onques veu plus espessement gresiller, et tant de diverses manieres longues et espoentables et oribles assaillirent nos gens aus lices que cil du pays qui là estoient disoient que il n'avoient onques veu et parties d'Outremer, si hardiement assaillir ne si cruelement. Il semblait bien qu'il ne doutaissent, ne prisaissent rien la mort. Tantost quant li uns estoient las, li autre revenoient en leur liens qui estoient tous fres et tout nouvel; il ne sambloit pas que il fuissent hommes, mais bestes sauvages toutes erragiées. Li nostres estoient uns au bersail dedens leur lices merveilleusement leur prioit li Roys et admonestoit de bien faire; bien disent aucuns qui devant avoient esté ne qui furent après, ne virent le Roy faire mauvais samblant ne couard, ni esbahi, n'il sambloit bien à se chiere qu'il n'eust en son cuer ne paour, ne doutance, ne esmai. Li Turs et li nostre s'entreferoient de maches, de lances, d'espées, de haces danoises, de fauchars, de coutiaus et d'autres armeures tout ainsi comme il feissent seur pierres, ou seur fus bois, ou seur autres choses qui rien ne sentissent. Quant cele bataille ot si longuement duré et li Sarrasins furent lassé et orrent assés perdu, il se traissent arriere et retournerent à leur herberges. Plus assés et occis en cele bataille et navrés des Turs que des nostres. Après ces choses se tinrent li Turs tout coi une piece; se ne fu aucuns paletois qui fu de peu de gens en aucuns lieus. Ne demoura mie moult après cele bataille que li fils le Soudan qui mors estoit, que il avoit mandé ains que il mourust es parties d'Orient vint à tout grant gens en l'ost des Sarrasins qui estoit assemblés à la Massorre. Cil d'Egypte le reçurent à moult grant joie à timbres, à muses, à flahutes et autres manieres d'estrumens, à seigneur et Soudan le reçurent ainsi come il avoient juré à son pere, li firent féauté selon le sus et les coustumes don pays. De sa venue crut mout durement la force et li pooir des mescréans.

Comment li Roys et li crestiens estoient à grent meschief à la Massorre.

Grant pitié et grant angoisse doivent avoir à leur cuers toutes manieres des crestiens, et à

◇◇◇

c'est leur coutume, une si grande quantité de traits, jouèrent des frondes et lancèrent tant de pierres qu'aucuns de ceux qui étoient là disoient qu'ils n'avoient onques vu grésiller plus épais; ils assaillirent nos gens aux retranchements de tant de diverses manières longues et épouvantables et horribles, que ceux du pays qui étoient là disoient qu'ils n'avoient onques jamais vu dans les contrées d'outre-mer si hardiment ni si cruelement assaillir. Il sembloit bien qu'ils ne redoutoient pas la mort et qu'ils la prisoient comme rien. Aussitôt que les uns étoient fatigués, d'autres revenoient en leur place tout frais et tout nouveaux. Il ne sembloit pas qu'ils fussent des hommes, mais plutôt des bêtes sauvages tout enragées. Les nôtres étoient exposés aux traits, dans leurs retranchements. Le roi les prioit merveilleusement et les admonestoit de bien faire. Aucuns qui devant avoient été ou qui furent après, dirent bien qu'ils ne virent le roi faire mauvais semblant ni couard, ni ébahi. On voyoit bien à son visage qu'il n'avoit dans son cœur ni peur, ni crainte, ni émoi. Les Turcs et les nôtres s'entre-frappoient de coups de massue, de lances, d'épées, de haches danoises, de faux, de couteaux et d'autres armes, tout ainsi qu'ils eussent fait sur pierre ou sur bois, ou sur autre chose qui rien ne sentit. Quand cette bataille eut si longuement duré, et que les Sarrasins furent fatigués et eurent assez perdu de monde, ils se retirèrent en arrière et retournèrent à leurs demeures. Il y eut en cette bataille plus de Turcs occis et blessés que des nôtres. Après cela, les Turcs se tinrent tout coi un peu de temps, hors aucunes escarmouches qui eurent lieu en quelques endroits entre peu de gens. Il ne s'écoula moult de temps après cette bataille que le fils du soudan qui étoit mort et qu'il avoit mandé avant qu'il mourut des parties d'Orient, vint avec grand monde au camp des Sarrasins, qui étoit réuni à la Massoure. Ceux d'Egypte le reçurent avec grande joie, au son des tambours de basque, des cornemuses, des flûtes et d'autres sortes d'instruments. Ils le reçurent, ainsi qu'ils l'avoient juré à son père, comme leur seigneur et soudan, et lui promirent fidélité selon les us et coutumes du pays. Sa venue augmenta moult grandement la force et la puissance des mécréants.

Comment le roi et les chrétiens étoient à grand méchief à la Massoure.

Tous chrétiens, quels qu'ils soient, doivent sentir dans leur cœur grande pitié et grandes angoisses par ce qui va suivre. On doit raconter avec

grans pitié, et à grans larmes, et à grans gémissemens doivent estre racontées entres toutes manieres de crestiens qui aiment de vrai cuer l'onneur et l'ensauchement de la foi crestienne des choses qui puis advindrent au Roy et à la crestienté qui estoient logiés à la Massorre et qui le flun avoit conquis sur les Sarrasins par force, par quoi toutes choses leur avindrent puis par contraire et encontre leur volenté. Une grande mortalité si pesme et si generaus vint es hommes et es chevaus endementres que il sejornoient là que à paine veist-on nul jour que par les chapeles ne fust bien vingt bieres ou trente. Chascun atendoit la mort tout prestement, nul n'en cuidoit eschaper. A paines trouvast-on en si grand ost celui qui ne plourast ou qui ne doulast un sien ami qui fust mors. A paines trouvast-on tente, ne paveillon, ne loge que il ni eust ou mors ou malade de cele pestilence. Cil qui estoient lani tout haitea avoient grant doutance que il ne fuissent demain ou mors ou malades. Li sain estoient tout en blanc de garder les enfers. Tout autel estoit-il des chevaus. Viandes estoient toutes faillies en l'ost et à hommes et à chevaus. Famine estoit si grant en l'ost que li haitea mesmes estoient si maigres et si défailli que il ne se pooient aidier. Il menioient les charoignes des chevaus, des asnes, des mulets et des autres bestes de l'ost quant il les povoient trouver et leur sambloient moult grant richece. Apres il prenoient encor plusieurs choses quant il les pooient trouver; qui trouvast un chien ou un chat il fust mengié dellen de grant devise Assés y avoit de haus hommes et de puissans qui sen batoient tout des semons es lieus là ou il savoient que on manjoit pour la faim que il avoient. Nule viande ne povoit venir de Damiete, car li nouvaus Soudans avoit fait mener par terre seur chars et seur autres estrumens cinquante galies au flun dou Nil entre nostre ost et Damiete et les avoit moult bien garnies de Turs fors et hardis et bien armés. Cil entretenoient si bien nos gens que nus ne povoit aller ne venir par le flun de nostre ost à Damiete. Cils nouviaus Soudans meismes avoit les grans routes de Turs par les chemins que nul ne povoit aler ne venir par terre qui ne fust tantost ou mors ou pris. Nos gens estoient si asségié que nul ne povoit ne aler ne venir par nostre ost. Ces cinquante galies qui estoient ou flun prisent assés de nos vaissiaus qui portoient viande de Damiete à nostre ost. Entre ces autres domages il en firent deux trop grans à la crestienté; car nostre gent qui estoient à Damiete envoièrent par deuz fois deux carvanes de nes ou il avoit bien cent cinquante vaissiaus et plus qui portoient pain et vin, farine, chair salée et autre chose qui mestier avoit à nostre ost et qui

<<>>

grande pitié et avec grandes larmes et avec grands gémissements, à tous ceux qui aiment d'un cœur vrai l'honneur et la propagation de la foi chrétienne, les choses qui advinrent au roi et à l'armée qui étoient logés à la Massoure et qui avoient conquis de force le fleuve sur les Sarrasins, et tout ce qui leur advint depuis de contraire et à l'encontre de leur volonté. Une si grande mortalité si mauvaise et si générale survint aux hommes et aux chevaux pendant qu'ils séjournoient là, qu'à peine vit-on aucun jour où il n'y eût vingt ou trente bières dans les chapelles. Chacun attendoit tout prestement la mort, et nul ne cuidoit y échapper; à peine trouvoit-on dans une si grande armée quelqu'un qui ne pleurât ou ne plaignît un sien ami qui fût mort; à peine trouvoit-on tente ou pavillon ou demeure qui n'eût un mort ou un malade frappé par cette peste. Ceux qui étoient aujourd'hui tous bien portants, avoient grande crainte qu'ils ne fussent demain morts ou malades. Les gens bien portants étoient tout couverts de taches, en gardant les pestiférés; il en étoit tout de même des chevaux; les provisions manquoient dans tout le camp; la famine y étoit si grande, que les gens en santé même étoient si maigres et si faibles, qu'ils ne se pouvoient aider; ils mangeoient des chevaux, des ânes, des mulets et des autres bêtes de l'armée, quand ils en pouvoient trouver, et cette chair sembloit moult savoureuse; ils prenoient encore plusieurs choses quand ils en pouvoient trouver; un chien ou un chat étoit mangé avec un grand plaisir. Il y avoit assez de hauts et puissans personnages qui, à cause de la faim qu'ils avoient, ne dédaignoient pas de se rendre aux lieux où ils savoient qu'on mangeoit. Nulle provision ne pouvoit venir de Damiette, car le nouveau soudan avoit fait amener par terre, sur des chars ou sur autres machines, quarante galères au fleuve du Nil, entre notre camp et Damiette, et il les avoit moult garnies de Turcs forts et hardis et bien armés, qui repoussoient si bien nos gens, que nul ne pouvoit aller ni venir par le fleuve de notre camp à Damiette. Ce nouveau soudan même avoit de grandes compagnies de Turcs par les chemins, de manière que nul ne pouvoit aller ni venir par terre, qu'il ne fût aussitôt ou pris ou mort. Nos gens étoient si assiégés, que nul ne pouvoit ni aller ni venir par le camp. Ces quarante galères qui étoient au fleuve prirent assez de nos vaisseaux qui portoient des vivres de Damiette à notre camp; entre autres dommages, ils en firent deux trop grands à la chrétienté, car nos gens qui étoient à Damiette envoyèrent par deux fois deux caravanes de nefs, où il y avoit bien cent cinquante bâtiments et plus, qui portoient pain,

bien estoient garnies de maronniers et de gent armée. Quant il s'en aloient outremont le flun, les galies les assaillirent et les desconfirent. Assés en occissent, les autres prisent et les nes et quau qu'il avoit dedens les nes detindrent les viandes envoierent en lost des Sarrasins qui moult en fu remplis. En tele maniere prisent il les deux carvanes lune après lautre. Li ost de la crestienté en fu apovrie et li ost des Turs en fu enrichis. Quant li Roys et li crestien virent et sorrent ces grans meschéances qui chacun jour leur croissoient de toutes pars, moult furent esbahis ; il disoient apertement que il estoient tout perdu. Cil meismes qui haitie estoient et qui aidier se pooient avoient prise la besoigne contre cuer que nuls ne faisoit son pooir de la besoigne faire. Il disoient que tout le meilleur de nostre ost estoient perdu avecques le conte d'Artois. Encore disoient ils que li saudoier ne povoient estre paié de choses que li Roys leur deust. Encore disoient il que assés de crestiens s'en estoient alé en lost des Sarrasins par defaute de viande et que cestoient cil qui plus de mal faisoient à nos gens. Par ces choses que nous avons devant dites estoient moult aflobies et amenuisies li ost des crestiens, presque chacun jour il avoient assaus ou paleteis ou petit ou grand à nos lices. Le jour du ieudi d'absols, le vendredi de crois courée; le samedi de Pasques et la diemence de la grant Pasque firent li Sarrasins ausi grans assaus à nos lices et ausi longuement et vindrent en autel convoi que nous avons dit devant que il firent le vendredi après les Cendres. Li Roys se douta moult que li Sarrasins ne l'assausisent aucun jour si durement que il les preissent par force et les meissent tous à lespée. Nos gens meismes qui avecques lui estoient disoient de tels y avoit assés tout apertement que cele besoigne ne leur plaisoit mais point, car bien lor sambloit que Diex ne le voloit mie et que se il avoient pooir de departir dilce il s'en r'iroient en lor pays, que ja plus en cele terre ne demorroient. Pour toutes ces desconvenences et pour toutes les autres devant dites, li Roys par le conseil de ses barons envoie au Soudan ses messages pour requerre trives. Li Soudan et li Sarrasins qui avecques lui estoient firent semblant que il en renvoieroient volentiers la parole, mais il n'en avoient corage ne volenté d'en donner si comme il apparut après. Toutes voies dist le Soudans quil voudroit conseiller et que il revenissent à un jour que on leur nomma. Ainsi les fist aler et venir par trois fois ou par quatre ades prenoit

◇◇◇   ◇◇◇

vin, farine et chair salée et autres choses nécessaires à notre camp, et qui étoient bien garnis de matelots et de gens armés. Quand ils s'en aloient, en remontant ce fleuve, les galères les assaillirent et les déconfirent; ils tuèrent assez de monde ; d'autres prirent et les nefs et tout ce qu'il y avoit dans les nefs, et les retinrent. Ils envoyèrent des provisions au camp des Sarrasins, qui moult en fut rempli; ils prirent de cette manière les deux caravanes l'une après l'autre. Le camp des chrétiens en fut appauvri, et le camp des Turcs en fut enrichi. Quand le roi et les chrétiens virent et surent ces grands malheurs qui, chaque jour, croissoient de toutes parts, ils furent moult ébahis ; ils disoient ouvertement qu'ils étoient tous perdus; ceux même qui étoient en bonne santé, et qui se pouvoient aider, avoient pris la besogne si fort à contre-cœur, que nul ne faisoit d'effort pour la faire ; ils disoient que tous les meilleurs de notre armée étoient perdus avec le comte d'Artois; encore, disoient-ils, que les soldats ne pouvoient être payés de ce que le roi leur devoit; encore, disoient-ils, qu'assez de chrétiens s'en étoient allés dans l'armée des Sarrasins par défaut de vivres, et que c'étoient ceux-là qui faisoient le plus de mal. Pour ces choses devant dites, l'armée des chrétiens étoit moult affaiblie et diminuée. Presque chaque jour, il y avoit à nos retranchements assauts ou escarmouches petites ou grandes. Le jour du jeudi saint, le vendredi-saint et le samedi de Pâques et le dimanche de Pâques, les Sarrasins firent aussi grands assauts à nos retranchements et aussi longuement, et vinrent en pareil nombre que nous avons dit qu'ils étoient venus le vendredi après les Cendres. Le roi craignit moult que les Sarrasins ne l'attaquassent quelque jour si vivement, qu'ils ne les passassent de force et ne les passassent au fil de l'épée. Parmi nos gens même qui étoient avec lui, il y en avoit assez qui disoient tout hautement que cette besogne ne leur plaisoit nullement, car bien leur sembloit que Dieu ne le vouloit pas, et que, s'ils pouvoient partir de là, ils s'en iroient dans leur pays, qu'ils ne resteroient pas dans cette terre pour toutes ces déconvenues et pour toutes les autres ci-devant dites. Le roi, de l'avis de ses barons, envoya des députés au soudan pour demander une trêve. Le soudan et les Sarrasins qui étoient avec lui firent semblant qu'ils renverroient volontiers une réponse, mais ils n'avoient ni l'intention ni la volonté d'en donner comme il y parut bientôt. Toutefois, le soudan dit qu'il vouloit prendre conseil, et que les députés revinssent à un jour qu'on leur assigna. Il les fit aller et venir ainsi par trois ou quatre fois, et toujours il prenoit jour pour se consulter. Tant qu'on parla de trêve, les Sarrasins laissèrent nos gens en paix. Au dernier jour que nos députés furent retournés vers le soudan pour ouïr sa résolution concernant la trêve, le soudan

jour de lui conseillier. Tant que on parla des trives laissient li Sarrasins auques en pais nostre gent. Au derrain jour que nostre message furent revenu au Soudan por oïr son conseil des trives li Soudan leur repondit en tele maniere : « Sace bien vostre Roys et tout li crestien qui avecques lui sont que je ne leur donrai nule trives je s'an miex leur convine et leur pooir que il ne cuident il sont tout mis en ma volenté. Je ferai deuls qanque me plaira soit de mort ou de vie. Ralez vous en et leur dites que il facent dou miex que il pucent. » Quant nostre message furent revenu et il orent dit au Roy et aus barons ce que li Soudan leur avoit repondu tout furent esbahi, car la endroit ne povoient il plus demorer. Tout s'accorderent à ce que on s'en ralast vers Damiete se nostre sires le vouloit souffrir.

Comment li Roys et li crestien s'en retournerent pour venir à Damiete et furent tous pris entre noiés.

Aucun baron vindrent au Roy et li dirent priveement et conseillierent que il montast sur le meilleur cheval que il porroit oncques trouver et que il s'en alast au ferir des esperons par terre. Li autre disoient que il entrast en une galie bien armée et que il s'en alast à force contre val le flun pour venir en sauveté à Damiete se il povoit eschaper; car li remenans estoit tous perdus. Li autres disoient que il enmenast ses freres avecques lui. Mais li Roys et ses freres si trenchierent tantost la parole et distrent que ce ne feroient-il en nulle maniere ains demorroient avecques eux fust à mort ou fust à vie. Moult loerent au Roy que au moins il s'en alast, mais li Roys ne pot oncques être mené à ce que il le voulist faire. Quant il virent que le Roys ne s'en iroit pas si commencierent à deviser comment il s'en retorneroient. Il atirerent que on mettroit tous les malades et tous les foibles au flun dedens les nes, et que on y mettroit marronniers et nageurs et gens à armes qui les conduiroient contre val jusqu'à Damiete si Deix l'avoit pourvue. Atiré fu que il lairroient grant partie de ler tentes et de lor pavellions en lor lices entreves pour ce que li Sarrasins ne se percevroient mie sitost de leur retour. Devisé fu que il se departiroient par nuit pour ce que il se delogeassent avant et peussent le flun de Thanis repasser arriere avant que li Sarrasins s'en preissent garde. Bien fu di que tout s'en iroient ensemble et à pié et à cheval, et par iaue et par terre, tout serré li un encontre l'autre. Quant il orent ainsi devisé leur choses comme cil qui avoient plus affaire plus que euls meismes ne cuidoient par estovoir et par nécessité si grant que à paine le porroit nul

leur répondit de cette manière : « Que votre roi » et tous les chrétiens qui sont avec lui, sachent » bien que je ne leur donnerai nulle trêve; je » connais mieux leur situation et leur force qu'ils » ne pensent; ils sont tous à ma volonté, je ferai » d'eux tout ce qu'il me plaira, soit de leur mort, » soit de leur vie; retournez-vous-en, et leur dites » qu'ils fassent du mieux qu'ils puissent. » Quand nos députés furent revenus, et qu'ils eurent dit au roi et aux barons ce que le soudan leur avoit répondu, tous furent ébahis, car là ne pouvoient-ils plus demeurer. Tous s'accorderent à ce qu'on retournât vers Damiette, si notre Seigneur le vouloit permettre.

Comment le roi et les chrétiens s'en retournèrent pour aller à Damiette, et furent tous pris ou noiés.

Aucuns barons vinrent trouver le roi et lui dirent en particulier, et lui conseillèrent de monter sur le meilleur cheval qu'il pourroit trouver, et de s'en aller par terre en piquant toujours des deux : d'autres disoient qu'il devoit monter une galère bien armée et s'en aller à toute force en descendant le fleuve pour venir en sûreté à Damiette, s'il pouvoit échapper, car ceux qui restoient étoient tous perdus ; d'autres disoient qu'il emmenât ses frères avec lui; mais le roi et ses frères leur coupèrent aussitôt la parole, et dirent que ce ne feroient-ils d'aucune manière, mais qu'ils demeureroient avec eux à la mort ou à la vie. Plusieurs conseillèrent au roi qu'au moins il s'en allât ; mais le roi ne put oncques être persuadé à vouloir le faire. Quand ils virent que le roi ne s'en iroit pas, ils commencèrent à consulter comment ils s'en retourneroient ; ils décidèrent que l'on mettroit tous les malades et tous les gens faibles sur le fleuve dedans les nefs, et qu'on y mettroit matelots, nageurs et gens armés qui les conduiroient en descendant jusqu'à Damiette, si Dieu l'avoit ainsi résolu. Il fut arrêté qu'ils laisseroient grande partie de leurs tentes et de leurs pavillons dans leurs retranchements, afin que les Sarrasins qui les verroient encore, ne s'aperçussent pas sitôt de leur retraite. Il fut convenu qu'ils partiroient de nuit, afin qu'ils délogeassent et pussent repasser le Thanis avant que les Sarrasins n'y prissent garde. Bien fut dit que tous s'en iroient ensemble et à pied et à cheval, et par eau et par terre, tous serrés les uns contre les autres. Quand ils eurent ainsi réglé tout ce qu'ils avoient à faire, moins peut-être par envie que par nécessité, qui étoit si grande, qu'à peine pourroit-on dire ou croire qu'ils pus-

nous raconter ne croire que il ne povoient eschiver en nule maniere du monde. Li Roys et nostre gent repasserent le flun arriere et se misent au retour vers Damiete, ainsi comme il avoient devant dit et devisé. Quant li Turs s'en apercurent isuelement passerent le flun de Thanis apres euls. Quant il orrent passé le flun grant aleure coururent au ferir des esperons apres nostre gent. Il commencierent à huer et sifler et sonner tymbres et tamburs, cors et buisines, et moult faisoient grant noise après eus. Quant il les orrent aconsuis il les avironnerent de toutes pars au devant et misent grans routes de toutes pars pour destourner ceuls qui s'en aloient. Les cinquante galies qui estoient au flun vindrent grant aleure encontre ceuls qui s'en aloient par iaue. Li nostre qui bien cuidoient morir illecques prirent cuer et hardiment en eus meismes à ce tendoient sans plus que il vendissent bien leur mort. Toutes les heures que li Turs s'aproçoient si d'euls que il povoient venir, vigoureusement leur couroient sus si que parmi euls faisoient bonne voie et large, et toutes voies passoient outre. Li Roys avoit commandé que on ne laissat mie les navrés ne les blecies es assaus que li Turs leur feroient ; mais tantost les meist ou es nes ou sus les autres voitures de l'ost. Li Turs les aloient guitant en toutes les manieres que il les porroient grever. Chascun jour apetissoit li nombre des nostres et li nombre des Turs croissoient. Sajetes plouvoient ausi sus nos gens que leur escu, et leur larges, et leur arçons de selles de ceuls qui estoient à cheval et leur autres armes en estoient toutes couvertes. Tant y avoit mesaises et desconvenues que li Sarrasins meismes s'emervelloient tout. Li Roys les confortoit et ammonestoit de bien faire, si que il estoient plus encouragiés de deffendre. A tel meschief s'en alerent tant que il vindrent pres de Damiete à cinq lieues. Quant il vindrent la endroit li Soudan s'aperçut que il aproçoient la cité. Si ot moult grant doutance que li nostre ne li echapaissent. Il avoit mandé par toutes les bonnes villes qui estoient entour la Massorre quant li nostre s'en departirent que tout venissent à lui à pié et à cheval, en tel maniere que li desloial chien qui s'en aloient ne li peussent eschapper cil estoient aplens de toutes pars. Li Soudans parla à ceuls et à tous les autres qui estoient en son ost en tel maniere : « Moult est grans hontes et grans viltés » à si grans plenté de haus homes, de riches et

◇◇◇

sent échapper d'aucune façon, le roi et nos gens repassèrent le fleuve et se mirent en route pour Damiette, ainsi qu'ils l'avoient dit et arrêté. Lorsque les Turcs s'en aperçurent, ils passèrent incontinent le fleuve de Thanis après eux. L'ayant passé en grande hâte, ils coururent en piquant des deux après nos gens, et commencèrent à pousser des cris et à faire retentir leurs tambours de basque, leurs tambours, leurs cors et buccines, et firent moult grand bruit après eux. Quand ils les eurent suivis de près, ils les entourèrent de toutes parts par devant, et mirent de tous côtés de grandes compagnies pour faire retourner ceux qui s'enfuiroient. Les quarante galères qui étoient sur le fleuve vinrent en grande hâte au-devant de ceux qui s'en alloient par eau ; les nôtres, qui bien cuidoient mourir là, prirent courage et résolurent de vendre leur vie le plus qu'ils pourroient. A chaque moment, ils s'approchoient des Sarrasins, le plus près qu'ils pouvoient, ils couroient vigoureusement sur eux, en sorte qu'ils s'ouvroient un large chemin à travers les ennemis et passoient outre. Le roi avoit commandé qu'on n'abandonnât pas les blessés aux attaques des Turcs ; aussi, les mit-on sur les nefs ou sur les chaz de l'armée. Les Turcs les guettèrent de toutes les manières pour les accabler ; à chaque moment, le nombre des nôtres diminuoit et le nombre des Turcs croissoit ; les flèches pleuvoient aussi sur nos gens de telle sorte que leurs écus, leurs boucliers et les arçons de selle de ceux qui étoient à cheval, et leurs autres armures, en étoient toutes couvertes ; tant y avoit de malaise et de déconvenue, que les Sarrasins même en étoient tout émerveillés. Le roi encourageoit les siens et les admonestoit de bien faire de telle manière, qu'ils avoient assez plus à cœur de se défendre avec tel méchief ; ils vinrent pourtant près de Damiette, à cinq lieues. Quand ils furent venus là, le soudan eut moult grande crainte que les nôtres ne lui échappassent ; il avoit mandé par toutes les bonnes villes qui étoient autour de la Massoure, quand les nôtres en partirent, que tous vinssent à lui à pied et à cheval, afin que les chiens déloyaux qui s'en alloient ne lui pussent échapper ; le soudan parla à tous ceux qui étoient dans son armée de la manière suivante : « C'est » moult grande honte et grand mépris pour si » grand nombre de hauts hommes, riches et puis- » sants, et de bons chevaliers forts et hardis et » bien éperonnés en maintes guerres, et de Sar- » rasins bien combattants comme il y en a dans » notre armée, que moult gens affirment certai- » nement que nous avons ici toute la fleur et toute » la force de tous les prud'hommes et de toutes » les terres qui obéissent à la loi de Mahomet ; » c'est grande honte que ne sais combien de » chrétiens misérables et méchants qui sont ici » affamés, malades et languissants, fatigués et » mal montés et en petit nombre, et que ceux qui

» de puissans et de boins chevaliers fors et
» hardis et bien esperonnés en maintes guerres,
» et de Sarrasins bien combattans comme il a
« en nostre ost, que moult de gens aferment
» certainement que nous avons cilleeques toute
» la fleur et tout le povoir de tous les prudhom-
» mes de toutes les terres qui sont obeissans à
» la loi Mahomet, que ne sais quans crestiens
» maleureus et mechans qui ici sont affamé,
» malades et langoureus, las et mauvaisement
» monté et petit et cil à pié sont tout defailli se
» deffendent si longuement contre nous. Je
» crois bien que ce soit par nos pechiés que
» Mahommes se soit courroucié à nous ou par
» nos deffautes moult nous devroit bien souve-
» nir que maintes fois ont détruites les terres
» de la loi Mahomet, et occis les peres et les
» meres et apres les enfans, et autel feroient-il
» moult volentiers de nous se il en povoient ve-
» nir au deserre comme chien mescreant et de-
» loyal, et bien dient que Mahommes ne sa loi
» ne vaut rien et n'en font se sifler non. Se il
» puent tant faire que il viegnent à Damiete,
» nous n'aurons pooir à euls ; car la cité est leur
» et grant plenté de leur gent dedens ; grans
» perils et grans domage sera à tous ceus et à
» la loi Mahomet se il nous eschapent. » Ces
choses et autres il leur disoit et chevauchoit
par les grans routes des Sarrasins et les ammonestoit de bien faire. Tous disoient et crioient

que li Soudans disoit voir, autel meismes disoit
li Soudans à ceus qui estoient dedens les cinquante galies. Il fist issir de la galie tous les
navres et tous les bleciés et ceus qui ne se
pooient mie aidier et en lieu de cents metoit
autres tous très et tout nouviaux es galies ou il
li sembloit que il eust peu de gens à ariver, en
metoit assés et à grant plenté, car il les avoit
bien ou prendre. Tous li pays estoit couvers de
Turs et encore aplouvoient il de toutes pars. Cil
qui la furent en ces choses virent et affremerent
certainement que li Soudans avoit bien en son
ost qui la endroit estoit trois cent mille Turs à
armes. Adonques fu cele besoingne recommen-
cié tout de nouvel. Li Turs se mistrent à grant
routes tout entour nostre gent. Adonques trouverent il les nos à moult grant meschief, car
il estoient ja tous defaillis. Asses y avoit de
ceuls qui ne se poient mais soutenir. Li Turs
leur coururent sus vigoureusement de toutes
pars, asses y en ot mors et d'une part et d'autre. Li nostre ne porrent mie longuement souffrir cele grant plenté de Sarrasins qui deschar-
çoient sur euls les unes routes apres les autres.
Li Turs les commencierent à occire et à decou-
per si que le terre estoit toute couverte de gens
occis et de sanc espandu. Toute leur volenté
faisoient li Turs des crestiens. Le plus en occirent, les autres prisent et loierent et trainerent
en prison. Là fu pris li Roys et si doi freres li

» à pied sont tout défaillis, se défendent si long-
» temps contre nous. Je crois bien que c'est à
» cause de nos péchés ou pour nos fautes que
» Mahomet s'est courroucé contre nous. Moult
» devrions-nous bien nous souvenir que maintes
» fois ils ont détruit les terres de la loi de Ma-
» homet et occis les pères et les mères et ensuite
» les enfants ; et pareillement feroient-ils moult
» volontiers de nous, s'ils pouvoient avoir le des-
» sus, comme chiens mécréants et déloyaux, et
» ils disent bien que Mahomet ni sa loi ne valent
» rien et ne font que s'en moquer. S'ils peuvent
» tant faire que de venir à Damiette, nous n'au-
» rons pouvoir sur eux, car la cité est à eux, et
» ils y ont grand nombre de gens ; grand péril et
» grand dommage nous sera fait, ainsi qu'à la
» loi de Mahomet, s'ils nous échappent. » Le soudan leur disoit ces choses, et, chevauchant au
milieu des grandes compagnies des Sarrasins,
les admonestoit de bien faire. Tous répétoient et
crioient que le soudan disoit vrai ; autant en disoit-il à ceux qui étoient dans les quarante galères. Il fit sortir des galères les infirmes et les
blessés et ceux qui ne se pouvoient aider, et à
leur place il en mettoit d'autres tout frais et
tout nouveaux. Dans les galères, où il sembloit
qu'il eût peu de gens à employer, il en mettoit

assez et en grand nombre, car il avoit bien où
en prendre. Tout le pays étoit couvert de Turcs,
et encore en pleuvoit-il de toutes parts. Ceux qui
étoient là et virent ces choses, affirmèrent certainement que le soudan avoit bien sous ses drapeaux,
qui étoit en cet endroit, trois cent mille Turcs
armés. Il fallut donc recommencer la besogne tout de
nouveau. Les Turcs se mirent par grandes compagnies tout autour de nos gens, et les trouvèrent
à moult grand méchief, car ils étoient déjà tout
défaillis. Y en avoit assez d'eux qui ne se pouvoient plus soutenir ; les Turcs leur coururent
sus vigoureusement de tous côtés, et il y en eut
de part et d'autre assez de morts. Les nôtres ne
purent pas souffrir longuement cette grande multitude de Sarrasins qui jetoient sur eux leurs
compagnies, les unes après les autres. Les Turcs
commencèrent à les occir et découper de telle
sorte, que la terre étoit toute couverte de gens
occis et de sang répandu. Les Turcs faisoient des
chrétiens ce qu'ils vouloient ; ils en tuèrent plus
qu'ils n'en prirent ; ils lièrent les autres et les
entraînèrent comme captifs ; là furent pris le roi
et ses deux frères, le comte de Poitiers et le
comte d'Anjou ; le comte de Flandres et le comte
de Bretagne, le comte de Soissons et assez d'autres hauts hommes, chevaliers et sergents que

quens de Poitiers et li quens d'Anjou, li quens de Flandres et li quens de Bretaigne, li quens de Soissons et assés autres haut homme, chevalier et serjan que nous ne savons mie nommer. Assés y ot de crestiens qui s'enfuierent vers jusques nostre navie pour ce que il cuidoient la eschaper. Mais la navie s'en estoit ja alée. Quant il vindrent la il se ferirent ou flun et furent tous noié. Ainsi fu toute perdue nostre gent qui s'en retournerent aucunes gens disent qu'il n'en eschapa nes uns tous seuls de ceuls qui furent à cele derraine bataille qui fu par terre. Pris ausi malement furent mesme notre gent malade et li autres qui estoient es nes qui s'en retournerent par le flun du Nil. Li Sarrasins qui estoient es galies leur coururent sus en tous cens, à cui il pooient avenir occioient et noioient et pechoient les nes, et faisoient plungier ou flun. Il faisoient leur galies lancier par force d'avirons aval le flun apres nos vaissiaus qui s'enfuioient et getoient feu griois dedens. En tele maniere ardoient ou flun les nes et les males et les autres crestiens qui dedens estoient. En tel maniere refurent tout perdu nos gens qui s'en retournoient par le flun. Aucuns de nos vaissiaus en eschaperent. Mais ce fu merveilles petit au regart de ceux qui furent perdus. Li legas de l'eglise de Romme, maistre OEudes de Chastel, Raoul et li patriarches de Jherusalem et li autre evesque et prelat qui estoient avec le Roy, quant il virent cele grant confusion de la crestienté entrerent es nes par le congié le Roy. Li legas et li patriarches et aucun autre eschaperent. Li evesque de Lengres et assés d'autres furent occis dedens leur nes. Li evesques de Soissons ne voult mie le Roy laissier ; mais encore ne set on certainement se il fu ou mors ou pris. Aucunes gens affermerent pour voir que il se feri ou flun et fu noié avec les autres. En tele maniere furent tous perdus dolereusement li crestiens qui la estoient assamblé contre les anemis de nostre foy, et par yaue et par terre en diverses manieres. Li mescreans gaaignerent leur tentes, paveillons, chevaus, armeures, vaissele, mente, robes, calipses aures, or, argent, deniers et toutes leur autres choses nes le seul le Roy, mout en furent enrichi li anemi de la chrestienté et tout nostre crestien qui démoure estoient apovrie. Quand ces choses furent ainsi dolereusement avenues à la crestienté, li Soudan fist prendre li Roys et tous ses autres prisons. Les uns envoia au Chaaire, les autres en Babiloine et les bonnes villes d'Egypte et metre en prison. Tant en avoit par les chartres du pays, que eles en estoient toutes plaines.

⸻

nous ne savons pas nommer. Il y eut assez de chrétiens qui s'enfuirent jusqu'à notre flotte, croyant s'échapper là ; mais la flotte s'en étoit déjà allée. Quand ils y arrivèrent, ils se portèrent dans le fleuve, et furent tous noyés. Ainsi furent tous perdus ceux des nôtres qui s'en retournèrent ; aucuns dirent qu'il n'en échappa nul seul de ceux qui furent à cette dernière bataille, qui se fit par terre. Nos gens malades et les autres qui étoient sur les nefs, et qui s'en retournèrent par le fleuve du Nil, furent aussi malheureusement pris. Les Sarrasins, qui étoient sur les galères, leur coururent sus, et tous ceux qu'ils pouvoient atteindre, ils les tuoient et noyoient, et ils brisoient les nefs et les couloient à fond ; ils faisoient voler leurs galères en suivant le cours du fleuve à force d'avirons, et poursuivoient ainsi nos vaisseaux et jetoient dedans du feu grégeois ; de cette maniere, ils brûloient sur le fleuve les nefs et les malades et les autres chrétiens qui étoient dedans. Ainsi furent de nouveau tous perdus nos gens, qui se retiroient par le fleuve. Quelques-uns de nos vaisseaux échappèrent ; mais le nombre en fut merveilleusement petit, en comparaison de ceux qui furent perdus. Le légat de l'église de Rome, maître Eudes de Châteauroux, et le patriarche de Jérusalem et les autres évêques et prélats qui étoient avec le roi, quand ils virent cette grande confusion de la chrétienté, entrèrent dans les nefs, avec le congé du roi. Le légat et les patriarches et aucuns autres, échappèrent ; l'évêque de Langres et assez d'autres furent occis dans leurs nefs ; l'évêque de Soissons ne voulut pas abandonner le roi, mais encore ne sait-on pas avec certitude s'il fut tué ou pris. Aucuns affirmèrent pour vrai qu'il se porta au fleuve et fut noyé avec les autres. Ainsi furent tous perdus douloureusement les chrétiens qui étoient là assemblés contre les ennemis de notre foi, et par eau et par terre, et de diverses manières. Les mécréants gagnèrent leurs tentes, pavillons, chevaux, armures, vaisselle, mantes, robes, livres, or, argent, deniers et toutes leurs autres choses, même le sceau du roi. Les ennemis de la chrétienté en furent moult enrichis, et tous nos chrétiens qui restoient là furent appauvris. Quand ces choses furent ainsi douloureusement advenues à la chrétienté, le soudan fit prendre le roi et tous ses autres prisonniers ; il envoya les uns au Caire, les autres à Babylone et dans les bonnes villes d'Egypte, et les fit mettre en prison ; tant y en avoit dans les prisons du pays qu'elles en étoient toutes pleines.

De la forme des que li Roys et li Soudans firent ensemble; comment li Sarrasins occirent leur seigneur le Soudan.

Un pou de temps après ce que li Roys fu pris, li Soudan envoie à li les messages qui li disent mout cruelement, et mout asprement et par grans menaces que il feist au Soudan rendre isuelement toute entierre et toute sainc ausi garnie de toutes choses et plentuieuse de tout biens con ele estoit au jour, que li crestiens y entrerent premièrement, et que li Roys li feist rendre tous ses despens et tous ses cous que il et ses peres avoient mis en la guerre, puisque les crestiens estoient arivés en Egypte. Encore requeroient il au Roy que il leur feist rendre tous les Sarrasins que li crestiens tenoient viés et nouviaus à Damiete et ou royaume de Jherusalem et en chetivoisons et tous les damages que il ne ses peres avoient eus en la guerre que li Roys leur avoit esmue. Après moult de paroles et moult de consaus, trives furent devisées et faites entre le roi et le Soudan en tel maniere et en tel fourme. C'est à savoir que li Soudan estoit tenu à delivrer tous les chaitis crestiens qui estoient par toute sa terre et par toutes les forteresces de tours qui obéissoient à lui qui avoient esté pris de cele heure que li Roys arriva en Egypte, et tous les autres de quelconques parties il fussent ne des le temps et le jour que li trives furent faites entre Kikamel son aiol et l'empereur de Romme Fredric, en quelconques terres il eussent esté pris, quelque il fussent poure ou riches, haut ou bas, li Roys tout avant et ses freres et tous les barons et tous les autres vec; et les laisseroient aler quelque part qu'il voudroient. Ausi par cele trive meismes rendroient les crestiens toutes les terres qu'il tenoient ou royaume de Jherusalem, au jour que li Roys arriva en Jherusalem, toutes en pais et toutes quites sans nul grevement, c'est à savoir cités, chastiaus, forteresces, viles, casiaus et toutes leur appartenances. Toutes ces choses que li Roys et li autres crestien tout avoient dedans Damiete, il les emporteroient et feroient leur volenté. Toutes ces choses que li crestien vouroient lessier dedans Damiete, et li Roys et tous li autres seroient toutes sauves, et en la garde, et en la defense du Soudans, et les porroient porter quelque part qu'il vouroient, toutes les heures que il leur plairoit, fust par terre fust par yaue.

Tout li crestien qui demouroient dedans Damiete, ou pour maladie ou pour leur choses vendre, ou pour atendre nes ou autres voitures demouroient tout seurement et tout sauvement ou fust par mer ou fust par terre. A tous ceus

◇◇◇

De la trève que le roi et le soudan firent ensemble; comment les Sarrasins occirent leur seigneur le soudan.

Peu de temps après que le roi fut pris, le soudan lui envoya des députés qui lui dirent moult cruelment, moult âprement et avec grandes menaces, qu'il fît rendre incontinent au soudan la ville de Damiette tout entière et toute intacte, aussi garnie de toute choses et remplie de tous biens, comme elle étoit au jour où les chrétiens y étoient entrés d'abord, et que le roi lui fît rendre toutes les dépenses et tous les frais que lui et son père avoient faits dans la guerre, depuis que les chrétiens étoient arrivés en Egypte. Ils requéroient encore du roi qu'il leur fît rendre tous les Sarrasins que les chrétiens tenoient en captivité depuis longtemps ou tout nouvellement à Damiette et au royaume de Jérusalem, et qu'il réparât tous les dommages que lui et son père avoient éprouvés dans la guerre que le roi leur avoit suscitée. Après bien des paroles et des discussions, une trève fut arrêtée et faite entre le roi et le soudan, en la manière et la forme suivantes : c'est à savoir que le soudan étoit tenu de délivrer tous les captifs chrétiens qui étoient dans tout son pays, et dans toutes les forteresses qui lui obéissoient et qui avoient été faits prisonniers depuis que le roi étoit arrivé en Egypte, et tous ceux qui l'avoient été dès le temps et le jour que les trèves furent faites entre Kalec-Amel, son aïeul, et Frédéric, empereur de Rome, en quelque pays qu'ils eussent été pris, qu'ils fussent pauvres ou riches, hauts ou bas; et, avant tout, le roi et ses frères et tous les barons et tous les autres avec, et les laisseroit aller là où ils voudroient. Aussi, par cette même trève, les chrétiens rendroient toutes les terres qu'ils tenoient au royaume de Jérusalem, le jour que le roi arriva; toutes en paix et toutes quittes d'aucun grèvement, à savoir : cités, châteaux, villes et forteresses avec toutes leur dépendances. Toutes les choses que le roi et les autres chrétiens avoient dans Damiette, ils les emporteroient et en disposeroient à leur volonté ; et toutes les choses que les chrétiens et le roi et tous les autres voudroient laisser dans Damiette seroient toutes sauvées, et resteroient en la garde et défense du soudan, et ils pourroient les porter quelque part où ils voudroient, à toutes les heures qu'il leur plairoit, soit par terre, soit par eau.

Tous les chrétiens qui resteroient dans Damiette, soit pour cause de maladie, soit pour vendre leurs effets, soit pour attendre nefs ou autres moyens de transports, demeureroient en sûreté et en

et à toutes celes qui par terre s'en voudroient aler. Li soudans estoit tenu à eus livrer sauf conduit et seurs jusques à terres des crestiens. Toutes ces choses devoit li Soudan tenir et faire tenir sans ampeschement et sans contredit et estoit tenu à toutes ces choses délivrer.

Li Roys estoit tenus à rendre et à delivrer la cité de Damiete, et par huit fois cent mille besans sarrasinois de sa delivrance et toutes les autres choses qui sont devant nommées. Et pour les cous et les depens et les damages que li Soudans et ses peres et tous li autres avoient fait en la guerre, encore li Roys estoit tenus à delivrer tous les Sarrasins qui estoient en chetivoisons et avoient esté pris ou royaume de Jherusalem des le temps que la trive fu prise entre Kikamel l'aiol li Soudan et l'empereur de Romme Fedric et tous ceuls qui avoient esté pris en Egypte, des le temps que li Roys arriva au port de Damiete. Ces trives en tel fourme que nous les avons devisées, jura li Soudans à tenir seur la loi Mahommet à sa maniere et à sa guise. Li Roys les jura ainsi à tenir et à delivrer en tele maniere comme il firent. Li Roys paya au Soudan sa raençon, c'est-à-dire quatre fois cent mille besans. Quant ces trives furent ainsi confermées et d'une part et d'autre, li Soudans s'en vint à tout son ost et amena li Roys et ses freres et les barons avec li vers Damiete tout droit pour toutes ces choses delivrer ainsi comme eles estoient devisées.

Ains comme il estoit un jour logiés auques près de Damiete, il avint une matinée que il fu leves du mangier, la furent aucun chevalier sarrasins qui li coururent sus par le conseil et par lacort de la plus grande partie de l'ost aus Sarrasins. Mais nous ne savons mie certainement pourquoi ce fu. Aucunes gens dient que ce fu pour la raençon le Roy que il veloient avoir. Quant li Soudans vit que il li couroient ainsi sus et ja l'avoient navré felonnessement, il issi hors de ses tentes et s'enfui. Cil coururent après grant aleure et par devant presque tous les amiraus de l'ost et moult grant plenté de Sarrasins qui là estoient le ferirent d'espée et abatirent et cruelement l'occirent et depiecerent tout par pieces. Tantost que ce fu fait en celle grant ire, grant en autalent et grant forcenerie. Moult grant plenté de Sarrasins s'en alerent tous armés en la tente le Roy ainsi comme sil vausissent lui et les autres crestiens qui là estoient occire et detrenchier, ainsi comme il avoient fait le Soudanc leur seigneur. Assés avoit de gent la rendroit qui ce cuidoient certainement. Mais tantost comme il vinrent devant le Roys ne li firent onques nul semblant de mal faire; mais tantost le requistrent et par-

◇◇◇

sauveté ou par mer ou par terre; à tous ceux et à toutes celles qui voudroient s'en aller par terre, le soudan étoit tenu de donner saufconduit et sûreté jusqu'aux terres des chrétiens. Toutes ces choses, le soudan devoit tenir et faire tenir sans empêchement et sans contredit, et étoit tenu de les faires toutes exécuter.

Le roi étoit tenu de rendre et livrer la cité de Damiette et huit cent mille besans sarrasinois, pour sa délivrance et toutes les autres choses ci-devant dites, et pour les frais, les dépenses et les dommages que le soudan et son père et tous les autres avoient faits ou éprouvés dans la guerre. Le roi étoit encore tenu de faire délivrer les Sarrasins qui étoient en captivité et avoient été pris au royaume de Jérusalem, dès le temps que trèves furent faites entre le soudan Kalec-Amel l'aïeul du soudan, et Frédéric, empereur de Rome, et tous ceux qui avoient été pris en Egypte, depuis que le roi étoit arrivé au port de Damiette. Le soudan jura sur la loi de Mahomet, à sa manière et à sa guise, de tenir cette trève dans la forme que nous avons déduite. Le roi le jura de même; il paya au soudan la moitié de sa rançon, c'est-à-dire quatre cent mille besans. Quand cette trève fut ainsi confirmée de part et d'autre, le soudan s'en vint avec toute son armée, et amena le roi et ses frères et les barons avec lui, tout droit vers Damiette pour exécuter toutes ces choses, telles qu'elles avoient été réglées.

Mais comme il étoit un jour logé près de Damiette, il advint, un matin, lorsqu'il se levoit de manger, qu'aucuns chevaliers sarrasins lui coururent sus, d'après le conseil et l'accord de la plus grande partie de l'armée des Sarrasins; mais nous ne savons pas avec certitude pourquoi. Aucunes gens disent que ce fut pour la rançon du roi qu'ils vouloient avoir; quand le soudan vit qu'ils lui couroient ainsi sus, et qu'ils l'avoient féloneusement blessé, il sortit de sa tente et s'enfuit. Eux coururent après en grande hâte, et par devant presque tous les émirs de l'armée, et moult grand nombre de Sarrasins qui étoient là, le frappèrent à coups d'épée et l'abattirent, et l'occirent et le dépecèrent par morceaux. Dès que cela fut fait en grande colère, en grande fureur et en grande rage, moult Sarrasins s'en allèrent tout armés trouver le roi dans sa tente, comme s'ils eussent voulu occir et trancher lui et les autres chrétiens qui étoient là, comme ils l'avoient fait au soudan leur seigneur. Il y avoit là assez de gens qui le croyoient certainement ; mais aussitôt qu'ils arrivèrent devant le roi, ils ne firent onques aucun

lerent de trives que li Soudans avoit faites au Roy et que il leur délivrast la cité de Damiete isuelement.

Comment les trives meismes du Roy furent refaites à cent et vingt-quatre amiraus.

Quant il orent assés parlé de ces choses au Roy et li Roys aves et il orent moult de fois juré et affermé par grans paroles et par grans conjuremens que il tinroient au Roy teles trives et teles couvenances que li Soudans avoit fait à lui, en la fin li Roys et li crestiens qui avec lui estoient s'accorderent en tel fourme : tout li Amiraus qui estoient en l'ost des Sarrasins c'est à savoir cent vingt-quatre jurerent sur la loi Mahommet que il tiendroient au Roy et à la crestienté les trives et toutes les couvenances teles que nous les avons devant devisées. Autel sairement leur fist li Roys comme il avoit fait au Soudans. En cette trive derniere furent nommé li jor certain que Damiete seroit rendue aus Amiraus et tout li chaitif seroient délivré d'une part et d'autre. Au jour qui fu nommé, rendi li Roys aus Amiraus Damiete. Quant ce fu fait, li Amiraus delivrerent le Roy de la prison et ses deux freres, le conte de Poitiers et le conte d'Angiers aveeques ceuls furent délivré li Quens de Flandre, Pierres Mauclers qui avoit esté quens de Bretaigne, le conte de Soissons et autres barons, et autres chevaliers

du royaume de France, de Jherusalem, de l'isle de Chypre et d'autre pays. Quant ces choses furent ainsi faites, li Roys et li autres crestien qui y estoient, cuidoient certainement que li Amiraus gardissent fermement et loiaument leur sairement des trives et des couvenances que il avoient eues au Roy. Li Roys lessa bons messages et prudhome avec les Amiraus pour les prisonniers recevoir. Li Roys fist issir de Damiete la Royne sa femme, la contesse de Poitiers, la contesse d'Angiers, sereur la Royne ; la contesse de Poitiers, le duc de Bourgoigne et tous les autres chevaliers, hommes et femmes qui issir s'en vendrent à toutes leur choses. Mais moult petit y avoit de vaissiaus, par quoi il convint moult grant piece demourer et de gens et de harnois, le Roy et les autres. Quant ces choses furent ainsi faites, li Roys entra en sa nef, et tout li autres qui vaissiaus porrent avoir, il se departirent du port de Damiete et se mistrent en mer et s'en alerent droit à Acre. Tout cil de la cité alerent encontre le Roy à grant procession. Li clerc estoient revestu sollempnelement et portoient philates, crois, yaue beneoite, encensiers et autres choses qui apartenoient à sainte Eglise. Li chevaliers, li bourgois, li serjant, les dames, les puceles et toutes les autres gens qui estoient plus belement vestu et atiré que il pooient. Toutes les cloches de la vile

◇◇◇

semblant de lui mal faire. Ils le requirent au contraire et lui parlèrent de la trêve que le soudan avoit faite avec lui, et demandèrent qu'il leur livrât incontinent la cité de Damiette.

Comment ces mêmes trèves du roi furent refaites avec cent vingt-quatre émirs.

Quand ils eurent assez parlé avec le roi de ces choses et le roi avec eux, et qu'ils eurent plusieurs fois juré et affirmé, par grands mots et grands serments, qu'ils tiendroient au roi, les trèves et les conventions que le soudan avoit faites avec lui, le roi et les chrétiens qui étoient là s'accorderent en cette forme : tous les émirs qui étoient dans l'armée des Sarrasins , c'est à savoir cent vingt-quatre, jurèrent sur la loi de Mahomet qu'ils tiendroient au roi et à la chrétienté les trèves et toutes les conventions telles que nous les avons déduites. Pareil serment leur fit le roi, comme il avoit fait au soudan. Dans cette dernière trève fut fixé le jour que Damiette seroit rendue aux émirs, et que tous les captifs seroient délivrés de part et d'autre; et au jour qui fut nommé le roi rendit Damiette aux émirs. Quand cela fut fait, les émirs délivrèrent de prison le roi et ses deux frères, le comte de Poitiers et le

comte d'Anjou; avec eux furent délivrés le comte de Flandres, Pierre Mauclerc qui avoit été comte de Bretagne, le comte de Soissons et autres barons, et autres chevaliers du royaume de France. de Jérusalem, de l'île de Chypre et d'autres pays. Quand ces choses furent faites, le roi et les autres chrétiens qui y étoient, croyoient certainement que les émirs garderoient fermement et loyalement leur serment, concernant les trèves et les conventions qu'ils avoient faites avec le roi. Le roi laissa bons procureurs et prud'hommes avec les émirs pour recevoir les prisonniers. Il fit sortir de Damiette la reine sa femme, la comtesse de Poitiers, la comtesse d'Anjou, sœur de la reine, le duc de Bourgogne et tous les autres chevaliers, et les hommes et femmes qui s'en voulurent sortir avec tous leurs effets. Mais il y avoit peu de vaisseaux ; c'est pourquoi il fut convenu que moult de gens et harnois du roi et des autres resteroient plus long-temps. Quand ces choses furent ainsi faites, le roi entra dans sa nef, et tous les autres qui purent avoir des vaisseaux partirent du port de Damiette, et se mirent en mer et s'en allèrent droit à Acre. Tous ceux de cette cité allèrent au-devant du roi, en grande procession; le clergé étoit solennellement vêtu,

sonnoient et avoient ja sonné toute jour de si loing que il porrent percevoir de premiers en la mer, mout honnourablement alerent encontre lui jusques au port où il arriva ; tout droit l'emmenerent lui et les autres en la maistre Eglise de la cité. Assés y ot larmes plourées de joies de ce que li Roys et cil qui là estoient furent delivré, et de pitié de sa grant mescheance qui estoit avenue à la crestienté ; après ce, il emmenerent le Roy à son hostel ; tout li grant homme de la cité li firent grans presens et precieus selon ce que chascun avoit pooir.

Comment li Amiraus briserent les trives malement.

Quant li Roys fu venu à Acre, il renvoia en Egypte grant messages et sollempereus et assés vaissiaux pour les chaitis et les autres qui là estoient demouré, et pour les malades, et pour les harnois et les autres choses qui estoient demourés à Damiete. Quant li messages le Roys vindrent à Damiete, li Amiraus s'en estoient ja partis. Il les suirent et les trouverent en Babiloine ; il leur requistrent que il leur feissent delivrer les chaitis et les autres choses qui estoient, le Roy et les autres crestiens selonc la fourme de la trive que il avoient jurée. Li Amiraus les missent en bonne esperance du delivrer, et les firent sejourner une grant piece en Babiloine. Toute jour semonnoient li serjant, le Roy, les Amiraus, mout viguereusement que il delivraissent les chaitis et les autres choses, et gardissent leur sairement qu'il avoient fais. Quant les Amiraus les orent fait atendre longuement, il ne leur delivrent de tous les chaitis que il tenoient en prison que seulement quatre cens. Cil estoient gens qui aidier ne se povoient ; viel homme et malade et foible estoient ; de ceulz meismes y ot assés qui furent mis hors des prison par raencon. De ces quatre cens en y ot assés mort dedans court terme. Douleureusement et desloiaument brisierent li desloial Amiraus ces trives que il avoient jurées à tenir au Roy et à la crestienté. Il ne rendirent que quatre cens prisons dont il y avoit bien douze mille. Il detindrent toutes les choses le Roys et des autres crestiens qui demourerent à Damiete. Après ce que li Roys s'en fu partis, il firent chercher les prisons où li chaitis estoient et prisent des plus esleus bachelers fors et delivrés que il y trouverent et leur metoient les espées toutes nues sus les testes et leur faisoient par diverses painnes et angoisses renoier la foi crestienne, et leur faisoient reclamer, et crier, et croire en la loi Mahommet. Assés y en ot de

⊂⊃⊂⊃

et portoit reliques, croix, eau bénite, encensoirs, et autres choses qui appartenoient à sainte église. Venoient ensuite les chevaliers, les bourgeois, les sergents, les dames, les demoiselles, et toutes les autres personnes qui étoient le plus bellement vêtues et parées qu'elles pouvoient. Toutes les cloches de la ville sonnoient, et avoient déjà sonné tout le jour dès le moment qu'on avoit aperçu le roi en mer. Ils allèrent moult honorablement au-devant de lui jusqu'au port où il arriva. On l'emmena tout droit, lui et les autres, à l'église principale de la cité. Assez y eut de larmes de joie versées parce que le roi et ceux qui étaient là avoient été délivrés, et de larmes de pitié plourées pour les grands malheurs qui avoient frappé la chrétienté. Après cela, on conduisit le roi à son hôtel, et tous les grands personnages de la cité lui firent grands présents et précieux, chacun selon qu'il en avoit pouvoir.

Comment les émirs rompirent mauvaisement les trèves.

Quand le roi fut venu à Acre, il renvoya en Egypte grands et solennels messages et assez de vaisseaux pour les captifs et les autres qui y étoient restés, et pour les malades et les harnois et les autres choses qui étoient demeurés à Damiette. Quand les messagers du roi arrivèrent à Damiette, les émirs en étoient déjà partis ; ils les suivirent et les trouvèrent à Babylone ; ils les requirent qu'ils leur fissent délivrer les captifs et les autres choses qui appartenoient au roi et aux autres chrétiens, selon la teneur de la trève qu'ils avoient jurée. Les émirs les mirent en bon espoir de cette délivrance et les firent séjourner un grand temps à Babylone. Tous les jours, les messagers du roi sommoient moult vivement les émirs de délivrer les captifs et les autres choses, et de garder le serment qu'ils avoient fait. Quand les émirs les eurent fait attendre longuement, ils ne leur délivrèrent de tous les captifs qu'ils tenoient en prison, que quatre cents seulement. Ceux-là étoient gens qui ne se pouvoient aider, vieux et malades et faibles ; y en eut même assez d'eux qui furent mis hors de prison par rançon. De ces quatre cents, y en eut assez qui moururent dans un court terme. Les émirs déloyaux rompirent douloureusement et déloyalement les trèves qu'ils avoient jurées de tenir au roi et à la chrétienté ; ils ne rendirent que quatre cents prisonniers de douze mille qu'il y avoit bien. Ils retinrent toutes les choses du roi et des autres chrétiens qui restoient à Damiette. Après que le roi fut parti de cette ville, ils avoient fait chercher dans les prisons où étoient les captifs, et en avoient tiré les jeunes gens les plus forts qu'ils avoient trouvés ; ils leur mettoient les épées toutes nues sur la tête, et par diverses peines et angoisses, leur faisoient renier la foi

ceus qui furent très fors champion de Nostre Seigneur Jhesu-Crist et fermement enraciné en la foi crestienne. Ceuls faisoient ils finer en cest siecle leur vies par glorieus martire. Ceuls qui estoient demouré à Damiete, qui ne s'en pooient mie estre alé avecques le Roy par defaute de navie et les autres qui estoient demouré en la cité par maladie et remuer ne se povoient, il les occirent trestous et firent morir cruelement en divers manieres de tourmens. Aucunes gens disent que il prenoient les barrots (tombereaux, tonceaux), des ques y avoit assés en la cité et enveloppoient les crestiens dedens et loient fort de boins loiens et y boutoient le feu, en tele maniere les ardoient cruelement; encore disoit on autre chose que li Sarrasins avoient pris les barrots de la terre et les avoient traisnés en un lieu hors de la vile, et les cors des crestiens que il avoient occis et les autres qui encore vivoient, avoient traisné avec et geté tout ensemble, puis y avoient bouté le feu et ares tout en cendre. Lors prendoient li desloyal les crois et les crucefis que il avoient trouvé dedens la cité de Damiete et les loioient à cordes, puis les traisnoient par grans siflois, et par grans risées, et par grans acharnissemens (railleries), puis les batoient, après les detrenchoient et fouloient

vilement et vilainement à lor piés. Certainement disent et afermerent mout de gens, que se li Roys et cil qui adont avecques lui s'en estoient alé, fussent encore un tres petittez demouré que il ne se fussent sitost mis au flun et en la mer que il n'en fu ja nuls eschappés que il ne fussent tous mis à l'espée, occis, decoupé avecques les autres.

Quant li messages le Roy sorent comment ces choses aloient cruelement et desloiaument, il prisent toutes voies ces quatre cents que on leur avoit bailés, assés parlerent des autres choses, mais riens ne leur valut. Quant il virent ce il entrerent en leur nes à tous les prisons et sen retournerent au Roy à Acre. Bien disent au Roy et as crestien qui là estoient ces choses, ainsi que eles estoient avenues, et nous les avons devant contées. Li Roys et tout li autres en furent ebahi si que il nen savoient que dire. En ce point que li messages le Roy revinrent d'Egypte, qui ces nouvelles apporterent faisoit li Roys appareillier et garnir sa navie, car il sen beoit à revenir en France au passage d'aoust qui estoit assés près; mais quant il oirent que li amiraus avoient ses trives que il avoient jurées et creanties seur la loi Mahommet, enfraintes et brisies si cruelement et si doleureusement, il ne se volt mie partir

◇◇◇

chrétienne et leur faisoient confesser, publier et croire la loi de Mahomet. Y en eut assez d'eux qui furent très-forts champions de notre Seigneur Jésus-Christ, et fermement enracinés dans la foi chrétienne. A ceux-là, faisoient-ils terminer leur vie, en ce siècle, par glorieux martyre; ceux qui étoient restés à Damiette, parce qu'ils n'avoient pu s'en aller avec le roi, faute de vaisseaux, et les autres qui étoient demeurés dans la cité par maladie et parce qu'ils ne pouvoient remuer, ils les occirent tous et les firent mourir cruellement par divers genres de tourments. Aucuns disent qu'ils prenoient les tonneaux dont y avoit assez dans la cité, qu'ils y enveloppoient dedans les chrétiens qu'ils lioient avec de forts liens, et y mettoient le feu ; de cette maniere, ils les brûloient cruellement. Encore disoit-on que les Sarrasins avoient pris les tonneaux du pays et les avoient traînés en un lieu hors de la ville, avec les corps des chrétiens qu'ils avoient occis; et les chrétiens qui avoient survécu, les Sarrasins les avoient traînés avec eux; ils avoient jeté pêle mêle les morts et les vivants, puis y avoient mis le feu et brûlé tout en cendres. Lors, les déloyaux prenoient les croix et les crucifix qu'ils avoient trouvés dedans la cité de Damiette, et les lioient avec des cordes, puis les traînoient avec grandes huées, grandes risées et grandes railleries, puis les battoient, après les

tranchoient et fouloient vilement et vilainement à leurs pieds. Plusieurs dirent et affirmèrent avec certitude que si le roi et ceux qui alors s'en étoient allés avec lui, fussent encore un très-petit demeurés, ils ne se fussent si tôt mis sur le fleuve et en mer, que nul n'en fût jamais échappé, et que tous eussent été passés au fil de l'épée, occis et coupés avec les autres. Quand les messagers du roi surent comment ces choses se passoient cruellement et déloyalement, ils prirent toutefois ces quatre cents prisonniers qu'on leur avoit baillés et parlèrent assez des autres choses; mais rien ne leur valut. Voyant cela, ils entrèrent sur leurs nefs avec tous les prisonniers, et s'en retournèrent au roi, à Acre. Bien lui dirent ainsi qu'aux chrétiens qui étoient là, les choses telles qu'elles étoient advenues, et que nous les avons devant racontées. Le roi et tous les autres en furent tellement ébahis, qu'ils ne savoient qu'en dire. Pendant que les messagers du roi revenoient d'Egypte, qui ces nouvelles apportèrent, le roi faisoit appareiller et garnir sa flotte, car il aspiroit à retourner en France, au passage du mois d'août qui étoit assez prochain. Mais quand il eut appris que les émirs avoient enfreint et rompu si cruellement et si douloureusement les trèves qu'ils avoient jurées et garanties sur la loi de Mahomet, il ne voulut pas partir d'Acre sans grand conseil ; il manda un jour devant lui

25.

d'Acre sans grant conseil. Il manda à un jour tous les barons de France qui là estoient et les grans hommes du pays par devant lui, il leur demanda conseil sur ces choses qui avenues estoient. Presque tous s'accorderent à une choses. Il respondirent au Roy que puisque li amiraus avoient les trives brisies, que se il sen revenoit en France, que ce ne seroit autre chose fors tant que il abandonneroient la terre et le pays et les crestiens qui là estoient en la main et en la volenté des Sarrasins les chaitis qui encore estoient en prison seroit lesperance toute perdue de leur délivrance. Toute la terre ce disoient seroit perdue, et tout cil qui en prison estoient, et tout li autre se il sen aloit en tel point. Tout li grans hommes et presque tout li meilleur estoient mort en la terre d'Egypte, par quoi li crestiens estoient en estat si foible, si piteus et si doloreux que cil qui demouré estoient navoient pouvoir de la terre tenir ne deffendre, ains couvendroit que cil qui demouroient fussent tout ou mort ou pris et la terre perdue. Encore disoient-il que se li Roys demouroit li chetis porroient encore bien estre delivrés, et les cités, et les chastiaux, et les viles retenues, et li crestiens sauvé, et assés de bien porroient venir à la crestienté. Li autres disoient, mais petit en y avoit que il ne seroit

mie bon que li Roys demourast plus en la terre d'outremer, car il demouroit en grant peril d'estre perdus, ne par leur conseil ni demouroit-il plus. Li Roys entendit bien que se il lessoit la terre doutremer en tel estat que il seroit avisé de toute la terre perdre. Il respondi que il ne sairoit pas la Sainte Terre en tel point, ains demouroit et viveroit et morroit avecques ceuls qui demouroient. Encore disoit-il que il ne voudroit mie vivre en cest siecle puisqu'il fut accoisons de la perdition de la terre. En nule maniere se disoit-il ne lesseroit-il la Sainte Terre en tel peril. Assés y ot de pitié, de larmes plorées quant il virent ainsi le Roy parler. Li Roys en renvoia ses deux freres en France par euls et par ses letres scelées de son seau nouvel où les aventures estoient escriptes bonnes et mauvaises, manda à tous ceuls de France, haus et bas, poures et riches et reguise et ammoneste que il secourussent. A lui et à la Sainte Terre grant volenté avoit de faire sa besoingne Dieu pour cui il estoit croisiés et avoit laissé la terre et le royaume de France, dont il estoit sires, et en estoit alé en estrange pays et en estranges terres. Ainsi demoura li Roys Loys en la terre d'outremer, et si freres et li autres barons s'en revindrent. Ceste dolereuse mescheance avint à la crestienté, et ainsi reperdirent

◇◇◇

tous les barons de France qui étoient là et les grands du pays, et leur demanda conseil sur les choses qui étoient advenues. Presque tous s'accordèrent sur un point. Ils répondirent au roi, que puisque les émirs avoient rompu les trèves, s'il retournoit en France, ce ne seroit faire autre chose que d'abandonner la terre et le pays et les chrétiens qui étoient sous la main et à la disposition des Sarrasins ; que l'espérance de délivrer les captifs qui étoient en prison, seroit toute perdue ; toute la terre, disoient-ils, seroit perdue, et tous ceux qui étoient en prison et tous les autres, s'il s'en alloit dans cette circonstance. Tous les grands et presque tous les meilleurs étoient morts dans la terre d'Egypte ; de là, venoit que les chrétiens étoient dans un état si foible, si piteux et si douloureux, que ceux qui y étoient restés, n'avoient pouvoir de garder ni de défendre le pays. Il arriveroit ainsi que ceux qui demeureroient, seroient ou tous morts ou tous pris et la terre perdue. Encore disoient-ils que si le roi restoit, les captifs pourroient encore bien être délivrés, et les cités et les châteaux et les villes pourroient être retenus et les chrétiens sauvés, et assez de bien pourroit ainsi en advenir à la chrétienté ; les autres, mais en petit nombre y en avoit, disoient qu'il ne seroit pas bon que le roi restât davantage dans la terre d'outre-mer, car il demeureroit en grand péril d'être perdu, et que s'il sui-

◇◇◇

voit leur conseil, il ne resteroit pas. Le roi comprit bien que s'il laissoit la terre d'outre-mer en cet état, il apprendroit bientôt qu'elle seroit toute perdue. Il répondit qu'il ne laisseroit point la terre sainte comme elle étoit, mais qu'il demeureroit et vivroit et mourroit avec ceux qui restoient ; encore disoit-il qu'il ne vouloit pas vivre en ce siècle, puisqu'il étoit la cause de la perdition de la Terre-Sainte ; en nulle manière, disoit-il, il ne la laisseroit en tel péril. Assez y eut de larmes de pitié versées, quand on ouït ainsi parler le roi. Le roi envoya ses deux frères en France, et les chargea de lettres scellées de son sceau nouvel, où étoient écrites les aventures bonnes et mauvaises ; il manda à tous ceux de France, hauts et bas, pauvres et riches, et les requit et admonesta de le secourir, lui et la sainte Terre. Il avoit grande volonté de faire la besogne de Dieu pour qui il s'étoit croisé, et avoit laissé la terre et le royaume de France dont il étoit seigneur, et s'en étoit allé en pays étranger et en terre étrangère. Ainsi demeura le roi Louis dans la terre d'outre-mer, et ses frères et les autres barons s'en revinrent. Ces douloureux événements advinrent à la chrétienté, et ainsi les chrétiens reperdirent la seconde fois, la noble et très-forte cité de Damiette, l'an de l'incarnation de notre Seigneur Jésus-Christ, 1251, au mois de mai, Innocent IV étant apôtre de

li crestiens la seconde fois la noble cité et la très fort de Damiete. Adonques estoit li ans de l'Incarnation Nostre Seigneur Jhesu-Crist 1251, le mois de mai; Apostoles de Romme Innocent li quens, roys de France Loys, roys d'Angleterre Henris, roy d'Alemaigne couronne cresleus pour estre empereur de Romme, Guillaumes li quens de Hollande, archevesque de Rains, Joel qui avoit esté archevesque de Tours.

Des meschcances qui avindrent à la crestienté cel an meismes et diverses choses qui avindrent à la terre d'outremer.

En dementres que li Roys sejournoit à Acre, vinrent messages à lui qui li disent que li turquemant mahommerois avoient en moult pou de temps destruit par deux fois la terre d'Antioche, et qui estoit hors des forteresses. Autres messages revindrent d'Ermenie qui disent au Roi que li mescreant mahommerois avoient gasté la terre et pris ce frere le Roy d'Ermenie et mené en prison. Li autres disent que li crestiens de Triple estoient alé en fuerre (troupe) sur les Sarrasins, et que il avoient esté desconfit et que il avoit assés perdu des crestiens de leur armes et de leur chevaus. Li autres disent au Roi que li messagier que il avoit envoié as Tartarins estoient revenu et les avoit ou detenus dedens la cité de Halape. Le Viels de la Montaigne, sires des Harsarsins, envoya les messages au Roi. Mais nous ne savons pourquoi ce fu. Li grans princes des Grifons Vatages envoya ses messages au Roi, mais nous ne savons pourquoi ce fu. Mais li Roys renvoya ses messages à celui Vatage et au Viel de la Montaigne, aveceques leur messages meismes. Li autre messagier qui estoient grant homme sollempnel vindrent en Acre par deux fois de par Fedrie qui avoit été emperères. Fedrie voloit mettre ses baillius et ses serjans dedans la cité d'Acre et par le pays de la crestienté de Jerusalem. Li autre vindrent et distrent au Roy que li Roys de Chypre avoit épousé la fille le prince d'Antioche, de ce fu li Roys moult liés. Li autre messagier les amiraus d'Egypte vindrent au Roy. Par euls mandoient li amiraut au Roy que les trives que il avoient faites et prises fussent tenues. Li Roys respondi que il avoient les trives brisiés en tel maniere que nous avons devant dit. Tant coururent les paroles que li Roys envoya ses messages en Egypte as amiraus avec leur messages meismes. Mais nous ne savons mie encore que il firent. Li autre vindrent et distrent au Roy que Fedrie qui avoit esté emperères estoit mort. Li autre vindrent qui dirent au Roy que grant discorde et grant guerre estoit esmue entre les Sarrasins. En tel maniere li Soudan de Halape sot que cil d'Egypte avoit occis le Soudan leur Seigneur. Tantost avoit semons ses os à pié et à cheval. Il avoit mandé tous ses amis que il li aidaissent. Il s'en estoit venu à tous si grant gens et avoit pris Damas et presque toutes les cités, tous les

nous ne savons pas pourquoi ce fut. Le grand prince des grecs, Vatace, envoya ses messagers au roi, mais nous ne savons pas pourquoi ce fut. Le roi renvoya ses messagers au prince Vatace et au Vieux de la Montagne, avec leurs messagers mêmes; d'autres messagers qui étoient grands personnages, vinrent à Acre par deux fois, de la part de Frédéric qui avoit été empereur. Frédéric vouloit mettre ses baillis et ses sergents dans la cité d'Acre et par le pays de la chrétienté de Jérusalem; d'autres messagers vinrent, et dirent au roi que le roi de Chypre avoit épousé la fille du prince d'Antioche; le roi en fut moult content. Des messagers des émirs d'Egypte vinrent au roi; les émirs lui demandèrent qu'il tînt la trève qu'ils avoient faite et jurée. Le roi répondit qu'ils avoient rompu la trève, comme nous l'avons devant dit. Tant y eut de pourparlers, que le roi envoya ses messagers en Egypte, aux émirs, avec leurs messagers mêmes; mais nous ne savons pas encore ce qu'ils firent; d'autres vinrent au roi, et dirent que Frédéric, qui avoit été empereur, étoit mort; d'autres vinrent qui dirent au roi que grande discorde et grande guerre s'étoient élevées entre les Sarrasins. Le

---

Rome; Louis, roi de France; Henri, roi d'Angleterre; Guillaume, comte de Hollande, d'Allemagne, couronné et élu pour être empereur de Rome; Joël, archevêque de Reims, lequel avoit été archevêque de Tours.

Des malheurs qui advinrent à la chrétienté en cette même année, et de diverses choses qui advinrent à la terre d'outre-mer.

Pendant que le roi séjournoit à Acre, il lui vint des messagers qui lui dirent que les Turcomans mahométans avoient en très-peu de temps détruit par deux fois la terre d'Antioche et le pays qui étoit hors des forteresses. D'autres messagers d'Arménie revinrent et dirent au roi que les mécréants mahométans avoient ravagé le pays et pris le frère du roi et l'avoient emmené en prison; d'autres dirent que les chrétiens de Tripoli étoient allés en troupes sur les Sarrasins, et qu'ils avoient été déconfits, et qu'ils avoient assez perdu des chrétiens de leur armée et de chevaux; d'autres dirent au roi que les messagers qu'il avoit envoyés aux Tartares étoient revenus, et qu'on les avoit retenus dans la cité d'Alep. Le Vieux de la Montagne, seigneur des assassins, envoya des messagers au roi, mais

chastiaux et toutes les viles et tous les bours qui estoient et appartenoient en la terre de Surie et de Jherusalem, en la seigneure de ceuls de Egypte. Li Soudan de Halape ce disoient avoit grant talent et grant volenté d'aler à tout son pooir en la terre d'Egypte, et de vengier seur les Egyptiens moult cruelment et moult aspremnent et viguereusement la mort le Soudan leur Seigneur, que il avoient doloreusement anurdri. Encore avoit-il grant talent et grant volenté de conquerre toute la terre d'Egypte pour lui et pour son hoir. Grant semblant faisoit li soudan de Halape, ce disoient li plusieurs, de conquerre toute la terre qui avoit esté au soudan d'Egypte. En tele maniere venoient messagier de toutes pars au roy de France qui estoit en Acre, qui nouveles li apportoient de diverses manieres et de divers fais. Bonne chiere et boin samblant faisoit ades li Roys, et hardiement se maintenoit ne de nule chose ne sesmaioit onques.

Comment une partie des crestiens esclaves furent delivré.

Quant li doi freres le Roy et li autre barons de France sen furent r'alé en France, li chevetains d'Egypte et de Babiloine, et li autre ami-

raus renvoierent au Roy à Acre des crestiens chaitis que il tenoient en prison. Le maistre de l'Hospital et vingt-cinq chevaliers Ospitaliers, et vingt-cinq chevaliers Templiers et dix chevaliers de l'Ospital des Allemands, et encore cent chevaliers dou siecle et six cent autres personnes que hommes, que fames. Après ces choses li Roys envoia ses messages et grans presens, et grans dons, et entor trois cent Sarrasins chaités et esclaves à la chevetaine d'Egypte qui en fist grant feste et grant joie, et renvoierent au Roy quatre vingts chevaliers et dix esclaves crestiens, et dans mil et deus cent que hommes que femmes, et si li envoia un éléfant et un onagre, et si li envoia précieus dons et riches, des pesches aromatiques ; mais ce ne furent mie tout li crestiens chaitis d'asses. Li Roys metoit grans cous et grans despens en racheter les chaities Sarrasins que li crestiens tenoient pour renvoier au chevetain d'Egypte, pour ce qu'il peust avoir les chaitis crestiens desquels il y avoit grant plenté par toute Egypte. Li Roys metoit grans cous et grans depens en tenir chevaliers et arbalestriers, et serjans à pié et à cheval aus armes, et en envoyant ses messagiers et grans dons aus Soudans et à recevoir leur messagier, et en racheter les chaities cres-

soudan d'Alep apprit que ceux d'Egypte avoient occis le soudan, leur seigneur ; aussitôt, il avoit assemblé son armée à pied et à cheval ; il avoit mandé à tous ses amis qu'ils vinssent le secourir. Il s'en étoit venu avec de si grandes troupes, qu'il avoit pris Damas et presque toutes les cités, tous les châteaux et toutes les villes et tous les bourgs qui étoient et appartenoient à la terre de Syrie et de Jérusalem, sous la seigneurie de ceux d'Egypte. Le soudan d'Alep, disoient-ils, grand désir et grande volonté d'aller avec toutes ses forces dans le pays d'Egypte, et de venger sur les Egyptiens moult cruellement moult âprement et vigoureusement la mort du soudan, leur seigneur qu'ils avoient douloureusement occis; encore avoit-il grand désir et grande volonté de conquérir toute la terre d'Egypte pour lui et ses héritiers. Grand semblant faisoit le soudan d'Alep, disoient plusieurs, de conquérir toute la terre qui avoit été au soudan d'Egypte. En telle manière venoient des messagers de toutes parts au roi de France qui étoit à Acre, lesquels lui apportoient nouvelles de diverses espèces et de diverses sortes; bonne mine et bon accueil leur faisoit le roi, et bravement se maintenoit et de rien ne se troubloit.

Comment une partie des chrétiens esclaves furent délivrés.

Quand les deux frères du roi et les autres ba-

rons de France s'en furent allés dans leur pays, les cheftains d'Egypte et de Babylone et les autres émirs renvoyèrent au roi à Acre des chrétiens captifs qu'ils tenoient en prison, le maître de l'Hôpital et vingt-cinq chevaliers hospitaliers, et vingt-cinq chevaliers templiers, et dix chevaliers de l'Hôpital des Allemands, et encore cent chevaliers du siècle et six cents autres personnes tant hommes que femmes. Après ces choses, le roi envoya ses messagers et grands présents et grands dons, et environ trois cents Sarrasins captifs et esclaves aux cheftains d'Egypte qui en firent grande fête et grande joie, et renvoyèrent au roi quatre-vingts chevaliers et dix esclaves chrétiens, et deux mille deux cents tant hommes que femmes, et aussi envoya un éléphant et un onagre, et aussi lui envoya précieux dons et riches, des *pesches aromatiques*. Mais on n'avait pas encore renvoyé tous les chrétiens captifs. Le roi mettoit grands coûts et grands dépens à racheter les prisonniers Sarrasins que les chrétiens tenoient pour les renvoyer aux cheftains de Babylone, afin qu'il pût ravoir les captifs chrétiens dont y avoit grand nombre par toute l'Egypte. Le roi mettoit grands coûts et grands dépens à entretenir chevaliers et arbalètriers et sergents à pied et à cheval en armes, et à envoyer ses messagers et grands dons aux soudans, et à recevoir leurs messagers, et à racheter les captifs chrétiens, et à les vêtir et les chausser, et à donner larges au-

tiens et en euls vestir et chaucier, et en donner larges aumosnes, et enfermer de murs et de tours le forbovc de la cité d'Acre.

Comment la chevetaine d'Egypte et cil du pays desconfirent ceuls de Halape.

En dementres que ces choses aloient ainsi en la terre des crestiens, li soudan de Halape qui avoit assemblé grant ost à pié et à cheval, et avoit pris le royaume de Damas et de Jherusalem, fors ce que li crestiens en tenoient sur ceuls d'Egypte, et avoit grant fain de vengier la mort le soudan d'Egypte pour lui et pour son hoir, passa à tout son ost parmi les desers qui sont entre Surie et Egypte. Tant qu'il vint à l'entrée d'Egypte ne pot avoir nule viande, car li Beduins li avoient la voie fors close s'en fu à grant meschief. Li chevetains d'Egypte rassambla ses gens et s'en vint encontre lui à grant ost tant qu'il vint près de là, là où li soudans de Halape estoit à toutes ses gens. Le jour de la Chandeleur, au matin, il assemblerent ensemble et se combattirent et assés en y ot et de mors et de pris, en la fin furent vaincu cil d'Egypte et s'enfuirent li Beduins coururent à leur harnois et le ravirent et l'emporterent, et quant ce vint vers le vespre, cil d'Egypte rassamblerent leur gens et se misent en couvoy et coururent à ceuls de Halape, et se combatirent de rechief les deux os ensamble à bataille champel. En la fin furent desconfits ceuls de Halape trop malement et s'enfuirent et perdi li soudan de Halape presque tous ses amiraus, et perdi bien de son ost vingt-quatre mil hommes qui tout furent mort ou pris. Li Beduins recoururent aus harnois ceuls de Halape et le ravirent et lemporterent, ainsi gaaignerent li Beduins le harnois à deus os.

Comment li Roys fu assouls du sairement que il avoit as amiraus des trives.

Quant li Roys vit que ceuls d'Egypte ne tenoient mie leur trives que il avoient faites à lui et à la crestienté, il fist assembler par devant lui le Légat et les prelas, et les barons, et les sages hommes, et clers, et lais, et fist recorder la forme et la maniere des trives, comment eles avoient esté faites entre lui et le soudan de Babiloine qui fu murdris, et après aus amiraus d'Egypte cent et vingt-quatre, et demanda se il avoit bien tenu les trives aus amiraus et se il avoit de riens mespris, et se li amiraus y avoient de riens mespris. Il s'en conseillerent et disent que li amiraus n'avoient mie bien gardé leur serment ne les trives ains les avoient brisiés moult desloiaument et moult cruelement, et encore ne les tenoient il mie ains trespassoient chascun jour leur sairement, il disent que il ne

⸻

mônes, et à fermer de murs et de tours les faubourgs de la cité d'Acre.

Comment les cheftains d'Egypte et ceux du pays déconfirent ceux d'Alep.

Pendant que ces choses alloient ainsi dans la terre des chrétiens, le soudan d'Alep, qui avoit assemblé une grande armée à pied et à cheval, et avoit pris le royaume de Damas et de Jérusalem, excepté ce que les chrétiens occupoient sur ceux d'Egypte, et avoit grand'soif de venger la mort du soudan d'Egypte pour lui et pour ses hoirs, passa avec toute son armée à travers les déserts qui sont entre la Syrie et l'Egypte jusqu'à temps qu'il vint à l'entrée de ce pays, il ne put avoir nulle provision, car les Bédouins lui avoient fors clos la voie et en fut à grand méchief. Les cheftains d'Egypte rassemblèrent leurs gens et s'en vinrent à sa rencontre avec grande armée, jusqu'à ce qu'ils arrivèrent près de là où le soudan d'Alep étoit avec tous ses gens. Le jour de la Chandeleur, au matin, ils s'attaquèrent et se combattirent, et assez y en eut de morts et de pris. A la fin ceux d'Egypte furent vaincus et s'enfuirent. Les Bédouins coururent à leurs équipages et les ravirent et les emporterent, et quand ce vint vers le soir, ceux d'Egypte rassemblèrent leurs gens et se mirent en corps et coururent à ceux d'Alep, et les deux armées se combattirent de rechef en plaine; en la fin ceux d'Alep, trop malement déconfits, s'enfuirent, et le soudan d'Alep perdit presque tous ses émirs, et perdit bien de son armée vingt-quatre mille hommes qui furent tous morts ou pris. Les Bédouins coururent de nouveau aux équipages de ceux d'Alep et les ravirent et les emportèrent. Ainsi gagnèrent les Bédouins les équipages des deux armées.

Comment le roi fut dégagé du serment qu'il avoit fait aux émirs touchant la trêve.

Quand le roi vit que ceux d'Egypte ne tenoient point les trèves qu'ils avoient faites avec lui et avec la chrétienté, il fit assembler par devant lui le légat, et les prélats, et les barons, et les sages hommes, et clercs et laïcs, et fit recorder la forme et la teneur des trèves, comme elles avoient été faites entre lui et le soudan de Babyloine qui fut assassiné, puis après les cent vingt-quatre émirs d'Egypte, et demanda s'il avoit bien tenu les trèves aux émirs, et s'il y avoit en rien manqué, et si les émirs y avoient en rien manqué. L'assemblée se consulta et dit que les émirs n'avoient pas bien gardé leur serment ni les trèves, au contraire qu'ils les avoient rompues moult déloyalement et moult cruellement, et encore ne les tenoient-ils pas, au contraire violoient chaque jour

povoient percevoir que li Roys ne les eust bien tenue en toutes manieres et son sairement bien gardé en toutes manieres, et gardoit encore. Li Roys requist au Légat que puisque li Sarrasins ne tenoient les trives, que il l'assolist de son sairement que il avoit fait aus Sarrasins. Li Légat s'en conseilla aus prelas et aus sages hommes qui là estoient. Il repondirent que puisque li amiraut ne tenoient les trives, li Roys ne la crestienté n'en devoient nules tenir aus amiraus. Li Légat, quant il s'en fu conseilliés et il en orent assés parlé par commun conseil de tout il assolst, le Roy du sairement qu'il avoit fait aus amiraus, et denonça que li Roys ne la crestienté n'estoit mie tenu de tenir trives aus Sarrasins, puisque il ne les tenoient. En tele maniere demora li Roys et la crestienté sans trives, encontre toute maniere de Sarrasins.

Des trives que li nouviau Soudan et li Roys firent ensamble et que tout li crestien esclave furent delivré et les testes rendues.

Après ces choses quant li yvers fu passé et ce vint au mars, li Roys assambla ses gens et s'en vint à tout son ost à Cesaire en Palestine, qui siet sur la mer, et se logea. De les et fist fermer la forbore de murs et de fossés et de seize tours. En dementres que il sejornoit là il envoia ses messages solempnels au nouvel soudan de Babiloine et d'Egypte, que il li amendaissent les défautes et les forfaits que il et li amiraus avoient fait contre les trives. Quant li Roys sejornoit là, li soudan de Halape envoia à lui ses messaiges solempnel pour faire trives au Roy et à la crestienté; mais la forme des trives que il offrirent ne plot mie au Roy ne à la crestienté. Par ce demorerent les trives et s'en ralèrent li messagiers qui ni firent noient. Li soudan de Babiloine et d'Egypte, et li autre Sarrasins de la terre en orrent grant doutance et grant paour que grant secors ne venist au Roy des crestiens et que il ne revenissent à Damiete et dou royaume d'Egypte, et que il ne conquescissent la terre sus euls. Il s'en conseillierent et s'en vindrent à Damiete et l'abatirent et fondirent jusqu'en terre toutes les tours, et toutes les torneles, et toutes les tours de la cité; il prisent les pierres et les porterent ou flun du Nil. Li messagier le Roy qui furent envoié au nouvel Soudan revindrent et envoia li nouviau Soudan ses messages au Roy, et tant coururent paroles et alerent messagier solempnel, et d'une part et d'autre que trives furent faites et devisées entre le Roy et les crestiens d'une part et le nouvel soudan d'Egypte et les Sarrasins d'autre part. Pour ceste trive derrainne furent delivré tout li crestiens qui estoient en chativoisons par tout le povoir ceuls de Babiloine et d'Egypte, et toutes les testes des crestiens qui pendoient aus murs de Babiloine et dou Cahaire, et par toutes les forteresses à ceuls d'Egypte furent toutes despendues et renvoiées au Roy, et quatre cent mil besans sarrasinois qu'il disoit que le Roy li devoit de sa raençon. Et fu en ecle trive un point qui onques mais n'avoit esté en trives de crestiens et de Sarrasins. Car tout li crestiens renoié fust par force ou par lor volenté eurent congié que il s'en revenissent quitement au Roy et à la crestienté. Par ceste trive fu tenu li nouviau soudan de Babiloine à rendre la sainte cité de Jherusalem, et la Terre Saint Abraham, et la cité de Naples, et toute la Galilée, et toute la terre jusqu'au flun Jourdin, fors aucunes viles qui n'estoient mie fermées que li Soudan detint pour ce que il peust par là passer ou royaume de Damas. Quant la trive fu en tele maniere faite et devisée li Roys mut à tout son ost et s'en ala à Japhe, et fit fermer le forbore de murs et de tours et de fossés.

Comment les trives ne furent mie tenues et li Roys s'en revint en France.

Grant esperance avoit li Roys, et li Legas, et li crestien que la Sainte Terre de promission, si comme nous l'avons devant nommée, leur fust rendue en brief temps. Mais li Sarrasins ne leur en rendirent point assés envoia messages li Roys au Soudans, et le Soudans à lui, mais il ne valut noiant. Il ne tindrent mie la trive dendroit la Sainte Terre rendre ainsi comme il l'avoient en couvent. Quant li Roys et li crestiens virent que li Sarrasins ne leur tenoient mie lor couvenances qui furent devisées, si furent mout destorbé. Li Roys ni avoit mie gent par quoi il le pust amender sus les Sarrasins. Nuls ne li aportoit nouveles que il dust avoir secors ne aide de nule part. Il se conseilla aus prelas et aus barons qui là estoient, par commun conseil il atira que messires Jofrois de Sargines demorroit, et que li Roys li livreroit ses despens pour tenir chevaliers et arbalestriers, et serjans à pié et à cheval pour la terre aidier et garder contre les Sarrasins, et qu'il s'en reviendroit en France puisqu'il ne pooit avoir secors. Li Roys le fist ainsi comme nous l'avons devant dit. Il fist atirer son navie et prist la Royne sa femme qui estoit grosse d'enfant, et deus enfans que ele avoit eue en la terre d'outremer, l'un à Damiete et l'autre à Acre, et s'en revint en France, et fu reçeus à Paris la vigile Notre Dame en septembre à grant procession et à grant solempnelement, car on le cuidoit avoir perdu. Adont estoient li an de l'Incarnation Notre Seigneur mil deus cent et cinquante-quatre, apostole de Romme Innocent le quart, roy de France Loys de cui nous avons devant parlé, roy d'Alemaigne Guillaume, comte de Hollande, roy d'Angleterre ; Henris, roy de Navarre, et quens de Champaigne et sires de Brie Thiebaus, li peres levesque de Soissons Menelons de Basoches, abbé de Saint Marc de Soissons, Jeromes de Comsi, quens de Soissons.

Comment li crestiens firent trives quant li Roys s'en fu revenus au Soudan et queles furent brisées.

Quant li roys se fu departis de la terre d'Outremer, ainsi comme nous avons dit devant, ne demora un gran ment que li nouviau Soudan de Babiloine, et d'Egypte, et de Damas, et li Sarrasins d'une part, et li seigneur de la terre des crestiens, et li temples, et li doi hospital d'autre part s'accorderent et firent trives à dix ans et à dix jors, par tel maniere que li chastiaux de Japhe fu hors de la trive. Et quant ce vint en Noel après, messires Jofrois de Sargines et une grande partie des crestiens s'assamblerent au chastiau de Japhe pour ce qu'il estoient fors de la trive et toute l'autre terre des crestiens y estoit, par quoi il ne povoient courir sus les Sarrasins, se par ce chastel non et quant il furent là assamblé, il envoierent espier en la terre pour savoir de quel part il povoient plus gaagnier, et quant ce vint le mercredi après Noel, il s'armerent et monterent et vinrent à pié et à cheval moult privement et chevauchierent toute nuit, et quant il vindrent entre Gadres et Escalonne, et il virent que il fu poins de corre sus Sarrasins il cururent par les cassiaus et aqueillirent hommes, et femmes, et bestes, grans et menues, et s'en revindrent à Japhe, tout sain et tout haitié, que il ni perdirent que un seul turcopole qui fu occis et gaaignierent et partirent entre euls ensamble quatre cents esclaves qu'il avoient occis, et desquels il y avoit bien huit cents ce cuidoient ; et avoient bien gaaignié dix mil bestes menues, et bien mil chameuls que bugles, que autres grans bestes. Li Sarrasins firent savoir au soudan de Babiloine toutes ces choses ainsi comme nous avons devant dit. Li Soudanc manda isuelement l'amiraut de Jherusalem qu'il semonsist les Amiraus d'entor et grant plenté de gens à armes et que il alaissent asseoir Japhe, et que il li feissent tout le mal qu'il pourroient. Li Amiraus le fist ainsi et vint à grant plenté de Sarrasins et assist Japhe, et loie son ost en ce lieu que on apele le Torron des Chevaliers, en tele maniere que ceuls de Japhe les veoient plainement, et venoient souventes fois jusques au murs du chastel, et cil dedens ne sosoient mouvor, car il estoient peu de gens savoient paour d'embuschement et que il ne perdissent le chastel. Quant li Sarrasins

◇◇◇

C'étoit l'an de l'incarnation de notre Seigneur mil deux cent cinquante-quatre, Innocent IV étant apôtre de Rome ; Louis, de qui nous venons de parler, roi de France ; Guillaume, comte de Hollande, roi d'Allemagne ; Henri, roi d'Angleterre ; Thibault, roi de Navarre, et comte de Champagne et seigneur de Brie ; Liperes, évêque de Soissons ; Menelons de Basoches, abbé de Saint-Marc de Soissons ; Jérome de Comsi, comte de Soissons.

Comment les chrétiens firent trève avec le soudan quand le roi fut parti, et comment elle fut rompue.

Quand le roi s'en fut allé de la terre d'outremer, comme nous avons devant dit, il ne tarda guère que le nouveau soudan de Babylone et d'Egypte et de Damas et les Sarrasins d'une part, et les seigneurs de la terre des chrétiens et les Templiers et les deux ordres de l'Hôpital d'autre part, s'accordèrent et firent trève de dix ans et dix jours, de telle manière que le château de Jaffa fut hors de la trève. Et quand ce vint à la Noël d'après, messire Geoffroy de Sargines et une grande partie des chrétiens s'assemblèrent au château de Jaffa, parce qu'il étoit hors de la trève, et que toute l'autre terre des chrétiens y étoit, par quoi il ne pouvoit courir sur les Sarrasins, sinon par ce château. Et quand ils furent là assemblés, ils envoyèrent épier dans le pays pour savoir de quel côté ils pouvoient plus gagner. Et quand ce vint le mercredi après Noël, ils s'armèrent et montèrent, et vinrent à pied et à cheval moult secrètement, et chevauchèrent toute la nuit, et quand ils vinrent entre Gaza et Ascalon, et qu'ils virent le moment favorable de courir sur les Sarrasins, ils coururent entre les maisons et attaquèrent hommes et femmes, et bêtes grandes et petites, et s'en revinrent à Jaffa, tous sains et bien portants, de sorte qu'ils ne perdirent qu'un seul turcopole qui fut occis, et gagnèrent et se partagèrent entre eux trois cents esclaves qu'ils avoient pris sur huit cents qu'il y avoit bien, pensoient-ils. Et avoient bien gagné dix mille bêtes de menu bétail, et bien mille chameaux ou autres bêtes de somme. Les Sarrasins firent savoir tout cela au soudan de Babylone. Le soudan manda incontinent à l'émir de Jérusalem qu'il appelât les émirs d'alentours et grande quantité de gens armés, et qu'ils allassent assiéger Jaffa, et qu'ils lui fissent tout le mal qu'ils pourroient. L'émir le fit ainsi et vint avec grand nombre de Sarrasins et assiégea Jaffa, et logea son armée en un lieu qu'on appelle le Torron des chevaliers, de manière que ceux de Jaffa les voyoient tout à plein. Et souventes fois les Sarra-

orrent là esté une piece, et il virent que li crestiens n'istroient mie dou chastel, il prisent une partie de lor gens si les envoierent sus la terre des crestiens, cil semurent et coururent par la terre des crestiens qui garde ne s'en prenoient, car il estoient en trives et coururent abandon sus la terre qui garde ne s'en prenoit, et s'en vindrent sain et sauf à tout lor gaaigne en l'ost aus Sarrasins qui estoient devant Japhe. Li amiraus de Jherusalem prist tous les prisons qui estoient bien cent que Templiers, que Hospitaliers, que serjans. Il avoient gaaignié quarante-neuf mil bestes que grans que petites. Paresme que il ne volt mie à envoier le Soudanc, car il cuidoit qu'il leur couvenist tout rendre pour ce que li crestiens de ce pays estoient en trives.

Comment li crestiens desconfirent les Sarrasins devant Japhe qui n'estoient mie en la trive.

Quant ce fu fait, li Sarrasins faisoient souvent leur cembians et couroient jusques à murs de Japhe. Li crestiens qui estoient dedens Japhe disent que ce ne soufferoient il plus. Il misent boines garnisons dedens le chastel pour le garder, que il avinist de ceuls qui s'en iroient dehors combattre aus Sarrasins, et quant ce vint le vendredi devant mi-quaresme, li Sarrasins coururent devant Japhe; li crestiens qui estoient apareilliés firent ouvrir les portes et se ferirent hors encontre les Sarrasins, et commencierent à hucier : à la mort, à la mort. Grant bataille y ot, mais li Sarrasins s'enfuirent quant il orent assés perdu de leur gent. Aucunes gens disent que li Sarrasins eussent été ou tout mort ou tout pris, se ne fust li quens de Japhe qui chei, et eust été occis se ne fuissent li freres de l'Ospital qui le rescoussent ; mais toute vois s'en emmenerent li Sarrasins son cheval. Mesires Jofrois de Sargines les chaça jusques en leur herberges. Ses chevaliers revindrent à lui et li loerent qu'il s'en retournaissent, car il avoient paour qu'il ni eust embuschement. Mesires Jofrois et li crestiens s'en retournerent à Japhe, il conterent que en cele bataille avoit bien eu que mors, que pris deus mil Sarrasins et des crestiens vingt sergeans et un chevalier ; et si n'avoient esté en la bataille li crestiens que deus cents à cheval et entor trois cens que arbalestriers, que arechiers que autres serjans. En cele bataille fu occis avecques les autres li amiraus de Jherusalem et li amiraus de Bethleem. Li Sarrasins firent savoir au Soudan qui estoit à Damas, que li crestiens avoient les testes de l'amiraut de Jhe-

⁂

sins venoient jusqu'aux murs du château et ceux de dedans ne s'osoient mouvoir, car ils étoient peu de gens et avoient peur d'embuscade et de perdre le château. Quand les Sarrasins eurent été là assez long-temps, et qu'ils virent que les chrétiens ne sortoient point du château, ils prirent une partie de leurs gens et les envoyèrent sur la terre des chrétiens. Ce parti s'émut et courut par la terre des chrétiens qui n'y prenoient garde. Car ils étoient en trêve, et courut à l'abandon sur cette terre qui n'y prenoit garde et s'en revint sain et sauf avec tout son butin à l'armée des Sarrasins qui étoient devant Jaffa. L'émir de Jérusalem prit tous les prisonniers qui étoient bien cent, tant Hospitaliers que Templiers et sergents. Ils avoient gagné quarante mille bêtes tant grandes que petites. Il paraît que l'émir ne voulut rien envoyer au soudan, parce qu'il pensoit que le soudan jugeroit qu'il conviendroit de tout rendre, parce que les chrétiens de ce pays étoient en trêve.

Comment les chrétiens déconfirent devant Jaffa les Sarrasins qui n'étoient point dans la trêve.

Quand ce fut fait, les Sarrasins faisoient souvent leurs attaques et couroient jusqu'aux murs de Jaffa. Les chrétiens qui étoient dans Jaffa dirent que cela ne souffriroient-ils plus. Ils mirent bonne garnison dans le château pour le garder,

⁂

quoiqu'il advînt, de ceux qui s'en iroient dehors combattre les Sarrasins. Et quand ce vint le vendredi devant la mi-carême, les Sarrasins coururent devant Jaffa ; les chrétiens qui étoient préparés firent ouvrir les portes et s'avancèrent dehors à l'encontre des Sarrasins, et commencèrent à crier : A la mort ! à la mort ! Grande bataille y eut ; mais les Sarrasins s'enfuirent quand ils eurent assez perdu de leurs gens. Aucuns dirent que les Sarrasins eussent été ou tous morts ou tous pris, si le comte de Jaffa ne fût tombé, et celui-ci eût été tué, si les frères de l'Hôpital ne l'eussent secouru. Mais toutefois les Sarrasins emmenèrent son cheval. Messire Geoffroy de Sargines les chassa jusque dans leurs logements. Ses chevaliers revinrent à lui et lui conseillèrent de s'en retourner ; car ils avoient peur qu'il n'y eût embuscade. Messire Geoffroy et les chrétiens s'en retournèrent à Jaffa. Ils comptèrent qu'en cette bataille avoit bien eu tant morts que pris, deux mille Sarrasins, et des chrétiens vingt sergents et un chevalier ; et pourtant n'avoient été en cette bataille les chrétiens que deux cents à cheval et environ trois cents tant arbalètriers qu'archers et autres sergents. Furent occis avec les autres les émirs de Jérusalem et de Bethléem. Les Sarrasins firent savoir au soudan qui étoit à Damas, que les chrétiens avoient les têtes de l'émir de Jérusalem et de celui de Bethléem. Le soudan

rusalem et de celui de Bethleem. Li Soudanc envoia ses letres à un amiraut qui estoit en l'ost des Sarrasins, que il rachetât la teste à l'amiraut de Jherusalem, et il li renvoieroit le cheval au conte de Japhe et vingt mil besans sarrasinois. Et mesires Jofrois li remanda que se il li donnoit plaine une tour de besans et de chevaus, ne li rendroit il mie. Li amiraut se remanda le soudan à Damas, et quant li Soudan oy ces choses, s'enfu moult courroucié et jura que il ne feroit jamais trives aus crestiens.

Comment les Beduins tolurent bien aus Sarrasins les deus pars de lor proie et que les trives furent refaites.

Li Beduins qui estoient aus montagnes oirent dire que li Sarrasins avoient fait grans damages seur les crestiens, il disent qu'il y voloient partir. Il descendirent des montaignes et s'en vinrent en l'ost des Sarrasins où li gaains estoit, il disent a l'amiraut cui li Soudan avoit fait chevetaine de l'ost qu'il vouloient partir à lor gaaing. Il leur respondirent que il ne partiroient mie, car il ne l'avoient mie aidié à gaaignier; li Beduin s'en combatirent aus Sarrasins, et emmenerent cui quen pesast bien les deus parties des bestes et ot b'en occis en cele bataille que Beduins que Sarrasins quatre mil ou plus. Li crestiens se conseillierent ensamble et envoierent leur messages au Soudans qui estoit à Damas, et li manderent que il rendit les domages que il avoit fait aus crestiens, et que il amandast les trives que il avoit brisiées il et ses gens. Et après fuissent bien les trives ainsi comme eles avoient été devant devisées se il voloit bien fust la guerre. Assés y ot paroles et messagiers envoiés dou Soudan as crestiens et des crestiens au Soudan. Et en la fin fist tant li Soudans pour les crestiens, que mesires Joffrois de Sargines, et li conte de Japhe et li autres seigneurs de la terre des crestiens, et li Temples, et li doi Hospital d'une part; et li soudans de Babiloine, et d'Egypte, et de Damas d'autre part que les trives furent refaites et affermées ainsi come eles estoient devant a dix ans et à dix jors. Adont estoient li an de l'incarnation Nostre Seigneur mil deus cens cinquante sis.

Comment li crestiens guerroierent les uns les autres.

Quant ces trives furent raffermées, et li crestiens n'orent point de guerre aus Sarrasins, fors seulement li chastiaus de Japhe qui fors en estoit mis. Li crestiens commencierent à guerroier les uns les autres, honteusement douloureusement et vilainement à toute la crestienté et deçà et de là ; car il ot discort entre les Veniciens, et les Pisans, et les Poulains de la terre d'une part ; et les Genevois, et les Espagnols, et les freres de Saint Jehan de l'Ospital d'outremer qui soubtenoient les grejois pour une maison qui seoit dessus la mer en la terre des Veniciens et des Grejois, et dura la guerre près d'un an et occioient et décopoient et faisoient tout le mal qu'il povoient faire li uns aus autres, tout ainsi comme il feissent aus Sarrasins ou encore pis. On le fist savoir le prince d'Antioche, et il vint à Acre assés tost, et amena un sien neveu que il avoit que li princes disoit que il devoit estre hoirs et Roys et sires de la terre, de par le conte Gautier de Brianne, dont cils enfes estoit issus non mie de son cors, mais de ses hoirs et amena la mère, l'enfant avecques lui qui estoient Royne de Cypre, et pour metre pais en la terre se il peust. Et quant il furent venus à Acre, li prince fist semondre de par son neveu, les chevaliers dou pays qui tenoient dou royaume de Jherusalem, et les maistres de l'Ospital, et les maistres des maisons de religion à un jour à Acre ; et quant il furent venu, li princes leur requist de par l'enfant son neveu, que il feisoient fauté à l'enfant come à Roy et à seigneur dou royaume de Jherusalem ; il disent que il s'en conseillieroient, et après pluseurs paroles, li maistre dou Temple et li maistres de l'ospital Nostre Dame des Alemans, et li chevaliers dou pays qui tenoient dou royaume, et la commuigne des Genevois et li Espaignuiel disent qu'il n'en feroient neent, car il n'estoit mie hoirs de la terre, ains en estoit hoir li fils Colrat ; car Coleras avoit esté fils de la fille le roy Jehan d'Acre, qui estoit li drois hoirs de la terre. Quant li prince vit qu'il y avoit discort, et que il ne povoit mettre pais en la guerre, il ost conseil que il meist bail de par son neveu l'enfant. Li prince fist bail de la terre le seigneur d'Arsur, et li bailla huit cens François qui estoient ou pays un an à ses soudées pour lui aidier et li commanda que se li Hospitaliers, et la commuigne des Genevois, et li Espagneul ne venoient à merci que il leur feist tout le mal que il porroit, et que il n'espagnast mie l'avoit le prince, car il en bailleroit assés. Après ces choses, li princes s'en rala en sa terre, car il ne povoit mettre pais entre les crestiens si très vilainement s'entreguerroient. Quant li princes fu partis d'Acre, la guerre fu plus griés et plus honteuse qu'ele n'avoit esté devant, et dedens cel an que la guerre dura, furent arses par cele guerre quatre vingt naves ou plus chargiés de tous avoirs et de marchandises au port d'Acre, et tout cel an ot bien quarante engins, qui tous getoient aval la cité d'Acre sur les maisons, et sur les tors, et sus

◇◇◇

tienté en deçà et delà ; car il y eut discord entre les Vénitiens et les Pisans, et les poulains du pays d'une part, et les Génois, et les Espagnols, et les frères de Saint-Jean de l'Hôpital d'outremer qui soutenoient les Grecs pour une *maison* qui étoit située sur la mer dans la terre des Vénitiens et des Grecs, et la guerre dura près d'un an ; ils tuoient, et coupoient, et faisoient tout le mal qu'ils pouvoient faire les uns aux autres, tout ainsi qu'ils eussent fait aux Sarrasins, ou encore pis. On le fit savoir au prince d'Antioche, et il vint à Acre assez tôt et amena un sien neveu qu'il avoit et qu'il disoit devoir être héritier et roi et seigneur du pays par le comte Gautier de Brienne, dont cet enfant étoit issu, non de lui-même, mais de ses hoirs, et amena avec l'enfant la mère qui étoit reine de Chypre, pour mettre la paix dans le pays, s'il pouvoit. Et quand ils furent venus à Acre, le prince fit appeler de la part de son neveu, à un jour fixé, les chevaliers du pays qui dépendoient du royaume de Jérusalem, et les maîtres de l'Hôpital, et les maîtres des maisons de religion, et quand ils furent venus le prince les requit de la part de son neveu qu'ils jurassent fidélité à l'enfant, comme à roi et à seigneur du royaume de Jérusalem. Les chevaliers dirent qu'ils se consulteroient, et après plusieurs paroles, le maître du Temple et le maître de l'Hôpital, et le maître teutonique, et les chevaliers du pays qui dépendoient du royaume, et la commune des Génois, et les Espagnols dirent qu'ils n'en feroient rien, car le jeune prince n'étoit pas héritier de la terre, mais en étoit héritier le fils de Conrad, car Conrad avoit été fils de la fille du roi Jean, qui étoit l'héritier direct de la terre. Quand le prince vit qu'il y avoit discord et qu'il ne pouvoit mettre fin à la guerre, il eut dessein de mettre un baile au nom de l'enfant son neveu. Le prince fit baile du pays le seigneur d'Arsur, et lui donna 800 François qui étoient du pays, pendant un an à sa solde pour lui aider, et lui commanda que si les Hospitaliers et la commune des Génois et les Espagnols ne lui venoient à merci, il leur fît tout le mal qu'il pourroit et qu'il n'épargnât pas l'argent du prince, car il lui en bailleroit assez. Après ces choses, le prince s'en retourna à sa terre, car il ne pouvoit mettre la paix entre les chrétiens qui très-vilainement s'entreguerroyoient. Quand le prince fut parti d'Acre, la guerre fut plus grave et plus honteuse qu'elle n'avoit été devant, et dans cette année que dura la guerre, furent brûlés plus de quatre-vingts vaisseaux chargés de toutes sortes de marchandises au port d'Acre. Y eut bien quarante engins qui tout cet an tirèrent les tournelles, et abatoient et fondoient jusques en terre quanques eles consuioient; car il y avoit assés tel dix engiens qui ruoient si grosses pierres et si pesans, que eles pesoient bien quinze cens livres au pois de Champaigne, dont il avint presque tous les tors, et les forteresces d'Acre furent toutes abatues, fors seulement les maisons de religion, et furent bien mors de cele guerre vingt mil hommes que d'une part que d'autre, mais assés plus de Genevois, et des Espaignois, et furent decoupés et par mer et par terre, et rendirent toutes les tours que il tenoient dedens la cité d'Acre, et furent toutes abatues jusques en terre, et passerent par dessus les espées à ceus de Venisse et de Pise, et s'en alerent par pais, faisant à la cité de sur et fu la cité d'Acre si fondue par cele guerre, que ce fust une cité destruite par guerre des crestiens et des Sarrasins. Adont estoient li an de l'incarnation Nostre Seigneur mil deux cens cinquante neuf.

Comment les Commains desconfirent les Sarrasins, et des chastiaux que li crestiens garnirent contre eus.

Aprcs ces choses vindrent nouveles en la cité d'Acre et ou pays d'entor que li Tartarins avoient fait trois ost de leur gens, et que li uns des os estoit alé vers la cité de Comenie, et quand il vindrent à l'entrée de la terre de Comenie, li Commain distrent qu'il metroient tout pour tout et que il se combattroient à euls. Li Commain s'assemblerent et se misrent en convoi, et si assemblerent aus Tartarins, et li Tartarins à euls. Crueuse bataille et doulereuse et merveilleuse et longe et entre eus, car de tous ces deus ost ou il y avoit tant de gens n'en demora mie granment que tout ne fussent mort et occis. Mais en la fin furent vaincus les Tartarins et s'enfuirent au miex qu'il porrent et laissierent tout leur harnois, et se repusent (ca-cher) par buissons et par taisniere et par repostailles (retraite) au miex qu'il porrent, et peu eschappa qui ne fussent mors ou pris. Li autres os qui s'en venoit vers la terre de Surie avoit ja conquis et soumis en leur poeste le royaume de Perse et la tres noble et tres puissant cité de Baudas et toute la terre qui estoit entor, et avoient occis le Caliphe qui est appelé apostole des Sarrasins, et la terre de Mede, et cele d'Arsiee, et cele de Caldée, et de Turquiee, et de Halape, et de Hamans, et la Chamele, et Cesaire la grant, et la terre et la cité le Vieil de la Montaigne, et asses autres terres et de provinces et de royaumes qui tous sont de Sarrasins, et la terre de Georgie et

dans la cité d'Acre sur les maisons et sur les tours et sur les tourelles; ils abattoient et renversoient jusqu'à terre tout ce qu'ils rencontroient, car il y avoit dix de ces engins qui lançoient de si grosses pierres si pesantes qu'elles pesoient bien quinze cents livres, poids de Champagne; d'où il advint que presque toutes les tours et les forteresses d'Acre furent toutes abattues, fors seulement les maisons de religion, et moururent bien dans cette guerre vingt mille hommes tant de part que d'autre, mais assez plus de Génois et d'Espagnols, qui furent découpés et par mer et par terre, et rendirent toutes les tours qu'ils tenoient dans la cité d'Acre, lesquelles furent toutes abattues jusqu'à terre. Ils passèrent par-dessus les épées de ceux de Venise et de Pise, et s'en allèrent par pays à la cité d'Arsur. Et la cité d'Acre fut fondue par cette guerre comme si elle avoit été détruite par une guerre entre chrétiens et Sarrasins. C'étoit alors l'an de l'Incarnation de Notre-Seigneur 1258.

Comment les Comans déconfirent les Sarrasins, et des châteaux que les chrétiens garnirent contre eux.

Après ces choses, vinrent nouvelles dans la cité d'Acre et au pays d'alentour, que les Tartares avoient fait trois armées de leurs gens, et que l'une de ces armées étoit allée vers la Comanie. Et quand elle vint à l'entrée de la Comanie, les Comans dirent qu'ils mettroient tout pour tout, et qu'ils se battroient contre eux. Les Comans s'assemblèrent et se mirent en corps de bataille, et attaquèrent les Tartares, et les Tartares attaquèrent les Comans. Bataille cruelle et douloureuse et merveilleuse et longue y eut entre eux, car de toutes ces deux armées où il y avoit tant de gens, ne tarda pas un grand moment que tous ne fussent morts et occis; à la fin, les Tartares furent vaincus et s'enfuirent du mieux qu'ils purent, et laissèrent tous leurs bagages et se cachèrent dans les buissons, dans les tanières, dans les retraites, du mieux qu'ils purent, et peu échappèrent qui ne furent morts ou pris. Les autres armées qui s'en venoient vers la terre de Syrie, avoient déjà conquis et soumis en leur pouvoir le royaume de Perse et la très-noble et très-puissante cité de Bagdad et tout le pays des environs, et avoit occis le calife, qui est appelé l'apostoile des Sarrasins; elles avoient soumis la terre des Mèdes et celle d'Assyrie, et celles de Caldée et de Turquie et d'Alep et de Hama, et la Chamelle et Césarée la grande, et la terre et la cité du Vieux de la Montagne, et assez d'autres terres et de provinces et de royaumes qui tous sont de Sarrasins, et la terre de Georgie et d'Arménie et la cité d'Antioche qui sont terres de chrétiens. Il étoit resté peu de terres par tout

d'Armenie, et la cité d'Antioche qui sont terres des crestiens, et n'avoit preu demoré de terres par tout le pays et pres et loing que il n'eussent toutes conquises ou destruites, ou que les ne fuissent soumises à euls par treus (tributs) et par grans leviers, par grans services d'or et d'argent, et d'omes et de fames, et autres services asses que pres vausist (valut) miex qu'il fuissent tout mort. Il n'avoit demoré en toute la terre de crestiens que presque tous ne fuissent sougis à euls. Cil peu de crestiens se conseillierent ensamble et disent que ja se Dieu plaisoit ne seroient sougis à euls. Il conquisent presque toute la terre et estoit toute perdue se n'estoit aucun fort chastel; car li Tartarins estoient ja au devant deuls. Il egarderent que il garniroient les plus forts chastiaux et garniroient les Templiers sept des plus forts chastiaux que il eussent, et li Ospitaliers deux, et li Ospitaliers des Alemans un, et la cité d'Acre et la cité de Sur qui furent garnies de commun. Bien leur sembloit que toute la terre ne se porroit mie tenir. Cil chastel qui furent garni leur greverent moult durement, car il ne povoient trouver soudoiers qui entrassent dedens se il n'avoient sols à leur volenté; car il ne veoient mie comment il peussent eschaper contre la grant plenté de Tartarins com il venoit.

<><><>

le pays, de près et de loin, qu'ils n'eussent toutes conquises ou détruites, ou qui ne se fussent soumises à eux par tributs et par grandes levées, par grands tributs d'or et d'argent, et d'hommes et de femmes et autres servitudes, telles qu'il eût presque mieux valu que tous fussent morts; enfin, dans toute la terre des chrétiens, il s'en falloit presque rien que tout ne fût soumis à eux. Ce peu de chrétiens qui restoient se consultèrent ensemble et dirent que s'il plaisoit à Dieu, ils ne seroient pas sujets d'eux. Les Tartares avoient conquis presque toute la terre, et elle étoit toute perdue, sinon aucuns forts châteaux, car les Tartares étoient déjà devant eux. Les chrétiens décidèrent qu'ils garniroient les plus forts châteaux, et que les Templiers garniroient sept des plus forts qu'ils eussent, et les Hospitaliers deux et les Hospitaliers allemands un ; et la cité d'Acre et la cité d'Arsur furent garnies en commun. Bien leur sembloit que toute la terre ne se pourroit pas défendre. Ces châteaux qui furent garnis, les grevèrent fort, car ils ne pouvoient trouver de soldats qui y entrassent s'ils n'avoient solde à leur volonté; ils ne voyoient pas comment ils pourroient échapper à la grande multitude de Tartares qui approchoit.

Comment li Sarrasins desconfirent malement li Tartarins, et que li Tartarins s'enfuirent.

Li Soudant de Babiloine et d'Egypte et de Damas furent tous effrées et li Sarrasins ausi de ces nouveles. Li Soudant semoust tres tout son pooir de gens à armes et laissa sa terre à garder à un amiraut que il cuidoit que il fust loyaus envers lui ; mais il li fut mout desloiaus en la fin. Li Soudant s'esmut et passa les désers qui sont entre Egypte et Surie et s'en vint vers Damas. Li autres Sarrasins qui estoient entor s'assemblerent avecques lui, et disoit-on que il estoit cinq soudans. Il se conseillerent et manderent aus crestiens que il se combatissent avecques euls encontre les Tartarins. Li crestiens se conseillerent et li plus s'acorda que il se combattissent avecques les Sarrasins, et li maistres de l'Ospital Nostre Dame des Alemans dist que ce ne seroit mie bon. Car il les avoient eprouvés assés de foies et n'avoit mie granment que li Sarrasins ne tenoient mie trives aus crestiens si bien com il deussent, ains y mesprenoient assés de fois. Et que se il se combatoient avecques les Sarrasins encontre les Tartarins et les Tartarins estoient vaincu, et li crestiens qui ne seroient mie mors en bataille seroient tous las et euls et leur chevaus.

<><><>

Comment les Sarrasins déconfirent malement les Tartares, et comment les Tartares s'enfuirent.

Le soudan de Babylone et d'Egypte et de Damas fut tout effrayé, et les Sarrasins le furent aussi de ces nouvelles. Le soudan appela tous ses gens aux armes, et laissa sa terre à garder à un émir qu'il croyoit devoir être loyal envers lui ; mais à la fin, il lui fut moult déloyal. Le soudan se mit en marche et passa les déserts qui sont entre l'Egypte et la Syrie, et s'en vint vers Damas. Les autres Sarrasins qui étoient à l'entour s'assemblèrent avec lui, et disoit-on qu'ils étoient cinq soudans. Ils se consultèrent et mandèrent aux chrétiens qu'ils combatissent avec eux à l'encontre des Sarrasins. Les chrétiens se consultèrent, et de plus s'accordèrent à combattre avec les Sarrasins; et le maître de l'Hôpital, le maître teutonique dirent que ce ne seroit pas bon, car ils les avoient éprouvés assez de fois, et les Sarrasins n'avoient pas tenu trêve avec les chrétiens, aussi bien comme ils le devoient ; et au contraire, les avoient trompés assez de fois ; que si les chrétiens combattoient avec les Sarrasins contre les Tartares, et que les Tartares fussent vaincus, les chrétiens qui ne seroient pas morts dans la bataille seroient tous harassés, et eux et leurs

Se cele grant plenté de Sarrasins qui estoit leur couroit sus. Legierement seroient tous li crestiens qui seroient demoré de la bataille ou mors ou pris. En tele maniere seroit toute la terre que li crestiens tenoient perdue. Quant il oirent ce, tous s'accorderent à ce conseil et remanderent au Soudant qu'il ne se combateroient mie avecques euls. Mais nuls maus ne leur vendroit par devers les crestiens ains les conforteroient et aideroient de viandes et sauf aler et sauf venir, et seroient tous asseur par devers les crestiens. Quant li Soudan oirent ce, il si acorderent bien. Il disent que pour ce ne demorroit mie qu'il ne se combattissent car il avoit assés gens. Il ordenerent lors batailles et s'en alerent tout droit vers les Tartarins que on disoit que il estoient vers Sajete. Quant li Sarrasins furent aproicié des Tartarins et il virent leur point, il se mirent tout en convoi pour combatre et coururent sus aus Tartarins et assamblerent à euls vigueureusement, et li Tartarins se rassemblerent ausi à euls moult hardiement; si grans fais de gens avoient d'une part et d'autre que ce estoit grant merveille à veoir. Longue et annuieuse fu la bataille et moult y ot de gens occis et d'une part et d'autre. En la fin furent desconfits et vaincu li Tartarins. Ainsi se combattirent il par trois jors et en trois pieces de terre, et à toutes les trois fois furent li Tartarins desconfits. On esma qu'il ot bien occis en ces trois batailles cent mil Tartarins. Apres cele tierce bataille li Tartarins s'enfuirent et ne set on mie bien qu'il devinrent. Aucunes gens disent que il s'en estoit fui jusques à un lieu moult loins que on apele aus Froides Iaues, et que il avoient mandé à leur seigneur grant qui estoit Roys des Tartarins leur desconfiture, et qu'il leur envoyast secort et ajue car il estoient presque tout mors, que il leur remanda que il beoit à faire ce ne savons nous mie encore.

Comment cil d'Egypte murdrirent le Soudan leur seigneur, et que li crestiens s'en revindrent à grand meschief de Jherusalem.

Quant le pays fu vuidié des Tartarins fors de ceuls qui mors estoient desquels la terre estoit toute couverte, li Sarrasins s'en departirent et s'en r'alerent en leur pays. Li Soudan de Babiloine par cui effors ceste besoingne avoit este faite s'en r'alerent en Egypte. Li amiraus à cui il avoit baillé sa terre à garder avoit fait grans conspirations et grans conjurations contre lui. Ne demora mie granment apres ce que il cuida estre tout en pais et tout asseur, que il fu murdris et fisent li Sarasins autre Soudan, et disoit on que il l'avoient fait de cet amiraus meismes par cui li autres Soudans avoit été murdris. Li crestien n'en furent mie lie, car il avoient trives à lui, et quand il fu murdris et mors la trive fu faillie et tout li pays en guerre. Parquoi li crestiens qui estoient en Jherusalem en pelerinage, desquels il y avoit grant plenté de diverses terres perdirent moult de leur gens et de leur choses; car li amiraut qui gardoit la cité quand il oït dire que li Soudan estoit murdris et mors, fit fermer les portes de la cité et y mist boine gardes que nuls ni peust passer ne issir se par son congié non. Li crestiens qui estoient en la cité en pelerinage et par treu et par rachast n'en porrent issir. Ains les detintrent gran piece dedens la cité que il n'en voloit nul laissier aler. Tant firent en la fin les chrestiens que il les laissa aler. Quant il orrent assés eu de damages il s'en revindrent par grans périls au miex que il porrent tout ensamble en la terre des crestiens qui est seur leur marine. Pluiseurs fois furent assaillis entrevoies et perdirent assés de leur gens et de lor harnois et de lor avoir. Et disoit-on certainement que tous ces agais et tous ces assaus leur avoit fait faire li amiraus de Jherusalem par cui congié et cui conduit, par grans rachas que il avoient donnés; il estoient au Saint Sepulchre alé, et à grant meschief et à grant painne il s'en revindrent. Quant li crestiens les virent, s'en furent moult lie et moult joiaut selon les aventures qui leur estoient avenues, et en mercierent et loerent moult hautement Nostre Seigneur. Adont estoient li an de l'Incarnation de Notre Seigneur mil deux cent et soixante-un.

<><>

chrétiens n'en furent pas joyeux, car ils avoient trève avec lui; et quand il fut assassiné et mort, la trève fut faillie et tout le pays fut en guerre. Par là, les chrétiens qui étoient à Jérusalem en pèlerinage, desquels y avoit grande multitude de diverses terres, perdirent moult de leurs gens et de leurs choses; l'émir qui gardoit la cité, quand il eut ouï dire que le soudan étoit assassiné et mort, fit fermer les portes de la ville, et y mit si bonnes gardes, que nul ne put passer ni sortir qu'avec sa permission. Les chrétiens qui étoient dans la cité en pèlerinage, n'en purent sortir ni par tribut ni par rachat. L'émir les retint long-temps dans la cité, sans vouloir nul laisser aller. Tant firent à la fin les chrétiens, qu'il les laissa aller. Quand ils eurent essuyé assez de dommages, ils s'en revinrent par grands périls, le mieux qu'ils purent, tous ensemble dans la terre des chrétiens, qui est sur leur mer. Plusieurs fois, dans leur route, ils furent assaillis, et perdirent assez de leurs gens et de leurs bagages et de leur avoir; et disoit-on avec certitude, que toutes ces embûches et ces attaques avoient été commandées par l'émir de Jérusalem, qui leur avoit donné, au moyen de grands rachats, congé et sauf-conduit. Ils étoient allés au Saint-Sépulcre, et ils s'en revinrent à grand méchief et à grande peine. Quand les chrétiens les virent, ils en furent moult joyeux et contents, d'après les aventures qui leur étoient advenues, et en remercièrent et louèrent moult hautement Notre-Seigneur; c'étoit l'an de l'incarnation de Notre-Seigneur 1261 *.

---

* Nous avons publié la lettre de Jean-Pierre Sarrasins, telle qu'elle se trouve dans les manuscrits de *Rothelin*. Il est probable que les derniers chapitres de cette naration ne faisaient point d'abord partie de la lettre; on doit croire qu'ils y ont été ajoutés par ceux qui l'ont copiée, et qui ont voulu en faire une histoire complète des événements d'outre-mer, pendant et après la croisade de saint Louis. La division de ces chapitres paraît être aussi l'ouvrage des copistes. Nous n'avons pas besoin de faire remarquer que la dernière partie de la relation qu'on vient de lire, renferme des faits importants qui étaient restés jusqu'ici ignorés des historiens.

FIN DE LA LETTRE DE JEAN PIERRE SARRASINS.

EXTRAITS DES HISTORIENS ARABES,

RELATIFS

AUX DEUX CROISADES DE SAINT LOUIS[*].

On sait quel retentissement les événements qui se passaient en Orient, et qui intéressaient plus ou moins les colonies chrétiennes de Syrie, avaient dans tout l'Occident. Joinville a longuement parlé de la croisade de l'empereur Frédéric II, de celle du duc de Bourgogne et du comté de Bar, et ensuite de l'invasion des Karismins dans la Palestine. Comme ce fut cette invasion et les calamités qui en furent la suite, qui déterminèrent l'expédition de saint Louis en Egypte, nous allons reproduire une partie du récit des écrivains arabes.

Voici d'abord le tableau des puissances musulmanes d'Egypte et de Syrie :

Le sultan Malek-Saleh-Negm-eddin Ayoub (le roi bon, étoile de la religion, Job) petit-fils du célèbre Malek-Adel, outre l'Egypte, possédait la Palestine et quelques villes de Mésopotamie. Son oncle, Malek-Saleh Ismael, était maître de la principauté de Damas ; son cousin, Daoud, ancien souverain de Damas, avait reçu en dédommagement la principauté de Carac, au sud-est de la mer Morte. A l'égard de la principauté d'Alep, elle était au pouvoir d'un descendant de Saladin, appelé Malek-Nasser Joussouf (le roi protecteur; Joseph). Il existait encore des états plus petits, tels que Hamah, Emesse, Baalbek, qui dépendaient des premiers : c'était le sultan d'Egypte qui avait la haute suzeraineté sur ces diverses principautés; sa politique était même de réunir peu à peu, sous sa puissance, tout ce qu'avait possédé Saladin, et de n'en faire qu'un seul empire.

An 641 de l'hégire, 1243 de Jésus-Christ. Le sultan d'Egypte ayant commencé à manifester ses projets, tous les petits princes de Syrie prirent les armes. Les souverains de Damas et d'Emesse, ainsi que le prince de Carac, qui avait contribué à l'élévation du sultan, se liguèrent ensemble contre lui et implorèrent l'appui des Francs : pour les décider, ils leur remirent de nouveau Jérusalem, Séfed, ainsi que Tibériade, Ascalon et quelques autres villes de Palestine. Les chrétiens furent donc encore une fois maîtres de la ville sainte. L'historien Gémal-eddin, qui y passa alors, remarque avec étonnement qu'il vit les chrétiens en possession, non-seulement de l'église de la Résurrection, mais de la mosquée d'Omar, et des autres lieux consacrés par les souvenirs de l'islamisme ; il y vit des prêtres et des moines, une fiole de vin à la main, et se disposant à dire la messe : en entrant dans la mosquée, ses oreilles furent frappées du son de la cloche; tous les rites de l'islamisme avoient été abolis.

Cependant on se préparait à la guerre. Les deux armées se dirigèrent vers les plaines de Gaza. Malek-mansour, prince d'Emesse, commandoit celle de Syrie : ce prince était renommé pour sa bravoure, et s'était déjà signalé dans plusieurs occasions. Dans sa marche, il passa par la ville d'Acre, afin d'animer les chrétiens au combat; tous se hâtèrent de prendre les armes. Les deux armées se trouvèrent bientôt en présence ; mais le sultan avait appelé à son secours les Karismins, et ils n'étaient pas encore arrivés.

An 642 (1244). Les Karismins étaient originaires des pays situés vers l'embouchure de l'Oxus, près des bords de la mer Caspienne. Chassés de leur pays par Gengiskan, ils avaient long-temps erré dans les provinces de l'Asie. Le fameux Gélal-eddin-mankberni, que Joinville désigne par le titre d'empereur de Perse, était alors à leur tête. Ils envahirent successi-

---

[*] Ces fragmens font partie des *Extraits des Historiens arabes* relatifs à toute la suite des guerres saintes, par M. Reinaud, qui forment le quatrième volume de la *Bibliothèque des Croisades*, de M. Michaud. Nous nous sommes bornés à reproduire ici ces fragments, dégagés des notes et des éclaircissements pour lesquels le lecteur pourra recourir à la *Bibliothèque* même. Les extraits de M. Reinaud ne doivent pas être confondus avec ceux que Cardonne avait placés à la suite de Joinville, édition du Louvre. Ils offrent un plus grand nombre de faits, et les présentent d'une manière plus exacte.

vement le nord de la Perse, la Géorgie, l'Arménie, la Mésopotamie, et partout ils se firent remarquer par leur férocité et leurs brigandages. Après la mort de Gélal-eddin, les débris des Karismins se mirent au service des princes musulmans : une partie s'était attachée à la personne du sultan, alors gouverneur d'Edesse et de Haran, dans la Mésopotamie. Quand ce prince fut devenu maître de l'Egypte, il abandonna à ces barbares Haran et Edesse, d'où ils répandirent la terreur dans les contrées voisines. Le sultan, se voyant menacé par toutes les forces de la Syrie, n'hésita pas à les appeler auprès de lui.

Suivant Gémal-eddin, les Karismins passèrent l'Euphrate au nombre de plus de dix mille cavaliers, ayant à leur tête Hossam-eddin-barte-khan, Khan-bardi, Sarou-khan et Keschlou-kan. Partout leur passage était signalé par le pillage et l'incendie ; à leur approche, les peuples prirent la fuite. Telle était la terreur qu'ils inspiraient, qu'au seul bruit de leur marche les troupes de Damas, campées à Gaza, se débandèrent ; le prince de Carac se retira précipitamment. Les Francs qui gardaient la ville sainte sortirent en toute hâte ; les Karismins y entrèrent sans résistance, et égorgèrent tous les chrétiens qui s'y trouvaient encore ; pas un seul ne fut épargné. Les femmes et les enfants furent réduits en servitude ; l'église de la Résurrection fut dépouillée, le sépulcre du Messie détruit ; les tombeaux des rois francs et des capitaines chrétiens furent ouverts et les ossements livrés aux flammes. Les Karismins se rendirent ensuite devant Gaza, et firent leur jonction avec l'armée égyptienne. Le lieu occupé par les deux armées était voisin de Gaza, et se nommait Karita (c'est le lieu que Joinville désigne par le nom de Gadre) ; de part et d'autre on se prépara au combat. Les chrétiens montraient une ardeur impatiente ; mais les musulmans, leurs alliés, commençaient à avoir des scrupules. Ecoutons à ce sujet le récit d'Ibn-giouzi, témoin oculaire :

« Dans cette guerre, les musulmans de Syrie
» s'étaient mis pour ainsi dire sous les ordres
» des infidèles. On voyait les chrétiens mar-
» cher, leurs croix levées ; leurs prêtres se mê-
» laient dans les rangs ; ils donnaient des béné-
» dictions et manifestaient hautement les signes
» du christianisme ; ils présentaient aux mu-
» sulmans eux-mêmes leurs calices à boire. Une
» telle alliance ne pouvait réussir. Les Francs
» composaient l'aile droite ; la gauche était for-
» mée des troupes de Carac ; celles d'Emesse
» étaient au centre. Jamais journée ne fut si
» glorieuse à l'islamisme, pas même sous Noureddin ni Saladin. L'aile gauche fut la pre-
» mière enfoncée ; les Francs seuls tinrent bon,
« et ne lâchèrent pied que lorsque toute l'ar-
» mée fut en déroute. Déjà ils avaient mis les
» Egyptiens en fuite et pillé leurs bagages.
» Abandonnés de leurs alliés et cernés par les
» Karismins, ils furent moissonnés par l'épée.
» Leur nombre se montait à quinze cents cava-
» liers et dix mille fantassins ; huit cents seule-
» ment échappèrent au carnage et furent faits
» prisonniers. Je passai le lendemain sur le lieu
» du combat ; je vis des hommes qui comptaient,
» un roseau à la main, le nombre des morts ; ils
» me dirent qu'ils en avaient compté plus de
» trente mille. Le prince d'Emesse arriva presque
» seul à Damas, ayant perdu ses bagages, ses
» chevaux, ses armes et presque toute son ar-
» mée. J'ai ouï dire qu'après la bataille, il ne
» trouva pas même un lambeau d'étendard pour
» reposer sa tête, et qu'alors, se mettant à
» pleurer, il dit : Je me doutais bien qu'en
» marchant sous les croix et les bannières des
» Francs, notre expédition ne pouvait être heu-
» reuse. »

Gémal-eddin fait aussi mention du scrupule que le prince d'Emesse éprouva en marchant à l'action. « Par Dieu ! racontait plus tard le
» prince, le Seigneur me disait intérieurement
» que nous ne pouvions vaincre. » L'auteur poursuit ainsi : « Quand la nouvelle de cette victoire arriva au Caire, la joie fut au comble ; pendant plusieurs jours on illumina, et la ville retentit du bruit des instruments de musique. Le jour de l'entrée des prisonniers fut comme un jour de fête. Les soldats étaient conduits sur des chameaux, les chefs sur les chevaux qu'ils montoient le jour de la bataille. Au nombre des prisonniers étaient plusieurs musulmans qui avaient été pris dans le combat. » Makrizi rapporte de plus que les têtes des chrétiens tués à Gaza furent apportées au Caire, et attachées aux portes de la ville.

Après cette victoire, suivant Aboulféda, le sultan s'empara de Jérusalem et d'Ascalon ; ensuite, il alla assiéger son oncle Ismaël dans Damas. Vainement Ismaël recourut à la médiation du calife de Bagdad ; le pontife refusa de s'intéresser à un allié des chrétiens, et Damas ouvrit ses portes. Ainsi, le sultan se trouva maître de la Palestine et de toute la Syrie méridionale. Mais les Karismins, qui avaient eu une grande part à ses succès, prétendirent en partager les fruits : la Syrie se trouva de nouveau en combustion. Les Karismins formèrent le siège de Damas ; les princes dépouillés reprirent les rames pour rentrer dans leurs principautés. Une bataille mit fin à cette querelle : les Karismins, vaincus, furent exterminés ; la plupart de ceux qui se sauvèrent furent assommés par les paysans et les habitants des campagnes ; d'autres allèrent se fondre dans les armées tartares qui désolaient alors l'Asie, et il ne fut plus question d'eux.

Pendant que ces événements se passaient en Orient, l'Occident était déchiré par les querelles de Frédéric et du Saint-Siége. Un auteur arabe qui prend le nom de Yaféi, cite un fait que nous ne garantissons pas, mais qu'il est bon de connaître, pour savoir quelle idée les musulmans se faisaient de ces divisions. Un vaisseau, dit-il, venu de Sicile à Alexandrie, annonça que le pape, irrité contre l'empereur, avait engagé trois des courtisans du prince à le tuer pendant la nuit, sous prétexte qu'intérieurement il était musulman : pour les décider, il leur avait partagé d'avance les états du prince. L'empereur ayant été averti du complot, fit coucher un de ses gardes dans son lit, et se cacha lui-même dans un endroit voisin avec cent soldats. Au moment fixé, les trois assassins se jetèrent sur le garde et le poignardèrent. L'empereur ne douta plus de la vérité; et sortant du lieu où il était, il tua les assassins de a main ; ensuite il les fit écorcher : on remplit leur peau de paille, et ils furent suspendus pour l'exemple à la porte du palais. L'auteur ajoute que le pape, informé du mauvais succès de ses démarches, envoya une armée contre Frédéric, et que de nouvelles querelles s'élevèrent entre les princes chrétiens. A la même époque, Makrizi dit un mot d'une ambassade du pape au sultan d'Egypte.

An 646 (1248). On sait que saint Louis ne put retenir ses larmes lorsqu'il apprit les malheurs de la Terre-Sainte ; son premier mouvement fut de se revêtir de la croix et de marcher pour aller délivrer les saints lieux. Makrizi et Yaféi nous apprennent que la première nouvelle de cette expédition vint au sultan par Frédéric; ce fut par l'intermédiaire d'un député déguisé en marchand. Le sultan était alors en Syrie, occupé à y établir son autorité. Déjà il était attaqué de la maladie qui l'emporta bientôt au tombeau ; c'était une tumeur au jarret, laquelle, ayant dégénéré en ulcère, lui ôtait toute facilité d'agir. A la nouvelle du danger qui menaçait ses états, il se fit transporter en litière en Egypte.

An 647 (1249). C'est cette année que le roi de France fit sa descente en Egypte. Son nom, ainsi que l'observe Makrizi, était Louis, fils de Louis, et on le surnommait *le Français*. Tous les Francs établis en Palestine étaient venus se joindre à lui.

Ce roi, au rapport de Gémal-eddin, était un des plus puissants princes de l'Occident ; il était roi de France (*reyd-efrens*). « Le peuple de France, ajoute-t-il, s'est rendu célèbre entre toutes les nations des Francs. Ce roi était très-religieux observateur de la foi chrétienne. Il voulait conquérir la Palestine, et soumettre d'abord l'Egypte. Il était accompagné de cinquante mille guerriers, et venait de passer l'hiver dans l'île de Chypre. Il se présenta sur la côte, près de l'embouchure de la branche du Nil qui passe à Damiette, un vendredi 21 de safar (4 juin 1249). Le sultan était alors campé à Aschmoun-Thenah, sur le canal d'Aschmoun, non loin de Mansoura; c'est de là qu'il avait ordonné les préparatifs nécessaires. Il avait fourni Damiette de tout ce qui pouvait mettre la place en état de faire une longue résistance : des vivres et des provisions y avaient été amassées pour plus d'une année ; une forte garnison en avait la défense; on distinguait entre autres les Arabes kénanites, guerriers fameux par leur bravoure. De plus, le lit du fleuve était gardé par des vaisseaux envoyés du Caire. Enfin, une armée formidable, sous la conduite de l'émir Fakr-eddin, qui avait figuré dans les négociations du père du sultan avec l'empereur Frédéric, occupait la côte où les chrétiens devaient aborder. »

Makrizi rapporte que le roi de France, avant de mettre pied à terre, crut devoir écrire au sultan, comme pour lui faire sa déclaration ; si on l'en croit, la lettre était ainsi conçue : « Tu » n'ignores pas (1) que je suis le chef de la chré- » tienté, comme tu l'es de l'islamisme. Tu n'i- » gnores pas de quelle manière j'ai traité les » musulmans d'Espagne, lesquels aujourd'hui » nous paient tribut et marchent devant nous » comme de vils troupeaux : nous avons massa- » cré les hommes et rendu les femmes veuves ; » nous avons réduit les garçons et les filles à » l'esclavage ; nous les avons emmenés loin » de leur patrie. Voilà ce que j'avais à te » dire. Je t'ai donné les avertissements que tu » avais droit d'attendre de moi ; à présent, » quand tu aurais recours aux serments les plus » saints, quand tu viendrais devant moi accom- » pagné de prêtres et de moines, quand tu te » présenterais un cierge à la main en signe de

(**1**) Makrizi remarque que la lettre était précédée d'un petit préambule *analogue aux impiétés de la religion chrétienne, qu'il s'est fait scrupule*, dit-il, *de rapporter.*

» respect pour la religion chrétienne, rien ne
» pourrait me détourner d'aller à toi et de te
» combattre en tout lieu. Si tes états tombent
» entre mes mains, ce sera pour moi une nou-
» velle source de richesses; si la victoire se dé-
» clare en ta faveur et que l'Égypte te reste en
» partage, tu pourras alonger la main et l'éten-
» dre jusqu'à moi; tu pourras disposer à ton gré
» de ma vie. J'ai cru de mon devoir de t'avertir
» d'avance. Voilà que les troupes qui sont sous
» mes ordres couvrent les plaines et les monta-
» gnes : leur nombre est égal à celui des sables
» de la mer; elles vont contre vous avec le glaive
» du destin. »

Cette lettre n'a rien qui convienne au caractère bien connu et à la situation de saint Louis. Il est évident qu'il s'agit ici de quelque roi chrétien d'Espagne en guerre avec les Maures ses voisins. Sans doute une lettre semblable aura jadis été écrite (1), et Makrizi l'aura mise, par erreur, sur le compte du roi de France. Quoiqu'il en soit, Makrizi ajoute que cette lettre fit la plus vive impression sur l'esprit du sultan. Ce prince commençait alors à être accablé par la maladie dont il était attaqué; il ne put retenir ses larmes. Son premier mouvement fut de se recommander à Dieu et de se résigner à ses volontés. Ensuite il fit faire par son secrétaire la réponse suivante : « Au nom du Dieu clément et
» miséricordieux, le salut soit sur notre pro-
» phète Mahomet et sur sa famille. Ta lettre
» nous est parvenue; tu cherches à nous faire
» peur du nombre de tes armées et de la multi-
» tude de tes soldats. Apprends que nous savons
» aussi manier le glaive, et qu'aucun de nous
» ne périra qu'il ne soit sur-le-champ remplacé,
» tout comme aucun de vous ne pourra nous en-
» tamer, sans être aussitôt exterminé. Ah! si tes
» yeux, ô homme présomptueux, si tes yeux
» pouvaient voir la pointe de nos épées et la
» force de nos lances; si vous aviez vu avec
» quelle vigueur nous avons subjugué les pro-
» vinces et les châteaux de la Palestine, si vous
» aviez vu les ravages que nous avons faits,
» comme tu te mordrais les doigts! Va, tu ne
» peux manquer de tomber. Le commencement
» de ce jour est pour nous, et la fin est contre
» vous. Oh! qu'alors tu seras fâché contre toi-
» même! *Il faut bien que les méchants connais-*
» *sent le sort qui leur est réservé* (2). En lisant

» ma lettre, rappelle-toi le premier verset de la
» sourate *des Abeilles : Le décret de Dieu va*
» *toujours son cours; gardez-vous d'en hâter le*
» *terme.* Rappelle-toi ce dernier verset de la
» sourate *Sad : Dans peu vous connaîtrez ce*
» *qu'il voulait vous dire.* Moi je m'en rapporte à
» ces paroles du Très-Haut. Assurément, je
» n'en puis citer de plus véridiques. *Combien de*
» *fois une poignée d'hommes n'a-t-elle pas mis*
» *en fuite des armées innombrables, par la*
» *permission divine?* car Dieu est avec ceux
» *qui lui sont fidèles.* Et d'ailleurs, les sages
» n'ont-ils pas dit que le méchant s'attirera sa
» propre ruine? Va! ta méchanceté te renverse-
» ra; elle causera ta perte. Adieu. »

Ensuite, reprend Gémal-eddin, « le roi de France se mit en devoir d'aborder sur la côte. On était alors au samedi 22 de safar (5 juin). Il débarqua avec toutes ses troupes et dressa son camp sur le rivage. La tente du roi était rouge. Il y eut ce jour-là un engagement entre les Francs et les Égyptiens, où plusieurs émirs musulmans furent tués. Le soir, Fakr-eddin repassa le Nil avec son armée, sur le pont qui était en face de Damiette; et, sans s'arrêter, il se rendit sur le canal d'Aschmoun, auprès du sultan. Il régnait alors une extrême insubordination dans l'armée, à cause de la maladie du prince : personne ne pouvait plus contenir les soldats. Les kénanites chargés de défendre Damiette, se voyant abandonnés, quittèrent précipitamment la ville et se dirigèrent aussi vers le canal d'Aschmoun; les habitants suivirent cet exemple. Hommes, femmes, enfants, tous s'enfuirent dans le plus grand désordre, abandonnant les vivres et les provisions; car ils se trouvaient sans défense, et ils craignaient d'éprouver le même sort que trente ans auparavant, sous le sultan Malek-Kamel. En un moment, Damiette se trouva déserte. Le lendemain dimanche, les chrétiens, ne voyant plus d'ennemis, passèrent aussi le Nil et entrèrent sans résistance. Il n'y avait pas d'exemple d'un événement aussi désastreux. A cette époque, ajoute Gémal-eddin, j'étais au Caire, chez l'émir Hossam-eddin, gouverneur de la ville. Nous apprîmes le jour même, par un pigeon, la prise de Damiette. Ce malheur nous pénétra tous de crainte et d'horreur; il nous sembla que c'en était fait de l'Egypte, surtout à cause de la maladie du sultan. La conduite de Fakr-eddin et

---

(1) En effet, les auteurs arabes font écrire cent cinquante ans auparavant la même lettre par Alphonse VI, roi de Castille, à un empereur de Maroc; or Alphonse avait vaincu les Maures d'Espagne et d'Afrique. Voyez Casiri, *Bibliothèque arabe de l'Escurial*, t. II, p. 116. Aboulfarage en rapporte une autre du même style, écrite un siècle après par un roi d'Espagne à un empereur de Maroc. Apparemment c'était une formule consacrée; il n'y avait de différence que dans les mots. Voyez la *Chronique arabe* d'Aboulfarage, p. 423.

(2) Les passages en italique sont empruntés à l'*Alcoran*.

de la garnison fut en cette occasion inexcusable ; car la ville eût pu tenir très-long-temps. Dans l'invasion précédente, sous Malek-Kamel, Damiette était sans garnison, sans approvisionnements ; et pourtant elle avait résisté pendant un an : encore fallut-il, pour la réduire, le concours de la famine et de la peste. Sa situation dans la guerre présente était bien plus favorable ; même après la retraite de Fakreddin, si les kénanites et les habitants étaient restés, s'ils avaient seulement tenu leurs portes fermées, ils auraient arrêtés tous les efforts des Francs. Pendant ce temps, l'armée serait revenue et les Francs auraient été repoussés. Mais quand Dieu veut une chose, on ne peut l'empêcher. »

Le sultan fut si indigné contre les kénanites, qu'il fit pendre tous les chefs. Vainement, suivant Makrizi, ils firent des représentations ; vainement dirent-ils : « En quoi sommes-nous » coupables ? Que pouvions-nous faire, étant » abandonnés des émirs et de toute l'armée ? » On n'écouta pas leurs excuses ; les chefs furent pendus, au nombre de cinquante. Dans le nombre étaient un père et son fils, jeune homme de la plus grande espérance : le père demanda de mourir le premier ; le sultan le lui refusa. Le prince s'était muni d'avance de l'approbation des docteurs de la loi, qui tous avaient décidé qu'un homme qui abandonne son poste est digne de mort. Makrizi ajoute que le sultan témoigna aussi son mécontentement à l'émir Fakreddin. « Ne pouviez-vous pas, lui dit-il, tenir » au moins un instant ? Pas un seul d'entre vous » ne s'est fait tuer. » Sans l'état pitoyable où il était, poursuit Makrizi, il se serait probablement porté à quelque violence. Presque tous les émirs blâmaient Fakr-eddin : déjà on craignait pour sa vie ; déjà ses amis se disposaient à se défaire du sultan ; mais Fakr-eddin les retint et les décida à attendre. Si le sultan mourait, on en était délivré ; sinon, l'on était toujours à temps de le faire périr.

Gémal-eddin remarque aussi que le sultan fut tenté de punir Fakr-eddin ; mais, ajouta-t-il, son état était devenu critique, et les circonstances conseillaient la patience.

Dans ces conjonctures, suivant Makrizi, le sultan, se sentant près de sa fin, fit publier que tous ceux qui avaient quelque grief contre lui eussent à se présenter, et qu'il leur donnerait satisfaction. Il était impatient de mettre sa conscience en repos. Tous ceux qui se présentèrent furent renvoyés satisfaits.

Suite de l'année 647 (1249). Nous allons laisser parler Gémald-eddin. « Cependant le sultan se fit transporter à Mansoura, au lieu même qu'avait occupé son père Malek-Kamel, trente ans auparavant. Mansoura est située sur la rive orientale du Nil, à l'endroit où ce fleuve se partage en deux branches, dont l'une passe à Damiette, l'autre va se perdre dans le lac de Menzalé ; c'est cette dernière branche qu'on appelle le canal d'Aschmoun. Mansoura devait son existence à Malek-Kamel, père du sultan ; ce prince y avait fait bâtir un palais, avec des maisons pour les émirs et les soldats. Bientôt il s'y éleva des bazars, des bains, des marchés ; en un mot, tout ce qui compose une grande ville. C'est là que le sultan prit position avec son armée. La flotte égyptienne avait descendu le fleuve et s'était placée sous les murs de Mansoura. On vit aussi arriver de tous côtés des volontaires et des guerriers qui brûlaient de prendre part à la guerre sacrée.

« Dans le même temps, le sultan dirigea contre les Francs des bandes d'Arabes nomades ; ces Arabes ne leur laissèrent pas de repos. A la fin de rébi (premier juillet), nous vîmes, poursuit Gémald-eddin, arriver au Caire trente-six prisonniers chrétiens, parmi lesquels étaient deux cavaliers : quelques jours après, il en vint trente-neuf, puis vingt-deux, puis trente-cinq, et successivement plusieurs autres. A la même époque, les troupes du sultan qui étaient en Syrie, firent diversion et enlevèrent Sidon aux chrétiens.

» Cependant, la maladie du sultan devenait de plus en plus grave ; ses forces ne cessaient de s'affaiblir ; jour et nuit les médecins étaient autour de lui sans pouvoir le soulager ; et pourtant il n'était pas abattu ; toujours il montrait la même force de caractère. Il était à-la-fois atteint de deux maladies terribles, la phtisie et l'ulcère au jarret ; mais il espérait toujours. L'ulcère étant venu à se fermer, il se crut hors de danger, et écrivit à l'émir Hossam-eddin qu'il était en pleine convalescence ; qu'il ne lui manquait plus que de monter à cheval et d'aller jouer au mail : mais déjà il était près de sa fin. Il mourut le dimanche 14 de schaban (novembre), six mois après l'entrée des chrétiens dans Damiette et à l'âge de quarante-sept ans. Ainsi finit le sultan Malek-Saleh Negm-eddin (ou l'Étoile de la religion), au milieu d'une guerre qu'il soutenait pour la gloire de Dieu, passant de ce monde périssable au sein de la bonté et de la miséricorde divines. »

Aboul-Mahassen fait le portrait suivant du sultan : « C'était un prince sobre, modeste dans ses discours et d'une belle âme ; il ne pouvait souffrir la plaisanterie et les choses futiles ; il avait même l'humeur désagréable ; il était naturellement taciturne. Sa prédilection était pour les esclaves turcs qu'il achetait sur les bords de la mer Noire et de la mer Caspienne, et dont il fit ses mameloucks et sa garde particulière. Sous lui, cette milice devint beaucoup plus nombreuse qu'auparavant : il les préférait aux Curdes, qui jusques-là avaient formé le nerf des armées égyptiennes. C'est pour eux qu'il fit bâtir une caserne dans l'île de Rauda, sur le Nil, en face du Caire (1). Cependant il savait leur imposer ; ces esclaves, tout braves et audacieux qu'ils étaient, tremblaient devant lui. Rien ne pouvait l'émouvoir ; quand il entrait en colère, la seule expression de reproche dont il se servait, était celle-ci : *Ah! paresseux!* Chose singulière ! il était insensible aux charmes de la musique ; quand il assistait à un concert, il restait immobile, et ses officiers étaient obligés de faire comme lui. Il était très-enclin à l'amour ; mais il voyait de préférence des esclaves, car à la fin il n'eut plus que deux épouses. Ses ministres ne décidaient jamais rien que d'après ses volontés : le prince voulait tout voir par lui-même ; il travaillait directement avec eux, mais seulement par écrit, marquant ses volontés de sa propre main au bas du papier. Il aimait les gens de mérite et les gens pieux ; mais il était sans goût pour la lecture ; son plaisir était de s'isoler et de vivre seul ; sa passion était le jeu de mail et la bâtisse. Il reste de lui, au Caire et dans l'île de Rauda, plusieurs édifices superbes. »

A cette époque les chrétiens étaient plus nombreux en Egypte qu'ils ne le sont aujourd'hui ; ils étaient, comme ils sont encore de nos jours, chargés de la levée des impôts, de l'administration des finances et de l'entretien des troupes, alors payées avec le revenu de certaines terres. Il paraît qu'à l'exemple de ce qui avait eu lieu dans les croisades précédentes, le gouvernement soupçonna les chrétiens du pays, d'intelligence avec les guerriers d'Occident. Voici ce qu'on lit dans les instructions laissées par Malek-Saleh, à son fils, et qui sont rapportées tout au long par l'historien arabe Novayry :

« O mon fils, porte ton attention sur l'armée que les chrétiens ont affaiblie, en même temps qu'ils ont ruiné le pays : ils vendent les terres, comme si l'Égypte leur appartenait. Ils exigent d'un émir, lorsqu'il reçoit le brevet de son bénéfice, deux cents pièces d'or et plus, et d'un simple militaire, jusqu'à cent ; si la somme destinée à l'entretien d'un cavalier est de mille pièces d'or, ils la lui assignent sur six endroits éloignés l'un de l'autre ; alors le soldat a besoin de plusieurs agents différents qui absorbent son revenu. Telle est la cause de la décadence de l'esprit militaire ; les chrétiens agissent ainsi pour ruiner le pays et affaiblir l'armée, afin de nous obliger à évacuer l'Égypte. Nous avons ouï dire qu'ils avaient mandé ces mots aux princes francs de Palestine et d'Europe : *Vous n'avez pas besoin de faire la guerre aux musulmans ; nous-même la leur faisons nuit et jour; nous nous emparons de leurs biens ; nous sommes maîtres de leurs femmes; nous ruinons leur pays ; nous affaiblissons l'armée. Venez ; prenez possession du pays : vous ne rencontrerez aucun obstacle.* O mon fils! l'ennemi est auprès de toi, au sein du royaume : ce sont les chrétiens ; ne te fie pas à ceux d'entre eux qui se sont faits musulmans ; aucun d'eux n'a embrassé de bonne foi l'islamisme : son ancienne religion reste cachée dans son cœur, comme le feu dans le bois. »

Malek-Saleh, suivant la remarque de l'historien Gémal-eddin, ne laissait qu'un fils appelé Malek-Moadam Touran-Schah, alors gouverneur de Haran, d'Édesse et des autres villes que le sultan possédait en Mésopotamie. Dans l'état où l'on se trouvait, menacé comme on l'était par l'armée chrétienne, on résolut de cacher la mort du sultan jusqu'à l'arrivée de son fils. Le corps du prince fut secrètement lavé et enseveli avec les prières d'usage, et placé dans une caisse pour être transporté en bateau dans l'île de Rauda. Sa veuve, Scheger-eddor, celle de ses femmes qu'il avait le plus aimée, dirigeait tout : elle se concerta avec le chef des eunuques, et ils convinrent de ne confier le secret de la mort du sultan qu'à l'émir Fakr-eddin, qui fut nommé atabek ou régent, comme l'homme le plus capable de gouverner, et celui qui avait le plus d'influence sur l'armée. Tous les trois se promirent de tenir la mort du sultan secrète jusqu'à l'arrivée de Touran-Schah. En attendant, ils firent prêter serment de fidélité aux émirs et aux troupes, d'abord au nom du sultan Malek-Saleh, comme s'il eût été encore en vie, ensuite en celui de son fils : on jura aussi obéissance à l'émir Fakr-eddin, en qualité d'atabek ou régent. Les émirs et les soldats furent appelés pour cet objet au pavillon du sultan, et jurèrent sans difficulté : personne ne se douta de la vérité. L'émir Hossam-eddin, gouverneur du Caire, ayant reçu un ordre semblable, jura et fit jurer tous ceux qui étaient sous ses ordres. La mort du sultan était tenue si secrète, que, grands et petits, personne n'en eut le moindre soupçon. Chaque jour

---

(1) De là ces mameloucks reçurent le nom de *Baharites*, du mot arabe *bahr*, qui signifie *mer*, et par lequel les Egyptiens désignent le Nil.

l'émir Hossam-eddin recevait des dépêches du camp comme par le passé. Les lettres étaient expédiées au nom du sultan ; on y voyait, entre les lignes, son *élamé* ou signature accoutumée, consistant dans ces mots : *Ayoub, fils de Mohammed, fils d'Aboubekr* (1). Celui qui écrivait l'élamé était un eunuque, habile à contrefaire toutes sortes d'écritures. A la fin cependant on commença à soupçonner la vérité. On voyait l'émir Fakr-eddin, libre de tout frein, disposer en maître de l'Égypte : il rendait la liberté aux émirs qui étaient en prison ; il rétablissait ceux qui avaient perdu leurs places ; il distribuait à ses amis les trésors amassés par le sultan ; en un mot, il exerçait pleinement l'autorité souveraine : mais on n'osait éclater, à cause de la présence de l'ennemi et du danger où l'on était. Une chose qui fit une grande sensation, c'est que lorsqu'il fut question d'envoyer des courriers à Touran-Schah pour hâter son arrivée, Scheger-eddor et le chef des eunuques furent les seuls qui montrèrent de l'empressement. Fakr-eddin refusa d'écrire de son côté ; et s'il se décida enfin à expédier un courrier en son propre nom, ce fut dans la crainte de se compromettre.

Makrizi donne ouvertement à entendre que Fakr-eddin, dans cette occasion, ne travaillait nullement pour les intérêts de Touran-Schah. Après avoir observé que, suivant quelques auteurs, Malec-Saleh, connaissant la légèreté de son fils, n'avait pas désigné de successeur, mais qu'il avait dit à l'émir Hossam-eddin : « Quand » je serai mort, vous mettrez mes états à la dis- » position du calife de Bagdad, et ce sera à lui » de nommer celui qui doit régner sur l'Égyp- » te ; » il poursuit ainsi : « Les uns soupçon- naient Fakr-eddin de vouloir s'emparer du trône ; les autres, de servir les intérêts d'un jeune prince nommé Malek-Moguit Omar, de la race de Malek-Adel, lequel était alors élevé au Caire, et sous qui il espérait de devenir le maître des affaires. Ces soupçons acquirent une telle force, que l'émir Hossam-eddin, qui commandait dans la capitale, et qui n'aimait pas Fakr-eddin, crut devoir, par mesure de précaution, se faire remettre le jeune prince, et le fit enfermer. En attendant, Fakr-eddin jouissait de tous les dehors de la souveraine puissance : il sortait à cheval, escorté d'une suite nombreuse ; les émirs lui faisaient la cour comme à leur maître, le recevant à pied quand il descendait de cheval, et lui tenant compagnie à table.

(1) *Ayoub* était le nom propre du sultan, *Mohammed* celui de son père le sultan Malek-Kamel, et *Aboubekr* celui de son grand-père le célèbre Malek-Adel.

Cependant Scheger-eddor continuait à diriger les affaires ; tout se passait comme de coutume : chaque jour on dressait le pavillon du sultan ; les tables étaient servies comme à l'ordinaire ; les émirs faisaient le même service qu'auparavant. Le sultan était censé malade et hors d'état pour le moment de recevoir. » Telle était la situation des choses, lorsque l'armée des chrétiens s'avança dans l'intérieur de l'Égypte.

Suite de l'année 647 (1249). Suivant Gémaleddin, « les chrétiens étaient restés jusqu'alors à Damiette, occupés à s'y fortifier. Apprenant enfin la mort du sultan, ils se hâtèrent d'avancer, cavalerie et infanterie, et se mirent en marche vers Mansoura. On était alors à la fin de schaban (fin de novembre). Leur flotte remonta le Nil et suivit tous leurs mouvements. Ils arrivèrent d'abord à Farescour. A cette nouvelle, l'émir Fakr-eddin écrivit au Caire pour appeler tous les musulmans aux armes ; la lettre contenait, entre autres choses, ces paroles de l'Alcoran : « Accourez, grands et petits, et » nez combattre pour le service de Dieu. Sacri- » fiez-lui vos biens, vos personnes : c'est tout » ce qui peut vous arriver de plus heureux. » Cette lettre, ajoute Gémal-eddin, était fort éloquente ; on y remarquait plusieurs passages propres à encourager les musulmans à la guerre sacrée. « Les Francs, que Dieu maudisse, y » était-il dit, sont venus envahir notre patrie ; » ils desirent s'en rendre maîtres. Il est du de- » voir des vrais croyants de marcher tous contre » eux et de les repousser. » Cette lettre fut lue en chaire le vendredi suivant, en présence de tout le peuple, et arracha des larmes à tous les assistants. Bientôt on vit arriver à Mansoura une multitude innombrable de musulmans de la capitale et des provinces. La mort du sultan et l'invasion de l'ennemi avaient répandu une terreur universelle. On tenait pour certain que si l'armée égyptienne reculait seulement d'une journée, c'en était fait de toute l'Égypte.

» Au commencement du ramadan (3 décembre), il s'engagea un premier combat entre l'armée chrétienne et les avant-postes musulmans : un émir et plusieurs soldats y souffrirent le martyre. Les Francs arrivèrent ensuite au lieu appelé Scharmesah, quelques jours après à Baramoun, et enfin sur le canal d'Aschmoun, en face de Mansoura. On était alors au 13 de ramadan, et la consternation était générale. Les chrétiens campèrent au même endroit où ils s'étaient placés trente ans auparavant : de son côté, l'armée musulmane était rassemblée à Mansoura, occupant les deux rives du Nil ; elle n'était séparée de l'ennemi que par le canal d'Aschmoun. Les

Francs s'entourèrent d'abord de fossés, de murs et de palissades ; ils dressèrent aussi leurs machines, et les firent jouer contre ceux qui défendaient la rive opposée. Ils avaient leur flotte à portée sur le Nil. Pour la flotte musulmane, elle était aussi sur le Nil, et avait jeté l'ancre sous les murs de Mansoura. On commença par s'attaquer à coups de traits et de pierre, tant sur terre que sur le fleuve. Il ne se passait presque pas de jours sans quelques combats; chaque fois un certain nombre de chrétiens étaient tués ou faits prisonniers ; des braves de l'armée musulmane allaient jusque dans leur camp et les enlevaient dans leurs tentes ; quand ils étaient aperçus, ils se jetaient à l'eau et se sauvaient à la nage. Il n'y avait pas de ruse qu'ils ne missent en œuvre pour surprendre les chrétiens. J'ai ouï dire que l'un d'eux imagina de creuser un melon vert et d'y cacher sa tête; de manière que, pendant qu'il nageait, un chrétien s'étant avancé pour prendre le melon, il se jeta sur lui et l'emmena prisonnier. Vers le même temps la flotte musulmane s'empara d'un navire chrétien monté par deux cents guerriers. Un autre jour, dans le mois de schoual (janvier 1250), les musulmans traversèrent le canal et attaquèrent les chrétiens dans leur propre camp; plusieurs d'entre les Francs perdirent la vie, d'autres furent faits prisonniers ; le lendemain il en arriva soixante-sept au Caire, entre lesquels on remarquait trois templiers. Un autre jour, la flotte musulmane brûla un vaisseau chrétien.

» Cependant le canal qui séparait les deux armées n'était pas large, et encore il offrait plusieurs gués faciles. Un mardi, 5 de doulcada (8 février), la cavalerie chrétienne, conduite par un perfide musulman, passa à gué à l'endroit nommé Salman, et se déploya sur l'autre rive. Ce mouvement fut si subit qu'on ne s'en aperçut pas à temps : les musulmans furent surpris dans leurs propres tentes. L'émir Fakr-eddin était alors au bain. Aux cris qu'il entendit, il sortit précipitamment et monta à cheval; mais déjà le camp était forcé, et Fakr-eddin s'étant avancé imprudemment, fut tué. Dieu ait pitié de son âme (1) ! sa fin ne pouvait être plus belle. Il avait joui de l'autorité un peu plus de deux mois.

» Cependant, le frère du roi de France avait pénétré en personne dans Mansoura. Il s'avança jusque sur les bords du Nil, au palais du sultan. Les chrétiens s'étaient répandus dans la ville. Telle était la terreur générale, que les musulmans, soldats et bourgeois, couraient à droite et à gauche dans le plus grand tumulte ; peu s'en fallut que toute l'armée ne fût mise en déroute. Déjà les Francs se croyaient assurés de la victoire, lorsque les mameloucks, appelés *giamdarites* et *baharites*, lions des combats et cavaliers habiles à manier la lance et l'épée, fondant tous ensemble et comme un seul homme sur eux, rompirent leurs colonnes et renversèrent leurs croix (2). En un moment ils furent moissonnés par le glaive, ou écrasés par la massue des Turcs ; quinze cents d'entre les plus braves et les plus distingués couvrirent la terre de leurs cadavres. Ce succès fut si prompt, que l'infanterie chrétienne, qui était déjà parvenue au canal, ne put arriver à temps. Un pont avait été jeté sur le canal. Si la cavalerie avait tenu plus long-temps, ou si toute l'infanterie chrétienne avait pu prendre part au combat, c'en était fait de l'islamisme : mais déjà cette cavalerie était presque anéantie ; une partie seulement parvint à sortir de Mansoura et se réfugia sur une colline nommée Gédilé, où elle se retrancha. Enfin, la nuit sépara les combattants. Cette journée devint la source des bénédictions de l'islamisme et la clé de son allégresse. Lorsque l'action commença, un pigeon en apporta la nouvelle au Caire. On était alors dans l'après-midi. Le billet était adressé à l'émir Hossameddin, qui me le donna à lire ; il était ainsi conçu : « Au moment où ce billet est écrit, » l'ennemi fond sur Mansoura ; on en est aux » mains. » Il ne contenait rien de plus. Ces paroles nous frappèrent tous de terreur ; on regardait généralement l'islamisme comme perdu. A la fin du jour, les fuyards commencèrent à arriver du camp ; la porte de *la Victoire*, tournée de ce côté, resta toute la nuit ouverte pour leur donner asile. Enfin, le lendemain, au lever du soleil, nous reçûmes l'heureuse nouvelle de la victoire des musulmans. Aussitôt le Caire et le vieux Caire se couvrirent de tapisseries ; les rues retentirent des marques de la joie publique ; les cœurs se livrèrent à l'allégresse, et l'on commença à se rassurer sur l'issue de cette guerre. »

Vers le même temps on apprit que le nou-

---

(1) On lit dans Makrizi un trait qui montre quel désordre effroyable régnait alors dans l'armée musulmane. Le bruit de la mort de Fakr-eddin n'ayant pas tardé à se répandre, les mameloucks et une partie des émirs se débandèrent pour courir à sa maison et la piller. Ses coffres furent brisés, l'argent fut enlevé, les meubles et les chevaux emportés ; après quoi la maison fut livrée aux flammes.

(2) Makrizi remarque qu'au milieu des Turcs brillait surtout Bibars Bondocdar, le même qui devint sultan dans la suite.

veau sultan était sur le point d'arriver. Ce prince, au rapport de Makrizi, n'eut pas plutôt appris la mort de son père, qu'il fit ses dispositions pour venir occuper le trône. Il était instruit des secrets desseins de Fakr-eddin et craignait d'être prévenu; il brava les menaces des princes de Mésopotamie, ses ennemis. En vain des embûches lui furent tendues sur la route ; il se mit en marche avec cinquante cavaliers seulement, et arriva sain et sauf à Damas, d'où, après quelques jours de repos, il se rendit à Mansoura. On était alors au 24 de doulcada (27 février), dix-neuf jours après la bataille. A l'approche du sultan, les émirs et les mamelouks allèrent à sa rencontre, en lui prodiguant à l'envi les marques de respect. Ce fut alors que l'on commença à parler publiquement de la mort de Malek-Saleh : jusque-là, il n'avait été censé que malade. Touran-Schah monta donc paisiblement sur le trône, et tous le reconnurent sans difficulté.

An 648 (1250). Après l'arrivée de Touran-Schah, la guerre recommença avec une nouvelle fureur. Comme les chrétiens recevaient leurs provisions de Damiette, le sultan essaya d'intercepter leurs communications, par une entreprise semblable à celle qui avait réussi trente ans auparavant à son aïeul, le sultan Malek-Kamel. Il fit démonter, au rapport de Makrizi, plusieurs navires qu'on transporta à dos de chameau du côté de l'occident, dans le canal de Méhallé. Ce canal se jette dans le Nil, en face de Baramoun, et l'on pouvait de là inquiéter les navires chrétiens qui remontaient ou descendaient le fleuve. En même temps, la flotte musulmane, qui avait jeté l'ancre sous les murs de Mansoura, descendit le fleuve, et les vaisseaux chrétiens furent pris en tête et en queue. Bientôt cinquante-deux d'entre eux, dit Gémaleddin, tombèrent au pouvoir des musulmans. « J'étais, ajoute-t-il, le jour même du combat, dans Mansoura, et je passai de l'autre côté du Nil pour jouir de ce spectacle. Dans cette journée, Dieu couvrit l'islamisme de gloire et brisa les forces des infidèles. »

On lit sur ce même combat, dans Soyouthi, un trait qui fait voir quel était l'esprit des musulmans : « Il y avait alors, dit-il, au camp un schéikh nommé Ezz-eddin, fils d'Abd-Alsalam, qui faisait le prophète, et qui avait prédit que les musulmans, après quelques revers, finiraient par l'emporter. Le jour du combat, ce schéikh ayant vu que le vent soufflait contre les vaisseaux musulmans et les menaçait d'une ruine entière, se mit à crier de toute sa force : *O vent, souffle contre les vaisseaux des Francs!* Aussitôt le vent changea ; les navires chrétiens furent poussés les uns contre les autres, et l'islamisme triompha. » Soyouthi ajoute que les musulmans témoins de ce miracle s'écrièrent tout d'une voix : « Grâces soient rendues au » Seigneur, qui a suscité parmi les disciples de » Mahomet un homme à qui le vent obéit! »

Dès lors, les chrétiens se trouvèrent dans le plus grand embarras. Suivant la remarque de Gémal-eddin, leurs communications étaient coupées avec Damiette, et ils ne recevaient plus de provisions. Ils écrivirent au sultan pour lui demander la paix, offrant de rendre Damiette, si on leur cédait Jérusalem et la Palestine; mais leurs propositions furent rejetées.

Aboulmahassen rapporte que dans ce moment l'armée chrétienne avait à souffrir d'une horrible épidémie, suite naturelle de la disette ; après quoi il poursuit ainsi : « Les Francs, se trouvant sans ressources, résolurent de profiter des ténèbres de la nuit pour quitter leur camp et gagner Damiette. Une partie de leurs troupes était sur la rive méridionale du canal d'Aschmoun, du côté de Mansoura ; l'autre partie occupait l'ancien camp : un pont de bois de pin, jeté sur le canal, servait à la communication des deux corps d'armée. Leur retraite fut si précipitée, qu'ils négligèrent de couper le pont. Leurs tentes furent laissées dans le même état qu'auparavant ; ils n'emportèrent pas même leurs bagages.

» Les musulmans s'étant aperçus de ce mouvement, passèrent aussitôt le pont et se mirent à la poursuite des chrétiens. On était alors dans la nuit du mercredi 3 de Moharram (6 avril), jour marqué pour un insigne triomphe et une victoire éclatante. Les Francs s'étaient mis en marche du côté de Damiette, infanterie et cavalerie, suivis de leurs vaisseaux qui côtoyoient la rive ; les musulmans les poursuivirent toute la nuit et les atteignirent le lendemain au matin. Presque tous furent tués ou faits prisonniers ; très-peu se sauvèrent; on dit qu'il en périt ce jour-là trente mille. Les mamelouks du sultan se distinguèrent le plus dans cette journée. Le roi de France et sa suite se réfugièrent sur une hauteur, dans le village appelé Minié-Abou-Abdallah, où ils ne tardèrent pas à être cernés de toutes parts. Déjà la flotte chrétienne qui descendait le fleuve avait été détruite, et il ne restait plus de moyen de salut. Environ cinq cents chrétiens des plus braves se rallièrent autour de leur roi : comme ils ne pouvaient résister, ils se rendirent. L'eunuque Gémal-eddin les reçut à composition, et les ramena à Mansoura. Le roi fut placé sur un héraké ou bateau, et conduit à

Mansoura, sous l'escorte de la flotte musulmane et au bruit des trompettes et des tambours. Les prisonniers chrétiens étaient menés garottés avec des cordes. L'armée musulmane défilait sur la rive orientale dans une attitude triomphante, tandis que, sur l'autre rive, les Arabes et tout le peuple s'avançaient avec de grandes démonstrations de joie, en se félicitant de cette grande victoire.

» Pendant ce temps, les débris de l'armée chrétienne continuaient à fuir vers Damiette, mais toujours en se défendant. A la fin, ils furent entièrement détruits. Deux cavaliers seulement parvinrent à s'échapper; encore se virent-ils à la fin obligés de se jeter dans le fleuve, où ils se noyèrent. Le butin fut immense. Cette journée fut vraiment admirable; en un mot, une grande journée. »

Aboulmahassen remarque, d'après un auteur contemporain nommé Saad-eddin, qu'il n'eût tenu qu'au roi de France d'éviter son malheureux sort, en se sauvant à temps, soit sur un cheval, soit dans un bateau; mais qu'il préféra demeurer à l'arrière-garde, pour veiller au salut de ses troupes. Saad-eddin dit de plus que le nombre des chrétiens qui furent faits prisonniers en cette occasion, fut de plus de vingt mille, sans compter sept mille hommes qui périrent dans le combat ou se noyèrent. « J'ai vu, ajoute-t-il, j'ai vu les morts et les mourants; ils couvraient par leur masse la face de la terre. Jamais journée ne fut si glorieuse; il ne périt pas plus de cent musulmans dans cette occasion. »

Cependant le roi de France, à son arrivée à Mansoura, fut chargé de chaînes, et logé dans la maison du scribe Fakr-eddin, fils de Locman. L'eunuque Sabih fut commis à sa garde. Makrizi observe qu'un de ses frères avait été pris avec lui, et qu'ils furent enfermés ensemble : un homme était chargé de leur apporter tous les jours à manger. Quant au reste des prisonniers, ajoute Makrizi, comme ils embarrassaient par leur multitude, le sultan ordonna à un de ses émirs de l'en défaire peu à peu. Chaque jour cet émir, appelé Sayf-eddin-Youssouf, et l'un de ceux qu'il avait amenés de Mésopotamie, mettait trois ou quatre cents de ces prisonniers à part et leur coupait la tête, après quoi il jetait leurs corps dans le fleuve. Cela dura jusqu'à ce qu'il ne restât presque plus de prisonniers. Si l'on en croit Aboulmahassen, le sultan avait d'abord placé en réserve les artisans et les gens de métiers, afin de mettre à profit leur industrie; mais ensuite il les fit mourir comme les autres.

Pour ce qui est du roi, le sultan le traita avec bonté. Aboulmahassen rapporte, d'après Saad-eddin, « qu'un jour le sultan envoya par honneur au roi de France et aux seigneurs qui étaient avec lui, des khilas ou habits d'honneur, au nombre de plus de cinquante. Tous les revêtirent, excepté lui; il répondit qu'il était aussi riche en domaines que le sultan, et qu'il ne lui convenait pas de revêtir les habits des autres. Le lendemain, suivant le même Saad-eddin, le sultan ayant invité le roi à un festin splendide, ce maudit refusa d'y assister, prétendant qu'on vouloit le donner en spectacle et le couvrir de ridicule. »

On lit, dans la Chronique syriaque d'Aboulfarage, une autre particularité qui mérite d'être rapportée; c'est que, sur ces entrefaites, la reine, femme du roi de France, qui était restée à Damiette, ayant accouché d'un fils, le sultan envoya de riches présents à la mère, avec un berceau d'or et des vêtements magnifiques pour l'enfant.

Pendant ce temps, on négociait pour la paix, et des députés allaient et venaient de part et d'autre. Comme on était sur le point de se mettre d'accord, le sultan reprit avec son armée le chemin de Damiette, et vint s'établir dans les environs de cette ville, sur les bords du Nil, à Farescour, où il fit dresser un pavillon et une tour de bois, et se livra à la débauche. Il s'était fait accompagner, dans son voyage, du roi de France et des principaux prisonniers. C'est de là qu'il écrivit de sa main à l'émir Gémal-eddin, vice-roi de Damas, une lettre où il lui rendait compte des derniers événements. Dans cette lettre, il l'appeloit son père; la voici; nous l'empruntons de la *Description de l'Egypte*, par Makrizi, à l'article *Damiette* : « Louanges à Dieu,
» qui nous a tirés de notre tristesse; *car c'est
» de Dieu que nous vient la victoire. En ce jour
» les fidèles sont dans la joie, à cause de la
» victoire que Dieu leur a envoyée*. Quant aux
» bienfaits du Seigneur, contente-toi d'en don-
» ner une idée; *car si tu voulais les énumérer,
» tes efforts seroient inutiles*. Sans doute, son
» excellence le vice-roi de Syrie et tous les mu-
» sulmans avec lui auront été ravis de joie en
» apprenant les grâces que Dieu vient de ré-
» pandre sur l'islamisme. Il nous a donné la vic-
» toire sur les ennemis de notre religion. Déjà
» les Francs s'étaient rendus tout-puissants; leur
» malice était devenue formidable : les fidèles
» commençaient à désespérer du salut de leur
» patrie, de leurs familles, de leurs enfants,
» malgré le précepte de l'Alcoran, qui dit *de ne
» jamais désespérer de l'esprit de Dieu*. Tout
» à coup, le lundi, commencement de cette heu-

» reuse année (4 avril 1250), Dieu mit le com-
» ble à ses faveurs pour l'islamisme. Déjà nous
» avions ouvert nos trésors, prodigué nos ri-
» chesses, distribué des armes. A notre appel,
» des Arabes et des volontaires dont Dieu seul
» connaît le nombre, s'étaient rassemblés sous
» nos drapeaux ; il en était venu des régions les
» plus éloignées. Quand l'ennemi fut témoin de
» tant d'ardeur, il demanda la paix aux mêmes
» conditions que sous Malek-Kamel. Nous reje-
» tâmes avec mépris ses propositions. Alors,
» la nuit du mardi, les infidèles abandonnèrent
» leurs tentes et leurs bagages, et s'enfuirent
» du côté de Damiette. Nous nous mîmes à leur
» poursuite, et nos épées ne cessèrent, durant
» toute la nuit, de se jouer sur leurs dos. Déjà
» ils étaient tombés au dernier degré de l'op-
» probre et du malheur. Le lendemain, nous en
» massacrâmes trente mille, sans compter ceux
» qui furent engloutis dans les flots ; nous ôtâmes
» aussi la vie aux prisonniers, et nous jetâmes
» leurs corps dans le fleuve. Si tu veux te faire
» une idée du nombre des morts, tu n'as qu'à
» te figurer les sables de la mer ; tu ne te trom-
» peras pas. Le roi de France s'était réfugié à
» Minié-Abou-Abdallah; il nous demanda la vie
» sauve, et nous la lui accordâmes ; il se remit
» entre nos mains, et nous usâmes envers lui de
» bons traitements. Il a promis de nous rendre
» Damiette par une faveur spéciale de la suprême
» majesté. » Makrizi ajoute que cette lettre contenait beaucoup d'autres choses qu'il a passées
pour abréger. Il dit encore que le sultan avait
joint à la lettre le propre manteau du roi de
France, qui avait été pris dans la déroute; il
était d'écarlate, fourré d'hermine. Le vice-roi
revêtit ce manteau, et l'on composa les vers suivants à cette occasion :

« Chose singulière! l'habit du roi de France,
» qui désirait ardemment de se trouver sur les
» épaules du prince des émirs (le sultan),
» Etait blanc comme du papier, et nos épées
» l'ont teint couleur de sang.
» Enfin, notre prince a triomphé de tous les
» obstacles; par lui ses esclaves sont habillés
» des dépouilles des rois. »

Suite de l'année 648 (1250 *de J. C.*). On a
vu qu'au moment de la mort de Malek-Saleh,
l'Egypte était envahie par le roi de France ; le
sultan lui-même était absent de ses nouveaux
états; et sans le dévouement de Scheger-eddor
et des principaux émirs, c'en était fait de son
autorité. Il paraît que les émirs lui avaient trop
fait sentir l'importance de leurs services, ou
plutôt que la reconnaissance commençait à lui
peser, et il comptait profiter du premier moment

de repos pour se débarrasser de tous ceux qui
lui portaient ombrage. On lit ce qui suit dans la
chronique arabe d'Aboulfarage.

Le sultan voyait avec peine qu'il ne pouvait
disposer du pouvoir comme il aurait voulu ; les
anciens émirs de son père avaient presque toute
l'autorité; son impatience était encore excitée
par les jeunes gens qu'il avait amenés de Mésopotamie, tous compagnons de son enfance et
confidents de ses débauches. «Toute la puissance,
» lui disaient-ils, est entre les mains de Sche-
» ger-eddor et des émirs ; vous n'êtes souve-
» rain que de nom : à ce prix, il eût mieux valu
» rester en Mésopotamie. Jusqu'ici, vous avez
» avez eu besoin des émirs pour tenir tête aux
» Francs. Que ne faites-vous la paix avec le roi
» de France, et vous serez le maître. Si vous le
» traitez bien, il consentira à tout : il vous ren-
» dra Damiette ; il évacuera l'Egypte, et alors
» vous vous passerez des émirs ; vous ne serez
» plus à la merci de l'armée ; vous laisserez qui
» vous voudrez en place, et vous déposerez ceux
» qui vous déplairont. »

Touran-Schah se laissa persuader et se hâta
de conclure la paix ; telle était sa précipitation,
qu'il ne prit pas même la peine de consulter les
émirs : cette conduite causa une indignation
générale. L'historien Gémal-eddin se plaignit d'a-
bord de ce que le sultan n'avait pas profité de
l'état déplorable où étaient les chrétiens, pour
attaquer Damiette et s'en emparer. Par-là, dit-
il, on eût été maître de cette place, et l'on eût
fait du roi ce que l'on aurait voulu. Il reproche
encore au sultan de passer son temps à Farescour, uniquement occupé de ses plaisirs. « Ce
malheureux, ajoute-t-il, entraîné par sa fatale
destinée, courait à sa perte. Un jour l'émir
Hossam-eddin, gouverneur du Caire et homme
très-sage, me dit : « Ce jeune homme (le sultan)
» se conduit comme son oncle Malek-Adel(1) ; ses
» vues sont les mêmes : il mécontente les émirs;
» comme lui il sera déposé et massacré. » Sur
ces entrefaites, Hossam-eddin étant venu du
Caire pour faire sa cour au prince, il ne lui fit
pas l'accueil qu'il méritait ; l'émir ne voyait le
sultan qu'aux heures de repas, et on ne le con-
sultait sur aucune affaire. Touran-Schah en
usait de même avec tous les émirs de son père
et les grands de l'empire ; il affectait de les tenir loin de sa personne, ne les voyant qu'à table,
en présence de la foule des courtisans : dès que
le repas était fini, il les renvoyait à leurs tentes.
Toute sa confiance était pour les jeunes gens

(1) Malek-Adel était le fils aîné du sultan Malek-Kamel
et son successeur au trône d'Egypte. Comme il mécontenta les émirs, on se souleva contre lui et il fut étranglé.

qui étaient venus avec lui de Mésopotamie. Ainsi, il mettait son appui sur des gens inconnus au peuple. Son dessein était de changer le gouvernement, et pour cela il n'attendait pas même d'être affermi ; bien différent de son père Malek-Saleh, qui, dans des circonstances à peu près pareilles, n'avait rien fait que lentement et par degrés. Il s'aliéna par là tous les esprits, particulièrement l'émir Faress-eddin Octay, chef des mameloucks giamdarites, homme très-puissant, qui, après la mort de Malek-Saleh, était allé le chercher en Mésopotamie, et l'avait accompagné en Égypte à travers mille dangers. Le sultan avait promis à cet émir de lui donner en récompense le gouvernement d'Alexandrie ; il ne lui tint point parole. En vérité, quand Dieu veut une chose, il en prépare les causes. »

Makrizi fait le même tableau de la conduite du sultan envers les émirs. Il dit que tous les hommes puissants, tous ceux qui avaient eu jusque-là *le pouvoir de lier et de délier*, étaient vus de mauvais œil et éloignés des affaires. Le bruit courut, sur ces entrefaites, que le sultan avait tenté de se défaire d'Octay, soit par l'exil, soit par le meurtre, et les mameloucks commencèrent à craindre pour eux-mêmes. Dans le même temps, au rapport de Makrizi, Touran-Schah mécontenta Scheger-eddor, qui l'avait si bien servi lors de la mort de son père, et il lui demanda compte des trésors de l'état. Scheger-eddor, indigné, répondit que ces trésors avaient été dépensés dans la guerre contre les infidèles, et se plaignit amèrement aux mameloucks baharites. Les plaintes de Scheger-eddor firent beaucoup d'impression sur l'esprit des mameloucks. A cela se joignirent les menaces imprudentes de Touran-Schah. On rapporte que la nuit, au milieu des fumées du vin, il ramassait tous les flambeaux qui étaient sur la table, et en coupait la sommité avec son sabre, disant qu'il en ferait autant aux chefs des baharites, qu'il désignait par leurs noms.

Plusieurs mameloucks résolurent sa mort. Cet événement est ainsi raconté par Gémal-eddin, qui était alors en Égypte, et qui mérite toute confiance. « Le lundi matin 29 de moharram (1ᵉʳ mai), après que le sultan et les émirs se furent levés de table, et tandis qu'ils se retiraient, ceux-ci à leurs tentes et le prince à son pavillon pour s'y reposer, Bibars Bondocdar, un des mameloucks giamdarites, et le même qui devint sultan dans la suite, entra tout à coup, le sabre à la main, et en déchargea un coup sur la tête du prince. Le sultan ayant envoyé la main pour parer le coup, ne fut blessé qu'aux doigts. Cependant, à la vue du sang, Bibars fut si saisi d'effroi, qu'il jeta son sabre et prit la fuite. Pour le sultan, il perdit d'abord connaissance ; ensuite, revenant à lui, il s'assit sur un sopha et appela du secours. Alors les mameloucks baharites vinrent le trouver et lui demandèrent qui l'avait blessé. Il répondit que c'était un baharite. C'est peut-être, répondirent les baharites, *un ismaélien* (sectateur du Vieux de la Montagne). Non, répartit le prince, « ce ne peut » être qu'un baharite ; j'en suis sûr. » A ces mots, les mameloucks sortirent tout troublés ; et jugeant qu'il n'y avait plus de salut pour eux, ils conspirèrent la mort du sultan. Pendant que le prince s'était rendu à sa tour de bois, sur les bords du Nil, et qu'il se faisait panser, ils s'avancèrent les armes à la main, ayant l'émir Octay à leur tête. Le sultan se hâta d'ouvrir une fenêtre pour appeler du secours : mais personne ne vint le défendre ; tous les cœurs étaient tournés contre lui. D'ailleurs, on voyait les baharites décidés à tout, et chacun craignait pour soi ; car on ne pouvait lutter avec eux pour la force et le courage. Les mameloucks firent d'abord apporter du bois dans l'intention de mettre le feu à la tour. En même temps Octay criait au sultan : « Descends ! descends ! ne crains » rien ; sinon nous allons te brûler. » Déjà la tour était environnée, et personne ne pouvait approcher. L'émir Hossam-eddin s'étant avancé à cheval avec le corps des mameloucks connus sous le nom de *keymarites*, trouva le passage fermé, et les baharites lui dirent que le sultan était mort, et que ce serait vouloir inutilement compromettre l'islamisme. Le député du calife de Bagdad, qui était au camp, et qui voulut aussi s'interposer en faveur du prince, fut arrêté par les baharites, et menacé de la mort s'il allait plus avant (1). Quelques chefs essayèrent de faire battre le tambour, dans l'espoir de mettre le reste de l'armée en mouvement ; mais les baharites firent cesser ce bruit par leurs menaces. Cependant le sultan, persuadé par les instances d'Octay, était descendu de la tour. Octay lui fit les plus sanglants reproches. Vainement Touran-Schah s'efforça de le toucher, lui disant : « Je t'ai promis Alexandrie, je te tien- » drai parole ; je ferai tout ce que tu voudras. » Octay resta inexorable. Bibars Bondocdar s'avança de nouveau, le sabre à la main, pour tuer le prince. Le sultan courut aussitôt vers le

---

(1) Un autre auteur arabe dit que les mameloucks menacèrent d'affranchir l'Égypte du joug de l'autorité spirituelle du calife, si le député faisait la moindre démarche.

Nil pour se jeter dans le fleuve et se sauver dans les vaisseaux qui bordaient la rive. Bibars le poursuivit; et pendant que les nautonniers approchaient pour le recueillir, il l'atteignit et lui ôta la vie. Son corps resta pendant deux jours étendu sur le rivage, privé de la sépulture. Enfin, quelques fakirs (espèce de moines mendiants) l'enlevèrent et allèrent l'ensevelir sur la rive occidentale; Dieu lui fasse miséricorde! »

On peut comparer le récit qu'on vient de lire avec celui du sire de Joinville, qui y est conforme. Makrizi s'en est éloigné en quelques points. D'après lui, le sultan était encore à table lorsque Bibars lui déchargea un coup de sabre. Aussitôt, le prince se réfugia dans sa tour de bois, criant qu'il voulait exterminer tous les mamloucks baharites; et ceux-ci, effrayés, se réunirent pour le tuer. Le sultan, les voyant avancer le sabre à la main, se retira au haut de la tour et ferma la porte sur lui. Pendant ce temps, le sang coulait de sa main. Les baharites ayant mis le feu à la tour, il descendit pour implorer l'appui d'Octay; il se jeta même à ses genoux. Comme Octay restait inexorable, il courut vers le Nil, en criant : « Je ne veux plus » du trône; qu'on me laisse retourner en Méso- » potamie. O musulmans, n'y aura-t-il donc » personne parmi vous qui veuille prendre ma » défense ? » Mais l'armée resta immobile. Pendant ce temps, les flèches volaient de toutes parts; le sultan se jeta dans l'eau, et les conjurés, se précipitant après lui, le percèrent à coups d'épée. Il mourut donc, à la fois blessé, brûlé et noyé. Tous ses partisans avoient pris la fuite ou s'étaient cachés. Son corps resta trois jours sur le rivage, sans sépulture; ce ne fut que sur les sollicitations du député du calife, qu'on permit de l'ensevelir. Il avait régné un peu plus de deux mois.

Tel est le récit de Gémal-eddin et de Makrizi. Ces deux auteurs ne font d'ailleurs à ce sujet aucune réflexion : le premier se contente de dire que Touran-Schah avait quelque talent naturel, et qu'il était versé dans les arts et les sciences, mais qu'il avait l'esprit léger et le caractère violent.

De son côté, Yaféi rapporte comme un ouï-dire, que les quatre mamloucks qui trempèrent leurs mains dans le sang du sultan, étaient les mêmes qui, dix ans auparavant, avaient, par ordre de son père, étranglé Malek-Adel, lorsqu'il fut renversé du trône; ce qui lui donne occasion d'observer que, sans doute, Dieu avait voulu punir en la personne de Touran-Schah le meurtre commis par Malek-Saleh. Les autres auteurs arabes ont montré encore plus d'indifférence. Abou-Schamé, écrivain contemporain, cité par Yaféi, après avoir fait un détail dégoûtant de la mort de Touran-Schah, finit par cette exclamation : « N'est-il pas étonnant que deux si grands événements, la défaite de l'armée du roi de France et la mort du sultan, se soient passés à si peu de distance l'un de l'autre ? C'est au commencement du mois de moharram que l'armée chrétienne fut anéantie; et le mois n'était pas encore fini, que le sultan périssait d'une mort honteuse. » Un autre auteur contemporain, Ibn-Giouzi, cité par Yaféi, ne s'étonne que d'une chose : c'est, dit-il, que pour faire mourir le sultan, il ne fallut rien moins que le concours du fer, du feu et de l'eau.

Ensuite les émirs et les baharites s'assemblèrent au pavillon du sultan, pour délibérer sur le gouvernement. Touran-Schah laissait des enfants, mais ils étaient restés en Mésopotamie; et d'ailleurs, on ne voulait pas élever les fils après avoir fait mourir le père. On décida que Scheger-eddor, veuve de Malek-Saleh, jouirait de l'autorité souveraine; que tout se ferait en son nom, et que, sous elle, un émir, avec le titre d'atabek, aurait le commandement des troupes. La dignité d'atabek fut d'abord offerte à l'émir Hossam-eddin, en considération de la faveur dont il avait joui sous Malek-Saleh ; mais il la refusa, et proposa l'émir Schehab-eddin, qui la refusa aussi ; un troisième, à qui on l'offrit, refusa encore; enfin, on s'adressa à l'émir Ezz-eddin Aybek, Turcoman d'origine, qui accepta. Alors, les émirs et les troupes prêtèrent serment à Scheger-eddor, en qualité de souveraine, et à l'émir Aybek, en qualité d'atabek. Le nom de Scheger-eddor fut placé sur les monnaies, et la prière fut faite en ce même nom dans les mosquées, ce qui ne s'était jamais vu dans l'islamisme (1). Cet événement surprit tellement, qu'au rapport de Soyouthi, le calife de Bagdad ne put retenir son indignation; il écrivit aux émirs pour leur demander si l'Egypte manquait d'hommes en état de la gouverner, dans lequel cas, il en enverrait un de son choix.

Au reste, suivant Aboulfarage, Scheger-eddor était une personne d'une grande prudence; aucune femme ne l'égalait pour la beauté, au-

(1) Pourtant on avait vu dans l'Indostan, deux cents ans auparavant, une femme appelée Radié, jouir de la plénitude de l'autorité souveraine. Il n'est pas moins vrai que les musulmans en général ont une espèce d'horreur pour le gouvernement d'une femme. Ils citent à ce sujet une tradition ou sentence sortie de la bouche de Mahomet, ainsi conçue : *Pas de bonheur pour un peuple qui est gouverné par une femme.*

cun homme pour la force de caractère. Makrizi raconte qu'elle était d'origine turque, d'autres disent arménienne, et qu'elle avait acquis un tel ascendant sur l'esprit de Malek-Saleh, que ce prince ne pouvait rien faire sans elle ; il s'en faisait accompagner dans tous ses voyages. Scheger-eddor lui avait donné un fils nommé Khalil, mort en bas âge, et de là, elle prit le titre de *mère de Khalil*, sur les monnaies et dans tous les actes publics.

Suite de l'année 648 (1250 *de J.-C.*). Pendant tout ce temps, le roi de France était resté dans sa prison, et l'on n'avait pas songé à lui. Aboulmahassen se contente de dire qu'après l'assassinat de Touran-Schah, quelques mameloucks, les mains encore teintes de sang, se rendirent, le sabre à la main, à la tente du roi, et lui dirent qu'il leur fallait de l'argent. L'ordre s'étant enfin rétabli, on reprit les négociations. Ce fut l'émir Hossam-eddin qu'on chargea de traiter avec le roi, à cause de sa réputation de savoir et de prudence. Après quelques conférences, il fut convenu que Damiette serait rendue, et que le roi serait mis en liberté avec tous les prisonniers encore en vie.

Suivant Aboulmahassen, le roi s'engagea, par le traité, à payer cinq cent mille pièces d'or ; Saad-eddin dit huit cent mille, mais il ajoute que ces huit cent mille pièces d'or devaient servir de dédommagement pour les provisions et les vivres qui s'étaient trouvés dans Damiette au moment de l'entrée des Francs, et qu'on supposait avoir été consommés : or, comme il s'en trouva environ la moitié encore intacte, la somme fut réduite à quatre cent mille pièces d'or. Makrizi nous apprend que cette somme devait être livrée en deux paiements, et que le roi devait être mis en liberté après le premier.

Tout étant ainsi convenu, on fit monter le roi sur un mulet pour le mener à Damiette. Aboulmahassen rapporte qu'en arrivant, le roi vit des soldats musulmans qui essayaient d'escalader les murs et d'entrer de force. En ce moment, les principales forces qui défendaient Damiette étaient sorties et s'étaient retirées sur les vaisseaux. Il était donc à craindre que la ville ne fût prise, et qu'alors le roi ne fût retenu prisonnier. Le roi, en voyant ces soldats, se troubla et devint pâle ; mais ils furent repoussés. Enfin, les chrétiens qui gardaient la ville, après avoir fait quelques difficultés, consentirent, pour obéir au roi, à ouvrir les portes. On était alors au vendredi 3 de safar (5 mai). Le roi fut aussitôt mis en liberté. Cependant, les musulmans, en entrant dans la ville, coururent au pillage et massacrèrent les chrétiens qui n'étaient pas encore sortis ; on fut obligé de les battre et de les mettre dehors pour faire cesser ce désordre. L'occupation de Damiette par les Francs avait duré près d'un an.

Aboulmahassen dit encore que, lorsque les musulmans eurent pris possession de Damiette, l'émir Hossam-eddin proposa de retenir le roi, vu que c'était le prince le plus puissant de la chrétienté, et qu'il serait dangereux de renvoyer un homme qui avait pénétré dans les secrets du gouvernement. Aybek et les autres émirs empêchèrent cette action, disant que ce serait s'exposer au reproche de mauvaise foi, ce qu'il fallait éviter. Mais, ajoute l'historien, l'avis d'Hossam-eddin était sans contredit le plus sage, et si les mameloucks le rejetèrent, ce fut par esprit d'intérêt, ne voulant pas être frustrés de la rançon qu'on leur avait promise.

Enfin, il est dit dans Aboulmahassen que, lorsque le roi se trouva libre avec les seigneurs de sa suite, il envoya un député aux émirs pour leur reprocher leur sottise et leur méchanceté : leur méchanceté, pour avoir massacré leur maître et leur sultan ; leur sottise, pour avoir renvoyé au prix de la modique somme de quatre cent mille pièces d'or, un prince tel que lui, qui était dominateur de la mer, et qui s'était trouvé à leur discrétion. « Par Dieu ! ajouta-t-il, vous » m'auriez demandé un royaume que je vous » l'aurais cédé. »

Quoi qu'il en soit de cette anecdote, qui n'est guère vraisemblable, le roi, se voyant libre, mit à la voile pour la Palestine et débarqua dans Acre, d'où, après quelque séjour, il retourna dans ses états. Makrizi rapporte qu'il ramena avec lui son frère, sa femme, les gens de sa suite, et les chrétiens qui étaient retenus prisonniers au Caire et au vieux Caire, au nombre de douze mille cent dix. Dans le nombre, il y en avait qui avaient été pris dans les guerres précédentes. De son côté, le roi mit en liberté tous les captifs musulmans. « Ce fut ainsi, remarque Gémal-eddin, que Dieu purgea l'Egypte de la présence des infidèles. Ce triomphe fut encore plus glorieux que dans l'invasion précédente, sous Malek-Kamel ; car les Francs y perdirent beaucoup plus de monde. »

A l'égard de l'armée musulmane, elle reprit le chemin du Caire, au milieu des acclamations et des transports de l'allégresse publique.

Makrizi rapporte que la nouvelle de ces succès ne tarda pas à se répandre partout, et que la joie fut générale parmi les musulmans. A cette occasion, un poète composa les vers suivants, qu'il était censé remettre à un de ses amis, afin

que celui-ci allât les porter au roi de France :
« Quand tu verras le Français, dis-lui ces pa-
» roles d'un ami sincère :
» Puisses-tu recevoir de Dieu la récompense
» qui t'est due, pour avoir causé la mort de tant
» de serviteurs du Messie!
» Tu venais en Egypte, tu en convoitais les
» richesses; tu croyais, insensé, que ses forces
» se réduiraient en fumée.
» Vois maintenant ton armée; vois comme
» ton imprudente conduite l'a précipitée dans
« le sein du tombeau!
» Cinquante mille hommes! et pas un qui ne
» soit tué, prisonnier ou criblé de blessures!
» Puisse le Seigneur, t'inspirer souvent de
» pareilles idées! Peut-être Jésus veut-il se dé-
» barrasser de vous?
» Peut-être le pape est-il bien aise de ce dé-
» sastre; car souvent un prétendu ami donne
» des conseils perfides.
» En ce cas, prenez-le pour votre oracle;
» faites comme s'il méritait encore plus de con-
» fiance que Schakk et que Satih (deux fameux
» devins arabes).
» Et si le roi était tenté de venir venger sa
» défaite, si quelque motif le ramenait en ces
» lieux,
» Dis-lui qu'on lui reserve la maison du fils
» de Lokman; qu'il y trouvera encore et ses
» chaînes et l'eunuque Sabih. »

Au reste, les auteurs arabes varient sur le nombre des troupes chrétiennes. La plupart disent cinquante mille hommes; Makrizi dit soixante et dix mille. Si l'on en croit Aboul-mahassen, l'émir Hossam-eddin assurait avoir entendu, de la bouche même du roi, qu'il avait amené avec lui en Egypte neuf mille et cinq cents cavaliers, et cent trente mille fantassins, sans compter les artisans et les valets de l'armée.

Quant à l'idée que les auteurs arabes donnent du caractère du roi, elle est en général avantageuse. Makrizi est le seul qui le représente comme un esprit rusé, artificieux, sans aucun principe de morale ni de religion. Aboulmahassen dit au contraire, d'après Saad-eddin, écrivain contemporain, que c'était un prince d'un bon naturel, d'un caractère ferme et d'une certaine force de tête. Il était, ajoute-t-il, très-pieux, et c'est de là que les chrétiens avaient tant de confiance en lui.

Voici au reste une conversation que l'historien Gémal-eddin rapporte avoir eu lieu entre le roi et l'émir Hossam-eddin, et qui achèvera de faire connaître la manière dont les musulmans avaient jugé cette croisade. Gémal-eddin la tenait de la bouche même de Hossam-eddin. Cet émir, dans les relations qu'il eut avec le roi au sujet des négociations de la paix, ayant reconnu en lui beaucoup d'intelligence et de bon sens, lui dit un jour : « Comment a-t-il pu venir dans
» l'esprit d'un homme aussi pénétrant et aussi
» sensé que le roi, de se confier ainsi à la mer,
» sur un bois fragile; de s'engager dans un pays
» musulman défendu par de nombreuses ar-
» mées, et d'exposer lui et ses troupes à une
» perte presque certaine? » A ces mots, le roi sourit et ne répondit rien. L'émir poursuivit :
« Un de nos docteurs pense que celui qui expose
» deux fois sa personne et ses biens à la mer,
» doit être regardé comme un fou, et que son
» témoignage n'est plus recevable en justice. »
Là-dessus, le roi sourit encore et dit : « Celui
» qui a dit cela a raison, et sa décision est juste. »
L'émir reprit : « Cependant l'opinion contraire a
» prévalu, et l'on entend en justice les person-
» nes qui font métier de courir la mer, parce
» que la plupart d'entre elles reviennent saines
» et sauves (1). »

An 648 (1250 *de J.-C.*) *et années suivantes.* Après la mort du sultan Touran-schah et l'élévation de Scheger-eddor au trône, les émirs, au rapport d'Aboulféda, s'étaient empressés d'instruire les autorités de Syrie de tout ce qu'ils avaient fait; ils leur enjoignirent de se conformer à ce qui venait d'avoir lieu : mais les Syriens, loin d'obéir, levèrent l'étendard de la révolte, et se mirent sous la dépendance de Malek-nasser, prince d'Alep, lequel prit aussitôt le titre de sultan.

De leur côté, les émirs égyptiens, gouvernés par une femme, ne tardèrent pas à se livrer à l'esprit de sédition; on fut obligé de conférer le titre de sultan à Aybek le Turcoman, et on lui

---

(1) Il est parlé de ce point de jurisprudence canonique dans le tome quatrième de la *Bibliothèque des Croisades*, p. 370, à propos d'une convention de Saladin avec l'historien Boha-eddin. Sans doute l'émir Hossam-eddin donnait à entendre par là qu'il regardait l'expédition du roi comme une entreprise insensée. Quant à ce qu'il dit des dangers de la mer, tout cela est relatif au pèlerinage de Jérusalem, qu'il supposait être l'objet principal de l'expédition du roi; car il remarque que chez les musulmans on n'est pas d'accord sur le plus ou moins d'obligation du pèlerinage de la Mecque. Les uns croient que lorsqu'on n'a pas d'autre voie que celle de la mer, on en est dispensé, vu les dangers de la route; les autres soutiennent que, puisqu'il n'y a pas d'autres moyens de remplir le précepte, il faut s'y résigner, attendu que le plus souvent on en revient sain et sauf. Voyez le *Tableau de l'empire ottoman*, par Mouradgea d'Ohsson, t. III, p. 61, édition in-8°; voyez aussi le *Journal asiatique*, t. IX, p. 83 et 90.

fit épouser Scheger-eddor. Comme l'ordre ne se rétablissait pas, on fit choix d'un jeune prince du sang de Saladin, appelé Moussa, auquel on remit l'autorité souveraine. Sous le nouveau sultan, Aybek fut réduit de nouveau au titre d'atabek et de commandant des troupes. Pendant ce temps, Malek-nasser se faisait reconnaître à Damas et à Alep, et il s'élevait un troisième sultan au midi de la Syrie; c'était le jeune Moguit, qui avait été salué par la garnison de Gaza et des places voisines. Les émirs égyptiens, désespérant de rétablir le bon ordre, prirent le parti de s'en remettre à la décision du calife de Bagdad.

Cependant le sultan d'Alep avait levé de nombreuses troupes, et avait mis dans ses intérêts les princes de Hamah, d'Emesse et tous ceux qui étaient de la famille de Saladin. Comme il s'avançait vers l'Egypte, les émirs égyptiens prirent aussi les armes, et l'on en vint aux mains dans les environs de Gaza. Les Syriens eurent d'abord l'avantage; mais, ayant poursuivi les fuyards avec trop d'ardeur, ils furent mis dans une pleine déroute; et les émirs égyptiens, qui s'étaient vus à la veille de périr, devinrent plus forts que jamais.

En ce moment, le roi de France était encore en Palestine, occupé à rebâtir quelques places chrétiennes. Les auteurs arabes rapportent que, tant que dura cette guerre, les émirs égyptiens et le sultan de Syrie sollicitèrent à l'envi son alliance. Suivant Yaféi, les premiers lui offrirent, s'il voulait se joindre à eux, la ville de Jérusalem et le reste de la Palestine; de son côté, le sultan de Syrie lui faisait des propositions très-avantageuses.

Enfin, au rapport de Makrizi, on mit bas les armes. Par un traité fait entre le roi et le sultan de Syrie, les chrétiens rentrèrent en possession de tous les pays situés entre le cours du Jourdain et la mer Méditerranée. Ce traité devait durer dix ans, dix mois et dix jours. Par un autre traité, Malek-nasser et les émirs égyptiens se garantirent leurs possessions réciproques : le premier eut la Syrie et les autres l'Egypte. En attendant, comme on avait toujours à craindre quelque nouvelle invasion de la part des chrétiens d'Occident, on se décida à raser Damiette, ville où se dirigeaient depuis longtemps les flottes ennemies. Cette cité fut renversée de fond en comble, et les habitants s'établirent ailleurs. Quelques-uns élevèrent des cabanes sur les bords du fleuve, à quelque distance de l'ancienne Damiette, loin des bords de la mer. C'est ce qui donna naissance à la Damiette d'aujourd'hui.

An 655 (1257 *de J.-C.*) *et années suivantes.*
Cependant, Aybek le Turcoman avait repris le titre de sultan; mais l'autorité continuait à être entre les mains de Scheger-eddor : tout se faisait par ses ordres; et comme le bruit se répandit qu'Aybek songeait à s'affranchir de cette tutelle, elle le fit étouffer dans un bain. Les émirs, indignés, se saisirent aussitôt de Scheger-eddor et la mirent à mort; son corps fut jeté dans un fossé où il devint la pâture des chiens. Le fils d'Aybek, encore en bas âge, fut proclamé sultan; mais enfin un émir turc, appelé Kotouz, s'empara du gouvernement et prit le titre de sultan.

C'est vers ce temps que les Tartares et les Mogols, sous la conduite d'Houlagou, petit-fils de Gengis-kan, après avoir envahi la Perse et l'Asie-Mineure, s'avancèrent en Mésopotamie et menacèrent l'islamisme d'une ruine totale. Houlagou prit Bagdad et détruisit pour toujours l'empire des califes. La Mésopotamie et une partie de la Syrie ne tardèrent pas à recevoir ses lois. Jamais la cause de Mahomet n'avait couru un tel danger. Les Tartares, la plupart idolâtres, montraient du penchant pour le christianisme; aussi les chrétiens d'Arménie et de Syrie n'avaient pas hésité à se joindre à eux.

An 658 (1260). On lit dans Aboulféda qu'à l'approche des Tartares, les chrétiens de Damas, se croyant enfin affranchis du joug qui pesait depuis si long-temps sur eux, montrèrent la plus grande insolence, et insultèrent les musulmans jusque dans leurs mosquées ; les Francs de Syrie manifestèrent les mêmes dispositions. Celui d'entre eux qui montra le plus de zèle fut le prince d'Antioche, qui était en même temps comte de Tripoli : ce prince se rendit à Baalbek, pour se concerter avec les Tartares et consommer la ruine de l'islamisme; dans toutes les occasions, il ne cessa d'exciter l'ardeur des Tartares.

Cependant, le sultan Kotouz s'était hâté de rassembler toutes les forces de l'Egypte. Houlagou ayant été obligé de repasser l'Euphrate, Kotouz rentra en Syrie et attaqua les troupes tartares qui gardaient le pays. On était alors au vendredi 25 de ramadan (septembre). L'action eut lieu dans les environs du Jourdain. Les Tartares, commandés par un lieutenant d'Houlagou nommé Ketboga, furent vaincus et obligés de repasser l'Euphrate. Ainsi, la Syrie retomba au pouvoir de l'islamisme. Dans les premiers transports de leur joie, les musulmans se vengèrent des insultes qu'ils avaient reçues. A Damas, les maisons des chrétiens furent pillées, plusieurs églises détruites, et les chrétiens exposés à toute sorte d'outrages; Makrizi rapporte même que plusieurs furent égorgés et le reste mis en prison. Ensuite, quand le sultan fit son entrée dans la ville, on leva sur eux une forte somme d'argent.

An 659 (1260). Le sultan Kotouz, après sa victoire, s'était empressé de rétablir les choses dans leur ancien état. Il avait enfin repris le chemin de l'Egypte, lorsque arrivé aux sables qui la bornent du côté de la Syrie, il fut assassiné dans un endroit écarté. Ce meurtre fut l'ouvrage de Bibars-Bondocdar, le même qui avait déjà trempé ses mains dans le sang de Touran-schah. Ce qui le porta à cette action, c'est qu'il avait demandé le gouvernement d'Alep, et que le sultan le lui avait refusé.

Aboulféda rapporte qu'après l'assassinat, Bibars et ses complices s'étant présentés, les mains encore dégouttantes de sang, au chef des émirs, celui-ci demanda qui avait commis le meurtre : « C'est moi, dit Bibars. — En ce cas, » répondit le chef des émirs, l'autorité t'appar» tient. » Et Bibars fut aussitôt proclamé sous le titre de *Malek-daher*, ou roi triomphateur. Il avait eu d'abord l'intention de prendre celui de *Malek-kaher*, ou roi terrible; mais on lui fit observer que ce titre ne serait pas de bon augure.

Dès que Bibars fut maître des affaires, il s'occupa des deux grands objets qui illustrèrent son règne : la ruine des chrétiens de Syrie et l'abaissement des Tartares. Les Francs, à l'aide de la longue paix dont ils jouissaient depuis l'invasion du roi de France, et surtout à la faveur de la diversion des Tartares, avaient acquis un grand accroissement de forces. Le prince d'Antioche surtout avait étendu son autorité sur les terres musulmanes voisines d'Alep, et ne cessait de menacer tout le nord de la Syrie ; de leur côté, les Tartares, quoique plusieurs fois repoussés, n'étaient rien moins qu'abattus, et attendaient l'occasion favorable pour rentrer en Syrie.

Le sultan résolut d'abord de mettre l'Égypte à l'abri des invasions des Francs, et, dans cette vue, il fit fermer la bouche de la branche du Nil qui passe à Damiette. On a déjà vu que cette ville, dans la même intention, avait été entièrement rasée. Le sultan voulut ôter tout moyen aux vaisseaux chrétiens de pénétrer dans le cœur du pays. Ce fait est ainsi raconté par Makrizi : « On enfonça des troncs d'arbre dans le lit du fleuve, à l'endroit où il se jette dans la mer, et il devint impossible aux gros navires de le remonter. Encore aujourd'hui, poursuit Makrizi, les gros bâtiments qui viennent par mer ne peuvent franchir le passage; on est obligé de décharger les marchandises sur des barques particulières nommées *germes*, qui les transportent à la nouvelle Damiette : un gros bâtiment ne pourroit tenter le passage sans de grands dangers. La Damiette actuelle n'est pas à la même place que l'ancienne; elle est plus éloignée de la mer (1) : elle commença par des cabanes de roseaux, et aujourd'hui elle est devenue une ville importante, commerçante, ornée de bains, de mosquées, de colléges, en un mot une des plus *belles villes de Dieu* qui se puissent voir. »

Ensuite Bibars s'occupa à se faire des alliés chez les chrétiens d'Occident, et à s'instruire par leur moyens de tous les projets de ses ennemis. Dans cette vue, il envoya une ambassade à Manfred ou Mainfroi, qui avait succédé à Frédéric II, dans le royaume de Naples et de Sicile, et qui, par ses querelles avec le saint siége, était tout disposé à favoriser l'islamisme. Celui qu'il choisit pour cette mission est l'historien Gémal-eddin, le même que nous avons si souvent cité. Gémal-eddin rapporte lui-même qu'il fut très-bien accueilli, et que non seulement Mainfroi lui permit de rester auprès de lui, mais qu'il l'admit dans sa société. Gémal-eddin parle avec admiration du crédit dont les musulmans jouissaient à la cour de Mainfroi : ce prince en avait un grand nombre à son service, et leur témoignait en toute occasion la plus grande confiance; on proclamait dans son camp la prière, et l'islamisme y était publiquement professé.

Un autre auteur arabe, Yaféi, rapporte que Bibars, pour mieux s'attacher Mainfroi, lui envoya en présent une giraffe et quelques prisonniers tartares, avec leurs chevaux de race mogole. Ces relations entre le sultan et Mainfroi durèrent jusqu'à la mort de ce dernier; Makrizi en fait mention plusieurs fois. Après Mainfroi, Bibars essaya d'en établir de nouvelles avec son successeur, Charles d'Anjou, lequel lui envoyait de temps en temps des lettres dans lesquelles il se disoit son très-dévoué serviteur.

Il arriva alors un événement très-funeste aux chrétiens d'Orient, et qui remplit Bibars de joie; ce fut la chute de l'empire fondé par les Latins à Constantinople, et l'expulsion des Francs

---

(1) Quelques écrivains, pour avoir ignoré ce fait, ont cru mal à propos que la distance qui existe entre la Damiette actuelle et la mer, provient en entier du limon que le Nil charrie chaque année dans la mer, et là dessus ils se sont exagéré l'importance des alluvions. Voltaire avait déjà commis cette erreur dans la *Philosophie de l'histoire* ; M. le baron Cuvier l'a répétée. Voyez son discours préliminaire sur *les ossements fossiles*, p. 70 de la dernière édition.

27.

de cette ville : Bibars regarda cet événement comme fort heureux pour l'islamisme. Suivant Makrizi, il se hâta de se mettre en relation avec Michel Paléologue, qui avait fini par s'emparer de l'autorité souveraine, et de faire alliance avec lui. Michel, pour se l'attacher, rétablit l'ancienne mosquée qui était à Constantinople, et Bibars se chargea de fournir les lampes, les voiles, les parfums, et tout ce qui pouvait servir à la splendeur du culte mahométan. Ce fut ainsi que le sultan parvint à se fortifier au dedans et au dehors, et qu'il put enfin s'occuper sérieusement de ses grands projets contre les colonies chrétiennes de la Palestine.

An 660 (1262). La paix avait été faite pour dix ans, au nom de saint Louis, entre les chrétiens de Syrie et Malek-Naser, sultan d'Alep et de Damas. Ce traité avait été exposé à quelques infractions au milieu des invasions des Tartares; les Tartares avaient bouleversé tout le pays; Malek-Naser, auteur du traité, n'existait plus; d'ailleurs la Syrie était retombée au pouvoir de l'Egypte. Bibars, en montant sur le trône, eut d'abord l'intention de ne pas reconnaître le traité, et d'attaquer à force ouverte les colonies chrétiennes : il n'en fut empêché que par une disette qui désola tout à coup la Syrie, et par le désir de se bien affermir; cette raison l'engagea même à renouveler la paix. Mais, si l'on en croit les auteurs arabes, le désordre allait toujours croissant : les chrétiens, perpétuellement divisés entre eux, ne respectaient plus d'engagements; le prince d'Antioche excitait sans cesse les Tartares; les chemins étaient infestés sur terre et sur mer. Si l'on traitait avec les hospitaliers, c'était pour les Templiers un motif de prendre les armes; si l'on faisait la paix avec la ville d'Acre, on était exposé aux insultes du roi de Chypre. Bibars ayant envoyé une députation à l'empereur de Constantinople, les députés furent enlevés en pleine paix par les vaisseaux du roi de Chypre et chargés de chaînes. Il dépendait alors du moindre seigneur de village de faire une incursion sur les terres de son voisin, et de mettre tout le pays en combustion.

L'année suivante (661 ou 1263 de J. C.), Bibars, suivant Makrizi, retourna en Syrie, et envoya dévaster les campagnes de Nazareth et de la ville d'Acre. L'église de Nazareth, une des plus belles de la Palestine, fut détruite de fond en comble. Tout cela eut lieu sans que les Francs essayassent d'y mettre obstacle.

Enfin le sultan résolut d'attaquer la ville d'Acre même. Makrizi rapporte ainsi cette expédition : « Le sultan partit de nuit de son camp, placé sur le mont Thabor, et fit ses dispositions. Les chrétiens s'étoient retranchés sur une colline voisine d'Acre, et appelée la *colline de Fodoul*. Bibars essaya de monter sur la colline, aux cris de *Dieu est grand* (1), et montra une ardeur extraordinaire; lui-même excitait les soldats à la piété et à la bravoure. En un instant, il s'éleva un cri général; les fakirs, les dévots de l'armée, les esclaves, se précipitèrent pour combler les fossés. Les chrétiens, partout repoussés, se retirèrent dans la ville, et les environs furent mis à feu et à sang, les arbres furent coupés, les maisons brûlées. Les musulmans s'avancèrent jusques aux portes de la ville; tous croyaient que Bibars allait s'en emparer : dans un assaut général, les chrétiens furent renversés dans les fossés; plusieurs périrent aux portes; une des tours fut minée et démolie; mais le lendemain, Bibars se désista du siège et tourna ses vues d'un autre côté. »

Makrizi ne dit pas quelle raison porta Bibars à changer si subitement de dessin; elle paraît nous avoir été révélée par la chronique arabe d'Ibn-Férat. Il semble résulter de quelque expressions obscures de cet auteur, que les Génois, qui nourrissaient un vif ressentiment contre la ville d'Acre, où ils étaient sans cesse en guerre contre les Vénitiens pour leurs intérêts de commerce, avaient promis au sultan d'attaquer cette cité par mer, tandis que lui l'assiégerait par terre : le seigneur chrétien de Tyr devait le seconder. Comme ni les uns ni les autres ne se trouvèrent au rendez-vous, Bibars fut obligé de renoncer à son dessin : mais il fut très-irrité de ce manque de foi; dans sa colère, il fit dévaster les campagnes de Tyr, ainsi que celles de la principauté d'Antioche. De leur côté, les chrétiens entrèrent sur les terres des musulmans et y mirent tout à feu et à sang. De part et d'autre on enlevait les bestiaux, on massacrait les hommes, on rasait les maisons; toutes les hauteurs, tous les défilés, tous les lieux fortifiés par les hommes et par la nature devinrent des repaires de brigands. Telle était l'habitude du pillage, que, même dans les villages où la paix avait été respectée jusque-là, les paysans ne pouvaient se contenir, en voyant

---

(1) Ou, pour s'en tenir plus littéralement aux expressions de Makrizi, au bruit du *tahlil* et du *takbir*; c'était le cri d'armes ou de guerre des musulmans. Le *tahlil* consiste dans ces paroles : *Il n'y a pas de force et il n'y a pas de puissance, si ce n'est en Dieu, en cet être suprême, en cet être puissant*; et le *takbir* dans celles-ci : *Dieu est grand, Dieu est grand, il n'y a pas d'autre Dieu que Dieu; Dieu est grand, Dieu est grand; louanges à Dieu!*

passer un troupeau ou une caravane. A la fin, on ne prit plus la peine de cultiver les terres ; les travaux de l'agriculture furent suspendus : le pays fut en proie à la famine ; et alors on fut obligé de négocier pour obtenir une trêve et pouvoir ensemencer les terres.

Au milieu de ces excès, un grand nombre de chrétiens renièrent leur religion. Makrizi parle en divers endroits, de bandes de ces misérables qui se présentaient au sultan, et à qui on donnait des chevaux et des armes.

An 663 (1265). Les Francs de la Palestine, dans leur impuissance, en appelaient à toutes les nations voisines. Cette année, le roi de la petite Arménie, qui était chrétien, poussé par leurs instigations, menaça d'envahir la Syrie. Il fallut que Bibars fît marcher contre lui une partie de son armée. Dans le même temps, les chrétiens s'adressèrent aux Tartares pour les engager à passer de nouveau l'Euphrate. Les Tartares prirent en effet les armes, et formèrent le siége d'Elbiré, forteresse qui domine les rives de ce fleuve, et qui est comme la clé de la Syrie. On était alors au printemps, et les troupes égyptiennes étaient encore dans leurs cantonnements ; pour le sultan, il prenait le plaisir de la chasse. A la nouvelle du mouvement des Tartares, Birbars fit partir en toute hâte les troupes qui étaient disponibles, et il se mit bientôt lui-même en marche avec le reste de ses forces. Les Tartares l'ayant appris, furent saisis d'un tel effroi, qu'ils abandonnèrent le siége d'Elbiré. Alors Bibars résolut de se venger des chrétiens, auteurs de cette guerre. En vain le seigneur de Jaffa, qui avait toujours été fidèle au traité, vint intercéder pour les Francs : le prince se plaignit avec amertume de leurs incursions continuelles, de leurs intelligences avec les Tartares. Ainsi, sans vouloir rien écouter, il prit le chemin de Césarée, sur les bords de la mer, et se disposa à subjuguer cette ville. Nous allons laisser parler à ce sujet Makrizi.

« En un moment la ville fut occupée, et les chrétiens se réfugièrent dans la citadelle : c'était un des châteaux les mieux bâtis et les plus forts de la Palestine ; le roi de France (saint Louis), pendant son séjour en Palestine, l'avait fortifié avec beaucoup de soin ; il était entouré de tous côtés de fossés baignés par les eaux de la mer ; les pierres qui avaient servi à sa construction étaient extrêmement dures, et s'en-châssaient les unes dans les autres en forme de croix, ce qui les mettait à l'épreuve de la brèche et de la mine ; après même qu'on était parvenu à creuser sous le mur, la partie supérieure restait suspendue et ne tombait pas. Pendant qu'on l'attaquait, Bibars envoya dévaster les pays situés du côté du Jourdain, ainsi que les campagnes d'Acre.

» Cependant les assauts ne discontinuaient pas. Le sultan s'était établi en face de la citadelle, au haut d'une église, d'où il dirigeait les attaques. Quelquefois il s'avançait dans des machines roulantes et venait visiter lui-même la brèche. Un jour on le vit, un bouclier à la main, combattre avec intrépidité, et de son retour avoir son bouclier hérissé de traits. Il ne cessait de donner lui-même l'exemple de la bravoure : quiconque se distinguait était sur-le-champ récompensé ; plusieurs fois il distribua des robes d'honneur aux émirs et aux soldats. A la fin, les chrétiens, lassés de tant d'efforts, se rendirent moyennant la vie sauve. Le siége n'avait duré que quelques jours. La ville fut détruite ; les émirs et les soldats se partagèrent les travaux ; le sultan y prit part en personne, et il ne resta pas pierre sur pierre.

» On dévasta aussi les environs ; les arbres furent coupés, les maisons rasées. Quand tout fut détruit, le sultan se remit en marche et se porta contre Arsouf.

» Arsouf est également située sur les bords de la mer ; elle était aussi une des places fortifiées par le roi de France (saint Louis). Le sultan fit pratiquer deux chemins couverts qui conduisaient aux fossés de la ville et à ceux de la citadelle : son dessein était de combler les fossés ; par ses ordres, on y jeta des pierres et des arbres tout entiers. Dans ce danger, les chrétiens firent de leur côté un chemin couvert jusqu'à leurs fossés, et avec de l'huile et des matières inflammables, réduisirent ce bois en cendres. Alors le sultan fit construire de nouvelles ouvertures et entreprit de combler les fossés avec de la terre. Des ingénieurs étaient sur les lieux pour mesurer le terrain ; le sultan lui-même était au milieu des travailleurs, aidant à creuser la terre, à traîner les machines, à apporter des pierres, et se distinguait entre tous par son ardeur.

» Un grand nombre de derviches, de dévots, de gens de loi, étaient accourus pour prendre part à cette conquête (1). Les yeux des gens de

---

(1) C'est en effet l'usage chez les musulmans d'avoir dans leurs armées des derviches et des gens pieux pour attirer sur leurs entreprises les bénédictions du ciel et enflammer l'ardeur des guerriers. Voyez le *Tableau général de l'empire ottoman*, t. II, p. 257 ; t. IV, p. 677, et t. VII, p. 406.

bien n'y étaient offusqués par aucun sujet de scandale ; le vin y était interdit, et il ne se passait rien de contraire aux bonnes mœurs. Des femmes honnêtes servaient de l'eau aux soldats; on les voyait se presser autour des combattants, même au plus fort de l'action ; telle était leur ardeur, qu'elles s'offraient d'elles-mêmes à aider au transport des machines. Aucun des officiers de la maison du sultan ne se dispensait du service ; chacun, quand son tour était venu, se rendait à son poste, et tous rivalisaient de zèle et de bravoure. Enfin l'assaut commença, et le jour même Dieu ouvrit aux musulmans les portes de la ville. On était alors au 8 de régeb (fin d'avril). La citadelle offrit aussitôt de se rendre, et l'on y vit flotter l'étendart musulman. Tout ce qui se trouvait dans la place fut abandonné aux soldats ; Bibars n'en prit rien pour lui ; ce qu'il se réserva, il en paya la valeur : c'était afin d'encourager ses guerriers. Quand le partage fut terminé, on se mit à démolir la ville : les émirs et les soldats eurent chacun quelque tour ou quelque pan de muraille. On employa à cet usage les chrétiens de la ville, qu'on avait chargés de chaînes, et ils détruisirent ainsi leur propre ouvrage. »

Le siége d'Arsouf avait duré quarante jours; et dans tout cet intervalle, il ne s'était présenté aucune armée chrétienne : les faibles secours que reçut Arsouf lui vinrent par mer, ce qui était d'autant plus facile que le sultan n'avait pas encore de marine.

Bibars, avant de s'éloigner, distribua à ses émirs les terres et les domaines dont il venait de s'emparer. Au rapport d'Ibn-Férat, un émir, assisté du cadi de Damas, fut chargé de faire le relevé de toutes les terres, et on les concéda à ceux qui s'étaient le plus distingués. L'auteur arabe fait le tableau de toutes ces donations, ainsi que des noms des émirs qui y eurent part; on croirait lire quelques vieux actes du moyen-âge, dans lesquels un roi féodal distribue à ses barons et à ses vassaux les fruits de ses conquêtes. L'auteur ajoute qu'il y eut autant de lettres de donation écrites qu'il y avait de donataires.

Après ces succès, Bibars retourna au Caire, où il fit une entrée triomphante. Toute la ville était tapissée : les prisonniers chrétiens marchaient devant lui, leurs drapeaux renversés, et portant au cou leurs croix mises en pièces ; tout le peuple prit part à ce spectacle.

Makrizi fait mention, à cette époque, d'un fait fort singulier, et qui montre l'enthousiasme qui s'était emparé des disciples de Mahomet. C'est une espèce de fondation pieuse qui s'établit alors à Damas, et qui était destinée à la rédemption des captifs musulmans : l'auteur de cette institution était l'émir Gémal-eddin, vice-roi de Damas. Makrizi rapporte qu'un grand nombre de musulmans durent leur liberté à cet établissement : dans le nombre, on remarquait des femmes et des enfants ; les femmes furent envoyées à Damas, où l'on s'occupa de les marier conformément à leur condition.

Ibn-Férat parle, à la même époque, de certaines liaisons d'amitié que Bibars forma avec divers princes chrétiens d'Occident, particulièrement avec le roi d'Aragon. Ces relations étaient l'effet de l'esprit de trafic et de commerce qui commençait à s'étendre plus que jamais, et qui finit par éteindre tout-à-fait l'esprit religieux des croisades.

An 664 (1266). Le sultan partit du Caire pour la Syrie avec toutes ses forces et poussa ses ravages jusqu'aux portes d'Acre, de Tyr, de Tripoli : tout fut mis à feu et à sang. En vain le comte de Tripoli prit les armes pour arrêter ces dévastations ; il fut surpris du côté d'Emesse et mis en pleine déroute. Tout le territoire chrétien se trouva envahi et en proie à des maux horribles. Le butin, dit Makrizi, fut si grand, qu'on ne trouvait plus à vendre les vaches et les buffles. Enfin le sultan se porta contre Séfed avec ses forces.

Bibars s'empara ensuite de Ramla, de Tebnin et de quelques autres places importantes. Durant tout le cours de ses conquêtes, nulle armée chrétienne ne se présenta pour y mettre obstacle. Séfed appartenant aux templiers, les hospitaliers n'avaient eu garde de la secourir. Le prince d'Antioche, le seigneur de Tyr, tous ceux qui, par un concert général, auraient pu retarder la chute des colonies chrétiennes, avaient montré la même indifférence. On lit dans Ibn-férat que, pendant le siége de Séfed, le seigneur de Tyr, au lieu de prendre les armes, envoya prier le sultan de mettre un terme aux ravages qui se commettaient depuis quelque temps sur ses terres, représentant que la paix faite entre les Tyriens et les musulmans durait encore, et que d'ailleurs le sultan avait bien voulu le prendre sous sa protection. En effet, quelque temps auparavant, ce seigneur avait juré d'être l'ami des amis des musulmans, et l'ennemi de leurs ennemis ; il avait promis de seconder le sultan dans toutes ses guerres. Mais le sultan répondit avec humeur que le seigneur de Tyr s'était dépouillé de tout droit à son amitié, en négligeant de l'aider à soumettre Acre, comme il s'y était engagé, et il fit continuer les ravages.

Vers le même temps, Bibars reçut un député des ismaéliens ou sectateurs du Vieux de la Montagne, qui occupaient les montagnes voisines de Tripoli. Ces sectaires étaient dans l'usage, pour leur propre tranquillité, de payer un tribut annuel à l'ordre des hospitaliers; ce tribut consistait en douze cents pièces d'or, cinquante mille boisseaux de blé et cinquante mille boisseaux d'orge : depuis long-temps Bibars était résolu de mettre un terme à cette sujétion, qu'il regardait comme honteuse pour l'islamisme. Au rapport de l'abréviateur de l'histoire de sa vie, les députés du Vieux de la Montagne étant venus lui faire leur cour, il leur dit : « Quoi! vous disiez que jusqu'ici vous n'a- » viez payé le tribut aux chrétiens qu'à cause » de l'éloignement de mes troupes; et mainte- » nant que je suis ici, vous continuez comme » auparavant! C'est nous plutôt qui aurions » droit à ce tribut. Je vois bien que je serai » obligé de vous exterminer; je finirai par » convertir vos châteaux en cimetières. » En même temps, il leur signifia qu'ils eussent à lui envoyer de l'argent et des troupes, afin qu'ils partageassent avec lui les mérites de la guerre sacrée.

L'année suivante, au rapport de Makrizi, le grand maître des hospitaliers ayant envoyé demander la paix au sultan, il obligea ces religieux à renoncer au tribut que leur payaient les ismaéliens. Il les fit renoncer encore à une somme de quatre mille pièces d'or que leur payaient tous les ans les villes de Hamah et d'Émesse, pour être à l'abri de leurs incursions, ainsi qu'à d'autres charges qu'ils avaient imposées aux villes musulmanes du voisinage. Les ismaéliens envoyèrent remercier à ce sujet le sultan, et lui firent hommage de l'argent qu'ils remettaient auparavant aux chrétiens. « Ce mé- » tal, lui dirent-ils, qui servait aux ennemis de » l'islamisme, nous l'offrons au sultan, pour » qu'il l'emploie au bien de la religion. » Makrizi est tout fier de cet événement, et fait remarquer que l'on vit ainsi contribuer aux frais de la guerre sacrée et payer tribut au sultan, les mêmes hommes qui jadis levaient tribut sur les califes et les maîtres du monde.

Bibars s'occupa ensuite de tirer vengeance du roi de la petite Arménie, qui, en toute occasion, s'était montré l'ennemi acharné de l'islamisme. Ce roi se nommait Haitom, et entretenait des intelligences avec les Tartares, qui menaçaient sans cesse d'envahir la Syrie. On lit dans la Chronique arabe d'Aboulfarage, que le sultan, dans l'intention de lier avec lui des relations d'amitié, lui avait proposé de laisser leurs sujets respectifs communiquer ensemble, de permettre que les Égyptiens allassent acheter en Arménie des chevaux, des mulets, du fer, du froment, de l'orge, et aux Arméniens de se pourvoir en Égypte de ce qui leur manquait, proposition à laquelle Haitom s'était refusé; ce roi n'avait pas voulu non plus se soumettre à un tribut annuel. Bibars résolut d'employer la force, et, dans cette vue, il envoya une armée en Arménie, sous la conduite du prince de Hamah.

Makrizi rapporte que les musulmans furent partout victorieux. Dans un combat qui eut lieu, le fils du roi d'Arménie fut fait prisonnier, son frère fut tué, ainsi qu'un de ses oncles; tout le reste fut mis en déroute; toute l'Arménie fut mise à feu et à sang; les hommes furent massacrés, les femmes réduites en servitude; la ville de Sis, capitale du royaume, fut livrée aux flammes; un des châteaux du pays qui appartenait aux templiers, alors tout-puissants en Arménie, fut également brûlé. L'armée reprit ensuite le chemin de la Syrie : le butin était si considérable, qu'un bœuf, à deux pièces d'argent, ne trouvait pas d'acheteur. A la nouvelle de ces succès, le sultan, qui s'était arrêté à Damas, s'avança à la rencontre des troupes. Il abandonna aux soldats, pour les récompenser, sa part du butin, et accorda des gratifications à tous ceux qui avaient fait preuve de bravoure.

Pendant que Bibars était en chemin pour aller au devant de l'armée, il apprit, à son passage à Kara, que les chrétiens de cette ville faisaient métier du brigandage, et enlevaient les musulmans sur les routes pour les vendre aux Francs. Aussitôt il fit cerner la ville et massacrer les hommes en état de porter les armes; il n'épargna que les enfants en bas âge, lesquels, au rapport d'Aboulféda, furent emmenés en Égypte et élevés parmi les mamelouks turcs : les uns devinrent émirs dans la suite, les autres servirent comme simples soldats.

An 665 (1266). Rien ne montre mieux l'enthousiasme qui animait alors les musulmans, que certaines particularités jusques-là sans exemple. Makrizi rapporte que cette année, Bibars imagina de faire payer à tous ses sujets une taxe particulière destinée aux frais de la guerre sacrée; c'était une espèce de dîme sur les bestiaux, les grains, etc. On en fit la perception dans toute l'Égypte, dans les îles de la mer Rouge qui en dépendaient, et jusqu'en Arabie : en vain l'émir de Médine essaya d'abord de s'y soustraire; on l'obligea de faire comme les autres. Makrizi appelle cette contribution *les droits de Dieu.*

Sur ces entrefaites, onze cents guerriers d'Occident, qui avaient débarqué dans Acre, ayant essayé de faire une incursion du côté de Tibériade, furent surpris par les musulmans, et mis en fuite : un très-grand nombre périt dans le combat ; le reste se sauva dans Acre. Le sultan fit récompenser tous ceux qui s'étaient distingués, et rendit grâces à Dieu de ce succès.

Vers le même temps, les habitants de Tyr ayant fait mourir un mamelouck du sultan, ce prince fit dévaster toutes les campagnes du voisinage ; les habitants, pour obtenir la paix, furent obligés de payer, comme prix du sang, aux parents du mort, la somme de quinze mille pièces d'or, monnaie de Tyr, et de mettre en liberté tous les musulmans qui étaient captifs entre leurs mains. A cette condition, la paix fut renouvelée pour dix ans.

An 666 (1268 de J.-C.). Le sultan résolut de se tourner contre le prince d'Antioche, comte de Tripoli. « Ce prince, au rapport de l'auteur de l'*Abrégé de la vie de Bibars*, avait toujours été l'ennemi acharné des musulmans, et ne cessait d'entretenir des relations avec les Tartares ; à l'aide de cette alliance, il avait reconquis plusieurs de ses anciens domaines sur les musulmans ; de plus, dans une occasion où des députés du roi de Géorgie, adressés au sultan, avaient fait naufrage sur ses côtes, il s'était saisi de leurs personnes et les avait livrés à Houlagou, qui s'était vengé sur eux et sur celui qui les avait envoyés. Le sultan crut de la gloire de l'islamisme et de son zèle pour la religion, de tirer vengeance de cette insulte. Après avoir, suivant son usage, fait ses préparatifs en secret, il fondit à l'improviste sur le territoire de Tripoli, et y mit tout à feu et à sang ; les chrétiens qui tombèrent entre ses mains eurent la tête tranchée ; les arbres furent coupés, les églises brûlées. Il se montrait partout à la fois, avec la rapidité de l'éclair et l'impétuosité de la foudre. Il eut un moment l'idée d'attaquer Tripoli ; mais comme les montagnes voisines étaient au pouvoir des chrétiens, comme le froid était rigoureux, et que la terre était encore couverte de neige, il se porta contre Antioche. Cependant, il fit en sorte d'arriver sans être attendu ; il fit dresser dans son camp plusieurs pavillons, avec la porte tournée de divers côtés. L'armée fut partagée en trois corps : le premier dirigea sa route vers le port de Séleucie, à l'embouchure de l'Oronte ; le second vers Darbésac, dans la principauté d'Alep ; le sultan se réserva le troisième. Tout fut détruit sur le passage des troupes ; les soldats ne respiraient que le sang, la destruction et le pillage. »

Le sultan, suivant Makrizi, ne respecta que les terres de Safita et de Tortose, en considération du seigneur de ces deux villes, qui, pour lui faire sa cour, lui avait remis trois cents captifs musulmans qui étaient entre ses mains. En route, il défendit aux soldats de boire du vin, et de rien faire de contraire à la religion : c'était afin de s'attirer les faveurs de Dieu.

Yaféi rapporte qu'à l'approche de l'avant-garde musulmane, le connétable qui commandait dans Antioche, étant sorti pour la repousser, fut battu et fait prisonnier. L'émir Schemseddin commandait cette avant-garde ; le sultan, pour le récompenser, lui permit de porter sur sa bannière, en signe de sa victoire, les *armes* du connétable (1). Cet événement remplit les soldats d'enthousiasme.

Enfin toute l'armée se trouva réunie devant Antioche. On était alors au commencement de ramadan (milieu de mai). « Le sultan, suivant Makrizi, commença par proposer aux habitants de se rendre ; pour les persuader, il leur envoya le connétable, chargé de leur faire des représentations. On négocia pendant trois jours ; comme on ne put s'accorder, Bibars fit commencer l'attaque. Les habitants se défendirent d'abord avec un grand courage (2) ; de part et d'autre, la fureur était égale : mais le jour même, les musulmans, de beaucoup supérieurs en force, escaladèrent les remparts et entrèrent dans la ville. La citadelle seule fit quelque résistance : alors commença une effroyable scène de carnage ; le glaive ne fit grâce à aucun homme en état de porter les armes. Les habitants étaient au nombre de plus de cent mille ; les émirs se placèrent aux portes pour n'en laisser échapper aucun ; huit mille guerriers environ, outre les femmes et les enfants, s'étaient enfermés dans la citadelle ; ils demandèrent la vie et l'obtinrent. Le sultan monta à la citadelle, muni de cordes ; on prit le signalement de tous les prisonniers ; les émirs se les partagèrent

---

(1) On voit que l'usage des armoiries était adopté chez les musulmans ; on en a déjà vu d'autres exemples. Les armes du sultan consistaient dans un lion ; on le retrouve encore sur ses monnaies et sur les monuments qui restent de lui.

(2) Ibn-Férat remarque qu'en l'absence du prince d'Antioche, lequel résidait ordinairement à Tripoli, le patriarche et ses ecclésiastiques avaient la principale autorité dans la ville.

par bandes, et les scribes prirent note de leurs noms. Tout cela se fit sous les yeux du sultan. Antioche avait été au pouvoir des Francs pendant plus de cent soixante-dix ans. »

Le lendemain de la prise d'Antioche, Bibars, suivant Makrizi, fit mettre le butin à part, afin de procéder au partage : il voulut que tout fût placé en commun ; lui-même monta à cheval, et fit apporter, par ses officiers et ses mamelouks, ce qu'ils avaient pris. « Par Dieu! s'é-
» cria-t-il, je n'ai rien retenu de ce qui m'est
» tombé entre les mains, et je veux que mes
» mameloucks fassent de même. Sur ce qu'on
» m'a dit qu'un esclave d'un de mes mame-
» loucks avait soustrait un objet de peu de va-
» leur, je l'ai puni sévèrement. Que chacun de
» vous agisse avec bonne foi ; je vais faire ju-
» rer les émirs et les officiers, et ils feront ju-
» rer à leur tour les soldats. »

En conséquence, chaque soldat apporta ce qu'il avait pris, l'or, l'argent, etc. Le butin fut mis en tas, et forma comme de grandes collines; ensuite on procéda au partage. Comme il aurait été trop long de peser, on distribuait l'argent monnayé dans des vases. Les hommes furent répartis par tête; il n'y eut pas d'esclave qui n'eût un esclave : on partagea aussi les femmes, les filles et les enfants ; un garçon en bas-âge se vendait douze pièces d'argent, et une petite fille cinq. Ces soins occupèrent le sultan pendant deux jours; il était présent à tout et voulait tout voir par ses yeux. Comme quelques soldats n'avaient pas tout déclaré, il entra dans une grande colère ; ses émirs eurent beaucoup de peine à le calmer. A la fin, il se retira. La ville et la citadelle d'Antioche furent ensuite livrées aux flammes : tout fut détruit. L'argent qu'on retira des ferrures des portes et du plomb des églises, se monta à des sommes immenses. Plusieurs marchés s'établirent dans les environs, et les marchands accoururent de tous les côtés.

Suite de l'année 666 (1268 *de J.-C.*). Après la prise d'Antioche, le sultan s'occupa de soumettre les places voisines; plusieurs de ces villes avaient auparavant appartenu à l'islamisme, et les chrétiens y étaient entrés à la faveur des invasions des Tartares. Toutes ces places se rendirent d'elles-mêmes ; il ne restait plus que Bagras, ville très-forte, appartenant aux Templiers, qui de là inquiétaient les musulmans du voisinage. Ce château aurait pu opposer une longue résistance ; mais comme tout le pays s'était soumis, et que le roi de la petite Arménie, dont les états étaient limitrophes, avait fait sa paix l'année précédente, les Templiers ne se crurent pas en sûreté dans la place, et se retirèrent d'eux-mêmes. Les musulmans, en y entrant, n'y trouvèrent qu'une vieille femme.

A l'égard de Cosséir, ville qui appartenait au patriarche d'Antioche, un certain Guillaume, homme de confiance du patriarche, en avait le gouvernement. Les habitants prétendaient avoir entre les mains un diplôme du calife Omar, qui confirmait la souveraineté du patriarche sur la ville. Guillaume, qui, depuis long-temps, était d'intelligence avec les musulmans, gagna si bien la bienveillance du sultan, qu'il obtint d'être maintenu, mais en cédant la moitié de Cosséir. Toute la principauté d'Antioche étant ainsi subjuguée, Bibars se rendit à Damas, où il fit une entrée triomphante, conduisant les prisonniers chrétiens devant lui.

A cette époque, le commerce entre l'Europe et l'Asie, particulièrement celui des épiceries, se faisait presque en entier par l'Égypte et la Syrie; comme sous le règne de l'empereur Frédéric II, les marchands de Naples et de Sicile avaient joui, dans les états musulmans, de grands priviléges, Charles sollicita pour ses sujets les mêmes conditions : Bibars fit les plus belles promesses, et répondit, entre autres choses, qu'il voulait en user envers Charles, « comme il avait fait jadis avec son frère, le roi » de France, lorsqu'il tomba au pouvoir des mu- » sulmans. »

Le député de Charles avait été secrètement accompagné dans cette ambassade par un agent du pape; Bibars l'ayant reconnu, lui fit des reproches de ce qu'il ne s'était pas d'abord fait connaître, et l'accueillit d'abord assez bien : au départ du député, il le fit accompagner de son chambellan Bedr-eddin.

Vers le même temps, Bibars reçut un député de Conradin, rival de Charles d'Anjou pour le royaume de Sicile ; Conradin sollicitait l'appui du Sultan. Le prince lui fit une réponse très-polie, et lui recommanda les musulmans qui avaient été au service de son père Conrad et de son aïeul Frédéric.

A la même époque, quelques corsaires catalans ayant enlevé un navire d'Égypte, Bibars envoya un député au roi d'Aragon pour demander satisfaction ; le roi accueillit sa demande, et fit rendre le bâtiment avec les marchandises.

An 668 (1270). Cependant une grande partie de l'Occident se disposait à prendre de nouveau les armes en faveur des colonies chrétiennes d'Orient ; le roi de France était l'ame de cette entreprise. Voici, d'après les auteurs arabes, quelle était la situation politique des puissances musulmanes et chrétiennes.

Bibars, ayant pour ennemis naturels les chrétiens de la Palestine et les Tartares, dirigeait tous ses efforts de ce côté : il suscitait des ennemis aux Tartares, et cherchait à isoler les chrétiens, afin de les réduire à leurs propres forces. A cette époque, l'empire des Tartares était divisé, et ses hordes sauvages, à force de se répandre sur presque toute la surface de l'Asie, avaient contracté des intérêts différents. Les Tartares du Captchak, au nord de la mer Noire et de la Mer Caspienne, obéissaient à un autre maître que ceux de la Perse, de l'Asie Mineure et de la Mésopotamie ; les uns et les autres n'avaient presque plus de relations avec ceux de la Tartarie proprement dite et de la Chine. Comme Berkeh, khan du Captchak, aspirait depuis long-temps à quitter les régions stériles du nord de l'Asie, pour occuper les fertiles contrées du midi, Bibars se mit en rapport avec lui, et ils se promirent de faire cause commune contre les Tartares de la Perse.

Cependant il n'était bruit en Orient que des préparatifs du roi de France. Bibars était alors en Syrie avec son armée. Le cadi Mogîr-eddin rapporte que, dans un pèlerinage qu'il fit à Jérusalem, il fut effrayé de trouver, à une demi-lieue de la ville sainte, un monastère chrétien renfermant plus de trois cents moines. Il craignit qu'en cas d'invasion les Francs ne s'établissent dans ce couvent et ne s'en fissent un lieu de retraite : en conséquence, il ordonna de le détruire. Les moines firent ce qu'ils purent pour le rassurer ; ils lui offrirent de grands présents ; mais il demeura inexorable.

De là, le sultan se rendit en Égypte pour mettre le pays en état de défense. Il ignorait encore de quel côté se porterait l'orage ; mais il était impatient de mettre ses états en sûreté. Par ses ordres, plusieurs députés partirent avec des présents pour se rendre auprès de divers princes de l'Occident.

An 669 (1270). Enfin l'on apprit que le roi de France avait fait voile pour Tunis. L'historien Gémal-eddin attribue cette résolution du roi à la crainte d'aborder en Égypte, de peur d'y éprouver le même sort que la première fois ; il ajoute que le roi espérait qu'une fois maître de Tunis, il pourrait envahir l'Égypte par mer et par terre.

Un grand nombre de princes, de seigneurs et de barons accompagnèrent le roi dans cette expédition : on peut citer, entre autres, son fils aîné Philippe, qui lui succéda ; son frère Alphonse, comte de Toulouse et de Poitiers ; Thibaut, roi de Navarre ; Gui, comte de Flandre ; Henri, comte de Luxembourg.

De plus, il avait la promesse d'être secondé par son frère Charles, roi de Naples et de Sicile, et par Édouard, fils du roi d'Angleterre. Charles fut celui qui contribua le plus à faire tourner les efforts de ses armes contre le roi de Tunis. Depuis long-temps les rois de Tunis étaient dans l'usage de payer un tribut annuel à la Sicile ; et comme, depuis cinq ans, le roi actuel s'en était affranchi, Charles était impatient de rendre au trône qu'il occupait son ancien éclat. Il n'arriva que vers la fin de l'expédition. Pour le prince Édouard, il ne put venir à temps.

Voici comment Makrizi a rendu compte de cette croisade : « Le roi de France, dit-il, avant de se mettre en mer, avait fait part de son dessein à tous les rois de la chrétienté, particulièrement au pape, qui est comme le vicaire général du Messie. Le pape s'empressa d'inviter tous les princes chrétiens à prendre les armes. Il permit même au roi de France d'appliquer aux frais de cette guerre tous les biens des églises qui seraient à sa bienséance.

» A cette nouvelle, le sultan Bibars se hâta d'écrire au roi de Tunis, pour l'exhorter à avoir bon courage, et promit de le soutenir de tous ses efforts : il engagea les Arabes nomades de Barka et des déserts d'Afrique à marcher au secours des assiégés ; par ses ordres, on creusa des puits sur toute la route, et ses troupes se disposèrent à se mettre en marche.

» Tunis était dans le plus grand danger. Au milieu de moharram (août 1270), il se livra un combat terrible entre les deux armées, où il périt beaucoup de monde de part et d'autre : déjà les musulmans étaient sur le point de succomber, lorsque Dieu permit que le roi de France mourût. Alors on fit la paix, et l'armée chrétienne remit à la voile. Une chose fort singulière, poursuit Makrizi, ce sont les deux vers suivants, par lesquels un citoyen de Tunis, faisant allusion à ce qui était déjà arrivé au roi de France en Egypte, lui prédit, dès le commencement du siége, un sort encore plus funeste :

« O Français ! Tunis est la sœur du Caire ;
» attends-toi à un sort semblable.

» Tu y trouveras une maison du fils de Lok-
» man, qui te servira de tombeau, et l'eunuque
» Sabih fera place aux anges Monkir et Nakir. »

La maison du fils de Lokman est celle où le roi, dans sa captivité d'Egypte, avait été retenu prisonnier, et l'eunuque Sabih, celui qui fut commis à sa garde. Les deux anges, Nakir et Monkir, sont ceux qui, suivant les musulmans, reçoivent les âmes des hommes au moment de leur mort.

L'historien Gémal-eddin a aussi parlé de la croisade de Tunis : il attribue la mort du roi de France à une horrible épidémie qui fit les plus grands ravages dans l'armée chrétienne; ensuite il fait cette réflexion empruntée à l'alcoran : « Ainsi Dieu traite ceux qui s'opiniâtrent dans l'incrédulité; ainsi il trompe leurs espérances. »

Voici, au reste, à quelles conditions la paix fut faite entre l'armée chrétienne et le roi de Tunis. Il nous reste à ce sujet un monument précieux ; c'est l'original même du traité, écrit en arabe, que le roi Philippe-le-Hardi, fils de saint Louis, apporta avec lui en France, et qui se conserve encore aujourd'hui aux archives royales ; ce traité est ainsi conçu :

« Au nom du Dieu clément et miséricordieux, » que Dieu soit propice à notre seigneur le pro- » phète Mahomet, à sa famille, à ses compa- » gnons, et qu'il leur accorde le salut!

» Traité entre le prince illustre Philippe, » par la grâce de Dieu, roi de France; le prince » illustre Charles, par la grâce de Dieu, roi » de Sicile; et le prince illustre Thibaut, roi » de Navarre, d'une part ; et de l'autre, le ca- » life, l'imam, commandeur des croyants, Abou- » abd-allah Mohammed.

» ARTICLE 1er. Protection et sûreté seront » accordées à tous les musulmans des états du » commandeur des croyants, ou des pays de sa » dépendance, qui se rendront dans les états » des princes susdits ou dans ceux de leurs » vassaux et de leurs barons; aucun d'eux ne » pourra être inquiété, ni dans sa personne, ni » dans ses biens, grands et petits ; de plus, les » princes susdits veilleront à ce qu'aucun de » leurs sujets ni de ceux qui reconnaissent leur » autorité et qui courent la mer, ne causent le » moindre dommage dans les états du comman- » deur des croyants; que s'il arrivait qu'un des » sujets du commandeur des croyants fût lésé » dans sa personne ou dans ses biens, les prin- » ces susdits s'obligent à lui donner satisfac- » tion : ils s'engagent encore à ne protéger qui » que ce soit qui manifesterait de mauvaises » intentions contre les sujets du commandeur » des croyants.

» ART. 2. Si un vaisseau musulman, ou un » vaisseau chrétien dans lequel se trouveront » des musulmans, vient à faire naufrage sur » les côtes des princes susdits, ils mettront à » part ce qui aura échappé au naufrage, corps » et biens, et ils le rendront en totalité au pro- » priétaire. La même règle sera suivie par le » commandeur des croyants envers les sujets des » princes susdits. Sûreté entière sera accordée » aux marchands chrétiens, sujets des princes » susdits, dans leur personne et dans leurs » biens, qu'ils séjournent dans les états du » commandeur des croyants, ou qu'ils ne fassent » qu'aller et venir ; en un mot, on les traitera » sur le même pied que le seront les musulmans » dans les états des princes susdits.

» ART. 3. Il sera libre aux moines et aux prê- » tres chrétiens de s'établir dans les états du » commandeur des croyants : on leur accordera » un lieu où ils pourront bâtir des maisons, » construire des chapelles et enterrer les morts; » il sera permis aux moines et aux prêtres de » prêcher dans l'enceinte des églises, de réciter » à haute voix leurs prières ; en un mot, de » servir Dieu conformément à leurs rites, et de » faire tout ce qu'ils feraient dans leur propre » pays.

» ART. 4. Les marchands chrétiens qui sont » sous l'autorité des princes susdits, et qui se » trouvaient dans les états du commandeur des » croyants, lorsque l'expédition a eu lieu, rentre- » ront dans tous leurs droits comme par le passé; » si on leur a pris quelque chose, on le leur » rendra; ce qui leur est dû leur sera payé : de » plus, le commandeur des croyants s'engage à » ne pas souffrir dans ses états les transfuges et » tous ceux qui auraient levé l'étendard de la » rébellion contre les princes susdits. De leur » côté, les princes susdits promettent de ne » donner asile à aucun musulman qui aurait » pris les armes contre le commandeur des » croyants; ils retireront leur protection à qui- » conque annoncerait le dessein de lui nuire.

» ART. 5. De part et d'autre les prisonniers » seront mis en liberté.

» ART. 6. Les princes susdits, ainsi que tous » ceux qui reconnaissent leur autorité ou qui » sont venus à leur suite, évacueront sur-le- » champ les états du commandeur des croyants ; » il en sera de même de ceux qui viendraient » après la conclusion du traité, tels que le » prince Edouard et autres : il ne restera ici » que ceux qui ne pourront trouver place sur » la flotte, ou qui seraient retenus par quelque » affaire ; encore ne pourront-ils pas sortir du » quartier que le commandeur des croyants leur » aura assigné, et ils mettront à la voile le plus » tôt que faire se pourra. En attendant, le » commandeur des croyants promet de veiller à » leur sûreté ; et si quelqu'un de ses sujets ve- » nait à les léser dans leur personne ou dans » leurs biens, il s'engage à leur donner satis- » faction.

» ART. 7. La durée de ce traité sera de quinze » années solaires, à partir du mois de novem- » bre prochain.

» Art. 8. Il sera payé pour les frais de la guerre, aux princes susdits, la somme de deux cent dix mille onces d'or, équivalant chacune à cinquante de leurs pièces d'argent pour le poids et pour le titre : la moitié de cette somme sera comptée sur-le-champ ; l'autre moitié le sera en deux paiements, l'un d'ici à un an, et l'autre à la fin de l'année suivante. Pour cette seconde moitié, le commandeur des croyants donnera des gages sur les marchands établis dans les états des princes susdits.

» De plus, le commandeur des croyants se soumet de nouveau au tribut annuel que les rois de Tunis étaient dans l'usage de payer aux rois de Sicile ; il comptera au roi Charles les arrérages des cinq dernières années, et il s'engage à payer désormais le double de ce qu'il payait autrefois. »

Telles furent les conditions de ce traité. L'acte porte qu'on y comprenait l'empereur Baudoin II, le même qui, dix ans auparavant, avait été chassé de Constantinople par Michel Paléologue, et qui cherchait à rentrer dans son autorité ; on y comprit encore le comte de Toulouse et de Poitiers, le comte de Flandre, le comte de Luxembourg, et tous les seigneurs, les barons et les chevaliers qui avaient pris part à l'expédition et qui étaient seigneurs de terres. On leur donna à tous lecture de l'acte, et ils promirent de l'exécuter selon sa forme et teneur. Au nombre des témoins furent les moines, les évêques et les ecclésiastiques qui avaient suivi l'armée. De son côté, le roi de Tunis s'engagea pour lui et pour son fils, qui était présent à la lecture de l'acte ; enfin, trois musulmans de ses sujets apposèrent au bas leur signature.

Quand la nouvelle de ce traité parvint à Bibars, il en fut très-irrité : il avait espéré que l'armée chrétienne serait retenue devant Tunis, et que l'Orient serait pour jamais délivré de tous dangers ; par ce traité, au contraire, les Francs devenaient maîtres de tourner leurs efforts contre l'Egypte. D'ailleurs, suivant Makrizi et Ibn-Férat, Bibars avait été instruit de la conduite du prince de Tunis, de ses démarches secrètes auprès du roi de France, de ses bassesses. Une troisième raison qui souleva la colère du sultan, c'est que, lorsque le roi de Tunis n'eut plus rien à craindre, il négligea dans ses lettres de lui faire les compliments d'usage. C'est Ibn-Férat qui nous apprend ce fait, et il ne nous explique pas en quoi consistaient ces compliments. Probablement la querelle venait de ce que le roi de Tunis, qui s'était arrogé le titre de calife, prenait un ton de supériorité avec Bibars, qui n'était que sultan, et qui d'ailleurs avait établi en Egypte un calife de la maison des Abbassides de Bagdad, famille de tout temps ennemie des califes d'Afrique. Bibars, indigné, refusa les présents que le roi de Tunis lui avait envoyés en reconnaissance de ses services, et les abandonna à ses officiers. Dans sa réponse au roi, il lui reprocha sa vie scandaleuse, sa lâcheté, sa négligence à profiter de la mort du roi de France pour exterminer l'armée chrétienne. « Un homme comme vous, ajouta-t-il, ne méri- » terait pas de régner sur les musulmans. »

FIN DES MÉMOIRES RELATIFS A L'HISTOIRE DE SAINT LOUIS.

ANCIENS
MÉMOIRES DU XIVe SIÈCLE,

DEPUIS PEU DÉCOUVERTS,

OU L'ON APPRENDRA LES AVENTURES LES PLUS SURPRENANTES ET LES CIRCONSTANCES
LES PLUS CURIEUSES

DE LA VIE DU FAMEUX

BERTRAND DU GUESCLIN,

CONNÉTABLE DE FRANCE, QUI, PAR SA VALEUR, A RÉTABLI DANS SES ÉTATS UN PRINCE CATHOLIQUE ;

Et nouvellement traduits

PAR LE SIEUR LE FEBVRE,

Prévôt et théologal d'Arras, ci-devant aumônier et prédicateur de la reine.

NOTICE
SUR BERTRAND DU GUESCLIN.

Voici un des personnages historiques sur lesquels on a le plus écrit, et dont la vie est entourée de plus d'incertitudes. Le nom de l'illustre connétable se trouve écrit de douze ou quinze manières différentes dans les chroniques et les vieux poèmes consacrés à sa mémoire. Nous ne dresserons point ici la nomenclature de ces dénominations diverses; peu nous importe que tel auteur ait appelé le grand capitaine breton *Claiquin* ou *Clasquin*, que tel autre l'ait appelé *Guesquin* ou *Guaquin*; le consentement des générations, la voix des siècles l'a nommé Du Guesclin; c'est le nom que la gloire lui a donné, c'est le nom que répètera la postérité la plus reculée. On a fait beaucoup de contes sur l'origine et l'antiquité de la famille de Du Guesclin; il est tout au plus permis de rappeler aujourd'hui la fable du roi maure *Aquin*, qui, en 775, aurait bâti dans l'Armorique un château nommé *Glay*, qui aurait été vaincu par Charlemagne, dont le pied ne foula jamais le sol breton, et qui, dans sa défaite, aurait laissé un fils d'où serait descendu les *Glayaquins* ou les Du Guesclin. Froissard et d'Argentré disent qu'il y eut parmi les compagnons de Godefroi, à la première croisade, deux chevaliers appelés l'un Olivier, l'autre Bertrand Du Guesclin; nous ne savons pas jusqu'à quel point ce fait mérite créance; il paraîtra d'abord bien extraordinaire que dans la grande armée de la croix, en 1098, il se soit rencontré un Olivier et un Bertrand Du Guesclin, tout comme dans les troupes de Charles de Blois ou de Charles V, au milieu du xive siècle; ensuite nous remarquerons que le nom de Du Guesclin ne se trouve dans aucune des nombreuses chroniques de la première croisade, et cette double considération sera peut-être de nature à justifier au moins nos doutes à cet égard. Quoiqu'il en soit de l'antiquité de la famille Du Guesclin, son alliance avec les Rohan et les Craon suffit pour prouver qu'elle a été une des principales familles de la Bretagne.

L'histoire n'a point retenu la date précise de la naissance de Bertrand Du Guesclin; les uns la placent en 1311, d'autres en 1314, d'autres en 1320, d'autres enfin en 1324; de ces quatre dates, quelle est la plus exacte? C'est ce qu'on ne saurait affirmer d'une manière absolue. Le père de Bertrand était Robert Du Guesclin, qui avait pour femme Jeanne de Malemains, dame de Sens, près Fougères. La famille de Du Guesclin habitait le château de la Motte-Broon, à six lieues de Rennes, et c'est là que Bertrand avait reçu le jour. Il était l'aîné de dix enfants, quatre fils et six filles.

On sait qu'Olivier fut son second frère et qu'il combattit toujours noblement. Guillaume et Robert, les deux derniers frères de Bertrand, n'ont rien fait dont on ait gardé le souvenir. Trois sœurs du connétable eurent pour époux des seigneurs que les vieilles annales nomment à peine; l'abbaye de Saint-Georges, à Rennes, et le prieuré de Coëtz, près Nantes, virent à leur tête deux sœurs de Bertrand; sa sixième et dernière sœur ne vécut point au-delà des jours de l'enfance.

Dans les Mémoires qu'on va lire, on pourra suivre avec détails la vie de Bertrand Du Guesclin depuis ses premières années jusqu'à sa mort; il serait donc superflu de s'arrêter ici aux événements qui ont rempli la carrière du héros de la Bretagne. Notre seul but dans cette Notice est de montrer les principaux traits de la physionomie de Du Guesclin; une rapide indication des faits doit suffire pour cela.

L'enfance de Bertrand offre de curieuses particularités. Sa laideur et sa difformité, son air rude et farouche lui avaient attiré l'aversion de sa famille; les mauvais traitements qu'il recevait n'avaient servi qu'à aigrir son caractère. Armé d'un bâton qu'il ne quittait jamais, le jeune Bertrand était devenu le grand ennui de sa mère et la terreur de tous les enfants du pays. On ne put jamais lui apprendre à lire. *Rien, ne savoit de lettres*, dit une chronique, *ne oncques n'avoit trouvé maistres, de qui il se laissast doctriner: mais les vouloit toujours ferir et fraper*. Nous trouvons dans une autre vieille chronique un portrait du petit Bertrand dont chaque trait est piquant et précieux:
« Il estoit laît enfançonnet, et mal gracieux, et
» n'estoit plaisant de visaige ne de corsage. Car il
» avoit le visaige moult brun, et le nez camus. Et
» avecques ce estoit de grosse et rude taille le
» corps, rude aussi en maintieng et en paroles:
» pou habileté à chose quelconque, et de petit
» contienement. Et avecques ce, moult semil-
» leux (taquin) et ennuyeux, et pour les jeu-
» nesses que il faisoit: et continuellement tenoit
» un baton. » Dans cette humeur farouche qui ne cherchait que querelles et luttes, il était facile de reconnaître une vocation décidée pour la guerre, et c'est là sans doute l'explication de l'histoire de cette femme israélite, diseuse de bonne aventure, qui prédit au jeune Bertrand sa vie héroïque et son avenir de gloire. Un poète du vieux temps met dans la bouche de Bertrand ces quatre vers qui prouvent que celui-ci s'était bravement consolé de sa laideur:

> Jamais je ne serai aimé ne convéis,
> Ainçois serai des dames toujours très éconduit :
> Car bien sçai que je suis bien laid et malfettis,
> Mais puisque je suis laid estre veux bien hardis.

Un beau jour, il avait alors seize ou dix-sept ans, Bertrand s'enfuit du château paternel où sa bouillante ardeur était emprisonnée, et s'en va triompher à Rennes, à la lutte, d'un jeune breton déjà tout fier d'avoir terrassé douze combattants. Un peu plus tard, Rennes le vit encore victorieux dans un tournois solennel, et dès lors tous ceux qui le connaissaient, ses parents mêmes, comprirent que Bertrand était destiné aux grandes choses. La guerre que se livraient Charles de Blois et Jean de Montfort, les deux prétendants au duché de Bretagne, fournit à Bertrand une favorable occasion de se signaler; il prit parti pour Charles de Blois dont la cause lui paraissait plus française que celle de son rival, et les murs de Vannes, de Fougerai et de Rennes furent tour à tour témoins de sa prodigieuse bravoure; Charles de Blois, reconnaissant, lui fit don de la riche seigneurie de la Roche-d'Airien ou de Rien. En 1559, Bertrand obligea le duc de Lancastre à lever le siége de Dinan. Son cri de guerre était *Guesclin* ou *Notre-Dame Guesclin*; lorsque, dans les batailles, ce nom retentissait aux oreilles des Anglais, c'était pour eux comme le bruit de la foudre, et toute bravoure tremblait en face d'un tel ennemi.

Les recherches les plus pénibles et les plus complètes n'ont pu amener les érudits à marquer l'époque précise où Bertrand s'attacha au service du roi de France; on ne sait pas si c'est au roi Jean ou au dauphin qu'il prêta d'abord l'appui de sa valeur. Mais nous savons au moins qu'en 1361 Bertrand était déjà à la solde royale, et qu'il était à la tête d'une compagnie de gendarmes et d'archers; ce fait résulte d'une quittance signée à Paris par Du Guesclin, et conservée dans les registres de la chambre des comptes.

Quelques auteurs rapportent que le gouvernement de Pontorson fut donné à Bertrand comme un témoignage de bienveillance particulière. Tout en se battant pour le triomphe des lys, le guerrier breton n'oubliait point les intérêts de Charles de Blois, son souverain naturel; c'est ainsi qu'après avoir chassé les Anglais de la Normandie, il marcha au siège de Bécherel et mit en déroute les troupes de Monfort. On pourrait placer à peu près vers ce temps-là le mariage de Bertrand avec Tiphaine ou Thiéphaine Raguenel, riche héritière qui prophétisait l'avenir, s'il faut en croire les traditions du xiv siècle; l'époque de ce mariage est un des points incertains de l'histoire de Bertrand. Dans la trève conclue entre Charles de Blois et Jean de Montfort, celui-ci avait obtenu Du Guesclin pour un de ses otages; mais la comtesse de Blois ayant refusé de ratifier ce traité de paix, Bertrand crut pouvoir, sans manquer à l'honneur, se dérober aux mains de Jean de Montfort, et le vaillant capitaine se prépara à de nouvelles expéditions. On verra dans les Mémoires suivants comment Du Guesclin, à la tête de l'armée française, gagna la bataille de Cocherel en Normandie, cette bataille où tomba l'orgueil du roi de Navarre, où le fier Captal de Buch fut fait prisonnier; on verra comment Bertrand, après des merveilles d'armes, fut forcé de se rendre dans le fameux Chandos, dans ce malheureux combat d'Aurai, où Charles de Blois perdit la vie; comment il recouvra sa liberté. Le génie militaire et l'impétueux courage de Du Guesclin se montrèrent surtout au-delà des Pyrénées, dans ces sanglantes luttes en faveur de Henri de Transtamare, et qui eurent pour terme la mort violente de Pierre-le-Cruel. Ce n'est point ici le cas de parler des grandes compagnies dont Bertrand délivra le sol français en les entraînant dans son expédition; les Mémoires nous font assez comprendre quel important service Bertrand rendit alors à la France, car les compagnies étaient parvenues à s'établir dans le royaume avec une terrible domination. Les guerres aux pays d'Aragon et de Castille brillent de tout l'éclat de nos vieilles guerres d'outre-mer; *par dieu*, disait Bertrand, *puisque les Sarrasins viennent à nous, il ne nous les faudra point aller quérir en Syrie*; et les Musulmans accourus au secours de Pierre-le-Cruel succombaient dans les campagnes de Tolède sous le glaive de Du Guesclin, comme dans les régions de la Palestine avaient succombé sous le glaive chrétien tant de défenseurs de l'islamisme. Nous ne dirons rien de la captivité de Bertrand dans la prison de Bordeaux, qui fut comme un point d'arrêt entre ses deux expéditions d'Espagne; de sa rançon dont le souvenir est une des plus touchantes pages de notre histoire, rançon glorieuse pour laquelle *auraient volontiers filé toutes les filles du royaume de France*. L'épée de connétable l'attendait à son retour de la Castille, et c'est avec cette épée que Du Guesclin acheva de délivrer la France du pouvoir de l'Angleterre. Depuis la fin du xi siècle nos rois avaient eu à défendre leurs provinces contre les envahissements des Anglais; Philippe I , Louis-le-Gros, Louis-le-Jeune avaient tourné vers ce but leur prudente politique; Philippe-Auguste renversa dans les plaines de Bouvines, cette vaste ligue dont le succès eût détruit le royaume de France; Louis VIII enleva aux Anglais quelques villes du Poitou qu'ils tenaient encore; tout le monde sait ce que fit saint Louis pour la conservation de notre royaume; Philippe-le-Hardi, Philippe-le-Bel, Louis-le-Hutin, Philippe-le-Long et Charles-le-Bel avaient défendu l'indépendance de leur couronne, chacun selon son pouvoir; mais enfin sous le roi d'Angleterre Edouard III, le péril était grand pour notre royaume; l'étoile de la France allait s'éteindre malgré le courage opiniâtre de Philippe de Valois et de Jean II; les deux malheureuses batailles de Crécy et de Poitiers avaient fait à notre patrie d'effroyables plaies; l'ange qui préside aux destinées de la nation française montra visiblement sa main favorable en suscitant un prince sage comme Charles V et un capitaine invincible comme Bertrand Du Guesclin. Bertrand fut l'homme de la Providence, l'instrument libérateur qui sauva notre nationalité. Un tel homme méritait bien d'avoir sa place à côté des rois dans les tombeaux de Saint-Denis, et les ombres de Philippe-Auguste et de saint Louis durent accueillir avec amour l'ombre de Du Guesclin.

On a comparé Bertrand Du Guesclin à Turenne ; tous deux braves et généreux, ils se montrèrent pères de leurs soldats, et, dans les jours du besoin, Turenne vendit sa vaisselle d'argent pour ses troupes, comme Bertrand avait vendu ses terres ; il y a de la ressemblance entre ces deux caractères, et le parallèle pourrait se poursuivre avec vérité. Mais, en repassant les souvenirs du moyen âge, je trouve deux héros dont la physionomie offre des traits plus frappants encore de ressemblance avec celle de Du Guesclin ; je veux parler de Tancrède et de Richard-Cœur-de-Lion. Examinez bien ces trois figures, Tancrède, Richard, Du Guesclin ; et vous trouverez même bravoure, même audace, même témérité, même mépris pour le danger, même abnégation dans la victoire ; vous verrez trois hommes qui, sur le champ de bataille, entassent plus de cadavres qu'il ne tombe de feuilles sèches sous un vent d'automne, et qui, revenus sous leurs tentes, sont doux et faciles comme des enfants ; pour eux le triomphe n'a point d'enivrement, la conquête n'a point d'orgueil ; il y a de l'humilité sur leur front victorieux, et vous diriez que ces héros semblent s'ignorer eux-mêmes ; Bertrand Du Guesclin jure *par Dieu qui peina en croix et au tiers jour ressuscita* ; Tancrède et Richard jurent par le *saint sépulchre*, et, confiants dans la justice de leur cause, les trois preux s'élancent vers l'ennemi avec autant de sécurité que si un Dieu leur parlait et les poussait. Le désintéressement de Du Guesclin ne vous rappelle-t-il point le désintéressement de Tancrède? Combien de chevaliers furent nourris de leur pain et soutenus de leurs deniers ! Combien de fois ils se dépouillèrent de leur manteau pour couvrir de nobles misères ! Du Guesclin a tous les caractères d'un héros des croisades ; il eût très-dignement figuré dans l'Iliade chrétienne du poète de Sorrente.

Thiphaine Raguenel et Jeanne de Laval, sa seconde femme qu'il avait épousée en 1373, ne donnèrent point d'enfants à Du Guesclin ; il eut en Espagne deux fils naturels dont l'un fut commandeur de Neudela, ordre de Calatrava ; on cite un troisième fils naturel nommé Michel. Ce fut donc Olivier, son frère, qui devint l'héritier de ses possessions ; ces possessions étaient immenses, car la bravoure et le dévoûment de Bertrand avaient été magnifiquement récompensés. Les domaines du connétable, dont les revenus appartenaient aux soldats, étaient le comté de Longueville enlevé au roi de Navarre, la vicomté de Pontorson, Fontenay-le-Comte, Montreuil-le-Bonin, le comté de Montfort-l'Amaury, Saint-Sauveur-le-Comte, la Roche-Tesson, la châtellenie de Tuit et la forêt de Cinglas, etc., etc.

Le nom de Du Guesclin est un de ces noms que la vieille France aimait tant à répéter, et que la France nouvelle aime à redire encore, malgré les efforts de beaucoup de gens pour effacer les choses du passé ; on aura beau gratter sur les monuments, frapper du marteau sur les écussons ; on aura beau souffler sur la sainte poussière des aïeux ; le passé de la France est toujours là qui se dresse dans toute sa majesté, et nos vieux souvenirs nationaux sont d'une nature si vivace qu'ils planeront toujours au-dessus du vent des révolutions. Notre prix le plus doux dans la grande entreprise que nous avons commencée, serait de pouvoir ramener quelques enfants de la France au respect et à l'amour de la France d'autrefois.

SUR LES VIEILLES HISTOIRES DE DU GUESCLIN.

Bertrand Du Guesclin n'écrivit et ne dicta point de mémoires ; dans sa jeunesse, nous avons eu déjà occasion de le dire, Bertrand maltraitait ses maîtres au lieu d'écouter leurs leçons, et le héros de la Bretagne, pour toute science, écrivait passablement son nom ; on peut voir à la bibliothèque du roi l'original de sa signature. Mais si le bon connétable avait pour ainsi dire oublié sa gloire, les générations contemporaines ne l'oublièrent point ; les dernières années du XIVe siècle et les premières années du XVe virent paraître grand nombre de chroniques ou de *roumans* qui retraçaient la vie et les exploits de Bertrand Du Guesclin. Chacun sait que par le mot de *rouman*, il faut entendre ici une histoire ou un ouvrage quelconque écrit en langue romane. Nous pourrions sans trop d'efforts faire ici de l'érudition, et dresser un long et minutieux catalogue de tout ce qui a été écrit touchant le célèbre capitaine breton ; mais nous ne pensons pas qu'il puisse être intéressant de répéter ce qui se trouve à ce sujet dans beaucoup de livres, et nous nous bornerons à mettre sous les yeux du lecteur ce qui lui importe le plus de savoir. Un poète, qui vivait vers la fin du XIVe siècle, nommé tour à tour *Caveliers*, *Cuvilliers* et *Cuveliers*, selon les divers manuscrits, composa un rouman en vers de la vie de Bertrand Du Guesclin. On trouve à la bibliothèque du roi un beau manuscrit in-folio de ce poème sous le n° 7224 ; il a pour titre : *La vie de Bertrand Du Guesclin* ; le nom de l'auteur se rencontre dans le vingt-et-unième vers :

Cils qui le mist en rime fust Cuveliers nommez.

Le manuscrit est de 142 feuillets à deux colonnes ; chaque feuillet renferme 160 vers, ce qui porte le poème à 22,760 vers. Le manuscrit se termine par des ballades en l'honneur du connétable. Les savants ont cité deux autres manuscrits de ce poème ; on ignore quelle a été leur destinée au milieu de nos dernières révolutions qui ont été fatales à tant de vieux trésors littéraires. Le père Lelong et le père Lobineau indiquent un autre poème d'un auteur appelé *Trueller* ou *Truellier*; toute trace de cette chronique a été perdue, mais il est à croire que l'œuvre de Trueller n'était qu'une copie plus ou moins abrégée de l'œuvre de Cuveliers. Le *rouman* de Trueller fut mis en prose au commencement de l'année 1387, par ordre du sieur d'Estouteville, capitaine de Vernon; Fevret de Fontette s'appuie sur cette date pour dire avec vérité que ce *rouman* n'a pu être écrit que dans l'intervalle de 1381 à 1386; cette conclusion pourrait, de plus, fortifier l'opinion de ceux qui ne voient qu'un même ouvrage dans les deux *roumans* de Cuveliers et de Trueller. Claude Mesnard a publié en 1618, in-4°, la chronique de Trueller, mise en prose par ordre de Jean d'Estouteville; cette publication a pour titre : *Histoire de messire Bertrand Du Guesclin, connestable de France, duc de Molines, comte de Longueville et de Burgos; contenant les guerres, batailles et conquestes faites sur les Anglois, Espagnols et autres, durant les règnes des rois Jean et Charles V; écrite en prose à la requeste de Jean d'Estouteville, capitaine de Vernon-sur-Seine, et nouvellement mise en lumière par Claude Mesnard, conseiller du roi et lieutenant de la prévosté d'Angers.* Il existe à la bibliothèque du roi un manuscrit de cette histoire, in-folio, sous le n° 9655. On a compté dix chroniques en prose, qu'on peut regarder comme des imitations ou des copies de cette même histoire. Parmi les vieux ouvrages imprimés, consacrés à la mémoire de Du Guesclin, nous nous contenterons de citer les ANCIENS MÉMOIRES DU XIVᵉ SIÈCLE, *depuis peu découverts, où l'on apprendra les aventures les plus surprenantes et les circonstances les plus curieuses de la vie du fameux Bertrand Du Guesclin, connétable de France, qui, par sa valeur, a rétabli dans ses états un prince catholique; et nouvellement traduits par le sieur Le Febvre, prévôt et théologal d'Arras, ci-devant aumônier et prédicateur de la reine.* Douai, 1692, in-4°. Ces mémoires furent réimprimés à Paris en 1693, in-4°, sans le nom de Le Febvre; pour déguiser cette espèce de contrefaçon, l'éditeur de Paris changea le titre, déplaça l'épître dédicatoire à la reine d'Angleterre, femme de Jacques II, l'avis au lecteur, et fit disparaître la liste d'*errata* qui se trouve dans l'édition de Douai. Les *anciens Mémoires du* XIVᵉ *siècle*, traduits par Le Febvre, c'est l'histoire de Du Guesclin, faite d'après les meilleures sources contemporaines. En comparant les différents manuscrits ou les différents ouvrages imprimés sur Du Guesclin, Le Febvre est parvenu à tracer le récit le moins imparfait, le moins inexact qui existe touchant le bon connétable; il a eu soin de reproduire dans sa version toute la charmante naïveté des mémoires qu'il avait sous les yeux; de sorte que dans l'ouvrage de Le Febvre respire la physionomie du XIVᵉ siècle avec le langage du XVIIᵉ, langage intelligible pour tout le monde; aussi, nous n'avons point hésité à réimprimer cet ouvrage dans notre recueil; qu'aurions-nous pu faire de mieux ? aurions-nous intéressé nos lecteurs en publiant d'interminables poèmes comme ceux de Cuveliers ou de Trueller, en publiant des chroniques en prose très-imparfaites, et dont le langage est unintelligible pour le public en général ? Nous ne parlons point de l'histoire de Du Guesclin par le gentilhomme breton, Paul Hay du Chastelet; le public ne nous aurait point pardonné de reproduire dans notre collection un livre dépourvu de tout esprit de critique, et rédigé avec les plus ambitieuses prétentions, un livre qui voudrait être une épopée et qui reste au-dessous de la chronique. C'est donc à l'ouvrage de Le Febvre que nous avons dû nous arrêter.

Nous ne terminerons point cette note sur les histoires de Bertrand Du Guesclin, sans dire un mot des vieilles ballades, où la poésie romane pleura la mort du bon connétable. Il est à croire que de nombreuses complaintes furent composées pour déplorer le trépas de celui qui avait été le libérateur de la France; mais il ne nous reste qu'un très-petit nombre de ces élégies nationales. Nous avons indiqué plus haut les ballades et chants royaux qui se trouvent à la fin du manuscrit de la *Vie de Bertrand*, sous le n° 7224; un jeune savant, M. Francisque Michel, a publié de précieuses poésies à la suite d'une chronique en prose de Du Guesclin, qui fait partie de la *Bibliothèque choisie* de M. Laurentie. Dans ces différentes ballades, on invite les héros de tous les temps, Hector, David, César, Artur, Charlemagne, Godefroi de Bouillon, à faire de *plours rivière* et *onde* pour pleurer le vaillant connétable; on invite tout chevalier à pleurer celui dont le *grant renom par le siècle redonde*. Nous citerons la plus remarquable de ces complaintes:

> Estoc d'ounour et arbre de vaillance,
> Cuer de lyon, esprit de hardement,
> La fleur des preux et la gloire de France,
> Victorieux et hardi combatant,
> Sage et bon fais, et bien entreprenant,
>   Souverain home de guerre,
> Vainqueur de gens et enquesteur de terre,
> Le plus vaillant qui oncques fust en vie,
> Chascun pour vous doit Dieu requerre.
> Plourez, plourez, fleur de chevalerie!

> Las! Bretaigne, pleure ton espérance,
> Normandie, fais ton enterrement,
> Guienne aussi et Auvergne et l'avance,
> Et Languedoc quier li son monument.
> Picardie, Champaigne et occident
>   Doivent pour pleurs requerre
> Tragidiens. Artusa requerre,
> Qui en eaue fu par pleur convertie,
> Afin que à tous de sa mort le cuer serre.
> Plourez, plourez, fleur de chevalerie!

> Hé! gens d'armes aiez en ramembrance
> Vostre père : vous estes li enfant;
> Le bon baron qui tant ot de poissance
> Il vous aimoit très amoureusement.
> Guesclin crioit : Priez dévotement;
> Qui puet paradis conquerre,

Qui dueil n'en fait et qui n'en prie, il erre;
Car du monde est la lumière falie,
De toute hounour estoit la droite serre.
Plourez, plourez, fleur de chevalerie!

Parmi ces ballades, il en est une encore, vrai petit chef-d'œuvre d'expression et de sentiment, que nos lecteurs nous sauront gré de leur donner ici : c'est celle qui parle des armes de Bertrand Du Guesclin.

L'escu d'argent, un aigle de sable
A deux tez (têtes) et à un rouge baston
Portoit le preux, le vaillant connestable,
Le bon Bertrand Du Guesclin en surnom.
A Bron fut né le chevalier breton,
Fier et hardi, couraigeux comme un tor (taureau),
Qui tant ama de loyal cuer et bon
L'escu d'azur à trois fleurs de lis d'or.

A luy n'estoit chevalier comparable,
En son vivant, pour certain ce dit-on,
Ne qui tant fust aux armes convenable,
Pour vaincre gens ou abatre penon.
Or est il mort : Dieu lui face pardon!
Pleust or à Dieu que il vesquit encor!

Si deffendist de ce lic par félon (1)
L'escu d'azur à trois fleurs de lis d'or.

Pour ses grans fais soit escript en la table
Machabeus et des preux de renon,
De Josué, David le raisonnable,
D'Alixandre, d'Estor et Césaron,
Artus, Charles, Godefroy de Billon,
Et soit nommé le dixième dès or
Bertrand le pieux qui servit com preudom
L'escu d'azur à trois fleurs de lis d'or.

Nous savons qu'aujourd'hui encore dans le pays de Du Guesclin on chante, en langue bretonne, des chansons où sont retracés les principaux souvenirs de la vie du connétable, des complaintes où sont racontés avec de lamentables accents le trépas et les funérailles du vaillant capitaine; ces chants historiques furent sans doute composés par des contemporains de Bertrand Du Guesclin. Il serait bien à desirer qu'on recueillît et qu'on traduisît en français moderne ces vieilles harmonies des bardes de la Bretagne : ce serait à la fois une œuvre de poésie et de patriotisme.

(1) Il s'agit ici du léopard d'Angleterre.

ANCIENS MÉMOIRES DU XIV° SIÈCLE

SUR

BERTRAND DU GUESCLIN.

CHAPITRE PREMIER.

Où le lecteur admirera le penchant que Bertrand avoit pour la guerre dans son enfance même.

Un auteur espagnol a fort judicieusement pensé qu'il étoit de l'interest public d'étudier l'inclination des enfans avec beaucoup de soin, pour découvrir au juste à quel employ la Providence les a destiné, et qu'il n'en est point à qui le ciel n'ait donné quelque talent particulier, dans lequel ils reüssiroient si on leur laissoit suivre leur pente naturelle. Il pretend que la plûpart des parens, pour n'avoir pas voulu garder une précaution si necessaire, ont fait prendre de fausses routes à leurs enfans, et les ont engagé dans une condition, qui, ne s'accordant point avec leur genie, les a fait vivre sans honneur et sans reputation dans le monde. En effet, un pere peche contre le bon sens, quand il fait embrasser à son fils une profession pour laquelle il témoigne une aversion naturelle ; quand il destine à l'epée celui qui n'est né que pour le barreau ; quand il veut employer dans le commerce et dans le negoce celuy qui n'a du penchant que pour l'eloquence, et jetter dans les intrigues et les negociations celuy qui n'aime que la retraite et la solitude. Ce choix inconsideré fait qu'on voit peu de gens exceller dans le party qu'on leur a fait prendre, parce que leur naturel étant forcé, n'agit point de source, et ne fait que de languissans efforts ; au lieu que s'il se laissoit aller à cette rapide inclination qu'il sent d'origine, il éclateroit avec un succés admirable, et feroit un progrés merveilleux dans l'art, ou dans l'état auquel il se seroit volontairement appliqué.

Bertrand Du Guesclin, dont j'entreprens d'écrire la vie, fut un genie de ce caractere : la guerre fut tout son penchant ; il aima les armes en naissant ; et, cultivant toûjours cette inclination martiale, il devint enfin le plus fameux capitaine de son siecle, et se procura par sa valeur et son experience la dignité de connétable de France, au delà de laquelle l'ambition d'un homme de guerre ne peut plus rien pretendre. Il y vint par degrez ; et, dans le cours d'une vie de soixante six ans, il donna chaque année de nouvelles preuves de son courage et de sa bravoure ; et rendit de si grands services à l'Etat, que pour en rendre la memoire immortelle, Charles le Sage, son maître et son roy, voulut qu'une lampe fût toûjours allumée sur le tombeau de ce heros, de peur que la posterité ne perdît le souvenir des memorables actions qu'il avoit faites sous son regne : il le fît même enterrer à Saint-Denis, pour donner une sepulture royale à celui qui par ses victoires avoit conservé la couronne de France dans son lustre et dans sa splendeur.

Ce grand homme, qui devoit être dans le quatorziéme siecle la terreur des Anglois et des Espagnols, et le conservateur de la couronne de France, reçut le jour au château de la Mothe, à six lieües de Rennes en Bretagne. Son pere avoit plus de noblesse que de biens ; et quoy que personne ne luy pût disputer la qualité de gentilhomme, la fortune ne luy avoit pas donné suffisamment de quoy la soûtenir. La mere de Bertrand étoit parfaitement belle ; et comme elle avoit le cœur grand et des sentimens proportionnez à sa haute naissance, elle ne se sçavoit pas bon gré d'avoir mis au monde un enfant si difforme et si laid que l'étoit Guesclin, pour lequel elle n'avoit que du mépris et de l'aversion, luy voyant des airs si grossiers et si mal agreables. En effet, il n'avoit rien de revenant : toutes les actions de cét enfant avoient quelque chose de farouche et de brutal ; son humeur taciturne et revêche ne promettoit à ses parens que des suites indignes du nom qu'il portoit ; et plus ils étudioient ses inclinations, et moins ils avoient d'esperance de s'en rien promettre d'avantageux à leur famille. Un exterieur si ingrat leur donnoit contre luy des mouvemens de colere ; car toutes les fois qu'il paroissoit en leur presence, ils ne le voyïoient qu'avec peine, comme s'ils avoient un mutuel chagrin d'avoir donné la naissance à un monstre, dont ils ne devoient attendre que des actions qui leur attireroient des reproches et de la honte dans leur maison.

Ce peu de predilection qu'ils avoient pour luy faisoit qu'ils le postposoient à ses freres, quoy qu'il en fût l'aîné, le méprisant et le rebutant jusques-là qu'ils ne luy permettoient pas de manger à table avec eux, comme s'ils avoient de la repugnance à le reconnoître pour leur fils. Tous ces mauvais traitemens rendoient cet enfant encore plus sombre et plus melancolique; et quand les domestiques s'en approchoient pour luy dire quelque chose de fâcheux et le tourmenter, il leur témoignoit son ressentiment en levant contre eux un bâton qu'il avoit toûjours en sa main. Cependant il fit bien voir un jour à sa mere qu'il n'étoit pas insensible aux outrages qu'on luy faisoit : car cette dame faisant asseoir à sa table les cadets de Bertrand, sans luy vouloir permettre d'y prendre sa place avec eux, cet enfant, quoy qu'il n'eût encore que six ans, ne put digerer un affront si sanglant, et, sans se soucier s'il perdoit le respect à sa mere, il menaça ses freres de tout renverser s'ils pretendoient l'empêcher de prendre au dessus d'eux le rang qui lui appartenoit comme à leur aîné. Des paroles il vint aux effets, et l'indignation qu'il avoit de se voir negligé de la sorte, le fit aussitôt partir de la main, se mettant brusquement à table sans en attendre l'ordre de sa mere, et mangeant tout en colere, mal proprement, et de mauvaise grace. Cette saillie, qui venoit pourtant d'un bon fonds, déplut fort à sa mere, qui lui commanda de sortir au plûtôt, et le menaça que s'il n'obeïssoit sur l'heure, elle le feroit foüetter jusqu'au sang. Ce petit garçon se le tint pour dit, il se leva de la place qu'il avoit prise; mais ce fut avec tant de rage, qu'il jetta par terre et la table et toutes les viandes qu'on avoit servy devant cette dame, qui, surprise de son audace, luy donna mille maledictions, luy dit les paroles du monde les plus indignes, et luy témoigna qu'elle étoit au desespoir de se voir la mere d'un bouvier, qui ne feroit jamais que du deshonneur au sang dont il étoit sorty.

Tandis que cette dame se déchaînoit ainsi sur son fils, une juifve entra dans sa chambre, et comme elle avoit assez d'habitude et d'accés auprés d'elle, elle prit la liberté de luy demander le sujet de son emportement et de son chagrin. Le voila, luy dit-elle en luy montrant le petit Guesclin, qui se tenoit tapy dans un coin, soûpirant et pleurant sur toutes les duretez qu'il luy falloit tous les jours essuyer. La juifve, qui se piquoit d'être habile physionomiste, approcha de Bertrand, et regardant avec attention les traits de son visage et les lineamens de ses mains, elle essaya de l'appaiser en luy disant quelque chose d'obligeant, et le conjurant de ne se point décourager, parce qu'elle prevoyoit qu'il ne seroit pas toûjours malheureux. L'enfant, qui croyoit que cette femme vouloit se divertir à ses dépens, la repoussa rudement et luy dit qu'elle le laissât en paix, qu'elle allât porter plus loin ses railleries, et qu'autrement il luy donneroit du bâton qu'il avoit dans sa main. La juifve ne se rebuta point, et ne se contentant pas d'avoir si bien cajolé le petit Bertrand qu'elle l'appaisa tout à fait, elle se tourna du côté de sa mere, et l'assûra que cet enfant étoit né pour de grandes choses, qu'il se feroit un jour distinguer par des actions heroïques, et que son étoile vouloit qu'il se procurât, par ses mérites personnels, les dignitez les plus eminentes, particulierement en France, où l'appelleroit la defense et la gloire des lys, dont il soûtiendroit les interests avec une valeur extraordinaire. Elle la conjura de ne point negliger l'education d'un enfant dont sa maison devoit tirer son plus grand éclat, quoy que son visage et sa taille fussent fort disgraciez. La dame fut peu credule à tout ce qu'on luy promettoit de son fils, disant que toutes ses inclinations ne quadroient gueres à de si belles esperances. Cependant elle revint un peu de la mauvaise opinion qu'elle avoit de Bertrand, par l'action qu'elle luy vit faire à l'instant : car ayant fait asseoir la juifve à sa table, ce petit garçon se souvenant de tout ce qu'elle avoit dit en sa faveur, caressa cette femme de son mieux, luy donna d'un paon que le maître d'hôtel venoit de servir, et voulut luy même luy-verser à boire, remplissant le verre avec tant d'empressement et de si bon cœur, que le vin surnageant les bords, se répandit un peu sur la nappe, l'enfant luy disant qu'il en usoit ainsi pour faire la paix avec elle et luy donner quelque satisfaction sur le peu d'honnêteté qu'il avoit eu d'abord pour elle. Cette petite generosité surprit agreablement sa mere, qui ne put se defendre d'avoüer qu'elle ne luy croyoit pas un si grand fonds de reconnoissance. Cependant elle eut pour luy plus de consideration dans la suite, le faisant habiller plus honnêtement, et defendant à ses domestiques de prendre plus avec luy des airs de privauté qui ne s'accommodoient pas avec le respect qu'ils devoient au fils de leur maîtresse.

Cette premiere estime qu'elle eut pour son fils, ne fut pas de longue durée; car quand il eut atteint l'âge de neuf ans, elle eut beaucoup de peine à contenir cette humeur bouillante qui le mettoit aux mains avec tout le monde. Il se déroboit souvent de la maison sans prendre congé d'elle, et se faisoit un plaisir d'assembler auprés de luy tous les enfans de son âge qu'il rencontroit, pour se battre contre eux, prêtant le colet à tous ceux qui vouloient mesurer leurs forces avec luy, jettant les uns par terre et s'éprouvant tout seul contre plusieurs, et sortant toûjours avec avantage de tous ces petits combats qu'il donnoit, si bien qu'il étoit redouté de tous les enfans de son voisinage; et l'on voyoit déjà par avance des preliminaires certains de ce qu'il devoit devenir un jour. Il se battoit avec tant d'acharnement qu'il sortoit quelquefois de la mêlée la bouche et le nez tout en sang; ses habits étoient tout déchirez des coups qu'il recevoit, ce qu'il s'attiroit pour ne vouloir jamais lâcher prise; et quand il revenoit à la maison tout meurtry des gourmades qu'on luy donnoit, sa mere, le voyant ainsi défiguré, luy reprochoit cette basse inclination qu'il avoit à se mêler avec de petits païsans, ne frequentant que de la canaille et ne se plaisant qu'à se battre avec des gueux, sans se souvenir de la noblesse de son extraction, ny de ce qu'avoit predit la Juifve en sa faveur, qui témoignoit n'avoir pas rencontré juste sur son chapitre, puisque, bien loin de soûtenir en gentilhomme tout ce qu'elle s'étoit promise de sa conduite, il s'en éloignoit tout à fait en menant la vie d'un goujat et d'un miserable, en ne s'exerçant qu'avec des coquins.

Tous ces reproches ne furent point capables de luy donner des sentimens plus nobles. L'amour du combat l'emporta sur l'obeïssance que Bertrand devoit à ses parens : il mouroit d'envie de se battre, sans considerer la naissance de ceux avec lesquels il étoit toûjours aux prises. On avoit beau le veiller pour l'empêcher de sortir, il se deroboit si secrettement qu'on le trouvoit aux mains en pleine campagne, quand on le pensoit encore à la maison ; c'étoit là qu'il faisoit son apprentissage de guerre, s'atroupant avec tous les petits villageois, se mettant à leur tête, donnant le signal du combat, et se jettant au travers de ces pretendus ennemis avec tant de courage et de force, qu'il remportoit toûjours la victoire. Son pere ne pouvant luy faire perdre cet acharnement qu'il avoit à se battre, fut obligé de faire publier par les villages voisins que les peres seroient condamnez à de grosses amendes, dont les enfans se trouveroient à l'avenir dans la compagnie de son fils Bertrand, pour recommencer avec luy leurs premiers jeux de main qui le détournoient de tous les autres plus nobles exercices, qui doivent faire l'occupation d'un jeune gentilhomme; mais il ne fit que blanchir avec toute cette precaution, qui luy fut tout à fait inutile. Il luy falut s'assûrer de la personne de Guesclin, l'enfermant dans une chambre de son château, de peur qu'il ne prît encore la clef des champs pour reprendre son premier train de vie.

Quatre mois de prison ne furent point capables de diminuer en luy la demangeaison qu'il avoit pour ces exercices; le repos luy fut ennuyeux; il se devint à charge à soy même, se voyant tout seul sans avoir plus aucuns enne mis à combattre : il s'avisa d'un stratagême pour rompre ses liens. Une fille de chambre avoit ordre de luy porter à manger deux fois tous les jours; il eut l'adresse de l'enfermer dans sa même chambre, et d'en emporter la clef, de peur quelle ne revelât l'evasion qu'il meditoit de faire; il courut aussitôt à la campagne, et détacha d'une des charrües de son pere une jument sur laquelle il monta, se moquant du chartier, qui courut aprés luy pour l'en faire descendre, et galopa jusqu'à Rennes sans selle et sans bride, pour se refugier chez une de ses tantes, qui luy fit un fort méchant accueil, ayant appris toutes les jeunesses qu'il avoit faites auprés de ses parens, et toute la mauvaise satisfaction qu'il leur avoit donnée dans sa conduite. Le mary de cette dame n'aprouva pas cette vesperie, luy representant que les jeunes gens avoient toûjours une gourme à jetter, que ces sortes de saillies se rectifioient avec l'âge, et que tous ces mouvemens, quoyque dereglez dans le commencement, venans à se temperer dans la suite, rendoient l'homme capable des plus grandes choses; il ajoûta qu'il ne trouveroit point mauvais qu'il demeurât auprés d'eux pour en faire leur éleve, et qu'il se promettoit que cet enfant ayant tant de feu, pourroit devenir un jour un grand capitaine, si l'on luy laissoit suivre le penchant qu'il avoit pour les armes.

Ce fut dans cet esprit que pour cultiver en luy ce naturel guerrier, il le faisoit souvent monter à cheval avec luy, luy faisoit faire de longues traites tout exprés pour l'endurcir davantage au travail; et Bertrand encherissoit encore sur ce que son oncle desiroit de luy, souffrant des fatigues au delà de son âge, et témoignant par tout un plaisir incroyable quand on luy faisoit faire tous ses exercices, par ce qu'ils répondoient à cette inclination vehemente qu'il avoit pour les armes. Une conjoncture fit bientôt connoître ce naturel ardent et heureux qu'il avoit pour la guerre. On proposa dans Rennes, un certain dimanche, un prix pour celuy qui sçauroit le mieux s'exercer à la lute. Bertrand brûloit d'impatience de se mettre sur les rangs avec les autres, n'ayant point de passion plus violente que celle d'être aux prises avec quelqu'un. Sa tante, qui craignoit que ce jeune homme ne voulût être de la partie, s'avisa de le mener au sermon pour l'en détourner; mais aussitôt que Bertrand, qui n'avoit alors que seize à dix-sept ans, vit le predicateur en chaire, il se déroba secrettement de l'église et se rendit sur la place où se faisoit la lute. Il y fut bientôt reconnu par quelques-uns de ceux avec lesquels il avoit fait là dessus son apprentissage dans son enfance. Ils le prierent d'entrer en lice avec les autres; il en avoit plus de demangeaison qu'eux; mais avant que de s'y engager, il leur fit promettre que jamais ils n'en parleroient à sa tante, dont il avoit interest de ménager la bienveillance, aprés avoir eu le malheur de perdre celle de ses parens pour de semblables choses. Aprés avoir reçu leur parole, il se mit en devoir de prêter le colet au premier qui se presenteroit devant luy. L'occasion ne lui manqua pas; il apperçut un jeune Breton dont la contenance étoit tout à fait fiere, et qui s'applaudissoit sur le succés qu'il avoit eu dans la lute, ayant déjà terrassé douze de ses compagnons; Bertrand voulut mesurer ses forces avec luy. La lute fut longtemps opiniâtrée de part et d'autre; mais à la fin, Guesclin fit de si grands efforts qu'il jetta son homme par terre. Il arriva par malheur qu'en se tiraillant l'un et l'autre, Bertrand tomba sur adversaire, et dans sa chûte, il se froissa le genou contre un caillou dont le coup fut si rude et si violent qu'il luy fit une large ouverture, et luy causa tant de douleur, qu'à peine pouvoit-il se tenir sur ses pieds; et le sang qui couloit de sa playe luy faisant apprehender que la nouvelle de cet accident ne vint jusqu'aux oreilles de sa tante, il pria ses camarades de le mener chez un chirurgien, pour panser sa blessure. Ils luy rendirent ce bon office, et luy presenterent le prix qu'il avoit remporté dans la lute; c'étoit un chapeau tout couvert de plumes et garny d'argent sur les bords; mais il n'osa pas l'accepter, de peur que sa tante, découvrant par là qu'il avoit eu la temérité de s'engager à la lute à son insçu, contre sa defense absoluë, ne luy fît ressentir son indignation. Il ne put pourtant pas empêcher que toute l'affaire ne vint ensuite à sa connoissance; car cette dame, aprés que le sermon, qu'elle avoit attentivement écouté, fut finy, venant à s'appercevoir que son neveu luy manquoit auprés d'elle, le fit chercher par tout. Un de ses compagnons la tira de peine en la felicitant sur le bonheur qu'il avoit eu de remporter le prix de la lice, et l'assûrant que cet avantage ne luy avoit coûté qu'une blessûre legere au genou, dont elle devoit esperer qu'il gueriroit bientôt, puis qu'on avoit eu grand soin d'appliquer aussitôt l'appareil necessaire à la playe que luy avoit causé la rencontre d'une pierre qui luy avoit fait quelque contusion.

La dame n'étant pas moins irritée de la désobéissance de son neveu, que fâchée de sa blessûre, se rendit incessamment dans son logis, où trouvant Bertrand au lit, elle luy fit une reprimande fort seche sur le méchant ply qu'il prenoit de se commetre tous les jours avec des canailles, et de n'avoir point devant les yeux la noblesse du sang dont il étoit sorty.

Guesclin tâcha de la radoucir de son mieux, en luy representant que sa blessûre n'étoit pas dangereuse, ayant plus fait de bruit dans le monde que de mal à luy même, et qu'il esperoit d'en guerir au premier jour. En effet il se vit sur pied au neuviéme jour, et quelque temps aprés ayant fait sa paix avec son pere, par le canal de sa tante et de ses amis, il en obtint un petit roussin, sur lequel il montoit ordinairement pour contenter la curiosité qu'il avoit d'aller voir les tournois qui se faisoient dans la province de Bretagne. Il eût bien voulu se mettre sur les rangs avec les autres; mais comme il étoit trop jeune et trop mal monté, ces deux obstacles ne luy permettoient pas de satisfaire le desir qu'il avoit de se signaler dans cet exercice, sous les yeux d'une foule de spectateurs dont la presence l'auroit encouragé de faire de son mieux pour surmonter son adversaire. Il se contentoit de faire a son pere un recit fort exact et fort agreable de toutes les circonstances qui s'étoient passées dans ces sortes de combats; et ce jeune homme témoignoit en les racontant prendre tant de goût à ces exercices, que ceux qui l'écoutoient là dessus, et particulierement son pere, jugerent dés lors que Bertrand feroit un jour un grand fracas dans l'Europe dans la profession des armes, et quoy qu'il eût l'humeur tout à fait guerriere, cependant ses parens admirerent la bonté de son naturel, qui s'attendrissoit sur les pauvres, qui ne sortoient jamais d'auprés de luy sans en recevoir quelque aumône.

CHAPITRE II.

Bertrand remporta le prix dans un tournoy qui se fit au milieu de Rennes, après avoir toûjours eu l'avantage dans tous les combats de lance qu'il donna.

C'étoit autrefois une coûtume fort loüable d'instruire la jeunesse à courre la lance, et de proposer un prix à celuy qui réüssiroit le mieux dans ce noble exercice, afin que cette lice luy servît d'apprentissage pour faire un jour la guerre avec succés. C'est sur ce pied qu'on marqua dans Rennes le jour, le temps et la place où se devoient donner ces sortes d'assauts. Chacun courut avec empressement pour les voir; les dames paroissoient aux fenêtres fort magnifiquement parées, pour s'attirer les yeux de tout le monde, et pour être les spectatrices de ces combats. La presence de tant de témoins et d'arbitres excitoit dans le cœur de chaque écuyer un desir ardent de bien faire, et de sortir avec honneur d'une si glorieuse carriere. Bertrand se mit sur les rangs avec les autres, mais il devint la raillerie de ce beau sexe, qui le voyant si laid et si mal monté, ne manqua pas d'éclater de rire à ses dépens, en disant qu'il avoit plus l'air d'un bouvier que d'un gentilhomme, et qu'il avoit apparemment emprunté le cheval d'un meunier pour faire une course de cette importance. D'autres, qui connoissoient sa naissance, sa bravoure et son cœur, prenoient son party, soûtenans qu'il étoit le plus intrepide et le plus hardy chevalier de toute la province, et qu'il alloit bientôt donner publiquement des preuves de son adresse et de sa force.

Bertrand qui prêtoit l'oreille à tout ce qu'on disoit de luy, se reprochoit interieurement son méchant air et sa mauvaise mine, et desesperoit de pouvoir jamais plaire aux dames étant si mal fait : il pestoit aussi dans son ame contre la dureté de son pere qui le négligeoit si fort, qu'il souffroit qu'il eût une si méchante monture dans une occasion de cet éclat. C'est qui l'engagea de prier un de ses cousins, qui se trouva là, de luy faire l'amitié de luy prêter son cheval, afin qu'il pût se démêler avec succés de l'action qu'il alloit entreprendre, l'assûrant qu'il reconnoîtroit dans son temps ce bon office qu'il attendoit de son honnêteté. Ce parent ne balança point à luy faire ce petit plaisir, l'accommodant sur l'heure de ses armes et de son cheval. Bertrand se voyant dans un équipage assez leste et monté fort avantageusement, se presenta pour rompre une lance, tendant les mains au premier écuyer qui voudroit entrer en lice avec luy. L'un des plus braves de la troupe luy répondit par le même signe. La carriere étant ainsi reciproquement ouverte, Guesclin poussa son cheval avec tant de force et pointa sa lance avec tant d'adresse, qu'il donna juste dans la visiere de son adversaire et luy fit sauter le casque à bas. Il frappa ce coup avec tant de roideur qu'il jetta par terre le cheval et le chevalier. Le premier en mourut à l'instant; et l'homme demeura longtemps pâmé sur la place, sans pouvoir reprendre ses sens, et quand il fut revenu de ce grand étourdissement, il demanda le nom de son vainqueur : mais on ne luy pût donner là dessus aucun éclaircissement, parce que le casque qui couvroit la tête de Guesclin ne permettoit à personne de le reconnoître. Il arriva pour lors une conjoncture fort heureuse pour Bertrand, et qui fit voir à tout le monde la bonté de son naturel, car son pere, qui ne le connoissoit point au travers de son armûre de tête, voulant vanger l'affront de celuy qui venoit d'être terrassé, se presenta pour faire un coup de lance contre luy, mais Bertrand, qui reconnut les armes de sa maison sur l'écu de son pere, jetta aussitôt par respect la sienne par terre.

Tous les spectateurs furent également surpris d'une contenance si contraire à celle qu'il venoit de faire éclater. Son pere, qui s'imaginoit que sa seule crainte avoit toute la part à cette action, fut bien détrompé quand il le vit aussitôt mesurer ses forces avec un autre, auquel il fit perdre les étriers, et qu'il atteignit sur la tête avec tant de roideur, qu'il luy fit voler son casque à plus de dix pieds de là. Toute l'assemblée battit aussitôt des mains, applaudissant à ce généreux aventurier, dont ils ne connoissoient ny le nom, ny la personne; mais ce fut un redoublement de joye, particulierement pour son pere, quand Guesclin leva la visiere devant tout le monde pour se donner à connoître. Il courut pour embrasser ce cher enfant qui luy faisoit tant d'honneur, et dont tous les assistans admirerent la grande jeunesse et la grande adresse, et la surprenante hardiesse. Il luy promit qu'à l'avenir il l'assisteroit de tout ce qu'il auroit besoin, de chevaux et d'argent, pour busquer fortune dans la guerre, pour laquelle il avoit des dispositions si heureuses ; et sa mere et sa tante qui se trouverent là ne se pouvoient tenir de joye, de voir dans ce jeune homme les glorieux premices de ce qu'on leur avoit dit qu'il devoit devenir un jour.

◇◇◇

CHAPITRE III.

Où l'on verra l'artifice et le courage avec lequel Bertrand s'empara de la citadelle de Fougeray pour Charles de Blois contre Simon de Monfort, lorsque ces deux princes se faisoient la guerre, pour soûtenir l'un contre l'autre leurs droits prétendus sur le duché de Bretagne.

L'histoire de France nous apprend la fameuse concurrence qu'il y eut entre Charles de Blois et Jean de Monfort pour la souveraineté de Bretagne. Philippe de Valois épousa la querelle du premier de ces princes, et le roy d'Angleterre celle du second. Toute l'Europe sembla se vouloir partager là dessus. En effet une si belle province meritoit bien que ceux qui pretendoient y avoir plus de droit, en achetassent la possession par des combats et par des victoires. Comme elle étoit la patrie de Bertrand et qu'il avoit le cœur tout françois, il ne balança point à se declarer pour celuy qui s'étoit mis sous la protection des lys. Il prit donc le party de Charles de Blois, et se mit en tête d'enlever par surprise un château qu'on appelloit Fougeray, qui dans ce temps étoit une place importante, et dont la prise pouvoit donner un grand poids aux pretentions du prince dont il avoit entrepris de soûtenir les intérêts. Il s'avisa, pour y reüssir, de se travestir en bucheron, pour se rendre moins suspect à ceux qui gardoient ce chateau. Soixante hommes qu'il avoit aposté pour seconder son dessein, lui furent d'un tres-grand secours pour l'executer à coup sûr.

Il partagea ce petit corps en quatre parties comme si c'étoient autant de bucherons qui venoient les uns aprés les autres indifferemment pour vendre du bois dans la place. Il épia le temps que le gouverneur venoit d'en sortir avec une partie de sa garnison pour faire la tentative qu'il avoit meditée. Tout son monde avoit comme luy des armes cachées sous leur juste au corps. Ils sortirent separement d'une forêt voisine, dans laquelle ils avoient passé fort secrettement la derniere nuit; ils parurent de grand matin chargez, qui çà, qui là, de bourées et de fagots sur leurs épaules. Comme on ne voyoit cette troupe que fort confusement de loin, le guet ne manqua pas de sonner, mais à mesure qu'ils approcherent la défiance commença de cesser. Bertrand se presenta le premier dans ce bel équipage, et parut auprés du pont levis, couvert d'une robe blanche jusqu'aux genoux et chargé de bois par dessus. Le portier, qui ne se défioit de rien, vint luy quatriéme abaisser le pont. Bertrand debuta par se décharger de son fardeau pour embarrasser le pont, et tira de dessous son habit une bayonnette dont il poignarda le portier, et cria aussitôt Guesclin, pour donner le signal à ses gens de le joindre et de le seconder. Ils partirent aussitôt de la main, se jettans sur le pont et gaaignerent la porte dont ils se saisirent en attendant que le reste pût entrer avec eux : mais comme il y avoit bien deux cens Anglois dans la place, et que Bertrand n'avoit que soixante hommes, la partie n'étoit pas égale : il y eut grande boucherie de part et d'autre; les Bretons étoient attaquez de tous côtez; ils n'avoient pas seulement à soûtenir les efforts des soldats anglois, il leur falloit encore essuyer une grêle de pierres, qui leur étoient jettées par les femmes et les enfans de Fougeray.

Le fracas fut grand; il y eut un Anglois qui d'un coup de coignée fendit la tête d'un des compagnons de Bertrand; celuy-cy le perça de son épée pour vanger la mort de son compatriote, et s'emparant de la même coignée, charpentoit tous les Anglois qui se presentoient devant luy, les menant battans jusqu'au pied d'une bergerie, contre laquelle il s'adossa pour reprendre haleine, et parer les coups qu'on luy pouvoit porter par derriere, en attendant qu'il lui vint du secours, dont il avoit un tres-grand besoin (car il avoit déjà reçu beaucoup de blessures, et le sang qui couloit de dessus sa tête sur ses yeux, luy ôtoit l'usage de la veüe, sans laquelle il ne pouvoit pas se defendre), quand il arriva par bonheur qu'un party de cavalerie qui tenoit pour Charles de Blois, passant là tout auprés, et sçachant que Bertrand étoit aux mains avec les Anglois pour le même sujet, vint le dégager fort à propos, écarta d'autour de luy tous ses ennemis qui s'acharnoient à le massacrer, et contre lesquels il tint tête jusqu'à ce que ces cavaliers arriverent heureusement, et chargerent les Anglois avec tant de furie qu'ils en tuerent la meilleure partie. Le reste fut contraint de prendre la fuite. Ils trouverent Bertrand dans un grand danger, car il étoit tout seul aux prises avec dix Anglois; et comme sa coignée lui avoit échappé des mains, il étoit obligé de se defendre à coups de poing. Cependant il disputa si bien le terrain que, secondé de ce secours, il se rendit le maître de la place, dont il s'empara pour Charles de Blois; et s'acquit par cette bravoure une si grande reputation partout, qu'il passoit pour le plus intrepide et le plus hardy chevalier de son siecle.

CHAPITRE IV.

Où l'on admirera le stratagême dont se servit Bertrand pour faire lever le siege de Rennes assiegé par le duc de Lancastre, et comme il se jetta dans la ville pour la secourir.

Le roy d'Angleterre s'étant déclaré pour Jean de Montfort contre Charles de Blois, envoya le duc de Lancastre en Bretagne, à la tête d'un gros corps de troupes, pour mettre le siege devant la capitale de cette province. Il fit accompagner ce prince des seigneurs les plus distinguez de sa Cour : pour faciliter une si considerable expedition, le comte de Pembroc, Jean de Chandos, Robert Knolc, Jean d'Andelette, tous fameux capitaines, étoient de la partie. Il y avoit même dans l'armée du Duc beaucoup de gentilshommes bretons, qui s'étoient engagez au service de Jean de Montfort, et qui prirent party dans l'armée angloise, pour luy donner des preuves de leur zèle et de leur fidelité. Le duc fit serment qu'il ne desempareroit point du poste qu'il avoit occupé qu'après la prise de la ville, et qu'il pretendoit planter son enseigne sur le haut des murailles de Rennes.

Bertrand, qui tenoit pour Charles de Blois, étoit aux écoutes, caché dans un bois avec ses gens, cherchant l'occasion de se jeter dans la place, et faisant toûjours quelques efforts pour ce sujet. Il harceloit l'armée des ennemis, leur donnant toutes les nuits de nouvelles alarmes, ce qui fatiguoit fort les Anglois, qui devoient être toûjours sur leurs gardes, et ne pouvoient ainsi reposer, ny dormir à loisir. Le duc fut curieux d'apprendre le nom du cavalier qui donnoit tant d'exercice à ses troupes. Un gentilhomme breton le lui déclina par de fort beaux endroits, luy marquant sa naissance, sa bravoure et son intrepidité dans les occasions les plus dangereuses, et l'adresse et la resolution qu'il avoit depuis peu fait paroître, quand il s'étoit saisy du château de Fougeray, dont il avoit surpris et tué toute la garnison. Ce prince, sur ce récit, conçut beaucoup d'estime pour Bertrand, mais il eût fort souhaité qu'il allât exercer son courage dans un autre païs, parce qu'il apprehendoit qu'un homme de cette trempe ne fût capable de troubler beaucoup le cours de son siege.

Guesclin, suivant toûjours sa pointe, faisoit souvent des courses aux environs du camp des Anglois. Un officier de cette armée tomba par bonheur dans ses mains, qui luy dit que le duc de Lancastre esperoit de faire bientôt joüer une mine pour ouvrir une breche, à la faveur de laquelle il comptoit de prendre Rennes d'assaut. Bertrand, pour détourner le coup, se mit en tête de donner le change aux Anglois, et de leur faire perdre l'envie de continuer l'ouvrage qu'ils avoient commencé : se glissant avec ses Bretons, dans une nuit bien sombre, au milieu du camp du Duc, lors que les Anglois étoient endormis, et pour encourager ses gens, et dans le même temps intimider ses ennemis, il mit le feu dans leurs tentes et cria *Guesclin*. L'alarme fut si grande, que les Anglois, à leur réveil, croyoient que Charles de Blois leur venoit tomber sur le corps avec une armée fort nombreuse; mais aprés s'être un peu reconnus, ils se rassûrerent et donnerent mille malédictions à Bertrand, qui leur avoit brûlé leur équipage avec une poignée de ses gens, et s'étoit ensuite tiré d'affaire en faisant une fort honorable retraite. Le duc, indigné de toutes les algarades que luy faisoit cet aventurier, jura que s'il tomboit une fois dans ses mains, il ne le relâcheroit jamais, quelque rançon qu'on luy voulût offrir pour sa liberté, mais un chevalier breton prit celle de dire à ce prince que Bertrand ne luy donneroit jamais de repos jusqu'à ce qu'il fût entré dans Rennes pour la secourir. C'est ce qui l'obligea de presser ce siege et de faire hâter la mine qu'il avoit commencée.

Le gouverneur de Rennes, que Charles de Blois avoit étably dans la place, et qu'on nommoit le *Tortboiteux*, étoit fort en peine de découvrir en quel endroit on faisoit miner, et pour en avoir quelque éclaircissement, il avoit ordonné que dans toutes les maisons qui tenoient aux remparts on y pendit de petits bassins, afin que par le tressaillement que le mouvement des mineurs y causeroit necessairement, on seût l'endroit où ils travailloient. Cette invention fit deterrer le lieu de la mine, contre laquelle le gouverneur prit ses précautions en contreminant; et, par cet artifice, il rendit les travaux des mineurs anglois inutiles et sans aucun effet, ce qui chagrina beaucoup le duc de Lancastre, qui, voyant qu'il luy falloit changer de batterie, fit vivement ataquer la place par des beliers et d'autres instrumens de guerre. Mais les assiegez se defendans toûjours fort vaillamment, il fut obligé d'avoir recours à d'autres stratagêmes. Il sçavoit que les assiegez avoient peu de vivres, et que la faim les forceroit bientôt à se rendre.

Il crut que pour les engager à sortir de leurs murailles et luy donner beau jeu pour les défaire, il leur devoit présenter quelque amorce qui les attirât au dehors. Il s'avisa de faire approcher de Rennes grand nombre de pourceaux, s'imaginant que la famine qui les pressoit leur feroit exposer leur vie, dans la veüe de faire un butin qui leur donneroit de quoy la soûtenir longtemps, en attendant qu'il leur vint quelque secours de Charles de Blois.

Mais le gouverneur, bien loin de donner dans ce piege, en sçut tirer un fort grand avantage, en profitant de la proie que le Duc lui présentoit. Il s'avisa de faire attacher à la porte de Rennes une truye la tête en bas et les pieds en haut, qui, se tourmentant et se demenant dans cette situation renversée, fit de grands cris et de grands efforts pour se détacher; mais, n'en pouvant venir à bout, elle fit tant de bruit, que les porcs coururent en foule de ce côté-là. Quand les assiegez s'apperçurent que la troupe grossissoit auprés des fossez, ils abbatirent le pont levis et couperent la corde qui tenoient la truye suspenduë, qui, se voyant en liberté, rentra dans la ville en criant toûjours. Elle y fut aussitôt suivie par tout le troupeau, qui ne manqua point, par une sympathie naturelle, de se ranger tout autour d'elle. Les assiegés releverent aussitôt le pont, et se presenterent aux creneaux des murailles pour faire des huées contre les Anglois, disant qu'ils alloient faire grand chere à leur dépens, et qu'ils remercioient le duc de Lancastre de leur avoir donné de quoy soûtenir plus longtemps contre luy le siege de la ville, et qu'ils esperoient de luy faire lever au plûtôt par le secours qu'ils attendoient.

Cette favorable aventure les ravitailla pendant quelque temps; mais à la fin, les vivres commençans à leur manquer, le Tortboiteux assembla non seulement tous les officiers de sa garnison, mais aussi tous les plus notables bourgeois de la ville, pour leur representer qu'ils étoient à bout, et qu'ils ne pourroient pas encore tenir beaucoup de jours, s'il ne leur venoit un prompt secours; qu'il étoit donc d'aviz que quelqu'un de la compagnie prit la resolution de passer tout au travers du camp des ennemis, pour aller trouver le duc Charles, qui faisoit son sejour à Nantes, et luy témoigner que sa capitale étoit aux abois et ne pourroit pas se defendre de capituler, s'il ne faisoit les derniers efforts pour la secourir. Il y eut un bourgeois qui s'offrit de tenter le péril, pourveu que durant son absence, on voulût avoir soin de trois filles et de cinq garçons qu'il avoit, et qui manquoient de pain. La condition fut bientôt acceptée : cet homme qui n'étoit point mal embouché joüa son rôle fort adroitement; car on ne l'eut pas plûtôt mis hors des portes,

que, tournant ses pas du côté du camp des Anglois pour se faire arrêter, il pria les ennemis de ne luy faire aucune violence, et d'avoir la bonté seulement de le mener à la tente du Duc, auquel il avoit une affaire tres-importante à communiquer, et dont il pourroit beaucoup profiter.

Les gardes le conduisirent auprés de ce prince; il ne manqua point de fléchir le genou devant luy, contrefaisant le triste et le désolé, comme s'il n'étoit sorty de la ville que pour l'attendrir sur sa misere. Il lui représenta que le gouverneur de Rennes avoit fait mourir sept de ses enfans, et qu'au lieu de mettre dehors toutes les bouches inutiles, comme les vieillards, les petits enfans, et les pauvres, il les avoit fait tous passer au fil de l'épée, de peur que venans à sortir, on ne découvrit le deplorable état où la famine avoit réduit la place. Le personnage s'appercevant que le Duc prêtoit l'oreille à son discours, feignit, pour tirer avantage de sa crédulité, d'avoir un avis très-important à luy donner. Ce prince le carressa de son mieux pour l'engager à lui reveler ce secret. Il lui dit que les assiegez attendoient un secours de quatre mille Allemands qui devoient forcer ses lignes, et jetter dans la place tous les vivres et toutes les munitions qui luy manquoient; que ce corps de troupes se devoit partager en deux bandes; afin que si l'une ne reüssissoit pas, l'autre pût entrer dans la ville à coup sûr.

Ce rusé circonstancia si bien tous les faits qu'il eut la hardiesse d'avancer, que le duc ordonna qu'on luy fit apporter à boire et à manger, et monta tout aussitôt à cheval à la tête de ses plus belles troupes, pour aller au devant de ce secours imaginaire, laissant peu de gens dans les lignes pour la continuation du siege. Le galant ayant fait son coup, ne songea plus qu'à se dérober secretement du camp des Anglois, tandis que le Duc, qu'il avoit joüé, seroit occupé dans la vaine expedition qu'il venoit de luy conseiller. Il se glissa donc à la faveur de la nuit hors des lignes, et marchant à perte d'haleine, il alla reposer dans un vieux château qu'il rencontra sur son chemin sans y trouver personne, parce que le seigneur du lieu, craignant les courses des partis, avait été contraint de l'abandonner. Il poursuivit sa route à la pointe du jour dés le lendemain; mais il tomba dans l'embuscade de Bertrand, qui étoit toûjours aux aguets. Il le prit d'abord pour un espion que les Anglois avoient envoyé pour observer sa marche et sa contenance, et luy dit dans le langage de ce temps là : *Fausse espie*, *que le corps Dieu te cravante si tu ne me dis moulte verité.*

Le pauvre messager, tout épouvanté, se mit à genoux et luy fit tout au long le recit du stratagême dont il venoit de se servir pour duper le duc de Lancastre : il luy offrit même de l'accompagner s'il entreprenoit de donner sur le peu d'Anglois qui restoient dans les lignes. Quand Bertrand s'aperçut que cet homme luy parloit fort sincerement, il se tourna du côté de ses gens, et leur representa qu'il y avoit un beau coup à faire, et que s'ils avoient assez de courage et de resolution pour le suivre, il pourroit avec eux delivrer Rennes des mains des Anglois. Ils lui promirent tous de ne jamais l'abandonner quand même il les voudroit mener à une mort certaine. Le duc de Lancastre, ayant quité son camp avec ce qu'il avoit de troupes choisies, envoya des espions de tous côtez pour apprendre des nouvelles de ces pretendus Allemands qui devoient le venir forcer dans ses lignes; mais ses emissaires n'ayant rien appris, ni rien découvert, il lui tomba dans l'esprit que le bourgeois de Rennes pourroit bien l'avoir joué, pour le faire décamper de son siege et donner cependant à Guesclin beau jeu pour venir insulter le peu de gens qu'il avoit laissé auprés de la place. Son pressentiment ne se trouva que trop véritable; car Bertrand fit une si grande diligence, qu'il surprit les assiegeans à l'aube du jour comme ils étoient encore endormis, chargea tout ce qui se rencontra devant luy, fit une cruelle boucherie de ceux qui se mirent en devoir de luy resister. L'épouvante des Anglois fut si grande, qu'ils croyoient avoir sur les bras une armée de François toute entiere.

Guesclin ne se contenta pas de ce premier succés; il apperçut plus de cent charettes chargées de chairs salées, de farines et de vins, que les Anglois vouloient sauver à la faveur du trouble et du tumulte; mais Bertrand y courut pour s'en saisir, et fit tant battre les chartiers pour les obliger à marcher du côté de Rennes, qu'il vouloit ravitailler, qu'il les fit tourner de ce côté là, les menaçant qu'il les feroit pendre, et les frappant toûjours durant tout le cours de leur marche pour les hâter d'aller. Quand il fut arrivé jusqu'à la barriere de Rennes avec ses troupes victorieuses et cet agreable attirail, il cria de toute sa force Guesclin, faisant signe de la main qu'il venoit au secours des assiegez, et qu'ils ne balançassent point à luy faire l'ouverture de leurs portes. Le gouverneur et les principaux officiers de sa garnison firent baisser le pont, et coururent à luy pour l'embrasser et le feliciter d'un si grand succès, l'appellans leur liberateur et reconnoissans que non seulement il avoit sauvé la ville, mais leurs propres vies, puis que la famine les avoit tous mis sur les dents. Il fit son entrée dans Rennes au bruit des acclamations; toutes les rües ne retentissoient que du nom de Guesclin; chacun s'empressoit de le voir. Toutes les dames et les bourgeoises étoient aux fenêtres pour le regarder, si bien que ce jour heureux en fut un de triomphe pour luy.

Bertrand ne s'entêta point de toutes ces loüanges : et comme au travers de sa bravoure et de toute son humeur guerriere il conservoit toûjours un esprit d'équité, ce genereux capitaine envoya querir les chartiers qu'il avoit forcé de mener le convoy du camp dans la ville, et leur demanda si les denrées dont leurs charettes étoient chargées leur appartenoient en propre, et sur le serment qu'il leur en fit faire, il leur donna sa parole qu'ils seroient dédommagez de tout, et leur ayant fait compter leur argent sur l'heure, il leur commanda de retourner au camp des Anglois, et de dire de sa part au duc de Lancastre qu'ayant à present des vivres et des munitions pour longtemps, il defendroit la place jusqu'au dernier soûpir de sa vie : mais il leur recommanda sur tout de ne plus à l'avenir charger des vivres au camp des Anglois, ajoûtant que s'ils étoient assez hardis pour entreprendre de le faire une seconde fois, il n'y auroit aucun quartier pour eux.

Cependant le duc de Lancastre étant de retour de son équipée, fut bien consterné quand il apprit l'expedition que Bertrand avoit fait dans Rennes avec le convoy qu'il venoit d'enlever aux Anglois. Il donna mille maledictions au bourgeois qui l'avoit joüé de la sorte, et jura que si jamais il tomboit dans ses mains, il luy feroit souffrir les plus cruels tourmens qu'il pouroit inventer. Tandis que ce prince s'abandonnoit à ses saillies, les chartiers se presenterent devant luy pour s'aquiter de la commission dont Bertrand les avoit chargé, lui disant que ce genereux capitaine en avoit usé de la maniere du monde la plus honnête à leur égard, les faisant rembourser au juste du prix de leurs marchandises, et leur faisant rendre leurs voitures et leurs chevaux. Ils l'assürerent aussi, de sa part, qu'il étoit résolu de luy disputer le terrain pied à pied, et qu'il se feroit ensevelir sous les ruines de la ville, avant que les Anglois y pussent entrer. Le duc à ce récit conçut une estime toute particuliere pour Bertrand, se souvenant de toute la conduite qu'il avoit tenuë durant tout le cours de ce siege, du courage et de l'adresse avec laquelle il avoit forcé ses lignes, et de l'honnêteté qu'il avoit fait à ses chartiers : il témoigna même quelque curiosité de voir un si brave soldat. Le comte de Pembroc, qui connoissoit Bertrand, ne laissa point tomber ce discours à terre. Il assûra ce prince qu'il luy seroit aisé de satisfaire l'envie qu'il avoit là dessus, et que s'il luy vouloit envoyer un passeport, il devoit compter que Guesclin ne bálanceroit point à se rendre aussitôt à sa tente. Le Duc fit expédier un saufconduit qu'il signa de sa propre main, le mit dans celle d'un heraut d'armes qui portoit ses livrées, et luy recommanda d'aller à toutes jambes à Rennes, pour prier Bertrand de sa part de le venir trouver.

Ce cavalier s'alla presenter aux portes de la ville, et faisant signe de la main qu'il avoit quelque chose à dire de la part de son maître le duc de Lancastre, le gouverneur vint aux creneaux des murailles. Il luy montra de loin les depêches du Duc ; les portes luy furent aussitôt ouvertes ; beaucoup d'officiers se rangerent autour de luy, dans un grand empressement d'apprendre ce qu'il y avoit de nouveau. Cet Anglois les regardant tous les uns après les autres, dit qu'il ne voyoit point là celuy qu'il cherchoit, et que c'étoit à Bertrand auquel il avoit ordre de parler. On le fit entrer plus avant dans la ville, et comme on le luy montra de loin qui se promenoit sur la place ; ce heraut étudiant sa taille et son visage, dit indiscrettement à ceux qui l'environnoient, que cet homme avoit plus l'air d'un brigand que d'un gentilhomme. On l'avertit qu'il se donnât bien garde de s'émanciper de la sorte quand il luy parleroit, s'il vouloit retourner en vie dans le camp des Anglois. Le cavalier se le tint pour dit ; il approcha de Bertrand avec beaucoup de crainte et de respect, qui, fronçant le sourcil, luy demanda ce qu'il avoit à dire : le héraut, tout tremblant, le cajola de son mieux, luy marquant que le duc de Lancastre, son maître, admirant sa bravoure et sa valeur, et la grande action qu'il venoit de faire pour le service de Charles de Blois et les bourgeois de Rennes, avoient une merveilleuse envie de le voir, et qu'il luy feroit un plaisir extrême s'il vouloit bien se rendre à son camp pour contenter non seulement sa curiosité, mais aussi celle de toute son armée, qui brûloit du desir de regarder en face un si courageux capitaine, quoy que leur ennemy ; qu'il ne devoit point hesiter à prendre ce party, puis qu'il y pouvoit venir sûrement à la faveur d'un passeport bien conditionné, que le Duc luy avoit commandé de luy mettre en main, pour le guerir de tout le soupçon qu'il pourroit avoir, qu'il eût envie de luy tendre un piege pour s'assûrer de sa personne.

Bertrand qui ne savoit pas lire (parce qu'il avoit toûjours eu tant d'indocilité pour ses maîtres, qu'au lieu d'écouter leurs instructions, il les vouloit battre et maltraiter), mit le passeport entre les mains d'un de ses compagnons pour en apprendre la teneur, et quant il en eut entendu la lecture, il ne se contenta pas de dire au heraut qu'il s'alloit préparer pour aller avec luy jusqu'au camp du duc ; mais il voulut, avant que de se mettre en chemin, le regaler dans son appartement et le gracieuser d'une belle veste et d'une bourse de cent florins qu'il luy donna fort genereusement, dont le cavalier, qui ne s'attendoit pas à cette honnêteté, fut si satisfait qu'il la prôna dans toute l'armée des Anglois. Guesclin partit donc avec luy dans un équipage fort leste, monté sur un fort beau cheval et dans une contenance intrépide. L'empressement qu'on avoit de le voir, fit que tous les soldats s'amassèrent en foule pour le regarder à l'envy tant la reputation fait d'impression sur l'esprit des gens. On l'étudia depuis la tête jusqu'aux pieds ; on s'étonna de le voir si gros et si noir, on observa même jusqu'à la grosseur de ses poings, et l'on s'en faisait une idée d'un fort redoutable ennemy. Bertrand passa fierement au travers de tous ces spectateurs, et mit pied à terre auprès de la tente du Duc, devant lequel il fléchit fort respectueusement un genou.

Ce prince ne le voulant pas souffrir dans cette posture, le releva, le prenant par la main, disant qu'il luy sçavoit bon gré de ce qu'il avoit bien voulu faire ce pas et cette demarche en sa consideration. Bertrand l'assûra qu'il auroit toûjours le dernier respect pour sa personne ; mais qu'il ne devoit pas trouver mauvais s'il ne faisoit avec luy ny paix ny treve, jusqu'à ce qu'il eût mis les armes bas par un accommodement avec son seigneur. Le Duc luy demanda le nom de celuy qu'il reconnoissoit pour son seigneur : « C'est, luy ré-
» pondit-il, Charles de Blois, à qui la Bretagne
» appartient du côté de la Duchesse, sa femme.
» Il est bien éloigné de son compte, luy repartit
» le Duc : il faut qu'il fasse perir plus de cent
» mille hommes, avant qu'il puisse parvenir à
» son but. Seigneur, luy dit Bertrand, s'il en doit
» coûter la vie à tant de gens, ceux qui leur
» survivront auront au moins la consolation de
» succeder à leurs heritages. » Le Duc admirant l'assûrance et l'intrépidité de Guesclin, ne put pas s'abstenir de rire. Bertrand le regardant encore plus fierement et sans se deferrer, engagea ce prince à redoubler son ris, et ne pouvant assez

admirer la resolution de ce capitaine, il luy dit : « Bertrand, si tu veux prendre party dans » mon armée, je t'y promets un rang fort distin- » gué. » Mais il acheva de charmer ce prince, en luy répondant que rien ne seroit jamais capable d'ébranler en luy la fidélité qu'il devoit a Charles de Blois.

CHAPITRE V.

De l'avantage que Bertrand remporta dans le combat qu'il eut avec Guillaume de Brambroc, chevalier anglois, en presence du duc de Lancastre; et de plusieurs artifices qu'il mit en usage pour faire lever à ce prince le siege de Rennes.

Quand le Duc eut étudié tout à loisir la taille, le visage, les airs, les manieres et les reparties de Bertrand, il le fit regaler de son mieux, pour témoigner publiquement l'estime qu'il faisoit d'un gentilhomme de cette trempe. Il y en eut un autre qui, jaloux de toutes les caresses dont ce prince faisoit gloire de l'honorer, essaya d'effacer de son esprit cette haute idée qu'il en avoit conçuë, par un cartel qu'il luy fit, en le défiant de combattre contre luy seul à seul, à la veüe du Duc et de toutes ses troupes. Cet anglois s'appelloit Guillaume Brambroc : il portoit une dent à Guesclin depuis qu'il avoit enlevé le château de Fougeray sur Robert de Brambroc, son proche parent; et d'ailleurs ne pouvant souffrir qu'avec peine toutes les loüanges qu'on donnoit à cet étranger, il voulut desabuser tout le monde de sa pretenduë bravoure, en mesurant ses forces avec luy dans un combat singulier, dont il esperoit de sortir avec tout le succés et tout l'avantage. Bertrand, se sentant piqué jusqu'au vif de l'arrogance de ce fanfaron, se promit bien de le faire repentir de sa temerité, luy declarant qu'il acceptoit volontiers le party qu'il luy presentoit, et que bien loin de craindre d'entrer en lice avec luy, jamais il n'auroit un plus beau champ de faire sentir à ses ennemis jusqu'où pouvoit aller le courage et l'adresse d'un gentilhomme breton contre un chevalier anglois; et que quand on luy compteroit tout autant d'argent que toute la masse de son corps en pourroit peser, il ne voudroit pas renoncer au duel qu'il venoit de luy proposer. Le Duc ayant entendu la fiere repartie que Bertrand venoit de faire à ce chevalier, dit à ce dernier qu'il avoit fait une entreprise bien hardie de se vouloir commettre avec un si rude joüeur, et voyant que l'un et l'autre témoignoient une égale chaleur pour en venir aux mains ensemble, il leur marqua le jour du combat pour le lendemain.

Ce prince n'eut pas plûtôt achevé ces paroles que le heraut que Bertrand avoit gratieusé, se vint prosterner à ses pieds et luy faire un recit exact de toutes les honnêtetez qu'il lui avoit faites. Il exagera de son mieux le present qu'il luy avoit fait d'une bourse de cent florins d'or et d'une fort belle veste, quand il l'avoit été trouver de sa part, pour l'engager à se rendre auprés de sa personne. Le Duc fut si touché de la courtoisie de Bertrand, qu'il commanda sur l'heure qu'on tirât le plus beau coursier de son écurie, dont il le gratifia fort genereusement. Guesclin, tout transporté de joye, luy dit dans son patois : *Sire, Dieu vous gard d'encombrier : car oncques ne trouvay comte, ne prince qui me donnât vaillant un seul denier ; le cheval est bel, si le chevaucheray demain devant vous pour aquiter mon convenant.* Aussitôt qu'il fut de retour à Rennes, le gouverneur et les principaux officiers de la garnison vinrent au devant de luy pour apprendre tout le détail de la conference qu'il venoit d'avoir avec le Duc. Bertrand leur donna toute la satisfaction qu'ils pouvoient attendre de luy là dessus, en leur exposant toutes les honnêtetez qu'il avoit reçuës de ce prince, qui luy avoit fait don du plus beau cheval de son écurie, sur lequel il devoit remonter le lendemain pour combattre corps à corps, en pleine carriere, contre Guillaume de Brambroc, chevalier anglois, dont il n'avoit pas pu refuser le défy qu'il luy avoit fait en presence de ce prince. Cette nouvelle ne fut pas goûtée du gouverneur de Rennes, encore moins des parens de Bertrand, qui tâcherent, par toutes les raisons les plus specieuses, de le détourner de cette entreprise, luy representans le peril qui le menaçoit et le peu d'assûrance qu'il y avoit à la parole des Anglois, sur laquelle il ne devoit faire aucun fonds. Bertrand les assûra qu'il n'y avoit rien à craindre pour luy, puis qu'il avoit pour garant un prince trop religieux pour trahir le serment qu'il avoit fait, qu'il n'auroit aucune acception de personne, et qu'il ne permettroit pas que rien s'y passât au préjudice des deux combattans, qui devoient tous attendre de leur courage et de leur seule adresse, sans esperer aucun secours qui pût tourner au desavantage de l'un ny l'autre. Le gouverneur parut satisfait de ses raisons ; mais il ne sortit pas de la crainte qu'il avoit qu'on ne luy fît quelque supercherie.

Le lendemain Bertrand s'arma le plus lestement qu'il luy fut possible et refusa de prendre

une cuirasse, pour combattre avec plus de liberté, se contentant d'un casque, d'une lance et d'un bouclier. Il se rendit, dans cet équipage, à l'église la plus prochaine, pour entendre la messe avant son départ, et recommander à Dieu la justice de sa cause et la conservation de sa vie, le priant, de toute l'étendue de son cœur, de bénir la droiture de ses intentions, et de donner un heureux succés à ses armes. Il voulut même aller à l'offrande pour y faire une espece de vœu, dans lequel il se consacra tout entier à la défense de la religion chrétienne contre les payens et les infidelles, si le ciel luy faisoit remporter l'avantage avec lequel il esperoit sortir de ce combat. Aprés qu'il se fut aquité de ce devoir de pieté, son premier soin fut de prendre une soupe au vin, pour avoir plus de force dans l'action qu'il alloit faire; et comme il se disposoit à monter à cheval, sa tante le vint arrêter par le bras et s'efforça, par ses larmes et par ses soûpirs, de le détourner de cette entreprise, luy representant qu'il alloit combattre contre le plus redoutable chevalier de toute l'Angleterre, et qu'elle avoit toutes les raisons du monde d'appréhender que sa vie ne fût dans un extreme danger, ou du moins qu'on ne lui joûat quelque mauvais tour. Mais Bertrand ne se laissa point intimider pour toutes les remontrances que luy fît cette dame, qui, voyant qu'il n'y avoit rien à gagner sur son esprit, luy demanda par grace qu'il voulût bien ôter son casque, afin qu'elle le pût embrasser, peut être pour la derniere fois; mais Guesclin ne voulant point répondre à tous ces mouvemens de tendresse, qu'il croyoit être hors de saison, luy dit : « Ma tante, vous ferez mieux
» de retourner à la maison baiser vôtre mary
» que de m'empêcher de courir où la gloire et
» mon honneur m'appellent. Defaites vous de
» toutes ces terreurs pueriles; songez seule-
» ment à faire preparer le dîner, et comptez
» que je seray de retour avant qu'il soit
» prêt. »

Aprés qu'il se fut tiré de cette importunité, qu'il regardoit comme un grand contretemps, il partit avec une resolution qui étonna tous les bourgeois de Rennes, qui coururent sur les remparts pour admirer la fierté de sa marche et de sa contenance. Il ne fut pas plûtôt arrivé prés du camp des Anglois, que le duc de Lancastre fît publier une défense par toute son armée d'approcher de plus de vingt lances aucun des deux écuyers, sur peine de la vie, ny de se presenter pour aller au secours de celuy qui seroit terrassé pour le relever. Le champ fut donc ouvert, afin que ces deux genereux combattans pûssent entrer en lice en presence du Duc et de toute son armée, qui mouroit d'envie de les voir aux mains. Bertrand faisoit une si belle contenance qu'elle fut un augure certain de l'avantage qu'il alloit remporter. Il ouvrit le combat par un coup de lance si violent, qu'il perça la cuirasse de son adversaire et penetra même le coton de son pourpoint, si bien que peu s'en fallut qu'il n'allât jusqu'à la chair.

Brambroc, indigné de cette premiere disgrace qu'il venoit d'essuyer, en voulut reparer l'affront en déchargeant un coup de sabre avec tant de force et de furie sur la tête de son ennemy, que le fer entra bien avant dans le casque de Bertrand, qui, se tenant ferme sur ses étriers, ne fut aucunement ébranlé de la rude atteinte qu'il venoit de recevoir. Enfin, aprés avoir bien chamaillé l'un contre l'autre avec un succés égal, Bertrand fît un dernier effort, et ramassant tout ce qu'il avoit de vigueur et de force, remporta la gloire de la lice et de la carriere, en portant un coup à son ennemy, qui, non seulement luy perça la chair, mais le coucha par terre sur le sable, et, sans la consideration du Duc, pour lequel il protestoit d'avoir les derniers égards, il l'auroit achevé ; mais il se contenta de se saisir de son cheval, pour marque de la victoire qu'il avoit remportée, criant tout haut qu'il n'étoit sorti de Rennes qu'avec un cheval, et qu'il s'en retournoit avec deux. Le Duc, qui fut le témoin de la bravoure de Guesclin, l'en félicita par l'organe d'un de ses herauts, et luy fît dire qu'il pourroit reprendre le chemin de Rennes en toute sûreté, sans apprehender qu'on luy fît aucune insulte sur sa route. Bertrand reçut ce compliment avec tant de generosité, qu'il donna de fort bonne grace à ce même heraut le cheval qu'il venoit de gagner dans ce dernier combat. Cette honnêteté ne luy attira pas seulement la reputation d'un brave chevalier, mais aussi celle d'un fort galant homme qui sçavoit faire les choses à coup porté, soûtenant par de forts beaux endroits, la gloire de sa nation.

Son retour à Rennes fut accompagné de tous les applaudissemens imaginables : le gouverneur, les officiers de la garnison, les plus notables bourgeois de la ville coururent à l'envy pour l'embrasser, et ne pouvoient tarir sur les loüanges qu'ils donnoient à une si genereuse action. Ses parens encherirent encore sur les autres, et luy prepareren un fort magnifique repas, afin qu'il se pût agreablement delasser de toutes les nobles fatigues qu'il venoit d'essuyer. Ce fut avec un extrême plaisir qu'ils entendirent le recit qu'il leur fit de toutes les circonstances qui étoient entrées dans ce celebre combat, qu'il avoit donné sous les yeux du duc de Lancastre, du comte de Pembroc et de toute l'armée angloise, qui venoit de voire avec un œil jaloux la défaite d'un de leurs braves, qui reconnoissoit qu'il devoit la vie à Guesclin, son vainqueur, qui avoit droit de la luy ôter, si la clemence et la generosité ne l'eussent emporté dans son cœur, au dessus de la vengeance et du ressentiment, que les ames aussi bien nées que celle de Bertrand ont coutume de mépriser.

Cependant le duc de Lancastre n'oublia pas le soin de son siege. Il avoit fait préparer une grande machine de guerre, qu'il fit approcher des murailles de Rennes, étant appuyée sur des roües qui en facilitoient le mouvement. C'étoit une espece de tour de bois, dont la hauteur égaloit celle des murs de la ville, et dans laquelle il avoit fait entrer grand nombre d'arbalestriers, qui tiroient à coup sûr sur les assiegez au travers des ouvertures dont elle étoit percée. Cette tour étoit fort meurtriere; Bertrand s'avisa d'un stratagême pour en rendre les efforts inutils : il se mit à la tête des plus braves de sa garnison pour faire une sortie sur les Anglois. Il passa sur le ventre à tout ce qui se presenta pour luy resister, et s'étant ouvert le passage à grands coups de sabre jusqu'à cette tour, il y mit le feu malgré les assiegeans; la flamme avoit tant d'activité qu'il n'étoit pas possible de l'éteindre, parce que c'étoit un feu gregeois, que l'eau même ne peut pas empêcher de brûler. Comme la matiere de la machine étoit combustible, la flamme gagna bientôt les hauteurs de la tour, dont la charpente venant à crouler, fit tomber les Anglois quelle renfermoit, à demy brûlez et étouffez. C'étoit un fort pitoyable spectacle de les voir sauter de haut en bas, les uns sur les autre au travers des flammes, qui recevans toûjours un nouvel aliment, faisoient un fracas d'autant plus horrible; si bien que toute la machine venant à se déboiter, fit une chûte qui étonna tous ces spectateurs.

Bertrand ayant fait une si grande execution, fit une retraite aussi glorieuse que l'avoit été sa sortie, car il rentra dans la ville à la tête de ses Bretons, se faisant jour au travers de tous les assiegeans qui le vouloient envelopper. Le duc de Lancastre, dont toutes les ressources étoient épuisées, étoit au desespoir d'avoir jusqu'à lors si peu reüssy dans le siege qu'il avoit entrepris; la famine ne travailloit pas moins son camp que la ville; la saison s'avançoit, et cependant il n'avoit encore fait aucun progrès considerable. Il eût bien voulu lever le piquet de devant Rennes, mais il ne le pouvoit faire sans honte, et d'ailleurs, il avoit fait serment de ne point décamper de là qu'il n'eut arboré les leopards d'Angleterre sur les rempars de Rennes. Il falut donc chercher quelque expedient pour luy faire lever le siege sans trahir son serment. Bertrand le trouva sur l'heure, en luy representant qu'il pouvoit entrer luy dixième dans Rennes, et monter sur les murs de la ville pour y planter son étendard, et que les assiegez luy ouvriroient volontiers leurs portes pour luy donner lieu d'accomplir son serment.

Le Duc entra volontiers dans la pensée de Guesclin, ne demandant qu'à se tirer d'affaire. Le jour fut marqué pour l'execution de cette belle ceremonie. Bertrand et le gouverneur firent publier par toute la ville que chacun se tint prêt pour recevoir le duc de Lancastre; et comme ils apprehendoient qu'il ne découvrit leurs besoins et le peu de vivres qui leur restoit pour soûtenir encore le siege long temps, il fut ordonné, sous de grosses peines, que chaque bourgeois étaleroit à sa porte tout ce qu'il avoit de viande, de bled, de poisson et d'autres denrées, à la pointe du jour, et que si quelqu'un d'entr'eux étoit assez hardy pour en receler la moindre chose, on luy confisqueroit tous ses biens, et l'on s'assûreroit de sa personne. Cet ordre fut si ponctuellement executé, que quand le Duc entra dans Rennes avec son petit cortege, il fut surpris de voir tant de vivres dans cette place, et perdit l'envie de rester devant plus longtemps. Le gouverneur de Rennes, Bertrand et les officiers les plus distinguez de la garnison reçurent ce prince avec tout le respect dont ils furent capables, et luy firent tout l'acueil qu'un seigneur de sa condition pouvoit attendre de leur honnêteté.

Le Duc monta donc sur les murs; on luy presenta l'étendard d'Angleterre, pour s'aquiter de la ridicule ceremonie qui devoit le dégager de son serment. Il mit son enseigne sur le haut de la porte de Rennes avec autant de front et d'assûrance que s'il en avoit fait la conquête. Bertrand luy voulut verser à boire luy-même, et prit la liberté de luy demander où la guerre se devoit continuer dans la suite, car ce brave, qui ne cherchoit que les occasions de se signaler, apprehendoit de se voir hors d'œuvre après la levée de ce siege. Le Duc, ne pouvant se defendre d'admirer cette inclination martiale qu'il voyoit en luy, se mit à lui soûrire, en disant qu'il l'apprendroit bientôt et qu'il trouveroit un champ assez large pour exercer son courage et sa valeur. Mais ce prince eut un grand déboire, quand il apperçut qu'on jetta son enseigne par terre, avant même qu'il eût sorti la barriere, et que les assiegez faisoient de grandes huées sur luy. Ce luy fut une mortification qu'il eut beaucoup de peine à digerer, et qui le fit bien repentir de la démarche honteuse qu'il venoit de faire.

Comme il avoit donné sa parole de lever le siege, il fut religieux à la tenir ; il fit plier bagage à ses troupes, et décampa tout aussitôt de la place, pour aller passer son hyver dans Auray, jusqu'à ce qu'il eût des nouvelles de Jean de Monfort, avec lequel il devoit s'aboucher pour prendre de nouvelles mesures pour la prochaine campagne. Charles de Blois ayant appris le peu de succès que le duc de Lancastre avoit eu devant Rennes, et le courage avec lequel Bertrand l'avoit defenduë, se rendit incessamment dans cette capitale, pour remercier les bourgeois du zele et de la fidelité qu'ils avoient eu pour son service, et pour témoigner à Bertrand combien il étoit sensible aux grands efforts qu'il avoit fait pour sa querelle, avec tant de succès. Il luy fit don d'un beau château qu'on appeloit *la Roche d'Arien*, le conjura de toûjours épouser son party dans la suite, et de vouloir en sa faveur couronner l'œuvre qu'il avoit commencé si genereusement. Bertrand luy promit de se devoüer tout entier à luy, l'assûrant qu'il ne manieroit jamais l'épée que pour sa querelle, et qu'il tâcheroit à l'avenir de luy conserver la souveraineté qu'un usurpateur luy disputoit avec tant d'injustice.

En effet, toute la Bretagne étoit partagée pour ces deux princes, les uns tenans pour l'un, et les autres pour l'autre. Le roy d'Angleterre entrant avec chaleur dans le party de Jean de Monfort, remplit toute la Bretagne d'Anglois, qu'il fit débarquer à Brest, dont il donna le commandement au duc de Lancastre, et le chargea de mettre tout en usage contre les partisans de Charles de Blois. Ceux de Dinan, qui tenoient pour ce dernier, écrivirent à ce prince que leur ville étoit fort menacée, qu'elle avoit besoin d'un fort prompt secours pour se mettre en état de soûtenir le siege que les Anglois alloient former contre eux.

Ce fut la raison pour laquelle Charles mit Bertrand à la tête de cinq ou six cens combattans, et luy donna l'ordre de se jeter incessamment dans la place. Il y courut à perte d'haleine, et fit une si grande diligence, qu'il eut le bonheur d'y entrer avec tout son monde, auparavant que les ennemis investissent la ville. Chacun se fit un mérite d'y partager le péril avec Bertrand. Olivier de Guesclin, son frere, et le Torboiteux, auparavant gouverneur de Rennes, voulurent être de la partie, dans l'esperance qu'ils pourroient defendre Dinan avec le même courage et le même succés qu'ils avoient defendu la capitale de toute la Bretagne.

CHAPITRE VI.

De l'avantage que Bertrand remporta dans un combat singulier qu'il fit contre Thomas de Cantorbie, durant le siege que le duc de Lancastre mit devant Dinan.

Le duc de Lancastre étant devenu sage à ses dépens, et voulant profiter du malheur qu'il avoit essuyé devant Rennes, serra Dinan de si prés, et prit des mesures si justes, que les assiegez se voyant aux abois, furent contraints de mander à ce prince qu'ils luy rendroient la place, si dans quinze jours Charles de Blois ne leur envoyoit pas du secours, et qu'ils le supplioient de leur accorder ce terme pour leur donner le loisir de faire sçavoir de leurs nouvelles à ce comte, pour se disculper auprés de luy, si dans la suite il leur reprochoit d'avoir capitulé trop tôt. Le duc de Lancastre et Jean de Monfort ne les voulans pas aigrir, ny jetter dans le desespoir, trouverent bon de deferer à leur demande, en leur donnant cette surséance. Il arriva durant cette treve qu'Olivier de Guesclin, frere de Bertrand, croyant qu'il pouvoit en toute sûreté sortir de la ville, sans craindre aucun danger du côté des ennemis, et se divertir à la campagne sous la bonne foy de ce dernier traité, rencontra par hasard le chevalier Thomas de Cantorbie, frere de l'archevêque de cette ville, qui luy fit toutes les hostilitez et les avanies imaginables, l'arrêtant tout court, et luy demandant imperieusement son nom, le menaçant que s'il le luy taisoit il luy en coûteroit aussitôt la vie.

Ce jeune cavalier luy dit nettement qu'il s'appeloit Olivier de Guesclin, frere du fameux Bertrand, dont la reputation luy devoit être assez connuë par les grandes actions dont il se signaloit tous les jours. Cette reponse ne fit qu'échaufer la bile de Thomas, dont la jalousie ne luy permettoit pas d'entendre parler de Bertrand qu'avec peine, et bien loin de s'adoucir sur Olivier dans la crainte de s'attirer son frere, il s'acharna davantage à le maltraiter, et dit mille indignitez de Bertrand, le mettant au rang des brigands, des scelerats et des incendiaires, et que c'étoit pour le braver qu'il le vouloit faire son prisonnier; qu'il eût donc à le suivre sans se le faire dire deux fois, et que s'il n'obeïssoit sur l'heure, il luy donneroit de son épée tout au travers du corps.

Olivier de Guesclin voyant que Thomas parloit fort indignement de son frere, ne put pas se defendre de prendre son party, luy disant qu'il avoit grand tort de se déchaîner ainsi contre la reputation de Bertrand, qui n'ayant eu qu'un petit patrimoine et beaucoup de naissance, tâchoit à se pousser dans la guerre par sa valeur et par son courage. Le chevalier anglois, que ce discours aigrissoit encore davantage, mit l'épée à la main, le menaçant de le faire taire et luy commandant de le suivre. Olivier fut contraint d'obeïr, parce qu'il étoit seul et desarmé, contre un autre à qui rien ne manquoit, et qui d'ailleurs étoit, luy quatrième, contre Olivier, qui ne put pas pourtant s'empêcher de luy dire qu'il n'étoit pas de bonne prise, et qu'il ne croyoit pas qu'il en eut jamais aucune rançon. Thomas luy coupa la parole en luy defendant de plus raisonner, et le faisant marcher devant luy, l'assûra qu'il ne sortiroit jamais de ses mains qu'il ne luy eût payé mille bons florins, et que la bourse de son frere n'étoit que trop suffisante pour le racheter, et le conduisit ainsi jusques dans sa tente et luy donna des gardes.

Il y eût là par hasard un chevalier breton, qui, s'appercevant qu'Olivier étoit arrêté prisonnier, partit de la main pour en aller avertir Bertrand. Il le trouva dans la grand'place de Dinan où il se desennuyoit à regarder des gens qui joüoient à la longue paume. Ce chevalier, le demêlant au travers de la foule, luy vint dire à l'oreille que Thomas de Cantorbie venoit d'arrêter son frere, et l'avoit mené prisonnier dans sa tente sans avoir égard à la securité que le benefice de la treve donnoit à tout le monde. Bertrand reçut cette nouvelle fort impatiemment, et regardant ce messager, il luy demanda s'il ne s'étoit point mépris, et s'il connoissoit bien son frere. Il luy répondit qu'ayant eu l'honneur de servir d'écuyer à son propre pere, le visage de son frere Olivier luy devoit être bien familier. Bertrand voulut apprendre le nom de l'Anglois qui avoit fait le coup; il le luy declina fort juste, en luy disant qu'il s'appeloit le chevalier Thomas de Cantorbie, propre frere de l'archevêque de cette fameuse Eglise d'Angleterre : *Et par saint Yves il me le rendra*, dit Bertrand, *ne oncques si mauvais prisonnier n'a pris*. Il se jetta tout aussitôt sur son cheval et vint à toute jambe au camp des Anglois. La plûpart de ceux de l'armée qui le connoissoient, luy firent mille amitiez, luy demandans le sujet de sa venüe. Guesclin, sans s'ouvrir davantage, les pria de luy vouloir bien enseigner où étoit la tente du Duc, auquel il avoit envie de parler. On se fit un merite de ly conduire. Il y trouva ce prince joüant aux échecs avec Jean de Chandos, et qui avoit pour spectateurs Jean de Monfort, le comte de Pembroc et Robert Knole. Tous ces seigneurs firent mille caresses à Bertrand et luy ouvrirent le passage pour le laisser parler à son aise au duc de Lancastre. Guesclin luy fit un profonde reverence et fléchit un genou devant luy. Ce prince quita tout aussitôt son jeu, releva Bertrand avec beaucoup d'honnêteté, luy demandant quelles affaires l'avoient appellé dans son camp. Chandos ajoûta qu'il ne souffriroit pas qu'il s'en retournât à Dinan sans avoir auparavant beu de son vin. Bertrand répondit qu'il n'auroit point cet honneur, qu'auparavant on ne luy eût fait justice sur l'outrage qu'il avoit reçu. S'il y a, dit Chandos, quelqu'un dans l'armée qui vous ait fait le moindre tort, on vous le fera reparer sur l'heure.

Guesclin ne manqua pas d'entrer aussitôt en matiere, en representant au duc de Lancastre et à toute sa cour, qu'au préjudice de la treve le chevalier Thomas de Cantorbie s'étoit saisy de la personne de son jeune frere, qu'il avoit surpris à la sortie des portes de Dinan, comme il ne songeoit qu'à prendre l'air et à se divertir en exerçant son cheval tout seul dans les champs, et que ne s'étant pas contenté de luy faire insulte, il l'avoit forcé de le suivre jusques dans sa tente, où il le faisoit garder à veüe comme un prisonnier; qu'il les supplioit donc de donner incessamment les ordres necessaires pour sa liberté. Jean de Chandos prenant la parole, l'assûra que ce ne seroit pas une affaire, et qu'il comptât que non seulement son frere luy seroit rendu, mais aussi que le chevalier Thomas se repentiroit de sa temerité. Le Duc commanda sur l'heure qu'on fît venir le chevalier Thomas devant luy, pour luy rendre compte de sa conduite, et qu'en attendant on apporta du vin pour regaler Bertrand et le faire boire avec eux. Les deux ordres furent promptement executez. Bertrand bût à la santé du Prince et de tous ces seigneurs, et chacun luy rendit la pareille à l'instant. Le chevalier Thomas de Cantorbie fut bien deconcerté, quand il vit Bertrand dans la tente du Duc, à qui toute la Cour faisoit des honnêtetez, et qui se plaignoit hautement du violent procedé qu'il venoit de tenir à l'égard de son frere, contre la bonne foy de la treve et le droit des gens. Le Duc, sans donner le loisir au chevalier Thomas de repondre, luy commanda de remettre entre les mains de Bertrand son frere Olivier sans aucune rançon, parce qu'il n'avoit pas été de prise durant la surséance d'armes.

Le chevalier, tout à fait indigné des grosses paroles que Bertrand luy avoit attiré de son general, répondit fierement qu'il étoit homme d'honneur et gentilhomme sans reproche, et qu'il le soûtiendroit au peril de sa vie contre ce Guesclin, qui luy venoit de faire cette affaire : et pour preuve de ce qu'il assûroit, il jetta son gant par terre, comme un gage du combat qu'il étoit prêt de faire avec celuy qui seroit assez hardy pour le relever. Bertrand voyant que celuycy le vouloit braver, ramassa le gant aussitôt, et prenant tout en colere Thomas par la main, luy dit qu'il vouloit se couper la gorge avec luy, pretendant prouver par le succés du combat qu'il étoit un lâche et un malhonnête homme d'en avoir usé si mal avec son frere Olivier, qu'il n'avoit pas pris de bonne guerre. Le chevalier, sans s'étonner, luy répondit qu'il ne se coucheroit point qu'ils n'eussent auparavant mesuré leurs épées ensemble; et moy, luy dit Bertrand, *oncques ne mangeray que trois soupes en vin au nom de la Trinité, jusqu'à tant qu'aye fait et accomply le gage.* Jean de Chandos offrit là dessus à Guesclin le meilleur cheval de son écurie et tout l'équipage convenable pour une si grande action, ce qu'il accepta volontiers.

Cette nouvelle, aprés s'être répanduë dans le camp des Anglois, passa bientôt jusques dans la ville de Dinan, dont tous les bourgeois et les officiers de la garnison furent fort desolez, apprehendans que Bertrand, dont ils avoient une extreme besoin pour soûtenir le siege, ne se commit trop souvent, et ne perdit à la fin la vie, qu'il avoit déja tant de fois risquée contre les Anglois, qui se promettoient qu'à force de le faire combattre, ils pouroient à la fin se delivrer d'un si dangereux ennemy. Mais une jeune demoiselle leur remit l'esprit en les assurant que Bertrand sortiroit de cette affaire avec tout l'honneur et toute la gloire qu'il pouroit remporter avant le soleil couché. Cette fille, dont la naissance étoit illustre et l'éducation bien conditionnée, s'étoit aquise un tres-grand credit dans toute la Bretagne, par les predictions heureuses qu'elle avoit faites en d'autres rencontres, et le peuple ignorant et grossier, imputoit à sortilege le talent qu'elle avoit dans la speculation des astres, dans laquelle elle étoit fort experimentée : quoyque dans le fonds toutes ces predictions ne soyent pas toûjours un coup sûr, puisque les astrologues se mécomptent souvent en nous donnant des mensonges pour des veritez.

Cependant on avoit tant de foy pour tout ce qu'elle disoit, que chacun se promît un heureux succés de l'aventure de Bertrand. Il y eut même un cavalier qui se déroba de Dinan, pour venir à bride abbattuë faire part de cette nouvelle à Guesclin, se persuadant qu'il s'en feroit un gros mérite auprés de luy, parce qu'elle luy seroit un infaillible préjugé de l'avantage qu'il alloit remporter sur son ennemy; mais Bertrand ne le voulut presque pas écouter, luy témoignant qu'il attendoit tout de son courage et de la justice de sa cause, et comptait fort peu sur la prediction de *Tifaine* (c'étoit le nom de cette demoiselle sçavante et fameuse dans tout le païs). Un autre message luy vint donner avis, de la part du gouverneur de la ville et de tous les bourgeois, qu'il se donnât de garde des Anglois, qui en vouloient à sa propre vie, qu'il ne pouvoit mettre à couvert du danger qui la menaçoit qu'en faisant le combat dont il s'agissoit au milieu de Dinan, sous le bon plaisir du duc de Lancastre, qui pouroit s'y rendre lui vingtième, en cas qu'il voulût en être spectateur, et qu'on le pouroit assûrer qu'on luy donneroit de fort bons ôtages pour sa sûreté. Bertrand leur manda qu'il étoit trop persuadé de la candeur et de la sincerité du duc de Lancastre pour avoir rien à craindre de sa part, mais que, pour les satisfaire, il alloit proposer à ce prince le party qu'ils luy suggeroient.

Ce fut dans cet esprit qu'il prit la liberté de luy témoigner le desir extreme qu'avaient ceux de Dinan que le champ du combat fut marqué dans le grand marché de leur ville. Le Duc y donna tout aussitôt les mains, et demanda seulement des ôtages pour sa personne et pour tous les seigneurs qui le devoient accompagner, quand il se transporteroit à Dinan le lendemain, pour voir ces deux chevaliers aux prises dans une si belle carriere. Ce prince ne manqua pas de s'y rendre de bonne heure avec tout son monde. Il y eut quelques personnes qui s'entremirent de part et d'autre pour ménager quelque accommodement entre ces deux ennemis, qui s'en alloient entrer en lice; mais Bertrand, qui vouloit assouvir son ressentiment contre son adversaire, n'en voulut jamais entendre parler; si bien que le Duc, qui le connoissoit, voyant bien que toutes ces tentatives seroient inutiles, imposa silence là dessus à tous ceux qui les avoient voulu reconcilier, et tout se disposa de part et d'autre pour en venir aux mains.

Guesclin se fit armer à l'avantage et de pied en cap, et s'étant mis à cheval, il parut au milieu de la place dans une fort belle contenance. Le duc de Lancastre avec sa Cour, le Tortboiteux et tous les officiers de la garnison, les bourgeois de la ville et tout le menu peuple se rangerent autour des barrieres pour être les spectateurs d'une lice si importante. Les dames et les bourgeoises étoient toutes aux fenêtres pour étudier à loisir la bravoure des deux chevaliers et s'en rendre aussi les arbitres. Le gouverneur de la place posta des gardes aux endroits necessaires, non seulement pour empêcher le trouble et la confusion, mais aussi de peur que quelqu'un n'entrât dans le champ pour favoriser l'un ou l'autre des combattants. Il fit aussi publier, avant que la carriere fut ouverte, que si quelqu'un s'ingeroit de nuire au chevalier anglois, sous quelque pretexte que ce fût, il luy en coûteroit la vie. On prit enfin toutes les precautions necessaires afin que Bertrand et Thomas combatissent tous deux avec un avantage égal. Quand le dernier vit tout cet appareil et le peril prochain qui le menaçoit, le cœur luy manqua tout d'un coup. Il eût souhaité volontiers en être quite pour rendre à Guesclin son frère Olivier sans rançon; mais comme il falloit soûtenir avec quelque honneur la temeraire démarche qu'il venoit de faire, il engagea secretement Robert Knole et Thomas de Granson pour faire quelque proposition d'accommodement, sans toutefois qu'il parût qu'il y eût aucune part, afin de ne point commettre sa reputation. Ces deux mediateurs, de concert avec luy, approcherent doucement de Bertrand, faisant semblant de luy parler de leur propre mouvement, luy representerent qu'il étoit à craindre que s'il luy mesarrivoit dans ce combat, on ne crût dans les païs étrangers que les Anglois luy auroient fait quelque supercherie, se prevalans de sa grande jeunesse, pour le mettre aux mains avec un chevalier qui non seulement étoit dans un âge viril, mais s'étoit acquis une grande experience dans ces sortes de combats; qu'il étoit donc plus à propos qu'on luy rendît son frere sans rançon pour accommoder tout ce different, que de risquer tous deux leur vie pour une bagatelle. Bertrand leur répondit qu'il n'étoit plus temps, que les choses étaient trop engagées pour en demeurer là, que le duc de Lancastre, Jean de Chandos et le comte de Pembroc s'étant transportez dans Dinan sous de bons ôtages, pour voir decider cette querelle dans cette lice, il ne falloit pas les renvoyer sans avoir rien fait. *Je jure*, dit-il, *à Dieu tout puissant que le faux chevalier qui m'a fait vileine n'échappera jusqu'à tant que son tort luy ay montré, ou il me détruira ce voyant la baronnie.* Mais pour ne pas tout à fait rebuter ces seigneurs qui s'interessoient pour la paix, il leur promit d'y donner les mains, pourveu que Thomas de Cantorbie luy rendît publiquement son épée, tenant la pointe à guise de pommeau, luy disant qu'il se mettoit à sa discretion. Robert Knole luy repondit que la condition étoit trop inique, et qu'il ne conseilleroit jamais à Thomas de commettre une si grande lâcheté.

Les Anglois qui se trouverent presens à toute cette ceremonie, ne pouvoient assez admirer l'intrepide resolution de Bertrand, et conjurerent Thomas de ne se point décourager, et de tenter hardiment le sort du combat, pour soûtenir l'honneur de leur nation, qui seroit extremement fletry par sa crainte et par sa défaite. Le chevalier, cherchant du courage dans son desespoir, les assûra qu'il étoit resolu de vendre cherement sa vie, les priant que, s'il avoit l'avantage sur Bertrand, il ne l'empêchassent point, pas une fausse indulgence, de lui donner le coup de la mort, et qu'au contraire, s'il étoit terrassé par son ennemy, ils courussent aussitôt pour engager Bertrand à ne pas achever sa victoire aux dépens de sa vie. Ces Anglois luy promirent qu'en ce cas ils feroient de leur mieux pour le tirer d'affaire. Les deux chevaliers ouvrirent donc la carriere, et se choquerent l'un l'autre avec tant de furie le sabre à la main, que la force redoublées des coups qu'ils se donnoient fit voler en l'air des éclats d'acier tout entiers, sans que ny l'un ny l'autre en perdissent les étriers. Cette premiere charge s'étant faite avec un succés égal, ils dégainerent leurs épées et se chamaillerent longtemps, sans pouvoir se percer. Il arriva que l'Anglois, après avoir fait les derniers efforts, laissa tomber la sienne. Bertrand, voulant profiter de la disgrace de son ennemy, prit le large pour carracoler, et fit tant de tours et de détours pour amuser Thomas de Cantorbie, qu'il eût le loisir de descendre de son cheval et de se saisir de l'épée de l'Anglois qu'il ramassa par terre, et la jetta de toute sa force hors du champ du combat, afin de triompher plus à son aise d'un ennemy tout à fait désarmé.

Celuy-cy se trouvant hors d'œuvre, après avoir perdu son épée, couroit tout autour de la barriere pour éluder les approches de Bertrand, qui ne pouvoit courir parce qu'il avoit les genoux armez. Il eut la presence d'esprit de s'asseoir à terre pour détacher l'armure dont sa jambe étoit embarrassée pour pouvoir marcher ou courir avec une liberté toute entiere. L'Anglois, le voyant en cet état, revint à toute jambe sur luy pour luy passer sur le ventre avec son cheval ; mais Bertrand, qui se tenoit toûjours sur ses gardes, para ce coup en perçant de son épée le flanc du cheval de son ennemy. L'animal se sentant blessé, la douleur le fit cabrer et regimber aussitôt avec tant de secousse et de violence, qu'il tomba par terre avec son écuyer. Bertrand, sans perdre de temps, se jetta sur luy, se contentant seulement de le balaffrer, et pour luy faire porter de ses marques, il luy donna quelques coups du trenchant de son épée sur le nez, et tant de gourmades de son gantelet de fer, que Thomas étoit tout en sang, qui couloit sur ses yeux et sur son visage avec tant d'abondance, qu'il ne pouvoit pas voir celuy qui le frappoit. Dix chevaliers anglois se détacherent aussitôt de la foule des spectateurs pour mettre les hola, disans à Bertrand qu'ayant remporté tout l'avantage de cette action, il ne luy seroit pas glorieux de pousser plus loin son ressentiment. Bertrand leur répondit qu'il ne trouvoit pas bon qu'ils entrassent dans une querelle à laquelle ils n'avoient aucune part, et que tout leur discours ne retarderoit point la perte de Thomas de Cantorbie, si le Tortboiteux, son commandant et son general, ne luy donnoit un ordre exprés de mettre bas les armes. Celuy-cy vint aussitôt le prendre par la main pour luy faire cesser le combat, luy disant qu'il s'en devoit tenir à l'avantage qu'il avoit remporté ; le duc de Lancastre encherissant encore sur le Tortboiteux, avoüa qu'il ne croyoit pas que jamais Alexandre eût été plus hardy ny plus intrepide que l'étoit Bertrand. Toutes ces loüanges ne le flaterent point assez pour luy faire perdre toute la haine qui luy restoit dans le cœur contre son ennemy, sur lequel il s'achartoit toûjours, quoyque les bourgeois et les officiers se missent entre deux pour luy faire lâcher prise, et ne le vouloit point quitter qu'il ne se rendît son prisonnier, de même qu'il avoit obligé son frere Olivier de s'abandonner à sa discretion ; mais enfin le Tortboiteux, son commandant, l'ayant assuré que tous ses droits luy seroient conservez, et qu'il ne devoit point balancer à se rendre à la priere que luy faisoit Robert Knole là dessus, ny à l'ordre qu'il luy donnoit luy même de finir le combat, Bertrand leur abandonna Thomas de Cantorbie, mais dans un état si pitoyable qu'à peine le pouvoit-on reconnoître.

Quand toute cette scene eut pris fin, tout le monde vint en foule feliciter Bertrand sur l'avantage qu'il venoit de remporter, et sur la gloire qu'il avoit acquise dans une si genereuse action. Sa tante, qui l'avoit élevé, ne se pouvant tenir de joye, le vint embrasser en luy donnant mille benedictions et luy disant qu'il seroit à jamais tout l'honneur et toute la gloire de leur famille, à laquelle il venoit de donner un lustre nouveau, par la bravoure tout extraordinaire qu'il avoit fait éclater à la veüe d'un million d'hommes. Bertrand, qui se possedoit au milieu de tant d'applaudissemens, se souvint d'aller rendre ses respects au duc de Lancastre, devant lequel il fléchit le genou à son ordinaire, lui témoignant que c'étoit en sa consideration qu'il avoit épargné Thomas de Cantorbie, auquel il pouvoit ôter la vie de plein droit, aprés l'affront et le défy qu'il luy avoit fait. Le Duc luy marqua qu'il avoit un surcroît d'estime pour luy, depuis qu'il venoit de se signaler avec tant de succés contre un malhonnête homme qui avoit violé la treve qu'il avoit accordée ; que bien loin d'avoir mille florins qu'il pretendoit pour la rançon de son frere Olivier, il le condamnoit à lui payer la même somme pour le châtiment de sa felonie ; qu'à l'égard du cheval et des armes du chevalier dont il avoit triomphé si glorieusement, il luy en faisoit un pur don, puis qu'aussi bien Thomas de Cantorbie ne meritoit pas de mettre jamais le pied dans sa cour, ny qu'on le regardât de bon œil en Angleterre, où l'on avoit horreur de tous ces lâches procedez, et dans le même temps ce prince ordonna qu'on luy remit entre les mains son frere Olivier, et fit revenir à Dinan les ôtages qu'on luy avoit donné pour sa sûreté.

Bertrand le reconduisit hors des portes avec toute sa troupe, et luy témoigna sa reconnoissance pour toutes les honnêtetez qu'il luy avoit faites, et particulièrement pour la peine qu'il avoit bien voulu prendre de se transporter à Dinan, pour honorer de sa presence le combat qu'il venoit de faire. En suite il rentra dans la ville pour s'aller delasser avec ses amis dans un grand repas qu'on avoit preparé pour le regaler, où les dames et les bourgeoises de la ville assisterent pour le feliciter sur sa victoire, et donnerent des preuves de la part qu'elles y prenoient, en dansant et chantant aprés ce souper. Cependant le siege que le duc de Lancastre avoit mis devant Dinan, fut levé par ordre d'Edoüard, roy d'Angleterre, qui, tenant le roy Jean prisonnier dans Londres, vouloit profiter de la disgrace de ce prince et faire des conquêtes en France ; et comme il avoit besoin de toutes ses troupes pour une expedition de cette importance, il envoya des ordres pressans au duc de Lancastre de se rembarquer incessamment à Brest, avec tout son monde, pour repasser la mer aussitôt.

Ce prince fit goûter de son mieux sa retraite à Jean de Monfort, qui se vit contraint de condescendre à quelque accommodement avec Charles de Blois, par le canal et le ministere de quelques évêques qui se presenterent d'eux mêmes par un mouvement de charité, pour pacifier les choses entre ces deux princes, au moins pendant quelque temps, sans pourtant donner aucune atteinte à leurs pretentions reciproques. L'armée angloise descendit en Angleterre, et monta bientôt aprés sur les vaisseaux destinez pour son embarquement ; mais toute cette expedition demeura sans succés. La flotte angloise fut battuë d'une tempête si violente, qu'il sembloit que la mer et les élemens, et le ciel même s'étoient armez contre elle ; car il tomboit d'enhaut des pierres si pesantes et si dures, qu'elles blessoient et mettoient tout en sang ceux qu'elles frappoient, si bien que les Anglois ne se pouvans pas garantir de leurs coups, se disoient les uns aux autres que ce fleau de Dieu marquoit l'injustice de leur entreprise. L'evenement le fit bien connoître dans la suite ; car Edouard n'ayant qu'une armée toute delabrée, sur laquelle il ne falloit aucunement compter, se vit contraint de reprendre le chemin d'Angleterre, et de remettre la partie à une autre fois. Il s'y vit d'autant plus obligé qu'une maladie dangereuse avoit mis hors d'œuvre le duc de Lancastre.

Bertrand n'abandonna point le party de Charles de Blois : il épousa plus que jamais la querelle de ce bon prince, et depuis la levée du siege de Dinan, ce fut luy qui prit le soin de ses interêts, commanda ses troupes, s'assûra de toutes les places qu'il put pour soûtenir une seconde guerre qui ne devoit pas manquer d'éclater bientôt ; et bien que Jean de Monfort eût beaucoup plus de forces que Charles, cependant Guesclin ménagea si bien les choses, qu'elles alloient de pair entre les deux partis, et la balance étoit là dessus si égale qu'on ne pouvoit pas presumer en faveur de qui la fortune se devoit declarer dans la suite.

◇◇◇

CHAPITRE VII.

Siege mis devant Becherel par le comte de Monfort, et levé dans la suite par composition. L'on y verra l'adresse avec laquelle Bertrand se tira des prisons de ce prince, et les conquêtes qu'il fit depuis.

Quand les treves accordées entre Jean de Monfort et Charles de Blois vinrent à cesser, chacun de ces princes fit ses preparatifs pour renouveller la guerre avec plus de chaleur que jamais. Le roy d'Angleterre fit repasser en Bretagne, en faveur du comte de Monfort, un fort grand secours, conduit par Jean de Chandos, Robert Knole et Gautier Huët. Ce renfort fut assez considerable pour porter le comte de Monfort à tourner toutes ses pensées du côté de la citadelle de Becherel, place pour lors tres-importante, et dont la prise ou la defense seroit d'un grand poids aux affaires de ces deux concurrens. Monfort apprehendant qu'elle ne fût beaucoup meurtriere, s'il entreprenoit de l'attaquer dans les formes ordinaires de la guerre, essaya de s'en rendre le maître par composition. Ce fut dans cet esprit que quelques officiers qui servoient dans ses troupes, s'avancerent aux barrieres de ce château pour s'aboucher avec le gouverneur, et luy promettre une recompense fort considerable s'il vouloit remettre la place entre les mains du comte de Monfort, dont le droit legitime qu'il avoit sur elle étoit incontestable. Ils le cajolerent si bien qu'ils firent condescendre à la rendre, en cas que Charles de Blois, auquel il vouloit donner avis de ce siege, ne le vint pas secourir en personne dans un certain temps. Il envoya donc un homme affidé pour presser ce prince à faire les derniers efforts, pour forcer les lignes de Jean de Monfort, qui n'omettoit rien pour hâter la prise de Becherel, qui n'étoit pas en état de pouvoir se défendre long-temps.

Charles de Blois comprit la consequence qu'il y avoit à mettre tout en œuvre pour la secourir. Il ramassa tout ce qu'il avoit de troupes, et pria tout ce qu'il avoit d'amis en Bretagne, de se vouloir joindre au plûtôt à luy. Bertrand, le seigneur de la Val, le vicomte de Rohan, Olivier de Mauny, furent des premiers à luy offrir leurs services avec tout ce qu'ils pûrent assembler de gendarmes, d'archers et d'arbalestriers, dont ils firent un corps assez considerable pour tenter le secours de Becherel. Bertrand se mit à leur tête dans la resolution de se signaler en faveur du party de Charles de Blois, qu'il avoit embrassé. La diligence qu'il fit fut si grande, que les deux armées n'étant plus separées que par un ruisseau, l'on étoit prêt d'en venir aux mains ; Guesclin se mettoit en devoir de tenter le passage, lors qu'un saint évêque, pour empêcher le carnage et la boucherie qui s'alloit faire de tant de chrétiens, s'entremit pour accommoder le different de ces deux princes, et proposa des temperamens si judicieux, allant et venant tantôt dans une armée et tantôt dans une autre, qu'il obtint une suspension d'armes, pendant laquelle il ménagea les choses avec tant de conduite et d'esprit, qu'il fut accordé que Jean de Monfort, et Charles de Blois porteroient tous deux la qualité de duc de Bretagne, qu'ils en partageroient les villes et les places à des conditions égales, et que pour sûreté de ce mutuel accord ils se donneroient reciproquement des ôtages. Bertrand et quatre autres chevaliers furent choisis par Charles de Blois pour être les garans de ce dernier traité. Le comte de Monfort donna de son côté quatre seigneurs anglois pour l'assûrance de sa parole, en attendant que les choses fussent terminées de part et d'autre au goût des deux princes.

Les conditions étant arrêtées, il ne s'agissoit plus que de mettre les ôtages en liberté. Charles de Blois executa là dessus tout ce qu'il devoit de fort bonne foy : mais le comte de Monfort n'en usa pas de même : car comme il avoit une envie secrette de recommencer la guerre, et qu'il savoit que Bertrand lui seroit un grand obstacle pour reüssir dans son dessein, il fut assez infidele pour le retenir, et chargea Guillaume Felleton, sa creature et son affidé, de le garder fort étroitement sans se soucier de violer la parole qu'il avoit donnée de le relâcher de même que les autres. Bertrand ne pouvant comprendre pourquoy l'on avoit fait sa condition pire que celle des autres ôtages, à qui l'on avoit donné la liberté, et s'ennuyant un jour d'un si long retardement, il s'ouvrit au chevalier Felleton, sur le chagrin qu'il avoit de se voir si longtemps en arrêt, et le conjura fort confidemment de luy donner la clef de ce mystere, l'assurant que si le comte de Monfort exigeoit de luy de l'argent pour sa rançon, qu'il se mettroit en devoir de le satisfaire, et qu'il chercheroit dans la bourse de ses amis de quoy se racheter : quoy que dans le fonds ce fût une injustice de mettre à ce prix la liberté d'un chevalier, qui ne s'étoit livré comme ôtage, que sous la bonne foy d'être delivré sans rançon de même que les autres.

Felleton tâcha de luy remettre l'esprit là dessus, en le suppliant de ne point gâter son affaire par quelque discours indiscret, et luy promit qu'il partiroit incessamment pour se rendre à la Cour de Jean de Monfort, et ménager sa delivrance. Mais ayant laissé passer un mois tout entier sans se mettre en chemin, Guesclin le pressa tant là dessus qu'enfin Felleton se rendant à ses sollicitations alla trouver le comte son maître pour le pressentir sur ce qu'il avoit envie de faire de Bertrand. Il n'eut pas là dessus toute la satisfaction qu'il en attendoit; car au lieu de luy donner de bonnes paroles en faveur de son prisonnier, il luy declara nettement que bien loin de penser à luy donner la clef des champs, il avoit dessein de luy faire passer la mer, et de l'envoyer en Angleterre, pour l'y tenir sous sûre garde, ne voulant pas déchaîner un lion qui seroit capable de le devorer si ses liens étoient une fois rompus. Felleton de retour ne voulut point dissimuler à Bertrand une nouvelle si fâcheuse, et tâcha de le consoler de son mieux en luy representant que peut-être les choses tourneroient mieux à l'avenir, et que son maître faisant un retour d'esprit sur l'iniquité de sa conduite à son égard, luy rendroit peut-être justice plutôt qu'il ne pensoit.

Bertrand ne se paya point de cette monnoye, mais songea des lors à tenter toutes les voies imaginables pour recouvrer sa liberté, se persuadant qu'il étoit permis, sans blesser son honneur et sa conscience, de sortir d'une captivité qu'on luy faisoit injustement souffrir. Il appella donc secrettement son écuyer, et luy donna l'ordre de se rendre à telle heure dans un certain lieu qu'il luy marqua pour l'attendre là, luy commandant qu'il y vint avec les deux meilleurs chevaux de son écurie, pour mieux faciliter l'evasion qu'il meditoit, et pour joüer son rôle avec moins de soupçon. Bertrand fit signe au jeune fils de Felleton de venir se promener avec luy, luy disant qu'il avoit besoin de prendre l'air, afin qu'il pût dîner avec plus d'appetit. Le jeune homme qui ne sçavoit pas son dessein, le suivit volontiers, et quand ils eurent tous deux assez tracé de chemin pour arriver à l'endroit où l'écuyer attendoit son maître, Gueselin se jetta sur le meilleur cheval et dit au jeune homme : *Beau fils pensez de retourner et me saluëz vôtre Pere, et luy dites que je m'en vois en France aidier au duc de Normandie à guerroyer, et ne vous esmayez : car se vôtre pere vous fait ennuy, ou détourbier, venez à moy pour avoir armûres et chevaux et ja ne vous faudray.*

Quand Bertrand se fut tiré de ce pas; il poussa son cheval et fit une si grande diligence, qu'il arriva le soir même à Guingan, dont les bourgeois eurent une extreme joie, parce qu'ils avoient besoin d'un si grand capitaine pour les defendre des incursions des Anglois, qui se nichoient dans des châteaux voisins, et de là faisoient des courses sur ceux qui sortoient de la ville, et leur enlevoient leur bétail et leurs marchandises, et mettoient à de grosses rançons tous les malheureux qui tomboient dans leurs mains. Il representerent toutes ces miseres à

Bertrand, qui parut fort touché de leurs plaintes. Il luy dirent que de tous ces châteaux, il n'en était point qui leur fût plus incommode que celui de *Pestien*, qui les desoloit, et le conjurerent de vouloir rester quelque temps avec eux pour leur tirer cette épine du pied. Guesclin leur fit entendre qu'il étoit pressé d'aller à Paris pour s'aboucher avec le duc de Normandie qui l'avoit appellé pour le seconder dans la guerre qu'il avoit à soûtenir contre les Anglois et les Navarrois, et qu'il n'avoit point de temps à perdre; mais s'étant mis en devoir de sortir de leurs portes, il les trouva fermées et le pont levé. Guesclin fut fort étonné de se voir enfermé de la sorte, et ne sçavoit à quelle cause imputer cet empêchement. Il leur demanda quel étoit le motif qui les avoit obligé d'en user de la sorte avec luy, s'il y avoit quelqu'un d'entre eux qui se pût plaindre qu'il luy deût un denier. Ils luy répondirent que bien loin de luy demander de l'argent, ils en avoient à son service, et qu'ils ne plaindroient pas même la somme de soixante mille livres, s'il étoit question de le retenir chez eux à ce prix; qu'ils le conjuroient de ne les point abandonner dans l'accablement où il les voyoit, et qu'il voulût bien se mettre à leur tête pour aller attaquer avec luy ce château de Pestien, dont la garnison venoit tous les jours jusqu'à leur barriere pour les harceler.

Ils luy firent enfin de si grandes instances, et luy parlerent là dessus avec tant d'empressement qu'ils l'appellerent plusieurs fois *Homme de Dieu*, se jettans à genoux, et le suppliant de vouloir être leur liberateur. Bertrand, dont le cœur étoit tout à fait bien placé, ne put pas se defendre d'entrer dans leurs peines, et prit le party de s'en retourner avec ses gens à son hôtelerie, dans laquelle il fut reconduit par une foule de bourgeois et de menu peuple qui se tuoient de crier dans les rües, *vive Bertrand, Dieu benisse Guesclin, qui ne nous a point abandonné*. Il commença donc par netoyer tous les environs de Guingan de tous les coureurs anglois, qui faisoient le dégât jusqu'aux portes de cette ville, et les ayant recoigné dans leurs châteaux, il mit le siege avec tant de succés, qu'il se rendit bientôt maître de trois places, dont il fit denicher ces incommodes garnisons, qui ravageoient tout le païs, et ne donnoient pas le loisir de respirer à ceux de Guingan, qui se voyans liberez de ce voisinage fâcheux, témoignerent à Bertrand qu'ils luy devoient la conservation de leurs vies, de leurs biens et de leurs libertés.

Aprés avoir pris congé d'eux, il alla, de ce pas, trouver Charles de Blois qui, pour l'attacher davantage à ses intérêts dans la suite, luy fit épouser une fort riche heritiere, dont la naissance et la beauté n'étoient pas communes; c'étoit cette même demoiselle dont nous avons déjà parlé, qui fit au juste une si heureuse prediction de l'avantage que Bertrand devoit remporter dans le combat qu'il fit au milieu du camp des Anglois devant Rennes, en presence du duc de Lancastre et de toute l'armée angloise. Cette dame, par ce mariage, entrant encore davantage dans tout ce qui toûchoit Guesclin, son époux, le pria d'être un peu plus credule aux avis qu'elle lui donnoit sur les jours dont l'étoile étoit heureuse ou malheureuse, l'assùrant qu'il sortiroit toûjours avec gloire de toutes les occasions les plus dangereuses, s'il observoit regulierement de ne se jamais commettre dans les jours qui renfermoient en eux quelque fatalité. Bertrand traita de vision tout ce qu'elle luy disoit; mais il remarqua depuis que les avis de sa femme n'étoient point à mépriser, quand il fut pris à la journée d'Auray; car ce fut justement dans un jour qu'elle avoit mis au rang de ceux qui luy devoient être malheureux. Mais il faut croire que le ciel permet que ces disgraces nous arrivent, pour punir la credulité superstitieuse que nous avons pour ces sortes de predictions, parce que ces jours pretendus heureux ou funestes n'ont aucune connexion naturelle avec la liberté de l'homme, et si l'on mettoit sur son compte tout ce qui n'est point arrivé de fâcheux dans ces jours, on decouvriroit que quand les predictions sont suivies de leurs evenemens, c'est un pur effet du hasard, qui pourtant fait une si grande impression sur nos esprits, que nous n'en pouvons revenir, quand une fois nous avons veu quelque chose arriver sur les principes de l'astrologie judiciaire, dont cette dame se piquoit.

Durant les treves qui s'étoient faites entre Charles de Blois et Jean de Monfort, Bertrand ne pouvant demeurer oisif, se rendit auprés de Charles, duc de Normandie, pour luy faire offre de son bras et de son epée, contre une foule d'Anglois et de Navarrois qui ravageoient le royaume de France et s'emparoient de ses meilleures places durant la prison du roy Jean, son pere, que les Anglois retenoient à Londres; si bien que tout le poids des affaires tomboit sur Charles, qui, se voyant attaqué de tous côtez, avoit beaucoup de peine à se soûtenir contre tant d'ennemis. Le roy de Navarre tenoit Evreux, Breval, Nogent, Raineville, Tinchebray, le Moulin, Mortain, Breteüil, Conches, le Ponteau de mer, Cherbourg et plusieurs autres places dont les fortifications n'étoient point à mépriser pour lors; Meulan, Mante et Rouleboise étoient aussy dans le party des Anglois et des Navarrois, qui s'étoient presque rendu maîtres de toute la Normandie. Le captal de Buc, le baron de Mareüil, Pierre de Squanville et Jean Joüel, tous generaux anglois, s'étoient emparez de toutes les places situées sur la Seine, et personne ne pouvoit ny monter, ny descendre cette riviere sans payer aux Anglois des droits exorbitans, ce qui ruinoit tout à fait le commerce des marchands de Paris et de Roüen.

Le fort de Rouleboise, que tenoient les Anglois, les arrêtoit tout court, si bien que la France étoit en proye aux étrangers qui y faisoient des dégâts incroyables et se permettoient tout ce que la licence de la guerre fait faire impunément au milieu des troubles et des divisions. Les Anglois avoient aussi pénétré jusques dans le Beauvoisis, et rien n'étoit à couvert de leurs incursions et de leurs incendies. Charles, regent du royaume, durant la prison de son pere, essaya de relever la France de son accablement. Il fit voir, par sa sage conduite, que son genie étoit assez fort pour apporter le remede necessaire à tant de disgraces. Il tira tout le secours qu'il put des villes fidelles qui s'étoient conservées dans l'obeïssance. Arras, Amiens, Tournay, Noyon furent des premieres à ne luy pas manquer au besoin: ce fut d'elles qu'il tira beaucoup de soldats et d'argent pour faire et pour entretenir un corps de troupes assez considerable, pour tenir tête à ses ennemis. Il en marqua le rendez-vous dans un certain château que l'on nommoit *Mauconseil*, où Bertrand vint luy faire offre de ses services et s'embarquer dans son party.

<><><>

CHAPITRE VIII.

De l'attaque que Bertrand fit du château de Melun, qu'il enleva d'assaut et sous les yeux de Charles, Dauphin, regent de France.

Les Anglois s'étant emparez de Melun, situé sur la Seine, incommodoient extremement la ville de Paris, qui commençoit à crier famine, parce que les ennemis s'étans rendus maîtres de la riviere, arrêtoient et confisquoient tous les bâteaux qui y portoient des vivres et des marchandises. Le regent, apprehendant que s'il ne levoit cet obstacle, les Parisiens se pouroient soûlever contre luy, prit la resolution d'aller forcer cette place à la tête de tout ce qu'il pourroit ramasser de gens choisis et determinez. Il partit de Paris avec un corps de troupes fort considerable. Bertrand l'y suivit, accompagné de tous les braves dont il avoit éprouvé la valeur dans toutes les expeditions qu'ils avoient faites en Bretagne avec luy. Le baron de Mareüil étoit gouverneur de la forteresse que les François vouloient attaquer. Il avoit fait entrer dans la place beaucoup d'archers et d'arbalestriers anglois, dans la resolution de se bien defendre et de disputer au dauphin de France le terrain pied à pied. Il étoit d'autant plus engagé de soûtenir ce siege avec vigueur, que la reine Blanche, femme de Charles-le-Mauvais, roy de Navarre, y faisoit son sejour et n'avoit pas manqué de prendre toutes les precautions necessaires, afin que cette place ne fût pas insultée.

Le Dauphin, voulant garder quelques mesures de bienséance avec cette princesse, avant que d'en venir à l'assaut, luy depêcha quelqu'un de ses courtisans pour la porter à luy livrer la ville et le château, sous offre de la dédommager par le don de quelqu'autre domaine qui vaudroit encore davantage que ce qu'elle luy cederoit. La princesse fit appeler là-dessus son conseil, pour apprendre de luy le party qu'elle avoit à prendre dans une occasion pareille. On ne luy conseilla pas de donner les mains à la proposition que luy fit faire le Dauphin, qui fut reçuë d'une maniere également incivile et fiere, puis qu'elle luy fit dire que jamais cette place ne tomberoit dans ses mains, à moins qu'il ne la prît d'assaut et par la brèche, qu'il luy falloit ouvrir par le sang de tous les soldats qu'il avoit amenés de Paris pour cette expedition, qui luy coûteroit plus qu'il ne pensoit.

Le Dauphin, voyant que l'honnêteté ne pouvoit rien gagner sur l'esprit de cette princesse, eut recours à la force et prit le party d'attaquer vivement le château. Le gouverneur avoit eu soin de se pourvoir de tous les vivres et de toutes les munitions necessaires, outre une bonne garnison qu'il avoit fait entrer dedans. Il comptoit bien de faire perir l'armée du Dauphin devant cette place. Le duc de Normandie fit publier dans tout son camp qu'on eût à se tenir prêt pour en venir à l'assaut le lendemain. Bertrand, dont la bravoure n'étoit pas si connuë des François que des Bretons, fut ravy de trouver une si favorable occasion de se signaler. A l'aube du jour, on donna le signal à toutes les troupes pour s'approcher du pied des murailles du château. Tandis que les uns plantoient des échelles pour monter, les archers et les arbalestriers françois tiroient une grêle de flêches dessus les rempars, pour en écarter les assiegez, qui se defendoient de dessus les murs avec beaucoup de courage et d'intrépidité. Le baron de Mareüil, gouverneur du château, s'y signaloit entre tous les autres ; il y faisoit tous les devoirs de soldat et de capitaine, et les coups qu'il portoit étoient tirez si juste, que personne n'en échappoit, ce qui le faisoit beaucoup apprehender des assiegeans.

Bertrand, voyant que les François commençoient à douter du succès de cette action, leur remit le cœur, en disant qu'il falloit s'acharner sur la personne du baron de Mareüil, et que si l'on pouvoit le jeter par terre, il répondoit de la reddition de la place. L'on recommença donc de plus belle ; on appuya de nouveau les échelles contre les murailles, on fit des efforts incroyables pour monter ; mais les assiegez faisoient culbuter les François les uns sur les autres, et tomber dans les fossez en jetant sur eux des pieces de bois, et des pierres d'une grosseur et d'une pesanteur prodigieuse. Le Dauphin regent, qui regardoit tout ce fracas, vouloit partager ce peril avec ses soldats : on luy representa que la conservation de sa personne étoit si necessaire à l'Etat, que la France couroit risque de perir avec luy, s'il venoit à perdre la vie dans cette occasion. Ce prince étoit appuyé sur une fenêtre, observant tout ce qui se passoit pour et contre, plaignant le malheureux sort des lys, que tant d'ennemis tâchoient de flétrir, se souvenant de la triste condition du roy Jean, son pere, que les Anglois retenoient prisonnier à Londres, et du pitoyable état de la France, qu'il se voyoit ravagée par tant d'étrangers, qui venoient porter le fer et le feu jusqu'aux portes de Paris. Il rappelloit dans sa memoire ces temps heureux où cette belle Couronne florissoit sous le regne de Charlemagne, avec tant de lustre, que toute l'Europe recevoit la loy de la France.

Tandis que ce desolé prince faisoit cette triste reflexion sur l'état present des affaires, le Besque de Vilaines, un des plus braves de son armée, luy répondit qu'il ne devoit point tomber dans le decouragement ny se laisser abattre de la sorte ; que Charlemagne, dont il envioit le bonheur, n'avoit pas eu moins d'ennemis que luy, qu'il en avoit triomphé par son courage et sa patience, et que Dieu, dans lequel il avoit eu une confiance entiere, avoit répandu sa benediction sur ses armes ; qu'il falloit donc esperer que sa cause, n'étant pas moins juste, elle auroit un même succès. Ce discours enfla si fort le cœur du Dauphin, qu'il commanda tout aussitôt qu'on revînt à la charge. Les François firent de nouveaux efforts, mais ils étoient toûjours repoussez par les assiegez, qui les renversoient les uns sur les autres, en faisant tomber leurs échelles à force de machines et d'instrumens pour cet effet. Bertrand, voyant du pied de la muraille, le peu d'execution que faisoient les assiegeans, sonda si l'on ne pourroit point entamer les murs du château pour y ouvrir une brêche ; mais, s'appercevant que la tentative en seroit inutile, et que ce baron de Mareüil se rendoit extrêmement redoutable aux François par la defense opiniâtrée qu'il faisoit, jura, dans son patois, *que par Dieu qui peina en croix, et au tiers jour ressuscita, il iroit aux creneaux parler à sa barette.*

Il se saisit donc d'une échelle qu'il mit sur sa tête, et l'appuyant à la muraille, il se mit en devoir de monter l'épée à la main, se couvrant toûjours de son bouclier. Le Dauphin, qui s'apperçut de cette intrepide action, demanda le nom de ce cavalier ; on luy dit que c'étoit le brave Bertrand, qui s'étoit acquis en Bretagne une grande reputation par les beaux faits d'armes qu'il avoit faits en faveur de Charles de Blois, contre Jean de Monfort. Ce prince, admirant la resolution de cet homme, témoigna qu'il n'en perdroit jamais le souvenir. La presence du Duc animant encore Guesclin davantage, le fit monter jusqu'aux derniers échelons, bravant le baron de Mareüil et le menaçant qu'il alloit luy faire sentir la force de son bras et l'injustice de la cause qu'il soûtenoit contre le dauphin de France. Mais le Baron, qui le vouloit faire taire en le renversant de l'échelle, jetta sur elle une grande caque de pierres qui la mit en pieces, et fit tomber Bertrand tout armé, la tête en bas et les pieds en haut, dans les fossez, qui étoient pleins d'eau et l'alloient noyer infailliblement, si le Dauphin, qui le vouloit sauver, n'eût crié qu'on le secourût incessamment, et qu'on le tirât au plûtôt de là. L'un des gardes de ce prince courut à luy, le prit par les pieds, et fit tant d'efforts qu'il l'arracha du fonds de l'eau, qui l'alloit suffoquer sans ce prompt secours.

Bertrand, après avoir bien bû, secoua la tête et paraissoit plus mort que vif. On le porta dans un fumier chaud qui luy fit revenir les esprits en le rechauffant, et quand il eut repris connaissance, il dit à ceux qui l'envirronnoient : *quels diables l'avoient là apporté, et se l'assaut étoit jà failly.* On luy répondit qu'il avoit assez bien employé sa journée, qu'il devoit se contenter de ce qu'il avoit fait. La disgrace qu'il venoit d'essuyer, au lieu de refroidir son courage, sembla luy donner un nouveau feu pour aller à l'assaut ; mais voyant qu'il étoit trop tard, et que tout étoit fait, ils se transporta tout en colere jusqu'auprés des barrieres des ennemis, le sabre à la main, dont il fit une si grande execution, qu'il en abattit plusieurs à ses pieds, et donna tant de terreur aux autres, qu'il les fit rentrer en desordre, et lever le pont dessus eux pour se garantir de la fureur d'un si redoutable ennemy. L'attaque des François avoit été si vigoureuse et si meurtriere, que la reine Blanche et le baron de Mareüil sçachans que le Dauphin la devoit faire plus vivement recommencer le lendemain, que Bertrand se devoit mettre à la tête de ceux qu'on avoit destinez pour cette seconde expedition, qu'on étoit enfin resolu de faire main basse sur tout ce qui se trouveroit dans la place, ils demanderent à capituler avec le Dauphin, qui voulut bien épargner le sang des assiegez, et recevoir à composition la ville et le château de Melun, qui luy furent rendus et remis dans ses mains.

Ce prince, aprés y avoir étably garnison, s'en revint triomphant à Paris, dont les bourgeois le reçûrent avec des acclamations extraordinaires, et le feliciterent sur la grande action qu'il venoit de faire, et sur la liberté qu'il leur avoit renduë, parce qu'ils n'osoient pas auparavant sortir de leurs portes en sûreté, tant ils apprehendoient de tomber dans les partis des Anglois et des Navarrois, qui faisoient des courses jusques sous leurs murailles. La bravoure et l'avanture de Bertrand devant Melun, firent tant de bruit dans cette grande ville, que chacun s'étudioit de regarder ce brave Breton, qui s'étoit fait déja un si grand nom dans la guerre. On couroit en foule pour le voir. Le Dauphin ne se contenta pas de lui donner des loüanges pour recompenser sa valeur, il la voulut reconnoître par de plus solides effets, en luy donnant le gouvernement de Pontorson, place pour lors tout à fait importante. Guesclin ne resta pas longtemps à Paris, et comme les mains lui démangeoient, il en sortit bientôt pour aller attaquer trois forts situez sur la Seine, qui boûchoient les approches et les avenuës de la capitale de tout le royaume.

◇◇◇

CHAPITRE IX.

Du siege, assaut, prise et destruction du fort de Rouleboise, et de la prise de Mante et Meulan, dont les murailles furent abbatuës.

La prise de Rouleboise, de Mante et de Meulan, paraissoit une si grande conséquence aux affaires du dauphin, qu'il fut résolu de mettre tout en œuvre pour les enlever sur les Anglois et les Navarrois, qui s'en étoient emparez, et les Parisiens ne recevoient plus tous les secours que la Seine avoit accoûtumé de leur donner par les bateaux qu'elle portoit chargez de vivres et de provision qu'elle amenoit au pied de leurs murailles, tout étant arrêté par les garnisons ennemies, qui s'étoient saisies de ces places situées sur le même fleuve. Dix mille bourgeois de Roüen choisirent entr'eux un nommé le Lievre pour leur capitaine, et marcherent à sa suite au siege de Rouleboise, qu'ils investirent d'un côté, tandis que Bertrand vint se camper de l'autre avec ce qu'il put ramasser de gens lestes et determinez pour une prompte expedition. L'attaque fut fort chaude des deux côtez ; mais la resistance ne fut pas moins opiniâtre, et le gouverneur de la place se promettoit bien que les assiegeans s'en rentourneroient sans en rien faire.

Bertrand et les principaux officiers de son armée voyant bien que la prise de Rouleboise n'étoit pas une affaire d'un jour, se persuaderent que celle de Mantes n'étant pas si difficile, il fallait tenter la conquête de celle-cy pour venir ensuite à bout de la premiere. Guillaume de Launoy, capitaine fort estimé dans les troupes de France, ouvrit cet avis le premier dans le conseil de guerre ; il ne fut pas d'abord suivy dans son sentiment. On lui fit entendre qu'il falloit debuter par la prise de Rouleboise et qu'ensuite on songeroit à Mante, et que ce seroit decrediter les armes du Dauphin, que de se presenter devant une place, et de l'adandonner aprés pour entreprendre le siege d'une autre. De Launoy leur persuada que sans quitter le dessein qu'ils avoient sur Rouleboise, ils pouvoient tourner leurs pensées sur Mante, qu'il se faisoit fort de prendre en trois jours, si l'on vouloit exactement suivre et pratiquer ce qu'il avoit medité là dessus. Tout le monde entra dans son sentiment, et l'on se reposa sur luy de toute la conduite de cette entreprise.

De Launoy se servit d'un stratagême fort ingenieux pour executer le dessein qu'il avoit dans l'esprit. Il choisit vingt de ses soldats, qu'il fit habiller en vignerons, et les déguisa si bien, qu'ils avoient tout à fait l'air de gens de ce métier. Il leur donna de bonnes armes qu'ils cacherent sous leurs vestes de toile, et les instruisit fort exactement de ce qu'ils devoient faire. Il avoit fait loger auparavant trente soldats qui çà, qui là, dans les cabarets de Mante, qui, pour devenir moins suspects, demeuroient separez et faisoient semblant de ne se point connoître ; ils avoient grand soin de témoigner leur zele pour le roy de

Navarre, et leur aversion pour le Dauphin, duc de Normandie, publians dans toutes les tavernes, que si ce prince faisoit attaquer Mante, ils se feroient ensevelir sous les ruines de la ville, avant qu'il s'en rendît maître.

Toutes les choses étant ainsi disposées, Guillaume partit avec ses gens, dans une nuit bien obscure, et quand il se vit prés de Mante, il mit pied à terre et fit descendre de cheval ceux qui l'accompagnoient, apprehendant que le hennissement des chevaux et le bruit de leur marche ne les fît découvrir, et ne réveillât les bourgeois de la ville. Ils se presenterent aux barrieres à la petite pointe du jour, lors qu'on faisoit l'ouverture des portes pour envoyer les bêtes aux pâturages. Quand quatre bourgeois, qui gardoient les clefs de la ville, eurent ouvert le guichet et la moitié de la barriere, ils apperçurent ces pretendus vignerons un peu éloignez les uns des autres, qui faisoient mine de vouloir entrer pour travailler aux vignes et gagner leur journée. Leur contenance leur paraissait si simple et si naïve, qu'ils ne balancerent point à leur ouvrir toute la barriere, et se retirerent ensuite à leur corps de garde pour y mettre bas leurs armes, et faire sortir les bestiaux ; quatre de ces vignerons travestis passèrent la porte, dont six autres qui les suivoient se saisirent aussitôt, et mirent tous ensemble l'épée à la main. L'un d'eux sonna d'un cors qu'il avoit dans sa poche, pour avertir Guillaume de Launoy qui se tenoit là tout auprés dans une embuscade, et n'attendoit que l'heure du signal pour entrer dans la ville avec le reste de ses gens. Il eut l'adresse d'embarrasser le pont avec une charette pour empêcher les bourgeois de le lever sur ceux qui le devoient joindre. De Launoy se jetta dans Mante lors que la plûpart des habitans étaient encore au lit.

Ces trente soldats qu'il avoit auparavant apostez dans la ville, se declarerent en sa faveur et se joignirent à luy crians : *Launoy, Launoy*. Bertrand, le comte d'Auxerre, et d'autres chevaliers, accompagnez de beaucoup de troupes, se jetterent à corps perdu dans la place. Les habitans se voyans surpris firent mine de courir aux armes ; mais Bertrand se saisit de tous les postes et de toutes les avenuës pour les tenir dans le devoir. Il y en eut quelques-uns qui se mirent en état de se defendre en jetant des pierres par les fenêtres ; mais on les en faisoit retirer à grands coups d'arbalêtes. La plûpart coururent en foule dans la grande église pour s'y mettre à couvert de la fureur du soldat, et faire leur condition bonne. Les femmes s'y jettoient aussi chargeans leurs enfans sur leur cou. Bertrand marcha contre cette église à la tête de cinq cens arbalêtriers, en força les portes, et menaça tous ceux qu'il y trouva de les faire passer au fil de l'épée s'ils ne se rendoient à sa discretion. La crainte de la mort les obligea de subir la loy du vainqueur. Ce general les assûra qu'en se soûmettant à l'obeïssance du Dauphin de France, on leur conserveroit leurs biens et leurs vies, et que s'ils ne luy rendoient réponse sur l'heure, il alloit faire un sac de leur ville, en abandonnant tout au pillage et à la licence du soldat. Les bourgeois de Mante ne se le firent pas dire deux fois ; ils donnerent les mains à tout ce qu'on voulut, et firent serment de reconnoître le duc de Normandie pour leur souverain durant l'absence et la prison du roy Jean, son pere, et demanderent par grace à Bertrand qu'il voulut au plûtôt attaquer aussi la ville de Meulan, parce que cette place leur seroit une épine au pied, tandis qu'elle tiendroit pour le roy de Navarre, et pour les Anglois, qui feroient sans cesse des courses sur eux et les recoigneroient dans leurs portes.

Bertrand leur promit qu'on alloit mettre incessamment les fers au feu pour cet effet, mais il leur dit qu'il falloit auparavant s'assûrer de la tour de Rouleboise, qui ôtoit à Paris la communication de la Seine, et le secours qu'il avoit accoûtumé de tirer de cette riviere. C'est ce qui fut aussitôt arrêté dans le conseil de guerre. Le gouverneur de cette tour étoit au desespoir de ce que Mante avoit été surprise, et reprochoit par les creneaux aux François qu'ils ne s'en étoient rendus les maîtres que par trahison ; qu'ils n'auroient pas si bon marché du poste qu'il occupoit, et qu'il se defendroit au peril de sa vie. Des paroles l'on en vint aux coups. Bertrand se mit à la tête des milices de Roüen pour attaquer la tour. On fit des efforts incroyables pour l'emporter, mais les assiegez, qui s'étoient preparez à soûtenir l'assaut se defendirent en gens de cœur, et jetterent tant de dards, tant de pierres, et tant de cailloux sur les assiegeans, qu'ils les obligerent à se retirer.

Bertrand, qui ne se rebutoit jamais pour un mauvais succés et dont les ressources étoient inépuisables, fit amener par charroy des beliers et d'autres machines de guerre pour battre la tour. Cet appareil épouvanta le gouverneur, qui s'appercevant qu'on ne luy feroit aucun quartier, s'il s'opiniâtroit à ne se pas rendre, prit le party de capituler, et demanda quelque argent pour être dédommagé de ses pertes. Bertrand, avec lequel il s'aboucha, luy voulut bien donner cette petite satisfaction, pourveu qu'il sortît aussitôt de la tour. Ce qui fut executé sur l'heure ;

et Guesclin s'étant assûré de ce poste, y voulut regaler le soir même les principaux officiers de l'armée, qui tenans conseil de guerre avec ce general, furent d'avis de depêcher au plûtôt auprés du Dauphin, pour luy faire part de cette nouvelle, et pour sçavoir de luy si tel étoit son plaisir qu'on rasât cette tour en la faisant sauter par une mine, afin de se delivrer du soin d'y mettre garnison, dont on auroit ailleurs assez de besoin. Le duc de Normandie leur envoya là dessus tous les ordres necessaires pour demolir la tour, qui fut aussitôt abattuë, si bien qu'il ne restoit plus, pour achever de debarrasser entierement la Seine, que de prendre Meulan, dont les Parisiens souffroient de fort grandes incommoditez. Bertrand assembla tous les officiers de l'armée pour leur representer qu'il falloit achever par la prise de cette place, ce qu'ils avoient déja si genereusement commencé, que c'étoit l'intention de Charles, Dauphin, dont ils avoient épousé la querelle contre le roy de Navarre et les Anglois, qu'on ne la marchandât pas davantage, afin que les environs de Paris pûssent devenir entierement libres. Le comte d'Auxerre fit aussi de son côté toutes les instances possibles, afin que toute l'armée prit la même resolution ; chacun témoigna beaucoup d'empressement pour le siege de Meulan, dont le retardement pouvoit beaucoup nuire aux affaires de la Couronne.

Toutes les troupes firent donc un mouvement de ce côté là, dans la resolution d'emporter la place ou d'y laisser la vie. Ceux de Meulan furent bientôt avertis du dessein qu'on avoit sur eux par un cavalier, qui fut à toute jambe leur donner cette triste nouvelle, dont ils furent fort alarmez ; ce qui les obligea de veiller à leur defense et de se tenir sur leurs gardes plus que jamais. Ils étoient déjà fort consternez de la prise de Mante et de Rouleboise ; mais ils ne tomberent pas tout à fait dans le desespoir de disputer à leurs ennemis le terrain pied à pied. Chacun fut commandé de travailler aux fortifications de la ville, sans en excepter les femmes et les enfans. Il y avoit au dessus une citadelle assez forte et bien pourvûë de vivres et de munitions ; le gouverneur se vantoit de tenir long-temps, parce qu'il avoit des farines, des vins et des chairs salées pour plus de quinze mois. Bertrand fit charger une partie des troupes sur des bateaux, tandis que les archers et les gendarmes côtoyoient la riviere. Quand tout fut arrivé devant Meulan, Bertrand et le comte d'Auxerre caracolerent tout autour pour étudier l'assiette de la place et la reconnoître ; ils observerent la situation de la tour, qui commandoit beaucoup à la ville, étant bâtie sur une haute eminence, et remarquerent que le pont avoit été nouvellement fortifié par les Anglois et les Navarrois, qui paroissoit à Bertrand fort difficile à prendre.

Il pria le comte d'Auxerre de lui dire ce qu'il en pensoit, mais le Comte luy fit connoître que la prise de la citadelle et de la ville étoit bien d'une autre importance que celle du pont, que c'étoit à cela qu'il falloit particulierement s'attacher, et que si l'on pouvoit emporter les deux premieres, l'attaque et la prise du pont ne seroit pas dans la suite une affaire. Qu'il étoit donc de la derniere consequence de debuter par la tour de Meulan, qu'il falloit assieger dans les formes ; et comme les troupes destinées pour ce siege, qui pouroit peut-être durer long-temps, auroient beaucoup de fatigues à essuyer, il fut d'avis qu'on les logeât autour de Paris, dans de fort commodes endroits, afin qu'elles se pûssent délasser et refaire de leurs peines et de leurs travaux, et recouvrer de nouvelles forces, pour revenir à la charge quand il en seroit temps. Bertrand goûta fort le conseil du comte d'Auxerre, et luy témoigna qu'il étoit dans la resolution d'y entrer. On prepara donc toutes choses pour l'attaque de la ville. Bertrand fit sonner la trompette par tout le camp, afin que chacun fût alerte pour cette expedition. Tandis qu'il se donnoit du mouvement pour encourager ses troupes, et leur inspirer la resolution de bien payer de leurs personnes, les assiegez, qui le voyoient et le redoutoient, tirerent sur luy de dessus les murailles, un grand carreau de pierre, qui vint tomber aux pieds de son cheval, et qui l'auroit infailliblement tué s'il eût porté juste. Les arbalêtriers eurent ordre aussitôt d'ouvrir l'action, tirans sans cesse contre les assiegez, qui paroissoient sur les rempars pour les amuser et faciliter le dessein de Bertrand, qui se mit à la tête des gendarmes, et s'en alla tout droit se presenter aux barrieres de la ville, qu'il abbatit à grands coups de hache, avec tant de bravoure et d'intrepidité, que les bourgeois n'osans pas tenir tête, se retirerent en grand desordre dans la tour, où ils avoient mis à couvert tout ce qu'ils avoient d'or, d'argent et de meubles. Il y en eut quelques autres qui s'enfuirent du côté du pont, y croyans trouver plus de sûreté.

Bertrand, poursuivant sa pointe après avoir renversé les barrieres, alla s'attacher à la porte de la ville, qu'il fendit et mit en éclats et en pieces avec la même hache, et s'étant ouvert par là l'entrée de Meulan, tout son monde se répandit aussitôt avec luy dans les ruës. L'alarme fut extreme. Les habitans qui ne s'étoient pas refugiez dans la tour, se tenoient cachez dans leurs maisons, n'attendans plus que l'heure de la mort. Bertrand et le comte d'Auxerre, croyans n'avoir encore rien fait s'ils ne se rendoient maîtres de la tour et du pont, tournerent toutes leurs pensées de ce côté là, mais pour y reüssir avec plus de succés, ils crurent qu'il falloit commencer par jetter l'epouvante par tout. Ils abandonnerent donc la ville au pillage de leurs soldats, qui se jetterent avec tant de furie dans les maisons, que les bourgeois s'estimoient trop heureux d'avoir la vie sauve et de se mettre à rançon, si bien que la soldatesque s'enrichit non seulement de leurs dépoüilles, mais du prix qu'elle leur faisoit payer pour leur liberté.

Les habitans qui gardoient le pont, craignans la fureur de Bertrand, ne balancerent point à le rendre, de peur qu'à la chaude, on ne les fit passer au fil de l'épée s'ils entreprenoient de faire une plus longue resistance. Il ne s'agissoit donc plus pour achever toute la conquête, que d'enlever la tour. Bertrand s'avisa devant que d'en venir aux mains, de tenter s'il ne pouroit point engager le gouverneur à la luy rendre, en l'intimidant. Il le fit donc appeler, pretextant qu'il avoit quelque chose d'important à luy communiquer. Le gouverneur parut aux creneaux de la tour, pour apprendre de luy tout ce qu'il avoit à luy dire. Bertrand le somma de la part de Charles, dauphin de France, regent du royaume et duc de Normandie, de luy rendre incessamment la place, et que s'il refusoit d'obéir, il luy en coûteroit la tête, jurant qu'il ne sortiroit point de là ny luy, ny ses gens, qu'il n'en fût le maître de gré ou de force.

Le gouverneur ne témoigna point d'être ébranlé de ces menaces, et se mettant à plaisanter, il luy demanda s'il avoit appris à voler, et si le ciel luy avoit donné des aîles pour monter si haut. Bertrand se retirant tout en colere, luy dit qu'il le feroit bientôt repentir de sa pretenduë raillerie. L'attaque fut aussitôt commencée : mais comme elle faisoit plus de bruit que d'effet, on ne l'employa seulement que pour empêcher les assiegez de découvrir au pied de la tour le travail des mineurs, qui pousserent leur ouvrage avec tant de secret et de diligence, qu'ils s'avancerent jusques sous le fondement des murailles, qu'ils étançonnerent ensuite de leur mieux. Quand l'ouvrage fut achevé, les mineurs en donnerent incessamment avis à Bertrand, luy disans que quand il lui plairoit, il auroit la satisfaction de voir croüler cette tour par terre.

Gueselin leur commanda de la faire sauter, ajoutant que puisque les ennemis avoient refusé de se rendre, ils ne devoient pas trouver mauvais s'il en venoit contre eux aux dernieres extremitez. Les mineurs mirent aussitôt le feu au bois et aux poutres, dont ils avoient étançonné cette tour, qu'ils tenoient ainsi suspenduë.

Les flammes venant à brûler les pieces de bois qui servoient d'appuy aux murailles, en firent tomber un grand pan. Cette chûte alarma si fort les assiegez, qui s'apperçurent bien que le reste alloit croûler, qu'ils demanderent quartier : crians aux creneaux qu'ils se rendoient à la discretion de Bertrand, s'offrans de payer rançon pour leurs personnes, et ne demandant qu'à sortir au plûtôt de ce même lieu, dans lequel ils se croyoient auparavant si fort en sûreté. Bertrand les envoya tous prisonniers à Paris avec leur gouverneur, fit achever la demolition de la tour, et raser les murailles de la ville, se contentant de s'assurer du pont, et d'y laisser une fort bonne garnison. Les milices de Roüen furent renvoyées en leur païs, chargées de dépouilles. Bertrand et le comte d'Auxerre prirent le chemin de Paris, pour rendre compte au Dauphin de la derniere expedition qu'ils venoient de faire.

Ce prince les combla tous deux de bienfaits, et les conjura de se reserver pour la premiere campagne, où la Couronne auroit encore besoin de leur service. Ils prirent tous deux congé de ce Duc, aprés l'avoir assuré qu'ils n'épargneroient point leur sang, ny leur vie, pour luy conserver le sceptre que ses ennemis vouloient arracher de ses mains. Bertrand alla se délasser pour quelque temps de toutes ses fatigues en son château de Pontorson, jusqu'à ce que le retour du printemps luy donnât lieu de reprendre les armes en faveur du Dauphin, qui monta sur le trône bientôt après ; car le roi Jean, son pere, ayant été delivré de sa prison par le secours d'une grosse rançon, ne survécut pas long-temps à sa liberté. Le retour qu'il fit en Angleterre lui coûta la vie. Cette perte tira des larmes des yeux de tous les François, qui regretterent avec une douleur extreme un si brave et si genereux souverain, dont le sort avoit été si deplorable.

Les Anglois et les Navarrois voulans tirer avantage de la consternation dans laquelle cette mort avoit jetté toute la France, renouvellerent leurs alliances ensemble, et firent une nouvelle confederation, dont tout le but étoit la ruine de ce beau royaume. Ce fut dans cet esprit qu'ils se répandirent dans la Normandie, dont ils desolerent et pillerent toutes les campagnes, et s'acharnerent plus particulierement sur les environs de Roüen et de Vernon, dont ils affectoient de desoler tout le voisinage. Bertrand les veilloit de fort prés, et lorsqu'ils y pensoient le moins, il leur tomboit souvent sur le corps, et leur donnoit la chasse avec le peu de troupes qu'il commandoit. Mais il étoit tellement redouté, que ses ennemis tâchoient toûjours d'eviter sa rencontre, et refusoient d'en venir aux mains avec luy.

Le Dauphin se reposoit entierement sur luy, tandis qu'il n'étoit que duc de Normandie : mais depuis qu'il fut Roy, il luy donna le commandement de ses troupes, avec un pouvoir absolu de tout entreprendre, quand il en trouveroit une favorable occasion. Guesclin *jura Dieu qu'il feroit les Anglois couroucier, ou qu'il seroit occis par eux en bataille.* Il donna le rendez-vous à ses troupes à Roüen, qui fut le lieu qu'il marqua pour y assembler les generaux et les officiers qui devoient servir dans l'armée qu'il alloit commander. Grand nombre de Normans, Bourguignons, Champenois et Picards, se rangerent sous ses enseignes, pour témoigner le zele et l'affection qu'ils avoient pour leur souverain, et c'est la loüable passion dont les François se sont toûjours piqué entre les autres nations (*ny en ayant aucune au monde qui prenne plus de part à la gloire de son Roy, ny qui s'expose plus volontiers à tous les perils pour l'honneur de sa patrie que la françoise*). Cela s'est remarqué de tout temps.

Bertrand en fit pour lors une tres heureuse experience, quand il vit une si grande foule de gens qui se presenterent pour marcher sous ses étendars, il se promit un tres grand succés des operations de la guerre qu'il alloit entreprendre. Le comte d'Auxerre, messire Baudoin d'Ennequin, grand maître des arbalêtriers de France ; le vicomte de Beaumont, Loüis de Havenquerque, flamand ; Thierry de Bournonville, Jean des Cayeux, Guillaume Trenchant de Granville, messire Enguerrand d'Eudin, le sire de Ramburre, le sire de Sempy, Robert de Villequier, le sire de Betancour, Robillard de Frontebois, Robert de la Treille, et plusieurs autres chevaliers, avec ce qu'ils pûrent amasser de gens les plus determinez, se joignirent tous à Bertrand, et firent ensemble un corps de troupes fort considerable. Le grand maître des arbalêtriers demanda quelle route il falloit prendre pour aller à la rencontre des Anglois et des Navarrois. Le comte de Beaumont dit qu'il étoit d'avis qu'on envoyât auparavant des coureurs pour les reconnoître. Bertrand fit marcher droit au pont de l'Arche, et dépêcha quelques cavaliers du côté de Cocherel et de la Croix Saint Leufroy, pour observer la contenance des ennemis, et pour aller par tout à la découverte. C'étoit un agreable spectacle de voir la belle ordonnance de l'armée françoise, dont les bataillons et les escadrons étant tous de fer, jettoient une grande lueur par toute la campagne : parce que le soleil dardant sur leurs casques, excitoit une reverberation qui répandoit par tout un fort grand éclat. Les drapeaux et les enseignes que le vent agitoit exposoient les lys aux yeux des spectateurs, et les faisoient souvenir qu'ils en devoient soûtenir la gloire au dépens de leur sang et de leur vie.

Toute la belle jeunesse de Roüen voulut être de la partie, sans se laisser attendrir des larmes de leurs meres et de leurs sœurs, qui tâchoient de les détourner d'un si genereux dessein, dans la crainte qu'elles avoient de ne les jamais plus revoir. Rien ne les put ébranler là dessus. Toute l'armée se mit en marche aussitôt et s'alla reposer la premiere nuit au pont de l'Arche, où les soldats trouverent des artisans, qui leur avoient apporté de Paris des haches, des dagues et des épées qui furent achetées comptant, pour en fournir à ceux qui pouvoient en manquer. Ils se disoient les uns aux autres qu'ils n'avoient qu'à se bien tenir, que Bertrand ne demeureroit pas longtemps sans rien faire, et qu'infailliblement trois jours ne se passeroient pas, sans qu'il y eut bataille. Guesclin fit la revûe de ses gens à la sortie du pont de l'Arche, et trouva que ses troupes ne montoient qu'à seize cents hommes : il les encouragea de son mieux, en leur representant que le ciel répandoit toûjours sa benediction sur les armées qui soûtenoient la plus juste cause, et qu'ils devoient se promettre qu'ils battroient les Anglois, quand même ils seroient deux contre un.

Il détacha sur l'heure quelques coureurs pour découvrir où pouvoit être le *captal de Buc*, et les Anglois qu'il commandoit, et leur donna l'ordre de le venir trouver à Cocherel pour luy en rendre compte. Ce fut où l'armée demeura campée jusqu'au retour des cavaliers qu'il avoit dépêché pour reconnoître les ennemis ; et comme Bertrand avoit envie de joüer des mains, il tenoit toûjours ses gens en haleine, allant de rang en rang pour les disposer au combat, leur disant qu'ils devoient avoir devant les yeux la gloire des lys, et l'honneur de leur patrie, qui leur tendoit les bras pour leur demander du secours contre des étrangers qui la vouloient soûmettre à leur joug ; que le ciel, au reste, se déclareroit en leur faveur, puisqu'ils alloient entrer en lice pour la querelle de leur legitime souverain ;

que s'il y avoit entr'eux quelqu'un dont la conscience luy reprochoit quelques pechez, il luy conseilloit d'aller incessamment aux Cordeliers pour s'y confesser, de peur que le déreglement des uns n'attirât la malediction de Dieu sur les autres.

Ces paroles assûrerent davantage toute l'armée qu'on joüeroit bientôt des coûteaux, ce qui fit prendre à plusieurs le party de se mettre en bon état, et d'aller faire leur bon jour, pour s'exposer ensuite avec plus de courage à tous les evenemens du combat. Les Cordeliers furent remplis de penitens que la presence du peril rendit plus contrits sur les desordres de leur vie passée. Quand ils eurent ainsi déchargé leur conscience du poids de leurs crimes, ils se mirent en campagne avec plus d'assurance, et vinrent rabattre à la Croix Saint Leufroy, faisans alte à l'abbaye pour s'y raffraîchir, eux et leurs chevaux, tandis que leurs valets iroient au fourrage, et quand ils pouvoient trouver dans les maisons des haches ou des coignées propres à couper du bois, ils s'en saisissoient aussitôt, pretendans qu'avec ces gros instrumens, ils feroient bien plus d'execution dans une mêlée qu'avec des épées, et c'est ce qui leur fit aussi dans la suite gagner *la bataille de Cocherel* contre les Anglois, qu'ils hacherent et charpenterent avec tant de rage et de furie, qu'ils faisoient voler têtes, bras et jambes sur le champ du combat.

Bertrand demeuroit toûjours avec ses troupes dans cette abbaye, dans une impatience extreme du retour de ses coureurs, qu'il avoit envoyé battre l'estrade partout. Ils revinrent lui dire qu'ils n'avoient rencontré personne à la campagne, ny homme, ny femme, ny berger, ny laboureur, qui leur pût dire où pouvoit être à present le captal de Buc et ses Anglois; que tout ce qu'ils en avoient pû tirer de certain, c'étoit que ce general étoit sorty d'Evreux avec bien treize cens combattans, gens fort determinez et fort lestes; mais qu'on ne sçavoit pas positivement quelle route il avoit pris. Guesclin, mal satisfait d'une réponse si vague, les renvoya sur leurs pas, leur commandant de faire un tric trac dans les bois, dans la pensée qu'il avoit qu'ils y pouvoient être dans une embuscade, pour faire la guerre à l'œil et le surprendre à leur avantage. Il leur donna l'ordre de le revenir trouver à Cocherel, pour luy rapporter des nouvelles. Il sortit aussitôt de cette abbaye; faisant plus loin quelque mouvement, il disoit sur la route aux officiers qui l'environnoient, qu'il n'auroit ny paix ny repos qu'il n'eût vû de prés les Anglois. Il ajoûta *que ces Gars y laisseroient la pel, et fussent ores trois contre un*. Cet intrepide general jura que s'il y en avoit quelqu'un dans son armée qui fût assez lâche pour prendre la fuite, il le feroit aussitôt brancher au premier arbre, et que s'il y en avoit qui ne se sentissent pas assez de cœur pour bien payer de leurs personnes, qu'ils eussent à le declarer avant le combat et qu'il leur donneroit volontiers congé, de peur que, dans l'occasion, leur crainte ne fût contagieuse aux autres, et ne fît perdre la journée. Tous luy répondirent qu'il n'avoit rien à craindre là dessus et qu'ils étoient bien resolus de le seconder, et de vendre avec luy bien cherement leurs vies aux Anglois qu'ils esperoient de combattre et de vaincre. Ils hâterent donc leur marche avec tant de diligence qu'ils arriverent le soir même à Cocherel, dans un temps bien chaud. Le succés de la bataille qui s'alloit donner, étoit d'une tres-grande importance aux affaires du roy Charles, parce que le captal de Buc avoit affecté d'entrer dans le royaume pour troubler la ceremonie de son couronnement, qui se devoit faire à Rheims le jour de la Trinité, se vantant qu'il feroit tant de conquêtes en France, en faveur du roy d'Angleterre, son maître, qu'il ne laisseroit à Charles qu'un vain titre de souverain, sans villes et sans sujets.

Il marchoit avec une fierté toute extraordinaire, ayant avec soy les plus braves et les plus aguerris de sa nation. Bertrand avoit déjà passé la riviere d'Evre, et s'étoit posté tout auprés de Cocherel (petit hameau devenu fameux par la celebre victoire que Guesclin remporta prés de ses murailles): il attendit là des nouvelles de ses espions et de ses coureurs, qui, se rendans auprés de luy, ne luy donnerent pas plus de satisfaction que la premiere fois, luy disans qu'ils avoient fait toutes les recherches possibles pour apprendre des nouvelles de la marche du general anglois, et qu'ils n'en avoient pû faire aucune découverte. Bertrand leur reprocha leur peu de vigilance et d'adresse, les accusant de craindre les ennemis, et les traitant de lâches et de gens plus capables de piller la campagne, que de faire aucune action digne d'honneur et de recompense. Il ajoûta que s'il avoit eu cet ordre, il s'en seroit mieux aquité qu'eux, et qu'il falloit absolument que les Anglois ne fussent pas loin d'eux; qu'il étoit donc dans la resolution de ne pas décamper de là, qu'il n'en eût des nouvelles certaines, parce qu'il étoit bien trompé si les ennemis n'étoient pas à leurs côtez. Son pressentiment se trouva veritable, parce que les Anglois marchoient dans les bois joignant la montagne de Cocherel.

Bertrand, ravy de les avoir deterrez, fit aussitôt tout preparer pour le combat. Le comte d'Auxerre et le vicomte de Beaumont, qui commandoient sous luy, firent armer leurs gens qui brûloient d'envie de combattre et n'attendoient que le moment qu'en en viendroit aux mains. Un héraut vint tout à propos leur dire qu'ils se tinssent sur leurs gardes, puisque les Anglois n'étoient éloignez d'eux que de trois ou quatre traits d'arbalète. Bertrand leur renouvela le discours qu'il leur avoit fait auparavant, pour les engager au combat. Il n'eût pas plutôt achevé de parler, qu'il apperçut sur la montagne l'étendart d'Angleterre qui flottoit au vent, ce qui luy servit de signal pour ranger ses gens en bataille, et qui faisoient fort bonne contenance. Le vicomte de Beaumont luy representa qu'il devoit demeurer dans le vallon qu'il occupoit, et que s'il faisoit quelque mouvement pour changer de poste et monter la montagne pour aller aux ennemis, il courroit grand risque de se faire battre. Bertrand luy repondit que c'étoit bien aussi son intention de ne pas quitter le terrain sur lequel il étoit, et d'attendre là les Anglois de pied ferme, et qu'il se promettoit de donner pour étrene au nouveau roy de France le captal de Buc en personne, en qualité de prisonnier de guerre. Tandis qu'il tenoit ce discours, les Anglois étoient postez sur la montagne en fort belle ordonnance, et faisoient montre de leurs drapeaux et de leurs enseignes avec beaucoup de faste et de fierté.

Le captal ne sçavoit quel party prendre; il s'imaginoit que les François, ne bougeans de leurs places, apprehendoient de risquer le combat. Ce fut dans cette pensée qu'il voulut pressentir les officiers de son armée, pour sçavoir s'il n'étoit point à propos de descendre pour aller aux François et les attaquer, tandis qu'ils étoient tous saisis de crainte et de peur. Mais Pierre de Squanville le fit revenir de ce sentiment, en luy témoignant qu'il étoit dangereux de faire descendre ses troupes, qui, ne pouvant faire ce mouvement sans beaucoup fatiguer, donneroient beaucoup de prise sur elles, quand il faudroit en venir aux mains; qu'il valoit donc mieux ne pas abandonner la montagne, jusqu'à ce que les François eussent pris un autre party. Jean Jouel goûta fort la pensée de ce chevalier, soûtenant que s'ils gardoient encore ce poste trois jours, les François seroient affamez dans le leur et seroient obligez de décamper dans peu. Cet avis étoit si judicieux que Bertrand s'appercevant que c'étoit là le but des Anglois, assembla le conseil de guerre, composé du comte d'Auxerre, de Besques de Vilaines, du vicomte de Beaumont, du grand maître des arbalétriers, et de tous les autres chevaliers et seigneurs de l'armée, ausquels il témoigna qu'il étoit tout visible que les Anglois n'avoient pas envie de descendre de la montagne qu'il occupoient, dans l'esperance qu'ils avoient que les François seroient bientôt obligez de desemparer, de peur de se voir affamez dans leur camp; qu'il étoit donc d'avis qu'on leur envoyât un trompette pour les inviter au combat et leur marquer un champ de bataille où les deux armées pouroient mesurer leurs forces sur un égal terrain, sans que le poste de l'une fût plus avantageux que celuy de l'autre. Tout le monde donna les mains à la proposition de Bertrand, qui dépêcha sur l'heure, un heraut au captal de Buc, pour sçavoir s'il vouloit accepter le party; mais ce general, qui ne bruloit pas du desir de se battre comme Guesclin, luy répondit avec beaucoup de flegme qu'il ne consulteroit pas Bertrand sur ce qu'il avoit à faire en ce rencontre; qu'il sçauroit choisir son temps à propos, et qu'il n'avoit garde de rien hasarder, sçachant qu'il luy venoit un secours fort considerable.

Bertrand voyant par cette réponse que le captal de Buc reculoit, pretendant tirer avantage du peu de vivres qui restoit dans le camp des François, que la faim pressoit beaucoup, tandis que les Anglois en avoient une fort grande abondance, s'avisa de suggerer d'autres moyens à son armée, pour engager les ennemis au combat. Il fit connoître à tous les officiers qu'il falloit plier bagage devant les Anglois, et faire semblant de fuir, pour les porter à descendre de la montagne, et que, quand on les tiendroit dans la vallée, l'on rebrousseroit aussitôt chemin, pour les venir charger de front en flanc, et par derrière. La chose fut ponctuellement executée comme Bertrand l'avait projetée. Il donna l'ordre qu'on chargeât tous les équipages sur leurs mulets, et qu'on les fit marcher devant, afin que la gendarmerie, qui les suivoit, les pût tout à fait couvrir.

Quand les Anglois apperçurent de dessus leur montagne cette démarche des François, ils la prirent plutôt pour une fuite que pour une retraite. Ils en allèrent aussitôt donner avis au captal, qui, voyant aussi ce mouvement, ne pouvoit se tenir de joye, croyant que Bertrand n'avoit point d'autre dessein que celui de se tirer d'affaire, et du mauvais cas dans lequel il s'étoit embarqué; mais Pierre de Squanville, qui connoissoit le caractère de Bertrand, essaya de le détromper de l'opinion dont il paroissoit prévenu, luy disant qu'il étoit à craindre que la contenance de Bertrand ne fût une feinte et un stratagême, pour retourner sur ses pas contre eux, et qu'on avoit beaucoup manqué quand on avoit quitté la montagne, où l'on étoit si bien posté. Le chevalier Bambroc encherit encore sur ce qu'avoit dit Pierre de Squanville, et fit toutes les instances imaginables pour engager le captal de Buc à reprendre le chemin de la montagne; mais Jean Joüel, leur reprochant leur crainte, jura qu'il feroient mieux de quiter l'armée que d'y jetter l'alarme de la sorte. Il ajouta que Bertrand n'étoit point un homme si fort à redouter; que s'il s'étoit jusqu'alors signalé dans la guerre, il ne s'ensuivoit pas qu'il fût également heureux par tout; que les armes étoient journalières, que tel étoit aujourd'huy vainqueur qui, le lendemain, pouvoit être battu, qu'enfin il seroit honteux aux Anglois de faire un arrierepied devant une armée qui fuyoit.

Tandis que ces generaux se prenoient ainsi de paroles, Bertrand fit volteface, et, faisant sonner toutes les trompettes, il marcha droit aux Anglois, qui furent bien surpris de ce changement. Le Captal et ses gens eussent bien souhaité de se revoir sur la montagne, mais il n'étoit plus temps, car les François étoient trop près d'eux, et les auroient chargés par derriere en leur marchant sur les talons; si bien qu'il n'y avoit point d'autre party à prendre pour le Captal que celuy de se preparer au combat, et d'exhorter ses Anglois à bien faire, et leur representant qu'ils étoient en plus grand nombre que leurs ennemis, dont ils auroient fort bon marché, parce que la famine qui les avoient attenüez leur laissoit à peine la force de soûtenir leurs armes; que les François n'en pouvans plus, quelque bonne contenance qu'ils fissent, seroient fort aisement defaits; que chacun se disposât donc à joüer des mains en gens de cœur, et pour le faire avec plus de succés, il fit publier dans toute l'armée qu'on fît alte pour prendre tous une soupe au vin, pour avoir plus de force à combattre.

Le captal et Jean Joüel tâchoient de les encourager, en les assûrant qu'ils leur donneroient les premiers de beaux exemples de bravoure et de valeur, et qu'on ne les verroit pas fuir comme des lievres devant les François. Bertrand se servit de cette pose des Anglois pour faire toûjours avancer ses troupes et les ranger en bataille. Il donna tout à loisir tous les ordres necessaires afin que la journée luy fût glorieuse, et que le nouveau roy de France remportât une victoire sur ses ennemis, aussitôt qu'il auroit été couronné dans Rheims, dont il pût faire part à tous ceux de la Cour.

CHAPITRE X.

De la celebre victoire que Bertrand remporta sur les Anglois devant Cocherel, où le captal de Buc, leur general, fut pris et toute son armée défaite.

Tandis que les deux armées étoient en presence, campées entre la rive d'Evre et la montagne de Cocherel, située prés d'un bois, le captal de Buc s'apperçut que le cœur manquoit à ses Anglois, qui voyans une montagne à leur dos, comprirent bien qu'en cas qu'il leur mesarrivât, ils n'auroient pas la liberté de gagner au pied. Cette tiedeur luy fit naître la pensées de reculer le combat et d'amuser Bertrand, en attendant qu'il luy vînt un secours de six cens hommes, que luy devoit amener un chevalier anglois. Il envoya donc un héraut dans l'armée des François pour dire à Bertrand, en presence de tous les officiers qui servoient sous luy, que les Anglois, touchez de la langueur où la famine avoit réduit les François, leur vouloient bien faire l'amitié de les accommoder de leurs vivres et de leurs vins, et ne ne pas profiter de l'avantage qu'ils pouroient remporter sur eux, en l'état où leur longue disette les avoit plongé; qu'ils leur donneroient donc la liberté de s'en retourner où bon leur sembleroit, sans aucunement les troubler dans leur marche. Mais Bertrand, qui vouloit joüer des mains, luy répondit dans le langage de ce temps-là: *Gentil herault vous sçavez moult bien preschier, vous direz à vôtre retour par de là, que se Dieu plaît je mangeray aujourd'huy du captal un quartier, et ne pense aujourd'huy à manger d'autre char.*

Cette fiere réponse fit comprendre au captal qu'il ny avoit plus rien à ménager avec Guesclin. Ce fut la raison pour laquelle il commanda sur l'heure qu'on se mît sous les armes et que l'on commençât l'attaque. Les valets et les enfans perdus des deux camps en vinrent les premiers aux mains, et s'acharnerent les uns sur les autres avec tant de rage et de furie, que le sang en couloit de toutes parts. Cependant les goujats françois eurent de l'avantage sur ceux des Anglois; ce qui fut un heureux augure pour Bertrand, qui se flatta de la victoire, voyant de si beaux preliminaires. Aprés que les enfans perdus se furent separez, il y eut un chevalier anglois qui se détacha de son gros, pour demander à faire un coup de lance contre celuy des François qui seroit assez brave pour vouloir entrer en lice avec luy. Roulant du Bois se pre-

30.

senta pour luy prêter le colet, sous le bon plaisir de Bertrand. Le François eut encore de l'ascendant sur l'Anglois, car non seulement il perça les armes et la cuirasse de celuy-cy, mais le coup ayant porté bien avant dans la chair, le chevalier anglois fut renversé de son cheval à la veüe des deux camps, ce qui fut une grande confusion pour ceux de son party, qui de tous ces sinistres evenemens ne devoient rien presumer que de fatal pour eux.

Cependant le captal voulant toûjours faire bonne mine, s'avisa, pour braver les François, de faire apporter sa table au milieu du pré toute chargée de viande et de vin, comme voulant se moquer de Bertrand, qui jeunoit depuis longtemps avec ses troupes. Les archers et les arbalêtriers commencerent la journée par une grêle de flèches, qu'ils se tirerent les uns aux autres, mais qui ne firent pas grand effet des deux côtez. Il en fallut venir aux approches; les gendarmes se mêlerent et combattirent à grands coups de haches, de sabres et d'épées. L'action fut fort meurtriere de part et d'autre. Guesclin s'y faisoit distinguer par les Anglois, qui tombaient à ses pieds et qu'il couchoit par terre, partout où il paroissoit. Ce foudre de guerre éclaircissoit les rangs des ennemis par le fracas qu'il y faisoit. Il fut fort bien secondé du vicomte de Beaumont, de messire Baudoin d'Ennequin et de Thibaut du Pont, qui se signalerent beaucoup dans cette bataille.

Ce dernier frappoit sur les Anglois avec tant de rage et de violence que son sabre ayant rompu de la force des coups, il se seroit trouvé tout à fait hors de combat, si l'un de ses gens ne se fût heureusement rencontré là pour luy mettre une hache à la main, dont il fit une si grande execution, que d'un seul coup il enleva la tête d'un chevalier et la fit tomber à ses pieds. Guesclin couroit par tout, les bras nuds et le sabre tout ensanglanté, criant aux François que la journée était à eux, et qu'ils l'achevassent aussi courageusement qu'ils l'avoient commencée; qu'il étoit important pour la gloire de la nation de gagner cette victoire en faveur du nouveau roy de France, sur les ennemis qui vouloient luy ravir la Couronne que ses bons et fideles sujets venoient de luy mettre sur la tête. Ce peu de paroles, prononcées par ce fameux general dans la plus grande chaleur de la mêlée, fit un si grand effet, que les François revinrent aussitôt à la charge avec un plus grand acharnement, et reprirent de nouvelles forces pour achever la defaite des Anglois.

Le captal de Buc, general des Anglois, paya fort bien de sa personne, et donna dans cette journée des marques d'une bravoure extraordinaire; mais du côté des François, ce furent le comte d'Auxerre, et le Vert Chevalier seigneur françois, qu'on nommoit ainsi pour la force et la vigueur avec laquelle il avoit accoûtumé de combattre. Le vicomte de Beaumont, le sire d'Ennequin grand maître des arbalêtriers de France, le Besque de Vilaines, le sire de Sempy, le sire de Ramabure et messire Enguerrant d'Eudin s'y distinguerent aussi par leur courage et par leur valeur. Les Anglois, aussi de leur côté, disputerent longtemps le champ de bataille et tuerent beaucoup de chevaliers françois, entre lesquels le sire de Betancour, Regnaut de Bournonville, Jean de Senarpont, Jean des Cayeux et Pierre de l'Epine, tous gens d'une illustre naissance, y laisserent la vie. L'on dit que le baron de Mareüil, qui tenoit pour les Anglois, tout fier de ce petit succés, crioit à pleine tête aprés Guesclin, comme le voulant affronter, et luy faire sentir que les choses prenoient un autre train qu'il ne s'étoit imaginé. Mais Bertrand, pour luy faire rentrer ces paroles en la bouche et le punir de sa témérité, revint sur luy tout en colere, et luy déchargea sur la tête un coup si violent, qu'il l'abattit à ses pieds, et Guesclin l'alloit achever, s'il n'eût été promptement relevé par les siens, qui coururent à luy pour le secourir. La mêlée recommença pour lors avec plus de chaleur; mais les Anglois succomberent à la fin, quelques efforts que fissent le captal de Buc et le baron de Mareüil pour leur inspirer du courage et leur faire reprendre leurs rangs, leurs disans toûjours qu'il leur venoit un fort grand secours. Bertrand, de son côté, ne manquoit pas d'animer les siens, et de les exhorter à si bien combattre, qu'on pût donner au nouveau Roy, pour son joyeux avenement à la Couronne, la nouvelle d'une victoire bien complette.

Ces paroles inspiroient une nouvelle chaleur aux François, et les faisoient revenir à la charge avec plus de furie. Toute cette grande action ne se passa point sans qu'il y eût aussi du côté de Bertrand quelques personnes distinguées qui perdirent la vie : le vicomte de Beaumont, et le grand maître des arbalêtriers furent de ceux là. Ce dernier fut tué de la propre main du baron de Mareüil, qui n'eut pas le temps de se réjouir de cet avantage; car le comte d'Auxerre et le Vert Chevalier luy firent payer sur le champ cette mort aux dépens de sa propre vie, s'étant acharnez avec tant de rage et d'opiniâtreté sur luy, qu'ils ne le laisserent point qu'aprés luy avoir donné le coup de la mort. Le même sort tomba sur Jean Joüel, qui, s'étant trop avant engagé dans la mêlée, n'en put sortir qu'aprés avoir reçu beaucoup de blessures qui luy furent mortelles peu de temps aprés. Il arrive souvent dans les combats des avantures si bizarres, ausquelles on ne s'attendoit pas, qu'elles font souvent toute la decision de la journée : celle de Cocherel en est un exemple ; car comme on étoit aux mains, deux coureurs vinrent à toute jambe avertir les François qu'ils combatissent toujours sans relâche, parce qu'il leur venoit un grand renfort qui les alloit rendre victorieux, et cependant les deux hommes s'étoient mépris, car ce secours étoit pour les Anglois.

Cette esperance dont se flatterent les François, leur fit redoubler leurs coups avec plus de vigueur, se jettans comme des lions au milieu des rangs de leurs ennemis, et ne doutant plus que la victoire n'allât se declarer en leur faveur. Cette seule opinion leur donna tant de cœur et tant de succés, qu'ils firent une grande boucherie des Anglois, et tuerent, entre autres, Robert de Sart, chevalier, l'un des plus braves du party contraire, et Pierre de Londres, neveu de Chandos, qui s'étoit fait un grand nom dans l'armée angloise par plusieurs belles actions qui luy avoient aquis beaucoup de reputation. L'on ajoûte que Bertrand se servit encore d'un autre stratagême qui lui procura la victoire. C'est qu'il s'avisa, dans la plus grande chaleur du combat, de détacher de son armée deux cens lances, sous la conduite d'Eustache de la Houssaye, auquel il donna ordre de s'aller poster avec ses gens derriere une haye que plusieurs grands buissons couvroient, au dessous de laquelle il y avoit une piece de terre où l'on avoit planté des vignes que l'on avoit laissées tout en friche. Ils se coulerent là dedans, et couvrirent leur marche si à propos, que s'étant emparez de ce terrain, les Anglois furent bien surpris de se sentir attaquez par derriere, et d'avoir à leur dos une partie de leurs ennemis, tandis qu'ils étoient occupez à se defendre de front contre les autres : si bien que se voyant frappez devant et derriere, il leur fut impossible de soûtenir le choc plus longtemps, au milieu d'un carnage qui leur faisoit horreur, et les jettoit dans le decouragement et le desespoir.

Le captal appercevant tout ce desordre, et voyant qu'il n'y pouvoit pas apporter de remede, prit la resolution de vendre bien cherement sa vie. Bertrand et Thibaut du Pont, fort intrepide chevalier, luy tomberent sur le corps. Ce dernier le prit à deux mains par le casque, et le serra tellement, qu'il ne se pouvoit dégager, et quelque effort qu'il fit pour le percer de sa dague, du Pont le tenoit toûjours luy criant qu'il se rendît sur l'heure s'il lui restoit quelque desir de vivre. Bertrand, qui ne s'accommodoit pas de toutes ces façons, luy dit : *Jay à Dieu en convenant que se ne vous rendez, je vous bouteray mon épée dans le corps.* Le captal sçachant qu'il étoit homme à faire le coup, ne se le fit pas dire deux fois. Il se rendit à luy sur l'heure. Pierre de Squanville suivit aussi son exemple, et luy tendit la main : si bien que tout le combat cessa dans l'instant. La plûpart des Anglois furent tuez ou pris, et la victoire étoit tout à fait complette pour Guesclin, quand un espion luy vint dire que tout n'étoit pas encore achevé, qu'il avoit veu six vingt chevaux qui couroient à toute bride pour venir au secours des Anglois.

Bertrand voulant profiter de cet avis, fit aussitôt desarmer tous les prisonniers qu'il avoit dans les mains, pour les mettre hors de combat, et rangea ses gens en bataille, pour défaire ces recruës, qui venoient appuyer les Anglois. Il eut l'adresse de les envelopper, et de les tailler en pieces sans qu'il en pût échapper un seul, que le capitaine qui conduisoit ce secours, et qui, voyant que tout étoit perdu, se déroba de la mêlée pour s'en retourner au château de Nonencour, d'où il étoit sorty devant, à la tête de tout son monde ; et comme il avoit peur d'être depoüillé sur sa route d'un habit tout en broderie, dont il étoit couvert, il alla chercher un sac dans un moulin, qu'il mit par dessus pour se déguiser, et sauver ainsi sa riche veste et sa propre vie. Quand le gouverneur le vit retourner tout seul dans ce bel équipage, il luy demanda la raison de tout ce changement. Ce capitaine luy fit le triste recit de tout ce qui s'étoit passé, luy disant que le captal et Pierre de Squanville étoient pris, que le baron de Mareüil, Jean Joüel et tous les autres chevaliers étoient morts, pris ou blessez à mort, qu'enfin la defaite des Anglois étoit si entiere, qu'on n'y voyoit aucune ressource.

Le gouverneur avoit de la peine à deferer à cette nouvelle, et se seroit déchaîné sur celuy qui la luy raportoit, si d'autres gens ne fussent venus aussitôt, qui la luy confirmerent. Le champ de bataille étant couvert de morts, tous les villageois d'alentour s'y rendirent pour les dépouiller, tandis que les François achevoient de défaire le secours qui venoit aux Anglois ; mais aprés cette derniere execution, les gens de Bertrand revinrent sur leurs pas. Leur presence épouventa si fort ces canailles, qu'elles prirent aussitôt la fuite. Les soldats de Guesclin chercherent avec grand soin les cadavres du vicomte de Beaumont et du seigneur d'Ennequin, grand maître des arbalêtriers, qu'ils demêlerent entre les autres, et les firent transporter de là pour leur donner une sépulture proportionnée à leur rang et à leur naissance. Ils trouverent aussi Jean Joüel, du party anglois, qui tiroit à la fin, mais qui n'étoit pas encore mort des blessures qu'il avoit reçuës. Ils le firent charger sur une charette dont l'ébranlement acheva de le faire mourir.

Bertrand commanda qu'on ôtât de là tous les principaux officiers françois qui venoient de perdre la vie dans cette bataille, afin qu'on les fit inhumer honorablement, comme gens qui venoient d'expirer pour la gloire de leur nation. Guesclin fit monter aussitôt à cheval ses plus illustres prisonniers, comme le captal, Guillaume de Granville, et Pierre de Squanville, et leur fit faire une si longue traite, qu'il les mena le soir même à Vernon, d'où il les fit passer le lendemain jusqu'à Roüen, d'où Bertrand écrivit au Roy tout le succés de cette bataille, et le nombre et la qualité des prisonniers qu'il avoit dans ses mains, pour sçavoir de Sa Majesté ce qu'elle vouloit qu'on en fît. Ce fut avec bien de la joye que Charles reçut une si agreable nouvelle à Rheims, où ce Prince s'étoit rendu pour la ceremonie de son sacre.

La conjoncture étoit la plus favorable du monde, parce que cette victoire donnoit un grand poids aux affaires de Sa Majesté contre les Anglois, dont le party s'affoiblit à veüe d'œil depuis cette journée. Le Roy donna l'ordre qu'on resserât fort étroitement les prisonniers dans le château de Roüen, et fit decapiter Pierre de Squanville, parce qu'étant né son sujet, il avoit été pris les armes à la main contre son souverain. Ce Prince revint en suite dans sa capitale, où les Parisiens le reçurent avec de grandes demonstrations de joye pour la victoire de Cocherel; et pour recompenser Bertrand qui l'avoit remportée, il luy fit don de la comté de Longueville, et gratifia tous les autres officiers à proportion des services qu'ils luy avoient rendus dans cette glorieuse journée.

◇◇◇

CHAPITRE XI.

De la prise de Valognes et de Carentan par Bertrand, et de la victoire qu'il remporta sur les Anglois dans le même pais.

Guesclin ne voulant pas demeurer oisif après la journée de Cocherel, et pretendant rendre encore de plus grands services à son maître, assembla le plus de troupes qu'il pût à Roüen, pour entreprendre de nouvelles expeditions. Tous les generaux françois qui se faisoient un mérite de soûtenir la gloire des lys, se rendirent auprés de luy. Le comte d'Auxerre, le Vert Chevalier, le Besque de Vilaines, Alain de Beaumont, qui mouroit d'envie de venger la mort de son frere le vicomte, qui venoit d'être tué dans la derniere occasion, Olivier de Mauny et Alain son frere, Eustache de la Houssaye, lui menerent le plus de gens qu'ils pûrent attrouper pour grossir son armée. Quand toutes choses furent prêtes, Guesclin partit de Roüen dans une fort belle ordonnance. Il mit à la tête de l'avantgarde Guillaume Boitel, fort brave et fort experimenté capitaine, qui tomba d'abord dans une embuscade et fut vivement attaqué par les Anglois, qui le pensoient surprendre, mais il les repoussa si vigoureusement qu'il les mena battant jusqu'à Valognes, aprés en avoir couché plus de six vingt par terre. Les fuyards alarmerent toute la ville et y jetterent l'épouvente, en disant qu'il falloit que chacun se sauvât, parce que *le Diable de Bertrand* étoit à leurs trousses, et qu'il ne feroit aucun quartier à pas un de ceux qui tomberoient par malheur dans ses mains.

Valognes n'étant pas fermée, tous les habitans se refugierent en foule dans la tour du château, pour s'y mettre à couvert de l'invasion des François, et dépêcherent des courriers pour avertir les Anglois, qui s'étoient saisis de Saint Sauveur et de Carentan, qu'ils eussent à se tenir sur leurs gardes, parce que Bertrand étoit en campagne, qui faisoit mine de les attaquer. Ce general étant arrivé devant Valognes avec tout son monde, il investit le château; mais avant que de l'attaquer, il voulut sonder s'il n'en pouroit point intimider le gouverneur, et l'obliger à rendre la place dans la crainte de toutes les executions militaires. Il s'approcha donc du fossé pour s'aboucher avec luy là dessus, et luy dit que s'il pretendoit arrêter une armée royale devant une bicoque, il devoit compter qu'il le feroit pendre aux creneaux des murailles de la tour, aussitôt qu'il l'auroit emportée, sans faire aucun quartier à tous les Anglois qui tenoient garnison là dedans sous son commandement.

Le gouverneur ne fut point alarmé de cette menace; il luy répondit fierement qu'il se defendroit en homme de cœur et qu'il se soucioit fort peu ny du roy de France ny de luy. Bertrand sortit de là tout en colere en luy montrant les poings, et luy disant *que voulsit ou non il auroit le chastel*. Le gouverneur, Anglois de nation, mit tout en œuvre pour luy tenir tête, et disposa ses arbalêtriers pour écarter les assiegeans à force de traits. Les François les attaquerent vivement, mais comme ils ne pouvoient pas entamer les murailles de la tour, tous leurs efforts furent sans effet. Cette vaine tentative chagrinoit fort Bertrand. Il assembla là dessus son conseil de guerre. Le comte d'Auxerre fut d'avis que, puis qu'on ne pouvoit pas emporter ce château d'assaut, il falloit ou le battre avec des machines ou le miner. Tout le monde entra dans ce sentiment; on envoya tirer de Saint Lo six batteries propres à lancer de gros carreaux de pierre; mais les assiegez en évitoient les atteintes et les coups en les amortissant par des peaux de beuf fraichement tuez qu'ils leur opposoient et par des gros ballots de laine et de coton qu'ils faisoient couler le long des murailles, aussitôt qu'ils voyoient la machine en action; si bien que la violence de la pierre jettée venoit à se ralentir dans ces mous instrumens qui la recevoient.

Bertrand étoit au desespoir de ce que les assiegez rendoient ses efforts inutiles, et se moquoient de ces grossiers stratagêmes qu'il employoit contr'eux: il ne luy restoit donc plus que celuy de la mine pour faire sauter cette tour; mais comme elle étoit située sur un rocher, elle n'y pouvoit mordre. Ces difficultez rebuterent la plûpart des generaux qui vouloient laisser là toute l'entreprise. Le vicomte de Rohan et le seigneur de Beaumanoir étoient d'avis qu'on levât le piquet de devant le château, dont le siege leur paroissoit impraticable, pour aller secourir celuy d'Auray que le comte de Monfort, secondé de Robert Knole et de Chandos, avoit commencé d'attaquer en Bretagne. Ils soûtinrent que cette affaire étant de la derniere importance aux intérêts de Charles de Blois, on devoit, toutes choses cessantes, tourner toutes ses pensées du côté de ce secours, plûtot que de s'acharner à une bicoque dont la prise étant incertaine coûteroit beaucoup de gens aux François, dont on auroit assez de besoin pour d'autres expeditions. Mais Bertrand, qui ne vouloit jamais rien faire à demy, les fit revenir de cette opinion, leur representant que s'ils décampoient de devant cette tour, ils alloient beaucoup commettre la reputation de leurs armes, qu'ils avoient rendu redoutables jusqu'alors; qu'il valloit donc bien mieux achever ce qu'ils avoient commencé, que de demeurer en si beau chemin.

L'ascendant qu'il avoit sur leurs esprits les fit tous condescendre à ce qu'il voulut; on continua donc le siege. On livra deux assauts avec tant d'impetuosité, que le gouverneur se souvenant que Bertrand avoit juré que s'il prenoit ce fort, il le feroit pendre avec toute la garnison qu'il commandoit, prit le party de capituler pour sauver ses biens et sa vie. L'on vint dire à Guesclin que quelqu'un faisoit signe de la main comme desirant luy parler. Il poussa son cheval de ce côté-là pour prêter l'oreille à ce que le gouverneur vouloit dire. Celuy-cy luy fit offre de rendre le château s'il luy faisoit compter trente mille livres; mais Bertrand, qui ne pretendoit jamais acheter ses conquêtes qu'à la pointe de son épée, luy remontra qu'il ne faisoit que trainer son lien par toutes ces chicanes; qu'il ne desamparcroit point de là qu'il n'eût emporté cette place, quand il y devroit rester tout l'hyver, et qu'il épuiseroit toute la Normandie de toutes les machines de guerre qu'elle possedoit, s'il en étoit besoin, pour reduire en poudre cette tour et les en dénicher pour les faire tous pendre; qu'il ne luy donnoit enfin que trois jours pour luy remettre la place entre les mains, et que si dans ce temps il n'obeïssoit, il ny auroit plus aucun quartier pour luy ny pour les siens.

Le gouverneur voyant la resolution de Bertrand, qui luy paroissoit homme à luy tenir parole, le pria de trouver bon qu'il assemblât sa garnison pour deliberer là dessus. Le gouverneur fit entendre à ses gens que c'étoit en vain qu'ils entreprendroient de faire une plus longue resistance, et que s'ils s'opiniâtroient à ne se pas rendre, ils couroient tous risque de perdre non seulement leurs biens, mais leurs vies; que s'ils vouloient conserver l'un et l'autre, il falloit incessamment ouvrir les portes à Bertrand, de peur qu'un plus long retardement ne rendît leur capitulation plus rigoureuse et plus difficile. La crainte de perdre leurs biens, qu'ils avoient enfermez dans ce château, les fit consentir à la rendre. Ils stipulerent donc que non seulement ils en sortiroient la vie sauve, mais aussi qu'il leur seroit permis d'emporter avec eux tout l'or, l'argent et les meubles qui leur appartenoient. Guesclin donna les mains à ces deux conditions, et dés le lendemain les assiegez ouvrirent leurs portes et baisserent le pont pour y laisser entrer Bertrand avec tout son monde, et qui fut religieux à garder la parole qu'il leur avoit donnée, ne souffrant pas qu'on fît aucune hostilité contre eux, et les renvoyant en toute liberté les uns à Saint-Sauveur et les autres à Cherbourg, chargez de leur bagage, auquel aucun soldat n'osa pas toucher de crainte de s'attirer l'indignation de Bertrand.

Il arriva pour lors une avanture qui pensa

tout gâter, et qui! nous apprend qu'il ne faut jamais insulter les vaincus ; car comme les assiegez se retiroient fort paisiblement, les François voyans qu'on leur apportoit les clefs avec tant de soûmission, firent de si grandes huées sur les Anglois, de ce qu'ils s'étoient sitôt rendus, que huit chevaliers de ce party là, tout couverts de honte et tout confus du reproche qu'on leur faisoit, rentrerent dans la tour avec le plus de gens qu'ils purent ramasser de la garnison, se barricaderent dedans et resolurent de s'y bien defendre, ayant encore suffisamment des vivres pour tenir long-temps. Cette nouvelle obligea Bertrand de remonter aussitôt à cheval et de courir aux barrieres pour leur commander d'ouvrir leurs portes sans delay ; mais ils vinrent aux creneaux luy dire qu'aprés l'insulte qu'on leur avoit faite et les railleries dont on les avoit baffoüez en sortant, ils étoient resolus, pour se garantir de l'opprobre et de l'ignominie qu'on leur avoit reproché, de se defendre jusqu'à la mort, et qu'ils combattroient avec tant de courcourage, qu'ils feroient ensorte qu'il ne mettroit jamais le pied dans la tour. *Certes, Gars, vous mentirez*, répondit Gueselin, *car j'y souperay en cette nuit et vous jeunerez dehors*.

Il n'eut pas plûtôt achevé ces paroles qu'il fît sonner la charge. Les arbalêtriers tirerent sans cesse, tandis que les autres soldats appuyoient les échelles contre les murs pour monter. On essaya d'ailleurs d'entamer la muraille à grands coups de marteaux de fer, de pics et de hoyaux, et l'on fit de si grands efforts là dessus qu'on ouvrit une brêche dans le mur, qui facilitant aux François l'entrée de la tour les en rendit bientôt les maîtres. Bertrand fit abattre les têtes de tous les Anglois qui, contre la bonne foy de la derniere capitulation, s'étoient remis en possession de la tour pour la defendre une seconde fois. Tandis qu'on s'assûroit de cette place, Olivier de Mauny fut détaché pour aller attaquer Carentan, ce qu'il fit avec tant de vigueur et tant de succés, que les assiegez lui rendirent aussitôt la place, de crainte de s'y voir forcez et d'y risquer leurs biens et leurs vies, sçachans les merveilleux progrés que les François venoient de faire sous la conduite de Bertrand, dont le nom seul étoit devenu la terreur des Anglois et des Navarrois, qui n'osoient pas tenir devant luy.

Bertrand se voyant maître de Valognes et de Carentan, n'avoit plus qu'une forteresse à prendre dans la Normandie pour la rendre calme et soûmise à la France. Il appela le gouverneur de la derniere place qu'il venoit d'enlever, et luy demanda fort sincerement quelles mesures il luy falloit prendre pour s'assûrer d'un château dans lequel il y avoit une église tres forte. Ce capitaine, pour luy faire sa cour, luy répondit qu'il n'avoit qu'à se presenter devant et crier *Guesclin*, que la crainte de son nom feroit aussitôt mettre bas armes aux les assiegez, et lui ouvrir leurs portes. Bertrand luy dit qu'il croyoit qu'il ne devoit pas se flatter là dessus, et que la place meritoit bien d'être assiegée dans les formes, car les murailles en étoient fort épaisses, et d'ailleurs elle étoit entourée de fossez fort larges et fort profonds. Hugues de Caurelay, chevalier anglois, qui s'étoit fait un nom dans la guerre par ses belles actions, commandoit dedans. Il avoit dans sa garnison beaucoup de Normands, qui s'étans revoltez contre leur souverain legitime, avoient interêt de defendre la place au peril de leur vie, de peur qu'étant pris les armes à la main contre le service du Roy, l'on ne les fît passer par celle des bourreaux.

Toutes ces raisons firent que si l'attaque du château fut fort vigoureuse, la defense ne le fut pas moins, et Bertrand perdant toute esperance de la pouvoir prendre de vive force, eut recours à la mine qu'il fit ouvrir sous les fossez et sous l'église, où il la poussa fort secretement, de maniere que les assiegez ne s'en appercevoient aucunement, et l'on se promettoit de la faire bientôt joüer avec succés, quand elle fut découverte par une avanture assez naturelle. Quelques soldats de la garnison dînans ensemble, il y en eut un d'eux qui mit son pot et son verre sur une fenêtre qu'on avoit percée dans le mur du château; ce verre vint à tomber tout d'un coup, et tout le vin qu'on avoit versé dedans fut répandu par terre, sans qu'ils sçussent la cause de ce mouvement. Ils prêterent l'oreille en cet endroit et poserent leurs mains sur la pierre où le verre avoit reposé. Le tressaillement qu'ils sentirent, leur fit juger que c'étoit un effet du travail des mineurs qui s'étoient logez sous ce mur.

Hugues de Caurelay, qui n'étoit pas un mal-habile homme en matiere de siege, n'en fut pas plûtôt averty, qu'il fit contreminer aussitôt, et l'ouvrage fut poussé, de part et d'autre, avec tant de diligence et d'assiduité, que les mineurs et contremineurs étoient déja bien prés les uns des autres, quand on vint avertir Bertrand que s'il vouloit faire un coup hardy, l'on pourroit, à la faveur de cette mine, faire glisser du monde jusques dans l'église de la place. Il goûta si bien cet avis qu'il resolut à prendre ce party sur le champ. Il s'arma donc sur l'heure, et se mettant à la tête de ses soldats les plus determinez, il entra luy même dans la mine, et faisant marcher devant luy dix mineurs pour luy frayer le chemin de l'église, ils avancerent tous avec tant de vitesse et tant de secret, qu'ils se trouverent dedans sans avoir été découverts de personne. Les soldats, ravis de se voir dans la place par ce stratagême, crierent *Guesclin*. Les assiegez furent si surpris de cette subite apparition, qu'ils ne sçavaient si c'étoient des fantômes ou des hommes. La consternation fut si grande, qu'au lieu de se mettre sous les armes pour se defendre, ils ne balancerent point à se rendre.

Bertrand fit aussitôt arborer les lys de la France sur les rempars de cette forteresse, et fit amener devant luy tous les prisonniers dans une grande salle. Il se contenta de mettre à rançon les Anglois, traitant avec douceur Hugues de Caurelay, qui n'avoit soûtenu le siege, avec tous ceux de sa nation, que pour le service du roy d'Angleterre et la gloire de leur patrie. Mais à l'égard des Normands qui furent trouvez dans la place, il les traita comme des rebelles, et les fit tous passer par les mains du bourreau. Les dépoüilles se partagerent dans la suite entre les soldats, et chacun s'alla reposer pour se delasser de toutes les fatigues que ce siege luy avoit fait essuyer. Bertrand eut bientôt de nouvelles occasions de signaler sa bravoure et son courage ; car Charles de Blois ayant appris que Jean de Montfort avoit mis le siege devant Aüray, luy depêcha des personnes affidées pour le supplier de ne le point abandonner dans une occasion de cette consequence, et de vouloir bien tenter, avec ses gens, le secours d'une ville dont la prise pouvoit traîner aprés elle la perte de toute la Bretagne, à laquelle il avoit plus de droit que Jean de Monfort. Ce prince luy fit dire aussi qu'il auroit une reconnoissance eternelle de ce bon office qu'il attendoit de lui ; qu'il le recompenseroit par des bienfaits reëls, et ne seroit point ingrat à l'égard de tous les officiers qui le seconderoient dans cette expedition. Bertrand les chargea de dire de sa part à leur maître, qu'il pouvoit compter non seulement sur luy, mais aussi sur toute son armée, qui marcheroit incessamment au secours d'Aüray.

<><><>

CHAPITRE XII.

Du siege que Jean de Monfort mit devant la citadelle d'Aüray, qui tenoit pour Charles de Blois, et pour qui Bertrand mena de fort belles troupes, à dessein de secourir la place.

La souveraineté de Bretagne étoit toûjours contestée entre ces deux princes, Charles de Blois et Jean de Monfort. Les François épousoient le party du premier, et les Anglois celui du second. L'armée que mena ce dernier devant Aüray, comptoit beaucoup d'étrangers dans son corps, et ceux qui tenoient le premier rang entre les commandans, étoient presque tous Anglois. Jean de Chandos, Robert Knole, Hugues de Caurelay faisoient, avec toutes les troupes qu'ils avoient amené d'Angleterre, toute la force de Jean de Monfort. Elles étoient composées de grand nombre d'archers, de gendarmes et d'arbalétriers qui s'emparerent de la ville, et se logerent tout autour du château d'Aüray, se promettant bien d'emporter cette place, s'il ne luy venoit bientôt un fort prompt secours. Les assiegez envoyerent à toute bride des couriers pour en donner avis au duc Charles, qui faisoit alors son sejour à Guingan.

Ce prince connaissant l'intérêt qu'il avoit à la conservation de ce château, fit les derniers efforts pour le secourir. Il appela tout ce qu'il avoit d'amis en France, ausquels il donna le rendez-vous auprés de luy. Bertrand Du Guesclin, le comte d'Auxerre, Charles de Dinan, le vicomte de Rohan, le seigneur de Beaumanoir, Eustache de la Houssaye, Olivier de Mauny, Guillaume de Launoy, Guillaume Boitel, Guillaume de Brou, le Vert Chevalier, Philippe de Chaalons, Louys de Beaujeu, Gerard de Frontigny, Henry de Pierre Fort, Aimard de Poitiers et plusieurs autres chevaliers se rendirent tous à Guingan. Charles de Blois fit faire un mouvement à toutes ces troupes jusqu'à Josselin. Ce fut là que, faisant alte, il fit la reveüe de cette armée, qu'il trouva monter à plus de quatre mille combattans. Ce luy fut un fort agreable spectacle de voir la fiere contenance de tant de braves à qui les mains démangeoient d'attaquer le comte de Monfort. Toute la campagne brilloit du rejalissement que faisoit sur elle la lueur de tant de casques et de cuirasses, sur qui le soleil donnoit tout à plomb. Les enseignes et les drapeaux tout fleurdelisez que le vent agitoit, faisoient encore un fort bel effet.

Charles décampa de là pour aller à Lonvaulx l'Abbaye. Tout ce mouvement ne se put pas faire sans que le comte de Monfort en eût bientôt avis par un espion qui se détacha de l'armée de Charles, et qui luy fit un recit exact de tout ce qui se passoit à Lonvaulx l'Abbaye, luy representant qu'il auroit bientôt sur les bras toute l'élite de la France. Cette nouvelle alarma le comte et luy fit dire qu'il seroit à souhaiter que Charles, son concurrent à la Bretagne, voulût partager avec luy le duché, plûtôt que de répandre le sang de tant de braves qui ne meritoient pas de mourir pour leur querelle particulière ; que s'il vouloit entendre à ce temperament, il pourroit esperer d'avoir un jour toute la Bretagne, en cas qu'il mourût sans enfans, si bien que par là toute la souveraineté reviendroit à Charles et à ses descendans. Jean de Chandos releva ce discours, luy disant qu'il ne croyoit pas que Charles fût fort éloigné d'entrer dans ce party, s'il trouvoit à propos de le luy proposer, et qu'en cas qu'il n'y voulût pas entendre, il luy resteroit toûjours par devers luy la gloire d'avoir fait cette avance, qui tendoit à ménager le sang de tant de noblesse, et qui justifieroit dans le public toute la conduite qu'il seroit obligé de tenir dans la suite contre le même Charles.

Le comte fut ravy de voir que Chandos approuvoit fort son sentiment, et dépêcha sur l'heure, auprès de Charles, une personne affidée pour le pressentir s'il voudroit bien convenir avec luy d'un lieu dans lequel on pourroit s'aboucher pour pacifier toutes choses. Charles de Blois reçut assez bien cet envoyé, luy disant qu'il assembleroit son conseil pour deliberer là dessus, et qu'il restât là pour en attendre la reponse. Tous les avis furent contraires à la proposition de cet accommodement. On luy representa que le comte, sçachant le peu de droit qu'il avoit à la souveraineté de Bretagne, et voyant bien qu'il ne pouvoit pas éviter d'être battu, vouloit au moins partager avec luy le duché, prevoyant bien qu'il l'alloit perdre tout entier. Le duc Charles répondit que tout ce qui luy faisoit plus de peine dans cette affaire, c'étoit le danger auquel il alloit exposer tant de personnes de qualité pour ses interests particuliers, et qu'il aimoit mieux perdre la moitié de ses seigneuries que de voir perdre la vie à tant de gens qui se vouloient sacrifier pour luy ; mais Bertrand et les autres luy remirent l'esprit là dessus, en luy répondant que sa cause étant la plus juste, Dieu se declareroit en faveur de ceux qui combattroient pour la faire valoir, et conserveroit la vie de ceux qui s'exposeroient en sa faveur ; qu'il falloit donc faire dire au comte que, si dans quatre jours, il ne levoit le piquet de devant Aüray, qu'il devoit s'attendre à une bataille.

Cette resolution prise, on fit venir le heraut, à qui Charles de Blois demanda quel avoit été le projet d'accommodement que Jean de Monfort avoit eu dans l'esprit. Il l'assûra que son maître avoit eu la pensée de partager la Bretagne entr'eux, moitié par moitié. Charles n'auroit pas improuvé ce traité ; mais l'ambition de sa femme, qui vouloit tout ou rien, gâta tout. Cette princesse avoit gagné toutes les voix du conseil de son mary pour les faire tourner toutes du côté de la guerre, et tout le monde, par une complaisance qu'on a naturellement pour ce sexe, n'osa pas opiner autrement ; si bien qu'elle fut la cause de la ruine de Charles, et de la perte qu'il fit de la Bretagne et de la vie dans une même bataille. Ce fut dans cet esprit qu'elle luy fit representer qu'il étoit indigne d'un prince comme luy, dont les droits étoient incontestables, de rien relâcher là dessus ; que toute l'Europe imputeroit à bassesse de cœur, et même à lâcheté, s'il écoutoit aucune proposition d'accommodement ; que ce seroit degenerer de la bravoure de ses ancêtres, s'il témoignoit d'apprehender d'en venir aux mains et de risquer sa vie pour la conservation d'une belle province qui valoit un royaume entier ; que s'il avoit envie d'en user autrement, toute la France, qui s'étoit declarée pour luy, jusqu'à se commettre avec la couronne d'Angleterre, luy reprocheroit son inconstance et sa foiblesse. Enfin ce pauvre prince se voyant accablé par tant de specieuses raisons, fut obligé de leur declarer le motif de sa crainte, en leur revelant un secret qu'il avoit tenu caché jusqu'alors.

Il leur fit part d'un songe qu'il avoit eu durant la nuit, dont il n'attendoit rien que de fatal et de funeste, leur disant qu'il luy sembloit d'avoir vû, durant son sommeil, un faucon étranger qui venoit d'outremer et qui, prenant l'essor avec beaucoup d'épreviers dont il étoit accompagné, s'élançoit jusques au haut des nües contre un aigle qui n'avoit pas une nombreuse troupe d'oyseaux auprés de luy, mais qui, rendant peu de combat, se laissa tomber jusqu'à terre et vaincre par le faucon, qui, fondant sur luy, le déchira de ses ongles et le perça de son bec avec tant d'acharnement et de force, qu'il luy tira toute la cervelle de la tête et le fit ainsi mourir. On ne manqua pas, pour le guerir de sa crainte, d'interpreter ce songe à son avantage et de l'assûrer qu'il étoit le faucon qui devoit triompher de l'aigle, et que, sur ce pied, il devoit se promettre une favorable issüe de son songe.

On renvoya donc le heraut en le chargeant de dire à son maître, Jean de Monfort, qu'il n'y avoit point de partage à faire, quand le tout appartenoit legitimement à un seul, et qu'on alloit travailler à luy faire lâcher prise sur tout ce qu'il avoit usurpé. Cette fiere réponse, que ce heraut fit mot à mot à Jean de Monfort, fut reçuë de tous les seigneurs anglois avec beaucoup d'indignation. Chandos jura, par la foy qu'il devoit au roi d'Angleterre, qu'il ne décamperoit point de là que toute cette province ne fût conquise par ses armes, et mise sous l'obeïssance du prince à qui l'on ne pouvoit la disputer qu'avec injustice. Robert Knole fit le même serment. Il ajoûta qu'il avoit un pressentiment que tout l'avantage demeureroit à Jean de Monfort, et que toute la bravoure de Bertrand, du comte d'Auxerre et du Vert Chevalier, ne feroient que blanchir contr'eux. Ils sererrent donc le château d'Aüray de plus prés qu'auparavant, pour engager les assiegez à capituler, sçachans que la famine les pressoit si fort, qu'ils avoient été contraints de manger leurs chevaux.

En effet, la disette étoit si grande dans la place, qu'elle les avoit souvent obligé d'allumer des feux au haut du donjon, pour marquer l'extreme besoin dans lequel ils étoient de recevoir un prompt secours, si Charles vouloit conserver ce château plus long temps. Ce prince étoit campé dans un parc à Lonvaulx l'Abbaye : ce fut là que ses coureurs le vinrent avertir du signal qui paroissoit à la Tour d'Aüray. Cette nouvelle le mit dans une grande consternation, voyant bien que cette place étoit aux abois. Il y eut un arbalêtrier qui le rassûra, prenant la liberté de luy dire que s'il le trouvoit à propos il se serviroit d'un stratagême qu'il avoit medité pour encourager les assiegez à ne se pas encore rendre sitôt. Il luy representa qu'il attacheroit un billet au dard qu'il lanceroit de son arbalête, et qu'il tireroit si juste en se postant dans un lieu qu'il sçavoit, qu'il feroit tomber le papier dans la tour, dont la lecture avertiroit le gouverneur qu'il tint encore bon pendant quelque temps, parce qu'il seroit secouru dans peu.

Ce prince goûta fort la pensée de cet arbalêtrier; il luy donna l'ordre d'en venir au plûtôt à l'exécution. Cet homme darda son coup avec tant de justesse et de force, que le billet tomba dans la tour tout auprés de ce signal de feu que les assiegez avoient allumé. Il fut mis entre les mains du gouverneur, qui sur l'heure assemblant ses gens, leur exposa ce que contenoit ce papier, et que Charles de Blois leur mandoit que dans le jour de Saint Michel prochain, qui devoit arriver bientôt, ils seroient secourus; qu'ils eussent donc à ne point precipiter avant ce temps la reddition de la place, et que s'ils n'avoient point de ses nouvelles dans ce jour prefix, ils pouroient alors faire leur condition la meilleure qu'ils pouroient avec leurs ennemis.

Cette bonne nouvelle donna quelque esperance aux assiegez : mais comme ils n'avoient pas assez de vivres pour se soûtenir jusqu'à la Saint Michel, il y eut un chevalier de la garnison qui s'avisa de leur dire, que pour ne pas succomber à la faim qui les consumoit, il étoit à propos d'envoyer au comte de Monfort, et de luy faire offre de luy rendre la place, si dans la Saint Michel il ne leur venoit pas de secours : à la charge que jusqu'à ce temps il leur feroit fournir des vivres en payant, et que de leur côté, pour sûreté de leur parole, ils luy donneroient des ôtages. Tous les assiegez donnerent dans le sens de ce chevalier, et le gouverneur fit signe aux Anglois que quelqu'un vint parler à luy. Robert Knole se presenta devant la barriere pour sçavoir ce qu'il avoit à dire. Il luy proposa toutes les conditions que ce chevalier avoit suggerées. Elles parurent fort raisonable à Knole, qui luy répondit que bien qu'il sçût que Charles de Blois se disposoit à les secourir, cependant il feroit de son mieux auprés du comte de Monfort pour les luy faire accepter, et que les assiegez meritoient bien qu'on les consideràt : en effet, Knole fit si bien, qu'on reçut leurs ôtages et qu'on leur donna des vivres.

Cependant Charles de Blois qui n'avoit point de temps à perdre, parce que la place qu'il vouloit secourir étoit à la crise, partit en diligence avec tout son monde de Lonvaulx l'Abbaye. La revcüe qu'il en fit montoit à plus de trois mille hommes d'armes, gens fort lestes et fort determinez. Cette petite armée fit une marche si longue, qu'elle vit dans peu le château d'Aüray. Quand les assiegez apperçurent du donjon les enseignes de Charles, et ce corps de troupes qui faisoit un mouvement vers eux, ils arborerent aussi leurs étendards sur le haut de la tour, et pour témoigner la joye qui les transportoit, ils firent joüer tous leurs violons sur le même endroit, avec tant de bruit et tant de fracas, que les assiegeans l'entendirent, et tournans leurs yeux de ce côté là, virent les drapeaux et les enseignes de la garnison qui flottoient en l'air au gré des vents. Bertrand, qui marchoit à la tête du secours, s'appercevant de toutes les demonstrations de joye que ceux d'Aüray donnoient aux approches des François, admira le zele et la fidelité qu'ils avoient pour leur prince, et dit qu'ils meritoient bien qu'on les tirât d'affaire.

Ce general se vint poster si prés des ennemis, qu'il n'y avoit entre ses troupes et les assiegeans qu'un pré et un ruisseau qui les separoient, si bien que de part et d'autre on n'attendoit plus que le moment auquel on en viendroit aux mains. Guesclin surprit des espions qui venoient observer la contenance de ses troupes. Il apprit d'eux que tout se disposoit au combat du côté du comte. Il reçut cette nouvelle avec beaucoup de joye, faisant publier par toute son armée qu'on eût à se tenir prêt, et qu'on joüeroit bientôt des couteaux. En effet, le comte brûloit d'une si grande envie de combattre, qu'il vouloit dés le soir même attaquer ce secours ; mais Olivier de Clisson modera son ardeur, en luy representant qu'il falloit aller bride en main sans rien precipiter ; que si l'on ouvroit la bataille sur le declin du jour, il étoit à craindre que la nuit venant à les surprendre, on ne se battroit qu'à l'aveugle, et tout se passeroit dans une étrange confusion ; que pour lors on ne pourroit pas profiter de tous les avantages que donne à la guerre l'experience des generaux et la valeur de leurs soldats ; qu'enfin, si l'on donnoit la bataille aux ennemis lors qu'ils sont encore tous las et recrus de la fatigue des chemins, on imputeroit plûtôt leur défaite à leur lassitude qu'au courage de leurs vainqueurs. Robert Knole appuya fort ce sentiment, et dit qu'il falloit attendre que les François tentassent le passage de ce ruisseau ; qu'alors on les pourroit charger à coup sûr quand il en seroit passé la moitié. Cet avis étoit si judicieux et si salutaire, que le comte ne balança point à s'y rendre, et ne fit aucun mouvement, de peur de tout gâter en precipitant le combat.

Les François étoient toûjours retranchez dans leur parc, et comptoient fort d'être attaquez cette même nuit : ils s'étoient tenus pour cela sur leurs gardes, allumans force feux dans leur camp de peur d'être surpris, et postans sur les ailes des vedettes et des sentinelles pour veiller à tout. Guillaume de Launoy parut, à la pointe du jour, à la tête de ses arbalêtriers, pour observer la contenance des Anglois qui caracoloient de l'autre côté du ruisseau. Comme les mains démangeoient aux deux camps, et que l'emulation des deux nations ne leur donnoit point la patience d'attendre l'ordre de leurs generaux, il se fit quelques escarmoûches de part et d'autre, où les François eurent toûjours de l'avantage sur les Anglois. Jean de Chandos, craignant que ces derniers ne se commissent temerairement, et n'engageassent un combat prematuré, fit publier à son de trompe, que si quelqu'un sortoit de son rang pour escarmoûcher, il lui en coûteroit la vie, disant au comte qu'il étoit important au bien de ses affaires de laisser attaquer les François les premiers.

CHAPITRE XIII.

De la bataille que Charles de Blois perdit avec la vie devant Aüray contre Jean de Monfort, qui devint maître de la Bretagne par cette victoire.

Les deux armées étoient sur le point d'en venir aux mains devant le château d'Aüray. Jean de Monfort, pour mettre sa personne à couvert du dessein qu'on pourroit avoir sur sa vie dans cette bataille, s'avisa de faire revêtir un de ses parens de sa cotte d'armes, et s'habilla d'une maniere à se faire confondre avec les autres. Olivier de Clisson qui tenoit son party, fit lever l'étendard de Bretagne, et se mit à la tête des plus braves de toute l'armée : Chandos et Knole firent aussi fort bonne contenance, et rangerent tous leurs archers anglois en bataille, disans que cette journée decideroit la querelle des deux princes, en faveur de qui l'on alloit combattre, et qu'on verroit qui des deux seroit le mieux servy. Charles de Blois, qui venoit au secours de la place avec toute l'élite de la France, ne balança point à passer le ruisseau qui le separoit de ses ennemis, dont il franchit le gué, sans qu'on fit aucun mouvement pour luy disputer ce passage. Il se campa fort avantageusement. Les deux princes se voyoient de trop prés pour ne pas ouvrir le combat. Il fut commencé par les gens de trait : mais cette premiere attaque ne fit pas grande execution d'un côté ny d'autre, parce que les escadrons et les bataillons étant tous de fer, les dards, ni les flêches n'avoient pas beaucoup de prise sur eux.

Tandis qu'on s'éprouvoit ainsi de part et d'autre, Hugues de Caurelay vint dire tout bas à Chandos, qu'il le prioit d'agréer qu'il fit un détachement de cinq cens lances à la tête desquelles il se déroberoit secretement du camp, pour s'assurer d'un poste, d'où il pourroit venir fondre sur les ennemis, en les attaquant par derriere. Chandos ne loüa pas seulement son dessein : mais il luy donna l'ordre de l'executer sur l'heure. Caurelay se coula furtivement dans un vallon suivy de tout son monde, sans qu'il fût apperceu des gens de Charles : parce qu'il y avoit beaucoup de genêts et de broussailles sur ce terrain qu'il vint occuper, et ses troupes se cacherent derriere fort adroitement. Ceux du château d'Aüray qui d'en haut voyoient à plein toute la campagne, découvrirent ce piege ; mais ils étoient trop éloignez des gens de Charles, pour se faire entendre au milieu du bruit d'un combat, et quelque signe qu'ils fissent, on ne pouvoit comprendre ce qu'ils vouloient dire.

On se battoit de part et d'autre avec beaucoup

de fureur. Olivier de Clisson, dont le courage et la valeur étoient singuliers, donnoit un grand branle au party du comte de Monfort, s'avançant avec une intrepidité surprenante au milieu des rangs des François, la hache à la main, dont il faisoit une terrible execution sur ceux qu'il frappoit. Bertrand qui combattoit pour Charles vit de loin l'un de ses amis tomber sous le bras de Clisson, ce qui luy donna tant de rage et tant de furie, qu'il s'élança comme un lion déchaîné tout au travers des Anglois, suivy de Guillaume Boitel, du Vert Chevalier, d'Eustache de la Houssaye et de Guillaume de Launoy. Ce fut là que secondé de tous ces braves, il faisoit un carnage horrible de tout ce qui se presentoit sous sa main. De l'autre côté, Robert Knole et Jean de Chandos qui tenoient pour Monfort, payerent aussi tres bien de leurs personnes. Le comte d'Auxerre faisoit aussi des merveilles en faveur de Charles : mais il arriva par malheur qu'un chevalier anglois luy passant son épée tout au travers de la visiere luy perça l'œil gauche, et comme se voyant hors de combat il se mettoit en devoir de se retirer, il fut saisy par un autre qui l'arrêta tout court, et qui le reconnoissant luy cria de se rendre aussitôt, ou qu'il étoit mort! Le comte, que le sang qui sortoit de sa blessure avec abondance mettoit tout à fait hors d'œuvre, jusques là même que les gouttes dont son œil étoit tout remply ne luy permettoient pas de voir celuy qui luy parloit, prit le party de luy rendre son épée plûtôt que de commettre indiscrettement sa vie à la fureur d'un brutal qui ne l'auroit pas marchandé.

La prise d'un si grand capitaine consterna fort Charles de Blois, qui la regarda comme un triste preliminaire de cette journée. Cependant Bertrand que rien n'étoit capable d'ébranler, marcha droit contre Clisson pour effacer par un nouveau combat la disgrace qui venoit d'arriver au comte d'Auxerre. Charles de Dinan s'attacha personnellement à Robert Knole. Olivier de Mauny charpentoit par tout avec sa hache, dont il faisoit voler têtes, bras et jambes, et donnoit beaucoup de courage à ceux qui le suivoient en criant *Mauny*. La bravoure de ce capitaine donna tant de peur au comte de Monfort, qu'il croyoit déjà tout perdu pour luy, si Chandos ne l'eût rassûré, le priant de ne point tomber dans le découragement, et lui promettant que la journée seroit immanquablement à luy. Robert Knole prit aussi la liberté de luy donner la même esperance, en l'exhortant de ne se point démentir et de se soûtenir jusqu'au bout.

Le parent de Monfort, celuy là même auquel il avoit fait prendre les armes, voulut faire le brave poussant son cheval et criant *Bretagne*, demandant par tout où étoit donc ce Charles de Blois, qui luy disputoit cette belle duché. Ce prince voulant répondre à ce fanfaron qu'il prenoit pour le comte de Monfort, parce qu'il en portoit toutes les marques, s'avança fierement de ce côté-là pour luy prêter le colet, et vuider leur differant dans un combat singulier à la veüe des deux armées, qui leur firent place et s'ouvrirent pour être les spectatrices d'un duel de cette importance. Le chamaillis fut grand de part et d'autre; mais à la fin Charles de Blois déchargea sur la tête de son adversaire un coup de hache si fort, si rude et si pesant, qu'il le fit tomber par terre. Il voulut achever sa victoire en luy ôtant la vie : mais Olivier de Clisson, Robert Knole et Chandos se jetterent à la traverse pour secourir ce chevalier. Ceux du party de Charles accoururent pour le seconder contre tant de gens, qui ne vouloient empêcher de couronner tout ce combat par la mort de son competiteur et de son ennemy. Comme l'on pensoit du côté de Charles, que ce chevalier renversé par terre étoit effectivement le comte de Monfort, l'on s'acharna tant sur ce seigneur travesty, qu'on ne le quita point qu'aprés l'avoir tué.

Charles se croyant pour lors au dessus de ses affaires, et seul maître de la Bretagne, s'écria sur le champ de bataille, qu'enfin Dieu l'avoit delivré d'un concurrent, qui luy avoit fait jusqu'alors de facheuses affaires. Mais la joye de ce prince fut bien vaine et bien courte; car quand le comte de Monfort eut appris la mort de son parent, qui s'étoit sacrifié pour luy, ce fut pour lors que, la colere et l'emportement ne luy permettant plus de se posseder, il s'alla presenter devant Charles, qui fut bien surpris de revoir contre luy les armes à la main, celuy qu'il pensoit avoir expedié du monde. Cette nouvelle apparition le desola fort, et luy fit rabattre beaucoup de ses esperances. Cependant pour ne se pas tout à fait décourager il recommença le combat avec une nouvelle ardeur, secondé de Bertrand Du Guesclin, du vicomte de Rohan, et du seigneur de Beaumanoir, qui firent en sa faveur des choses incroyables, et se surmonterent eux mêmes, et peut-être enfin que la victoire se seroit déclarée pour eux, s'ils n'eussent été chargez par derriere par les cinq cens lances que Caurelay tenoit cachez dans les genêts et dans les buissons, et qui prirent si bien leur temps qu'ils les attaquerent quand la chaleur de la mêlée commença de se ralentir. Bertrand fit volteface et soûtint long temps le combat à grands coups d'une hache qu'il tenoit à deux mains.

L'on recommença de plus belle de part et d'autre. Le sang ruisseloit de toutes parts. Olivier de Clisson faisoit aussi de grands fracas de son côté, tenant un gros marteau de fer, dont il frappoit à droite et à gauche, et faisoit tomber sous la violence de ses coups tous ceux qui se metoient en devoir de luy resister ; et comme il vit que tout plioit devant luy : *Courage*, dit-il à ses gens, *la journée est à nous.* Cependant Charles de Blois tenoit toûjours bon, faisant des efforts incroyables avec le vicomte de Rohan, Charles de Dinan, et le Vert Chevalier, qui renversa par terre l'etendard du comte de Monfort, mais qui fut aussitôt relevé par Robert Knole, qui voyant que la victoire penchoit de son côté, poussa toûjours sa pointe jusqu'à ce qu'elle eût été remportée. Caurelay, qui chargeoit toûjours les gens de Charles par derriere, fut celuy qui fit le plus grand effet dans cette journée. Bertrand ne se rendoit point encore, et tout couvert de sang et de sueur, il disputoit toûjours le terrain pied à pied, déchargeant son maillet de fer sur la tête de tous ceux qu'il pouvoit atteindre. Jean de Chandos fit avancer tout son monde de ce côté là, se persuadant que ce ne seroit jamais fait, tant que Bertrand pouroit tenir pied. Ses gens s'acharnerent avec tant de furie sur luy, qu'à force de coups de sabre et d'épées ils le renverserent par terre : mais Eustache de la Houssaye, le Vert Chevalier et Charles de Dinan coururent à luy pour le relever, et le remirent sur ses pieds. Ce même Charles voyant Richer de Cantorbie, beau frere de Chandos, l'assomma d'un coup de hache, et luy fit sauter la cervelle, dont ce capitaine eut tant de déplaisir, qu'il jura qu'il ne sortiroit point de là qu'il n'en eût tiré la vengeance.

Bertrand ne se lassoit point de frapper, et le seigneur de Beaumanoir ne l'abandonnant point et se tenant toûjours à ses côtez, chargea Gautier Huët avec tant de force, qu'il abbattit par terre ce chevalier anglois, qui n'en auroit pas été quite à si bon marché, si Clisson ne l'eût secouru sur l'heure, étant accompagné de tout ce qu'il avoit de braves à sa suite. Olivier crioit toûjours : *Beaumanoir, rendez-vous, aussi bien tous vos gens sont defaits.* Mais ce dernier ne fit pas semblant de l'entendre et tourna ses armes d'un autre côté, craignant de tomber dans les mains de Clisson, qui s'étoit vanté qu'il ne lui feroit aucun quartier, ny à luy ny au vicomte de Rohan, s'il les pouvoit attraper tous deux dans la bataille dans ce jour.

Charles de Blois étoit au desespoir, voyant toute son armée presque mise en déroute. Le comte de Monfort, de son côté, ne croyoit pas avoir remporté la victoire entiere tandis que son ennemy seroit encore vivant, et qu'il pouroit, aprés avoir perdu la bataille, trouver de nouvelles ressources pour relever son party abattu. C'est la raison pour laquelle il fit les derniers efforts pour le prendre et pour le tuer. Chandos n'en vouloit qu'à Bertrand, et se persuadoit que s'il l'avoit entre ses mains, toute la journée seroit bientôt finie. Ce fut dans cet esprit qu'il envoya de ce côté-là toute l'élite de ses troupes, qui n'en pouvoient venir à bout ; car il se defendoit toûjours avec un courage invincible ; mais à la fin, voyant que les gens de Charles s'éclaircissoient à veüe d'œil et prenoient presque tous la fuite, il se souvint dans ce moment qu'il avoit eu tort de mépriser le conseil de sa femme, qui luy avoit recommandé de ne se point exposer dans les jours malheureux, entre lesquels celuy de ce combat se rencontra juste, comme elle l'avoit predit et preveu. Charles de Blois en porta toute la fatalité ; car aprés avoir resisté longtemps, il fut environné de tant de gens qui s'acharnerent à le tuer, qu'il y eut un Anglois qui lui fit passer sa dague d'outre en outre, depuis la bouche jusqu'au derriere du cou, si bien que l'acier sortoit d'un demy pied par delà. Ce prince se sentant mortellement blessé, tomba tout aussitôt à terre, et ne songeant plus qu'à mourir dans la grace de Dieu, battit sa poitrine, et levant les yeux et les mains du côté du ciel, il le prit à témoin de son innocence, protestant qu'il n'avoit entrepris cette guerre qu'à la sollicitation de sa femme, qui l'avoit assuré que son droit étoit incontestable, et le pria sur l'heure de luy pardonner la mort de tant d'honnêtes gens, qui avoient bien voulu sacrifier leur vie pour la pretenduë justice de sa cause.

On ne luy donna pas le loisir d'en dire davantage ; car il fut percé de tant de coups qu'il expira sur le champ. Bertrand fut si touché de cette mort, dont on luy vint porter la nouvelle, que la douleur ne luy permettant plus de combattre, et d'ailleurs voyant que Charles avoit perdu la bataille et la vie tout ensemble, il ne balança plus à se rendre ; il tendit la main à Chandos, qui se chargea de sa personne avec toutes les honnêtetez possibles. Le vicomte de Rohan, Charles de Dinan et le seigneur de Beaumanoir, suivirent son exemple. Enfin tous ceux qui tenoient le party de Charles, furent tuez ou pris ou mis en fuite. Ceux du château d'Auray virent, du haut de leur tour, toute la campagne jonchée de morts et tout le party de leur prince entierement défait, ce qui les jetta dans une tres grande consternation. Le comte de Monfort, Chandos et Clisson s'appercevans que tout étoit fait et que la victoire leur étoit entierement aquise, resterent sur le champ de bataille, encore tout dégouttans de sueur et de sang, et quand ils eurent un peu repris haleine, le comte remercia tous les seigneurs de son party, leur declarant qu'il leur étoit redevable de la souveraineté de Bretagne, et qu'il reconnoîtroit au plûtôt un service si essentiel ; qu'à l'égard de Charles, qui venoit d'expirer, il auroit souhaité volontiers qu'il fût encore vivant et qu'il eût voulu partager avec luy la Bretagne ; ma's qu'il avoit eu le malheur de trop deferer aux pernicieux conseils de sa femme, qui avoit attiré sa ruine. Chandos interrompit ce prince en lui disant que, puisqu'il avoit Bertrand dans ses mains, il ne le devoit jamais rendre qu'en suite d'une paix qu'il aurait faite avec le roy de France, et qu'il la falloit acheter par la liberté de ce brave guerrier, qui n'avoit jamais été vaincu dans sa vie que cette seule fois.

Le comte l'assûra que c'était bien aussi son intention. Mais pour veiller à ce qui pressoit davantage, il fit chercher partout le cadavre de Charles avec des soins extraordinaires ; et comme ceux qu'il avoit preposez pour cette recherche n'en pouvoient point venir à bout, aprés avoir regardé tous les morts les uns aprés les autres, ce prince fit serment qu'il ne sortiroit point du champ de bataille qu'il ne l'eût découvert et trouvé. C'est ce qu'il fit avec tant de vigilance et de precaution, qu'il le reconnut à la fin couché par terre, le visage tourné du côté de l'Orient. Mais ce qui tira des larmes de ses yeux, ce fut quand il vit ce pauvre prince couvert d'une haire sous ses habits, et dont les reins étoient serrez d'une grosse corde ; il ne put s'empêcher de plaindre son malheureux sort, et le fit ensevelir avec la ceremonie la plus pompeuse qu'il pût s'imaginer, faisant enfermer son cadavre dans un cercueil de plomb. Il eut soin de le faire transferer ensuite à Guingan, commandant qu'on lui fît là des obseques fort honorables et proportionnées à sa qualité de prince, ce qui fut ponctuellement executé. Ceux d'Aüray ne manquerent pas d'ouvrir leurs portes au vainqueur ; le comte y fit son entrée, secondé de Jean de Chandos et de Robert Knole, qui paroissoient à ses côtez comme ayant eu tous deux, aprés Clisson, le plus de part au gain de la bataille et de la journée. Chandos mena Bertrand prisonnier à Niort, et Knole fit garder à veüe le comte d'Auxerre, jusqu'à ce que, par un traité de paix, ils fussent tous deux remis en liberté.

Charles le Sage, roy de France, apprit avec un déplaisir extrême la nouvelle de la mort de Charles de Blois et de la prise de Bertrand Du Guesclin et du comte d'Auxerre. Il eût bien voulu declarer la guerre au comte de Monfort ; mais il avoit sur les bras les Anglois et les Navarrois, qui faisoient des hostilitez jusques dans le sein de ses Etats, et, bien loin de penser à combattre les autres, il avoit assez d'affaire à se defendre luy même. Cependant les choses prirent un meilleur train qu'il ne s'étoit imaginé ; car le comte de Monfort voulant s'affermir dans sa nouvelle conquête, n'osa pas s'attirer la France. Il aima mieux envoyer des ambassadeurs à Charles pour luy faire offre de sa part, de luy rendre hommage pour le duché de Bretagne, et de se declarer son homme lige et son vassal. Le Roy donna volontiers les mains à l'agreable condition qu'il luy proposoit, et choisit l'archevêque de Rheims, de la maison de Craon, pour recevoir en son nom, la foy de ce prince en Bretagne, et luy donna tout le caractere dont il avoit besoin pour negocier la paix avec luy. Ce prelat s'aquita tres dignement de sa commission, representant au comte l'interêt qu'il avoit de s'accommoder avec la veuve de Charles de Blois, duchesse de Bretagne, qui pouroit encore renouveller ses pretentions, et chercher dans l'Europe de nouveaux appuis contre luy ; qu'il devoit être d'autant plus porté à entrer dans ce party, que la memoire de Charles de Blois étoit en benediction dans toute la Chrétienté, depuis les miracles dont le ciel avoit voulu publier son innocence et sa sainteté.

En effet, on aura peine à croire ce qui se passa sur le tombeau de ce pauvre prince ; car celuy qui l'avoit tué dans la bataille, s'étant indiscretement vanté d'avoir fait le coup, tomba dans une rage et dans une frenesie, dont il ne put jamais revenir, ny guerir, que ses amis ne l'eussent transporté sur la tombe de Charles à Guingan. L'homme revint dans son bon sens par les merites de ce prince, et se consacra depuis tout entier au service de cette église où l'on avoit inhumé son liberateur, tâchant d'expier, par la penitence, la sotte vanité qu'il avoit eüe de l'avoir tué. Mais pour revenir au traité qui fut fait entre le comte de Monfort et la duchesse de Bretagne, par le canal de l'archevêque de Rheims, il fut stipulé que cette veuve auroit le domaine de quelques villes et châteaux dans cette province, et que les prisonniers qu'on avoit fait dans la derniere bataille seroient delivrez en payant leur rançon. Cet accord remit en liberté le comte d'Auxerre, le vicomte de Rohan, Bertrand Du Guesclin et les autres.

Bertrand prit aussitôt le chemin de Paris pour venir offrir ses services au roy de France, qui luy fit un accueil tout plein d'honneteté, le recevant comme un brave dont l'épée luy pouroit être un jour d'un fort grand secours. Le captal de Buc, qui restoit prisonnier en France, se tira d'affaire en rendant au Roy quelques châteaux qui luy servirent de rançon pour recouvrer la liberté qu'il avoit perduë, comme nous avons dit, à la bataille de Cocherel. Il fut ravy d'embrasser Bertrand, son illustre vainqueur, entre les mains de qui le sort l'avoit fait tomber dans cette journée. Ces deux generaux se firent un plaisir de se raconter l'un à l'autre tous les dangers qu'ils avoient essuyez dans ces dernieres guerres, et cette agreable reminiscence augmentoit la joye qu'ils avoient de se voir encore et de se regaler aprés tant de travaux. Le captal ménagea pendant ce temps quelque accommodement à la cour de France en faveur du roy de Navarre, qu'il reconnoissoit pour son maître et pour son Seigneur; mais toute cette negociation n'eut point de bonnes suites, puisque le feu se ralluma depuis entre ces deux princes avec plus d'ardeur que jamais. Le prince de Galles, fils d'Édoüard, roy d'Angleterre, l'attisa de son mieux pour fortifier son party; car il faisoit pour lors son sejour à Bordeaux, d'où se répandant avec ses troupes dans toute la Guyenne, il y faisoit des dégâts et des ravages incroyables, s'emparant de toutes les places les plus considerables, et poussant les choses si loin qu'il se rendit à la fin le maître de toute cette belle province.

Le roy de Navarre, qui ne fit qu'une paix plâtrée, voulut témoigner au Roy que sa conduite étoit fort sincere, en luy faisant present d'un cœur de pur or, comme voulant luy donner par là le gage le plus certain de son inviolable fidelité. Bertrand, qui fut present à cette ceremonie, le conjura d'être à l'avenir un religieux observateur de la promesse qu'il faisoit, l'assûrant que s'il la violoit il auroit tout le loisir de s'en repentir, et depuis il ne chercha plus que les occasions de se signaler dans d'autres guerres, où le desir de la gloire et son courage l'appelloient. Il avoit appris que le roy de Chypre avoit fait quelques conquêtes sur les Sarrasins; il tourna toutes ses pensées de ce côté là, desirant se croiser pour combattre les Infidelles, et pouvoir expier dans une si sainte guerre tous les déreglemens qu'il avoit commis dans la chaleur de tous les combats et de toutes les occasions, où il s'étoit trouvé dés sa premiere jeunesse, ayant quelque regret d'avoir répandu tant de sang chrétien.

CHAPITRE XIV.

De l'origine de la guerre qui se fit en Espagne, entre le roy Pierre, dit le Cruel, et son frere naturel Henry, comte de Tristemarre.

Bertrand cherchant toujours de nouvelles occasions de signaler sa valeur et son courage, trouva de quoy satisfaire son inclination guerriere en Espagne, dont les peuples se partagerent, les uns prenans le party du roy Pierre et les autres celuy d'Henry, comte de Tristemarre. Bertrand épousa la querelle de ce dernier, comme nous le verrons dans la suite. La source de ce different vint de la mauvaise conduite et de la cruauté de ce Pierre, à qui l'on reprochoit deux enormes injustices. La premiere étoit le mauvais traitement qu'il faisoit à la reine *Blanche* de Bourbon, sa femme, sœur de celle de France. Les indignitez qu'il faisoit à cette princesse scandalisoient tous ses sujets, qui ne pouvoient voir sans indignation toutes les cruautez qu'il exerçoit contr'elle, étant une dame dont la douceur, la naissance et la beauté devoient être les trois liens les plus capables de l'attacher étroitement à elle. Mais l'amour ardente qu'il avoit pour *Marie de Padille*, qui l'avoit enchanté par un philtre qu'elle luy fit prendre, étoufa dans son cœur tous les mouvemens de tendresse qu'il devoit naturellement avoir pour une Reine si accomplie. Cette concubine s'étoit aquise un si grand ascendant sur son esprit qu'elle le gouvernoit absolument, et luy faisoit faire mille outrages à sa propre femme, qu'elle regardoit comme sa rivale. L'autre injustice que l'on reprochoit à ce Roy, c'est qu'il n'entretenoit aucun commerce avec les Chrétiens, dont les mœurs et la religion luy deplaisoient extremement.

Les Juifs étoient les seuls confidens de tous ses secrets; il leur donnoit toute son oreille et leur faisoit part de tout ce qu'il avoit de plus caché dans le cœur. Il gardoit à l'égard de tous les autres une dissimulation profonde, se rendant non seulement impenetrable à tous les seigneurs de sa Cour, ausquels il ne pouvoit pas refuser son accés, mais encore impraticable sur les affaires qu'on ne pouvoit pas se defendre de luy commuquer à cause de l'eminence de son caractere et de l'autorité royale qu'il avoit dans les mains. Ses plus proches parens mêmes ne pouvoient avoir la clef de son cœur, tant il leur faisoit mystere de tout. Cette surprenante conduite aliena tous les esprits et luy attira l'aversion de tous ses sujets, qui ne souhaitoient qu'une revolution, dans l'esperance de voir changer les affaires d'assiette. Ce prince, que l'on appeloit avec raison *Pierre le Cruel*, poussa si loin l'inhumanité qu'il avoit pour sa femme, qu'il ne se contenta pas de luy ôter la liberté, la confinant dans une prison, mais il en voulut encore à sa vie, sur laquelle il entreprit par un poison qu'il luy fit donner, mais dont elle sçut se garantir par des vomitifs, parce que connoissant le mauvais fonds de ce prince et la jalousie de sa concubine, elle se tenoit toûjours là dessus sur ses gardes. Tous ces outrages ne luy firent point perdre ny le respect, ny les égards qu'elle devoit avoir pour luy, se promettant que Dieu luy toucheroit le cœur et luy desilleroit les yeux, pour le faire sortir de son aveuglement.

Autant que Pierre se faisoit haïr, autant Henry, son pretendu frere naturel, se faisait aimer. Il sembloit que la Couronne luy étoit plus deûe qu'à ce Roy barbare : car il avoit trouvé le secret de se concilier tous les cœurs par des airs tout à fait engageans, et personne ne sortoit d'auprés de luy que tres satisfait de l'accueil qu'il en avoit reçu, tant il avoit le don de plaire à tout le monde. Tous les cœurs étoient tournez de ce côté là. La fierté du premier faisoit adorer la douceur du second, et la religion catholique, dont il faisoit une haute et sincere profession, rendoit odieux ce penchant que Pierre témoignoit pour la superstition des Juifs. On souhaitoit donc de le voir sur le trône à la place de ce dernier, dont on ne pouvoit plus supporter la conduite. Henry cachoit de son mieux son ambition, demeurant toûjours à la Cour de son frere, qui faisoit son sejour à Burgos, et se ménageant avec luy, de même qu'un sujet à l'égard de son souverain, sans s'émanciper aucunement, à cause de la proximité du sang qui le lioit avec luy.

Les seigneurs d'Espagne voulans profiter des entrées qu'il avoit auprés de son frere, le prierent un jour de vouloir un peu rompre la glace, en representant au Roy le tort qu'il se faisoit de vivre de la sorte, et qu'il étoit à craindre que ses sujets rebutez d'une si pitoyable conduite, ne secoüassent un jour le joug de son obeïssance, et ne se portassent à des extremitez dont il pouroit se repentir trop tard; qu'il devoit donc faire cesser le grand scandale qu'il donnoit à toute la chrétienté, par le commerce tout visible qu'il entretenoit avec les Juifs, qui sont les ennemis les plus declarez de la veritable religion; qu'il devoit aussi mieux vivre avec la reine Blanche de Bourbon, sa femme, qui descendoit du sang de saint Loüis, et dont les mœurs répondoient beaucoup à la noblesse de son extraction; qu'appartenant comme elle faisoit, à tous les princes de l'Europe, il devoit apprehender qu'ils ne se ressentissent, à ses propres dépens, de tous les outrages qu'il luy faisoit. Enfin ces seigneurs conjurerent Henry de persuader au Roy de rompre avec sa concubine, et de s'en separer pour jamais pour ôter ce pernicieux exemple d'incontinence qu'il donnoit à tous ses sujets.

Henry voulut bien se charger d'une si perilleuse commission pour la décharge de sa conscience et le soulagement des peuples, se preparant à toutes les disgraces qu'un compliment semblable luy devoit attirer. Il choisit le temps qu'il crut le plus propre pour insinüer avec succés toutes les veritez qu'il avoit à dire à ce prince. Il les luy proposa le plus respectueusement qu'il luy fut possible, ajoûtant aux remontrances qu'il luy fit sur le commerce et les intelligences qu'il avoit avec les Juifs, et les outrages qu'il faisoit à sa femme, cette dangereuse prediction qui couroit par toute l'Espagne, et dont le fameux Merlin étoit reputé l'auteur, que bientôt un aigle s'élanceroit de la Petite Bretagne pour fondre sur l'Espagne avec grand nombre d'autres oiseaux de proye, dans le dessein de travailler à la ruïne d'un Roy violent, impudique et sans religion, qui perdroit la Couronne et la vie dans une bataille. Que cet aigle, aprés s'être rendu le maître de toutes les campagnes qu'il auroit désolées, s'empareroit des villes et des châteaux, dont il metroit les clefs entre les mains d'un successeur dont il épouseroit la querelle. Il luy declara qu'il devoit donc apprehender que l'evenement de cette prophetie ne tombât sur luy, puisque l'on ne doutoit plus qu'elle ne le regardât plus particulierement que personne, et qu'enfin pour écarter cet orage qui le menaçoit, il devoit tâcher de fléchir la miséricorde de Dieu sur ses déreglemens passez, changer de conduite et de vie, se reconcilier avec les Chrétiens en leur donnant part aux affaires, dont il devoit éloigner les Juifs pour jamais, et rendre à la reine Blanche sa bienveillance et son amitié, qu'il luy avoit injustement ôtée, et qu'elle n'avoit pas mérité de perdre.

Toutes ces raisons devoient faire quelque impression sur un esprit moins endurcy que l'étoit celuy de Pierre le Cruel; mais au lieu de profiter de ces charitables avis, il les écouta comme autant d'injures que ce prétendu bâtard avoit entrepris de luy dire : et ce n'est pas sans raison que le poëte satyrique disoit autrefois : *Sed quid violentius aure tyranni?* En effet, Pierre outré de ces remontrances, qui luy furent d'autant plus odieuses qu'elles étoient fondées sur la verité, se déchaîna contre Henry, luy reprochant son ambition, qui le faisoit aspirer à la Couronne, dont il empêcheroit bien qu'il eût jamais la possession, n'étant qu'un bâtard indigne de régner, et jura qu'il luy feroit payer bien cherement l'indiscrétion qu'il venoit de commettre. Henry tâcha de le radoucir, en luy témoignant qu'il n'avoit fait ces avances auprés de luy que pour luy montrer l'abyme dans lequel il s'alloit plonger et le détourner du precipice qu'il se creusoit à luy même par sa propre conduite.

Cette reponse ne fit que l'aigrir encore davantage; car au lieu de luy sçavoir bon gré de tous ces avis, il luy commanda de sortir incessamment de son royaume, s'il ne vouloit encourir les effets d'une plus grande indignation. La saillie de ce prince fut fort mal à propos soûtenuë par un Juif nommé *Jacob*, qui se trouva là; car voulant flatter Pierre et luy faire sa cour aux dépens d'Henry, il eut le front de dire à celuy-cy qu'il étoit bien hardy d'entreprendre de faire des leçons au plus sage Roy de la terre, et que le meilleur party qu'il auroit à prendre à l'avenir, ce seroit de ne se jamais presenter devant luy; mais Henry luy fit bientôt recoger ces paroles aux dépens de sa propre vie; car aprés luy avoir reproché les pernicieux conseils qu'il donnoit à Pierre, et l'infamie de sa nation, il luy perça le cœur de sa dague, et le renversa mort par terre. Le Roy, tout surpris et tout indigné de cet attentat commis en sa presence, voulut venger à l'instant sur son frere la mort du Juif par un autre meurtre, tirant un couteau de sa gaine pour le tuer; mais il en fut empêché par un chevalier qui luy saisit le bras comme il alloit faire le coup.

Henry s'évada dans le même instant, et n'eut pas plûtôt descendu le degré, qu'il dit à ses gens de seller ses chevaux, afin qu'il pût sauver incessamment sa vie par la fuite. Pierre se faisoit tenir à quatre, donnant mille malédictions à ceux qui le retenoient, et leur reprochant qu'ils étoient les complices de ce bâtard, auquel il ne pardonneroit jamais le sang qu'il venoit de répandre. On eut beau luy dire qu'il ne s'agissoit que de la mort d'un Juif, dont la race avoit attiré la malediction de Dieu sur elle, étant une nation qui s'étoit renduë l'horreur et l'execration des hommes, par le deïcide qu'elle avoit commis en la personne du Sauveur : mais toute cette huile qu'on jetta sur ce ce feu le ralluma si fort, que Pierre fit pendre dans la suite ce pauvre chevalier qui l'avoit empêché de tuer Henry.

◇◇◇

CHAPITRE XV.

De la mort tragique de la reine Blanche de Bourbon, commandée par Pierre le Cruel, son propre mary.

Ce roy barbare avoit conçu pour Blanche de Bourbon, sa femme, une si mortelle aversion, qu'il mît tout en usage pour entreprendre sur sa vie. Le poison qu'il employoit pour s'en défaire, ne faisoit aucun effet sur elle, parce que sçachant le dessein qu'on avoit de la faire mourir, elle prenoit toutes les precautions necessaires pour se garantir d'un empoisonnement. Marie de Padille, maîtresse de Pierre, mit dans l'esprit de ce prince de l'éloigner tout à fait de la Cour, et de luy donner un établissement dans quelque province, afin qu'on ne la vît jamais, et que cette absence, sans esperance de retour, fît le même effet que sa mort. Pierre, éperdûment amoureux de cette concubine, suivit son conseil. Il confina cette princesse dans la province la plus éloignée de la Cour, et luy donna quelque apanage pour soûtenir sa qualité de Reine, n'osant pas aigrir ses peuples contre luy, s'il eût osé la reduire publiquement à l'état d'une condition privée. Ce domaine que Blanche avoit eu pour partage, luy procura les hommages de tous ses vassaux qui relevoient de sa seigneurie.

Un riche Juif avoit des terres enclavées dans le département de la Reine. Il se rendit à sa Cour pour s'aquiter, comme les autres, de son devoir de sujet auprés d'elle, et comme c'étoit la coûtume de ce temps là de donner par respect un baiser à la joue de son souverain, pour marquer le zele et l'affection qu'on auroit toute sa vie pour son service, ce Juif approcha de la Reine pour la saluer comme sa dame et sa maîtresse ; elle ne put pas se defendre de recevoir de luy cette marque de servitude comme étant son sujet ; mais aprés qu'il fut sorty de sa chambre, elle témoigna l'horreur qu'elle avoit pour cette ridicule ceremonie, reprochant à ses domestiques le peu de soin qu'ils avoient eu d'empêcher que ce vilain ne l'approchât, et fit aussitôt apporter de l'eau chaude pour se laver la bouche et le visage, et netoyer, pour ainsi dire, les taches que le baiser du Juif y avoit laissé. Son indignation n'en demeura pas là ; car comme elle étoit sa souveraine, elle voulut punir du dernier supplice la temerité qu'il avoit eüe de s'emanciper de la sorte ; et dans la premiere saillie de sa colere elle le voulut faire pendre. Le Juif étant averty qu'il avoit été condamné par la Reine, et qu'on le cherchoit pour l'attacher au gibet par ses ordres, il prit aussitôt la fuite et vint à toute jambe se plaindre au roy Pierre du dessein que Blanche avoit de le faire mourir, luy faisant un crime capital d'un devoir de ceremonie dont il avoit pris la liberté de s'aquiter. Le Roy le reçut sous sa protection, luy commandant de ne craindre rien là dessus, et disant qu'il s'appercevoit bien que cette princesse ayant de la haine et de l'aversion pour toutes les personnes qu'il consideroit, ne se feroit pas de scrupule d'entreprendre aussi sur sa propre vie, quand elle en trouveroit l'occasion ; qu'il la falloit donc prevenir ; mais qu'il seroit bien aise de s'en défaire par des voyes secrettes pour sauver les apparences, et sans donner aucune prise sur luy.

Le Juif qui brûloit du desir de se venger, l'assûra qu'il n'étoit rien de plus aisé que de l'expédier sans qu'il parût sur son corps aucun coup ny blessûre. Pierre goûta fort cet expedient, et declara que celuy qui luy tireroit cette épine du pied, luy rendroit un fort grand service. Il permit donc au Juif d'executer l'affaire de même qu'il l'avoit projettée sans faire aucun éclat. Ce vindicatif qui mouroit d'envie d'assouvir son ressentiment contre cette princesse, fut ravy d'avoir reçu cet ordre barbare de Pierre. Il attroupa beaucoup de gens de sa nation pour l'aider à faire le coup, et marchant toute nuit, il se rendit avec tout son monde à l'appartement de la Reine. Il penetra jusqu'à sa chambre, et frappant à la porte à une heure si indeüe, une des filles de Sa Majesté refusa d'ouvrir, et s'étonnant de tout ce bruit, dit au travers de la serrure qu'il n'étoit pas heure pour parler à sa maîtresse, et demanda quel étoit le sujet d'une visite faite si tard, et si à contre temps. Le Juif pour se faire ouvrir, s'avisa de répondre qu'il avoit une fort agreable nouvelle à donner à la Reine, puisque son mary, pour luy témoigner qu'il vouloit entierement se reconcilier avec elle, venoit à l'instant coucher avec Sa Majesté. La femme de chambre courut aussitôt avec joye pour faire part à sa maîtresse de cette avanture impreveüe, qui luy devoit beaucoup plaire, la felicitant par avance de ce que le Roy luy rendoit son cœur, et vouloit luy faire à l'avenir plus de justice qu'il n'avoit fait, puis qu'il avoit toûjours envoyé devant les Juifs pour l'en assûrer, et qui demandoient qu'il leur fût permis d'entrer dans sa chambre pour luy faire un message, dont elle auroit une incroyable satisfaction.

La Reine qui voyoit le peril qui la menaçoit, se mit aussitôt à pleurer, connoissant qu'elle avoit encore peu d'heures a vivre, parce qu'elle prevoyoit bien que les Juifs qui la haïssoient mortellement, ne se seroient pas rendus auprés de sa chambre en si grand nombre, et dans une heure si indeüe sans avoir contre elle quelque ordre sanglant, qu'ils étoient prêts d'executer. La fille de chambre entrant dans les peines et les malheurs de sa maîtresse, jetta les hauts cris, et versant des torrens de larmes, dit qu'elle n'ouvriroit point si Sa Majesté ne le luy commandoit absolument. La Reine luy fit signe de ne pas disputer davantage aux Juifs l'entrée de sa chambre, et dans le même instant elle leva les yeux au ciel, pour luy recommander le salut de son ame, protestant qu'elle n'avoit point de regret de mourir innocente à l'exemple de son Sauveur, et priant Dieu de répandre ses benedictions sur le duc de Bourbon son frere, sur la reine de France sa sœur, sur Charles-le-Sage, et sur toute sa famille royale. Elle n'eut pas plûtôt achevé ces paroles, que les Juifs entrerent en foule dans sa chambre. Ils trouverent cette sainte princesse couchée sur son lit, tenant dans l'une de ses mains un psautier, et dans l'autre un cierge allumé pour lire ses heures ; et tournant les yeux du côté de ceux qui venoient d'entrer, elle leur demanda ce qu'ils vouloient d'elle, et qui les avoit envoyé si tard pour luy parler. Ils luy répondirent qu'ils étoient au désespoir de se voir contraints de luy annoncer l'ordre severe qu'ils avoient reçu du Roy de la faire mourir, et qu'il falloit qu'elle se disposât à l'instant à cette derniere heure.

Ce discours fut interrompu par les cris de ses filles, qui se déchiroient les cheveux, et faisoient retentir toute la chambre de leurs sanglots, et de leurs soûpirs, se disans l'une à l'autre qu'on faisoit injustement mourir la meilleure princesse du monde, conjurans le ciel de venger cette inhumanité sur ceux qui en étoient les auteurs. La pauvre Reine leur commanda de donner des bornes à leurs plaintes, ajoûtant qu'elles ne la devoient pas plaindre avec tant de deüil, puis qu'elle alloit mourir innocente, et que c'étoit plûtôt la conduite de Pierre son mary qui devoit leur faire pitié, commettant cette barbarie par les malins conseils de sa concubine, qui depuis long-temps étoit alterée de son sang.

Les Juifs apprehendans que les cris et le vacarme qu'alloient faire les filles de la Reine, n'empêchassent l'exécution de leur maîtresse, et ne revelassent le meurtre qu'ils avoient envie de cacher, les prirent toutes par la main, les arracherent de la chambre, et les traînans dans une cave, ils les y firent étrangler afin de tuer en suite la reine Blanche avec plus de secret et de liberté. Ces enragez ne tarderent pas à la dépêcher, en luy crevant le ventre par la chûte d'une grosse poutre, qu'ils laisserent tomber sur elle, afin de l'étouffer par cet accablement, sans qu'il parût aucune goutte de sang sur son visage, ny

31.

sur son corps : et quand ils eurent fait ce détestable coup, ils se retirerent aussitôt dans un château situé sur une haute roche, que le Roy leur avoit indiqué pour asyle.

Ce prince inhumain ne voulant pas s'attirer le reproche du meurtre qu'il avoit commandé, garda là dessus tous les beaux dehors dont il put s'aviser, faisant publier un manifeste dans lequel il se disculpoit de son mieux de cette vilaine action : mais la conduite qu'il tint dans la suite ne justifia que trop qu'il en étoit l'auteur ; car au lieu d'assieger ce château, dans lequel ces scelerats s'étoient cantonnez, pour en faire justice, ils en sortirent six mois aprés avec une impunité qui fit horreur à tout le monde, et l'on vit bien qu'ils n'avoient été que les ministres de la cruauté de Pierre. Chacun fit des imprecations contre ce méchant prince qui n'avoit point rougy de commettre un attentat si execrable, sur une princesse qu'il devoit adorer pour l'innocence de ses mœurs et la noblesse de son extraction. La plûpart des Juifs même, qui jusqu'alors avoient été ses partisans les plus declarez, ne purent se taire là dessus. Pierre de son côté se precautionna contre toutes les entreprises qu'Henry pouroit faire dans ses Etats. Il leva force troupes, gagna par les dons et par les bienfaits, les principaux seigneurs de Castille, et fit tant de largesses pour engager les gens dans son party, que le pauvre Henry se vit abandonné de tout le monde, et contraint de chercher un asyle dans les païs étrangers.

Ce prince infortuné s'alla jetter entre les bras du roy d'Arragon, qui le reçut dans sa Cour avec beaucoup d'honnêteté. Le recit que luy fit Henry de la cause de sa disgrace l'étonna beaucoup. Quand il luy dit que Pierre le persecutoit et l'avoit forcé de sortir de ses Etats, parce qu'il avoit pris la liberté de luy representer l'horreur que tout le monde avoit de ses cruautez, ce prince luy répondit qu'il n'osoit pas luy promettre de l'appuyer par la force des armes, parce que le repos de ses peuples ne luy permettoit pas d'attirer dans ses Etats une guerre de gayeté de cœur ; mais que s'il vouloit établir son sejour sur les terres de son obeïssance, il luy donneroit honnêtement dequoy subsister selon sa qualité. Henry fut trop heureux d'accepter ce party, dans la crainte qu'il eut de ne pas rencontrer ailleurs tant d'accueil : mais il fut bientôt troublé dans l'asyle qu'il avoit cherché ; car Pierre sçachant que le roy d'Arragon l'avoit reçu dans ses Etats et le regaloit de son mieux, luy faisant tous les honneurs qu'un souverain refugié pouvoit attendre de sa courtoisie, il écrivit une lettre très-forte à ce prince, dans laquelle il luy mandoit qu'il luy sçavoit un fort mauvais gré d'avoir tendu les bras à un bâtard perfide, qui luy vouloit ravir sa Couronne ; que s'il luy donnoit retraite davantage sur ses terres il luy declareroit la guerre, et le regarderoit comme son ennemy ; qu'il esperoit donc, que pour prevenir toutes les hostilitez ausquelles il devoit s'attendre, il le chasseroit au plûtôt de ses Etats, comme un scelerat qui ne meritoit pas qu'aucun prince fût touché de sa disgrace et de sa misere.

Ce fut à Perpignan que le roy d'Arragon reçut cette lettre. La politique et la raison d'Etat luy fit ouvrir les yeux ; il en fit part à la Reine sa femme, qui luy representa le danger qu'il y avoit de retenir plus longtemps un tel hoste, et qu'il étoit de la derniere importance de le congedier au plûtôt, de peur que l'orage qui le menaçoit, venant à tomber aussi sur eux, ne rendît leur perte commune avec la sienne; qu'il falloit donc le renvoyer sans cesse, en luy faisant comprendre qu'il étoit trop raisonnable pour vouloir que pour sa querelle particuliere, on risquât non seulement la tranquillité, mais aussi la conservation d'un royaume. Ces rémontrances étoient trop sensées et trop judicieuses pour n'être pas approuvées du roy d'Arragon, qui voyant le peril dans lequel il s'alloit plonger, s'il épousoit ouvertement les intérets d'Henry contre Pierre, dont toutes les forces viendroient fondre sur ses Etats, en cas qu'il s'opiniâtrât à vouloir donner au premier un plus long asyle en sa Cour, il le fit appeller pour luy communiquer la lettre de Pierre, et les menaces qu'elle contenoit, en cas qu'il demeurât plus longtemps avec eux. Henry comprit bientôt ce que tout cela vouloit dire. Il le remercia de toutes ses honnêtetez, luy témoignant qu'il alloit empêcher, par un prompt depart, que son malheur ne luy fût contagieux, et que le repos de ses peuples ne fût troublé par une guerre à laquelle il ne devoit prendre aucune part; qu'au reste, il esperoit que Dieu seroit le protecteur de son bon droit, et luy susciteroit au travers de toutes les persecutions que Pierre luy faisoit, des moyens de monter un jour sur le trône de ses peres, qu'un usurpateur avoit envahy sur luy; qu'il le desiroit avec d'autant plus de passion, qu'il se verroit alors en état de reconnoître tous les bons offices qu'il avoit reçu de luy, qu'il souhaitoit luy pouvoir rendre avec usure. Ces paroles honnêtes et prononcées par un prince dont le malheur étoit à plaindre, toucherent si fort le roy d'Arragon, qu'il ne put pas s'empêcher de s'attendrir sur le deplorable état auquel il se voyoit contraint de l'abandonner. Il ne put donc le voir sortir de sa cour sans pleurer, et sans luy témoigner la part qu'il prenoit à son infortune, et combien cette triste separation luy causoit de douleur et luy faisoit de peine. Henry répondit de son mieux à ce mouvement de tendresse et de compassion, l'assûrant que l'absence et l'éloignement de sa cour ne luy feroit jamais perdre le souvenir de toutes ses honnêtetez.

CHAPITRE XVI.

De l'adresse dont Bertrand se servit pour faire un corps d'armée de tous les vagabonds de France et les mener en Espagne contre Pierre le Cruel, pour venger la mort de la reine Blanche et faire monter en sa place Henry sur le trône.

Toute la France apprit avec douleur l'inhumanité que Pierre avoit commise sur la reine Blanche, sa propre femme, en la faisant mourir injustement et l'abandonnant à la discretion des Juifs, qui l'avoient assommée sur son lit, aprés avoir entré la nuit dans sa chambre et l'avoir trouvée faisant ses prieres, un cierge à la main. Toutes ces circonstances aggravoient le crime de Pierre, et rendoient le sort de cette princesse encore plus pitoyable. La reine de France, sa sœur, et le duc de Bourbon, son frere, condamnerent fort une si vilaine action, qui meritoit une vengeance tout à fait exemplaire. Le roy Charles le Sage entroit fort dans leur ressentiment, et ne cherchoit que l'occasion de le faire au plûtôt éclater. Elle se presenta la plus favorable du monde. Le royaume de France regorgeoit de scelerats et de vagabonds qui le desoloient par leurs brigandages et leurs pilleries. On ne pouvoit empêcher ce desordre, parce que la foule de ces voleurs grossissoit tous les jours, par un million d'étrangers qui s'étoient introduits dans le royaume, pour se joindre à eux à la faveur de la licence et de l'impunité. Beaucoup d'Allemands, d'Anglois, de Navarois et de Flamands infestoient toute la campagne, brûloient les châteaux, aprés les avoir saccagez, et mettoient à rançon toute la noblesse. Les édits du prince étoient meprisez. La force et la violence faisoient la souveraine loy de l'Etat, si bien qu'il sembloit que la France étoit devenuë la proye de ces enragez.

Le roy Charles voulant arrêter le cours de tant de maux, assembla les plus sages têtes de l'Etat pour aviser ensemble au moyen d'apporter un prompt remede à tant de malheurs, sans en venir à une guerre ouverte contre tous ces brigands. Bertrand le tira de peine en luy suggerant le specieux pretexte de venger en Espagne la cruelle mort de la reine Blanche, sa belle sœur, et l'assûrant que s'il pouvoit s'aboucher une fois avec cette troupe de vagabonds, il les cajoleroit si bien, qu'il les feroit entrer dans ses sentimens, et leur inspireroit le desir de tourner leurs armes contre le roy Pierre, dans l'esperance de s'enrichir des dépouilles de toute l'Espagne, qui leur seroit ouverte par la guerre qu'on declareroit à ce prince. Il s'offrit même de se mettre à leur tête et de les commander, pour faire reüssir une si juste expedition, representant au Roy que par cet artifice il purgeroit la France de tous les étrangers, et les employeroit utilement ailleurs contre les ennemis de la Couronne. Charles donna les mains aussitôt à la judicieuse proposition de Bertrand, et dépêcha sur l'heure un heraut auprés des chefs et des generaux de tous ces gens ramassez pour en obtenir un saufconduit, afin qu'il pût ensuite leur envoyer quelqu'un qui pût s'aboucher avec eux en toute liberté.

Ce trompette les trouva campez assez prés de Chalons sur Saone; ils le reconnurent d'abord, parce que les armes du Roy, qu'il portoit sur son hoqueton, firent decouvrir qu'il venoit de la part de Sa Majesté. Quelques soldats le conduisirent pour le mener parler à ceux qui tenoient le premier rang dans leur armée. Sa presence les surprit un peu quand il les trouva tous à table. Les premiers ausquels il adressa la parole furent *Hugues de Caurelay, Mathieu de Gournay, Nicolas Strambourt, Robert Scot, Gautier Huet, le Verd Chevalier, le baron de Lermes, le seigneur de Presle et Jean d'Evreux*, qui furent tous de concert à ne pas refuser le passeport qu'on leur demandoit. Hugues de Caurelay s'interessa fort à ce qu'on l'accordât au plûtôt, disant qu'il mouroit d'envie de revoir Bertrand pour luy faire boire de son vin, chargeant le heraut de luy faire ses complimens. Celuy-cy revint en grande diligence mettre le passeport entre les mains de Bertrand, qui sans perdre de temps les alla trouver. Aussitôt qu'il parut ils luy firent mille caresses; Hugues de Caurelay, par dessus tous les autres, se jettant à son cou, l'assura qu'il le suivroit par tout, pourveu qu'il ne luy fît pas prendre les armes contre le prince de Galles son seigneur. Bertrand luy répondit que ce n'étoit pas à luy que l'on en vouloit, et qu'il pouvoit là dessus compter sur sa parole. Caurelay, tout transporté de joye, fit apporter à boire et luy voulut luy même verser du vin de sa propre main ; Bertrand fit quelque façon de prendre le verre, mais il luy falut enfin condescendre à la volonté d'un amy qui le luy presentoit de si bon cœur. Quand ils se furent tous salüez en beuvant les uns aux autres, Bertrand leur declara le sujet qui l'avoit fait venir auprès d'eux, leur disant que le roy de France, ulceré contre Pierre, avoit dessein de le faire repentir de la mort cruelle qu'il avoit fait souffrir à la reine Blanche, sa belle-sœur, et que, pour punir ce cruel prince d'un si noir attentat, il avoit resolu de porter la guerre dans le sein de ses Etats; que le Roy son maître l'avoit chargé de leur dire de sa part, que s'ils vouloient épouser un si juste ressentiment et luy prêter leurs troupes et leurs secours, il leur feroit non seulement payer la somme de deux cens mille livres comptant, mais leur ménageroit encore auprès du saint Pere l'absolution de tous les pechez qu'ils avoient jusqu'icy commis; qu'il leur conseilloit de prendre ce party, d'autant plus qu'ils iroient dans un païs fort gras, dont la dépoüille les pourroit enrichir beaucoup.

Hugues de Caurelay prenant la parole luy repeta ce qu'il luy avoit déja dit, qu'à l'exception du prince de Galles il le serviroit envers et contre tous. Bertrand luy ayant confirmé ce qu'il luy avoit déja répondu, que le roy de France ne songeoit point à ce prince, le conjura d'engager les autres capitaines dans la resolution qu'il avoit prise d'entrer dans cette guerre. Caurelay ne manqua pas d'en faire aussitôt son affaire, et gagna tous les chefs, gascons, anglois, bretons, navarrois, qui luy donnerent tous leur parole de marcher sous les enseignes de Bertrand, au premier ordre qu'ils en recevroient. Il y en eut quelques uns qui se laisserent seulement entraîner par le plus grand nombre et qui regrettoient de sortir de la France, dont le païs leur paroissoit plus doux et plus agreable, et dont les dépoüilles les accommodoient bien mieux que celles qu'on leur faisoit esperer en Espagne, où l'on ne pouvoit aller sans essuyer des fatigues incroyables et sans franchir des montagnes fort escarpées et des detroits fort rudes. Cependant il fallut ceder au torrent, et donner avec les autres leur parole à Bertrand, qui prit congé d'eux en leur promettant de leur donner de ses nouvelles au premier jour, et qu'il alloit faire part au Roy, son maître, de la resolution qu'ils avoient prise de le servir fidellement, et qu'il leur manderoit quand il seroit temps de le venir trouver. Il les pria de croire que ce prince leur feroit tout l'accueil et toutes les honnêtetez imaginables, et qu'ils auroient tous les sujets de se loüer de sa conduite à leur égard. Ils luy répondirent qu'ils n'en doutoient aucunement et qu'ils avoient plus de confiance en luy seul qu'en tous les prelats de France et d'Avignon.

Bertrand les voyant en si belle humeur leur representa que pour faire les choses de fort bonne grace auprès de Sa Majesté, qu'ils devoient voir au premier jour, il leur conseilloit de luy rendre auparavant tous les châteaux et tous les forts dont ils s'étoient emparez durant les derniers troubles. Ils l'assûrerent qu'il devoit compter là dessus, et que ce ne seroit pas une affaire pour eux de rendre des places qu'ils n'avoient pas envie de garder, puis qu'ils alloient quitter la France pour jamais.

Guesclin s'en retourna le plus content du monde, et vint à toute jambe à Paris pour assûrer le Roy qu'il alloit delivrer son royaume de tous les bandits et de tous les scelerats qui l'avoient desolé jusqu'alors par leurs pilleries, et que s'il plaisoit à Sa Majesté que leurs generaux la vinssent trouver à sa Cour, ils étoient disposez à s'y rendre pour luy confirmer en personne la resolution qu'ils avoient prise de passer en Espagne, pour la venger de la cruauté que Pierre avoit exercée contre la reine Blanche, sa belle sœur. Le Roy luy donna l'ordre de les appeler, mais à condition que ce seroit à petit bruit et sans éclat qu'ils se rendroient auprès de luy.

Bertrand leur fit aussitôt sçavoir les intentions de son maître, qu'ils executerent ponctuellement, mettant pied à terre au Temple, à Paris, où le roy Charles avoit étably sa demeure. Ce prince leur fit mille caresses, les regala de son mieux et leur fit de fort riches presens pour les engager davantage dans ses intérêts. Les principaux seigneurs de la Cour ne se contenterent pas de faire connoissance avec eux, ils voulurent encore lier une amitié tres-étroite avec ces generaux, avec lesquels ils avoient à vivre plus d'un jour. Le comte de la Marche, le Besque de Vilaines, le mareschal d'Andreghem, Olivier de Mauny, Guillaume Boitel et Guillaume de Launoy s'approcherent d'eux, et leur declarerent qu'ils seroient bien aises de partager avec eux les perils de la guerre qu'ils alloient entreprendre. Ces chefs furent ravis d'apprendre leur résolution, les assûrans qu'une si noble et si genereuse compagnie leur donneroit encore plus de chaleur à bien combattre. Bertrand les assembla tous à Chalons sur Saone, et les fit marcher du côté d'Avignon. Quand toute la France vit leurs talons elle commença de respirer, s'estimant bienheureuse de se voir delivrée de ces fâcheux hôtes, qui l'avoient presque mise à deux doigts de sa perte et de sa ruine. Elle donna mille benedictions à Guesclin de ce qu'il avoit trouvé le secret de les en faire dénicher sans qu'il fût besoin d'en venir aux mains avec eux.

Le mouvement que cette formidable armée fit du côté d'Avignon fit trembler le Pape et tout le Conclave, qui faisoient alors leur residence dans cette belle ville. Sa Sainteté craignit qu'ils ne vinssent fondre sur la Provence pour la ravager, et pour prevenir le danger qui les menaçoit tous, il s'avisa d'envoyer au devant d'eux un cardinal, pour apprendre le sujet qui leur faisoit faire tout ce mouvement, avec ordre de leur declarer de sa part, que s'ils passoient outre pour commettre des hostilitez et faire des ravages à leur ordinaire sur les terres de son obeïssance, il lanceroit contre eux les foudres de l'excommunication, pour les ranger à leur devoir, et leur apprendre à vivre en Chrétiens et non pas comme des infidelles. Ce cardinal fit toutes les diligences possibles pour se rendre à leur camp et s'aquitter auprès d'eux de la commission dont le Pape l'avoit chargé. Il trouva sur sa route un Anglois qui l'assura qu'il avoit à negocier avec des gens tout à fait impraticables, et luy demanda s'il leur apportoit de l'argent, sans quoy il ny avoit rien à ménager.

Ce prelat fut extremement surpris de ce compliment, et vit bien qu'il auroit de la peine à sortir d'affaire avec ces gens là, sans qu'il en coûtât beaucoup à Sa Sainteté. Quand ils le virent approcher, ils luy firent la civilité de faire quelques pas pour venir au devant de luy. Bertrand Du Guesclin, le comte de la Marche, Arnould d'Endreghem, maréchal de France, Hugues de Caurelay, Jean d'Evreux, Gautier Huet, Robert Scot, Olivier de Mauny, le Vert Chevalier et beaucoup d'autres officiers voulans luy témoigner le respect qu'ils portoient à son caractere et à sa dignité, l'approcherent avec de profondes soûmissions, et tel qui le voyoit revêtu de la pourpre eût voulu volontiers en avoir la dépoüille. Quand ce cardinal les vit tous rangez autour de luy, dans l'attente de ce qu'il avoit à leur dire de la part du Pape, il leur expliqua le plus succintement qu'il put le sujet de sa commission, les conjurant de ne commettre aucune hostilitez, s'ils vouloient obtenir du saint Pere l'absolution de tous les dereglemens qu'ils avoient commis. Le maréchal d'Endreghem, homme de bon sens, et qui dés sa jeunesse avoit été nourry dans le grand monde, prit la parole au nom de tous, luy representant que toute cette armée qu'il voyoit étoit sortie de France dans le dessein d'expier, par une guerre sainte, tous les maux qu'avoient fait dans la chrétienté ceux qui la composoient; mais avant que de la commencer, il luy fit entendre qu'ils avoient crû se devoir premunir de l'absolution du saint Pere, et luy demander la somme de deux cens mille livres pour les aider à soûtenir les frais et les fatigues du long voyage qu'ils avoient à faire; qu'ils esperoient ce secours du Pape, sçachans qu'il auroit assez de charité pour étendre ses aumônes et ses liberalitez au delà de l'absolution qu'ils en esperoient.

Le cardinal, qui ne s'attendoit pas à ce compliment, parut étonné du second endroit de la réponse du maréchal, et leur dit à tous qu'il leur répondoit seulement de la benediction du saint Pere et de l'absolution de leurs crimes; mais que pour l'argent qu'ils luy demandoient, il n'osoit pas s'en rendre garant. Bertrand qui ne le vouloit point amuser, luy declara nettement qu'il en falloit passer par là s'il vouloit contenir la licence de tous ces vagabonds, dont les mains étoient accoutumées au brigandage, et qui se soucioient moins de l'absolution qu'il leur promettoit, que des deniers qu'il luy demandoient, étant tous prêts, en cas de refus, de faire sur les Etats du Pape des depredations horribles. Son Eminence apprehendant le dégât dont on le menaçoit, pria Bertrand et les autres de tenir le tout en suspens jusqu'à ce qu'elle leur donnât de ses promptes nouvelles. On l'assûra qu'on feroit de son mieux pour arrêter le cours des desordres; mais qu'on ne luy promettoit pas de tout empêcher, parce qu'il n'étoit pas possible de faire vivre avec une discipline exacte tant de soldats affamez, qui soûpiroient après un prompt secours. Ce cardinal se le tint pour dit, et partit sur l'heure pour venir incessamment rendre compte au Pape de tout ce qui se passoit. Ceux d'Avignon, dans l'impatience d'apprendre quel seroit leur sort, l'arrêterent sur son chemin pour luy demander en quelle assiette étoient les affaires et s'il avoient des bonnes nouvelles à leur apporter. Je crois, leur dit-il, que tout ira bien si nous leur donnons de l'argent. Le Pape, qu'il alla trouver aussitôt, fut bien étonné de ce compliment qu'il luy fit de leur part, disant que c'étoit bien assez qu'il leur accordât gratuitement l'absolution, que les autres avoient accoutumé de payer, sans être encore obligé de tirer de l'argent de sa bourse pour acheter d'eux l'exemption du pillage et des brigandages.

Cependant, après avoir bien meurement pesé le tout, il convint de leur faire toucher cent mille livres, car Bertrand s'étoit contenté de recevoir seulement la moitié de la somme qu'on avoit demandée. Le Pape tint conseil là dessus, et ne voulant aucunement contribuer du sien, s'avisa d'assembler les plus notables bourgeois d'Avignon, pour leur representer le peril qui les menaçoit, et dont ils ne se pouroient garantir qu'en se saignans tous; qu'il falloit donc faire incessamment une capitation dans la ville, et cotiser chaque particulier pour faire la somme que l'on exigeoit d'eux le couteau sur la gorge. Le Saint Pere croyoit qu'en faisant cette démarche, et donnant ses ordres et toute sa vigilance pour lever cet argent, les soldats de l'armée de Bertrand vivroient avec discipline, et seroient fort retenus et fort reservez; mais il fut bien surpris quand il apperçut, des fenêtres de son palais, qu'ils prenoient sur les pauvres païsans, vaches, moutons, beufs et volailles, portans leurs mains ravissantes sur tout ce qu'ils rencontroient, sans en rien excepter. Ce fut pour lors qu'il vit bien qu'il étoit de la derniere importance de sacrifier au plûtôt quelque chose pour contenter l'avidité de ces oiseaux de proye, qui ne se plaisoient qu'à vivre de rapines et de larcins. Il fit donc appeller ceux qu'il avoit commis pour faire contribuer chacun des bourgeois à fournir la cotte part à laquelle il étoit taxé.

Le Saint Pere sçachant que la somme avoit été lévée toute entiere, donna l'ordre à son secretaire de l'aller incessamment compter à Bertrand, et de luy mettre entre les mains la bulle d'absolution pour toute l'armée, signée de sa propre main, scellée de son grand sceau, et si bien conditionnée, qu'il ne laissoit rien à desirer à ceux en faveur desquels il l'avoit accordée. Bertrand qui, naturellement, étoit ennemy de toutes les griveleries ayant appris que le Pape, pour faire cette somme, avoit fouillé dans les coffres des autres, et n'avoit rien tiré des siens, fit une forte reprimande à celuy qui se mettoit en devoir de la luy délivrer, et jura qu'il n'en vouloit pas manier un sol, parce que c'étoit le plus pur sang du peuple qu'on avait tiré de ses veines, et que le traité n'aurait aucun lieu, si le pape ne fournissoit cet argent de son propre tresor, et ne faisoit restituer à chacun des bourgeois d'Avignon ce qu'on avait extorqué de luy. Si bien que pour pacifier toutes choses, il falut que Sa Sainteté payât de son propre fonds toute la taxe dont on étoit convenu, sans qu'il en coûtât un denier aux autres, qu'il fut obligé de rembourser chacun de tout ce qu'il avoit avancé.

Cette foule de vagabonds, ou plûtôt cette armée de brigands, n'ayant plus de prétexte assez specieux pour prendre racine sur les terres de l'Église, rebroussa chemin du côté de Thoulouze, où le duc d'Anjou faisoit sa residence et tenoit sa cour. Ce prince cajola si bien Bertrand et tous les generaux qui portoient les armes sous luy, qu'il les engagea d'aller en Arragon pour assister Henry contre le roy de ce pays, nommé Pierre le Cruel, qui n'avoit aucuns bons sentimens pour la religion chrétienne, mais dont tout le penchant étoit tourné du côté du Judaïsme, dont il faisoit une profession secrette, et qui, d'ailleurs, étoit devenu l'horreur et l'execration de toute l'Europe, par le meurtre qu'il avait commis en la personne de la reine Blanche de Bourbon, sa femme, qu'il avoit inhumainement sacrifiée à la haine que sa concubine avoit pour cette belle et sainte princesse. Ce Duc exagera ce crime avec tant de force, et pressa si fort Bertrand de le venger, que ce général luy promit de tout hasarder pour ôter la couronne d'Arragon de dessus la tête de Pierre, et la mettre sur celle d'Henry, dont les intérêts luy seroient à l'avenir plus chers que ceux d'un meurtrier et d'un prince juif, qui n'avoit aucun droit au sceptre d'Arragon.

Les choses étant ainsi concertées, Bertrand prit aussitôt congé du Duc, et fit faire à ses troupes de si longues traites, qu'elles se virent bientôt à la veille d'entrer dans l'Arragon. Leur marche se fit avec tant de bruit et tant de fracas, que Pierre en eut bientôt la nouvelle. Il l'apprit avec bien de la douleur, lors qu'il étoit à la tête de grand nombre d'Espagnols ravageant les terres d'Henry, portant la desolation, le fer et le feu dans tous les lieux qu'il sçavoit luy appartenir, et le cherchant luy même en personne pour en faire la victime de sa fureur. Ce pauvre prince, persécuté de tous côtez, se tenoit à couvert dans l'un de ses châteaux avec sa femme et ses enfans, appellant auprès de luy tout ce qu'il avoit d'amis et de créatures, pour tâcher de faire quelque diversion contre ce cruel Roi qui s'acharnoit à sa ruine; mais quand il apprit l'arrivée de Bertrand avec tout son monde, il regarda ce secours comme un miraculeux effet de la protection du ciel en sa faveur, et se deroba secretement du lieu dans lequel il s'étoit retiré, pour le venir trouver et luy remettre entre les mains le soin de sa personne et de ses intérêts, essayant, par des manières insinuantes, de l'échaufer en sa faveur. Guesclin l'embrassa tendrement, et luy fit une tres sincere protestation qu'il ne remettroit jamais le pied en France, qu'auparavant il ne l'eût fait monter sur le trône d'Espagne, qu'il méritoit mieux que le renegat Pierre, qui s'en étoit rendu tout à fait indigne et par son infidélité dans la religion chrétienne, et par l'inhumanité qu'il avait commise à l'égard de sa propre femme qui sortoit du sang de saint Louis, et qui passoit pour la plus douce et la plus pieuse princesse de toute l'Europe.

Henry, ravy de voir que Bertrand avoit de si bonnes intentions pour luy, le conjura de se venir rafraîchir et délasser avec les principaux officiers de l'armée dans son château, où il les regala fort magnifiquement, et les confirma par ses caresses et par ses presens, dans la resolution qu'ils avoient prise d'épouser sa querelle. Toute cette confederation fut bientôt découverte. Un espion partit toute nuit pour en aller donner avis à Pierre, auquel il fit le recit de tout ce qu'il avoit veu, circonstanciant les choses avec tant d'évidence et de clarté, qu'il n'y avoit rien de plus vraysemblable, luy marquant qu'il étoit sorty de France une fourmiliere de troupes qui venoient fondre sur ses Etats. Pierre tout consterné, luy demanda le nom de celuy qui les commandoit, et quand il sçut qu'il s'appelloit Bertrand, il se mit à grincer des dents, à roüiller les yeux dans la tête, et déchira de rage et de colere les habits qu'il portoit.

Un Juif qui pour lors avoit beaucoup d'entrée dans son conseil, et qui fut un des témoins de cet emportement, prit la liberté de luy demander le sujet de son inquietude et de son desespoir. Pierre ayant un peu repris ses esprits, luy répondit que l'heure fatale étoit arrivée, dans laquelle on luy avoit predit qu'on luy devoit arracher des mains le sceptre d'Espagne, puisque Bertrand, designé par l'aigle qui luy devoit ravir la Couronne, étoit entré dans ses Etats pour en faire sur luy la conquête en faveur de son frere Henry, qui devoit l'en chasser à son tour, et se faire en suite couronner à Burgos en sa place. Il n'eut pas plûtôt achevé ses paroles que l'abbattement et le desespoir le firent tomber par terre. Le juif essaya de luy remettre l'esprit, et le relevant, il l'assura que quand Henry se seroit rendu maître de Burgos, de Tolede et de Séville la Grande, par le secours de Bertrand et des François qu'il commandoit, il ne seroit pas dit pour cela qu'il fut roy d'Espagne, et qu'il auroit encore bien du chemin à faire avant que de prendre les villes dont la fidelité ne luy devoit point être suspecte. Tout ce discours ne fut point capable de consoler Pierre et de le faire sortir de l'alarme dans laquelle il étoit. Il sembloit au contraire que sa terreur en étoit encore augmentée, car il fit serment de ne pas rester davantage en Arragon, de peur que Bertrand ne l'y vint accabler, et donna des ordres fort pressans à ses gens de se tenir prêts pour partir aussitôt.

On employa toute la nuit à plier bagage, et dés le lendemain ce prince prit le chemin de Burgos à la pointe du jour.

Il fit tant de diligence qu'il gagna Maguelon, frontiere d'Espagne. Cette ville étoit assez forte d'assiette, ayant bon château dans lequel on pouvoit se defendre longtemps; mais la crainte dont Pierre étoit saisy luy donna des aîles pour se rendre à perte d'haleine à Burgos, qui pour lors étoit la capitale de Castille, où l'on avoit accoûtumé de couronner les rois d'Espagne. Deux raisons engagerent Pierre à vouloir établir son sejour et sa residence dans cette ville; la premiere, parce que comme il avoit un fort grand penchant pour les dames, il y en avoit là beaucoup de parfaitement belles, dont la conversation pouroit adoucir le chagrin que luy donnoit sa mauvaise fortune; la seconde, parce que comme ce prince avoit naturellement une inclination secrette pour les Juifs, il esperoit y trouver beaucoup de consolations dans leurs entretiens, et tirer un fort grand secours de leurs bourses dans les besoins qui le menaçoient. Les Chrétiens de Burgos voyoient avec un déplaisir extrême cette grande relation qu'il avoit avec eux; ils ne se promettoient rien de bon de tout ce commerce. Cependant Pierre eut si peu d'égard à leurs plaintes, qu'il voulut noüer encore de plus étroites liaisons avec ces ennemis du christianisme, et comme il avoit dessein d'établir sa Cour et son sejour dans cette grande ville, il la fit fortifier de nouveau, la faisant revêtir de murailles plus hautes et plus épaisses, et commandant qu'on ouvrit tout autour des fossez plus larges et plus profonds, afin de s'y pouvoir defendre en cas que son frere Henry, secondé de Bertrand, l'y vint attaquer.

Il faut remarquer que les troupes que menoit Guesclin se faisoient appeler *la blanche Compagnie*, parce qu'ils portoient tous une croix blanche sur l'épaule, comme voulans témoigner qu'ils n'avoient pris les armes que pour abolir le Judaïsme en Espagne, et combattre le malheureux prince qui le protegeoit au grand mépris de la croix, que tous les Chrétiens devoient regarder comme l'instrument de leur salut. Toute cette armée fit donc un mouvement et quita l'Arragon pour entrer plus avant dans l'Espagne, afin d'y chercher Pierre, et de ne luy donner ny repos, ny treve. Bertrand s'informa qu'elle étoit la route la plus sûre et la plus commode qu'il falloit tenir. Henry, qui sçavoit le païs, luy repondit qu'il étoit nécessaire d'aller jusqu'à Maguelon; que de là l'on pouroit percer tout au travers de l'Espagne avec beaucoup de facilité. Guesclin fit aussitôt marcher de ce côté-là. L'armée fit de si grands traites, qu'elle se trouva bientôt aux portes de cette ville. Il y eut ordre de camper devant. Henry voulut tenter si par des voyes amies il ne pouroit pas engager le gouverneur à luy remettre la place entre les mains, auparavant que d'en venir à la force ouverte. Il se rendit donc aux barrieres et fit appeler le capitaine qui commandoit dedans. Cet homme parut aussitôt pour sçavoir ce qu'il vouloit de luy. Ce prince luy dit qu'il s'appeloit Henry, comte de Tristemarre, auquel le royaume d'Espagne appartenoit de plein droit, et que comme tel il luy commandoit de luy ouvrir les portes de Maguelon. Le gouverneur luy répondit fort fierement, qu'il ne le reconnoissoit point pour souverain, qu'il tenoit la place au nom du roy Pierre, et qu'il ne la rendroit qu'à luy; qu'il eût donc à se retirer au plûtôt et qu'autrement il le feroit charger. Henry, tout indigné de l'insolence de ce capitaine et de la fierté de sa repartie, se separa de luy tout en colère, en le menaçant qu'il le feroit bientôt repentir de sa temerité : mais le gouverneur témoigna qu'il se soucioit peu non seulement de luy, mais de toutes les troupes qu'il avoit amenées.

<><><>

CHAPITRE XVII.

De la prise que Bertrand fit de Maguelon et d'autres fortes villes d'Espagne en faveur d'Henry contre Pierre.

Aussitôt que ce prince eut fait le rapport à Bertrand de la maniere insolente et fiere avec laquelle le gouverneur avoit reçu l'honnête proposition qu'il luy avoit faite de luy rendre la place, on prit la resolution d'insulter cette ville et de la prendre d'assaut. Guesclin fit preparer les arbalêtriers et tous les gens de trait pour cette chaude expedition. Les fossez furent remplis de fascines, et l'on en jetta tant, que bientôt elles égalerent la hauteur des murs, et quoyque les assiegez fissent les derniers efforts pour empêcher le travail des soldats qui tâchoient de combler ces fossez, en lançant sur eux des pots pleins de chaux vive, cependant toute cette resistance ne fut point capable d'intimider les assiegeans, qui poussèrent leur ouvrage jusqu'au bout avec une genereuse opiniâtreté. Quand ils se virent à la hauteur des murs, ils tirerent sur la ville tant de traits d'arbalètes et de flêches, que ceux de Maguelon n'osoient se montrer ny mettre la tête dehors ; et, tandis qu'ils faisoient une si grande execution sur les assiegez, Guillaume Boitel fit d'un autre côté percer le mur à force de pics et d'autres instrumens, dont il s'ouvrit l'entrée de la ville, qui fut mise au pillage, après que le soldat victorieux eut couché par terre grand nombre d'Espagnols et de Juifs qui faisoient mine de resister. Les dépoüilles furent grandes ; car les Juifs qui se rendirent à discretion, pour sauver leurs vies, sacrifierent toutes leurs richesses pour se racheter et payer leur rançon. Jamais armée ne fit un plus agreable butin. Bertrand le leur avoit promis; aussi falloit-il bien contenter l'avidité de tant de Bretons, François, Normans, Liegeois, Valons, Flamands, Brabançons et Gascons, dont ses troupes étoient composées, et qui ne s'étoient engagées dans cette expedition que pour s'enrichir de la ruine de l'Espagne. Le maréchal d'Andreghem, Hugues de Caurelay, Gautier Hüet et son frere, Guillaume Boitel, le sire de Beaujeu, seconderent Bertrand avec une bravoure admirable, se mettans chacun d'eux à la tête des gens qu'il commandoient, et les menoient à l'assaut en leur donnans les premiers l'exemple de bien faire.

La prise de Maguelon jetta la terreur par toute l'Espagne, et rendit le nom de Bertrand si redoutable, qu'on ne le prononçoit qu'en tremblant. Après qu'il eut laissé garnison dans la ville, il poursuivit sa route plus avant, et comme l'experience qu'il avoit dans la guerre ne luy permettoit pas de laisser derriere aucune place qui pouroit incommoder sa marche, il fit alte à deux lieües de là devant *Borgues*, ville importante et forte, dont il crut se devoir assûrer avant que d'entrer plus avant dans le païs. Henry, dont on épousoit la querelle, voulut faire auprès du gouverneur de cette ville, la même tentative qu'il avoit déja faite auprés de celuy de Maguelon, le sommant de luy rendre la place; mais il ny fit que blanchir. Ce capitaine luy témoigna que le Roy son frere ne luy pardonneroit jamais la trahison qu'il luy feroit, s'il étoit assez lâche pour luy ouvrir les portes d'une ville dont il luy avoit confié la garde, et qu'il ne devoit pas trouver mauvais s'il se defendoit en homme de cœur, selon que son honneur et sa conscience le demandoient de luy. Ce prince eut beau luy representer qu'en cas de refus il s'alloit attirer les François, dont les armes étoient redoutables, et qui ne luy feroient aucun quartier quand ils auroient pris la ville d'assaut, le capitaine demeura toujours inflexible et parut peu sensible aux menaces qu'il luy faisoit, si bien qu'Henry fut obligé de se retirer sans avoir pû rien gagner sur l'esprit de ce gouverneur.

Quand Bertrand, auquel il fit part de son peu

de succés, eut appris l'opiniâtreté de cet homme, il fit serment qu'il ne leveroit point le piquet de devant de cette ville qu'il ne l'eût auparavant emportée, et commanda, comme il avoit fait devant Maguelon, les archers et les arbalêtriers et tous les gens de trait, pour tirer sur les assiegez qui se presenteroient sur les rampars pour les defendre. Il employa les valets et les goujats à remplir les fossez. Ceux de dedans firent de leur mieux pour les écarter, en jettant des carreaux de pierres sur eux, mais ils ne purent empêcher qu'à force de pics et de leviers ils n'entamassent leur murailles, et même qu'on n'y attachât des échelles de corde, à la faveur desquelles plusieurs eurent la hardiesse de monter; et bien que les Juifs et les Sarazins, dont cette ville étoit remplie, jettassent de l'eau chaude sur eux, ils ne laisserent pas malgré eux d'entrer dans la ville et de s'en rendre bientôt les maîtres. Il y eut un Normand qui fut assez brave pour planter le premier l'étendard de Bertrand sur le mur, et crier aux autres que la ville étoit prise, et qu'ils montassent hardiment. Il se vit bientôt suivy d'une foule de determinez qui s'accrocherent aux échelles et le joignirent en grand nombre. De là se repandans en foule dans la ville, ils s'allerent saisir des portes et les ouvrirent à leurs compagnons, qui se jettans à corps perdu dedans, firent crier misericorde à tous les bourgeois, qui se mettans à genoux avec leurs femmes et leurs enfans demanderent quartier, declarans qu'ils se rendoient au prince Henry, qu'ils vouloient reconnoître à l'avenir pour leur maître et leur souverain.

Ce prince, qui vouloit se faire un merite de sa clemence pour attirer les autres dans son party, se laissa fléchir à leurs prieres, et leur promit que non seulement ils auroient la vie sauve, mais aussi la jouissance de leurs biens, ausquels il defendit de toucher. Il ne voulut avoir cette indulgence que pour les Chrétiens; mais pour les Juifs et les Sarazins, qu'il sçavoit entierement devoüez à Pierre, il ne leur fit aucun quartier. Il ne s'agissoit plus, aprés cette conquête, que de recompenser Bertrand de tous les importans services qu'il luy avoit rendus, et pour luy témoigner sa reconnoissance il luy donna la comté de Molina, qui se trouvoit enclavée dans les dépendances de cette ville. Aprés que la *Compagnie blanche* eut fait quelque sejour dans ce pays pour se reposer et se delasser de toutes les fatigues que ces deux sieges luy firent essuyer, et qu'on eut fait panser les blessez, les troupes victorieuses s'allerent jetter sur *Bervesque*, place forte, dans laquelle Pierre avoit fait entrer une fort grosse garnison d'Espagnols, qui étoient tout à fait devoüez à son party. Le prince Henry les voulut sonder comme il avoit fait les gouverneurs des deux dernieres villes, leur representant qu'ils soûtenoient une méchante cause, puisqu'ils appuyoient les interêts d'un homme qui avoit trahy sa foy sans écouter là dessus les reproches secrets de sa conscience, et ne faisoit point de scrupule d'avoir un commerce tout visible avec les Juifs, sans se soucier si cette apostasie luy devoit attirer la malediction de Dieu et des hommes; que s'ils vouloient se donner à luy de bonne foy ils auroient tous les sujets du monde de se loüer de ses honnêtetez. Toutes ces paroles, quelques insinuantes qu'elles fussent, ne servirent qu'à les endurcir encore davantage et à les rendre plus fiers et plus impraticables. Quant Bertrand sceut d'Henry la brutalité de ces gens, il jura dans son langage ordinaire, disant à ce prince : *A Dieu le veut, ces gars ne vous doutent en rien, mais je vous le rendray bien brief.*

Il fit donc aussitôt investir cette ville, et se mit à la tête des plus braves pour commencer l'attaque. Les assiegez se presenterent sur les murs dans la resolution de se bien defendre. Tandis que Bertrand les amusoit par les gens de trait qui lançoient contre eux leurs dards et leurs flèches, Hugues de Caurelay choisit quelques troupes des plus aguerries avec lesquelles il s'approcha de la juifverie, dont il fit entamer les murailles à grands coups de marteau d'acier, et y ayant ouvert de fort larges trous : les Juifs apprehendans qu'on ne fit d'eux tous une fort grande boucherie s'ils s'opiniâtroient à faire quelque resistance, faciliterent l'entrée de la ville par leur quartier pour sauver leurs vies. Il y eut un Breton des gens de Caurelay qui se transporta tout aussitôt sur les murs, et y arbora l'étendard de Bertrand en criant *Guesclin*. Ce signal encouragea les autres à faire les derniers efforts pour monter à la faveur de plusieurs échelles de cordes dont ils avoient fait bonne provision.

Cet assaut fut un peu meurtrier des deux cotez : car tandis que les François gravissoient les murs, et se prêtoient la main les uns aux autres pour gagner le haut du rampart, les Espagnols leur jettoient sur la tête des cuves toutes pleines d'eau boüillante et les faisoient tomber dans le fossé. Cette disgrace ne refroidissoit point l'ardeur des assiegeans qui se relevoient avec plus de rage et de fureur, et remontoient à l'assaut avec une nouvelle opiniâtreté. Les assiegez jettoient sur eux des tonneaux pleins de pierres, et des grosses poutres dont ils les accabloient, si bien que cette vigoureuse resistance donnoit à douter aux François du succés du siege. On croyoit qu'on perdroit beaucoup de temps, et que peut-être on seroit obligé de lever le piquet de devant la place sans avoir rien fait. Henry craignant qu'on n'abandonnât ce siege, fit aussi les derniers efforts en personne avec ses gens; quand Bertrand, qui ne se rebutoit jamais, et que la presence du peril rendoit encore plus intrepide, vint se presenter aux barrieres de la porte avec une coignée et déchargea dessus de si grands coups qu'il les abbatit. Tous les plus braves encouragez par son exemple s'avancerent en foule, et firent une si grande irruption qu'ils entrerent pèle mêle avec les ennemis dans la ville, dont ils firent un carnage horrible. Ceux qui purent eviter la fureur du soldat par la fuite, se cacherent dans leurs maisons, pensans s'y mettre à couvert de tous les dangers, mais il n'y furent pas plus en sûreté. Les femmes se mettoient à genoux devant les vainqueurs pour sauver la vie de leurs maris, et les enfans se prosternoient aux pieds des soldats pour les supplier de ne point donner la mort à leurs peres : mais toutes ces soûmissions ne furent point capables d'arrêter le cours de leurs violences et de leurs türies. Il restoit à prendre une ancienne tour où quelques Juifs s'étoient retirez; Bertrand en fit brûler les portes par un feu d'artifice qui la fit bientôt mettre à bas. On ne fit aucun quartier aux plus obstinez de ceux qu'on trouva dedans : mais on eut quelque indulgence pour les autres qui se rendirent à discretion de fort bonne foy.

La ville de Bervesque suivit ainsi le sort des deux autres qu'on avoit conquises, et se mit sous l'obeïssance d'Henry. Pierre le Cruel étoit à Burgos, où il tenoit sa Cour : il fut fort consterné quand deux bourgeois qui s'étoient échappez de Bervesque, luy vinrent annoncer la funeste nouvelle de sa prise, et la bravoure avec laquelle les François s'étoient comportez dans l'assaut qu'ils venoient de leur donner, ayant à leur tête un nommé Bertrand, dont les coups étoient autant de foudres dont personne ne se pouvoit parer. Ils luy dirent que les ennemis avoient monté comme des singes sur leurs murs avec des échelles de corde, et qu'ils s'étoient ouvert le passage malgré tous les efforts qu'on avoit fait pour le leur disputer; qu'enfin la ville étoit toute inondée du sang des Juifs, des Sarazins et des Espagnols qu'ils avoient répandu pour s'en rendre les maîtres. Ce prince eut d'abord de la peine à croire cette étonnante conquête, et s'imaginant que ces deux bourgeois avoient vendu la ville à prix d'argent, il les menaça de les faire mourir. Un des deux, pour se disculper, luy representa que ceux qui s'étoient emparez de la place n'étoient pas des hommes, mais des diables devant lesquels il n'étoit pas possible de tenir; que c'étoient des gens qui ne craignoient ny flèches, ny dards, ny mort, ny blessûre, qu'ils se faisoient jour au travers de tous les perils, avançans toûjours sans jamais reculer, et qu'il ne croyoit pas qu'il y eut dans tous ses Etats aucun fort qui pût resister quinze jours entiers à des trouppes si determinées, et qui sembloient sortir de l'enfer.

Ce discours, qui n'étoit que trop veritable et qui devoit faire ouvrir les yeux à Pierre pour se garantir du danger qui le menaçoit, fut reçu de ce prince comme une imposture, que ces deux bourgeois avoient controuvée pour couvrir la trahison qu'ils luy avoient faite en vendant cette ville à ses ennemis. Il les regarda comme deux perfides, et, tout transporté de colere, il commanda qu'on les menât tout nuds au premier bois, et qu'on les branchât tous deux au premier arbre qu'on y trouveroit. Il eut tout le loisir de se repentir dans la suite d'une si grande cruauté, quand il apprit que ces deux personnes ne luy avoient dit que la verité toute pure sans luy rien déguiser; cependant il n'étoit plus temps de les regretter, car le coup étoit fait.

Pierre, faisant reflexion sur tous les merveilleux progrés que faisoit Henry dans ses Etats, et sur le danger qui le menaçoit de les perdre, se tourna du côté du comte de Castre son intime amy, pour luy faire une confidence toute particuliere de ses déplaisirs, luy disant qu'il s'appercevoit bien que l'heure fatale étoit arrivée dans laquelle il devoit être dépoüillé de tout ce qu'il possedoit en Espagne, et que la prophetie s'alloit accomplir à ses propres dépens, qui tant de fois avait avancé qu'un étourneau viendroit de Bretagne accompagné de beaucoup d'autres oiseaux avec lesquels il se rendroit maître des plus hauts coulombiers, et en dénicheroit les pigeons; que toute cette prediction tomboit sur Bertrand, originaire de ce pays, qui secondé de toute sa *Blanche Compagnie* s'étoit jetté sur les terres de son obeïssance, avoit attaqué ses plus fortes places, avoit desolé toutes les campagnes, et venoit encore l'assieger dans sa capitale sans luy donner ny paix ny treve, rien ne luy tenant plus au cœur que de le pousser de son propre trône pour y mettre à sa place Henry le Bâtard. Le comte de Castre essaya de luy remettre l'esprit et de luy relever le courage, en l'assûrant qu'il avait encore de fort bonnes places qui luy seroient toûjours fidelles, et des troupes reglées qui feroient pour luy tout le devoir que des sujets zelez ont accoûtumé de faire pour leur souverain legitime.

Pierre ne revenant point de l'alarme qui le troubloit, fit appeller trois juifs dans lesquels il avoit une confiance toute singuliere. Le premier s'appelloit *Jacob*, le second *Judas*, et le troisième *Abraham,* les conjurant de luy faire part de leurs lumieres et de leurs conseils, dans l'état déplorable où sa mauvaise fortune avoit reduit sa condition. Ces trois hommes étoient assez embarrassez eux mêmes, ne sçachans quel party ce prince devoit prendre pour se tirer d'un pas si dangereux. Il vint là dessus un quatrième conseiller de cette nation nommé *Manasses,* qui prit la liberté de luy témoigner qu'il ne le croyoit pas en sûreté dans Burgos, et qu'il feroit mieux de s'aller établir dans Tolede, dont les murs étoient hors de prise et la citadelle bien fortifiée; qu'il étoit donc d'avis qu'il partît incessamment de Burgos, et que pour n'en pas effaroucher les habitans, il leur fît entendre qu'il reviendroit au premier jour, puis que tout le but de son voyage ne tendoit qu'à faire cesser par sa presence une sedition qui s'étoit meüe dans cette grande ville, et qu'après avoir calmé ce desordre il retourneroit aussitôt sur ses pas pour venir en personne partager avec eux tous les dangers et toutes les fatigues de la guerre.

Cet avis étoit trop sensé, pour que ce prince n'y deferât pas : cependant un bourgeois de Burgos voyant que Pierre les alloit quiter, ne fut pas satisfait de cette conduite; il s'ingera de luy representer que cette capitale qu'il avait envie d'abandonner, avoit toûjours été le sejour des roys d'Espagne, dont le couronnement ne s'étoit jamais fait ailleurs ; que Charlemagne, ce grand conquerant de l'Europe, et dont la reputation ne finiroit point qu'avec le monde entier, l'avoit toûjours regardée comme le centre de ce pays, et qu'il n'auroit pas plûtôt pris le chemin de Tolede qu'ils se verroyent en proye à leurs ennemis, qui ne manqueroient pas de les venir assieger chez eux, et peut-être prendroient durant son absence une ville qu'il auroit après beaucoup de peine à reconquerir. Le Roy tâcha de luy faire croire qu'il n'avoit point de passion plus violente que celle de revenir au plûtôt à Burgos, et le conjura de ne se point alarmer de ce prompt depart qui ne seroit pas inutile à ses habitans, puis qu'il esperoit les venir recevoir avec un grand renfort pour les secourir en cas de besoin.

Ce riche bourgeois, le plus distingué de toute la ville, ne voulant pas être la duppe de Pierre, se mit en tête de rendre les clefs de Burgos entre les mains d'Henry, si ce prince entreprenoit d'y mettre le siege, pour aller au devant du meurtre et du pillage, qui sont inseparables des villes que l'on prend de force et d'assaut. Pierre pensant avoir mis un fort bon ordre à ses affaires, et comptant sur la fidelité de ceux de Burgos ne songea plus qu'à se mettre en chemin pour se rendre à Tolede, accompagné du comte de Castres et de ses quatre Juifs ses plus particuliers confidens. Il fut reçu dans cette grande ville par des acclamations extraordinaires. On y regala magnifiquement ce prince pour luy témoigner combien on étoit sensible à l'honneur qu'il faisoit à ceux de Tolede de vouloir établir son sejour chez eux. Pierre n'eut pas plûtôt quité Burgos, qu'un espion sortit de cette ville pour en venir donner la nouvelle à Henry, luy disant qu'il avoit pris la route de Tolede où l'on estimoit qu'il avoit dessein de s'enfermer. Bertrand qui se trouva present au rapport que fit cet espion, fut d'avis qu'on allât se saisir de Burgos, promettant à Henry de l'y faire couronner roy d'Espagne.

Tout le monde applaudissant à ce conseil, chacun se mit aussitôt en devoir de partir, dans la resolution d'exécuter ce que Bertrand avoit suggeré. L'on plia donc bagage toute la nuit, afin de couvrir le dessein que l'on projettoit. La marche de l'armée commença le lendemain dés la pointe du jour. L'on mit le bagage au milieu; l'avantgarde étoit conduite par le maréchal d'Endreghem, secondé d'Olivier de Mauny, d'Hugues de Caurelay, de Nicolas Strambourc, de Jean d'Evreux, de Gautier Huët, et de beaucoup de chevaliers anglois, qui faisoient tous belle contenance. L'arriere garde étoit commandée par Bertrand, dont le nom seul étoit si redoutable, qu'on étoit tout persuadé que sa personne seule valoit une armée toute entiere. Le comte de la Marche, le sire de Beau Jeu, Guillaume Boitel, Guillaume de Launoy, Henry de Saint Omer, se firent tous honneur d'accompagner un si grand capitaine, et de partager avec luy le peril et la gloire qu'il alloit chercher dans cette expedition : mais sur tout le prince Henry se promettoit qu'elle luy seroit avantageuse soûs les enseignes d'un general dont les armes avaient toûjours été victorieuses, esperant d'ailleurs que Dieu sçachant la justice de la cause qui les faisoit tous agir, répandroit sa benediction sur leur entreprise, puis que l'ennemy qu'ils avoient à combattre étoit un prince reprouvé, qui ne s'étoit pas contenté de renoncer publiquement à la religion chrétienne, par l'infame commerce qu'il entretenoit avec les Juifs, au grand scandale de tous ses sujets, mais avoit encore trempé ses mains dans le sang innocent de la plus sainte et de la plus accomplie princesse de toute la terre, qu'il devoit d'autant plus menager qu'elle étoit sa propre femme, et qu'outre qu'elle tiroit son extraction de saint Loüis, elle avoit toûjours eu pour luy des condescendances qu'il ne meritoit pas, vivant avec luy de la maniere du monde la plus douce et la plus honnête, au travers de tous les mauvais traitemens qu'elle en recevoit, sans jamais luy reprocher les infidelitez qu'il luy faisoit, en donnant son cœur et son corps à des concubines qui la luy rendoit odieuse, et n'eurent jamais de repos qu'après luy avoir inspiré la cruelle resolution de la faire mourir.

CHAPITRE XVIII.

De la reddition volontaire que ceux de Burgos et de Tolede firent de leurs villes, aussitôt qu'ils apprirent que Bertrand et la Compagnie blanche étoient en marche pour les assieger.

La ville de Burgos fut fort alarmée de la nouvelle que des espions lui donnerent qu'elle étoit menacée d'un prompt siege, et que les ennemis faisoient un mouvement de ce côté là. Les habitans coururent aux armes, firent fermer leurs portes et sonner la grosse cloche, pour avertir tous les bourgeois que puis qu'on la mettoit en branle, il y avoit quelque calamité publique qu'il falloit tâcher d'écarter. On ne se contenta pas de ces preliminaires, on trouva bon de s'assembler et de tenir conseil pour deliberer sur les mesures qu'il y avoit à prendre dans une affaire où il y alloit du tout. On y appella l'archevêque, qu'il étoit necessaire de consulter, et dont l'avis étoient estimez fort judicieux ; car étant regardé comme le pere commun de la ville, on étoit persuadé que la longue experience qu'il avoit acquise dans le maniment des affaires, et la tendresse qu'il avoit pour ses propres ouailles le feroient opiner de bon sens. En effet on ne se trompa pas dans l'attente que l'on en avoit.

Ce grand personnage ouvrit la conference en representant à toute l'assemblée le danger evident dont leur monde étoit menacé; qu'il falloit fouler aux pieds toutes les considerations particulieres pour n'envisager que le bien public, et dire chacun librement son avis, pour dissiper au plûtôt l'orage qui pendoit sur leurs têtes. Un Espagnol prit la liberté de l'interrompre là dessus, en luy disant qu'il luy sembloit que comme toutes les personnes qui composoient ce conseil, professoient trois religions differentes, il étoit à propos d'en faire trois classes separées, l'une de Chrétiens, l'autre de Juifs et l'autre de Sarazins, qui se retirans chacune à part pouroient deliberer en particulier sur l'affaire presente, et faire part aux autres chambres de la resolution qu'elles auroient prise reciproquement, afin que se communiquans ainsi leurs avis l'une à l'autre, on en pût former une plus meure deliberation. Cet expedient fut approuvé de tout le monde. Chaque nation se retira dans sa chambre pour conferer avec plus de liberté sur l'état des choses.

L'archevêque, presidant à celle des Chrétiens, ne balança point de rompre la glace, et de dire hardiment que Pierre ne luy sembloit point digne de regner, puis que c'étoit un prince qui n'avoit aucune des parties necessaires pour bien gouverner; qu'il étoit violent, brutal, inconsideré, cruel et sans religion, n'en ayant aucune que celle des Juifs, ausquels il avoit donné son oreille et son cœur, n'ayant aucune deference que pour ces ennemis du christianisme, qui luy avoient fait commettre le meurtre de la reine Blanche, dont le sang crioit vengeance devant Dieu et devant les hommes ; que le prince Henry qui luy disputoit la Couronne y avoit bien plus de droit que luy, puisqu'il étoit né d'une dame fort riche et fort qualifiée, qu'Alphonse avoit fiancée devant que de l'approcher, et qu'il avoit toûjours reconnuë depuis pour sa propre femme; que d'ailleurs ce prince, outre la validité de son titre, avoit des qualitez qui le faisoient aimer de tout le monde, étant bon, honnête, humain, brave, liberal et pieux catholique; que son avis étoit donc de le preferer à Pierre, et de l'honorer et le recevoir dans l'enceinte de leurs murailles comme leur souverain legitime, à la charge qu'il leur promettroit, sur les saints Evangiles, de les conserver dans leurs anciens usages et la joüissance de leurs privileges. Ce sentiment fut universellement bien reçu de tout le monde, et passa tout d'une voix dans ce conseil sans aucune contradiction.

Les choses étant arrêtées et concluës de la sorte, on fut bien aise de sçavoir quel avoit été là dessus l'avis des Sarazins. L'archevêque leur demanda des deputez pour apprendre si leur opinion quadroit à la leur. Celuy qui fut depêché de la part de ce corps, declara que leur assemblée l'avoit chargé de les assûrer de sa part qu'ils n'avoient point d'autre intention que de suivre en tout les mouvemens qu'il leur plairoit de leur inspirer là dessus. On se loüa fort d'une réponse si honnête et tout ensemble si soûmise. L'archevêque luy dit que toutes les voix ou plûtôt tous les cœurs étoient tournez du côté d'Henry. Le Sarrazin luy répondit que toute leur assemblée avoit eu la même predilection pour ce prince. Il ne s'agissoit plus que de pressentir les Juifs. Celuy que leur conseil avoit chargé de la réponse, demanda devant, que de faire son rapport, que chacun fît serment de les laisser aller hors de la ville, avec toute la securité possible, en cas qu'ils trouvassent à propos de prendre ce party. La condition luy fut aussitôt accordée. Quand le Juif eut par devers soy ce qu'il demandoit, il dit que, comme ils n'estimeroient pas un Juif qui se feroit Chrétien, de même ils n'estimoient pas un Chrétien qui se faisoit Juif, et qu'il les prioit de le dispenser de s'ouvrir plus avant, puis qu'il leur étoit aisé de faire l'application là dessus, que des gens bien sensez comme eux pouvoient faire fort facilement. Comme c'étoit sur la personne de Pierre que tomboit le denoüement de cet enigme, chacun fut ravy de voir que les trois sectes differentes n'avoient eu toutes qu'un même sentiment et reconnoissoient Henry pour leur Roy.

Toute la ville étant donc resoluë de se rendre à ce prince, il fallut prendre des mesures pour luy faire part du dessein qu'ils avoient de se donner à luy. L'ambassade étoit un peu delicate; car il étoit dangereux que Pierre ne fût informé de la defection de ceux de Burgos. On jetta les yeux sur deux Cordeliers, qui ne refuserent point de se charger de ce message et dont l'habit couvroit tout le soupçon. Ceux-cy ne manquerent point de se rendre avec leurs depêches à l'armée d'Henry, qui n'étoit qu'à dix lieües de là. Quand on vit approcher ces deux Freres mineurs, on presuma que la commission qu'ils avoient ne pouvoit être que fort agréable. Le plus ancien porta la parole, et dit qu'il étoit chargé de la part de tous les habitants de Burgos, Chrétiens, Sarrazins et Juifs, de presenter au prince Henry leurs soumissions, et de le prier de se rendre incessamment à cette grande ville, dont ils ne se contenteroient pas de luy ouvrir les portes, mais pretendoient encore l'y couronner avec toute la pompe et toute la ceremonie qui se sont toûjours observées à l'égard des nouveaux rois d'Espagne, pourveu qu'il leur promit de ne donner aucune atteinte à leurs coûtumes et leurs privileges. Henry, comblé de joye de recevoir une si agreable nouvelle, fit à ces Cordeliers un accueil qui fut au dessus de leur attente même, les gratifia de fort beaux presens, et leur ordonna de retourner sur leurs pas à Burgos, pour en assûrer les bourgeois de toute sa bienveillance, et leur declarer qu'il iroit le lendemain les voir en personne, et leur donner des preuves réelles de sa protection.

Les Cordeliers, aprés avoir été bien regalez, reprirent le chemin de Burgos, et remplirent toute la ville d'une joye extrême par cette agreable nouvelle qu'ils y repandirent. Les Espagnols sortirent des portes en bon ordre, à la pointe du jour, pour venir à la rencontre de leur nouveau prince; tout le clergé se mit en marche aussi, revêtu fort magnifiquement et faisant porter devant soy la croix et la banniere, remerciant Dieu par des hymnes et par des cantiques de ce qu'il leur donnoit un si genereux prince. Les eclesiastiques étoient precedez des plus notables bourgeois, dont il y en avoit huit qui portoient au bout de leurs lances les clefs de la ville, à raison de huit portes dont elle étoit ouverte et fermée. Les dames parurent aux fenêtres et sur les balcons fort superbement parées, pour donner plus d'éclat et de lustre à l'entrée de ce nouveau Roy, quelles souhaitoient fort de voir, ayant déja par avance une favorable prevention contre luy. Les bourgeois allerent au devant de luy plus de quatre lieües.

Quand Henry les apperçut venir, l'excés de la joye qu'il en eut luy fit verser des larmes. Il les remercia de l'honneur qu'ils luy faisoient, et leur promit qu'il leur donneroit tous les sujets du monde de se loüer de luy. Quand il vit approcher l'archevêque, il mit pied à terre avec Bertrand et plus de cinquante des principaux officiers de l'armée, pour recevoir sa benediction. Ce venerable prelat luy fit sa harangue au nom de tous les bourgeois de la ville qui l'environnoient, le traita de Roy, luy presentant les soûmissions, les hommages et l'obeïssance d'un million de peuples qui le vouloient reconnoître pour leur souverain, s'il avoit la bonté de leur vouloir promettre qu'il ne toucheroit point aux usages, coûtumes et privileges établis par ses predecesseurs rois. Il leur répondit avec toutes les honnêtetez imaginables, et donna les mains à tout ce qu'ils voulurent de fort bonne grace.

Ce prince, continüant sa marche avec Bertrand et tous les seigneurs de sa Cour et de son armée, au bruit des acclamations de ceux qui s'étoient rendus auprés de sa personne pour le feliciter sur son arrivée dans Burgos, entra dans cette grande ville avec ce superbe cortege. On fit retentir toutes les cloches avec le plus de fracas et de bruit que l'on put, pour témoigner la joye que tout le monde avoit de sa venuë. On logea toute l'armée dans les fauxbourgs, et ce nouveau Roy se rendit au palais avec Bertrand et les principaux seigneurs qui commandoient ses troupes, où l'attendoit un fort magnifique et splendide souper, qui luy fut d'autant plus agreable que plus de cent des plus nobles et des plus belles dames de la ville furent de ce repas. La table fut servie de viandes fort exquises et dont la delicatesse n'en empêchoit point l'abondance. Tout le peuple passa la nuit et le lendemain tout entier dans une rejoüissance à proportion. Le vin ruisseloit comme l'eau par toutes les ruës, et l'on ne vit jamais de si grandes demonstrations de joye, que celle qui parut dans ce beau jour qui mettoit Henry dans la possession de Burgos. Il témoigna publiquement qu'il étoit redevable de tous ces succés et de toutes ces prosperitez à Bertrand, auquel il fit des caresses toutes particulieres, qui donnerent à ce general un nouveau desir de pousser encore plus loin ses conquêtes en faveur d'un prince si reconnoissant, et de luy soûmettre le cruel Pierre, qui ne meritoit pas de porter la Couronne.

Henry, se croyant au dessus de toutes ses affaires, se persuada que pour s'affermir encore davantage dans le bonheur où il se voyoit, il étoit de la politique d'appeler au plûtôt sa femme à Burgos, pour la faire couronner avec luy. Cette princesse étant parfaitement belle et spirituelle, pouvoit beaucoup contribuer, par sa presence, à l'avancement de leurs communs interêts, et cultiver par là les amis et les creatures de son mary. Ce luy fut une joye bien grande quand elle apprit qu'elle alloit devenir Reine d'un grand royaume, lors même qu'elle croyoit tout perdu pour Henry. Elle se rendit à Burgos dans un fort leste et pompeux équipage, accompagnée des trois sœurs du Roi son mary. Mais avant que d'y faire son entrée, qui fut des plus superbes, elle descendit de carosse aux approches de cette grande ville, et monta sur une tres belle mule qui portoit une selle toute couverte de pierreries, d'où pendoit une housse de pourpre, enrichie d'un brocard d'or dont les yeux des spectateurs étoient éblouïs; le harnois étoit aussi d'un prix proportionné à toutes ces richesses.

On vint dire secrettement à Bertrand que la Reine étoit presque aux portes de Burgos. Il monta tout aussitôt à cheval pour luy faire honneur, accompagné d'Hugues de Caurelay, d'Olivier de Mauny, de Jean d'Evreux et de Gautier Hüet. Aussitôt qu'elle les aperçut, elle descendit de sa mule, pour leur témoigner qu'elle tenoit de leur bravoure et de leur valeur le bienheureux état dans lequel elle alloit entrer, et que sa présente prosperité ne l'avoit pas tellement entétée qu'elle lui eût fait oublier sa premiere condition. Tous ces generaux se jetterent à bas de leurs montures, la voyans à pied, et la conjurerent de remonter sur sa mule. Elle fit beaucoup de façons avant que de s'y resoudre, disant qu'il étoit de son devoir de faire honneur à ceux ausquels elle étoit redevable de la Couronne qu'elle alloit porter. Ces paroles étoient accompagnées de tant de grace et de majesté que ces seigneurs en étoient charmez et se disoient l'un à l'autre qu'une telle dame meritoit de regner. Quand ils furent tous remontez auprés d'elle, ses belles sœurs étudians la mine de Bertrand, dont elles avoient tant entendu parler, s'entretinrent sur son chapitre; l'une d'elles toute étonnée de son exterieur ingrat et de son air tout disgracié, ne put s'empêcher de dire : *Mon Dieu qu'il est laid! est-il possible que cet homme ait acquis dans le monde une si grande reputation?* La seconde repondit qu'il ne falloit pas juger des gens par les apparences, et qu'il luy suffisoit qu'il fut brave, intrepide, heureux, et sortant toûjours avec un succés incroyable de toutes les expeditions qu'il entreprenoit. La troisième encherit encore sur la seconde, en faisant remarquer aux deux autres qu'il étoit d'une taille robuste, qu'il avoit les poings gros et quarrez, qu'il avoit la peau noire comme celle d'un sanglier, et qu'on ne devoit pas s'étonner s'il en avoit aussi la force et le courage. Tandis que ces princesses observoient ainsi Bertrand depuis la tête jusqu'aux pieds, la Reine entra comme en triomphe dans Burgos, suivie d'un cortege fort magnifique, accompagnée d'une cavalcade fort leste. Mais ce qui fit naître encore une plus grande veneration pour elle, ce fut la majesté de son visage et ce grand air de Reine, qu'elle tenoit encore plus de la nature que de sa qualité. Toutes les dames de Burgos avoient arboré leurs plus beaux ornemens pour se présenter devant elle et luy faire leur cour. Elles la feliciterent sur la justice que le ciel luy faisoit de la faire monter sur le trône, dont elle n'étoit que trop digne, et l'assûrerent qu'elles feroient de leur mieux pour luy plaire, et qu'elles travailleroient par tout à luy donner des preuves de leur obeïssance et de leur zele. La Reine leur repondit qu'elle feroit si bien qu'elles auraient tout sujet de se loüer d'elle. En suite elle se rendit au palais, qu'elle trouva fort superbement paré, dont toutes les chambres étoient tenduës de fort rares tapisseries et de riches draps d'or et de soye.

Le saint jour de Pâques fut choisy pour le couronnement de Leurs Majestez, qui fut suivy d'un fort grand banquet. Les concerts, les voix et d'autres instrumens de musique en rendoient le repas encore plus agreable. Le comte de la

Marche, aprés que toutes ces rejoüissances eurent pris fin, se souvenant que la reine Blanche de Bourbon avoit reçu la sepulture dans une eglise qui n'étoit pas fort loin de là, fit celebrer plusieurs messes dans le même lieu pour le repos de l'ame de cette princesse; et par ce lugubre devoir, il ralluma dans l'ame de Bertrand et de tous les François le juste desir de venger sur Pierre un si cruel meurtre, et de n'en pas demeurer à ces premiers succés, qu'ils avoient intention de pousser jusqu'au bout en faveur d'Henry. Tandis que tous ces seigneurs étoient touchez de ces nobles sentimens, et s'excitoient les uns les autres à perseverer dans leur entreprise, il partit secretement un espion de la ville de Burgos, qui fut à toute jambe à Toledo pour avertir Pierre de tout ce qui venoit de se passer à son prejudice.

Ce prince avoit en sa compagnie plusieurs Juifs avec lesquels il s'entretenoit sur le present état de ses affaires, qu'il comprit être bien plus deplorable qu'il ne pensoit par le triste rapport que cet espion luy fit en leur presence de la reddition, ou plûtot de la défection de Burgos et du couronnement de ses ennemis dans cette grande ville. La douleur que Pierre conçut d'une si funeste nouvelle, luy fit dire qu'il s'appercevoit bien que la prophetie s'accompliroit bientôt à ses propres dépens, et que Bertrand, designé par l'aigle, alloit faire une proye de tous ses Etats. Le comte de Castres, son intime amy, le plaignit beaucoup, voyant que toutes ses affaires se decousoient ainsi; quand un Juif, nommé *David*, qui se piquoit d'astronomie, tâcha de lui remettre l'esprit en lui disant qu'il avoit étudié son étoile, et qu'il auroit le même sort que Nabuchodonosor; qu'il étoit bien vray qu'on le feroit descendre du trône; mais qu'il y remonteroit ensuite avec plus de gloire; qu'il avoit appris par l'inspection des astres, que l'aigle qui le devoit dépoüiller seroit pris à son tour par le vol d'un faucon qui viendroit d'outremer pour le secourir. Ce pronostique fut litteralement accomply dans la suite.

Bertrand et toute sa Compagnie Blanche, ayant glorieusement executé ce qu'ils avoient entrepris en faveur d'Henry, tinrent conseil ensemble, dans la pensée de tourner leurs armes du côté de Grenade, contre les Sarazins qui s'en étoient rendus les maîtres. Mais Henry, voyant que ce dessein nuiroit beaucoup à ses affaires, qui demeureroient imparfaites, et pouroient tomber en decadence s'il étoit abandonné d'eux, les conjura de suivre leurs premieres brisées, et de pousser toûjours leur pointe contre les Etats de Pierre, comme ils avoient si bien commencé, leur representant que si c'étoit un motif de religion qui leur faisoit porter leurs pensées contre le royaume de Grenade, parce qu'il étoit rempli de Juifs et de Sarazins, qu'il n'y en avoit pas moins dans les terres de l'obeïssance de Pierre, qui leur pouroient servir d'objet à l'accomplissement de leurs pieux desseins; qu'au reste il leur abandonneroit les dépoüilles de toutes les conquêtes qu'ils feroient, dont ils pouroient s'enrichir beaucoup.

Tandis qu'Henry faisoit les dernieres instances auprés d'eux pour leur persuader de ne le pas abandonner en si beau chemin, la Reine vint appuyer tout ce qu'il disoit, en ajoutant les larmes aux prieres, et leur remontrant que, s'il leur plaisoit de rester avec eux, elle sacrifieroit toutes choses pour reconnoître les bons services qu'ils leur auroient rendus; qu'ils n'auroient pas plûtot les talons tournez, que Pierre viendroit fondre sur eux et reprendre Burgos. Elles les cajola si bien, que le Besque de Vilaines, également touché de son discours et de ses pleurs, declara qu'il avoit toûjours ouy dire que ce n'étoit point assez de commencer une affaire si l'on ne la poussoit jusqu'au bout en la couronnant; qu'ils trouveroient dans ce même païs le champ large pour faire la guerre aux Juifs et aux Sarrazins; qu'enfin, si l'on l'en vouloit croire, on iroit tout droit de ce pas attaquer Toledo pour y surprendre Pierre, qui se trouveroit pris au depourveu. La Reine, charmée d'entendre un discours qui quadroit si fort à ses sentimens et à ses interêts, ne se put tenir d'embrasser celuy qui prenoit son party d'une maniere si genereuse. Bertrand, le maréchal d'Andreghem, Hugues de Caurelay, Gautier Hüet, et tous les autres generaux se laisserent entraîner à l'avis du Besques.

Il fut donc resolu que dés le lendemain l'on marcheroit du côté de Toledo. Pierre fut bientôt informé de ce mouvement par un espion, qui vint à tuëcheval l'avertir qu'il alloit avoir sur les bras Henry, secondé de Bertrand et de la Blanche Compagnie: que la Reine y étoit aussi en personne, qui, par ses carresses et les attraits de sa beauté, les animoit tous à le venir assieger dans cette grande ville. Pierre eut tant de frayeur de cette nouvelle, qu'il n'osa pas les attendre, et declara dans son conseil qu'il étoit resolu de sortir de Toledo plûtot que d'y demeurer enfermé davantage. Il appela les principaux bourgeois pour leur faire entendre que sa retraite ne les devoit point alarmer, puis qu'elle ne tendoit qu'à revenir promptement sur ses pas pour leur amener du secours. Il les exhorta de se bien défendre et de luy garder durant son absence la fidelité qu'ils luy devoient, puis qu'ils avoient de bonnes murailles et des vivres pour plus d'une année. Ceux de Tolede luy promirent de demeurer toûjours inviolablement attachez à son service, et de tenir bon contre ses ennemis jusqu'à ce qu'il fût de retour avec le secours, qu'ils le prioient d'être le plus prompt qu'il luy seroit possible.

Les choses étant arrêtées ainsi de part et d'autre, Pierre ne songea plus qu'à partir au plûtôt, faisant charger sur des mulets son or, son argent et ses meubles les plus riches et les plus precieux, sans oublier une *table d'or* d'un prix inestimable, et toute chargée de pierres precieuses et de fines perles d'Orient fort rondes et fort grosses, dans la quelle on avoit enchassé les portraits ou des douze pairs de France. On ajoûte que cette table que Pierre avoit en possession, portoit une grosse escarboucle au milieu des autres pierreries, à laquelle on donnoit deux proprietez admirables. La premiere c'est qu'elle luisoit la nuit avec autant de clarté que le soleil fait en plein jour; la seconde c'est que si l'on en approchoit du poison elle changeoit aussitôt de couleur et devenoit noire comme un charbon. Ce malheureux prince menant avec soy tout cet équipage, fit une traite de quinze liçües, et vint coucher à Cardonne, pour de là s'aller cacher dans une forest longue de cent lieües et large de quinze, tant il étoit epouvanté du peril qui le menaçoit. Henry, de son côté, continuant sa route, approcha de Toledo avec son armée. Tous les habitans de la campagne voisine se jetterent dedans avec tout ce qu'ils purent retirer de leurs biens, tant il y avoit de frayeur dans tout le plat païs.

Henry, devant que d'entreprendre un siege dans les formes, trouva bon de sonder les principaux bourgeois de la ville pour les pressentir s'ils seroient éloignez de capituler avec luy. Ce fut dans cet esprit qu'il envoya des passeports à ceux qui voudroient le venir trouver pour concerter quelque accommodement. L'evêque de Toledo fit assembler les plus notables bourgeois dans l'Hôtel de Ville, et leur exposa qu'il étoit tout evident que Pierre, ayant emporté tout ce qu'il avoit de plus précieux, n'avoit aucune pensée de retourner chez eux, encore moins de leur amener du secours : que cependant se voyans hors d'état de se bien defendre, ils devoient aviser au plûtôt à ce qu'ils avoient à faire dans un peril si eminent, et que s'ils étoient pris d'assaut, comme il n'en doutoit pas, il leur en coûteroit leurs biens et leurs vies ; qu'il étoit donc d'avis, pour prevenir un si grand malheur, qu'ils se rendissent au prince Henry, dont ils auroient plus de sujets de se loüer que de Pierre le Cruel, dont la domination leur avoit toûjours paru si tyrannique.

Son sentiment fut reçu de tout le monde avec une égale chaleur, et pour venir des paroles aux effets, on luy mit entre les mains les clefs de la ville, en le conjurant de partir incessamment pour les rendre en celles d'Henry. L'evêque se mit aussitôt en chemin, se faisant accompagner des bourgeois de la ville les plus riches et les plus distinguez. Il trouva sur sa route ce prince qui s'approchoit d'eux. Ce prelat fit son compliment au nom des habitans, à la tête desquels il étoit, et luy presenta les clefs de Toledo avec toute la soumission possible. Il luy témoigna qu'il étoit chargé de luy faire hommage, et de le reconnoître, de la part de tous les bourgeois de cette grande ville, comme leur souverain legitime et leur roy, le priant de souffrir qu'ils se donnassent tous à luy comme ceux de Burgos.

Henry les reçut sous son obeïssance aux mêmes conditions que ces derniers. Ils regalerent ce prince de fort beaux presens et logerent une partie de l'armée dans leurs fauxbourgs. Henry distribua tous ces dons aux principaux seigneurs auxquels il avoit obligation de l'heureux succés de ses affaires. Bertrand et les autres chevaliers qui l'avoient accompagné dans ces dernieres expeditions n'y furent pas oubliez. Il apprit que Pierre s'étoit retiré dans Cardonne; il prit la resolution de l'en faire fuir comme il avoit fait de Burgos et de Toledo : mais avant que de se mettre en marche pour ce sujet, il voulut donner ordre à ses affaires en recevant le serment de fidelité de ceux de Toledo, dans laquelle il laissa la Reine pour entretenir tout le monde dans l'obeïssance, et de plus en plus affermir sa domination recente par les manieres engageantes de cette princesse. Henry ayant à passer une forest large de quinze lieües, fit prendre des vivres à ses troupes, et comme elle étoit pleine de lions, d'ours, de leopards et de serpens, il ordonna que personne ne sortît de ses rangs et ne se debandât; car ceux qui ne se tenoient point serrez et s'emancipoient à droite et à gauche étoient aussitôt devorez. En effet, ils furent étonnez d'en voir un si grand nombre. Leurs oreilles étoient rebattuës du rugissement des lions et du sifflement des serpens. Ce trajet leur coûta beaucoup à passer, mais aprés qu'ils l'eurent franchy, toute l'armée se trouva prés de Cardonne, dont Pierre sortit aussitôt à la hâte, aprés qu'il eut appris qu'il n'étoit plus maître de Tolede et qu'on le cherchoit partout pour le prendre. Il se mit à faire beaucoup d'imprecations contre sa mauvaise fortune, disant qu'il n'avoit aucuns sujets fidelles, et que tous se faisoient un merite de le trahir, les religieux de même que les seculiers, et que s'il pouvoit jamais tenir Bertrand dans ses mains, il assouviroit sur luy toute sa cruauté.

Le comte de Castres luy voyant plaindre son malheureux sort, luy conseilla de s'accommoder avec Henry à condition de lui laisser Cardonne, Tolede et Seville dont ce prince luy feroit hommage, et lui rendroit la ville de Burgos; qu'outre cette condition reciproque il pouroit compter à Bertrand la somme de deux cens mille livres pour la partager avec ceux qui l'avoient accompagné dans cette expedition, l'assûrant qu'avec ce petit sacrifice toute cette armée se dissiperoit et ne se pouroit jamais rallier, et qu'il lui seroit fort aisé par là de triompher en suite d'Henry, qui, se voyant privé de tout ce secours, periroit infailliblement et ne luy pouroit plus contester la Couronne.

Cet avis étoit si judicieux et si sensé, que Pierre y entra volontiers avec toute sa Cour. Il fallut donc jetter les yeux sur quelques personnes insinüantes, sages et discrettes, qui pûssent ménager avec succés une negociation de cette importance. On choisit des ambassadeurs de cette trempe et de ce caractere, qui se rendirent en grande diligence au camp des ennemis, qu'ils trouverent assis auprès d'une riviere qui couloit prés de cette forest qui leur avoit fait tant de peine à passer. Henry, Bertrand et toute la Compagnie Blanche se rafraîchissoient auprés de ces eaux. Ces deputez s'adresserent d'abord aux principaux commandans de l'armée, dont le Besque de Vilaines, Hugues de Caurelay et Olivier de Mauny étoient des premiers. Ils les supplierent de la part de Pierre, qui les avoit envoyez auprés d'eux, de vouloir bien s'interesser dans la paix tant desirable entre les deux freres, aux conditions qu'on avoit déja projettées, ajoutans que s'ils couronnoient cette affaire et vouloient tourner leurs armes contre *Grenade* ou *Belmarin*, que les Juifs et les Sarrazins possedoient, ce prince leur offroit trente mille Espagnols qui durant trois mois les serviroient gratuitement pour cette conquête.

Cette proposition surprit fort Henry, qui s'apperçut bien qu'elle tendoit à ruïner toutes les mesures qu'il avoit prises contre Pierre. Les seigneurs luy demanderent ce qu'il en pensoit; il répondit que c'étoit un piege qu'on luy tendoit pour le faire tomber dans le precipice, et qu'on luy vouloit ôter toute la force qu'il avoit, en le privant de tous les braves qui avoient épousé sa querelle, afin d'avoir ensuite plus de prise sur luy; qu'il entreroit volontiers dans le party qu'on luy proposoit, pourveu que Pierre luy donnât pour ôtages sa propre fille avec Ferrand de Castres, et cinquante bourgeois des plus riches. Les deputez luy declarerent qu'ils n'avoient aucuns ordres, ny aucun caractere pour transiger là dessus avec luy. Ce prince ajoûta qu'outre tous ces ôtages il vouloit encore que Pierre luy mît dans les mains *Daniot* et *Turquant*, ses deux principaux affidez qui avoient tant de part à tous ses conseils, ou plutôt les deux scelerats qui n'avoient point rougy de commettre le meurtre du monde le plus execrable sur la personne de la reine Blanche de Bourbon sa femme, dont Pierre étoit luy même l'auteur et le complice; et qu'il avoit envie de leur faire expier par les flammes un crime si horrible. Il pria même ces deux deputez de luy faire l'amitié d'arrêter ces deux meurtriers, en cas que Pierre prit le party de fuir de Cardonne comma il avoit fait auparavant de Burgos et de Toledo.

La nouvelle que ces deux envoyez donnerent à Pierre, que son ennemy luy demandoit pour ôtages sa propre fille et le comte Ferrand de Castres, l'alarma beaucoup, et luy fit bien comprendre que la proposition qu'il avoit faite ne seroit d'aucun succés. Elle gâta même si fort ses affaires, que ce comte qui luy avoit donné ce conseil, voyant qu'on le mettoit en jeu, craignit qu'on ne l'embarquât trop avant, et prit la resolution de quitter la Cour de ce prince, de peur qu'il ne l'entraînât dans sa perte. Il se déroba secrettement de sa compagnie, sans luy témoigner le sujet de sa retraite et sans prendre congé de luy. Cette démarche peu civile étonna beaucoup ce malheureux prince, et luy fit dire qu'il voyoit bien que tout le monde l'abandonnoit. Il prit donc la resolution de sortir de Cardonne: mais avant que de faire ce pas, il en assembla les bourgeois, et les conjura de luy être fidelles, en n'imitant pas la defection de Burgos et de Toledo qui l'avoient lâchement trahy. Mais son evasion fit ouvrir les portes de Cardonne à Henry, tout aussitôt que Pierre en fut sorty pour se rendre à Seville. Cette derniere ville regala ce prince fugitif de son mieux, et luy fit tous les honneurs qu'il devoit attendre de sa qualité: mais toute sa joye fut troublée, quand il apprit que Cardonne s'étoit renduë à son ennemy.

Quoy que Seville fût extremement forte, étant defenduë de trois citadelles, dont l'une étoit occupée par des Juifs, l'autre par des Chrétiens, et la troisième par des Sarrazins, cependant Pierre ne s'y trouvoit pas plus en sûreté qu'ailleurs, et ne put s'empêcher de faire sentir son chagrin à ces deux Juifs Daniot et Turquant, qui par leurs pernicieux conseils l'avoient embarqué dans toutes les méchantes affaires qu'il avoit à soûtenir. Il leur reprocha qu'ils étoient la cause de tout son malheur, depuis qu'ils luy avoient malicieusement conseillé de faire mourir la reine Blanche, s'étant eux-mêmes rendus les ministres et les instrumens de cette cruauté, pour assouvir leur vengeance particuliere; que depuis ce detestable meurtre ils luy avoient attiré l'indignation de tous ses sujets, et la revolte de son propre frere qui le menoit battant par tout; qu'ils meritoient qu'il les fît punir du dernier supplice, mais qu'il se contentoit de les bannir pour jamais de sa Cour, dont il leur defendoit d'approcher sous peine de la vie.

Ces deux Juifs obeïrent sans repartir et sans entreprendre de se disculper auprés de ce prince irrité dont ils redoutoient la colere. Ils prirent le chemin de Lisbonne pour se mettre à couvert de l'orage qui les ménaçoit: mais par malheur ils furent rencontrez un matin par Mathieu de Gournay, chevalier anglois, qui les surprit sortans d'un vallon, comme il alloit au fourrage. Il ne les apperçut pas plûtôt qu'il vint à eux l'épée à la main, leur commandant de se rendre, ou qu'il leur en coûteroit la vie. Ces deux miserables tremblans de peur luy crierent misericorde: il leur demanda s'ils étoient Juifs ou Sarrazins; Turquant luy repondit qu'ils étoient Juifs à la verité, mais que s'il avoit la bonté de ne les point faire mourir, ils luy promettoient de luy livrer dans le lendemain la ville de Seville. Le chevalier les assûra que non seulement ils auroient la vie sauve, mais qu'ils seroient recompensez à proportion d'un service si essentiel, s'ils étoient assez heureux et adroits pour faire ce coup. Turquant reprit la parole en luy revelant les moyens dont il se serviroit pour en venir à bout. Il luy fit entendre que les Juifs ayant dans Seville un quartier separé, qu'ils ouvroient et fermoient quand il leur plaisoit, il luy seroit aisé d'entrer dans le lieu qu'ils occupoient et d'en gagner les principaux avec lesquels il avoit de secrettes intelligences; qu'il tourneroit si bien leurs esprits qu'il les feroit condescendre à ce qu'il voudroit, pourveu qu'on leur promît qu'en facilitant aux troupes d'Henry la prise de la ville, on ne toucheroit point à leurs biens, encore moins à leur vie.

Mathieu de Gournay goûta fort cet expedient et voulut que l'un des deux en fût la caution.

Daniot s'offrit de demeurer auprés de luy comme garant du succés de cette entreprise. Mathieu mena l'autre au prince Henry, pour l'informer des mesures qu'il avoit meditées pour l'execution d'un si grand dessein; les moyens qu'on luy proposa luy parurent faciles: il ne s'agissoit plus que d'en faire la tentative. Turquant se mit en devoir de sonder là dessus les Juifs; il se coula par une poterne, et se glissant au pied des murailles de la citadelle qu'ils occupoient, il cria d'en-bas, à ceux qui faisoient le guet et la sentinelle sur le haut des murs, qu'ils eussent à luy faire ouvrir le guichet, et qu'il avoit une affaire capitale à leur communiquer.

On courut aussitôt à luy pour le faire entrer; chacun de cette nation lui fit mille honnêtetez. On le mena devant les maîtres de la loy, qui luy demanderent le sujet de son arrivée si precipitée. Il leur exposa que Pierre étoit tres-mal intentionné pour eux, et que s'ils ne prenoient contre luy de fort promptes precautions, ils ne pouroient pas eviter les funestes effets de son ressentiment. Il ajoûta qu'il avoit déja commencé de faire voir son mauvais courage en le banissant de sa Cour avec Daniot, soûs des menaces tres-severes, et qu'ils devoient au plûtôt aviser ce qu'ils avoient à faire s'ils vouloient conserver leurs biens et leurs vies. Les plus considerables et les plus distinguez de cette nation, tout consternez d'une nouvelle si étrange, luy demanderent à luy même quelles mesures il leur conseilloit de prendre dans une si fâcheuse conjoncture. Il leur témoigna qu'il avoit déja fait quelques avances là dessus en leur faveur, et qu'il avoit obtenu d'Henry qu'il ne leur seroit fait aucun tort s'ils luy donnoient l'entrée de leur fort, pour y mettre ses gens à couvert en attendant qu'ils épiassent l'occasion d'attaquer la ville et d'y mettre tout à feu et à sang. Les Juifs ne balancerent point à entrer dans ce dessein, quelque perfide et lâche qu'il fût, parce qu'ils ne pouvoient se sauver que par là. Le saint jour du dimanche fut choisy pour cette entreprise, parce que, semblables à leurs ancêtres, ils faisoient scrupule d'y travailler un samedy, jour du sabat, et n'en avoient point de vendre une ville et de livrer leur prince à ses ennemis. Turquant ayant ainsi tout concerté comme il le desiroit, alla rendre compte de tout à Mathieu de Gournay, qui le mena parler aussitôt à Henry.

L'impatience qu'ils avoient eu tous d'eux d'annoncer une nouvelle qui devoit être agreable à ce prince, ne leur fit pas prendre garde aux gens qui se trouverent presens à ce complot, et cette beveüe deconcerta toute l'entreprise: car une belle Juifve s'étant rencontrée là, prêta l'oreille à tout ce qu'ils dirent, et comme elle étoit la maîtresse de Pierre et qu'elle avoit un grand interêt à sa conservation, elle se déroba secrettement de nuit pour lui venir dire tout le secret de la conspiration, luy faisant un detail fort exact et fort circonstancié de toute cette trame, dont les principaux auteurs étoient ces deux scelerats, Daniot et Turquant, qu'il avoit banny, et qui, pour se venger, en vouloient à sa vie. Le roy Pierre eut d'abord beaucoup de peine à croire une nouvelle si funeste; mais la Juifve la luy confirma par tant d'endroits et par tant de sermens, que ce prince n'en doutant plus, la remercia de la part qu'elle prenoit si fort à ce qui touchoit sa personne et ses interêts, et l'embrassa sur l'heure avec une tendresse toute pleine de reconnoissance et d'estime pour sa fidelité, luy promettant de la recompenser avec usure d'un si bon office et de la rendre heureuse durant toute sa vie. La Juifve ayant fait sa cour aux dépens de ceux de sa nation, s'en retourna dans la Juifverie, fort satisfaite de l'avis qu'elle venoit de donner à Pierre à leur insçû.

Les Juifs, qui sçavoient les engagemens de cœur qu'elle avoit avec le roy Pierre, essayerent de la pressentir sur les plus secrets desseins de ce prince, se persuadans que la grande amour qu'il avoit pour elle ne luy auroit pas permis de luy faire mystere de rien. Cette dame leur dit froidement qu'elle croyoit que les approches d'Henry l'obligeroient d'aller bientôt en Portugal. En effet, Pierre prit la resolution de quiter Seville dés le lendemain, sur l'avis qu'il avoit reçu de la Juifve, qu'on en vouloit encore plus à sa personne qu'à la ville. Il fit donc trousser son bagage en grande diligence, et fit le même compliment à ceux de Seville que celuy qu'il avoit fait aux habitans de Burgos, de Tolede et de Cardonne, les conjurant de se bien defendre contre Henry jusqu'à son retour, qui seroit bien prompt, puis qu'il ne partoit que pour aller demander du secours aux rois de Grenade et de Belmarin, leur promettant de revenir incessamment, et de fondre, avec toutes ces forces, sur son frere, sur Bertrand et sur toutes leurs troupes, et que si l'un et l'autre tomboient dans ses mains, il ne leur feroit aucun quartier. Les bourgeois de Seville luy firent aussi les mêmes protestations de fidelité que les autres villes, et le prierent de les venir au plutôt animer par sa presence à soûtenir le choc de leurs communs ennemis.

La belle Juifve, qui s'étoit trouvée presente à la conjuration que Turquant avoit tramée contre Pierre, quand il entra dans la Juifverie pour débaucher ceux de cette nation du service de ce prince, remarqua ceux qui luy paroissoient les plus mal intentionnez pour luy, dont elle luy donna la liste par écrit. Pierre voulant s'en venger, feignit d'avoir besoin de leur cortege sur sa route, leur disant, pour les endormir et les engager à le suivre, qu'il les avoit toûjours reconnu fort fidelles, et qu'ils luy feroient plaisir de l'accompagner dans le voyage qu'il alloit entreprendre. Ils crûrent que cette demande étoit moins un piege qu'un effet de la confiance qu'il avoit en eux. Ils se firent donc un merite de s'acheminer avec luy; mais aussitôt qu'il eut gagné la nuit dans sa route, il les fit tous pendre. Quand il eut fait cette cruelle execution, il voulut poursuivre sa marche, mais la grande obscurité le faisant tomber dans l'égarement, il se trouva fort embarrassé, donnant tout au travers des hayes et des fossez, sans sçavoir à quoy s'en tenir, et faisant mille imprecations contre son mauvais sort, tantôt reclamant le secours du ciel et tantôt celuy des demons.

On avoit beau luy remontrer les impietez qu'il commettoit, il demeuroit toûjours endurci sans se laisser fléchir par les prieres de ses amis, qui l'exhortoient de rentrer un peu en luy même et de reconnoître son Dieu dans le peril où il étoit. Le tonnerre vint au secours des hommes et gronda sur sa tête avec tant de fracas et de bruit, qu'on croyoit qu'il se rendroit à cet avertissement du ciel; mais il ne fit pas seulement le signe de la croix et continua de vomir contre Dieu des blasphemes encore plus execrables, disant que s'il étoit tout puissant, il ne l'abandonneroit pas de la sorte. Le temps étoit si noir qu'ils ne sçavoient pas tous mettre un pied devant l'autre, quand Pierre s'avisa de faire porter devant eux sa table d'or sur une mule, afin que l'escarboucle dont nous avons parlé, jettant un grand brillant par tout, leur servît de guide et de lumiere pour les éclairer au milieu de la nuit. Elle fut d'un fort grand secours à ce malheureux Roy, que l'on talonnoit de fort prés; car quand ceux de Seville apprirent la cruelle execution qu'il avoit fait faire de leurs principaux bourgeois, ils ne respirerent plus que vengeance contre si barbare.

Henry, Bertrand et toute la Blanche Compagnie se servirent d'une si favorable occasion pour se presenter devant les murailles de cette ville. L'intelligence qu'ils avoient déja dans la place avec les Juifs en facilita beaucoup la reddition. Les Chrétiens et les Sarrazins firent quelque mine de resister : mais les Juifs étans soûtenus d'Henry, de Bertrand, du maréchal d'Andreghem, d'Hugues de Caurelay, de Mathieu de Gournay, de Gautier Hüet, du Besque de Vilaines, tout plia devant eux, et les bourgeois se joignirent avec eux contre la garnison, qui, se voyant attaquée de tous côtez, mit les armes bas et se rendit à la discretion du vainqueur, qui bien loin de faire main basse sur elle, aima mieux luy donner quartier que de repandre le sang de tant de gens qui pouvoient encore combattre pour une meilleure cause que celle de Pierre, prince reprouvé de Dieu et hay des hommes pour tant de cruautez qu'il avoit commises, et qui l'avoient rendu l'horreur et l'execration de ses sujets aussi bien que de ses ennemis; si bien qu'Henry fit son entrée dans Seville à la tête de son armée. Les bourgeois luy en presenterent les clefs, luy rendirent leurs hommages et luy prêterent le serment de fidelité.

◇◇◇

CHAPITRE XIX.

De la vaine tentative que fit Pierre auprés du roy de Portugal pour en obtenir du secours; et du prix que Mathieu de Gournay, chevalier anglois, remporta dans un tournoy contre des Portugais.

Pierre voyant toutes ses affaires deplorées, et qu'Henry s'etoit presque rendu maître de toute l'Espagne, il se persuada que le roy de Portugal auroit quelque compassion de son infortune et voudroit bien luy prêter la main pour le rétablir dans ses Etats. Ce fut dans cet esprit qu'il l'alla trouver à Lisbonne. Il luy exposa l'usurpation pretenduë que le prince Henry venoit de faire en son royaume, assisté des armes de Bertrand Du Guesclin, qui s'étoit mis à la tête de grand nombre d'avanturiers pour luy ôter sa Couronne. Il le supplia de le vouloir tirer de ce mauvais pas en luy donnant le secours dont il avoit besoin pour reprendre toutes les places que la perfidie de ses sujets luy avoit fait perdre. Le roy de Portugal l'assûra que son sort étoit bien à plaindre, mais qu'il n'avoit pas des forces suffisantes pour entrer ouvertement dans son affaire et s'attirer sur les bras une guerre avec les François de gayeté de cœur; que cependant il pouvoit compter que, s'il vouloit établir son séjour en Portugal, il le feroit servir en Roy, luy donnant tous les officiers qui sont ordinairement employez auprés de la personne d'un souverain. Pierre le remercia de ses honnêtetez, et dissimula le chagrin qu'il avoit dans le cœur de se voir éconduit.

Il s'avisa d'une autre ressource: il se souvint que le prince de Galles avoit été souvent aux mains avec les François, et qu'il n'étoit pas leur amy. Cette pensée fut fort soûtenuë par le roy de Portugal, auquel il s'ouvrit là dessus, et qui luy conseilla de prendre ce party, luy disant qu'il n'étoit pas necessaire qu'il fit le trajet pour passer en Angleterre, puis qu'il trouveroit dans la Guienne le prince de Galles, qui, selon toutes les apparences, épouseroit ses interêts avec chaleur, ayant avec soy de fort belles troupes, avec lesquelles il avoit remporté de grands avantages contre les François; qu'il pouvoit compter par avance que son voyage auroit un succès infaillible, puis qu'il y avoit long-temps que les mains luy démangcoient contre cette nation, sur laquelle il ne cherchoit que quelque specieux pretexte pour faire des conquêtes.

Ces raisons encouragerent Pierre à prendre le chemin de Bordeaux pour y parler au prince de Galles qui y tenoit sa Cour. Il fit donc preparer un vaisseau sur lequel il chargea ce qu'il avoit de plus riche et de plus precieux, sans oublier sa table d'or, et puis il y monta, suivy de vingt cinq chevaliers, de cinquante écuyers espagnols et de grand nombre de Juifs, qui luy faisoient une fort fidelle compagnie. Durant cet embarquement de Pierre pour Bordeaux, Henry, son ennemy, ne s'endormoit pas: il assembla son conseil auquel assisterent Bertrand, le maréchal d'Andreghem, Hugues de Caurelay, le sire de Beaujeu, Mathieu de Gournay et tous les autres generaux les plus distinguez de l'armée. Il leur fit part de la nouvelle qu'il avoit apprise, que Pierre étoit allé mandier du secours auprés du roy de Portugal, et leur demanda quelles mesures il luy falloit prendre pour empêcher ce prince d'entrer dans les interêts de son ennemy. Bertrand prit la parole et declara qu'il étoit à propos de dépêcher en Portugal quelque chevalier au plûtôt, pour apprendre en quelle assiette étoit cette affaire, et que pour détourner un coup si dangereux, il falloit ménacer ce Roy d'entrer en armes dans ses Etats, et de luy donner tant d'exercice chez soy qu'il n'auroit pas le loisir de songer à secourir les autres; qu'après qu'ils auroient fait la conquête du Portugal, ils pourroient attaquer les royaumes de Grenade et de Belmarin, passer sur le ventre à tant de Juifs et de Sarrazins, dont ils étoient remplis, et de la pousser jusques dans la Terre sainte, pour se rendre maîtres de Jerusalem, et reprendre sur les Infidelles ce que Godefroy de Boüillon le Grand avoit autrefois emporté sur eux.

On songea donc à choisir un homme de cœur et de talent pour bien s'aquiter de la commission dont on avoit envie de le charger auprés du roy de Portugal. On jetta les yeux sur Mathieu de Gournay, chevalier anglois, qui fut ravy d'avoir cet employ, parce qu'il mouroit d'envie de voir la ville de Lisbonne et la cour du roy de Portugal. Il se mit en chemin luy dixième pour ce sujet. Il arriva dans cette ville un peu devant dîner. Il n'eut pas plûtôt mis pied à terre dans l'hôtelerie, qu'il eût la curiosité de demander à son hôte si le roy de Portugal étoit à Lisbonne, et ce que l'on disoit du roy Pierre. Cet homme répondit que Sa Majesté s'alloit bientôt mettre à table avec une tres-belle dame qu'il venoit de marier avec un prince de son sang, et qu'il y auroit le lendemain un superbe tournoy, dont il pourroit être le spectateur et prendre part à cet agreable divertissement; qu'à l'égard du roy Pierre, il étoit à Bordeaux auprés du prince de Galles, pour luy demander du secours contre Henry, Bertrand et tous les autres chevaliers françois, et que s'il l'obtenoit, il luy seroit fort aisé de faire lâcher prise à ceux qui l'avoient dépoüillé de ses Etats.

Mathieu de Gournay fut surpris de cette nouvelle, et tandis qu'il se mettoit sur son propre pour se presenter devant le roy de Portugal, il ne put s'empêcher de dire qu'étant Anglois de nation, il ne pourroit plus servir Henry contre Pierre, si le prince de Galles, son maître, se declaroit pour ce dernier. Il se rendit ensuite au palais dans un équipage fort leste. Il rencontra sur les degrez de l'escalier un autre Anglois qu'il connoissoit de longue main, pour s'être trouvez ensemble à la bataille de Poitiers. Aprés s'être embrassez l'un l'autre, le dernier se chargea d'aller dire au Roy la venuë de Mathieu, luy promettant qu'il auroit de Sa Majesté tout le plus favorable accüeil qu'il pouroit desirer. En effet, il en fit à son maître un portrait fort avantageux, luy disant que ce chevalier qui venoit de la part d'Henry étoit un gentilhomme d'un merite fort singulier, et qui s'étoit acquis beaucoup de reputation dans les armes.

Quand il eut ainsi pris les devans en sa faveur, il le revint trouver pour le presenter au Roy; mais il trouva sur sa route les maîtres d'hôtel de Sa Majesté, qui venoient à sa rencontre pour luy faire honneur, et l'introduire fort civilement dans la chambre du Roy, devant lequel Mathieu de Gournay fit mine de fléchir le genou; mais ce prince ne le voulant pas permettre, le prit aussitôt par la main pour le relever, et luy demanda comment Henry se portoit et tous les braves qui l'avoient secondé dans son expedition d'Espagne, qui luy avoit été plus glorieuse que juste, parce qu'on n'a jamais bonne grace d'envahir les Etats d'un legitime souverain. De Gournay voyant qu'il étoit prevenu contre Henry, le desabusa de l'erreur dans laquelle il étoit, luy representant qu'il avoit plus de droit à la couronne d'Espagne que Pierre, et que le sujet de la commission dont on avoit trouvé bon de le charger auprés de Sa Majesté, ne tendoit qu'à sçavoir si dans le fonds il étoit vray qu'elle voulût embrasser les interêts de Pierre contre Henry; que si cette nouvelle qui couroit étoit veritable, il avoit ordre de prendre aussitôt congé d'elle et de se retirer. Le roy de Portugal luy dit ingenüment, qu'il s'étoit ouvert là dessus en presence de toute sa Cour; qu'il étoit bien vray que Pierre luy avoit demandé du secours, mais qu'il étoit encore plus vray qu'il le luy avoit refusé, ne voulant pas troubler le repos de ses peuples, en attirant dans ses Etats une guerre étrangere dont il se passeroit fort bien.

Mathieu luy témoigna que le prince Henry luy sçauroit bon gré de ce qu'il avoit bien voulu ne luy pas être contraire dans la justice de ses armes. Le Roy le fit asseoir à sa table et le regala de son mieux, le faisant entrer dans tous les divertissemens qu'on donnoit à la nouvelle épouse, et dans tous les honneurs qu'on luy faisoit. On n'y épargna pas les joueurs d'instrumens; mais leurs concerts ne plurent aucunement à Mathieu de Gournay, qui n'étoit pas fait à ces sortes de cacofonies, dont les tons étoient si discordans qu'ils luy écorchaient les oreilles. Il ne put dissimuler le peu de goût qu'il prenoit à cette grossiere symphonie, disant qu'en France et en Angleterre la musique avoit bien d'autres charmes, et que les instrumens y étoient touchez avec beaucoup plus de delicatesse. Le Roy luy fit entendre qu'il avoit deux hommes de reserve, qui n'avoient point leurs semblables au monde sur cet art, et que quand il les auroit entendu il en seroit tellement enchanté qu'il conviendroit que dans toute l'Europe personne ne pouvoit encherir sur le talent qu'ils avoient d'enlever le cœur par l'oreille. Le chevalier luy témoigna qu'il s'estimeroit heureux s'il pouvoit avoir part à ce plaisir.

Ce prince les fit appeler; ils entrerent dans la salle avec une fierté qui surprit Mathieu de Gournay, car outre qu'ils étoient vêtus comme des princes, ils avoient derriere eux chacun un valet qui portoit leurs instrumens. Ce chevalier s'attendoit à quelque chose de fort rare, mais il ne put se tenir de rire quand ils commencerent à joüer comme ces vielleurs, qui vont en France par les villages quémander par les tavernes et les cabarets. Le Roy voulut sçavoir le sujet de sa raillerie ; mais ce prince fut encore bien plus déconcerté quand le chevalier l'assûra que ces instrumens étoient le partage des aveugles et des gueux, à qui l'on donnoit l'aumône, quand ils avoient joüé deux ou trois fois de la sorte que venoient de faire ces deux hommes qu'il estimoit tant. Il en eut tant de confusion, qu'il jura qu'il ne s'en serviroit plus. En effet, il leur donna congé dés le lendemain, ne voulant plus retenir à sa Cour de ces sortes de gens, qui luy faisoient affront devant les étrangers, qui seroient capables de le tourner en ridicule, quand ils diroient par tout que le roy de Portugal n'avoit point de plus agreable concert, ny de plus charmant plaisir que celuy d'entendre des vielleurs, qui sont par tout ailleurs si communs et si méprisez dans toute l'Europe.

Le roy de Portugal crut qu'il se tireroit mieux d'affaire en donnant au chevalier de Gournay le spectacle du tournoy, dans lequel il le voulut même engager et le mettre de la partie, luy disant qu'il avoit appris que les Anglois excelloient par dessus toutes les autres nations dans ces sortes d'exercices, et qu'il luy feroit plaisir de montrer son adresse et sa force dans cette lice, en presence de toute sa Cour; qu'une si belle assemblée meritoit bien qu'un chevalier aussi galant que luy, s'en donnât la peine. Il le cajola si bien, luy vantant la valeur des Anglois, que rien n'étoit capable d'étonner, et qui sortoient avec un succés admirable de toutes les expeditions qu'ils entreprenoient, que ce discours enfla le cœur du chevalier et luy donna tant de vanité, qu'il ne feignit point de répondre qu'il prêteroit le colet à qui oseroit mesurer ses forces avec luy ; que depuis qu'il s'étoit mis sur les rangs dans ces sortes de combats il avoit toûjours remporté l'avantage, et que tout le monde luy faisoit la justice de croire qu'il avoit eu beaucoup de part au gain que les Anglois avoient fait de la bataille de Poitiers. Cette repartie donna plus d'ardeur au roy de le voir entrer dans cette carriere avec les autres, et pour l'échaufer davantage à condescendre à son desir, il luy declara qu'il destinoit un prix pour celui qui feroit le mieux et sortiroit de cette lice avec plus de succés, que le plus adroit auroit pour recompense une belle mule qui valoit cent marcs d'argent, dont la selle étoit toute d'yvoire et le harnois d'or. Il la fit même mener sous les fenêtres de son palais, afin que tout le monde la vît, et qu'elle excitât davantage l'envie de ceux qui seroient en competance pour remporter un si riche prix.

Le chevalier se promettoit de son experience qu'elle ne lui échaperoit point. La nouvelle se répandit par toute la Cour et toute la ville de Lisbonne qu'un Anglois devoit faire admirer sa force et son adresse dans le tournoy qui se feroit le lendemain, pour rendre les nopces de la princesse d'autant plus celebres. Ce spectacle extraordinaire attira sur la place tout ce qu'il y avoit de gens curieux pour être les témoins de la gloire ou de la honte de ce chevalier. Toutes les dames remplirent les balcons, les fenêtres et les échafaux, ayant encore plus d'envie d'attirer sur elles les yeux de tout le monde, que l'Anglois n'en avoit de faire admirer le talent qu'il avoit de bien manier un cheval et de le pousser contre un autre pour luy faire perdre les étriers et le renverser par terre. Les chevaliers qui devoient être de la partie parurent sur les rangs pour entrer en lice, et faisoient sur la place fort belle contenance. On trouva bon d'ouvrir ce combat à la pointe du jour pour éviter la grande chaleur, qu'il eût fallu necessairement essuyer si l'on eût commencé plus tard. Il y eut dans ce tournoy force casques abbattus, force lances brisées et beaucoup de chevaux renversez.

Mathieu de Gournay remporta toûjours l'avantage et renversa plus de cent chevaliers par terre, qui furent culbutez avec leurs chevaux les uns aprés les autres. Chacun battoit des mains en faveur de l'Anglois, dont les coups étoient portez avec tant de roideur que personne ne pouvoit les parer. Le roy de Portugal voyoit avec chagrin toute cette manœuvre, disant en soy-même que cet étranger, au sortir de sa Cour, parleroit avec mépris des Portugais et decrediteroit leur nation dans toute l'Europe, se vantant qu'aucun d'eux n'avoit pû se defendre de faire devant luy la piroüette et de coucher enfin sur le sable. Ce prince se souvint qu'il y avoit parmy ses officiers un Breton, nommé *la Barre*, homme rentassé, qui avoit la reputation d'être un rude joüeur en matiere de joûte. Il l'appella pour le pressentir s'il se croyoit assez fort et nerveux pour entrer en lice contre l'Anglois. La Barre répondit qu'il luy prêteroit le colet volontiers, et qu'il esperoit sortir avec succés de cette affaire. On le fit armer pour cet effet; on lui donna l'un des meilleurs chevaux de l'écurie du roy, afin qu'il ne luy manquât rien pour agir avec avantage et triompher de son antagoniste. Il se presenta sur les rangs dans cet équipage. Il vit l'Anglois qui paroissoit tout fier de ce qu'il venoit d'abbattre douze chevaliers ; mais sa contenance ne l'intimida point, et luy donna même une plus grande demangeaison de le vaincre.

Tout le monde étoit dans l'attente et dans l'impatience de les voir aux mains. Cette curiosité fut bientôt satisfaite. La Barre fit son manege avec tant d'habileté, mania sa lance avec tant de force et poussa son cheval avec tant de roideur, qu'il fit tomber l'Anglois par terre et mordre le sable à son cheval. La chûte de Mathieu fut si lourde, qu'il en eut le bras cassé, demeurant tout étourdy du coup qu'il avoit reçu, jusques là qu'il resta longtemps dans cette posture sans pouvoir remüer ny jambes, ny bras, et sans pouvoir parler. Le roy de Portugal ne fut pas fâché que l'on crût qu'un écuyer portugais avoit humilié la fierté de l'Anglois, et qu'il y en avoit dans sa nation d'aussi braves, et d'aussi adroits dans cet exercice que dans l'Angleterre. Il commanda qu'on relevât Mathieu de Gournay pour le faire panser de sa blessûre. On luy banda le bras, et ce prince le voyant estropié de la sorte, luy demanda quel sentiment il avoit des chevaliers de sa nation. Mathieu lui répondit qu'il avoit été bien puny de sa vanité; que celuy qui l'avoit traité de la sorte n'étoit pas un des apprentis dans le métier. On le fit mener au palais avec beaucoup d'honnêteté pour l'y regaler, et cette petite disgrace ne luy ota rien de l'estime qu'il s'étoit acquise : car le roy, sçachant bien que ce n'étoit pas un Portugais, mais un Breton qui l'avoit ajusté de la sorte, ne laissa pas de luy faire present de la mule qu'il avoit meritée, puis qu'il avoit remporté ce prix sur tous les écuyers de sa nation ; mais ce prince luy fit cette petite supercherie pour sauver l'honneur de son païs.

Mathieu s'estima toûjours fort heureux de ce que la mule luy avoit eté livrée comme le gage et la recompense de la gloire qu'il avoit aquise dans une si belle carriere. Mais aprés qu'il eut pris congé du roy de Portugal, il fut un peu mortifié quand on luy vint dire à l'oreille que ce n'étoit pas avec un Portugais qu'il s'étoit battu, mais avec un Breton : ce qui luy fit depuis écrire à ce prince qu'il n'en avoit pas usé dans ce rencontre de fort bonne foy. Ce chevalier reprit aussitôt le chemin de Seville, pour rendre comte au prince Henry du succés de sa commission. Quand on luy vit ainsi le bras en écharpe, on luy demanda d'où luy venoit cette blessûre. Il compta toute son avanture, et Bertrand, qui se trouva là present, fut ravy d'apprendre qu'un Breton luy avoit ainsi fait sentir la force de son bras. Quand l'Anglois eut fait son rapport et témoigné qu'il n'y avoit rien à craindre du côté du roy de Portugal, qui s'étoit declaré neutre dans la guerre d'Henry contre Pierre, le premier luy demanda ce qu'étoit devenu le second et ce qu'on en disoit. Mathieu l'assûra que Pierre avoit pris le chemin de Bordeaux pour reclamer contre luy le secours et la protection du prince de Galles et qu'il étoit necessaire qu'il assemblât au plûtôt son conseil là dessus pour chercher les moyens de parer un coup si redoutable. Cette nouvelle n'accommodoit point les affaires d'Henry, qui avoit interêt d'avoir moins d'ennemis sur les bras ; et ce qui luy donna plus d'inquietude, ce fut le compliment que luy fit Hugues de Caurelay, l'un des plus braves de son party, luy disant qu'il étoit né sujet du prince de Galles, et qu'il ne seroit plus en état de le servir s'il avoit guerre contre luy, parce que ce seroit un crime de haute trahison s'il étoit pris les armes à la main contre son souverain. Gautier Hüet, Jean d'Evreux, et tous les autres chevaliers anglois luy firent là dessus une même declaration. Henry convint avec eux qu'ils avoient toutes les raisons du monde de garder la fidelité qu'ils devoient à leur prince ; mais il les pria de rester toûjours avec luy, tandis que les choses étoient encore brutes et tres uncertaines, et de ne le point quiter jusqu'à ce que la guerre eût été tout à fait declarée par l'Angleterre contre luy. Tous ces braves le luy promirent, si bien que toutes les esperances d'Henry ne rouloient plus que sur la valeur de Bertrand Du Guesclin, du du Besque de Vilaines et du maréchal d'Andreghem, qui l'assûrerent qu'ils le serviroient jusqu'au bout contre le roy Pierre sans aucune reserve.

<><>

CHAPITRE XX.

De la foudre du ciel qui tomba miraculeusement sur Daniot et Turquant, ces deux scelerats, accusez du meurtre de la reine Blanche, et qui s'en voulurent purger en rejettant ce crime l'un sur l'autre, pour lequel on les fit combattre en champ clos.

Nous avons dit que ces deux Juifs avoient rendu le prince Henry maître de Seville par leur perfidie. La recompense qu'ils en eurent fut une autorité presque souveraine qu'on leur accorda sur les bourgeois de la même ville, dont ils abuserent si fort qu'elle degenera bientôt en tyrannie. Les Juifs, se voyans soûs le joug de leurs compatriotes qui ne les traitoient pas mieux que les autres, voulurent le secoüer par une accusation qu'ils intenterent contr'eux, deposans qu'ils étoient les deux seuls auteurs de la mort de la reine Blanche, qu'ils avoient tuée sur son lit, tandis que cette princesse étoit toute seule enfermée dans sa chambre, faisant ses prieres à son Dieu dans le silence de la nuit ; Henry, qui qui connoissoit Daniot et Turquant par le seul endroit du bon office qu'il en avoit reçu quand ils avoient tramé la reddition de Seville en sa faveur, fut bien surpris quand il sçut qu'ils avoient été les deux conseillers, et tout ensemble les deux executeurs de l'ordre barbare que Pierre leur donna de faire mourir sa propre femme. Il les fit venir devant luy pour les interroger tous deux sur un crime si noir, et les menaça de les faire tous deux brûler vifs s'ils luy cachoient la verité de ce detestable attentat. Daniot prit la parole et tacha de se disculper, en disant qu'il étoit bien vray que le roy Pierre l'avoit envoyé comme huissier pour autoriser cette execution par quelque forme de justice, mais qu'il avoit eu tant d'horreur d'un si cruel arrêt qu'il n'avoit pas osé seulement mettre le pied dans la chambre, s'étant contenté de se tenir à la porte après avoir essayé cent fois de détourner Turquant de commettre une si grande inhumanité; qu'il était là pour rendre ce temoignage à la verité sans rien déguiser de tout ce qui s'étoit passé.

Turquant se voyant chargé par son complice, luy donna le change, avoüant tres sincerement qu'ils avoient été tous deux les meurtriers de cette innocente princesse, et priant Henry de ne le point mettre à la gehenne pour en sçavoir tout le detail, puis qu'il se confessoit criminel et qu'il sçavoit bien qu'il ne pouvoit pas éviter le dernier supplice non plus que Daniot et six autres Juifs qui les avoient secondé pour faire ce coup execrable. Daniot l'interrompit en luy donnant un dementy, soûtenant qu'il n'avoit point entré dans la chambre de cette princesse quand on la fit ouvrir, et qu'il devoit se souvenir de ce qu'il luy dit plusieurs fois que cette bonne et pieuse princesse n'avoit point merité d'être si cruellement traitée. Turquant voyant que celuy-cy cherchoit à se tirer d'affaire contre sa propre conscience, qui luy devoit reprocher le crime qu'il avoit commis avec luy, s'éleva contre luy le traitant de menteur, d'impudent et d'effronté, ne pouvant comprendre le front qu'il avoit de nier un fait plus clair que le jour, dont il marqua tout le detail et toutes les circonstances avec tant d'evidence qu'Henry ne put douter qu'ils ne fussent tous deux complices du même attentat. Bertrand, pour vider ce different, declara qu'il seroit à propos de les faire tous deux combattre en champ clos, et que celuy qui seroit victorieux de l'autre, seroit reconnu le plus innocent. Henry donna les mains à la proposition de Guesclin, marqua le jour, l'heure et le lieu que le düel se devoit faire entre ces deux Juifs. Ce prince voulut être le spectateur de ce combat; toute sa Cour eut la même curiosité. Tous les bourgeois de la ville monterent en foule sur les murs pour joüir du plaisir de voir aux mains ces deux miserables qui furent amenez au champ designé. Bertrand fut preposé pour veiller à ce que tout se passât dans ce combat singulier sans aucune supercherie ny de part, ny d'autre. Comme il avoit quelque predilection pour Turquant plutôt que pour Daniot, il dit au premier que s'il pouvoit tüer son homme, il luy procureroit sa grace. En effet le dernier avoit une mine si patibulaire que tout le monde le condamnoit déja par avance.

Quand on eut fermé le champ de barrieres, on les y fit entrer tous deux, armez de pied en cap et fort avantageusement montez. Ils s'éloignerent de concert pour courre l'un sur l'autre avec plus de force et d'impetuosité. Ils en vinrent, de part et d'autres, aux approches avec une égale furie, se décharegeans d'horribles coups l'un sur l'autre. Turquant fit un si grand effort contre Daniot, qu'il luy perça le bras de son épée, dont le pré fut tout ensanglanté, luy reprochant qu'il paroissoit bien qu'il avoit fait un parjure par le public desaveu qu'il venoit de faire, qu'il eût trempé dans la mort de la Reine, et que Dieu découvroit assez son mensonge par la disgrace qui venoit de luy arriver. Aprés s'etre bien chamaillez, ils se colleterent avec tant d'acharnement et d'opiniâtreté que le Roy Henry, se tournant du côté de Bertrand et de tous les autres spectateurs, ne put s'empêcher de leur témoigner qu'il admiroit la force et le courage de ces deux coquins, qui ne pouvoient lâcher prise et se tenoient tous deux par le corps à force de bras sans reprendre haleine, et sans que l'un ny l'autre voulût ceder à son adversaire. Mais tandis qu'ils étoient ainsi colez l'un à l'autre, le ciel voulut, par un miracle, faire une justice exemplaire de ces meurtriers. Tous les spectateurs furent bien surpris de voir une épaisse nuée s'étendre dans l'air sur leurs têtes, au travers de laquelle il sortoit des éclairs accompagnez d'un tonnerre qui, faisant un bruit et un fracas horrible, fendit enfin la nüe pour lancer sa flamme et son carreau sur ces deux criminels, qui furent brulez jusqu'aux os à la veüe de tant de personnes que ce feu voulut épargner, comme s'il eût sçu discerner les innocens d'avec les coupables.

Ce châtiment tout visible de la main de Dieu jetta tant de frayeur dans l'ame de ceux qui le virent, que chacun s'en retourna chez soy tout consterné d'une si terrible avanture. On se disoit l'un à l'autre que la Providence n'attendoit pas toûjours à punir les hommes en l'autre vie, puisque dés celle-cy, le doigt de Dieu s'étoit fait connoître à l'égard de ces deux detestables Juifs, qui ne meritoient plus de voir le jour, après avoir commis une si indigne action sur une princesse dont la conduite innocente avoit édifié toute la cour d'Espagne. Ce miracle fit un si grand effet sur l'esprit de ceux qui en furent les timides témoins, que plus de seize cens, tant Juifs que Sarrazins, demanderent tous le baptême avec le dernier empressement, et firent, pour ainsi dire, une sainte violence aux ministres des autels du vrai Dieu, pour être mis au rang des Chrétiens. Henry, Bertrand et tous les seigneurs de l'armée ne douterent plus de la sainteté de la reine Blanche, puisque Dieu même avoit entrepris de venger sa mort par un miracle qui ne fut pas le seul qui publia ses merites et ses vertus; car il fut secondé de beaucoup d'autres, dans la suite, qui rendirent la memoire de cette princesse recommandable à tous les siecles. Pierre, qui ne fut pas moins son meurtrier que son mary, reconnut trop tard l'inhumanité qu'il avoit commise sur elle, et comprit bien que si le ciel avoit fait une si effroyable justice des executeurs de ce crime, il en pendoit encore davantage sur la tête de son auteur. En effet, la deplorable fin de ce prince, que nous apprendrons dans la suite, justifiera sensiblement que tôt ou tard Dieu ne laisse rien d'impuny. Nous allons voir les moyens secrets dont la Providence s'est servie pour châtier ce Roy non seulement cruel, mais impenitent, apostat et desesperé, qui, n'ayant plus de religion, se plongea malheureusement dans le precipice qu'il se creusa par une conduite toute pleine d'impieté, d'injustice et d'endurcissement.

CHAPITRE XXI.

Du secours que le roy Pierre alla demander au prince de Galles qu'il trouva dans Angoulesme, et du present qu'il luy fit de sa table d'or, pour l'engager dans ses interêts.

Ce malheureux prince, ennuyé de sa mauvaise fortune et se voyant abandonné de tous ses sujets et poursuivy jusques dans les reins par Henry, qu'il regardoit comme un usurpateur, resolut de s'aller jetter entre les bras du prince de Galles qu'il connoissoit assez genereux pour entreprendre de le relever de l'accablement dans lequel il étoit, et de le faire remonter sur le trône. Il s'embarqua donc avec son monde, son argent et sa table d'or couverte d'un tres riche drap dont l'étoffe étoit extremement curieuse et rare. Il commanda qu'on eût à cingler du côté de Bordeaux, parce qu'étant la capitale de la Guienne, il devoit raisonnablement croire que ce prince y faisoit son sejour. Ce fut dans cette esperance qu'il y débarqua, donnant ordre à ses fourriers de prendre les devans et d'aller toûjours marquer son logis dans la ville. Ensuite il monta sur une mule d'Arragon, suivy d'un grand nombre de chevaliers qui luy faisoient cortege chapeau bas, tâchant de cacher son malheur et son inquietude par un exterieur magnifique et superbe. Il demandoit, en passant dans les ruës, si le prince étoit dans la ville: il fut un peu mortifié de ne l'y pas trouver. Il tira du côté d'Angoulesme, où l'on luy dit qu'il étoit pour lors. L'arrivée d'un Roy fit assez de bruit pour que la nouvelle en vint bientôt aux oreilles du prince, qui ne témoigna pas peu de surprise d'apprendre qu'on eût ainsi dépouillé de ses Etats un si puissant souverain, demandant par quel malheureux canal cette disgrace luy pouvoit être arrivée. Chandos étoit pour lors à sa Cour, et n'avoit pas peu d'accés auprés de son maître. Il s'étonna beaucoup quand il luy dit que Bertrand et les Anglois qui servoient sous luy, avoient fait cette belle manœuvre, et qu'au lieu d'aller faire la guerre dans le royaume de Grenade contre les Sarrazins, ainsi qu'ils l'avoient projetté, tous ces braves avoient changé de résolution tout d'un coup et s'étoient attachez au service d'Henry contre Pierre, qu'ils avoient enfin chassé de ses Etats et contraint de venir, en prince mandiant, reclamer sa protection.

Ce prince fut touché du pitoyable sort de ce Roy, se persuadant qu'il luy devoit prêter la main pour le secourir, et que c'étoit un sanglant affront pour tous les souverains de demeurer les bras croisez et de se montrer insensibles aux disgraces de leurs semblables. Il jura qu'il sacrifieroit toutes choses pour le retablir. Il n'eut pas plûtôt achevé ces paroles qu'on luy dit que le roy Pierre venoit d'entrer dans Angoulesme. Il envoya Chandos au devant de luy pour le recevoir et le faire descendre dans un hôtel qu'on avoit magnifiquement paré pour y loger un si grand Roy. D'abord qu'il apperçut Chandos, il courut l'embrasser, et luy faisant une sincere confidence de ses déplaisirs, il luy raconta toutes les persecutions qu'il avoit souffertes, et comme il avoit été poussé du trône par les armes de Bertrand et beaucoup de chevaliers anglois qui s'étoient fait un merite de luy arracher le sceptre de gayeté de cœur, pour le mettre dans les mains d'un bâtard qui n'avoit aucun droit à la Couronne. Il ajoûta qu'il avoit été contraint de passer la mer pour venir implorer le secours du plus genereux prince du monde, esperant qu'il ne l'abandonneroit point dans une si grande decadence de ses affaires. Chandos essaya de luy remettre l'esprit en luy faisant part des avances qu'il avoit déjà faites en sa faveur, et des bonnes intentions dans lesquelles il avoit laissé son maître pour luy. Ces assûrances calmerent un peu le chagrin de Pierre, que Chandos mena par la main dans les appartemens du prince de Galles, qui, n'attendant pas qu'il vint jusqu'à luy, le voulut prevenir en faisant la moitié du chemin. Cet infortuné Roy luy fit une profonde reverence, faisant voir dans son visage et dans tous ses airs une grande consternation. Ce premier silence fut suivy du triste discours qu'il luy fit de toutes ses disgraces, luy disant qu'un bâtard s'étoit rendu l'usurpateur de tous ses Etats, contre tout droit et justice, appuyé par les armes d'un avanturier breton qu'on nommoit Bertrand Du Guesclin, et par celles de beaucoup de chevaliers anglois qui s'étoient telement acharnez à sa ruine, qu'ils l'avoient reduit au pitoyable état dans lequel il le voyoit, expatrié, chassé de son trône, trahy par ses sujets et banny de son propre royaume par la violence et par l'injustice ; qu'il esperoit donc qu'un si grand et si genereux prince comme luy, seroit touché de l'infortune des souverains en sa personne, et qu'il employeroit ses armes, ses forces et sa valeur pour empêcher que toute l'Europe n'eût devant les yeux un si pernicieux exemple de perfidie, de trahison, de revolte et d'ingratitude.

Le prince de Galles appercevant que les larmes luy couloient des yeux, et que les sanglots empêchoient qu'il ne prononçât distinctement tout ce qu'il disoit, parut si fort émeû de son discours, que sans luy permettre de l'achever, il luy fit remettre son chapeau sur sa tête, luy disant qu'il alloit tout risquer, et qu'il sacrifieroit sa vie même dans une bataille pour luy mettre la Couronne en main de la même maniere qu'il venoit de luy faire porter son chapeau sur sa tête, pour le faire couvrir. Pierre passa sur l'heure d'une grande douleur dans de grands sentimens de joye quand il vit que le prince de Galles entroit de si bon cœur dans ses interêts. Il luy témoigna qu'il luy seroit redevable de sa Couronne, et que s'il étoit assez heureux pour rentrer dans la jouïssance de ses Etats par son secours, il luy en feroit volontiers hommage, et reconnoîtroit les tenir de luy comme son vassal. Le prince de Galles fit aussitôt apporter du vin dont il le fit servir par des chevaliers, sçachant que Pierre, au milieu de sa chûte, n'avoit rien perdu de sa premiere fierté ; car il avoit un si grand fonds d'orgueil, qu'il ne croyait pas que tous les souverains de l'Europe luy fussent comparables. Tandis qu'ils s'entretenoient ensemble, quatre Espagnols entrerent dans la chambre, portans sur leurs épaules cette table d'or dont nous avons déja tant parlé. Quand elle eut été mise à terre, toute la cour s'approcha pour en admirer la beauté, la richesse et l'éclat. Pierre dit au prince qu'il le supplioit de vouloir accepter ce present, et que cette precieuse table luy venoit d'Alphonse, son pere, qui l'avoit eûe de son ayeul, auquel elle avoit été donnée pour payer la rançon d'un roy de Grenade qu'il avoit fait prisonnier dans une bataille, et qui n'avoit pû recouvrer sa liberté que par le sacrifice qu'il avoit fait d'une chose si rare et si curieuse.

Le prince s'estima tres-honoré de ce present, et l'assûra qu'il l'en recompenseroit avec usure. Plus il etudioit cette table et plus il en étoit charmé. La joye qu'il en eut ne luy permit pas d'attendre plus longtemps à la faire voir à la princesse sa femme, qui passoit pour la plus belle dame de son siècle. Elle étoit à sa toilette quand on luy vint annoncer ces deux nouvelles à la fois, que le prince son époux avoit promis du secours à Pierre, et que ce Pierre avoit fait present de sa belle table au Prince. Elle comprit bien que ce don leur coûteroit un jour bien cher, et ne put s'empêcher de dire à ses dames d'atour, et à ses filles qui étoient autour d'elle, que ce cruel prince qui avoit trempé ses mains dans le sang de sa propre femme, ne meritoit pas de recevoir un accueil si favorable dans leur Cour ; que la mort d'une si pieuse Reine crioit vengeance devant Dieu et devant les hommes, et qu'elle s'étonnoit comment son mary se laissoit aller aux cajoleries de cet inhumain, qui ne le payeroit un jour que d'ingratitude.

Cette sage princesse penetrant les grosses suites que cette affaire auroit, donna quelques larmes à l'idée qu'elle se fit de tous les malheurs qu'elle devoit traîner après elle. Son jeune fils, qui fut depuis roy d'Angleterre sous le nom de Richard second, la voyant pleurer, montra dés lors la tendresse de son naturel, en tachant de la consoler de son mieux. Elle prit tant de goût aux caresses que cet enfant luy fit, qu'elle voulut bien essuyer ses pleurs pour l'amour de luy. Comme sa douleur étoit un peu calmée, son chagrin se renouvella par la veüe de cette table funeste qu'un chevalier luy vint presenter de la part de Pierre, roy d'Espagne. Aprés qu'elle l'eut un peu regardée, ce fut pour lors que se souvenant que ce present alloit beaucoup commettre la vie du prince de Galles, son époux ; elle tourna la tête d'un autre côté, donnant mille maledictions, non seulement à cette table, mais à la personne qui l'avoit présentée, disant qu'il leur alloit

attirer de fort grands malheurs. Le prince qui croyait l'avoir bien regalée, faisant transporter dans ses appartemens un meuble si precieux, et s'imaginant qu'elle l'auroit reçu comme le plus bel ornement qui devoit parer son palais, fut fort étonné quand le chevalier luy dit qu'elle n'en avoit aucunement paru satisfaite, et qu'elle avoit souhaité que Pierre n'eût jamais mis le pied dans sa Cour, puisque la protection qu'il luy avoit promise, traîneroit aprés soy une guerre fort perilleuse. « Je vois bien, dit le prince de Galles,
» qu'elle voudroit que je demeurasse toûjours
» auprés d'elle sans jamais sortir de sa chambre.
» Il faut qu'un prince qui veut eterniser son nom
» cherche les occasions de se signaler dans la
» guerre, et remporte beaucoup de victoires
» pour se faire un nom considerable dans la pos-
» terité, s'endurcissant à tous les dangers,
» comme firent autrefois *Roland, Olivier,*
» *Ogier, les quatre Fils Aimon, Charlemagne,*
» *le grand Leon de Bourges, Juon de Tour-*
» *nant, Lancelot, Tristan, Alexandre, Artus*
» *et Godefroy,* dont tous les romans racontent
» le courage, la valeur et l'intrepidité toute
» martiale et toute heroïque, *et par saint George*
» *en qui je croy, je rendray Espengne au droit*
» *heritier; ne ja bastart n'en tendra qui vaille*
» *un seul denier et ce deussent bien garder*
» *tous princes et barons : car autant leur en*
» *pent aux nez.* »

Ce prince se disposa donc à se mettre en campagne en faveur de Pierre, envoyant ses dépêches par tout, et donnant le rendez-vous à Bordeaux où se devoit faire l'assemblée de ses troupes : et pour faire un corps d'armée fort considerable, il manda tout ce qu'il avoit de gens d'élite, les gendarmes et les archers les plus braves et les plus determinez, avec des ordres fort pressans et fort precis de ne pas differer d'un moment à se rendre à cette capitale au jour qu'il avoit marqué. Car il témoignoit tant d'empressement là dessus, qu'il sembloit que cette guerre luy tenoit plus au cœur que toutes les autres qu'il avoit entreprises, et qu'il n'y avoit point de gloire pareille à celle qu'il pouroit remporter s'il retablissoit sur son trône un Roy banny de ses Etats, et chassé par des sujets perfides et rebelles. Ce qui luy donnoit encore plus de chaleur à monter au plûtôt à cheval, c'est qu'il avoit un fonds de jalousie contre Bertrand, dont il apprehendoit que la reputation n'effaçât celle qu'il avoit acquise dans tous les avantages qu'il avoit eu sur les François, particulierement dans la fameuse journée de Poitiers, qui luy avoit fait prendre un Roy dans cette bataille. Il croyoit que s'il pouvoit en retablir un autre, ce seroit un honneur pour luy, qui n'auroit point encore eu d'exemple.

◇◇◇

CHAPITRE XXII.

Des lettres de cartel dont le prince de Galles envoya défier Henry, avec menaces aux Anglois qui servoient sous luy, de confisquer leurs biens, et de les punir comme criminels de haute trahison, s'ils ne le quitoient.

Le prince de Galles prit si fort à cœur la protection de Pierre contre Henry, qu'il en fit tout son capital. Il écrivit là dessus des lettres si fortes à tous les seigneurs qui dépendoient de luy, que chacun n'osa pas balancer un moment à le venir joindre. Le comte d'Armagnac, le sire d'Albret, Chandos, Aimery, Guillaume et Jean de Felton, les senéchaux de Poitou et de Bordeaux, le comte de Pembroc et grand nombre de chevaliers, se rendirent auprés de luy. Le duc de Lancastre passa la mer avec beaucoup de gendarmes et d'archers, pour grossir ses troupes. On ne vit jamais une armée si leste ny si complette. C'étoit un plaisir de voir la fierté, l'adresse et la contenance de ceux qui la composoient. Il sembloit que ce prince avoit envie de marcher à la conquête de toute l'Europe, tant il avoit fait de preparatifs pour cette expedition. Mais avant que d'ouvrir cette guerre, il voulut braver Henry en personne, en luy depêchant un gentilhomme qu'il fit porteur d'une lettre par laquelle il le défioit et le provoquoit à un combat singulier, disant qu'il vouloit tirer raison de l'outrage qu'il avoit fait au roy Pierre son parent, qu'il avait dépoüillé de ses Etats par violence et par injustice, et que s'il n'avoit pas assez de cœur pour accepter le party qu'il luy proposoit, il luy commandoit de sortir au plûtôt de l'Espagne, et de deguerpir toutes les villes et tous les châteaux dont il s'étoit emparé par felonnie, le menaçant que s'il n'obeïssoit sur l'heure, il viendroit fondre sur luy pour l'accabler par une si formidable armée, qu'il ne pouroit pas se defendre de tomber dans ses mains, et de mourir avec tous les siens, ausquels il ne feroit aucun quartier; qu'à l'égard des Anglois qui combattoient sous ses enseignes, s'ils ne revenoient dans le jour qu'il leur marquoit, il les traiteroit tous comme des traîtres, confisqueroit tous les biens qu'ils possedoient en Angleterre, et les feroit condamner à la mort.

La lecture de cette lettre deconcerta fort Henry, qui fit aussitôt appeller Bertrand, pour luy communiquer une affaire de cette importance. Ce prince tomba dans un si grand abattement de cœur, qu'il n'avoit presque pas la force de parler, et ce qui luy causoit encore plus d'embarras, c'est qu'il se voyoit obligé de laisser aller les Anglois, en qui consistoit la principale force de ses troupes, jugeant bien que leur retraite alloit beaucoup les éclaircir. Mais Bertrand, que rien n'étoit jamais capable d'ébranler, luy dit qu'il ne falloit point se laisser intimider des menaces de ce fanfaron; qu'il avoit encore bien du chemin à faire avant qu'il pût retablir Pierre dans ses Etats, puis qu'il auroit en tête plus de cent mille hommes à combattre *et maudit soit-il qui s'esbahira.* Ce discours diminua beaucoup la crainte et la consternation d'Henry, qui se reposoit beaucoup sur le courage, l'experience et la fidelité de ce general, qui seul valoit une armée toute entière. Hugues de Caurelay, chevalier anglois, vint prendre congé de ce prince, luy témoignant le déplaisir qu'il avoit de ce qu'il se voyoit obligé de quitter son service, l'assûrant que sans ce severe ordre qu'il avoit reçu de son maître, il se seroit fait un merite de continuer jusqu'au bout; et se tournant en suite du côté de Bertrand, il l'embrassa pour la derniere fois, le priant qu'ils se separassent bons amis, et que si dans le partage qu'ils avoient fait ensemble des dépoüilles qu'ils avoient gagnées dans les combats et par droit de guerre, il avoit plus reçu que luy, il étoit prêt de le dédommager avant que de partir. Comme Bertrand étoit fort genereux, il l'interrompit là dessus, luy disant qu'il ne vouloit pas descendre dans tout ce détail, et qu'il falloit qu'ils demeurassent tous deux quites et bons amis; qu'au reste, quoyque cette separation luy fût fort sensible, il le loüoit du zele et de la fidelité qu'il avoit pour son prince, pour qui l'on devoit tout sacrifier.

Henry se posseda le mieux qu'il lui fut possible, quand il vit sortir de sa Cour et de son armée tant de braves chevaliers anglois qui l'avoient servy jusqu'à lors avec tant de succés. Il les voulut regaler de presens, aprés leur avoir témoigné qu'il ne perdroit jamais le souvenir de tant de belles actions qu'ils avoient faites en sa faveur; mais ils le remercierent de toutes ses honnêtetez, s'estimans trop bien recompensez de la gloire qu'ils avoient acquise en portant les armes pour luy. Les choses s'étant ainsi passées avec une satisfaction reciproque, Henry tint conseil avec Bertrand et les autres seigneurs, pour savoir quelle conduite il devoit garder à l'égard du prince de Galles et de toutes les bravades qu'il luy avoit fait, pour appuyer les interêts d'un renegat et d'un meurtrier qui ne s'é-

toit pas contenté d'abjurer la religion chrétienne, mais s'étoit rendu l'execration de toute l'Europe par le coup detestable qu'il avoit fait faire à deux Juifs sur la personne de sa propre femme, qu'il avoit eu l'inhumanité d'immoler au caprice et à la jalousie de sa concubine. Bertrand le conjura de ne point perdre cœur et de compter non seulement sur luy, mais sur tant de braves qui luy restoient encore, et qui ne craindroient point de sacrifier leur vie pour le maintenir dans le trône sur lequel ils l'avoient placé. Mais il ne put pas s'empêcher de luy dire, tout bas à l'oreille, qu'il apprehendoit que les Espagnols, dans l'occasion, ne se dementissent beaucoup et ne fissent pas bien leur devoir. Il falut pourtant dissimuler cette crainte et faire toûjours bonne mine, comme si l'on ne doutoit pas du courage et de la generosité de ceux de cette nation.

Ce prince assembla donc de tous côtez le plus de forces qu'il luy fut possible, mandant les archers, les gendarmes et les arbalêtriers pour renforcer son armée. Ce luy fut un spectacle fort agreable, quand il vit venir vingt mille hommes de Seville seule, dix mille de Burgos, autant de Sarragosse, si bien que toutes ses troupes pouvoient monter, avec ce qu'il avoit déja, jusqu'à soixante mille hommes. Il falloit voir le superbe attirail des tentes, pavillons, munitions de guerre et de bouche que cette armée trainoit aprés elle. L'avant-garde étoit commandée par le Besque de Vilaines, et le maréchal d'Espagne marchoit à la tête du second corps, ayant à ses côtez le comte d'Aine, prince d'Arragon, tous deux suivis de gens fort lestes qui paroissoient fort determinez. Le prince de Galles venoit aussi de son côté dans une fort belle ordonnance, comptant dans son armée plus de dix sept mille hommes d'armes, sans le grand nombre d'arbalêtriers genois qui servoient dans ses troupes, et qui tiroient avec tant de justesse et de force, que leurs coups étoient sûrs. Tous ces grands apprêts promettoient un fort grand fracas des deux côtez. Le prince de Galles demanda passage au roy de Navarre sur ses terres, et des vivres en payant; on n'osa pas les luy refuser, de peur qu'il n'y fît des hostilitez et ne s'emparât des meilleures places de ce royaume, pour s'en assûrer la domination, sous pretexte qu'on n'auroit point eu d'égard à sa demande. Le passage luy fut donc ouvert; mais il trouva peu de quoy subsister dans un païs si maigre; ce qui fit soufrir à ses troupes d'étranges incommoditez: les païsans même, avoient la malice d'enfoüyr sous terre leurs bleds et leurs provisions, afin que ces étrangers en manquassent, et qu'il ne leur prit aucune envie de faire chez eux un plus long sejour. Guillaume Felton, qui commandoit l'avantgarde angloise, fit dans la Navarre des dégâts horribles, pillant, ravageant par tout sur sa marche, et faisant enlever par ses gens, bœufs, vaches, moutons et tout ce qu'ils trouvoient sous leur main.

Bertrand envoya toûjours devant quelques espions à l'armée du prince de Galles, pour apprendre ce qui s'y passoit et quel mouvement elle faisoit. On luy rapporta qu'on n'avoit jamais veu de si belles troupes, mais qu'elles étoient fort atténuées par la faim qu'elles enduroient. Il demanda comment on appeloit celuy qui étoit à la tête de l'avantgarde : on luy repondit que c'étoit Guillaume Felton, qui n'avoit pour lors avec luy que six cens lances seulement, et qu'il s'étoit fort écarté du reste de l'armée. Bertrand renvoya les mêmes espions sur leurs pas, avec ordre de le venir trouver à *Nadres* ou *Navarrette*, pour luy rendre compte de ce qu'ils auroient nouvellement découvert dans l'armée du prince de Galles. Tandis qu'il étoit dans l'impatience de sçavoir ce qui s'y passoit, il s'entretenoit avec le Besque de Vilaines des forces qu'ils avoient pour tenir tête à leurs ennemis. Celuy-cy voyant la contenance fiere de tant d'Espagnols qui s'étoient rangez sous les enseignes d'Henry, s'en promettoit beaucoup; mais Bertrand luy fit là dessus confidence de son sentiment, en luy declarant qu'il ne comptoit pas sur ces sortes de gens qui avoient moins de cœur que de faste, et qu'il étoit à craindre qu'ils ne leur saignassent du nez dans l'occasion ; qu'il n'avoit aucune bonne opinion de leur bravoure pretenduë, qu'il apprehendoit enfin qu'ils ne prissent la fuite et ne les laissassent tout seuls soûtenir le choc des Anglois. Il ne put même dissimuler la crainte qu'il avoit qu'Henry ne tombât dans les mains de Pierre, qui le feroit cruellement mourir, s'il étoit assez malheureux pour ne pouvoir pas sauver, en cas qu'il perdît la bataille, disant qu'il aimeroit bien mieux être prisonnier luy même, puisque le payement d'une bonne rançon luy pouroit procurer le recouvrement de sa liberté ; mais qu'il n'en iroit pas de même d'Henry, qui ne sortiroit jamais vif des prisons de son ennemy.

Pendant qu'ils faisoient tous deux toutes les reflexions necessaires sur l'assiette de leurs affaires, leurs espions leur vinrent dire que Guillaume Felton faisoit de grands ravages par tout où il passoit. Bertrand se mit en tête qu'on pouroit bien charger ces fourrageurs et les surprendre lors qu'ils y penseroient le moins. Aprés qu'il eut fait agréer cette resolution par le maréchal d'Espagne, ils se mirent en marche les enseignes baissées, de peur que les Anglois ne les découvrissent, et détacherent quelques coureurs (dont il y en avoit un qui sçavoit l'Anglois) pour reconnoître leur mouvement et se pouvoir aboucher avec eux avec moins de soupçon. Celuy-cy sous le privilege de sa langue se mêla dans les troupes de Guillaume Felton, qui venoit de faire un butin de prés de trois mille bêtes à cornes, dont il pretendoit ravitailler l'armée du prince de Galles qui mouroit de faim. Bertrand, voulant donner dessus, partagea son monde en trois bandes, qu'il mit en embuscade dans un bois ; mais il ne put si bien concerter son entreprise que les coureurs anglois, qui étoient alertes, ne découvrissent une partie de ses gens dans le mouvement qu'ils faisoient, dont ils allerent donner aussitôt avis à Guillaume Felton, qui leur demanda si les Espagnols qu'ils avoient apperçus étoient en grand nombre. Ils luy dirent qu'ils étoient pour le moins autant qu'eux. Felton declara que si ces gens là n'étoient qu'Espagnols, il ne reculeroit pas pour eux, et qu'il esperoit en avoir bien meilleur marché que si c'étoient des François, parce que les premiers avoient plus de fierté que de bravoure, et que les seconds avoient l'un et l'autre. Il voulut sçavoir si Bertrand étoit de la partie ; car il le craignoit beaucoup, et ne doutoit point que s'il tomboit une fois dans ses mains il auroit une peine incroyable à se racheter.

C'est ce qui luy fit donner de nouveaux ordres afin qu'on seût positivement à quelles gens il avoit à faire, si c'étoient Espagnols ou François. Les coureurs qu'il dépêcha pour en sçavoir la verité, rencontrerent le comte d'Aine, qui se détacha tout exprés pour leur demander ce qu'ils cherchoient. Ils luy dirent que Guillaume Felton les avoit envoyez pour sçavoir si Bertrand étoit là en personne. Le Comte répondit que non, que c'étoit luy seul qui, comme prince né d'Arragon, commandoit ce petit corps d'Espagnols qu'ils voyoient, et qui ne demandoient qu'à combattre contre les Anglois. Ce cavalier répondit qu'ils auroient bientôt satisfaction là dessus. Bertrand sçachant que Felton le croyoit fort loin de là, se tint à couvert dans son embuscade en attendant l'occasion de faire une sortie sur son ennemy. Les Anglois se persuadans que la defaite des Espagnols ne leur coûteroit pas beaucoup, se presenterent en bataille comme s'ils marchoient à une victoire certaine, et quand ils se virent assez prés des Espagnols, ils mirent pied à terre, faisans voltiger leurs enseignes et leurs drapeaux avec une fierté de conquerans. Les Espagnols firent aussi de leur côté fort bonne contenance. Ces deux petits corps d'armée se tinrent si serrez qu'ils ne pouvoient entrer l'un dans l'autre, et disputerent longtemps le terrain pied à pied sans qu'on pût sçavoir à qui demeureroit l'avantage, quand Bertrand fit une irruption sur les Anglois à la sortie de son embuscade, et les prit en flanc avec tant de furie qu'il les tailla tous en pieces, en tua un grand nombre, dont Felton fut un des premiers, et contraignit les autres de gagner au pied et de traîner le débris de leurs troupes battües jusqu'au camp du prince de Galles, qui fut bien étonné de cette déroute où son general avoit laissé la vie.

Pierre à cette nouvelle donna mille maledictions à ce Bertrand, qui luy avoit toujours été si fatal et qui avoit fait toute cette facheuse execution. Le comte d'Armagnac prit la liberté de representer au prince qu'ayant une armée si nombreuse elle ne pouroit pas encore subsister ny vivre trois jours dans un païs si maigre et si ruiné; qu'il valloit donc bien mieux mourir de l'épée de leurs ennemis que de la faim cruelle qui les consumoit. Chandos et les autres seigneurs appuyerent ce sentiment. Tandis qu'ils deliberoient ensemble, Bertrand prit le party de s'en retourner à Navarette avec ses prisonniers et son butin. La joye d'Henry ne fut pas petite quand il apprit ce premier succés de ses armes, et que les Anglois manquans de provisions et de vivres seroient bientôt à bout. Guesclin luy conseilla de ne rien hasarder, puisque la famine seule pouvoit faire perir toute cette grande armée, qui seroit dans peu détruite par elle même. Il luy fit comprendre qu'ils n'avoient qu'à se retrancher dans de bons fossez et mettre les charrois devant eux, et qu'avec ces deux precautions ils seroient entierement inaccessibles à leurs ennemis, qu'ils verroient avant qu'il fût trois jours se débander et se separer les uns des autres pour aller chercher dequoy vivre dans un païs plus reculé; qu'alors quand ils seroient ainsi dispersez et marchans sans rang et sans discipline et tout attenüez de la faim, l'on pouroit leur courre sus, les charger et n'en pas laisser dix ensemble.

Le comte d'Aine, voulant faire le brave et l'intrepide, ne goûta pas un avis si sage. Il luy sembla que Bertrand ne l'avoit donné que dans la crainte d'en venir aux mains dans une bataille; il luy reprocha même qu'il avoit peur. Cette parole indiscrette piqua Bertrand jusqu'au vif; il dit tout en colere : *Par ma foy se nous combatons demain nous serons desconfiz et avendra grand meschief sur le Roy.* Cependant pour faire voir que ce n'étoit point la crainte ny la lâcheté qui luy faisoit tenir un pareil discours, il protesta que puisque le Comte avoit eu le front de l'en accuser, on donneroit le lendemain bataille, dans laquelle il payeroit si bien de sa personne qu'il s'y feroit prendre ou tüer, qu'on en verroit qui des deux, ou du comte ou de luy, s'aquiteroit mieux de son devoir. Henry, qui connoissoit le caractere de Bertrand, que la mort ny tous les dangers n'étoient point capables d'ébranler, en voulut revenir à son sentiment et ne rien tenter mal à propos; mais Guesclin se sentant trop choqué du peu de justice que le Comte luy avoit fait de croire que le cœur luy manquoit, dit qu'il avoit fait serment de combattre, et qu'il y auroit bataille le lendemain. On éprouva depuis que Bertrand n'avoit rien avancé, dans le conseil d'Henry, que de fort judicieux et fort pratiquable, et qu'en effet, si le comte d'Aine ne luy eût pas ainsi rompu en visiere, et qu'on eut laissé les ennemis aux prises avec la faim seule, le prince de Galles et toute son armée auroient été sur les dents au bout de trois jours, et peut-être que de tous ces Anglois il n'en seroit pas resté trois pour annoncer en Angleterre une si funeste nouvelle.

CHAPITRE XXIII.

De la victoire que le prince de Galles remporta prés de Navarette en faveur de Pierre sur Henry et Bertrand, qui fut pris dans cette journée.

La famine avoit tellement abbattu l'armée du prince de Galles, qu'il luy falloit necessairement ou combattre ou mourir. Ce besoin extreme luy fit prendre la resolution d'en venir aux mains. Il donna le commandement de l'avantgarde à son frere le duc de Lancastre, qu'il mit à la tête de quatre mille hommes d'armes. La banniere du Duc étoit portée par un chevalier des plus braves et monté sur une belle mule, pour se faire mieux reconnoître et distinguer. Hugues de Caurelay, Nicolas d'Aubericourt, Gautier Hüet, Jean d'Evreux et Thomas d'Agorne, secondoient, dans ce premier corps d'armée, le duc de Lancastre, et menoient avec eux cinq cens archers tous gens de trait et dont ils se promettoient une fort grande execution. Le captal de Buc commandoit la bataille; il avoit avec soy les seigneurs les plus aguerris, Aimerion, le senechal de Bordeaux, Garnier d'Aubecote, et Othon son frere, le comte de Monleson, le comte de Lisle, le sire de Pons, le sire de Mucidan, Foucaut d'Arciart, et quatre mille hommes d'armes, à la tête desquels on le mit, qui luy furent tous d'un fort grand secours. Le prince de Galles essaya de l'encourager de son mieux à bien faire, luy disant qu'il se promettoit tout de sa valeur et de son experience. Le captal l'assûra qu'il n'avoit jamais eu plus de démangeaison de joüer des mains que dans cette journée. Chandos fut chargé de mener l'arriere garde ; c'étoit un fameux capitaine qui s'étoit signalé dans les guerres d'Edouard III, et dans celles que le prince de Galles avoit faites en France : il luy donna quatre mille hommes d'armes à commander, et luy dit que s'il y en avoit aucun qui fît mine de branler ou de prendre la fuite, il ne falloit point balancer à luy couper aussitôt la tête. Chandos jura qu'il ny manqueroit pas aussi.

Ce prince, pour les rendre tous encore plus intrepides et plus determinez, ajoûta qu'il leur falloit tous aller chercher à dîner dans Navarrette, et passer pour cela sur le ventre à leurs ennemis, puis qu'il ny avoit point d'autre party à prendre dans le besoin pressant qu'ils avoient de manger, pour ne pas mourir de la faim qui les travailloit. En effet, les Anglois affamez se disoient les uns aux autres qu'ils auroient donné volontiers vingt marcs d'argent pesant pour un morceau de pain. Le prince de Galles voulut commander le corps de reserve. Il avoit auprés de soy le comte d'Armagnac, le sire d'Albret, le comte de Pembroc et beaucoup d'autres chevaliers de marque et de distinction qui faisoient tous fort bonne contenance. Ce prince couroit de rang en rang, et recommandoit à chacun de ne faire aucun quartier aux Espagnols, et de n'en prendre point à rançon, de quelque condition qu'il fût, si ce n'étoit Bertrand, le maréchal d'Andreghem et les François pour qui l'on pouroit avoir quelques égards et quelque indulgence : enfin, pour les animer tous à bien faire, il leur dit que le roy Pierre, dont ils avoient épousé la querelle, alloit être le spectateur de leur bravoure, et qu'il la recompenseroit par des bienfaits proportionnez au service qu'ils luy rendroient. Toutes les choses étant ainsi disposées pour faire journée, Chandos prit la parole et dit au prince que les Espagnols ne paroissoient pas, et qu'apparemment ils attendoient que le soleil fût levé pour se faire voir.

On dépêcha sur l'heure un trompette vers Bertrand et ses gens, pour leur declarer que s'ils refusoient la bataille, on les viendroit charger jusques dans leurs retranchemens. Cet homme fut à toute jambe prés de Navarrette, où rencontrant Henry, Bertrand, le comte d'Aine, le maréchal d'Andreghem, Guillaume de Lannoy, Guillaume Boitel, le maréchal d'Espagne et tous les autres commandans, il leur annonça mot pour mot tout ce qu'il étoit chargé de leur dire, et les pria de luy donner là dessus une prompte réponse. Bertrand luy voulant donner le change, luy demanda s'ils n'avoient pas bien faim dans leur camp, ajoûtant que s'il en avoit été crû, l'on les auroit tous fait perir sans être obligé de combattre ; mais qu'il n'étoit plus temps de prendre contre eux ce party. Le trompette luy repondit : *Par ma foy il n'y a celui en nostre ost, qui n'eust bien tost mengié deux œufs pelez, se il les tenoit.* Bertrand ne se pouvant tenir de rire, luy fit aussitôt apporter du vin qui fut un grand regal pour luy. Quand il en eut bien beû, Guesclin voulut sçavoir ce que, dans le camp des Anglois, pouroit bien coûter une bouteille de semblable vin. Le cavalier luy dit de bonne foy qu'ils n'en avoient point, et qu'on n'étoit pas en peine d'y faire choix du bon ou du mechant, puisque le jour même de Pâques, qui seroit le lendemain, l'on n'y en boiroit point du tout. Enfin Bertrand, pour ne le point retarder d'avantage, luy commanda de dire au prince de Galles qu'on ne refusoit point le combat, et qu'on luy donneroit là dessus plus de satisfaction qu'il n'en esperoit. Il rangea tout aussitôt ses troupes en bataille. Il choisit dix mille Espagnols des mieux faits, qu'il posta fort avantageusement, mettant tout exprés une riviere à leur dos pour leur faire perdre l'envie de fuir, et leur inspirer celle de bien combattre. Ils faisoient si belle montre, qu'il sembloit que les Anglois ne pouroient pas tenir contre eux, et qu'il n'y avoit point d'armée, si forte qu'elle fût, qui pût resister à des gens si lestes et si determinez.

Bertrand, qui ne se payoit point de toute cette belle apparence, voulut pressentir le marechal d'Andreghem sur ce qu'il en pensoit. Celuy-cy luy declara qu'il croyoit que ces gens seroient d'une grande execution dans une bataille, et vendroient à leurs ennemis cherement leur vie. Guesclin secoüant la tête, répondit qu'il n'en attendoit pas grand chose, et qu'il apprehendoit qu'ils ne lâchassent le pied dans l'occasion. Cependant Henry comptoit beaucoup sur vingt mille arbalêtriers genois qui servoient dans ses troupes ; et pour les engager à bien faire, il leur remontra que la victoire leur coûteroit peu, puis qu'ils alloient combattre des gens affamez qui pouvoient à peine soûtenir les armes qu'ils portoient ; qu'avec un peu d'effort ils pouroient affermir sur sa tête la Couronne que Pierre luy vouloit disputer ; qu'il leur croyoit à tous trop de cœur et de resolution pour penser à jamais reculer, et que s'ils étoient assez lâches pour en venir là, qu'il ne pardonneroit à pas un d'eux tous qu'il feroit pendre sans remission, sans même épargner là dessus leurs femmes et leurs enfans ; enfin que ceux qui payeroient bien de leurs personnes seroient fort bien recompensez. Ces Genois luy témoignerent qu'il éprouveroit bientôt jusqu'où pouvoit aller leur courage et leur fidelité, le conjurant de bannir là dessus toutes les arriere-pensées qui pouroient tomber dans son esprit. Bertrand qui ne se trompoit jamais dans ses pressentimens, tint conseil avec le Besque de Vilaines et le maréchal d'Andreghem sur ce qu'ils auroient à faire.

Ils furent tous d'avis de ne se point separer les uns des autres, et de faire des Bretons et des François un petit corps qui n'auroit avec les Genois et les Espagnols aucune communication dans cette journée. Bertrand se mit à la tête de sept cens bons hommes seulement, et commença par faire sonner la trompette comme le signal du combat qu'on alloit donner. Les deux armées firent un mouvement de part et d'autre pour venir aux approches. Les Anglois s'avancerent au nombre de trois mille archers pour tirer sur les Espagnols qu'ils se promettoient bien de defaire.

Jamais armée ne parut plus belle que celle d'Henry ; car outre vingt mille chevaux espagnols, dont les escadrons étoient tout de fer, il avoit vingt mille arbalêtriers genois et trente mille fantassins espagnols : aussi ce prince tout fier de se voir à la tête de tant de belles troupes, voulut ouvrir le combat en chargeant le corps d'armée que commandoit le captal de Buc. Il entra dans les rangs de ce general le sabre à la main, dont il fit une si grande execution, qu'il tua plus de dix personnes ausquelles il fit d'abord mordre la poussiere, et s'enfonça toûjours davantage dans les escadrons ennemis avec une intrepidité surprenante, et poussa son cheval avec tant de force, qu'il passa tout au travers d'un gros corps de troupes sans être tué, ny pris, ny blessé. Bertrand qui voyoit ce prince se commettre si temerairement, et s'exposer comme un avanturier, apprehenda qu'il ne demeurât engagé sans se pouvoir tirer d'affaire. Ce fut la raison pour laquelle il partit de la main avec le Besque de Vilaines pour l'aller dégager ; mais ils furent agreablement surpris quand ils le virent revenir sur ses pas pour les réjoindre. Guesclin prit la liberté de lui dire qu'il ne devoit pas hasarder ainsi sa vie comme celle d'un simple soldat, et qu'il falloit qu'un prince comme luy travaillât à se ménager davantage. Mais Henry luy fit connoître qu'il aimoit mieux se faire tuer dans une bataille que de se laisser prendre, de peur que Pierre ne luy fît en suite porter sa tête sur un échafaut. Chandos, à la tête de ses Anglois, faisoit cependant les derniers efforts contre les Espagnols qu'il ouvrit à force de dards et de flêches. Bertrand qui vit le peril de leurs troupes, tourna tout aussitôt de ce côté là, suivy de ses sept cens hommes, et se mêla bien avant dans la bataille, se faisant passage à grands coups de sabre, et charpentant par tout avec tant de rage et de furie, qu'il abbattoit tout ce qui se trouvoit sous l'effort de son bras. Les gens qui le suivoient, animez d'un si grand exemple, se jettoient à corps perdu sur leurs ennemis, et se faisoient jour au travers de tous les obstacles qui se presentoient, si bien qu'il sembloit que ce fût une troupe de lions déchaînez qui ne respiroient que le sang et que le carnage.

Le captal de Buc qui les apperçut se souvint de la bravoure qu'ils avoient fait paroître à la bataille de Cocherel où il avoit été pris, et, craignant de tomber dans le même malheur il defendit à ses gens d'éprouver leurs forces contre ces gens là, leur commandant de tourner leur pointe contre les Espagnols, dont ils auroient meilleur marché que de ces François qu'il étoit impossible d'entamer, ny de rompre. Cette petite troupe se signala plus toute seule, sous la conduite de Bertrand, du Besque de Vilaines, de Guillaume Boitel et du maréchal d'Andreghem que tout le reste de l'armée. Jean de Chandos faisoit aussi beaucoup de fracas contre les Espagnols, dont il fit une grande boucherie suivy de ses Anglois. Mais le maréchal d'Espagne arrêta sa fougue et sa saillie par un coup d'épée dont il renversa mort par terre son chambellan, pour lequel il avoit une affection toute particuliere. Ce malheur le jetta dans une si grande rage qu'il fit attaquer ce Maréchal de tous côtez, et l'on s'acharna si fort sur luy qu'il fut bientôt abbattu par terre, dont il ne se seroit jamais relevé, s'il n'eût été promptement secouru par Henry, qui, le voyant dans ce peril, poussa son cheval et fendit la presse pour venir à luy, ce qu'il fit avec tant de succés, qu'il le remit bientôt sur ses pieds, en luy témoignant l'estime qu'il faisoit de son courage et de sa valeur, et tous deux repousserent Chandos assez loin, soûtenus de quelques braves qui ne les abandonnoient point.

Le prince de Galles voyant le combat assez engagé voulut être de la partie, s'avançant avec ses gens et faisant sonner ses trompettes d'argent, dont le bruit s'étendoit bien loin, disant qu'il vouloit exposer sa vie pour remettre la Couronne sur la tête du roy Pierre, qu'un bâtard luy avoit ravy. Il apperçut toute la cavalerie espagnole qui se tenoit fort serrée. Ce fut à elle qu'il voulut aller, enseignes déployées où l'on voyoit arborez les lys de la France et les leopards d'Angleterre. Il étoit accompagné du roy Pierre, du comte d'Armagnac, du sire d'Albret, des senéchaux de Poitiers et de Bordeaux, du sire de Mucidan, du comte de Lisle et des seigneurs de Pons, d'Auberoche et de la Reole. Il avoit bien six mille hommes d'armes à sa suite, tous gens d'élite, et qui se promettoient bien de faire un grand fracas dans une mêlée. Les Espagnols qu'il vouloit attaquer étoient plus forts que luy, car ils étoient bien dix mille sans un autre corps de semblable nombre que l'on avoit posté tout auprès pour les secourir en cas de besoin. Le roy Pierre qui brûloit du desir de se venger de ses infidelles sujets de Seville, de Burgos et de Tolede, dont il voyoit les drapeaux au milieu de ses ennemis, supplia le prince de Galles de luy permettre de commencer l'attaque contre ces rebelles qui l'avoient dépoüillé de ses Etats, pour en revêtir un bâtard; et, suivant les mouvemens et les saillies de sa colere, il poussa son cheval, en desespéré, tout au travers d'eux, les menaçant de les faire tous brancher aux arbres de la forêt voisine. Ces laches ne firent aucune resistance, et se mirent aussitôt à fuir du côté de la riviere qu'ils avoient à leur dos sans oser jamais tourner visage. Le prince de Galles voulant profiter du desordre dans lequel une terreur panique les avoit jetté, les fit poursuivre par ses gens la lance dans les reins qui les perçoient d'outre en outre comme des infames, qui n'avoient pas le cœur de se retourner pour voir en face l'ennemy.

La peur, qui leur donnoit des ailes, en fit jetter plusieurs dans la riviere, qui furent suffoquez dans les eaux, aimans mieux se laisser noyer que de souffrir la douleur que la pointe des lances et des épées leur pouvoit causer. Ce corps de reserve, destiné pour les secourir, s'alla cacher dans le fond d'un bois, dans la crainte de tomber dans les mains des Anglois, dont l'intrepidité les étonnoit beaucoup : si bien que toute cette armée, qui paroissoit si formidable, se dispersa toute d'elle même, et fut tout à fait dissipée. Goutier Hüet tüa plus de trente Espagnols dans l'eau, qu'il assommoit à coups de haches, et les faisoit plonger dans le fond de la riviere, afin qu'ils n'en pûssent échapper. Henry voyant toute cette déroute ne sçavoit quel party prendre, et ne pouvoit fuir sans être bientôt apperçû. C'est ce qui l'obligea de faire toûjours bonne mine, et de rester sur le champ de bataille en attendant quelque favorable occasion de se degager. Quand Bertrand eut appris la lâcheté des Espagnols, qui bien loin de rendre aucun combat, avoient aussitôt pris la fuite, il fit convenir le Besque de Vilaines qu'il ne s'étoit pas trompé dans le pressentiment qu'il en avoit eu; mais comme il apprehendoit qu'Henry ne tombât dans les mains de Pierre, qui l'auroit fait cruellement mourir, il partit aussitôt de la main pour le chercher et le tirer du danger dans lequel il pouvoit être, et fendant la presse à grands coups d'épée se fit jour au travers des troupes ennemies pour joindre ce prince, et prenant son cheval par la bride, il le tira de la mêlée, luy disant qu'il eût à se sauver au plûtôt, parce que tout etoit perdu (les vingt mille Espagnols ayant lâché pied pour se jetter les uns dans la riviere, et les autres dans le fond des bois, comme il l'avoit bien prevu); qu'il se devoit souvenir que le comte d'Aine luy avoit attiré tout ce malheur pour n'avoir pas voulu suivre son sentiment, en s'opiniâtrant de combattre des gens que la famine alloit contraindre de se rendre à eux, la corde au cou. Ce pauvre prince, voyant ses affaires toutes decousuës et Bertrand qui l'alloit quiter, luy témoigna le regret que luy causoit cette triste separation, l'assûrant qu'il étoit au desespoir de l'avoir embarqué dans son party, puisque sa perte alloit devenir commune avec la sienne. Bertrand le conjura de ne se point mettre en peine de luy, puisque Dieu protegeoit ceux qui épousoient le party le plus juste comme le sien.

Ce prince, prenant congé de luy, dit qu'il alloit, en se retirant, décharger sa bile et sa colère sur un escadron d'Anglois, au travers duquel il luy falloit passer pour faire sa retraite. En effet, il se jeta tout au milieu des rangs comme un enragé, frappant d'estoc et de taille, à droite et à gauche, tuant, renversant tout ce qu'il rencontroit, et fut assez heureux pour s'ouvrir ainsi le passage de l'autre côté sans être blessé. Bertrand et le Besque de Vilaines qui furent les témoins de cette heureuse temerité se regarderent l'un l'autre admirans le courage et la valeur de ce malheureux prince qui se retira lui quatrième, disant : *aide Dieu doubce vierge Marie, que m'est-il avenu en ceste place où ay perdu toute terre qui estoit gagnée.* Quand il eut un peu calmé sa douleur, il detacha l'un de ses cavaliers qui l'avoient suivy pour aller avertir à toute bride la Reine sa femme, de s'aller incessamment mettre à couvert dans Tristemare avec toute sa Cour, contre la mauvaise fortune qui venoit de leur arriver. Le reste des troupes d'Henry ne fit aucun devoir. Ces arbalètriers genois qui devoient faire une si grande execution ne rendirent au-

33.

cun combat. Les Anglois les chassoient comme des moutons devant eux. Le peu d'Espagnols qui resta se tenoit caché derriere les François, dont la cavalerie les couvroit. Elle faisoit toûjours bonne contenance criant tantôt *Andreghem* et tantôt *Guesclin*. Celuy-cy disputoit toûjours le terrain pied à pied, faisant sentir à ceux qui l'approchoient la force de son bras, aux dépens de leur propre vie. Chandos qui voyoit cette poignée de gens se défendre avec tant de courage en voulut épargner le sang, en les conjurant de se rendre et de ne plus si temerairement exposer leur vie; mais ny luy, ny le Besque de Vilaines n'en voulurent point entendre parler, encourageans toûjours leur gens à ne point desesperer encore du succés du combat : mais les Espagnols ne tenoient point ferme. Les Anglois les perçoient par derriere en fuyant, et le roy Pierre qui s'acharnoit sur eux comme sur des traîtres, commandoit aux Anglois d'en faire une cruelle boucherie.

Bertrand et le marechal d'Andreghem soutenus des Bretons, Normands et François, éclaircissoient les rangs qui se presentoient devant eux à force de coups d'estramaçon dont ils assommoient les Anglois, jusques là que le Maréchal arracha l'etendard d'Angleterre des mains de l'officier qui le tenoit, et le jetant par terre le foula aux pieds, et Bertrand charpentoit toûjours avec une égale furie. Quand il leur fallut enfin ceder à la multitude (car le prince de Galles et le duc de Lancastre s'apercevans qu'il n'y avoit plus de resistance que de ce côté là, firent un dernier effort pour les envelopper et les obliger à se rendre) le prince de Galles leur crioit à pleine tête de se remettre entre ses mains et qu'il auroit pour de si braves gens tous les égards qu'ils pouroient attendre de luy. Le roy Pierre voulut là dessus luy faire perdre tous les sentimens d'estime et de clemence qu'il avoit pour eux, en le priant de ne leur faire aucun quartier, parce que c'étoit ceux qui l'avoient chassé de ses Etats. Bertrand, ayant entendu ces paroles, luy déchargea sur son casque un grand coup de sabre, dont il l'étourdit, et l'alloit achever, s'il n'en eût été sur l'heure empêché par un cavalier qui le saisit au cou par derriere, et luy dit qu'il se rendît, et qu'il devoit être content de ce qu'il avoit fait, aprés avoir si bien payé de sa personne. Bertrand, jettant les yeux de tous côtez, et voyant que tous ceux de son party étoient pris ou tuez, il éleva sa voix en disant qu'il se rendoit au prince de Galles; le Besque de Vilaine et le maréchal d'Andreghem suivirent son exemple. Le cruel Pierre, qui ne se croyoit pas bien victorieux tandis que ces trois hommes demeurcroient encore au monde, conjura le Prince de les luy livrer pour assouvir sur eux sa vengeance, luy promettant de lui donner autant d'argent que Bertrand en pourroit peser. Mais ce genereux seigneur ne le voulut pas écouter; il luy remontra qu'il ne commettroit jamais une si grande lâcheté, que d'abandonner à sa discretion de fameux generaux, qui, selon les loix de la guerre, s'étoient rendus à luy de bonne foy, sur la parole qu'il leur avoit donnée de leur sauver la vie; qu'ils étoient ses prisonniers, et qu'il ne permettroit pas qu'on leur fît aucune indignité. Ce Prince appela tout aussitôt le captal de Buc, et le chargea de la garde de ces trois braves capitaines. Celuy-ci dit obligeamment à Bertrand qu'il avoit son tour cette fois, et qu'ayant été son prisonnier à la bataille de Cocherel, il étoit devenu le sien dans cette journée. Guesclin luy répondit en riant qu'il y avoit quelque difference, puis qu'à Cocherel il l'avoit fait prisonnier de sa propre main, et que le captal n'avoit pas eu le même avantage sur luy, puisque ce n'étoit pas luy qui l'avoit contraint de se rendre.

Pierre, aprés un si grand succés, crut que sa victoire ne seroit pas entiere, ny complette s'il n'étoit maître de la vie d'Henry, qu'il vouloit immoler à sa vengeance et à sa cruauté. C'est la raison pour laquelle il envoya par tout pour le chercher. Mais ceux qu'il dépêcha pour cette recherche n'en purent apprendre aucune nouvelle, et d'ailleurs ils étoient si affamez, qu'ils furent contraints d'entrer dans Navarrette pour chercher des vivres. Le prince de Galles fit apporter sa table au milieu du champ de bataille pour rendre sa victoire encore plus celebre, et voulut être servy sur le pré, quoy qu'il fut tout couvert de morts et de mourans. Le captal de Buc qui connoissoit la valeur et le merite de Bertrand, luy fit l'honnêteté de luy dire qu'il ne le confineroit dans aucune prison, s'il luy vouloit donner sa parole de ne point s'evader sans le congé du prince de Galles, et qu'il auroit une liberté toute entiere de se promener et de vivre avec eux s'il vouloit, en homme d'honneur, faire serment de n'en point abuser. *Et par Dieu*, dit Bertrand, *j'aurois plus chier être mort que mon serment eusse faussé ne rompu.* Si bien qu'il s'estima bienheureux de voir que ses ennemis avoient tant de consideration pour luy.

CHAPITRE XXIV.

De la reddition volontaire de Burgos, Tolede et Seville, entre les mains de Pierre, et de l'ingratitude qu'il commit à l'égard du prince de Galles.

Aprés cette grande et fameuse victoire, la la ville de Burgos ouvrit de fort bonne grace ses portes au vainqueur. Le prince de Galles s'entretenant avec ses courtisans des promesses solemnelles que le roy Pierre avoit faites, qu'en cas qu'il mourût sans enfans, la couronne d'Espagne luy seroit devoluë à luy et à ses heritiers, fut bien desabusé de la bonne opinion qu'il avoit conçuë de ce prince infidelle, qui faisoit litiere de sa parole, qu'il se moquoit de garder à ceux dont il avoit tiré tous les services qu'il en attendoit, et se faisoit un plaisir de leur en manquer quand il n'en avoit plus de besoin. Le prince de Galles fut étonné d'apprendre de l'évêque de Burgos, que c'étoit le vrai caractere de Pierre. Il assûra qu'il ne devoit aucunement compter sur tous les sermens qu'il pourroit luy avoir faits, quand même ce seroit sur le saint Sacrement ; mais que s'il avoit juré sur l'Alcoran, qu'alors il seroit un fort religieux observateur de sa parole.

Ce prince fut encore plus surpris quand il sçut que Pierre avoit plus de penchant pour les Sarrazins que pour les Chrétiens, et commença pour lors de craindre qu'il n'eût employé ses armes pour un ingrat et pour un malhonnête homme. Il voulut un peu creuser là dessus le fonds de ce Roy, qu'il s'avisa d'entretenir en particulier, pour voir s'il avoit à s'en defier comme on luy disoit. Il luy representa que les Espagnols se loüoient peu de sa conduite, et qu'il ne sçavoit à quelle cause imputer cette universelle aversion de ses sujets pour luy ; qu'à l'égard de ce qui le regardoit en particulier, il étoit bien aise de sçavoir de luy quelle recompense il auroit pour avoir exposé sa vie et celle de toute la fleur d'Angleterre, pour le faire triompher de ses ennemis et remporter cette celebre victoire, qui l'alloit remettre sur son trône, et qui leur avoit coûté des frais et des fatigues incroyables, jusqu'à mettre sur les dents une tres formidable armée que la famine avoit été sur le point de faire perir, qu'il devoit se souvenir de la promesse qu'il luy avoit faite et sellée de son propre sceau, qu'aprés son decés la couronne d'Espagne seroit reversible à luy, prince de Galles, et à ses heritiers ; que s'il sçavoit qu'il eût aucune pensée de luy faire là dessus la moindre infidelité du monde, il passeroit la mer pour le punir de sa perfidie, qui ne luy coûteroit pas seulement ses Etats, mais sa propre vie, qu'il luy feroit perdre avec honte, s'il étoit assez scelerat pour le joüer, aprés en avoir reçu de si grands services.

Pierre voyant que ce prince étoit extremement prevenu contre luy, tâcha de luy remettre l'esprit là dessus, en l'assûrant qu'il ne devoit aucunement douter qu'il n'executât à la lettre et ponctuellement tout ce qu'il avoit promis, et que même il iroit encore au delà s'il étoit necessaire, et feroit l'impossible pour luy témoigner combien il étoit sensible à toutes les graces qu'il luy avoit faites. Le prince de Galles s'imaginant qu'il luy parloit sincerement, luy fit une autre proposition qui ne tendoit qu'à luy concilier l'amour de ses sujets. Il luy declara qu'il étoit à propos de les raprivoiser en mangeant avec eux et leur faisant toutes les honnêtetez qu'un bon prince fait à ses peuples. Pierre n'osa pas aller contre le torrent, et fit paroître qu'il étoit ravy d'entrer dans cet expedient, qui luy pouroit ramener l'esprit de ses vassaux ; mais dans le fonds du cœur, il se promettoit d'en tirer une vengeance fort sanglante, quand le prince de Galles se seroit retiré, regrettant le present qu'il luy avoit fait de sa riche table, et disant entre ses dents qu'il étoit bien fâché de s'être, en sa faveur, dépouillé d'un si grand tresor. Cependant il luy falut faire bonne mine et soûtenir un personnage qui ne luy plaisoit gueres. Aussitôt qu'il fut entré dans Burgos avec le prince, toutes les bourgeoises, qui connoissoient le mauvais fonds de Pierre, qui ne sçavoit ce que c'étoit que de pardonner, vinrent au devant de luy le mouchoir dans les mains et les larmes aux yeux, pour luy faire perdre tout le ressentiment qui luy pouvoit rester dans le cœur contre la ville de Burgos, qui s'étoit, contre son gré, soûmise à l'obeïssance de son ennemy.

Le prince, pour cimenter davantage la paix qu'il vouloit ménager entre le Roy et ceux de Burgos, le mena jusqu'à la cathedrale, et voulut, aprés une messe solemnelle qu'il luy fit entendre avec luy, qu'il fît serment sur plusieurs reliques dont Charlemagne avoit autrefois fait don à cette église, et sur le corps même de l'apôtre saint Jaques, qui reposoit, à ce que les Espagnols pretendent, dans ce temple, que jamais il n'auroit contre les bourgeois de Burgos, aucun ressentiment de tout ce qu'ils avoient fait contre luy ; qu'il leur pardonnoit tout le passé tres sincerement, et qu'il auroit à l'avenir pour eux des bontez toutes paternelles, pourveu qu'ils y répondissent par la fidelité que des sujets doivent à leur souverain. Toutes ces protestations furent suivies d'un fort grand repas que le roy

Pierre fit au prince de Galles, qui voulut que les dames fussent de la partie, pour mieux couronner cette pretenduë reconciliation.

Le roy Pierre poussa sa dissimulation jusqu'au bout, et comme il n'avoit plus besoin du prince de Galles, il en souhaitoit le depart. Il vint un jour le cajoler sur la generosité qu'il avoit fait éclater en sa faveur, et luy dit que tout l'argent de son royaume ne seroit jamais suffisant pour reconnoître le bon office qu'il venoit de luy rendre en le rétablissant dans ses Etats; qu'il le prioit de trouver bon qu'il allât amasser une somme considerable pour le dédommager de ses frais, et le recompenser de tout ce qu'il avoit eu la bonté de faire pour luy; qu'il étoit au desespoir de ce que son païs étoit trop maigre et trop sterile pour nourrir le grand nombre de troupes qu'il commandoit; mais que s'il luy plaisoit les faire retirer pour les mettre plus à leur aise, et luy marquer l'endroit où, quand il auroit fait tout son argent, il le pouroit trouver pour le luy porter, il ne manqueroit pas de s'y rendre à jour nommé pour le satisfaire et cultiver ensemble une amitié qui ne finiroit qu'avec la vie. Le prince de Galles, naturellement genereux et sincere, ne penetroit pas dans le mechant fonds de Pierre, et croyant qu'il luy parloit dans un bon esprit, il se contenta de luy répondre qu'il alloit assembler son conseil là dessus. Il fit appeller pour ce sujet le duc de Lancastre, son frere, le comte d'Armagnac, Jean de Chandos, le captal de Buc, Hugues de Caurelay, le sire de Mucidan, le comte de Pembroc et tous les seigneurs de sa Cour, ausquels il exposa la pressante necessité dans laquelle ils étoient de vuider ce païs, où ses troupes ne pouvoient plus trouver de quoy vivre ny subsister; que le roy Pierre luy avoit proposé de se retirer du côté de la Navarre où il y avoit abondance de vins et de vivres, et qu'il s'y rendroit au premier jour pour leur apporter toutes les sommes qu'il leur avoit promises et qu'il alloit lever sur ses peuples. Il ny en eut pas un qui ne donnât dans ce panneau, tant ils avoient tous de démangeaison de revoir leurs femmes et leurs enfans, et de s'aller délasser chez eux de toutes les fatigues que cette guerre et la famine leur avoit fait essuyer.

Cette resolution prise on en fit part au roy Pierre, qui ne demandoit qu'à voir leurs talons. Chacun plia bagage. On eut soin de faire aussi partir Bertrand, le Besque de Vilaines et le maréchal d'Andreghem, ausquels on donna de fort bons chevaux. Guesclin ne faisoit point paroître aucune consternation sur son visage, se soûtenant dans sa mauvaise comme dans sa bonne fortune sans se démentir. Il n'osoit pas faire aucune avance auprés du prince de Galles pour sa liberté, parce qu'il sçavoit que cette démarche auroit été non seulement prematurée, mais inutile. Cependant Hugues de Caurelay voulut bien rompre cette glace en faveur de Bertrand qu'il aimoit. Il prit la liberté de representer à son maître qu'un si brave general meritoit bien qu'on eût pour luy quelque indulgence, et qu'ayant un plus grand fonds de valeur que de biens, il se promettoit de sa generosité qu'il luy feroit quelque grace pour sa rançon. Le Prince ne reçut pas bien ce compliment; il témoigna tout au contraire que cette même bravoure de Bertrand étoit la grande raison qu'il avoit de le retenir, car s'il luy donnoit une fois la clef des champs, ce seroit déchaîner contre eux un lion furieux qui seroit capable de les devorer; que cet homme, ne se pouvant tenir dans sa peau, ne manqueroit pas de leur faire la guerre aussitôt qu'il se verroit en liberté, qu'il étoit donc plus à propos de ne point lâcher sur eux ce *Dogue de Bretagne*, si fatal aux Anglois. Caurelay n'ayant pas reüssi dans sa tentative, fit part à Guesclin de ce peu de sucsés, et l'assûra que c'étoit avec bien du chagrin qu'il se voyoit obligé de luy faire un si triste rapport. Bertrand le remercia de son zele et des soins qu'il avoit bien voulu prendre pour sa delivrance, luy disant que c'étoit un ouvrage qu'il falloit laisser faire à Dieu et au temps. Le prince de Galles cependant eut une grande mortification quand il éprouva l'infidelité de Pierre, dont il étoit devenu la duppe; car, s'étant retiré dans la Navarre avec ses troupes, il n'y trouva pas de quoy vivre, toute la moisson ayant été consommée. Le grand nombre de gens de guerre qu'il traînoit à sa suite manquerent de tout, et Pierre, qui luy devoit apporter tant d'argent, tant de richesses et tant de tresors, le laissa morfondre avec tout son monde dans la Navarre et ne parut point.

Ces deux perfidies le firent repentir de la vaine équipée qu'il avoit fait pour ce miserable qui le joüoit, aprés en avoir tiré de si grands services. Dans l'indignation qu'il en conçut, il voulut sur le champ l'aller chercher en personne pour assouvir sur luy sa rage et sa fureur; mais ses generaux luy firent connoître qu'il ne pouvoit entreprendre ce voyage sans passer par des lieux incultes et deserts qui le feroient perir avec toute son armée; qu'il valloit donc mieux reprendre le chemin de Bordeaux pour y faire toutes les provisions necessaires pour vivre cinq ou six mois, et retourner en suite au printemps pour fondre sur ce prince infidelle et lâche, et le payer de toutes ses trahisons et de toutes ses felonies par une mort infame, qu'il n'avoit que trop meritée par son ingratitude et par le mauvais tour qu'il venoit de luy faire. Pierre, s'étant tiré cette épine du pied, s'alla presenter devant Tolede et demanda qu'on luy fît l'ouverture des portes. Les bourgeois apprehendans qu'il ne se ressentît de l'outrage qu'ils luy avoient fait, balancerent longtemps à se rendre; mais enfin, voyans bien qu'ils ne pouroient faire qu'une fort vaine resistance, ils aimerent mieux franchir honnêtement ce pas que de l'aigrir encore davantage contre eux. Il dissimula d'abord le ressentiment qu'il leur gardoit pour ne les point effaroucher; mais il leur en fit sentir dans la suite de fort cruels effets. Seville, ayant sçu que Burgos et Tolede avoient suby le joug de leur premier maître, se vit contrainte de ceder au torrent et de se rendre au vainqueur. Les bourgeois allerent au devant de luy pour tâcher de flechir la misericorde d'un prince dont ils connoissoient l'humeur implacable. Les Chrétiens, les Juifs et les Sarrazins firent à l'envy de leur mieux pour l'adoucir, se prosternans en terre et luy demandans pardon à genoux et tâchans de se disculper sur leur defection, disant qu'ils avoient été tous entraînez par la multitude et la populace, dont ils n'avoient pû reprimer la rebellion; qu'ils benissoient le ciel de ce qu'il avoit exaucé leurs vœux en le retablissant sur son trône, et que la vie qu'ils luy demandoient ne leur seroit à l'avenir d'aucun usage que pour la sacrifier pour luy contre ses ennemis.

Ils n'oublierent rien pour luy témoigner la joye que leur donnoit le retablissement de sa domination sur eux. Toute la ville fit retentir à son entrée les concerts de musique. A peine pouvoit-il passer dans les ruës tant la foule étoit grande. Touttes les cloches se firent entendre avec un fort grand bruit; les feux de joye que l'on faisoit par tout éclairoient les tables qu'on avoit dressées dans les places publiques, pour y servir des viandes à tous venans. Toute la noblesse d'Espagne courut à Seville, pour feliciter ce prince sur son retablissement et luy rendre de nouveaux hommages. Ferrand de Castre, qui l'avoit abandonné dans sa disgrace, vint le rejoindre dans sa prosperité; mais touttes ces demonstrations de joye, touttes ces démarches honnêtes, soumises et civiles, ne furent point capables d'adoucir le cœur inhumain de ce tyran, qui s'étoit fait une loy de ne jamais pardonner les injures qu'on luy avoit faites, et se reservoit toûjours de s'en venger dans son temps, comme il ne l'a fait que trop paroître dans la suite.

CHAPITRE XXV.

De l'artifice dont se servit Henry pour parler au roy d'Arragon, qu'il alla trouver déguisé sous l'habit d'un pelerin de Saint Jaques.

Henry, s'étant retiré dans sa terre de Tristemare auprés de la Reine, sa femme, tout consterné de la perte qu'il venoit de faire de tout un royaume, dans la funeste journée de Navarrette que le prince de Galles avoit gagnée sur luy pour retablir Pierre dans ses Etats, il se mit en tête d'aller à la cour du roy d'Arragon, pour se découvrir à ce prince, en cas qu'il vît jour à l'engager dans ses intérêts, et, comme le roy Pierre avoit par tout posté des gens sur les chemins pour l'observer et se saisir de sa personne, il se mit en chemin, luy troisième, travesty en pelerin, pour faire son voyage à coup sûr. La Reine, sa femme, ne le put voir partir dans ce triste état sans verser des larmes; mais il falloit s'accommoder au temps et tout attendre de la Providence. Il fit avec ses deux compagnons de si grandes traites à pied, qu'il arriva dans deux jours à Perpignan, sans être reconnu de personne. Un chevalier d'Arragon l'ayant rencontré sur sa route, luy demanda s'il venoit de Saint Jaques et quelles nouvelles on y disoit d'Henry. Ce faux pelerin luy répondit qu'il le croyoit à Tristemare, fort deconcerté de la perte qu'il avoit faite de tous ses Etats à la bataille de Navarrette qu'il avoit perdue contre le prince de Galles et le roy Pierre, par la perfidie ou au moins par la lâcheté des Espagnols, qui l'avoient abandonné dans le combat, se jettans au travers des bois et de la riviere pour se sauver.

Ce chevalier plaignit beaucoup le sort de cet infortuné prince, disant qu'il souhaitoit fort que le ciel le prit en sa protection. La curiosité le menant plus loin, il luy demanda si Bertrand Du Guesclin, le Besque de Vilaines et le maréchal d'Andreghem avoient été pris dans cette journée. Les pelerins l'assûrerent qu'ouy; sur quoy le chevalier continüant de s'entretenir avec eux, dit qu'il croyoit que le prince de Galles n'étoit pas à se repentir d'avoir si bien servy le roy Pierre, qui n'étoit qu'un ingrat, et qui ne l'avoit payé que de belles paroles, sans luy donner un seul denier de ce qu'il luy avoit promis. Henry ne voulut point se découvrir au chevalier, qui leur dit que s'ils avoient besoin de son service, il les meneroit jusqu'au palais, où, par son credit, il leur feroit donner du meilleur vin, qu'ils boiroient en l'honneur de Saint Jaques, afin qu'il se rendît intercesseur dans le ciel pour le roy Henry, dont la cause luy paroissoit si juste et si raisonnable. Les pelerins luy sçachans bon gré de ses offres obligeantes le suivirent jusqu'au palais du roy d'Arragon. Ce chevalier les posta dans un lieu vis à vis de la table où ce prince mangeoit, afin qu'il les pût découvrir de loin. Cette situation dans laquelle il les avoit placez fit tout l'effet qu'il s'en promettoit; car le Roy les ayant apperçu leur envoya quelques mets de sa table, et quand il eut achevé son repas, la curiosité le fit approcher d'Henry pour apprendre de luy quelque nouvelle, luy disant : *où voulez vous aller, pelerin?* Celuy-cy luy répondit qu'il s'en alloit droit à Paris pour servir le roy de France, son maître, dont il étoit sergent d'armes. Je vous prie, ajoûta le roy d'Arragon, de luy faire mes complimens. Là dessus Henry, voyant que ce prince ne le reconnoissoit point, demanda de luy parler en particulier. Il se tirerent tous deux à l'écart, afin qu'il n'y eût aucuns témoins de leur entretien. Ce fut pour lors qu'Henry, luy faisant une profonde reverence, se découvrit à luy, le conjurant de luy vouloir garder le secret, et luy declara qu'il étoit ce même Henry, qui venoit d'être dépoüillé de tous ses Etats, et qui s'étoit travesty pour se rendre à coup sûr auprés de sa personne, et luy demander son secours et sa protection.

Le roy d'Arragon le regardant plus exactement luy fit mille excuses de ce qu'il ne l'avoit pas reconnu plûtôt, et se mit à le caresser et le traiter d'égal, luy témoignant qu'il prenoit part à son infortune, et qu'il feroit de son mieux pour contribuer à l'en faire sortir. Henry luy rendit graces de toutes ses honnêtetez et luy dit qu'il alloit en France, à la cour du duc d'Anjou, dans l'esperance que ce prince ne l'abandonneroit point et voudroit bien faire quelque effort en sa faveur. Le roy d'Arragon s'étant informé de l'état auquel il avoit laissé la Reine, sa femme, luy promit qu'au retour du voyage qu'il alloit faire, il luy donneroit deux cens hommes d'armes qui le serviroient gratuitement quatre mois entiers. Henry se sçut bon gré d'avoir trouvé tant d'accés auprés d'un souverain si genereux, et ne perdit pas l'esperance de remonter un jour sur le trône, si le duc d'Anjou luy faisoit un semblable accueil. Il prit donc congé du roy d'Arragon, le priant de luy conserver durant son absence tous les bons sentimens dont il le flattoit. Il prit ensuite le chemin de Bordeaux avec ses deux compagnons, portant l'écharpe au cou et le bourdon en main. Ces deux hommes qui l'accompagnoient luy remontrerent le danger dans lequel il s'alloit plonger s'il étoit une fois découvert dans une ville ennemie, où le prince de Galles, son vainqueur, faisoit sa residence et tenoit sa Cour. Mais il avoit une si grande démangeaison de s'aboucher avec Bertrand, le Besque de Vilaines et le maréchal d'Andreghem, qui y demeuroient prisonniers, qu'il resolut de tenter toutes sortes de perils pour se satisfaire.

Il entra donc sur le soir à Bordeaux et s'alla loger dans une hôtellerie. Ses compagnons trembloient de peur qu'il ne fût reconnu. Ce Prince travesty soupa tranquillement avec eux, et s'alla coucher avec autant de securité que s'il eût été dans Tristemare. Il rêva toute la nuit aux moyens de pouvoir parler à Bertrand. Il se leva de grand matin, reprenant ses habits de pelerin de Saint Jaques, et s'en alla droit à l'église de Notre Dame pour entendre la messe, et recommander ses interêts à Dieu. Tandis qu'il étoit à genoux avec ses compagnons, plusieurs chevaliers qui s'étoient trouvez à la bataille de Navarrette, et même dans le party de Bertrand, jetterent attentivement les yeux sur luy, sans pourtant le remettre, et, quand la messe fut finie, la curiosité leur fit joindre ces étrangers en leur disant : *Pelerins, vous venez d'un pays où nous avons eu pauvre encontre.* Henry prit la parole en leur declarant qu'il en avoit eu sa bonne part, et qu'il s'en souviendroit toute sa vie. Dans le temps qu'il s'entretenoit avec eux, il reconnut un chevalier qu'il avoit veu plusieurs fois avec Bertrand, et le tirant à l'écart il luy demanda des nouvelles de cet illustre prisonnier, et s'il travailloit à payer sa rançon. Cet homme luy répondit que le Besque de Vilaines et le maréchal d'Andreghem se tireroient aisement d'affaire; mais que pour Bertrand, le bruit couroit que le prince de Galles avoit fait serment de ne le jamais relâcher ny pour or, ny pour argent, parce qu'il apprehendoit qu'aussitôt qu'il seroit en liberté il ne renouvellât la guerre avec plus de chaleur que jamais. Henry voulut pressentir ce chevalier pour sçavoir si par son canal il ne pouroit point s'aboucher avec Bertrand. Le chevalier luy demanda s'il étoit Breton, puisqu'il avoit tant d'envie de parler à Guesclin.

Henry l'entretenant toûjours, fit si bien qu'il le mena jusqu'à son hôtellerie. Ce fut là qu'il s'ouvrit à luy tout à fait, luy disant qu'il le connoissoit pour l'avoir veu souvent avec Bertrand, qu'il le prioit de luy garder le secret sur tout ce qu'il avoit à luy reveler, et qu'il étoit le malheureux Henry, roy d'Espagne, qui s'étoit déguisé de la sorte pour pouvoir, avec plus de facilité, deterrer où étoit Bertrand, et s'entretenir avec luy sur l'assiette de leurs affaires. Ce chevalier ravy de ce qu'un si grand Prince luy commettoit ainsi sa personne et sa vie, le pria de venir avec ses gens dans son auberge, afin qu'ils pûssent avec plus de loisir et de liberté conferer ensemble. Aussitôt qu'ils furent tous entrez, l'écuyer dit à son hôtesse qu'elle fît tirer tout du meilleur vin, parce que ces pelerins qu'elle voyoit étoit de son païs, et qu'il étoit bien aise de les bien regaler. Quand ils furent entre deux treteaux, ils concerterent ensemble sur les moyens de gagner le geolier pour parler à Bertrand. Le chevalier le pria de demeurer là clos et couvert, tandis qu'il iroit cajoler le geolier pour luy faciliter l'entrée de la prison. Cet homme, pour l'engager à luy permettre de parler à son prisonnier, prit le pretexte qu'il alloit en Bretagne pour chercher de l'argent et payer sa rançon, disant que Bertrand étant son compatriote, il étoit bien aise d'apprendre de luy s'il n'avoit rien à mander en son païs. Le geolier, comme interessé, luy répondit que ces sortes de graces ne s'accordoient pas pour rien. Le chevalier l'assûra que Bertrand étant liberal le recompenseroit fort honnêtement. Le geolier avoüa que c'étoit un fort galant homme, et qu'il souhaitoit qu'un aussi brave prisonnier ne sortît jamais de ses mains, tant il avoit sujet de s'en loüer. Enfin le chevalier joüa si bien son rôle auprés du geolier, auquel il promit de l'argent à son retour, que celuy-cy luy permit d'entrer dans la chambre de Bertrand, mais en luy disant que s'il luy manquoit de parole, il n'y mettroit jamais le pied.

Quand Guesclin l'apperçut, il s'imagina que ce chevalier luy venoit emprunter de l'argent pour payer sa rançon, luy disant par avance que pour lors il n'en avoit point, mais qu'il esperoit d'en recevoir dans peu, pour avoir dequoy se racheter tous deux. Le chevalier le surprit beaucoup, quand il luy declara que ce n'étoit pas là le sujet qui l'avoit fait venir auprés de luy, mais que c'étoit pour luy donner avis de l'arrivée du roy Henry dans Bordeaux, sous les habits d'un pelerin de Saint Jaques, et qui s'étoit travesty de la sorte pour luy pouvoir plus aisement parler. Bertrand pensa tomber de son haut à cette nouvelle, s'étonnant comment il avoit osé se commettre si temerairement, et ne doutant point qu'il ne fût perdu sans ressource s'il étoit decouvert, et d'ailleurs representant au chevalier que ce prince avoit fait un voyage inutile, puisqu'il ne sçavoit pas comment ils se pouroient parler. Le messager répondit que le geolier étant un homme mercenaire, on pouroit avec de l'argent obtenir cette entreveüe de luy. Bertrand dit qu'il n'en avoit point sur luy, mais qu'il y avoit un Lombard dans la ville qui prenoit le soin de ses affaires, et celuy de luy en donner quand il en avoit besoin. Là dessus il fit appeler le geolier, et pour le mieux empaumer, il luy exposa qu'il y avoit dans Bordeaux un pelerin natif de Bretagne, et l'un de ses vassaux qu'il estimoit le plus ; que cet homme allant à Saint Jaques dans un esprit de devotion, pour demander à Dieu la delivrance de son seigneur, il étoit bien aise de reconnoître son bon cœur en le regalant et l'assistant de quelque argent pour achever son voyage ; que n'en ayant point sur luy, il le prioit d'aller demander de sa part quatre cens florins à son Lombard, et qu'il y en auroit cent pour luy. Le geolier se le tint pour dit, trouvant bien son compte à la proposition de Bertrand, qui luy donna son cachet, afin que le Lombard ne fît au geolier aucune difficulté de luy delivrer cette somme, qui luy fut payée comptant sur ces enseignes.

Bertrand luy en laissa cent florins, aprés quoy l'on fit entrer le Roy pelerin sur l'heure de midy, qu'un grand répas étoit preparé pour le mieux recevoir. Ils s'aboucherent secretement tous deux. Henry luy fit part du dessein qu'il avoit d'aller trouver le duc d'Anjou, dans l'esperance qu'il avoit que ce prince ne l'abandonneroit pas dans le déplorable état de ses affaires. Bertrand goûta fort le party qu'il prenoit ; mais il le pria qu'en parlant au Duc il ne luy proposât point d'offrir aucune somme au prince de Galles pour sa delivrance ; car, dit-il, *c'est le plus orgueilleux qui fut oncques né de mere, et ne oncques pour priere ne s'est voulu amollir.* Tandis qu'ils étoient dans cette conference secrette, l'hôtesse les interrompit en leur venant dire que tout étoit prêt, qu'ils n'avoient plus qu'à se mettre à table, et que les viandes se refroidissoient. Ils se mirent aussitôt à manger ; mais pendant qu'ils faisoient grand'chere, le geolier tira sa femme à l'écart et luy declara le soupçon qu'il avoit que ce pelerin ne tramât quelque chose avec Bertrand contre le service du prince de Galles, et qu'il avoit envie d'aller de ce pas luy en donner avis. La femme apprehendant que la resolution que prenoit son mary n'attirât quelque affaire à Bertrand qu'elle consideroit, l'alla tout aussitôt avertir qu'il se tînt sur ses gardes, parce que son époux le vouloit accuser de quelque trahison. Guesclin, surpris de l'ingratitude du geolier, auquel il venoit de donner une assez grosse somme d'argent, ne luy donna pas le loisir de passer le guichet pour aller denoncer au prince ; il luy déchargea sur la tête un si grand coup de bâton qu'il le fit tomber sur ses genoux, et luy tirant les clefs de sa poche, il en ouvrit la porte à Henry et à ses deux compagnons, qui s'évaderent aussitôt avec le chevalier qui les avoit conduit dans ce lieu. Bertrand, ne se contentant pas de cela, referma vîtement la porte sur eux, de peur qu'on ne courût après, et se saisissant des clefs il revint au geolier qu'il enferma dans une chambre après l'avoir tant battu, qu'il ne put être sur ses pieds de huit jours, et sans son valet de chambre, qui se trouva là fort à propos pour moderer un peu la furie de son maître, il l'auroit assommé.

La geoliere qui luy avoit attiré tout ce mauvais traitement en revelant à Gueselin le mauvais tour qu'il avoit envie de luy faire, raccommoda tout. Le geolier en fut quite pour les coups de bâton qu'il avoit reçu et les reproches que luy fit Bertrand de son ingratitude, et durant tout le temps qu'il fallut employer pour faire cette paix et remettre le geolier sur ses pieds, les pelerins eurent tout loisir de sortir des terres du prince de Galles. Quand Henry se vit hors de danger il quitta son habit de pelerin, prenant son chemin par le Languedoc, et, s'arrétant à Besiers, il y rencontra le frere du Besque de Vilaines, qui le reconnut aussitôt, et luy faisant une profonde reverence, il offrit de le servir et de le suivre où bon luy sembleroit. Henry luy raconta toute la funeste avanture que le prince de Galles luy avoit attirée, dont s'étoit ensuivie dans tous ses Etats une étrange revolution; qu'il alloit trouver le duc d'Anjou pour tâcher de ménager auprès de ce prince quelque ressource à son malheur, et que s'il l'y vouloit accompagner, ils feroient le voyage ensemble avec moins de chagrin tous deux. Le chevalier se fit honneur d'escorter ce prince jusqu'à Villeneuve, prés d'Avignon. Ce fut là que le roy Henry se presenta devant ce Duc, qu'il trouva dans sa chapelle, comme il alloit entendre la messe. Après qu'elle eut été celebrée, le Duc prit ce Roy par la main, le mena dans ses appartemens, et le faisant asseoir sur un lit de repos, ils s'entretinrent à fonds de toutes choses.

Quand Henry luy eut fait la triste peinture de sa condition, dont le prince de Galles étoit le seul auteur, le Duc luy témoigna qu'il n'étoit pas surpris des hostilitez qu'il luy avoit faites, et que la maison de France en avoit ressenty toute la premiere de vives atteintes; que ce n'étoit pas d'aujourd'huy que la couronne d'Angleterre étoit jalouse de celles de toute l'Europe; que le prince de Galles avoit herité d'Edoüard III, son pere, la haine qu'il portoit aux lys; mais qu'il esperoit que le ciel, qui de tout temps en avoit été le conservateur, les feroit triompher des leopards de la Grande Bretagne, et leur donneroit lieu de le retablir sur son trône et de rompre les fers de Bertrand, du Besque de Vilaines et du maréchal d'Andreghem. Henry répondit à ces honnêtetez avec toute la reconnoissance dont il fut capable. Le Duc luy fit ensuite un fort magnifique repas et le traita comme un souverain. La table et son buffet étoient chargées de tant de vaisselle d'or et d'argent qu'on n'en avoit veu jamais de si riche, ny en si grand nombre. Henry ne pouvoit se lasser de la regarder avec admiration. Le Duc, s'en appercevant, dit qu'il luy faisoit present de tout ce qu'il voyoit pour luy payer sa bienvenuë. Henry, qui ne s'attendoit pas à ce compliment, en fut tout transporté de joye, d'autant plus qu'il en avoit un fort grand besoin dans la decadence de ses affaires. Ces deux princes monterent en suite à cheval, pour aller parler au Pape, qui faisoit alors son sejour dans Avignon. Le saint Pere sçachant leur venuë donna l'ordre à quelques archevêques et évêques de venir au devant d'eux. Il y envoya même toute sa compagnie de gendarmes pour leur faire honneur, et quand ils furent arrivez, il les reçut avec tout l'accueil imaginable, et s'entretint fort secretement avec eux de tout ce qui les pouvoit toucher.

<><><>

CHAPITRE XXVI.

De la delivrance du maréchal d'Andreghem et du Besque de Vilaines, accordée par le prince de Galles, et de la reddition de Salamanque entre les mains d'Henry.

Un jour que le prince de Galles étoit de bonne humeur, il fut si puissamment sollicité de rendre la liberté au Besque de Vilaines par les amis que celuy-cy avoit à la Cour de ce prince, qu'il s'avisa de le faire venir devant luy, prevenu fort avantageusement en sa faveur. Il luy demanda, quand il parut en sa presence s'il étoit ce redoutable Besque qui s'étoit tant de fois signalé dans les guerres qui l'avoient mis aux mains avec les Anglois, ausquels il avoit si souvent fait sentir la force de son bras, jusques là qu'il avoit été contraint bien des fois de le souhaiter bien loin d'eux. Le Besque, qui n'étoit pas moins bon courtisan que brave soldat, au lieu de s'entêter de cette loüange, s'humilia davantage devant ce prince en luy repondant qu'il n'étoit qu'un fort petit chevalier, qui n'étoit point capable de faire de la peine à un souverain comme luy, qui, par sa valeur, sçavoit ôter et donner les Couronnes à qui bon luy sembloit, que pour ce qui le regardoit en personne, il se piquoit moins de bravoure que de la fidelité qu'il devoit au roy de France, son seigneur, et que si le ciel l'avoit fait naître son sujet, il auroit sacrifié sa vie pour luy, comme il avoit fait pour son maître. Un discours si soûmis et si engageant échauffa beaucoup la generosité du prince de Galles, qui, pour luy donner obligeamment le change, luy dit en presence d'Hugues de Caurelay, de Jean de Chandos et des deux seigneurs de Clisson, que si Philippe de Valois et Jean, son fils, eussent eu trois cens chevaliers de la trempe et du caractere du Besque, le roy Edoüard, son pere, ne se seroit pas avisé de passer la mer pour faire des conquêtes en France, mais il auroit pris le party de s'accommoder avec eux, plûtôt que de tout risquer en faisant la guerre à des princes servis par de si fameux generaux.

Aprés qu'il l'eut cajolé de la sorte, il le mit luy et le maréchal d'Andreghem, à une rançon; mais il ne voulut point encore sitôt entendre parler de Bertrand. Aussitôt que le Besque eut recouvré sa liberté pour fort peu de chose, il alla trouver le duc d'Anjou, qui le combla de caresses et de bienfaits, et luy donna quelques troupes à commander pour le service d'Henry, qui, fortifié de ce secours, alla se presenter devant Salamanque en Espagne, et la serra de si prés qu'elle fut obligée de se rendre. Il manda ce succés à la Reine, sa femme, qui ne pouvoit se tenir de joye de voir que leurs affaires commençoient à reprendre un bon train. Elle donna mille benedictions aû duc d'Anjou de ce qu'il entroit avec tant de chaleur dans leurs interêts. Cette habile princesse écrivit dans toutes les terres de son obeïssance pour amasser des troupes dont elle fit un corps assez considerable. L'archevêque de Tolede se rendit auprés de sa personne avec ce qu'il put assembler de gens, pour luy donner des preuves de sa fidelité. La Reine fit sommer cette grande ville de luy ouvrir ses portes sous de grosses menaces, mais le gouverneur de la citadelle, qui tenoit pour le Roy Pierre, appella tous les principaux bourgeois devant luy, pour leur dire que si pas un d'eux branloit en faveur d'Henry, il le feroit pendre aussitôt en presence de tous les autres, et qu'il ne feroit quartier à personne. Ils luy répondirent qu'ils seroient fidelles à leur Roy jusqu'au dernier soûpir de leur vie; que si la famine les pressoit, ils mangeroient plûtôt leurs chevaux que de penser à capituler, et qu'il se reposât là dessus sur eux. Le gouverneur fort satisfait de les voir dans une si bonne assiette d'esprit, fit entrer dans sa citadelle toutes les munitions necessaires de guerre et de bouche pour se preparer de son mieux à se bien defendre. Henry sçachant que ceux de Tolede demeuroient fermes dans l'obeïssance de Pierre, et qu'il étoit impossible de s'en rendre maître que par un siege dans les formes, jura que quand il y devroit employer une armée toute entiere, il la prendroit ou d'assaut ou par famine. Toutes les autres villes ne luy furent pas si contraires. Madrid ne balança point à se donner à luy.

Ce prince tourna donc toutes ses pensées du côté de Tolede, dans la resolution de faire les derniers efforts contre cette ville. Il enrôla sous ses étendars tous les gens de la campagne pour grossir son armée, dont il donna l'avant-garde à commander au Besque de Vilaines. Avant que d'ouvrir le siege, il fit sommer ce même gouverneur de luy rendre la place; mais celuy-cy ny voulant aucunement entendre, il se mit à y travailler tout de bon. Le Besque se posta par delà la riviere, et se trouvant assez prés d'un bois, il en fit couper un grand nombre d'arbres dont il fit une haye tout au tour pour y enfermer tout son monde, et s'y retrancher sans y laisser aucune ouverture que celle qui luy fut necessaire pour recevoir les vivres qui leur devoient venir. Henry se campa d'un autre côté pour serrer la ville de toutes parts. Il avoit avec soy le comte Ferrand de Castres, le comte d'Auxerre, le comte de Dampierre, le grand maître de l'ordre de Saint Jaques, Pierre de Sarmonte et l'archevêque de Tolede, qui s'étoit sauvé de cette ville aprés y avoir fait de fort inutiles remontrances à ses peuples en sa faveur. Henry s'acharna à ce siege avec tant d'opiniâtreté, ne se souciant point d'y souffrir toutes les rigueurs de l'hyver et toutes les chaleurs de l'été, qu'il fit consommer aux assiegez tous leurs vivres, et manger jusqu'à la chair de leurs chevaux. Cependant ils aimèrent mieux essuyer toutes ces extremitez que de jamais parler de se rendre. Il y eut plus de trente mille hommes, tant Juifs que Sarrazins, qui furent emportez par la faim. Ceux qui leur survécurent écrivirent au roy Pierre qu'ils étoient aux abois, et qu'ils n'étoient plus en état de tenir, s'il ne leur envoyoit un fort prompt secours. Ce prince leur manda qu'ils perseverassent toûjours dans la fidelité qu'ils luy avoient gardée, sans rien craindre et sans se relâcher, et qu'il viendroit dans peu fondre sur les assiegeans avec un secours tres considerable qu'il alloit tirer des rois de Grenade et de Belmarin. Tandis que le siege se continuoit toûjours avec la derniere vigueur, et qu'on se defendoit de même, Bertrand demeuroit toûjours dans les prisons de Bordeaux, au desespoir de ne pouvoir être devant Tolede avec le Besque de Vilaines et les autres.

Il arriva pour lors une conjoncture qui facilita beaucoup sa delivrance. Le prince de Galles ayant un jour fait grand chere avec les premiers seigneurs de sa Cour, et s'étant, au sortir de table, retiré dans sa chambre avec eux, la conversation tomba par hasard sur les batailles qu'ils avoient gagnées, et les prisonniers qu'ils avoient faits. On y parla de saint Louis, qui fut obligé de racheter à prix d'argent sa liberté. Le prince prit occasion de dire que quand une fois on s'est laissé prendre dans un combat, et qu'on s'est mis entre les mains de quelqu'un pour se rendre à luy de bonne foy, l'on ne doit point faire aucune violence pour sortir de prison, mais payer sa rançon de fort bonne grace, et qu'aussi celuy qui la doit recevoir ne doit pas tenir la derniere rigueur à son prisonnier, mais en user genereusement avec luy. Le sire d'Albret, qui vouloit ménager quelque chose en faveur de Bertrand, ne laissa pas tomber ces paroles a terre. Il prit la liberté de demander à ce prince la permission de luy declarer ce qu'il avoit en son absence entendu dire de luy. « Vous le pouvez, » ajouta t'il, et je n'aurois pas sujet de me loüer » d'aucun de mes courtisans qui ne me rappor- » teroit pas tout ce qu'on auroit avancé quelque » part contre mon honneur et ma reputation. » D'Albret luy trancha le mot en luy declarant qu'on ne trouvoit pas qu'il fut juste de retenir dans ses prisons, de gayeté de cœur, un chevalier sans vouloir recevoir le prix de sa rançon, ny même l'entendre là dessus. Ce discours fut appuyé par Olivier de Clisson, qui luy confirma qu'il en avoit entendu parler de la sorte. Le prince se piqua d'honneur, et, voyant bien qu'on luy vouloit par là designer Bertrand, il commanda sur l'heure qu'on le fît venir, disant qu'il le feroit luy même l'arbitre du prix de sa rançon, dont il ne payeroit que ce qu'il voudroit. Les gens qu'il envoya pour le tirer de la prison, le trouverent s'entretenant avec son valet de chambre pour se desennuyer. Il les reçut avec d'autant plus d'accueil et d'honnêteté, qu'il apprit d'eux qu'ils avoient ordre de luy annoncer une nouvelle qui ne luy déplairoit pas. Il fit aussitôt apporter du vin pour boire à leur santé. L'un d'eux luy dit qu'il avoit de fort bons amis à la Cour de son maître; qu'ils avoient si bien cajolé le prince en sa faveur, que c'étoit un coup sûr qu'il seroit bientôt élargy pour fort peu de chose, et qu'il avoit ordre de le mener à l'instant devant luy pour ce même sujet. Bertrand leur témoigna beaucoup de joye de ce qu'enfin le prince avoit pour luy des sentimens si genereux; mais que pour sa rançon, bien loin de donner de l'argent, il n'avoit ny denier ny maille pour se racheter, et que même il avoit emprunté dans Bordeaux plus de dix mille livres qu'il avoit depensé dans sa prison, dont il auroit beaucoup de peine à s'aquiter. Ces deputez eurent la curiosité de luy demander à quel usage il avoit pû tant employer d'argent? A boire, à manger, à joüer, à faire quelques largesses et quelques aumônes, leur répondit-il, en les assûrant qu'il ne seroit pas plûtôt mis en liberté que ses amis ouvriroient leur bourse pour le secourir. L'un d'eux luy dit qu'il s'étonnoit comment il avoit si bonne opinion de ceux qu'il croyoit ses amis, et qui, peut-être, luy pouroient bien manquer au besoin. Bertrand luy témoigna qu'il étoit de la gloire d'un brave chevalier de ne jamais tomber dans le découragement et le desespoir pour quelque mauvaise fortune qui luy pût arriver, et de ne se jamais rebuter au milieu des plus grandes disgraces.

Aprés avoir tenu tous ces propos ensemble, ils arriverent au palais du prince de Galles, auquel ils presenterent Guesclin, vétu d'un gros drap gris et mal propre, comme un prisonnier qui, dans son chagrin, ne daigne pas prendre aucun soin de sa personne. Olivier de Clisson, Chandos, le comte de Lisle, le senéchal de Bordeaux, Hugues de Caurelay, le sire de Pommiers et beaucoup d'autres chevaliers étoient dans la chambre du prince de Galles, qui se prit à rire quand il vit Bertrand dans un état si negligé, luy demandant comment il se portoit. *Sire,* luy répondit-t'il, *quant il vous plaira, il me sera mieulx; et ay oy longtemps les souriz et les raz, mais le chant des oyseaulx non ja pieça.* Le prince luy dit qu'il ne tiendroit qu'à luy de sortir de prison le jour même, s'il vouloit faire serment de ne jamais porter les armes contre luy pour la France, ny contre le roy Pierre en faveur d'Henry; que s'il vouloit accepter cette condition qu'il luy proposoit, non seulement il ne luy coûteroit rien pour sa rançon, mais même on le renvoyeroit quite et déchargé de toutes les debtes qu'il pouvoit avoir contractées depuis qu'il étoit prisonnier. Bertrand luy protesta qu'il aimoit mieux finir ses jours dans sa captivité que de jamais faire un serment qu'il n'auroit pas dessein de garder; que dés sa plus tendre jeunesse il s'étoit dévoüé tout entier au service du roy de France, des ducs d'Anjou et de Bourgogne, de Berry et de Bourbon; qu'il avoit toûjours depuis porté les armes dans leurs troupes, et qu'on ne luy reprocheroit jamais de s'être démenty là dessus; au reste il le conjura de luy donner la liberté, puis qu'il y avoit si long-temps qu'il le tenoit captif dans Bordeaux, et que sa premiere veüe, quand il étoit sorty de France, ne tendoit qu'à faire la guerre aux Sarrazins pour le salut de son ame et la gloire de la religion chrétienne. « Et pourquoy donc, luy » dit le prince, n'avez-vous pas passé plus outre ? » Bertrand luy fit un long recit des justes motifs qui l'avoient arrêté dans l'Espagne, en luy representant que le prétendu roy Pierre étant pire qu'un Sarrazin, puis qu'il avoit commerce avec les Juifs, dont il étoit luy même originaire, et d'ailleurs ayant commis une execrable cruauté sur le noble sang de saint Loüis, en la personne de Blanche de Bourbon, sa femme, qui décendoit en droite ligne de ce grand Roy, il avoit crû ne pouvoir mieux employer ses armes ny son temps que contre ce tyran, qui ne meritoit pas de porter une Couronne qui n'étoit deüe qu'au roy Henry, comme le plus legitime heritier d'Alphonse, qui avoit fiancé sa mere ; qu'il étoit bien vray que les armes angloises avoient rétably ce prince dans son trône, mais qu'il devoit bien se souvenir qu'il n'avoit été payé que d'ingratitude ; que les troupes qu'il avoit fait passer en Espagne avoient pensé mourir de faim ; qu'aprés s'être épuisées pour le service de ce malheureux et de cet impie, on les avoit congediées et renvoyé dans la Navarre pour achever de les faire perir, et qu'au lieu d'apporter les tresors et les sommes immenses qu'il avoit promises à un si grand prince, il l'avoit joüé de gayeté de cœur se moquant tout ouvertement de luy, sans se mettre en peine de garder aucunement la parole qu'il luy avoit donnée.

Le prince de Galles fort persuadé de tout ce qu'il venoit de dire ne put se defendre d'avoüer hautement que Bertrand avoit raison. Tous les chevaliers qui l'environnoient convinrent qu'il n'avoit avancé que la vérité toute pure, et que cet homme étoit d'une trempe et d'une franchise qu'on ne pouvoit assez estimer. Enfin le prince de Galles se souvenant qu'on avoit publié par tout qu'il ne le retenoit prisonnier que parce qu'il le craignoit, il luy declara que, pour faire voir qu'il ne l'apprehendoit aucunement, il luy donnoit la carte blanche, et qu'il n'avoit qu'à voir ce qu'il vouloit payer de rançon. Guesclin luy representa que ses facultez étant fort petites et fort minces, il ne pouvoit pas faire un grand effort pour se racheter ; que sa terre étoit engagée pour quantité de chevaux qu'il avoit acheté, et que d'ailleurs il devoit dans Bordeaux plus de dix mille livres ; que s'il luy plaisoit enfin le relâcher sur sa parole, il iroit chercher dans la bourse de ses amis dequoy le satisfaire. Le prince touché de ses reparties si honnêtes, si sensées et si judicieuses, luy declara qu'il le faisoit luy même l'arbitre de sa rançon ; mais il fut bien surpris quand Bertrand, au lieu de n'offrir qu'une modique somme, voulut se taxer à cent mille florins, que l'on appelloit *doubles d'or*, et regardant tous les seigneurs qui l'environnoient, il dit, *cet homme se veut gaber de moy*. Bertrand, craignant qu'il ne s'offensât, le pria de le mettre donc à soixante mille livres. Le prince en convint volontiers. Guesclin, comptant sur sa parole, luy fit connoître que le payement de cette somme ne l'embarrasseroit pas beaucoup, puisque les roys de France et d'Espagne en payeroient chacun la moitié ; qu'Henry, qu'il avoit servy jusqu'alors avec tant de zele et tant de succés, ne balanceroit pas à sacrifier toutes choses pour le tirer d'affaire et le mettre en état de reprendre les armes pour luy ; que le roy de France auroit tant de soin de le tirer de ses mains, que si ses finances étoient épuisées il feroit filer toutes les filles de son royaume afin qu'elles gagnassent dequoy le racheter. Le prince de Galles ne put dissimuler l'étonnement que luy donna l'assûrance de cet homme, et confessa qu'il l'auroit quitté pour dix mille livres.

Jean de Chandos, qui connoissoit sa bravoure et sa valeur, pour l'avoir souvent éprouvée, luy voulut donner des marques de son estime et de son amitié, s'offrant de luy prêter dix mille livres. Guesclin luy sçut bon gré de son honnêteté, le priant pourtant de trouver bon qu'il allât auparavant faire auprés de ses amis toutes les diligences necessaires pour recueillir cette somme entière. La fierté que Bertrand fit paroître en se taxant à soixante mille livres fut bientôt sçuë de toute la ville. Chacun courut en foule au palais pour regarder en face un homme si extraordinaire, et quand les gens du prince virent tant de peuple assemblé tout au tour, ils conjurerent Bertrand de contenter la curiosité des bourgeois de Bordeaux, et de se rendre aux fenêtres pour se montrer et se faire voir. Il voulut bien avoir cette complaisance, et vint avec eux sur un balcon, faisant semblant de s'entretenir avec quelques officiers du prince. Il ne pouvoit se tenir de rire de voir l'avidité de ces gens à le regarder et à l'étudier avec tant d'empressement. Ils se disoient les uns aux autres que le prince de Galles, leur seigneur ne luy devoit pas donner la liberté, car un tel ennemy luy feroit un jour de la peine. D'autres s'ennuyans de perdre leur temps à le voir, prirent le party de se retirer en disant, dans le langage du quatorzième siecle : *Pourquoy avons nous* icy musé et nôtre métier délaissié à faire, pour regarder un tel damoisel, qui est un laid chevalier et mau taillie. La mauvaise opinion qu'ils avoient de luy leur fit croire qu'il pilleroit tout le plat païs pour trouver de quoy payer sa rançon sans tirer un sol de sa bourse; mais il y en avoit aussi qui le defendoient, sçachans la reputation qu'il avoit acquise dans le monde, non seulement par sa valeur, mais aussi par ses genereuses honnêtetez. Ils assûroient qu'il ny avoit point de si fortes citadelles dont il ne vint à bout, et qu'il étoit si estimé dans toute la France, qu'il n'y avoit personne qui ne s'y cotisât volontiers pour le tirer d'affaire. Ce n'est pas sans raison que Quinte Curce a dit que la reputation fait tout dans la guerre, *famâ bella stant.*

En effet Bertrand devint si fameux que la princesse de Galles, en ayant entendu parler, vint tout exprés d'Angoulême à Bordeaux pour le voir et pour le regaler; et, ne se contentant pas de le faire asseoir à sa table, elle poussa si loin la bienveillance qu'elle avoit pour luy, qu'elle luy dit qu'elle vouloit contribuer de dix mille livres au payement de sa rançon. Bertrand, comblé de tant de faveurs, sortit de la cour de Bordeaux avec joye. L'on avoit stipulé avec luy qu'il retourneroit dans un certain temps auprés de la personne du prince pour apporter les deniers à quoy luy même il s'étoit taxé; que cependant il ne luy seroit pas permis de porter aucunes armes sur soy; que s'il n'avoit pas fait tout son argent dans le jour qu'on luy avoit marqué, les choses demeureroient comme non avenües, et qu'il rentreroit en prison. Hugues de Caurelay, son amy, le voulut conduire bien loin pour luy faire honneur, et luy dit sur le chemin qu'ayant tous deux servy dans la derniere guerre d'Espagne, qu'ils avoient entreprise en faveur d'Henry contre Pierre, ils avoient fait quelques butins ensemble, et qu'il croyoit luy être redevable de quelque chose, le partage n'ayant pas été fait au juste entr'eux deux. Bertrand luy témoigna là dessus un entier desinteressement, ce qui servit de motif à Caurelay pour luy faire offre de vingt mille doubles d'or, qui valoient une livre ou vingt sols chacun. Guesclin, ne pouvant assez reconnoître une si grande generosité, l'embrassa tendrement, et ces deux braves, tout intrepides qu'ils étoient, ne se purent separer sans pleurer.

Bertrand à peine avoit-il fait une lieüe de chemin, qu'il rencontra sur sa route un pauvre cavalier, qui vint à luy chapeau bas, pour le feliciter de ce qu'il le voyoit sur les champs sans être plus dans les mains du prince de Galles. Il le reconnut aussitôt pour avoir servy dans ses troupes dans les dernieres guerres. Il luy demanda d'où venoit qu'il étoit à pied, quel étoit son sort et où il alloit coucher. Cet homme luy répondit qu'il retournoit sur ses pas à Bordeaux pour se remettre en prison, faute d'avoir trouvé de l'argent pour payer sa rançon. Bertrand, ayant pitié de ce miserable, *et combien te faut-il ?* luy dit-il. L'autre l'assûra qu'avec cent livres il seroit entierement quite et déchargé. Bertrand commanda sur l'heure à son valet de chambre de luy compter non seulement cent livres, mais encore autre cent pour se monter et s'armer, disant qu'il connoissoit ce cavalier pour être un bon vivant, et qu'il le pouroit bien servir encore dans les guerres à venir; qu'il le manderoit pour cet effet quand il en seroit temps. Le pauvre homme, tout transporté de joye, donna mille benedictions à son liberateur, luy promit de le suivre jusqu'au bout du monde, et qu'il ne vouloit avoir à l'avenir aucun usage de la vie, que pour l'employer et la sacrifier à son service. Il l'assûra qu'en luy donnant cette somme, dont il venoit de le gratifier, il l'avoit tiré des mains d'un bourreau qui l'avoit tenu quinze jours entiers les fers aux pieds.

Guesclin voulut sçavoir le lieu d'où il venoit. Il luy repondit que c'étoit de la ville de Tarascon, devant laquelle le duc d'Anjou avoit mis le siege pour la prendre sur la reine de Naples, avec laquelle il étoit en guerre. Quoy que Bertrand ne pût pas manier aucunes armes jusqu'à ce qu'il eût entierement payé sa rançon, selon la parole qu'il en avoit donnée, cependant il ne laissa pas de se mettre en tête d'aller trouver le Duc et de l'assister au moins de ses conseils, s'il ne pouvoit pas luy prêter la force de son bras. Il fit tant de diligence, qu'il se vit bientôt auprés de Tarascon. Le Duc fut fort agreablement surpris de le voir, s'informant de luy en quelle assiette étoient ses affaires. Bertrand, qui ne s'alarmoit jamais de rien, luy répondit qu'à sa rançon prés tout iroit fort bien. Ce prince, qui l'honoroit et l'estimoit beaucoup, l'assûra que s'il ne s'agissoit que de trente mille livres pour la payer, il la luy donneroit volontiers. Guesclin luy sçut bon gré de son honnêteté, luy témoignant qu'il n'oseroit pas refuser une grace qu'il luy offroit avec une sincerité si genereuse; aprés quoy le Duc l'entretint du sujet de la guerre avec la reine de Naples, qui pretendoit injustement avoir quelques droits sur la ville d'Arles et sur plusieurs autres citadelles et forteresses, qui luy devoient appartenir bien plus legitimement qu'à elle. Bertrand, qui naturellement avoit de l'inclination pour ce Prince, luy promit qu'il ne sortiroit point d'auprés de sa personne qu'il ne l'eût rendu maître de Tarascon. Le Duc, sensiblement touché de l'avance obligeante qu'il luy faisoit, le pria de ne se mettre aucunement en peine de sa rançon, puis qu'il en faisoit son affaire. Tandis qu'ils s'entretenoient ensemble, un espion partit de la main pour aller de ce pas avertir le gouverneur et les bourgeois de Tarascon, qu'il avoit veu le fameux et le redoutable Bertrand dans le camp du Duc, et qu'il avoit amené deux cens hommes d'armes avec soy, gens intrepides et fort aguerris, et nourris de tout temps dans les batailles et dans les assauts. Cette nouvelle étonna beaucoup les assiegez qui voyoient bien que le Duc, fortifié de ce secours, n'avoit pas envie de les ménager. Mais ils furent encore bien plus deconcertez quand ils sçurent qu'Olivier Guesclin, frere de Bertrand, Olivier de Mauny et Henry son fils, Alain de Mauny, petit Cambray, Alain de la Houssaye et son frere Lescoüet étoient arrivez à ce siege avec un grand renfort de cavalerie. Bertrand les conjura de faire de leur mieux pour la satisfaction du Duc, dont la cause étoit la plus juste, et qui ne laisseroit pas leurs services sans recompense, leur promettant qu'aprés la conquête de cette ville, il les meneroit en Espagne pour faire la guerre au roy Pierre en faveur d'Henry, que les Anglois avoient chassé de ses Etats, et qu'ils auroient là de fort riches dépoüilles à partager ensemble.

Tous ces generaux s'attacherent donc au siege de Tarascon, situé sur le Rhône. Le Duc avoit fait faire un pont de bateaux sur cette riviere, qu'il avoit rempli de gens pour arrêter ceux qui se seroient mis en devoir de la passer pour aller au secours de cette place, et, par ce stratageme, il fit rebrousser chemin à toutes les troupes que la reine de Naples avoit envoyées pour se jetter dans Tarascon. Ce fut avec un grand acharnement que ce Prince en pressa le siege. Il avoit pour ce sujet fait charrier devant la place dix-huit grosses batteries ou engins, dont on lançoit des pierres fort pesantes, avec lesquelles on nettoyoit les remparts de tous les assiegez qui se presentoient dessus pour leur defense. Bertrand, que rien n'étoit capable d'intimider, se mêloit avec les ingenieurs qui faisoient agir ces machines, et les encourageoit à bien faire; ils luy témoignoient aussi que la presence d'un si grand capitaine les animoit beaucoup, et qu'ils étoient sûrs de reüssir dans leur manœuvre, puis qu'un si brave general vouloit bien partager avec eux et le travail et le peril qu'ils alloient essuyer. On avoit déja donné plusieurs assauts à la ville, mais sans aucun effet, parce que la defense n'en étoit pas moins opiniâtre que l'attaque. Bertrand se mit en tête de s'aller presenter aux barrieres de la ville pour en intimider le gouverneur et les bourgeois, et les obliger à se rendre. Il monta pour ce sujet à cheval sans oser mettre une épée à son côté, de peur de violer la parole qu'il avoit donnée de ne porter aucunes armes; mais tenant seulement une baguette dans sa main, dont il se servit comme d'un bâton de commandement. Il ne fut pas plûtôt arrivé là, qu'il fit signe qu'il avoit à parler non seulement au gouverneur, mais même aux principaux bourgeois de la ville. On alla leur en donner avis. Ils se rendirent de ce côté là pour apprendre de luy ce qu'il avoit à leur dire. Bertrand leur representa qu'ils ne connoissoient pas leurs interêts, et qu'ils devoient ouvrir les yeux sur le danger qui les menaçoit tous, sans excepter leurs femmes et leurs enfans; et que s'ils ne se rendoient au plûtôt, *que par Dieu et par saint Yves*, il planteroit le piquet devant Tarascon jusqu'à ce qu'il l'eût emporté d'assaut, et qu'il feroit ensuite trencher la tête à tous les bourgeois qu'il trouveroit dans cette ville, et qu'à l'égard des moyennes gens, il les feroit tous depoüiller nuds comme la main par ses Bretons, qui n'avoient point accoûtumé de faire quartier à personne; qu'ils devoient considerer que reconnoissant pour leur souverain le duc d'Anjou, frere du roy de France, ils en auroient incomparablement plus d'appuy et de protection que non pas de la reine de Naples, qui, tenant sa Cour au bout de l'Italie, ne pouroit pas leur envoyer de si loin des forces pour les secourir.

Ces raisons étoient assez pressantes pour tenir en balance les esprits du commandant et des bourgeois de Tarascon. Quand ils furent rentrez dans la ville, ils appellerent auprés d'eux ce qu'il y avoit de gens les plus distinguez dans la place, et leur exposerent les menaces que Bertrand leur avoit faites s'ils ne se rendoient pas incessamment, et le danger dans lequel ils étoient de perdre leurs biens et leurs vies s'ils se laissoient prendre d'assaut. Ils furent tous d'avis de capituler, et comme ils étoient sur le point de le faire, les Provençaux vinrent se poster sur une montagne voisine pour attaquer l'armée du Duc. Mais les coups qu'ils tiroient ne portoient point sur les assiegeans, et quand ils eurent tout jetté leur premier feu, Olivier de Mauny, suivy de ses gens, alla droit à eux et les fit décamper de là à grands coups de sabres et d'épées. Les assiegez voyant que le secours qui venoit pour les dégager avoit été défait entierement, ne balancerent plus à prendre le party que Bertrand leur avoit inspiré. C'est la raison pour laquelle ils dépêcherent auprés du Duc quatre des plus notables bourgeois de Tarascon, pour luy declarer qu'ils étoient dans la resolution de luy ouvrir leurs portes, et de reclamer sa misericorde.

Ils le trouverent dans sa tente ayant auprés de soy l'élite et la fleur de toute sa noblesse; le sire de Rabasten, Perrin de Savoye, Jaques de Bray, le Borgne de Melun, Guillaume le Baveux, le comte Robert d'Otindon, Robert Papillon et grand nombre d'autres seigneurs environnoient ce Prince, quand les députez de Tarascon vinrent se mettre à genoux devant luy comme se voulans prosterner à ses pieds pour le fléchir encore davantage. Celuy qu'on avoit chargé de porter la parole, debuta par presenter les clefs de la ville au Duc, luy disant que les cœurs de tous les bourgeois de Tarascon luy seroient ouverts, de même que leurs portes, s'il luy plaisoit de leur pardonner, et qu'ils avoient plus de passion d'être ses sujets qu'il n'en avoit d'être leur souverain. Le Duc feignit de ne les pas écouter, et leur fit une réponse fort seche, parce qu'il avoit perdu beaucoup de monde devant cette place, dont la conquête luy avoit extremement coûté. Bertrand qui les avoit engagez à se rendre, se crut obligé de s'interesser en leur faveur, et de prier ce prince d'avoir pour eux quelques sentimens d'indulgence. Le Duc luy répondit qu'il le faisoit là dessus arbitre de tout, et que comme c'étoit par son ministere qu'ils s'étoient rendus, il vouloit aussi que ce fût par son canal que se terminât toutte cette affaire. Bertrand se voyant le maître de tout, alla planter l'etendard du Duc sur le haut du donjon de la ville. Il fit ensuite ouvrir les portes au vainqueur. Les bourgeois en sortirent en foule pour venir au devant de leur nouveau seigneur, devant lequel ils se presenterent dans une posture fort humiliée pour témoigner le déplaisir qu'ils avoient d'avoir fait une si longue resistance. Les dames les plus qualifiées s'attrouperent aussi pour paroître touttes aux yeux de ce prince dans un air fort contrit et fort desolé. Le Duc, de concert avec Bertrand, reçut leurs hommages et leurs soûmissions avec beaucoup de condescendance, conserva la ville de Tarascon dans ses privileges, et se contenta d'y coucher seulement une nuit aprés avoir étably dans la place un gouverneur qui luy étoit tout à fait affidé, qu'il laissa dedans avec une fort bonne garnison.

Ce prince leva le piquet dés le lendemain pour s'assûrer de la ville d'Arles, dans laquelle il avoit des intelligences, et qui le dispensa de mettre le siege devant elle, ayant auparavant fait un traité secret avec ceux ausquels il avoit donné caractere pour convenir de toutes les conditions qui seroient proposées pour faciliter la reddition d'une ville si importante, et dont la prise ou la cession luy paroissoit si necessaire au bien de ses affaires. Bertrand voyant qu'il n'avoit plus rien à faire auprés du duc d'Anjou, prit la liberté de remontrer à ce prince qu'il étoit necessaire qu'il allât en Bretagne voir le seigneur de Craon, et ce qu'il avoit d'amis dans cette province, pour amasser les sommes necessaires au payement de sa rançon, qui n'étoit pas petite, et qu'il esperoit trouver en Espagne, auprés d'Henry, dequoy leur rembourser l'argent dont ils l'auroient accommodé, puisque rien ne luy tenoit plus au cœur que le rétablissement de ce prince, qui l'attendoit au camp de Tolede, devant laquelle il avoit mis le siege avec le Besque de Vilaines, et qu'aprés qu'il seroit tout à fait sorty d'affaires avec le prince de Galles, il ne perdroit pas un moment de temps pour retourner en Espagne, et seconder Henry dans la guerre qu'il avoit entreprise. Le duc d'Anjou goûta fort la conduite qu'il vouloit tenir; mais il l'assûra qu'il ne se devoit pas si fort mettre en peine de sa rançon, dont il luy alloit faire compter vingt mille livres; qu'il ménageroit si bien les choses en sa faveur auprés du Pape, qu'il en obtiendroit encore autant pour luy de Sa Sainteté; qu'enfin le roy de France, son frere, seroit assez genereux pour faire le reste, et que si toutes ces sommes payées il avoit encore besoin de quelqu'autre secours, il n'avoit qu'à s'adresser à luy, puisque sa bourse seroit toûjours ouverte pour le garantir de tous les besoins dans lesquels il pouroit tomber.

Bertrand n'eut point de paroles assez fortes pour marquer au Duc sa reconnoissance. Il eut donc l'esprit en repos de ce côté-là; tous ses soins étoient tournez du côté de l'Espagne. Il engagea ses cousins germains, Olivier de Mauny et ses freres, à se tenir prêts pour s'y rendre quand il seroit temps de les y appeler, et prenant congé du Duc, il emporta les vingt mille livres dont ce prince le gracieusa. Mais avant qu'il fût arrivé à Bordeaux, il avoit déjà dépensé toutte cette somme, car il étoit si liberal et si genereux que, quand il rencontroit sur sa route quelque pauvre cavalier démonté, qui n'avoit pas encore payé sa rançon, tout aussitôt il ordonnoit à son tresorier de luy compter l'argent dont il avoit besoin pour se tirer d'affaire. Un jour il en trouva dix sur son chemin, qui luy parurent fort délabrez. Ils se disoient les uns aux autres les mauvais traitemens qu'on leur avoit fait souffrir à Bordeaux, dont on leur avoit permis de sortir sur leur parole pour aller chercher leur rançon. Les uns faisoient serment qu'ils ne s'aviseroient plus d'aller faire la guerre en Espagne, de peur de retomber dans la peine et l'embarras où ils étoient alors; d'autres témoignoient qu'ils y retourneroient encore volontiers s'ils étoient sûrs de servir soûs Bertrand, qui ne seroit jamais indifférent sur leurs miseres, et feroit genereusement les derniers efforts pour les en tirer.

Ces dix hommes, en chemin faisant, arriverent enfin dans une hôtellerie. Leur air pauvre fit apprehender au maître du logis qu'ils n'eussent pas dequoy payer leur souper et leur gist. Il balança quelque temps à leur faire tirer du vin, leur demandant s'ils avoient de l'argent pour le satisfaire. L'un d'eux répondit que son inquietude là dessus étoit prematurée; qu'ils avoient encore assez dequoy le contenter quoy qu'ils eussent essuyé beaucoup de miseres à Bordeaux, dont ils venoient de sortir avec Bertrand, qui s'étoit taxé luy même à soixante mille doubles d'or, et que la somme étant excessive, il auroit assez de peine, avec tout son credit, de la trouver dans la bourse de ses amis. Quand l'hôte les entendit parler de Bertrand, pour lequel il avoit une veneration toutte singuliere, il leur dit qu'il se saigneroit volontiers pour contribuer à le tirer d'affaire; qu'il avoit encore dix chevaux dans son écurie, cinq cens moutons dans ses bergeries, presque autant des pourceaux dans ses étables, et plus de trente muids dans sa cave, qu'il vendroit de bon cœur pour en assister ce brave general, *et par Dieu qui peina en croix, et le tiers jour suscita, qu'il vendroit aussi tous les draps que sa femme avoit aquatez quant ils furent mariez.* Enfin le nom de Guesclin mit cet hôte de si belle humeur, qu'il dit à ces dix avanturiers qu'il les vouloit regaler gratuitement pour l'amour de luy; qu'il leur feroit servir des pâtez, du rôty et du meilleur vin sans qu'il leur en coutât un denier, pour les recompenser du plaisir qu'ils luy faisoient de luy parler du plus genereux et du plus intrepide et fameux capitaine qui fût dans toute l'Europe.

En effet il leur tint parole de fort bonne grace, et comme ils étoient tous à table, Bertrand vint par hasard descendre dans cette même hôtellerie pour y diner avec tout son monde. Aussitôt que ces dix prisonniers l'apperçurent, ils se leverent par respect pour luy faire honneur. Il les reconnut aussitôt, et les voyant si mal en ordre, il leur demanda s'ils avoient fait sur les chemins quelque mauvaise rencontre de voleurs, qui les eussent mis dans un état si pitoyable, puis qu'il les avoit veûs à la bataille de Navarrette dans un assez bon équipage. L'un d'eux prit la parole pour les autres, avoüant qu'ils avoient tous été faits prisonniers dans ce combat, et qu'ils étoient tombez dans les mains de gens qui les avoient traité comme des brigands et des meurtriers, et que leur misere étoit d'autant plus grande que, n'ayans pu trouver dans leur païs dequoy se racheter, ils étoient obligez de retourner en prison dans Bordeaux, de peur de violer le serment qu'ils avoient fait de se remettre dans les mains de leur geolier, s'ils ne payoient pas leur rançon; que bien loin d'avoir des sommes suffisantes pour recouvrer leur liberté, ils n'avoient pas même dequoy payer leurs hôtes sur les chemins, et que celuy-cy les avoit bien voulu recevoir et nourrir pour rien pour l'amour de luy, sur ce qu'ils avoient seulement prononcé son nom, leur ayant dit qu'il vendroit volontiers sa maison, ses meubles et ses bestiaux pour le racheter.

Bertrand, voyant le bon cœur de cet homme, qu'il ne connoissoit point, ne se contenta pas de l'embrasser, mais il voulut aussi s'asseoir à la table et manger avec eux, et leur commanda de ne se point lever ny de faire aucune façon, puis qu'ils étoient ses camarades, et qu'il vouloit les tirer de la peine où ils étoient en leur donnant dequoy se racheter; et quand il leur eut fait raconter touttes leurs avantures, il leur demanda quelle somme il leur falloit à tous pour payer leur rançon. Ils luy dirent, aprés avoir entr'eux supputé le tout, que cela pouroit bien monter à quatre mille livres. « Ce n'est pas une
» affaire, leur repondit-il, je vous donneray de
» plus deux autres mille livres pour vous remon-
» ter, vous équiper et vous defrayer sur les che-
» mins, et ce bon hôte, qui vous a si bien re-
» galé pour l'amour de moy, merite que je re-
» connoisse son affection. » Là dessus il fit appeller son valet de chambre, et luy commanda de donner mille livres au cabaretier qui avoit témoigné pour luy tant de zele. La generosité qu'il fit éclater à l'égard de ces dix prisonniers et de leur hôte, augmenta beaucoup la reputation de Bertrand; car moins ingrats que les dix lepreux de l'Evangile, ils publierent par tout cette innocente profusion qu'il avoit faite en leur faveur. Cette conjoncture en fit naître une belle occasion; car ces dix hommes rentrans dans Bordeaux, fort avantageusement montez et fort lestement équipez, on alla s'imaginer qu'il falloit qu'ils eussent détroussé les passans et fait quelque vol considerable sur les grands chemins, pour s'être sitôt remis en si bon état. On les menaça même de les accuser devant le senéchal et de les faire pendre comme des scelerats,

Ils furent citez devant luy pour rendre compte de leur conduite, et comment il se pouvoit faire qu'en si peu de temps ils eussent trouvé tant d'argent. Ces gens luy revelerent le mystere, et luy firent un recit exact des honnêtetez que Bertrand leur avoit faites, et un detail fort circonstancié de tout ce qui s'étoit passé chez leur hôte, où il ne s'étoit pas contenté de manger indifferemment avec eux, mais même leur avoit donné dequoy payer leur rançon, se monter, s'armer, s'habiller et se defrayer. Ils ajoûterent que ses liberalitez s'étoient etenduës jusqu'à leur hôte même, auquel il avoit fait compter la somme de mille livres en leur presence, parce qu'il les avoit bien regalez pour l'amour de luy. Le senechal, apprenant touttes ces honnêtetez de Bertrand, ne pouvoit comprendre comment un si laid homme pouvoit avoir une ame si bien faite, et se rendit de ce pas au dîner du prince et de la princesse de Galles, ausquels il fit part de cette nouvelle, en presence de toutte leur Cour, qui les voyoit manger. Le rapport qu'il leur fit d'une si grande et si belle action ne tomba pas à terre. La princesse ne se put tenir de dire qu'elle ne plaignoit point l'argent qu'elle avoit donné à Bertrand, et qu'il en meritoit encore davantage, et le prince avoüa que ce chevalier avoit de si grandes qualitez de valeur et de generosité qu'il n'avoit point son semblable au monde.

<><><>

CHAPITRE XXVII.

De la rançon que paya Bertrand au prince de Galles, et du voyage qu'il fit en Espagne, pour se rendre avec tout son monde au siege de Tolede, qui tenoit encore contre Henry.

Bertrand, poursuivant toûjours sa premiere route dans le dessein d'arriver en Bretagne, pour chercher dans la bourse de ses amis dequoy payer la rançon qu'il devoit au prince de Galles, n'eut pas beaucoup de peine à faire la somme entiere dont il avoit besoin; car le seigneur de Craon, le vicomte de Rohan, Robert de Beaumanoir, Charles de Dinan, l'évêque de Rennes et ses autres amis se cotiserent tous pour le tirer d'affaire une bonne fois. Il reprit donc le chemin de Bordeaux avec cet argent; mais étant arrivé dans la Rochelle, il y trouva beaucoup de pauvres chevaliers mal vétus, qu'on y retenoit prisonniers. Ce spectacle le toucha si fort, qu'il donna toutes les sommes qu'il avoit pour les racheter, ayant plus de soin de leurs personnes que de la sienne propre, aimant mieux demeurer engagé tout seul que de voir les autres dans la misere et la captivité. Il continua toûjours son chemin pour aller à Bordeaux; mais comme il y arriva les mains vuides, il surprit fort le prince de Galles, quand il luy dit qu'il ne luy restoit pas un denier de tout l'argent qu'il avoit apporté de Bretagne, et qu'il croyoit l'avoir fort utilement employé pour procurer la delivrance de tant de braves gens qu'il avoit veu dans les prisons de la Rochelle. Le prince luy témoigna que c'étoit pecher contre le bon sens et le jugement que d'en user de la sorte, puis qu'un prisonnier doit commencer par rompre ses chaînes avant que de songer à briser celles des autres. Bertrand l'assûra que ses amis ne luy manqueroient pas au besoin, qu'il attendoit dans peu des nouvelles, et esperoit que Dieu beniroit la charité qu'il avoit faite à ceux qu'il avoit tiré de la servitude et de la disgrace dans laquelle il les avoit trouvez.

Son attente ne fut pas vaine là dessus, car peu de temps après il arriva des gens à Bordeaux qui compterent toute la somme dont on étoit convenu pour la rançon de Guesclin. Le Prince demanda, par curiosité, d'où l'on avoit tiré sitôt tant d'argent. Le tresorier répondit que la liberté de Bertrand étoit si precieuse et si necessaire, que s'il s'agissoit de dix millions pour le racheter, toute la France se seroit volontiers épuisée pour sa delivrance. Enfin Bertrand sortit de Bordeaux sans y laisser la moindre debte, et remportant avec soy le regret et l'estime de toute la Cour et de toute la ville; il se rendit à Brest, où il appella son frere Olivier, les deux Mauny, le chevalier de la Houssaye, Guillaume de Launoy. Ce fut là qu'il assembla bien mille combattans, à la tête desquels il se mit, et, passant par Roncevaux, il entra dans l'Espagne, et s'alla raffraichir avec eux quelque temps dans sa comté de Molina.

De là, sans perdre de temps, il se rendit à grandes journées devant Tolede, au camp du roy Henry, qui n'avoit pas encore beaucoup avancé le siege de la place, quoy qu'il eût avec luy le Besque de Vilaines et l'archevêque de la ville. La resistance des assiegez avoit été jusques là fort opiniâtre, parce que le gouverneur étoit tout à fait dans les interêts du roy Pierre, et quand il sortoit de la citadelle pour parler aux bourgeois, il prenoit si bien ses précautions auprès d'eux, qu'avant de descendre dans la ville, il luy falloit donner en ôtage cinq ou six des principaux de Tolede, parce qu'il apprehendoit qu'ils ne se saisissent de sa personne, et ne l'obligeassent à se rendre. Pierre étoit cependant à Seville, où il s'étoit retiré depuis son retour du royaume de Belmarin. Ce malheureux prince y étoit allé dans le dessein d'en tirer du secours dans la decadence de ses affaires, et, pour l'obtenir, il ne rougit point de faire deux infames demarches. La premiere ce fut l'alliance qu'il n'eut point de scrupule de contracter avec un Roy infidelle ; la seconde, ce fut la promesse qu'il fit de renier la foy même de Jesus-Christ, si l'on luy donnoit du secours. On s'obligea, soûs ces deux étranges conditions, de luy mener dix mille Sarrazins pour faire lever le siege de Tolede. Les assiegez, sur l'avis qu'ils en eurent, se proposèrent de se partager en deux ; que la moitié demeureroit pour garder la ville, et que l'autre iroit au devant du secours.

Le Besque de Vilaines ayant eu le vent de cette resolution, se tenoit au guet pour les observer. Il les apperçut sur la pointe du jour, sortans de la ville, pour aller joindre le roy Pierre, et pour soulager d'autant Tolede, où la famine commençoit à faire un étrange ravage. Le Besque s'alla poster dans une embuscade, à dessein de les couper dans leur passage et de les tailler en pieces. Il prit si bien là dessus ses mesures, qu'il les chargea lors qu'ils y pensoient le moins, dont il en tua la meilleure partie; le reste fut pris ou mis en fuite. Quand ceux qu'on avoit laissé dans la ville, virent cette grande defaite, ils firent sonner le tocsin pour courir aux armes. Leur porte étoit encore ouverte et leur chaîne lâchée, ce qui donna cœur aux assiegeans pour se presenter aux barrieres, ayans le roy Henry à leur tête, qui tenant un dard dans sa main, le lançoit contre les bourgeois, leur reprochant leur felonnie de l'avoir trahy de la sorte pour se donner à son ennemy, qui venoit d'abjurer le christianisme, et les ménaçant de les faire tous pendre sans pardonner à pas un d'eux tous, s'ils se laissoient prendre d'assaut, et que pour ce qui regardoit les Juifs et les Sarrazins, il les feroit sans remission brûler tous vifs. Ce prince poussant toûjours son cheval et ses gens contr'eux, les recoigna jusques dans leurs portes.

Le gouverneur encore plus aigry de touttes les tentatives d'Henry, fit jetter une grêle de cailloux et de pierres sur luy, criant à pleine tête que tous ses efforts étoient vains, puis qu'il étoit resolu de se faire ensevelir sous les ruines de la ville de Tolede plûtôt que de la rendre ; qu'ils mangeroient leurs chevaux pour vivre, et que, quand cet aliment viendroit à leur manquer, ils se mangeroient eux mêmes, et qu'il n'y avoit que la mort du roy Pierre qui pût le rendre maître de la ville. Henry ne se rebuta point de touttes ces rotomontades espagnoles. Il fit recommencer l'assaut avec plus de chaleur, et le continua jusqu'à la nuit avec la derniere opiniâtreté. Mais outre que les murailles de Tolede étoient fort hautes et fort épaisses, et les fossez fort profonds, les assiegez esperans du secours à tous momens se defendoient fort vigoureusement. Le Besque de Vilaines s'avisa d'un stratagême pour faire hâter la reddition de la place en intimidant les bourgeois. Il fit planter autant de potences à la veüe des assiegez qu'il avoit de leurs prisonniers dans ses mains, et ne se contentant pas de cet appareil menaçant, il en fit monter à l'échelle plus de deux douzaines qui passerent par les mains des bourreaux. Ce spectacle horrible les épouvanta si fort, qu'un des plus riches bourgeois de la ville demanda de parler à Henry priant qu'on fît suspendre cette funeste execution, jusqu'à ce qu'il eût entretenu ce prince sur une affaire importante qu'il avoit à luy communiquer. Il ne se fut pas plûtôt presenté devant luy, qu'Henry luy demanda d'où venoit cet acharnement que ceux de Tolede avoient à luy resister. Ce bourgeois l'assûra que s'il vouloit luy donner la vie, il luy reveleroit un secret qu'il étoit necessaire qu'il sçût. Ce prince luy promit de bonne foy qu'il ne le feroit point mourir s'il luy disoit sans déguisement tout ce qu'il sçavoit. Cet homme luy dit que le roy Pierre avoit obtenu de celuy de Belmarin dix mille hommes qui venoient par mer à leur secours, et que Pierre luy même étoit en personne à la tête de vingt mille Sarrazins qui marchoient de nuit et ne paroissoient point de jour, se cachans dans les bois et dans les forêts, où ils vivoient des provisions qu'ils avoient apportées de chez eux, et qu'ils esperoient le surprendre et venir fondre sur luy devant Tolede, lors qu'il y penseroit le moins.

Henry voulant profiter d'un avis si essenciel, écrivit à Bertrand tout le détail de cette affaire, et le conjura de se rendre incessamment avec tout son monde auprès de luy, pour conferer ensemble sur les mesures qu'ils prendroient pour repousser Pierre. Bertrand monta tout aussitôt à cheval avec ce qu'il avoit de Bretons, tous gens d'élite et fort determinez. Il fit une si grande diligence, qu'Henry sçut bientôt sa venüe, dont il eut une grande joye, parce qu'il comptoit fort sur l'experience et la valeur de Guesclin, qui ne fut pas plûtôt arrivé, qu'il envoya des espions pour observer le mouvement que l'armée de Pierre pouvoit faire. Il apprit qu'il étoit sorty de Seville avec dix mille Espagnols, et qu'il avoit encore dans son armée plus de vingt mille autres hommes tant Juifs que Sarrazins, et qu'il approchoit de Tolede. La nouvelle étoit sûre, et de plus l'amiral du roy de Belmarin venoit de débarquer avec dix mille hommes fort aguerris. Celuy-cy les presentant au roy Pierre, luy declara qu'il avoit ordre de luy dire de la part de son maître qu'il luy envoyoit ce secours, à la charge qu'il garderoit fidellement les deux paroles qu'il luy avoit données fort solemnellement, dont la premiere étoit de renoncer de tout son cœur à la foy de Jesus-Christ, et d'embrasser celle de Mahomet, et la seconde l'engageoit de prendre sa fille en mariage, et de la faire couronner reine d'Espagne, et qu'en executant ces deux conditions, on luy livreroit entre les mains la personne d'Henry qu'il pourroit ensuite faire pendre comme un larron. Pierre luy promit qu'il executeroit ponctuellement tout ce que son maître attendoit de luy sans se démentir là dessus, le priant que tout fût prêt, afin que marchans toute nuit, ils pûssent surprendre ce bâtard devant Tolede à la pointe du jour.

Bertrand étoit aux écoutes, et n'étoit qu'à deux lieües de là dans une embuscade. Il dépêcha des couriers à Henry, pour luy dire qu'il luy conseilloit de laisser la Reine, sa femme, et l'archevêque, avec quelques troupes devant Tolede, et d'en décamper tout doucement et sans bruit avec ce qu'il avoit de gens des plus determinez et des plus intrepides, pour venir, sans sonner trompette, couper Pierre dans son chemin, tandis qu'il l'attaqueroit par derriere de son côté. Ce prince goûta fort le conseil de Bertrand, et monta bientôt à cheval pour l'executer. Le mouvement qu'il fit ne fut pas si secret, qu'un espion n'en donnât bientôt la nouvelle à Pierre. Cela luy donna quelque chagrin ; mais comme il n'étoit plus temps de faire un arrierepied, il voulut pousser jusqu'au bout le dessein qu'il avoit entrepris. Il se mit donc en devoir d'encourager ses gens au combat. Pierre étoit monté sur un tygre dont le roi de Belmarin luy avoit fait present, et qu'il avoit du roy de Damiette. C'étoit un fort beau cheval de Syrie, si vîte à la course qu'on ne pouvoit jamais atteindre le cavalier qui le montoit, et d'ailleurs si infatigable qu'il ne se ressentoit presque point de la marche de toute une journée. Les deux armées s'étant rencontrées se choquerent touttes deux avec une égale vigueur. Il falloit voir l'acharnement que les deux freres avoient l'un sur l'autre. La haine et l'ambition dont ils étoient remplis tous deux, les animoit encore à combattre avec plus de chaleur. Pierre s'elança tête baissée, la lance à la main, tout au travers de ses ennemis, renversant à droite et à gauche tout ce qui se presentoit devant luy.

Ce cheval fougueux sur lequel il étoit monté, faisoit plus de la moitié de l'execution. Le Besque de Vilaines arrêta touttes ses saillies, en se presentant devant luy la hache à la main. Sa contenance fut si fiere, que ce prince, n'osant pas se commettre avec luy, prit le party de reculer et de rentrer dans le gros de ses troupes, pour s'y mettre à couvert du bras de ce chevalier qui faisoit un fort grand fracas dans cette mêlée. Henry payoit aussi fort bien de sa personne. L'amiral de Belmarin qui tenoit pour Pierre, étoit aussi fort redouté ; tout le monde s'ouvroit devant luy pour luy faire place au milieu du combat, tant ses coups étoient formidables ; et les troupes d'Henry commençoient à plier, quand Bertrand, secondé de son frere Olivier, des deux Mauny, du brave Carenloüet, et de tous ses Bretons, rétablit le combat et vint fondre sur Pierre et sur ses Espagnols et ses Sarrazins, avec tant de furie, qu'il en éclaircit tous les rangs à grands coups de sabres et d'épées. Ce succès releva beaucoup le courage et les esperances d'Henry, qui s'attacha particulierement à l'amiral, qu'il perça d'outre en outre de sa lance. Ce coup mortel le fit tomber à terre, et les Sarrazins voyans leur general abbattu perdirent cœur à ce spectacle, et ne combattirent plus qu'avec beaucoup de tiedeur et de découragement. Ce Carenloüet dont nous avons parlé fit une action qui fut d'un grand poids pour les affaires d'Henry, car rencontrant sous sa main Jean de Mayeul, principal conseiller du roy Pierre, et qui avoit tout son secret, il luy donna de sa hache un si grand coup sur l'épaule, qu'il le fendit presque par le milieu du corps, et le fit tomber mort à terre. Le Besque de Vilaines voyant la bravoure de Carenloüet, ne put s'empêcher de luy dire : *Benoite soit la mere qui te porta.*

Pierre fut si touché de la perte de son favory, qu'il ne se posseda plus du tout. La crainte et l'étonnement le saisirent si fort, qu'il s'alla cacher dans un bois fort épais, et se mit à couvert de peur d'être assommé comme les autres. Il eut le déboire d'appercevoir de là la déroute de tout son monde et la terre jonchée d'Espagnols, de Juifs et de Sarrazins à qui l'on venoit de faire mordre la poussiere. Cette défaite fut si grande, que de dix mille Sarrazins que l'amiral avoit amenez, il n'en resta pas seulement cinq cens. Il ne s'agissoit plus pour achever cette victoire, que de dénicher Pierre de cette forêt dans laquelle il étoit entré fort avant pour s'y mieux garantir du danger qui le menaçoit. Mais Bertrand, craignant qu'il n'y eut là quelque embuscade, n'osa pas entreprendre de l'y forcer; il se contenta de détacher quelques coureurs ausquels il donna l'ordre de faire la guerre à l'œil, et de voltiger autour de la forêt pour voir s'ils ne découvriroient rien. Pierre s'appercevant qu'on le cherchoit, eut recours à la vitesse de son cheval, que jamais on ne put atteindre, tant il gagnoit les devans sur ceux qui le poursuivoient. Il fit dessus une si grande traite qu'il arriva le soir à Montesclaire, dont il sortit bientôt après s'y être un peu raffraichy, tant il apprehendoit que Bertrand ne luy vint tomber sur le corps. Henry, poursuivant toûjours sa victoire, arriva jusqu'à Montesclaire, et se presenta devant cette ville enseignes déployées. Il trouva bon de mettre pied à terre pour se rendre aux barrieres, et tâcher d'engager le gouverneur à luy rendre la place, se persuadant qu'après une si grande victoire cet homme se verroit obligé de ceder au torrent. Il ne se trompa pas dans son esperance; car après qu'il l'eut un peu cajolé en disant qu'il luy sçauroit bon gré s'il luy ouvroit ses portes, et reconnoîtroit fort honnêtement l'obeissance qu'il attendoit de luy dans ce rencontre; qu'après avoir pris Toledo et gagné la bataille sur Pierre, il se promettoit qu'il ne balanceroit pas à se donner à luy. Le gouverneur se fit un merite de la necessité dans laquelle il se voyoit de ne luy pas disputer l'entrée de sa ville; il vint au devant de luy, pour luy en presenter les clefs avec beaucoup de soûmission. Le prince n'y voulant pas faire un fort long sejour n'y coucha qu'une nuit seulement, et pour recompenser le Besque de Vilaines qui l'avoit si bien servy jusqu'alors, il luy fit present du domaine de cette place.

Le lendemain toutte l'armée d'Henry décampa de là pour continuer sa marche et s'assûrer de tous les forts qu'elle pouroit rencontrer sur sa route. Ce prince encourageoit tout le monde à bien faire, promettant de grandes recompenses à ceux qui se signaleroient davantage, et que personne n'auroit sujet de se plaindre de luy quand il auroit achevé cette guerre. Tous ses generaux l'assûrerent qu'ils poursuivroient Pierre jusqu'à la mer, et qu'ils ne mettroient point les armes bas qu'ils ne l'eussent livré dans ses mains, mort ou vif. Comme Henry se reposoit avec tous ses gens auprés d'une abbaye fort riche, un espion luy vint dire qu'il trouveroit Pierre à Montiardin, qu'il avoit veu tout auprés de la porte de cette ville. Cette nouvelle les fit tous remonter à cheval pour aller après. Ce prince fugitif avoit fait les derniers efforts pour s'emparer de cette place: mais le gouverneur luy en avoit fermé les portes en luy donnant mille maledictions, et luy reprochant que ce n'étoit pas sans raison que tout le monde l'abandonnoit à cause de ses cruautez et de son apostasie; qu'il étoit bien raisonnable qu'ayant renié Jésus-Christ, tout le monde le reniât aussi. Ce commandant poussant encore plus loin l'indignation qu'il avoit contre luy, jura que tandis qu'il vivroit il ne souffriroit pas qu'il mît jamais le pied dans sa ville, et que s'il ne se retiroit au plûtôt, il le feroit écraser sous une grêle de cailloux et de pierres. Cet infortuné prince voyant qu'il perdoit son temps auprés de cet homme qu'il ne pouvoit fléchir, et plaignant son malheureux sort poursuivit tristement son chemin ne sçachant plus où donner de la tête; mais il n'eut pas plûtôt fait six lieües, que rencontrant un Espagnol, il luy demanda qui il étoit, et où il alloit. Ce cavalier luy répondit qu'il avoit ordre de le venir trouver de la part de Ferrand, comte de Castres, et du grand maître de Saint Jaques, pour luy dire qu'ils approchoient avec quinze cens hommes d'armes pour le secourir.

Cette agreable avanture le fit respirer un peu dans sa disgrace, voyant qu'il luy venoit une ressource à laquelle il ne s'attendoit pas. Il renvoya l'Espagnol sur ses pas pour dire à Ferrand, comte de Castres, qu'il n'oublieroit jamais le bon office qu'il luy vouloit rendre, et qu'il le joindroit au plûtôt pour assembler leurs forces contre leurs communs ennemis. Pierre fit tant de diligence qu'il trouva ce comte qui se rafraichissoit avec toutte sa cavalerie dans un pré, proche d'une fontaine, où ils avoient mis pied à terre, et fait leurs logemens de feüillées pour se garantir de la grande chaleur. Le cheval tygre sur lequel il étoit monté le fit aussitôt reconnoître. Il en descendit pour embrasser le comte et le grand maître de Saint Jaques, ausquels il fit un triste recit de touttes les fâcheuses avantures qui luy avoit été suscitées par Henry, Bertrand, le Besque de Vilaines et les autres. Le comte luy témoigna qu'il entroit tout à fait dans ses peines, et qu'ils n'étoient armez ny luy, ny les siens que pour l'en tirer. Tandis qu'ils s'entretenoient ainsi de leurs affaires, il vint un courier qui leur dit qu'il paroissoit assez près de là un petit corps de deux cens hommes d'armes, qui s'étoient approchez pour étudier la contenance qu'ils faisoient. Pierre s'imaginant que ce seroit un beau coup de filet que de faire tomber ce petit nombre de gens dans une embuscade, pria le grand maître de Saint Jaques de prendre seulement cinq cens hommes pour les aller surprendre et les charger. Ce general se mit à la tête de pareil nombre de gendarmes, et, pour n'être pas découvert, il s'alla poster avec eux derriere une haye, et leur commanda de descendre de leurs chevaux, afin qu'on les apperçût moins.

Carenloüet qui marchoit à la tête de ces deux cens hommes, et qui ne se défioit pas du piege qu'on luy tendoit, donna justement dans l'embuscade, et comme il vit qu'il ne pouvoit pas éviter le combat, il s'y prepara de son mieux, en rangeant ses gens et les mettant en état de se bien defendre, et criant à haute voix *Guesclin*, sçachant que ce nom seul étoit si redoutable aux Espagnols qu'il ne falloit que le prononcer pour les faire trembler. Il ouvrit le combat le premier, en poussant son cheval contre le grand maître de Saint Jaques, sur la tête duquel il déchargea son sabre avec tant de force et tant de fureur, qu'il abbattit par terre et le cheval et le cavalier, aprés l'avoir fort dangereusement blessé. Carenloüet et ses gens n'eurent pas beaucoup de peine à l'achever et à le laisser mort sur le champ. Les Espagnols voyans leur general par terre s'acharnerent avec plus de rage sur ceux qui l'avoient tué. Le desir de la vengeance les rendit encore plus intrepides, et plus déchaînez sur les François qu'ils surpassoient si fort en nombre, qu'ils étoient pour le moins cinq contre deux. Ces derniers furent accablez par la multitude. Carenloüet voyant que tout son monde étoit battu sans ressource, se jetta luy neuvième à pied dans les bois, et se coulant au travers des ronces et des épines, il s'ensanglanta le visage et les mains pour se cacher, et se garantir de la mort. Les Espagnols étant demeurez les maîtres du champ du combat, enleverent le corps du grand maître de Saint Jaques et luy firent des funerailles proportionnées à sa qualité. Carenloüet demeura toûjours tapy dans la forêt, jusqu'à ce que les ennemis se fussent retirez et que le peril fût passé. Quand il ne vit plus personne là autour, il marcha toutte nuit à pied à travers champ sans passer par les grands chemins, et se rendit enfin à l'armée de Bertrand, auquel il compta la disgrace qu'il venoit d'essuyer, mais aussi qui n'avoit pas peu coûté aux ennemis, puis qu'ils avoient perdu le grand maître de Saint Jaques, capitaine qui s'étoit aquis beaucoup de reputation dans la guerre. Guesclin le consola beaucoup en luy disant que la mort de ce general étoit d'un plus grand poids au bien de leurs affaires, que la deroute de deux cens hommes et que les armes étant journalieres, on ne pouvoit pas toûjours reüssir. Il détacha quelques coureurs ensuite pour observer la marche et la contenance de Pierre.

Aussitôt qu'il eût appris qu'il approchoit, il rangea son monde en bataille pour aller au devant. La mêlée fut rude d'abord ; mais Bertrand fit tant d'efforts et paya si bien de sa personne, qu'il fît plier les troupes de Pierre, qui se vit contraint de prendre la fuite et de se sauver à son tour dans les bois, avec Ferrand, comte de Castres, et quelques trois cens hommes. C'étoit à qui gagneroit au pied, et feroit plus de diligence pour s'évader. Le comte Ferrand étoit au desespoir de ne pouvoir suivre le roy Pierre, qui le devançoit d'une lieüe tout entiere, à cause de la vitesse de son cheval. Quand il le vit bien loin sur une montagne, il prit à l'instant la resolution de l'abandonner et de le laisser là, se souvenant que touttes ses affaires étoient décousuës, et qu'il ne faisoit pas sûr pour luy d'être davantage dans ses interêts. Cette consideration luy fit aussitôt tourner bride du côté de la Galice, où il prit le parti de se retirer, se contentant d'être à l'avenir le spectateur de la tragedie qui devoit faire perir le roy Pierre, sans y vouloir faire aucun personnage. Ce malheureux prince, aprés avoir couru quelque temps à perte d'haleine, tourna visage pour voir ce qui se passoit ; mais il fut bien étonné quand il s'apperçut que personne ne le suivoit, et qu'il restoit tout seul, abandonné de tout le monde. Il vomit mille blasphêmes et donna mille maledictions à ce pretendu bâtard qui le poursuivoit avec Bertrand et le Besque de Vilaines. Mais son tygre, plus vîte qu'un cerf et qui ne se lassoit jamais, le tira d'affaire et courut avec tant de force, qu'il le mena jusqu'à Monracut, petite ville dans laquelle il n'osa pas coucher ny s'y enfermer, de peur d'être livré par les habitans à ses ennemis.

◇◇◇

CHAPITRE XXVIII.

De la grande bataille que Bertrand gagna sur le roi Pierre, qui, cherchant du secours chez les Sarrazins, tomba malheureusement entre les mains d'un Juif, auquel il fut vendu comme esclave.

Ce prince infortuné n'osant pas entrer dans les villes dans un équipage aussi triste et sans aucun cortege, et craignant de se donner à connoître, de peur d'être trahy, rodoit tout seul tout autour des bois et côtoyoit la mer, dans le dessein d'y trouver quelque vaisseau pour s'embarquer, et se mettre à couvert par là de la poursuite de ses ennemis. Il se rendit tout exprés à un port que l'on nommoit Orbrie. Ce fut là qu'il rencontra par hasard une fregate qui devoit aller en Syrie. Pierre demanda de parler au pilote, qu'il pria tres humblement de luy vouloir sauver la vie, luy disant que s'il luy faisoit cette grace, il luy donneroit plus d'argent que ne valoient toutes les marchandises dont il avoit chargé son vaisseau. Le pilote voulut sçavoir quel étoit l'homme qui luy parloit : *le plus malheureux*, luy dit-il, *qui fut jamais au monde, trainant partout ma mauvaise fortune.* Cette réponse ne fit qu'augmenter la curiosité du personnage, qui ne voulut pas se payer de ces vagues paroles. Il le pressa de ne le pas tenir plus longtemps en suspens, luy témoignant qu'il avoit bien la mine d'être quelqu'un des fuyards qui s'échappoient de la derniere bataille. Pierre luy avoüa de bonne foy que sa conjecture étoit veritable, et qu'il avoit été si malheureux que tous ses gens l'avoient abandonné. Le pilote voulut absolument qu'il luy dît le nom qu'il portoit, ajoûtant qu'il luy paroissoit homme à n'avoir pas toûjours eu les pieds dans un boisseau; que le cheval sur lequel il étoit monté le faisoit bien voir.

Tandis que ce pauvre Roy cherchoit à gagner l'esprit du pilote, afin qu'il le reçût dans son vaisseau sans qu'il fût obligé de luy reveler ny son nom, ny sa condition, tout l'enigme fut demêlé par un Juif, natif de Seville, nommé Salomon, qui se presenta là pour s'embarquer avec les autres, et, regardant Pierre au visage, il le reconnut tout d'abord. Il commença par le maltraiter de paroles, l'appellant cruel, inhumain, sanguinaire, abandonné du ciel et de la terre pour avoir fait mourir sa propre femme, la meilleure princesse du monde. Aprés qu'il se fut longtemps déchaîné contre Pierre en injures, il en vint des paroles aux effets, commandant à ses gens de le saisir au corps, et de le jetter vif dans la mer, disant qu'aprés avoir perdu son royaume, il avoit encore merité de perdre la vie. Quatre valets se mirent aussitôt en devoir d'executer cet ordre severe ; deux le prirent par les bras, et les deux autres par les jambes, et le tenoient déja suspendu en l'air pour le plonger dans l'eau, quand ce malheureux cria qu'il donneroit tant d'or et tant d'argent à tous ceux qui s'étoient embarquez dans cette fregate, qu'il les feroit riches pendant toute leur vie, s'ils luy vouloient sauver la sienne. Le Juif ouvrit l'oreille à ses plaintes, et, se promettant de s'enrichir s'il avoit ce prince en son pouvoir, il declara qu'il le vouloit acheter comme son esclave, et qu'il payeroit le prix de sa personne argent comptant; ce qui fut executé sur l'heure; si bien que, par un juste châtiment de la providence divine, ce malheureux Roy tomba tout d'un coup dans la servitude, et se vit sous l'obeïssance d'un homme qui devint maître de sa vie et de sa mort, le pouvant vendre, battre, et même tuer impunément.

Henri cependant étoit toûjours avec la Reine, sa femme, et l'archevêque, devant Tolede, dont ils n'avoient point abandonné le siege, tandis que Bertrand et le Besque de Vilaines étoient aux mains avec Pierre. Ces deux generaux, aprés avoir remporté la victoire, les vinrent rejoindre devant cette place sans leur pouvoir donner aucunes nouvelles certaines de ce qu'étoit devenu ce malheureux Roy, ne sçachans s'il étoit encore mort ou vif. Ceux de Tolede étoient aux abois, les vivres leur manquoient, et les maladies emportoient beaucoup de soldats de leur garnison; les bourgeois mêmes n'en étoient pas exempts. Le secours qu'on leur avoit promis, et qu'ils attendoient avec la derniere impatience, ne paroissoit point. Les uns étoient dans la resolution de se rendre, les autres, intimidez par le gouverneur, qui les avoit menacé de la mort en cas qu'ils en parlassent, n'osoient pas ouvrir la bouche là dessus, dans l'incertitude où tout le monde étoit, quel party il avoit à prendre, ou de se rendre, ou de se defendre. Un Sarrazin trouva le secret d'entrer dans la ville par une poterne, pour leur dire en quelle assiette étoient les affaires. Grand nombre de bourgeois s'assemblerent en foule auprés de luy pour en apprendre des nouvelles. Il leur declara qu'il venoit de Seville et que les gens des trois lois, c'est à dire les Chretiens, Juifs et Sarrazins, l'avoient chargé de leur dire que Pierre étoit allé jusqu'au royaume de Belmarin, pour en amener un fort gros secours, et qu'il étoit même arrivé déja dans Seville tant de Sarrazins que toutes les auberges et hôtelleries regorgeoient de soldats. Le gouverneur, tout à fait devoüé à Pierre, et qui fut present au rapport de cette nouvelle, encouragea les bourgeois à ne point perdre patience, et les menaça de mettre plutôt le feu dans la ville que de souffrir qu'on songeât seulement à capituler. La plûpart des habitans ne s'accommodoient pas de la perseverance de ce commandement, et craignoient fort d'être pris d'assaut et d'essuyer la cruauté du soldat vainqueur, à qui l'on donne la licence de faire tout impunement; car Henry battoit toûjours la ville avec douze machines de guerre qu'il avoit fait faire.

Cependant le roy Pierre s'étant tiré de la servitude à force d'argent, s'étoit rendu dans Salamanque, à grandes journées, pour demander du secours au roy de Belmarin ou de Leon. Quand ce dernier sçut sa venuë, il luy fit dire de luy venir parler. Pierre le trouva dans son palais, assis au milieu d'une foule de seigneurs qui luy faisoient fort respectueusement leur cour. Ce pauvre Roy luy fit une profonde reverence et luy fit de son mieux la peinture de ses malheurs. Il luy parla d'Henry comme d'un usurpateur qui l'avoit chassé de ses Etats par les armes d'un nommé Bertrand, chevalier breton, qui s'étoit mis à la tête de tous les vagabonds de France, avec lesquels il avoit fait des incursions dans son royaume, dont il luy avoit enlevé les plus belles villes et pris les forteresses les plus importantes. Il le pria de le secourir dans le besoin pressant où il le voyoit. Ce souverain luy repondit tout haut qu'il le feroit tres volentiers, mais qu'il falloit auparavant qu'il executât les deux promesses qu'il luy avoit faites, dont la premiere étoit d'abjurer la foi de Jesus-Christ et de se faire Mahometan, la seconde étoit d'épouser l'une de ses deux filles, dont il luy donnoit le choix, étant touttes deux également belles; et là dessus il commanda qu'on les fit venir, afin qu'il vît laquelle seroit le plus à son gré. Elles entrerent dans la chambre se tenans touttes deux par la main, fort superbement parées, portans sur leurs têtes des couronnes d'un or arabe, le plus pur et le plus fin, dans lesquelles étoient enchassées des pierres précieuses et des grosses perles d'un prix inestimable. Le Roy, leur pere, les fit asseoir touttes deux auprés de luy, qui paroissoient dans cette salle comme deux idoles à qui l'on alloit donner de l'encens. On fit toucher en leur présence les luts, les violes et tous les autres instrumens de musique, afin que l'oreille et les yeux recevans dans le même temps un égal plaisir, le roy Pierre sentit en luy même un plus grand desir de posseder quelqu'une des deux. L'une s'appeloit *Mondaine*, et l'autre se nommoit *Marie*.

Tandis que ce prince les contemploit touttes deux avec une admiration toute particuliere, le roy de Belmarin levant son sceptre fort haut, luy dit que puis qu'il étoit vray qu'un bâtard l'avoit dépoüillé de ses Etats, il étoit resolu de l'y retablir en dépit de tous les Chrétiens et du Dieu dont ils étoient les adorateurs; qu'il luy donnoit pour femme sa fille Mondaine, dont la beauté ne se pouvoit regarder sans qu'on se recriât, et que de plus il les feroit tous deux mener en Espagne, escortez d'une armée de trente mille Sarrazins, touttes troupes choisies et des meilleures de son royaume. Pierre, se croyant au dessus de ses affaires et de ses ennemis, leva la main pour faire l'execrable abjuration de sa premiere foy, protestant qu'il y renonçoit de toute l'étenduë de son cœur et sans aucun déguisement, et qu'il embrassoit la religion de Mahomet, comme celle dans laquelle il vouloit à l'avenir vivre et mourir. Le roy de Belmarin, tout à fait content de la declaration sincere qu'il venoit de luy faire, l'assûra que son fils conduiroit le secours, et que c'étoit le cavalier le mieux tourné de son royaume, quoy qu'il n'eût encore que vingt ans. Il fit ensuite équiper une fort belle flote dans laquelle il fit entrer de fort bonnes troupes avec touttes les munitions necessaires de guerre et de bouche.

Cet appareil se fit avec tant de bruit et de fracas, qu'il sembloit que tout cet armement se faisoit pour la conquête de l'Europe. Il arriva par hasard que deux pelerins chrétiens et gascons, qui revenoient de la Terre sainte, où ils avoient accomply le vœu qu'ils avoient fait de se transporter auprés du saint Sepulchre, pour y donner au Fils de Dieu des preuves de leur zele et de leur pieté, vinrent coucher dans la ville de Belmarin. L'un des deux s'appelloi *Pierre Floron*, et l'autre *la Reolle*. Ils furent surpris de voir tous les apprêts que l'on faisoit avec tant de tumulte et d'empressement, et demanderent par curiosité ce que tout cela vouloit dire. On leur en apprit le sujet. Cette nouvelle leur fit de la peine, ils eussent bien souhaité pouvoir en donner avis à Bertrand, afin qu'il se tint sur ses gardes, et se preparât à soûtenir tous les efforts de la guerre qu'on tramoit de faire contre luy. Ces deux pelerins se mirent en tête d'aller eux mêmes annoncer en personne tout ce qui se brassoit contre les Chrétiens. Ils se jetterent aussitôt en mer sur un petit bâtiment que le vent poussa si favorablement, qu'ils surgirent en fort peu de temps à un port d'Espagne nommé *Montfusain*. Ces deux hommes avoient interêt de ne se pas trop découvrir, parce qu'ils étoient les vassaux du prince de Galles, qui avoit fait de grands ravages dans ce même païs, quand il y étoit entré pour reprendre sur Henry touttes les villes qui avoient secoüé le joug de Pierre, son ennemy. C'est la raison pour laquelle ils s'aviserent, pour mieux cacher leur jeu, de demander l'aumône, afin de devenir par tout moins suspects, et d'y avoir aussi plus d'entrée sous un pretexte si specieux.

Il y avoit une citadelle à Monfusain, dont la gouvernante étoit une fort belle dame, d'une naissance distinguée, fort charitable et fort aumôniere. Quand elle eut attentivement regardé ces deux pretendus gueux, et qu'elle les eut interrogé sur leur voyage et sur le dessein qu'ils avoient eu de se transporter dans la Terre sainte, pour obtenir la remission de leurs pechez, il luy sembla que ces gens raisonnoient si juste, et luy parloient de si bon sens, qu'il luy prit envie de les retenir. Elle voulut se donner le plaisir de les faire manger en sa presence pour contenter la curiosité qu'elle avoit d'apprendre ce qui se passoit en Jhérusalem. Elle leur demanda si les Chrétiens étoient toûjours fort maltraitez des Turcs. Ils luy repondirent qu'ils étoient plus acharnez contre eux que jamais, depuis qu'ils avoient entendu dire qu'un Breton, nommé Bertrand, homme fort intrepide et fort experimenté dans la guerre, avoit juré leur ruine et resolu de les venir attaquer dans le centre de leurs Etats, aussitôt qu'il auroit mis ordre aux affaires qui troubloient la France et l'Espagne. La dame leur dit qu'elle connoissoit ce Bertrand, et qu'il commandoit les troupes d'Henry devant Tolede, qui ne pouvoit pas encore tenir long-temps, parce que les habitans étoient encore plus aux prises avec la famine qu'avec leurs ennemis, et qu'ils attendoient vainement un secours du roy Pierre, que l'on croyoit avoir été depuis peu noyé dans la mer.

Ces pelerins la détromperent là dessus en l'assûrant que Pierre étoit encore tout plein de vie ; qu'ils l'avoient veu depuis peu dans la ville de Belmarin, faisant sa cour au roy des Sarrazins pour en obtenir du secours contre Henry, qu'il pretendoit faire decamper de devant Tolede ; qu'il avoit si bien reüssy dans touttes les tentatives qu'il avoit faites auprés de ce prince, que non seulement il luy avoit donné la plus belle de ses deux filles en mariage ; mais il luy avoit confié ses plus grands secrets, et promis un gros corps de troupes que son propre fils devoit commander en personne pour faire dénicher de devant Tolede toutte l'armée d'Henry ; que dans quinze jours au plus tard tout ce monde devoit partir pour cette grande expedition. Cette nouvelle étonna beaucoup cette dame, qui prenoit une fort grande part aux interêts d'Henry, dont elle étoit assez proche parente du côté de la mere de ce prince. Elle crut qu'il étoit important de luy en donner avis au plûtôt. Elle congedia les pelerins, ausquels elle donna cinquante doubles d'or pour continuer leur voyage, et resolut d'aller elle même de son pied trouver Henry dans son camp, pour l'avertir du peril qui le menaçoit, se persuadant que quoy que la nouvelle ne fût pas agreable, il luy sçauroit toûjours bon gré de son zele, et de luy avoir appris elle même tout ce qui se tramoit contre luy, pour luy donner le loisir de se précautioner contre une irruption qu'il ne sçavoit pas, et qui l'alloit infailliblement accabler.

Elle s'habilla donc en pelerine pour marcher avec plus de liberté et moins de soupçon, prenant seulement deux personnes avec elle pour l'accompagner et la servir sur les chemins. Elle fit tant de diligence, qu'en peu de temps elle arriva devant Tolede, dont Henry continuoit toûjours le siege. Elle commença par demander à parler à la Reine, à laquelle elle se découvrit et qui, la voyant ainsi travestie, luy fit aussitôt donner des habits proportionnez à sa qualité. Quand elle se fut un peu raffraichie, la Reine la mena dans la tente d'Henry, son epoux, qui tenoit conseil avec les principaux officiers de l'armée, dans le dessein de partager ses forces , d'en laisser toûjours la moitié devant Tolede et d'envoyer l'autre devant Seville, parce qu'on sçavoit de bonne part que les bourgeois étoient fort partagez entr'eux, les uns se declarans pour Henry, et les autres pour Pierre, et l'on esperoit qu'on feroit pencher la balance entiere du côté d'Henry, si l'on faisoit approcher de cette ville une armée en sa faveur. Leur conference fut fort à propos interrompuë par la presence de cette dame, qui, par son discours, leur fit connoitre qu'ils avoient à deliberer sur un sujet plus important. Quand Henry l'apperçut, il la vint embrasser aussitôt, et l'appellant sa belle cousine, il luy demanda par quelle favorable avanture il avoit le bonheur de la voir dans son camp. Elle luy fit bientôt comprendre que ce n'étoit pas en vain qu'elle l'étoit venuë trouver, quand il apprit tout le détail que les pelerins venoient de luy faire, et le dessein qu'on avoit de luy faire incessamment lever le siege de Tolede par le nombreux secours que Pierre avoit obtenu du roy de Belmarin.

Ce surprenant avis troubla fort Henry tout d'abord, voyant que ces troupes étrangeres alloient rompre toutes ces mesures. Bertrand luy remit l'esprit, en le conjurant d'avoir confiance en Dieu, qui ne l'abandonneroit pas et luy donneroit toutte sa protection contre un prince apostat qui l'avoit renié. Ce brave general, que rien n'étoit capable d'ébranler, l'assûra que plus ils auroient d'ennemis, plus la victoire qu'il en remporteroit seroit illustre et glorieuse, et que le ciel le feroit triompher de tous ces infidelles. *Et par Dieu*, continua t'il, *puisque les Sarrazins viennent à nous, il ne nous les faudra point aller querir en Syrie, ne saint Pierre à Rome, quand nous le trouvons à nôtre huis.* Il luy conseilla d'envoyer des coureurs par tout pour battre l'estrade et reconnoître le mouvement et la contenance que pouroient faire les ennemis ; et le roy Henry renvoya sa belle parente avec de fort riches presens et un bon cortege. Les espions et les coureurs qu'on avoit détachez, rapporterent que vingt mille Sarrazins, venans de Grenade, avoient debarqué tout recemment au port de Tolede, à trois lieües au dessous de cette ville, dans le dessein de la secourir. Cet avis obligea Bertrand de tirer les meilleures troupes du siege, et d'y en laisser quelques unes, afin que les assiegez ne s'apercevans point de ce mouvement, ne songeassent point à faire de sorties. La Reine resta toûjours devant la place avec l'archevèque, faisant toûjours continuer les travaux et les attaques à l'ordinaire ; et ce qui pouvoit encore faciliter le succés du siege, c'est qu'on avoit dressé contre la porte de Tolede une fort grosse batterie, dont on empêchoit, à force de traits, les bourgeois et les assiegez de sortir. Bertrand se mit cependant à la tête de ses plus belles troupes, accompagné du Besque de Vilaine et des deux Mauny, marchant en fort belle ordonnance contre les Sarrazins, qui ne s'attendoient pas à soûtenir sitôt le choc de ce fameux et redoutable capitaine. Il les chargea d'abord avec tant de furie qu'il en coucha sept mille par terre, et fit prendre la fuite au reste, qui courut à perte d'haleine jusqu'au port pour remonter sur les vaisseaux qu'ils y avoient laissez et se mettre à couvert d'un plus grand carnage à la faveur de la mer et des vents.

Le butin qu'ils laisserent fut grand ; les François, vainqueurs, le partagerent entr'eux avec joye. La justice distributive y fut fort gardée : les tentes, les pavillons, le bagage, les armes, l'or, l'argent et touttes les autres dépoüilles furent dispensées à chacun avec tant d'ordre, de sagesse et d'équité, que tout le monde fut content. Ces troupes victorieuses et touttes fieres d'un si grand succés, retournerent au siege, se promettans bien que la prise de Tolede seroit la suite infaillible de cette glorieuse bataille. Les Sarrazins, qui s'en étoient échappez au nombre de treize mille, et qui s'étoient rembarquez, allerent porter à Seville la nouvelle de leur défaite. Ils y trouverent le roy Pierre qui ramassoit beaucoup de troupes du païs de Grenade, qui, jointes à leur debris, pouvoient bien monter à cinquante mille hommes, tant Juifs, Sarrazins, que Chrétiens natifs de Seville. Le jeune prince de Belmarin se voyant à la tête d'une si belle armée, croyoit que touttes les forces de l'Europe ne seroient point capables de luy resister ; et comme elle étoit composée de trois nations differentes, de Juifs, de Sarrazins et de Chrétiens, il dit au roy Pierre qu'il ne vouloit commander que les Payens tout seuls, qui ne s'accorderoient jamais avec ceux d'une autre secte que la leur ; et qu'il luy conseilloit de conduire les Juifs et les Chrétiens, dont il connoissoit mieux les inclinations et le genie que luy, quoy qu'il fût persuadé que touttes ces precautions seroient inutiles, parce que leurs ennemis, voyans fondre tant de gens sur eux, abandonneroient aussitôt le terrain qu'ils occupoient devant Tolede, et ne manqueroient pas de prendre la fuite. Pierre qui connoissoit mieux que luy le caractere d'Henry, de Bertrand et du Besque de Vilaines, l'assûra qu'il n'en iroit pas ainsi ; qu'ils avoient à faire à des gens nourris dans les combats, qui ne sçavoient ce que c'étoit que de reculer et qui vendroient bien cherement leur vie, particulierement ce Bertrand, qui sembloit n'être né que pour les batailles, dont il sortoit toûjours avec avantage, et même sçavoit trouver dans sa défaite dequoy s'attirer de la gloire ; tant il avoit accoûtumé de bien payer de sa personne dans toutes les occasions heureuses ou malheureuses ; qu'il falloit donc songer à bien combattre, et que c'étoit un coup sûr que Bertrand ne se retireroit pas sans rien faire.

Tandis que ces deux princes s'entretenoient ensemble là dessus, un espion se détacha pour venir donner avis à Henry de tout ce qu'il luy avoit entendu dire, et de l'apprehension qu'avoit le jeune prince de Belmarin, que les Chrétiens ne s'enfuissent aussitôt qu'ils les verroient approcher d'eux. Henry fit part à Bertrand du dessein que les ennemis avoient de leur venir tomber sur le corps, et le pria de luy donner un bon conseil pour sçavoir le party qu'il luy falloit prendre dans la conjoncture presente contre tant de forces, qui devoient apparemment les accabler. Guesclin le pria d'avoir bon courage, luy disant que s'il vouloit suivre la pensée qu'il avoit dans l'esprit, il battroit ses ennemis et prendroit Tolede. Ce prince l'assûra qu'il defereroit aveuglément à tous ses sentimens, s'il vouloit luy en faire part. Bertrand luy témoigna qu'il étoit d'avis que l'on prît les trois quarts de l'armée campée devant la ville, pour aller au devant de leurs ennemis, et que ces trois quarts fussent remplacez des milices de la campagne et du plat païs ; que les assiegez voyans toujours un semblable nombre de gens devant leur place, ne s'appercevroient point de ce changement ; qu'il falloit ensuite tirer toutes les garnisons voisines pour renforcer l'armée qui marcheroit au devant de celle des ennemis, qui, toute nombreuse qu'elle fût, n'étoit pas trop à craindre, parce qu'elle étoit composée de gens qui, n'étant pas de même païs uy de même secte, ne s'accorderoient jamais bien ensemble, et seroient plus aisez à défaire. *Ha, ha*, dit Henry, *comme tu es preud'homme !* Le Besque de Vilaines et tous les autres generaux se rangerent tous à l'avis de Bertrand, tombans tous d'accord qu'on n'en pouvoit pas ouvrir un plus judicieux. On se mit donc en devoir, non seulement de le suivre, mais de l'executer ponctuellement comme il avait été projeté. L'on tira tout ce qu'on put de troupes des garnisons voisines. On fit marcher au siege tout ce qu'il y avoit de païsans capables de porter les armes, et l'on mit en campagne les trois quarts de l'armée, qui furent encore grossis par la jonction de tout ce qu'on put amasser de soldats des plus aguerris, qu'on avoit jetté dans les villes et les citadelles pour les defendre.

Bertrand ayant fait tous ces preparatifs, se mit en marche pour venir à la rencontre du roy Pierre, dont ayant découvert de loin les bataillons et les escadrons, et même ayant entendu le hannissement des chevaux, il détacha vingt cinq coureurs pour les observer de plus prés, et luy rapporter ce qu'ils auroient veu. Ces gens s'allerent poster à l'orée d'un bois qu'on appelloit le bois des Oliviers. Ils étudierent de là tout à loisir le nombre, l'ordonnance, la contenance de cette formidable armée devant laquelle ils ne croyoient pas que Bartrand pût tenir; ils se disoient les uns aux autres, qu'ils seroient infailliblement battus si leurs gens en venoient aux mains avec Pierre, dont les forces les accableroient par la multitude. Un de ces vingt cinq plus brave que les autres et Breton de nation, dit qu'il vouloit éprouver par un combat singulier s'il vouloit faire avec quelque cavalier de l'armée de Pierre, chrétien, juif ou sarrazin, si la bataille seroit heureuse pour Henry, prétendant qu'il en seroit de même de la journée que de l'assaut qu'il alloit faire contre un particulier des ennemis, jurant que s'il n'en rencontroit point dans les champs, il iroit faire cette bravade et ce défy jusqu'à l'armée de Pierre. Il trouva bientôt l'occasion de s'en épargner le chemin, car il aperçut au même instant trois Sarrazins qui s'étoient détachez de leur gros, pour mettre leur chevaux en haleine et les faisoient bondir au milieu des champs, avec beaucoup de faste et d'orgueil. Cet écuyer breton les alla morguer luy tout seul, et quand il fut auprés d'eux, il passa son épée tout au travers du corps de celuy qui luy paraissoit le plus fier, et le jetta par terre. Il voulut aller aux deux autres; mais il fut bien payé de sa temerité; car l'un d'eux nommé *Margalan*, luy déchargea sur le bras un si grand coup de sabre qu'il le luy coupa tout entier, et le fit tomber à terre avec son épée. Il couroit grand risque d'être tué, si ceux de l'embuscade n'eussent piqué leurs chevaux jusques là pour le secourir. Les deux Sarrazins les voyans courir à eux prirent aussitôt la fuitte, dont il y en eut un qui fut atteint et massacré. L'autre ayant échappé, s'en alla répandre l'alarme dans l'armée de Pierre, auquel il conta toute cette triste avanture, luy disant qu'il y avoit des gens d'Henry retranchez dans le bois des Oliviers. Pierre se le tint pour dit, et défendit à son monde de s'écarter, afin que chacun se preparât à bien payer de sa personne dans cette journée.

CHAPITRE XXIX.

De la derniere bataille que gagna Bertrand sur le roy Pierre, qui perdit dans cette journée plus de cinquante mille hommes, et qui fut ensuite assiegé dans le château de Montiel où il se retira.

Henry parfaitement instruit par ses espions et coureurs de tout ce qui se passoit dans l'armée de Pierre, disposa toutes choses au combat, allant de rang en rang exhorter ses gens à bien faire, et leur remontrant qu'il falloit employer les derniers efforts pour prendre Pierre mort ou vif, de peur que s'il leur échappoit, il ne leur suscitât encore de nouveaux ennemis; qu'il falloit que cette journée fût la derniere et le couronnement de touttes les autres; qu'ils avoient à combattre un prince apostat, qui s'étoit rendu l'horreur et l'execration de toute la terre par ses cruautez et ses impietez; que le ciel ne beniroit jamais les armes de ce meurtrier, dont les troupes étoient composées d'infidelles et de Juifs, tous ennemis du nom Chrétien, qui marchoient sans discipline, et vivoient entr'eux sans intelligence; qu'ils auroient bon marché de touttes ces canailles qui n'avoient rien de bon que les dépoüilles qu'ils en esperoient, et qu'il y avoit lieu de croire que cette journée les feroit tous riches; que ceux enfin qui viendroient à perdre la vie dans cette bataille, ne pouvoient mourir plus glorieusement, ny plus saintement, puis que ce seroit pour une cause non seulement fondée sur la justice, mais aussi sur la religion; qu'on ne pouvoit mourir qu'une fois, et que dans ce rencontre le merite et la pieté se trouveroient mêlées dans un même trépas, qui seroit regardé devant Dieu comme un sacrifice.

Un discours si fort et si touchant fut interrompu par la voix publique de toute l'armée, qui luy témoigna n'avoir point de plus grand desir que d'en venir aux mains incessamment. On alla donc de ce pas aux ennemis. Henry fut un peu surpris de voir la belle ordonnance de l'armée de Pierre et la fiere contenance de ceux qui la composoient. Il ne put s'empêcher de le témoigner à Bertrand, auquel il montra l'étendard du jeune prince de Belmarin, luy disant que s'il pouvoit tomber dans ses mains, jamais homme n'auroit fait une si belle prise, car il en auroit pour sa rançon plus d'argent qu'il n'y en avoit dans tout le royaume d'Espagne. Guesclin luy répondit qu'il ne falloit faire quartier à personne ; qu'il assommeroit tous les Juifs et les Sarrazins qu'il prendroit, avec autant de flegme qu'un boucher tuoit ses beufs et ses moutons, et qu'à moins qu'ils ne demandassent le baptême pour se faire Chrétiens, il n'en échapperoit pas un seul ; que c'étoit dans cet esprit qu'il alloit combattre, et qu'il avoit pensé de ranger leur armée dans cet ordre, sçavoir : que le corps de bataille seroit au milieu commandé par le Roy, l'aile droite par lui même, et l'aile gauche par le Besque de Vilaines. Il n'y avoit dans toutte cette armée pas plus de vingt mille hommes. Le roy Pierre en comptoit dans la sienne plus de cinquante mille, dont il fit cinq batailles. Quand il les eut rangé en belle ordonnance, il conjura le fils du roy de Belmarin de se surpasser dans cette occasion, le priant d'affronter comme luy tous les perils dans cette journée, parce que, s'il pouvoit une fois vaincre Henry, la couronne d'Espagne seroit affermie sur sa tête pour toute sa vie. Le jeune prince l'assûra par avance de la victoire, étant tous deux incomparablement plus forts que leurs ennemis, qui n'étoient pas deux contre cinq.

Tandis qu'ils s'échauffoient l'un l'autre à bien faire, un capitaine sarrazin les interrompit en disant qu'ils ne devoient point douter du succés du combat qu'ils alloient donner, et que le corps de troupes qu'il commandoit n'ayant jamais pâly devant les Chrétiens, et ne sachant ce que c'étoit que de reculer, il leur répondoit de la victoire, et qu'Henry leur feroit bientôt voir ses talons. Pierre ne parut pas bien persuadé de tous ces avantages dont il se flattoit, lui representant qu'il y avoit avec Henry deux intrepides chevaliers, Bertrand et le Besque de Vilaines, dont le premier avoit pour armoiries un aigle de sable en champ d'argent, et le second arboroit dans ses enseignes un quartier d'Espagne, à cause de la comté de *Ribedieu*, dont Henry luy avoit fait present ; que ces deux generaux ne fuiroient jamais et vendroient cherement leur vie ; que s'ils pouvoient tomber prisonniers dans ses mains, il ne leur donneroit jamais la liberté pour quelque rançon qu'ils luy voulussent offrir. Aprés qu'il eut achevé ce discours, le jeune prince de Belmarin fit faire un mouvement à ses troupes qu'il fit marcher droit à Bertrand, qui, les voyant venir, dit à ses gens : *Orsus, mes amis, vecy oes gars qui viennent, et par Dieu qui peina en croix et le tiers jour suscita, ils seront déconfits et tous nôtres.* Il fit aussitôt sonner ses trompettes avec un tres grand bruit, et le Besque de Vilaines fit aussi de son côté la même contenance. Ils donnerent tous deux contre les Sarrazins. Henry se chargea d'attaquer Pierre son ennemy, se promettant bien de le joindre dans la mêlée, pour le combattre corps à corps et vuider tout leur differend aux dépens de la vie de l'un ou de l'autre. Comme on étoit sur le point d'en venir aux mains, tous les soldats des deux armées se disoient adieu les uns aux autres, et faisoient leurs prieres en se frappant la poitrine, et se recommandant à Dieu dans un peril si present et si eminent.

La bataille s'ouvrit par les gens de trait des deux côtez. Quand cette grêle qui dura quelque temps eut cessé, l'on s'approcha de plus prés, et l'on combattit pied à pied, le sabre et l'épée à la main. Le Besque de Vilaines ayant descendu de cheval avec tout son monde, qui suivit son exemple, se mêla dans la presse tête baissée, pour aller chercher le neveu du roy de Belmarin, sur lequel il s'acharna particulierement, et luy déchargea sur la tête un si grand coup d'une hache qu'il tenoit à deux mains, qu'il le renversa mort ; et poussant toûjours sa pointe, il fit une grande boucherie des Sarrazins, dont il coucha par terre la premiere ligne, et écarta le reste bien loin. L'un des fuyards vint tout éperdu donner avis au prince de Belmarin que, dans cette déroute, on avoit assommé son cousin germain. Cette nouvelle le desola fort. La rage qu'il en eut le fit jetter tout au travers de tous les dangers, pour venger, s'il pouvoit, cette mort sur le Besque de Vilaines, qui sans s'épouvanter de cette furieuse temerité là luy fit payer cherement ; car se presentant à luy pour luy tenir tête, il luy donna tant de coups et de si pesans sur le casque, que, sa tête en devenant tout étourdie, l'homme en tomba pâmé sur la place. Une foule de Sarrazins coururent à luy pour le secourir et le relever, et l'envelopperent, de peur que, ne se pouvant plus tenir sur ses pieds, on ne l'achevât. Le dépit qu'ils eurent de voir leur maître abbattu leur fit tourner la tête contre le Besque, qui les soûtint avec une valeur extraordinaire. Mais il auroit à la fin succombé sous la multitude, si Bertrand ne fût venu le dégager et se joindre à luy dans le reste du combat ; si bien qu'ils ne faisoient eux deux qu'un seul corps de troupes, avec lequel ils chargerent les Sarrazins avec un courage invincible. Bertrand crioit à haute voix *Guesclin,* pour donner chaleur à la mêlée. Ses Bretons, à ce signal, redoubloient leurs coups et faisoient des efforts incroyables pour seconder leur general. Le Besque de son côté payoit aussi fort bien de sa personne, encourageant ses soldats à bien faire par son exemple. Il avoit à ses cotez un de ses fils qui se signaloit beaucoup dans cette bataille, et qui donna tant de preuves de son courage et de sa valeur, que le roy Henry le fit chevalier tout au milieu de l'action.

Ce prince, qui ne s'endormoit pas tandis que Bertrand et le Besque faisoient des merveilles, tourna touttes ses forces du côté de Pierre, avec lequel il vouloit éprouver ses forces et mesurer son épée seul à seul, s'il le pouvoit démêler au milieu de ses troupes. Ce prince renegat étoit suivi de beaucoup de Chrétiens et de Juifs, moitié cavalerie moitié infanterie, monté sur un des meilleurs chevaux de toutte l'Espagne. On voyoit de loin, sur sa cotte d'armes, les lions de Castille arborez avec beaucoup d'éclat. Henry, qui se pretendoit souverain de la même nation, portoit aussi les mêmes armoiries, c'est ce qui fit qu'ils se reconnurent tous deux. La haine qu'ils avoient l'un pour l'autre, causée par la competence du sceptre et par le violent desir de voir cette querelle vuidée par la mort d'un des deux, les obligea de s'attacher l'un à l'autre avec un acharnement égal. Pierre commença par vomir cent injures contre Henry, l'appellant bâtard et faux traître, qui s'étoit revolté contre luy, pour luy ravir son sceptre et sa Couronne, et le menaçant qu'il ne sortiroit point de ses mains qu'il ne luy eût ôté la vie et ne luy eût mangé le cœur, ajoûtant qu'il étoit le fils de la concubine de son pere Alfonse, et qu'il ne meritoit que la corde. Henry luy répondit *qu'il en avoit menty par sa gorge; que sa mere avoit été femme legitime d'Alfonse, qui l'avoit fiancée par le ministre et l'archevêque de Burgos, et dans la presence des principaux seigneurs de la Cour; qu'il étoit sorty de ce mariage, et que ce prince avoit reconnu la dame sa mere pour sa propre femme durant toutte sa vie; si bien que c'étoit à tort qu'il vouloit décrier sa naissance, à laquelle on ne pouvoit pas trouver des taches comme à la sienne.*

Quand il eut achevé ces paroles, il poussa son cheval avec beaucoup de roideur contre Pierre, tenant l'épée haute sur luy. Ces deux rois se chamaillerent longtemps avec une égale furie, sans remporter aucun avantage l'un sur l'autre, car leurs armûres étoient si épaisses qu'ils ne les pouvoient entamer. Mais à la fin Henry fit de si grands efforts contre son adversaire, qu'il luy fit vuider la selle et l'abbattit à terre. Il alloit achever en luy perçant les flancs de sa lance, mais les Sarrazins parerent le coup, et s'assemblerent en foule en si grand nombre autour de luy, qu'ils eurent non seulement le loisir de le remonter, mais encore d'envelopper Henry de tous côtez, qui se defendant contr'eux tous et ne voulant pas reculer, crioit *à son enseigne et à ses gens.* Le bruit de sa voix les fit courir à luy d'une grande force. Le combat se renouvella donc avec plus de chaleur qu'auparavant. Les deux princes se rapprocherent avec un grand acharnement l'un sur l'autre. Ils étoient tous deux de fort rudes joüeurs. Pierre avoit une épée dans sa main plus trenchante et plus affilée qu'un rasoir, dont il voulut atteindre Henry; mais le coup porta sur la tête de son cheval avec tant de vigueur et de force que non seulement il la trencha, mais il abbattit en même temps et le cheval et l'écuyer. Henry, qui n'avoit aucune blessûre, n'eut pas beaucoup de peine à se relever, et ses gens aussitôt luy presenterent une autre monture. Quand il fut remis à cheval, il rallia toutes ses troupes et les mena contre celles de Pierre, qui déjà touttes fatiguées d'un si long combat, ne purent soûtenir davantage le choc des Chrétiens, qui se tenoient si serrez, qu'il étoit tout à fait impossible de les ouvrir ny de les rompre, et qui venans à tomber sur les Sarrazins recrus, blessez et dispersez, en firent un fort grand carnage. Bertrand Du Guesclin, le Besque de Vilaines, Guillaume Boitel, Alain de la Houssaye, Billard des Hostels, Morelet de Mommor, Carenloüet et les deux Mauny se signalerent beaucoup dans cette memorable journée, qui rendit les affaires de Pierre touttes déplorées et retablit entierement celles d'Henry.

Ce prince apostat ouvrit trop tard les yeux sur son malheur. Il vit bien que la main de Dieu l'avoit frappé pour le punir de son impieté. Ce fut alors qu'il témoigna le déplaisir extreme dont il étoit touché, d'avoir si lâchement abjuré sa religion pour suivre celle de Mahomet, qui luy avoit attiré la perte de tous ses Etats, et le danger de perdre la vie aprés avoir perdu la foy. Quand le fils du roy de Belmarin s'apperçut que touttes ses troupes étoient défaites et en fuite, il fut contraint de se jetter tout à travers champ, et d'aller cacher dans une forêt avec le debris de sa déroute. Pierre eut de son côté recours à la vitesse de son cheval, et se retira dans le château de *Montiel*, avec seulement quatre cens hommes qu'il put ramasser. Les autres Sarrazins étoient errans, épars et dispersez par les campagnes, et quand ceux de Seville les virent ainsi fuir, ils sortirent de leurs murailles et coururent sur eux, les blessans à grands coups de dards, et leur disans mille injures. Il n'y eut pas jusqu'aux Juifs de la même ville, qui se mêlerent avec les autres pour les insulter, et leur reprocher la felonnie qu'ils avoient commise à l'égard d'Henry, leur roy legitime, qu'ils avoient lâchement trahy pour suivre le party de Pierre, sur qui la malediction de Dieu venoit de tomber avec tant de justice. Henry cependant n'avoit rien plus à cœur que de terminer cette grande affaire par la mort de son ennemy. C'est la confidence qu'il fit à Bertrand, au Besque de Vilaines et à tous les autres generaux, que toutte cette victoire, quelque glorieuse qu'elle fût, ne luy donneroit pas une entiere satisfaction tandis que Pierre seroit encore en vie. L'incertitude dans laquelle ils étoient tous du lieu de sa retraite, les tint en balance assez longtemps, ne sçachans quelle route prendre pour le chercher et le trouver, quand un avanturier les tira de peine, en leur apprenant que ce malheureux prince étoit entré dans Montiel, à la tête de quatre cens hommes, et qu'il s'étoit enfermé dans cette place dans le dessein de s'y bien defendre.

Cette nouvelle leur donna l'esperance de l'envelopper là dedans comme dans un filet. Ce fut la raison pour laquelle Henry, par le conseil de Bertrand, fit publier par toutte son armée que chacun le suivît, sous peine de la vie, sans partager les depoüilles et le butin qu'on avoit fait, jusqu'à ce qu'on eût pris le château de Montiel et l'oiseau qui en avoit fait sa cage. Ceux qui ne respiroient qu'après la part qu'ils pretendoient dans la distribution des bagages, des équipages et de tout l'argent monnoyé que les ennemis avoient laissé sur le champ de bataille, ne s'accommodoient gueres de cet ordre si precipité qui les empêchoit de satisfaire leur convoitise; mais il y fallut obeïr. Henry, pour ne les pas décourager, fit garder le butin par cinq cens hommes d'armes, avec defense d'y toucher jusqu'au retour de la prise de ce château. La diligence qu'il fit pour gagner Montiel fut si grande, que Pierre se vit investy par un gros corps de troupes lors qu'il y pensoit le moins. Il fut bien étonné de voir que les Chrétiens plantoient le piquet devant cette place, et distribuoient les quartiers entr'eux comme pour faire un siege dans les formes, et n'en point décamper qu'ils ne s'en fussent rendus les maîtres. Cet infortuné prince se voyant pris comme dans une ratiere, étoit extremement en peine comment il pouroit s'évader. Il demanda conseil au gouverneur pour sçavoir quelles mesures il luy falloit prendre pour se tirer d'un si mauvais pas, luy disant que s'il pouvoit une fois avoir la clef des champs, il reviendroit dans peu fortifié d'un si puissant secours, que tous ses ennemis ne pouroient pas tenir devant luy. Le commandant luy répondit que la place manquoit de vivres et qu'il n'y en avoit pas encore pour quinze jours, après quoy l'on ne pouroit pas se defendre de se rendre à la discretion d'Henry.

Ce fut pour lors que Pierre repassant dans son esprit touttes les cruautez qu'il avoit exercées dans son regne, le meurtre detestable qu'il avoit commis sur la personne de sa propre femme, la credulité superstitieuse qu'il avoit eüe pour les Juifs, et le secours qu'il étoit allé chercher chez les Infidelles, dont il avoit embrassé la malheureuse secte; il vit bien qu'il avoit comblé la mesure de ses iniquitez, et que le ciel, pour le punir de touttes ses impietez et de tous ses crimes, l'alloit livrer entre les mains de son ennemy, qui, bien loin de luy pardonner, se feroit un plaisir de le faire mourir, pour n'avoir plus de competiteur à la Couronne, et regner ensuite dans une securité profonde. Il faisoit reflexion sur l'état pitoyable auquel l'avoient reduit Bertrand, le Besque de Vilaines et les autres partisans d'Henry, qui, sans eux, auroit succombé necessairement sous les forces qu'il avoit amenées du royaume de Belmarin. Ce malheureux Roy tomba dans une grande perplexité d'esprit, voyant qu'à moins qu'il n'eût des aîles pour voler comme les oiseaux, il ne pouvoit aucunement échapper des mains de ses ennemis. Les vivres manquoient dans la place, et les assiegez n'étoient point en état de faire de sorties, ny de forcer aucun quartier. D'ailleurs, pour rendre la prise de Pierre immanquable, Henry fit batir un mur assez haut tout autour du château de Montiel, et les assiegeans veilloient avec touttes les precautions imaginables afin que personne n'entrât dedans, ny n'en sortît. Pierre voyant que la garnison, pressée par la famine, parloit secretement de se rendre et de le livrer, il assembla les principaux officiers qui commandoient sous luy dans ce château, les conjura de tenir encore durant quinze jours, et les assûra qu'avant que ce terme fut expiré, il leur ameneroit un secours si considerable, qu'il tailleroit les assiegeans en pieces, et feroit lever le siege de la place. Ces gens luy remontrerent qu'il étoit absolument necessaire qu'il leur vint un renfort, parce qu'ils seroient aux abois avant quinze jours, et que dans ce besoin pressant ils seroient forcez de capituler avec Henry pour faire avec luy leur condition la meilleure qu'il leur seroit possible.

Pierre leur promit qu'il reviendroit si tôt,

qu'il les tireroit de cet embarras. Il concerta donc avec eux qu'il partiroit la nuit, luy sixième. Il fit charger sur des fourgons, son or, son argent et ses meubles les plus precieux, dans le dessein de lever de nouvelles troupes, quand même il devroit épuiser pour cela tous ses coffres. Les assiegeans ne sçavoient pas que Pierre avoit la pensée de tenter une évasion; car ils avoient seulement appris qu'il y avoit dans la place une grande disette. Cependant Bertrand croyant cette place imprenable, à moins que ce ne fût par assaut, voulut abreger chemin, disant à Henry qu'il luy conseilloit d'envoyer un trompette à Pierre pour le sommer de luy rendre la place, et luy proposer un accommodement entr'eux, qui seroit : Que Pierre luy cederoit la Couronne, à condition qu'Henry luy donneroit quelque duché dans l'Espagne pour avoir dequoy subsister honorablement. Ce conseil n'étoit pas fort agreable à Henry, qui avoit tout à craindre de Pierre s'il avoit une fois la vie et la liberté; car il le connoissoit remuant, ambitieux et perfide. Mais les obligations qu'il avoit à Bertrand luy firent avoir pour luy la complaisance de prêter l'oreille à cet avis, et de le suivre avec beaucoup de docilité, quoy que ce fût avec quelque repugnance. Il donna l'ordre à l'un de ses gens de s'aller presenter aux barrieres pour faire à ce prince une proposition qui luy devoit être fort agreable et fort avantageuse, puis qu'il étoit perdu sans ressource. Cet homme se coula jusques sous les murailles de la place, et fit signe de son chapeau qu'il avoit à parler au roy Pierre.

Ce malheureux prince ne pouvant s'imaginer que, dans l'état où étoient les choses, Henry voulût avoir pour luy la moindre indulgence, regarda ce message comme un piege qu'on luy tendoit, et se persuada qu'il ne se faisoit que pour apprendre au vray s'il étoit dans la place en personne. C'est ce qui le fit resoudre à se faire celer, commandant que l'on répondît qu'il y avoit longtemps qu'il en étoit sorty : car il se promettoit sur ce pied que les assiegeans le croyans dehors, leveroient le piquet de devant ce château pour le chercher ailleurs, et qu'il pourroit par là s'évader ensuite à coup sûr. En effet, le commandant vint parler au trompette pour l'assûrer qu'il y avoit plus de douze jours que le roy Pierre étoit party pour aller chercher du secours, pretendant revenir bientôt sur ses pas avec de si grandes forces, que les assiegeans seroient trop foibles pour luy resister. Cette nouvelle étoit assez plausible pour y ajoûter foy. Henry, la croyant veritable, en tomba dans un grand chagrin, craignant d'avoir manqué le plus beau coup du monde, et dont l'occasion ne se pouroit de longtemps recouvrer. Le comte d'Aine, comptant là dessus, luy conseilla de lever le siege. Mais Bertrand opina bien plus juste et plus judicieusement, quand il luy dit qu'il étoit persuadé que Pierre étoit encore là dedans, et que comme il apprehendoit de tomber vif entre ses mains, il avoit inventé cette ruse et ce mensonge pour le faire décamper de là; qu'il ne luy conseilloit pas de donner si bonnement dans ce paneau; car quand même la sortie de Pierre seroit veritable, il ne devoit pas pour cela abandonner le siege qu'il avoit entrepris, puisque ce seroit faire un arriere-pied qui seroit capable de decrediter la reputation de ses armes, qu'il falloit entretenir dans le public, de peur qu'on ne vint à rabattre beaucoup de l'estime qu'on avoit de sa valeur. Ces raisons parurent si fortes à Henry, qu'il prit la resolution de ne jamais partir de là qu'il ne se fût rendu tout à fait maître de Montiel, quand il se devroit morfondre devant avec touttes ses troupes durant tout l'hyver. Voulant enfin trouver dans la mort et le supplice de Pierre le couronnement de tous ses desirs, et la fin de toutes ses peines, il donna donc tous les ordres necessaires afin qu'on fît de nouveaux efforts contre cette place, et qu'on employât toute la vigilance possible pour empêcher ce prince apostat de sortir de Montiel, qu'il vouloit avoir vif ou mort, afin qu'il ne restât plus personne capable de luy disputer la Couronne qui luy appartenoit.

CHAPITRE XXX.

De la prise du roy Pierre par le Besque de Vilaines, comme il sortoit furtivement du château de Montiel pour se sauver.

Le roy Pierre demeurant toûjours enfermé dans le château de Montiel, et ne sachant point comment en sortir sans tomber entre les mains de ses ennemis, choisit le temps de la nuit pour en faire celuy de son evasion, se promettant de se dérober à leur vigilance, à la faveur des tenebres. Il ne voulut point s'embarrasser de son équipage, de peur que cela ne le fît découvrir, mais seulement partir luy sixième, afin que, marchans tous ensemble à fort petit bruit, ils pûssent plus facilement surprendre ceux qui les observoient, et se couler furtivement jusqu'au prés des murailles, où ils sçavoient qu'il y avoit une brêche dont l'ouverture leur devoit servir de porte pour gagner les champs. Il se mit donc à pied avec les autres, tenans tous leurs chevaux par la bride; et descendans tout doucement de ce château situé sur un haut rocher, ils arriverent sans aucun danger jusqu'à ce mur qu'on avoit fait nouvellement bâtir tout exprés pour fermer touttes les issues qui pouroient faciliter la fuite de Pierre. Ils n'avoient pas mal débuté jusques là ; mais par malheur ils rencontrerent quelques gens du Besque de Vilaines qui, se promenans au pied du château, prêterent l'oreille à quelque bruit qu'ils entendirent, et furent aussitôt en donner avis au Besque, qui les renvoya sur leurs pas, avec ordre d'observer ce qui se passoit. Il fit en même temps armer tout son monde, dans l'opinion qu'il avoit que les assiegez avoient envie de faire une sortie. Ces gens luy vinrent rapporter qu'ils avoient veu six hommes approcher d'un mur, où il y avoit un grand trou qui ouvroit le chemin de la campagne tout à découvert. Le Besque, s'imaginant que ce pouvoit être le roy Pierre, se rendit aussitôt sur le lieu fort clandestinement, et, suivant pas à pas un cavalier qu'il ne pouvoit qu'entrevoir, il le saisit au corps comme il alloit passer la brêche, en luy disant : *je ne sçay qui vous êtes, mais vous ne m'échapperez pas.* Pierre se mit sur la defensive, et tâcha de luy donner d'un poignard dans le ventre. Mais le Besque, en ayant apperçû la lueur, le luy arracha des mains, en jurant que s'il ne se rendoit sur l'heure, il ne le marchanderoit pas, et que, s'il faisoit encore la moindre resistance, il luy passeroit son épée jusqu'aux gardes au travers du corps.

Pierre, se voyant pris, tâcha de fléchir le cœur du Besque, en luy declarant sa misere et son infortune, et luy declinant ingenûment son nom, le pria de luy vouloir sauver la vie, luy promettant de luy donner trois villes, douze châteaux et douze mulets chargés d'or. Un autre, plus interessé que le Besque, se seroit laisser tenter par de si belles offres ; mais toutes ces richesses ne furent point capables d'ébranler sa fidelité. Ce brave general luy répondit qu'il n'étoit point capable de faire une lâcheté semblable, et qu'il le meneroit à Henry. Ce fut alors que, pour s'assûrer davantage de sa personne, il le prit par le pan de sa robbe. Le vicomte de Roüergue arriva là dessus, et voulut mettre aussi la main sur luy de peur qu'il n'échappât, s'offrant de le lier d'une corde s'il en étoit besoin ; mais le Besque le pria de le laisser tout seul avec sa capture, et dont il viendroit bien à bout sans le secours de personne. Le vicomte, indigné de ce que le Besque ne vouloit pas partager avec luy l'honneur de l'avoir pris, luy dit qu'il ne l'avoit pas fait prisonnier de bonne guerre, mais par artifice et par surprise. Le Besque le regardant fierement luy répondit que s'il pretendoit luy en faire un crime et l'accuser de quelque supercherie dans cette prise, il se feroit faire raison l'épée à la main, quand il voudroit, en vuidant tous deux le differend dans un duel. Le vicomte le radoucit en luy témoignant qu'il ne trouveroit pas son compte à se battre avec luy. Le Besque mena donc cet illustre captif dans la tente d'Alain de la Houssaye, qui s'estima fort honoré de ce qu'on l'avoit choisy pour garder un dépôt de cette importance. Il felicita le Besque sur le bonheur qu'il avoit eu de faire une si riche proye, luy disant qu'on alloit souvent à la chasse sans trouver un gibier de cette consequence, *et qu'il avoit bien rencontré coutel pour sa gaine.* Vilaines appella sur l'heure un de ses veneurs nommé Gilles du Bois, qu'il envoya tout aussitôt avertir Henri, qu'il avoit en ses mains le Prince apostat qui luy disputoit sa couronne.

La joye que ce messager luy donna fut si grande, que pour le recompenser d'une si agreable nouvelle, il se dépoüilla d'un fort beau manteau qu'il portoit, et le luy mettant dans les mains, il luy dit que ce present qu'il luy faisoit, n'approchoit pas du merite qu'il s'étoit fait auprés de sa personne, en luy annonçant une chose qui l'alloit rendre heureux pendant toute sa vie. L'impatience qu'il avoit de voir son ennemy sous sa puissance, le fit monter precipitamment à cheval, sans se soucier s'il étoit suivy de quelque cortege ; quelques-uns de ses officiers coururent pour le joindre et ne le pas laisser seul. Il alla droit à la tente d'Alain de la Houssaye, dans laquelle il trouva le Besque de Vilaines et beaucoup d'autres seigneurs qui s'étoient assemblez là pour sçavoir ce qu'ils feroient de Pierre. Quand Henry l'apperçut dans leurs mains, l'impatience qu'il avoit de s'en défaire et la colere qui luy fit monter le sang au visage, luy firent porter la main sur une dague qu'il avoit sur soy pour en poignarder le malheureux Pierre. Mais le Besque de Vilaines luy retint la main pour l'en empêcher, en luy remontrant que Pierre étoit son prisonnier, et que les lois de la guerre vouloient qu'on luy en payât la rançon devant qu'il sortît de ses mains, et que, tandis qu'il seroit en sa puissance, il ne souffriroit pas qu'on luy fît aucun outrage. Henry luy promit de le satisfaire là dessus au-delà même de son attente, et qu'il luy feroit compter des sommes proportionnées à la qualité du prisonnier qu'il luy livreroit. Il n'en fallut pas davantage pour obliger le Besque à luy lâcher Pierre. Aussitôt qu'Henry s'en vit le maître, il commença par luy tailladder le visage de trois coups de dague avec lesquels il le mit tout en sang. La honte et le deplaisir que ce pauvre prince eut de se voir ainsi maltraité, luy fit faire un coup de desespoir, et, sans plus songer au déplorable état de sa condition, qui le rendoit esclave de son ennemy, il se jetta sur luy, le colleta d'une si grande force et avec tant de rage qu'ils tomberent tous deux à terre, Henry dessous luy.

Ce dernier, qui ne s'étoit pas desaisy de sa dague, faisoit les derniers efforts pour luy donner de la pointe dans le petit ventre; mais Pierre avoit une cotte de mailles qui le mettoit à l'épreuve des coups qu'Henry luy portoit, et tâchoit de luy arracher le poignard des mains, afin de l'en pouvoir percer à son tour. Bertrand arriva tandis qu'ils étoient ainsi l'un sur l'autre, et cria qu'on vint vite degager le Roy de dessous ce prince apostat, qui devoit mourir avec infamie. Ce fut alors que le *bâtard d'Anisse*, creature d'Henry, courut à son maitre, et le prenant par la jambe, il le releva. Pierre resta couché par terre et tiroit à la fin d'une blessûre qu'il avoit receuë d'un coup qui n'avoit pas porté à faux comme les premiers. Quand Henry le vit en cet état, il commanda qu'on luy trenchât la tête. Un écuyer espagnol se presenta là qui luy demanda la permission de l'expedier, pour se venger d'un pareil supplice qu'il avoit fait souffrir à son pere, pour joüir de sa mere à coup sûr. Henry luy fit signe de l'executer au plûtôt. Le cavalier luy separa la tête du corps en un moment, en presence de tout le peuple qui se trouva là; le tronc fut laissé sur la place. L'Espagnol ficha la tête au haut de la hache dont il s'étoit servy pour obeïr à l'ordre d'Henry, qui fit couvrir le corps de son ennemy d'un méchant drap de bougran, et commanda qu'on le pendit à une des tours de ce château de Montiel, qui luy ouvrit ses portes et se rendit à luy dés qu'il sçut que Pierre, pour lequel il tenoit, étoit demeuré prisonnier aprés sa défaite.

Le supplice de ce prince apostat devoit rendre le calme à Henry et le rétablir sur le trône, n'ayant plus de competiteur qui le luy disputât. On luy conseilla de faire porter la tête de Pierre dans Seville, afin qu'en la montrant à tout le peuple de cette grande ville, il ne doutât plus de sa mort. La chose fut executée comme elle avoit été projettée. Les bourgeois voyans cette tête odieuse, qui avoit causé tant de troubles, ne se contenterent pas de se soûmettre à l'obeïssance d'Henry, mais il s'acharnerent avec tant de rage sur ce pitoyable reste de ce malheureux prince, qu'ils le jetterent dans la riviere, afin qu'ôtant de devant leurs yeux un objet si mal agreable, la memoire en fût abolie pour jamais. Henry ne croyoit pas qu'ils pousseroient si loin la haine qu'ils portoient à son ennemy, dont il vouloit faire voir la tête dans Toledo comme dans Seville, se promettant que les habitans ne balanceroient point à se rendre après ce spectacle, qui feroit la decision de tout et les obligeroit, sur ce pied, à ne plus reconnoître d'autre souverain que luy seul. C'est la raison pour laquelle il eût fort souhaité d'avoir dans ses mains cette preuve infaillible, qui leveroit tous les doutes qui pouroient rester de la mort de son ennemy. Bertrand luy conseilla de retourner incessamment au siege de Toledo, pour finir toutte cette guerre par la prise de cette ville, qui tenoit encore pour Pierre. Touttes les places qu'il rencontra sur sa route, luy ouvrirent leurs portes, et toutte la noblesse du plat païs luy vint presenter ses hommages. Touttes les garnisons des forteresses luy en venoient presenter les clefs; il ne restoit plus que Toledo, dont Bertrand meditoit la conquête pour couronner touttes celles qu'il avoit déjà faites en faveur d'Henry.

Tandis que ce fameux general y appliquoit touttes ses pensées, il vint un gentilhomme de la part du roy de France, qui luy dit qu'il avoit ordre de son maître de luy marquer qu'il eût à se rendre au plûtôt, en personne, à sa Cour, et qu'il assemblât le plus de troupes qu'il pouroit, parce que la France avoit un extreme besoin de secours contre les Anglois, qui, ne se soucians point de garder la treve faite avec eux, s'étoient répandus dans le Boulonnois, dans la Guienne et dans le Poitou, qu'ils ravageoient avec des hostilitez inoüyes, et que Robert Knole s'étoit vanté de faire bientôt voir les leopards d'Angleterre sous les murailles de Paris. Bertrand luy répondit qu'il étoit étonné comment un si grand Roy souffroit ces avanies dans le centre de ses Etats, ayant une si nombreuse et si belle noblesse dans son royaume, qu'il pouvoit faire monter à cheval contre ses ennemis. Le gentilhomme l'assûra que c'étoit bien l'intention de Sa Majesté; mais qu'elle le vouloit mettre à la tête de touttes ses troupes, se persuadant qu'elles ne pouvoient être commandées par un general plus fameux ny plus experimenté que luy; que même son maître avoit dessein de luy donner l'épée de connétable, parce que le seigneur de Fiennes, qu'il avoit honoré de cette premiere dignité militaire, étoit si vieux et si cassé qu'il n'étoit plus en état d'en exercer les fonctions; enfin que la nouvelle qu'il luy annonçoit étoit si veritable, qu'il la verroit confirmée par les patentes et les depêches de Sa Majesté, dont il étoit porteur, et qu'il avoit ordre de luy mettre en main. Bertrand ouvrit aussitôt le paquet; il trouva qu'il quadroit mot pour mot à tout ce que le gentilhomme luy avoit avancé, sur la lecture que luy en fît son secretaire; car Bertrand, comme j'ay déja dit, ne sçavoit pas lire. Il regala cet agreable député de fort beaux presens, et fit aussitôt récrire au Roy qu'il s'alloit disposer à faire tout ce que Sa Majesté luy faisoit l'honneur de luy commander, et chargea le même gentilhomme de luy porter cette réponse.

Henry, qui n'étoit pas encore maître de Tolede, ne s'accommodoit pas de cette nouvelle que luy donna Bertrand. Il le pria, devant que de songer à le quitter, de vouloir couronner en sa faveur ce qu'il avoit si genereusement commencé, luy disant qu'il ne restoit plus rien à prendre que Tolede, afin qu'il luy fût redevable de sa Couronne entiere. Guesclin brûloit d'envie d'aller au plûtôt en France; mais il ne pouvoit honnêtement abandonner Henry, qui le conjuroit de rester, parce qu'il sçavoit que la presence et la reputation de Bertrand étoient d'un grand poids pour le succés de ce siege. On tint donc conseil de guerre pour deliberer sur les moyens de se rendre dans peu maître de Tolede. Bertrand fut d'avis qu'il falloit presenter devant cette ville l'étendard de Pierre, afin que les bourgeois, à ce spectacle, ne doutassent plus de sa mort ou de sa défaite. On suivit son conseil, et quand le gouverneur de la place apperçut cette enseigne, il demanda, du haut des murs, ce que tout cela vouloit dire. Henry se presenta pour expliquer cette énigme, en luy temoignant qu'on luy vouloit apprendre par là, que le roy Pierre avoit été battu, pris et non seulement décapité, mais sa tête jettée dans un bras de mer par les habitans de Seville, qui n'avoient pû souffrir devant leurs yeux cet objet de leur execration. Le gouverneur ne voulut point deferer à cette nouvelle, se persuadant que cette enseigne était contrefaite, et que c'étoit un piege qu'on luy avoit tendu pour l'obliger à se rendre sur ce leûrre grossier. Il jura qu'il ne rendroit la place qu'à son maître Pierre. Henry, se voyant pressé par Bertrand, à qui les pieds brûloient, tant il avoit d'empressement d'aller en France, répondit à ce commandant que si dans quatre jours il ne luy apportoit les clefs de Tolede, il le feroit traîner mort sur la claye tout autour de la ville, comme il alloit ordonner qu'on fît de l'étendard de Pierre. En effet, aprés l'avoir fait promener longtemps sous les murailles de Tolede, couché contre terre, il le fit déchirer aux yeux des assiegez et jetter dans un fossé.

Ce spectacle, qui devoit intimider ce commandant, ne fit que l'endurcir encore davantage dans sa premiere obstination; car il declara qu'avant que de se rendre, les assiegez mangeroient de cinq hommes l'un, pour se garantir de la famine qui commençoit à les travailler. Ils avoient en effet déja consommé chiens, chats, chevaux, et touttes autres bêtes. Ils en étoient même reduits à sortir la nuit en cachette pour paître les méchantes herbes qui croissoient auprés des fossez. L'opiniâtreté de ce gouverneur fut si grande qu'il laissa perir plus de trente mille hommes, tant Chrétiens et Juifs que Sarrazins, qu'une faim canine emporta du monde. Les assiegeans avoient tenté tous les artifices imaginables pour obliger la garnison de Tolede à sortir sur eux, faisans par deux fois semblant de se retirer dans l'esperance que retournans tout d'un coup sur les assiegez, ils pouroient rentrer avec eux pêle mêle dans la ville et s'en rendre les maîtres par ce stratageme: mais les habitans de Tolede ne donnoient point dans tous ces pieges. Bertrand se lassant de touttes ces longueurs voulut prendre congé d'Henry, pour aller à Paris auprés du Roy son souverain, qui l'avoit mandé; mais Henry le conjura tant de rester encore jusqu'à ce que Tolede fût pris, qu'il ne put honnêtement s'en défendre, et pour expedier l'affaire, il opina là dessus d'une maniere si sensée, que tout le monde se rendit à son avis. Il dit qu'il falloit envoyer l'archevêque dans cette ville, pour parler aux bourgeois, dont il étoit le pere et le pasteur, et leur faire serment la main sur la poitrine que Pierre étoit mort. Il estima que la parole d'un si grand prelat feroit plus d'effet dans leurs esprits pour les engager à se rendre, que touttes les machines de guerre qu'ils avoient employées contr'eux; et que si les bourgeois ne vouloient pas deferer à l'autorité d'un homme dont le témoignage ne leur devoit point être suspect, il falloit leur proposer de député quelques-uns d'entr'eux pour aller à Seville s'informer de la verité du fait, si Pierre étoit mort ou non.

Cet expedient étoit toutafait bien trouvé. L'archevêque eut ordre de s'aller presenter aux portes de la ville qui luy furent aussitôt ouvertes pour le faire entrer. Il leur fit une remontrance si pathetique, et des sermens si sinceres et si grands, que le gouverneur même n'osant plus douter de tout ce qu'il disoit, invita tous les bourgeois à reconnoître Henry pour leur maître et leur souverain, puis que Pierre étoit mort. Chacun témoigna l'empressement qu'il avoit à luy rendre hommage. Henry fît son entrée dans Tolede où il fut reçu de ses nouveaux sujets avec beaucoup de respect et de joye. Le commandant luy presenta les clefs de sa place avec bien de la soûmission, que ce prince luy rendit genereusement en l'exhortant de luy être fidelle à l'avenir, comme il avoit été au roy Pierre. La reddition de Tolede mit Bertrand dans une entiere liberté de se rendre en France, et de prendre congé d'Henry, qui luy fit de fort beaux presens pour reconnoître les importans services qu'il luy avoit rendus, et qui n'alloient à rien moins qu'à luy remettre la Couronne sur la tête. Il le pria de trouver bon qu'il luy donnât quatre chevaliers qui le suivroient jusqu'à la cour de France, pour presenter à Sa Majesté beaucoup de joyaux et de fort beaux bijoux qu'il avoit dessein de luy envoyer, l'assûrant que quand il auroit conquis le reste de l'Espagne, il mettroit en mer une fort belle flote pour le secourir contre les Anglois; et comme Bertrand faisoit état de mener avec soy son frere Olivier, les deux Mauny, la Houssaye, Carenloüet et Guillaume Boitel pour l'expedition qu'il alloit faire en France, Henry luy témoigna qu'il luy feroit plaisir de luy laisser au moins le Besque de Vilaines et son fils, afin qu'il pût achever avec eux les conquêtes qu'il avoit à faire pour se rendre le maître absolu de toutte l'Espagne. Bertrand y donna les mains volontiers, et se separa de ce prince avec touttes les demonstrations de tendresse et d'amitié, ne pouvans tous deux retenir leurs larmes, comme s'ils avoient un pressentiment de ne se revoir jamais plus.

Guesclin prit d'abord le chemin de sa duché de Molina pour y mettre ordre à ses affaires, avant que de partir pour France. Il dépêcha toûjours en attendant, un courier au Roy pour le prier de luy pardonner, s'il avoit jusqu'icy tardé si longtemps à le venir joindre avec touttes les forces qu'il alloit amasser avec toutte la diligence qui luy seroit possible, l'assûrant qu'il entreroit au plûtôt dans son royaume par l'Auvergne et par le Berry, pour donner bataille aux Anglois, et les denicher de la France. Le Roy perdoit patience, et luy envoyoit couriers sur couriers, afin qu'il se hâtât de venir incessamment. Enfin, pour le presser encore davantage, il dépêcha messire Jean de Berguettes, son grand chambellan, pour luy venir donner avis qu'il n'y avoit point de temps à perdre, que la France avoit plus besoin que jamais d'un fort prompt secours, depuis qu'il étoit entré dans la Picardie plus de vingt mille Anglois, sous la conduite de Robert Knole, et que Thomas de Grançon, Hugues de Caurelay, Cressonval, Gilbert Guiffard, et Thomelin Tolisset, avec beaucoup d'autres generaux avoient déjà percé jusques dans le fonds de la Champagne et de la Brie; que d'ailleurs le prince de Galles étoit en campagne à la tête de fort belles troupes pour faire la guerre au duc d'Anjou, qui se trouvoit fort en peine de luy resister, et qu'enfin toutte la France alloit devenir la proye des Anglois, un theatre de tragedies où l'on alloit porter le fer et le feu, s'il ne se dépêchoit de courir incessamment à son secours; que sa propre gloire et même son interêt particulier l'appelloient à cette expedition, puis qu'il ne seroit pas plûtôt arrivé à la Cour, que Sa Majesté luy mettroit entre les mains l'épée de connétable. Bertrand luy répondit qu'un si grand Roy luy faisoit plus d'honneur qu'il n'en meritoit; qu'il alloit là dessus faire touttes les diligences imaginables pour le satisfaire; mais qu'il étoit necessaire qu'il s'assûrât auparavant de la forteresse de Soria, devant laquelle il alloit mettre le siege; et qu'aussitôt qu'il l'auroit prise, il passeroit par le Languedoc pour prêter la main au duc d'Anjou que le prince de Galles harceloit, et que cela fait, il se rendroit à grandes journées auprés de Sa Majesté, pour luy donner des preuves de son zele et de son obeïssance, et sacrifier sa vie même pour son service.

Ce fut dans cette veüe qu'il s'alla presenter devant cette forteresse, où ses deux cousins Alain et Jean de Beaumont faisoient les derniers efforts pour la prendre, et n'en pouvoient venir à bout, quelques assauts qu'ils eussent donnez, parce que les assiegez se defendoient avec une opiniâtreté invincible. Ils avoient déjà passé deux mois en vain devant cette place. Mais Bertrand se persuadant qu'on n'avoit pas bien pris toutes ses mesures, ou qu'il y avoit eu trop de tiedeur du côté des assiegeans, dit en son patois à ses deux cousins, *à Dieu le veut et à Saint Yves, nous arons ces gars, ainçois que repairons en France*. Il fit aussitôt sonner la charge, et tirer contre les assiegez si fortement et si longtemps, que ceux des rempars n'osoient se découvrir toutafait, mais se contentoient de laisser tomber sur les assiegeans qui se trouvoient au pied des murailles, des pierres d'une prodigieuse grosseur, et des pieces de bois fort épaisses pour les accabler sous leur pesanteur, si bien que beaucoup de soldats en étoient écrasez, ou du moins fort endommagez. Bertrand s'appercevant que cela les rebutoit, leur faisoit reprendre cœur en leur disant que les bons vins étoient dans la place, qu'il leur en abandonnoit le pillage s'ils la pouvoient prendre, qu'il y avoit là beaucoup d'or et d'argent qui seroit entr'eux partagé fort fidellement, si bien qu'il

35.

n'y auroit pas un soldat qui ne retournât riche en France, avec chacun deux ou trois bons chevaux comme s'ils étoient chevaliers. Ces amorces les firent retourner à la charge avec une nouvelle vigueur, montans sur des échelles, et se couvrans la tête et le corps de leurs boucliers. Bertrand voulut aussi payer d'exemple, se mêlant avec eux pour les encourager par sa presence. Tous les braves voulurent être aussi de la partie. Le seigneur de la Houssaye, les deux Mauny desirerent partager avec luy la gloire de cette action. Les soldats voyans leurs generaux tenter ce peril, coururent en foule au pied des murailles pour monter à l'assaut avec eux. Il y eut un chevalier nommé Bertrand, qui s'appelloit ainsi parce qu'il avoit été tenu sur les fonds par Guesclin, qui ne voulant point degenerer de la valeur de son parain, demanda l'enseigne de ce fameux general, et fut assez heureux pour monter au travers d'une grêle de coups, sur le haut d'un mur, où il planta l'étendard de Bertrand. Trois cens soldats le suivirent et le joignirent sur le même rampart, crians *Guesclin*. Les assiegez voyans leurs ennemis sur leurs murailles, et croyans tout perdu pour eux, se mirent à genoux, et crierent *misericorde*. Ils ne balancerent plus à faire l'ouverture de leurs portes à ce grand capitaine qui se saisit de cette place, dans laquelle il trouva beaucoup d'Espagnols qui avoient deserté le party d'Henry, pour embrasser celuy de Pierre. Il leur fit mettre les fers aux pieds et aux mains, et les envoya dans cet état à ce prince, qui, se souvenant de leur defection, les fit tous pendre aussitôt qu'ils furent arrivez à Burgos, où il tenoit sa Cour.

Cette conquête fut la derniere de touttes celles que Bertrand fit en Espagne. Il ne songea plus qu'à se rendre au plûtôt auprés du roy de France, qui l'attendoit avec impatience. Il congedia tout ce qu'il avoit d'Espagnols dans ses troupes, et se reserva seulement les François et les Bretons. Il combla les premiers de largesses et de presens en les renvoyant en leurs païs, et promit aux seconds de grandes recompenses s'ils servoient bien leur souverain contre les Anglois, qui prétendoient se rendre maîtres de la la France et y faisoient d'étranges hostilitez. Comme il se disposoit à partir, le maréchal d'Andreghem arriva de la part du Roy, son maître, pour luy dire qu'il se hatât, et que tout le royaume luy tendoit les bras pour luy demander du secours contre ses ennemis, qui l'alloient mettre à deux doigts de sa ruïne, s'il ne venoit en diligence rétablir les affaires par sa presence et par son courage. Bertrand avoüa de bonne foy qu'il étoit tout confus de l'honneur que luy faisoit Sa Majesté, d'avoir jetté les yeux sur luy plûtôt que sur un autre pour une expedition de cette importance; qu'il étoit au desespoir de ce qu'il ne s'étoit pas rendu plûtôt auprès de sa personne; que c'étoit pour la sixième fois que ce sage prince luy avoit envoyé du monde pour le solliciter de venir, et que sans des affaires importantes, qu'il avoit fallu consommer auparavant, il auroit obey tout d'abord. Il ajoûta qu'il s'étonnoit comment Sa Majesté n'avoit pas fait un bon corps d'armée pour repousser ces étrangers, qui le venoient inquieter jusques dans le centre de ses Etats. Le maréchal luy répondit que c'étoit l'intention du Roy son maître, qui l'attendoit avec impatience pour le mettre à la tête de touttes ses troupes, et qu'on avoit laissé touttes choses en suspens jusqu'à son arrivée; que toutte la noblesse et les peuples de ce grand royaume soûpiroient après sa presence, et que même le seigneur de Fiennes, connétable de France, ne pouvant plus, à cause de son grand âge, soûtenir le poids de cette dignité, vouloit l'abdiquer entre les mains du Roy, luy declarant qu'il n'y avoit personne dans tous ses Etats plus capable de luy succeder dans cette grande charge que Bertrand Du Guesclin; que toutte la France unanimement jettoit les yeux sur luy pour luy voir porter l'épée de connétable, et la tirer de l'accablement dans laquelle elle étoit.

Guesclin, voyant qu'on rendoit tant de justice à sa valeur et à son experience, se sçut fort bon gré de touttes les loüanges que le maréchal luy donna, et l'assûra qu'il iroit de ce pas en France avec luy; que pour cet effet il alloit faire charger son bagage et son équipage, afin de ne plus retarder son départ, et qu'il étoit persuadé que si le Roy vouloit être bien servy dans la guerre, il falloit commencer par bien payer les soldats qui s'enrôleroient sous ses enseignes, et que si Sa Majesté luy donnoit la dignité de connétable, il n'en vouloit recevoir l'épée qu'à ce prix. Il fit ensuite un festin fort superbe à ce maréchal, qu'il regala magnifiquement, et montans à cheval ensemble, ils firent une si grande diligence qu'ils arriverent en peu de temps en la comté de Foix. Bertrand n'étoit suivy que de cinq cens hommes, mais tous gens de choix et d'élite. Le Comte leur fit touttes les honnêtetez imaginables, jusques là même qu'ayant appris qu'ils venoient chez luy, il voulut aller au devant d'eux pour leur faire honneur. Il ne se contenta pas de les avoir bien regalez, il poussa la civilité jusqu'à les conduire en personne jusqu'à *Motendour*. Il fit mille caresses à Bertrand, luy disant qu'il ne connoissoit point au monde un plus grand capitaine que luy, dont il avoit tous les sujets du monde de se loüer beaucoup, mais non pas de son frere, qui, servant sous le comte d'Armagnac, son ennemy, luy avoit causé beaucoup de dommage et de trouble.

Bertrand disculpa son frere auprés de ce prince, en luy témoignant qu'il n'avoit fait que son devoir, et que quand un gentilhomme avoit une fois embrassé le party d'un maître, il le devoit soûtenir jusqu'au bout, et que s'il en usoit autrement on auroit sujet de le blâmer et de l'accuser même de lâcheté. Le Comte se le tint pour dit, et sçachant qu'un tel capitaine luy seroit d'un fort grand secours dans la guerre qu'il avoit à soûtenir contre le Comte d'Armagnac, il essaya de l'engager à son service, en luy promettant un mulet chargé d'autant d'or qu'il en pouroit porter. Guesclin luy fit connoître qu'ayant des engagemens avec le roy de France, il ne pouvoit pas servir deux maîtres; mais que ne pouvant pas luy prêter son bras ny son épée, il luy offroit sa mediation pour l'accommoder avec le comte d'Armagnac, et que si ce prince ny vouloit pas entendre il retireroit son frere aîné de son service, et le meneroit en France avec luy pour combattre contre les Anglois. Le comte de Foix fut fort satisfait des honnêtetez de Bertrand, qui se rendit à grandes journées dans le Languedoc, où il assembla dans fort peu de temps sept mille cinq cens hommes, avec lesquels il s'empara de la citadelle de *Brendonne*, de la ville *de Saint Yves* et du château de *Mansenay*, situé sur une eminence fort escarpée. Ces preliminaires rendirent son nom si fameux et si redoutable, que touttes les villes et châteaux qui se rencontroient sur sa route luy venoient apporter leurs clefs, et Bertrand faisoit prêter aux bourgeois le serment de fidelité pour le roy de France. Sa reputation s'étendit si loin sur la nouvelle de ces premiers progrés, que le duc d'Anjou, sur les terres duquel il passa, luy dit qu'en quinze jours seuls il avoit donné plus d'alarmes aux Anglois qu'il ne pouroit faire luy même en un an tout entier. Il l'avertit qu'il étoit necessaire qu'il fît diligence, parce que Robert Knole marchoit droit à Paris à la tête de vingt mille Anglois, ayant déja passé la riviere de Seine au dessus de Troyes, et que le Roy l'attendoit pour luy donner l'épée de connétable, sçachant qu'elle ne pouvoit tomber en de meilleures mains qu'en les siennes. Bertrand ne s'entêta point de touttes ces louanges, mais tâcha de soûtenir de son mieux la reputation qu'il avoit

acquise; et prenant congé du Duc, avec le maréchal d'Andreghem, il alla coucher à Pierregort, où il trouva *Galleran*, frere du comte *de Jonas*, qui luy fit un fort obligeant accueil et le regala fort magnifiquement.

Aussitôt qu'il se fut levé de table, comme il n'avoit dans l'esprit que la guerre qu'il alloit entreprendre contre les Anglois, pour purger la France de ces dangereux ennemis, il s'avisa de monter au haut d'un donjon pour découvrir le clocher d'une abbaye que les Anglois avoient fortifié. Le soleil qu'il faisoit luy fit reconnoître leurs enseignes, où les leopards étoient semez d'or, et qui voltigeoient autour de ce clocher. Il fut fort étonné d'apprendre que les Anglois étoient si voisins du lieu où il avoit couché, et qu'ils étoient si bien retranchez dans cette abbaye, que depuis un an tout entier, on n'avoit pas pû les en dénicher. Il jura *saint Yves* qu'il ne sortiroit point de là qu'il n'eût emporté ladite abbaye, dans laquelle il vouloit souper le soir même et y rétablir les religieux avec leur abbé. Cet homme intrepide n'eut pas plûtôt descendu de la tour qu'il assembla tous ses gens, qu'il avoit dispersez dans les villages tout autour, et leur ordonna de se tenir prêts pour marcher au premier son de la trompette. Il leur commanda de faire provision de cent échelles, au moins. Galeran voulut faire transporter par charroy quelques machines de guerre, pour tâcher d'entamer les murailles épaisses de cette abbaye; mais Bertrand luy declara qu'il n'en avoit pas de besoin; que cela les tiendroit trop longtemps et qu'il choisiroit une voye si courte qu'il esperoit le soir même boire de fort bon vin dans la même abbaye.

Sa maxime étoit, avant que d'attaquer une place, de parler toûjours au gouverneur, afin qu'en l'intimidant et le ménaçant, il pensât plus de deux fois au party qu'il avoit à prendre. Il s'approcha donc des barrieres, et dit au commandant qu'il eût à luy rendre le fort au plûtôt, et que s'il prétendoit arrêter une armée royale devant sa bicoque, il luy en coûteroit la vie, qu'il lui feroit perdre sur un gibet. Le commandant ne tint pas grand compte de tout ce discours, et luy répondit fierement qu'il ne trouveroit pas à cueillir des lauriers en France, si facilement qu'il avoit fait en Espagne, et que bien qu'il fût-ce redoutable Bertrand dont tout le monde parloit avec tant d'estime, il esperoit luy faire une resistance si forte qu'on seroit à l'avenir moins prevenu en sa faveur. Cette repartie choqua fort Guesclin, qui fit aussitôt sonner la trompette, combler les fossez de terre et de feuilles, et cramponner des échelles contre les murs, afin que ceux qui se mettroient en devoir d'y monter, s'y tinssent plus ferme. Quand touttes choses furent ainsi disposées, Guesclin dit à ses gens, dans son langage du quatorzième siecle : *Or avant ma noble mesquie à ces ribaux gars, à Dieu le veut ils mourront tous.* Et pour les encourager encore davantage, il leur promit de leur donner tout le butin qu'ils feroient dans cette abbaye, qu'ils pouroient ensuite partager entr'eux. Il ne se contenta pas de les exciter à bien faire, il leur en voulut montrer luy même l'exemple. Il prit une échelle de même que le moindre soldat, et monta dessus avec autant de flegme que s'il mettoit le pied sur les degrez d'un escalier. Galeran voyant cette action si extraordinaire, fit le signe de la croix en disant au marechal d'Andreghem : *Dieu, quel homme est-ce là !* Le Maréchal l'assûra qu'il ne s'en étonnoit aucunement, puis qu'il étoit né pour de semblables entreprises, et que si ce Bertrand étoit roy de Jerusalem, de Naples ou de Hongrie, tous les payens ne seroient point capables de luy resister, et que la France étoit bienheureuse d'avoir trouvé, dans la conjoncture presente, un defenseur de cette bravoure.

Les autres generaux eurent honte de voir Bertrand dans le peril sans le partager avec luy. Jean de Beaumont, les deux Mauny, le Maréchal et Galeran s'exposerent aussi comme luy. Les assiegez jettoient sur eux des barres de fer touttes rouges, de la chaux vive et des barrils tout remplis de pierre; mais toutte cette resistance, quelque vigoureuse qu'elle fût, ne les empêcha pas de monter et d'entrer dans la place, où Bertrand, rencontrant le gouverneur, luy fendit la tête en deux d'un grand coup de hache. Cet affreux spectacle épouventa si fort toutte la garnison angloise, qu'elle se rendit aussitôt à discretion. Bertrand se laissa fléchir aux prieres de ces malheureux; il se contenta d'en donner la depoüille à ses soldats, et de la voir partager devant luy. Le soir même, il voulut souper comme il avoit dit, dans la même abbaye, dans laquelle il rétablit les moines dés le lendemain. Aprés qu'il y eut sejourné deux jours pour mettre ordre à tout, et jetté de bonnes troupes dans tous les forts qu'il avoit conquis, il renvoya le Maréchal en Cour, qui vint à grandes journées à Paris, et s'en alla mettre pied à terre à l'hôtel de Saint Paul, où Charles le Sage logeoit alors. Il luy fit un recit de la valeur extraordinaire de Bertrand, et de touttes les grandes actions qu'il luy avoit veu faire. Ce discours ne fit qu'irriter la démangeaison qu'avoit le Roy de voir un si grand homme, et de l'employer au plûtôt contre Robert Knole, dont touttes les troupes ravageoient tout le Gâtinois, et vinrent brûler des maisons jusques dans Saint Marceau, qui n'étoit pas alors un fauxbourg de Paris, mais un village assez proche de là.

Tout Paris étoit en alarme; il y avoit bien dix mille hommes de garnison dedans, sans le grand peuple capable de porter les armes, outre quantité de seigneurs qui s'étoient enfermez dans la ville, dont étoient le duc d'Orleans, oncle du Roy, les comtes d'Auxerre, de Sancerre, de Tanquarville, de Soigny, de Dampmartin, de Ponthieu, de Harcourt et de Braine, le vicomte de Narbonne et son frere, les seigneurs de Fontaine et de Sempy, Gauthier du Châtillon, Oudart de Renty et Henry d'Estrumel; si bien que tous ces seigneurs pouvoient sortir de Paris à la tête de quarante mille hommes; la ville d'ailleurs suffisamment gardée. Mais le Roy ne vouloit rien hasarder, jusqu'à ce que Bertrand fût venu, voulant profiter de l'exemple des rois Philippes de Valois et Jean, ses predecesseurs, qui, pour avoir tout risqué fort mal à propos, avoient mis la couronne de France à deux doigts de sa ruine. Il laissa donc morfondre les Anglois devant Paris, qui, manquans bientôt de fourrages et de vivres, furent contraints de se retirer et de tout abandonner. Ce sage prince les fit côtoyer par ses troupes, qui prenoient bien à propos l'occasion de les charger, si bien qu'il en défit plus de cette maniere que s'il eût pris le party de les combattre en bataille rangée.

◇◇◇

CHAPITRE XXXI.

De la ceremonie qui se fit en l'hôtel de Saint Paul, à Paris, par Charles le Sage, roy de France, en donnant l'épée de connetable à Bertrand, qui, sous cette qualité, donna le rendez-vous à touttes ses troupes dans la ville de Caën pour combattre les Anglois.

Bertrand sçachant que les Anglois, jaloux de sa gloire et de sa valeur, le faisoient épier sur le chemin pour le surprendre, arriva seulement luy douzième à Paris, vêtu d'un gros drap gris, afin d'être moins reconnu sur sa route. Cette nouvelle engagea le roy Charles à luy envoyer son grand chambellan, qui s'appelloit *Hureau de la Riviere*, pour luy faire honneur et venir au devant de luy. Ce seigneur s'y fit accompagner de beaucoup de chevaliers de marque, pour rendre la ceremonie plus illustre, et comme il avoit un grand talent dans la science du monde, il s'aquita tres-dignement de sa commission, faisant à Bertrand touttes les honnêtetés imaginables, et luy rendant par avance tout les respects qui sont attachez à la dignité de connétable, qu'il alloit posseder. Toutes les avenües de Paris, touttes les ruës et touttes les fenêtres de cette grande ville, regorgoient de monde qui vouloit voir ce fameux Bertrand Du Guesclin, dont la reputation s'étoit répanduë dans toutte l'Europe. Il alla descendre à l'hôtel de Saint Paul, où le Roy l'attendoit, assis sur un fauteüil, au milieu de ses courtisans. Aussitôt qu'il fut entré dans sa chambre, Bertrand fléchit le genou devant son souverain, qui, ne le voulant pas souffrir dans cette posture, luy commanda de se relever, et le prenant par la main, luy dit qu'il étoit le bien venu ; qu'il y avoit longtemps qu'il l'attendoit avec impatience, ayant une extreme besoin de sa tête et de son épée, pour repousser les Anglois qui faisoient d'étranges ravages par tout son royaume et même dans son voisinage, dont on pouvoit voir les tristes effets en montant au clocher de Sainte Geneviefve, devant Paris ; que sçachant sa bravoure, son bonheur et son experience dans la guerre, il avoit jetté les yeux sur luy pour luy confier le commandement de ses troupes, et que pour luy donner plus de courage à s'en bien aquiter, il avoit resolu de l'honorer de la plus eminente dignité de son royaume, en luy donnant l'épée de connétable.

Bertrand, qui n'étoit pas homme à se laisser ébloüir d'une vaine esperance, prit la liberté de demander au Roy si le seigneur de Fiennes n'étoit pas encore en possession de cette grande charge. Sa Majesté luy répondit que son cousin de Fiennes l'avoit fort bien servy, mais que sa caducité ne luy permettant plus de soûtenir les fatigues de ce glorieux et penible employ, il luy avoit rendu l'épée de connétable en luy disant qu'il ne pouroit jamais trouver personne plus capable de luy succeder que Bertrand. Celuy cy fit voir son grand sens et son jugement dans la repartie qu'il fit à son souverain, car quoy qu'il ne doutât pas qu'il n'en pût disposer independamment de tout autre, cependant comme il prévoyoit que cette eminente dignité luy alloit attirer des jaloux, il fut bien aise que le choix que Sa Majesté faisoit de sa personne fût autorisé de son conseil même, composé des premieres têtes de tout son royaume. C'est la grace qu'il prit la liberté de luy demander en la suppliant d'en faire le lendemain la proposition devant ceux qu'elle avoit accoutûmé d'appeler auprés de sa personne, pour prendre leurs avis dans les affaires les plus importantes. Ce sage prince, bien loin de se choquer d'une condition qui luy devoit sembler inutile, puisque tout dependoit absolûment de luy, voulut bien par condescendance deferer à l'avis de Bertrand, qu'il embrassa d'une maniere fort sincere, ce qui marquoit le fonds de bienveillance qu'il avoit pour ce general. Il eut la bonté de le faire souper à sa table et de luy donner un appartement dans son hôtel, où l'on avoit fait tendre une chambre pour luy, fort richement tapissée d'un drap tout semé de fleurs de lys d'or.

Le lendemain ce prince, aprés avoir entendu la messe, assembla son conseil où se rendirent plusieurs ducs, comtes, barons et chevaliers, le prevôt de Paris et des marchands, et grande partie des plus notables bourgeois de cette capitale. Il leur representa les hostilitez que les Anglois faisoient dans ses Etats ; et le besoin pressant dans lequel on étoit d'y apporter un prompt remede ; qu'il n'en avoit point imaginé de plus souverain, pour arrêter le cours de tant de malheurs, que de choisir au plûtôt un connétable qui pût, par sa valeur et son experience, rétablir les affaires de son royaume ; qu'ils n'étoient tous que trop persuadez qu'il n'avoit pas besoin de leur consentement pour disposer de cette charge, puis qu'il le pouvoit faire de sa pleine puissance et autorité royale ; mais qu'il avoit bien voulu faire ce connétable de concert avec eux ; que le seigneur de Fiennes n'en pouvant plus faire les fonctions à cause de son grand âge, luy en avoit fait une abdication fort sincere, en presence des premiers seigneurs de sa Cour, en luy témoignant que, dans les pitoyable état où la France étoit reduite alors, il n'y avoit personne plus capable de la relever de son accablement que Bertrand Du Guesclin. Ce prince n'eut pas plûtôt prononcé son nom, que tout son conseil opina comme luy, mais avec une si grande predilection pour Bertrand, que le choix de sa personne fut fait tout d'une voix. Le Roy le fit donc venir en leur presence, et luy presenta devant cette illustre assemblée l'épée de connétable. Bertrand la reçut avec beaucoup de soûmission ; mais il protesta que c'étoit à condition *que si aucun traitre en son absence, par trahison ou loberie, rapportoit aucun mal de luy, il ne croiroit point le rapport ; ne jà ne luy en feroit pis, jusqu'à ce que les paroles fussent relatées en sa presence.* Le Roy luy promit qu'il luy reserveroit toûjours une oreille pour entendre ses justifications contre les calomnies qu'on voudroit intenter contre luy.

Bertrand, satisfait de touttes les honnêtetez de Sa Majesté, ne songea plus qu'à remplir dignement les devoirs de sa charge. Tous les officiers de l'armée vinrent luy rendre leurs respects et le saluër sous cette nouvelle qualité de connétable ; et comme l'argent est le nerf de la guerre, il commença par demander au Roy dequoy payer la montre de quinze cens hommes d'armes pour deux mois, luy remontrant qu'il étoit necessaire d'ouvrir ses coffres pour lever incessamment beaucoup de troupes, capables de tenir tête à plus de trente mille Anglois, et que quand elles étoient mal payées, non seulement elles avoient beaucoup de tiedeur pour le service, mais ne songeoient qu'à piller, et ruïnoient tout le plat-païs sous le specieux pretexte de n'avoir point reçu leur solde. Ce brave general ayant ainsi disposé l'esprit de son maître à ne rien épargner pour la conservation de sa Couronne et de ses Etats, s'en alla droit à Caën, comme au rendez-vous qu'il avoit marqué pour y assembler un gros corps de troupes. Chacun courut en foule pour le joindre, tant on avoit d'empressement de servir sous un si fameux capitaine. Il tendoit les bras à tous ceux qui vouloient s'engager; et, bien que Sa Majesté luy eût donné peu d'argent pour faire des levées, quand il en eut employé les deniers, il vendit sa vaisselle et tous les bijoux et joyaux d'or et d'argent qu'il avoit apporté d'Espagne, pour soûtenir la dépense qu'il falloit faire pour enrôler beaucoup de soldats.

Tous les generaux les plus distinguez se rendirent auprés de luy comme à l'envy les uns des autres. Les comtes du Perche, d'Alençon, le maréchal d'Andreghem, Olivier de Clisson dont le bras étoit si fort redouté des Anglois qu'ils l'appelloient le *boucher de Clisson,* messire Jean de Vienne, amiral, Jean et Alain de Beaumont et Olivier Du Guesclin, frere du connétable, vinrent tous à Caën pour recevoir ses ordres et conferer avec luy sur l'état present des affaires. Il les regala magnifiquement, et ce qui rendit encore le festin plus agreable, ce fut la presence de sa femme, qui se trouva là, dont tout le monde admira la sagesse, la beauté, les reparties judicieuses et spirituelles, étant, comme nous avons dit, universelle en toutte sorte de sciences, et même elle avoit une connoissance presque infaillible de l'avenir, dont elle donna quelques preuves, quand elle avertit son mary que le jour de la bataille d'Aüray, dans laquelle il fut pris, devoit être malheureux pour luy. Bertrand donna le lendemain les ordres à ce que chacun se tint prêt pour venir dans trois jours à Vire avec luy, pour une prompte expedition qu'il avoit dans l'esprit. Tout le monde se mit en état de le suivre, et se prepara de son mieux, afin que le service se fît au gré de ce nouveau connétable, dont les preliminaires étoient si beaux, et qui promettoit de forts grands progrès dans la suite. Etant sur le point de monter à cheval, il prit congé de la dame sa femme, à laquelle il donna le choix ou de rester à Caën, ou de s'aller retirer en Bretagne à sa seigneurie de la Roche d'Arien, la conjurant de se souvenir de luy dans ses prieres, et de recommander à Dieu sa personne et la justice de la cause pour laquelle il alloit combattre. La dame le supplia de ne se point commettre dans les jours ausquels elle luy avoit témoigné qu'il y avoit quelque fatalité attachée. Guesclin luy promit d'y faire les reflexions necessaires, plûtôt par la complaisance qu'il avoit pour elle, que pour la foy qu'il eût pour touttes ces sortes de predictions. Il partit de Caën à la tête de beaucoup de troupes fort lestes et dans une fort belle ordonnance ; et le soleil dardant sur leurs casques et leurs cuirasses, causoit une reverberation qui faisoit un fort bel effet à la veüe.

Toutte cette armée vint camper tout auprés de Vire, où les generaux se logerent. Tandis que Bertrand faisoit alte là, les Anglois étoient à Ponvallain, commandez par Thomas de Granson, lieutenant du connétable d'Angleterre. Il avoit dans son armée beaucoup de chevaliers qui s'étoient aquis une grande reputation dans la guerre. Hugues de Caurelay, Cressonval, Gilbert Guiffard, David Hollegrave, Hennequin, Acquet, Geoffroy Ourselay, Thomelin Folisset, Richard de Rennes, Eme, Nicolon de Bordeaux, Alain de Bouchen, et Mathieu de Rademain tenoient les premiers rangs sous ce general, qui, n'osant pas rien entreprendre à leur insçu, trouva bon de les consulter sur ce qu'il avoit à faire, leur témoignant que quoy qu'il eût le commandement sur eux, il étoit persuadé qu'ils avoient tous incomparablement plus d'experience que luy dans la guerre, et que c'étoit dans cet esprit qu'il les avoit tous assemblez pour prendre leurs avis sur l'état present de leurs affaires, ayans à combattre le fameux Bertrand Du Guesclin, qui s'étoit rendu la terreur de toutte l'Europe par les memorables expeditions qu'il y avoit faites, et dont le nom seul étoit si redoutable, qu'il jettoit toûjours la frayeur et la crainte dans l'ame de ses ennemis. Il ajoûta qu'il avoit appris de bonne part qu'Olivier de Clisson marchoit avec luy pour leur donner combat, et que ce dernier étoit un autre Bertrand en valeur, et qu'on n'appelloit pas sans raison *le boucher de Clisson,* parce que c'étoit un capitaine qui faisoit un étrange carnage quand il étoit aux mains dans une mêlée ; qu'il avoit abandonné le party du prince de Galles, dont il s'étoit auparavant reconnu vassal par l'hommage qu'il luy avoit fait, et que cette perfide defection diminuoit beaucoup les forces de leur party, où la presence de Clisson avoit toûjours été d'un grand poids.

Hugues de Caurelay prenant le premier la parole, avoüa que Bertrand étoit le premier capitaine de son siecle, dont il avoit éprouvé cent fois la valeur et l'experience pour avoir souvent partagé les perils de la guerre avec luy ; qu'ils avoient toûjours eu, durant tout ce temps, de grandes liaisons d'intelligence et d'amitié ; mais que les interests de son prince luy devans être plus chers que ceux de son amy particulier, il falloit songer aux moyens de vaincre un ennemy si redoutable ; et que, pour y parvenir, il croyoit qu'il étoit important de tirer de touttes les garnisons voisines le plus qu'ils pouroient de soldats pour renforcer leurs troupes, afin de se mettre en état de faire un plus grand effort contre les François ; et que Cressonval et luy pouroient fort bien faire cette manœuvre tandis qu'on envoyeroit un trompette à Bertrand pour luy demander bataille, et marquer un jour de concert avec luy dans lequel les deux armées en viendroient aux mains. Cet avis étoit si judicieux et si sensé, qu'il fut universellement reçu de tout le monde. Thomas de Granson fut le premier à le goûter, et tous les seigneurs y donnerent ensuite les mains. Cressonval avec Hugues de Caurelay, furent secrettement détachez pour aller dans les places, assembler le plus qu'ils pouroient du monde et l'en tirer pour grossir leur armée qui étoit aux champs. Hugues de Caurelay, pour amuser Bertrand, cependant qu'il feroit de son côté touttes les diligences necessaires pour amasser tout ce secours et ce renfort, envoya l'un de ses gardes à Vire, avec ses dépêches pour demander bataille à Bertrand, et convenir avec luy d'un jour pour cet effet. Le garde arriva bientôt devant cette place, qu'il vit environnée d'enseignes, de tentes et de hutes touttes couvertes de feüillées. Tout y retentissoit du bruit des trompettes, et le camp luy paroissoit remply de tant de soldats, qu'il ne croyoit pas que les Anglois fûssent en assez grand nombre pour mesurer leurs forces avec celles des François.

Tandis que ce cavalier avançoit chemin, il apperçut un autre trompette qui portoit les armes de Guesclin sur sa casaque, et qui revenoit du Mans, où son maître l'avoit envoyé. Celuy-cy voyant que l'Anglois avoit aussi sur sa cotte d'armes celles de Thomas de Granson, general des ennemis, la curiosité luy fit naître l'envie de l'approcher pour sçavoir quel étoit le motif qui l'amenoit en ces quartiers. L'autre luy répondit qu'il luy donnoit à deviner quel étoit le sujet de son message : c'est apparemment pour demander bataille, luy dit le garde de Guesclin, comptez que vous l'aurez, ajoûtant dans son patois : *Car je connois Monseigneur a tel qu'il ne vous en faudra, ne que mars en carême.* Ces deux hommes s'étans ainsi joints, continuerent leur route devisans toûjours ensemble sur la valeur et le courage de leurs maîtres. Ils arriverent enfin jusqu'à Vire, dont on leur ouvrit le château pour les faire parler à Bertrand, qu'ils trouverent se promenant dans la cour de ce lieu, s'entretenant avec tous les chefs et les principaux seigneurs de l'armée, dont étoient le comte de Saint Paul et son fils, le seigneur de Raineval et Roulequin, son fils, Oudard de Renty, le maréchal d'Andreghem, Olivier de Clisson, Jean de Vienne et les deux Mauny. Le trompette de Bertrand presenta celuy de Thomas de Granson, disant à son maître qu'en revenant du Mans, où il luy avoit commandé d'aller, il avoit rencontré dans son chemin ce garde, dont il avoit appris que le general anglois l'envoyoit auprès de luy pour quelque affaire d'importance qu'il avoit à luy communiquer de sa part, et qu'il l'avoit prié de le luy presenter.

Bertrand se disposant à l'écouter, le trompette anglois luy fit son compliment avec beaucoup de respect et de soûmission, commençant par le loüer de sa valeur et de la reputation qu'il avoit aquise dans les armes, dont le bruit étoit répandu dans toutte l'Europe. Aprés qu'il eut étably ces beaux préliminaires, il luy témoigna qu'il se presentoit une belle occasion de couronner touttes les grandes actions qu'il avoit faites, en acceptant le défy qu'il venoit luy faire de la part de Thomas Granson, qui luy demandoit qu'il luy marquât un jour auquel les deux armées pouroient en venir aux mains en bataille rangée ; que s'il refusoit de prendre ce party, l'intention de son maître étoit de l'attaquer de nuit ou de jour, sans garder aucunes mesures avec luy. Le trompette ayant achevé ces paroles, luy mit entre les mains la dépêche de Thomas de Granson, qui ne chantoit que la même chose. Quand Bertrand en eut entendu la lecture, il en fut piqué jusqu'au vif, et jura qu'il ne mangeroit qu'une fois jusqu'à ce qu'il eût veu les Anglois. Il s'informa du trompette en quel endroit ils étoient campez. Il luy répondit que c'étoit auprés de Ponvallain, qu'ils étoient déjà bien quatre mille hommes d'armes, sans un grand renfort qu'ils attendoient, et que Cressonval étoit allé tirer des garnisons voisines, et qu'avec ce secours les Anglois avoient grand desir de le voir en bataille. *Par Dieu*, dit Bertrand, *ils me verront plûtôt que besoin ne leur fut.* Et pour témoigner la joye que luy donnoit cette nouvelle, il fit une largesse de quatorze mares d'argent au trompette anglois, et commanda qu'on le fît bien boire et bien manger, et qu'on luy donnât ensuite un bon lit pour reposer jusqu'au lendemain qu'il le vouloit renvoyer aux Anglois, pour leur annoncer de sa part qu'il feroit plus de la moitié du chemin pour les aller voir au plûtôt. On regala tant le trompette durant toutte la nuit, qu'au lieu de partir à la pointe du jour, il luy fallut dormir pour cuver son vin.

Bertrand se servit de cette favorable occasion pour surprendre les Anglois qui n'avoient point encore reçu de nouvelles de leur messager, qu'ils attendoient avec impatience. Il commanda secrettement que chacun s'armât et montât à cheval, et que qui l'aimeroit le suivît sans perdre de temps, parce qu'il ne vouloit reposer ny jour ny nuit, jusqu'à ce qu'il eût combattu les Anglois. On eut beau luy remontrer qu'il alloit faire un contretemps, et qu'il prenoit mal ses mesures, puis qu'il vouloit partir à l'entrée de la nuit au travers des vents et de la pluye qui devoient beaucoup fatiguer ses troupes, et les mettre hors d'œuvre quand il faudroit combattre; qu'il valoit mieux attendre au lendemain, que de s'engager si precipitamment dans l'execution d'un dessein qui, mal entendu et mal entrepris, pouroit traîner aprés soy de fâcheuses suites. Il ne se paya point de touttes ces raisons dans lesquelles il ne voulut point entrer, jurant qu'il ne descendroit point de cheval jusqu'à ce qu'il eût trouvé les Anglois, ausquels il mouroit d'envie de donner bataille; et que ceux qui ne le suivroient pas seroient reputez pour traîtres et pour infames auprés de Sa Majesté, qui leur feroit sentir toutte son indignation. Il n'eut pas plûtôt fait ce serment, qu'il se mit en devoir de partir sur l'heure, n'ayant d'abord que cinq cens hommes d'armes à sa suite. Il faisoit si noir et si sombre, qu'on ne pouvoit pas voir cinq pieds devant soy, ny sçavoir quelle route il falloit prendre pour se bien conduire; et d'ailleurs une grosse pluye, secondée par un vent froid et piquant, les mettoit tous dans un desordre etrange. Jean de Beaumont prit la liberté de representer à Bertrand qu'il falloit au moins sonner la trompette pour s'assembler, et prendre des flambeaux pour s'éclairer au milieu des tenebres; mais Guesclin ne goûtant point cet expedient, insista que c'étoit donner aux Anglois des nouvelles du mouvement qu'ils alloient faire, et que le bruit des trompettes et la clarté des flambeaux alloient tout reveler à leurs ennemis, que quelque espion ne manqueroit pas d'informer de tout.

Chacun le suivit donc au travers de l'orage et de la nuit, du mieux qu'il luy fut possible. Les uns tomboient dans des fossez, d'autres s'imaginans aller leur droit chemin, marchoient à travers champs, et leurs chevaux heurtoient souvent les uns contre les autres, en se rencontrant. Le maréchal d'Andreghem vit avec peine partir Bertrand Du Guesclin sans le suivre, et, pour exhorter les autres à l'imiter, il témoigna qu'on ne devoit pas abandonner un general que le ciel leur avoit donné pour retablir les fleurs de lys dans leur premier lustre, et qui n'avoit point son semblable dans toutte l'Europe. Ces paroles furent prononcées avec tant de force et de poids, que chacun se mit aussitôt en devoir de partir. Le maréchal commença le premier à faire un mouvement à la tête de cinq cens hommes d'armes. Le comte du Perche, le maréchal de Blainville, Olivier de Clisson qui fut depuis connétable de France, le vicomte de Rohan, Jean de Vienne, le sire de Rolans depuis amiral, les seigneurs de la Hunaudaye, de Rochefort et de Tournemine, se mirent aussi tous en marche pour seconder Bertrand dans la dangereuse expedition qu'il alloit entreprendre. Mais comme la grande obscurité ne leur permettoit pas de se reconnoître, ils sortoient de leurs rangs sans s'en appercevoir, et se rencontroient de buissons en buissons, se choquans sans y penser et faisans mille imprecations, et contre la nuit et contre celuy qui leur faisoit faire ce desagreable manege. Il y eut beaucoup de chevaux crevez dans cet embarras, et Bertrand en perdit deux des meilleurs de son écurie dans cette seule nuit. Chacun luy reprochoit le mal qu'il souffroit, et la perte qu'il faisoit de ses gens qui s'égaroient dans toute cette confusion tumultueuse. Il tâcha de consoler tout le monde en disant que les Anglois avoient assez d'or et d'argent pour les dédommager, et qu'aprés qu'on les auroit battus, on trouveroit dans leurs dépoüilles dequoy se recompenser au centuple de tout ce qu'on auroit perdu dans l'effort qu'on faisoit pour les surprendre.

Il avoit dans ses troupes toute la belle jeunesse de Normandie, de la Bretagne, du Mans et du Poitou, qui ne demandoit qu'à joüer des mains avec les Anglois, et Bertrand les entretenoit toûjours dans cette noble chaleur de combattre; et tandis qu'il les animoit tous à bien faire, les tenebres se dissiperent, et vents se calmerent, les pluyes cesserent, et le jour parut, qui leur fit connoître qu'ils n'étoient pas loin de Ponvallain. Tous les soldats étoient trempez comme s'ils fussent sortis du bain. Bertrand, pour se delasser avec eux, et les faire un peu respirer, fit faire alte au milieu d'un pré, pour reconnoître tout son monde, et le rassembler. Il ne trouva pas plus de cinq cens hommes qui l'avoient suivy : mais jettant les yeux plus loin, il apperçut sur une chaussée beaucoup d'autres troupes qui filoient et le venoient joindre. Cette découverte releva ses perances, et l'engagea d'exhorter ses gens à reprendre cœur en leur representant qu'ils alloient tomber sur les Anglois, qui seroient surpris, et ne s'attendoient pas à cette irruption ; qu'il ne s'agissoit seulement que de faire un peu bonne contenance pour vaincre des ennemis, que leur seule presence alloit intimider ; que Dieu qui de tout temps avoit été le protecteur des lys, leur inspireroit le courage et les forces dont ils auroient besoin pour triompher de ces étrangers ; qu'ils ne seroient pas les seuls à les attaquer, puis qu'il voyoit déja paroître Olivier de Clisson, le vicomte de Rohan, le seigneur de Rochefort, Jean de Vienne et le sire de Trye qui venoient avec le maréchal de Blainville, pour les renforcer. Ils étoient tous si moüillez et si fatiguez, et leurs chevaux si recrus et si las, qu'à peine se pouvoient-t'ils soûtenir.

Aprés avoir pris un peu de repos, et s'être sechez au soleil, ils mangerent et bûrent pour avoir plus de force à combattre, et montans sur leurs chevaux qu'ils avoient aussi fait repaître, ils se dirent adieu l'un à l'autre, frappans leurs poitrines dans le souvenir de leurs déreglemens passez, et recommandans le soin de leurs ames à leur createur, qu'ils esperoient devoir benir la justice de leurs armes. A peine eurent-t'ils fait une lieüe, qu'ils virent tout à plain les Anglois dispersez çà et là par les champs, sans tenir aucun ordre ny discipline, et ne songeans point à la visite qu'on leur alloit rendre. Bertrand fit remarquer ce desordre à ses troupes, et les encouragea de son mieux à leur aller tomber sur le corps, tandis qu'ils étoient ainsi separez et sans se tenir sur leurs gardes, leur promettant tout l'or, tout l'argent, tous les chevaux et touttes les richesses qu'ils trouveroient dans l'armée des Anglois, sans vouloir aucunement partager avec eux le butin qu'ils y pourroient faire. Il remarqua qu'ils étoient bien deux mille sur les champs qui vivoient avec beaucoup de relâchement, et ne se défioient de rien ; que leurs generaux et leurs capitaines étoient logez dans des villages, attendans toûjours quelle nouvelle le trompette de Thomas de Granson leur devoit apporter. D'ailleurs Hugues de Caurelay et Cressonval qui devoient amener un fort grand renfort n'étoient point encore arrivez ; il ny avoit que Thomas de Granson, leur general, qui se reposant sur le retour de son trompette, demeuroit dans son camp, se divertissant sous sa tente avec une fort grande securité. Bertrand voyant que le coup étoit sûr de les attaquer, il s'approcha d'eux avec tant de précaution, qu'il ne se contenta pas de faire cacher sa banniere et de ne point déployer ses enseignes ; mais il voulut que ses gens cachassent leur cuirasses sous leurs habits, et que les trompettes se tûssent, afin de surprendre ses ennemis avec plus de succés.

Il leur commanda de mettre pied à terre, aussitôt qu'ils se trouveroient à un demy trait d'arbalète prés des Anglois. Cet ordre fut exécuté avec tant de secret, que ces derniers ne s'en apperçurent que quand il fallut en venir aux mains avec les François, qui crierent tout d'un coup *Montjoye Saint-Denis*, en montrans leurs cuirasses et leurs étendards où les lys étoient arborez, et faisans retentir toutte la campagne du bruit de leurs trompettes. Ils chargerent les Anglois avec tant de furie, qu'ils en abattoient autant qu'ils en frappoient, et les autres prenans la fuite, jettoient l'épouvente dans toutte leur armée, se plaignans qu'ils étoient trahis. Thomas de Granson, tout consterné de cette camisade qu'on venoit de donner à ses troupes, s'en prit à son trompette, dont il croyoit avoir été mal servy, se persuadant qu'étant de concert avec Bertrand, il n'étoit pas revenu tout exprés, pour luy donner le loisir de faire cette entreprise pendant qu'on attendroit son retour. Il tâcha dans une si grande déroute se r'allier ses gens et de les assembler autour de son drapeau, faisant sonner ses trompettes pour les avertir de se rendre tous à son étendard. Il s'en attroupa prés de mille qui coururent à son enseigne ; mais Bertrand poursuivant toûjours sa pointe avec ses plus braves, se fit jour au travers des Anglois, renversa par terre touttes leurs tentes et leurs logemens. L'execution fut si grande, qu'il en coucha plus de cinq cens sur le pré, de ce premier coup. La bravoure de ce général étonna si fort les Anglois, que se regardans l'un l'autre, ils se disoient reciproquement, que jamais ils n'avoient veu dans la guerre un si redoutable homme, ny qui sçût mieux s'aquiter du devoir de soldat et de capitaine, et qu'on ne pouvoit pas comprendre comment avec une poignée de gens, il faisoit un si grand fracas dans une armée bien plus nombreuse et plus forte que la sienne.

Thomas de Granson voulut avoir recours à un stratageme, en ordonnant à Geoffroy Ourselay d'envelopper Bertrand avec huit cens hommes d'armes, et de l'attaquer par derriere dans la plus grande chaleur du combat et de la mélée. Ce capitaine se déroba de la bataille avec un pareil nombre de gens, et s'alla poster derrière une montagne pour venir charger Guesclin a dos, quand il en trouveroit l'occasion favorable, se tenant là caché tout exprés pour étudier à loisir le temps et le moment propre pour l'accabler par une irruption subite et imprévûe. Bertrand faisoit toûjours un merveilleux progrés contre les Anglois qui s'éclaircissoient et fuyoient devant luy comme des moutons, quand, voulant achever la victoire qui se declaroit en sa faveur, il apperçut l'étendard de Thomas de Granson. Ce nouvel objet luy fit à l'instant commander à ses gens de passer sur le ventre à tout ce qu'ils rencontreroient pour aller arracher cette enseigne des mains de celuy qui la portoit, les assûrant qu'aussitôt qu'elle seroit gagnée, la journée seroit entierement couronnée. Les François partirent à l'instant de la main pour se faire jour au travers des Anglois qui se defendoient et faisoient les derniers efforts pour les arrêter.

Pendant tout ce fracas de part et d'autre, Thomas de Granson s'avisa de détacher un cavalier pour aller à toutte jambe à Ponvallain, donner avis à David Hollegrave de venir incessamment à son secours avec les cinq cens hommes qu'il commandoit. Celuy-cy, par son arrivée, rétablit un peu le combat et donna quelque exercice à Bertrand, qui fut obligé de renouveller ses premiers efforts pour se soûtenir contre un renfort si inopiné. Cependant, comme si la presence de ce peril eût redoublé l'ardeur de son courage, il se lançoit au milieu des Anglois, écumant comme un sanglier, frappoit d'estoc et de taille sur eux, les abbattoit et les renversoit perçant les uns au defaut de la cuirasse, et soûlevant le juste au corps des autres, afin que son épée trouvât moins d'obstacle à les tüer, ne voulant faire quartier à pas un ny prendre personne à rançon. Le comte de Saint Paul et son fils se signalerent dans cette chaude occasion; le sire Raineval, Galeran et Roulequin, ses fils, Oudard de Renty, Enguerrand d'Eudin, Alain et Jean de Beaumont, les deux Mauny, et les autres braves François y payerent tout à fait bien de leurs personnes. Thomas de Granson de son côté faisoit de son mieux pour encourager ses Anglois à ne pas reculer, leur promettant que pour peu qu'ils tinssent encore bon, la victoire leur seroit immanquable, parce que Geoffroy Oursely s'en alloit sortir de son embuscade avec huit cens hommes pour envelopper Bertrand, et le charger à dos, et que si ce capitaine tomboit dans ses mains, comme il l'esperoit, il se feroit un merite de le presenter au roy Edoüard, son maître, qui recevroit avec plaisir un si redoutable prisonnier, qu'il ne rendroit pas pour tout l'or de la France.

Ourselay pensoit faire son coup, et prenoit déja son tour avec ses gens, à la faveur d'un bois qui l'épauloit et le couvroit; mais il fut bien surpris quand il se vit coupé par quatorze cens combattans qui luy tomberent sur le corps, et que menoit contr'eux Olivier de Clisson secondé des deux maréchaux d'Andreghem, et de Blainville et de Jean de Vienne. Comme la partie n'étoit pas égale, les Anglois voyans qu'ils alloient être accablez par la multitude, commencerent à plier. Les François profitans de leur crainte en tüerent grand nombre, et le carnage ne cessa que par la prise d'Ourselay. Clisson luy demanda ce qu'étoit devenu Bertrand, et s'il en sçavoit des nouvelles. Il luy répondit qu'il étoit aux prises avec les Anglois, sur lesquels il avoit déja remporté de fort grands avantages, et que comme il l'alloit envelopper avec ses huit cens hommes, il en avoit été par eux empêché sur le point qu'il l'alloit charger par derriere; qu'il ne sçavoit pas au vray s'il étoit mort ou vif depuis que l'on avoit commencé la mêlée. Clisson témoigna qu'il seroit au desespoir, et n'auroit jamais de joye dans sa vie s'il mesarrivoit de Bertrand, et le maréchal d'Andreghem qui ny prenoit pas moins de part que luy, remontra qu'il ny avoit point de temps à perdre, et qu'il falloit incessamment marcher à son secours. En effet, ils ne pouvoient pas le luy donner plus à propos ; car quand ils arriverent à l'endroit où les deux armées étoient encore aux mains, ils trouverent Bertrand fort engagé dans le combat et fort pressé par Thomas de Granson, qui, tout fier du renfort qu'il venoit de recevoir de David Hollegrave, et se prevalant du plus grand nombre, comptoit déja que Guesclin ne lui pouroit jamais échapper. Mais son attente fut bien vaine, car ces quatorze cens combattans commandez par Clisson, vinrent tout à coup se jetter au travers des Anglois avec autant de furie que des loups affamez qui s'élancent dans un berceil pour en faire leur proye. Clisson fit voir en ce rencontre, que ce n'étoit pas sans raison qu'on l'appeloit *le boucher de Clisson*, car il charpentoit à droit et à gauche tout ce qui se rencontroit sous la force et la pesanteur de son bras.

Le carnage fut si grand que David Hollegrave aima mieux se rendre que de se faire tuer. Thomas de Granson voyant touttes ses troupes en desordre et à demy battuës, r'allia tout ce qu'il avoit de meilleur pour faire encore bonne contenance, et disputer à ses ennemis le terrain pied à pied. Il avoit encore bien douze cens Anglois dont il se promettoit un assez grand effet, mais il y avoit déja si longtemps qu'ils étoient aux mains avec Bertrand et ses François, que tous dégouttans de sueur et du sang qui couloit de leurs blessûres, ils ne pouvoient presque plus rendre de combat. Clisson, Andreghem et Vienne, voulans achever la journée, crioient pour encourager leurs gens *Notre Dame Guesclin*, et l'affaire étoit déja si fort avancée, que de tous les Anglois il n'en seroit pas échappé seulement un seul, quand Thomelin Folisset, Hennequin, Acquet et Gilbert Guiffart survinrent avec quelque renfort pour soûtenir pendant quelque temps le choc des François. Mais il leur fallut enfin ceder à leurs efforts et à leur valeur, d'autant plus que le comte du Perche, le vicomte de Rohan, les seigneurs de Rochefort et de la Hunaudaye arriverent fort à propos avec des gens tous frais, qui firent une si grande execution, que Granson voyant toutte la campagne jonchée de ses morts, et les François mener battant le reste de ses Anglois qui n'avoit pas encore perdu la vie, tomba dans un si grand desespoir, qu'aimant mieux mourir que de survivre à sa honte et à sa défaite, il prit une hache à deux mains, dont le trenchant étoit d'acier, et la levant bien haut il l'alloit décharger sur la tête de Guesclin, si celuy-cy, se coulant sous le coup, ne l'eût fait porter à faux, en saisissant Granson par le corps et le colletant avec tant de force, que non seulement il le jetta sous luy, mais luy arracha la hache qu'il tenoit, dont il le pouvoit aisément assommer; il aima mieux genereusement luy donner la vie, pourveu qu'il se rendit à l'instant à luy. Granson ne balança point à le faire, et cela le mit à couvert d'un autre coup que luy alloit décharger Olivier de Clisson, si Bertrand ne l'eût paré en luy retenant le bras et luy disant que Granson étoit son prisonnier.

Il ne restoit plus qu'à se saisir de Thomelin Folisset, qui se moquoit de tous ceux qui se mettoient en devoir de le prendre, en se defendant avec un baton à deux bouts, dont il se couvroit tout le corps. Personne n'en approchoit impunément; il y en eut même qui, pour avoir voulu trop risquer, y laisserent la vie. Regnier de Susanville fut un de ceux là. La mort de ce chevalier, que Clisson consideroit beaucoup, alluma si fort sa colere, que se jettant sur ce Thomelin, il luy fendit en deux, avec sa hache, son bâton à deux bouts. Celuy-cy, se voyant desarmé d'un instrument dont il se sçavoit si bien servir, mit aussitôt l'épée à la main pour en percer Olivier de Clisson; mais le coup qu'il porta ne fit aucun effet, parce qu'il étoit si bien armé dessous ses habits, que l'épée trouvant une forte resistance se cassa en deux. Ce malheur obligea Thomelin de se jetter aux genoux de Clisson, pour luy demander la vie, le priant de le vouloir prendre pour son prisonnier. Hennequin, Acquet, Gilbert Guiffart et plusieurs autres, voyans que tout étoit perdu sans aucune ressource, prirent le party de se rendre. Le butin fut grand pour les François : il n'y eut pas jusqu'au moindre palfrenier et goujat qui n'eut son prisonnier, et dont il ne tirât une bonne rançon. Le debris de cette déroute des Anglois s'alla jetter dans les places voisines. Les uns allerent se refugier dans la ville de Baux, d'autres chercherent leur asyle dans celle de Bressiere, d'autres dans celle de Saint Maur sur Loire, où Cressonval étoit encore, assemblant le plus de gens qu'il pouvoit pour en renforcer l'armée angloise, dont il ne sçavoit pas la défaite. Guesclin voulut les y suivre et les aller dénicher de ses forts en les y assiegeant sans perdre temps.

<><><>

CHAPITRE XXXII.

De la prise du fort de Baux et de la ville de Bressiere, et de la sortie que les Anglois firent de Saint Maur sur Loir, aprés y avoir mis le feu, mais qui furent ensuite battus par Bertrand devant Bressiere.

Guesclin s'étant allé délasser et raffraîchir avec les siens dans la ville du Mans, aprés une si memorable victoire, et sçachant que les Anglois s'étoient retirez dans la ville de Baux, il crut que la gloire qu'il avoit aquise dans cette journée ne seroit pas entiere ny complette, s'il ne les alloit encore assieger dans cette forteresse. Bertrand, s'en approchant un peu trop prés, pour mieux reconnoître la place, le gouverneur luy demanda ce qu'il vouloit, et qu'elle étoit la raison de sa curiosité, qui luy faisoit étudier ainsi l'assiette de son fort. Guesclin luy répondit qu'il ne faisoit cette démarche que pour sçavoir son nom, dans l'esperance de se pouvoir ainsi aboucher avec luy. Ce commandant luy témoigna qu'il étoit bien aise de le contenter là dessus, et qu'il s'appelloit le chevalier Gautier. Bertrand l'exhorta de luy rendre sa place sans se faire attaquer dans les formes ordinaires par une armée royale et victorieuse qu'il commandoit en personne, en qualité de connétable de France, ayant avec soy tous les braves de ce royaume, dont étoient les deux mareschaux d'Andreghem et de Blainville, Olivier de Clisson, le vicomte de Rohan, les seigneurs de Reths, de Rochefort, de la Hunaudaye, Jean et Alain de Beaumont et toutte l'élite et la fleur de la France. Ce gouverneur l'assûra qu'il le connoissoit peu pour luy faire une semblable proposition; qu'il n'avoit jamais été capable d'une pareille lâcheté; que quand ses murs seroient tout percez comme un crible, ses gens tüez et luy même tout couvert du sang de ses blessûres, il ne songeroit pas encore à se rendre, et là dessus il luy fit commandement de se retirer au plûtôt, s'il ne vouloit se faire écraser sous un monceau de pierres, qu'il luy feroit jetter sur la tête. *Ha larron*, luy dit Bertrand, *tu es en ton cuidier; mais par la foy que dois à Dieu, jamais ne mangeray ne ne bauray tant que je t'aye pris ou mis en mon dangier.*

Le gouverneur se moqua de luy bien loin de luy témoigner qu'il fût alarmé de touttes ces menaces, et se prepara de son mieux à se bien defendre, se persuadant que Guesclin ne feroit que blanchir dans l'entreprise qu'il feroit sur sa place. Bertrand s'étant mis à l'écart, vint retrouver ses gens pour les exhorter à tirer raison de l'insolence de ce commandant qui l'avoit bravé jusqu'à luy faire insulte, leur disant qu'il falloit aller dîner dans cette place où il y avoit de bonnes viandes et de fort bon vin qui les y attendoient, et que chacun se tint prêt pour monter à l'assaut. Il fit mettre pied à terre aux gendarmes, et leur ordonna de descendre dans le fossé pour s'attacher ensuite à la muraille, dans laquelle ils fichoient entre deux pierres leurs dagues et leurs poignards, dont ils se faisoient des degrez et des échelons pour monter, tandis que les arbalêtriers favorisoient à grands coups de traits les efforts qu'ils faisoient pour se rendre au haut des murs sans en être repoussez par les assiegez, qui n'osoient paroître sur les remparts, à cause de cette grêle de flêches et de dards que les François leur lançoient du bord du fossé. Roulequin de Raineval fut fait chevalier sur le champ de la main de Bertrand, pour avoir osé le premier monter à l'échelle. La precipitation qui faisoit aller les soldats à l'assaut, en faisoit beaucoup tomber les uns sur les autres; mais l'ardeur qu'ils avoient de se rendre maîtres de la place, faisoit qu'ils s'entr'aidoient à se relever. Bertrand craignant que les fatigues ne refroidissent leur courage, leur promettoit de les recompenser largement, et les excitoit de son mieux à ne se point relâcher. Il y eut un soldat breton qui fit enfin de si grands efforts qu'il monta sur le mur, et se battant en desesperé contre les Anglois qui le vouloient repousser, il fraya le chemin aux autres, en criant : *Guesclin, Saint Paul, le Perche, Raineval, Renty*. Ils monterent tous à la file, et s'étans rendus les plus forts, ils chasserent les ennemis du poste qu'ils occupoient auparavant, et s'etant répandus ensuite dans la ville, ils y jetterent tant de frayeur, et firent une si cruelle boucherie des Anglois, que le commandant s'estima bienheureux de s'évader par une poterne dont il s'étoit reservé la clef. La ville se rendit aussitôt, où les soldats firent un butin fort considerable, et trouverent beaucoup de vivres et de vins pour s'y raffraîchir et s'y délasser de touttes les fatigues que leur avoit coûté cette conquête.

Bertrand ne se contentant pas de ce premier succés, dépêcha par tout des coureurs pour sçavoir où les fuyards s'étoient refugiez aprés leur défaite à *Ponvallain*. Ce general apprit que le debris de cette armée battuë s'étoit retiré dans Saint Maur sur Loire, et que les Anglois ne s'y croyoient pas en sûreté depuis qu'ils avoient sçu que la forteresse de Baux avoit été prise d'assaut. Cette surprenante nouvelle les y fit tenir sur leurs gardes avec plus de précaution que jamais; car le seul nom de Bertrand les faisoit pâlir, et quand ils entendoient le moindre bruit, ils s'imaginoient le voir aussitôt à leurs portes. Leur terreur ne fut pas vaine ny panique; car ils furent investis par les François, qui planterent le piquet devant leur place avec beaucoup d'ordre et de discipline, faisans mine d'y vouloir établir un siege dans touttes ses formes. Bertrand, avant que de rien entreprendre contre une place si forte d'assiette, trouva bon de tenir conseil avec les seigneurs qui commandoient dans son armée. Ce fut dans cet esprit qu'il appella Guillaume de Launoy, Carenloüet, capitaine de la Rocheposay, Guillaume le Baveux, Ivain de Galles, et un autre chevalier que l'on nommoit *le Poursuivant d'amours*. Il les consulta tous sur les mesures qu'il avoit à prendre dans une occasion de cette consequence, leur representant que la place devant laquelle ils étoient postez, n'étoit pas une affaire d'un jour, et qu'il étoit important de s'en assûrer avant que d'entrer plus avant dans le païs, de peur que Cressonval qui commandoit dedans, ne les harcelât par derriere, ayant une tres-forte garnison d'Anglois, qui pourroient faire des courses sur eux, et les troubler dans les expeditions qu'il leur falloit entreprendre pour dénicher leurs ennemis du royaume de France.

Les avis furent fort partagez dans ce conseil. Les uns estimoient qu'une forteresse de cette consequence, située sur la riviere de Loire et bien fortifiée, meritoit bien qu'on l'assiegeât par degrez et dans touttes les formes; d'autres vouloient qu'on l'insultât sans la marchander davantage. Mais le sentiment de Bertrand prevalut sur celuy des autres, et fut universellement suivy, quand il opina qu'il croyoit qu'il étoit necessaire, avant touttes choses, de pressentir Cressonval, gouverneur de Saint Maur, qu'il connoissoit de longue main pour avoir fait la guerre avec luy pendant plusieurs années en Espagne. Il envoya donc un heraut de sa part à Saint Maur, pour prier Cressonval de luy venir parler, et lui mettre un saufconduit ou passeport entre les mains, pour le guerir de tout le soupçon que ce message luy pourroit donner. Il ne balança point à sortir de sa place sur de si bonnes suretez, ordonnant à son lieutenant de bien veiller sur tout, de peur d'être surpris en son absence. Quand Guesclin le vit approcher, il luy dit : *Bienveignant Sire, par Saint Maurice dinerez avec moy, et buvrez de mon vin ainçois que partiez ; car vous avez été mon amy de pieçu.* Il le cajola de son mieux de la sorte, le faisant souvenir de tous les travaux qu'ils avoient essuyez ensemble en Espagne, quand ils faisoient la guerre en faveur d'Henry contre Pierre, et qu'il ne l'avoit quité, que parce que le service du prince de Galles, son maître, l'appelloit ailleurs, ainsi que doit faire tout bon sujet et fidelle vassal. Il ajoûta qu'il avoit pris la liberté de le faire venir pour renouveller leur ancienne amitié, le verre à la main, sans faire préjudice au service commun de leurs maîtres, les roys de France et d'Angleterre.

Cressonval luy témoigna que les liaisons particulieres qu'il avoit avec luy, ne seroient jamais capables de luy faire trahir la fidelité qu'il devoit à son prince; aussi Guesclin luy fit connoître qu'un repas fait entre deux amis sujets de deux souverains ennemis, ne leur pouroit attirer aucune affaire auprés de leurs maîtres, puis que chacun d'eux se mettroit en devoir de les bien servir quand l'occasion s'en presenteroit. Enfin Cressonval se rendant à des raisons si specieuses et si fortes, n'osa pas refuser la priere qu'il luy faisoit avec tant d'honnêteté de vouloir bien manger avec luy. Bertrand le regala fort splendidement. Ils s'entretinrent durant leur dîner des perils qu'ils avoient essuyez ensemble, et de quelques engagemens de cœur qu'ils avoient eu pour les dames, tandis qu'ils étoient en Espagne. Quand le repas fut achevé, Guesclin tira Cressonval à l'écart, et luy dit qu'il n'avoit souhaité toutte cette entreveüe que pour luy faire voir le danger dans lequel il s'alloit plonger s'il pretendoit defendre Saint Maur contre une armée si forte que la sienne, composée de tant de gens aguerris et tout fiers des victoires qu'ils avoient remportées jusqu'à lors; qu'il n'avoit pas voulu l'attaquer d'abord dans le dessein qu'il avoit de le menager comme son amy ; mais que s'il s'opiniâtroit à vouloir soûtenir un siege, il couroit risque d'être pris et de perdre la vie luy et tout son monde. Il le conjura de faire une forte reflexion sur tout ce qu'il luy disoit, l'assûrant que s'il ne deferoit pas à son amy, il auroit tout le loisir de s'en repentir.

Cressonval ne donna point d'abord dans un piége si specieux. Il convint avec luy que jamais place ne seroit attaquée par un plus fameux capitaine que luy, ny par des troupes plus braves ny plus intrepides ; mais il le pria de vouloir bien songer qu'il devoit être fort jaloux de son honneur et de la fidelité qu'il devoit au prince de Galles, qui luy avoit confié la garde d'une citadelle tres forte d'assiette, remplie d'une tres bonne garnison, et bien pourveüe de touttes les munitions necessaires de guerre et de bouche ; et qu'il étoit de son devoir de la defendre au peril de sa vie, et de se faire ensevelir sous ses ruïnes plûtôt que de commettre la lâcheté qu'il luy proposoit, et qu'il sçavoit être tout a fait indigne d'un gentilhomme qui se doit piquer d'avoir le cœur bien placé. Bertrand qui ne s'accommodoit pas d'une repartie qui reculoit la reddition de Saint Maur sur Loire, fronça le sourcil, et jura, disant à Cressonval, *que par Dieu, qui fut peiné en croix et le tiers jour suscita, et par saint Yves s'il attendoit qu'il mit trefs ne tentes devant son fort, il le feroit pendre aux fourches.* Le gouverneur tout tremblant de peur à ce serment, et le connoissant homme à luy tenir parole à ses dépens, le pria de trouver bon qu'il remontât à cheval pour s'en retourner à Saint Maur, et representer tout ce qu'il venoit de luy dire aux bourgeois et à la garnison de sa place. Bertrand le voyant disposé à se rendre, donna d'autant plus volontiers les mains à sa priere. Cressonval ne fut pas plûtôt arrivé, qu'il fit assembler dans l'hôtel de ville les plus notables bourgeois et les principaux officiers de la garnison, pour leur donner avis du serment qu'avoit fait Guesclin de les faire tous pendre, s'ils tomboient dans ses mains aprés la prise de la place.

Ce discours les alarma si fort qu'ils vouloient déja prendre le party de s'enfuir sans attendre que Bertrand commençât le siege ; mais Cressonval essaya de les rassûrer en leur disant qu'il avoit stipulé par avance qu'ils auroient tous leurs biens et leurs vies sauves, en se rendans dans un certain jour, et qu'il valloit mieux en passer par là que de s'exposer à une mort certaine, qu'ils ne pouroient jamais éviter, si la place étoit une fois prise ou par siege, ou par famine, ou par assaut. La crainte de la mort les faisoit presque tous donner dans ce sentiment, quand un chevalier anglois, fort brave de sa personne, prit la parole pour representer à la compagnie qu'une reddition si precipitée ne les garantiroit jamais du soupçon que le prince de Galles pourroit avoir de leur perfidie, s'ils venoient à faire une démarche si honteuse sur de simples menaces qu'un general leur auroit fait pour les intimider. Cette genereuse remontrance ne leur inspira point le courage et la resolution de se bien defendre, mais les rendit encore plus timides. Cressonval faisant reflexion sur ce qu'avoit dit le chevalier anglois, et craignant que tout le reproche de cette defection ne tombât sur luy seul, ouvrit les yeux sur le pas qu'il avoit medité de faire, et jura qu'il feroit bien voir, par la conduite qu'il alloit tenir, qu'il n'étoit point capable de la trahison dont on avoit pretendu l'accuser. Il commanda donc à chacun de se preparer à sortir, et d'emporter ses meubles, son argent et tout ce qu'il avoit de plus precieux, parce qu'aussitôt qu'ils auroient gagné la porte, il avoit envie de mettre le feu dans la place et de la reduire en cendres, afin que Bertrand n'en eût que les ruïnes, et que par là tout le monde fût éloigné de croire qu'il eût été là dessus corrompu par argent. Il leur marqua que, quand ils seroient hors des portes, ils eussent à se retirer dans Bressiere où dans Moncontour.

Cet ordre fut ponctuellement exécuté de la même maniere qu'il l'avoit projetté. Les bourgeois et les soldats chargerent leurs épaules de tout ce qu'ils pûrent emporter, et quand ils eurent gagné la prairie, Cressonval fit aussitôt mettre le feu par tout par ses gens, sans pardonner même aux églises, dont la flamme et la fumée se voyoient de fort loin; le vent même qui souffloit alors en porta les étincelles à plus de deux lieües de là. Ce spectacle étoit fort pitoyable. La nouvelle en vint bientôt à Bertrand, qui fut averty par un courier qu'on appelloit *Hasequin*, que les Anglois venoient de sortir de Saint Maur, aprés y avoir mis le feu; qu'ils prenoient la route de Bressiere et de Moncontour, chargez de touttes les dépoüilles de la ville, et qu'il étoit aisé de courir aprés et de les atteindre, parce que le fardeau qu'ils portoient les contraignoit de marcher lentement. Bertrand, fort déconcerté de cette nouvelle, à laquelle il ne s'attendoit pas, fit mille imprecations contre l'infidelité pretenduë de Cressonval, qui avoit violé la parole qu'il luy avoit donnée de luy remettre la place entre les mains. Le maréchal d'Andreghem luy dit qu'il n'avoit pas tout le tort du monde, puis qu'il luy avoit laissé les portes ouvertes; mais comme il n'en voyoit plus que les cendres et les ruïnes, il resolut de se venger de cette tromperie, commandant sur l'heure à tous ses gens de monter à cheval pour courir aprés les Anglois, tandis qu'ils étoient encore errans et vagabonds dans les champs, ou les investir dans Bressiere, et les y prendre avec tout leur bagage et les meubles qu'ils avoient emportez. Comme les François étoient en marche à la suitte de Bertrand, les uns se plaignoient que ce general étoit trop remüant et ne les laissoit jamais en repos, ne leur donnant pas le loisir de manger ny de dormir; d'autres le disculpoient en avoüant que les siecles precedens n'avoient jamais fait naître un tel homme, ny qui eût de si grands talens pour la guerre, et qu'il falloit un capitaine de cette trempe et de ce caractere pour relever la France de l'accablement où les Anglois l'avoient reduite.

Quand ces derniers se presenterent devant Bressiere, ils trouverent les portes fermées et les pont levez sur eux; car ceux de la ville apprehendoient si fort Bertrand, qu'ils n'osoient pas se declarer pour ces fuyards, de peur de s'attirer un siege qui degenereroit bientôt dans le carnage de leurs habitans et le sac entier de Bressiere. Tandis que les Anglois, tout attenüez de fatigues et pouvans à peine respirer sous le faix dont ils étoient chargez, demeuroient arrêtez aux portes de cette ville sans y pouvoir entrer, et craignoient que Bertrand qui les poursuivoit ne les atteignît bientôt, le commandant de la place, homme de bon sens et d'experience, les appella du haut des murailles, leur demandant ce qu'ils faisoient là, s'ils étoient Anglois ou François, et quel étoit le lieu dont ils étoient sortis. Un de ces Anglois prit la parole pour les autres, et le pria de leur ouvrir ses portes, parce qu'ils venoient de Saint Maur sur Loire, qu'ils avoient mieux aimé mettre en cendres que de souffrir qu'elle fût prise par Guesclin, qui tout écumant de rage et de fureur les poursuivoit avec tout son monde, pour assouvir sur eux son ressentiment. Il ajoûta pour le toucher encore davantage, qu'ils étoient tous Anglois naturels et sujets du même prince que les habitans de Bressiere; que les François, leurs ennemis, commandez par Bertrand leur marchoient déja sur les talons, et qu'ils alloient être tous assommez sans qu'il en pût échapper un seul, s'il ne leur faisoit la charité de les mettre à couvert du danger qui les ménaçoit, en leur donnant retraite dans sa place. Ce gouverneur apprehendant que le prince de Galles ne luy fît un jour quelque reproche de son inhumanité s'il laissoit ainsi ce peu d'Anglois à la discretion de leurs ennemis, leur promit qu'il leur ouvriroit ses portes à condition qu'ils passeroient cinquante à cinquante, et ne coucheroient point dans Bressiere. Les Anglois furent trop heureux d'accepter ces offres ; mais il n'en fut pas plûtôt entré quarante, que le tocsin sonna de la tour, et le guetteur crioit à pleine tête, *trahy, trahy, fermez la porte, voici Bertrand qui vient! ces Anglois fugitifs nous ont vendus.*

En effet il y avoit quelque vraysemblance de trahison, car on appercevoit du beffroy, où coururent les bourgeois en foule, tous les étendards de Guesclin, d'Olivier de Clisson, des maréchaux d'Andreghem et de Blainville, d'Alain de Beaumont, du vicomte de Rohan, du sire de Rochefort, de Carenloüet et de toutte l'élite de la France. Ces bourgeois ne se possedans point à la veüe de tout cet appareil de guerre qui les menaçoit, s'allerent imaginer que ces pauvres Anglois qui demandoient un asyle chez eux, étoient d'intelligence avec les François, et n'avoient souhaité l'entrée de leur ville que pour les livrer à leurs ennemis.

Dans cette fausse préoccupation d'esprit, ils se jetterent sur ces refugiez innocens, et, sans avoir aucune indulgence pour eux, ils les tüerent tous, ne voulans point prêter l'oreille à leurs justes plaintes, ny aux raisons dont ils s'efforçoient de justifier leur conduite ; et fermerent ensuite leurs portes, et leverent leur pont sur le reste des Anglois, qui leur demandoient le passage. Bertrand vint fondre sur eux avec tout son monde. Ils se mirent dabord en devoir de se bien defendre ; mais leur resistance fut vaine ; ils se virent bientôt accablez par la multitude et tous enveloppez. Ceux qui survécurent à leur défaite furent arrêtez prisonniers. Guesclin tâcha de garder la justice distributive dans le partage des dépoüilles, mais il n'en put venir à bout, et la difficulté fut encore plus grande quand il fallut regler à qui veritablement les prisonniers appartenoient, et la contestation ne finit qu'aux dépens de la vie de ces pauvres Anglois ; car pour vuider tout le different que les François victorieux avoient là dessus les uns contre les autres, Guesclin et Clisson trouverent que c'étoit un chemin bien plus court de les faire tous massacrer, afin de faire tout égal, si bien qu'il se fit aux portes de Bressiere un carnage de plus de cinq cens Anglois, qui demeurans couchez par terre et tout ensanglantez des coups qu'ils avoient reçus devoient beaucoup épouventer les habitans de cette ville, qui pouvoient voir de leur donjon toutte cette boucherie. Bertrand, voulant profiter de leur consternation, s'approcha du pont levis, et voyans quelques soldats qui faisoient le guet, il leur commanda d'aller avertir leur gouverneur, parce qu'il desiroit s'aboucher avec luy pour traiter de paix à l'amiable ensemble. Ce commandant s'étant presenté pour luy parler, debuta par luy dire des injures, donnant mille maledictions au jour qui l'avoit mis au monde pour être le fleau des Anglois ; il luy reprocha que depuis quatre mois il avoit fait contr'eux plus d'hostilitez que tous les autres ennemis de leur nation n'en avoient fait dans un siecle entier, et que, n'étant pas content d'avoir trempé ses mains dans le sang de leurs freres, qu'il venoit d'assommer, il pretendoit peut-être encore qu'il luy rendît la ville de Bressiere sur une simple sommation.

Bertrand luy promit que s'il vouloit deferer à son commandement, il luy donneroit la vie sauve et la liberté d'emporter son or, son argent et tout son bagage, et feroit la même grace aux soldats de sa garnison, le menaçant que s'il refusoit d'obeir, il les traiteroit tous comme ces Anglois qu'il voyoit renversez morts, et nager dans leur sang tout autour des fossez de sa place. Le gouverneur luy répondit que quand il luy donneroit dix mille mares d'or, il ne seroit point capable de commettre une semblable lâcheté ; qu'il avoit une ville bien munie, bien fortifiée ; qu'il servoit un prince assez puissant pour luy envoyer du secours en cas de besoin ; que s'il luy rendoit les clefs de sa place, sans siege et sans assaut, il meriteroit que son maître le fît pendre comme un traître. Il le prit même à témoin de ce qu'il feroit luy même si le roy de France luy avoit confié la garde d'une ville aussi bien conditionnée que la sienne, revetuë de bonnes murailles, bien pourveüe de bleds, de vin, de lards et de chairs salées, et toutte remplie d'une bonne garnison, composée de soldats les plus aguerris de sa nation. Bertrand s'appercevant que cet homme avoit des sentimens si nobles, avoüa de bonne foy que, s'il étoit à sa place, il ne se rendroit jamais qu'on n'eût pris d'assaut sa forteresse, ou du moins par un siege qui fût dans les formes, et le loüant de ce qu'il avoit le cœur si bien placé, luy promit de le laisser en repos, et de passer outre avec tous ses gens, à condition qu'il leur fourniroit des vivres pour un jour en payant. Cet homme, au lieu de le prendre au mot, et de s'estimer heureux d'en être quite à si bon marché, luy fit une reponse indiscrette et brutale, luy disant qu'il luy donneroit volontiers des vivres pour rien, s'il croyoit qu'en les mangeant, il en pût étrangler avec tous ses François qu'il menoit avec luy. Cette parole incivile et malhonnête piqua Guesclin jusqu'au vif : *Ah felon portier,* luy dit-il, *par tous les Saints vous serez pendu par votre ceinture* ; et quand il eut lâché ce mot, il alla de ce pas trouver les autres generaux françois, et leur fit le recit de l'insolence de ce gouverneur et des paroles outrageantes avec lesquelles il avoit reçu la demande qu'il luy avoit faite de leur donner des vivres pour de l'argent, jurant qu'il en falloit au plûtôt tirer raison d'une maniere si sanglante qu'elle servit d'exemple aux autres gouverneurs, qu'ils pouroient rencontrer dans le cours de leur marche. Le maréchal d'Andreghem, Olivier de Clisson, le vicomte de Rohan, et les autres seigneurs entrerent tous dans son ressentiment. Il y eut là même un jeune chevalier nommé *Jean du Bois*, qui fit serment de porter l'étendard de Bertrand, le jour même, sur la tour de Bressiere, ou qu'il luy en coûteroit la vie s'il ne le faisoit pas.

Tous ces generaux monterent à cheval pour reconnoître l'assiette de la place, où il y avoit ville et citadelle, et pour étudier l'endroit qui seroit le plus propre pour la bien attaquer. Quand Bertrand eut bien observé le fort et le faible de cette place, il revint à ses gens pour leur dire qu'ils se missent aussitôt sous les armes, et qu'il ny avoit point d'autre party à prendre que celuy de donner un assaut le plus vigoureux qu'ils pouroient ; qu'il falloit d'abord se couvrir pour se garantir d'une grêle de dards et de flêches que les assiegez ne manqueroient pas de leur tirer de leurs murailles, pour en defendre les approches ; mais que quand ils auroient jetté tout leur feu là dessus, et que les coups de trait viendroient à cesser, ils devoient, tête baissée, descendre tous dans le fossé pour s'attacher au mur et le monter avec des échelles de cordes et autres instrumens. Les François, voulans venger l'affront que le gouverneur de Bressiere avoit fait à leur general, s'acharnerent à cet assaut avec une vigueur incroyable, fichans leurs dagues et leurs poignards entre les pierres et le mortier, afin de se faire, dans les jointures, des degrez et des échelons pour monter à la cime des murs. Les Anglois leur lâchoient, de dessus leurs remparts, des tonneaux remplis de pierres et de cailloux, et ceux sur lesquels ils tomboient, demeuroient écrasez sous leur chûte. Touttes ces disgraces ne faisoient que redoubler l'ardeur de ceux qui n'en étoient point atteints, et sans s'effrayer de la veüe de ceux qui culbutoient dans les fossez, ils gagnerent le haut du rempart en grand nombre. Celuy qui portoit l'étendard de Bertrand, le vint poser au pied du mur en criant *Guesclin*, pour braver encore davantage les ennemis, qui commençoient à perdre cœur au milieu de tant de François qu'ils voyoient affronter le peril avec tant d'intrepidité. Un Anglois s'efforça d'enlever cette enseigne par la pointe de la pique qui la soutenoit, mais Jean du Bois, qui la portoit, la poussant contre luy, luy perça l'œil droit et luy fit prendre le party de se retirer avec sa blessûre. Le marechal d'Andreghem fit des choses incroyables dans cet assaut, qui luy coûterent enfin la vie ; car trois fois il monta sur le mur, dont il fut repoussé par trois fois et renversé dans les fossés. Toutes ces chûtes, jointes aux coups qu'il avoit reçus en se chamaillant contre les Anglois, luy froisserent tellement le corps qu'il ne put survivre longtemps à cette derniere expedition. Bertrand et Clisson furent aussi fort maltraitez, mais avec un moindre danger ; car s'étant tirez à l'écart pour reprendre un peu leurs esprits, ils revinrent ensuite à la charge avec plus de rage et plus de fureur.

Guesclin crioit à ses soldats que la viande dont ils devoient souper étoit dans cette place, et qu'il falloit necessairement ou la prendre ou mourir de faim. Il commanda pour lors à Jean du Bois, son port'enseigne, qu'il levât haut son étendard, afin qu'il fût planté le premier sur les remparts, comme un signe de la victoire qu'il alloit remporter et de la prise de Bressiere. Les Anglais avoient beau jetter des barils remplis de pierres sur les François, tout ce fracas ne les épouventoit point, et ne fut pas capable de refroidir leur courage et cette martiale obstination qui les faisoit monter les uns après les autres. Les generaux en montroient l'exemple les premiers. Alain et Jean de Beaumont, Guillaume le Baveux, les seigneurs de Rochefort, de Reths, de Vantadour, de la Hunaudaye, Jean de Vienne, Carenloüet, le chevalier qu'on appelloit le poursuivant d'amours, Alain de Taillecol, dit *l'abbé de mal paye*, se surpasserent dans cette chaude occasion, faisans de grands trous dans les vieilles murailles avec leurs piques, et donnans tant de coups dedans que les pierres se deboiterent et croûlerent les unes sur les autres. La brèche fut ensuite fort facile à faire. Guesclin, pour achever cette journée, crioit à ses gens : *Allons, mes enfans, ces gars sont suppeditez*. A cette parole, les François firent un dernier effort et se jetterent comme des lions déchainez dans la ville, au travers de cette brèche, et joignans ceux qui s'étoient emparez déja du haut des remparts, ils ne trouverent plus aucune resistance. Il y eut quelques cinquante Anglois qui voulurent se sauver par une poterne dont ils avoient gardé la clef tout exprés ; mais ils tomberent dans les mains du marechal d'Andreghem, qui les fit rentrer à grands coups d'épée, dont il en tüa dix. Bertrand s'étant emparé des murailles où l'on avoit planté son étendard, se voyant à la tête de plus de cinq cens braves, fit faire main basse sur tous les Anglois qui se trouverent dans la ville, si bien que ceux qui purent se sauver dans la citadelle, s'estimerent beaucoup heureux. Les François, qui s'étoient rendus maîtres de la ville, coururent vite aux portes pour les ouvrir au reste de l'armée, qui fit son entrée dans Bressiere en marchant sur un monceau de morts qui demeuroient étendus dans les rües.

Guesclin vouloit qu'on attaquât la citadelle, mais les troupes étoient si fatiguées de l'expedition violente qu'ils venoient de faire, qu'elles n'étoient plus en état de rien entreprendre, et le marechal d'Andreghem, tout moulu des coups qu'il avoit reçus, en mourut quelque temps après. Les vainqueurs partagerent entr'eux le butin qu'ils firent, et donnans toutte la nuit au repos dont ils avoient un fort grand besoin, se presenterent le lendemain devant la citadelle, qui, profitant de l'exemple de la ville qui venoit d'être prise d'assaut, aima mieux prendre le party de capituler que d'essuyer le même sort. Bertrand, après un si memorable succés, reprit le chemin de Saumur, d'où il étoit parti pour cette expedition. Il y passa quinze jours pour s'y raffraîchir et s'y délasser, et y fit faire les obseques du pauvre marechal, dont il avoit fait transporter le corps en cette ville pour l'y inhumer. La perte d'un si grand homme fut fort regrettée. Tandis que Guesclin prenoit le soin de celebrer ces funerailles avec le plus de pompe et de pieté qu'il pouvoit, il vint un courier luy donner avis que Robert Knole, general anglois, étoit au château de Derval, qu'il avoit donné les ordres necessaires pour faire repasser la mer à ses gens sous la conduite de Robert de Neuville, et que si l'on pouvoit les surprendre au passage, on pouroit s'en promettre de fort riches dépoüilles, parce qu'ils emportoient avec eux un considerable butin qu'ils avoient fait en pillant tout le plat-païs. Bertrand, ne voulant pas negliger cet avis important, prit la resolution de les attaquer, et fit même sonner la trompette, afin que chacun se tint prêt pour marcher, Olivier de Clisson le pria de vouloir bien souffrir qu'il luy en épargnât la peine, et qu'il se chargeât tout seul de cette entreprise. Il luy representa qu'il étoit necessaire qu'il restât pour observer les demarches que Chandos pouroit faire avec un grand nombre de troupes angloises qui tenoient garnison dans Poitiers, et qui n'attendoient que ses ordres pour faire quelque mouvement au premier jour, et que tandis qu'en qualité de connétable il auroit l'œil aux occasions les plus importantes et d'un plus grand poids, il pouroit se reposer sur luy de cette petite expedition qui se presentoit, et dont il esperoit sortir avec succés, parce qu'il connoissoit le païs et les defilez par où les Anglois devoient necessairement passer.

Bertrand luy voulant faire naître l'occasion d'aquerir de la gloire dans une action dont il souhaitoit d'avoir le commandement, ne balança point à l'en laisser le maître tout seul. Clisson, dans le pressentiment qu'il avoit qu'il triompheroit des Anglois, se mit à la tête de tout son monde avec une joye incroyable, et surprit les ennemis comme ils étoient sur le point de s'embarquer dans leurs vaisseaux, et profitant du desordre dans lequel ils étoient, et de l'alarme qu'il leur donna, les vint charger en criant : *Guesclin et Clisson, à mort traîtres recreans, jamais en Angleterre ne rentrerez sans mortel encombrier.* La reputation d'un si grand capitaine, dont ils redoutoient la valeur, et qu'ils appelloient Clisson le Boucher, parce qu'il coupoit bras et jambes dans les combats, leur donna tant de crainte et tant de frayeur, qu'ils se laisserent hacher en pieces, et ne firent qu'une legere defense. Olivier en fit un si grand carnage, que de onze cens qu'ils étoient, il n'en resta pas deux cens. Le general qui les commandoit, et qui s'appeloit Robert de Neuville, fut trop heureux de se rendre et de se constituer prisonnier dans les mains de Clisson, qui, le menant à Bertrand, ne luy put pas donner une preuve plus évidente de la victoire qu'il avoit remportée, qu'en luy presentant captif le chef des Anglois. Il luy temoigna même qu'il ne devoit pas posseder tout seul la gloire de cette journée, puis que le vicomte de Rohan, les seigneurs de Reths et de Rochefort, le sire de Beaumanoir et Geoffroy Cassinel, avoient merité par leurs belles actions de la partager avec luy.

CHAPITRE XXXIII.

De la defaite et de la prise du comte de Pembroc devant la Rochelle, par les flotes de France et d'Espagne, dont la premiere étoit commandée par Ivain de Galles.

Le prince de Galles étant attaqué d'une maladie mortelle qui le minoit et le consumoit peu à peu, prit le party de retourner en Angleterre, et de laisser le soin des affaires de cette Couronne en Guienne, au duc de Lancastre, au captal de Buc, à Thomas Tistons et au senéchal de Bordeaux, afin d'être alerte et de veiller sur les entreprises de Bertrand qui donnoit beaucoup d'exercice aux Anglois et les harceloit. Un jour que ce grand capitaine attendoit à Saumur des nouvelles du roy, son maître, pour avoir de quoy payer touttes les troupes qu'il avoit levées pour son service, il arriva de Paris un courier, qui se presentant devant luy pour luy faire la reverence, fut aussitôt prevenu par Gueselin, qui, sans attendre qu'il ouvrit la bouche pour luy declarer le sujet de sa commission, luy demanda brusquement où étoient les sommes que Sa Majesté luy devoit faire tenir incessamment pour payer son armée, qui ne pouroit à l'avenir subsister que de rapines, et qu'en devastant tout le plat-païs. Cet homme luy répondit que bien loin d'avoir de l'argent, il seroit luy même contraint de vendre son cheval, et de retourner à pied s'il n'avoit la bonté de luy donner dequoy faire les frais de son voyage qui le rappelloit à Paris, et dans le même temps il luy presenta la depêche du Roy que Bertrand ouvrit et fit lire par son secretaire, parce que, comme nous avons dit, il ne sçavoit pas lire luy même. Elle luy donnoit ordre de licencier ses troupes et de se rendre au plûtôt à Paris pour conferer avec Sa Majesté sur les mesures qu'il y avoit à prendre pour la campagne prochaine. Cette nouvelle desola beaucoup Bertrand, qui, donnant à sa colere touttes ses saillies, s'écria : *Grand Dieu, qu'est-ce que de service de Roy!* se frapant soy-même et se tourmentant comme un enragé, disant que ce prince, s'il luy avoit tenu parole, auroit déja fait la conquête de toutte la Guienne, et que faute d'ouvrir ses coffres, il courroit risque de tout perdre; qu'il avoit soûtenu la guerre quelque temps à ses propres depens par la vente de sa vaisselle d'or et d'argent; et que bien loin d'en recevoir le remboursement, il voyoit bien, selon le train que prenoient les affaires, que les troupes demeureroient sans payement.

Tandis que son indignation luy faisoit lâcher ces paroles, il luy vint un autre courier de la part d'Henry, roy d'Espagne, qu'il avoit si bien servy contre Pierre, qui luy presenta les lettres de son maître. La lecture qu'il en fit faire luy donna tout autant de joye que l'autre depêche luy avoit donné de tristesse. Elles luy apprirent que le roy d'Espagne, pour luy témoigner sa reconnoissance des bons services qu'il luy avoit rendus, luy envoyoit deux mulets chargez d'or, d'argent et de pierreries, l'assûrant qu'il ne perdroit jamais la memoire de tout ce qu'il avoit fait pour le rétablir sur le trône, et que, depuis son départ, il avoit éprouvé le besoin qu'il auroit eu de luy, pour avoir essuyé beaucoup de rebellions de ses sujets, qu'il n'avoit pu surmonter que par les conseils et le bras du Besque de Vilaines, qu'il luy avoit laissé, dont il s'étoit tout à fait bien trouvé. Il le prioit aussi, dans cette depêche, d'employer le credit qu'il avoit auprés du Roy son maître, pour que le Besque de Vilaines et son fils Pierre luy restassent, afin que par leur secours il pût calmer tous les troubles de son royaume qui n'étoient pas encore appaisez, promettant au roy de France qu'aprés qu'il auroit pris *Carmone, Somone et Thoüars*, il mettroit en mer une flote de vingt deux vaisseaux, fournis de tout leur amarage, pour combattre les Anglois, et travailler de concert avec luy pour les dénicher de la France, à condition que si la paix se faisoit ensuite entre ces deux nations, il luy envoyeroit des troupes pour le servir en Espagne, et qu'il payeroit fort grassement. Il arrive quelquefois dans la vie que de grandes joyes succedent à de grandes tristesses. Cet evenement parut tout à fait dans la conjoncture presente, puisque Bertrand se voyant comblé de richesses dans le temps qu'il se croyoit dans la derniere disette, témoigna tout ouvertement la grande satisfaction que luy donnoit la reconnoissance et la liberalité du roy d'Espagne.

Il regala fort cet agreable messager, qui, déchargeant les mulets, étala dans sa salle de fort riches presens, entre lesquels il y avoit un petit vaisseau de fin or, des couronnes et des tasses de même métal, artistement façonnées, grand nombre de pierreries, et beaucoup d'or et d'argent monnoyé. La veüe de ces richesses n'excita point l'avarice de Bertrand, et ne le fit point penser à la conservation de tous ces tresors pour les laisser à sa famille. Au contraire, elle luy fit naître l'occasion de faire éclater sa generosité; car l'argent luy ayant manqué pour payer ses troupes, il invita tous les capitaines qui servoient sous luy de venir dîner avec luy, les traita de son mieux, et leur distribua touttes ces pierreries, ces joyaux, cet or et cet argent pour les satisfaire auparavant que de les licencier, pour executer l'ordre qu'il avoit reçu là dessus, et ne se réserva que le vaisseau d'or pour en faire present au Roy, qu'il alloit trouver. Il les pria tous, avant que de se separer d'avec eux, de ne pas quiter le service jusqu'à ce qu'il leur donnât de ses nouvelles aprés son retour de Paris, leur promettant qu'il ménageroit si bien les choses auprés du Roy, qu'ils auroient tous sujets de se loüer de sa conduite; et que si Sa Majesté ne deferoit pas aux raisons qu'il avoit à luy dire pour luy faire ouvrir ses coffres, il luy remettroit entre les mains l'épée de connétable, et retourneroit en Espagne pour servir le roy Henry. Quand il les eut ainsi congediez avec le plus d'honnêteté qu'il luy fut possible, il renvoya le courier en Espagne, et le chargea de bien témoigner à son maître combien il étoit sensible à la munificence qu'il venoit de faire éclater en sa faveur, et de luy dire que si les affaires du royaume de France le luy pouvoient permettre, il iroit au plûtôt le trouver en personne pour le servir encore contre ses ennemis.

Ce courier s'en retourna fort content du succés de sa commission, et des dons que Bertrand luy fit avant que de le laisser partir. Ce general ne songea donc plus qu'à prendre le chemin de Paris où le Roy l'appelloit, mais avant son départ il mit ordre à touttes choses. Il laissa de bonnes garnisons dans les places qu'il avoit conquises. Il établit Carenloüet dans la *Rocheposay*, laissa dans *Saumur* Alain et Jean de Beaumont, Olivier de Mauny, Guillaume le Baveux, Ivain de Galles et plusieurs autres chevaliers pour veiller à tout durant son absence. Il se mit ensuite en chemin sans avoir avec luy que fort peu de gens. Le courier que le Roy luy avoit envoyé le prevint, et se rendant à grandes journées à Paris, il alla descendre à l'hôtel de Saint Paul sur le soir, pour rendre compte à Sa Majesté de tout ce qu'il avoit fait, et de tout ce qu'il avoit veu, luy rapportant que Bertrand, en execution de ses ordres, avoit licencié ses troupes avec beaucoup de répugnance, se plaignant hautement de ce que les fonds luy avoient manqué pour les payer, et declarant que si le Roy n'apportoit un prompt remede à ce mal, il quiteroit le service et luy rendroit l'épée de connétable, pour aller en Espagne reprendre les armes en faveur du roy Henry, qui luy avoit envoyé de grandes richesses. Il ajoûta que Guesclin, bien loin de retenir pour luy ces tresors, les avoit genereusement distribuez à ses capitaines, pour les recompenser des montres qu'ils n'avoient pas reçuës; qu'il avoit été le témoin de tout ce qu'il prenoit la liberté d'avancer à Sa Majesté, qui verroit Bertrand dans trois jours, dont elle apprendroit la confirmation de tout ce qu'il venoit de luy dire. Cette nouvelle surprit un peu le Roy, qui voyant l'interêt qu'il avoit à la conservation de cet homme, sur qui rouloient touttes ses esperances et le succés de touttes ses affaires, mit la main sur l'épaule de *Hureau de la Riviere*, son grand chambellan, qu'il aimoit beaucoup et qui passoit dans toutte la France pour son favory, luy disant : *Hureau, nous ne pourrons pas nous defendre d'ouvrir nos coffres et de donner de l'argent à Bertrand, de peur que nous ne ve-* *nions à perdre un si grand capitaine, et qu'il ne nous échappe.* Ce favory luy répondit qu'il étoit de la derniere importance de satisfaire un si grand homme, et que s'il abandonnoit le service, tout son royaume couroit grand risque d'être bientôt conquis par les Anglois; que luy seul étoit capable de rétablir les affaires, quand même elles seroient sur leur dernier penchant, et qu'enfin l'on ne devoit rien épargner pour le contenter. Le Roy prêta beaucoup l'oreille à cette judicieuse remontrance, et luy promit de profiter de son avis.

Trois jours aprés Guesclin se rendit à la Cour luy dixième, vétu fort simplement, faisant peu de cas de se mettre sur son propre pour paroître devant son maître, et même affectant de porter par tout des habits fort communs. La Riviere vint au devant de luy pour le disposer à ne point s'écarter du respect quand il parleroit au Roy, craignant que le chagrin dans lequel il étoit, ne luy fit faire quelque écart. Ce fut dans cet esprit qu'il le prevint de mille caresses, luy témoigna qu'il venoit de laisser Sa Majesté dans de fort bonnes intentions de luy donner toutte la satisfaction qu'il pouvoit attendre d'elle. Il le mena donc devant le Roy, qui luy fit un fort bon visage et luy tendit la main, pour luy faire voir qu'il avoit pour luy des considerations touttes particulieres, luy disant qu'il étoit le fort bien venu, qu'il auroit toûjours pour luy des égard distinguez, et qu'il le devoit aimer luy seul plus que tous ses autres sujets. Bertrand, qui ne se payoit gueres de vent ny de fumée, ne put dissimuler ce qui luy tenoit au cœur : *Sire*, luy dit-il, *je m'en apperçoy mauvaisement, car vous m'avez ôté tout mon ébat, et maudit soit l'argent qui se tient ainsi coy, plûtôt que de le departir à ceux qui guerroyent vos ennemis.* Le Roy, craignant qu'il ne s'émancipât, l'interrompit en luy promettant qu'il alloit ouvrir ses coffres pour le contenter et luy donner dequoy payer les troupes qu'il commanderoit au printemps.

Bertrand, à ce discours, prit la liberté de luy demander dequoy donc vivroient les garnisons qu'il avoit laissé dans les places pour garder la frontiere, et si Sa Majesté pretendoit qu'elles pillassent les pauvres païsans de la campagne pour trouver dequoy subsister. « Bertrand, ajoûte » le Roy, vous aurez vingt mille francs dans » un mois. » Hé quoy, *Sire*, s'écria Guesclin, *ce n'est pas pour un déjuner! je voy bien qu'il me faudra departir de France, car je ne m'y sçay chevir, si me convient renoncer à l'office que j'ay.* Le Roy tâchant de le radoucir en luy declarant qu'il ne pouvoit pas lever de grandes sommes dans son royaume, sans beaucoup fouler ses sujets, il luy répondit plaisamment : *Hé Sire, que ne faites vous saillir ces deniers de ces gros chaperons fourrez, c'est à sçavoir prelats et avocats qui sont des mangeurs de Chrétiens.* Le Roy fit la justice à Bertrand d'entrer dans ses sentimens. Il luy fit compter tout l'argent qu'il luy demanda pour payer les troupes, et le renvoya sur la frontiere aussi satisfait qu'il étoit venu mécontent à Paris.

Le Besque de Vilaines, qui n'avoit point quité le service d'Henry, roy d'Espagne, eut moins de chagrin que Bertrand, car outre que les armées qu'il commandoit étoient regulierement bien payées, il le recompensa d'ailleurs de la comté de *Ribedieu,* dont il luy fit present pour reconnoître les dangers qu'il avoit tant de fois essuyez pour le rétablir sur le trône. Il est vray qu'on ne doit pas accuser Charles le Sage d'avarice, parce qu'il n'envoyoit pas à Guesclin tout l'argent dont il avoit besoin pour soutenir la guerre; c'est que ce bon prince apprehendoit de fouler ses sujets par de nouveaux subsides, et tiroit le moins qu'il pouvoit sur ses peuples. Quand Henry se vit au dessus de ses ennemis et de ses affaires, et maître absolu de toutte l'Espagne, il ne songea plus qu'au secours qu'il avoit promis à la France contre les Anglois. Il fit équiper une flote de vingt deux voiles et remplit ses vaisseaux de beaucoup d'archers et d'arbalêtriers espagnols, qui se promettoient de faire sur mer une grande execution contre ces insulaires et contre ceux de Bordeaux, leurs sujets. En effet, ils se rendirent si redoutables sur l'Ocean, que nul bâtiment n'osoit se presenter devant eux, et quand ils rencontroient Flamands, Brabançons, Picards ou Normands, ils les pilloient tous, et ne faisoient point de scrupule de les jetter dans la mer aprés les avoir mis en chemise. Charles le Sage de son côté mit sur mer auprés d'Harfleur une flote de douze gros vaisseaux, dans lesquels il fit embarquer cinq cens hommes d'armes et trois cens archers, avec ordre d'aller joindre celle d'Espagne. Mais les François ayant été repoussez par les vents ne pûrent à jour nommé faire le trajet qu'ils avoient medité. Tandis qu'ils étoient sur les mers, ils apperçurent devant eux l'isle de *Grenesay,* qui relevoit du roy d'Angleterre; Yvain de Galles, qui commandoit la flote françoise et qui ne demandoit qu'à se venger de l'outrage qu'il pretendoit avoir reçu de son maître, qui l'avoit depoüillé de tous les biens qu'il possedoit en son païs, voulut descendre dans cette isle pour s'y dédommager de touttes ses pertes. Il alla donc débarquer au port Saint Pierre. Ceux de l'isle crierent aux armes, et se mirent en devoir de se bien defendre.

Il y avoit là quelques six vingt Anglois qui, chargez d'un gros butin qu'ils menoient à Londres, se rafraichissoient dans cette isle, qu'ils regardoient comme un entrepost, en attendant qu'ils cinglassent en Angleterre, pour y transporter touttes les dépoüilles qu'ils avoient amassées en écumant et piratant sur touttes les mers. Les François les attaquerent vivement et les pousserent avec tant de vigueur, qu'ils les obligerent de se refugier dans un château. Cet asyle pretendu ne leur fut pas d'un grand secours, et n'empêcha pas que cette isle ne fût pillée, saccagée, dépoüillée de tout ce qu'elle avoit de meilleur et de plus riche. Ivain de Galles y fit un fort bon butin, qui servit à le consoler un peu de la misere où l'injustice de son Roy l'avoit mis. Les François aprés avoir fait le sac de Grenesay se presenterent devant une autre isle qui relevoit encore des Anglois, et qui craignant d'essüyer le même sort que la premiere, aima mieux se saigner et fournir de grosses sommes pour se racheter du pillage qu'elle ne pouvoit pas autrement éviter. Ivain de Galles se remit en mer aprés s'être enrichy luy et ses François de la dépoüille de ces deux isles, et cinglant toûjours dans le dessein de joindre la flote espagnole, il rencontra seize vaisseaux qui avoient moüillé l'ancre. Il s'imagina d'abord que c'étoient les Anglois, et se promettoit bien de les battre et d'y faire un riche butin. Mais quand il fut aux approches, il découvrit que c'étoient des vaisseaux marchands qui venoient d'Espagne, et qui se reposoient là dans l'attente d'un vent favorable, pour retourner en Flandres, à Anvers et dans le Brabant. Les François firent quelque mine de les attaquer, ne les voulans pas reconnoître pour marchands; mais Ivain de Galles leur remontra que ce seroit violer le droit des gens, que de courre sus à ceux dont la profession les met sous la foy publique.

Cet amiral ayant empêché qu'on ne leur fit aucune insulte, se contenta de recevoir quelques vivres qu'ils luy presenterent et de leur demander si dans le cours de leur navigation ils n'avoient point découvert quelques bâtimens anglois. Ces marchands luy répondirent qu'ils avoient rencontré dans la mer de Bordeaux une belle flote composée de dix-huit grosses ramberges et de quinze autres moindres vaisseaux, et que le comte de Pembroc, qui la commandoit, y avoit chargé beaucoup d'or et d'argent qu'il avoit apporté de Londres pour payer les troupes que le roy d'Angleterre entretenoit en Guienne contre les François, parce que ce prince apprehendoit fort que les Gascons ne secoüassent le joug de son obeïssance et ne se donnassent à leur premier maître, et que la Rochelle, suivant leur exemple, ne luy échappât. Ils ajoûterent que le comte de Pembroc alloit droit à cette place pour s'en assûrer, dans la crainte qu'il avoit que Bertrand ne le prevint, et qui avoit déja fait des tentatives pour débaucher les Rochelois de la fidelité qu'ils devoient à leur souverain. Quand Yvain de Galles eut tiré de ces marchands tous les éclaircissemens dont il avoit besoin, il se promit bien d'en profiter et les remercia, les assûrant qu'ils pouvoient demeurer en paix, et qu'il ne leur seroit fait aucun tort. Il fit voile ensuite pour aller à la découverte de tout ce que luy avoient dit ces marchands, qui le voyans partir luy donnerent mille benedictions, et se regarderent les uns les autres comme des gens qui venoient d'échapper d'un fort grand peril, en disant : *ce ne fut le gentil Yvain de Galles, ces felons François nous eussent tous meurdris.*

Cet amiral, après avoir fait un voyage d'assez long cours, enfin surgit au port de Saint André en Espagne, où l'on preparoit une fort belle flote pour l'envoyer au secours des François contre les Anglois. Ce fut là que se joignirent ces deux armées navales pour faire sur mer quelque importante expedition contre leurs communs ennemis. Le comte de Pembroc en fut l'objet bientôt. Elles le rencontrerent sur la route qu'il prenoit vers la Rochelle. Les Espagnols se servirent d'un artifice, qui pour lors étoit assez rare, pour brûler les grosses ramberges du comte de Pembroc. Ils jetterent à l'eau de petits bateaux tout remplis de bois qu'ils avoient graissé d'huyle et d'autres ingrediens pour en rendre la matiere plus combustible. Ils avoient entr'eux des plongeons fort experimentez dans l'art de conduire ces sortes de barques, et de les faire couler touttes brûlantes et tout allumées sous ces grosses ramberges, ausquelles le feu de ces bateaux venant à se communiquer, y causoit un embrasement dont il étoit impossible de se gatantir. Ce stratageme, dont les Espagnols se servirent, fit un si grand effet contre les Anglois, qu'ils leur brûlerent treize gros bâtimens ; et tandis que les Anglois se mettoient en devoir d'éteindre ce feu, les François et les Espagnols, profitans du desordre, de l'alarme et de la consternation dans laquelle il les avoient jettez, vinrent les charger à grands coups de dards et de flêches, heurterent le vaisseau du comte de Pembroc avec tant de roideur, ayant le vent sur luy, que ce gros bâtiment venant à s'ouvrir fit eau de tous côtez, et contraignit cet amiral anglois de se rendre à la discretion de ses ennemis, avec *Huard d'Angle* et *Jean d'Arpedenne*, qui furent forcez de suivre son exemple avec plus de trois cens autres prisonniers des plus riches de toutte l'Angleterre, sans compter plus de huit cens hommes qui perirent dans cette journée par le feu, par le fer et par l'eau du côté des Anglois. Les vainqueurs trouverent dans les bâtimens qui tomberent sous leur puissance beaucoup d'or et d'argent monnoyé, qu'on avoit apporté de Londres pour payer les troupes qui servoient le roy d'Angleterre dans sa province de Guienne contre les François, et même ils ne purent voir sans étonnement le grand nombre de chaînes que les Anglois avoient chargé pour mettre les Rochelois aux fers, et les traiter comme des rebelles sujets, ausquels les François firent voir les patentes et les provisions tout expediées pour établir dans la Rochelle d'autres officiers de justice que ceux du païs.

Ces lettres étoient touttes scellées et remplies du nom des Anglois que l'on vouloit mettre à leur place, les uns en qualité de baillifs, les autres sous celle de prevôts, d'autres comme receveurs, et d'autres comme capitaines, si bien que les Rochelois voyant qu'on n'avoit apporté d'Angleterre que des chaînes pour eux, et que touttes les charges et tous les emplois étoient destinez pour des étrangers, ils n'eurent point de regret d'ouvrir leurs portes aux vainqueurs et de redevenir François, selon la pente qu'a naturellement chaque nation, d'obeïr à un prince qui soit de son païs. Les Espagnols ayant rendu ce service à la France, se retirerent avec leurs prisonniers et leurs dépoüilles au port de Saint André. Quand Yvain de Galles apperçut le comte de Pembroc au milieu des autres prisonniers, il luy fit mille reproches et luy dit mille injures, se plaignant qu'il avoit été le seul auteur de sa disgrace et de son infortune, par les pernicieux conseils qu'il avoit donné au roy d'Angleterre, son maître, contre luy. Il poussa même si loin son ressentiment, qu'il protesta que s'il avoit été son prisonnier, il l'auroit fait mourir avec infamie, pour se venger des outrages qu'il luy avoit fait. Le comte luy declara qu'il n'avoit aucune part à la disgrace qu'il avoit encouruë et dont il se plaignoit, et qu'il avoit grand tort d'insulter à un malheureux qui ne luy avoit jamais fait aucun prejudice, et dont il devoit plûtôt déplorer la condition que luy faire injure. Enfin les Espagnols enchaînerent leurs prisonniers anglois des mêmes chaînes que ceux cy avaient destiné pour les Rochelois, et ne leur rendirent la liberté qu'après leur avoir fait exactement payer leur rançon.

CHAPITRE XXXIV.

De plusieurs places conquises par Bertrand sur les Anglois, et de la reddition qui luy fut faite de celle de Randan, devant laquelle il mourut aprés qu'on luy en eut porté les clefs.

Les François, sous la conduite de Bertrand, pousserent toûjours leurs armes victorieuses; après s'être rendu les maîtres de Saint Jean d'Angely et de Xaintes, qui ne purent tenir longtemps contre les efforts d'un si grand capitaine, dont le nom seul étoit devenu la terreur des Anglois; il alla planter ensuite le piquet devant *Cisay*, aprés avoir pris la precaution de s'assûrer de Montreüil Bauny, qui luy falut prendre d'assaut. Tandis qu'il disposoit touttes choses pour le succés de ce siege, les seigneurs de Clisson, de Laval et de Rohan, qui s'étoient attachez à celuy de *la Roche sur Yon*, luy manderent qu'il eût à se tenir sur ses gardes, parce que les Anglois s'assembloient en grand nombre à *Niort*, dans le dessein de secourir ou la place qu'il assiegeoit, ou celle devant laquelle ils étoient postez. Guesclin les remercia du soin qu'ils avoient pris de luy donner un avis si judicieux et si salutaire, et leur témoigna que, pour en profiter, il alloit se tenir alerte pour prevenir l'insulte qu'on luy pouroit faire. En effet, il fit environner son camp de fossez et de pieux, pour en defendre les approches, et ne se contentant pas d'aller au devant des entreprises que les ennemis pouroient faire pour troubler la continuation de son siege, il envoya des ordres à Alain de Beaumont de se cantonner et de se retrancher comme luy, de peur que les Anglois ne luy vinssent tomber sur le corps tandis qu'il seroit devant Lusignan, qu'il tenoit serré de fort prés. Alain ne manqua pas de prendre là dessus les mêmes precautions que Bertrand. Ces trois sieges de *Cisay*, de *la Roche sur Yon* et de *Lusignan*, qui se faisoient tous dans un même temps, partageoient beaucoup les forces des François, qui, touttes rassemblées, les eussent mis en état de faire de plus grands efforts et de reüssir avec plus de succés. Bertrand perdoit son temps et ses peines devant Cisay, qui souffrit plusieurs assauts sans qu'on en pût venir à bout. Il tâcha d'en corrompre le gouverneur à force de presens; mais sa fidelité fut inebranlable, car bien loin de prêter l'oreille à ses persuasions, il ne le paya que de railleries.

Tandis qu'il se morfondoit devant cette place, les Anglois tenoient conseil dans Niort pour deliberer entr'eux à laquelle des trois villes assiegées ils pouroient donner du secours. Le sire d'Angoris, le plus fameux et le plus experimenté capitaine d'entr'eux, opina que c'étoit à Bertrand qu'il falloit aller, parce que de sa défaite dépendoit la reputation de leurs armes, et s'ils le pouvoient une fois dénicher de devant Cisay par une bataille qu'ils pouroient gagner sur luy, tout le reste des François ne tiendroit pas longtemps contre une armée qui viendroit de triompher d'un si grand capitaine. *Jaconnel*, qui ne connoissoit pas la valeur de Bertrand, jura devant toutte cette assemblée qu'il l'iroit attaquer en personne, et qu'il le leur ameneroit mort ou vif. Il s'avisa même d'y proposer un expedient qui seroit capable d'intimider beaucoup les François, en cas qu'on le voulut suivre; c'étoit de porter tous des chemises de toile au dessus de leurs armes, et d'y faire coudre au milieu des croix rouges devant et derriere. Tout le monde goûta fort cet avis et l'on resolut aussitôt de le suivre. Tandis que les Anglois étoient sur le point de se mettre en campagne avec ce bel épouvantail, il leur vint une recruë de quatre cens hommes qui leur demanderent la permission de se joindre à eux pour combattre les François ensemble, qu'ils devoient tous regarder comme leurs communs ennemis. Ce renfort les rendant encore plus fiers, ils partirent tous de Niort avec leurs habits de toile et leurs croix rouges, en fort belle ordonnance, sous la conduite de Jaconnel, qui, croyant déja Bertrand dans ses mains, avoit ordonné qu'on tendît fort proprement une chambre, et qu'on y preparât un fort grand repas pour bien recevoir dans Niort et y regaler ce connétable de France, qu'il comptoit d'y amener dés le soir même. Ils se promettoient de remporter une victoire si complette dans cette journée, qu'ils avoient déja resolu de faire passer tous les François au fil de l'épée, sans faire quartier qu'à trois seulement, *à Guesclin*, *à messire Maurice du Parc et à Geoffroy de Cassinet*, tous chevaliers bretons dont ils esperoient tirer une rançon considerable.

Toutte cette troupe, composée de quelque quinze cens Anglois, vint rabattre dans sa marche tout auprés d'un bois. Tandis qu'ils y faisoient alte, ils apperçurent deux charettes de vin qu'on menoit au camp devant Cisay; on les avoit tirées de Montreuil Belay, qui est la meilleure vinée qui croisse dans tout le Poitou. Les Anglois alterez de la grande chaleur du jour, en defoncerent tous les muids et s'en donnerent à cœur joye sans en laisser aucune goutte. Tandis que les fumées du vin leur montoient à la tête, ils se faisoient une haute idée de la victoire qu'ils alloient remporter sur les François, se promettans les uns aux autres de n'en pas laisser échapper un seul, et de répandre plus de sang qu'ils n'avoient versé de cette liqueur dans leurs gosiers : *Debellaturi supra mensam Alexandrum*, dit Quint Curce de Bessus et de ses soldats, qui comptoient pour rien la valeur d'Alexandre contre lequel ils alloient combattre, tandis qu'ils étoient à table éloignez du danger, et qu'ils ne voyoient l'ennemy qu'en idée, que la force du vin qui les échauffoit leur faisoit paroître fort petite.

Tandis que leur imaginaire intrepidité les rendoit ainsi fort contens d'eux mêmes, les gens de Bertrand prirent un Breton qui depuis quatre ans étoit dans le party des Anglois, et le menerent devant luy. Guesclin qui le regardoit comme un deserteur, donna tout aussitôt les ordres pour le faire pendre. Celuy-cy se disculpa fort bien du crime dont on le soupçonnoit, en disant que les Anglois s'étoient saisis de sa personne, et l'avoient retenu malgré luy dans leurs troupes, et que depuis il avoit toûjours cherché l'occasion de s'échapper d'eux ; mais qu'elle ne s'étoit jamais présentée plus favorable pour cet effet, que tout recemment ; qu'il les avoit quitez pour se ranger du côté de ceux de sa nation, et reveler à Bertrand une nouvelle de la derniere consequence. Celuy-cy le prenant toûjours pour un transfuge et pour un espion, le menaça de le faire à l'instant brancher au premier arbre, s'il venoit à découvrir en luy la moindre supercherie. Ce Breton l'assûra qu'il luy parloit fort sincerement et de bonne foy, ne s'étant separé des Anglois que pour pour luy donner avis du danger qui le menaçoit, et luy dire que les ennemis étoient fort prés de luy, tous vêtus de toile sur leurs armes, et qu'ils portoient des croix rouges devant et derriere pour intimider les François par un spectacle si bizarre et si surprenant, et qu'ils avoient dessein de les surprendre de nuit ou de jour. Bertrand à qui cet homme étoit encore suspect, luy témoigna que s'il étoit surpris en mensonge il luy en coûteroit la vie. Cependant il se trouva que le Breton n'imposoit aucunement à la vérité ; car les Anglois n'étoient qu'à un quart de lieüe de là cachez dans un bois, et qui n'attendoient que la nuit pour venir à coup sûr tomber sur le camp des François.

Le coup étoit immanquable s'ils eussent suivy leur premier dessein ; mais la sotte vanité de Jean d'Evreux le fit avorter, qui voulant faire l'intrepide et le courageux, pretendoit comme un autre Alexandre ne pas derober la victoire à la faveur des tenebres, mais la remporter en plein jour, comme si les Anglois n'avoit pas assez de cœur et de bravoure pour défaire les François en combattant contre eux dans les formes. Il leur representa que la gloire de leur nation vouloit qu'on n'imputât pas leur victoire à une surprise qui auroit un air de trahison, d'autant plus qu'étant deux contre un, les François seroient obligez de ceder à la multitude. Cet avis ayant été suivy de tout le monde, on ne songea plus qu'à l'executer ; mais avant que de faire le premier mouvement là dessus, on envoya quelque coureurs pour reconnoître auparavant en quelle assiette étoient les François ; car les Anglois avoient tant de fierté, qu'ils apprehendoient que si leurs ennemis avoient le vent de leurs approches, ils ne levassent aussitôt le siege de Cisay pour prendre la fuite. Ils marcherent donc dans une fort belle ordonnance au nombre de douze cens.

Le spectacle de touttes ces toiles blanches et de ces croix rouges dont ils étoient vétus, jettoit un éclat par toutte la campagne. Ils avoient outre cela quatre cens archers montez à l'avantage, ayant chacun le casque en tête, et la lance au poing, vêtus de croix rouges et de toile comme les fantassins. Leurs drapeaux, que le vent agitoit au soleil, contribuoient beaucoup à rendre leur contenance plus brave et plus fiere. Tout cet appareil jetta quelque étonnement dans l'ame des François, qui croyoient n'avoir pas des forces suffisantes pour resister à tant d'ennemis. Bertrand s'aperçut de leur crainte, et pour leur relever le courage, il leur dit dans son langage du quatorzième siecle : *Je octroye qu'on me trenche les membres se vous ne bées aujourd'huy l'orgueil des Anglois trebuchier*. Cette parole, prononcée d'un ton fort hardy, les rassûra dans le même instant. Il partagea ses troupes en trois bandes. Il mit à l'aile droite *Geoffroy Cassinel*, capitaine fort brave et fort estimé qui étoit son éleve ; *Maurice du Parc* eut ordre de conduire la gauche ; il se reserva le commandement du corps de bataille, et pour ne pas abandonner le siege de Cisay, dont la garnison qui viendroit à sortir le pouroit charger par derriere, tandis qu'il seroit aux mains avec les Anglois, il laissa devant cette place Jean de Beaumont, pour tenir toûjours les assiegez en haleine, avec quelques troupes qui faisoient mine de vouloir entreprendre un assaut.

Tandis que Bertrand rangeoit ainsi tout son monde pour marcher contre ses ennemis avec discipline, il vint un trompette anglois luy faire une bravade, en le sommant ou de lever le siege, ou de donner bataille. Guesclin luy commanda de se retirer au plus vite, luy disant que les Anglois auroient bientôt de ses nouvelles. Le trompette les vint avertir que Bertrand disposoit touttes choses au combat. Au lieu d'être alerte aussi de leur côté, ils s'aviserent en attendant, de se coucher tous sur le pré, les jambes croisées comme des coûturiers, ne doutans point de battre les François, tant ils avoient une haute opinion de leur bravoure, et qui leur étoit inspirée par le vin dont ils étoient pris et qu'ils n'avoient pas encore bien cuvé. Bertrand se voulant prevaloir de la fiere negligence de ses ennemis, sortit aussitôt de ses retranchemens et fit montre de ses François en pleine campagne, en marchant droit aux Anglois, qui ne bougerent point de leur place, et demeurerent toûjours dans la même posture jusqu'à ce qu'on fût auprés d'eux. Ceux de Cisay voyans les François décamper de devant leur ville, firent une sortie sur les troupes de Jean de Beaumont, mais qui les reçurent si bien, qu'ils les taillerent en pieces et les recoignerent bientôt dans leurs murailles. Bertrand ayant appris cette heureuse nouvelle avant l'ouverture du combat, prit l'occasion d'en faire part à ses gens, pour les encourager encore d'avantage.

Comme on étoit sur le point d'en venir aux mains, un Anglois se detacha de son gros, par ordre de Jean d'Evreux, pour dire aux François qu'il paroissoit bien qu'ils apprehendoient de se battre, puis qu'ils employoient tant de temps à se preparer; que s'ils vouloient épargner leurs vies, il leur conseilloit de demander la paix aux Anglois, et que s'ils vouloient prendre ce party, il travailleroit volontiers à la leur procurer. Guesclin le renvoya plus fierement que le premier, avec ordre d'assûrer ses maîtres qu'il avoit entre ses mains Robert Miton, gouverneur de Cisay, dont la sortie luy avoit été fort funeste, puis qu'aprés avoir été battu par Jean de Beaumont avec tous ses gens, il avoit encore été fait prisonnier, et qu'il esperoit qu'il en iroit de même de la bataille que du siege. Il luy commanda de plus de faire assembler les Anglois aussitôt qu'il les auroit joints, et de les avertir qu'ils se levassent sur leurs pieds, parce qu'il ne daignoit pas les attaquer tandis qu'ils demeuroient ainsi couchez sur le pré. L'Anglois retournant sur ses pas, exhorta les siens à bien faire, et leur apprit la défaite de Miton et des assiegez. Ils se leverent aussitôt en criant *Saint George*, et se rangeans en bataille, ils vinrent au petit pas contre les François. Leurs archers ouvrirent le combat en tirant une grêle de flêches qui fit plus de bruit que d'effet, parce que comme elles tomboient sur les casques des François, elles n'en pouvoient percer le fer ni l'acier. Les archers ayant fait leur décharge, firent place aux gendarmes, à à qui Jean d'Evreux ordonna qu'aprés qu'ils auroient fait les derniers efforts pour ouvrir les François avec la pointe de leurs lances, il les jetassent aussitôt par terre pour mettre l'épée à la main et les combattre de plus prés, esperant que s'ils pratiquoient bien cette discipline, ils marcheroient à une victoire assûrée. Les Anglois se mirent en devoir de bien executer cet ordre qu'ils reçurent de leur general; et d'abord ils chargerent les François avec tant de vigueur, qu'ils leur firent faire un arriere-pied de plus de vingt pas.

Bertrand, tout surpris de voir ses gens plier de la sorte, et sur le point de se rompre bientôt, les fit retourner à la charge, et leur commanda de disputer le terrain pied à pied à leurs ennemis, sans sortir chacun de sa place. Les François rentrerent donc en lice, et la mêlée recommença de part et d'autre avec plus de chaleur: les Anglois les surpassoient en nombre; la presence de leur general leur tenant lieu de tout, les faisoit combattre avec un courage invincible. Bertrand, qui veilloit à tout et couroit par tout, leur crioit de frapper à grands coups de sabres, de haches et de marteaux de fer pour assommer leurs ennemis, dont ils ne pouvoient percer les corps avec leurs épées, parce que les armes dont ils étoient couverts en rebouchoient la pointe. Les François s'acharnans à suivre exactement cet ordre, renversoient par terre tous les Anglois qu'ils pouvoient atteindre, et dechargeoient sur eux de si grands coups, qu'ils leur faisoient plier les genoux. Cet effort qu'ils firent sur les premiers rangs, fit bientôt reculer les seconds. Bertrand voyant que ce jeu de main faisoit tout l'effet qu'il en attendoit, fit avancer aussitôt les deux aîles de son armée, qui, faisans la même manœuvre, abbattoient têtes, bras, épaules et jambes sur le pré. Leurs haches enfonceoient le casque des Anglois dans leur tête, et crioient en signe de victoire: *Montjoye Saint Denis*. Leurs ennemis faisoient les derniers efforts pour se r'allier, mais ils ne leur en donnoient pas le loisir à force de les charpenter et de les hacher comme des beufs. Toutte la campagne étoit affreuse à voir, étant toutte couverte de têtes, de bras, de casques renversez, et tout ensanglantez, et d'épées rompües. Ce pitoyable objet donna tant de terreur aux Anglois, qu'ils ne rendirent presque plus de combat. Chacun d'eux chercha pour lors à se garantir de la mort par la fuite. Jaconnel, au desespoir de voir la déroute des siens qui s'ouvroient, plioient, se débandoient et commençoient à lâcher le pied, s'en vint s'attacher sur Bertrand avec une rage qui le faisoit écumer comme un sanglier, et déchargeant un grand coup de sabre sur son casque, le fer ne fit que glisser à côté. Bertrand luy voulant donner là dessus le change à l'instant, le prit par la visiere, et le soûlevant un peu, il luy passa sa dague dans la tête et luy perça l'œil droit. Les Anglois voyant la fâcheuse avanture qui venoit d'arriver à l'un de leurs generaux, gagnerent au pied et laisserent le champ de bataille aux François, qui compterent plus de cinq cens de leurs ennemis qu'ils trouverent morts couchez par terre.

Jean d'Evreux, le sire d'Angoris et plusieurs autres chevaliers y demeurerent prisonniers. Il n'y avoit pas jusqu'au moindre goujat qui n'en eût quelqu'un dont il comptoit d'avoir une bonne rançon; mais comme il y avoit entre les François de la contestation pour sçavoir auquel appartenoit chaque prisonnier, Guesclin, pour les accorder, leur commanda de les mettre tous au fil de l'épée, si bien qu'il n'y eut que les chefs anglois qui furent épargnez. Ceux de Cisay voyans la défaite entiere de ceux qui venoient à leur secours, ne balancerent point à ouvrir leurs portes aux vainqueurs. Bertrand, qui ne se lassoit jamais de combattre et de vaincre, voulut de ce pas marcher à Niort, disant qu'il y vouloit souper, et que chacun se mît en devoir de le suivre. Il se servit d'un artifice qui luy reüssit, commandant à ses gens de se revêtir des habits des Anglois, et de porter leurs mêmes drapeaux. Ceux de Niort voyans ces croix rouges avec ces chemises de toile, et les leopards d'Angleterre arborez sur leurs enseignes, s'imaginerent que c'étoient les Anglois qui revenoient victorieux. Les François, pour les faire encore donner d'avantage dans le piege qu'ils leur tendoient, s'approcherent des portes de leur ville en criant: *Saint George*. Les bourgeois ne manquerent pas de les leur ouvrir aussitôt; mais cette credulité leur fut beaucoup pernicieuse; car les François entrerent dedans comme dans une ville prise d'assaut, y firent touttes les hostilitez dont ils s'aviserent, mirent à mort tout ce qui voulut resister, et prirent à rançon tous ceux qui voulurent se rendre, si bien que tout le Poitou revint à l'obeïssance des lys et secoüa le joug des leopards.

Bertrand, aprés s'être emparé de touttes les places de cette province, en établit Alain de Beaumont gouverneur, et s'en alla droit à Paris pour rendre compte au Roy son maître de la situation dans laquelle il avoit laissé les affaires. Charles le Sage le reçut avec touttes les demonstration d'une joye parfaite, et luy fit tout l'accüeil qu'un general victorieux doit attendre d'un prince qu'il a bien servy. Guesclin ne fit pas un fort long sejour à la Cour, et comme le duc d'Anjou demandoit du secours au Roy, son frere, on en donna le commandement à Bertrand, qui fit des choses incroyables en faveur de ce prince avec le marechal de Sancerre, Ivain de Galles et d'autres chevaliers, contre les Anglois, ausquels ils enleverent plusieurs places, et particulierement le château de la Bernardiere et Bergerac, qu'ils remirent à l'obeïssance du duc d'Anjou, qui s'estima fort heureux de s'être servy de la tête et du bras d'un capitaine si fameux que l'étoit Guesclin, dont le nom seul étoit si redoutable aux Anglois, qu'il ne falloit que le prononcer pour leur faire prendre la fuite. Le Duc, aprés touttes ces conquêtes, retourna dans sa souveraineté d'Anjou, fort content du succés de ses armes, dont Bertrand avoit retably la reputation. Celuy-cy reprit le chemin de Paris, où le Roy ne luy laissa point prendre racine, mais le renvoya sur ses pas en Auvergne pour attaquer le château de Randan, qui n'étoit pas encore soûmis à son obeïssance. Guesclin partit avec de fort belles troupes, esperant couronner touttes ses grandes actions par cette derniere expedition.

Ce fut en effet non seulement la fin de ses conquêtes, mais aussi celle de sa vie. Bertrand investit cette forte citadelle avec tout son monde; mais avant que d'en venir à l'attaque, il voulut pressentir le gouverneur et le tâter pour l'engager à luy porter les clefs de sa place, luy disant qu'il étoit resolu de n'en point decamper qu'il ne l'eût par assaut ou par composition. Le capitaine fut à l'épreuve de toutes ces menaces; il luy répondit fort honnêtement qu'il connoissoit la valeur et la reputation du general auquel il parloit, et la puissance du Roy qu'il servoit; mais qu'il seroit bien malheureux s'il étoit assez lâche pour rendre une place bien forte d'assiette, bien fournie de vivres, et remplie d'une fort bonne garnison, sur une simple sommation; que le roy d'Angleterre, qui luy en avoit confié la defense, le regarderoit comme un traître, et le puniroit du dernier supplice s'il étoit capable d'une semblable perfidie; qu'enfin son honneur luy étant plus cher que sa vie, il vouloit risquer son propre sang pour conserver sa reputation. Guesclin s'appercevant que la fidelité de cet homme ne pouvoit être ébranlée par les persuasions et les remontrances, jura *que jamais ne partiroit d'illec, si auroit ledit châtel à son plaisir.* Il donna donc tous les ordres necessaires pour en venir à l'assaut qui fut fort violent; mais la resistance des assiegez fut si vigoureuse, que les gens de Bertrand furent repoussez avec quelque perte. Cette disgrace le toucha si fort, et luy donna tant de mortification, qu'il en tomba malade dans sa tente, sans pourtant discontinüer le siege qu'il avoit commencé ny lever le piquet de devant la place. Le mal se rengregeant insensiblement, luy fit bientôt connoître qu'il ne releveroit point de cette maladie.

Ce grand cœur qu'il avoit fait paroître dans touttes les occasions les plus dangereuses qu'il avoit essuyées dans sa vie, ne se démentit point dans cette derniere heure, dont l'approche ne fut point capable de le faire pâlir; et comme il avoit toûjours eu pour son Dieu des sentimens fort religieux, n'étant pas moins bon Chrétien que fidelle sujet de son prince, il se fit apporter le viatique, aprés avoir purifié tous ses déreglemens passez par les larmes de la penitence. Il édifia tous les chevaliers dont son lit étoit environné, par les dernieres paroles qu'ils entendirent prononcer à ce grand homme; car aprés avoir demandé le pardon de ses pechez à son Dieu, d'un air fort contrit, il luy recommanda la sacrée personne de Charles le Sage, son bon maître, celles des ducs d'Anjou, de Bourgogne et de Berry, celle aussi de sa chere femme, qui avoit pris un si grand soin de luy, et pour laquelle il avoit toûjours eu des tendresses toutes singulieres. Il se souvint aussi de faire des vœux et des prieres pour la conservation du royaume de France, priant le Seigneur de luy donner un connétable qui le sçut encore mieux defendre que luy. La douleur que son mal luy faisoit souffrir, ne l'empêcha point de songer à couronner sa vie par un dernier service qu'il pouvoit encore rendre à son maître. Ce fut dans cet esprit qu'il fit appeler le maréchal de Sancerre, et le pria d'aller dire au gouverneur de *Randan*, que, s'il pretendoit arrêter plus longtemps une armée royale devant sa place, il le feroit pendre à l'une de ses portes, aprés l'avoir prise d'assaut. Le commandant, qui ne sçavoit pas que ce general étoit à l'extremité, luy répondit que ny luy ny les siens ne la rendroient qu'à Bertrand seul, quand il leur viendroit parler en personne. Le Maréchal eut la presence d'esprit de les assûrer qu'il avoit juré de ne faire plus aucune tentative aupres d'eux pour les engager à se rendre, ny de leur en dire une seule parole. Il eut par là l'adresse de leur cacher sa maladie, qui étoit déplorée. La seule crainte de son nom leur fit ouvrir leurs portes; et le commandant, qui s'imaginoit trouver Bertrand dans sa tente, tout plein de vie, fut bien étonné de rendre les clefs de sa place à un agonisant, qui pourtant eut encore assez de connoissance pour recevoir les soûmissions et les hommages de ce gouverneur : l'effort que cette ceremonie luy fit faire, luy fit rendre le dernier soupir. Sa mort fut également regrettée de ses amis et de ses ennemis. Il n'y eut là personne qui ne pleurât la perte d'un si grand capitaine, qui s'étoit signalé durant sa vie par tant de conquêtes, et qui l'avoit finie par le gain d'une place fort importante, comme si le ciel eût voulu que ce dernier succés eût été le couronnement de tous les autres.

On dit qu'avant que d'expirer, il demanda son épée de connétable, et pria le seigneur de Clisson de la prendre pour la remettre entre les mains du Roy, conjurant tous les seigneurs qui se trouverent là presens, de le bien servir et de luy témoigner de sa part qu'il avoit trouvé le seigneur Clisson fort capable de luy succeder. En effet, Charles le Sage luy laissa dans les mains l'épée de connétable, qu'il luy voulut rendre. Ce grand prince fut si fort touché de la mort de Bertrand, qui luy avoit pour ainsi dire remis la Couronne sur la tête, que les Anglois avoient taché de luy arracher, qu'ayant appris que ses parens avoient dessein de transporter son corps en Bretagne pour y faire ses funerailles, il voulut luy donner un sepulchre plus glorieux, en commandant qu'il fut inhumé dans l'abbaye royale de Saint Denis (1), auprés du tombeau qu'il avoit déja fait ouvrir et creuser pour luy même; afin que la posterité sçut qu'un si fidelle sujet ne devoit être jamais separé de son souverain, non pas même aprés son trépas, et qu'aprés avoir si bien soûtenu durant sa vie la gloire des lys, il devoit être, aprés sa mort, enterré dans le même lieu destiné pour la sepulture des rois qui en portent le sceptre. La lampe qui brûle encore aujourd'hui sur le cercüeil de ce grand capitaine, nous fait voir que la succession des temps ne sera jamais capable d'éteindre la gloire qu'il s'est aquise par sa fidelité, par sa valeur et par ses services.

(1) Le dernier chapitre de la *Chronique de Du Guesclin*, qui forme la huitième livraison de la *Bibliothèque choisie* de M. Laurentie, renferme de précieux détails sur les funérailles du bon connétable; nous le citerons ici : « Pour la grant affection que avoit le roy Charles de France envers messire Bertrand, escripvy hastivement à messire Olivier de Mauny et à la chevalerie qui le corps menoient à Guinguant que le corps amenassent à Saint-Denis en France, et que il le voulloit faire mettre; adoncques se mistrent en chemin pour le corps admener, et à Chartres vindrent. Dehors Chartres yssirent les colliéges et les bourgeois en procession, à grant nombre de torches pour le corps recevoir; et là oult grand dueil demené. Puis le portèrent dedans le cueur de la maistre église, et là lui fut fait le service solempnel; puis reprindrent les chevaliers le corps et leur chemin prindrent droit à Paris; mais tant fut le peuple de Paris esmeu de deuil pour sa mort, que le roy Charles manda aux chevaliers qui le corps apportoient que dehors Paris le menassent à Saint-Denis. Et aussi le firent, et son corps fist le roy Charles enterrer auprés de sa sepulture. Dont moult fut le roy loué de ses chevaliers. »

PIÈCES RELATIVES A DU GUESCLIN

OU A SON HISTOIRE.

Nous donnerons à la suite des *Mémoires de Christine de Pisan*, l'indication analytique des documents pour le règne de Charles V. En attendant, voici quelques pièces touchant Du Guesclin, que nous n'avons pas voulu trop séparer des Mémoires qui concernent le bon connétable. On verra : 1° une lettre de Bertrand adressée à Guillaume de Feltonn, qui lui reprochait de n'être pas resté en ôtage jusqu'après la cession de Nantes au comte de Monfort; 2° un acte d'alliance guerrière entre Du Guesclin et Olivier de Clisson; 3° l'extrait d'un registre de la chambre des comptes de Paris sur le baptême d'un des fils de Charles V, dont le connétable fut parrain; 4° un acte par lequel Du Guesclin donne la terre de Cachamp au duc d'Anjou; 5° une lettre du connétable au duc d'Anjou; 6° le testament de Du Guesclin; 7° un récit d'un pompeux anniversaire de la mort de Du Guesclin, qui fut célébré à Saint-Denis, neuf ans après le trépas du connétable, extrait de l'*Histoire de Charles V*, par Le Laboureur; 8° une curieuse attestation de Jean de Grailly, captal de Buch, pendant sa captivité.

I.

Lettre de Du Guesclin a Feltonn. — *A Monsieur Guillaume de Feltonn.* — J'ai veu unes lettres que escrites m'avez, contenant la fourme qui s'ensuit :

« Mons Bertrand Du Guerclin, j'ay entendu,
» par Jean le Bigot, vostre ecuyer, que vous
» avez ou devez avoir dit que si nul homme
» vourroit dire que vous n'aurez bien et loyale-
» ment tenus vos hostages à cause du traictié de
» la paix de Bretagne, en la maniere que vous l'a-
» viez promis, le jour que monsieur de Montfort,
» duc de Bretaigne, et monsieur Charles de Blois,
» avoient empris de combatre ensemble sur la
» querelle de Bretaigne, et que vous n'étiez te-
» nus de tenir hostages, fors un mois tant seu-
» lement, vous voudriez défendre devant vos
» juges. Sur quoi je vous face assavoir que vous
» promites audit jour, par la foy de vostre corps,
» et entrastes hostage, que vous devriez demorer
» sans y départir, jusques à tant que la ville de
» Nantes seroit rendue audit monsieur de Mont-
» fort, duc de Bretaigne, ou que vous auriez

» congié de mondit seigneur; laquelle foi et hos-
» tages vous n'avez bien loyalment tenue, ains
» faussement l'avez faillie et de ce suis prest à
» l'aide de Dieu, par mon corps, de prouver
» contre vous, comme chevalier doit faire de-
» vant mons le roi de France. Tesmoing mon
» scel à cette cédule apposé et mis le 23 jour de
» novembre l'an mil trois cens soixante et trois.
      Guillaume de Feltonn. »

Si vous fas assavoir que o l'aide de Dieu je serai devant le roy de France, notre sire, dedens le mardy avant la miequaresme prochain venant, si il est ou reaume de France en son povoir, et ou cas que il n'y seroit, je serai o l'aide de Dieu devant mons le duc de Normandie, celle journée, et quant est de ce que vous dites ou avez dit je deusse estre hostage, jusques à tant que la ville de Nantes fust rendue au comte de Montfort, et que j'aye ma foy et mes hostages faussement faillis et tenus, en cas que respons vous en appartiendroit et le voudriez maintenir contre moi, la je diré et maintendré devant l'un d'elz en ma leal deffence que mauvesement avez menti, et y seray se diex plest tout prest pour y garder et deffendre mon honneur et estat encontre vous, si respons vous en siet, et pour ce que je ne weil longuement estre en cest debat o vous, je le vous fas assavoir ceste fois pour toutes, par ces lettres scellées de mon scel, le 9 jour de decembre, l'an mil trois cent soixante et trois.
      Bertran Du Guerclin.
(*Histoire de Bretagne*, de dom Morice.)

II.

Alliance entre Bertrand Du Guesclin et Olivier de Clisson. — A tous ceux qui ces lettres verront, Bertran du Guerclin, duc de Mouline, connestable de France, et Ollivier de Cliçon, salut : sçavoir faisons, que pour nourrir bonne paix et amour perpétuellement entre nous et nos hoirs, nous avons promises, jurées et accordées entre nous, les choses qui s'ensuivent : c'est à scavoir que nous Bertran Du Guerclin, voulons estre aliez et nous alions à tousjours à vous, messire Ollivier, seigneur de Cliçon, contre tous ceux qui pevent vivre et mourir, excepté le roi de France, ses freres, le vicomte de Rohan, et noz autres seigneurs de qui nous tenons terre, et vous promettons aidier et conforter de tout notre povoir, toutes fois que metiez en aurez et vous nous en requerrez. *Item*, que ou cas que nul autre seigneur, de quelque estat ou condition qu'il soit, à qui vous seriez tenu de foi et hommage, excepté le roi de France, vous vouldroit desheriter par puissance, et vous faire guerre en corps, en honnour ou en biens, nous vous promettons aidier, deffendre et secourir de tout notre pooir, si vous nous en requerez. *Item*, voulons et consentons que de tous et quelconques proflitz et droictz qui nous pourront venir et écheoir dore en avant, tant de prisonniers pris de guerre par nous ou nos gens, dont le prouffit nous pourroit appartenir, comme de pais raenconné, vous aiez la moitié entierement. *Item*, ou cas que nous sçaurions aucune chose qui vous peust porter aucun dommage ou blasme, nous le vous ferons sçavoir et vous en accointerons le plustost que nous pourrons. *Item*, garderons vostre corps à nostre pooir, comme nostre frere; et nous Ollivier, seigneur de Cliçon, voulons estre aliez et nous alions à tousjours à vous, messire Bertran Du Guerclin, dessus nommé, contre tous ceulx qui peuvent vivre et mourir, exceptez le roi de France, ses freres, le vicomte de Rohan et noz autres seigneurs de qui nous tenons terre, et vous promettons aidier et conforter de tout notre pooir, toutes fois que metier en aurez et vous nous en requerrez. *Item*, que ou cas que nul autre seigneur de quelque estat et condition qu'il soit, à qui vous seriez tenu de foy ou hommage, excepté le roy de France, vous vouldroit desheriter par puissance, et vous faire guerre en corps, en honnour ou en biens, nous vous promettons aidier, deffendre et secourir de tout notre pooir, si vous nous en requerez. *Item*, voulons et consentons que de tous et quelconques prouflitz et droicts qui nous pourrons venir et escheoir dore en avant, tant de prisonniers pris de guerre par nous ou nos gens, dont le prouffit nous pourroit appartenir, comme de pays raenconné, vous aiez la moitié entierement. *Item*, ou cas que nous sçaurions aucune chose qui vous peust porter dommage aucun ou blasme, nous le vous ferons sçavoir et vous en accointerons le plustost que nous pourrons. *Item*, garderons vostre corps en notre pooir, comme nostre frere : toutes lesquelles choses dessus dites, et chacune d'icelles nous Bertran et Ollivier dessus nommez, avons promises, accordées et jurées, promettons, accordons et jurons sur les seintz Evangiles de Dieu, corporellement touchiez par nous et chacun de nous, et par les foys et sermens de nos corps bailliez l'un à l'autre, tenir, garder, entériner et accomplir, sans faire ne venir encontre par nous ne les nostres ou de l'un de nous, et les tenir fermes et agreables à toujours. En tesmoin desquelles choses nous avons fait mettre nos sceaux à ces presentes lettres, lesquelles nous avons fait doubler. Donné à Pontorson, le vingt-troisieme jour d'octobre, l'an de grace mil trois cent soixante et dix. Par monsieur le duc de Mouline, Voisins.

III.

Extrait d'un registre de la chambre des comptes de Paris : signatum D. Incipit 1359. *Finit* 1381.—*Sabatto die* 13 *martii* 1371, *natus fuit secundo genitus regis Caroli in domo S. Pauli propè Parisius et lunâ* 15 *martii baptisatus in ecclesia prædicta S. Pauli, et tenuit cum supra fontes dominus Ludovicus comes Stampensis, et sic est nomen ejus Ludovicus de Francia. Et tenuit cum supra fontes constabularius Franciæ dominus Bertrandus De Guesclin, qui post baptismum ipsius Ludovici supra fontes ei nudo tradidit eidem ensem nudum dicendo Gallicè :* Monseigneur, je vous donne cette épée et la mets en vostre main, et prie Dieu qu'il vous doint ou tel et si bon cœur, que vous soyez encore aussi preux et aussi bon chevalier comme fut oncques roy de France qui portast espée.

IV.

Acte par lequel Du Guesclin donne la terre de Cachamp au duc d'Anjou. — A tous ceux qui ces lettres verront, Bertrand Du Guesclin, comte de Longueville et connestable de France, salut. Comme n'aguères nostre tres-cher et redouté seigneur monsieur le duc de Berry et d'Auvergne nous eust donné l'hostel qu'il avoit lors et que le Roy luy avoit assis à Cachamp prés de Paris, avec les jardins, maisons, manoirs, edifices, moulins, viviers, servoirs, aunoirs, saulsayes, garennes, prez, terres, labourages, vignes, bois, cens, rentes, revenus, justice, seigneurie et autres choses quelconques appartenances et appendances audit hostel, lequel hostel, ainsi divisé, comme dit est, nous avons tenu paisiblement tousjours depuis ledit don, et nous avons entendu que nostre puissant et tres redouté seigneur monsieur Louys duc d'Anjou et de Touraine et comte du Maine, pource qu'en sa jeunesse repairoit souvent audit hostel y avoit grand affection, combien qu'il ne le nous eust mie demandé. Sçavoir faisons que nous qui de tout nostre cœur desirons faire plaisir et service audit monsieur le duc d'Anjou, de nostre certaine science, pure et liberale volonté sans aucune contrainte, et sans resqueste d'aucun bien, avons donné et donnons par ces presentes ledit hostel de Cachamp avec ses appartenances ainsi comme dessus est divisé, et luy avons transporté et transportons tout tel droit comme nous y avons et pouvons avoir par vertu du don à nous fait d'iceluy par ledit monsieur le duc de Berry, comme dessus est dit, et promettons par la foy de nostre corps à tenir et avoir cette presente donation ferme et stable à tousjours et à jamais venir ne faire venir par nous ne par autre en aucune maniere au contraire. En témoin de ce que nous avons signé ces lettres de nostre propre main et les fait seeller de nostre propre seel. Donné à Angers le huictiesme jour de juillet, l'an de grace 1377. Par monsieur le Connestable. *Signé* BERTRAND, VOISIN.

V.

Lettre de Bertrand Du Guesclin au duc d'Anjou. — Mon tres-redouté et puissant seigneur, plaise vous sçavoir que ce mardy à vespres, y receu vos tres-gracieuses et aimables lettres, qu'il vous a pleu m'escrire par mon heraut, faisantes mention de vostre arrivée devers le Roy, et de la relation que vous luy avez faite à part sur le fait de Bretagne par luy et vous, et puis fait faire par vostre chancelier en grand conseil, et que tout avoit esté dit à la loüange et honneur de moy, et tellement que le Roy en avoit esté et est tres-content, et si a pris grand plaisir, et que à present estoit bien en sagesse et sera encore plus, desquelles choses mon tres-redouté et puissant seigneur je vous mercy et regracy tant humblement et de cœur comme je puis et feray et le doy bien faire ; car oncques ne desservy en aucune maniere le bien que autrefois et à ceste heure vous a pleu dire en mon absence.... Quant aux nouvelles de pardeça puisque j'envoye par devers le Roy et vous mon cousin Alain de Mauny pou est survenu de nouvel, tout le navire des Anglois est encore à quidallot à l'ancre, là où ils arrivent premierement, et ne portent nuls des gens d'armes dudit navire excepté le Duc qui fut qui est à Dinan, et aucuns en sa compagnie qui là sont recullez, et ce mardy a tenu grand conseil où ont esté grand partie des barons et autres nobles de Bretaigne, et ce jour y doit estre le vicomte de Rohan, car il a écrit à luy et à tous les autres barons du païs comme l'on m'a dit excepté à mon frere de Clisson comme je pense et à moy, et tiennent aucuns qu'il envoira bien-tost les Anglois en disant qu'il se veut commencer à l'ordonnance desdits barons, et autres, et faire au Roy ce que faire le devra, si ne le puis croire tant que je le voye, toutefois ils n'ont point commis ne fait guerre...

Vostre petit serviteur

BERTRAND DU GUESCLIN.

VI.

TESTAMENT DE DU GUESCLIN.

In nomine domini nostri Jesu Christi amen. Incarnationis dominice anno ejus dem MCCCLXXX, *die nona mensis julii, et pontificatus sanctissimi in christo patris et domini Clementis septimi, indictione secunda. Norint universi, quod serenissimus potentissimusque dominus Bertrandus Du Guesclin comes Longueville, connestabulus Franciæ suum condidit ultimum testamentum de bonis suis disponendo et ordinando per modum qui sequitur infra scriptus:*

Au nom de la benoiste Trinité le Pere, le Fils et le Saint-Esprit, Nous Bertrand Du Gueselin, comte de Longuevilles, sain de nostre pensée, combien que par grace de Dieu nous soions infirme de corps, sçavant qu'il n'est rien plus certain que la mort, ne rien plus incertain que l'oure d'icelle, ne voulant pas deceder intestat, faisons et ordonnons nostre testament ou derniere volonté en la forme et maniere qui s'ensuit : Premierement nous commandons nostre ame à Dieu, à sa glorieuse mere, et à toute la compagnie des cieux. *Item* nous elisons la sepulture de nostre corps estre faite en l'eglise des Jacobins de Dinan, en la chapelle de nos predecesseurs, et nostre servige estre fait comme nos executeurs verront que à faire sera, et à iceux religieux nous donnons et laissons le prix que cousteroit ou dit païs une fois payées cinquante livres de rente, pour le remede et salut des ames de nous et de nos predecesseurs. *Item* nous voulons et ordonnons nos amendes estre duëment faites, et nos debtes estre peyées à ceux à qui il apparoistra duëment nous estre tenus. *Item* nous ordonnons qu'un pelerin soit pour nous envée en veage à Saint Charles et à Saint Yves en Bretagne et à chacun d'iceux cinq cent livres de cire. *Item* nous donnons et laissons à la reparation de l'église de Chisec, cent francs une fois payés. *Item* nous donnons et laissons à touttes les paroisses ou nous avons aucuns heritages, à chacune uns vestemens de sainte église bons et suffisans pour estre nous et nos predecesseurs participans et prieres desdites églises. *Item* nous commandons et ordonnons à la chapelle que nous avons autres fois ordonnée à faire à Saint Sauveur de Dinan, d'une messe par chacun jour soit parfaite jusqu'à trente et cinq livres de rente si elle ne l'est dès à present, pour le remede et salut de l'ame de nous. *Item* nous donnons à Bertrand Du Guesclin, fils de notre cousin messire Olivier Du Guesclin, ce que deux cent livres de rente pouront couster pour convertir en heritage en Bretagne, ou la rente ly estre payée, jusqu'à temps que le payement ly en soit fait. *Item* nous donnons et laissons à nos serviteurs qui s'ensuivent les sommes cy après declarées, pour les bons services qu'ils nous ont faits, et pour le salut de nostre ame. C'est à sçavoir à Thomas Guilloteaux cent livres, à Racoillé cent livres, à Jean Dufresne cent francs, à Goust des Portes cent francs, à Hervé Hay cent francs, à Breton de nostre bouteillerie cinquante livres, à Bodigan cinquante francs, à monsieur André Thebaut cent francs, à Hennequin cinquante francs, à Ferrandille cinquante livres, à Joachim de Sommieres cinquante livres, à Guillaume de Maczon cent francs, à Jean Du Fournet cent francs, à Perrot Du Fournet cent francs, à maistre Jean Le Gué cent francs, à maistre Thomas Medeon cent francs, à Taillebodin cent francs, à Cencillet cent francs, à Robinet de la Cuisine cinquante livres. *Item* nous voulons et ordonnons que tous ceux qui ont eu administration ou receu aucune chose du nostre, ou de nos choses à cause de nous, en rendent compte à nos executeurs, et si ils doivent, qu'ils payent, ou si on leur doibt qu'il leur soit payé. *Item* nous connoissons devoir à messire Hervé de Mauny mille francs de pur prest en or comptant, que nous luy avons ordonné estre payé par le tresorier, lesquels nous luy ordonnons estre payé par nos executeurs. *Item* nous connoissons avoir autre fois donné à messire Alain de Burleon cent francs de rentes à son viage, que nous voulons et ordonnons ly estre payés par nos heritiers et executeurs, pour les bons services qu'il nous a faits. *Item* nous voulons et ordonnons que Geoffroy de Quedillac soit recompensé sur nostre terre, si il avenoit qu'il perdit la sienne pour estre venu à nostre service de tant comme il en perdroit. *Item* nous voulons et ordonnons que le testament de nostre feuë compagne dont nous sommes chargé, soit parfait et accomply par nos executeurs. *Item* nous ordonnons que Jean Le Bouteiller compte o nos executeurs, et que ce qui sera dub luy soit payé. *Item* nous voulons et ordonnons que messire Alain de Burleon soit delivré et acquitté de toutes les obligations en quoy il est tenu pour nous. *Item* nous donnons et laissons à nostre amée compagne, pour les bons et agreables services qu'elle nous a faits, tout le residu de nos biens meubles, nostre dite execution préalablement accomplie,

et avec ce voulons et ordonnons qu'elle jouisse, le cours de sa vie seulement, des conquest faits par nous, le mariage de lé et de nous durant. Et pour l'execution des presentes, ordonnons tous nos biens meubles estre obligés desquels nous transportons dès à present pour ce faire la saisine et possession à nos executeurs, et ou cas qu'ils ne pourroient fournir à ce, nous voulons et ordonnons de nos heritages estre vendus, pour le parfaire par la main de nos executeurs, comme ils verront qu'à faire sera. Et nous elisons nos executeurs pour nostre derniere execution faire et accomplir. C'est à sçavoir nostre dite amée compagne, messire Olivier de Mauny, messire Hervé de Mauny, et Jean Le Bouteiller, lesquels nous prions qu'ils en veillent prendre la charge, et les choses devant dites loyalement accomplir; et nous voulons que si tous ensemble ne pouvoient ou ne vouloient à ce vaquer on entendre, que trois ou deux d'eux le puissent parfaire et accomplir, non obstant l'absence des autres aux quels nous donnons pouvoir de corriger, d'accroistre, ou d'amenuiser ce qu'ils y verront qu'à faire sera en ce present testament; et voulons et ordonnons que ce soit nôtre dernier testament ou volonté, et que s'il ne pouvoit valoir en tout, que il vaille en la partie que il devra et poura mieux valoir, tant de droit que de coustume, sans que l'une des parties soit corrompuë ou viciée par l'autre; et renonçons et rappellons tous autres testaments, si avant en avions fait autre fois. Et pour ce que ce soit chose ferme et estable on temps à venir, nous requerons à Jacques Chesal Clerc, notaire et tabellion apostolique, que, en tesmoin de ce il fasse instrument et mettre son seing à ce present testament; et requeron à ceux qui cy après suivront, que au temps avenir si mestier est, ils en soient tesmoins. C'est à sçavoir Guhel Rolant, Jean de Perchon, Robert de Champagné, Guillaume Huson, Jean de Listré, Jean du Couldray, Guillaume du Couldray, Olivier Loncel, Pierrot Maingui, et plusieurs autres à ce appellés. Ce fut fait en la maison de nostre habitation, au siege devant Chasteauneuf de Rendan, eu la seneschaussée de Beaucaire, l'an et le jour dessus dits.

Quod idem testimonium, et omnia et singula supra scripta per eumdem testatorem ordinata, fuerunt per me dictum notarium in præsentia supradictorum testium lecta, publicata ac notificata, volente et requirente testatore supra dicto, de quo me dictum notarium requisivit fieri et confici prædictum publicum instrumentum, unum vel plura, et tot quot fuerint sibi aut suis necessaria ad dictamen cujusque sapientis, ipso producto vel non producto in judicio vel extra substantia non mutata. In premissorum testimonium et ad majorem firmitatem premissorum, ego dictus notarius premissa omnia in notam recepi et aliis occupatus negotiis per fidelem.... Substitum meum hoc præsens et publicum instrumentum in hanc formam publicam redegi, scripsi, subscripsi, et apposui sigillum meum.

Codicille du Testament de Du Guesclin. — Sçachent tous presens et avenir que nous avons aujourd'huy veu, diligemment regardé et leu de mot à mot en nostre Cour à Angers, une lettre saine et entiere en scel et escriture, scellée en cuir double du scel de feu noble et puissant seigneur Bertrand Du Guesclin, comte de Longueville, et nagueres connestable de France, non cancellée, non mal mise, non corrompue en aucune partie d'icelle, de laquelle la teneur s'ensuit : Bertrand Du Guesclin, comte de Longueville et connestable de France, sçavoir faisons à tous presens et à venir, que comme nous en nostre testament ayons donné et laissé à Bertrand Du Guesclin, fils de nostre cousin messire Olivier Du Guesclin, ce que deux cent livres de rente peuvent couster pour convertir en heritages en Bretagne, ou la rente luy estre payée jusqu'à temps que le payement luy en soit fait ; nous, en amplifiant nostre grace au dit Bertrand, pour ce qu'il porte nostre nom, et de par nous et pour faveur de plusieurs bons et agreables services que nostredit cousin nous a faits, et esperons qu'il fera au temps à venir, de nostre certaine science et grace speciale, à iceluy Bertrand avons donné et octroyé, et par la teneur de ces presentes, donnons et octroyons les dits deux cent livres de rente à ly estre assises et assignées sur nostre feage et domaine de la Cheverie (partie de la terre de Sens) avec ses appartenances, et sur nos autres terres, de proche en proche, de piece en piece et de lieu en lieu, jusques au dit prix, et tellement que la dite rente ne puisse deperir, ou cas que nous n'ayons hoir de nostre chair né et procréé en mariage et avoir et tenir ladite assiette dudit Bertrand, et de ses hoirs et de ceux qui auront leur cause pour en faire doresenavant toute sa pleine volonté, comme de sa propre chose à luy acquise par droit d'heritage ; et à cet effect tenir et accomplir fermement et loyalement, et à garder le dit Bertrand de tous dommages par deffault de sa dite assiette, l'y faire ou autrement nous obligeant nous et nos heritiers, et tous nos biens meubles et immeubles presens et avenir, en quelque lieu qu'ils soient, et chacun piece pour le tout, sans que nos hoirs ne autres a cause de nous applegement, contrapplegement opposer, ne autrement, puissent aller encontre en aucune maniere. En tesmoin de ce nous avons fait apposer nostre scel à ces presentes.

Donné devant Chasteauneuf de Randan, le 10 juillet l'an 1380. Ainsi signé, par monsieur le Connestable, presens messire Hervé de Mauny, messire Alain de Burleon, de Cadillac, le Maczon. Et ce present *vidimus* fut donné à Angers et scellé du scel establi aux contracts de nostre dite Cour, le 16 jour d'aoust l'an de grace 1380.

Signé PINRIOUST.

VII.

Détails de la cérémonie célébrée en 1389, à Saint-Denis, en l'honneur de Du Guesclin. — Auparavant que de partir de Saint-Denis, le Roy voulut que toute la noblesse qu'il y avoit assemblée, assistast aux funerailles de feu messire Bertrand Du Guesclin, qui avoient été jusques là différées, et il n'y eut personne qui ne fut bien aise de rendre ce devoir à une memoire si precieuse, et d'avoir un exemple par la pompe royale de cette ceremonie, qui pût encourager les gentilshommes à faire des actions qui les rendissent dignes de tous les honneurs qu'on rend aux souverains. L'eglise avoit esté preparée durant qu'on se divertissoit aux tournoys, et on avoit mis la representation de cét illustre défunt sous une grande chappelle ardente, toute couverte de torches et de cierges, au milieu du chœur, qui en fut aussi tout environné, et qui brûlerent tant que le service dura.

Le deuil fut mené par messire Olivier de Clisson, connestable de France, et par les deux maréchaux, messire Loüis de Sancerre et messire Mouton de Blainville, et il estoit représenté par le comte de Longueville, Olivier Du Guesclin, frere du défunt, et par plusieurs autres seigneurs de qualité, tous de ses parens ou de ses principaux amis, vestus de noir, qui firent l'offrande d'une façon toute militaire, et qui n'avoit point encore esté pratiquée dans nostre royal monastere. L'évesque d'Auxerre qui celebroit la messe conventuelle estant à l'offerte, il decendit avec le Roy pour la recevoir, jusques à la porte du chœur, et là parurent quatre chevaliers armez de toutes pieces et des mesmes armes du feu connestable, qu'ils representoient parfaitement, suivis de quatre autres montez sur les plus beaux chevaux de l'escurie du Roy, caparaçonnez des armoiries du mesme connestable et portant ses bannieres jadis si redoutables aux ennemis de l'Estat. L'évesque receut ces chevaux par l'imposition des mains sur leur teste, et on les remena en mesme temps qu'il retourna à l'autel ; mais il fallut pour cela composer du prix ou de la recompense, pour le droict des religieux ou de l'abbaye, à qui ils appartenoient. Aprés cela marcherent à l'offrande le connestable de Clisson et les deux maréchaux, au milieu de huit seigneurs de marque qui portoient chascun un escu aux armes du défunt la pointe en haut en signe de perte de sa noblesse terrestre et tous entourez de cierges allumez. Puis suivirent monsieur le duc de Touraine frere du Roy, Jean comte de Nevers fils du duc de Bourgogne, et messire Pierre fils du roy de Navarre, tous princes du sang, et messire Henry de Bar aussi cousin du Roy, tous la veuë baissée et portans chacun une épée nuë par la pointe, pour marque qu'ils offroient à Dieu les victoires qu'ils avoient remportées, et qu'ils avoüoient qu'on les avoit receuës de sa grace par la valeur du défunt. Au troisiéme rang parurent quatre autres des plus grands de la Cour, armez de pied en cap, conduits par huit escuyers choisis entre la plus noble jeunesse de la suitte du Roy, portans chacun un casque entre les mains ; puis quatre autres aussi vestus de noir, avec chacun une banniere déployée et armoyée des armes de Du Guesclin, qui sont d'argent à l'aigle imperiale de sable. Tout cela marcha pas à pas avec beaucoup de gravité et de marque de deuil, et chacun en son ordre s'agenoüilla devant l'autel, où furent posées toutes les pieces d'honneur, et se retira dans le mesme ordre, aprés avoir baisé les mains du prelat officiant.

Il est vray que cette pompe ne se pratique qu'aux funerailles des roys et des plus grands princes, et que c'estoit un honneur tout extraordinaire pour un gentilhomme, mais ce n'estoit point en abuser en celuy-cy, et tous les siecles produisent si peu de pareils sujets, que tous les seigneurs là presens dirent tout haut, en faveur de la memoire du grand Du Guesclin, qu'il en estoit tres digne. Ils avoüerent mesme sans contredit, qu'il n'y avoit point d'homme vivant qu'on luy pût comparer, et qu'on pouvoit douter qu'il s'en trouvast jamais un qui pût soûtenir l'Estat et triompher des ennemis avec autant de gloire que le défunt en avoit remporté sous les armes et sous les enseignes qu'on venoit d'offrir.

Aprés l'offerte, l'évesque monta en chaire devant la chappelle des martyrs, pour faire l'oraison funebre, et il ne s'acquitta pas moins heureusement des louanges qu'il devoit à la memoire de son heros, que de l'obligation d'inspirer à toute la noblesse là presente, la genereuse emulation d'aspirer à la mesme gloire. Il prit pour theme, *Nominatus est usque ad extrema terræ*, sa renommée a volé d'un bout du monde à l'autre, et fit voir, par le recit de ces grands travaux de guerre, de ses merveilleux faits d'armes, de ses trophées et de ses triomphes, qu'il avoit esté la veritable fleur de chevalerie, et que le vray nom de preux ne se devoit qu'à ceux qui comme lui se signaloient également en valeur et en probité. Il prit sujet de passer de là aux qualitez necessaires à la reputation d'un vray et franc chevalier, et s'il releva bien haut l'honneur de la chevalerie, il fit bien connoistre aussi par le discours qu'il fit de son origine et de sa premiere institution, qu'on ne l'avoit pas jugée plus necessaire pour la deffense que pour le gouvernement politique des Estats, et que c'estoit un ordre qui obligeoit à de grands devoirs, tant envers le Roy qu'envers le public. Il les exhorta à servir Sa Majesté avec une parfaite soûmission ; il leur remontra que ce n'estoit que par son ordre et pour son service qu'ils devoient prendre les armes ; mais sa presence ne l'empécha pas de dire aussi, qu'il falloit que l'occasion en fût juste, et qu'il falloit encore que leur intention fût droite et équitable, pour les rendre innocens de tous les malheurs et des cruautez de la guerre, et par toutes sortes d'exemples qu'il tira de toutes les histoires tant saintes que prophanes, qu'il falloit autant d'honneur et de vertu que de valeur et d'experience dans les armes, pour meriter dans cette condition la grace de Dieu et l'estime des hommes, et pour estre digne de la reputation du fidel chevalier messire Bertrand, pour lequel il alloit achever la messe.

Son tombeau est dans l'église de Saint Denys, sous une petite arcade qui apparemment a esté faite exprés dans la muraille, au pied du roy Charles cinquiesme, dit à juste titre le Sage et l'Heureux. Tout le monde sçait combien les nations les plus polies ont consideré l'honneur des sepultures, et que parmy les Romains il estoit mesme plus estimé que celuy des statuës. On ne trouvera rien de plus glorieux, dans toute l'antiquité, que le sepulchre de nostre connestable, soit pour le lieu soit par ses autres circonstances. Il est de marbre noir ; la figure du deffunt est posée dessus, faite de marbre blanc au naturel ; une lampe y brusle incessamment, afin que ceux qui s'en approchent ayent plus de curiosité de sçavoir par quelles actions il a merité une marque d'honneur si extraordinaire que depuis la ruine de l'Empire de Rome, personne n'en a eu de pareille. Les Perses, les Egyptiens, les Grecs et les Romains ont donné des lampes à leurs morts les plus illustres, et les fables par une mesme raison ont fait des astres de leurs dieux, et ont voulu qu'Hercules et quelques autres ayent esté changés en estoilles. On lit cette epitaphe au bout de son tombeau :

> Icy gist messire Bertrand du Guesclin, comte de Longueville, connestable de France, qui trépassa au Chastel-neuf de Rendan en Givodan en la seneschaussée de Beaucaire, le treizième de juillet 1380.

(Ext. de l'*Hist. de Charles VI*, par *Le Laboureur*, p. 171.)

VIII.

Attestation signée par Jean de Grailly, captal de Buch, pendant sa captivité. — Jehan de Grailly, captal du Buch, reconnois qu'à la bataille de Cocherel, Rolant Bodin, écuyer, m'ayant fait son *prison*, il m'a depuis quitté ma foi, et en transportant tout le droit qu'il avoit sur moi, au roi de France, dont je devins, et suis encore loyal *prison*; que ce roi a établi ma demeure dans le marché de la ville de Meaux; que, de sa grace, il m'a permis d'aller entre deux soleils dans cette ville, et même aux environs, jusqu'à une demi-lieue, à condition qu'avant le soleil couchant, je reviendrois dans le marché, où je passerois la nuit, et d'où je ne pourrois sortir que le lendemain, après le soleil levé; que depuis, à ma supplication et à celle de mes amis, il m'a permis d'aller faire un voyage en Angleterre, sous la condition que je serois revenu au marché de Meaux le jour de la Saint-Michel; aujourd'hui, étant de retour d'Angleterre, et étant à Paris auprès du Roi, et prêt à retourner au marché de Meaux, je l'ai supplié de me permettre d'aller trouver la reine Jeanne (d'Evreux); veuve de Charles-le-Bel et tante du roi de Navarre, qui m'avoit écrit pour me prier de l'aller trouver à Château-Thierri, ou elle étoit, ou dans d'autres endroits où elle pourroit être; que je l'ai encore supplié de changer le lieu de ma prison, et de me permettre de demeurer à Paris, et que le Roi ayant eu la bonté de m'accorder ces deux graces, à condition que le dimanche après la Saint Remy prochaine je serois de retour à Paris, où je tiendrois prison dans l'enceinte comprise dans les bastilles de Saint Denys, j'ai juré sur les saints Evangiles, et promis par la foi de mon corps, donnée en la main de très-noble et puissant prince le comte d'Estampes, au nom du Roi, et pour lui, et à ses successeurs, que je me rendrai à Paris au jour qui m'a été prescrit, et que j'y tiendrai prison ou ailleurs où il me sera ordonné, et que, dans quelque lieu que je sois, je serai bon et *loyaus prison* au roi de France ou à ses successeurs, jusqu'à ce que lui ou eux m'ayent quitté de ma prison par lettres scellées de leur grand scel; que j'ai encore juré sur les saints Evangiles, et sur ma foi que, pendant que je serai prisonnier, que je ne serai *aidant, ne conseillant, ne confortant par dit, par fait, par lettres ou par messaiges, ne par signe ou autrement en public et en secret au roi de Navarre, ni à aucun de son parti, ni à aucuns autres rebelles*, ennemis ou malveillans du roi de France, ou de ses successeurs au royaume, et que par moi, ni par autre, je ne dirai ni ne ferai rien qui puisse porter prejudice à ces Rois ni à leur royaume; que je ferai faire un serment pareil à ceux qui demeureront avec moi; que si je manque à tenir ma prison, ou si je fais quelque chose contre ce que dessus est dit, je veux et consens que je sois tenu pour *faux, mauvais et desloyal chevalier*, et que pour parjure et foi mentie et en *signe de ce*, mes armes soient tournées *de ce dessus dessous*, et que *pour tel comme tel*, le Roy ou ses successeurs me puissent poursuivre dans leurs cours de justice ou autres, me soûmettant moi-même pour l'exécution des choses dessusdites, à la jurisdiction et *cohercion* de nostre saint Père le Pape et de sa chambre, par lesquels je consens être contraint par sentence d'*escommeniement* ou autrement, à le tenir et garder fermement. (*Mém. hist. de Secousse sur Charles le Mauvais*, tom. *I*, 2ᵉ partie, page 54.)

FIN DES MÉMOIRES ET DES PIÈCES SUR BERTRAND DU GUESCLIN.

LE LIVRE

DES FAIS ET BONNES MEURS

DU SAGE ROY CHARLES V,

PAR CRISTINE DE PIZAN DAMOISELLE.

NOTICE
SUR CHRISTINE DE PISAN.

Christine de Pisan est le personnage littéraire le plus curieux du quatorzième siècle en France. Marot disait dans un rondeau :

> D'avoir le prix en science et doctrine,
> Bien mérita de Pizan la Christine
> Durant ses jours..........

Jusqu'ici les savants seuls l'ont connue : nous voudrions que ce qu'on appelle le public fît aussi connaissance avec le prodigieux auteur de tant de compositions. Les traits de cette physionomie remarquable n'ont pas tous été saisis et reproduits. Nous aurons donc un double but dans cette notice : le premier, de faire connaître Christine de Pisan d'une manière plus complète que ne l'ont fait nos devanciers ; le second, de mettre ce que nous avons à dire à la portée de tout le monde ; car dans le cours de cette entreprise nous n'oublierons jamais que c'est pour tout le monde que nous travaillons. Jean Boivin de Villeneuve (1) a composé une vie de Christine de Pisan, insérée dans le deuxième volume des Mémoires de l'Académie des inscriptions ; Chaufepié, dans son supplément du dictionnaire de Bayle ; l'abbé Lebœuf, en tête de sa publication de l'histoire de Charles V par Christine de Pisan ; les premiers éditeurs de la collection des Mémoires ; mademoiselle de Kéralio, dans la collection des meilleurs ouvrages français écrits par des femmes ; M. Pétitot, dans le cinquième volume de sa collection, ont, tour à tour, plus ou moins suivi la notice de Boivin ; nous profiterons, aussi, des recherches des savants qui ont parlé de Christine de Pisan avant nous, mais nous nous efforcerons d'être plus littéraires que nos prédécesseurs ; ce n'est pas seulement avec l'œil de l'érudition qu'il faut voir et juger Christine ; il y a en elle quelque chose de plus qu'une savante femme.

Thomas de Pisan, père de Christine, originaire de Bologne, avait épousé à Venise la fille d'un médecin de ses amis, et occupait une place de conseiller de la république. Sa renommée dans l'astrologie s'était répandue dans toutes les cours d'Europe ; Charles V lui ayant fait proposer un sort brillant auprès de lui, Thomas accepta les offres du monarque et vint à Paris ; toutefois son projet n'était point de demeurer long-temps en France ; il avait laissé à Bologne sa femme et une fille qui lui était née à Venise : cette fille était Christine de Pisan. L'honorable accueil que Thomas reçut de Charles V, les offres généreuses qui lui furent faites et les pressantes sollicitations du roi de France le décidèrent à établir son séjour à Paris et à faire venir sa femme et sa fille. C'est au mois de décembre 1368 que Christine et sa mère furent présentées à Charles V dans le château du Louvre ; Christine avait alors cinq ans, ce qui place l'époque de sa naissance dans l'année 1363. Je regrette que nous n'ayons aucun détail sur ce voyage de Bologne à Paris où nous voyons une mère et sa fille en bas âge, franchissant une distance de quatre cents lieues pour courir après des destinées nouvelles. Un savant clerc qui aurait rencontré la petite étrangère sur les chemins de France, aurait été bien étonné si on lui avait dit que cette voyageuse italienne en bas âge devait contribuer un jour au progrès et à l'éclat de notre littérature, encore dans les langes d'une grossière latinité, si on lui avoit dit que son nom serait répété dans les siècles et que les patients amis des choses du passé rechercheraient curieusement ses traces.

Christine et sa mère furent *très-gracieusement* reçues par Charles V. On traita la fille de Thomas de Pisan comme une demoiselle de qualité ; élevée dans la cour, aucun soin, aucun maître ne lui manquèrent ; son père qui avait découvert en elle les germes de facultés puissantes, lui fit apprendre les langues française, latine et italienne, ensuite les sciences et les belles-lettres. Une facilité merveilleuse, des progrès rapides dans les différentes branches des connaissances humaines appellèrent sur la jeune Christine l'attention de tous ; elle ne tarda pas à être demandée en mariage par une foule de personnages distingués dans la robe et l'épée. Thomas de Pisan avait un grand crédit à la cour ; il recevait un traitement de cent livres par mois et à peu près autant en gratifications, ce qui, dans ce temps là, présentait un revenu fort élevé ; de plus, on lui avait promis un fonds de terre de cinq cents livres de revenu pour lui et pour ses héritiers. Thomas aurait donc pu trouver un riche parti pour sa fille ; mais il ne se laissa point conduire par une pensée d'intérêt ; parmi tous les nobles et les chevaliers empressés autour de Christine, celui que Thomas préféra fut un jeune Picard, nommé Etienne du Castel, qui avait beaucoup plus de mérite que de fortune ; il faut croire aussi que le choix du jeune homme de Picardie n'était point contraire aux penchants de la jeune Christine. Elle achevait à peine sa qua-

---

(1) C'est par erreur que M. Petitot l'a appelé l'abbé Boivin ; Jean Boivin, auteur d'une *Vie de Christine de Pisan et de Thomas de Pisan, son père*, frère cadet de Louis Boivin, n'était point ecclésiastique ; il avait épousé, en 1716, une nièce de la célèbre mademoiselle Chéron.

torzième année lorsqu'elle fut donnée en mariage à Etienne du Castel; son éducation n'était point encore terminée. Le gendre de Thomas fut pourvu d'une charge de notaire et secrétaire du roi. Dans un de ses livres, Christine a parlé elle-même de son mariage avec un naïf abandon et une aimable simplicité. « A venir au point de mes fortunes, » dit-elle, le temps vint que je approchoïe l'aage » auquel on seult (on a coutume) les filles assener » de mari; tout fusse-je encore assez jeunette, » nonobstant que par chevaliers, autres nobles et » riches clers, fusse de plusieurs demandée (et » cette vérité ne soit de nul réputée ventence : » car l'autorité de l'onneur et grant amour que » le Roy à mon pere démonstroit, estoit de ce cause, » non mie ma valeur); comme mon dit pere ré- » putast cellui plus valable, qui le plus science » avec bonnes meurs avoit, ainsi un jone escolier » gradué, bien né et de nobles parents de Picar- » die, de qui les vertus passoient la richece, à » cellui que il réputa comme propre fils je fus » donnée. En ce cas ne me plains-je de fortune. » Cette famille, dont le bonheur était soumis aux vicissitudes de la cour, devait bientôt avoir ses jours de deuil. Le même coup qui ravit à la France son roi sage, ravit à la famille de Thomas de Pisan son bien et son espoir; dépouillé de son crédit et de la plus grande partie de ses revenus par la mort de Charles V, Thomas se vit réduit à l'état le plus humble; la vieillesse était venue et la fortune s'en était allée; le chagrin abrégea les derniers jours de la vie de Thomas; le père de Christine entra dans la tombe peu d'années après la mort de son royal protecteur. Christine dans plusieurs passages de ses livres, a beaucoup vanté la science de Thomas de Pisan; elle prétend que celui-ci mourut à l'heure même qu'il avait annoncée; nous pouvons nous dispenser d'y croire, et la manière exagérée dont Christine parle de l'astrologue de Bologne, doit s'expliquer par l'amour d'une fille envers son père. Le nom de Thomas de Pisan ne se trouve point sur la liste des conseillers de Charles V. Tout ce qu'on peut dire de lui, c'est que son triple caractère d'astrologue, de médecin et de savant l'avait mis en faveur auprès du roi Charles. On sait que l'astrologie jouait un grand rôle à cette époque. On interrogeait les astres avant d'entreprendre les grandes choses comme les petites; il fallait que l'œil de la science eût d'abord lu dans les cieux pour qu'on osât entreprendre une guerre, livrer un combat, se mettre en voyage, bâtir une église ou un château ou même porter un habit neuf. L'astrologie était devenue la grande conseillère des rois et des princes, et, jusques dans la vie ordinaire, ses inspirations étaient des lois. La profession d'astrologue donnait donc un rang dans le monde et pouvait mener à la fortune.

La mort de Thomas avait laissé la famille de Christine avec de médiocres ressources; la charge d'Etienne du Castel ne pouvait suffire à tous les besoins. Christine dut songer alors à tirer parti de ses talents; dès l'année 1394, ses poésies lui avaient donné de la renommée; le comte de Salisbury, venu en France pour le mariage de Richard II avec Isabelle, fille de Charles VI, accorda à Christine de généreux encouragements et emporta en Angleterre un recueil de ses poésies. En ce temps-là, où les productions littéraires ne circulaient dans le monde qu'au moyen des copistes, les poëtes et les gens de lettres n'avaient guère pour ressource que la protection des grands. Après le départ du comte de Salisbusry, Christine conserva des rapports avec lui; en 1397, elle lui envoya son fils aîné que le comte demandait à faire élever avec son propre fils; elle le rappela en 1400, quelque temps après la révolution qui plaça Henri de Lancastre sur le trône de Richard II. Le roi d'Angleterre, qui avait eu connaissance des poésies de Christine, essaya de l'attirer dans sa cour par les plus séduisantes promesses; mais elle ne voulut rien recevoir de l'usurpateur Henri : « Pour ce, dit-elle, que je ne puis croire que fin » de desloyal viengue à bon terme. » Un autre prince, Jean Galéas Visconti, duc de Milan, fit des efforts pour attirer Christine dans ses états; la fille de Thomas aima mieux vivre humblement en France que de vivre richement dans les cours étrangères.

Parmi les *petits dictiez*, les ballades, les lais, les virelais et les rondeaux qui commencèrent la réputation de Christine, il en est plusieurs d'un mérite véritable; ce mérite consiste dans le naturel et la sensibilité. Voici une ballade où se révèlent à la fois la manière poétique de cette époque et le caractère des *dictiez amoureux* de Christine :

> Seulete suis et seulete veuil estre,
> Seulete m'a mon doulz ami laissée,
> Seulete suis senz compaignon ne maistre,
> Seulete suis dolente et courroucée,
> Seulete suis en langour mésaisée,
> Seulete suis plus que nulle esgarée,
> Seulete suis senz ami demourée.

> Seulete suis à huiz ou à fenestre,
> Seulete suis en un anglet murée,
> Seulete suis pour moy de pleurs repaistre,
> Seulete suis doulente ou appaisiée,
> Seulete suis riens n'est qui tant me siée,
> Seulete suis en ma chambre enserrée,
> Seulete suis senz ami demourée.

> Seulete suis partout et en tout estre,
> Seulete suis ou je voise ou je siée,
> Seulete suis plus qu'autre rien terrestre,
> Seulete suis de chascun delaissée,
> Seulete suis durement abaissée,
> Seulete suis souvent toute esplorée,
> Seulete suis senz ami demourée.

L'imagination vive, l'esprit étendu de Christine, ne pouvaient pas rester enfermés dans le cercle étroit des poésies amoureuses; la fille de Thomas, encouragée par le succès de ses premières productions, songea à composer de grands ouvrages; elle s'y prépara par une étude opiniâtre des auteurs de tous les temps. « Ains comme l'enfant » que en premier on met à l'a, b, c, d, me pris, » dit-elle, aux histoires anciennes des commen- » cemens du monde ; les histoires des Ebrieux, » des Assiriens, et des principes des signouries » procédant de l'une et l'autre, descendant aux » Romains, des François, des Bretons, et autres » plusieurs historiographes : après aus deductions » de sciences, selon ce que et l'espace du temps » que y estudiai en pos comprendre ; puis me pris » aus livres des poètes... A donc fus-je aise quand » j'os trouvé le stile à moy naturel, me delitant » en leurs soubtiles couvertures et belles maniè- » res, mutiées sous fictions délitables et morales; » et le bel stile de leurs metres en prose, déduite » par belle et polie rhétorique. » Il paraît que cette étude préparatoire de Christine ne fut pas l'œuvre de quelques mois, mais de plusieurs an- nées, car la fille de Thomas nous apprend elle- même qu'elle commença à écrire des ouvrages sérieux seulement en 1399 ; elle avait alors trente- six ans ; depuis l'an 1399 jusqu'en 1405, Christine composa *quinze volumes principaux, sans les autres particuliers petits dictiez, lesquieulz tous ensemble contiennent environ soixante dix cahiers.*

Christine perdit son mari Etienne du Castel en 1402 ; une maladie contagieuse le mit au tombeau avant le temps, et Christine, restée veuve avec trois enfants, pouvait regarder l'avenir avec in- quiétude ; elle eut à s'occuper des soins pénibles du ménage auxquels jusqu'à ce jour elle était res- tée étrangère ; de plus, les premiers temps de son veuvage furent troublés par des procès qu'elle eut à soutenir contre la mauvaise foi et la chi- cane. « Or me convint, dit-elle, mettre à œuvre » ce que moy nourrie en delices et mignotemens » n'avoie appris, et estre conduiseresse de la nef » demourée sans maistre, c'est-à-dire en la tres » ourageuse mer et par voie estrange, c'est » à savoir le désolé mainage hors de son lieu et » pays. Adonc messourdissent angoisses de toutes » pars. Et comme ce soient les més des veufves, » plais et procès m'environnèrent de tous léz » (cotés), et ceux qui me devoient m'assaillirent, » affin que ne m'avançasse de leur rien deman- » der. » Le caractère et les habitudes de Christine ne pouvaient s'accommoder d'une vie de querelles et de procès ; la jeune veuve ne tarda pas à re- noncer à de stériles poursuites, et chercha dans les livres du repos et des consolations.

C'est Christine qui nous a conservé la date de 1402 comme étant l'époque de la mort de son mari ; cette date se trouve dans le premier cha- pitre du *Chemin de longue estude*, ouvrage de Christine, composé treize ans après la mort de son cher Etienne du Castel. Le préambule du *Chemin de longue estude* est une page d'amour et de re- grets pour Etienne du Castel ; Christine y parle d'elle-même et de son mari de telle manière que ce préambule doit être regardé comme une pré- cieuse révélation. Ce passage, quoique un peu long, doit donc naturellement trouver place dans une Notice destinée à reproduire tous les traits d'une femme remarquable, jusqu'ici peu connue du public. « Comme fortune averse et ennemye » de toute prospérité mondaine (nous empruntons » la traduction fidèle de Jean Chaperon) m'eut » abatue par son tour (duquel depuis les grands » jusques aux plus petitz se montre avoir puis- » sance) et mise en douleur excessive, regrettant » à part moy et ayant en mon cueur le remord » debile de celuy sans lequel je ne devois ne » pouvois avoir joye, et lequel faisoit de moy telle » estime, que moins ne luy estois qu'une simple » columbe correspondant à son vouloir ; celuy es- » toit certainement la clef de mon secret, et moi » la serrure ferme et seure de son desir ; c'estoit » celuy qui sans concupiscence d'autre, me por- » toit entière et loyale amitié, et tenoit dedans » son cueur vraye ma fermeté ; mon mary estoit » mon consort, mon souhait, mon plaisir, ma suf- » fisance et mon espérance : brief de nos deux » n'estoit qu'un même vouloir. Femme n'y avoit » en ce monde, qui participast plus de félicité » que moy. Je luy fu donnée jeune, et luy à moy » si sage et si bien né que sa vertu embrasa mon » tendre estomac en un feu inextinguible : si qu'en » ceste chaleur fut faite une conjonction de nos » deux cœurs, et furent faits or esprouvé en la » fournaise. Las! mon plaisir estoit tout en luy, » mon amour si fermement assis en sa pensée et » me tenoit telle loyauté, que quand je serois cent » ans à louer sa perfection, encore n'en aurois » fait satisfaction condigne. Mais depuis qu'Atro- » pos, de ses mains mortifères et sanguinaires, » eut rompu le fil de sa vie, qui m'estoit tant » agréable, pour nuls avoirs mondains, ne fre- » quentation de parens ou amis ne fut mon cœur » saoul à donner larmes à mes yeux. Ainsi le » temps procuré par Fortune me dura jusques à » ce que (ennuyeuse de son estat prospère) par le » moyen de la cruelle mort, elle me rendit estouffé » entre les entrailles de la grand mère Cybelle. » Et d'avantage, combien qu'il y eut jà treize » ans que mon cœur avoit servy continuellement » d'alembic à mes yeux, leur fesant distiller sans » cesse l'eau d'amertume causée d'un triste sou- » venir, encore n'a-t-il cessé pour le aujourd'huy, » non plus que s'il n'y avoit qu'une heure que » son trespas fust avenu. Car l'amour égale de » deux encore en mon cœur emprimé (non- » obstant que fusse fayble et debile), n'espar- » gnoit aucun endroit de moy mesmes, et ne ces- » soit soy presenter devant l'ostacle de ma » fantaisie, fust-ce même devant gens dont le vi- » sage et ris hautain asseuroit toute douleur, » passion et rascherie estre abolies et estaints. » Tel fut le commencement et le plus grand péril » de mon espérance, qui m'osta toute joye et me » mist en tel estat qu'estant odieuse à toute com- » pagnie fust estrange, de ma parenté ou domes- » tique, pour ma solitude et trop aspre conversa- » tion : l'ennuy de eux bannit et interdit m'estoit » viande, boire et repas entier et quotidien, sans » que je fusse rassasiée de le plaindre et regretter.

» Le jour dernier de mon cher espoux, à moy dommageable et principe de tous mes regrets fut le sixième d'octobre l'an mil quatre cens et deux, lequel portay, toutefois si secrettement, accompagné d'aigres tristesses, que peu de gens s'en pouvoient apercevoir. Car monstrer son courage et faire apparoître devant le vulgaire ce qui doit estre secret et caché en l'intérieur de l'âme, n'est point avantage, ains tourne à plus grande perte et malayse. »

Un des premiers ouvrages de longue haleine qui sortirent de la plume de Christine, fut l'*Epître d'Othea, la déesse qu'elle envoya à Hector de Troye, à l'âge de quinze ans*, poëme allégorique mêlé de prose et de vers; on doit un excellent examen critique de cette composition à l'abbé Sallier, de l'Académie des inscriptions et belles-lettres. Cet ouvrage, dont il existe plusieurs manuscrits à la bibliothèque du roi, a été imprimé à Paris, in-4°, sous le titre des *Cent histoires de Troyes, avec l'Epître d'Othea, déesse de prudence, envoyée à l'esprit chevaleureux d'Hector de Troyes, mises en rime françoise par Chrestienne de Pise*. La publication des *Cent histoires de Troyes* est d'une très-grande rareté. Christine avoit dédié l'Epître d'Othea à Hector au duc d'Orléans, ainsi que le Début des deux Amans, sorte de discussion poétique pour savoir si l'amour c'*est maladie ou grant santé*. Quand la faction de Philippe-le-Hardi, duc de Bourgogne, eut remplacé au pouvoir celle du duc d'Orléans, ce fut à Philippe-le-Hardi que Christine adressa ses livres; car, à cette époque, comme nous l'avons déjà remarqué, la protection des puissants était la seule espérance, le seul refuge des gens qui écrivaient. Le duc de Bourgogne récompensa Christine; il prit à sa solde son fils aîné, revenu d'Angleterre. Le duc de Berry se montra aussi du nombre des protecteurs de Christine; il donna deux cents écus pour un recueil de ses Ballades.

Mais de tous les bienfaiteurs de la fille de Thomas, le plus magnifique étoit Philippe-le-Hardi; celui-ci fut pour elle, pendant quelque temps, comme une providence; et Christine, en échange, lui garda toujours une ardente et sincère reconnaissance. Elle lui présenta, pour étrennes, le 1er janvier 1403, le livre de la *Mutation de fortune*, poëme de plus de six mille vers, consacré aux perpétuelles révolutions que la fortune accomplit dans le monde; ce poëme, véritable histoire universelle où les événements du passé sont mêlés aux idées du xive siècle sur les sciences et les arts, atteste un immense savoir. Le livre de la *Mutation de fortune* n'a jamais été imprimé; il en existe trois manuscrits à la bibliothèque du roi, sous les nos 70872, 7087242, 7088. Cet ouvrage frappa l'attention du duc de Bourgogne; il reconnut dans l'auteur de la *Mutation de fortune* un esprit propre à l'étude des choses historiques, et eut la pensée de confier à la plume de Christine l'histoire de Charles V. Le duc mit à sa disposition toutes les pièces, toutes les chroniques, tous les renseignements désirables. Christine se mit à l'œuvre; l'ouvrage, commencé au mois de janvier, fut terminé en moins d'un an; mais entre la première et la seconde partie de son histoire, elle eut à déplorer le trépas de son bienfaiteur; le *Livre des faits et bonnes mœurs du bon roi Charles V*, divisé en trois parties, dont nous reparlerons plus tard, fut présenté au duc de Berry. La mort du duc de Bourgogne fut pour Christine un malheur; la source des bienfaits était tarie; dans la tombe de Philippe-le-Hardi venaient d'être englouties les espérances de l'illustre veuve, de sa mère avancée en âge, d'un fils sans emploi, de deux frères et de quelques pauvres parents. La fille de Christine s'était dévouée à la vie religieuse dans le monastère de Poissy. Les deux frères de Christine ne trouvant plus à Paris de quoi soutenir leur vie, allèrent chercher du pain en Italie. Une nouvelle vie d'amertume commençait pour Christine; la France était alors troublée par les factions qui se disputaient le pouvoir; la voix d'une femme, qui implorait du secours au nom des lettres, arrivait à peine à l'oreille des princes préoccupés des plus grands intérêts du royaume. Toutefois, malgré sa misère, Christine conservait dans sa vie extérieure une noble dignité; elle s'efforçait de cacher aux yeux du monde le dépérissement de sa fortune; son courage était soutenu par une grande confiance dans l'avenir. « Si te » promets, dit-elle, à dame Philosophie, que à mes » semblans et abis peu apparoit entre gens le » faissel de mes ennemis : ains soubs mantel fourré » de soies et soubs surcot d'escarlate, non pas sou- » vent renouvellé, mais bien gardé, avoies es- » pesses fois de grans friçons, et en beau lit et » bien ordené de males nuis. Mais le repas estoit » sobre, comme il affière (il convient) à femme » vefve; et toute fois vivre convient. » Christine était quelquefois dans la nécessité de recourir à la bourse de ses amis; les paroles suivantes nous disent tout ce qu'elle souffrait : « Mais quand il » convenoit que je feisse aucun emprunt ou que » soit, pour eschever (éviter) plus grant inconve- » nient, beau sire dieux, comment honteusement » à face rougie, tant fust la personne de mon ami- » tié, le requeroïe. » En 1405, Christine écrivit les *Epîtres du débat sur les romans de la Rose*, pour signaler ce qu'il y avait d'immoral dans l'œuvre de Jean de Meun; un certain Gontier-Col répondit à Christine dans l'intérêt du roman de la Rose, mais Christine persista à appeler la lecture de ce roman *une exhortation de très-abominables mœurs*. Les Epîtres du débat du roman de la Rose furent dédiées à la reine Isabelle de Bavière et au prévôt des marchands de Paris; on en trouve des manuscrits à la bibliothèque du roi, sous les nos 7087, 7599. Dans le *Livre de la Vision*, composé en 1406, Christine raconte une vision bizarre qui lui a montré le cahos sous la forme d'un monstre immense; engloutie par lui, elle voit dans les flancs du monstre la Terre sous la forme d'une reine; la capitale de cette reine est

Paris, la seconde Athènes. Christine marche à travers la cité, et chaque pas qu'elle fait lui donne occasion de déplorer la profonde misère de l'homme ; elle reproche ensuite à la Philosophie de n'avoir rien fait pour son bonheur, et de n'avoir remplacé par aucun bien réel son père et son mari qu'elle a perdus. La Philosophie lui fait entendre des paroles de consolation ; elle relève son courage, et, à son réveil, Christine trouve dans son âme une force nouvelle pour continuer son chemin dans la vie. Dans le *Livre de la Vision*, Christine parle de la nécessité où elle se voit réduite *de poursuivre à grand train les gens de finance, qui la promènent de jour en jour par leurs belles paroles* ; elle s'arrête en détail sur l'état malheureux de sa famille.

L'année 1411 fut une année heureuse pour Christine ; dans un ancien registre de la chambre des comptes, il est fait mention d'une somme de deux cents livres *accordée à Damoiselle Christine de Pisan, veusve de feu maistre Etienne du Castel, jadis élève notaire et secrétaire du roi, pour considération des bons et agréables services que feu maistre Thomas de Boulogne, en son vivant, conseiller et astrologien du feu roy Charles, que Dieu pardoint, et dudit seigneur, et aussi père d'elle, avoit faits, et pour certaines autres causes et considérations.* Les lettres par lesquels Charles VI accordait cette gratification à Christine, sont du 13 mai 1411. Il est curieux qu'au nombre des motifs qu'on fait valoir en faveur de Christine dans cette pièce contemporaine, il ne soit nullement question de son mérite personnel, mais seulement *des bons et agréables services* de Thomas de Boulogne ; ajoutons qu'il est possible que les égards dus aux talents de Christine soient compris dans les *certaines autres causes et considérations*. Dans les années 1412 et 1413, Christine écrivit pour le dauphin Louis, duc de Guyenne, le *Traité de la paix*, divisé en trois parties ; ce livre retrace les douceurs de la paix et renferme des conseils pour le prince, sur le gouvernement des empires. La bibliothèque du roi possède un manuscrit du *Traité de la paix*, sous le numéro 7398.

Le *Chemin de longue estude*, composé en 1415, fut le dernier, ou du moins un des derniers des ouvrages de Christine de Pisan ; elle avoit alors cinquante-deux ans. Le *Chemin de longue estude*, poème de plus de six mille vers, est adressé à Charles VI ; je regarde cette production comme l'œuvre littéraire la plus remarquable de Christine de Pisan ; je l'ai lue avec un vif intérêt, et j'espère que nos lecteurs ne seront pas fâchés que je m'y arrête un peu plus que sur les autres ouvrages du même auteur. Jean Chaperon a publié, en 1549, une traduction de ce livre en prose française (1) ; cette traduction offre avec plus de clarté tout le charme de l'original. Si dans cette rapide analyse j'avais à citer quelques mots, quelques images, quelques traits, je les emprunterais au langage de Jean Chaperon. Et d'abord je dirai que ce Jean Chaperon a placé en tête de sa charmante imitation du Chemin de Longue Estude un *salut aux lecteurs* qui mériterait d'être répété ici en entier ; il expose aux lecteurs comment dame Christine, *après le temps de son mari, ne voulant demourer oysive de faire bon fruit, et ne rendre inutile sa muse de laquelle elle savoit soy aider à la louange des roys et érudition des peuples, composa ce présent œuvre du Chemin de longue estude, qui signifie le bon vouloir qu'elle avoit de soy occuper aux lettres sacrées et profanes, pour tous les deux faire son profit, et pareilles (après les avoir pratiquées) donner à entendre à toute manière de gens, principalement aux roys, princes et chevaliers, le moyen de vivre heureusement en ce monde, esvitant malheur et infamie, pour heureusement parvenir à éternelle béatitude.* Mais je me hâte d'arriver au poème du Chemin de Longue Estude.

Un jour Christine, retirée, selon sa coutume, dans son cabinet d'étude pour s'y reposer avec des livres et chercher un adoucissement à ses peines, ouvre un livre de Boëce, *duquel elle estoit fort affectée et amoureuse* ; c'était le livre de la *Consolation*. Christine songe aux tribulations qui ont rempli la vie de Boëce, à son exil de Rome, et reconnoît amèrement que quand on veut faire son devoir, on a *maintes males aventures*. Elle lit Boëce et oublie les heures, tant ce livre charme son cœur. La nuit était avancée ; une des femmes de Christine entre dans son cabinet et l'avertit qu'elle a laissé passer l'heure du coucher. Christine quitte le livre tant aimé, va dans sa chambre et se couche. Après qu'elle a dit ses petites oraisons et prières accoutumées, au lieu de s'endormir, elle s'arrête, comme malgré elle, à cette pensée que les choses humaines sont bien vaines, et que la corruption a envahi le monde ; elle réfléchit sur cette perpétuelle et impitoyable guerre que se livrent tous les êtres vivants sous le soleil et même les éléments entre eux ; elle fait un tableau de la situation morale et politique de l'Europe, et ce tableau est lugubre. A la fin, Christine s'endort ; elle a une vision ; ce n'est point un songe qui traverse son sommeil, ce n'est point un fantôme qui apparaît devant ses yeux, c'est une femme, une femme grande, belle et simple, la tête couverte d'un voile blanc, vêtue d'une longue robe attachée par une large ceinture ; la mystérieuse femme s'approche du lit de Christine, elle s'assied près de son chevet ; elle lui parle et lui annonce d'abord que *sa mémoire sera perpétuelle entre gens de lettres et entre ceux qui seront et seront d'esprit et d'intelligence* ; elle

(1) *Le Chemin de long Estude de dame Cristine de Pise, où est descrit le desbat au parlement de raison pour l'élection du prince digne de gouverner le monde, traduit de langue romanne en prose françoise par Jean Chaperon, dit lassé de repos. Tout par Soulas. A Paris, de l'imprimerie d'Estienne Groulleau, demeurant en la rue Nostre Dame, à l'enseigne saint Jean Baptiste*; 1549. 1 vol in-32.

dit à Christine qu'elle la connaît bien, et qu'elle la met au-dessus de toutes les femmes. Puis la mystérieuse étrangère apprend à Christine qu'elle est Amaltée, la Sibyle de Cumes; elle l'appelle *chère fille et amye*, lui dit que c'est elle qui conduisit Énée aux enfers, qui apporta à Tarquin l'Ancien *les neuf volumes de lois*, et que c'est d'elle que parlait Virgile quand il disait : « Les » temps prédits par la Sibyle de Cumes sont ar- « rivés *. » *Ainsi que le poète mantoan a tesmoigné par sa métrificature*. Christine, répondant à la Sibyle, l'appelle *singulière amye de science, regente du collège de science, secrétaire de Dieu*; la Sibyle lui avait demandé si elle voulait la suivre dans ses lointains voyages. Christine y consent; *elle prend sa cotte et sa robe, et coiffée d'un simple couvrechef avec un touret, elle se garnit d'une guimple et garde col pour se défendre du soleil, vents et poussières plus violents communément en ces temps là d'automne qu'aux autres*; elle retrousse sa robe sur sa ceinture pour marcher plus légèrement, et dit à la Sibyle qu'elle est prête à la suivre partout, car elle est lasse de sa vie pâle et monotone. Christine et la Sybile partent toutes les deux ensemble, et les voilà dans des campagnes fortunées, où le printemps sourit toujours; Christine voit une fontaine aux flots brillants, entourée de tout ce que la nature a de plus frais, et près de cette fontaine elle voit un coursier avec des ailes; elle voit une montagne qui porte son sommet jusqu'aux nues; la Sibyle lui explique que cette fontaine est la fontaine de la science, que ce coursier est Pégase, que cette montagne est l'Hélicon; elle lui marque dans ces champs toujours verts la place qu'ont occupée Aristote, Socrate, Platon, Démocrite, Diogène, Empedocle, Ptolémée, Hyppocrate, Galien, Avicenne, Sénèque, Virgile, Orphée, Musée, Ovide, Horace, Catulle, Tibulle et Homère aussi, Homère, le souverain poète, qui a *cueilli à ces arbres maint rameau pour faire fluts et flaoits* (flageolets) *desquels issoit* (sortoit) *chant mélodieux, et a bu de la fontaine à son plaisir*. N'oublions pas de dire que Thomas de Pisan est aussi placé dans cette immortelle phalange des grands hommes. Ce que Christine voit là, c'est le chemin de longue étude, chemin qu'elle ne connoissoit que par Dante de Florence; Dante y avait rencontré Virgile, et Virgile l'avoit conduit partout. Les deux voyageuses, sans navire, sans esquif, passent les mers et vont à Constantinople, à Jérusalem, à Bethléem, à Ténedos, aux bords de l'Hellespont, à Troie, Rhodes, Chypre, le Caire, l'Assyrie et l'Arabie; elles vont visiter le monastère du mont Sinaï, et puis continuent leur route vers la Tartarie et l'Inde : Christine raconte sur ces différents pays ce qu'on savoit dans le xive siècle. Aux dernières limites de l'Orient, les deux voyageuses rencontrent une haute montagne; une merveilleuse échelle qui s'élance au ciel est placée sur la cime de la montagne; Christine monte au haut de l'échelle et parcourt des yeux le firmament; elle observe et nomme les astres, et dit tout ce qu'on savoit de son temps en astronomie. Puis tout à coup quatre chaires se montrent aux quatre parties du monde; elles sont occupées par les dames Sagesse, Richesse, Noblesse et Chevalerie; au milieu de ces quatre chaires on en voit une cinquième faite d'une lumière resplendissante, occupée par dame Raison, qui tient parlement. La Terre présente une requête à dame Raison pour lui exposer les maux auxquels elle est en proie. Une longue discution s'engage entre les cinq dames pour savoir ce qu'il y a de mieux à faire pour gouverner le monde, et pour savoir quelles sont les qualités les plus nécessaires à un roi. Après un débat où toutes les idées politiques de l'époque sont mises en présence, on décide qu'on soumettra cette importante décision à Charles VI et à ses pairs; c'est Christine qui est chargée de remettre les plaidoyers au roi de France, *comme à la souveraine court regnant alors au monde*.

Tel est le poème du *Chemin de longue estude* : on y trouve toute la poésie, toute la philosophie, toute la politique du xive siècle; une science étendue s'y mêle à une riche imagination; le style de Christine y rayonne des couleurs d'une véritable poésie; il a toute l'animation et la vivacité de la jeunesse, et si la date de cette composition n'étoit pas positivement indiquée par Christine elle-même, on aurait de la peine à croire que l'auteur fût alors dans la dernière période de sa carrière. En lisant le *Chemin de longue estude*, un sentiment de surprise s'est mêlé au plaisir que j'ai senti : à l'époque où Christine écrivait ce poème, elle était plus malheureuse qu'elle ne l'avait jamais été, et je me suis étonné que, sous le poids de l'ennui, la célèbre fille de Thomas ait pu trouver tant de force, d'éclat et de fraîcheur. Homère dit : Jupiter ôte aux malheureux la moitié de leur esprit; ce n'est pas pour Christine que ces mélancoliques paroles ont eu leur vérité, car l'œuvre littéraire la plus remarquable de sa vie fut accomplie dans ses plus mauvais jours. Le Chemin de longue estude, offert à Charles VI, aurait pu à d'autres époques améliorer la position de son auteur, mais la fatale journée d'Azincourt venait d'attrister le monarque et le royaume, et le sort de Christine ne changea point au milieu des malheurs publics. Christine avait alors cinquante-deux ans; passé cette époque, on ne découvre plus aucun vestige de l'intéressant auteur que nous venons de suivre; il n'est pas probable qu'elle ait vécu long-temps encore.

Dans les pages qui précèdent, il n'a été fait mention que des principaux ouvrages de Christine de Pisan; nous nous bornerons à indiquer simplement les autres productions : *Les Jeux à vendre*, l'*Epitre au Dieu d'amour*, le *dit de Poissy*, le *dit de la Rose*, le *Livre des trois jugements*, le *dit de la*

---

* *Ultima Cumæi venit jam carminis ætas.* (Eclogue IV, Pollion.)

Pastoure, le *dit des vrais Amants*, les *dits moraux*, la *Cité des dames* (1), le *Livre des trois vertus*, le *Corps de Policie* (2), le *Livre des faits d'armes et de chevalerie*, divisé en quatre parties, le *Livre de prudence et l'enseignement de bien vivre*, *Mellibée et dame Prudence*. Ces différentes productions, dont les unes sont en vers, les autres en prose, se trouvent en manuscrits à la Bibliothèque du roi.

Dans le deuxième feuillet de la *Cité des Dames* (m. s. 7395), j'ai vu une miniature qui représente Christine de Pisan; sa figure est ronde et gracieuse : il résulte de ce portrait que Christine dut avoir de la beauté. Une coiffure élevée, enveloppée d'une gaze transparente, une grande robe bleue bordée d'or, qui laisse le cou et le haut de la poitrine découverts, une chemise ou vêtement de dessous dont l'ouverture est bordée d'or et qui couvre la moitié de la poitrine, tel est le costume de Christine. Elle est représentée, dans son cabinet d'étude, assise sur un siége au fond cramoisi, semblable à un trône épiscopal de nos cathédrales; à côté d'elle, est un grand pupitre semblable à un pupitre d'église, couvert de volumes in-folio. Le sujet de la miniature est emprunté aux premiers chapitres de la *Cité des dames*; Christine songe à l'ouvrage qu'elle voudrait composer et le sentiment de sa faiblesse l'attriste : « En telle dolente pensée ensi que » j'estois la teste baissée comme une personne » honteuse, les yeux pleins de larmes, tenant » ma main sous ma joue, accoudée sur le pom- » mel de ma thanere (bureau); » tout-à-coup trois dames lui apparaissent; Christine, à cette vue, fait le signe de la croix, car elle ne comprend rien d'abord à une telle apparition; peu à peu les trois dames se font connaître; la première se nomme Raison, la seconde, Droiture, la troisième, Justice; les trois dames annoncent à Christine qu'elles sont prêtes à l'aider dans l'œuvre qu'elle prépare; elles travailleront aux murs et aux tours de la cité que Christine veut bâtir pour les dames. Les trois figures allégoriques sont richement vêtues : elles ont pour couronnes des coiffures orientales; d'eux d'entre elles portent une espèce de turban; la dame du milieu porte une coiffure longue semblable au *tantour* des femmes du Liban. J'ai vu aussi au feuillet 45 du manuscrit de la *Cité des Dames* une miniature qui représente Christine.

Cette notice est plus longue que je n'aurois cru, et le desir d'être complet a multiplié mes pages. Il faut que je dise aussi que j'avais à cœur de faire connaître une femme dont la bizarre et touchante destinée m'avait ému, dont les ouvrages m'avaient pénétré de surprise. Sans doute les productions de Christine ne sont point parfaites, et la délicatesse de notre goût se trouve souvent blessée par ses conceptions; mais Christine écrivait, il y a quatre cents ans, et à cette époque la littérature française bégayait à peine; pour faire tout ce qu'a fait Christine, il fallait du génie. Cette femme a profondément remué la langue française, et je voudrais que ses livres devinssent un sujet spécial d'étude dans le nouveau Dictionnaire que l'Académie vient de commencer. Ce qui étonne aussi dans Christine, c'est la merveilleuse étendue de ses connaissances; en elle se résume la science du xive siècle. Christine parle d'Aristote et de Platon, d'Homère et de Virgile, de Cicéron et de Sénèque, de tous les grands maîtres de l'antiquité, comme d'auteurs qui lui étaient familiers; elle cite même des ouvrages que la Bibliothèque de Charles V, ne possédait pas, et je ne sais quel heureux destin voulait que tous les rayons des antiques lumières, alors épars dans le monde, vinssent aboutir à Christine comme au génie le plus digne de les recevoir, le mieux fait pour les comprendre. J'ajoute, en finissant, que ce ne serait pas pour moi une petite joie, si cette notice pouvait contribuer à donner à Christine de Pisan quelques nouveaux amis, et si ce trop imparfait hommage rendu à sa mémoire pouvait la venger quelque peu d'un injuste oubli.

SUR LE LIVRE

DES FAIS ET BONNES MEURS

DU SAGE ROY CHARLES V.

Dans la Notice qui précède, nous n'avons pu qu'indiquer l'histoire de Charles V, par Christine de Pisan, que nous publions ici; il importe d'y revenir pour chercher à caractériser cet ouvrage. On a vu dans la Notice que le livre des faits et bonnes mœurs du sage roi Charles V avait été commandé à Christine par Philippe-le-Hardi, duc de Bourgogne; on a vu que tous les documents historiques avaient été mis à sa disposition. Aux détails qu'elle trouva dans les chroniques de Saint-Denis, Christine ajouta ce qu'elle put recueillir de la bouche de *plusieurs gens notables encore vivants, jadis serviteurs* du roi Charles; son ouvrage est donc un précieux monument historique. Remarquons aussi que ce livre est le seul monument contemporain qui parle de Charles V; la vie de ce

---

(1) Quelques-uns des ouvrages de Christine étaient autrefois lus par toutes les dames de qualité. On conserve dans la bibliothèque du chapitre de Notre-Dame de Paris, son livre de la *Cité des Dames*, à la fin duquel il est marqué que *ce livre fut à madame Agnes de Bourgoigne, en son vivant duchesse de Bourbonnois et d'Auvergne*. L'abbé Lebeuf, Dissertation sur l'histoire ecclésiastique et civile de Paris, t. III, p. 160.

(2) Le *Corps de Policie* est sans doute le même ouvrage que les trois livres de Christine de Pisan, intitulés de la *Police françoise*, dont parle don Mabillon dans son voyage d'Allemagne, tome II, page 714. Don Mabillon raconte qu'il vit cet ouvrage à Besançon, chez M. l'abbé Boisot, et ajoute que l'ouvrage avait été autrefois imprimé.

roi, écrite par le même religieux qui a laissé une vie de Charles VI, a été perdue à travers les âges. Denis Godefroi, connu par la publication de plusieurs documents importants sur l'histoire de France, conçut le premier l'idée d'imprimer l'ouvrage de Christine de Pisan dans son intégrité ; il mourut avant l'exécution de son projet. L'abbé de Choisy, en 1689, publia une douzaine de fragments de cet ouvrage dans son histoire de Charles V; le père Daniel, dans son histoire de France, se servit de quelques-uns de ces fragments. En 1743, l'abbé Lebœuf, dans son III° vol. des *Dissertations sur l'histoire ecclésiastique et civile de Paris*, donna au public le *livre des Fais et Bonnes meurs* ; mais il crut devoir en omettre plusieurs chapitres comme étant inutiles ou peu importants ; souvent aussi il s'est borné à donner des extraits de chapitres. De plus, l'abbé Lebœuf a fait de fréquentes suppressions dans le récit de Christine ; « comme » elle use quelquefois de redites, et qu'elle a cru » devoir orner sa relation de longues réflexions » morales, et de traits tirés des auteurs grecs ou » romains, j'ai omis à dessein toutes ces choses » qui n'auraient fait que charger l'impression. » L'abbé Lebœuf, dans sa naïve barbarie d'érudit, n'a rien moins que défiguré, par ses abréviations, la physionomie de Christine. M. Petitot a publié en entier dans sa Collection le *livre des Fais et Bonnes meurs*. Nous aussi, nous publions l'ouvrage sans y changer un mot, et, en outre, pour que le récit de Christine soit compris par tout le monde, nous y avons joint une traduction. Le langage, quelquefois métaphysique, de Christine de Pisan, a de l'obscurité ; on ne trouve point dans le *livre des Fais et Bonnes meurs* la naïve et limpide simplicité de Joinville ou de Ville-Hardoin ; ce sont bien souvent de longues phrases diffuses qui, portant beaucoup plus sur des idées morales que sur des faits, présentent une réelle difficulté à qui veut les entendre. Nous pensons donc que, grâce à notre traduction, le public lira pour la première fois l'histoire de Charles V, par Christine de Pisan.

L'ouvrage de Christine est divisé en trois livres ; le premier livre, intitulé *Noblesse de courage*, qu'il faut traduire par noblesse de cœur, traite des vertus de Charles V ; le second, intitulé *Noblesse de chevalerie*, roule principalement sur les guerres de cette époque ; le troisième, intitulé *Noblesse de sagesse*, est consacré à l'éloge de Charles V sous les rapports de la science, des arts et de la politique. Le récit de Christine, partagé en petits chapitres, présente une grande variété ; les âges anciens et les âges modernes s'y trouvent continuellement rapprochés ; sous la plume de Christine, les événements, les anecdotes se pressent à la suite des réflexions morales, et le lecteur trouve dans tout cet ensemble beaucoup de charme et d'intérêt. L'âme bonne et pure de Christine s'y montre à chaque page ; un profond amour des nobles et des grandes choses respire dans sa narration ou ses tableaux. Il arrive quelquefois à Christine de citer d'une manière inexacte les auteurs des temps reculés ; nous ne nous sommes point arrêtés à relever minutieusement Christine dans ces inexactitudes peu importantes dans notre sujet ; nous avons cru qu'il suffisait d'en prévenir ici le lecteur.

FIN DE LA NOTICE SUR CHRISTINE DE PISAN.

LE LIVRE DES FAIS
ET BONNES MEURS
DU SAGE ROY CHARLES.

CI COMMENCE LA PRIMIERE PARTIE DU LIVRE DES FAIS ET BONNES MEURS DU SAGE ROY CHARLES.

ET PRIMIEREMENT PROLOGUE.

Sire Dieux, ouvre mes levres, enlumines ma pensée, et mon entendement esclaires, à celle fin que ingnorance n'encumbre mes sens à expliquer les choses conceues en ma mémoire, et soit mon commencement, moyen et fin, à la loange de toy souveraine puissance et dignité incircumscriptible, à sens humain non comprenable.

Les choses expédientes et comme neccessaires a l'edification de meurs virtueux et louables de commun cours, véons, par les scappiens, en leur escript, amenteus et ramenez à mémoire pour nostre instruccion en ordre de bien vivre : si est digne chose que, avec les vehementes raisons prouvées et solues deulx bailliées, exemples vrais et notoires soyent certificacions des choses conduites en ordre de parleure. Pour ce, moy Christine de Pizan, femme soubz les tenebres d'ignorance au regart de cler entendement, mais douée de don de Dieu et nature, en tant comme désir se peut estendre en amour d'estude, suivant le stille des primerains et devanciers noz edifieurs en meurs redevables, à présent, par grace de Dieu et solicitude de pensée, emprens nouvelle compillacion menée en stille prosal et hors le commun ordre de mes autres passées ; à ce meue, par estant infourmée, que ainssy plaist estre fait à tres solemnel et redoubté prince monseigneur le duc de Bourgongne Phelippe filz de Jehan par la grace de Dieu roy de France, par lequel commandement ceste dicte œuvre ay emprise ; suppliant sa digne et virtueuse humilité que le deffault de la foiblece de mon sçavoir soit souppléyée, visant moy, non instruicte de science, en aucun atouchement de degré, par quoy entendement et parleure puisse avoir conduit par ycelle. Or soit donques mon rural cours en l'onneur de la très honorée digne couronne de France, dont la lueur resplent par l'univers, et fait à gré umaine dignété de très solemnelz princes d'icelle, à laquelle révérance, humble recommandacion prémise, soit présentée la petite œuvre de mon labour non souffisant à tous no-

PREMIÈRE PARTIE DU LIVRE DES FAITS ET BONNES MOEURS DU ROI CHARLES-LE-SAGE.

PROLOGUE.

Dieu de bonté, ouvre mes lèvres, éclaire ma raison et ma pensée, afin que l'ignorance ne me rende point inhabile à expliquer les choses conçues en mon esprit, et que le début, le milieu et la fin de mon œuvre soient consacrés à la gloire de ta puissance souveraine, et de ta grandeur infinie, que l'intelligence humaine ne peut comprendre.

Les sages, dans leurs écrits, nous font connoître ce qui est convenable et nécessaire pour nous former aux bonnes mœurs; et ils nous le rappellent à notre esprit pour nous enseigner à bien vivre : ce sera donc une noble tâche que de montrer à l'appui des raisons puissantes, par eux déduites et prouvées, des exemples vrais et authentiques qui confirment des préceptes énoncés avec tout l'art de bien dire.

Pour ces motifs, moi, Christine de Pisan, simple femme, non instruite en la science des clercs, mais douée par Dieu et la nature de toute l'ardeur que l'on peut avoir pour les lettres, soutenue aujourd'hui par Dieu et ma pensée, j'entreprends, à la façon des anciens, nos devanciers et nos modèles, une nouvelle composition écrite en prose, et d'un genre différent de celles que j'ai publiées jusques ici. Ayant su que cette œuvre seroit agréable à très-grand et très-redouté prince Philippe, duc de Bourgogne, fils de Jean, par la grâce de Dieu, roi de France, je me suis empressée d'obéir à son ordre : suppliant sa vertueuse et digne humilité d'excuser ma foiblesse et mon défaut de savoir; et cherchant par quel moyen je pourrai rendre digne d'elle mes pensées et mes discours. Que ce livre soit donc en l'honneur de la maison de France, dont l'éclat resplendit dans l'univers; que ces nobles princes l'aient en gré; que sous de tels auspices, et protégée par l'humble aveu que j'exprime ci devant, il me soit permis de présenter aux vrais amis de la sagesse, cette œuvre si imparfaite et si peu

bles et amenrs de sagece; pareillement, eulx anonçant ma nouvelle invective, en laquelle j'espere traictier *des vertus et proprietez de noblece, de courage chevalerie et sagece qu'il sen ensuit et quel bien en vient.*

Ainssy sera mondit volume contenu en trois parties, qui toutes s'assembleront à une seule chose : c'est assavoir, en la singuliere personne du trés illustre hault, et trés loué prince, feu le sage roy Charles, quint d'icelluy nom, en laquelle révérance, ceste presente œuvre est emprise, ramentevant sa vie et louables vertus et meurs dignes de perpétuelle mémoire.

Chap. II : *Cy dit, quelle fu la cause, et par quel commandement ce livre fu fait.*

Pour ce que les causes ignorées et non sceues, aucunes fois, sont causes de admiracion aux humains, quelz peuvent estre les motifs des choses faictes, sera récité par moy véritablement et sanz aucune adulacion le principe et mouvement de ceste présent petite compillacion.

Voirs est que, c'est présent an de grace 1403, après un mien nouvel volume, appellé *de la mutacion de fortune*, audit trés solemnel prince, monseigneur de Bourgongne, de par moy, par bonne estreine, présenté, le primier jour de janvier, que nous disons le jour de l'an, lequel sa débonnairë humilité receupt trés amiablement, et à grant joye me fu dit et rapporté par la bouche de Monbertaut, trésorier dudit seigneur, que il luy plairoit que je compillasse un Traictié touchant certaine matiere, laquelle entierement ne me déclairoit, si come sceusse entendre la pure voulenté dudit prince; et pour ce, moy meu de desir d'accomplir son bon vouloir, selons l'estendue de mon foible engin, me transportay, avec mes gens, où il estoit lors, à Paris, ou chastel du Louvre; et là, de sa bonne grace, luy informé de ma venue, me fist aler vers luy, menée où il estoit par deux de ses escuyers en toute courtoisie duis nommez Jehan de Chalons, et Toppin de Chantemerle; là, le trouvay retrait assez solitaire, accompaigné de son trés noble filz, Anthoine, monseigneur conte de Retel.

Devant luy venue, après le salut redevable, deis la cause qui me menoit et le desir qui me tiroit de servir et plaisir faire à sa haultece, se tant digne estoye, mais que de luy fusse informée de la maniere du traictié, ouquel luy plaisoit que j'ouvrasse. Adont luy trés benigne, après que son humilité m'ot rendu plus mercis qu'à recepvoir à ma petitece n'appartenoit, me dit et déclaira la maniere et sur quoy luy plaisoit que je ouvrasse; et, après maintes offres notables, receus de sa benignité congé, pris avecques la

---

digne d'eux ; leur annonçant de plus qu'en ce mien nouvel écrit, j'espère traiter *des vertus et des qualités de la noblesse; du courage de la chevalerie, de la sagesse qui en est la suite, et des avantages qui en résultent.*

Or, cet ouvrage comprendra trois parties, qui toutes trois se résumeront en un seul point, savoir, en l'éminente personne du très illustre et très-loué feu le roi Charles-le-Sage, cinquième du nom, en l'hommage duquel l'œuvre présente a été faite; redisant sa vie, ses vertus et ses mœurs, si dignes de louange et d'une éternelle renommée.

Chap. ii : *où il est dit à quelle occasion et par le commandement de qui ce livre a été fait.*

Les choses que l'on ignore et que l'on ne peut savoir, étant pour les hommes un sujet de curiosité, je dirai sincèrement les motifs de ce qui a été fait, et je raconterai sans aucune adulation l'occasion et l'origine de ce petit ouvrage.

Vous savez que nous sommes en l'an de grâce 1403. Le premier jour de janvier, que nous appelons le jour de l'an, ayant présenté pour étrennes à monseigneur de Bourgogne mon nouvel ouvrage *de la Mutation de fortune*, cet excellent prince le reçut avec bonté; et son trésorier, Monbertaut, me rapporta, d'un air tout joyeux, que le prince désiroit que je composasse un traité sur certain sujet dont il ne se vouloit pas autrement expliquer, le prince devant lui-même m'en instruire de sa bouche. Poussée par le désir de me conformer à son bon vouloir, autant que me le permettroit ma faible intelligence, je me rendis avec mes gens au château du Louvre, où il étoit alors. Aussitôt qu'il fut informé de ma venue, il me fit conduire auprès de lui par deux de ses écuyers, instruits en courtoisie : c'étaient Jehan de Châlons et Toppin de Chantemerle. Je le trouvai dans la seule compagnie de son fils, monseigneur Antoine, comte de Retel.

Arrivée en sa présence, et après le salut d'usage, je rappelai la cause qui m'amenoit, et témoignai de mon envie de servir son altesse, si j'en pouvois être digne; alors je priai le prince qu'il daignât me faire connaître le sujet de l'ouvrage auquel il lui plaisoit que je donnasse mes soins; et lui, après m'avoir rendu plus de grâces qu'il ne m'appartenoit d'en recevoir, m'indiqua la matière qu'il désiroit me voir traiter. Il me fit ensuite mainte offre généreuse; et je pris congé de lui, emportant une commission flatteuse, que je regardai comme un ordre : charge plus honorable pour moi, que je n'étais capable de la remplir dignement.

charge agréable que je réputay commandement plus honorable que moy ydoine ou digne de le souffisamment accomplir.

Chap. III : *Ci dit la cause pourquoy ce présent volume sera traictié en distinction de trois parties.*

Ainssy plaist au trés redoubté susdit, que le petit entendement de mon engin s'applique à ramener à mémoire les vertus et fais du trés sereins prince, le sage roy Charles, ameur de sapience et toute vertu ; desquelles choses, pour remplir ledit commandement, me suis informée, tant par croniques, comme par pluseurs gens notables encore vivans, jadis ses serviteurs, de sa vie, condicions, meurs, ordre de vivre, et de ses fais particuliers : et pour ce que moy bien informée treuve que les biens de luy se peuent assez conduire par ces trois graces, ay je dit en mon prologue, que je traicteray de noblece de courage, chevalerie et sagece, en distinction de trois parties, ramenant à propoz maintes autres addicions virtueuses ; tout ainssy comme une pierre précieuse digne et fine et de grant chierté, on enveloppe en or, en esmail, ou drap de soye, et soueves odours, est bien raison que la juste véritable narracion de ses dignes meurs soit fleurectée de mémoires prouffitables et de digne efficace.

◇◇◇

Chap. III, *où l'on explique pourquoi le présent ouvrage est divisé en trois parties distinctes.*

Il plaît donc au très-redouté prince susnommé que mon faible esprit s'applique à retracer à la mémoire des hommes les vertus et les actions du roi Charles-le-Sage. Pour accomplir cet ordre, j'ai cherché à m'instruire dans les chroniques, et auprès de notables personnes, jadis ses serviteurs et encore vivants aujourd'hui, de ce qui concerne sa vie, ses mœurs, ses habitudes et ses actions privées. Informée par ces voies sûres, j'ai pensé que tout ce qui se rattache à ce prince, se pouvoit exposer par le moyen des trois vertus que j'ai dites en mon prologue : je traiterai donc de la noblesse de cœur, de chevalerie et de sagesse, en trois parties distinctes ; ajoutant, suivant l'àpropos, quelques pensées morales. De même que l'on enchâsse dans l'or l'émail ou la soie, que l'on environne de parfums une pierre précieuse, belle, rare et d'un grand prix, ainsi est-il juste que le récit véritable d'une si noble vie soit ornée de sentiments propres à faire germer la vertu dans les cœurs.

Chap. IV : *Cy dit quel chose est noblece de courage.*

Or commençons donques en telle maniere :
Comme noblece de courage conduise les sens humains aux perfections salutaires, laquelle noblece se peut descripre et prouver par trois raisons, qui assez se terminent en une, c'est assavoir : tendre à haultes choses, amer bonnes meurs, et conduire ses fais par prudence ; tendre à haultes choses, comme dit Aristote, povons entendre aux choses plus parfaictes et de plus longue durée ; sur quoy povons noter estre les plus suppellatifz biens les celestielles choses comme perpétuelles ; mais, selon l'entencion de nostre rural cours, c'est assavoir de ce qui touche à moralement vivre, le bien de renommée, acquis par vertu, peut estre attribué à l'acquérant noblece de courage, et, pour ce, est dit, Ecclésiaste 41, « ayes cure de bon nom, car il te » remaindra plus que nul trésor précieux : » et, que le bien de renommée soit tendre à haultes choses approchans des biens non corruptibles, appert come choses terrestres soyent de foible durée, exepté bon nom, lequel peut acquérir dégré de perpétuité ; ce nous appert expérience manifeste, sans autre preuve, si comme foy nous tesmoigne les dignes noms des bien parfaiz emprains en mémoire eternelle et sauz terme deffalible.

◇◇◇

Chap. iv, *où l'on dit ce que c'est que noblesse de cœur.*

Voici donc comment nous débutons.
La noblesse de cœur, qui conduit l'intelligence humaine à une perfection désirable, se peut démontrer par trois raisons, résumées en une seule, savoir : tendre aux choses élevées, aimer les bonnes mœurs, et se gouverner avec prudence. Tendre aux choses élevées, comme parle Aristote, c'est s'appliquer à ce qui a de la perfection et de la durée ; d'où l'on peut conclure que les biens les plus grands sont les biens célestes, puisqu'ils sont éternels ; mais dans le cours des choses ordinaires, c'est-à-dire, qui appartiennent à une vie morale, la bonne renommée, acquise par la vertu, peut être considérée comme noblesse de cœur. C'est en ce sens que l'Ecclésiastique a dit : « Ayez soin de vous faire une » bonne renommée : car ce vous sera un bien plus » durable que mille trésors grands et précieux. » Or, que l'amour d'une bonne renommée soit le désir de ces choses élevées qui se rapprochent des biens incorruptibles, cela ressort de la foible durée même des biens terrestres : foible durée sans doute, mais dont il faut excepter un grand nom, car il peut devenir immortel. Et l'expérience

Si poons encore dire, que ou bien de renommée sont incorporées les autres deux vertus susdictes, c'est assavoir, amer bonnes meurs, et soy gouverner par prudence; car il convient de neccessité, pour emplir le bien de renommée, que vertus soyent excertitées sanz delaissier; comme renommée puist estre acomparée à la fleur que nous appellons *Lis*, lequel est blanc, tendre et souef flairant, mais de moult petit hurt et froissié et taché, aussi bonne renommée convient que soit nectement gardée, et par grant soing enveloppées és odeurs de vertu; autrement son noble flair et beaulté ne pourroit estre maintenu longuement.

Si convient encore, que sagece aie l'administracion et gouvernement de ceste digne union, autrement tost seroit desprisé; car, sanz le conduit d'icelle, nulle vertu n'aroit lumiere par quoy le bon nom fust apperceu. Ainssi, ceste belle assemblée fait un digne corps ymaginable et non palpable; lequel notable assemblement povons comprendre et trouver en la personne du solemnel Roy, de qui nous esperons traictier, si comme cy-après apperra par la récitation de l'ordre de sa trés esleue digne et très notable vie.

Doncques ces choses desclairiées et veues, pour une fois souffize, sanz plus repliquer en fin

◇◇◇

nous en fournit assez la preuve, puisque la foi nous enseigne que les noms vénérés des justes sont à jamais entourés d'une gloire impérissable.

Nous pouvons dire encore que dans la bonne renommée sont aussi comprises les deux autres vertus susdites : c'est-à-dire aimer les bonnes mœurs, et se gouverner avec prudence; car pour accroître la bonne renommée, il nous faut pratiquer la vertu sans relâche. La réputation peut se comparer au lis, qui est blanc, fragile, et d'une odeur suave; mais que le moindre heurt peut rompre et souiller. Ainsi faut-il que la bonne renommée soit gardée précieusement, et entourée avec sollicitude de tous les parfums de la vertu; sinon sa noble senteur et sa beauté ne se pourroient conserver long-temps.

Il faut encore que la sagesse ait la direction et la conduite de cette digne alliance, qui sans cela serait bientôt avilie; car, privée de ce secours, aucune vertu ne seroit éclairée de la lumière qui peut seule mettre au jour un grand nom. Or cette union si belle, forme un tout merveilleux que l'imagination peut concevoir, mais que les sens sont inhabiles à connaître; et, ce digne assemblage, nous pourrons le découvrir et le comprendre dans la personne du grand roi dont nous écrivons l'histoire, comme on le verra ci-après dans le récit de sa très-noble vie.

de chascun chapitre suscedent en ceste partie, par si que attribuée soit la gloire des vertus dudit Prince à Dieu, et a noblece de corage, prise en maniere de teume, en ceste primiere partie mon volume.

CHAP. V : *Cy dit, dont vint, et de quelz gens, et en quel temps la primiere naiscence et racine des rois de France et des Françoiz.*

Or, regardons à nostre propoz, descendant à la loange de nostre object, et à la matiere emprise, se la noble mémoire et la haulte généalogie des nobles roys de France, de qui celluy est descendus, dont esperons principaulment traictier, nous peut aydier en ceste partie comme préambule de gloire non adulant.

Si seroit voirement expédiens et à propoz ramentevoir les loanges des prédécesseurs passez; mais, pour cause de brieffé, et aussy que assez est divulgué et sceu communement, par les croniques de France, et mains autres escrips, nous en passerons, pour eschever prolixité, légierement; mais, pour continuer coustume deue, si que, qui veut parler de virtueuse fleur, doit ramentevoir sa racine; dirons ainsy :

De la noble royal lignie de la renommée Troye, jadis, par variation de fortune, destruicte des

◇◇◇

Les prémisses ainsi posées, qu'il nous suffise de dire une fois pour toutes, sans le rappeler davantage à la fin de chacun des chapitres qui se suivent en cette partie, que l'honneur des vertus dudit prince est attribué à Dieu, et à la noblesse de cœur, prise pour thème de la première division de cette histoire.

CHAP. v, *où il est dit de quel lieu, de quels peuples, et en quel temps sont venus les premiers rois de France, et les Français.*

Or, examinons à ce propos, revenant au noble sujet qui nous occupe, si les glorieux souvenirs de la lignée des rois de France, dont est descendu celui qui sera l'objet de cet ouvrage, peuvent sans flatterie servir de préambule au récit d'une vie illustre.

Il seroit assurément convenable de s'étendre ici sur la louange des rois qui l'ont précédé; mais ces détails, publiés dans les chroniques de France et dans maints autres écrits, étant connus assez, nous les rappellerons seulement en quelques mots, afin d'éviter des longueurs inutiles. Toutefois, pour obéir à cet usage qui veut que celui qui décrit une noble fleur parle aussi de sa racine, nous dirons :

La célèbre ville de Troie ayant, par un coup de la fortune, été jadis détruite par les Grecs,

Grieux, par divine volenté, au salut des univers terres remplir de nobles nacions, se partirent pluseurs barons nez de la lignie royal, avec multitude de gent espandens en diverses contrées, entre lesquelz un appellé Francio, filz au preux Hector, filz du roy Priant de Troye, avec sa compaignie, arrivans vers les Palus de Moede, fonderent, par espace de temps, la cité de Sicambre, en monteplyant, par longue demeure possédeurs d'icelle; aprés pluseurs années, comme leur hault corage fust rebelle à servage, obviant à l'empire de Romme contraignant yceulx à servitude de treu, fu voir, que, en l'an de grace 381, avec leur duc descendus dudit estoc royal, appellé Priant, se translaterent en la terre de Gaule que ilz appellerent France, auquel duc Priant succéda Marchoeres, qui engendra Pharamon, que yceulx couronnerent à primier roy de France.

Ainssy fu le commencement de celle noble nacion françoise, couronnée d'ancienne noblece, laquelle, Dieux mercis, doir en hoir, est continuée malgré les floz de la descordable fortune jusque cy en amendent en bien, à laquelle chose Dieux octroit tousjours acroiscement de gloire jusques au terme des aeulx.

◇◇◇

sieurs princes de la maison royale de cette cité fameuse allèrent remplir le monde entier de peuples belliqueux. La providence le voulut ainsi pour le salut des nations. Ces princes, suivis d'une multitude nombreuse, se répandirent en diverses contrées. L'un d'eux, nommé Francus, fils d'Hector, fils de Priam, roi des Troyens, vint avec sa troupe vers le Palus-Méotides : ils y fondèrent dans la suite la cité des Sicambres, où ils se multiplièrent durant une longue possession. Après nombre d'années, comme leur haut courage ne se vouloit point soumettre à la servitude, il arriva, vers l'an de grâce 381, que, pour se soustraire à la domination de Rome qui prétendoit leur imposer un tribut, guidés par Priam, prince de la souche royale dont nous avons parlé, ils envahirent le pays des Gaules, et lui donnèrent le nom de France. Au duc Priam, succéda Marcomir qui engendra Pharamond : celui-ci fut couronné par son peuple comme premier roi de France.

Tels furent les commencements de la noble nation française, et cette antique illustration s'est accrue, grâce au ciel, et continuée de règne en règne en dépit des assauts de la fortune contraire : qu'il plaise à Dieu d'en augmenter la gloire jusqu'à la fin des siècles.

(1) Il y a dans cette évaluation une erreur si évidente que le lecteur le plus vulgaire peut s'en apercevoir; cha-

CHAP. VI : *Cy dit la nativité du roy Charles.*

D'ycelle dicte noble lignée Dieu, ameur du trés christien peuple françois, pour la réparacion, confort et préservacion dudit lieu, lequel, par pluseurs adversitez de nostre sire, peut estre consentyes pour cause de correccion, si comme le bon pere chastie ses enfens, tout ainssy comme jadiz donna Moyse, né de nobles parens, ou temps de l'adversité d'Egipte, aux enfens d'Israël, le sage conduiseur pour ledit peuple en espace de jours tirer hors du servage de Pharaon, volt la divine Providence faire naistre de parens solemnelz et dignes, c'est assavoir, du bel et chevalereux Jehan, roy de France, et de la royne Bonne, s'espouse, fille du bon roy de Bahaigne, ycelluy sage Charles, lequel fu le cinquante-sixieme roi de France, puis le roy Pharamont dit dessus, regnans glorieusement par l'espace de mille vingt-trois ans (1) courus jusques au couronnement d'icelluy dit sage roy Charles. Nez fu au bois de Vincennes, le jour sainte Agnès, vingt-unième de janvier, en l'an de grâce 1336, à grant joye receus, comme de ses parens primier né; administracion de nourreture et estat luy fu baillié si notablement

◇◇◇

CHAP. VI, *où il est parlé de la naissance du roi Charles.*

Par cette noble lignée, Dieu, qui aime le peuple français, sauva, garantit, et consola la France qu'il protége : cette France chrétienne à laquelle il infligea, peut-être comme une expiation, les infortunes de son roi, tout ainsi qu'un bon père qui châtie ses enfants. De même que jadis au temps de la servitude d'Égypte, Moïse, né d'illustre famille, fut donné comme un guide sage au peuple d'Israël, afin qu'il le tirât des mains du Pharaon, ainsi la providence divine voulut faire naître le roi Charles de parents nobles et illustres; savoir du beau et valeureux Jean, roi de France, et de la reine Bonne, son épouse, fille du roi de Bohême. Charles-le-Sage fut le cinquante-sixième des rois de France qui régnèrent avec gloire durant un espace de mille vingt-trois années : depuis Pharamond jusqu'à son couronnement. Il naquit au bois de Vincennes, en l'an de grâce 1336, le 21 de janvier, jour de sainte Agnès, et fut accueilli avec une grande joie, comme le premier né de ses parents. On lui alloua un revenu, et on lui fit un état de maison avec toute la richesse que le droit et la coutume exigent en pareil cas pour les enfants des princes. Je n'entrerai point à cet égard dans un plus long détail, ce ne serait ni utile ni convenable au but que je me propose, qui

cun sait qu'il ne s'est pas écoulé 1023 ans de Pharamond à Charles V.

comme droit et noble coustume requiert a telz royaulx enfens : de laquelle chose grant narracion faire n'est mie neccessaire, ne au propoz singulier où je vueil tendre, qui n'est fors seulement traictier de ce qui touchera ses vertus et estat en sages et bonnes mœurs et autres particularitez, lesquelles sont assez sceues par le commun ordre du noble estat royal de France ne seroyent fors prolixitez non neccessaires, si me passeray de son enfence assez légierement ; par l'exemple que nous véons és escriptures de tous les plus notables passez, n'estre escript de leur juene aage, fors comme chose apocriphe et sans grant foy, mesmement de l'enfence et adolescence de Jhesu-Crist peu traicté l'Evangile, de laquelle chose, comme il fut tout sapient pareillement ou cours de sa vie ; peut estre que ainssy luy plot estre fait pour monstrer que la perfection du sens humain ne doit estre prise fors en aage de discrécion, ouquel temps homme est appelez *vir*. Si n'en diray autre chose, excepté que la sage administracion du pere le fist introduire en lettres moult souffisamment et tant que competenment entendoit son latin (1), et suffisanment scavoit les rigles de granmaire ; laquelle chose pleust à Dieu que ainssy fust acoustumé entre les princes ! et ce seroit chose

◇◇◇

est de traiter uniquement de ce qui touche à ses vertus et à ses mœurs pures et sages dans ses rapports domestiques, et à quelques autres particularités. Le premier point est assez familier aux nobles personnages de la maison de France : il ne serait ici qu'une oiseuse redite. Je passerai de même fort légèrement sur son enfance : l'exemple de l'Ecriture nous autorise à le faire, puisqu'il n'y est rien dit du jeune âge des plus notables personnes des temps passés, si ce n'est des choses apocryphes ou peu dignes de foi. L'évangile lui-même parle à peine de l'enfance et de l'adolescence de Jésus-Christ, durant lesquelles il fut sage comme pendant le reste de sa vie. Peut-être lui a-t-il plu que cela fut ainsi, pour nous apprendre qu'il ne faut point chercher la perfection de l'intelligence humaine hors de l'âge de discrétion, temps auquel l'homme est appelé *vir*. Aussi dirai-je simplement que la sollicitude éclairée de son père le fit instruire dans les lettres en un degré suffisant pour qu'il entendît convenablement son latin, et connût pertinemment les règles de la grammaire. Plût à Dieu que telle fut toujours la coutume des princes! Ce serait assurément très-opportun et très-utile dans les causes diverses et spéciales dont la connaissance leur est attribuée

(1) Philippe de Maizières, contemporain de Charles V, parle d'une bible latine que ce prince avait coutume de lire lui-même ; cette bible se trouve aujourd'hui à la Bibliothèque du roi ; nous y avons vu la signature du roi

très convenable et pertinent aux causes des cas divers et particuliers dont la cognoissance leur est imputée et de droit comise, de quoy ne peut avoir introduccion des loys, ce n'est par estranges expositeurs, tout par peresse d'un petit de temps souffrir l'excercitation et labour d'estude.

CHAP. VII : *Ci dit de la jeunece du roy Charles, et comment c'est grant péril quant administracion de bonne doctrine n'est donnée aux enfens des princes.*

Et aussi pareillement n'est à mon propoz et ne quier faire grant narracion sur les fais de l'adolescence dudit Roy ; et pour touchier la vérité, j'entens que jeunece, par propre voulenté menée plus perverse que à tel prince n'appartient, dominoit en luy en celluy temps, mais je suppose que ce pot estre par maulvaiz aministrateurs, car, comme jeunece soit de soy encline à mains mouvemens hors ordre de raison, encore quant elle est conduite et exortée par maulvaiz et sans consience anminciateurs plus tendens à l'adulacion du jeune courage du prince, pour son gré acquerre, que pour le conduire par pure et deue voye, c'est un grant

◇◇◇

et commise de droit, vu que le défaut d'un pareil soin ne leur permet de connaître la loi que par l'explication d'autrui : suite fâcheuse d'une paresse qui ne leur a point permis de souffrir pour un peu de temps l'exercice et la peine qui sont attachés à l'étude.

CHAP. VII, *où il est parlé de la jeunesse du roi Charles, et du danger qu'il y a à ne pas donner de bons enseignements aux enfants des princes.*

Un long récit de l'adolescence de ce roi n'est pas non plus dans mon dessein, ni requis par mon sujet. S'il faut parler sincèrement, je suis d'avis que sa jeunesse fut, par l'effet des désirs criminels auxquels il s'abandonnoit alors, beaucoup plus désordonnée qu'il ne convenoit à un tel prince ; mais je suis portée à croire que c'était par la faute de ceux qui le gouvernoient. La jeunesse, ayant de sa nature une certaine tendance au désordre, lorsqu'elle est conduite et excitée par ces directeurs sans conscience ou corrompus, qui, pour acquérir la faveur d'un prince, songent plus à flatter ses passions qu'à le guider dans une voie droite et sans tache, il en résulte, pour tout

Charles, précédée de ces mots écrits de la main de ce prince : *Ceste bible est à nog, Charles le V*^{e} *de notre non, roy de France, et est en ij volumez, et la fimes faire et p-fere.*

meschief et péril en tout grant seigneur; car orgueil qui leur ramentoit leur haulte puissance, et juenece qui les instruit à leur singulier plaisir en tous délis, leur ostent la crainte et regart de toute discipline, et par oultre cuidance peuent estre conduis à telle ignorance que ilz présument à eulx estre licite faire follies et choses hors ordre de bonnes meurs; ce qui seroit lait et malhonneste à simples et povres hommes, laquelle chose est tout le contraire; car tout ainssy que seigneurie humaine est rigle des autres estas, est raison qu'elle soit régulée et reamplye de précieux joyaulx de vertus et de l'entendement; et, pour ce, les parens, obvians à telz inconvéniens, doivent plus singulierement procurer à leur enfens bonne compaignie sage et honeste, et prendre garde à la discipline des meurs, que à leur bailler estat quelconques ne autre nourriture deliée; et pour ce, à ce propoz, treuve-l'en, en maintes escriptures, que anciennement aux enfens des roys et princes, comme autrefois ay parlé sur ceste matiere estoyent quis sages maistres philozophes, lesquelz en avoyent l'aministracion et gouvernement jusques à ce que ilz feussent parcreus et enforciz, si que ilz fussent ydoines à soustenir le fais des armes, et adont estoyent livrez à la chevalerie és mains des sages chevaliers expers en telle discipline; car n'est mie doubte, comme il est dit par maint aucteur, tout ainssy comme la cire est apte à recevoir toute empraincte recevoir, est l'engin de l'enfent disposé à recevoir telle discipline comme on luy veult bailler et aprendre; et à ce propoz n'est mie sans grant péril donner auctorité de seigneurie à enfent sanz frain de sages amenistrateurs.

Et, par exemple, l'avons ou livre des Roys, ou temps Roboam, filz Salomon, pour ce qu'il n'avoit pas respondu sagement au peuple, ainssi comme les preudes hommes luy avoyent conseillé, mais orgueilleusement et fiérement, par le conseil des jeunes avecques luy nourris en enfence, le royaume fu divisé en deux royaumes; de douze lignées, Roboan n'en ot que les deux, et Jeroboam, qui ot esté sergent Salomon, en ot dix.

Des enfens des chevaliers, qui est à entendre des nobles victorieux aussi, est escript que anciennement en enfence les tenoyent soubz grant cremeur: de ce est escript és histoires des Grieux jadis triumphans, que Ligurgus, roy de Lacédémone, entre les belles loys que il estably, ordonna que les jouvenceaulx n'eussent en l'an fors une robe; *item*, que les jeunes enfens, yssus hors de la primiere nourriture,

⟡

grand seigneur, un grand malheur et un grand péril. L'orgueil qui leur rappelle leur puissance, et la jeunesse qui les entraîne et les rend propres aux voluptés, leur ôtent la crainte et le respect de toute discipline. La présomption peut en outre les conduire à une telle ignorance, qu'ils croient pouvoir se permettre tous les excès les plus contraires aux bonnes mœurs; car ce qui, chez les hommes privés et sans richesses, serait messéant et condamné, est vu là d'un autre œil. Si la vie des grands est l'exemple des autres états, il convient qu'elle soit réglée par l'intelligence et décorée des précieux joyaux des vertus. Pour obvier aux inconvénients que nous avons dit, il faut que les parents procurent à leurs enfants une compagnie sage et honnête, et portent plus de sollicitude à surveiller leurs mœurs, qu'à leur faire des positions brillantes et à satisfaire avec délicatesse toutes leurs sensualités. C'était à cette fin, comme on le voit en maint livre (je l'ai dit moi-même ailleurs, et en un sujet pareil), que dans l'antiquité, on donnoit pour maîtres aux enfants des princes et des rois de sages philosophes. Ils demeuroient soumis à leur autorité jusqu'au temps où leur corps avait acquis assez de force pour supporter le poids des armes. Ils s'appliquaient alors à la chevalerie sous la conduite de sages chevaliers, experts en telle discipline. Car il est sans aucun doute (ou l'a dit maintes fois)

⟡

que l'esprit de l'enfant est propre à recevoir tous les enseignements qu'on lui veut communiquer, de même qu'une cire molle est apte à recevoir toute espèce d'empreinte. Il n'est donc pas sans danger de laisser un enfant affranchi d'une sage surveillance, se livrer aux fantaisies que son rang lui permet de satisfaire. Et le livre des rois nous en offre un exemple en la personne de Roboam, fils de Salomon. Il ne voulut point répondre avec sagesse au peuple comme des hommes prudents le lui avaient conseillé; mais, de l'avis des jeunes hommes, compagnons de son enfance, il parla avec hauteur et fierté. Ce royaume se divisa en deux parties, et de douze tribus il n'en conserva que deux : Jéroboam, qui avait été serviteur de Salomon, eut les dix autres.

Quant aux enfants des chevaliers, et nous entendons par là ceux des hommes libres et belliqueux, il est écrit que jadis ils étoient tenus sévèrement dans la crainte. On lit dans l'histoire des Grecs, aux temps de leurs succès, que Lycurgue, roi de Lacédémone, entre les sages lois qu'il établit, ordonna que les jeunes hommes n'eussent qu'une robe par an; que les enfants, dès qu'ils seraient sortis du premier âge, fussent éloignés des caresses maternelles; l'oisiveté et les plaisirs étant pour eux un poison destructeur de la morale, il voulut qu'ils fussent écartés des

fussent tirez des mignotises maternelles; et comme oisiveté et délices soyent à eulx comme venin destruiseur de meurs, ordonna ycelluy que séparez fussent des délices des bonnes villes et nourris sus les champs en exercitation d'aucun labeur selon leur faculté et aage. *Item*, que honneur aucun ne fust donné à home, fors selon les merites de ses vertus, et non parfaict honneur actribué à aulcun jusques à tant que continuée vertu l'eust parmené en l'aage de viellece et d'impotence : laquelle loy, pour l'augmentacion de vertu, pleust à Dieu que courust en nos aages, et en perpétuel temps.

Chap. VIII : *Cy dit, le couronnement du roy Charles, et comment, tost aprés, prist à suivre la rigle de vertu.*

Selon le triumphe, par ancien et redevable usage, le jour de la Trinité, en l'an de grace mil trois cens soixante et quatre, de sa nativité le vingt-septiéme, cestuy sage Charles roy, quint du nom, fu coronné, lequel, tost aprés, nonobstant le boullon de si mene aage, contre la commune maniere des hommes cheminans par le cours de nature; par grace de Dieu et especial don de divine informacion, par les batures infortunées, a longtemps, receues en son royaume(1), par guerres, pertes excessives

et tribulacions infinies, qui souventefoiz peuent estre prouffitables et salutaires aux vages humains à cause de advertience de leur vie inique et recognoiscence de leur créateur, fu enluminé de clere cognoiscence qui vrayement luy discerna le cler du trouble, le bel du lait, le bien du mal, par laquelle fu inspirez à droicte voye, en déboutant les juenecces avuglées par floz d'ignorance; non mie que on doye par mes parolles entendre que ycelluy en sa juenece fust excerciteur de cruaultez inhumaines, ne aussi moriginez és orgueuls Tarquiniens, lesquelles choses, Dieu mercis, sont hors les usages des honorez princes françoiz, auxquelx, pour la blancheur de leur glorieux estre, appert petite tache, se en eulx est, plus que trés grant autre part ne feroit.

Ainssi, ce trés sage Roy retrait des voyes d'ignorance, tout ainssi comme le champ non labouré et par longtemps esté en friche, remply d'espines, sanz aulcun bon fruit porter, et aprés, luy deffriché et coulturé de bonne semence, porte fruit meilleur et plus habundamment que autre terre, cestuy sage, de soy esrachiées toutes espines de vices, en luy volt enter toutes virtueuses plantes, dont le fruit s'ensuivy si bon et de tel sante aprés, comme nous dirons par ordre, que encore en dure la rassadiacion et odeur en maints royaumes.

◇◇◇

délicatesses des villes, et élevés aux champs, dans quelque travail proportionné à leurs forces et à leur âge. Il défendit de rendre, à qui que ce fut, aucun honneur, sinon pour son mérite : on ne devait accorder de complets honneurs qu'aux seuls citoyens qu'une vertu constante avait conduits jusqu'à l'âge de la vieillesse et des infirmités. Plût à Dieu, que pour le progrès de la morale, une pareille loi fut en vigueur aujourd'hui et jusqu'à la fin des temps!

Chap. VIII, *où l'on raconte le couronnement du roi Charles, et comment, bientôt après, il se mit à mener une vertueuse vie.*

Le jour de la Trinité de l'an de grâce mil trois cent soixante-quatre, la vingt-septième année depuis sa naissance, le roi Charles-le-Sage, cinquième du nom, fut couronné en grande pompe suivant un noble et ancien usage. De ce moment, et malgré le feu de la jeunesse, il s'abstint de suivre l'exemple du commun des hommes qui s'abandonnent à cet âge à leurs vicieux penchants. La grâce de Dieu, un don spécial de divine prescience, les déplorables défaites essuyées jadis en son royaume,

(1) En faisant ici allusion aux malheurs qui avaient frappé la France, Christine de Pisan avait sans doute en vue la prise du roi Jean à la bataille de Poitiers, en 1356

les guerres, les pertes graves et les tribulations infinies, qui, pour les hommes égarés, sont un enseignement salutaire, et un avertissement de la colère céleste au sujet de leur vie inique, l'éclairèrent d'une vraie lumière, qui lui fit discerner le clair d'avec l'obscur, le beau d'avec le laid, le bien d'avec le mal, lui inspira de suivre la voie droite, et de chasser d'auprès de soi une jeunesse aveugle et ignorante. Ce n'est pas qu'il faille conclure de ceci que Charles, en sa jeunesse, ait exercé d'odieuses cruautés, ou qu'il ait montré jamais un orgueil Tarquinien; ces vices, Dieu merci, ne sont point dans les mœurs de nos princes de France, dont la gloire est si belle, qu'une tache légère y serait plus remarquée que ne pourroit l'être ailleurs une large souillure.

C'est ainsi que ce sage prince se retira des voies de l'ignorance.

Un champ long-temps privé de culture et laissé en friche, se couvre d'épines et ne porte aucun fruit; mais si l'on vient à le labourer, et que l'on y répande une bonne semence, il porte des fruits plus abondants et meilleurs que ne le fait toute autre terre; ainsi, ce sage prince, ayant arraché de son cœur toutes les épines des vices, y voulut greffer toutes les plantes vertueuses, et le fruit qui en résulta fut si bon et si salubre, que le parfum et la saveur en durent encore en maint royaume.

Chap. IX : *Cy parle de jeunece, et de ses condicions.*

Pour ce que le susdit suppoz, c'est assavoir la matiere où nous sommes entrez, du temps de l'aage de juenece, nous donne cause de plus avant dire, sera un petit divulgué en cestuy chapitre des propriétez d'icelle, en descrisant, selon les aucteurs et mon petit engin, ses mouvemens, passions et operacions diverses.

Comme il soit voir, nature humaine, pour cause de sensualité, estre encline à plusieurs vices tous tendens au délit et aise du corps, lesquelles choses ne procurent mie les proprietez de l'ame intellective, comme de sa nature elle tende au lieu dont elle est venue, c'est assavoir à haultes choses ; car, si, comme dit Aristote, ou primier de métaphisique, chascune chose desire estre conjoincte avec son principe, car en ce est le terme de toute matiere créé, ycelle ame est translatée ou corps, lequel est vessel composé de grosses et matérielles substances, qui rent l'esperit empeché et comme lié des opéracions intellectives, auquel, par proces d'ans, convient attendre temps et aage jusques l'instrument par où il doit ouvrer ait par ordre de nature pris convenable croissance, ains que les vertus de l'ame puissent, se petit nom monstrer l'œuvre de sa soubtilleté ; et

◇◇◇

Chap. IX, *où il est parlé de la jeunesse et de ses penchants.*

Le sujet que nous traitons, c'est-à-dire la jeunesse, nous offrant l'opportunité d'entrer ici dans quelques développements, je deviserai ce chapitre des qualités qui sont propres à cet âge, décrivant d'après les auteurs et d'après mon faible esprit, ses mouvements, ses passions et ses actes divers.

Une vérité incontestable, c'est que l'homme est enclin par nature à plusieurs vices qui tendent tous au plaisir et au bien-être du corps. Ces desirs sensuels ne sont point favorables à l'âme intelligente, qui elle-même tend au lieu d'où elle est venue : aux choses élevées. Car, comme le dit Aristote, au premier livre de sa métaphysique, si chaque chose desire d'être réunie à son principe, ce qui est le but de tout objet créé, l'âme étant déposée dans le corps, enveloppe grossière, qui entrave ou empêche les opérations de l'intelligence ; il faut attendre du progrès des ans, l'âge ou l'organe, au moyen duquel l'esprit doit opérer, a reçu de la nature la perfection nécessaire pour que l'âme, même dans les petites choses, puisse faire reconnoître ses facultés spirituelles. Pendant le cours de cet accroissement, la nature façonne peu à peu l'imagination et la pensée. Ainsi, dit Aristote, qu'on peut écrire ou tracer sur une table rase tout ce que l'on desire, de même voyons-nous que l'on fait apprendre aux enfants l'art que l'on veut leur enseigner. Cet être neuf et jeune, n'ayant encore rien éprouvé, n'ayant eu de desirs que pour les plaisirs des sens, n'ayant point connu jusque-là les jouissances de l'esprit, il doit en résulter que ses actions extérieures sont légères et mobiles, et tendent au plaisir ; que ses facultés sensibles le font passer rapidement de la joie à la colère ; qu'il veut et ne veut plus ; n'a que des passions sans force, comme on le voit chez les enfants. Si par degrés, et jusqu'à l'âge d'homme, on corrige ces faiblesses, l'âme peut alors agir dans toute sa liberté ; à moins qu'une maladie ou tel autre obstacle ne vienne offusquer l'organe ou l'instrument, c'est-à-dire le corps.

ainssi, petit à petit, ou temps de celle croissence, nature appreste la fantasie et entendement, tout ainssy comme une table rese, comme dit Aristote, en laquelle on peut escripre et figurer ce que l'en veult, si comme nous véons és enfens que l'en fait apprendre tel art comme on veult ; si n'est mie doubte que ycelluy vaissel, juene et nouvel, qui encore n'a expérience, ne concept fors ce qui appete à délices charnelz, comme ignorant encore des spéculatives joyes de l'entendement, convient que ses opéracions foraines et par dehors soyent joyeuses, légieres et de petite constance, et les inclinacions de l'abbilité sensible tost muées de joye en ire, de vouloir en desvouloir, et en autres passions tendres, comme nous véons communement és petits enfens, en amodérant tousjours ycelles fragilitez jusques en aage parfaict d'omme, ou adont, quant obfuscation extraordinaire n'empeche l'organ, c'est à dire l'instrument, qui est le corps, par maladie, ou autre accident, l'ame doit ouvrer.

Mais, au desoubz de ses ans perfaiz, aprés les jours d'enfence que la ceve monte contremont la jueune plante, c'est à dire lorsque la chaleur et moitteur est grant ou jouvencel, environ l'aage de son adolescence, adont n'est nulz qui peust comprendre les divers mouvemens qui en celluy corps sont compris, lequel,

◇◇◇

Mais, avant d'arriver à cette perfection de l'âge, après les jours de l'enfance, lorsque la sève monte au sommet de la jeune plante, lorsque la chaleur est grande au cœur du jouvenceau, environ l'âge de son adolescence, alors on ne sauroit imaginer les mouvements divers qui agitent le corps en proie à ses instincts, et aux appétits déréglés ; ce corps à qui l'empire et les redressements de la raison sont demeurés inconnus, hors le cas d'une grâce particulière de Dieu ; faveur

comme passionné d'appetit sanz ordre, par inclinacion naturelle, non cognoiscent encore la lime et correccion de raison, se, par grant grace de Dieu, n'est octroyé aux aucuns par dessus le comun cours naturel : adont les voulentez agües et sensuelles sont, comme juges és faiz et appetits, alumez et avivez d'iceulx jeunes, qui les rent avugles et non cognoiscens la forme de droit usage; et tout ainssi comme le malade de goutte qui souvent juge l'amer estre doulz ou aigre, et plus appete contraire viande que la propre, par comparaison avient au juene le plus des fois en ses jugemens sensitifz : et de ce la certaineté nous aprent l'expérience de leurs œuvres et faiz.

CHAP. X : *Ci dit encore de ce mesmes.*

O Dieux! Comment voyons nous les jeunes gens adouler et entrister quant correccion, quoyqu'elle leur soit salutaire, leur est presentée, laquelle reçoipvent, comme opprobre et chose injurieuse, à petite patience; et tout au contraire, souvraine joie remplist leur folz cuœurs ou temps de leur grief et mortel dommage, c'est quant en la voye d'oiseuse se puevent embatre, en laquelle nul autre paradiz ne présument leur estre propice ne plus agréable? mais en ce chemin sont infinies à culs les sentes de desvoyement; là souventefois sont procurées folles amours ou mains vicieux deliz en pluseurs manieres, ou és aucuns, par la chaleur de leur sang, bataillés et riotés, autres par impatience prenent contens à leurs melieurs amis, reçoipvent et aiment leurs mortelz ennemis et ceuls qui les trahissent, comme sont les aduleurs ou flateurs portans venim angoisseux dont ilz ne cognoiscent la decepvance, ne admonnetement de sage contre leur oppinion n'y tiendroit lieu, en serchent jeux et délis, sanz regart au petit effect de la fin, s'enveloppent légierement en infinies folies dont le retraire n'est mie sans peine, légierement tournent leur pensées à maulvaiz consauls, habundent en oppinions voluntaires au contraire de raison, croiscent en parolles sanz frain affermées en pure voulenté, sanz regart où ce peut cheoir leur jugement contraire à vraye cognoiscence, souventefoiz leur dit que bien fait soit si comme folye, folye honneur, deshonneur chose belle et doulcereuse ; si comme par expérience le véons avenir en yceulx juenes qui sont desvoyez faire desrision de leur compagnons se ilz les voyent sustraiz par grace de Dieu des folies susdictes, ou que autres jueunes ne soyent vaguans en la voye de dissolucion comme eulx, ilz les réputent folz et chétifz, et dient que ce ne

⸺⋄⋄⋄⸺

bien rare. En cet état l'aiguillon des desirs sensuels devient juge des actions et des appétits allumés dans les cœurs des jeunes hommes; il avugle leurs sens, et leur fait méconnoître toutes les bienséances. Celui qui est affecté de la goutte, souvent juge être doux ou aigre ce qui en effet est amer, et il convoite les viandes insalubres, plus que celles qui lui conviennent; c'est ainsi que dans ses jugemens sur les choses des sens, le jeune homme bien souvent décide. L'expérience et l'observation ne peuvent, à cet égard, nous laisser aucun doute.

CHAPITRE X. *Continuation du même sujet.*

Grand Dieu! et les jeunes gens sont dans la tristesse et la douleur quand on leur inflige un châtiment, bien qu'il leur soit salutaire; ils le supportent avec impatience comme un opprobre et une injure : tandis qu'une folle joie remplit leur cœur dans le temps qu'ils reçoivent un véritable dommage; c'est-à-dire, lorsqu'ils se plongent dans les voies de la paresse : ce qu'ils regardent comme l'avantage, comme le plaisir le plus grand; ce qu'ils mettent au-dessus même du paradis. Mais dans cette route, les sentiers qui détournent du but se présentent à eux en foule : c'est là que se trouvent si souvent et les folles amours et tous les plaisirs coupables; c'est là que les uns, par la chaleur du sang, font naître et dissensions et combats; que d'autres, par emportement, cherchent querelle à leurs meilleurs amis; accueillent et chérissent leurs ennemis mortels et ceux qui les trahissent, car les complaisans et les flatteurs portent avec eux un venin perfide dont la décevance leur est inconnue, et contre lequel ne pourroient les garantir les avis des hommes sages. Ils recherchent les jeux et les plaisirs sans en considérer la fin; ils s'engagent avec légèreté dans des folies sans nombre et ne peuvent pas toujours les quitter facilement. Avec une légèreté pareille, ils tournent leur pensée vers les mauvais desseins; ils sont fertiles en idées contraires à la raison, parlent sans retenue, et affirment par caprice. Sans examiner ce qu'il en peut advenir, leur jugement étranger à la connoissance du vrai leur dit souvent que bonne action est folie; que folie est honneur, et que le déshonneur est chose douce et belle. Nous en voyons la preuve en ces jeunes gens égarés, lorsqu'ils moquent ceux de leurs compagnons qu'ils voient affranchis par la grâce de Dieu des susdites folies; ou bien lorsqu'ils méprisent et traitent d'insensés les jeunes hommes qui ne sont point errans comme eux dans les voies de la perdition, disant que ce sont là des gens de rien et des commères. Leur blâme, et pour de tels motifs,

sont que commeres et gent de néant ; de laquelle chose, blasme de telz sont aux oreilles des sages moult grans loanges ; folles despences et superfluitez qui sont à desprisier réputent à sens et grant noblece, et par telles folles oppinions despendent l'avoir acquis par grant destrece par leur parens, et dont ilz ont aprés viellece souffreteuse ; estre crains par divers oultrages qui les deshoneure et fait souventefoiz perdre vie ou membres, réputent grant honneur et gloire ; les folles compaignies suivre, où se sont embatus, quoyqu'on les en repregne, delaissier grant honte leur sembleroit.

Infinis mouvemens habondent és cueurs des juenes sanz frain de raison, qui est le regart de la fin de toutes choses, és uns plus, et és autres moins, selon leurs diverses complexions, lesquelles causent és aucuns joye, és autres riotes et mélencolie, si comme aux sanguins soulas et esbatemens, et aux mélencoliques ou colériques riotes et despiz ; et partout y a infinis périlz.

Non mie que je vueille dire, que tous les juenes en chiéent és inconveniens susdis et que mains n'en y ait d'accoisiez et rassis comme Dieu ait donné ses graces diversement où il luy plaist, soit és dons de nature, ou autres biens : j'entens seulement de commun cours, par lequel la sensualité humaine incline le cueur du juene, qui encor n'a l'expérience de droit jugement ; car, si comme dit Polus, l'expérience fait l'art ; et d'icestes ou pareilles inclinacions, croy que nulz ou pou soyent exceptés, se grace divine ou merveilleux sens ne les a esleus ou préservez.

Chap. XI : *Ci dit encore de jeunece.*

Considéré les susdis mouvemens par nature és cueurs des juenes et maintes autres raisons que je laisse pour briefté, n'est mie doubte que celle avivée voulenté laissier sans frain estrange de plus grant meureté, c'est comme le poulain sanz lien, habandonné à toutes voyes, si n'est mie sans grant péril, et plus és princes et és poissans que és moyens ne és mendres ; la cause est pour l'assemblement de juenece, oisiveté et poissance ensemble, qui est comme feu, souffre et esche en un vaissel ; ce que ne peut mie estre és plus bas, lesquelz neccessité chace à aucun exercite qui les tient occuppez et tolt oyseuse : si ne fu mie dit sanz cause, « Mauldite est la terre dont le prince est enfent ; » et comme les parens ou majeurs de telz nobles enfens doyent avoir singulier regart à ces choses, bien doivent, comme dit est, mettre cure à les pourveoir de

---

est un bien grand éloge à l'oreille du sage. Les dépenses frivoles, les superfluités, choses très méprisables, ils les réputent pour prudence et grands airs. Dans cette folle opinion, ils dissipent l'avoir que leurs parents ont acquis à grand peine, et se préparent de la sorte une vieillesse souffreteuse. Ils tiennent pour honorable et glorieux de se faire redouter par des outrages déshonorants pour eux-mêmes, et qui coûtent souvent les membres et la vie. Bien qu'on leur reproche les folles compagnies où ils se sont engagés, ils regarderaient comme une honte de s'abstenir de les suivre.

Les cœurs des jeunes hommes sont pleins de mouvements rebelles à la raison, qui est la règle commune et la fin de toutes choses. Selon les tempéraments divers, ce trouble est chez les uns plus grand, il est moindre chez les autres ; pour ceux-ci, cause de joie ; il est, pour ceux-là, cause d'affliction et de querelles. Aux sanguins, la gaîté et les plaisirs : aux colères et aux moroses, le bruit et les fâcheries : pour tous des périls sans nombre.

Je ne veux pas dire pour cela que tous les jeunes hommes donnent dans les travers ci-dessus énoncés, et qu'il n'y en ait parmi eux plusieurs de paisibles et de graves ; car Dieu répand ses grâces diversement et où il lui plaît : il accorde ou les dons naturels ou d'autres biens ; je n'entends parler que de ce penchant conforme à la nature humaine qui porte à la sensualité tout jeune cœur dont l'expérience n'a point encore rectifié le jugement. Car si, comme le dit Polus, l'art est le fruit de l'expérience, je crois, à moins que la grâce divine ou une prudence merveilleuse ne les ait élus ou sauvés, qu'un bien petit nombre seulement est affranchi de semblables inclinations.

Chapitre xi, *où l'on parle encore de la jeunesse.*

D'après ces mouvements du cœur des jeunes hommes, et mainte autre raison que je passe pour abréger, il n'est pas douteux que si l'on ne donne un frein d'une gravité imposante à cette volonté vivace, il en sera comme du poulain sans entraves et laissé en liberté : aussi les effets de cette négligence sont-ils toujours à craindre et plus encore chez les princes et les puissants que chez les faibles et les petits. La cause en est dans cet assemblage de jeunesse, d'oisiveté et de puissance, qui est comme le feu, le soufre et la mèche réunis en un seul vase. Cet inconvénient ne peut atteindre les hommes de basse condition que la nécessité presse, et que leur métier occupe en chassant l'oisiveté. Aussi, a-t-on dit avec raison : « Maudite est la terre dont le prince est enfant. » Les parents ou les tuteurs de cette noble jeunesse

bonne et sage compaignie et maistres virtueux et prudens, lesquelz les doivent plus corrigier par bons exemples introduisans à bonnes meurs, que par verbéracions ou bateures maistriseuses, à l'exemple du léon, que on chastye en batant devant luy le petit chien, affin que hayne et despit ne s'engendre en leur haultains corages, qui se veulent mener par leur donner à entendre, que est honneur et que est honte ; à quoy ilz doivent avoir singulier regart ; et aux maistres et gouverneurs de telz enfens tiens que grant prudence soit plus nécessaire que moult grant sapience ; car, grant chose est ramener à discipline un corage eslevé en poissance de seigneurie.

Et à tant souffise la descripcion de la povre fragilité humaine en l'espace des jueunes jours, de laquelle tout sens bien ordonné doit avoir compassion comme de chose passionnée de divers désirs et assauls natureulz, et doit avoir recort un chascun, comme par ce chemin luy convint un temps folloyer, par quoy ne doit nul rendre à aultruy juene correccion hayneuse ne en despit ; ains doivent les corrigeurs et maistres ou parens des jueunes faire comme le bon médecin qui desire la garison de son enferme, et ne laisse

pour nulle pitié du goust estrange qu'il ne luy appreste et baille médecines, soyent ameres ou doulces, qui ramener le peuvent à vraye santé ; et telle manière tenir doit estre appellée la sage compassion, non mie celle qui laisse pourrir la playe pleine de vers, par pitié de l'esplaindre.

Aussi ne doit homme nullement jugier, tant voye le juene folloyer ou desvoyé en quelconques voye dissolue, que jamais bien ne fera et que estre deust chaciez comme publican ; mais doit dire d'iceulx, si comme il est vérité és parolles de Jhesu Crist, « Pere, pardonnez leur, car ilz « ne scevent qu'ilz font ; » et rappeller les doit-on par moderacions propices ; si comme Valere raconte de Polémon le philozophe, lequel, en sa jueunece, fu sanz nul frain habandonnez à luxure et à toute dissolue vie : si avint un jour, comme il se fust levez pour aler en la taverne, encore estoit matin, si passa pardevant l'escole Senocrate, qui lisoit alors sa leçon, et comme il entrast et s'assist entre les disciples, Senocrates, qui vit qu'il avoit le chapel ou chief et son maintien désordené, laisse le propos de quoy il disputoit, et se va tourner aux vertus et comment vie d'omme doit estre autre que de

◇◇◇

doivent surtout tenir compte des considérations susdites : il faut, comme on l'a dit déjà, qu'ils mettent tous leurs soins à procurer à leurs enfants une sage compagnie, et des maîtres prudents et vertueux. Ceux-ci, à leur tour, doivent reprendre leurs élèves plutôt par ces bons exemples qui enseignent les bonnes mœurs, que par des châtiments tels qu'en peut infliger un maître impérieux. Pour que le dépit et la haine ne prennent point naissance dans ces esprits pleins de fierté, il faut en user avec eux, comme on fait avec le lion, que l'on corrige en frappant devant lui un jeune chien ; il faut les gouverner en leur faisant comprendre ce que c'est que l'honneur, ce que c'est que la honte. C'est là qu'il importe avant tout de diriger leur attention. Quant aux maîtres et aux gouverneurs de ces enfants, je maintiens qu'une parfaite prudence leur est plus nécessaire que le plus grand savoir. C'est en effet une œuvre difficile que de soumettre à la loi du devoir un esprit qui voit autour de soi tout soumis à sa puissance.

Il suffira de cette description de la fragilité humaine, à l'époque des jeunes ans, pour que tout esprit bien ordonné y compatisse comme à une infirmité, fruit d'appétits naturels et de desirs impétueux ; chacun doit en outre se rappeler combien il s'est lui-même égaré dans ses voies. Les redresseurs et les maîtres, ou les parents des jeunes hommes, doivent imiter le médecin qui veut guérir son malade · une fausse pitié pour le

goût de celui-ci, n'empêche pas cet homme habile d'apprêter et de lui donner les remèdes, doux ou amers, qui peuvent lui rendre la santé. Ce procédé doit recevoir le nom de pitié véritable, au contraire de celui qui, par une compassion funeste, laisse pourrir la plaie au lieu de la presser pour en hâter la guérison.

Aussi ne doit-on nullement préjuger, lorsqu'on voit un jeune homme égaré et détourné dans des voies dissolues, qu'il ne pratiquera jamais le bien, et qu'il le faut chasser comme le publicain de l'Évangile : on doit dire de lui, plutôt, ces paroles si vraies prononcées par Jésus-Christ · « Mon » Dieu, pardonnez-leur ; car ils ne savent ce qu'ils » font. » Il faut donc les ramener par de sages avis. C'est ainsi que Valère (Maxime) le rapporte du philosophe Polémon. Ce dernier, dans sa jeunesse, avoit mené une vie abandonnée et sans frein ; livrée à la luxure et à la dissolution Il arriva qu'un jour étant sorti dès le matin pour aller à la taverne, comme il passoit devant l'école de Sénocrate qui en ce moment faisoit entendre ses leçons, il entra, et prit place parmi ses disciples. Sénocrate s'apercevant que Polémon avoit gardé son chapeau sur sa tête, et que sa contenance étoit désordonnée, laissa là le sujet dont il entretenoit ses auditeurs, se mit à parler sur la vertu, et à dire comment la vie de l'homme doit différer de celle de la brute. Pour lors Polémon ôta d'abord son chapeau, puis il changea de maintien. Sénocrate continua cette matière jusqu'à ce qu'il eut

beste ; Polemon osta primierement le chapel de sa teste, et puis mua sa contenance ; et ne cessa Senocrates de poursuivir ceste matiere, qu'il l'ot parfaictement converty ; si fu aprés moult vaillans homs et grans philozophes.

Et ainsi souventefoiz, mesmes en noz aages, en avons veu et voyons des plus desvoyez revenir, à droicte sente ; pour ce, n'est nulz qui sache la voye que homme tendra à la fin, quelqu'il semble estre en sa jueunece.

Et, à ce propoz, est encore escript és ystoires des Grieux, du bon chevalier Themiscodes, qui tous passa, en sens et chevalerie, ceulx d'Athenes en son temps, et par sa valeur fu desconfit le grant ost de Exerces, le roy de Perse ; et, comme tesmoigne Valere, il fu tant pervers en sa jueunece que son pere le priva de tout droit de filiacion, et sa mere se pendy pour la douleur de ses perversitez ; et toutefoiz, depuis fu cestuy Themiscodes le patron et soustenail de tout le pays en toute vertu et sagece.

Si ne doit nul désespérer du salu de telz enfens, nonobstant le grand péril, et que maint par voyes desordonnées, en y ait de péris, si est moult grant charité de les retraire, se par quelquonques voye faire se pueut.

Et par un gros exemple povons comparer l'omme au vin creu en bonne plante ; si avient,

<><><>

entièrement converti ce débauché, qui fut compté dans la suite parmi les vaillants hommes et les grands philosophes.

De nos jours, nous en avons souvent vu de plus égarés rentrer dans la voie droite. Ainsi quel que soit un homme dans sa jeunesse, nul ne peut savoir la route qu'il pourra prendre à la fin.

On peut, à ce propos, citer encore un exemple pris dans les histoires des Grecs : c'est celui de Thémistocle qui, en jugement et en courage, surpassa dans Athènes tous les hommes de son temps, et qui par sa valeur défit l'armée immense de Xercès, roi des Perses. Valère (Maxime) nous apprend qu'il fut si pervers en sa jeunesse que son père le priva de ses droits légitimes, et que sa mère se pendit par l'effet du chagrin que lui avoit causé sa conduite. Néanmoins il devint plus tard ce sage et vertueux Thémistocle, le protecteur et le soutien de sa patrie.

Si l'on ne doit point désespérer du salut de tels enfants, nonobstant le grand péril où ils se trouvent, et où plusieurs ont succombé de la façon la plus cruelle, on doit néanmoins, et c'est une œuvre charitable, les en retirer si on le peut, et n'importe à quel prix.

Nous pouvons, en rappelant ici un exemple vulgaire, comparer l'homme au vin produit d'une bonne plante ; s'il survient quelque accident de froid ou de gelée, ce vin récemment cueilli

aulcunefoiz par accident de froidure ou gellée, ycelluy vin nouvel cueilly estre vert, cru et mal prouffitable, comme celluy qui n'est mie en boisson ; mais, luy laissié en tonniaulx crouppir au long d'iver à la gellée, avient souvent que celle verdeur se tourne en bon vin et en meureté convenable ; et semblablement doit retourner l'homme, aprés toute verdeur de juenece, au complanet de meureté raisonable.

—

CHAP. XII : *Cy dit du temps de discrécion et d'aage parfaict.*

Tout ainssy que és choses sensibles et és espéces, és appréhansions, és vertus et és aages, il ait ordre et mesure, et par successions se réduisent, afins, comme l'omme en soy, au regart des basses substances, soit chose moult parfaicte ; car, si qu'Aristote dit, ou livre *des secrez* : « quant le trés hault, c'est Dieu le glorieux, » eut proposé faire homme, pour ce qu'il fust » à sciences dispost, son corps constitua ainssi » comme une cité, et l'entendement il estably » son Roy et l'assist ou souvrain lieu de » luy, etc. »

Et aussy, ou cinquante-troisiéme, que on nomme *des bestes*, il le dit la plus trés haulte des choses si cogneues ; car, si qu'il est, l'a dit,

<><><>

est vert, dur et peu salubre, et n'est point encore potable ; mais si on le laisse vieillir en tonneau durant un long hiver, il arrive que cette verdeur fait place aux qualités d'un vin aussi mûr que généreux. C'est ainsi que doit changer l'homme, et qu'une sage maturité doit succéder chez lui à la verdeur de la jeunesse.

—

CHAPITRE XII, *où il est parlé de l'âge de discrétion et de l'âge accompli.*

Si dans les objets sensibles et dans les espèces, dans les perceptions, dans les vertus et dans les âges, il y a un ordre, une mesure et une succession graduée ; l'homme aussi est à l'égard des substances inférieures, une substance très parfaite ; car, comme le dit Aristote, dans son livre *des Secrets* : « Quand Dieu eut résolu de créer » l'homme, le voulant faire apte aux sciences, il » ordonna son corps à l'instar d'une cité, l'en- » tendement en fut le roi, et il lui attribua la sou- » veraineté à sa place, etc. »

En outre, dans son livre cinquante-troisiéme, que l'on nomme *des Animaux*, il l'appelle la plus sublime de toutes les choses connues ; car il établit ce fait véritable que toutes les parties de l'homme sont réglées sur le modèle des équilibres du monde. Cet ordre si merveilleux qui dispose

les parties de luy sont disposées à la equipollence des assietes du monde; pour quoy, comme homme soit si notable chose que chascun soit un Roy, et chascun soit un monde, fu comme neccessaire establir ordonnances, c'est assavoir lois telles que, non pas seulement en ensuivant l'ordre de l'univers, lequel est un tout seul monde, et homme est pluseurs, pour le bien et utilité de chascun ceuls qui seroyent rebelles par sauvages coustumes fussent ramodérez des limes de raison; et, comme tout ordre regulé soit par dégrez réduisans en un, car autrement ce ne seroit pas ordre, si comme à aulcun il n'affiere estre vague, aussi, en nul ordre de laquelle homme est part, il n'affiert qu'il n'y ait une fin; et, comme dit le philozophe, la fin, qui est le terme de tout œuvre, rend conclose et close toute chose à terme establie : et, à nostre propoz, Dieu, sapience infinie, acteur de toute forme, encore luy plot, homme, par le cours de son establissement, que nous disons nature, assimiler en diverses choses à tous autres animaulx; comme, à nostre propoz, se peut appliquer aux plantes végétatives; si comme nous véons en la nature des arbres, en diverses saisons, operacions estranges, si comme en yver est prise leur pregnacion et coagulence du fruit à venir engendré des vertus du souleil ou ventre de la terre, nourry en la racine

◇◇◇

que chaque homme est un roi, que chaque homme est un monde, rendit nécessaire l'établissement de règles, c'est-à-dire de lois qui, pour le bien et l'utilité de chacun, fissent rentrer au joug de la raison ceux dont les mœurs sauvages s'y montreroient rebelles. Ces lois ne sont point celles de l'univers qui est un seul tout et un seul monde, tandis que l'homme en représente plusieurs. Comme tout ordre bien réglé, et sans cela il ne seroit pas l'ordre, doit se résoudre par l'unité, et comme l'incertain ne convient à personne, il suit que de tous les ordres dont l'homme fait partie, il n'en est aucun où il ne convienne qu'il y ait une fin. Or, comme dit le philosophe, la fin qui est le terme de toute œuvre, rend complète et achevée toute chose qui a un terme. Il plut encore à Dieu, sagesse infinie et auteur de toute forme, de soumettre l'homme à cette loi générale que nous appelons la nature, et de l'assimiler en plusieurs point aux autres animaux. Le même effet se remarque dans les êtres végétatifs. Les arbres nous offrent, en diverses saisons, le spectacle de phénomènes intéressants. En hiver, ils puisent au sein de la terre leurs propriétés fécondantes, et les sucs condensés de leurs fruits à venir, engendrés par la puissance des rayons du soleil et nourris dans la racine, qu'une humidité salutaire a disposée à cette fin. On peut comparer ce

attrempée par moisteur convenable; lequel temps se peut comparer à l'enfent ou ventre de sa mere.

Puis, véons, en l'espace que le souleil prent à monter et prin temps approche, saillir des rainsiaulx, boutons cloz et serrez, qui nous peuent noter la naissence humaine, aprés petit à petit recevant la douleeur de l'air, avec la ceve de l'arbre croiscent yceuls boutons, tant qu'ilz sont espains et font fleurs, plaisans et delictables, et ycelle doulce saison leur procure fueilles avec la fleur, qui peut estre pris par l'adolescence de l'omme; aprés, de la fleur se forme le fruit et chiet la fleur, vient la chaleur d'esté, qui le fruit croist, augmente et fait fortifier, que nous povons acomparer à l'aage de l'homme parfaict; aprés ensuit automne, que le fruit se meure et confite, et adont est en saison et temps de cueillir et en user prouffitablement; qui est à entendre ce qui touche raison, meurs et vertus intellectifz, lesquelles bonnement ne peuent estre parfaictes en l'omme jusques en l'aage de meureté.

Chap. XIII : *Ci dit encore de l'aage de meureté.*

Or, nous convient parler du temps que le fruit est meur, cueilly et mis en sauf pour en

◇◇◇

temps à celui où l'enfant est dans le sein de sa mère.

Nous voyons ensuite, à l'époque où le soleil commence à monter dans les cieux, lorsque le printemps approche, poindre sur les rameaux les boutons clos et drus, ce qui est comme un emblème de la naissance de l'homme; puis peu à peu caressés par un air doux, ils croissent avec la sève, s'épanouissent et deviennent des fleurs délectables. Cette douce saison qui, auprès de la fleur, fait croître aussi la feuille, peut nous offrir une image de l'adolescence humaine. Plus tard, le fruit se forme de la fleur, et la fleur s'évanouit. Vient ensuite la chaleur de l'été, le fruit alors grossit, croît et se développe : autre image de l'homme dans son âge accompli. Paroît enfin l'automne où le fruit achève de mûrir : c'est la saison où on le cueille, et où l'on en fait usage. Ceci peut s'entendre, en ce qui touche à la raison, des mœurs et des facultés intellectives, qui chez l'homme sont rarement parfaites avant l'âge de maturité.

Chapitre XIII, *où l'on parle encore de l'âge mûr.*

Il nous faut parler à cette heure du temps où le fruit est mûr, cueilli et serré dans la grange,

prouffitablement user ; ce est adont que l'omme a jà passé cinquante ans; lors celluy qui est de sain et sage entendement en soy a déja cueilli les vertus du sentement de clere cognoiscence des choses qui sanables luy peuent estre ; or est temps d'en user par l'administracion de raison ; or, sont faillies les impétueuses chaleurs que jeunece souloit procurer et les superflues voluptez qui empechent la liberté des sens ; or, y a autres nouvelles : bien sont les meurs en celluy homme chargiés, comment se repent-il et répute avoir esté fol de soy estre embatu, le temps passé, és excés en maintes manieres où tant de foiz est encheu, loé Dieu, dont, sanz honte, ou membre perdre, des infinis perilz où tant de foiz s'est trovez est eschappez? quel différance treuve-il en son corage des affeccions et desirs passez à ceulx que ores a? or voit-il cler és choses troubles ; or, luy ramentoit mémoire l'expérience des choses passées que il a veues, dont or à primes proprement en scet jugier; or cognoist la vérité et droicte opéracion de tout quanqu'il a retenu et apris en son enfence et jeuenece ; adont cognoist et scet démonstrer les causes du vray; or scet-il donner doctrine comme expert et instruit de ce qui luy est apparu ou cours de sa vie, soit en science, ou autre exercite qu'il ait veu et continué, se il est homme apris és sciences ; or en entent-il à droit les sentences et vivement les scet démonstrer, se chevalereux est et fréquenté ait les armes, celluy en scet conseil donner et les tours apprendre; et se marchant est, ou homme jà enviellis en quelque exercite, celluy qui y est prudent doit estre creu en son expérience; et, à brief dire, certes plus grant bien n'est au monde que de ancien homme sage; car, tout soit son corps débilitez, son sens peut estre meneur, conduiseur et conseilleur de moult grant multitude de gens et cause de mains biens; et, pour ce, jadiz, lorsque les Romains regnoyent en triumphe, establissoyent les anciens exercitez et expers en vertu, sagece et chevalerie les supérieurs de leurs ordre et conseilz, comme cent sénateurs, qui est à dire cent anciens, et et aussi autres conseilliers et officiers, et aux anciens moult grant honneur et réverance portoyent, et les jeunes, tant fussent nobles, les servoyent et honnoroyent; laquelle chose est de droit deue en pollicie, droictement bien ordonnée.

Voire, ainssi que je l'entens, c'est assavoir des sages anciens preudes hommes, non mie des envielliz en malice maulvaise ; car, ou monde n'est plus grant péril; ne aussi de ceulx qui grant age ont accomply sanz la cognoiscence de

⬖⬖

pour servir aux besoins du maître : nous voulons dire l'époque où l'homme a passé déjà l'âge de cinquante ans. Alors celui dont l'entendement est sain et sage, a déjà cueilli en soi les vertus qui lui donnent la vraie connoissance des choses propres à le rendre meilleur lui-même. Or, le temps est venu d'en user conformément à la raison. La chaleur impétueuse que procuroit la jeunesse est disparue avec les voluptés qui empêchoient naguère la liberté du jugement. C'est une vie nouvelle. Combien sont changées les mœurs de cet homme ! quel est son repentir, et à quel point il se déclare insensé pour s'être plongé jadis et tant de fois en des excès de mainte sorte, dont, grâce au ciel, il s'est retiré sans honte et sans la perte d'aucun membre ; de même hors les périls sans nombre où si souvent il s'est trouvé, et auxquels il lui a été donné de se soustraire. Quelle différence il trouve en son cœur entre ses affections et ses desirs passés et ceux qui aujourd'hui le possèdent. Maintenant il voit clair dans les choses obscures ; les choses passées qu'il a connues et dont sa mémoire lui rappelle le souvenir, il les sait juger tout d'abord ; il sait la vérité et la raison immédiate des choses que dans son enfance et sa jeunesse il a retenues ou apprises : il sait les causes du vrai et les peut démontrer. En homme expert et habile, il sait communiquer la doctrine dont il s'est instruit durant le cours de sa vie, soit dans les sciences, soit dans les arts, s'il s'y est exercé. Maintenant il pénètre le vrai sens des maximes, et les sait expliquer d'une façon lumineuse ; s'il est chevalier, et qu'il ait pratiqué les armes, il en connoît les feintes et les peut enseigner. Est-il marchand? a-t-il vieilli déjà dans quelque profession? S'il y a été prudent, on doit s'en rapporter à son expérience. En un mot, il n'est au monde rien de préférable à l'homme rassis et sage : car, lors même que son corps est affaibli, son intelligence peut guider, conduire et conseiller une grande multitude, et devenir aux autres hommes cause des plus grands biens. C'est pour cela que jadis les Romains, à l'apogée de leur puissance, avoient institué chefs de leur république et de leurs conseils des vieillards rénommés pour leur vertu, leur sagesse et leur courage. Ils avoient, outre leurs autres officiers et magistrats, cent sénateurs, c'est-à-dire cent vieillards. Les jeunes gens, quelque nobles qu'ils fussent, servoient et honoroient la vieillesse, pour laquelle ou avoit une vénération profonde. Une politique bien réglée prescrira comme un devoir l'observation de ces coutumes.

Il est sans doute que je n'entends parler ici que des vieillards prudents et sages, non de ceux qui ont vieilli dans le désordre (il n'est au monde espèce pire), de ceux non plus qui sont arrivés à un grand âge sans connoître ni vertus ni sagesse.

vertu ou prudence, comme assez en soit d'anciens sanz sens, et d'autres jeunes assez d'aage et moult reamplis de vertus et savoir, si comme fu le roy Charles dont nous traictons, qui, mesmes en trés jueune aage, voult cognoistre les effects de vertu, qui estoit don de Dieu par dessus nature.

Et pareillement sont à mains influées telles graces; mes n'est mie doubte que, se telz hommes, ainssy esleus, peuent vivre jusques en aage de meureté, que à cent doubles est creue en eulx la perfection de leur graces.

Et pour ce que la vérité est manifeste, que, en ancien homme sage a plus parfaicte clareté de cognoiscence que en autre aagé, et, comme la gloire et joye de soubtil et bon entendement précelle toutes aultres léesses, me suis aulcune foiz moult esmerveilliée de oyr mains hommes jà enviellis et que on tenoit à sages, voire des sçavoirs fortunez du monde, lesquelz encore regraittoyent les folies de leurs jueneces et estre en tel aage; et comme sur ce je les interrogasse de la cause qui les mouvoit, trouvoye que ce estoit pour l'appetit encore demouré en l'affeccion et non en puissance de l'accomplir des délis ésquelz juenece s'encline, et pour ce que yceulx plus prisoyent la fragilité de délit de char, que la perfeccion d'entendre; je les pré-

sumoye, nonobstant leurs vieulx jours, estre nus et ignorans des jugemens de bien cognoistre, et, par conséquent non sages.

CHAP. XIV : *Cy dit preuves, par raison et exemples, de la noblece du corage du sage roy Charles.*

Retournant à nostre matiere, nous avons le suppoz de nostre œuvre, c'est nostre dit prince; né, nourry, parcreu et couronné, regarder nous convient, après, comment nous emplirons le convenant promis en nostre proëme, en quelle maniere se pourra descripre par ordre de vérité en luy comprise, les trois susdis biens; c'est assavoir noblece de corage, chevalerie et sagece, en récitant en trois parties distinctes en nostre volume; dont la primiere partie est assavoir, comment, par effect, luy pourrons imposer la primiere vertu descripte, en trois espéciaulx dons de Dieu et nature octroyez, c'est assavoir, noblece de courage, avec les trois deppendances susdictes, qui ne sont fors amer vertu, soy gouverner par prudence, et procurer le bien de renommée; si povons dire en tel maniere :

Le sage Roy, anobly de nature par longue genealogie continuée en triumphe, avec ce, de Dieu, par grace, doué de noblece de courage,

⸺

Du reste il ne manque pas d'hommes âgés et dépourvus de sens, tandis que d'autres, jeunes encore, sont remplis de prudence et de savoir. Tel fut le roi Charles dont nous avons à parler. Dès ses plus jeunes ans il voulut connoître les effets de la vertu, ce qui étoit chez lui un don surnaturel de Dieu. Plusieurs ont obtenu de pareilles grâces. Or, si les hommes qui sont l'objet de cette faveur céleste parviennent à la maturité, il n'est pas douteux que la perfection de leurs avantages n'en soit accrue au centuple.

Comme il est d'une vérité manifeste qu'un vieillard sage a une intelligence plus parfaite que tout autre homme également âgé; comme le contentement et la gloire, fruit d'une raison vive et saine, l'emportent sur toute autre liesse, je me suis maintes fois étonnée d'entendre des hommes vieillis déjà et que l'on tenoit pour sages, par l'expérience des malheurs du monde, regretter les folies de leur jeunesse et déplorer amèrement l'âge où ils étoient venus. Je les interrogeois alors sur les causes de ce sentiment, et je finis sois par découvrir que la raison en étoit dans les desirs demeurés en leurs cœurs, bien qu'ils n'eussent plus la puissance de goûter les plaisirs auxquels la jeunesse incline : voyant en outre qu'ils faisoient plus d'état des faiblesses de la chair que de la perfection de l'intelligence, je les jugeois, en dépit de leurs années, dépourvus

de tout discernement, et partant l'opposé du sage.

CHAPITRE XIV, *où l'on prouve, par des raisons et des exemples, la noblesse de cœur du roi Charles-le-Sage.*

Revenant à notre sujet, nous trouvons établi le principe de notre œuvre; c'est-à-dire que notre prince est né, élevé, grandi et couronné. Il nous faut examiner après cela comment nous remplirons la promesse que nous avons faite dans notre avant-propos; de quelle manière nous décrirons, en nous conformant à l'ordre des faits qui le concernent, les trois biens précédemment énoncés : noblesse de cœur, de chevalerie et de sagesse, que nous devons retracer dans ce livre, en trois parties distinctes. Voyons d'abord comment, d'après les faits, nous pourrons appliquer la première vertu décrite, ces trois dons spéciaux de Dieu et de la nature, la noblesse de cœur et ses trois dépendances qui sont, ainsi que nous l'avons dit : aimer la vertu, se gouverner avec prudence et se procurer une bonne renommée. Nous dirons donc :

Ce sage roi, naturellement illustré par l'antiquité d'une race demeurée constamment glorieuse; doué, par la grâce de Dieu, de la noblesse de cœur qui, dès ses jeunes ans, lui fit éviter

laquelle luy fit délaissier ignorance en jeune aage, par vertu née d'ammonestement de grant discrécion, jugiant et cognoiscent les folz délis estre préjudiciables, dampnables et hors ordre de fame deue à digneté et trosne royal, desirant de laissier les choses basses et tendre aux haultes béatitudes, pourpensa comment et par quel maniere pourroit actraire et aluchier meurs virtueux par continuation de vie salutaire pour quoy l'odeur de renommée devant Dieu et au monde luy fust permanable; délaissant en jeunes jours les abis jolis, vagues et curieus lesquelz jueunece luy avoit ainçoiz amonnestez, prist abit royal et pontifical, sage et impérial, comme affiert a tel digneté ; et avec ce, par l'exemple de l'escripture, qui dit : « Si ton œil » te scandalise, si l'ost de toy, » pour oster toute folle mémoire, chaça d'environ soy tous les folz procureurs, amenistrateurs et anonceurs des folles jueuneces passées, où yceulx flateurs le souloyent instruire et conduire au gré de sa jeune plaisance; lequel exemple noter seroit expédient aux princes et nobles, tant en leur fait, comme ou gouvernement de leur meneurs, lesquelz souvent sont par maulvais losengers plus amonestez és follies peut estre que mesmes nature ou jueunece ne les amonneste ou sémont.

◇◇◇

l'ignorance ; jugeant et connoissant, par sa haute vertu, fruit, elle-même, des enseignements les plus sages, que les plaisirs déréglés sont funestes, condamnables, et contraires à l'estime dont il faut environner le trône et la dignité royale; desirant de fuir les choses viles et de tendre aux béatitudes célestes, médita comment et par quelle voie il pourroit acquérir des mœurs vertueuses qui rendissent sa vie utile; afin que les parfums de la bonne renommée lui demeurassent à toujours devant Dieu et devant les hommes. Jeune encore, il méprisa les habits élégants, mondains et recherchés, et tels que la jeunesse les lui conseilloit jadis : il prit un vêtement royal, grave et modeste, comme il convient à la dignité suprême. Pour se conformer au précepte de l'Ecriture, qui nous dit : « Si votre œil » vous scandalise, arrachez-le; » et pour écarter tous les souvenirs d'une vie légère, il chassa d'auprès de soi tous les corrupteurs et les débauchés, tous ceux qui pouvoient lui rappeler les folies de sa jeunesse et qui les avoient favorisées, tous ceux enfin qui l'avoient dirigé jadis au gré de ses penchants. Il n'est pas inutile de faire remarquer cet exemple aux seigneurs et aux princes, pour qu'ils y puissent régler soit leurs discours, soit leur conduite; car souvent de perfides flatteurs les excitent à la licence, plus que ne les y sollicitent la nature et la jeunesse.

Et ainssi le sage prince, sanz user de simulacion, soubz vesteure fainete, certainement tourna ses meurs en tous vertueux offices, et, pour mieulx parfournir l'affeccion de son noble corage, desira remplir sa noble court et conseil de preudes hommes sages et expers des estats neccessaires à pollicie et ordre de bien et sagement vivre et gouverner l'estat royal et augmenter la chose publique; pour ce, en pourvoyant au fait de ses guerres, actray de tous pays environ soy, pour le fais de la chevalerie bien gouverner et maintenir par secours et bon conseil, tous les expers chevaliers sages et duis d'armes, qu'il pot onques finer, lesquelz grandement honora et pourveut largement; et, par leur conseil volt user et en tel maniere qu'il s'en ensuivy la gloire et augmentacion de sa digneté et utilité de son royaume, si comme cy aprés sera par moy desclairé en la deuxiéme partie de cestuy volume, en laquelle j'espere traictier, comme je promis, de chevalerye.

CHAP. XV : *Comme le roy Charles estably l'estat, de son vivant, en belle ordonnance.*

Et, comme il soit de bonne coustume ancienne et comme redevable, les roys estre conseillicz par les prélas du royaume, pour laquel chose

◇◇◇

Ce sage prince, sans user de dissimulation, sans se couvrir du manteau de l'hypocrisie, tourna toutes ses pensées vers la pratique des devoirs. Pour mieux satisfaire les inclinations de son noble cœur, il remplit sa cour des hommes les plus versés dans les sciences nécessaires à la police des états ; des sages les plus habiles à bien régler une maison royale et la vie de chacun, et les plus capables d'accroître la prospérité du pays. A cet effet, lorsqu'il s'occupa de pourvoir aux besoins de ses guerres, il appela autour de soi, de toutes les contrées lointaines, les chevaliers les plus célèbres et les plus experts aux armes, qu'il lui fut possible de trouver : il les traita avec honneur et les combla de bienfaits, voulant que les choses de la chevalerie fussent conduites et conservées par les procédés requis, et les conseils de la sagesse. En suivant leurs avis, il acquit de la gloire, augmenta sa puissance et la félicité de ses sujets, comme je l'expliquerai dans la seconde partie de cet ouvrage où je dois traiter de la chevalerie.

CHAPITRE XV. *Comment le roi Charles établit le plus bel ordre dans les affaires de l'état.*

Puisque les rois, par un ancien et digne usage, sont conseillés par les prélats du royaume, les

bon seroit aux esliseurs avoir singulier regart aux eleccions d'iceulx, et par jugement véritable aprés l'informacion de leur science et prodomie, en déboutant les non dignes, asseoir les promocions, non mie par faveur voluntaire, etc. Le sage Roy sus l'estat des revenues de son royaume bien sainctement et sagement distribuer, tira à son conseil tous les sages prélas et de plus sain jugement avec la prodomie de bien et sainctement vivre.

Item encore celluy Roy sage, desireus qu'en son Royaume justice et équité fust bien gardée, en rendent à chascun son droict, fist eslire en sa Court de parlement les plus notables juristes en quantité souffisant, et yceuls institua et estably du coliege de son noble conseil (1); autre si notables preudes homes fist maistres des requestes de son hostel, et à tous autres offices où conseil appartient, pourvey de gens propices et convenables : par ce que tous ses fais puissent estre menez selon l'ordre de droicture et regle de justice.

Item et luy, comme circonspect en toutes choses, pour l'aornement de sa conscience, maistres en théologie et divinité de tous ordres d'église luy plot souvent oyr en ses colacions, leur sermons escouter, avoir entour soy, lesquelz il moult honoroit et grandement méritoit pere espirituel, personne sage, juste et de salutable enseignement, lequel avoit en grant reverance.

Item, pour la conservacion de la santé de son corps furent quis medecins les plus expers, maistres renommez et graduéz és sciences medicinables.

Item, et selon la maniere des nobles anciens empereurs, pour le fondement de vertu en soy enraciner, fist en tous pays querir et serchier et appeller à soy clercs solemnelz, philozophes fondez és sciences mathématiques et spéculatives ; de laquel chose expérience me aprent la vérité, car, comme renommée lors tesmoiguast par toute crestienté la souffisance de mon pere naturel és sciences spéculatives, comme supellatif astrologien (2), jusques en Ytalie, en la cité de Boulongne la grace, par ses messages l'envoya querir ; par lequel commandement et volenté, fu puis ma mere, avec ses enfens et moy sa fille, translatez en ce royaume, si comme encore est sceu par mains vivans.

Et ainsi généraument, par la noblece de son corage qui le tiroit au bien de vertu, tous hommes preux, vaillans, sapiens et bons vouloit avoir

◇◇◇

électeurs devroient porter une singulière attention à l'élection de ceux-ci. Ils devroient, par un jugement véritable, après une information sur leur science et leur sagesse, repousser les indignes, et ne point traiter les promotions comme une faveur volontaire, etc. Ce sage roi sut distribuer avec une pieuse intelligence les revenus de son royaume, et appeler à son conseil de sages prélats qui joignaient à un jugement éclairé le don d'une sainte vie.

Desirant que la justice et l'équité fussent observées en son royaume, et que le droit de chacun fut garanti, il fit élire, dans sa cour du parlement, un certain nombre des plus notables juristes, et les institua membres de son conseil ; il nomma maîtres des requêtes de son hôtel, d'autres hommes instruits et pareillement notables, et pourvut de sujets aptes et habiles tous les autres offices qui requièrent du savoir, afin que tout fut conduit selon le droit et la justice.

Cherchant le bien en toutes choses, il lui plut souvent d'ouïr dans ses conférences, pour son édification, les maîtres en théologie et en écriture sainte de tous les ordres de l'église, d'écouter leurs sermons, et de les avoir autour de sa personne : il les honoroit beaucoup, et vénéroit grandement le Père spirituel, personne sage, juste, et d'une doctrine éclairée.

Pour la conservation de la santé du corps, il fit querir les médecins les plus experts, les maîtres renommés et gradués dans les sciences médicales.

A l'exemple des anciens empereurs, et dans la vue de fortifier en soi les bases de la vertu, il fit chercher en tous pays et appeler à sa cour les clercs les plus illustres, et les philosophes les plus fameux dans les sciences mathématiques et dans celles de spéculation. La vérité de ces faits m'est connue par ma propre expérience ; car la renommée ayant alors rendu célèbre dans le monde chrétien l'habileté de mon père dans les sciences spéculatives et dans l'astrologie, il envoya chercher en Italie dans la ville de Bologne. Par son ordre, ma mère, ses enfants, et moi, sa fille, nous fûmes transportés depuis en ce royaume, comme le sait maint personnage encore vivant aujourd'hui.

Ainsi la noblesse de son cœur l'attiroit vers les biens de la vertu ; il s'appliquoit à réunir au-

---

(1) Le Laboureur a donné une liste curieuse des principaux personnages qui furent du conseil de Charles V.

(2) Tous les contemporains de l'astrologue Thomas de Pisan ne l'ont pas jugé aussi favorablement que sa fille ; Philippe de Maizières, dans le II⁰ livre du *Songe du vieil Pèlerin*, en parlant des astrologues dont les prédictions ne s'accomplissaient pas toujours, dit : « O quantes fois Thomas de Boulongne faillit en cettui petit jugement ! »

de sa partie tant comme il pot, et user de leur consauls; et par estre menez et gouvernez, en tous ses fais, par les susdis supellatifs, comme il sera cy-aprés déclairié, s'en ensuivy vray le proverbe qui dit : « Qui bon conseil croit et quiert, » honneur et chevance acquiert. »

Chap. XVI : *Ci dit exemples de princes virtueux et de vie bien ordonnée, ramenant, à propoz du roy Charles, comment en toutes choses estoit bien riglé.*

Pour ce que ramentevoir le bel ordre des bons et bien renommez trespassez, peut et doit estre exemple d'ensuivir leur meurs, et en parlant de nostre Roy bien ordené, chiet à propos et me vient au devant ramentevoir ceulx qui, les temps passez, bien se sont gouvernez, si comme il est escript du vaillant roy d'Angleterre, Ecfredes, home de science et virtueus, lequel translata, de latin en sa langue, Orose, le pastural saint Grégoire, les croniques Bede, Boëce de consolation; ycelluy avoit en sa chappelle une chandoille ardent qui estoit divisée en vingt-quatre parties, les huit parties il mettoit en oraison dire et à l'estude, les autres huit en récréation pour sa personne, et y avoit gens députez qui lui venoyent dire, jusques où la chandoille estoit arse, et à ce avisoit quel chose il debvoit faire; et, par ceste prudent mesure trouver, est à presumer, qu'encore n'estoyent orloges communs. Ce Roy divisa ses rentes en deux parties : l'une il divisa en trois parties; l'une estoit pour les serviteurs de sa Court, l'autre à ses œuvres, car il fist faire mains beauls edefices; et la tierce il mettoit en trésor : l'autre partie il divisa en quatre parties : l'une estoit pour les povres, l'autre aux esglises, l'autre pour les povres escoliers, et la quarte pour les prisonniers d'outre-mer.

A propos je treuve pareille pollicie ou semblable ordre en nostre sage roy Charles, dont me semble expédient réciter la belle maniere de vivre mésuréement en toutes choses, comme exemple à tous successeurs d'empires, royaumes et haultes seigneuries en rigle de vie ordonnée.

L'eure de son descouchier à matin estoit rigleement comme de six à sept heures; et vrayement qui vouldroit user en cest endroit de la maniere de parler des pouëtes, pourroit dire que, ainssi comme la déesse Aurora, par son esjoyssement à son lever, rent resjoys les cueurs des voyens, se pourroit dire sanz men-

<><>

tour de lui tous les hommes généreux, sages et bons, et il usait de leurs conseils. Gouverné et guidé en toutes choses par ces hommes supérieurs, comme on le verra ci-après, il justifia ce que dit le proverbe : Que celui qui demande et croit un bon conseil, acquiert honneur et avantage.

Chapitre xvi, *où l'on cite divers exemples de princes vertueux et d'une vie bien réglée, et où l'on rappelle, à propos du roi Charles, comment il étoit lui-même régulier en toutes choses.*

Puisqu'en rappelant la vie bien réglée des hommes célèbres qui ne sont plus, on fournit un sujet d'émulation propre à engager à suivre leur exemple, à propos d'un roi si sage en sa conduite; il me paroît naturel de rappeler ici ceux qui aux temps passés se sont bien gouvernés eux-mêmes, comme on le rapporte d'Alfred, ce vaillant roi d'Angleterre. Alfred, homme savant et vertueux, qui traduisit du latin en sa langue, Orose, Saint-Grégoire, la Chronique de Beda et le livre de Boëce sur la consolation. Il avoit dans sa chapelle une chandelle ardente qui étoit divisée en vingt-quatre parties, dont huit marquoient le temps qu'il consacroit à l'oraison et à l'étude; les huit autres, celui qu'il passoit à s'ébattre ou à se délasser. Des serviteurs, préposés à cet office, venoient lui dire, par intervalles, l'endroit jusqu'où la chandelle étoit brûlée, et il avisoit alors à ce qu'il devoit faire. L'invention de cet ingénieux procédé fait présumer que les horloges n'étoient point communes alors. Ce roi divisoit ses revenus en deux portions, dont l'une étoit sous-divisée en trois parties, desquelles la première étoit destinée aux serviteurs de sa cour; la seconde à ses constructions, car il fit élever plusieurs beaux édifices; la troisième étoit mise en réserve. Quant à l'autre moitié de la première division, il en faisoit quatre parts : la première étoit pour les pauvres, la seconde pour les églises, la troisième pour les écoliers indigents, la quatrième pour les prisonniers d'outre-mer.

Je remarque une semblable police, ou un ordre pareil en notre roi Charles-le-Sage. Il me paroît à propos de rapporter ici sa façon de vivre si belle et si mesurée en toutes choses, pour offrir le modèle d'une vie bien réglée à tous les héritiers d'empires, de royaumes et de hautes seigneuries.

Il se levoit d'ordinaire entre six et sept heures du matin; et si l'on vouloit à cette occasion parler comme les poëtes, on pourroit dire que de même que la riante aurore, à son lever fait naître la joie au cœur de ceux qui la contemplent, de même aussi notre roi rendoit, à son lever, la joie à ses chambellans et aux autres serviteurs venus auprès de lui pour le service de sa personne. En

tir semblablement de nostre Roy, rendent joye, à son lever, à ses chambellans et autres serviteurs députez pour son corps à ycelle heure, lequel, de rigle commune, quelque cause qu'il eust au contraire, estoit lors de joyeux visage; car, après le signe de la croix, et, comme trés dévot, rendent ses primieres parolles à Dieu en aucunes raisons, avec sesdits serviteurs par bonne familiarité se truffloit de parolles joyeuses et honestes, par si que sa doulceur et clémence donnoit hardement et audience mesmes aux mendres, de hardiement deviser à luy de leur truphes et esbatemens; quelque simples qu'ilz fussent, se jouoit de leur dis et raison leur tenoit.

Aprés, luy pigné, vestu et ordonné, selon les jours, on luy apportoit son bréviaire, le chappellain, personne notable et honeste prest qui luy aidoit à dire ses heures chascun jour canoniaux, selons l'ordinaire du temps; environ huit heures de jour, alloit à sa messe, laquelle estoit célébrée glorieusement chascun jour à chant mélodieux et solemnel, retrait en son oratoire, en cel espace, estoyant continuelement basses messes devant luy chantées.

A l'issue de sa chappelle, toutes manieres de gens, riches ou povres, dames ou damoiselles, femmes, vefves, ou autres, qui eussent afaire, povoyant là bailler leur requestes; et il, tres débonnaire, s'arrestoit à oyr leur supplicacions, desquelles passoit charitablement les raisonnables et piteuses; les plus doubteuses commectoit à aulcun maistre de ses requestes.

Après ce, aux jours députez à ce, aloit au conseil; après lequel, avec luy aulcuns barons de son sang, ou prélat, au chief du dois, se aucun cas particulier plus long espace ne l'empeschast, environ dix heures, asséoit à table; son mangier n'estoit mie long, et moult ne se chargoit de diverses viandes; car il disoit, que les qualitez de viandes diverses troublent l'estomac et empêchent la mémoire; vin cler et sain, sans grant fumée, buvoit bien trempé et non foison, ne de divers.

Et, à l'exemple de David, instrumens bas, pour resjoyr les esperies, si doulcement jouez comme la musique peut mesurer son, oyoit volentiers à la fin de ses mangiers.

Luy levé de table, à la colacion, vers luy povoyent aler toutes manieres d'estrangiers ou autres venus pour besongnier: là trouvast-on souvent maintes manieres d'ambassadeurs d'estranges pays et seigneurs, diverses princes estranges, chevaliers de diverses contrées, dont souvent y avoit tel presse de baronnie et chevalerie, que d'estrangiers, que de ceuls de son

effet, il montroit toujours alors, quels que fussent ses sentiments, un visage joyeux. Après avoir fait le signe de la croix, et avoir adressé dévotement à Dieu, dans quelques oraisons, ses premières paroles, il devisoit familièrement avec ses serviteurs en termes gais et honnêtes: car son indulgence et sa douceur donnoient, même aux plus humbles, la hardiesse et la témérité de causer avec lui de bagatelles ou de badineries. Quel que fut leur rang, il rioit à leurs propos et jasoit avec eux.

Après qu'il étoit peigné, vêtu et ajusté suivant le jour, on lui apportoit son bréviaire. Le chapelain, notable et digne prêtre, l'aidoit à dire chaque matin ses heures canoniales, selon l'ordinaire du temps. Environ les huit heures, il alloit à la messe que l'on célébroit pour lui tous les jours avec les chants mélodieux et solennels. Lorsqu'il étoit retiré dans son oratoire, on chantoit continuellement devant lui des messes basses.

Au sortir de la chapelle, les gens de toute conditions, riches ou pauvres, dames ou demoiselles, femmes, veuves ou autres personnes qui avoient quelque demande à faire, lui pouvoient alors présenter leurs requêtes. Ce bon roi s'arrêtoit pour entendre leurs supplices; il satisfaisoit charitablement à celles qui étoient justes ou qui excitoient sa pitié; celles qui étoient plus douteuses, il les remettoit à l'un de ses maîtres des requêtes.

Il se rendoit ensuite au conseil, lorsque c'en étoit le jour; après quoi, si aucune affaire ne le retardoit, il s'asseyoit à table, à la première place, avec les princes du sang ou les prélats. Il n'y demeuroit pas long-temps, et ne se remplissoit point d'une multitude de viandes; car, disoit-il, la variété des aliments trouble l'estomac et empêche la mémoire. Il buvoit d'un vin clair, sain, et non capiteux, n'en usoit qu'en très-petite quantité, et n'en changeoit point durant un même repas.

A l'exemple de David, et pour réjouir ses esprits, il écoutoit volontiers à la fin de ses repas des joueurs d'instruments, qui faisoient entendre une musique, la plus douce qui se put faire.

Lorsqu'il s'étoit levé de table, les gens du dehors, ou toutes autres personnes, venus pour affaires, se pouvoient approcher et étoient admis à sa conversation. On y voyoit souvent les ambassadeurs de pays étrangers, des princes, des chevaliers de contrées diverses. Quelquefois il y avoit, sans mentir, une si grande presse de chevaliers et de barons, tant des étrangers que de ceux du royaume, qu'à peine se pouvoit-on mouvoir dans ses appartements et dans ses grandes et magnifiques salles. Ce sage roi les recevoit tous d'un air si affable, il leur répondoit d'une

royaume, que, en ses chambres et sales grandes et magnificens à peine se povoit on tourner, et sanz faille, le trés prudent Roy tant sagement et à si benigne chiere recepvoit tous et donnoit responce par si moriginée maniere, et si deuement rendoit à chascun l'onneur qu'il appartient, que tous s'en tenoyent pour trés contens et partoyent joyeux de sa presence.

Là, luy estoyent apportées nouvelles de toutes manieres de pays, ou des aventures et fais de ses guerres, ou d'autres batailles, et ainsi de diverses choses ; là ordenoit ce qui estoit à faire, selon les cas que on luy proposoit, ou comectoit à en déterminer au conseil, deffendoit le contraire de raison, passoit graces, signoit lettres de sa main, donnoit dons raisonnables, octroyoit offices vaquans ou licites requestes.

Et ainsi, en telles ou semblables occupacions exercitoit, comme l'espace de deux heures ; aprés lesquelles il estoit retrait et aloit reposer, qui duroit, comme une heure ; aprés son dormir, estoit un espace avec ses plus prives en esbatement de choses agréables, visitant joyauls ou autres richeces ; et celle récréacion prenoit, affin que soing de trop grande occupacion ne peust empecher le sens de sa santé, comme al qui le plus du temps estoit occuppé de négoces laborieux, selon sa déliée complexion.

Puis, aloit à vespres, aprés lesquelles, se c'estoit en esté temps, aucunes foiz entroit en ses jardins, ésquelz, se en son hostel de saint Paul estoit, aucune fois venoit la Royne vers luy, ou on lui aportoit ses enfens ; là parloit aux femmes et demandoit de l'estre de ses enfens.

Aucune foiz luy présentoit-on là dons estranges de divers pays, artillerie ou autre harnois de guerre et diverses autres choses ; ou marchans venoyent apportans velous, draps d'or, ou autres choses et toutes autres manieres de belles choses estranges, ou joyauls, qu'il faisoit visiter aux cognoisceurs de telz choses, dont il y avoit de sa famille.

En yver, par espécial, s'occupoit souvent à oyr lire de diverses belles ystoires, de la saincte Escripture, ou des fais des Romains, ou moralitez de philozophes et d'autres sciences jusques à l'heure de soupper, auquel s'asséoit d'assez bonne heure et estoit légierement pris ; aprés lequel une piéce s'esbatoit, puis se retrayoit et aloit reposer : et ainssi, par continuel ordre, le sage Roy bien moriginé usoit le cours de sa vie.

Chap. XVII : *Ci dit la phisonomie et corpulance du roy Charles.*

Or, me plaist deviser, et raison m'y instruit, la phinozomie et personne du susdit noble sage prince.

<><><>

façon si décente, il rendoit à chacun, avec tant de discernement, l'honneur qui lui étoit dû, que tous s'en tenoient pour satisfaits, et se retiroient d'auprés de lui le cœur rempli de joie.

C'est là qu'on lui apportoit des nouvelles de tous les pays, des récits de batailles, d'aventures militaires, et de choses diverses : c'est là qu'il décidait ce qu'il y avoit à faire selon les cas qu'on lui proposoit, ou s'en référoit à son conseil. Il défendoit les choses contraires à la raison, accordoit les grâces, signait de sa main les lettres, octroyoit les dons raisonnables, les offices vacants, et faisoit droit aux requêtes légitimes.

Il consacroit environ deux heures aux soins de cette espèce, puis il se retiroit pour prendre du repos, ce qui duroit une heure. Après avoir dormi, il demeuroit quelques instants avec ses familiers, en des passe-temps agréables, à examiner des joyaux ou d'autres raretés. Il se récréoit ainsi de peur qu'une application trop soutenue ne nuisît à sa santé; car il étoit, la plupart du temps, occupé d'affaires laborieuses, et sa complexion étoit fort délicate.

Il alloit ensuite à vêpres, après quoi, si c'étoit en été, il entroit dans ses jardins, où, lorsqu'il habitoit son hôtel de Saint-Paul, tantôt la reine le venoit trouver, et tantôt on lui amenoit ses enfants : il s'informoit alors de leur conduite, et s'entretenoit avec les femmes.

Là quelquefois on lui offroit des présents de pays étrangers, des machines ou des harnois de guerre, ou divers autres objets ; les marchands y apportoient les velours, le drap d'or et d'autres précieuses marchandises, ou des joyaux qu'il faisoit examiner par les connoisseurs experts qu'il avoit dans sa maison.

C'est surtout en hiver que souvent il se faisoit lire, jusques à l'heure du souper, diverses belles histoires : celles de la Sainte-Écriture, les actions des Romains, les moralités des philosophes, ou d'autres livres de sciences : le souper étoit servi d'assez bonne heure, et il y mangeoit fort peu. Il s'ébattoit ensuite pendant quelques moments, puis il se retiroit pour aller reposer. C'est ainsi que, dans un ordre invariable, ce roi sage et façonné aux bonnes mœurs passoit le cours de sa vie.

Chapitre XVII, *où il est parlé de la physionomie et de la corpulence du roi Charles.*

Il convient de donner ici quelques détails inté-

De corsage estoit hault et bien formé, droit et lé par les espaules, et haingre par les flans; gros bras et beauls membres avoit si correspondens au corps qu'il convenoit, le visage de beau tour un peu longuet, grant front et large; avoit sourcilz en archiez, les yeulx de belle forme, bien assis, chasteins en couleur, et arrestez en regart; hault nez assez, et bouche non trop petite, et tenues lévres; assez barbu estoit, et ot un peu les os des joes hauls, le poil ne blont ne noir, la charneure clere brune; mais la chiere ot assez pale, et croy que ce, et ce qu'il estoit moult maigre luy estoit venu par accident de maladie et non de condicion propre. Sa phinozomie et façon estoit sage, attrempée et rassise, à toute heure, en tous estas et en tous mouvemens; chault, furieus en nul cas n'estoit trouvé, ains agmodéré en tous ses fais, contenances et maintieus, tout telz qu'appartiennent à remply de sagece, hault prince. Ot belle aleure, voix d'omme de beau ton; et avec tout ce, certes, à sa belle parleure tant ordenée et par si belle, arrengé sanz aucune superfluité de parolle, ne croy que réthoricien quelquonques en lengue françoise sceust riens amender.

CHAP. XVIII : *Cy dit, comment le roy Charles se contenoit en ses chasteaulx, et l'ordre de son chevauchier.*

Aulcunes foiz avenoit, et assez souvent ou temps d'esté, que le Roy aloit esbatre en ses villes et chasteauls hors de Paris, lesquelz moult richement avoit fait refaire et réparer de solemnelz édifices, si comme à Meleun, à Montargis, à Creel, à Saint Germain en Laye, au bois de Vincenes, à Beauté, et mains autres lieux; là, chaçoit aucunes foiz et s'esbatoit pour la santé de son corps, désireus d'avoir doulz et attrempé; mais en toutes ses alées, venues et demeures estoit tout ordre et mesure gardée; car, jà ne laissast ses cotidiennes besongnes à expédier ainsi comme à Paris.

L'acoustumée maniere de chevauchier estoit de notable ordre : à tres grant compaignie de barons et princes et gentilz hommes bien montez et en riches abis, luy assis sus palefroy de grant eslitte, tout temps vestu en abit royal, chevauchant entre ses gens, si loing de luy, par telle et si honorable ordonnance, que, par l'aorné maintien de son bel ordre, bien peust sçavoir et cognoistre tout homme, estrangier ou autre, lequel de tous estoit le Roy, ses gentilzhommes devant luy ordenez, et gens d'armes, tous es-

◇◇◇

ressants sur la physionomie et la personne de ce noble et sage prince. Il avoit le buste haut et bien fait; les épaules bien dessinées et larges, et la taille effilée. Ses bras étoient gros, et ses membres on ne peut mieux proportionnés. Le tour de son visage étoit parfaitement beau, quoique d'un ovale un peu long. Il avoit le front haut et large; les sourcils arqués, les yeux bien fendus, à fleur de tête, de couleur brune, et peu mobiles; le nez assez grand; la bouche non trop petite, et les lèvres minces. Ses pommettes étoient hautes; sa barbe, bien fournie, n'étoit ni noire ni blonde. Il avoit la peau brune et le teint pâle, et étoit fort maigre : dispositions qui provenoient non de sa nature propre, mais d'une maladie venue par accident. En toutes circonstances et à toute heure du jour sa physionomie et ses façons étoient calmes et graves. On ne le vit jamais ardent ni furieux; mais tempéré dans toutes ses actions, dans ses gestes et dans son maintien, tel qu'il convient à un prince que guide la sagesse. Sa démarche étoit noble, sa voix mâle et d'un beau timbre. Son langage étoit si lumineux et si pur, son discours si orné, sans superfluité aucune, qu'il n'est rhéteur de la langue françoise qui eût pu y trouver quelque chose à reprendre.

◇◇◇

CHAPITRE XVIII, *où il est dit comment le roi Charles se gouvernoit dans ses châteaux, et de l'ordre qu'il observoit dans ses courses à cheval.*

Il arrivoit quelquefois et surtout en été, que le roi s'alloit ébattre hors de Paris, dans ses châteaux qu'il avoit fait réparer à grands frais, et où il avoit ajouté des constructions magnifiques : à Melun, à Montargis, à Creil, à Saint-Germain-en-Laye, au bois de Vincennes, à Beauté, et en maints autres lieux. Il y chassoit de temps en temps, et s'y divertissoit dans un but de santé, et pour se maintenir le corps frais et dispos. Quant à l'allée et au retour et au temps qu'il y séjournoit, tout étoit réglé avec ordre et mesure. Là, non plus qu'à Paris, il ne laissa jamais en retard les affaires qu'il devoit chaque jour expédier.

La manière accoutumée de ses courses à cheval est digne de remarque. Il y avoit une compagnie nombreuse de barons, de princes et de gentilshommes, bien montés et richement vêtus. Charles, couvert de ses habits royaux et monté sur un palefroi d'élite, chevauchoit au milieu des siens, qui se tenoient éloignés dans une telle contenance, et si respectueuse, qu'en voyant cette pompe magnifique et le maintien de chacun, il n'est personne qui n'eût pu tout aussitôt reconnoître lequel étoit le roi. Devant lui étoient ran-

toffez, comme pour combattre, en nombre et quantité de plusieurs lances, lesquelz estoyent soubz capitaines, chevaliers notables, et tous recepvoyent beauls gages pour la desserte de cel office; les fleurs de lis en escharpe portez devant luy, et par l'escuyer d'escuierie le mantel d'ermines, l'espée et le chapel royal, selons les nobles anciennes coustumes royales.

Devant et après, les plus prochains du Roy chevauchoyent, les princes et barons de son sang, ses freres ou autres; mais, nul jà ne l'approchast, se il ne l'appellast: après luy, plusieurs groz destriers, moult beauls en destre, estoyent menez, aornez de moult riche harnois de parement; et quant il entroit en bonnes villes, où à grant joye du peuple estoit receus, ou chevauchoit parmy Paris, où toute ordonnance estoit gardée, bien sembloit estat de très hault magnific, très poissant et très ordené prince.

Et ainsy ce très sage Roy avoit chiere en tous ses faiz la noble vertu d'ordre et convenable mesure. Lesquelles serimonies royales n'accomplissoient mie tant au goust de sa plaisance, comme pour garder, maintenir et donner exemple à ses successeurs à venir, que, par solemnel ordre, se doit tenir et mener le très digne degré de la haulte couronne de France, à laquelle toute magnificence souveraine est deue et pertinent.

◇◇◇

gés ses gentilshommes et ses gens d'armes, tous pourvus comme pour un combat, et suivis de nombreux cavaliers armés de lances, guidés par des capitaines et des chevaliers notables, recevant tous de riches gages pour le service de cet emploi. Devant lui étoient portées les fleurs de lis en écharpe; et, par le grand écuyer, le manteau d'hermine, l'épée et le chapeau du roi, selon les anciennes et nobles coutumes royales.

Devant et après chevauchoient les proches parents du roi; les barons et les princes du sang, ses frères ou autres seigneurs; mais aucun ne s'approchoit qu'il ne fût appelé. A sa suite plusieurs beaux destriers, couverts de riches harnois, étoient tenus en main. Lorsqu'il entroit ainsi dans ses bonnes villes, où le peuple l'accueilloit par ses acclamations, et lorsqu'il chevauchoit au milieu de Paris, dans cette belle ordonnance, on voyoit bien que cette suite étoit celle d'un prince magnifique, noble, puissant et sage.

Ce digne roi avoit à cœur en toutes ses actions la précieuse vertu de l'ordre et des convenances. Ces royales cérémonies étoient moins de sa part un penchant pour le faste, que le désir de laisser a tous ses successeurs un exemple solennel de ce que l'on doit observer à l'endroit de la couronne, à laquelle toute splendeur est due et appartient.

CHAP. XIX : *Cy dit l'ordonnance que le roy Charles tenoit en la distribucion des revenus de son royaume.*

Pour ce que la science de politiques, supellative entre les ars, enseigne homme à gouverner soy mesmes sa *mesgniée* et subgiez et toutes choses, selons ordre juste et limité; comme elle soit discipline et instruccion de gouverner royaumes et empires, tous peuples et toutes nacions en temps de paix, de guerre, de tranquilité et adversité, assembler et amasser par loisibles gaaignes, trésors et revenues, dispenser pecunes, meubles et receptes; apert manifestement cestui sage prince estre très apris, sage maistre, et expert en ycelle science, laquelle la noblece de son courage, par la prudence de son averty entendement, luy apprenoit naturellement, sanz autre estude de lettreure aprise en ceste partie, car sa personne gouvernoit par pollicie très ordonnée, comme dit est.

Item, les revenues de son domaine et rentes accrut grandement, comme il sera dit cy après.

Item, ses princes et nobles, maintenoit en honneur et largece et de luy contens.

Le clergié tenoit en paix.

Le peuple, en crainte et obéyssance en temps de paix et de guerre.

◇◇◇

CHAPITRE XIX, *où il est dit quelle règle observoit le roi Charles dans la distribution des revenus de son royaume.*

La science de la politique, la première des sciences, enseigne à l'homme à gouverner sa maison, ses sujets, et toutes choses dans de justes limites et selon l'équité. Elle fournit aussi la règle et les lumières pour gouverner les royaumes et les empires, les peuples et les nations, en temps de paix et en temps de guerre, dans le calme et l'adversité; elle enseigne à recueillir et amasser, par des gains licites, des revenus et des trésors, et à distribuer les richesses. Or, notre sage prince, et cela est démontré, fut dans cette science un maître fort habile. La noblesse de son cœur, son esprit lumineux et sage, l'avoient naturellement éclairé sans étude particulière faite en cette partie. Car, ainsi que nous l'avons dit, il gouvernoit sa personne avec une prudence rare.

De plus, il accrut singulièrement ses rentes et les revenus de son domaine, comme on le verra ci-après.

Il traitoit avec honneur ses princes et ses nobles, leur faisoit des largesses, et contentoit tous leurs desirs.

Il maintenoit le clergé dans la paix.

Le peuple dans l'obéissance et dans la crainte, en temps de paix et en temps de guerre.

Les estranges nacions, benivolens.

Les revenues de son royaume, distribuoit sagement, dont l'une partie estoit appliquée pour la paye de ses gens d'armes et soustenir ses guerres; l'autre, pour la despence de son hostel et estat de luy, de la Royne et de ses nobles enfens, grandement et largement soustenu; l'autre, pour dons à ses freres et parens, dont continuellement avoit avec luy à grans pensions, et des barons et chevaliers estranges qui venoyent en France veoir sa magnificence, ou ambassadeurs à qui donnoit de riches dons; l'autre, pour payer ses serviteurs, donner à esglises ou aumosnes; l'autre, pour ses edefices, dont il basti de moult beauls et notables chasteauls et esglises; et toutes ces choses estoyent largement payées, si que pou ou néant venoyent plaintes au contraire.

Chap. XX : *Ci dit la rigle que le roy Charles tenoit en l'estat de la Royne.*

Entre les politiques ordenances instituées par celluy sage roy Charles, affin que oubliance ne m'empesche à narrer, en ceste partie, ce qui est digne de mémoire et singuliere loange. Dieux! quel triumphe, quelle paix, en quel ordre, en quelle coagulence régulée en toutes choses, estoit gouvernée la court de trés noble dame, la Royne Jehanne de Bourbon, s'espouse, tant en estat magnificent, comme en honestes manieres riglées de vivre, si comme en ordonnances de mengs et assietes, en compaignie, en serviteurs, en abis, atours, et en tous paremens, par notable et bel ordre menez cotidiennement et aux solemnitez des festes années, ou à la venue des notables princes que le Roy vouloit honorer! En quelle dignité estoit celle Royne, couronnée ou atournée de grans richeces de joyauls, vestue és abis royauls, larges, longs et flotans, en sambues pontificales que ilz appellent chappes ou manteauls royauls des plus précieux draps d'or, ou de soyes, aornez et resplendissans de riches pierres et perles précieuses, en ceinctures, boutonneures et actaches, par diverses heures du jour abis rechangez pluseurs foiz, selons les coustumes royales et pontificaulz; si que merveilles est à veoyr ycelle noble Royne à telles dictes solemnitéz, accompaigniée de deux ou trois Roynes, pour lors encore vivans, ses devancières ou parentes, à qui portoit grant révérance, comme raison et droict le debvoit.

Sa noble mere et duchesses, femmes des nobles freres du Roy, contesses, baronesses, dames et demoiselles, à moult grant quantité, toutes de parage, honestes, duites d'onneur, et bien

---

Il se ménageoit la bienveillance des peuples étrangers.

Il distribuoit sagement les revenus de son royaume, et les employoit par portions distinctes : 1° à la paie de ses gens d'armes et aux frais de ses guerres; 2° aux dépenses de son hôtel, à celles qui regardoient sa personne, la reine et ses enfants, qui tous étoient entretenus avec largesse et splendeur; 3° à des présents à ses frères, à ses proches, réunis chez lui en foule et pensionnés richement; aux seigneurs et aux chevaliers étrangers, qui venoient à sa cour pour en admirer l'éclat; aux ambassadeurs enfin qu'il combloit de riches dons; 4° à payer ses serviteurs, à donner aux églises, ou à faire des aumônes; 5° à la construction des édifices, dont il fit bâtir un grand nombre, tant églises que châteaux riches et magnifiques. Tous ces services étoient largement rétribués, et rarement à cet égard s'élevoit-il quelque plainte.

Chapitre xx, *où l'on dit comment le roi Charles tenoit ordonnée la maison de la reine.*

A l'égard des judicieux réglements établis par ce sage roi, je ne dois rien oublier en cette partie de ce qui est digne de mémoire et d'une louange particulière. Avec quelle magnificence, grand Dieu! avec quelle gravité, quel ordre, quelle unité parfaite, étoit gouvernée la cour de trésnoble dame, la reine Jeanne de Bourbon son épouse, tant pour la richesse de sa maison, que pour les façons de vivre décentes et réglées. Un ordre merveilleux régnoit dans son domestique, et dans l'administration des revenus de sa dot. Sa compagnie, ses serviteurs, ses habits, ses atours, et toutes ses parures étoient réglés avec choix pour chaque jour, et pour les fêtes annuelles, ou pour la venue des princes de haut rang à qui le roi vouloit faire honneur. Quelle étoit la majesté de cette reine, lorsque couronnée, ou parée de ses riches bijoux, elle étoit couverte de ses habits royaux, amples, longs et flottants, rehaussés de ce noble surcot, que l'on appelle chappe ou manteau royal, du plus précieux drap d'or ou de soie, orné, ainsi que les cordons, les boutons et les ceintures, de pierres resplendissantes et de perles précieuses! Selon les coutumes de la cour, elle changeoit plusieurs fois d'habits aux diverses heures de la journée. C'étoit merveille que de voir cette noble reine aux grandes solennités, accompagnée de deux ou trois reines, ses parentes et ses devancières, à qui elle portoit le respect le plus grand ainsi que le vouloient le devoir et la raison.

On y voyoit sa noble mère et les duchesses, femmes des frères du roi, les comtesses, les ba-

moriginées ; car, autrement ne fussent ou lieu souffertes, et toutes vestues de propres abis, chascune, selon sa faculté, correspondens à la solemnité de la feste.

L'assiete de table en sale, le triumphe et haultece qui y estoit tant notable que ne cuid pareil estre aujourduy ou monde ; la contenance de celle dame louée, rassise et agmodérée en parolle, maintien et regart, asseurée entre toutes gens, aornée de toute beauté, passant les autres princepces, estoit chose à veoir trés agréable et de souveraine plaisance.

Les aornemens des sales, chambres d'estranges, et riches brodeures à grosses perles d'or et soyes à ouvrages divers ; le vaissellement d'or et d'argent et autres nobles estoremens n'estoit se merveilles non.

Ainssi, celle trés noble Royne, par l'ordonnance du sage Roy, estoit gouvernée en estat hault, pontifical et honneste en toutes choses, si comme à tel princepce est aduisant et redevable, en laquelle en abis, atours royaulx trés honorables, toute honnesteté estoit gardée ; car autrement ne le souffrist le trés sage Roy, sanz lequel commandement et ordonnance ne feist quelconques nouvelleté en aucune chose ; et comme ce soit de belle pollicie à prince, pour la joye de ses barons, resjoyssans de la présence de leur prince, mengoit en sale communement le sage roy Charles ; semblablement luy plaisoit que la Royne feyst entre ses princepces et dames, se par grossesse, ou autre impédiment n'en estoit gardée ; servye estoit de gentilzhommes, de par le Roy, à ce commis, sages, loyaulx, bons et honestes, et, durant son mangier, par ancienne coustume des rois, bien ordonnée pour obvyer à vaines et vagues parolles et pensées, avoit un preudomme en estant au bout de la table, qui, sans cesser, disoit gestes de meurs virtueux d'aucuns bons trespassez. En tel maniere le sage Roy gouvernoit sa loyal espouse, laquelle il tenoit en toute paix et amour et en continuelz plaisirs, comme d'estranges et belles choses luy envoyer, tant joyauls comme autres dons, se présentez luy fussent, ou qu'il pensast que à elle deussent plaire, les procuroit et achetoit ; en sa compaignie souvent estoit et tousjours à joyeux visage et moz gracieux, plaisans et efficaces ; et elle, de sa partie, en luy portant l'onneur et révérance, que à son excellance appartenoit, semblablement faisoit ; et ainssi celluy, en tous cas la tenoit en souffisante amour, unité et paix.

⸎

ronnes, nombre de demoiselles et de dames, toutes de qualité, instruites à la décence et se conduisant avec honneur ; car sans cela on ne les eût point souffertes à cette cour : toutes étoient vêtues de leurs propres habits, chacune selon ses facultés, et correspondants à la solennité de la fête.

La dépense de la table, en son hôtel, la somptuosité et l'élégance que l'on y déployoit, n'ont, à mon avis, rien de comparable à ce qui se voit aujourd'hui au monde. Le maintien de cette noble dame, grave et calme dans ses paroles ; sa contenance et ses regards pleins d'assurance au milieu de ce grand concours ; sa beauté, qui effaçoit celle de toutes les princesses, étoient choses très-agréables à voir et d'un charme souverain.

La décoration des salles, les chambres des étrangers, les riches bordures à grosses perles d'or et de soie diversement ouvragées, la vaisselle d'or et d'argent et les autres meubles de prix étoient de vraies mervenilles.

Ainsi cette noble reine étoit, par la direction du roi, gouvernée dans sa maison d'une manière splendide et honnête en toutes choses, comme il convenoit et étoit dû à une aussi grande princesse. Dans ses habits, dans ses atours royaux, une décence rigoureuse étoit toujours gardée : le roi n'eût pas souffert qu'il en eût été autrement ; du reste, sans son ordre ou ses avis, on ne se permettoit de nouveauté d'aucune sorte. Comme c'est un louable usage à un prince de se montrer à ses barons pour les réjouir par sa présence, Charles mangeoit d'ordinaire dans une salle commune. Il lui étoit agréable que la reine l'imitât sur ce point, et qu'elle se mît à table au milieu de ses princesses et de ses dames, si elle n'en étoit empêchée, soit par une grossesse, soit par toute autre indisposition. Elle étoit servie par des gentilshommes sages, loyaux, bons et honnêtes, et commis, par le roi, à cet office. Durant le repas, selon une ancienne coutume royale sagement instituée pour obvier aux paroles vaines et aux pensées oiseuses, un grave personnage se tenoit debout à l'extrémité de la table, et redisoit sans aucune cesse la vie et les actions de quelque bon trépassé. C'est ainsi que ce sage roi gouvernoit sa royale épouse, qu'il maintenoit en paix et en amour et en de continuels plaisirs. Tantôt, il lui envoyoit des objets rares et magnifiques, comme des joyaux ou d'autres présents : lorsqu'on lui en mettoit sous les yeux, s'il pensoit qu'ils dussent plaire à la reine, il en faisoit l'acquisition. Il la fréquentoit souvent, et toujours avec un joyeux visage, et des paroles gracieuses, agréables et sensées. Elle, de son côté, en usoit de même sorte, avec le respect et les égards qui sont dûs au rang suprême. Le roi, d'ailleurs, lui portoit un amour uniforme, calme et constant.

Chap. XXI : *Ci dit l'ordre que le roy Charles mist en la nourriture et discipline de ses enfans.*

Le sage Roy, semblablement par pollicie deue, vouloit que fust riglé l'estat de ses nobles enfens; et à son aisné filz, Charles, Dauphin de Vienne, qui à présent regne, duquel la nativité remply de joye le courage du pere, célébrant la journée à grant solemnité, pourvey de grant ordenance en administracion de nourriture par le conseil des sages tout au mieulx que estre povoit.

Mais encore plus desirant pourveoir à l'entendement de l'enfent, ou temps à venir, de nourriture de sapience, se faire se peust, à laquelle, à l'ayde de Dieu, n'eust mie failly, se la vie du pere longue fust et accident de diverse fortune ne l'eust empeché; et, en approuvant la parolle à ce propoz que dist l'empereur Helius Adrians : « On doit, dist-il, premier les enfens » nourrir et exerciter en vertus, si que ilz sur- » montent en meurs ceuls qu'ilz veulent sur- » monter en honneurs » luy fist, en ses jeunes jours, aprendre lettres et meurs convenables à sa haultece, et pour l'instruire à ce, bailla l'administracion de luy à sages maistres et chevaliers anciens preudes hommes et de belle vie; et semblablement à ses autres enfens, lesquelz vouloit qu'ilz fussent tenuz en obéyssance soubz crainte et correccion ordenée.

Chap. XXII. *Ci commence à parler des vertus du roy Charles, et primierement de sa prudence et sagece.*

Bon me semble à perfaire l'intencion de nostre œuvre que distinctement soit traictié des bonnes meurs et condicions d'icelluy sage dont nous parlons.

Et comme prudence et sagece soit mere et conduiserresse des autres vertus, laquelle luy estoit instruccion en tous ses fais, comme il y paru ou procés de sa noble vie, povons ramener son esleue maniere d'ordre à l'égalité des nobles anciens bien renommez, si comme il est leu du sage empereur Helius Adrians cy-devant alléguez, lequel fu lettrez et instruit en toutes sciences et si expert en réthorique qu'il sembloit que pensé eust à quan que il exprimoit de bouche. Ne dirons nous semblablement de nostre Roy, lequel en son temps, nul prince n'actegny en hautece de lectreure, ne parleure, et prudent pollicie en toutes choses généraulment, comme plus à plain dirons à la fin de ce livre, si comme promis nous l'avons.

◇◇◇

Chapitre xxi, où *il est dit comment le roi Charles régla l'éducation de ses enfants.*

Ce roi sage vouloit qu'un ordre pareil réglât l'état de ses enfants. Le cœur rempli de joie à la naissance de son fils aîné, Charles, dauphin de Vienne, qui maintenant est sur le trône, il célébra cet heureux jour avec une grande solemnité; et, par le conseil d'hommes habiles, il pourvut le jeune prince d'un état de maison le mieux administré et le plus splendide qui se pouvoit.

Mais il désiroit bien plus encore, s'il étoit possible, pourvoir dans la suite à l'instruction de ce fils; à la nourriture de son esprit, ce qui, à l'aide de Dieu, n'eût point failli à l'enfant, si la vie de son père avoit été plus longue, et si la fortune contraire n'y eût pas mis obstacle. Se réglant sur le conseil que donne à ce sujet l'empereur Adrien : « Qu'on doit d'abord enseigner la » vertu aux enfants, et la leur faire pratiquer, » afin qu'ils surpassent en mœurs ceux qu'ils » doivent surpasser en honneurs. » Il le fit dès ses jeunes ans instruire dans les lettres, et façonner aux mœurs convenables à son rang; il le confia à cet effet à de sages maîtres, à de vieux chevaliers, à des hommes prudents et d'une vie irréprochable. Il en usa de même pour ses autres enfants, exigeant qu'ils fussent tenus dans une exacte obéissance, et dans la crainte des châtiments.

Chapitre xxii, où *l'on commence à parler des vertus du roi Charles, et en premier lieu de sa prudence et de sa sagesse.*

Il me paroît convenir au but de cet ouvrage, de traiter distinctement des mœurs et du caractère du sage dont nous parlons.

La prudence et la sagesse, source et flambeau des autres vertus, étoient les guides de toutes ses actions, comme il a paru durant le cours de sa noble vie. Nous pouvons à cet égard le comparer aux plus célèbres d'entre les anciens : à ce sage empereur Adrien, précédemment cité, qui fut instruit dans les lettres et versé dans les sciences, et si habile en rhétorique qu'il sembloit, dit-on, avoir médité tout ce qu'il exprimoit de bouche. Nous en dirons autant de notre roi : aucun prince de son temps n'atteignit à sa science des lettres, à son éloquence, à sa prudente conduite en toutes choses, comme nous le dirons plus en détail à la fin de ce livre, ainsi que nous l'avons promis.

CHAP. XXIII : *Ci dit de la vertu de justice ou roy Charles.*

Si comme dit le philozophe, « nul ne doit estre appellé sage, se bonté ne l'esclaire, » laquelle est le principe de sapience, avec la crainte de nostre Seigneur, comme dit le psalmiste.

Or, soit donques traictié des vertus ou bontez d'icelluy Roy que nous disons sage, lequel, à l'exemple du bon empereur Trayan et mains autres jadis ameurs de justice, comme nous lisons, fu celluy Charles, pillier d'icelle ; et en telle maniere la gardoit que si hardis ne fust, ne tant grant prince, en son royaume, ne amé serviteur, qui extorcion osast faire à homme, tant fust petit.

Et, entre les exemples qui en pourroyent estre dis : une foiz avint que un chevalier de sa court donna une buffe à un sergent faisant son office, de laquelle chose à trés grant peine pot estre desmeu le Roy par prieres de ses plus amez princes, que icelluy chevalier n'encourust la loy et rigueur de justice, qui est, en tel cas, copper le poing ; toutefoiz onques depuis ne fu en grace comme devant.

Item, à un Juif semblablement fist droit d'un tort et extorcion, que un Chrestien luy avoit faicte, et fu de luy avoir baillé un fauls gage pour bon ; et volt le Roy que la simplece du Juif fust vainqueresse de la malice du Crestien ; et comme il faist droit aux Juifs, n'est mie doubte qu'à toute personne vouloit que il fust entiérement tenuz : et se, au contraire, luy venist à cognoiscence d'aucun de ses justiciers, en exemple donnant aux autres juges de bien et sagement gouverner justice, tantost commandoit qu'il fust desmis et punis selon sa desserte.

De mains cas particuliers luy mesme fist droit par bonne équité, et comme il est escript de l'empereur Trayan préalégué, que, une foiz, comme il fust jà montez sur son destrier pour aller en bataille, une femme, grévée de tort, à luy venue complaignant, arrestast tout son host, descendy, donnant sentence droicturiere pour la vefve.

Avint une foiz, nostre Roy estant au chastel qu'on dit Saint Germain en Laye, une femme vefve, devers luy, à grant clamour et lermes, requérant justice d'un des officiers de la court, lequel par commandement avoit logié en sa maison, et celluy avoit efforcé une fille qu'elle avoit ; le Roy, moult airé du cas lait et maulvaiz, le fist prendre, et le cas confessé et actaint, le fist pendre sanz nul respit, à un arbre de la forest.

◇◇◇

CHAPITRE XXIII, *où l'on parle des vertus du roi Charles, en ce qui touche à la justice.*

« Nul, dit le philosophe, ne doit être appelé » sage, si la bonté ne l'éclaire. » Car, suivant le psalmiste, la bonté et la crainte du Seigneur sont le commencement de la sagesse.

Nous allons donc traiter des vertus ou de la bonté de ce roi que nous appelons sage. A l'exemple du bon empereur Trajan, et de tous les grands hommes qui, dans l'antiquité, aimèrent la justice, Charles s'en fit le soutien. Il la faisoit si bien observer qu'il n'y avoit en son royaume personne d'assez hardi, quel que fut son rang ou sa faveur, pour faire dommage à un autre homme, pas même au plus petit.

Et entre autres exemples que l'on pourroit citer à ce sujet, il advint un jour qu'un chevalier de sa maison ayant donné un soufflet à un sergent de service, ce ne fut qu'avec de grands efforts, et les prières des princes qui lui étoient le plus chers, qu'on parvint à détourner le roi Charles de faire subir au coupable la rigueur de la loi et de la justice, qui, en pareil cas, est de couper le poing. Néanmoins ce chevalier ne rentra jamais complétement en grâce auprès du roi.

Dans une autre occasion, il fit droit à un juif pour le tort et le dommage qu'un chrétien lui avoit fait, et qui étoit de lui avoir donné un faux gage pour un bon. Il voulut que la bonne foi du juif triomphât de la malice du chrétien. Non-seulement il étoit juste envers les juifs ; mais il vouloit qu'on le fût de même à l'égard de tout le monde : s'il apprenoit qu'un de ses justiciers eût contrevenu sur ce point à ses ordres, il en faisoit un exemple pour apprendre aux autres juges à suivre leur devoir : il commandoit, tantôt que le délinquant fût démis de son emploi, et tantôt qu'il fût puni selon le degré de sa faute.

Il jugea lui-même plusieurs causes particulières d'après la simple équité, comme on le rapporte de l'empereur Trajan que nous avons cité déjà. Un jour ce dernier prince venoit de monter à cheval et alloit livrer bataille à l'ennemi, lorsqu'une femme, à qui l'on avoit fait tort, vint s'en plaindre à lui-même : l'empereur arrêta son armée, mit pied à terre, et rendit un jugement en faveur de la veuve.

Il advint un jour que notre roi étant au château de Saint-Germain-en-Laye, une femme veuve accourut à lui, désolée et tout en larmes, demandant justice contre un des officiers de la cour, qui avoit, par ordre, logé dans sa maison, où il avoit violé la fille de cette femme. Le roi, courroucé de cet acte odieux, fit arrêter cet homme. Le crime ayant été avoué et reconnu, il

Pour justice tenir, luy en personne, maintes foiz, en son temps, selons les nobles et anciennes coustumes, tint en son palais à Paris, séant en trosne impérial, entre ses princes et sages, le lit de justice, en cas qu'ilz sont réservez à déterminer à luy à telz solemnitez députez d'ancienneté.

Par maintes particularitez pourrions trouver exemples de la juste volenté du sage Roy, lesquelz je laisse pour cause de briefté; mais, pour conclurre de ce en brief, comme justice soit ordre, mesure et balance de toutes choses rendre à chascun selon son droit, comme dit saint Bernard, n'est pas doubte que, par ycelle bien tenir, vint à chief de toutes ses adversitez non pas petites, et anianty les floz de male fortune, soubz quel subjeccion avoit esté dégetté par long espace.

Or, cest bon Roy, gardant à la ligne la loy de Dieu, comme le décret deffende, soubz peine d'escommuniement, les champs de bataille, de quoy on use communément és cours des princes, en l'ordre d'armes; és cas non cogneus et non prouvez; comme ce soit une maniere de tempter Dieu, onques ne voult, en son temps, consentir telles batailles.

Si povons conclurre de luy ce qui est dit és proverbes : « La joye du juste est que justice soit » faicte. »

◇◇◇

le fit pendre, sans nul répit, à un arbre de la forêt.

Maintes fois, pour rendre justice en personne, selon l'antique usage, il tint un lit de justice à Paris, en son palais. Assis sur son trône, au milieu des princes et de ses conseillers, il prononçoit sur tous les cas que la coutume lui réservoit en ces jours solennels.

On pourroit citer maints exemples de la volonté juste et sage de ce roi; mais je les passe pour abréger. En somme, la justice étant une règle, une mesure, une balance de toutes choses pour rendre à chacun selon son droit, comme le dit saint Bernard, il n'est pas douteux que c'est pour l'avoir observée exactement qu'il parvint à surmonter ses adversités si grandes, et à dompter les flots de la mauvaise fortune, dont il fut pendant si long-temps agité.

Ce bon prince gardant à la lettre la loi de Dieu, comme les décrets défendent, sous peine d'excommunication, les combats singuliers, dont on use si communément dans les cours des princes où les armes décident dans les cas inconnus et non prouvés, et comme c'est une manière de tenter Dieu, il ne voulut jamais permettre de tels combats.

Aussi pouvons-nous conclure de lui ce qui est dit au livre des Proverbes : « La joie du juste est » que la justice soit rendue. »

CHAP. XXIV : *Ci dit de la benignité et clemence du roy Charles.*

Ainssi comme nous avons traictié de la justice du sage roy Charles, est droit que, en descendent de vertu en vertu, dissions de sa bénignité et clémence digne de estre notée et receue en forme d'exemple; et si qu'il est escript des plus souverains, comme elle soit à telz trés necessaire, comme nous lisons de Scipion, l'un des princes de Romme, acquist nom et grant loange à cause de la cartagienne guerre; mais de plus glorieuse loange fut coronné de ce qu'il ne fu pas tant seulement à l'obséque d'un sien ennemy mortel, ains porta d'une part la biere à ses propres espaules; redut avoir grant gloire, quand il vainquy Mithodate, lui et sa gent pleins de force et puissance; mais plus la deubt avoir de ce qu'il ne leva pas tant seulement de terre le roy Tigran, qui vaincus, agenoilliez devant ses piez; tenoit sa couronne sus ses genous, en luy mercy criant; ainçois luy mist la couronne sous son chief, se leva et assist lez luy.

Or soit de nous nocté et avisé, se nous pourrons trouver nostre Roy en ceste partie plus que Scipion, les veritez de ses œuvres prouvées par nobles gens encore vivans, avec le texte des trop briefves croniques de ses fais, ou

◇◇◇

Chapitre XXIV, *où il est parlé de la bénignité et de la clémence du roi Charles.*

Ayant parlé de la justice du roi Charles, il convient, en parcourant l'échelle de ses vertus, de dire quelque chose de sa bénignité et de sa clémence, si dignes d'être remarquées et offertes pour modèle. Comme on le rapporte au sujet des plus grands hommes, ces vertus leur sont à tous nécessaires. Scipion, l'un des généraux de la république romaine, acquit un nom illustre et une gloire immortelle, par la guerre de Carthage; mais sa gloire s'accrut encore lorsque, non-seulement il alla aux obsèques d'un sien ennemi mortel, mais concourut lui-même à porter le cercueil. Sa gloire dut être grande aussi quand il vainquit Mithridate et ses armées immenses; mais combien il dut en acquérir davantage lorsqu'après avoir relevé de terre le roi Tigranes, qui, vaincu, se tenoit agenouillé en sa présence, mettant à ses pieds sa couronne et lui criant merci, il lui remit la couronne sur la tête, et le fit asseoir à son côté!

Or, voyons si à cet égard, nous pourrons trouver notre roi supérieur à Scipion; interrogeons les faits attestés par de nobles personnages encore vivants; consultons le texte trop abrégé des chroniques, où sont rapportées et ses actions et

contenu de ses guerres ésquelles Dieu luy donna de belles victoires, si comme sera dit ci-aprés.

Notons quans grans princes, barons et chevaliers vindrent à luy subjuguez, à mercy, non pas seulement comme estoit Tigran, estrange aux Romains, mais ses propres hommes et subgiez d'ancien droit et seigneurie, rebelles contre Sa Magesté, que il receut à mercis tant de fois et si doulcement pardonna, non pas seulement traicta amiablement, mais donna trés largement du sien, comme plus plainement peut apparoir ésdites croniques, qui de ce font mencion; mais je passe les noms, car n'affiert à ma personne et ne vouldroye ramentevoir chose à l'opprobre d'aucune noble lignée qui indigner s'en pourroit.

Et, si comme il est escript de la débonnaireté du roy Pirrus trés vaillant, dit Valere, que, comme il luy fust rapporté, que veneurs, buvans en taverne, en la cité de Tarante, disoyent mal de luy, il les manda et leur demanda s'ainssy estoit : et ilz respondirent, « se le vin » ne fust sitost faillis, ce que on t'a rapporté » envers ce que nous eussions dit ne fust que » jeux ; » et ainssi, la simple confession de la vérité tourna l'ire du Roy en ris.

Plus grant sens en débonnaireté povons dire de nostre prince; lequel, une foiz, ou temps

◇◇◇

les guerres dans lesquelles Dieu lui fit remporter de si belles victoires, comme il sera dit ci-après.

Et d'abord, lorsque de grands princes vinrent lui demander merci, non comme Tigranes aux Romains, il étoit pour eux un étranger, mais comme des sujets rebelles contre leur roi, il leur pardonna cependant en maintes occasions avec indulgence ; et, non-seulement il les traita avec douceur, mais de plus les assista très-largement de ses deniers, comme on le voit plus au long dans les chroniques où sont rapportés ces faits. Je ne nomme point ici ces personnes, car il ne m'appartient pas de le faire, et je ne voudrois rappeler rien de honteux pour de nobles familles qui pourroient s'en irriter.

Valère Maxime cite un exemple frappant de la bonté du roi Pyrrhus. Comme on lui eut annoncé que des chasseurs, buvant dans une taverne de la ville de Tarente, y parloient mal de lui, il les fit appeler et leur demanda s'il étoit vrai qu'ils fussent coupables de cette faute. « Si » le vin ne nous eût pas manqué sitôt, lui répon- » dirent-ils, ce que l'on t'a rapporté ne semble- » roit qu'un jeu au prix de ce que nous eussions » dit. » Ce simple aveu de la vérité changea en un sourire toute la colère du roi.

Nous pouvons dire que notre prince montra

des pestilences de France, encore n'estoit couronné, entra à Paris en grant compaignie, aprés une grant commocion en la ville qui contre luy ot esté, et ainssi comme il passoit par une rue, un garnement, traitre oultre cuidé, par trop grant présumpcion, va dire si hault qu'il le pot oyr : « Par Dieu, Sire, se j'en feusse creues, » vous n'y fussiez jà entrés ; mais, au fort, on » y fera peu pour vous. » Et, comme le comte de Tancarville, qui droit devant le roy chevauchoit, eust oye la parolle, voulsist aler tuer le villain, le bon prince le retint et respondi, en sousriant, comme se il n'en tenist conte : « On ne vous en croira pas, beau sire. »

Le sens de ceste patience fait moult à noter aux vindicatifs, qui, sanz viser aux inconvéniens qui en peuvent venir, de tous mesfais se vueulent vengier, laquel chose est encontre l'ordre des sages ; et visa ce trés prudent prince, nonobstant luy fut légiere la vengence, s'il luy pleust que par celluy occirre, la ville, qui, par malvaise exortacion, estoit commeue, cité rebelle se fust bien peue esmouvoir, dont grant meschief fust venus ; ou, par aventure, la haultece de son noble courage ne deigna tenir conte de chose que un tel garçon deist. Et à celle mesme entrée qu'il fist lors à Paris, qui trop luy ot esté rebelle, tous ainssi comme jadis Othovien à Hérode pardonna vers luy venu à

◇◇◇

plus d'intelligence dans sa bonté. Un jour, avant qu'il fut couronné, et au temps de ces pestes qui ont désolé la France, il entra à Paris, avec une suite considérable, après une violente sédition qui avoit éclaté contre lui dans cette ville. Comme il passoit dans une rue, un garnement, rempli d'audace, cria assez haut pour qu'il pût l'entendre : « Par Dieu, Sire, si l'on m'eût cru, vous ne seriez pas entré dans Paris ; mais, au demeurant, on y fera peu de chose pour vous. » Le comte de Tancarville, qui précédoit le roi à cheval, ayant entendu ce propos, voulut aller tuer ce bourgeois ; mais le bon prince le retint, et répondit en souriant : « On ne vous en croira pas, beau sire. »

Cette longanimité prudente doit être remarquée par les hommes vindicatifs, qui, sans considérer les inconvéniens qui peuvent en résulter, se veulent venger de toutes les injures, chose contraire aux préceptes des sages. Ce prince très-prudent dut considérer alors, bien que la vengeance lui fut facile, que s'il se permettoit de tuer cet homme, la ville qui, par suite de mauvaises menées, étoit encore tout émue, pouvoit se révolter, ce qui eût causé de grands maux. Peut-être aussi son noble cœur ne daigna-t-il pas tenir compte des propos de cet homme. A cette même entrée que Charles fit à Paris, après une trop funeste révolte,

grant humilité, despoullé de ses aornemens royaulx, luy criant mercis de ce qu'il ot esté en l'ayde de Anthoyne et de Cléopatra, sa femme, et le receut en grace, luy remectant la couronne sur le chief; semblablement, nostre bon Roy fist à de ses princes subgiez et à maint de ses citoyens et autres esté ses adversaires retournez à mercis.

CHAP. XXV : *Ci dit encore de ce mesme, et d'autres ystoires approvées.*

Ainssy ce trés débonnaire Roy, en tous ses fais, gardoit le liain d'amour et débonnaireté, fust envers ses subgez ou autres.

Et si comme il est escript és croniques, du vaillant cinquième roy de France, Clodovée le grant, trés vaillant, avint une foiz que ses hosts s'embatirent sur les Crestiens, et, comme, entre les autres despoulles et proyes par euls ravies, prensissent un vaissel d'argent d'esglise, que ilz appellent Orcheul, saint Remy, qui lors estoit arcevesque de Rains; manda au Roy, qu'il luy fest rendre son vaissel; il appela ses princes et barons, et leur dit ainssy : « Sei-
» gneurs, mes princes et mes compaignons,
» nonobstant que soit droit que, par comman-
» dement prince procéde vers subgiez, mieulx
» me plaist requérir vers vous par débonnai-
» reté que par auctorité de seigneurie; si ay-je

◇◇◇

ce bon roi accorda merci aux princes ses sujets, et à plusieurs autres citoyens qui avoient été ses adversaires; et pardonna, comme jadis Octavien, qui replaça lui-même la couronne sur la tête d'Hérode, venu humblement devant lui, dépouillé de ses ornements royaux, et implorant son pardon pour avoir secouru Antoine et Cléopâtre.

CHAPITRE XXV, *où il est parlé du même sujet, et d'autres histoires véritables.*

Ainsi donc ce bon roi conservoit sa bonté en sa mansuétude dans tous ses actes, soit envers ses sujets soit envers le reste du monde. Dans les chroniques qui parlent de Clovis-le-Grand, ce vaillant cinquième roi de France, il est écrit qu'un jour les troupes de ce monarque tombèrent sur des chrétiens, et que, dans le butin qu'ils firent, il se rencontra un vase d'église en argent, nommé Orcheul; saint Remy, alors évêque de Rheims, demanda au roi la restitution du vase : Clovis fit venir ses princes et ses barons, et leur parla ainsi : « Seigneurs, nos princes et nos com-
» pagnons, quoiqu'il soit dans les droits d'un
» prince de donner des ordres à ses sujets, j'aime
» mieux pourtant m'adresser à vous par débon-

» plus chier que on me porte crainte par amour
» que par raison de ma cruaulté. » Lors réquist ledit vaissel en don, et comme il luy fust baillié, le rendy en grant révérance au message. Ycelluy bénéfice, avec autres biens que il fist, Dieux accepta tellement que il l'enlumina de sa saincte loy, et fu le primier roy crestien.

Semblable loange povons dire de nostre bon Charles, successeur par espace d'ans dudit Clodovée; car, comme il soit de droit escript et loy, que tous princes natureus puissent user et prendre sur les subgiez en certain cas neccessaires, comme pour soustenir les guerres et deffences du royaume et du bien commun et autres cas, et les contraindre à ce, se besoing est; ycelluy nostre débonnaire Roy, comme il fust maintesfoiz oppressez de grans armées et grans garnisons faire et tenir contre ses ennemis, dont par neccessité convenoit trouver hastives chevances de finance, adont ycelluy juste Roy pensoit, comment, au moins de griefz sur les subgiez, pourroit avoir ayde, non mie asséant tailles griefves, ne dures toltes, ne en prenant joyauls des dames, ne les deniers des vefves, comme jadis pluseurs fois fut fait à Romme en cas de neccessité.

En ceste partie, bien avoit retenue la parolle qu'avoit dit Thibere l'empereur à ses conseillers, qui, une foiz luy distrent : « Qu'il
» povoit bien lever plus grant treub et plus

◇◇◇

» naireté que par autorité de seigneurie; il m'est
» plus doux d'être aimé que d'être craint. » Alors le roi demanda le vase d'argent comme en don: le vase fut rendu, et le roi le remit respectueusement aux mains du messager de l'archevêque. Cet acte et d'autres semblables furent si bien agréés par Dieu lui-même, qu'il éclaira Clovis de sa sainte loi, et que celui-ci fut le premier roi de France chrétien.

Semblable louange est méritée par notre bon Charles, successeur dudit Clovis : le droit et la loi permettent à tous les princes d'imposer leur sujets dans les cas de néccessité, pour faire face aux dépenses de la guerre, pour soutenir les choses d'intérêt commun et en d'autres cas pareils; notre bon roi, ayant toujours à lutter contre l'ennemi, avoit de grandes armées et de grandes garnisons à tenir sur pied, et les besoins de finances revenoient souvent; mais ce roi si juste songeoit toujours à grever ses sujets le moins possible, à diminuer les tailles et les impôts; il n'avoit garde de toucher aux joyaux des dames, aux deniers des veuves, comme jadis cela se fit plusieurs fois à Rome dans les temps difficiles.

Sur ce point, Charles avoit bien retenu les paroles que répondit un jour l'empereur Tibère à ses conseillers; ceux-ci lui ayant dit qu'il pouvoit

» grant subsides sur ses subgiez qu'il ne fai-
» soit; » il respondy moult notable parolle et
dist : « à bon pasteur appartient ses brebis
» tondre, et non mie escorchier. » Notre Roy
encore le faist-il en uis; mandoit les plus riches
de ses citoyens et subgiez, et adont trés débonnairement les requéroit de prest raisonnable,
par si que il les assignoit de payement sus ses
receptes et revenues cleres et bien venans jusques
à la fin de paye : dont il luy avint, une fois
que, comme un trés riches homs s'excusast
moult d'icelluy prest, disant par assés de re-
pliques, « que il avoit un grant tas de petits en-
» fens, qu'il luy convenoit nourrir : « Et quant
le Roy en ot assez escouté, respondy, en sousriant : « Beaul sire, s'ilz sont petis, tant des-
» pendent-ilz mains, vous serés payé, ains
» qu'ilz soyent grans. » Assez d'exemples pourroye traire à preuve de la débonnaireté de ce
bon roy Charles, que je passe pour briefté.
Mainte foiz avint, qu'il sçavoit de ses subgiez,
serviteurs et autres desvoyez, et suivans voyes
de perdicion en maintes guises, comme de tavernes et autres maulvaises compaignies, femmes
diffamées, jeux de dez, et autres dissolucions ;
mais le trés débonnaire Roy à qui mieulx plaisoit, à l'exemple de Jhesu-Crist, rappeller et
ravoyer ses gens par doulceur, et benignement
les chastier, que par crainte et par rigueur, les
reprenoit luy mesme courtoisement, et par sa
débonnaireté les ramenoit à droicte voye.

Et que ceste voye soit acceptable à Dieu en
bonne et charitable entencion, nous en donna
exemple le trés débonnaire empereur Henry,
duquel est leu, que, entre les autres signes de
débonnaireté qui de luy peuent estre notez,
avint, une foiz, que comme celluy Empereur
eust une seur qui estoit nonain, il s'apperceut
que elle amoit un clerc follement ; si la volt
chastier par luy accroistre son estat, et la fist
abesse et luy dist : « que impertinent chose se-
» roit à tel digne office estre folle et diffamée; »
au clerc qui l'amoit donna un esvéchié et luy
dist : « qu'il fust chastes dorénavant comme il
» appartenoit à sa digneté : » Adont, Dieu,
considérant la bonne charitable simplece de
l'Empereur, toucha les cueurs des deux pécheurs
qui se rendirent honteus et confus que l'Empereur sceust leur follie, et plus ne péchie-
rent.

Grant débonnaireté fu à nostre Roy, quant
son barbier, luy faisant la barbe, reamply de
trop osée présompcion et maulvaise convoitise,
mist la main à la gibeciere du Roy pendent à
son costé, et jà avoit l'or au poing, quant le
Roi le prist saisi; mais, comme il le veist es-
perdu, luy criant mercis, luy pardonna, sanz
le débouter de son office : plus grant débonnai-

reté fu encores quant le maleureux barbier, ingrat par trois foiz, ou meffait renchut, luy pardonna; tant que, à la quarte, le bany et chaça de soy, mais ne voult, pour ce que par long temps l'avoit servi, qu'il receust mort.

A brief parler, ce trés virtueux Roy tant fu doulx et débonnaire, qu'il nous appert, par ses dignes fais, avoir semblable courage de ce qui est escript du trés débonnaire empereur Trayan, jà devant allégué, qui, comme ses parens et affins le repressent de ce que si debonnaire estoit à toutes gens, en luy disant, « qu'il n'ap- » partenoit à prince soy monstrer si humain à » ses subgiez, » il respondy, « que il desiroit es- » tre tel Empereur vers tous comme tous desi- » royent qu'il leur fust : » pareillement, sem- » bloit que ainssi le voulsist nostre prince, le sage roy Charles.

Chap. XXVI : *Ci dit, comment humilité est convenable et fait à loer en hault prince.*

Pour ce que ceste vertu de doulceur et humilité fait entre les vertus à recommander comme de Dieu trés esleue et singuliérement amée, si comme il paru ou procés de sa trés esleue vie tout à nostre instruccion, comme dit à ce propoz le proverbe, est entre les autres vertus comme neccessaire à tout hault prince et gouverneur de peuple, sanz laquelle aulcune amour d'estrange ou privé ne se peut bonnement acquérir; plus longuement m'y suis arrestée, comme ce soit matiere, dont la prolixité ne devroit comme point tourner à ennuy ; et qu'elle face plus à louer és princes et poissans que en autres hommes, nous peut apparoir par les louanges des trespassez virtueux remply d'icelle; si qu'il est escript du vaillant empereur Helius Adrians devant allégué, homme remply de science et vertus, et pour le grant bien de luy, le senat luy pria que il feist son filz Césare; « Non feray, dist-il ; il doit souffrir que j'ay pris » l'Empire malgré mien où je n'estoye pas di- » gne, car la prince ou seigneurie sus aultruy » n'est mie deue au sang, mais aux vertus. »

Aussi l'Empereur, qui estoit appellé Partinauls, tant fu humbles que onques ne volt souffrir que sa femme fust appellée Auguste, ne son filz Césare : « il vous doit, dist-il souffire » que, oultre mon vouloir, j'aye accepté le nom » et office. »

Du vaillant prince Publius Valérius est escript de son humilité, et celluy tant ama la chose publique que pour ce fu appellez Publicole, qui est à dire, celluy qui aime la chose publique; cestuy fist abbatre ses maisons pour ce qu'elles estoyent plus haultes que ses voisins; et de tant cedit Valere ot-il plus haulte gloire,

―――

barbier trois fois en faute, il lui pardonna encore trois fois ; à la quatrième fois, le roi se vit obligé de le chasser ; mais, comme ce barbier l'avoit servi pendant long-temps, le roi ne voulut point qu'il fût mis à mort.

En un mot, ce très-vertueux roi fut si doux et si débonnaire, qu'il se montra dans ses actions semblable au bon empereur Trajan, déjà cité, à qui on reprochoit sa trop grande débonnaireté avec tout le monde : on disoit à Trajan qu'il n'appartenoit pas à un prince de se montrer si humain envers ses sujets ; il répondit qu'il désiroit être tel empereur envers tous, comme tous désiroient qu'il fût envers chacun d'eux. Pareillement il sembloit que le voulût ainsi notre prince le sage roi Charles.

―――

Chapitre xxvi, *où l'on dit comment l'humilité convient à un grand prince, et comment elle l'honore.*

Comme la vertu de douceur et d'humilité est particulièrement aimée et recommandée par Dieu lui-même, ainsi qu'on le voit dans le récit de sa très-sainte vie, elle est, plus que toutes les autres vertus, nécessaire à tout grand prince et gouverneur de peuple, et sans elle on ne peut être aimé autour de soi ni loin de soi ; c'est à cela aussi que je me suis longuement arrêtée comme à un sujet sur lequel on peut s'étendre sans craindre d'ennuyer. Que cette vertu relève bien plus encore les princes et les puissants que les autres hommes, c'est ce qui se voit par les éloges donnés aux morts vertueux remplis d'humilité. Il est écrit que le sénat pria l'empereur Elie Adrien, homme rempli de science et de vertus, de proclamer son fils César. « Je ne le ferai point, » répondit l'empereur ; c'est bien assez que j'aie » pris moi-même le commandement de l'empire » dont je n'étois pas digne : la domination ou la » seigneurie sur autrui n'est pas due au sang; » mais aux vertus. »

De même, l'empereur Pertinax tant fut humble qu'il ne voulut jamais souffrir que sa femme prît le nom d'Auguste, et son fils celui de César. « Il doit suffire, répondoit-il, que contre ma vo- » lonté j'aie accepté moi-même ce nom et cette » charge. »

Les livres parlent aussi de l'humanité du vail prince Publius Valérius; ce prince tant aima la chose publique qu'il fut appelé pour cela Publicole, c'est-à-dire celui qui aime la chose publique ; il fit renverser ses propres demeures, par la raison qu'elles étoient plus hautes que les demeures voisines ; et ce Valérius conquit une gloire d'au-

comme il fist faire ses maisons plus basses.

Plus, parlasse de ceste matiere, mais, comme en mon livre que je intitulay *du Chemin de longue estude*, aye assez longuement parlé et traictié de l'umilité qui en bon prince doit estre, n'en diray plus à ceste foiz.

CHAP. XXVII : *Ci dit du vitupere aux orguilleux, et mains exemples.*

Pour ce que les différences des choses contraires l'une de l'autre, en leur estre sont plus notoirement cogneues et apperceues leur forces et natures non semblables prés à prés, si comme le blanc après le noir, le jour après la nuit, le chault après le frois, et ainssi de toutes choses contraires, n'est mie doubte que à la différence du mal, quant le bien est louez, ce est en vitupéracion du mal ; ainssi, quant le mal est blasmé, ce doit estre à l'augmentacion du bien.

Et, comme en toute maniere d'oroison soit escripte ou parlée en colacion ou sermon, là où telle matiere est touchée, est à entendre aux oyans en la maniere susdite.

Et pour ce que ores et autrefoiz ay assez parlé de la divine vertu de clémence et doulceur, à present, en donnant cause de discerner le bel du lait, me plaist parler aulcunement des arogans et orguilleus, et prendre en ce mon in-

troïte, ainssi comme les appelle un vaillant docteur, disant : « O maignée dyabolique en la » possession Lucifer, de qui ciel ne terre ne pot » soustenir la pesanteur de vostre griefté, qui » pourra ores souffrir les enfleures de voz es- » levez corages ! »

Mais, si comme il est dit, Job, dixiéme chapitre, « se l'orgueil d'yceulx a monté jus- » ques aux cieulx et leur teste actaigne les » nues, ainssi comme un peu d'ordure en la fin » sera anienty et perdu. »

Et comme tel vice soit à Dieu comme insouffrable, à nous, en toutes escriptures, exemple de leur trébuchemens, ce que en noz aages nous est souvent apparu et appert manifestement, chascun jour. A ce propoz donne exemple la saincte Escripture, du temps que Nabugodonozor, soy véant en sa cité de Babilonie exaucié et eslevé sur tous princes, mettant en oubly sa fragilité et povreté humaine, se leva en tel orgueil et arogance, que il se réputa comme per à Dieu, pour laquel chose, la divine poissance tant l'umilia, que son corps humain sept ans fu tresmué en figure de beste mue, paiscant en cel espace aux champs avec les oisons et bestes villes ; mais, pour la priere de Daniel le prophete, qui lors florissoit en vertu, qui empetra devers Dieu que celluy, contrict et humiliez, retournast à sa forme humaine, et à son Royaume fu restituez.

---

tant plus haute qu'il faisoit construire ses maisons plus basses.

Comme dans mon ouvrage intitulé : *Du chemin de longue étude*, j'ai longuement parlé et traité de l'humilité qui doit être en bon prince, je n'en dirai plus rien ici.

CHAPITRE XXVII, *où il est parlé du mépris qui poursuit les orgueilleux, et où l'on cite maints exemples.*

De même que les différences des choses contraires sont mieux connues et crues quand les objets se trouvent rapprochés ; comme le blanc près du noir, le jour après la nuit, le chaud après le froid, et ainsi de toutes choses contraires ; de même, sans nul doute, on blâme le mal en raison des louanges qu'on donne au bien, et lorsque le mal est blâmé, le bien en reçoit une augmentation d'éclat.

En toute manière de discours, soit écrit soit parlé, quel que soit le sujet qu'on traite, on doit procéder de la manière susdite.

Et parce que jadis, comme aujourd'hui, j'ai assez parlé de la divine vertu de clémence et de douceur, je veux, dès ce moment, pour qu'on

fasse la différence du beau d'avec le laid, parler des arrogants et des orgueilleux, et commencer par ces paroles d'un grand docteur : « O race » diabolique de l'empire de Lucifer, dont la terre » et le ciel ne peuvent porter les griefs si pe- » sants, qui pourra souffrir les enflures de ces » cœurs ? »

Mais, comme dit Job, dans son dixième chapitre : « Si l'orgueil de ceux-là est monté jusqu'aux » cieux, et si leur tête frappe les nues, ils seront » à la fin anéantis et perdus comme un peu d'or- » dure. »

Et pour que nous sachions bien que le vice est insupportable à Dieu, toutes les Ecritures nous parlent des trébuchements des orgueilleux, et même l'âge présent nous en a donné de fréquents exemples. A ce sujet, la sainte Ecriture cite Nabuchodonosor, qui s'éleva dans Babylone audessus de tous les princes, et qui, oubliant sa fragilité et la pauvreté humaine, monta à un tel degré d'orgueil qu'il se crut égal à Dieu lui-même. En expiation de cet orgueil, la divine Puissance humilia Nabuchodonosor au point de le changer en bête pendant sept ans : on le voyoit paître aux champs avec les oiseaux et les bêtes grossières ; mais à la prière du prophète Daniel qui alors florissoit en vertu, Dieu fut touché du repentir et de

Après le trespassement d'icelluy, Baltazar fu son successeur après Elmoradab, qui trop ot mis en oubly la sentence divine, luy monte en trop grant orgueil en la cité de Babilonie, séant à table avec ses barons et princes de son royaume; et comme il eust fait apporter les riches vaisseauls d'or et de pierres précieuses que Nabugodonozor, son pere, avoit aporté du temple Dieu en Jherusalem, furent veus trois dois qui escripvoyent en la paroit Manne, Thechel, Phares, et signifioit celle escripture, que le royaume luy seroit ostés, et avec ce, il perdroit la vie; si comme il luy fu exposé; et ainssi avint.

D'assez d'autres pourroye dire pareillement tresbuchiez, que je laisse pour briefté, et en plus nouveau aages : comme Néron l'empereur, plain de perversité, qui tant estoit orgueilleux que il ne daignoit que, tant fussent riches chevauls ou beauls, portassent son corps, ains se faisoit porter en lictiere sur le col des roys, et tant fu puis villement occis que sa maleureuse charongne n'ot onques sépulture, ains demora en un ort fossé.

Julien l'Apostat, fauls hérite et tant orgueilleus que Dieu et tout le monde avoit en despris sanz nulle craintes des vengences divines; Crestien fu primierement, puis renya la foy et moult persecuta les Crestiens; quant celluy tirant orgueilleus ot regné sept ans, saint Bazile, qui lors estoit evesque de Capadoce, ot une telle vision, que la glorieuse vierge du ciel véoit seoir en un trosne royal à moult belle compaignie à destre et à senestre, si dist à ceulz qui estoyent environ elle : « qui me pourra vengier » de ce maulvais Julien? » et luy fu respondu : « que Mercurius, qui estoit un chevalier, qui » mort ot esté pour le nom de Jhesu-Crist, » estoit enterrez au moustier, en venroit bien à » chief. » Si commanda la dame, que, de par elle, luy fust commandé que il prensist ses armes et alast combatre contre le maulvaiz Julien; et ainssi comme Basile se fu esveillé, il ala tantost au sepulcre de Mercurius le chevalier; si ne trouva sa lance, son escu, ne ses armes qui là souloyent pendre; et comme il fu informez que c'estoit la vision qu'il ot eue, lendemain revid la lance et les armes en leur lieu toutes ensanglantées; et tantost après vint nouvelles, que un chevalier, venus d'aventure, avoit occis Julien en la bataille. Hugues de Fleury, raconte, que, comme il mouroit, il prenoit le sang qui yssoit de son pis et le gectoit contre le ciel, en disant : « Tu m'as vaincu, » Galilien; Galilien, tu m'as vaincu. » Et ainssi rendi l'ame dampnée : laquelle mort rempli le monde de joye, pour sa grant cruaulté.

◇◇◇

l'humiliation du monarque : il lui rendit sa forme humaine et son royaume.

Après le trépas de Nabuchodonosor, Balthazar, successeur d'Evilmerodach, ayant trop oublié la divine sentence, monta à un grand orgueil à Babylone, et se livroit à son esprit superbe dans les festins avec les barons et les princes de son royaume. Un jour qu'il avoit fait apporter les riches vases d'or et de pierres précieuses que son père Nabuchodonosor avoit enlevés au temple de Jérusalem, on vit sur les murailles de la salle du festin trois doigts qui écrivoient ces mots : *manne, thechel, phares*; ces mots signifioient que son royaume lui seroit ôté, et qu'il perdroit la vie : ce qui lui avoit été prédit bien arriva.

Si je ne craignois la longueur, je citerois d'autres exemples que je prendrois dans des époques moins reculées; je parlerois de Néron, de cet empereur plein de perversité et d'orgueil qui ne souffrait pas que des coursiers, si beaux, si richement parés qu'ils pussent être, lui servissent de monture, mais qui se faisoit porter en litière par des rois; à la fin ce Néron fut occis, et son malheureux cadavre n'eut point de sépulture, et demeura dans la boue impure d'un fossé.

Julien l'apostat, mauvais hérétique et orgueilleux qui ne tenoit aucun compte des vengences divines, fut chrétien d'abord, puis renia la foi et persécuta les chrétiens. Dans la septième année du règne de ce tyran superbe, saint Basile, alors évêque de Cappadoce, vit en songe la glorieuse Vierge du Nil, assise sur un trône royal, entourée à droite et à gauche d'une moult belle compagnie; la Vierge disoit à ceux qui étoient autour d'elle : « Qui pourra me venger de ce mauvais Julien? » — « Mercurius, lui répondit-on, chevalier qui mourut pour le nom de Jésus-Christ, et qui est enterré au moutier, en viendroit bien à bout. » — Lors, dit la dame qu'on allât, de sa part, commander au chevalier de se revêtir de ses armes pour combattre le mauvais Julien. Quand Bazile se fut réveillé, il se rendit au sépulcre du chevalier Mercurius, et ne trouva ni sa lame, ni son écu, ni ses armes qu'on avoit coutume d'y voir suspendues, il ne tarda pas à se souvenir de sa vision, et le lendemain il revit la lame et les armes en leur lieu tout ensanglantées. Bientôt après on apprit la nouvelle qu'un chevalier, venu par aventure, avoit occis Julien dans une bataille. Hugues de Fleury raconte que Julien expirant, prenoit le sang qui s'échappoit de sa poitrine, et le jetoit contre le ciel en disant : « Tu m'as vaincu, Galiléen! Galiléen, tu m'as vaincu! » Et c'est ainsi qu'il rendit son âme damnée. La mort de ce tyran cruel remplit le monde de joie.

Par diverses manieres prent Dieu vengence des orgueilleus qui ne ressongnent ses jugemens.

Et que les maulvaiz soyent hays et abominez devant Dieu et au monde, est escript de Denis le Tirant régnant en Cécile, tant oultre cuidiez et plain de perversité, que ses subgiez mieulx voulsissent sa mort que vie. Une bonne femme vielle prioit tousjours à haulte voix que les dieus lui donnassent longue vie; et comme il l'oyst dire, la manda et volt sçavoir qui la mouvoit : « Certes, dist-elle, j'estoye pucelle chieuz » mon pere; si avoit un roy en ceste terre moult » mal et qui trop grévoit le peuple, je prioye » au Dieux que sa vie fust briefve; il mouru : » aprés celluy, nous omes pire : aprés la mort » duquel, tu es le pire de tous tes devanciers ; » or, ay si grant paour, que aprés toy nous » ayons pire, que pour ce pryę aux Dieux qu'ilz » te donnent longue vie. » Si fu ce tirant tous confus des parolles de la vielle bonne femme. Celluy Denis ne faisoit mie grant révérance aux Dieux que alors aouroyent. Il avint une foiz qu'il vit un moult riche mantel d'or, qu'on avoit mis à l'image de Jupiter, si le prist et en mist un de drap en lieu; il volt appaisier en telle maniere les prestres qui s'en courrouçoyent : « le mantel d'or, dist-il, estoit trop froit pour » yver, et trop pesant pour esté ; pour ce, lui » en ay donné un plus convenable en toutes » saisons. » Une autre foiz, il vid l'image d'Esculapius, qui avoit une grande barbe d'or jusques aux piez, et Appollo, son pere n'en avoit point : si prist la barbe d'or, et dist aus prestres qui l'en reprenoyent, « qu'il n'estoit mie » avenant, que le filz eust si grant barbe, puis- » que le pere n'en avoit point. » Et ainssy se moquoit des Dieux, non mie par oppinion que ceste loy fust faulse, mais par le grant orgueil de luy, qui le faisoit si oultrecuidier que il présumoit sa poissance plus grande que nulle déité. En la fin cestui fina villainement par lait trébuchement.

Et, en retournant à ma matiere que trop ay délaissié, à tant souffise des arrogans orgueilleus.

Chap. XXVIII : *Ci dit de la libéralité et sage largece du roy Charles.*

Qu'il soit ainssi, que largece et libéralité soit vertu agréable à Dieu, appert, parce que il nous commande amer nostre proisine comme nous mesmes; lequel commandement accomplir seroit impossible, là où ycelle seroit close et hors usage; et que la prémisse vertu de nostre introïte, c'est assavoir, noblece de courage se peust emplir et parfaire, sanz celle avoir, ne

Dieu a plusieurs manières de tirer vengeance des orgueilleux qui dédaignent ses jugements.

Que les méchants soient haïs, qu'ils soient exécrés devant Dieu et devant le monde, c'est ce qui est écrit à propos de Denys, tyran de Sicile, si orgueilleux et si pervers que ses sujets aimoient mieux sa mort que sa vie. Une bonne vieille femme avoit coutume de prier à haute voix que les dieux donnassent longue vie au tyran. Denys, ayant ouï dire cela, manda cette femme et voulut savoir pourquoi elle prioit ainsi. « Tandis que j'étois pucelle » chez mon père, dit la bonne vieille, il y avoit dans » ce pays un roi méchant qui grevoit son peuple ; » je priai Dieu que sa vie fût courte, et le roi mé- » chant mourut ; après lui, nous fumes plus mal- » heureux ; après la mort de ce dernier, tu es » arrivé comme le pire de tous tes devanciers ; » or, j'ai grand peur qu'après toi, nous soyons » encore pire, et c'est pour cela que je prie les » dieux de te donner longue vie. » Le tyran fut tout confus des paroles de la vieille bonne femme. Ce Denys ne témoignoit pas de respect pour les dieux qu'on adoroit alors. Une fois ayant vu un moult riche manteau d'or qu'on avoit mis à l'image de Jupiter, le tyran s'en empara et en mit un de drap à la place ; pour calmer le courroux des prêtres, il leur dit ces mots : « Le manteau d'or est trop » froid en hiver et trop pesant en été ; c'est pour- » quoi j'en ai donné un convenable en toutes sai- » sons. » Une autre fois, il vit l'image d'Esculape avec une grande barbe d'or qui lui descendoit jusqu'aux pieds ; Apollon, père d'Esculape, n'en avoit point ; il prit la barbe d'or et dit aux prêtres qui lui en faisoient des reproches : « il ne con- » vient point que le fils ait une si longue barbe » quand le père n'en a point. » C'est ainsi que Denys se moquoit des dieux, non point qu'il pensât que l'idolatrie fût mauvaise, mais par suite de ce grand orgueil qui lui faisoit croire que nulle divinité n'étoit aussi puissante que lui. A la fin, ce Denys trébucha d'une vilaine manière.

Et maintenant je reviens à mon sujet que j'ai long-temps délaissé pour parler des orgueilleux.

Chapitre xxviii, *où il est parlé de la libéralité et de la sage largesse du roi Charles.*

Que la générosité et largesse soient des vertus agréables à Dieu , c'est ce qui se voit par ce seul précepte qui nous commande d'aimer notre prochain comme nous-mêmes ; ce précepte seroit impossible à accomplir, si on bannissoit la généro-

pourroit nullement estre, et par espécial és princes puissans et aisiez de mettre à œuvre les libéralitez à quoy elle instruit ses très vertueux nobles courages acquérans la lueur de bonne renommée.

A nostre propoz, povons avec les autres vertus prouver, nostre prince susdit très entièrement rempli de pure, virtueuse et prudent largece, sanz laquelle vertu avoir, nul prince, quelque autre grace qu'il ait, ne peut acquérir parfaictement estrange amour ne grant loange; et, que la trouvions entiere en nostre Roy, le nous aprent expérience de ses fais, si comme nous l'avons cy-devant récitée, et sera cyaprés; car comme dit Boëce, « la libéralité du » prince ne s'estent pas seulement en donner » dons, mais en joyeusement recepvoir tous en » libéral pardon, en expédicion de causes, en » audience des povres, et à toutes choses, où » l'office d'amour démonstre son effect. »

De ce dit *Tulles*, « que le prince plus dé» monstre sa libéralité quant se rent privé et » douls entre ses gens, que se leur donnoit or » et argent, » et de tout ce estoit expert celluy dont nous parlons, par lequelz sens et libéralité actray l'amour des estranges et privez.

Douls et débonnaire estoit entre ses gens : par laquel doulceur, sens et gouvernement l'a-

◇◇◇

sité et largesse; la noblesse de cœur, cette partie dont il a été d'abord question au commencement de ce livre, ne pouvoit point exister sans cela, surtout à l'égard des princes à qui la vertu, appelée noblesse de cœur, enseigne la libéralité comme moyen d'acquérir une bonne renommée.

Nous pouvons prouver que notre prince Charles fut rempli de cette pure, vertueuse et prudente générosité sans laquelle aucun prince, quelque vertu qu'il ait, ne peut acquérir le complet amour et la grande louange du monde. L'expérience des faits nous montre cette vertu toute entière dans notre roi, ainsi que nous l'avons déjà dit et que nous le redirons ci-après ; car, comme dit Boëce : « La libéralité des princes ne » consiste pas seulement à répandre des bienfaits, » mais à donner gracieusement à tous un libéral » pardon, à expédier les causes, à écouter les » pauvres dans leurs plaintes ; elle consiste enfin » dans toutes les choses où peut se montrer l'a» mour. » Tullius Cicéron s'exprime ainsi à ce sujet : « Le prince montre plus sa libéralité en » se montrant familier et doux envers ses gens » qu'en leur donnant or et argent. » Et de tout cela résulte ce que nous avons déjà dit, savoir que la libéralité est un moyen d'obtenir l'amour des étrangers et l'amour de ses gens.

Charles étoit doux et débonnaire envers ceux de sa maison ; par suite même de cette douceur

voyent en si grant révérance que ilz le craignoyent et doubtoyent à courroucier plus que quelconque chose, et non mie par rigueur qui en luy fust, mais par pur amour, delaquelle vient crainte bien ordonnée qui les faisoit doubter offenser sa digne Magesté; car toutes ces choses tant par ordre estoyent menées en tous ses fais que riens n'i avoit fait que gardé n'i eust raison, ordre, temps et mesure ; et tant estoit cellui ordre bien mené qu'il n'y eust si hardi qui osast passer heure, point, ne ordonnance de ce qui à faire luy appartenoit ; car, luy trés sage establissoit chevetaines de ses offices gens sages et prudens, qui tendoyent à mener les choses au gré de leur supérieur plain d'ordre ; et, par ce, n'y estoit rigle faillie : à yceuls faisoit du bien, donnoit largement, tenoit honorablement et à tous ceuls de sa Court, chascun en son dégré, si qu'ilz estoyent richement vestus et estorez de toutes choses, selon leur faculté. Vouloit sçavoir et enqueroit des condicions de ses serviteurs, et esprouvoit leur loyaulté.

Chap. XXIX : *Ci dit de la vertu de chasteté en la personne du roy Charles.*

Es vertus qui sont à loer en créature, entre

◇◇◇

et de cette manière de commander, ses gens l'avoient en si grande révérence qu'ils craignoient, plus que toute chose au monde, d'allumer son courroux ; ce n'étoit point par frayeur, mais par pur amour ; l'amour enfante cette crainte bien ordonnée qui leur faisoit appréhender d'offenser sa digne majesté. Toutes les choses de la maison du roi étoient si bien réglées et conduites, que rien ne se faisoit qu'en son temps et de la manière établie ; et tel étoit l'ordre de la maison qu'il n'y avoit personne d'assez hardi pour s'écarter jamais de ce qu'il avoit à faire. Le sage prince avoit établi chefs de ses affaires des hommes sages et prudents, chargés de mener les choses au gré de leur maître plein d'ordre ; par là toute règle étoit fidèlement suivie : le prince faisoit du bien et donnoit largement à ces chefs comme à tous ceux de sa cour ; il les tenoit honorablement, chacun selon la place qu'il occupoit ; tous étoient richement vêtus et parés selon leur rang. Le prince tenoit à connoître ses serviteurs : il s'enquéroit d'eux et mettoit leur loyauté à l'épreuve.

Chapitre xxix, *où il est parlé de la vertu de chasteté du roi Charles.*

Parmi les vertus qui sont à louer dans les créatures, la chasteté est une de celles que le roi Char-

les autres, moult amoit le roy Charles celle de chasteté, laquelle estoit de luy gardée en fait, en dit, et en pensée, et vouloit que ainssi fust en ses prochains et serviteurs, tant en contenences comme en abis, parolles et fais, et toutes choses. Il gardoit son mariage loyaument et selon Dieu; son parler et abit honneste et chaste; celluy de la royne, de ses enfens, et serviteurs de sa Court, semblablement simple; car, ne souffrist que homme de sa Court, tant fust noble ou poissent, portast trop cours abis, ne trop oultrageuses poulaines (1), ne femmes cousues en leur robes trop estraintes, ne trop grans collez. Commandoit à ses gentilzhommes, que bien se gardassent que, en fait de femmes, si sagement se gouvernassent que personne n'eust cause de s'en tenir mal content; et se au Roy, par quelque aventure, veinst à cognoiscence, ou que complainte luy fust faicte d'aulcun de ses gens, qu'il eust deshonnoré femme, tant fust son bien amé, il perdoit sa grace, le chaçoit, et plus ne le vouloit veoir. Mais, pour la grant compassion qui en luy estoit, considérant la fragilité humaine, onques en sa vie ne volt donner licence à homme, pour meffait de corps, qu'il emmurast sa femme à pénitence perpétuelle, tout en fust-il maintes foiz supplié; et, à difficulté, donnoit congé que le mari la tenist close en une chambre, se trop estoit désordénée, affin qu'elle ne feist honte à son mari et parens.

Et, à l'exemple des Lacédémoniens, comme dit Valere, qu'ilz firent porter les livres de Archiologue, le pouëte, hors de la cité et ardoir, pour ce que lesdis livres ne parloyent mie assez chastement, et ne vouldrent mie que les enfens y aprensissent, affin qu'ilz ne nuisissent plus aux meurs qu'ilz ne prouffitassent aux engins de Simonides; de celluy bon Simonides sera dit ou chapitre de charité. Ainssi cestui sage Roy deffendoit que livres deshonnestes ne feussent leus ne portez à la court de la royne, ne de ses enfens; et soubz peine de perdre sa grace, ne fust si hardi qui osast à son filz le Daulphin ramentevoir matiere luxurieuse. Dont une foiz fu rapporté au Roy, que un chevalier de sa Court, jeune et jolis pour le temps, avoit le Daulphin instruit à amours et vagueté; le Roy, pour celle cause, le chaça et deffendy sa présence et celle de sa femme et enfens.

Et, si qu'il est escrit, en telle maniere, la cité de Marceille, gardée de rigueureuse justice, ne seuffre nullement, que gouliars de bouche aportans parolles vagues, entrent à leurs mengiers;

---

les aimoit le plus; il étoit chaste en actions, en paroles, en pensées, et vouloit que ses proches et ses serviteurs le fussent aussi, tant dans les attitudes du corps que dans les vêtements, tant en paroles qu'en actions et en toutes choses. Charles gardoit son mariage loyalement et selon Dieu; son langage et ses vêtements étoient honnêtes et chastes; le costume de la reine, de ses enfants et des serviteurs de sa cour étoit également simple; il ne souffroit point que nul homme de sa cour, quelque noble et puissant qu'il fût, portât des habits trop courts, des poulaines ou chaussures trop longues, il ne souffroit point que les femmes fussent trop pincées dans des robes étroites, ni qu'elles portassent de trop grands collets. Il commandoit à ses gentilshommes de se conduire, en fait de femmes, si sagement que personne n'eût à se plaindre d'eux; si, par quelque aventure, on venoit se plaindre à lui qu'un gentilhomme eût déshonoré une femme, fût-il son bien-aimé, le roi disgracioit ce gentilhomme, le chassoit et ne vouloit plus le revoir. Mais à cause de la grande compassion qu'il avoit en considérant la fragilité humaine, onques en sa vie ne voulut-il donner pouvoir à homme d'emprisonner sa femme à pénitence perpétuelle, par méfait de corps, tout en fut-il maintes fois supplié; il permettoit seulement que le mari la tînt close dans une chambre, si trop elle étoit désordonnée, afin qu'elle ne fît pas honte à son mari et à ses parents.

Valère nous apprend que les Lacédémoniens firent porter hors de leur ville, pour être brûlés, les livres du poëte Archiloque, parce que ces livres ne parloient mie assez chastement, et les Lacédémoniens ne vouloient pas que les enfants les lussent, de peur que ces compositions peu morales ne les empêchassent de profiter des leçons de Simonide (de ce bon Simonide il sera question dans le chapitre sur la charité); de même le sage roi défendoit que des livres déshonnêtes fussent lus ni apportés à la reine ou à ses enfants; et, par crainte de perdre sa grâce, il n'y eut si hardi qui osât ramentevoir à son fils, le dauphin, matière luxurieuse. Il fut un jour rapporté au roi qu'un jeune et joli chevalier de sa cour avoit parlé au dauphin d'amour et de choses libertines; le roi chassa ce chevalier, et lui défendit de jamais paroître en sa présence, ni en présence de sa femme et de ses enfants.

Comme il est écrit, la cité de Marseille, gardée par des lois sévères, ne souffre point que ces vilains goulus, diseurs de paroles libertines, en-

---

(1) On appelait du nom de *poulaines* des souliers au bout desquels s'allongeaient des becs d'un demi-pied de longueur; la pointe de la poulaine était plus ou moins longue selon la fortune de chacun. On proscrivit les poulaines sous le règne de Charles V.

40.

car les dis et fais de telz menestriers ne sont fors introduccions à luxure; et la coustume de leur jeux semble que ilz donnent congié de telz choses faire. A cest exemple, ne vouloit point le sage roy, que gloutons de bouche et de parolle, lesquelz, en plusieurs cours, sont moult essauciez, entrassent és mangiers de ses cours, ne plaisir aulcun n'y prenoit; et par ce, approuvoit le sage roy la parolle que dit saint Pol, du poëte Menander de qui il prent exemple, tel que il escrip aux Chorintiens : « Les parolles » maulvaises corrumpent les bonnes meurs. »

CHAP. XXX : *Ci dit de sobriété, louée en la personne du roy Charles.*

Sobriété, laquelle est vertu divine, celluy Roy approuva en ce qu'il, entre les habundans délices, volt user d'icelle, si comme il paroit en ses mangiers; continuellement ou très actrempément usoit de vins et de viandes plus sains que delicatifs; et aussi en ses vesteures royauls et honnorables, non trop curieuses n'en coust desordené, ne superflu. Et, comme sobriété soit nourriture et engraissement de l'entendement, est escript de Socrates le philozophe, qui, entre des volumes qu'il fist, trouva la science morale, qui est des vertus. A. Gellius raconte de luy, qu'il fu de si actrempée abstinence, que onques ne senti mal en membre qu'il eust, et disoit : « Maintes gens vueulent vivre pour ce qu'ilz » puissent mengier; mais je vueil mengier pour » ce que je puisse vivre. »

CHAP. XXXI : *Ci dit de la vertu de vérité en la personne du roy Charles.*

La vertu de vérité, sanz laquelle avoir, aucun ne pourroit desservir, ne estre digne de loange en la personne du roy Charles, estoit très reluisant et manifeste; car, si comme soit chose très aduisant à prince, et le contraire, plus qu'à autre gent grant vitupere, mençonge aucune ne fust oye yssir de sa bouche, ne faulse promesse; ce qu'il affermoit estoit vérité, en ce qu'il promettoit, en l'attente n'avoit faulte aucune en nul cas.

Dont, comme il voulsist que ses commandemens fussent obeys, comme raison le debvoit, et que vérité fust tenue, avint, une foiz, qu'il ot donné à un gentilhomme, qui bien l'avoit desservi en ses guerres, la somme de cinq cens frans, par un mandement à ses generaulx, de laquelle chose avoit comandé de bouche expressément à un de ses génerauls, appelé Bernard de Montlehery, qu'il n'y eust faulte d'expédicion; et, nonobstant ce, pourmena par pluseurs jours ledit gentilhomme, lequel, par ennuy,

---

trent chez les familles pour y manger : car les actions et les paroles de ces sortes de ménétriers sont des invitations à luxure, et leurs chants accoutumés sont en faveur du libertinage. A l'exemple de Marseille, le sage roi ne vouloit point que gloutons de bouche et de paroles, lesquels sont fêtés en plusieurs cours, eussent entrée dans la sienne; personne ne prenoit plaisir à les entendre. Le sage roi répétoit avec louange ce que saint Paul dit du poëte Ménandre, dans une épître aux Corinthiens : « Les mauvaises paroles » corrompent les bonnes mœurs. »

CHAPITRE XXX, *où il est parlé de la sobriété du roi Charles.*

Le roi aima la sobriété qui est une vertu divine; il resta sobre au milieu des délices; les vins et les mets qu'on voyoit sur sa table étoient plus sains que délicats; ses vêtements royaux n'étoient ni recherchés ni d'un trop grand prix. La sobriété est comme la nourriture et la santé de l'intelligence; cela est écrit au sujet du philosophe Socrate, qui, dans ses travaux, trouva la science morale, c'est-à-dire la connaissance des vertus. Aulugelle raconte de lui-même qu'il garda si bien l'abstinence qu'il ne sentit oncques mal en membres; il disoit : « Maintes gens veulent vivre » pour manger; mais moi, je veux manger pour » vivre. »

CHAPITRE XXXI, *où il est parlé de la vertu de vérité dans la personne du roi Charles.*

La vertu de vérité, sans laquelle rien ne seroit digne de louanges dans la personne du roi Charles, étoit claire et manifeste en lui; jamais un mensonge ni une fausse promesse ne sortit de sa bouche. (De même que cette qualité est surtout belle à voir dans un prince, de même le contraire dans un prince seroit plus blâmé que dans les autres hommes.) Ce que Charles affirmoit étoit vérité: on n'attendoit jamais en vain ce qu'il avoit promis.

Voici ce qui arriva au roi Charles, qui vouloit que ses ordres fussent exécutés et que sa parole ne fût jamais vaine. Il commanda une fois à ses généraux de donner la somme de cinq cents francs à un gentilhomme qui l'avoit bien servi à la guerre; lui-même en avoit expressément chargé de vive voix un de ses généraux, appelé Bernard de Monthlery; malgré cela ledit gentilhomme fut plusieurs jours à attendre, et à la fin, par ennui;

s'en ala plaindre au Roy, à qui de ce desplut grandement, et, selon ce qu'il n'estoit mie furieux, bien le monstra; car, incontinent et de fait, par un de ses sergens d'armes et ledit gentilhomme l'envoya exécuter, et prendre la vaisselle d'iceluy général, lequel moult espovanté de l'indignacion du Roy, le délivra incontinent.

Encore, qu'il fust véritable, appert en approuvement de la noblece de son courage, par ce qu'il fist à un Anglés, son grant ennemy, appellé le captal de Beu, qui moult estoit notables homs et grant capitaine d'ost, lequel, au temps du couronnement du roy Charles, comme sera cy-après dit, avoit cuidié empescher ledit couronnement; mais, dieux mercis, il failly, et, sa gent desconfite, il fu pris; dont, après ce qu'il ot esté une piece en prison, le Roy, de sa débonnaireté, le délivra, parce qu'il promist estre bon Françoiz, et le fist le Roy son chambellan, et assez de bien et d'onneur luy fist; mais, quand les guerres recommencierent, celluy prist congié du roy, renonçant à son service; et, comme luy donnast le Roy bien et voulentiers, et luy eust du tout octroyé et promis de l'en laissier aler quietement, fu dit au Roy, que à son trop grant préjudice seroit le laissier aler; car il estoit homs de grant poissance, entreprise et hardement; si sçavoit l'estat et secret de son gouvernement et de sa Court, et qu'encore luy pourroit nuire trop grandement; et que, en le retenir, n'y avoit point de repréhansion, puisque son prisonnier estoit non délivré par rençon, qui partir s'en vouloit pour luy nuire et grever. Le Roy, nonobstant qu'il sceust bien que ce conseil estoit véritable, juste et loyal, et que celluy le greveroit, puisqu'il ot promis et octroyé le congé, nullement ne le volt retenir et aler le laissa; lequel, depuis moult nuisi à ce royaume; mais comme Dieu le payast, puis mouru és prisons du Roy, comme dit sera.

Cestuy cas et la veritable vertu de nostre Roy me ramentoit la loange du vaillant preudomme Regulus, consule de Romme et prince de l'ost, lequel, après maintes belles et merveilleuses victoires qu'il ot eues sur ceuls de Cartage pour les Romains, et qu'il eust occiz l'espouvantable serpent, qui avoit six vingts piez de long, dont le cuir à Romme, et moult avoit occiz de ses chevaliers; finablement de ceulx de Cartage fu pris en une bataille; et comme ceulx de Cartage eussent pluseurs prisonniers de Romme, et les Rommains de ceuls de Cartage, voulsissent bien ravoir leur prisonniers et rendre ceuls de Romme, leur plot envoyer en message ledit

◇◇◇

il alla se plaindre au roi; celui-ci fut grandement mécontent d'un tel retard et montra bien qu'il n'étoit pas mie furieux; car, incontinent et de fait, il chargea un de ses sergents d'armes et ledit gentilhomme de prendre la vaisselle du général (Bernard de Monthlery); celui-ci, moult épouvanté de l'indignation du roi, paya sur-le-champ.

La noblesse de son cœur éclata aussi dans sa conduite envers un Anglois, son grand ennemi, appelé le captal de Buch, qui moult étoit homme notable et grand capitaine d'ost, et qui, lors du couronnement du roi Charles, comme il sera dit ci-après, avoit cru pouvoir empêcher ce couronnement; mais, Dieu merci, il échoua, sa gent fut déconfite, et lui fut pris. Après que le captal fût resté un peu en prison, le roi, par débonnaireté, le délivra parce qu'il lui promit d'être bon François; le roi le fit son chambellan et le combla de bienfaits et d'honneur. Sitôt que les guerres recommencèrent, le captal prit congié du roi, renonçant à son service. Le roi lui donna son congé bien et volontiers, et lui permit de s'en aller sans rien exiger de lui; on fit observer au roi qu'un tel congé seroit à son grand préjudice, parce que le captal étoit homme de grande puissance, homme audacieux et hardi; parce qu'il savoit, dans les plus secrets détails, l'état du royaume et de la cour, et qu'il pouvoit par là grandement lui nuire; on ajoutoit que le roi ne devoit point se faire scrupule de le retenir, puisqu'il étoit son prisonnier et qu'il n'avoit point payé sa rançon, puisqu'enfin le captal vouloit partir pour le desservir et le combattre. Le roi, quoique pénétré de la justesse de ce conseil, ne voulut point retenir le captal, mais le laissa aller, par la raison qu'il avoit promis le congé et que déjà il le lui avoit octroyé. Le captal, depuis ce temps, nuisit moult à ce royaume; mais à la fin Dieu le paya : il mourut dans les prisons du roi, comme il sera dit plus tard.

Ce trait me rappeloit le vaillant prud'homme Régulus, consul de Rome et prince de l'ost, lequel, après maintes et merveilleuses victoires remportées sur Carthage, après avoir occis l'épouvantable serpent de cent vingt pieds de long, dont la peau étoit à Rome, et qui avoit donné la mort à beaucoup de chevaliers, fut fait prisonnier dans un combat par ceux de Carthage. Comme ceux de Carthage avoient plusieurs prisonniers romains et que ceux de Rome avoient des prisonniers Carthaginois, ceux de Carthage, disonsnous, demandèrent la restitution de leurs prisonniers, en offrant la restitution des prisonniers romains : il leur plut d'envoyer Régulus à Rome, en ambassadeur, après avoir toutefois reçu son serment qu'en cas de refus de la part de Rome, il reviendroit se remettre en prison à Carthage. Régulus ayant proposé cette négociation au sénat,

Regulus, receu toutevoyes son serement, que, ou cas que non, il retourneroit en la prison. Et comme Regulus eust ceste chose proposée au sénat, ilz luy en demanderent son conseil; lequel respondy, que ce n'estoit mie le prouffit de la chose publique tresmuer les prisonniers. Ainssi, le véritable preux, loyal preudome, nonobstant sceust bien la cruaulté de ses ennemis, et qu'ilz le feroyent mourir, ama mieux s'aler mettre en leur mains et laissier ses amis que fraindre sa foy, vérité et loyaulté.

Chap. XXXII : *Ci dit de la vertu de charité en la personne du Roy Charles.*

Pour ce que l'escripture saincte dit, que se homme faisoit tous les jeunes, tous les pellerinages et tous les biens que toute sa vie faire pourroit et ne cessast de Dieu prier, et il n'auroit la charité, tout ne luy proufflteroit aucune chose. De laquelle parle Cassiodore, qui dit, que charité est comme la pluye qui chiet en printemps, qui toute plante fait fructifler. Volt cestuy sage Roy par charité ruiler le cours de son vivre, si comme il paru en sa bénignité et pacience. Car, dit saint Pol, *charité est benigne et pacient;* et les autres vertus qui en charité sont comprises en nostre Roy estoyent manifestes, comme de non quérir mesmes tout

ce qui est sien en pluseurs cas, et pardonner de legier faultes à luy faictes: de quoy, une foiz, luy fu dit de ses princes, « que le trop libéral » pardon que il donnoit de légier povoit estre » cause aux deffaillans seuls trop enhardir à » faire faultes : » dont luy respondi : « se vice » peut avoir en trop légierement pardonner, » j'ay plus chier estre défaillant en ce cas, que » en tenir trop estroicte rigueur. »

Trés grant aumosnier estoit le roy Charles, si comme il paru en pluseurs fondacions d'esglises et colliége que il fonda, où il assist grans rentes amorties, comme cy aprés sera dit. Donnoit aux povres abbayes et priorez, en esglises soustenir, reffaire et gouverner les pitances des freres et couvens, ou des seurs; soustenoit les hospitaulx par larges aumosnes; aux freres mendiens, aux povres escoliers aydoit et confortoit en leur congrégations et assemblées, où il convenoit mises pour leur dégré avoir : ou, quant luy venoit à cognoiscence que aucun gentilhomme ou femme envielliz, ou cheus en maladie ou povreté, ou fust en grant nécessité, povres religieus ou d'autre estat, ou pour aydier à marier povres filles, dont il fust informez que bien fust employé, povres femmes vefves, orphenins en tous cas piteus, donnoit trés largement du sien, et de bonne voulenté; et chascun jour continuellement, de sa propre main, humblement et dévotement donnoit certain argent à

---

on lui demanda à lui-même quel étoit là-dessus son avis; et Régulus répondit que ce n'étoit mie le profit de la chose publique d'échanger les prisonniers. Ainsi le véritable preux, le loyal prud'homme, nonobstant qu'il connût bien la cruauté de ses ennemis et le sort qui l'attendoit, aima mieux aller se mettre entre leurs mains, que de manquer à sa foi, à la vérité, à la loyauté.

Chapitre xxxii, *où il est parlé de la vertu de charité dans la personne du roi Charles.*

L'Ecriture Sainte nous apprend qu'un homme qui ne cesseroit jamais de prier Dieu, qui jeûneroit, qui accompliroit des pèlerinages et feroit le bien qu'il pourroit durant toute sa vie, ne recueilleroit aucun profit de tout cela, s'il n'avoit la charité. Cassiodore parle de la charité : il la compare à ces pluies du printemps qui font tout fructifier. Notre sage roi voulut que la charité fût la règle de sa vie, comme cela parut dans sa bénignité et sa patience. Car, dit saint Paul, *la charité est bénigne et paticne* : les autres vertus que comprend la charité étoient manifestes dans notre roi; c'est ainsi qu'en plusieurs cas il ne demandoit point tout ce qui lui appartenoit, et c'est

ainsi qu'il pardonnoit légèrement les fautes commises envers lui : on lui fit observer un jour que la facilité avec laquelle il pardonnoit les petites fautes, pourroit encourager à en commettre de plus grandes. « S'il y a du mal, répondit-il, à » pardonner trop légèrement, j'aime mieux avoir » tort en cas semblable, que de déployer trop de » rigueur. »

Très-grand aumônier étoit le roi Charles, comme cela parut par plusieurs fondations d'églises et de colléges, où il assit grandes rentes amorties, ainsi qu'on le verra ci-après. Il donnoit aux pauvres abbayes et prieurés pour entretenir les églises et subvenir aux besoins des Frères ou des Sœurs; il soutenoit les hôpitaux par larges aumônes; il aidoit et confortoit en leurs congrégations et assemblées les Frères mendiants et les pauvres écoliers qui manquoient de ressources pour obtenir leur degré. Il donnoit très-largement du sien et de bonne volonté aux gentilshommes ou aux femmes âgées qu'il savoit être malades ou pauvres, aux religieux indigents, à de pauvres filles pour les aider à se marier, à de pauvres femmes veuves, à des orphelins en tous cas piteux; chaque jour il donnoit, de sa propre main, humblement et dévotement certain argent à une quantité de pauvres, et leur baisoit la

une quantité de povres, et à chascun baisoit la main. Ainssi, ce trés noble Roy tenoit la voye de ses prédécesseurs roys de France, ameurs de charité.

Si comme il est contenu és croniques du bon Roy de France Phelippe, filz au roy Loys le Débonnaire, lequel fu homme de grant vertu : celluy, avisant que maintes manieres de gengleurs et flateurs sculent, par leurs gengles, actraire les cueurs des princes, par quoy reçoivent de riches dons, robes ou joyauls; ce bon roy Phelippe, desprisant telle coustume, ce qu'on souloit donner à telz gens il donnoit aux povres, et les vielles robes qu'il laissoit aux années, vouloit que ilz fussent données aux povres. Ainssi, ne plus ne mains fu le roy Robert de France, si grant aumosnier, que aux povres donnoit ses robes que il laissoit aux festes années.

Ceste vertu de charité, que elle soit entre les autres toute la plus agréable à Dieu, appert, comme il est escript, de ce vaillant empereur Trayan, que j'ay, pour sa valeur, jà pluseurs foiz, allégué, nonobstant fust payens et persécutast les Crestiens en cuidant bien faire, comme faisoit saint Paul, ains sa conversion, comme celluy qui n'avoit cognoiscence de la foy de Jhesu-Crist, et tenoit la loy de nature. Dont, une foiz avint que l'en faisoit grant martire des Crestiens, vint à luy un preudomme de sa mesgniée qui luy dist : « Sire, trop est grant orreur » que on fait là hors, de tant de peuple meetre à mort qui riens n'ont meffait, et n'i » treuve l'en autre chose à redire, forsqu'ilz » aourent ne sçay quel Crist et se lievent à mid- » nuit et chantent loange à leur Dieu. » Adont, l'Empereur, meu de compassion de tant de sang humain respendre, fist cesser l'occision.

De cestui Empereur est escript, que, principaulment entre les autres vertus, pour la grant charité et compassion dont il estoit plain, nonobstant fust mescréant, desservi estre saulvé : car, il avint, aprés sa mort, que, comme saint Grégoire, pape de Romme, lisist en un livre et trouvat enregistré les belles vertus de cel Empereur, par espécial sa grant charité, moult et grant pitié que tel homme fust dampnez, adont leva les yeuls vers le ciel et dist : « Beau sire » Dieux à qui toutes choses sont possibles, » donne moy l'ame de cest dampné, seulement » perdu par faulte d'instruccion de saincte loy; » tu, juste et miséricors, ne vueilles pas que les » bénéfices de la grant charité de cest Empe- » reur soyent du tout anientis et péris. » Et ainssi pria tant le glorieux saint Grégoire, que Dieu, de sa grace, octroya que l'ame de l'Empereur retournast en son corps; si fist pénitence et fu saulvez. Si est bel exemple, quelque pécheur que on soit, que par celle vertu de charité exerciter, on puisse empétrer grace par devers nostre Seigneur.

⋄⋄⋄

main. Ainsi ce très-noble roi suivoit l'exemple de ses prédécesseurs rois de France, amants de charité.

Comme il est écrit dans les chroniques du bon roi de France Philippe, fils du roi Louis-le-Débonnaire, lequel fut homme de grande vertu, ce roi Philippe, avisant que maintes manières de jongleurs et flatteurs ont coutume, par leurs jongleries, d'attirer les cœurs des princes, et en reçoivent de riches dons, robes ou joyaux, ne témoigna pour eux que du mépris; ce qu'on avoit coutume de donner à des gens semblables, il le donnoit aux pauvres, et c'est aussi aux pauvres qu'il donnoit les vieux vêtements qu'il quittoit aux fêtes annuelles. Ainsi fut ni plus ni moins le roi Robert de France, si grand aumônier qu'il donnoit aux pauvres les vêtements qu'il quittoit aux fêtes annuelles.

Que la charité soit, entre toutes les autres vertus, la plus agréable à Dieu, c'est ce qui se voit par l'exemple du vaillant empereur Trajan, déjà plusieurs fois cité dans ce livre, nonobstant qu'il fût payen et qu'il ait persécuté les chrétiens en croyant bien faire, comme saint Paul avant sa conversion, n'ayant aucune connoissance de la loi de Jésus-Christ et observant la loi de nature. Un jour qu'on faisoit grand martyre des chrétiens, un prud'homme de sa maison vint trouver Trajan et lui dit : « Sire, » c'est une trop grande horreur ce qu'on fait là » dehors, de mettre à mort tant de gens qui n'ont » fait aucun mal, et contre qui on ne trouve rien à » redire, sinon qu'ils adorent ne sais quel Christ, » et se lèvent à minuit pour chanter les louanges » de leur Dieu. » Alors l'empereur, ému de compassion de tant de sang humain répandu, fit cesser l'occision.

Il est écrit que cet empereur, à cause de la grande charité et compassion, dont il étoit plein entre autres vertus, nonobstant qu'il fût mécréant, mérita d'être sauvé. Il advint, après la mort de Trajan, que saint Grégoire, pape de Rome, ayant trouvé dans un livre les belles vertus de cet empereur, spécialement sa grande charité, eut grande pitié qu'un tel homme fût damné, et leva les yeux vers le ciel et dit : « Beau sire » Dieu, à qui tout est possible, donne-moi l'âme » de ce damné, perdue seulement faute d'instruc- » tion de sainte loi; toi, qui es juste et miséri- » cordieux, ne permets pas que les bénéfices de » la grande charité de cet empereur périssent » et soient tout-à-fait anéantis. » Tant pria le glorieux saint Grégoire que Dieu, par sa grâce, permit à l'âme de l'empereur de retourner à son

Item, de la charité de Simonides, dit Valere, que, une foiz, cellui Simonides vouloit entrer en une nef, pour passer mer, il trouva un corps mort sur terre, et par pitié il l'ensevely; et tantost oy une voix qui luy dist, que ce jour il ne se meust; il obéy, et ceulx qui se meurent furent péris en mer. Cestui, pour sa grant charité, le voult Dieux encore sauver : une autre foiz, comme il souppoit avecques autres, deux compagnons l'appellerent, et il se leva de table et vint à eulx; et tantost qu'il fu hors, la maison chay et occist ceulx qui ens estoyent. Si devons noter, comme Dieux sequeure, mesmes les payens et mescréans, qui ont la vertu de charité, n'est mie doubte que plus grant mérite en auront les Crestiens en qui elle sera trouvée.

Chap. XXXIII : *Ci dit de la dévocion du roy Charles.*

Trés dévot et vray catholique estoit ce trés vray cristien, le roy Charles. Sa primiere œuvre, dés qu'il estoit levez, estoit de servir Dieu, comme devant j'ay dit; et nonobstant sa déliée

corps (1); l'empereur fit pénitence et fut sauvé. C'est là un bel exemple qui prouve que, quelque pécheur qu'on soit, on peut avec la charité obtenir grâce devant Notre-Seigneur.

Valère, en parlant de la charité de Simonide, dit qu'une fois ce Simonide étant sur le point d'entrer dans une nef pour passer la mer, trouva un cadavre étendu sur le sol, et par pitié l'ensevelit; alors Simonide entendit une voix qui lui dit de ne point partir ce jour-là; il obéit, et ceux qui s'embarquèrent périrent en mer. Simonide fut sauvé une seconde fois par sa grande charité: étant un jour à souper en compagnie, deux amis l'appelèrent; il se leva de table et vint à eux; dès qu'il fut sorti, la maison qu'il venoit de quitter croula et ceux qui étoient dedans périrent. Si Dieu protège ainsi les payens et les mécréants qui ont la vertu de charité, il n'est pas douteux qu'il protègera bien plus encore les chrétiens doués de cette vertu.

Chapitre XXXIII, *où il est parlé de la dévotion du roi Charles.*

Le roi Charles, ce très-vrai chrétien, étoit trés-dévot et vrai catholique. Sa première œuvre, à son lever, étoit de servir Dieu, comme déjà je l'ai dit; il jeûnoit régulièrement un jour de la

complexion, jeunoit tout temps, un jour de la sepmaine, et les jeunes commandez, se grant accidens ne luy tolloit. Dévotion en aucuns sains, aprés Dieu et sa mere, avoit singuliérement, dont fist aucunes fondacions, ou acrust leurs moustiers ou chappelles de rente et d'édiffice. L'esglise Saint Denis en France, auquel glorieux saint avoit grant dévotion, visitoit souvent, et aux festes de celle église, à grant dévocion, aloit à la procession avec les barons et les roynes qui lors vivoyent; grans dons et beaulx y offroit; un moult riche reliquiaire d'or à pierres précieuses, entre les autres dons, y donna. La chappelle du pallais, à Paris, souvent visitoit, et, aux festes années, le service à grant solemnité célébroit dévotement; aloit ou noble oracle, où sont les dignes reliques, et à grant dévotion baisoit. Et, de sa propre main, le jour du grant vendredi, au peuple monstroit la vraye croix. Et fu voir que, une foiz, à celluy roy, trés inquisitif de toutes virtueuses choses, plout, que l'armoire, où les sainctes reliques d'icelle chappelle du pallaiz sont, fust visité, pour mieulx avoir certification de tous les sanctuaires qui là sont; là furent trouvées maintes nobles choses, que je passe pour briefté

semaine, nonobstant sa complexion délicate, et jeûnoit aux jours prescrits par l'église, si quelque grand accident ne l'en empêchoit. Après Dieu et sa Mère, il avoit dévotion envers beaucoup de saints; il fit en leur honneur des fondations, ou bien accrut leurs moutiers ou chapelles de rentes et d'édifices. Il visitoit souvent l'église de Saint-Denis, en France, pour lequel saint il avoit grande dévotion; dans les fêtes de cette église, il alloit à la procession avec les barons et les reines qui vivoient alors, il offroit à l'église des dons grands et beaux; entre autres présents, il donna un moult riche reliquaire d'or avec des pierres précieuses. Le roi Charles visitoit souvent la chapelle du palais, à Paris : il y faisoit célébrer, aux fêtes annuelles, le service avec grande solennité; il se rendoit au noble oratoire où sont les dignes reliques et les baisoit à grande dévotion. Le jour du vendredi-saint, il présentoit, de sa propre main, la vraie croix à la dévotion du peuple. Une fois le roi, très-inquisitif de toutes pieuses choses, voulut visiter, dans la chapelle du palais, l'armoire des saintes reliques, pour mieux connoître tous les sanctuaires qui sont là : on trouva là maintes nobles choses que je passe par briéveté. Entre les plus notables choses, on trouva une petite ampoule portant une inscription en grec et en latin, qui annonçoit

---

* Nous n'avons pas besoin d'avertir le lecteur que cette résurrection de Trajan n'est pas historique, et qu'il ne faut voir dans ce trait qu'une pieuse rêverie du moyen-âge.

té : et, entre les plus notables choses, fut trouvée une petite ampolle, où avoit escript grec et latin, que c'estoit du propre sang du précieux corps de Jhesu-Crist qu'il respendi sus l'arbre de la crois.

Adont, ycelluy sage, pour cause que aucuns docteurs ont voulu dire, que, au jour que nostre Seigneur ressuscita, ne laissa sur terre quelconques choses de son digne corps que tout ne fust retourné en luy, volt sur ce sçavoir et enquérir par l'opinion de ses sages, philozophes natureuls et théologiens, se estre povoit vray, que sur terre eust du propre pur sang de Jhesu-Crist : colacion fu faicte par lesdicts sages assemblez sus ceste matiere; ladicte ampolle veue et visitée à grant révérance et solemnité de luminaire, en laquelle, quant on la penchoit ou baissoit, on véoit clerement la liqueur du sang vermeil couler au long aussi fraiz comme s'il n'eust que trois ou quatre jours qu'il eust esté seignez : laquelle chose n'est mié sanz grant merveille (1), considéré le long temps de la passion.

Et ces choses sçay-je certainement par la relacion de mon père, qui, comme philozophe serviteur et conseillier dudit prince, fu à celle colacion, en laquelle ot pluseurs alterquacions et argumens de la saincte escripture et des substances naturelles ; et à la parfin fu déterminé et dit que, saulves toutes raisons d'escripture saincte ou théologie, n'estoit point de necessité que, à la perfection et entérité du corps ressuscité de Jhesu-Crist, ravoir tout le sang respendu en l'arbre de la croix, et dévotement se peut croire que, pour la dévocion de ses amis dont il n'est point de doubte, que, le jour de sa passion, dévotement en recueillent, en laissa sur terre. Bien est vray, et c'est que les docteurs veulent dire, que tout ce que Jhesu-Crist prist ou corps de sa benoicte mere, en emporta ou ciel glorieusement ressuscité ; mais, chose est possible, sanz empirement de sa digne humanité, qu'en terre ait des superfluitez de son corps humain, comme cheveulx, ongles, sang, et telz choses : et ainssi fu déterminé et conclus.

Cestui roy célébroit les festes des sains en service mélodieux de chant, dont il avoit souveraine chappelle, laquelle il tenoit richement et honestement de toutes choses, et à chantres, musiciens, souverains et honorables personnes. Monseigneur saint Louis de France avoit en grant reverance et dévocion, et moult honnoroit sa feste; de saint Remy, saincte Catherine, saint Anthoyne, saincte Agnés, et d'autres. Dont n'est point de doubte, que ainssi comme

---

que là étoit renfermé du propre sang du précieux corps de Jésus-Christ, répandu sur l'arbre de la croix.

Comme plusieurs docteurs ont avancé que Notre-Seigneur, au jour de sa résurrection, n'avoit rien laissé sur terre de son digne corps, et que tout étoit retourné à lui, notre roi sage consulta les philosophes et les théologiens pour savoir si le sang, renfermé dans cette ampoule, pouvoit être du propre pur sang de Jésus-Christ : lesdits sages s'assemblèrent pour examiner cette question ; l'ampoule fut vue et visitée à grande révérence et à grande solennité de luminaire ; quand on tournoit ou qu'on penchoit l'ampoule, on voyoit clairement le sang vermeil couler aussi frais que s'il eût été répandu depuis trois ou quatre jours ; cette chose n'est pas un petit prodige, si on considère le long espace de temps qui nous sépare de l'époque de la Passion.

Et je connois ces choses d'une manière certaine par les rapports de mon père qui, en sa qualité de philosophe serviteur et conseiller dudit prince, assista à cette réunion : il y eut dans cette assemblée plusieurs discussions et argumens tirés de la Sainte-Ecriture et des substances naturelles ; à la fin, il fut décidé, que sauf toutes raisons d'Ecriture-Sainte ou théologie, on pouvoit dire que Jésus-Christ étoit ressuscité parfait et intègre, sans qu'il fût pour cela nécessaire de croire que tout le sang répandu sur l'arbre de la croix étoit retourné à son sacré corps ; on peut croire qu'il en laissa sur terre, puisqu'il est constant que, le jour de sa Passion, ses amis en recueillirent dévotement. Il est bien vrai, et c'est ce que les docteurs ont voulu dire, que Jésus-Christ ressuscité emporta glorieusement au ciel tout ce qu'il avoit pris dans les flancs de sa benoîte mère; mais il est possible, sans que sa digne humanité en souffre, qu'il y ait sur la terre des superfluités de son corps humain, comme cheveux, ongles, sang, et telles choses : et telle fut la décision et la conclusion des sages.

Ce roi célébroit les fêtes des saints en service mélodieux de chant ; il avoit pour cela souveraine chapelle qu'il entretenoit richement et convenablement de toutes choses, et à chantres, musiciens, souverains et honorables personnes. Il avoit en grande révérence et dévotion, monseigneur saint Louis de France, saint Remi, sainte Catherine, saint Antoine, sainte Agnès et autres. Il est dit dans

---

(1) Personne n'eût alors osé contester l'authenticité des reliques conservées dans la sainte chapelle de Paris. Tel était le prix qu'on attachait à ces reliques, qu'elles furent citées au nombre des avantages qui devaient décider le pape Urbain à préférer le séjour de la France à celui de l'Italie.

il est dit en l'istoire de saint Loys, la dévocion qu'il ot aux benoiz sains les fit estre intercesseurs par devers Dieu, si que ses besognes en vinrent à meilleurs chief en toutes choses.

CHAP. XXXIV : *Encore de la dévocion du roy Charles, et autres exemples.*

Et que le sage roy Charles fust homme de trés grand dévocion, appert par lafferme entencion que il avoit délibérée en soy, ce sçavoient assez de ses privez preudes homes que, se tant povoit vivre, que son filz le Daulphin portast couronne, il luy délairoit le royaume et le feroit couronner, et luy seroit prestre et le demourant de sa vie useroit ou service de Dieu; de laquelle chose, s'il eust pleu à Dieu que sa vie eust esté longue, croy que grant bien fust venus; mais aulcunes foiz, nostre signeur punist le corps par luy oster le chief.

Ce bon Roy, considérant les seigneuries et honneurs du monde de grant charge en conscience et de petite durée et empechement peut-estre de saulvement, vouloit prendre exemple en délaissant le monde, au bon empereur Deoclesian, lequel quant qu'il ot amenistré l'Empire vingt ans, avec luy Maximien, par l'exortacion d'icelluy Deoclesien, tous deux se déposerent de la dignité impérial, et demoura Deoclesian à Nichomédie, et Maximien à Melan; et aprés les Rommains, veans que la chose publique estoit mal gouvernée, renvoyerent querre Deoclesien, lequel le refusa, et dist, qu'il trouvoit plus de paix ou service de Dieu que ou service du monde.

Ainsi est-il escript du roy de Bulgres, lequel assez-tost aprés qu'il fu convertis à la foy, son ainsné filz fit couronner à roy, et il laissa le monde et entra en religion; mais, comme son filz se porta moins sagement que il ne deust et voulsist retourner à la faulse loy, le pere de ce informez, laissa l'abit de moine et prist l'abit d'un chevalier, et poursuivist son filz et le prist, les yeuls luy sacha et le mist en prison; et puis qu'il ot fait son second filz Roy, retourna en la religion et persévéra jusques en la fin.

Item, pareillement est escript de Guillaume, conte de Nevers, lequel floury en grans vertus, homme estoit de grand dévocion et honneste, et il y paru; car, nonobstant fust-il seigneur de si grant puissance et si noble, laissa le monde et devint humble moine en l'ordre des Chartreux; et sans doubte je tien, que de ceulx se peut dire comme Jhesu-Crist dit de Marie Magdelaine : *ils ont esleu la meilleur partie.*

◇◇◇

l'histoire de saint Louis que sa dévotion aux bienheureux saints, en fit pour lui autant d'intercesseurs auprès de Dieu; de même aussi il n'est pas douteux que la dévotion de Charles pour les bienheureux saints contribua à mener à bonne fin ses besognes en toutes choses.

CHAPITRE XXXIV, *où il est encore parlé de la dévotion du roi Charles, et où l'on cite d'autres exemples.*

Le sage roi Charles avoit formé un secret dessein qui prouve sa très-grande dévotion : ce dessein, qu'il n'avoit point caché à quelques-uns de ses prud'hommes intimes, étoit que s'il pouvoit vivre assez long-temps pour que son fils, le Dauphin, portât la couronne, il lui abandonneroit le soin du royaume, et lui se feroit prêtre et passeroit la fin de sa vie au service de Dieu ; s'il avoit plu à Dieu que la vie de Charles eût été longue, je crois que l'accomplissement de son dessein auroit amené un grand bien; mais quelquefois Notre Seigneur punit le corps en lui ôtant le chef.

Ce bon roi, considérant les seigneuries et les honneurs du monde comme étant de petite durée, comme étant une grande charge pour la conscience et un obstacle au salut, vouloit quitter le monde à l'exemple du bon empereur Dioclétien; celui-ci, après avoir gouverné l'empire pendant vingt ans, engagea Maximilien, qui avoit partagé sa puissance, à renoncer, de concert avec lui, à la dignité impériale; Dioclétien se retira à Nicomédie, et Maximilien à Milan. Quelque temps après, les Romains, voyant que la chose politique étoit mal gouvernée, envoyèrent querir Dioclétien, lequel refusa et dit qu'il trouvoit plus de paix au service de Dieu qu'au service du monde.

Même chose est dite d'un roi de Bulgarie qui, sitôt après sa conversion à la foi, fit couronner roi son fils aîné, quitta le monde et entra en religion; comme ce fils aîné ne se conduisoit point sagement et qu'il vouloit retourner à la fausse loi, le père, en ayant été informé, se dépouilla de l'habit de moine, endossa le costume de chevalier, poursuivit son fils, le prit, lui arracha les yeux et le mit en prison; puis ayant couronné roi son second fils, il rentra en religion et y persévéra jusqu'à la fin.

Même chose est dite de Guillaume, comte de Nevers, lequel fleurit en grandes vertus et se montra homme honnête et de grande dévotion : quoiqu'il fût seigneur noble et de grande puissance, il quitta le monde et devint humble moine dans l'ordre des Chartreux ; de ceux-là je puis dire sans hésiter ce que Jésus-Christ disoit de Marie Madeleine : *Ils ont choisi la meilleure part.*

Chap. XXXV : *Ci dit, comment en donner dons doit avoir mesure, et comment folle largece si est vice.*

Et, comme ce soit et ait esté coustume à mains princes et hommes poissans prendre trop excessive amour et familiarité à aucuns de leur serviteurs plus que à nulz des autres, sans aucune vertu qui fust en eulx, mais par pure voulenté, sanz ce que plus qu'autres l'eussent desservi ; comme en pluseurs hommes soit folle largece, laquelle est vice desplaisant à Dieu, qui ne veult mie que ceulx soyent grandement méritez qui ne le valent ne l'ont desservi, parquoy il conviengne les dignes et vertueux avoir souffraicté, estré indigens et mal méritez ; et aultre si, pour folle largece accomplir, convient faire souventefoiz extorcions non deues ; car autrement ne se pourroit fournir la superfluité de l'omme prodigue, qui est à dire fol large. Si n'est nulle largece virtueuse, se le terme de raison et discrécion n'y est bien gardé.

Pour ce, dit Seneque, ou livre de *Clemence*, que le prince n'est mie libéral, qui de l'autruy fait ses largeces ; mais celluy doit estre appellez vray large, qui restraint son propre estat pour donner là où discrécion luy monstre qu'il soit bien employé ; et pour tant, nostre sage Roy, en qui toute discrécion estoit, bien avisoit où asséoit ses grans dons, et nullement n'amast

aulcun singuliérement, se aulcune grant vertu ou pluseurs n'y avoit apperceu : si comme il fist en son bon chevalier, messire Jehan de la Riviere, que il ama espécialment pour sa trés grant loyauté et preudomie ; car, ou temps des pestillences de France, à celluy furent faictes grans offres de deniers et seigneuries par pluseurs traitres maulvaiz, mais qu'il voulsist faire ou donner opportunité et lieu de accomplir maulvaistié et trayson, lequel loyal et bon chevalier plustost eust esleu la mort en sa personne que consentir fellonnie ; et ces choses et autres vertus, en luy sceues et apperceues du sage Roy, à bon droit l'amoit singuliérement ; laquelle amour, aprés la mort d'icelluy, bien monstra à son frere, messire Buriau de la Riviere, lequel autre si estoit sage, prudent, beau parlier, homme de belle faconde et miste en toutes choses. Et ainsi pluseurs autres de divers estas acquirent sa grace, pour vertu de chevalerie, sagece, loyaulté, abilleté, ou bel service.

Ce Roy singuliérement amoit gens constans en vertu, à l'exemple du bon empereur Henry, ci-dessus allégué, lequel virtueux, entre les autres biens, moult amoit le service d'esglise et se délictoit à l'oyr célébrer en chant solemnel.

Une foiz avint, à une solemnité, comme il commandast à un clerc diacre, lequel avoit moult mélodieuse voix, qu'il se revestist et chan-

◇◇◇

Chapitre xxxv, *où il est dit comment il faut garder une mesure dans la distribution des dons, et comment folle largesse est un vice.*

Il arrive souvent que des princes et des hommes puissants s'attachent de préférence à tels serviteurs plus qu'à d'autres, par pur caprice, et sans que ceux là aient rien fait pour mériter cette prédilection ; souvent aussi il arrive que des hommes montrent une folle largesse, laquelle est un vice déplaisant à Dieu, qui ne veut pas qu'on prodigue des faveurs non méritées ; cette prodigalité est cause que les dignes et les vertueux restent oubliés et gémissent dans le besoin. Une telle largesse nécessite de fréquentes et d'injustes extorsions ; car, sans cela, l'homme prodigue ne pourroit point y suffire. Ainsi donc, pour que la largesse soit méritoire, il faut que la raison et la sagesse l'accompagnent.

Voilà pourquoi Sénèque dit dans son livre de *la Clémence*, que le prince qui fait ses largesses avec le bien d'autrui, n'est mie libéral ; mais celui-là est vraiment libéral qui prend sur ses propres ressources pour donner là où il croit bon et utile de donner. C'est ainsi que notre sage roi, en qui étoit tout discernement, s'assuroit bien de l'utilité

◇◇◇

de l'emploi de ses grands dons ; il n'affectionnoit personne d'une manière particulière, s'il n'avoit remarqué auparavant une ou plusieurs grandes vertus. C'est ainsi qu'il aima son bon chevalier messire Jean de la Rivière, à cause de sa grande loyauté et preud'homie. Pendant les troubles de la France, plusieurs mauvais traîtres firent à ce bon chevalier grandes offres de deniers et seigneuries, pour qu'il accomplit ou favorisât de mauvais projets ; le loyal et bon chevalier auroit mieux aimé la mort que de consentir à une félonie ; c'est pour des traits et des vertus semblables que le sage roi aimoit singuliérement ce chevalier. Après la mort de messire Jean, messire Buriau de la Rivière, son frère, fut aimé du roi Charles ; il étoit sage, prudent, beau diseur, homme de belle et douce faconde en toutes choses. Plusieurs autres personnes de divers états obtinrent la faveur du roi Charles, pour vertus de chevalerie, sagesse, loyauté, habileté ou beau service.

Ce roi aimoit singuliérement gens constans en vertu, à l'exemple du bon empereur Henri, cité plus haut, lequel entre autres bonnes choses, moult aimoit le service d'église et se délectoit à l'entendre célébrer par des chants solennels. Une

tast l'evvangile, cellui diacre s'en excusa ; l'Empereur de rechief lui commanda, il le reffusa dutout. Et adont, comme l'Empereur fust informez que celluy clerc avoit la nuit couché avec une femme, pour ce se réputoit non digne, voult plus fort esprouver sa constance, le fist menacer de batre et de prison, ou cas qu'il ne chanteroit, et celluy riens n'en voult faire; luy fist dire qu'il vuidast et fust banis à tousjours mais; et celluy prent ses robes et choses, et s'en va. L'Empereur, qui moult le prisa, le fist suivre et ramener à seurté, et luy dist : « Tu » qui as plus doubté offenser Dieu que encourir » mon ire, es digne que ta constance te soit » cause de mérite; et, pour ce, vueil-je que tu » ayes le premier eveschié qui sera vacquant; » mais que ores-en-avant te gardes de péchié. » Et ainssi le bon Empereur luy promit et luy tint.

A ce propoz d'amer bonnes gens et serviteurs preudeshommes, ce que par espécial tous princes doivent avoir chiers, est escript que, ou temps que Galeres et Constans tindrent l'empire de Romme, Galeres és parties d'Oriant, et Constans és parties d'Occident, ce Constant fu moult sages homs et prudent; il voult une foiz, si comme dit l'Istoire Tripertite, prouver, lesquelz estoyent vers Dieu plus féaulz de ses gens ; si

fois, dans une solennité, il ordonna à un clerc diacre, qui avoit moult mélodieuse voix, de prendre l'habit d'église et de chanter l'évangile ; le diacre s'excusa ; l'empereur le lui ordonna une seconde fois, et le diacre refusa net. L'empereur fut informé que ce clerc avoit couché la nuit avec une femme, et que, pour cette raison, il se croyoit indigne de chanter ; voulant alors mieux éprouver sa constance, il le fit menacer d'être battu et emprisonné, s'il refusoit encore ; le diacre n'en voulut rien faire. L'empereur lui fait dire de sortir, ajoutant qu'il le bannissoit pour toujours; le diacre prend ses robes et choses, et s'en va. L'empereur qui moult le prisa, le fit suivre et ramener en sûreté, et lui dit : « Toi » qui as plus appréhendé d'offenser Dieu que » d'encourir ma colère, tu es digne que ta cons-» tance te soit cause de mérite ; et pour cela, je » veux que tu aies le premier évêché vacant; » mais désormais garde-toi de péché. » Le bon empereur tint ce qu'il avoit promis.

Puisque nous en sommes à dire qu'on doit aimer les bonnes gens et serviteurs prud'hommes (ce que les princes surtout ne doivent point oublier), nous rappellerons ce qui est écrit de Galère et de Constance pendant qu'ils gouvernoient l'empire de Rome, Galère en Orient et Constance en Occident; Constance fut homme moult sage et prudent; il voulut une fois, comme le rap-

fist dire, que il voloit retourner à la loy des ydoles, et que ceuls qui vendroyent avec luy aux sacreflces des dieux, et qui les aoureroyent seroyent ses amis et demourroyent en leur dignetez ; et ceuls qui à ce n'obéyroyent, yroyent hors et leur feroit grant grace qui leur lairoit les vies : si en y ot qui, pour cuidier acquérir la grace de l'Empereur, s'offrirent à faire le sacrifice et aorer les ydoles, et ne firent force d'aler contre leur loy; les autres dirent, que riens n'en feroyent et que mieulx amoyent perdre sa grace que faire contre Dieu et sa loy, et ceuls l'Empereur tint avec soy, et dist que, comme ilz fussent féauls à Dieu, il avoit créance que à luy le seroyent ; et les autres, comme flateurs, furent déboutez.

CHAP. XXXVI : *Ci est la conclusion de la primiere partie.*

Pour ce que trop longue narracion souventefoiz tourne aux oyans et refférandaires à ennuy, comme la fragilité humaine en peu d'espece soit ennuyée ou lasse, pour sa muable sensualité qui desire tousjours nouvelletez de choses qui luy sont présentées en prolixité; souffise à présent la déclaration des vertus comprises en noblece de courage, qui, en traictant des bonnes

porte une Histoire divisée en trois parties, éprouver lesquels de ses gens étoient les plus dévoués à Dieu ; il annonça qu'il vouloit retourner à la loi des idoles, qu'il aimeroit et maintiendroit en dignité ceux qui viendroient avec lui aux sacrifices des Dieux, et qu'il chasseroit, en leur laissant tout au plus la vie, par grâce, ceux qui refuseroient de faire comme lui ; il y en eut qui, croyant gagner la faveur de l'empereur, consentirent à sacrifier aux dieux et à adorer les idoles, et sans peine renoncèrent à leur loi ; d'autres répondirent à l'empereur qu'ils n'en feroient rien, qu'ils aimeroient mieux leur disgrâce plutôt que d'agir contre Dieu et contre sa loi ; ce furent ceux-ci que l'empereur garda avec lui, il dit que, puisqu'ils étoient restés fidèles à Dieu, il croyoit qu'ils lui seroient fidèles à lui-même ; quant aux autres, il ne vit en eux que des flatteurs et les renvoya.

CHAPITRE XXXVI : *c'est ici la conclusion de la première partie.*

Narration trop longue tourne facilement à ennui, parce qu'il faut peu de chose pour que fragilité humaine se fatigue et s'ennuie, à cause de sa curiosité mobile qui demande toujours quelque chose de nouveau ; finissons donc ici ce qui re-

meurs du sage roy Charles, est la primiere partye de ce present Traictié, si comme au primier fu promis; nonobstant que trop plus en pourroit estre dit, et que souffisant ne soit mon entendement de bien expliquer tous les virtueux effects de la noblece d'icelluy, desquelz plus narrer je laisse pour la cause de briefté. Mais, pour traire affin ce primier tiers, comme desireuse de parchever le surplus, m'en passeray. A tant, priant Dieu omnipotent qu'il, à mon foible sentement, aucteur de ce livre, doint vigueur et force de continuer et finer cest présent volume, si et en tel maniere que ce soit à la loange et gloire perpétuelle de celluy de qui principaulment il traicte, et a l'augmentacion de vertu et destruisement de vice. *Amen.*

Explicit la primiere partie du Livre des fais et bonnes meurs du sage roy Charles; parchevé le vingt huictiesme jour d'avril, l'an de grace 1404.

garde les vertus comprises dans la noblesse de cœur, qui forme la première partie du présent traité consacré aux bonnes mœurs du sage roi Charles, comme il a été d'abord annoncé; quoique sur ce point il reste beaucoup de choses à dire, et mon intelligence même seroit impuissante à montrer tous les vertueux effets de la noblesse de cœur du roi Charles, je m'arrête ici parce qu'il faut être court. Comme je suis desireuse d'achever le reste, je termine ce premier tiers de mon ouvrage. Je prie le Dieu tout-puissant qu'il veuille bien donner à mon foible esprit le courage et la force de continuer et d'achever ce présent volume, si bien et de telle manière que ce soit à la louange et gloire perpétuelle de celui de qui principalement traite ce livre, et que ce soit aussi à la propagation de la vertu et à la destruction du vice. Ainsi-soit-il.

Fin de la première partie du Livre des faits et bonnes mœurs du roi Charles le Sage, parachevé le vingt-huitième jour d'avril, l'an de grâce 1404.

FIN DU TOME PREMIER.

ERRATA.

Page	5	colonne	1	ligne 54	le génie,	*lisez,* l'infortune.
	13		2	35	promettans,	promettons.
	49		1	52	compession,	compassion.
	49		2	32	frot	front.
	50		2	45	l'acceptassent,	acceptassent.
	65		1	53	lorces,	forces.
	73		2	48	tes,	les.
	75		2	47	dassèrent,	passèrent.
	82		2	52	la pluspart nos,	la pluspart de nos.
	84		2	50	de à la sorte,	de la sorte à.
	123		1	54	out,	ouït.
	156		1	57	vans,	Ravans.
	178		2	44	rentes,	râteaux.
	194		2	55	tour,	tout.
	217		2	28	char,	chaz.
	319		1	32	pliad,	plaid.
	323		2	3	merveille,	vermeille.
	325		1	2	propriété,	prospérité.
	352		1	27, 47	spécilége,	spicilége.
	359		1	23	histoire,	estoire.
	405		1	1	rames,	armes.
	410		1	36	sur adversaire,	sur son adversaire.
	487		1	28	apportot,	apportoit.
	559		1	17	piécu,	piéca.
	574		2	16	*cum,*	*eum.*
	615		1	49	mermeille,	merveille.
	622		2	51	vail-,	vaillant.
	623		2	36	ces,	vos.
	624		2	32	nil,	ciel.

www.ingramcontent.com/pod-product-compliance
Lightning Source LLC
Chambersburg PA
CBHW071149230426
43668CB00009B/893